中华人民共和国地方志·福建省

厦门市湖里区志

湖里区地方志编纂委员会办公室　编

方志出版社
Publishing House of Local Records

图书在版编目（CIP）数据

厦门市湖里区志/湖里区地方志编纂委员会办公室编.
—北京：方志出版社，2014.9
ISBN 978-7-5144-1387-8

Ⅰ.①厦… Ⅱ.①湖… Ⅲ.①区（城市）—地方志—
厦门市 Ⅳ.①K295.73

中国版本图书馆 CIP 数据核字（2014）第 223849 号

厦门市湖里区志

编　　者：湖里区地方志编纂委员会办公室
责任编辑：刘方圆

出 版 人：冀祥德
出 版 者：方志出版社
　　　　　地址　北京市朝阳区潘家园东里 9 号（国家方志馆 4 层）
　　　　　邮编　100021
　　　　　网址　http://www.fzph.org
发　　行：方志出版社发行中心
　　　　　电话（010）67110500
经　　销：各地新华书店
印　　刷：福州力人彩印有限公司

开　　本：889×1194　　1/16
印　　张：66.75　　插页：40
字　　数：2122 千字
版　　次：2014 年 9 月第 1 版　　2014 年 9 月第 1 次印刷
印　　数：0001～3000 册

ISBN 978-7-5144-1387-8/K·1132　　定价：680.00 元

▲湖里区高分辨率卫星影像图

集美区
集美街道
集源路
同安
集美区
杏林
杏前路
杏林湾水库
集杏海堤
杏林东路
杏林街道
高浦
杏林大桥（在建）
高集海堤
厦门大桥
集美大桥（在建）
浔江港
高崎
厦门高崎国际机场
宝珠屿
石油码头
高殿水库
西赤礁
煤炭码头
北站
高殿
殿前路
海沧区
岩坑水库
鳌冠
吾屿
朝阳水库
狗头山
太平山
镜台屿
厦门
湖里街道
殿前街道
湖里区
禾山街道
马垅
湖里大道
嘉禾路
江头街道
园山
仙洞山
仙岳山
松柏山
海沧大桥
火烧屿
大兔屿
小兔屿
白兔屿
石塘
东屿
海虹路
东渡码头
金鼎
东荣
东渡
新港
厦门市
同益码头
筼筜街道
嘉莲街道
筼筜内湖
筼筜外湖
莲前西路
莲前街道
思明
开元街道
梧村街道
综合码头
鸟站礁
猴屿
中华街道
鹭江街道
客运码头
和平码头
蛇礁
大屿
中山路
厦门站
东山水库
云顶岩
云顶中路
大厝山
碧岩山
梧村山
东坪山
观音山
仁安
万寿北
文屏

湖里区2007年区域图

湖里区在厦门的位置
泉州市
漳州市
同安区
翔安区
集美区
海沧区
湖里区
思明区
同安区
翔安区
集美区
殿前街道
湖里街道
湖里区
禾山街道
金山街道
江头街道
厦门市
海沧区
思明区
福厦铁路
鹰厦铁路
G15沈海高速
厦门港
集美区
集美街道
集美大桥
高集海堤
厦门大桥
杏林大桥（在建）
浔江
高崎
中埔
高殿水库
石油码头
北站
高殿
西赤礁
煤炭码头
殿前路
神山
寨上
长乐
长乐路
长岸路
象兴四路
象兴五路
兴湖路
兴华
徐厝
悦华路
湖里街道
怡景
后埔
殿前街道
马垄
古塘垄
小东山
火炬路
兴隆
园山
嘉禾路
华荣路
湖里大道
象屿路
象屿码头
海天码头
湖里
塘边
康泰
康乐
乌石浦
海村里
南山
湖里公园
海天
仙洞山
康晖
松柏山
江村
江头街道
吾屿
鳌冠
朝阳水库
海沧区
太平山
镜台屿
厦门
海沧大道
海虹路
海沧大桥
火烧屿
大兔屿
小兔屿
白兔屿
东渡码头
东渡路
和通
濠头
仙岳山
212
仙岳公园
仙岳
仙阁
西郭
屿后
吕厝
莲岳
莲岳路
岳阳
东荣
金鼎
东渡
新港
金桥
七星路
体育路
金桥路
筼筜街道
长青
莲秀
盈翠
嘉莲街道
厦门市
同益码头
湖滨北路
莲兴
湖光
莲坂
莲西
溪东
振兴
筼筜内湖
四里
双涵
金祥
浦南
梧村街道
筼筜外湖
白鹭洲公园
白鹭洲路
湖滨中路
滨中
湖光路
综合码头
西港

湖里区2007年政区图

▲ 1981 年 10 月 15 日，厦门经济特区建设打响第一炮（翻拍）

▲ 湖里工业区（2007 年摄）

▲ 2007 年 12 月投入使用的湖里区行政中心

▲ 金山社区（2005 年摄）

▲ 祥店社区一角（2007 年摄）

◀ 东渡片区（2007 年摄）

▲ 东渡片区（2007 年摄）

▲ 金尚社区（2003 年摄）

▲ 台湾街（2004 年摄）

1	2
3	4
5	6

1. 厦门经济特区第一家外资企业——印华地砖厂（2002 年摄）
2. 厦门太古可乐饮料有限公司（2003 年摄）
3. 厦门松下电子信息有限公司（2002 年摄）
4. 厦门 ABB 开关有限公司（2003 年摄）
5. 厦门进雄企业有限公司（2000 年摄）
6. 厦门华侨电子企业有限公司（2003 年摄）

1	2
3	4
5	6

1. 飞利浦照明电子（厦门）有限公司（2004 年摄）
2. 厦门富士电气化学有限公司（2004 年摄）
3. 厦门太古飞机工程有限公司（2004 年摄）
4. 厦门联合发展（集团）有限公司（2004 年摄）
5. 戴尔计算机（厦门）有限公司（2005 年摄）
6. 兴联电子有限公司（2007 年提供）

1. 玉晶光电（厦门）有限公司（2005 年摄）
2. 瑞声达助听器生产线（2006 年摄）
3. 松下电器生产线（2004 年摄）
4. 如意集团绿色食品加工（2005 年摄）
5. 华联电子公司车间（2005 年摄）

1. SM 商业城之夜（2005 年摄）
2. 湖里免税商场（1997 年摄）
3. 仓储式商场麦德龙开业（2000 年摄）
4. 江头街市（2007 年摄）

1
2 3
4

▲ 江头建材市场（2002年摄）

▲ 东方家园建材超市（2005年摄）

▲ 吉家家世界（2007年摄）

▲ 中埔台湾水果销售集散中心（2007 年摄）

▲ 厦门蔬菜农副产品批发市场（2007 年摄）

▲ 新景建材城（2006 年摄）

▲ 五缘湾商业街（2007 年摄）

▲ 忠仑公园（2006 年摄）

▲ 五缘湾湿地公园（2007 年摄）

▲ 湖里公园（2006 年摄）

▲ 仙岳公园（2006 年摄）

▲ 江头公园（2006 年摄）

▲ 翔鹭国际大酒店（2007 年摄）

▲喜来登大酒店
（2007 年摄）

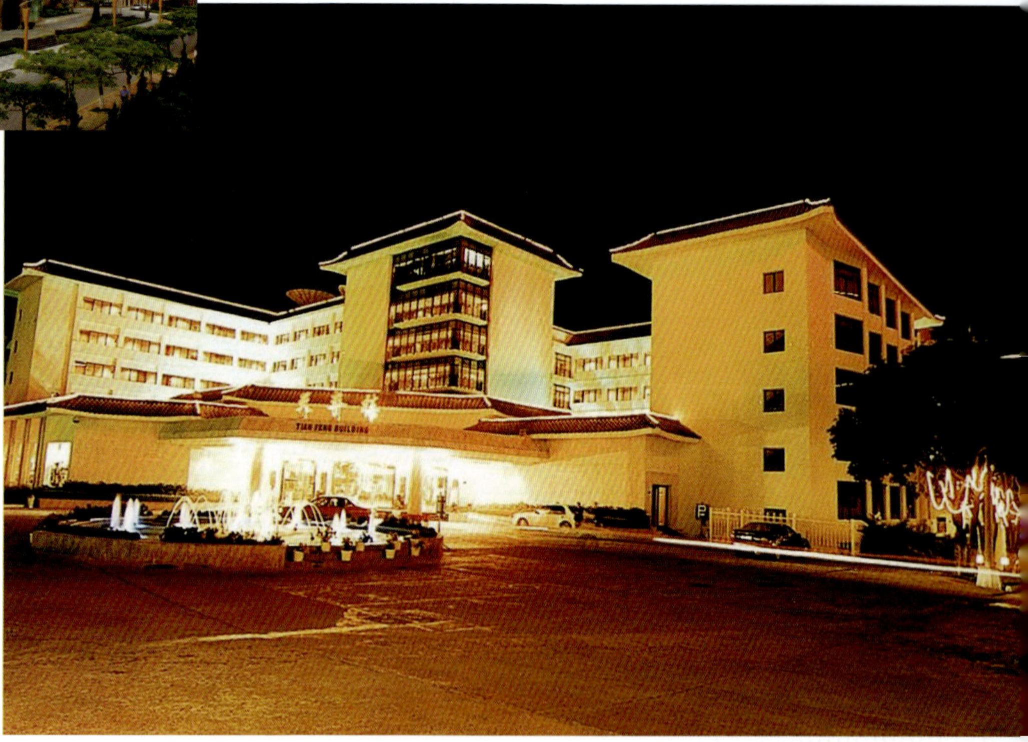

▲ 悦华酒店（2007 年摄）

高殿中心小学（2007 年摄）

金山幼儿园（2007 年摄）

高林中心小学（2007 年摄）

湖里中心小学（2007 年摄）

江头中心小学（2007 年摄）

▲ 金尚中学（2007 年摄）

▲ 湖里中学（2007 年摄）

厦门第三中学
英雄小八路群雕
（2007 年摄）

厦门第三中学（2007 年摄）

禾山中学（2004 年摄）

◀ 湖里区文化中心大楼（2007 年摄）

◀ 康乐社区文化活动中心（2004 年摄）

▲ 金尚社区文化活动中心（2006 年摄）

▲ 2006 年海峡两岸美食暨民俗文化节

▲ 2002年禾山镇农民艺术节

▲ 2004年6月区少儿艺术团演出

▲ 2004 年 8 月区外来青年艺术团演出

▲ 2003 年 10 月区老年艺术团演出

▲ 威风锣鼓（2003 年摄）

▲ 五缘湾赛艇（2005 年摄）

▲ 舞龙舞狮（2006 年摄）

▲ 2002 年，区运会团体操

▲ 海沧大桥下的欢歌（2000 年摄）

▲ 2006 年 7 月，第四届世界合唱比赛进社区

▲ 2005 年 8 月，纪念中国人民抗日战争胜利 60 周年交响音乐会

▲ 1997 年 10 月，“湖里之歌”音乐会

大鼓凉伞（2002 年摄）

女子腰鼓（2001 年摄）

2004 年夏，郑小瑛为湖里区外来青年艺术团授课

▲ 2005年，中秋节"博状元"盛况

2004年10月，钟宅送王船 ▶

◀ 祭海（2004年摄）

▲ 高殿宋江阵（2006 年摄）

▲ 闽南童谣表演（2006 年摄）

▲ 南音

▲ 后埔哗新娘（2006 年摄）

▲ 惠和影雕（2007 年摄）

▲ 乌石浦油画村（2007 年摄）

◀ 优必德漆线雕（2007 年摄）

▲ 柒宝斋为北京奥体中心贵宾室制作的漆画《喜鹊登枝》

▲ 五通古渡口（2005 年摄）

▲ 高崎寨遗址（2005 年摄）

▲ 有泰别墅（2004 年摄）

▶ 祥店古民居（2005 年摄）

▲ 林后薛家宗祠（2003 年摄）

▲ 吕厝水仙宫（2005 年摄）

▲ 陈僖公祠（2004 年摄）

▲ 萧氏家庙（2005 年摄）

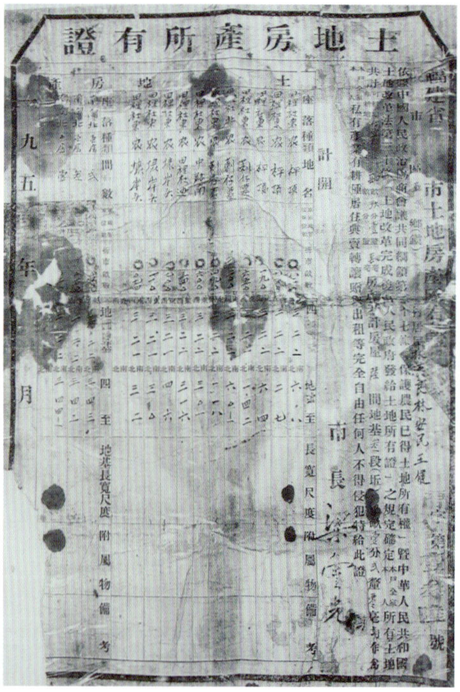
土地房產所有證

▲ 土改后颁发的土地证

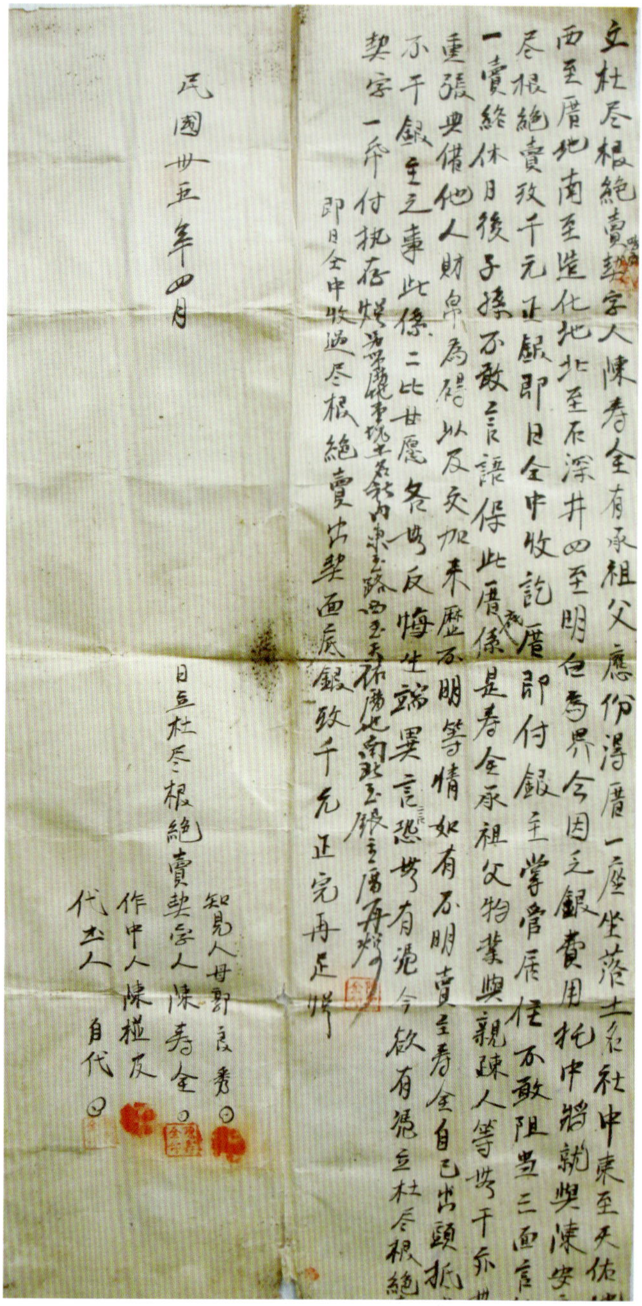
民国卅五年四月

▲ 解放前卖地契约

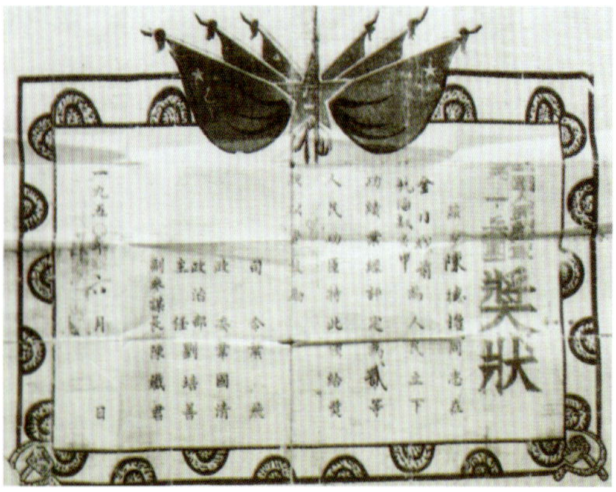
奬狀

▲ 陈德权二等功臣奖状

支前光榮證

▲ 汪栋国支前光荣证

革命犧牲工作人員家屬光榮紀念證

家屬當受社會上之尊崇。除依中央人民政府「革命工作人員傷亡褒恤暫行條例」發給其家屬恤金外，幷發給此證以資紀念。

主席 毛澤東

▲ 革命烈士家属光荣纪念证

▲ 1958 年，人民解放军和民兵炮击金门

▲ 1972 年，民兵海上训练

▲ 1958 年，解放军战士与民兵一起在前沿阵地训练

▲ 20 世纪 50 年代，下边社修建的防炮洞

▲ 1985 年，湖里旧貌（区建设局提供）

▲ 1983 年 6 月，开发建设中的湖里南部生活区

▲ 1992 年，江头片区旧貌（区建设局提供）

▲ 建设初期的湖里工业区（区委宣传部提供）

▲ 2007 年，建设中的集美大桥（区建设局提供）

▲ 2007 年，施工中的厦门岛东通道（区建设局提供）

▲ 1982 年，特区建设劳动场面（区委宣传部提供）

▲ 1987 年 12 月，中共湖里区首届党员代表大会

▲ 兴隆路原湖里区党政办公楼（2007 年摄）

◀ 1987年11月，湖里区首届人民代表大会（区委宣传部提供）

◀ 2001年9月，灿坤企业开展捐赠活动（区政协提供）

▲ 2002年，首届“十佳外来青年”评选（区政协提供）

▲ 2002年5月，后坑车队开展创青年文明号活动

◀ 2004年3月2日，欧盟大使团考察金尚社区

▲ 2006年4月28日，外国友人参观东渡码头

厦门市湖里区地方志编纂委员会

主 任 委 员： 张毅恭

副主任委员： 庄海英　张家伟　陈　枫

委　　　员： 黄　伟　黄双凤　杨运华　林秀瑜　洪奕文
周　怡　陈开惠　欧阳平　胡　军　陈　媛
王太兴　吴智明　章再耕　辜琦皇　刘秋生
王华安　郭漳楚　肖德良　李　东　吴淑真
傅伯伟　张金坪　陈颢颖　裴再生　范金炉
黄伟清　许付志　张建华　吴开盛　罗辉明
刘凯华　郭晓平　王水可　蒋晓民　黄锦城
林志荣

区地方志编纂委员会下设办公室，主任欧阳平（兼）

历届厦门市湖里区地方志编纂委员会

2007 年 6 月—2009 年 4 月

主任委员： 林　凡

副主任委员： 周克芳　丁红斌

委　　员： 郑尚定　陈　媛　陈俊泳　林明辽　陈高润　周　怡　陈开惠　胡　军　蔡永和　吴智明　王太兴　钟莹聪　陈海松　龚建阳　林进春　林世裕　邵金钟　裴再生　严志和　向延琼　汪其云　陈雄辉　刘云标　杨佳音　邵育秦　郭素芬

区地方志编纂委员会下设办公室，主任丁红斌（兼），副主任陈枫、林庆明

2009 年 4 月—2011 年 3 月

主任委员： 黄国彬

副主任委员： 林延勋　吴进华　丁红斌

委　　员： 郑尚定　黄双凤　傅伯伟　林明辽　林荣福　周　怡　陈开惠　林日清　胡　军　吴智明　陈　媛　王太兴　章再耕　陈海松　龚建阳　林进春　林世裕　邵金钟　裴再生　严志和　向延琼　汪其云　陈雄辉　刘云标　谢国勇　李伟宏　郭素芬

区地方志编纂委员会下设办公室，主任林日清（兼）

2011 年 3 月—2014 年 6 月

主任委员： 张毅恭

副主任委员： 林延勋　吴进华　丁红斌

委　　员： 郑尚定　黄双凤　傅伯伟　林明辽　林荣福　周　怡　陈开惠　陈　枫　胡　军　吴智明　陈　媛　王太兴　章再耕　陈海松　王华安　林进春　林世裕　邵金钟　裴再生　严志和　向延琼　朱爱珍　吴开盛　罗辉明　洪德军　陈雄辉　辜琦皇　谢国勇　李伟宏　陈文约

区地方志编纂委员会下设办公室，主任陈枫（兼）

《厦门市湖里区志》编纂机构组成人员

主　　　编： 张毅恭

副　主　编： 庄海英　张家伟　陈　枫　李启宇（执行）

总　　　纂： 李北斗

编辑室成员： 蔡培育　董　婧　张宪敏

特 约 评 审： 黄国富　林庆明

特约照片编辑： 赵建军

厦门市地方志编纂委员会办公室
《厦门市湖里区志》审查验收组成员

组　长： 白延蜻

副组长： 葛向勇　韩　真

组　员： 李艳玲　林　靖　林汉扬（特约）　欧阳发（特约）

序

地方志是全面、系统记述一地自然、经济、政治、文化、社会的历史和现状的资料性文献，是中华民族优秀传统文化的瑰宝，是传承和发扬中华文明的重要载体。

根据国务院、福建省人民政府和厦门市人民政府的统一部署，湖里区于2007年6月开始启动区志编纂工作。在省、市地方志编纂委员会的指导下，全体专、兼职编纂人员不辞劳苦、辛勤笔耕，各承编单位通力协作、鼎力支持，经过七年多的努力，终于完成这一卷帙浩大的系统工程。

《厦门市湖里区志》是第一部全面、系统记载湖里区及其前身禾山自然变迁、经济和社会发展的地情书，真实反映了古代先民含辛茹苦，在被称为"蕞尔小岛"的厦门岛北半部开辟家园，并向海外拓展的艰辛苦楚。忠实记录了1949年以来辖区境域人民在中国共产党领导下一手抓军事斗争、一手抓生产建设，从土地改革、互助合作到人民公社化的奋斗历程。浓墨重彩地描绘了改革开放以来，全区人民在邓小平理论、"三个代表"重要思想和科学发展观的指引下，建设经济特区，把半渔半农的海岛郊区初步建成现代化中心城区的辉煌岁月。

《厦门市湖里区志》实行党委领导、政府主持、方志机构组织实施、各承编单位参与的工作机制。在编修区志的过程中，对区情进行了全面的调查，对全区自然和社会发展的历史和现状进行了深入的研究，使得《厦门市湖里区志》成为最具权威、最翔实可靠的区情综合资料库。相信《厦门市湖里区志》一定能发挥地方志"存史、育人、资政"的功能，为服务湖里区五位一体建设，实现中华民族伟大复兴的中国梦做出特有的贡献。

地方志编修工作是一项承上启下、继往开来、服务当代、有益后世的文化基础事业。做好这项工作，对于促进和发展社会主义文化事业，提升地方的文化软实力，具有十分重要的意义。区志出版之后，区委和区政府将继续加强对地方志工作的领导，促进地方志事业可持续发展。

值此《厦门市湖里区志》出版之际，谨向参与指导、编撰的专家学者和全体专、兼职修志人员表示热烈祝贺，并致以诚挚的感谢！

中共湖里区委书记

湖里区人民政府区长

2014年6月

凡　例

一、本志以马克思列宁主义、毛泽东思想、邓小平理论和“三个代表”重要思想为指导，贯彻落实科学发展观，坚持辩证唯物主义和历史唯物主义的立场、观点和方法。

二、本志入志资料以湖里区区属事项为主，非区属事项视其对湖里区影响适当选入。

三、本志资料时间上限一般上溯自事物的发端，下限至2007年年底；资料收录地域范围以2007年年底湖里区境域范围为界，志中所称“辖区”专指湖里建区后所管辖境域，“辖区境域”专指湖里建区前与2007年年底湖里区所辖境域相对应的区域。

四、本志采用述、记、志、传、图（照片）、表、录、索引等体裁，使用规范的现代语体文。表内“—”为此项缺统计数据或无统计数据，表下不再作注。

五、本志除序、凡例、附录、索引、编后记之外，依总述、大事记、分志、人物为序设34篇，分志按自然、经济、政治、文化、社会排序。

六、本志坚持生不立传的原则。立传者为在本行政区域有重大影响者以及本籍人物在外地有重大影响者。入志人物以先生年后卒年为序排列，生卒年不详者以其主要活动时期先后为序。

七、本志所用历史地名和机构、职官名称均按历史规范称谓，历史地名在容易产生歧义时括注2007年的标准地名。

八、本志清代之前纪年使用朝代年号，用汉字书写年份，同一年号每节首次出现时括注公元纪年；民国纪年使用阿拉伯数字书写，每节首次出现时括注公元纪年。本志所称“解放”前、后以1949年10月17日中国人民解放军解放厦门岛为时间界点。全志用汉字标注的日期均为农历，用阿拉伯数字标注的日期均为公历。

九、本志统计数据采用统计部门公布的法定数据，统计部门没有统计的采用业务主管部门的统计数据。

十、本志数字和标点符号的使用，执行国家规定的有关标准；货币未注明币种的均为人民币；统计意义的计量单位执行国家有关规定，农田土地面积沿用“亩”（1亩=666.67平方米）为计量单位，引用原始文献或习惯用法中涉及非法定计量单位的，在其后括注换算为法定计量单位的量和单位。

十一、本志引用资料不一一注明。

目　录

总　述

湖里，厦门岛农耕经济的摇篮。

湖里，厦门经济特区的发祥地。

湖里，改革开放的先行先试区。

湖里，迅速崛起的现代化城区。

一

湖里区位于福建省东南沿海厦门岛的北部，是厦门岛陆、海、空交通要区。已经建成的厦门岛出岛通道高集海堤、厦门大桥、海沧大桥及在建的杏林大桥、集美大桥和翔安隧道的岛内一端均在湖里辖区，辖区内还有高崎国际机场、东渡港区、邮轮码头和五通码头。

境内陆地东西向最宽处 13.8 千米、南北向最宽处 8.7 千米，陆地面积 65.78 平方千米，占全岛的 46.62%。湖里区南部为丘陵，海拔 212 米的仙岳山为全区最高点，东、西、北为海蚀阶地，主要以红土台地为主，地势较为低平。海岸线长约 24 千米，海域面积约 30 平方千米。

辖区内水系不发达。1980 年之前，有发源于南部丘陵的多条小溪流，分别流入东部、西部、北部海域以及筼筜港，后均填埋或改为暗沟。湖边水库、湖里公园水面、埭辽水库、火炬高新区内的新丰水库等水面即为上述水系的残留。

湖里区属南亚热带海洋性季风气候区。温暖湿润，常年不见冰雪。东部和北部沿海地区 11 月至翌年 3 月受东北风影响，气温较厦门岛西南部低 2℃左右。

湖里区境域在唐天宝十四年（755）前后属南安县新城的一部分。唐大中十一年（857）前后改属嘉禾里。闽龙启元年即后唐长兴四年（933）改属同安县，仍为嘉禾里的境域。宋代隶属同安县绥德乡嘉禾里。元代属同安县西界绥德乡二十一、二十三、二十四都。明代至清末，除郑氏家族统治时期一度属思明州之外，辖区境域隶属关系不变。

民国元年（1912）4 月后，辖区境域隶属思明县。

民国 24 年 4 月，厦门市正式成立。以辖区境域为主成立禾山特种区，直属福建省政府，由同安县代管。

民国 26 年 9 月，禾山特种区改为禾山区，隶属厦门市。

民国 27 年（1938）5 月，日军侵占厦门后，伪禾山区先后隶属伪厦门市和伪厦门特别市。

民国 34 年 10 月，国民政府收复厦门市，辖区境域仍隶属厦门市禾山区。

1949 年 10 月 17 日，中国人民解放军解放厦门。21 日，厦门市人民政府成立。辖区境域隶属厦门市禾山区。

1957 年 8 月，设立厦门市郊区，禾山区为其下辖区之一。

1958 年 10 月 9 日，成立政社合一的前线人民公社，辖区境域隶属厦门市郊区前线人民公社。1980 年 10 月，前线人民公社更名为禾山人民公社。

1980 年 10 月 7 日，国务院批准在厦门岛西北部的湖里划出 2.5 平方千米土地创办厦门经济特区。厦门经济特区管理委员会为福建省人民政府领导下和厦门市人民政府平行的管理机构。1984 年 9 月，厦门经济特区扩大到全岛（包括鼓浪屿），厦门经济特区管理委员会与厦门市人民政府合并，原经济特区范围改设湖里工业区，同时成立湖里工业区管理局，代表市政府在工业区内行使统筹和管理职能。

1987 年 6 月，国务院正式批复，同意厦门市设立湖里区，郊区更名为集美区。此后，辖区范围内先后划出部分区域设立象屿保税区、厦门火炬高新技术开发区等市属开发区。区境和区内行政区划屡有调整，隶属关系未发生变化。

截至 2007 年年底，全区设湖里、高殿、江头、禾山、金山等 5 个街道，共 43 个居委会。全区总人口 66.90 万人，其中户籍人口 17.85 万人、常住人口 49.05 万人。

二

唐天宝十四年（755）前后，左补阙兼太子侍读薛令之因为得罪唐玄宗被贬回老家长溪（今福安市），后辗转迁徙到时称新城的厦门岛，所居处因而被名为薛岭。稍后，祖籍颍川的陈僖因为不愿附和有“问鼎之意”的地方割据势力，率家族从福唐（今福清市）避居厦门岛薛岭之南。陈僖和薛令之成为唐代中晚期在厦门岛传播传统耕读文明的代表人物，人称“南陈北薛”。他们在薛岭一带从事开发，传播文化，使“四向沧波，人迹罕至”的厦门岛开始沐浴文明的曙光。

从唐天宝末年前后到明末，今湖里区的辖区境域一直是厦门岛的经济、政治中心。明初在厦门岛设立守御千户所，调永宁卫中千户所、左千户所官兵驻守。厦门岛的最高指挥机构中左守御千户所（简称中左所），驻扎在乌石浦附近（今江头街一带）。这片以红土台地为主的土地一直是厦门岛最主要的粮食和蔬菜生产地。元、明两代，由于战争和倭寇侵扰，农业生产受到较大影响。得益于泉州港、漳州月港的开放，从国外引进占城稻、番薯、玉米、高丽菜、菠菜、瓮菜、南瓜、番石榴、木瓜等作物，丰富辖区境域的农作物品种。

清顺治七年即南明永历四年（1650）八月，厦门岛成为郑成功反清复明的根据地。郑氏政权在辖区境域设有东渡、高崎、湖莲、赤山坪、五通等军事要塞，金山一带成为郑军的练兵场。为抗击清军进攻，郑氏政权多次实行“空岛”，即命令包括辖区境域在内的岛民迁出厦门岛。清顺治十八年（1661）朝廷实行“迁界”，在大陆距海三十里处设置“界沟”、“界墙”，强迫界内百姓迁居界外。康熙二年（1663），清军攻占厦门岛后，将岛上所有建筑夷为平地，将所有居民驱赶出岛。厦门岛成为空岛、荒岛，民谚称“嘉禾断人种”。辖区境域经济社会发展出现数十年断层。

清康熙十九年（1680），清军再次攻占厦门岛，并在岛上派驻军队，开始经营厦门岛。此后，辖区境域迎来相对稳定的历史阶段。清康熙二十三年在厦门设立闽海关，厦门岛的经济、文化、政治中心逐渐转到厦门岛的西南部。

康熙末叶，早先被迫离乡背井的岛民陆续返回家园，开始新一轮的休养生息。境域内没有对外通商港口，交通不便。地处厦门岛东北部的辖区境域被称为“山场”，长期维持农渔兼作的经济格局，成为厦门岛重要的农副产品供应地。大宗产品有水稻、番薯、花生和各类蔬菜，栽培较多的还有大麦、高粱、大豆、黄麻等。清中晚期，开始在湖里、寨上、高林、乌石浦、湖莲等处筑埭，围垦土地，扩大耕地面积，社会发展相对迟缓。明末清初以来长期战乱，致使辖区境域卫生条件十分恶劣，瘟疫导致居民点消失的事件时有发生。厦门港开埠后，尤其是清朝廷放宽华侨出国限制之后，辖区境域居民漂洋过海到菲律宾等地谋生逐渐增多。清光绪年间，侨汇开始成为辖区境域经济、社会发展的重要因素之一。

清朝末年，辖区境域创办禾山书院。民国初年开始设立国民小学。民国期间，有识之士开始在辖区境域开办农场、果园，引进优良作物品种和先进的耕作方法，并开始小范围使用化肥。20 世纪 40 年代中后期，辖区境域的水稻亩产接近 100 公斤，位于筼筜港港头的江头街成为厦门岛主要的农副产品集散地。瘟疫仍时有发生，随着现代医学的传入，大规模疫病传染得到初步遏制。

三

1949 年 10 月 15 日晚，中国人民解放军第十兵团三十一军九十二师、二十九军八十五师分别从辖区境域的石湖山、神山、埭辽、下尾、钟宅等地登陆，10 月 17 日解放厦门全岛。10 月 21 日，成立厦门市人民政府。

1951 年 9 月，人民政府开始在辖区境域开展土地改革运动，实现“耕者有其田”，极大地调动农民的生产积极性。同年冬，开始办互助组。1953 年年底，开始办农业生产初级合作社。1956 年 1 月，成立第一家农业生产高级合作社。同月，辖区境域全部实现高级社化。1958 年 10 月，辖区境域成立政社合一的前线人民公社。此后，农业生产实行全面、严格的计划管理，长期贯彻“以粮为纲”的方针。通过推广矮秆水稻良种、杂交水稻，普遍使用化学肥料和农药，兴修水利和开展农田基本建设，农业生产水平有较大提高。1965 年，水稻单季亩产提高到 200 公斤左右。这期间开展的农业生产合作化，由初级社过渡到高级社，以及“大跃进”、人民公社化等运动，在不同程度上违背客观规律，挫伤农民的生产积极性。同一时期，辖区境域处于海峡两岸军事对峙的前线，农村建设受到较大制约。在 1954 年“九三”炮战、1958 年“八二三”炮战和“九一”海战等战役中，辖区境域人民拥军支前，与中国人民解放军并肩战斗，涌现“二十三勇士”“九秀班”“花木兰排”等一大批英雄模范人物。1964 年开始，辖区境域广泛开展“农业学大寨”运动，自力更生，艰苦奋斗，农田基本建设取得显著成就，农业生产条件得到较大改善。

1966 年“文化大革命”初期，造反派冲击各级党政领导机构，“群众组织”之间频频发生武斗，正常的生产和生活秩序被打乱，工农业生产受到严重干扰。1969 年后，社会局势渐趋稳定，生产有所恢复。70 年代初，辖区境域开展新一轮“农业学大寨”运动。1975 年 10 月，“农业学大寨”运动进入“普及大寨县”阶段。各生产大队普遍开展以“规范农田面积，实现农业机械化”为主的土地平整规范化活动。70 年代后期，辖区境域粮食亩产提高到 225 公斤左右，蔬菜种植也有较大发展，所产蔬菜不仅能基本满足厦门岛内的供应，还可以支援外地。政治运动连年不断，“普及大寨县”运动中贯彻执行“以阶级斗争为纲”的方针，经济建设的局面迟迟未能打开，辖区境域的经济建设和社会事业发展多年处于徘徊不前的状况。人民生活必需品和主要消费品大部分凭票证或限量供应。管理上过分集中，经营方式过于单一，分配上实行“大锅饭”式的平均主义，农民生活基本上处于低水平的温饱状态。教育、科技、文化事业遭到严重摧残，留下后遗症。

1978 年 12 月，中共十一届三中全会作出把工作重点转移到社会主义现代化建设上来的战略决策。1979 年 1 月 1 日，中华人民共和国国防部部长徐向前发布命令：中国人民解放军即日起停止对国民党军占据的大金门、小金门、大担等岛屿的炮击。辖区境域迎来和平发展的历史新时期。

四

1980 年 11 月，中共福建省委、福建省人民政府正式组建厦门经济特区管理委员会。

与厦门经济特区建设相配套，1981 年 8 月 7 日，撤销厦门市郊区禾山人民公社湖里生产大队建制，设立湖里街道。同年底，撤销东渡生产大队，所辖区域划归湖里街道。辖区境域农村城市化迈出第一步。

1981 年 10 月 15 日，由北京钢铁设计总院负责总体设计的厦门经济特区湖里加工区第一期 1.1 平方千米工程破土动工，开始湖里加工区“筑巢引凤”、打开局面的初创阶段。

1982 年 1 月，可同时停泊 5 艘万吨轮船的东渡码头一、二号泊位竣工，高崎国际机场破土动工；2 月，印尼华商陈应登投资兴建特区第一家外资企业印华地砖厂；年内，湖里加工区第一期工程“三通一平”（路通、水通、电通，土地平整）基本完成。

1983年5月，湖里加工区开通至香港的直拨电话；10月，高崎国际机场正式通航；年内，厦门经济特区建设发展公司与中国银行总行信托咨询公司及香港集友银行、华侨商业银行、南洋商业银行、宝生银行、澳门南通信托有限公司等5家港澳华资银行共同组建厦门经济特区联合发展公司，通过贷款、合办等形式，全面负责湖里加工区的开发建设。

至1983年年底，有19个国家和地区的280多个客商前来洽谈投资，总投资额1.8亿美元，其中外方投资1亿美元。

1984年2月7日，邓小平到厦门视察。2月9日，在厦门经济特区管委会办公楼（现厦门经济特区纪念馆）二楼西北侧的接待室写下“把经济特区办得更快些更好些”的题词。1984年5月4日，中共中央、国务院发出《关于转发〈沿海部分城市座谈会纪要〉的通知》，宣布厦门经济特区扩大到全岛（包括鼓浪屿），建设成以工业为主，兼营旅游、商业、房地产的综合性、外向型的经济特区。厦门经济特区可以实行自由港的某些政策。同年9月1日，中共厦门经济特区委员会与中共厦门市委合并，厦门经济特区管理委员会与厦门市人民政府合并，由中共厦门市委、厦门市人民政府行使地方和经济特区的双重管理职能。原厦门经济特区更名为湖里工业区，由厦门市人民政府的派出机构湖里工业区管理局管辖。

在厦门经济特区建设、发展的同时，辖区境域逐步深化农村经济体制改革，1980年开始实行生产责任制，1982年全面推行家庭联产承包责任制。水稻亩产提高到350~400公斤。社队企业、两户一体（农村专业户、重点户和经济联合体）蓬勃发展，为经济特区提供副食品保障，农村经济得到长足发展。1984年10月，辖区境域撤销人民公社建制，设立禾山乡，恢复乡、行政村、村民小组的建制，彻底消除多年政社不分的弊端。1986年，全市农村取消粮食定购任务，为辖区农村实现商品化、市场化生产创造条件。

五

1987年6月，国务院批准厦门市在湖里工业区基础上，以开元区湖里街道办事处和郊区禾山乡所辖11个村、1个居委会的地域合置湖里区。同年11月，湖里区正式成立。

1988—1990年是湖里区“打基础、求发展、上台阶”的阶段。这一阶段，制定的发展战略是：以加强城市管理为重点，努力完善工业区投资环境，大力发展综合性、外向型的区、乡经济和发展农村商品经济，办好菜篮子工程，服务特区建设。

农业生产和“菜篮子工程”被首届区政府定为主要产业。区政府制定并坚持“一靠政策，二靠投入，三靠科技”的发展方针。继续完善家庭联产承包责任制，引导农民逐步向专业化、适度规模集约化经营过渡，扶持后坑、江头、钟宅等村集约承包经营户发展巩固，总结推广集体经济的经验，为深化农村经济体制改革树立典型。区政府实施科技兴农，设置4个技术服务中心，投资兴办示范（实验）基地，建立后坑科技村。1988—1990年，全区投入112.52万元水利设施建设和维护资金，修建171处水利工程，恢复灌溉面积6000亩；集资40万元修建江头自来水工程，解决群众吃水难问题；投入247.5万元“菜篮子工程”建设资金，建立养猪、养鸡场和农业生产试验基地，发展滩涂和池虾养殖。在工业领域，开展经济体制改革，全面推行以集体承包为主的承包经营责任制。抓企业的技术改造和加强企业管理，增强产品竞争能力和企业发展后劲。同时，开展“三来一补”，发展外向型经济。这一时期，工业总产值保持较高的增速，总量较小。1990年，全区工业总产值不到5000万元。

1991—1993年，实施“稳定提高第一产业，开发改造第二产业，大力发展第三产业”的发展战略。

把依靠科技进步、发展集约化经营作为农业工作重点。实施科技兴农、综合开发农业生产战略。完成1000亩蔬菜基地建设及各种水产养殖业开发，扶持养殖、种植专业户，推广集约化规模经营。引进新品种、推广新技术，推动农业增值增产。

抓区、镇（街）、村三级工业小区的规划建设，“筑巢引凤”，外引内联，发展乡镇企业，壮大农村经济。区政府制定《关于城镇集体企业股份合作制的试行办法》《关于促进个体私营经济发展的暂行规定》

《湖里区经济主管部门经济目标管理责任制》等政策规定，以蔡塘村为股份合作制试点，先后创办4家股份合作制企业；禾山镇经济发展总公司等31家镇办企业与11个村的经济发展公司联合成立“禾山集团”。

把房地产开发作为第三产业发展的重点。1991年7月，启动江头旧城改造工程。1993年6月，成立厦门天地开发建设公司，由湖里区全面承接江头旧城改造、开发。湖里影剧院、湖里街道影视中心、荣华大厦以及湖里、东渡、江头、寨上、殿前、高林农贸市场等项目相继投入使用。

1993年，区属国民生产总值3.32亿元，比1990年（下同）增长91.90%。工农业总产值（含本区引进的“三资”、内联企业产值）6亿元，增长157.8%，商业营业额1.8亿元，预算内财政收入4500万元，农民年人均纯收入由1988年的815元增至2215元，三次产业结构为13.4 : 53.3 : 33.3。工业比重快速增长，第三产业开始兴起。这一时期，农村面貌发生较大改变，全区九年义务教育全面实施，经省市验收合格。禾山镇举办首届农民运动会。禾山镇、蔡塘村、马垅村等多个单位被评为省级先进单位、文明村。

1994—1998年，实施“推进东部工业园区的开发建设，加快旧区的开发改造，依靠科技进步发展高新产业”的战略重点，构造“湖里特色经济框架”，促进全区外向型经济向高层次发展，经济总量大幅增长。

实施新区工程，推进江头、徐厝、濠头等旧村改造，累计投入1000多万元用于保洁和绿化美化工作。1998年，城市建成区面积增至17.6平方千米。园林城区基础工作和环境综合治理取得成效，全区绿化覆盖率35.56%，创建烟尘控制区和噪声达标区通过省市验收。

实施外向带动战略，实施“大中小项目一起上，港台侨外都欢迎”的招商策略，扩大招商引资。开发建设枋湖科技园区等工业小区，镇（街）、村（居）经济崛起。先后成立区招商中心、进出口货物报验中心、台胞投资者投诉受理中心、外资企业投诉中心，实行分类跟踪服务制度和区领导挂钩联系重点企业制度，实行年度招商引资目标责任制，建立健全招商引资工作网络，兑现引资奖励办法，调动镇、街各部门和社会各界人士招商引资的积极性，累计引进外资总额5.51亿美元，引进内联总投资额23.25亿元。1998年，“三资企业”总产值30.78亿元，占全区工业总产值的92.27%。外向型经济格局基本形成。区属企业改革全面铺开，组建国有资产管理局、国有资产投资有限公司，初步建立国有资产营运、监督、管理体系。

重视农业基地建设和科研项目投入，改善农业生产条件；坚持实施科技兴农发展战略，引导发展花卉业，加大农业综合开发力度。通过划拨村级企业用地、兴建厂房，壮大农村集体经济实力。5年内，全区生产蔬菜10.2万吨、肉类1.2万吨、水产品3.1万吨。在农村推行养老保险制度和合作医疗制度，在全国率先实行农村最低生活保障制度。创卫工作向城乡结合部和农村推进。禾山镇被评为省级卫生镇，后埔、高殿、马垅、枋湖、蔡塘等5个村被命名为省级卫生村。

房地产业、商贸服务业、仓储业和个体私营运输企业快速发展，第三产业增加值年均递增436.85%。区、镇（街）、村三级工业小区开发建设势头强劲，高新技术企业引进成为主流，高科技工业支柱产业形成，推动工业增长由粗放型向集约型转变，工业总产值增加5.8倍。至1998年，区属国民生产总值增至17.7亿元，三次产业结构调整为2.15 : 56.19 : 41.66。

1999—2003年，实施“工业立区、三产富区、城乡联动”的发展方略，突出“农村抓城市化、经济抓后劲、城区抓社区建设”的工作重点，实现“农村城市化”的重大转变。区政府相继出台《促进经济发展若干规定》《鼓励外商投资若干规定》《加快第三产业发展若干意见》等一系列文件，促进区级经济协调发展。

1999年，陆续引进菲利普照明集团和松下电工、麦德龙、沃尔玛等世界500强企业，万利达、中骏集团等一批规模企业在湖里设立总部，提升招商引资的层次与水平。房地产业保持良好发展势头。江头、濠头、徐厝的旧村改造顺利进展。以SM商业城、江头建材市场、农副产品批发市场为中心的江头商贸圈初具规模。以特色商贸业和房地产业为龙头的、富有区域特色的第三产业成为拉动经济增长的首要力量，对经济增长的贡献率提高到62.2%。

2000年，乡镇企业和非公有制经济继续保持良好的发展势头。农民年人均纯收入7502元，提前达到小康水平。农村经济总收入保持20%以上的增长速度，由于二、三产业的快速增长，农业产业在三次产业结构比例中所占的比重下降为1.62%。当年，设立殿前街道，这是湖里建区后设立的第一个街道，标志着湖里区城市化工作取得阶段性进展。

2001年，湖里区成立推进农村城市化工作领导小组。同年10月，中共湖里区委四届八次全体（扩大）会议审议并通过《湖里区推进农村城市化工作方案》和《湖里区贯彻〈福建省城市社区建设纲要（试行）〉实施意见》，区政府相应出台《关于加快农村集体资产改制工作的实施意见（试行）》，加快农村城市化步伐。

2002年4月，辖区西海域水产养殖综合整治启动，宣告辖区农村开始告别传统的农渔经济生产方式。与此同时，失地、失海农民的生活保障、养老保障开始提上政府的议事日程。

2003年，开始实施“腾巢换凤”和发展飞地经济的战略。在岛内，重点做好厦门软件园二期湖里片区的征地、拆迁和招商，提升第二产业运行质量；在岛外，开发同安工业集中区湖里园和环东海域湖里工业园，拓展发展空间。

1999—2003年，区属国内生产总值由17.7亿元增至44.7亿元，财政总收入由1.78亿元增至8.34亿元，工业总产值由33.1亿元增至85亿元。三次产业结构调整为1.03：50.76：48.21。工业化层次不断提高，产业群体日益壮大，电子、旅游休闲用品两大产业产值占工业总产值的比重为49.5%，连续两年保持全国科技工作先进区称号，科技进步对经济增长的贡献率为55%。整体办学水平不断提高，17周岁人口初中教育完成率为96.6%。社会保险实现“确保下岗职工基本生活费和离退休职工基本养老金的按时足额发放”和“五险合一”，即养老、失业、医疗、工伤、生育保险等5个险种统一由一个机构进行运作和管理，全区落实最低生活保障金1163万元，法律援助、社会救济体系逐步健全。西海域整治成效显著，旧城旧村改造有序推进，新建道路16.1千米，市政基础设施明显改善，建成区面积增至28平方千米。

2003年，全市农村工作会议提出“努力通过缩小农村来发展农村，通过减少农民来富裕农民”的口号。同年1月，江村社区居民委员会挂牌，拉开禾山镇成建制“村改居”的序幕；12月，高林社区居民委员会挂牌。至此，湖里区完成全部农业行政村改为社区居民委员会的工作，全区农村户籍人口全部转为城镇人口。

2004年，湖里区着手实施“加快开发东部，繁荣中部，优化西部，南联北进，统筹发展”的城市化拉动战略，主动融入海峡西岸经济区建设和厦门新一轮跨越式发展，全力推进经济结构、城区布局、人文环境“三个优化”，开始建设现代化中心城区的新一轮发展。

2004年9月，撤销禾山镇建制，设立江头、禾山、金山3个街道，全面开展村集体资产改制、土地换社保等“村改居”之后的衔接工作，推进居住社区化、资产股份化、就业非农化、福利社保化、素质“市民化”的全面城市化进程。同年，市政府将一批市属企业下放湖里区管理，全区规模以上工业企业由原来的146家增至269家。同年9月10日，召开中共湖里区委五届三次全体（扩大）会议，对树立和落实科学发展观、加快构筑厦门新的中心城区作出部署。

2004—2007年，经济建设和社会事业发展取得长足进步。2007年，全区实现辖区国内生产总值382.23亿元，其中区属生产总值182.3亿元；财政总收入36.89亿元，其中区级财政收入8.55亿元；辖区工业总产值983.50亿元，其中区属工业总产值361.8亿元；商贸营业额434.0亿元；城镇以上单位固定资产投资225.00亿元；城镇居民人均可支配收入21502元。

三次产业结构从2004年的0.27：64.23：35.5调整为2007年的0 ：57.87 ：42.13。现代物流、商务营运、高新技术产业研究、新兴休闲旅游“四大基地”建设有序进行。江头、凤湖、寨上三大商圈和果蔬水产、建材家具、汽车、电子通讯等专业市场日臻成熟，五缘湾片区和枋湖新商圈形成；在中埔建成全国最大的台湾水果销售中心。长岸路、东渡路沿线形成全省最大的物流平台，临港物流业聚集效应明显，全年实现营业额25.1亿元。房地产业迅猛发展，全年完成投资70.7亿元。第三产业成为经济增长主导，全年实现增加值121.05亿元，并诞生首家税收超亿元企业。

“腾巢换凤”、发展园区工业和“飞地工业”取得新成果，引进高端制造业和高新技术企业研发中心，推进企业科技创新，形成低投入、低能耗、低排放和高效率的节约型增长模式。2007年下半年，区政府修订出台《湖里区促进经济发展实施办法》，增加“品牌战略”“企业上市”等内容，推动全区产业结构调整，推进产业优化升级，培育新的经济增长点，增强发展后劲。2004—2007 年，新增规模以上工业企业 186 家，全区规模以上工业企业 460 家，新增高新技术企业 34 家，全区高新技术企业增至 53 家，基本形成电子信息、旅游休闲用品和机械制造等 3 个产业集群。质量立区、品牌发展战略取得成效，全区创市级以上著名商标、名牌产品 74 个，其中中国驰名商标、中国名牌产品 5 个。

提高外资引进的质量水平，做好“招商选资”，把引资重点放在高科技产业、服务业和发展总部经济上。2005 年以来，园区项目成为引资主力，同安工业集中区湖里园和湖里高新技术园成为项目的主要载体，2007 年 3 月，开工建设岛外工业飞地环东海域湖里工业园。招商工作的侧重点由制造业转移到贸易、管理咨询、物流等三产服务贸易领域。2004—2007 年，引进合同外资 6. 89 亿美元，实际利用外资 3. 68 亿美元；引进内资 164. 78 亿元。其中，2007 年引进合同外资 2. 55 亿美元，实际到资 1. 03 亿美元，引进内资 70 亿元。新批 100 个外资项目中，三产项目占 54%；新增注册资本 500 万元以上的内资项目 144 个，投资性公司和物流货代项目占 33. 3%。项目引资规模大幅提升，新增合同外资 100 万美元以上项目 40 个，合同利用外资额占引资总额的 90. 6%。营运中心、结算中心招商成效显著，全年新落户营运、结算中心 15 个。“三资”工业企业产值占全区工业总产值的 85. 39%。

强化街道、社区和区属国有企业在征地拆迁工作中的主体作用，重视解决被征地人员的生活出路问题，动员各方面力量全力投入征地拆迁工作，确保重点工程建设需要。截至 2007 年年底，辖区内已建城市道路 165 条、总长 213 千米、总面积 670 万平方米，水上桥梁 8 座，立交桥、高架桥、跨线桥 27 座，人行过街天桥 17 座，人行过街地道 26 座。立体交叉路桥总长约 40 千米。此外，东渡港区、象屿保税区、厦门航空港、厦门火炬高新区以及辖区内的成片开发区均修建有发达的内部交通网络。2007 年 5 月动工的快速公交系统（BRT）一期在辖区境内设有蔡塘、金山、穆厝、双十中学、县后等站。四通八达，高效快捷的立体交通网络基本构成。

仙岳山公园配套景观、福隆体育公园、薛岭山公园、夜景工程等一批园林旅游休闲设施动工或投入使用。东部新城区的开发提速，区行政中心迁至枋湖南路，湖边水库片区和五缘湾片区多个项目开工，五缘湾特色商业街投入营业。截至 2007 年年底，城市建成区面积增加至 43. 7 平方千米。

1993 年，实现基本普及九年制义务教育和基本扫除青壮年文盲。2001 年，成为全国新一轮课程改革的首批实验区。2007 年，全区投入教育经费 3. 23 亿元。教育经费中用于落实外来务工人员子女接受义务教育政策的减免和补助费用 2230 万元。截至 2007 年年底，全区有公办中学 5 所、在校生 10226 人，民办中学 13 所、在校生 4814 人；公办小学 25 所、在校生 20949 人，民办小学 25 所、在校生 19892 人；公办幼儿园 5 所、在园生 1245 人，民办幼儿园 86 所、在园生 12701 人。辖区内还有市属民办高校 1 所、市属中学和职业中专 4 所。

截至 2007 年年底，全区有省、部属科研机构 4 家，市属科研机构 1 家，民营科技机构 295 家（不含国有民营科技机构），高新技术企业科技机构 48 家，有各类专业技术人员 14944 人，基本形成以企业为主体的科研机构体系。当年科学事业费 162 万元，本级科技三项费用 2098 万元。1996—2007 年，区属企事业单位获科技进步奖 209 项，其中省级 44 项、市级 83 项、区级 82 项。科技对经济增长的贡献率从 1998 年的 48% 提高到 2007 年的 58%。1997—2006 年，通过国家科技部组织进行的“全国科技进步区”每两年一度的考核。2007 年，湖里区被中国科协评为“全国科普示范城区”。

截至 2007 年年底，辖区内有市属三级医院 1 家、区级卫生医疗机构 3 个、社区卫生服务中心 4 个、卫生服务站 9 个、医务室卫生所 72 个。另有私营医疗机构 297 家，其中规模较大的民营医院 6 家。全区区辖卫生医疗机构有医疗卫生技术人员 2097 人，其中国有、集体医疗单位 326 人，私营医疗单位 1688 人，其他体制医疗单位 83 人。全区卫生技术人员中，执业医师 878 人、助理执业医师 286 人、注册护士 608 人、药剂人员 154 人、检验人员 96 人、其他医技人员 75 人。区属医疗卫生机构中，副高级以上职称的专业技术人员有 23 人。全区基本建立健全突发公共卫生事件应急处理机制。全区儿童基础免疫疫苗接种率多年保持在 99. 85% 以上，加强免疫疫苗接种率多年保持在 98. 57% 以上。初步建立社区居民健康档案。孕产妇保健覆盖率 100%。2007 年计划生育统计年度，全区总人口 726980 人，其中常住人口 202449

人，流入人口524531人；出生人口7381人，出生率10.1‰，其中常住人口出生3065人，流入人口出生4316人；出生人口政策符合率97.30%，其中常住人口97.78%，流入人口96.96%；出生性别比112.53（女性为100，下同），其中常住人口107.94，流入人口115.91，较好完成厦门市委、市政府下达的指标。连续3年保持“全国计划生育优质服务先进区”称号。

2005年1月，湖里区成为《厦门市被征地人员基本养老保险暂行办法》试点单位，区财政拨出专款对参加基本养老保险的被征地人员给予补助。同年10月，开始实施《湖里区被征地人员基本养老保险投保贷款贴息办法》，对被征地人员贷款参加基本养老保险予以贴息，解决失地农民的后顾之忧。完善“土地换社保”奖励政策，2004—2007年，区财政安排4815万元，补贴8054名被征地人员参加养老保险，参保率75.5%。加大教育引导、岗位培训和就业推荐力度，促成14718名被征地人员和城镇下岗人员转移就业。全力配合推进高林居住区、湖边花园、五缘公寓等社会保障性住房的开发建设，辖区居民申请首批保障性住房的1039户住户通过审核。扩大社会保险覆盖面。全区有近40万人次参加养老、医疗、失业、工伤和生育5种保险。根据全市统一部署，在全国率先开展全民医保工作，全区有2.6万城镇居民参加全民医疗保险。同时，加大社会救助力度，制定实施医疗救助、特大病救助、重点优抚对象临时救助、城市居民最低生活保障等多项政策，通过慈善会、红十字会、残疾人联合会等机构开展扶贫济困活动，开办爱心超市、惠民门诊，初步构建成社会保险、社会救助、社会福利、慈善事业相互补充的社会保障体系。

2004年，在全区推进“村改居”社区的集体资产改制，在全省率先启动社会工作人才综合队伍建设试点工作。公开招聘社区工作者并实行持证上岗制度，提高社区工作者待遇。完善社区硬件建设，普及社区警务室，基本实现社区用房面积达标。开展和谐社区创建活动，湖里区被评为“全国和谐邻里建设”示范单位，湖里、江头街道和康乐、康晖、兴隆、吕岭及金山等5个社区分别被评为“全国和谐邻里建设”示范街道和示范社区，金尚等15个社区被评为市“和谐社区建设”示范社区。

截至2007年年底，湖里区拥有国家一级文化馆1个、电影院2家、区少年宫1座、区文化活动中心1处、区老人活动中心1处、500平方米以上的社区文化活动中心3处、文化广场40处，国家二级图书馆1座、图书室70多个，区级体育馆1座、健身场所42处、水上活动中心1处、游泳池16个、篮球等各类球类运动场226个，全区有歌舞娱乐场所、网吧、音像制品店、图书报刊零售、电影放映等文化经营单位306家。构建“十五分钟文体设施网络”取得初步成效，学校、企事业单位体育场馆向社会开放，形成以区、街、社区文体设施为基础，以学校、企事业单位文体设施为补充的群众文体设施服务网络。油画一条街、漆线雕、石雕等特色文化产业取得长足进展。2007年，湖里区被评为福建省文化先进区。

湖里区用20年的时间，实现从传统的农耕经济向现代经济的跨越，完成从农村到现代化城市的转变，成为海峡西岸经济区经济发展、社会事业发达、人民安居乐业的一方热土。年轻的湖里区，正处于产业转型、社区转型、社会转型的巨大而深刻的变革之中，任重而道远。

大事记

唐

天宝十四年（755）前后

辖区境域时为新城一部分，为南安县属地。薛令之和陈僖家族相继迁入岛内。薛居薛岭之北，陈居薛岭之南，人称“南陈北薛”，为开发厦门岛的先驱。

大中十一年（857）前后

辖区境域时属嘉禾里。

五代十国

闽龙启元年（933）

辖区境域随嘉禾里改属同安县。

宋

元丰八年（1085）

店里人林梊登进士第，为嘉禾里最早的进士。

元祐年间（1086—1094）

在五通、东渡设“官渡”。

明

洪武二十七年（1394）

厦门筑城，建守御千户所，调永宁卫中、左千户所的军队戍守，所署设在二十三都（今江头附近），嘉禾屿始有中左所之称。同时在禾山沿海建东澳寨、五通寨。

嘉靖二十一年（1542）

五月十三日　夜，飓风大作，飞瓦拔木，数人方可环抱的榕树被折断。

万历三十一年（1603）

八月初五日　飓风大作，潮涌数丈，沿海民居埭田被淹没。

万历三十二年

十一月初九日　酉时，地震，声响如雷，房屋倒塌。

清

顺治七年（1650）

八月　奉南明永历帝为正朔的郑成功杀郑联，兼并郑彩、郑联武装，全面控制厦门岛。辖区境域成为郑军驻守区域。

顺治八年

二月　清军马得功部趁郑成功南下勤王、防务空虚之际从五通攻占厦门，并在郑成功回师之前撤离。

顺治十七年

三月　郑成功在厦门岛一带设思明州，辖区境域为思明州辖地。

四月　郑成功部拆除大陆沿海高浦等地城墙，将砖石运至高崎、五通、湖莲等地修筑城寨。

五月初十日　清廷派内大臣达素会同闽浙总督李率泰率清兵数万、战船400余艘，分三路攻厦门。两军激战于赤山坪海面上，郑军大捷。

顺治十八年

三月　郑成功率部东渡台湾，辖区境域由其子郑经驻守。

八月　辖区境域被划入清军“禁海”、“迁界”范围。

康熙二年（1663）

十月　清军攻占厦门岛，郑经部撤往台湾。清军“墟其地而返”，厦门岛成为无人荒岛。

康熙十三年

郑经乘“三藩之乱”重新占领厦门岛，辖区境域成为郑经控制区域。

康熙十九年

二月　清军攻占厦门岛，派总兵杨嘉瑞镇守，辖区境域纳入清政府统治区域。

康熙二十二年

清福建水师提督衙门由漳州移驻厦门，在辖区境域设高崎汛、蛟塘汛、五通汛。

康熙三十七年

四月二十八日　夜，大雨如注，山崩水涨，船挂树梢，桥梁冲坏。

乾隆十七年（1752）

七月初七日　夜，大风。翌日大潮，各澳港停泊船只有的被海潮推上陆地，有合抱大树被拔起，房屋损坏无数。

嘉庆十年（1805）

禾山各乡人士呈请厦防分府创办书院于禾山后院社，后因经费不继，工程中断。

道光六年（1826）

兴泉永道倪琇置埭田于禾山湖莲保。

道光十四年

十二月　兴泉永道周凯增置湖莲保义田，并主持修筑土埭、石埭各一。翌年闰六月，两埭竣工。

道光二十一年

七月初九日　英国舰队攻占厦门。翌年七月签订《中英南京条约》，厦门被列为通商口岸。

道光二十二年

九月十一日　厦门正式开埠。

道光二十三年

霍乱流行。

咸丰三年（1853）

四月　“小刀会”占领厦门。厦防分府文武官员退至禾山，辟后坑资福院为行辕，军队驻后院埔。

咸丰四年

闰七月　遭飓风、大雨袭击，房屋倒塌。

咸丰八年

是年　疟疾流行。

同治元年（1862）

由华侨捐建的“安睦书院”在禾山后院社落成，开办一年后因经费无着停办。

光绪二年（1876）

清政府在厦门设立抚垦司，招募百姓迁移台湾，渡台费用由政府供给，每人授田11亩，供给牛、种子和农具。开垦期间还供应口粮，并规定垦荒三年后开始收税。禾山百姓多人迁居台湾。

光绪十年（1884）

七月十三日　台风大作，船被掀到岸上，民众多有死伤。

是年　法军侵扰福州，厦门亦戒严。禾山民间办团练，先后推举陈宗旨、陈纲任总董。

光绪十一年

兴泉永道道台孙钦昂、海防同知丁惠深等捐俸，并向禾山华侨发起募捐，在“安睦书院”原址复办书院，更名为禾山书院。

光绪十六年

秋旱，4个月无雨。兴泉永道道台和水师提督设坛求雨无效。禾山百姓素衣焚香，且行且跪，抬神像到厦门港龙神庙求雨。十月二十五大雨。

光绪十七年

七、八月　旱，苗尽枯。

八月廿四日　雨雹。

是年　大疫。继而爆发洪水，江头埭、乌林埭均被冲断。

光绪十八年

七月二十九日　飓风。

光绪二十二年

私立颍川小学堂在钟宅成立，为钟宅小学前身，这是厦门岛最早的小学校之一。

夏、秋　鼠疫爆发，死多人。

光绪二十三年

鼠疫流行，死千余人。

光绪二十四年

鼠疫爆发，严重时一天死50余人。

光绪三十二年

六月三十日　晚，地震，其声如雷，民屋多裂。

光绪三十四年

九月二十一日　飓风席卷禾山。

十一月五日　“顺泰”轮在高崎海面翻沉，死35人。

宣统元年（1909）

痢疾、天花、霍乱、鼠疫流行。

八月　创立禾山自治会，选举王龙光为正会长，王伯龙为副会长。

是年　禾山祥店社黄必成当选为该年成立的福建省谘议局议员。

宣统二年

福建省去毒总社委任黄瀚设立禾山去毒社，社址在江头廖成功医局旧址，并在浦园设戒烟局。

十月　乡绅黄瑞坤、廖成功、林在田、孙高升等捐助千元，并向旅居小吕宋、宿务华侨募捐二千余元，办理团练。

宣统三年

九月初一日　日食。

九月十五日　月食。

是年　晋江籍医生张振德在江头街开办振德医院，为辖区第一家私立医院。1949 年停办。

中华民国时期

民国元年（1912）

1 月 25 日　地震，海潮退而复涨，多艘渔船沉没。

4 月 15 日　厦门岛自同安县析出，设思明县。禾山隶属思明县。

9 月 12 日　辖区境域遭台风袭击，树多被拔起，民房毁坏多间。

民国 2 年

禾山薛厝社旅菲侨商黄瑞坤，在后院社禾山书院旧址创办禾山甲种商业学校。

民国 4 年

1 月　安然兄弟产业公司在安兜社开办农场，占地 8.7 公顷，是为厦门首家农场。

是年　思明县知事来玉林改联甲民团局为禾山保董公会，祥店人黄必成为董事。

民国 6 年

9 月 12 日　遭受 30 余年以来最大的台风袭击，禾山庄稼基本被毁。

民国 7 年

2 月 13 日　受广东南澳强烈地震影响，辖区境域许多房屋被震塌。

民国 9 年

秋旱，4 个月无雨。

民国 11 年

禾山各小学教员举行罢教，要求加薪。

民国 12 年

12 月 1 日　驻厦北洋军阀臧致平部旅长李崇寅向禾山勒索 20 万元（银元），乡民 100 余人被扣留。后被迫认缴 8 万元，始得释放。

是年　市区美仁宫至江头公路竣工，为禾山连接市区的交通要道。

民国 13 年

江头至高崎、江头至五通的公路竣工。

民国 15 年

4 月　中共禾山支部成立，为厦门最早成立的 7 个中共支部之一。

是年　美国归正教会在邦坪尾（今东渡一带）设圣道学校。

是年　华侨黄晴辉、冯开让、薛煜添、方炳坤等 8 人投资创办民办全禾汽车股份有限公司，开辟美仁宫至江头客运业务。

民国 17 年

8 月　菲律宾华侨吴记藿、吴福奇、薛煜添、林珠光、李清泉等在五通店里社发起创办福建民用航空学校（亦称厦门五通民用航空学校）。民国 19 年 7 月，因经费问题而停办。

民国 19 年

4 月 15 日　航行五通至同安澳头之间的“便利轮”由于严重超载，又遇大风，在航行途中沉没，溺毙 189 人，是为“便利轮”惨案。

民国20年

2月　嘉禾股份有限公司开业，为禾山第一家苗圃。

5月　厦门嘉兴产业公司在禾山创办农场。

是年　厦门庆云畜牧养殖公司在禾山创办岛内第一家畜牧场。

民国21年

年初　福建省通过在厦门老市区设置厦门市的议案，禾山仍属思明县。

民国22年

2月　变更厦门市辖区方案，随即改厦门市为思明市。

11月　十九路军发动“福建事变”，成立厦门特别市政府，辖区包括禾山。翌年1月“福建事变”失败，恢复思明县建制。

民国23年

9月1日　禾山归国华侨叶天来等在寨上社创办4开4版的《禾山旬报》。这是禾山第一份本地编辑、出版、发行的报纸。民国24年8月21日停办。

民国24年

2月29日　国民政府行政院批准设立厦门市，同时撤销思明县，市郊设禾山特种区，直属省政府，由同安县代管。这是禾山设置政区之始。4月1日，禾山特种区正式挂牌。

5月13日　禾山安兜社归侨薛仕卿，遭匪抢劫并被绑往同安。新加坡禾山公会为此呈请国民政府、闽省府饬属缉匪，维护侨乡治安。

民国25年

春旱接夏、秋旱，庄稼歉收。

民国26年

7月　禾山由特种区改为甲种区，归厦门市管辖。

民国27年

2月10日　多艘日舰炮击禾山沿海地带。

5月10日　凌晨3时许，侵华日军2000余人，分乘30多艘舰艇分别从凤头至泥金等处海滩登陆，侵犯厦门岛。中午，日本侵略军占领江头，境域沦陷。

民国28年

2月　日伪在江头设大赌场，兼营娼寮、烟馆生意。

民国29年

1月30日　骤寒。晚9时许局部山区降冻雨，俗称“下米雪”。

5月17日　日伪在禾山沿海实行海禁，是日起禁止渔民出海捕鱼。

6月　日本军队拆迁坑园、斗门、安人里等14个社，修建高崎军用飞机场。

11月29日　夜，由32名青年组成的“厦门市三民主义青年锄奸队”乘船突袭钟宅伪警所，烧死日寇2人，击毙、击伤伪警多人。

民国30年

12月5日　高崎机场开通至台北的航线。

民国31年

1月7日　夜，厦门挺进队从漳州方向分数路渡海奔袭禾山牛家庄（今东渡）、湖里、高崎及五通敌伪据点。

7月　日伪军为报复7月1日晚发生在厦门公园的手榴弹袭击事件，从禾山泥金社抓走24名村民，其中16人被杀害于五通海滩。

民国33年

2月20日　驻五通日本侵略军士兵在虎仔山设饵，用地雷炸死一只老虎。该虎重150余公斤，曾咬死马厝一村民。

4 月 1 日　夜，岛外中国守军分两路渡海奔袭禾山敌机场及驻禾山湖边日伪保安团团部。

民国 34 年

8 月 28 日　侵占厦门日军派员到石码镇向南京国民政府代表接洽投降事项。

10 月 3 日　厦门市政府迁回厦门。禾山区公所同时迁回，区署设在江头。

民国 35 年

2 月　中共（闽中）厦门工委负责人施能鹤、郑秀宝、梁明富等人以办学为掩护，在禾山开展党的地下工作。

12 月 10 日　菲律宾中华商会主席薛芬士在菲律宾募集 30 万元（菲币），用于禾山战后重建。

民国 36 年

1 月 17 日　千余农民因久旱歉收到江头区公所请愿，要求缓征田赋。

10 月 20 日　江头街发生火灾，大火从夜晚烧至次日凌晨。

是年　国民政府接管日军遗留下的高崎机场，民国 37 年 8 月，改为民用机场，由中国、中央、国泰 3 家航空公司经营航空业务。

民国 38 年

春，市立第二中学迁至禾山祥店社，改名厦门私立禾山中学。

中华人民共和国时期

1949 年

10 月 4 日　台风，树木、船只被毁甚多。

10 月 15 日　晚，中国人民解放军第十兵团三十一军九十二师、二十九军八十五师分别从辖区境域的石湖山、神山、埭辽、下尾、钟宅等地登陆，10 月 17 日解放厦门全岛。

10 月 21 日　厦门市人民政府正式成立。全市设思明、开元、厦港、鼓浪屿、禾山 5 个区，禾山区辖 16 保。

11 月　中共禾山区委员会成立。

12 月 9 日　禾山区“农协”筹委会成立，开始领导农民进行减租减息斗争。

12 月 23 日　后浦一带发现老虎，一陈姓农民所养小猪被虎叼走。

1950 年

3 月 29 日　禾山区吕厝社建立厦门市第一个村政权。

3 月　废除保甲制，建立新的基层政权。禾山区设江头、梧村、高殿、五通、钟宅、何厝、曾塔 7 个乡。

11 月　开展抗美援朝、保家卫国捐款运动。

12 月 5 日　恢复厦门五通至同安刘五店水陆联运。

1951 年

3 月　开展镇压反革命分子运动。

3 月 12 日　禾山区在薛岭召开公审大会，处决恶霸陈宝琦等 3 人。

5 月 27 日　开始进行“反动党、团、特务人员登记”。

6 月 30 日　私营厦禾汽车公司结束营业，同时成立公办厦门汽车公司。

6 月　禾山群众响应厦门市抗美援朝分会发起的“为中国人民志愿军捐献飞机大炮运动”的号召，积极捐钱捐物。

7 月 2 日　中国人民银行在江头设营业所，这是辖区境域首家银行。

7 月 16 日　禾山区所辖 7 个乡重新划分为曾塔、梧村、江头、后坑、枋湖、钟宅、五通、高殿、湖里、何厝、前埔等 11 个乡。

8 月　厦门市人民法院设立禾山土改法庭。

9 月　厦门市在江头、梧村进行土地改革试点工作。10 月，土改全面展开。

11 月 13 日　禾山区召开首届劳动模范会议，选出王春木等 17 人为区劳模。

11 月 27 日　禾山区举行万人公审大会，公审并处决恶霸林三兴等 3 人。

冬　禾山区试办互助组。至 1953 年，共有 3216 户参加互助组，占农户总数的 46.6%。

1952 年

2 月 1 日　禾山区土改完成，万余农民集会庆祝土地还家。

春　开始进行民主建政、建立乡人民代表会议制工作，各乡均成立乡人民政府。

1953 年

6 月 17 日　国内第一个连接海岛的填海工程——厦门高（崎）集（美）海堤动工。1955 年 10 月竣工。

秋　禾山区有 20298 个选民参加普选，选出市、区、乡三级人民代表 500 人。

11 月　开始实行粮食统购统销。居民口粮实行按需自报，凭证供应。1955 年 9 月，改为按等级标准凭证供应。此后，辖区境域居民月供应粮食、食油标准多次变动。1983 年开始，粮食实行多渠道经营，口粮标准失去实际意义。1993 年，全面放开粮食市场。

12 月　以后埔村张永水常年互助组为基础，成立禾山区第一个合作社——后埔农业生产合作社。

1954 年

3 月 4 日　禾山区公所改为禾山区人民政府。

9 月 3 日　中国人民解放军驻厦炮兵部队炮击大、小金门岛，史称“九三”炮战。此后，禾山即成为炮战前沿阵地。

9 月 7 日　台湾当局飞机连续数日空袭厦门。禾山区有 21 个自然村遭扫射轰炸，几十间房屋被炸毁，村民被炸死 34 人。

9 月 17 日　开始实行棉布计划供应。

11 月　至翌年 2 月 10 日，秋旱 89 天接春旱 56 天，连续大旱 145 天。

1955 年

3 月　辖区境域农村实行粮食统购定产、定购、定销政策。

6 月 20 日　上午 11 时，日全食。

12 月 4 日　禾山区人民代表大会召开。

12 月　禾山区共建初级农业生产合作社 165 个，基本普及初级社。

1956 年

1 月 1 日　江头乡 6 个初级合作社联合成立工农联盟农业生产高级合作社，为禾山区第一个高级合作社。同月 28 日，禾山区 165 个初级社合并为 13 个高级农业生产合作社；30 日，6000 多名农民集体游行，向中共厦门市委“报喜”，宣告“农业社会主义改造基本完成”。

3 月 28 日　台湾当局驻金门部队炮击禾山前沿村庄，炸毁民房 16 间，炸死、炸伤村民 10 人。

6 月 10 日　禾山区 11 个乡并成江头、何厝、钟宅、五通、高殿、曾塔 6 个乡。

9 月 18 日　辖区境域遭强台风袭击。

12 月 4 日　根据厦门市人委有关会议，辖区境域实行猪肉凭票供应暂行办法。

是年　成立禾山拖拉机站，为辖区境域使用农业机械之始。

1957 年

2 月 12 日　气温骤降至摄氏零度，出现浓霜，禾山冻死耕牛 30 余头。

4 月　辖区境域粮油产品禁止进入集贸市场，全部由国家收购。

6 月 24 日　驻辖区境域解放军炮兵部队参与炮击大、小金门。

11 月 12 日　禾山吕厝发掘出宋代青瓷有盖骨灰罐，属国家一级文物。

1958 年

1 月　禾山区撤销，所辖江头、五通、高殿、钟宅、曾塔、何厝 6 个乡（曾塔、何厝今属思明区）隶属厦门市郊区办事处。

5 月　在钟宅湾湾底筑堤围海，建成钟宅盐场，面积约 0.75 平方千米。1979 年，在钟宅盐场之外筑堤围海，建成钟宅大队盐场，面积约 1.30 平方千米。

7 月 16 日　遭受强台风和大暴雨袭击，雨量达 220 毫米。

8 月 22 日　为配合“八二三”炮战，辖区境域沿海老弱妇幼集体迁往岛外，一个月后陆续迁回。

8 月 23 日　解放军福建前线部队对大、小金门等岛屿实施猛烈炮击，史称“八二三”炮战。9 月 8 日、11 日和 13 日，又进行 3 次大规模炮击。10 月 25 日起，解放军宣布逢单日打炮，逢双日不打炮。

8 月　原禾山区内的 13 个高级合作社合并为 3 个大社，即何厝乡的“前线”高级社、五通乡的“七一”高级社、江头乡的“五一”高级社。

是月　江头街陈文山参加在南宁市举行的“全国射击冠军赛”，以 270 环的成绩获男子自选小口径步枪 100 米 10+30 卧射第一名。

是月　铁路高崎站建成投入使用。主要办理货运整车与零担以及客运业务，系四级站。1982 年 5 月，改名为厦门北站，升为三级站。

9 月 6 日　台湾当局驻金门部队炮弹击中厦门第三中学，师生 5 人死 9 人伤，建筑物多处被毁。学校随后迁往殿前临时校舍。

10 月 9 日　成立前线人民公社，辖区境域各村、自然村改为生产大队、生产队。

是月　人民公社大办公共食堂。根据上级指示，取消居民粮食定量和农村口粮，宣布“放开肚皮吃饱饭”。

是月　取消辖区境域农贸市场。

是月　前线公社开展全民炼钢运动，成立“钢铁办公室”，下设宣传、技术、后勤材料 3 个组。此后 1 个多月时间，全公社共有 2.4 万余人次投入炼钢生产，建成土高炉近 300 座。所出产品基本上不合格。

11 月 16 日　前线人民公社民兵师成立，辖区境域各大队建立民兵营、民兵连，生产队建立民兵排。

是年　根据上级部署，各生产大队普遍开展“大跃进”运动。

1959 年

5 月　厦门前线人民公社民兵师被国务院授予“支前模范单位”荣誉称号。

6 月 19—21 日　前线人民公社召开第一次党代会。出席大会的正式代表 82 人，列席 17 人，来宾 24 人。

8 月 23 日　12 级以上台风正面袭击厦门岛，禾山人民生命财产损失惨重。

11 月 25 日　福建省亚热带植物研究室在塘边成立，后改室为所。

12 月　湖边水库动工，翌年 4 月建成。

1960 年

6 月　恢复“大跃进”时期取消的粮食“定产、定购、定销”政策。

1961 年

是年　全面恢复“大跃进”时期关闭的农村集市贸易市场。

1962 年

6 月　农村粮油统购改为以生产队为基本核算单位，实行包产、包购，粮油挂钩，超购加价及奖售工业品方案。

11 月 13 日　至 1963 年 2 月 10 日秋旱 90 天，接着至 5 月 1 日春旱 80 天。

1963 年

2 月 14—19 日　根据中共厦门市委部署，辖区境域于 8 月全面开展“四清运动”（清政治、清经济、清组织、清思想）。

3 月　根据中共厦门市委部署，辖区境域开展“向雷锋同志学习”活动。

10月　江头街庄加禾代表福建省队参加在长沙举行的“中华人民共和国体育运动会全国射击冠军赛”，以373环的成绩获男子自选小口径步枪50米40发跪射第12名，打破省纪录，获国家一级运动员称号。

是年　蔡塘村在厦门岛内农村第一个通电。

1964年

2月　按全市统一部署，全面开展“农业学大寨”运动。

12月　成立江头街居民委员会。

1965年

3月7日　各生产大队派代表出席厦门郊区首届贫下中农代表大会，成立郊区贫下中农协会筹委会。

1966年

6月　厦门部分学生公开张贴大字报，由此拉开厦门市“文化大革命”的序幕。辖区境域进入长达10年的“文化大革命”时期。

12月　高殿大队在寨上社西北开工修建高殿水库，至次年11月建成，库容20万立方米。

是年　县后生产队创办卫生所，免费为社员治病，住院费用报销一半，称为合作医疗。随即在各村推广。

1967年

2月　禾山“革命造反派”展开夺权行动，宣布接管前线公社管委会。此后，“革命到底联合司令部”（简称“革联”）和“促进归口联合委员会”（简称“促联”）两派“群众组织”发生对立，引发“武斗”。

1968年

9月14日　国务院正式批准成立中国人民解放军支“左”部队代表、革命干部代表和群众组织代表“三结合”的郊区革命委员会，随后各生产大队陆续成立革命领导小组。

1969年

8月12日—9月26日　夏旱46天。

11月上旬　各生产大队选派代表出席郊区首届“活学活用毛泽东思想积极分子代表大会”。

是年　禾山村民在林后村东北修建埭辽水库。1978年扩建，扩建后总库容量116万立方米。

1970年

2月11日　根据全市统一部署，开展“一打三反”运动（打击反革命破坏活动，反对贪污盗窃、投机倒把和铺张浪费）。因斗争扩大化，伤害一批无辜群众。

9月21日　高崎码头建成。

1971年

6月30日—7月4日　各大队派党员代表出席中共郊区第一次党员大会，选举产生中共郊区第一届委员会。

9月　筼筜海堤竣工，将东渡与老市区连接起来。

是年　广泛开展计划生育宣传工作，提倡“晚、稀、少”的婚育观念。

1972年

4月23日　前线公社遭遇暴雨袭击，死亡1人，受伤3人，水淹民房224户，直接损失50多万元。

11月11日　省交通局将厦门东渡港建设列入1973年基建计划，规划建万吨级泊位16个，使用岸线2800米，年吞吐量可达700万吨。

1973年

3月5日　根据市革命委员会批转市计划生育领导小组《关于计划生育若干具体政策问题的规定》，辖区境域实行农村青年男25岁、女23岁以后结婚，一对夫妻最多生育两胎，两胎间隔3～5年的政策。

4月23日　暴雨，日降雨量239.7毫米。

10月10日　第15号台风登陆厦门岛，禾山农业生产受到严重破坏。

1974 年

2 月　根据全市统一部署，进行“批林批孔”运动。

3 月 13 日　连下两天酸雨，造成早稻烂秧。

1975 年

1 月　埭辽湾围垦工程开工，翌年竣工。

1976 年

1 月 8 日　周恩来总理逝世。禾山人民自发举行追悼活动，悼念周恩来总理。

2 月　根据全市统一部署，开展“批邓反击右倾翻案风”运动。

5 月　高殿大队会计陈永川因张贴批判江青反革命集团、拥护邓小平的标语，以“反革命罪”被逮捕。粉碎江青反革命集团后获平反。

9 月 9 日　毛泽东主席逝世。禾山人民举行各种形式的追悼活动，悼念毛泽东主席。

10 月 24 日　禾山干部群众冒雨参加中共厦门市委组织的大游行，庆祝粉碎江青反革命集团的胜利。

1977 年

8 月 20 日　禾山干部群众参加市委组织的游行活动，欢庆中共第十一次代表大会召开。

10 月　举行 1966 年“文化大革命”以来的第一次大学招生考试，厦门三中为考点之一。

1978 年

11 月 15—17 日　中共厦门市郊区第二次代表大会召开，选举产生中共厦门市郊区第二届委员会，并由第二届第一次全委会选举产生区委常委 11 名，其中书记 1 名、副书记 2 名。

1979 年

2 月　根据中共中央有关文件精神，禾山开始为地主、富农分子摘帽，并为其子女改定成分。此后，阶级成分逐渐被职业身份所代替。

5 月 23 日　中共厦门郊委、郊区革委会召开社会主义群英会，表彰 18 个红旗单位、25 位劳动模范、274 个先进单位和 552 位社会主义建设积极分子。

是年　广泛宣传“为革命只生一个孩子”的计划生育方针。

1980 年

5 月 16 日　中共中央、国务院决定，在厦门市划出一定范围的区域为经济特区。同年 10 月 7 日，国务院正式批转福建省政府《关于厦门经济特区选址的报告》，同意在厦门岛西北部的湖里划出 2.5 平方公里的土地，设置厦门经济特区。

10 月 1 日　前线公社更名为禾山公社。辖何厝、前埔、洪文、蔡塘、后坑、五通、高林、钟宅、县后、枋湖、江头、后埔、西郭、塘边、马垅、西林、莲坂、高殿、湖里、东渡、黄厝、曾厝垵等 22 个大队。

是年　中国建设银行在湖里设立特区支行。

1981 年

9 月 11 日　厦门经济特区机场修建处成立。

9 月 18 日　湖里街道办事处正式挂牌。

10 月 15 日　厦门经济特区湖里加工区第一期工程破土动工，厦门经济特区建设拉开序幕。

10 月 29 日　厦门经济特区湖里加工区首期工程征地工作基本完成，共征用土地 1591 亩。

1982 年

1 月 5 日　东渡码头一、二号泊位建成，深水泊位长 777 米，可同时停泊万吨轮 5 艘，年吞吐量 200 多万吨。

1 月 10 日　高崎国际机场破土动工。至 1983 年 7 月，一期工程历时 18 个月，完成跑道 2150 米。

2 月 7 日　厦门经济特区管委会批准设立特区第一家外资企业——印华地砖厂。1984 年 7 月，正式投产。

4 月 15 日　禾山公社普遍实行以家庭经营为主的联产承包责任制。

11 月 8 日　中共中央总书记胡耀邦视察厦门经济特区。

1983 年

1 月 22 日　普降冻雨。

3 月 10 日　东渡新港首次停靠万吨货轮——利比亚籍的 2.7 万吨级远洋货轮“浪峰”号。

3 月 23 日　厦门经济特区管委会公布首批对外经济技术合作项目，湖里加工区成片开发为其中一项。

3 月 28 日　香港“华胜”轮集装箱船抵东渡码头。

7 月 29 日　厦门高崎国际机场试航成功。10 月 22 日正式通航。中央、省、市领导和科威特阿拉伯经济发展基金会理事长费萨尔等参加通航典礼。

10 月　由厦门经济特区建设发展公司与中国银行总行信托咨询公司及香港集友银行、华侨商业银行、南洋商业银行、宝生银行、澳门南通信托有限公司等 5 家港澳华资银行联合组建的厦门经济特区联合发展有限公司成立，负责湖里加工区的开发建设和经营。

10 月 21 日　全国人大常委会副委员长叶飞等国家领导人视察厦门经济特区。

10 月 25 日　国家主席李先念视察厦门经济特区。

10 月 31 日　国务院总理赵紫阳视察厦门经济特区。

12 月 16 日　全长 6.25 公里的高崎至东渡铁路支线通过验收。1985 年 5 月正式通车。

1984 年

2 月 7—10 日　邓小平在王震陪同下视察东渡码头、高崎国际机场、湖里工业区，听取厦门经济特区建设情况汇报，为厦门经济特区题词：“把经济特区办得更快些更好些”。

4 月 5 日　暴雨加冰雹袭击厦门，东渡码头大吊车被刮倒。

5 月 4 日　中共中央、国务院颁发《关于转发〈沿海部分城市座谈会纪要〉的通知》，宣布厦门经济特区扩大到厦门全岛，并实行自由港的某些政策。1985 年 6 月 29 日，国务院正式批复福建省委、省政府呈报的《厦门经济特区扩大到全岛的实施方案》；9 月，中共福建省委决定将厦门经济特区管委会与厦门市人民政府合并，由厦门市人民政府行使管理经济特区的职能。

6 月 1 日　厦门卷烟厂、厦门经济特区联合发展公司与美国雷诺士烟草国际（亚太）有限公司合资经营的华美烟草有限公司在湖里工业区举行奠基仪式。1988 年 10 月 28 日，华美卷烟有限公司正式投产。

7 月　湖里工业区管理局成立，代表厦门市人民政府在工业区内行使统筹与管理职能。

10 月　撤销人民公社建制，禾山人民公社改为乡人民政府，生产大队、生产队分别改为村民委员会与村民小组。

12 月 28 日　东渡码头一期工程 4 个万吨泊位正式投入使用。

1985 年

1 月　开通程控电话，各村全部接入程控交换机，手摇电话机被淘汰。

1 月 5 日　厦门航空有限公司正式营业。

1 月 11 日　厦门东渡水产冷库通过国家验收，正式交付使用。

1 月 15 日　禾山乡召开第一届归国华侨代表大会，成立郊区归国华侨联合会禾山分会。

是月　宣布取消农村粮油统购，实行合同定购。

3 月 15 日　湖里保安公司成立。

4 月 6 日　厦门国际机场第一个国际航班——马尼拉经厦门至北京航班正式通航。

5 月 11 日　湖里发生交通事故，一辆严重超载的旅游客车和一辆 8 吨自卸货车在湖里大道口相撞。客车被当场撞翻，引起油箱燃烧、爆炸，造成乘客 24 人死亡、56 人受伤。伤亡者均为惠安县惠南中学来厦旅游的师生。

6 月 3 日　高殿自来水厂及市区增压站正式投入运行。

6 月 29 日　国务院批复福建省政府《关于报审厦门经济特区实行方案的报告》。辖区境域成为厦门经济特区的重要组成部分。

12 月 18 日　中外合资宾馆——悦华酒店开业，址设湖里区悦华路 101 号。

12月19日　中外合资综合性电子企业——厦门华侨电子企业有限公司开业。

是年　枋湖村村民率先安装住宅电话。

是年　枋湖村委会集资15万元，建立安兜自来水站，日供水3000吨。1992年，扩建为水厂，日供水量1万多吨。

1986年

4月26日　根据市政府“从1986年粮食年度起，不再向农户下达粮食定购任务”的决定，辖区境域合同定购粮食任务大部分以交平、议差价形式完成。

9月7日　6万吨级“大德”号散装船运载5万吨小麦安全靠泊东渡港2号泊位。这是厦门港最大吨位直靠码头作业的船舶。

12月16日　东渡码头重点配套工程之一——濠头仓库南库区四号、六号多层商品仓库竣工，通过验收并投入使用。

1987年

6月10日　国务院国函〔1987〕104号批复：同意厦门市设立湖里区，郊区更名为集美区。8月13日，厦门市人民政府颁布《关于调整厦门市行政区划的通知》，宣布设立湖里区，下辖湖里街道所属的8个居委会和禾山乡所属的12个村委会。9月14日，中共湖里区临时委员会成立。

6月　湖边水库第五电灌站（祥店尾段）水渠工程开工，12月底完工，改造渠道总长484米，其中拱涵279米，明渠205米。

10月1日　厦门大桥破土动工。1991年5月1日试通车，12月19日正式通车。该桥是跨海公路大桥，由高崎引桥、主桥和集美立交桥三部分组成。

11月20—23日　湖里区第一届人民代表大会召开。湖里区人民政府成立。

12月18—19日　中共湖里区第一次代表大会召开，选举产生第一届区委委员和区纪检委委员。

12月31日　中共中央总书记赵紫阳视察厦门经济特区。

1988年

1月15日　湖边水库二站水渠维修工程开工，1988年3月31日竣工，维修护砌二站渠首至马厝渠道1100米。

5月9日　厦门经济特区对外贸易（集团）公司报关行在湖里寨上成立。

5月12日　民间教育基金会——侯卿教育福利基金会在禾山后坑成立。

6月23日　禾山乡钟宅村钟姓畲族身份被确认，成为湖里区唯一聚族而居的少数民族。

8月10日　湖里区归国华侨联合会成立。

1989年

1月28日　湖里区高殿村村民代表会议召开。

2月25日　香港信和置业集团在湖里海天路北侧拍得一块面积为2609.10平方米的地块使用权，每平方米地价为2222.99元，这是湖里区公开拍卖土地使用权之始。

3月2日　“台湾工业园区”首期工程动工。“台湾工业园区”设在湖里工业区中部，首期工程占地8万平方米。建成后的工业园区约可容40家生产厂家。

3月29日—4月1日　政协湖里区第一届委员会第一次会议召开，选举产生湖里区政协首届常务委员会。

4月15日　湖里区百乐园有限公司发生火灾，8259箱杜康酒等物资被烧毁，损失104万元。

4月20日　湖里市场建成并投入使用。

6月1日　全国少工委、《中国少年报》、《中国儿童》杂志在北京联合表彰100名“中国好少年”和“中国好儿童”。塘边小学四年级学生王莉兰被授予“中国好儿童”称号。

6月23日　撤销禾山乡建制，改设禾山镇。

11月6日　厦门万山汽车工业公司被列为国家计划内汽车生产企业。

12月4日　仙岳山发生山林火灾，过火面积约2公顷。

1990 年

2 月 25 日　国务院总理李鹏视察禾山镇蔡塘村。

6 月 25 日　国家科委和市人民政府签署关于共同创办厦门火炬高技术产业开发区的协议。12 月 30 日，厦门火炬高技术开发区破土动工。厦门火炬高技术产业建设发展公司同时成立。

7 月 30 日—8 月 3 日　降雨量达 500 毫米以上，为 50 年来最为集中、雨量最大的降雨，全区交通受阻，供电一度中断。

9 月 20 日　龙头山粮油储运总体工程配套的厦门粮食铁路专用线正式通车。

10 月 29 日　东渡港区二期工程开工。工程包括新建 3.5 万吨级集装箱泊位 1 个、2.5 万吨级煤炭泊位 1 个、2 万吨级杂货泊位 2 个及相应配套设施，设计年吞吐能力 350 万吨，总投资 3.8 亿元。1994 年 12 月 10 日竣工。

1991 年

2 月 11 日　高林村被命名为市级科学技术模范村。

6 月 1 日　金山自来水厂动工兴建，1992 年 4 月底建成，5 月 1 日正式供水。1994 年 3 月，进行二期扩建，日供水 1.5 万吨。

7 月 4 日　位于湖里区境内的厦华电子有限公司、华美卷烟公司跻身全国 500 家最大工业企业行列。

是月　江头旧城改造工程启动。

12 月 12—14 日　海峡两岸科技合作项目洽谈会在厦门举行，会上签订合同、协议、意向 90 多个，其中厦门火炬高技术产业建设发展公司与台商、港商签订 13 个高技术项目合同，投资额 3100 万美元。

1992 年

5 月 1 日　开始实施市政府颁布的《厦门市住房制度改革实施方案》，区属单位住房制度改革进入规范化轨道。

7 月 20 日　厦门高崎国际机场二期工程破土动工，1996 年完工。

7 月 22 日　联合国人口发展、民主、人权机构考察团一行 5 人到后坑村考察农村基层政权建设情况。

7 月　湖里区人才交流咨询服务中心成立。2004 年 9 月 30 日，更名为厦门市湖里区人才服务中心。

是月　分配到企业事业单位工作的大中专毕业生开始实行合同制管理。

8 月 26 日　东渡水产冷冻厂举办冰雕艺术室内展览，厦门市民首次在本地看到冰雕。

10 月 15 日　国务院批准设立厦门象屿保税区，首期面积 0.6 平方公里。翌年 11 月 28 日，正式开关运转。

11 月 9 日　龙舟实业股份有限公司在湖里悦华路天安工业村创立。

是年　江头蔬菜农副产品批发市场投入使用。该市场占地面积 1.5 万平方米，建筑面积 3 万平方米，独立店面近 100 间。

1993 年

3 月 8 日　厦门市出台加快外引内联的政策。规定在外商投资项目方面，湖里区可以审批 1000 万美元以下的生产项目。

6 月 11 日　厦门市政府颁发《厦门象屿保税区管理暂行办法》《厦门象屿保税区产业政策》，在象屿进行社会主义自由港试验。

6 月 30 日　位于湖里境内的厦门灿坤实业股份有限公司完成股份制改制，灿坤 B 股在深圳股票交易所上市，共向社会募集 B 股 4000 万股。

7 月　江头旧城改造首期拆迁正式动工。截至 1998 年年底，拆除危房、旧房 27.3 万平方米，安置 859 户 2662 人，修建台湾街（原江头街）等主次干道 21 条 7920 米，建成商品房、安置房 29.68 万平方米以及小学、幼儿园等公建配套设施。

是年　全区实现基本普及九年义务教育和基本扫除青壮年文盲。

1994 年

2 月 27 日　作为拟议中的厦门经济特区管理线标志性建筑高崎联检站落成，后被评为“厦门十佳建筑”。

3月2日　湖里区人武部被中共福建省委、省政府、省军区评为“1993年人武部建设先进单位”。

3月　美国国际共和研究所访闽代表团现场观摩禾山镇11个村委会按全体村民直接以“差额、无记名”的方式投票进行换届选举。

4月10日　湖里区招商中心成立，实现洽谈、审批、配套服务一条龙。

4月11日　厦门港东渡码头二期工程列入福建省重点建设项目。

7月1日　互通式立交桥——厦门石鼓山立交桥通车。该桥由13条匝道组成，总长6.6公里。

7月4日　国务院批准设立厦门象屿保税区海关。1997年7月18日正式开关。

9月19日　厦门东渡二期煤码头铁路专用线通过竣工验收。

1995年

1月1日　停航45年之久的湖里五通至同安刘五店客运航线恢复通航。

1月13日　位于湖里境内的厦门市华侨电子股份有限公司在上海证券交易所以竞价方式向公众发行股票。

3月28日　江头旧城改造的主要工程江头街（今台湾街）全线通车。

5月15日　厦门特区供水二期工程在高殿自来水厂工地开工。

6月5日　厦门北溪引水工程高崎段扩建竣工。

6月21日　厦门ABB开关有限公司投资4000多万美元，在火炬园区建造ABB开关工业区。

6月30日　金尚路主干道全线通车。

8月14日　民营高科技集团——厦门求实高科技集团在火炬开发区成立。

12月6日　禾山镇被国家民政部授予“中国乡镇之星”称号。

12月12日　已开关运转两年的厦门象屿保税区推出10项优惠政策，在海内外引起反响。

12月24日　仙岳山发生山林火灾，过火面积45公顷。

1996年

1月9日　厦门海关高崎陆路监管中心正式启用。

1月18日　厦门太古飞机工程有限公司举行开业典礼。该公司是由中国、英国、日本、新加坡、中国香港等国家和地区6家公司联合创办的跨国联营企业。

1月21日　福建省统计局对全省971个乡镇排出综合经济实力50强，湖里禾山镇名列第6名。

6月1日　厦门市实施生猪屠宰定点管理。屠宰点设在高崎，屠宰过程实现自动化。

12月6日　湖里区完成对禾山镇1995年农村小康建设的验收工作。经监测考核，禾山镇全面达到农村小康建设目标。

12月20日　位于湖里的厦门高崎国际机场3号候机楼、高崎联检大楼入选厦门市十佳建筑。

1997年

1月　吕厝旧村实施整体拆迁，吕厝旧村改造正式动工。

3月10日　台湾远东航空公司一架波音757飞机在由高雄飞往台北途中遭劫机犯刘善忠劫持，降落在高崎国际机场，后由高崎国际机场安全返回台北。5月14日，中国红十字会台湾事务部代表在厦门东渡渔港码头将台湾劫机犯刘善忠遣返，移交台湾有关方面。

4月19日　两岸“试点直航”的第一艘船——“盛达轮”从海天码头起航，首航台湾高雄港。这是海峡两岸海运中断48年之后的首次通航。

5月6日　厦门象屿集团国际货运有限公司上榜外经贸部正式批准大陆首批从事台湾海峡两岸间货物运输代理业务10家企业。

5月19日　厦门大桥发生车祸，一辆载客“中巴”被撞坠海，18人遇难，6人受伤。

6月6日　中共厦门市委追授因公殉职的中共湖里区委副书记、代理区长陈永康为“优秀共产党员”。

7月7日　五通渡口日军杀人场遗址举行揭碑仪式。石碑高1.9米，碑基面积38平方米，设5级台阶、10条基石，寓意1938年5月10日日军侵厦日期。

7月21日　中共厦门市纪委就前湖里区区长叶水车受贿案发出通报，要求党员领导干部力戒“贪”和“骄”。

8月8日　根据《金门协议》，海峡两岸红十字组织在厦门东渡渔港码头交接，遣返一批私渡人员。

8月10日　为外来打工青年开办的学校——厦门青年业余学校成立。

8月13日　在湖里兴建的鼓浪屿工业园竣工。该园占地1.2万平方米，建筑面积3.46万平方米，主要接纳从鼓浪屿区迁出的企业。

8月31日　厦门高殿水厂特区供水二期30万吨制水工程正式供水。

10月　外来员工党支部在马垅外口公寓成立，该支部隶属于中共湖里区禾山镇党委马垅村党总支。

10月28日　仙岳山隧道工程动工。1999年2月14日建成通车。

11月25日　吕岭花园住宅小区获中国建筑工程“鲁班奖”。

12月21日　厦门悦华酒店被国家旅游局评定为五星级涉外酒店。

1998年

1月8日　湖里区人民检察院被最高人民检察院记“集体一等功”。

1月28日　国务院总理朱镕基视察厦门高崎国际机场。

2月2日　国务委员、国家民委主任司马义·艾买提考察钟宅畲族村。

2月13日　国家专利局和厦门市政府达成协议，在厦门火炬园区设立中国厦门专利技术区。

3月22日　国务院批准建设厦门东渡港区三期工程。同年11月30日动工，2002年10月15日竣工。

11月3日　美国戴尔计算机公司在湖里区设立“中国客户服务中心”。2001年5月10日，该中心落成。

12月　区政府成立经贸委系统和建委系统两个“国有资产”运营中心。2000年，改为国有资产投资有限公司。

是年　禾山武术队代表厦门市参加全省第十届运动会武术比赛，获得2枚金牌。

1999年

3月10日　湖边水库补水调水工程开工。2003年4月20日完工，工程总投资230万元。

4月7日　9时54分，仙岳山发生火灾，过火面积0.87公顷，11时30分火被扑灭。

4月9日　区法院经济审判庭副庭长何如男当选“全国优秀青年卫士”。5月3日，何如男被最高法院授予“全国青年法官标兵”称号。

4月17日　民政部授予湖里区“全国村民自治模范区”称号。

4月21日　太古飞机工程有限公司二期机库建成。该机库可同时容纳两架宽体飞机大修，总投资5000万美元。

8月3日　外资飞机大修企业——通用电气发动机服务（厦门）有限公司奠基。该公司坐落在厦门航空工业城，占地6万平方米，首期投资2980万美元。

9月25日　厦门空港联检报关中心投入使用，通关手续简化，提高口岸国际货物的通关速度。至此，厦门海陆空口岸国际货运联检报关系统正式形成。

10月9日　第十四号台风正面袭击厦门。台风中心在厦门上空停留五六个小时，最大风力14级。全市普降大雨，过程雨量208.6毫米。台风和暴雨造成直接经济损失19.37亿元，灾情之重为40年来所罕见。

11月15日　21时58分，厦华公司4号厂房因电焊工违规操作引发火灾，直接经济损失近242万元。

11月29日　中共厦门市委书记、市长洪永世在悦华酒店会见飞利浦照明电子集团全球总裁彼得·斯特普，并为其颁发工商营业执照。该集团在枋湖共和工业园设立飞利浦照明电子（厦门）有限公司。

12月17日　国家科技部授予湖里区“1997—1998年全国科教兴市先进区”称号。

是年　全区开展批判“法轮功”邪教活动。

2000年

2月6日　兴业证券股份有限公司厦门兴隆路证券营业部成立，为湖里区境内首家证券营业网点。

6月3日　经国家人事部批准，厦华电子企业有限公司设立博士后科研工作站。

6月4日　凌晨3时07分，位于厦门火炬高科技园区内的富士通电气化学有限公司发生火灾，8名女工身亡。

6月17—19日　湖里区遭遇暴雨袭击，持续44小时。过程累计降雨量391.8毫米。其中，18日降雨量320毫米，突破厦门100余年有气象记录的日最大降雨量。

10月13日　《厦门日报》报道：厦华集团的注册商标“厦华”（XOCECO）被国家工商行政管理局认定为“中国驰名商标”。

11月8日　总部设在辖区的厦门远华集团特大走私案第一批25起案件公开宣判，对84名被告人作出一审判决。

12月14日　厦门国联大厦获2000年中国建筑工程鲁班奖。

2001年

2月20日　最高人民检察院授予区人民检察院“人民满意的检察院”称号。

5月18日　厦门ABB华电高压开关有限公司——生产和组装气体绝缘组合电器的企业开业。

6月13日　中共中央政治局常委、全国政协主席李瑞环到金尚社区视察社区建设工作。

7月3日　美国MICRON公司落户厦门象屿保税区，该公司是世界500强企业之一。

8月13日　第五代大型集装箱船“沙特吉达”号停泊东渡港区。

9月8日　位于江头台湾街的厦门台商会馆落成。该会馆1997年动工。

11月12日　晚，海天路冰青美容美发婚纱摄影中心发生火灾事故，4人窒息死亡。

12月7日　在2000—2001年度中国最大的500家外商投资企业（以销售收入计）排行榜上，戴尔计算机（中国）有限公司上榜。

12月10日　区政府成立群体性劳资纠纷应急处理协调小组，负责协调、处理辖区群体性劳资纠纷。

12月20日　湖里大道中段铁路立交桥建成通车。该桥跨越鹰厦铁路，桥面宽37米，长144.16米。后称为创业桥。

2002年

1月　吕岭居委会被中央文明办、国家民政部授予“全国创建文明社区示范点”。

2月7日　在全国检察机关第五次“双先”表彰会上，区人民检察院被最高人民检察院授予“全国模范检察院”称号。

4月23日　厦门西海域水产养殖综合整治正式启动。

6月21日　装载福建省红十字会向台湾红十字组织移交的“5·25”华航失事飞机残骸和罹难者遗物的轮船从海天码头直航高雄。

9月18日　禾山镇农民代表队在全国“亿万农民健身活动”先进镇健身秧歌（南方片）比赛中夺得冠军。

9月　1—9月，戴尔计算机（中国）有限公司创产值103亿元，占全市规模以上工业产值的14.2%，成为产值超百亿元企业。

9月　刘厝祥店旧村改造动工。至2007年8月基本完工。总用地27.39万平方米，项目总建筑面积为69.11万平方米，共拆迁刘厝、祥店两个自然村351户、1018人，建设安置房12.51万平方米。

11月25日　1600多台厦华彩电从厦门港启运英国，这是中国彩电反倾销应诉获胜后对欧盟的第一次商业性批量出口。厦门华侨电子有限公司于2000年4月2日独家应诉欧盟反倾销案。欧盟于2002年8月29日发布公告，允许厦华等中国彩电进入欧盟市场。

12月19日　下午，湖里遭遇冰雹袭击。

12月30日　位于江头的市蔬菜批发市场被授予“农业部定点批发市场”。

2003年

1月18日　江村社区居民委员会正式挂牌，开启禾山镇成建制“村改居”序幕。

2月5日　台湾报纸由台湾空运到金门，再由台轮“永馨”号从金门水头码头送抵厦门东渡台轮渔港码头。厦门及周边订户从此可以看到当天的台湾报纸。

2 月 10—11 日　因广东部分地区发生非典型肺炎（SARS），湖里区居民抢购板蓝根和白醋，一度造成此类商品脱销。

3 月 12 日　厦门湖里商场——麦德龙在中国开设的第十七家分店正式开业。该商场是大型现购自运式、仓储式会员制配销中心。

3 月 29 日　位于 SM 商业城三楼的厦门图书文化城正式开业。该文化城营业面积 7500 平方米。

3 月 31 日　2003 年“SM 杯”厦门市业余乒乓球大奖赛在 SM 商业城闭幕。此次大赛参赛人数达 1102 人。

4 月 3 日　区人民法院正式设立执行局。

4 月 15 日　厦门远华国际大厦以 1.63 亿元的价格被拍卖，受买人为深圳富春东方（集团）有限公司。远华国际大厦此前曾三度流拍。

5 月 9 日　台湾学者创业园在厦门火炬高新区成立，是为台湾科技人员提供服务的高层次孵化平台。

5 月 15 日　10 时 30 分，一艘莆田籍铁壳船撞上高集海堤涵洞，致使海堤受损，进出岛的火车因此延误 3 个小时。

5 月 20 日　来自美国国际共和研究所的 3 名考察团成员旁听后埔社区召开的第一届第一次社区成员代表大会。这是美国国际共和研究所成员自 1994 年之后第四次到福建省考察村委会换届选举。

5 月　禾山司法所被中国残疾人联合会、司法部授予全国“残疾人维权示范岗”。

5 月　厦门太古飞机工程有限公司上榜外经贸部公布的 2001 年中国出口额最大的 200 家企业和进出口额最大的 500 家企业名单。

6 月　非洲十国城市文化建设考察团参观考察金尚社区少儿之家和小金星幼儿园、市民教育中心、文化活动中心。

7 月 28 日　中埔蔬菜水果批发市场开业。该市场占地面积 7.2 万平方米，配备先进的管理和检测设施。

8 月 9 日　下午 5 时 30 分，禾山镇高林村一处违章建设、违规施工的在建厂房发生坍塌，80 余名施工人员被埋在废墟中，造成 7 人死亡、38 人受伤。

8 月　禾山镇被福建省委、省政府评为“福建省第八届文明镇”。

9 月 5 日　位于辖区内的飞利浦照明亚太业务中心正式投入运营。该中心的前身是飞利浦照明电子厦门公司，成立于 1999 年。

9 月 9 日　海峡两岸航空界首个合资合作项目——厦门航空港新货运站正式投入运营。该货运站占地 4.1 万平方米，建筑面积 3.1 万平方米，设计年吞吐量 15 万吨，由厦门航空港集团和台湾航勤（澳门）有限公司共同投资 2.24 亿元。

11 月 21 日　中共厦门市委、市政府出台《关于调整部分事权与财政体制的通知》，明确市对区的投资体制、财政体制和在地统计改革从 2004 年 1 月 1 日起正式实施。

12 月 22 日　厦门海天码头年集装箱吞吐量突破百万标箱。

12 月 29 日　高林社区居民委员会正式挂牌。湖里区自年初开始的“村改居”工作全部完成。

2004 年

1 月 5 日　华昌路发生一起持枪抢劫案。警方经过两个月的侦察，分别在 3 月 5 日和 8 日，将犯罪嫌疑人缉捕归案。

1 月 17 日　象屿保税区内企业获外贸进出口经营权，凡在象屿保税区注册并符合厦门进出口条件的企业，均可申请进出口经营权。

2 月 24 日　象屿码头开通厦门港首条国际海运环球航线，跻身世界航运行列。该环球航线是厦门港最长的航线之一，需经过太平洋、印度洋和大西洋共 23 个港口。

3 月 2 日　欧盟驻华使节团考察金尚社区。

3 月 22 日　“新厦门”号集装箱船命名仪式在海天码头举行。该船全长 279.9 米、宽 40.3 米，载重

6.6 万吨，可装载 5668 个标准集装箱。

4 月 9 日　厦华等企业在厦门市首次创建出口品牌工作会议上与市贸发局签订《深度开发出口市场项目确认书》，在 2004—2005 年获得每年最高 50 万元的资金支持。

5 月 6 日　经营面积 3 万平方米的厦门中埔水产市场开业。

6 月 18 日　福建省政府正式批复，同意撤销湖里区禾山镇，设立江头、禾山和金山 3 个街道办事处。9 月 23 日，3 个新街道办事处正式挂牌。

6 月 24 日　湖里区生猪禁养工作通过市环保局、市农业局等 6 个部门组成的联合验收组验收。至此，厦门岛内生猪禁养工作基本完成。

7 月 5 日　钟宅湾大桥正式通车。大桥全长 810 米，宽 31 米，桥面按城市一级主干道标准设计，主桥主跨 208 米。至此，环岛路 43 公里主干道全线贯通。

8 月 9 日　永升新城业主委员会和永升物业公司正式续订合同，双方约定实行物业管理收费佣金制。

8 月 23 日　国务院批准开展象屿保税区和东渡港区的区港联动试点工作，为创造国际型的自由贸易港区奠定基础。

8 月 26 日　18 号台风艾利正面袭击厦门，瞬间最大风速每秒 32.9 米，风力 12 级，全区普降暴雨到大暴雨。

9 月　金尚社区建成专门为未成年人提供互联网服务的绿色网吧。

10 月 25 日　湖里一电子企业员工因食用未炒熟的四季豆造成食物中毒，共有 74 人住院治疗。

11 月 12 日　灿坤科技有限公司围墙外小路发现一起抢劫杀人案。2005 年 1 月 17 日，3 名辽宁抚顺籍犯罪嫌疑人在宁波落网。

12 月 24 日　由市贸发局、思明区政府等单位共同主办的厦门购物文化节在 SM 商业城广场开幕，厦门、泉州、龙岩等地 100 多家商家共推出货值 3.8 亿元的商品 3.25 万种，并提供 120 多项优惠酬宾服务。活动历时 10 天。

2005 年

1 月 1 日　湖里区开展被征地人员基本养老保险试点工作。

1 月 29 日　厦门航空公司参与 2005 年台商春节包机直航任务，至 2 月 18 日结束，共飞行 8 个班次，运送台商 741 人。这是海峡两岸在时隔 56 年后，首次实现双向对飞直航。

2 月 4 日　区检察院被最高人民检察院授予“全国先进检察院”称号。

2 月 25 日　中午，3000 余只鸬鹚出现在高崎机场东侧海面。

4 月 9 日　金山社区 87.16% 有选民资格的居民以直接选举的方式选举社区居委会。美国国际共和研究所中国项目专家埃立克·欧文、中国社会科学院政治学研究所研究员董礼性教授专程抵达厦门观察直选。

5 月 5 日　下午 5 时，突发飑线，瞬间风力达到 8 级，并伴有暴雨，持续 10 余分钟，同益码头一带店面屋顶被掀落。

5 月 20 日　下午 5 时 15 分左右，厦门锻压机床有限公司租赁的一辆职工通勤大巴在石鼓山立交桥坠下，15 人死亡、24 人重伤。

6 月 22 日　经国务院批准，厦门火炬高新区从 1 平方公里扩大到 13.75 平方公里，包括火炬（翔安）产业区、同集园和信息光电园等园区。

8 月 2 日　省著名商标委员会公布 2004 年度福建省著名商标，湖里区属的厦门市东林电子有限公司的“FIREFLY”牌紧凑型电子节能灯、厦门优必德工贸有限公司的“优必德 YOUBIDE”牌漆线雕工艺品、厦门粮食集团金穗米业有限公司的“厦鹭”牌大米和厦门农产品有限公司的“民兴 MINXING”牌新鲜蔬菜等 10 家企业的 10 件商标榜上有名。

8 月 13—14 日　受 10 号热带风暴“珊瑚”影响，普降暴雨到特大暴雨，湖里区过程雨量达 170～250 毫米。

9 月 8 日　中国乒乓球训练基地暨福隆体育公园动工，该公园位于湖里区冠军路 1 号，占地面积 11.4

万平方米。

9月9日　中国国民党前副主席、台湾两岸共同市场基金会董事长萧万长到乌石浦萧氏家庙祭拜。

9月15日　同安工业集中区湖里园正式动工。园区总用地面积63.3万平方米，项目总投资10亿元。

10月1日　《湖里区被征地人员基本养老保险投保贷款贴息办法》开始实施。区财政对被征地人员贷款参加基本养老保险予以贴息。

10月9日　乌石浦油画街正式开业。油画街有画廊25家、画师4000多名，每年生产油画约126万幅。

10月28日　位于SM商场五楼的新食尚美食广场开业，该广场总面积6000平方米，可同时容纳2500人就餐。

11月2日　市公安局经侦支队与金山派出所在吕岭路金岭花园一公寓内查获一个涉嫌专门针对台湾人的诈骗团伙，40多名团伙成员当场被抓。

11月17日　市政府授予湖里区"厦门市创建全国文明城市工作重大突出贡献奖"。

11月　海峡出租车公司司机吕志华被中华见义勇为基金会授予"全国十大见义勇为好司机"称号。

12月6日　2004—2006年度全国外资企业销售额500强排序结果揭晓，戴尔（中国）有限公司以年销售收入303.58亿元名列第14位。

12月21日　象屿保税物流园区通过国务院联合验收组验收，正式挂牌运作。

2006年

1月1日　大陆首家台湾水果专卖店——台湾农产特销中心在厦门中埔水果批发市场试营业。

1月14日　中共中央总书记、国家主席、中央军委主席胡锦涛考察厦门火炬高新区，重点视察园区企业麦克奥迪实业集团有限公司和厦门留学人员创业园。

1月15日　厦门飞地营运中心在五缘湾正式动工，湾区五大项目全部进入开发建设阶段。

1月20日　台湾居民林永铭领到由湖里区工商局颁发的营业执照，成为厦门第一个台胞个体工商户。

1月24日　湖里区夜景工程LED（发光二极管）正式亮灯，首期建设项目共计20项。首期工程分布在石鼓山、兴湖路、台湾街、吕岭路、嘉禾路和仙岳山北门一带。该工程于2005年9月动工。

1月25日　2006年两岸春节包机新增航点首航仪式在高崎国际机场举行。春节期间，由厦门航空公司与台湾复兴、立荣、远东、华信航空公司共同执飞"厦门—高雄""厦门—台北"往返航线。

2月22日　乌石浦油画村被文化部命名为全国第二批文化（美术）产业示范基地。授牌仪式在深圳举行。

3月1日　凌晨1时45分，一艘停靠在东渡港三号泊位的巴拿马籍大型货轮发生机油泄漏事件，在海面形成一条2米多宽、400米长的油污带，至5时30分左右，油污带被清除。

4月8日　厦门台湾水果销售集散中心举行揭牌仪式。这是由国台办定名的大陆最大、也是第一个台湾水果销售集散中心。

4月17日　由福建省亚热带植物研究所和区政府联合创办的闽台花卉高科技园获专家组评审通过。该园总面积230亩，总投资1.5亿元。

4月28日　职工参加厦门市医疗互助保障计划，在职职工每人每年向市总工会缴纳50元保障费，当患11种指定的特种重病时，可以获得2万元医疗互助保障金。

5月1日　东渡路高架桥试通车。高架桥主线桥长2340米，双向4车道，标准宽度18米。

5月8日　位于江头新院址的市中医院正式投入使用。

5月21日　社区心理咨询室在枋湖等5个社区正式挂牌成立，有专业心理咨询师免费为居民提供服务。

6月　美国"环球"号邮轮抵达东渡厦门国际旅游客运码头，停靠3天。该轮总吨位4.3万吨，是世界顶级邮轮之一。

9月7日　位于长浩路的翔鹭国际大酒店开业。该酒店是单体建筑酒店。

9月18日　厦门（中埔）蔬菜农副产品批发市场被商务部授予"全国百家大型农产品批发市场"

称号。

9月25日　东渡厦门国际旅游客运码头举行盛大的台湾大甲镇澜宫妈祖接驾仪式，4000多名台湾妈祖信众由厦门登陆转往莆田湄洲进香。

10月1日　杏林大桥动工。该桥为连接高崎和杏林的公铁两用跨海大桥，全长8.53千米，主桥长7.48千米，桥下通行净空按宽36.6米、高7.5米控制。

12月20日　集美大桥动工。大桥主线全长10.06千米，其中跨海主桥长3.82千米，桥高15~20米。

12月　位于五缘湾特色商业街的柒宝斋被国家文化部、中国传统文化促进会授予“中华漆艺暨国家非物质文化遗产展示基地”。

是年　贯彻执行《厦门市人民政府关于转发未成年人医疗保险暂行办法的通知》，开始为区内未成年人办理医疗保险。保险基金主要由政府补助的资金及个人缴纳的医疗保险费两部分组成。

2007年

1月15日　位于金湖路的厦门海峡出租车公司所属400辆的士率先开通e通卡刷卡功能。

2月7日　区检察院在第二届全国先进基层检察院表彰大会上获“全国十佳基层检察院”称号。

2月9日　第二条厦金航道——五通码头至金门水头码头航道厦门段通过竣工验收。

2月16日　身患重病的台胞魏建华搭载医疗救护包机由高崎国际机场直飞台北，这是两岸空中紧急通道于2006年6月27日开通后由厦门直飞台湾的首架人道主义包机。

2月　按照福建省委政法委的统一部署，区检察院与公安机关密切配合开展“猎狐行动”。至8月30日，共审查批捕利用虚假信息实施诈骗案件的犯罪嫌疑人51人。

3月4日　以“跨越发展、和谐厦门、温馨湖里”为主题的2007年厦门第三届元宵民俗文化节的重头戏——两岸万人民俗踩街活动在江头台湾街开幕。该项活动由15个方阵组成，其中有8个民俗表演方阵。

3月18日　环东海域湖里工业园正式动工。

3月28日　禾山枋湖社区居民苏辉明出资5万元，创个人平安建设奖励基金，并举办首次颁奖会。同年苏辉明入选“2007年度感动厦门十大人物”。

4月4日　厦门空港首次起降两岸清明包机，当天对飞4个航班。

7月10日　科技部公布全国50个产业集群试点名单，厦门火炬高新区光电显示产业集群名列其中。

9月4日　市劳动和社会保障局公布2007—2008年度厦门市最低工资标准：湖里为每人每月750元。

9月6日　翔安隧道动工。隧道起于五通，止于翔安，全长8.695千米，其中海底隧道5.95千米。隧道最深在海平面下约70米。

9月25日　辖区内的快速公交系统县黄路段正式开工。

10月1日　由五缘湾片区建设总指挥部、厦门晚报社等共同举办的厦门市首届城市放松节在五缘湾开幕。

11月28日　由国家农业部批准立项的国家级中心渔港建设项目——厦门高崎闽台中心渔港正式开工。

11月29日　民政部批准湖里区为全国社会工作人才队伍建设综合试点先行区。

12月29日　湖里区建区20周年庆祝大会暨行政中心迁入枋湖新址仪式举行。

特载：厦门经济特区创建始末

（截至1984年9月）

1979年4月，在北京召开的中央工作会议开始考虑有关经济特区的设置问题。中共中央、国务院责成广东、福建两省进一步组织论证，提出具体实施方案后报中央审定。

7月15日，中央批转《广东省委、福建省委关于对外经济活动实行特殊政策和灵活措施的两个报告》。指出："广东、福建两省靠近港澳，华侨多，资源比较丰富，具有加快经济发展的许多有利条件。中央确定，对两省对外经济活动实行特殊政策和灵活措施，给地方以更多的自主权，使之发挥优越条件，抓紧当前有利的国际形势，先行一步，把经济尽快搞上去。这是一个重要的政策，对加速我国的四个现代化建设，有重要意义。两省提出的初步规划设想，是可行的……关于出口特区，可先在深圳、珠海两市试办，待取得经验后，再考虑在汕头、厦门设置的问题。"

1980年3月下旬，受党中央、国务院委托，谷牧在广州召开广东、福建两省会议，检查对中央指示贯彻情况，进一步研究特区建设问题。会议指出，经济特区管理在坚持四项基本原则和不损害主权的条件下，可以采取与内地不同的体制与政策。特区主要是实行市场调节。在谈到厦门时说，可以利用侨资、外资，进行东渡港建设，要充分发挥厦门老工业基地的作用。

4月，福建省和厦门市正式向中央提出《关于建设厦门经济特区的报告》。5月16日，中共中央、国务院批转《广东、福建两省会议纪要》。8月26日，五届全国人大常委会第15次会议，对建立经济特区进行审议，正式宣布在深圳、珠海、汕头、厦门设置经济特区。

中共厦门市委、市政府遵照中央的指示精神和赋予的特殊政策、灵活措施，审时度势，主动投石问路，决定以打开厦门港口的对外交通为改革开放的突破口。

1980年元旦，大型客轮"鼓浪屿"号从厦门港出发，驶过台湾当局军队据守的大担、二担岛附近的海面，直航香港，在硝烟弥漫31年的台湾海峡，犁出一道祥和的曙光，结束厦门长期封闭的状态，标志厦门开始对外开放的历程。

9月2日，成立厦门经济特区管理委员会，直属省政府领导。郭超为管委会主任，陆自奋、张继中、向真、宗干为副主任，同时成立中共福建省厦门经济特区管理委员会党组。1980年10月7日，国务院正式批复福建省和厦门市的报告："闽委1980年综字109号《关于建设厦门经济特区的报告》收悉。同意你省在湖里划出2.5平方公里搞经济特区，近期先搞1.1平方公里。厦门经济特区条例应参照人大常委会已批准的广东省经济特区条例实施，所得税率应与广东一律，即按15%执行。""经济特区的建设要采取既积极又稳妥的方针，在搞好总体规划的基础上，首先要搞好基础设施，充分利用现有的有利条件，有步骤地分期分批建设，以取得较好的经济效果。"

12月15日，邓小平在中央工作会议上指出，在广东、福建两省设置几个特区的决定，要继续实行下去。

1981年1月21日，中央肯定广东、福建两省实行特殊政策和灵活措施已经深入人心并已初具成效。重申中央在广东、福建实行特殊政策和灵活措施的方针是不动摇的，要求把广东、福建的特区工作搞好。

5月27日—6月14日，由谷牧主持在北京召开广东、福建两省和经济特区工作会议，回顾特区设立后初步开展的工作，参考国外经济性特区的成功做法，从中国实际出发，对兴办特区的指导思想、基本方针和政策措施，提出较系统的意见。会议认为："特区的规划和建设要因地制宜，注意实效。各有侧重发展。""厦门、汕头的特区目前应建成以加工出口为主的、同时发展旅游等行业的特区。""为了充分发挥现有城市的有利条件，厦门、汕头、珠海三市利用外资改造旧市区的老企业，其产品只要是以出口为目标的，在进口生产资料及交纳所得税方面，也可享受特区的优惠待遇。"这次会议对创办特区的方针政策构架作出初步集成，对特区的建立与发展有着重要作用。

7月19日，中共中央、国务院在批转《广东、福建两省和经济特区工作会议纪要》的通知中，再次肯定经济特区设立的意义，指出："广东、福建两省是我国的南大门和主要侨乡，战略地位重要，发展经济特区的有利条件很多。两省在经济调整、体制改革、扩大对外经济技术交流以及建设经济特区等方面，打开局面，创造经验，不仅对两省经济的繁荣，而且对全国经济的发展，都具有重要的意义。在政治上，也有利于稳定港澳人心、争取台湾回归祖国。"

为了加强对厦门经济特区的领导，1981 年 8 月，成立中共厦门经济特区党委，撤销中共厦门经济特区管委会党组。10 月 15 日，湖里出口加工区正式动工（参见本志第十二篇第三章第一节）。11 月 26 日，五届全国人大常委会通过决议，授权广东、福建两省人大及其常委会制定所属经济特区各项单行经济法规。

1982 年 3 月，福建省人民代表大会审议通过《福建省厦门经济特区条例》。

1982 年，特区管理委员会根据国外主要工业国投资动向、国际市场经济动态、国外出口加工区及国内其他特区的经验，结合厦门的社会经济条件，在原有基础上，重新设置特区经济发展规划构想：工业发展规划确定厦门经济引进工业项目的原则，列出欢迎客商投资的建材、矿产加工、轻纺、塑料化工、机械五金、食品及电子工业等七大类工业项目；厦门市区企业改造发展规划列出彩色感光材料、平板玻璃、自行车、卫生器皿、饮料、花岗岩加工、板式家具等第一批优先发展工业 50 项；旅游业发展规划调整为厦门市万石岩、鼓浪屿、南普陀（包括胡里山）、集美（包括杏林湾）四个旅游区和生活区的建设，开辟海上游览观光线，改造鹭江大厦等。

年内，特区管理机构增设经济研究室、科技研究室，以加强对国内外经济动态、科技动态的调查研究工作。同时，还增设生产服务公司、生活服务公司和公共事业公司等。特区管理委员会还聘请 24 位经济、法律、科技等方面的专家、学者和知名人士，成立厦门经济特区顾问委员会，以发挥决策咨询、荐举人才等作用。为解决特区建设人才的需要，厦门市人民政府充分发挥厦门的教育优势，有计划地发展职业教育，培训各种人才。

针对长期以来厦门城市建设发展缓慢，基础设施严重滞后，远不能适应发展对外经贸合作需要的状况，中共厦门市委、市政府在特区建设之初，先集中力量打好基础，重点抓基础设施建设，改善投资环境。以历史的责任感和大无畏的气概，冲破"无债一身轻"的传统观念，做出举债搞建设的决策，多渠道、多形式筹措资金。在争取中央、省有关部门的支持和部分投资的同时，向科威特阿拉伯经济发展基金会争取优惠贷款 600 万第纳尔（合 2100 万美元），用于高崎国际机场的建设，创下举外债搞基础设施建设的先例。之后，厦门经济特区在继续争取科威特阿拉伯经济发展基金会优惠贷款的同时，又争取到世界银行、日本协力基金会提供的贷款，同时，还采取租赁、合资、合作等方式，进行东渡码头二期工程、自来水工程、航空公司、码头、集装箱运输等项目的建设。

在厦门特区的初创阶段，多方筹措资金近 13 亿元，用于交通、通讯、能源动力等基础设施建设，为经济特区的发展奠定重要基础。

随着投资环境的日益改善，到厦门洽谈投资等事务的客商明显增多，1983 年共接待 19 个国家和地区的 280 多户客商约 500 多人次，总投资额为 1.8 亿美元，相当于前两年吸收外资的 3 倍。

1983 年 5 月，中央决定给在厦门经济特区投资的台湾同胞以特别优惠的待遇，厦门成为海峡两岸开展经济、贸易、文化交流的重要区域。

1984 年 2 月，邓小平在王震以及省、市领导项南、陆自奋、邹尔均等人的陪同下，视察厦门经济特区，并作了"把经济特区办得更快些更好些"的题词。

2 月 24 日，邓小平在北京同几位中央领导负责同志谈话时提出："……厦门特区地方划得小，要把整个厦门岛搞成特区。这样就能吸引大批华侨资金、港台资金、许多外国人也会来投资，而且可以把周边地区带动起来，使整个福建省的经济活跃起来。厦门特区不叫自由港，但可以实行自由港的某些政策，这在国际上是有先例的。只要资金可以自由出入，外商就会来投资。我看这不会失败，肯定益处很大……" 5 月 4 日，中共中央、国务院发出关于转发《沿海部分城市座谈会纪要》的通知，宣布厦门特区扩大到全岛，并实行自由港的某些政策。

1984 年 9 月，中共厦门经济特区委员会与中共厦门市委员会合并，撤销中共厦门经济特区委员会；

厦门经济特区管理委员会与厦门市人民政府合并，厦门市人民政府行使地方政府和经济特区管理委员会的双重职能，撤销厦门经济特区管理委员会。9 月 17 日，成立湖里工业区管理局，代表厦门市人民政府行使湖里工业区（原湖里出口加工区）的管理职能。

（选自中共厦门市委党史研究室编《中共厦门地方史专题研究 · 社会主义时期》，中共党史出版社 2002 年 11 月第 1 版。个别地方文字略有增删）

附：

中共厦门经济特区委员会主要领导名录

书　记：陆自奋（1981.8—1983.1）
　　　　邹尔均（1983.8—1984.9）
副书记：吴星峰（1981.8—1983.1）
　　　　王一士（1981.8—1983.1）
　　　　江　平（1983.1—1984.9）

厦门经济特区管理委员会主要领导名录

主　任：郭　超（1980.9—1981.8）
　　　　王一士（1981.8—1983.1）
　　　　邹尔均（1983.1—1984.9）
副主任：陆自奋（1980.9—1981.11）
　　　　张继中（1980.9—1981.8）
　　　　向　真（1980.9—1983.1）
　　　　宗　干（1980.9—1981.11）
　　　　邹尔均（1981.8—1983.1）
　　　　林　源（1981.11—1983.1）
　　　　施能鹤（1981.11—1983.1）
　　　　黄长溪（1981.11—1983.1）
　　　　庄云潮（1981.11—1983.1）
　　　　江　平（1983.1—1984.9）
　　　　毛涤生（1983.1—1984.9）
　　　　张其华（1983.1—1984.9）
　　　　罗德林（1983.2—1984.9）
　　　　邢国华（1984.1—1984.9）

第一篇 建置区划

唐天宝十四年（755）前后，湖里区境域隶属南安县新城一部分。唐大中十一年（857）前后，改属南安县嘉禾里。五代后唐长兴四年（933），改属同安县嘉禾里。此后，历经宋、元、明，直至清初，均隶属同安县。

清顺治十二年（1655），辖区隶属郑成功所设思明州。康熙二年（1663），清军攻占厦门岛后，辖区无人管辖。康熙八年（1669），郑成功之子郑经据有厦门岛，辖区归郑经管辖。康熙十九年（1680）清军攻占厦门，辖区境域重新隶属同安县绥德乡嘉禾里。

民国元年（1912）4月，设思明县。辖区境域设16保144社，直属思明县。民国22年11月20日，发生“福建事变”，辖区境域隶属厦门特别市。民国23年1月，“福建事变”失败，辖区境域复隶属思明县。民国24年4月，成立厦门市。辖区境域成立禾山特种区，直属福建省政府，由同安县代管。民国26年7月，禾山特种区改为禾山甲种区，隶属厦门市。民国27年5月，日军侵占厦门。翌年设伪禾山区，先后隶属伪厦门市和伪厦门特别市。民国34年10月，国民政府收复厦门市，辖区境域复隶属厦门市禾山区。

1949年10月厦门解放。辖区境域设立禾山区公所，隶属厦门市。1954年3月，禾山区公所改为禾山区人民政府。1957年8月，禾山区隶属厦门市郊区行政办事处。1958年1月，撤销禾山区，辖区境域江头、五通、高殿、钟宅等4个乡隶属厦门市郊区。同年10月，辖区境域隶属厦门市郊区前线人民公社，设后坑、五通、高林、钟宅、枋湖、江头、高殿、湖里等8个大队。1980年10月，在湖里大队地域内划出2.5平方公里土地创办厦门经济特区。同年11月，前线人民公社改为禾山人民公社，辖区境域设蔡塘、后坑、五通、高林、钟宅、县后、枋湖、后埔、高殿、湖里、西郭、江头、马垅、塘边、东渡等15个大队。1981年8月，在原湖里大队内成立湖里街道，归开元区管辖，辖区境域设5个居委会。1984年10月，撤销禾山人民公社，成立禾山乡人民政府，辖区境域设11个行政村和1个居委会。

1987年11月，湖里区正式成立，隶属厦门市管辖。下辖湖里街道所属的8个居委会和禾山乡所属的12个村委会。1989年5月，禾山乡改建制为禾山镇。2000年5月，禾山镇析出4个居委会和2个行政村设立殿前街道办事处。2004年6月，撤销禾山镇，设立禾山、江头、金山3个街道办事处。此后，湖里区境域行政区划屡有调整，隶属关系未发生变化。截至2007年年底，湖里区下辖5个街道办事处，43个社区居委会。

第一章 建 置

第一节 位置面积

一、位置

湖里区位于福建东南沿海台湾海峡西岸厦门岛的北部。东面濒临浔江港，与翔安区相对；北面通过高集海堤、厦门大桥与集美区毗邻；西面为厦门西港岸线，借助海沧大桥与海沧区相通；南面与思明区接壤。

湖里区与思明区区界线西起湖滨北路西端入海处，向东依次穿越狐尾山、仙岳山、仙洞山山脊，连接嘉禾路后南折，至吕岭路后东进，接金尚路后南行，至东芳山后沿山脊往东，穿越古地石、虎仔山山脊，在五通东宅入海。

二、面积

1987年建区时全区陆地面积58.21平方千米，占厦门岛总面积的45.43%；1995年，全区陆地总面积61.41平方千米，占厦门岛总面积的46.33%；2003年，厦门市行政区划大调整后全区陆地面积60.89平方千米，占厦门岛总面积的44.96%；2007年，全区陆地面积65.78平方千米，占厦门岛总面积的46.62%。海岸线长约24千米。

第二节 建置沿革

一、解放前建置

湖里区境域在唐天宝十四年（755）前后属南安县新城的一部分，此前隶属情况无考。

唐大中十一年（857）前后改属南安县嘉禾里。

闽龙启元年即后唐长兴四年（933）仍为嘉禾里的境域，改属同安县。

宋代，辖区境域隶属同安县绥德乡嘉禾里。

元代，辖区境域隶属西界二十一、二十三、二十四都，统归于绥德乡。

明代至清初，辖区境域隶属关系不变。

南明永历九年即清顺治十二年（1655），辖区隶属郑成功所设思明州。

清康熙二年（1663），清军攻占厦门岛后“墟其地而返”，厦门岛成为荒岛，辖区亦成为无人管辖的荒野。

清康熙八年，台湾郑经政权重新据有厦门岛，辖区归郑经集团管辖。

清康熙十九年清军攻占厦门，并在岛上派驻总兵，辖区境域重归同安县绥德乡嘉禾里管辖。

民国元年（1912）4月设立思明县之初，辖区境域分设若干个保（详见本篇第二章第一节），直属思明县。此后，辖区境域先后成立联保、自治区，均隶属于思明县。

民国22年11月20日，发生“福建事变”，成立中华共和国人民革命政府，辖区境域隶属厦门特别市。

民国 23 年 1 月，“福建事变”失败，撤销厦门特别市，辖区境域仍隶属思明县。

民国 24 年 4 月，撤销思明县，正式成立厦门市。以辖区境域为主成立禾山特种区，直属福建省政府，由同安县代管。

民国 26 年 7 月，禾山特种区改为禾山甲种区，隶属厦门市。

民国 27 年 5 月，日军侵占厦门。民国 28 年（1939）7 月，成立伪厦门市政府。民国 32 年 3 月，改伪厦门市为伪厦门特别市，伪禾山区先后隶属伪厦门市和伪厦门特别市

民国 34 年 10 月，国民政府收复厦门市，辖区境域仍隶属厦门市禾山区。

二、解放后建置

1949 年 10 月 17 日，中国人民解放军解放厦门岛。21 日，厦门市人民政府成立。辖区境域隶属厦门市禾山区公所。1954 年 3 月，改禾山区公所为禾山区人民政府。

1957 年 8 月，省人委批准设立厦门市郊区行政办事处，禾山区为其下辖两个区之一。

1958 年 1 月，撤销禾山区，辖区境域分设江头、五通、高殿、钟宅等乡（曾塔、何厝两乡今属思明区），隶属于厦门市郊区。

1958 年 6 月，辖区境域改设五通、江头两乡（何厝乡属今思明区），仍隶属厦门市郊区。

1958 年 10 月 9 日，成立政社合一的前线人民公社，辖区境域隶属厦门市郊区前线人民公社。

1961 年 10 月，在前线人民公社辖区内成立禾山区。

1963 年 6 月，撤销禾山区，恢复前线人民公社。

1980 年 10 月，国务院批准在厦门岛西北部湖里地区划出 2.5 平方公里土地创办厦门经济特区。经济特区管理委员会与厦门市人民政府平行，隶属福建省人民政府。1984 年 9 月，厦门经济特区管理委员会与厦门市人民政府合并，改设湖里工业区管理局，行使市政府对经济特区的管理权。

1980 年 11 月，前线人民公社改名为禾山人民公社；1984 年 10 月，撤销禾山人民公社，成立禾山乡人民政府。辖区境域隶属关系不变。

1985 年 6 月 29 日，国务院正式批复：厦门经济特区的区域范围调整为厦门岛全岛（包括鼓浪屿）。

1987 年 6 月 10 日，国务院国函〔1987〕104 号批复：同意厦门市设立湖里区，郊区更名为集美区。8 月 13 日，厦门市人民政府颁布《关于调整厦门市行政区划的通知》，宣布设立湖里区，下辖湖里街道所属的 8 个居委会和禾山乡所属的 12 个村委会。1987 年 11 月，湖里区正式成立，隶属厦门市管辖。此后，湖里区境域、行政区划屡有调整，隶属关系未发生变化。

第二章　行政区划

第一节　解放前区划

一、清以前区划

宋以前辖区行政区划无考。

元代实行都图制，辖区境域划设二十一都、二十三都、二十四都。

明袭元制。二十一都之地为五通渡、湖边、黄水桥、店里、高林等乡；二十三都之地为莲坂、豪灶、

吴仓（以上今属思明区）、中左所、乌石浦、埭头、吕厝等乡；二十四都之地为店前、钟宅、竹坑、蠔口渡、高崎、石坂、上店、寨上等乡。明代沿袭都图制，仍设4都4社，每个都辖2个图。

清代辖区境域设3都6图，辖20个保。

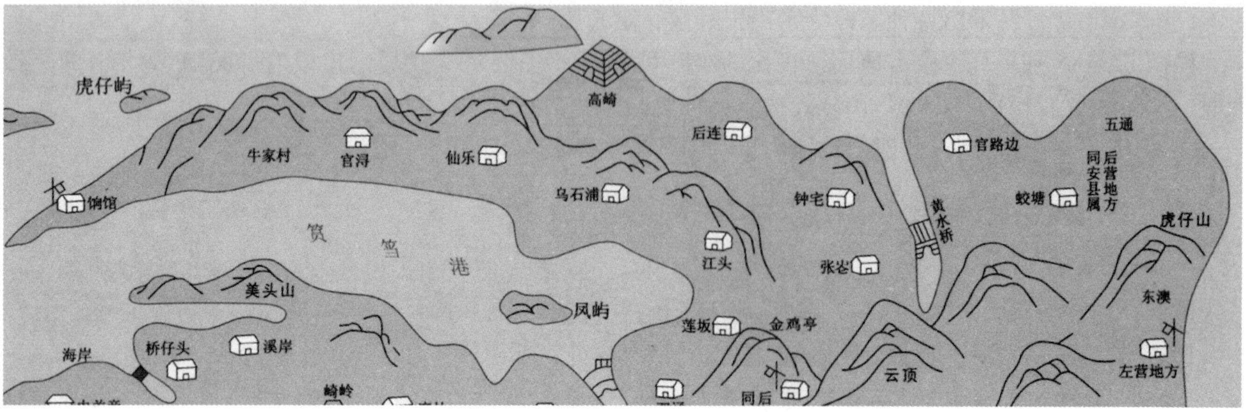

图1-1　清道光十九年（1839）湖里辖区境域地图

二十一都：一图辖五通、湖边、黄水桥，二图辖店里、高林。设北山保、西宫保、西林保、昭塘保、福相上保、福相下保等6保。

二十三都：一图辖莲坂、豪社、吴仓（今属思明区），二图辖中左所、乌石浦、埭头、吕厝，设仙莲上保、仙莲下保、吴豪保（今属思明区）、吕厝保、厚西上保、厚西下保、庆湖保等7保。

二十四都：一图辖店前、钟宅、竹坑、蠔口渡，二图辖高崎、石湖、坂上、寨上，设店前保、寨上保、护安保、钟宅保、竹坑保、后莲保、湖莲保等7保。

二、民国时期区划

民国元年（1912）思明县成立，辖区境域设16个保144社。

昭塘保10社：湖边社、洪塘社、黄厝社、西头社、路下社、田头社、田中央社、后门社、桥头街社、昭塘街社；

西林保11社：东宅社、泥金社、塔埔社（今属思明区）、下保社（今属思明区）、浦口社、林边社、西林社、马厝社、莲山头社、后头社（废）、施厝社（废）；

福相保9社：蔡塘社、（以下8社今属思明区）中仑社、洪山柄社、墩仔社、庄厝社、苏厝社、西林葛社、涂楼社（废）、涵前社（废）；

西宫保7社：高林社、新厝边社、前头社、洪水头社、田里社、西村社、下美社（废）；

北山保6社：霞边社、凤头社、店里社、坂美社、仑后社、浦东社；

何岭保7社（今属思明区）：何厝社、岭兜社、蟳边社、皇隅头社、后郭社（废）、高仑社（废）、西张社（废）；

长塔保9社（今属思明区）：溪头下社、塔头社、茂后社、东坪山社、傅厝社、珩厝社、黄厝社、沙岗社（废）、山仔前社（废）；

古村保16社：古地石社、（以下15社今属思明区）前村社、前埔社、石村社、田厝社、潘宅社、泥堀社、高仑头社、石茂头社、店上社、林尾下社、古楼社、下行社（废）、南山社（废）、何仔社（废）、柯厝社；

后西保8社：后埔社、刘厝社、西潘社、穆厝社、蔡坑社、东渡社、顾厝社（废）、山后社（废）；

吕石保6社：江头街社（与庆湖保照划）、吕厝社、乌石［浦］社、（以下3社今属思明区）乌林社、佘厝社、屿后社；

庆湖保8社：浦园社、江头社、薛岭社、濠头社、枋湖社、梧桐社、祥店社、江头街社（与吕石保照划）；

后安保 12 社：钟宅社、岭下社、县后社、坂上社、尚忠社、下张社、卢厝社、墩上社、围里社、下尾社（废）、蚵口社（废）、潘宅下社（废）；

殿前保 7 社：殿前社、珩厝社、后浦社、马垅社、埔仔社、后塘社（废）、坑园社；

寨上保 3 社：寨上社、塘边社、小东山社；

竹坑保 10 社：蔡厝社、塘岸社、上何社、古塘垅社、薛厝社、高崎社、徐厝社、湖里社、村里社、下茂社（废）；

后莲保 15 社：庵兜社、林后社、斗门社、安人里社、陈厝社、西宅社、刘厝社、英厝社、下尾社、内英社、龚厝社、张厝社、仑后社、竹仔林社、后莲尾社。

民国 20 年，实行联保制，由五六个保组成一个联保，禾山地区共设 5 个联保，每个联保均设有办事处。

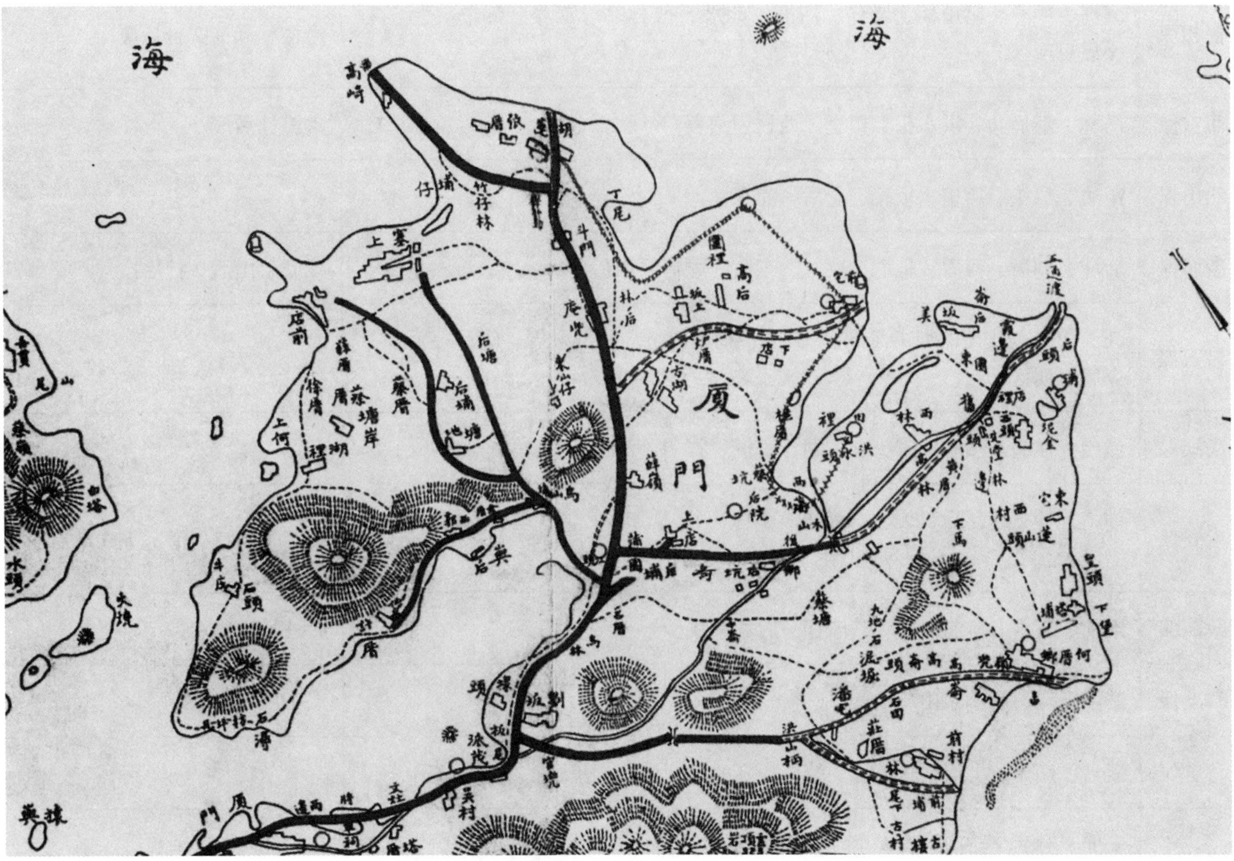

图 1–2　1929 年禾山（局部）地图

民国 21 年初，成立厦门市政筹备处，辖区境域仍属思明县。翌年 2 月，改为思明市政筹备处。民国 22 年 11 月，辖区境域设为第六区（区署驻祥店）、第七区（区署驻寨上），隶属筹建中的思明市。11 月 20 日，发生“福建事变”，思明市政筹备工作终止。

民国 24 年 4 月 1 日，厦门市政府正式成立，行政区范围仅包括老城区及鼓浪屿。以厦门岛除厦门市辖区之外的范围设禾山特种区（特种区署驻美仁宫，后移设后院、江头）。辖区境域内的吕厝、江头、薛岭、后坑、祥店、后埔、乌石浦、西郭、仙岳、湖里、村里、洪厝、寨上、塘边、殿前、高崎、湖莲、斗门、安兜、林后、围里、墩上、岭下、坂上、枋湖、钟宅、尚忠、西潘、田里、高林、坂美、霞边、田头、浦口、泥金、马厝、湖里等自然村划入第二办事处（江头、寨上）、第三办事处（安兜、岭下）、第四办事处（黄厝、五通），原有的联保办事处相应撤销。

民国26年7月，禾山特种区改为禾山甲种区，划归厦门市管辖。禾山区设9个联保，其中辖区境域设江头、寨上、庵兜、岭下、高林等5个联保（美仁宫、将军祠、前埔、曾厝垵等4个联保今属思明区）全区共设19保，辖178社（自然村），辖区境域设13保，辖99社（不含今属思明区的社里）。

民国26年（1937）湖里辖区境域区划表

表1-1

保别	所辖社	备注
昭塘保	湖边、洪塘、黄厝、西头、路下、田头、田中央、后门、桥头街、昭塘街	—
西林保	东宅、泥金、浦口、林边、西林、马厝、莲山头、后头、施厝、塔埔、下保（后2社今属思明区）	后头、施厝2社后废
福相保	蔡塘、中仑、洪山柄、墩仔、庄厝、苏厝、西林葛、涂楼、涵前（后7社今属思明区）	涂楼、涵前2社后废
西宫保	高林、新厝边、洪水头、田里、西村、集美	集美社后废
北山保	霞边、凤头、店里、坂美、仓后、浦东	—
后西保	后埔、刘厝、西潘、穆厝、蔡坑、东渡、顾厝、山后	顾厝、山后2社后废
吕石保	江头街（与庆湖保划街而治）、吕厝、乌石浦、乌林、佘厝、屿后（后3社今属思明区）	—
庆湖保	浦园、江头、薛岭、濠头、枋湖、梧桐、祥店、江头街	—
后安保	钟宅、岭下、县后、坂上、尚忠、下张、卢厝、墩上、围里、下尾、蚵口、潘宅下	下尾、蚵口、潘宅下3社后废
殿前保	殿前、珩厝、后浦、马垅、埔仔、后塘、坑园	后塘社后废
寨上保	寨上、塘边、小东山	—
竹坑保	蔡厝、塘岸、上何、古塘垅、薛厝、高崎、徐厝、湖里、村里、下茂	—
后莲保	安兜、林后、斗门、安人里、陈厝、西宅、刘厝、英厝、下尾、内英、龚厝、张厝、仓后、竹仔林、后莲尾	—

民国27年5月，厦门岛沦陷。日伪当局据厦期间，辖区境域内的行政区划未作调整。民国30年，日本占领军强行占用殿前保的坑园社和后莲保的斗门、安人里、陈厝、西宅、刘厝、英厝、下尾、内英、龚厝、张厝、仓后、竹仔林、后莲尾等14社辟为飞机场。

抗日战争胜利后，辖区境域行政区划未变。

民国35年3月，禾山区设20保，其中辖区境域辖13个保，即吕厝、江头、安兜、蔡塘、泥金、湖里、高林、殿南、寨上、坂上、高崎、钟宅、湖边。

民国36年1月，厦门市各区压缩保数。禾山区原有20保缩编为14保，其中辖区境域所辖的13个保压缩为10个保。

民国37年9月，将原高安保、殿上保恢复为高崎、安兜、殿前、寨上4个保。

民国 36 年（1947）湖里辖区境域区划表

表 1–2　　单位：个

保别	所辖社	甲数
江头保	江头、祥店、刘厝、薛岭、浦园、乌石浦、佘厝、屿后、西郭、仙岳（后 4 社今属思明区）	25
吕厝保	吕厝、乌林、后埔	10
蔡塘保	古地石、蔡塘、前后坑、洪山炳、中山、高仑头、墩仔、文兴（后 5 社今属思明区）	16
金林保	东宅、莲山头、西林、马厝、林边、黄厝、新厝边、高林、西村、路下后、田中央、坂美、仑后、霞边、浦东、田头、昭塘、西头、店里、泥金、浦口、后头	25
湖边保	湖边、前头、田里、洪水头、穆厝、西潘、蔡坑、桥头、洪塘	16
钟宅保	钟宅	13
坂上保	坂上、围里、上忠、下忠、县后、岭下、墩上、卢厝	15
高安保	安兜、林后、枋湖、斗门、高崎	20
殿上保	殿前、寨上、中埔、小东山、马垅、古塘、后浦	25
湖里保	东渡、塘边、蔡厝、薛厝、徐厝、濠头、村里、长岸、湖里、官浔（今属思明区）	10

第二节　解放后区划

一、建区前区划

1949 年 10 月 31 日，禾山区公所成立，下辖 10 个乡，随即增设 2 个乡。辖区所设为江头、湖里、高殿、五通、后坑、枋湖、钟宅 7 个乡。乡以下沿袭民国时期的保甲制。

1950 年 4 月，开展废除保甲制、建设新政权工作。禾山区原 12 个乡改为 6 个乡，辖区境域设江头、高殿、五通、钟宅 4 个乡，乡下以民主选举的办法，成立村政委员会。5 月，原属厦港区的曾塔乡划归禾山区，这时的禾山区有 7 个乡，辖 44 个村，包括 124 个自然村。

1951 年夏，禾山区的 7 个乡分为 11 个乡，辖区境域设五通、江头、钟宅、枋湖、湖里、高殿、后坑 7 个乡。

1952 年春，禾山区土地改革完成，开始进行民主政权建设，实行乡人民代表会议制，各乡均建立乡人民政府。

1954 年 3 月 4 日，禾山区公所改称禾山区人民政府。全区辖 13 个乡，其中辖区境域设高殿、钟宅、江头、后坑、湖里、枋湖、高林、五通 8 个乡。同年 12 月，禾山区辖乡从 13 个调整为 4 个。1956 年年初，又改设 13 个乡。

1956 年 8 月，禾山区 13 个乡又合并为 6 个乡，其中辖区境域设江头、五通、钟宅、高殿 4 个乡。

1958 年 1 月，撤销禾山区，辖区境域江头、五通、高殿、钟宅等 4 个乡归新成立的厦门市郊区管辖；同年 6 月，改设江头、五通 2 个乡。

1958 年 9 月开始大办政社合一的人民公社。10 月 9 日，在原禾山区辖地成立厦门前线人民公社，隶属厦门市郊区管辖。前线公社辖 12 个生产大队、115 个生产队，辖区境域设后坑、五通、高林、钟宅、枋湖、江头、高殿、湖里等 8 个大队。同年年底，辖区境域的湖里大队后浦、小东山 2 个生产队划入亚热带植物试验场，成立立新大队。

1959 年初，辖区境域湖里大队的东渡、濠头、官任 3 个生产队划出，成立东渡大队，隶属厦门奶牛场。

1960 年 6 月后，撤销辖区境域的高殿大队和湖里大队，这两个大队所辖 11 个生产队划归中科院华东分院热带亚热带植物研究所试验场；塘边生产队划归厦门市委农场，成立塘边大队。1962 年年底，原划归试验场的 11 个生产队重新划归前线公社，恢复高殿大队、湖里大队。

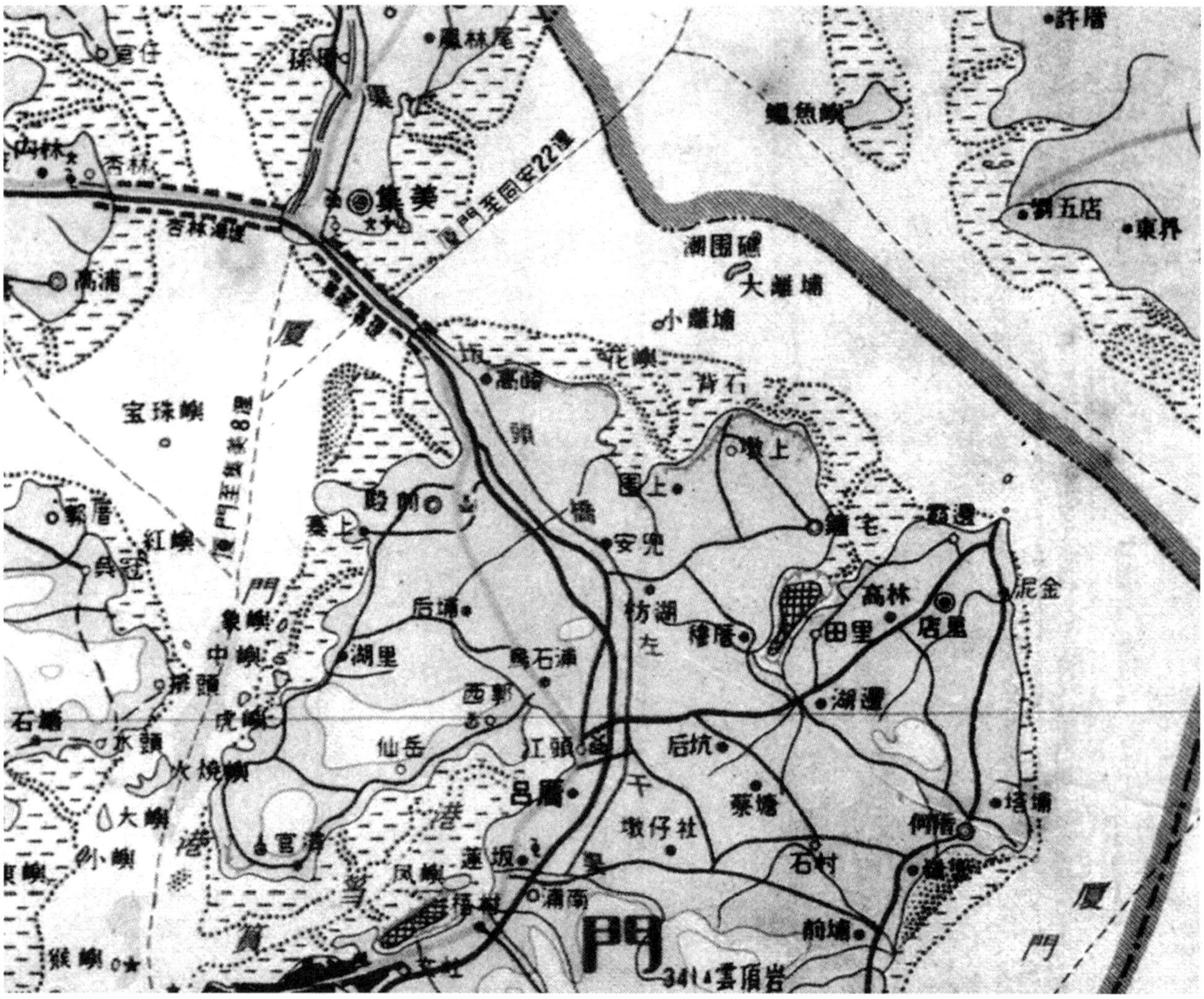

图 1-3　1960 年禾山（局部）地图

1964 年年底，成立江头街居委会。

1969 年 12 月，厦门市撤销部分农场建制，塘边大队、立新大队、东渡大队回归前线公社，除东渡大队的官任之外，均为辖区境域。

1980 年 10 月，在湖里大队地域内划出 2.5 平方公里土地创办厦门经济特区湖里加工区。

1980 年 11 月，前线人民公社改名为禾山人民公社，辖 22 个大队，辖区境域设蔡塘、后坑、五通、高林、钟宅、县后、枋湖、后埔、高殿、湖里、西郭、江头、马垅、塘边、东渡等 15 个大队。

1981 年 8 月，在原湖里大队的湖里、薛厝、徐厝、蔡厝、村里、长岸、上何 7 个自然村范围内成立湖里街道，属开元区管辖；同年底，东渡大队的东渡、濠头、官任 3 个自然村划归开元区湖里街道。至此，湖里街道下辖湖里、徐厝、村里、官任、东渡、濠头 6 个居委会。

1983 年 4 月，西郭大队划归开元区筼筜街道。

1984年10月，辖区境域的塘边大队及马垅大队的后浦生产队划归开元区湖里街道。同月，撤销禾山人民公社，成立禾山乡人民政府，辖18个行政村和1个居民委员会，辖区境域设高殿、马垅、江头、后埔、蔡塘、后坑、高林、五通、枋湖、县后、钟宅11个行政村和江头居委会。

二、建区后区划

1987年8月，将禾山乡所属何厝、黄厝、曾厝垵、前埔、洪文、西林、西郭等7个行政村分别划属思明区、开元区，新成立的湖里区下辖湖里街道和禾山乡。

1987年湖里区区划表

表1-3　　单位：个

街（镇）名称	居（村）委会数	居委会名称	村委会名称
湖里街道（驻湖里）	8	湖里、村里、徐厝、东渡、后浦、塘边、濠头、官任	—
禾山乡（驻江头）	12	江头街	江头、高殿、马垅、枋湖、县后、钟宅、高林、五通、后坑、蔡塘、后埔

1989年5月，禾山乡改建制为禾山镇。

1990年，湖里街道增设东兴、东辉、华昌、金鼎、兴湖、南山等居委会。

1990年湖里区区划表

表1-4　　单位：个

街（镇）名称	居（村）委会数	居委会名称	村委会名称
湖里街道（驻湖里）	14	湖里、村里、徐厝、官任、东渡、后浦、塘边、东兴（濠头析设）、濠头、东辉（东渡析设）、华昌（村里析设）、金鼎（濠头析设）、兴湖（高殿析设）、南山（湖里析设）	—
禾山镇（驻江头）	12	江头	江头、高殿、马垅、枋湖、县后、钟宅、高林、五通、后坑、蔡塘、后埔

1992年10月，湖里街道增设东荣居委会。

1993年10月，吕厝居委会从开元区划归禾山镇。1995年，湖里街道增设海天居委会。

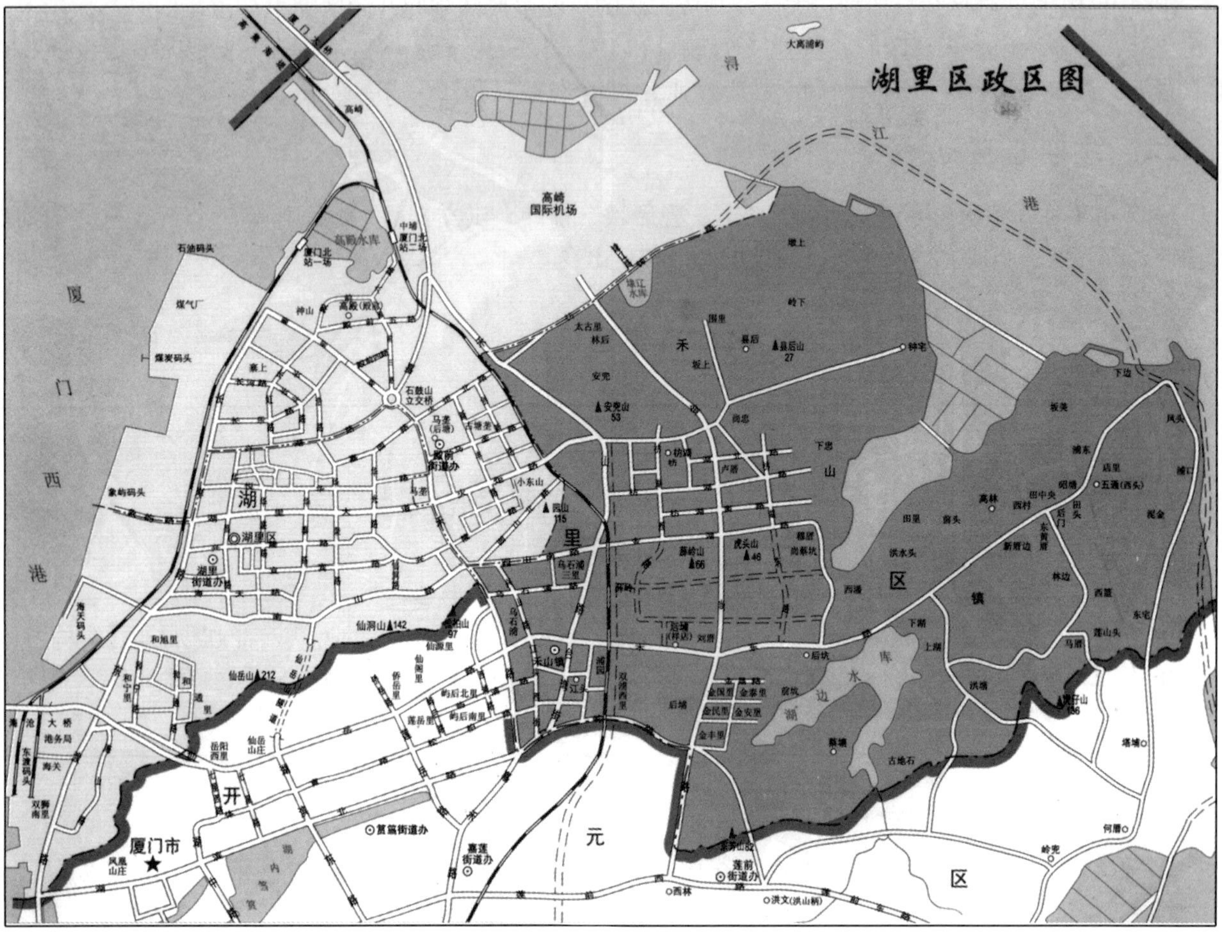

图 1–4　1996 年湖里区政区图

1998 年 6 月，湖里街道官任居委会划归开元区；禾山镇新建立金民、金泰、兴隆、吕岭居委会；8 月，湖里区所属三航六公司家属委员会（兴湖居委会）划属禾山镇，增设园山居委会；同年，湖里街道增设东港、康晖、康盛、康泰、康祥、和通、怡景、康和、康隆、禹州、新港等居委会。

1998 年 10 月湖里区区划表

表 1–5　　单位：个

街（镇）名称	居（村）委会数	居委会名称	村委会名称
湖里街道（驻湖里）	26	湖里、村里、南山、华昌、徐厝、兴湖、后浦、塘边、东渡、金鼎、东兴、东辉、东荣、东港（金鼎析设）、康晖（塘边析设）、康盛（塘边析设）、康泰（塘边析设）、康祥（塘边析设）、和通（濠头析设）、怡景（后浦析设）、康和（塘边析设）、康隆（塘边析设）、禹州（塘边析设）、新港（金鼎析设）、海天、官任	—
禾山镇（驻江头）	19	江头、吕厝、吕岭（后埔村析设）、金民（后坑村析设）、金泰（后坑村析设）、兴隆（马垅村析设）、园山（江头村析设）家属委员会（三航六公司家属委员会）	高殿、马垅、江头、后埔、蔡塘、后坑、高林、五通、枋湖、县后、钟宅

1999 年，禾山镇高殿村析设长乐、北站居委会，江头村析设江里居委会、后坑村析设金西居委会。

2000 年 5 月，禾山镇析出兴隆、长乐、兴湖（三航六公司）、北站 4 个居委会和高殿、马垅 2 个行政村设立殿前街道办事处。至此，禾山镇下辖枋湖、县后、钟宅、高林、五通、后坑、江头、蔡塘、后埔 9 个行政村和江头（街）、吕厝、金民、金泰、吕岭、园山、江里、金西 8 个居委会。

2001 年 3 月，县后村析为坂尚、岭下、围里 3 个村。12 月，金民、金泰两个居委会整合为金尚居委会。

2002 年底，江里居委会并入吕厝居委会。金尚、吕岭、园山、江头（街）、吕厝、金西 6 个居委会陆续改为社区居委会。

2003 年 1 月，江头村委会改为江村社区居委会，4 月，新成立金山社区居委会。6 月，金西居委会并入吕岭社区居委会。至年底，后埔、枋湖、后坑、蔡塘、坂尚、岭下，钟宅、五通、围里、高林改为社区居委会。至此，镇辖村委会全部改为社区居委会，禾山镇辖 17 个社区居委会。

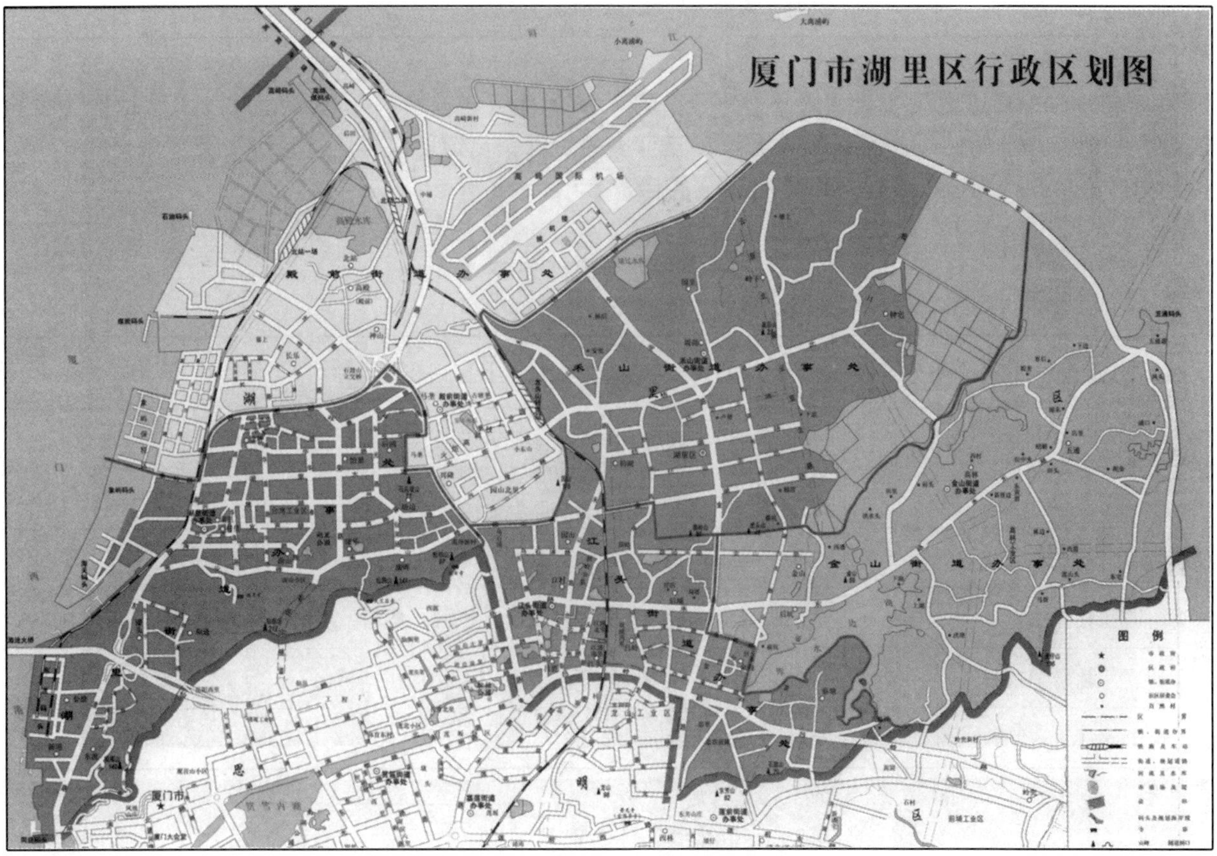

图 1-5　2004 年湖里区区划图

2004 年 6 月，福建省人民政府批复撤销禾山镇，设立禾山、江头和金山 3 个街道办事处。禾山街道下辖坂尚、枋湖、岭下、围里、钟宅 5 个社区居委会；江头街道下辖金尚、吕岭、江头、吕厝、园山、后埔、江村、蔡塘 8 个社区居委会；金山街道下辖高林、金山、后坑、五通 4 个社区居委会。

2004 年湖里区区划表

表 1-6 单位：个

街道名称	社区居委会数	社区居委会名称
湖里街道（驻湖里）	14	湖里、村里（华昌并入）、徐厝、濠头（东辉并入）、东渡（东荣、东兴并入）、塘边、后浦、金鼎（东港并入）、南山（海天并入）、康乐（康盛、康泰、康祥、康和、康隆合并）、康晖（禹洲并入）、怡景、和通、新港
殿前街道（驻嘉禾路）	6	兴隆、长乐、北站、神山、高殿、马垅
江头街道（驻江头）	8	江头、吕厝（江里并入）、吕岭（金西并入）、园山、江村（江头村委会改）、金尚（金民、金泰合并）、蔡塘、后埔
禾山街道（驻枋湖东路）	5	枋湖、钟宅、围里、坂尚、岭下（后 3 个社区由县后村改制）
金山街道（驻禾东路）	4	高林、五通、后坑、金山

2005 年，湖里街道增设海天、兴华、康泰、东荣 4 个社区居委会，禾山街道增设禾欣社区居委会。全区设 5 个街道办事处、42 个社区居委会。2007 年 4 月，江头街道增设祥店社区居委会。截至 2007 年年底，湖里区下辖 5 个街道办事处、43 个社区居委会。

2007 年湖里区区划表

表 1-7 单位：个

街道名称	社区居委会数	社区居委会名称
湖里街道（驻湖里）	18	湖里、村里、徐厝、濠头、东渡、塘边、后浦、金鼎、南山、东荣（东渡析设）、康乐、康晖、康泰（康乐析设）、怡景、和通、新港、海天（南山析设）、兴华（徐厝析设）
殿前街道（驻嘉禾路）	6	兴隆、长乐、北站、神山、高殿、马垅
江头街道（驻江头）	9	江头、吕厝、吕岭、园山、金尚、江村、蔡塘、后埔、祥店（金尚、后埔析出）
禾山街道（驻枋湖东路）	6	枋湖、坂尚、钟宅、岭下、围里、禾欣（枋湖析出）
金山街道（驻禾东路）	4	高林、五通、后坑、金山

第二篇　自然环境与资源

湖里区位于厦门岛北部，地处北纬 24°29′~24°34′、东经 118°04′~118°12′。境域南与思明区接壤，东与同安区、翔安区港湾相连，西依厦门西港与海沧区毗邻，北凭高（崎）集（美）海堤与集美区相通。境内陆地东西向最宽处 13.8 千米、南北向最宽处 8.7 千米，陆地面积 65.78 平方千米，占全岛的 46.62%。湖里区地势较为低平，主要以红土台地为主。南部为丘陵，东西北为海蚀阶地。海拔 212 米的仙岳山是全区的最高点。海岸线长约 24 千米，海域面积约 30 平方千米。

辖区西、北、东部的海域为厦门西港和同安湾的一部分，共同组成厦门岛北部周围的海洋环流。涨潮时厦门西港潮水由南向北经高崎、集美海面流向同安湾的大离亩屿；厦门岛东部潮水由同安湾湾口进入，从五通、钟宅一侧的 30 米深沟流向大离亩屿。两股潮水在大离亩屿海面汇合北上，直抵同安湾顶。退潮时潮水向东从钟宅、五通流向外海。海水涨退潮流速大，泥沙不易淤积。1955 年 10 月建成高集海堤后，厦门西港和同安湾仅靠一涵洞沟通，几乎成为半封闭的港湾。海水流量减少，流速降低，导致泥沙严重淤积。港湾沿岸频频填海造地，更加剧港湾的缩小和泥沙的淤积。

湖里区属南亚热带海洋性季风气候区。温暖湿润，常年不见霜雪。东部和北部沿海地区 11 月至翌年 3 月受东北风影响，气温较厦门岛西南部低 2℃左右。

境内矿产资源稀少，主要矿产为花岗岩，有部分锰矿出现于花岗岩中，分布在湖里矿点，钼矿分布在圆山矿点，耐火黏土分布在辖区北部和东北部。由于厦门岛属旅游风景区，区内矿产禁止开发。

湖里区是水资源相对贫乏的地区。辖区河流地貌并不发育，地表水靠大气降水补给，主要由储存在松散岩层的孔隙水、基岩裂隙水和风化残积孔隙裂隙水通过地表沟谷形成流程短的径流汇集到山塘水库或直接排泄入海。由于地形和气候等因素的影响，辖区内径流短小、河面窄、河床浅、流量季节变化明显，大多是放射状、间歇性的小河，雨季成溪，旱季成沟。解放初尚存的小溪流，有的在上游就被拦蓄，成为山塘或水库，如湖边水库、新丰水库、湖里公园水面等。有的因年代久远，泥沙淤积，随着工业化、城市化的发展，已基本消失。辖区内地下水水文地质单元零散，侵入岩、红土台地分布广，可利用地下水量少。跨流域引入的客水成为主要供水来源。九龙江北溪引水工程成为区内供水的主要水源，辖区内 1960 年建成的湖边水库为区内及厦门岛重要的备用水源。

辖区境域地属海岛，陆生动物种类贫乏，个体数量不多，加上人类长期活动的影响，原始植被被破坏殆尽，植物群落及相关动物结构、成分和分布完全失真。但辖区拥有较长的海岸线，水生动物较之陆生动物丰富得多。

湖里区三面临海，具有发展航运、海水养殖、滨海旅游等海洋经济得天独厚的自然条件。辖区沿海大片的红土台地，为港口和城市发展提供广阔的空间。

第一章　地　质

第一节　地壳运动

湖里区所在的厦门岛是中新生代断块岛，被数条深大断裂从大陆切割出来。湖里区地属厦门岛北部区域，地质构造位置属于“闽东燕山断坳带”东缘，“闽东南沿海变质带”的西南部，东面濒临台湾海峡中新生代沉降带。

辖区基本构架形成于燕山期。规模巨大的中生代燕山运动，改造了古生代华力西—印支运动形成的基底构造。早侏罗世时以褶皱造山运动作用为主，晚侏罗世至白垩世则以断块造山作用为主。喜马拉雅期构造特点以继承性断裂复活活动和断块差异活动为较显著。

第四纪以来，地壳运动以断块垂直差异升降运动为主。早更新世—中更新世的地壳以上升为主。晚更新世期间，地壳有两次升降运动，发生两次海进，第一次海进发生在距今 3 万 ~4 万年前，第二次发生在 1.6 万年前，沉积有上更新统上、下两段海陆过渡相地层，构成第二、三级阶地。全新世境内仍然有两次地壳升降运动，也出现两次海浸，第一次在距今 6000 ~7000 年前，第二次在距今 3000 ~4000 年前，从而沉积形成下全新统和上全新统海相地层。构成现今的海蚀阶地（台地）及沿海海积阶地和滩涂。台地形成后经过长期风化，形成几米至十几米厚的红色风化壳（红土残积层），即红土台地。

第二节　地　层

一、中生界

下侏罗统梨山组　分布在东渡等地，为一套湖泊相细碎屑岩夹陆相火山岩建造，总厚度大于 753 米。梨山组岩层分上中下三部分，下部为灰色、灰黑色，风化呈灰白、灰黄、紫红色薄—中薄层细粒石英砂岩、泥岩，夹粉砂质泥岩、中粒杂砂岩；中部为灰色、深灰色砂岩、泥岩互层；上部为片理化细砂岩、粉砂岩夹片理化流纹岩、流纹质晶质凝灰熔岩透镜体。在梨山组中含有植物化石，主要有似银杏、尼尔桑网叶蕨等。

上侏罗统南园组　南园组地层是厦门市分布较广的主要地层，超覆在梨山组上面，与梨山组呈不整合接触。为一套陆相酸性、中酸性火山岩夹火山沉积建造，具有明显的喷发—沉积韵律。南园组地层在仙岳山—海沧嵩屿一线呈北东（NE）向带状分布，主要岩性为流纹质晶质凝灰熔岩、流纹英安质晶屑凝灰熔岩及凝灰岩，夹英安岩、熔结凝灰岩、流纹岩、泥岩、粉砂质泥岩薄层。南园组大致可分为上、中、下三段。下段地层只出露于海沧，厚度小于 500 米；中段是一套浅色酸性火山碎屑岩，分布最广，出露于东渡、狐尾山、仙岳山、仙洞山；上段是一套中酸性火山碎屑熔岩，岩性主要为流纹英安质晶屑凝灰岩。在火山喷发间歇的陆相碎屑沉积地层中，有布朗种枝脉蕨、篦羽叶等植物化石。

二、新生界

上更新统龙海组　第四纪地层在厦门分布最广，为海陆过渡相及近海河漫滩、泻湖相沉积建造。根据沉积特征、接触关系、微体古生物、古孢粉和碳 14 年龄等资料，大致可划分为 4 个地层单位：上更新统上、下段，下全新统，上全新统。上更新统地层在辖区北部、东部和西部均有出露，地貌上构成二、三级阶地。

全新世长乐组 全新世地层分上、下两部分。下全新统地层分布在辖区的钟宅等现代河床两侧河漫滩上。碳 14 年龄距今 4085±103～9650±265 年。下全新统地层若根据其成因大致可划分为海积、湖积及冲积—洪积 3 种类型。海相堆积上部为淤泥、粉细砂，下部为砂质黏土、中细砂及含砾粗砂，这套地层分布于辖区周边滨海滩涂，地层含浅海环境苔藓虫和近岸浅海底栖有孔虫化石。枋湖村出露的湖沼相堆积地层，主要为粉砂、中粗砂夹炭质黏土、含淡水圆盘藻。河漫滩的冲积—洪积相地层上部为褐灰色砂质黏土、含砂黏土、泥质砂，下部为含砾粗砂及砾石层夹黏土质砂，富含水龙骨科、里白属、禾本科植物孢粉。下全新统三种类型的沉积建造在横向上呈相变关系。上全新统为滨海相沉积地层，广泛分布在港区、海滩、海积平原，由灰褐色黏土（上部）和黑色淤泥（下部）组成。在东渡港泥沙及淤泥层中，埋藏着大量红树植物残体，经碳 14 测定，其年代距今 3459±180 年。

风化第四系残积—坡积层 辖区内广泛分布由砂质黏土、黏土、碎石层等组成的第四系残积—坡积层，属残积层，呈现为红土台地。年代跨越时间较长，无法划分。同时厚度变化也较大，小至 2～3 厘米，大则 70 米以上。

第三节　火山岩及岩浆岩

一、火山岩

辖区内侏罗纪有火山活动，其中以晚侏罗纪火山活动规模较大。火山岩中火山喷出的熔岩属于岩浆岩，如区内的流纹岩属酸性、中酸性火山喷出熔岩。而火山碎屑岩属沉积岩，如东渡、狐尾山的火山凝灰岩。

东渡一带下侏罗纪下统的梨山组浅变质砂质泥岩中，夹有片理化流纹岩、流纹质晶屑凝灰熔岩、流纹质凝灰岩等，均属于早侏罗世中酸性火山岩。狐尾山、仙岳山一带的上侏罗统南园组地层，更是以一套酸性—中酸性火山碎屑熔岩、熔岩，夹火山碎屑岩为主，厚度大于 865 米，沿着筼筜港北岸、辖区南缘分布。

二、岩浆岩

岩浆岩包括喷出岩和侵入岩。狐尾山、仙岳山的火山熔岩属岩浆的喷出岩。不同于思明区地表大面积出露花岗岩体，湖里区除殿前、石湖山等地有花岗岩体出露之外，大部分是隐伏岩体，为第四纪沉积岩覆盖。

从五通延至鼓浪屿的厦门岩体为燕山晚期侵入岩，是辖区主要出露的最大岩体。岩体长轴呈北北东方向带状展布，由 5 次脉动侵入岩体组成，花岗岩的黑云母经钾—氩（K-AR）法测定的同位素年龄为 113.2 百万～103.4 百万年。岩性由老至新分别是：中粒花岗闪长岩—不等粒黑云母花岗岩—中粒花岗岩—不等粒黑云母花岗岩—细粒花岗岩，其中以第三次脉动侵入的中粒花岗岩规模最大。辖区内的燕山晚期侵入岩还有殿前岩体。范围从辖区西北部至杏林，岩性主要是似斑状中粒含黑云母二长花岗岩和细粒花岗岩，同位素年龄为 92 百万年，时代比厦门岩体年轻。

三、脉岩

区内还分布着种类繁多的脉岩，一般宽度 1 米至数米，长数十米至几百米，多沿构造裂隙贯入，主要呈北东 30°～50°方位展布。脉岩种类有细粒花岗岩脉、花岗岩脉、正长岩脉、石英正长岩脉、伟晶岩脉、闪长岩脉、基性岩脉及石英岩脉等。基性岩脉形成时代最晚，往往切割其他岩脉。

第四节　地质构造

一、褶皱

辖区地质构造依附于厦门市，位于北东向长乐—诏安深大断裂带与东西向南靖—厦门断裂带交接部位。区域构造位置属于“闽东燕山断坳带”“闽东南沿海变质带”的组成部分。

褶皱构造在嵩屿、火烧屿等地梨山组地层中较发育，为推测复式向斜。火烧屿复式向斜，轴向方位65°。北段经厦门岛的东渡—钟宅跨越浔江进入翔安的新店，受南园组火山岩掩盖及花岗岩侵入体破坏，面貌不清。

二、断层

断裂构造是厦门地质构造的主要形式，基本构造格局是燕山期逐步形成的北东向和北西向两组断裂切割而成的菱形断块构造格局，其中一部分是深、大断裂。辖区的主要断裂有：北西向浔江断层、北北东向西港断层、北东向筼筜港—钟宅断裂带、东西向马銮湾—薛岭断裂带、北西向塔头—濠头断层、北西向石胄头—高崎断层、北西向鹭江—钟山断层等。这些断层都是形成较早的基底断裂。晚第三纪至第四纪以来，早期形成的北东向和北西向断层不同程度地复活，造成断块差异活动，在辖区形成一系列大小不等的断块丘陵和断陷谷地—港湾。

湖里区主要断层有北东—北北东向、北西向、东西向等几组，其特征如下：

（一）浔江断层

北西向浔江断裂带由一组走向300°~310°的断层组成，长约28千米、宽8千米。西北端自天马山麓延伸，东南端形成浔江水道。该断裂属基底断裂，燕山晚期花岗闪长岩及似斑状黑云母二长花岗岩先后沿断裂带侵入。浔江断裂带是福建沿海活动强度较大的北西向断层之一。

（二）西港断层

大致沿西港的猴屿—虎屿，并且穿过高集海堤延至同安郭山。断层总体走向北东20°~30°，沿断层花岗体发育着密集节理，在火烧屿、象屿可以见到断层错动面。

（三）筼筜港—钟宅断裂带

该断裂带横贯厦门岛中部，由两条北北东向断层组成，即：官浔—钟宅断层和文灶—坂美断层组成地堑式断陷带。控制筼筜港—钟宅港地堑西北边界的官浔—钟宅断层，自狐尾山南麓的官浔起沿湖滨北路经七星山、仙洞山至乌石浦，然后呈“隐伏状态”在钟宅附近进入浔江，该断层走向北东55°，倾向南东，倾角75°。地堑东南边界的文灶—坂美断层，走向北东55°，倾向北西，倾角70°，该断层西南端自虎头山经文灶、龙山，往东北穿过阶地平原在坂美附近进入海域，文灶—龙山段地表构造形迹十分明显。筼筜港—钟宅断裂带把厦门岛分成岩性和地貌特征各不相同的两大部分：西北部（湖里区）地表出露侏罗纪火山岩及砂岩、粉砂岩、泥岩互层，而东南部（思明区）则是大面积燕山晚期花岗岩；地貌上差异也很大，断裂带本身为负地形（断陷港湾），西北部火山岩多形成陡坡缓顶馒头状或垄状低丘，而东南部花岗岩区则形成陡坡尖峰高丘陵。第四纪沉积未发现被筼筜港—钟宅断裂带错断的现象，说明距今3万年以来该断裂带活动性已趋减弱，没有明显活动迹象。厦门市布设的微震台网监测也未记录到沿断裂带有微震活动，处于不活动状态。

（四）马銮湾—薛岭断裂带

该断裂带是东西向南靖—厦门断裂的东段。西港西岸的鳌冠花岗岩体受强烈挤压，东西向片理、片麻理极为发育，黑色矿物呈东西向排列。在辖区形成3~4公里宽的湖里—薛岭近东西向挤压构造带。

（五）塔头—濠头断层

北西向塔头—濠头断层自厦门岛东南部的塔头村经金山寨山、东坪山，横穿筼筜港（湖）至东渡濠头村，然后穿越西港进入马銮湾，并与灌口附近北西向断层贯通。断层走向 290° ~ 320°。延断层火山岩挤压破碎，并发育断层角砾岩。灌口镇附近于 1976 年 2 月 7 日和 1986 年 8 月 3 日发生两次 2.0 ~ 3.0 级小震群，该断层仍有一定活动性。

（六）石胄头—高崎断层

北西向石胄头—高崎断层总体走向 310°。该断层自厦门岛东岸的石胄头经潘宅、薛岭、园山至高崎，然后穿过杏林湾延伸至坂头水库。该断层是厦门岛主要活动构造，断层线平直，构造形迹清晰，沿断层发育密集节理。断层的东南段成为丘陵与阶地两种地貌明显分界线。杏林湾多处温泉点出露与该断层发育密切相关。

（七）鹭江—钟山断层

北西向鹭江—钟山断层贯穿厦鼓海峡、东渡港南缘至海沧钟山村，走向为 310° ~ 320°。卫星遥感影像线性延续性好。该断层对厦鼓海峡的形成有一定控制作用。在钟山村花岗岩中发育有 3 ~ 5 米宽的破碎带。1982 年，鼓浪屿轮渡码头工程地质勘探过程中钻探到断层破碎岩石。

第五节　矿产资源

一、金属矿产资源

湖里区金属矿藏较贫乏。仅湖里有锰矿矿化点（出现于花岗斑岩中），圆山有钼矿矿化点。

二、非金属矿产资源

（一）花岗岩石材

主要是燕山期细粒花岗岩、花岗闪长岩、黑云母花岗岩、二长花岗岩、石英闪长岩等。分布于石湖、湖里、塘边、马厝、湖边一带。由于岩石致密坚硬、强度高（抗压强度达每平方厘米 393 ~ 1167 千克）、色彩鲜艳、花纹美观，是优良天然建材，亦是石雕的上等材料。

（二）耐火黏土

辖区有塘边、湖里、枋湖等矿点，属沉积型矿产，多产于第四纪冲积—洪积层。

（三）砖瓦黏土

储量大、分布广，作为烧制砖瓦的原料，多产于第四系地层。

（四）地热资源

钟宅湾汤坂温泉属小型中温热水矿（地热）资源，水温 59℃，pH 值 7.06，每升含溴 30 毫克、二氧化碳 18.67 毫克、可溶性二氧化硅 65 毫克、氡 9.2 埃曼，属溴矿水，日出水量 1382 吨左右。

第二章　地　貌

第一节　陆　地

一、地貌成因

厦门岛以钟宅—筼筜港断裂为界，形成西北和东南地貌景观完全不同的两部分。厦门岛有 13 座标高

200 米以上的低山，有 12 座在钟宅湾—筼筜港南岸，钟宅湾—筼筜港北岸只有仙岳山 1 座（212.7 米）。

钟宅—筼筜港地堑型断裂属福建省东部长乐—诏安深大断裂的组成部分，它控制筼筜港、钟宅海湾及附近平原的形成。受北东、北西和近东—西向断裂的控制，造成辖区海岸线曲折、多深水良港。东渡港深水航道的形成与北北东方向的断裂构造有关。流水的侵蚀、搬运和堆积，风化作用等外营力作用的总效果是削高填低，使地表起伏趋向和缓。第四纪以来，包括辖区在内的厦门地区地壳大部分以上升运动为总趋势，以断裂、断块差异运动和间歇性上升运动为主要形式。

更新世早期，本区地壳运动明显加强，流水的侵蚀、剥蚀作用随之加强，形成海拔 50～100 米的侵蚀、剥蚀面（低丘陵）；更新世早期，地壳继续上升，河流下切，经海浪、潮流等的共同作用，形成海拔 30～45 米的第三级海蚀台地。这时期气候暖热，化学风化强烈，由于长期的湿热化过程，形成几米至十几米厚的红色风化壳（残积红土层）。更新世晚期，地壳整体间歇性上升，形成海拔 15～25 米的二级海蚀台地。全新世时期（距今 1.03 万年以来），即所谓的冰后期，随着气候的转暖，海平面上升，距今 5000～6000 年前，海侵范围最大可达海拔 3～5 米，形成一级海蚀台地、海积台地和河流一级台地。厦门地区的河、海积平原的海拔高度为 2～5 米，是在全新世晚期（距今 2000～3000 年）形成的。

根据厦门海洋观测站的海平面观测资料，在 1920—1972 年的 52 年间，海平面共下降 17 厘米，平均每年下降 3.3 毫米。根据福建省地震局综合队的地壳形变测量资料，1957—1972 年的 15 年间，厦门大部分地区地壳上升量为 10～20 毫米，平均每年上升 1 毫米左右。辖区北部的部分地区，15 年间上升 25～30 毫米，每年平均上升 1.7～2 毫米。

二、地貌类型与分布

厦门岛的中部是钟宅—筼筜港（湖）断陷平原、海湾区，其地势低平，走向东北；以此为界，湖里区所在的厦门岛北部，海蚀台地连绵起伏。

湖里区地貌类型划分原则以形态和成因相结合，根据海拔高度和相对切割深度的差别，可分为 5 种类型。

根据内外营力作用性质和强弱，湖里区地貌类型又可划分为堆积地貌、侵蚀—剥蚀地貌、构造—侵蚀地貌和人工地貌等四大类型。

（一）高丘陵

高丘陵海拔高度 200～500 米，相对切割深度 100～300 米。

分布于辖区南部与思明区交界处，由火山岩和花岗岩构成，受构造和岩性的影响均较明显。由花岗岩构成的高丘陵常呈孤丘状，若地表植被遭受破坏，基岩裸露，山势陡峭。由火山岩构成的高丘陵坡度较为和缓，顶部浑圆，土层较深厚，植被覆盖度也较好。辖区的仙岳山属于火山岩高丘陵，为湖里区唯一的高丘陵。

仙岳山 在湖里区与思明区交界处，海拔 212 米。

（二）低丘陵

低丘陵海拔高度 50～200 米，相对切割深度 30～100 米。

辖区内的低丘陵有 15 座：

寨子山 在辖区西南湖里街道，海拔 159.4 米，为秃山。

仙洞山 在湖里区与思明区交界处，海拔 141.9 米，土质为红土，多花岗岩，有相思树等植物。

狐尾山 在辖区西南部湖里街道南，海拔 140.1 米。

虎山 在辖区高林社区东南部与思明区何厝交界处，因山形酷似一虎蹲踞得名，俗称虎仔山。海拔 135.9 米。

园山 一名朝山，旧志称小洪济山，在江头社区与马垄社区交界处，海拔 115.6 米，植被为相思树、松树等。

松柏山 在仙洞山东侧，海拔 97 米。

牛头山 在辖区西南部湖里街道西南，海沧大桥东端，海拔 77.2 米。

石头皮山 在马垄社区，海拔71.3米。有山洞，洞中有泉。

赤坡山 在辖区东南部与思明区交界处，海拔67.8米。

薛岭山 俗称薛岭，在后埔社区与枋湖社区交界处，海拔66.8米。

金山 在后坑社区，湖边水库西北侧，因土呈赤色，故名。海拔58.9米。山麓地势平坦，植有松树。

风动山 在湖里街道办事处北。海拔56.5米。以旧有风动石得名。

双狮山 在湖里街道，海拔53.6米。

安兜山 在枋湖社区，海拔51.3米。

钟山 旧称朱公山、文公山，在后坑社区，海拔50.4米。旧时有双石对立，名“仙石”，又称“双石”，已毁。

（三）阶地（台地）

阶地（台地）海拔高度5~50米，相对切割深度3~30米。

广泛分布于海拔50米以下的山前地带、河谷两侧和沿海地区。辖区境域有2种类型阶地。

1. 河流台地

二级台地高出河流平水位10~15米，分布零散，多属基座台地，上部由河流冲积层和残积层组成，下部由基岩构成，基座牢固，宜作为工程建设用地，如高崎、江头等地的红土台地。

2. 海蚀台地

广泛分布于辖区北部。一般可分为三级：一级海蚀台地的海拔高度为5~10米，分布于沿海地区和平原外侧，如辖区境域的厦门机场就建在一级海蚀台地上；二级海蚀台地海拔高度为10~15米；三级海蚀台地的海拔高度为25~30米。在海蚀台地分布地区，由于流水的侵蚀作用。常形成一些浅坳谷或低洼地，是水土条件较好的耕作区。

辖区内台地有15个：

马山 在金山社区，海拔46米，植被为相思树、松树。

神山 在高殿社区，海拔43.2米。

鸡山 在五通社区海滨，海拔42.4米，多花岗岩。植被为木麻黄、相思树。

龙头山 在枋湖社区，海拔38.5米。

关刀山 在枋湖社区，以长条状类似大刀得名，海拔38.3米，植被以松树为主。

百果山 在江村社区，又称兴山、对面山，1962年辟为果园，植有多种果树，遂更名。海拔37.6米。

骑马山 在岭下社区墩上，又名烟墩埔、墩上山，海拔31.0米，植被主要为相思树。

虎头山 在枋湖社区，又称虎山，以形得名，海拔30.0米，植被主要为松树、相思树。

县后山 在县后社区，海拔27.9米。

大石湖山 在高殿社区，海拔25米。

后尾山 在高殿社区，海拔20.8米。

澳头山 在五通社区，海拔10米，旁有五通古渡头。是1938年日寇侵占厦门时的登陆处，有日军屠杀民众遗址。

觉性院山 在安兜社区，因依傍薛岭，故有五岭之别称（闽南话薛岭与四岭同音）

马垅山 在石头皮山东侧约500米处，旧时有马垅社村民先祖墓葬，故称马垅山。旧时有石名“金鸡石”，镌“有泉德邱”四字。

（四）平原和海滩

平原海拔高度2~5米，相对切割深度1~3米。

海滩海拔高度0~1米。

平原分布在钟宅至筼筜港一带，海滩分布于滨海地带。20世纪80年代后，因建造港口、码头和湿地公园，滨海滩涂大部消失。

三、土壤

（一）土壤类型

境内土壤类型分为砖红壤性红壤、红壤、黄壤、水稻土、风沙土、盐土、潮土等7个土类、19个亚类、34个土属、55个土种。

境内土壤以红壤为主，分布区域自海拔数米低丘或台地，以至200米左右高，顶部之波状起伏丘陵。红壤质地黏重，酸性，由于冲刷严重，氮、磷、钾三元素及有机质比较缺乏。此外，另有盐渍土，主要分布于江头、钟宅、高林等地。靠近山丘周围的地区多覆盖着砂，系花岗石风化细矿碎粒形成，主要分布于钟宅、高林、五通等地。个别沿海地带有小片风积砂丘，因砂层迁浮形成漏沙田。江头的山麓地带及山沟有部分“烂田”，由于长期受泉水浸润，土层糜烂而层次不明显，不宜耕作。

1. 砖红壤性红壤

砖红壤性红壤，又名“赤红壤”。酸性岩赤红壤分布于狐尾山—仙洞山—圆山一带，侵蚀赤红壤分布于低丘台地，海拔小于50米，如五通角和钟宅岸段临岸海蚀红土台地。

粗骨性砖红壤性红壤，是成土历史较短的幼年土壤。分布于由花岗岩构成的中屿、象屿、虎屿，由酸性火成岩或陆相碎屑岩构成的小岛，如大兔屿、小兔屿等。

赤土是由砖红壤性红壤经人工开垦、旱耕熟化而成的旱作土壤。分布在马垅、小东山、枋湖、县后、后坑、钟宅、五通、高林等处台地上。

2. 海滨盐土

为盐土属海积相土壤，分布在海岸带的平原海岸、港湾和海岸草木带上，可分为滨海盐土和埭土2个亚类。前者主要分布在辖区沿海原有红树林潮滩上，后者分布在辖区内围垦脱盐及旱作熟化发育的滨海盐土，土体上层已开始脱盐，只有咸土1个属。

3. 风沙土

风沙土主要分布在滨海沿岸沙堤、沙丘及沙地上，发育在岛屿迎风浪岸段，是一种非地带性新生土壤，主要分布在五通村浦口、泥金一带至何厝村，长达数公里。该带土壤上生长着以木麻黄为主、台湾相思混交其中的海岸防风沙防护林带。

4. 水稻土

渗育性水稻土主要分布于山地丘陵坡地或岗背上，多系梯田，可分为黄泥田、红土田、白土田、沙质田4个土属。沙质田零星分布在高殿村。

潴育型水稻土主要分布在后埔、枋湖、蔡塘、县后、五通等地。盐渍型水稻土分布于北部的海积平原。

（二）土壤分布

辖区土壤类型空间分布的组合，从高到低垂直分布差异明显，从厦门岛中部湖里区与思明区交界处高丘向海岸呈环带状分布。大部分丘陵区为典型赤红壤和粗骨性赤红壤，耕作土壤有少量赤沙土和黄泥土田、灰泥田。台地低丘土壤带的海拔大多在50米以下，地面呈坡状起伏，向海岸倾斜，土壤以粗骨性赤红壤为主。耕作土壤分布于辖区内的旱作和果园，以赤土亚类为主；水田以渗育型水稻土为主，其中以黄泥沙田和红泥沙田居多，是主要水稻土类型。

第二节　海　域

一、海域划分

（一）西部海域

湖里西部海域属于厦门西部海湾的一部分，北起高集海堤，南至湖滨北路西侧同益码头水闸。该海域集中了厦门市主要的码头，是厦门市开发程度最高的海域，沿岸经济发达，人口密度大，人类活动频繁，承纳排污量大。部分港域出现淤积，有些航段已成为碍航浅滩。

（二）同安湾海域

湖里东部、北部海域南起五通—澳头、北至高崎、钟宅海面，属同安湾海域。该海域地处厦门岛东海岸，海岸较平直，海域开阔。受外海海水影响较大，盐度较高，营养贫乏，浮游生物量较低，风浪较大，属高能环境。辖区所在沿海区域属于岛岸开阔海域，与西海域海湾型海域有明显差异。湖里区在1949—1979年为“军事要区”，开发程度较低，不少岸段仍保持自然风貌。1980年后，厦门东海岸出现开发热潮，滨海旅游资源遭受不同程度的破坏，海岸普遍受到侵蚀，滨岸生态环境也遭到不同程度的污染和破坏。

（三）钟宅湾

位于湖里区东北部，为外大内小的漏斗状海湾，海域面积约4平方千米。历史上海水可涨至洪水桥。1958年，在湾内建国营钟宅盐场，占用港湾面积约0.7平方千米。港湾内有厦门岛唯一出露温泉。1978年，前线人民公社钟宅大队在国营盐场之外再建大队盐场，占用港湾面积约1平方千米。90年代末，被规划为城市湿地公园，更名为五缘湾。

二、海岸与滩涂

（一）海岸

全区海岸线总长度24公里，海岸类型颇为复杂。根据各岸段的动力因素、组成物质、地貌特征及所处的方位，大致可划分为基岩海岸、台地土崖沙泥质海岸和港湾淤泥质海岸等3种类型。

基岩海岸　分布零散，主要见于基岩岬角岸段，如五通头。该类海岸组成物质主要为花岗岩、火山岩及变质砂岩等基岩。水动力以波浪作用为主，沿岸海蚀地貌发育，常可见到海蚀陡崖、海蚀洞穴、海蚀柱及海蚀槽沟等地貌形态。

台地土崖沙泥质海岸　见于高崎—五通沿岸。该类海岸由岩石风化的红土层组成台地，海岸面向北或东北，在东北风浪作用下，海岸崩塌，构成直立状土崖，高约数米至十余米不等。岸崖前缘高潮带常见宽约10米左右的沙滩带，中、低潮带则为沙泥滩。

港湾淤泥质海岸　见于东渡—高崎沿岸。该类海岸地处隐蔽的港湾内，水动力以潮流作用为主，海岸发育大片淤泥质潮滩，滩面宽阔平坦，宽者达数千米。

（二）滩涂

根据潮间带地貌特征、水动力条件及组成物质的差异，辖区潮间带滩地可划分为岩滩、沙滩和泥滩等三种类型。岩滩分布零散，见于五通头，面积约20公顷；沙滩，见于辖区东岸，面积约160公顷；泥滩所占面积最大，见于辖区西岸、北岸，面积约1000公顷。

三、海岛与岩礁

（一）海岛

据1990年海岛调查，辖区境域共有9个面积大于500平方米的海岛，其中有3个海岛与厦门本岛连成一片，失去海岛特征。截至2007年年底，辖区面积在500平方米以上的海岛只有大离亩屿。

大离亩屿　位于东海域北纬24°33′32″～24°33′34″、东经118°08′54″～118°09′13″，海拔16.8米，面积21832平方米。民间称“离亩屿”，道光版《厦门志》称为“离浦屿，在厦门西北，近高崎，以与薛浦相离，故名。”

小离亩屿　位于东海域北纬24°33′14″、东经118°08′12″，海拔8.1米，面积548平方米。民间称“乌屿”。1992年，高崎国际机场二期扩建时连陆。

象屿　位于西海域北纬24°30′49″～24°30′56″、东经118°04′46″～118°04′54″，海拔25.7米，面积21414平方米。建设象屿保税区时连陆。

中屿　位于西海域北纬24°30′33″～24°30′36″、东经118°04′42″～118°04′44″，海拔16.8米，面积

12965 平方米。建设东渡码头时连陆。

虎屿 位于西海域北纬 24°30′09″～24°30′24″、东经 118°04′27″～118°04′34″，海拔 26.1 米，面积 11804 平方米。建设东渡码头时连陆。

狗困屿 位于西海域北纬 24°32′20″～24°30′26″、东经 118°04′40″～118°04′54″，海拔 22.3 米，面积 15222 平方米。建设象屿保税区时连陆。

（二）岩礁

辖区境域海域有礁石 28 处。

青兰礁 在禾山街道东北，距岸线最近点约 1700 米。干出礁，干出高程 3.6 米。礁呈圆形，礁盘面积约 7 万平方米。礁石周围有一种鱼，方言俗称“青兰”鱼，礁石因鱼得名。

小青兰礁 在禾山街道东北，距岸线最近点约 1500 米。干出礁，干出高程 1 米。在青兰礁南侧，礁石小，由青兰礁派生得名。

潮围礁 在禾山街道东北侧，距岸线最近点约 2150 米。干出礁，干出高程 5.6 米。礁石略呈三角形。

西潮围礁 在禾山街道东北，距岸线最近点约 2150 米。干出礁，干出高程 0.4 米。位于浔江深水区旁。在潮围礁西北侧，故名。

金柱礁 在禾山街道东偏北方向。距厦门高崎国际机场跑道边缘约 1 千米。干出礁，干出高程 1.1 米。位于厦门北侧水道上。

小金柱礁 在禾山街道东北，距高崎国际机场跑道边缘约 1300 米。干出礁，干出高程 0.7 米。位于浔江水道中部。在金柱礁上方，礁石小，由金柱礁派生得名。

笠成礁 在禾山街道东北侧、大离浦屿北面约 300 米处。干出礁，干出高程 4 米。由两块礁石组成。

东笠成礁 在禾山街道东北侧、大离浦屿东北约 305 米处。干出礁，干出高程 1.17 米。在笠成礁东侧，故名。

西笠成礁 在禾山街道东北侧、大离浦屿西北约 650 米处。干出礁，干出高程 0.6 米。位于笠成礁西侧，故名。

草鞋礁 在禾山街道东北，距岸线约 1400 米。位于大离浦屿东南泥沙滩与深水交界处。干出礁，干出高程 0.9 米。

核仔石 在禾山街道东北，距岸线最近点 75 米。干出礁，干出高程 5.7 米。礁盘平面呈三角形。

尖石 在禾山街道东北，距岸线最近点 350 米。干出礁，干出高程 4.6 米。因礁石露出水面部分呈锥形而得名。

大石虎礁 在禾山街道东北，距岸线最近点约 860 米。明礁，高程 2.6 米。长 30 米，宽约 20 米。位于钟宅港外湾口中部渔民经常作业的海域上，犹如水上的拦路虎，且露出水面面积较大，故名。

小石虎礁 在禾山街道东北，距岸线最近点约 820 米。干出礁，干出高程 4.2 米。位于原钟宅港外湾口处，略呈长条形，处渔民经常作业的海域上，比大石虎礁略小，故名。设有灯桩。

宝珠礁 在金山街道五通东部海域，距岸线约 500 米。暗礁，深度在基准线下 3.3 米。礁形状似圆珠，故名。

石煎盘礁 在金山街道五通东部海域，距岸线约 340 米。干出礁，干出高程 1 米。礁石略呈圆形，面积约 4800 平方米。因礁石表面较平且圆，形似煎盘，故名。海图名半洋礁，1983 年曾称东坪礁。

石后礁 在金山街道五通东部海域，距岸线约 200 米。干出礁，干出高程 5.3 米。呈长条形。

长礁 在金山街道五通东部海域，距岸线约 135 米。

崎驳礁 在金山街道五通东部海域，距岸线约 340 米。干出礁，干出高程 4.5 米。长约 150 米，宽 6 米。

沙裹礁 在金山街道五通东部海域，距岸线约 800 米。干出礁，干出高程 2.3 米。略呈三角形。

北寮礁 在金山街道五通东部海域，距岸线约 600 米。干出礁，干出高程 5.3 米。礁石略呈长方形，长约 200 米，宽 55 米。

乌礁 在金山街道五通东部海域，距岸线约 750 米。干出礁，干出高程 3.1 米。礁石颜色呈黑色，故以“乌”为名。

塔礁　在金山街道五通东部海域，距岸线约750米。干出礁，干出高程4米。略呈长方形，长约70米，宽约10米。

长尾礁　在金山街道五通东部海滨，礁石连接岸边。明礁，高程3米。形状细长，如动物尾巴，故名。长约70米，宽约10米。

酒瓮礁　在湖里街道西部海域，距岸边最近点（象屿）约432米。暗礁，在水线基准面下0.4米。礁石形似酒瓮，故名。石质为侵入岩，设有灯桩。

鸡母礁　在湖里街道西部海域、原中屿东面。礁石状如母鸡在窝里孵蛋，故名。明礁，高程9.5米。东渡码头二期工程扩建时连陆。

牛粪礁　在湖里街道西部海域，距东渡码头约100米。干出礁，干出高程0.4米。因礁石表面凹凸不平，状似牛粪，故名。礁盘长约40米，宽约22米，由火山岩构成。紧临东渡码头航道旁，周围水深8～17米，设有灯桩。

港路礁　在湖里街道西部海域、东渡码头南端约100米处。干出礁，干出高程2.1米。位于筼筜港口港道上，故名。

四、海底地貌与沉积

（一）海底地貌

1. 水下浅滩

又称潮流浅滩。较大水下浅滩在西港有宝珠屿浅滩，呈似三角形状，由北向南略有倾斜，最大宽度5千米，底质为粉砂质淤泥。鳗尾礁浅滩，位于湖里区与思明区交界处筼筜海堤西侧，呈椭圆状，近南北向展布，长1500米，宽700米，浅滩中部底质为粗砂，四周为泥质粉砂。

2. 潮流通道与冲刷槽

典型潮流通道分布于厦门西港，潮流自厦门外港进入西港，潮流通道自南而北由深变浅，南段潮流通道宽而深，最宽处（鼓浪屿西航道）达1200米，水深大多超过10米；北段（石湖以北）水道逐渐趋窄趋浅，宽约150～200米，水深5～8米。

（二）海底沉积

辖区海域海底沉积主要类型有7种，即粗砂、中粗砂、粗中砂、中细砂、砂—粉砂—黏土、黏土质粉砂和粉砂质黏土等，前4种属于粗颗粒沉积物，砂—粉砂—黏土为过渡类型混合沉积物，最后两种为细颗粒沉积物。

辖区海区海底沉积物的分布特征：东部海面开阔，面向东北、东南风向，水动力活跃，以波浪作用为主，沉积属于砾砂、粗砂、中粗砂、中细砂等以粗颗粒为主的类型；西部海域地处湾内，沉积环境隐蔽，水动力以潮流作用为主，沉积属于以细颗粒为主组成的类型，其中东渡港以最细的粉砂质黏土居优势；东北部海域粗细交错。

第三节　环境变迁

一、陆地地貌变迁

低洼地成为水面　1960年4月建成湖边水库，后坑大队（今金山街道后坑社区）桥头、湖边一带的低洼地带成为库区。这是湖里建区前辖区境域陆地地貌最大的一次变迁。

低丘夷为平地　20世纪90年代中叶之后，随着湖里区城市化进程的不断加快，辖区的农业用地全部转为非农业用地，因为工业用地、交通用地、城区建设等需要，神山、大石湖山、县后山、百果山、龙头山、马垅山、关刀山、骑马山、澳头山、觉性院山等低丘被全部或大部推平，除了与思明区交界处的狐尾山、仙岳山、虎仔山一线仍维持丘陵地貌之外，湖里区北部的地貌日渐平坦。

溪流消失 民国37年（1948）前后，辖区境域还有14条小溪流（详见本志第二篇第四章第一节）。截至2007年年底，上述小溪流随着城市化建设的发展，已基本消失。

景观毁坏 辖区境域原有虎仔山塔、龙湫土桥、塘边鸡冠石（又称马垅山金鸡石）等景观，虎仔山塔倾塌于明末清初，塔基毁于1958年炮战。龙湫土桥原为天然景观，20世纪80年代后成为人造景观。塘边鸡冠石、马垄山金鸡石因建设、战备被开采。满目青翠的后坑挂石山，历经多年采石形成一个面积达4万平方米的巨坑。

二、海域变迁

（一）港湾变迁

江头港 江头，原称港头，清代之前为筼筜港的重要港口，20世纪20年代仍为厦门岛西南部与西北部水陆交通的枢纽。40年代后，由于淤积、围海造地等原因，港口功能逐渐消失。50年代，修建福厦路（今嘉禾路）乌林到乌石浦路段时，原先的江头码头彻底废弃。1971年，筼筜港围垦工程完成，筼筜港变成筼筜湖，江头港湾彻底消失。

钟宅湾 在湖里区东北部，海域面积约4平方千米。钟宅湾是个外大内小呈漏斗状海湾，湾口朝东北。1958年在钟宅湾建设国营钟宅盐场，占地面积约0.7平方千米；1978年，前线公社钟宅大队在国营盐场外再建钟宅大队盐场，占地约1平方千米。港湾面积减少近一半。改革开放后，由于特区经济建设的需要，盐场先后关闭。2002年，港湾被纳入《钟宅湾休闲度假区》开发规划，原来的盐场小部分被辟为湿地公园，大部分成为住宅开发区，原钟宅大队盐场海堤之外的水面面积约为2.5平方千米。

高崎澳 在湖里区北部高崎西侧，旧时海水淹至今神山附近。1971年，殿前大队组织修建从神山至中埔的海堤，形成水面称高殿水库，又称旗山水库。2001年，殿前街道开始在库区填土造地。

石湖澳 在高殿街道寨上社区，20世纪50年代尚有部队修船所。后因修建石油码头、煤炭码头部分被填为陆地。1992年10月，建设象屿保税区，将石湖澳、象屿、狗困屿连为陆地。

下尾烧灰澳 在湖里区北部湖莲社，今高崎国际机场南侧。旧时海水淹至林后社区江边村，田地经常受淹。清道光十五年（1835）兴泉永道道台周凯在林后一带筑堤护田，俗称湖莲埭田。1974年，前线人民公社组织劳力修筑从后莲至墩上的海堤，形成水面称为埭辽水库。1984年后，高崎国际机场两次扩建，埭辽水库北部及下尾烧灰澳沿海蟹仔屿、乌屿（亦称小离浦屿、小离亩屿）均填为陆地。

（二）海岸变迁

湖里区海岸原有基岩海岸、台地土崖沙泥质海岸和港湾淤泥质海岸等3种类型。20世纪80年代之后，随着经济建设的发展，海岸类型发生巨大变化。西部海岸由南而北依次有同益码头、东渡码头、海天码头、象屿码头、煤炭码头、石油码头、高崎码头，成为基本平直的人工海岸。东部及东北部海岸原为容易崩塌的泥质海岸，20世纪90年代末期在东部海岸修建环岛路，北部为高崎国际机场，均为人工海岸。

（三）滩涂变迁

湖里区潮间带滩涂地可划分为岩滩、沙滩和泥滩等3种类型。旧时在高崎澳、石湖澳等地滩涂长有大量的海苔，下尾烧灰澳、钟宅湾等地的滩涂有多品种的海生动物。人工海岸取代自然海岸后，自然滩涂消失，海洋生物失去生存环境。

第三章　气　候

第一节　气候特征

辖区气候类型属于南亚热带海洋性季风气候。纬度位置处于北回归线偏北约1°，是亚热带中的最南带，为热带向温带的过渡带，具有热带气候的某些特征。辖区受海洋的影响较为显著，气温年较差小，相对湿度大。

以张宝堃按候温划分四季的方法（即以五天候平均气温低于10℃为冬季、10℃～22℃为春秋季、高于22℃为夏季）对辖区进行季节划分：则夏季从5月1日至10月25日，长达178天；春季从2月6日至4月30日，共84天；秋季从10月26日至2月5日，共103天。各季气候特点：夏季长而无酷暑，秋春相连而无冬，全年几乎全是无霜期，气温变化不显著，秋温略高于春温；春夏有锋面雨，夏秋有雷雨台风，日照较长；全年多风，深秋季节偏北风而干冷，夏季偏南风而暖湿。

海洋性主要表现在：最热月与最冷月平均气温相差不足16℃，9月、10月、11月平均气温高于5月、4月、3月平均气温，盛夏季节海陆风明显。

湖里区2月、3月的气候特点是阴冷，这时东北季风已减弱，冷空气强度虽然不如秋季强盛，但仍不时南下影响华南地区，当新的一股冷空气南下与原先控制华南的变性冷高压相遇时形成锋面降水，由于变性冷高压含水量少，所以雨量不大，但天气较冷。如果冷空气较强，就会出现“春寒”或“倒春寒”的天气。到了4月，南方暖空气势力开始加强，当北方有较强冷空气南下影响辖区时，容易引发诸如大风、暴雨、冰雹、雷暴、龙卷风等强对流天气。1984年4月5日，一次飑线天气过程引起强对流天气，瞬间风速超过12级，东渡港区196吨吊车臂被吹折。在冷空气影响之前还极易产生浓雾天气。

5—6月，是辖区的梅雨季，此时强盛的“西南季风”已控制华南及以南地区，由于西南季风含有充足的水汽和热量，当北方南下的冷空气与它交绥时，常常形成暴雨或大暴雨天气。有些年份由于北方冷空气较弱或副热带高压提早北跳，使华南在单一的暖气团控制下，雨量偏少，形成“空梅”，容易产生旱情。梅雨季主要灾害性天气是浓雾和大风、暴雨、冰雹、雷暴、龙卷风等强对流天气。

7—9月，辖区在副热带高压控制下，天气晴热少雨，有时午后到上半夜由于热力对流，有局地雷阵雨。7—9月也是台风季，此时在西太平洋和南海经常有台风生成影响。台风虽然破坏力强大，但也给炎热少雨的夏季带来充沛的雨量和凉爽的天气。如果台风影响偏少，便很容易发生夏旱。由于湖里东临大海西接漳州平原，受海陆风影响很大，在海陆风影响下，夜里到中午前吹陆风，午后吹海风，因此最高气温不会太高，7月是的辖区最热月，月平均最高气温也只32.6℃。影响辖区的台风每年平均3～4个，严重影响的台风1个左右。台风不仅会带来狂风暴雨、风暴潮等灾害性天气，以及由此引起的次生灾害，而且台风还会破坏海陆风效应，以及台风来临前所引发的“焚风效应”，使之出现36℃～37℃以上的高温天气。辖区极端最高气温38.5℃就是由台风年份引起的。夏季主要灾害性天气是台风、高温、干旱。

从10月初开始，高空西风带南压，西太平洋副热带高压已明显南撤，脊线已退回到北纬20度附近，影响辖区的台风已基本结束，但个别年份仍有台风影响，1999年10月9日14号台风在龙海登陆，辖区最大风力达12级以上。到了10月，冷空气从低空向南方移动，占据华南地区，辖区在冷高压控制下，而此时高空仍受副热带高压控制，形成“下冷上暖”，大气层结非常稳定，出现秋高气爽、天高云淡的晴好天气，气温不冷不热，湿度偏小，气候十分宜人。但有些年份，从11月初到12月初冷空气较弱，出现气温较高、湿度较大的“小阳春”天气。12月至翌年1月，蒙古高压占据整个亚洲大陆，中国东部地区盛行东北季风。辖区由于受来自西伯利亚和蒙古干冷气团的影响，气候干燥，降水偏少。如果有强冷空气影响，还会造成“寒潮”天气。辖区由于地处海边，因此即便是深秋，感觉也不是很冷。1 月是厦门的最冷月，月平均最低气温为 9.9℃，极端最低气温 1.8℃。秋季由于受单一的冷气团控制降水稀少。

第二节　气候要素

一、气温

湖里区没有独立的气象资料，所用资料均为 1997 年迁至辖区内狐尾山的厦门气象台资料，可以代表湖里辖区内的气候状况。

1997—2007 年，厦门市年平均气温变化情况见表 2-1：

1997—2007 年厦门市气温变化情况表

表 2-1　　单位：℃

年份	年平均气温	极端最高气温	极端最低气温
1997	20.6	36.0	5.1
1998	21.5	36.4	5.3
1999	21.1	34.8	1.9
2000	21.2	36.2	4.3
2001	21.3	37.4	6.9
2002	21.5	36.9	6.1
2003	21.3	38.5	5.4
2004	21.0	37.4	3.9
2005	20.8	39.0	2.6
2006	21.3	35.7	4.3
2007	21.6	39.2	6.1

二、降水

厦门市常年平均降雨量在 1300 毫米左右。从降水季节分配来看，春雨季（3—4 月）降水量约占全年 18%，雨季（5—6 月）降水量约占全年 32%；台风季（7—9 月）降水量约占全年 34%。

厦门市降水集中于春夏两季，副热带高压第一次北跳，雨季开始。3—6 月是主要雨季，4 月晴朗的日子稍多。5 月起，江淮低压系统充分发展，锋面活动频繁。副热带高压第二次北跳，本地雨季结束。7 月、8 月在副热带高压控制下，天气多晴热，但午后到夜里有时有雷雨或阵雨，同时台风影响次数增多，台风登陆大多在 7 月、8 月。9 月，降水主要来自台风。秋冬之交，出现干季迹象，10—12 月是一年中降水最少的月份，晚秋 1 月降雨略增，雨区也广，这是锋面靠近本区所致。

厦门历年各月最长连续降水日数为 22 天，出现在 1983 年 3 月 7—28 日。最长连续无降水日数为 78 天，出现在 1959 年 9 月 26 日—12 月 12 日。

厦门年平均蒸发量在 1650 毫米左右。蒸发量月份分布为：7 月蒸发量最大，2 月最少；4 月、5 月、6 月最为潮湿，降雨量大于蒸发量；最干燥的是 10 月、11 月，蒸发量为降雨量的 5 ~ 6 倍。多年相对湿度在 77% 左右，一年各月中，最大相对湿度是 6 月，最小相对湿度是 10 月和 11 月。

1997—2007 年厦门市降雨、蒸发量和相对湿度统计表

表 2-2 单位：毫米

年份	降水天数	降雨量	一日最大降雨量	蒸发量	相对湿度（%）
1997	122	1500.3	119.0	1071.9	79
1998	134	1542.2	200.3	1168.3	79
1999	106	1437.3	208.0	1238.0	77
2000	119	1768.0	315.7	1179.3	77
2001	122	1512.9	153.3	1233.4	76
2002	116	1290.5	140.6	1174.5	78
2003	83	1094.3	106.9	1281.5	79
2004	102	1023.0	69.8	1299.4	78
2005	122	1350.0	125.4	1177.1	75
2006	124	1970.5	212.2	1193.6	73
2007	116	1219.8	102.9	1262.9	71

三、风

厦门季风环流季节更替明显，9 月至翌年 2 月多刮东北季风，4—8 月多刮东南季风。一般来说，东北季风风力强于东南季风。沿海地区不仅年平均风速大，一年中出现大风的日数也多。

厦门处于纬度较低地区，夏秋两季受台风影响比较明显，影响厦门的台风最早发生于 5 月。1999 年，02 号台风 5 月初影响厦门，过程降水量 100 毫米。一年当中直接或间接影响厦门地区的台风有 4 ~ 5 个，但对厦门造成严重影响的台风，平均每年只有 1 个左右。最晚的是 2004 年的 28 号台风（12 月 3—4 日）。厦门台风最大值出现在 1959 年 8 月 23 日，蒲氏风级达 17 级。

四、日照和雾日

（一）日照

厦门日照一年中以 7—12 月较多，1—6 月较少；全年以 7 月为最多，2 月为最少。若干年份日照情况见表 2-3。

1997—2007 年厦门市日照、风速、风向情况表

表 2-3

年份	日照时数（小时）	日照百分率（%）	平均风速（米/秒）	最大风速（米/秒）	极大风速（米/秒）	最多风向
1997	1613.3	36	2.3	19.0	24.5	东
1998	1686.3	38	2.7	14.0	27.1	东
1999	1930.0	44	2.7	25.3	47.1	东
2000	1892.2	43	2.6	14.0	23.9	东
2001	1994.8	45	2.4	20.0	24.0	东
2002	1835.5	42	2.4	13.0	—	东南偏东
2003	2123.3	48	2.5	11.5	22.0	东
2004	2193.6	50	2.4	20.7	32.9	东、东南偏东、东北偏北
2005	1693.5	38	2.7	16.3	30.3	东、东南偏东、东北偏东
2006	1841.0	42	2.7	12.9	25.4	东南偏东
2007	1833.4	41	2.8	13.5	20.4	东

（二）雾日

厦门的雾主要是暖湿空气流经较冷的地面或海面而形成的平流雾。厦门雾日常在3—4月出现，4月最多。

五、雷暴

据1961—1990年资料，厦门雷暴日数最多的是1975年，有67天；最少的是1965年和1989年，只有28天。一年中最多是8月，有雷暴日数8.8天，下面依次为6月、7月、9月，各有7.3天、7.0天、5.2天；最少的是1月，为0.1天，11月、12月各有0.2天，2月有0.5天。

附：湖里区气象谚语

【好上元，好早冬】正月十五夜天气晴朗，预示早稻丰收。

【正月雷，二月雪，三月无水过田岸】正月打雷，二月下雪，三月缺雨水。

【正月寒死猪，二月寒死牛，三月寒死播田夫，四月寒死查某仔媳妇】农历一月至四月均可能发生寒害。

【日曝上元灯，雨沃清明种；雨沃上元灯，日曝清明种】元宵晴，清明雨；元宵雨，有春旱。

【春寒雨若溅】春天天气越冷越有雨。

【春茫酥，冬茫雨】春天雾浓天气晴朗，冬天雾浓下大雨。

【春天后母面】春天天气多变。

【惊蛰，豆仔生翅】到惊蛰时黄豆已长出两片叶子，如还要下种就已过了节气。

【光清明，暗谷雨】清明天气晴朗，到谷雨则会下雨。

【谷雨西北雨，赢过落豆箍】谷雨时节下的西北雨，犹如给田地施肥。

【谷雨下雨，谷仔粟仔胀破肚】谷雨时节下雨，有助于谷粒饱满。

【三月三九晴，晴到廿九暝】农历三月初九、十九、廿九晴，预示全年雨量偏少。

【三月廿三妈祖生，风吹头巾，雨沃花粉】农历三月廿三日一般都有小风雨。

【立夏过播无田税】晚季稻插秧最迟不能过立夏，否则连田税都交不起。

【立夏小满，雨水相赶】立夏小满梅雨季节，雨水相继。

【水芋播小满，三窟煮无一碗】小满后播水芋定减产。

【四月初一落雨空欢喜；四月初二落雨有花结无子；四月初三落雨有粟舂无米；四月初四落雨“露撚里”】四月初一下雨，禾不结实；四月初二下雨，禾开花不结子；四月初三下雨，谷不饱满舂无米；四月初四下雨，境况更是甚虞。谓庄稼最忌四月雨。“露撚里”：方言，更糟糕之意。

【四月初七落，落到五月十一；四月初八落，落到五月节】四月初七如下雨，一直下到五月十一；四月初八若下雨，一直下到端午节。

【芒种蚝，不如无】芒种后才竖蚵石会颗粒无收。

【四月芒种雨，五月无焦土，六月火烧埔】农历四月至芒种若下雨，五月雨偏多，六月无雨。

【五月芒种雨，六月火烧埔】芒种若下雨，六月旱情急。

【六月有三新：新米、新芋、新番薯】农历六月，早米、芋头、番薯相继收获。

【六月天，七月火】农历六、七月天气最热。

【六月陈雷田必裂，七月陈雷倒厝宅】农历六月打雷不下雨，七月打雷下大雨。

【六月立秋紧丢丢，七月立秋秋后油】六月立秋（有闰月的年份）天气很快转凉；七月立秋的年份，立秋后还会有热流。

【风台过了无回南，十日九日澹】台风过后，风如没转南，预示雨天将持续多日。

【好中秋，好晚稻】中秋天气好，晚稻好收成。

【九月九降风】农历九月霜风多。

【九月台，无人知】农历九月虽过了台风期，但有时仍会突然来袭，不可大意。

【霜降日头红，无水通溶田】霜降日天气晴好，骄阳当空，预示来春干旱，水田缺水。

【霜降出无齐，牵牛犁】霜降日稻穗出不齐，有绝收之虞。

【霜降水，枵死鬼】霜降时节雨水过多，预示来年灾害频繁，农作物歉收。

【十月日生翅】农历十月昼短夜长。

【初九、廿三，蚝篮倒头担】初九、廿三值最低潮，潮水退得慢，且反涨迅速，铲不到蚝，只好空篮挑回来。

【望日二十三，台风真可惊】农历十五、廿三日如起台风，风力极猛。

【云下日光，晴朗天光】云下有日光，天气定晴朗。

【云从龙门起，台风带雨急】黑云如从海口起，定有台风连急雨。龙门，指海口。

【云布满山低，连宵雨乱飞】黑云低布山崖，整夜风雨交加。

【云势若鱼鳞，来朝风不轻】云像鱼鳞重重，明早必起大风。

【云钩雨后排，风势叫人猜】午后云彩，如钩连排；风向变幻，令人费猜。

【云起南山遍，风雨辰时见】南山黑云遍起，辰时就见风雨。辰时，早晨七时至九时。

【云随风雨疾，有雨片时息】云随风雨疾飞驰，风雨眨眼就停止。

【乌云飞落海，棕蓑覆狗屎】黑云飞向海边去，天将晴。

【乌散西南，一阵就澹】西南乌云密布，阵雨来得猛。

【乌云飞上山，棕蓑拿来𧜟】乌云满山必有雨。

【早日不成天】日出太早，天气难看好。

【早白暮赤，飞沙走石】早晨日色白，黄昏日色赤；定会起狂风，飞沙又走石。

【早雨早晴，暗雨朝暝】早晨下雨很快放晴，傍晚下雨连夜不停。

【早看东南，晚看西北】早观东南天色，可测今日天气；晚看西北天色，可测明日天气。

【早落早好天，晚落到半暝】早晨下雨午后晴，午后下雨夜半停。

【朝日灼地，细雨会到】朝日灼炙大地，当天必有细雨。

【朝霞暝重露】朝霞红，夜露重。

【朝看东南黑，午前风雨急】早晨东南黑云罩，上午风雨交加到。

【罩雾罩袂开，戴笠仔𧜟棕蓑】夏雾久罩会下雨。

【日红若烛，三日有雨】太阳色如红蜡烛，三天之内雨如注。

【月光照澹土，天光烂糊糊】雨后出月亮，天不会晴。

【黄昏刮西北，冷寒有霜冻】冬天傍晚刮西北风，可能会出现霜冻。

【黄昏落雨，雨落透暝】冬春季如果傍晚下雨，就会连夜下个不停。

【狗食水，天落雨】狗到处找水喝，预兆天快下雨。

【田螋结队，着穿棕蓑】蜻蜓群飞要下雨。

【虹罩山，要苦旱；鸡曝翅，出大日】彩虹笼罩山头，将大旱。鸡展开翅膀晒太阳，将烈日当空。

【天顶半节虹，要做台风敢会成】天上仅出半截虹，可能出现强台风。敢会，可能会。

第四章　水　文

第一节　陆地水

一、地表水

据厦门市水利局1956—2005年的统计数据分析，湖里区与思明区同在的厦门岛多年平均地表水资源量为0.62亿立方米，多年平均地下水资源量为0.13亿立方米。

辖区境域历史上有多条小溪流，分布如下：

坑沟　发源于仙岳山北麓，西流至湖里外埭后流入厦门西海域。在坑沟南面有长头河、新河仔两个较大的池塘，组成另一路水，入咸沟从摇尾山下的摇尾涵入海。

鳖仔沟　西部支流发源于仙岳山、仙洞山与石头皮山之间，顺着南高北低的地势往北，从后浦村偏西处穿过，折向流向东北，在鹰厦铁路西侧与东部支流汇合。东部支流发源于园山西北麓，北流至古塘垅与西部支流会合后，沿东北向流入下尾烧灰澳，即埭寮湾。

穆厝溪　发源于园山东北侧和小东山东麓之间，经觉性院、枋湖，在穆厝与发源于薛岭北麓（今关刀山北麓）的溪流会合，折向东南，从穆厝妈祖庙边上大榕树下的涵洞流入钟宅湾。

高林溪　发源于虎仔山北麓，从南往北流经新厝边、高林，注入高林埭，流入钟宅湾。

林边溪　发源于虎仔山北麓，经马厝称马厝溪；过林边后称为圳沟，经涂浔即今泥金社，在浦口南侧流入东部海域。

虎仔山东麓圳沟　发源于虎仔山东麓，从莲山头和东宅之间流过，在泥金东面入海。

杨厝溪　发源于虎仔山西麓，经洪塘、湖边、杨厝，至桥头与西溪汇合。

西溪　旧称龙舌溪，出自云顶岩北麓洪山柄，在蔡塘和古地石之间穿过，转由西向东流，和杨厝溪汇合后北流，从西潘和洪水桥之间流入钟宅湾。

三条桥溪　发源于薛岭山西麓，流经纱帽石，与祥店的小溪合流后，折向西行，从江头街西面流入筼筜港。

傅厝溪　发源于忠仑和西林之间，向北流经后埔西南，流经旧时的傅厝社而称傅厝溪，转而向西过铁路从江头社边经过，在江头街和吕厝之间流入筼筜港。又有人称为顾厝溪、五厝溪，上游河段又称为为四角溪，后埔以下河段又称洗衫溪。

吕厝溪　发源自龙山，西流至吕厝社南面流入筼筜港。

后院溪　汇集后埔、祥店之水东流，到西潘后流入钟宅湾。

国公埔小溪　发源于后埔东南的国公埔，流经后埔、张仑（今忠仑），转向后坑后东流，汇入西溪，至洪水桥流入钟宅湾。

墩上溪　发源于烟墩山（又称骑马山），向西注入墩上社前的塘埭，下水往西穿过涵洞，进入咸埭后在墩上和岭下之间流入海中。

以上溪流，至20世纪80年代后基本消失。至2007年年底，辖区内地表水有湖边水库、埭辽水库、高殿水库（又称旗山水库）、后港仔水库、垄仔内水库、红卫水库（今湖里公园水面）、新丰水库（今火炬高新区公园水面）、高林埭、东埭、大埭等，均为人工所为。

二、地下水

据厦门市水利局1956—2005年的统计数据分析，湖里区与思明区同在的厦门岛多年平均地下水资源量为0.13亿立方米。

辖区内地下水单元小，分布零散，水量不多，但水质较好。其物理性质变化不大，绝大部分为无色、无味、透明、可饮用的淡水，水温一般为21℃～24℃，化学成分以钠盐为主，个别地方受围岩蚀变作用或海水渗透影响，含有碳酸盐、氯化物等成分，水质变咸。

辖区的地下水类型为松散岩类孔隙含水岩组的冲积、冲洪积层孔隙水亚组，由龙海组冲洪积层及长乐组冲积、冲洪积层组成，主要分布于河口两岸一、二级阶地及山前地带。

辖区东部田头一带有零星出露，厚度仅8.44米，岩性为亚砂土与亚黏土，含水性弱，钻孔单位涌水量仅0.84吨/日。

钟宅湾汤坂有温泉出露（详见本篇第一章第五节），民国《厦门市志》稿称："距下张社数百步，港墘有泉涌出，温度颇高，热气蒸然。潮涨不见，潮落如故。好事者投以鱼虾，熟可食。"

第二节 海 水

一、水温与盐度

辖区海域属厦门海区，年平均水温21.5℃，变化范围在10℃～32℃之间，2月最低平均水温为13.6℃；7月最高，平均水温20℃以上。年最高平均水温30.7℃，年最低平均水温12.7℃。

辖区海水盐度平均值为27。

二、潮汐与潮流

辖区海区潮汐类型属正规半日潮，潮汐周期12～13小时，平均潮差4.07米，平均最大潮差4.95米，平均最小潮差2.85米，实测最大潮差6.92米（1933年10月22日），厦门海区为大潮差区，平均海平面为黄零0.36米，厦零3.60米。

辖区海区潮流属于半日潮流，潮流运动形式为往复流。辖区内西港为南北向流，火烧屿处最大涨潮流速为1.5节，最大落潮流速高达2.5节；同安湾近于南北向，澳头—五通断面最大涨潮流速为1.2节，最大落潮流速则为1.72节。落潮流大于涨潮流，有利于深水航道保持稳定。

三、余流与波浪

厦门海域余流流速不大，一般在每秒数厘米至十余厘米之间，厦门外港和九龙江海域余流最大，西港次之，同安湾最小。厦门海区波浪以风浪为主，出现频率达88%。厦门西港由于风区较短，波高都很小，强浪向北北东—北，最大波高1.3米。次强浪向南南东，最大波高1.2米。平均波高0.2米，平均周期3.4秒。同安湾由于湾口向南，海域较为宽阔，易受外海涌浪与西南风影响，湾内波高一般为1.5米左右，强浪向南南东，最大波高2.4米。

第五章　动植物

第一节　动　物

一、陆生动物

因土地开发、城市发展，湖里区中大型哺乳动物，部分两栖、爬行动物已绝迹，主要分布的陆生野生动物是各种鸟类。在辖区历史上出现过各类陆生野生（脊椎）动物有上百种，涵盖两栖、爬行、鸟、哺乳四大纲，部分被列入国家重点保护野生动物名录，主要种类有：

两栖纲　虎纹蛙（Ⅱ）（Ⅱ为国家二级保护野生动物）、棘胸蛙、中华蟾蜍、沼蛙、泽蛙等。

爬行纲　蟒蛇（Ⅰ）（Ⅰ为国家一级保护野生动物）、银环蛇、眼镜蛇、竹叶青、铅色水蛇、王锦蛇、中华鳖、中华龟、平胸龟等。

鸟纲　麻雀、家燕、喜鹊、八哥、栗喉蜂虎、褐翅鸦鹃（Ⅱ）、领角鸮（Ⅱ）、草鸮（Ⅱ）、斑头鸺鹠（Ⅱ）、普通鵟（Ⅱ）、红隼（Ⅱ）、赤腹鹰（Ⅱ）、中华鹧鸪、珠颈斑鸠、小白鹭、中白鹭、牛背鹭、夜鹭、池鹭、黑水鸡、金眶鸻、矶鹬、绿头鸭、罗纹鸭等。

哺乳纲　苏门羚（Ⅱ）、云豹（Ⅱ）、小灵猫、（Ⅱ）、黄鼬穿山甲（Ⅱ）、短耳蝠、果蝠、野猪、小麂、獾、松鼠、水獭等。

二、水生动物

辖区历史上出现过的水生动物有：

（一）海水动物

海水动物有国家一类保护动物、哺乳纲的中华白海豚，辖区东部 海域常有中华白海豚出没。

1. 无脊椎动物

腔肠动物：海蜇、黄斑海蜇、棒状海蜇等。

环节动物：栗色仙须虫、玛叶须虫、中华半突虫、叶须虫、巧言虫、拟特须虫、鳞沙蚕、日本鳞沙蚕、日本镖毛鳞虫、疏毛穗鳞虫、非拟海鳞虫、细毛背鳞虫、软背鳞虫、繁毛锡虫、蜂窝格鳞虫、覆瓦哈鳞虫、黑斑多齿鳞虫、小颚多齿鳞虫、日本强鳞虫、饭冢脆鳞虫、褐色镰毛鳞虫、刺锡鳞虫、埃刺梳鳞虫、微怪鳞虫、西方金扇虫、海女虫、海结虫、狭细蛇潜虫、花冈钩毛虫、阿氏刺毛虫、越南刺毛虫、粗毛裂虫、带形条钻穿裂虫、背褶沙蚕、软疣沙蚕、疣吻沙蚕、旗须沙蚕、多齿沙蚕、长须沙蚕、双管阔沙蚕、环带沙蚕、日本刺沙蚕、东海刺沙蚕、色斑刺沙蚕、黄色刺沙蚕、多齿全刺沙蚕、全刺沙蚕、缅甸角沙蚕、角沙蚕、日本角沙蚕、弯齿围沙蚕、菱齿围沙蚕、多齿围沙蚕、枕围沙蚕、长吻吻沙蚕、浅古铜吻沙蚕、寡节甘吻沙蚕、中华内卷齿蚕、双鳃内卷齿蚕、暖湿内卷齿蚕、叶须内卷齿蚕、加氏无疣齿蚕、无疣齿吻沙蚕、加州齿吻沙蚕、寡鳃齿吻沙蚕、多鳃齿吻沙蚕、长锥虫、独指虫、双形拟单指虫、吻蛇稚虫、克岛稚齿虫、须鳃虫、丝异须虫、背蚓虫、背毛背蚓虫、太平洋拟节虫、拟节虫、钩齿短脊虫、缩头节节虫、角海蛹、梯额虫、日本巢沙蚕、滑指矶沙蚕、领襟松虫、微蚕、日本索沙蚕、花索沙蚕、日本叉毛豆维虫、异足索沙蚕、不倒翁虫、欧文虫、绒毛肾扇虫、锥毛似帚虫、日本双边帽虫、双栉虫、梳鳃虫、西方似蜇虫、漏斗管缨虫、短鳃树蜇虫、侧口乳蜇虫、泽光缨虫、原管虫、锯刺盘管虫、克氏无襟毛虫、有孔右旋虫、福建湖蛭等。

星虫动物：普通戈芬星虫、长戈芬星虫、裸体方格星虫等。

软体动物：网纹鬃毛石鳖、日本宽板石鳖、胶州湾角贝、肋变角贝、喇叭角贝、史氏背尖贝、粗糙真蹄螺、丽口螺、拟蜓单齿螺、黑凹螺、锈凹螺、银口凹螺、蜎螺、锦蜓螺、光滑狭口螺、鹧鸪轮螺、平轴螺、中华拟蟹守螺、尖高旋螺、宽带薄梯螺、毛螺、笠帆螺、扁平管帽螺、乳玉螺、大口乳玉螺、雕刻窦螺、纹纹玉螺、斑玉螺、微黄镰玉螺、日本细焦掌螺、粒神螺、脉红螺、栉棘骨螺、亚洲棘螺、黄口荔枝螺、瘤荔枝螺、布尔小核螺、丽核螺、斑角核螺、杂色牙螺、多形核螺、甲虫螺、美丽唇齿螺、爪哇拟塔螺、细肋蕾螺、豆形胡桃蛤、杓形小囊蛤、凸云母蛤、日本梯形蛤、变化短齿蛤、刻缘短齿蛤、隆起隔贻贝、条纹隔贻贝、麦氏偏顶蛤、长偏顶蛤、日本肌蛤、心形肌蛤、细尖石蛏、华贵栉孔扇贝、箱形扇贝、异纹栉孔扇贝、函馆雪锉蛤、平濑雪锉蛤、尼科巴海菊蛤、难解不等蛤、盾形单筋蛤、长牡蛎、密鳞牡蛎、敦氏猿头蛤、甘蓝猿头蛤、反转拟猿头蛤、异纹心蛤、铁锈帘心蛤、长壮壳蛤、班氏脊鸟蛤、四角蛤蜊、平蛤蜊、西施舌、斧光蛤蜊、细纹立蛤、秀丽波纹蛤、锈色朽叶蛤、美女白樱蛤、灯白樱蛤、截形白樱蛤、刀明樱蛤、小亮樱蛤、虹光亮樱蛤、缘角樱蛤、矛角樱蛤、中国仿樱蛤、透明美丽蛤、齿纹双带蛤、宽阿布蛤、侧理蛤、双线紫蛤、绿紫蛤、短竹蛏、长竹蛏、大竹蛏、直线竹蛏、紫斑竹蛏、尖刀蛏、瑰斑竹蛏、小荚蛏、曲波皱纹蛤、拟双带镜蛤、刺镜蛤、薄壳镜蛤、帆镜蛤、柱状卵蛤、钝缀锦蛤、灰异蓝蛤、红齿硬篮蛤、光滑河蓝蛤、脆壳全海笋、宽壳全海笋、小沟海笋、波纹沟海笋、马特海笋、卵形马特海笋、船蛆、密节铠船蛆、渤海鸭嘴蛤等。

节肢动物：鲎、中华假磷虾、口虾蛄、黑斑口虾蛄、长叉三宝虾蛄、尖刺糙虾蛄、无刺小口虾蛄、屈足小口虾蛄、圆尾绿虾蛄、小眼小绿虾蛄、拉氏小绿虾蛄、窝纹虾蛄、脊条褶虾蛄、中华管鞭虾、扁足异对虾、角突仿对虾、哈氏仿对虾、中华仿对虾、长眼对虾、中国毛虾、日本毛虾、汉森莹虾、中型莹虾、细螯虾、猛细螯虾、脊尾白虾、东方白虾、太平洋长臂虾、葛氏长臂虾、锯齿长臂虾、巨齿长臂虾、日本鼓虾、鲜明鼓虾、双凹鼓虾、短脊鼓虾、长指鼓虾、日本角鼓虾、东方长眼虾、纹尾长眼虾、水母虾、鞭腕虾、日本美人虾、扁尾美人虾、泥虾、伍氏蝼蛄虾；长螯活额寄居蟹、艾氏活额寄居蟹、拟脊活额寄居蟹、弯螯活额寄居蟹、直螯活额寄居蟹、绒螯活额寄居蟹、中华长眼寄居蟹、长指寄居蟹、美丽瓷蟹、锯额豆瓷蟹、绒毛细足蟹、日本冠鞭蟹、聪明关公蟹、端正关公蟹、七刺栗壳蟹、十一刺栗壳蟹、隆线拳蟹、豆形拳蟹、蓖额滨蟹、毛额滨蟹、四齿矶蟹、慈母互敬蟹、日本绒球蟹、菜花银杏蟹、光辉圆扇蟹、披发异毛刺蟹、蝙蝠毛刺蟹、马氏毛粒蟹、福建佘氏蟹、裸盲蟹、毛盲蟹、弯六足蟹、中型三强蟹、豆形短眼蟹、长腕和尚蟹、痕掌沙蟹、平掌沙蟹、弧边招潮、清白招潮、日本大眼蟹、明秀大眼蟹、宽身大眼蟹、悦目大眼蟹、拉氏大眼蟹、六齿猴面蟹、长身猴面蟹、宽身闭口蟹、淡水泥蟹、谭氏泥蟹、锯脚泥蟹、锯眼泥蟹、双扇股窗蟹、韦氏毛带蟹、角眼切腹蟹、狭颚绒螯蟹、中华绒螯蟹、绒螯近方蟹、肉球近方蟹、中华近方蟹、长足长方蟹、沈氏长方蟹、平背蜞、小相手蟹、斑点相手蟹、红螯相手蟹、无齿相手蟹、褶痕相手蟹、神妙相手蟹等。

2．脊椎动物

头索动物——文昌鱼。

鱼纲：狭纹虎鲨、日本须鲨、条纹斑竹鲨、皱唇鲨、灰星鲨、路氏双髻鲨、中国团扇鳐、赤魟、日本燕魟、鸢鲼、大海鲢、遮目鱼、脂眼鲱、青鳞小沙丁鱼、裘式小沙丁鱼、縒鳞小沙丁鱼、斑鰶、鳓鱼、中华小公鱼、印度小公鱼、汉氏棱鳀、黄鲫、龙头鱼、海鳗、食蟹豆齿鳗、网纹裸胸鳝、白氏银汉鱼、麦氏犀鳕、鳞烟管鱼、粗吻海龙、斑海马、鲻鱼、四指马鲅、赤点石斑鱼、网纹石斑鱼、点带石斑鱼、花鲈、短尾大眼鲷、斑鳍天竺鱼、蓝圆鲹、大甲鲹、斑鳍白姑鱼、皮氏叫姑鱼、黄姑鱼、白姑鱼、竹荚鱼、黑姑鱼、鮸鱼、大黄鱼、棘头梅童鱼、短吻鲾、条鲾、长棘银鲈、小牙鲾、日本十棘银鲈、勒氏笛鲷、二长棘鲷、真鲷、黑鲷、黄鳍鲷、鲫鱼、金线鱼、条尾绯鲤、花鰶、海猪鱼、青騰、美肩鳃鳚、花肩鳃鳚、褐篮子鱼、触角沟虾虎鱼、刺鲳、乌塘鳢、长丝虾虎鱼、银鲳、弹涂鱼、须鳗虾虎鱼、孔虾虎鱼、褐鲳鲉、鬼鲉、翼红娘鱼、鲬、木叶鲽、日本瞳鲬、焦氏舌鳎、短尾三刺鲀、绒纹线鳞鲀、丝背细鳞鲀、光兔鲀、月腹刺鲀等。

（二）淡水动物

软体动物：中国田螺、泥蚬、三角帆蚌、褶纹冠蚌、背角无齿蚌等。

鱼：青鱼、草鱼、鲢鱼、鳙鱼、鲤鱼、罗非鱼、鳗鲡、花鳗、鲫鱼等。

节肢动物：河虾、毛蟹等。

第二节 植 物

一、植物特征

湖里区野生植物主要分布在灌丛和草丛中，灌丛和草丛主要分布在山丘或撂荒地，多数是森林遭多次破坏后形成的，主要种类有桃金娘、马樱丹、牡荆、山芝麻、胡枝子、杜鹃等，组成草丛植物主要有茵陈蒿、白茅等。滨海泥滩未被改建为码头、驳岸之前，有红树林和盐沼群落，还有沙生的灌木和草本群落。水库、池塘发育着水生植物群落。

辖区植物以热带、亚热带植物为主。如樟科、木兰科、山茶科、茜草科、兰科、大戟科、桑科、桃金娘科、紫金牛科、壳斗科、杜英科、番荔枝科、梧桐科等。现有的植被类型多为各类次生林、灌丛、草丛、农田果园等次生植被类型。其中次生林（半天然林或人工林）主要分布在山地丘陵和沿海沙地，群落结构简单，层次分明，乔木层高度较低，一般不超过15～20米，常以一种占优势构成纯林，或2～3种乔木共同组成混交林。主要建群树种有马尾松、相思树、木麻黄等。灌丛和草丛主要分布在山地丘陵或抛荒地，多数是在森林遭到多次破坏后形成的。主要种类有桃金娘、马缨丹、黑面神、牡荆、山芝麻、檵木、胡枝子、杜鹃等；组成草丛的草本植物主要有茵陈蒿、白茅、芒萁骨等。农田果园广布于低丘、台地和平原。由于辖区热量丰富，从国内外引进的热带、亚热带植物集中在这里驯化、栽培和推广。大量引种的植物使本地区景观具有热带的色彩。天然植被的代表有潺槁树、土密树、重阳木、桃金娘、车桑子、山芝麻、岗松等。

二、主要植物群落

（一）马尾松林

分布在红壤、赤红壤类型的丘陵上，多为人工栽培，有些已成为半自然林，群落外单纯平整，结构简单，一般分为乔、灌、草3层。乔木层郁闭度在0.6～0.8，以马尾松占优势，常构成纯林。马尾松平均高度6～8米，最高10米，平均胸径在9～14厘米；林下灌木层常见的种类有桃金娘、山芝麻、黑面神、车桑子、牡荆、檵木、乌饭等，常见有相思树、豺皮樟、赤楠、木荷、苦楝等阔叶树的苗木生长其间；草本层种类较多，常见为芒萁骨、刺芒野古草、疏花画眉草、地稔、野香茅、铁线蕨等；藤本植物有匍匐九节木，小叶羊角藤、南蛇藤、拔葜等。马尾松常与相思树、木荷等混生，组成针阔叶混交林。

（二）相思树林

主要分布在沿海丘陵地区。一般为人工林，部分为萌生林。相思树林往往与马尾松林交错分布，有时很难截然分开。主要建群树种为台湾相思树。群落结构简单，层次分明，总盖度一般70%～90%，平均高度在6～8米，最高15米；此外，在乔木层中还有潺槁树、土密树、朴树、日本女贞、桉树等散生其中。灌木种类较多，常见的有马缨丹、牡荆、山芝麻、野牡丹、车桑子等；草本层有疏花画眉草、酢浆草、狗尾草、马唐、鬼针草、豨莶等；藤本植物有鸡矢藤、毛木防己、小叶羊角藤、茅莓、薜荔等。

（三）木麻黄林

分布在海岸沙地及农田四周，为人工营造的防风固沙林，有纯林，也有与相思树、马尾松等组成的混交林。群落外貌较整齐，结构简单，乔木层盖度在60%～80%，平均高度在12～14米；林下灌木、草本种类较少，以沙生耐旱植物占优势；有枸杞、中华结缕草、地黍、牡荆、南岭荛花、小飞蓬、狗牙根、马唐等。

（四）红树林

此林系热带亚热带海岸潮间带的木本植物群落。主要分布在河口海岸泥滩和静风的港湾，经常被海潮淹没。涨潮时植株浸没水中或仅露出树冠，退潮时植株露出在泥滩上。20 世纪 60 年代，辖区的寨上、大石湖、殿前、钟宅等沿海村社均有红树林分布。种类有秋茄、木榄、桐花树、白骨壤、海漆、老鼠筋等。由于近年沿海海岸码头、围堤等工程建设及养殖业的发展，红树林已基本绝迹。

第六章 自然灾害

第一节 气象灾害

一、气象灾害种类

影响辖区的气象灾害有风灾、水灾、旱灾、低温寒害和雹灾等。

风灾有台风、冷空气大风、龙卷风、飑线等。对辖区产生影响的大风平均 3 年左右发生一次，主要出现在 6 月、7 月、8 月。1959 年 8 月 23 日的第 03 号台风和 1999 年 10 月 9 日第 14 号台风为历史上居前两位的大风。龙卷风和飑线主要产生局部性灾害。

辖区境域水灾主要由热带风暴和台风带来的暴雨所造成。水灾的发生几率与台风的发生几率基本一致，一般每年发生 3 ~4 次，重大水灾一年不到一次。但随着城市化进程的加快，局部地区由于地势低洼，排水设施未能跟上或阻塞，降暴雨时较容易受灾。

辖区旱情以夏旱和秋旱为主。

冻寒灾害多发生在冬至后“三九”期间。辖区境域冻寒主要是对过冬地瓜、香蕉、龙眼等作物产生影响。低洼地方冷空气容易沉积，故洼地冻害要比坡地、高地严重。3 月 10 日以后出现的日平均气温≤12℃且连续日数≥3 天的“倒春寒”，严重影响水稻生产。

辖区春季 3 月、4 月发生冰雹的频率最高，7 月、8 月次之。

二、重大气象灾害

明嘉靖七年（1528）八月初九夜，大风，拔木废屋。至初十日晨，雨下如注，风才停止。

明嘉靖二十一年（1542）五月十三日夜，飓风大作，飞瓦拔木，数人方可环抱的榕树被折断。

明万历三十一年（1603）八月初五，飓风大作，潮涌数丈，沿海民居埭田被淹，甚至有船只被冲到庭院中。

清乾隆十七年（1752）七月初七夜，大风，初八日大水，各澳港大小船只许多被冲到岸上。连抱大树被拔起，漂坏房屋无数。

光绪十六年（1890），秋旱，4 个月无雨。

清光绪十七年，禾山暴雨，江头埭、乌林埭均被冲断。七、八月间旱，苗尽枯。八月廿四日，大雨雹。

清光绪十八年七月廿九日，飓风。

清光绪十九年，旱，早稻失收。

清光绪卅年五月二十三日，飓风。

清光绪卅四年九月廿一日，飓风。

清宣统二年（1910），旱，井水枯竭。

清宣统三年，旱，野无青草，井水干涸。

民国7年（1918）8月6日，飓风，沪港电线断。

民国9年，秋旱，4个月无雨。

民国14年，大风。

民国16年，飓风。

民国25年，春旱接夏、秋旱。

1949年10月4日，台风登陆，树木、船只被毁甚多。

1953年7—8月，大旱43天。

1954年11月14日—1955年2月10日，秋季大旱89天，接春旱56天。

1956年6月18日—8月2日，特旱46天，夏收作物减产。

1956年9月18日，强台风登陆，毁屋近300间，死伤100余人。

1957年2月12日，气温骤降，有浓霜，禾山区冻死耕牛30余头。

1958年7月16日，强台风引发暴雨，雨量达220毫米，低处水深及胸。

1959年8月23日，17级台风正面袭击厦门岛，大树被连根拔起，房屋倒塌，部分海堤崩毁。

1962年11月13日—1963年5月1日，90天秋旱接80天春旱，为历史所罕见。

1965年8月24日—10月4日，旱42天。

1969年8月12日—9月26日，旱46天。

1973年4月23日，暴雨，日降雨量239.7毫米。

1977年2月11日—5月1日，旱80天，6月28日—7月20日旱23天，9月4—24日旱21天，10月18日—12月10日，旱54天。溪河断流。

1978年6月27日—8月9日，旱44天，夏收作物减产。

1979年4月2日，上午9时左右下冰雹。

1980年6月7日—7月11日，旱38天。

1982年9月，特大旱，水库干涸。

1986年7月13日—8月20日，夏旱连秋旱39天，接9月3日—10月27日，计55天。

1983年1月22日，寒雨，雨中夹细小冰粒。

1984年4月5日，受飑线影响，辖区境域降冰雹达5分钟，瞬间极大风速达每秒45.6米，东渡码头196吨大吊车吊臂被折断。

1990年7月30日—8月3日，受台风影响，降雨量达500毫米以上，为50年来降雨最为集中，雨量最大的一次，全区交通受阻，供电一度中断，5人死亡。

1996年8月2日，受强台风影响，雨量达200.6毫米，辖区内发生海堤决口，鱼虾池和农田普遍受淹。

1999年10月9日，第十四号强台风于上午10时在龙海市港尾镇登陆，随即从正面袭击厦门。台风中心在厦门上空停留时间达五六个小时，最大风力为14级，风速每秒46米。受台风影响，全市普降大雨，过程雨量208.6毫米。台风和暴雨在辖区内造成的人员伤亡和直接经济损失为1959年以来之最。

2000年6月17—19日，暴雨持续44个小时。17日20时—18日20时降雨量高达316毫米，为厦门岛自1892年有气象观测记录以来的日最大降雨量。

2003年6月28日—8月4日，发生长达37天的高温大旱；10月15日—翌年2月2日发生秋冬特旱。

2004年8月25日，18号台风艾利在石狮市登陆，26日正面袭击厦门，极大风速每秒32.9米，风力12级，辖区普降暴雨到大暴雨。

2005年8月13—14日，受10号热带风暴珊瑚影响，普降暴雨到特大暴雨，辖区过程雨量达170～250毫米。

第二节　海洋灾害与地震

一、风暴潮

湖里区风暴潮灾害居海洋灾害之首。每年夏、秋两季，常遭风暴潮的袭击和影响，是风暴潮灾害的多发区和主要灾区之一。

辖区境域风暴潮主要是台风暴潮，历史上遭受过多次严重台风暴潮的侵袭，如明朝万历三十一年（1603）八月初五，“同安大风，海水涨溢积善、嘉禾等地，坏庐舍，溺人无算……”

民国6年（1917）9月12日，台风大作，树多被拔起，船沉没千余艘，毁坏民房不计其数，近千人丧生。

1959年8月23日，17级台风席卷辖区境域，瞬时极大风速达60米/秒，恰逢农历七月十九日天文大潮，风助潮势，酿成严重的台风暴潮灾害。台风登陆时海水暴涨，最高潮位达7.39米（厦门基面以上），创1949年以来厦门历史最高纪录，超出警戒水位0.59米。高潮时的台风增水达1.31米，低洼地带进水1米以上，海水涨溢福厦公路，人、财、物损失惨重。

1986年，17号台风引发巨浪，钟宅至同安海底缆线被冲断。

1996年，受第8号台风影响，出现最大增水1.24米的风暴潮。台风影响期间恰逢天文大潮期，出现超警戒潮位0.69米的高潮位。受其影响，淹没农田7184公顷，毁坏堤防130处，共21.72公里。受灾人口达12.61万人，直接经济损失4.1811亿元。

1999年，受第14号台风影响，出现最大增水1.32米的风暴潮，最高潮位超过警戒潮位0.32米。受其影响，淹没农田24452公顷，毁坏堤防81处，共21.4公里。受灾人口达76.25万人，死亡12人，直接经济损失19.38亿元。

二、海岸侵蚀

辖区受到侵蚀的海岸有2种类型：

基岸岬角缓慢侵蚀岸　形成于全新世高海面时期，距今约4000年。零星散布于辖区境域厦门岛东北岸五通头等岸段、大离亩屿等。这些岸段多由坚硬花岗岩或火山岩及变质砂岩构成，常年受波浪冲蚀，海蚀地貌甚为发育，常见的有海蚀崖、海蚀平台、海蚀洞、海蚀柱和海蚀槽沟等地貌形态。按海蚀平台一般宽度25米估算，平均蚀退速率为6毫米/年，属缓慢侵蚀岸。

红土台地强烈侵蚀岸　见于高崎至何厝岸段，长约19公里。为花岗岩风化壳所组成的红土台地，高约10～20米，其前缘为成片近于直立的红土海蚀崖及海蚀平台，由于海岸朝向为北和东北，深受强劲东北风浪侵袭冲蚀，加之海岸土质松软，抗蚀力弱，海崖呈块体崩塌，海岸强烈侵蚀退速率1～2米/年，局部岸段高达2～3米/年。

海岸侵蚀毁坏海堤、防护林带等护岸工程，造成海水倒灌入侵，淹没土地，引起土壤盐渍化和风沙活动，毁坏海堤和防护林，侵蚀吞没，破坏海岸设施，加剧港口淤积，恶化滨海环境。

三、赤潮

辖区所辖海域处于同安湾和厦门西海域，属于赤潮灾害的发生区域。西海域的赤潮一般发生在春、夏季。西海域赤潮分别由地中海指管藻、裸甲藻、聚生角刺藻、柔弱角刺藻、短角弯角藻和尖刺菱形藻等浮游植物异常增殖引起。赤潮发生地点主要位于火烧屿以北口小腹大的内湾水域，其中以水体交换条件较差的宝珠屿西北海域赤潮生物的密度最大。

1986—2007 年厦门西海域和同安湾的赤潮记录

表 2-4

序号	发生时间	发生海域	赤潮优势种（学名）	最高密度（个/升）	最大面积（平方公里）
1	1986. 6. 18—1986. 7. 3	宝珠屿周围	长崎凯伦藻	$3.1\times10^{8}\sim4.9\times10^{8}$	20
2	1987. 5. 11—1987. 5. 28	火烧屿以北	短角弯角藻	$5.6\times10^{8}\sim10.0\times10^{8}$	27
3	2001. 6. 18—2001. 6. 22	西海域	角毛藻	—	45
4	2001. 6. 29—2001. 7. 1	筼筜湖出水口	中肋骨条藻	—	5
	2001. 7. 2—2001. 7. 6	西海域	角毛藻	—	40
5	2002. 5. 8—2002. 5. 10	西海域	中肋骨条藻、金藻、角刺藻	—	40
6	2002. 6. 3—2002. 6. 7	西海域	中肋骨条藻、海链藻、角毛藻	—	30
7	2002. 6. 4—2002. 6. 7	同安湾	中肋骨条藻	—	—
8	2002. 6. 21—2002. 6. 24	西海域	中肋骨条藻	—	8
9	2003. 4. 25—2003. 4. 30	西海域	中肋骨条藻	$9.8\times10^{6}\sim24.8\times10^{6}$	25～38
10	2003. 6. 3—2003. 6. 6		裸甲藻	1.0×10^{6}	40
			米金裸甲藻	2.6×10^{6}	10
			红色中缢虫	0.6×10^{6}	6
11	2003. 6. 23—2003. 6. 30	西海域，同安湾	地中海指管藻	$0.64\times10^{6}\sim20.7\times10^{6}$	200
			中肋骨条藻	87. 0	
			角毛藻	2. 12	
12	2003. 7. 2—2003. 7. 5	西海域	中肋骨条藻	8.16×10^{6}	15～20
			柔弱角毛藻	$3.21\times10^{6}\sim88.7\times10^{6}$	
13	2003. 7. 14—2003. 7. 15		诺氏海链藻	6.12×10^{6}	10
14	2003. 7. 22—2003. 7. 28		角毛藻	$16.4\times10^{6}\sim42.0\times10^{6}$	20
			中肋骨条藻	$1.47\times10^{6}\sim10.5\times10^{6}$	
15	2003. 8. 25—2003. 8. 30		旋链角毛藻	$27.1\times10^{6}\sim37.2\times10^{6}$	15～25
			中肋骨条藻	$11.8\times10^{6}\sim13.5\times10^{6}$	
16	2004. 5. 31—2004. 6. 3	西海域、筼筜湖	角毛藻属	$8.87\times10^{6}\sim83.0\times10^{6}$	15
17	2004. 6. 14—2004. 6. 19	西海域、同安湾	旋链角毛藻	$4.28\times10^{6}\sim45.7\times10^{6}$	59
18	2004. 6. 26—2004. 6. 28	西海域	旋链角毛藻	$4.37\times10^{6}\sim20.5\times10^{6}$	10
19	2005. 5. 1—2005. 5. 5	同安湾	旋链角毛藻	$5.2\times10^{6}\sim10.3\times10^{6}$	90
20	2005. 6. 9—2005. 6. 12	同安湾	角毛藻、拟旋链角毛藻	$5.3\times10^{6}\sim70.0\times10^{6}$	50
	2005. 6. 12—2005. 6. 17	西海域	旋链角毛藻	$7.8\times10^{6}\sim8.9\times10^{6}$	15
21	2005. 7. 3—2005. 7. 8		角毛藻、中肋骨条藻	$4.2\times10^{6}\sim31.7\times10^{6}$	30
22	2005. 8. 1—2005. 8. 5	西海域	角毛藻	$7.7\times10^{6}\sim63.7\times10^{6}$	13
23	2005. 8. 30—2005. 9. 1		中肋骨条藻、角毛藻	$7.33\times10^{6}\sim37.8\times10^{6}$	30
24	2005. 9. 15—2005. 9. 18		中肋骨条藻、角毛藻	$5.5\times10^{6}\sim52.0\times10^{6}$	20
25	2005. 9. 30—2005. 10. 2		角毛藻	$12.8\times10^{6}\sim42.0\times10^{6}$	10

续表2-4

序号	发生时间	发生海域	赤潮优势种（学名）	最高密度（个/升）	最大面积（平方公里）
26	2006. 6. 21—2006. 6. 27	西海域筼筜湖附近	中肋骨条藻	5.05×10^{7}	4
27	2006. 6. 26—2006. 6. 29	西海域	中肋骨条藻	1.24×10^{7}	12
			旋链角毛藻	8.44×10^{6}	
	2006. 6. 25—2006. 7. 7	同安湾东部海域	聚生角毛藻	1.86×10^{7}	200
			中肋骨条藻	4.75×10^{6}	
			旋链角毛藻	9.45×10^{6}	
28	2006. 7. 21—2006. 7. 25	同安湾	角毛藻	5.48×10^{7}	150
29	2006. 8. 30—2006. 9. 6		角毛藻	1.39×10^{7}	9
			中肋骨条藻	5.64×10^{6}	
			丹麦细柱藻	5.10×10^{6}	
	2006. 9. 5—2006. 9. 6	西海域	中肋骨条藻	2.01×10^{7}	12
30	2007. 1. 12—2007. 1. 22	同安湾	中肋骨条藻（无毒）	3.91×10^{7}	45
31	2007. 5. 3—2007. 5. 4		布氏双尾藻（无毒）	1.87×10^{5}	25
32	2007. 5. 28—2007. 6. 1	西海域	角毛藻（无毒）	2.03×10^{7}	10
			旋链角毛藻（无毒）	1.29×10^{6}	
	2007. 5. 29—2007. 6. 1	同安湾	旋链角毛藻（无毒）	1.01×10^{7}	20
33	2007. 6. 20—2007. 6. 27	西海域	中肋骨条藻（无毒）	4.29×10^{7}	6
			角毛藻（无毒）	1.17×10^{6}	
	2007. 6. 22—2007. 6. 26	同安湾	角毛藻（无毒）	1.53×10^{8}	60
34	2007. 7. 3—2007. 7. 5	九龙江口	中肋骨条藻（无毒）	1.33×10^{7}	20

四、地震

辖区处于中国东南沿海地震频度最高、强度最大的活动带中段长乐—诏安地震带，历史上却未见发生破坏性地震的记录。根据福建省地震台网1970—1995年观测记录资料，厦门岛内还没有发生过大于零级的地震，这种情况与厦门岛附近的地壳构造有关。作为活动断裂所包围的菱形断块，在区域应力场作用下，能量释放只能在四周活动断裂上进行，微地震活动沿断块边缘呈条带状分布，断块内本身没有发震条件，这种特殊地壳结构的相对稳定断块，称为地震带内的“安全岛”。

辖区境域受到区外地震影响最大的是民国7年（1918）广东南澳地震。1986年11月15日台湾花莲发生7.6级地震，1994年9月16日台湾海峡南部发生7.3级地震，辖区内大部分区域均有较强震感。离辖区最近的地震活动是1976年2月7日和1986年8月3日灌口镇附近发生两次2.0～3.0级小震群，以及1978年2月14日和1986年8月29日厦门岛东部何厝近岸海域发生3.1级和2.5级地震。

从发震各种地球物理参数看，辖区所在的厦门市处于地应力变化率较小的地段，在未来100年内发生破坏性地震的概率很低。由于受到邻区发生强震的影响，也会给辖区造成损害。

根据邻近地震危险区的危险程度及地震衰减规律测算，厦门市最大地震影响烈度为Ⅶ度，城市建设以烈度Ⅶ度设防是适宜的（指在平均土层，即Ⅱ类地基土）。这一设防标准同样适用于辖区建设。

第三篇 人 口

辖区有记载的人类活动，始于唐中叶薛、陈二家族的迁入。最大的人口变动发生在明末清初。清顺治十二年（1655），郑成功为了抗击清朝军队的进攻，下令岛上居民迁居岛外，郑军家属则迁至浯洲、烈屿（即大金门、小金门）等海岛。清顺治十八年，清军在大陆沿海实施“迁界”，强令沿海30里之内的居民迁出界外，借以断绝厦门岛与大陆的联系。清康熙二年（1663），清军攻占厦门岛后，将岛上居民驱赶一空，房屋夷为平地，致使厦门岛成为荒无人烟的空岛。民谚称“嘉禾断人种”。清康熙五年，据守台湾的郑经将海盗江胜改编为南明水师，进驻厦门岛。由于清朝廷“迁界”“禁海”的政策仍在继续，包括辖区境域在内的厦门岛人口除了郑军水师，就是出没无常的海盗。康熙十三至十八年，郑经重新占领厦门岛期间，人口有所增加，除郑军水师外，还有部分商人。

清康熙十九年，清军再次攻占厦门岛，并开始在岛上驻军、管理。康熙二十二年，清朝廷将台湾收入版图，翌年在厦门设立闽海关，厦门岛进入相对稳定的和平阶段，先前外流的岛民陆续迁回，附近各县迁居辖区境域的人口也逐渐增多。

清道光年间，鸦片大量涌入，严重摧残人民身心健康，加上医疗卫生条件差，辖区人口自然增长率保持在较低的水平。

历史上辖区境域的人口统计依附于禾山。禾山地域人口从民国3年（1914）开始独立统计。民国3年，思明县辖市区、禾山和附属岛屿，禾山和附属岛屿51853人，占全县人口的33.18%。民国26年，禾山区53680人，占总人口的20.21%，这是解放前禾山人口最多的时期。

民国27年，厦门岛沦陷前后，岛内居民为躲避战乱，纷纷疏散逃离，禾山地区人口大减。民国32年，禾山人口不及战前的40%。抗日战争胜利后，厦门岛人口逐渐回升。至民国35年5月，禾山人口恢复到29719人。此后至解放前夕，禾山人口变化不大。民国37年8月公布的人口调查资料，禾山区有14保、247甲、6963户、29474人，占全市总人口的18.62%。其中，湖里辖区境域的10个保有176甲、4858户、20504人，占禾山区总人口的69.56%。民国38年（1949年9月30日止）1月统计，禾山有6942户、29869人。

解放后，社会安定，生产发展，禾山人口稳步上升，但增幅不大。由于禾山一直是厦门的郊区农村，又是军事要地，外来流动人口极少。1951年1月，禾山区有人口32694人。

1963年，前线人民公社有人口34396人。1963—1982年的20年间，禾山人口增长迅速。1982年第三次全国人口普查数据显示，禾山公社有12132户、56799人。这是禾山历史上人口增长的又一个高峰期。

建区后，辖区总人口呈逐年上升趋势。1987年，辖区户籍人口5.26万人，常住人口1.67万人；2007年，全区户籍人口17.85万人，常住人口49.05万人。

第一章　人口规模

第一节　人口总量

一、户籍人口总量

据民国37年（1948）禾山区人口调查，全区总人口29474人，其中辖区境域20504人。翌年1月统计，禾山区总人口29869人。

厦门解放后，辖区境域人口增长较快。1951年1月，禾山区总人口为32694人。1963年，全公社人口为34396人。

湖里建区至1993年，户籍人口年净增1000～2000人，年增长率保持在2.53%～3.48%之间。1994年后，开始有老市区的拆迁户入住，部分居民因就业、学习迁入辖区，户籍人口年净增保持在5000～9000人，年增长率保持在5.75%～8.72%之间。2003年后，厦门市放宽外来人员户籍迁移的政策，湖里区城市化进程不断加快，户籍人口总量增加较快，年增长率保持在7%左右，年净增数保持在万人以上。

20世纪90年代后期以来户籍管理政策有所放宽，居民居住地与户籍所在地不一致的现象比较普遍，辖区一些居民因为子女上学等原因，仍将户籍留在老市区，辖区户籍人口总量远远低于实际居住人口总量。

1988—2007年湖里区户籍人口统计表

表3-1

年份	户数（户）	人口数（人）	其中：男（人）	其中：女（人）
1988	12448	53877	27945	25932
1989	13010	55472	28739	26733
1990	13997	57305	29614	27691
1991	14507	59301	30663	28638
1992	15251	61619	31784	29835
1993	16849	66389	34204	32185
1994	10858	69543	35823	33720
1995	20396	75335	38749	36586
1996	22443	80298	41288	39010
1997	23976	84925	43823	41102
1998	29674	95008	48959	46049
1999	33919	104124	53719	50405
2000	37326	111342	57632	53710
2001	41299	120241	62283	57958
2002	44370	127155	65884	61271
2003	49737	138775	71592	67183
2004	52759	149912	77532	72380
2005	56333	161905	83783	78122
2006	60363	172813	89361	83452
2007	63559	185122	95530	89592

（本表由湖里公安分局提供）

二、人口普查总量

湖里建区后经历过1990年、2000年两次全国人口普查。两次人口普查人口总量情况如下：

第四次人口普查（1990年）：76168人。

第五次人口普查（2000年）：413316人。

2005年，据厦门市人口抽样调查资料推算湖里区人口总量为47.4万人。

三、外地流入人口

1987年，辖区外地流入人口大约为1.7万人。随着特区建设的发展，外来务工人员逐年剧增。1997年有17.17万人。2001年年末，有31万人。2002年年末，有32万人。2003年年末，有33万人。2004年年末，有36万人。2005年年末，有47.4万人。2006年年末，有49.6万人。2007年年末，有49.05万人。

第二节　人口变动

一、人口自然变动

湖里建区后，户籍人口出生率除了1990年为24.50‰之外，长期稳定在19‰以下。2001—2006年，人口自然增长率稳定在10‰上下，2007年略有上升。

1988—2007年湖里区人口自然变动情况表

表3-2

年份	出生人数（人）	出生率（‰）	死亡人数（人）	死亡率（‰）	自然增长率（‰）
1988	996	18.72	225	4.23	14.49
1989	956	17.23	207	3.73	13.50
1990	1385	24.50	339	6.01	18.49
1991	876	15.02	266	4.56	10.46
1992	789	12.90	281	4.60	8.30
1993	735	11.63	265	4.25	7.38
1994	819	12.05	231	3.40	8.65
1995	783	10.81	154	2.13	8.68
1996	691	8.93	192	2.48	6.45
1997	735	8.89	365	4.42	4.47
1998	846	9.40	393	4.37	5.03
1999	1313	13.19	462	4.64	8.55
2000	1725	16.01	1075	9.98	6.03
2001	1561	13.48	440	3.80	9.68
2002	1592	12.87	453	3.66	9.21
2003	1753	13.18	438	3.29	9.89
2004	2089	14.47	496	3.44	11.04
2005	2224	14.39	557	3.57	10.82
2006	2360	14.10	531	3.17	10.93
2007	2867	16.02	545	3.05	12.97

二、人口机械变动

唐天宝十四年（755）前后，薛令之从长溪（今福安市）迁居薛岭之北，陈僖家族从福唐（今福清市）迁居薛岭之南，这是辖区境域最早的关于人口迁移的史料。

宋、元时期未发现人口迁移的资料。

明代在厦门岛上设立中左千户所，开始有守军官兵迁居辖区境域的记载。

清康熙二十二年之后，原先的岛民以及闽南各县百姓陆续迁入岛内。故辖区境域各族姓的祖厝修建时间和族谱编修时间，基本上都在清康熙之后。

鸦片战争后，厦门辟为通商口岸。辖区境域人口渐有迁移海外，至 19 世纪末、20 世纪初形成风气。

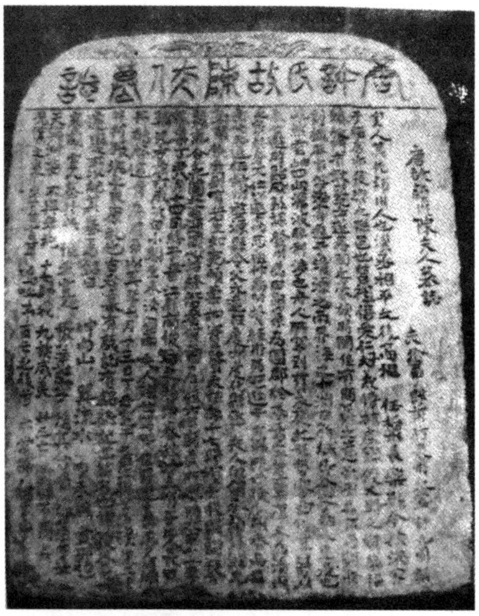

图 3-1　唐许氏故陈夫人墓志

清康熙之后，因为遭遇旱灾、飓风和传染病等重大自然灾害，频频发生较大规模的族姓迁移。尤其是禾山东部地区，土地贫瘠，严重缺水，一旦连续发生旱灾，村民被迫外出逃荒或举家迁徙。19 世纪末和 20 世纪初的短短几十年间，禾山多次发生瘟疫，致使当地人丁锐减，侥幸存活者也将家园视为不祥之地而迁离。后坑村的洪塘社、傅厝社、土楼社，后埔村的前刘社、顾厝社，蔡塘村的后阳社，高林和五通周边的汤坂社、西埭社、张厝社、下尾社、后头社，因发生瘟疫而一度成为荒村。西潘社的潘姓、上张社的张姓、蔡塘社的蔡姓、乌石浦社的王姓和郭姓、塘边社的莫姓等族姓的迁徙出走，也与瘟疫的流行有关。东渡、濠头历史上土地贫瘠，谋生不易，加上沟深水冷，钉螺滋生，血吸虫病和疟疾等疾病横行，迫使较早的先民迁居他处，形成的空白则被后来的移民充填。穆厝社的吴氏迁入西潘社，湖边社的林氏迁入洪塘社，园山南麓的萧氏迁入乌石浦，都是同一类型。

有因“风水”而导致族群迁徙的。薛厝社最早原系薛姓聚居地。“风水”先生称该社地形呈畚箕状，箕口倾斜向海，财随水漂，永无出头之日，导致薛氏族人迁徙他乡。薛厝遂成为黄姓聚居地。有的族群迁徙则无从考证。埭头吕姓取代王姓后将地名改为吕厝。林姓取代高姓却沿用高林的地名，原先的王姓、高姓何时迁出、迁往何处已无人知晓。

清光绪二年（1876），清政府在厦门设立抚垦司，招募百姓迁移台湾，渡台费用由政府供给，每人授田 11 亩，供给牛、种子和农具。开垦期间还供应口粮，并规定垦荒三年后开始收税。禾山百姓多人迁居台湾。

民国 29 年（1940），日军为了修建机场，强制拆除坑园、斗门、安人里、陈厝、西宅、刘厝、英厝、下尾、内英、龚厝、张厝、仑后、竹仔林、后莲尾等 14 个社民宅，原先聚族而居的陈、刘、龚、张等姓村民不得不分头迁居殿前、枋湖、林后、庵兜等地。周边的潘宅下、蚵壳宫、欧厝、顶厝 4 个小社村民也被迫移居围里社。此类人祸也包括兵匪盗贼对偏僻小社、孤独民宅的洗掠侵害而导致的迁居。

民国 37 年禾山区人口调查称：禾山区为荒僻岛屿，地广人稀，历朝均有漳、泉人民迁入，年代一久，遂成为禾山本籍人。本籍者 24574 人，占全区总人数 83.4%；本省他县人 4757 人，占全区总人数 16.19%；外省人 152 人，占 0.4%；外国人 2 人。以上本、外籍人口总数比禾山区人口总数多出 11 人，但大致可以反映当时人口迁移状况。

厦门解放后，辖区境域处于海峡两岸军事对峙的前沿地区，除了 1960 年修筑湖边水库，库区的刘厝社、杨厝社集体迁移之外，极少有大规模人口迁移。改革开放之后，随着城市化进程的加快，聚族而居的诸多村社纷纷消融于社区楼房之中，族群的迁徙呈现更为纷繁复杂的状态。

1980 年后，随着两岸关系的缓和和厦门经济特区建设的发展，大量外来人口进入辖区境域。据 1990 年人口普查资料，1985 年 7 月 1 日—1990 年 6 月 30 日迁入湖里区的人口总数为 16375 人，其中男性 10007 人、女性 6368 人。迁入地区中，由本省其他县、市迁入 11905 人，由外省迁入 4464 人，由中国台、港、澳地区和外国迁入 6 人。迁入原因中：工作调动 1244 人，其中男性 773 人、女性 471 人；分配录用 849 人，其中男性 660 人、女性 189 人；务工经商 10927 人，其中男性 7359 人、女性 3568 人；学习培训 418 人，其中 134 人男性、女性 284 人；投亲靠友 1667 人，其中男性 624 人、女性 1043 人；退休退职 57

人，其中男性 37 人、女性 20 人；随迁家属 648 人，其中男性 314 人、女性 334 人；婚姻迁入 449 人，其中男性 35 人、女性 414 人。

1987—2007 年湖里区人口迁移统计表

表 3-3 单位：人

年份	迁入	迁出	年份	迁入	迁出
1987	858	280	1998	34843	25191
1988	813	331	1999	18593	10334
1989	832	219	2000	47044	40479
1990	1587	1322	2001	20496	12718
1991	3956	2634	2002	21489	15710
1992	2600	1123	2003	45417	35111
1993	1904	392	2004	22571	10369
1994	1920	624	2005	26707	16394
1995	1982	440	2006	16874	14119
1996	12511	8879	2007	19934	12261
1997	17375	13168			

第三节 人口分布与密度

一、人口区域分布

民国 37 年（1948）上半年进行禾山区人口调查。当年禾山区设 14 保，其中湖里辖区境域 10 保、思明辖区境域 4 保。当年禾山区人口分布居前 3 位的分别为金林保、江头保、殿上保，均在湖里辖区境域，3 个保人口占禾山区总人口的 31.7%，占湖里辖区境域总人口的 45.4%。

民国 37 年（1948）禾山区人口调查统计表

表 3-4

保别	甲数（甲）	户数（户）	男（人）	女（人）	合计（人）	占全区比重（%）
吕厝	10	271	621	637	1258	3.6
江头	25	759	1541	1488	3029	10.4
蔡塘	16	329	741	754	1495	5.2
湖边	16	437	827	900	1727	5.9
金林	25	693	1548	1608	3156	10.9
钟宅	13	279	582	639	1221	4.2
坂上	15	410	772	832	1604	5.5
高安	20	617	1218	1292	2510	8.6
殿上	25	702	1493	1486	2979	10.4
湖里	11	361	732	793	1525	5.1
小计	176	4858	10075	10429	20504	69.8
文双	18	583	1295	1307	2602	8.8
莲坂	12	336	608	654	1262	4.3
前村	22	528	1120	1172	2292	7.8
何岭	19	648	1390	1424	2814	9.3
合计	247	6953	14488	14986	29474	100

说明：表中“小计”以下各保今属思明区

1983 年，湖里街道（时属开元区）6971 人，禾山公社（时属郊区）56799 人。

湖里建区至 2002 年，湖里区下辖湖里街道和禾山镇（1989 年前为禾山乡）。若干年份户籍人口分布如下：

1989 年，湖里街道 13984 人，占全区总人口数的 25.21%；禾山镇 41488 人，占全区人口总数的 74.79%；

1999 年，湖里街道 39274 人，占全区人口总数的 37.72%；禾山镇 64848 人，占全区人口总数的 62.28%；

2000 年，从禾山镇析出殿前街道。据各派出所户籍人口统计，当年底湖里街道 43323 人，占全区人口总数的 38.91%；殿前街道 16728 人，占全区总人口的 15.02%；禾山镇 51291 人，占全区人口总数的 46.07%。

2004 年，禾山镇撤镇建街。截至 2007 年年底，各街道人口分布如下（街道统计数）：

湖里街道总人口 16.84 万人，其中户籍人口 8.11 万人，常住人口 8.73 万人；殿前街道总人口 17.16 万人，其中户籍人口 2.96 万人、常住人口 14.20 万人；江头街道总人口 18.86 万人，其中户籍人口 5.08 万人、常住人口 13.78 万人；禾山街道总人口 11.47 万人，其中户籍人口 2.01 万、常住人口 9.46 万；金山街道总人口 9.8 万人，其中户籍人口 2.1 万人、常住人口 7.7 万人。

二、人口密度

按户籍人口计算，湖里区 1987 年人口密度为 902.77 人/平方千米，1995 年人口密度为 1226.75 人/平方千米，2003 年人口密度为 2279.03 人/平方千米，2005 年人口密度为 2658.98 人/平方千米，2007 年人口密度为 2713.20 人/平方千米。

按户籍人口与常住人口计算，2005 年湖里区人口密度达 10443.42 人/平方千米，2007 年达 10170.26 人/平方千米。

按区人口和计生局统计数据，2007 年计划生育统计年度（截至 2007 年 9 月 30 日），全区总人口为 726980 人，人口密度达 11051.69 人/平方千米。

第二章 人口结构

第一节 人口性别年龄与民族结构

一、人口性别结构

据民国 37 年（1948）人口调查统计资料，湖里辖区境域的 10 个保男性 10075 人、女性 10429 人，性别比（女为 100，下同）为 96.61。

湖里建区后，户籍人口的性别比长期保持在 105～108 之间。

1987—2007年湖里区户籍人口性别比统计表

表3-5

单位：人

年份	男	女	性别比（女为100）	年份	男	女	性别比（女为100）
1987	27291	25259	108.04	1998	48964	46051	106.34
1988	27945	25932	107.76	1999	53719	50405	106.57
1989	28739	26733	107.50	2000	57632	53710	107.30
1990	29614	27691	106.94	2001	62283	57958	107.46
1991	30663	28638	107.07	2002	65884	61271	107.53
1992	31784	29835	106.53	2003	71589	67181	106.56
1993	34071	32052	106.30	2004	77532	72380	107.12
1994	35823	33720	106.23	2005	83783	78122	107.25
1995	38749	36586	105.91	2006	89361	83452	107.08
1996	41284	39007	105.84	2007	95530	89592	106.63
1997	43823	41102	106.62				

二、人口年龄结构

民国37年（1948），禾山区人口中各年龄段人口如下：

未满1岁780人，其中男407人，女373人；

1岁至未满6岁3265人，其中男1638人，女1627人；

6岁至未满12岁3726人，其中男2065人，女1661人；

12岁至未满18岁4409人，其中男2319人，女2090人；

18岁至未满20岁1382人，其中男543人，女739人；

壮丁（20岁至未满45岁）5866人，其中国民兵役（20岁至未满22岁）543人，适龄壮丁（22岁至未满25岁）1189人，常备兵（25岁至未满45岁）4134人。

湖里建区后进行过两次人口普查，全区人口年龄结构情况见表3-6。

第四次、第五次全国人口普查湖里区人口年龄状况表

表3-6

单位：人

项目		1990	2000	项目		1990	2000
总人口	总计	76168	413316	15～19岁	小计	8549	53542
	男	41073	215867		男	4076	20790
	女	35095	197444		女	4473	32752
0～4岁	小计	6266	15602	20～24岁	小计	10228	91552
	男	3207	8649		男	5639	43693
	女	3059	6953		女	4589	47859
5～9岁	小计	6416	13648	25～29岁	小计	9038	84800
	男	3340	7739		男	5098	46796
	女	3076	5909		女	3940	38004
10～14岁	小计	4717	12055	30～34岁	小计	7042	54386
	男	2437	6443		男	3993	31750
	女	2280	5612		女	3049	22636

续表 3-6

项目		1990	2000	项目		1990	2000
35～39 岁	小计	6003	30746	70～74 岁	小计	842	2266
	男	3285	18487		男	340	1053
	女	2718	12259		女	502	1213
40～44 岁	小计	4620	16742	75～79 岁	小计	507	1345
	男	2782	9985		男	207	516
	女	1838	6757		女	300	829
45～49 岁	小计	3031	13190	80～84 岁	小计	254	663
	男	1891	7394		男	78	219
	女	1140	5796		女	176	444
50～54 岁	小计	2704	9106	85～89 岁	小计	93	299
	男	1652	5006		男	18	93
	女	1052	4100		女	75	206
55～59 岁	小计	2479	5505	90～94 岁	小计	34	86
	男	1368	3059		男	1	23
	女	1111	2446		女	33	63
60～64 岁	小计	2048	4521	95～99 岁	小计	6	18
	男	1094	2512		男	—	5
	女	954	2009		女	6	13
65～69 岁	小计	1289	3242	100 岁以上	小计	2	2
	男	567	1655		男	—	—
	女	722	1587		女	2	2

三、人口民族结构

据惠安《钟氏族谱》记载，明洪武九年（1376）龙溪县屿上村钟姓畲族从月边社迁居厦门岛钟宅。由于长期与汉族居民共同生活，语言风俗逐渐汉化，对外遂不再以畲族自称。故辖区境域历史上除了清朝康熙十九年（1680）之后开始有满族因为官、从军入住之外，常住人口中未有汉族之外的民族人口记载。

1982 年，据第三次全国人口普查数据显示，辖区境域总人口中汉族占 99% 以上，少数民族有回族、苗族、畲族、壮族、满族、高山族等，所占比例不到 1%。

1988 年 6 月，禾山乡钟宅村村民经民政部门审核批准，恢复为畲族身份。

1990 年，据第四次全国人口普查数据显示，湖里区总人口 76168 人，其中汉族人口 73368 人，少数民族 2800 人。少数民族中畲族 2393 人、壮族 113 人、回族 106 人、土家族 78 人、苗族 46 人、瑶族 14 人、满族 10 人、布依族 8 人、侗族 8 人、高山族 7 人、蒙古族 7 人、朝鲜族 6 人、仫佬族 2 人、锡伯族 1 人、京族 1 人。

2000 年，据第五次全国人口普查数据显示，湖里区总人口 413316 人，其中汉族 404922 人、少数民族 8394 人。少数民族中，畲族 4017 人、土家族 1402 人、苗族 755 人、回族 751 人、壮族 288 人、满族 218 人、侗族 213 人、蒙古族 196 人、朝鲜族 194 人、布依族 76 人、彝族 41 人、藏族 36 人、瑶族 35 人、仡佬族 33 人、土族 24 人、维吾尔族 16 人、白族 11 人、羌族 9 人、高山族 8 人、哈尼族 7 人、仫佬族 6 人、傣族6人、黎族6人、水族6人、达尔族5人、锡伯族3人、纳西族3人、毛南族2人、拉祜族2人、鄂温克族2人、东乡族1人、阿昌族1人、佤族1人、基诺族1人、其他未识别的民族19人。

第二节 人口文化与职业结构

一、人口文化结构

据民国37年（1948）禾山区人口调查资料，当年禾山区人口文化程度状况为：全区6岁以上应受教育者25430人，其中受高等教育者40人（男30人、女10人），受中等教育506人（男410人、女96人），受初等教育3557人（男2779人、女778人），受私塾教育1423人（男1283人、女140人）、不识字19904人（男7942人、女11962人）。

1982年，根据第三次全国人口普查数据，禾山公社文化程度状况为：6岁以上应受教育人口50196人，其中大专以上136人，初、高中10502人，小学25449人，文盲、半文盲14109人。

1990年，根据第四次全国人口普查数据，湖里区文化程度状况为：6岁以上应受教育人口68550人，其中大学本科及以上1874人，大学专科1325人，中专2748人，高中6966人，初中18882人，小学27752人，文盲、半文盲9003人。

2000年，根据第五次全国人口普查数据，湖里区文化程度状况为：6岁及6岁以上人口394554人，其中未上过学的12226人、扫盲班1184人、小学81750人、初中185298人、高中55433人、中专28690人、大学专科17102人、大学本科12195人、研究生676人。

二、人口职业结构

据民国37年禾山区人口调查资料，当年禾山区应就业21702人，男10377人，女11325人。其中，农业7125人（男6338人、女787人），矿业4人（均男性），工业462人（男338人、女124人），商业1845人（男1772人、女93人），交通运输业56人（男55人、女1人），服公务237人（男226人、女11人），自由职业115人（男88人、女27人），人事服务2467人（男71人、女2396人），其他29人（男23人、女6人），无业者9362人（男1462人、女7900人）。

建区后湖里区人口职业结构仅有1990、2000年两次资料。详见表3-7、表3-8。

2007年，全区人口中已无从事农、林、牧业的职业人口，未有其余职业人口分布情况的调查资料。

1990年第四次人口普查湖里区职业结构统计表

表3-7

行业	总人数（人）	占在业人口比例（%）	男性（人）	女性（人）
总计	46467	100.00	28703	17764
农、林、牧、渔、水利业	10426	22.44	5904	4522
工业	15284	32.89	7189	8095
地质普查和勘探业	17	0.04	16	1
建筑业	7106	15.29	6153	953
交通运输、邮电通讯业	4304	9.26	3660	644
商业、公共饮食业、物资供销和仓储业	4422	9.52	2714	1708
房地产管理、公用事业、居民服务和咨询服务业	1721	3.70	1098	623
卫生、体育和社会福利事业	267	0.57	111	156
教育、文化艺术和广播电视事业	707	1.52	299	408
科学研究和综合技术服务事业	698	1.50	483	215
金融、保险业	278	0.60	172	106
国家机关、政党机关和社会团体	1235	2.66	903	332
其他行业	2	—	1	1

2000 年第五次人口普查湖里区职业结构统计表

表 3-8

行业	总人数（人）	占在业人口比例（%）	男性（人）	女性（人）
总计	24225	100	13094	11131
农、林、牧、渔业	464	1.92	282	182
采掘业	38	0.16	33	5
制造业	13249	54.68	6006	7243
电力、燃气及水的生产和供应业	106	0.44	70	36
建筑业	2154	8.89	1936	218
地质勘查业、水利管理业	3	0.01	3	—
交通运输、仓储及邮电通信业	1383	5.71	1111	272
批发和零售贸易、餐饮业	3816	15.75	1985	1851
金融、保险业	158	0.65	81	77
房地产业	398	1.64	251	147
社会服务业	1281	5.29	741	540
卫生、体育和社会福利业	155	0.64	63	92
教育、文化艺术和广播电影电视业	499	2.06	186	263
科学研究和综合技术服务业	120	0.50	86	34
国家机关、党政机关和社会团体	421	1.74	265	156
其他行业	30	0.12	15	15

第三节 姓氏结构

一、主要姓氏

（一）陈姓

禾山浦园、殿前、中埔、马垅、后浦、坂上等村社的陈姓居民和遍布厦门岛内、同安、集美、灌口乃至台湾以及海外南洋各地的“陈忠衍派”同祖同宗，系祖籍河南颍川（现许昌）望族陈氏的移民后裔。迁始祖陈忠（子陈邕、孙伣、夷则等），唐开元廿四年（736）入闽，而后由龙溪（漳州）举家300口迁入岛内禾山开枝散叶。

寨上社与殿前社近在咫尺，居民也多姓陈，但出处不同。寨上陈氏系南宋末年中原人陈恭献之后裔，和殿前陈姓互不搭界，但均源出河南。

截至2007年6月底，全区陈姓排名第一，有23786人，占统计总数的23.15%。

（二）林姓

禾山高崎社的林姓，系宋代以来分别自同安的爷头、集美的鼎美、岛内的禾山塘边、塔头等社迁入，但先人均源于河南移民。湖边社的林姓，则系明永乐年间自惠安迁入，始祖林禄（史称“闽林始祖”、“晋安郡王”），迁始祖林弘裕。

高林社的林氏，源于河南西河，系南宋时由五通村店里社迁入，迁始祖林笃志。

截至2007年6月底，林姓排名第二，有16124人，占统计总数的15.69%。

（三）黄姓

黄姓在湖里的原住民主要聚居在四个地方，即高林社区的黄厝、新厝边、后门三个自然村，后埔社区的祥店自然村、后埔自然村，还有湖里街道原薛厝自然村。在五通社区的后头，后坑社区的前坑、洪塘，枋湖社区的穆厝，县后社区的上忠等自然村还有零散分布。唐朝初年，南安丰州（今泉州鲤城区）“郡儒”黄守恭（629—712）一派以紫云黄氏为名，共以“紫云”为堂号，称“紫云衍派”。其后裔遍布闽南各地。

湖里区原住民中聚居的黄姓都源自于紫云黄氏，其中，黄厝、祥店、薛厝黄姓属于同安紫云派的后裔，后埔黄姓属于安溪紫云派的后裔。

截至 2007 年 6 月底，黄姓在全区排名第三，占统计总数的 7. 89%。

（四）王姓

在厦门岛内湖里区管辖范围内，王氏族人主要分布于五通村的仑后社、浦口社，蔡塘村的古地石社。据各地旧族谱记载，仑后社王氏来自集美区后溪衍山村；浦口社王氏灯号“开闽第一”，浦口王氏来自马巷王氏（与今翔安区的珩厝、欧厝两社王氏同源）。

仑后王氏是从河南省开封、山西太原进入福建省后，经几度迁徙而来。开拓仑后社的王氏是来自后溪衍山衍墩，开拓者为仕鲁王孙元帅。

蔡塘古地石社王氏的先祖王延政为“闽王”王审知四子，袭封闽王。

截至 2007 年 6 月底，王姓在全区排名第四，占 7. 46%。

（五）张姓

五通下边社，原名“霞边”，解放后在进行村名普查时，不知何故将“霞边”注成了“下边”，于此以讹传讹，“下边”的称呼作为村名被固定下来。霞边村人以张姓为主，张氏之由来可溯至南宋，据《儒林张氏联宗谱》载：南宋末年，张世杰护幼主南下，途经霞边，幼帝曾驻跸于此，因此张世杰子弟军留居其地，后幼主往金门，又有张家军随往浯岛青屿，因此厦金两岛之张姓系一本之亲。

截至 2007 年 6 月底，张姓在全区排名第五，占 6. 39%。

（六）李姓

湖里区李姓聚居的村社是后埔社和塘边社，后埔社有李姓人口逾 500 人，塘边社 100 多人。另外，1941 年日本占领厦门强拆 13 个村社建机场时，内英社是其中之一，该社原也是李姓为主的村庄，社中原有李氏宗祠，被拆后居民散居于林后、枋湖、殿前、祥店等。

李姓入闽南说法不一，但宗奉五山祖李君怀的人数最多。李君怀（1142—1209）四子汝谟居海澄己山（又称渐山），传二子：永福、永佑。永佑传有本，居厦门后埔。

截至 2007 年 6 月底，李姓在全区排名第六，占 5. 70%。

（七）吴姓

厦门市湖里区吴姓的开基祖为吴漾。厦门岛内吴姓主要居住在埭头、梧村、穆厝和西潘等自然村，皆同出一源。穆厝、西潘等辖属厦门市湖里区。据凤林（今埭头）族谱记载，吴漾，字亨远，谥号长发。乐于江湖从商，谙晓地理。元朝末至正元年，他来到嘉禾岛（今厦门岛）之凤林（即今之埭头），知此地后必振，即禀过父亲迁居于此地，营室开产，建置海塘，兴家立业。开金榜山、黄坑、凤屿等地。生有五子。长房居凤林，次子泮广，字周福，始移居泉州永宁，其后或子嗣返迁岛内西潘、穆厝和蔡坑，繁衍生息。因此，这 3 个自然村合称“三乡”。

截至 2007 年 6 月底，吴姓在全区排名第七，占 5. 36%。

（八）刘姓

禾山街道枋湖社区梧桐社刘姓居民约占 90%，是由同安新店镇刘五店迁入开基，繁衍成族，有人口近 500 人。

据新编刘氏族谱记述：晋江祥芝大堡刘氏兴旺发达而成巨族，分二十四派。其中八世孙刘元举、刘南郭迁同安。其中一支长房后裔刘宁于明朝永乐年（1403—1424）因经商置五铺（店）于十三都（同安县）海滨（即今厦门市翔安区刘五店），故其地名曰刘五店。“后子孙一支徙居嘉禾里（今厦门）五通，十九世赞公子孙再迁厦门莲坂（闽南话称‘莲坂’为‘刘坂’），之后又分支住湖里区枋湖村梧桐社。”

截至 2007 年 6 月底，刘姓在全区排名第八，占 3. 34%。

（九）杨姓

湖里杨氏祖籍河南固始，唐末随王审知入闽，先居南安高美，后迁同安霞露、云标，再分衍至湖里村。其祖属杨震派下，堂号“四知堂”。厦门市辖区（包括同安、海沧、集美、杏林等）有杨姓聚居的村落40多个，约3万人，厦门岛内杨氏所居只在湖里村，杨姓约200户，近千人，而由湖里迁居到菲律宾、中国台湾地区、新加坡、美国等海内外的杨氏族人也有千余人。

《同安赐保公下杨氏族谱》中，湖里杨氏始祖杨运老的生卒年没有记载，只记有“居竹坑湖，娶氏厦门人”。可推杨运老生于康熙雍正年间，其迁居竹坑湖，当在雍正年间。

竹坑湖，修竹丛生，形如飞凤，故又称凤湖，后成洼地，遂名湖里，湖里区名亦由此而来。杨氏是湖里最早居住的姓氏之一，对于湖里村社早期的开发建设，起了很大的作用。

截至2007年6月底，杨姓在全区排名第九，占3.07%。

（十）钟姓

钟宅村位于钟宅湾，钟宅湾以钟宅村而得名。钟宅位于湖里的东北部，也是厦门岛的东北。钟宅是厦门岛内唯一的畲族聚集地，钟宅村有90%以上的村民姓钟。

钟宅村肇迁始祖钟泮儒大约于明朝洪武九年（1376）从龙海县海澄屿上村迁居此地。其地有祖坟，墓碑刻有“明太祖冠山耿坊钟公、庄一杨氏墓”。根据海澄《纯嘏堂钟氏族谱》载：“耿坊公系是成化公之子，生四子……三子泮儒往钟宅。”钟泮儒成年后即迁居钟宅，成为钟宅村钟氏开基始祖。泮儒渔耕劳作，繁衍生息。传下五子：维清、维明、维节、维月、维亮，分为“五房”。钟宅就由此五房繁衍而来。

截至2007年6月底，在全区排列第十位的钟姓占统计总数的2.81%。

二、姓氏构成

据公安机关提供的数据，截至2007年6月底，全区共有户籍人口162044人，分属393个姓氏。各社区户籍人口中单个姓氏人口达到50人以上的姓氏有41个，合计人口数102765人，占户籍人口总数的63.42%。排在户籍人口前十位的姓氏是：陈，23786人；林，16124人；黄，8108人；王，7670人；张，6563人；李，5858人；吴，5507人；刘，3435人；杨，3159人；钟，2892人。排第一、二位的陈、林两姓人数占户籍人口总数的24.63%；排在前五位的姓氏人口占户籍人口总数的38.42%；排在前十位的姓氏人口有83102人，占户籍人口总数的51.28%。

2007年湖里区各社区50人以上居民姓氏一览表（一）

表3-9-1 单位：人

街道	社区	常住人口	姓氏人数												
			陈	林	黄	王	张	李	吴	刘	杨	钟	郑	叶	孙
湖里	湖里	2236	303	149	108	74	—	—	—	—	556	—	—	—	—
	村里	2130	289	156	101	74	—	—	75	—	112	—	—	96	—
	南山	6065	591	440	322	348	331	311	226	124	182	—	—	—	—
	康晖	5020	522	386	210	255	224	224	86	182	—	—	—	137	—
	康乐	6509	769	369	191	156	298	240	144	—	94	—	83	—	—
	塘边	2760	308	492	—	108	105	170	—	60	—	—	104	50	—
	后浦	3779	612	224	179	187	167	185	154	108	—	—	—	—	—
	怡景	4612	389	1050	208	219	240	223	153	148	111	—	116	77	—
	徐厝	6556	671	679	468	306	278	182	219	103	97	—	126	—	—
	金鼎	3412	475	287	185	158	166	153	111	51	82	—	64	—	—
	新港	2381	345	155	140	116	138	208	80	69	62	—	—	—	—
	东渡	5446	663	445	367	113	127	160	150	56	96	—	69	—	—
	和通	3908	438	294	219	182	214	174	150	100	107	—	96	56	—
	濠头	3631	401	311	220	168	178	171	98	119	161	—	76	60	—

续表3-9-1

街道	社区	常住人口	姓氏人数												
			陈	林	黄	王	张	李	吴	刘	杨	钟	郑	叶	孙
禾山	枋湖	7486	991	619	188	259	291	215	677	528	111	116	73	152	180
	坂尚	2622	1231	136	139	52	—	—	85	—	—	—	—	—	56
	围里	1277	699	74	—	—	91	—	107	—	—	—	—	—	—
	岭下	2045	785	131	55	57	80	—	65	—	—	—	—	307	—
	钟宅	3920	158	132	82	72	—	—	—	—	—	2776	—	—	—
江头	蔡塘	2197	238	176	119	224	—	103	105	50	—	—	—	—	—
	后埔	6776	1211	409	690	253	252	662	182	240	150	—	136	180	71
	江村	4827	601	336	264	224	178	177	197	88	99	—	116	132	—
	江头	4279	495	369	288	223	183	193	216	105	100	—	120	100	—
	园山	5353	683	464	325	246	131	141	231	80	—	—	89	—	—
	吕厝	6121	653	420	359	326	300	282	241	174	155	—	142	96	—
	吕岭	6249	710	439	361	373	304	282	203	165	183	—	169	96	—
	金尚	9109	1005	696	552	438	479	432	381	262	219	—	225	140	—
金山	金山	5183	619	336	298	244	267	263	239	212	134	—	119	72	—
	高林	4656	409	1593	347	139	99	—	68	—	54	—	—	—	540
	后坑	3962	406	1140	209	142	72	51	340	58	110	—	64	419	52
	五通	5837	354	563	228	1247	618	61	72	—	—	—	50	—	1090
殿前	高殿	9743	4221	1804	98	184	231	88	86	—	—	—	83	—	—
	马垅	1020	395	99	62	—	—	—	—	—	—	—	52	—	—
	兴隆	5543	579	450	314	278	248	255	222	185	109	—	127	—	—
	长乐	3106	336	208	154	145	169	178	90	99	75	—	66	51	—
	神山	724	85	—	—	—	—	—	—	—	—	—	—	—	—
	北站	1564	146	93	58	80	104	74	54	69	—	—	—	—	—
合计		162004	23786	16124	8108	7670	6563	5858	5507	3435	3159	2892	2365	2221	1989

说明：表中的统计数据截至2007年6月底

2007年湖里区各社区50人以上居民姓氏一览表（二）

表3-9-2　　单位：人

街道	社区	常住人口	姓氏人数												
			洪	许	郭	蔡	薛	曾	周	苏	何	吕	萧	高	廖
湖里	湖里	2236	—	93	—	—	—	—	—	—	—	—	—	—	—
	村里	2130	—	79	—	—	—	—	—	—	173	—	—	—	—
	南山	6065	—	—	—	—	—	—	—	—	—	—	—	—	—
	康晖	5020	—	—	61	—	—	—	—	—	—	—	—	—	—
	康乐	6509	—	—	63	—	—	—	—	—	—	—	—	—	—
	塘边	2760	—	—	—	62	—	—	—	—	—	—	—	—	—
	后浦	3779	54	—	—	—	—	—	—	—	—	—	—	—	—
	怡景	4612	59	—	59	—	—	—	—	—	—	—	—	—	—
	徐厝	6556	—	—	—	—	—	—	—	—	—	—	—	—	—
	金鼎	3412	—	51	—	—	—	52	—	—	—	—	—	—	—
	新港	2381	—	—	—	—	—	—	—	—	—	—	—	—	—
	东渡	5446	—	—	52	—	—	—	—	—	—	—	—	—	—
	和通	3908	64	71	81	92	—	63	50	—	—	—	—	—	—
	濠头	3631	—	—	—	—	—	—	—	—	—	—	—	—	—

续表3-9-2

街道	社区	常住人口	姓氏人数												
			洪	许	郭	蔡	薛	曾	周	苏	何	吕	萧	高	廖
禾山	枋湖	7486	188	107	—	52	1035	70	—	126	—	91	—	92	188
	坂尚	2622	50	—	—	—	—	—	—	—	—	—	—	174	—
	围里	1277	—	—	—	—	—	—	—	—	—	—	—	—	—
	岭下	2045	—	—	108	—	—	—	—	—	—	—	—	85	—
	钟宅	3920	—	—	—	—	—	—	—	—	—	—	—	—	—
江头	蔡塘	2197	—	57	—	—	—	317	138	—	—	—	—	—	—
	后埔	6776	75	120	81	64	—	96	—	205	92	75	—	—	53
	江村	4827	124	73	56	—	—	—	—	65	53	118	466	—	—
	江头	4279	93	75	54	72	—	67	79	—	—	65	—	—	—
	园山	5353	72	76	77	94	—	—	—	—	—	—	—	—	—
	吕厝	6121	158	97	75	93	—	64	114	105	—	154	—	—	—
	吕岭	6249	121	100	123	—	—	—	72	84	—	—	—	54	69
	金尚	9109	139	176	184	169	—	133	126	113	52	—	—	—	—
金山	金山	5183	65	66	85	102	—	—	—	88	—	—	—	—	51
	高林	4656	97	125	—	113	—	—	—	—	80	—	—	—	—
	后坑	3962	—	—	—	52	—	—	—	—	67	—	—	—	—
	五通	5837	51	69	—	75	—	70	157	—	89	—	—	—	—
殿前	高殿	9743	—	—	—	—	—	—	—	—	—	—	—	—	—
	马垅	1020	—	—	—	—	—	—	—	—	—	—	—	—	—
	兴隆	5543	86	—	56	100	—	97	84	—	—	—	—	—	—
	长乐	3106	—	—	—	—	—	—	—	—	—	—	—	51	—
	神山	724	—	—	—	—	—	—	—	—	—	—	—	—	—
	北站	1564	—	—	—	—	—	—	—	—	—	—	—	—	—
合计		162004	1496	1435	1215	1140	1035	1029	820	786	606	503	466	456	361

说明：表中的统计数据截至2007年6月底

2007年湖里区各社区50人以上居民姓氏一览表（三）

表3-9-3 单位：人

街道	社区	常住人口	姓氏人数														
			谢	石	胡	朱	马	徐	施	潘	江	卓	钱	纪	庄	康	邱
湖里	湖里	2236	—	—	—	—	—	—	—	—	—	—	—	—	—	—	—
	村里	2130	—	—	—	—	—	—	—	—	—	—	—	—	—	—	—
	南山	6065	—	—	—	—	—	—	—	—	—	—	—	—	—	—	—
	康晖	5020	—	—	—	—	—	—	—	—	—	—	—	—	—	—	—
	康乐	6509	—	—	—	—	—	—	—	—	—	—	—	—	—	—	—
	塘边	2760	—	—	—	—	—	—	—	—	—	—	—	—	—	—	—
	后浦	3779	—	—	—	—	—	—	—	—	—	—	—	—	—	—	—
	怡景	4612	—	—	—	—	—	—	—	—	—	—	—	—	—	—	—
	徐厝	6556	—	—	—	—	—	93	—	—	—	—	—	—	—	—	—
	金鼎	3412	—	—	—	—	—	—	—	—	—	—	—	—	—	—	—
	新港	2381	—	—	—	—	—	—	—	—	—	—	—	—	—	—	—
	东渡	5446	—	—	—	—	—	—	—	—	—	—	—	—	—	—	—
	和通	3908	71	—	—	—	—	—	—	—	—	—	—	—	—	—	—
	濠头	3631	—	—	—	58	—	—	—	—	—	—	—	—	—	—	—

续表3-9-3

街道	社区	常住人口	姓氏人数														
			谢	石	胡	朱	马	徐	施	潘	江	卓	钱	纪	庄	康	邱
禾山	枋湖	7486	—	—	—	—	—	—	—	—	—	65	—	62	60	—	—
	坂尚	2622	—	—	—	—	—	—	—	—	—	—	—	—	—	—	—
	围里	1277	—	—	—	—	—	—	—	—	—	—	—	—	—	—	—
	岭下	2045	—	—	—	—	—	—	—	—	—	—	—	—	—	—	—
	钟宅	3920	—	—	—	—	—	—	—	—	—	—	—	—	—	—	—
江头	蔡塘	2197	—	—	—	—	—	—	—	—	—	—	—	—	—	—	—
	后埔	6776	—	—	—	—	—	—	—	—	—	—	63	—	—	—	—
	江村	4827	62	—	—	—	—	—	—	—	—	—	—	—	—	—	—
	江头	4279	—	—	—	—	—	—	—	—	—	—	—	—	—	—	—
	园山	5353	—	—	—	—	—	—	—	—	—	—	—	—	—	—	—
	吕厝	6121	76	—	57	56	—	—	—	—	—	—	—	—	—	—	—
	吕岭	6249	—	—	70	61	—	—	—	—	—	—	—	—	—	—	—
	金尚	9109	54	—	—	—	—	—	—	—	—	—	—	—	—	—	—
金山	金山	5183	—	—	—	—	—	—	—	—	—	—	—	—	—	—	—
	高林	4656	—	—	—	—	137	—	—	—	66	—	—	—	—	56	—
	后坑	3962	—	—	—	—	—	—	—	—	—	—	—	—	—	—	—
	五通	5837	—	250	—	—	—	—	—	—	—	—	—	—	—	—	—
殿前	高殿	9743	—	—	—	—	—	—	78	—	—	—	—	—	—	—	—
	马垅	1020	—	—	—	—	—	—	—	—	—	—	—	—	—	—	—
	兴隆	5543	72	—	53	—	—	—	—	68	—	—	—	—	—	—	52
	长乐	3106	—	—	—	—	—	—	—	—	—	—	—	—	—	—	—
	神山	724	—	—	—	—	—	—	—	—	—	—	—	—	—	—	—
	北站	1564	—	—	—	—	—	—	—	—	—	—	—	—	—	—	—
合计		162004	335	250	180	175	137	93	78	68	66	65	63	62	60	56	52

说明：表中的统计数据截至2007年6月底

第三章 婚姻家庭

第一节 婚 姻

民国37年（1948），辖区有29474人，达法定婚龄19451人，其中男9137人，女10314人；未婚5653人，其中男3521人、女2132人；有配偶者10481人，其中男5086人、女5395人；丧偶者3297人，其中男519人、女2778人；离婚者20人，其中男11人、女9人。

1982年，据第三次全国人口普查数据显示，禾山公社婚姻状况为：15岁及15岁以上人口39803人，其中未婚12552人，有配偶24195人，丧偶2958人，离婚98人。

1990年的人口普查资料无分区数据。

2000年，据第五次全国人口普查数据，湖里区婚姻状况为：15岁及15岁以上人口30002人，其中未婚11966人，初婚有配偶17236人，再婚有配偶192人，离婚134人，丧偶474人。

若干年份湖里区婚姻登记情况统计表

表 3-10

年份	登记数（对）	初婚（人）	再婚或复婚（人）			离婚情况（对）	
			合计（人）	男（人）	女（人）	申请（对）	批准（对）
1989	769	1507	31	18	13	13	9
1990	1244	438（女性）	—	—	—	—	—
1992	793	1457	29	17	12	25	11
1993	818	1590	46	25	21	16	13
1994	709	1367	51	29	22	20	16
1995	682	1364	45	23	22	22	16
1996	672	1283	61	35	26	35	25
1997	850	1700	79	43	36	31	25
1998	838	1595	81	46	35	—	46
1999	1135	2148	122	72	50	100	58
2000	1114	2106	122	69	53	120	75
2001	1416	2683	149	86	63	150	112
2002	1543	2965	121	69	52	120	113
2003	2251	3846	656	338	318	—	195
2004	2474	4776	172	97	75	—	284
2005	2273	4277	269	—	—	—	314
2006	3152	5863	441	—	—	—	383
2007	2851	5196	506	—	—	—	435

说明：1991 年统计数据缺失

第二节　家　庭

一、家庭规模

辖区境域历史上为农耕经济区，传统习惯为多代多人户居多。民国 37 年，禾山区人口调查，全区平均每户 4.24 人，辖区境域每户 4.22 人。

解放后，辖区境域农户基本维持多代多人同居的习惯。据 1982 年 7 月人口普查数据，禾山人民公社平均每户 4.68 人。

建区后，拆户分家的现象逐渐增多，家庭规模趋于小型化。1990 年平均每户 4.09 人，1996 年平均每户 3.58 人，1998 年每户 3.20 人，2000 年每户 2.98 人，2002 年每户 2.86 人。此后至2007 年，基本维持在 2.8 人上下。

家庭人数方面，1990 年 3 人及以下户数占总户数的 37.08%，2000 年 3 人及以下户数在总户数中的比重增至 89.37%。详见表 3-11。

第四次、第五次人口普查湖里区家庭户规模

表 3-11

项目		1990	2000	项目		1990	2000
一人户	户数（户）	888	35690	七人户	户数（户）	545	203
	比例（%）	5.73	43.19		比例（%）	3.52	0.25
二人户	户数（户）	1512	24845	八人户	户数（户）	286	118
	比例（%）	9.76	30.07		比例（%）	1.85	0.14
三人户	户数（户）	3346	13315	九人户	户数（户）	183	94
	比例（%）	21.59	16.11		比例（%）	1.81	0.11
四人户	户数（户）	4498	6095	十人以上	户数（户）	319	无
	比例（%）	29.02	7.38		比例（%）	2.06	—
五人户	户数（户）	2771	1667	总计	户数（户）	15497	82627
	比例（%）	17.88	2.02		比例（%）	100	100
六人户	户数（户）	1149	600				
	比例（%）	7.41	0.73				

二、家庭老幼结构

1990 年第四次人口普查，湖里区有 0～14 岁少年儿童人口的家庭 12068 户，占总户数的 77.87%；有 65 岁以上老年人的家庭 2576 户，占总户数的 16.62%。

2000 年第五次人口普查，湖里区有 0～14 岁少年儿童人口的家庭 36503 户，占总户数的 44.18%；有 65 岁以上老年人的家庭有 6185 户，占总户数的 7.49%。

第四篇 城市建设与管理

1981 年 10 月 15 日，湖里出口加工区建设正式动工，揭开湖里城市建设的序幕。辖区内相继开发建设湖里工业区、火炬高新区、象屿保税区、枋湖开发区、湖里高新技术园区等各开发区（详见本志第十二篇第三章），成为招商引资的主要载体，也是城市建设的亮点。

1987 年 8 月湖里区成立以前，湖里辖区分别为厦门市郊区和开元区的部分地域，城市（城乡）总体规划也各自分开。湖里区成立后，城市规划工作由厦门市政府统一领导、统一规划和统一组织实施。湖里区政府本身没有城市规划职能，也未设立专门的城市规划管理部门，由湖里区建设局承担厦门市和湖里区政府下达的部分规划实施的职责。1991 年厦门市开始组织修编的《厦门市城市总体规划（1995—2010）》（2000 年经国务院正式批复）中开始出现湖里区的城市总体规划，并把湖里区分为湖里分区规划和厦门市东北部分区规划。2003 年，厦门市政府组织专家对《厦门市城市总体规划（1995—2010）》进行修订，形成《厦门市城市总体规划（2004—2020）》，并逐步实施到位。2007 年，区建设局委托厦门市规划设计研究院编制《湖里区农村城市化和发展用地控制规划》，共规划 7 块发展用地，用地面积约 56 万平方米，可建筑面积约 160 万平方米。同年，还对全区 12 块闲置的地块进行统筹安排，编制《湖里区临时用地选址规划》。

2003 年前，辖区境域因建设需要发生的征地拆迁工作由建设单位负责。2003 年，改由建设项目所在政府负责。区政府根据上级政府颁布的相关政策，从补偿标准、安置措施、解决生活出路等方面为拆迁工作的开展创造有利条件。2006 年，将拆迁工作的事权下放到街道，但征地拆迁仍成为各级政府工作的一大课题。

1987 年 11 月 22 日，湖里区人民政府正式成立后，湖里区开始迈出城市建设的第一步。“九五”期间，建成金尚路、南山路、湖里大道、仙岳路等一批市政主干道和旧机场路、县后至钟宅、金尚路至五通、后坑至虎仔山等道路，湖里体育馆、江头网球场等一批公用设施投入使用。截至 2000 年年底，建成区面积达到 17.6 平方千米。

“十五”期间，城市建设速度加快。2003 年撤镇改街后，辖区的城市建设得到全面推进。5 年间累计完成固定资产投资 104.3 亿元，建成环岛路湖里段、湖里大道等 7 条主干道和一批市政设施，“一环三横五纵”的道路框架基本形成，建成区面积 2003 年增加到 28 平方千米，2005 年增加到 35 平方千米。

2006—2007 年，全区基本建设投资达 96.11 亿元，成功大道、县黄路、仙岳路东段、环岛干道、疏港路二期、BRT 工程以及翔安隧道、集美跨海大桥、杏林跨海大桥等一批重大交通项目陆续开工，部分投入使用，形成快捷的城市立体交通网络。仙岳山公园配套景观、福隆体育公园、薛岭山公园、夜景工程等一批园林旅游休闲设施动工或投入使用，截至 2007 年底，城市建成区面积增加至 43.7 平方千米。

湖里区建区之前，历史上没有专设的园林绿化管理机构。由于地处郊区，辖区境域少有大型的私家园林。清宣统年间（1909—1911），富商廖成力在枋湖建造资政第，占地面积约十余亩，建有洋楼、凉亭，广植花草果树，为辖区境域唯一小型私家园林。植树造林则以传统的栽种果树为主，少有成片造林。20 世纪 50 年代中期，开始在东部沿海建造“国防林”。1958 年，开展“全民炼钢”运动，全区林木除沿海国防林之外，大都被砍伐一空，用于烧木炭，供土高炉炼铁之用。70 年代后期，开始重视绿化。1982 年开始，每年 3 月组织开展“义务植树”活动，开始进行大规模绿化。湖里建区之后，全区园林绿化工作由区建设局负责。1995 年，建成区绿化率 22.9%，人均绿地面积 5.49 平方米；2003 年，建成区绿地率

32.44%，人均绿地面积17.19平方米。

2004年，厦门市政园林局将仙岳山公园以及辖区内次干道的绿化养护下放到区政府，同年4月成立区市政园林局，全面负责湖里区的园林绿化工作。2007年年末，全区园林绿地总面积1178.45公顷，其中公园绿地面积473.75公顷，道路绿地96.43公顷，单位附属绿地278.56公顷，居住区绿地111.41公顷，生产绿地58.74公顷，防护绿地21.98公顷，风景林137.58公顷，建成区绿地率32.95%，人均公共绿地24.67平方米。

湖里建区前的湖里街道，以及1987年湖里建区至2003年，辖区内的城市管理行政执法由市政府城市管理执法部门和厦门市城市建设管理监察大队下设湖里区综合中队负责。2004年2月开始，区城市管理行政执法局（加挂湖里区城市管理行政执法大队牌子）全面承担辖区内城市管理行政执法工作。

第一章　城市规划

第一节　总体规划

一、湖里分区规划

根据厦门市城市总体规划（1995—2010）划分的城市分区，湖里分区是指位于厦门岛西北部，规划范围为东至鹰厦铁路，西至东渡港口海岸线，南至园山、仙洞山、仙岳山、狐尾山麓、北至高集海堤，规划总用地21.89平方千米。

在分区范围内先后编制《湖里加工区总体规划》《火炬高科技产业开发区控规》《象屿保税区控规》《濠头生活区控规》《高殿片区控规》以及湖里南部生活区、北部生活区、寨上仓储区、康乐新村等许多修建性详规，各类规划的编制基本上覆盖整个分区。

规划性质　湖里片区规划以发展港口及相关的仓储运输功能和工业为主，配套部分生活居住用地。规划湖里分区的总用地规模为2189公顷，人口规模为15万人。

规划结构　湖里分区规划分为四大片：东渡—濠头综合片，由疏港路西侧东渡港一期码头，部分工业用地及东渡—濠头居住综合区组成；港口保税区片在铁路支线以西，由东渡港口、象屿保税区、高崎港区组成；湖里工业居住片，由湖里工业园区、高科技园组成的工业片区和湖里南部3个居住区组成；高殿、寨上仓储居住区，由高殿、寨上两片仓储区和规划改建寨上村、高殿村为生活居住区所组成。

土地利用规划　湖里分区工业用地规划布局分成三部分：原来的湖里工业区，发展以二类工业为主的外向型加工业，以完善现有工业用地，改善环境质量为主；火炬高科技产业用地，以发展一类工业用地为主；乡镇企业用地，分布在区内村庄周围，以寨上、高殿、马垅村附近为主。规划区内工业用地315.94公顷，其中一类工业用地42.84公顷，二类工业用地243.3公顷，乡镇企业用地29.80公顷。

仓储及仓储加工业用地规划，一是保留现有的疏港路两侧，东渡—濠头片区的仓储用地；二是依据已批的仓储用地形成寨上仓储区；三是新形成高殿仓储区。仓储总用地143.35公顷。规划象屿保税区以大片的仓储及加工业用地为主，用地达117.8公顷。

居住用地规划为348.87公顷，人均居住用地23.26平方米，建设6个居住区：

第一居住区在湖里工业区南部，疏港路以东、华荣路以西，为原有居住区，用地70公顷，规划人口3万人；第二居住区在湖里工业区南部，华荣路以东、福厦路以西，以康乐新村、仙洞山小区为主，居住用地82.36公顷，规划人口3.55万人；第三居住区在高科技园南部，福厦路以东，为高科技园的配套设施，居住用地34公顷，规划人口1.46万人；第四居住区在东渡—濠头居住区，规划居住用地54公顷，规划人口2.33万人；第五居住区在规划改建原高殿村用地，既满足村民的居住，又为外来人提供居住条件，居住用地44.51公顷，居住人口1.91万人；第六居住区在规划改建原寨上村用地，形成仓储区的配套生活用地，居住用地64公顷，居住人口2.75万人。

公共设施用地规划为184.19公顷。商业、金融、贸易用地主要布置在湖里区中心兴隆路、海天路、华昌路一带，以完善现有公共设施为主，继续扩大规模，形成区级中心；行政办公用地主要规划在东渡—濠头一带，形成为港区服务的行政办公区；旅馆、酒店用地在悦华酒店及狐尾山脚新批的酒店附近，形成两个旅馆中心；医疗卫生用地利用原湖里医院及其门诊部加以完善，在各片区内设门诊。

规划在各综合组团内、居住区与工业区内、居住区与仓储区内、港区内形成各组团的小中心，居住区内设置4所中学。保留原有的厦门三中、湖里中学，规划在东渡—濠头片区、高殿片区新设两所中学。

规划东渡港区建成杂货、集装箱和部分散货等1万~5万吨的泊位19个，中级泊位9个。形成含有货物装卸、保税仓储、产品加工、商业等多功能的综合性的深水港区。高崎港区规划区，规划铁路西站站场作为港区专用铁路站场，在高殿片区设一个占地0.8公顷的货物流通中心，分区对外交通用地为272.68公顷，市政公用设施用地为55.93公顷，道路广场总用地为281.98公顷，绿化用地262.68公顷。

道路交通规划 湖里分区规划形成一个功能分明、通畅的道路网络系统。规划结合保税区二期的建设，开辟一条宽24米，双向4车道的港区专用道，向北与高集海堤相连，使得内外交通不相干扰。还将改造疏港路为双向6车道，红线50米。为了使出岛更为便捷，规划通过高架路形成立体分离，减少冲突点，沿铁路开辟一条道路，下穿嘉禾路，南与高科技园相连，向北可服务于高殿片区和保税区、港区、加强工业区与仓储区、港区之间的通达性。规划开辟南山路与仙岳路之间的仙岳山隧道，增强南北向交通联系。

规划道路等级分为快速路、主干道、次干道、支路4个等级。仙岳路为快速道，双向6车道，两侧铺设辅路，与其相交的主干道采用立交形式，次干道、支路与之相交则接于辅路，以保证快速功能。

分区内规划安排1个货物流通中心，2个公交停车场，5个社会公共停车场，分别服务于各个组团。

市政工程规划 供水范围为21.89平方千米，供水人口规划为15万人。人均综合用水指标按800升/人天计算，需水量为12万立方米/天。另港区按50立方米/公顷天估算，需水量2.86万立方米/天，故本区总用水量为14.86万立方米/天。水源取自高殿水厂，规划近期扩建至60万立方米/天。

湖里分区污水量，港区按给水的70%计算，其他按给水的80%计算，总排水量为11.6万吨/天。规划湖里分区污水分为湖里工业区、东渡、港区、高科技园区、殿前、寨上等6个系统。

规划的雨水及防洪工程按50年一遇考虑分区范围21.89平方千米及流经本规划区的雨水排放。规划分为4个排水区：湖里、寨上排水区汇水面积8.5平方千米，殿前排水区汇水面积5.4平方千米，东渡排水区汇水面积3.6平方千米，高科技园排水区汇水面积4.4平方千米。

供电负荷根据用地功能测算，湖里分区供电总负荷为263兆瓦。为此，规划在原有供电设施基础上，新建保税区110千伏变电站、翔鹭110千伏变电站、嘉园110千伏变电站3座。

二、厦门岛东北部地区分区规划

根据厦门市城市总体规划（1995—2010）划分的城市分区，厦门岛东北部分区规划用地范围：东至厦门岛东海岸线，西至鹰厦铁路，南至云顶岩，北至环岛路。现状用地总面积47.67平方千米，规划用地49.09平方千米。东北部地区属国防前沿阵地，历次编制厦门市城市总体规划时，都作为控制发展的区域。1993年10月，首次编制《厦门岛东北部地区分区规划》。在该规划的指导下，修建金尚路、莲前路等城市主干道，建成金鸡亭、莲花五村等一批城市住宅小区，龙山工业区已粗具规模，枋湖工业区也已具雏形。由于对城市公共服务设施和生态环境用地重视不够，盲目追求开发速度，出现大量违法建设，土地资源流失严重。新编制的《厦门岛东北部地区分区规划》对1993年的规划加以调整完善，原则上充分保护和利用现有的地形、地貌，不挖山体、不填水面，保护良好的自然生态环境，创造有厦门特色的山水城市布局。

规划性质 分区规划以生活居住和大型公建为主，形成厦门岛生态保护和发展战略备用地，是厦门市城市中心的功能区之一，规划人口规模近期（2000年）确定为15万人，远期（2010年）为30万人。

规划结构 分区规划结构为“一个绿心、四个分区组团”。即以湖边水库及周边绿地为整个分区的绿心，从绿心向虎头山、薛岭山方向，忠仑、东芳山、云顶岩方向，虎仔山、观音山方向，钟宅水库方向布置4条楔形的城市生态绿化带，并由此自然形成4个分区组团：机场南组团由安兜、围里、机场东3个居住生活区和枋湖工业区、湖里区属工业小区和龙头山仓储区组成；金尚路南组团由后埔—后坑、浦南、西林3个居住生活区和龙山工业区组成；莲前路组团由洪文、龙舌山、前埔3个居住生活区、滨东海岸城市公建中心及前埔、蔡塘2个区属工业小区组成；五通组团作为城市战略备用地预留。

道路主构架规划为“三横二纵二环”。三横即仙岳路、吕岭路、莲前路；二纵即机场路和金尚路；二环即环岛路与湖里大道环路，道路等级分为快速路、主干道、次干道、支路4个等级。

土地利用规划 生活居住总用地规划1251.62公顷，其中一类居住用地245.08公顷，二类居住用地为639.48公顷，商住混合用地64.39公顷，村庄改造用地302.67公顷。按不同区位分布规划，形成前埔、龙舌山、洪文、西林、浦南、后埔、后坑、安兜、围里和机场东9个生活区。

规划在莲前路东端形成约2平方千米的城市大型公共建筑群，公共设施规划总用地为253.48公顷，其中：国际会议中心占地27.32公顷，国际展示中心占地36.77公顷，信息文化中心占地27.16公顷，休闲娱乐中心占地53.38公顷，商业金融配套设施占地13.09公顷。此外，在9个生活区内，均规划有生活区级公建服务中心、医院、中小学等设施，规划按人口规模配套建设。

工业用地规划439.51公顷。城市工业布置在枋湖、龙山工业区内，村镇企业中的工业集中布置在前埔、蔡塘、县后3个小区内，其他乡镇企业用地规划逐步转为住宅开发或从事第三产业。

仓储用地规划95.11公顷。除保留原规划的龙头山仓储区外，规划在湖里大道北侧新增3块用地。

规划绿地总面积1251.22公顷。规划新建骑马山—海滨、薛岭—虎头山、忠仑—东芳山、南山和香山5个城市公园。城市主干道两侧10～15米作为城市道路绿化带，莲前路东端会展中心两侧80米宽的绿化带，环岛路外侧控制半径200米的绿化广场。规划将环岛路以西、吕岭路以北、湖里大道南环以东至五通控制区之间的虎仔山、观音山、赤坡山一带控制作为城市生态公园用地。其他生产绿地和防护绿地根据实际进行规划，并加强对水源防护、高压走廊防护、城市苗圃等绿地的保护管理。

对外交通用地规划7.44公顷，主要用于分区西侧的铁路及其列车整备场用地；市政公用设施用地规划68.89公顷。主要是莲坂水厂、石胄头污水厂、半兰山变电站、煤气空混站等的建设用地；道路广场用地规划555.82公顷，主要是城市主、干道及城市公共停车场、公交停车场、客货运站场等设施；特殊用地规划52.42公顷，主要用于军事、外事。

根据城市总体规划，五通片区约5.43平方千米土地作为战略备用地进行控制，作为一个相对独立配套的城市组团留待以后发展建设。

市政工程规划 用水量按人均综合用水指标800升/人天计算，五通片区规划预留给水量5万立方米/天规模，故分区总用水量为35.6万立方米/天。规划水源来自高殿水厂，高殿水厂三期扩建完成后将形成85万立方米/天的供水规模。

分区污水总量预测为28.5万吨/天。规划在石胄头建设规模为40万吨/天的污水处理厂。

规划区划分为7个排水区：安兜、围里排水区汇水面积4.1平方千米，机场东生活区排水区汇水面积1.9平方千米，湖边水库排水区汇水面积9.5平方千米，钟宅水库排水区汇水面积9.5平方千米，前埔东海岸公建等地区直接排海，后埔龙山工业区排往筼筜湖，金鸡亭、西林、浦南通过17、18号排洪沟排往筼筜湖。

分区用电负荷为48万千瓦。规划在湖边水库东侧预留500千伏大型变电站。

第二节　控制性规划

一、象屿—高崎片区控制性规划

2003 年，厦门象屿保税区的国际贸易、出口加工、保税仓储等业务得到迅猛发展，已有一期 0.63 平方千米面积的土地不能满足其进一步发展的需要，同时为了整合保税区和港区的政策及区位优势，由厦门市城市规划设计研究院编制象屿—高崎片区控制性规划。

规划用地范围及规模　象屿—高崎片区位于厦门岛西北部沿海地区，规划总用地 6.88 平方千米，分为象屿片、高崎片和桥头片。象屿片：规划范围东南面以湖里大道延伸段、长岸路和高殿二号路为界，北面至已批象屿二期红线与规划的厦门二桥相邻，西面以港中路、西海域和闽台避风坞为界，包括象屿保税区、象屿二期发展用地、一期和二期中部连接地带以及部分码头用地和小产品批发市场，规划用地面积 2.96 平方千米。高崎片：规划范围以高崎国际机场规划的飞行区为界，西南至福厦路，北面至示意性边界，包括航空港物流园区、航空货运中心、航空公司基地、污水处理厂以及果蔬批发市场周边用地和殿前村安置及发展用地，规划用地面积 3.48 平方千米。桥头片：规划范围南至快速路、北至海岸线、东至福厦路、西至高崎码头，规划用地面积 0.44 平方千米。

规划定位及发展目标　象屿—高崎片区定位为厦门物流业发展的重要基地，是厦门保区—海空港联动的重要组成部分，是以物流园区为主要功能，集城市配送中心、空运基地和少量居住为一体的综合片区。港区联动的发展目标是以东渡港区和高崎国际航空港为依托，形成海陆空联运，双港连体运作，实现保税区、物流园区与海港、空港联动发展，最终完成保税区、物流园区到国际自由贸易区的功能转变。

规划布局　按照“两线、三片、六区”的规划结构进行功能布局。“两线”：一是指规划区对内交通线，即联系象屿片和高崎片的港中路；另一是指规划区对外交通线，即高殿二号路和机场北路。“三片”是指受地形、交通分隔自然形成的象屿片、高崎片和桥头片 3 个片区。“六区”是指象屿区的象屿保税区、象屿物流园区、避风坞水产品批发市场和高崎片的航空港物流园区、航空临港园区和果蔬批发综合区。

土地利用规划　根据港区发展的理念，以仓储用地为主进行建设，合理安排物流园区的功能用地，落实公共服务设施、市政公用设施和环卫设施的布局和用地，村庄安置和发展用地。象屿片区各类用地面积和比例为：公共设施用地面积 16 公顷，占 5.4%；工业用地面积 4.28 公顷，占 1.4%；仓储用地面积 119.47 公顷，占 40.4%；对外交通用地面积 36.6 公顷，占 12.4%；道路广场等用地 53.28 公顷，占 18.0%；市政设施用地面积 14.98 公顷，占 5.1%；绿化面积 51.11 公顷，占 17.3%。高崎片各类用地面积和比例构成为：居住用地面积 16.05 公顷，占 4.6%；公共设施用地面积 58.56 公顷，占 16.8%；工业用地面积 35.29 公顷，占 10.1%；仓储用地面积 93.53 公顷，占 26.9%；道路广场等用地 72.82 公顷，占 20.9%；特殊用地面积 6.74 公顷，占 1.9%；市政设施用地面积 6.74 公顷，占 1.9%；绿化面积 58.27 公顷，占 16.7%。

土地开发容量控制　象屿片总容积率控制在 0.9，其中公共设施用地容积率 2.8，仓储用地容积率 0.8～1.3。高崎片总容积率控制在 1.2，其中居住用地容积率 1.5，公共设施用地容积率 2.2，工业用地容积率 0.8～1.6，仓储用地容积率 0.8～1.3。

其他方面规划　此次规划还对象屿、高崎片区内的绿地、道路交通、市政设施（包括给水、雨水、污水、电力、电信、燃气等）等进行详细的规划。

二、五缘湾片区控制性规划

五缘湾片区控制性规划由天津市城市规划设计研究院编制。

五缘湾片区（原名为钟宅湾片区）位于厦门岛东北部，规划范围为云顶路以东、仙岳路以北、环岛路五通至墩上段的西南，规划总用地10.76平方千米，其中建设用地850公顷，水域226公顷。规划区东部临海及规划建设中的五通港，与翔安相望。规划区涉及钟宅、高林、五通、后坑和县后5个行政村及其下属15个自然村，现状总人口30329人，其中常住人口10386人，流动人口19943人，规划区人口控制规模为111923人，其中墩上村23327人，五缘民俗旅游区24601人，其他63995人。

功能布局结构 规划为"一个中心，六大功能区"的总体功能结构。"一个中心"即为环湾中心区，"六大功能区"指五通商务区、通屿生态居住区、国际健康养生区、温泉高尚居住区、钟宅民俗旅游区和墩上高尚居住区。各区之间利用绿化廊道分隔，使五缘湾绿化景观向城市腹地渗透。

道路交通结构 区内道路以周围的主要道路为基础，形成主干道、次干道、支路和景观游览车道4个层次的道路交通网络结构。环湾干道为规划区主干道，是连接各功能区的纽带。环湾干道尽量避开现状建设用地，同时将其公共性的环湾公共设施与旅游休闲用地与外围建设区分隔，便于尽快形成环湾面貌。

绿化景观结构 力图创造自然的、生态的个性，突出绿色社区，同时结合规划区功能布局，突出水景特色，形成"一轴、一环、四廊带"的绿化景观网络结构。

功能布局规划 环湾中心区，是五缘湾最具核心区域，是人与水最亲密对话的空间。中心区临湾滨水将是一条长8千米的连续不断的环湾步行道、旅游电瓶车、自行车道，并将沿线的酒店、商业街、音乐厅、游艇俱乐部、湿地公园等有机的联系在一起。该区用地面积约409公顷，其中水域约220公顷，建筑面积62.43公顷，容积率0.15。

五通商务区，位于五缘湾东北部，用地面积41公顷，总建筑面积92.64公顷，容积率2.26，是五缘湾重要的对外城市形象展示区，以商务酒店、商务办公、企业会所、游艇俱乐部为主要形态，穿插商务广场和公园，形成综合商务服务平台。

通屿生态居住区，位于规划区南部，金山路与仙岳路所夹之东北区域，用地面积117公顷，建筑面积193.82万平方米，容积率1.66，由通屿居住区、坂美居住区两部分组成。

国际健康养生区，位于五缘湾片区的南部，用地面积约64公顷，建筑面积48.88万平方米，容积率0.76。为沿五缘湾道与仙岳路之间的地块布置，突出理疗和养生的主题，以养生研究中心、高端理疗中心为主要内容兼有居住功能。

温泉高尚居住区，位于五缘湾片区的西部，用地面积约114公顷，建筑面积159.56万平方米，容积率1.40，拥有厦门岛上唯一的温泉资源，将充分利用温泉资源，沿水岸设置高档温泉别墅区。

五缘湾民俗旅游区，位于五缘湾西侧，用地面积约73公顷，建筑面积135.42万平方米，容积率1.86，对钟宅村以保护性开发为主，在尊重村落原有街巷肌理的基础上，进行有序梳理和重点改造。

墩上高尚居住区，位于五缘湾片区的北部，用地面积103公顷，建筑面积128.81万平方米，容积率1.25，利用临海、靠湖以及山地资源，营造人与自然融为一体的滨海高尚居住区，采用网格状交通路网布局办法，形成"开放社区、封闭组团"的社区结构。

第三节 修建性详细规划

一、湖边水库片区修建性详细规划

湖边水库片区规划范围为北至仙岳路，南至吕岭路，西至湖西路，东至环湖大道，总用地面积约4.057平方千米，其中现状水面面积约1.03平方千米。湖边水库片区规划定位为高尚的生态社区，整个片区分为湖西、蔡塘、古地石和上湖4个分区。1个湖心岛、1条环湖和4个绿楔。

整个片区规划总建筑量428.52万平方米，其中：居住建筑面积309.25万平方米、商业建筑面积33.23万平方米、文化娱乐设施建筑面积14.41万平方米、办公设施建筑面积48.79万平方米、中小学幼托等其他设施面积22.84万平方米，规划容积率为1.4，建筑密度12.19%，绿地率48.35%，居住人口7万~8万人，约26000~31000户，居住人口密度240~270人/公顷。整个片区规划建立一个与环境有机融合的道路交通系统。规划中的城市轨道交通 1 号线从县黄路通过、2 号线从吕岭路通过，均可提供强有力的交通支撑。片区内部交通系统采用“环状路+方格路+放射路”模式。

图 4-1　湖边水库片区规划效果图

湖西分区规划以居住、办公、医疗、邻里服务为主要功能，同时设置中低档商业区为拆迁安置户提供一定的就业岗位，形成相对独立的邻里单元街区。空间处理遵循“滨水而立”的原则，以高层低密度建筑为主，注意县黄路、仙岳路等道路景观处理，强化建筑群向湖的向心性意向。建筑色彩以红色、浅灰色为主，12 层以下建筑宜采用坡顶，12 层以上建筑屋顶应退台或收分处理。

蔡塘分区规划以居住、公共绿地、休闲娱乐、邻里服务为主要功能，同时设置酒店、餐饮中心等服务设施，形成相对独立的公共开放空间。空间处理遵循“滨水叠落”的原则，照顾公共开放空间的视觉感受，以中低强度开发为控制原则，注意北侧朝湖心岛公园的建筑景观处理。除居住建筑外，鼓励个性化的建筑造型，但颜色的使用必须统一协调，建议以浅灰色为主，12 层以下建筑宜采用坡顶，12 层以上建筑屋顶应退台或收分处理。

古地石分区规划以居住、商务（商业、办公、金融）为主要功能，同时设置公交接驳站、文化、康体等服务设施，形成相对密集的中心区空间。空间处理遵循“滨水叠落”的原则，照顾公共开放空间的视觉感受，以高强度开发为控制原则，注意核心区的建筑景观处理。除居住建筑外，鼓励个性化的建筑造型，颜色的使用可以多样化，除地标建筑以外，12 层以下建筑宜采用坡顶，12 层以上建筑屋顶应退台或收分处理。

上湖分区规划以居住、社会保障性用房、邻里服务为主要功能，同时设置部分公寓式住宅，形成相对独立的混合居住型邻里单元街区，空间处理遵循“滨水而立”与“滨水叠落”相结合的原则，空间布局紧紧围绕邻里中心组织，以高层低密度与底层高密度相结合为控制原则，注意环湖里大道、仙岳路的景观处理，强化建筑群向湖的向心力。建筑色彩以红色和白色为主颜色，12 层以下建筑宜采用坡顶，12 层以上建筑屋顶应退台或收分处理。

二、湖里区高新技术园修建性详细规划

厦门市天地开发总公司于 2007 年委托厦门市城市规划设计研究院编制该规划。

规划范围　湖里区高新技术园地处厦门本岛东北部，北侧与航空城片区接壤，东侧与墩上片区相临，南侧为五缘湾片区，西侧紧临县后西片区。规划范围：北至环岛北路，南至湖里大道，西至县黄路、东至五石路北段，规划总用地面积 158. 7 公顷。

规划性质 湖里高新技术园定位为集高新技术、现代商务营运和生活配套于一体的生态科技园区。

规划结构与布局 湖里高新技术园规划为“一心三区”的布局结构。“一心”指中心商务区，位于园区中部，主要功能包括休闲公园、商务酒店、白领公寓、商务办公等。“三区”指商务运营区、技术开发区和生活配套区，其中：商务运营区位于园区南侧，以商务办公为主要功能，拟引进国内外知名企业销售、决算中心；技术研发区位于园区西侧，以技术研发、办公为主要功能，兼容高技术低污染工业生产；生活配套区位于园区东侧，主要用来安置墩上村及岭下村居民，同时设置墩上、岭下社区配套用房等服务。

公共服务设施规划 园区内公共服务设施以园区配套的信息服务、会议展示服务为主，生活性服务、休闲服务为辅配置。信息服务、会议展示集中设置在园区中心商务休闲区，休闲性服务设施分别设置在中心商务休闲区及配套生活区。

整体风貌控制 园区风貌应体现现代技术文明、生态、人居和谐共生关系。园区中心地区布置部分底层庭院式建筑，与大面积开敞绿化空间形成浮岛式布局；沿县黄路和湖里大道地段主要布置以高技派建筑风格为主的高层建筑；研发区组团景观突出整洁、高效和集约的现代技术文明；商务运营区集中展示高新技术园区的新形象；园区入口景观应予重点控制。

建筑色彩 规划以塑造整体和谐，重点突出高新技术园作为目标，并采取分区及分层控制手段进行建筑色彩设计。

景观规划 园区绿地系统主要由防护绿地、带形绿地、中心绿地及中心水景组成。防护绿地设置在园区周边城市主干道两侧，宽度在 15 ~ 25 米之间；带形绿地结合开放空间，渗透至各组团内部，并形成完整的生态网络；中心绿地规划于商务休闲区中心，结合骑马山公园设置，形成园区内部最主要的公共开敞空间；园区利用设置在骑马山公园地下蓄水池收集雨水，在中心绿地周边形成中心水景。

第二章 国土资源管理

第一节 土地资源

一、土地面积

湖里区地处厦门岛北部，三面环海，一面靠山，土地资源十分珍贵。清中叶之后，江头、乌石浦、殿前、寨上、东渡、湖里、高林等地通过修筑海堤，将沿海滩涂改造成为生产、生活用地。20 世纪 50 年代后期，围海造田的规模不断扩大。20 世纪 80 年代之后，随着大型施工机械的大量投入使用，填海造地成为扩展土地面积的重要手段。1987 年，湖里区建区时，全区面积为 58. 21 平方公里，1995 年增至 61. 41 平方公里。2003 年，厦门市行政区划大调整后全区面积 60. 89 平方公里，2007 年，增至 65. 78 平方公里。

二、土地开发

辖区境域土地开发的主要途径是填海造地。

湖莲埭田 清道光年间，林后社村民在辖区北部的下尾烧灰澳建埭围田。道光十五年（1835）六月，驻厦门的兴泉永道道台周凯组织修筑石埭 710 米、土埭 390 米，围地约 65 公顷。

江头港围海造地 江头，原称港头，清代之前为筼筜港的重要港口，海水淹至今乌石浦至江头西路以西，19 世纪 20 年代仍为厦门岛西南部与西北部水陆交通的枢纽。40 年代后，由于淤积、围海造地等原因，港口功能逐渐消失。1971 年，筼筜港围垦工程完成，筼筜港变成筼筜湖，江头港湾彻底消失。江头港围海造地，扩大土地面积近百公顷。

钟宅湾围海造地 钟宅湾海域面积约 400 公顷。原有国营钟宅盐场和钟宅大队盐场。2002 年，港湾被纳入《钟宅湾休闲度假区》开发规划，原来的盐场小部分被辟为湿地公园，大部分成为住宅开发区。钟宅湾围海造地，增加土地面积近 100 公顷。

高崎澳围海造地 在湖里区北部高崎西侧，旧时海水淹至今神山附近。1971 年，殿前大队组织修建从神山至中埔的海堤，形成水面称高殿水库，又称旗山水库。2001 年，殿前街道开始在库区填土造地。高崎澳围海造地，增加土地面积约 100 公顷。

石湖澳围海造地 在高殿街道寨上社区，20 世纪 50 年代尚有部队修船所。后因修建石油码头、煤炭码头部分被填为陆地。增加土地面积约 20 公顷。

埭辽湾围海造地 1974 年，前线人民公社组织修筑从后莲至墩上的海堤，形成水面称为埭辽水库，面积约 47 公顷，后大部被填为陆地，水面只剩 7 公顷左右。埭辽水库围海造地增加土地面积约 40 公顷。

高崎机场填海造地 1984 年后，高崎国际机场两次扩建，埭辽水库北部及下尾烧灰澳沿海蟹仔屿、乌屿（亦称小离亩屿）均填为陆地。增加土地面积约 100 公顷。

象屿保税区填海造地 1992 年 10 月，建设象屿保税区一期工程，将象屿、狗困屿连为陆地。此后填海造地建设保税物流园区和保税区二期工程。共增加土地面积约 288 公顷。

图 4-2 1992 年象屿保税区填海造地

三、土地利用

从唐代至明末清初，辖区境域始终是厦门岛最主要的农耕经济区域，枋湖、县后、高林、五通、殿前、后埔、后坑等地历史上为主要粮食产区，水田、园地在土地类型中具有重要地位（参见本志第七篇）。

民国 30 年（1941）日本侵略军将辖区境域北部的湖莲保一带 14 个村社强行拆迁，建造高崎飞机场，占用土地面积近百万平方米，这是辖区境域民国期间最大的土地用途变更。

20 世纪 50 年代后期，辖区境域各生产大队兴起大搞水利建设的热潮，辖区境域的低洼地带建起大大小小的水库。高殿水库、埭辽水库、湖边水库、南山水库、坑子内水库、新丰水库、后港仔水库、垄仔内水库等水库就是这一时期土地用途变更的产物。

1980 年，在湖里划出 2.5 平方千米的土地建设湖里出口加工区，开始辖区境域土地类型急剧变更的阶段。

湖里建区初期，土地利用类型还是以农业为主。1988 年，全区农业用地（包括耕地、园地、林地）面积占全区总面积的 39.90%，居民点及工矿用地以及交通用地仅占全区用地总面积的 34.30%；随着枋湖工业区、火炬高新技术开发区、象屿保税区等一批开发区、住宅区的兴建，土地利用类型产生巨大变化，1996年，农业用地在全区用地总面积中所占比重降至24.17%，居民点及工矿用地以及交通用地在全区用地总面积中的比重升至61.40%。2005年，东部开发列入中共湖里区委、区政府的议事日程，湖边水库周边开发、五缘湾片区开发逐步付诸实施。至2007年，农业用地在全区用地总面积中所占比重降至11.42%，居民点及工矿用地以及交通用地在全区用地总面积中的比重升至86.67%。

若干年份湖里区土地类型统计表

表4-1　　单位：平方千米

年份	合计	耕地	园地	林地	居民点及工矿用地	交通用地	水域	未利用土地
1988	57.29	17.44	1.29	4.13	15.16	4.49	9.12	5.66
1996	61.4	7.87	2.92	4.05	29.06	8.64	6.50	2.36
2007	64.73	1.77	2.65	1.80	43.54	12.56	0.99	0.11

说明：2007年尚有其他农用地1.17平方千米和其他用地0.14平方千米

第二节　地　价

一、解放前地价

民国期间及清代以前，辖区境域的土地属私人所有，允许自由买卖。土地价格由土地类型、土地肥力、所处地段以及买卖当时的社会、政治、经济环境而定。

民国20年（1931）前后辖区境域土地价格

表4-2　　单位：国币元/亩

	水田	旱地	山林地
上等	115.62	52.03	20.81
中等	69.37	34.69	13.87
下等	34.69	15.03	11.56
平均价	73.23	33.92	15.42

抗日战争爆发前夕，地价跌落幅度在25%～50%之间。厦门沦陷初期，地价狂跌，大量土地抛荒。

民国35年（1946），辖区境域水田上等每亩5万元（法币，下同）、下等每亩3万元、中等每亩3.5万元，草地上等每亩3.5万元、下等每亩2万元、中等每亩2.5万元，山坡旱地上等每亩3万元、下等每亩1.9万元、中等每亩2万元，荒地上等每亩2万元、下等每亩1万元、中等每亩1.5万元，荒山上等每亩1.1万元、下等每亩0.8万元、中等每亩1万元。

民国38年7月，民国厦门市政府公布禾山区各等级土地价格（以银元券计价。按照当时南京国民政府货币改革的方案，银元券与库平银元等值）如下：

江头街等为12级，每亩标准地价320元；

东宅社门口水田等为13级，每亩标准地价300元；

田边洋等为14级，每亩标准地价200元；

江头社等为15级，每亩标准地价120元；

土掘社等为16级，每亩标准地价80元；

乌石浦、蔡坑、院内等为17级，每亩标准地价45元；

西村农场、渊墩石、茂旗山、南山后等为 18 级，每亩标准地价 30 元。

二、解放后地价

1951 年下半年，厦门市人民政府（以下简称市政府）在辖区境域开展土地改革运动，并宣布土地改革中分得的土地为私人所有，允许自由买卖。1953 年，开展农业合作化运动，对农业实行社会主义改造。在初级社阶段，土地还属私人所有，可以参加分红，但不能自由买卖。1956 年，进入高级社阶段，土地成为集体所有，不能买卖。此后至 1979 年，土地价格资料空缺。

20 世纪 80 年代初，土地价格通过收取土地开发费来体现。1982—1985 年，湖里工业区每平方米土地收取开发费 60 元（人民币，下同）。

1988 年 6 月，市政府颁布、实施《厦门市国有土地使用权有偿出让、转让办法》，通过协议、招标、公开竞投的方式有偿出让国有土地使用权，辖区的国有土地使用权有偿出让、转让一律由厦门市土地管理局代表市政府主管。

1989 年 2 月 25 日，香港信和置业集团在湖里海天路北侧拍得一块面积为 2609.10 平方米的地块使用权，每平方米地价为 2222.99 元，这是湖里区公开拍卖土地使用权之始。2000 年 9 月，公布实施《厦门市城镇土地基准地价》和《厦门市国有土地使用权出让若干规定》，成为地价管理的规范性文件。2002 年 6 月，成立厦门市土地交易市场，开始按照国土资源部《招标拍卖挂牌出让国有土地使用权规定》，采用招标、拍卖、挂牌的形式公开出让土地使用权。2003 年，新增经营性土地使用权出让全部实行“招标、拍卖、挂牌”的形式。

2005 年 5 月 1 日开始至 2007 年年底，湖里区工业用途基准地价实行新的《厦门市城镇土地基准价格》，统一定为 700 元/平方米。经营性土地使用权出让仍实行“招标、拍卖、挂牌”方式。

1990—2007 年湖里区经营性土地公开出让情况

表 4-3

地块编号	土地位置	成交时间	土地面积（平方米）	地面价（元/平方米）
—	海天路、兴隆路交叉口西北地块	1990.6.22	4032	1900
—	海天路北侧、华泰苑南侧地块	1990.9.9	3702	1486
—	东渡渔港东侧、疏港路西侧地块	1992.6.5	5822	3000
—	江头交叉口、吕岭路以东 92（二）B1 地块	1992.9.10	3831	8111
—	江头交叉口、吕岭路以东 92（二）B2 地块	1992.9.10	3790	7258
—	湖里华荣路—宜宾路交叉口东北侧地块	1994.9.12	6379	960
—	湖里兴隆路南侧、华景花园北侧地块	1994.10.8	6731	960
98Z008	江头	1999.1.23	4585	4484
99Z002	湖里徐厝	1999.11.22	6285	2037
99Z005	火炬开发区	1999.5.21	46981	1667
2000Z003	湖里徐厝	2000.7.25	2133	1799
2000Z004	湖里徐厝	2000.7.25	6406	1803
2001P01	江头居住区	2001.9.12	6007	8074
2001P02	江头居住区	2001.9.12	5522	8729
2002G05	江头改建区	2002.10.16	8527	5570
2002P02	台湾街西侧地块	2002.12.24	19498	11283

续表4-3

地块编号	土地位置	成交时间	土地面积（平方米）	地面价（元/平方米）
2002P01	华昌路	2002. 12. 24	30868	4260
2003G02	和旭路北侧、濠头村安置房东侧地块	2003. 6. 25	26415	4164
2004G02	江头居住区乌石浦路北侧地块	2004. 7. 29	19299	4819
2004G03	江头居住区嘉禾路以东，国泰大厦以北地块	2004. 7. 29	3904	11270
2004G05	华昌路以西、疏港路以东、马蜂山北面地块（体育公园兼国家乒乓球训练基地）	2004. 11. 8	113937	114
2005Z01	金山派出所南侧地块（幼儿园）	2005. 7. 12	3986	376
2005G04	金尚路以东、枋湖南路以北地块	2005. 8. 8	19618	2803
2005P01	枋湖东路与枋湖北路交叉口东北侧、双十中学新校区北侧地块	2005. 8. 8	60309	5439
2005P03	枋湖南路以北、县黄路以西、双十中学新校区南侧地块	2005. 10. 8	44854	6800
2005G07	嘉禾路与吕岭路交叉口地块	2005. 10. 8	17998	18669
2005P04	嘉禾路东侧、南山路北侧、兴隆路南侧地块	2005. 10. 8	20369	25409
2005G09	湖里兴隆路以南、康乐新村以北地块	2005. 12. 8	63980	6908
2005G17	钟宅湾片区环湾路五通段西侧	2005. 12. 8	24908	11121
2005G18	钟宅湾片区环湾路五通段西侧	2005. 12. 8	20510	10044
2005G19	钟宅湾片区环湾路五通段西侧	2005. 12. 8	24348	8748
2006G02	江头台湾街东侧、明发豪庭北侧地块	2006. 2. 8	14353	11844
2006G03	环岛东路以南、湖里大道以东地块	2006. 2. 8	60018	1999
2006P02	环岛路西侧、五缘湾东部片区地块	2006. 2. 8	2502	11991
2006G01	疏港路西侧、东渡冷冻厂南侧、裕成大厦北侧地块	2006. 4. 8	102922	11786
2006G04	五缘湾片区环岛路南侧、安岭路西侧地块	2006. 4. 8	112328	8903
2006P04	湖里区北部、殿前一路南侧	2006. 9. 8	2508	12160
2006G05	环岛路南侧、枋钟路东侧	2006. 11. 15	88688	13080
2006G15	五缘湾大桥东南面、环湾路以西	2006. 11. 15	23894	18582
2006G19	五缘湾大桥东南侧、环湾路以西	2006. 12. 8	58952	3240
2007G01	园山南路以南，古龙花园以北	2007. 2. 8	14909	13884
2007G03加油加气站	五通海空联运码头片区北部、环岛路东侧地块	2007. 2. 15	2725	14679
2007G02	仙岳路以北、SM 商业广场东侧	2007. 4. 8	3887	21433
2007G09	五缘湾片区、五缘湾大桥西侧，安岭路与环岛路交叉口东南侧	2007. 4. 8	112286	14338
2007G25	湖里高新技术园片区，湖里大道拐角口西北侧	2007. 6. 8	128247	3535
2007G32加油加气站	湖里区县后片区、县黄路西侧地块	2007. 8. 4	2695	16326
2007G37	安岭路（在建）与五石路（在建）交叉口西北侧	2007. 9. 8	3280	11890
2007G29	五缘湾片区，内湾西侧	2007. 9. 8	33533	38469
2007G27	环岛路与湖里大道交叉口西南侧	2007. 9. 8	92961	23666
2007G28	湖里区五缘湾片区内湾西侧，环湾路东侧，特色商业街二期南侧	2007. 9. 8	58114	34673

续表4-3

地块编号	土地位置	成交时间	土地面积（平方米）	地面价（元/平方米）
2007G26	湖里大道以北、县黄路以东	2007.9.8	5965	6539
2007G19	环岛路南侧、五石路东侧	2007.10.8	50861	18678

第三节 征地拆迁

一、征地拆迁补偿

民国18年（1929）前后，驻厦门海军司令部在禾山筹办农事试验场，征用农民土地，公告时上等田每亩定价35元、中等田每亩30元、下等田每亩25元，实际办理时不分等级，每亩均付40元。

民国29年6月，日本侵略当局在湖莲保征用斗门等14个社修建飞机场，房屋、土地均采用现金补偿的形式。补偿标准参照当时的地价、房价。

20世纪50—70年代，辖区境域因国家建设和军事需要征用土地，均实行国务院颁布、修订的《国家建设征用土地办法》以及《厦门市贯彻国务院征用土地条例的实施办法》。补偿标准为：一等田每亩463.20元，种经济作物每亩550元；二等田每亩424.80元，种经济作物每亩510元；三等农地每亩234.20元，种植蔬菜每亩345元。房屋拆迁则通过迁建的形式补偿，房屋拆除每平方米平均补偿费50元。

1976年，建设东渡港，土地补偿按三年的三定产量计算。

1981年9月，辖区境域征地拆迁由市政府征地拆迁办公室负责，根据市政府颁布的《国家建设征用土地补偿和劳力安置的实施细则》，对征用土地作出补偿。湖里工业区、机场一期、高殿水厂、东渡港区等建设项目共依法征地约2.03平方千米，支付土地补偿费627.37万元。

根据征地补偿规定，湖里工业区共征地2.602平方千米，其中：水田0.77平方千米，补偿863.85万元；农田1.032平方千米，补偿843.55万元；开荒地0.8平方千米，补偿11.27万元，青苗补偿45.01万元，加上其他费用，每亩补偿4262元。

机场建设征用农田地，一律按常年产量的4倍补偿，青苗按当季成熟的产量补偿。凡在“农业学大寨”时平整过的土地，每亩补贴1200元。农田有水利设施的，每亩平均补贴200～250元。

1981年，辖区境域的湖里经济特区土地征用执行福建省第六届人大常委会第八次会议通过的《厦门经济特区土地使用管理规定》。

20世纪80年代后期，市政府制定《厦门市国家建设征用土地暂行办法》《厦门市国家建设征地补偿和劳力安置的实施细则》，规范征地拆迁安置制度，对安置房补助费标准、劳力安置的条件、拆迁和撤销农业建制的善后处理等问题都有具体条文规定。

1993年，征用土地的工作方针是：既要保证国家建设用地的需要，又要把被征地、拆迁的人民群众的生产、生活出路安排好，没有正式批文不办征地手续；没有资金补偿给农民不征地；没有安置拆迁房不办拆迁手续。全年完成征地11.46平方千米，付补偿款4.11亿元。

1994年，完成国际机场二期扩建、铁路电气化工程、枋湖工业区、象屿保税区等项目的征地任务。针对少数被征地农民的抢种行为，厦门市政府颁发《关于制止利用征地拆迁抢种、抢养、抢建、强行承包工程、强卖地材的通告》和《关于国家建设征用土地对果树、果苗、园林苗圃及地上物补偿标准》以及《厦门市城市房屋拆迁补偿和安置计价标准》等文件，统一补偿标准。

1996年8月，贯彻厦门市第十届人大常委会第二十四次会议通过的《厦门市城市房屋拆迁管理规定》。

1999 年 5 月 14 日，开始实施市政府颁布的《厦门市征用土地补偿费用标准暂行规定》（厦府〔1999〕062 号文件），同年 9 月，贯彻厦门市第十一届人大常委会第十六次会议通过的《厦门市城市房屋拆迁管理规定》修正稿。同年，为保护用地单位、被征地单位和被征地农民的合法权益，以及保障征地工作的顺利进行，执行市政府颁布的《厦门市征用土地补偿费用标准暂行规定》。

2003 年，市政府出台《厦门市各区人民政府包干负责市重点建设项目征地拆迁工作办法》，湖里区征地拆迁项目日益增加。同年，成立区建设服务中心，负责湖里区范围内的市政道路和市、区重点项目建设、旧村改造、新区建设等征地拆迁的协调、服务工作。同年 5 月，贯彻厦门市第十二届人大常委会第四次会议通过的《厦门市城市房屋拆迁管理规定》修订稿，同年 7 月 10 日，区重点建设项目办公室制定《湖里区征地拆迁非标准项目补偿指导价》。同年 7 月 15 日，市政府印发《厦门市征用集体土地房屋拆迁补偿安置规定》全年完成征地拆迁 72 万平方米，支付补偿款 3. 2 亿元。

2004 年，完成征地面积 49. 4 万平方米，拆迁房屋面积 16 万平方米，支付征地拆迁补偿款 4. 3 亿元。

2005 年 8 月 1 日起执行市政府《关于完善征地拆迁政策的若干意见》和《关于征收集体土地非住宅房屋拆迁的若干意见》。关于征地补偿：厦门市土地补偿分为四大类区，湖里与思明区为一类区，土地补偿标准不分地类，统一按 11 万元/亩补偿，按期交地的奖励 1 万元/亩，盐田、虾池、鱼池 2. 5 万元/亩；关于农村集体土地房屋拆迁：可以实行货币补偿，也可以实行房屋产权置换，但人均合法产权面积超过 50 平方米的，超出部分实行产权置换。具体计算办法按市政府 2005 年 7 月 30 日转发的市国土房产局《关于制定征地拆迁具体实施细则的指导意见》执行。

2005 年，湖里区共实施各类征地拆迁项目 56 个，完成 20 个，总征地面积 374. 55 万平方米，拆迁面积 66. 623 万平方米，支付征地拆迁补偿款 10. 41 亿元。

2006 年，区政府将征地拆迁任务下达给街道办，由街道办作为业主，区建设服务中心负责征地拆迁补偿、安置的协调、服务、审核和指导工作。12 月 6 日，区政府出台《关于贯彻执行〈厦门市人民政府关于完善征地拆迁政策的若干意见〉的实施细则》。当年湖里区共实施各类征地拆迁项目 53 个，完成 7 个，总征地面积 326. 67 万平方米，拆迁面积 93 万平方米，支付征地拆迁补偿款 12. 3 亿元。

2007 年，全区承担各类征地拆迁项目 53 个，完成征地近 200 万平方米（3000 亩），拆迁房屋 114. 9 万平方米，发放征地拆迁补偿金额 12 亿元。

二、征地拆迁安置

20 世纪 70 年代之前，被征用土地的人员安置方面由用地单位负责安排被征用土地社员就业。

1976 年，建设东渡港，人员安置改由用地单位按须安排就业人数每人拨款 1500 元，交由郊区人民政府负责安置。

1981—1985 年，征用禾山镇的土地，除办理农业人口转为城镇人口户籍外，按每征用 667 平方米地安排 2. 5 个劳力就业，安置剩余劳力。1987 年，市政府批复寨上村被征地后农业人口 347 人就地转为居民户口。

20 世纪 80 年代中后期，安置房补助费标准、劳力安置的条件、拆迁和撤销农业建制的善后处理等问题均按照厦门市政府《厦门市国家建设征地补偿和劳力安置的实施细则》的具体条文执行。湖里街道办事处对被征地 5 个自然村（155 户、752 人）的安置，采取在工业区的生活区内新建 12 幢 6 层的宿舍大楼计 312 套，安排拆迁户入住的办法；对被拆迁的旧屋，折价收买，新楼按优惠价出售。在安排就业方面：一是招收年龄 16 ~ 36 岁男女社员到工业区内就业；二是自办运输公司、自行车配件厂、综合厂、建筑队、土沙石管理站、商场、饮食服务业和内联外引的南湖贸易公司与双福首饰珠宝厂，对男性 36 ~ 55 岁、女性 36 ~ 50 岁的社员，按其技能和特长，分别安置在适合的行业工作；三是给女性 55 岁以上、男性 59 岁以上的 551 名老人，每人发给一次性生活补助费 1500 元，存入银行，每人按月再领取生活补助费 20 元。

1988 年，全区拆迁 324 户，面积 3. 74 万平方米。1989 年，征地拆迁房屋面积 2. 66 万平方米、178 户、762 人，办理农转非 138 户、452 人。

1992 年，执行市政府颁布的《厦门市城市房屋拆迁管理办法》。

2002 年，开始实行“整体拆迁、统一安置，后商业开发”的方法，建设安置房。

2005 年 1 月，湖里区作为厦门市的试点，开始实行市政府颁布的《厦门市被征地人员基本养老保险暂行办法》，财政补贴 3358 万元，补助 5715 名失地人员参加养老保险，参保率达 60. 08% 。

2006 年，启动钟宅“金包银”工程。“金”，又称“金边”，是指紧邻工业集中区住宅较密集、人口相对集中且规划允许保留的村庄外围为工业集中区规划建设的配套用房，一般为一层店面、二层以上为公寓的结构，供失地农民开展商业经营，以解决生活出路；“银”，又称“银里”，是指“金边”内按照新农村建设要求进行就地改造的村庄，主要解决农民的居住安置问题。达到每户失地村民有一套居住用房、一套公寓和一个店面的要求。

2007 年，湖里区在安置小区投资建设商业配套设施，发动村民和社区集体共同投资，共同受益。在新开发地段，则规划、落实新发展用地，用于服务性设施建设，项目建成后由社区股份公司按成本价回购，再按人均 30 平方米的指标配售给村民，使村民直接受益。

第四节　土地矿产管理

一、用地管理

湖里建区前，辖区境域土地管理由市土地管理部门负责。

20 世纪 80 年代之前辖区农村私人建房由村民向生产大队（行政村）申请，报公社（乡、镇）批准。20 世纪 80 年代之后，村民提出申请之后，须经所在生产队（村民小组）同意，报经生产大队（行政村）审核，由公社（乡、镇）土地管理所批准，报送市土地管理部门审批，下发准建证之后方可动工兴建，每户宅基地面积也控制在 60 ~ 80 平方米。

1987 年湖里区成立后，辖区土地仍归市土地管理局统一管理。每个建设项目上马，须持有经区职能部门立项、核发的《建设用地规划许可证》，报经市土地管理局审核后上报市政府批准，并由市土地管理局核发国家建设用地批准书才能开工。

1992 年 1 月 21 日市政府对城乡结合部私人建房用地的审批权限做出规定：湖里区湖里街道办事处所辖范围内私人翻建、改建（含加层）住房，原属市土地管理局审批的，下放到所在地的区人民政府审批；凡需重新划拨、征用、扩大用地的私房建设，须经市土地管理局、市规划局审查同意后，由所在地的区人民政府审批，市土地管理局会同规划局提出具体规划要求后，与区政府办理交接手续。

在特区范围内新建、改建、扩建、加层等私人建房，一律向所在区城建局提出申请办理。原属市规划局审批的程序，改由区城建局调查核实，现场勘察后，提出意见，征得市规划局、土地管理局同意后，由区人民政府审批。

出让或划拨土地使用权，实行一支笔审批。未经法定程序擅自下放批准权限的，一经发现，立即予以纠正。未经审批或越权批地的，都必须及时补办合法审批手续，并按有关法律规定严肃处理。

二、土地调查

（一）土地利用现状调查

1988 年年初，厦门市土地利用现状调查领导小组成立，对全市土地利用现状进行调查。首先从岛外开展调查，继而厦门岛。调查从 1988 年 2 月开始，至 1993 年 2 月完成。其主要任务是查清土地资源的八大类型、数量和利用现状，为各级政府部门在制定经济发展计划、合理开发利用土地资源、吸引外资等方面提供准确的基础资料。涉及湖里区的调查成果见表 4-4。

1988 年厦门市土地利用现状调查湖里区数据

表 4-4　　　　单位：平方千米

项　目	面　积	项　目	面　积
土地总面积	57.29	特殊用地	2.17
耕地面积	17.44	交通用地面积	4.49
灌溉水田	5.70	铁路	0.75
望天田	—	公路	0.60
水浇地	5.33	农村道路	0.70
旱地	3.60	民用机场	2.11
菜地	2.80	港口码头	0.33
园地面积	1.29	水域面积	9.12
果园	1.21	河流水面	0.00
桑田	—	湖泊水面	—
茶园	—	水库水面	4.09
其他园地	0.08	坑塘水面	4.02
林地面积	4.13	滩涂	0.18
有林地	3.50	沟渠	0.76
灌木林	0.01	水口建筑物	0.07
疏林地	0.22	未利用土地面积	5.66
未成林造林地	—	荒草地	1.23
苗圃	0.39	盐碱地	0.02
牧草地面积	—	沙地	0.00
居民点及工矿用地面积	15.16	裸土地	1.65
城镇居民点	2.67	裸岩石砾	0.29
农村居民点	7.30	田坎	2.49
独立工矿用地	1.85	其他	—
盐田	1.16		

（二）土地利用现状更新调查

2003 年 7 月，厦门市启动土地利用更新调查工作。2003 年年底，开展土地利用更新调查外业工作，2004 年年底结束。

2006 年 10 月，通过国土资源部的验收。通过此次更新调查，进一步核清各类用地面积和分布情况。为土地利用总体规划修编、用地报批、土地执法监察、基本农田划定、新增建设用地有偿使用费征缴等工作提供更准确翔实的基础数据。湖里区更新调查数据成果见表 4-5。

2003 年厦门市土地利用现状更新调查湖里区数据

表 4-5　　单位：亩

项　　目	面　　积	项　　目	面　　积
土地总面积	91030.8	建设用地合计	71068.6
农用地合计	18750.6	居民及独立工矿用地小计	56556.0
耕地小计	4031.8	城市用地	45172.8
灌溉水田	—	建制镇	—
望天田	—	农村居民点	6501.1
水浇地	—	独立工矿	1337.2
旱地	584.3	盐田	2504.3
菜地	3447.5	特殊用地	1040.6
园地小计	6789.4	交通运输用地小计	12818.2
果园	6334.7	铁路用地	611.1
桑园	—	公路用地	6135.4
茶园	—	民用机场	5111.1
橡胶园	—	港口码头	941.4
其他园地	454.8	管道运输用地	19.3
林地小计	3872.8	水利设施用地小计	1694.4
有林地	3789.9	水库面积	1440.7
灌木林	15.6	水工建筑用地	253.7
疏林地	—	未利用土地合计	1211.6
未成林造林地	19.4	未利用土地小计	234.4
迹地	—	荒草地	174.1
苗圃	47.8	盐碱地	—
其他农用地小计	4056.6	沼泽地	—
畜禽饲养地	127.3	沙地	—
设施农业用地	127.9	裸土地	—
农村道路	279.8	裸岩石砾地	60.4
坑塘水面	575.5	其他未利用土地	—
养殖水面	2711.0	其他土地小计	977.2
农田水利用地	196.9	河流水面	67.9
田坎	37.4	湖泊水面	30.0
晒谷场等用地	0.7	苇地	—
		滩涂	879.2
		冰川及积雪	

三、土地执法监察

2002 年之前，湖里区范围内的违法建设由市规划局牵头、湖里区政府配合，会同土地、建设、城管等部门开展查处。2003 年，全区拆除违法建筑 10.57 万平方米。2004 年，整合市、区两级行政执法队伍，成立市、区城市管理行政执法局（分别加挂市、区城市管理行政执法支队、大队的牌子），负责查处辖区的违法建设。

2005 年 7 月，市政府转发《关于制定征地拆迁具体实施细则的指导意见》，凡是 2002 年 12 月 1 日以后建造的经行政执法部门巡查发现并开具制止违法建设通知书的、2003 年 1 月和 3 月快鸟卫星影像图无影像显示的、经公示后被举报属实的以及其他可证明属 2002 年 12 月 1 日以后建造的测绘资料的建筑均视为无合法批建手续的房屋，应一律依法强制拆除。同年，拆除违法建筑 85.03 万平方米。

2006 年，拆除违法建筑 73.01 万平方米。

2007 年，拆除违法建筑 90.44 万平方米。

四、矿产资源保护

花岗岩是湖里区主要矿产之一。厦门经济特区建设大规模开展之后，辖区境域的乌石浦福厦路侧、狐尾山西端、薛岭山、牛头山、马峰山、马厝、赤坡山、后坑挂石山等地成为主要采石场。湖里区有关部门根据厦门市政府关于厦门市砂、石、土资源保护的有关规定对辖区境内的采石进行管理。从 1999 年 3 月 18 日起，关闭辖区内马峰山等处的采石场，并对马峰山西部和乌石浦嘉禾路侧、狐尾山西端、薛岭山、牛头山等多处裸露山体，分别采取削坡、砌挡土墙、填土等技术手段加以处理，因地制宜种植草木，使采石后形成的裸露山体成为新的绿色景观。地势较平的采石遗址则规划为建设用地。2001 年 12 月 16 日起，全面禁止在厦门本岛开山采石。辖区内的最后一个采石场后坑挂石山采石场即日起关闭。

第三章　市政园林水利

第一节　交通设施

一、道路

辖区境域在厦门经济特区成立之前属厦门市郊区农村。民国 12 年（1923）开始修建乡村公路。1955 年，建成的高崎—集美海堤是连接厦门岛与大陆的第一座永久性交通设施。此后，辖区境域有 319 国道和 205 省道自南向北经高集海堤通往岛外。此外，还有一些县乡公路、乡村道路（详见本志第六篇第一章）。湖里建区后，辖区内公路均被改造成城市道路，或被其他城市道路取代。

1981 年 10 月 15 日，厦门经济特区湖里加工区第一期工程正式动工。1983 年，开始工业区道路建设，至 1984 年 6 月，完成兴隆路、湖里大道、悦华路、华盛路、华昌路北段、华泰路北段、华荣路北段，鸿宾路、北Ⅱ路，北Ⅲ路等 10 条道路相关路段，以后又进行南山路、海天路、竹坑路、华嘉路等道路建设。至湖里区成立前，新建城市道路全长 14 千米。

湖里区成立后，辖区内陆续建成仙岳路，成功大道（湖里段）、环岛干道（部分竣工）等城市快速路和疏港路（东渡路、长岸路、兴湖路），嘉禾路、金尚路、县黄路（云顶中路、云顶北路）、环湖里大道（金山路）、环岛东路、湖里大道（含火炬路、枋湖北二路）、枋钟路、南山路（含园山南路、金湖路）、吕岭路、高殿一号路、高殿二号路、仙岳山隧道等城市主干道。南北纵贯，东西横穿的城市道路网基本形成，并向高速路、立体交通发展。截至 2007 年年底，辖区内有高集海堤、厦门大桥、海沧大桥 3 条出岛通道，在建的集美大桥、杏林大桥和通往翔安区的海底隧道正在建设之中。全区有城市道路 165 条、总长 213 千米、总面积 670 万平方米；水上桥梁 8 座，立交桥、高架桥、跨线桥 27 座，人行过街天桥 17 座，人行过街地道 26 座，总长约 40 千米。此外，东渡港区、象屿保税区、厦门航空港、厦门火炬高新区以及辖区内的成片开发区均修建有发达的内部交通网络。2007 年 5 月动工的快速公交系统（BRT）一期在辖区境内设有蔡塘、金山、穆厝、双十中学、县后等站。构成四通八达，高效快捷的立体交通网络。

湖里区主要道路简介：

（一）嘉禾路

该道路是省道205线（福厦公路）厦门段的一部分，在厦门岛内长9200米。嘉禾路在湖里区范围内始于吕厝，经乌石浦（SM城）、塘边、马垄（火炬高科技园）、石鼓山立交桥、殿前、机场路口、埔仔、高崎，接厦门大桥至集美区。长6800米。

嘉禾路始建于1955年，宽14米，1986—1988年，对双涵至石鼓山段主车道进行拓宽改造，主车道拓至21米，双向6车道。1985—1995年，对火车站至石鼓山立交桥段进行改造，路面拓宽60米，标准横断面为9.5米（人行道）×2+5.5米（非机动车道）×2+4米（机、非分隔带）×2+23.6米（机动车道），并配套埋设多种市政管线，成为城市一级主干道。

嘉禾路上交通设施有：1994年，建成石鼓山立交桥；2003年，建成机场路口立交桥；2007年，建成仙岳路快速路高架桥上跨嘉禾路交叉口；2007年，建成吕厝跨线桥、天虹天桥、仙岳路南天桥、塘边天桥、马垄天桥、SM人行过街地道、埔仔人行过街地道等。

（二）东渡路、长岸路、兴湖路（俗称疏港路）

疏港路是西临东渡港区和保税区的南北对外交通干道，南通思明区，北接石鼓山立交桥与嘉禾路相交，其中长岸路段接高殿二号路通在建的杏林大桥出岛。

疏港路南起东渡，北至石鼓山立交桥，长6700米。始建于1957年，属国道319线厦门起始段，路宽11米。1991—1992年，路基拓宽至60米，机动车道拓宽至22米，双向6车道。1992年11月—1993年，增设分隔带、非机动车道、人行道，并配套完善地下管线、排洪渠改造等，道路总宽44米，其断面为4.5米（人行道）×2+4.5米（非机动车道）×2+1.5米（机、非分隔带）×2+11米（机动车道）×2+1米（中央分隔带），成为城市一级主干道。2005年，进行第二次改造。地面层改造全长6880米，其中湖滨北路至海沧大桥长1740米、双向8车道，海沧大桥至寨上三号路长3720米、双向6~8车道，象屿保税区至石鼓山立交桥长1420米、双向6车道；高架桥起始于濠头榕树北，终点于象屿保税区路口以北，桥梁全长2430米，宽18米，双向4车道。

横跨疏港路的立体交通设施有：国际旅游码头立交桥、海沧大桥的仙岳立交桥、华荣路跨线桥、东渡人行天桥、海天路口人行天桥、华荣路口人行天桥、濠头人行天桥、湖里大道人行天桥，仙岳路口人行天桥。

（三）湖里大道（含火炬路、枋湖北二路）

湖里大道是横贯湖里区东西走向的主干道，也是湖里出口加工区最先建设的主干道。西起象屿码头，往东与长岸路、华荣路、嘉禾路相交进入火炬高新技术产业区，上跨鹰厦铁路后，上跨成功大道与金尚路、云顶北路、金山路相交，后转向东北，与枋钟路交于五缘湾大桥北侧。全长约10千米。

湖里大道分段建设情况：

1983—1996年，建成保税区至火炬园路段，长3600米，宽40米。机动车道双向4车道，3块板划分，标准断面为2米（边绿化带）×2+5米（人行道）×2+4米（非机动车道）×2+1.5米（机非分隔带）×2+15米（机动车道）；2000年7月—2001年12月，建成火炬园至旧机场路段（含上跨铁路立交桥1座），长1300米，宽40~50米。横断面为10米（人行道+自行车道）×2+12米（机动车道）×2+6米（中央分隔带）；2002年8月—2003年10月，建成旧机场至金尚路段，长900米，宽50米，其中部分路段为复式断面，横断面同上；2002年8月—2002年12月，建成金尚路至钟宅段，长1650米，宽50米，横断面同上，该段道路设置3个人行过街地道；2005年7—12月，建成钟宅至环岛路（枋钟路）段，长2100米（其中填海段800米），宽50米，包含人行地下通道2座、环岛干线跨线桥1座。

该道路嘉禾路至成功大道段命名为火炬路，成功大道至枋钟路段命名为枋湖北二路。

（四）南山路—园山南路—金湖路

最先建成的南山路位于湖里工业区的南部生活区，后向东西两侧延伸，成为横贯湖里区东西的城市二级主干道。1984—1993年，建成华昌路至华荣路段，长1000米，宽33米，横断面为4米（人行道）×2+

4 米（非机动车道）×2+1.5（机非分隔带）×2+14 米（机动车道）；1994—1995 年，建成嘉禾路至华荣路段，长 1490 米，宽 33 米；1997—1998 年，建成鹰厦铁路至县黄路段，长 1400 米，宽度 40 米，横断面为 5 米（人行道）×2+1.5（绿化带）×2+4 米（非机动车道）×2+1.5 米（机非分隔带）×2+16 米（机动车道）；1998 年，建成仙岳山隧道北连接线华荣路至华泰路段，长 500 米；2001—2002 年，建成嘉禾路至鹰厦铁路路段，长 1600 米，包括下穿铁路立交框架桥 1 座；2006—2007 年，建成长 675 米的东渡路至华昌路段和长 314 米的县黄路至五缘湾环湾路段。

该路段西起东渡路，东至五缘湾环湾路，全长 7000 米。东渡路至嘉禾路，命名为南山路，嘉禾路至铁路命名为园山南路，铁路至环湾路命名为金湖路。

（五）吕岭路

吕岭路是厦门岛东西走向二级主干道。道路西起吕厝，东至岭兜与环岛东路相交，总长 7.22 千米，其中吕厝至蔡塘段在湖里区范围内，长约 3.9 千米。

1995 年，建成吕厝至金尚路段，长 2 千米，宽 40 米，标准横断面为 4 米（人行道）×2+6 米（非机动车道）×2+3 米（机非分隔带）×2+14 米（机动车道），该段道路下穿鹰厦铁路，建有厦门市最早的顶进三孔铁路立交框架桥 1 座；1999—2001 年，建成金尚路至蔡塘段路段，长 2 千米，宽 56 米，标准横断面为 5.75 米（人行道及自行车道）×2+12.25 米（机动车道）×2+4 米（中分带）+8 米（两侧绿化带）×2；2001 年，对吕岭路台湾街路口长 450 米路段进行改造，部分拆除机非分隔带，扩大机动车道宽度，非机动车道一部分改为机动车道，一部分合并为人行道，并进行交叉口渠化及交通标志、标线、信号的改造。

吕岭路蔡塘村口建有人行过街天桥 1 座。

（六）环岛路（环岛南路、环岛东路、枋钟路）

环岛路过思明区的观音山后进入湖里区的五通、五缘湾大桥、墩上、沿机场南侧至金尚路口，终点为旧机场路（成功大道立交），长约 10.4 千米。

1995 年，建成环岛北路（即枋钟路）从墩上至机场路口路段。为整体式路基，宽 60 米，双向 6 车道，标准断面为 3 米（人行道）×2+4.5 米（非机动车道）×2+9 米（绿化带）×2+12 米（机动车道）×2+3 米（中分带）。

2005 年，建成环岛东路香山经观音山、五通至墩上路段。为分离式路基，道路分主干道和旅游路两部分。主干道长 4020 米，双向 4 车道，设驶入式公交停靠站，标准断面宽 37.5 米=3 米（人行道）+4.5 米（辅道）+1.5 米（侧分带）+8.5 米（机动车道）+10 米（中分带）+8.5 米（机动车道）+1.5 米（人行道）；旅游路长 4300 米，双向 2 车道，宽 24 米=0.5 米（路肩）+9 米（机动车道）+9 米（侧分带）+4.5 米（非机动车道）+1 米（路肩）。主干道与旅游路之间是 20～150 米不等宽的绿化景观带。

环岛路在五缘湾入海口建有五缘湾大桥。

（七）仙岳路

仙岳路是横贯厦门岛东西走向城市快速路，西通东渡海沧大桥，东连翔安隧道，全长约 12000 米，其中嘉禾路至和通路段约 3800 米位于思明区内，其余 8300 米位于湖里区内。

图 4-3　仙岳路江头路段夜景

2005 年，建成东渡至湖边水库路段，长 8150 米，路宽分别为 44 米、60 米、90 米。2007 年，建成湖边水库东至环岛干道路段，长 2280 米，路宽 70 米，环岛干岛至五通环岛路段与翔安隧道一并建设，2007 年年底尚在施工之中。

1993—2000 年，建成东渡至鹰厦铁路路段，其横断面为：东渡路至七星路路段红线宽 44 米 = 10. 5 米（人行道及非机动车道）×2+8. 5 米（机动车道）×2+6 米（中间分隔带）；七星路至铁路路段 60 米 = 10. 7 米（人行道）×2+5. 5 米（非机动车道）×2+1. 5 米（边分带）×2+11. 55 米（机动车道）×2+1. 5 米（中分带），为城市一级主干道。

2006 年，对仙岳路进行改造。海沧大桥至铁路路段长 4439 米，宽 60 米，双向 10 车道，断面为 60 米 = 10. 75 米（人行道+树地+自行车道+树地）×2+18. 5 米（车行道）×2+1. 5 米（中分带），并建有跨线桥 3 座，鹰厦铁路立交框架桥涵扩建为 6 孔宽 78 米。铁路至环岛干道路段断面分 60 米、70 米、90 米，分别为：60 米 = 7. 5 米（人行道、非机动车道）×2+5. 5 米（辅道）×2+3. 5 米（边分带）×2+12. 25 米（机动车道）×2+2. 5 米（中分带）；70 米 = 2. 6 米（人行道）×2+1. 9 米（非机动车道）×2+2. 75 米（绿化带）×2+7. 5 米（辅道）×2+6 米（侧分带）×2+12. 25 米（机动车道）×2+4 米（中分带）；90 米 = 3 米（人行道）×2+4. 6 米（绿化带）×2+3 米（非机动车道）×2+3 米（绿化带）×2+8 米（辅道）×2+2. 5 米（绿化带）×2+12. 25 米（机动车道）×2+17. 3 米（中分带）。同时建成 4 座跨线桥、1 座人行过街天桥、7 座人行过街地道。

仙岳路主车道设计时速 80 千米，辅道 40 千米。成为全线上下行分离、不设红绿灯、机动车道与非机动车道和行人分离的城市快速路。

（八）金尚路

金尚路是厦门岛中部南北走向主干道，南起思明区莲前路西林，北至湖里区枋钟路，接机场三号候机楼。该路吕岭路以北路段属湖里区范围，长 5200 米，红线宽 50 米。1994 年 7 月 1 日动工。1995 年 7 月 1 日，机动车道建成通车。翌年，完成非机动车道、人行道等配套设施。

金尚路设双向 6 车道，设有港湾式公交停靠站，主要交叉路口实行拓宽渠化设计，标准横断面为［5. 3 米（人行道）+4. 5 米（非机动车道）+2 米（机非分隔带）+12 米（机动车道）］×2+2. 4 米（中分带），道路两侧留 20～50 米绿化带。

（九）云顶北路、云顶中路（俗称县黄路）

县黄路是厦门岛纵贯南北的一级主干道。北起环岛北路县后（枋钟路），南至环岛南路黄厝，故在规划设计中名为县黄路，其间的仙岳路至莲前路路段命名为云顶中路，枋钟路至仙岳路路段命名为云顶北路。吕岭路忠仑公园以北路段属湖里区范围，长约 6 千米。

县黄路道路宽 50 米，双向 6 车道，标准横断面为 11 米（人行道+非机动车道+绿化带）×2+11 米（机动车道）×2+6 米（中间隔离带）。两侧规划有各 30 米的绿化带。

县黄路与仙后路交叉口采用跨线桥、地面圆形交通岛和地下隧道三层立交形式，云顶北路段设置 4 座人行过街地道。

县黄路从 2003 年 3 月起分段建设，2007 年基本完成，但由于建设 BRT 工程（快速公交系统），需在云顶中路、云顶北路中央架设高架桥，因此至 2007 年年底尚未投入使用。

（十）金山路、前埔路、前埔南路（俗称环湖里大道）

该路北起湖里大道钟宅村口，跨钟宅湾（五缘湾），经前头村，洪塘村、龙湫亭、赤坡山后进入思明区境内，俗称环湖里大道。该路的湖里大道至吕岭路段命名为金山路，道路在龙湫亭以北属湖里区范围，长约 4 千米，工程于 2005 年 9 月开工（2008 年年底竣工）。两侧规划各 30 米绿化带，为城市 I 级主干道。

该路的湖里大道至仙岳路路段长 2345 米，其中道路长 1844 米、桥梁 1 座 501 米。道路宽 40 米，横断面为 7 米（人行道、非机动车道、绿化带）×2+11 米（机动车道）×2+4 米（中间分隔带），设置 1 座人行地下通道、1 座跨线桥。

该路的仙岳路至吕岭路段长 2326 米，其中属湖里区范围长 1700 米，设 3 座人行地下通道和 1 座匝道桥。

环湖里大道右转进入湖里大道东段处设匝道桥1座，长600米（含南、北引道各95米）；在建交叉口立交隧道1座

（十一）环岛干道

该道路北起五通，南至石胄头，原称五石路。2005年，为衔接新建出岛通道集美大桥，改建成城市快速路。环岛干道虎仔山以北至机场隧道，属湖里区范围，2006年10月开工（2008年接通集美大桥）。道路长约7.3千米，宽40米，标准横断面为3.25（人行道）×2+7米（辅道）×2+1米（侧分带）×2+8米（机动车道）×2+1.5米（中分带）。环岛干道与沿线主要道路均为立体交叉，有1座下穿隧道、3座跨线桥、1座跨五缘湾大桥、1座立交桥、2座人行地下通道。

（十二）成功大道

成功大道是纵贯厦门岛南北的城市快速干道。起点位于嘉禾路机场立交，北与公铁杏林大桥连接线相接，路线沿鹰厦铁路东侧南行，跨枋钟路，下穿枋湖北二路，跨金湖路、仙岳路、吕岭路，进入思明区范围。湖里区范围内线路长约5.1千米，2005年动工，2007年12月通车。大道红线宽50米，主线宽30米，包括机动车道双向6车道，宽24米，中央分隔带宽2.5米，两侧路肩设施带各宽1.75米。部分路段主线外还设有辅道。

辖区内路段有互通立交2座、部分互通立交2座。

湖里区市政道路情况见表4-6。

2007年湖里区市政道路统计表

表4-6

道路名称	起点	终点	长度（米）	宽度（米）	面积（平方米）
高殿一号路	石鼓山立交	铁路	1100	40	44000
殿前二路	殿前六路	北站西货场	560	5~6	3024
殿前三路	石鼓山立交	北铁幼儿园	1000	5~6	5600
殿前四路	殿前一路	殿前三路	500	5~6	2650
殿前五路	殿前三路	殿前六路	680	2~3	1904
殿前六路	殿前一路	北站	1300	5~6	7150
长虹路	殿前一路	兴湖路	950	30	28500
长浩路	兴湖路	长虹路	1010	30	30430
长乐路	长浩路	长岸路	1100	28.5	29150
长治路及支路	长歌路	长乐路	700	15	10500
长兴路	长歌路	长乐路	300	15	4500
长歌路	长岸路	寨上村	370	15	5550
长峰路	长乐路	长宁路	200	15	3000
长河路	长乐路	长宁路	250	15	3750
长宁路	长虹路	长河路	300	15	4500
高殿二号路	殿前一路	长岸路	860	40	38400
长岸路	长歌路	南山路	2500	60	150000
寨上西路	煤气厂	长歌路	1150	24	27600
麦德龙路	长浩路	麦德龙	430	24	10320
华昌路	兴湖路	南山路	1750	20	32550
华盛路	宜宾路	悦华路	850	20	16000
华泰路	南山路	悦华路	1350	9~14	16200
华荣路	南山路	兴湖路	1700	30	51000
华光路	嘉园路	兴隆路	1180	20	23600

续表4-6

道路名称	起点	终点	长度（米）	宽度（米）	面积（平方米）
华嘉路	宜宾路	南山路	415	10.5	4357
宜宾路（含支路）	兴隆路	仙洞路	2000	15～24	34800
仙洞路	南山路	塘边园盘	300	23	6900
凯兴路	南山路	兴隆路	250	15	3750
悦鸿路	华昌北路	悦华路	200	9	1800
昌宾路	和悦路	华昌路	520	9～12	6344
悦华路	长岸路	嘉禾路	2820	14	39480
湖里大道	长岸路	嘉禾路	2500	40	100000
兴隆路（西，含支路）	长岸路	嘉禾路	3607	23	58674
海天路	湖里公园	长岸路	1260	21	26460
南山路	长岸路	嘉禾路	4822	33～40	159126
鸿宾路	长岸路	悦华路	850	12	10200
嘉园路	华荣路	嘉禾路	1250	10～30	24425
兴湖路	长岸路	石鼓山立交	1900	60	114000
昌鸿路	鸿宾路	昌宾路	350	9	3150
康乐路	仙洞路	华荣路	600	6	3600
海天支路	海天路	南山货场	325	11	3575
华宜路	兴隆路	湖里大道	250	11.5	2875
和悦路及东段	悦华路	鸿宾路	300	9～14	3200
仙岳公园北通道	南山路	公园北门	208	12	2496
悦华东路			1000	13	13000
兴隆路（东）	嘉禾路	园山东路	1300	24	31200
中埔支路	中埔路	海堤路	400	15	6000
高崎港区市政路	嘉禾路	高崎港	1250	13	16250
中埔果蔬市场外围路	市场周边		2900	9～16	34820
盐业路			333	18	6000
盐业支路			200	9	1800
东苑支一路			530	19	10070
东苑支二路			350	18	6300
竹坑路	长岸路	华昌路	482	11	5302
凤湖街	兴隆路	竹坑路	800	5	4000
湖里街	长岸路	华昌路	700	5	3500
火炬北路（东苑路）	嘉禾路	创新路	1128	13～24	21050
马垄路	嘉禾路	创新东路	1040	24	24960
火炬路	嘉禾路	旧机场路	1900	40～50	85500
园山北路（含支路）	嘉禾路	警备区营部	1500	7	9400
新丰三路	火炬路	马垄路	480	18	8640
火炬三路	火炬路	兴隆路	400	18	7200
火炬二路	新丰路	嘉禾路	600	18	10800
新丰路	火炬北路	兴隆路	1300	24	31200
创新路	火炬北路	火炬路	1000	24	24000
创新二路	新丰路	创新东路	500	15	7500
创新三路	新丰路	创新东路	540	15	8100

续表4-6

道路名称	起点	终点	长度（米）	宽度（米）	面积（平方米）
禾山路	仙岳路	金湖路	900	20	18000
新丰二路	马垄路	新丰三路	340	15	5100
园山南路	嘉禾路	铁路桥	1644	33～40	68190
创新东路	火炬路	火炬北路	1000	24	24000
园山东路	园山南路	火炬路	1140	24	27360
东渡路	湖滨北路	南山路	3000	60	180000
和旭路	东渡路	和通路	533	18	9594
和宁路	仙岳路	和旭路	739	24	17736
和通路	仙岳路	和旭路	530	16	8480
金鼎路	东渡路	海山路	825	9	7425
海山路	东渡路	仙岳路	2100	11	23100
东兴路	海山路	东兴居委会	600	7.2	4230
气象台路	海山路	气象台	1479	6	8874
金鼎巷	金鼎路	金鼎路	600	5	3000
海山支路	东渡小学	东兴居委会	800	7	5600
枋钟路	成功大道	五缘大桥	5300	60	318000
仙岳路（湖里区段）	东渡路	和通路	740	44	32560
	嘉禾路	环岛干道	6200	60～90	434000
吕岭路（湖里区段）	吕厝	蔡塘	3900	40～56	187200
嘉禾路（湖里区段）	吕厝	厦门大桥收费站	6800	60	408000
成功大道（湖里区段）	嘉禾路	吕岭路	5100	30～50	214000
云顶北路	枋钟路	仙岳路	4400	50	220000
云顶中路（湖里区段）	仙岳路	忠仑公园南	2200	50	110000
金尚路（湖里区段）	枋钟路	中仑公园南	5700	50	285000
金山路（湖里区段）	枋湖北二路	观日路	4200	40	168000
环岛干道（湖里区段）	虎仔山	机场隧道	7300	40	292000
环岛东路（湖里区段）	五缘湾大桥北	虎仔山	5500	60	330000
枋湖北二路	成功大道	枋钟路	4800	50	240000
宿务路	枋钟路	惠灵顿路	400	24	9600
佐世保路	环岛干道	枋钟路	900	24	21600
惠灵顿路	环岛干道	枋湖北二路	1300	24	31200
槟城道	环岛东路	环岛干道	1600	24	38400
五缘湾道	环岛东路	钟鸣路	1200	24	28800
泗水道	槟城路	钟鸣路	1800	24	43200
钟鸣路	泗水道	五缘湾	1100	24	26400
五缘湾环湾路	五缘湾	周边	6840	18	123120
禾山旧机场路	园山铁路	机场路	3700	12～18	51600
枋湖路	成功大道	云顶北路	2200	30～33	68600
枋湖西路	金湖路	枋湖西三路	1850	15～27	43350
枋湖东路	仙岳路	枋湖北二路	2460	24～30	66600
枋湖南路	枋湖西路	边防支队	1700	18	29300
枋湖北路	金尚路	枋湖社	350	19	6650
金湖路	铁路桥	环湾路	2600	33～40	93100
枋湖西二路	枋湖西路	铭光公司	450	24	10800

续表4-6

道路名称	起点	终点	长度（米）	宽度（米）	面积（平方米）
祥岭路	金尚路	新建路	858	30	25770
金山西路	云顶北路	金尚路	1120	30	33600
枋湖西三路	枋湖路	枋湖西路	740	18	13320
枋湖西二路	枋湖西路	枋湖西三路	260	16	4160
金昌路	太微花园	金泰路	820	24	19680
金盛路	金尚路	金泰路	520	24	12584
金泰路	仙岳路	吕岭路	1130	30	33900
安岭路	高炮团	戴尔公司	610	24	14640
围里路	金尚路	云顶北路	1400	24	33600
岐山北路（安墩路）	金尚路	坂尚路	600	24	14400
枋岐路（艾德花园东路）	枋钟路	围里路	850	24	20400
坂尚路	枋钟路	围里路	900	24	21600
乌石浦路	兴山路	禾山路	600	24	14400
乌石浦支二路	南山路	梅阳路	275	18	4120
乌石浦 4 号路			500	16	8100
乌石浦 6 号路	薛岭陵园		550	13	7260
兴山路北段	乌石浦路	园山南路	260	30	7451
兴山路南段	梅阳路	仙岳路	260	24	6240
梅阳路	禾山北路	乌石埔支一路	600	31	18600
禾山路北段	鹰厦铁路	金湖路	360	16	5760
台湾街	吕岭路	仙岳路	860	32	36918
江头北路	江头西路	江头东路	600	18	10800
江头东路	吕岭路	仙岳路	800	18	14400
江头南路	江头西路	江头东路	420	18	7560
江头西路	吕岭路	仙岳路	960	18	17280
吕厝路	嘉禾路	江头西路	250	18	4500
江浦路	江头东路	铁路	180	18	3240
屿浦路	嘉禾路	江头西路	180	18	3240
江头屿浦支路	喜来登酒店	江头三小	200	13	2600
江头支一路	江头西路	永同昌	170	12	2074
江头支二路	江头三小	计生委	480	10	4896
双浦路	吕岭路	仙岳路	720	10	7200
祥店路	金尚路	祥店路	800	24	19200
祥店 1 路	祥岭路	祥店路	180	10	1800
祥店 2 路	祥店路	仙岳路	314	10	3140
祥店 3 路	祥岭路	祥店路	200	9	1800
祥店 4 路	祥岭路	祥店路	220	10	2200
祥店 5 路	祥岭路	祥店路	348	11	3828
祥店中路	环祥路	祥店 2 路	200	8	1600
环祥路	祥店路	仙岳路	758	9	6822
太微支路	金尚路	祥店 5 路	110	8	880
金尚小区周边道路			951	8～24	16251
航空城道路 12 条	航空城	枋钟路	11800	18～30	283200
金尚辅路	金盛路	金昌路	250	6	1500

二、桥梁

（一）厦门大桥

是连接厦门岛内湖里区高崎和岛外集美的跨海大桥。大桥于1987年10月1日动工，1991年4月竣工。工程由高崎引道，跨海主桥和集美互通立交三部分组成。全长6695米，主桥长2070米，桥面宽23.5米，设双向4车道，设计时速80千米，两侧人行道各宽1.5米，主桥结构为46孔45米等跨预应力混凝土连续箱梁，在湖里区内的高崎引道长845.5米，设有停车场、收费站，引道旁还建有桥头公园和“金钥匙”雕塑。

（二）石鼓山立交桥

厦门市第一座全互通式立交桥，位于殿前社区嘉禾路、兴湖路、殿前路的交汇处。该桥于1993年6月动工，1994年9月通车。为双喇叭式全互通立交桥。线路总长6.6千米，占地面积11公顷，共有主车道和匝道23条，其中机动车道14条，非机动车道9条，桥梁总长1477米。桥梁的桥式类型有：框架桥、钢筋混凝土异形梁桥、简支梁桥、预应力空心板桥、预应力箱型连续梁等。下部结构有圆柱式墩、T形墩、Y形墩及重力式U形桥台，基础部分分别为明挖天然基础和钻孔灌注桩基础等。除主体工程外，还配套有照明、交通信号、绿化、雕塑、园林小品、休闲广场等。

（三）仙岳路下穿铁路顶进框架桥

位于仙岳路江头段。框架地道桥长8米，宽60米，钢筋混凝土框架结构，采用预制框架，顶进法施工。工程于1998年8月动工，1999年6月完工。当年为国内华东地区规模最大的顶进框架铁路立交桥。2006年扩建，桥长增至15米，增加北侧净宽9米，净高7.6米，以及南侧净宽9米，净高8.5米的顶进框架桥。

（四）海沧大桥

位于厦门岛西部，是连接湖里区东渡和对岸国家级开发区海沧台商投资区的跨海公路通道。大桥于1996年12月18日开工，1999年12月30日建成通车。工程全长6419米，其中跨海主桥长1108米，为当时亚洲第一、世界第二的三跨连续全漂浮钢箱梁悬索桥，桥梁主跨648米，两边跨均为230米，设双向6车道，桥面宽36.6米，桥下通航净空为450米×50米。

（五）五缘大桥

原名钟宅湾大桥，位于厦门岛东北部，为环岛东路跨越五缘湾（原名钟宅湾）出海口桥梁，桥南为五通地区，桥北为钟宅社区。大桥于2003年10月开工，2005年2月竣工。桥梁总长804米，主桥宽34.9米，引桥宽32米，主桥为钢结构中承式提篮拱桥，主跨长208米，两边跨各58米，两端引桥各为6孔、40米预应力连续箱梁。

（六）集美大桥

位于厦门岛东北部的浔江海域，是连接厦门市湖里区与对岸集美区的跨海桥梁。大桥于2006年12月20日开工（2008年7月1日建成通车）。工程包括双向6车道的城市道路桥梁和独立的双向2车道快速公交（BRT）通道桥梁，两大部分共双向8车道，采用3路幅桥型建设（即将一座桥分为3座桥梁施工），是厦门市最宽的跨海大桥。大桥主线全长10.06千米，其中跨海主桥长3.82千米，采用由2000多榀高精度，高质量箱梁节段预制与拼装的预应力混凝土连续梁结构，桥跨最大100米，桥高15～20米，工程还包括下穿机场隧道1座，长1.4公里。

（七）杏林大桥

位于厦门岛北部西海域，是连接湖里区高崎和集美区杏林的公铁两用跨海大桥。大桥于2006年10月1日开工（公路桥于2008年9月1日建成通车）。大桥全长8.53千米，主桥长7.48千米。其中，海上桥长5.03千米，公路桥采用双向6车道一级公路标准，桥面宽32米，设计行车速度每小时80千米，桥下通行净空按宽36.6米，高7.5米控制。由于跨海主桥采用公铁同层合建，公路桥纵向线型采用双驼峰设计，可有效避免火车与汽车间的车灯眩光影响并减少驾驶疲劳，且达到优美桥梁造型的效果。杏林大桥另一特色是在驼峰处两侧设立观景台。

2007 年湖里区桥梁一览表

表 4-7

名　　称	地　　点	长度（米）	宽度（米）	建设时间
吕岭路下穿铁路框架桥	莲花五村北	15	36	1990—1991
石鼓山立交桥	嘉禾路、兴湖路、殿前路交叉口	1477	8～21.5	1993.6—1994.9
海沧大桥仙岳立交通道	东渡路与海沧大桥交叉口	2110	7～10	1998—1999
仙岳路下穿铁路框架桥	江头	15	80	1998—1999
园山南路下穿铁路框架桥	枋湖	10	40	2000—2001
火炬路上跨铁路立交桥	小东山	144	37	2000—2001
五缘湾大桥	五缘湾出海口部	804	34.9～32	2003—2005
仙岳路—金尚路跨线桥	仙岳路与金尚路交叉口	430	13.25×2	2004—2005
仙岳路—云顶中路跨线桥	仙岳路与县黄路交叉口	400	13.25×2	2004—2005
疏港路高架桥一期	濠头榕树北—象屿保税区路口北	2430	18	2005—2006
湖滨北路—湖滨西路立交桥	湖滨北路、东渡路、湖滨西路交叉口	1217	9～18	2006—2007
成功大道—机场立交	成功大道与嘉禾路交叉口	1870	9～24	2006—2007
成功大道—枋钟立交	成功大道与枋钟路交叉口	1950	9～24	2006—2007
成功大道—枋湖北二路立交	成功大道与枋湖北二路、火炬路交叉口	1380	9～24	2006—2007
成功大道—仙岳路立交	成功大道与仙岳路交叉口	2370	9～24	2006—2007
成功大道—吕岭路立交	成功大道与吕岭路交叉口	400	9～18	2006—2007
疏港路高架桥二期	保税区—杏林公铁大桥	1389	18	2006—2007
华荣路—兴湖路人车两用跨线桥	华荣路与兴湖路交叉口	244	10	2006—2007
仙岳路—嘉禾路口跨线桥	西浦路口—江头二号路	1285	25（26.5）	2006—2007
国际旅游码头通道立交	国际旅游码头通道与东渡路交叉口	378	7～10	2006—2007
吕厝跨线桥	嘉禾路与吕岭路交叉口	463	18	2007.3—2007.9
仙岳路—金山路跨线桥	仙岳路与环湖里大道交叉口	400	13.25×2	2006—2007
环岛干道跨仙岳路跨线桥	环岛干道上跨仙岳路	440	18	2006—2007
环岛干道跨钟枋路跨线桥	环岛干道上跨环岛北路	440	18	2006—2007
环岛干道跨五林路跨线桥	环岛干道上跨五林路	440	18	2006—2007
环岛干道跨枋湖北二路跨线桥	环岛干道上跨枋湖北二路	440	18	2006—2007
天圆大桥	环岛干道跨五缘湾	870	40	2006—2007
人圆桥	环岛干道跨五缘湾	361	6	2006—2007
地圆桥	环岛干道跨五缘湾	182		2006—2007
日圆大桥	金山路跨五缘湾	501	32	2006—2007
音乐岛桥	五缘湾	280	6	2007
BRT 高架桥	忠仑公园—环岛干道	7300	10	2007—
杏林大桥南段接线高架桥	嘉禾路—接线	2082	18	2007—

三、隧道

1999 年 5 月建成的仙岳山隧道是湖里区首座市政交通隧道。此后，辖区内市政道路建成多处隧道。2005 年 8 月动工建设的五通至翔安海底隧道成为进出厦门岛的东通道。

仙岳山隧道：北起湖里区南山路（南山疗养院），南至思明区仙岳路与湖滨东路交叉口，位于厦门火车站往湖里区直达石鼓山立交桥的南北干道上，线路全长 1085×2 米，其中南北引道长 900 米，每洞净宽 9.25 米，净高 6.7 米，两洞中心距 30 米。隧道于 1997 年 10 月 28 日开工，1999 年 2 月 14 日建成通车。隧道安装有闭路电视监控、交通信号系统、一氧化碳浓度监测与风机联动系统、车流量自动统计、间断移动通讯设施等，是厦门市第一座高标准、功能齐全的城市隧道。

2007 年湖里区隧道一览表

表 4-8

名　　称	地　　点	长度（米）	宽度（米）	建设时间
翔安隧道	五通—翔安大道	—	三孔总宽 30	2007—
云顶中路下穿仙岳路隧道	县黄路与仙岳路交叉口	451	27	2006—2007
环岛干道下穿机场隧道	环岛干道—集美大桥	1400	八车道	2006—2007
国际旅游码头通道 A、B 通道隧道	国际旅游码头通道与东渡路立交	242	二车道	2006—2007
高殿一号路下沉式道路及隧道	港中路下穿高殿二号路、铁路	870	24	2007—

四、人行地道与人行天桥

1993 年，在东渡路建成东渡、濠头、长虹路口 3 座人行天桥，这是辖区最早的行人过街设施。2000 年开始，凡新建城市干道，均配套建设行人过街设施。当年在枋湖北二路建成 3 座人行地道，这是湖里区第一批人行地道。2005 年，因东渡路改造，拆除 1993 年建造的 3 座人行天桥，并易地新建。此后，在嘉禾路、仙岳路、吕岭路等人群聚集地以及云顶北路等城市主干道陆续修建一批人行地道和过街人行天桥。详见表 4-9、表 4-10。

2007 年湖里区人行天桥一览表

表 4-9　　单位：米

名　　称	地　　点	长度	宽度	建设时间
疏港路东渡人行天桥	疏港路海山路口	41	4	1993
疏港路濠头人行天桥	疏港路金鼎路口	41	4	1993
疏港路长虹路口人行天桥	兴湖路与长虹路交叉口西侧	41	4	1993
疏港路海天路口人行天桥	长岸路与海天路交叉口北侧	38	4	1995
疏港路仙岳路口人行天桥	东渡路与仙岳路交叉口南侧	50	4	2000
疏港路华荣路口人行天桥	兴湖路与华荣路交叉口	60×2	3.6	2006—2007
嘉禾路天虹人行天桥	嘉禾路松柏路口	47	3.6	2006—2007
嘉禾路仙岳路南人行天桥	嘉禾路与仙岳路交叉口南	47	3.6	2007
嘉禾路塘边人行天桥	嘉禾路兴隆路口 8.4+28.55+8.4	45	3.6	2007
嘉禾路马垄人行天桥	嘉禾路悦华路口	45	3.6	2007

续表4-9

名　称	地　点	长度	宽度	建设时间
机场路口人行天桥	旧机场路翔云一路口	55	4.5	2007
金尚路金尚小区人行天桥	金尚路金尚小区路口	47	3.6	2007
吕岭路蔡塘人行天桥	吕岭路蔡塘二跨连续梁	33	3.6	2007
枋钟路水利大厦人行天桥	环岛北路水利大厦	52	3.6	2007
成功大道安兜人行天桥	枋湖北二路立交北	50	4	2007
成功大道仙岳路立交人行天桥	成功大道上、下仙岳路匝道	30×2	4	2007

2007 年湖里区人行地道一览表

表4-10　　单位：米

名　称	地　点	长度	宽度	建设时间
枋湖北二路人行地道 A	县后	44.7	5	2001—2002
枋湖北二路人行地道 B	坂上	44.7	5	2001—2002
枋湖北二路人行地道 C	钟宅	44.7	5	2001—2002
仙岳路中医院—禾山中学地道	中医院—禾山中学	74	5	2002—2003
仙岳路金泰路口人行地道	金泰路口—枋湖西路口	74	5	2002—2004
嘉禾路中埔人行地道	嘉禾路浦仔站	40	4	2003
嘉禾路 SM 人行地道	SM 商业城—台湾山庄	60	5	2004
吕岭路何厝人行地道	吕岭路东段何厝	42	4.5	2004—2005
吕岭路奥网中心人行、车行地道	吕岭路东段奥网城	78	车行二孔 4.8×2 人行一孔 4.5	2004—2005
钟宅路人行地道 A	钟宅村口	47	4	2005—2006
钟宅路人行地道 B	惠灵顿路口	47	4	2005—2006（路桥）
云顶北路人行地道 A	围里路口	35	4	2006—2007
云顶北路人行地道 B	枋湖路口	35	4	2006.11—2007
云顶北路人行地道 C	金湖路口	35	4	2006—2007
云顶北路人行地道 D	金山西路口	35	4	2006.11—2007
金山路地道人行地道 A	钟宅路口	40.6	5	2006—
金山路地道人行地道 B	金钟路口	40.6	5	2006—
金山路地道人行地道 C	虎仔山路口	40.6	5	2006—
金山路地道人行地道 D	观日路口	40.6	5	2006—
环岛干道规划五路地道	高林路口	49.5	5	2007—
环岛干道高殿路口地道	塔埔路口	49.5	5	2007—
仙岳路东段人行地道 A	下湖—高林段	61	5	2007—
仙岳路东段人行地道 B	下湖—高林段	61	5	2007—
仙岳路东段人行地道 C	下湖—高林段	61	5	2007—
仙岳路东段人行地道 D	下湖—高林段	61	5	2007—
仙岳路东段人行地道 E	下湖—高林段	61	5	2007—

第二节　园林绿化

一、园林

（一）公园

湖里公园　湖里区的第一个公园，地处湖里工业区西南的牛公岭山麓，占地 12.79 公顷，其中水面 2.5 公顷，绿地 7.5 公顷，绿化率达 89.7%。公园从 1984 年开始规划建设，1996 年 11 月 15 日正式向市民开放，2001 年免费开放。公园现建有东门、西门、南门 3 个主要出入口及“凤之舞”文化广场，建有“西坪椰风”“茵坡石奇”“西堤春晓”“榕林鹭歌”“花岗蝶影”“山风松涛”等植物景区，现有热带、亚热带植物 200 多种。园区配套有茶室、游船、儿童乐园、旱地雪橇、激流勇进等休闲娱乐项目，2000 年投资 1000 万元建成一集健身、娱乐、休闲为一体的具有现代建筑风格的青少年活动中心。公园年均接待游客 60 多万人次，先后获“国家级 AAA 旅游景区”“厦门市五星级公园”“文明公园”等荣誉称号。

图 4-4　湖里公园

仙岳山公园　位于厦门岛中部，1995 年 3 月开始筹建，规划面积 2.33 平方公里。公园规划可概括为“一线八区”，一线即山脊游览线，长 3600 米；八区即循钟访古、仙洞天趣、福地洞天、天街流霞、仙岳大观、林海野趣、琼华仙境、造林流芳等 8 个景区，是一座以山林景观、自然野趣为特色，以登高览胜、休闲度假、健身养性为主要功能的综合性公园。2004 年下放到湖里区后，先后建成公园南门、北门、西门、东门、车行道北段和太阳能路灯，连贯全园的步游道以及数量众多的便民桌椅，休闲亭阁等服务设施。在步游道的两侧进行大面积的林相改造，提升园区的景观品质。园内还辟有湖里区义务植树基地，设有婚恋林、友谊林、世纪和平纪念园林等园区。在公园安装使用太阳能路灯，为厦门市园林界首创。园内有雪峰寺、观音寺，在建的天竺岩寺为厦门岛内规模仅次于南普陀寺的宗教场所。仙岳山土地公庙为国内罕见的大型土地公神庙，是海峡两岸福德文化的交流中心之一。其建筑结构、构件、装饰等，具有浓郁的闽南特色。主殿供奉的福德正神和文、武财神为整段香樟木圆雕，土地公神像直径 1.86 米、高 2.56 米，为各地木雕土地公神像之最。

江头公园　2002 年 5 月动工，2003 年 6 月竣工。分为天湖和地湖两个景区，总用地面积为 6.02 公顷，其中天湖景区 3.62 公顷，地湖景区 2.4 公顷。隶属厦门市天地建设开发公司。总投资约 1000 多万元。建有园林道路、塑石工程、绿化工程、水榭茶馆、风雨廊桥等景点，是集休闲、娱乐、观景于一体的区域性公园。

图 4-5　江头公园

火炬公园　建于 2004 年，由火炬高新区管理委员会投资建设，总投资约 460 万元，总占地面积 5.9 公顷，其中陆地面积 2.6 公顷，湖泊面积 3.3 公顷。园内建有网球场、广场、凉亭、人行步道等休憩园林小品。

牛头山公园　位于海沧大桥西端滨海处。2000 年 2 月开放，总占地面积近 10 万平方米，属于国家 AAAA 级旅游景区海沧大桥旅游区的组成部分，归属厦门路桥建设集团有限公司下属的厦门路桥旅游开发有限公司经营、管理。是登高观赏海沧大桥宏伟景观的上佳场所。园内有机动车环行道和步行环行道，山顶为登高览胜区，西部为品茗休憩区。园内还有环球桥梁博览区。公园被厦门市公园管理协会授予四星级公园称号。

福隆体育公园　位于湖里西南部的马峰山上，由福隆集团投资建设，是中国首家集休闲、运动、度假、商务等为一体的国乒文化体育主题公园。公园总用地面积约 11.4 万平方米，总建筑面积约 7.5 万平方米。2005 年动工。截至 2007 年年底，乒乓球主馆、游泳馆、新闻中心、酒店等主体建筑基本完工，园内的中国乒乓球训练基地主场馆建筑面积 5000 多平方米，内设 1500 个观众席，平时能搭 33 张训练球台，比赛时可 10 张球台同时进行。园内的综合健身馆、体育商城、运动员体能恢复中心以及 SPA、网球场等设施尚在建设之中。

忠仑公园　2004 年，在厦门市忠仑苗圃的基础上改建。公园北起吕岭路，南止东芳山和石鼓山，东邻蔡塘村，西接金尚路，用地总面积约 71 公顷。建有登山步道、静坐区、儿童游乐区、盆景园、石文化园等景区。是环湖边水库、东坪山、万石山风景区绿色生态走廊的一个重要组成部分，是一座具有游憩、健身、文化娱乐、科普教育等功能的综合性公园。

五缘湾湿地公园　位于厦门市五缘湾片区南部，占地 87.69 公顷，是厦门最大的湿地生态园区，被称为是厦门的城市绿肺。建设过程中不破坏原有的生态基础，尽量利用现有的生态环境，以保护、修复为

图 4-6　五缘湾木栈桥

主，重构为辅，营造绿色原生态的湿地公园。建有湿地生态自然保护区、环湖特色生态过渡区、水上运动区、湿地迷宫栈桥、湿地植物展示及红树林植物区。截至2007年年底，五缘湾环湾路、内湖整治和环湾旅游道路已经动工。

其他公园　2006年，湖里区启动山地公园的建设，已完成薛岭山、石头皮山和虎头山的规划设计。薛岭山公园占地面积14公顷，林相改造开始进行，园内开辟有湖里区第二义务植树基地，并成功组织批量种植志愿林，公园防火道、登山步道等设施已经完工，第一批征地拆迁工作开始进行。虎头山公园、石头皮山公园已确定管理红线。

（二）风景林地

2004年，区政府出台《湖里区风景林地管理规定》，把湖里辖区内园山、薛岭山、虎头山、石头皮山等零星山体列为风景林地加以保护。截至2007年，全区有风景林地137.58公顷，其中园山28.6公顷、马峰山21.6公顷；薛岭山14.04公顷、虎头山13.39公顷、马厝山、挂石山11.65公顷、石头皮山7.21公顷；金山5.05公顷、双狮山4.73公顷、石鼓山4.35公顷、小东山2.97公顷。树种有山杜英、木荷、火力楠、枫香、榕树、菩提树、樟树、柚木、金叶含笑、红花木莲、虎皮楠、细柄阿丁枫、阔叶含笑、重阳木、山乌桕、红椎、大花紫薇、闽粤栲等25种。

（三）古树名木

2004年，开展全区普查，区市政园林局为195株树木建立包括照片在内的电脑档案资料。2005年3月，区人民政府发布公告，对92株树龄在百年以上的古树名木进行挂牌保护，其中榕树90株，樟树、龙眼各1株。区财政按每年每株500元的标准下拨保护复壮经费，并与所在地的管护单位签订“古树名木管理责任状”，落实古树名木管护责任制。区、街财政常年投入古树名木的保护复壮经费约20万元。

图4-7　树龄534年的马垅古榕（2005年摄）

二、绿化

（一）植树造林

民国20年（1931），嘉禾股份有限公司在辖区境域开办苗圃，随即因时局动乱停办。

20世纪50年代末开始，配合军事斗争的需要，辖区内沿海地带以及军事据点周围大力开展植树造林活动，所植树种以马尾松、相思树、木麻黄、大叶桉、银桦为主。至70年代初，辖区境域的山地基本绿化。造林2.8万亩。四旁植树保存成材林93.76万株。

1982年开始，辖区境域开始在每年3月12日全民义务植树节开展义务植树活动。

1990年，区政府根据福建省政府《关于开展义务植树的实施细则》精神，对全区义务植树的组织领导、规划任务、技术指导等方面作出明确的规定，在全区建立城镇全民义务植树登记卡制度，对无法履行植树义务的单位按相应人数和劳动工日收缴绿化费。1996年，湖里区获得全国造林绿化“百佳县区”。

2004年开始，由区市政园林局具体负责义务植树活动的组织和指导，同时加大对无法履行植树义务的单位收缴绿化费的力度。当年，全区完成义务植树劳动工日7.1万个（完成全年计划投工数的142%），其中植树 9.05 万株，其他绿化劳动工日 0.5 万个，以资代劳 14.56 万元。2005 年，完成义务植树劳动工日 10.804 万工（完成全年计划投工数的 177.11%），其中植树 20.92 万株，以资代劳 15.269 万元。2006 年，完成义务植树劳动工日 11.905 万工（完成全年计划投工数的 195.17%），其中植树 22.85 万株，收缴“以资代劳”绿化费 16.917 万元。2007 年，完成义务植树劳动工日 12 万工（完成全年计划投工数的 196.72%），其中植树 23 万株，收缴义务植树绿化费 20.35 万元。

（二）道路绿地

厦门经济特区建设之初，道路绿化主要集中在湖里街道一带：华昌路的兴隆路口至悦华路口段主要种植红花天料木（俗称母生），悦华路的华盛路口至疏港路口段主要种植凤凰木，湖里大道的华盛路口至疏港路口段主要种植芒果树，兴隆路的华盛路口至疏港路口段主要种植大叶榕，华昌路的兴隆路口至南山路口段主要种植盆架木，海天路主要种植芒果，南山路主要种植假槟榔。

湖里建区后，坚持实行城区道路景观绿化建设与城市基础设施建设“同步规划、同步建设、同步发展”的方针，采用养护成本较低的生态式绿化模式，大力植树绿化，建设绿色带，形成“路连林隔”新型的城市绿色生态景观长廊。

1987—2003 年，辖区道路绿化工程主要由市园林绿化管理部门负责，在吕岭路东段、环湖里大道、疏港路、金尚路、嘉禾路、福厦路等主干道及部分街头绿地种植麻楝、天竺桂、肯氏南洋杉、垂榕、大叶榕、凤凰木、重阳木、海南蒲桃、尖叶杜英、印度紫檀、黄槿、小叶榕、蝴蝶果、人面果、盆架子等乔木。2002 年，金尚路两侧绿化带由原来的 10 米扩展到 40 米，新建的南山路两侧绿化带调整为 30 米，新改造的福厦路联检大楼至石鼓山立交桥段绿化面积也大幅度增加。同年 4 月，市市政园林局对厦门岛东部市政主干道规划进行调整，仙岳路、县黄路、湖里大道、环湖里大道两侧预留绿化带调整为各 30 米，吕岭路两侧预留 32 米。调整后增加道路绿地 144 公顷。

2004 年，在金尚路、嘉禾路等路段和道路节点种植大规格凤凰木、洋紫荆、大王椰子等树木。

2005 年 8 月，在枋湖东路蔡坑段种植高山榕 282 株、火焰木 78 株、黄花槐 130 株，还有花叶假连翘、黄心梅、毛杜鹃、遍地黄金等灌木 10 余万株。

2006 年，在机场 5 号路种植凤凰木 90 株、小蜡树 13775 株；在机场 6 号路种植高山榕 39 株、烟火树 850 株；在航空城 3 号路种植木本象牙红 127 株，灌木小李樱桃 12000 株。

2007 年，在火炬北路种植小叶榕；在岐山北路种植小叶榕、盆架子、黄心梅、彩叶红桑。

截至 2007 年年底，全区绿化道路 99 条，绿化面积 96.43 万平方米。

（三）小区绿地

1986 年起，在新建商品房同时进行四旁绿化。湖里工业区南部生活区的住宅小区为厦门市最早实行四旁绿化的生活小区之一。

湖里建区后，实施绿色社区创建工程。对新开发建设的住宅区，严格执行容积率标准，增加绿地率，督促开发商按照规划和建设标准的要求完成园林绿化建设。新建居住小区的绿化管理工作由物业部门负责。据 2007 年区市政园林局统计数据，

图 4-8　怡景花园小区绿化

湖里区共有居住小区186个，绿地面积111.41公顷，其中怡景花园、江浦南里小区、康乐新村、吕岭花园、仙洞山庄、佳丽花园、金尚小区、芙蓉苑（二期）、永升新城、特房南泰苑、唐庄小区、金山小区、大唐世家、海景公寓、裕发花园、青翔花园、芙蓉苑（六期）、翠湖庄园、国际山庄等19个小区为花园式小区。

（四）单位绿地

1986年6月，市绿化委员会提出建设花园式单位的六条标准，开始在全市评选花园式单位。湖里建区之后，按照市绿化委员会的标准，每年开展花园式单位的评选活动，不断扩大单位绿地的面积，提高单位庭园绿化水平。2005年，改革“花园式单位”评选制度，加强对“花园式单位”的监督检查，针对发现问题提出整改意见。整改后仍未达到要求的，建议市绿化委员会给予摘牌，打破“花园式单位”评选终身制。据2007年区市政园林局统计数据，湖里区共有单位庭院309个，绿地面积278.56公顷，其中，湖里街道办、厦华电子有限公司、丽轩酒店、悦华酒店、金宝酒店、高殿水厂、商检局、港务局、港口建设指挥部机关大院、湖里公用事业公司、禾山乡政府（江头街道办）、福建省水产研究所、华美卷烟有限公司、湖里区政府大院、海嘉面粉有限公司、厦门国际航空港集团有限公司、联发集团大院、厦门电子职业中专、新东渡变电站、湖里消防中队、港务局医疗门诊部、厦顺铝箔、厦门警备区船运大队、港务集团石湖山码头装卸公司、金龙车身、市南山疗养院、市工业学校、厦门ABB开关公司、西佛国刺绣佛具公司、32842部队四营、中国航空公司厦门基地、武警消防支队第八中队、中国航空油料厦门分公司、厦门大桥管理中心、厦华电子有限公司火炬园、富士电气化学有限公司、DELL计算机（中国）有限公司、乐安小学、上海海事局厦门航标处、厦门计生委、厦门市火炬小学、康乐第二小学、市劳教所、万利达集团有限公司、东方财富广场（喜来登）等45个单位先后获得省市花园式单位称号。

（五）生产绿地

民国27年（1938），厦门市政府工务局建设科以月租75元（法币）的租金向陈氏家族自治会租用禾山后坑陈僖墓周围的荒地，建成面积10.5市亩的苗圃，为植树造林提供苗木，随后因地质不良，且多虫害而放弃。此为辖区境域也是厦门市最早的官办生产绿地。

1956年，成立厦门市亚热带植物试验场，后改为福建省亚热带植物研究所。研究所所属园艺工程技术研发中心及厦门亚热带植物科技开发公司主要从事热带、亚热带经济植物引种驯化、种苗标准化培育等实用技术的开发与应用。

1958年8月，将幸福高级农业社忠仑村的大社、小社两个生产队合并，成立忠仑苗圃，隶属市园林处直接领导。苗圃成立时土地面积750亩，是厦门市苗木供应的主要基地，拥有花卉和乔木、灌木300多种。2004年，改建为忠仑公园。

1965年，成立安兜果林场，面积约200亩，主要培育木麻黄苗及其他果树20多个品种，1975年撤销。

1984年，成立凤凰绿化公司，是湖里工业区最早建立的苗圃，绿地面积1.53公顷。

湖里建区后，生产绿地不断增加。1994年，成立湖里房地产公司苗圃，占地10公顷，绿地面积0.7公顷。1995年，成立江头苗圃，绿地面积1.33公顷。1996年，成立禾山苗圃，占地4公顷。

2006年5月，湖里区政府和省亚热带植物研究所共同建设闽台（厦门）花卉高科技园，总面积15公顷，总投资2.1亿元，是厦门重点工程和重大科技项目。

截至2007年年底，湖里区拥有苗木、花卉生产基地58.74公顷，其中：厦门亚热带植物研究所16.68公顷、花木公司花木基地7.5公顷、区绿化工程处苗圃3.53公顷、厦门国际航空港花卉科技有限公司苗圃3公顷、薛岭晓城苗圃0.5公顷、湖里万兴国艺苗圃0.15公顷。

（六）防护绿地

1950年后，开始在辖区境域沿海地带大面积种植防护林。50年代前期，大都采用外地调入的小苗，加上缺乏经验，成活率低。60年代，使用忠仑苗圃培育的大苗，成活率提高至60%左右。至1972年，辖区境域内的虎仔山、薛岭山、园山、金山、百果山、石头皮山等山头和钟宅、五通的沿海公路形成防护林带。沿海防护林带主要种植树种为木麻黄，山地防护林主要种植树种为木麻黄、马尾松、桉树等。厦门经济特区成立之后，由于经济建设的需要，防护林建设处于改变用途和维护同时并行的状态。1988年，由市区各单位参加植树绿化，在五通至高崎沿海防护林带补种60万株。1999—2000年，禾山镇组织在钟宅至五通沿海防护领带补种50000株，其中木麻黄大苗5000株。截至2003年年底，全区山地、沿海防护林面积约500公顷。之后，由于被改为风景林、住宅区、开发区等原因，全区防护林面积急剧减少。

截至2007年年底，全区有防护林21.98公顷，其中，钟宅湾环湾路等9.18公顷、五通沿海防护林6.4公顷、忠仑山地防护林6.4公顷。

图4-9　仙岳山公园环山步游道

第三节　水　利

一、水利工程

辖区境域为严重缺水地区。历史上以打井取水、筑塘蓄水作为抗御旱灾的主要手段。民国之前，辖区境域各村社都有大大小小的水塘，作为生活、生产的备用水源。较大的水塘有后洋（今蔡塘）的蔡塘和塘边的下社塘、花园塘、崎尾塘、前塘、塘辽塘、窟仔底塘、龙渊塘等。

20世纪50年代后期，辖区境域各生产大队兴起兴修水利的热潮。1954年后，高殿村先后修建西埭、后塘、下尾山等水库；1956年，湖里、后浦、塘边3个村联合修建塘边水库；1956—1958年，枋湖村先后在穆厝、西潘、枋湖、安兜、林后等地修建网塘、牛鼻笼、大湖、后华、斗门头等小型水库，并在林后修建抽水机站；1958年，马垅（时属亚热带植物试验场）在鳖仔沟上游建成深田水库；1959年6月，濠头村修建洪内水库，1964年修建五坑内水库；1959年年底，江头大队在百果山修建小型水库六角池、莲花池。

1960年年初，前线公社组织五六千人，用了43天时间，建成湖边水库，可灌溉农田万亩以上。接着，又完成坝头的正虹吸、五通渠道等水利配套工程。

1964年，开始在辖区境域开展“农业学大寨”运动，尽管在指导思想方面存在以阶级斗争为纲等问题，但长达20余年的“农业学大寨”运动中开展的以兴修水利和平整土地、小坵并大坵为主要内容的农业基础建设仍取得显著成绩。1968年冬，湖里大队修建红卫水库，高殿大队修建新丰水库，1969年在埭辽湾内侧修建埭辽水库；1969年冬，钟宅大队修建港仔水库；1971年，高殿大队修建旗山水库（又称高殿水库）。

70年代初，钟宅等生产大队首创“挖大井”的蓄水形式。每口大井口径20余米，深5米左右，可蓄水一两千立方米。辖区境域“大井”最多时达上百口。

1978年，辖区境域尚在使用的水库有：

湖边水库　详见本节附。

埭辽水库　位于林后东北，蓄水量120余万立方米。

高殿水库　位于殿前北面海滨，蓄水量120万立方米。

新丰水库　位于鳖仔沟上游，蓄水量18万立方米。

红卫水库　位于湖里东面。

红旗水库　位于寨上西面海滨，蓄水量20万立方米。

沙坡尾水库　位于湖里西面海滨。

吊子阳水库　位于马垅北面，蓄水量4万立方米。

坑内水库　位于殿前东南面，蓄水量10万立方米。

钟宅水库　又称港仔水库，位于钟宅北面海滨，蓄水量5万立方米。

南山水库　位于塘边西面。

高林水库　位于高林北面。

下忠水库　位于下忠东面。

大埭水库　位于浦口海滨。

湖里建区后，灌溉主要靠提灌为主。1988年，全区有电灌站228台2812千瓦，机灌站7台126马力。1991年遇上大旱，全区投入水利建设和抗旱的资金共206.82万元，共维修电灌站34台、低压输电线路4.73公里，维修更新输水管道600米，维修和清理水渠2条25.12公里，新开水井22个，新建成骨干工程电灌站1座100千瓦。在抗旱中投入抗旱的电灌站200台、柴油抽水机100台，改善灌溉3500亩，确保14000亩作物灌溉用水，占总耕地面积的66%，夺取灾年较大的丰收。日供水5000吨的金山自来水工程的枢纽工程基本完成。1994年，全年水利总投资761万元，其中冬春修投资51万元，修缮15处，完成土石方5.86万立方，投工9.94万工日，改善灌溉面积2200亩，安湖渠道改线投资160万元，保证湖边水库的补充。2000年，共投入845万元，完成土石方7.3万立方，完成湖边水库大坝的修复加固工作；修复高崎海堤和五通海堤；修复加固五通内堤300多米和钟宅海堤滑坡险段300多米。

随着城市化建设的发展，以农业灌溉为主要目的的水利工程大部分毁弃。至2007年年底，辖区内尚存除了湖边水库之外，还有5处未列为水库管理的水体。

埭辽水库　位于枋湖林后社东北部，1968年始建，1978年扩容，总库容121.8万立方米。1993年，太古飞机修理厂征用约250亩，库容降为80万立方米。

旗山水库　又称高殿水库，库容降为80余万立方米。计划填为物流园区用地。

新丰水库　改为厦门火炬高新区公园水面，库容8.8万立方米。

后港仔水库　总库容20.0万立方米，正常库容10.1万立方米。

垄子内水库　库容5.17万立方米。

附：湖边水库

水库位于厦门本岛东北部湖边、金山、后坑、蔡塘一带，采雨面积9.11（6.44+6.27）平方公里。1959年年底，前线人民公社成立湖边水库工程指挥部，1960年1月正式动工，4月竣工。工程总投资82.60万元，使用劳力18万工日，完成土石方21万立方米。总库容750万立方米，正常水位有效库容440万立方米，死库容49.7万立方米。

水库大坝为均质土型，坝高16米，坝顶长485米，坝顶宽10.5米，坝底宽93米。溢洪道采用明渠式，坝顶净宽15米，距坝顶3.42米，安装有4扇2.5米×2米的钢板闸门，最大下泄流是49.4立方米/秒。放水设备采用混凝土压力管结合石砌涵型式，断面尺寸75厘米×70厘米，配备闸阀启闭设备，最大放水能力0.2立方米/秒。干渠长2.16公里，输水能力0.2立方米/秒。

1987年6月初，湖边水库第五电灌站(祥店尾段)水渠工程开工,1987年12月底完工,改造渠道总长484米,其中拱涵279米,明渠205米。同年12月底,完成第一、四、五电灌站水泵等设备更新改造工作。

1988年1月15日，湖边水库二站水渠维修工程开工，1988年3月31日竣工，维修护砌二站渠道至马厝渠道 1100 米。同年 10 月 2 日，五通暗涵改造工程开工，12 月 30 日完工，改造湖边至高林暗涵 700 米。

1993 年 2 月起，湖边水库副坝迎水坡翻修工程，大坝迎水坡左右护岸工程先后开工，1994 年 1 月 22 日完工，翻修副坝迎水坡 2176 平方米，加砌防浪墙 200 米，护砌大坝迎水坡右岸 80 米，左岸 65 米。

1997 年，完成溢洪道清淤、维修加固，拆除溢洪道两侧违章建筑面积 300 多平方米。

1999 年 3 月 10 日—2003 年 4 月 20 日，完成水库补水调水工程。总投资 230 万元，建成两层泵站管理房 1 座、安装水轮机组 2 台、变压器 1 间和低压配电安装、下水池、挡土墙、围墙栏杆、室外道路及绿化。

2001 年，大坝护坡修复工程完工，水下护坡抛石 3915.43 立方米、翻修护坡 2395.8 平方米、预制混凝土块护坡 3811.5 平方米，完成土石方 1.31 万立方米。

湖边水库可灌溉面积 7500 亩。2004 年年底，已无农业灌溉任务。

湖边水库整治情况见本志第五篇第三章第一节。

二、防汛抗旱

湖里建区之前，防汛抗旱工作由市政府和郊区防汛抗旱指挥部负责。

1988 年，成立湖里区防汛抗旱指挥部，下设办公室，挂靠湖里区农林局。2002 年，改为挂靠区农业水利局。2004 年 6 月—2007 年年底，挂靠区市政园林局。

（一）防汛

1. 汛期安全检查制度

1959 年至建区之前，辖区境域汛前水利工程检查制度由厦门市郊区办事处、郊区政府负责。区政府成立后，每年的汛期和农历八月大潮来临之前，都例行防汛大检查。区、镇（公社）实行层层负责，区负责小（一）型工程，公社（乡、镇）负责小（二）型工程，各项检查均记录存档，由检查者签名，对检查中发现问题及时责令管理单位限期处理。

防汛大检查每年进行 3 次，第一次检查一般在每年年初，第二次检查，一般在防台风、防农历八月大潮期间，第三次检查一般在每年 10 月 30 日前。

2. 建立汛限水位制度

1996 年起，执行厦门市逐级审批汛限水位制度。区内小（一）型水库及重要小（二）型水库的汛期限制水位由区防汛抗旱指挥部审批。全区蓄水工程汛限水位、库容如下：

湖边水库：设计正常水位 15.5 米，相应库容 545 万立方米，汛中限制水位 3.21 米，相应库容 440 万立方米。

埭辽水库：设计正常水位 4.2 米，相应库容 108 万立方米，汛中限制水位 3.21 米，相应库容 50 万立方米，汛末限制水位 3.5 米，相应库容 65.55 万立方米。

旗山水库：正常水位 10.0 米，相应库容 87.7 万立方米。

新丰水库：正常水位 17.7 米，相应库容 8.8 万立方米。

后港仔水库：正常水位 12.46 米，相应库容 10.1 万立方米。

垄子内水库：正常水位 24.5 米，相应库容 5.17 万立方米。

3. 制定抢险救灾应急预案

实施政府负责人包库包堤安全负责制。2006 年 6 月，区政府制定《社区防洪台风抢险救灾应急预案》，遇到紧急情况，区、街、社区按照应急预案实施抢险。

预案要求：党政主要负责人汛前组织全面检查辖区内所有水利工程，提出保安加固方案，拨出经费，对病、险工程进行维修；汛期深入水利工程管理单位，指挥防汛抢险工作。区（镇）领导下到各自包干负责的工程安全的管理单位，检查督促，严格执行防汛调度方案、抗洪抢险方案，组织力量，做好救灾工作；汛后组织检查水毁工程情况，组织修复，确保水利工程安全度汛，发挥效益。

4. 建立防汛测报通讯网络

20世纪50年代起，厦门市郊区办事处就根据市政府布置，在全区主要河流、水库、堤防设置水位、潮位观测站，建立定期观测、汇报、整编制度。

20世纪60年代起，厦门市郊区防汛抗旱指挥部在全区小（一）型水利工程安装手摇电话，以电话抄表收集雨情和汛情，指挥全区防汛抗旱。

湖里区成立后，逐步建立防汛无线通讯网络，小（一）型以上水库、主要堤岸及镇水利管理站都配备无线通讯设备。

2005年8月起，区防汛抗旱指挥部及街道防汛指挥中心配备台风路径监视系统，实时卫星云图查询，并与省市防汛抗旱指挥部建立远程异地视频会商系统，在台风汛期关键时刻，与上级领导面对面会商、决策和指挥。提高防汛指挥的科学性和指挥水平。

（二）抗旱

1. 抗旱指挥调度

20世纪50年代，实行配水轮灌和流量提水计划。60年代，实行强制性配水计划。70年代，实行特大干旱保收计划。

1987年建区后，区防汛抗旱指挥部办公室及时摸清辖区旱情、水情，实行水量调配计划制度。督促工程管理单位，配合农业部门制订水量调配计划，科学配水，确保缺水时村、镇供水。

80年代后期，建立供水管理承包责任制，由各工程管理单位实行“一条龙”管理办法；遇到旱情紧张时，按照先保生活用水，工业用水、重点农业产区的原则，制订供水计划。

2. 重大抗旱活动

1954年11月—1955年2月，辖区境域大旱145天，为40年来罕见，岛内绝大部分池塘、溪流干涸，禾山全区1954年粮食作物减产28.55%，其中水稻减产55.28%。禾山乡采取打大井、取地下水的办法，尽力挽救受旱作物。

1962年11月—1963年3月，秋冬旱连春旱183天，为历史上罕见。前线人民公社发动全民抗旱，采用水库控制放水量，实行轮灌的办法，保证缺水地区用水。

1988年，雨季提前结束，气温偏高，干旱提前到来，区内大小水库存水量比前年周期减少1/3。花生受旱面积4000亩，大豆受旱100亩。春旱接着夏旱，直接影响到晚季作物无法适时播种，区防汛抗旱指挥部及禾山乡及时组织检修调用电灌站、机灌站，全区180台电动抽水机（2250千瓦），5台柴油机（88马力）投入抗旱抽水。湖边水库6座电灌站日夜不停抽水，同时组织村民清理涵洞淤泥，利用吊桶等传统提水工具，提取小池塘水和地下水，发动有条件的村自购小型柴油抽水机抽水灌溉，保证蔬菜和水稻安全度旱。

90年代之后，随着全区城市化建设不断取得新进展，农业生产抗旱的压力逐年减轻。2004年开始，全区所有工业生产用水和居民生活用水均由厦门市市政部门负责。

第四章　公用事业

第一节　公共交通

民国15年（1926）冬，马来亚华侨黄晴辉、冯开让、方炳坤、薛煜添等成立民办全禾汽车股份有限公司，集资万余元，购买2辆小型客车，开辟美仁宫至江头营运线路，长6.2公里。民国19年，改称全禾公共汽车公司，在辖区境域开办有 4 条线路：

美仁宫—高崎线，途经站点美仁宫、梧村、莲坂、江头、五里亭、安兜、安仁里、高崎；

美仁宫—五通线，途经站点美仁宫、梧村、莲坂、江头、金鸡亭、刘厝、桥头、高林、五通；

美仁宫—钟宅线，途经站点美仁宫、梧村、莲坂、江头、五里亭、安兜、枋湖、县后、钟宅；

美仁宫—江头线，途经站点美仁宫、梧村、莲坂、江头。

厦门沦陷期间，除五通线、高崎线和江头线继续营运外，其他线路停运。

解放初，辖区境域公共交通仍由全禾公共汽车公司负责经营，基本维持传统线路。

1957 年 1 月，辖区境域被列入厦门市公交公司市郊线路的营运范围，开办有轮渡至江头等 3 条线路。1963 年后，增开 2 条市郊线路：轮渡至田头线，全长 16.5 公里，设 14 个站点；轮渡至钟宅线，全长 16 公里，设 14 个站点。

1984 年 9 月，公交公司与香港昌盛行合资创办的“厦盛小巴士公司”开始经营火车站至湖里线路，作为公共交通的补充。1994 年，有轮渡至湖里、轮渡至东渡、厦大至湖里、轮渡至机场、怡景花园至火车站、东渡至火车站、管委会至海沧、火车站至田头、湖里至康乐、轮渡至江头、火车站至钟宅 11 条线路。1999 年，厦门市发展“大公交”，多家私营中巴公司参与营运，参与辖区公交营运的企业有 28 家。

2005 年，参与辖区公交营运的企业由 28 家整合为 9 家，分别是：厦门市公共交通总公司、厦门特运公共交通有限公司、厦门市公益公交有限公司、厦门特运顺联公共交通有限公司、厦门市白鹤客车出租公司、厦门市友谊交通公司、厦门市集美交通运输公司、厦门市集美区交通运输发展公司、厦门市集美区交通服务公司。同年，辖区境域公交线路有 61 条。

截至 2007 年年底，辖区公共交通经营管理由厦门市交通委员会主管。起点或终点设在辖区内的公交营运线路有 66 条，另有多条公交线路穿越辖区。

2007 年起点（或终点）在湖里区的公交线路表

表 4-11

公交线路	起终点	途经站点
6 路	火车站至五缘湾运动馆	火车站、莲坂、莲花登特口腔、吕厝通天地通讯、江头市场、开明电影城、中医院分院、中医院、后坑、湖边、高林、田头、五通泥金、五缘湾运营中心、五缘湾运动馆
7 路	火车站—五缘湾商业街	火车站（小广场）、莲坂、莲花登特口腔、吕厝通天地通讯、江头市场、开明电影城、薛岭、禾兴、金湖路、枋湖西路、枋湖路口、梧桐、宏伟大厦、车管所、尚忠、岭下、钟宅、钟宅村口、禹洲大酒店、五缘湾商业街
9 路	湖里华商物流—火车站	湖里华商物流、湖里大道、区政府（原址）、百乐园、佳丽花园、湖里公园、中心小学、人才中心、电信公司、槟榔一里、槟榔新村、湖明、湖明路口、湖东、火车站
10 路	乌石浦油画村江头北区—轮渡	乌石浦油画村、叉车厂、禾兴、薛岭、厦门师范、开明电影城、江头市场、吕厝通天地通讯、宝龙中心、莲花登特口腔、莲坂国贸、湖东、新村、闽南大厦、中山医院、非矿、电子城、长途车站、建行、太平洋保险、中山路、中医院、海滨大厦、海滨大厦、轮渡
11 路	大唐世家—轮渡	大唐世家、三中、塘边村、万景、康乐华联、南山疗养院、中心小学、湖里公园、仙鹭、特区房地产、区政府（原址）、湖里大道、湖里华商物流、南山弘信创业、濠头裕利、商检、水产进出口、周转房、信隆城、太平洋保险、中山路、中医院、海滨大厦、海滨大厦、轮渡
12 路	东渡—轮渡	东渡、中行、市政府、特贸、白鹭洲、嘉禾园、湖中友好妇科门诊、人民保险、将军祠、一中、中山公园、文化宫名汇广场、中山路、妇幼保健医院、海滨大厦、轮渡
13 路	吉家家世界—火车站	吉家家世界、穆厝、太微山庄、太微花园、禾山中学、博士花园、江头建材市场、中医院分院、新景雅苑、富环大厦、乌石浦、武警支队、仙岳花园、屿后北里、屿后南里、长青路、劳动力大厦、莲岳路口（2）、莲岳路口（1）、体育东村、体育中心、台湾酒店、湖东、火车站

续表4-11

公交线路	起终点	途经站点
16 路	石头皮山—万寿路	万寿路、文园公寓、技工学校、万寿宾馆、阳台山、将军祠、文灶、金榜公园美新、火车站、湖东路、湖光路、凤屿路口、槟榔新村、槟榔路口、电信公司、人才中心、岳阳小区、和通路口、东渡中学、旅总储运、南山弘信创业、海天码头、海天路口、湖里建行、百乐园、佳丽花园、湖里公园、灿坤公司、华泰路口、华荣、嘉园路、天安工业、石头皮山
22 路	胡里山—麦德龙	胡里山、厦大白城、厦大医院、西、博物馆、大生里、镇海路、中山路、太平洋保险、信隆城、周转房、水产进出口、商检、濠头裕利、南山弘信创业、海天路口、湖里建行、区政府（原址）、华美、三航宿舍、象屿、保税区、海发大厦、寨上小学、金属公司、寨上村口、长乐村、嘉园路口、麦德龙
24 路	金山小区亚倍德家具广场—和旭路	和旭路、旅总储运、东渡中学、和通路口、岳阳小区、仙岳村、松岳小区、仙岳医院、汽车服务市场、欧非整形侨建、仙岳花园、武警支队、乌石浦、富环大厦、新景雅苑、中医院分院、江头建材市场、博士花园、禾山中学、太微花园、上店、金山西里、国际山庄、金山小区
25 路	江头小区—轮渡	江头小区、江头、莲花三村、莲花二村、莲花中学、幼儿园、莲花路口、新华书店、莲坂、假日商城、火车站、文灶、酿酒厂、二市、斗西、思北眼科医院、大同小学、开禾路口、轮渡
26 路	怡景花园—石村车站	怡景花园、华光、华荣、华盛、华昌、湖里大道、湖里华商物流、南山弘信创业、濠头裕利、商检、水产进出口、中行、市政府、特贸、白鹭洲、嘉禾园、新村、湖东、莲坂、莲前水务集团、龙山桥、移动公司、卧龙晓城、西林云顶、东芳山庄、瑞景新村、洪文小区、潘宅、侨福城、石村车站
27 路	轮渡—机场	轮渡、轮渡海滨大厦、和平码头、中医院、第一医院、文化宫、公园、一中、将军祠、湖滨中路、新村、湖东、莲坂、莲花登特口腔、吕厝天虹商场、新华学知书店、SM 城市广场、塘边（大唐世家）、火炬园、永升新城、殿前、机场路口、机场大道、叉路口、水利大厦、金尚路口、机场
33 路	麦德龙—火车站	麦德龙、台贸中心、翔鹭花城、殿前村、殿前路口、火炬园、塘边村、华景花园、万景花园、南山疗养院、康乐华联、禹州新村、SM 城市广场、乌石浦、武警支队、仙岳花园、侨建花园、武夷工贸（松柏长途汽车站）、松柏、莲岳路口、莲花路口、莲坂、湖东、火车站
34 路	湖里华商物流—金尚小区	湖里华商物流、湖里大道、区政府（原址）、百乐园、佳丽花园、湖里公园、中心小学、南山疗养院、康乐华联、禹州新村、康乐新村、富环大厦、江头北路、江头市场、莲花三村、泰和花园、公路征费中心、线务局曙光门诊、中孚花园、金尚小区
36 路	会展中心—东渡	会展中心、明发新城、前埔村、国贸新城、华林、潘宅、洪文小区（联丰商城）、瑞景新村、东芳山庄、西林云顶、西林、禹州花园、北大生物园、线务局曙光门诊、公路征费中心、泰和花园、莲花三村、吕厝通天地通讯、宏业大厦、长升大酒店（云香茶厂）、莲岳路口、体育东村、体育中心、邮电大楼、七星路、特贸、市政府、中行、东渡
37 路	火车站—机场	火车站、假日商城、莲坂、莲前水务集团、龙山桥、移动公司、卧龙晓城、西林、禹州花园、北大生物园、中孚花园、上店、太微山庄、穆厝、卢厝、坂上、大湖、林后、水利大厦、叉路口、机场大道、空港酒店、航油酒店、机场
39 路	蔡塘工业区—园山车站	园山车站、禾兴、薛岭、电子职专（厦门师范）、开明电影城（天地花园）、江头市场、莲花三村、泰和花园、公路征费中心、线务局曙光门诊站、忠仑、蔡塘小学、蔡塘村、蔡塘工业区
40 路	保税区—莲花二村	保税区、象屿、三航大厦、华美、区政府（原址）、百乐园、佳丽花园、湖里公园、中心小学、南山疗养院、康乐华联、禹洲新村、康乐新村、乌石浦、武警支队、仙岳花园、屿后北里、屿后南里、长升大酒店（云香茶厂）、莲岳路口、莲花路口、莲花路口、幼儿园、莲花中学、莲花二村

续表4-11

公交线路	起终点	途经站点
41 路	机场—保税区	机场、候机楼、林后、大湖、坂上、卢厝、穆厝、太微山庄、太微花园、禾山中学、博士花园、江头建材市场、中医院分院、新景雅苑、富环大厦、SM 城市广场、明德花园、康乐新村、禹洲新村、康乐华联、南山疗养院、中心小学、工业学校、湖里派出所、湖里建行、海天路口、湖里华商物流、湖里大道、华美、三航大厦、保税区
42 路	文屏—穆厝	文屏、文屏山庄、电化宿舍、金榜公园、火车站、假日商城、莲坂、莲花登特口腔、吕厝通天地通、江头市场、开明电影城（天地花园）、厦门师范、薛岭、禾兴、金湖路、枋湖西路、枋湖村、梧桐、宏伟大厦、车管所、双十中学枋湖校区、枋湖东路、穆厝
43 路	保税区—火车站	保税区、象屿、三航宿舍、华美、区政府（原址）、湖里建行、海天路口、海天码头、南山弘信创业、濠头裕利、商检、水产进出口（原东渡公交站、水产进出口站两站合并为水产进出口站）、周转房、建行、长途车站、电子城非矿、中山医院、新村、湖东、火车站
44 路	高崎新村—火车站	高崎新村、蔬菜交易市场、果品交易市场、埔仔、殿前、永升新、火炬园、塘边（大唐世家）、SM 城市广场、新华学知书店、吕厝天虹商场、宝龙、莲花登特口腔、莲坂、湖东、火车站
45 路	金尚小区—厦大	金尚小区、中孚花园、谊爱路、龙盛里、龙昌里、泰和花园、莲花三村、莲花二村、莲花中学、幼儿园、莲花路口、新华书店、莲坂、湖东、新村、闽南大厦、中山医院、非矿、电子城、长途车站、建行、太平洋保险、中山路、镇海路、大生里、博物馆、鹭大、厦大
46 路	金尚小区—火车站	金尚小区、中孚花园、线务局曙光门诊、公路征费中心、泰和花园、莲花三村、吕厝通天地通讯、莲花登特口腔、莲坂、湖东、火车站
73 路	金山小区—未来海岸	未来海岸、海湾大厦、嵩屿、联检大楼、嵩屿农行、外代大楼、北师大附校、野生动物园、京口海堤、海沧未来橙堡、海沧交警、兴港路口、钟山、海沧房产、海沧建行、海沧管委会、岳阳小区、仙岳村、仙岳医院、武夷工贸（松柏长途汽车站）、松柏、莲岳路口、莲花路口（2）、莲花路口（1）、幼儿园、莲花中学、莲花二村、莲花三村、泰和花园、公路征费中心、线务局曙光门诊、中孚花园、上店、金山西里、国际山庄、金山小区
80 路	保税区—火车站	保税区、海发大厦、寨上小学、金属公司、寨上村口、长乐村、台贸中心、麦德龙、嘉园路口、悦华路口、华荣、湖里检察院、水上乐园、人才中心、电信公司、台湾酒、湖东、火车站
81 路	莲花二村—机场	莲花二村、莲花三村、江头市场、开明电影城、厦门师范、薛岭、禾兴、园山车站、枋湖路口、安兜、边检站、石雕厂、叉路口、太古宿舍、金尚路口、机场
厦 20 线	SM 城市广场—厦大学生公寓	厦大学生公寓、前田、西边村、名仕、海滨宿舍、胡里山、厦大白城 、厦大医院、厦大西村、博物馆希尔福酒店、大生里、中山路、太平洋保险、建行、长途车站、电子城、非矿、中山医院、新村、湖东、台湾酒店、电信公司、人才中心、南山疗养院、康乐、禹洲新村、南山汽车城、园山、叉车厂、禾兴、梅阳花园、SM 城市广场
83 路	大唐世家—公交海沧车站	大唐世家、小东山村口、新丰三路、火炬园路口、石头皮山、华光、华荣、华盛、华昌、区政府（原址）、湖里建行、海天路口、海天码头、南山弘信创业、石塘、金茂花园、海沧房产、海沧建行、海沧管委会、海六路、海沧医院、鑫星河、海福广场、公交海沧车站
84 路	保税区—高崎村	保税区、象屿、三航宿舍、华美、区政府（原址）、湖里免税、汇兴石材、灿坤公司、湖里公安、华光、天安工业、后埔小区、恒盛大厦、永升新城、殿前、中埔、铁路工务段、火车北站、高崎村

续表4-11

公交线路	起终点	途经站点
88 路	松柏—东渡	松柏汇成、松柏公园、屿后南里、松柏中学、湖明路口、槟榔路口、台湾酒店、新村、中山医院、非矿、天湖苑、白鹭洲公园、外国语学校、市政府、中行、东渡
89 路	SM 商业城—新垵柯达	SM 商业城、梅阳新村、薛岭、厦门师范、开明电影城、江头市场、吕厝通天地通讯、莲花登特口腔、莲坂、火车站、湖东绿泉、台湾酒店、电信公司、人才中心、岳阳小区、大坪山、吴冠、高尔夫、翁厝、田边、霞阳路口、许厝、兴旺广场、新阳派出所、新垵塑料、新垵路口、新垵柯达
91 路	会展中心—机场	会展中心、明发新城、前埔村、前埔国贸新城、华林、潘宅、洪文小区（联丰商城）、瑞景新村、东芳山庄、西林云顶、西林、禹州花园、北大生物园、中孚花园、上店、金山西里、国际山庄、第二福利院、穆厝村口、枋湖东路、双十中学枋湖校区、车管所、宏伟大厦、坂上、大湖、林后、金尚路口、机场
94 路	保税区—金山小区	金山小区（亚倍德家具广场）、第二福利院、穆厝村口、穆厝、枋湖东路、双十中学枋湖校区、车管所、宏伟大厦、梧桐、枋湖村、枋湖路口、安兜、创业园、小东山村口、新丰三路、火炬园路口、石头皮山、华光、湖里公安、灿坤公司、汇兴石材、湖里免税、区政府（原址）、华美、三航大厦、象屿、保税区
96 路	胡里山—吉家家世界	吉家家世界、枋湖东路、双十中学枋湖校区、车管所、宏伟大厦、卢厝、穆厝、太微山庄、太微花园、禾山中学、博士花园、江头建材市场、中医院分院、开明电影城、江头市场、莲花三村、泰和花园、公路征费中心、线务局曙光门诊、北大生物园、禹州花园、西林、卧龙晓城、移动公司、龙山桥、莲前水务集团、莲坂、湖东、火车站、金榜公园美新、文灶、酒厂、二市、公园东门、公园东路、实验小学、第一医院、双十中学、大生里、博物馆、鹭大、厦大西村、厦大医院、厦大白城、胡里山
97 路	吉家家世界—海滨大厦	吉家家世界、枋湖村、梧桐、安兜、创业园、小东山村、小东山村口、新丰三路、火炬园路口、石头皮山、华光、湖里公安、水上乐园、人才中心、电信公司、邮电大楼、七星路、白鹭洲、嘉禾园、湖中友好妇科门诊、禾祥登特口腔（禾祥商城）、开元街道办（聚祥广场）、太湖新城、嘉禾饭店、故宫路口、嘉美花园、太平洋保险（思北）、大同小学、开禾路口、鹭江道、轮渡、海滨大厦
98 路	城市职业学院—东渡	城市职业学院、前埔中学、前埔医院、前埔南区、国贸新城、华林、潘宅、洪文小区（联丰商城）、瑞景新村、东方山庄、西林云顶、西林、禹州花园、谊爱路、龙盛里、龙昌里、泰和花园、莲花三村、江头市场、开明电影城、新景雅苑、富环大厦、乌石浦、武警支队、仙岳花园、欧菲整形侨建（侨建花园）、仙洞苑、仙岳医院、仙岳村、人才中心、电信公司、邮电大楼、七星路、特贸、市政府、中行、东渡
99 路	金山小区—第一医院	金山小区、国际山庄、金山西里、太微山庄、太微花园、禾山中学、博士花园、江头建材市场、中医院分院、开明电影城、江头市场、吕厝通天地通讯、宏业大厦、长升大酒店、莲岳路口、湖明路口、槟榔新村、凤屿路口、湖光路、新村、闽南大厦、中山医院、非矿、电子城、长途车站、建行、慧景城、市交通委、安利、鹭江道、轮渡、海滨大厦、和平码头、中医院、双十中学、第一医院
101 路	会展中心—和旭路	会展中心、前埔污水厂、店上西里、南区农贸、前埔南区、前埔国贸新城、华林、潘宅、洪文小区（联丰商城）、瑞景新村、东芳山庄、西林云顶、卧龙晓城、移动公司、龙山桥、莲前水务集团、莲花路口、莲岳路口、松柏、武夷工贸（松柏长途汽车站）、汽车服务市场、仙岳村、岳阳小区、和通路口、东渡中学、旅总储运、和旭路
102 路	和旭路—火车站	和旭路、六中东渡、和通居委会、海嘉面粉、商检、水产进出口（原东渡公交站、水产进出口站两站合并为水产进出口站）、周转房、信隆城、太平洋保险、思北眼科医院、斗西、二市、酿酒厂、文灶、金榜公园·美新、火车站

续表4-11

公交线路	起终点	途经站点
108 路	会展中心—湖里华商物流	会展中心、前埔、国贸新城、华林、潘宅、洪文小区（联丰商城）、瑞景新村、东芳山庄、西林云顶、西林、禹州花园、北大生物园、线务局曙光门诊、公路征费中心、泰和花园、莲花三村、吕厝通天地通讯、吕厝天虹商场、新华学知书店、SM 城市广场、塘边（大唐世家）、石头皮山、华光、华荣、华盛、华昌、区政府（原址）、湖里建行、海天路口、湖里华商物流
109 路	火车站—芙蓉苑	火车站、湖东、台湾酒店、电信公司、人才中心、南山疗养院、康乐华联、禹州新村、明德花园、塘边村、万景、华光路、天安工业、嘉园路、芙蓉苑
805 路	东渡同益码头—景州乐园	景州乐园、塔头、海韵台、黄厝海滨、椰风寨、黄厝石胄头、会展中心、前埔村、国贸新城、华林、潘宅、洪文小区（联丰商城）、瑞景新村、东方山庄、西林云顶、西林、禹州花园、北大生物园、线务局曙光门诊、公路征费中心、泰和花园、莲花三村、江头市场、开明电影城、新景雅苑、富环大厦（SM 城市广场）、乌石浦、武警支队、仙岳花园、侨建花园、武夷工贸（松柏长途汽车站）、松柏、莲岳路口、体育东村、体育中心、邮电大楼、七星路、特贸、市政府、中行、东渡、同益码头
806 路	湖里东方家园—轮渡海滨大厦	轮渡海滨大厦、开禾路口、大同小学、思北眼科医院、斗西路、二市、酿酒厂、文灶、金榜公园·美新、火车站、莲坂、莲花路口、松柏、武夷工贸（松柏长途汽车站）、仙岳医院、文化艺术中心（仙岳村）、中心小学、湖里公园、仙鹭、特区房地产区政府、华美、三航大厦、象屿海发大厦、湖里东方家园
808 路	海福广场—SM 城市广场	海福广场、鑫星河、海沧医院、海六路、海沧建行、海沧房地产、边防、石塘、商检、水产进出口、周转房、信隆城、嘉美花园、故宫路口、嘉禾饭店、太湖新城、聚祥广场、禾祥商城（禾祥登特口腔）、公交工贸、奔马新村、交警支队、火车站、假日商城、莲坂国贸、莲坂新华书店、莲花登特口腔、宝龙中心、吕厝通天地通讯、江头市场、开明电影城、新景雅苑、SM 城市广场
810 路	旭日海湾—双十中学枋湖校区	双十中学枋湖校区、车管所、宏伟大厦、穆厝、太微山庄、上店、中孚花园、北大生物园、禹州花园、西林、卧龙晓城、移动公司、龙山桥、莲前水务集团、莲坂国贸、假日商城、火车站、湖东、新村、闽南大厦、中山医院、非矿、电子城、长途汽车站、湖滨建行、信隆城、周转房、水产进出口、商检、石塘、海沧房产、海沧建行、海沧管委会、海六路、海沧医院、鑫星河、东屿村、旭日海湾（鼓浪湾）
812 路	SM 城市广场—曾厝垵	曾厝垵、曾厝垵小学、珍珠湾、名仕、海滨宿舍、胡里山炮台、厦大白城、厦大医院、水产公司、冷冻厂、外贸宿舍、思明区政府、海滨大厦、大同路口、大同华夏证券、文化宫名汇广场、中山公园、厦门宾馆、一中、一七四医院、将军祠、湖滨中路、嘉禾园、白鹭洲、厦门茶叶、通士达、岳阳小区、文化艺术中心（仙岳村）、仙岳医院、仙岳花园、乌石浦、园山、叉车厂、禾兴、梅阳花园、SM 城市广场
813 路	湖里保税区—文屏山庄	湖里保税区、寨上村口长、乐村、台贸中心、嘉园路口、嘉园路、天安工业、华光、塘边村、塘边、SM 城市广场、乌石浦、武警支队、仙岳花园、侨建花园、武夷工贸（松柏长途汽车站）、松柏、莲岳路口、莲花路口、莲坂新华书店、莲坂国贸、假日商城、火车站、金榜公园、电化宿舍、文屏山庄
504 路	轮渡海滨大厦—芙蓉苑麦德龙	海滨大厦、轮渡邮局、大同小学、太平洋保险、信隆城、周转房、水产进出口、商检、濠头裕利、南山弘信创业、海天码头、湖里车站、百乐园、佳丽花园、湖里公园、中心小学、南山疗养院、康乐华联、禹洲新村、明德花园、塘边村、万景花园、华光、天安工业、嘉园路、芙蓉苑麦德龙

续表4-11

公交线路	起终点	途经站点
506路	后埔—轮渡	后埔村、浦园、江头建材市场、禾山中学、太薇花园、博士花园、江头建材市场、江头医院、电子职专、梅阳花园、富环大厦、乌石浦、武警支队、仙岳花园、侨建花园、汽车服务市场、松岳小区、仙岳村、岳阳小区、通士达、厦门茶叶、特贸、市政府、建兴路、白鹭洲公园、天湖苑、电子城、建行、太平洋保险、开禾路口、轮渡（北门）、海滨大厦
508路	火车站—湖里	火车站（经厦禾路、后埭溪路、文灶街、文屏路）、文灶、金榜公园、假日商城、金枫园、燃料宿舍、东浦一里、鹭峰宾馆、浦南、浦南新、莲前水务集团、莲坂新华书店、农行大厦、幼儿园、莲花中学、莲花二村、莲花三村、江头天地美食城、开明电影城、江头北路（右转仙岳路，绕行兴山路、圆山南路）、南山汽车城、禹洲新村、康乐华联、南山疗养院、中心小学、湖里公园、仙鹭、特区房地产、湖里建行、海天路口、湖里华商物流、湖里区政府（原址）
510路	殿前—后埔	殿前路口、三航、高殿派出所、农行（殿前五组）、玻璃厂、铁路宿舍、殿前小学、部队路口、江西公寓、寨上幼儿园、翔鹭花园、长乐村、寨上村口、金属公司、寨上小学、长乐村口、海发大厦、保税区、象屿、三航大厦、华美、湖里区政府（原址）、百乐园、佳丽花园、中心小学、南山疗养院、康乐华联、禹洲新村、明德花园、园山、叉车厂、禾兴、薛岭、电子职专、江头医院、江头建材市场、博士花园、禾山中学、后埔（太薇花园）
511路	浦口田头—火车站	浦口、下边、田头、高林、湖边、村委会、后坑、太薇花园、禾山中学、博士花园、江头建材市场、江头医院、开明电影城、江头市场、吕厝、宝龙中心、莲花登特口腔、莲坂新华书店、莲坂国贸、火车站（风屿）
513路	钟宅—火车站	钟宅、岭下、尚忠、枋湖、安兜、枋湖路口、枋湖西路、金湖路、禾兴、薛岭、电子职专、开明电影城、江头市场、吕厝、莲花登特口腔、莲坂国贸、火车站（风屿）
515路	火车站—殿前	火车站（风屿）、莲坂、莲坂新华书店、莲花登特口腔、新华学知书店、宏业大厦、长升酒店、劳动力市场、莲花路口、莲岳路口、松柏、武夷工贸、侨建花园、仙岳花园、武警支队、乌石浦、SM城市广场、大唐世家、火炬园、永升新城、三航、高殿派出所、农行（殿前五组）、玻璃厂、铁路宿舍、殿前小学、部队路口、江西公寓、殿前公寓
519路	火车站—机场	火车站（风屿）、莲坂（外图对面）、莲前水务集团、龙山桥、移动公司、禹洲花园、北大生物园、中孚花园、太薇山庄、卢厝、尚忠、坂上、大湖戴尔、林后、光电站、机场（围里）
520路	怡景花园—厦大学生公寓	怡景花园、华荣、华荣路口、灿坤公司、湖里公园、仙鹭、特区房地产、湖里建行、海天路口、南山弘信创业、濠头裕利、商检、水产进出口、周转房、信隆城、太平洋保险、中山路、镇海路、大生里、博物馆、鹭大、厦大西村、厦大医院、厦大白城、胡里山、名仕、西边社、前田、厦大学生公寓
521路	火车站—经SM—湖里	火车站、假日商城、莲坂、湖明路口、湖明、劳动力大厦、长升大酒店、屿后南里、屿后北里、仙岳花园、武警支队、乌石浦、富环大厦（SM城市广场）、明德花园、康乐新村、禹洲新村、康乐华联、南山疗养院、中心小学、湖里公园、仙鹭、特区房地产、湖里建行、海天路口、湖里车站、湖里区政府、华美
522路	松柏汇成—象屿保税区	松柏汇成、松柏公园、松柏大厦、莲岳路口、莲花路口、新华书店、莲坂国、假日商城、火车站、金榜公园、文灶、人民保险、湖中友好妇科、中山医院、非矿、天湖苑、白鹭洲、外国语学校、市政府、中行、水产进出口、商检、濠头裕利、南山弘信创业、海天码头、海天路口、湖里建行、湖里区政府、三航大厦、象屿保税区

续表4-11

公交线路	起终点	途经站点
523 路	湖里交警—经湖里区政府—安兜	幸福第二城、湖里交警大队、金山西里、国际山庄、枋湖东路、双十中学枋湖校区、车管所、宏伟大厦、梧桐、枋湖村、枋湖路口、安兜、创业园、小东山村、古塘垄、永升新城、恒盛大厦、后埔小区、天安工业、悦华公寓、玉泉花园、华昌路口、华美、湖里区政府、百乐园、佳丽花园、中心小学、南山疗养院、康乐华联、万景花园、华光路、石头皮山、小东山村、创业园、安兜
525 路	前埔—湖里	前埔停车场、国贸新城、华林、潘宅、洪文小区（联丰商城）、瑞景新村、东芳山庄、西林、禹洲花园、中孚花园、忠仑、公路征费中心、泰和花园、莲花三村、吕厝、吕厝天虹商场、新华学知书店、SM 城市广场、塘边、石头皮山、华光、华荣、华盛、华昌、湖里区政府
526 路	蔡塘—轮渡	蔡塘土掘、蔡塘村口、蔡塘小学、忠仑、公路征费中心、泰和花园、莲花三村、吕厝、宝龙中心、莲花登特口腔、莲坂新华书店、莲坂国贸、火车站、交警支队、奔马新村、公交工贸、禾祥商城、开元街道办、袁厝、公园东门、公园东路、实验小学、第一医院、双十中学、中医院、海滨大厦
528 路	下忠双十中学枋湖校区—轮渡	双十中学枋湖校区、车管所、宏伟大厦、梧桐、枋湖村、枋湖西路、金湖路、禾兴、薛岭、电子职专、新景雅苑、富环大厦、乌石浦、武警支队、仙岳花园、侨建花园、武夷工贸、松柏、莲岳路口、湖明路口、槟榔新村、凤屿路口、凤屿路、湖东、新村、闽南大厦、湖中友好妇科门诊、禾祥商城、开元街道办、太湖新城、嘉禾饭店、故宫路口、嘉美花园、太平洋保险、开禾路口、轮渡、海滨大厦
530 路	城市职业学院—湖里派出所	城市职业学院、南区一里、前埔南区、国贸新城、华林、潘宅、洪文小区（联丰商城）、瑞景新村、东芳山庄、西林云顶、西林、禹洲花园、北大生物园、中孚花园、太微花园、中医院、中医院分院、新景雅苑、富环大厦、乌石浦、武警支队、仙岳花园、松柏长途汽车站、文化艺术中心、海洋职业学院、人才中心、中心小学、湖里公园、仙鹭、特区房地产、湖里派出所
533 路	文屏山庄—和通里	文屏山庄、电化厂宿舍、文图花园、文灶、人民保险、将军祠、174 医院、一中、厦门宾馆、实验小学、第一医院、双十中学、中医院、海滨大厦、轮渡（邮局）、鹭江道、安利、交通委、兴鸿广场、信隆城、周转房、水产进出口、商检、海嘉、六中东渡校区、和通里

第二节　供　电

一、农村供电

20 世纪 30 年代初，辖区境域江头、五通等商品集散地开始有商家购置柴油发电机发电，为粮食加工、木材加工等提供动力，兼顾照明，广大农村使用煤油照明。

1962 年，供电线路开始进入辖区境域，湖边水库二站、东埔、马垅、穆厝等电灌站投入使用。1963 年，蔡塘生产大队开始通电，成为在厦门农村第一个通电的生产大队。1970—1974 年，相继建成安兜、林后—江边一级、大湖二级等大型电灌站。农副产品加工普遍使用电动设备。1978 年年底，实现村村通电。这一阶段的农村用电受自行筹集资金等条件的制约，供电设施建设标准低，安全可靠性差，未能满足农村居民的生活用电和农村经济发展的需求。

1989 年，蔡塘村投入 50 多万元改善供电设施。之后，禾山镇政府和各行政村相继出资增扩变压器、更新配电线路，改善电力供应。1992 年 1 月，禾山镇政府投资 800 万元增添变压器，改善供电设施。

1994 年，在供电部门的帮助下，新装 2800 千瓦的变压器；投资 500 万元，新建开闭所 3 个，增容 700 千瓦。各村用在供电设施方面的资金达 2300 万元，生产、生活用电紧张问题有较大程度的缓解，1995 年，投资新添变压器 17 台，增容 1 万千瓦，供电状况得到较大改善。1998 年，成立禾山镇电管站，电管站与各村签订目标管理责任书，制定系列规章制度，加大农村电网改造力度，减轻用电单位及个人的用电负担。2000 年，配合市供电局实施农村电网改造。2001 年，总投资 1834 万元的 220 千伏安兜变电站 2 号变扩建工程投产送电，增加岛内 220 千伏变电容量 17 万千伏安。2003 年 4 月 9 日，总投资 3000 多万元的 110 千伏县后变电站竣工送电成功，两台 4 万千伏安的主变压器和两回 11 万伏进线电源开始运行。变电站最终建设规模为 3 台容量均为 4 万千伏安的主变压器、3 回 11 万千伏进线电源。同年 12 月 26 日，辖区农村电网二期工程通过验收，照明电价由改造前的每千瓦时 0.85 元降到 0.436 元。

2004 年开始，全区电力供应全部纳入厦门市供电局管理范围。

二、城市建成区供电

1981 年 10 月 15 日厦门经济特区正式动工之后，辖区境域工业区、新建居民区的开发根据“统一规划、综合开发、配套建设”的原则，由厦门市电业局负责电力设施的配套建设，城市建成区的生活用电、工业用电、商业用电得到可靠保障。湖里建区前，辖区境域的湖里工业区和湖里街道于 1981 年、禾山镇江头居委会辖区于 1986 年纳入厦门市电业局供电范围。

1987 年湖里建区后，城市建成区不断扩大。1993 年，设立枋湖工业区。2000 年，成立殿前街道。2003 年，撤销禾山镇，相继成立江头、禾山、金山街道后，全区纳入厦门市城区电力供应范围。

2003 年夏季，由于省电网电源不足、因持续高温导致负荷不断攀升，出现电力供应不足的状况，辖区被迫拉闸限电。市电业局通过调荷避峰、移峰填谷和大企业错峰等措施，变被动拉闸限电为主动避峰让电，保证辖区供电的安全、有序、可靠。

2004—2007 年，厦门市供电局逐年加大在湖里区电网建设的投资，先后完成五缘湾电力配套和枋湖、五缘湾片区架空线地缆化等工程，为辖区内市政重点工程和大客户设立“配套电力业扩绿色通道”，实行“业扩”工程“四个一”服务，即“一个高级客户项目经理，一个供电服务小组，一揽子解决方案，一条龙服务”，为辖区经济建设提供强有力的电力保障。

三、路灯

1986 年，厦门市供电局在江头街安装路灯。同年，禾山镇江头村集资在环村公路安装 18 盏路灯。此为辖区境域路灯照明之始。湖里建区后，路灯建设纳入城市建设的规划统一实施。市政道路路灯建设由厦门市政府出资，委托建设单位代建，建成后移交厦门市市政园林局市政工程处路灯管理所管理。居民居住小区道路路灯由开发商出资，委托建设单位代建，建成后移交小区物业公司管理。2005 年 9 月，湖里区根据全市统一规划，动工建设首期夜景工程。夜景工程采用 LED（发光二极管）元件，分布在石鼓山、兴湖路、台湾街、吕岭路、嘉禾路一带和仙岳山公园北门周边，2006 年 1 月 24 日正式亮灯，成为厦门市五大 LED 特色夜景之一。

2007 年 12 月，仙岳公园北门 300 米登山道以及山脊线从观音寺至世纪和平广场 4000 米登山步道，沿途安装 145 套太阳能路灯，路灯间距约 30 米，亮度相当于普通的 200 瓦电灯。这是厦门市公园使用太阳能照明之始。

第三节　水　务

一、给水

20 世纪 80 年代之前，辖区境域生活用水主要依靠井水。每个自然村一般都有 1 口至数口不等的水井。农村生产、生活用水则由村集体和村民自筹资金解决。

1985 年，枋湖村集资 15 万元修建厦门市农村第一个自来水站，成为改水的典型。

1986 年，江头村集资 30 万元，为村民安装自来水。

1987 年，黄厝、西林、蔡塘等村集资 10 多万元，为村民安装自来水。

1988 年 9 月—1989 年元月，禾山乡政府从市自来水公司争取到 40 万元资金，乡财政拨款 20 万元，铺设自来水主管道，相关村委会和村民集资 18 万元，建成江头自来水工程，解决江头片区的用水问题。

1993 年，后埔村投资 83 万元建成自来水管网，全村企业生产、村民生活用水实现自来水化。

至 1998 年，安兜村、高林村、后坑村、五通村的村民先后用上自来水。

2000 年，禾山镇政府投资 200 多万元，改造东部农村自来水管道，全镇自来水饮用率达 60%。至 2003 年，全镇自来水并网工程全面完成，自来水入户率达 100%。

2004—2007 年，全区自来水管网建设、管理统一由厦门市市政部门负责。

二、排水

湖里区南部地势较高，东、西、北三面环海，旧时下尾烧灰澳和钟宅湾从东北部切入，各村社雨水和生活废水一般依照地势，顺山谷、河沟排入海域。

1981 年 10 月，湖里出口加工区正式动工。供水和污水排放纳入厦门市市政部门的管理范围，与新区开发同步进行。湖里出口加工区的排水采用水泥混凝土管道，实行雨水、污水分流。此后，新开发区和城市建成区的给、排水系统均由市规划部门、市政部门统一设计、委托施工、统一管理。

辖区中部的小东山一带历史上凭借鳖仔沟将雨水和生活废水排入下尾烧灰澳即埭辽湾。1990 年年底，在小东山一带建成厦门火炬高技术产业开发区，开发区及周围居住区产生的生产和生活废水仍旧通过鳖仔沟排出。90 年代中叶，由于建设需要，埭辽湾的大部分海域被填为陆地，鳖仔沟下游河段被改造成覆盖水泥板的排水暗沟。由于排水不畅，造成上游的新丰水库严重污染。2007 年 3—9 月，市水务集团组织对鳖仔沟排水暗沟进行清淤，地点从华光路至机场出海口，全长 5.5 公里，共清淤 5 万多立方米，确保鳖仔沟排水暗沟畅通。

附：湖里境域水厂

高殿水厂：位于福厦公路旁，机场南侧。该水厂是厦门水务集团有限公司供水规模最大的一家自来水厂，主要承担厦门本岛中心城区、湖里工业开发区、商业中心和成片居住区以及高崎国际机场等生产和生活用水的供水任务。1983 年 3 月动工，1985 年 6 月 3 日正式投产。水厂以坂头水库和九龙江北溪为原水水源。日制水能力 6 万吨。1987 年进行扩建，日制水能力扩大到 18 万立方米。1991—1995 年，进行二次扩建，日制水能力增至 60 万立方米。高殿水厂主要采用的是折板反映池、平流沉淀池、V 型滤池等制水工艺，其净水剂和液氯消毒均采用自动投加，水处理工艺稳定，水质优于国家规定的生活饮用水水质标准。

安兜自来水有限公司：位于枋湖工业区，是枋湖村办集体企业。1985 年，村委会集资 15 万元，建成日供水 3000 多吨的自来水站。1992 年，集资 800 多万元扩建为水厂，日供水量达 1 万吨。水厂以坂头水库和九龙江北溪为原水水源。1993 年，获"城市供水企业资质证书"。1994 年 2 月，投资 700 多万元再次进行扩建，建成日产 4 万吨的新水厂和北溪抽水站。水厂采用大波板斜板无阀滤池制水新工艺，配备齐全的水质验设备，建立二级水质检验制度。水质优于国家饮用水标准，合格率达 100%。2003 年 5 月，通过 ISO 9001：2000 质量管理体系认证，同年 11 月获"全国百家优秀农村水厂"称号。截至 2007 年，公司拥有 2 座水厂，固定总资产近亿元，日供水 7 万吨，基本满足湖里区东部 300 多家企业和 20 多万军民的用水需求。

金山自来水厂：位于禾山镇后坑金山南侧，湖边水库大坝西南角，原为禾山镇政府镇办企业。1991 年 6 月 1 日动工，共投入资金 170 万元，1992 年 5 月 1 日，正式送水。日供水能力 5000 吨。水厂以湖边水库为原水水源。1994 年 3 月，投入资金 420.5 万元进行扩建，日供水能力提高到 1.5 万吨。水厂采用气浮工艺制水，严格按国家颁发的自来水质标准科学管理，水质达到国家生活饮用水标准，被评为省级农村先进水厂。2000 年，供水范围覆盖蔡塘、后埔、后坑、钟宅、高林、五通等 6 个村，供水面积 20 平方公里，外管网总长度 32 公里，有 5000 多户用户。2002 年，水厂被市自来水公司兼并。

第四节　燃料供应

一、煤

清代之前，辖区境域以柴、草、作物秸秆为主要燃料。

清末开始使用煤，但未能推广。1958 年鹰厦铁路通车后，煤成为厦门岛的主要燃料。江头街的少数城市居民凭票供应煤球、蜂窝煤，农村居民则想方设法到用煤单位购买煤块或煤粉，掺和红土自制煤球、蜂窝煤。1980 年开始，生活用煤供应取消城乡差别。湖里建区后，煤成为全区城乡居民主要生活燃料。至 2002 年，全区制作、销售燃煤的小企业有 30 余家。根据市政府 2003 年 8 月颁布的《关于禁止和限制加工、销售、使用燃煤和高污染燃料的通知》，湖里区自 2003 年 9 月 1 日起，禁止任何单位和个人非法加工、销售燃煤；自 2004 年 1 月 1 日起，禁止工业企业以外的单位和个人（包括餐饮服务业、单位食堂、工地食堂和个人居民等）使用燃煤。2004 年 1—2 月，全区开展禁煤专项整治，推广清洁生产工艺和使用清洁能源。同年 3 月起，全区开始禁用燃煤。

二、瓶装液化石油气

1984 年 10 月，辖区境域开始使用瓶装液化石油气，但只有少数用户。1986 年 10 月，在东渡濠头建成东渡液化灌瓶站，年灌瓶 5000 吨。1993 年 11 月，市煤气公司在后坑设代销点，1994 年 6 月，设县后代销点，同年 10 月，设高殿代销点，1996 年 8 月，东渡液化灌瓶站的丹麦转盘灌装线投入使用，年灌装量达 22000 吨。同年 8 月，设高林代销点。1997 年 2 月，设钟宅代销点。基本满足全区瓶装液化石油气用户的需要。同年 2 月，杏泰在县后设立供应点，同气在殿前设立三级供应站，用户 550 户。1998 年 8 月，华润在高殿设立红润供应点，杏泰在中埔设立供应点。同年 11 月，华达乌石浦设立供应点，用户 10000 户。1999 年 8 月，华润在安兜设立供应站，拥有用户 4120 户。同年 5 月，同气在蔡塘设立供应点，用户 2000 户。2001 年 1 月，华润在高崎设立供应点，拥有用户 2704 户。2004 年 3 月，集顺设立湖边供应站。同年 6 月，钟金勇洪塘供应点用户 1000 户。8 月，同气设立马垄供应点，用户 500 户。12 月，坂上设立鹭一供应点，用户 2200 户。2005 年 2 月，同气穆厝供应点用户 1500 户。同年 7 月，集顺设立寨上供应点。2006 年 9 月，鹭航在钟宅设立鹭八供应站，用户约 1000 户。2007 年 12 月，华润设立五通代销点，拥有用户 5097 户。

三、管道燃气

1990 年，管道煤气试投产。1991 年 9 月，设立湖里管理站，主要负责煤气用户的灶具维修和管线投入使用后的改管工作。1993 年 10 月，市政府在寨上投资兴建的厦门煤气厂开始送气。1994 年年初，管道煤气在湖里南部生活区投入使用。之后，新建小区全部使用管道煤气。2000 年 7 月，在金尚社区试用使用管道空混气（即空气与液化石油气的混合气），后在全区普遍推广。2003 年 3 月，厦门煤气厂停产关闭，辖区内管道煤气用户全部改用空混气。无管道的旧社区依然以使用瓶装液化石油气为主。同年 4 月起，辖区管道燃气供气业务由市燃气总公司负责。

第五章　城市管理

第一节　环境卫生

一、道路保洁

1990 年，湖里区城区主干道保洁工作由市城乡建设委员会所属湖里区环卫站负责，当年湖里区道路面积和清扫面积均为 31.53 万平方米。1993 年，湖里城区主次干道的清扫保洁任务由区环卫处承担，保洁道路面积增至 98 万平方米。保洁作业实行上午、下午各一次的“二扫二保洁”的制度。为降低道路粉尘，1994 年，开始每天由洒水车实行洒水降尘作业。

1997 年，道路保洁面积增至 147 万平方米。当年 9 月，区环卫处对 3 条国道（福厦路、疏港路、金尚路）76 万多平方米的路面清扫保洁实行私人承包。2003 年，全区道路清扫保洁面积增至 222 万平方米。当年，对原有的国道清扫保洁承包方式进行改革，由私人承包转为由两家具有法人资格的保洁公司承包，作业面积 140 万平方米。

2004 年，市市政园林局调整市、区市政园林和公用事业的部分事权，将一批城市道路养护下放到区一级。当年，全区道路清扫保洁面积增至 345 万平方米。

2005 年 3 月，辖区次干道划归各街道办清扫保洁，区环卫处负责的道路清扫保洁面积减为 220 万平方米。

2006 年 3 月，次干道清扫保洁任务再收归区环卫处。

2007 年，全区道路清扫保洁面积达 417 万平方米。7 月，根据《湖里区第一批行政和社会公共资源市场化配置分解表》的要求，区环卫处积极推进环卫作业市场化改革，将 244 万平方米的次干道向社会发包，进行公开招投标，由 4 家中标公司负责清扫保洁任务。改革之后，道路清扫保洁逐步实现“干管分离”。道路作业由承包公司实施，所有的主次干道都实行全天不间断清扫保洁，机扫率提高到 60%。区环卫处承担指导、考评、监督职责。

辖区内主次干道之外的街巷的清扫保洁工作由街道环卫所、社区居委会具体负责。

二、垃圾收集与清运

厦门经济特区开始建设至湖里区建区初期，辖区主要街道垃圾收集采取区环卫所（站）派出垃圾收集车定时巡回收集的方式。湖里环卫站在湖里街道设置有 18 个垃圾落地处和 130 个垃圾容器，同时设置 50 处垃圾收集点，由环卫站派出的垃圾收集车到达时通过摇铃通知居民、店家倾倒垃圾。城乡结合部的垃圾由各村居自行消纳。存在垃圾乱倾倒现象，影响湖里区市容环境卫生水平的提高。

1994 年，开始建立清洁楼，作为垃圾收集的集中、转运点。道路清扫垃圾、居民生活垃圾运至清洁楼进行集中（东部片区清洁楼较少，由垃圾池暂时替代），由区环卫处统一运往市垃圾压缩处理站；各沿街店面、企事业单位的垃圾由区环卫处、街道环卫所派专人定时上门收集，运往清洁楼集中转运，或直接运往垃圾压缩站或填埋场。

2005 年 3 月起，原本由各村自行负责清运的垃圾也纳入区环卫处的清运范围，日增加垃圾 300 多吨。区内道路清扫垃圾、居民生活垃圾全部纳入区环卫处的收运范围，“城中村”的市容卫生状况得到改善。

截至 2007 年年底，全区建有清洁楼 28 座、设置果皮箱 2453 个，日清运垃圾量约计 900 多吨，做到日产日清。

三、环卫设施与经费

20世纪90年代初期，全区环卫支出不到200万元，环卫设施以垃圾箱、果皮箱、三轮车为主。1993年，全区年度环卫开支160万元，全区有公厕4座、果皮箱400个、三轮车35辆、汽车24部。此后，环卫经费开支逐年扩大，环卫基础设施建设不断发展，标准化清洁楼、公厕、道班房以及垃圾集运车辆、三轮保洁车、洒水车等机械设备力量逐年增加。2004年，市政府将环境卫生管理的事权下放到区政府后，全区每年环卫经费以每年1000万元左右的幅度增长（详见表4-12）。

2005年2—4月，区城管办牵头对后浦公厕实施改造。改造后的后浦公厕外部造型凸显闽南建筑风格，内部挑高达4米，开阔通风，以磨砂玻璃为幕墙，饰以腊梅、惠安石雕等装饰。厕内设有无障碍通道、紧急呼叫系统、烘干机、应急照明、感应式音响等设备和残疾人、孕妇、儿童专用设施，成为示范公厕。

截至2007年年底，全区有规范化清洁楼28座、公厕19座、清洁卫生道班房9座；有汽车134辆，其中大清扫车15部、小电动清扫车30多部、洒水车4部；有清洁三轮车163辆、果皮箱2453个。全年环境卫生经费支出达4061万元，是1993年的25.38倍。

1993—2007年湖里区环卫概况表

表4-12

年份	人员（人）			道路面积（万平方米）	清洁楼（座）	公厕（座）	道班房（座）	车辆（部）	三轮车（部）	果皮箱（个/套）	经费支出（万元）
	合计	编内	编外								
1993	293	78	215	98	0	4	0	24	35	400	160
1994	216	89	127	119	4	6	1	27	39	486	400
1995	395	110	285	123	4	6	1	34	40	621	578
1996	470	103	367	128	8	7	2	37	43	725	720
1997	496	124	372	147	8	11	2	40	79	876	883
1998	508	127	381	158	10	14	2	50	102	919	1100
1999	520	124	396	187	12	16	2	46	96	939	1285
2000	522	125	397	199	14	17	2	48	123	974	1382
2001	568	127	441	199	14	17	2	52	137	998	1481
2002	651	132	519	240	14	20	2	57	153	1053	1639
2003	702	127	575	222	14	17	3	58	168	1049	1777
2004	525	128	397	345	16	17	7	63	138	1444	1901
2005	521	80	441	220	21	18	9	105	57	1448	2359
2006	782	79	703	370	26	20	9	120	70	2238	3385
2007	365	73	292	417	28	19	9	134	163	2453	4061

四、环境卫生管理

1987—1993年，清理“三乱”（乱张贴、乱涂写、乱悬挂），查找、整治卫生死角，配合执法部门做好“门前三包”、占道经营的整治，维护市容市貌整洁有序，逐步建立市容市貌长效管理机制。

1995—1996年，投入大量人力、物力，争创全国卫生城市。

2003年，以防治“非典”为中心，建立定期消毒制度，把住垃圾源头关，积极清理卫生死角，确保防治工作落实到位。

2005年，配合争创首批全国文明城市的活动，开展文明劝导活动，加强各项市容管理工作，区环卫处被评为“厦门市创建全国文明城市先进单位”。

2006 年，巩固文明创建成果，做好迎接“国家卫生城市”省级复查和“省文明城区检查”工作。向市民群众宣传市容法规，清洁楼、公厕延长对外服务时间，设施进行全面检查和维护。2006 年 4 月，受市环卫处委托，湖里区环卫处作为湖里区垃圾收费管理机构，在辖区内开展垃圾排放申报工作和生活垃圾处理费征收工作。

2007 年，制订各项市容保障计划，加大市容保洁力度：清洁楼垃圾清运作业实行“两班倒”，对外服务时间达 13 小时以上，做到垃圾日产日清；公厕管理实行专人专职管理，每天对外服务 16 个小时，做到全天候保洁、随时消杀；加大考评力度，做好考评通报，及时反馈考评信息并督促整改；建立监督反馈制度，设立“社会投诉登记簿”，群众的每一宗投诉都能做到有取证、有处理、有跟踪、有落实、有回复；加强与街道环卫所的工作协调，解决好城乡结合部卫生管理盲区，消灭卫生死角。

第二节　市容市貌整治

一、日常管理

湖里区建区初期，即在湖里、江头等城市建成区建立门前“三包”（包市容整洁、包环境卫生、包卫生设施完好）制度。城管办成立后，常年组织进行日常巡查，并每月组织市容考评团进行市容考评，针对管理不到位现象发出口头或书面整改通知，责令责任单位或责任人限时整改，对考评中发现的卫生死角，则组织、协调相关单位及时整治。

建区初期，区政府在每年春节、“9·8”投洽会及国庆等节庆和重要活动之前举行全区党政机关、辖区居民、企事业团体、驻厦官兵共同参与开展义务劳动，对市容市貌及进出岛通道进行整治。20 世纪 90 年代之后，突击性整治转为常态化管理。

1993 年 7 月开始，区城管办负责处理上级转发转办的关于市容环境卫生的信访件和市民关于市容环境卫生的投诉。及时派员查看现场，协调责任单位进行处理，并将处理结果及时反馈至上级部门或投诉人。

二、专项整治

城市“三乱”整治　20 世纪 80 年代后期，城市“三乱”成为影响市容市貌的痼疾。90 年代中叶，全市统一采取对制造“三乱”的通信工具进行干扰、取缔的做法加以整治，一度取得显著效果。90 年代后期，“三乱”再度萌发。辖区各街道先后成立义务“除癣队”，重点对公交站点、商业中心等人群密集地的“三乱”进行“定人、定点、定时”清除。

华昌路整治　1993 年，区城管办协同湖里交警大队向厦门市人民政府城市管理办公室申请设立华昌路安全防护栏，改善华昌路道路拥挤、人车混流、车辆乱停放、交通事故频发的状况。

铁路沿线整治　鹰厦铁路在湖里区境内吕岭路铁路桥至高崎海堤路段全长 7.8 公里，铁路沿线建有大量的违法建筑、临时搭盖，建筑外观破旧，屋顶、门前大量堆放杂物，住户、商家的生活垃圾倾倒在铁路护坡上，严重破坏厦门的市容市貌和城市形象。2004 年 11 月，按照全市统一部署，区城管办组织殿前街道、区环卫处等相关职能部门开展铁路沿线市容环境卫生整治，并形成定期巡查的制度，使辖区内铁路沿线的环境卫生得到较大改善。

三、市容环境卫生考评

（一）市级考评

1994 年年初，厦门市市容环境卫生考评委制定市区街道、基建工地、窗口单位、农贸市场、住宅小区等 5 个常规考评项目的《厦门市市容和环境卫生考评标准》《厦门市市容环境卫生考评和奖罚办法》以及城乡结合部和海域岸线单位环境卫生专项考评规章制度，采取明察暗访相结合的办法，开始对湖里区的市容环境卫生进行考评。明察考评每月举行一次，暗访考评不定期进行。湖里大道等考评对象多次获得达标的佳绩。

2005 年 9 月，湖里区城乡结合部和海域岸线单位在全市市容考评检查中获全市第一名。

2007 年，市级常规考评项目增 16 项，分别为：城区道路、城乡结合部、海岸线（沙滩）、窗口单位、集贸市场、城市过境公路、在建建筑（市政）工地等场所的市容和环境卫生管理，城区道路、广场街旁的绿地管理，公园和旅游景点、住宅小区的市容管理，单位庭院绿化管理，市政道路养护管理，城市二次供水设施、各区二次供水管理，城市公交候车廊容貌管理等 16 项；专项考评有城市市容管理阶段性重点项目考评，铁路沿线市容和环境卫生管理，综合性园林绿化、环境卫生管理与居住小区园林绿化、环境卫生专项治理考评，城市绿地街景小喷泉管理，工地、道路扬尘污染治理考评等 5 个项目。湖里区被列为厦门市市容考评委的考评范围见附。

附：2007 年湖里区市级市容环境卫生考评范围（摘要）

一、城区道路市容和环境卫生管理

湖里街道、江头街道、殿前街道、金山街道

二、城乡结合部（城中村）市容和环境卫生管理

湖里街道：塘边社区、后浦旧村

殿前街道：高殿社区殿前、高殿社区寨上、高殿社区高崎、高殿社区中埔、马垅社区马垅、马垅社区小东山

江头街道：后埔社区后埔、后埔社区薛岭、蔡塘社区蔡塘、蔡塘社区古地石、乌石浦旧村

禾山街道：枋湖社区枋湖、枋湖社区林后、枋湖社区安兜、坂尚社区坂上、岭下社区墩上、钟宅社区钟宅

金山街道：五通社区西头、高林社区田头、后坑社区前社、后坑社区后社、后坑社区西潘

三、海岸线（沙滩）市容和环境卫生管理

海天码头、海达车客渡码头、同益码头、东渡码头、象屿码头

四、城区道路绿地管理

嘉园路等 53 条街道

五、公园、旅游点市容管理

湖里公园、仙岳公园、江头公园

六、居住小区市容管理

殿前街道 6 处，江头街道 19 处，湖里街道 20 处，金山街道 5 处

七、花园式单位庭院 33 处

八、市政道路养护 50 条

（二）区级考评

2003 年 6 月，成立区市容环境卫生考评委（以下简称区考评委）组织各街道办、区市政园林局、区行政执法局、区工商局、区环保局、湖里交警大队、区建设局、特邀考评团专员、区市政园林服务中心、区环卫处等职能部门对辖区的各考评点进行考评。

区考评委的考评有日常考评和定期考评两种形式。

日常考评：区考评委常年对辖区各主次干道及城乡结合部各考评点进行巡查，巡查结果以《湖里城管简报》的形式向各责任单位进行通报。截至 2007 年年底，共发放 68 期。

定期考评：区考评委在每月一次的市级考评前组织进行一次区级综合考评。区级综合考评原来为期半天。随着考评范围的扩大、考评内容的细化，2007 年 7 月起调整为 2 天。区级考评的情况通过《湖里城管简报》进行通报。

附：2007 年湖里区区级市容环境卫生考评范围（158 个）

殿前街道：永乐阁、省安装公司宿舍、三航六公司、殿前铁路家园、科技村、兴隆新村、神山公寓等7 处

江头街道：泰和花园、金岭花园、惠鸿花园、金盛花园、天宝花园、金彩苑、金鑫小区、鹭宝花园、银龙小区、边防支队宿舍、江头苑、嘉隆公寓、禾山供销社、禾山土石方公司、嘉景花园、SM 城市广场、嘉隆建材城、江头蔬菜市场、一元花园、玉鹭苑、中福城、丰泽苑、莱茵花园、金鸿花园、金龙公寓、江鹭花园、嘉信公寓、金山公寓、金禾楼、嘉诚花园、园山公寓、龙潭花园、安泰花园、源泉山庄、福洋花园、桃园大厦、中环花园、亿星大厦、金盛大厦、航空大厦、长安大厦、永同昌大厦、国泰大厦、国宝新城、水岸豪景、江头商城、龙门天下、城中都市、东方威尼斯、新景园、豪峰大厦、国联大厦、江头电信大楼、天地花园、华城花园、嘉达花园、科瑞大厦、台商会馆、百果山公寓等59 处

湖里街道：广兴新村、泰裕新村、半山豪庭、恒丰花园、怡景花园、世纪嘉园、鸿图苑、特祥苑、金庄花园、象屿花园、三航公寓、三航宿舍（徐厝）、兴湖花园、信达大厦、湖里区政府宿舍、嘉湖花园、韵园公寓、韵园别墅、玉泉花园、南泉小筑、悦华公寓、怡家园、明星家园、榕福苑、东（南）苑屯、三航宿舍（东渡）、上苑山庄、东兴小区、东荣小区、东辉小区、海洋研究院小区、水产研究院小区、物构小区、特水小区、和旭里小区、沧海苑小区、金龙银龙大厦小区、五矿大厦、榕海花园、闽交公司、和宁里小区、濠头苑、滨海森林、金海花园、嵩海宿舍、福隆花园、和通新村、港务宿舍、万景花园、雅影花园、外贸宿舍、台北新村、凯城花园、明德花园、森宝大厦、欣华花园、奔马馨园、明园大厦、新湖花园、豪景阁、裕成大厦、振华大厦、宝鹭苑、双狮南里、黄金大厦、村里外口公寓、银都广场、临海苑、滨海苑、华海苑、宜宾路 2-4 号、兴隆路 32-34 号、海天路 223-289 号、台湾工业区、荣华小区、华昌小区、厦门立杰纺织有限公司、佳丽花园、信息宿舍、德信庄园、外口公寓、华远小区、南山小区、公园新村、南泰苑、华泰苑、德辉花园、海天大厦、港务集团宿舍、海俱宿舍等91 处

金山街道：宏山新村

第三节 城市管理行政执法

一、违法建设查处

（一）日常管理

2004 年 4 月，开始派协管员进村开展巡查，同时构建“协管员—管片执法队员—中队领导—机关督察—社会监督员”五级巡查网络，做到早发现、早制止、早拆除，把违法抢建制止在萌芽中。截至 2007 年年底，有 169 户处在萌芽状态的违法抢建户放弃抢建的想法而停工，近 700 余处违法建设被制止在萌芽状态。

从 2004 年 4 月 27 日开始，对抢建多发的村庄中储备的建材进行清理，组织执法队员、协管员，联合边防武警、公安巡警对围里等重点村社实行 24 小时巡查，及时堵截建材车辆入村，截断违法抢建的材料。至 2007 年年底，共暂扣承运与违法建设有关的车辆 5000 余部，遏制抢建违法建筑 10 万余平方米。

2007 年，区行政执法局与街道配合，在重点工程征地范围内设立“严管区”，派驻工作组，对违法抢建实行严防严控。高新技术园区征地范围内的墩上、岭下，枋湖片区内的枋湖、梧桐、薛岭、后埔，湖边水库片区的蔡塘，五缘湾片区的仓后、前头等 19 个村庄，实现“零”违建。

（二）强制拆除

2004 年 6 月初至 2004 年年底，采取“断梁”行动，对 416 处、16 万余平方米违法建设在原有人工拆除的基础上，切割违建房屋的梁柱，达到彻底拆除的目的。2004 年，全年共拆除违法建设 1187 处、

42.14万平方米。

2005年，共组织强制拆除违法建设2626起（次），实际拆除面积35.8万平方米，发出《停止违法行为通知书》2284份，暂扣各种涉嫌参与违建的违章运输车2249部、搅拌机90台。

2006年，配合县黄路A3段、A4段，五缘湾内湖整治，五石路，高新技术园区等十几个重点工程，拆除历史遗留的违建。4月18日—5月18日，对全区的违法建设开展清理行动，拆除违法建设123处，拆除面积达3.65万平方米（含重点工程1.5万平方米），其中采用机械对钟宅原机砖厂旁、高林69号旁、75号北侧等面积较大的违法建设进行彻底拆除，共拆除违法建设49处。同年10月，对违章翻建、扩建、加层的违法建设开展为期一个月的专项治理行动，拆除违章翻建、扩建、加层的违法建设90处，面积达1.47万平方米。拆除黄厝仙岳路征地范围内9幢建筑面积达5000平方米的违法建设。2006年，全年发出拆迁通告14份，顺利办理4例强制拆迁案件。共强制拆除违法建设1372起（次），实际拆除面积达26.36万平方米（含重复拆除）。

2007年，与下边社33户翔安隧道征地拆迁户陆续签订协议。协助殿前街道做好公铁大桥征地范围内100多户居民、30多家工厂的搬迁工作。年内开展查处违法建设的“百日会战”，4月26日对环湖里大道征地范围内已征用土地上未拆的14幢、近万平方米厂房进行机械强制拆除，拆除蔡塘社区湖边水库整治工程范围内3户“钉子户”2546平方米厂房；拆除五缘湾内湖整治工程范围内的3个沙场经营场所，五缘湾内湖的沙场整治全部完成。全年共查处违法建设417处，拆除面积7.74万平方米。禾山片区的厂房违建抢建近乎为“零”，私房违建抢建比往年下降22%，创历年同期新低；金山片区的后门、田中央、黄厝、西林、东宅、后头6个自然村首次出现“零”违建；路下、林边、莲山头3个自然村的违建也全面停工。2007年，共清查违法建设2927起，强制拆除2866起，拆除面积49.17万平方米（含重复拆除）。

二、市容执法

（一）日常巡查

2007年7月开始，对凤湖街、华昌路、竹坑路、SM商业城周边、江头等敏感地域指定协管员定点监控，队员分片包干巡查，实行24小时的值班备勤和巡查制度。同年9月开始，对占道经营多发区采用定人定岗值勤与不定期冲击相结合的办法，加强上下班空档时间的巡查和监控。

（二）市容投诉处理

2004年4月开始，实行“110”24小时备勤，建立“接警—出警—处警—反馈”的工作制度。2004年，共处理来电、来访和相关信访部门转来的各类信访件10256件，处理“110”联动案件2253件，完成区政府督办件、机关效能等投诉件230件，承办人大和政协提案3件。2005年，共处理各类举报案件8784起，其中“110”案件4098件，督办件1747件，群众举报件4311件。2006年，共处理各类举报件8067件，其中“110”案件3162件，督办件113件，群众举报件4792件。2007年，共处理各类信访件13612件，比上年同期增加3057件。其中，区局直接受理群众举报5589件，接收市局信访处理单2491份，“110”联动案件3057件，市局“12319”投诉2244件，督办件213件（区局直接受理183件，接收市局30件）。

（三）专项整治

2004年，对铁路沿线、江头片区、SM商业城周边、湖里菜市场周边、康乐新村周边、永升新城周边、殿前菜市场周边以及区政府周边、悦华酒店周边等进行多次重点整治，共纠正占道经营4万余起，“门前三包”不落实1.8万余起，没收果蔬1.95万余公斤均送往福利院、敬老院和部队，处罚1628起、罚款13.55万元。2005年，纠正各类市容违章约32万起，取缔占道经营57989起，清理乱张贴小广告2万多张，暂扣超时经营早餐车305部，取缔非法自制早餐车558部，取缔人力板车、人力三轮车2326部，查扣“黑气”1480瓶，查扣涉嫌运送“黑气”车辆16部。2006年，取缔占道经营24348起，暂扣561起；纠正“门前三包”不落实33418起，暂扣259起；纠正“三乱”行为21860起，取缔“三乱”行为2932起。2007年，纠正占道经营62446起，取缔7531起，暂扣452起，罚款24757元；纠正门前三包45346起，取缔830起，暂扣58起；纠正“三乱”行为195981起，取缔4432起，暂扣142起，罚款

3000 元；纠正早餐车超时经营 3183 起，取缔 165 起，暂扣 90 起，罚款 5470 元。

2004 年，开展以“优化市容执法”为主题的“夏风行动”，共纠正各类违章行为 14834 起，其中占道经营 9022 起，门前三包不落实 3249 起，油烟、噪音扰民 363 起，其他各类违章行为为 2399 起，处罚 620 起，处罚金额近 4.34 万元。

2004 年，在全区范围内实行“市容秩序示范街”工程，将金尚路、湖里大道等主要道路首批列入“市容秩序示范街”的名录（包括执法中队、执法责任人、所辖街区、投诉监督电话等）向社会公布。

2004 年，组织执法人员对城区内的早餐工程车进行专项整顿和治理，共取缔无证早餐工程车 389 部，暂扣超时经营的早餐车 800 余部。2005 年，暂扣超时经营早餐车 305 部，取缔非法自制早餐车 558 部。2006 年，取缔非法自制早餐车 311 部，暂扣超时占道经营早餐车 470 部，罚款 2.35 万余元。2007 年，纠正早餐车超时经营 3183 起，取缔 165 起，暂扣 90 起，罚款 5470 元。

2004 年 4 月，组织各执法中队对辖区学校周边进行专项整顿。5 月下旬，针对高考期间保障相对安静的备考环境，对噪声扰民现象进行专项整顿，共分发宣传材料 389 份，检查和督促建筑工地文明施工 11 处。2005 年 4 月，联合教育、工商等部门上路纠正、取缔学校周边不规范用字广告牌，共拆除不规范用字的广告牌 643 个。2006 年 6 月高考、中考期间，出动 80 多人次对湖里区范围内 7 个考点周边进行噪音监控，共纠正噪音扰民行为 366 起。2007 年，联合相关部门对校园周边的市容市貌进行整治，取缔“三无”产品、盗版音像制品和书籍地摊；组织人员对学校周边进行为期半个月的排查，排查水库、水池、水井、采石坑等安全隐患 54 处。

针对建筑工地的封闭施工、建筑材料堆放有序，及噪音控制和净车出入场的滴、撒、漏等污染问题，对违反《厦门市城市市容和环境卫生管理办法》和《厦门市环境保护条例》等相关的法规给予处罚。2006 年 3 月，纠正路面污染共计 5 起，责令当事人对路面进行清洗。

2004 年 2 月，对辖区内洗车场进行专项整治，共发出责令整改通知书 12 份，取缔 3 家违章临时搭盖的洗车场。

2004 年 5 月下旬至 2004 年年底，共纠正乱占道停车 70 多起，处罚 48 起，处罚金额共 1.14 万元。

2004 年 10 月底，开始对小区内违法停车现象进行专项整治，共开具处罚通知单 187 份，纠正 122 起，处罚 59 起，处罚金额 11800 元。2007 年，纠正小区乱停车 847 起、移交交警部门处罚 31 起。

2004 年，查处辖区内存在安全隐患的 10 家“黑气”（无证照经营燃气）点，查扣大小燃气钢瓶 920 余件。2005 年，查扣“黑气”1480 瓶，查扣涉嫌运送“黑气”车辆 16 部。2006 年，共查处“黑气”68 起，查扣“黑气”1571 瓶。2007 年，查处燃气违法案件 258 起，查扣“黑气”33 起。

2004 年，成立专门执法中队，配合环保局开展“禁煤”行动，重点对进岛的两大通道进行 24 小时严守把关。在为期 3 个月的查处行动中共查处大小承运成品煤 40 多车，其他车辆 20 余车，总计重量 400 多吨。2004 年 6 月至 2004 年年底，共取缔 500 余个蜂窝煤炉。2006 年，共纠正非法使用蜂窝煤 1304 起，取缔 1886 起。2007 年，取缔非法使用蜂窝煤 893 起。

2006 年，共纠正噪音扰民行为 4784 起，取缔 651 起；纠正油烟扰民行为 4263 起，取缔 538 起；纠正露天占道烧烤 6032 起，取缔 2236 起。2007 年，纠正噪音扰民 1047 起，油烟扰民 456 起，露天烧烤 1149 起，

2006 年，共取缔人力板车、人力三轮车 1692 部。

针对在湖边水库、五缘湾内湖等整治工程红线内乱倒建筑渣土的违法行为安排人员进行蹲点，及时制止和查处乱倒建筑渣土的违法行为。

三、行政执法监督

2004 年后，陆续制定《湖里区城市管理行政执法局工作人员绩效考评和奖励试行办法》《岗位责任书》《监察责任书》，推行执法守纪情况月登记表制度，落实制度管人机制。一线执法队员每月填写执法守纪情况月登记表。规范处理程序，每周公布违章处罚人名单，增强处罚的公正性和透明度。定期开展绩效评估工作。严格岗位责任和监察责任，按片区落实责任人员，分解任务，机关挂片进行督查。对大案要

案开展评议，防止决策失误。2005 年，聘请 12 名行风监督员，不定期召开行政管理相对人座谈会和行风效能评议会等，加大社会监督力度。2006 年 4 月，制定《湖里区城市管理行政执法局执法人员轮岗管理办法（试行）》。5 月，陆续进行中队内部轮岗；8 月 30 日，进行部分人员的岗位调整。

2006 年，对区局行政执法主体及其执法依据进行梳理，依法梳理行政执法主体 1 个、行政执法行为 347 项、行政执法依据 37 件（不包括行政执法共同依据）。结合“五五”普法工作的开展，梳理出培训学习类 23 项、执法文书类 16 项。

2007 年，成立协管员管理办公室，当年辞退违规违纪的协管员 23 人。

第六章　机构设置

第一节　行政机构

一、区建设局

1988 年 1 月，成立湖里区城市建设管理局，内设党政行政科、计财科、城管科和建安管理科。1993 年 6 月，更名为湖里区城乡建设委员会，内设总工室、办公室、建工科、城管科和土地管理科（厦门市土地局驻湖里工作站）。1997 年 5 月，更名为湖里区建设局，内设综合科、园林科、建管科和工程科。

2004 年 6 月，核定行政编制 8 名、机关事业编制 19 名，内设综合科、建设管理科，下属有建设服务中心、规划站、建设工程质量安全监督站 3 家事业单位。截至 2007 年年底，内设机构不变，下辖区建设服务中心、区建设工程质量安全监督站两家事业单位。

历任局长、主任为许家杰（1988. 1—1993. 6）、陈慧龄（1993. 6—1994. 11）、陈耀辉（1994. 11—1999. 8）、吴振志（1999. 8—2002. 10）、裴再生（2002. 10—2004. 6）、龚建阳（2007. 4—　）。

二、区市政园林局

2003 年 9 月组建区市政园林局。2004 年 6 月 25 日正式成立，区农业水利局与其合署办公，加挂区防汛抗旱指挥部办公室牌子，主管全区市政园林和农业水利行政管理。内设市政科、园林科，有行政编制 6 名，2005 年 12 月增为 7 名。

历任局长为陈雄辉（2003. 11—2007. 4）、裴再生（2007. 4—　）。

三、区城市管理办公室

成立于 1993 年 6 月，是湖里区人民政府管理城市的指挥、协调和管理机构。

区辖各街道均设立综治与城管办，与区城管办对接相关工作。

2003 年 2 月，区城管办聘用区机关退休干部成立市容特邀考评团，为一年一聘的非正式机构，负责检查、监督辖区市容市貌。

截至 2007 年年底，区城管办尚未列入政府机构编制，3 位工作人员均属借调性质，另有自聘人员 2 人。历任主任为杨友才（1993. 7—2007. 3）、郭漳楚（2007. 4—　）。

四、区城市管理行政执法局

2004 年 2 月正式组建，与湖里区城市管理行政执法大队为“一套班子，两块牌子”。同年 7 月，各街道执法中队进行整合。辖区城市管理行政执法统一归口区城市管理行政执法局，各街道城市管理行政执法中队负责街道辖区城市管理行政执法。中队日常工作由街道管理，业务受区城市管理行政执法局指导，人事、编制由区城市管理行政执法局主管，街道协管。

局机关内设综合科、监督检查科、政策法规科 3 个职能科室，下设执法机构湖里、殿前、江头、禾山、金山等 5 个驻街道中队和 1 个机动中队。

区行政执法局核定行政执法专项编制 85 名，其中局机关 15 名、中队 70 名；另有非在编人员和协管员若干名。

2005 年 1 月开始，协管员由区局和各街道分别管理。区局保留 60 个协管员名额，由机动中队管理；170 名协管员由各街道自行招聘、自行管理。

截至 2007 年年底，在编执法人员为 81 人，其中局机关 14 人、直属执法中队 67 人；另有 13 名非在编人员和 230 名（含街道）协管员。

历任局长为郭志艺（2004. 2—2007. 4）、陈福龙（2007. 4— ）。

第二节 事业单位

一、区建设系统

（一）厦门市湖里区建设工程质量安全监督站

1994 年 8 月成立，原名为湖里区建筑质量安全监督站，编制 4 名，经费为自收自支。2004 年更名。更名后隶属关系、单位性质、人员编制、经费渠道不变。设站长 1 名、土建监督员 2 名、水电安装监督员 1 名、安全监督员 2 名。2007 年，核定编制由 6 名增至 10 名。在编人员中有高级工程师 3 人、工程师 4 人、助理工程师 2 人。该站主要职责是对区属（立项）的建设工程质量安全具体实施监督检查。1994—2007 年，监督情况见表 10-1、表 10-2。

（二）区建设服务中心

2002 年 8 月 2 日，撤销建设局所属“建筑劳力管理站”“基本建设造价管理站”“砂石管理站”三家事业单位，成立湖里区建设服务中心，核定全民事业编制 10 人。2004 年，撤销湖里区村镇规划建设管理站，其职能并入区建设服务中心，核定编制增至 13 人。2007 年，核定编制增至 20 人。

2003 年，市政府出台《厦门市各区人民政府包干负责市重点建设项目征地拆迁工作办法》，财政性投融资的市重点建设项目的征地拆迁工作由项目所在区人民政府总负责，征用土地实行费用和责任包干，房屋拆迁实行责任包干。区建设服务中心主要负责湖里区市政道路和市、区重点项目建设、旧村改造、新区建设等征地拆迁的协调、服务工作。

二、区市政园林系统

（一）区市政园林服务中心

前身为厦门凤凰绿化公司，成立于 1984 年 12 月，1997 年 9 月，更名为厦门湖里绿化工程处，隶属于厦门市建委。2005 年 3 月 1 日，因事权下放，划归湖里区，隶属于厦门市湖里区市政园林局。2005 年 12 月 2 日，更名为厦门市湖里区市政园林服务中心（加挂厦门市湖里区农业技术服务中心、厦门湖里绿化工程处牌子）。

中心共有正式职工 53 人，专业技术干部 22 人，拥有城市园林绿化二级施工资质和风景园林乙级设计资质。是厦门唯一一家集园林绿化设计、施工、花、苗木生产和养护管理于一体的处级园林绿化单位。

中心担负湖里区次干道路和公共绿地园林绿化的规划设计、建设、养护管理、技术指导等任务；湖里区城市次干道的市政设施改造建设和日常维护管理任务；夜景工程建设和维护任务；农业技术服务任务；市政园林的“110”联动任务，包括森林防火、防汛接处警等。

（二）湖里公园管理处

湖里公园管理处成立于1995年5月，为正科级全民事业单位，人员编制74人，隶属于厦门市建委。2004年1月，下放湖里区隶属湖里区市政园林局，编制数变更为35人。负责湖里公园的建设与管理及湖里区新建公园的开发与建设。

（三）仙岳山公园管理处

1995年3月，成立厦门市仙岳公园筹建处，编制数20人；2004年下放湖里区，2004年7月21日，正式成立厦门市仙岳公园管理处，为全民事业单位，核定编制16名，负责公园的建设、管理及森林防火工作。

（四）区环境卫生管理处

1983年3月，成立厦门市湖里市政服务队，归湖里工业区公用事业公司管理。1989年11月，更名为"厦门市湖里工业区市政环卫管理站"。1993年4月，湖里工业区市政环卫管理站移交湖里区城建局主管，更名为"厦门市湖里区市政环卫管理站"。1993年7月，再次更名为"厦门市湖里区市容环境卫生管理处"。区环卫处成立至1993年，内设办公室、财务科、市容科、业务科、车队及市容监察科。办公地址位于华昌路2号。1997年10月，迁址海天路8号并增设政工科、考评科、基建设备科。2004年1月，湖里区环卫处移交区市政园林局管理。同年撤销市容监察科，市容执法权收归区行政执法局。2006年11月，区环卫处机构规格确定为相当于正科级。截至2007年年底，区环卫处共设7科1室，分别为办公室、政工科、财务科、市容科、考评科、机运科、基建设备科和收费科。2006年3月，在对环卫管理体制再次调整后，区环卫处的主要职责为：负责区市容环境卫生行业监管；负责主次干道的清扫、保洁；负责主次干道中绿化中分带（不含两侧绿地）的清扫保洁；负责主次干道果皮箱的设置和管理；负责清洁楼、公厕的规划、建设和管理；负责垃圾转运及主次干道沿街店面及企事业单位垃圾代清运有偿服务。

1992年，湖里环卫站人员核编数为191名，1993年，增编78名，1996年，再次增编41名，共计310名。2005年，区环卫处管理体制进行调整，部分职责下放各街道环卫所，区环卫处编制由原核定310名核减为79名。截至2007年年底，区环卫处在职实有人数为365人，其中，编内人员73人、编外人员292人。干部17人，工人348人；大专以上学历（含）55人。下属单位有：

禾山镇江头环卫所：1989年7月成立江头公用事业管理站，为禾山镇镇办事业单位。1995年，改称江头环卫所，日常工作由厦门市天地建设开发公司代管。2001年7月，纳入区环卫处统一管理。

禾山环卫所：1996年4月成立，为全民事业单位。2004年11月，纳入区环卫处统一管理。

（五）街道环卫所

2004年，调整区街环卫体制，在各街道成立环卫所，将部分权、责下放到街道环卫所。2006年3月，再次调整区环卫管理体制，街道环卫所的主要职责为：负责落实街道辖区内背街小巷的清扫保洁和村间、住宅区间道路、居民楼院环境卫生的保洁管理及垃圾容器的设置和管理；负责做好小街小巷内各店面、居民生活垃圾的上门收集有偿服务；负责组织落实"门前三包""门内达标"等工作；负责协调、检查、督促辖区内各社区环境卫生的实施等。截至2007年年底，湖里、殿前、禾山、江头、金山等5个街道均设有环卫所。街道环卫所归口街道办管理，湖里街道环卫所定编10人、殿前街道环卫所定编8人、禾山街道环卫所定编8人、江头街道环卫所定编10人、金山街道环卫所定编8人。

第五篇　环境保护

20 世纪 80 年代前，辖区境域为厦门市郊区，区域内环境呈自然状态，污染较少。

20 世纪 80 年代后，辖区境域开始史无前例的工业化、城市化进程。工业发展迅速，“三废”（废水、废气、废物）排放量激增，生态平衡受到破坏。80—90 年代，街道开展外引内联，发展街办企业。但大多无“三废”处理能力。一些污染企业迁入，加重污染负荷。外来人员大量涌入，生活垃圾增多。工业废弃物随意处置与滥用，生产、生活垃圾不能及时消纳。加之交通运输机械化水平提高，土地河流不科学使用，致使环境污染日趋严重。

湖里区政府成立后，于 1991 年 11 月设立区环境保护局。贯彻环境保护基本国策，开展全区环境综合整治和各类污染源治理。

生态环境治理方面：2001 年，对进入江头天地湖的两股较大污水进行截污，缓解松柏内湖水质恶化。2007 年，开展火炬高新区新丰水库污染整治示范工程建设。同年 3 月，对湖边水库进行综合整治。至年底，清淤工程基本完成，水质达到二级饮用水源水质标准。同年，开始从严控制埭辽水库周边新建项目。

污染源治理方面：截至 2007 年年底，辖区企业实现污水零排放项目 10 个，12 家工业企业和 2 家机关事业单位中水回用量 4000 吨/日，全区工业重复用水率 82. 54%。同年，开始在使用锅炉的重点企业中推广使用清洁能源，鸿佳地毯等 5 家企业改用乳化重油作为燃料。2005 年 2 月，建设并运营生活垃圾分类处理厂。2005—2007 年，辖区内所有重点工业污染企业和 72 家医疗机构所产生的工业固体废物及医疗垃圾统一由绿洲公司进行无害化处理。

2000 年开始，街道不再办企业。2005 年，在湖里工业区实施“腾巢换凤”。所谓“腾巢换凤”，是指引导劳动密集型的制造业外迁，将其生产基地迁往岛外，其总部、研发中心、销售中心留下，腾出的厂房改造装修成准写字楼，引进高新技术研发机构，或用于发展物流、货代等第三产业，优化、提升辖区的经济结构。自此至 2007 年，湖里区各项污染排放指标呈逐年下降的趋势。

第一章　环境状况

第一节　污染源

一、大气污染源

湖里区的大气污染源主要是工业废气、汽车尾气、施工工地扬尘。

湖里区工业废气近年排放情况见表 5-1。

若干年份厦门市湖里区工业废气排放情况

表 5-1

年份	区域	工业废气排放总量（万标立方米）	其中：燃料废气排放量（万标立方米）	二氧化硫排放量（吨）	烟尘排放量（吨）
1995	厦门市	1457837	1104024	19067. 582	4985. 43
	湖里区	105389	59337	473. 24	92. 49
2000	厦门市	2321692	1669592	38523. 55	9575. 45
	湖里区	349836	16413	178. 63	29. 28
2005	厦门市	4707451	2950330	56958. 18	8256. 29
	湖里区	284154	11102	112. 81	9. 36
2007	厦门市	6556171	4108291	52100. 95	4128. 31
	湖里区	266142	17875	87. 3	5. 1

二、水污染源

湖里区的水污染源主要包括工业废水、生活污水。湖里区工业废水（等标污染荷）近年排放情况见表 5-2。

若干年份厦门市湖里区工业废水排放情况

表 5-2

年份	区域	工业废水排放总量（万吨）	工业废水排放达标量（万吨）	工业废水处理量（万吨）	化学需氧量排放量（吨）
1995	厦门市	3794. 42	1065. 22	1399	7132. 77
	湖里区	457. 87	150. 83	188	234. 10
2000	厦门市	3044. 25	3025. 25	3931. 63	8769. 58
	湖里区	639. 49	639. 49	683. 68	506. 39
2005	厦门市	3688. 04	3524. 04	—	4960. 65
	湖里区	388. 51	370. 30	—	246. 99
2007	厦门市	4313. 86	4302. 98	4097. 15	3829. 88
	湖里区	247. 27	247. 05	406. 67	120. 5

三、噪声污染源

湖里区的噪声污染源主要包括工厂噪声、交通噪声、社会生活噪声、施工噪声。最典型的交通噪声污染源为高崎国际机场飞机起降时产生的噪声，影响范围主要集中在辖区北部长乐路沿线地带。

四、固体废弃物污染源

（一）一般工业固体废物

湖里区一般工业固体废物排放量主要分布的行业为食品加工业和电子行业，去向主要是随生活垃圾一起送往填埋场。工业固体废物污染排放及处理利用情况见本篇第三章第三节。

（二）危险废物

1. 工业危险废物

湖里区工业危险废物主要有表面处理废液、废酸碱等类，分布于化学原料及化学制品制造、金属制造业、食品制造业等，处置方法主要由工厂的酸碱中和设施，按要求做到达标排放；感光材料废物、部分含酚废物以及其他危险废物，主要由企业进行综合利用或利用处理设施处置。

综合利用的主要类别为：染料、涂料废物、有机树脂类废物、感光材料废物等，主要分布于通信设备、计算机及其他电子设备制造业、化学原料及化学制品制造业、化学纤维制造业等。但由于危险废物综合利用能力整体仍处于起步阶段，理化性质有其特殊性，所以综合利用率有待提高。

个别企业存在危险废物处置不规范的问题，将废油漆、废有机树脂、废石棉、废玻璃纤维、热加工行业的表面处理废物、重金属污泥等违规自行转移处置，或雇请私人填埋、或私自焚烧、倾倒。

2. 医疗废物

湖里区的医疗废物主要是医院临床废物，其次是医药废物、废医药、药品废物，感光材料废物产生量较少。医疗废物 94. 1% 来自于卫生行业，5. 90% 来自医药制造业。

医疗废物年处置量占总医疗废物量的 99. 5%，年排放量占总医疗废物产生量的 0. 5%，主要是个别小型诊所违规排放。

（三）城市生活垃圾

1. 生活垃圾

城市生活垃圾主要包括居民垃圾、商业（餐饮业、农贸市场等）垃圾、清扫垃圾及少量的其他垃圾。全区各垃圾处理场正常运转，城市生活垃圾绝大部分都进行了无害化处置，2007 年全市生活垃圾无害化处理率为 96. 6%，湖里区全年垃圾清运量为 32. 85 万吨。

2005 年，湖里区的生活垃圾有机类成分占 60%，比“九五”期间提高 10%。生活垃圾中有机类的主要为厨余垃圾。区有关部门在建设项目审批、竣工环境保护验收工作中，对可能产生废弃食用油脂污染的项目，均遵照《厦门市环境保护条例》等法律、法规的规定，要求建设单位配套完善油水分离装置，并将废弃食用油脂及泔水委托有资质的单位处置，将餐厨有机垃圾加工为皮革加脂剂、淬火油等工业原料进行循环利用。

20 世纪 90 年代之后，塑料制品在生活垃圾中的含量比值逐年增加，由于塑料的不易腐烂和降解的性能，处置不当会带来永久性污染。

2. 电子垃圾

湖里区主要电子垃圾有废旧电视机、冰箱、洗衣机等家用电器和电脑、手机、废电池等，含有 700 多种有害的化学物质，其中 50% 是危险废物，如果处理不当，这些物质就会污染土壤、水源、动植物，并最终对人类的身体健康和生命安全造成严重危害。

（四）建筑垃圾

湖里区建筑垃圾主要包括施工工地产生的土方、拆迁房屋（旧城改造）土方、装修建筑垃圾三种类型。建筑垃圾的堆存侵占大量的土地，破坏植被，对周围环境造成的压力逐年增加，成为生态保护和经济发展面临的又一大难题。

五、其他污染源

（一）放射性污染源

湖里区没有独立的放射源调查资料。厦门市环境监测中心站于 1995 年 1 月开始、1996 年 12 月完成的厦门市放射性污染源现状调查与管理对策研究可作为参考。

环境放射性水平　厦门市区原野天然γ辐射剂量率平均水平为 127. 3nGy/h（纳戈瑞/小时，下同），是 UNSCEAR1982 年报告提供世界正常地区典型值（50nGy/h）的 2. 5 倍；厦门市区室内外环境γ辐射剂量率的比值平均为 1. 21，与 UNSCEAR1982 年给出的全球平均值（1. 2）无显著差异；市区居民受天然陆地γ辐射所致人均年有效剂量当量 98×10^{-2}mSv（毫希沃特，下同），是 UNSCEAR1982 年报告公布的世界典型值的2.8倍。厦门市饮用水总α、总β放射性水平均达到国家饮用水水质标准。

放射性污染源调查 放射性污染源有开放型放射性同位素、密封放射源、伴生放射性矿物及射线装置四大类。湖里区为主要分布区之一。放射源在应用中产生的废物包括液态、固态和气态3种形式，排放不慎可造成外照射和内照射的危害。开放源和射线装置集中于从事放免治疗的医疗卫生系统，密封源的应用则以科研机构和高校为主。

辖区内的密封放射源污染主要有以下几类：高校和科研机构常用的气相色谱仪、ECD气—质联动仪、荧光分析仪；医疗机构常用的放射治疗装置和骨密度仪；石化行业的料位计；卷烟行业的密度计；食品、饮料行业的液位计等。该类污染源在应用过程中无放射性“三废”产生，但仍有潜在的照射危险，尤其是对退役报废的密封源缺乏规范化的管理手段，有可能导致该类物质流及能量流对人体造成伤害。

辖区内的非密封放射源污染主要有：医疗机构使用的放射免疫测定、脏器扫描、ECT、肿瘤性质诊断、血液系统检查等；高校用于物质结构、生物、化学等方面研究的仪器。该类污染源数量逐渐增加，应用领域较为集中，医疗机构与高校都属于人群密集地区，应提高辐射防护水平和设备的先进性。

辖区内X射线类污染主要有：机械、电子工业行业使用的工业探伤机；海关、空港、海运码头、火车站等部门使用的行李检查装置；医疗机构的牙科机、X射线机、CT机等。该类污染源中，工业探伤机使用的现场防护条件较差，现场基本没有屏蔽措施，往往造成泄露射线量超标，对周围环境的照射量严重危害人体健康；机场、港口、海关用于行李安检使用的X射线近年来增长迅速，且都放置于人流密集处，现场无专用探伤室，人机间无屏蔽防护设备，其X射线能量流对环境和人群的污染也是不容忽视的；而医疗机构的该类污染源有望通过提高辐射防护水平而趋于缓和。

（二）电磁辐射污染源

在日常生产运行中产生电磁辐射污染的设备主要有广播电视发射、通信、雷达设备、工、科、医高频设备、高压电力系统和交通系统。“九五”“十五”期间，电磁辐射的监测对象主要针对各类通信基站。

电场强度测量值与基站的发射功率的大小，测试点与发射天线的距离和高差，以及是否落在天线的主辐射方向等因素有关。中国联通厦门公司所拥有的基站数量较少，为增加信号的覆盖面积，该公司所属基站的发射功率一般较大，但由于基站多安装在专用铁塔之上，与周围敏感人群尚有一定的距离，各测点的电场强度得以衰减至电磁防护标准限值以下，没有发现电场强度测量值有超标现象；福建省移动通信厦门公司所拥有的基站数量较多，有些基站建在居民小区内，该公司比较重视电磁辐射污染问题，基站发射功率较小，天线安装在居民难以达到的地方，凡有居民活动的地方亦无发现电场强度测量值超标现象；电信部门所设“小灵通”基站由于发射功率小，各测点的电场强度测量值均远低于国家有关电场强度的限值，对周围环境不会造成电磁辐射污染。

第二节　环境质量评估

一、大气环境质量

1981—1989年，湖里区未设大气监控点。1990年，实施新的监测方案，优化布点调整后增加湖里为大气控测点。厦门市环境监测中心站对湖里大气国控测点完成从手工间歇采样（每月隔天采样十五日）过渡到空气24小时自动连续监测。

1990—2007年湖里区大气主要污染物浓度及综合污染指数统计

表5-3　　单位：毫克/立方米

年份	二氧化硫	二氧化氮	可吸入颗粒物	综合污染指数
1990	0.012	0.012	0.090	1.49
1991	0.007	0.011	0.094	1.71

续表5-3

年份	二氧化硫	二氧化氮	可吸入颗粒物	综合污染指数
1992	0.006	0.013	0.090	1.46
1993	0.009	0.018	0.100	1.67
1994	0.008	0.018	0.079	1.30
1995	0.010	0.023	0.066	1.52
1996	0.007	0.020	0.079	1.11
1997	0.007	0.024	0.081	1.21
1998	0.020	0.031	0.076	1.51
1999	0.029	0.029	0.076	2.14
2000	0.019	0.021	0.085	2.11
2001	0.027	0.028	0.070	2.13
2002	0.025	0.045	0.078	2.16
2003	0.018	0.041	0.079	2.08
2004	0.025	0.051	0.072	2.15
2005	0.028	0.056	0.079	2.19
2006	0.032	0.064	0.089	2.11
2007	0.025	0.058	0.088	2.02

说明："可吸入颗粒物"一栏1990—1999年为"总悬浮颗粒物"

二、水环境质量

（一）湖边水库水质

湖边水库属重点保护水域执行GB3838—2002Ⅲ类标准。1996年，开始对湖边水库进行综合治理，但治理结束后的管理力度不够，各种污染现象均有回潮，导致湖边水库的水质急剧恶化。厦门市环境监测中心站自1997年5月开始逐月对湖边水库进行监测。监测结果表明：湖边水库的主要污染物有高锰酸盐、亚硝酸盐氮、石油类、五日生化需氧量、非离子氨和总大肠菌群，从污染负荷来看，这6项污染因子占湖边水库水质污染总负荷的绝大部分，1997—2000年这4个年份中，6项污染因子在污染总负荷中所占比例分别达到67.6%、84.9%、88.0%和91.7%，水体呈现明显的有机质污染。以地面水Ⅲ类标准来衡量，1998—2000年这6项污染因子的年均值除1998年高锰酸盐指数略低于标准外，其余均超过地面水Ⅲ类标准。4年间，湖边水库主要污染因子浓度呈明显上升趋势。

2001—2005年，湖边水库水质只能达到Ⅴ类或为超Ⅴ类水质，水质达标率为零（地表水Ⅲ类水质标准）。5年期间，年浓度均值超出Ⅲ类水质标准的污染物有总磷、总氮、高锰酸盐指数、石油类、五日生化需氧量；高锰酸盐指数、硝酸盐氮、总磷、石油类等浓度值自2002年后有逐年上升的趋势，2005年，又有所好转。与"九五"期间相比，水质状况基本相同，石油类、五日生化需氧量、粪大肠菌群等指标浓度值有所下降；高锰酸盐指数、硝酸盐氮等指标浓度值却有所恶化。

2006年，湖边水库为Ⅴ类水质，主要超标污染物是总氮、总磷、五日生化需氧量，与2005年相比，水质无明显变化。2007年，湖边水库综合整治被列为市政府为民办实事重点项目，按二级饮用水水源标准进行治理。

（二）近岸海域水环境质量

辖区海域海水以超三类海水为主。1998—2000年，超三类海水分别占各年监测总数的84.4%、79.2%、72.4%，而无机氮、活性磷、总铅、总大肠菌群则是影响厦门岛周围海水质量的主要污染因子。以2000年为例：厦门东部海区水质明显好于西部海区；引起水质超四类标准的污染因子是无机氮；厦门岛周围海域活性磷除西港外以一、二类海水为主，西港活性磷以三类和超三类海水为主；厦门岛周围海域总铅以二、三类海水为主。

2001—2005年，劣三类海水水质比例分别为62.1%、52.6%、53.3%、76.4%、79.8%。2002年与2003年水质有所好转，2004—2005年，水质又开始有所降低，特别是水体氮、磷污染程度明显加重，

2004 年与 2005 年，无机氮样品的超标率均超过 70% 左右。各海域水质比较结果：厦门东部海区和同安湾水质相对较好，南部海域水质次之，西海域及九龙江入海区域水质最差。但是，截至 2007 年，东部海区和同安湾水质仍然无法达到其功能区划的要求。

2000 年与 2005 年湖里区海域水质评价情况见表 5-4。

2000 年、2005 年湖里区海域水质评价结果

表 5-4

分海域名称	年份	一类海水（%）	二类海水（%）	三类海水（%）	四类海水（%）	劣四类海水（%）	主要污染物
	2000	0.0	33.33	54.17	12.50	0.00	活性磷、总铅
同安湾	2005	3.1	15.60	3.10	28.10	50.00	无机氮、活性磷酸盐、粪大肠菌群
	2000	0.0	1.04	2.08	40.63	56.25	无机氮、活性磷、总铅总大肠菌群
西海域	2005	0.8	8.60	5.50	1.60	83.60	无机氮、活性磷酸盐、粪大肠菌群

2006 年，湖里海域主要污染物仍为无机氮与活性磷酸盐，其无机氮的浓度及其超标率均有所上升。各海区无机氮浓度均超过海水水质四类标准，为劣四类海水。与 2005 年比较，海域水质有所降低。

2007 年，湖里海域海水主要污染物仍为无机氮与活性磷酸盐，其浓度平均值分别为 0.643 毫克/升和 0.028 毫克/升（按各海区面积加权平均），与上年比较，无机氮浓度下降 30.1%，活性磷酸盐浓度上升 7.7%；各海区无机氮浓度有不同程度的下降，下降率在 20% ~40% 之间，同安湾下降率最高为 40%，西海域北部海区下降率最低为 20%。各海区无机氮浓度均超过海水水质四类标准，为劣四类海水。与 2006 年比较，海域水质类别基本不变。

主要污染物浓度变化如下：

无机氮　1996—2000 年，厦门西海域的无机氮含量前 4 年间呈明显的递增趋势。2000 年，西海域的无机氮含量与 1999 年持平，无机氮含量为全海域最高，水质最差。而同安湾在 1999 年就开始呈现出下降趋势，年均值符合二类海水标准。2001—2005 年，湖里海域无机氮浓度基本呈现逐年上升的趋势，即使在西海域综合整治后的 2003 年，其无机氮的浓度值依然没有明显好转的迹象，西海域无机氮污染浓度大于同安湾。

活性磷酸盐　1996—2000 年期间，西海域的活性磷含量 1996—1999 年呈现缓慢递增的趋势，而在 2000 年有所下降。湖里周围海域活性磷含量相比较，西海域大于同安湾。2001—2005 年活性磷酸盐浓度的年均值均低于 0.045 毫克/升，同安湾及西海域均出现超标。污染物浓度的时间变化特征：2001 年污染物含量相对较高，2002 年污染物浓度最低，2003—2004 年除同安湾逐年上升外，其他各海域活性磷酸盐浓度基本保持不变，这主要是由于西海域网箱拆除后，水产养殖业向同安湾迁移，因而造成该海域水体活性磷酸盐浓度持续升高。

总铅　1996—2000 年，湖里周围海域的总铅含量在 1997 年均出现一个较低值，在 1998—2000 年间有明显的下降趋势。2000 年，西海域、同安湾总铅的年均值达到二类海水标准。从采样时间来看，湖里海域平水期总铅浓度比丰水期和枯水期高。相对而言，厦门岛东面海域的总铅含量较西部海域高。2001—2005 年，湖里海域中重金属总铅的浓度基本呈现一种逐年降低的趋势，至 2005 年，同安湾、西海域总铅的浓度分别为 0.00167 毫克/升、0.00161 毫克/升，比 2001 年降低 57.2%、42.5%，除个别季节样品出现超标外，水体中总铅的浓度基本达到功能区划的要求，总铅已不作为湖里海域水体的主要污染物。

三、声环境质量

湖里区噪声监测由厦门市环境监测中心站负责。厦门市在 1981 年、1985 年开始对全市区的区域噪声和道路交通噪声进行监测，从1989年起就逐年进行例行的城市区域噪声、功能区噪声、道路交通噪声的监测。按照国家和福建省有关文件要求及操作规范，厦门市从1993年开始环境噪声达标区建设工作。1994年之前，噪声评价标准执行GB3096—82《城市区域环境噪声标准》，1994年后使用新的GB3096—93标准评价。

至1995年年底，建成杏林、鼓浪屿、湖里噪声达标区共10.28平方千米，占厦门市建成区的17.6%。1997年，厦门市在二类混合区创建25.1平方千米的噪声达标区，其中湖里区7.3平方千米。2004年，又扩大创建湖里噪声达标区。2004—2007年，湖里区道路交通噪声基本保持在67.5~69分贝之间。

（一）区域环境噪声

1994年之前，湖里区主要噪声源为交通噪声。1995年，交通噪声降为第二位噪声源，生活噪声成为主要的噪声源。

2001—2005年，湖里区环境噪声质量属轻度污染。生活噪声仍为主要噪声源，占39.2%。

2006—2007年，湖里区区域噪声在55.5~56.2分贝之间。

（二）功能区噪声

历年检测结果显示，居民文教区和一类混合区昼间、夜间环境噪声100%超标，超标范围1.7~11.5分贝，主要是受社会生活噪声影响；二类混合区昼间、夜间环境噪声达标；工业集中区1992—1993年昼间、夜间环境噪声超标，1994—1995年，工业噪声基本得到控制，昼间、夜间环境噪声很接近标准值，但1995年昼间环境噪声尚超0.5分贝，夜间已达标；交通干线道路两侧环境噪声1991—1994年昼间、夜间环境噪声超标，1995年，昼间已达标，但夜间仍超标10.3分贝，主要原因为车流量大。汽车发动机的强噪声所致。

1996—2000年，交通干线道路两侧的昼夜平均噪声等效声级基本维持不变；居民文教区的昼间平均等效声级略有下降，而夜间平均等效声级则有上下反复的变化；混合区，工业集中区平均昼夜噪声等效声级有下降的趋势，但不明显。4个功能区中唯有工业集中区五年昼间、夜间平均噪声达标率达到100%，其余3个功能区均不同程度有超标现象，其中交通干线道路两侧昼间全部达标，而夜间噪声均超过标准限值；居民文教区、混合区昼间、夜间均有超标现象。

2001—2005年，居民文教区的昼间噪声、混合区的夜间噪声和交通干线道路两侧夜间噪声等效声级年均值基本维持不变；而居民文教区夜间噪声、混合区的昼间噪声、工业集中区的昼夜间噪声和交通干线道路两侧昼间噪声等效声级年均值有上下反复的变化，工业集中区的夜间噪声等效声级年均值波动范围较大。

（三）道路交通噪声

1987—1994年，全区城市道路交通噪声超标路段高达100%，成为主要环境问题。1994年12月，将城市主干道列为禁鸣喇叭路段，1995年，在厦门全岛实行禁鸣喇叭。此外，还不断加强道路的改造建设，强化交通管理秩序，有效控制交通噪声。从1994年起，道路交通噪声等效声级开始呈下降的趋势。1995—2007年，道路交通噪声仍基本保持68~69分贝之间。

四、放射性与电磁辐射水平

厦门市环境监测中心站于1995年1月—1996年12月开展放射性污染源调查。测点设置按500米×500米的网格布设，全市共200点。根据点位条件，每个网格点分别测量原野、道路和建筑物室内γ辐射剂量率。

（一）湖里区原野天然γ辐射剂量率水平

厦门市区123个测点，原野天然γ辐射剂量率平均值127.3nGy/h，湖里区55个测点，平均值为127.2nGy/h。

不同原野类型的环境γ辐射剂量率以沙土类的水平最高为130.2nGy/h，草地类最低为124.7nGy/h，但经统计分析无显著差异。调查表明：原野γ辐射剂量率水平和变化趋势与测区地形、山脉走向、成土母岩的地质特征等有密切关系。

（二）湖里区道路天然γ辐射剂量率水平

市区道路天然γ辐射剂量率平均水平为 145. 8nGy/h，湖里区 56 个测点平均值 134. 8nGy/h 为全市最低。不同道路类型环境天然γ辐射剂量率水平以石块（板）类的道路剂量率水平最高，平均值达 169. 7nGy/h，比各种类型道路平均值 129. 9nGy/h 高出 39. 8nGy/h。

（三）湖里区建筑物室内环境γ辐射剂量率水平

市区建筑物室内环境γ辐射剂量率平均水平为 172. 7nGy/h，湖里区 54 个测点平均值 170. 8nGy/h。由于花岗岩石块天然放射性核素含量较高，导致以石块为建材的建筑物室内环境γ辐射剂量率水平最高，混凝土框架及砖木类的建筑物室内环境γ辐射剂量率水平相对较低，分别为 132. 0nGy/h、166. 0nGy/h。

（四）湖里区居民承受的公众剂量估算

城市居民因天然贯穿辐射外照射所致人均年有效剂量当量包括两部分，即：天然陆地γ辐射和宇宙射线辐射所致人均有效剂量当量。湖里区居民受环境陆地γ辐射（室内外）所致人均年有效剂量当量为 98×10^{-2}mSv，受宇宙射线电离成分所致人均年有效剂量当量为 21.4×10^{-2}mSv，天然贯穿辐射所致人均年有效剂量当量为 119.4×10^{-2}mSv。

第二章　环境监测

第一节　环境要素监测

一、水体水质监测

（一）监测水系

湖里辖区内监测的水系包括湖边水库和五缘湾。

（二）监测频次

湖边水库：1997 年 5 月开始，每月监测一次。2006 年，由于实施清淤治理工程，暂时停止监测。

五缘湾：2004 年开始，每个季度监测两次。

（三）监测项目

水系监测项目主要包括：水温、水色、透明度、盐度、总磷、亚硝酸盐、硝酸盐氮、氨氮、铜、镉、汞、铅、砷、挥发酚、氰化物、叶绿素 a、悬浮物、总氮、石油类、溶解氧、pH 值、氟化物、粪大肠菌群、五日生化需氧量、高锰酸盐指数、阴离子表面活性剂等，以及气温、气压等简易气象。

二、空气监测

（一）监测点

1989 年之前，湖里辖区内设有东渡气象台大气监测点，为对照点。1990 年实施新的监测方案，湖里（二级）为厦门市 4 个大气国控测点之一。

（二）监测项目

截至 2007 年，湖里区环境空气质量监测项目为二氧化硫、二氧化氮、总悬浮颗粒物、降尘和硫酸盐化速率等。采样高度为 10 ~ 15 米。

（三）监测方法

二氧化硫、二氧化氮采取 24 小时恒温恒流采样。“九五”期间的 1997—1998 年，厦门市环境监测中心站相继引进美国 API 公司和瑞典 OPSIS 公司等的环境空气质量自动监测系统。陆续在 4 个大气国控测点完成。从手工间歇采样（每月隔天采样十五日）过渡到空气 24 小时自动连续监测。评价方法采用《环境质量报告书编写技术规定》中的秩相关系数法和污染综合指数法，并首次采用空气污染指数法（API）。

三、噪声监测

湖里区开展功能区噪声定期监测，道路交通噪声监测，城市区域环境噪声监测，噪声达标区监测。

（一）功能区噪声定期监测

湖里现有监测点为厦门市环境保护科研所和康乐新村。每年测 4 期，每季测 1 期，每期 24 小时连续监测。

（二）道路交通噪声监测

1. 监测点分布

1995 年之后，湖里区监测的主要交通干道有：嘉禾路、吕岭路、湖里大道、疏港路、南山路。监测道路总长 25311 米。

2. 监测时间和方法

每年秋季监测一期，在正常工作日工作时间段随机监测 20 分钟；共设 49 个测点。

（三）城市区域环境噪声监测

按 500 米×500 米网格布设，湖里区区域噪声监测点 97 个。每年春季或秋季监测 1 期，在正常工作日工作时间段随机监测 10 分钟。

（四）噪声达标区监测

环境噪声达标区两年复测一次。

2004 年，开展湖里区（嘉禾路向南—园山南路向东—岭兜向北—枋钟路）噪声达标区监测，面积 18. 39 平方千米，监测点位 136 个，固定声源 40 家。新创区 2006 年复测一次。

2006 年，开展金山小区绿色安静小区监测，昼夜环境噪声监测点 16 个，固定点声源监测 18 家。部分测点经过整改后全部测点达标。

第二节　监督性监测

一、定期定点监测

污染源监督监测始于 1981 年，主要对企业排放的废水、废气、噪声实行监测。废水检测项目主要有：总磷、氨氮、铜、镉、六价铬、砷、挥发酚、氰化物、悬浮物、石油类、pH 值、氟化物、粪大肠菌群、五日生化需氧量、化学需氧量等。废气监测的主要项目有：二氧化硫、氮氧化物、烟尘、粉尘、氯化氢、硫化氢、苯、甲苯、二甲苯、非甲烷总烃、锡及其化合物、铅及其化合物等。噪声主要监测项目为工业企业厂界或边界噪声。随着环保监督监测的力度不断加强，2004—2007 年，监督监测家次从 360 家次升到 450 家次。

2004 年开始，辖区内锅炉窑炉逐渐减少，至 2007 年，锅炉从 30 家下降到 16 家，大于等于 1 吨的锅炉有永丰馀纸业（厦门）有限公司、东南铝业有限公司、厦门鸿佳地毯有限公司、厦门太古可口可乐饮料有限公司、厦门烟草工业有限责任公司（金桥生产中心）、厦门早龙食品有限公司、厦门汉伦纸业有限公司、厦门悦华酒店、厦门德大食品有限公司、厦门正大农牧有限公司、蔡塘热镀锌厂、厦门北大生物有限公司等 12 家。

按照《“十一五”城市环境综合整治定量考核指标及实施细则》（以下简称“城考”）、《“十一五”国家环境保护模范城市考核指标（修订）》以及《“十一五”国家环境保护模范城市考核指标实施细则（修订）》（以下简称“模范城”）的相关规定，“城考”及“环境保护模范城市”要对重点工业企业排放稳定达标率进行考核。重点工业企业是指城市地区范围内分别按废水、废气中主要污染物排污量从高到低，累计排放量占城市地区排放总量85%的重点工业企业。湖里环境检测站重点监测的烟尘烟气厦门市重点工业污染源为永丰余纸业（厦门）有限公司（“模范城”“城考”），工业粉尘厦门市重点工业污染源为厦门烟草工业有限责任公司所属金桥生产中心（“模范城”“城考”），污水处理厂厦门市重点污染源为厦门水务中环污水处理有限公司石胄头污水处理厂（国控重点）。“十一五”期间，湖里环境检测站重点监测的废水污染源见表5-5。

“十一五”期间湖里区重点工业污染源（废水）名表

表5-5

序号	企业名称	备注
1	华茂光学工业（厦门）有限公司	市控重点
2	厦门太古飞机工程有限公司	市控重点
3	厦门华侨电子股份有限公司	市控重点
4	埃梯梯科能（厦门）电子工业有限公司	“城考”“模范城”
5	戴尔（中国）有限公司	“城考”“模范城”
6	东南铝业有限公司	“城考”“模范城”
7	利胜电光源（厦门）有限公司	“城考”“模范城”
8	厦门ABB低压电器设备有限公司	“城考”“模范城”
9	厦门安联企业有限公司	“城考”“模范城”
10	厦门达真磁记录有限公司	“城考”“模范城”
11	厦门富士电气化学有限公司	“城考”“模范城”
12	厦门鸿佳地毯有限公司	“城考”“模范城”
13	厦门金龙旅行车身有限公司	“城考”“模范城”
14	厦门立起鞋业有限公司	“城考”“模范城”
15	厦门民兴工业有限公司	“城考”“模范城”
16	厦门水产集团公司东渡冷冻厂	“城考”“模范城”
17	厦门水务中环制水有限公司制水一部	“城考”“模范城”
18	厦门松下电子信息有限公司	“城考”“模范城”
19	厦门太古可口可乐饮料有限公司	“城考”“模范城”
20	厦门泰珂洛超硬工具有限公司	“城考”“模范城”
21	厦门厦顺铝箔有限公司	“城考”“模范城”
22	玉晶光电（厦门）有限公司	“城考”“模范城”
23	厦门鑫兴鞋业有限公司一厂	“城考”“模范城”
24	厦门烟草工业有限责任公司（金桥生产中心）	“城考”“模范城”
25	厦门早龙食品有限公司	“城考”“模范城”
26	永丰馀纸业（厦门）有限公司	“城考”“模范城”
27	宇科塑料（厦门）有限公司	“城考”“模范城”

对于上述污染源监测对象，重点工业污染源和城市污水处理厂均为每季度至少监测1次。其中重点工业废气污染源（烟尘烟气）以及重点工业废气污染源（工业粉尘）企业为每半年监测1次。每次监测时，每个测点监测1天，废水监测4~6次，获得各监测项目的日均浓度和日累计废水排放量；废气监测3次，获得各监测项目的平均浓度和小时废气排放量。

二、污染源调查监测

2004年，湖里辖区开始污染源调查监测工作。当年湖里区环保分局对第三产业小型排污量核算监测，包括洗车场、宾馆、足浴等排污调查监测。

2007年9—12月，对辖区内的城镇居民生活、医疗机构、住宿、餐饮行业产、排污系数调查监测，有13家单位列入监测对象。同年，根据省、市环保部门的统一部署，进行全国第一次污染源普查监测。湖里区普查监测企业有厦门鑫兴鞋业有限公司一厂、厦门鑫兴鞋业有限公司二厂、厦门华侨电子股份有限公司、联想移动通讯科技有限公司、厦门太古飞机工程有限公司、厦门民兴工业有限公司、厦门太古可口可乐饮料有限公司、玉晶光电（厦门）有限公司、厦门达真磁记录有限公司、厦门富士电气化学有限公司。

第三节　其他监测

一、科研监测

2004—2007年，湖里监测分室参与的主要评价监测、科研监测有：厦门海域环境容量研究海洋调查；前埔开发区环评监测；金山小区创建安静生活小区监测；后坑垃圾处理分类中心评价监测；2004年，新创建湖里区（嘉禾路向南—园山南路向东—岭兜向北—枋钟路）的面积为18.39平方公里区域的噪声达标区监测；厦门东通道五通施工环境评价监测；污水处理厂处理工艺调查监测；台湾海峡近岸海域调查监测；五缘湾湿地公园水域处理试验跟踪监测；平和段九龙江流域污染调查。

二、服务性监测

根据有关单位的委托，湖里监测分室还开展服务性环境监测业务，根据委托采取样品，提供监测数据。2004年，委托监测240家次，2007年上升到近500家次。

第三章　环境治理

第一节　自然保护区和生态环境建设

一、自然保护区

湖里区海域主要野生动物有中华白海豚和中国鲎等。20世纪60年代，在辖区海域随时可见。由于海域环境的变化，70年代后中华白海豚的数量明显减少。1997年，福建省人民政府批准设立厦门中华白海豚省级自然保护区。2000年4月，厦门中华白海豚省级自然保护区和厦门大屿白鹭省级自然保护区、厦门文昌鱼保护区合并为厦门海洋珍稀物种自然保护区。

合并后的厦门海洋珍稀物种自然保护区位于福建省厦门市海域，地理位置为北纬24°22′~24°44′，东经117°27′~117°52′，总面积33088公顷。是中华白海豚的两个主要分布区之一（另一个主要分布为珠江口海域），种群数量约50头左右，但种群结构尚能保证其繁衍后代，具有极为重要的保护价值和研究价值。湖里区境域的西部海域和东部海域钟宅至五通一带海域为中华白海豚主要活动区域之一。2003—2004年调查发现，厦门西海域依然是白海豚的主要栖息地，种群数量约为55头，与往年情形基本一致。同时，白海豚群体结构已经更为合理，较为年轻的个体数量较以往有大幅度的增加。保护区还是国家二级重点保护野生动物文昌鱼的主要产地之一。此外，区内五缘湾湿地公园还分布有黄嘴白鹭、岩鹭（均为国家二级重点保护野生动物）、（小）白鹭、大白鹭、中白鹭、夜鹭、池鹭、中背鹭、苍鹭和小杓鹬等滨海鸟类。

根据厦门市于2003—2005年间对珍稀海洋物种国家级自然保护区的生态安全及保护区的珍稀物种中华白海豚、文昌鱼和鹭鸟的生态安全进行评价研究，选取种群数量及分布面积、外来种入侵、人均GDP、保护区管理水平、公众对保护区的了解态度、区域可持续发展战略规划情况等24个指标进行定量加权求和并赋值标准化，并按分值大小将生态安全划分为优（安全状态）、良（较安全状态）、中（警戒状态）和差（重警状态）4个评价等级。

评价结果显示，包括辖区海域在内的厦门市自然保护区生态安全处于警戒状态。其中，处于不安全状态及重警状态的指标有：公众对保护区的了解程度、失业率、人口自然增长率、抵达保护区的难易程度以及种群的数量和分布面积。

二、生态功能区划

2005年3月，厦门市政府批准《厦门市生态功能区划》。根据该功能区划，与湖里区有关的有陆地生态功能小区1个，海域生态功能小区4个（主要由海洋与渔业局负责管理）。

（一）陆地生态功能小区

位于厦门岛中北部，面积99平方千米（覆盖思明区部分区域）。主导功能为城市商贸生活生态环境。辅助功能为城市交通干线视野景观、旅游生态环境；工业及污染物消纳生态环境。

生态保育和建设方向重点是：有步骤、有计划地建设生态城市和高新技术产业生态园区，加强城市中心服务功能的建设。加强PM10和汽车尾气污染治理和监控；通过土地置换等途径为加强中心区的功能建设提供空间，提高城市用地效率，严格执行城市用地的审批制度；加大绿色通道建设力度，保证道路绿化覆盖指标，对城市快速通道、高速路、铁路、河岸等应确保两侧绿地每边不低于20～80米，形成绿色走廊，对城市的高压走廊实施绿化，设隔离带绿色走廊。严格控制建筑密度，特别是高层建筑的密度。保护区内山体，禁止开山采石；提高绿地率，近期不低于30%，远期大于35%；中期退化土地治理率达90%以上，城镇生活垃圾无害化处理率达100%，生活污水集中处理率达70%以上；人均公共绿地面积大于11平方米；本区为畜禽禁养区。其他相关任务有：尽快完成市政污水管网的铺设、污水处理厂的改扩建和垃圾处理站的建设；继续做好湖边水库综合整治工作；环岛绿化环、钟宅水库及其风景林地、湖边水库及其水源保护绿地、虎仔山风景林地及仙岳山、狐尾山公园绿地的保护和建设；马峰山、马厝、赤坡山等停采石场的生态修复；残丘坡地的水土流失防治工作；钟宅湾海堤的维护；钟宅湾的洪涝潮灾的防御。

（二）同安湾口港口环境与珍稀海洋生物保护生态功能小区

位于钟宅、刘五店、五通、澳头四点连线内，面积17.5平方千米（覆盖翔安区部分区域）。主导功能为珍稀海洋物种生态环境和港口环境。辅助功能为旅游生态环境和污染物消纳。

生态保育和建设方向重点是根据中华白海豚保护核心区进行非封闭性管理的特点进行保护和建设。其他相关任务有：协调好港口建设与保护区的关系，防止船舶和港口工业区污染对珍稀海洋物种生态环境和旅游生态环境的破坏；防止海运船舶带来外来物种的入侵；钟宅湾度假旅游区的保护和建设。

（三）厦门岛东南海域旅游景观生态功能小区

位于鼓浪屿西侧福建省水产研究所鼓浪屿试验场至龙海打石坑连线以东，澳头至五通连线东南侧，欧厝与南线海区连线西南侧海域面，面积92.0平方千米（覆盖思明区、翔安区部分区域）。主导功能为海滨浴场、旅游生态环境。辅助功能为航运和污染物消纳。

生态保育和建设方向重点是：科学规划滨海旅游资源，做好旅游专项规划和各旅游区的控制性详规，突出重点保护目标，制定旅游环境容量，维系旅游资源的可持续发展；保护自然和人文景观、环境质量，保护原有的自然景观风貌。其他相关任务有：严格控制黄厝石胄头污水排放口污染物排放总量和浓度，禁止未经处理污水就近岸边排放；加强对海滨浴场的水质监测及周边生活垃圾和污水的集中处理；加强旅游风景区、文昌鱼自然保护区的环境保护和建设；继续深入开展环境宣传教育，规范游客和居民的环境行为。

（四）同安湾内湾海水养殖污染综合防治生态功能小区

位于同安湾的钟宅、刘五店两点连线以北，高崎—集美海堤以东浅海域，面积 72.5 平方千米（覆盖集美、同安区部分区域）。主导功能为近期海水养殖，远期景观生态环境。辅助功能为污染物消纳、旅游生态环境。

生态保育和建设方向重点是：进行海洋生态环境容量研究，确定沿海岸线与邻近海域海水养殖的环境承载量，合理规划海水养殖容量、养殖密度和布局；走生态养殖之路，在养殖模式上，发展工厂化、集约化养殖以及生态高效特色养殖，减少海水养殖对生态环境的负荷；加强赤潮的预警、预报，减少赤潮发生产生的危害。禁止在该海域进行围海造地工程。其他相关任务有：严格控制凤林污水排放口污染物排放总量和浓度，严格控制未经处理污水就近岸边排放。

（五）西海域港口环境与珍稀海洋生物保护生态功能小区

位于厦门岛以西、嵩屿—鼓浪屿北侧—厦港避风坞连线以北，高崎—集美海堤和杏林—集美海堤以南，新阳大桥以东海域，面积 44.9 平方千米（覆盖思明、海沧、集美区部分区域）。主导功能为港口环境和珍稀海洋物种生态环境。辅助功能为旅游生态环境和污染物消纳。

生态保育和建设方向重点是：继续对西海域进行综合整治，保护和修复其海域的生态功能，加强赤潮的预警、预报，减少赤潮发生产生的危害；防止船舶和港口工业区污染对珍稀海洋物种生态环境和旅游生态环境的破坏；近期严格控制污水厂的污水排放口污染物排放总量和浓度，并控制未经处理污水就近岸边排放；对西海域围海造地严格论证，不得对港区和海域的生态环境造成不利影响。其他相关任务有：西海域中华白海豚保护中心区、大屿白鹭自然保护区的保护和建设；红树林修复；外来物种互米花草的预防和整治；天然海岸的保护；赤潮易发区的监控；滨海旅游区、水上运动娱乐区和生态观光旅游区等旅游资源的开发和保护。

三、生态环境治理

（一）湖边水库治理

1997—1998 年，环保局联合多个部门对湖边水库进行 3 次较大的综合治理工作，调查取证 102 家企业的生产、排污情况，限期治理 35 家，责令停产搬迁 3 家，调查取证养猪点 18 处，拆除违法建筑 26 处。

至 2002 年，自来水厂不再从湖边水库取水，水库彻底失去备用水源的作用。同年，湖边水库综合整治工程全面启动。依照城市规划，划定保护区，保护湖边水库水源水质，开展水库汇水区、汇水系统整治工作，全面清理保护区内违章建筑和构筑物，加强对湖边水库企事业单位的管理。同年关停水库周围污染企业 13 家，关停养猪场 13 家，限期关停沿湖企业 18 家。2005 年，湖里环保分局成立湖边水库整治监管工作小组，累计出动执法人员 560 余次、监察企业和建筑工地 142 家，查处各类环境违法行为 26 家次，并积极引导企业有序退出迁往岛外工业园区。

2007 年 3 月，对湖边水库进行综合整治，把湖边水库片区建成以植物造景为主、适合居民休闲的湖滨生态自然保护区。整治工程一期包括清淤、截污和护岸工程。清淤时先修筑 3 条围堰把整个水库围成 4 个部分，再分别进行干塘清淤。年底，清淤工程基本完成，共清除库底淤泥 140 万立方米，水库正常水位有效库容增至 440 万立方米，水质达到二级饮用水水源水质标准，在紧急情况下可为厦门岛居民提供 30 天的用水。截污、护岸和二期工程环库路、防护林带、补水调水工程和湖边水库片区的全面开发建设，正在陆续施行之中。

（二）天地湖治理

20 世纪 90 年代之后，仙岳路全线打通和江头片区快速发展，排入松柏湖、天地湖的污水量大大超过设计筼筜湖“西水东调”工程时预测的污水量，两湖的水质状况下滑，时常出现水体又黑又臭的情况。

2001 年，对进入江头天地湖的两股较大污水进行截污，缓解松柏内湖水质恶化的趋势。由于江头片区的污水管网系统一直不完善，雨水、污水混流问题严重，大量污水长期直接排放入松柏湖、天地湖，仅嘉禾路江头桥与江头西路桥之间的“地湖”就有5个规模较大的排污口和众多小排污口，排入松柏湖流域的污水量又有较大增长。

（三）埭辽水库治理

2006年，湖里环保分局加强埭辽水库周边地区的环境执法工作，多次开展专项整治行动，先后关停小型工业企业、取缔非法小电镀企业26家。航空工业园区、航空港区内的工业废水及生活污水和周边部分居民区的生活污水都进入石胄头污水处理厂处理。但随着城市化进程的加快和水库周边房地产业的兴起，部分居住区的生活污水直排埭辽水库导致水体富营养化引发水葫芦大量繁殖，被冲入水库的生活垃圾不断增多。2007年，开始从严控制水库周边新建设项目，加强水库周边工业企业污染防治设施的监管，协调有关部门加快水库周边地域市政雨水管网和污水管网的配套完善。

（四）新丰水库治理

2005年3月10日，湖里环保分局对火炬园新丰水库水体污染情况进行调查，为开展水浮莲净化水质试验做前期准备，提交《关于新丰水库污染情况的调查报告》。5月17日，现场检查火炬园新丰水库水浮莲生物净化水体工程进展情况。6月30日，现场检查新丰水库水葫芦综合利用试点工程土建工程实施情况。2007年1月，配合市局开展火炬高新区新丰水库污染整治示范工程建设，并协助火炬管委会完成环保补助资金的申报工作，开展以水葫芦为原料的各种高附加值产品的研发工作。

四、生态工程建设

（一）五缘湾湿地生态园区

图5-1　五缘湾生态区

五缘湾位于厦门岛的东北部，高崎国际机场的东南侧。其规划范围，东到环岛路，西临县黄路，南到仙岳路，北至湖里大道，加上墩上陆域及造地区域，其中水域面积约2平方公里。区域内规划设计一个中心区、一条环湾道、七大功能分区。一个中心区位环湾中心区，用地面积约450公顷，其中水域面积199公顷，包括两个湖心岛（文化艺术之岛与水上运动之岛）；一条环湾道为长8千米的环湾步行、电瓶车、自行车道，将沿岸两个五星级酒店、特色商业街、湿地公园、国际游艇部等大型公共设施联系在一起；七大功能分区为五通商务区、通屿生态居住区、国际健康养生区、温泉高尚居住区、钟宅民俗旅游区、墩上高尚居住区、软件园区。规划总人口规模约10万人，住宅总面积在200万平方米左右。中央音乐学院钢琴学校、厦门歌剧院等重点院校和设施都将在此落户。五缘湾湿地生态园区占地85公顷，除了已有的水栖和湿生植物带、水生植物群落、芦苇及湿地区域植物群落，还规划种植台湾相思树、木槿、银合欢、睡莲、红树林等植物，使栖息在湿地中的9科25种湿地水鸟和17科29种山林和农田鸟类得到有效保护。

2006年，开始实施道路桥梁、市政管线、绿化景观等基础设施及第一批带动性项目建设。截至2007年年底，区内骨干路基本上都已修通，景观建设也已形成雏形，环湾商业街中的第一批带动性项目正式开门营业。

（二）仙岳山中水和太阳能利用

2001年，厦门市环保局和市政园林局、厦门大学环科中心在仙岳山进行“利用生活污水回灌山林地”项目的实验。项目采用“氧化塘—污水输送—管网投配—林地—再生水回收”的模式。通过3年的跟踪监测，结果表明：污水显著提高林地土壤养分、微生物数量、提高土壤酶活性，对相思林林下植物和巨尾桉树的生长有显著作用，能提高马尾松林地幼苗的萌发密度；污水对于敏感植物的生长没有明显的不利效应。仙岳山“利用生活污水回灌山林地”项目为厦门市4座城市污水处理厂每年产生的6326万吨污水开辟一条出路。

仙岳公园南门景区的路灯引进太阳能路灯，既节省电费开支，又不必埋设电缆。

第二节　污染源治理

一、废水治理

1988年，对辖区内电镀行业进行废水污染治理整顿。无力配套污染治理设施的电镀企业被限期停产或搬迁。

1995年，开始全面清理整顿电镀小企业。当年9月，责令永丰五金厂、华东五金厂等10家电镀小企业停产。2003年，依法处理企业130家，其中依法取缔小电镀3家，落后生产工艺9家，责令停产治理企业5家，移送工商部门查处12家，责令补办环保审批手续93家，责令环保验收企业8家。2005年，清除14家非法“小电镀”，没收代销毁产生设备和零部件126台（件）、药品试剂等原辅材料6058公斤。2006年，取缔“小电镀”22家，共没收代销毁生产设备及零部件99台（件）、药品试剂等原辅材料64箱、146桶。同时动员有实力的电镀业者进入集中区，实行集中生产、集中治污，强化对电镀行业的规范化管理。2007年，取缔违法“小电镀”4家。

2007年，根据国家环保总局《污染物减排核查办法》的要求，湖里环保分局与厦华电子、太古飞机维修、鸿佳地毯等重点污染源企业签订“十一五”时期水污染物总量削减目标责任书，并建档管理。分局大力推广以中水回用为重点的循环经济项目，并在环保补助资金上给予大力支持。坚持“树立典型、以点带面、逐步推广”的工作方针，选择部分有代表性的企业作为试点，引导和鼓励企业开展污水零排放和中水回用，实现节能、降耗、减污、增效的目标。双十中学枋湖校区、六中东渡校区的中水回用系统已经建成并投入使用，达到生活污水零排放的要求。翔鹭花城的中水回用冲厕和绿化灌溉试点全面展开。“仙岳山公园污水上山浇灌绿地”、新丰水库、小胡同餐饮业和区政府新办公楼中水回用等资源节约型示范工程建设进展顺利。兴联电子有限公司、侨兴工业有限公司、ABB开关有限公司和鸿佳地毯有限公司等企业通过改造或新增污水处理设施，实现污水零排放或部分中水回用。截至2007年年底，辖区企业实现污水零排放项目10个，12家工业企业和2家机关事业单位中水回用量达4000吨/日，全区工业重复用水率高达82.54%。中水回用工程不但节约大量水资源，还为学校、企业节省自来水费和污水处理费。

二、废气治理

工业废气治理以锅炉、窑炉的消烟除尘为主。20世纪80年代，主要推广旋风除尘加水浴除尘、湿法除尘、布袋除尘等消烟除尘技术。1989年9月，按照烟尘排放浓度不超过200毫克/立方米和林格曼黑度不超过一级的标准组织验收，湖里区达标率为94.12%，达到国务院1987年颁布的《城市烟尘控制区管理办法》规定的一类区标准。

1999年8月，责令烟气严重污染环境导致经济林枯死的后坑机砖厂停产整顿，并相应赔偿损失。2002年，对辖区内的机砖厂进行调查，批准符合国家建设部产业政策的五通泥金机砖厂继续生产，责令其余10家生产实心砖的厂家转产或停产。

2004年1月，区政府颁布《湖里区人民政府关于禁止加工、销售、使用燃煤的工作方案》和《湖里区禁煤联合执法行动实施方案》。当年全区关停燃煤加工点24个，强制拆除暂扣制煤设备25台（套），组织捣毁燃煤炉312个，截获查处进岛车辆41辆，罚扣燃煤832吨。取缔7家拒不执行的制煤单位。2005—2007年，先后取缔清除蜂窝煤加工场点25个。

2007 年，开始在使用锅炉的重点企业中推广使用清洁能源，鸿佳地毯有限公司、悦华酒店、民兴工业、永丰馀纸业、华美卷烟厂等 5 家重点企业改用乳化重油作为燃料，实现二氧化硫达标排放。

三、固体废弃物治理

（一）城市生活垃圾处理

1987 年湖里建区后，生活垃圾由环卫部门采用填埋法处理。废旧家用电器及电脑、手机等大部分由个人收购或回用或进行拆解，回收有用物质，其余的废弃于环境造成污染，废电池部分通过厂商或社会公益活动收集暂存外，大部分随生活垃圾填埋。城市建筑垃圾除部分自行回填消纳、做采石场和裸露山体的回填覆盖外，每年约有上百万立方米的建筑废土外运。

2005 年 2 月，区市政园林局与珠海联谊机电工程有限公司签订特许经营协议，由该公司以 BOT 的形式负责建设并运营生活垃圾分类处理厂，特许经营期限为 25 年。生活垃圾分类处理厂位于后坑垃圾焚烧发电厂东南侧地块，占地 5 万平方米，规模为日处理垃圾 500 吨，设计日处理能力可达 800 吨，投资约 1 亿元。生活垃圾分类处理厂的主要处理技术和工艺是垃圾分拣分类系统和有机垃圾堆肥技术，分拣系统可以将各种纸、玻璃、金属、塑料等可回收物质进行分拣回收利用，有机垃圾则经分拣后，通过好氧生物高温发酵，制成有机肥料，其他残余物送垃圾焚烧发电厂或东孚垃圾填埋场处理。处理全过程符合国家、省及厦门市的环保标准。

截至 2007 年年底，日处理生活垃圾 900 多吨。

1995—2006 年湖里区日处理垃圾量

表 5-6　　单位：吨

年份	日处理量	年份	日处理量	年份	日处理量
1995	145	1999	321	2003	492
1996	181	2000	358	2004	657
1997	225	2001	427	2005	800
1998	275	2002	450	2006	850

（二）工业和医疗固废物治理

2003 年之前，辖区内工业和医疗固废物一般由产生单位自行处理。2004 年，湖里环保分局开展辖区内固体废物调查工作，共调查一般固废类企业单位 62 家、危险类废物类企业单位 37 家（包括医疗类废物类企业 11 家）。调查结果显示，62 家产生一般固废的单位，年产生量为 20461.93 吨，综合利用量 13905.62 吨，贮存量为 466 吨，处置量为 9936.31 吨，排放量 22.99 吨；37 家产生危险固废的单位，年产生量为 3161.534 吨，排放量 10.75 吨，综合利用量为 544.62 吨，贮存量为 2.76 吨，处置量为 2605.044 吨，积存量为 14.07 吨。为防止工业企业固体废物和医疗垃圾对环境的污染，湖里环保分局强化对辖区重点工业企业和医疗机构的监督管理。2005—2007 年，辖区内所有重点工业污染源和 72 家医疗机构都和绿洲公司签订合同，所产生的工业固体废物及医疗垃圾统一交由绿洲公司进行无害化处理。

1992—2007 年湖里区工业固体废物污染排放及处理利用情况

表 5-7

年份 / 指标名称	1992—1998	2000	2001	2002	2003	2004	2005	2006	2007
工业固体废物产生量（万吨）	—	2.24	1.70	1.83	1.51	1.73	1.80	1.21	5.89
危险废物（吨）	72	173.29	703.01	781.18	66.00	452.73	430.02	506.41	530.97
冶炼废渣	0.03	0.01	0.03	0.03	0.01	0.00	0.01	0.05	0.05

续表5-7

指标名称 \ 年份	1992—1998	2000	2001	2002	2003	2004	2005	2006	2007
粉煤灰	0.04	0.01	0.00	0.00	0.00	0.00	0.00	0	—
炉渣	0.41	0.09	0.02	0.02	0.00	0.00	0.03	0	—
煤矸石	—	—	0.00	0.00	0.00	0.00	0.00	0	—
尾矿	—	—	0.00	0.00	0.00	0.00	0.00	0	—
放射性废物	—	—	0.00	0.00	0.00	0.00	0.00	0	—
其他废物	1.44	2.12	1.50	1.70	1.40	1.58	1.62	1.07	5.57
工业固体废物综合利用量(万吨)	1.00	1.68	0.89	1.52	1.14	1.32	1.11	1.10	1.61
危险废物(吨)	—	164.04	392.27	720.20	4.00	75.00	99.81	137.68	114.81
冶炼废渣	0.03	0.01	0.03	0.01	0.01	0.00	0.00	0.05	0.05
粉煤灰	0.03	—	0.00	0.00	0.00	0.00	0.00	0	—
炉渣	0.39	0.01	0.00	0.02	0.00	0.00	0.03	0	—
煤矸石	—	—	0.00	0.00	0.00	0.00	0.00	0	—
尾矿	—	—	0.00	0.00	0.00	0.00	0.00	0	—
其他废物	0.97	1.64	0.80	1.41	1.07	1.24	1.03	1.00	1.35
其中:综合利用往年贮存量	—	—	0.00	0.00	0.00	0.00	0.00	0	—
工业固体废物综合利用率(%)	—	—	52.53	82.76	75.46	76.18	61.75	90.67	27.33
工业固体废物贮存量(万吨)	0.00	0.00	0.00	0.00	0.00	0.03	0.00	0	0
其中:危险废物贮存量(吨)	—	—	0.00	1.35	0.00	12.00	0.00	0	0
工业固体废物处置量(万吨)	0.40	0.56	0.81	0.32	0.37	0.38	0.68	0.11	4.28
其中:危险废物处置量(吨)	72	9.25	310.74	59.63	62.00	641.73	330.21	368.73	416.16
送往集中处置场处置的(吨)	—	—	106.64	44.00	60.50	624.22	330.21	298.58	390.78
其中:处置往年贮存量(万吨)	—	—	0.00	0.00	0.00	0.00	0.00	0	—
工业固体废物排放量(万吨)	0.00	—	0.00	0.00	0.00	0.01	0.00	0	—
其中:危险废物排放量(吨)	—	—	0.00	0.00	0.00	0.00	0.00	0	—

说明：缺 1999 年资料

四、噪声治理

1995 年，创建湖里南部生活区 1 平方千米噪声达标区；1997 年，创建湖里 7.3 平方千米的噪声达标区；1999 年，创建禾山镇约 5 平方千米的噪声达标区。

1998 年 7 月，对于居民投诉强烈的源益工业小区的大卫模具、松霖洁具、耀庆塑胶、友泰针织等 10 家企业进行限期整改，取得较好的成效。

2004 年，湖里区政府成立创建环境噪声达标区领导小组和工作小组，出台《湖里区环境噪声管理暂行规定》，湖里环保分局制定《湖里区创建环境噪声达标区工作方案》。当年，完成创建区 18.39 平方千米内网格点的划定和固定噪声源的摸底调查。完成 136 个网格点区域噪声和 51 个固定声源的监督检测，并对超标的 15 家企业下达限期改正通知书。本年开始，每年中考期间，湖里环保分局均安排工作人员值班，做好三中、金尚中学、湖里中学等 5 个中考考点的现场保障，及时处理中考期间噪声污染的投诉举报。

2005 年 1 月，“湖里区Ⅱ类功能区环境噪声达标区”创建工作通过厦门市环境保护委员会验收，噪达区创建面积为18.39平方千米，固定声源达标率为95%，区域环境噪声平均值昼间为57.9分贝、夜间为48.2分贝。至2007年，湖里区的噪声达标区面积达30.34平方千米。

五、专项治理

（一）查禁塑制快餐盒

1998年6—8月，湖里环保分局查处150多家违规使用塑制快餐盒的快餐店，其中49家申请湖里区人民法院强制执行。

2002年，开展防治白色污染的专项行动。对辖区近百家快餐店全面检查，没收塑制快餐盒6车，处罚75家，处罚金额1.5万多元。

（二）餐饮业规范化建设

2003—2004年，全区建设江头天地美食城、SM商业城三楼等餐饮业集中区（点）。2005—2006年，大力推进辖区餐饮业的规范化建设。加大监管力度，依法责令各餐饮业主按环保要求配套安装油烟净化器、设置油水分离装置、高空排放专用烟道等环保设施750余（套），每月收集废油脂500余吨，实行泔水和废油脂统一集中回收处置，有效减少污染物排放量。全区新增江头天地美食城（二期）、SM商业城五楼、原禾山镇农机厂和竹坑路餐饮一条街、五缘湾片区、金龙客车厂房、湖里工业区腾巢换凤工程等餐饮业集中区（点），总面积达45万平方米。

（三）畜禽养殖专项整治

1997—1998年，在对湖边水库进行3次较大的综合治理工作中，调查取证养猪点18处。

2002年6月，成立“湖里区畜禽整治领导小组”，全面展开畜禽养殖污染专项整治工作。对全区432家养猪场和家庭养猪户进行实地丈量，制定补偿方案，根据养猪场（户）所处的区域不同及环境功能要求分期、分批进行。配合2002年湖边水库的紧急调水，蔡塘村13家养猪户成为首批停养户。截至2003年11月底，停养4.71万头，占全区生猪存栏总数的80.2%；拆除猪舍8.51万平方米，占全区猪舍总面积的60.3%；60%的生猪散养户实现禁养。2004年，全区422户规模化生猪养殖场关停410户；禁养5.62万头，占存栏总数的96.07%；拆除猪舍12.32万平方米，占总面积的87.01%；1072.7万元补助资金全部发放到位。为防止生猪养殖回潮，区政府将存栏在50头以下的生猪散养户列入重点整治范围。2005年年底，全区规模化生猪养殖场和1353户散养户基本实现禁养。

（四）污染物总量减排

2006年，开始落实污染物总量减排规划，严格执行环境影响评价制度，把好新建、扩建、改建项目的环境准入关，做到“控制增量、不欠新账，削减存量、多还旧账”。严禁批准高耗能、高耗水、高污染且不符合国家产业政策的项目，推行清洁能源利用，落实环保“三同时”制度。在全辖区范围内停止批准使用燃煤锅炉，推动新建、扩建、改建项目采用先进工艺技术和设备，强化排污许可证的监督管理。

2005—2007年，湖里区主要污染物总量减排情况见表5-8。

2005—2007年湖里区主要污染物排放量

表5-8　　　　单位：万吨

年份 污染物	2005	2006	2007
化学需氧量	0.8669	1.5426	0.8273
二氧化硫	0.0158	0.0164	0.0103

（五）循环经济

2005年2月22日，初步确定24家推行清洁生产的工业企业。截至2007年年底，有太古可乐、ABB中压开关公司等6家企业开展清洁生产审核，通过清洁生产审计1家，通过ISO 14000认证企业32家，ABB开关有限公司争创全市第一家环境友好型企业。

第四章　环境管理

第一节　管理机构

一、区环境保护局

1991 年 11 月，湖里区环境保护局成立，隶属湖里区人民政府，与湖里区建设局合署办公，业务上由市环保局指导，行政级别为正科级，编制 2 人，在职人数 1 人。

1997 年 6 月，厦门市环境保护局湖里分局成立，隶属厦门市环境保护局，行政级别为正处级，人数 3 人。

至 2007 年 12 月，湖里环保分局编制增至 9 人，在职人数 7 人。厦门市环境监理中心所派驻分局的厦门市环境监理中心所湖里分所，人数为 6 人。

二、市环境监测中心站湖里分室

1982 年，厦门市经济特区环境监测站成立，地址位于兴隆路 41 号。后更名为厦门市湖里环境监测站，负责辖区境域的环境监测。2001 年 9 月，湖里环境监测站并入厦门市环境监测中心站。中心站所属湖里监测分室负责湖里辖区内的现场监测，以及配合中心站完成常规水质监测。至 2007 年 12 月，厦门市环境监测中心站派驻分局的厦门市环境监测中心站湖里分室人数为 4 人。

第二节　环保宣传和创绿活动

一、环保宣传

1991 年成立区环境保护机构以后，每年的 6 月 5 日“世界环境日”前后均开展环保主题活动，采用多种形式、多种手段，开展环境保护宣传工作。

2004 年，在辖区重要场合张挂世界环境日主题，在辖区 6 所中小学和 11 个社区举办宣传“6・5”世界环境日板报，发放“《厦门市环境保护条例》学习材料”1200 余本，在辖区所有电子屏幕上连续 5 天宣传《厦门市环境保护条例》。年内，湖里环保分局与厦门市环境宣传教育中心联合举办为期 3 天的“湖里区第一期企业环保专管员培训班”，来自辖区企业的 80 位环保专管员参加培训。湖里环保分局的关琰珠博士给罗克韦尔自动化厦门有限公司作《环境污染与人群健康》的专题报告。

2005 年，采取重点宣传与日常宣传相结合的原则，通过建立网站、设置宣传标语、分发《绿色生活绿色家园》的宣传材料以及其他宣传纪念品在报刊上介绍湖里环保工作等形式宣传环保理念。年内，与东渡二小合作开展“小手拉大手”环保宣传活动，创作宣传画，编排以环境保护为主题的文艺节目，并在“2005 年‘6・5’世界环境日纪念大会”上为市、区领导以及社会各界代表进行表演。

2007 年，以着眼改善生态环境质量为宣传重点。年初，湖里区政府成立普查工作领导小组和普查办公室，研究制定《湖里区第一次全国污染源普查实施方案》和《湖里区第一次全国污染源普查准备阶段工作计划》，开展宣传发动工作，选拔并组织普查员、普查指导员 73 人次参加培训，对辖区 6383 家企业进行入户清查，筛选、整理、确定湖里区第一次污染源普查重点污染源、一般污染源和生活污染源名单。年内，环保部门派人到学校、社区和企业宣讲环保法律、开展环保咨询，协助康桥中学等中、小学校举办“环境保护夏令营”。

二、实施环境管理体系

2004 年，湖里区实施环境管理体系认证工作（俗称“绿色行政”）全面启动。根据省长和市长签订的环保目标责任书的要求，湖里区组织开展湖里区 ISO 14001 环境管理体系认证工作，区政府常务会议审议通过《湖里区人民政府推行 ISO 14001 环境管理体系实施方案（建议稿）》、湖里区政府建立 ISO 14001 环境管理体系实施计划，以及实施 ISO 14001 标准的经费预算等文件，成立湖里区人民政府领导小组和区“ISO 办公室”，挂靠湖里环保分局，保证机构到位、目标责任到位，保证经费到位。2005 年 2 月 28 日湖里区 ISO 14001 环境管理体系正式运行以来，共召开内审员会议和工作讨论会 20 余次，组织各类培训 20 余场。通过政府各职能部门的相互配合、共同努力，克服新旧标准过渡的困难，2005 年 10 月，通过国家审核组的审核，成为厦门市首个以 2004 版 ISO 14001 环境管理体系标准通过认证的行政区。2007 年，区政府系统 ISO 14001 环境管理体系通过中环联合（北京）认证中心的监督审核。

三、创建绿色单位

2005 年，辖区内的厦门市第三中学、乐安小学、康桥双语幼儿园、火炬学校通过市级绿色学校审核组的验收；东渡二小通过省级绿色学校审核组的验收。

2006 年，金山、金尚和康乐 3 个小区被评为市级绿色社区。

2007 年，湖里环保分局吕嘉扬被评为福建省创建绿色学校工作先进个人。金尚中学、金尚小学、金星幼儿园等 7 所学校通过 2006—2007 年度市级绿色学校验收；第三中学、东渡第二小学、火炬小学等 3 所学校通过省级绿色学校验收。

第三节 环境应急管理

一、环境事件应急预案制定

2007 年，开始贯彻《国家突发环境事件应急预案》，区政府和湖里环保分局分别制定《湖里区环境安全事故应急处理预案》和《湖里环保分局突发性环境事件应急预案》，将辖区涉及气源、油品及燃料的重点石化企业和化学品使用、存储、销售的 15 家工业企业确定为环境应急工作重点单位，组织制定完善《突发环境污染事故应急预案》。湖里环保分局协同区安监局等相关部门采取事先通知检查与不打招呼抽查相结合、现场察看与采样监测相结合、查阅记录与口头询问相结合等方式，检查污染防治设施运行情况；开展“整治违法排污企业保障群众健康安全”等专项行动。督促新投产的企业按要求配套建设污染防治设施，并制定应急预案进行演练。

二、危险废物管理

2004 年，开始对辖区内危险废弃物管理，完成对辖区内 15 家重点企业污染情况的填报、审核和汇总工作。

2006 年，对辖区产生危险废物的单位展开全面调查，共调查工业企业 16 家和医疗机构 22 家。

2007 年，区环保部门通过现场查纠问题等形式，针对危险废物的产生、收集、贮存、运输、利用、处置各环节的突出问题进行整治，举办企业环保人员短期培训班，引导企业自觉按规范妥善处置危险废物。当年开征危险废物排污费，对未按规定要求处置危险废物的企业征收危险废物排污费，运用经济、行政和法律手段，强化危险废物的规范化管理。

第四节 环境法制

一、查处不法排污企业

2003年，出动642人次（其中环保人员312人次），清查企业264家，依法处理企业130家，其中依法取缔小电镀3家，落后生产工艺9家，责令停产治理企业5家，移送工商部门查处12家，责令补办环保审批手续93家，责令环保验收企业8家。

2004年，出动400余人次（其中环保人员300多人次），清查企业295家，共查处违法排污企业107家，责令关停（搬迁）46家，限期治理61家。

2004年，集中查处中港花园、永升新城等重点区域污染问题，共查处餐饮企业64家，其中32家下达行政处罚决定书，责令停止生产并处罚款，下达限期改正通知书7份。

2005年，出动环保工作人员500余人次，在37个社区现场办公50场次，受理餐饮业审批申请5700余家。为符合条件的4219家发放《餐饮业告知承诺书》，纳入监管；责令不符合条件的120家餐饮娱乐企业限期整改；整改期限已到仍不符合条件的580家予以取缔；选址不符合环保要求的800家不予审批。当年，还对85家违法排污企业进行查处，其中责令限期整改11家，处以行政处罚事先告知17家，给予行政处罚35家企业。

2006年，出动执法人员3250人次，共检查企业和施工工地1230家次，查处各类违法企业72家，立案查处49家，处罚金额41.91万元；6家群众反映强烈、严重损害群众利益的违法排污企业被列为挂牌督办、责令限期治理并跟踪落实，其中2家企业经整改达标，其余4家企业因整改不达标被责令搬迁。

2007年，出动7758人次，监察企业、工地7684家次，实施行政处罚96家次，其中未经环评审批擅自动工建设且主体工程投入使用的61家次、未经环保竣工验收擅自投产的18家次、未依法进行建筑施工环保审批和排污申报的10家次、另设排污口以及擅自闲置污染设施和超标排放污染物的4家次、未按规定申报和处置危险废物3家次。此外，责令停产停业22家，限期改正工业企业62家，限期治理工业企业6家，取缔违法“小电镀”4家、蜂窝煤加工场3家，关停无证无照餐饮企业35家，还协助法院对拒不执行生效行政处罚的6家餐饮企业予以强制执行。27家企业环境违法事件被列为区政府挂牌督办案件。

二、建设项目环境管理审批

1997年以前，全区建设项目环境管理审批建设项目72个，投资额约0.5亿元。2004年，开展建设项目环境保护“三同时”执行情况专项清查活动，全区共清查建设项目1341家，未办理环境影响评价审批123家，未通过验收68家；查处违法企业195家，责令补办环境影响评价手续94家，责令补办验收手续46家，责令关停21家，处罚金额8万元。建设项目环境保护监督管理趋于规范。

2005年，共审批建设项目332家，验收69家。

2006年，分局共批准建设项目787个，对符合要求的83家工业企业和984家餐饮业办理“三同时”验收，核发正式排污许可证51份、临时排污许可证4份、换发新排污许可证22份。

2007年，建立建设项目协同把关机制，严把项目准入关，严禁高污染企业落户。全年批准建设项目1185个，其中工业项目281个，餐饮娱乐项目904个，对选址不当的建设项目452件作出不予批准的决定；突出五缘湾新建项目重点，进一步加强环保竣工验收工作，对符合要求的151家企业办理“三同时”验收，对不符合环保竣工验收条件的企业14个作出不予通过验收的决定，确保新建项目环保“三同时”执行率不低于90%；将排污许可证核发作为建设项目验收后环境管理的重要手段和污染物总量控制依据，审核发放103本，其中正式许可证81份，临时许可证2份，变更换证20份，基本覆盖辖区重点工业企业、区属以上医疗单位和环境统计重点单位等重点排污单位。

1997—2007 年湖里环保分局建设项目管理情况统计表

表 5-9

年份	审批建设项目（个）	投资额（亿元）	办理餐饮、娱乐业告知承诺（家）	“三同时”验收（家）	发放排污许可证（份）
1997 年前	72	约 0.5	—	—	—
1998	127	1.3	—	—	—
1999	57	1.1	—	—	—
2000	60	1.2	—	—	—
2001	65	1.8	—	—	—
2002	105	2.8	—	—	—
2003	120	5.9	—	28	60
2004	151	11	173	56	53
2005	332	39	4219	69	65
2006	787	78	—	1067	77
2007	1185	127.3	—	115	103

三、排污收费

2004 年，环境监理人员派驻分局后，加大年度排污申报、污染源现场监理、污染投诉调查取证和排污费征收等工作的力度。当年完成年度排污申报表发放 252 家，其中：工业类排污企业申报表 156 家（新增工业企业 140 家）；三产类排污企业申报表 96 家（新增 96 家）。交回申报表的排污企业共 174 家，其中：工业类排污企业 115 家（新增工业企业 101 家）；三产类排污企业 59 家（新增三产类企业 59 家）。在环境监察过程中，责令补办环境影响评价审批手续的企业共 139 家。在市城市管理行政执法局二大队配合下，共有 51 家建设单位进行建设施工排污申报，其中进行噪声排污监测的有 20 家，对 18 家施工企业下达缴纳排污费通知书，缴纳金额 258080 元。

2005 年，1800 余家企业办理排污申报登记，监测污染源 709 厂次，现场评审 11 次，监测样品 8759 个。全年征收排污费 600 余万元。

2006 年，排污费征收工作按照“依法、全面、足额”的原则开展，逐步将漏征企业纳入征收管理范围，同时及时部署执法人员现场监察、现场采样，重新核定排污收费金额，确保不少征、不漏征。针对辖区小型企业多，换手率快、关停频繁的特点，着重抓好排污费的催缴入库工作。全年对 4623 家企业开征排污费，征收金额 769 万元，实际入库 710.04 万元。

2007 年，从排除死角、应收尽收，推行动态化征收、多排多收和落实征收责任三方面做好排污费征收工作。全年新开征企业 1615 家，排污费实际入库 1146 万。

四、环境投诉处理

1994 年，开始接待城乡居民关于环境问题的来信来访。1997 年后，群众关于环境问题的投诉成倍增加。环保部门严肃对待群众投诉，努力为群众排忧解难。1998 年 7 月，对居民投诉强烈的源益工业小区的大卫模具、松霖洁具、耀庆塑胶、友泰针织等家企业责令限期整改，取得较好的成效。1999 年 8 月，查明穆厝村民反映强烈的后坑机砖厂烟气严重污染环境，造成村民种植的经济林枯死的事实，依据环保法律法规，责令机砖厂停产整顿，并相应赔偿损失。市民投诉渠道包括直接向环保部门投诉、市长电话专线、“110”专线和“12369”专线等。历年环境投诉中，空气污染居首位，其次为噪声污染。2004 年开始，区内环境投诉件均由湖里环保分局处理，市民环境投诉件剧增，当年达 1356 件，为历年之最。2005 年也高达 1088 件。2007 年，共接到投诉 885 件，其中市长专线 174 件、“110”和“12369”转办件 420 件、其他来信来访 261 件，投诉空气污染的 390 件、噪声污染的 297 件、水污染的 65 件、电磁辐射污染 3 件。投诉件办结率 100%，群众满意率达 95% 以上。

此外，区环保部门还负责办理、答复涉及环境问题的区人大代表建议和区政协委员的提案。办复率均达到 100%。

1994—2007 年，湖里环保分局受理投诉及人大代表建议、政协委员提案的数量见表 5-10。

1994—2007 年湖里环保分局受理投诉及建议、提案统计表

表 5-10 单位：件

年份	信访投诉	人大建议、政协提案	年份	信访投诉	人大建议、政协提案
1994	15	2	2001	72	3
1995	20	2	2002	46	2
1996	72	4	2003	108	1
1997	196	5	2004	1356	5
1998	548	8	2005	1088	3
1999	365	4	2006	808	3
2000	190	2	2007	885	0

第六篇　交　通

湖里辖区境域传统的交通物流业比较落后。清代之前，有东渡、高崎、蟹仔屿、五通等渡口与大陆对渡；辖区境域与厦门老城区的物资运输也以海运为主。陆路交通主要靠高崎—安兜—莲坂—厦门老城区、五通—蛟塘—金鸡亭—厦门老城区两条古驿道。

民国 12 年（1923），建成江头至美仁宫的乡村公路。民国 15 年，华侨黄晴辉等人集资创办江头至美仁宫的汽车运输业务。民国 30 年 12 月，高崎机场开通厦门至台北的航线，辖区境域传统运输业增加航空运输。

1955 年 10 月，高集海堤竣工；1956 年年底，穿越辖区境域的鹰厦铁路竣工。开创辖区境域陆路交通的新局面。

1971 年 9 月，筼筜港大坝竣工，辖区境域西部与老市区的交通得到极大改善。

1976 年，在东渡建设码头，辖区境域海上运输的作用和地位开始凸显。

作为厦门经济特区的发祥地，湖里区的交通基础设施取得长足发展。

道路建设方面：1982 年，辖区境域实现村村通公路，并开始城市道路的建设。截至 2007 年，城市道路基本覆盖全区，建成和在建的厦门大桥、石鼓山立交桥、仙岳山隧道、海沧大桥、疏港路高架桥、杏林大桥（厦门公铁大桥）、集美大桥、翔安隧道、快速公交专用道等交通基础设施，构成现代化城市交通网络。

航空运输方面：1983 年 10 月，高崎国际机场建成。1984 年 7 月，全国第一家由地方经营的航空企业厦门航空有限公司成立。至 2007 年，高崎机场可同时停靠 40 架大中型飞机；有货站仓储面积近 10 万平方米，实际货物年处理能力 20 万～25 万吨。厦航公司开辟航线近 150 条，与国内外 82 个大城市通航，其中全货机定期航线 14 条。是中国十大繁忙机场之一和第四大口岸机场。

港口建设方面：1985 年，东渡港区一期工程竣工；1993 年，二期工程完成；2002 年 10 月，三期工程完工。此外，还新建或改扩建高崎港区、五通港区等。湖里成为一个集装卸、中转、保税仓库、代理、驳运、工程、港机制造维修、港口服务于一体，客货兼营，散杂件、集装箱并重的多功能港口区。

改革开放之后，随着电子计算机、光纤通讯技术的广泛使用，现代物流业的理念逐渐替代传统的交通运输的概念，辖区内传统的交通运输企业开始向物流企业转型。1998 年以后，辖区内成立多家物流企业和物流行业中介服务组织，成为现代物流行业的骨干力量。2000 年，全区物流业营业收入 1.54 亿元。此后至 2007 年，每年的增长速度均超过 10%。

2004 年，借助“区港联动”即象屿保税区和东渡港对接的新模式，湖里区加强毗邻象屿—东渡—航空港等物流园区的物流设施建设，成立物流行业公会，在临港区域建设物流仓储基地，借助临港物流楼宇，培育物流商贸中心。当年实现营业收入 10.2 亿元。2005 年，加速建设辖区内现代物流业基地，当年物流业营业收入同比增长 50.4%。

截至 2007 年年底，随着东渡港区国际旅游客运码头暨厦金客运码头竣工并投入使用，湖里区成为台湾海峡西岸海港、空港枢纽所在地。铁路、公路、海运、空运相互衔接的综合交通运输体系、综合运输网络的布局和集疏运能力产生规模效应，配送中心、物流园区、物流信息平台等现代物流设施为经济发展提供基础。借助辖区内市属物流骨干企业密集的优势，东渡、湖里、高殿、国际机场周边以及五通一带发展成为物流经济带。全年物流业营业收入 25.1 亿元。

第一章 陆路水路与航空

第一节 陆 路

一、公路

民国12年（1923），辖区境域开始修建美仁宫至江头的公路，称为美江路，长6.4千米、宽15.3米，为辖区境域的第一条公路。此后陆续修建的公路见表6-1。

民国期间禾山地区修建公路一览表

表6-1

路 名	起讫地点	长度（千米）	宽度（米）	修建年份
江通路	江头至五通	7.5	15.3	1924
江崎路	江头至高崎	6.7	9.1	1924
江何路	江头至何厝	7.0	9.1	1925
江庵路	江头至庵兜	4.09	7.2	1928
庵崎路	庵兜至高崎	3.8	9.1	1928
枋钟路	枋湖至钟宅	3.8	7.2	1928
江桥路	江头至桥头	3.27	7.2	1929
桥通路	桥头至五通	3.27	7.2	1929
江浦路	江头至乌石浦	0.55	4.3	1929
乌坪路	乌石浦至马人坪	0.55	4.3	1929
乌仙路	乌石浦至仙岳	1.36	4.3	1929
何通路	何厝至五通	4.8	7.2	1929
江邦路	江头至邦坪尾	5.9	9.1	1930

厦门沦陷期间，侵厦日军出于军事需要，于民国27—28年间修建一条公路。线路为高崎—中埔—神山—寨上—薛厝—徐厝—湖里—南山—石头—东渡—官任—西郭—乌石浦。

解放后修建的国道省道公路如下：

国道319线湖里段 该线起自厦门，终点四川省成都市。湖里辖区路段以东渡为起点，经疏港路、嘉禾路，从厦门大桥出岛。1991年，对东渡至石鼓山路段进行拓宽改造。路基宽60米，主车道沥青砼路面宽22米，双向6车道，成为城市一级主干道。

省道205线湖里段 该线起自福建省将乐县，终点厦门双涵（火车站）。经厦门海堤高崎一端、嘉禾路高崎至吕厝为湖里路段。其中，联检楼至石鼓山1.8公里与国道319线复线。1986—1988年，对双涵至石鼓山路段主车道进行改造，完善该路段的慢车道、人行道等设施。改建后路基宽60米，主车道水泥砼路面宽24.5米，双向6车道，为城市一级主干道。

解放后修建的区间公路如下：

乌石浦至双狮 起自乌石浦西郭，经仙岳、许厝、濠头，终点双狮。1962 年 5 月修建。全线长 6 公里，路基宽 4～4.5 米，泥结碎石简易路面，宽 3 米，为单车道。1980 年以后，因建设湖滨北路新区，只保留乌石埔至仙岳路段。

塘边至濠头 由塘边经湖里至濠头，全长 5.12 公里，路基宽 5.5～11 米，简易沙石路面，宽 3 米。1953 年始建，1954 年扩建。

安兜至钟宅 由安兜经枋湖、尚忠，终点钟宅，全长 3.75 公里。路基宽 5～7 米，泥结碎石路面，有部分沙土路。此线原路型为民国期间修建的汽车路，抗日战争时被毁。1958 年整修后通车。

浦园至何厝 起自浦园，经后埔、忠仑、洪山柄、石村、岭兜，终点何厝，全长 6.5 公里，路基宽 5.6～6.4 米，其中浦园至忠仑为泥结碎石路面，洪山柄至何厝为黑色路面。此线原路型于民国期间修建，抗日战争时遭毁坏，1949 年后重修。

尚忠至何厝 起自尚忠，经后坑、湖边，终点何厝，全长 7.77 公里，路基宽 5.7～9.8 米，路面宽 5.5～6 米；泥结碎石路面（其中 2 公里为土路）。全线涵洞 15 座，总长 164.7 米，其中后坑至湖边与高崎至五通线重复。此线 1949 年前已有路型，1960 年 9 月扩建整修。

东渡堤头至石鼓山港外公路 起自东渡堤头，经湖里至石鼓山。全长 6.2 公里，路基宽 12～20 米，路面宽 9～14 米，技术标准为二级路面。此线连接福厦公路干线，是厦门东渡港区货物集散的专用线。1978 年 1 月，正式动工。1981 年 11 月，全线完工。

二、海堤

1950 年春，陈嘉庚提出修建高集海堤的建议，得到中央批准。1952 年，中央下拨 1300 万元作为修建海堤的工程款。工程由省长叶飞、副省长梁灵光主持，市长张维兹负责组织施工。

交通部航务工程总局和福建省水利局提出设计方案：堤宽 21 米，在厦门一侧建造铁路与公路立交路。陈嘉庚建议堤身加宽至 25 米，留出双轨铁路线。但苏联专家沙可夫没有采纳设计方案和陈嘉庚的建议，反而将堤宽改为 19 米，并取消立交路。这一改变使海堤的通行能力受到制约。原设计未留航道，施工中采纳粟裕的建议，在深水处留一航道，可通行中、小型船只。1953 年 6 月，工程动工。1954 年 10 月 15 日，实现一期工程通车，12 月 10 日，实现全潮通车。1955 年 10 月，全部工程完成。

高集海堤使厦门岛变为半岛。但海堤建成后，改变厦门岛北部海域潮流状况，加剧周围海域的淤积。20 世纪 90 年代后，随着厦门大桥等跨海桥梁的成功修建，有专家提出拆除高集海堤的建议。

三、城市道路

1981 年 10 月 15 日厦门经济特区正式动工后，开始在湖里出口加工区修建城市道路。此后，随着城市化的发展，城市道路的长度和面积逐年增加，原先的区间公路逐渐被改造为城市道路。截至 2007 年底，辖区内形成由市政道路、水上桥梁、立交桥、高架桥、跨线桥、人行过街天桥、人行过街地道、城市隧道等交通设施组成的四通八达的城市道路交通网（详见本志第四篇第三章第一节）。

四、铁路及车站

鹰厦铁路 北起江西鹰潭，南至厦门，全长 694 公里。1955 年 2 月动工，1956 年 12 月 19 日全线完工。1993 年 12 月 26 日，鹰厦线厦门段全线电气化改造完成。鹰厦线由高崎堤头进入湖里区境，与吕岭路交会后进入思明区，全长 7.8 千米。湖里区可由鹰厦线与全国路网相接。

厦门北站 该站原名高崎站，为客货车站，1958 年 8 月建成使用。主要办理货运整车与零担以及客运业务，系四等站。1982 年 5 月，升为三等站，并改名厦门北站。1985 年 9 月，停办客运业务。1987 年，升为二等站。1984 年 8 月，北站扩建工程正式交付使用，属东渡港区配套项目。原到发线改为货物线，在旧站场（二场）西侧修建 7 股道的新站场（一场）和长 12 公里的东渡港区专用线。新建货物仓库 3600 平方米，货物站台 2000 平方米，有 20 吨龙门吊机和 16 吨轮胎吊机各 1 台。1985 年由交通部投资，从厦门北站接轨延至港区，再延接货物线4股道，用于装卸粮食、水泥等大宗货物。港区外建调车线3股道，另在新站南端铺设通往厦门机场的卸油线。新建后的北站股道总长7000米，站内电气设计均采用国产6502定型电路集中装置，所有信号显示、道岔扳动、行车指挥基本实现自动化，系省内设施较先进的车站。最大容量410辆，年货物吞吐量200万吨以上。1994年9月，东渡二期煤码头铁路专用线通过竣工验收。

龙头山转运站 为厦门岛内粮食蔬菜调运、仓储专用库区。1987年12月动工，1990年3月竣工。占地5.4万平方米，站台仓库占地2600平方米。库区专用铁路线北接高崎北站，全长2.54千米，有9组道岔，可一次装卸15个车皮。

第二节 水路与航空

一、港区

区境内港口属于厦门港。厦门港介于上海港与广东黄埔港之间，东北距福州港200海里，南距广州港389海里，东距台湾省基隆港222海里。港口面向东南，由青屿水道与台湾海峡相连，港外有金门、大担及浯屿等岛屿为屏障，周围多山丘，避风条件好。港内水域开阔，南自厦门岛白石头、大担岛、二担岛、青屿岛之连线；北至集美、杏林及马銮海堤，整个水域长13海里，宽0.2～3海里，水深一般为10～29米，少淤不冻，使用面积40平方千米。

图6-1 厦门港东渡港区

宋、元、明、清及民国时期，辖区境域的筼筜港、东渡港、高崎港、烧灰澳、钟宅湾、五通港等港口是厦门岛与漳（州）泉（州）通航的主要港口，以小型民船运输为主。

1967年，开始在辖区境域建设现代港口。1976年，开始修建东渡港区。2004年，在东渡港区零号泊位兴建国际旅游客运码头。东渡港区成为厦门港最主要的港区。

高崎港区 位于厦门内港的北部东端，集美海堤西侧，港区纵深65～100米，东临鹰厦铁路和高崎社区。定位为以散货、件杂货中转为主的小泊位港区，有大小泊位29个。

东渡港区 在厦门岛狐尾山西麓，宋、元、明三朝均有政府设立的官渡，与西岸的嵩屿对渡，故称东渡。沿岸的牛家村澳就是停靠船只的港湾。1976年，开始建设东渡港区。至2007年，东渡港区岸线长约5公里，码头作业区1.9平方公里。有生产性深水泊位20个，兴建的泊位8个。全年集装箱吞吐量241万标箱，货物吞吐量2868万吨，是中国东南沿海的主力港口和海峡两岸直航口岸之一。

二、码头

湖里区海岸线长24公里，海域面积辽阔。宋元时期，辖区境域设有五通、东渡、高崎、蟹仔屿、江头等渡头。改革开放后，辖区西北部沿海聚集厦门港西港的主要码头。计有万吨级码头泊位16个、集装箱专用码头5个，与欧、美、日等40多个国家的60多个港口通航。

江头码头 位于筼筜港湾尽头，木帆船可直接靠岸，主要停泊来自海澄、石码一带运粮、柴、建材的船。1954年，在码头外建堤围田后废弃。

东渡渔港码头 紧靠东渡港南侧，专供渔船靠泊交易的渔货码头，有3个趸船泊位和1000平方米的理货平台，以及2000平方米的渔货交易大厅。

图6-2 海天码头

海天码头 厦门海天集装箱有限公司旗下的海天码头是我国东南地区最大的集装箱专业码头。有7个顺岸式泊位，总长1510米，码头前沿水深12.2~13.8米，能够同时接纳两条8500TEU以上集装箱船舶靠泊作业。堆场面积33万平方米，交接库面积9345平方米，冷藏箱插座1052个，14条进出场通道，有岸边集装箱装卸桥13台、轮胎龙门吊28台、轨道龙门吊2台，跨运车11台以及正面吊与堆高机等大型集装箱机械设备，配备清华同方“威视MB1215HS”大型集装箱检查系统，近百部集装箱拖车为场内平面运输和码头的集疏运提供保障。年吞吐能力超过180万TEU。1983年，开始进行集装箱运输，是厦门市最早，也是中国大陆第一批开展集装箱运输的码头之一。

同益码头 位于筼筜港海堤北端海岸，是厦门港首家中外合资的码头，由厦门经济特区对外贸易（集团）有限公司、厦门轮船公司和香港华闽船务有限公司合资兴建。1984年11月开工，1988年7月竣工。码头长90米、宽8米，引桥长189米、宽5米。码头占地面积3710平方米、建筑面积116平方米、堆场2594平方米，码头靠泊能力为2艘3000吨级货船（油轮）。

东渡一期码头 位于狐尾山西麓，1976年动工兴建，1985年竣工。一期工程岸线长1616.81米，陆域纵深300余米，生产用地30多万平方米，建成4个深水泊位和3个小轮泊位（为顺岸式布置，结构形式均为重力式混凝土方块），总长954.81米，其中4个深水泊位长777米。1号泊位为集装箱专用泊位。长166米，前沿水深9.7米，靠泊能力1万吨级，配有起重量30.5吨集装箱装卸桥1座、35吨跨运车和40吨叉车等集装箱专用机械。后方有集装箱堆场3.27万平方米、件杂货堆场1.28万平方米、集装箱公路交接库1座3729平方米，堆存能力为2500个标准箱（其中有冷藏箱位36个），并可进行拆箱作业（有拆装箱面积2880平方米）。此外，还配有冷热水冲洗箱设备、闭路电视监控系统和机修车间等。泊位的年通过能力为3万个标准箱。2号泊位长254米，前沿水深11.7米，面高程7.5米，靠泊能力5万吨级，主要用来装卸散粮。泊位上配有10吨门座起重机2台、16吨门座起重机1台及散粮装卸灌包机械。后方有1.37万平方米堆场。3号泊位为散化肥接卸泊位，长190米，前沿水深11.7米，靠泊能力5万吨级。泊位上配有起重量10吨的门座式起重机2台、16吨门座式起重机1台，建有6000平方米散化肥灌包棚1座、堆场2.85万平方米。4号泊位为件杂货泊位，长166米，前沿水深9.7米，靠泊能力1万吨级。泊位上配有10吨门座式起重机2台及其他设备。此外，还有3个小轮码头泊位，位于深水泊位的两端，为近海内河小宗散杂货集疏运泊位。泊位长200米，前沿水深4米，靠泊能力均为1000吨级。小轮码头岸壁机械以流动起重机为主，1988年设置固定式电动起重机，建造仓库1座，面积3060平方米。

东渡二期码头 位于东渡一期码头的北侧港湾，1994年年底全部建成。总投资3.8亿元。建设规模为年吞吐能力350万吨，包括新建4个深水泊位。其中，3.5万吨级集装箱泊位1个，设计年吞吐能力为

10 万个标准箱，折合 100 万吨；2 万吨级件杂货泊位 2 个，设计年吞吐能力为 95 万 ~ 100 万吨；2.5 万吨级煤炭泊位 1 个，设计年吞吐能力为 150 万吨。前 3 个泊位位于狗睡屿（现水兵修船所）西侧，岸线长 703 米，前沿水深 12.2 米；煤炭泊位位于石湖山南侧，岸线长 270 米，前沿水深 10 米。另外，还有与之配套的驳船码头，位于杂货码头陆域后方东南段岸线上。

象屿码头　位于东渡港区 12 号泊位，因在象屿保税区内而得名。1992 年，由（香港）惠扬码头发展有限公司与厦门港务局合作建设，设计吞吐能力为 100 万吨（10 万标箱）的 2 万吨级泊位。泊位长度 220 米，水深 13.5 米。1996 年建成投产。

图 6-3　象屿码头

厦门国贸码头　位于厦门东渡港区 20 号、21 号泊位。岸线总长 550 米，陆域纵深 500 米，港区占地总面积 25 万平方米。2005 年 12 月竣工验收的 20 号泊位靠泊能力为 3.5 万吨级，年吞吐能力为集装箱 40 万标箱，件杂货 60 万吨。

鹭甬油码头　位于石湖山北面，靠近煤炭码头。由鹭甬石油有限公司投资建设。设计吞吐能力为 10 万吨，泊位为 3000 吨级，长度 97.5 米，水深 6.5 米，1989 年建成。

高崎码头　位于集美海堤西侧。有泊位 14 个，总长度 281 米，靠泊能力 100 吨和 50 吨的码头各 7 个。1970 年 9 月竣工。1986 年 3 月，高崎港区码头扩建工程开工。首期工程建 4 个 200 吨级泊位，长度 158 米，1988 年 9 月竣工。

高崎盐业专用码头　在高集海堤北侧，建于 1959 年，属福建轻工厅厦门盐业公司。1981 年以前，海盐转运量 10 多万吨/年。1982 年 11 月扩建，在原盐业专用码头沿东北方向延伸 210 米，岸线长 700 米，作为新建盐业专用港池。新建 1 条港坞，长 600 米，宽 100 米。扩建后年吞吐量 40 多万吨。

图 6-4　海峡国际邮轮中心

国际旅游客运码头暨厦金客运码头　位于东渡港区零号泊位。属于厦门港务（集团）有限公司。2004 年动工，2007 年 4 月投入使用。规划建设面积近 32 万平方米，可停靠 14 万吨的大型国际邮轮。客运联检大楼是该码头的重要配套设施和标志性建筑，是旅客出入境查验、候船、休闲的综合性大楼。大楼占地4.3万平方米，总建筑面积8万平方米，设计年吞吐量150万人次，高峰时可容纳旅客3000人。

五通滚装码头 由厦门路桥建设（集团）有限公司兴建。建有滚装、客运和杂货3个码头。设有1个平时兼做1000吨客运码头的3000吨战备滚装泊位、2个5000吨级多用途码头及相应的港口堆场。码头主体长356米，港区堆场30.52万平方米。

五通海空联运码头 2006年5月，开工建设。由厦门国际航空港集团投资兴建。一期项目建设用地19800平方米，建筑面积6004平方米，候船楼年设计能力5万人次。五通至金门水头航道，被称为厦金航线"第二航道"。航道设计水深4米，宽200米。从五通码头到金门水头码头9.7海里，高速船30分钟便能抵达。旅客自金门到大陆内地，可通过海空联运全程"一票到底"。

三、机场

高崎国际机场位于厦门岛东北角海滨，距市区12公里。机场前身为厦门高崎机场，民国29年（1940）6月动工，翌年12月5日开通厦门至台北的定期航班，同时也起降军用飞机。抗日战争胜利后由国民政府接收，改为民用机场，属民航局厦门办事处管理。民国38年2月划归空军管理，由空军司令部在厦门成立第242供应分队专司其职。同年8月24日，最后1架飞机飞往台北后，机场关闭。1950年后长期闲置。

1982年1月10日，高崎国际机场正式动工。1983年10月22日正式通航。

1992年，高崎国际机场进行二期扩建。扩建工程主要项目有：跑道延长700米，增建1条3300米的平行滑行道及5条联络道，扩建站坪18.9万平方米，新建12.7万平方米的候机楼及供水、供电、排污、通讯导航等配套设施。

1995年，有26家航空公司16种机型在高崎国际机场投入航班飞行，开通国内外航线49条，其中国际（地区）航线6条，机场日平均飞行量312架次，每周始发220个航班，成为全国第六大繁忙空港，华东地区仅次于上海虹桥机场的第二大繁忙空港，被民航总局批准为二类机场。

至2007年，高崎国际机场可同时停靠40架大中型飞机；有货站仓储面积近10万平方米，实际货物年处理能力20万~25万吨，其中海关二级监管仓库1.5万平方米；开辟包括37条国际及地区航线的国内外航线近150条，与国内外82个城市通航，其中全货机定期航线14条（国内2条、国际10条、地区2条），包括美国货运航线、直达欧洲航线、日本货运航线、韩国货运航线、东南亚和中国港澳台货运航线等。

第二章 运输物流

第一节 运输设备

一、陆运设备

（一）公路运输设备

传统的陆路运输靠人扛肩挑，出行工具则有轿子。稍宽的乡间道路则使用牛车、马车、板车。民国期间开始使用交通机械。

脚踏车 有二轮、三轮之分。民国初最先在江头街出现二轮脚踏车。20世纪50年代后逐渐普及，成

为辖区境域百姓最主要的交通工具。三轮人力车可载客，亦可运输货物。1993 年，禁止人力三轮车载客上路。

拖拉机　1956 年，开始使用轮式拖拉机，可耕田，亦可运输货物。20 世纪 60 年代，广泛使用便于田间道路行驶的手扶拖拉机。因油耗大、噪音高、安全性能不好，20 世纪 80 年代后先是被禁止进入城区，后被淘汰。

摩托车　辖区境域沦陷时期，驻禾山日本侵略军配备有三轮摩托车。20 世纪 70 年代后，摩托车成为辖区内普遍使用的代步和少量运输的工具。1987 年，湖里区成立之初即对两轮摩托车实行限制上牌的措施。1994 年，全面停止二轮摩托车上牌。1999 年 2 月，厦门市政府发布“80 号令”即《厦门市摩托车管理暂行规定》，从当年 9 月 1 日起，厦门市岛外、外地牌证齐全的摩托车进入湖里区，须有厦门市公安局发放的统一标识及行驶证，禁止无统一标识号牌和行驶证的摩托车在湖里区的道路行驶。此后，辖区内的摩托车数量减少。至 2007 年，无牌、无证摩托车仍时常在辖区街头出没。

电动自行车　1999 年实行“禁摩”后，开始流行电动自行车。至 2007 年，电动自行车成为辖区居民普遍拥有的交通机械。

汽车　民国 12 年（1923）修建江头至美仁宫的公路后，开始使用汽车。但直至 20 世纪 60 年代，汽车的数量和品种仍十分有限。20 世纪 70 年代后，汽车的品种和数量急剧增加。

（二）铁路运输设备

铁路机车　20 世纪 60 年代之前为蒸汽机车，20 世纪 70 年代开始逐步推广内燃机车。1993 年 12 月 26 日，实现电气化。

运送车辆　有客车和货车。20 世纪 80 年代之后，空调客车、软席客车的比例逐渐增加。

二、海运设备

（一）木船

历史上辖区境域海上运输工具有民间小船、渔船、商船之分。清代以降，对民间各式船只管理极严，取结编号给照，出入报验，不许越界。

商船和渔船　俗称赶缯、赶艍，有单桅、双桅之分。清初民间商船只许用单桅，清康熙四十二年（1703）后准用双桅，但梁头不能超过一丈八尺。有艋艚、描揽、虎艚、十三股艚、汉阳钓、草乌各式。渔船有估仔头、白底艍之样式，亦有单桅、双桅之分，梁头不能超过一丈。赶缯、赶艍曾被作为清军水师战船。清乾隆六十年（1795），水师战船改用同安梭商船。

民间小船　俗称舢板、三板、双桨。有底无盖，单桅，双橹或双桨。有石艚、溪甓、估仔等样式。

（二）轮船

鸦片战争之后，以机器为动力的船只开始进入辖区海域。此后，轮船的种类和吨数呈上升趋势。民国期间，航行内海的一般小轮船在 10 余吨至 50 余吨之间，最大的 100 余吨。航行海外的轮船一般在千吨以上。

辖区境域的东渡港成为厦门市主要港区之后，靠泊深水码头的轮船一般在万吨以上，最高达 7.5 万吨。靠泊厦门国际游轮中心码头的邮轮最高吨数达 14 万吨。

靠泊辖区码头的货船有散装货船、杂货船、保温运输船、冷冻船、木材船、原油船、成品油船、集装箱船、滚装船、液化气运输船、载驳船等。

三、空运设备

民国期间，高崎机场停靠的飞机为小型客机。

1984 年成立的厦门航空有限公司拥有“运七”、波音 737-200 等飞机。1995 年，厦航公司拥有波音系列客机 12 架，其中波音 737-200 型、737-500 型、757-200 型各 4 架。2006 年 2 月，引进波音公司生产的新一代波音飞机波音 737-800 型。截至 2007 年，厦航公司拥有客机 50 架，其中 15 架是波音 737-800 型。

四、其他设备

湖里区的运输设备还有输水管道，输送煤气、液化气和天然气的管道等。

区属交通运输企业基础设备情况仅有2004年第一次全国经济普查数据，详见表6-2。

2004年湖里区属交通运输企业基础设备数量表

表6-2

公路运输企业						水路运输企业				城市交通企业	
企业（个）	汽车（辆）					企业（个）	机动船（艘）	净载重（吨）	客位（个）	公共汽（电）车（辆）	出租汽车（辆）
		货车（辆）	净载重（吨）	客车（辆）	客位（个）						
84	1611	1322	19311	253	3614	4	18	14610	80	23	460

说明：以上为第一次全国经济普查数据

第二节　运输仓储装卸

一、运输

辖区境域现代公路运输始于民国15年（1926）。民国30年12月，建成高崎机场后开始有航空运输。1955年10月，高集海堤竣工，辖区境域的陆路运输开始延伸到厦门岛外。1958年1月，鹰厦铁路正式投入运营，辖区境域开始有铁路运输。1967年，建设高崎港，开启辖区境域现代海上运输的新时代。

创办厦门经济特区之后，随着高崎国际机场、东渡港区等现代物流基础设施的兴建，湖里区的传统运输从线路、设备到速度都发生巨大变化。2007年，在湖里区境内，通过电话或网络就可以办妥全球各地的货物运输手续。区境内货物发往市内各地，可以朝发夕至；发往省内各县级以上城市，第二天可以送达。联合运输、直达运输、中转运输、门到门运输等新型运输业态为企业生产提供快捷、方便的物资流通方式。

二、仓储

1956年年底建成鹰厦铁路后，高崎铁路沿线修建一批传统的仓库。1980年后，在东渡、高殿一带形成仓储区。90年代后期，引进现代物流仓储业态。截至2007年年底，辖区内物流仓储面积近30万平方米，占全市物流仓储总面积（不包括工业企业自有厂房式仓储）的23%左右。辖区内物流园区的仓储每平方米每月租金为16~22元，略高于全市每平方米每月8~22元。

辖区内的物流仓储机构有厦门外代仓储有限公司、厦门航空港航空货物仓储有限公司和厦门伯灵顿仓储、厦门铁公海联运仓储和厦门建发物流仓储配送有限责任公司等，辖区内仓库群主要分布在东渡、寨上、机场路一带、枋湖、宜宾路等地。

三、装卸

辖区内传统的渡头装卸均靠人工肩扛手搬。20世纪60年代之前，公路、铁路运输搬运装卸也以人工为主。

1984年正式投产的东渡港区开始广泛使用各式起重机、皮带输送带、集装箱装卸桥、集装箱跨运车、散粮灌包机、化肥灌包机、吸粮机、皮带机、卷扬机、叉车、牵引车、平板车等机械。

截至2007年年底，辖区内各物流园区、物流企业搬运装卸的主要生产环节普遍使用各种起重机械、连续运输设备、装卸搬运车辆和专用装卸搬运机械，实现高效率、低劳动强度。

湖里区没有交通运输业统计数据。2004 年区境内交通运输业务量（第一次全国经济普查数据）见表 6-3 至表 6-5。

2004 年湖里区公路运输业务统计表

表 6-3

企业（个）	货运量（吨）	货物周转量（吨公里）	客运量（人）	旅客周转量（人公里）
84	10829585	543329918	2099576	213962000

2004 年湖里区水路运输业务统计表

表 6-4

企　业（个）	货运量（吨）	标准集装箱（TEU）	货物周转量（吨公里）	客运量（人）	旅客周转量（人公里）
4	185863	12332	71097450	10000	30000

2004 年湖里区城市交通、港口、装卸业务统计表

表 6-5

城市交通	港口企业		装卸企业装卸量（万吨）
客运量（人）	港口货物吞吐量（万吨）	标准集装箱（TEU）	
620500	2726	2655335	893

第三节　物流信息平台

一、厦门电子商务中心

辖区内物流信息由厦门电子商务中心股份有限公司通过厦门现代物流信息公共平台进行处理。2002 年 12 月，厦门港务（集团）公司、厦门信息港建设发展股份公司、厦门信息投资公司、厦门国有资产投资公司、厦门港务物流公司 5 家单位联合成立厦门电子商务中心股份公司。截至 2007 年年底，业务系统增加至 10 余个，连接单位发展到 100 多家，涵盖厦门市全部的口岸单位（海关、国检、海事、边检、港务局）与主要的码头、机场、船代、货代、堆场等物流作业单位。

二、物流信息业务系统

（一）空运进出口电子作业系统

系统包含出口作业系统、进口作业系统和二级监管仓系统等 3 个子系统，2002 年开始运行。通过系统实施，物流信息平台可完成空港范围内涉及通关作业环节所有单位的联网，包括机场海关、2 家货站（机场货站、厦航货站）、12 家货代企业，电子化联网作业普及率 100%，实现包括货物进场信息、实货放行信息、进出口舱单、货物分拨信息、进出库信息等电子数据的交换与充分共享。将各单位原先手工作业、单机管理和纸面单证重复录入、传递的状况改变成以网络化、信息化手段管理，在严密监管的前提下，提高作业效率，降低成本，提高货物吞吐量。如空运出口作业系统的工作流程：货代为企业客户将出口货物装箱进站，货站将货物进场信息传至物流平台数据中心等待碰单；同时，企业通过信息系统无纸报关，将货物信息传至海关系统；海关 EDI 系统进行平台对碰，以总运单号、进场和放行时间、物件数量等为对碰条件；一旦碰单成功，海关将放行信息传至物流平台数据中心；货站接收货物放行信息，卡口放行并装板出口。在此系统运行过程中，改变原有出口业务一对一的流程为一对多（物流平台数据中心对企业、海关等作业相关部门）的流程，提高作业效率，杜绝多单证数据不一致而容易出现错误、信息迟缓，甚至营私舞弊等现象的发生。厦门空港的信息化水平和空运货物的通关速度跃居全国领先水平。

（二）国检快件查验系统

依托物流信息公共平台完成国检和码头、船代之间的数据交换和联网作业。2003 年 11 月 1 日，该系统上线试运行。2004 年，根据各试点口岸情况进行修改完善。2005 年 4 月，开始在厦门正式运行。实现全部船代的舱单电子申报、19 家报关行的联网补录（非法检货物）、快速查验和快速放行等。

（三）国检快件清单审核系统

该系统利用物流信息公共平台实现国检快件中心与快件公司的网络连接和数据交换。系统对各个快件公司发送的总运单清单信息进行预处理，利用系统中的各个字典，对接收到的分运单信息进行自动判别，将原有的快件纸面舱单电子化。2004 年 12 月，该系统试运行，2005 年 7 月 1 日，开始正式运行。

（四）电子疏港系统

该系统以厦门物流信息公共平台为基础，利用现代化信息技术，实现集装箱码头/堆场、拖车公司、船公司/船代、货代、口岸监管单位等的数据交换和信息共享，整合相关单位的资源和作业流程，使信息流提前于物流，逐步实现口岸集装箱作业的智能化和无纸化，提高口岸物流效率和港口的吞吐能力。2005 年 9 月，该系统开始试运行，共 6 家单位（码头、拖车各 2 家，外代、堆场各 1 家）参加。

（五）区港联动系统

该项目在东渡港区和象屿保税物流园区之间，按区港合一体制，实行高效统一的管理体制与运行模式，实现“货物提前报关，区内货物按票按码头监管，实货放行”。公司利用平台优势，为园区信息化提供解决方案，并承建园区光纤网络，配合海关、国检建设园区信息化系统。2005 年 12 月 21 日，该项目通过国家八部委联合验收。

（六）进出境船舶网上联合报检系统

该系统是厦门口岸实现无纸通关的重要组成部分，由口岸监管单位的内部业务处理系统、外部船舶代理公司的网上申报系统和船舶网上联合报检数据中心系统三大部分组成，2006 年开始运行。国检的船舶预申报、海事的进口岸申请审批可以上网办理。其中国检的网上检疫申报还推广到漳州港。

截至 2007 年年底，物流信息公共平台其他运行和在建的系统还有：放行信息交换系统、电子订舱系统、加工贸易系统等。

第四节　物流园区

一、厦门现代物流园区

2004 年 8 月 27 日，厦门市政府决定建设厦门象屿保税区、保税物流园区、航空港物流园区、东渡港作业区合一运作的现代物流园区，总面积 9 平方千米。

物流园区依托东渡港区、高崎国际航空港和铁路枢纽，形成海陆空联结，双港联体运作，同时利用象屿保税物流园和象屿保税区的优势发展国际物流，实现保税区与海港、空港联动发展。最终实现保税物流和非保税物流的结合，国际物流和区域物流的结合，成为采购中心和亚太国际货物集散地，并向具有国际自由贸易区功能的国际物流园区发展。

象屿保税物流园　1992 年 10 月 15 日，国务院批准设立象屿保税区。区内企业主要从事保税仓储、分拨、配送和国际贸易、转口贸易业务，保税物流的业务量始终占保税区业务总量的 90% 以上。2004 年 8 月，设立象屿保税物流园。面积为 0.7 平方千米。2005 年 12 月 21 日，一期 0.3 平方千米通过验收，2006 年 3 月，正式运营。园区与港区联动运作，可开展“国际采购、国际配送、国际贸易、国际中转”

等业务，实行境外货物“入区保税”、国内货物“入区退税”政策。有全球物流、中外运、裕利、YCH、以星、东方海外、越海等数十家企业入区运作，进出区货值80亿美元。

保税区二期工程　面积1.55平方公里，系填海造地而成。园区主要开展非保税物流、城市物流配送、对台农水产品仓储交易等业务。2007年年底，包括建设规模分别为17万平方米、10.4万平方米、9.9万平方米、4.93万平方米的4个大型物流堆场，建筑面积1.4万平方米的2栋万吨级水产冷库，2个5万吨和2个2万吨级多用途码头，建筑面积4.1万平方米的7栋仓库以及办公楼等项目竣工投产。这些项目的投资主体是厦门象屿集团、厦门港务控股集团、厦门国贸集团、厦门建发集团等4家国有企业。

航空港工业与物流园　位于厦门航空城北片区，规划面积3平方公里。园区依托厦门国际机场，主要开展城市配送、高附加值产品的国内外中转、国际物流、航空产品生产、航空维修业务等。

2007年5月26日，厦门现代物流园区的“中枢”工程——厦门国际物流中心正式动工。该项目占地面积约4.2万多平方米，总建筑面积约15.7万平方米，工程总投资约8亿元。将于2009年年底竣工并投用。

二、高殿旗山物流园

2007年年初，殿前街道利用高殿社区旗山水库地处重要交通节点，接近市级物流园区的优势，填平旗山水库，建设日用生活消费品仓储物流中心。项目用地面积46940平方米，建筑面积94475平方米。规划建设5栋物流仓库和1栋高架货仓。高殿旗山物流园位于杏林大桥口，西临西海域、保税区、闽台中心渔港，由高殿社区居委会开发建设。

第五节　物流配送

一、农产品物流中心

厦门蔬菜农副产品批发市场、厦门畜禽蛋批发交易市场和2007年在建的厦门闽台花卉批发物流中心、(高崎)冻品畜禽批发交易市场、台湾水果销售集散中心等详见本志第十一篇。

二、工业园区物流中心

厦门火炬物流配送中心　2002年设立。位于厦门火炬高新科技产业开发区内，主要服务于本岛的火炬园、光电园和软件园，极大方便区内的外资企业原材料、产品等物资的流通。至2007年，开办整箱、拼箱、租船、空运、快递、整车、零担、空车、铁路、冷藏、危品、仓储等业务。

三、建材物流中心

江头建材市场　2001年7月成立，位于江头仙岳路北侧，占地50000平方米，经营面积50000平方米。市场内设有仓储货运等设施，有18米宽的主干道与12米宽的次干道，方便大型车辆进场停卸。配套齐全，为建筑装修、装饰行业所有材料的配送中心。

厦门吉家家居建材组装配送中心　2005年11月设立，位于金尚路和金湖路交叉口，占地面积8万平方米，投资近1亿元。入住商家400多家。2007年，吉家家被市文明办、市工商联、市企业和企业家联合会联合授予非公企业精神文明建设“四比”活动示范点称号。该中心服务闽南地区乃至全省的家居建材集散。

四、象屿物流配送中心

2006年9月，该公司注册成立，是象屿集团旗下全资企业。地处厦门现代物流园区高殿一号路，是以民生物资、商业物资为主的城市物流配送中心，提供规模化、一体化城市物流中转配送服务，促进港口物流与道路物流的有机结合。该项目一期开发建设两栋仓库22000平方米及快递企业操作平台8000平方米；二期开发建设零担货运企业中转站约17000平方米、配套20000平方米停车场，2007年投入使用。

五、企业物流配送中心

辖区内的大型企业一般均设有物流配送中心。戴尔（中国）有限公司、戴尔（厦门）有限公司、联想移动通信科技有限公司、厦门华侨电子企业有限公司、厦门TDK有限公司、厦门宏发电声有限公司、万利达集团有限公司、厦门松下电子信息有限公司、麦克奥迪实业集团有限公司、厦门汽车股份有限公司、厦门ABB开关有限公司、厦门ABB低压电器有限公司、厦门ABB华电高压开关有限公司、林德（中国）叉车有限公司、厦门太古飞机工程有限公司、厦门进雄企业有限公司、厦门新技术集成有限公司、玉晶光电（厦门）有限公司、厦门迈昕电子科技有限公司、厦门厦顺铝箔有限公司、厦门三德兴工业有限公司、瑞声达（中国）助听器有限公司、厦门台和电子有限公司、厦门市东林电子有限公司、厦门太古可口可乐饮料有限公司、厦门中鹭植物油有限公司等企业的物流配送中心辐射能力可达全国乃至世界各地。

第三章　管理机构与企业

第一节　管理机构

一、驻区行政管理机构

厦门市发展现代物流产业协调小组办公室　2003年成立。主要负责制订发展规划、开展市场调研、制定扶持政策和措施；协调具体实施和落实；开展行业综合统计分析，做好信息发布；认定市级重点物流项目和企业，协调重大项目建设、招商和相关服务；协同建立物流专业人才引进、培养机制等。

厦门市交通委员会　前身为1954年成立的市交通运输管理局，负责全市公路、水路、机场等交通基础设施及其配套项目的建设、养护、管理工作；负责对全市交通行业和航空、铁路、邮电经济运行情况的统计分析；负责培育和规范综合交通运输市场、行使道路、水路客货运输、搬运装卸、车船维修、汽车租赁、运输服务业、现代物流业的行业管理职能；负责交通运输业及有关服务业的开业审核、审批、报批管理工作；负责道路运输业及有关服务业的开业审核、审批、报批管理工作；负责道路、水路交通运输中外合资、合作、独资项目的立项审核、报批管理工作，外国交通运输企业在厦门设立办事机构的行业审核报批管理工作，道路、水路涉外运输的审批、报批管理工作；行使对无船承运人的行业管理。

厦门市人民政府口岸办公室　1980年12月成立，负责检查、监督口岸各单位按各自的职责和规定，对入出境交通工具、货物进行监督管理及检查、检验、检疫等工作。平衡本市口岸的外贸运输和集运疏运计划；检查督促国家和省下达的外贸运输计划的实施，负责对经本市口岸进出口的外贸货物进行统计和综合分析；负责对新开辟的海、陆、空国际（含港澳台）货运航线航班和外国籍交通工具临时进入厦门市非开放区域的申请提出审查意见；负责口岸对台“三通”的协调与管理工作。

厦门市贸易发展局　1984年9月成立。在厦门设立国际货运代理企业及异地在厦分支机构向厦门市贸易发展局办理备案登记。

厦门市外商投资局　1986年10月成立。在厦设立外商独资企业和中外合资、合作企业的审批机构。

厦门市道路运输管理处　1991年5月成立。在厦设立物流公司或分支机构业务涉及道路普通货物运输、集装箱运输、道路货物运输站（场）经营、道路危险货物运输等，向该机构申办道路运输经营许可证。

厦门市水路运输管理处 1991 年 5 月成立。办理申请设立船舶运输企业、班轮运输业务、无船承运业务、海运货物仓储、海运集装箱站与堆场、船舶管理业务、船舶代理业务、设立代表处、台湾海峡两岸航运业务、经营台湾海峡两岸间直航和不定期船舶运输业务等。

厦门象屿保税区管委会 1992 年 10 月成立。入驻厦门现代物流园区、象屿保税区、厦门保税物流园，经营开展保税仓储、物流分拨、出口加工、服务贸易等业务，向该机构申请办理。

二、驻区行业管理机构

上海铁路局厦门办事处 1985 年 1 月成立。为上海铁路局派出机构，负责对厦门地区铁路各单位运输生产、安全工作进行督促检查、组织协调，负责厦门地区铁路建设、规划等。

福建省公路稽征局厦门稽征处 1993 年 1 月成立。其前身系厦门市公路局养路费征收总站。稽征处根据有关法规、规章，在上级主管部门授权下开展公路规费的征收和管理。

中国民航厦门空中交通管理站 前身为 1988 年成立的民航厦门航务管理站。2007 年 9 月，改为民航厦门空中交通管理站。隶属民航华东地区空中交通管理局。主要负责福建省境内民航高空 1650 多公里航线的飞行管制任务，对管辖区域内的民航飞行提供空中交通管制、航行情报、气象资料和通信导航服务。

厦门市发展现代物流产业协调小组 2001 年 11 月成立。主要职责是负责厦门市发展现代物流产业的组织领导、规划和协调工作。协调小组下设办公室，设在市交通委。协调小组办公室的主要职责是负责协调小组的具体日常工作。

三、驻区行业协会

厦门市交通运输协会 1991 年 11 月成立。主管单位原为厦门市科学技术协会，2004 年 11 月变更为厦门市交通委员会。有成员 125 个，其中单位会员 78 个，个人会员 47 个。主要活动有：开展市场调查研究，协助政府制定相关法规、政策；加强对会员单位的监督，促进建立公开、公平、公正竞争的交通、邮电经济运行新秩序。搜集行业资料，提供资讯服务，举办研讨、论坛、学术交流、展览以及考察等活动。配合政府、行业管理部门，做好企业从业人员职业技术培训鉴定工作，提升企业职工的综合素质；受政府委托，做好企业资质认定咨询工作等。

厦门市物流协会 2004 年 2 月成立。主管单位为厦门市交通委员会。有团体会员 102 家，个人会员 45 名。主要活动有：制定行规行约，提高从业者自我约束、教育、保护和发展的能力；组织对内、对外同行间交流与合作；协助政府落实各项政策措施；推动物流园区、物流重点项目的规划、建设、运营；与高校等教育机构合作，抓好物流人才培养；做好物流的宣传推介，承办《物流经济》刊物和物流经济网站建设工作等。

厦门市国际货运代理协会 1998 年 5 月成立。主管单位为厦门市贸易发展局。会员 120 多家。主要活动有：协助政府部门加强对厦门市国际货代行业的管理；维护国际货代行业的经营秩序；推动会员企业间的横向交流与合作；依法维护本行业利益；促进对外贸易和国际货代业的发展，将行业的管理提升到一个政府监管与行业自律并重的新阶段。协会是中国国际货运代理协会的定点培训中心，为厦门地区培训 1200 多名货代从业资格人员。被世界国际货运代理联盟协会指定为 FIATA 国际资格证书在中国的 6 个培训中心之一，并为厦门地区培养出第一批获得世界 FIATA 证书的国际货代从业人才。

厦门市外商投资企业协会物流企业分会 2004 年 7 月成立。首批会员有 40 多家。宗旨和任务是：开展调查研究，代表会员企业向各级政府部门提出政策建议；受理会员企业投诉，维护会员合法权益；加强行业自律，协调解决企业纠纷；提供行业市场资讯，建设信息交流平台；为企业提供政策资讯、人才培训、市场推广等服务。

四、区属行业协会

湖里区商会物流行业公会 2004 年 12 月成立。是由湖里区商会中从事物流行业的企业及相关单位和个人自愿组成的行业组织。对本行业的经济活动进行指导、管理、监督、检查，引导会员从事正当的经营。公会的业务主管单位是湖里区商会。主要活动是参与湖里区有关物流行业建设的相关工作，搜集和反映会员企业的意见和要求，维护会员企业正当权益，加强与政府有关部门的联系和沟通。

第二节 企 业

一、市重点物流企业

截至 2007 年，厦门市政府先后认定三批厦门市重点物流企业。2004 年认定的首批 14 家重点物流企业中，在湖里区设立总部的有 9 家；2005 年认定的 4 家第二批重点物流企业中，在湖里区设立总部的有 3 家；2007 年认定的 6 家第三批重点物流企业中，在湖里区设立总部的有 5 家。

中国厦门外轮代理有限公司 前身为 1953 年成立的中国外轮代理总公司，由厦门港务发展股份公司和中国外轮代理总公司合资经营。下属子公司有厦门外代国际货运有限公司、厦门外代仓储有限公司、厦门外代航空货运代理有限公司、厦门外代航运发展有限公司、厦门外代报关行有限公司、厦门外代东亚物流有限公司、厦门三得利货柜储运有限公司、厦门海天货柜有限公司。公司致力于发展以航运为依托，以仓储为核心的综合物流服务，形成集国际船舶代理、客货运代理、空运代理、国际集装箱运输代理、境外展品运输代理、国际中转、无船承运、内支线运输、报关报检、保税仓储、海铁联运和综合物流等多元化的经营格局。公司拥有 4 万多平方米的厦门外代海沧物流仓储中心和象屿保税区仓储中心、近 10 万平方米的集装箱堆场，拥有多种车型的运输车队，并拥有自主开发的第三方物流信息系统，具备较高的网上信息跟踪和物流配送能力，实现与船公司、海关、码头、堆场和车队等单位的电子数据实时交换，并推出网上电子订舱业务和电子放箱业务，实现信息实时查询和处理。

1996 年 8 月，公司被交通部、外经贸部确定为海峡两岸“三通”海上直航试点口岸的指定代理。公司成立 50 年来，与世界上 180 多个国家和地区的数千家航运和经贸企业建立密切的业务联系。年代理船舶 12000 多艘次，年代理集装箱超过 220 万标准箱。

厦门华商纵横物流投资有限公司 1998 年成立。为专业的第三方物流企业。致力于物流业的投资与管理，主营国际海运、国际空运、国际陆运、国内水运、国内陆运、仓储与配送等物流服务。公司通过合资、并购和建立联盟等多种方式，4 年内发展成为中型物流企业集团。公司下属的联合物流有限公司在北京、天津、大连、青岛、上海、宁波、福州、莆田、厦门、广州和深圳等 11 个口岸城市设立分支机构，在其他内地大城市设立代理网点，构筑成纵横交错的物流网络。公司拥有先进的信息系统，实现 24 小时实时在线查询，全面观察及控制整个物流系统的运行情况。

厦门港务物流有限公司 2001 年 11 月成立，是福建省规模最大的专业性港口物流公司。公司注册资本 2000 万元，位于厦门市湖里海天港区北通道联检大楼五楼。公司以港口为依托，主要从事集装箱堆存、陆路运输、货物仓储、国际货代等业务，拓展港口物流业务的分拨、配送，江西地区、三明地区的海铁联运业务。

厦门泰达国际货运有限公司 1992 年成立。是厦门国贸集团的下属企业，经国家外经贸部批准成立的一级货代公司。下设上海分公司、空运分公司和专业报关行。公司拥有占地面积近 4 万平方米的东渡濠头南北库区，内有 2.7 万平方米的货仓（含保税仓）、1.5 万平方米的集装箱堆场和货物堆场，为客户提供 24 小时的全天服务；并且配备集装箱拖车、拖架、起吊设备、拆装箱机械、叉车、维修车间和现代化的办公设备。主要从事集装箱、冷藏箱、拼箱、散装等进出口货物的国际运输以及租船订舱业务，实行“一条龙”服务（包括揽货、订舱、仓储、中转、集装箱拼拆箱、结算运输费、报关、报验、保险、相关的短途运输以及集装箱运输等相关的业务）。公司海运拼箱是 ECU 在厦门的全权代理，提供全球网络化服务。

厦门速传物流发展股份有限公司 1996 年成立，2001 年改制。为中外合资股份制综合物流企业。公司在全国各大港口城市及加拿大等地拥有 11 个分支机构，并与众多国际物流商保持着良好的合作关系。经营专业订舱代理、一条龙操作整柜出口、集运分拨、出口拼箱、保税进出口等各类业务。与多家国际型物流公司合作，为其提供订舱、仓储、运输等本地操作服务。为每家客户度身定制 SOP，提供专业物流服务。可提供进口清关，配送，保险一条龙服务。可根据客户和银行委托，以监管仓库中货物为抵押，向银行申请融资。可提供保税货物仓储、分拨、国际采购、货物挑拣等业务。公司在全国各主要港口设有分支机构。公司及属下子公司经营着厦门象屿保税区内 17 万平方米集装箱堆场，6 万平方米保税、非保税仓库。

厦门弘信创业股份有限公司 2001 年成立。是专门从事港口物流、航运领域投资管理的股份制企业。业务范围涵盖散杂货物的海上运输、大宗散杂租船、国际船舶代理、物流项目开发、国际国内货运代理、集装箱陆路运输、集装箱代理及租赁、销售、维修一体化服务，港口机械、运输设备制造、销售、维修一体化服务，电子科技等。

弘信国际船舶代理有限公司是弘信创业的全资控股子公司。在香港、上海、广州、福州等地设有分公司或办事处，在世界主要港口大多有代理。厦门弘信国际船舶代理有限公司与国内外多家船公司联合经营，主要负责与中国内地的货主客户联系、承揽货物以及购买、期租船舶，完成海上运输。同时，也作为船舶经纪人为国内外船东、租船人提供信息服务。

大通物流（厦门）有限公司 2000 年 4 月成立。经营国际运输代理、内陆运输及分拨、仓储及库存管理、简单加工及检测、全程货物流程总体设计、信息管理、保税区内代理贸易、报关事务、海关监管运输、展览运输。公司拥有 19 个公共保税仓库，面积 2 万多平方米。其中，空调仓库 4 个、贵重物品库 2 个。所有仓库均安装监控报警设备。公司车队是保税区内可以操作空运直转和快件转入保税区业务的监管车队，同时可以承运海关监管海运货物。承运国内货物运输的车辆配有 GPS、LCS 定位系统，便于实时监控、车辆调配。

华贸物流（厦门）有限公司 1994 年成立。主要经营范围：海运、空运进出口货物的国际运输代理业务，包括揽货、订仓、仓储、中转、集装、拆箱、拼箱、报关、代报验、代办商检、动检、植检、集箱公路运输等，及相关的国际贸易运输咨询服务。

伯灵顿物流（厦门）有限公司 1999 年 4 月设立，是伯灵顿全球有限公司（BAXGLOBAL INC.）在厦门象屿保税区投资注册的独资公司。拥有 11000 多平方米的现代物流中心。是一家拥有覆盖全球的网络和信息系统，致力于为客户提供整合供应链管理、仓储配送、空运和海运等服务的物流公司。

中外运裕利集团有限公司 2004 年 1 月成立。是中国外运股份有限公司和鸿光控股有限公司本着强强联合、优势互补和适应市场发展的原则在福建地区进行战略重组的产物。拥有原裕利集团有限公司和中国外运福建有限公司麾下的境内外子公司近 30 家。公司为客户提供国际货运代理、专业报关、仓储运输、保税仓储、船舶代理、航线经营、集装箱维修、保险经济等全方位服务。

日通国际物流（厦门）有限公司 2002 年 6 月成立。公司为客户提供进出口、三国间运送、国际复合运送等业务。在中国有 15 家法人企业和 55 个营业点。自营和代理各类商品和技术的进出口；货物的包装，分装，加工整理等简单加工；集装箱区内临时存放及调整；仓储，搬运；国际运输咨询服务；进出口拼箱业务；保税仓储；保税区的业务往来；转口贸易；国际贸易。

厦门宏高货运有限公司 2001 年成立。为综合性物流服务企业，业务网络覆盖全国。主要从事空运进出口货物的国际运输代理业务，包括揽货、订舱、仓储、中转、集装箱拼装拆箱、结算运杂费、报关、报验、保险、短途运输服务及咨询业务等。

厦门夏商农产品集团有限公司 前身为厦门蔬菜公司，2004 年 7 月改制设立。系全国“菜篮子”放心工程优秀企业，全国百家大型农产品流通企业，省、市农业产业化重点龙头企业和厦门市“菜篮子”工程骨干企业，公司旗下有黄金香食品有限公司、鹭露水产有限公司、鑫格林蔬菜进出口有限公司、意兴鲜食物流有限公司、农产品有限公司等 5 家控股企业，拥有 2 个大型蔬菜农副产品批发市场、1 个畜禽蛋冻品批发市场、1 个食品批发市场和商务部在厦门指定的唯一定点食品安全检测机构。公司建立内外销蔬菜基地 5 万亩，水产养殖基地 6 万亩，承担着厦门市蔬菜、水产、肉类市场供应，价格调控，引导生产，检测监控，确保市民“吃菜、吃鱼、吃肉”安全的重任。

厦门象屿太平综合物流有限公司 1999年12月成立。为中外合资企业，由厦门速传物流发展股份有限公司控股51%，外资方是新加坡太平船务有限公司。是象屿保税区内绿色通道企业。拥有60000平方米仓库、保税及非保专用车队、100部拖车、专业报关行。专业提供进出口物流代理、保税区代理、保税物流园区一日游，进区退税、仓储、运输。

厦门象屿胜狮货柜有限公司 2000年11月成立。是由胜狮货柜仓库（中国）有限公司、厦门象屿集团有限公司、马士基物流中国有限公司3家合资组建的一家中外合资企业。公司主要业务有场装、货物储存、拆装、拼箱；集装箱堆存、吊卸；集装箱维修、冷冻柜PTI、清洗等，同时兼营拖车业务。

厦门火炬集团物流有限公司 2002年成立。拥有一座设施齐备的专业化火炬物流中心。物流中心具有保税和非保税的双重功能，同时也具备出口监管仓的功能。物流中心配备现代化物流设施，采用全程的、实时的物流信息反馈。业务涵盖以下方面：国际贸易进出口（自营和代理），保税仓储、分拨、配送，物流管理和服务，供应商库存管理（VMI），国内运输配送，国际货运，进口货物寄售管理，海关事务代理和咨询，简单性商业加工。

中邮物流有限责任公司（简称中邮物流公司） 2003年1月成立，隶属于中国邮政集团，主营第三方物流。是专业经营和管理邮政物流业务的大型国有企业。是一家集仓储、封装、配送、加工、理货、运输和信息服务于一体的现代化综合性物流企业。公司以一体化精益物流、区域配送、货运代理、分销与邮购等四大板块为主要业务发展方向，依托和发挥中国邮政“两网三流”的资源优势和“百年邮政”的良好信誉，坚持“至诚至信，精益求精”的经营理念，采用先进物流运作模式和技术手段，努力为客户提供个性化、量体裁衣的各类完善的物流解决方案。

二、其他重点交通、物流企业

厦门航空有限公司 1984年7月成立。为全国第一家地方性航空企业。经营福建始发的国际、地区航线。兼营酒店、航空配餐、旅游、房地产、广告业务、进出口贸易及开发服务等业务。“蓝天白鹭”商标为中国驰名商标。2007年，安全飞行15.9万小时，年旅客运输量925万人次，货邮运输量12.2万吨，运输总周转量11.3亿吨公里。

厦门国际航空港（集团）有限公司 1995年1月成立。是厦门市国有企业，辖厦门高崎、福州长乐、龙岩冠豸山3个机场，资产总额50亿元，以经营民用航空地面勤务、航空客货运代理、候机楼、货站等为主，兼营商贸、酒店、广告、投资、房地产开发等业务。集团由政府授权，行使机场管理当局职能。至2007年，完成旅客吞吐量868.47万人次，在全国所有机场中继续名列第11位，比上年增长15.8%，净增旅客118.27万人次，其中出入境旅客147.8万人次，为中国内地五大口岸机场之一；完成货邮吞吐量19.36万吨，比上年增长10.6%；开辟国内外航线148条，其中定期执行的国内航线79条，国际航线20条，地区航线4条（含香港—厦门—上海和浦东—厦门—澳门全货机航线）；有25家国内外航空公司在厦门机场定期运营，平均每周航班密度1712架次；与82个国内外城市通航，其中定期通航的国内城市43个、国际城市13个、地区城市2个，航线遍及内地及港澳地区、东南亚、韩国、日本和美洲、欧洲，成为华东地区重要的区域性航空枢纽。

厦门象屿（集团）有限公司 1995年11月成立。为厦门市国有独资企业。是厦门象屿保税区、厦门现代物流园区、厦门大嶝对台小额商品交易市场的开发运营服务商。旗下有全资企业10家、控股和间接控股企业18家、参股企业5家，员工3000多人。以物流为核心产业，经营物流园区建设运营、供应链管理（贸易）、口岸物流服务（港口物流、码头经营）、综合物流服务（城市/城际配送、冷链物流、多式联运）。为海峡西岸最具发展潜力的综合物流园区运营服务商，为厦门市管一类企业。

厦门国际航空港空运货站有限公司 2001年7月成立，是厦门航空港股份公司与台湾中华航空、长荣航空、远东航空、地勤公司合资成立的一家专业航空货物地面代理服务公司，是海峡两岸航空界第一个合资项目。经营范围包括航空货物专业装卸、搬运、分拣、计量、包装、理货、仓储；航空货运信息咨询、查证；仓储设施的建设经营；办公场地出租；海关二级监管仓的运营等。货站建设用地4.1万平方米，建筑面积3.1万平方米，年货物设计吞吐能力为15万吨，实际生产能力超过20万吨。依功能划为货物仓储作业区、营业办公区（包括联检报关中心）、理货专区等，其中货物仓储作业区采用升降式转运车（ETV）、配套集装箱（板）立体货架和传送系统，并设置有冷藏、冷冻、动植物、危险品等特殊物品库房。货运单证作业全部采用数据化处理，并与SITA、EDI、INTERNET连接。公司同时采用24小时闭路电视监控系统、消防报警系统、中央空调系统。2004年，公司通过ISO 9001：2000认证。

厦门中远国际货运有限公司　1996年3月成立。厦门中远国际货运有限公司（厦门中远集装箱船务代理有限公司）为全球500强企业中远集团的全资子公司。公司以中远集团为后盾，以中远集装箱运输有限公司150多艘现代化集装箱船舶和遍及全球的航运网络为依托，统一管理中远在福建地区的国际、国内海上集装箱货运代理、船舶代理业务及延伸服务，是中远货运系统全球营销与服务网络体系的重要组成部分。自1996年3月公司成立以来，承运内、外贸进出口重箱超过100万标箱。

厦门同益码头有限公司　1988年10月成立。主要从事码头装卸、仓储、运输、驳船业务、中转业务以及其他海上服务项目和相关业务的代理。公司拥有件杂货和集装箱运输并举、内外贸兼营的综合性多功能码头。用地面积约1.5万平方米，泊位长180米。可同时靠泊3000吨级集装箱船舶和1000吨级件集装箱船舶各6艘。平均每周有5艘千吨级班轮开航厦门—香港和厦门—日本那霸、博多。2002年2月27日，厦门—金门货运直航在该码头成功首航，同年9月正式开通。年生产能力为件杂货吞吐10万吨、集装箱装卸4700多标箱，年创利450余万元。

厦门海天集装箱有限公司　1983年成立。是厦门国际港务股份有限公司的骨干成员企业，专业从事国际海运集装箱的装卸、堆存、中转业务。旗下经营管理海天码头和海润码头（海沧）两个专业国际集装箱码头。公司引进具有国际先进水平的码头生产计算机管理系统，涵盖中控指挥、船舶配载、堆场策划以及码头生产调度等各个层面。智能化的管理信息系统为广大航商和货主提供24小时即时的船舶动态、集装箱动态、海关放行动态以及费收动态等各种网上信息查询服务。公司在全国港口企业中率先推出“码头语音查询系统及短信平台”服务，为客户提供更为便捷的查询服务。公司与十余家实力雄厚、服务周到的集装箱货运站保持密切的合作关系，开辟有包括美西、美东、欧洲、地中海、澳洲、日本、韩国、中国台湾地区等航线和上海、福州、汕头等内支航线在内的共60多条航线，每月进出港600多航次。2003年，突破100万TEU，成为中国东南沿海第一个年吞吐量超百万TEU的码头公司，2007年达到169.3万TEU。

厦门港务船务有限公司　1983年1月创立。是台湾海峡西岸经济区最大的港口拖轮经营服务企业，拥有适应现代港口作业的大马力全回转拖轮12艘（其中消拖两用船6艘），除可为厦门湾和我国东南沿海港口进出港船舶提供靠离泊码头服务外，还能够向国内外用户提供海上拖带、监护、海难救助、海上消防等服务。

厦门外轮理货有限公司　1982年成立。2005年5月19日改制组建。经营范围包括国际、国内航线船舶的理货业务；国际、国内集装箱理箱业务；集装箱装拆箱理货业务；货物的计量、丈量业务；监装、监卸业务；货损、箱损检定业务；提供劳动服务和物流配套服务；代办船舶货物的代理业务；仓储管理业务；闸口管理等业务。业务网点分布在国际货柜、海润、嵩屿、象屿、东渡、海天、国贸等码头公司及各集装箱堆场、部分货主仓库等。为福建省最大的一家专业性理货公司。

中外运敦豪国际航空快件有限公司厦门分公司　1993年8月成立。合资双方为中国对外贸易运输集团总公司（Sinotrans）和敦豪国际航空快递公司（DHL）。合资公司将敦豪作为国际快递业领导者的丰富经验和中国外运集团总公司在中国外贸运输市场的经营优势成功地结合在一起。DHL拥有在解决方案、快递、空运、海运和运输各方面的专门技能。其全球网络覆盖220个国家和地区。服务产品有：门到门的国际（内）文件/包裹服务；固定箱规、价格低廉的珍宝箱服务；一个电话、一个账号就可解决的进口IMP服务；快件价值保险以及包括Easyship快件管理工具、Web Shipping快件处理系统、利用短信查询快件状态的SMS Tracking等在内的客户自动化服务项目。

厦门DHL国际快递有限公司　2000年3月落户湖里。是一家专业从事国际快递、提供优质服务的快递公司，可出纺织品、电子产品、建材、太阳能产品、CD等货物。为客户提供从文件到供应链管理的全系列物流解决方案。DHL 快递的服务网络遍及全球 220 多个国家和地区、12 万多个目的地。

厦门 TNT TNT 的母公司是荷兰邮政集团（TPG），总部设于阿姆斯特丹。1988 年 TNT 快递进入中国，与中外运合资建立“中外运——天地快件有限公司”，开拓在中国的快递业务。TNT 快递的服务覆盖国内 500 个城市，拥有 2000 个服务网点。

厦门市公铁海联运有限公司 隶属厦门市交通委员会，是厦门市运输协会、厦门和漳州车务段的股份合作制企业，与闽铁集装箱有限公司联营。前身为 1987 年 2 月成立的厦门市北站联运服务公司。公司拥有 7326 平方米的集装箱货场、20T 和 36T 门吊、各型叉车、汽车；在厦门北站、杏林车站和前场站拥有 3 条装卸专用线；与全国各地联运公司形成强大的联合运输网络。公司专业承接铁路、公路、水路、航空的联合运输、国际集装箱多式联运。主要有 6T、10T、20 英尺、40 英尺集装箱及整车、零担的运输代理；办理“门到门”运输，取货、报票、装卸、加固、领货、送货一条龙服务；承揽货场内集装箱、笨重货物的装卸、移场、掏装箱业务；兼营物资仓储、金属材料、建筑材料、机械、电子设备、五金交电百货、工艺美术品（不含金银首饰）、矿产品；提供技术咨询、信息中介、代报关、地磅等服务。

厦门汉连物流有限公司 2003 年 4 月成立。隶属总部设于台北的 ALPHA 集团。专业从事国际空运、海运、陆运进出口货物的全方位运输代理业务与多式物流服务，提供到港清关、送货上门服务，同时为进口商提供 FOB、EX—WORK、FCA 等条款下的海、空运国际运输。在辖区内设有机场、东渡 2 个报关行，提供进出口报关、报检和厦门本地一站式服务。

厦门市顺丰速运有限公司 1998 年 1 月成立。主要经营国际、国内快递及报关、报检、保险等业务，是国内领先、高速成长的港资民营速运企业。公司网络全部采用自建、自营的方式，在内地及香港建立庞大的信息采集、市场开发、物流配送、快件收派等业务机构，服务网络覆盖中国经济发达的 29 个省、直辖市，173 个地级市，包括香港和台湾地区。

厦门市坤驰联合出租汽车有限公司 2005 年 4 月，由湖里区 8 家出租车客运企业通过资源重组、整合的方式成立，主营业务涉及出租车客运、城市中巴客运、汽车维修等，三大主营业务年产值累计 2 亿元，上缴地方税收逾 1000 万元。公司实行多元化的发展战略，以做大做强城市客运业务为核心，同步发展广告、物流、汽车租赁、旅游及房地产等产业。

厦门市白鹤客车出租公司 是厦门市交通委下属的一家从事客运服务的集体所有制企业。前身为 1980 年 10 月成立的厦门市客车服务公司。1985 年 2 月，抽调部分职工和资金成立中外合资白鹤客车出租公司。1987 年 7 月，提前终止双方合同。1989 年 9 月，更名为厦门市白鹤客车出租公司。公司下属单位有“的士”车队、小巴车队、大巴车队、微型车车队、安全办、修配厂。公司所属企业汽车修理厂系全省汽车故障救援网成员单位，拥有一类汽车整车维修资质和完备的机动车检测线，经营范围包括专业维修大、中型客车、大型货车、小型货车及各类小型汽车等。

2004 年湖里区交通运输业经营情况表

表 6-6

项目	单位（个）	从业人员（人）	资产总额（万元）	负债（万元）	营业收入（万元）	主业收入（万元）	主业成本（万元）	主业税金及附加（万元）	费用（万元）	利润总额（万元）	职员报酬（万元）
合计	407	17602	1537713	759891	707276	703789	524408	20412	117459	77281	61659
道路运输业	99	3945	68190	37536	68303	67952	51726	1971	14704	162	7212
公路旅客运输	6	589	18676	13282	9913	9817	5344	401	3708	199	1556
道路货物运输	91	3293	48506	23778	57629	57375	45694	1544	10960	-42	5635
道路运输辅助活动	2	63	1008	477	761	761	689	25	35	5	21

续表6-6

项　　目	单位（个）	从业人员（人）	资产总额（万元）	负债（万元）	营业收入（万元）	主业收入（万元）	主业成本（万元）	主业税金及附加（万元）	费用（万元）	利润总额（万元）	职员报酬（万元）
城市公共交通业	3	34	2496	601	363	363	248	8	61	47	51
公共电汽车客运	1	9	243	83	26	26	0	2	25	0	14
轨道交通	0	0	0	0	0	0	0	0	0	0	0
出租车客运	2	25	2253	519	337	337	248	6	36	46	37
城市轮渡	0	0	0	0	0	0	0	0	0	0	0
其他城市公共交通	0	0	0	0	0	0	0	0	0	0	0
水上运输业	11	1912	599541	246409	44034	43443	22558	1214	13827	36145	4883
水上旅客运输	0	0	0	0	0	0	0	0	0	0	0
水上货物运输	6	240	7873	5913	10186	10186	9428	59	602	81	382
水上运输辅助活动	5	1672	591668	240496	33848	33257	13130	1155	13226	36065	4501
航空运输业	6	4931	658134	390704	466245	464425	354693	14953	64465	32201	35683
航空客货运输	3	4603	534873	387538	446190	444877	344433	14153	63232	23212	34946
通用航空服务	2	35	276	105	138	138	60	7	133	-27	31
航空运输辅助活动	1	293	122984	3062	19917	19411	10199	793	1100	9016	705
装卸搬运和其他运输服务业	288	6780	209351	84640	128333	127606	95183	2267	24403	8726	13831
装卸搬运	13	1357	12194	2527	7163	7062	4537	268	1480	806	2585
运输代理服务	275	5423	197158	82113	121170	120544	90647	1999	22922	7920	11246

说明：以上为第一次全国经济普查数据

第七篇 邮电信息

湖里邮政的前身为古代的邮驿，清雍正、乾隆年间辖境内先后设过高崎、五通、蛟塘3个铺，负责传递官府公文。清光绪三十年（1904），禾山地区设立最早的近代邮政机构——江头代办所，主要业务是信函、包裹和汇款。

解放后至20世纪80年代，湖里先后开办5个支局、代办所，主要开展函、包、汇、发四大类业务。但邮政设施相当简陋。有步班邮路、委办汽车邮路、自行车邮路。委办汽车邮路时办时停，自行车邮路总长230公里（来回程）。

湖里建区后，随着城市化建设的不断发展，邮政事业取得显著进步，网点数量不断增加，布局渐趋合理，设备更新，业务拓展，社会效益与经济效益日益提高。

截至2007年年底，湖里有30个邮政网点，九大类30余种业务。可通过陆、海、空多种邮路迅速传递各种邮件。

民国19年（1930），在江头设市话交换站，使用共电交换机，容量100门。

1978年12月26日，开通自动电话。1985年1月20日零时，农村电话全部实现程控化。农民开始安装家庭电话。长途电话直通国内几十个地区和大中城市。同年，湖里、江头开始设公用电话。1988年8月，辖区长途可直拨158个国家和地区。1992年，开始设磁卡公用电话。1994年，实现村村通程控电话。1995年，全区基本实现户户安装电话。至2007年年底，全区固定电话普及率为137部/百人，每百户居民拥有电话103部。辖区内各主要街道、社区均安装公用电话。

1990年5月，移动电话开始在区境内使用。至2007年年底，移动电话普及率为109%，每百户居民拥有移动电话224部。

1996年，湖里区加入中国互联网。2001年年初，开通宽带城域网。至2007年年底，辖区家庭拥有电脑5.6万台，互联网接入4.8万户。

1992年，湖里区政府门户网站建立。2004年9月，江头街道金尚社区创办全市首家社区绿色网吧。2007年，全区有18个社区绿色网吧。

第一章 邮 政

第一节 网点与设施

一、网点

清光绪三十年（1904），江头代办所开办，这是禾山地区最早的邮政机构。

寨上代办所开办时间不详，1951 年 8 月 7 日撤销，1994 年 8 月 8 日复办。
1952 年 12 月高崎所开办，1954 年 10 月底撤销，1966 年 5 月 24 日复办。
1953 年 8 月 10 日殿前代办所开办，1954 年 10 月改为支局，1991 年 5 月 1 日撤销支局，改为代办。
1954 年，开办湖里支局，后停办。1984 年 10 月 1 日复办，局址在湖里大道 15 号。
1980 年 5 月 10 日，东渡代办所开办，后停办。1995 年 1 月 1 日恢复，改为支局。
1991 年在禾山路党性院东侧开办枋湖代办所，2003 年停办。
1994 年在华昌路、火炬高新区开办华昌支局和小东山支局，2000 年停办。
1995 年在东渡集装箱港口开办联检支局，2000 年停办。
2000 年在东渡路 208 号开办濠头支局，后停办。
2001 年在马垅外口公寓开办马垅支局，后停办。
截至 2007 年，辖区内有 30 个营业支局、所。

2007 年湖里区邮政支局、所一览表

表 7-1

局、所名称	成立时间	地址	邮编
吕岭路支局（储）	2000. 1. 7	吕岭路 21 号邮电大楼	361009
火炬支局（储）	2000. 1. 7	火炬路 10 号	361009
湖里支局（储）	1954	湖里大道 15 号	361006
塘边支局（储）	2000. 1. 1	兴隆路 265 号	361006
寨上支局（代）	2006	长虹路 10 号	361006
机场支局	1995. 5. 1	埭辽路	361009
康乐支局	2000. 1. 7	南山路 293 号地下室	361006
县后支局	2003	枋湖北二路 773 号	361009
象屿支局	1994. 6. 4	象屿保税区内	361006
候机楼支局（代）	2000. 1. 7	国内候机楼到达区	361006
竹坑支局（代）	1994. 7	湖里竹坑里 32 号	361006
徐厝支局（代）	1994. 6. 1	湖里和悦里 4 号楼	361006
高崎支局（储）	1952. 5. 12	高崎二组邮电大楼	361006
旧街支局（代）	1994. 5	湖里街北片 58 号	361006
高殿支局（代）	1953. 8. 10	殿前村委会	361006
钟宅支局（代）	2000. 1. 7	钟宅村	361006
三航（代）		三航六公司宿舍	361006
东渡支局（储）	1980. 5. 20	东渡路 77 号	361012
金山支局	2003	金山西里 11 号	361006
金尚西里支局	2004	金昌里 141 号	361009
后埔支局（代）	2000. 1. 7	后埔工业区二区	361009
蔡塘支局（代）	2003	蔡塘工业区	361009
穆厝（代）		穆厝村 279-4 号	361009
田头支局（代）		高林村后门田中央社	361009

说明：局、所名称加“（代）”者为代办所；加“（储）”者为代办邮政储蓄

二、设施

晚清至民国时期，辖区境域邮政代办所仅有邮箱、邮戳等简易工具。

20世纪50—70年代，邮政设备简陋，仅有信箱、信筒等简单设施。拣信、投递信函全靠人工操作，邮递主要靠自行车。随着邮路的延伸，自行车的数量有一定的增加。

20世纪80年代后，邮政设施的机械化、自动化程度不断提高。1995年，湖里邮政的生产、管理、服务等各个方面都广泛应用计算机网络。

1999年，应用推挂机和环形包裹全节目登单录入分拣系统，自动分拣印刷品。是年全省规模最大、技术最先进的包刷分拣机投入使用；电脑、打印机成为邮局的基本工作设备。

2001年，引进信函分拣机，提高邮件准确快速传递水平。同年，全区电子支局、邮政储蓄网点实现联网，并与全省所有县市和全国大部分地区联网。

2003年9月2日，位于寨上的厦门进出境快件监管中心正式启用。中心可提供EDI报关报检业务、进出口快件查验监管业务和仓储业务，并可为各快件公司提供快件进出境相关业务。海关向监管中心派驻监管机构，对所有进出境快件实施统一监管。

2004年8月19日，电子化邮电支局全部实现出口快包、普包和挂刷邮件网络分拣，成为全国第一个在快包、普包和挂刷的分拣上实现网络分拣的邮政局。

2005年10月6日，国际普邮跟踪查询系统成功上线，具备国际给据邮件的信息采集、作业控制以及查询统计等功能，实现国际邮件生产、信息处理自动化及国际邮件信息的跟踪查询。2006年，移动话费充值系统在所有邮政电子化支局开通运行。

至2007年，辖区邮政系统配备有邮筒、收寄机、取包机、电子秤、打印机、传真机、捆扎机、过戳机、邮件推式悬挂系统、信函自动分拣系统、电脑等设施，营业条件和邮运设备基本实现现代化。

第二节　邮路与业务

一、邮路

在近代邮政出现以前，邮件通过驿道传递。雍正年间（1723—1735）福建全省邮驿由53处扩展至67处，并在驿与驿之间10里设1“铺”称为“铺递”。区境内设有高崎铺，上接集美铺，下接莲坂铺。乾隆二十六年（1761），高崎铺撤销，改设五通、蛟塘两个铺，五通铺上接同安刘五店，下接蛟塘铺，蛟塘铺上接五通铺，下接金鸡亭铺。

邮路以运载邮件的交通工具划分为：步班、自行车、摩托车、汽车、水道、铁路和航空邮路等7种，其中水道、铁路和航空邮路均由市邮政局（邮电局）统一经营。

（一）步班邮路

清光绪三十年（1904），江头代办所开办，境内步班邮路由此始。民国18年（1929），厦门老城区至禾山、五通的邮件开始交由厦禾汽车公司代运。厦门沦陷其间汽车邮路停办，禾山区境内的邮件投递在民国35年之前仍为步班。

（二）自行车邮路

辖区境域的自行车邮路开辟于民国34年。此后至1949年10月厦门解放，一直只有殿前（店前）一线邮路。殿前线共经过57个乡村，104.7公里。从解放初到1966年，辖区境域有乡村邮路230公里（来回程），通过禾山125个自然村，设立4个投递段和2条联络线，配备自行车投递员4人，投递班次江头每天两班，高崎、五通每天一班。“文化大革命”期间，受“武斗”影响，乡村自行车邮路时通时阻。

1973年，湖里范围内自行车邮路有：

市区—五通，里程38公里，沿途经莲坂、西林、洪文、蔡塘、后埔、后坑、高林、五通。

市区—湖里，里程 21.1 公里，沿途经东渡、湖里、高殿、立新、西郭、塘边。

市区—钟宅，里程 30.5 公里，沿途经县后、钟宅。

市区—江头，里程 19.3 公里。

1985 年，日一班投递的路线有江头—东坪山 38 公里；逐日班投递的有江头—五通 37 公里、江头—钟宅 31 公里、江头—马垅 27 公里、江头—莲坂 13 公里、江头—前埔 32 公里、江头—江头街 2 公里。

1986 年，邮路增江头—殿前 30 公里。

1987 年，市内行政区划进行调整，湖里行政区设立，原市郊自行车邮路继续沿用。

1988 年，增加投递邮路 3 条：江头至吕厝 9 公里、至莲花一村 12 公里、至莲花二村 13 公里。

1989 年，原设江头至莲花一村及二村的邮路改为江头至莲花三村 23 公里。增设江头至寨上 30 公里，每日投递一班。

1990 年，邮路有较大改动，江头—殿前的邮路改为湖里—殿前，单程长度为 4 公里，比原来减少 26 公里，邮路均逐日邮运一班。设江头至东坪山 39 公里、至何厝 39 公里、至枋湖 38 公里、至西郭 17 公里、至莲坂 25 公里、至本镇 10 公里、至莲花一村 12 公里、至莲花二村、三村 16 公里、至嘉莲里 14 公里；湖里至寨上 30 公里、至高崎 25 公里，逐日投递 1 班邮件。1991 年，湖里至殿前、湖里至高崎；江头至东坪山、何厝、枋湖、莲坂、西郭，计 187 公里。

1992 年，湖里至殿前邮路增加 27 公里。

1993 年，湖里至殿前邮路延长。投递路线增加江头至五通、湖里至塘边、江头至西郭等线。

1994 年之后，邮路没有大的变化。

1996 年，自行车邮路取消。

（三）汽车邮路

委办汽车邮路　民国 18 年（1929），厦门至禾山、五通的往来邮件开始由厦禾汽车运输公司承运，邮件开始由汽车带运，厦门沦陷其间停办。民国 35 年 4 月，恢复郊区邮件委托厦禾汽车公司带运，直至 1949 年 10 月厦门解放。其间，厦禾汽车公司一度停止营业。解放初，福厦分两段利用国营和私营客班带运邮件。厦门市公交公司于 1956 年开辟市郊线路，但时办时停，市郊汽车委办邮路亦时办时停。1971 年起，委办汽车邮路停办。

自办汽车邮路　1985 年，有从枢纽大楼到火车站、机场、厦大、湖里的邮路。1986 年，汽车邮路调整：枢纽大楼至湖里 3 条，枢纽大楼至机场 1 条，单程长度均为 13 公里。1987 年，新增枢纽大楼到湖里的邮路 1 条；市局枢纽大楼至机场周 28 班，直线邮路 5 公里，合计单程邮路 169 公里，日均总邮运行程 327 公里。

二、柜台业务

解放初至 70 年代，辖区境域处于海峡两岸军事对峙的最前沿，邮政业务的发展受到制约。此时的业务就是函、包、汇、发四大项。其所通达的邮路极其有限，传递时间也很漫长。

经济特区设立后，除传统业务外，又陆续开办一些新业务。

1981 年 7 月，恢复办理国内邮政回执业务，开办邮联范围内发行新的国际回信券。

1985 年，开办特快专递邮件业务。

1986 年，开办邮政储蓄业务。1986 年 7 月，开办国内邮政快件业务，1998 年取消。

1993 年 6 月，收寄台湾挂号邮件。

1999 年，在函、包、汇、发、邮储、特快、集邮等传统业务基础上，增办邮政礼仪、商业信函、广告明信片、邮购、货运、代办、代理等新业务。

2001 年，“邮政客户中心”（185）投入使用，它能够提供特快专递、票务订购、鲜花礼仪、报刊订阅、电话购物、咨询查询、业务投诉等服务。从 2004 年 7 月 3 日开始，中国邮政客户服务电话“185”升位为“11185”，其服务功能更齐全。

2002 年 7 月 22 日，开通网上邮政礼仪业务。9 月，开办闽台直达快件业务。

2007年1月12日，针对电子商务个人商家的e邮宝（EMS电子商务经济快递）业务全面开通。

是年，与移动、电信、联通公司合作，在支局网点新开办100项移动新业务以及“空中充”缴费充值、联通缴费、移动积分兑换水仙花、节假日礼品、代理厦航电子客票等。

至2007年年底，湖里各邮电支局的邮政业务有九大类30余种：普通函件、商业信函；国内特快专递、国际特快专递、邮政礼仪；一体化物流、国际货代、中邮快货、分销与邮购；新邮预告、网上预定、邮票信息、邮品推荐、报刊收订、批销、零售、报刊邮发；国内包裹、国际小包、国际包裹；代办电信业务、代办移动业务、代办票务等。

三、邮件投递

（一）普通邮件投递

邮政创办初期，禾山农村邮件都由代办所收递。民国4年（1915），始设村镇信差，投递农村邮件。民国18年以后，厦门市郊禾山的公路相继建成，邮局随之开辟村镇邮线，经过江头、店前、何厝、吴仓、昭塘、庵兜、高崎、洪山柄、竹坑湖、莲坂等10处，信差由1人增至3人，每天运行1次，投递禾山一带邮件并收取信件。民国36年，厦门邮局被国家邮政总局评为乡村邮递示范局。

厦门沦陷期间，对外联系受阻，信件稀少，民国34年4月将上列10处分为3段，信差只用1人，每3天周行一段。抗日战争胜利后，航运复苏，厦门与东南亚及国内各地的交通日益频繁，邮政业务增多，农村邮路和信差配备恢复到战前状况。

解放后，大力发展农村邮政通信，采取国家力量与社会力量相结合的办法组织农村投递网。1970年，实现信报直投到队，农村投递路线从13段增至23段，里程达943公里，其中除高崎至中埔自办外，其他20条均由农民承包，把邮件、报刊按日按址送到用户手中。“文化大革命”期间，由于两派群众组织的“武斗”，禾山农村与市区交通一度断绝，城市与农村的邮务均受影响，1969年后，农村投递才逐步恢复正常。

1985年后，城区面积逐年扩大，投递路线不断延伸，并全部改为自行车投递。

1986年，城市投递改为上午5时以前到站的进口信函，下午投递；下午4时以后到站的，次日上午投递。本市互寄的信函，上午11时以前收寄的，下午投递。印刷品、包裹和期刊投递时限相应延长。快件中午12时以前到站的，下午投递；市内互寄的快件，上午11时前收寄的，当天投递。投递频次为每天2次。

1995年，厦门的农村投递路线达890公里，经区境的具体线路为：莲花—枋湖53公里、莲花—五通51公里、湖里—高崎48公里、湖里—殿前51公里。

2001年6月26日起，辖境包裹开始全面直投到户，直投到户率近100%。

2002年，开展邮政社区服务，开办乌石浦邮政代投点，对无门牌号、无统一标准信报箱的邮件投送实现投递到户，解决邮件“最后一公里”的投送问题和对账单等商函专投问题。

2003年年底，全区邮政投递完全按照市区投递。是年，实现岛内报刊分拣封发直接下段。

2007年，完善特快投递作业组织，实施“蜂窝式”多点出班，创新投递作业组织，确保特快投递时限、频次和服务质量，真正实现“以投促揽”。投递频次为每天3次。

（二）特快专递

1985年，辖区各支局开办特快专递业务。

1990年8月，各支局开设EMS国际交换站，每日航班直接交换出口EMS总包，加快出口EMS邮件传递。9月7日，投递香港的特快专递首次直封。是年年底，与世界65个国家（地区）和国内184个大中城市有业务往来。

2004年8月18日，辖区各支局实现136个大中城市“次日递”。同月，开办厦金快件业务。9月1日，开办闽东南快递业务，该业务分为“限时达”和“次晨达”两种，在开办地区推出“限时未达，原银奉还”的承诺。

2005年7月20日，辖区各支局开办厦门区域跨区域“次晨达”业务。

2007 年 1 月 10 日，辖区各支局开办 EMS“闽粤次日递”“出口日本大阪次日递”“电子商务速递”业务。从 6 月 18 日起，辖区邮政 EMS 向客户推出省内次晨达、省内次日递承诺服务：全省 67 个市、县之间互寄的特快邮件实现次日递；全省 33 个重点县、市城市间实现双向次晨达；全省 67 个市、县寄往 34 个重点县、市单向次晨达；“省内次日递”及“省内次晨达”对外承诺的有效收寄和投递范围为：业务开办城市中，各市、县的市区、城关及经济开发区、工业园区、科技园区、高新技术开发区。是年，特快投递实施“蜂窝式”多点出班，创新投递作业组织，确保特快投递时限、频次和服务质量，真正实现“以投促揽”。

截至 2007 年年底，辖区各支局的特快专递业务可通达 200 多个国家和地区及国内 2000 多个大中城市。

第二章　电信和信息网络

第一节　电　信

一、电报

清光绪九年十二月（1883. 1）设立大清厦门电报局。此后至厦门解放前，辖区境域拍发电报，需到老市区的电报局办理。接收电报则由发电报方发至厦门电报局，再通过邮政局递送。

1951 年，邮政和电信合并。辖区境域拍发电报，可到厦门市邮电局设在江头、高崎的邮电所办理，由邮电所通过电话将电报内容报送到市邮电局中心报房发送。20 世纪 80 年代，邮电局配备传真机，可办理传真电报业务。1988 年 6 月，办理用户三类传真机安装、检测、代为维护等业务，用户传真机出现。1990 年 7 月 28 日，厦门市邮电局中心报房电报分集器硬件安装、数据输入正式割接开通，中心报房至各支局 15 条同城电报电路接入分集器，辖区境域与市局的来去电报实现自动转报。

1993 年 9 月，全市重新划定电报投递界限，湖里工业区 2. 5 平方公里被划为市局电报投递区域。1994 年 6 月，增加开办鲜花、蛋糕礼仪业务。

1995 年后，随着电话、手机短信的广泛普及，电报业务逐渐退出通信领域。

二、有线通信

民国 19 年（1930），在江头设立市话交换站，使用共电交换机，容量 100 门，与市区开始通话。翌年，可通过人工长途交换台与厦门附近县城通话。民国 35 年后，长途电话可以转接省内外大、中城市。

解放初期，辖区境域只有江头电话交换点，被称为农村电话。至 1958 年人民公社化后，基本上每个生产大队安装一部手摇电话机。1978 年 12 月 26 日，开通纵横制自动电话。1983 年 1 月 29 日，电话号码在原号码前加“2”，由 4 位数升为 5 位数。

1985 年 1 月 20 日零点，厦门开通万门 FETEX-150 全数字程控电话交换系统。江头市话交换机拆除，辖区境域各自然村全部割接入程控交换网，至此彻底甩掉“摇把子”，农村电话全部实现程控化，进入数字化时代。农民开始安装家庭电话。长途直拨电话直通香港、北京、上海、广州、福州等几十个地区和大中城市。新增业务有：热线电话、转移呼叫、遇忙回叫、缩位拨号、三方通话、叫醒服务、呼叫等待、免干扰服务及呼叫限制等。同年，湖里、江头等地开始设立公用电话。1986 年 10 月，厦门进入全国长途自动网，辖区电话用户可通过国际出口局与新加坡、德国、法国、英国、意大利、瑞士、奥地利、西班牙、荷兰、加拿大等开放长途有权直拨电话。1988 年 8 月，辖区长途可直拨 158 个国家和地区。1992 年，开始设立磁卡公用电话。

1994 年，实现所有自然村村村通程控电话。同年 3 月 6 日 24：00，本地网电话号码在原号码的第一位与第二位数之间加 0，由 6 位升到 7 位。12 月，推出“分期付款”安装住宅电话、“租赁”电话业务。

1995 年 2 月，开通“117”报时台；4 月，开办“团体放号”“立即放号”及小交换机用户可安装公众电话等业务；8 月，开始在辖区设置 IC 卡公用电话。是年，全部取消市话杆路。全网话机普及率每百人 43.4 部（按全市户籍人口统计，下同），全区基本实现户户安装电话。

1999 年，电话普及率达 79.39 部/百人。

2000 年，开通容量为 5 万门的江头市话无线环路交换局。

至 2007 年年底，固定电话普及率为 137 部/百人，全区居民每百户拥有普通电话 103 部。辖区内各主要街道、社区均安装有公用电话。

三、无线通信

（一）无线寻呼

1985 年 2 月，厦门市引进香港新一代电脑科技有限公司生产的无记忆功能的人工坐席无线传呼设备，在湖里区内建 1 个发射台。无线寻呼开始在区境内使用。12 月，北极星微机三终端投入使用，寻呼人工台取消。

1989 年 8 月 30 日，“万门无线传呼系统”投入运行。同年启用自行研制的“126”人工服务系统。将无线寻呼业务的窗口功能、用户服务、各式业务管理、每月自动计费、财务管理、人员管理、质量跟踪等一系列工作一体化。1990 年，无线寻呼机号由五位升为六位。

1991 年 10 月 9 日，“128”自动系统投入运行，它可以与原“126”系统兼容，用户可任选一种方式。1992 年 10 月 10 日，寻呼第二频点割接开通；12 月 22 日，开通中文显示与数字兼容的中文传呼台，交换总容量达 7 万门。1993 年 6 月，开办寻呼机传送股票信息业务；1994 年 4 月，福建漫游方式由人工改为自动；6 月，省际自动漫游正式运营，随全省加入全国 21 个省、市、区联网；9 月，启用“129”特服号为省内网自动接续号，增开无线寻呼中文、数字第四频点。4 月 16 日零时，无线寻呼号码由 6 位升到 7 位。

2000 年，无线寻呼工程完成所有卫星小站和厦门卫星主站中心系统工程，实现基站信号卫星传输，实施完成小型机寻呼系统、话务中心排队器更新工程，系统的稳定性和工作效率有效提高。当年全区无线寻呼用户达 3 万多户，比上年增加 7.6%。

2001 年后，随着移动电话的普及，无线寻呼用户逐年减少。2007 年 3 月，中国联通公司向信息产业部申请停止经营全网（除上海市）“198/199”“126/127”“128/129”无线寻呼服务，联通寻呼退出市场。同月，辖区内仅剩邮政长盛一家寻呼台，基站无法全部覆盖，传呼机原有功能大部废止，只为少数股民提供股市信息。

（二）移动电话

1990 年 5 月，由省邮电局、福州电信局、厦门市邮电局、南洋信息技术有限公司与美国摩托罗拉（MOTOROLA）公司在福州首签引进设备合同，厦门交换区首期引进该公司 EMX-250 模拟式蜂窝网移动电话系统。此后，移动电话开始在区境内使用。

1993 年 12 月 8 日，EMX-500 型安装竣工，取代 EMX-250 型移动交换机。三期含三期 B 扩容工程同时进行，在湖里新建牛公岭基站。

1994 年 9 月，四期 B、A 将 EMX-500 型退役，引进 EMX-2500E 型交换机，9 月投入试运行，新建湖里、五通基站，四期 A 新建电台山、东渡 2 个基站。

1995 年 2 月，模拟五期 B 对 EMX-2500E 进行扩容；4 月，四期 2 个扩容工程投入使用，五期在辖境新建小东山基站。5 月，移动电话号码由 6 位升为 7 位。6 月，全国模拟移动电话系统 A、B 网大联网，实现与全省、全国联网的省际自动漫游。10 月，厦门交换区获准设立 1 个移动交换中心，新建 1 个 GSM

数字移动交换局，引进芬兰 NOKIA（诺基亚）数字移动交换设备，利用现有机房，以厦门市为中心区，兼及漳州、龙岩、三明，厦门首建 MSC. YL 和 2 个 BSC 设备，在区境内的湖里、堤头、牛公岭、小东山、五通、濠头等首建基站，载频达 164 个；11 月，增开上海—厦门 GSM 电路，首期数字移动电话系统投产，开办短信息服务、语音信箱、无条件呼叫转移、通话中来话转移、关机来话转移、无应答来话转移、关闭所有呼出、关闭国际长途、关闭所有来话、国际漫游中限制拨国际长途、国际漫游后停止接听所有来话等业务。

2000 年，建设县后、塘边 2 个电信机房。

2004 年，区境实现城市化后，移动电话普及率为 65%（按全市常住人口总数计算，下同）。

至 2007 年年底，移动电话普及率达 109%，每百户居民拥有移动电话 224 部。

（三）数据通信

1. 分组交换网

1991 年，开通分组交换业务。1993 年 3 月，省分组交换网厦门站新增湖滨北路节点机 1 套，配置 128 个端口，设备安装在湖里、东渡 SAM 站点。1994 年 8 月，省网第一次扩容，东渡由 SAM 升为 AM。厦门分组交换本地网建成，增加端口 922 个。在湖里扩建部分高速用户端口。1994 年后，随着数字数据网的完善而被淘汰。

2. 数字数据网（DDN）

1993 年年底，厦门本地数字数据（DDN）网投入使用。1994 年 3 月，本地 DDN 网进行第一次扩容，区境新增高崎、机场 2 个节点机；7 月，在厦航安装 1 台 LINK/2 节点机，对一些点的端口版本、硬件进行升级和设备调整。

1995 年 1 月，本地 DDN 网第二次扩容，新建小东山等 21 个节点。3 月，厦门灿坤公司由 DDN 电路经香港转接与台湾总部专线开通，这是省内第一条经香港至台湾的 DDN 电路；9 月 2 日，辖区高速数据专线 DDN 正式开通。

3. 中国互联网

1996 年，湖里区加入中国互联网。

2001 年年初，开通厦门宽带城域网，引进 ADSL、LAN、HOMEPNA 等技术。同年，区境内计算机互联网用户约 2.7 万户，增幅达 90.8%。

2003 年，互联星空业务正式启动，实现“一点接入，全网服务”“一点认证，全网通行”“一点结算，全网收益”。

根据全市城镇人口每百户拥有 88 台电脑、互联网接入每百户 76 台的统计，截至 2007 年年底，辖区家庭拥有电脑约 5.6 万台，互联网接入用户约 4.8 万户。

四、主要企业

截至 2007 年年底，在湖里区从事电信服务的主要企业有 6 家。

（一）福建省电信公司厦门市分公司

简称厦门市电信公司，是福建省电信有限公司在厦门设立的分公司。其前身是厦门市邮电局、厦门市电信局，分公司于 2000 年 8 月 16 日正式成立。辖区的电信服务和通信保障工作由该公司负责，主要经营本地各类国内、国际固定电信网络与设施（含无线市话），基于固定电信网络的语音、数据、图像及多媒体通信与信息服务，与通信及信息业务相关的系统集成、技术开发等业务以及国家批准经营的其他电信业务。2001 年，开通厦门电信“1000”综合服务热线，2003 年 9 月，升为“10000”号。2002 年，开通网上营业厅，主营业务有费用查询、业务办理、网上缴费。2007 年，该公司拥有本地电话用户 210.4 万户，其中小灵通用户 112.5 万户；宽带用户 34 万户。公司在湖里区设有 7 个电信营业厅。

（二）福建省移动通信有限责任公司厦门分公司

简称厦门移动通信公司，1999 年 10 月成立，主要经营移动话音、数据、IP 电话和多媒体业务，并具有计算机互联网国际联网单位经营权和国际出入口局业务经营权。网上营业厅主营业务有话费服务、业务办理、积分计划、短消息服务、在线客服、个人信息管理、省心消费、移动商城。其品牌产品有全球通、动感地带、神州行、集团用户。2007 年年底，移动客户突破 200 万户。公司在湖里区设有 8 个移动营业厅。

（三）中国联合通信有限责任公司厦门分公司

简称厦门联通公司。1995 年 8 月成立以来，在通信基础设施建设上累计投资超 12 亿元，建成覆盖全厦门的 GSM 与 CDMA 两大移动通信网络。其中 GSM 移动电话网络基站数达到 350 多个，系统容量达到 80 万门。在统一的基础网络平台上构建固定数据通信网、具有容量 20000 路端的长途电话网，使联通的数据宽带专线、商务电话、无线立体 OA 办公系统遍布厦门各厂矿、企事业单位；在视讯网络方面，推出具有联通特色的“宝视通”可视电话业务。利用有线网络资源，开拓外口公寓 IP 直通车电话专项市场，除提供语音通信外，还开通拨号上网、ADSL 等多种增值业务。公司拥有世界风、UP 新势力、新时空、如意通四大移动业务客户品牌和联通无限、手机银行、炫铃等十几种强势增值业务品牌，宝视通、IP 电话等多种数据业务品牌。同时积极跟踪全球范围内电信技术的最新发展，不断推出移动电话预付费、移动互联网、移动电话拨打 IP、手机银行、WAP 业务、GPRS 业务等各种基于电信新技术的新业务。公司在湖里区设有 7 个联通营业厅。

（四）中国铁通厦门分公司

成立于 2000 年，主营业务：本地电话业务、国内和国际长途电话业务、公用电话业务、互联网业务、无线寻呼业务、智能业务、数据业务、视讯业务、出租电路业务、分组交换业务、网络资源出租、代维业务及综合信息服务业务等。

2007 年，铁通发放企业联名电话卡，该卡整合促销、宣传、产品前期推广和礼品等多种元素的功能。联名卡主要产品有“17990”（全国/省内）漫游企业联名 IP 卡、“197300”全国漫游企业联名长途卡、“96369”省内漫游企业联名长途卡。

（五）中国网通厦门分公司

2004 年成立。主营业务包括，固定电话普通业务、小灵通普通业务、小灵通增值业务、固定电话增值业务、互联网—宽带接入、互联网—应用业；网元出租、公话、固定电话普通业务、小灵通增值业务、固定电话增值业务、互联网—应用业务、互联网—宽带接入、小灵通业务；形象提升、管理应用改善、销售促进、通信应用改善。

（六）中国卫星通信集团公司厦门分公司

2005 年 11 月 3 日，中国卫星通信集团公司厦门分公司注册成立。主要经营通信、广播及其他领域的卫星空间段业务；卫星移动通信业务；互联网业务；VSAT 通信业务；基于卫星传输技术的话音、数据、多媒体通信业务；地面网络通信业务；3.5G 固定无线接入业务；800 兆数字集群通信业务；以 GPS 为主的综合信息业务；与上述卫星通信业务相关的技术服务和进出口等业务；国家批准或允许的其他业务。

第二节　信息网络

一、商业网络

（一）企业网站、网页

20 世纪 90 年代末，计算机网络在区境内使用后，有一定规模的企业都建立有自己的网站或网页，介绍企业，推介产品，开展产品营销活动。

（二）商业网站

2000 年后，辖区内开始有人通过较大的商务网开设个人的网上商店，所售商品大到房屋、汽车，小到日用百货、衣裤鞋袜，成为新的商业形态。

（三）营业性网吧

湖里区营业性网吧起源于20世纪80年代初的电子游戏机室。随着电脑网络的发展，20世纪90年代后期发展为营业性网吧，为用户提供上网玩电子游戏的服务。2002年，全区正式办理营业手续的营业性网吧13家，2003年增至28家，2007年达66家。无证经营的非法网吧多年来屡禁不止（详见本志第二十四篇第五章第二节）。

二、非营业性网络

（一）政府网站

1992年，湖里区政府门户网站建立，由湖里区政府主办。是全区各部、委、办、局，各街道等在互联网上发布政府信息和提供在线服务的综合平台。

区内除政府门户网站外，湖里区发展改革局、区委组织部、区工会、区商会、区教育局、区财政局、区文体局、区人口和计划生育局、湖里档案局、区科技局、区招商局、人劳局、检察院、司法局等单位都建有自己的网站。

（二）绿色网吧

2004年9月，江头街道金尚社区创办全市首家社区绿色网吧。绿色网吧的主要服务对象是社区（学校）未成年人。绿色网吧配备相应的网络安全技术措施，安装可以过滤黄、赌、毒、暴力等不健康网站的软件，督促和引导未成年人开展健康文明的网上活动。绿色网吧还建立未成年人活动指导制度，积极吸纳和聘请有计算机和网络特长的社会志愿者担任义务辅导员和义务网管员，为未成年人上网提供指导、开展培训。在不影响服务未成年人的前提下，绿色网吧还面向下岗再就业人员、老年人等社会人员开展免费或低收费服务活动。2007年，全区有18个社区绿色网吧，每间网吧有20～60台电脑。

第八篇　农　业

湖里辖区境域是厦门岛农耕经济的发祥地。唐天宝十四年（755）前后，陈僖带领家族300多口人，从福清乘船南下，在当时被称为新城的厦门岛登陆。之后，“度地形势，察物优宜……发川为田，垦原为园”。经过多年的耕耘，陈僖家族“家业丰厚，又为清源之最。”这是厦门岛历史上有文可稽的最早的大规模农业开发。陈僖家族登陆厦门岛最早的落脚点在薛岭之南。到陈僖家族的第四代，约唐大中十一年（857）之前，辖区境域的农业生产已经有了长足进步，厦门岛因而被编入同安县绥德乡的一个里，并以“嘉禾”命名。

宋代，辖区境域的农业生产延续正常的发展状况。宋太平兴国年间（976—983）传说岛上出现“一茎多穗”的稻子，结合辖区境域宋代出现多名进士的史实，说明宋代辖区境域的农耕经济的水平同大陆地区已经没有太大的差别。宋代，辖区境域种植的作物有50多种。

元、明两代，由于受到战争、倭寇侵扰等动乱的干扰，农业生产受到较大的影响。得益于泉州港、漳州月港的开放，从国外引进占城稻、番薯、玉米、高丽菜、菠菜、瓮菜、南瓜、番石榴、番木瓜等作物品种。

明末清初，普遍种植的作物有：粟（小米）、高粱、水稻、大麦、小麦、燕麦、花生、大豆、绿豆、芝麻、甘薯、甘蔗、荔枝、龙眼、桃子、李子、杨梅、梨、柿、枣、番石榴、余甘、枇杷、柑橘、柚、无花果、芒果、橄榄、果、棉花和各种蔬菜等110种左右。

清康熙二十三年（1684）后，辖区境域成为厦门岛重要的农副产品供应地，大宗产品有水稻、甘薯、花生和各类蔬菜，栽培较多的还有大麦、高粱、太阳麻、蓖麻、木瓜、凤梨、龙舌兰等。清中晚期，开始在高林、乌石浦、湖莲等处建埭，围垦土地，扩大耕地面积。

民国期间，有识之士开始在辖区境域开办农场、果园，引进优良作物品种和先进的耕作方法，并开始小范围使用化肥。水稻亩产（单季，下同）接近100公斤。

1949年10月，厦门岛解放。翌年，在辖区境域开展土地改革运动，实现“耕者有其田”，极大地调动农民的生产积极性。此后，经历互助组、初级社、高级社和人民公社时期，1956年后农业生产实行全面、严格的计划管理。生产技术方面通过推广矮秆水稻良种、杂交水稻，普遍使用化学肥料和农药，兴修水利和开展农田基本建设，促进农业生产力的发展。粮食生产水平有较大的提高，水稻亩产提高到250公斤左右。但是，这期间开展的农业生产合作社由初级社过渡到高级社、“大跃进”、人民公社化等运动在不同程度上违背客观规律，农民的生产积极性屡受挫伤。

在粮、油、糖、果、菜、茶、花、麻、药、杂中，粮食种植所占的比重一直偏大，其他经济作物所占的比重则偏小。解放初期地少人多，耕地不足。农田除少数门口田土质较好外，一般多系沙质壤土，土层甚薄，缺乏有机质。境内丘陵起伏，河流短促，水利年久失修，历史上常有旱灾。农作物种植以番薯、水稻为主，蔬菜、花生次之。

厦门解放后，农作物种植结构逐步改善。除水稻、甘薯、花生和各种蔬菜外，栽培较多的尚有大麦、高粱、太阳麻、木瓜、蓖麻、凤梨、龙舌兰、木豆等，树木有木棉、木麻黄、桉树等。20世纪50年代中期，市政府将全区划分为蔬菜区和粮食作物种植区。靠近市区的区域被划为蔬菜区，辖区境域的大部分区域被划为以旱地作物与双季稻为主的粮食作物种植区域。旱地作物有甘薯、大豆、花生、高粱、大麦、小麦、豌豆等作物，水田则栽种水稻。

湖里的粮食作物主要有水稻、甘薯、大豆、高粱等，以水稻和甘薯为主。建区之前的粮食作物种植面积和总产量无统计数据。由于气候温暖，清代以来，辖区境域的耕地大都可以实现一年两熟甚至三熟。但大多数耕地比较贫瘠，且易受旱灾影响，单位面积产量不高。解放后，“种”被列为农业生产“八字宪法”之一，在提高粮食产量过程中发挥重要作用。

1980 年，辖区农村开始实行生产责任制，1982 年全面推行家庭联产承包责任制，极大地解放农村生产力。水稻亩产由 250 公斤左右提高到 350 ~ 400 公斤，最高亩产 500 公斤。1984 年 10 月，辖区境域撤销人民公社建制，恢复乡、行政村、村民小组的建制，消除多年政社不分的弊端。1986 年，全市农村取消粮食定购任务，为辖区农村实现商品化、市场化生产创造有利条件。

湖里建区初期，农业生产贯彻“稳粮、保油、扩菜、发展两水、抓出口”的指导方针，增进商品意识，注意发挥优势，因地制宜，以农、林、牧、副、渔全面发展的大农业结构取代过去封闭、僵化的小农经济模式，农业生产步入专业化、商品化的发展之路。1989 年，全区农业总产值 1105.53 万元（1980 年价），粮食总产量 6165.35 吨，经济作物和蔬菜、水果总产量 33901.3 吨，农民年人均收入 930 元。当年，禾山乡实行“撤乡建镇”，全年国家征用耕地 1161.5 亩，农村经济呈现总产值和农民年人均纯收入迅速增长，而农业生产规模逐年缩减的趋势。

20 世纪 90 年代初期，湖里区农业生产的方针确定为“稳粮、保油、大抓菜篮子工程”。区政府加大农业投入，大力发展服务城市市民生活的“菜篮子”工程。1995 年，全区农业总产值 6329.13 万元（1990 年价），粮食总产量 1482 吨，经济作物和蔬菜、水果总产量 21904 吨，农民年人均收入 3500 元。

2002 年，全区农业总产值 1.09 亿元，粮食总产量 107 吨，经济作物和蔬菜、水果总产量 15990 吨。由于其他产业的发展，农村经济总收入 45.52 亿元，农民年人均纯收入 8250 元。

2003 年，全市农村工作会议提出“努力通过缩小农村来发展农村，通过减少农民来富裕农民”。翌年，撤销禾山镇建制，在原禾山镇辖区设立居民社区，湖里区全面完成村改居任务，全区户籍人口全部转为非农业人口。在全区国民生产总值比重中，第一产业比重 2003 年为 1.03，2007 年为 0。

第一章　农业体制

第一节　土地所有制及其变革

一、私有制

清代及其以前，农村的土地有官田、屯田、民田和寺田等 4 种类型，民田占大多数。官田和屯田属国家所有，民田包括农民个人所有和宗族公田，宗族公田基本上由宗族老大掌握。

1956 年创办农业生产高级合作社之前，辖区境域土地绝大部分属私人所有。

湖里区为华侨重要聚居地之一，许多侨眷用侨汇购买土地用于出租。由于厦门老市区商业经济比较发达，一些工商业者也在辖区境域购置土地。华侨、工商业者、地主占有多数土地成为辖区境域土地占有的重要特点。

二、土地改革

1951 年 9 月，厦门市人民政府派出工作队，在江头、梧村两乡开展土地改革运动试点工作。具体做法是：先让各户自报拥有多少耕地，然后进行核实，以自然村为单位计算人均耕地面积。

土地改革之前，江头、梧村两乡各阶层占有土地情况如下：地主 46 户、211 人，占有土地 1758.098 亩，人均 8.332 亩；富农 27 户、181 人，占有土地 761.611 亩，人均 4.208 亩；小土地出租者 196 户、473 人，占有土地 1072.713 亩，人均 2.268 亩；中农 671 户、3572 人，占有土地 4760.616 亩，人均 1.332 亩；贫农 656 户、2391 人，占有土地 1099.056 亩，人均 0.460 亩；雇农 105 户、340 人，占有土地 20.056 亩，人均 0.059 亩；其他阶层 240 户、861 人，占有土地 311.280 亩，人均 0.362 亩。在土地改革过程中，共没收地主、富农的土地 1641.009 亩，征收土地 1554.252 亩，没收征收土地合计 3195.261 亩，占土地总面积 9783.442 亩的 32.66%；没收征收地主、富农的耕牛 40 头、农具 923 件、房屋 410 间、粮食 12000 余公斤，使 1432 户、6301 名贫、雇、中农分到土地、耕畜、农具、房屋和家具。

在总结第一期土地改革试点的基础上，1951 年 10 月，厦门市人民政府成立郊区土地改革委员会，市长梁灵光兼主任，王亚南、杨士敬为副主任。郊区土地改革分为 4 个阶段，历时约 45 天。第一阶段为宣传教育、调查研究、成立农会阶段，时间为 15 天；第二阶段通过公议、三榜公布、领导批准的办法划分阶级成分，时间为 10 天；第三阶段为没收征收分配土地阶段，时间为 15 天；第四阶段为复查阶段，时间为 5 天。

10 月下旬，土地改革委员会发布通告，要求拥有土地的各阶层人士在 11 月 5 日之前到居住地所在的乡公所申报土地。11 月中旬，郊区第二期 9 个乡的土地改革全面开展。湖里乡为第二期的土改乡，下辖五鹏、东渡、湖里 3 个村，共 15 个自然村社，总人口 549 户、2208 人，土地 4402.61 亩。土地改革前，地主户均占有土地 64 亩，人均占有土地 11.83 亩；贫雇农户均占有土地 2.19 亩，人均占有土地 0.691 亩，占人口总数 4.2% 的地主占有土地总数的 24.71%，而占总人口 34.56% 的贫雇农只占有 11.37% 的土地。土地改革中，共征收没收土地 1743.06 亩、房屋 253 间，家畜 924 件、耕牛 37 头、农具 522 件、粮食 1.125 万公斤。土地改革后，贫雇农占有土地总数的比例提高到 29.05%，人均占有土地增加到 1.641 亩（详见表 8-1）。土地改革没有改变土地私有的性质，但改变了土地所有者的结构，实现了“耕者有其田”。1952 年 1 月，郊区土地改革结束。

1951—1952 年厦门市湖里乡各阶层土地改革前后占有土地统计表

表 8-1

	土改前							土改后						
	户数（户）	占总户数（%）	人口（人）	占总人口（%）	土地占有亩数（亩）	占总土地（%）	每人平均（亩）	户数（户）	占总户数（%）	人口（人）	占总人口（%）	土地占有亩数（亩）	占总土地（%）	每人平均（亩）
地主	13	2.366	79	3.577	660.624	15	8.362	12	2.194	76	3.42	126.254	2.042	1.661
地主兼工商业	2	0.364	5	0.2264	301.169	6.84	60.234	1	0.183	5	0.225	8.50	0.198	1.70
工商业兼地主	2	0.364	8	0.3622	126.599	2.875	15.852	1	0.183	7	0.315	9.667	0.225	1.381
小计	17	3.094	92	4.166	1088.392	24.71	11.83	14	2.56	88	3.96	144.421	3.359	1.641
半地主或富农	1	0.182	5	0.2264	34.911	0.793	6.982	1	0.183	5	0.225	12.38	0.288	2.476
富农	7	1.234	44	1.992	156.981	3.565	3.563	6	6.097	40	1.8	122.589	2.856	3.064
小计	8	1.456	49	2.219	191.892	4.358	3.916	7	1.28	45	2.025	134.969	3.144	2.99
自由职业者	2	0.364	5	0.2264	2.96	0.06	2.592	2	0.3656	5	0.225	8.188	0.191	1.637
工商业家	1	0.182	4	0.1811	24.058	0.546	6.014	—	—	—	—	—	—	—
小土地出租者	25	4.55	69	3.124	251.819	5.85	3.49	26	4.75	70	3.15	225.427	5.252	3.22
中农	247	44.954	1203	1163	2343.467	53.2	2.015	247	45.15	1185	53.325	2472.087	57.488	2.086
贫农	193	35.126	689	31.198	479.045	10.88	0.695	190	34.73	680	30.6	1115.917	26	1.641
雇农	35	6.37	35	3.396	20.983	0.476	0.235	40	7.312	80	3.6	130.999	3.052	1.647

续表8-1

	土改前							土改后						
	户数（户）	占总户数（%）	人口（人）	占总人口（%）	土地占有亩数（亩）	占总土地（%）	每人平均（亩）	户数（户）	占总户数（%）	人口（人）	占总人口（%）	土地占有亩数（亩）	占总土地（%）	每人平均（亩）
工人	4	0.728	10	4.528	—	—	—	4	0.7312	10	0.45	10.617	0.247	1.061
手工业者	3	0.546	8	0.3622	—	—	—	3	0.5484	8	0.36	6.883	0.16	0.86
小商贩	3	0.546	9	0.4075	—	—	—	3	0.5484	12	0.54	6.768	0.157	0.864
贫民	9	1.638	30	1.358	—	—	—	9	1.645	30	1.35	31.135	0.725	1.038
游民	1	0.182	5	0.2264	—	—	—	1	0.183	5	0.225	5.602	0.120	1.04
佃富农	—	—	—	—	—	—	—	1	0.183	4	0.18	7.132	0.166	1.783
合计	548	—	2208	—	4402.616	—	—	547	—	2222	—	4300.145	—	—

三、集体所有制

清代及民国期间，辖区境域乡村大部分为聚族而居。各族姓一般设有族田或学田。族田和学田为家族共有，族田所得收入供祖厝祭祀等宗族活动所用，学田收入用于家族开办书塾和资助族中贫困子弟求学。寺田归寺庙所有，所得收入用于寺庙宗教活动和供养僧尼，接近于公众所有。

1956 年 1 月，辖区境域创办首家农业生产高级合作社，社员土地归高级合作社集体所有。同年，辖区境域普及高级社，全部土地均划为高级社集体所有。1958 年，成立前线人民公社初期，土地一度实行国有制。1960 年，恢复集体所有制。

四、国有制

明代在辖区境域驻有屯垦军队，屯垦军队所耕种的田为屯田，属国家所有的官田。清道光六年至十五年（1826—1835），兴泉永道道台倪琇、周凯募资在湖莲保埭辽一带购置近千亩土地，作为厦门义仓的公田，称为义仓埭田。民国期间，庵兜乡下尾社的许多农户还在耕作厦门岛清代衙门传承给民国厦门市政府的义仓埭田。1951 年，厦门郊区开展土地改革，义仓埭田作为公田分给所在地无地或少地的农民。

解放后，人民政府在辖区境域先后创办农场、奶牛场、试验场，办场期间，场属土地均为国有制。

第二节 经营管理

一、管理机构

（一）行政机构

1987 年 11 月，成立农林水办公室，核定编制 6 人，主任林荣辉（1988.1—1993.11）、陈丁权（1993.11—1996.8）、吴金龙（1996.8—1997.3）；1997 年 3 月，撤销农林水办公室，成立农林水局，核定行政编制 5 人、事业编制 1 人，局长吴金龙（1997.4—2002.8）；2002 年 8 月，改农林水局为农业水利局，行政编制 3 名、机关事业编制 1 名，历任局长为陈雄辉（2002.9—2007.4）、裴再生（2007.4— ）。2004 年 6 月，农业水利局与市政园林局合署办公，为一套班子两块牌子，主管全区市政园林和农业水利行政管理工作。

（二）事业单位

1988 年 9 月，成立区农业技术推广中心，核定事业编制 10 名；区畜牧兽医技术服务中心，核定事业编制 6 名；区水产技术服务中心，核定事业编制 5 名；区农林水建设技术服务中心，核定事业编制 8 名。2003 年 3 月，撤销前述 4 个机构，整合为区农业技术推广综合服务中心，核定事业编制 20 名，与禾山镇农业服务中心合署办公。2004 年 12 月撤销。

（三）镇（乡）管理机构

1987 年 11 月，区属禾山乡设经济管理站，负责乡级农业行政管理。并成立厦门禾山经济开发公司，下设经管办、农业服务公司、农业技术公司、农业机械公司、水利管理中心、蔬菜生产发展公司等农业经济组织。1994 年，禾山镇政府设经济管理科和农业机械管理站、农业技术推广站、兽医站，负责禾山镇农业水利的行政管理和科技服务。2000 年，禾山镇政府改设六大综合办公室，经济综合办公室负责农业水利的行政管理。2003 年撤销禾山镇建制后，各街道不再设农业水利的管理机构。

二、生产体制

（一）个体经营

民国时期，辖区境域农业主要经营方式为个体通过租佃的形式进行经营。租佃关系主要有永佃、定期和不定期 3 种。永佃一般可代代连续租佃；定期最长时间可达 10 年以上，较短的时间为半年左右；不定期一般为 1 年或 2 年，最长不超过 3 年。租佃方式主要有分益制、永佃制、定额物租制、钱租制、押租制和实物分租制等几种。分益制的特点是：地主供给土地，并供给极小部分资本，其余资本及全部劳动力则由佃农提供。永佃制的特点在于将地权割裂为两部分，一部分为地主的收租权，另一部分为永佃农的使用权，永佃农可以将土地使用权转租给别人经营，此制在租佃方式中的比例最少。定额物租制的特点是：资本全部由佃农负担，田租数额由业佃双方预先议定，通常不受农作物丰歉的影响，故称为“包租”，辖区境域以种植水稻为主，故称为“谷租”。20 世纪 30 年代中叶，每亩土地的“谷租”为25～50 千克，一般不超过 50 千克。钱租制在辖区境域较为多见，水田类上等田租金为国币 80 元左右，中等田租金为国币 40～48 元，下等田租金为国币 19～26 元；旱地类上等田租金 29～35 元，中等田为 18～20 元，下等田为 9～11 元。押租制的特点主要是地主将土地作借贷的抵押，按最低价值定租交纳，另一种形式是抵押的土地当年被调耕，1～2 年内还清债款，赎回土地。实物分租制的特点是，事先不确定租额，由主佃双方根据当年实收产量分成分配，分成比例一般有四六分（佃四）和对半分。

民国 35 年（1946）9 月，开始在辖区境域宣传、推行“二五减租”，即田主收取的田租一律减少 25%，以减轻佃农的负担。但仅有个别田主响应，未能普遍推广。

地主和富农依靠雇工进行农业生产。雇工有长工和短工两种形式。长工雇佣期一般为 1～2 年，或者 3 年以上；短工一般仅为 1～2 个月左右，只赶农忙季节。

（二）互助组经营方式

农村土地改革工作基本完成以后，各级政府贯彻《中共中央关于农业生产互助合作的决议草案》，按照自愿互利、等价交换的原则，逐步实行农村互助合作制。1951 年冬，开始在辖区境域试办互助组。互助组形式主要有两种：一种是季节性、临时性的互助组，主要是解决劳动力、耕畜和农具等方面缺乏的困难，或为适应农忙季节生产上突击抢收抢种的需要。其互助方式一般为以工换工和人工换牛工，根据农事需要大活互助，忙时互助，农闲季节则分散单干。这种临时互助组最多为 10 户，最少有 4 户组成的。另一种是常年互助组，是比临时互助组较高的组织形式，不仅开展劳动互助，还制定简单的生产计划，统一排工，农具、畜力统一调配。这种常年互助组一般有 6～10 户相结合，最多有 16 户组成。常年互助组因人员劳力较多，可进行集体开荒造田、开渠打井、兴修水利和改良土壤等生产基础的建设。

至 1952 年年底，辖区境域参加农业生产互助组的农户约占总农户的 40% 左右。后埔村张永水常年互助组被评为华东地区“一级农业生产模范组”，组长张永水被评为华东地区农业劳动模范。1952 年，全区农业总产量比 1951 年增产 17%，其中水稻增产 20.4%。

1953 年，禾山区共有 3216 个农户参加互助组，占农户总数的 46.6%；在此基础上，试办一个农业生产合作社，参加农户 29 户，占组织起来总户数的 0.9%。常年互助组 213 个，参加农户 1405 户，占组织起来总户数的 43.7%；临时互助组 338 个，参加农户 1782 户，占组织起来的总户数的 55.4%。

沿海渔民则组织渔业生产互助组，其主要形式有两种：一种是渔船、渔具私有或渔船共租、渔具合用，共同劳动，生产分配一般合作人一部分或按股分红。另一种是渔船、渔具合用或公私共有合用，收益以工具、劳力按比例分红，一般做到按劳力强弱、技术高低、渔网新旧分配。这种形式有一定的生产计划和民主制度，有的还积累了公积金和公共财产。

（三）初级农业生产合作社管理体制

1953 年年底，以后埔村张永水常年互助组为基础，成立后埔村农业生产初级合作社，入社农户 16 户。1954 年年底，辖区境域各村基本上都成立初级合作社。初级社土地仍属社员所有，入社土地可以参加分红。

初级社设社长、副社长、计划员、会计员、出纳员、保管员、检查员等职务，社委会干部由社员民主选举产生，报上级批准。实行土地评产入股。成立评产委员会，对入股的土地进行调查摸底，根据土地条件划分经济区，找出代表性田块，由社员自报产量，经评委会审查评议，再经社员大会通过，二榜定案。初级社收获的实物，除留足种子、饲料、公粮外，按 30% 作为土地分红，70% 以人口比例分配；经济总收入部分，土地分红一般占 35% 左右，耕牛、农具和工分一般占 40% 左右，生产成本一般占 25% 左右。生产资料方面，耕牛、大农具实行私有公用，耕牛犁地按耕地条件确定定额工分。每个劳力都建立劳动工分手册，实行检查、评比等奖惩制度。

（四）高级农业生产合作社管理体制

1956 年 1 月 1 日，江头乡联合下辖 6 个村的初级合作社，成立工农联盟农业生产高级合作社，这是禾山区第一个农业生产高级合作社（以下简称高级社）。此后，高级社发展迅速，当年 2 月底，禾山区各乡的初级农业生产合作社转为 13 个高级社，其中辖区境域的高级社有后坑的幸福高级社、高林和昭塘的军民团结高级社、钟宅和县后的海防高级社、枋湖的丰收高级社、湖里的五星高级社、江头和乌石浦的工农联盟高级社、五通的东方红高级社、殿前的支前高级社等。

1958 年 1 月，禾山区撤销，原辖地划归厦门市郊区管辖。同年 8 月，郊区岛内 13 个高级农业社合并为前线高级社、五一高级社、七一高级社，辖区境域的高级社大部分并入五一高级社和七一高级社。

高级社取消土地分红，土地归集体所有。

辖区境域高级社的规模一般在 100 ~ 300 户之间。大多数高级社均有设立中队和分队。

高级社社委会设有社长、副社长和监委等职；中队设有中队长、副中队长、会计员、保管员、出纳员、记分员等职；分队设有分队长、副分队长、记工员等职。社队领导干部由社员民主选举，报上级批准。

高级社参照国家计划，并根据高级社人力、物力、财力，由社委会和各中队协商，提出生产指标和措施。

劳动管理方面普遍采用劳力站级、死分活评与劳动定额、计件工分相结合、以劳动定额为主的办法，有些农活采用小段包工的方式。

高级社的收益分配实行各尽所能、按劳分配、多劳多得的分配原则，实行“三包一奖惩”的生产责任制（即包工、包产、包成本、多奖少赔）。高级社统一财政，中队为“三包”单位；合作社根据各中队的户数、人口、劳力、土地、水利、耕牛、农具等条件，民主评议、制定“三包一奖”的任务指标。中队再将土地、劳力、畜力、大农具“四固定”分给分队，分队具体执行“三包一奖”规定的任务，一般超产部分留 65% ~70%，作为“三包”单位的奖励，30% ~35% 留作生产基金和干部奖励；减少部分由“三包”单位赔偿 60% ~70%，其余由社员负责。高级社的分配比例为：公积金占总收入的 5%，公益金占 3%，管理费占 1%，社员分配部分占 64% 左右。

在高级社建社初期，社员因怕“充公”而纷纷宰杀私养的猪、羊、鸡、鸭，或将板车、犁、耙等生产工具藏匿起来。区政府派出干部到农村基层指导和协调建社工作，通过银行为困难户提供月份基金贷款和生产性贷款，通过供销部门为高级社提供肥料等其他生产资料吸引农民入社。但由于创办高级社时存在操之过急、强迫入社等问题，不完全自愿加入高级社农户达30%左右，当年退社的农户约有3%～4%。1958年夏收夏种时，开始在农业生产上搞瞎指挥，下达高指标。有的实行“移苗并丘”，将快成熟的水稻移到一丘田中，放高产“卫星”，宣称水稻亩产1500多公斤，造成重大损失。

（五）人民公社管理体制

1958年，人民公社化运动在辖内农村中广泛展开。同年10月，三大高级社和何厝、江头、五通3个乡合并成立厦门前线人民公社，实行“政社合一”，辖何厝、前埔、后坑、五通、高林、钟宅、枋湖、江头、莲坂、梧村、高殿、湖里12个大队（其中何厝、前埔、莲坂、梧村今属思明区），共115个生产队，农户6696户，耕地面积44757亩。原来大的高级社改为生产大队的建制，原高级社中队或分队改为生产队。人民公社创办初期强调“一大二公”，即规模大、实行全民所有制，土地归国家所有，可以随意划拨。1960年，改为“三级所有，队为基础”的体制，土地又归集体所有。

图8-1　1969年前线人民公社社员带着毛泽东画像下田劳动

人民公社实行政社合一的体制，人民公社既是行政单位，又是生产单位。管理方面采用高度统一的行政管理和计划管理。早期基本特点为“一大二公”，即规模大、公有制，一切生产资料和大部分生活资料归公社所有，分配方面，起初以劳力站级，实行半供给制食堂、学校、幼儿园甚至理发都由人民公社统一办理。民谚称：“1958年，吃饭不要钱。”组织上实行军事化，大队改编为营，中队改编为连。人、财、物方面大搞“一平二调”，在“全民大炼钢”中，大批调用人力上山砍树木、烧木炭、建炉炼铁。全民办厂中全前线公社建有45个工厂，上报时却报为323个。群众戏称说：“三担牛粪也算个化工厂，卖鱼虾小摊贩也挂牌算是水产品加工厂。”生产技术上则大搞深挖密植，如“深耕一尺半”，深挖深翻土层30～90厘米，水稻大田每亩播下60千克种子，秧苗株行距密至6.6厘米×6.6厘米和3.3厘米×6.6厘米，甘薯地每亩栽下万株薯苗等等。农村干部和社员对此稍有不满，轻者受批评，作检讨，重者受大会批斗或撤销干部职务。

因供给制严重脱离生产力发展水平和人们的思想观念，短期内便取消。1960年，普遍停办集体食堂，开始纠正浮夸风、“共产风”的倾向。在劳动和经营管理上，多数社、队恢复原来高级社“三包一奖”的生产责任制，恢复劳动定额，评工记分，口粮、口豆、口油按政策分配到户。1960年冬季至1961年初春，进一步纠正“人民公社化”初期遗留下来的问题，彻底退赔在1958—1959年向社员平调的木材、石料、金银首饰及其有关生产资料。绝大多数生产大队将基本核算单位下放到生产队，同时还恢复社员自留地，并允许少量开荒造田。1962年年初，把大的生产大队分为2～3个大队；沿用原初级社的规模设生产队，作为基本核算单位。在经营管理上，基本恢复1957年高级社的办法。

1964年春，进行小社合并大社，基本上恢复1961年3月前的规模。尔后，有些生产大队也进行并队，恢复原有的规模。1964年至1966年春末，全区农村进行面上的社会主义教育运动，“以阶级斗争为纲”，开展“农业学大寨”，大搞小型水利配套和平整土地以及农地改水田。管理方面强调进一步完善经营管理制度，搞好评工记分；收益分配上强调兼顾国家、集体和个人三者的关系。

1966年夏季至1978年秋季，人民公社一直沿用1962年以来的“三级所有，队为基础”的生产经营体制。在劳动组织管理上，由生产队统一派工。但大多数生产队由于分工不明确，众多劳力集中劳动，耗时、窝工、晚出、早归等现象非常突出。少数生产队虽然设立临时作业组，但只包工，不包产，劳动质量不高。评工记分方面，推广所谓“政治评分”。开始时每个月评一次固定工分，后来改为半年评一次或一年评一次。有25%左右的生产队采用死分死记的方式，社员称之为“点工”（计时工），并编顺口溜：“点工点点，干活闪闪，工分无减。”有60%左右的生产队采用死分活评的方式，到年终突出总评，但时间长了，社员干多干少、干好干坏说不清，影响社员之间的团结和生产积极性。有15%的生产队采用计件计分，开始时社员劳动积极性高，但有的领导怕得罪人，几乎不搞验收或验收不真实，导致有些社员只抢工分，不顾劳动质量。财务物资管理方面，生产队一般设会计员、保管员、出纳员和记工员。记账多数采用新式账簿，但有的仍沿用簿子账。记账方式有的一年记三四次，有的一年记2次或1次。收益分配方面，国家税收一般占4%～7%，生产成本一般占21%～28%，管理费一般占0.4%～0.5%，公积金一般占5%～6%，公益金一般占2%～2.5%，劳动分配一般占58%～64%。平均每个农业人口的年纯收入，最高折价为80多元，最低年份为50多元。

中共十一届三中全会召开以后，厦门市农村同全国一道，逐步实行经济体制的改革。1980年秋末，开始推行包产到组，专业承包、联产计酬等形式的责任制，但包产到户和包干到户被认为是“单干”“倒退”的行为，仍受到限制。1982年4月，中共厦门市委、市政府召开学习《全国农村工作会议纪要》座谈会后，辖区境域农村全面实行俗称“包产到户”的家庭联产承包责任制。集体所有的耕地，以户为单位按人口进行分包经营，耕地分包的年限最长有15年，最短为3年。同时，将生产队的仓库、农具、耕牛、牛舍、厕所等固定财产折价，拍卖后归农民所有，或保本保值转卖给农民使用；果园、茶园、养猪场和加工厂等，有的承包到户，有的以投标方式进行专业承包给个人；农业税上缴及粮食统购任务和公共积累分摊给各户完成。家庭联产承包制的管理体制通俗地称为“交够国家的，留足集体的，剩下的都是自己的”。

（六）乡镇农业管理体制

1984年10月，取消政社合一的人民公社、生产大队、生产队体制，成立乡、村民委员会、村民小组。基层政府的工作从过去催耕催种、制订指令性生产计划，转移到引导农民发展多种经营，指导农民科学种田的轨道上来。政府为农民提供经济信息，推动农村合作经济的进一步发展。1985年改粮食统购为粮食定购。1986年，取消全区农村粮食订购任务，省下达的粮食定购任务由市粮食部门组织议价粮完成，平、议差价由市财政负担。

湖里建区后，农业管理继续完善家庭联产承包责任制，建立合同管理委员会，引导农民逐步向专业化、适度规模集约化经营过度，积极扶持后坑、江头、钟宅等村集约承包经营户的发展和巩固工作，扶持养殖、种植专业户。实施科技兴农、综合开发战略，设置农业技术服务中心，投资兴办示范（实验）基地，通过引进新品种、推广新技术推动农业增值增产。同时加强对农业的投入。1990年，全区农村经济总收入10009.90万元，按经营方式统计，其中家庭经营收入占55.39%，乡村两级企业收入占41.24%；按收入来源统计，农业（包括种植业、畜牧业、渔业，下同）收入占33.72%，工业收入占24.46%。建筑、运输、商饮、服务和其他收入占41.82%。

1993年，全区农村土地承包期延长30年。当年全区农村经济总收入60208万元，按经营方式统计，其中家庭经营收入占29.14%，乡村两级企业和三资企业收入占68.86%；按收入来源统计，农业收入占8.85%，工业收入占61.95%。建筑、运输、商饮、服务和其他收入占29.20%。

1999年后，传统的农业生产逐渐淡化。区政府通过划拨村级企业用地、兴建厂房壮大农村集体经济实力，在农村推行养老保险制度和合作医疗制度，在全国率先实行农村村民最低生活保障制度，为实现城镇化创造条件。2002年，全区农村经济总收入455214.81万元，按经营方式统计，其中家庭经营收入占40.01%，乡村两级企业和三资企业收入占5.23%，其他经营收入占54.77%；按收入来源统计，农业收入占2.50%，工业收入占74.87%。建筑、运输、商饮、服务和其他收入占22.63%。

2003年，湖里区农业人口全部转为非农业人口，农业经济不再列入湖里区统计范围。

（七）农场经营管理

辖区境域从民国4年（1915）开始创办首家私人农场。庵兜村华侨薛安然兄弟在庵兜与殿前交界处开办农场，占地8.67公顷，主要种植桃子等水果，俗称桃子园，为厦门首家农场。民国19年，海军漳厦警备司令部在禾山向农民购买田地，设立农事试验场。原定收购价为上等田每亩 35 元、中等田每亩 30 元、下等田每亩 25 元，计划收购 20 公顷。实际上不分等级，每亩均以 40 元收购，总面积也缩为 10 公顷。试验场聘请农业技师，雇请当地农民为工人，以“搜罗各种植物，辨别各地土宜，试用各种肥料”为经营内容。因经营不善，开办没多久就不了了之。

20 世纪 30 年代创办的私人农场还有嘉兴产业公司、三合农场、益农农场、道生公司、佑民公司、思明益禾农场、嘉禾果植公司、振德农场、梅园农场、济兴公司、福林公司、管南公司、广云牲畜养殖公司等，最多时有私人农场 14 家、公办农场 1 家。均于厦门沦陷之前或沦陷期间关闭。

后坑村旅菲华侨叶朝君于民国 16 年在旅居南洋后坑籍华侨华人及中国港、台同胞中募集资金，民国 20 年正式成立“侯卿农牧股份有限公司”，叶朝君占有公司一半的股份，侯卿社叶姓农户几乎家家入股。公司拥有土地 100 多亩，种植荔枝、龙眼、桃、李等水果以及花生等油料作物，从事农产品加工等多种经营。农牧公司还利用经营收入创办益济学校，对村民进行技能培训。厦门沦陷期间，农牧公司被汉奸侵占。抗战胜利后由叶朝君委派其子收回重新开业，至 1949 年停止经营。

厦门解放后，在辖区境域办过两个国有农场。

中科院华东分院热带亚热带植物研究所试验场 1956 年 10 月，厦门市科委亚热带植物试验场从梧村坑仔内迁至后塘，1957 年范围扩至马垅、古塘垅，1959 年扩至小东山、后浦。1960 年 6 月，中科院华东分院热带亚热带植物研究所迁厦，试验场并入研究所。同年，撤销辖区境域的高殿大队和湖里大队，将所辖 11 个生产队划归研究所。1962 年年底，原划归研究所的 11 个生产队重新划归前线公社，恢复高殿大队、湖里大队。中科院华东分院热带亚热带植物研究所后改名福建省亚热带作物科学研究所、中国科学院华东亚热带植物研究所、福建省经济植物研究所、福建省亚热带植物研究所。设有植物资源、园艺与环境、高新农业技术研究 3 个研究中心和“转基因和细胞工程育种”“理化诱变育种”“野生与异地植物资源引种驯化及应用”“优良种苗数控快繁及实用技术研究”“生物活性物质提取分析与应用”5 个专题研究组和亚热带植物生理生化公共实验室（省重点实验室暨本所分析测试中心）、信息研究中心 2 个技术支撑平台。与华侨大学和福建省农林大学建立 2 个研究生工作站。

厦门市委农场 1960 年 6 月，湖里生产大队塘边生产队改为塘边生产大队，划归厦门市委农场。1969 年 12 月，厦门市撤销部分农场建制，塘边大队回归前线公社。

第二章　生产条件

第一节　耕　地

一、耕地类型

辖区境域为厦门岛耕地集中区域。耕地有田、园之分。田即水田，以种水稻为主；园即旱地，以种果蔬杂粮为主。民国《厦门市志》稿称：“厦岛可耕之地，仅有禾山。禾山地质，田肥园硗。统计西北之田多于东南，东南之园多于西北……西北之地秀而肥，东南之地埆而瘠。”

辖区境域三面环海。历史上有在沿海滩涂筑埭围田的传统，所围之田称为埭田。辖区境域面积较大的埭田有：

湖莲保埭田　位于原下尾烧灰澳（今埭辽水库）。清道光六年（1826），兴泉永道道台倪琇向厦门士商募捐建义仓，并向湖莲保陈务滋购买埭田作为厦门义仓田，可播种 40 石 6 斗 9 升。与义仓田毗连有林后社薛豹一族田产 39 石 5 斗 9 升，因埭堤年久失修，埭田常被海潮冲刷，几成废田。田废赋在，薛姓田主苦不堪言，情愿将田献做义仓之田。清道光十四年十二月，时任兴泉永道道台周凯筹款将薛姓废田买断，充作义仓田。道光十五年正月，周凯主持在湖莲保埭田修建石埭 213 丈、土埭 117 丈，同年闰六月竣工。之后将埭田交由佃户无偿耕种，以宣泄卤气，三年后开始交租，租谷作为义仓收入。年收谷一千六百余石。

高林埭田　西堤西接田里社东北角，东接汤屿；东堤西接汤屿东端，东接五通坂尾社，围田数百亩。

五通埭田　清中叶以来先后在钟宅湾南岸的坂美和浦口沿海修埭围田，造田 400 余亩。

濠头埭田　清末在濠头西北沿海建埭，造田百余亩。

50—70 年代后期，辖区境域先后组织大量劳力，在沿海钟宅湾、高崎澳、石湖澳、埭辽湾等地修筑海堤，进行大规模围垦，原计划是造田，后大都作为盐场、水库、鱼塘、虾池。80 年代之后被填成建设用地。

辖区境域的农田多系沙质壤土，土层甚薄，缺乏有机质。围海造田所得耕地多为盐碱地，不适合耕作。土质较好、肥力较足、高产稳产的耕地大都分布在各自然村附近，俗称“门口田”。

二、农田基本建设

（一）平整土地

1976 年，全国农村开展“普及大寨县”运动，后坑大队被定为“开展土地平整规范化工作”试点大队。试点选取与高林交界处的第八、第九生产队和金山北侧第六、第七生产队的地块，根据“挖高填低、截弯取直、规范面积、小坵并大坵”的原则，对田、林、路进行重新规划。经过两个冬、春的努力，平整出每坵面积 1.44 亩的标准化规范化“大寨田”210 亩。

（二）土壤改良

时称“农改田”。沿海埭田在造田之前均为滩涂，盐碱度较高，产量较低。传统的做法是通过耕种达到宣泄卤气、降低盐碱度的目的。但土层较厚的埭田虽然经过多年耕种，深层处的盐碱仍无法排除。1964 年，在“农业学大寨”运动中，社员们将埭田表层的土壤剥离，将深处的盐碱土取出，或从别处运来土壤掺入，平整后再把原先的表层土壤覆盖回原处，达到改良土壤的目的。

三、耕地面积

清道光十二年（1832）前后，嘉禾里纳粮耕地面积 27265 亩（至湖里建区前，嘉禾里、禾山区耕地面积中，约 70% 分布在今湖里辖区）。民国 25 年（1936），禾山区耕地面积约 42000 亩。厦门沦陷期间，由于海外侨汇断绝，原先主要依靠外汇为生的居民不得不自食其力，努力种地，辖区的大部分荒地被开垦为耕地。民国 36 年，禾山区耕地面积增加到约 60000 亩。

1949 年 10 月，厦门解放。1950 年，禾山区耕地面积 6 万余亩（其中水田 1.3 万余亩，旱田 4.8 万余亩）；农业人口 3.2 万人，农民人均拥有耕地 1.89 亩。

1988 年，全区尚有耕地 2.31 万亩，其中水田 8881 亩、旱地 14254.9 亩，2002 年仅有 7362.5 亩，其中水田 3446.5 亩、旱地 3926 亩。2007 年，全区所有耕地全部转为建设用地。1988—2002 年湖里区耕地面积见表 8-2。

1988—2002 年湖里区耕地面积统计表

表 8-2

年份	耕地面积（亩）			农业人口（人）	人均耕地（亩/人）	乡村总劳动力（人）	劳均耕地（亩/人）
	合计	水田	旱地				
1988	23135.9	8881	14254.9	33187	0.70	16885	1.37
1989	22354.5	8221	14133.5	—	—	17417	1.28

续表8-2

年份	耕地面积（亩）			农业人口（人）	人均耕地（亩/人）	乡村总劳动力（人）	劳均耕地（亩/人）
	合计	水田	旱地				
1990	21963.5	8359	13604	31733	0.69	18556	1.18
1991	21276.5	8148	13128.5	35988	0.59	20292	1.05
1992	19655.7	7614.3	12041.4	32896	0.60	28769	0.68
1993	15039	6016	9023	31430	0.48	20526	0.73
1994	13789	5530	8260	—	—	20878	0.66
1995	12121	4641	7480	31472	0.39	21288	0.57
1996	10825	4186	6639	32469	0.33	21589	0.50
1997	10470.4	4064.7	6405.7	—	—	21181	0.49
1998	9897.5	3859.7	6037.7	—	—	21523	0.46
1999	9176.08	3735.5	5440.6	27365	0.34	21853	0.42
2000	9414.6	4035.5	5379.1	24993	0.38	21741	0.43
2001	8676.6	3556.4	5120.2	25795	0.34	21971	0.39
2002	7362.5	3446.5	3926.0	23783	0.31	14577	0.51

第二节　劳　力

一、总量

20 世纪 50 年代，境内农村绝大部分劳动力从事农林渔业生产，少数人从事手工业、交通运输业、建筑业、商饮服务业和其他行业。大部分农村劳动力专业分工不明显，一般是农忙务农，农闲兼作铁、木、泥、石和手工业生产，还有部分劳动力兼营小商贩或屠宰。

1952 年，全区有农业生产互助组 573 个，参加农户 2984 户，劳动力 13175 人。

1988 年年底，全区共有劳动力 16885 人，其中从事农业劳动的 5943 人，占 35%。

进入 20 世纪 90 年代，从事农林渔业生产的农村劳力逐年减少。1990 年，从事农林渔业生产的劳力 10179 人，占农村总劳动力的 54.86%；从事第二、第三产业的农村劳动力 8377 人，占农村总劳动力的 45.14%。1995 年，农村劳动力 21288 人，其中从事农林渔业的 5391 人，占农村总劳动力的 25.32%。2000 年，农村劳动力 21741 人，其中从事农林渔业的 4471 人，占农村总劳动力的 20.56%。2003 年，户籍人口全部为非农业人口。

二、文化素质

解放前，辖区境域农村劳动力文盲占绝大多数。解放后通过扫盲、普及农村教育等活动，提升文化素质。1988 年，农村劳动力中中专、高中以上学历的有 1090 人，占农村总劳动力的 6.46%；文盲半文盲有 4392 人，占农村总劳动力的 26.01%。2000 年，中专、高中以上学历人数所占比例提高到 17.19%，文盲半文盲的比例降到 1.48%。2002 年，全区农村劳动力中中专、高中以上学历人数 3536 人，占劳动力总数的 24.30%；文盲半文盲有 332 人，占劳动力总数的 2.21%。

第三节 畜力与农机具

一、畜力

牛是辖区境域传统的农业畜力，一般用于牵引犁、耙从事耕作，榨油、榨甘蔗是也作为牵拉石磙、绞盘的动力，牛车为传统的农业运输工具。牛的品种以黄牛为主，水牛占极少数。20世纪60年代之后，随着机械化、电气化农机具的引进和推广，劳役用牛数量逐年减少。1989年，全区有役牛2596头，其中水牛5头。此后至1993年，全区役牛数量维持在2000头上下。1994年，全区有劳役黄牛1445头。1995年全区不再以牛作为役力。

二、农机具

湖里区农家传统农具有：锄头、犁、耙、拉挞、粪桶、畚箕、竹插、戽斗、水桶、水喷桶、木杆吊桶、水车、镰刀、摔桶（谷桶）、风车、晒蓆、笳箩、米筛、谷笼、米篮、浅篮、石臼等。

1950年后，开始推广双轮双铧犁、铁步犁。1953年，开始使用手动喷雾器。1956年，成立禾山拖拉机站，购进第一台轮式拖拉机。但由于配套机械和田间道路未能配套，未能广泛使用。50年代后期，开始使用抽水机作为灌溉器械，广泛推广手摇喷粉器和圆筒式压缩喷雾器。

1958年“大跃进”期间，提倡实现“车子化”，普遍开展田间道路的建设，推广“三土”（土农具、土农药、土化肥）、独轮车、板车，用车子代替扁担、箩筐，同时试验使用手动水稻插秧机、花生播种器、手动喷雾器、手动喷粉器、脚踏脱谷机等农业机械，但未能推广。

1960年后，开始推广使用胶轮大车、胶轮手推车、手扶拖拉机等耕作机械。

1970年后，农业机械有较大发展，各社队开始使用手扶拖拉机耕田、运粮，农用水泵、喷灌设备、大型拖拉机、收割机、电动脱粒机、农用汽车、电动喷雾或喷粉器等得到普遍使用。1980年后，辖区境域农业生产基本实现机械化、电气化。

第三章 种植业

第一节 作物品种

一、粮食作物

（一）水稻

境内水稻种植历史逾千载。籼、粳、糯齐备。清代之前，因受自然条件和农艺技术的制约，生产率低，多数水田只种单季，少数门口田以间作方式种植双季水稻。单作亩产不及100公斤。解放初，水稻的单作亩产仍停留在100~200公斤之间。20世纪50年代中期，推广水稻良种，60年代，大面积推广矮秆良种，并普遍使用化学肥料和农药，水稻单季亩产提高到250公斤左右。80年代，种植杂交水稻，单季亩产提高到350公斤左右，最高的突破500公斤。1993年，引进水稻新品种4个，其中从广东引进的“七山占”抗旱能力强，产量高，最高亩产达420公斤。

水稻主要栽培品种：高、中秆稻有外国尖米、陆财号、南特号等，早、中熟矮秆有矮脚南特、珍珠矮、铁骨矮、红410、青骨小穗、石脚榜、广包等，杂交稻有厦术2号、厦郊选三、威优30等。

湖里建区至1989年，全区水稻种植面积在13000亩左右，1990—1992年为10000亩左右，1993年骤减至5000亩左右。此后逐年锐减，1997年减至近千亩，2001年后仅有200余亩。2003年后不列入统计。

图8-2　传统水稻脱粒方式

（二）甘薯

明代中叶以来，甘薯就是辖区境域主要粮食作物之一。主要栽培品种有黎红1号、黄皮小五齿、厦门竖藤、竹仔藤、永春五齿、新种花、潮薯1号等。1992年之前，全区种植面积6000～7000亩左右，1993—1996年减至3000亩左右，1997—2000年种植面积仅在1000亩上下。2001年种植面积仅有500余亩。此后，仅有零星种植。

湖里种植的粮食作物还有大豆、高粱、玉米等，但种植面积仅有一二百亩，1994年后仅有零星种植。

若干年份湖里区粮食作物播种情况表

表8-3

年份	合计		稻谷		甘薯		大豆		高粱	
	面积（亩）	总产（吨）	面积（亩）	产量（吨）	面积（亩）	产量（吨）	面积（亩）	产量（吨）	面积（亩）	产量（吨）
1984	38041	10943	—	—	—	—	—	—	—	—
1985	33676	9869	—	—	—	—	—	—	—	—
1988	22250	5989	13794	4437	7256	1345	218	19	982	189
1989	21074	6165	13439	4676	6569	1302	209	22	857	165
1990	18541	5313	11483	3989	6323	1195	75	18	660	111
1992	15469	4651	9454	3376	5388	1163	139	23	488	89
1993	9765	2840	5728	2022	3668	733	91	18	278	67
1994	5661	1763	2915	1021	2646	723	10	1	90	18
1995	4876	1482	1919	683	2852	773	15	2	90	24
1996	7313	2107	4789	1442	2399	636	13	2	112	27
1997	2979	890	944	347	1932	520	5	0.8	98	22
1998	1815	498	446	159	1300	325	3	0.5	66	13
1999	1470	368	316	90	1110	271	3	0.3	41	7
2000	1048	284	212	78	823	204	2	0.2	11	2
2001	768	208	214	78	547	129	—	—	7	1
2002	713	194	384	107	309	84	—	—	20	3

二、油料作物

湖里区种植的油料作物主要为花生，油菜、芝麻极少。辖区境域种植花生约始于宋代，清代已大面积种植。当地花生都集中在春季，一般占当年花生播种面积的95% ~98%。夏季收获的花生晒干后留下一部分饱满的果实作为春季种子。民国前，辖内没有种植秋花生的习惯。20 世纪 60 年代后，推广花生倒种，春繁育种子，秋花生种植面积才有所增加。

1981 年，禾山春花生总产达 947. 5 吨，比上年增加 201. 5 吨，增长 27%。

1985 年，春花生种植面积 8483 亩，比 1984 年 7815 亩扩大 668 亩；总产 1063. 65 吨，比 1984 年增加 26. 10 吨，增长 2. 5%。

湖里建区后，花生种植面积逐年下降。1988 年，种植花生 5894 亩，总为 558. 35 吨，每亩单产为 94. 73 公斤；1992 年，种植 4623 亩，产量为 660. 65 吨，每亩单产为 142. 91 公斤；1996 年，种植 2070 亩，产量为 272 吨，每亩单产为 131. 40 公斤；2000 年，种植 581 亩，产量为 75. 7 吨，每亩单产为 130. 29 公斤。

三、经济作物

（一）蔬菜

明清时期，辖内就广泛种植姜、葱、蒜、胡荽（芫荽）、菠菜、蕹菜（空心菜）、浮藤菜（蟳菜）、薤（藠头）、芥菜、芥蓝菜、白菜、韭菜、芹菜、蒿菜、油菜、茼蒿菜、包菜（高丽菜）、萝卜、茭白、丝瓜、南瓜、葫芦、冬瓜、刺瓜、腌瓜、苦瓜、芋等多种蔬菜。

1965 年后，蔬菜生产收入成为辖区境域农业总收入的重要部分。蔡塘、枋湖、高殿、吕厝成为厦门市重要蔬菜生产基地。生产的蔬菜除军需民食外，还由市蔬菜公司组织外调，支援省内外其他城市，北至佳木斯，西至兰州，南至广州，遍及全国 20 多个省、市及省内各专区（市），并销往香港、澳门地区；由外贸部门组织鲜菜出口的，主要销往日本、新加坡、马来西亚等国家；由厦门罐头厂加工的蔬菜罐头，分别销往欧洲法国、非洲马里等 22 个国家。辖区内产量较大的“大路菜”有包菜（高丽菜）、菜豆、四季豆（敏豆）、西芹、香菜、西蓝花等。乌石浦的辣椒、蔡塘的芋头、五通的韭菜、后坑的包心白菜成为厦门蔬菜的优良产品。

1988 年，全区播种 15624 亩，总产 26646. 55 吨；1992 年，全区播种 19869 亩，总产 30651 吨；1996 年，全区播种 12381 亩，总产 19209 吨；2000 年，全区播种 12292 亩，总产 19748 吨。

（二）食用菌

20 世纪 50 年代末，辖内开始发展食用菌生产。蘑菇是食用菌主要栽培品种，60 年代中期推向社会，进行商品性生产。1988 年，全区种植蘑菇 14. 7 亩，总产 8. 35 吨；1990 年，全区种植蘑菇 13. 2 亩，总产 8. 95 吨；1992 年，全区种植蘑菇 7. 5 亩，总产 6 吨；2001 年后种植面积和产量逐年萎缩。

（三）水果

辖内明清两代已经种植的果树有荔枝、龙眼、桃、李、梨、柿、番石榴、粟、枇杷、枣、橄榄、柑橘、柚、葡萄、余甘、无花果、芒果等 20 多个种类。大宗种植的水果品种有龙眼、西瓜等，兼种菠萝、芒果等其他亚热带、热带水果。

龙眼　湖里区栽培龙眼约始于宋代晚期。明朝天启年间（1621—1627），湖里一带农村中栽培龙眼已相当普遍。1988 年，全区龙眼面积 263 亩，总产量 43. 1 吨；1995 年，全区龙眼种植面积 349 亩，产量 68 吨；2001 年，龙眼种植 989 亩，总产量为 137 吨。

西瓜　西瓜为湖里区的主要夏令水果之一。湖里种植西瓜始于明代初期。1988 年，湖里区种植西瓜 416 亩，产量为 556. 6 吨；1995 年，种植西瓜 48 亩，产量为 69 吨；1999 年，种植西瓜 30 亩，产量为 40 吨。

1988—2002 年湖里区水果种植情况表

表 8-4

年份	合计		龙眼		荔枝		香蕉		葡萄		桃		西瓜		其他杂果	
	面积（亩）	产量（吨）	面积（亩）	产量（吨）	面积（亩）	产量（吨）	面积（亩）	产量（吨）	面积（亩）	产量（吨）	面积（亩）	产量（吨）	面积（亩）	产量（吨）	面积（亩）	产量（吨）
1988	1223	704	263	43	57	2	119	62	145	14	28	4	416	557	195	22
1989	1098	475	266	49	56	4	117	73	98	12	24	5	316	308	221	24
1990	1024	461	292	64	59	3	115	77	89	10	14	5	290	279	165	23
1992	887	446	325	79	55	7	112	73	82	26	24	5	157	218	132	38
1993	713	364	260	85	—	—	153	90	77	26	14	5	114	135	95	23
1994	670	522	254	66	2	—	138	275	71	27	15	5	95	126	95	23
1995	734	338	349	68	—	—	141	138	69	26	15	5	48	69	112	33
1996	707	261	417	74	2	—	107	79	—	1	15	10	33	50	125	50
1997	668	279	395	88	2	—	85	62	2	1	15	15	37	51	120	65
1998	1041	305	719	80	14	—	72	45	10	1	15	15	80	103	131	61
1999	992	265	746	115	14	—	59	33	10	2	15	5	30	40	118	70
2000	1064	225	795	116	14	—	45	14	10	3	15	5	—	—	185	87
2001	1100	226	989	137	—	—	56	40	5	2	—	—	—	—	55	47
2002	1135	258	973	167	—	—	27	33	—	—	—	—	—	—	135	58

说明：1991 年数据缺失

（四）甘蔗

甘蔗是辖区境域主要经济作物之一，有生吃的“果蔗”，又称“脆皮蔗”，亦有专供榨糖的糖蔗，又称竹蔗。

明清两代农户大量种植竹蔗，为土法榨糖提供原料。20 世纪 80 年代，自建区初期开始大面积种植竹蔗，为厦门糖厂提供原料。1988 年，湖里区种植甘蔗 132 亩，产量为 635 吨；1991 年，种植 130 亩，产量为 610 吨。1992 年以来，随着工业区的面积不断扩大，种植业结构有所调整，种蔗面积大幅下减。1992 年种植 30 亩，产量为 150 吨。

（五）麻类

湖里区栽培的麻作物主要为黄麻，是制绳、编制麻袋的主要原料；还种植龙舌兰麻（剑麻和本地龙舌兰）。1989 年，种植 199 亩，产量（干麻丝）2.1 吨。随着农业生产结构的不断调整，麻类作物种植面积逐年减少。

第二节 栽培技术

一、水稻栽培技术

（一）耕作制度

辖区境域清以前只种单季水稻。民国期间，开始出现早稻间种晚稻。20 世纪 60 年代，普遍推广双季水稻。双季水稻或水旱作物连作加冬种有一年三熟、二年四熟或五熟等耕作制度。

（二）育种

20 世纪 50 年代之前，良种一般从外地引进，由种植户自行选育。20 世纪 60 年代后，良种由市农业技术部门引进。

（三）育秧方式

图 8-3　插秧

水稻传统育秧以水秧为主。为了防御春寒和适应早稻浅插，推行铲秧，分为水皮秧和旱皮秧，秧苗长至 2.5 ~4 片叶时铲起带土移植。20 世纪 50 年代初期，推广陈永康"落谷稀、播得匀、育壮秧"的经验。60 年代后期，推行湿润育秧。随着双季稻种植面积迅速扩大，为了争季节夺农时，采用塑料薄膜育秧的，能抗御早春育秧期间出现的低温寒害天气，一般比露地育秧可提早 10 天播种，成秧率达 90% 左右，基本不烂秧，保证早稻适当早插。70 年代初期，一度推行以晒谷坪等硬地为秧床育卷秧，一般秧苗生长到 1.5 ~2.5 片叶时就可把秧苗带土卷起移植。与卷秧类似的还有在小面积硬地面培育快速小苗皮秧，秧龄一星期左右就可铲秧移植。为了解决早播种气温低育秧难的问题，还推广温室蒸汽育秧。70 年代中期，晚稻推广"两段育秧"，先在秧田中培育小苗皮秧 20 ~25 天，再用小株密植寄到大田中培育 20 ~25 天，有利于晚稻迟播早熟、避过寒流。70 年代后期，推广杂交水稻，采用稀播种、育壮秧、少本插的常规稻育秧技术。

（四）密植规格

解放前，一般早稻插 10 市寸×10 市寸（1 市寸=3.3 厘米，下同）或 10 市寸×12 市寸，每丛 10 苗左右；晚稻插 10 市寸×12 市寸或 12 市寸×12 市寸，每丛 5 苗左右。1954 年，早稻推广陈永康的小株密植法，早稻株行距 6 ~7 市寸，每丛 8 苗左右，晚稻 7 ~8 市寸，每丛 4 苗左右。"大跃进"时推广高度密植，规格达 2 市寸×2 市寸甚至 1 市寸×2 市寸，导致严重减产。1959 年后，推广合理密植，根据稻田肥力、水稻品种等具体情况早稻插 4 市寸×5 市寸、5 市寸×5 市寸、5 市寸×6 市寸，晚稻插 6 市寸×5 市寸、6 市寸×6 市寸、6 市寸×7 市寸，中稻插 7 市寸×6 市寸、7 市寸×7 市寸、7 市寸×8 市寸；每丛苗数：早稻 8 ~10 苗，晚稻 4 ~6 苗，中稻 6 ~8 苗。杂交稻每丛带蘖秧 2 本，无带蘖秧 3 本，插 6 市寸×5 市寸，亩插 6 万 ~8 万基本苗，每隔一丈左右留 8 ~10 市寸的工作沟。亩产上千斤的采用插宽行窄株，增加每亩丛数、减少每丛苗数的"小株密植"方式，正季晚稻插 6 市寸×5 市寸、6 市寸×4 市寸，每丛 4 苗左右，每亩 8 万 ~10 万基本苗；杂交水稻插 6 市寸×4 市寸、6 市寸×5 市寸、6 市寸×6 市寸，每丛苗数分别为 3 ~4 苗、4 ~5 苗、5 ~6 苗，每亩 7 万 ~10 万基本苗；倒种春插 6 市寸×5 市寸、5 市寸×5 市寸、5 市寸×4 市寸。

（五）水肥管理

20 世纪 50 年代初期，田间管理的重点是克服盲目用肥，实行看苗施肥。1956 年，开始使用六六六粉农药治虫，总结推广本地老农的管水、烤田等田管技术。60 年代，各地推广应用早稻田管赶季节、抓中耕、合理施肥、科学管水四大技术。70 年代，推行早稻"攻头、顾尾、保中间"，晚稻"促前、争后、顾中间"，中稻"抓头、顾尾、保中间"和倒种春"攻头、争后、保中间"的田管经验；狠抓水、肥、保三大措施。80 年代，主攻穗肥和烤田技术。

（六）虫害防治

湖里水稻的主要病害有稻瘟病、纹枯病、白叶枯病、病毒病、云形病、胡麻叶斑病、小球菌核病、恶苗病、绵腐病、稻曲病、秧苗立枯病、叶梢腐败病等。主要虫害有螟虫、稻飞虱（田加走）、稻叶蝉（浮尘子）、稻丛卷叶螟（稻丛卷叶虫）、黏虫（又名行军虫、剃枝虫、五色虫）、稻蓟马、稻苞虫（稻弄蝶）、负泥虫、稻瘿蚊、铁甲虫、稻螟蛉、稻眼蝶、稻食根叶甲（食根金花虫）、稻蝽、稻象虫、非洲蝼蛄、稻跗线螨（紫梢线螨）。水稻螟虫是湖里水稻的主要病虫害。50 年代，采取挖稻根、插烟筋、提早在惊蛰前灌水溶田灭蛹等防治方法。60 年代，采用点灯诱蛾和捕蛾采卵的方法治螟。70 年代，以点灯诱蛾、捕蛾采卵与施用农药相结合。80 年代，推广以防为主，经济用药相结合的综合防治措施。

二、经济作物栽培技术

辖区境域历史上注重新品种的引进和新技术的应用推广。明代中叶，开始从外国引进农作物品种。清代及民国期间普遍种植的甘薯、占米、包菜等农作物都是从国外引进的。民国期间，开始从国外引进化学肥料。

1950 年后，开始推广化学肥料和化学农药。

20 世纪 60 年代后，辖区境域蔬菜种植队派驻人员入驻市蔬菜公司，及时掌握市场行情和蔬菜种植新技术，市蔬菜公司派出驻队技术人员，协助推广新品种、新技术。

70 年代，逐步淘汰剧毒、高残留农药。

80 年代中期，开始推广地膜覆盖种植技术。90 年代，引进“四季大葱”“大青匣”“葶菜”“水红萝卜”等蔬菜新品种，开始推广使用“碧全”健生素、“喷施宝”等植物生长促进剂；地膜覆盖栽培由白地膜改为黑地膜，克服白地膜无法除草的缺点，全区地膜应用达 3000 亩；蔬菜栽培普遍应用除草剂。

1996 年后，引进、推广澳大利亚南瓜、剑叶莴苣、寿光莴苣、心里美萝卜、玻璃翠芹菜、泉花 10 号、台薯 2 号等新品种，开展加强农作物病虫草鼠等综合防治；推广混栽、轮作农业防治；推广莱喜、施杀得等高效低毒农药，开展生物防治。

第四章　水产和畜牧业

第一节　水产资源

一、鱼类

民国期间，辖区境域的鱼类有：

石首鱼　又名黄花鱼，或称黄鱼。脑内有两块石状小白骨，故得名。背青腹白，全体略带黄金色，故别名黄鱼。每岁 3—4 月，来自远洋，成群而游。来时有声，渔人以竹筒探入水底，听到声音后下网捕捞。出水未几即死。

万头星　俗名篮仔米。一种小鱼，状如钩者味道极好，但不多有。

马嘉鱼　多出于五通。仲春时随海潮至，结队成群。浦口、泥金乡人驾小船捕捞，或用绳作圈坠于水中套捕。

鳓鱼　状类鲥鱼。味较逊。

花鳅　俗称跳跳鱼，身长寸（1 寸=3. 3 厘米）余或 2 寸余。有鳃司呼吸，善跳跃。

魟鱼　俗称夯仔鱼。

鲨鱼　产于沿海。种类颇多，有白鲨、青鲨、虎鲨、锯鲨、双髻鲨等。白鲨背面淡灰色有白点。青鲨背面青蓝色。虎鲨背色淡黄，间微红，有褐色横纹，略如虎皮之色。锯鲨皆灰褐色，口吻之旁有突起呈锯齿状。双髻鲨体灰色，头部向左右突出如双髻，眼生于突出之末端。

20 世纪 50 年代后，主要的经济鱼类有：

大黄鱼　俗名黄花、黄瓜鱼、大黄花鱼。石首鱼科，黄鱼属。80 年代后，资源衰退。

真鲷　俗名加力鱼。鲷科，真鲷属。五通—刘五店渔场为真鲷的产卵场。

长条蛇鲻　俗称狗母。狗母鱼科，蛇鲻属。分布在水深 30～120 米的海域，一般分散或小集群同其他底层鱼类混栖。是春汛底拖网作业捕捞的重要经济鱼类之一。

鲈鱼　俗名花鲈。科，鲈属。喜栖息于河口半咸淡水处，也可生活在淡水中，是优良的养殖鱼种，每年 2—3 月几个主要港湾均出现体长 20～30 毫米的鲈鱼苗，资源量大。

黄鳍鲷　俗名黄翅。鲷科，鲷属。喜栖息于沿岸岩礁区，是优良的海水养殖鱼种。秋季生殖，12 月出苗，资源丰富。

鳗鱼　旧时埭辽湾、钟宅湾等小溪流出海处在春季盛产鳗鱼苗。

辖区内常见鱼类还有虎鱼、竹甲鱼、钱头鱼、狗母鱼、蚝老仔鱼、比目鱼、水针鱼、石斑鱼、鲟虎、土龙、白鳗、姜骨、虎鳗等。加力鱼、黄瓜鱼、鲨鱼、石斑鱼、黄翅鱼、鲈鱼、鳗鱼、夯仔鱼、郭鱼、花鲦（跳跳鱼）、涂笋等为地方特色鱼种。

二、虾、蟹类

长毛对虾　俗名红虾。对虾科，对虾属。分布面广，同安湾是重要的产卵场，产卵期为 4—6 月，历史上年捕捞量达 50 吨，现以人工养殖为主。

哈氏仿对虾　俗名狗虾。对虾科，仿对虾属。为近海渔场最主要的经济虾类之一，分布广。据调查，年平均资源量在 2500 吨以上，是资源最丰富的种类。

鹰爪虾　对虾科，鹰爪虾属。为近海渔场主要经济虾类之一。

此外，还有斑节虾、大红虾、缉虾、沙虾、虾姑等。

蟹　俗名毛会。腹部有脐。脐尖者为雄，脐圆者为雌。八足二螯，性善横行，常登陆穿穴于田畦、河堤间。

三疣梭子蟹　俗名三目蠘仔。甲壳纲，蝤蛑科。广泛分布于近海，渔期自 11 月至翌年 3 月，产量占蟹类产量的 90% 以上。

远海梭子蟹　俗名花脚蠘，甲壳纲，蝤蛑科。分布于沿岸浅海，渔期为 8—11 月。

锯缘青蟹　俗名蟳。小蟳称为加定蟳、稍大者称为菜蟳、成熟者称为红蟳或膏蟳。甲壳纲，蝤蛑科。分布于沿岸水域，渔期自 11 月至翌年 3 月，是优良的养殖对象，现大部分采用人工养殖，闽南一带视为珍品。历史上以花仔屿附近所产为佳。

还有石蠘、招潮蟹（俗称红脚仙）、和尚蟹等。

三、软体动物类

章鱼　背无鳞甲，亦无肉鳍。头生八足，长十倍于体。足端尖细。足之基部多有薄膜相接，谓之伞膜。足旁有吸盘，便于捕摄食物。其吸盘之力较乌贼强。体之大者，其足长约 1 丈（1 丈=3.3 米）至 2 丈。六七月为产卵期。卵产于岩礁间，卵色白，状如藤花，故一名海藤花。此外，有名石拒者，足比他种长，吸盘亦较大，伞膜甚阔。有名为望湖鱼者，小章鱼也，足比体长一倍，唯有一对较短，味比章鱼佳，性耐淡水，常栖近海。

乌贼　又称墨鱼、墨贼，近头部有一漏斗管，背藏小甲片，为石灰质所成。旧名浮螵蛸，俗称墨贼船。其产卵必在港湾之内，故雌者至产卵期，群游于近海，择坚定之物而胶印其上。渔者多乘此时，沉树枝于海，待乌贼之来而捕取之。产卵既终，母多衰毙。

海猪　蓝斑背肛海兔，无楯目，海兔科。略似猪形，大仅如鼠，全身作细翠点，背有孔似鲸。

沙蚕　产于高崎通集美之沙线上。必候海潮退落，濒海居民携竹帚扫而取之。以杵臼舂去其腹中细肠，洗净曝干。食时以油炒之，酥而甘，亦肴馔妙品也。

涂笋　革囊星虫，环节动物门，星虫目，星虫科。状如蚯蚓，长寸余，皮粗赤色。去其外皮肉白，合石花菜煮而熟之，汤凝成冻，名涂笋冻。

中国枪乌贼 俗称鱿鱼。十腕目，枪乌贼科。属暖温性水生软体动物中的头足类。喜栖息于水色澄清，盐度较高，浪小流缓的海区，夏汛广泛分布于近海，鱼汛分春汛（4—6 月）和夏汛（7—10 月），以 8—9 月为旺汛。

长枪乌贼 俗称鱿鱼，俗名飞机仔。十腕目，枪乌贼科。夏汛广泛分布于近海。

软体动物还有石具（类似小章鱼，味道稍逊）、小卷仔、猴水仔、土婆、海煎匙、海桃花等。

海蛎 俗称曰蚝，又名蚵。僧帽牡蛎，俗名蚵。异柱目，牡蛎科。出产区：殿前社、高崎社、林后社、安兜社、钟宅社、坂上社、县后社、围里社、墩上社、下尾社、下边社、崙后社、浦口社等。每年 8 月始有新蚵，至 11 月后产蚵始盛，至 4 月蚵肚破出浆，5 月则无矣。新出之蚵瘦小，以破壳不浸水者味最浓甜。干者曰蚵干。湖里的珠蚵、五通的五耳蚵、钟宅的七耳蚵为禾山蚵中之特色。

花蛤 菲律宾蛤仔。真瓣鳃目，帘蛤科。其生长迅速，养殖周期短，适应性强（广温、广盐、广分布），离水存活时间长，是辖区内管养和增殖的主要经济贝类之一。

蛤 寻氏肌蛤，异柱目，贻贝科。俗名土鬼，又称“姑仔鲑”“海瓜子”。主要分布于沿海滩涂，旧时主要用于养鸭，兼供食用。

蚶 名魁陆。有血蚶、土蚶之别。20 世纪 90 年代后，因土蚶携带大量毒菌，食用时易引发疾病，被禁止在市场上销售。

蛏 真瓣鳃目，竹蛏科。产于鱼塽涂中，曰涂蛏。又有笔管蛏，壳有花斑，瘦小而长，俗呼竹蛏，以像竹管也。

蚬 有白蚬、黄蚬、花蚬、沙蚬之分。黄蚬如蚌属，壳厚而大，有重 150 ~ 200 克者。花蚬、白蚬、沙蚬则壳薄且小，其肉颇润，味均浓甘。

蛤蜊 壳白厚而圆。

此外，又有黄螺（俗称麦粒螺）、花螺、王螺、军螺（俗称苦螺）、铁钉螺、加锥螺等。

四、海藻及其他水生生物

（一）海藻

坛紫菜 红藻门，紫菜属。广泛分布于沿海礁石和牡蛎石上，但产量不高。

海带 褐藻门，海带属。藻体褐色，长带状，革质，一般长 2 ~ 6 米，宽 20 ~ 30 厘米。野生海带在低潮线下 2 ~ 3 米深度岩石上均有。20 世纪 50 年代末，从北方南移养殖成功。

真江蓠 俗名海面线。红藻门，红蓠属。是沿岸广泛分布的经济藻类之一。

还有海苔、浒苔、海米粉等。

（二）其他水产资源

中国鲎 节肢动物门，肢口纲，剑尾目。俗称海怪。国家二级保护动物。

中华白海豚 哺乳纲，鲸目，海豚科，是厦门唯一的国家一级保护水生野生动物，被列入濒危野生动植物种国际贸易公约，常见于五缘湾沿岸。

红树林 是热带和亚热带海岸植被的主要群落。分布于沿岸的有秋茄、老鼠勒、桐花树、白骨壤、海漆等 5 种。主要分布在高崎沿海。

第二节 海洋捕捞与水产养殖

一、海洋捕捞

民国《厦门市志》稿称：“厦市物产，鱼类为大宗……捕鱼时期，向分三季（以农历为标准）。正月至五月半为春季，五月半至九月半为夏季，九月半至十二月为冬季。春季产品，带鱼最多，鲨鱼、鳜鱼、黄花鱼等次之；夏季鱼鲳鱼、鱿鱼、鳓鱼；冬季嘉勒鱼及其他。据老于捕鱼者言，嘉勒鱼向惟厦门有之，年产亦富，现逐年递减，……白带鱼虽较嘉勒鱼为多，亦仅千担，视战前仅存五分之一……黄花鱼产于春季，鱼巢向在竹仔篮。竹仔篮者，乃浯屿东椗门一海礁……澄、码间，浮南桥亦有出产，其肥美较竹仔篮为逊。战后，在竹仔篮捕鱼，礁石依然，而喽声已寂，非竭泽而渔之征耶?”“他若篔筜江鱼、东埭乌鱼、高崎柔鱼、吕厝鳟鱼、埭头海粉、寨上土笋，均极有名。”辖区境域的寨上、石湖历史上被称为“晒网之区”，有“大、小网寮”之称，足见海洋捕捞之盛。

20 世纪 50 年代至 70 年代末，台湾海峡两岸处于军事对峙时期，辖区境域沿海村社被划为军事要地，海洋捕捞基本停顿。

湖里建区后至 1995 年，海洋捕捞业年产量在 200 吨上下。此后，由于海洋功能划分的变化，捕捞业渐趋衰微。

若干年份湖里区海洋捕捞情况见表 8-5、表 8-6。

1992—2002 年湖里区海洋捕捞情况表

表 8-5

年份	海洋捕捞渔民（人）			捕捞产量（吨）				渔船（艘、吨、马力）							
	人数	其中		合计	鱼类	虾蟹类	贝类	合计			机动船			非机动船	
		专业	兼业					船数	吨位	马力	船数	吨位	马力	船数	吨位
1992	610	350	260	205	187	6	12	195	302	638	175	282	638	20	20
1993	765	325	440	200	174	14	12	186	296	660	166	266	660	20	30
1994	740	300	440	215	100	51	7	191	303	660	166	266	660	25	37
1995	708	268	440	150	100	45	5	185	292	570	165	262	570	20	30
1996	200	—	200	150	100	45	5	118	62	499	118	62	499	—	—
1997	—	—	—	200	140	55	5	—	—	—	—	—	—	—	—
1998	—	—	—	80	47	32	1	—	—	—	—	—	—	—	—
1999	—	—	—	81	59	22	—	—	—	—	—	—	—	—	—
2000	—	—	—	85	68	17	—	255	381	1239	255	381	1239	—	—
2001	—	—	—	80	63	17	—	255	381	1239	255	381	1239	—	—
2002	—	—	—	80	65	15	—	255	381	1239	255	381	1239	—	—

1992—2002 年湖里区海洋捕捞产品情况表

表 8-6 单位：吨

年份	鱼类	其中					虾蟹类	其中			贝类
		黄鱼	鲨鱼	真鲷鱼	石斑鱼	墨鱼		对虾	鹰爪虾	毛虾	
1992	187	2	15	10	12	3	6	1	1	3	12
1993	174	2	12	12	15	3	14	1	1	2	12
1994	100	25	12	18	20	5	51	10	8	13	7
1995	100	25	8	10	15	2	45	8	12	7	5
1996	100	25	8	10	15	2	45	8	12	7	5
1997	140	25	—	10	15	2	55	8	12	10	5
1998	47	5	—	5	3	—	32	2	10	8	1
1999	59	—	—	—	—	—	22	—	—	—	—
2000	68	—	—	—	—	—	17	—	—	—	—
2001	63	—	—	—	—	—	17	—	—	—	—
2002	65	—	—	—	—	—	15	—	—	—	—

二、海水养殖

辖区境域历史上有养殖贝类的传统,主要品种有牡蛎、蛤、文蛤、缢蛏等,牡蛎采取滩涂条石养殖方式。

清末民初，徐厝村民有蓄养海猪获取“海粉”的生产习俗。海猪略似猪形，大仅如鼠。乡人将它养在俗称“坛”的滩涂中。冬至前后，吐线状粉条，称为海粉，农历四月止。海猪将吐粉时，在坛中插黍秆，使吐粉时缠绕秆上不致汛散。收回后晒干，被当作仅次于燕窝的补品。20 世纪 50 年代初期，因海域环境变化，海猪丧失生存环境。

20 世纪 50 年代后期，开始养殖海带。1966 年，试养紫菜成功。70 年代初，人工移植花蛤。1979 年，开始发展对虾养殖。1983 年，试养石斑鱼成功。80 年代末，开始推广网箱养殖。1993 年，试养扇贝获得成功。

厦门西海域海水养殖整治之前，辖区内鱼类主要养殖品种有石斑鱼、真鲷、黄鳍鲷、大黄鱼等，贝壳类有蛏、蛤、蚶、牡蛎、扇贝等，虾蟹类有对虾、锯缘青蟹等，藻类有紫菜、海带等。

区水产中心设有对虾育苗、对虾养殖、吊蛎养殖、网箱养殖 4 个信息点，及时掌握水产养殖主要品种的生产状况和存在问题。1999 年，寨上成立大黄鱼养殖基地，推广大黄鱼网箱养殖 300 箱、50 万尾，推广美国红鱼网箱养殖 20 箱、2 万尾。2002 年启动西海域整治后，终止海水养殖。

三、淡水养殖

湖里区淡水养殖占水产养殖的比例较小，1988 年，淡水养殖产量为 102.9 吨，占水产品总产量的 12.3%；1993 年，淡水养殖产量为 270 吨，占水产品总产量的 9.8%；1998 年，淡水养殖产量为 750 吨，占水产品总产量的 6.8%；2002 年，淡水养殖产量为 850 吨，占水产品总产量的 12.3%。湖里区水产养殖的主要品种为草鱼、鲤鱼、鲢鱼、罗非鱼等，1990—2002 年，罗非鱼成为最主要的淡水鱼养殖品种。

四、疫病防治

（一）虾病防治

红脚病，用 2ppm 漂白粉全池泼洒，每公斤饵料添加 0.1 克氯霉素或 3 克土霉素；黑鳃病，漂白粉或 4~6ppm 茶粕全池泼洒；红鳃病，饵料添加氯霉素；黄鳃病，饵料添加氯霉素；甲壳病，漂白粉、氯霉素；烂尾病、烂眼病，漂白粉及氯霉素；丝状细菌病，1ppm 氯化铜或 2.5~5ppm 高锰酸钾泼洒。

其他虾病还有肌肉坏死病、痉挛病、异常蜕壳病、萤光虫病等，防治方法主要是做好水质净化处理，每星期每亩撒放滑石粉 10~15 公斤和每星期 1~2 次泼洒漂白粉 0.5~1 公斤，并在饵料中加进适量维生素 C 和多种维生素，定期投喂虾康素。

（二）青蟹病害防治

青蟹病害主要有细菌性白芒病、红芒病。预防措施以漂白粉 0.7~1.5ppm 全池泼洒，每公斤饵料添加 0.5 克氯霉素或 1 克土霉素投喂。

（三）四大家鱼主要病虫害防治

出血病，以蓖麻或苦楝叶秆插入池中；草鱼肠炎，大蒜头、磺胺胍拌料投喂；烂鳃病，生石灰泼洒使池水 pH 值达 8.5~9 或 1ppm 漂白粉全池泼洒；水霉病，灌入海水或池水加盐；猫头鳋病（鱼箭），敌百虫 0.25ppm 或敌敌畏 0.2ppm 全池泼洒；鱼鲺病，0.2ppm 敌敌畏全池泼洒。

1992—2002 年湖里区海水养殖情况表

表 8-7

年份	合计			贝类			坛紫菜			鱼类			对虾			虾蟹类
	养殖面积（亩）	收获面积（亩）	产量（吨）	养殖面积（亩）	收获面积（亩）	产量（吨）	养殖面积（亩）	收获面积（亩）	产量（吨）	养殖面积（亩）	收获面积（亩）	产量（吨）	养殖面积（亩）	收获面积（亩）	产量（吨）	产量（吨）
1992	9040	8890	1901	7400	7250	1751	120	120	12	—	—	—	1520	1520	138	—
1993	9890	8198	2475	7833	6333	2394	120	120	15	34	32	15	1903	1713	51	—
1994	1986	—	—	9445	4130	1758	150	130	30	325	325	78	1925	1535	80	—
1995	10691	6839	2220	7675	4993	1955	200	40	2	91	91	63	1925	1215	31	—

续表8-7

年份	合　计			贝　类			坛紫菜			鱼　类			对　虾			虾蟹类
	养殖面积（亩）	收获面积（亩）	产量（吨）	养殖面积（亩）	收获面积（亩）	产量（吨）	养殖面积（亩）	收获面积（亩）	产量（吨）	养殖面积（亩）	收获面积（亩）	产量（吨）	养殖面积（亩）	收获面积（亩）	产量（吨）	产量（吨）
1996	10661	6839	2250	7488	4993	1961	150	150	7	48	48	122	2175	1148	23	—
1997	10943	7660	9155	8293	5323	9155	150	150	10	250	250	171	2250	1238	55	—
1998	10622	10622	10221	8003	8003	9818	200	200	18	45	45	190	230	230	147	—
1999	10353	—	5635	—	—	5320	—	—	1	—	—	168	—	—	—	146
2000	11463	—	7675	—	—	7393	—	—	14	—	—	95	—	—	—	173
2001	14642	—	8169	—	—	7726	—	—	60	—	—	201	—	—	—	182
2002	15147	—	6070	—	—	5675	—	—	70	—	—	275	—	—	—	50

1992—2002 年湖里区贝类养殖情况表

表 8-8

年份	合计			蛏			蛤			蚶			牡蛎			土鬼（海瓜子）			文蛤		
	养殖面积（亩）	收获面积（亩）	产量（吨）	养殖面积（亩）	收获面积（亩）	产量（吨）	养殖面积（亩）	收获面积（亩）	产量（吨）	养殖面积（亩）	收获面积（亩）	产量（吨）	养殖面积（亩）	收获面积（亩）	产量（吨）	养殖面积（亩）	收获面积（亩）	产量（吨）	养殖面积（亩）	收获面积（亩）	产量（吨）
1992	7400	7250	1751	100	100	80	1250	1100	1124	50	50	20	5050	5050	377	—	—	—	1000	1000	200
1993	7833	6333	2394	100	100	42	1500	1200	1200	30	30	15	5400	4200	935	800	800	200	—	—	—
1994	9445	4130	1758	120	120	30	1265	800	510	—	—	—	7000	2210	1018	1060	1000	200	—	—	—
1995	7675	4993	1955	30	30	36	1755	1430	229	—	—	—	5890	1583	1411	—	—	—	—	—	—
1996	7488	4993	1961	40	40	35	1988	1530	915	—	—	—	5460	3423	1011	—	—	—	—	—	—
1997	8293	5323	9155	45	45	15	2088	1462	1085	5860	3516	7955	—	—	—	300	300	100	—	—	—
1998	8003	8003	9818	38	38	40	1870	1870	1498	—	—	—	8015	6000	400	—	—	—	—	—	—
1999	—	—	5320	—	—	—	—	—	—	—	—	—	—	—	—	—	—	—	—	—	—
2000	—	—	7393	—	—	—	—	—	—	—	—	—	—	—	—	—	—	—	—	—	—
2001	—	—	7726	—	—	—	—	—	—	—	—	—	—	—	—	—	—	—	—	—	—
2002	—	—	5675	—	—	—	—	—	—	—	—	—	—	—	—	—	—	—	—	—	—

若干年份湖里区淡水养殖情况表

表 8-9

年份	合计		池塘养殖		水库养殖		主要品种产量									
							草鱼		鲢鱼		鲤鱼		罗非鱼		鲫鱼	
	面积（亩）	产量（吨）	面积（亩）	产量（吨）	面积（亩）	产量（吨）	面积（亩）	产量（吨）	面积（亩）	产量（吨）	面积（亩）	产量（吨）	面积（亩）	产量（吨）	面积（亩）	产量（吨）
1988	—	102.9	—	—	—	—	—	—	—	—	—	—	—	—	—	—
1992	4520	273	520	53	4000	220	—	50	—	160	—	13	—	50	—	—
1993	4020	270	520	100	3500	170	—	45		110	—	10	—	105	—	—
1994	4056	616	—	—	—	—	—	—	—	—	—	—	—	—	—	—
1995	—	670	—	—	—	—	—	71	—	120	—	30	—	410	—	—
1996	—	800	—	—	—	—	—	115	—	130	—	35	—	520	—	—
1997	—	850	—	—	—	—	—	65	—	180	—	45	—	560	—	—
1998	3800	750	—	—	—	—	—	80	—	260	—	26	—	376	—	8
1999	3886	804	—	673	—	131	—	83	—	168	—	74	—	454	—	25
2000	3193	812	—	675	—	137	—	100	—	170	—	45	—	420	—	70
2001	2663	760	—	687	—	73	—	92	—	140	—	45	—	311	—	44
2002	3232	850	—	770	—	80	—	100	—	150	—	50	—	400	—	50

第三节　畜牧业

一、品种与养殖规模

湖里在明清时期已大量饲养的畜禽有马、驴、骡、牛、羊、猪、狗、鸡、鸭、鹅、兔、鸽等，但只是作为家庭的副业，发展缓慢。民国以来，畜牧业逐步成为农家经济收入的重要来源。

1959 年，在东渡、濠头、官任创办厦门奶牛场，专门养殖奶牛。1970 年，撤销奶牛场。

1981 年，畜牧业生产有很大发展，禾山全年交售给国家生猪 1.29 万头，交售蛋品 46.275 万公斤，年底生猪存栏 2.74 万头，超过以往任何一年。

1988 年，全区畜牧业产值 1170 万元，占农业总产值的 36%；1995 年，全区畜牧业产值 2506.88 万元，占农业总产值的 27.46%。

1988 年，全区饲养生猪 43510 头，存栏 19745 头，出栏 23765 头，比上年增加 1184 头；牛存栏 3279 头，出栏肉牛 235 头，产肉 30.4 吨，饲养家禽 194534 只（不包括外来 7 万只），比上年增加 3765 只，年底存栏 85145 只，比上年减少 4552 只，出栏 109389 只，比上年增加 8317 只，提供禽肉 131.25 吨；羊出栏 45 只，产肉 0.4 吨；兔出栏 2043 只，产肉 1.7 吨；饲养肉鸽 38675 对，存笼 22750 对，出笼 15925 对。全年共计产肉类 1857.68 吨，超计划 87.68 吨，产蛋品 367.6 吨，超计划 217.6 吨，产牛乳 151.2 吨，比计划减少 98.8 吨，畜产品总产量为 2376.48 吨，比原计划 2170 吨增加 206.48 吨，总产值为 1219.58 万元，比上年 639.5 万元增加 580.08 万元。1989 年后，为适应城市化建设的发展，辖区内畜禽养殖逐年缩小。详见表 8-10。

2002 年，为保护海域生态环境和水资源生态环境，加快农村城市化建设进程，实现九龙江流域水污染与生态环境破坏综合整治目标，全区开展畜禽养殖污染整治工作。按照整治工作方案要求，湖里区第一期 422 户养殖场于 2003 年年底之前关停 401 户，2004 年年底，完成全部畜禽养殖场的关停或搬迁。

1988—2002 年湖里区畜禽生产情况表

表 8-10

年份	牛				马（匹）	驴（头）	骡（头）	羊		兔（只）	猪			家禽		
	总数（头）	黄牛（头）	水牛（头）	乳牛（头）				总数（头）	乳羊（头）		总数（头）	出栏（头）	存栏（头）	总数（只）	出栏（只）	存栏（只）
1988	3279	3200	6	73	29	—	—	105	7	900	43510	23765	19745	199966	104986	94980
1989	3322	3236	5	81	25	3	—	64	10	760	40192	20669	19523	217551	142653	74898
1990	3405	3364	5	36	26	3	—	84	—	946	44797	24654	20143	204528	118943	85585
1991	3338	3300	4	34	23	3	—	66	28	750	45373	25277	20096	199432	102306	97126
1992	3223	3187	10	26	20	1	—	66	50	2165	45561	26632	18929	179481	109444	70037
1993	2660	2632	8	20	16	1	—	82	67	2833	46841	29261	17580	210032	120430	89602
1994	1845	1820	—	25	6	1	—	101	93	1840	46147	27897	18250	176950	105583	71367
1995	1670	1633	—	37	6	1	—	45	—	—	47515	29029	18486	126970	87446	39524
1996	1586	1559	—	27	5	1	—	246	—	—	54294	35309	18985	117881	82108	35773
1997	1189	1155	—	34	5	—	—	455	—	368	57834	37826	20008	151388	95980	55408
1998	1116	1080	—	33	3	—	—	510	—	505	65894	41499	24395	117632	87951	29681
1999	994	960	—	34	3	—	—	488	—	365	71927	48796	23131	100588	73182	27406
2000	889	859	—	30	1	—	—	445	—	170	70158	46866	23292	106780	70959	35821
2001	687	652	—	35	—	—	—	419	—	170	75289	49079	26210	90882	65367	25515
2002	659	659	—	46	—	—	—	508	—	1125	102105	70928	31177	75095	53919	21176

二、疫病防治

湖里区的动物疫病主要有：牲畜五号病、牲畜口蹄疫、猪瘟、猪肺疫、禽流感等，解放初发生过牛瘟。

自 1985 年后，辖区境域没有发生重大动物疫情。1987 年湖里建区后，猪瘟疫苗注射率常年保持在 95% 以上，禽注射率 90% 以上，同时坚持栏舍清洗消毒制度，有效防止重大疫情发生。由于还有相当部分的生猪从外地调入，故常见动物疫病时有发生。

2004 年年初，亚洲一些国家和地区相继发生高致病性禽流感。湖里区及时成立重大动物疫情指挥部，制定相关工作预案，开展调查摸底工作，加强免疫，把好市场检疫关，全区没有发生人感染禽流感的病例。

第九篇 工 业

清代中叶，辖区境域就开始出现以本地资源为原料的工业生产。沿海居民利用当地特产海蛎的衍生品海蛎壳烧制石灰，利用海水晒盐。乌石浦社利用当地的陶土烧制陶缸。清末民初，随着甘蔗、花生等作物的广泛栽种，辖区境域土法轧糖、榨油的作坊多达数十家。

民国20年（1931）后，随着禾山乡村公路的通车，江头街开办振川汽车行，开展汽车出租和维修业务。当时的江头街，集中多家辗米厂、锯板厂，从事粮食加工和木材加工。民国21年（1932），杨朝根在湖里宫后山创办民光织造厂，为湖里最早的现代纺织厂。

解放后，随着农业、手工业和资本主义工商业社会主义改造的逐步深入，私人办的作坊式工业逐渐消失。

1958年10月，在全国“高举总路线、‘大跃进’、人民公社三面红旗”的大背景下，前线人民公社成立“大炼钢铁办公室”，开办3家炼钢厂，各生产大队、生产队以及公社机关、学校修建300余座炼铁小高炉，掀起“全民办厂，全民炼钢”的高潮。辖区境域的大树几乎被砍伐一空，用于烧炭炼铁。全公社参加炼钢、办工业的劳动力几乎占全社劳力的1/3。此次大办工业的尝试，以浪费大量资金、浪费大量劳力、严重破坏环境、影响农业生产告终。

1965年，社办工业调整为以中小农业机具的制造、维修为主。

20世纪70年代后，社办工业规模有所发展，但仍坚持为农业生产服务、以地产资源为原料的原则，主要行业有农机修造、小型船舶修造、农副产品加工等。

改革开放后，工业成为转移农村富余劳动力、发展农村经济的重要途径。创立湖里出口加工区初期，辖区境域大力发展“三来一补”（来料加工、来样加工、来件装配和补偿贸易）企业，开始发展外向型经济，一些集体企业开始实行承包经营。1982年，创办首家中外合资的“厦门华侨电子企业有限公司”和首家外商独资企业“厦门印华地砖厂有限公司”后，中外合资经营企业、中外合作经营企业、外商独资经营企业三类外商投资企业（以下简称“三资”企业）大批进入辖区境域。在“三资”企业的影响、带动之下，辖区境域的乡办企业、村办企业、新经济联合体（合作经营）的企业规模、技术水平、经济效益出现显著提高，企业的经营方式出现新的变化。

1988—1995年是湖里区工业起步阶段。集体工业企业普遍推行企业承包，实施技术改造。1991年，全区工业生产总值为0.31亿元。1993年，“三资”企业进驻湖里出现第一个高峰，全区工业总产值增至4.93亿元，其中“三资”企业创产值4.42亿元，成为工业生产的主要力量。至1995年，全区工业总产值为20.94亿元，其中“三资”企业工业产值为18.59亿元。

1996年后，湖里区引进的“三资”企业的规模、档次明显提升。1997年，鼓励非公有制经济发展，全区工业形成以“三资”企业为主，私营、集体、国有等工业协同发展的格局。“九五”计划末的2000年，全区工业总产值54.20亿元，比1995年增长192.97%，占全区生产总值的60.94%。当年，全区有规模以上“三资”企业99家，从业人员（年平均）30901人，总资产36.57亿元，固定资产原值12.25亿元；完成当年价工业总产值45.45亿元，出口交货值38.09亿元，产品销售收入45.27亿元，利税总额2.167亿元，利润总额1.790亿元；本年工资总额4.103亿元，职工平均年收入13277元。同年，规模以上私营企业共有6家，职工（年平均）1098人，总资产5.023亿元，固定资产原值1.485亿元；实现当年价工业总产值1.718亿元，出口交货值0.669亿元，产品销售收入1.635亿元；当年工资总额0.136亿元，职工平均年工资 12385 元。

“十五”期间，湖里区工业继续实行“外引内联”、不断提高招商引资质量的方针，实施“腾巢换凤”、发展“飞地工业”，保持稳定、高速发展的态势。2003 年，全区工业总产值达 84.95 亿元，其中“三资工业企业”产值 68.33 亿元。年产值 5000 万元以上的重点工业产值占全区工业总产值的比重达 53.7%，基本形成电子、休闲旅游用品、纺织等支柱行业和产业群体。

2004 年，市政府将一批市属企业下放到湖里区，全区规模以上工业企业由原来的 146 家增至 269 家，年产值上亿元的企业由 15 家增至 39 家。电子信息、机械制造、休闲旅游用品、纺织等支柱产业对工业增长的贡献率达 57.8%。当年，全区工业总产值达 234.33 亿元，其中“三资”工业企业产值占 90.89%，成为湖里区工业投资和生产的骨干力量。工业的支柱作用更加突出，对全区经济增长的贡献率达 58.9%。

2005 年后，湖里区工业生产坚持园区建设与招商引资同步进行，加速产业升级，加快工业转型的步伐，引进高端制造业和高新技术企业研发中心，推进企业科技创新，努力形成低投入、低能耗、低排放和高效率的节约型增长模式。2007 年下半年，区政府修订出台《湖里区促进经济发展实施办法》，实施“腾巢换凤”“品牌战略”“企业上市”等战略，推动全区产业结构调整，推进产业优化升级，培育新的经济增长点，增强发展后劲，促进工业又好又快发展。

2007 年，湖里辖区内规模以上工业企业总产值达 951.5 亿元，其中区属工业企业总产值为 361.8 亿元。区属工业企业总产值中，“三资”工业企业产值 259.8 亿元。全区有规模以上独立核算工业企业 460 家，拥有固定资产（原值）86.04 亿元，职工（年平均）13.32 万人，实现工业总产值（当年价）332.61 亿元；工业产品出口交货值达 151.58 亿元，占工业产值的 45.57%。

第一章　工业体制

第一节　管　理

一、管理机构

（一）行政机构

1988 年 3 月，湖里区经济贸易委员会（以下简称区经贸委）成立。

1997 年 6 月，湖里区经济贸易委员会更名为湖里区经济贸易局，并加挂“湖里区外事办公室”牌子。

2002 年 8 月，湖里区经济贸易局更名为湖里区经济贸易发展局（以下简称区经发局）；同时，撤销“区外事办公室”牌子，加挂“区外商投资局”牌子。区经发局内设综合科、投资科、企业科。全局定编行政人员 7 名，机关事业人员 1 名，其中局领导职数 3 人，科级领导职数 3 人。

2002 年 11 月，设立区安全生产监督管理局（区安全生产委员会办公室），与区经发局合署办公。核定行政编制 2 名，其中局领导职数 1 名。

2004 年 4 月，调整机构后，区经发局内设经贸科、投资开发科。同年底，撤销区经发局加挂“区外商投资局”牌子。

2007 年 12 月，区经发局由湖里大道 24 号太阳岛大厦迁入枋湖南路区政府新办公大楼。

截至 2007 年年底，历任区经贸委主任、经发局局长有王明贤（1991.3—1992.10）、朱宗昭（1992.11—1993.6 代）、骆怀东（1993.7—1994.2）、洪巩堤（1994.3—1997.4）、陈丁权（1997.5—2002.9）、陈敏（2002.10—2003.12）、吴智明（2004.1—2004.9）、蔡永和（2004.10—　）等。

（二）事业单位

1992 年 11 月，设湖里区计量检定站暨湖里区质量技术监督所，实行两个机构一套人员，行政关系隶属区经贸委，业务上接受市标准计量局指导和协调。核定全民事业编制 5 名。

1998 年 3 月，区计量检定站和区质量技术监督所转为全民事业单位。人员经费由财政核拨，实行收支两条线管理。

2006 年 12 月，在区计量检定站（区质量技术监督所）加挂“湖里区酒类管理站”牌子，人员编制不变。

二、企业管理

历史上，辖区境域的社队企业实行计划经济的管理模式，从企业的创办到企业生产，严格实行计划管理。企业按照上级管理部门下达的计划指标购进原料、组织生产、销售产品。

1980 年在湖里设立厦门经济特区后，辖区境域成为厦门市最重要的工业区。湖里建区之后，区属工业的力量仍比较薄弱。辖区范围内的大部分企业仍为市属企业。2003 年，区属工业总产值仅为 84.95 亿元。2004 年，市政府将一批工业企业下放到湖里区，当年区属工业总产值增至 255.46 亿元。2007 年，湖里辖区内规模以上工业企业总产值达 951.5 亿元，其中区属工业企业总产值为 361.8 亿元。

湖里建区之初，按照市场经济模式运转的“三资”企业成为湖里区工业生产的主要力量，加上经济特区改革的逐步深化，企业管理逐渐转变为间接化、宏观化、服务化管理。

区经发局为全区工业企业服务与管理的责任单位，主要负责了解企业情况，分析经济运行态势；企业服务方面，主要是抓好重点项目和重点企业的跟踪服务工作，组织企业申报著名商标，组织企业参评、参展、参会，完善企业服务平台，为企业排忧解难等等。区经发局还配合市质量技术监督局开展食品生产企业食品市场准入即“QS”准入证的现场审核，对于审核合格的企业报送国家局发放“QS”准入证。

第二节　所有制结构

一、国有工业

1996 年，湖里区有国有工业企业 1 家，注册资金为 30 万元。

2004 年，规模以上的国有工业企业有 2 家，资产总计 17488.9 万元，固定资产原值 2887.4 万元，职员（年平均）536 人；完成现有总产值 12496.7 万元，销售产值 12644.7 万元，利润总额负 483.7 万元。并有规模以上国有控股企业 13 家，总资产 524289.2 万元，固定资产原值 143430.9 万元；完成现有总产值 869224.6 万元，销售产值 866738.3 万元，出口交货值 232772.7 万元，利润总额 19863.8 万元。

2007 年，全区有规模以上国有工业企业 1 家，从业人员（年平均）48 人，资产总计 486 万元，固定资产原值 133 万元，实收资本（自有资金）500 万元，流动资产 440 万元；本年完成当年价格工业总产值 2752 万元，销售产值 3142 万元，利税总额负 115 万元，利润总额负 164 万元；本年职工劳动报酬 60 万元，职工平均工资 12500 元。

二、集体工业

湖里区集体工业起源于建区之前的社队企业。

1981 年，禾山公社社队工业企业总收入 1100 多万元，占全社总收入的 51.9%。1985 年，各类工业企业已达到一定规模，其中乡办企业 22 个，村办企业 86 个；全乡有 16 个村的村办企业收入超百万元，其中西林、莲坂、蔡塘等 3 个村的企业收入占全部村总收入的 80% 以上。在企业规模扩大、效益提高的同时，企业的经营方式也开始出现新的变化。一些乡办、村办企业实行了承包经营，承包经营者对企业的固定资产只有使用权，没有处置权，并按承包合同上缴各种费用。

1990 年，湖里有独立核算的集体工业企业区属 10 家，镇属 10 家，街属 7 家；总计职工数（年平均）1631 人。全区区属、镇办、街办、村及村以下企业现价工业总产值 4385. 81 万元，工业净产值 910. 94 万元，固定资产原值 1329. 59 万元，固定资产净值 770. 71 万元，产品销售收入 2495. 66 万元，创利税 292. 53 万元，利润总额 97. 00 万元。

1994 年，共有集体企业 40 家，资本金 3005. 6 万元，资产总计 8519. 0 万元，固定资产原值 3809. 4 万元，从业人员（年平均）2037 人；实现现价工业总产值 5355. 6 万元，利税总额 478. 6 万元，利润总额 31. 5 万元。其中，区属企业 17 家，资产总计 2636. 3 万元，固定资产原值 1352. 9 万元；实现现价工业总产值 1929. 0 万元，利税总额 178. 1 万元，利润总额负 24. 9 万元。

1997 年后，随着国家鼓励非公有制经济的发展以及集体企业的改制，集体工业企业的数量逐年下减，至 2000 年，集体工业企业所存无几。

2004 年，有规模以上集体企业 1 家，总资产 4056. 3 万元，固定资产原价 2221. 7 万元，职员（年平均）151 人，完成总产值 5315. 0 万元（当年价），销售产值 4709. 4 万元，利润总额负 58. 4 万元。

至 2007 年年底，全区规模以上独立核算集体工业企业只有 1 家，从业人员（年平均）104 人，资产总计 712 万元，固定资产原值 35 万元，实收资本（自有资金）8 万元，流动资产 696 万元；本年完成当年价格工业总产值 1269 万元，工业销售产值 1269 万元，利税总额 59 万元；本年从业人员劳动报酬 162 万元，职工平均工资收入 15577 元。

三、个体、私营工业

清代中叶，辖区境域开始出现利用当地特产海蛎的衍生品海蛎壳烧制石灰、利用海水晒盐的个体、私营工业，乌石浦社烧制陶的窑厂也盛极一时。清末民初，辖区境域土法轧糖、土法榨油的作坊多达数十家。

民国 20 年后，江头街开办振川汽车行，除了汽车出租，还从事维修业务。当时的江头街、殿前街、桥头街、蚊塘街，有多家辗米厂、锯板厂，从事粮食加工和木材加工。民国 21 年（1932），杨朝根在湖里宫后山创办民光织造厂，为湖里最早的现代纺织厂。

解放后，随着农业、手工业和资本主义工商业社会主义改造的逐步深入，私人办的作坊式工业逐渐消失。

1984 年后，辖区境域开始出现家庭个体工商户，但此时的个体工业都为小规模的家庭作坊。1990 年，湖里的个体工业企业有 120 家，皆是经营缝纫制造，总计自有资金 110 万元，产值 78 万元，从业人数 210 人；私营企业 27 家（其中：缝纫业 2 家，食品制造业 1 家），投资者 92 人，职工 325 人。

1994 年，全部私营、个体企业实现工业总产值（90 年不变价）5510. 6 万元。其中，190 家个体企业实现工业总产值 2328 万元，90 家建材采掘企业总产值 200 万元，50 家生产性修理企业总产值 250 万元。

1997 年中共十五大后，个体、私营经济的数量和规模发展迅速。至 2004 年，全区有规模以上私营企业 62 家（私营有限责任公司 61 家，私营股份有限公司 1 家），资产总计 103607. 2 万元，固定资产原价 24520 万元，职员（年平均）14286 人；实现工业总产值 162921. 3 万元（当年价），工业销售产值 155389. 7 万元，出口交货值 51854. 1 万元，利润总额 2718. 1 万元。2005 年后，受到工业布局调整的影响，辖区部分私营工业企业外迁，但私营工业企业仍在湖里区工业生产中占据一定地位。

截至 2007 年，湖里区规模以上私营工业企业共有 150 家，从业人员（年平均）22613 人，总资产 32. 1146 亿元，固定资产原值 7. 3542 亿元，实收资本 6. 7574 亿元；本年完成当年价格工业总产值 46. 1806 亿元，利税总额 2. 2578 亿元，上缴增值税 0. 9375 亿元。

四、“三资”工业

民国 21 年（1932）在湖里创办的民光织造厂为辖区境域最早由华侨引资的工业企业。民国 27 年（1938）至 1979 年，辖区境域没有“三资”工业。1982 年创办的厦门华侨电子企业有限公司和厦门印华地砖厂有限公司为辖区境域解放后最早的“三资”工业企业。湖里建区后，开始在所辖街镇、村设立工业小区，引进“三资”企业。至1993年，湖里区共有独立核算“三资”工业企业64家，其中11家属服装及其他纤维制品制造业，4家属电子及通信设备制造业，4家属电器机械及器材制造业，4家属皮革、毛皮、羽绒及其制品制造业。全部企业固定资产原值13513.3万元，资本金20837.7万元（国有85.5万元，法人1051.9万元，个人189.2万元，外商19511.1万元），职工数（年平均）6781人；完成工业总产值（90价）44180.0万元，利税总额1051.1万元，利润总额496.8万元。

1994年，“三资”企业共109家（外商投资16家，港、澳、台投资93家），资本金44611.9万元，资产总计76329.2万元，固定资产原值25904.8万元，从业人员（年平均）15722人；完成工业总产值101982.8万元（90年不变价），占全区工业总产值的85.7%。实现利税总额784.8万元，利润总额312.7万元。

2004年，市里下放厦华电子公司、叉车总厂、中鹭植物油公司、印华地砖厂、古龙饮料公司、民兴工业公司、宁利电子公司、宏美电子公司、松霖卫浴公司、奋发企业公司、海嘉面粉公司、正大农牧公司、联发公司、嵘源日用品公司、玉晶光电公司、台和电子公司、汇兴石材公司、华信混凝土工程公司、迈昕电子公司、升明电子公司、明蓓塑胶公司、进雄企业公司、灿坤科技公司等一大批企业到湖里区。港、澳、台商投资企业中规模以上工业企业有118家，总资产98.95亿元，固定资产原值33.63亿元，从业人员（年平均）49607人，工资福利总额10.88亿元，完成总产值154.35亿元（当年价），增加值39.98亿元，销售产值151.40亿元，出口交货值70.77亿元，利润总额4.60亿元，应交所得税、增值税2.91亿元；外商投资企业中规模以上工业企业有79家，资产总计51.92亿元，固定资产原值29.63亿元，从业人员（年平均）35753人，工资福利总额13.83亿元，完成总产值58.63亿元（当年价），销售产值57.16亿元，出口交货值37.29亿元，利润总额5.72亿元，应交所得税、增值税2.90亿元。当年，全区规模以上“三资”企业完成工业总产值212.98亿元（当年价），占全区规模以上工业总产值的90.89%，占全区工业总产值的83.4%。

截至2007年年底，湖里“三资”工业已经发展为拥有电子、汽车、机械、冶金、塑料、建材、服装、食品、印刷、工艺品等主要行业、数千个品种的工业体系。全区有规模以上港、澳、台商投资企业155家，总资产112.40亿元，固定资产原值38.07亿元，从业人员（年平均）60439人，工资福利总额13.21亿元，完成总产值166.45亿元（当年价），增加值36.55亿元，销售产值165.30亿元，出口交货值85.87亿元，利润总额3.65亿元，利税总额5.77亿元；外商投资企业中规模以上工业企业有104家，资产总计73.77亿元，固定资产原值32.98亿元，从业人员（年平均）40225人，工资福利总额9.45亿元，完成总产值93.33亿元（当年价），销售产值89.71亿元，出口交货值49.14亿元，利润总额4.98亿元，利税总额6.95亿元。“三资”工业企业完成当年价格总产值259.78亿元，占全区规模以上工业总产值的78.10%，占全区工业总产值的71.8%。

五、其他工业体制

（一）联营工业

1994年，联营工业企业只有2家：厦门厦莲工贸公司、湖里区华禾鞋用材料厂，资本金180万元，资产总计408.8万元，固定资产原值284.6万元，从业人员（年平均）40人；实现现价工业总产值229.6万元，利税总额19.8万元，利润总额负2.8万元。

2004年，有规模以上联营工业企业（国有与集体联营）1家，总资产967.2万元，固定资产原值402.3万元，职员（年平均）40人；完成现有总产值2311.8万元，销售产值2287.8万元，利润总额16.3万元。

2007年，湖里区规模以上的联营工业企业有2家，从业人员（年平均）98人，固定资产原值679万元，自有资金676万元，流动资产3734万元；本年实现当年价格总产值6000万元，利税总额745万元；本年从业人员劳动报酬323万元，职工平均工资31058元。

（二）有限责任公司

至2007年，全区共有规模以上有限责任公司46家，从业人员（年平均）9646人，固定资产原值

71931 万元，实收资本 40188 万元，流动资产 131944 万元；本年完成当年价格工业总产值 240120 万元，创利税总额 25435 万元，利润总额 15322 万元；本年从业人员劳动报酬 19799 万元，职工平均收入 20526 元。

（三）股份有限公司

2007 年，全区有 1 家规模以上股份有限公司，从业人员（年平均）18 人，总资产 13753 万元，固定资产原价 3625 万元，实收资本（自有资金）8000 万元，流动资产 5926 万元；实现当年价格工业总产值 16351 万元，利税总额 4239 万元；从业人员劳动报酬 77 万元，职工平均工资 42778 元。

1989—2007 年湖里区属工业经济指标统计表

表 9-1　　单位：亿元

年份	工业总产值（不变价）	其中三资企业产值（不变价）	比上年增长%	年份	工业总产值（不变价）	其中三资企业产值（不变价）	比上年增长%
1989	0.17	—	—	1999	39.22（46.00）	（36.27）	—
1990	（0.44）	—	—	2000	（54.20）	（47.62）	17.9
1991	0.31	—	—	2001	（63.54）	（54.66）	17.2
1992	0.32	—	—	2002	（71.27）	（59.33）	12.2
1993	4.93	4.42	—	2003	（84.95）	（68.33）	19.2
1994	11.90	10.20	—	2004	（234.33）	（212.98）	19.4
1995	20.94	18.59	—	2005	（310）	—	21.35
1996	24.2（29.16）	（26.33）	—	2006	（372.50）	—	20.16
1997	27.96（33.36）	（30.37）	—	2007	（361.8）	（259.8）	10.3
1998	33.10（39.50）	（33.32）	—				

说明：表中加括号者为当年价；比上年增长系按可比口径计算

1998—2007 年湖里区规模以上工业企业主要经济指标统计表

表 9-2　　（当年价）　　单位：万元

年份	企业单位数（个）	亏损企业	工业总产值	工业销售产值	出口交货值	工业增加值	利润总额	利税总额	研究开发费	应缴增值税	全部从业人员年平均人数（人）
1998	97	44	342394	340732	250043.7	86316.9	12629	15148.9	—	2009.1	23567
1999	91	35	364170.4	351570.8	265867.6	87129.5	12938	17123.1	—	3600.4	24695
2000	105	37	471694.6	460333.1	387560.1	121463	17717.3	21604	—	3665.7	31999
2001	112	35	540279.1	528803.5	419908	118479.4	36760.6	41821.9	2704.8	—	35132
2002	134	35	582942.9	572193.7	416688.7	138123.9	27381.4	37370.9	3075.2	9692.6	43178
2003	150	36	706898.3	689236.1	491336.5	169458.7	33643.3	42943.6	2199.8	8934.6	52682
2004	269	68	2343294	2290305.2	1143965.6	658290.8	108391.6	—	—	23895	102753
2005	408	99	2922942.9	2919229.5	1435509.7	754678.4	92175.1	125513.6	46398.2	31230.8	119380
2006	426	101	3551399.7	3523162.2	—	832063.8	166405.4	215184.1	50548.6	45929.8	127036
2007	460	139	3326072	3261787	1515769	758970	118156	180130	54047	56742	133191

第二章 工业行业

第一节 电子设备及电气机械和器材制造业

一、电子设备制造业

辖区境域电子设备制造业产生于20世纪80年代中叶，90年代末形成电子产品整机与配套协调发展的体系，以消费类产品为主、投资类和基础类产品共同发展的格局，成为湖里区的支柱产业。主要产品有：以视听产品彩电、收录音机、激光视盘机等为主的消费类电子产品；以计算机外壳、通信与导航设备、电话机、集团交换机、可编程控制器、IC卡、磁卡等为主的投资类电子产品；以陶瓷电容器、薄膜电容器等各种电容器、光电器件、液晶显示器、半导体集成电路引线框架、各种磁头、磁性材料、继电器、导电橡胶为主的基础元器件电子产品。

图9-1 戴尔计算机（厦门）有限公司生产线

该行业大部分整机等主要产品水平已接近国际水平；产品技术从模拟走向数字化，从分立元器件走向集成化；电子元器件可靠性多数达5～6级，少数达7级；大部分重点企业通过ISO 9000认证。科学研究和技术开发力量不断增强。2007年，该行业55家区属规模以上企业完成当年价总产值105.98亿元，占全区工业总产值的31.86%，产销率达98.83%，出口交货值53.78亿元；实现现价增加值21.78亿元，占全区工业增加值的28.70%；创利税0.62亿元，占全区工业利税总额的3.42%。辖区内行业骨干企业(2004年《厦门市经济普查年鉴》“主营业务收入前300家工业企业”榜入选企业，下同）有戴尔（中国）有限公司、厦门华侨电子企业有限公司、联想移动通信科技有限公司、唯开通信（中国）有限公司、厦门松下电子信息有限公司、厦门台和电子有限公司、玉晶光电（厦门）有限公司、瑞声达听力技术(中国）有限公司、大北欧通信设备（中国）有限公司、厦门华联电子有限公司、厦门台松精密电子有限公司、厦门兴联电子有限公司、贝莱胜（厦门）电子有限公司、厦门升明电子有限公司、厦门汇科电子有限公司、厦门迈昕电子科技有限公司、厦门宏美电子有限公司、厦门达真磁记录有限公司、厦门吉致电子有限公司、厦门实达电子信息有限公司、厦门柏恩氏电子有限公司、厦门哈隆电子有限公司、厦门市东林电子有限公司、厦门星际电器有限公司、振源（厦门）工业有限公司、厦门天能电子有限公司、厦门高卓立光电有限公司等。

二、电气机械和器材制造业

图 9-2 松下电器公司生产线

电气机械及器材制造业于20世纪90年代中叶进入湖里区，逐渐发展成为湖里区重点工业行业。厦门ABB开关有限公司是全球最大的中压开关柜和断路器生产制造和研究基地。厦门市东林电子有限公司是国家火炬计划重点高新技术企业，公司拥有8项发明专利和80多项实用新型及外观专利，“萤火虫”品牌节能灯荣获“中国照明行业十大知名品牌”“中国著名畅销品牌”等称号。麦克奥迪实业集团有限公司开发30多个系列300多种型号的新产品，累计申请发明专利、实用新型专利、工业设计外观专利、商标、软件著作权登记自主知识产权200多件，是掌握显微前沿技术的世界五大显微镜制造商之一。厦门科华恒盛股份有限公司是国家科技部认定的UPS行业首家“国家级重点高新技术企业”，拥有3个电源研究中心、2个现代化电源生产基地、1个业界最先进的UPS与EMC检测中心，先后获20多项国家专利，使中国高端UPS技术提升到国际先进水平，UPS产品销往60多个国家和地区。截至2007年年底，湖里电气机械及器材制造业共有区属规模以上企业42家，其中：电机制造业3家，输配电及控制设备制造业19家，电线、电缆、光缆及电工器材制造业7家，家用电力器具制造业1家，照明器具制造业10家，其他电器机械及器材制造业2家；资产总计25.22亿元，固定资产（原值）5.75亿元，职工（年平均人数）17703人。2007年，这42家企业完成当年价工业总产值33.81亿元，工业销售产值32.72亿元，产销率达96.78%，利税总额2.45亿元，其中利润总额1.79亿元，全年出口交货值13.49亿元，出口比重达41.22%。行业骨干企业还有厦门建松电器有限公司、厦门ABB低压电器设备有限公司、厦门富士电气化学有限公司、利胜电光源（厦门）有限公司、厦门灿坤实业股份有限公司、厦门ABB华电高压开关有限公司、ABB（中国）工程有限公司、厦门协成实业有限公司、厦门通达光缆有限公司、库瓦格（厦门）高压电气有限公司、联容电控等，名优产品还有“EUPA”小家电、ABB中压开关柜、“KETONG”电线电缆等。

第二节 交通运输设备和专用及通用设备制造业

一、交通运输设备制造业

辖区境域三面环海，清代中叶，钟宅、高崎等沿海村庄都有修船、造船厂。修建高集海堤后，港湾交通状况发生变化，造船厂随之解散。但直至21世纪初，钟宅村民的造船技艺尚未失传。1959年9月，前线人民公社在高崎组建“高崎船厂”，主要制造木质渔船。1983年1月，该厂被厦门港务局接收，更名为“厦门港务局高崎船舶修理厂”。从过去修造木质渔船发展为维修钢船，具备修理500吨级驳船的能力，每年平均修理船舶3艘、交通艇3艘，也为在港船舶（包括外轮）提供小型航修服务。2004年，钟宅村恢复举办传统的“送王船”活动，所使用的“王船”就是该村村民自行制造的。

20世纪90年代后，汽车制造业、航空航天器制造业在辖区兴起，成为湖里区的骨干行业。厦门金龙旅行车有限公司是国家汽车整车出口基地企业，为国内客车产品系列最齐全的客车制造商之一。公司采用先进的ERP企业资源管理系统进行管理，生产工艺体系完整，制造工艺水平处于国内乃至国际领先地位，产品远销东欧、远东、中东、东南亚、南非、北非、中美洲等国家和地区。厦门金龙汽车车身有限公司拥有国外汽车车身的制造技术和全套冲压模具、焊装夹具、检具，产品具有国内领先水平。厦门太古飞机工程有限公司建有世界先进水平的大型现代化商用飞机维修中心。截至2007年年底，全行业拥有区属规模以上企业11家，总资产11.69亿元，固定资产（原值）4.35亿元，从业人员（年平均人数）3005人，当年工业产值（当年价）12.36亿元，产销率达94.83%，创利税2.60亿元。行业骨干企业还有厦门民兴工业有限公司、厦门金龙汽车冲压零件有限公司、厦门霍尼韦尔太古宇航有限公司、厦门豪富太古宇航有限公司、厦门全鑫汽车车架有限公司等。

二、专用设备制造业

专用设备制造业的历史可追溯到20世纪50年代后期的社队农机制造，但规模较小，技术力量十分薄弱。90年代初，现代专用设备制造业开始进入湖里区。厦门厦工叉车有限公司（厦门叉车总厂）是集设计、开发、生产、销售于一体的知名叉车企业，该厂的“巨鲸”牌系列产品，是中国叉车行业最早生产侧面叉车和技术领先的专业厂家。埃梯梯科能（厦门）电子工业有限公司具有现代化的专业生产设备，具备从产品设计、模具制造到产品成型、深加工等一系列的开发生产能力，能满足不同客户不同种类产品的业务需求，产品销往美国、日本、欧盟、新加坡等30多个国家和地区。截至2007年年底，全区有矿山、冶金、建筑专用设备制造业，化工、木材、非金属加工专用设备制造业，食品、饮料、烟草及饲料生产专用设备制造业，电子和电工机械专用设备制造业，医疗仪器设备及器械制造业，环保、社会公共安全及其他专用设备制造业的共18家区属规模以上企业。至2007年，这18家企业总资产5.51亿元，固定资产（原值）1.12亿元，从业人员（年平均人数）1420人；本年完成工业总产值（当年价）6.02亿元，产销率达99.75%，创利税0.30亿元。行业骨干企业有厦门开源冷作有限公司、厦门依玛士金陵喷码机有限公司、厦门森那信昌机器工程有限公司、厦门叉车总厂、厦门厦芝科技工具有限公司、亨国（厦门）精机工业有限公司、厦门顶尖电子有限公司、厦门市广和源工贸有限公司、艾美凯仪表（厦门）有限公司等。

图9-3　厦门叉车总厂生产的巨鲸叉车

三、通用设备制造业

通用设备制造业2000年后进入湖里区。截至2007年年底，全行业共有区属规模以上企业11家，其中：锅炉及原动机制造业1家，起重运输设备制造业4家，泵、阀门、压缩机及类似机械制造业1家，通用零部件制造及机械修理业5家；资产总计4.88亿元，固定资产（原值）1.39亿元，职工（年平均人数）1741人。2007年，该行业区属规模以上企业完成当年价工业总产值4.83亿元，工业销售产值4.90亿元，产销率达101.53%，利税总额0.55亿元。

第三节　有色金属冶炼和压延加工及金属制品业

一、有色金属冶炼和压延加工业

1988 年，港商陈成秀在湖里工业区创办厦顺铝箔公司，成为湖里区有色金属冶炼及压延加工业的首批创业者。至 2007 年，该公司是福建省唯一的中外合资铝箔生产厂家，拥有世界先进水平的全套铝箔生产设备，轧制铝箔最薄可达 0.006 毫米，最长可达 17 万米，产品销往东南亚和欧洲市场。厦门金鹭特种合金有限公司是中国最大的钨粉、碳化钨粉供应商和出口商，是高品质硬质合金及其精密切削刀具的制造商。公司为“国家重点高新技术企业”，建有国家级技术中心。公司拥有国际一流的工艺技术、生产设备和检测仪器，生产硬质合金整体立铣刀、钻头、绞刀和印刷线路板用微型钻头、铣刀等，产品远销欧、美、日等 40 多个国家和地区。截至 2007 年年底，区属规模以上企业已有有色金属合金制造企业 1 家、有色金属压延加工企业 6 家。这 7 家企业完成当年价总产值 22.35 亿元，占全区工业总产值的 6.72%，产销率达 95.65%，出口交货值 10.69 亿元；实现当年价增加值 6.19 亿元，占全区工业增加值的 8.16%；创利税 3.01 亿元，占全区工业利税总额的 16.68%。行业骨干企业有厦门紫金科技股份有限公司等。

二、金属制品业

金属制品业的历史可追溯至唐宋以来的打铁行业，主要产品为锄头、镰刀、砍刀、菜刀等农具、家具。20 世纪 80 年代后，产品和技术开始升级。截至 2007 年年底，金属制品业共有区属规模以上企业 30 家，包括：结构性金属制品制造业 7 家，金属工具制造业 4 家，集装箱及金属包装容器制造业 2 家，金属丝绳及其制品制造业 1 家，建筑、安全用金属制品制造业 5 家，搪瓷制品制造业 1 家，不锈钢及类似日用金属制品制造业 5 家，其他金属制品制造业 5 家；资产总计 10.04 亿元，原值固定资产 5.18 亿元，年平均职工数 4906 人。2007 年，本行业规模以上区属企业完成当年价总产值 10.59 亿元，工业销售产值 10.66 亿元，产销率达 100.65%，利税总额 0.50 亿元，其中利润总额 0.29 亿元，出口交货值 4.58 亿元。

第四节　纺织和纺织服装鞋帽制造业

一、纺织业

民国 21 年（1932）杨朝根在湖里宫后山建造 6 幢厂房、1 幢宿舍，创办民光织造厂，设有纺纱、织布、印染等车间，主要产品为机织布，工人最多时近 300 人。厦门岛沦陷时关闭。此后，辖区境域未有纺织企业。20 世纪 90 年代中叶，外商开始在辖区内创办纺织业。截至 2007 年年底，湖里有规模以上区属纺织业企业：棉、化纤纺织及印染精加工业 2 家，纺织制成品制造业 5 家，针织品、编织品及其制品制造业 8 家，共 15 家；总资产 3.66 亿元，固定资产（原值）1.26 亿元，从业人员（年平均人数）3699 人。2007 年，全行业区属规模以上企业完成当年价工业总产值 5.19 亿元，工业销售产值 5.30 亿元，产销率 102.12%，出口交货值 3.61 亿元，创利税 2.60 亿元。行业骨干企业有进雄企业有限公司、厦门鸿佳地毯有限公司等。

二、纺织服装鞋帽制造业

湖里历史上的服装、鞋、帽均由家庭手工作坊制造。20 世纪 90 年代以后，该行业迅速发展，成为湖里区就业贡献仅次于电子设备制造业的重点行业。厦门浦田服装有限公司拥有电脑缝纫机、电脑刺绣机等先进设备 600 多台。年产各种服装 300 万件。截至 2007 年年底，纺织服装、鞋、帽制造业拥有规模以上区属企业65家，其中纺织服装制造业63家、制帽业2家；资产总计14.31亿元，固定资产（原值）3.42亿元，职工（年平均人数）18592人；本年完成当年价工业总产值22.84亿元，销售产值21.75亿元，产销率95.24%，利税总额0.29亿元，全年出口交货值11.43亿元，出口比重52.54%。行业骨干企业有厦门奋发（FUN）企业有限公司、厦门鑫兴鞋业有限公司、厦门望德龙实业有限公司、名优产品有“FUN”系列服装、“万杰隆”休闲服、“薏名”“波伊娜”女装等。

第五节　塑料制品和文教体育用品制造业

一、塑料制品业

20世纪80年代前后，辖区境域的乡镇（社队）企业开始从事塑料薄膜、塑料板、塑料管、塑料绳及塑料编织品的制造，但均为小规模生产。90年代后，企业规模和产品迅速升级。截至2007年年底，拥有规模以上区属企业52家，其中：塑料薄膜制造业7家，塑料板、管、型材制造业5家，塑料丝、绳及编织品制造业1家，泡沫塑料制造业4家，塑料包装箱及容器制造业4家，塑料零件制造业5家，日用塑料制造业12家，其他塑料制品制造业14家；资产总计14.31亿元，固定资产（原值）7.26亿元，职工（年平均人数）8171人；本年实现当年价工业总产值18.43亿元，工业销售产值18.28亿元，产销率达99.17%，利税总额0.92亿元，其中利润总额0.61亿元，出口交货值11.22亿元，出口比重达61.38%。行业骨干企业有厦门明蓓塑胶有限公司、厦门瑞滢塑胶有限公司、宇科塑料（厦门）有限公司、安保（厦门）塑胶工业有限公司、厦门联侨企业有限公司等。

二、文教体育用品制造业

20世纪80年代中叶，辖区境域的镇（街）办有印刷厂、彩印厂，生产一般的纸印刷品。90年代后，“三资”企业开拓文教体育用品制造业的领域，产品档次和生产规模迅速提升。厦门侨兴工业有限公司拥有国外最新的生产技术、设备、原材料，从事高附加值碳纤复合材料产品的研发与制造。厦门群鑫机械工业有限公司产品涉及电动跑步机、高级健身车、力量训练器、形体训练器、电动按摩机等五大系列300余款，全部严格按照欧洲EN957等国际标准制造，行销网络遍布全球80多个国家和地区。截至2007年，有文化用品制造业、体育用品制造业和玩具制造业的共13家规模以上区属企业，资产总计8.05亿元，固定资产（原值）2.43亿元，从业人员（年平均人数）8712人。2007年，这13家企业完成工业总产值（当年价）17.12亿元，工业销售产值16.98亿元，产销率达99.19%，创利税0.71亿元。行业骨干企业有厦门新技术集成有限公司、厦门群鑫机械工业有限公司、厦门侨兴工业有限公司、永丰余纸业（厦门）有限公司、厦门三德盛实业有限公司、厦门金洋马具工业有限公司等。

第六节　食品加工和制盐业

一、食品加工业

辖区境域水产品加工工艺以烘烤、晒制为主，但仅局限于家庭小规模加工。清代中叶至民国期间，坂上社、县后社、围里社、墩上社、下尾社、钟宅社所产海蛎干和高殿、徐厝的海粉，寨上社的海苔，为历史传统名品。20世纪60年代，在江头创办郊区食品厂，主要生产馅饼、糖果、饼干、马蹄酥等大众食品。70年代末，前线人民公社在埭辽水库边上创办鱼粉厂。修建高崎国际机场时停办。

20世纪80年代之后，水产品加工以保鲜、冰冻为主。

20世纪90年代以后，食品加工业发展得较快。厦门中鹭植物油有限公司集精炼、制桶、罐装、储运、中转于一体，全套引进德国 WESTFALLA 公司化学精炼设备和 LURGI 公司物理精炼设备，并引进日本产 14B 型气相色谱仪、罗维朋比色计和瑞士产高性能电子天平等先进检验设备，产品质量控制达到国际先进水平。厦门海嘉面粉有限公司拥有先进的全套原装瑞士布勒面粉生产线，采用世界上最先进的 PLC 系统，拥有德国布拉班德公司的全套面粉化验设备。2005—2006 年，辖区有水产品加工企业 2 家，此前无记载。2005 年，2 家企业创造工业总产值 8413 万元，2006 年为 3203 万元。2007 年，水产品加工企业只剩 1 家，创造工业总产值 1543 万元。至 2007 年，该行业共有规模以上区属企业 15 家，资产总计 3.72 亿元，固定资产（原值）2.53 亿元，从业人员 1441 人；当年完成当年价工业总产值 10.55 亿元，实现工业销售产值 10.17 亿元，出口交货值 2.40 亿元，创利税 0.74 亿元。行业骨干企业有厦门太古可乐饮料有限公司、厦门中鹭植物油有限公司、厦门海嘉面粉有限公司等。

二、制盐业

辖境海域海水浓度较高，全年海水盐度变化范围在 25.02‰～32.50‰之间，为制盐工业提供了良好的条件。据《道光·厦门市志》载“下尾火烧澳有盐埕，今在此晒盐”，说明至迟在清朝，辖境就已有盐场存在。建国后先后建有埭辽盐场、钟宅盐场、前哨盐场。

钟宅盐场建于 1958 年，为国营盐场，占地约 0.75 平方千米，年产海盐 5000 吨。20 世纪 80 年代初，原禾山公社钟宅大队在国营盐场外再建集体所有制的前哨盐场，占地约 1.3 平方千米。两盐场加起来约占地 2 平方千米。改革开放以后，由于特区经济建设的需要，盐场先后关闭。埭辽盐场为禾山镇镇办集体企业。1989 年，总产值 28.60 万元。1992 年，因高崎国际机场扩建被征用，当年，总产值 11.47 万元。1993 年，总产值 3.6 万元。1994 年，彻底停产。

第七节　非金属矿物制品和工艺品及其他制造业

一、非金属矿物制品业

非金属矿物制品业以建筑材料为主。辖区内最早利用蚝壳煅烧石灰的村社是下尾社，清道光年间已经形成地名“下尾烧灰澳”。民国 16 年（1927）厦门老市区开始第一次城市改造，辖区盛产海蛎的村社踊跃生产，为老市区改造提供大量的蛎壳灰。直至 20 世纪 70 年代，五通、高殿、钟宅等大队还办有壳灰厂。其中，仅钟宅大队 1971—1974 年间，生产壳灰 125 万公斤。

1982 年，印华集团公司在湖里工业区创办印华地砖厂有限公司。这是厦门特区首家外商独资企业，也是中国首家劈离砖生产厂家。1990 年后，新型建材产品从无到有，行业由弱变强，形成建筑卫生陶瓷系列、石板材及石雕系列、玻璃纤维及玻璃钢制品系列、水泥及其制品系列、平板玻璃及其深加工产品系列、新型房材料系列、高新技术建材产品系列等门类较齐全、实力较强的行业体系。陶瓷墙地砖远销欧洲，花岗岩石板材及石雕刻品进入日本、东南亚和港澳市场。印华地砖厂、汇兴石材、三荣陶瓷等“三资”企业通过引进外资、引进先进的技术工艺和新产品，大大提高行业的竞争力。至 2007 年，湖里非金属矿物制品业共有区属规模以上企业 10 家，总资产 7.99 亿元，固定资产（原值）3.91 亿元，职工人数（年平均）2009 人；当年完成当年价工业总产值 12.97 亿元，销售产值 12.80 亿元，出口交货值 0.37 亿元，创利税 1.83 亿元。行业骨干企业有厦门华信混凝土工程开发有限公司、厦门威迪亚建材工业有限公司、厦门权昱木材制品有限公司、厦门汇兴石材有限公司等。

二、工艺品及其他制造业

工艺品及其他制造业发展较慢。至 2007 年，湖里规模以上区属企业有工艺美术品制造业 16 家、日用杂品制造业 3 家、其他未列明的制造业 2 家，共 21 家；总资产 4.96 亿元，固定资产（原值）1.38 亿元，从业人员（年平均人数）6574 人；本年完成工业总产值（当年价）5.75 亿元，工业销售产值 5.67 亿元，产销率达98.49%，创利税0.15亿元。行业骨干企业有厦门松霖卫浴有限公司、厦门市湖里嵘源日用品有限公司、厦门尚贸家饰工业有限公司、拥华（厦门）家用品有限公司、华茂光学工业（厦门）有限公司、厦门柏皇卫浴用品有限公司等。

辖区内的其他制造业还有饲料制造业，骨干企业有厦门正大农牧有限公司等；卷烟制造业，骨干企业有华美卷烟有限公司等。

第三章 重点企业和名优产品

第一节 重点企业

一、区属重点企业

（一）厦门厦工叉车有限公司（厦门叉车总厂）

创建于1957年，注册资金2244万元。主营2～25吨系列正面叉车、3～6吨系列侧面叉车、小吨位电瓶叉车及上百种多功能的叉车属具等“巨鲸”牌系列产品，是中国叉车行业最早生产侧面叉车和技术领先的专业厂家，是集设计、开发、生产、销售于一体的知名叉车企业。“巨鲸”商标为福建省和厦门市的著名商标。“巨鲸”牌系列产品多次被评为部级一等品，覆盖国内近30个省市、自治区，并销往东南亚、西亚、非洲、欧美等地区。“巨鲸”叉车常年装备到人民解放军部队；CPC30C型叉车入选中国南极考察队工作用车，成为国内唯一一台登上南极的国产叉车。

（二）厦门权昱木材制品有限公司

台商独资企业，1981年成立于台湾，1989年移至厦门。拥有45000平方米厂房和2000多名员工。主要生产楼梯扶手配件，如楼梯板、扶手、弯头、柱头、栏杆等。产品100%外销。2006年年底，迁往漳州长泰。

（三）厦门华侨电子企业有限公司

1982年，由厦门联发公司、厦门特贸公司、南京无线电厂和香港宝顿投资公司、香港航天科技公司等合资建成。旗下拥有1家上市公司、22家合资企业和5个配套厂。主要生产彩电、音响、监视器、电话机、电子元器件等。自行开发、设计14～29英寸彩电机型50多种、音响（含收录音机）30多种、电话机13种和多种监视器。致力于液晶电视、等离子电视和数字高清晰度电视等产品的研发与制造。总投资20058万元，注册资本13998万元，全球员工近1万名，年产值超百亿元。公司为首批国家重点高新技术企业，拥有一个国家级技术中心和博士后工作站，在全球建有16个研发平台。厦华电子的行销网络遍及世界五大洲119个国家和地区，是中国最大的彩电出口企业之一。主产品彩电及其他产品取得美国UL、英国FTZ、澳大利亚、新西兰SAA、法国和北欧四国等11个国家的安全标准认可。厦华彩电系“中国名牌产品”，注册商标“XOCECO厦华”为“中国驰名商标”。

（四）厦门联合发展（集团）有限公司

1983年1月，由中国银行总行信托咨询公司、厦门经济特区建设发展公司和香港集友银行、香港华侨商业银行、香港南洋商业银行、香港宝生银行、澳门南通信托投资公司5家港、澳银行和投资公司共同投资12515万美元设立。主要从事房地产开发、实业投资和进出口贸易。投资领域遍及电子、冶金、化工、轻工、商业、旅游、交通运输等10多个行业30多家中外合资、合作与内联企业。公司在湖里及其周边地区建成各类工业厂房及其配套设施和商品住宅共计90多万平方米，经营管理各类房产物业近70万平方米。公司是厦门市 A 类重点企业。多次获省、市表彰，“联发”商标为“福建省著名商标”。

（五）厦门印华地砖厂有限公司

印尼华侨陈应登投资 442 万美元兴建。是厦门经济特区首家外商独资企业，是国内首家劈离砖生产厂家。1984 年 7 月，正式投产。公司引进联邦德国林格、雷特公司先进技术和全套自动化生产设备。产品有劈离砖、玻化砖、釉面砖、岩面广场砖、仿石外墙砖、墨石砖和卵石砖等七大系列。产品质量达到德国工业标准 DIN 与欧洲标准 CEN。产品销往新加坡、日本、澳大利亚、新西兰和中东、北美等国家和地区及中国香港地区。

（六）厦门达真磁记录有限公司

1984 年 7 月，由厦门联合发展公司与电子部部属国营企业 4325 厂合资创建，是厦门经济特区首批创建的股份制内联企业。下设马达事业部、磁头事业部、零部件事业部和金属极薄带材厂。专业生产微型电机、音频磁头、零部件加工及金属钛箔材。注册资本 1962 万元，厂房 13400 平方米。拥有各类进口、国产自动生产线 40 条，设备 500 余台套。年产音频磁头 4000 万只、微型电机 8000 万台、厚度 1 ~ 100 微米钛箔 3 万米。产品主要销往日本、新加坡、韩国、泰国、印度尼西亚、印度等东亚、东南亚和南亚国家及中国港台地区、内地市场。公司获“全国机电行业出口先进企业”、“电子部优质产品”（达真牌磁头）等称号。产品被评为 2007 年“福建省名牌产品”。

（七）厦门万利达（集团）有限公司

创立于 1984 年，是以研发、制造及销售电子信息产品为主的高新技术企业。有员工近 2 万人，其中专业技术人才 2000 多名。公司拥有数码影音、移动通信、环保小家电、新能源、汽车电子和医疗电子六大产业。位于嘉禾路的万利达（厦门）集团大厦是公司的研发中心和管理中心之一。厦门万利达集团 TV 事业部是万利达液晶电视系列产品（功能可扩展型液晶电视、全天候户外专用电视、酒店电视、车载电视、楼宇电视、户内广告电视等）的营销部门，负责全国液晶电视产品的销售工作。公司的销售网络覆盖全国各省、市、县，在中国香港地区、北美和欧洲设立分公司，产品通过 3C、CE、UL、FDA 和 FCC 等认证，销往世界 50 多个国家和地区。

（八）厦门裕成建材有限公司

1985 年，由新加坡纪甲城（私人）企业有限公司独资兴办。专门从事建筑材料的生产与经营。公司下属花岗岩板材厂，引进德国 CARLMEYER 石材主要加工设备，能生产各种规格、花色的花岗岩板材，其光泽度、平整度等技术指标达到国际先进水平。产品销往中国内地和中国香港地区及日本、澳大利亚、东南亚等国家和地区。

（九）厦门三德兴工业有限公司

1985 年，由新加坡三德（集团）公司高新平投资 880 万美元独资创办。主要生产硅导橡胶按键。总资产额超过 1 亿元，员工近 1300 人。产品种类有 5000 多种，产量占全世界用量的 12%。销往欧共体、日本、美国、新加坡及中国香港、台湾等 30 多个国家和地区，成为世界硅导橡胶第二大厂家。

（十）埃梯梯科能（厦门）电子工业有限公司

系美国 ITT 工业集团下属全资子公司，隶属于 ITT 工业集团按键产品事业部。其前身为三德兴（中国）集团公司，于 1985 年 11 月注册成立。总投资 1000 万元。公司具有现代化的专业生产设备，具备从产品设计、模具制造到产品成型、深加工等一系列的开发生产能力，能满足不同客户不同种类产品的业务需求。主要产品为移动电话机、普通电话机、遥控器、计算机、医用仪器、办公设备等电子设备的各种硅胶按键、塑料按键和其他精密仪器的橡胶配件。销往美国、日本、欧盟、新加坡及中国香港、台湾等 30 多个国家和地区。

（十一）厦门奋发（FUN）企业有限公司

1986 年 1 月成立，是香港奋发国际控股公司旗下企业。拥有美国著名服饰品牌“FUN”在亚太区的总经营权。生产基地 3 万多平方米，工人 3500 多名。在中国香港和新加坡证券交易所上市。“FUN”系列产品有牛仔服、毛衣、衬衫、T 恤、裤子、鞋、袜、休闲包、皮带等等。公司在全国 20 多个省、直辖市设立专柜和专卖店 360 多个。FUN 商标为 2006 年“福建省著名商标”。公司产品被评为 2007 年“福建省名牌产品”。

（十二）厦门广懋国际有限公司

1987 年成立，是厦门经济特区最早投资建厂的台商独资企业之一。主要生产销售羽绒服装、羽绒被、枕、垫及羽绒加工。1992 年前后，迁至杏林工业区。

（十三）瑞声达（中国）助听器有限公司

原厦门鹭丹助听器有限公司。由丹麦大北集团达那福公司与厦门经济特区联发集团于 1987 年合资组建。1989 年，丹麦发展中国家工业基金会收购中方股份，公司改制为全外资企业，后改称为瑞声达（中国）助听器有限公司。是丹麦最早，也是唯一在厦门兴办的独资企业。1994 年，公司从丹麦总公司引进新开发的 143AURA 电脑可编程助听器、145DFS 数字反馈抑制助听器和 131CD 耳道式（采用 D 类功效）助听器。

（十四）厦门侨兴工业有限公司

1988 年 4 月，由香港好帮实业公司白清栋（台湾）投资 1000 万美元设立。员工人数 1200 人。公司引进国外最新的生产技术、设备、原材料，从事高附加值碳纤复合材料产品的研发与制造。专门为 PRINCE（王子）、WILSON（威尔逊）、DUN—LOP（邓乐普）、SLAZENGER（史莱兰格）、SPALDING（斯伯丁）等世界各大名牌生产高级球拍，产品行销全球各地。年出口量达 200 万支。为世界最大的球拍生产工厂之一。公司为厦门市 A 类重点企业。自成立以来，获得“中国外商投资企业前 500 大企业”等称号。

（十五）厦门汇兴石材有限公司

新加坡投资集团于 1988 年 10 月独资兴办。注册资本 8000 万元，资产总额 2 亿元。公司从意大利引进包括 12 台框架式砂锯在内的全套先进生产设备以及各种异型石材加工设备，主要从事花岗岩开采、加工和安装，可加工毛大板、磨光大板、规格板、斧剁板、劈裂板及各种特殊规格的异形材。花岗岩板材的年生产能力达 35 万平方米。产品销往国内外。

（十六）厦门进雄企业有限公司

原为韩资公司，于 1988 年 11 月成立，投资总额为 2780 万美元。1999 年股权变更，由美资公司 NORTHPOLE INC 控股，成为其在中国的分公司。公司员工 2000 多人。主营产品为帐篷、睡袋、露营椅、家具、包袋等。产品全部外销，年出口额近 2 亿美元。公司多次获得“全国外商投资出口先进企业”“中国 500 家最大外商投资工业企业”“全国外商投资双优企业”等称号。公司在厦门大学、集美大学和鹭江大学设立“进雄奖学金”。

（十七）厦门厦顺铝箔有限公司

是福建省唯一的内地与香港合资铝箔生产厂家。1988 年，由中国有色金属总公司南华公司、厦门国际信托投资公司与香港大庆企业公司合资成立，总投资 3000 万美元，注册资本 1765 万美元。公司引进世界先进水平的全套铝箔生产设备，轧制铝箔最薄可达 0.006 毫米，最长可达 17 万米，产品销往中国香港、台湾地区及新加坡、越南、马来西亚等国家，并进入欧洲市场。产品获 2005 年“福建省名牌产品”称号。

（十八）厦门浦田服装有限公司

由日本浦田株式会社于 1988 年创办。主要生产婴儿服、童装、围裙、绅士短裤等产品。注册资本 1.5 亿日元，员工 800 余人。公司拥有电脑缝纫机、电脑刺绣机等先进设备 600 多台。年产各种服装 300 万件。旗下拥有“薏名”“波伊娜”两大品牌。于 2001 年创立厦门薏名服装有限公司，致力于女装的开发、生产与国内市场的开拓。

（十九）厦门台和电子有限公司

创办于 1989 年 3 月，为台商独资企业。占地面积 3 万平方米，员工约 2000 人。主要生产各种家用变压器、镇流器、电源供应器、充电器、汽车音响、精密马达、电解电容、显示器及相关零配件等。公司研发生产的小体积大功率交换式电源供应器、采用 MCU 控制的智能型充电器等新型产品，销往美国、加拿大、日本、德国及中国香港等世界各地。公司通过多项国际质量认可。

（二十）厦门金鹭特种合金有限公司

系中外合资企业，于1989年成立。主要从事钨粉、碳化钨粉、硬质合金、切削刀具等钨系列产品的生产。是中国最大的钨粉、碳化钨粉供应商和出口商，是高品质硬质合金及其精密切削刀具的制造商。公司为“国家重点高新技术企业”，建有国家级技术中心，独立承担并完成多个国家“863”项目、“国家火炬计划”项目、“国家重点新产品”开发项目和省、市级重点研究课题。公司引进国际一流的工艺技术、生产设备和检测仪器，生产硬质合金整体立铣刀、钻头、绞刀和印刷线路板用微型钻头、铣刀等，产品具有高耐磨、高韧性、加工性能卓越等特性，是模具、航天航空、汽车、精密机械制造和线路板行业提高生产效率的首选的精密工具。“金鹭”牌系列产品为“福建省名牌产品”，销往欧、美、日等40多个国家和地区。

图9-4 金鹭硬质合金产品

（二十一）厦门正大农牧有限公司

系泰国正大集团与厦门畜禽（集团）公司、厦门市饲料工业公司和福建省饲料工业公司于1989年合资设立的大型畜牧联合企业。总投资8000万元，注册资本3040万元。公司拥有现代化大型饲料厂、预混料厂和肉用父母代种鸡场、孵化厂。年产畜禽、水产等各种配合饲料15万吨，畜禽和水产浓缩料、预混合饲料1.2万吨，肉用商品代鸡苗600万羽。公司多次获得“全国‘双优’外商投资企业”“外商投资先进技术企业”“福建省名牌产品”等多项荣誉。

（二十二）厦门吉致电子有限公司

创立于1990年8月，1994年6月正式投产，是研发、生产汽车倒车雷达、汽车防盗系统和防炫后视镜等汽车电子产品的台商独资企业，注册资金90万美元，员工700多人。主要产品有倒车雷达、防盗器、遥控中控、门锁起动器、车用摄像头、抬头显示器（HUD）、车灯自动点灭器（ATOLIGHT）、雨刷控制器、车载电话、汽车开关等。成为北美福特、上海通用、东风日产等国内外数十家汽车生产厂家的配套商。已具备年销售数字式倒车雷达系统12万套、汽车防盗系统10万套的能力。

（二十三）厦门宗林运动器材有限公司

成立于1990年10月，系台商独资企业。总投资64万美元。主要产品有高尔夫球袋、网球袋、网球拍套、羽毛球拍套、钓鱼袋、登山包袋等各种类型的运动包袋以及运动护具。产品主要销往欧、美、日等国家和地区。

图9-5 元点音响

（二十四）厦门哈隆电子有限公司

成立于1990年，主要从事红外遥控器及其应用产品的开发、生产和销售。注册资本600万元，厂房面积12000平方米，员工人数1100人。遥控器年生产能力达到4000万只。产品质量在国内同行中处于领先地位。

（二十五）厦门协成实业有限公司

1990年成立，注册资金2000万元，固定资产投入4000多万元。占地面积近3万平方米，员工180余人。公司拥有世界先进水平的AMADA日本数控冲床、数控剪板机、数控折弯机和其他先进的生产、检测设备。是集科研、生产为一体的经济实体，专业从事高、低压成套电器设备、高压元件、配电自动装置的生产制造和研究开发。主要产品有高压成套系列的XGN15（SF6）、HXGN环网柜，KYN28中置柜，KYN84双层柜，KYN、JYN手车柜，KGN固定柜等，低压成套系列的MLS、GCS、GCK（L）A抽出式开关柜，GGD固定式开关柜等，高压元件系列的FKN12、FZN25负荷开关，VPM1（ZN73M）永磁保持机构真空断路器，FLN36、FLRN36系列SF6负荷开关等，配电自动装置的WXH-8B微机线路保护装置、CBZ-400L远程监控终端、LD系列智能灯光控制装置、XCD3-FB分布式直流电源等。公司获得专利14项，其中实用新型专利12项，发明专利2项；多项产品获福建省优秀新产品奖。协成商标为2004年“福建省著名商标”。

（二十六）厦门中鹭植物油有限公司

1991年8月，由中国植物油公司、福建省粮油储运公司、厦门华粮进出口公司、厦门港务（集团）公司和马来西亚郭氏兄弟集团、马来西亚沙巴土地发展局合资兴建。是集精炼、制桶、罐装、储运、中转于一体的现代化大型油脂企业。总投资1.36亿元，注册资金7564万元，占地7.2万平方米。公司有油罐21座，总容量42000余吨。精炼厂全套引进德国WESTFALLA公司化学精炼设备和LURGI公司物理精炼设备，年加工能力15万吨。中鹭以生产优质的大豆色拉油、精炼菜籽油、精炼棕榈油和精选调和油为主。主要品牌包括“宝鹭”“仙鹭”“飞鹭”“金鹭”等。公司引进日本产14B型气相色谱仪、罗维朋比色计和瑞士产高性能电子天平等先进检验设备，使产品质量控制达到先进水平。宝鹭商标为“福建省著名商标”。“宝鹭”牌食用调和油被授予“福建省名牌产品”称号。

（二十七）厦门建松电器有限公司

1991年10月建厂，1996年4月成立公司，是松下集团在中国内地唯一的复合商品制造公司，是一家综合性的电机、电子制造企业，包括生活制品，系统设备制品和产业用零组件等多元发展的综合性制造企业。由台湾松下电器股份公司投资90%，松下电器（中国）公司投资10%。资本额3600万美元，厂区面积75768平方米，从业员工2200人。公司被评为“福建省百家重点企业”。

（二十八）厦门迈昕电子科技有限公司

1991年成立，系外商独资企业，是电声电子产品的制造销售商。公司拥有力量雄厚的研发队伍和生产队伍，采用三维CAD和CAM技术制造模具，配备有先进的检测仪器，设有专业级的电声实验室与可靠性实验室。主要产品有手机免提系统、运动式通讯耳机、无噪音冲击环保耳机、水下耳机、水下麦克风等。主要客户群来自音响和通信业界，如飞利浦、摩托罗拉、索尼、爱立信等世界知名企业。

（二十九）厦门宁利电子有限公司

由好利来公司（香港）、中山集团中国南京无线电公司和韩国三柱电器株式会社三方合资于1992年创建。1997年，韩国三柱电器株式会社倒闭而退出宁利。1998年，成为好利来公司（香港）的全资子公司，开始拥有自主的“HOLLYLAND”品牌。“HOLLYLAND”商标下共有61个产品系列，每个产品系列平均有36个规格。公司的生产能力达每月8000万只，年销售达到5亿只保险丝管。是全球五大保险丝管生产企业之一。宁利产品全面符合rohs指令要求，实现产品的无铅化生产。“HOLLYLAND”商标被评为“福建省著名商标”。

（三十）厦门新技术集成有限公司

成立于1993年，为中韩合资企业。主要从事折叠/组立式家具、办公家具和户外休闲用品的开发与生产。厂房面积55000平方米，员工2500多人，年产值超过6500万美元。公司下设3个制造工厂，拥有制管、铝挤压、铝熔炼、成型、粉末涂装、热处理、注塑、吸塑、组装及样品、模具、机修等车间，形成一条龙的开发、生产体系。产品全部出口，销往欧、美、日、加、澳等国家和地区。是世界著名跨国公司IKEA、WAL—MART、美国COSCO、DOREL公司的供应商。

（三十一）厦门华信混凝土工程开发有限公司

是由台商独资经营的预拌混凝土生产二级企业（本行业最高级别），成立于1994年8月。1996年正式投产。注册资金4288万元，厂区占地21565平方米，建筑面积约7000平方米，员工近500人。主要经营混凝土生产与运输、泵送、浇灌等。从1997年起，预拌混凝土供应量在全省同行业中连续11年居于首位。

（三十二）厦门宏美电子有限公司

成立于1994年，系中美合资的高新技术企业，专业开发、设计、制造和销售继电器、低压电器等高科技产品，并提供相关的技术服务。厂房面积超过20000平方米，员工1300多人。公司设有与世界先进技术同步发展的研发中心和面向全球市场的营销中心。主导产品有通用继电器、工控继电器、通信继电器、磁保持继电器等继电器系列和智能型万能式断路器、塑壳断路器、ATS、小型断路器、漏电断路器、专用接触器及辅助模块等低压电器系列。产品均符合IEC标准和GB标准，并通过相关认证。

（三十三）厦门海嘉面粉有限公司

成立于1994年，由中粮集团公司和厦门面粉食品发展公司合资兴办，隶属于中粮集团下属之“中国粮油”。占地4万平方米，总投资近1亿元，日处理小麦300吨，年销量近10万吨，年营业额2亿元。是中粮集团的骨干面粉加工企业之一。公司引进先进的全套原装瑞士布勒面粉生产线，采用世界上最先进的PLC系统，拥有德国布拉班德公司的全套面粉化验设备，生产面包、糕点、月饼、沙琪玛、饼干、包子、馒头、面条、方便面等九大系列近40个细分粉种和饺子粉、快发粉、家用蛋糕粉、家用面包粉、膳食纤维粉等系列小包装面粉。有“金焙”“筋爽”“麦纯”“芯品”“海嘉”五大品牌。公司通过多项认证。产品获“中国粮油放心面”“福建省名牌产品”等称号。

（三十四）厦门兴联电子有限公司

兴联电子（Xingtel）成立于1994年，拥有40000平方米现代化的标准厂房，员工2100多名。是国内第一批研发、生产蓝牙终端产品的企业之一，拥有由近百名工程师组成的设计团队，从事工业设计、机构设计、软件设计和电子设计，是中国最早成功开发出CALLER ID电话的企业之一。自主开发SMS短信息电话、5.8G和DECT数字无绳电话、蓝牙车载和蓝牙耳机、2.4G/900M/46-49M等全系列无绳电话。公司拥有先进的B&K电声测试仪，每一个产品都通过严格的电声测试，确保产品能够适应各种合理使用环境和足够的使用寿命。产品销往欧洲、东南亚、美洲、中东等地区。

（三十五）厦门松霖卫浴有限公司

1994年成立。是中外合作企业。有子公司6家。专业从事研发、制造和销售出水终端、出水系统集成和核心零部件等卫浴产品。有员工近2000人，35%以上为大学以上文化程度的中、高级人才和留学归国人员。公司参与国际性大公司的供应链分工，合作伙伴遍及世界，被欧、美、日等跨国集团认同为专业性产品的研发与生产基地。

（三十六）玉晶光电（厦门）有限公司

该公司设立于1994年，为台湾玉晶光电股份有限公司之分公司。厂房面积16000平方米，投资总额2500万美元，年产值近5亿元。公司拥有专业的设计和研

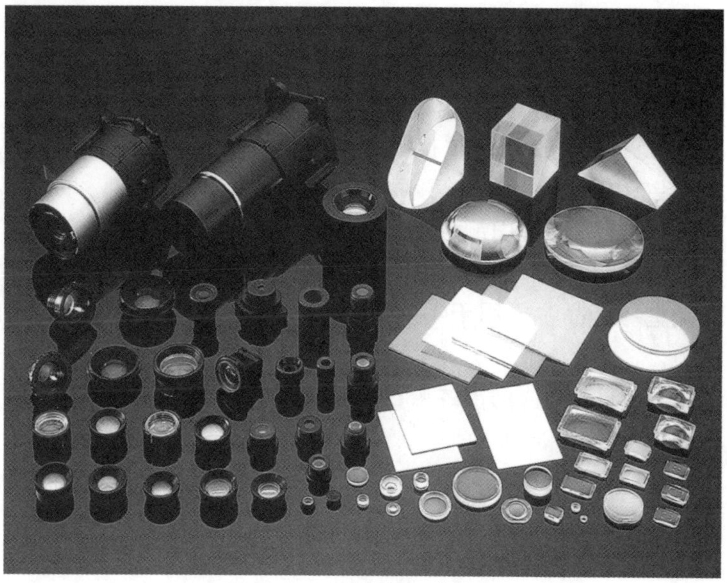

图9-6　玉晶光电产品

发群组，成员有光学领域的著名大学教授和具有20余年光学设计、产品制造经验的专业人员。机器设备与设计软件大量采用日本、美国、英国、德国引进的最新产品。主要产品有传统相机镜头、数码相机镜头、影像传输镜头、手机和PDA（掌上电脑）镜头、AF模组、相机观景窗镜片、镭射指示器镜片/镜头等，同时从事客户委托的各式镜头的设计、加工。镜头年产量达到2000万套以上，单片镜片（含观景窗、单片镜头）年产量达到5000万片以上。

（三十七）厦门明蓓塑胶有限公司

1994年成立。注册资金180万美元。为倍明集团旗下的核心企业。生产所有与食品包装相关的产品。公司推行的ISO 9001：2000质量保证体系获得中国CQC中心和英国MOODY机构的认证并通过美国面包机构（AIB）的审核，获得优秀等级。同时，公司通过Doctor´s Associates，Inc./Subway Inc.对产品安全生产和品质管理的审查。

（三十八）厦门市东林电子有限公司

成立于1995年2月。专业从事节能型电光源产品的研究、开发、生产，照明设备的设计和制造。拥有5家子公司，有员工1500人。在全球30多个国家和地区组成40多个相对稳定的客户，形成牢固稳定的国际市场营销网络。在国内拥有1000多家大型零销售终端。为国家火炬计划重点高新技术企业、厦门市重点高新技术企业、厦门市重点民营企业。公司设有市级技术中心，拥有8项发明专利和80多项实用新型及外观专利。“萤火虫”品牌节能灯获“中国照明行业十大知名品牌”“中国著名畅销品牌”“福建省名牌产品”“福建省著名商标”等称号。全球专利产品“超小型高效电子节能荧光灯”被国家科技部授予“国家火炬计划项目”。

（三十九）厦门威迪亚建材工业有限公司

成立于1995年12月，是一家中美合资的卫浴配件生产企业。主要产品为水箱配件、盖板、淋浴花洒等浴室及厨房系列用品，同时能为客户提供模具的设计与制造服务。拥有高水准的新产品研发设计队伍和先进设备，平均每年推出40件以上的新产品，开发出一系列节水新产品；所开发和生产的水箱配件能为国内外各种不同类型的马桶进行配套。公司获得国内外多项认证。

（四十）厦门太古可口可乐饮料有限公司

成立于1996年1月1日。香港太古饮料有限公司持有100%股权。投资总额6337.7万美元，注册资金5273.7万美元。厂房占地面积7万多平方米，其中绿化面积达3万平方米。公司拥有世界一流的生产设备，主要生产、销售世界第一品牌“可口可乐”系列饮料，其中碳酸饮料有“可口可乐”“雪碧”“芬达”“健怡可口可乐”“醒目”系列，非碳酸饮料有“美汁源”果粒橙、“酷儿”果汁系列、“水森活”纯净水、“天与地”矿物质水、“雀巢”冰爽茶系列。公司还大力支持体育、文化、教育、社会慈善等公益事业。

（四十一）华茂光学工业（厦门）有限公司

成立于1996年。占地面积26000平方米，职工1800人。拥有一支高素质专业设计团队。公司采用国际领先的CNC制作开发技术，实行计算机化生产管理，采用PC、TR90、铝、钛等多种优质材料有机结合，生产太阳镜和光学镜。产品销往美国、澳大利亚和欧洲、亚洲等地区。

（四十二）厦门汇科电子有限公司

1996年成立，主营用于电源转换、仪表、网络、通信产品的各类磁性电子元器件和模块的专业设计与制造。产品主要用于不间断电源、电表、个人计算机、机顶盒和通信业。公司拥有专业的产品定义能力。

（四十三）厦门市嵘源日用品有限公司

创立于1996年，是一家以专业生产洗衣日用品系列为主要产品的，集开发、生产、销售于一体的民营企业。厂房面积36000平方米，员工1500余人。主要产品有洗衣网袋、洗衣塑料周转架、小五金配件、旅游用品、木制品、塑料制品等。产品绝大部分出口到美国、欧洲、日本和加拿大。

（四十四）永丰馀纸业（厦门）有限公司

1997年投产。总投资1250万美元，占地面积50100平方米，其中绿化面积约18000平方米。员工

240 人。拥有微电脑包装容器压缩机、微电脑环压强度试验机、破裂强度试验机、冲孔强度试验机等较齐全的品检设备。主要生产瓦楞纸板、瓦楞纸箱及纸栈板。生产设备全部进口，主要有复瓦机、三色印裁回轧机、四色印刷机、自动开槽机、平轧机、打样机等。

（四十五）厦门民兴工业有限公司

1998 年 1 月由民兴 TOYOTA CSUSHO（ HONG KONG ）公司与香港 M&S 公司共同创办，总投资 1200 万美元，注册资本 650 万美元，有员工 300 人左右。主要从事汽车零配件、汽车铝合金轮圈、铝合金锭品的生产，年产值约 9000 万元。产品百分之百销往欧、美、东南亚和中东等地区。

（四十六）厦门群鑫机械工业有限公司

1998 年 4 月创立，系台商独资企业。专业从事运动健身器材的研发、生产与销售。注册资金 1800 万美元，年产值逾 4 亿元。为中国体育用品联合会会员。产品涉及电动跑步机、高级健身车、力量训练器、形体训练器、电动按摩机等五大系列 300 余款。全部严格按照欧洲 EN957 等国际标准制造。行销网络遍布全球 80 多个国家和地区，用户人数逾 2000 万。产品获得多国安全认证和质量体系认证。公司商标“EVERE”为“福建省著名商标”。

（四十七）厦门升明电子有限公司

厦门升明电子公司成立于 1998 年。开发生产各式温控器及相关零组件、专业用电热产品及部件、低压电器开关相关产品。产品主要销往欧美，主要产品恒湿器广泛用于欧美各大产商，有员工 1000 余人。通过德国的 VDL 认证和美国的 UL 认证。

（四十八）纽威（厦门）轻工有限公司

1998 年设立，是主营树脂工艺品的外资企业。有员工上千名，年产值约 5000 万元。每年研发、生产两千多种的适应欧美人生活品味的家庭装饰品、工艺礼品。公司通过美国和英国的 SGS 认证，获得欧盟专业质量评审机构 B. I. D. 颁发的“欧洲质量及工艺技术奖”“国际质量金星奖”“欧洲质量及工艺钻石奖”。2007 年，被商务部评为首批“中国出口名牌”。

（四十九）厦门立达信（集团）有限公司

前身为 2000 年成立的厦门市立达信进出口有限公司和 2006 年 2 月成立的厦门立达信光电有限公司，同时整合福建省立达信集团下属漳州市立达信绿色照明有限公司、漳州市科明电光源有限公司、漳州市立达信电光源有限公司，并与复旦大学、中山大学、厦门大学等国内外许多科研院校建立紧密的合作伙伴关系，共同开发绿色照明产品，其中特别是高效电子节能灯、LED 灯的研究取得突破性的进展。为国家半导体照明工程产业化基地骨干企业、厦门市高新技术企业。集团拥有国家级技术中心和国家认可试验室。申请发明专利 14 项。自主品牌“LEELITE”成为知名品牌，出口 30 几个国家，在世界 78 个国家注册。同 52 个国家和地区的客户建立业务合作关系。2006 年、2007 年年销售额约 4 亿元。产品获“中国电子行业知名品牌”“福建名牌产品”等称号。

图 9–7　虹鹭钨丝

（五十）贝莱胜电子（厦门）有限公司

2001 年 5 月成立，为美国贝莱胜公司（PLEXUS）的分支企业，是一家高科技电子制造服务公司（EMS）。厂房占地面积 6000 平方米。公司向客户提供包括机械、电子软件设计、电路板研发、原型设计、新技术引进、物料的采购管理、PCB 及高水平的生产装配线、在线及功能测试、整机制造等产品和服务。产品广泛应用于包括网络、数据通信、医疗工业、电脑和交通等行业，为原始设备制造商提供高科技的产品与高技术的启动。

二、市属及以上重点企业

（一）厦门华联电子有限公司

是厦门联合发展（集团）公司与电子部 746 厂共同投资的内联工业企业。自 1984 年 8 月创立以来，一直致力于电子类高新技术产品的开发、生产与销售。公司承担几十个国家级火炬项目、市级火炬项目和省、市重点新产品项目，开发出半导体光电器件、微电脑控制器和医疗电子、LED 照明运用四大类 35 个系列近 5000 种产品。产品获“福建省名牌产品”“福建省著名商标”称号。

（二）厦门宏发电声有限公司

该公司是由原中国电子工业部直属 4380 厂与厦门联合发展（集团）公司共同投资，于 1984 年创建的厦门特区首批内联企业之一。1985 年 9 月正式投产。专业从事继电器的开发、研制、生产和销售。公司检测中心是中国规模最大、技术水平最先进的继电器检测与分析实验室。年生产能力达 8.5 亿只。产品涵盖继电器、低压电器、温控器、电子开关、传感器等多个类别。拥有全系列、多领域的继电器产品，包括信号继电器、汽车继电器、功率继电器、工控继电器、电力继电器、固体继电器及功率模块、密封继电器等 130 多个系列、3 万多种常用规格。产品广泛用于家用电器、自动控制、电力控制、机电设备、机床电器设备等领域。70% 以上的产品出口到世界各地。宏发产品获得美国 UL&CUL、德国 VDE 和 TÜV、中国 CQC 等国内外安全认证。自 1995 年以来，连续跻身“中国电子元件百强企业”行列，是中国继电器行业唯一获“中国名牌产品”称号的企业。

（三）厦门华美卷烟有限公司

1986 年 9 月，由厦门卷烟厂、厦门联合发展（集团）公司和美国雷诺士·纳贝斯高（中国）公司合资兴建的国内第一家中外合资卷烟企业。总投资 2100 万美元。1988 年 10 月 28 日正式投产。公司拥有从美国引进的真空回潮机、卧式打叶机组，德国制造的烟丝生产线和美国雷诺士公司的专利产品 G—13C 膨胀烟丝装置，并从英国、德国、意大利引进最先进的卷接包机组。产品注册商标有“金桥 GOLDEN BRIDGE”“喜必利 SPRINT”“骆驼 CAMEL”“云丝顿 WINSTON”。生产“骆驼”“云丝顿”牌美国雷诺士公司国际名烟，和由中美双方共同研制的“金桥”“喜必利”系列卷烟。其中，“金桥”牌全部采用国产优质烟叶，经“全打叶、全加料、竖配方”的先进工艺精制而成，投产当年获“全国卷烟最畅销牌号”奖；1994 年，被国家烟草专卖局公布为全国首批优等品卷烟牌号，被美国雷诺士公司总部检测中心认定为符合国际同类产品标准。公司多次获得“全国双优三资企业”“环境保护先进单位”等称号。2007 年 9 月 3 日，合同到期，美国烟草公司撤出，华美卷烟公司就此停办。

（四）厦门灿坤实业股份有限公司

前身为台资企业厦门灿坤电器有限公司，1988 年 1 月成立。后由香港福驰发展公司、香港优柏工业公司、香港侨民投资公司控股。1993 年 2 月 16 日，经中国对外经济贸易部批准改组为股份有限公司，并更名为厦门灿坤实业股份有限公司。1993 年 6 月，公司通过国际配售与公开发售，发行境内上市外资股（B 股）40000000 股，成为第一家在深圳上市的异地 B 股公司，也是福建省首家 B 股上市公司。截至 2007 年 6 月 30 日，公司注册资本为 11.12 亿元。公司拥有多种大型机器设备 100 多台（套）。主要产品有电熨斗系列、咖啡壶系列、煎烤器系列、情报家电系列和马达类产品，年生产能力 700 多万台，公司三大主打产品中的煎烤器、电熨斗均名列世界单厂产量第一。公司的产品多次获得纽约国际工业设计大奖，为“福建省名牌产品”。

（五）厦门金龙汽车车身有限公司

创建于 1990 年。是国内第一家中外合资专业化生产汽车车身的企业。年产两种车型各种车身总成及散件 6 万台套。在全国汽车车身专业制造企业中名列前茅。公司先后引进国外汽车车身的制造技术和全套冲压模具、焊装夹具、检具，拥有 42 台 2000 吨、1000 吨等压力机组成的大中型冲压生产线 3 条，薄板开卷线 1 条，电阻点焊机 253 台、CO2 焊机 35 台组成的焊装生产线 5 条和金切设备 16 台组成的维修制造车间。生产国内具有领先水平的“金龙海狮”和 GD6500 金龙 MPV 车身总成或冲压散件。1997 年，通过德国 TÜV 和国内方圆双重 ISO 9000 质量管理体系认证；2003 年，“金龙”牌海狮白车身获评为“福建省名牌产品”。公司是全国机械工业企业核心竞争力 100 强。

图 9-8　金龙客车

（六）厦门 ABB 开关有限公司

是瑞典 ABB 集团于 1992 年 9 月在中国与中方共同设立的第一家合资企业。已发展成为全球最大的中压开关柜和断路器生产制造和研究基地，年产中压开关柜超过 15000 台，断路器超过 35000 台。产品和服务遍及中国每一个省份和自治区，并出口到苏丹、伊朗、伊拉克等国，涉及电力、石化、冶金、房地产、公共设施等行业。1994 年，在中国开关行业率先通过 ISO 9001 质量管理体系认证；1996 年，获得国家环保局环境管理体系审核中心颁发的中国第 001 号 ISO 14001 环境管理体系认证证书；1998 年，成为全国首家联合国中国国家清洁生产中心认定的“清洁生产企业”；2003 年，取得 ISO 10012 测量管理系统认证；2004 年，被国家工商行政管理总局授予“守合同重信用企业”称号。

（七）厦门金龙旅行车有限公司

是厦门金龙汽车集团股份公司与香港嘉隆（集团）公司合资兴办的汽车生产企业。创建于 1992 年。成为拥有资产 60 余亿元的整车（客车）制造、国家汽车整车出口基地企业。占地面积约 35 万平方米，建筑面积 16 万平方米。具有年生产大型客车和中型客车 1.5 万辆，轻型客车 2.5 万辆，大中型客车底盘 1 万辆的能力。系中国客车产品系列最齐全的客车制造商之一。公司采用先进的 ERP 企业资源管理系统进行管理，生产工艺体系完整。拥有全国第一条大型客车全浸、步进式、整车前处理、阴极电泳底漆生产线。2003 年，“金旅”客车产品率先通过国家“3C”强制性认证，成为首批通过认证的客车企业。“金旅”客车 1998 年、2002 年获“福建省名牌产品”称号，2004 年、2007 年获“中国名牌产品”称号。产品销往东欧、远东、中东、东南亚、南非、北非、中美洲等国家和地区。2007 年，客车销量达 2.58 万辆，销售额 45 亿元；出口产值突破 1.43 亿美元，经济综合指标连续 15 年保持两位数增长。

（八）内田电器制造（厦门）有限公司

1993 年 3 月，由日本内田股份有限公司内田修平独资创办。主要生产剃须刀、剪发器、搅拌器等小家电产品。员工近千人，月产值超 200 万美元。产品开发、零配件生产组装、销售均自成体系。产品全部外销，客户遍及世界各地。是厦门市 A 类重点企业。

（九）厦门太古飞机工程有限公司

1993 年 7 月，由香港飞机工程公司、厦门航空工业公司、国泰航空公司、日本航空公司、新航工程公司、波音商用飞机集团和北京凯兰航空技术公司（CAAC 全资子公司）合股创办。总投资额 2 亿多美元，注册资金 3150 万美元。有 1700 名员工，包括 180 名外籍工程师和维修人员。1995 年正式投产。公司建有世界先进水平的大型现代化商用飞机维修中心，可同时容纳 4 架波音 747-400 型大型客机和 2 架波音 737 客机进行大修；每年可大修或改装 10 架波音 747 飞机，定检 30 架波音 737 飞机。1994 年 8 月，与英国卢卡斯宇航公司共同投资 10707 万美元，在厦门设立飞机燃料、电气、飞机控制系统附件大修厂。1995 年 4 月，与美国联信航空工业公司共同投资 1110 万美元，在厦门设立飞机冷气动、热气动、起动机机轮

图 9-9　厦门太古飞机工程有限公司厂房

和制动器、热交换器及辅助发动机等附件大修厂。

（十）厦门松下电子信息有限公司

1993 年 9 月成立，1994 年 10 月正式投产，为日本独资企业。主要生产经营各种音响和映像产品。注册资本 1450 万美元，占地面积约 3 万平方米，建筑面积约 2.16 万平方米，员工近 2 千人，产量 6 百余万台，年产值约 2 亿美元。产品以“Panasonic”为商标。主要产品有收音机、时钟收音机、CD 时钟收音机、随身听、收录音机、CD 收录两用机、随身听 CD 和数码照相机等。产品出口比例约 99%，主要销往欧洲、美洲、亚洲、大洋洲。

（十一）麦克奥迪实业集团有限公司

成立于 1994 年，是香港协励行有限公司投资控股的高新技术产业群体。注册资本 8171.49 万元。旗下有麦克奥迪（三明）光学仪器有限公司、麦克奥迪（成都）仪器有限公司、麦克奥迪（贵阳）仪器有限公司等 7 家生产型全资子公司，并在西安、上海、成都、广州、沈阳、南京、深圳等处设有分公司。MOTIC 开发 30 多个系列 300 多种型号的新产品，广泛应用于科研、教学、医疗、诊断、环保、电子、仪器仪表、微细工程、生物工程、矿业、军工等领域。累计申请发明专利、实用新型专利、工业设计外观专利、商标、软件著作权登记自主知识产权 200 多件，成为世界五大显微镜制造商之一。2002 年 10 月，经国家人事部批准正式成立博士后工作站。公司产品获欧盟产品监督协会的“向欧盟推荐产品”和“福建省名牌产品”等称号，公司被评为“福建省明星侨资企业”“全国外商投资‘双优’企业”。

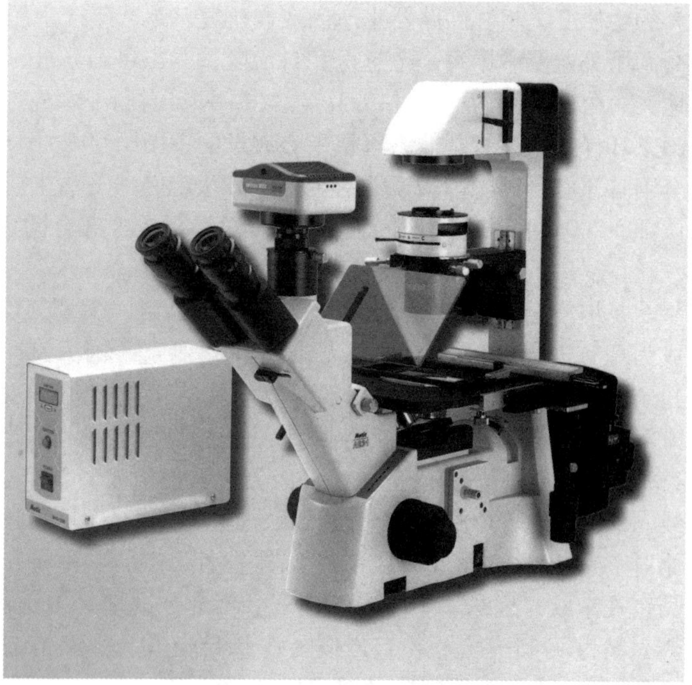

图 9-10　麦克奥迪显微镜

（十二）厦门霍尼韦尔太古宇航有限公司

1995 年 12 月成立，是美国联信公司（霍尼韦尔）、厦门太古飞机工程公司、香港飞机工程公司共同投资兴办的一家合资企业。主要从事民用飞机零部件的维修、地面保养及相关服务业务。总投资额 1380 万美元，获得中国民航总局适航司、香港民航处适航部和美国联邦航空局颁发的热交换器、航电设备、阀门、GTCP85 和 GTCP331 系列辅助动力发动机及其附件等的维修许可证，可为中国国内所有航空公司和开航中国的国外航空公司提供服务。

（十三）戴尔计算机（中国）有限公司、戴尔计算机（厦门）有限公司

1998 年 8 月，戴尔公司于厦门建立中国客户中心（CCC），设有生产基地、客户服务中心和中国企业服务指挥中心。在生产、管理、营销、财务等各个方面都按照戴尔模式运作。2000 年 11 月，戴尔中国客户中心拓展为 3. 25 万平方米。2001 年 3 月 CCC 获得 ISO 9001：2000 和 ISO 14001 认证。2002 年 9 月，成为戴尔全球首个获得 OHSAS 18001 职业安全与健康管理认证的工厂。2006 年，获商务部和中国外商投资企业协会授予的“优秀外商投资企业”“履行社会责任突出贡献奖”。2006 年 2 月，戴尔（厦门）有限公司成立，与“戴尔中国”并列运营。

（十四）厦门 ABB 华电高压开关有限公司

成立于 1999 年 12 月 21 日。是由厦门 ABB 公司、中国华电和厦门电业局三方投资兴建的专门从事 110kV 至 500kV 六氟化硫气体绝缘高压组合电器（GIS）的设计、制造、组装和销售的企业。为国内第一家生产制造 GIS 的合资企业。公司采用与德国 ABB Calor Emag Schaltanlagen AG 工厂完全相同的装配工艺流程、质量控制标准和进口零部件，保证产品达到 ABB 质量标准。公司为国内近百个变电站项目提供高压组合电器设备，其中大部分为各地区的中心变电站或国家重点工程。2006 年总产值超过 2. 9 亿元。

（十五）厦门科华恒盛股份有限公司

成立于 1999 年，是一家以研究电力电子技术为核心的高科技企业，是国家科技部认定的 UPS 行业首家“国家级重点高新技术企业”。旗下拥有 6 家子公司、3 个电源研究中心、2 个现代化电源生产基地、1 个业界最先进的 UPS 与 EMC 检测中心，形成以研发中心、制造中心、销售中心为格局的高新技术企业群。共有员工近千人。公司先后承担 20 多项国家火炬计划、重点新产品项目，获得 20 多项国家专利，使中国高端 UPS 技术提升到国际先进水平。UPS 产品销往 60 多个国家和地区，销售额连续 8 年位居国产品牌第一位。

（十六）大北欧通讯设备（中国）有限公司

2001 年 5 月，丹麦公司 GN Netcom 在厦门成立大北欧通信设备（中国）公司。经过近 7 年的发展，厦门成为 GN Netcom 的中国区研发基地。GN Netcom 具有设计和生产耳麦产品的丰富经验。为世界各国的邮电部门、呼叫中心、服务中心和日常办公提供各种不同的适合产品，还有为多媒体、移动通信等高科技专门设计制作配套耳麦产品。

（十七）厦门联想移动通信科技有限公司

2002 年，由联想（集团）公司与厦门华侨电子股份公司合资组建。公司依托联想研究院的国家级无线通信研发中心形成二级研发体系，掌握手机研发的核心技术，自主研发出第一款国产自主研发的 GSM 手机，第一款 40 和弦手机、第一款电脑手机、第一款百万像素拍照手机、第一款支持手机电视的移动多媒体手机等创新产品。公司是 TD—SCDMA 产业联盟发起者和核心理事成员单位之一，自主研发出具有可视电话和高速上网等高端 3G 功能的双模手机。

第二节　名优产品

一、各级评优产品

（一）中国名牌产品

2004—2007 年，湖里区有 5 个产品获“中国名牌产品”称号。

湖里区中国名牌产品表

表 9-3

序号	商标与产品	企业名称	授予年份
1	金旅牌大、中型客车	厦门金龙旅行车有限公司	2004
2	XOCECO 厦华彩色电视机	厦门华侨电子股份有限公司	

续表9-3

序号	商标与产品	企业名称	授予年份
3	Lenovo 联想牌 GSM 移动通信手持机	厦门联想移动通信科技有限公司	2006
4	达顺牌铝箔	厦门厦顺铝箔有限公司	
5	金旅牌大、中型客车	厦门金龙旅行车有限公司	2007

（二）中国出口名牌产品

2007 年，商务部首评“中国出口名牌”，湖里区厦门华侨电子股份有限公司的 XOCECO 厦华彩色电视机、纽威（厦门）轻工有限公司的纽威 NEW WISH 工艺品入围。

（三）福建省名牌产品

1995 年福建省政府授予厦门华侨电子有限公司的厦华牌彩电、厦门宏发电声有限公司的宏发牌号 AZ2100 和 JQS—13F 继电器“省名牌产品”称号（第一批）。1996 年，厦门石雕厂的白鹭牌石雕制品、厦门中鹭植物油有限公司的宝鹭牌食用调和油获“省名牌产品”称号（第二批）。2001 年后获得“省名牌产品”的产品和企业见表 9-4。

湖里区福建省名牌产品表

表 9-4

序号	商标与产品	企业名称	授予年份
1	虹鹭牌钨丝、钼丝	厦门虹鹭钨钼工业有限公司	2001
2	宏发牌继电器	厦门宏发电声有限公司	
3	金旅牌客车	厦门金龙旅行车有限公司	2002
4	华联牌 HRM 红外遥控接收放大器	厦门华联电子有限公司	
5	金龙牌海狮白车身	厦门金龙汽车车身有限公司	2003
6	萤火虫牌紧凑型高效电子节能灯	厦门市东林电子有限公司	2004
7	城市公安综合信息系统	厦门市巨龙软件工程有限公司	
8	东南融通外汇会计网络系统	厦门东南融通系统工程有限公司	
9	厦鑫牌 ZL40/50 轮式装载机	厦门市鑫永铭工程机械有限公司	
10	金鹭牌硬质合金（混合料和制品）	厦门金鹭特种合金有限公司	2005
11	（图形商标）0.4～10 千伏高低压开关柜	厦门协成实业有限公司	
12	海嘉牌面粉	厦门海嘉面粉有限公司	
13	立林 LEELEN 牌楼宇对讲（可视）系统	厦门立林科技有限公司	
14	达顺牌铝箔	厦门厦顺铝箔有限公司	
15	华联牌微电脑控制器	厦门华联电子有限公司	
16	东南融通牌 ATM 功能拓展与系统监控软件	厦门东南融通系统工程有限公司	
17	（图形商标）塑料和铝合金门窗	厦门祥禾门窗有限公司	

续表9-4

序号	商标与产品	企业名称	授予年份
18	“威迪亚 WDI” 牌水箱配件	厦门威迪亚建材工业有限公司	2006
19	“福泰” 牌畜禽饲料	厦门正大农牧有限公司	
20	“巨龙” 请求服务系统	厦门市巨龙软件工程有限公司	
21	“千秋业及图” 牌水泥管和构件	厦门千秋业水泥制品有限公司	
22	灿坤、EUPA、swift 牌电动食品加工机	厦门灿坤实业股份有限公司	
23	“Lenovo 联想” 牌移动通信手持机	厦门联想移动通信科技有限公司	
24	MOTIC 麦克奥迪牌显微镜	厦门麦克奥迪实业（集团）有限公司	
25	“顶尖 AclAs” 牌电子台案秤、收款机	厦门顶尖电子有限公司	
26	“源之香 YuanZhiXiang” 牌海鲜火锅料、肉制品	厦门市源香食品工业有限公司	
27	ARTSALBUM 及图牌工艺品	厦门鑫艺锦工艺品有限公司	
28	哈隆 HELLO 和图形牌遥控器	厦门哈隆电子有限公司	2007
29	达真牌磁头	厦门达真磁记录有限公司	
30	Stelcom 及图形，GSM 固定无线电话	厦门敏讯信息技术有限公司	
31	振威 GENWAY 及图形牌楼宇安防对讲机	厦门市振威安全技术发展有限公司	
32	萤火虫牌紧凑型高效电子节能灯	厦门市东林电子有限公司	
33	PRIMA、XOCECO 厦华牌彩色电视机	厦门华侨电子股份有限公司	
34	奋牌（FUN）及图形牌牛仔休闲系列服装	厦门奋发（FUN）企业有限公司	
35	VEP 牌 ZN96（VEP）12～40.5 千伏户内高压真空断路器	厦门华电开关有限公司	
36	宝鹭牌食用调和油	厦门中鹭植物油有限公司	
37	金鹭牌钨制品（钨粉、碳化钨粉）	厦门金鹭特种合金有限公司	
38	娜其尔及图形牌沐浴露	厦门娜其尔日化有限公司	
39	科通 KETONG 牌电线电缆	厦门市华乐电缆有限公司	

（四）福建省出口名牌产品

2006 年，厦门华侨电子企业有限公司的厦华（XOCECO PRIMA）彩电、纽威（厦门）轻工有限公司的纽威（NEW WISH）工艺品入选首批“福建省出口名牌”。

（五）厦门市优质品牌产品

厦门市委、市政府于 2007 年首次开展优质品牌评价工作，湖里区共有 17 个产品榜上有名，占全市优质品牌数的 25%。

湖里区厦门市优质品牌产品表

表 9-5

序号	商标与产品	企业名称
1	厦华 XOCECO、PRIMA 彩色电视机	厦门华侨电子股份有限公司
2	LENOVO 联想移动通信手持机	厦门联想移动通信科技有限公司
3	KELONG 不间断电源	厦门科华恒盛股份有限公司
4	EUPA、SWIFT 灿坤电熨斗	厦门灿坤实业股份有限公司

续表9-5

序号	商标与产品	企业名称
5	华联及图形微电脑控制器与光电产品	厦门华联电子有限公司
6	曼佳美节能灯	利胜电光源（厦门）有限公司
7	FIREFLY 萤火虫节能灯	厦门市东林电子有限公司
8	金旅客车	厦门金龙旅行车有限公司
9	达顺铝箔	厦门厦顺铝箔有限公司
10	ABB 开关柜、断路器	厦门 ABB 开关有限公司
11	ABB MNS 开关柜、断路器	厦门 ABB 低压电器设备有限公司
12	VEP 断路器	厦门 ABB 华电开关有限公司
13	金龙海狮白车身	厦门金龙汽车车身有限公司
14	金鹭及图形钨粉、碳化钨粉、硬质合金	厦门金鹭特种合金有限公司
15	海嘉面粉	厦门海嘉面粉有限公司
16	宝鹭食用植物油	厦门中鹭植物油有限公司
17	纽威 NEW WISH 家庭装饰品与礼品	纽威（厦门）轻工有限公司

（六）厦门市出口名牌产品

2005 年，厦门市首次评选出口名牌产品，湖里区 8 个产品入选，详见表 9-6。

湖里区厦门市出口名牌产品表

表 9-6

序号	商标与产品	企业名称
1	厦华（XOCECO PRIMA）彩电	厦门华侨电子企业有限公司
2	纽威（NEW WISH）树脂工艺品	纽威（厦门）轻工有限公司
3	萤火虫（FIREFLY）节能灯	厦门市东林电子有限公司
4	宏发（HONGFA）继电器	厦门宏发电声有限公司
5	好利来（HOLLYLAND）小型熔断器	厦门宁利电子有限公司
6	金旅（GOLDEN DRAGON）客车	厦门金龙旅行车有限公司
7	威迪亚（WDI）卫生洁具	厦门市威迪亚建材工业有限公司
8	FAIR-LINK 工艺品	厦门德顺昌经贸发展有限公司

二、各级驰名、著名商标

截至 2007 年年底，湖里区申报并获得批准的各类型商标 131 件，其中国家驰名商标 2 件、省著名商标 50 件、市著名商标 79 件（详见本志第十四篇第四章）。

第十篇　建筑与房地产业

建区初期的城市建设主要集中在湖里片区，建设项目主要围绕改善生活条件和投资环境。1991 年，开始对江头片区进行旧城改造，至 1995 年共投入开发资金近 4 亿元。“九五”期间，加快江头、徐厝、濠头等旧村改造。“十五”期间，湖里区城市建设在完善西部、提升西部的同时，开始向东部转移。开发方式从相对分散发展转向集中成片开发。5 年间，累计完成县后片区、湖边水库片区和全区旧村改造等 5 个控制性详规，实施濠头、祥店、刘厝、东渡等旧村改造，基本完成徐厝、江头改造，建设五通、高林等安置小区，全面启动五缘湾片区、县后片区建设。2006—2007 年，东部新城区的开发不断提速，湖边水库片区和五缘湾片区多个项目开工，五缘湾特色商业街开始投入营业。

中华人民共和国成立以来，台湾海峡两岸对峙的独特政治局面，给辖区境域房地产业带来特殊的困难。1980 年厦门经济特区成立后，为辖区境域房地产业的兴盛提供良好的经济条件和社会环境。开发商品房住宅区，改革住房制度，试行土地使用权有偿出让等，收效显著。1991 年开始的住房制度改革，至 2007 年基本实现预期目标。

第一章　建筑业

第一节　建筑队伍和建筑管理

一、建筑队伍

历史上境内的建筑工人并无一定组织，业务多由“接主”（包工头）承包。建筑工匠受雇于接主，按日计资，按月结算。也有直接受雇于“东家”的，多为有特殊技术的工匠。农村中的工匠，平时务农，亦农亦工，仅能承建一、二层土木结构的房屋或参与民房修缮，工兴则聚，工竣则散。

解放后，各乡把零散建筑工匠组织成建筑队（组），每队人数 30 ~ 50 人。1958 年，各乡镇陆续创办建筑生产合作社。各社建筑工人 60 ~ 100 余人。各建筑社均有少数老师傅，担任 2 ~ 3 层建筑物施工的指导工作。由于建设的发展，各社采取措施，提高施工水平。“文化大革命”开始后，社会动荡，建筑业不景气，各建筑社工人多数转行改业，队伍濒临解散。1975 年年底，各建筑社重新整顿，发展施工队伍。

1997 年之前，全区有区属湖里建筑工程总公司、湖里区第二建筑工程公司、湖里区第三建筑工程公司、广厦建筑工程公司、禾胜建筑公司和鹭湘建筑公司等 14 家集体所有制建筑安装企业，约有从业人员 1600 多人。1998 年之后，通过增资扩股、兼并、拍卖等方式进行股份制改造，2003 年，集体所有制企业彻底退出湖里区建筑行业，改制为股份制、合作、合伙以及有限责任公司等企业。截至 2007 年年底，在湖里区登记的各类建筑安装企业 47 家，从业人员 24000 多人，其中：房建总承包企业 19 家（其中特级 1

家、一级5家、二级8家、三级5家），港口与航道总承包企业1家，装修装饰企业14家，金属门窗、建筑智能化、地基与基础等专业承包企业8家，建筑劳务企业5家；全年建筑施工产值43.1亿元，比上年增长59.6%；上缴税金13.87亿元，利润总额5.96亿元。在2007年全市324家建筑安装企业综合业绩排名中，湖里区的省三建、省五建厦门分公司及广厦、中宸、东科、禾兴、莲湖等7家企业进入前30位。

附：湖里区建筑企业选介

一、厦门市广厦工程建设有限公司

前身为1972年10月成立的禾山公社建筑队，1983年4月改为厦门市郊区建筑联合公司，1987年1月更名为厦门市禾胜建筑工程公司，1993年4月13日更名为厦门市广厦建筑工程公司，1999年9月25日改制完成后更名为厦门市广厦工程建设有限公司。注册资金5860万元，公司址设东渡路114号。

1995—2006年，公司获省、市优良工程78幢，其中1998年承建的厦门市“芙蓉苑二期A1幢住宅楼”、1999年承建的厦门市“特房南泰苑11号住宅楼”和“龙翔花园8号住宅楼”、2000年承建的厦门市“前埔小区21号住宅楼”为省优工程，1997年承建的“厦门吕岭花园住宅小区”获建设部鲁班奖。

二、福建省第五建筑工程公司厦门分公司

福建省第五建筑工程公司是国有大型施工总承包一级企业。厦门分公司位于园山脚下，公司于2003年通过质量、职业安全健康和环境管理体系认证。承建的主要工程有：体育中心羽毛球馆、篮排球馆、体育宾馆、中医院国家中医交流中心大楼、3万座位的厦门市中心体育场、假日海景大酒店、鸿山大厦、同安人寿大厦、厦门软件园二期、厦门港国际旅游客运码头客运联检大楼等工程。其中，3万座位的中心体育场以266天的高速度建成，实现当年设计、当年施工、当年竣工并投入使用；26层的假日海景大酒店被评为厦门市第一幢高层公寓优质工程；裕发花园8-11号楼获省优工程“闽江杯”荣誉称号；造价3亿元的厦门港国际旅游客运码头客运联检大楼仅用半年时间建成。公司为湖里区“纳税1000万元以上特大户”。厦门客运联检大楼QC小组荣获“2007年全国工程建设优秀质量管理小组二等奖”。

三、厦门鲁班源房屋营造有限公司

2004年2月20日组建，公司址设金山西二里121号，为有限责任公司。2005年3月，获得房屋建筑工程三级资质。2007年11月，注册资金增至2008万元。

2005年，公司完成建安产值4099万元，上缴利税409万元；2006年，完成建安产值6032万元，上缴利税316万元。

四、厦门辉煌装修工程有限公司

1984年5月28日成立，址设湖里大道31号联发大厦附属楼。公司为联发集团有限公司（中国）、厦联发有限公司（香港）和厦门国际信托有限公司（中国）共同创立的内地香港合资企业，注册资本1660万元。

2002年，公司被核定为“建筑装修装饰工程专业承包一级”企业，2003年被核定为“建筑装饰专项工程设计甲级”企业。公司在厦门装修企业中率先通过质量管理体系（ISO 9001）、环境管理体系（ISO 14001）和职业健康安全体系（OHSAS 18001）认证。公司承建的厦门悦华酒店总统楼获全国建筑工程装饰奖，厦门悦华会展酒店（A、B标）获全国建筑工程装饰奖，厦门土地房管局办公楼室内装饰工程获省建筑装饰工程银质奖，厦门悦华酒店海宇0号楼装饰工程获省建筑装饰工程银奖（省优），厦门悦华酒店展鸿阁工程获全国建筑工程装饰奖，漳州宾馆工程获全国建筑工程装饰奖，厦门市集美区国税局办公楼二次装修工程获福建省“闽江杯”奖，泉州悦华酒店装修工程获全国建筑工程装饰奖。

公司为“湖里区纳税大户”、AAA级绿色企业，连续3年位列福建省建筑业装饰装修十强企业榜首。

五、福建省泷澄建设集团有限公司厦门分公司

1982年成立。1998年，设立驻厦分公司。办公地址位于厦门市和宁路。代表性工程有：南山丽苑、国贸蓝海二标段、厦门软件园二期等。为湖里区“纳税大户”。2007年，在建项目合同总值约12亿元，完成产值约7亿元。

六、中交三航局厦门分公司

1953年成立，是大型国有施工企业，主要经营业务范围有：港口与航道工程施工总承包、公路、市政、地基与基础、桥梁与隧道工程、大型设备安装、工业与民用建筑、金属结构加工等。公司通过GB/T19001—2000等标准认证，设有船舶工程处、预制厂、机电公司、机械施工处等4个专业基层单位，参股（控股）4个公司，员工总数近千人，总资产13.5亿元。公司完成的重点工程有厦门东渡港码头、厦门嵩屿电厂煤码头、厦门博坦十万吨级油码头、厦门大桥、厦门疏港路高架桥、厦门快速公交BRT工程QF、QB标段、福州魁崎高架桥、厦漳、漳龙高速公路、浙江乍嘉苏高速公路等。其中，厦门大桥、浙江乍嘉苏高速公路获得国家建筑业最高奖——鲁班奖，厦门东渡港三期码头工程被评为国家优质工程。

二、建筑管理

（一）工程项目报建管理

1989年9月，湖里区建设工程项目开始实行报建制度，当时由建设单位向设在市建委的厦门市建设工程招标投标领导小组办公室申请办理报建手续。2004年后，凡属湖里区范围内的建设工程改向湖里区建设局申请办理报建手续。凡在湖里辖区内的建设工程项目（土木建设工程、线路管道、设备安装工程、建筑装饰工程、园林绿化工程等新建、改建、扩建和技术改造工程），不论其投资资金来源渠道，均须进行项目报建。建设工程项目的投资和规模有变化、项目更名或建设单位变更的，应及时向有关部门进行补充登记，筹建负责人变更时，应进行重新登记。有关部门本着服务管理的原则，对建设工程进行核实、分类、汇总。

核实建设工程项目的报建内容有：工程名称、建设地点、投资规模、资金来源、当年投资额、工程规模、开工、竣工日期、发包方式、工程筹建情况，并查验建设单位提交的有关立项和投资计划批文、银行资信证明文件、资料。报建资料齐全，符合要求的，当即给予办理手续。报建资料不全或不符合要求的退回办理，二次办结。发现报建资料内容有不实之处，则及时敦促建设单位加以更正。对符合申报条件的，依据建设规模的大小、资金来源构成作出“同意报建，可直接发包”或“同意报建，应公开（或邀请）招标发包”的审批。建设单位按规定缴纳有关费用，并取回项目报建表。

根据《厦门市建筑条例》《工程建设项目报建管理办法》（建设部建字〔1994〕482号）《关于建设工程项目报建有关要求通知》（厦建招字〔1997〕016号）等规定，凡未报建的建设工程项目，建设工程不得发包，不得办理招投标手续和发放施工许可证，设计、施工单位不得承接该项目工程的设计施工任务。对未按规定办理报建手续就进行工程发包的建设单位，由建设行政主管部门责令改正，并根据情节轻重按有关规定给予处罚。

（二）建筑工程招标投标

1984年，厦门市政府颁布《厦门市建筑安装工程招标投标暂行办法》（厦府〔1984〕综220号），规定从1984年起厦门市凡属政府投资、国有企业、集体企业投资的项目均实行招标投标承包制。1984年7月起，由当时刚成立的厦门市建设工程招标投标领导小组及下设的办公室（挂靠在市建委）负责湖里区建设工程的招标投标管理工作。1996年，《厦门市建设工程施工招标投标管理办法》的颁布实施。同年10月起，改由新成立的厦门市建设工程招标投标中心负责湖里区的建设工程招标投标的监督、管理工作。

随着《中华人民共和国招标投标法》等有关法律的颁布实施，凡湖里区建设工程交易活动均进入有形市场进行集中、公开交易，市招标投标中心以工程项目报建为龙头，工程招标投标为核心，对工程报建、招标、投标、开标、评标、定标等一系列交易活动进行监督、管理，同时市建设行政主管部门、市纪委、监察局等职能部门派员进驻市场，参加一切交易活动，在各自职责范围内进行监督、管理。湖里区建设工程招标投标基本形成由业主发包招标、承包方参加投标、专家评标，市招标投标中心和政府各职能部门监督、管理，公证机构依法公正的运行机制。

（三）建筑工程施工许可

1980年起，湖里区建设工程开始实行工程施工许可制度。1980—1983年，施工许可称为《施工委托书》，由业主提出申请后，填写《施工委托书》报市建委批准后，可直接委托项目给施工单位进行施工。

1984年，施工企业派员和业主单位到市建委工程处申请后，即可以办理施工许可证。1987—1991年，办理施工许可证需要提供的资料有：合同书、工程预算书、工程中标通知书等。1991年，办证资料有所增加，包括：计委立项批文、建设工程规划许可证、项目报建表、工程预算书、经工商部门鉴证或公证机构公证的合同书、中标通知书等。

1997年，厦门市颁布实施《厦门市建筑条例》，根据其第三十九、四十条规定，申请施工许可证应提供的资料有建设工程报建表、新建工程抗震设防审核意见书、中标通知书或建设工程项目洽谈登记表、经批准的工程质量监督申报表、房地产开发企业资质等级证书（房地产项目须提供）、建设工程规划许可证、工程预算书、经工商部门鉴证或公证机构公证的合同副本、工程监理合同副本、装饰装修工程应提交消防审核意见书，同时申请施工许可证需要缴纳一定的费用。

湖里辖区范围内的建设工程，凡由厦门市发改局（原计划委员会，下同）批准立项的需向厦门市建设局申请施工许可证，凡由湖里区发改局批准立项的向湖里区建设局申请施工许可证。

（四）建筑企业资质审核

20世纪80年代，国家、省政府有关主管部门开始制定建筑企业资质管理规定及资质等级标准。1985—1987年，厦门市向湖里区内各家建筑施工企业进行资质审查并颁发资质证书。1990年1月—1991年9月，对建筑施工企业资质进行复查。1992—1993年，建设部和省建委先后补充制定施工企业资质管理的规定和办法，对企业资质实行动态管理，在企业的施工业绩、人员素质、自有资金、工程质量、安全生产、经营管理水平等条件发生明显变化时，由企业资质管理部门及时晋升或降低其资质等级。省建委还调整资质管理权限，除一级施工企业应报经建设部审批外，部分下放原属于省建委的二、三、四级施工企业资质审批权，厦门市可审批三级以下（含三级）的施工企业资质。1995年10月，建设部重新颁发《建筑企业资质管理规定》；同年11月，省建委制订福建省建筑业企业按新的资质标准就位实施办法，于1996年1月颁发实施。

2001年，建设部颁布新的《建筑业企业资质管理规定》和《建筑业企业资质等级标准》。建筑业企业按施工总承包、专业承包和劳务分包3个序列资质重新就位。2007年9月1日，重新修订的《建筑业企业资质管理规定》开始施行。新规定增设燃气燃烧器具安装、维修企业资质，并将施工总承包和专业承包三级资质、劳务分包资质的实施部门由省建设厅下放到设区市建设主管部门。

根据建设部《建筑业企业资质管理规定》，凡依法取得工商行政管理部门颁发的企业法人营业执照的企业，在中华人民共和国境内从事土木工程、建筑工程、线路管道设备安装工程、装修工程的新建、扩建、改建等活动，应当申请建筑业企业资质。在湖里区工商部门注册的建筑业企业资质的初审工作由湖里区建设局负责。

（五）工程质量安全管理

中华民人民共和国成立前，境内房屋建筑多属私人聚工承建，建设工程质量概由承建人负责。中华人民共和国成立后，质量安全制度逐步完善，各建筑工地均配备脱产或半脱产的安全监督员和保管员，健全工程质量和社会监督制度。

20世纪50年代，施工企业质量保障体系主要是实行企业内部工程技术人员的自控管理。

60年代，企业的质量保障体系得到提高，实行施工队长负责制。

70年代，企业的质量保证体系实行总工程师负责制。1978年前，施工企业对所施工的建筑工程实行保修责任制和定期回访制。1978年后，随着商品房市场的发展，施工企业对所施工的建筑工程负有保修责任，同时开发商也对所售的房子负有保修责任，其保修期限由买卖双方在商品房买卖合同中明确约定。在工程交付使用后，如果在半年至一年内，发现因施工造成的质量问题，由施工企业负责包修。

80年代，工程施工实行项目经理负责制。1984年4月，厦门市建筑工程质量监督站成立。1984年6月，厦门市人民政府颁布《厦门市建筑工程质量监督实施细则》，明确规定全市凡总投资在100万元以上和9层以上民用建筑、道路、桥梁、码头等工程（包括外资建设工程）以及地方建筑材料生产，在施工、生产过程中均需进行建设工程质量监督。1988年6月，厦门市建筑工程质量监督站更名为厦门市建设工程质量监督站（以下简称质监站）。从1989年12月起，厦门市建委规定，全市所辖范围内所有新开工工程，不分工程大小，均应对工程实行质量监督，并一律由建设单位（业主）统一向市质监站办理申报质量监督登记手续和质量监督申报委托手续。

1989—1993 年，湖里区新开工的工程由建设单位（业主）统一向市质监站办理申报质量监督登记手续。1994 年开始，建筑施工建立安全生产目标管理责任制。同年，厦门市湖里区建筑质量安全监督站成立，受厦门市湖里区建委委托依法对辖区范围内的各类新建、改建、扩建的工业与民用建筑的建设实施强制监督，负有工程质量安全监督和施工安全监督双重职责，同时负责工程质量等级评定。1994—1999 年，共办理工程质量安全监督项目 284 个，总建筑面积 148.51 万平方米，累计完成监督量 6.1 亿元，核验工程项目 90 个，发出质量安全问题改正通知单 30 份。

2000 年 6 月，建设部对保修期限作出新规定，主要有：地基基础与主体工程为设计文件规定的合理使用年限；屋面防水工程、有防水要求的卫生间、房间和外墙的防渗漏为 5 年；电气系统、给排水管道、设备安装为 2 年；供冷、供热系统为 2 个采暖期、供冷期；装修工程为 2 年。其他项目的保修期限由建设单位和施工单位约定。2000—2001 年，区质安站共办理工程质量安全监督项目 100 个，总建筑面积 52.68 万平方米，累计完成监督量 1.51 亿元，核验工程项目 42 个，发出质量安全问题改正通知单 41 份。

2002 年 1 月以后，国家颁发工程质量验收新标准，对工程质量验收标准、方法、方式略有改变，将有关建筑工程的施工与验收规范和工程质量检验评定标准合并，增加建筑工程施工现场质量管理和质量控制要求，提出检验批质量检验的抽样方案要求，涉及建筑工程安全和主要使用功能的见证取样和抽样检测，仍坚持“验评分离、强化验收、完善手段、过程控制”的指导思想。至此工程质量等级评定改为监督验收质量竣工验收备案制度。2004 年 7 月，厦门市湖里区建筑质量安全监督站更名为厦门市湖里区建设工程质量安全监督站（以下简称区质安站）。2002—2007 年，共办理工程质量安全监督项目 451 个，总建筑面积 244.88 万平方米，工程总造价 27.3 亿元，监督竣工验收工程项目 171 个，发出质量安全问题改正通知单 449 份。2006 年，区质安站通过各种方式来加强对在建工程的质量和安全监管，做到每周至少一次对各在建工程进行巡检，增加巡检频率，从而有效遏制各项事故发生。2006—2007 年，组织对建筑企业的法人代表、项目经理、专职安全管理员、企业其他管理人员、特殊工种、待岗、转岗的职工进行安全培训，共组织培训 40 场，培训人员 1500 多人。1994—2007 年，湖里区在建工程未发生重大质量安全事故。

1994—2007 年湖里区建筑安监情况见表 10-1、表 10-2。

1994—2001 年湖里区建筑安监统计表

表 10-1

年份	监督工程			核验工程		通知单及联系单（份）
	个数	面积（万平方米）	完成监督量（元）	个数	面积（万平方米）	
1994	21	25.6	5661 万	—	—	—
1995	27	8.7	10791 万	—	—	—
1996	30	11.3	4000 多万	7	4	—
1997	42	19.21	14630 万	20	12.93	—
1998	88	43.7	16000 多万	33	12.6	—
1999	76	40	近亿	30	15	30
2000	69	35	9600 多万	33	16	30
2001	31	17.68	0.55 亿	9	6.28	11
合计	384	201.19	7.62 亿	132	66.81	71

2002—2007 年湖里区建筑安监统计表

表 10-2

年份	监督申报情况			监督竣工情况			质安问题处理（份）
	个数	面积（万平方米）	造价（亿元）	个数	面积（万方米）	造价（亿元）	
2002	43	12.5	0.58	26	14	—	27
2003	44	19.23	1.5	23	10.8	—	30
2004	66	29.33	2.65	41	15.98	1.9	89
2005	33	40.22	3.47	24	15.51	1.85	87
2006	141	51.4	6.3	37	15.41	2.1	113
2007	124	92.3	11.8	20	12.8	1.1	233
合计	451	244.98	26.3	171	84.5	6.95	579

第二节　建筑设计与典型建筑

一、建筑设计

1982 年以前，辖区境域的民居和公共建筑基本是以砖石、砖木结构为主的低层建筑，一般没有聘请专门的设计人员绘制施工图纸。典型的民居建筑以闽南大厝为代表，主要集中在湖里区祥店等地。1982 年后，建筑设计与施工技术迅速发展，陆续建成一批大跨度的工业厂房、大型公共建筑、多层建筑和高层建筑，大都是钢筋混凝土结构建筑，但湖里区的建筑设计力量仍然比较薄弱，建筑设计大都依靠辖区外的设计单位。截至 2007 年 12 月底，湖里区的建筑设计单位有 2 家，均为建筑乙级。

二、典型建筑

厦门高崎机场 3 号候机楼　位于厦门高崎机场南侧，原 2 号候机楼东侧，占地 3 公顷，总建筑面积 12.7 万平方米，建筑高度 40.7 米，于 1994 年 10 月 31 日动工，1995 年 9 月 8 日封顶，工程总投资 8 亿元。该候机楼共有 4 层，其中旅客到达层 2.9 万平方米，旅客出发层 2.8 万平方米，商业层 1.6 万平方米，地下车库可停放 600 辆汽车。其平面呈线形布局，采用大跨度钢筋混凝土空腹桁架结构，表现闽南传统的坡屋与线形屋脊形象，融合地方建筑特色，是一座具有鲜明民族特色的现代化大型公共建筑。该候机楼主楼纵深 108 米，宽 252 米，登机楼廊宽 27 米，东西两翼全长 767 米。外部呈“凸”字形布局，楼内设计有天井式的“共享空间”，利用自动扶梯从垂直方向将出发层、到达层和商业层连成一体。楼内配备

图 10-1　高崎国际机场候机楼

国际先进水平的程控交换设备、离港控制系统、闭路监控系统、综合保安系统、消防报警和自动灭火系统、航班动态显示系统、子母钟系统、车库自动收费管理系统、广播、无线电通讯安检设备等14个弱电系统。还有19部手扶电梯、9部升降电梯、7条自动步道、10个行李转盘传递系统、60个值机柜台、41个自动感应卫生间，并配备残疾人专用通道，东西指廊还特设国际、国内贵宾厅，开设迎客室、会议室以及咖啡厅、酒吧、茶座、快餐厅、免税商店等20多个商场、精品书屋。

厦门信达免税大厦 又称信源大厦，位于兴隆路，占地面积4540平方米，总建筑面积为28966平方米，建筑高度为52.80米，拥有地下1层、地上14层，其中：1~3层为商场，面积为9000平方米，其余为住宅。该大厦为框架剪力墙结构，采用人工挖孔桩、钢筋混凝土满堂基础，于1992年3月开工建设，1993年12月通过竣工验收并交付使用，工程造价1810万元，施工中采用先进的施工工艺和管理手段，严格工程质量管理。商场配置送货电梯1台、客梯1台及自动扶梯4台，住宅配备电梯4台。墙体材料为空心砖砌筑，一层为花岗岩地面，二层及以上为高级钢砖地面，内墙装饰采用高级喷彩涂料，外墙采用玻璃马赛克。信达免税大厦是一座具有现代气息的商住建筑，成为20世纪90年代初湖里区乃至厦门市的地标建筑。

厦门SM城市广场 位于仙岳路和嘉禾路交界处，2001年9月竣工。工程占地7万平方米，总建筑面积达12.6万平方米，是一幢拥有地下1层、地上5层（局部6层）的大型公共建筑，同时室外拥有4万平方米的停车场，能提供1100多个停车位。SM城市广场主体建筑纵深207米，宽108米，楼高26.8米，结构形式采用大跨度预应力结构，柱间跨度15.5米×18米，为建筑内部提供广阔的空间。该建筑使用功能为6层大型商场，其外部为长方形布局，楼内设有4个天井式的“共享空间”，利用8部自动扶梯、6部电梯及6部消防楼梯将商场上下连为一体。商场的日平均客流量达到12万人次，最高人流量达50万人次。2005年开工的厦门SM二期工程即SM新天地，面积约11万平方米，规划建设世界名店、优雅休闲餐饮、星级电影院、综合娱乐城的各类建筑群。截至2007年年底，主体工程基本完工。

厦门港国际旅游码头客运联检大楼 位于厦门港东渡码头0号泊位，占地7.5万平方米，总建筑面积8.1万平方米。工程按年吞吐量150万人次和高峰集中旅客到达量3000人功能要求，按一级国际客运站设计。建筑物共3层：一层为出入境旅客的联检通道、出入境联检大厅、候船大厅及联检单位联合办公区，可为旅客提供出入境一条龙服务；二层为休息与配套服务区，设有咖啡阅览区、西点区、中餐区等，为旅客短暂休息、等候而配套设置的休闲区；地下一层为停车场与客运配套服务设施，配有大型室内停车场、行李处理间、设备用房、客运管理用房及客运配套服务设施等。建筑总高度为30.2米。建筑物外观呈6片堆叠状的贝壳，为美丽的厦门港增添一道亮丽的风景。楼内一、二层设计有大面积的共享空间，利用自动扶梯将出入境联检大厅和商业层连成一体。楼内配备有国际先进的安全防范系统、消防报警和自动灭火系统、公共广播系统、综合布线系统等10多个弱电系统。一层出入境平台通过高架桥与东渡路相接，方便旅客进出港。

厦门悦华酒店 位于悦华路101号，1984年5月18日动工，1985年12月18日正式营业。酒店分期建设，一期工程：海宇楼、展鸿阁、日式别墅群；二期工程：凌云阁、天丰楼、挽月楼；三期工程：贵宾楼、豪华别墅群。酒店体现中国传统园林与欧陆宫廷园林相结合的建筑特色。所有建筑材料均采用原装进口产品，注重环保，贴近自然。贵宾楼群由一栋总统别墅和三栋贵宾别墅组成，贵宾别墅面积650平方米，总统别墅建筑面积3400平方米。日式别墅群外观独特，每栋别墅130~160平方米，为跃层式。海宇行政楼为完整独立的一栋楼宇，近千平方米的大堂自然采光，楼宇间是花园庭院，行政房面积40多平方米。馨悦商务楼拥有的华庭多功能厅及其前厅总面积超过1600平方米，可容纳千人大型会议和宴会，多功能厅挑高6米，面积1100平方米，全厅无柱，视线开阔。酒店占地20万平方米，建筑面积9万平方米，是厦门第一家花园庭院式的顶级商务会议酒店，年平均住房率达到50%以上。

湖里区原行政办公大楼 原为厦门经济特区管委会大楼，位于兴隆路和华昌路交叉路口，1981年动工，1982年竣工，建筑面积为6000多平方米，主楼为南北朝向，砖混结构，共有7层，为湖里区委、区人大、区政府、区政协等机关原办公驻所。辅楼1~2层，主要功能为会议室、食堂、餐厅。邓小平的题词“把经济特区办得更快些更好些”，就是在二楼的会议室里题写的，大楼是特区建设20多年来翻天覆地的大变化的历史见证者。2007年年底，湖里区政府搬到新行政办公大楼办公后，大楼改建成厦门经济特区纪念馆。

湖里区新行政办公大楼 位于枋湖南路，2007年12月投入使用，总占地面积55000平方米，建筑面积60000平方米，主楼共有11层，框架结构，建筑高度55米，长105米、宽44米，楼内设计2个天井，保证良好的光线和通风效果，配有8部电梯，4个楼梯通道，安装消防报警和灭火系统及特级防火卷帘，地下室共有1万多平方米，可容纳300～400辆汽车停放。辅楼为3层建筑，主要作为会议室、食堂、餐厅使用。

第二章 房地产开发

第一节 房地产开发企业和房屋建设

一、房地产开发企业

厦门经济特区创办初期，辖区境域的房地产开发企业有厦门经济特区建设发展公司、厦门经济特区联合发展有限公司和厦门经济特区湖里工业区房地产开发公司、厦门经济特区工程建设公司等，均为市属国有企业。1991年，为适应江头改建区建设的需要，成立厦门天地开发建设公司，亦为市属国有企业。1996年后，随着改革的不断深化，房地产开发出现各种所有制共存、竞争的局面，促进辖区的房地产开发。2003年，在湖里区从事房地产开发的房地产企业有20家，全年投资额达92817万元。其中，投资额在1000万元以上的有厦门市鑫新景房地产有限公司（投资额32170万元）、厦门诚毅地产投资管理有限公司（投资额16293万元）、厦门九天房地产开发有限公司（投资额13573万元）、厦门禾山建设发展有限公司（投资额4600万元）、厦门裕发房地产开发有限公司（投资额3123万元）、厦门科瑞房地产开发有限公司（投资额3086万元）、厦门禾山田地建设有限公司（投资额2994万元）、厦门惠龙集团有限公司（投资额2838万元）、厦门金饰房地产开发有限公司（投资额2617万元）、厦门都市乡村房地产开发有限公司（投资额1752万元）厦门市万里星房地产开发有限公司（投资额1418万元）厦门特祥房地产开发有限公司（投资额1318万元）、厦门市湖里房地产综合开发公司（投资额1004万元）。2004年，辖区进入城市化建设的新阶段，房地产开发出现新的高潮。2007年，在湖里区投资建设的房地产开发企业达61家，全区房地产开发累计总投资达219.35亿元，其中当年投资107.42亿元，房地产企业上缴税金10.50亿元，创利润20.15亿元，均创历史最高水平。

1996—2007年湖里区房地产开发统计表（区属口径）

表10-3

年份	总投资（万元）	施工面积（万平方米）	竣工面积（万平方米）	销售面积（万平方米）	空置面积（万平方米）	上缴税金（万元）	企业利润（万元）
1996	11925	12.52	0.94	1.14	—	—	—
1997	45168	7.91	6.44	—	—	—	—
1998	53299	112.92	8.25	12.2	6.35	849	5
1999	65752	97.70	42.99	—	9.18	2281	—

续表10-3

年份	总投资（万元）	施工面积（万平方米）	竣工面积（万平方米）	销售面积（万平方米）	空置面积（万平方米）	上缴税金（万元）	企业利润（万元）
2000	59801	131.56	43.43	46.46	7.61	—	—
2001	56909	106.35	22.80	42.49	17.56	—	—
2002	60514	155.28	—	16.88	—	—	—
2003	92817	133.74	—	35.23	—	—	—
2004	153139	155.54	54.09	48.77	—	223687	302835
2005	260890	207.21	64.69	42.34	6.00	22301	66313
2006	320079	429.99	61.87	42.73	6.39	34389	88777
2007	1074245	630.98	97.88	134.24	7.35	105024	201542

附：1981—2007 年总部设在湖里的主要房地产开发企业

一、厦门经济特区工程建设公司

1981 年 5 月成立，址设兴隆路 39 号，注册资金 4 亿元，系建设部核准的国有一级城市房地产综合开发公司，隶属厦门住宅建设集团有限公司。

26 年来，特区工程建设公司先后代建湖里工业区、枋湖工业区、寨上仓储区等项目及金山经济适用房小区等市重点工程项目。在商品房开发方面，先后承建芙蓉苑、文图花园、嘉怡园、心悦园、翠湖村、长乐村、德馨大厦等 20 余个住宅小区，由一家承担政府统代建项目的企业转型为专业房地产开发商。累计建成 200 余万平方米的各类建筑，修建道路长度 29.5 千米，开发土地近 9 平方千米，累计完成投资额数十亿元人民币。2007 年，公司尚在开发自营的商品房项目有芙蓉苑五期、水晶森林、悦华园等，代建社会保障性用房项目有万景公寓、滨水小区等。

二、厦门经济特区房地产开发集团有限公司

厦门经济特区房地产开发集团有限公司的前身是 1984 年 1 月成立的厦门经济特区房地产开发公司。成立初期暂定为事业单位，是特区负责房产、地产的经营管理机构，按照特区管委会的有关规定，经营湖里南部生活区范围内的土地租用，楼宇出售、租赁以及修缮等业务。1984 年 9 月 16 日，经厦门经济特区管理委员会批准改名为厦门经济特区湖里工业区房地产开发公司，具体负责整个湖里工业区中生活区的开发建设与经营管理，为全民所有制企业。1984 年 12 月 19 日，改为厦门经济特区房地产开发公司。初始注册资本为人民币 1000 万元，址设海天路。主要担负湖里南部生活区综合开发、建设和经营商品房任务。1987 年 3 月 27 日，公司经福建省建设委员会资质审查批准定为一级房地产综合开发公司。

2006 年 6 月，厦门经济特区房地产开发公司、厦门市筼筜新市区开发建设公司、厦门市建坤实业发展公司、厦门市房地产股份有限公司 4 家公司组建为厦门经济特区房地产开发集团有限公司，成为厦门市政府授权的资产经营一体化的集团性企业之一，注册资本为人民币 9.41 亿元，是国家建设部核定的具有综合开发一级资质的房地产公司。址设文塔路 211 号。

公司以房地产开发与经营为主营业务，同时还以对外投资的方式将业务发展延伸到工程监理、物业管理等与房地产经营相关行业，涉足厦门湖里南部生活区、厦门东部前埔以及漳州新城区等地的开发建设。公司开发湖里 2.3 平方千米的土地，先后建成华景花园、富豪花园、华泰苑、康乐新村、南泰苑、海景公寓、青翔花园、豪景阁、特房华苑、特房 G01 新座等数十个居住小区，蓝湾国际、特房新 G01 等商品房项目。先后竞得厦门 2002G01、2003G03、2006G01 地块，漳州 2002A04、2002A05 地块等总面积近 300 万平方米的土地。

公司代建的省、市重点工程厦门软件园二期项目总用地 100 公顷、总建筑面积约 163 万平方米，分

11 个标段进行建设，项目建筑密度 20%、容积率 1.21、绿地率 65%，总投资约 33 亿元。

公司 1998 年后开发的商品房和代建的各项工程均被评为市级优质工程，其中前埔南区二组团获得国家建设部“中国建筑工程鲁班奖”、康乐新村被国家建设部评为“国家安居工程优秀住宅小区”、南泰苑及前埔南区共 7 个竣工单体住宅被评为福建省“省级优质住宅工程”“福建省双十佳建筑”。

三、湖里房地产综合开发公司

1988 年 10 月成立。是隶属湖里区人民政府的国有企业，是湖里区第一家房地产开发公司。成立时注册资金 40 万元。截至 2007 年，经过 4 次增资，注册资金增至 1.13 亿元。公司共完成开发建设项目 17 个、在建项目 3 个、待建项目 5 个，工程总占地面积 36.43 万平方米、建筑面积 87.48 万平方米。其中，民居工程安置项目 4 个，建筑面积 13.45 万平方米，安置居民 1350 户、约 5000 人；在建安置房 27.49 万平方米；完成代建重点项目工程和公共配套设施项目 18.38 万平方米。

四、厦门天地开发建设公司

1991 年 7 月，厦门市人民政府成立“厦门市江头危房改造建设指挥部”，对江头片区进行成片改造。1993 年 6 月，成立厦门天地开发建设公司，公司注册资本为 4806 万元，承担江头改建区的开发建设任务。改建区的开发范围由原来的 0.87 平方千米陆续增至 2.5 平方千米。公司址设江头台湾街天地花园 C 座 10 ~ 12 层。

江头改建开发采取“以地产养基础设施、以房产养公建设施，建设资金滚动使用，自求平衡”的机制。经过十多年的发展，江头初步建成现代化商住区，天地公司也成长为国有二级房地产综合开发企业。

公司代表性投资开发项目有：天地美食城、江头建材市场等。2005 年下半年起，公司先后承接同安工业集中区湖里园、禾山阳光公寓、湖里高新技术园、闽台（厦门）花卉高技术园技术交流中心和营运中心等市、区重点项目的建设任务。

五、禾丰建设有限公司

2003 年 9 月成立，址设台湾街 363 号建邦大厦 8 楼，注册资金 3 亿元。公司主要业务是代湖里区人民政府进行征地拆迁、土地储备、安置房建设和工业园区土地成片开发。

5 年多来，公司先后承接环岛路三期、仙岳路、县黄路、安墩路、总部经济带、马峰山体育用地、80 万平方米储备用地、高林片区旧村改造等市、区重点建设项目的征地拆迁工作；承接五通、马山、高林、集鑫佳园等安置小区总建筑面积近 40 万平方米的开发建设任务；承接环东海域湖里工业园总建筑面积 85 万平方米的建设、招商任务。此外，公司同联发集团合作开发电子生产资料市场——联发电子广场；同鑫新景地集团、永同昌集团联合开发位于思明区龙山路的总建筑面积近 7 万平方米的商品房地块。公司注册资金由成立初期的 500 万元增至 3 亿元；公司规模由成立初期的 10 余人发展到控股、参股企业 4 家；主要业务由成立初期单一的征地拆迁，发展到征地拆迁、土地储备、安置房建设、工业园区土地成片开发、电子生产资料市场建设及商品房开发；投融资规模由成立初期年投资额不足 1 亿元增至 10 亿元。

二、商品房建设

辖区境域的商品房建设始于 20 世纪 80 年代初。1981 年 1 月成立的厦门经济特区建设发展公司、1983 年 10 月成立的厦门经济特区联合发展有限公司和 1984 年 1 月成立的厦门经济特区湖里工业区房地产开发公司是辖区境域最早从事商品房开发的国有企业。厦门经济特区扩大到全岛之后，一大批国有、外资、港澳台资以及股份制房地产开发企业相继加入湖里区商品房开发的行列。早期的商品房建设主要集中在辖区境域的西部，代表性项目有：悦华酒店、金宝酒店、丽轩酒家、免税商场、华景花园、富豪花园、华泰苑、滨海园、海景花园、佳丽豪园和别墅区南泉小筑、玉泉小筑、听泉小筑等。1988 年 8 月落成的 14 层厦门国际信息大厦为湖里第一座高层建筑。

截至 2007 年年底，湖里区规模较大的商品房建设项目有：

厦门吉家家世界：总投资约 8000 万元，家具、室内用品、建材等综合性商场，由温州民营企业投资，形成产、供、销一条龙的产业链。用地面积 8 公顷，建筑面积 6000 平方米。2004 年动工，2005 年开业。

马垄汽车交易市场改扩建：总投资 6000 万元。汽车交易以及售后服务，用地面积 4.9 公顷。2004 年动工，当年竣工。

东方·财富广场：原远华国际大厦，2004 年改建为东方财富广场。总投资约 12000 万元。占地面积 0.71 公顷，总建筑面积 3 万平方米，其中 A 栋为五星级喜来登酒店，B 栋为喜多国际公寓。2005 年对外营业。

马峰山文体休闲中心（福隆体育公园）：总投资 20000 万元，总用地面积 12.2 公顷，总建筑面积 6.05 万平方米，容积率 0.55。2004 年动工。截至 2007 年，乒乓球馆、酒店已经竣工，完成投资 10000 万元。

东方家园：总投资约 7500 万元，位于麦德龙公司以西翔鹭公司用地上，占地 3.1 公顷，建筑面积 3.9 万平方米。2004 年动工，当年主体建筑封顶，2005 年开业。

东方名殿大酒店：总投资约 6000 万元。位于南山路，为酒店、娱乐及大型康乐中心。营业面积 1.24 万平方米。2005 年动工改建，当年竣工对外营业。

金山财富广场：总投资约 30000 万元。为经济型写字楼。位于环岛路北路南侧、五石路西侧。总用地面积 3.19 公顷，总建筑面积 7.4 万平方米。2006 年动工。2007 年年底基本竣工。

五缘湾特色商业街（一期）：总投资 10000 万元。总用地面积 14 公顷，建筑面积 6 万平方米，为特色餐饮和娱乐一条街。A 区于 2006 年 5 月 1 日开业，B 区于 2007 年开业。

中埔台湾水果销售集散中心：总投资 2470 万元。规划用地 9 公顷，首期开发 2 公顷。2006 年动工，当年主体工程基本竣工。

五缘湾商务运营中心：总投资约 35000 万元。位于环岛路西侧，西临环湾路，南邻五通生态居住区，总用地面积约 12 公顷，规划建成海湾商务新区。其中，B 地块由湖里区建设 2 幢 21 层写字楼，总建筑面积 8.9 万平方米。截至 2007 年，主体基本封顶，完成投资 20000 万元。

三、安置房建设

20 世纪 90 年代后期开始，辖区内重点建设项目逐年增多。为促进征地拆迁工作和实现居住社区化，2002 年湖里区开始进行安置房的规划、设计等工作，按照“总量控制，一次性规划，分期实施”的原则全力做好安置房建设工作。截至 2007 年年底，全区规划、在建的安置房项目 30 个，总用地面积 1.03 平方千米，建筑面积 300 万平方米，房源约 2.74 万套。

安置房分布情况如下：

湖边水库片区有上湖安置房、蔡塘安置房、前坑与后坑安置房、下湖安置房、名城花园、集鑫佳园 A 地块、集鑫佳园 B 地块、马山安置小区；

五缘湾片区有金林湾花园、美仑花园、钟宅新家园 A 区、钟宅新家园 B 区、高林安置小区、五通安置 A 区、五通安置 B 区；

县后片区有金禄花园、金汇花园一期、金汇花园二期、金板花园、金福缘新城；

枋湖片区有枋湖 A-3 安置房、薛岭 B-1 安置房、后埔 C1 安置房、蔡坑安置房；

江头改建片区有 J2 安置房、乌石浦新村、嘉盛花园、合兴小区、嘉景公寓。

安置房建设采用代建制，由国有企业自行投融资开发建设，建设成本按政府有关文件规定在控制价内包干结算，纳入项目总开发成本。

2005—2007 年湖里区房屋建筑分类情况见表 10-4。

2005—2007 年湖里区房屋建筑分类统计表

表 10-4　　　　单位：万平方米

年份	面积	合　计	住宅小计	90 平方米以　下	经济适用	别墅与高档公寓	办公楼	商业用房	其　他
2005	施工	207.21	168.01	119.59	11.51	36.81	1.76	12.79	24.65
	竣工	64.69	54.37	47.82	—	6.56	—	4.56	5.76
2006	施工	429.99	353.13	201.17	6.59	14.29	4.78	25.29	87.15
	竣工	61.87	48.67	3.42	—	2.88	0.09	4.44	8.68
2007	施工	630.98	317.83	110.57	1.64	22.72	122.33	27.66	163.14
	竣工	97.88	49.68	7.79	1.64	0.44	29.84	4.21	14.16

说明：2005 年“90 平方米以下”一栏为“普通房”；2007 年尚有“140 平方米以上住房”统计项目，施工面积 123.93 万平方米，竣工面积 21.90 万平方米

第二节　旧村改造

一、改造模式

湖里区旧村改造始于 20 世纪 90 年代，主要完成徐厝旧村改造、江头改建区旧村改造、濠头旧村改造。2002 年，刘厝、祥店旧村改造项目开始实施，改造面积约 28.71 公顷，总建筑面积约 61.62 万平方米，总投资约 11 亿元，是厦门市推行“居住社区化、资产股份化、职业非农化、福利社保化”的试点项目。2003 年，根据厦门市委、市政府的要求，全面启动旧村改造工作。湖里区政府在总体规划的指导下，结合湖里区现状村庄情况，提出城市化改造方案，编制完成《湖里区城市化用地控制规划》，明确全区 53 个自然村改造采用两种改造模式。

整体搬迁，异地安置主要是针对辖区东部成片改造区，即五缘湾片区、县后片区（含湖里高新技术园）、湖边水库片区、五通高林片区和高殿片区，共涉及 38 个村庄的整体搬迁，搬迁人口约 3.2 万人，拟建 6 个安置小区异地集中安置，安置房小区总用地面积约 100 公顷。

就地改造，就地安置主要是针对金尚路以西的“城中村”，共有 15 个。主要拟采取“整体拆迁，就地安置，地价返还，自求平衡”的改造模式，个别村庄如殿前社、钟宅社，安兜社、泥金社等采取“金包金”的改造模式。所谓“金包金”模式即：“金边”——沿街建设酒店、公寓、店面等形成商业带，解决拆迁户的生活出路；“金里”——在原钟宅村的历史遗存上，打造占地 10 万平方米的开放式城市博物公园，形成文化旅游中心，为拆迁户提供就业机会；“第三金”——在“金边”和“金里”之间区域建设幼儿园、小学、医院、社区服务中心、居委会、体育设施等配套设施，解决居民的生活配套问题。

旧村改造遵循“统一规划、统一改造、综合平衡”的原则，由湖里区政府作为建设业主，委托国有企业负责开发建设。国有企业负责前期规划设计、征地拆迁、安置房建设及市政道路建设、公建配套建设等工作，所需资金由企业负责自筹，待土地招拍挂后，所发生的费用经财政审核后从土地出让金中支付。涉及应挂牌出让的土地统一由政府负责组织土地招拍挂工作，土地出让金市区两级按比例分成。

为了维护失地村民利益、让失地村民实实在在分享发展成果，湖里区在旧村改造中采取两个措施，一是按中共厦门市委的“保证每户失地村民有一套居住用房、一套公寓和一个店面”的精神，重点考虑解决农民生活出路的农贸市场、商业用房、社区中心等配套设施。在项目投资方面，实行股份制，发动社区（村）居委会集体和所有村民个人投资入股，共同受益。二是解决落实新发展用地。在拆迁村庄按照人均 30 平方米建筑面积落实新发展用地。新发展用地由湖里区政府作为建设业主，采取“统一规划、统一建

设”的原则进行开发建设，项目规划设计主要为外口公寓、商业服务设施等配套项目。完工后由失地村民参与的社区股份公司向区政府认购，享受股份分红。

二、改造项目

（一）徐厝旧村改造

徐厝小区包括徐厝、薛厝两个自然村，位于湖里区疏港公路以南，三航六公司的东侧、南临悦华路，东面与悦华酒店相邻，总用地12公顷。改造前有居民97户、4200人，暂住人员1000多人，供水、供电、道路等市政设施落后，地势低洼、生活污水聚积，居住生活环境十分恶劣。徐厝旧村改造项目分3期实施，总投资0.78亿元，其中一期工程0.3亿元，二期工程0.28亿元、三期工程0.2亿元，改造方案经批准由湖里区政府组织实施。该项目占地9.48公顷，总建筑面积10.68万平方米，其中保留建筑面积0.35万平方米，新建住宅面积8.56万平方米，新建公建面积1.76万平方米，规划住户1300户，居民5200人，于1991年开工建设，1994年竣工。改造后的小区生活服务设施配套齐全，环境优美。

（二）江头改建区旧村改造

旧村改造之前，江头街内的各类建筑17.6万平方米，仍多为3层以下住宅，平均层高仅1.7米，房屋破旧、危房及质量性能差的房屋占59.7%。道路狭窄、崎岖不平，晴天是“洋灰（扬灰）路”，雨天是“水泥（污水烂泥）路”，市政设施简陋、公建服务不配套。

1988年11月，湖里区人民政府向市政府提出综合整治江头街的申请。1991年12月17日，市政府批准《江头旧城危房改造规划》，改建区规划范围：北至仙岳路，南接吕岭路，西临福厦路，东至鹰厦铁路。总用地面积82.27公顷，总建筑面积260万平方米。其中，高层建筑58幢，多层建筑120幢，规划人口6.5万。

1993年7月，江头改建区首期拆迁工程正式动工。

按照江头片区改造规划总体的要求，改造后的江头新城为“建筑高标准，环境高质量，设施高效能的具有现代化水平的新型商贸居住综合区”，“30年不落后，50年也能适应城市发展和人民生活水平提高的需要”。1995年5月，天地公司配合江头改建指挥部组织江头街中段建筑设计方案招标。有国内外45家单位前来竞标，美国ZGA设计所与中国机械设计院厦门分院合作的设计方案和世界著名的美国设计师格雷夫斯的设计方案分获一、二等奖。

江头改建区前期起动资金由市财政垫付，按照地产统一开发的原则，做好“七通一平”后，再按谁使用，谁受益，谁承担投资费用的原则进行转让，以实现以地产养基础设施，以房产养公

图10-2　江头社区

建设施的目的，建立建设资金滚动使用，自求平衡的良性循环机制。截至 1998 年年底，江头改建区共投入资金 6.3 亿元，拆除危房、旧房 27.3 万平方米，安置 859 户 2662 人，修建台湾街（原江头街）等主次干道 21 条 7920 米，建成商品房、安置房 29.68 万平方米以及小学、幼儿园等公建配套设施。累计协议引进资金 55 亿元，已投入资金 20 亿元，引进项目总建筑面积 88 公顷，在建项目建筑面积 69 万平方米。此后，随着江头医院、开明戏院、文化俱乐部、江头公园、网球场、教堂、菜市场、邮电枢纽大楼、银行、公交枢纽站等设施相继投入使用，江头片区成为厦门城市次中心。

（三）江头吕厝旧村改造

吕厝旧村改造的拆迁项目位于江头改建区福厦路（现嘉禾路）东侧、吕岭路北侧，占地面积 5.31 公顷，拆迁后规划作为“吕厝小区”建设用地。厦门天地开发建设公司于 1997 年 1 月开始对吕厝旧村实施整体拆迁，并于 1997 年 7 月完成整个村庄的拆迁安置工作。整个项目共拆迁住户 110 户 430 人，签订协议 79 份，拆除房屋面积 1.58 万平方米，产权调换安置房 185 套共 1.63 万平方米。

（四）刘厝祥店旧村改造

2002 年 9 月，刘厝祥店旧村改造项目由厦门禾山建设发展有限公司为主进行开发建设，至 2007 年 8 月基本完工。

图 10-3　祥店社原貌

图 10-4　祥店社区

刘厝祥店旧村改造项目开发建设范围：南至仙岳路，北至薛岭路，东至银龙公寓及太微山庄，西至中医院及博士新村。总用地 27.39 公顷，总建筑面积为 69.11 万平方米，共拆迁刘厝、祥店两个自然村 351

户，1018 人。建设安置房 12.51 万平方米，其中住宅 1047 套，店面 129 套。为了帮助解决改造区集体经济发展和村民安置后的生活出路问题，按照协议约定要求，建设并提供给村委会优惠店面 1.00 万平方米、小商品市场 1669.63 平方米、农贸市场 2982.46 平方米、老年活动中心 415.48 平方米；严格按市规划建设部门批准确定的总体规划要求，完成相关公建配套设施及市政配套设施，居委会用房 717.94 平方米、2 所幼儿园 5934.15 平方米、清洁楼 98.7 平方米、公交站用房 67 平方米、供水、供电、道路、燃气、通讯、排污、环境美观等建设。

根据项目改造总体建设规划及政府招商要求，已建成第二城·幸福生活、第二城·快乐天地、国贸阳光、联发新天地等商品房项目，总建筑面积 52.59 万平方米，已缴纳税收近 3 亿元。

图 10-5　祥店安置房

该项目的安置房建设从 2002 年开工，至 2005 年年底交房，完成返迁安置工作。根据项目改造运作方式“协议出让、地价返还、自求平衡、收支分明”“改造项目地价全额回拨、总额包干、自求平衡、实行自负盈亏”，即征地拆迁赔偿、村民安置、公建配套、市政设施和商品房建设等所需的全部资金均由开发公司负责。该项目整体改造按时、保质、保量完成，达到政府、村民、开发单位“三赢”的基本目的。

（五）枋湖后埔旧村改造

枋湖后埔片区位于厦门岛的几何中心，本岛十字形快速道的交点，涉及枋湖、后埔和薛岭 3 个村。片区改造采取“整体搬迁、集中安置”的模式，在蔡坑、枋湖、后埔、薛岭规划建设安置小区。土地面积 76.8 公顷，房屋拆迁面积 160 多万平方米，其中枋湖村约 50 万平方米、后埔村约 70 万平方米、薛岭村约 40 万平方米，被拆迁人口 5000 人，被拆迁 1500 多户。该片区规划改造为新居住商务中心，建有骑楼和大型购物中心，发展沿街商业和集中商业等多种商业模式，规划建设生态花园，打造社区公共客厅，完善学校医疗设施配套，为社区居民提供休闲健身、餐饮娱乐、时尚生活、民俗活动等城市生活空间。

枋湖后埔片区由湖里区政府委托建发房地产集团下属的全资子公司厦门禾山建设发展公司负责前期征地拆迁工作和安置房、公建配套建设。截至 2007 年年底，规划设计方案全部完成，前期工作全面启动，蔡坑安置小区已正式动工。

（六）钟宅畲族社区改造

钟宅村位于厦门岛东北部钟宅湾内，是岛内唯一的畲族聚居点，村内存有钟氏祠堂、观音庙、妈祖庙等历史遗存，常住人口约 4600 多人。钟宅旧村改造的规划范围为由湖里大道、环湖里大道、环岛干道、环湾路围合面积 78.7 公顷的区域。总体规划以城市生活博物公园为核心，包括钟宅新老街道、红砖厝住宅区、海景住宅区等。规划始终围绕尊重畲族文化，保留原住记忆的中心，通过改造提升钟宅的地区价值，保证村民经济的可持续发展。

钟宅旧村改造采用“就地改造、就地安置”的模式，按照“金包金”的模式进行开发。钟宅旧村改造由湖里区政府作为业主，由厦门天地开发建设有限公司组织实施，负责改造片区内的规划设计、征地拆迁、安置房建设、基础设施建设、公建配套建设及民俗文化的保护开发工作。钟宅旧村改造的安置房，总用地面积13公顷，总建筑面积30万平方米，以高层、多层建筑为主，配套建设会所、商店、老人公寓等。2006年年底，完成安置房的选址和方案设计，2007年11月，一期安置房（总建筑面积14万平方米）主体已完成，二期安置房的前期征地拆迁工作已完成。

（七）东渡城中村改造

总投资约40000万元。位于东渡旧村。总占地面积4公顷，建筑面积13万平方米，拆迁99户。2005年动工。截至2007年底，工程全面展开，完成总投资的50%。

（八）乌石浦旧村改造

总投资约18000万元。改造范围东至乌石浦西路，西至嘉禾路，北至南山路，南至SM城市广场。总拆迁面积约10公顷，拆迁户185户。截至2007年底，拆迁工作全面展开，完成投资4000万元。

第三章　房地产管理

第一节　房产管理

一、产权登记

辖区范围的房产登记办证手续均需到市房产管理部门统一办理。个人或单位办理房屋所有权证需提供必要材料和缴纳一定税费。

1991年7月1日之前，市政府为扶持房地产业，规定购买商品房免交契税，购房者只需缴纳4%的产权登记费，开发商缴交1%的产权登记费即可办理房屋所有权和土地使用权证。

1991年7月1日之后，市政府转发财政部文件，规定购买商品房除全民、集体单位外，均需缴交6%契税。对于华侨及港、澳、台胞用外币购买商品房的契税减半。

1992年5月20日之前，房地产三级市场转让的购买方需缴纳6%的契税，1%交易鉴证费，0.4%的产权登记费即增值部分的5%规费。

1994年2月2日，市税务局颁发《关于实施新税制调整房地产交易税征收办法的通知》，规定出卖方缴纳的营业税由3%调整到5%，卖方如果是个人，还需缴纳3%个人所得税，买卖双方还需缴纳万分之五的印花税。

1997年6月25日，厦门市土地、房产两机构合并之前，土地使用权和房屋所有权以及他项权证登记由市土地管理局地籍综合处和市房地产管理局产权处负责。1997年6月25日起，两局合并机构职能到位，设立房地产权籍管理处，负责全市土地房屋产权产籍的登记、发证等项工作的管理。

与行政机构改革同时，组建厦门市房地产权籍登记中心（事业单位）受市主管局委托，承担全市房地产权籍登记具体事务。

根据《厦门市土地房屋权属登记管理规定》（1997年7月16日政府令第60号），经建设部和国家土地局批准，自1997年9月1日起在城镇区域内实行土地使用证与房屋所有权证“两证合一”。具体证书为厦门市土地房屋权证、厦门市土地房屋共有权证、厦门市土地房屋他项权证。证书上统一使用“厦门市人民政府土地房屋权证专用章”及“厦门市土地房产管理局土地房屋权证专用章”。

1997—2007年，湖里区共办理城镇土地房屋登记发证129754件。其中，住宅106689件，商业营业用房8198件，办公室写字楼3048件，其他用房11819件。

1997—2007 年湖里区房地产登记发证情况表

表 10-5 单位：件

年份	合计	住宅	商业营业用房	办公室写字楼	其他用房
1997	472	427	2	2	41
1998	4614	4389	66	48	111
1999	8192	7303	270	201	418
2000	9021	7741	338	165	777
2001	9772	8413	484	197	678
2002	12067	9978	903	201	985
2003	14323	11957	892	370	1104
2004	21521	17703	1655	570	1593
2005	16324	12441	1495	455	1933
2006	16329	13150	1202	434	1543
2007	17119	13187	891	405	2636
合计	129754	106689	8198	3048	11819

二、住房制度改革

1991 年，开始推进住房制度改革。取消单位自建房，实行政府统一集中建设解困房，用于解决机关企事业单位干部、教师和人均居住面积低于 4 平方米的住房困难户。

1992 年 5 月 1 日《厦门市住房制度改革实施方案》颁布。湖里区实行厦门市住房制度改革方案，该方案包括提高公有住房租金、建立健全住房公积金制度、分房购买住房建设债券、公有住房出售、建造统建解困房等内容。

1998 年，全面推行住房公积金制度，取消福利分房和标准价售房，实行住房货币化补贴，初步建立以经济适用房、廉租房、安置房为特征的住房保障制度，经济适用房以社会公开配售为主，增加面向社会的供应量，并将解决社会住房困难户的对象扩大到人均居住面积 8 平方米以下的困难户。

1999 年 9 月，《厦门市进一步深化城镇住房制度改革加快住房建设的实施方案》颁布，并颁布《厦门市住房货币分配试行办法》等 6 个配套方案。2000 年，提高公有住房租金 15%，停止向机关事业单位配售经济适用房，逐步推进企业住房货币化工作。2001 年，开始向低收入居民提供廉租房。2004 年，开始向低收入家庭提供廉租住房租金补助。

图 10-6　国际山庄

2006 年，《厦门市社会保障性住房建设与管理暂行规定》出台，建立社会保障性住房新体系，切实解决中低收入家庭住房困难问题。当年12月，辖区居民开始申请社会保障性住房。全区入户调查2300多户，1039户通过核准。

截至2007年年底，湖里区住房制度改革已基本实现预期的目标。

1994—2004年厦门市政府在湖里区建设的社会保障性住房

表10-6

序号	小区名称	位置	用地面积（万平方米）	建筑面积（万平方米）	住宅数（套）	开工时间	竣工时间	获奖情况
1	康乐新村	南山路东段北侧	16.5	31.07	3015	1994	1996	国家安居工程优秀住宅小区
2	仙洞山庄	南山路东段南侧	3.74	6.78	778	1994	1996	—
3	吕岭花园	吕岭路北侧	7.13	14.83	959	1995	1997	1997年度鲁班奖、建设部第三批住宅建设试点小区银牌奖、国家安居工程优秀住宅小区
4	金尚小区	金尚路东侧、湖边水库西侧	22.29	28.58	3086	1997	1998	1999年福建省物业管理优秀住宅小区、2000年全国物业管理示范小区
5	金北小区	金尚路东侧、金尚小区北侧	1.33	3.22	302	1996	2000	—
6	濠头小区	濠头片区	4.1	8.58	839	1998	2002	—
7	宏山新村	金尚路东侧、仙岳路以北	2.07	5.3	543	1999	2001	—
8	金山小区	仙岳路以北、县黄路以东	13	19	1656	1999	2001	—
9	双鲤新城	安兜村	4.75	9.49	522	2003	2004	—

第二节　房地产市场

一、管理机构

20世纪80年代之前，辖区境域长期被称为厦门岛的“山场”，少有房地产交易。个别房屋、土地交易一般由买卖双方自行协商价格及付款、财产交割方式后，请人代书契约，并请中人在场见证。买卖双方、中人和代书契约者均需在契约上签名，并加盖指印。

1987年，国家确定厦门为全国土地使用制度改革的试点城市之一。湖里区房地产市场由市城乡建设委员会、市房地产管理局、市土地管理局联合管理。市城乡建设委员会主要负责房产开发商资质审查、成立开发公司的审批、开发建设工程项目管理等；市土地管理局主要负责房地产一级市场即国有土地使用权出让的管理、房地产二级市场即土地转让的管理，颁发国有土地使用权证书；市房地产管理局主要负责房地产二、三级市场的管理，颁发房屋所有权证书；市房地产交易所负责辖区房地产三级市场转让管理工作，对转让的房产进行产权审查，对转让合同进行鉴证，对转让价格进行评估，指导市场价格，为市财政局、税务局代办契税、营业税、个人所得税、印花税及收取各种转让费。

1993年8月，成立厦门市房地产市场管理处。同年10月28日，成立厦门市土地交易所和地价评估所。土地交易所负责辖区城乡土地使用权二、三级市场的日常管理，办理土地使用权转让、出租、抵押、赠与等手续；地价评估所负责辖区地价政策及基准地价的研究、制定，承担各种用地的地价评估。

二、商品房销售

2002 年，湖里区每平方米建筑面积商品房平均价格为 3396 元，其中别墅 4872 元、厂房 1101 元、车库 2124 元、住宅 3000 元、商场 8846 元、写字楼 3082 元；每平方米建筑面积公有住房成本价为：框架类 1427 元、砖混一等 1306 元、砖混二等 1214 元、砖木 1157 元、高层 2512 元；每平方米建筑面积经济适用房价格为：高层 1854 元、框架 1714 元、砖混一等 1569 元、砖混二等 1461 元。

2005 年，一季度 5279 元/平方米、二季度 5547 元/平方米、三季度 5924 元/平方米、四季度 6374 元/平方米。

2007 年，湖里区房屋销售均价为 11057 元/平方米；住宅均价 11946 元/平方米，住宅中 90 平方米以下住宅 6454 元/平方米，140 平方米以上住宅 9178 元/平方米，经济适用房 2938 元/平方米，别墅、高档公寓 12057 元/平方米；办公楼 8205 元/平方米；商业用房 12183 元/平方米；厂房 4870 元/平方米；车库 3626 元/平方米。

1995—2007 年湖里区商品房销售分类统计表

表 10-7

年份	分类	别墅	住宅	商场	写字楼	车库	厂房	总计
1995	套数（套）	3	504	28	44	16	6	601
	面积（平方米）	944.18	48016.17	2945.21	6133.61	320.21	4563.19	62922.57
	金额（万元）	584.05	19573.07	2334.50	4178.08	134.27	1045.36	27849.35
	均价（元/平方米）	6186	4076	7926	6812	4193	2291	4426
1996	套数（套）	8	1191	114	80	30	8	1431
	面积（平方米）	3831.48	129962.27	12672.21	9750.05	8265.22	9444.19	173925.42
	金额（万元）	2468.64	34030.08	9362.89	5889.66	1679.81	1618.25	55049.33
	均价（元/平方米）	6443	2618	7389	6041	2032	1713	3165
1997	套数（套）	14	4053	373	279	73	12	4804
	面积（平方米）	7976.80	396814.39	54470.51	29626.91	3684.98	25598.69	518172.28
	金额（万元）	4950.76	104875.01	23474.39	13612.28	909.05	4128.52	151590.01
	均价（元/平方米）	5755	2643	4310	4595	2467	1613	2925
1998	套数（套）	5	3807	376	41	61	6	4296
	面积（平方米）	1517.26	352221.19	32331.41	11270.39	2717.22	8542.44	408653.91
	金额（万元）	966.50	91446.59	17623.07	3753.32	950.17	1482.98	116222.63
	均价（元/平方米）	6151	2596	5451	3330	3497	1736	2844
1999	套数（套）	20	4145	593	15	75	16	4864
	面积（平方米）	6488.45	415217.81	49622.34	5036.80	2536.99	34748.43	513650.82
	金额（万元）	3441.92	106025.48	28668.68	1606.12	632.37	4956.16	145330.73
	均价（元/平方米）	5305	2553	5777	3189	2493	1426	2829
2000	套数（套）	47	4131	475	54	134	25	4866
	面积（平方米）	14713.98	408302.04	33255.53	13099.67	7585.86	27675.30	504632.38
	金额（万元）	8383.40	108917.80	21401.85	3779.97	1098.43	3942.14	147523.60
	均价（元/平方米）	5698	2668	6436	2886	1448	1424	2923

续表10-7

年份	分类	别墅	住宅	商场	写字楼	车库	厂房	总计
2001	套数（套）	31	3555	495	36	128	29	4274
	面积（平方米）	10615.10	370236.38	400889.29	12275.14	3923.24	44703.29	482642.44
	金额（万元）	6046.20	103985.30	26168.80	4302.35	861.16	6311.31	147675.13
	均价（元/平方米）	5696	2809	6400	3505	2195	1412	3060
2002	套数（套）	15	7088	873	137	203	21	8337
	面积（平方米）	5067.90	686983.03	64226.42	21214.82	6456.60	30888.29	814837.07
	金额（万元）	2468.89	206093.32	56815.43	6539.24	1371.17	3399.68	276687.72
	均价（元/平方米）	4872	3000	8846	3082	2124	1101	3396
2003	套数（套）	57	5431	972	189	766	4	7419
	面积（平方米）	18632.05	571005.52	75191.65	34235.09	27626.27	3251.35	729941.93
	金额（万元）	14230.18	194326.86	66651.38	11865.90	4999.43	362.56	292436.31
	均价（元/平方米）	7637	3403	8864	3466	1810	1115	4006
2004	套数（套）	168	5783	938	128	1092	3	8112
	面积（平方米）	55457.33	604786.55	57450.04	19163.86	42967.01	1781.59	781606.38
	金额（万元）	39541.68	255759.91	47287.20	6489.43	5920.59	351.29	355350.10
	均价（元/平方米）	7130	4229	8231	3386	1378	1972	4546
2005	套数（套）	65	6206	872	310	1026	14	8493
	面积（平方米）	21776.67	592749.52	49167.20	23667.57	37597.88	12829.70	737788.54
	金额（万元）	18883.69	311004.17	50310.62	8955.87	8138.85	2084.25	399377.45
	均价（元/平方米）	8672	5247	10233	3784	2165	1625	5413
2006	套数（套）	41	3500	573	150	1504	0	5768
	面积（平方米）	11410.28	409554.56	50545.87	20399.85	60170.09	0	552080.65
	金额（万元）	11586.16	250686.70	48807.04	12085.10	13941.18	0	337106.18
	均价（元/平方米）	10154	6121	9656	5924	2317	0	6106
2007	套数（套）	15	5689	554	202	1891	4	8355
	面积（平方米）	4613.37	666470.01	58989.86	32645.62	73757.93	3619.83	840096.62
	金额（万元）	5562.18	796187.08	71865.23	26784.23	26741.18	1762.80	928902.70
	均价（元/平方米）	12057	11946	12183	8205	3626	4870	11057

三、房地产中介

清代及民国期间，辖区境域没有专门的房地产中介机构。房地产买卖一般由买、卖双方协商，邀请社里声望较高的人士担任中人。

1950—1979 年，辖区境域房地产交易基本停歇。

1985 年，开始有零星的房地产交易，正规的交易由厦门市房地产经纪交易所统一经营。每介绍一起房屋买卖成交后，收取卖方成交价 3%、买方 2% 的中介费。亦有采取传统的请“中人”作证的民间交易方式。

1992 年，辖区内开始兴办物业公司，当时的“物业公司”主要介绍房屋买卖、租赁，少数兼代理开发商出售商品房及进行楼宇管理，实际上是以房地产交易为主的中介机构。早期的物业公司门槛较低，只需到工商局领取营业执照即可开业。湖里区的物业公司收取租赁中介费为一个月房屋租金数，由承租和出租方商定各自承担数额。买卖房屋的中介费用普遍为 2.5%，买、卖各方承担数额亦由双方协商；协办过户、按揭费用为 800～1000 元。有的中介机构可以视情况给予相对的优惠，尤其是生意清淡时，会通过少收中介费招徕买主。

1994 年后，物业公司成为专门从事楼宇管理的服务机构的专有名称。

据 2004 年厦门市第一次经济普查，湖里区有房地产中介服务机构 55 家，从业人员 644 人。2007 年，机构或总部在湖里区的房地产中介服务机构约有 40 家，服务网点则多达 200 余家。每条商业街道都有房屋中介机构。有的连锁式房屋中介企业在湖里区就有 10 余家连锁店。辖区内规模较大的房地产交易中介机构有厦门首佳房地产行销企划代理有限公司、厦门丹厦房产行销策划有限公司、厦门金德信房产代理有限公司等。房屋中介服务机构的业务范围并不局限在湖里区；区外的房地产中介服务机构也可以从事湖里区辖区境域的中介服务。

第三节　物业管理

一、物业公司

20 世纪 80 年代初，物业管理由香港引入厦门市。1994 年，湖里区开始出现专业的物业管理公司，根据建设部颁布的《城市新建住宅小区管理办法》，从事物业管理服务工作。辖区内物业管理事权统一由市建设局负责。

2003 年 9 月 1 日，开始贯彻国内第一部《物业管理条例》。

2004 年 1 月起，湖里区的物业管理事权改由湖里区建设局负责管理。按照有关规定，各小区成立业主委员会，配合建设局、街道办等部门与物业管理公司一起做小区的物业管理工作。同年，湖里区有物业管理服务机构 59 家，从业人员 3024 人。

2007 年 10 月，开始实施国务院修订的《物业管理条例》。截至 2007 年年底，湖里区辖区内有 218 个小区纳入物业管理，物业管理总面积 818 万平方米。为湖里区提供物业管理服务的物业管理企业有 106 家，其中属于湖里区的企业 48 家、思明区的企业 57 家、海沧区的企业 1 家。成立业主委员会的物业小区有 115 个，占小区总数的 52.8%，高于全市平均水平。年内举办湖里区首届“十佳文明物业”评选活动。经过小区群众投票与相关单位检查评比的自下而上的推选，厦门联发（集团）物业管理公司裕发花园管理处、康乐物业发展有限公司特房海景公寓管理处、长兴物业管理公司金山小区管理处、厦门住总物业管理公司吕岭小区管理处、创优物业管理公司龙腾花园一期管理处、白士德楼宇管理有限公司唐庄管理处、常青藤物业管理公司长乐村一期管理处、厦禾旧城改造物业管理公司大唐世家第三和第五期管理处、康乐物业发展有限公司青翔花园管理处、信地置业物业管理公司桃源大厦管理处等十家企业入选湖里区首届“十家文明物业”；住总物业管理公司金尚小区管理处、国源物业管理公司国际山庄管理处、创优物业管理公司金海花园管理处、长兴物业管理公司芙蓉苑管理处、博士物业管理公司博士山庄管理处等 5 家企业获提名奖。

1996—2006 年湖里区物业管理获国家示范、国家优秀项目名单

表 10-8

年份	项目名称	获奖项目	物业公司名称
1996	华景花园	国家优秀	厦门特区房地产
1997	康乐新村	国家示范	康乐物业
1998	吕岭小区	国家优秀	住总物业
2000	金尚小区	国家示范	住总物业
2002	江头电信枢纽大楼	国家示范	邮电纵横
	大唐世家一、二、五期	国家示范	厦禾物业
2006	裕发花园	国家示范	联发物业
	仙岳山庄	国家示范	白士德物业

1997—2007 年湖里区物业管理获省级示范、省级优秀项目名单

表 10-9

年份	项目名称	获奖项目	物业公司名称
1997	康乐新村	省优秀	康乐物业
1998	吕岭小区	省优秀	住总物业
	象屿海关大厦	省优秀	象屿物业
1999	金尚小区	省优秀	住总物业
	大唐世家一、三、五期	省优秀	厦禾物业
	芙蓉苑	省优秀	长兴物业
2001	江头电信枢纽大楼	省优秀	邮电纵横
2005	裕发花园	省示范	联发物业
	海景公寓	省示范	康乐物业
2006	联泰大厦	省示范	联发物业
	安宝大厦	省示范	友朋四方物业
2007	宏益大厦	省示范	联发物业

2001—2007 年湖里区物业管理获市级示范、市级优秀项目名单

表 10-10

年份	项目名称	获奖项目	物业公司名称
2001	江头电信枢纽大楼	市示范	邮电纵横
	南泰苑	市示范	康乐物业
	象屿保税区工业区	市优秀	象屿物业
2002	唐庄	市优秀	白士德楼宇
2003	特房海景公寓	市优秀	康乐物业
2004	裕发花园	市优秀	联发物业
	青翔花园	市优秀	康乐物业
	大唐世家六、七、八期	市优秀	白士德楼宇

续表10-10

年份	项目名称	获奖项目	物业公司名称
2005	振华大厦	市示范	厦禾物业
	东方巴黎广场	市优秀	豪亿物业
2006	华岳山庄	市示范	深港华森物业
	中储粮大厦	市示范	邮政物业
	裕发广场	市示范	联发物业
2007	联发37号工贸大厦	市示范	联发物业
	双十中学高中部	市示范	华菲物业
	国建优山美地	市示范	汇嘉物业

附：湖里区物业管理公司选介

厦门康乐物业发展有限公司：1994年12月成立，注册资金300万元，是厦门市最早从事专业化物业管理服务的物业管理企业，具有建设部二级物业管理资质。最大的股东厦门经济特区房地产开发公司，是厦门市房地产业的龙头企业。建立现代企业管理制度，2003年通过中国质量认证中心ISO 9001：2000版质量体系认证。在册专业物业员工600多人，管理层中拥有中、高级技术职称的50余人，各种专业人员300多人。物业管理面积300多万平方米，管理项目范围涉及酒店、大型商场购物中心、高档小区、写字楼、工厂、高校等。在管理项目中分别获得“全国城市物业管理优秀示范小区”“福建省物业管理优秀住宅小区”“厦门市物业管理优秀住宅小区”“厦门市花园式单位”“福建省绿化红旗单位”“国家安居工程优秀住宅小区”“厦门市园林绿化考评先进单位”“市容管理红旗单位”“省级园林小区”等称号。在湖里区管理的项目有“康乐新村”“禹州新村”“海景公寓”“南泰苑”“特房华苑”等。

厦门联发（集团）物业管理公司：1994年成立，具有国家二级物业管理资质，是福建省首批物业管理品牌单位、福建省物业管理协会理事单位、厦门市物业管理协会副会长单位。1999年，通过ISO 9002国际质量保证体系认证，获得“厦门市首届十佳物业管理单位”、2003—2006年“厦门市守合同、重信用企业”。物业服务面积150多万平方米，类型有别墅、高档住宅、写字楼、高校、工业厂房等，区域包括厦门、福州、漳州和南昌。管理服务项目主要有：联发紫薇花园、联发新天地、联发欣悦园、裕发花园、联发花园、裕发广场、湖里工业厂房、福州幸福城等。管理的项目获得过“厦门市花园式单位”“省级园林小区”“厦门市物业管理示范小区”“厦门市物业管理优秀小区”“福州市物业管理优秀住宅小区”“福建省物业管理示范住宅小区”“全国物业管理示范小区”等称号。

二、专项维修资金归集

湖里区物业管理项目的专项维修资金分为公共设施专用基金和房屋公共维修金两部分。根据《厦门市住宅区物业管理条例》规定：自1999年1月1日起开发建设单位销售的商品住宅必须在移交工程建设档案资料的同时，按建设总投资的2%，一次性向业主委员会划拨住宅区的公共设施专用基金（简称“大修金”），由市建设行政主管部门进行监管；同时《厦门市房屋公共维修金管理规定》中规定：房屋公共维修金（简称“小修金”）由房屋的业主或使用人缴交。湖里区商品房专项维修金制度实行的是“两金”并行制，由开发建设单位一次性按建设总投资（扣除地价后）2%缴存的大修金，由业主或使用人按月缴交的小修金。大修金由市建设行政主管部门设立专用账户进行监管，小修金由业主大会决定自行管理或委托物业管理企业进行管理，市价格主管部门负责小修金的审批和监管。通常情况下，辖区的小修金按每月每平方米0.2～0.3元缴交。

2003 年开始，修订《厦门市住宅区公共设施专用基金管理暂行办法实施细则》，要求开发建设单位在办理项目竣工综合报备时一次性缴清住宅区公共设施专用基金。自该办法实施以后，湖里区专项维修基金完成足额归集。针对住宅区大修金的管理，先后出台《厦门市住宅区公共设施专用基金管理暂行办法》《厦门市住宅区公共设施专用基金管理暂行办法实施细则》。对大修金的微观管理以业主大会（或业主委员会）为主，而未成立业主委员会的住宅小区的管理则是以维修项目受益业主的 2/3 以上书面同意作为准则。对大修金的宏观管理实行核准制，主管部门审核是否经业主委员会或相关业主的书面同意，维修项目是否确实存在，并确定不能套取现金，只能依据维修合同中核定的工程造价的 40% 直接转至施工企业的账户上，业主或业主委员会验收合格后依据决算价划拨工程尾款。

三、物业管理服务收费

湖里区物业管理服务收费由市物价局主管，市建设委员会（2002 年改称市建设与管理局）在其职责范围内与市物价局配合，共同进行物业服务收费的监督管理。

物业管理单位收取的综合管理服务费实行基准价管理。基准价按小区、楼宇类型，经市物价局按咨询听证程序核定，并报市政府批准后，于每年 1 月 31 日向社会公布。

据市物价局提供的资料，湖里区物业管理服务收费情况大致如下：

20 世纪 80 年代末至 90 年代初，无电梯楼房每平方米每月 0.4 ~0.6 元。

20 世纪 90 年代中期有电梯楼房后，电梯楼房每平方米每月 1 ~ 1.3 元；多层住宅每平方米每月 0.6 元。

2000 年后至 2007 年年底，无电梯楼房每平方米每月 0.8 元；电梯楼房每平方米每月 1.8 元。

第十一篇　商贸服务业

辖区境域历史上为传统的农渔地区。清康熙中叶之后，逐渐成为厦门岛西南部市区的副食品供应地。清道光二十三年（1843），厦门正式开埠，成为通商口岸，商业经济对辖区境域的影响增强。晚清时期，辖区境域侨居国外的华侨逐渐增多，成为发展商业经济的重要因素之一。清末，辖区境域形成4处商业聚集区：北部与浔尾（今集美）对渡的高崎、殿前一带形成殿前街；钟宅湾南岸形成桥头街；东部与刘五店对渡的五通一带形成蛟塘街（民国期间改称昭塘街）；筼筜港东岸一带则形成江头街。

解放后，辖区境域贯彻厦门市人民政府制定的“发展生产，繁荣经济，公私兼顾，劳资两利，城乡互助，内外交流”的方针，鼓励、扶持私营工商业经济的恢复和发展。同时，积极培育国营商业和集体商业。1950年2月在辖区境域成立禾山供销社，逐渐发展成为辖区境域农村主要的商业机构。1953年11月实行粮食统购统销，私营商业逐渐退出粮油经营，辖区境域粮油集中到国营粮站独家经营。1954年9月开始发放布票，实行棉布计划供应，私营商业退出棉布经营。

1955年开始，原由供销合作社经营的粮油业务，移交给国营粮食部门统一经营。之后，又将生猪收购、药材收购、水产品业务等，分别移交给国营食品公司、国营医药部门、国营水产部门经营。1956年，辖区境域形成以国营粮站、供销社为主体，高度集中的商业体制。这一时期，由于国家有计划地调整主要农副产品的收购价格和对粮油等主要农产品实行统购统销政策，市场物价相对稳定，零售价格指数仅上升0.54%。1958年下半年，宣布取消辖区境域所有的农村集市。辖区境域传统的4条商业街中，1960年建成湖边水库后，桥头街成为库区，被彻底淹没。殿前街和蛟塘街因为大部分商家停业，丧失商业功能。江头街由于是禾山供销社的所在地，还勉强保存部分商业流通功能。辖区境域的生产资料和生活资料全部实行按计划供应、由供销社到指定的供应站提货、由供销社设在各大队的供销点按计划销售。不仅粮、油和粮食复制品、棉布类商品凭证或凭票供应，香烟、肥皂、食糖、火柴、煤油等生活用品和脚踏车、手表等工业品基本上实行凭票、证定量或限量供应。

1961年，贯彻落实中共中央“调整、巩固、充实、提高”的方针，恢复江头农贸市场（时称自由市场），允许农民在自留地种植的农产品上市，时称“高价米”“高价菜”。当年，农贸市场价格总指数达375.88%（1960年为100%，下同），粮食类价格指数高达1471.12%，肉禽蛋价格指数达509.45%。国营商店和供销社部分商品实行高价供应。1963年后，农村集市贸易价格逐渐回落，商品供应量逐年增加，凭票供应范围逐步缩小。

“文化大革命”期间，供销社的体制有过“国营”和“集体”的变化之争，但辖区境域的商业活动仍处于高度集中的国营和供销社体制的控制之下，个体商贩基本失去生存空间。70年代初期，农村开展割“资本主义尾巴”的运动，农民出售剩余农产品的农贸市场再度关闭，商业网点锐减，商品来源短缺，市场供应再趋紧张。但由于国家对主要消费品物价实行冻结，零售物价指数仅上升2.98%。

1979年10月，辖区境域农村开始农村经济体制改革，全面推行各种形式的生产责任制。1982年后，随着乡镇企业的迅猛发展以及家庭联产承包责任制的全面推行，乡镇企业产品和农副产品的商品率不断提高，农副产品的统购、派购品种逐渐减少。1983年，终止长达50年之久的粮食统购统销，实行多渠道经营。1984年，实行“乡办、村办、个体、联合体四个轮子一起上”的发展乡镇企业的方针，开始打破国有商业和供销社主宰农村商业“一统天下”的局面。1985年，取消粮食统购派购，改为合同定购和实行有指导的议购议销。同年5月，取消布票及各种副食品票证。1986年，取消辖区境域各农业行政村的粮食定购任务。

湖里建区后，1988 年 4 月在高崎建成第一家商品批发交易所。1989 年 8 月，拥有 427 个摊位的湖里集贸市场投入使用。此后至 1992 年，辖区内相继在湖里、高崎、东渡、高林、江头等地建成一批农副产品集贸市场。

1993 年，厦门市政府对商业、粮食、供销社体制进行改革，组建商业、粮食、供销集团，不再行使政府行业管理职能。之后，湖里区商业呈现国有、集体、个体、联营、股份制和外资等各种体制并存、相互竞争的局面，大卖场、连锁店、自选商场等经营方式的出现丰富了辖区商品流通的业态。1995 年，江头旧城改造的主要项目江头街（台湾街）通车后，江头一带的手机、建材等专业市场逐渐形成规模。

2004 年全区完成“撤镇建街”后，包括商贸服务业在内的第三产业成为湖里区的重点产业。江头、凤湖、寨上三大商圈持续发展壮大，五缘湾片区—枋湖新商圈加速形成，品牌商业、特色服务业、专业品牌等高端业态有效提升现代商贸服务业的档次。2006 年，开展“农改超”试点。第一批试点康乐市场、东渡市场改造为康乐永辉生鲜超市和东渡新华都生鲜超市，分别于 2007 年 5 月 18 日、6 月 23 日开业。

2007 年年底，全区拥有批发、零售贸易业限额以上法人机构（年主营业务批发 2000 万元以上、零售 500 万元以上）178 个，年销售总额 324. 80 亿元；星级住宿业和限额以上餐饮业法人机构（年主营业务 200 万元以上）19 个，年营业额 5. 56 亿元；全区商贸营业额 433. 9 亿元。包括商业贸易在内的第三产业成为湖里区经济发展的主导因素。

1979 年之前，辖区境域的住宿餐饮业相当薄弱。即便是江头街最盛时期，也只有几家供应家常便饭的小菜馆，没有一家旅馆。

1984 年 6 月，位于东渡的金宝大酒店正式开业，这是辖区境域第一家用现代服务理念经营的住宿业企业；1985 年 1 月，集住宿、餐饮、购物、娱乐、会议服务于一体的百乐园正式开业；1985 年 12 月，悦华酒店一期正式营业，开启辖区境域住宿餐饮业引领先进水平的先河。湖里建区后，辖区内的服务业呈现多种经济成分并存、相互竞争的局面。20 世纪 90 年代后，辖区内兴办一批为国内外客商、游客提供综合性、系列化高档服务的酒楼、饭馆等服务设施。2007 年，全区已形成针对不同服务对象的多元化、多层次、方便、周到的住宿餐饮网络。其中，星级住宿企业和限额以上餐饮企业 19 个，产业活动单位 22 个，年末从业人数 4240 个，完成营业额 5. 56 亿元。

居民服务是湖里区最古老的服务业。但规模较小，服务范围局限于江头街、殿前街等街市。20 世纪 80 年代后，现代服务业迅速兴起。20 世纪 90 年代后，发展成为湖里区城市经济的重要组成部分。

第一章　商贸体制和商业网点

第一节　商业所有制结构

一、个体、私营商业

历史上，辖区境域的商业均为小本经营的个体、私营商业，主要集中在江头街、殿前街、桥头街和蛟塘街一带，也有少数走乡串社的小商贩。1953 年，根据中共中央过渡时期总路线的精神，对私营商业进行利用、限制、改造的政策。至 1956 年年初，辖区境域基本完成对私营商业的社会主义改造，稍大的店商实行公私合营，小商贩、小饮食店联合组成合作社。个体、私营商业遂不复存在。

1980 年，开始允许私人经营小零售业、小饮食业。此后，国家逐步放开个体、私营经济政策。1988

年、1990 年，湖里区先后成立个体劳动者协会和私营企业协会。1992 年，全区有商业、饮食业、服务业私营企业 74 家，个体工商户 1493 户。

1993 年 11 月，湖里区贯彻厦门市人民政府颁布的《厦门市加快个体私营经济发展的暂行规定》，规定个体、私营企业与其他经济性质的企业同样具有市场主体资格，可以从事符合国家产业政策规定的各种生产经营活动；鼓励和支持个体、私营企业发展外向型经济和横向经济联合，包括到境外经商办企业，并对个体、私营企业出口创汇分成、出口退税、税收优惠等做出规定，进一步促进个体私营经济的发展。当年，全区商业、饮食业、服务业私营企业增至 178 家，个体工商户增至 2145 户。

90 年代中期以后，私营经济的规模渐趋扩大，出现私营合伙企业、私营有限责任公司、私营股份有限公司等组织形式。

2000 年之后，个体、私营商业机构每年增加数量达 1000 家左右。2001 年，全区商业、饮食业、服务业私营企业增至 448 家，个体工商户增至 5414 户。在数量增加的同时，企业的经营规模也逐年扩大。2003 年，全区私营限额以上批发零售法人企业有 65 家，销售总额 52.84 亿元，占全区限额以上批发零售销售总额的 73.04%；全区限额以上餐饮企业有 4 家，均为私营企业，年营业总收入达 0.38 亿元。2007 年，全区私营限额以上批发零售法人企业有 107 家，销售总额 150.91 亿元，占全区限额以上批发零售销售总额的 46.46%；全区私营限额以上星级住宿业、餐饮企业有 8 家，年营业额 1.00 亿元，占全区限额以上星级住宿业、餐饮企业营业总额的 17.99%。

二、集体商业

（一）禾山供销社

1950 年 2 月，组建禾山供销合作社，社址设在江头街，为辖区境域最早的集体商业。1956 年后，负责辖区境域农村生产资料和生活资料的供销。禾山供销合作社在江头街设有综合性零售门市部、农产品收购站、饮食店等经营网点，并陆续在各村（公社化后改为生产大队）设立代购代销店（又称“双代店”）。1958 年，供销社和商业局合并，禾山供销社改属郊区商业分局。1961 年 10 月，郊区商业分局改为郊区供销社。1970 年 2 月后，改郊区供销社为郊区商业局、郊区商业分局。1978 年 1 月，恢复供销社体制，改郊区商业分局为郊区供销社。1984 年 4 月改称郊区供销联合社。1987 年建区后，禾山供销社成为厦门供销合作社联合社的直辖基层社，专营辖区内农机具、化肥、农药、农用薄膜等农业生产资料，同时销售日杂用品。1992 年，国家开放化肥等农业生产资料的市场，但供销社仍为销售农业生产资料的主渠道。1993 年，厦门供销合作社联合社改为厦门供销社集团，禾山供销社为其代管单位。1996 年，根据国务院有关文件，重新成立厦门供销合作社。截至 2007 年，禾山供销社仍为厦门供销合作社的基层社，作为一般的集体商业企业从事经营活动。

（二）其他集体商业

1979 年后，辖区境域的社队（镇村）陆续创办一批集体所有制商业企业。一些私营商业企业也以集体所有制企业的名义从事经营活动。建区后，镇、街、村相继创办一批集体所有制的商业企业。截至 1996 年，全区集体所有制商业企业 459 个，注册资金 13069 万元。1997 年后，国家加大对私营经济的扶持力度，集体所有制商业企业通过改制等方式，变更为其他所有制。截至 2001 年，全区集体所有制批发零售和餐饮企业减至 16 家，其中仅有 1 家限额以上批发贸易企业。

2007 年，辖区内没有限额以上集体所有制批发零售和餐饮企业。

三、国有商业

1980 年之前，辖区境域的国有商业机构只有市粮食部门开办的粮店（详见本篇第三章）。1980 年后，厦门经济特区管委会、湖里工业局相继在湖里设立贸易中心、厦门经济特区物资供应中心、厦门经济特区贸易公司、厦门经济特区生活服务公司等国有商业机构。湖里建区时，原湖里工业局所属商业机构归并入市政府相关部门。区政府成立两家内外贸兼营的国有商业企业。1992 年，国有商业全面推行经营、价格、用工、分配“四放开”，商品流通领域形成以市场调节为主的多体制、多层次、多元化的开放、竞争格局。截至2007年年底，全区有国有及国有控股限额以上批发、零售贸易业（含对外贸易）法人企业11个，产业活动单位13个，年销售总额68.45亿元、零售额5.47亿元，分别占全区限额以上批发零售贸易业销售总额和零售总额的21.07%和11.67%。

四、其他内资商业

1996年，出现不同所有制、不同经营实体之间联合经营的联营商业企业。2001年，出现股份合作企业、有限责任公司和股份有限公司等内资商业企业。

联营企业 2004年，全区限额以上批发零售贸易业法人企业有3个、产业活动单位6个，销售额14.68亿元，零售额3.36亿元；2007年，企业法人单位2个，产业活动单位2个，销售额0.28亿元。

非国有有限责任公司 2004年，全区限额以上批发零售贸易业法人企业7个，产业活动单位11个，销售额21.15亿元，零售额4.24亿元。2007年，法人企业53个，产业活动单位70个，销售额132.66亿元，零售额18.53亿元；星级住宿业和限额以上餐饮业法人企业1个、产业活动单位1个，年营业额1650万元。

股份有限公司 2004年，全区限额以上批发零售贸易业法人企业2个，产业活动单位2个，销售额1.01亿元。2007年，法人企业3个，产业活动单位5个，销售额7.50亿元，零售额1.19亿元；星级住宿业和限额以上餐饮业法人企业1个、产业活动单位1个，年营业额127万元。

五、外资及港澳台资合资商业

湖里区外资及港澳台资商业贸易企业有与港澳台商合资经营、与外商合资经营以及外商独资经营3种形式。1985年12月开业的悦华酒店是辖区境域第一个中外合资项目。2001年12月开业的SM商业城是建区后规模最大的外商独资经营的项目。截至2007年年底，全区有限额以上批发零售贸易业外资及港澳台资商业企业6个，其中与港澳台商合资经营法人企业1个、中外合资经营法人企业1个、外商独资法人企业4个，年销售额15.05亿元，零售额2.65亿元；星级住宿业和限额以上餐饮业外资及港澳台资法人企业4个，其中与港澳台商合资经营1个、中外合资经营2个、中外合作经营1个，年营业额2.50亿元。

第二节 商业网点

一、网点总量

清中叶之后，辖区境域的殿前、桥头、蛟塘三街各有数十家店面。江头街有店面上百家。至1956年，江头街有大小店铺178间，经营种类有粮油、建材、日用百货、纺织品、饮食、理发等。

1958年后，辖区境域仅有禾山供销社设在江头的门市部以及派驻各村（大队）的代销店，厦门市粮食局也在江头街开设一家粮站。辖区境域的商业网点不上百家。

1980年后，集体、个体商业机构迅速发展。1992年，全区有个体工商户810户，1995年增至3050户，经营范围也从单一的日用品发展到五金交电、食品、化工、建材、日用百货等。

图11-1 厦门SM商业城沃尔玛购物广场

2000年以后，开架经营、自选商场、引厂进店、连锁店、专卖店、精品店、仓储式商场等新的销售方式和经营形态应运而生，商业网点数量剧增。2001年，全区共有批发贸易企业机构445个，网点477个，年末从业人员4150人，其中内资企业445个，网点437个，年末从业人员3851人；个体户网点40个，年末从业人员299人。零售贸易企业机构268个，网点4293个，年末从业人员18073人，其中内资企业267个，网点238个，年末从业人员1993人；港、澳、台商投资企业1个，网点1个，年末从业人员3人；个体户网点4054个，年末从业人员16077人。零售业限额以上连锁总店数1个，连锁门店数18个（其中直销店18个），皆为超级市场，营业总面积13000平方米，年末从业总人数452人。

据2004年全国第一次经济普查数据，当年全区有限额以上批发和零售业法人单位253个、年销售总额242.14亿元，限额以下（不含个体户，下同）批发和零售业法人单位1681个、年销售总额47.71亿元；限额以上住宿和餐饮法人单位17个、年营业额2.36亿元，限额以下住宿和餐饮法人单位39个，年营业额0.45亿元。

2007年，全区限额以上贸易业批发机构共有142个，产业活动单位151个，年末从业人数4641个；限额以上零售机构共有36个，产业活动单位147个，年末从业人数3623个，两项合计机构178个，产业活动单位298个，年末从业人数8264人。

二、商业贸易圈

清中叶至1956年，辖区境域商业网点主要集中在江头街、殿前街、桥头街、蛟塘街。1957—1979年，商业网点分布基本上维持一村一店的格局，江头街则设有郊区供销合作社基层社的门市部。1980年后，商业网点的分布呈现随经济发展和人民生活需要而变化的特点。截至2007年年底，全区有18个集贸市场、8个生鲜超市、19个生鲜门店、9个专业市场。辖区内各种各样的便民店、社区店遍布大街小巷，并形成各具特色的商业贸易圈。

（一）凤湖商圈

1981年，与厦门经济特区动工同时起步。初步形成以华昌路、竹坑路和海天路3条商业街为基础的湖里商业中心。大型的商业网点有湖里市场、东渡市场、塘边市场、永升市场、濠头市场、金鼎市场、村里农贸市场、永辉康乐超市、永辉海天超市、新华都购物广场东渡店等，湖里老街的服装一条街、竹坑路的水煮活鱼一条街、华昌路夜市为厦门市最具特色的商业街，湖里免税商店、麦当劳海天路店为厦门市最早一批特色商店。悦华酒店是至2007年厦门市唯一花园式顶级商务会议酒店。

（二）江头商圈

江头一带是厦门岛的地理几何中心，历史上是禾山最重要的商业街。1989年，建成江头蔬菜批发市场，总摊位达700多个，成为厦门岛最大的农副产品销售中心；江头旧城改造完成之后，以台湾街为中心，形成厦门市最大的手机市场和蔬菜批发、小商品批发市场；台湾街一带的新景建材城、江头建材市场、国联建材城构成岛内最大的建材市场；位于乌石浦的SM商业城是厦门市最大的集购物、休闲、娱乐于一体的超级市场，

图11-2　江头商贸区

建筑面积近13万平方米，停车场可供1100多辆汽车同时停车，500多家国内外知名品牌入驻商业城，二期扩建工程已接近尾声；天地美食城是厦门市最大的美食广场；开明电影院是厦门最高档的电影放映场所之一；商圈内还有天虹商场、龙门天下、国泰大厦等商业机构，汇集国美电器、永乐思文、苏宁等知名销售品牌。形成集超市百货、家电大卖场、建材家装、美食娱乐与休闲的现代商贸圈。

（三）寨上商圈

寨上商圈地处辖区北部港口与高崎国际机场之间，依托临港物流带的优势，以东方家园、麦德龙、翔鹭国际大酒店、中埔果蔬市场、闽台花卉中心为骨干，带动周边商贸业发展。翔鹭国际大酒店发挥体量大的特点，成为举办大型会议、大型宴席的首选。中埔台湾农产品中转集散中心和厦门（闽台）花卉批发物流中心是大陆最重要的台湾农产品和花卉经营机构。寨上商圈的大型商业机构还有高崎国际机场附近的汽车专业市场以及殿前市场、寨上市场、小东山市场、马垅市场、高崎市场等。建筑面积50万平方米的特色商业区闽南古镇进入招商引资阶段。

图11-3　厦门机场附近汽车超市

（四）五缘湾—枋湖商圈

厦门岛东部开发和湖里区行政中心东移促进五缘湾—枋湖商圈的形成。截至2007年年底，五缘湾—枋湖商圈初具规模。位于五缘湾外湾墩上一侧的五缘湾特色商业街是具有闽南地方特色的，集旅游、休闲、度假、购物、餐饮、娱乐于一身的中高档商业街区。特色商业街一期总用地面积13.99万平方米。截至2007年年底，有金象湾泰国餐厅、风月无边、南海渔村、海晏特色餐饮、好清香、将军府、王家大院等知名餐饮企业入驻，七宝斋、台福购物广场、中国丝绸等特色商场开业，禹洲大酒店、太阳岛酒店五缘湾会所以及一批小型西式餐厅、酒吧、咖啡屋在建设之中。枋湖路旧机动车交易市场成立于1997年，2004年扩建。是厦门市最大的二手汽车市场，二手汽车销售量占全市的一半以上。厦门吉家家世界装修建材家居广场占地面积约10万平方米，至2007年仍是厦门市规模最大、产品种类最齐全的建材家居商场之一。

三、大型商场

湖里区第一家大型商场为1988年8月成立的厦门信达免税商场有限公司的前身厦门经济特区国营外币免税商场。该商场建筑面积8600平方米、营业面积6700平方米，经营数十个世界名牌，品种有服装、皮具、钟表、黄金珠宝、食品、日用百货、滋补保健品、家用电器等两万多个。1989年建成的江头蔬菜批发中心厦门岛内最大的农副产品市场。20世纪90年代后，各种类型的大型专业市场、大型超市、大型生鲜超市陆续投入营业，其中位于嘉禾路的SM商业城营业面积达12.8万平方米，为辖区内面积最大的商场。

2007 年湖里区主要大型商场表

表 11-1

企业名称	简称或分店	地址	开业时间	业态	营业面积（平方米）
厦门信达免税商场有限公司	免税商场	湖里兴隆路信息大厦	1988	百货店	6700
厦门市新智鹏实业发展有限公司	新智鹏便利店	湖里大道 46 号 12C 室	2000.3	便利店	（6 店）
厦门佳和乐商贸有限公司	悦士便利店	枋湖西路 189 号	2001.2	便利店	（26 店）
厦门 SM 商业城有限公司	SM 商业城	嘉禾路 468 号 SM 商业城	2001.12	大型购物中心	128000
深圳沃尔玛深国投百货有限公司厦门 SM 分店	沃尔玛 SM 店	嘉禾路 468 号 SM 商业城-1F	2001.12	大型综合超市	12000
厦门盛名来雅百货有限公司	来雅百货 SM 店	嘉禾路 SM 商业城1～2 层	2002.11	百货店	17000
锦江麦德龙现购自运有限公司厦门湖里商场	麦德龙超市	长浩路 8 号	2003.3	仓储超市	12500
厦门市天虹商场有限公司	天虹汇腾店	嘉禾路 323 号汇腾大厦 1～4 层	2003.9	百货店	91000
福建拓福建材股份有限公司	拓福江头店（注）	吕岭路 124-126 号	2004.9	建材专业店	7800
厦门国美电器有限公司	国美电器龙门天下店	仙岳路 678 号龙门天下 1～3 楼	2005.1	电器专业店	（5 店）
厦门永乐思文家电有限公司	永乐思文湖里店	华昌路 8-12 号	2005.1	电器专业店	600
	永乐思文国泰店	嘉禾路国泰大厦 1～3F	2005.5	电器专业店	4710
厦门吉家投资投资有限公司	吉家家世界	金尚路 118 号	2005.11	建材家具专业店	70000
厦门市我爱我家工贸有限公司	我爱我家便利店	南山路 608 号之一、之二	2006.5	便利店	（12 店）
厦门见福商贸有限公司	见福便利店	嘉禾路永同昌大厦 3 层	2006.8	便利店	（25 店）
厦门永辉商业有限公司	永辉康乐超市	康乐新村 A3 组团农贸市场一层	2007.5	社区超市	12000
厦门新华都购物广场有限公司	新华都东都店	东渡路 78 号一层	2007.6	综合超市	1300

说明：该店 2007 年 3 月停业；营业面积栏中加括号者为店数

2007 年湖里区集贸市场分布表

表 11-2

单位名称	经营地址	管理部门	备注
塘边市场	塘边村 400 号	湖里工商所	居委会办
永升市场	华光路 90 号	湖里工商所	居委会办
前社市场	后坑前社	金山工商所	居民小组办
湖里市场	竹坑路	湖里工商所	服务中心办
濠头市场	和宁里 109 号	湖里工商所	居委会办
金鼎市场	金鼎路中段横道 2 号	湖里工商所	居委会办
村里农贸市场	竹坑路	湖里工商所	居委会办
江头市场	台湾街 7-11 号	江头工商所	服务中心办
后埔市场	后埔社	江头工商所	居民小组办

续表11-2

单位名称	经营地址	管理部门	备注
金尚市场	金尚小区	江头工商所	
吕岭花园综合市场	双浦西里	江头工商所	
殿前市场	殿前	高崎工商所	居委会办
寨上市场	寨上	高崎工商所	居委会办
小东山市场	小东山	高崎工商所	居民小组办
大唐市场（湖里）	大唐世家二期	高崎工商所	大唐公司
马垅市场	马垅	高崎工商所	老人协会
高崎市场	高崎	高崎工商所	居民小组办
寨上旧市场	殿前十字街	高崎工商所	居委会
安兜市场	安兜	高崎工商所	

2007 年湖里区生鲜超市分布表

表 11-3

单位名称	经营地址	管理部门
意顺达生鲜超市	金山西里	禾山工商所
锦江麦德龙厦门湖里商场	湖里区长浩路 8 号	高崎工商所
SM 沃尔玛超市	SM 城市广场地下一层	江头工商所
厦门永辉商业有限公司康乐超市	康乐	湖里工商所
厦门新华都购物广场有限公司东渡店	东渡路 78 号一层	湖里工商所
金中华百货枋湖购物广场	湖里区华昌路 100 号 602 室	禾山工商所
厦门永辉商业有限公司海天超市	湖里区海天路 7-9 号银都大厦一至三层	湖里工商所
厦门鹭鲜食品有限公司南山生鲜超市	厦门市湖里区南山路 207 号之 1	湖里工商所
厦门民兴超市管理有限公司殿前店	湖里区殿前新禾工业园 7 号楼一层	高崎工商所
厦门闽燃超惠贸易公司	厦门市湖里区嘉园路 26 号 01-12 店面	湖里工商所
厦门市鹭建发水产冻品有限公司	湖里区高崎北二路 69 号之 H15	高崎工商所
厦门市湖里区振田冷冻食品经营部	湖里区中埔蔬菜批发市场 B15 号	高崎工商所
厦门大汇冷藏仓储有限公司	湖里区兴湖路 15 号	高崎工商所
厦门捷尔信食品贸易有限公司	湖里区兴湖路 25 号 210 室	高崎工商所
厦门市湖里区利源兴食品经营部	湖里区兴湖路 15#内仓库二层	高崎工商所
厦门市湖里区艺赛食杂店	湖里区马垅 59 号	高崎工商所
厦门惠康诚商贸有限公司	湖里区高崎北二路 65 号 102 室	高崎工商所
厦门市瑞养贸易有限公司	湖里区中埔水产批发市场 G7	高崎工商所
厦门市新智鹏实业发展有限公司马垅经营部	湖里区悦华路 180 号第一层	高崎工商所
厦门市新智鹏实业发展有限公司寨上二店	湖里区寨上 10 号厂房二层	高崎工商所
厦门市新智鹏实业发展有限公司殿前经营部	湖里区殿前 6 组社口东侧	高崎工商所
厦门市新智鹏实业发展有限公司海天店	湖里区海天路 112 号底层	湖里工商所

续表11-3

单位名称	经营地址	管理部门
新智鹏蔡塘店	蔡塘村旧农贸市场	江头工商所
厦门市新智鹏实业发展有限公司翔鹭店	湖里区长浩路258号	高崎工商所
厦门民兴超市管理有限公司殿前店	湖里区殿前新禾工业园7号楼一层	高崎工商所
厦门程泰食品有限公司	湖里区高崎北二路81号之101-104、209号	高崎工商所
厦门三恒源贸易有限公司	厦门市湖里区双浦西里70号一层	江头工商所
好惠佳商贸有限公司	厦门市湖里区和悦里31-45号	湖里工商所

2007年湖里区专业市场分布表

表11-4

单位名称	经营地址	管理部门
南山汽车城	湖里区南山路610号	湖里工商所
江头建材	湖里区江头建材市场综合服务楼304号	江头工商所
国联建材	湖里区台湾街9-11号国联大厦四楼	江头工商所
英大卫浴	湖里区台湾街1号223店	江头工商所
二手手机市场	湖里区吕岭路33号	江头工商所
SM商城建材	SM城市广场地下一层	江头工商所
东方家园建材	湖里区长浩路6号	高崎工商所
吉家家世界建材	湖里区金湖路118号“吉家家世界”B2-51、52	禾山工商所
二手车交易	枋湖路二手车交易市场	禾山工商所

第三节　重点企业

一、厦门夏商农产品（集团）有限公司

址设湖里区禾山路2-8号民兴商城8楼，为全区最大的商贸企业。前身为1959年7月创立的厦门蔬菜公司。2004年7月，改制为有限责任公司。公司是以开发建设、经营管理批发市场为核心业务，以基地种植养殖、进出口贸易、物流配送等为延伸业务的集团性商贸企业。公司在辖区内拥有6家批发市场和销售中心：

（中埔）蔬菜农副产品批发市场　位于殿前街道中埔。占地面积7.2万平方米，市场内设有蔬菜交易区、活鲜水产交易区、冰鲜水产交易区、冻品交易货栈、副食品交易货栈、物流配送加工区等六大功能区。市场内设有农产品检测站以及电子结算、电子监控、电子信息发布等三大系统，配套齐全，功能完善。2007年，市场销售额33亿元，市场占有率80%。该市场被列入国家级重点农产品批发市场、农业部定点市场、全国百家大型农产品批发市场、国家级绿色批发市场、全国综合市场五十强、全国蔬菜批发十强市场、全国食品安全“双十佳”市场，也是省商贸业实施项目带动战略重点项目和福建省十大物流示范项目。

中埔水产批发市场　位于殿前街道中埔。占地30000平方米，交易店面400间，主要设有活鲜交易区、冰鲜及冻品交易区、淡水交易区等。其中，活鲜交易区占地12000平方米，经营户150多家，从业人

员近2000人，对内辐射厦门本地、福建省泉州、漳州、龙岩三明等地区，远销北京、上海、浙江、广东等省，对外辐射日本及东南亚一带。冰鲜及冻品交易区占地面积13000平方米，经营户100多家，从业人员1000多人，对内辐射厦门本地、闽西南以及北京、上海、浙江、广东等省，对外辐射日本及东南亚一带。年销售额约18亿元，市场供应量占全市供应量的80%左右。

（江头）蔬菜农副产品批发市场 位于厦门市禾山街道禾山路与禾东路交界处，占地面积1.5万平方米，建筑面积3万平方米，独立店面近100间。2007年进行扩建改造，建成二层永久性钢混结构建筑，一层为蔬菜农副产品批发市场，经营面积6000平方米，二层（连片）为综合交易市场，经营面积近10000平方米，主要经营干果、冻品、调味品等农副产品。

2007年，该公司还在湖里区投资建设3处大型商业中心：厦门闽台花卉批发物流中心位于高崎航空港附近，环岛路西南面，县黄路东北面，占地15万平方米；（高崎）冻品畜禽批发交易市场位于厦门公铁大桥的入口处，占地面积3.86万平方米；台湾水果销售集散中心位于高崎机场物流园区，占地面积1.76万平方米，建筑面积1.46万平方米。

二、厦门信达免税商场有限公司

址设湖里区兴隆路信源大厦。前身为厦门经济特区国营外币免税商场，1988年8月经国务院批准成立，隶属厦门信达股份有限公司。主要经营进口名牌商品，为来华投资工作之人士提供高档精致的商品及服务。2001年9月30日，正式更名为厦门信达免税商场有限公司。商场建筑面积约8600平方米，共3个楼面。经营品类齐全、国际品质的服装、皮具、钟表、黄金珠宝、食品、日用百货、滋补保健品、家用电器等两万多个品种，数十个世界名牌，形成了高档、名牌系列化的经营格局，尤以男士精品、男士高档服饰著称。

三、鹭燕（福建）药业股份有限公司

厦门鹭燕医药有限公司 址设湖里区华泰路3号。成立于1992年。是鹭燕（福建）集团的成员企业；是由卫生部中国生物制品总公司和国家中医药管理局科技开发交流中心联合创立的面向国际交流和国内外贸易的医药公司。先后投资设立了医药研发机构、生产、批发、零售等十几家企业，已建成具有强大优势的覆盖福建全省市场的营销渠道网络和占地56000平方米的鹭燕医药工业园，已拥有一支专业化水平高、经营管理能力强的企业人才团队。

厦门鹭燕大药房有限公司 址设湖里区华泰路3号B幢。前身为怀德居老药铺。1995年，设立怀德居药行有限公司。2001年9月，改制为厦门统一大药房有限公司，是厦门市首家按药品零售连锁经营模式经营的企业。2002年7月，正式更名为厦门鹭燕大药房有限公司，为鹭燕（福建）药业股份有限公司的全资子公司。在厦门地区拥有20多家分店，门店遍布各主要社区，是厦门市直营门店最多、规模最大的一家药品零售连锁企业，在福州、漳州等地拥有多家分店。共有正式员工380余人。公司作为药品零售连锁企业，在福建省内第一家实现电脑化、网络化管理，也是第一家通过国家GSP认证。

四、厦门市诺维信商贸有限公司

址设湖里区中埔路58号6楼。成立于1998年3月，系福建南泉集团下属子公司，主要从事钢材贸易。公司注册资金5500万元，员工50余人，拥有1万平方米大型露天仓库和运输车队等配套设施。年营业额达到1亿元。

五、厦门森宝（集团）有限公司

址设湖里区华荣路50号森宝大厦。1998年6月成立。系森宝（企业）集团核心企业之一。业务范围覆盖全国各大中城市，并在北京、上海、广州、成都、重庆、西安、沈阳、南京、福州、厦门等地设立子公司。是日本松下传真机中国指定供应商；是中国最大的传真机批发商，连续8年居全国传真机销售第一名。2005年年初，成立厦门森宝数码科技有限公司，专业代理松下投影仪全国批发业务；9月，成立厦门森宝通讯设备有限公司，致力于传真机、耗材等产品终端市场的开拓和经营。

六、厦门金中华百货有限公司

址设湖里禾山路2-8号。1998年6月成立。是一家以经营连锁鞋城、批发和品牌代理为主的综合性商业连锁企业。公司已拥有初具经营规模的金中华江头商城、金中华江头大鞋城、金中华杏林鞋城、金中华湖里商场、金中华湖里购物中心、金中华后埔鞋城、金中华吕岭鞋城、金中华嘉禾鞋城、金中华枋湖购物广场、金中华东渡商场、金中华马垅购物中心11家连锁商场，主要经营各类国内外知名品牌鞋类产品、大小家用电器、日用百货、服装、食品烟酒。

七、厦门新五菱汽车销售有限公司

址设高崎机场内翔云三路。1999年成立。系上汽通用五菱汽车授权福建区域代理商。占地面积4500平方米。注册资金1100万元，并办有厦门思爱福汽车销售有限公司。共有员工110余人，其中大学本科15人，高级机师13人。2004年6月，开办二手车业务。

八、厦门SM商业城有限公司

址设仙岳路和嘉禾路交界处。2001年12月13日开业。厦门SM商业城一期共有6层，建筑面积达12.8万平方米，另有1100多个免费室外停车位。500多家国内外知名品牌入驻。世界零售巨头沃尔玛位于地下层，作为SM的超大型主力店；一、二楼为盛名来雅百货，为高档、典雅、独具时尚品位的购物场所；三楼赛博数码广场、中博手机城，以其最新的数码手机产品引领数码消费潮流；四楼家具家居城，为顾客提供琳琅满目的家居生活用品；五楼新食尚文化美食广场，汇聚各地特色美食。此外，屈臣氏、麦当劳、肯德基、ESPRIT、面包新语等众多国际品牌店成为年轻时尚一族的购物首选。日平均客流量达到12万人次，最高日客流量逾50万人次，成为厦门市乃至周边地区地标式的消费首选地。

九、厦门盛名来雅百货有限公司

址设乌石浦SM商业城一、二层。2001年年底开业。注册资金500万元。主营批发、零售纺织品、服装、鞋帽、日用杂品、化工材料（不含危险化学品和监控化学品）、家具、电子产品、通讯设备、日用百货、五金交电、计算机与软件、办公设备、工艺美术品、汽车零配件、摩托车零配件。

十、锦江麦德龙现购自运有限公司

址设疏港路和长浩路交叉口。2003年3月成立。系世界百强企业麦德龙在中国开设的第17家店。投资近1000万美元，占地面积3万多平方米，商场面积1万2千多平方米，经营品种2万5千余个，拥有6万多名客户（会员）。2007年，职工数（年平均）189人，销售额达31354.26万元，创利税620万元。为厦门市第一家大型现购自运式、仓储式、会员制配销中心。

图11-4　锦江麦德龙现购自运有限公司

十一、福建恒安集团厦门商贸有限公司

址设台湾街363号建邦大厦9楼。2003年9月成立。是商务部在厦门市批准设立的首家涉足投资与资产管理的外商投资企业。注册资金1亿美元。从事福建恒安集团有限公司和其成员企业、关联企业所有产品的加工、包装、仓储和原辅材料、配件、设备等统一采购、销售，并接受相关知名品牌产品的代理销售；经营各类商品和技术的进出口业务（国家限定经营或禁止进出口的商品除外）。恒安集团为国内最大的妇女卫生用品和婴儿纸尿裤生产企业，拥有“心相印”“安尔乐”“安儿乐”等多个中国著名品牌商标。

十二、东方家园（厦门）建材家居有限公司

址设长浩路6号（麦德龙旁）。2003年成立。注册资金6000万元。营业面积达37000平方米，并拥有10000多平方米的大型露天停车场。经营15个大类、近80000余种建材家居商品。是厦门规模最大的建材家居连锁超市。建材家居超市备有板材木材、基础建材、墙地面覆盖材料、五金工具、电工电料、管件电器、油漆涂料、家居园艺、厨卫洁具、照明灯具十大部类商品。精品家具广场主要经营现代板式家具、软木家具、儿童家具、实木家具、古典和新古典家具、红木家具、办公家具、藤器及家居饰品。已设有迪信、美兆、新维思、羽丰、澳珀、联邦、曲美、挪亚家、猫王、顾家工艺、帝国艺匠、皮匠大师、高点、品木、上海亚振、恒大优美家、玉庭、大豪兴利、标致、恒泽、名世家、尊龙等七八十个国内外著名的家具品牌专柜。

十三、厦门国美电器有限公司

址设仙岳路678号龙门天下一楼。2004年12月成立。公司销售家用电器、机械电器设备、五金交电、数码电子产品、计算机软硬件、通信器材、日用百货、装饰材料、针纺织品。国美电器集团是一家以经营电器和消费电子产品零售为主的全国性连锁企业，在全国240多个城市拥有直营门店近千家，是中国企业500强之一。

十四、厦门吉家投资有限公司

在金尚路和金湖路交叉口建有厦门吉家家世界装修建材家居广场。2005年11月6日开业。是福建省内规模最大、产品种类最齐全的建材家居商场之一。占地面积约10万平方米，其中商场面积约7万平方米，园艺休闲广场和停车场面积约4万平方米。内设家具装饰、卫浴陶瓷、建材五金、瓷砖石材、木业板材五大展馆。500多家实力企业、数万种知名商品入驻馆内。

十五、厦门信达诺汽车销售服务有限公司

广汽丰田厦门信达诺店为广汽TOYOTA的全国第一批授权经销店之一，于2006年6月17日正式营业。位于高崎机场汽车商圈最中心位置，占地面积12000平方米。销售进口SUV汉兰达、FJ酷路泽，国产轿车凯美瑞、雅力士等与世界同步的车型。

第二章　商品经营

第一节　限额以上商品经营

1950 年之前，辖区境域居民的商品由私营店商和走乡串社的货郎担供应。当时的消费水平较低，档次较高的棉布、丝绸、哔叽等物品，一般要到老市区购买。1950 年 2 月，厦门市供销合作联社在江头创办禾山供销合作社，成为辖区商品供应的主要渠道。1956 年后，辖区境域的商品供应基本上由供销社独家经营。1959 年后，商品供应出现极度匮乏的状况，绝大多数生活用品都实行按计划、凭票证供应。1980 年后，商品流通逐步推行“多种经济形式、多种经营方向、多种流通渠道、少环节”的开放式流通体制。湖里建区后，基本摆脱原先国有、集体商业一统天下的局面，主要商品的经营方式和价格基本上由市场调节。1994 年之前，尚无商品分类经营的统计数据。1995 年后，辖区城市化建设不断加快，商业在全区经济发展中的地位逐年加强，商品市场呈现品种极大丰富、档次不断提高的局面。

2007 年湖里区限额以上商品经营情况表

表 11-5　　（按国民经济行业分组）　　单位：万元

指标名称	法人企业（个）	产业活动单位（个）	年末从业人数（人）	购进总额	进口	销售合计				利润总额
							批发	出口	零售	
总　计	178	298	8264	2962737.0	187571.7	3247980.2	2779297.5	670089.6	468682.7	36036.1
一、批发业	142	151	4641	2551934.6	183949.7	2812424.6	2732059.1	670089.6	80365.5	28797.5
农畜产品	2	2	41	10111.8	8500.8	9970.2	9970.2	94.4	—	-193.9
食品、饮料和烟草制品	9	12	530	482638.9	—	508950.6	455156.0	6205.8	53794.6	3632.7
米、面制品及食用油	3	3	132	74584.2	—	81979.7	80515.6	—	1464.1	635.0
纺织、服装和日用品	23	23	527	540128.2	5337.0	580442.2	580442.2	482876.4	—	-3834.6
服装	8	8	147	270665.1	833.7	279869.6	279869.6	198287.1	—	-557.2
文化、体育用品及器材	5	5	647	25198.1	—	32484.4	32484.4	32347.5	—	374.4
医药及医疗器材	1	1	170	31653.8	—	32386.6	32386.6	—	—	181.2
矿产品、建材及化工产品	56	58	978	847253.4	17507.7	947696.9	943759.8	60299.2	3937.1	4135.8
煤炭及制品	1	1	32	13429.8	—	13319.3	13319.3	—	—	-856.6
石油及制品	3	3	49	24051.2	2623.3	25663.0	25663.0	—	—	185.2
金属及金属矿	17	18	238	558599.4	—	587118.1	585444.3	541.7	1673.8	2274.0
建材	4	4	70	27385.4	829.9	28829.3	27636.4	2989.2	1192.9	166.4
化肥	2	2	42	19218.4	147.0	19703.3	19703.3	4353.0	—	65.7
机械设备、五金交电和电子产品	34	38	1446	414543.9	36960.3	471926.8	449293.0	22998.1	22633.8	19026.9
汽车、摩托车及零配件	18	21	575	151241.3	3281.8	192123.6	172637.9	17399.3	19485.7	3279.6
家用电器	1	2	185	13369.8	—	14560.4	14560.4	—	—	-32.1

续表11-5

指标名称	法人企业（个）	产业活动单位（个）	年末从业人数（人）	购进总额	进口	销售合计	批发	出口	零售	利润总额
计算机、软件及辅助设备	4	4	146	39491.5	16539.8	46024.2	42907.5	381.0	3116.7	880.6
贸易经纪与代理	2	2	43	37567.1	62.0	43768.1	43768.1	40672.6	—	136.0
其他批发业	10	10	259	162839.5	115581.9	184798.8	184798.8	24595.6	—	5339.0
二、零售业（按国民经济行业分组）	36	147	3623	410802.4	3622.0	435555.6	47238.4	—	388317.2	7238.6
综合零售业	6	81	860	55568.3	3622.0	65929.8	12376.0	—	53553.8	2099.1
百货	2	11	169	10788.3	—	13296.9	—	—	13296.9	1157.1
超级市场	1	17	292	35504.9	—	40454.3	12376.0	—	28078.3	31.7
纺织、服装和日用品	1	1	180	19.8	—	24819.0	—	—	24819.0	1513.3
服装	1	1	180	19.8	—	24819.0	—	—	24819.0	1513.3
医药及医疗器材	1	3	27	596.5	—	545.1	—	—	545.1	9.0
药品	1	3	27	596.5	—	545.1	—	—	545.1	9.0
汽车、摩托车、燃料及零配件	24	30	1374	244635.9	—	241457.7	30585.9	—	210871.8	1904.7
汽车	20	25	1143	200388.2	—	218248.8	28417.4	—	189831.4	993.1
机动车燃料	3	3	151	35647.7	—	13926.6	3073.6	—	13926.6	866.2
家用电器和电子产品	2	30	967	104211.9	—	96525.3	509.1	—	93415.7	2262.8
家用电器	1	8	384	69911.1	—	61712.9	2564.5	—	61203.8	2124.7
通讯设备	1	22	583	34300.8	—	34812.4	1202.9	—	32247.9	138.1
五金、家具及室内装修材料	2	2	215	5770.0	—	6278.7	—	—	5075.8	-550.3

第二节　生产资料经营

一、农业生产资料

（一）化肥

辖区境域使用化肥始于民国25年（1936）前后，时称肥田粉，但未广泛推广，农业用肥以粪肥、豆饼、花生饼等有机肥料为主。抗战胜利后，发放肥田粉成为战后赈济的一项内容，化肥在辖区内逐步推广。1952年开始，化肥由供销合作社独家经营，实行计划供应，品种以硫铵为主。此后，需求量逐年增大，品种逐渐增多，有硫铵、尿素、钾肥、过磷酸钙等。公社化时期，肥料供应以大队、生产队为单位。1961年，生产队交售国家安排的统、派购农副产品，可获奖售化肥。1984年下半年，除尿素、钾肥、复合肥仍按计划分配，由禾山供销合作社负责销售外，其他品种的化肥实行开放经营。1986年后，一度发生货源紧缺、价格上扬、质量失控。影响农业生产的现象。1989年1月起，根据国务院颁布的《关于化肥、农药、农膜实行专营的规定》，辖区内化肥由禾山供销合作社统一归口经营。2004年后，禾山镇实行“撤镇建街”，辖区全面实现城市化，化肥等农业生产资料失去市场，化肥经营企业转为从事区外贸易。

2007年，湖里区有限额以上化肥批发企业2个，年末从业人数42人，购进总额19218.4万元，批发额19703.3万元，利润总额65.7万元。

（二）农药、药械

1950年，禾山供销合作社开始经营农药、药械。20世纪50—60年代，供应的化学农药品种有666粉剂、1605 乳剂、敌百虫、敌敌畏、乐果、稻丰散、滴滴涕等杀虫剂和石硫合剂、波尔多液等杀菌剂；药械主要有手摇喷粉器和压缩喷雾器。起初，农民不懂得使用化学农药和药械，供销合作社则通过举办各种培训班，帮助农民掌握农药、药械的使用技术，促进农药、药械的销售。1970 年后，供应的农药、药械品种增加，既防治水稻病虫害，也防治经济作物、果树病虫害。1980—1982 年，供应的农药品种又增加敌杀死、甲胺磷、杀虫双、杀虫脒等杀虫剂，和托布津、多菌灵、井冈霉素等杀菌剂，并开始供应除草剂和作物生长调节剂。1984 年后，由于高效低毒新农药品种替代和市场放开经营、作物种植面积减少等原因，传统农药销售量不断减少。2004 年后，基本消失。

（三）农机具

传统的铁、木、竹、棕四大类中小农具历史上由私营小手工业者负责供应。1957 年后，由供销合作社独家经营，实行计划管理，即由政府计划委员会下达生产指标，工厂按计划生产，按指定价格出厂，亏损由地方财政拨补，供销合作社协助组织原材料，包销产品。20 世纪 60 年代后，供销合作社开始按计划供应双轮双铧犁、抽水机、打谷机、手扶拖拉机等新式农业机械。1983 年以后，中小农具大部分放开经营。2000 年后，辖区内传统的农机具逐渐失去市场。

（四）农膜

20 世纪 70 年代中期，辖区境域的农村开始推广使用农用塑料薄膜。农膜主要依靠区外计划调拨，由供销合作社独家经营。1982 年起，厦门有了地产农膜，由供销合作社农资部门与生产厂家签订产销合同，并向厂家通报商品流向。1985 年，放开农膜市场，随后流向与价格出现混乱状态。1989 年 1 月开始，农膜由供销合作社专营。1994 年后，农膜逐步放开经营。2000 年后，由于种植业的萎缩，农膜逐渐退出市场。

二、建材、矿产品

（一）建材

1980 年之前，辖区境域建材品种主要是传统的砖、瓦、灰、木料。90 年代后，品种不断更新换代，档次不断提升。1995 年，建筑材料类商品销售总额为 2807. 1 万元，其中批发额 2158. 7 万元，零售额 648. 4 万元。2007 年，有限额以上建材批发企业 4 个，购进总额 27385. 4 万元，批发额 27636. 4 万元，利润总额 166. 4 万元。

2000—2007 年湖里区建材批发业经营情况表

表 11-6　　单位：万元

年份	法人企业（个）	购进总额	销售总额	批发额	利润总额	年末从业人数（人）
2000	1	3786. 3	3740. 9	1001. 5	18. 7	—
2001	2	10585. 0	10112. 5	10112. 5	-159. 1	30
2002	1	8992. 2	9107. 0	9107. 0	29. 3	22
2003	10	84427. 0	87784. 2	87149. 9	1582. 0	225
2005	5	13331. 3	14590. 6	11304. 4	-858. 4	282
2006	5	19869. 6	29015. 0	24605. 5	-331. 5	—
2007	4	27385. 4	28829. 3	27636. 4	166. 4	70

（二）金属及金属矿

1995 年，黑色金属材料类商品销售总额为 240. 5 万元，其中批发额 240. 5 万元。2007 年，限额以上金属及金属矿批发企业有 17 个，年末从业人数 238 人，购进总额 558599. 4 万元，批发额 585444. 3 万元。

（三）石油制品

20 世纪 50 年代后期，辖区境域农村社队农用机械所需柴油，均由市专营公司按计划供应。90 年代后期，石油制品供应逐渐放开，中石油、中石化等国家大型石油企业在辖区内建有多处加油站。截至 2007

年年底，辖区内有加油站49处。2007年，辖区内限额以上石油及石油制品法人企业3家，全年购进总额2.41亿元，批发销售总额2.57亿元；限额以上零售企业3家，全年购进总额3.56亿元，零售总额1.39亿元。

第三节　生活资料经营

一、百货、纺织、服装及日用品

（一）百货类

1951年，供销合作社开始经营日用工业品，主要品种有布匹、火柴、毛线、肥皂、毛巾、胶鞋等。1953年，国家对城乡市场日用工业品经营作了明确分工，规定农村所需的日用工业品由供销合作社主营，国营商业批发部门必须在货源上首先满足供销合作社的提货，并在价格上给予1%～6%的优惠。供销合作社则以低于国营商业零售牌价3%～5%的优惠价供应社员。供销合作社让出肥皂、火柴、牙膏、电池、毛巾、袜子等一批日用工业品，批发给私商零售。1954年9月起，棉布实行计划供应，由国有、集体商业机构专营。1956年完成三大社会主义改造后，辖区境域的日用工业品等生活资料的供应任务，由供销合作社全面承担。1959—1962年，商品匮乏，一批日用工业品实行凭票、凭证定量供应以及专项特需供应。1963年，日用工业品货源增多，品种增加，凭票、凭证定量供应的品种剩下棉布、煤油、火柴等。1964—1965年，供应状况全面好转，绝大多数日用工业品敞开供应。1966年下半年至1976年，商品供应又趋紧张，诸如自行车、缝纫机、手表等紧俏日用工业品，实行“内部控制，批条供应”的销售办法。1979年后，一些定量供应的日用工业品逐渐敞开供应，供销合作社不受经营范围和服务领域的限制，多渠道进货，满足农民生活水平日益提高的消费需要。

湖里建区之初，日用百货商场主要有湖里商场、富丽商场、禾山商场3家。

1995年，经营的日用百货类商品逾万种，批发额1.0亿元，零售额8.6亿元，销售总额9.6亿元。

2000年，有限额以上百货零售企业3个，批发0.45亿元，零售1.37亿元，销售总额1.82亿元，利润总额79.1万元。2001年后，湖里区百货业呈现多种业态。除了传统的百货商店，还出现各类兼营百货的连锁企业、超级市场、购物中心，以及各种商品专卖店和10元、2元商品专卖店。至2007年，全区限额以上综合零售企业有6个，年末从业人数860人，购进总额5.56亿元，批发1.24亿元、零售5.35亿元，年末零售营业面积2.9万平方米，利润总额2099.1万元。其中百货零售企业2个，年末从业人数169人，购进总额1.08亿元，零售1.33亿元，年末零售营业面积1.4万平方米；超级市场零售企业1个，年末从业人数292人，购进总额3.55亿元，批发1.24亿元，零售2.81亿元，年末零售营业面积1.1万平方米。

2001—2007年湖里区零售业情况表

表11-7

年份	综合零售业			百货零售业			超级市场零售业		
	法人机构（个）	产业活动单位（个）	年末人员（人）	法人机构（个）	产业活动单位（个）	年末人员（人）	法人机构（个）	产业活动单位（个）	年末人员（人）
2001	1	1	480	1	1	480	—	—	—
2002	3	3	787	3	3	787	—	—	—
2003	4	4	982	4	4	982	—	—	—
2004	2	6	177	2	6	177	—	—	—
2005	6	12	595	3	9	201	2	2	347
2006	5	42	—	2	9	—	2	17	—
2007	6	81	860	2	11	169	1	17	292

（二）日用杂品类

1952年，禾山供销合作社开始经营土纸、草席、陶瓷器和其他日用商品。1955年，根据国务院所确定的国营商业和供销合作商业的分工，禾山供销合作社开始经营土纸、陶瓷器、雨伞、草席、葵扇等日用商品的收购与批发业务。1960年，供销合作社经营的日用杂品增加蚊香、鞭炮、木制日用品等。1962年，土纸、草席、日用瓷器、纸伞和铁锅被列为省管二类商品。此后至20世纪70年代，辖区境域日用杂品的收购、调拨和供应仍由禾山供销社负责。1980年后，日用杂品市场开始出现多家经营。

2000年，限额以上日用杂品批发企业有1个，批发额3728.5万元，销售合计3728.5万元，利润总额负35.5万元。2001年后，没有此类商品统计数据。

（三）纺织、服装和日用品类

1995年，纺织品、服装和鞋帽类商品批发5883.8万元、销售总额5966.2万元；日用品类企业商品销售总额3974.8万元，其中批发3863.1万元、零售111.7万元。

2004年，有纺织、服装和日用品限额以上批发企业12个，年均从业人数348人，批发169105.9万元，销售合计169105.9万元，利润总额325.6万元，其中纺织品、针织品及原料批发企业3个，年均从业人数78人，批发57828.7万元，利润总额187.0万元；服装批发企业6个，年均从业人数136人，批发72341.5万元，利润总额158.8万元；鞋帽批发企业2个，年均从业人数123人，批发32244.4万元，利润总额143.7万元；日用品批发企业1个，年均从业人数11人，批发6691.3万元，利润总额负163.9万元。限额以上零售仅有服装企业1个，年均从业人数194人，零售额13990.9万元，销售合计13990.9万元，利润总额435.7万元。

2007年，纺织、服装和日用品类共有限额以上批发企业23个，年末从业人数527人，购进总额540128.2万元，批发580442.2万元，利润总额负3834.6万元，其中服装批发企业8个，年末从业人数147人，购进总额270665.1万元，批发279869.6万元。限额以上零售企业只有服装类1个，年末从业人数180人，购进总额19.8万元，零售24819.0万元，年末零售营业面积1.2万平方米，利润总额1513.3万元。

二、文化、体育用品及器材

1995年，文化、体育用品类商品销售总额为1145.9万元，其中批发984.3万元，零售161.6万元。

2003年，文化、体育用品及器材类共有限额以上批发企业10个，年末从业人数371人，购进总额52067.4万元，批发54714.6万元，利润总额1315.2万元。至2007年，此类共有限额以上批发企业5个，年末从业人数647人，购进总额25198.1万元，批发32484.4万元，利润总额374.4万元。

三、机械、五金交电及电子产品

（一）家用电器类

20世纪30年代前后，辖区境域个别归侨、富商开始购置电子管收音机。60年代后期，商店开始销售半导体收音机。1977年，出现黑白电视机。80年代中叶之后，商店销售的家用电器有彩色电视机、洗衣机、电风扇、空调机等。1995年，家用电器类商品销售总额179.5万元，其中批发14.3万元，零售165.2万元。至2007年，家用电器限额以上批发企业有1个，批发额14560.4万元，销售合计14560.4万元，利润总额负32.1万元；限额以上零售企业1个，年末从业人数384人，购进总额69911.1万元，零售61203.8万元，年末

图11-5　永乐电器江头店

零售营业面积2.3万平方米，利润总额2124.7万元。

（二）汽车、摩托车及零配件

20世纪80年代中叶后，摩托车成为辖区农户主要交通工具之一。1999年5月1日开始执行《厦门市摩托车管理暂行规定》后，辖区内不再销售摩托车。2000年开始在辖区内开发、建设汽车销售市场，当年有限额以上法人企业2家，购进总额22.60万元，销售总额20.71万元。2007年，有法人企业24家，产业活动单位30家，年末从业人数1347人，购进总额24.46亿元，销售总额24.15亿元。

图11-6　殿前街道举办2007汽车文化节

（三）计算机、软件及辅助设备

1999年，辖区内开始有商家经营计算机、软件及辅助设备。2003年，从事该类商品批发的限额以上法人企业有1家，年购进总额3868.5万元，年批发2699.3万元、零售1298.5万元。2007年，该行业限额以上法人企业4家，产业活动单位4家，年购进总额3.95亿元，批发4.29亿元、出口381万元、零售3116.7万元。

四、食品·烟草制品·果蔬

（一）食品·烟草制品

1995年，市供销系统经营的该类商品有140多个品种。是年，食品、饮料和烟酒类商品销售总额为5698.8万元，其中批发额5521.7万元，零售额177.1万元。

2002年，食品、饮料和烟草制品有限额以上批发企业1个，年末从业人数25人，购进总额3875.7万元，批发4299.6万元，利润总额7.3万元。到2007年，该类共有限额以上批发企业9个，年末从业人数530人，购进总额482638.9万元，批发455156.0万元，利润总额3632.7万元，其中米、面制品及食用油批发企业3个，年末从业人数132人，购进总额74584.1万元，批发80515.6万元。

（二）果品

1956年，禾山供销合作社开始按上级规定统一经营干鲜果、干菜及调味品（主要是味精），负责安排辖区境域市场的供需。国家计划收购的“三鲜三干三菜”（即鲜柑橘、鲜荔枝、鲜桂圆，桂圆干、荔枝干、笋干，香菇、木耳、黄花菜），委托供销合作社统一收购、统一调拨。此后，辖区境域的果品食杂经营渠道与供应办法，基本沿用归口计划收购与分配的办法。

图11-7　台湾水果销售集散中心

1980年，果品食杂市场开始多渠道经营，并逐渐转为市场化经营。2002年，全区尚有水果种植面积1135亩，总产量258吨，全部实行市场化销售。

中埔水果批发市场原为位于湖滨西路的滨海果品市场，2003年3月迁往中埔。占地4.06万平方米，设有水果交易区、保鲜存储加工区、综合服务区、冷库等场所，具备农残检测、水果信息发布等功能，日均交易量约250吨。市场以国内南、北水果交易为主，部分经营进口水果。2005年5月28日，台湾水果登陆厦门。2006年4月，厦门台湾水果销售集散中心在中埔水果批发市场揭牌。

截至2007年年底，辖区市场果品均从外地调入，中埔水果批发市场为主要果品集散地。

（三）蔬菜

1949年10月以前，辖区境域生产的蔬菜一般由农户挑到江头、桥头、五通等沿海码头，通过海陆运往老市区销售，主要品种有葱、蒜、韭菜、白菜、芹菜、苋菜、空心菜、茼蒿菜、菠菜、芥菜、油菜、包菜、丝瓜、南瓜、冬瓜、匏瓜、茄子、番茄、浒苔等20余种，水果以地产为主，主要品种有龙眼、番石榴、甘蔗、梨、桃、李、柑、橘、荔枝、香蕉等。

1949年10月以后，辖区境域生产的蔬菜仍由菜农运往老市区的菜行销售。

1957年下半年，厦门市成立蔬菜产销平衡小组，统一领导厦门市蔬菜生产、分配和价格。同年，辖区境域生产的马铃薯、冬瓜等蔬菜开始外调，支援北方城市。1959年7月，成立厦门市蔬菜果品公司，此后辖区境域的蔬菜生产、销售统一由该公司经营。

20世纪70年代中期，辖区境域的蔬菜基地面积发展到4000余亩，产销管理工作实行统一计划、分区管理的办法，辖区境域的蔬菜产销由市蔬菜公司负责安排计划，实行统购统销；蔬菜基地的大队、生产队负责生产管理。1978年，开放农贸市场，允许蔬菜、果品自由上市。同年12月1日，市蔬菜公司改统购包销为合同定购和代销。1980年后，蔬菜经营由单一渠道变为多渠道竞争，打破以往国营蔬菜公司独家经营的局面。经营蔬菜的个体小商贩迅猛增加。1984年起，蔬菜基地交售办法由原来的按面积吃回销粮改为与蔬菜上市量挂钩，以保证蔬菜公司的蔬菜进货数量。1985年，禾山乡蔬菜基地面积增至6000亩。

湖里建区初期，区政府工作的重点之一是"为特区城市的'菜篮子'工程做出直接贡献"，蔬菜种植面积维持在20000亩左右，1990年达46000余亩。此后，蔬菜种植面积逐年减少。湖里区开始从岛外调入蔬菜。北方的大白菜、大蒜、马铃薯，海南岛的豆类、瓜类等蔬菜，福建内陆山区的竹笋、菌类、蕨菜、苦菜、野菜等特色蔬菜，丰富辖区的蔬菜品种。凭借辖区便捷的空运、海运和陆运优势，湖里成为南菜北运、蔬菜出口以及外地水果和进口水果的中转站。1989年，建成湖里农贸市场，此后又陆续建成高林、江头等一批农贸市场；1992年，动工建设江头蔬菜农副产品批发交易中心市场，1993年7月正式启用；1995年，兴建高崎蔬菜副食品批发市场。2003年，建成中埔蔬菜农副产品批发市场。蔬菜经营改变过去菜市场菜摊零售的单一方式，进入各大商场、超市。同年12月，在金山小区建成湖里区第一家生鲜食品超市金山意达顺生鲜食品超市。2007年5月，康乐农贸市场改造为永辉生鲜食品超市康乐店。这是湖里区也是厦门市"农改超"第一家试点。同年6月，东渡农贸市场改造为新华都生鲜食品超市东渡店。生鲜超市一改旧式菜市场脏、乱、差的状况，场所明亮洁净，所有货品均实行上架销售，上架生鲜食品均经过农药残留检测。

2002—2007年湖里区食品批发业经营情况表

表11-8　　　　单位：万元

年份	食品、饮料和烟草制品类			农畜产品类			果品、蔬菜类		
	购进	销售	利润	购进	销售	利润	购进	销售	利润
2002	3875.7	4299.6	7.3	—	—	—	—	—	—
2003	29742.9	33015.2	408.4	—	—	—	—	—	—
2004	—	151477.8	843.4	—	3281.7	-4.0	—	139947.2	777.6
2005	69339.6	74567.4	488.6	23010.1	24562.6	105.2	—	—	—
2006	114106.2	119078.2	132.7	11842.4	13113.4	369.0	—	—	—
2007	482638.9	508950.6	3632.7	10111.8	9970.2	-193.9	—	—	—

2000—2007 年湖里区商贸经济指标完成情况表

表 11-9　　单位：亿元

年份	区域：		区属：	
	社会消费品零售额	比增（%）	商贸营业额	比增（%）
2000	—	—	20.81	23.9
2001	—	—	26.01	25.0
2002	—	—	35.68	37.2
2003	—	—	54.07	51.6
2004	—	—	158.76	42.4
2005	70.99	—	228	43.61
2006	83.39	17.50	321.20	40.88
2007	94.5	13.3	433.9	35.1

2000—2007 年湖里区限额以上批发企业商品购销和财务状况综合表

表 11-10

项目 \ 年份	2000	2001	2002	2003	2004	2005	2006	2007
企业数（个）	14	15	21	79	70	188	159	142
购进总额（万元）	—	112183.7	220720.5	591310.1	—	1348470.6	2005492.1	2551934.6
进口（万元）	—	16944.0	34770.0	99591.9	—	138635.2	254150.8	183949.7
销售总额（万元）	—	119953.2	233452.7	627075.3	997487.8	1479865.1	2205854.2	2812424.6
批发（万元）	—	113879.6	195418.8	603655.9	955500.4	1460742.9	2160490.6	2732059.1
出口（万元）	—	29319.1	35102.4	164652.2	—	461953.0	696326.1	670089.6
零售（万元）	—	6073.6	38033.9	23419.4	41987.4	19222.2	45363.6	80365.5
资产合计（万元）	38690.5	48196.7	93323.7	223097.4	328704.4	492198.8	764120.6	827751.4
固定资产原价（万元）	4423.9	7693.2	9206.5	16654.7	41221.7	46144.1	44547.9	67444.8
利润总额（万元）	1238.2	1886.3	5238.0	6888.7	3890.2	42369.6	17826.3	28797.5
应交所得税（万元）	185.8	262.8	—	—	942.9	1945.2	2930.1	5146.1
应交增值税（万元）	1916.9	482.3	1197.0	1938.0	2180.1	6936.3	5257.7	7721.6
职工年均数（人）	483	510	872	2134	2490	4867	4493	4413

2000—2007 年湖里区限额以上零售企业商品购销和财务状况综合表

表 11-11

项目 \ 年份	2000	2001	2002	2003	2004	2005	2006	2007
企业数（个）	3	2	6	10	20	53	38	36
购进总额（万元）	—	16629.2	25112.9	100455.9	—	375079.1	380444.4	410802.4
进口（万元）	—	0	1516.9	9640.9	—	25742.8	3594.2	3622
销售总额（万元）	—	17619.1	26802.2	96303.2	283049.6	400902.7	423444.8	435555.6

续表11-11

年份 项目	2000	2001	2002	2003	2004	2005	2006	2007
零售（万元）	—	14977.8	25334.5	89657.2	143978.7	321555.7	369964.2	388317.2
批发（万元）	—	2641.3	1467.7	6646	139070.9	79347	53480.6	47238.4
零售营业面积（万平方米）	—	—	—	—	—	12.45	13.9	15.5
资产合计（万元）	9180.4	3052.3	12097.3	92895.8	174411.4	139495.6	178965.1	206120
固定资产原价（万元）	425.8	274.6	1261.7	3327.9	16345.1	21436.9	19199	22033.5
利润总额（万元）	79.1	82.5	-9.5	-3898	-7536	3753.9	4692.2	7238.6
应交所得税（万元）	25.7	20.1	—	—	108.6	779	907.8	1346.3
应交增值税（万元）	158.5	160.4	484.9	221.4	766.8	3155	3136.3	3394.9
职工年均数（人）	466	502	1341	1761	1788	2774	2564	3360

第四节　农畜产品收购与废旧物资回收

一、农畜产品收购

1995 年，村级以上棉、麻、土畜产品购进总额 3533.5 万元，批发 3778.6 万元，零售 326 万元。

2004 年，农畜产品有限额以上批发企业 1 个，年末从业人数 23 人，批发 7981.5 万元，销售合计 7981.5 万元，利润总额 221.9 万元。

2007 年，农畜产品类共有限额以上批发企业 2 个，年末从业人数 41 人，购进总额 10111.8 万元，批发 9970.2 万元，利润总额负 193.9 万元。

二、废旧物资回收

1955 年，市供销社开始在辖区境域设立废品回收部，收购废铜、废铁、空牙膏管、旧书报等物资。50 年代的几次“炮战”期间，炮弹片成为最大宗的废铁回收物资。1958 年，为支援大炼钢铁，许多铁门、铁窗被拆除当作废铁回收。

1990 年，厦门市人民政府颁布《关于整顿废旧金属经营市场的通知》，加强再生资源回收利用的市场管理，重审旧金属收购、加工、供应仍由市政府指定的单位主营。

2002 年 8 月，取消废旧物品收购业办理特种经营许可证的规定，但在领取工商营业执照之后，应当向当地县区公安机关治安部门登记。

辖区内有营业执照的收购站和个体户只限于收购社会零星废金属，收购后应交售给主营单位。废纸、废塑料、废玻璃等物资则有回收废旧物资的个体户回收，转售相关企业利用。辖区内的经营废旧物资回收的个体户大都是外来人员。20 世纪 90 年代中叶开始，以个体为主的回收网点和从事再生利用的小企业迅速崛起，一些靠走街串巷回收各种废旧物资的小企业、小商贩逐步成为专业回收的企业群体形成再生资源回收利用体系。

截至 2007 年年底，辖区内专门经营物资回收的场所有位于围里的辉煌旧货市场和位于金山西里的金山旧货市场。辖区内专业经营物资回收的企业有市供销集团参股的厦门市更新物资回收有限公司在高崎、和旭路、南山路和后坑的经营部，民营物资回收企业有厦门市陈辉废旧物资回收有限公司、厦门（志辉）废品回收有限公司、厦门九成新物资回收有限公司、厦门广发物资回收有限公司、厦门诚信物资回收有限公司、厦门兴达废品回收有限公司、厦门龙翔废旧物资回收有限公司、厦门星源物资回收公司、厦门市鑫家辉物资回收有限公司、厦门中盛废旧物资回收中心、厦门金山物资回收有限公司等，回收物资为国家环保局规定二次回收利用的废塑料、废铁、废铜、废铝、废纸、废电池、废不锈钢、二手设备、报废车、电子元件、电路板、电机等，以及承揽废旧厂房、楼盘的拆迁。

第三章　粮油与副食品购销

第一节　粮油购销

一、粮油征购

（一）粮食征购

1952 年之前，辖区境域粮食购销均实行市场调剂。

1953 年 10 月，开始实行粮食“统购统销”。粮食统购初期的对象是农村余粮户。一般统购其留足口粮、种子、饲料和缴纳公粮后余粮的 80% ~90%。统购品种以稻谷为主，兼收大麦、小麦、高粱及豌豆、黄豆等。当年征粮 60.5 万千克，统购 77.5 万千克，完成计划的 86%。

1954 年，禾山区遭受严重旱灾，早晚稻减产 4 成以上，全年征、购粮食仅 110 万千克，完成计划 25.5%。

1955 年 9 月，根据国务院《农村粮食统购统销暂行办法》和省政府有关实施细则，禾山区开展粮食统购定产、定购、定销的“三定”工作。依照省政府规定，禾山区确定：人均年口粮 225 千克以上为余粮户，210 ~225 千克为自足户，210 千克以下为缺粮户。余粮户，国家统购其余粮 90%；自足户，不购不销；缺粮户，由国家返销供应。1955 年，禾山区计有农田 54500 亩，农户 7398 户，人口 34919 人，粮食自供紧中尚足，余粮无多。当年 12 月底，按照“农户定产、自报公议、张榜公布”的办法完成产量评估，翌年 2 月形成正式方案。全区定产数 934 万千克，比 1953 年实产增加 1.4%；定购 74 万千克，加上征收 24 万千克，征购任务 98 万千克，为总产量的 10.49%，低于全省平均数；定销 300 多万千克。

1957 年 10 月，国务院发布《粮食统购统销补充规定》，制定“增产增购、以丰补歉”方针。

1958 年夏季，抽调大批劳力参加“大炼钢铁”，粮食播种面积比 1957 年减少。但各乡受浮夸风影响，乱报高产，征购任务随之增加，出现购“过头粮”的现象。结果虽经多次催交，仍无法完成入库任务。

1959 年夏收期间，市委、市人委抽调干部下乡，粮食部门派出干部深入社、队，抓夏收、夏种、夏季粮食征购、分配。8 月 23 日，17 级特大台风袭击厦门，但秋粮仍取得好收成。辖区境域各大队在秋粮统购期间组织大量劳力参加抢收、抢运，突击入库，为全郊区提前 34 天、超额 21.66% 完成征购任务做出贡献。

1960 年，根据《厦门市 1960—1962 年粮食“三定”工作方案》，确定定产、定购三年不变，定销一年一评。余粮队增产的粮食，增购 40%；缺粮队抵销 60%，归社、队所有。

1961 年夏季，辖区境域农村粮食实行“包产、包购、包销”和“多产多留、超产奖励”的办法，一年一定，一年一评，鼓励农民开荒种粮，以丰补歉。奖励标准是：生产大队在统购期间（征粮除外），每交售 1000 千克原粮，奖励平价购买棉布 15 市尺（1 市尺 =33.3 厘米）、胶鞋 1 双、纸烟 10 包、糖 1.5 千克、煤油 1 千克；完成统购任务后，每超售 75 千克粮食，奖励棉布 5 市尺，按统购价加价 5%；超售 100 千克以上，加价 10%；超售 200 千克以上，加价 15%。

1962 年，实行三级（公社、大队、生产队）核算，队为基础。全省调减征购任务，厦门市全年粮食征购任务由2600万千克调减为2500万千克。这年，首次允许征购任务完成后开放市场，允许农村供销社开展粮食议购、换购业务。1962年底至1963年5月，辖区境域持续170天干旱无雨，粮食减产49%，以秋粮补夏粮，完成交粮入库任务。

1964—1965年，厦门地区粮食连获丰收，单产、总产均超历史水平，农民交公粮、卖余粮积极性高涨。郊区各社、队都超额完成征购任务，集体、个人储备粮也有所增加，农民生活明显改善。农民得到大量棉布、卷烟、食糖、胶鞋、化肥、针织品等的奖励。

1965年10月，国务院财办决定1965—1967年粮食征购任务数实行“一定三年”政策。要求征购任务的分配，要公平合理，国家、集体、个人三兼顾，实现藏粮于民，逐步做到队有余粮，户有余粮。厦门确定征购基数以1965年征购任务为基础，对畸轻畸重的，作出适当调整。1967年夏季起，粮食换购改为超购超奖、加价的新办法。每超购原粮50千克，一半奖售化肥12.5千克，另一半按统购价加价50%付款。品种以稻谷为主，兼购高粱、玉米、番薯干等杂粮。

1968—1979年，辖区境域年年超额完成粮食征购任务。

1980年，农村多数社队实行多种形式生产责任制，1982年全面落实“家庭联产承包责任制”，在基建用地增多、耕地减少的情况下，仍然正常完成粮食征购任务数。

1984年，国家统购粮食的同时，开放粮食市场，实行多渠道经营。辖区境域乡镇企业发展较好的大队、生产队开始在粮食市场上购粮来完成征购粮任务。

1985年，改粮食统购为“合同定购”。辖区境域合同定购粮食任务大部分是社队以交平、议差价（稻谷每50千克不低于5元）形式完成的。

湖里建区后，基建用地年年剧增，粮田又大部分改种经济作物，转为“菜篮子”用地，多数村、社已变为缺粮队。粮食定购任务由市财政拨款，全部由粮食部门组织议价粮抵交，不再向农户下达定购任务。

1993年1月起，取消粮油定购任务，粮油价格全面放开。

（二）油料收购

辖区境域油料作物有花生、芝麻、油菜籽等。清代中、晚期，江头、五通一带就有榨油作坊。农户可用自产花生、芝麻、油菜籽到作坊兑换食油。

1951年后，供销社开展农副产品收购业务，农户所产花生果多数就地卖给供销社。1954年起，由禾山供销社负责花生统一收购。辖区境域每年收购量约40余万千克。1957年开始，每亩花生种植地每年留种12.5千克，余下10%做社员口油，90%按比例统购。

1958年“大跃进”“大炼钢铁”，花生种植面积减少，加上浮夸风影响，实际亩产只有82千克竟报高达400千克，统购入库量急剧萎缩。

1959年，油料收购采取超购加价和退饼办法。超购10%以上花生果按总值10%加价奖励，加工后油饼退60%给社员做饲料、肥料。

1961年，调整油料统购政策。以大队为计算单位，核实产量，每亩留种12.5千克，留存社员口油每人年均1.5千克，余按95%比例进行统购。每收购50千克花生果，奖售原粮75千克、棉布1.3市尺，退油饼60%给社队安排。

1962年，油料生产有所下降，辖区境域社队贯彻市政府提出的“多产多吃、少产少吃”的政策，鼓励农村各社队开荒种植油料作物，收成归社队，促进了油料作物生产的发展。

1966年，提高收购花生果奖售工业品、化肥、食糖的标准。

1971年10月，辖区境域花生统购任务“一定五年”，并实行各种优惠政策：统购价由每50千克20.9元提高到29元；超额50千克奖售原粮100千克或化肥20千克，或按统购价加价30%收购；统购任务内的花生果退饼率由60%提高到80%。

1973年，油料超购奖励实行两种形式：一是奖售粮食、化肥而不退花生饼；二是加价并退饼60%。

1978年，超购部分改为议价收购，中等花生果当地统购价50千克27元，议价收购为54元。

1983年，收购价改为“倒四六”比例计价，即40%按统购价收购，60%按超购价付款。

1985 年，花生统购改为合同定购。辖区境域按“倒三七”比例收购，加上每 50 千克奖售化肥 10 千克，奖售退饼。

1991 年，油料合同定购受到市场冲击逐渐增大，地方财政拨款议购，确保完成省定任务。

1993 年，取消花生果及其他油料合同定购。

1994 年，市政府决定恢复花生合同定购，下达全市花生定购 600 万千克的任务，收购价格随行就市。

（三）粮油议购

1959—1961 年，允许农民完成征购任务后，出售剩余粮油，并由供销社代营。1962 年，开放江头农贸集市，同时准许粮食部门进行粮食议购议销。

1965 年，粮油议购议销业务归口粮食部门统一经营管理，实行平（价）、议（价）粮油分别收购，统一保管、加工、调拨、销售。“文化大革命”期间，粮油集市被当作“资本主义尾巴”割掉。1974 年，收购的议价粮油实行专项管理、单独统计。

1983 年，粮食流通体制进行重大改革，实行多渠道经营，粮食部门运行“双轨”经营机制，统购、议购同时进行。厦门市所需议价粮大量从省内、外调入。1984 年，郊区粮食局成立议购议销公司，1986 年改称郊区粮油贸易公司（1987 年 11 月改称集美区粮油贸易公司），下属各粮站增设议价粮油购销组。

1988—1992 年，辖区内农村合同定购任务采取由地方财政按平、议差拨出差价款，交粮食部门统一组织省内、外议价粮入市，时称“以议（价）补平（价）”。

1993 年 1 月，粮油价格全面放开，议购议销不复存在。

二、粮油销售

（一）农村粮油销售

据明代沈有容《闽海赠言·嘉禾惠民碑》载：明代之初，嘉禾屿因为人口增加，而土地“上硗下卤，率不可田，即田不足食民三之一”。不足之部分全靠“出船贸粟海上，下至广而上及浙”。民国期间，辖区境域所缺的粮食，由粮商从浙江、广东、台湾等地以及泰国、缅甸、越南等国贩入，通过江头街的米店零售。遇到灾年，米价腾贵，则有社会团体、华侨筹资，从产粮区购进粮食，赈济缺粮贫民，或无偿发放，称为放粮；或平价销售，称为“平粜”。清道光六年至十四年（1826—1834），两任兴泉永道道台倪琇和周凯募集资金，购置辖区境域湖莲保一带的埭田，设立义仓。粮价低时购入作为储备，粮荒时做“平粜”之用。这种销售方式持续至 1949 年年底。

1949 年 10 月底，厦门市人民政府成立国营厦门市贸易公司，下设土产部，管理粮食购销事务。市贸易公司在禾山区设有 12 个粮食代销点，月供应量近 20 万千克。

1952 年 8 月，成立厦门市粮食公司。辖区境域粮食销售仍委托禾山供销社代销。

1953 年，辖区境域实行粮食“统购统销”，粮食销售开始实行城镇人口和农业人口二元模式，实行按计划平价销售。对辖区境域缺粮队（户）、经济作物区和菜农、渔民、盐民、国营农林场等缺粮人口实行计划供应（统销）。此外，国家收购农副产品的奖售粮、甘蔗补助粮、种子粮、饲料粮，以及农业人口按国家计划进行水利、筑路和其他建设工程的口粮（含食油）也同时实行计划供应。

1955 年 8 月，农村实行“三定”，规定缺粮队农民口粮每人每年为原粮 210 千克，种子按生产实际留足，饲料按规定标准留用。对辖区境域参与海防斗争的合作社社员，照顾口粮为 280 千克。禾山区年回销粮达 300 万千克，是征购粮的 3 倍。同年秋，成立禾山粮站，直属厦门市粮食局，为辖区境域粮食购销的直管单位。

1959—1961 年国民经济三年困难时期，农村中高指标、瞎指挥、浮夸风和“共产风”等“左”的错误使粮食产量大幅度下降。1960 年，前线人民公社全社年回销粮 256 万千克。1961 年冬，根据省委指示，实行“一人一分自留地，冬种自由一季”，谁种谁收。保证社员生产、生活，渡过灾荒。

1964 后，辖区境域的粮食单产、总产年年增长，回销粮也逐年减少。1965 年，全公社年回销粮减至 116.5 万千克，比 1960 年减少 54.5%。

1965 年，粮油议购议销归口粮食部门统一经营后，掌握“先议购，后议销，量入为出，略有节余”

的原则。议销粮油主要用于解决当时粮油熟食业的供应缺口。20 世纪 70 年代，议销范围扩大，主要供应对象为免票供应的熟食品业、户粮关系不落实和口粮有困难的城镇户口、沿海渔区以及用于平抑粮价。70 年代后，蔬菜、甘蔗种植面积逐年扩大。1979 年秋起，议销粮从严掌握。收购季节，对农村缺粮队（村）和城镇居民一般不供应或少供应，优先安排给供销社、饮食店。80 年代后，工业建设用地逐年增加，回销粮的数量逐年增加。1985 年，粮油议销扩及零售商贩和运销商。1993 年年初，除军供外，粮油市场全部敞开。

辖区境域农村的粮油销售方式：

1. 菜粮挂钩

国家对菜农的口粮供应，按农村一般缺粮回销办法安排。1955 年后，还给予必要的粮食统销，保证菜农的口粮不低于邻近余粮队水平。

1973 年，市革委会在辖区境域建立蔬菜种植基地，基地菜农的供粮标准为：凡种植蔬菜面积占耕地面积 80% 以上，人年均口粮 260 千克；菜地面积占 70% 的队，口粮 250 千克；菜地面积占 60% 的队，口粮 240 千克；菜地面积达不到 60% 的队，口粮标准按正常缺粮队定销安排。

20 世纪 80 年代，“菜粮挂钩”进一步深化，实行常年和季节品种挂钩相结合。蔬菜挂钩粮的比例，1982 年基本口粮调降为 70%，挂钩粮调高为 30%；1983 年，比例调整为各占 50%。

2. 甘蔗补助粮

1976 年起，实行蔗粮挂钩，辖区境域社队超基数每交售甘蔗 1 吨，补助原粮 125 千克；每交售原糖 1 吨补助粮 1 吨；达不到甘蔗基数的按上述标准扣回粮食。同时，每收购原料蔗 1 吨奖售化肥 5 千克，给返销糖 10 千克。

1985 年，取消蔗粮挂钩，按甘蔗综合价收购，蔗农缺粮改由议销或市场调节解决。

90 年代，确定厦门年上调食糖指标 6000 吨，按 1∶1.84 和 1∶2 糖粮比例。市粮食局分配给郊区（含集美）蔗粮 5500 万千克。蔗粮代中央和省列支，实行榨季后按实结算。

3. 农副产品奖售粮

1961 年开始，辖区境域农户交售生猪、家禽、蛋等农副产品，粮食部门相应奖售粮食在奖售粮中，生猪奖售粮占首位。

至 1984 年，奖售粮已不是解决口粮而是成为补贴差价的一种手段。不少农民获得奖售粮后，又议价卖给粮食部门。因此，1985 年 4 月开始取消收购农副产品奖售粮。

4. 归侨用粮供应

1978 年以前的归侨，其个别年老体弱，无人抚养，吃粮有困难的，亦按城镇居民定量标准供应。1983 年 8 月起，新归侨定居农村后，国家按新粮登场前的归侨粮油标准供应一年后，再按城镇居民定量标准发证供应。

5. 渔民补贴粮

对农业生产队中从事副业生产的渔民，划分内、外海域，定船定员，以船发证。除由生产队分配口粮外，如达不到内海渔民定量标准者，从农村回销粮或专项用粮中给予差额补贴。

6. 民工补贴粮

凡农业人口参加国家兴修水利、筑路和其他基本建设工程，除自带口粮外，每人每天补助 0.25 千克成品粮。1985 年 4 月 1 日起取消补助，改为市场调剂解决。

7. 饲料粮

农业生产单位和农民所需的禽畜饲料用粮，一般由自己留粮解决。20 世纪 60 年代起，厦门为发展畜牧业，丰富市场副食品供应，由市食品公司分工实施，粮食部门提供饲料，采取国营办场自养；委社队包养、寄养，国家供料；收禽蛋品付料等办法。一直延续至 1986 年止。

8. 周转粮

粮食统销后，农业生产单位或农户在完成国家征购任务后，因临时经济困难，国家允许他们将口粮、种子、饲料暂时卖给国家，并发给“周转证”，准其定期购回。

周转粮出售什么品种就回购什么品种。回购的有效时间，原限定在一个生产季节内，1964 年改为限定一年内，逾期无效。国家经营的周转粮，购进时按当地同品种统购价付款，售出时加 8% 收款。1984 年后，此项业务改由市场调剂。

9. 兑换粮油

1962 年开始，允许农村供销社开展粮食换购业务。兑换粮（油）实行一手进，一手出，进出品种分别作价找补差价。农村中生产队、户因生产和调剂生活需要，以现粮向国家兑换面粉、大米或复制品，以花生果换油等。1984 年后，此项业务改由市场调剂。

20 世纪 80 年代起，粮食部门扩大经营范围，粮店设置前店后坊，形成产销结合的服务网点，并改称粮油食品店。1984 年下放经营权，市、郊粮食局所属各公司，自主经营，开拓发展，新辟门市部、批发部。粮店由管理型企业转为经营型企业。1992 年，粮油食品店转换经营机制。粮油食品店都以经营粮油和粮油制品为主，兼营糖、烟、酒、食杂、日用百货，向综合经营发展。截至 2007 年年底，市粮食部门在湖里区设有湖里、东渡、殿前、高林等 4 个粮油食品店，分布在各社区的粮油门市部均为个体工商户。

（二）城镇粮油销售

1. 城镇居民粮油供应

1953 年 11 月实行粮食计划供应（统销）后，辖区境域的城镇户口发放“厦门市市镇居民粮食定量供应证”，实行凭证定点购粮（含食油）。

1955 年第四季度起，按照《厦门市粮食工种定量标准》，实行以人分等、定量供应、按户发证、附发粮票、凭票购买的方式。粮食定量最低为 3 周岁以下儿童，每人每月 3.5 千克；最高为特重体力劳动者，每人每月 27.5 千克；城镇居民平均定量为 10.5 千克。食油供应不分级别，每人每月 0.2 千克。

1956 年 12 月至 1957 年 6 月，进行人口、工种、定量“三核实”工作，着重对工种定量偏宽的进行调整。岛内居民人均核减 0.69 千克，机关公共户人均核减 0.965 千克。

1960 年，普遍降低定量标准 1.5～2.5 千克。

1979 年后，城镇粮食统销制度开始改革，粮食部门平、议价“双轨”经营，平价部分的供应办法、制度依旧；国营粮店兼营议价粮油。城镇重点供应饮食行业免票供应的车站、码头、交通要道的饮食店和加工应市议价复制品、副食品。1983 年起，粮、油经营多渠道，城镇居民既保持定量供应，也可以向市场自由购买。

1993 年 1 月，粮油价格全部放开，除军粮按国家统一的定价供应外，粮、油流通领域全方位自由购销。原来享受国家供应商品粮油的对象，凭户口册由粮食部门发给粮籍证。粮籍证平常不作购粮使用。

2. 华侨用粮油

1956 年，实行厦门市粮食局《对华侨、侨眷粮油供应上的照顾优待办法》，辖区境域非农业华侨每人每月口粮定量平均不得低于 13.5 千克大米；回国定居的侨胞，在一年的时间内不分大小口，每人每月定量口粮 12.5 千克。

1957 年 12 月 1 日起，侨供粮油的定量照顾和特需审批，改为按赡养侨汇额折合人民币供应物资，发放“侨汇粮油票券”，每百元人民币侨汇供应粮食（大米）6 千克、食油 1.5 千克，加价供应。1962 年，改为每百元人民币侨汇供应大米 15 千克。不久又提至大米 40 千克、食油 2 千克，增加黄豆 1.5 千克，平价供应。

1963 年 9 月，对回国观光、探亲的华侨及香港同胞粮食供应，一年内拟再出国、赴港的，其口粮供应每人每月 17.5 千克（10 周岁以下的儿童 15 千克），食油 150 克；超过一年不再出国、赴港的，已就业的按当地同工种供应，没有就业的按当地城镇居民定量供应。

“文化大革命”期间，“侨汇粮油票”停止发行。1978 年 7 月，重新发行，按每百元人民币侨汇平价供应粮食 10 千克、食油 0.75 千克。

厦门创办经济特区后，“侨汇粮油票”自然消失。

3. 工商行业用粮油

实行粮油统购统销后，工商企业单位所需的粮油原料和辅料，纳入国家计划供应，由粮食部门统一安排。按使用性质分为工业、副食业、酿造业和食品业四大类。工业、酿造业凭省、地（市）二级下达的年度供应指标，分季控制，逐月安排，年终结算。由市粮食局开具“粮油支拨证”，向所属供应公司工商粮油门市部购买。1981 年起，省计划指标内大户直接向储运公司办理。食品业，先是按需核定供应量，发证免票供应。

1985 年起，供应范围逐渐缩小，分步取消平价供应，改供“议价”，允其“多渠道”采购。1988 年 6 月，工商企业平价粮、油供应全部取消。

第二节　副食品购销

一、肉类购销

辖区境域肉类副食品有牛肉、羊肉、兔肉等，以猪肉为主。1956 年之前，辖区境域生猪生产不成规模，大部分由私营商贩走村串乡自行选购、宰、销。

1956 年后，实行派购，由国营食品公司经营。辖区境域的城镇人口实行凭证定时、定点、定量供应。1960—1962 年，除军需、特供按定量供应外，对居民基本上停止供应，只有春节才凭票供应。1963 年后，恢复正常供应，每个月每人 0.25 千克，春节 0.5 千克。1966 年后，每个居民每月供应量增至 0.5～1 千克。辖区境域农户饲养的生猪一律由国营食品公司收购，收购时给予奖售粮食，同时由食品公司按比例发给“自留肉”肉票，凭票可到食品公司的经营点购买猪肉。1978 年 9 月，实行购一留一和购半留半的“两把刀”经营方式，食品公司收购一头猪发给一头猪的准宰证，这种办法一直延至 1984 年。1985 年 5 月，取消生猪派购和凭票供应制，实行议购议销。允许自由贩卖生猪。国营食品公司通过合同形式，与生产者签订议购合同。1987 年 2 月起，实行以粮换购。1989 年，全区出售生猪 20622 头。1991 年起，改为基地生猪实行代金补贴办法，每头猪 10～20 元。为确保市场供应，平抑物价，市商业局所属食品公司在辖区建立生猪饲养基地，完善产、供、销一体化经营体制。生猪（肉）年销售量逐年增长。1992 年，全区出售生猪 26536 头，1996 年增至 35309 头，2001 年增至 49079 头。2002 年，因为厦门岛内即将开展岛内畜禽饲养治理，养猪场、户纷纷出售生猪，出栏数增至 70928 头。2003 年，辖区内生猪养殖场全部迁出岛外或停办。辖区销售肉类全部从岛外调入。

二、禽蛋购销

1956 年以前，辖区境域只有各家各户少量放养家禽，禽蛋经营主要由个体商贩自购、自销。

1958—1972 年，在农村实行禁养、限养。1972 年后，食品公司建立辖区境域禽蛋生产基地，在饲养、种苗、资金等方面的加以扶持，每收购 500 克蛋给予 1 千克粮的补贴。

1980 年后，辖区境域出现一批家禽饲养专业户，禽蛋生产进入新的发展阶段。

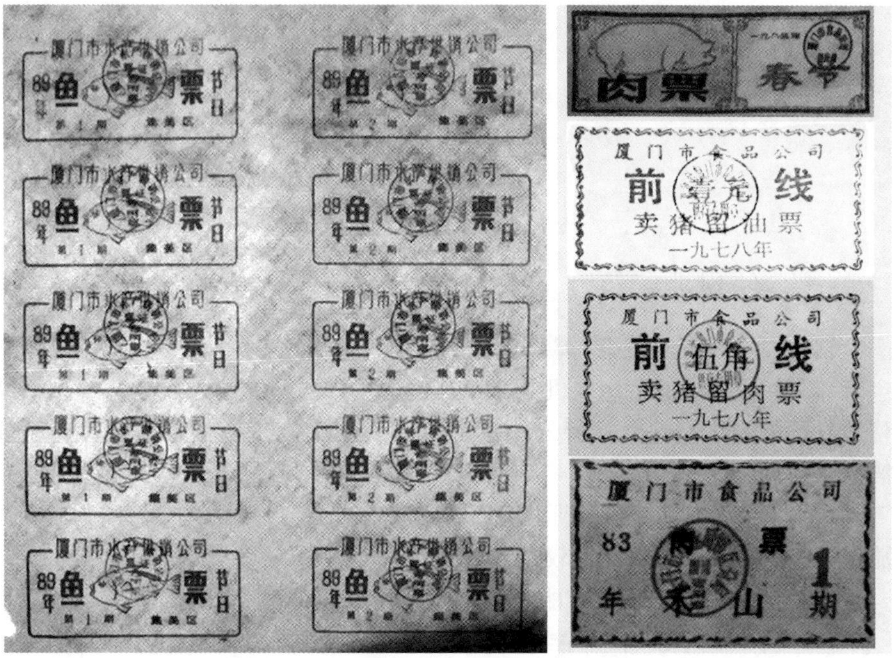

图 11-8　前线人民公社和禾山人民公社社员使用的副食品票

1985 年，对家禽经营全面放开。1989 年，全区家禽出栏 142653 头，蛋品产量 191 吨；1996 年，家禽出栏 82108 头，蛋品产量 144 吨；2001 年，家禽出栏 65367 头，蛋品产量 67 吨。2002 年，家禽出栏 53919 头，蛋品产量 64. 8 吨。2003 年开始，岛内禁止饲养家禽。辖区内禽蛋消费均从岛外调入。2007 年，辖区内有高崎畜禽蛋品批发市场、中埔蔬菜农产品批发市场、江头蔬菜农产品批发市场，为厦门岛内畜禽蛋品的主要批发供应点。

三、水产品购销

辖区境域传统的地方特色水产资源有加力鱼、黄瓜鱼、鲨鱼、石斑鱼、黄翅鱼、鲈鱼、鳗鱼、夯仔鱼（魟鱼）、郭鱼、花鲦（跳跳鱼）、涂笋等，蟹仔屿的蟹、徐厝的“海粉”、湖里的珠蚝、五通的五耳蚝、钟宅的七耳蚝为驰名特产。水产品购销历史上均由商贩到各乡社收购，贩往老市区的商号。1950—1979 年，辖区境域沿海大部分地区为军事要区，海上生产控制极严。1980 年后，随着近海捕捞的活跃和海水养殖的发展，水产品购销日趋活跃。

1989 年，全区水产品产量达 1625 吨，1993 年增至 2945 吨，1999 年增至 6520 吨，2002 年增至 7000 吨。2003 年，开始进行厦门岛西海域整治，海水养殖退出西海域。2006 年，启动厦门环东海域整治，水产养殖退出东部海域。除了少量近海捕捞之外，辖区水产品全靠外港调入。

辖区内主要水产品集散地除了各社区的农贸市场和生鲜食品超市外，还有中埔水产批发市场和高崎水产品批发市场。

中埔水产品批发市场原为东渡水产品批发交易市场，地处东渡渔港，建于 1994 年，1996 年 9 月投入使用。2005 年 8 月，迁至中埔。经营面积增加 1 万多平方米。主要交易产品有贝壳类、活鲜类、海水类、淡水类、冻品类、干品类、虾蟹类、家禽等，市场日交易量 80 ~ 100 吨。交易产品主要来往于浙江、广东、广西、海南、上海、漳州、泉州、厦门、福州、阿根廷、日本等地。

高崎水产品批发市场位于高崎闽台中心渔港，2007 年开始建设，规划建成台湾新鲜渔货进入大陆市场的“绿色通道”、海峡西岸最大的农渔产品集散地及冷链物流配送中心。

第四章　住宿餐饮和居民服务业

第一节　住宿和餐饮业

一、住宿业

辖区境域住宿业始于 1984 年 6 月金宝大酒店正式开业。金宝大酒店位于东渡路，配备有电梯、中央空调、程控电话、彩色电视机等，兼具住宿、餐饮、休闲、购物、娱乐诸功能，为当时厦门市设施先进、格局新颖的酒店，主要接待外国客商。1985 年 12 月，悦华酒店一期开业，成为厦门市最高档的涉外酒店。

20 世纪 80 年代后期，湖里街道下属湖里居委会开设集体所有制的湖里旅社，一些个体户也开始进入旅馆业。这些旅馆条件相对较差，主要接待国内客人。

1988 年之后，美丽华、丽轩等中档酒店相继开业。

1991 年，湖里区有中高档酒店 4 家、个体经营旅馆 4 家。

2003 年后，随着湖里区城市化进程的加快，辖区内相继开设多家星级酒店。2006 年，五星级酒店喜来登和亚洲最大的单体酒店翔鹭酒店相继开业，与悦华酒店一并领军厦门市酒店业。

附：湖里区二星级以上酒店

厦门悦华酒店　五星级。位于悦华路101号。1985年12月18日正式开业。1999年，由厦门建发集团承接管理。是一座极富东方古典风韵的山庄别墅式豪华酒店。酒店占地面积近20万平方米，拥有288间客房；拥有7万平方米的花园馨悦园、高尔夫球练习场、垂钓乐园等。2001年，加入国际金钥匙组织。2005年，摘取“中国饭店金钥匙服务”钻石奖。2007年，厦门悦华酒店著名商标“悦华”正式升格为“悦华 YEOHWA”高端酒店连锁品牌。

厦门喜来登酒店　五星级。位于嘉禾路386-1号。2006年8月18日开业。为厦门富春东方大酒店有限公司所属企业，委托美国喜达屋管理。酒店楼高30层，共有客房360间，其中套房48间。最小客房面积为40平方米。专业厨师们在全开放式的厨房和各类美食台现场烹饪、乐队在大堂酒吧现场表演和独特的龙吧构成喜来登酒店的主要特色。

厦门翔鹭国际大酒店　准五星级。位于湖里区长浩路18号。2006年9月7日开业。由翔鹭集团投资兴建。拥有1525间客房，面积最大的客房274平方米。开设750个席位的自助餐厅、3000平方米的中庭花园、中式餐厅、意大利餐厅、日本餐厅以及风格独特的咖啡厅和酒吧。会议厅、展览厅和宴会厅总面积为8900平方米，其中2个宴会厅分别可容纳950人。能同时提供全方位的商务、社交、会议、展览、餐饮和休闲服务。是亚洲最大的单体酒店。

厦门国际航空港花园酒店　四星级。原称厦门国际航空港大酒店。位于高崎国际机场候机楼西侧。1998年开业。2003年重新装修。为厦门国际航空港（集团）有限公司属下全资子公司。共有各类客房176间。专门为国内外各类高、中端客户打造的国际会议中心占地面积1000平方米，酒店的中庭花园拥有可容纳30~500人的大小会议室共9间、标准国际展厅1个。

厦门万豪大酒店　又称厦门圣希罗酒店。准四星级。位于台湾街90号。2004年9月开业。酒店共12层，是集客房、餐饮、休闲、娱乐、会议等为一体的涉外商务型酒店。酒店设有中、西餐厅、大堂酒吧、东洋料理等特色餐饮。

厦门福佑戴斯大饭店　四星级。位于同益路48号。2007年开业。饭店楼高27层，共有300间/套面海向湖的精致客房。饭店拥有8个不同规模的会议场所，装备先进的多媒体器材及声像设备。饭店会所内配有室内高尔夫模拟练习场、室外果岭推杆、游泳池、健身房、台球室、棋牌室、茶室、桑拿、足浴保健等场所。

厦门金宝大酒店　三星级。位于东渡路124号。为仿古庭院园林式商务酒店。

厦门丽轩酒店　三星级。位于湖里大道13号。为涉外“花园式酒店”。

厦门美丽华大酒店　三星级。位于兴隆路27号。为中外合资的国际豪华酒店。

厦门嘉湖商务酒店　三星级。位于兴隆路。为商务休闲型酒店。

厦门舫阳大酒店　三星级。位于禾山路1621号。为商务休闲型酒店。

厦门航成酒店　三星级。位于华昌路189号三航大厦。为经济商务型酒店。

锦江之星厦门湖里区府店　二星级。位于枋湖路289号

厦门新油宾馆　二星级。位于南山路93号。

厦门富星源乐家酒店　二星级。位于南山路248号B栋。

合佳酒店厦门机场店　二星级。位于高崎国际机场翔云二路。

鹭海龙宾馆（厦门园山店）　二星级。位于园山南路798号。

厦门富信源酒店　二星级。位于兴隆路9号。

截至2007年年底，全区有星级住宿企业11个，年末从业人数3093个，客房收入20037.6万元，营业总额44329.3万元，营业总额比2004年增长215.27%。

2004—2007 年湖里区星级住宿企业经营情况表

表 11-12　　单位：万元

年份	企业数（个）	营业额					餐饮营业面积（万平方米）
			客房收入	餐费收入	商品销售收入	其他收入	
2004	5	14060. 6	7115. 1	5444. 9	124. 5	—	—
2005	14	17462. 8	10209. 8	6376. 4	36. 8	839. 8	0. 81
2006	9	16786. 1	8157. 0	6921. 2	64. 7	1643. 2	—
2007	11	44329. 3	20037. 6	20161. 2	39. 0	4091. 5	1. 0

2004—2007 年湖里区星级住宿企业财务状况表

表 11-13　　单位：万元

年份	资产合计	固定资产原价	实收资本	利润总额	应交所得税	应付工资总额	职工年均数（人）
2004	29675. 4	26529. 8	8261. 0	1239. 2	125. 3	2349. 9	1229
2005	30129. 2	30187. 4	10903. 3	450. 4	200. 9	3151. 7	1885
2006	27949. 5	29630. 8	10104. 1	933. 2	132. 6	3012. 4	1394
2007	145913. 3	129099. 3	50113. 1	-7029	297. 2	7669. 7	3019. 0

二、餐饮业

辖区境域沿海居民有养殖海蛎、“讨小海”的传统，海鲜烹调历史悠久。浦口的“海蛎煎”久负盛名，沿海以“讨小海”所获海产制作的海鲜小吃也十分盛行。以蔡塘特产槟榔芋为原料制作的“猪脚芋”、芋泥、芋丸、炸芋片等特色小吃也流行一时。但餐饮业未能形成经营规模。

20 世纪 80 年代中后期，大批外来人口来到湖里参加特区建设，促进辖区境域餐饮业发展。

湖里建区初期，餐饮业发展以大众化饭店、小吃、快餐为主。湖里街道下辖各居委会安置刚转为城镇人口的农民，以“服务中心”的名义开办一批饭店、快餐店。随着非公有制经济政策的放宽，一批刚脱离农业生产的新城镇居民选择从事餐饮业。1984 年，金宝大酒店把早茶、西餐引进湖里。1985 年，悦华酒店开启豪华餐饮、宴会餐饮的新潮流，开启湖里酒店餐饮的新风尚。20 世纪 90 年代前后，来自闽中沙县的经营者把“沙县小吃”带到湖里并逐渐形成规模，以致湖里区“有街必有沙县小吃”。与此同时，以山野风味著称的客家菜、以麻辣为特色的川菜、以拉面为代表的来自中国大西北的清真食品也在湖里形成规模。

图 11-9　翔鹭国际大酒店宴会厅

1990 年，以生猛海鲜、闽、粤菜肴为主，兼营粤、港茶点等风味小吃的鹭发美食大庄园在海天路开业，是湖里区第一家大型餐饮企业。1996 年，“洋快餐”麦当劳在海天路开张。

1997 年，村里居委会的一家川菜馆推出“水煮活鱼”，随即催化出村里“水煮活鱼一条街”，并风靡全岛。“水煮活鱼”成为厦门式川菜的代表作。

2005 年 2 月，每年一届厦门市元宵民俗美食文化节在江头片区举办，成为湖里区餐饮业的传统活动。2005 年年底，全国面积最大的美食广场入住 SM 商业城五楼。2006 年 8 月，位于嘉禾路喜来登酒店三、四楼的厦门王子饭店开业。该饭店营业面积 5000 平方米，拥有贵宾厅房 28 间，可同时容纳 400 多人就餐，为厦门顶级粤菜食府。同年，一批知名餐饮企业进驻五缘湾特色商业街，提升湖里区餐饮业的档次和水平。

2007 年，湖里餐饮业成为方便居民生活、促进经济发展的重要产业。江头天地美食城、SM 商业城美食天地、五缘湾特色商业街形成餐饮业聚集地。截至当年年底，全区有限额以上餐饮企业机构 8 个，产业活动单位 11 个，分别比 2001 年增加 7 个、10 个；营业总额 11272.8 万元，是 2001 年的 4.21 倍。

2000—2007 年湖里区限额以上餐饮企业经营情况表

表 11-14　　　　单位：万元

年份	企业数（个）	营业额			餐饮营业面积（万平方米）
			餐费收入	客房收入	
2000	1	2854. 8	2854. 8	—	—
2001	1	2675. 4	2675. 4	—	—
2002	1	3254. 4	3254. 4	—	—
2003	4	3798. 7	3798. 7	—	—
2004	7	7387. 3	7383. 5	—	—
2005	10	18740. 1	17267. 3	—	2. 1
2006	9	11697. 0	11306. 2	390. 8	2. 3
2007	8	11272. 8	11272. 8	—	2. 3

2000—2007 年湖里区限额以上餐饮企业财务状况表

表 11-15　　　　单位：万元

年份	资产合计	固定资产原价	实收资本	利润总额	应交所得税	应付工资总额	职工年均数（人）
2000	1122. 3	170. 4	498. 0	53. 1	—	24. 5	
2001	867. 3	175. 0	498. 0	-22. 3	—	288. 0	287
2002	1046. 0	176. 5	498. 0	85. 0	—	436. 2	490
2003	1940. 7	195. 5	599. 0	60. 6	—	357. 5	439
2004	5845. 5	2483. 5	1696. 8	621. 0	53. 3	1092. 4	850
2005	8221. 4	3031. 4	2226. 0	999. 6	125. 2	1884. 7	1223
2006	4602. 1	1246. 8	1165. 0	107. 9	68. 9	1313. 2	1080
2007	71576. 8	5930. 2	1050. 0	-20. 8	57. 1	1149. 8	829. 0

第二节 居民服务和其他服务业

一、美发美容

辖区境域称传统的男性理发为“剃头”，大致有3种业态：一是坐店经营。江头街有三五家理发店，主要为中上层人物服务，理发时兼修脸，且有讲究分头、包头等发型。二是设摊经营。在街上择一避风处，放张凳子、摆个洗头盆就可以开张。主要为打工阶层服务，不讲究发型。三是走乡串社的“剃头师”，背个工具包，到各社里进行流动服务，主要服务对象是农民，把头发剪短即可。1963年，开展“向雷锋学习”的活动，辖区境域许多部队战士备有理发工具，义务为社员理发。

女性则无营业性理发。一般是头发长了之后，随便用剪刀剪短。女孩子出嫁之前，请村中“有福气”的妇人将头发盘成发髻，并用丝线将脸上的汗毛绞净，称为“挽面”。民国期间，辖区境域的女性公职人员开始有“发型”之说，俗称“电头毛”，大致有卷发和波浪形两种，需到老市区理发。

20世纪80年代之后，传统理发业被注入美发美容的全新理念。美容成为运用手法技术、器械设备并借助化妆、美容护肤等产品，为消费者提供皮肤清洁、皮肤保养、化妆修饰等服务的经营性行为；美发成为运用手法技艺、器械设备并借助洗发、护发、染发、烫发等产品，为消费者提供发型设计、修剪造型、发质养护等服务的经营性行为。年轻人追求新潮时尚，老年人意在保持青春活力，男、女发型不断翻新。90年代之后，由理发衍生出头部按摩、脸部美容等服务项目。

2000年之前，美发美容行业被列为特殊行业，开业者须持有当地户口、向所在地公安机关申请备案后再到工商行政管理机关办理营业手续。2001年后，美发美容不再被列为特殊行业，只要在工商行政管理机关办理营业执照即可开业。此后，美发美容服务网点急剧增加。2005年，辖区内开始执行商务部颁布的《美容美发业管理暂行办法》，从业人员须持资格证书上岗。截至2007年年底，全区稍具规模的美发美容店达300余家，其中在美容美发业界享有盛誉的有位于湖里兴隆路25号的东方美美容集团湖里美容SPA会馆、位于祥店89号至91号的“生活驿站SPA”、位于祥店路83号的山水云涧美容店、位于泰和花园的雪琪祛斑美容连锁机构、位于江头汇腾大厦803的京都薇薇专业丰胸美容美体连锁机构厦门江头店、位于江头东路8号的王子剪烫全国连锁、位于竹坑路的凌强精剪一派等。

二、摄影

摄影技术于清末传入辖区境域，但未能普及。20世纪60年代前后，辖区境域开始有少数120、135照相机，但直至20世纪80年代初期，辖区境域仅江头街有一家照相馆。

20世纪80年代后，彩色摄影逐渐普及，辖区内开办多家彩色照片冲印店，不断拓展彩色摄影系列服务项目。20世纪90年代后，国外专业婚纱系列摄影的技艺、风气传入辖区，并逐渐形成风气。稍后，记载儿童成长阶段的儿童系列照片开始盛行。2000年，数码摄影技术传入辖区，并迅速普及，取代胶片摄影。2007年，辖区摄影已经形成多层次、多品味的消费市场。一般的复印店即可印制数码彩色照片，专门从事高档艺术摄影的商家有：

位于禾山路的中山影楼、位于海天路65号的伊能美容婚纱摄影厅婚纱摄影、位于嘉禾路221号809室的ZF摄影工作室、位于兴隆路394号之3的富贵天使专业人像摄影、位于马垄社50号的更新数码彩扩工作室、位于南山路391-3号的伊喜恋婚纱摄影、位于SM城市广场2楼239号的珍妮花婚纱摄影、位于SM城市广场3楼图书城南门旁的金彩童年摄影服务部（SM店）、位于国际山庄的三朝摄影、位于嘉禾路221号的亲密爱人数码婚纱摄影、位于海天路的创意人数码婚纱摄影旗舰店等。

三、家政

清末之后，辖区境域的祥店、徐厝、薛厝、庵兜、钟宅等侨乡，男人常年在海外打拼，家中看顾家业、照顾老少全靠随嫁来的婢女，本地话叫做“随嫁查某嫺”，俗称“姐仔”。这是辖区境域最早从事专业家政服务的人群。

祥店的“随嫁查某嫺”数量较多，人称“祥店姐仔”。个别殷富大户，“随嫁查某嫺”多达4人。随嫁后有的被纳为侧室，有的被收为养女，另择门户嫁出。被纳为侧室者名为庶母，但家中小辈仍直呼其名，而亲堂、社里小辈则在其名后称“某某姐”“某某姐婆”，以示名分不同。在娶亲的主人继续前往南洋之后，这些“姐仔”便担当起看顾家业，照顾老少，操持家务的担子。即便主人叶落归根，从海外返乡养老，家中事务照旧由“姐仔”主事。她们虽出身卑微，但因自幼养成勤劳节俭品德，且恪守本职，一生操劳，往往成为侨户留守家庭的主心骨，深得主人的信任，也受到世人的几分敬重。

解放后，在相当长的一段时间内，请人协助做家政服务被视为好逸恶劳的剥削阶级行为。

1980年后，湖里街道一带首先创办服务中心，家政服务重新出现。早期服务项目以家居保洁、衣物洗涤、家庭保姆为主，随即迅速扩大，服务项目逐渐覆盖生活的各个领域，家政服务机构的数量也迅速增加。居家服务的家政从业人员（保姆）的服务项目一般是全面多项的，而钟点工、计件工则以单项为主。2007年，辖区内家政服务项目有家居保姆、看护婴幼儿、护理老年人、照顾病人、护理产妇与新生儿、家电维修保洁、搬家等多项内容，基本涵盖家居生活的方方面面。辖区居民只要通过上网或电话联系，就可获得所需服务。

岛内家政服务机构的服务范围一般不受辖区地域影响，实行跨区服务。截至2007年年底，辖区内稍具规模的家政服务公司有：

孔雀河家政服务中心，位于吕岭路107–119号；好邦伲家政园山分部位于禾山路653号源泉山庄413室；艾艾家政服务，位于和顺里17号204室；小灵通家政服务，位于江头新村A154号3楼；敏丽家政服务，位于乌石浦路47号店；好帮手家政服务中心，位于江浦南里74号603室；杰玛士家政，位于南山路明德花园A座602；创嘉家政，位于枋湖村林后社26号；精服家政服务部，位于乌石浦三里梅阳花园38梯502；白鸽钟点服务（南山路店），位于南山路284号101室；亮捷家政服务有限公司，位于江头台湾街；宜家乐家政服务，位于禾山路445号202室；洁欣保洁有限公司，位于江头小区；家和家政钟点服务部，位于金泰里8号106室；大团结家政服务公司，位于江头新景园6号；恒立信家政服务有限公司，位于宜宾路39号205室；豪益佳家政有限公司，位于园山南路803号502；运发家政服务公司，位于江头；松美家政服务公司，位于江头西路；宏悦家政服务有限公司，位于金山街道高林培训基地；然而新家政服务公司，位于兴隆路500号；鸿运家政服务部，位于明德花园B座3号店；鹭勤家政服务有限公司，位于后坑后社；利万家家政服务有限公司，位于后坑西潘社217号。

四、休闲

民国期间，江头街开设有两家茶室，主要业务是为过往客人提供解渴茶汤。20世纪90年代后，开始出现茶馆、咖啡屋、桑拿、足浴、酒吧等休闲场所，主要集中在湖里街道和江头街道一带。2006年，在五缘湾特色商业街规划开设咖啡馆、酒吧一条街，至2007年年底部分开业。

茶馆 大多为包间形式。装修较为讲究，一般可供三五人会面、洽谈、打牌之用。2007年，湖里区开设有茶馆60余家。

咖啡屋 一般为厅堂、车厢座式服务。环境较为优雅，适合人数较少的会晤、休闲。2007年，辖区内有上岛、名典、我家、人文等咖啡店20余家。

桑拿、足浴 源于洗浴业。桑拿（Sauna），又称芬兰浴。金宝大酒店、悦华酒店最先将桑拿引进湖里区。2000年之后，辖区内桑拿、足浴场所越办越多。截至2007年，辖区内各星级饭店以及稍具规模的宾馆、旅馆，一般都设有桑拿部或足浴部，独立营业的桑拿店、足浴店有近百家之多。有的桑拿店打着洗浴、保健的旗号，从事色情经营，成为公开的秘密。

酒吧 90年代之后，辖区内一些涉外酒店开始在店内设立酒吧专营场所。2000年后，辖区内开始有独立经营的酒吧。2007年，辖区内酒吧有20余家，主要分布在湖里街道。

五、婚姻介绍

20 世纪 80 年代，为了帮助大龄青年解决婚姻问题，辖区境域的妇女组织开始开展无偿婚姻介绍。

20 世纪 80 年代后期，开始出现职业婚姻介绍所，帮助一些“婚姻困难户”解决终身大事。20 世纪 90 年代之后，一些婚姻介绍所利用“婚托”欺骗顾客的事件频频曝光，婚姻介绍所的声誉大受影响，不少婚介所倒闭。至 2007 年，辖区内尚在营业的婚介所有位于海天路 18 号的鹊桥婚介所、位于海天路 20 号的喜都婚介所、位于吕岭路 173 号的南国红豆婚介所、位于兴隆路 582 号的缘圆情缘婚介所等。

六、职业介绍

民国 36 年（1947）5 月，禾山区公所根据厦门市政府政令，与禾山区农会联合成立禾山区职业介绍所。各保保民有失业求业、求才求职的可到介绍所登记，由介绍所帮助解决。

湖里建区初期，辖区内职业介绍由厦门市劳动管理部门设立的职业介绍机构负责。

1992 年 3 月，湖里区人才交流咨询服务中心成立，为辖区各类企事业单位和具有中专以上学历或初级以上职称的人员提供人事服务。1993 年 6 月，成立湖里区职业介绍所，为外来务工人员和本地求业人员提供职业介绍。

2004 年 12 月，《厦门市职业介绍机构管理暂行办法》实施，湖里区成立 19 家民办职业介绍所。2005 年，辖区内部分企业开始出现“招工难”问题。2006 年 7 月 1 日起，执行《厦门市人民政府贯彻国务院进一步加强就业再就业工作通知的若干意见》，将进城务工农村劳动者的管理和服务纳入本市公共就业管理和服务的范围，实行免费的职业指导、职业介绍、政策咨询和就业信息服务，停止向应聘者收取“就业服务费”，由用工企业向推荐务工人员的职业介绍机构发放介绍费（详见本志第二十六篇第三章）。

第十二篇　招商引资

湖里区为闽南重要侨区之一，清代晚期就有引进侨资兴办社会事业、发展地方经济的传统（参见本志第二十八篇）。

厦门解放至1979年，台湾海峡两岸军事对峙，辖区境域对外经济合作停顿。

1980年厦门经济特区创立后，开创对外经济合作新局面。1982年创办首家外商独资企业“厦门印华地砖厂有限公司”后，中外合资经营企业、中外合作经营企业、外商独资经营企业三类外商投资企业（以下简称“三资企业”）开始进入辖区境域。湖里建区前，禾山乡（镇）和湖里街道各行政村、居委会以“三来一补”（来料加工、来样加工、来件装配及补偿贸易）为主要内容的招商引资工作已经开始起步。

1987年湖里建区之后，区、乡（镇）街和村（居）三级积极开展招商引资。至1991年，全区累计引进“三资企业”57家，“三资企业”工业产值占全区工业总产值2.84亿元的80%以上。

1992年，邓小平南方谈话发表之后，厦门市出台加快外引内联的政策。1993年3月8日，湖里区获得审批外商投资项目1000万美元以下的生产项目的权利。中共湖里区委、区政府调整加强区外商投资领导小组，并在镇、街成立外引内联领导小组。实行“不限经济成分，不限发展速度，不限生产规模”的招商引资方针，吸引内资和吸引外资并举，加快各级工业小区的开发力度，积极“筑巢引凤”。至当年年底，累计引进“三资企业”109家，合同利用外资0.81亿美元；引进“内联”资金0.25亿元。1993年，全区工业总产值4.93亿元，其中“三资企业”工业产值4.42亿元。

1995年，招商引资工作贯彻“大中小项目一起上，港台侨外都欢迎”的方针，不断完善“一条龙”无偿服务，兑现外引内联奖励制度。当年引进“三资企业”41家，总投资额0.74亿美元，合同利用外资0.69亿美元，履约率83.67%，到资率53.6%。

1997年，开始参加一年一度的“9·8”中国投资贸易洽谈会，成为湖里区最重要的招商活动之一。同年，出台《促进外商投资若干规定》《外资企业管理服务暂行办法》《外商投诉受理暂行办法》等规章制度，对外商投资项目实行分类跟踪服务。

1998年后，湖里区坚持实施外向带动战略，不断完善建区以来形成的招商制度和服务体系，从深化服务与提高实效入手，改善投资环境，为外引内联创造良好的环境。招商引资的数量和质量逐年提升。1999年，引进第一家跨国公司飞利浦照明电子，引进哈曼尼和万利达两个上千万美元项目，实现引资规模和结构的突破。2004年后，注重提高外资引进的质量水平，做好“招商选资”，把引资重点放在高科技产业、三产服务业和发展总部经济上。

2005年以来，园区项目成为引资主力，同安工业园和湖里高新技术园成为项目的主要载体。招商工作的侧重点由第二产业转移到贸易、管理咨询、物流等三产服务贸易领域。

2006年3月，商务部将外商投资商业企业的审批权限下放给省级商务主管部门；同月，湖里区获得外资投资服务贸易领域审批权，外资在批发、零售业和服务贸易业的投资比重大幅增加。

2007年，多家大型企业落户湖里。恒安（中国）投资有限公司注册1.03亿美元，是国家商务部批准在厦门市设立的该行业首个外商投资企业；紫金铜冠增资13亿元；飞利浦、松下电工、麦德龙、沃尔玛等世界五百强企业和万利达、中骏集团等一批规模企业总部先后入驻湖里。湖里区成为全省最大的物流平台，物流企业超过500家。区内果蔬、建材家居、汽车、电子通讯、文化产品等五大专业市场，在周边范围内具有较强辐射力。大项目的入驻有力拉动全区内外资引资的增长。全年新批外资项目100个，共引进合同外资2.55亿美元，同比增长24%；实际利用外资1.03亿美元，同比增长8%；引进内资72亿元，同比增长36%。截至当年年底，全区累计合同利用外资19.65亿美元；2001—2007年累计引进“内联”资金187.93亿元。2007年，全区“三资”工业企业完成当年价格总产值259.78亿元，占全区规模以上工业总产值的78.10%，占全区工业总产值的71.8%。

第一章 招商管理

第一节 机构设置

一、外商投资领导小组

1990年成立，1992年调整加强，由中共湖里区委、区政府主要领导任组长、副组长，负责制定全区招商引资工作的方针、策略和实施方案。2005年，区政府建立招商引资月联席会议制度，沟通招商项目和资源信息，交流招商经验，同时邀请工商、税务、财政和外资部门对区、街招商队伍进行业务培训。同年，启用湖里区招商信息管理系统，实现招商引资信息网络共享，各责任单位招商引资项目和信息实行网上申报、分级管理，提高招商信息管理水平和利用效率。

二、湖里区招商局

2003年12月，湖里区招商局成立，挂靠湖里区经贸局。2003年12月，脱离区经贸局独设（2008年更名为湖里区投资事务局）。按外商投资项目审批、加工贸易项目审批和办公室设置职能部门。历任局长为陈敏（2003.12—2006.11）、林世裕（主持工作副局长2006.11— ）。

三、相关服务机构

湖里区招商中心 1993年成立，原称区投资咨询服务公司。为湖里区专业投资促进及服务机构，为投资方提供一条龙招商服务，包括投资决策中所需的有关湖里区投资环境、投资项目及投资法律咨询等信息；协助投资方进行投资前期的市场调研，推荐最佳投资地点和投资方式；协助设立外商投资企业所需各类手续，解决投资、生产过程中所遇到的问题等等。

湖里高新技术园指挥部 2005年成立。为湖里高新技术园提供招商服务。

湖里工业园区管委会 2005年成立。为厦门环东海域湖里工业园提供招商服务。

湖里区外商投诉受理中心 1995年成立。受理调查外商投诉。

四、镇街外引内联领导小组

1980年厦门经济特区设立之后，辖区境域的街、乡开始开展“三来一补”项目为主的招商活动。湖里建区后，区、街、乡（镇）通过出访、建立与加强国内外客商和“三胞”的联系、设立工业小区等方式，开展招商引资工作。

1992年，镇、街外引内联领导小组成立，全区招商引资工作进入常态化、制度化的阶段。1997年，实行年度招商引资目标责任制，将招商指标分解、落实到具体单位。各街道、各招商责任单位普遍设立招商联络员，广泛搜集招商信息，编制各种招商资料，加强招商宣传，完善招商服务，加大项目储备和生成力度，形成比较完备的招商体系。2005 年，各街道建立专业招商引资队伍，湖里街道成立招商服务公司。

第二节 政策优惠

一、税收优惠

湖里建区后，实行国家、福建省和厦门市人民政府颁布的一系列政策，在鼓励投资产业和行业、税收、劳务管理、土地管理、人员出入境管理等方面实行优惠，同时执行国家、福建省和厦门市关于保障台湾同胞投资的条例，鼓励外商和港、澳、台商到湖里投资。1994 年 9 月，执行厦门市人大常委会通过的《厦门象屿保税区条例》，对相关外商投资企业实行比厦门经济特区更为优惠的政策。1997 年，出台湖里区《促进外商投资若干规定》《外资企业管理服务暂行办法》《外商投诉受理暂行办法》等法规，为外商提供优惠政策和优质服务。2005 年年底，"区港联动"试点项目之一的厦门象屿保税物流园区正式运作。该园区面积为 0.7 平方公里，实行封闭式管理，享受保税区相关政策。截至 2007 年年底，象屿保税区、象屿保税物流园区仍实行保税区的相关政策，辖区内实行以下优惠政策：

设在经济特区的外商投资企业，在经济特区设立机构、场所，从事生产、经营的外国企业所得税税率为 15%；外商投资企业免征地方所得税。

从事工业、交通运输业（不含客运）、农业、林业、牧业等生产性企业，经营期 10 年以上的，经企业申请，税务机关批准，可从获利年度起，第一、第二年免征，第三年至第五年减按 10% 征收所得税。

投资兴建港口、码头的中外合资经营企业，经营期在 15 年以上的，经企业申请，税务机关批准，可从获利年度起，第一年免征企业所得税，第二年至第三年减按 10% 征收企业所得税。

外方投资的产品出口企业，在依照税法规定减免税期满后，凡当年出口产品产值达到当年产品产值的 70% 以上，外汇收支平衡有余，可减按 10% 税率征收企业所得税。

厦门海关实行海关特殊监管区域"功能整合、政策叠加"的国家特殊优惠政策。对国家鼓励类，并转让技术的外商投资项目在投资总额内进口的自用设备，除《外商投资项目不予免税的进口商品目录》所列商品外，免征关税和进口环节增值税。

外商投资企业自营出口的货物，实行"免、抵、退"税的管理办法；台湾、香港、澳门同胞比照适用国内对外国公司、企业和其他经济组织以及外籍个人的优惠税收政策。

二、土地使用年限优惠

辖区内工业、教育、科技、文化、卫生、体育用地使用年限 50 年；商业、旅游、娱乐用地使用年限 40 年；居住地用地使用年限 70 年。

三、比较成本

辖区内水、电、气设施完备，供应充足，可以有效为企业减轻成本负担。辖区投资企业负担的成本见表 12-1 和表 12-2。

2005 年湖里区投资企业比较成本

表 12-1

大工业用电	0.4908 元/千瓦时（220 千伏，平段时间）
普通工业	0.5813 元/千瓦时（35～110 千伏，平段时间）
水价（工业、基建、商业用水）	3.0 元/立方米（含排污费）
工业用地（岛外）	200 元/平方米（五通一平）

续表 12-1

标准厂房出售	1000～1300 元/平方米
标准厂房出租	8～15 元/平方米·月
写字楼租金	20～65 元/平方米·月
一般工人月工资	100～150 美元
管理人员月工资	145～350 美元

2007 年湖里区投资企业比较成本

表 12-2

大工业用电	0.4908 元/千瓦时（220 千伏，平段时间）
普通工业	0.6358 元/千瓦时（35～110 千伏，平段时间）
水价（工业、基建、商业用水）	3.0 元人民币/立方米（含排污费）
工业用地（岛外）	700 元/平方米（五通一平）
标准厂房出售	1000～1300 元/平方米
标准厂房出租	8～25 元/平方米·月
写字楼租金	20～85 元/平方米·月
一般工人月工资	100～150 美元
管理人员月工资	145～350 美元

说明：数据采集时间为 2007 年 3 月

第二章　资金引进

第一节　招商活动及成果

一、“9·8”投洽会招商

1997—2003 年，湖里区“9·8”招商工作突出“招大引强”，重点引进项目投资规模大、综合实力强的企业。麦德龙和飞利浦电子的入驻，使湖里区在引进世界 500 强企业方面取得突破。引资结构得到优化，三产项目呈现产业化、规模化趋势。鹭港物流、东港物流等物流项目，东方家园、吉家家世界等大型商贸企业，以及“马峰山国家乒乓球训练中心”的引进，进一步强化湖里区第三产业的优势。

2000 年“9·8”投洽会，共签约 15 个项目，其中合同项目 4 个，协议项目 7 个，意向项目 4 个。投资总额 19421 万美元。其中，外资项目 8 个，投资总额 9832 万美元，协议外资 8789 万美元；内资项目 7 个，投资总额 79381 万元。

2001 年“9·8”投洽会，共接待境外及港澳台客商团组 18 个，约 300 多名客商，主要来自中国香港、台湾地区及新加坡、菲律宾、日本、美国、加拿大、澳大利亚、新西兰、意大利、英国等十几个国家和地区。共签订项目 21 个，其中合同项目 14 个、意向项目 7 个。总投资额 2.27 亿美元，其中外资项目

12 个，投资总额 1.014 亿美元，协议外资 1.005 亿美元，内资项目 9 个，投资总额 10.41 亿元。

2002 年“9·8”投洽会，共签约 27 个项目，其中合同项目 15 个，协议项目 8 个，意向项目 4 个。按产业性质分，三产项目 9 个，二产项目 18 个。总投资额 9465.4 万美元，其中外资项目 13 个，投资总额 6900.6 万美元，合同利用外资 5579.3 万美元；内资项目 14 个，投资总额 2.103 亿元。投资者来自荷兰、英国及中国香港、台湾、北京、大连等地。

2003 年“9·8”投洽会，围绕“高科技研发基地、现代物流基地、新兴生态休闲旅游基地”等 3 个基地的建设，调整引资重点，突出区域功能性招商。“9·8”投洽会共签约 23 个项目，其中合同项目 4 个，协议项目 15 个，意向项目 4 个，总投资额 5.61 亿美元。其中，外资项目 11 个，投资总额 2.16 亿美元，利用外资 20481 万美元；内资项目 12 个，投资总额 28.53 亿元。按产业性质分，第三产业项目 15 个，投资总额 45551 万美元；工业项目 8 个，投资总额 10517 万美元。

2004—2007 年，湖里区“9·8”投洽会招商着重围绕建设“高科技研发基地、现代物流基地、新兴生态休闲旅游基地”目标进行区域功能性招商。总部招商成新亮点，其中不乏银鹭、恒安、乔丹、七匹狼等著名品牌民营企业集团。

2004 年“9·8”投洽会，共签约 42 个项目，合同项目 15 个，协议项目 11 个，意向项目 16 个，总投资额 5.89 亿美元。其中，外资项目 16 个，投资总额 2.63 亿美元；内资项目 26 个，投资总额 27 亿元。

2005 年“9·8”投洽会，共签约 168 个项目，其中合同项目 57 个，协议项目 2 个，意向项目 109 个，总投资额 9.5 亿美元，其中外资项目 25 个，投资总额 34427 万美元。签约项目中，拟入驻同安工业集中区项目 71 个，投资总额 29425 万美元；入驻软件园二期项目 51 个，投资总额 65450 万元。

2006 年“9·8”投洽会，共签约 76 个项目，其中合同项目 23 个，协议项目 27 个，意向项目 26 个，总投资额 14.9 亿美元，其中外资项目 25 个，投资总额 4.56 亿美元。

2007 年“9·8”投洽会，共签约 205 个项目，其中合同项目 65 个，协议项目 71 个，意向项目 69 个，总投资额 148 亿元，其中外资项目 42 个，投资总额 4.86 亿美元。

二、园区招商

20 世纪 90 年代，辖区镇、街设立工业小区吸引外资。2005—2007 年，园区招商成为湖里区招商引资的重要方式。湖里高新技术园片区、五缘湾商务营运中心、湖边水库片区、同安工业集中区湖里园、软件园二期等园区项目成为引资主力。区领导多次赴长三角、珠三角、温州、北京等地开展招商活动，围绕园区产业布局的需要进行高新技术产业链招商，举办湖里区投资项目推介会，并先后走访中国葛洲坝集团、深圳万科集团、中钢集团等几十家全国重点企业，召开座谈会，加大园区招商力度。入驻园区的外资、内资企业规模扩大，项目科技含量提高。湖里老工业区“腾巢换凤”工作取得新突破，联泰大厦成功改造，引进 17 家商贸物流企业；北方工业楼改造为北方商务大厦，成为临港物流及综合商务楼宇，为湖里大道两侧产业改造提供范例。2007 年，湖里区引进的 40 个百万美元以上项目中，园区项目占 21 个，园区项目引进资金金额占全区引进资金总额的 73.6%。

三、招商成果

1988 年，全区共引进外资 142 万美元，兴办外商独资企业 2 家、中外合资企业 1 家、中外合作企业 1 家，外商来料家工项目 4 项。

1992 年，组织 12 批次到香港招商，组织 20 多批次到全国各地加强内联工作，接待境外客商 40 多批次。引进“三资”企业 20 家，协议投资 1226.2 万美元，兴办内联企业 17 家，发展侨联企业 3 家，投资总额 6900 万元。

1993 年，共引进“三资”企业 23 家，利用外资 8126 万美元。兴办内联企业 6 家，投资 2500 万元。

1994 年，新批准外商投资项目 36 个，总投资 5198.06 万美元，合同外资金额 4894.75 万美元。履约率、实际到资率和开工率分别达到 89.19%、49.06% 和 48.33%。共引进内联企业 15 家，投资总额 31419 万元。

1995 年，共引进外资项目 41 个，投资总额 7403.02 万美元。合同利用外资 6891.61 万美元，分别比上年增长 13.89%、42.42%和 39.46%。新开工投产的外资企业 21 家，到资率 53.6%，开工率 51.2%，履约率 83.67%。

1996 年，全区直接引进三资企业 64 个，总投资额 8508 万美元，合同利用外资 7852.3 万美元，分别比上年增长 56.1%、15.21%和 14.37%；三资企业平均履约率 74.82%、开工率 57.41%，到资率 68.21%。

1997 年，共批准引进外商投资项目 55 个，投资额 9240.4 万美元，合同利用外资 8499 万美元，分别完成年度计划的 110%、115.5%、113.32%。新开工企业 26 家，外商履约率 87.2%、到资率 59%、开工率 47%。全年引进内联项目 13 个，总投资额 7.19 亿元。

1998 年，全年共批准引进外资项目 79 个，总投资额 9200 万美元，合同外资 8660 万美元。新引进内联项目 18 个，总投资额 7.43 亿元。

1999 年，全年引进内外资项目 180 个，总投资额 1.91 亿美元。引进外资项目 55 个，投资额 1.43 亿美元，协议外资额 1.25 亿美元，完成市下达引资 1.1 亿美元任务的 114%。引进万利达集团有限公司、哈曼尼电信资讯有限公司两个投资额上 1000 万美元的项目。

2000 年，共引进外资项目 68 个，总投资额 9438 万美元，合同外资 8795 万美元。引进内资 7962 万美元。

2001 年，引进外资项目 72 个，投资总额 1.23 亿美元，合同外资 1.06 亿美元。在引进外资项目中，第三产业项目比重提高，项目数 9 个，占总项目数的 12.5%，投资额 3711 万美元，占总投资额 30.1%，合同外资 3060 万美元，占总合同外资 28.8%。引进内资项目 326 个，引资总额 5.9217 亿元。

2002 年，全区共批准外商投资项目 79 个，投资总额 11597 万美元，合同外资 10205 万美元，完成市下达的 8000 万美元任务的 127.6%，其中台资 4294 万美元，同比增长 35.5%。外商实际到资 10051 万美元，完成年任务数 9000 万美元的 111.7%。引进世界第三大零售商麦德龙仓储商场项目正式落户湖里区。

2003 年，全年共批准引进外商投资项目 56 个，合同外资 13004 万美元，完成市下达 1 亿美元合同外资任务的 130%，创下自 1997 年以来合同利用外资的新高。引进内资 11 亿元，外商实际到资 11975 万美元，完成年任务数 1 亿美元的 120%。引进厦华、中骏、灿坤等优质企业入驻。

2004 年，全区共批准外商投资项目 88 个，合同外资 10800 万美元，完成市下达 6500 万美元计划数的 166%，外商实际到资 9344 万美元，完成市下达 8000 万美元计划数的 116.8%，引进内资 17.7 亿元（其中理税金额约 4 亿元），完成年任务数的 177%。新落户华城投资、利万佳购物广场、拓福建材超市等一批重点项目，累计引进 500 万元以上内联项目 74 个，1000 万元以上项目 39 个。引进厦门市首家金融服务公司（金融守押）、湖里区首家从事金融业务的担保公司（金原担保公司）、福建省首家具有国际品牌背景的五星级酒店（喜来登）、厦门市首家外资社区便利连锁店（88 连锁）。

2005 年，全区共批准外商投资项目 69 个，合同外资 1.2 亿美元；外商实际到资 7500 万美元；引进内资 23 亿元。新引进及增资 100 万美元以上项目达 26 个，其中 500 万美元以上项目 6 个，单个项目平均合同外资 184 万美元。

2006 年，全区引进合同外资 2.05 亿美元，完成市下达 1.35 亿美元计划数的 152%；外商实际到资 9525 万美元，完成市下达 8500 万美元计划数的 112%。引进内资 53 亿元，完成 35 亿元的 151%。国际品牌企业喜来登酒店和亚洲单体最大的翔鹭国际大酒店两家五星级酒店相继建成开业，餐饮龙头企业王子饭店进驻喜来登大酒店。中国最大的古镇——50 万平方米的闽南古镇举行动工仪式，禹洲五缘酒店完成注册，五缘湾湿地公园内的厦门市首个田园生态式酒店五缘大酒店开业。

2007 年，全区共引进合同外资 2.55 亿美元，完成年任务数的 177%；实际利用外资 10254 万美元，完成年任务数的 114%；引进内资 72 亿元，完成年任务数的 120%。区主要领导先后 4 次带队赴长三角、珠三角、温州、北京等地开展招商活动，着重围绕厦门环东海域工业园、湖里高新技术园和软件产业布局的需要进行高新技术及产业链招商，在苏州、杭州、东莞、深圳、温州等地举办 6 场湖里区投资项目推介会，邀请 180 多家相关企业参加。

第二节　引资总量与构成

一、引资总量

1988 年湖里区开始开展招商引资工作。早期主要形式是从事“三来一补”，引资规模较小。1993 年，全区招商引资实现突破，当年合同利用外资达 8126 万美元。当年至 1998 年，每年引进外资总量在 5000 万～8000 万美元之间；引进“内联”资金也有较大成果，1999 年引进内资突破亿元大关。截至 2003 年，全区累计引进外商投资项目 734 个，总投资 13.68 亿美元，合同利用外资 12.76 亿美元；2004—2007 年，累计引进外商投资项目 367 个，合同利用外资 6.89 亿美元；引进内资 165.8 亿元。

若干年份湖里区引进资金总量见表 12-3。

若干年份湖里区引进资金统计表

表 12-3

年　份	合同利用外资（万美元）	实际到资率（%）	引进内资（亿元）
1988*	142	—	—
1993*	8126	—	0.25
1994*	4894.75	49.06	3.14
1995*	6891.61	53.6	—
1996*	7852.30	68.21	—
1997*	8499	59	7.19
1998*	8660	—	7.43
1999	12547	—	—
2000	8795	—	—
2001*	10380	—	5.68
2002*	10205	98.49	5.45
2003	13004	92.09	11
2004*	10800	86.52	17.8
2005*	12094	63.35	24
2006	20500	46.46	52
2007*	25524	40.17	70

说明：表中年份加 * 者数据取自该年份政府工作报告

二、引资构成

（一）行业构成

2003 年之前，湖里区外商投资主要集中在工业。截至 2003 年年底，全区 734 个外商投资项目中，工业项目 668 个，三产服务业项目 26 个，房地产业项目 25 个，信息业、农业和其他行业分别为 6 个、5 个和 4 个；全区合同利用外资 127576 万美元中，工业 81439 万美元，房地产业 29288 万美元，三产服务业 8715 万美元，信息业、农业和其他行业分别为 1266 万美元、490 万美元和 6378 万美元。

2004 年后，注重提高外资引进的质量水平，实行“招商选资”，把引资重点放在高科技产业、三产服务业和发展总部经济上。

2005 年，招商工作的侧重点由第二产业转移到贸易、管理咨询、物流等三产服务贸易领域。

2006 年 3 月，商务部将外商投资商业企业的审批权限下放给省级商务主管部门；同月，市外资局将外资投资服务贸易领域审批权下放湖里区，当年外资批发、零售企业和服务贸易型企业迅速增加。全年新批外资三产项目 40 个，占新批总数 37%。内资方面新增中介服务、设计院等现代服务业业态，投资担保、投资咨询、典当等新型业态注册 500 万元以上的企业 31 个。喜来登酒店、翔鹭大酒店、王子饭店等三产龙头企业入驻湖里。全市首个田园生态式酒店五缘大酒店开业。29 家企业确定入驻招商金山财富广场和五缘湾商务中心，预定面积 6.2 万平方米。

2007 年，引进 100 个外商投资项目中，三产项目 54 个，主要分布在贸易、管理咨询和物流；内资项目仍然主要集中在三产行业，新增注册资金 500 万元以上的项目中，投资性公司 25 个、物流货代项目 23 个，有 2 个项目注册资金在 5000 万元以上。

（二）地域构成

1988 年后，在湖里投资的外商及港澳台商以香港和台湾地区为主。截至 2003 年，全区 734 个外商及港澳台商投资项目中，香港和台湾地区投资的项目有 529 个，全区累计合同利用外资及港澳台资 127576 万美元中，港资、台资达 100305 万美元。

按投资项目统计，居前 10 位的分别为：中国台湾地区 342 个、中国香港地区 187 个、新加坡 31 个、日本 29 个、英国 28 个、美国 25 个、菲律宾 18 个、韩国 13 个、马来西亚 11 个、西萨摩亚 7 个；投资项目 6 个以下的有德国、泰国、奥地利、意大利、匈牙利、澳大利亚、文莱、法国、莱索托、新西兰、澳门、加拿大、印尼、纳米比亚、伯利兹、毛里求斯、荷兰、库克群岛等。

按合同金额统计，居前 10 位的分别为：中国香港地区 66648 万美元、中国台湾地区 33657 万美元、英国 9883 万美元、新加坡 4255 万美元、韩国 2762 万美元、泰国 2051 万美元、日本 1655 万美元、美国 1575 万美元、德国 1177 万美元、西萨摩亚 1104 万美元。合同金额 800 万 ~ 100 万美元之间的有菲律宾 718 万美元、马来西亚 598 万美元、奥地利 240 万美元、荷兰 172 万美元、毛里求斯 142 万美元、加拿大 127 万美元、匈牙利 110 万美元、文莱 100 万美元、库克群岛 100 万美元，合同金额 99 万美元以下的有印度尼西亚、新西兰、中国澳门地区、澳大利亚、意大利、纳米比亚、法国、莱索托、伯利兹等。

2005—2007 年湖里区引进外资地域构成情况见表 12-4。

2005—2007 年湖里区引资地域构成统计表

表 12-4　　单位：万美元

国家或地区	年份	项目数	投资总额	合同利用资金
中国香港	2005	20	2772	1364
	2006	30	12409	7396
	2007	29	17266	14916
中国台湾	2005	27	1541	1075
	2006	45	2494	1908
	2007	30	2711	1670
东南亚	2005	5	1713	1365
	2006	7	469	349
	2007	8	555	417
日本	2005	3	34	24
	2006	1	50	35
	2007	6	227	158
韩国	2005	3	65	56
	2006	2	102	44
	2007	—	—	—

续表12-4

国家或地区	年份	项目数	投资总额	合同利用资金
美国	2005	2	57	46
	2006	6	1102	1069
	2007	8	654	641
欧洲	2005	1	72	72
	2006	6	1284	1211
	2007	9	2171	8581
其他	2005	6	485	349
	2006	5	229	148
	2007	8	2390	547
不详	2005	5	2031	238
	2006	5	1607	495
	2007	1	30	15

说明：本表含市批项目

第三章　园区建设

第一节　区属园区

一、湖里工业区

位于厦门本岛西北部。北至兴湖路，南至南山路，西至东渡路（俗称疏港路），东至福厦路。距老市区 7 千米。总面积约 2.5 平方千米，首期建设面积 1.1 平方千米。

1981 年 10 月 15 日，厦门经济特区湖里加工区在禾山人民公社湖里生产大队竹坑湖（华美卷烟厂至厦华集团 1 号厂房一带）正式破土动工。1982 年 10 月，第一家外商独资企业印华地砖厂动工。厦门华侨电子企业有限公司等三资企业相继入驻。至 1983 年年底，基本完成征地拆迁安置和基础设施工程，并建成部分通用厂房、办公用房和配套设施工程。1984 年 7 月，厦门经济特区扩大到厦门岛全岛（包括鼓浪屿），湖里出口加工区改为湖里工业区，工业区管委会为厦门市人民政府的派出机构。当年实际开工面积 49 万平方米，竣工面积 32 万平方米，完成基建投资 1.2 亿元，占同期全市基建投资的 30%。至 1985 年年底，工业区已有三资企业和内联企业 59 家，其中三资企业 39 家。1987 年，台湾当局解除岛内戒严，开放对大陆探亲，并由此引发经贸热、投资热。区内先后建成龙舟工业园、思明工业园、鼓浪屿工业园、天安工业村、台湾工业园等。灿坤电器有限公司等一批台资企业相继入驻湖里工业区。至 20 世纪 90 年代初，工业区的所有厂房全部售出或租出。水、电、路、通信、煤气、绿化、电视公共线等基础设施配套齐全，银行、商场、幼儿园、学校、医院、农贸市场等公共设施同步完成，同时还引进外资，合作开发，先后建成华景花园、华泰苑、滨海苑、佳丽花园、富豪花园等一批高级社区。

湖里工业区有厂房 77 幢，总建筑面积 133 万平方米，其中约 50 万平方米分布在湖里大道两侧，约 50 万平方米分布在天安工业区、华昌路北段。区内厂房分属 122 家业主，其中最大的业主为联发集团，共有

14 处厂房，建筑面积 34.6 万平方米。工业区厂房采取“先建再租”的开发方式，主要以劳动密集型的企业为招租对象。

图 12-1　1984 年湖里工业区

2001 年，湖里区委、区政府提出“腾巢换凤”的经济发展思路，实施“优二进三”即优化第二产业，发展第三产业的发展战略，引导劳动密集型的制造业将其生产基地迁往岛外，湖里工业区总部、研发中心、销售中心留下，腾出的厂房改造装修成准写字楼，引进高新技术研发机构，或用于发展物流、货代等第三产业。2005 年，湖里大道联发集团所建面积为 2.5 万平方米的 8 号通用厂房申请变更使用功能，改造为多层中高档写字楼。改造后的 8 号厂房更名为联泰大厦。每平方米每月租金从 10.5 元提升为 25 元。湖里街道拨出 50 万元专项基金，吸引物流、货代等三产企业入驻。2006 年年底，联泰大厦出租率达到 100%，成为“腾巢换凤”、产业升级的范例。

截至 2007 年年底，湖里工业区内有规模以上工业企业 97 家，其中高新技术企业 12 家。规模以上工业企业总产值 150.76 亿元。区内大部分厂房剩余使用年限在 20 年左右。

二、厦门软件园二期湖里园区

厦门软件园二期位于厦门岛东北部，背靠虎仔山城市生态公园，与厦门翔安海港新城和大小金门岛隔海相望。是省重点工程和厦门“十一五”规划的重点项目，总投资 40 多亿元，总用地 1.06 平方千米，总建筑面积 163.64 万平方米，绿地率达 55%，是一个可容纳 4 万人的高科技园区。园内设信息技术服务区、动漫游戏区、软件研发和 IC 设计区四大功能区，并建有多个服务体系，为企业提供工商注册、税务登记、资金筹措、成果转化、人才引进等多方面的一条龙服务。2005 年 9 月 6 日工程动工。截至 2007 年年底，已有微软、思科、华为、大宇、西基、新浪 I-GAME、久游、朗科、太极、电子部等 30 余家企业、研究所确定入驻。

图 12-2　软件园湖里招商区

湖里区参与厦门软件园二期的招商。

三、同安工业集中区湖里园

同安工业集中区（湖里园）位于厦门同安区城南工业集中区的乌涂地一路，南靠林瑶路，东临纵二路，北靠横一路，地势平坦，交通便捷。园区规划为生产区域和配套生活办公区域。园区总用地面积 69 万平方米，总建筑面积 107 万平方米，其中，厂房面积 102.8 万平方米、行政中心 2.2 万平方米、配送中心 2 万平方米。建筑占地面积 21.9 万平方米，容积率 1.69，建筑密度 35%。总平规划根据地块特点和生产工艺流程，用地的中部结合现状，村庄布置配套生活区，生活区周边布置工业厂房。

生产区域用地范围内厂房均成半围合布置，行程“U”“I”“E”“一”字形等5种主要特征类型，基本形式为“一”字形板式的生产用房与连接体部分的辅助用房组成，两排建筑之间间距控制在32米以上，满足货物的堆放和集装箱车的停放与回转，幢与幢之间间距均大于10米，完全满足消防间距的要求。厂区内道路体系采用“鱼刺”状的道路网，基本优先发展科技型、环保型产业，特别是符合环保要求的资本密集型，技术密集型，劳动密集型先进制造业，重点引进电子信息、轻型机械、精密模具、轻工轻纺等行业的企业和项目。

2005年3月园区动工，至2007年年底，园区建设进入工程扫尾、促成企业入园生产和增资阶段。通用厂房招商区共批准107家企业入驻，其中70多家企业已投产，20多家处于装修阶段；自建区招商，共安排7家规模较大或特殊生产工艺的企业入驻，7家企业全部完成建设前期审批，5家企业已经动工建设，其中3家厂房已封顶。园区引进的114家企业总投资额达到12亿元以上。

图12-3　同安工业集中区湖里园

四、湖里高新技术园

园区处于湖里区县后片区内。县后片区位于厦门岛东北部，西起金尚路，东到环岛快速干道，南临湖里大道，北靠环岛路，总用地面积约4.21平方千米。

片区以县黄路为界，分两期开发。以东一期约1.8平方千米为湖里高新技术园区；以西二期约2.4平方千米为高新技术产业及企业营运总部用地，片区总体功能定位为高科技研发基地和企业营运、展示、结算中心。

湖里高新技术园为县后片区一期项目，位于厦门本岛东北部五缘湾片区，紧邻厦门高崎国际机场。建筑面积280万平方米。由湖里区政府负责园区开发、建设、管理和招商工作。

2005年工程动工，至2007年年底引进研发中心及营运中心项目45个，新引进的企业注册资本均在亿元以上或千万美元以上。截至2007年年底，有戴尔计算机（厦门）有限公司、厦门联想移动通信科技有限公司、厦门ABB开关有限公司等国际品牌公司进驻。

五、枋湖开发区

原为枋湖工业区，位于虎头山、薛岭山以北，湖里大道以南，机场路以东，县黄路以西，规划总用地面积315多公顷，是1993年为了厦禾路改造工业企业搬迁而设置的开发区。园区北部为高科技园区，南部为厦门旧城改造易地搬迁用地，厦禾路改造中32家工厂（企业），鼓浪屿和旧市区9家企业迁入工业区。至1998年，园区完成“三通一平”，片区内已建用地以工业、村庄用地为主，少量为居住用地。区内建成项目有太古可乐、锻压厂等27个，已签订土地出让协议未建项目27个，储备熟地40公顷。

1998年，市政府将枋湖工业区调整为以居住区为主，保留部分工业用地。调整规划于1999年通过审评并报批。工业区建设处于停顿状态。

2002 年，厦门市规划委员会第一次会议审议并原则通过调整后的《枋湖片区规划》。2003 年 12 月，重新编制的枋湖片区控制性详规完成。片区的性质定为：以居住为主，发展相关的公共设施及高科技研发产业。规划区总用地 315.18 公顷，居住人口约 4.22 万人。原有工业用地远期定位为高科技研发基地；划出 12 公顷土地建安置房及经济适用房。

片区规划呈“一轴两片”的结构。

居住用地构成主要以居住为主，发展商业、金融、文化娱乐、办公等服务设施，分为东、西两个居住区。东区，通过土地整合、公开出让形成一个完整的居住区；西区，通过用地调整新建居住小区，并通过枋湖村的改造、工业用地改造和行政办公用地的建设，形成一个综合区。公共服务设施用地依托金尚路，沿枋湖路形成居住区中心，布置有行政办公、商业中心、文化娱乐、银行、农贸市场、医院、电信等，并配置一所中学、三所小学、四所幼儿园（托儿所）。

工业用地在枋湖村以西，园山南路以北，远期规划改造为高科技研发基地。

2003 年 12 月中旬，市政府宣布撤销原先负责枋湖工业区开发的枋湖工业区办公室，由市土地开发总公司负责枋湖片区开发。2006 年，配合枋湖片区新规划实施，湖里区行政中心在枋湖路动工。2007 年年底，区行政中心迁至枋湖路。同年，枋湖片区拆迁改造规划开始实施。

六、环东海域湖里工业园

图 12-4　建设中的环东海域湖里工业园

环东海域湖里工业园是湖里区政府的又一块“工业飞地”，由厦门市湖里区国有资产投资有限公司、厦门禾丰建设有限公司负责开发建设。2007 年 3 月 18 日正式动工。规划为轻工、电子等科技型、环保型产业。一期工程总用地面积 54.84 公顷，总建筑面积 78.73 万平方米，容积率 1.8% ~ 3.0%，建筑密度 30% ~ 40%。其中厂房建筑面积 72.49 万平方米；邻里中心用地面积 2.07 公顷，建筑面积 6.24 万平方米，物流仓库建筑面积 5.22 万平方米。

第二节　市属开发区

一、厦门火炬高技术产业开发区

1990 年 12 月 30 日，火炬高新区在厦门岛小东山破土动工，是原国家科委和地方政府共同创办的 3 个火炬高新区之一。火炬高新区管委会为厦门市人民政府的派出机构。1991 年 3 月，被国务院批准为国家级高新技术产业开发区；2000 年 3 月，被科技部和外经贸部确定为国家高新技术产品出口基地；2003 年，被科技部评为“先进国家高新技术产业开发区”。2005 年 6 月，厦门火炬高新区因孵化功能完善、产业特色鲜明、产业集聚效应明显，经国务院批准，园区面积核定为 13.75 平方千米。

1998 年 8 月，火炬高新区开始实行“一区多园”战略布局。至 2002 年，形成“一个孵化基地”（留学人员创业园）、“三个综合园区”［火炬园、火炬（翔安）产业区、同集园］和三个专业园区（软件园、信息光电园、北大生物园）的发展布局，“一区多园”初具规模。基本形成以高新技术企业为骨干，跨国公司为龙头，电子信息、光电、电工、软件、生物医药等重点产业为支柱的高新技术产业开发区。

拥有国家高新技术产品出口基地、国家火炬计划软件产业基地、国家科技兴贸出口创新基地、国家火炬计划厦门电力电器产业基地、国家光电显示产业集群试点、厦门国家高新技术创业中心、厦门国家留学人员创业园、厦门大学国家大学科技园孵化园、厦门软件园孵化基地、厦门台湾科技企业育成中心等 10 个“国”字号的创新和孵化基地。10 多年来，厦门火炬高新区推动 1000 多项技术成果实现产业化，催生一大批拥有自主知识产权的高科技产品，形成光电、电力电器、电子信息三大支柱产业集群以及生物医药、软件、新材料、环保技术和精密机械等特色产业。园区企业拥有 3 种专利总数累计超过 3000 件，其中授权发明专利 320 件，共承担科技部、国家发改委等各级部门的火炬计划、创新基金等各类科技研发和科技成果产业化项目 500 多项。厦门高新技术创业中心成为中小科技企业成长的催化剂和助推器，成长出敏讯、三达膜、巨龙、明翰、乾照、三维丝、弘信、宇电、北大泰普、力鼎、联创等 200 家毕业企业，为园区 360 多家在孵中小科技企业持续提供有力支持。

图 12-5　火炬高新区

成为厦门市重要的经济增长点和对外开放的重要窗口，有包括戴尔计算机（厦门）有限公司、厦门 ABB 开关有限公司、厦门联想移动通信科技有限公司、厦门松下音响有限公司、厦芝、富士电气、联邦快递等著名企业在内的 1000 多家企业在此发展。全年工业销售收入亿元以上的企业有戴尔计算机（厦门）有限公司、厦门联想移动通信科技有限公司、厦门 ABB 开关有限公司、厦华、厦门建松、厦门松下音响有限公司等 20 多家企业。

走“低消耗、高产出”的发展道路，2001 年成为国内第一个达到每平方公里实现百亿元产值目标的国家级高新区。2007 年，以占厦门市不到 3% 的工业能耗、0.4‰的土地面积，实现全市 30% 的工业总产值，成为国内开发面积最小、单位产出最高的国家级高新区。

2007 年，火炬高新区共有高新技术企业 166 家，占全市高新技术企业总数的 38.7%，高新技术企业产值 785.01 亿元，占全市高新技术产值的 46.77%，高新技术企业总数和高新技术产值均位居全市各区之首。全区完成工业总产值 816.97 亿元，生产总值 192.63 亿元，出口创汇 62.86 亿美元。

二、象屿保税区

象屿保税区位于厦门岛西北部，地处厦门东渡港区，紧邻 319 国道，距离高崎国际机场 2 千米。1992 年 10 月 15 日，国务院批复同意设立厦门象屿保税区，规划面积 2.36 平方千米，一期工程 0.63 平方千米。1993 年 11 月 28 日，正式开关运作。

象屿保税区采取“市场筹资、滚动开发、自求平衡、发挥功能”的建设开发战略，走市场化开发建设的新路子。通过发行债券、贷款等市场手段，募集 5 亿多元的建设开发资金实施填海造地，用一年的时间，在滩涂上造出 1 平方千米土地，先后兴建近 30 万平方米的办公楼、商务大厦、通用厂房、物流仓库，拥有 1 千米长的深水岸线，5 个万吨级现代化集装箱码头及 20 多万平方米的配套设施，成为厦门及周边地区现代化国际性的物流园区。

象屿保税区的开发商、运营商、服务商为厦门象屿集团有限公司。

2005 年，厦门市决定建设厦门现代物流园区，由象屿保税区、保税物流园区、东渡港区、航空港工业与物流园区等部分组成，面积约 9 平方千米，由保税区管委会管理。

2007 年，象屿保税区完成生产总值 23 亿元，完成工业总产值 10.8 亿元，实现物流营运收入 31.5 亿元，商贸营业收入 110 亿元，工商税收总收入 2.62 亿元，码头集装箱吞吐量 241 万标箱、货物吞吐量 2868 万吨。

图 12-6　象屿保税区

第十三篇　财税金融

一

1987年11月湖里区人民政府成立后，开始建立区一级财政。工商税收在区财政收入中始终占据重要地位。

1989年，财政预算内收入945万元，其中工商税收800万元；上缴市财政131万元，市财政补助收入133万元，当年可支配财力947万元。1993年，预算内收入4855万元，上缴市级财力819万元，市财政补助收入794万元，当年可支配财力4830万元。

1994年，实行分税制改革，当年全区实现财政预算内总收入7406万元，其中上缴中央财政收入1790万元、区预算内收入5616万元，当年上缴市级财力589万元，市财政补助收入1583万元，可支配财力6610万元。

1996年起，区财政部门以增加经济总量，增加财政收入为重点，更新理财观念，合理安排支出，加强财政管理，完善各项财经制度，确保中央出台的各项政策兑现。1999年，重点突出改革财政管理体制，实行“划分收支、核定基数、收支挂钩、自求平衡、一定五年”为主要内容的新一轮区、街（镇）财政管理体制；改革预算管理办法，加大自收自支力度，规范财政供养范围。同时，加大招商引资力度，城市建设进入大投入、大发展、大建设阶段，财政总收入进入高速增长期，对国家的贡献逐渐加大。2000年，全区财政总收入3.18亿元，其中上缴中央“两税”1.10亿元、区预算内收入2.08亿元，区预算内支出1.74亿元。2007年，财政总收入36.89亿元，其中上划市级共享税14.05亿元、上划中央“四税”14.29亿元、区预算内收入8.55亿元；区预算内支出11.84亿元。

二

清康熙二十三年（1684）在辖区境域的牛家村（今东渡）设排头门小口，负责稽查同安、内安、澳头、鼎尾等地载货渡船，验明给单后押赴海关正口征税。

辖区境域自清代中叶才有少量的田赋、盐课、船税、渔课和渡税收入。清末及民国期间，增加牙、当、酒税等少量“杂税”。

清道光十年（1830）前后，嘉禾里上民田地一顷一十八亩五分五厘，配地丁银一十一两五钱九厘，配秋谷一十二石六斗四升七合二勺；不上民田地二百零七十顷九十一亩五丝，配地丁银二千一百零五两七钱五分三毫；寺租田地五十六亩五厘三毫六丝，配地丁银五两六分七厘七毫，配秋谷一石四斗二升六合。总计约272顷65亩，征收稻谷约14石7升（约折703.5千克）、银2123.02两。

民国36年（1947）1月，禾山田赋实行折金缴交的办法，每3斗田（播种3斗种子的耕地面积，按当时耕种水平，约折合1市亩）缴交法币11418元，禾山区全年缴纳田赋金额约为67000万元。

民国38年7月，厦门市参议会会同市地政整理处审定，将禾山田赋定为按七级征收，一至七级每亩分别征收50元、40元、30元、20元、18元、12元、5元（金圆券）。

1949年10月17日，厦门解放，22日成立厦门市财政局地方征收处，主管地方税收；23日，成立福建省税务局厦门分局，主管国税征收，1950年3月，福建省税务局厦门分局与厦门市财政局地方征收处合并，改名为厦门市税务局。自此之后几经变更，税务与财政或隶属、或合并，或一套人马两块牌子。

1950年，厦门市人民政府改征收田赋代金为征收公粮。确定禾山区全年应征公粮63.35万千克、公草粮11.88万千克、附加粮6.33万千克，合计81.56万千克。扣除烈、军、工属减征1350千克，贫苦农减征3.64万千克，荒地免征6.14万千克，应征71.65万千克，实征53.75万千克。当年实征46.23万千克，为全年应征数的85%。1951年，实征收93.08万千克，扣除补征1949年、1950年两年的尾欠数，实征80.80万千克，为1951年年度任务91.73%。1952年，征收71.96万千克，完成81.68%。

税务系统管征一直未按行政区域设置，1982年厦门市税务局成立时，主管个体税收管征的第三分局下设有湖里税务所，负责湖里一带个体税收管征，辖区境域其他企业税收管征按企业性质隶属第一分局（国营企业）、第二分局（集体企业）、涉外分局（外资企业）管理。除第三分局湖里税务所外，由于湖里区经济特区的地位，集中全市大部分外资企业，故涉外分局也在湖里设有办事处，以方便管理。

1994年税制改革后，国税、地税分设，厦门市地方税务局方按行政区划设立湖里区局，国税部门至2001年5月机构调整时，按行政区划设局，成立管理二局湖里区分局，负责湖里区税收管征。

三

明中叶之前，湖里辖区长期以农耕经济活动为主，金融业发展较为缓慢。明末清初，郑氏家族掌握福建东南沿海的制海权和海上贸易权，金融活动相当活跃。但辖区境域长期成为郑氏家族与清王朝反复争夺的战场，难以形成正常的金融业态。

清康熙二十三年（1684）后，清朝廷在厦门岛西南部设立闽海关，厦门港成为通洋正口，辖区境域的居民开始通过各种渠道出国。清咸丰年间，清朝廷发行纸钞“户部官票”和“大清宝钞”，与银两混用。清道光二十三年（1843）后，辖区境域成为老市区主要的农副产品供应地，金融活动开始活跃。清晚期，辖区境域的侨汇逐渐增多，但大部分侨汇通过厦门老市区的批局汇入。

辖区境域传统的金融调剂手段为民间借贷、典当和标会。清咸丰三年（1853），后坑叶光辉之父在后坑大路边开办桑莲典当铺。民国初年，庵兜华侨薛秉祯、薛秉楚在庵兜街开设有钱庄，至抗日战争爆发前才歇业。

民国35年（1946），货币急剧贬值。民国37年8月19日，南京国民政府发行金圆券，停用并限期收回法币、金、银和外币。民国38年4月后，金圆券形同废纸。同年7月2日，南京国民政府再次颁布改革币制命令，发行与银元等值的银元券。因遭到民众抵制，未能推行。

解放后，中国人民银行厦门支行与厦门市人民政府同时成立，人民币成为辖区境域唯一合法的流通货币，银元、外币一律由中国人民银行收兑，禁止在市场上流通。20世纪50年代初，中国人民银行在江头街设立营业所，并在辖区各村内开设农村信用社或信用社代办站，发放贷款。

1980年，中国建设银行在湖里设立特区支行。随后，中国工商银行、中国银行、中国农业银行等银行先后在辖区境域设立营业网点。湖里建区后，辖区内的金融活动突破行政区划的局限，基本形成以国家专业银行为主体，中外合资银行、外资银行和其他非银行金融机构并存的，多经济成分、多层次、多功能、开放型、遍布厦门岛全岛的金融体系。2007年，在湖里辖区内设有营业机构的有银行15家、保险公司10家、保险代理公司3家、证券机构4家、期货公司1家、典当公司6家、投资担保公司10家。这些金融机构为湖里区有效筹集资金、实现资金合理融通、促进经济和社会各项事业的发展做出重要的贡献。工资卡、缴费一卡通等银行卡在各行各业普遍使用；辖区主要街道都设置有24小时开通的自动柜员机。

第一章　财　政

第一节　财政管理

一、管理机构

（一）区财政局

1987年10月以湖里工业区管理局财务处为班底，成立湖里区财政局，内设农财科、预算科。1995年，增设办公室。1997年，撤销办公室，增设综合科。2002年，撤销农财科，增设资金科。2007年，区财政局内设综合科、预算科、资金科。主要职责是主管全区财政收支、国有资产监管工作。区财政局是湖里区人民政府组成部门，业务上受厦门市财政局指导和监督。区财政局历任局长为杨德均（1987.10—1990.3）、胡国森（1991.11—1996.12）、陈永茂（1998.2—2003.12）、陈海松（2003.12—　）。

（二）镇、街财政管理机构

1997年之前，区辖禾山镇政府和湖里街道办事处分别设有镇、街财政所。1998年，区辖镇政府和街道办事处成立财经办，分管镇、街财政所。2004年，成立禾山、江头和金山3个街道，均设有财经办，保留财政所牌子，加挂街道经济服务中心牌子（属于街道办事处的内设机构）。

二、事业单位

中华会计函授学校湖里分校　1997年2月成立，为自收自支事业单位，主要职责是通过函授形式为成人提供中专学历教育服务和各类财会知识培训。截至2007年，累计招收中等专业生300余名，毕业200余名，为湖里辖区内企事业单位培养一批中等会计专业管理人才。同时，举办“会计从业资格考前培训”“会计电算化初级知识培训”“初级会计人员继续教育培训”等各类财会知识培训班，累计培训财会人员近20000人次，成为湖里辖区内财会人员的综合性培训基地。

区工程预决算审核所　1998年2月成立，为全额财政拨款事业单位。主要负责区财政全额投资、部分投资、财政补助等财政性投融资建设项目工程预、决算审核、招标工程控制价审核、工程进度款审核、征地拆迁补偿补助费用审核等，出具工程预、决算审核、工程控制价审核、征地拆迁补偿费用等审核结论书。截至2007年年底，累计完成预、决算审核27.5亿元，审核价25.3亿元，核减数2.2亿元，核减率7.94%。

区国库集中支付中心　原为2004年10月成立的湖里区会计核算中心，2007年7月更名为湖里区国库集中支付中心，为经费核拨事业单位。中心下设核算组和资金组，2005年首批38家区直机关单位纳入会计集中核算业务。在单位预算管理体制和部门预算编制程序不变、单位的资金使用权和审批权不变、会计主体的法律责任不变的“三个不变”前提下，实现统一账户管理、统一会计核算、统一资金结算、统一档案管理“四个统一”。率先采用先进的网上银行结算系统，建立融管理、服务、监督为一体的财政财务管理新模式。截至2007年年底，共规范报销手续276笔，核减支出90笔，共计24.25万元；银行账户财政拨款184964.89万元，支出181574.71万元，收支笔数累计62857笔；通过核算中心账务处理的财政拨款232557.49万元，支出207532.61万元；2007年1月1日—12月31日，经国库支付系统支出金额4692.39万元，共3653笔。2007年10月，在区政府办、区法院、区检察院、区财政局4个单位开展国库集中支付改革试点。

区招投标服务中心 2006 年 4 月正式成立，为全民事业单位。服务中心按“业主组织招标、企业自主投标、专家负责评标、中心提供服务、政府实施监督”的模式运作。参照市招投标中心的功能布置，设置有开标室、评标室、专家抽取室、监控室、工程招标室、政府采购室、资产拍卖室、产权交易室、办公室、主任室等。开标室、评标室、专家抽取室设置监控设备、录音设备、手机屏蔽设备、评标专家语音抽取系统和工程自动评标软件等先进软硬设施。大厅设有大型 LED 信息公布栏，用于公布招标开标信息。截至 2007 年年底，招投标服务中心完成采购预算 4.47 亿元，采购金额 3.62 亿元，节约金额 8500 多万元，节约率 19%。

区社会公共资源市场化配置中心 2007 年 3 月成立，挂靠在招投标服务中心。负责对可进行市场化操作的行政资源和社会公共资源采取招标、拍卖、挂牌或其他公开竞争方式确定使用者或经营者。公共资源依托区招投标服务中心设立统一的行政资源和社会公共资源配置平台，逐步进入区招投标服务中心配置，做到统一进场交易，统一发布信息，统一收取费用，统一交易规则，统一现场监管，收入统一上缴财政。

三、财政体制

（一）市、区财政体制

1988 年，湖里区实行“收入全额上交，支出划分范围，统筹安排，一年一定”的财政管理体制。1989 年 1 月起，湖里区的财政体制调整为“划分收支，核定基数，增收分成，一定两年”“专项拨款，一年一定”。

1991 年 8 月，进行县、区财政体制调整，湖里区的超收分成由 70% 增至 80%。

从 1994 年 1 月 1 日起，实行分税财政管理体制。在统一实行分税制的基础上，根据保持县、区 1993 年既得利益，进一步扩大县、区收支范围的原则，对县、区的超基数收入分成采取不同的办法，以合理调节县、区间的财力。湖里区实行“定额缴补，超收分成”体制，对于超出收入基数的部分，市分成 30%，区分成 70%。

2001 年，财政体制缴补比例调整为：以 2000 年计算分成的区级财政收入决算数为基数，市级对与湖里区的超收分成比例从 30% 提高到 40%，提高分成比例所集中的资金通过转移支付形式全额用于岛外经济和社会事业发展建设。同时规定：岛内与岛外区共同招商引资到岛外的涉外企业，缴纳的区级财政收入由两区五五分成，年限由双方商定。岛内区从岛外分成的区级财政收入，市财政不参与超收分成。

2004 年，结合行政区划的调整，本着“转变职能、统筹发展”“责权利统一”“人随事走、财随事转”原则，对财政管理体制进行调整。

基数确定方面，以 2002 年为基数年，以当年的实际收支为基础，结合 2003 年的财税政策变化因素，测算收支基数。

体制衔接方面，维持原有缴补数、取消原有超收分成办法。区级税收上划中央两税增量 1 ∶ 0.3 返还部分仍按原结算办法返还给区级。2003 年年底之前，岛内建成的跨区区属成片工业区的区级收入按“谁投资，收入归谁”原则进行划分。2003 年年底之前成立的由区引进的三资企业仍按原办法界定区级收入归属，2004 年以后成立的三资企业按属地原则界定归属。

截至 2007 年年底，财政体制未有变化。

（二）镇、街道财政体制

1987 年 10 月，禾山乡实行一级政府一级财政管理，湖里街道视同一级财政管理。1989 年，湖里区组建财政所，对镇、街预算资金实行“划分收支，核定基数，收支挂钩，超收分成，结余留用，一定两年；专项拨款，一年一定”的财政管理体制。镇、街道财政收入以 1987 年财政收入决算数为基数，财政支出以 1987 年财政支出决算数为基础经过调整核定，收支对抵，定额缴补；超基数收入的 30% 留归街道，70% 上缴区财政。

1993 年，湖里街道和禾山镇预算外资金实行同级财政收支两条线管理。

1994 年，区级财政对街道的财政体制进行改革，在分税的基础上，实行“划分收支，核定基数，定额上缴，超收分成，结余留用”的体制。具体内容是：街道财政收入范围包括街属及以下单位和个人缴纳的增值税的25%、营业税、房产税、企业所得税、个人所得税和其他收入等；支出范围包括街属行政管理费、司法支出、文教卫生事业费支出、城市维护费支出等。街道财政收入以1993年实际收入为基础核定；财政支出以1993年财政支出决算数中当年预算数按新体制支出范围调整核定。

1999年，成立殿前街道办事处，视同一级财政管理。

2001年，镇、街财政管理体制做适当调整。根据区与镇、街政府职能和事权的界定，充分体现各级政府职能的原则划分区与镇、街财政支出。区级各职能部门对镇、街工作只进行业务指导，原则上不再直接体现财政支出，若有专项资金对镇街进行补助，通过上下级财政体制结算。在明确划分各级政府财政收入和财政支出范围的前提下，以2000年镇、街财政收支和既得利益为基础，作出相应的调整，确定镇、街财政收支基数。区对镇、街实行“核定基数，定额缴补，超收分成”的财政管理体制，对超过收入基数的部分，区与禾山镇、湖里街道办按67：33比例分成；区与殿前街道办按2001年60：40、2002年62：38、2003年64：36比例分成，以后年度按67：33比例分成。

2002年，镇、街财政体制实行“统一领导、分级管理”。根据事权、财权相统一的原则，明确镇、街政府的事权与财权，做到镇（街）事镇（街）办、镇（街）财镇（街）理，财事权责明晰，实现一级政府、一级财政。

2004年，设立江头、禾山和金山3个街道办事处，实行一级财政管理。同年中共湖里区委、湖里区人民政府下发《关于调整部分事权与财政体制的通知》（厦湖委〔2004〕47号），对部分事权与财政体制进行调整：从当年起，新增出口企业的出口退税区财政承担部分，由区财政与街道按共享税的分享比例共同承担。为保证区、街的既得利益，2002年街道收入基数全部上划区财政，区财政补助数以2002年街道财力为基础，结合2003年财税政策变化因素测算，事权调整所涉及的基数以2003年实际支出数为准。

至2007年仍实行上述体制。

四、财务管理

（一）行政事业财务管理

区行政事业单位执行厦门市制定的差旅费、会议费、福利费和接待费等开支标准。

1988年，区属行政机关、事业单位自管的预算外收支全额纳入财政管理，实行按比例分成，60%上缴区财政，40%留归各单位。

1989年，根据财政部规定，将事业单位划分为全额预算管理、差额预算管理和自收自支管理3种预算管理形式，有条件的全额预算管理单位应逐步向差额预算管理单位过渡，有条件的差额预算管理单位应逐步向自收自支管理单位过渡，有条件的自收自支管理单位应向企业化管理过渡。

1994年3月，执行财政部《关于行政性收费纳入预算管理有关问题的通知》。截至2007年年底，纳入财政预算外管理的收入共4.48亿元，其中纳入财政专户行政事业性收入的有7935.3万元。

1996年，执行国家国有资产管理局《关于颁发〈事业单位非经营性资产转经营性资产管理实施办法〉的通知》和《关于加强事业单位非经营性资产转经营性资产评估、验资工作的通知》。

1998年，执行财政部《行政单位财务规则》《事业单位财务规则》，改变原先“收付记账法”，全面实施“借贷记账法”。同年，区财政局出台《关于行政事业单位公务车辆购置、更新、调配、报废的实施办法》。

1999年，出台《湖里区小学、幼儿园财务管理办法》，加强对教育经费管理。

2000年，出台行政事业单位国有资产处置管理实施办法。进一步完善单位经费包干管理办法，调整和完善定员定额标准。

2003年，区财政局下发《关于规范若干财务问题的意见》。

2004年，成立区会计核算中心，出台《湖里区行政事业单位会计集中核算实施办法（试行）》《厦门市湖里区行政事业单位固定资产处置管理办法》，提高依法理财水平。区财政局联合区审计局、监察局开展行政事业单位固定资产专项清查工作。

2006年8月，深化行政资源和社会公共资源配置市场化改革，对20种类项目进行招租、采购或招标。区财政局下发关于认真贯彻落实财政部《行政单位国有资产管理暂行办法》《事业单位国有资产管理暂行办法》的通知。制定集中采购目录及政府采购限额标准，规范政府采购行为，制定政府采购资金管理办法，对定额以上的政府采购实行财政专户直接支付，加强政府采购资金的管理。

2007年1月，开始区国库集中支付改革试点，7月1日扩大到10家区直单位（2008年1月起全面实施国库集中支付改革）。7月24日，湖里区财政局下发《关于2007年湖里区计算机、部分计算机外部设备及办公辅助设备协议供货有关事项的通知》，规定：湖里区属机关事业单位、团体组织凡使用财政性资金采购小批量（金额在5万元以下）本次协议供货类别设备时，原则上在此次协议供货范围内进行选择和采购，未按规定权限报批不得采购本协议供货范围外和市协议供货范围外的非中标品牌、型号。单次采购金额超过10万元，仍采用招标方式进行采购。

（二）区属企业财务管理

1987年建区至1995年，实施财政部颁发的《企业财务通则》和《企业会计准则》以及行业财务会计等制度。

1996年，执行财政部关于《外商投资企业财政登记管理办法》，对区属企事业单位与外商举办的中外合资、合作经营企业，湖里区引进审批的外商投资企业（包括湖里区出资或提供合作条件与外商举办的外商投资企业），湖里区范围内（除象屿保税区外）注册资本在200万美元以下（含200万美元）的外商独资企业，由区财政局外经科负责实施财政登记、财务管理和财政监督。

1997年，区财政局转发《财政部关于加强国有企业财务监督意见的通知》和《财政部关于国有资产评估管理办法》。

1998年，区财政部门配合国有企业转换经营机制，会同有关部门改革企业职工养老保险、失业保险机构经费管理。

2002年，执行财政部《关于企业公司制改建有关国有资本管理与财务处理的暂行规定》。区政府出台《关于进一步加强企业发展专项资金管理的实施意见》《关于湖里区企业发展资金管理规定》，修订完善《科技三项费用管理办法》《乡镇企业发展基金管理办法》《支农专项资金管理办法》，确保专项资金的运作规范化、制度化。

2006年，出台关于加强区属国有独资公司管理工作的暂行规定。

2007年7月5日，区政府办公室下发《关于转发厦门市扶持商业街资金管理若干意见的通知》。通知规定资金扶持标准：按当年实际发生的费用总额扶持1/3，但单街每年扶持资金最高不超过50万元。同时，要求所在区、街道按照“市、区、街道各出一点”的原则配套。

（三）财政预算资金管理

1988—1990年，区财政预算安排根据“量力而行，尽力而为，保证重点，兼顾一般”的原则调度资金，做到既保证行政事业机关基本经费需要，又集中财力办好事关全局的大事。

1991—1995年，调整支出结构，加大农业和“菜篮子”工程投入，抑制通货膨胀，在保证各项经常性支出适度增长的同时，积极多渠道筹措和调度资金支持重点建设，确保财政收支平衡。在支出预算安排上根据先安排经常性支出，后安排建设性支出的要求。1995年，支出预算安排采取“量入为出，确保平衡，保证重点，压缩一般”的原则，加强宏观调控。建立收支两条线管理办法，形成严格的预算制度，完善基金管理。

1996—2000年，区财政局先后出台《湖里区预算外资金管理办法》《湖里区行政事业性收费管理暂行办法》《湖里区预算外资金年度收支计划、决策编制暂行办法》《湖里区预算外资金财政专户管理办法》《关于加强区直单位预算内、外资金银行账户审批管理的通知》，加强单位银行账户、收费票据领用、核销的管理与监督，对预算外资金全面实行收支两条线管理。1998年，执行财政部总预算会计制度。同年成立湖里工程预决算审核所，出台《湖里区财政性投融资建设项目工程预决算审核管理办法》，将建设性资金纳入财政监督管理范畴。1999年，将卫生系统的收费纳入收支两条线管理；对预算外资金管理全面实施“票款分离”措施，对能够实行“票款分离”而尚未纳入的收费项目全部实行“票款分离”，对尚未纳入“票款分离”的单位通过清理其收入规模，确定具体分离收费项目，落实“收支两条线”规定，全年纳入专户管理预算外资金达 808.17 万元。2000 年，取消预算外收入过渡户，推行预算外资金实行“部门收费、银行划缴、财政管理、财政调控”管理模式。对预算外收入和非税性财政收入实行“收支挂钩，超收奖励”的办法。

2001—2002 年，按照综合财政预算和零基预算的要求，统筹预算内、外资金，实行综合财政预算，扩大和细化部门经费预算编制，强化预算约束；进一步完善预算编制、预算执行和预算监督制度，推行预算编制改革，统筹预算内外资金，加强单位经费预算执行的管理和监督。出台《关于西海域整治经费财务管理办法》，对财政资金的运转实行全方位、全过程跟踪监督。扩大国库集中支付范围，把行政事业单位工资、公积金、医保、统一岗位津贴、汽车保险费、职工住房货币化补贴等纳入统一支付范畴，全年国库集中支付的资金达 6400 多万元，占财政支出的 22% 以上。

2003—2007 年，全区所有预算单位全面推行部门预算。2005 年，采用部门预算编制软件，规范部门预算的编制与执行，加强预算监管，严格预算约束，提高预算绩效。出台《湖里区土地基金管理办法》和《湖里区征地拆迁补偿专项资金管理办法》，把历年财政投入土地开发的资金以及国有企业的政策性土地开发资金纳入财政管理，把好征地拆迁补偿的资金审核关，确保财政资金用在实处。完善工程预决算审核，加强财政投融资建设项目的跟踪管理。

五、财政监督

1989 年，依据《厦门市财政信用奖金暂行管理办法》，配合市财政局开展历时两个月的财政周转金发放和使用检查，抽查周转金 7057 万元。

1992—1994 年，配合厦门市财政局监察处，组织人员条块结合、交叉检查专项奖金；结合一年一度的税收、财政、物价大检查和例行财政监察，对湖里区禾山镇、湖里街道和殿前街道的财政所进行检查。

1994 年，清理党政机关工作人员占用企业财物；检查 1992 年和 1993 年的财政支农周转金的使用情况；对禾山镇财政所的财务进行重点检查。

1995 年，清理、整顿、规范财政资金的管理，先后 3 次组织不同层次的全局性清理，主要清理财政资金在银行开户情况、各类预算外资金和财政性有偿使用资金的管理情况，通过清理，理顺和完善财政资金的管理与监督机制，逐步做到“统一制度、统一开户、统一核算、统一调度”。

2000 年，对区属各机关事业单位、禾山镇政府、湖里和殿前街道办事处在各金融机构开立的账户以及增减、变换情况进行检查。

2002 年，对全区机关事业单位的银行账户进行年检。

2003 年，对禾山镇、湖里、殿前街道办事处，区属各机关、事业单位开展银行账户年检。针对在财务、审计等检查中发现的部分机关、事业单位的资金管理存在的问题，湖里区财政局和审计局、监察局联合下发《关于加强单位资金管理的通知》。

2004 年，执行《厦门市市级预算单位银行账户管理暂行办法》。

2006 年 7 月，下发《关于加强湖里区重点项目建设资金管理的通知》，重点对区国投公司、天地公司、湖里房地产公司、公证处、社保中心、厦门吉致电子公司和厦门哈隆电子公司等进行抽查，针对抽查中发现的票据报销不规范、未按期缴清注册资本、违规发放补贴、部分企业账务处理不规范和部分企业往来款项时间跨度过大等问题进行整改。

2007 年 8 月 1 日—8 月 25 日，重点对区禾丰公司、天地公司、湖里卫生监督所、湖里绿化工程处、厦门格瑞斯特环保科技有限公司和厦门雅迅网络公司等进行抽查。

第二节 财政收入

一、预算内总收入

1988—1993年，区财政预算内总收入包括区级地方财政收入、上缴市级财力收入和市财政补助收入等。该阶段总收入最高的1993年为4855万元，可支配财力4830万元。1994年，实行分税制，区财政预算内总收入包括上缴中央财政收入、地方级财政收入、上缴市级财力收入、市财政补助收入，当年总收入7406万元，可支配财力6610万元。2004年，调整财政管理体制，区财政预算内总收入增加上缴市级财政收入。当年总收入177811万元，可支配财力58622万元。2007年，区财政预算内总收入达368810万元，可支配收入119367万元。

1988—2007年湖里区财政预算内总收入统计表

表13-1　　单位：万元

年份	总收入	上缴中央财政	上缴市级财政	区财政收入	上缴市级财力	市财政补助	可支配财力
1988	313	—	—	—	—	226	539
1989	945	—	—	—	131	133	947
1990	1190	—	—	—	203	257	1244
1991	1952	—	—	—	265	456	2143
1992	2626	—	—	—	411	199	2414
1993	4855	—	—	—	819	794	4830
1994	7406	1790	—	5616	589	1583	6610
1995	10802	2769	—	8033	1119	1767	8681
1996	13446	3635	—	9811	1652	1848	10007
1997	14957	3986	—	10971	2098	2123	10996
1998	17788	5110	—	12678	2526	2255	12407
1999	22317	6654	—	15717	3508	3072	14921
2000	31762	10973	—	20789	4957	3411	19243
2001	48989	18361	—	30628	8000	3801	26429
2002	62436	22028	—	35986	11286	10248	34948
2003	83428	31326	—	46796	15645	9642	40793
2004	177811	75770	62351	39690	110	19042	58622
2005	212765	94769	72876	45120	397	22157	66880
2006	280518	121267	98955	60296	1238	27623	86320
2007	368810	142897	140453	85500	2669	36536	119367

二、预算内收入构成

1998年前，区级财政预算内收入含工商税收入、农业“四税”（农业税、农林特产税、耕地占用税、契税）收入、企业收入以及其他收入（包含罚没收入和专项收入）等项目。1998年后，企业不直接向区财政上缴收入。工商税收是湖里区最主要的财源，在1991年之后的区级财政预算内收入中，所占比例都在90%以上。农业“四税”收入在建区初期区级预算内收入中所占比例在10%左右，此后逐年下降，2007年仅占0.3%。

1989—2007 年湖里区区级财政预算内收入统计表

表 13-2 单位：万元

年份	预算内收入	其中				年份	预算内收入	其中			
		工商税收	农业“四税”	企业收入	其他收入			工商税收	农业“四税”	企业收入	其他收入
1988	313	—	—	—	—	1998	12678	11687	634	—	236
1989	945	800	93	12	40	1999	15717	14455	811	—	327
1990	1190	991	122	15	62	2000	20789	20209	140	—	408
1991	1952	1674	104	12	163	2001	30628	29404	383	—	821
1992	2626	2428	104	20	74	2002	35986	34005	929	—	1035
1993	4855	4173	318	25	339	2003	46796	44881	14	—	1849
1994	5616	4455	591	30	540	2004	39690	34078	1834	—	3748
1995	8033	5993	682	505	853	2005	45120	42688	906	—	1470
1996	9811	7718	688	554	851	2006	60296	58895	426	—	924
1997	10971	9059	821	817	274	2007	85500	82461	300	—	2739

三、上级补助收入

1988 年湖里区成立以后，厦门市财政给湖里区财政补助。主要有原体制补助、专项指标补助、转移支付补助、各种结算补助和税收返还补助等项目。1988—1992 年，年均市财政补助 254. 2 万元。

1994 年实行分税制后，市级财政补助收入增加税收返还补助，当年各项补助计 1583 万元。1995—2001 年，年均市财政补助为 2611 万元。

2004 年市、区财政体制调整后，税收返还补助收入大幅增加。2004—2007 年，年均市财政补助为 26340 万元。

1988—2007 年湖里区市财政补助收入见表 13-1。

四、预算外收入

1988 年，区财政预算外收入 96 元。1989 年，增加一般预算外收入。至 1998 年，预算外收入 359 万元。1999 年，增加一项专项资金收入，一般预算外收入大幅增加，成为区财政预算外收入的主要来源。2007 年，区财政预算外收入为 4290 万元，其中一般预算外收入 3805 万元、其他收入 485 万元。

1988—2007 年湖里区财政预算外收入统计表

表 13-3 单位：万元

年份	一般预算外收入	其他收入	专项资金收入	合　　计
1988	—	0. 0096	—	0. 0096
1989	31	4	—	35
1990	45	10	—	55
1991	12	23	—	35
1992	5	15	—	20
1993	15	3	—	18
1994	174	1	—	175

续表13-3

年份	一般预算外收入	其他收入	专项资金收入	合　计
1995	146	—	—	146
1996	211	2	—	213
1997	420	1	—	421
1998	359	—	—	359
1999	2218	146	808	3172
2000	3299	199	494	3993
2001	3777	292	1174	5243
2002	4895	497	5196	10588
2003	4701	490	40	5231
2004	2352	511	20	2882
2005	2868	352	—	3220
2006	4037	405	202	4645
2007	3805	485	—	4290

第三节　财政支出

一、预算内支出

1988 年，区财政预算内支出 508 万元。1989 年，湖里区实行“调整支出结构，严格控制支出”的政策，在节减和控制财政支出的前提下，做到区别对待、有保有压、紧中求活。制定节减和控制会议费、差旅费、办公费、设备购置费用等具体措施，该年财政预算内支出 721 万元。

1990 年，加大对教育投入，增加行政管理费用。1991 年，增加城市基本建设的预算内支出。

1993 年，贯彻实施新财税体制，采取严格预算约束办法执行财政支出计划。加强预算管理，组织力量对行政事业单位定员定额及调查收支情况，按“保证重点、照顾一般”的原则，制定相应的定额标准，实行分类管理。实行罚没收入“收支两条线”办法，确定一批行政性收费纳入预算管理。统筹调度资金，保障政府职能的正常运转和工资改革增资，兑现政策性支出，按照“保吃饭、保办公”的原则从紧安排预算内支出。实行有保有压政策，调整支出结构，压缩一些非生产性支出，以减轻财政负担。增加城市基础建设费用、城市维护费用类和工业交通等部门的事业费支出。

1994 年，进行企事业挖潜改造，区财政预算内投入 313 万元，行政管理费用支出比上年增加 232 万元。

1995 年，教育投入 1226 万元，比上年增加 563 万元，公检法司费用和行政管理及其他部门事业费类支出都有不同程度的增加。

1997 年，教育投入继续增加，为 1748 万元；城市基本建设费用支出 1336 万元。

1998 年，区财政继续坚持和完善财政经费预算包干办法，根据财力可能和支出项目的重要性优化预算资金配置，提高资金使用效益，支持全区社会事业发展。同时，节减财政支出，厉行节约，制止奢侈浪费。支援不发达地区、文体广播事业费、社会保障补助和外交外事费用等四项支出合计增加 507 万元。城市基本建设费用支出 2002 万元，比上年增加 666 万元，其他部门事业费用暂不排入该年预算内支出。

1999 年，教育费用投入 2644 万元，比上年增加 523 万元。抚恤和社会福利救济费支出 887 万元，比上年增加 691 万元。

2000 年，增加行政事业单位离退休人员费用支出，为 616 万元；教育投入继续高位增长，比上年增加 398 万元，为 3042 万元；投入资金重点支持老工业企业技术改造和开发新技术、新产品以及奖励纳税大户企业；企业挖潜改造资金支出 1024 万元，比上年增加 816 万元。同年，城市基本建设费用支出比上年增加 477 万元。

2001 年，继续增加城市基本建设费用、企事业单位挖潜改造资金费用和教育投入，3 项累计支出 8729 万元。

2002 年，其他部门事业费类支出重新编列财政预算内支出，为 2792 万元，企事业挖潜改造资金比上年增加 1354 万元，增长 77.6%，其他支出 2210 万元，比上年增加 1387 万元。

2003 年，农业支出 1492 万元，支援不发达地区支出 204 万元，医疗卫生支出 1228 万元，科学支出 52 万元，共计 2976 万元。

2004 年，城市基本建设进入高速发展期，城市基本建设支出 21662 万元，比上年增加 17670 万元；挖潜改造资金支出 10659 万元，比上年增加 4498 万元；教育支出 10154 万元，比上年增加 5616 万元。是年，区财政预算内支出比上年增长 88.77%，比区级财政收入多出 29467 万元。

2005 年，基本建设支出大幅度减少，为 5352 万元。其他项目费用支出均有不同程度的增加。是年，区财政预算内支出比上年减少 3578 万元。

2006 年，财政建设性支出 31535 万元，其中财政性基本建设资金支出 8704 万元。是年，区财政预算内支出比上年增加 21879 万元。

2007 年，财政建设性支出 38232 万元，其中财政性基本建设资金支出 9851 万元。是年，区财政预算内支出比上年增加 30797 万元。

1988—2007 年湖里区财政预算总支出情况见表 13-4。

建设性支出　1989—2007 年，基本建设支出共投入 56053 万元，兴建政府大楼、湖里影剧院、中小学校、辖区多条道路等项目。

企业挖潜改造资金支出　1989—2007 年，区财政投入企业挖潜改造资金 61650 万元，用于重点支持辖区企业技术改造和开发新技术、新产品，特别注重支持外经贸企业的创汇和创税利大户。

科学技术三项费用支出　1989—2007 年，共安排科技经费 8415 万元。

农业支出、水利和气象支出　1990 年后，支援农村生产支出的重点转为扶持发展商品生产、因地制宜地发展多种经营，同时建立投资经济责任制，定项目，定投资，定期出经济效果。1989—2007 年，区财政预算内安排该项支出总计 17303 万元。

城市维护费支出　1989—2006 年，区财政预算内安排该项支出总计 21868 万元。2007 年因科目调整，将城市维护建设费和工业交通等部门事业费合并，共支出 16909 万元。

支援不发达地区支出　1991 年以后，资金主要用于经济开发和不发达地区的建设。安排生产项目的资金均实行有偿扶持，签订经济合同，限期归还。有偿使用的资金全额转入基金管理。安排于基础、公益设施项目的资金，优先安排老区贫困山村的小型公益项目和实施“造福工程”中边远老区贫困村的搬迁和配套项目。1989—2007 年，区财政预算内安排该项支出总计 1050 万元。

其他支出　1989—2007 年，区财政预算内安排该项支出总计 18862 万元。

工业交通等部门事业费　1989—2006 年，区财政预算内安排该项支出总计 23479 万元。2007 年始，工业交通等部门的事业费与城市维护费合并。

教育支出　教育投入占财政总支出的比例逐年提高。1989—2007 年，区财政预算内安排该项支出总计 90362 万元。

教育费附加支出　2003 年市区财政体制调整后，教育费附加由市财政集中，按在校学生数在各区间进行分配。1997—2007 年，教育费附加累计支出 6884 万元。

文体广播事业费　1989—2007 年，区财政预算内安排文体广播事业费支出总计 12369 万元。

医疗卫生支出 1989—2007 年，该项支出 18532 万元。

科学支出 1989—2007 年，安排支出 693 万元。

其他部门事业费 1989—2006 年，安排财政预算内支出 28482 万元。2007 年始，该项费用与行政管理费合并，共支出 28078 万元。

抚恤和社会福利救济费 一是义务兵优抚费用。湖里区自 1989 年起开始对农村义务兵家属每年发给优待金。1990 年，开始对农村义务兵家属的优待标准为每户每年优待金不低于当地上年度农民人均收入。对农村义务兵获得荣誉称号或立功受奖的，增发优待金；其他抚恤事业费，包括用于召开优抚工作模范会议，优抚对象来访人员招待处理开支等。二是居民最低生活保障。从 1995 年 7 月 1 日起，提高湖里区城市居民最低生活保障标准及各类优抚对象的定额补助标准。三是城镇社会救济费。1995 年 7 月 1 日起，提高城市居民最低生活保障定补标准。属民政部门管理的享受保障线的对象，每月增加 40 元；非民政对象者增加 35 元。城镇的社会救济对象每月增加 40 元，农村的每月增加 30 元。四是社会救济福利费。该项支出包括社会福利院经费、精神病院经费、殡葬事业费、社会残疾人福利事业费、收容遣送费和其他民政事业费等。1989—2006 年，该项费用安排财政支出 14126 万元。2007 年始，该项科目与行政事业单位离退休及社会保障补助支出科目合并，共支出 10432 万元。

社会保障补助支出 1989—2006 年，该项支出累计 2288 万元。

国防支出 1989—2007 年，该项费用支出 2432 万元。

行政管理费 1993 年、1995 年等年份因工资制度改革引起此项经费大幅度增长。1989—2006 年，该项费用支出 33443 万元。2007 年始，该科目与其他部门事业费合并。

公检法司支出 1987 年，预算支出列公安、安全支出和司法检察支出款，1991 年将司法检察支出款分设为司法支出、法院支出、检察院支出款。1989—2007 年，该项费用支出 20371 万元。

行政事业单位离退休支出 1989—2006 年，该项费用支出 9735 万元。2007 年始，该科目与抚恤和社会福利救济及社会保障补助支出合并。

二、上解支出

1989 年，上解支出 130 万元，此后基本上逐年上升。至 1995 年，上解支出突破千万元，达 1119 万元。此后，保持每年 500 万元左右的增幅，1998 年达到 2526 万元。1999 年后，每年上解支出增长都在千万元以上，2003 年上解支出达到 15645 万元，为历年之最。

2004 年，调整市、区财政体制，区对市由原先的净上解变为净补助，上解支出大幅减少，当年上解支出 110 万元。此后逐年翻番，至 2007 年上解支出达到 2669 万元。

1988—2007 年区财政上解支出情况见表 13-4。

1988—2007 年湖里区财政预算支出统计表

表 13-4 单位：万元

年份	本年财政支出	上解支出	年终滚存结余	结转下年的支出	净结余
1988	508	—	—	—	—
1989	721	130	258	88	170
1990	1277	203	225	10	215
1991	1995	265	373	79	294
1992	2492	411	295	120	175
1993	4683	819	442	2	440
1994	6166	589	886	11	875
1995	8460	1119	1107	78	1029

续表13-4

年份	本年财政支出	上解支出	年终滚存结余	结转下年的支出	净结余
1996	9412	1652	1702	98	1604
1997	10776	2098	1922	236	1686
1998	12779	2526	1550	128	1422
1999	14068	3508	2403	606	1797
2000	17467	4957	4179	1138	3041
2001	23405	8000	7203	822	6381
2002	31041	11286	11110	1291	9819
2003	36635	15645	15268	785	14483
2004	69157	110	4733	2121	2612
2005	65579	397	6034	3313	2721
2006	87458	1238	4896	1216	3680
2007	118255	2669	6008	2437	3571

三、预算外支出

1988 年，区财政预算外支出 0. 81 元，一般预算外资金结余 95 元。

1989 年，区财政预算外支出（即一般预算外支出）和一般预算外资金结余突破百万元。1999 年，突破千万元。2007 年，一般预算外支出 1916. 6 万元，结余 10981. 2 万元；专项资金支出 77. 4 万元，结余 395. 4 万元。1989—2007 年湖里区财政预算外支出情况详见表 13-5。

1989—2007 年湖里区财政预算外支出统计表

表 13-5　　单位：万元

年份	一般预算外支出	其他支出	专项资金支出	一般预算外资金结余	专项资金结余
1989	21. 2	—	—	13. 7	—
1990	38. 3	8. 0	—	21. 9	—
1991	24. 9	3. 5	—	28. 2	—
1992	8. 8	18. 0	—	21. 5	—
1993	7. 0	3. 6	—	30. 0	—
1994	90. 8	2. 2	—	110. 8	—
1995	172. 4	—	—	84. 5	—
1996	250. 8	0. 0	—	46. 5	—
1997	343. 4	—	—	124. 1	—
1998	315. 1	—	—	168. 2	—
1999	1256. 4	2. 0	427. 4	1275. 9	380. 8
2000	2498. 7	0. 0	228. 3	2275. 3	646. 9
2001	3180. 1	0. 0	317. 4	3163. 7	1503. 5
2002	3713. 5	81. 8	1550. 5	4760. 3	5149. 4

续表13-5

年份	一般预算外支出	其他支出	专项资金支出	一般预算外资金结余	专项资金结余
2003	4116.7	9.0	4813.3	5833.9	376.1
2004	2041.3	0.0	49.6	6655.0	346.5
2005	2356.8	0.0	35.1	7517.9	311.4
2006	3103.0	0.0	78.6	9138.9	472.8
2007	1916.6	0.0	77.4	10981.2	395.4
合计	25455.8	118.2	7577.6	—	—

1989—2007 年湖里区财政支出明细表

表 13-6　　　　单位：万元

年份	建设性支出	企业挖潜改造	科技三项	科学支出	农林水、气象	支援不发达地区	城市维护建设费	工业交通等部门事业费	教育支出	教育费附加	文体广播事业费	医疗卫生	抚恤和社会福利救济	行政事业单位离退休	社会保障补助支出	其他部门事业费	行政管理费	国防	公检法司	其他支出
1989	—	20	3	1	146	3	5	3	186	—	8	49	15	—	—	23	150	1	52	45
1990	80	40	47	7	245	26	9	2	249	—	81	61	9	—	—	45	239	2	83	76
1991	404	75	3	3	365	—	9	4	305	—	75	84	16	—	—	98	224	16	79	168
1992	521	65	4	4	394	—	19	4	451	—	16	116	10	—	—	103	385	12	93	251
1993	913	80	14	20	944	—	263	367	519	—	36	192	57	—	—	143	466	4	146	435
1994	1164	313	25	6	1015	—	294	300	663	—	19	237	51	—	—	219	698	5	216	814
1995	1072	578	55	11	1181	—	399	511	1226	—	46	334	89	—	—	466	1036	6	459	612
1996	665	778	131	10	1070	—	616	578	1402	—	48	531	144	—	—	583	1016	24	507	1047
1997	1336	200	131	19	1113	—	572	719	1748	188	67	554	205	—	—	661	1129	35	608	1250
1998	2002	100	226	23	875	10	755	747	2121	95	337	686	296	—	37	1020	1366	38	622	1165
1999	1157	208	250	30	800	—	919	859	2644	106	387	753	887	—	18	1132	1505	92	695	1219
2000	1634	1024	330	34	1106	14	939	925	3042	24	476	849	473	616	60	1585	1895	90	822	1080
2001	3241	1744	396	37	1175	—	1150	1059	3744	11	801	957	565	833	99	2514	2207	188	1149	823
2002	2154	3098	554	43	3830	—	1384	1365	4192	—	1103	1102	825	972	174	2792	2809	221	1203	2210
2003	3992	6161	769	52	1492	204	1610	1457	4538	—	1284	1228	1010	1184	182	3274	3032	228	1621	1739
2004	21662	10659	950	58	901	190	2265	3191	10154	824	1410	1559	1862	1782	378	3337	3186	272	1592	1512
2005	5352	9533	1270	76	277	170	4112	5383	11217	1046	2165	2135	4886	1998	542	4486	5445	316	2270	1265
2006	8704	12436	1326	92	228	159	6548	6005	15637	1932	3108	2824	2726	2350	798	6001	6655	430	3095	2142
2007	—	14538	1931	167	146	274	16909		26324	2658	902	4281	10432			28078		452	5059	1009

第二章 税 务

第一节 分税制前税种

1994 年实行分税制前，湖里区税种分为流转税类、所得税类、涉外税类和其他税类。

一、流转税类

清代，流转税主要指牙税、当税、炉税、厘金和茶税等；民国时期，征收的主要有普通营业税、茶税、烟酒税、货物税等。中华人民共和国成立后，主要有货物税、商品流通税、营业税、工商统一税、产品税、增值税等。

（一）货物税

1949 年 10 月解放后，通告开征货物税。1950 年 1 月，政务院颁布《货物税暂行条例》，规定税目分为烟、纤维、饮食品、日用品、工业品、建筑器材、化妆品、迷信品、农林产品和矿产品等十大类，自 1950 年 2 月 1 日实施，开展存货补税，设专人调查市场价格，依照每月最后 5 天的市场批发价格评定下个月的货物税完税价格。1958 年 9 月，国务院发布《中华人民共和国工商统一税条例（草案）》，货物税并入工商统一税内。

（二）营业税

在中华人民共和国成立初期，营业税属于工商业税的一个组成部分，1958 年税制改革后先后并入工商统一税、工商税中。1984 年 9 月，国务院及财政部先后公布《中华人民共和国营业税条例（草案）》及其实施细则，营业税成为独立税种，规定的税目主要有商品零售、商品批发、交通运输、建筑安装、金融保险、邮政电信、出版事业、公用事业、娱乐业、服务业和临时经营等 11 个，从 1984 年 10 月起实施，规定经营零售商业和饮食业，每月满 350 元为起征点，经营其他业务的，每月满 120 元为起征点，临时经营按日（或按次）营业收入 15 元为起征点。

（三）工商统一税

1958 年 9 月，国务院发布命令在全国范围内全面实行《中华人民共和国工商统一税条例（草案）》，财政部同日公布《中华人民共和国工商统一税条例（草案）施行细则》。工商统一税的税目包括工农业产品部分 105 个税目和商业零售、交通运输及服务性业务 5 个税目；工农业产品部分税率最高 69%、最低 15%，商业零售、交通运输税率 3%，服务性业务税率分别为 3%、5%、7%。对农业生产合作社和城市街道组织自办的公共食堂和其他公共事业的收入，中小学校因勤工俭学举办的小规模生产和加工、服务的收入，均给予免税。对于前店后厂的小作坊，按商业零售征税，不征工业品税。1973 年 1 月，合并税种，简化税制，工商统一税并入工商税，但对涉外单位仍沿用工商统一税征收。

（四）增值税

1981—1983 年，按福建省规定进行试行增值税试点。1984 年 10 月起，根据国务院、财政部发布的《中华人民共和国增值税条例（草案）》及其实施细则，从试点转入全面开征增值税。征税范围有机器机械及其零配件、钢坯、钢材、自行车、缝纫机、电风扇、印染绸缎及其他印染机织丝织品、西药等 12 项，分别实行“扣额法”和“扣税法”计算征收。

二、所得税类

民国时期，开征的所得税主要有营利事业所得税、薪给报酬所得税、证券存款（利息）所得税、非常时期过分利得税、财产租赁出卖所得税、一时营业事业所得税、综合所得税等。中华人民共和国成立后，开征的所得税有工商业所得税、利息所得税、国营企业所得税、国营企业调节税、集体企业所得税、城乡个体工商业户所得税、私营企业所得税、股份有限公司企业所得税等。

（一）工商业所得税

1950 年 1 月起，执行政务院发布的《工商业税暂行条例》，对以营利为目的的工商业户征收所得税，税率实行全额累进制。国营企业利润上交国家财政的，免征所得税。1958 年 9 月，工商税制改革，工商业税中的所得税成为一个独立税种，定名为工商所得税，其征税对象是集体企业、个体工商户及私营企业。对其中个体工商户的所得税，多采用随工商统一税代征，代征率掌握在 5% 以内。1980 年 1 月起，改按手工业合作组织 8 级超额累进税率课征，废止加成征收，对核定代征率征收的，代征率掌握在 2% 以内。

（二）国营企业所得税

1984 年 10 月起，执行国务院、财政部发布的《中华人民共和国国营企业所得税条例（草案）》及其实施细则。1986 年 1 月，按国务院规定，对内联生产性企业，在特区内按 15% 的税率征收所得税，先税后分。并规定从获利年度起 5 年内，在特区税后的利润，如留在特区扩大生产或兴办外向型工业，免除在内地补缴所得税和调节税。1988 年 2 月，由厦门市人民政府提出经财政部批复同意，特区从 1988 年度起对所有的地方国营企业、集体企业、私营企业均改按 15% 的比例税率征收所得税。

（三）集体企业所得税

1985 年 1 月起，执行国务院、财政部发布的《中华人民共和国集体企业所得税暂行条例》及其施行细则，并对新建企业、新办饲料原料生产、饲料加工、饲料添加剂生产等企业实行若干减、免所得税照顾。1988 年度起，根据财政部批复，在特区内的集体企业一律改按 15% 的比例税率征收所得税，并改税前还贷为税后还贷。

（四）城乡个体工商业户所得税

1986 年 1 月起，执行国务院发布的《中华人民共和国城乡个体工商业户企业所得税暂行条例》，对个体业户多采用核定代征率，随营业税（或产品税、增值税）一并征收，代征率一般掌握在 7% 左右，营业收入较大的业户带征 5%。

（五）股份制企业所得税

股份制企业所得税是福建省单行的一个税种，1988 年起按省政府发出的《福建省股份制企业所得税暂行规定》执行。特区股份制企业的所得税税率为 15%。股份制企业发生亏损，先用公积金弥补。

三、涉外税类

（一）中外合资经营企业所得税

1980 年 9 月，开征中外合资经营企业所得税。特区内的中外合资经营企业的所得税税率减为 15%，并免征地方所得税；外方从中外合资经营企业中分得的利润汇出境外时，免征所得税；中外合资企业的合营者将分得的利润再投资于本企业或境内的其他外商投资企业，投资期限不少于 5 年的，退还再投资部分已纳所得税税款的 40%，如果再投资扩建产品出口企业或先进技术企业，或将分得的利润捐赠国内公益事业的退还已纳全部所得税税款。对符合条件的中外合资经营企业分别给予所得税“两免三减半”“一免两减半”“五免五减半”等优惠。

（二）外国企业所得税

1981 年 12 月，开征外国企业所得税，按五级超额累进税率征收。特区内的外国企业的所得税税率一律减为 15%，并免征企业的地方所得税。外商在中国境内没有设立机构而有来源于厦门经济特区的股息、利息、租金、特许权使用费和其他所得，都减按 10% 的税率征收预提所得税，税款由支付单位扣缴。

（三）外商投资企业和外国企业所得税

1991 年 7 月 1 日，取消原有征收的中外合资经营企业所得税和外国企业所得税，改为统一征收外商投资企业和外国企业所得税，特区实行统一的 15% 优惠税率，并按税法规定统一减免税审批。

四、其他税类

税制改革前开征过的其他税种主要有：

隶属财产及行为税类的城市房地产税、房产税、车船使用牌照税、车船使用税、屠宰税、印花税、文化娱乐税、遗产税、筵席税、特种消费行为税、牲畜交易税、集市交易税。

隶属资源税类的盐税、城镇土地使用税、资源税。

隶属特定目的税类的建筑税、奖金税、国营企业工资调节税、城市维护建设税、固定资产投资方向调节税。除此之外，还有隶属正税之外的各种税捐、基金、附加等，如：国家能源交通重点建设基金、国家预算调节基金、教育费附加、基础设施建设附加费等。

以上各税种除部分保留外，在 1994 年税制改革后均基本取消或停征。

第二节　国　税

一、机构设置

2001 年 5 月，成立厦门市国税局管理二局湖里区分局，负责湖里区税收管征。2002 年 12 月，改管理二局为思明区国家税务局和湖里区国家税务局，为一套人员两个牌子合署办公。内设机构：办公室、人事监察科、税政征管科、管理一科、管理二科、管理三科、检查一科、检查二科；外设机构：湖里分局、思明分局。

2004 年 1 月，福建省厦门市湖里区国家税务局正式对外办公，内设机构有办公室、人事监察科、税政科、办税服务科、管理一科、管理二科、管理三科、管理四科、管理五科、检查一科、检查二科。

2006 年 1 月，国税系统机构调整，湖里区国家税务局内设机构：办公室、人事教育科、监察室、税政管理科、计划征收科、税源管理一科、税源管理二科、税源管理三科、税源管理四科；外设机构：稽查局、江头税务分局。同月，成立火炬高新技术产业开发区国家税务局，负责象屿保税区、火炬高新技术开发区内全部内外资企业、个体工商户税收管征。

2002 年 12 月至 2007 年年底，历任厦门市湖里区国家税务局局长为张鹭杰（2002. 12—2004. 4）、颜宝康（2004. 4—　）。

二、税种

1994 年 1 月 1 日起实行新税制，共设 25 种税收，同时对财政管理体制进行重大改革：按中央与地方事权划分确定各级财政支出范围；按事权和财权相结合原则将税种划分为中央税、地方税和中央地方共享税；建立中央税收和地方税收体系，分设中央、地方两套税务机构分别征管；科学核定地方收支，逐步实行比较规范的中央财政对地方的税收返还和转移支付制度；建立、健全分级预算制度，硬化各级预算约束。

实行分税制后国家税务局管征范围：消费税；增值税；进口产品消费税、增值税、直接对台贸易调节税（委托海关代征）；铁道、银行、保险公司集中缴纳的营业税、所得税和城市建设税；中央企业所得税；地方和外资银行及非银行的金融企业所得税；海洋石油企业所得税、资源税；证券交易税（尚未开征）；对境内外商投资企业和外国企业的各项税收以及雇员的个人所得税（按税种分别入中央库和地方库）；出口产品退税的管理；集贸市场教育费附加；中央税的滞补罚收入；按中央税、共享税附征的教育费附加；国家能源交通重点建设基金、国家预算调节基金（按现行规定缴库）；省政府委托代征有关税、费。

（一）增值税

1994 年分税制改革后，扩大增值税征收范围，包括生产、批发、零售和进口 4 个环节。此外，加工和修理、修配也属其征收范围。设置的税率：一档为基本税率 17%；另一档为低税率 13%，主要有农业产品、金属矿选产品和非金属矿选产品；还对出口货物实行零税率。对小规模纳税人销售货物或应税劳务的，按 6% 或 4% 的征收率征税（自 1998 年 7 月 1 日起，商业企业小规模纳税人的增值税征收率由 6% 减为 4%）。2004 年，湖里区国家税务局增值税税收入库 94234（59806）万元（2004 年、2005 年包括火炬、象屿区内企业税收收入，括号内为扣除火炬、象屿区内企业税收后收入，下同），2005 年增值税税收入库 135623（78670）万元，2006 年增值税税收入库 93294 万元，2007 年增值税税收入库 113691 万元。

（二）消费税

包括 11 个税目，有烟、酒及酒精、化妆品、贵重首饰及珠宝玉石、鞭炮、焰火、汽油、柴油、汽车轮胎、摩托车、小汽车。采取从量定额与从价定律征收的计征办法。采取从量定额的主要有烟、酒、汽油、柴油。2004 年，湖里区国家税务局消费税税收入库 70（70）万元，2005 年消费税税收入库 102（102）万元，2006 年消费税税收收入 99 万元，2007 年消费税税收入库 154 万元。

（三）内资企业所得税

征税对象为境内内资企业所得税的生产经营所得和其他所得。2004 年，湖里区国家税务局内资企业所得税税收入库 5064（4858）万元，2005 年内资企业所得税税收入库 7446（6992）万元，2006 年内资企业所得税税收入库 11947 万元，2007 年内资企业所得税税收入库 20097 万元。

（四）中外合资企业所得税

征税对象为境内外商企业所得税的生产经营所得和其他所得。2004 年，湖里区国家税务局中外合资企业所得税税收入库 29146（14589）万元，2005 年中外合资企业所得税税收入库 40204（18132）万元，2006 年中外合资企业所得税税收入库 20756 万元，2007 年中外合资企业所得税税收入库 27875 万元。

（五）个人所得税

主要对个人在境内储蓄机构存储人民币、外币而取得的利息所得征收的个人所得税。2004 年，湖里区国家税务局个人所得税税收入库 139（139）万元，2005 年个人所得税税收入库 204（204）万元，2006 年个人所得税税收入库 194 万元，2007 年个人所得税税收入库 59 万元。

三、国税征收

2004—2007 年湖里区国税局国税征收情况见表 13-7。

2004—2007 年湖里区国家税务局收入统计表

表 13-7　　单位：万元

项目	2004 年	2005 年	2006 年	2007 年	合计
增值税	94234（59806）	135623（78670）	93294	113691	436842（345461）
消费税	70（70）	102（102）	99	154	425（425）
内资企业所得税	5064（4858）	7446（6992）	11947	20097	44554（43894）
外资企业所得税	29146（14589）	40204（18132）	20756	27875	117981（81352）
个人所得税	139（139）	204（204）	194	59	596（596）
合计	128653（79462）	183579（104100）	126290	161876	600398（471728）

说明：2004 年、2005 年收入包括火炬、象屿区内企业税收收入，括号内收入为扣除火炬、象屿区内企业税收后收入

四、税务管理

税务登记　通过每 3 年统一换发税务登记证、每年进行验证等措施，全面核实确认所管理的纳税户，认真清查漏管户。1994 年年底，配合新税制的贯彻实施，完成对增值税一般纳税人的认定发证工作；此后，每年开展一次增值税一般纳税人年审工作，对年审通过继续认定的企业税务登记证副本及时加盖验证

专章。通过改革，1999 年实行全市国、地税机关联合换证办法。2007 年，湖里国税登记的企业为 15110 户。

纳税申报 1994 年，建立电脑申报中心，纳税户纳入微机管理。2003 年，所有正常状态企业内全部办理网上申报。2004 年，湖里区在国税各办税服务厅设有申报纳税台，审核管理，电脑开票。实施申报税务登记、发票、报表、账簿、印花等销售供应，税务咨询、税务文书、数据资料处理等一条龙服务。

个体定额 1994 年，为解决个体工商户销售收入不易准确测算的难题，基层管征人员采取“看、问、听、测”等方式，运用“成本费用法”“保本法”“毛利率法”等方法测算核定个体业户的销售额。同时，征收机关聘请个协、工商部门领导、居（村）委会等人员参与评税，实行民主评议、张榜公布、群众监督的定额评审制度。1995 年，执行《厦门市国家税务局定期定额征收管理暂行办法》，规范个体税收的定额评税程序，推进评税工作公开、公平、合理。1996 年，实行定额核定的电脑化，1997 年，实行个体税收委托建行代收。

征管模式 1995 年，厦门国税局实行“纳税申报、税务代理、税务稽查三位一体”的征管模式，改变 1990 年起实行的“征收、管理、检查三分离”模式或“征管、检查两分离”的模式。1998 年 6 月，按照管理服务、税务稽查、政策法制、征收监控、执行监督等 5 个业务管理系列设置征管模式，实行专业化管理。2001 年实行“集中征收、分类管理、一级稽查”新税收征管格局。

发票管理 1994 年，使用增值税专用发票，由国家税务总局印制，归属国税局管理。其他普通发票由国税和地税按各自管征范围印制管理。2004—2007 年，全区共开具发票 1780 万份。

税务稽查 2006 年 1 月 1 日，湖里区国家税务局稽查局成立，区国税局对重点行业、重点税种进行专项稽查。2006—2007 年，累计稽查纳税户 95 户，查补税款、滞纳金罚款 1132.67 万元，入库率 100%。

第三节 地 税

一、管理机构

1994 年 9 月，厦门市湖里区地方税务局成立，下设办公室、人事监察科、计划财务科、税政管理科、直征税务所、湖里税务所、禾山税务所、高崎税务所、东渡税务所、稽查队 10 个科所。全局共有正式干部职工 40 人。

1996 年 12 月，稽查队更名为稽查分局。1999 年，内设机构增加征收管理科；湖里税务所、东渡税务所合并为湖里分局，直征税务所、禾山税务所分别更名为直属征收分局、禾山地税分局，稽查分局更名为稽查局。2001 年，进行机构改革，下设办公室、税政科（社保科）、征管法规科、信息技术科、计划财务科、人事教育科、监察室、直属分局、稽查局、湖里管理分局、禾山分局、殿前管理分局等 12 个科级单位。2003 年，调整为办公室、税政管理科、征收管理与法规科、计划财务科、信息技术科、人事教育科、社会保险费征收管理科、监察室、湖里分局、禾山分局、殿前分局等 11 个科级单位。2006 年 1 月 1 日，原禾山分局分设为江头分局、禾山分局和金山分局。至 2007 年 12 月，共有正式干部职工 85 人。

截至 2007 年年底，历任湖里区地税局局长为陈敬陆（1994.9—1998.5）、张开华（1998.6— ）。

二、税费种类

湖里区地税局负责征收营业税、地方企业所得税、个人所得税、城市维护建设税、房产税、车船使用税、城镇土地使用税、资源税、印花税、屠宰税（2003 年停征）、土地增值税（2005 年开征）、地方税的滞、补、罚收入、按地方营业税附征的教育费附加以及省、市政府委托代征的有关税费等 15 种。

（一）营业税

1994 年 1 月 1 日施行新税制，对营业税征收范围及适用税率等做调整。按行业特点设置 9 个税目、3 档税率。交通运输业、建筑业、邮电通信业、文化体育业税率为 3%，金融保险业、服务业、转让无形资产、销售不动产税率为5%，娱乐业为5% ~20%弹性税率。同年1月1日起，厦门歌厅、舞厅、卡拉OK歌舞厅、音乐茶座、保龄球、高尔夫球税率为10%；台球、游艺税率为5%。1997年7月1日始，金融业营业税税率提高到8%，增加的3%部分归中央财政收入。2001年5月1日起，歌厅、舞厅、卡拉OK歌舞厅、夜总会、保龄球、高尔夫球、台球、射击、狩猎、跑马、游戏、网吧营业税税率为20%；电动车、电动船、溜冰、划船、钓鱼、碰碰车、沙滩跳伞、健身俱乐部、过山车、大转轮、电动秋千、水上摩托等的营业税税率为8%；音乐茶座的营业税税率为11%。2003年1月1日起，按期纳税的月起征点由600元调为2000元；按次纳税的起征点为每次（日）营业额由50元调为100元，私房出租者营业税起征点由600元调为1000元。2005年5月1日起，营业税按期纳税的起征点月营业额提高到5000元。

（二）企业所得税

1994年1月1日起施行《中华人民共和国企业所得税暂行条例》，把原有国营企业所得税、集体企业所得税和私营企业所得税合并为一。企业所得税的法定税率为33%，厦门经济特区内企业按15%优惠税率计算纳税。2007年，全国人大颁布《中华人民共和国企业所得税法》（2008年1月1日起施行）。

（三）个人所得税

1994年，实施新税制，将原有的城乡个体工商户所得税、个人所得税、个人收入调节税合并为个人所得税，工资、薪金所得个人所得税实行9级超额累进税率，个体工商户的生产、经营所得和企业事业单位承包经营、承租经营所得，实行5级超额累进税率。

（四）房产税

房产税，按年征收，计税形式有两种：对自有自用房屋从价计征，依照房屋原值一次减除10% ~30%后的余值计算缴纳，税率为余值的1.2%；对租赁房屋依照房产租金计算缴纳，税率为租金的12%。

（五）城镇土地使用税

湖里区域每平方米土地年税额：1988年11月1日起，湖里区域0.4元；1998年1月1日起，兴湖路以南连接福厦路以西连接南山路以北至长岸路以东的范围内4元，航空港（含）太古维修中心（含）以北、金尚路以西接莲前东路以南的一、二、三类区以外的范围3元；2006年1月1日起，湖里区域6元；2007年1月1日起，江头街道办所在片区10元，除江头街道办所在片区的其他区域6元。

（六）车船使用税

微型、小型、中型、大型客车（包括电车）每辆年税额分别为240元、360元、480元、540元，载货汽车（包括半挂牵引车、挂车）按自重每吨年税额72元，专项作业车、轮式专用机械车按自重每吨年税额36元，三轮汽车、低速货车按自重每吨年税额48元，摩托车每辆年税额60元，船舶按净吨位年税额分为每吨3元、4元、5元、6元4个档次，拖船和非机动驳船分别按船舶税额的50%计算。

（七）印花税

1998年，厦门市地税局制定下发《厦门市印花税征收管理办法》，对纳税申报和征收方式以及代征、代售和税务检查和处罚等做出具体规定。印花税设5类13目。除权利、许可证照和营业账簿按件贴花外，其余12目均按金额比例计征。税率0.03‰ ~1‰。

（八）城市维护建设税

城建税以纳税单位和个人实缴的产品税、增值税和营业税额作为计税依据，与上列各税种同时计算征收，税率为7%。

（九）土地增值税

2005年9月1日（以房地产销售或预售合同签订时间为准）开征。转让国有土地使用权、地上的建筑物及其附着物并取得收入的单位和个人，依法缴纳土地增值税。土地增值税实行4级超率累进税率：税率分别为30%、40%、50%、60%。

（十）屠宰税

凡经营生猪、菜牛、菜羊的单位和个人，由收购者依收购数交产品税，不征屠宰税。营业户有执照者，每头猪征产品税4元，营业税9元。无执照者，每头猪产品税4元，营业税11元。2003年1月1日起，停止征收。

（十一）文化事业建设费

1997 年 1 月 1 日开征。经营娱乐业、广告业的单位和个人，为文化事业建设费的缴纳义务人，征收率为 3%；计征依据为缴费人缴纳娱乐业、广告业营业税的营业额。

（十二）教育费附加

1994 年 1 月 1 日起，教育费附加以各单位（暂不含外商投资企业和外国企业）和个人实际缴纳的增值税、营业税、消费税的税额为计征依据，附加率为 3%。1999 年调整为 4%。

（十三）地方教育附加

2002 年 4 月 1 日，起征收地方教育附加。地方教育附加的征收范围为地方企事业单位和个人（中央与地方合资企业、外商投资企业和外国企业、个体户等也包括在内）；计征依据为纳税（费）人实际缴纳的增值税、消费税、营业税税额；征收率为 1%。

（十四）基础设施建设附加费

1994 年 10 月 1 日起，缴纳增值税、消费税和营业税的单位和个人，均缴纳基础设施建设附加费，按各单位和个人实际缴纳增值税、营业税总税额的 5% 和消费税总税额的 2.5% 征收。1996 年 6 月 1 日起，征收标准按原标准降 30%，即按营业税、增值税税额的 3.5 % 和消费税税额的 1.75 % 征收。2000 年 9 月 1 日起，停止征收。

（十五）社会事业发展费

1997 年 1 月 1 日起，在厦门市从事生产、经营活动的企业和个人，均缴纳社会事业发展费，按纳费人实现增值税税额的 3%、消费税税额的 2%、营业税税额的 4% 征收。2000 年 1 月 1 日起，厦门市批准新办的外商投资企业免征社会事业发展费；对其他企业，从 2001 年 1 月 1 日起，减半征收；从 2002 年 1 月 1 日起，全面停止对厦门市外商投资企业征收社会事业发展费；2002 年 3 月 1 日起，全面停征内外资企业社会事业发展费。

（十六）社保费

2001 年 7 月 1 日，原来由社保经办机构征缴的社保费改由地税部门征收，形成社保机构办理社保登记、申报业务和社保待遇发放，地税部门负责社保费征收及相应稽查的社保征管模式。2003 年，开征生育保险，并将其划归地税部门代征，实现地税部门“五险统征”。2004 年 4 月，接收社保费的登记、申报、审核等全部征缴业务，形成“地税征收、社保使用、财政监督”的社会保险管理新模式。2007 年 4 月 1 日，开始实行“全民医保”，地税局负责办理参保登记手续，全区 26125 人参加。

（十七）残疾人就业保障金

2006 年 6 月 1 日，机关、人民团体、群众团体和财政核拨的事业单位向同级残疾人就业管理机构申报缴纳，其他用人单位向地税部门申报缴纳。

三、税费征收

1994—2007 年，累计组织各项收入 586731 万元，年均增长 34.81%，其中税收收入 439329 万元，年均递增 30.54%。2007 年，征管企业户数 16948 户、个体工商户 9393 户，地税局工作人员年人均征收税款 1251 万元。1994—2007 年地方税收征收预定数见表 13-8，实际入库数见表 13-9。

1994—2007 年湖里区地税局各税种收入统计表

表 13-8　　单位：万元

项目 年份	营业税	企业所得税	印花税	土地使用税	城建税	个人所得税	房产税	屠宰税	车船使用税	土地增值税	税款滞罚补收入	税收收入合计
1994 （10—12 月）	564	45	7	1	38	129	43	—	2	—	—	829
1995	2592	293	23	19	260	867	155	—	—	—	33	4242
1996	3018	251	16	15	338	1562	211	11	—	—	155	5577

续表13-8

项目 年份	营业税	企业 所得税	印花税	土地 使用税	城建税	个人 所得税	房产税	屠宰税	车船 使用税	土地 增值税	税款滞罚 补收入	税收收 入合计
1997	3018	292	67	8	526	2203	201	108	—	—	84	6507
1998	3639	445	94	53	787	2885	407	68	—	—	—	8378
1999	4972	742	140	154	945	2540	1006	119	4	—	—	10622
2000	7846	1582	152	190	1139	2211	1413	175	—	—	—	14710
2001	9305	5264	172	157	1063	3007	1043	130	—	—	—	20141
2002	13520	4894	367	222	2617	4118	1738	143	—	—	—	27619
2003	17908	7272	597	246	2836	4642	1724	33	—	—	—	35258
2004	21207	9521	950	344	3493	6072	2268	—	941	—	—	44796
2005	30157	12398	1408	511	4690	8276	2684	—	8	31	—	60163
2006	48749	21024	2010	1258	6880	11850	3294	—	—	1555	—	96620
2007	54724	17904	2766	1317	8342	12565	4259	—	55	1935	—	103867

1994—2007 年湖里区地税局组织收入统计表

表 13-9 单位：万元

项目 年份	税收收入	教育费 附加	基础设施 附加费	社会事业 发展费	文化事业 建设费	地方教育 附加	罚没收入	社保费	税务行 政事业 性收费	残疾人就 业保障金	各项收 入合计
1994 （10—12 月）	829	7	4	—	—	—	—	—	—	—	840
1995	4242	31	74	—	—	—	—	—	—	—	4347
1996	5577	41	110	—	—	—	—	—	—	—	5728
1997	6507	62	166	171	34	—	—	—	—	—	6940
1998	8378	214	208	222	2	—	—	—	—	—	9024
1999	10622	302	339	337	7	—	—	—	—	—	11607
2000	14710	391	481	619	11	—	39	—	—	—	16251
2001	20141	702	15	641	12	—	17	1321	—	—	22849
2002	27619	959	4	363	24	217	25	3270	—	—	32481
2003	35258	1216	20	1	32	402	20	4666	81	—	41696
2004	44796	1486	—	2	56	497	12	8884	96	—	55829
2005	60163	2064	—	—	68	690	18	34507	102	—	97612
2006	96620	2913	—	—	116	973	32	23395	131	756	124936
2007	103867	3578	—	—	265	1200	41	46327	169	1150	156597

四、税收管理

（一）征管模式

1994 年湖里区地税局成立后，实行征收管理与检查两分离的征管模式。

1999 年，按照征收监控、管理服务、税务稽查、政策法规 4 个系列进行机构调整，使内部管理机制进一步强化。同年，开始推广网上申报纳税，至 2003 年 8 月，所有正常状态企业户全部办理网上申报。

2003 年取消稽查局，在厦门岛内实行“一级稽查”模式，以提高工作效率，统一执法尺度。

（二）各税（费）管理

营业税在历年地税收入中所占比重在 50% 左右；个人所得税在 2000 年之前居第二位，2001 年后退居第三位；企业所得税在 2000 年之前居第三位，2000 年后居第二位。详见表 13-8。

1. 营业税管理

1996 年开始，开展建筑业、交通运输业、房地产业等营业税重点行业的营业税纳税人税收资料调查，做好基础资料工作。针对餐饮、娱乐业经营主体多成分、经营方式多样化情况，建立反馈制度，对重点餐饮、娱乐企业经营情况、纳税情况按季进行汇总、通报。

2002 年 1 月，交通运输发票管理从交管部门收回到地税局。区地税局认真清理交通运输发票，全面开展提供货物运输劳务的单位和个人的自开票、代开票纳税人认定和发票代开工作。

1994—2007 年营业税分税目收入情况见表 13-10。

1994—2007 年湖里区地税局营业税分税目收入统计表

表 13-10　　单位：万元

年份 \ 项目	合计	金融保险业	交通运输	建筑安装	邮电通讯	服务业	娱乐业	销售不动产	转让无形资产	文化体育	其他
1994(10—12 月)	564	90	24	368	—	36	—	4	—	—	—
1995	2592	742	302	847	—	555	—	108	—	—	—
1996	3018	1008	493	1001	—	318	—	191	—	—	—
1997	3018	868	233	950	—	398	—	333	—	—	—
1998	3639	202	221	1138	—	831	8	1215	18	—	—
1999	4972	—	432	1385	—	1659	15	1382	89	10	—
2000	7847	—	687	2387	—	2072	27	3097	-432	9	—
2001	9305	—	855	2899	—	2246	48	3207	39	11	—
2002	13520	—	1191	3276	—	3199	127	5144	567	16	—
2003	18159	232	1104	4609	—	3699	202	8292	2	19	—
2004	21207	167	1692	6134	11	4927	208	7975	60	33	—
2005	30157	148	2292	8640	59	6046	182	11779	190	51	770
2006	48749	422	3388	14790	115	9114	580	20025	13	66	236
2007	54724	223	4038	20475	356	12189	656	16458	120	96	113

2. 企业所得税汇算

1994 年起，采用案头审计与重点检查相结合的措施，对企业进行全面的纳税辅导与汇算清缴。2002 年，贯彻市地税局意见，尝试改革，采取企业自行调整，税务重点检查与税务中介代理审核相结合的方式，全面进行案头审计，拓展税务中介代理，筛选重点检查对象，确保汇算进度，提高汇算效果。详见表 13-11。

1994—2007 年湖里区企业所得税汇算统计表

表 13-11

企业所得税汇算所属年度	汇算企业户数（户）	汇算查补税款（万元）2002 年后为企业自查调增税款数	
		总计查补税款数	其中：企业所得税
1994	587	180	20
1995	587	498.31	108.6
1996	923	562	274.2
1997	1051	397.5	205.7
1998	—	378.6	299.63
1999	1839	572.94	136.92
2000	2106	624.69	93.88
2001	—	—	—
2002	3375	225.45	
2003	3656	469.21	
2004	3219	303.18	
2005	2985	808	
2006	2985	4021.92	
2007	2321	9455.65	

3. 个人所得税管理

1995 年 4 月，建立代扣代缴责任制。1996 年，有序推进“双向申报”“定员定额”工作的开展，对高收入者实行定员、定额、定率征收。同时，建立重点纳税人台账，抓好重点纳税人自行申报工作。2006 年，扩大个人所得税自行纳税申报范围，增加年所得 12 万元以上纳税人的年度自行纳税申报的规定。2007 年，共 452 人自行纳税申报，申报所得总额 1.36 亿多元。

（三）其他管理

1994 年，开展对私房出租所得征税专项工作，私房出租征税 24 万元。1996 年，建立稽查制度，规范稽查管理。1997 年，建立和完善办税服务厅，实现纳税户税务登记、纳税申报、发票发售、政策咨询等均可在办税服务厅办理。1997 年 9 月，建立区局局域网络。1997 年 12 月，推行网上电子申报方式。1998 年，建立重点税源跟踪报告制度，对区局年税 50 万元以上的重点企业进行跟踪管理。1999 年，开始运行“发票管理”模块，将发票的计划、审批、印制、发售、验旧、缴销及销毁等发票管理各环节系数纳入，实行对发票管理全过程的计算机监控。1999 年 4 月，应用“厦门地税办公自动化系统”，基本实现“无纸化”办公。1999 年 5 月，运行发票查验系统，消费者可采取热线电话、发短信、登录地税网站 3 种方式鉴别发票真伪。1999 年，区政府出台《湖里区村级财政站协税运行规定（暂行）》，形成完善的村级协税网络。2000 年 3 月 1 日起，实现滞纳金加收的自动化。2002 年，开展为期 4 个月的集贸市场专项整治，全面清查辖区内的 9 个专业市场。2002 年 10 月，全面推行纳税评估。同时，推行民主评税，使税收执法置于社会监督之下。同年 12 月，实施“缴税（费）一卡通”工程，个体双定户纳税人纳入征管信息系统管理。2003 年，实行私房出租税收征管与社会治安综合治理相结合的征管新模式。同年 7 月 1 日，实施电子缴税。2004 年，办税窗口使用 POS 机缴税系统，实现临时纳税户刷卡缴税。同年 5 月，实行发票摇奖方式改革，由每季开奖改为“即验即奖”模式。同年 8 月，派员进驻湖里国税局的 3 个办税服务厅，对国税窗口代开发票及补缴定税发票超额部分的征收相应地方税费，有效防止税费流失。2006 年，完善私房出租税收征管制度，转变代征模式，变入户代征为定点代征。2007 年 1 月 1 日，采用货运税控系统开具货运发票。

第三章　金　融

第一节　货币和银行卡

一、金属币

银两　民国22年（1933）之前，辖区境域普遍使用银两。银两的成色和重量各有差异，使用时既要看成色，又要称重量，衡量的标准又不统一，市场交易计算诸多不便，中华民国南京国民政府于民国22年4月6日进行币制改革，在流通领域废除使用银两，统一使用银元。银两就此退出流通市场。

银币　辖区内最早流通的中国金属货币是郑成功铸造的“漳州军饷”银元，但流通时间较短。此后，市面上流通的有光绪十五年在广东机铸的“光绪元宝”、清末所铸北纹有盘龙的“龙洋”和民国初所铸的开国纪念、袁世凯头像的“袁大头”、孙中山头像的“孙大洋”和背纹有帆船的“船洋”等。银元的辅币是银毫，也称银角、小洋，面额多为10毫和20毫，5毫的少见。在市面流通的多数为福建商办银元局和福建、广东官银局所铸，以及民国初年所铸袁世凯头像银毫。

铸钱　历代铸钱由官炉开铸，正面大多是当代帝王年号，面额一般为1文，也有折二、折三、当五。清代，辖区内流通的铸钱有“顺治通宝”“乾隆通宝”“咸丰元宝”等。清咸丰年间（1851—1861）曾流通10文、20文、50文、100文大钱，但流通时间甚短。辖区市面上常见的面额1文的铸钱有数十种，均系外地流入。

铜圆　俗称铜板、铜片。面值有2文、5文、10文、20文，市面流通的多数为10文、20文。辖区通行的大多数是清光绪二十六年福建铜币局所铸的“光绪元宝”“大清铜币”和民国初福建造币厂所铸“中华元宝”以及民国开国纪念币。

镍币　民国25年发行镍质辅币，有5分、10分、20分3种。镍币正面为孙中山像，背面为古代布币图案。厦门沦陷期间，日伪当局发行纸辅币代替镍辅币。民国31年后，市面镍币绝迹。民国38年8月，一度恢复使用镍辅币，其比值与银辅币等同，但流通甚少。

合金币　均由中国人民银行发行。1957年12月，发行1分、2分、5分3种铝合金分币；1980年4月15日起，发行1角、2角、5角和1元4种铜合金币；1984年10月1日，发行“纪念中华人民共和国成立35周年”纪念币，1套3枚，面值均为1元。后又陆续发行多种纪念币，至2007年年底在辖区发行、流通的有17套25枚，面值有1元、5元2种；在其他地区发行的6套8枚也流入辖区境域。这些纪念币制作精美，均被作为收藏品珍藏。

银元　明正德十一年（1516），葡萄牙人在厦门港外的浯屿进行交易。此后，西班牙人、荷兰人、英国人、日本人相继到来，外国银元开始流入辖区。

清道光二十三年（1843年）后，辖区市面流通的外国银元有西班牙银元、墨西哥银元（又称鹰洋）、印度洋（又称杖洋）、荷兰银元（又称马剑）和法国银元（又称番头）。到了清末，又有香港地区的香港站洋、日本龙洋、美国洋、安南洋以及秘鲁、玻利维亚、智利等国银元在辖区流通。

制钱　辖区内发现有安南阮氏王朝在景盛年间（1793—1800）铸造的景盛通宝。

二、纸币

官票　明代，通行“大明宝钞”，面额有制钱100文、200文、300文、400文、500文和1贯（1000

文）。

清咸丰年间（1851—1861）户部发行的纸币有2种：一是户部官票，以银两为单位，面额有1两、3两、5两、10两、50两等5种；二是大清宝钞，以制钱为单位，面额初期为250文、500文、1000文、1500文、2000文，后又增发5000文、10千文、50千文、100千文。

福建先后建立永丰官钱局和福建官钱局，发行官票行使。永丰官钱局于咸丰三年在福州成立，并在厦门设立分局。该局发行的纸币有2种：一是官钞，又称银票，以银两为单位，面额有1两、2两、5两、10两、50两等5种；二是官钱票，又称钱票，以制钱为单位，面额有150文、500文、1000文、1500文和2000文等5种。因发行准备金不足，内部舞弊，信用不佳，无法兑现，于咸丰九年清理结束，厦门分局同时关闭。福建官钱局于光绪二十六年成立。发行大洋票和小洋票2种，其中小洋票全省通行，面额有1元、2元、3元、5元、10元等5种，次年该局更名为福建银行，小洋票也停止流通。

英商香港上海汇丰银行纸币 清光绪四年开始在辖区境域流通，面额有1元、5元、10元、25元、100元5种。该纸币以西班牙本洋为单位，称为“银元钞票”。

日资台湾银行纸币 清光绪三十年在辖区境域流通，面额有1元、5元、10元、50元4种，为银本位钞票。民国4年，因爆发反对袁世凯和日本签订“二十一条”的爱国运动，发生挤兑风潮。

中美合资美丰银行纸币 民国初一度流通，票面印有“福州”字样，面额为1元、10元。

法币 民国24年11月4日，国民政府宣布实行法定货币政策，禁止银元流通，以中央、中国、交通3家银行（后增加中国农民银行）所发行的纸币为法定货币，不予兑换，并禁止其他商业银行纸币流通。辖区境域开始流通法币。至民国31年，只有中央银行一家发行法币。

抗日战争胜利后，国民政府宣布禁止汪伪中储券流通，限定时间向银行兑换法币。当时辖区境域市面流通的法币票面额为1元、5元、10元及50元。民国35年下半年以后，法币发行的面额不断增大，急剧贬值，物价暴涨，导致恶性通货膨胀。

金圆券 民国37年8月19日，辖区境域开始流通南京国民政府发行的金圆券，票面有1元、5元、10元、50元、100元5种，以金圆券1元折合法币300万元收兑，并强制收兑民间金银、外币。黄金每市两兑换金圆券200元；白银每市两兑换金圆券3元；银元每元兑换金圆券2元；美钞每元兑换金圆券4元。同年8月23日，金圆券在辖区开始流通。由于金圆券发行无准备金，发行又无限制，币值日贬。按照南京国民政府颁布《财政经济紧急处分令》的规定，1元金圆券折合300万元法币。相关法令同时规定，“8·19”当天每百市斤白米规定售价是21.3元金圆券，辖区市场上每百斤白米售价大约在20元金圆券左右。据此计算，1市斤白米法币售价高达60万元，是民国35年4407倍、民国34年的31950倍和民国26年的6726316倍。根据规定，发行初期1美元可兑换4元金圆券。民国38年4月1日，金圆券发行半年之时，1美元可兑换金圆券高达15800元；5月，1美元竟然可以兑换2亿元金圆券。金圆券开始发行两个月之时，5元、10元面值被称为大钞。未几，100元、500元、1000元、2000元、5000元、50000元、100000元、500000元面值的金圆券纷纷出笼，市场开始拒用面值500、5000元以下的金圆券。连政府部门也不要金圆券，邮电费、公用事业费，甚至税收都改收“税元”，等于收黄金；海关收“关元”，等于收美钞。辖区境域普遍实行“以米易货”的经营方式，停用多年的银元重新在市场上流通。金圆券几成废纸。

银元券 民国38年7月2日，南京国民政府再次实行币制改革，发行银元兑换券（简称银元券）取代金圆券。票面有1元、5元、10元、50元、100元5种。仅一个月，因市民拒用消失。

人民币 1949年10月21日，辖区境域开始流通第一套人民币。因受物价上涨影响，群众对人民币持观望态度。人民币仅作为纳税、公用事业机关交款和小额买卖使用。市场上美钞、银元、人民币混用，非法货币约占市场流通量的80%。此后随着全国物价趋向稳定，人民币币值显著提高，流通范围不断扩大。中国人民银行厦门分行《1950年厦门金融调查报告》记载：“全市人口18.5万人，……其中郊区3.2万人（指禾山区）。1950年12月，……农村使用人民币人数占95%，使用银元占2%，使用外币占0.2%，物物交换占2.8%。”

1955年3月至2007年年底，辖区境域先后流通第二、第三、第四、第五套人民币。

外汇兑换券 1980年4月1日，中国银行在湖里经济特区发行1979年版外汇兑换券，面额分为1角、5角、1元、5元、10元、50元、100元7种，1990年4月1日又发行1988年版50元、100元券，共计发行7种面额、9种版别。辖区流通的外汇兑换券，可以到当时指定的外汇免税商场如湖里免税商场等进行购物，也可以到涉外酒店等进行消费。1995年1月1日起，外汇兑换券停止在市场上流通。

三、银行卡

辖区内主要通行的银行卡有借记卡和贷记卡两种。此外，还有准贷记卡、专用卡、转账卡、联名\认同卡等附属种类。

1987年10月，中国银行在辖区发行长城信用卡，此为辖区境域使用银行卡之始。此后，中国工商银行、中国农业银行、中国建设银行、交通银行、兴业银行、厦门市商业银行、招商银行、中国光大银行、中信银行、中国民生银行、邮政储蓄所等12家金融机构相继在辖区内发行银行卡，基本建立起涵盖ATM、POS、公共支付业务等市民日常用卡所需的应用系统，为市民生活、理财提供全方位的服务。辖区市民手持任何一种银行卡，不仅可以缴交水、电、煤气、税收、电话等30种费用，还可以在ATM上跨行取款、转账，在商户刷卡消费，并可享有发卡行提供的其他各种服务，实现一卡多用、一卡通用。

截至2007年，“银联一卡通”已开通的缴费项目有：水费、电费、住宅电话费、手机话费、小灵通话费、电信宽带网费、网通各项费用、铁通各项费用、联通宽带费、联通长途“193”、邮电纵横卡、个体工商税费、公房房租费、保险费、社保项目、有线电视、长城宽带等。辖区居民只要持有联网银行的任何一张有效银行卡及身份证件，并提供代扣缴费项目的用户号，到发卡银行的任一营业网点柜台即可办理。用户凭身份证和银行卡（或委托书），可在原委托银行任一网点办理撤销用户委托。辖区内各银行和邮政储蓄、信用社均可办理“银联一卡通”缴费业务。

第二节　银　行

一、国有及国有控股银行

（一）中国人民银行

1951年7月2日，设禾山江头营业所。1953年，江头营业所改为办事处。1955年11月3日，江头办事处改称郊区办事处，并将集美分理处、灌口营业所划归该处领导。1980年3月24日，因为中国农业银行从厦门人民银行分出独立设行，中国人民银行厦门支行郊区办事处与中国农业银行厦门支行郊区办事处机构分设。1984年4月11日，厦门市人民银行改为市分行，同年5月29日，中国人民银行湖里支行正式成立，下辖湖里储蓄所。1985年1月1日起，中国人民银行厦门分行专门行使中央银行职能，在辖区境域的业务移交相关的商业银行。

（二）中国工商银行股份有限公司厦门市分行

1984年12月成立初期，在辖区境域设有湖里支行。1992年，增设江头、象屿、东区等支行及营业部。2003年9月5日，东渡、禾山分理处升格为支行。2005年，中国工商银行完成股份制改造，正式更名为“中国工商银行股份有限公司”。截至2007年年底，该行在湖里区设有12个支行，办理人民币存款、贷款、结算，票据承兑和贴现；办理外汇存款、外汇贷款、外汇汇款、外币兑换、国际结算业务，通过上级行办理代客外汇买卖业务；办理分行在监管机构批准的业务范围内授权的其他业务。该行在辖区内设有49处柜员机。

2007 年湖里区工行厦门市分行营业网点一览表

表 13-12

序号	名称	地址
1	湖里支行	兴隆路 31-33 号
2	江头支行	嘉禾路 343 号湖北大厦一、二楼
3	禾山支行	仙岳路 860 号台商会馆一、二楼
4	东渡支行	东渡路 106 号
5	象屿支行	象屿保税区建设公司综合楼一、二层
6	康乐支行	南山路 261 号
7	海天支行	海天路 29 号
8	芙蓉支行	嘉园路 79 号之一、之二
9	吕岭支行	吕岭路 211 号华联商厦一楼东侧
10	高科技园支行	嘉禾路 580 号华联电子大厦一楼
11	机场支行	机场邮政转运大楼一层
12	寨上支行	寨上 2213 号

（三）中国农业银行厦门市分行

1980 年 1 月，从市人行分出独立设支行，同年 3 月在江头设立郊区办事处。1984 年 7 月，升格为分行，在江头仍设郊区办事处，同时在辖区境域设有营业所和信用社。1985 年，在江头设立郊区信用合作联合社，为非独立核算机构。1995 年年底，市农行在湖里区内的有湖里支行、江头支行、象屿支行。

2007 年年底，该行在湖里区境内设有 5 家支行、6 家分理处。除经营传统的银行金融业务之外，还开办有个人信用贷款、个人综合授信贷款、基金定设、第三方存管、新股申购理财产品、本利丰等特色业务。此外，农行厦门市分行在湖里区境内还设有 50 处 ATM 机，4 个自助银行。

2007 年湖里区农行厦门市分行营业网点一览表

表 13-13

序号	名称	地址
1	象屿支行	象屿保税区象屿大厦西侧一、二层
2	华景分理处	宜宾路 205-207 号
3	金湖分理处	禾东路 1043-1049 号金山花园#G11-G14
4	台湾街支行	台湾街建邦大厦 1 楼商场 4 号之一、二、三室
5	科技园支行	悦华路恒盛工业大厦
6	湖里支行	兴隆路信息大厦一层
7	中孚分理处	金尚路 168-170 号中孚花园底层商场
8	东渡支行	东渡路 77 号
9	芙蓉苑分理处	嘉园路 105 号一层
10	康乐分理处	南山路 290 号之一
11	高殿分理处	高殿村 5106 号店面

（四）中国建设银行厦门市分行

1977 年 4 月，建设银行厦门中心支行在东渡设东渡港区办事处，专管投资 1.8 亿元的东渡港区码头工程。1980 年 10 月，在湖里增设特区支行。1984 年 12 月，中国人民建设银行厦门市中心支行升格为分行，同时特区支行改为湖里支行。截至2007年年底，建行厦门分行在湖里辖区内设有10家分行，办理对私服务业务有：电子银行服务、存款服务、个人贷款、龙卡信用卡、龙卡服务、房改金融、高端客户服务俱乐部、外汇服务、便利服务、证券代理、资产推介、黄金代理等；对公服务业务有：企业电子银行、存款业务、信贷业务、机构业务、国际业务、委托性住房金融、房改金融、资金清算、中间业务、资产推介、投资托管、企业年金、投资银行等。该行在辖区内设有78处柜员机。

2007年湖里区建行厦门市分行营业网点一览表

表13-14

序号	名称	地址
1	湖里支行	海天路53号一层、二层
2	机场支行	高崎国际机场航管大楼附楼
3	高科技支行	火炬高技术产业开发区中桥科技大厦第一层A座
4	康乐支行	南山路283号07室
5	嘉禾支行	摩登时代广场一楼（SM商业广场斜对面）
6	象屿支行	象兴四路21号1A、1B、1C室
7	江头支行	江头台湾街西侧建邦大厦第一、二、三层06室
8	东渡支行	东渡路106号-6
9	高殿支行	高殿村3165号
10	金尚路支行	金尚路209号101室

（五）中国银行厦门市分行

1984年，在湖里设湖里支行。1986年后，增设东渡、海天分理处。2002年，海天、东渡分理处升格为支行。2004年，新增金尚、台湾街2个支行。截至2007年年底，中行厦门市分行在湖里区辖范围内有8家支行。主营传统商业银行业务，包括公司金融业务、个人金融业务和金融市场业务。公司金融业务基于银行的核心信贷产品，为客户提供个性化、创新的金融服务。个人金融业务主要针对个人客户的金融需求，提供基于银行卡之上的系统服务。金融市场业务主要是为全球其他银行、证券公司和保险公司提供国际汇兑、资金清算、同业拆借和托管等全面服务。2007年，中国银行厦门分行在辖区内设有8个分行，各分行均设有柜员机。

2007年湖里区中行厦门市分行营业网点一览表

表13-15

序号	名称	地址
1	联检支行	东渡联检大楼
2	东渡支行	东渡路61号
3	机场支行	太古西路机场商务楼北侧
4	金尚支行	金尚路467-473号
5	高科技园支行	湖里区高科技园
6	象屿支行	象屿大厦一楼
7	台湾街支行	江头台湾街1号科瑞大厦第一层101、102室
8	湖里支行	华昌路74号

（六）交通银行厦门分行

1995年3月14日，升格为分行，在湖里设有分理处，后升格为湖里支行。2004年，增设金尚、海天、江头支行和东渡支行。截至2007年年底，交行厦门分行在湖里区设有6家支行。办理公司金融业务、个人金融业务和金融市场业务，其中的代理政策性银行业务、太平洋卡全国通业务、公交IC卡自助充值业务、小区物业费代扣业务、二手房按揭贷款业务、国际保理业务、福费廷业务、离岸银行业务、仓储商品质押贷款业务、现金管理业务等具有独特优势。2007年，交通银行厦门分行在辖区内设有6个分行，各分行均设有柜员机。

2007年湖里区交行厦门市分行营业网点一览表

表13-16

序号	名称	地址
1	海天支行	华昌路7号5、6单元
2	湖里支行	湖里大道46号一层
3	大唐支行	兴隆路501号之一
4	江头支行	台湾街209-279号
5	金尚支行	金尚小区金民里28号
6	东渡支行	东渡路78号之一、之二

二、地方银行

（一）兴业银行厦门分行

1991年4月，升格为分行，在湖里区设有湖里、江头2家支行及象屿办事处。截至2007年年底，兴业银行厦门分行在湖里区辖范围内有6家支行，对外提供存款、贷款、结算、票据贴现和承兑、担保、代理、咨询等各项商业银行业务，不断推出业务创新，形成覆盖同业、公司、零售三大门类、品种丰富、手段先进的业务体系，在许多业务领域形成自身特色和相对优势，其中代理证券资金清算业务量曾连续多年位居全国银行前3名。2007年，兴业银行厦门分行在辖区内设有6个分行，各分行均设有柜员机。

2007年湖里区兴业银行厦门市分行营业网点一览表

表13-17

序号	名称	地址
1	湖里支行	华昌路92号
2	象屿支行	象屿保税区象兴四路22号G层X单元
3	新港支行	海天路3号103-104
4	科技园支行	新丰路1号一楼
5	吕岭支行	金尚路413-417号及379号204、205室
6	江头支行	厦门市思明区嘉禾路297号宝龙中心一层

（二）厦门市商业银行

自1996年11月30日成立后，与市、区财政保持密切的业务合作关系，独家取得湖里区金库代理业务。2003年，又取得新设的象屿保税区、火炬高新技术开发区金库代理业务。同年，象屿、火炬代理区金库支行开业。截至2007年年底，厦门市商业银行在辖区内设有8个分行，各分行均设有柜员机。

2007 年湖里区厦门市商业银行营业网点一览表

表 13-18

序号	名称	地址
1	华昌支行	华昌路 86 号
2	南强支行	东渡路 232 号之 31-32
3	江头支行	江头南路 100 号
4	康乐支行	南山路 198 号之一
5	科技支行	火炬高新区火炬大厦附楼二层
6	湖里支行	金尚路 1632、1634 号
7	悦华支行	悦华路 167-177 号
8	象屿支行	象兴四路 22 号象屿大厦一层

三、股份制商业银行

（一）中国光大银行厦门分行

1998 年 5 月 22 日在厦门设立分行。该分行在湖里区境内有 2 家支行：湖里支行，址设海天路 65 号鹭辉大厦；江头支行，址设嘉禾路 305 号宝龙二期 1～2 层。

（二）招商银行厦门分行

2004 年，在湖里区设立海天支行，址设海天路 1 号。2006 年，在台商会馆设立江头支行，址设仙岳路 860 号台商会馆一楼。

（三）中信银行厦门分行

2005 年 5 月，在江头设立支行，址设吕岭路 55 号华都大厦之 4-6 号。

（四）中国民生银行厦门分行

2006 年 7 月 28 日开业，在江头设有江头支行，址设吕岭路 22 号必利达大厦 1 层。

四、外资银行

（一）美国建东银行厦门分行

1992 年 8 月，从华侨大厦迁至湖里兴盛路 25 号。主要业务是国际贸易，主要服务对象是美国及东南亚各地华商华侨。该行经营外币放款和票据贴现；国外和香港、澳门地区汇入汇款和外汇托收；出口贸易结算和押汇；代办外币、外币票据兑换；外币投资业务；外汇担保业务；信托、保管箱业务，资信调查和咨询服务；侨资、外资、中外合资、合作企业的汇出汇款，进口贸易结算和押汇；侨资外资、中外合资、合作企业外币存款，外国人、华侨和港澳同胞外币存款；办理国外或港澳地区的外汇存款和外汇放款。2005 年，该行迁至思明区白鹭洲路。

（二）厦门国际银行

1992 年 11 月 14 日，该行在湖里区境内设厦门东区支行，址设华昌路 7-7 号至 7-9 号 C 室及夹层 A、B 室。

五、银行业金融机构

（一）邮政储蓄

民国 35 年（1946），辖区境域邮政储蓄由厦门市邮政局所属邮政储汇局办理。解放后停办。1986 年恢复。

1987 年 5 月，在厦门邮电局江头支局开办邮政储蓄。1990 年开始，除窗口日常业务外，还为储户提供代缴电话费、移动电话费、传呼费以及代发工资等各种代收代缴服务。1993 年停办。1994 年 5 月、6 月，先后在小东山（高科技园）支局和象屿支局开办邮政储蓄。主要经营活期、定期储蓄和异地存取业务。同年 10 月，实现微机联网通存通兑。1998 年，邮政绿卡进入市“金卡”系列，成为市“缴费一卡通”成员单位之一后，邮政储蓄又率先推出“绿卡打电话业务”，实现“电话汇款”（电话银行功能之一）。2001 年 12 月 24 日，开通移动 POS 系统，实现邮政绿卡在移动式 POS 上刷卡消费的功能。2002 年 1 月 13 日起，湖里、吕岭 2 个支局增办电子汇款业务，机场、象屿 2 个邮电支局增办电子汇兑的普通汇款业务。2005 年 5 月，开办账户类电子汇兑业务；10 月 28 日，吕岭邮电支局邮政储蓄专柜开办外币储蓄业务；11 月，开办网汇通业务。2006 年 7 月 31 日，吕岭支局开办邮政储蓄定期存单小额质押贷款业务，每笔贷款金额起点为 1000 元，最高 50 万元。同年 8 月 14 日，各支局邮政储蓄正式开办代销开放式基金业务。

截至 2007 年年底，湖里区境内有邮电支局邮政储蓄网点 6 个，各网点均设有柜员机。

2007 年湖里区邮政储蓄营业网点一览表

表 13-19

序号	名称	地址
1	东渡邮电支局邮政储蓄专柜	东渡路 77 号
2	湖里邮电支局邮政储蓄专柜	湖里大道 15 号
3	高崎邮电支局邮政储蓄专柜	高崎二组邮电大楼
4	火炬区邮电支局邮政储蓄专柜	火炬路 10 号
5	塘边邮电支局邮政储蓄专柜	兴隆路 265 号
6	吕岭邮电支局邮政储蓄专柜	吕岭路 21 号吕岭邮电大楼

（二）农村信用合作社

1950 年，中国人民银行厦门分行开始在后埔试办农村信用社。至 1954 年，辖区境域的高殿、钟宅、江头、后坑、湖里、枋湖、高林、五通 8 个乡均成立农村信用社，在条件成熟的村设立信用组，参加户数占总户数的 70% 左右。1958 年夏季，将信用社并入农业高级合作社，改称农村信用部；同年 10 月，全市实现人民公社化，信用合作组织成为人民公社的组成部分，公社一级设立农村信用部，生产大队一级设立信用分部。1962 年 11 月，恢复农村信用社的称呼，生产大队设立信用分社或信用站。

1983 年下半年，在前线人民公社信用社进行试点，开展农村信用社的体制改革工作。1984 年 10 月，撤销人民公社建制，恢复乡镇建制，前线人民公社信用社改称禾山乡农村信用社。1985 年年初，成立郊区农村信用合作联社，辖区境域设立禾山乡农村信用社，行政村一级设立信用分社或信用站。

1987 年湖里建区后，辖区仍设禾山信用社，直属厦门市农村信用合作联社辖区内各行政村设立信用代办站。

2004 年，厦门市农村信用合作联社将创建“信用村”的经验引进到社区信用工程建设中，在蔡塘社区创建全省第一个社区信用社。2005 年，辖区范围各行政村的信用代办站全部撤销，业务就近并入信用（分）社柜台办理，信用代办站就此退出农村信用组织历史。2006 年，厦门市农村信用社完成统一法人改革，全市组建厦门市农村信用合作联社（简称市农联社），作为唯一一家独立法人市级联社，下辖 58 个非独立法人信用社机构网点，其中湖里区有 10 家。同年，市农联社在湖里区开展信贷支农服务试点，以专项贷款扶持被征地村民缴交社保，将专项贷款用于支持农民个人入股集体项目，鼓励和引导被征地农民集资入股建设通用厂房、外口公寓、商贸设施等物业经营项目。2007 年，市农联社在湖里区设立 10 家信用分社（详见表 13-20），办理吸收公众存款，发放短期、中期和长期贷款，办理国内结算，办理票据承兑与贴现；代理发行、代理兑付、承销政府债券，买卖政府债券、金融债券；从事同业拆借，从事银行卡业务，代理收付款项及代理保险业务，提供保管箱服务以及经银行业监督管理机构批准的其他业务。

2007 年湖里区厦门市农村信用合作联社营业网点一览表

表 13-20

序号	名称	地址
1	湖里信用社	江头吕岭路 61—63 号
2	高殿信用社	殿前社 6 组 607 号一楼
3	金山信用社	金山街道后坑社区后社 389 号
4	县后信用社	枋湖北二路 758 号
5	高崎信用社	殿前街道高崎村
6	枋湖信用社	枋湖路 584 号
7	五通信用社	昭塘村 10 号
8	蔡塘信用社	吕岭路永银贸易公司综合楼一楼
9	马垅信用社	马垅村马垅社 1 号
10	塘边信用社	南山路 358 号之二

（三）城市信用合作社

1988 年 10 月，湖里城市信用合作社成立，址设华昌路 86 号。1992 年 11 月，全市各城市信用合作社入股组建厦门市城市信用合作社联合社。1996 年 11 月 30 日，在厦门市城市信用合作社联社的基础上组建厦门城市合作银行。1998 年 11 月 30 日，更名为厦门市商业银行。

第三节　保　险

一、财产保险公司

中国太平洋财产保险股份有限公司厦门市湖里支公司　2002 年 3 月成立，址设思明区湖滨西路 9 号大西洋中心 25 楼（地址不在湖里区辖范围内）。主要经营企业财产损失保险、家庭财产损失保险、建筑工程保险、安装工程保险、货物运输保险、机动车辆保险、船舶保险、能源保险、一般责任保险、保证保险、信用保险、短期健康保险、意外伤害保险、中国保监会批准的其他财产保险业务。

天安保险股份有限公司厦门分公司湖里营销服务部　2003 年 7 月成立，址设南山路 353 号汇利商业中心 302 室。主要经营财产保险、责任保险、信用保险、水险、短期人身意外伤害保险、短期健康保险、金融服务保险、再保险、法定保险和资金运用等业务（2008 年升格为湖里支公司）。

中国人民财产保险股份有限公司厦门市湖里支公司　2003 年 9 月 8 日成立，址设兴隆路 27 号信息大厦 3 楼。经营范围包括：财产损失保险、责任保险、信用保险、意外伤害保险、短期健康保险、保证保险等人民币或外币保险业务；与上述业务相关的再保险业务；各类财产保险、意外伤害保险、短期健康保险及其再保险的服务与咨询业务；代理保险机构办理有关业务；国家法律法规规定的或国家保险监管机构批准的其他业务。

中国大地财产保险股份有限公司厦门分公司　2005 年 2 月成立，址设火炬高新区软件园创新大厦 B 座八楼。主营各类财产保险业务、经中国保监会核定的人身意外险和短期健康保险业务、上述保险业务的再保险业务及资金运用业务等。

中国平安财产保险股份有限公司厦门市湖里支公司　2007 年 6 月 28 日成立，址设东渡路 87 号中储粮大厦 A 幢四楼 401-414 号。主要经营企业财产保险、家庭财产保险、建筑工程保险、安装工程保险、货物运输保险、机动车辆保险、船舶保险、能源保险、一般责任保险、保证保险、信用保险（出口信用保险除外）、短期健康保险、意外伤害保险、中国保监会批准的其他财产保险业务。

二、人身保险公司

中国人寿保险股份有限公司厦门市湖里区支公司　1997 年 5 月成立，址设思明区湖滨东路 319 号 A

幢第四层。（地址不在湖里区辖范围内）经营范围包括：人寿保险、健康保险、意外伤害保险等各类人身保险业务；人身保险的再保险业务；国家法律法规允许的或国务院批准的资金运用业务；各类人身保险服务、咨询和代理业务；国家保险监督管理部门批准的其他业务。

中国太平洋人寿保险股份有限公司厦门市湖里支公司 2002 年 3 月成立，址设思明区莲富大厦 7 层（地址不在湖里区辖范围内）。主要经营个人意外伤害保险、个人定期死亡保险、个人两全寿险、个人终身寿险、个人年金保险、个人短期健康保险、个人长期健康保险、团体意外伤害保险、团体定期寿险、团体终身保险、团体年金保险、团体短期健康保险、团体长期健康保险，经中国保监会批准的其他人身保险业务。

中国人寿保险股份有限公司厦门市分公司第四营销服务部 2003 年 6 月成立，址设海天路 98 号之三。经营范围包括：对营销员开展培训及日常管理；收取营销员代收的保险费、投保单等单证；分发保险公司签发的保险单、保险收据等相关单证；接受客户的咨询、投诉；经公司核保，营销服务部可以打印保单；经公司授权，营销服务部从事部分险种的查勘理赔。

中国平安人寿保险股份有限公司厦门分公司第三营销服务部 2003 年 12 月成立，址设仙岳路 860 号台商会馆 3 楼。主要经营人寿保险、健康保险、意外伤害保险等各类人身保险。

泰康人寿保险股份有限公司厦门分公司湖里营销服务部 2007 年 3 月成立，址设台湾街 279 号 B-1-302 室。主要经营健康险、养老险、分红险、万能险、意外险、家庭综合保障计划、企业年金保险、企业员工福利计划、银行保险等险种。

三、保险代理公司

湖里区境内有保险代理公司 2 家：

厦门天地泰保险代理有限公司 2007 年 8 月成立，址设南山路 686 号厦门南山汽车城东展区二期 B1，为厦门天地安保险代理有限公司的分公司，主要从事财产、人寿、健康、年金等保险的代理服务。

厦门祥安保险代理有限公司 2004 年 10 月成立，址设吕岭路安宝大厦 1701 室。公司为其他保险公司代理的保险产品包括财产保险、责任保险、信用保证保险、水险、货物运输保险、意外伤害保险、健康保险、养老保险、分红保险，万能寿险等，公司设有网上保险超市唯一指定的厦门保险服务站点（2009 年 5 月 11 日，厦门市保险监督局注销该公司经营保险代理业务许可证）。

第四节　证券期货

一、证券经营机构

兴业证券 2000 年 7 月 6 日，兴业证券股份有限公司厦门兴隆路证券营业部成立，址设兴隆路信宏大厦一楼，为湖里区境内第一家证券营业网点。2002 年，兴业证券股份有限公司厦门兴隆路证券营业部在海沧设立证券服务部。

江海证券 2001 年，大鹏证券有限责任公司厦门吕岭路证券营业部成立，址设吕岭路 75-77 号长安大厦二、三层。2002 年 7 月 26 日，原大鹏证券有限公司厦门吕岭路证券营业部迁至福州，天元证券公司收购厦门大鹏证券吕岭路营业部的固定资产，将哈尔滨河沟街证券营业部迁至厦门，在原址设立天元证券经纪有限公司厦门吕岭路营业部。2006 年，江海证券吸收合并天元证券经纪有限公司并增资扩股。2007 年 3 月 1 日，天元证券经纪有限公司厦门吕岭路营业部更名为江海证券经纪有限责任公司厦门吕岭路证券营业部，址设吕岭路 75-77 号长安大厦三层。

附：2007 年辖区内上市公司

1995 年 2 月，厦门华侨电子股份有限公司“厦华电子”A 股在上海证券交易所挂牌上市，是辖区内第一家上市公司。至 2007 年年底，总部设在湖里区境内的上市公司增至 6 家，分别是：厦门华侨电子股份有限公司，址设湖里大道 22 号；厦门国际航空港股份有限公司，址设高崎国际机场；厦门港务发展股份有限公司，址设海天港区北通道联检大厦 12A；厦门信达股份有限公司，址设信宏大厦二楼；厦门旭飞投资股份有限公司，址设寨上长乐路 1 号；厦门灿坤实业股份有限公司，址设兴隆路 88 号。

二、期货经营机构

2006 年 12 月，金友期货经纪有限责任公司注册地迁址湖里，址设东渡路 61 号振华大厦 B 栋二楼，注册资本 3000 万元，为湖里区境内首家期货公司。该公司主要代理客户从事橡胶、PTA、燃油、塑料、粮、油、棉、糖、铜、铝、锌、黄金等商品的期货交易。

第五节　典当与投资担保

一、典当行

清咸丰三年（1853）之前，后坑叶光辉之父在后坑大路边开设桑莲典当铺。民国 20 年前后，江头街有德发当铺；庵兜街有薛秉祯、薛秉楚开办的当铺。当物主要是金银玉器和哔叽之类的衣物。金银玉器利息 2 分，哔叽之类的衣物利息 3 分。20 个月未赎当即作绝当处理。解放后，典当行业全行业停业。2005 年，湖里区开办解放后第一家典当行。质押物以金银首饰为主，还包括家电、房产、有价证券或其他财产。典当者多为经营资金出现短缺的小型企业或个体工商户。截至 2007 年年底，辖区范围内有 6 家典当公司。

（一）厦门及时雨典当有限公司

2005 年 9 月成立，位于湖里区仙岳路 860 号台商会馆大楼七层 C 座。是国家商务部、公安部联合发布《典当管理办法》后批准的厦门第一批典当公司，湖里第一家典当公司。公司注册资金 1000 万元。经营范围为动产质押、财产权利质押典当业务，房地产抵押典当业务，限额内绝当物品的变卖，鉴定评估及咨询服务。

（二）厦门福客庄典当有限公司

2005 年 9 月成立，位于湖里区江头北路 69 号之八。是经国家商务部批准成立的综合性典当融资特种企业。注册资金 1000 万元。主要从事房地产、机动车、有价证券的抵押、质押等典当融资业务。

（三）厦门兴资典当有限公司

2005 年 11 月成立，位于湖里区嘉园路 81 路之三。主要从事动产质押典当业务、财产权利质押典当业务、房地产（外省、自治区、直辖市的房地产或者未取得商品房预售许可证的在建工程除外）抵押典当业务，限额内绝当物的变卖，鉴定、评估及咨询业务，商务部依法批准的其他典当业务。

（四）厦门金恒生典当有限公司

2006 年 3 月成立，址设嘉禾路 511 号二层。主要从事动产质押典当业务、财产权利质押典当业务、房地产（外省、自治区、直辖市的房地产或者未取得商品房预售许可证的在建工程除外）抵押典当业务，限额内绝当物的变卖，鉴定评估及咨询服务，商务部依法批准的其他典当业务。

（五）厦门福顺祥锦典当有限公司

2006 年 3 月成立，址设湖里区东渡路 51 号裕成大厦 B 座 707 室。是 2005 年首批国家商务部批准成立的典当融资特种行业机构之一。主营动产质押、财产权利质押、房地产抵押等典当业务。

（六）厦门丰兆典当有限公司

2007年1月成立，址设在湖里区台湾街86号天地美食城31、32号店面。公司注册资金3000万元。主要从事动产质押典当业务，财产权利质押典当业务，房地产（外省、自治区、直辖市的房地产或者未取得商品房预售许可证的在建工程除外）抵押典当业务，限额内绝当物品的变卖，鉴定评估及咨询服务，商务部依法批准的其他典当业务。

二、投资担保

辖区内的投资担保事业始于2000年9月厦门市人民政府授权市财政局设立厦门市投资担保公司。2004年，湖里区政府设立小额贷款担保基金，探索为中小企业解决融资困难的途径。同年，辖区出现第一家企业投资设立的投资担保公司。此后，又有一批投资担保公司开业，逐步形成较为完善的多种组织形式参与、多种资金来源、多层次的担保体系。截至2007年年底，湖里区境内注册资金在1000万元以上的投资担保公司有10家。

（一）厦门火炬集团科技担保有限公司

2004年5月成立，址设火炬高新区火炬园火炬大厦南五层。是由厦门火炬集团有限公司和厦门火炬创业投资有限公司共同投资设立的厦门火炬高新区内专门为科技型中小企业提供融资担保服务的企业法人单位，公司注册资本3000万元。

（二）厦门金原担保投资有限公司

2004年7月成立，址设湖里大道31号联发大厦六楼。由联发集团有限公司、厦门建发股份有限公司共同发起，注册资本1亿元，主要从事企业融资担保、个人融资担保、履约担保、金融业务担保等多品种担保业务。

（三）福建财利达担保投资有限公司

2005年7月成立，址设兴隆路89号。注册资本3000万元，主要从事中小企业及个人投资担保。

（四）厦门金恒生投资担保有限公司

2005年7月成立，址设嘉禾路513号明德花园二层。注册资本3000万元，从事中小企业及个人投资担保业务；其他法律、法规未禁止或未规定需经审批的项目，自主选择经营项目，开展经营活动。

（五）厦门亚银投资担保有限公司

2006年5月成立，址设湖里区忠仑社78号三楼。注册资本1亿元，主要从事企业融资、工程担保、经济合同、履约担保、诉讼保全担保等业务，以及其他衍生业务。

（六）福建盈众汽车担保投资有限公司

2006年5月成立，址设嘉禾路799号。注册资本3000万元，从事各类担保、投资及其衍生业务。

（七）厦门信裕投资担保有限公司

2007年1月成立，址设东方财富广场B栋8层。注册资本5000万元，从事各类担保、投资及其衍生业务。

（八）丰润金融担保有限公司

2007年3月成立，址设五缘湾安岭路8号丰润金融中心。注册资本15000万元，主要从事各类担保、投资及其衍生业务。

（九）信元担保（中国）有限公司厦门分公司

2007年3月成立，址设枋湖东路705号之一。以汽车信贷服务为主，专业从事个人信用担保、信用管理、咨询。

（十）厦门象屿担保有限公司

2007年9月成立，址设厦门现代物流园区（保税区）银盛大厦十楼。是厦门象屿集团有限公司的全资子公司，注册资本9900万元，主营各类担保、投资及衍生业务。

第十四篇 经济管理

湖里建区前，辖区境域经济管理由厦门市郊区人民政府相关职能部门负责。1987 年 12 月湖里区成立后，设审计局、统计局、工商行政管理局。1988 年 7 月，成立湖里区物价检查所，作为区统计局的内设机构，其主要职能是物价检查监督，没有价格管理职能。1990 年 10 月，区统计局更名为区计划统计局。1994 年 9 月，区工商行政管理局改称厦门市工商行政管理局湖里工商行政管理分局，为市工商行政管理局派出机构。2002 年 8 月，成立区安全生产监督管理局，为二级局，隶属区经济贸易发展局。2003 年，区计划统计局更名为区发展和改革局。2004 年 11 月，市物价局下放部分职能给区物价检查所，区发改局开始履行辖区内价格管理职能。2005 年 3 月，厦门市质量技术监督局第一分局成立，负责湖里区和思明区的质量技术监督。2007 年 8 月，区安全生产监督管理局升格为一级局。

1956 年完成对农业、手工业和资本主义工商业的社会主义改造后，辖区境域进入计划经济时期。直至 20 世纪 80 年代初，其间除 1959—1961 年国民经济三年困难时期适当放开农村自留地和自由市场之外，经济运行实行高度集中的计划管理体制。厦门经济特区成立后，1983 年开始实行指令性计划、指导性计划和市场调节三种形式。此后，逐步缩小指令性计划，扩大指导性计划及市场调节。2000 年后，由计划经济为主逐步转向社会主义市场经济为主，各项综合经济管理亦随之发生变化。

第一章 计划与投资

第一节 机 构

一、行政机构

1987 年 11 月，区统计局设立，负责全区的统计和计划工作，行政编制 3 名。

1990 年 10 月，区统计局更名为区计划统计局，行政编制 3 名，事业编制 2 名（含物价所）。

1997 年 6 月，区计划统计局开始分科，内设计划科、统计科 2 个职能科，人员编制 9 名，其中：行政编制 5 名，机关事业编制 4 名（含物价所）。

2002 年 10 月，区计划统计局加挂区国防动员委员会经济动员办公室牌子，增加国防经济动员工作的职能。

2003 年，区计划统计局更名区发展和改革局后，计划科更名为综合科。截至 2007 年年底，人员编制 24 名，其中行政编制 7 名，事业编制 17 名（含物价所和综合统计调查大队）。

截至 2007 年，历任区计划统计局局长周克芳（1990. 10—1994. 1）、吴进华（2001—2003. 1）；历任区发展和改革局、统计局局长胡军（2003. 1— ）。

二、事业单位

区物价检查所 详见本篇第三章第一节。

区统计综合调查队 2004年成立，行政上隶属区发展和改革局，业务上接受上级有关部门指导。主要职责为协助区统计局搞好湖里区辖区内的经济、社会统计，开展信息数据分析咨询，为政府和社会提供宏观决策支持。2007年，有编制8名，除队长负责综合统计外，主要设置经济统计和社会统计岗位。

区重点项目建设前期工作中心 2005年设立，为全民事业单位，行政上隶属区发展和改革局。中心的主要职责是按照全区经济和社会发展规划，组织建设项目的储备、培育、策划、推介、跟踪和服务；指导项目单位组织编制项目建议书、项目可行性研究报告，组织专业人员开展项目评估；按照政府管理体制改革的要求，推进项目投融资体制和建设管理体制改革；负责区财政性投资基本建设项目概算的审核；对重点建设项目的进展情况进行跟踪与调研；采集全区各项经济信息，建立信息库，对全区经济运行情况进行调研、综合分析。湖里区重点项目建设前期工作中心人员来自湖里区信息中心，2007年有人员编制8名。

区信息中心 1992年12月底成立，为全民事业单位，行政上隶属于区计划统计局，业务上受区计划统计局和市经济信息中心双重领导。其主要任务是信息收集统计、为政府和社会提供宏观决策支持、微观信息导向和技术业务服务，并承担区计统局计划和统计的部分工作。内设网络服务部、信息资源部、市场调查部3个工作部门。人员编制8人。2005年，划归区政府办公室主管。

第二节　计划体制

一、建立经济特区前体制

厦门解放初期，根据中国人民解放军厦门市军事管制委员会颁布的法令，对辖区内的经济活动实行严格的军事管制。1950年开始，实行“公私兼顾、劳资两利、城乡互助、内外交流、发展生产、繁荣经济”的政策。1953年11月，实行粮食统购统销，1954年9月，开始按户籍人口发放布票，实行棉布计划供应。1956年，完成对农业、手工业、资本主义工商业的社会主义改造后，辖区境域的工农业生产、生产资料和生活资料的供应全面进入高度集中的计划经济时期。1958年10月成立的前线人民公社实行“一大二公”（即组织规模大、公有制程度高）的体制，从生产到生活全部由人民公社计划安排。1962年，调整为“三级所有，队为基础”的集体所有制体制，但直至20世纪80年代初，除了1959—1961年国民经济三年困难时期适当放开农村自留地和自由市场之外，经济运行仍实行高度集中的计划管理体制。辖区境域的生产任务以及生产资料、生活资料的安排基本上由当时的禾山区、郊区根据厦门市人民政府的计划指标分解下达。

二、厦门经济特区体制

1980年，厦门经济特区成立，行政上直属福建省人民政府，经济管理方面具有省级权限。同年，中央缩小对厦门市的指令性计划管理范围。1980年，开始进行农村经济体制改革。1982年，辖区境域农村全面实行家庭联产承包责任制，国家逐步减少对农产品作物产量的指令性计划。1983年3月，开始逐步实行指令性计划、指导性计划和国家计划指导下的市场调节三种形式，工业总产值不再作为考核指标。1984年3月，国务院批准厦门经济特区扩大到厦门全岛，同时实行自由港某些政策。1984年4月，国务院转批国家计委《关于改进计划体制的若干暂行规定》，辖区境域农业生产实行指导性计划。对粮食、棉花、油料、烤烟、生猪、二类海水产品等关系国计民生、需要在全省统一平衡的农产品的收购和调拨量实行指令性计划，由收购部门通过经济合同落实到户。其他农产品除国家另有规定以外，实行市场调节。同年10月，开始实行“对关系国计民生的重要经济活动实行指令性计划；对大量的一般经济活动，实行指导性计划；对饮服行业和小商品生产等方面实行市场调节”的体制。1985 年 12 月后，厦门经济特区以“加强宏观调控，搞活微观”为核心，逐步进行计划体制改革，加强宏观调控，抓总体、抓方向，引导特区经济逐步向外向型经济发展。在计划管理体制上，缩小指令性计划，扩大指导性计划及市场调节，增强企业活力。1987 年，工业产品生产的指令性计划由 75 种减为 7 种；农业产品生产除花生收购为指令性计划外，其余全为指导性计划和由市场调节；统配物资原市分管 22 种，下放 10 种；物价除高税商品统一定价、内地调进商品和主要商品控制地区差价、进口商品除国家有规定的按国家规定定价外，其余价格全放开；对固定资产投资规模的控制和项目的审批实行计划管理。

三、湖里建区后体制

从 1987 年湖里建区至 1991 年，区计划工作的重点主要是下指标、批项目、分物资等直接的微观管理。计划管理内容主要包括编制区国民经济年度发展计划，初审、上报基本建设项目，管理、监督检查全区物价工作。此外，还负责编报和下达地产工业品出口计划，农药、农膜等关系国计民生的主要商品分配计划及钢材、水泥、煤炭、生铁、铜（铜材）、铝（铝材）、锌等主要统配物资计划，要求主要统配物资计划中的消费量包括内联、外引企业生产建设需要和新建企业开业、投产及老企业技术改造、增加生产能力的新增需要。在物资指标安排上，公开分配方法和结果，实行扶优限劣政策，把国家计划内资源重点用于支持工农业生产发展，支持区“菜篮子”基地建设及工业企业的技改工作。

1991 年 12 月，区政府出台《湖里区计划工作管理办法（试行）》，提出全区计划管理实行“统一计划、合理分工、分级决策、分级管理”，区一级计划在市计划的指导下分为区、镇（街）二级管理，区级计划由区政府管理，镇（街）计划由镇政府、街道办事处管理。区级计划管理权限主要是：组织实施市计划中与辖区相关的任务，贯彻执行上级制定的方针、政策和措施；在市计划和有关政策的指导下，确定辖区国民经济和社会发展的目标、任务和措施；做好本区国民经济和社会发展计划的综合平衡，提出管理辖区的指导性计划；在上级有关规定和政策范围内，制定辖区的经济规划和调节经济的措施。1994 年，农业生产指令性计划全部取消，农产品的生产全部靠市场调节。21 世纪初，区级计划管理体制由计划经济为主逐步转向社会主义市场经济体制为主，计划工作的重点从直接的微观管理转变到编制中长期规划、搞好产业导向、当好政府参谋、促进国民经济和社会事业协调发展等间接的宏观管理。

第三节　计划与规划

一、中长期计划与规划

（一）“八五”计划编制与执行

湖里区从“八五”时期开始编制与执行区国民经济和社会发展五年计划。

1. “八五”计划内容和指标

抓住特区建设发展的有利时机，坚持以改革开放促开发建设的方针，突出发展第三产业，开发改造第二产业，稳定提高第一产业。以区域开发建设为主线，以房地产业为龙头，以区、镇（街）、村三级工业小区开发，江头、徐厝二个旧区改造，湖里、江头二幢商贸大厦为目标，依靠科技进步，加快外引内联，优化产业结构，强化配套服务管理，促进贸、工、农齐头并进，带动镇（街）村同步发展，努力走出一条社会主义特区城乡（镇）一体化建设的新路子。到 1995 年，国民经济和社会事业发展的主要奋斗目标为：工农业总产值（1990 年不变价，下同）达 17300 万元，“八五”期间平均年递增 9.45%。其中，工业总产值 10000 万元，平均年递增 16.9%；农业总产值 7250 万元，平均年递增 3.24%；乡镇企业总产值（含村级企业）达 15000 万元，平均年递增 15.5%；商业营业额达 11000 万元，平均年递增 16.4%；运输收入达 1050 万元，平均年递增 14.15%；进出口总额达 1600 万美元，其中出口创汇 1000 万美元，平均年递增 25.06%；建安工程量达 6000 万元，平均年递增 17.74%；房地产开发面积五年累计 30 万平方米；

利润总额1995年达到1000万元，平均年递增8.76%；工业全员劳动率达2万元，平均年递增10.76%；财政收入达3000万元，平均年递增20.31%；农民人均纯收入达2000元，平均年递增14.8%；人口自然增长率控制在11‰以下，全区人口达到10.3万人，其中城市人口7.3万人。行政区划由一镇一街发展为一镇三街。

2. “八五”计划执行

全区国内生产总值由1990年的1.73亿元上升到1995年的8.92亿元，年均增长38.8%。

全区三次产业结构的比例由1990年的23.4∶50.3∶26.3调整到1995年的4.1∶56.1∶39.8。

至1995年年底，累计投产开业三资企业达202家，全区工业总产值20.94亿元，其中三资企业工业总产值18.58亿元。全区工业产品出口交货值占工业销售值的61.5%，财政收入稳定增长，人民生活水平迅速提高。1995年，全年预算内财政总收入10802万元，年均增长51.2%，人均国内生产总值按现汇法计算达12314元，“八五”期间，人民生活水平已达到小康目标。

（二）“九五”计划编制与执行和2010年远景目标编制

1. 远景目标

到20世纪末，力争使湖里区的国民经济发展走在厦门岛内各区的前头，到2010年，使区属国内生产总值在1995年的基础上翻四番，把湖里区建设成为经济繁荣之区、党建先进之区、社会稳定之区、文明进步之区、环境优美之区，实现现代化综合强区。实施步骤分三阶段进行：

第一阶段为实现初步富裕阶段（1996—2000年）

本阶段的发展目标是：在全面实现小康的基础上，实现初步富裕的目标，人均国内生产总值接近世界中等发达国家和地区90年代初的平均水平。初步确立社会主义市场体系和市场经济新体制的总体框架，积极利用厦门市逐步实施自由港的某些政策，培植新的经济生长点和动力源，确保四大支柱产业的形成，加快基础设施建设，推动第三产业发展，促进产业结构的调整优化和城区综合服务功能的完善，力争使国民经济发展走在厦门市岛内各区的前头。

第二阶段为加速现代化进程阶段（2001—2005年）

本阶段的发展目标是：人均国内生产总值基本达到世界中等发达国家和地区90年代末的平均水平，基本实现中等富裕的目标。特区优势进一步发挥，基础设施建设日臻完善，资金和技术密集型产业形成规模效益，第三产业繁荣发展，产业结构进一步优化，高新技术行业、高层次的服务业比重提高，以出口为主的产业群在经济中占主导地位，一批具有相当实力的企业集团形成。

第三阶段为基本实现现代化阶段（2006—2010年）

本阶段发展目标是全面实现中等富裕的目标，人均国内生产总值达到或接近世界中等发达国家和地区届时的平均水平。特区市场体系和市场经济新体制全面形成并基本完善，自由港政策深入实施，全区经济总量飞跃发展，经济整体素质得到全面提高，产业结构基本实现高度化，基础设施达到国内外较先进水平，人民生活进入中等富裕阶段，实现现代化综合强区。

经济增长：国内生产总值“九五”期间年均递增27.45%；2001—2010年，年均递增16.65%；2000年达到30亿元左右（1990年不变价，下同），2010年达到140亿元左右；按户籍人口计算人均国内生产总值2000年达到25000元，2010年达到78000元。

产业结构：三次产业结构到2000年调整为1.67∶53.33∶45；2010年调整为0.5∶46.4∶53.1。

财政收入：“九五”期间年均递增21.6%，2000年达到2.5亿元；2001—2010年，年均递增17%，2010年达到12亿元左右。

对外经贸：“九五”期间外贸出口总值年均递增20.11%，2000年达到3亿美元；后10年年均递增18.02%，2010年达到12亿美元。利用外资总额“九五”期间累计达2.5亿美元，后10年累计达6亿美元。

国内经贸：“九五”期间社会商品零售总额年均递增35.04%，2000年达到30亿元；后10年年均递增19.62%，2010年达到180亿元。全区实际利用内地资金“九五”累计达2亿元，2010年累计达5亿元。

社会投资："九五"期间全社会固定资产投资总额累计达60亿元，后10年累计100亿元。

科技教育：科技进步对经济增长的贡献率，2000年达到50%以上，2010年达到60%以上，到2000年适龄儿童入学率达99.98%，小学毕业生升初中入学率达98%以上。

经济效益：全员劳动生产率2000年达到4万~5万元/人；2010年达到6万~8万元/人。

人民生活：城镇居民人均年生活费收入，2000年达1.6万元以上，2010年达到4万元以上。农村居民人均年纯收入，2000年达9000元以上，2010年农村人均年生活费收入扣除物价上涨因素，实际收入也有较大幅度增长。城镇居民人均建筑面积，2000年达到18平方米，2010年达到20平方米。

人口指标。到2000年年底，全区户籍人口预计达12万人左右，其中机械增长4.5万人左右；到2010年，全区户籍人口预计达到18万人左右，其中机械增长5.5万人左右。

行政区划：到2000年，行政区划发展为一镇二街。

2. "九五"计划执行

2000年，实现区属国内生产总值26亿元，年均增长23.67%，比全市平均水平高出7个百分点左右。产业结构日趋合理，三次产业比例由"九五"初期的4.15∶56.05∶39.80调整为1.62∶56.01∶42.37；地方财力明显增强，2000年实现地方级财政收入2亿元，年均递增19.6%。

新成立殿前街道办事处，城区面积扩大13.8平方公里；基础设施不断改进，公建配套日臻完善。

依法对7家区属集体企业实行兼并、拍卖、改制等形式的改革，组建国有资产管理局和国有资产投资有限公司，实施第一轮政府机构改革。

五年间共签批外资项目322项，引进外资4.63亿美元，三资工业企业产值已占全区工业总产值的87%，成为重要经济支柱。

2000年，城镇居民人均收入达到1.05万元，年均递增8%；禾山镇通过省级小康达标验收，农民人均纯收入达7600元，年均递增16.8%。

（三）"十五"计划编制与执行

1. 总体目标

预期指标：国内生产总值年均递增15%，到2005年达到52亿元，其中第三产业增加值年均递增17.5%，2005年达24.68亿元。一、二、三次产业的比例由2000年的1.62∶56.01∶42.37发展为2005年的0.62∶51.92∶47.46；工业总产值年均递增13%，2005年达到99亿元；财政总收入年均递增15.5%，2005年达到5.77亿元；地方级财政收入年均递增15.3%，2005年达到4亿元；农业总产值年均下降8%，2005年为0.6亿元；城镇居民家庭人均可支配收入年均递增9%，2005年达到16200元；农民人均纯收入年均递增8.6%，2005年达到11500元；全区人口到2005年达50万人，其中户籍人口15万人；行政区划争取调整为5个街道办事处。

经济结构调整目标：加快产业结构、区域经济结构、所有制结构三大调整，大力发展第三产业，着重发展商贸业、信息咨询业、房地产业、旅游娱乐业、仓储运输业、社区服务业和现代服务业；优化提高第二产业，突出发展电子、信息产品制造业、生物工程、休闲旅游用品制造业、建筑业四大支柱产业群体；调整优化第一产业，加快发展现代都市农业。

区域经济结构调整方向：湖里街道——以市场化、产业化为目标，重点发展以商贸、信息咨询、社区服务、仓储运输等为主的现代服务业和科教文化事业，继续推进旧村改造，完善市政配套设施，提高城区品味，塑造与城市新区相适应的城区形象，全面提升居民生活品质；殿前街道——以建设厦门本岛重要的物流基地为目标，依托火车北站、机场、码头等条件，重点发展钢材、汽车、建材、果品等生产资料和生活资料专业市场，积极推行物流配送、连锁经营、网上销售等现代化流通组织形式。促进城市基础设施建设，不断完善城市功能，改善居民生活环境；禾山镇——大力支持、推进、配合东部地区的城市化进程，认真研究、做好村集体资产的量化改制及劳动力的转移工作。在道路沿线、住宅新区兴办商贸、餐饮娱乐、运输、社区服务等第三产业，广开就业渠道。北部片区要利用片区内高新技术园区密集优势，重点发展电子信息产业和其他资金、技术密集型工业，形成厦门重要的高科技产业基地。湖边水库以东片区要利用耕地资源相对集中、水利资源相对丰富及东部市政道路建设等有利条件，大力发展现代观光农业和对台商贸业、休闲娱乐业等第三产业，形成岛内第一产业生产基地。江头片区要重点发展商贸、金融、信息咨询、餐饮、娱乐休闲等第三产业，把江头商贸区建设成为公建配套较完备的厦门岛次中心。

区域发展空间格局：加快湖里大道、仙岳路、南山路及环岛路墩上段到机场路等道路建设，形成“一环三横四纵”的大城区框架。“一环”即环岛路经福厦路机场段连接疏港路，构成湖里区外环道路；“三横”即东西走向的湖里大道、南山路和仙岳路，构成横贯东西的主干道；“四纵”即南北走向的福厦路、旧机场路、金尚路和县黄路，构成南北交通主干道。重点开发“一环三横四纵”市政道路沿线的商贸服务区和生活小区，为到2010年建成与厦门现代化港口风景城市相协调的现代化城区奠定基础。

2. “十五”计划执行

“十五”期间，全区主要经济指标按可比口径实现“五个翻番”，即全区生产总值从25.98亿元增至132亿元，年均递增22.1%；工业总产值从54.2亿元增至310亿元，年均递增18%；商贸营业额从22.8亿元增至228亿元，年均递增39.7%；财政总收入由3.18亿元增至21.28亿元，年均递增31.8%；区级财政收入由2.08亿元增至4.51亿元，年均递增26.6%。三次产业比例为0.1 ∶ 63.7 ∶ 36.2。

建成区面积由17.6平方公里增加到35平方公里。五年累计完成固定资产投资104.3亿元，建成环岛路湖里段、湖里大道等7条主干道和一批市政设施。完成撤销禾山镇、设立3个街道办事处和13个村委会改设社区居委会的工作，初步建立起统一的城区管理体制。

推进行政管理体制、投融资体制、市政管理体制和社会事业等改革。深化社区管理和服务体制改革，在全省率先探索社区居委会成员直选，被评为全国首批社区建设示范区。对外开放水平不断提高，五年累计引进外资项目369个，合同外资5.62亿美元，实际到资4.86亿美元，引进内资64亿元。

被市委、市政府授予创建全国文明城市工作“重大突出贡献单位”称号。通过省级教育“双高普九”评估验收，先后被评为全国科技进步先进区、全国计生优质服务区和全省双拥工作模范区，区文化馆被评为国家一级馆。

居民人均可支配收入达到16395元，年均增长7.6%。社会就业和保障工作进一步加强，实现“五保合一”和最低生活保障“应保尽保”，实施“土地换社保”，被评为全国民政工作先进区。民主法制建设不断加强，通过省首批平安区达标验收，被评为全国“四五”普法先进单位和全省普法依法治区先进区、全市落实综治责任制优秀区，5个街道均被市委、市政府授予“平安街道”称号。

通过政府环境管理体系认证，区域环境空气质量达到二类功能区标准，建成区100%为Ⅱ类环境噪声达标区；实施火炬高新技术园区和航空工业区污水截流，辖区内实现生猪禁养；全面完成西海域整治目标；全区绿化覆盖率达到36.5%。

（四）“十一五”规划编制与执行

从“十一五”期间开始，根据国家的部署，各地五年计划的编制全部改为五年规划的编制。

1. “十一五”规划编制

大体过程是“两上两下”，即在深入学习领会最新规划精神和广泛调研的基础上，形成“经济和社会发展总体思路”，提交相关部门编制专项规划，在专项规划初步成果的基础上编制“经济和社会发展规划纲要”，再提交相关部门完善和修订专项规划。形成科技、教育、文体、卫生、道路、绿地、社区建设、劳动保障、财政等9个专项规划，完成总体思路、产业发展、东部开发、总部经济、三产发展等5个专题研究。

2. “十一五”规划发展目标

坚持在发展中推进结构调整，促进增长方式转变。以特色功能片区为平台，以龙头产业项目和财政性投融资项目为两个抓手，加快建成“四大基地”，构筑江头、凤湖、寨上、枋湖四大商圈，实现经济跨越式发展和三次产业在更高层次上的协调发展。

大力发展现代制造业。大力培育以高技术含量、高附加值、高增长性和低污染为特征的高端产业，形成“三个百亿产业”，即双百亿电子信息产业、百亿机械产业和百亿光电软件新兴产业；打造商贸物流房地产支柱产业。着力提升物流业，积极壮大商贸业，大力发展房地产业；发展商务旅游知识服务新兴产业，构建商务营运基地，推进知识服务业发展，培育休闲度假旅游业。

到2010年，实现生产总值、工业总产值、商贸营业额、财政总收入在2003年基础上翻三番。生产总值达350亿元，年均增长21.5%，人均生产总值力争比2005年翻一番以上；工业总产值达680亿元，年均增长17%；商贸营业额达800亿元，年均增长28.5%；财政总收入达65亿元，年均增长25.5%，其中区级地方级财政收入达15亿元，年均增长27.2%；三次产业结构为0 ∶ 55 ∶ 45，单位生产总值能源消耗水平保持国内领先。

中心城区功能日趋完善。基本实现全面城市化，五年内累计完成全社会固定资产投资360亿元；集聚辐射能力增强，五年内实际利用外资7亿美元，引进内资150亿元，形成一批拥有自主知识产权和知名品牌、竞争力较强的优势企业。

社会事业协调发展。科技、计生、社区建设保持全国先进水平，文体事业力争进入全国先进行列，教育、卫生等其他各项社会事业与经济发展和城区建设相适应；人口规模适度增长，素质结构得到优化，从业人口平均受教育年限达12年。

人民生活安康和谐。到2010年，城区居民人均可支配收入达2.5万元，年均增长9%，城镇登记失业率控制在4%以下；社会安定稳定，保持全省首批平安区创建水平，群众对社会治安满意率达90%以上。

生态环境明显改善。巩固Ⅱ类环境噪声达标区，工业废弃物综合利用率85%以上，生活垃圾无害化处理率95%以上；建成区生活污水集中处理率80%以上，绿地率达42%以上。

3. 空间布局

在县后片区、湖里老工业区、五缘湾片区布局，与火炬园区共同构建具有高度集聚、辐射功能的高新技术产研和商务营运基地；依托市级海空港物流园区，在疏港路沿线的东渡片区、湖里大道西段以及高殿片区等地建设物流基地和临港服务区；以五缘湾、湖边水库、环岛路沿线为载体，构建休闲旅游基地；促使江头商圈成为厦门的中心商贸区。

湖里街道：借助海空港、厦门现代物流园和火炬高新区辐射带动效应，大力发展物流楼宇经济，积极发展都市型工业和临港型服务业。推动湖里老工业区改造升级，打造凤湖商贸圈，发展城市休闲旅游，提升餐饮、娱乐、居住品质，提高教育、卫生、公园绿化、城区管理和社区服务的水平。

殿前街道：发挥交通枢纽的区位优势，发展生活资料物流配送和中高档商品批发市场。提升和发展消费类专业市场，打造寨上商贸圈，建设旗山物流园，建成闽台农副产品集散中心；逐步推进城中村改造，改善门户形象。

江头街道：加快城中村改造，拓展综合服务功能，提高文化、美食、娱乐、房地产及其他生活服务业的档次和品位，推动文化艺术产品展示和交易中心的形成，突显本岛几何中心的区位优势，成为商贸中心。

禾山街道：发挥后发优势，打造高端产业的聚集平台，建设新的行政中心区。加大成片开发力度，全面完善城区基础设施和公共服务设施，积极推进高新技术产研、休闲旅游、商务营运基地建设，培育枋湖商贸圈，塑造城区建设精品；积极发展高品质的教育、文体、卫生事业，营造优越的生态和人文环境。

金山街道：发挥后发优势，争取成为高级商务的聚集地、休闲旅游的集散地、对台旅游的对接地、新兴产业的承接地。全面完善城区基础设施和公共服务设施，积极推动片区的规划、策划和城区的形象设计，逐步推进成片开发。

在本志书编写期间，“十一五”规划尚在执行过程中。“十一五”规划执行情况的评估，也在进行之中。

二、专项规划与年度计划

（一）专项规划

“十一五”期间，湖里区开展社区建设、财政、道路交通、公共卫生事业、教育、科技、劳动和社会保障体系、社会主义精神文明建设、文化体育、绿地系统等10个领域的专项发展规划编制工作。

（二）年度计划

湖里区发改局每年末做一份当年的经济运行分析报告，在这份报告中提出次年的主要经济指标安排建议和经济工作发展思路，提交区委区政府审议。

1989—2007 年湖里区国民经济主要指标见表 14-1。

1989—2007 年湖里区国民经济主要指标

表 14-1 单位：亿元

年份	生产总值				工业总产值	建筑施工产值	商贸营业额	财政总收入	居民年人均收入（元）
	总计	第一产业	第二产业	第三产业					
1989	—	0.4	—	—	0.2	0.3	0.3	0.1	930
1990	—	0.5	—	—	0.4	0.3	0.4	0.1	1003
1991	—	0.7	—	—	0.3	0.4	0.9	0.2	1302
1992	—	0.6	—	—	0.3	0.6	1.1	0.3	1888
1993	—	0.7	—	—	4.9	1.1	1.8	0.5	2215
1994	6.7	0.4	3.8	2.5	11.9	—	2.8	0.6	2900
1995	8.9	0.4	5.0	3.5	20.9	—	6.7	0.8	3500
1996	11.9	0.4	6.8	4.8	29.2	—	9.1	1.0	4500
1997	14.3	0.4	7.9	6.0	33.4	—	11.3	1.5	6000
1998	17.7	0.4	9.9	7.4	39.5	4.0	13.5	1.8	6502 11854
1999	21.6	0.4	12.0	9.2	46.0	4.5	16.8	2.2	6995 11741
2000	26.0	0.4	14.6	11.0	54.2	5.5	20.8	3.2	7502 12803
2001	30.5	0.4	17.0	13.1	63.5	6.4	26.0	4.9	7996 12891
2002	35.6	0.7	19.0	15.9	71.3	7.3	35.7	6.2	8250 12967
2003	44.7	0.5	22.7	21.5	85.0	9.1	54.1	8.3	8500 14026
2004	108.1	0.3	69.0	38.8	255.5	10.1	158.8	17.8	14439
2005	132.0	0.1	84.1	47.8	310.0	19.0	228.0	21.3	16403
2006	165.3	0.1	102.2	63.1	372.5	27.1	321.2	28.1	18513
2007	182.3		105.1	77.2	361.8	43.1	433.9	36.9	21502

说明：国民生产总值第一产业栏 1989—1993 年为农业总产值；居民年人均收入栏 1998—2003 年上为农民年人均纯收入、下为在岗职工年平均工资，1989—1997 年为农民年人均纯收入

第四节　固定资产投资

一、项目审批

2003 年市对区实行投资体制改革前，湖里项目审批限于财政投资项目的立项，资金额小，仅有少量项目进行立项，没有开展项目的核准和备案工作。2003 年，市对区实行投资体制改革，将财政投融资项目的立项，不使用财政投融资的企业投资备案、核准下放给区发改局负责。2003 年后，湖里区发改局按建设项目的投资主体和项目性质的不同，对项目的立项与审批服务分为审批制、项目核准制、项目备案制三大类；对湖里区本级财政投融资项目进行审查和批准，审查范围包括在区范围内新建、扩建、改建、迁

建的建设项目。2003—2007 年共审批项目 291 个，核准和备案项目 146 个。

二、投资管理

1991 年 12 月，区政府出台《湖里区计划工作管理办法（试行）》，规定区、镇、街各单位各部门的基本建设投资计划，不论是拨款或自筹项目，均须报区计统局进行综合平衡，并按规定权限审批或转报。

1993 年，厦门市下放湖里区审批不涉及市财政拨款、自行平衡生产建设条件、资金自筹（含内联）的基本建设投资项目。1999 年 6 月，湖里区出台《湖里区财政性投融资建设项目管理暂行办法》，规定财政性投融资建设项目的资金范围包括区财政预算内安排的基本建设投资（含市补助的基本建设投资）、财政专项资金安排的基本建设投资、区财政预算外资金安排的基本建设投资以及由区财政负责采取各种形式进行的融资，区计统局负责审定 5 万元以上财政性投融资建设项目立项文件（含项目建议书和可行性研究报告）及概算审核、下达年度投资计划。2001 年 4 月，湖里区改革审批制度，缩小投资项目的审批范围，开始推行核准制和备案制。同年 10 月，出台《湖里区财政性投融资基建项目管理办法》，进一步规范和加强对区财政性投融资基建项目，即利用区预算内、预算外资金以及其他财政性资金所进行的固定资产投资建设项目（含市补助的基建投资项目）的管理和监督。2002 年 12 月，厦门市继续下放湖里区审批非市级财政投资项目的项目建议书、可行性研究报告和年度开工计划（须报市计委备案），范围包括：凡不涉及国家预算内投资、国债资金、市财政预算内资金、国外借款、由市计划、财政部门承诺还款的国内借款及各类市财政专项资金的投资建设项目；除限额以上需上报国家审批的项目、产业政策规定需要审批的项目、需要市政府授予特许经营权的项目及享受市政府优惠政策的项目外的非市级财政投资项目。

2003 年，市发改委将非财政投融资项目的核准和备案职责下放给区发改局承担。2003 年 8 月，湖里区进一步明确财政性投融资基建项目范围，资金来源包括：财政预算安排的“基本建设支出”资金，“企业挖潜改造资金”中用于土地开发和基建的资金，“科技三项费用”中用于基建的资金，“农业支出”“水利支出”中单项投资额在 20 万元（含 20 万元，下同）以上的农业基础设施和水利工程等基建项目的资金，“城市维护费”中单项投资 20 万元以上的基建项目的资金，“教育费附加”中单项投资 20 万元以上的基建项目的资金，“土地基金”中用于安置房建设、市政基础设施建设和公共配套建设等基建的资金，上级下达的以及区财政预算外资金和其他资金安排的单项投资 20 万元以上的各类基建项目的资金。

同年厦门市实施行政区划调整后，湖里区在规定范围内对非市级财政性投资的项目享有市级同等的项目审批权限；属于湖里区引进的工业项目，在厦门市审批权限范围内，可自行审批，报有关部门备案，高新技术产业化项目审批方面享有市级同等审批权限；对旅游项目、农业生产性项目，湖里区享有与市级同等的审批权限。

2004 年后，按照国务院投资体制改革的决定及市计委出台的相关配套政策的意见，湖里区落实行政审批制度的各项改革工作，除财政性投融资基本建设项目外，非财政性投融资项目一律取消审批，实行报备（核准）制。

三、投资服务

2003 年以前，区财政可安排的建设性资金较少，1998—2003 年累计安排财政性基本建设投资 8006 万元。2003 年后，区发改局根据新的投资管理体制，按照项目管理职责，对重点工程前期工作经费进行安排和管理。根据国民经济和社会发展规划、专项发展建设规划，提出规划期内政府投资项目，列入政府投资项目储备库，再按照项目重要程度、前期工作程度、建设资金落实情况以及工作要求等从储备库筛选项目，并会同区财政局提出区政府年度投资项目安排，报区政府批准后下达。2003 年后，随着投资体制下放，每年安排投资额呈逐年较大幅度提高，2004—2007 年累计安排财政性基本建设投资 61572 万元。

四、社会投资

2003 年市对区实行投资体制改革前，湖里区没有社会投资管理职能。2003 年，市对区进行投资体制改革，将主要由市发改委负责的社会投资项目管理职能下放给区发改局。区成立重点项目建设前期工作办公室，主要负责社会投资项目前期工作的管理。通过项目策划、项目评估、项目储备，滚动建立全区项目储备库，建立策划一批、储备一批、建设一批的良好机制，促进全区固定资产投资大幅增加。湖里区全社会固定资产投资从2003年的14.46亿元增加至2007年的72.01亿元。

五、投资额

1997年以前，区本级固定资产投资额较少。1997—2007年的10年间固定资产投资总额达到221亿元，其中基本建设投资额占31%。2006年和2007年两年的投资占10年基本建设投资额的73%。2007年，全区国有及其他经济类型投资完成39.96亿元，比1997年增长50倍，其中基本建设投资32.71亿元，占整个国有及其他投资的82%。2007年，全区房地产投资共完成32.05亿元，占固定资产投资总额的45%，比1997年增长7倍多。2006年、2007年外商投资实际到资分别为9525万美元和10250万美元。

1997—2007年湖里区固定资产投资统计表

表14-2　　单位：亿元

年份	基本建设投资额	房地产投资额	其他	固定资产投资总额
1997	0.8	4.5	—	5.3
1998	1.1	5.3	0.9	7.3
1999	2.3	6.6	0.05	8.95
2000	1.62	5.97	1.56	9.15
2001	1.31	5.69	2.11	9.11
2002	1.12	6.05	0.77	9.20
2003	3.26	9.28	1.92	14.46
2004	3.57	10.15	2.2	15.92
2005	3.58	15.31	2.19	21.05
2006	17	26	7	50
2007	32.71	32.05	7.25	72.01
合计	68.37	126.9	25.95	221.22

说明：资料来源于1997—2007年湖里区统计年鉴

第二章　统　计

第一节　常规统计

一、综合统计

1987年11月湖里行政区建制后，辖区内国民经济与社会发展的主要指标，包括国内生产总值、工农业总产值、财政金融、商业、固定资产投资、外贸、交通运输邮电、科教文卫、人口及计划生育、劳动工资、城镇居民人均可支配收入等每年由区统计部门进行统计。1988—2007年，区统计部门每年编制湖里区统计年鉴。

二、统计报表

（一）国民经济核算表

国民经济核算主要指GDP核算，2003年以前，地区GDP称为“国内生产总值”。2004年开始，地区的 GDP 改为“地区生产总值”。2003 年以后，区各年度的统计报表制度基本保持不变，有年报表 9 张，包括“总产出”（Q301 表）、按“当年价格计算的地区生产总值”（Q302 表）、“地区生产总值构成项目”（Q303 表）、“按可比价格计算的地区生产总值”（Q304 表）、“按支出法计算的地区生产总值”（Q305 表）、“按行业划分的资本形成总额”（Q306 表）、“最终消费”（Q307 表）、“居民消费水平”（Q308 表）；定期报表 1 种，即“季度地区生产总值”（Q401 表）。由于区级统计调查的资料不足，湖里区仅试算其中几个主要表格，如 Q301 表、Q302 表、Q401 表等。2005 年 11 月 10 日实行在地统计后，厦门市统计局对各区季度生产总值采取数据质量控制和评估的办法。区发展和改革局须报送季度增加值核算有关指标和地税局营业税情况并初步核算，市统计局再对各区 GDP 进行数据质量评估和平衡，反馈给各区使用。2004 年全国开展经济普查后，市统计局根据普查结果对 2004 年及以前的地区 GDP 进行调整，调整后湖里区各年的地区生产总值分别为 2004 年 262.19 亿元；2005 年 301.55 亿元，比上年增长 14.70%；2006 年 355.95 亿元，比上年增长 15.10%；2007 年 382.23 亿元，比上年增长 6.50%。

（二）综合报表

从 2004 年 1 月开始，对外提供《湖里区主要经济指标完成情况（快报）》，并着手编印《区统计月报》，全面、及时地对外提供统计资料。2004 年 10 月，统计月报、快报增加个体工商户注册户数和从业人员数指标。2004 年 11 月，统计月报、快报增加金融机构的存贷款情况指标。

2004—2007 年，收集上报区级社会经济基本情况表，涉及统计、财政、民政、公安、农林水利、交通、科技、卫生、旅游、人劳、教文体、法院、环保、电信等部门，包括乡村基本情况、人口与就业、综合经济、农业、工业及建筑业、交通运输邮电通讯能源、贸易外经旅游、固定资产投资、教育科技文化卫生、人民生活、社会保障、社会治安、资源环境与可持续发展等方面的指标。

（三）定期统计报表

1. 农业统计

1988 年开始，由区统计局组织实施区域内农业统计。统计范围分为：农业总产值、农作物生产情况、渔业生产情况、畜牧业生产情况、乡村基本情况、乡村劳动力结构、全社会耕地面积、全社会水果面积及产量、全社会亚热带作物面积及产量、全年化肥施用量、农村用电量情况、全社会副业产值、农村电气化和农业化学化情况、农村固定资产结构、农村经济收支情况、乡镇企业主要经济指标、乡镇企业出口情况等报表。2003 年之后不再统计农业总产值。

2. 工业统计

1988—2007 年，由区统计部门着手开展区域内工业统计工作。统计范围主要涉及：工业总产值（分月统计）、独立核算工业企业行业分类、独立核算工业企业工业净产值和增加值、独立核算工业企业主要财务指标、村办工业企业主要指标、全部独立核算集体工业企业主要经济指标、全部独立核算“三资”工业企业主要经济指标、乡及乡以上工业总产值及出口交货值、乡以下工业总产值。1996 年起，增加统计原材料能源消费与库存总值、主要原材料按行业分组消费量、主要原材料能源消费与库存。2001 年起，主要统计规模以上工业企业基本情况及主要经济指标、工业企业能源购进消费及库存、主要能源按工业行业分组消费量等报表。

涉及的指标主要有：规模以上工业总产值（分现行价与不变价）、工业增加值（当年价）、规模以上工业销售产值（分现行价与不变价）、全区工业总产值（现行价格）、规模以下工业总产值（现行价格）、内外资与大中型企业的应收账款净额、产成品、流动资产平均余额、固定资产净值平均余额、资产合计、负债合计、产品销售收入、产品销售成本、产品销售费用、产品销售税金及附加、已交产品税金及附加、管理费用、财务费用、利息支出、利润总额、亏损企业亏损总额、税金总额、应交增值税、已交增值税、全部从业人员平均人数、应交所得税、已交所得税、工业中间投入以及原煤、焦炭、汽油、煤油、柴油、燃料油、液化石油气、其他石油制品、电力、其他燃料的年初库存量、购进量、消费量等。

3. 固定资产投资、房地产开发投资统计

1997 年，湖里区开始进行区域内固定资产投资、房地产开发投资情况统计。主要涉及全年固定资产完成投资额、房地产投资额、商品房建设投资额、土地开发投资额、基本建设施工项目个数和投资额、按构成和用途分的基本建设投资额、基本建设资金来源、基本建设项目、房地产开发资金来源情况、商品房屋施工竣工销售出租情况。

2003年起，根据新的统计年报和定期报表制度，固定资产投资统计报表的统计范围，分为基本建设投资、更新改造投资、房地产开发投资、其他固定资产投资、城镇工矿区私人建房投资等5个部分。基本建设投资统计范围为计划总投资（或实际需要总投资）50万元及50万元以上的基本建设项目。更新改造投资统计范围为计划总投资（或实际需要总投资）50万元及50万元以上的更新改造单位（或项目）。其他固定资产投资统计的范围为除基本建设、更新改造以及城镇工矿区私人建房投资以外的固定资产投资。

房地产开发投资统计范围包括：各种注册类型的房地产开发公司、商品房建设公司及其他房地产开发单位统一开发的包括统代建、拆迁还建的住宅、厂房、仓库、饭店、宾馆、度假村、写字楼、办公楼等房地产建筑物和配套的服务设施、土地开发工程，如道路、给水、排水、供电、供热、通讯、平整场地等基础设施工程，包括实际从事主干道开发或经营活动的附营房地产开发单位。城镇和工矿区私人建房统计范围为市、县城、镇、工矿区所辖范围内的全部私人建房（包括房主系非本地常住户口的建房）。

2003年年报报表中，综合报表有"城镇和工矿区私人建房情况"（H303表），统计范围为市、县、镇和工矿区全部私人建房；基层报表有3种，"固定资产投资统计基层标准表"（H101-1表）（统计范围为除农村以外的所有固定资产投资单位）、"房地产开发统计基层标准表"（H101-2表）和"房地产开发经营情况表"（H101-3表）（统计范围为辖区内的全部房地产开发企业或单位）。

2004年定期报表中，综合表有5种，包括"基本建设投资完成情况"（H401表）、"更新改造投资完成情况"（H402表）、"其他固定资产投资完成情况"（H403表）、"房地产开发投资完成情况月报"（H404表）以及"城镇和工矿区私人建设情况"（H407表）；基层表有3种，即"固定资产投资完成情况（项目库）"（H201表）、"房地产开发投资完成情况（项目库）"（H203表），以上定期报表均为月报。

此外，还有一种报表既是年报又是季报，即"国债项目投资统计基层标准表"（H502表）（统计范围为列入国债计划的项目）。

2004年的房地产投资年报与经济普查结合进行。按照普查方案，涉及房地产开发、物业管理企业、房地产中介服务和其他房地产活动企业法人，房地产业的普查表式包括4类7张表，其中：单位基本情况有3张表，即"法人单位基本情况"（601表）和"产业活动单位基本情况"（602表），如果有附营批发、零售、住宿、餐饮活动的还需要填报"产业活动单位基本情况附表"（602-1表）；企业财务状况有"房地产开发企业财务状况"（H617）和"房地产物业管理和中介服务及其他房地产业企业表"（H618）（部分）；企业（单位）生产经营活动情况有"房地产开发企业经营情况"（H616表）、"物业管理、中介服务及其他房地产业生产经营状况"（H618表）（部分）；社会负担情况有"法人（产业活动）单位社会负担情况表"（151表）。

综合表有6张，即"法人单位和产业单位综合表"（H661、662、663、664表）、"房地产开发企业经营情况综合表"（H668）、"房地产开发企业财务状况综合表"（H669）、"物业管理综合表"（H670）、"房地产中介服务综合表"（H671）、"其他房地产活动综合表"（H672）。

2005年，房地产开发投资年报的定期报表在统计范围划分、统计指标设置方面进行较大的调整，主要是将基本建设投资、更新改造投资和其他固定投资合为一种，称为城乡建设项目投资，对城乡建设项目划分为城镇固定资产投资和农村非农户固定资产投资。

城镇固定资产投资统计范围包括：城镇计划总投资（或实际需要总投资）50万元及50万元以上固定资产投资项目；农村区域计划总投资（或实际需要总投资）3000万元及3000万元以上固定资产投资项目；农村区域县级以上园区所有非农户固定资产投资项目。农村非农户固定资产投资统计范围为：农村区域县级以上园区外计划总投资（或实际需要总投资）50万元及50万元以上、3000万元以下的非农户投资项目。月报综合表H401表的统计范围改为各设区市内除跨区项目外的城镇50万元以上固定投资项目、省有关部门跨区固定投资项目。增加"农村非农户固定资产投资完成情况"（H710表）（统计范围为各设区市内除跨区项目外的农村非农户50万元以上固定资产项目），基层表增加"城镇和工矿区私人建房情况"（H407表）。

2005 年的房地产开发统计报表制度仍和固定资产投资统计报表制度分开。固定资产投资统计报表制度包括综合表一种，即“城镇和工矿区私人建房情况”（H303 表）；基层表一种即“固定资产投资统计基层标准表”（H101-1 表）。2005 年的房地产年报有综合表两种：“房地产开发企业（单位）投资、资金和土地情况”（X401 表）和“房地产开发企业（单位）施工、销售和空置情况”（X402 表）；基层表有 6 种：“法人单位基层情况”（101-1 表）、“产业活动单位基层情况”（101-2 表）、“房地产开发企业（单位）财务状况”（X103 表）、“房地产开发企业（单位）投资、资金和土地情况”（X104 表）、“房地产开发企业（单位）施工、销售和空置情况”（X105 表）、“3000 家联网直报房地产企业法人单位基本情况”（X106 表）。2006 年的固定资产投资统计定期报表只有综合表 2 种，即“城镇固定资产投资完成情况”（H401 表）和“农村非农户固定资产投资完成情况”（H402）表；基层表 1 种，即“固定资产投资完成情况”（H201 表）。取消“城镇和工矿区私人建房情况表”，50 万元以上的城镇和工矿区私人建房项目按 50 万元以上的固定资产投资项目填报。2006 年，房地产开发统计定期报表有基层表 3 种：“房地产开发企业（单位）投资、资金和土地情况”（X202 表）、“房地产开发企业（单位）施工、销售和空置情况”（X203 表）、“3000 家联网直报房地产企业商品房销售及空置情况”（X204 表）。

2006 年年报取消“城镇和工矿区私人建房情况”（H303 表）。此外，固定资产投资统计 2006 年年报、2007 年定期报表及房地产开发投资统计 2006 年报、2007 年定期报表与上年均相同。

2007 年房地产开发统计年报与上年相同，固定资产投资统计增加综合表“固定资产投资构成汇总表”（投 302 表）和基层表“固定资产投资构成”（投 111 表），统计范围为计划总投资 3000 万元以及以上项目。

4. 建筑业统计

1988 年，湖里区统计局开展建筑业统计，主要涉及建筑安装企业生产情况、建筑安装企业人员分类及技术装备情况、建筑企业财务状况、建筑企业房屋建筑工程生产情况、建筑企业主要建筑材料消耗情况。1994 年 6 月起区统计局填报的建筑企业统计报表有 5 种：“建筑企业生产情况”（C202 表）、“国有建筑企业主要财务指标”（C203 表）、“全部职工人数和工资”（C204-1 表）、“职工人数变动情况”（C204-2 表）、“原材料、能源消费与库存”（C205 表）。

2004 年第一次全国经济普查时，建筑业统计在区统计工作中进一步规范。其统计范围为从事建筑生产经营活动的全部建筑业企业、产业活动单位和个体经营户。基层表有 6 种：“法人单位基本情况”（601 表）、“产业活动单位基本情况”（602 表）、“产业活动单位基本情况附表”（B602-1 表）、“总承包和专业承包建筑业企业生产情况”（C613 表）、“总承包和专业承包建筑业企业财务状况”（C614 表）、“劳动分包及资质以外建筑业企业生产经营状况”（C615 表）；综合表有 5 种：“建筑业企业主要指标汇总表（总承包和专业承包建筑业企业）”（C664 表）、“建筑业企业财务状况汇总表（总承包和专业承包建筑业企业）”（C665 表）、“建筑业企业主要指标汇总表（劳务分包建筑业企业）”（C666 表）、“建筑业企业主要指标汇总表（资质以外建筑业企业）”（C667 表）、“多产业法人单位所属产业活动单位情况综合表”（655 表）。

2005 年，湖里区开展的建筑业统计定期报表工作涉及的统计范围包括辖区内所有具有资质的独立核算建筑业企业和劳务分包建筑业企业。有综合报表 4 种：“建筑业企业生产情况”（C401 表）、“建筑业企业财务状况”（C402 表）、“建筑业企业房屋建筑完成情况”（C403 表）、“劳务分包建筑业企业生产经营情况”（C404 表）；基层表有：“建筑业企业生产情况”（C202 表）、“建筑业主要企业财务状况”（C203 表）、“建筑业企业房屋建筑完成情况”（C204 表）、“劳务分包建筑业企业生产经营情况”（C205 表）、“建筑业企业承建工程一览表”（C251 表）。

2005 年年报有基层表 6 种：“法人单位基本情况”（101-1 表）、“产业活动单位基本情况”（101-2 表）、“建筑业企业生产情况”（C102 表）、“建筑业企业财务状况”（C103 表）、“建筑业企业房屋建筑完成情况”（C104 表）、“劳务分包建筑业企业生产经营情况”（C105 表）。

2006 年的定期报表与 2005 年基本相同。2006 年年报及 2007 年定期报表、2007 年年报没有大变动。

从 2006 年 6 月起，增加对入闽的省外建筑业企业的调查项目，2006 年采取 Excel 一览表的形式上报，

2007 年则采用与省内企业相同的 SARP 软件录入上报。

5. 劳动情况统计

1998 年，湖里区统计局开始开展劳动工资统计，统计范围为全民所有制职工人数和工资、城镇集体所有制职工人数和工资、全民职工工资构成及人数变动情况、行政事业单位职工人数和工资总额、全部经济单位分行业从业人员和劳动报酬情况等。

2003 年，变动劳动情况统计报表，其统计范围是辖区内全部独立核算的企业、事业和机关单位（不包括乡镇企业、私营企业和个体工商户，但包括国有、集体改制的私营单位）。主要内容包括：单位从业人员、劳动报酬以及单位从业人员变动等情况。在劳动情况统计报表制度中，年报综合表有 2 种：“单位从业人员和劳动报酬情况”（I301 表）、“单位从业人员变动情况”（I302 表），年报基层表有 1 种：“劳动情况”（I102-1 表）；季报综合表有 2 种：“单位从业人员和劳动报酬情况”（I401 表）、“单位从业人员变动情况”（I402 表）；季报基层表有 1 种：“劳动情况”（I202-1 表）。

2004—2007 年劳动情况统计报表的年报基层表增加参保情况的指标，年报综合表增加“单位从业人员参保情况”（I303 表）。

6. 外经、批发零售贸易餐饮业统计

1988 年 9 月起，区统计部门开始填报“商业饮食服务业完成情况”月报表，其中商业主要统计零售额，服务业主要统计饮食业与旅社。1989 年起，填报“外贸企业进出口总额情况表”。1994 年起，涉外经济主要统计外贸进出口总额、外商投资签约批准情况、外商直接投资签约批准项目分类、外商投资企业投资与生产经营情况。1994 年 5 月起，填报“社会消费品零售总额年、月报基层表”（E151 表）。2007 年起，外经统计主要填报“外国和港澳台地区在华直接投资企业生产经营情况年报”（FE151 表），涉及基本情况、投资情况、生产经营情况。批发零售贸易餐饮业统计主要填报“限额以上批发和零售企业财务状况”（E103-1 表），涉及年初存货、年末资产负债、损益及分配等主要指标；“限额以上批发零售、星级住宿和限额以上餐饮企业主要经济指标”（E203 表），涉及主营业务收入、成本、税金、费用、负债、所有者权益、从业人员平均人数等主要指标；“限额以上批发和零售业商品销售、库存情况”（E202-1 表），涉及食品饮料烟酒类、服装鞋帽针纺织品类、化妆品类、金银珠宝类、日用品类、五金电料类、体育娱乐用品类、书报杂志类、电子出版类及音像制品类、家用电器和音像器材类、中西药品类、文化办公用品类、家具类、通讯器材类、煤炭及制品类、木材及制品类、石油及制品类、化工材料及制品类、金属材料类、建筑及装潢材料、机电产品及设备类、汽车类、种子饲料类、棉麻类等指标；“限额以上批发和零售业主要商品销售数量情况”（E254 表），涉及粮食、食用植物油、照相机、彩色电视机、组合音响、摄像机、影碟机、家用电冰箱、家用洗衣机、房间空调器、微波炉、微型计算机、普通电话机、移动电话机、汽油、煤油、柴油、汽车等指标；“限额以上餐饮业企业能源消费情况”（E205 表），涉及煤炭、煤气、天然气、液化石油气、电力的本期消费量指标；“星级住宿业和限额以上餐饮业经营情况”（E202-2 表），涉及客房收入、餐费收入、商品销售收入等指标。

7. 主要社会产业统计

1988 年开始统计，主要填报教育、卫生、体育、文化（新闻出版）事业发展情况。湖里区成立后，主要统计辖区内的幼儿园基本情况、小学基本情况、小学教职工基本情况、区卫生事业基本情况、文化体育活动情况、教育经费投入情况、妇幼保健情况等。2003 年起，增加填报以下几种调查表：“厦门市教育行政事业单位发展情况调查表”（社调行 101 表），涉及指标主要为期末总资产、收支情况、全部从业人员平均人数、劳动报酬、毕业生数、招生数、在校生数、校舍面积等；“厦门市卫生行政事业单位发展情况调查表”（社调行 102 表）。涉及指标主要为期末总资产、收支情况、全部从业人员平均人数、卫生技术人员、劳动报酬、医疗收入、药品收入、实有床位数、诊疗人次数、出院人数、实际占用总床日数等；“厦门市文化（新闻出版）行政事业单位发展情况调查表”（社调行 103 表），涉及指标主要为期末总资产、收支情况、全部从业人员平均人数、劳动报酬等；“厦门市体育行政事业单位发展情况调查表”（社调行 105 表），涉及指标主要为期末总资产、收支情况、全部从业人员平均人数、劳动报酬、等级裁判员数、等级运动员数、举办运动会次数、参赛人数等。

第二节　专项普查和抽样调查

一、人口普查

（一）第四次人口普查

1989 年 9 月，成立湖里区第四次全国人口普查领导小组，由区长黄祥琪任组长，组建办公室，从各部门选调 14 名工作人员开展工作。同时，镇（街）也组建人口普查工作办公室，由镇（街）领导担任人口普查办公室主任；各村（居）委会成立人口普查小组，村（居）委会主任任组长；抽调和培训一支近 300 人的普查人员队伍。第四次人口普查经过机构筹建、行业摸底、区域划分、培训、登记、复查、汇总编码等工作阶段，历时一年。

此次普查结果：至 1990 年 7 月 1 日零时，全区总人口 76168 人，家庭户 15494 户，集体户 1106 户。总人口中有 16 个民族。大学本科 1873 人，大专 1329 人，中专 2744 人，高中 6969 人，初中 18846 人，小学 27778 人，不识字或识字很少 8997 人。经上级普查办验收，人口数净差率为 0，总记录项目差错率 1.34%。

（二）第五次人口普查

2000 年 5 月，成立湖里区第五次全国人口普查领导小组，由常务副区长李溪任任组长，下设办公室，内设 3 个工作组，从各部门抽调业务骨干 10 人。镇（街）及村（居）委会分别成立相应的普查机构，负责人口普查的组织领导和具体实施。第五次人口普查工作分为户口整顿、培训普查员、划分区域、宣传、入户登记、复查、数据汇总和编码、验收等阶段，历时近 1 年。经过市、区两级质量验收，人口普查对象差错率为 0，出生死亡差错率为 0，其他各项指标差错率均控制在允许的差错率范围内。

此次普查结果：至 2000 年 11 月 1 日，全区总人口 413316 人，与 1990 年相比增加长 4.42 倍；总户数 148702 户，其中家庭户 107930 户，集体户 40772 户。性别构成方面，男性 215867 人，女性 197449 人，分别占总人口的 52.23% 和 47.77%。人口年龄方面，88.11% 的人口年龄分布在 15 ~64 岁。受教育程度方面，大专及以上文化 29973 人，占 7.25%；高中和中专文化 84123 人，占 20.35%；初中文化 185298 人，占 44.83%；小学文化 81750 人，占 19.78%。经过市、区两级质量验收，人口普查对象差错率为 0，出生死亡差错率为 0，其他各项指标差错率均控制在允许的差错率范围内。

二、农业普查

（一）第一次农业普查

1996 年 6 月，成立湖里区第一次全国农业普查领导小组，由副区长陈永康任组长，并在区计划统计局内设办公室，办公室主任由吴智明兼任，人员从有关部门抽调。第一次农业普查标准时间是 1996 年 12 月 31 日，普查登记工作历时半年。普查数据由市普查办统一处理。

第一次农业普查结果：至 1996 年 12 月 31 日，有农村住户 8732 户，农业人口 37926 人，其中男 18717 人，女 19209 人。7 周岁以上人员 34372 人，在校学生 8197 人。大专以上学历 223 人，中专、高中 3238 人，初中 9560 人，小学 18419 人，文盲半文盲 2932 人。家庭从业人员有农林牧渔业 6434 人，工业 4940 人，建筑业 929 人，交通运输业 2488 人，批零贸易餐饮业 2990 人，其他业 2439 人。有畜牧业科技人员 4 人、渔业科技人员 5 人；有农机员 23 人、水管员 46 人、电管员 74 人。农业用地面积：耕地 11806. 8 亩，其中水田 2537.1 亩，旱地 9269.7 亩；园地 4371.0 亩，其中果园 4063.8 亩，其他 307.2 亩；林地 5567.6 亩，其中有林地 5267.1 亩，灌木林地 205.0 亩，疏林地 95.5 亩；渔业 10561.0 亩。

（二）第二次农业普查

2007 年，湖里区根据国家、省、市要求开展第二次全国农业普查工作，普查时点为 2006 年 12 月 31 日，时期资料为 2006 年度。此次普查历时 1 个月，涉及江头街道和金山街道，共登记农户 56 户、涉农企业7家。

至2006年12月31日，湖里区从事农业生产经营户56户，占全市0.1%，农业生产经营单位6户，占全市0.5%。农业从业人员有333人，按性别分男性占69.4%，女性占30.6%；按年龄分，20岁以下占2.7%，21~30岁占8.0%，31~40岁占42.5%，41~50岁占39.8%，51岁以上占7.1%；按文化程度分，文盲半文盲占3.3%，小学占22.5%，初中占41.1%，高中占15.0%，大专及以上占18.0%。农业技术人员为25人，其中初级17人，中级6人，高级2人。2006年度，食用菌2亩，园艺苗木8亩；温室面积3338亩，其中大棚8亩，在温室和大棚种蔬菜1亩。

三、工业普查

1995年6月，成立第三次工业普查领导小组，由副区长陈慧玲任组长，在区统计局内设立办公室，由吴智明兼任办公室主任，办公室成员由各单位抽调组成。普查工作经过准备、资料填报审核和上报、汇总分析及成果发布等3个阶段，历时1年。

至1995年年底，全区拥有各类工业企业990家，其中乡及乡以上工业企业265家。全年实现工业总产值（现价新规定）242337万元，从业人员30416人，其中集体工业189家，实现产值17691.4（现价新规定，下同）万元，从业人员4545人；“三资”工业202家，实现产值212988.7万元，从业人员22136人；私营工业99家，实现产值8967.8万元，从业人员2052人；个体工业498家，实现产值2889.1万元，从业人员1680人。另有2家联营工业当年已关、并。

1995年年底，湖里区共有29个国民经济行业，分别是非金属矿采选业4个，食品加工业7个，食品制造业11个，饮料制造业5个，纺织业3个，服装及其他纤维制品制造业29个，皮革、毛皮、羽绒及其制造业10个，木材加工及竹、藤、棕、草制造业9个，家具制造业9个，造纸及纸制品业17个，印刷业、记录媒介的复制11个，文教体育用品制造业12个，石油加工及炼焦业1个，化学原料及化学制品制造业18个，医药制品业1个，化学纤维制造业2个，橡胶制品业3个，塑料制品业33个，非金属矿物制品业22个，金属制品业25个，普通机械制造业6个，专用设备制造业3个，交通运输设备制造业9个，电气机械及器材制造业8个，电子及通信设备制造业18个，仪器仪表及文化、办公用机械制造业2个，其他制造业38个。黑色金属冶炼及压延加工业、有色金属冶炼及压延加工业无工业企业数统计数据。

四、第三产业普查

1993年、2003年，进行2次第三产业普查。普查的范围是从事第三产业的所有单位，包括专门从事第三产业的企业、事业和行政单位，如商业、运输、房地产、信息、科研、文教和行政相关等；第一产业和第二产业企业中附属的第三产业单位；从事第三产业的个体户。

五、经济普查

2004年，成立以区政府分管领导为组长、辖区22个相关部门负责人参加的经济普查工作领导小组，依托区统计局设立办公室，并从区各相关部门及社会上招聘20名业务骨干充实区普查办，开展第一次全国经济普查工作。2004年年初，区财政安排预算专项经费50万元用于经济普查工作，2005年区财政又安排50万元的普查专项经费。各街道根据调查对象数量，安排经济普查专项经费，累计达150万元。普查的标准时点是2004年12月31日，时期资料为2004年度。

此次普查先后完成调查摸底、调查对象培训、户登记填报、普查表审核以及普查数据核对等阶段工作。普查结果：全区共有企业6746家，其中法人单位5888家，产业活动单位858家。从普查企业的行业看，工业企业2412家，占普查企业数的35.75%，其中规模以上企业666家，占工业企业数27.61%，规模以下企业1746家，占工业企业数的72.39%。普查企业中，商贸业企业2344家，住宿企业28家，餐饮企业54家，建安企业317家，房地产业316家，交通运输企业566家，服务业企业651家。

六、抽样调查

1992年，开展1992年人口变动抽样调查。

1993 年，开展 1993 年人口抽样调查，共组织 2 次互查，3 次复查。共抽查 11 个村（居）委会、39 个调查小区，抽查的 2449 户，年末人数为 14612 人。经省、市质量验收，各项指标均达到省规定的标准。

1996 年，区局开展当年人口抽样调查和小型批发零售贸易业抽样调查工作。

2002 年，完成规模以下工业企业和限额以下批发零售贸易业的统计调查工作，由全面调查向抽样调查转变，建立 1200 多家工商企业基本情况名录库。同年，组织并完成由国家统计局、公安部布置的 2002 年群众安全感抽样调查等。

2003 年 1—5 月，完成 400 多家规模以下工业企业抽样调查、30 家限额以下批发零售贸易、餐饮业和 30 家个体工商户的抽样调查工作。

2005 年，进行全省 1% 人口抽样调查。此次被调查对象占全区常住人口的比重超过 3%，工作力度较往年的抽查大为增强。区统计局将全区调查范围划分小区，绘制小区图，先后培训街道与社区的指导员和调查员 400 余人次，调查期间还进行多次质量抽查。

2006 年，开展规模以下工业企业抽样调查、服务业、劳动力等行业的抽样调查工作，通过省调查总队规模以下工业的评估工作。

2007 年，继续开展规模以下工业企业抽样调查和服务业、文化产业等行业的抽样调查工作，并顺利通过省调查总队对全区规模以下工业的评估工作和全省能源统计检查。

第三节　统计监督与成果利用

一、统计监督

1989 年，制定“统计工作考评办法”，由原先定性考核改而从量上进行层层考核。同年，组织实施统计执法大检查，先后对 6 家企事业单位包括村委会从统计报表及台账情况、统计数字来源有否科学性及原始记录是否健全以及统计工作中存在的困难和问题等三方面进行检查。

1992 年，加强统计法规的宣传，对违反统计法规的行为做出通报批评，对 5 家规模以上工业企业、7 家劳工报表报送单位进行通报批评。区统计部门决定每年年报后组织一次统计执法情况检查及统计工作评比。

1994 年，开展全区统计法规执行情况大检查，检查的重点是：因宣传而引起统计数据纠纷的，在统计数据上弄虚作假、没有统计原始凭证的统计违法行为，尤其是对工业产值特别是三资企业工业产值、乡镇企业产值、基建投资、人口、农民人均收入、商业营业额、粮食产量及储备等方面弄虚作假的统计违法行为。

1995 年，区统计局依据有关统计法规，对违法案件给予处理。其中，有两家公司由于拒报 1994 年年报“工业企业财务状况”等报表，分别对两家公司罚款 3000 元和 2000 元。

1999 年和 2001 年，分别组织开展贯彻统计法执行情况大检查，对有统计违法行为的企业进行立案查处，对不符合统计工作要求的企业发出整改通知书。

2004 年，完成市统计局首次委托的对全区 90 多家企业的统计执法检查。

2005 年，检查 90 家工业企业统计数据质量，通过全省规模以上工业企业统计数据质量检查，对屡次迟报的 2 家企业给予警告、1 家实施经济处罚。

2006 年、2007 年，采取直接监督检查的形式，对辖区企业进行执行统计法的抽查，依法对存在统计违法行为的企业进行罚款处罚。

二、成果利用

（一）编印统计年鉴

自 1988 年起，每年编印《厦门市湖里区统计年鉴》。其中，1988—2003 年各年年鉴收录的是当年统计指标，2005—2007 年则收录前一年的统计指标。2002 年之前的年鉴内容均为统计指标数据，2003 年起增加《政府工作报告》等综合文字报告。

（二）上报指标数据

自 2004 年 1 月始，每月编制《湖里区主要经济指标完成情况（快报）》，为区领导和有关部门提供经济运行信息，内容涵盖全区经济发展的主要指标，包括：地区生产总值、规模以上工业总产值、产销率、农业总产值、财政收支、引进内外资情况、固定资产投资额、农民人均纯收入、个体工商户数及从业人员数、金融机构人民币存贷款余额，并设置本月完成额、本月止累计完成额、累计比上年同期增长、完成年计划的百分比等。

在按月完成各类经济指标数据统计的基础上，定期向区政府汇报季度、半年、全年等阶段性经济数据，密切监视经济运行态势，为区政府及时掌握全区各时期的经济运行情况提供可靠依据。

（三）汇编统计分析资料

2000 年起，每两年编印一期《厦门市湖里区计划统计局调研资料汇编》，2006 年起改名为《厦门市湖里区发展和改革局调研资料汇编》。汇编资料包括三部分内容：一是经济分析，即对全区经济运行情况进行分析，并提出下阶段工作建议，也包括经济社会发展规划和评估报告等。二是专题分析，主要分析重点项目建设、工业、服务业、财政等行业和部门的发展现状，并提出建议。三是专题调研，针对具体行业和项目，进行深化、细化的课题研究。

（四）普查专题研究

1997 年，结合第三次全国工业普查工作，进行“对湖里区工业发展的探讨”“湖里区三资工业发展现状、特点及存在问题分析”“乡及乡以上工业经济效益分析”“从工业普查看我区工业行业职工队伍”“外商投资企业会计队伍状况分析”“湖里区工业技术进步状况及发展思路”等专题研究。1997 年 6 月，普查办公室整理出《厦门市湖里区第三次全国工业普查资料汇编》。

2005 年，结合第一次全国经济普查工作，强化对经济普查数据的研究分析。进行“做优湖里区工业经济”“做强江头商圈”“加快湖里区现代服务业发展研究”“旧村改造投入产出比较分析”“湖里区工业经济现状及发展对策报告”、“促进湖里经济协调可持续发展的实践思路”等专题研究。

（五）统计信息咨询服务

为充分利用统计信息资料为社会服务，提高统计信息的社会化程度，区统计部门应社会各方的要求，以不泄露国家机密为原则，接受统计信息咨询，无偿提供服务。

第三章　物　价

第一节　机构及职能

1987 年湖里建区前，价格管理由厦门市郊区人民政府物价委员会负责，委员由各主要行政部门负责人组成。委员会下设办事机构，挂靠在郊区人民政府计划委员会，具体负责委员会的日常事务，有价格检查监督职能。

1988 年 7 月，湖里区物价检查所成立，编制 3 人，作为区统计局的内设机构，其主要职能是物价检查监督，没有价格管理职能。同时，区物价检查所受市物价管理部门的委托，行使行政事业性收费管理、物价宣传、征收价格调节基金等职责。

2004 年 11 月，市物价局下放部分职能给区物价检查所，区发改局开始履行辖区内价格管理职能：

(1) 根据国家和福建省《定价目录》规定的定价权限和具体适用范围，制定政府定价和政府指导价；(2) 审批管理福建省《定价目录》中授权县级价格管理部门审批管理的项目；(3) 制定除管道天然气以外的管道燃气、民用瓶装液化气、农村客运、所辖乡镇自来水等商品价格；(4) 负责区属行政事业性单位的收费管理，区属单位的经营性收费管理，区属医院、个体医疗诊所、民办学校、民办幼儿园、二星级以下（含）酒店（宾馆）、招待所、旅馆的收费管理以及省级以下（含）旅游参观景点收费标准的审核；(5) 负责辖区内的零售企业明码标价执行情况的监督检查，投诉举报案件的受理及监督检查，区属中小学、街道、居委会的收费及区属医疗单位、个体诊所、零售药店的价格与收费的监督检查，市检查分局委托或移交的价格违法案件，价格违法案件的审理及处罚；(6) 组织开展价格监测工作，对管辖权限范围内的重要商品和服务价格进行成本监审。

2006 年 4 月，政府全面清理区级行政审批事项，保留 8 项物价管理审批事项：中小学校服对学生的销售价格；乡镇自来水的销售价格；瓶装液化石油气零售基准价格及浮动幅度；城市公交汽车、出租汽车定价，轮渡渡运收费；殡仪服务、妇幼保健服务、车辆停放服务、环境卫生有偿服务收费标准；部分房地产价格的定价（包括公有住房出售成本价，除业主大会依法确定以外的物业管理服务收费标准，国有土地使用权基准地价和标定地价）；行政事业性收费许可证审核；收费许可证核发。

经过以上调整后，区发改局物价检查所作为区政府主管全区商品和服务价格、收费工作的工作部门，其职能主要有执行物价的行政管理职能和检查监督职能。

第二节　价费管理

一、价格（收费）核定与监管

（一）专项监管

1988 年区物价检查所成立，涉及物价方面专项监督以市物价局为主，区物价检查所配合。2001 年，开展全面推行涉农收费公示制度，设立涉农收费监督员（联络员），清理整顿全区 36 家涉农收费单位的收费项目和标准，并按规定制作涉农收费公示牌，上墙率 100%。2002 年、2003 年，协助厦门市价格调节基金办公室做好价格基金催缴工作，共催缴基金缴交户 218 家。2007 年，开展民办医疗机构服务价格检查，检查内容为：是否按规定和标准收费，有无自立项目、自定标准收费，有无提高等级或者标准收费，有无分解项目重复收费等。

（二）经营性收费项目报备

2004 年，物价管理部分职能下放，区物价所对有自主定价权涉及民生的经营性收费项目及经营者的资金、场地、设备、人员情况进行实地考查，根据实际情况，对经营者提出的调整收费价格进行审核并予以报备。2005 年，共办理、变更经营性收费项目 54 家，其中民办教育 33 家、其他经营性项目 21 家。2006 年，办理、变更经营性收费项目 13 家，其中民办教育 10 家、其他经营性项目 3 家。2007 年，共办理、变更经营性收费项目 60 家，其中民办教育 58 家、其他经营性项目 2 家。

（三）“价格进万家”活动

2005 年 8 月，在全区开展以“价格服务进社区、价格服务进企业、价格服务进农家、价格服务进校园、价格服务进医院、价格服务进景区、价格服务进商场”为主要内容的“价格服务进万家”系列活动。同年 10 月，成立“厦门市湖里区发改局价格服务进万家活动工作领导小组”，负责“价格服务进万家”活动的日常工作。2006 年年底前，完成“价格服务进商场”工作。2007 年，完成全区 29 所中小学的“价格服务进学校”工作。

（四）举报投诉案件查处

1988—1998 年，区物价检查所处理群众物价方面的投诉 368 件，一般物价违法行为 56 起，处罚金额 137.5 万元。2002 年，受理价格投诉 37 起，对其中 17 家有违法行为的单位进行立案处罚。2003 年，受理价格举报案件16起。2004年，受理各类价格举报、咨询69件。其中，上级主管部门交办15件，有关部门转办1件，收费咨询53件。查处价格举报案件7件，罚款金额0.32万元。办结各类价格举报、咨询69件，办结率100%。2005年，受理举报投诉案件24起，其中：一般程序案件5件；简易程序案件9件；其他情节较轻的，责令其整改。2007年，区发展和改革局制定《价格违法行为行政处罚自由裁量实施方案》，对行政处罚所执行的法律、法规自由裁量权进行细化分解，规范自由裁量行为和自由裁量幅度。全年受理各类价格举报、咨询案件45起，查处价格举报案件31件，实施经济制裁总金额人民币14.88万元。

二、行政事业性收费年审

2001年开始，每年开展上一年度全区行政事业性收费情况年审、收费许可证办理和变更工作。

2001上半年，物价所联合区财政局对参审的107家收费单位进行量化考核，从收费审批、执行、监督管理和财务、票据管理方面进行逐一检查。经过年审，合格单位80家，占审验数的75%，基本合格9家，占审验数的8%，不合格单位5家，占审验数的5%，2000年度未发生收费的单位占11%。审验预算外收费金额2437万元，收缴行政事业性收费管理费11.80万元。1—11月，办理、变更行政事业性收费许可证23本，经营性收费许可证72本。

2002年，年审合格单位89家，占审验数的84%，基本合格10家，占10%，不合格单位2家，占审验数的2%，2001年度未发生收费的单位4家，占审验数的4%。审验预算外收费金额2387万元。审验合格率较往年有大幅度提高。2002年，对辖区107家收费单位即将到期的收费许可证重新审发证。结合收费年审工作，把国家和省、市已经取消或降低收费标准、收费项目的内容在新证上予以取消和变更。全年共办理收费许可证39件。

2003年，审验2002年度预算外收费金额2545万元，受理收费许可证申请、变更109件次。

2004年，受理收费许可证申请、变更75件次。

2005年4月起，开展2004年度行政事业性收费的年审工作，对湖里区93家收费单位进行量化考核。经过年审，合格单位81家，占审验数的87%，基本合格10家，占11%，不合格单位2家，占审验数的3%，2004年度未发生收费的单位9家。审验预算外收费金额4942.63万元。

2005年9月起，开展年度行政事业性收费的年审工作。从收费审批、执行、监督管理和财务、票据管理方面进行逐一检查。审验收费金额5051.82万元。为了保证“城市生活垃圾处理费”顺利开征，物价所对辖区内的收费单位进行把关，及时做好行政事业性收费许可证的变更手续，要求收费单位在收费时，亮证收费，并按规定做好收费的公示和宣传解释工作

2007年，共年审行政事业性收费部门44家，收费项目111个，年审收费金额4292.2万元，其中：行政性收费项目13个，收费金额278.62万元；事业性收费项目98个，收费金额4013.58万元。

三、价格成本监审

2004年6月中旬，湖里区调整义务教育阶段“一费制”杂费收费标准听证会召开。在广泛听取各方代表和综合社会各方面建议的基础上，提出湖里区义务教育阶段“一费制”收费标准的具体方案，上报区政府。

2005年9月，物价所就区教育局《关于提高幼儿园收费标准的申请》，举行调整公办幼儿园收费标准论证会，为调整核定辖区内幼儿园收费标准提供依据。

第三节　价格监督检查与物价总水平

一、价格监督检查

1988—1998年，区物价检查所开展涉农物资、医疗机构以及居委会搭车收费等方面的专项监督检查。

1999 年 10 月 19 日，湖里区纪委、人大、教育局、物价检查所等联合对辖区 10 所中小学收费进行检查，对于多收款项责令其限期退还，对于违规学校责任人视情节将情况反馈区纪委及教育局，对部分违规学校予以经济处罚，组织相关人员加强对相关规定的学习，防止因不解、误解法规、文件而违法、违规。

2000 年 8 月底，开始对辖区内二星级以下的宾馆、酒店、饭店、招待所及餐饮娱乐业进行价格检查监督，违法情况，责令其即刻改正，对其行为在咨询有关方面后再行处理。

2001 年，开展市场价格专项检查。对辖区市场进行不定时检查，特别是节假日的市场价格，到湖里、江头、东渡等地市场现场了解市场价格动态，及时向市物价局监测中心反馈情况。

1999—2001 年，共查处价格违法行为和案件 130 件，经济制裁金额 77. 1 万元，其中退还用户 29. 63 万元，上缴财政 47. 47 万元。

2002 年，开展市场价格专项检查、涉农收费专项检查；开展明码标价日常检查和禁止价格欺诈的检查，采用宣传教育和监督检查相结合的方法，发放明码标价宣传材料 200 份和禁止价格欺诈行为宣传材料 300 本，检查单位 89 家次，纠正违规行为 76 起，查处 6 起，处罚金额 0. 41 万元。同年，开展元旦、春节、“五一”、“十一” 国庆旅游黄金周、“9・8” 投洽会期间的专项检查。全年共受理价格投诉 37 起，对其中 17 家有违法行为的单位立案处罚，查处价格违法行为和案件 10 起，查处违法所得金额 6. 51 万元，经济制裁总金额 7. 97 万元，其中退还用户金额 3. 69 万元，没收违法所得金额 2. 82 万元，罚款金额 1. 46 万元，上缴财政金额 4. 28 万元。

2003 年，围绕非典期间相关商品价格的监管，投诉量日趋增长的教育、物业乱收费现象，涉及广大农民切身利益的农村减负工作，政府行政机关收费过程中的违法行为，商家营业活动中的价格欺诈行为等群众反映强烈的热点问题，开展涉农价格收费、物业收费、中小学收费、建设系统收费、医药医疗收费等专项检查，加大价格监督检查力度。全年累计检查各类经营单位 171 家次，进行宣传教育、督促整改的 67 家次，受理价格举报案件 16 起，查处价格违法案件 45 件，查处违法所得金额 10. 27 万元，经济制裁总金额 12. 73 万元，其中退还用户 10. 07 万元，没收违法所得金额 10. 20 万元，罚款金额 2. 46 万元。

2004 年上半年，开展市场明码标价巡查和劝导，扩大明码标价检查覆盖面；下半年，重点对教育收费进行专项检查。全年累计检查各类经营单位 151 家次，进行宣传教育、督促整改 78 家次，受理各类价格举报、咨询 69 件，办结率 100%（其中，上级主管部门交办 15 件，有关部门转办 1 件，收费咨询 53 件）。查处价格举报案件 7 件，罚款金额 0. 32 万元，查处价格违法案件 19 件，经济制裁总金额 1. 66 万元，其中没收违法所得金额 0. 19 万元，罚款金额 1. 47 万元。

2005 年，开展建设系统收费专项检查、房地产价格专项检查。全年共受理举报投诉案件 24 起，查处价格违法行为案件 48 起，经济制裁总金额 22. 85 万元，其中退还用户金额 21. 6 万元，罚款金额 1. 28 万元。

2006 年，对全区 24 所中小学收费情况进行全面检查，对涉及价格违法的学校进行查处，没收违法金额 1118631. 02 元。完成“价格服务进商场”。在 SM 城市广场设立价格收费咨询、投诉案件受理及法律法规宣传等区域。全年共受理各类价格举报、咨询案件 58 起，查处价格举报案件 10 件，查处价格违法案件 53 件，查处价格违法金额 1118631. 02 元，并全部没收，罚款金额 4700 元，实现经济制裁总金额 1123331. 02 元。

2007 年，开展价格诚信专项检查和对民办医疗机构服务价格的重点检查，对全区 16 所公办中小学的收费情况进行重点抽查，针对群众反映强烈的民办教育机构收费问题组织开展专项检查。完成全区 29 所中小学的“价格服务进学校”。全年共受理各类价格举报、咨询案件 45 起，查处价格违法案件 31 件，其中教育类 3 件，未明码标价类 18 件，其他价格违法案件 10 件，总计退款金额 82770 元，没收金额 58256. 7 元，罚款金额 7800 元，入库金额 66056. 7 元，实现经济制裁金额 148826. 7 元。

二、物价总水平

1987 年湖里区建立，恰逢其他地区发生抢购风。1988 年，零售物价总水平达到 130. 1%。随着国家宏观调控政策以及省、市一系列控制物价上涨措施落实到位，1990 年物价总水平出现负增长，为

97.70%。1992年，受货币发行量过多及经济增速过快影响，再次发生新一轮物价上涨，物价总水平达109.80%。此后至2007年，物价总水平呈现逐年稳步上涨的趋势，总体上没有出现大起大落的现象。

第四章 工商行政管理

第一节 机构沿革

一、湖里区工商行政管理局

1988年1月16日成立，临时办公场所设在厦门经济特区湖里区工业管理局。同年6月，办公场所迁至区政府办公楼1楼。1993年4月，迁至竹坑路湖里市场东侧。

1989年4月，湖里区工商局内设人秘科、财务科、市场管理科、经济检察科、企业登记科、经济合同管理科、个体经济管理科。

1989年5月，成立湖里区消费者权益保护委员会。

1994年9月30日，湖里区工商局改称厦门市工商局湖里工商分局，为市工商局派出机构，所属人财物与挂靠社团组织，统一归属市工商局领导与管理。

1998年5月，湖里工商分局机关设办公室、人事教育科、财务统计科、企业注册科、个体私营经济管理科、公平交易科、市场管理科。

2001年11月，湖里工商分局增设“12315”消费者投诉台（2007年11月加挂“消费者权益保护科”牌子）、商标广告科、法制科。

2004年7月1日，厦门市工商局湖里工商分局更名为厦门市湖里区工商局。同年8月，湖里区工商局内设办公室、政工科、企业注册科、市场合同管理科、公平交易科、商标广告科、法制科、“12315”投诉台，下辖5个工商所，同时对同级的个体劳动者协会、私营企业协会、消费者委员会的业务进行指导。

历任湖里区工商局局长、湖里区工商分局局长、湖里区工商局局长：蔡生（1988.1—1993.11）、陈耀辉（1993.11—1995.5）、陈灿煌（1995.5—2002.11）、王斌（2002.11— ）。

二、工商行政管理所

1987年湖里建区之前，辖区境域内有禾山、湖里2个工商所，分别隶属集美区工商局和开元区工商局管辖。截至2007年年底，湖里区工商局下辖湖里、江头、康乐、高崎、禾山、金山等6个工商所。

禾山工商所 原属集美区工商局，1988年12月划归湖里区工商局。原址在湖里区禾山尚忠社农贸市场三楼，2007年迁至枋湖东路297号。

湖里工商所 原属开元区工商局，1988年12月划归湖里区工商局。原址在湖里区湖里农贸市场裙楼三楼，2005年迁至湖里大道43号联泰大厦一楼。

高崎工商所 1988年4月设立，1991年7月正式设立。址设湖里区殿前西埭综合楼1号二楼。

江头工商所 1997年7月设立。址设台湾街江头菜市场二楼，2005年在园山南路兴建综合楼（2008年12月迁移新址）。

康乐工商所 1997年7月设立。址设南山路319号二楼，2001年11月正式对外办公（2008年7月市工商局通知，内部机构调整，归并湖里工商所，8月停止办公）。

金山工商所 2004 年 11 月设立。址设禾东路 500 号金山街道办公楼一层。

第二节 市场管理与消费维权

一、市场管理

1988 年 4 月，设立高崎商品批发交易所。1989 年 4 月，湖里市场建成并投入使用。同年，动工建设东渡和江头农贸市场。1992 年 3 月，迁建高林农贸市场。同年，厦门市蔬果公司兴建江头蔬菜批发市场。

1993 年 4 月 19 日，开辟竹坑路夜市场，方便群众有秩序摆摊设点。同时，在湖里市场东侧扩建四层商业楼。同年 9 月，增建湖里市场三楼天台专业市场，12 月，兴建江头建材专业市场。1996 年，兴建东渡水产批发市场。1996 年 3 月，开始实施市场"办管分离"，工商行政管理部门不再参与市场建设，专职负责市场管理。

辖区市场管理实施市场开办者食品质量责任制度、进入食品经营单位市场准入制度、食品进货检查验收制度、食品定向购销挂钩制度、食品购销台账制度、食品准入登记备案制度、销售食品质量承诺制度、食品质量自检制度、食品检测人员岗位责任制度和处理消费者投诉等制度。

1996 年 4 月中旬，"厦门市市场开发服务中心湖里站"正式挂牌经营，湖里站内设办公室、业务室、财务室，其中业务室为江头、湖里 2 个服务站。主要对辖区的湖里、江头、东渡、高林等 4 个农贸市场进行服务管理。

1997 年，根据厦门市创建"卫生城市"的要求，在全区集贸市场开展"赶超先进、创建规范市场"以及"让市场美起来"为主题的创建文明市场活动。提出建设文明市场管理的"四条标准"（市场整洁、排列整齐；文明管理，礼貌待人；执行改革、为人公道；热情服务，便利群众）。

2002 年，市工商局、市文明办、市市容考评委联合下发《关于创建高标准文明市场工作方案》的通知，区工商局向经营者发出关于创建文明市场活动的倡议。2003 年 1 月 7 日，下发厦工商市〔2003〕4 号文件，湖里分局管辖监管的东渡市场、湖里市场、金尚小区市场、塘边市场、国联建材批发市场、马垅汽车交易市场获厦门市"2002 年度文明市场"称号。

2003 年，按照上级统一部署，建立快速反应机制、检查落实机制、情况通报机制、责任追究机制。落实市场监管责任制，积极应对"非典"引起的部分紧俏商品抢购风潮，做到宣传、教育与巡查、劝导"四到位"，同时加强市场监管，先后开展集贸市场、节日市场、食品药品市场等一系列专项执法行动，防止"非典"疫情的发生和蔓延。

2004 年，市场管理工作重点为防控高致病性禽流感。加强对东渡家禽批发市场及各集贸市场的监管，督促市场开办单位履行职责，加强对上市禽类的索票、查验、公示，开展每日的市场卫生消毒；联合家禽家畜检疫站加强对上市禽类及其制品的检疫，对二级批发商经营的未加贴"动物产品检疫合格"冻品实行严格的倒查制度；加强信息报告，保持通信畅通，及时通报各地疫情，禁止从疫区采购禽鸟，阻断禽流感疫情传入市场的源头。

2004 年，把市场整治和创建文明城市有机结合起来，运用竞争机制与监管机制，促进辖区各类市场达到主体资格合法，商品质量合格，卫生设施到位，场容环境整洁，各项制度健全。按照"先试点、后推广、逐步上水平"的要求，在湖里农贸市场开展生鲜食品管理试点工作，2005 年上半年市工商局在区局召开全市工商系统生鲜食品管理现场会，2005 年 9 月 1 日全区开展市场生鲜食品管理工作。

2005 年 4 月，开始筹备设立"厦门台湾水果销售集散中心"，市场管理推行主体资格准入制度、市场巡查及分类监管制度、食品退市制度、食品安全信息公示制度、经营者自律制度等管理制度。

2007 年，开展创建"人民满意生鲜超市"活动。

二、公平交易执法

1988—1996 年，重点打击走私贩私和各种投机倒把经济犯罪活动，严厉查处制售伪劣商品的违法行为，维护社会主义经济秩序，查处各类经济违法案件513起，查处假冒伪劣案件345起，查获一批假冒伪劣商品，如假片仔癀、假味精、假香烟、假酒、假洗发水、假洗衣粉、劣质电器、劣质棉胎、假冒伪劣食品等，并组织公开销毁。

1997—2000年，根据《厦门市工商行政管理系统打击走贩私行动方案》，加强对流通领域进口商品经营行为及进口商品存储场所的检查，重点查处走私、倒卖特许减免税进口物资，查处制假、售假案件。

2000—2004年，以查处投机倒把、走贩私案件为执法重点，加强对大型商业企业的监管，开展“维权反欺诈”行动，查处灿坤3C店无照经营及利用广告对商品价格作虚假宣传案件。

2005—2007年，开展严查“黑心棉”制品、重点打击电子数码产品走私专项执法行动、查处非法酒店式公寓和电线电缆市场专项整治。查获一批涉嫌“黑心棉”以及制假设备、制假原料，销毁一批假冒伪劣商品；查处8家酒店式公寓，立案调查8家；查扣涉嫌假冒、质量不合格的电线电缆近10万米，对10家经销不合格电线电缆的经销商进行立案查处。全区局共查处各类经济违法案件708起，其中违反不正当竞争法规16起；违法投机倒把7起；违反消费者权益保护法规7起；违反商标法规43起；违反产品质量法规32起；违反广告法规10起；违反企业登记管理法规54起；违反合同法规1起；违反其他法规538起。罚没入库（含没收物品变价款）计762.9万元。工商执法人员与公安、文化、电信等部门统一行动，共查处无照网吧225处。查获物资：电脑1772台、调制解调器94台、集线器76台、路由器53台、交换机及设备19台，罚没款总额235.51万元。

三、消费维权

1990年，消费者咨询和投诉主要问题是假冒伪劣，主要是假烟、假味精、假片仔癀等。

1991年，消委会受理消费者投诉14起，罚款数百元，为消费者挽回部分损失。

1992年，借“3·15”国际消费者权益日和“质量万里行”等，开展2次较大规模查处假冒伪劣商品联合行动，检查商家120多家，查处案件35起，查处假烟酒、味精、矿泉水、化妆品等假冒伪劣商品246件，保障消费者合法权益。

1993年，消费维权工作以经济检查打假为主，出动检查人员7次，检查181家经营者，查处假冒伪劣商品案件28起，查处假冒伪劣商品2万多件，主要是假烟、食品和香烟标识，为消费者挽回损失近万元。

1994年，共受理消费者投诉85起，调解办结82起，办结率为98%，为消费者挽回经济损失119万元。投诉主要为变质食品，假冒洗发水、化妆品、服装、音像制品，劣质电器、棉胎等。

1995年，共受理消费者投诉155起，办结144起，办结率为93%，为消费者挽回经济损失108万元。投诉主要为假冒伪劣产品，有食品、假烟、药品、商标标识等。

1996年，消费维权为零投诉年。加大经济检查直接打假力度，假冒伪劣商品集中在饮料、化妆品、药品、卷烟、录音带、商标标识等。

1997年，消委会与区局经济检查配合，协调区人大、质监、公安、物价、防疫、环保等部门相关人员，直接出动150人次，检查50家商场、宾馆、酒店，查获伪劣商品有电器、药品、化妆品、假烟酒、录像带等。

1998年，共受理消费者投诉829件，接待来访900人次，出动1168人次，办结814件，办结率为98%，为消费者挽回经济损失29.1万元，追讨赔偿7.2万元，退还货款7.9万元。假冒伪劣商品有电器、药品、化妆品、烟、饮料、鞋、音像制品、商标标识等。

1999年，共受理消费者投诉724件，接待来访526人次，出动466人次，办结692件，办结率为94.5%，为消费者挽回经济损失4万元。假冒伪劣商品集中在假冒烟及印烟制品、洗发水、摩托车配件、盗版VCD、书籍、印刷品、商标标识、假陈醋、味精、食品、洗衣粉等。

2000年，共受理投诉1247件，接待来访1300多人次，接受咨询1600多人次，办结1232件，办结率为98.8%，为消费者挽回经济损失89.25万元。假冒伪劣商品主要有假烟、保健品、劣质木心板、电器、冒牌服装、燃具、鞋子、加饭酒、DVD机、“三无”食品、洗洁精等。

2001 年，共受理投诉 1238 件，办结 1219 件，办结率为 98.5%，总案值 52.4 万元，为消费者挽回经济损失 28.3 万元。假冒伪劣商品主要有食品、服装、泡沫快餐盒、“三无”胶水、涂料、玩具等。

2002 年，共受理投诉 1490 件，接待来访 1100 多人次，办结 1475 件，办结率为 99%，总案值 59.7 万元，为消费者挽回经济损失 35.9 万元。假冒伪劣商品主要有“三无”食品、私宰肉、螃蟹绑大草、劣质大米、掺假花生油、冒牌床垫等。

2003 年，共受理投诉 2381 件，办结 2381 件，办结率为 100%，涉案金额 240 万元，为消费者挽回经济损失 140 万元。投诉热点主要集中在通讯器材 389 件，占有 6%；建材 201 件，占 8.4%；职业介绍 159 件，占 6.7%。

2004 年，共受理消费者投诉 2766 件，办结 2746 件，办结率为 99%，为消费者挽回经济损失 198.3 万元。接待群众来访 2580 人次，回答咨询 750 余人次。

2005 年，共受理投诉举报 3138 件，办结 3138 件，办结率为 100%，为消费者挽回经济损失 289.83 万元。接待来访 2743 人次，接受咨询 10000 多人次。

2006 年，共受理投诉 4806 件，接待来访 1300 多人次，办结 4806 件，办结率为 100%，为消费者挽回经济损失 294.32 万元，赔偿 7.06 万元。接受咨询 6151 人次，收到表扬信 18 封、锦旗 3 面。

2007 年，共受理处理各类投诉举报案件 17334 件，办结率达 99% 以上，涉及的争议金额达 2454.84 万元，为消费者挽回经济损失总计 1077.65 万元，加倍赔偿金额 63.73 万元；接待群众来访 19237 人次，咨询 29637 人次。

第三节 企业和个体工商户登记管理

一、企业登记管理

1983 年 2 月 5 日，湖里工商所开始在辖区境域对企业进行登记注册。首家登记注册企业为钟宅经济发展公司机械厂。

1984 年，开始实行厦门市工商局制定的《厦门经济特区企业登记管理规定》，登记发照的时间从 1 个月缩短至 7 天之内。

1988 年，根据厦门市工商局颁布的《关于企业新开经营须办理企业登记的通知》和《租赁企业登记管理试行办法》，对 1984 年以来开办的公司进行清理整顿。区工商局根据《企业法人登记管理条例》，对相关企业的生产经营权和企业财产归属进行调查，使企业登记工作做到规范化、程序化、法制化。

1991 年，贯彻厦门市工商局颁布的《关于支持企业搞活生产经营的若干意见》，采取灵活办法，为企业办理更改名称、调整经营范围，支持企业促销产品，协助清理三角债务，帮助企业搞活经营。

1992 年，简化登记手续，支持企业转换经营机制，鼓励发展企业集团，实行股份制，支持发展餐饮、娱乐等第三产业。

1993 年，全区第一家股份合作制企业禾山镇蔡塘村特贸纸制品联合有限公司诞生，同年出现全区第一家集团化经营的乡镇企业禾山企业集团。

1995 年年底，湖里区经区工商局登记注册的企业有 792 家，其中私营企业有 325 家。

2000—2002 年，每年平均新增 790 余家企业。

2003 年，区工商局开发具有“名称预先核准查看、登记注册服务指南浏览、各类登记表格复制打印”等功能的“虚拟注册自助系统”，获厦门市工商行政管理工作创新成果优秀奖。2004 年 5 月，区工商局在注册登记窗口开通“语音服务系统”，通过手机短信息和语音提示，服务对象在足不出户的情况下可以实现名称预先核准和其他事项的便捷服务。同时，利用电子显示屏和网络电脑，加强政务公开，提供服务指南，开展网上自助和网上通关服务，在窗口开展“服务评价系统建设”。

截至 2007 年年底，区工商局登记注册的企业总数 15072 户，注册总资本 1265780.65 万元。

二、个体工商户私营企业登记管理

1988年，区工商局开始对辖区内的个体工商业进行登记管理，同年6月成立湖里区个体劳动者协会。1990年10月，成立湖里区私营企业协会。

1993年后，区工商局贯彻执行国家和省、市政府及工商部门针对个私经济发展出台的一系列优惠政策，私营企业逐步由单一经营转向工贸结合、工贸服务一体的综合性经营，行业也发展到林木业、纺织业、制造业、食品业、加工业、印刷业、物流业、中介业、休闲娱乐业等。2002年年底，放宽民间资本的市场准入领域，2003年，区工商局登记的民营企业增至4732家，比2001年增加3951家。

2003—2004年，区工商局江头工商所开发具有“分类定费、民主评费、便民交费、公示收费”功能的“阳光收费管理”计算机软件，改变十几年以来人工征收工商管理费的操作方法，获厦门市工商行政管理工作创新成果一等奖。

2005年修订的《中华人民共和国公司法》规定有限责任公司注册资本的最低限额为3万元。区工商局开展宣传，促使具备条件的个体户转办私营企业，促进个体私营经济发展。同时，加强对个体工商户的监督管理，注销一批连续3年没有年检、有名无实、不在原地址办公与经营的非正常工商户。

2005年年底，政府允许港、澳、台居民在厦门市经营个体工商户。2006年1月20日，辖区首家台湾个体户吉时通家具店在区工商局登记注册；2月20日，首家香港个体户艺点服饰店在区工商局登记注册。

截至2007年年底，区工商局登记注册的个体户11779户，私营企业12618户。

若干年份湖里区个体工商户与私营企业统计表

表14-3

年　份	个体工商户（户）	私营企业（家）	年　份	个体工商户（户）	私营企业（家）
1988	1258	202	2001	5966	817
1991	1312	231	2003	6595	4732
1993	2576	256	2005	27148	11235
1995	2286	325	2007	11779	12618
1998	3905	329			

第四节　经济合同与商标广告管理

一、经济合同监督管理

1982年7月1日开始，市工商行政管理局郊区分局依据《中华人民共和国经济合同法》，依法对经济合同进行鉴证监督，查处违法合同和合同欺诈行为，指导辖区境域内企业开展守合同、重信用活动。

1984年5月，市工商局成立合同仲裁委员会，主要处理经济合同纠纷案件。郊区工商部门对合同纠纷主要行使调解职能。1985年，市工商局在鼓浪屿进行评选“守合同、重信用”活动的试点，1986年在全市推广，此后每两年进行一次评选活动。对评上的企业以市政府名义授予“守合同、重信用”称号。湖里区工商局市场合同监督管理部门按照上级要求，做好合同规范文本的推广示范；对企业“守合同、重信用”事宜进行推荐评选。

1989年，区工商局开始对建筑面积2999平方米以上、工程款40万元以上的建筑安装工程进行合同鉴证。

2007年，全区有20家企业被评为厦门市“守合同、重信用”企业，其中厦门市莲湖建筑工程有限公司、厦门市东科工程建设有限公司、厦门市宏伟建设集团有限公司、厦门市广厦工程建设有限公司被评为福建省“守合同、重信用”企业。

二、商标管理

（一）保护商标专用权

1988—2007 年，查处 68 起违反商标法规案件，查获假冒商标标识 35600 个。查处的最大商标侵权案件是 2000 年在高崎火车站查获的假冒“阿迪达斯”“耐克”商标案，共查获假冒商标服装 14740 套，案值 80 万元。2007 年 6 月，区工商局在金山工商所召开商标管理现场会。

（二）参加著名商标评选

1998 年，区工商局开始组织辖区内企业参加各级著名商标评选。2005 年 11 月，成立全市第一家商标品牌协会，并设计有会徽和会歌。同年 12 月，商标广告管理科被市工商局评为“创建文明城市先进单位”。

截至 2007 年年底，全区申报并获得批准的各类型著名商标 131 件，其中国家驰名商标 2 件、省著名商标 50 件、市著名商标 79 件。

1998—2007 年湖里区国家驰名商标和省、市著名商标一览表

表 14-4

级别	企业名称	注册商标	认定商品或服务	认定年份
国家驰名	厦门华侨电子企业有限公司	厦华 XOCECO	彩电、监视器、传真机	2000
	厦门金龙联合汽车工业有限公司	KINGLONG 及图	汽车、公共汽车、客车	2006
福建省著名	厦门华侨电子企业有限公司	XOCECO 厦华	彩电、监视器、传真机	1998
	厦门奋发企业有限公司	FUN 及图	服装	1998
	厦门航空有限公司	蓝天白鹭	航空服务	1998
	厦门灿坤实业股份有限公司	灿坤	电熨斗	1999
	厦门科华恒盛股份有限公司	KELONG	不间断电源设备	2001
	厦门中鹭植物油有限公司	宝鹭	食用植物油	2002
	厦门信达股份有限公司	XINDECO 及图	进出口代理	2002
	厦门万吉隆工贸有限公司	万杰隆及图	衣服、衣物	2003
	厦门协成实业有限公司	图形	高低压开关柜、高压负荷开关	2003
	厦门优必德工贸有限公司	优必德 YOUBIDE 及图	漆线雕工艺品	2004
	厦门市仁真工贸有限公司	仁真	馅饼、糕点	2004
	厦门市粮食集团金穗米业有限公司	厦鹭及图	米	2004
	厦门市盈众汽车销售有限公司	盈众 enjoy 及图	车辆租赁、客车出租、汽车运输	2004
	厦门市联合发展（集团）有限公司（注：已变更为联发集团有限公司）	联发及图形	不动产出租、不动产管理和建筑服务	2004
	厦门市东林电子有限公司	FIREFLY	灯、电灯、节能灯、照明器械及装置、照明灯	2004
	厦门宁利电子有限公司	HOLLYLAND 及图形	保险丝管	2004

续表 14-4

级别	企业名称	注册商标	认定商品或服务	认定年份
福建省著名	厦门市农产品有限公司（注：已变更为厦门厦商农产品集团有限公司）	民兴及图	新鲜蔬菜	2004
	厦门国贸地产有限公司	第 1373218 号图形	非金属建筑物	2004
	中外运裕利集团有限公司	G 图形	集装箱安装、保养、货运、船舶经纪	2004
	厦门华联电子有限公司	华联牌及图	半导体器件、控制板、集成电路块	2004
	厦门龙舟电气有限公司	龙舟及图形	热水器	2004
	厦门保罗金属工业有限公司	爵士 JAZZ	多用衣帽架	2004
	厦门象屿集团有限公司	帆	进出口代理、建筑、运输货物等	2004
	厦门虹鹭钨钼工业有限公司	虹鹭	钨丝、钼丝	2005
	厦门市翔球家具有限公司	YULU 玉鹭	床垫	2005
	厦门市建潘卫厨有限公司	GOLDENHOME	餐具柜、有抽屉的橱	2005
	厦门市佳贝美工贸有限公司	佳贝美+JUSTBEST+图形	服装	2005
	厦门群鑫机械工业有限公司	EVERE	锻炼身体肌肉器材、健美器、健身器	2005
	厦门市鹭滨食品有限公司	鹭滨 LB 及图形	饼干、糕点	2005
	厦门汉记食品有限公司	汉记 HANJI	酱油	2005
	厦门向阳坊食品有限公司	向阳坊及图	面包、蛋糕、水果馅饼	2005
	厦门德顺昌经贸发展有限公司	FAIR-LINK 及图	进出口代理	2005
	厦门威扬广告有限公司	WEIANG 及图	室外广告、广告、广告设计	2005
	泉舜集团有限公司	泉舜 QUANSHUN 及图	不动产代理、建筑、不动产管理	2005
	厦门市鹭发美食大庄园娱乐有限公司	鹭发美食及图	备办宴席、餐厅	2005
	厦门市振威安全技术发展有限公司	振威及图	报警电铃、防盗报警器、电子防盗装置	2007
	厦门顶尖电子有限公司	顶尖及图	台秤、收现金机	2007
	利胜电光源（厦门）有限公司	曼佳美	照明器、照明器械及装置、灯	2007
	石耀健（厦门耀健纸品有限公司）	多吉美 DUOJIMEI	卫生纸、纸餐巾	2007
	厦门山田聪达涂料有限公司	山田及图	涂层（建筑材料）、非金属建筑涂面材料	2007
	双利（厦门）化纤有限公司	宏维丝及图	纺织织物；布	2007
	厦门元贝琪服饰有限公司	赑琪	服装、围巾、皮带（服饰用）	2007
	陈春松（厦门新澳联食品有限公司）	澳联及图	饼干、糕点、膨化食品	2007
	农友种苗（中国）有限公司	第 976848 号图形商标	种子	2007
	厦门大卓品铝型材有限公司	大卓品 DAZHUOPIN	推销（替他人）、进出口代理	2007
	厦门城市年轮策划代理有限公司	城市年轮	商业信息代理、广告策划	2007
	厦门 SM 商业城有限公司	SM 及图	商业管理辅助、推销（替他人）	2007
	厦门永同昌集团有限公司	GOLD COMMON 及图	受托管理、不动产管理、住所（公寓）	2007
	厦门经济特区工程建设公司	特工及图	建筑、工厂建设	2007
	厦门国际航空港集团有限公司	XIAGC 及图	空中运输、航行安排、运货	2007

续表 14-4

级别	企业名称	注册商标	认定商品或服务	认定年份
厦门市著名	厦门科华恒盛股份有限公司	KELONG	不间断电源设备	2001
	厦门叉车总厂	巨鲸及图	叉车	2002
	厦门华侨电子企业有限公司	Xoceco 厦 Xoceco 华	监视器、传真机	2002
	厦门龙舟电气有限公司	龙舟及图	热水器	2002
	厦门经济特区房地产开发公司	图形	非金属建筑物	2002
	厦门中鹭植物油有限公司	宝鹭	食用植物油	2002
	厦门信达股份有限公司	XINDECO 及图	进出口代理	2002
	厦门经济特区工程建设公司	特工及图	非金属建筑物	2003
	厦门协成实业有限公司	图形	高低压开关柜、高压负荷开关	2003
	厦门市万吉龙工贸有限公司	1. 万杰隆及图；2. 图形	衣服、衣物	2003
	厦门象屿集团有限公司	“帆”图形	进出口代理、运输、建筑	2004
	厦门向阳坊食品有限公司	向阳坊及图	蛋糕、面包	2004
	厦门华联电子有限公司	华联牌及图	半导体器件、控制板（电）、集成电路块	2004
	厦门望德龙实业有限公司（注：已变更为厦门豪享来餐饮娱乐有限公司）	1. 豪享来；2. 牛头图形	餐馆、快餐馆	2004
	印华地砖厂有限公司	砖	印华及图	2004
	厦门好兆头卫厨有限公司	好兆头	餐具柜	2004
	厦门市鹭滨食品有限公司	鹭滨	饼干、糕点	2005
	厦门市源香食品工业有限公司	源之香 Yuan Zhi Xiang	猪肉食品、鱼制食品	2005
	厦门汉记食品有限公司	汉记	酱油	2005
	厦门元贝琪服饰有限公司	贔琪	服装、围巾、皮带（服饰用）	2005
	厦门 SM 商业城有限公司	SM	商业管理辅助、不动产出租、不动产管理	2005
	厦门市优必德工贸有限公司	优必德 YOUBIDE 及图	漆线雕工艺品	2005
	厦门市上好仁真食品工业有限公司	仁真	馅饼、糕点、莲蓉	2005
	厦门粮食集团金穗米业有限公司	厦鹭图形	米	2005
	厦门市盈众汽车销售有限公司	盈众 enjoy 及图	车辆租赁、客车出租、汽车运输	2005
	厦门市联合发展（集团）有限公司（注：已变更为联发集团有限公司）	联发	建筑、不动产管理	2005
	厦门市东林电子有限公司	FIREFLY	紧凑型电子节能灯	2005
	厦门宁利电子有限公司	HOLLYLAND 及图形	保险丝	2005
	厦门市农产品有限公司（备注：已变更为厦门夏商农产品集团有限公司）	民兴 MIN XING 及图	新鲜蔬菜	2005
	厦门市保罗金属工业有限公司	爵士 JAZZ	多用衣帽架	2005
	中外运裕利集团有限公司	G 图形	集装箱安装、保养和修理，货运，货物贮存	2005
	厦门顶尖电子有限公司	顶尖及图	台秤、收现金机	2005
	厦门华侨电子企业有限公司	PRIMA	电视机	2006

续表 14-4

级别	企业名称	注册商标	认定商品或服务	认定年份
厦门市著名	厦门虹鹭钨钼工业有限公司	虹鹭	钨丝、钼丝	2006
	厦门市鹭发美食大庄园娱乐有限公司	鹭发美食及图	备办宴席、餐厅	2006
	厦门泉舜集团有限公司	1. 泉舜；2. QUANSHUN；3. 图形	不动产代理、不动产管理、建筑	2006
	厦门永同昌集团有限公司	GOLD COMMON 及图	不动产管理、住所（公寓）	2006
	厦门雅迅网络股份有限公司	雅迅网络 YASONN-ETWORK 及图	数据处理设备、计算机软件（已录制）、导航仪器	2006
	厦门德顺昌经贸发展有限公司	FAIR-LINK 及图	进出口代理	2006
	优思麦食品（厦门）有限公司	1. 優思麥及图；2. USMART 图形	糕点、面包	2006
	厦门市湖里区金宝舒心酒家	舒心及图	餐馆、备办宴席	2006
	厦门市建潘卫厨有限公司	GOLDENHOME	餐具柜、有抽屉的厨	2006
	厦门威扬广告有限公司	WEIANG 及图	广告、室外广告、广告设计	2006
	厦门百事福食品有限公司	百事福及图	加工过的瓜子、加工过的花生、加工过的开心果	2006
	厦门迈士通电器有限公司	Milestone/迈士通	插座、插头和其他连接物（电器连接），电线连接物，电器接插件	2006
	福建唯一海味参茸行（连锁）有限公司	唯一及图	燕窝（食用）、鱼翅、鲍鱼	2006
	陈春松（厦门新澳联食品有限公司）	澳联及图	糕点、饼干、膨化食品	2006
	厦门亿美食品有限公司	图形	糕点	2006
	厦门群鑫机械工业有限公司	EVERE	锻炼身体肌肉器材、健美器、	2006
	厦门国际航空港集团有限公司	XIAGG 及图	航行安排、运输经济	2007
	厦门黄金香食品有限公司	图形	食用猪肉	2007
	利胜电光源（厦门）有限公司	1. MEGAMAN；2. 曼佳美	照明器、灯、照明器械及装置	2007
	双利（厦门）化纤有限公司	宏维丝及图	纺织织物、布	2007
	厦门祥禾门窗有限公司	图形	塑钢门窗、金属门、金属窗	2007
	农友种苗（中国）有限公司	图形	种子	2007
	厦门鹰君保健食品有限公司	鹰君	西洋参冲剂、西洋参胶囊、西洋参口服液	2007
	厦门北大之路生物工程有限公司	恩经复 NOBEX	健神经剂、医用生物制剂	2007
	厦门市巨龙软件工程有限公司	图形	计算机程序编制、计算机软件更新、计算机硬件咨询	2007
	厦门达真磁记录有限公司	1. 图形；2. 达真	磁头	2007
	厦门泛华集团有限公司	1. 图形；2. 发现之旅	建设项目开发、工程	2007
	厦门市振威安全技术发展有限公司	1. 图形；2. 振威	报警电铃、防盗报警器、电子防盗装置	2007
	厦门城市年轮策划代理有限公司	城市年轮及图	推销（替他人）	2007
	厦门山田聪达涂料有限公司	山田及图	涂层（建筑材料）、非金属建筑涂面材料	2007

续表 14-4

级别	企业名称	注册商标	认定商品或服务	认定年份
厦门市著名	厦门尼松塑胶工业有限公司	NISON	水冲洗设备、水箱液面控制阀	2007
	厦门市湖里珍滨酒店	珍滨 ZHENBIN 及图	餐馆	2007
	胡明越（厦门市湖里区湖里街道怡景社区卫生服务站）	齊安及图	医疗诊所	2007
	厦门大卓品铝型材有限公司	大卓品 DAZHUOPIN	推销（替他人）	2007
	厦门金中华百货有限公司	图形	推销（替他人）	2007
	厦门豪迪克进出口有限公司	久紧 joy in	避孕套	2007
	厦门市向前家具有限公司	向前及图	家具、办公家具	2007
	厦门华电开关有限公司	VEP	断路器	2007
	厦门市达辉商贸有限公司	达辉及图	推销（替他人）、商业管理辅助、商业信息	2007
	厦门宜室家居用品有限公司	宜室	推销（替他人）	2007
	厦门市精顺高频设备有限公司	图形	高频介质加热设备	2007
	厦门福第食品有限公司	福第	馅饼	2007
	厦门市龙腾实业有限公司	鹭岛及图	水表	2007
	厦门早龙食品有限公司	早龙	包子、豆浆、糕点	2007
	厦门海峡出租汽车股份有限公司	海峡 STRAIT 及图	出租车运输	2007
	厦门市惠和石雕工艺有限公司	惠和及图	石头、混凝土或大理石艺术品	2007

三、广告管理

2000 年，区工商局将户外广告整治活动纳入监管范围。2001 年 11 月，区工商局增设商标广告监督管理科，负责 25～50 平方米店招广告登记，审批“厦门市违法户外广告拆除审批表”，指导工商所做好户外广告规划和拆除规范工作。各工商所负责 25 平方米以下店招广告登记，负责辖区户外广告巡查，以市局或区局名义对违法户外广告进行处罚，会同市局户外广告所落实违法广告的拆除。2000—2007 年，区工商局共查处违反广告法规案件 18 起，创建湖里海天路广告规范一条街。

第五章　审　计

第一节　机　构

一、区审计局

1988 年 1 月，厦门市湖里区审计局成立，行政定编 6 人。2003 年，内设综合科、审计科。历任湖里区审计局局长有卢晓东（1989.12—1993.11）、邱荣华（1997.4—2002.9）、吴淑真（2002.9— ）。

二、区审计事务中心

2005 年 12 月，湖里区审计事务中心成立，为财政全额拨款事业单位。主要职责是负责联席会议各项准备工作，协调落实会议决定事项，收集经济责任审计信息，反馈报告各类情况，承办区审计局交办的其他事项。截至 2007 年年底，配备审计人员 4 人，均为中级技术职称专业人员。

三、区审计师事务所

1991 年 4 月，湖里区审计局创办湖里审计师事务所，主要承办审计查证和审计咨询服务。1999 年年底，改为中瑞会计师事务所有限公司，与区审计局脱钩，成为市场合伙制机构。

第二节　审计实务和社会审计

一、预算执行审计

1994 年《中华人民共和国审计法》颁布以前，财政预算执行情况和决算的审计主要针对镇、街等下级政府。1995 年《中华人民共和国审计法》实施后开始转向对同级预算执行和决算的审计，审计重点为收入征收部门、政府机关、专项资金、区属重点建设项目和预算外资金。当年“同级审”查出违规金额 659.7 万元，上缴财政 659.7 万元。

2000 年，“同级审”查出违规金额 64 万元，上缴财政 64 万元。

2001 年，“同级审”查出违规金额 1421 万元，上缴财政 634 万元。

2002 年，“同级审”查出违规金额 24 万元，全部上缴财政；应纠正金额 4198 万元。

2003 年，查出违规金额 583 万元，管理不规范金额 275 万元，上缴财政的各种违纪违规资金共计 55 万元。

2004 年，查出应上缴财政的各种违纪违规资金共计 8425 万元，缴入区金库 2927 万元，

2005 年，查出违规金额 8510 万元，管理不规范金额 1030 万元；应上缴财政金额 8509 万元，已上缴财政 8509 万元；应自行纠正金额 1030 万元，已自行纠正金额 1030 万元。

2006 年，查出应上缴财政的各种违纪违规资金共计 1287 万元，管理不规范金额 4991 万元，已归还原资金渠道金额 37 万元，已调账处理金额 15 万元。

2007 年，查出违规金额 4002 万元，应上缴财政金额 4002 万元，已上缴财政 300 万元。

1995—2007 年，提交审计专题、综合报告、信息简报 339 篇，被批示采用 234 篇。湖里区预算执行审计被市审计局评为优秀审计项目一、二、三等奖各一次。

二、行政事业审计

1994 年，查处某单位超标准、超范围发放补贴、奖金和实物，金额 14 万元。被处以 1.9 万元的罚款。

1995 年，查处并制止某单位未经上级领导同意擅自借出资金 260 万元，其中 200 万元在审计过程中退还，并建议其主管部门及区监察局对此作出处理。同年查出区卫生系统存在如下问题：一是向无药品销售许可证的单位购药；二是未按规定取得药品回扣和折让的收取和核算存在较大的随意性和漏洞等现象。区审计局在指出存在问题的同时，提出相应的建设性意见，使区卫生系统的财务管理情况逐步得以加强和完善，各医疗单位财务收支管理及依法理财的水平得到提高。

2001 年，对区普教经费审计发现：区教育局应上缴款 22.56 万元未上缴，部分由学校代开的收款票据未能及时收回，部分小学收取捐赠款 10.27 万元未上缴区教育局，某小学收捐款 1.07 万元未入账，某

小学挤占捐赠款及伙食费支付招待费，部分小学乱发补贴，部分学校对代管款项的管理非常薄弱。

2006 年，对某工程处审计中发现：预算外资金收入未上缴财政专户，个别工程尾款未披露，个别往来款项科目挂账时间太长。同年，对区属中学、小学、幼儿园审计发现：内控制度管理方面存在未附合同、原始凭证和政府采购单的现象，会计基础工作方面存在不规范以及未严格按照会计制度的要求执行的现象，国有资产租赁未经管理部门批准以及手续不完备，个别学校截留、转移收入，基建项目未能及时进行决算、未能及时纳入固定资产管理，往来款项清理不及时以及交通运输经费超标等问题。

2007 年，对某商会审计时发现：活动经费坐收坐支，内部管理制度不健全，收入挂账，固定资产漏记，对外投资相关资料不完整以及责、权、利不明确，事业支出部分单据要素不完整。

截至 2007 年，区审计局先后对全区 120 家行政事业单位进行审计，并且建立定期审计制度，对有预算收入、管钱、管物和有罚没处置权的行政事业单位，以年度定审为周期，重点检查财经法规的执行情况和行政事业经费管理使用情况。1995—2007 年，共查出行政事业单位违纪金额 2106 万元，管理不规范金额 1861 万元，应上缴 286 万元，已上缴金额 286 万元。提交审计专题、综合报告、信息简报 158 篇，被批示采用 131 篇。

三、国有企业审计

1988 年，对某菜篮子公司第二任经理任期内财务收支情况进行审计，查出违纪金额 27 万元，并由此查出该经理挪用公款 8.16 万元的重大案件。

1999 年，对某厂进行审计，发现该厂经营管理混乱，违反规定私设“小金库”，数额 126 万元，国有资产严重流失。此案后移交区监察局进一步审理。

2000 年，对某开发建设公司 1999—2000 年 8 月的财务收支情况进行审计，并对某公司工会、某危房改建指挥部、某物业公司、某旧城改建服务公司等与某公司有关的部分款项进行延伸审计。发现该公司存在内部控制制度不健全；对货币资金、固定资产、投资、借款的管理不规范；账上长期遗留问题较多，未及时对历年来的往来账款进行清理；存在多头、交叉发放奖金、补贴等问题。

2005 年，对某房地产公司审计，发现如下问题：部分费用支出附件不全，手续不完备；部分费用支出未严格按相关会计制度的规定执行；对开发产品，固定资产等实物资产未设置专门的实物管理人员，未进行定期或不定期盘点；公司对外签订的合作协议，部分合同签订后未能认真落实并及时催收款项；资产管理不善，造成部分资产闲置，使用率低下；开发产品、固定资产未及时办理竣工验收手续，至审计日尚未取得相关产权证明。

2007 年，对某房地产公司审计发现存在的主要问题：一是代建管理费挤占开发成本近 224 万元；二是管理费用 323 万元违规转入开发成本；三是车辆费用、招待费用、办公用品费用、差旅费开支较大，报销不规范，存在浪费现象；四是一年内两次建造湖里高新技术园指挥部活动房，造成较大浪费；五是发放工资总额超标和违规提前发放年终奖；六是代建项目资金的管理不严和应付利息未支付。

1988—2007 年，区审计局共审计 86 家企业，查出违纪金额 3974 万元，管理不规范金额 4828 万元，提交审计专题、综合报告、信息简报 28 篇，被批示采用 25 篇。重点揭露企业会计信息失真、资产质量不高和国有资产流失等问题。

四、经济责任审计

2001 年，开始进行经济责任审计。当年，完成 5 位领导干部任期经济责任审计，查出违规金额 75 万元，上缴财政 75 万元，应纠正金额 258 万元。

2002 年，完成 5 位领导干部任期经济责任审计，共查出违规金额 55 万元，上缴财政 50 万元，应纠正金额 237 万元。

2003 年，完成 4 位领导干部任期经济责任审计。发现的主要问题有：暂存款未及时清理、对下属单位预算拨款有些未及时足额拨付、对个别下属单位财务管理不到位；部分专项资金核算未与正常经费区分，而是笼统纳入事业费支出；区某协会及某管理站的财务核算全部笼统纳入局统一核算。

2004 年，全区共实施经济责任审计项目 6 个，均为党政领导。计查出违规金额 63 万元，不规范金额 236 万元。

2005 年，全区共实施经济责任审计项目 6 个，其中党政领导 5 个、国有企业单位 1 个。审计查出违规金额 970 万元，管理不规范金额 2128 万元。

2006 年，全区共实施经济责任审计项目 7 个，涉及县处级领导 6 人，其中党政领导 5 个、事业单位领导 1 个、企业领导 1 人，查出违规金额 180 万元，管理不规范金额 1061 万元。

2007 年，全区共实施经济责任审计项目 8 个，其中党政领导 6 个、事业单位 2 个。审计查出违规金额 2 万元、管理不规范金额 2727 万元，移送纪检监察机关事件 1 件，涉及金额 44 万元。

2001—2007 年，区审计局共完成经济责任审计 41 项，其中审计党政领导干部 35 名、国有企业领导人员 6 名。共查出违纪金额 458 万元，管理不规范金额 864 万元，提交审计专题、综合报告、信息简报 15 篇，被批示采用 13 篇。

五、专项审计

1997 年，对某宿舍楼项目进行竣工决算审计，发现开发商将应该属于该项目和小区二期工程共同承担的“征地补偿费用”和“劳力安置费用”共计 52.6 万元，全部列支到该项目的成本，从而增加财政投入。对此，湖里区审计局出具审计意见，减少财政拨款 26 万元。

1998 年，对农村危房修建款进行调查，发现承建方随意提高工程造价，造成村民负担过重和各村对建房资金的管理方法不统一的问题，建议禾山镇政府建立一套统一的标准，加强对该项资金的管理。

2003 年，重点对枋湖工业区湖里高科技园土地开发专项资金的收支情况进行专项审计。查出 4 家单位应收未收土地款 430.33 万元，应付未付市土地综合配套费 145 万元。

截至 2007 年年底，区审计局先后对区消费基金增长情况、预算外资金、计划外生育费、见义勇为基金、企业挖潜改造资金、区旧村改造项目、企业综合开发资金、教育系统收费情况、社会保障资金、抗台风救灾款等进行专项审计调查，就工作落实滞后、专款未能专用、收预拖欠款等问题提出审计意见和建议。其中审计基建项目 12 个，查出管理不规范金额 442 万元，应上缴 56 万元，已上缴金额 56 万元。提交审计专题、综合报告、信息简报 8 篇，被批示采用 6 篇。

六、审计调查

2004 年，市、区两级联动对区民政局、文体局、财政局管理福利、体育彩票公益金的情况进行审计调查，发现下拨 3 批福利金中有 2 批共计 285 万元未到位，用体彩金采购的体育用品和体育设施未作固定资产入账，用体彩资金建设的体育活动场所未按规定建立永久性标志，注明资助单位、资助金额、竣工时间等内容，体彩金结余数额较大，未及时投入体育场所建设。

2005 年，对湖里东部重点工程和运行机制进行审计调查，发现财政已审定区某服务中心组织实施的征地拆迁补偿金额将市重点建设项目误记入区建设项目，与实际相差 3389.92 万元；某社区地上物 1185.24 万元补偿金在两处地块中重复出现。

2006 年，对天地公司“大亚湾”项目资金使用情况进行审计调查，发现一次性支付修车费用 15515.55 元，未附配件及修车工时费用清单；公司员工个人借款长期挂账；2005 年 4 月分摊（50%）补交土地年限变更费用 160 万元，未及时换取惠州大亚湾经济技术开发区国土局的正式收据。

2007 年，对夜景工程审计调查，发现企业应承担的夜景工程款未严格按规定执行，3 家企业夜景工程款都由政府垫付；夜景工程实际效果不理想；夜景工程巡查保护管理不到位，致使多处电缆被盗；部分夜景工程归档资料手续不完整；区属税源的意识有待进一步加强。根据审计结果，区审计局向有关部门建议：区夜景办应加强夜景工程的维护，在保修期内发生问题应尽快安排各自标段施工企业进行维修，超过保修期则通过公开招投标尽行维护；将夜景工程纳入仙岳山联防巡逻，打击盗挖电缆的行为；有关部门应把区属税源的意识落实在日常工作中。

七、社会审计

1991年4月，区审计局下属湖里审计师事务所开始承接验资、查账等社会审计业务。1997年，受区委、区人大、区政府的委托，对镇、街村（居）委会换届前的财务收支情况进行审计。截至1999年年底，共完成验资项目2421个、查账项目2547个、审计查证项目332个，总收入262万元。

2000年，湖里审计师事务所与区审计局脱钩，承办社会审计业务不变。当年及2006年，由区审计局指导和协调，对镇、街村（居）委会换届前的财务收支情况进行审计。通过对镇、街村（居）委会换届前的审计，掌握各村的财务管理情况，提出针对性的建议，推动村级财务管理和监督的制度化、经常化。

1988—2007年湖里区审计工作统计表

表14-5

年份	审计单位（项目）（个）	查出违纪违规金额（万元）	应上缴财政金额（万元）	已上缴财政金额（万元）	促进增收节支（条）	查出万元以上贪污案（件）	被审计单位受党政纪律处分（人）	移交司法机关处理（人）	移交监察等机关处理（人）
1988	3	2	2	2	—	—	—	—	—
1989	11	26	18	18	—	1	1	1	—
1990	17	31	1	1	—	—	—	—	—
1991	36	299	0.27	0.27	—	—	—	—	—
1992	18	55	0	0	—	—	—	—	—
1993	12	80	0.2	0.2	—	—	—	—	—
1994	13	86	2	2	—	—	—	—	—
1995	8	26	6	6	26	—	—	—	—
1996	28	588	10	10	86	—	—	—	—
1997	24	473	1	1	—	—	—	—	—
1998	24	2061	327	327	—	—	—	—	—
1999	16	4528	7	7	220	—	—	—	1
2000	9	320	64	64	173	—	—	—	—
2001	11	2168	736	0.00	—	—	—	—	—
2002	9	4604	71	0.00	—	—	—	—	—
2003	10	2521	99	99	—	—	—	—	—
2004	14	8510	8509	8509	—	—	—	—	—
2005	13	2056	2056	2056	—	—	—	—	—
2006	15	1467	1462	1462	—	—	—	—	—
2007	15	4002	4002	300	—	—	—	—	1
合计	306	33903	17373.47	12864.47	505	1	1	1	2

第六章　质量技术监督

第一节　管理机构

2005 年 3 月 25 日，厦门市质量技术监督局第一分局（以下简称质监一分局）成立，负责湖里区和思明区的质量技术监督管理。内设办公室、质监科和药监科。局长张金龙（2005. 3—　）。

第二节　质量监督

一、食品质量安全管理

2005 年，成立区食品安全委员会，建立食品安全协管员、信息员队伍，推动工商、卫生等部门参与，实现食品安全工作齐抓共管。推动企业树立食品安全第一责任人意识，敦促食品生产企业签订《食品质量安全承诺书》。成立由当地政府领导为组长的食品生产加工业整顿工作领导小组，落实“五个一”规定动作：以政府名义制定一个大力整顿食品生产加工业的工作方案、以政府名义召开一次部署食品专项整治的工作会议、区政府与街道办事处签订一份食品质量安全责任状、街道办事处与食品企业较多的社区签订一份食品质量安全责任状、建立一项制度即政府协管员制度。

以严格实施食品质量安全市场准入制度为基础，全面整顿食品生产加工企业。对 43 家 QS 获证食品生产加工企业进行分类分级监管，共巡查获证企业 94 家次，发出联络单 55 份、意见单 9 份，整改意见 180 多条。

以查处无证生产食品为突破口，深入开展食品安全专项治理。共检查肉制品、乳制品、饮料等 43 家企业。

开展针对苏丹红（一号）查处活动，检查 26 家调味品生产企业，对所有红色素、辣椒油、番茄酱及以辣椒为原料的食品进行抽检，共抽样 45 批次。其中：红色素 9 批次，辣椒粉原料 5 个批次，辣椒食品 23 批次，番茄酱 6 个批次，棕榈油、菜籽油各 1 个批次。

2006 年 4 月底，分局出动执法人员 22 人次，对辖区内的 13 家瓶（桶）装饮用水生产加工企业进行检查。发现辖区内瓶（桶）装饮用水生产加工企业中，个别企业存在无证生产销售、生产日期不真实、检验把关放松等问题。检查行动结束后，分局召开辖区饮用水获证企业质量分析会，向相关企业及时通报巡查结果并提出整改要求。

11 月初，根据上级通知，分局启动应急预案，紧急部署“红心”鸭蛋专项查处工作。此次检查未发现辖区内有生产加工“红心”鸭蛋的违法行为。

11 月 20 日，建立 10 名食品质量安全和特种设备安全监察协管员队伍，初步形成区级监管网络。

2007 年 10 月，分局对调查摸底的 1455 家食品生产小作坊材料逐一仔细梳理，将证照不齐、证照均无的名单分别抄送区工商、卫生部门，移送湖里工商 81 家，湖里卫生 57 家。自小作坊整治以来，责令整改的有 31 家，已经基本整改到位的有 26 家，其中 4 家建立检验室，准备申请市场准入，有 1 家已通过现场审查。

共检查 16 家豆制品生产企业，大部分豆制品生产企业周边环境和生产场所卫生状况较差，加工场所简陋，执法人员均现场责令改正。

对熏煮香肠、肉干、肉脯、植物蛋白饮料等 11 家生产企业开展检查，发现辖区无植物源性蛋白类产品生产企业，有 3 家企业使用植物源性蛋白作食品原料，其中一家近期已不用，另一家企业使用的一批“大豆分离蛋白”原料标识未标注厂名、厂址，已责令改正，抽检样品 2 批次。此次检查结果，未发现辖区企业使用国家质监总局电报所列两家公司生产的植物源性蛋白类产品。

针对辖区 11 家水产品加工生产企业开展“河豚”专项检查，组织执法人员分两组进行执法检查，未发现辖区企业有使用河豚加工水产品的情况。

二、产品商品质量检查

2006 年 1 月下旬，开展电热毯产品无证查处工作。组织 3 组执法人员分头行动，共出动车次 4 次、执法人员 11 人次，检查 26 家经销单位 13 个品牌 40 批次的电热毯产品，现场封存 3 家经销单位的 5 批涉嫌无证的电热毯，立案 3 起。

2006 年 3 月，分局通过信息员、协管员，对辖区絮用纤维制品加工点进行摸底，初步查清“黑心棉”加工窝点。组织执法人员对 3 家违法生产经销“黑心棉”的企业立案查处。

第三节　技术监督

一、特种设备安全管理

2005 年，开展载货升降机普查。至 7 月底，完成普查，共普查登记 583 台。在特检所的协助下，最后核定应列入集中整治的载货升降机 295 台。

检查 10 家快开门式压力容器使用单位，12 台快开门式压力容器，发现主要存在操作人员无操作证、未办理使用证、未作定期检验、停用报废后未办理相关手续、连锁装置存在隐患等问题，均责令限期整改。

2006 年，出动 336 人次，74 车次，开展载货升降机整治。发出监察指令书 179 份，拆除设备 53 台、改造 15 台、停用 50 台。

2007 年，开展锅炉房安全监察。分局执行“周三锅炉房巡查制度”，现场检查“两证一报告”，检查锅炉运行记录，安全附件检定证书和水处理记录，确保每次检查的质量。5 月，分局联合街道对豆腐行业的 45 台无证锅炉进行检查，敦促立即整改。

6 月，为防止土制载货升降机回潮，分局对湖里区 39 家已责令整改的土制载货升降机使用单位展开回访，敦促企业彻底消除隐患。共出动 98 人次，31 车次，现场检查 55 家使用单位，发出安全监察指令书 27 份，查封停用设备 21 台。

出动 50 人次，20 车次，开展特种设备安全隐患排查和起重机械专项整治。对 26 家列入安全隐患排查名单中的企业（其中起重机械使用单位 3 家）现场核实，发现问题敦促整改，消除安全隐患，并签订特种设备安全使用承诺书。

二、计量管理

2006 年 7 月，分局与工商部门联手对个别不法商贩采用电子调制器破坏计量器具准确度的行为进行查处，并成立整治工作组，加大对此类违法行为的查处范围和查处力度。

第七章 安全生产监督管理

第一节 机 构

一、区安全生产委员会

1988年6月28日，湖里区安全生产委员会成立，未列入正式编制。1994年，调整充实区安全生产委员会，由12个单位部门领导组成。区安委会办公室设在区劳动人事局，负责安全生产的检查、监督工作。各村委会（居委会）确定1名兼职安全管理员。

二、区安全生产监督管理局

2002年8月，湖里区安全生产监督管理局正式成立，为区安全生产委员会的办事机构，行政上为二级局，1个编制，隶属区经济贸易发展局，履行全区安全生产综合监督管理职能。2007年8月，升格为一级局，核定编制3人。

截至2007年年底，历任区安全生产监督管理局局长罗敏（2002.8—2006.3）、潘南渊（2006.3—2006.7）、黄建成（2006.8— ）。

三、区安全生产执法大队

2004年2月，湖里区安全生产监督所成立，属事业编制，行政上隶属区安全生产监督管理局，主要对辖区内的安全生产情况进行检查和对事故进行调查处理。2006年8月，更名为湖里区安全生产执法大队，核定编制5人。2007年6月，增加编外（合同制）人员2人。

第二节 安全管理与隐患排查

一、安全管理

1989—1993年，实行“治理、整顿”安全生产方针，检查各种安全隐患，抓好“风、火、汛”三防工作。组织厂长、经理参加市举办的安全培训班，在企业内部推行科学安全生产管理，举办消防讲座，增强职工的安全生产意识和增加安全常识。依照《福建省劳动安全监察程序表》和《厦门市工业企业安全卫生检查表》，开展安全监察。

1994年，区安全生产委员会开展“安全生产周”活动，以周促年，形成人人关心安全的局面。1995年，安全生产工作重点是加强防火，杜绝特大火灾事故。

1996年，建立季度安全生产状况分析综合汇报制度，重点加强对建筑、私营企业、路面交通、海上交通、轮船码头渡口的安全管理；加强对村（居）民防火安全教育；加强对公共娱乐场所、易燃易爆仓库的管理。

1997—1999年，贯彻《厦门市劳动安全卫生条例》，对安全生产进行全面、系统的管理。

2000—2001年，开展“黑气”专项整治活动，对重大活动涉及的单位场所和酒店、旅社、商场等重要公共场所进行检查，将消除东渡旧社等“城中村”安全隐患的工作提上议事日程，向辖区居民、中小学生发放《家庭防火手册》和《中华人民共和国消防法》，普及消防知识和灭火逃生常识。深入开展安全生产检查，通过安全生产简报、通报和举办安全培训，加强安全生产宣传教育。

2002 年 8 月，管理安全生产职能从人事劳动和社会保障局转移到安全生产监督管理局。建立区安全生产联席会议，完善全区安全生产综合协调机制，形成“区政府统一领导，各部门依法监管”工作格局。2003 年，加大事故责任追究力度，严肃查处生产安全事故。开展“安全生产月”和“安全生产知识咨询”活动，加强安全生产教育。

2004 年，健全安全生产网络建设，在各生产单位设置安全生产监督员，形成安全生产基层队伍，推行小企业安全管理标准，规范小企业的安全生产行为。高殿、马垄社区每个居民小组都有 1 名安全员的经验在全市推广。年内开展企业、私房出租户和公共场所安全大检查，排除安全隐患。

2005 年，建立安全生产控制指标，层层签订安全生产责任书。制定《湖里区重特大安全事故应急处理预案》，安全、公安消防、质量监督、建设等部门各司其职，加强街道、部门的全面建设，推进监管工作重心下移。实施危险化学品监管和举报奖励制度，开展危险化学品生产、经营、储存、运输专项整治和载货升降机专项整治，使部分高危因素得到相对控制。发放《家庭安全小常识》和《外来务工人员安全常识》，组织观看电影《隐患就在我身边》，强化民众安全意识。

2006 年，围绕实现事故起数、死亡人数、直接经济损失 3 个“零增长”的工作目标，完善生产安全目标管理责任制体系，实行安全生产考核奖惩制度，形成长效监管机制。督促企业落实主要负责人、安全生产管理人员和特种作业人员三级培训教育制度。区安全生产监督管理局被省人民政府评为 2006 年度全省安全生产监管监察先进单位。

2007 年，创办《安全生产简报》，在全区推广安全生产“三个普及”（即普及安全生产法律法规的基本知识、普及企业领导和安全员上岗前的培训、普及安全管理队伍全面建设），贯彻实施《生产安全事故报告和调查处理条例》，规范办案程序，完善责任追究制度。年内，成立厦门市湖里区安全生产协会第一分会，按照“服务社会、服务政府、服务企业”的方针，举办 3 期企业安全管理人员和新上岗的安全生产骨干培训班。区安全生产监督管理局被厦门市人民政府评为 2006—2007 年度“安全生产先进单位”。

二、隐患排查

（一）危险化学品管理

2002 年 8 月区安监局成立后，根据相关法律、法规，按照一户一档的要求建立危险化学品经营单位和安全评价机构基础数据库，建立经营许可证发证统计月报制度，对辖区内主要危险化学品生产、经营、使用单位进行监控，对重大危险源企业进行定期检查。2005 年，制定《湖里区危险化学品事故应急救援预案》，开展危险化学品生产、经营、储存、运输专项整治，制定危险化学品监管和举报奖励制度。2006 年，查处 51 家无证经营危险化学品的商店，责令 106 家违规经营商家限期整改，当年暂扣危险化学品 60 余吨，对违法单位罚款 18.1 万元。2007 年，制定《湖里区危险化学品安全监管工作职责分工》，明确各职能部门、各街道办及相关单位的危险化学品安全监管职责。年内开展危险化学品使用企业安全专项整治，对辖区内 147 家危险化学品使用企业进行调查摸底，对使用液氯、液氨企业的存储装置进行安全评价，对 16 家经营第三类非药品类易制毒化学品企业办理备案登记。全年对辖区内危险化学品经营企业检查 136 次，对 17 家企业发出整改通知书，对违法企业罚款 6.65 万元，排查安全隐患 76 处并全部整改。

（二）其他安全生产隐患排查治理

2002 年区安监局成立后，对事故多发、基础工作薄弱、存在事故隐患的单位和企业，采取重点监控、跟踪督查等措施，督促企业对安全隐患进行整改。

2003 年，开展人员密集场所消防安全整治，在金尚社区开展社区消防建设试点。

2004 年，开展学校、幼儿园安全专项整治，关闭 12 所存在严重安全隐患的非法民办学校。年内还开展企业、私房出租户和公共场所安全大检查，排除安全隐患。

2005 年，开展载货升降机专项整治，对全区 341 家企业使用的 461 台载货升降机进行检查，查出 130

台存在安全隐患，其中4台被拆除，126台被责令停用。年内检查企业、私房出租户、经营场所，查出安全隐患4119个，均依法进行处理。

2006年，开展道路交通安全、“三合一”（即经营、生产加工和住宿合用的场所）企业、私房出租屋消防安全、劳动与职业卫生等10项专项整治，排查、整改安全隐患3553个。

2007年，开展3期隐患排查专项整治，排查安全事故隐患259处，全部得到及时整改。突破“三合一”场所整改老大难问题，“三合一”场所整改38处。年内责令2家企业停产整顿，实行经济处罚24家(次)，罚款45.49万元。

三、事故调查处理

1997年1月1日起，执行《厦门市劳动安全卫生条例》。

2003年开始，由区安监局负责辖区内安全生产事故的调查处理。当年，共发生各类事故680起，死亡29人，伤136人，经济损失323万元。8月9日，禾山镇高林村发生一起非法占地、违法抢建的在建厂房坍塌事故，死亡7人、伤38人。这是湖里建区以来最重大的安全生产事故，当年湖里区在全市安全生产目标管理责任单位考评中被市安全生产委员会办公室评为不合格单位。

2004年，全区共发生各类事故720起，死亡25人、伤127人，经济损失113万元。其中，火灾事故233起，死亡1人、受伤9人，直接经济损失58.9万元；工矿企业工伤事故7起，死亡2人、重伤5人，经济损失约35万元。

2005年，全区共发生安全生产事故857起，死亡40人，受伤660人，控制在安全生产死亡人数指标内。其中：发生火灾131起，死亡1人，受伤7人，经济损失32万元；工矿企业工伤事故5起，死亡4人、伤1人，经济损失约95万元。

2006年，全区共发生火灾90起，死亡1人、伤5人，直接经济损失约16万元；工矿企业安全生产事故6起，7人死亡，经济损失60万元。

2007年，全区共发生各类事故328起，死亡42人、伤132人，经济损失116.9871万元。其中：火灾事故198起，受伤3人，直接经济损失46.1721万元，死亡人数同比下降100%，火灾起数同比上升18.31%，直接经济损失同比下降11%；工矿企业（不包括保税、火炬）工伤事故3起，死亡3人，经济损失约45万元，起数同比下降40%，死亡人数同比下降50%，经济损失同比下降50%。根据《湖里区安全生产责任制实施办法》，按照“谁执法、谁负责”“谁分管、谁负责”的原则，区安监局当年调查处理安全生产事故7起，处罚80多万元。

第十五篇 中国共产党地方组织

民国15年（1926）4月，中共禾山支部成立，隶属中共厦门特别支部干事会，是辖区境域最早的中共党组织。其前身是同年2月成立的党团混合的共青团禾山支部。中共禾山支部由3人组成，书记严子辉。

民国16年（1927）4月9日，厦门发生反革命事变，严子辉等一批共产党员被捕。党组织被迫转入地下，坚持开展革命斗争。解放战争时期，辖区境域的党组织在思明路、高崎村、寨上村、埭头村、高林村、钟宅村、江头等地建立地下联络站和交通站，开展革命活动。民国38年（1949年9月30日止），辖区境域的党支部组织民众参加支前活动。配合人民解放军渡海登陆作战，解放厦门。

1949年10月厦门解放后，相继成立中共禾山区委员会。中共厦门市郊区工作委员会。1958年10月，成立中共厦门市前线人民公社委员会。其中辖区境域有8个支部。1966年5月“文化大革命”开始，辖区境域各级党组织陷于瘫痪、半瘫痪状态，党组织正常活动停止。1971年6月，辖区境域党组织活动恢复正常。1979年5月，中共厦门市前线人民公社第五次党员代表大会召开。贯彻中共十一届三中全会精神，把党的工作重点转移到社会主义现代化建设上来，加快农业现代化步伐。1980年11月，中共厦门市前线人民公社委员会更名为中共厦门市禾山人民公社委员会。1984年10月，中共禾山人民公社委员会更名为中共禾山乡委员会。

1987年11月5日，中共湖里区委正式成立。原厦门经济特区湖里工业区管理局机关、郊区禾山乡、开元区湖里街道所属基层组织成建制转入湖里区。至1988年年底，全区共有党委4个、党总支8个、党支部90个，党员1502名。1987—2006年，共召开6次区代表大会。至2007年年底，全区共有党委（党工委）13个、党总支49个，党支部713个，党员总数8576名。

第一章 建区前党组织及主要活动

第一节 解放前党组织及主要活动

民国15年（1926）2月，辖区境域成立党团混合的共青团禾山支部，隶属共青团厦门特别支部。民国15年4月党团分开，成立中共禾山支部，隶属中共厦门特别支部干事会，这是辖区境域最早的中共党组织。禾山支部由3人组成，书记严子辉（厦门特别支部农民运动负责人）。

民国16年（1927）4月9日，厦门地区的国民党右派发动反革命事变，中共禾山支部书记严子辉等一批共产党员被捕，有的惨遭杀害。中共党组织被迫转入地下。

民国18年（1929）10月，中共厦门区委恢复后，在辖区境域成立中共禾山中学支部，党员人数不详。

民国23年（1934）11月，中共厦门市委在辖区境域设有禾山特别支部，有党员15人。至翌年7月，增加安兜、围里、高林、墩上等支部，党员人数不详。

民国25年（1936）7月—27年（1938）5月，辖区境域有中共禾山支部，书记陈某芬，有党员3人，隶属中共厦门工委。

解放战争时期，辖区境域成立多个中共党支部和地下联络站、交通站：禾山农民夫妻郑纳、李鱼在思明路177号开设的“老元城”杂货店联络站；高崎社有梁明富负责的交通站，林岐羽、林水芋、魏玛福等人参加该站地下工作；寨上社交通站由陈三进、陈瑞碧、陈永昌、钟文才负责；前头社林水枞、林水獭、林水才、林水馔四兄弟的家是中共地下党活动秘密据点；郭抱治、郭金标姐弟俩在江头莲河碾米厂建立交通站；钟宅社地下党员钟国宾以单线联系的方式进行活动，为解放军解放厦门提供情报。

民国37年（1948）下半年，辖区境域的高崎、寨上、殿前、马垅、枋湖、钟宅、五通、江头等地，都有党的基层组织。

民国38年（1949年9月30日止），辖区境域的中共基层组织发动民众踊跃参加支前活动，配合解放军渡海登陆作战。

第二节　解放后党组织及主要活动

一、中共禾山区委

1949年11月，中共禾山区委员会成立，并在各乡建立基层党支部。乡党支部数量随设乡数量变动。中共禾山区委成立初期的主要工作是改造旧政权，开展支前、备战工作。1950年年初，开展镇压反革命运动，镇压恶霸地主。1950年3月，开始进行废除保甲制度、民主建政工作。1951年9月21日，开展土地改革运动。1952年2月完成土地改革之后，引导辖区农民开展互助合作。1955年12月，全禾山区基本实现初级社化。1956年1月，开始组织农民由初级合作社向高级合作社转化，并在一个月内基本实现高级社化。

1949年11月—1956年10月，王浩、阎云卿、于华、黄建全、刘德鸿（副职）、陈春生（副职）等先后任过禾山区委书记、副书记。

二、中共厦门市郊区工作委员会

1957年7月23日，撤销中共禾山区委，成立厦门市郊区工作委员会。辖区境域的江头、五通、钟宅、高殿等乡设立党总支或党支部，直接隶属中共厦门市郊区工委。这一时期的主要工作是领导农民“一手抓生产，一手抓军事斗争”。

三、中共厦门市前线人民公社委员会

1958年10月，中共厦门市前线人民公社委员会成立，隶属中共厦门市郊区工作委员会，下辖11个生产大队党支部（其中辖区境域的生产大队有后坑、五通、高林、钟宅、枋湖、江头、湖里、高殿等8个支部）和机关、工厂、学校等5个支部，共16个支部、265名党员。

在“大跃进”、人民公社化初期，组织发动大修水利、大搞农田基本建设，农业生产领域和财贸、文教领域涌现出许多新生事物。但是，受到“共产风”、浮夸风的影响，辖区境域出现“跑步进入共产主义”“放高产卫星”、大炼钢铁、大办食堂等违背客观规律的现象。1959年起，粮食产量连年下降，征购指标则连年虚高，导致1960—1962年全面推广“瓜菜代”。1962年，贯彻实行“调整、巩固、充实、提高”八字方针，适当放开自留地、自由市场，在一定范围内允许农民自由种植，农村经济在1963年开始得到恢复。1964年，开展社会主义教育运动。

1966年6月，“文化大革命”开始。辖区境域党的各级组织陷于瘫痪、半瘫痪状态，党组织的正常活

动停止。1966 年年底，“造反派”逐步分裂为对立的两大派，社会秩序十分混乱。1967 年 6 月，对立的两派“造反派”组织爆发“武斗”。

1968 年 9 月 14 日，成立军、干、群代表“三结合”的郊区革命委员会，前线人民公社相应成立革命委员会，各生产大队相应成立革命领导小组。革命委员会和革命领导小组中相应设有党的核心组，作为骨干领导力量。

1969 年，辖区境域先后开展“清队”“整党”“一打三反”等运动。

1970 年年底，前线人民公社党员代表大会（后追认为第三届）召开，选举产生中共前线人民公社委员会。1971 年 6 月，郊区第一次党代会召开，选举产生中共郊区第一届委员会。辖区境域中共党组织活动恢复正常。

“文化大革命”期间，辖区境域党组织的活动以开展“路线斗争、阶级斗争”为中心，强调“抓革命，促生产”“通过斗争促发展”，频繁开展上级布置的政治运动，农村经济长期坚持“农业学大寨”和“以粮为纲”的方针，虽然粮食产量稳步上升，但农民的生活水平提高不快，加上台湾海峡两岸长期处于军事对峙的状态，农村面貌改变不大。

1975 年年初，辖区境域党组织根据上级部署，对各方面工作进行整顿，形势初步好转。但随后开展的“反击右倾翻案风”运动，使局势再次混乱。1976 年 10 月，粉碎江青反革命集团。但各项工作仍坚持“以两个阶级、两条路线斗争为纲”，辖区境域开展以突出路线斗争和阶级斗争、突出政治为中心的“建设大寨县”运动，未能开创新局面。

1958—1979 年期间，中共厦门市前线人民公社委员会共召开四届党员代表大会，何江萍、杨旺、谢水然、洪和星、陈伟基、陈洛等先后担任公社党委书记。

四、中共禾山人民公社、禾山乡委员会

1979 年 5 月，中共厦门市前线人民公社第五次党员代表大会召开。翌年 11 月，前线人民公社更名为禾山人民公社，党的组织机构相应更名为中共厦门市禾山人民公社委员会。

1984 年 10 月，禾山人民公社撤销，禾山乡人民政府成立，中共禾山人民公社委员会相应更名为中共禾山乡委员会，下辖高殿、马垅、江头、后埔、蔡塘、后坑、高林、五通、枋湖、县后、钟宅 11 个行政村和江头居委会支部委员会。

从 1979 年 5 月至湖里区建区前，中共前线人民公社委员会和中共禾山乡委员会先后于 1979 年 5 月和 1984 年 10 月召开第五次、第六次党员代表大会。中共十一届三中全会召开后，党委领导工作以贯彻中共十一届三中全会精神、把工作重点转移到经济建设方面、加快农业现代化步伐为中心。该阶段担任党委书记的有陈洛、杨旺、黄友盛、叶进德等。

五、中共厦门经济特区党组织

见本志特载：《厦门经济特区创建始末》。

第二章　中共湖里区委员会

第一节　组织机构

一、领导班子

1987 年 7 月，中共厦门市委决定成立湖里区委筹备组。9 月 14 日，中共湖里区临时委员会成立。陈洛任临时区委书记兼筹备组组长，负责领导建区的各项筹备工作。

1987 年 11 月 5 日，中共湖里区委正式成立。区委机关设在湖里兴隆路 23 号。同年 12 月 18—19 日，湖里区第一次党代表大会召开，选举产生第一届区委委员 17 名，一届一次全委会选举常委 5 名，其中书记 1 名、副书记 1 名。

1990 年 11 月 29—30 日，湖里区第二次党代表大会召开，选举产生中共湖里区第二届委员会委员 18 名。二届一次全委会选举常委 8 名，其中书记 1 名、副书记 2 名。

1993 年 11 月 2—4 日，中共湖里区第三次代表大会召开，选举产生中共湖里区第三届委员会委员 19 名。三届一次全委会选举常委 8 名，其中书记 1 名、副书记 2 名。

1998 年 11 月 26—28 日，中共湖里区第四次党代表大会召开，选举产生中共湖里区第四届委员会委员 20 名，候补委员 3 名。四届一次全委会选举常委 9 名，其中书记 1 名、副书记 3 名。

2003 年 9 月 25—26 日，中共湖里区第五次党代表大会召开，选举产生中共湖里区第五届委员会委员 23 名，候补委员 4 名。五届一次全委会选举常委 12 名，其中书记 1 名，副书记 5 名。

2006 年 7 月 3—5 日，中共湖里区第六次党代表大会召开，选举产生中共湖里区第六届委员会 25 名，候补委员 5 名。六届一次全委会选举常委 11 名，其中书记 1 名、副书记 4 名。

截至 2007 年年底，中共湖里区委员会历届书记、副书记及常委见表 15-1。

1987—2007 年中共湖里区委常委以上领导人名表

表 15-1

届　别	职　务	姓　名	任　职　时　间
中共厦门市湖里区第一届委员会	书　记	陈　洛	1987. 12—1989. 5
		林柏龄	1989. 5—1990. 11
	副书记	黄祥琪	1987. 12—1990. 11
		陈启坤	1988. 7—1990. 11
	常　委	李运志	1987. 12—1990. 11
		王怀信	1987. 12—1990. 11
		刘宝兴	1987. 12—1990. 11
		吴金潭	1989. 3—1990. 11
		汪方文	1989. 7—1990. 11

续表15-1

届　别	职　务	姓　名	任 职 时 间
中共厦门市湖里区第二届委员会	书　记	林柏龄	1990. 11—1993. 2
		许甘露	1993. 2—1993. 11
	副书记	叶水车	1990. 11—1993. 11
		陈启坤	1990. 11—1993. 11
	常　委	刘宝兴	1990. 11—1993. 7
		李运志	1990. 11—1993. 11
		吴金潭	1990. 11—1993. 11
		汪方文	1990. 11—1993. 11
		周天赐	1990. 11—1993. 11
中共厦门市湖里区第三届委员会	书　记	许甘露	1993. 11—1994. 10
		刘朝勇	1994. 10—1998. 11
	副书记	叶水车	1993. 11—1996. 6
		吴仁福	1993. 11—1998. 10
	常　委	吴金潭	1993. 11—1998. 11
		张　萍	1993. 11—1998. 11
		陈福炎	1993. 11—1998. 11
		杨品香	1993. 11—1996. 5
		黄炳辉	1993. 11—1998. 11
		商明元	1996. 10—1998. 11
		卢晓东	1997. 7—1998. 11
中共厦门市湖里区第四届委员会	书　记	何清秋	1998. 11—2003. 10
	副书记	郑栅洁	1998. 11—2002. 1
		李溪任	1998. 11—2003. 10
		李晓彬	1998. 11—2001. 7
		陈福炎	2001. 10—2003. 10
		李栋梁	2002. 1—2003. 10
		谢济光	2002. 2—2003. 10（挂职）
		张　萍	2002. 3—2003. 10
		梁美丽	2003. 8—2003. 10
		陈佳鹏	2003. 8—2003. 10
	常　委	陈福炎	1998. 11—2001
		张　萍	1998. 11—2003. 10
		商明元	1998. 11—1999. 11
		卢晓东	1998. 11—1999. 8
		吴亚汝	1998. 11—2003. 9
		曲志坚	1999. 9—2000. 7

续表15-1

届　　别	职　务	姓　名	任　职　时　间
中共厦门市湖里区第四届委员会（续）	常　委（续）	俞加洪	2000. 7—2003. 4
		黄国彬	2002. 11—2003. 10
		林　凡	2003. 8—2003. 10
		蔡良涯	2003. 8—2003. 10
		林汉义	2003. 8—2003. 10
		章再耕	2003. 8—2003. 10
中共厦门市湖里区第五届委员会	书　记	何清秋	2003. 10—2006. 7
	副书记	李栋梁	2003. 10—2006. 7
		梁美丽	2003. 10—2006. 7
		谢济光	2003. 10—2006. 7
		张　萍	2003. 10—2006. 7
		陈佳鹏	2003. 10—2006. 7
	常　委	林　凡	2003. 10—2006. 7
		黄国彬	2003. 10—2006. 7
		蔡良涯	2003. 10—2006. 7
		范五玲	2003. 10—2006. 7
		林汉义	2003. 10—2006. 7
		章再耕	2003. 10—2006. 7
中共厦门市湖里区第六届委员会	书　记	何清秋	2006. 7—2007. 1
	副书记	李栋梁	2007. 1—
		李栋梁	2006. 7—2007. 1
		梁美丽	2006. 7—2007. 7
		陈佳鹏	2006. 7—2007. 8
		林　凡	2006. 7—
	常　委	黄国彬	2007. 7—
		黄国彬	2006. 7—
		蔡良涯	2006. 7—2007. 2
		林汉义	2006. 7—
		范金炉	2006. 7—
		傅兴星	2006. 7—
		周克芳	2006. 7—

说明：1. 1988 年 7 月，中共厦门市委任命陈启坤为区委专职副书记。1989 年 3 月，市委批准增补吴金潭为区委常委兼区委政法委书记；5 月，市委调陈洛到市对台办任职，同时任命林柏龄为区委书记；7 月，批准增补汪方文为区委常委（纪委书记）

2. 1993 年 2 月，增补张萍为区委常委；1993 年 3 月，林柏龄调任市人大常委会副主任，许甘露接任区委书记

3. 1994 年 10 月，许甘露调公安部任职，刘朝勇接任区委书记；1996 年 5 月，杨品香调市物价局任职，商明元增补区委常委（人武部政委）；1997 年 7 月卢晓东增补为区委常委（禾山镇党委书记）

4. 中共厦门市湖里区第四届委员会期间，中共厦门市委先后任命陈福炎、李栋梁、谢济光、张萍、梁美丽、陈佳鹏为区委副书记，任命曲志坚、俞加洪、黄国彬、林凡、蔡良涯、林汉义、章再耕为区委常委

5. 2007 年 1 月，何清秋调任市人大常委会副主任，李栋梁接任区委书记

二、领导小组

区委通过设立领导小组，加强对涉及全区大局的重大事务的领导。

区党建工作领导小组是区委负责全区党的建设工作的指导和协调机构，在区委的领导下开展工作。其主要职责为：认真贯彻落实中央和省、市委关于加强党建工作的指示精神，按照区委的要求，对全区党建工作进行总体规划和组织实施；协调各单位履行党建工作职责，研究部署阶段性党建工作任务；健全完善党的建设工作责任制，加强督查和考核，及时总结经验，推广典型。

区重大项目开发建设工作领导小组成立于 2005 年，由相关区领导组成。其主要职责是加强对工业园区等重大项目建设的领导、协调和指导，确保各项建设任务的完成。

计划生育、社会治安综合治理、创建文明城区、招商引资等领导小组见本志有关篇章。

三、工作机构

1987 年湖里区委成立时，设工作机构 5 个，即区委办公室、组织部、宣传部、统战部、区直机关党委。

1989 年 4 月，增设区委政法委员会及其办公室。

1990 年 1 月，增设区委精神文明建设工作办公室；4 月，增设区委社会治安综合治理委员会办公室。

1991 年 4 月，区委工作机构有办公室、组织部、宣传部、统战部、精神文明建设办公室、政法委员会办公室、社会治安综合治理委员会办公室、区直机关党委等 8 个。

1997 年，区委的工作部门有：办公室、组织部、宣传部、统一战线工作部、政法委员会等 5 个部门和机关党委。合署或一个机构两块牌有 4 个：区委办公室加挂区委机要局的牌子；区纪律检查委员会机关与监察局合署，一个机构两块牌子；区委机构编制委员会办公室与区政府人事劳动局合署；区社会治安综合治理委员会办公室与政法委员会一个机构两块牌子。撤并的机构有 1 个：区海防管理委员会办公室并入区委政法委员会，保留海防管理委员会办公室的牌子。新组建的区委工作机构有 1 个：区委台湾工作办公室，加挂政府台湾事务办公室的牌子。设置的部委办管理的机构 2 个：区精神文明建设办公室，信访局（区委信访局）由区委办公室领导管理；新组建的老干部局由区委组织部领导和管理。

2002 年，区委机关设 9 个机构：区纪律检查委员会机关（区监察局与其合署办公）、区委办公室、组织部、宣传部、统一战线工作部（加挂区政府民族与宗教事务局牌子）、政法委员会（区社会治安综合治理委员会办公室与其合署办公，加挂区海防管理委员会办公室、打击走私工作领导小组办公室牌子）、台湾工作办公室（区政府台湾事务办公室）、机构编制委员会办公室（区政府机构编制办公室、事业单位登记管理局）、区委直属机关工作委员会。不再保留和合并的机构有 2 个：保密委员会办公室（区国家保密局）、机要局并入区委办公室，保留牌子；部门管理机构有 3 个：区委、区政府信访局由区委办公室、区政府办公室管理，以区委办公室为主；老干部局由组织部管理；精神文明建设办公室（区精神文明建设指导委员会办公室）由宣传部管理。

2003 年 7 月 24 日厦门市委、市政府实施行政区划调整后，区委的工作部门（正处级）保留 9 个：纪律检查委员会（监察局与其合署办公）、区委办公室（保密、机要工作由其负责）、组织部、宣传部、统一战线工作部（加挂区政府民族与宗教事务局牌子）、政法委员会（区社会治安综合治理委员会办公室与其合署办公、海防、打击走私、处理“法轮功”等邪教组织工作，由其负责）、台湾工作办公室（加挂区政府台湾事务办公室牌子）、机构编制委员会办公室（加挂区政府编制办公室、事业单位登记管理局牌子）、区直机关工作委员会。部门管理机构 3 个：副处级保留信访局（加挂区政府信访局牌子），由区委办区府办管理，以区委办为主；保留老干部局，由区委组织部管理；保留精神文明办，由区委宣传部管

理。调整后，区委设工作部门 9 个，合署办公机构 2 个、部门管理机构 3 个。

截至 2007 年年底，中共湖里区委员会工作机构有：区委办公室（加挂机要局、保密局、档案局）、区委组织部、区委老干部局、区委宣传部、区文明办、区委统战部（加挂民族宗教局、商会）、区委政法委（加挂综治办）、区委台湾事务办公室（加挂区政府台办）、区委编办（加挂区政府编办、事业单位登记管理局）、区直机关党工委、区委教育工委。

截至 2007 年年底，历任中共湖里区委各工作机构的正职领导有：

区委办公室主任吴金潭（1988. 1—1990. 11）、沈祥清（1991. 1—1994. 6）、谭苏建（1994. 6—2002. 9）、何伯星（2002. 9—2007. 4）、吴进华（2007. 4—　）；区委组织部部长李运志（1988. 4—1990. 11）、吴金潭（1990. 11—1998. 10）、吴亚汝（1998. 10—2003. 10）、林凡（2003. 10—2006. 4）、傅兴星（2006. 4—　）；区委宣传部部长王怀信（1988. 4—1994. 2）、张萍（1994. 2—2002. 10）、黄国彬（2002. 10—　）；区委统一战线工作部部长侯书维（1987. 11—1995. 11）、范五玲（1997. 5—2007. 7）、陈国荣（2007. 7—　）；区委精神文明建设工作办公室主任王怀信（1990. 2—1990. 12）、苏佳成（1991. 2—1993. 12）、胡建荣（1994. 1—1996. 8）、王斌（2002. 9—2007. 4）、杨运华（2007. 4—　）；区委政法委员会书记吴金潭（1989. 4—1990. 11）、李运志（1990. 11—1993. 11）、陈福炎（1993. 11—2003. 10）、陈佳鹏（2003. 10—2007. 8）、黄炜（2007. 8—　）；区委社会治安综合治理委员会办公室主任李明斜（1991. 6—2002. 10）、曲志坚（2002. 10—2004. 9）、陈高润（2004. 9—　）；区直机关党工委书记吴永守（1990. 2—1991. 4）、苏佳成（1993. 12—1997. 4）、曾新周（1997. 5—1999. 4）、李晓彬（1999. 4—2001. 7）、谢济光（2002. 3—2007. 9）、林凡（2007. 9—　）；区委机要局、区保密局局长赵振（1997. 6—2000. 10）、杨运华（2002. 10—2007. 4）、郑尚定（2007. 4—　）；区委台湾工作办公室主任陈媛（1997. 4—1999. 12）、周怡（1999. 12—　）；区委机构编制委员会办公室主任陈坤明（2001. 8—　）；区委老干局局长陈慈明（1997. 6—2007. 4）、刘芳坤（2007. 4—　）。

四、派出机构

（一）党组

1988 年 3 月，中共湖里区人大常委会党组成立。历任书记为陈洛、柯福成、洪再生、陈宏镜、梁美丽等。

1990 年 2 月，中共湖里区人民检察院党组成立，历任书记为顾卫兵（1990. 5—1993. 8）、李运志（1993. 8—1999. 3）、曹锦彪（1999. 3—2002. 3）、郭彪（2002. 3—2007. 1）、林育清（2007. 1—　）。

1990 年 2 月，中共湖里区人民法院党组成立，历任书记为朱珍钮（1990. 3—1993. 11）、张树彭（1993. 11—1998. 10）、许跃生（1999. 1—2003. 9）、刘福山（2003. 9—　）

1990 年 12 月，中共湖里区政协党组成立，历任书记为林柏龄、陈启昆、吴仁福等。

1994 年 2 月，厦门市湖里区人民政府党组成立，历任书记为叶水车、郑珊洁、李栋梁、张宗芎等。

2001 年 12 月，湖里区工商局党组成立，历任书记为郭锐（2001. 12—2003. 12）、林国贤（2003. 12—2005. 2）、林国贤（2005. 2—2007. 11）、陈东升（2007. 11—　）。

1999 年 12 月，湖里区地税局党组成立，党组书记为张开华（1999. 12—　）。

2004 年 4 月，湖里区国税局党组成立，党组书记为颜宝康（2004. 4—　）。

（二）镇、街党（工）委

1. 中共禾山镇委员会

1987 年 7 月，原隶属于郊区的禾山乡划归湖里区管辖。禾山乡下设 12 个村（居）委会，共有 31 个党支部，975 名党员。1987 年 12 月，中共禾山乡第七次代表大会召开，选举产生禾山乡第七届委员会和纪律检查委员会。叶进德当选书记。

1989 年 4 月，禾山乡改称为禾山镇，全镇 3 个党总支，37 个党支部，818 名党员。

1990 年 11 月，中共禾山镇第八次代表大会召开，选举产生中共禾山镇第八届委员会和纪律检查委员会。叶进德当选为书记。

1993 年 12 月，中共禾山镇第九次代表大会召开，选举产生中共禾山镇第九届委员会和纪律检查委员会。黄炳辉当选为书记。

1996 年 10 月，中共禾山镇第十次代表大会召开，选举产生中共禾山镇第十届委员会和纪律检查委员会。卢晓东当选为书记。

1999 年 10 月，中共禾山镇第十一次代表大会召开，选举产生中共禾山镇第十一届委员会和纪律检查委员会。黄国彬当选为书记。

2000 年 5 月，增设殿前街道办事处，同时经区委研究决定，成立殿前街道党工委。至此，禾山镇下辖 9 个村委会和 8 个居委会。

2002 年 11 月，中共禾山镇第十二次代表大会召开，选举产生禾山镇第十二届委员会和纪律检查委员会。陈高润当选为书记。

2004 年 7 月，经省人民政府批准，撤销禾山镇设立江头、禾山、金山 3 个街道办事处。8 月，中共湖里区委下发《关于成立江头、禾山、金山 3 个街道党工委、纪工委的通知》，撤销禾山镇党委、纪委。

2. 街道工作委员会

详见本志第三十一篇。

第二节　重要会议

一、代表大会

1987 年 11 月 5 日，中共湖里区委正式成立。12 月 18—19 日，中共厦门市湖里区第一次代表大会在湖里区南部生活区百乐园二楼电影室召开。大会听取临时区委书记陈洛所作的《以十三大精神为动力，加快湖里建设步伐》的工作报告。大会通过中共厦门市湖里区第一次代表大会关于学习、宣传、贯彻中共十三大精神的决议。大会选举产生中共厦门市湖里区第一届委员会委员 17 名，区纪律检查委员会委员 8 名。

1990 年 11 月 29—30 日，第二次代表大会在湖里百乐园二楼电影室召开。大会听取并审议区委书记林柏龄代表区委作的《坚持党的基本路线，团结开拓求实，努力将全区两个文明建设推上新台阶》的工作报告；区委常委、纪委书记汪方文作的《中共厦门市湖里区纪律检查委员会向区第二次党代会的工作报告》。大会通过关于区委工作报告和区纪律检查委员会工作报告的两个决议。大会提出的目标是：到 1993 年全区工农业生产值达 11160 万元，比 1990 年增长 27.2%。其中，工业产值达到 6410 万元，农业产值达 4750 万元。预算内财政收入达 1800 万元，比 1990 年增长 63.6%，外汇收入达 450 万美元，比 1990 年增长 1.8 倍，农民年人均收入达 1400 元，比 1990 年增长 40%。大会选举产生中共厦门市湖里区第二届委员会委员 18 名，区纪律检查委员会委员 11 名。

1993 年 12 月 2—4 日，第三次代表大会在华荣路湖里区法院会议室召开。大会听取并审议区委书记许甘露代表二届区委作的题为《再接再厉加快发展，为实现我区新的战略目标而奋斗》的工作报告；听取区委常委、纪委书记汪方文代表区纪委作的《服务中心，反腐倡廉，把党风党纪建设提高到一个新水平》的工作报告。大会通过关于区委工作报告和区纪律检查委员会工作报告的两个决议。大会提出今后 5 年经济发展的基本目标：在深化改革、扩大开放、优化结构、提高效益的基础上，多项主要经济指标争取以年平均 30% 以上的幅度递增，努力实现“三大跨越”，即 1994 年实现第一个跨越，提前一年完成原定的八五计划指标任务；1996 年实现第二个跨越，多项主要经济指标要比 1993 年翻一番；1998 年实现第三个跨越，多项主要经济指标在 1993 年基础上翻一番半。工业总产值达 26 亿元。大会选举产生中共厦门市湖里区第三届委员会委员 19 名，区纪律检查委员会委员 10 名。

1998 年 11 月 26—28 日，第四次代表大会在湖里区政府 7 楼会议室召开。大会听取并审议区委书记何清秋代表三届区委作的题为《迈向新世纪，再创新辉煌，为把湖里建设成为现代化综合强区而奋斗》的工作报告，区委常委、纪委书记陈福炎代表区纪委向大会作的区纪检工作报告。大会通过关于区委工作报告和区纪律检查委员会工作报告的两个决议。大会提出到2003年实现区属国内生产总值36亿元，财政收入3.1亿元的奋斗目标，及今后五年区发展的战略重点是以江头为龙头，东西两片联动发展，建设现代化综合强区。大会选举产生中共厦门市湖里区第四届委员会委员20名，候补委员3名，区纪律检查委员会委员12名。

2003年9月25—26日，第五次代表大会在湖里区政府7楼召开。大会选举产生中共厦门市湖里区第五届委员会委员23名，候补委员4名，区纪律检查委员会委员18名。此次代表大会因为全市区划调整，只举行选举。2004年2月9日，召开区党代表会议，听取有关报告（详见本节第二目）。

2006年7月3—5日，第六次代表大会在厦门航空港酒店会议室国际会议中心三楼召开。大会听取并审议区委书记何清秋代表五届区委作的题为《加快新一轮跨越式发展，再铸特区发祥地新辉煌》的工作报告，听取区委副书记、纪委书记梁美丽代表区纪委作的《发挥职能优势，推进反腐倡廉，为湖里新一轮跨越式发展提供坚强的政治保证》的工作报告。大会通过关于区委工作报告和区纪律检查委员会工作报告的两个决议。大会提出六届区委的奋斗目标：主要经济指标在2003年基础上翻三番。到2010年，实现生产总值350亿元，年均增长21.4%，工业总产值680亿元，年均增长17%，商贸营业额800亿元，年均增长28.3%，财政总收入65亿元，年均增长25.5%。其中，区级地方财政收入15亿元，年均增长27.2%。自主创新能力明显增强，三次产业结构合理、单位生产总值能耗保持国内领先水平。大会选举产生中共厦门市湖里区第六届委员会委员25名，候补委员5名，区纪律检查委员会委员18名。

二、代表会议

2001年9月4日，在区政府七楼大会议室召开党代表会议，出席会议代表110人，选举湖里区出席厦门市党代表会议代表14名。会议通过中国共产党厦门市湖里区代表会议代表资格审查报告（草案）。

2004年2月9日，在湖里区政府大楼7楼召开区党代表会议，出席会议代表92人。大会听取并审议区委书记何清秋代表第四届区委作的题为《铭记邓小平同志嘱托，为把湖里建成厦门新的中心城区而努力奋斗》的工作报告，区委副书记、纪委书记梁美丽向大会作的区纪检工作书面报告。大会通过关于区委工作报告和区纪律检查委员会工作报告的两个决议。大会提出第五届区委的奋斗目标：经济保持快速健康增长，GDP年均递增16%以上，力争突破200亿元；财政总收入年均递增17%以上，力争突破40亿元，其中区级财力力争突破10亿元；三次产业结构向合理的比例靠拢；城乡二元结构基本消失，东部开发已具规模，基础设施不断完善，人居环境优美，现代气息浓厚；市场经济体制逐步完善，形成更高层次的开放格局，创业环境好，发展后劲足，竞争能力强；形成较健全的国民教育、科技创新、文化体育和医疗卫生体系，公民素质和城区文明程度明显提高；人民生活更加富足安康，农村城市化居民基本达到市民的人均可支配收入标准，社会保障体系进一步完善，社会治安秩序良好。

三、区委全体会议

中共湖里区委员会全体会议在中共湖里区代表大会闭会期间行使代表大会职权。各届代表大会的第一次全委会选举产生该届区委的常务委员、书记和副书记。全委会一般每年举行一次。特殊情况下由区委常务委员会决定召开。全委会审议、推荐中共湖里区委、区人大常委会、区人民政府、区政协机关工作机构领导干部人选，研究决定全区党的建设、经济建设和各项社会事业的年度规划和其他重要事项。

1999年，区委四届二次全体扩大会议专题研究社区建设工作，2002年7月区委四届十一次全体扩大会议专题研究外来人员服务和管理工作，对湖里区两个文明建设具有开创性的意义。

四、区委常委会

区委常委会在全委会闭会期间，行使区委职权，主持经常工作，组织落实上级党组织的指示和区党代会、全委会、党代表会议的决议和决定，协调区级各套班子活动，向全委会负责并报告工作，接受全委会监督。其主要职责和议事范围是：常委会结合湖里区实际，研究制定贯彻落实上级党委重要文件和重要会议精神的具体措施；讨论决定区委全委会的召开，对应由全委会决定的事项事先进行审议和提出意见，审定召开党代会、党代表会议有关事项；讨论决定区委的年度工作计划、总结，以区委名义向市委呈送的重要请示、报告，辖区有关政策、规定及向所属党组织发布的重要指示、通知、通报和其他重要文件；对全区经济和社会发展经常工作中的重要问题作出决策；研究决定全区精神文明建设经常工作中的重要问题；研究决定全区构建和谐社会经常工作中的重要问题；研究决定全区党的建设经常工作中的重要问题；讨论决定其他需由区委常委会决定的重要事宜。区委常委会议一般每年召开20次左右。

五、书记办公会议

书记办公会议由书记、副书记组成。书记办公会议对贯彻落实党的路线、方针、政策和上级指示精神、全区大政方针及工作重点、干部的培养、选拔、使用及处理等问题进行酝酿，提出原则或初步意见，提交常委会研究决定；对常委会决定事项的组织实施进行协调；交流日常工作情况；对来不及召开常委会研究的重大突发性事件和紧迫问题，及时作出相应决定，然后再向区委常委会报告；讨论需由书记办公会议研究的其他问题。书记办公会议由区委书记根据需要适时召开。

第三节 主要工作

一、1987—1990年主要工作

区委贯彻中共十三大精神和中央治理整顿、深化改革的方针，以发展经济为中心，以加强城市管理为重点，努力完善工业区投资环境，大力发展综合性、外向型的区、乡经济，服务“三资企业”，服务特区建设。狠抓粮、油、蔬菜和水产、水果的生产，办好菜篮子工程，发展农村商品经济，为城区提供大量新鲜蔬菜和肉禽蛋；对区、镇、村办公交企业实行承包经营责任制，促进企业经营管理；积极扩大对外开放，合资合作开办工业和房地产项目，大力引进新技术、设备和管理经验，大力发展“三来一补”，扩大创汇，提高经济效益，提高人民生活水平。“两个文明”建设一起抓，培育“四有”公民、提高人的素质。全区开始实行九年义务教育。

图15-1　建设初期的湖里

二、1991—1993年主要工作

区委把邓小平视察南方谈话、中共十四大精神与湖里实际相结合，按“大力发展第三产业，开发改造第二产业，稳定提高第一产业”的发展战略，坚持物质文明和精神文明两手抓、两手硬，努力实现“打基础、求发展、上台阶”的目标。开展思想解放大讨论，破除小生产自然经济思想的束缚。狠抓区、镇（街）、村三级工业小区的规划建设，为外引内联，“筑巢引凤”，发展乡镇企业，推进乡村城市化进程打下良好基础。把房地产开发作为发展第三产业的重点，把依靠科技进步，发展集约化经营作为农业工作重点。1992年2月20—21日，中共厦门市湖里区委二届三次全体（扩大）会议在湖里影剧院召开，讨

论、审议湖里区“八五”经济及社会发展规划、加强精神文明建设、科技发展决定3个文件。

三、1994—1998年主要工作

区委坚持深化改革、扩大开放、优化结构、提高效益，以“推进东部工业园区的开发建设，加快旧区的开发改造，依靠科技进步发展高新产业”为战略重点，构造“湖里特色经济框架”，促进全区外向型经济向高层次发展，经济规模总量大幅、快速增长。1996年1月15—16日，中共湖里区委三届六次全体（扩大）会议召开，讨论审议《湖里区国民经济及社会发展“九五”计划和2010年远景目标（草案）》。

加快旧区改造进程。实施“大中小项目一起上，港台侨外都欢迎”的招商策略，外向型经济格局基本形成。开发建设枋湖科技园区等工业小区，镇（街）、村（居）经济迅速崛起。实现“三大跨越”的战略目标，即1994年提前一年完成“八五”计划，1996年主要经济指标比1993年翻一番，1998年主要经济指标比1993年翻一番半。

四、1999—2003年主要工作

区委实施“工业立区、三产富区、城乡联动”的发展方略，突出“农村抓城市化、经济抓后劲、城区抓社区建设”的工作要求，努力建设经济繁荣、社会稳定、文明进步、环境优美的现代化综合强区。

2000年12月8日，中共湖里区委四届五次全体（扩大）会议召开，讨论并原则通过《湖里区国民经济和社会发展“十五”计划纲要（草案）》。

2001年10月19日，中共湖里区委四届八次全体（扩大）会议召开，审议并修订《湖里区推进农村城市化工作方案》和《湖里区贯彻〈福建省城市社区建设纲要（试行）〉实施意见》。

2003年1月6日，中共湖里区委四届十二次全体（扩大）会议召开，讨论《湖里区贯彻落实〈厦门市加快推进海湾型城市建设实施纲要〉的实施意见》。

按“退一、优二、进三”的总体思路，加快产业结构调整，市场体系和工业支柱产业初步形成，GDP年均递增20.4%，财政总收入年均递增36.22%，完成“九五”计划。

五、2004—2006年主要工作

区委以邓小平理论和“三个代表”重要思想为指导，以科学发展观统领经济社会发展全局，主动融入海峡西岸经济区建设和厦门新一轮跨越式发展，全力推进经济结构、城区布局、人文环境“三个优化”，努力把湖里做大做强、做优做美，基本实现全面小康，初步形成厦门新的中心城区。

2004年9月10日，中共湖里区委五届三次全体（扩大）会议召开，对树立和落实科学发展观，发挥海峡西岸经济区建设领先优势，加快构筑厦门新的中心城区作出部署。

2005年7月28日，中共湖里区委五届四次全体（扩大）会议召开，主题为“金戈铁马、狂飙突进，努力实现湖里新一轮跨越式发展”。

2005年11月24日，中共湖里区委五届四次全体（扩大）会议召开，讨论通过《湖里区经济和社会发展第十一个五年规划纲要（讨论稿）》。

该阶段的决策方向是紧紧扭住经济建设不放松，大力实施项目带动，推动“腾巢换凤”，发展“飞地工业”，实行“招商选资”，构建现代物流、商务营运、高新技术产研、新兴休闲旅游“四大基地”，形成电子信息和机械制造等3个产业集群、江头和凤湖等三大商圈以及建材家居、果蔬水产等五大专业市场。实施“加快开发东部，繁荣中部，优化西部，南联北进，统筹发展”的城市化拉动战略，实施“镇改街”、东海域整治、村集体资产改制、土地换社保，推进居住社区化、资产股份化、就业非农化、福利社保化、素质“市民化”的全面城市化进程。深入开展创建首批全国文明城市活动和“平安湖里”创建活动。

六、2007年主要工作

区委贯彻科学发展观，部署开展“创新、创先、创优”活动，大力推进征地拆迁、项目建设、招商引资“三大任务”，争当又好又快发展的标兵、构建和谐社会的标兵。坚持“好”字当头，大力发展先进制造业和现代服务业。建成并启用新行政办公大楼，推动湖里行政中心东移。实行“指挥部+公司”的项目运作机制，加快环东海域湖里工业园、五缘湾片区、湖边水库片区、湖里高新技术园等“一环两区四园”建设，加快建设厦门重要中心城区步伐，推进湖里新一轮跨越式发展。

第四节 组 织

一、党员发展

1987年建区后，区委贯彻执行全国组织工作会议确定的“坚持标准、保证质量、改善结构、慎重发展”的发展党员工作方针，注重在农村、生产第一线和知识分子中发展党员。1989年，坚持“从严治党”方针，发展党员工作强调集训教育、认真考察，严把新党员质量关。1990年，执行中共中央下发的《中国共产党发展党员工作细则（试行）》，发展党员工作更加制度化、规范化。1988—1990年，共发展党员68名，其中生产一线骨干24名，专业技术人员14名，农牧渔民1名。

1991—1993年，重点放在农村和生产一线，提出在农村党支部不留“空白卷”的目标，加强对发展党员工作的指导、把关。3年共发展党员85名，其中生产一线骨干14名、专业技术人员22名、农牧渔民22名。

1994—1998年，建立健全入党积极分子的培养、教育和考察制度，严格实行入党前的培训制度，在保证质量的前提下，积极发展党员，重视在新经济组织中发展党员，5年共发展党员503名，其中女党员195名，35岁以下的345名，大专以上学历144名，中专（高中）251名，农牧渔民139名，一线工人45名，专业技术人员114名（其中，国有企业109名、乡镇企业5名），新经济组织人员36名。

1999—2003年，区委组织部制定《湖里区发展党员实行公示的暂行办法》，率先在全市实行发展党员公示制度，推广发展党员推优制、预审制、票决制、责任追究制，使发展党员工作更加公开透明，程序更加规范有序。5年共发展党员698名。其中，女党员338名，少数民族16名，非公有经济组织和新的社会阶层人员75名，农牧渔民11名。

2004—2005年，下发《发展党员工作参考范本》，把发展党员工作列为基层党建工作责任状的一项重要内容，明确目标，落实责任，加强督促。2年共发展党员227名。其中，女党员108名，25岁以下45名，26~35岁131名，36~55岁50名，56岁以上1名。大学本科以上70名，大专78名，中专（高中）65名，初中以下14名，非公经济组织和新社会阶层人员29名。

2006—2007年，落实《发展党员公示制试行办法》《发展党员工作责任追究制试行办法》，规范发展党员工作程序，提高发展党员工作质量和整体水平，做好在生产、工作一线发展党员，努力改善党员队伍结构。2年共发展党员297名。其中，女党员137名，35岁以下218名，36~59岁78名，60岁以上1名，大学本科以上81名，大专115名，中专（高中）78名，初中以下23名。非公经济组织和新社会阶层人员73名。

从建区至2007年，湖里区累计发展党员1878名，每年平均发展93名，详见表15-2。历年党员数见表15-3。

1988—2007 年湖里区发展党员情况统计表

表 15-2

单位：人

年份	发展党员总数	性别		民族		年龄					文化程度						
		男	女	汉	少数民族	25岁以下	26～35	36～45	46～55	55岁以上	大专以上			中专	高中	初中	小学
											研究生	本科	大专				
1988	29	20	9	29	0	3	21	—	4	1	—	—	11	1	7	9	1
1989	24	17	7	24	0	3	16	—	5	—	—	—	8	6	5	4	1
1990	15	9	6	15	0	0	7	8	—	—	—	—	—	2	3	7	3
1991	17	14	3	17	0	1	7	8	1	—	—	—	5	2	4	6	—
1992	33	24	9	32	1	2	12	15	4	—	—	—	7	7	6	11	2
1993	35	26	9	34	1	2	11	12	9	1	—	—	7	6	7	12	3
1994	49	33	16	47	2	6	18	17	8	—	—	—	14	10	15	9	1
1995	88	56	32	84	4	10	52	17	9	—	—	—	26	14	34	11	3
1996	85	48	37	85	0	18	39	19	9	—	—	—	28	19	16	18	4
1997	131	79	52	127	4	25	61	32	12	1	—	—	36	32	30	27	6
1998	150	92	58	148	2	40	76	30	3	1	1	—	40	30	51	25	3
1999	160	94	66	156	4	35	87	28	10	—	1	—	62	20	43	29	5
2000	156	77	79	152	4	44	85	22	5	—	—	—	66	29	40	18	3
2001	142	77	65	138	4	27	88	27	—	—	1	20	54	29	26	12	—
2002	135	62	73	132	3	22	87	25	—	1	—	8	41	28	38	20	—
2003	105	50	55	104	1	21	57	25	—	2	—	20	29	17	24	15	—
2004	105	51	54	104	1	25	58	22	—	—	—	22	40	19	18	6	—
2005	122	68	54	121	1	20	73	28	—	1	—	48	38	16	12	8	—
2006	126	62	64	126	0	18	86	22			—	36	48	21	18	3	—
2007	171	98	73	171	0	114		57			2	43	67	22	17	20	—
小计	—	—	—	—	—	—	—	—	—	—	5	197	627	—	—	—	—
总计	1878	1057	821	1846	32	1377		501			829			330	414	270	35

二、基层组织

湖里建区时，原厦门经济特区湖里工业区管理局机关、郊区禾山乡、开元区湖里街道所属基层组织成建制转入湖里区。

1988 年，区委按照“属地管理”原则，理顺党组织隶属关系，建立区、乡（街道）两级管理企事业单位党组织的工作机制。同时，接收原湖里工业区、集美区及市委第一批移交的企事业党支部 31 个、党员 441 名。在印华地砖厂、宏泰电子有限公司和东南铝业有限公司等 3 家外商独资企业组建党支部，批准厦华电子企业有限公司党总支升格为党委。至 1988 年年底，全区共有党委 4 个、党总支 8 个、党支部 90 个，党员 1502 名。

1989—1990 年，开展基层组织的班子建设，加强对骨干的培养教育，对后进党支部进行整顿，建立“三资”企业党组织书记联席会议制度，充实企业政工干部力量。1990 年，相继成立区公安分局党委、区科教文体委党总支、区经贸委党总支。

1991—1992 年，开展以支部为核心的村级组织建设，开展社教活动，组成工作组，协助做好村委会换届选举，设立村级党员活动室，健全支部工作制度。成立厦门经济特区劳务公司党总支，理顺对外商独资企业党组织的管理体制。在禾山镇开展全市“党建带团建”的试点工作，建立党团联席会议等制度；在湖里居民区党支部开展全市街道党员“三带头”活动的试点活动。

1993—1995 年，围绕抓党建促经济的工作思路，加强基层党组织建设，成立区建委党支部，将厦门经济特区劳务公司党总支升格为党委，成立“外资企业党建工作组”，开展企业党建调查和组建工作。1995 年始，实行党建工作责任制。

1996—1999 年，组织实施《福建省委关于加强党的建设五年规划》，推进农村、街道、新经济组织、区属企业和机关党建。加强村级组织建设，培养村级干部后备队伍。开展支部建在村民小组上的试点工作。1998 年，成立高殿村党委。加大居委会的党建力度，实现“一居一支部”目标。加强对流动党员管理，全市率先建立马垅外口员工党支部。区教育局党总支升格为党委，完成“一校一支部”的目标。完善党建工作责任制。

2000—2001 年，贯彻落实《福建省乡镇工作纲要（试行）》，开展争创“六个好”镇党委、“五个好”党支部活动，制定完善“镇党委议事规则”等工作制度，探索在农村城市化进程中加强党的基层组织建设的新途径。组织村级组织换届，在五通、马垅村开展“两推一选”村党总支班子的试点。采取“建、联、挂、靠”等办法，加大非公经济企业党组织组建力度，培育后坑实业公司、华信混凝土有限公司等一批党建典型。在居委会改为社区后，抓住社区规模整合之机，加强社区党建工作，同步调整社区党组织设置，注重选配社区党总支（支部）书记，理顺街道党的领导体制，兴隆社区在全市率先成立社区党支部，金尚社区成立全市首家社区党总支，康乐社区建立社区党建联席会。

2002 年，贯彻落实市委、市政府《关于推进城市社区建设的实施意见》和市委组织部《关于进一步加强街道社区党建工作的意见》，构建以街道党工委为核心、社区党组织为基础、社区党员为主体，其他基层党组织共同参与的工作格局。开展党组织共建活动，区机关 27 个党支部与 27 个社区党组织结对子。鼓励在职干部职工参与社区建设，选派年轻干部担任社区党建、团建联络员。推广金尚社区流动党员管理站，在全区社区设立流动党员登记服务站。

2003 年，突出农村和社区两个重点，突破非公企业这个难点，加强基层党组织建设。全区 13 个行政村全部实现“村改居”后，及时完成 24 个社区党组织的重组工作。调整华美卷烟有限公司党委隶属关系。在世界 500 强企业锦江麦德龙商场建立党支部，促成台资企业群鑫公司党支部与金山社区党支部共建。马垅外口公寓支部把党小组建在楼宇，党员岗设在单元，教育活动落到住户。

2004 年，理顺基层组织隶属管理关系，将原隶属区直机关党工委管理的区教育局党委、湖里公安分局党委调整为直属区委管理。按照属地管理的原则，做好特劳公司党委撤销后所属党组织隶属关系调整工作。加强“村改居”社区党务干部培训，指导金尚、金山社区开展社区事务民主听评试点。积极探索民办教育机构党建工作，成立火炬小学党支部。指导厦顺铝箔有限公司党总支、麦德龙党支部、华远公司党支部建设，在麦德龙党支部开展党员设岗定责、“有事找党员”活动。

2005 年，开展先进性教育活动。指导成立江头街道党员服务中心，加大寻找流动党员力度，为 5 个街道党工委分别选配兼职组织员。协助市委组织部选派 3 个工作队到高林、坂尚、钟宅社区挂职锻炼。认真开展“党建带工建，工建促党建”工作，金尚社区、殿前街道“党建带工建”工作经验在全市座谈会进行交流。

2006 年，指导社区做好换届选举工作，确保 28 个社区党组织完成换届，共选举产生委员 136 名，其中大专以上学历占 46.3%，平均年龄 41.5 岁。结合社区换届，调整社区党组织设置，金尚、海天等 4 个社区党组织成立党委，塘边、濠头等 9 个社区党组织成立党总支。成立湖里街道党员服务中心，枋湖社区试行“党员义工登记制”。成立湖里街道非公有制企业党委；加强流动党员管理，与重庆市梁平县委组织部签订《流动党支部共管公约》。

2007 年，出台《关于进一步加强和改进机关、事业单位党建工作的实施意见（试行）》等 4 个长效机制文件，定期对各级党组织贯彻落实情况进行检查指导。推进非公有制企业党建工作，新组建342家规模以上非公有制企业党组织，完成“全组建、全覆盖”的目标任务，培育厦门盈众集团党支部等一批先进典型。深入开展“三级联创”活动，区委主要领导带队逐户走访慰问26位“村改居”社区书记、主任，开展党建专题调研，加强基层党组织阵地建设，开通流动党员咨询服务电话。

至2007年年底，全区共有党委（党工委）13个、党总支49个、党支部713个，详见表15-3。

1988—2007年湖里区党员、基层组织统计表

表15-3

年份	党委（个）	总支部（个）	支部（个）	党员（人）
1988	4	8	90	1502
1989	5	8	101	1627
1990	5	9	106	1649
1991	5	7	105	1607
1992	5	7	107	1680
1993	6	5	104	1663
1994	7	6	123	1707
1995	7	13	166	1862
1996	6	13	173	2045
1997	7	14	227	2304
1998	9	15	238	2627
1999	9	14	242	3079
2000	10	17	255	3554
2001	8	19	237	4017
2002	11	19	278	4705
2003	11	26	254	5279
2004	11	27	299	5856
2005	11	41	338	6588
2006	11	48	388	7430
2007	13	49	713	8576

三、党员教育

1988—1989年，区委学习贯彻中共十三大、十三届三中全会精神，加强对党在社会主义初级阶段基本路线的学习和党的基本知识教育，引导广大干部群众正确认识现阶段的国情。同时，抓好党风党纪、党员先锋模范作用、科学文化知识等方面的经常性教育，提高党员的政治思想和业务素质。健全并坚持“三会一课”（党员大会、支部委员会议、党小组会和党课）、“创先争优”等制度。在全区党组织中推行民主评议党员制度。开展“为民办实事，为党添光彩”活动。巩固和发展禾山乡党校。

1990—1991年，坚持每季度完成一堂党课教育，组织观看“党的生活”录像片。以“后坑村”党员目标管理为试点，在全区党组织中推行党员目标管理制度。至1991年年底，有1365名党员建立目标管理责任制，占全体党员78%，有99个党组织建立年度工作目标。开展农村社会主义教育活动。禾山镇90%的农村党员参加镇党校的培训，每个村都建立党员活动室，村级组织的配套建设逐步健全。湖里街道7个支部，建成5个党员活动室，并制定12项党建制度。规范“三资”企业党组织“三会一课”制度，利用业余时间开展党员教育活动。

1992—1993年，健全党员电化教育网络，普及镇、村电教播放点，添置电教设备50多套，录像片50

多盒，播放场次1200多场，98%以上党员参加观看。加大对新党章和社会主义市场经济条件下加强党的建设理论的培训，开展“学特色理论，创特色工程，为特区建设上新台阶多做贡献”活动。成立湖里区党建研究分会。

1994—1995年，以学习《邓小平文选》第三卷和建设有中国特色社会主义理论为内容，轮训领导干部和一般党员。在全区党组织中广泛开展“坚持党的宗旨，增创特区优势”活动，学习孔繁森先进事迹活动。1995年5月，禾山镇在11个行政村建立村级党校，加强对农村党员的教育。

1996—1997年，围绕“强化党的宗旨，密切联系群众，为人民谋利益”，在领导干部中开展“当公仆，办实事”活动，注重开展典型教育，增强领导干部的公仆意识，提高全心全意为人民服务的自觉性。1996年“七一”期间，表彰14个先进党组织、64名优秀党员、16名优秀党务工作者和12名优秀纪检干部。1997年10月，组织各级党组织和广大党员学习中共十五大文件和邓小平理论，理解社会主义改革开放和现代化建设跨世纪发展的总体部署。

1998—1999年，继续开展学习邓小平理论活动，强化中心组学习制度，坚持每两周一次的区中心组学习。组织处级以上党员干部参加区委邓小平理论学习班、干部经济知识培训班，全区120多名处级以上领导干部，参加12讲专题培训，同时有计划地安排中层以上领导干部参加市委党校的理论培训。对1995年以后入党的新党员及入党积极分子进行为期一周的集中培训，全区共有500多名新党员和入党积极分子参加培训。

2000年，区级四套领导班子和领导干部、处级领导干部、组织部领导班子和领导干部开展“三讲”集中教育活动。各级领导班子和个人共提出整改措施1000多条。

2001年，继续在各级领导班子和领导成员中开展“三讲”教育“回头看”活动。制定《2001—2005年全区干部教育培训规划》，明确工作目标、主要任务和要求。11月，开始在农村开展“三个代表”重要思想学习教育，全区13个行政村、106名教育对象参加村级学习教育活动。通过培训宣传、理论学习、对照检查、整改提高等阶段，收集到对村级班子的意见和建议242条。认真研究整改措施，共为群众办实事100多件，投资1099.3万元，修建村间道路23条，兴建公厕13座，追回村财资金1243万元。

2002年，开展“争创优异成绩，向十六大献礼”的主题教育活动，组织全区广大党员努力实践“三个代表”重要思想。依托区委党校开办领导干部系列讲座，200多名机关党员干部参加WTO知识专题培训班，培训率超过60%。各级党组织组织党员、干部学习中共十六大报告和新党章。

2003—2004年，把全面贯彻中共十六大精神和加强党的执政能力建设作为学习重点，邀请厦门大学、市委党校的教授给区科级以上党员、干部上专题辅导课；106名处级干部参加全市处级干部“三个代表”重要思想培训班的学习，培训率达92%。禾山镇成立“十六大精神宣讲团”，深入农村、社区、企业宣讲中共十六大精神。举办宪法修正案知识辅导讲座。分4批组织全区30多名镇、街道领导干部参加全市镇、街工作专题研讨班学习。鼓励党员干部参加各种提高学历或拓宽知识面的再学习。

2005年，完成第一、二批保持共产党员先进性教育活动的各项任务。全区共有328个党支部、5691名党员参加教育活动。全区各级党组织与困难群众结成帮扶对子1642个，走访慰问困难群众5000余户次，解决生活实际困难926件，落实办实事项目资金4153.6万元；共征求群众意见和建议5284条，梳理问题1440个，并及时进行整改。培育湖里工商分局、金尚社区等一批有特色的教育示范单位。进一步落实基层党建责任制。

2006年，先后举办处科级领导干部培训班、公务员法专题班、社区“两委”成员培训班、选调生培训座谈会；举办区直机关、街道、社区领导160多人参加的加速全面城市化专题研讨班。利用双休日开办党章、科技知识、普法教育等讲座共17期（次），培训干部500多人次。选派103人次中青年干部到13个市、区重点工程征地拆迁一线锻炼。继续支持干部在职提高学历，为16名机关干部办理学历（学位）更改手续。

2007年，举办市委宣讲团中共十七大精神报告会、处科级领导干部学习贯彻中共十七大精神系列专题培训班。举办下派重点项目干部座谈会，交流工作经验；开办5期全区处科级领导干部主体培训班、2期“村改居”社区干部专题培训班和学习湖里区检察院先进事迹报告会，累计培训干部2200多人次。建立干部学习档案，推行“学时累计制”，对领导干部培训情况实行登记和通报。

四、领导班子和干部队伍建设

1987—1988 年，区委对机关部门、禾山乡和湖里街道拟任领导干部进行考核，任命正、副科级领导干部 37 人，调整充实禾山乡、党政机关部门领导班子成员 10 人。出台《关于湖里区干部管理范围、任免办法的几点意见》，探索干部任用、管理、考察制度改革的路子，提高干部工作的民主性和透明度。贯彻落实市委《关于试行区党政领导班子任期目标责任制》，形成区四套班子任期目标责任书和领导干部 3 年任期目标责任书。执行中办发〔1988〕11 号、中纪发〔1988〕9 号文件，3 名在企业兼职的区机关干部办理脱钩手续。按照省委《关于恢复党委组织员制度的通知》，配备 2 名区委组织员。

至 1988 年年底，全区副县级以上领导干部 15 人，其中大专以上文化程度 8 人、中专 1 人、高中 6 人。科（局）级领导干部 59 人，其中大专以上文化程度 23 人、中专 12 人、高中 13 人、初中 11 人，女干部 5 人。

1989 年，组织两次干部考察工作，考察 45 名中层领导干部，调整充实 17 名中层领导干部。1990 年，对 22 名拟提正副科级干部、8 名后备领导干部进行考察。组织 80 名中层以上领导干部进行区五套班子和镇（街）领导班子的民主推荐，形成五套班子配备方案，同时对拟进镇（街）班子的干部进行考察。

1991 年，组成 3 个考核组对各部、委、办、局和法院、检察院的 39 名干部进行考核。做好工会、团委、妇联换届的人事安排。选拔 16 名表现突出的干部作为后备干部，其中上报 10 名县级后备干部，并为每名后备干部建立档案，年内提拔使用 7 名后备干部。

1992—1993 年，加强对区机关经济部门班子的考察，配合区人大、政协选配党外的副主任、副主席，配备区科委的领导班子，设置区长助理，充实镇、街党政领导力量。一批年纪较轻、文化程度较高的干部走上领导岗位。区教科文体委 12 名青年知识分子被提拔到校级领导岗位。

1994 年，全年提拔干部 25 人，其中大专以上文化 20 人，平均年龄 37 岁，最年轻 27 岁。有 2 名科级干部进入县处级领导岗位，其中最年轻 29 岁。对区经贸、建委系统的 45 岁以下企业领导人进行登记汇总，储备经济管理人才。加大区内干部交流力度，安排 36 名中层干部进行岗位交流。全年接收省内外挂职干部 12 名。

1995 年，经过基层党组织推荐、组织部门审核筛选，初定市管后备干部 13 名，平均年龄 37.7 岁；区管后备干部 31 名，平均年龄 32.6 岁。按市《后备干部管理实施细则》，进行动态跟踪管理。设置助理岗位，让后备干部及时得到锻炼。抽调青年干部近百人次，参加创卫验收、宣传执法、抗台风、文明片区验收、征地拆迁等工作，培养青年干部的社会活动和实践能力。

1996 年，对全区 96 名中层以上干部和 33 名后备干部进行全面考核，为 107 名中层以上的领导干部确定职级。加大区干部交流力度，中层领导干部平调 13 名，提拔正处级干部 2 名，提拔副处级干部 9 名，新设助理岗位 8 个。做好区人武部收归后干部安置及挂职干部的工作、生活安排。加强对领导班子和领导干部的监督，建立健全领导干部离任审计制度、个人重大事项报告制度。

1997—1998 年，贯彻《党政领导干部选拔任用工作暂行条例》，严格执行党政干部辞职、降职规定，完善干部能上能下的机制，推行助理制和试用期制。筛选建立市管后备干部 19 人。做好机构改革和党群机关人员参照管理，在完成机关“三定”工作基础上，抓好全区党群机关和镇、街的职位分类、人员过渡及分流。

1999 年，出台《科处级领导干部提拔任职前公示暂行办法》，进一步规范公示的对象、内容、形式和程序等。在区检察院、区人劳局和部分事业单位实行竞争上岗。确定 13 名市管后备干部。同时，建立区管后备干部 34 人。

2000 年，执行《厦门市党政机关推行竞争上岗的实施办法》，推出 8 个区直机关副科级岗位、教育系统 4 个校（园）长岗位进行竞争上岗。推行公开选拔工作，推出区教育局副局长、区卫生局副局长 2 个处级行政领导岗位和区卫生防疫站副站长、区江头医院副院长 2 个事业单位领导岗位实行公开选拔。制定《考核领导班子及成员前进行预告的暂行办法》，实行干部任前公示制度，增加干部工作透明度。

2001 年，聘请人大代表、政协委员、离退休老干部等担任干部监督信息员，加强对领导干部 8 小时以外的监督。借鉴“三讲”经验，健全民主集中制，完善民主生活会制度。在全区范围内开展“党风廉政电教片展播月”活动。对全区高层次专业人才进行摸底，建立知识分子人才库。加强后备干部管理，全区市管党政后备干部 17 名，市管企业经营管理后备干部 1 名，市管学科技术带头人后备干部 1 名。区管党政后备干部保持 30 名的常量，实行滚动管理。同年开始，区委宣传部（不含班子）、区文明办、区文化局、区文联、区教育局、区卫生局、区计生局、区科协等部门和下属事业单位干部划归区委宣传部管理，以体现党管干部和党管意识形态领域的要求。

2002 年，制定湖里区党政机关科级职位竞争上岗实施意见，推出 10 个副科级职位实行竞争上岗。试行差额考察制，按不少于 1∶2 的比例对初步人选进行考察，从中选优。对新提任委任领导干部实行试用期制。

2003 年，从原开元区、思明区、鼓浪屿区调入干部 46 名，其中处级干部 12 名、科级干部 20 名。先后抽调 4 批 30 多名处、科级干部到东部重点工程、重点项目以及西海域整治一线锻炼。继续推行科级干部竞争上岗，推出区直机关 10 个副科级职位；法院、检察院 16 个副科级职位进行竞争上岗。全面实行任前公示制、考察预告制、民主推荐制。全年共对 4 批近 40 名干部进行任前公示，对近百名干部进行考察预告，先后组织 3 次全区副处以上干部参加民主推荐。

2004 年，做好撤镇设街的思想动员、组织筹备和班子配备等。全年共有 15 名处级干部、10 名科级干部在区直部门、街道之间进行交流。继续推行科级干部竞争上岗，区直机关推出 23 个科级职位进行竞争上岗。出台湖里区《干部任免投票表决暂行办法》《署名推荐领导干部暂行办法》《干部交流暂行办法》《直属部、委、办、局务会议议事决策暂行办法》《机关、事业单位、国企干部管理暂行办法》。区委常委会（全委会）票决干部 50 名。

2005 年，完成街道分管综治工作的专职副书记（副主任）配备，优化中学校级领导班子结构。配合创建文明城市、征地拆迁、重点项目建设，先后抽调 60 多名干部，确保中心工作的力量。选派 2 名干部到市直部门挂职，选派 6 名区、街干部驻村工作；组织 131 名副处以上干部对市管、区管后备干部人选进行民主推荐；结合部门推荐和考察情况提出市、区后备干部队伍建设人选。全年区委常委（全委会）无记名投票表决干部 20 名。各部门、单位署名推荐干部 58 名，交流干部 37 名，组织全区副处以上干部参加民主推荐会 2 次，参加人数 340 人次，推荐职位 28 个；在街道、部门、企事业单位组织民主推荐 35 次，参加人数达 385 人次。

2006 年，协助市委组织部考察区级领导班子成员；做好党代会的筹备和选务，选举产生新一届区委、区纪委班子。开展公务员登记。印发《关于进一步规范干部管理工作的通知》，明确干部管理权限，完善干部管理体制。组建区委教育工委、教育纪工委，配齐街道党政正职、各街道人大联络工作室负责人，完成对区直各部门、街道班子及其成员的届末考察。建立中学副校长后备干部队伍。参与起草《区国有企业监督管理若干规定》，指导国有企业修改完善集体议事制度。调整成立人才工作领导小组，制定《关于进一步加强人才工作的意见》。

2007 年，协助市委组织部完成区人大、政府、政协班子换届选举。充实基层和一线工作力量，先后抽调 6 批 102 名干部到征地拆迁、项目建设一线锻炼，选派 7 名科级干部到街道挂职。优化调整 23 个部门和部分街道党政主要领导，配齐各街道人大联络工作室负责人，调整充实学校、医院和卫生系统等领导班子。指导区残联、侨联、商会、台联等群团组织完成换届。落实干部任期、交流等制度，年内区委全委会无记名投票表决 21 名处级干部。指导完成区招投标服务中心、市政园林服务中心部分中层以上岗位的公开竞聘。完成首批拔尖人才的推荐、考察。

至 2007 年年底，全区正处（副局）级以上干部 30 名，平均年龄 48 岁。其中，副厅级干部 5 名，平均年龄 49 岁；正处（副局）级干部 25 名，平均年龄 47 岁，全部大专以上文化程度。全区 82 名正处级干部中，大专以上文化程度 77 名，45 岁以下 38 人，女性 12 名；69 名副处级干部中，大专以上文化程度 63 名，45 岁以下 41 名，女性 19 名。

第五节　宣　传

一、理论学习

（一）组织形式

区五套班子学习中心组　由中共湖里区委、区人大、区政府、区政协、中共湖里区纪检委五套班子成员组成，是中共湖里区党组织开展理论学习、理论教育的核心、带头组织。学习中心组采取集中学习和自学相结合的办法，坚持每两周集中学习一次，每次都有中心发言人发言。1995 年，区委学习中心组被市推荐参加省主办的县区以上基层党委中心组学习经验交流会。1996 年，学习中心组成员利用业余时间精研《邓小平文选》原著，重点围绕什么是社会主义、怎样建设社会主义，在掌握理论的科学体系和精神实质上下功夫，区委在县处级领导干部中，组织开展关于十一届三中全会精神、两个根本转变、讲政治、社会主义本质和任务以及十四届六中全会精神等专题理论学习 10 多次。区委书记刘朝勇和区委宣传部部长张萍的调研论文，分别获得福建省思想政治工作优秀论文评选二等奖和厦门市“创新杯”思想政治工作优秀论文一、二等奖，由杨飞鹏执笔的区委署名调研文章《突出三资企业特点，积极开展“双学”活动》获全省基层党员教育调研论文三等奖，被全国基层组织建设联系办公室主办的《基层组织建设情况通报》刊载，为福建省 1995 年、1996 年两年在中央级《情况通报》上发表的第一篇调研文章。1999 年年初，区委下发《关于进一步健全各级党委（党组、总支）中心组学习制度的通知》。同年，中共湖里区委学习中心组接受省委检查组考核，获得好评，学习经验为《厦门日报》所刊载。2002 年，区委学习中心组安排学习讨论 25 次，先后接受省委中心组理论学习和深化“三个代表”重要思想学习的检查，均获好评。2004 年，区委学习中心组安排集中学习讨论 25 次、辅导讲座 6 次，有 10 多篇学习心得在市级以上刊物发表。

各级党校脱产学习　区副处级以上领导干部一般参加市级以上党校组织的理论学习。区党校一般承担科级干部的培训任务。镇党校和村级业余党校主要负责对村（居）两委干部和普通党员进行培训。

专题讲座　区各级党组织根据党员理论学习的需要，不定期邀请有关专家、学者到所在单位举办专题讲座。1995 年，特邀旅美法学博士傅宁为区级领导干部举办“美国现行法律制度与中美贸易往来中应注意的几个法律问题”的专题讲座。这是湖里区首次邀请在国外的专家为党员领导干部举办讲座。

短期培训班　一般由区委宣传部主办，主要培训对象为区管处、科级党员领导干部和基层理论骨干。

基层党组织组织学习　一般由各基层党组织负责组织。形式有定期的“三会一课”、基层组织中心组学习、党员学习日和不定期的短训班、座谈会、讨论会等形式，并结合开展观看党教录像、知识竞赛、演讲比赛、理论问卷测试等活动推动理论学习深入开展。1999 年，区委制定《湖里区干部理论学习考核暂行办法》，推动党内理论学习制度化。

（二）学习内容

建区初期，以学习邓小平建设有中国特色社会主义理论作为宣传思想战线的首要任务。区五套班子成员每周安排两个晚上集中学习《邓小平文选》，要求每人每周必须坚持自学 6 个小时以上。全区副县（处）以上领导干部分期分批赴市委党校参加理论学习。

1994—1995 年，理论学习以《邓小平文选》和《中国共产党章程》为基本教材，以及“社会主义市场经济”理论。同时，结合不同阶段的时事政治，安排学习江泽民总书记在 1995 年春节茶话会上的讲话、李鹏总理视察福建和厦门的讲话、孔繁森先进事迹和其他相关法律、法规知识，以及十四届五中全会精神，省、市、区党代会精神等。

1996 年，理论学习以《邓小平文选》为基本教材，结合学习中共十四届五中、六中全会精神，省、市、区党代会精神和各阶段中心工作，安排“领导干部一定要讲政治”、林炳熙先进事迹、台湾问题专题报告、《湖里区国民经济和社会发展“九五”计划及 2010 年远景目标》等学习内容。

1997年，理论学习以《邓小平建设有中国特色社会主义理论学习纲要》《邓小平论社会主义精神文明建设》《讲学习、讲政治、讲正气》《邓小平经济理论学习纲要》《中共十五大报告》等为主要内容，组织干部群众集中学习悼念邓小平的重要文献、江泽民总书记《在跨越世纪的新征途上一定要高举邓小平同志建设有中国特色社会主义理论的伟大旗帜》的讲话和观看《邓小平》大型文献纪录片。

1998—2000年，结合学习贯彻中共十五大精神，在全区党员干部中开展“进一步解放思想”的大讨论，引导广大党员干部解放思想，开拓创新，准确、完整地理解邓小平理论，适时组织法律、党建、社区建设、财税、房地产等方面的学习。区委宣传部以“湖里迈向新世纪”为题，开展28个课题的理论研究。2000年3月9日，区级领导班子和领导干部的“三讲”教育正式展开。

2001—2004年，重点学习“三个代表”重要思想、“七一”讲话、中共十五届六中全会精神以及全国“两会”精神，适时组织学习台海形势和中国加入WTO后的政治、经济、法律等方面知识。2004年，结合纪念邓小平视察厦门经济特区20周年和邓小平100周年诞辰，开展邓小平理论和邓小平生平与业绩的宣传教育，组织干部群众参加“邓小平生平和思想研讨会”及“纪念邓小平同志100周年诞辰”征文等系列活动。同年，中共湖里区委被市委推荐为全省学习“三个代表”重要思想先进单位，受到中共福建省委的表彰。

2005年，学习中共十六届五中全会精神。区委学习中心组组织学习《胡锦涛总书记在新时期保持共产党员先进性专题报告会上的讲话》和中共福建省委书记卢展工5月21日、7月16日的讲话，组织开展“反分裂国家法”“发展循环经济”“多元化纠纷解决机制与和谐社会的法律问题”等专题学习。

2006—2007年，学习科学发展观和社会主义和谐社会两大纲领，学习《江泽民文选》和中共十六届六中全会、十七大精神，学习省委、市委建设海峡西岸经济区和建设海峡西岸重要中心城市的决策部署。在全体党员中开展“创先、创新、创优”学习教育活动，开展理论征文活动，编辑出版《科学发展观与湖里新一轮跨越式发展实践》文集。

二、宣传报道

（一）队伍和机构

1987年湖里建区至1994年年初，对外宣传主要由中共湖里区委宣传部负责协调。1994年3月初，成立由24名兼职人员组成的湖里区业余通讯报道组。1996年年初，区业余通讯报道组由24人调整为10人，进一步健全新闻报道用稿的统计、奖励制度。

1998年，区通讯报道组获正式编制。截至2007年，有全民事业编制5名。

（二）主要宣传活动

1993年7月，区委宣传部制作反映湖里区禾山镇县后村党支部带领村民走致富之路的党建专题片《小康之路》，被选送到厦门电视台、福建电视台和中央电视台播出，在厦门党建电视专题评比中获二等奖。

1994年5月，制作反映厦门经济特区村民民主自治的专题片《特区农民的抉择》与新闻《“美国访问考察团”对特区农民的参政意识“深感惊讶”》，分别在福建电视台和中央电视台播出。

1996年，在美国《侨报》上做专版宣传，配合区政府组团赴美、日招商，制作中英文版、中日文版的折页1.2万份；专题电视招商片《湖里欢迎您》在美国洛杉矶熊猫电视台播放；刘成福的两幅新闻图片及多篇报道在《人民日报》海外版和中央电视台等中央级新闻媒体发表；介绍禾山镇的专题片在中央电视台《中国小城镇》栏目中播出。

1997年，《福建日报》《中国纪检监察报》及《党建》杂志先后刊载出《一个共产党员的遗嘱》《他无愧于党的多年培育》等报道，介绍老党员吴永守的事迹；同年11月，在《香港商报》《福建通讯》制作4个建区10周年庆典专版。

1998年，开始举办“湖里好新闻”评选活动。陈炳耀、阙全安、陈明辽等人的报道先后在厦门市优秀新闻作品评选中获奖。年内，在《香港商报》做宣传专版，反映湖里区招商引资成果的电视专题片参加全国招商引资成果展。

1999年，成立对外宣传工作领导小组及办公室，对报道组进行调整充实，重申重大新闻报告请示制度。年内配合“9·8”招商制作招商专题片，并制成中英文版的VCD光盘；在《香港商报》制作招商专版；反映湖里区优抚工作的电视新闻在中央电视台第七套节目播出。

2000年，创办“湖里之窗”网络新闻版，每周更新一次。

2001年，在香港《文汇报》制作招商引资专版，在《福建日报》《中华工商日报》制作厦门经济特区建设20周年专版。

2002年，在《福建日报》《福建通讯》、香港《文汇报》和福建电视台制作建区15周年专版和新闻专题。

2004年，区委宣传部先后建立新闻通报会、记者约谈制度，重大事件新闻报道应急措施和领导重要稿件审核制度，进一步完善新闻报道奖励办法，健全新闻报道周统计、月评议、季通报和年总结等工作制度。当年“9·8”投洽会期间先后在《人民日报》《经济日报》《国际商报》《经济参考报》、香港《大公报》《文汇报》《商报》以及《福建日报》开设招商引资专栏；年内，反映征兵工作的1条新闻在中央电视台播出。

2005年，策划各类专版20多个，组织重点新闻近百篇，在辖区重要干道、重要区域设置近100平方米的公益广告。

2006年，出台《湖里区报道组工作制度》和加强全区新闻报道工作意见，健全重大新闻报审制度和新闻工作奖励办法。年内，在《福建日报》等主流媒体和香港《文汇报》《大公报》等境外媒体策划各类专版30多个。

2007年，策划“全国十佳基层检察院”湖里区检察院的先进事迹系列报道；与福建电视台公共频道合作拍摄播出《全景西岸》湖里区电视宣传周节目。编辑出版《辉煌20年》新闻作品集，制作《特区发祥地——湖里》大型电视专题片和反映湖里建区20年辉煌成就的邮册等外宣品，在区新行政中心布置“建区20周年成就展厅”。

三、形势任务教育

建区初期，区委针对部分干部群众存在的“小富即安”，不敢闯、不敢试、只求稳、不求快，满足于温饱的保守思想，开展破除“小市民、小作坊、小生产”的“小农意识”，宣传“发展才是硬道理”的思想，启发干部群众解放思想、转换脑筋、更新观念，树立“大思路、大动作、大手笔”的“大发展、快发展”思想意识，增强加快发展的责任感、紧迫感。

1991—1994年，为江头旧城改造和乌石浦SM商业城建设提供服务，宣传部门全力以赴参与宣传教育和说服动员群众工作，配合有关部门攻克拆迁难题。

1993—1994年，开展换届选举、国防教育、“双拥”共建、“二五”普法、计划生育以及城市文明等专项宣传活动。

1995年后，每年举办科技宣传周、计生工作宣传周，开展土地法、劳动法、征兵工作、依法治区、国防教育及区委、区政府各项中心工作的宣传活动，策划、组织“世妇会”和国庆、元旦、春节、元宵节等节日的群众文体活动。

1998年，在全区范围开展“我与投资环境”的大讨论活动，为改善湖里区的投资环境建言献策；举办纪念中共十一届三中全会召开20周年系列宣传教育活动；配合做好换届选举工作开展宣传；开展环保意识宣传教育活动，组队参加全市“热爱我们共有的家园”知识竞赛，获第一名；配合政法、公安等有关部门开展“严厉打击骚扰三资企业违法行为”专项整治活动的宣传以及基层组织建设、普法工作、公民素质教育、计划生育工作、创卫工作、冬季征兵等工作的宣传。

1999年，发生北约轰炸中国驻南斯拉夫使馆的突发事件，开展群众性的爱国主义教育；开展认清邪教的政治本质和对社会严重危害的宣传；配合查处远华集团走私案，开展打击走私犯罪的宣传教育；声讨、批判李登辉公开鼓吹“两国论”，号召干部群众把立足点放在做好本职工作，为祖国统一大业出力献策上。年内，禾山镇党委、政府在农村青年中开展“五个一”活动，即在全镇青年中开展一次大讨论，引导他们树立正确的人生观、世界观、价值观；建立一个青年培训基地，以提高广大青年的科学文化水平；建立一项禾山青年创业扶持基金，为青年创业提供支持；成立一个农村青年劳动服务站，解决农村青年就业平台问题；树立一批典型，发挥示范导向作用。

2000 年年初，开展“三讲”活动。5 月，湖里区机关和禾山镇后埔村被列为全市的“致富思源、富而思进”教育活动试点单位。区委宣传部协助试点单位建立“两思”教育领导机构，制定实施方案。提出要在增强综合区力、提高人民生活水平、提升城乡文明程度、建设新城区的伟大工程、支援贫困地区共同发展 5 个方面“思进”。

2001 年，开展揭批邪教活动，引导干部群众认清邪教的反人类、反科学、反社会的反动本质。继续抓好移风易俗的宣传教育，加强对民间信仰的引导。继续开展基层的科普宣传，组织全区科普画廊、宣传栏评比。配合查处厦门远华集团走私案，在领导干部中开展警示教育，在机关干部中开展“文明高效、廉洁奉公”的主题教育。

2002 年上半年，围绕“创新”与“优化”两大主题，开展“进一步解放思想、创新观念”的大讨论。年内，针对辖区违法违章建筑屡禁不止问题，区委宣传部门配合区政府开展违法违章建筑专项整治，印发《致全区村（居）民的一封信》，出动宣传车 3000 多台（次），深入各村社及城乡结合部开展宣传教育活动。

2003 年，开展防治“非典”宣传教育活动和“人人为海湾型城市建设做贡献”主题活动。在各行业、各社区开展“道德新风进万家”、“公民道德宣传日”（每年 9 月 20 日）、“三讲一树”（讲科学、讲道德、讲文明、树新风）等宣传教育活动。同年 10 月，换届后的新一届区委提出创建学习型城区的号召。

2004 年，全区建立教育培训网络和学习教育机制，开展群众性读书活动，争创学习型系统、学习型组织、学习型企业、学习型机关、学习型社区、学习型干部、学习型家庭。继续配合征地拆迁工作，开展“弘扬民族精神，人人为海湾型城市建设做奉献”主题教育活动，开展防治高致病性禽流感科普宣传。

2005 年，开展保持共产党员先进性教育活动，推出林国新、盛运昌、叶福伟等一批先进典型人物。同时在全区外来党员中开展“成长在故乡，奉献在特区”的主题活动，在本地和外来青年中开展“爱祖国、爱湖里、建设中心城区从我做起”的主题教育活动。6 月，区委宣传部颁发《全面城市化宣传工作的四条意见》。年内，成立由 56 人组成的征地拆迁工作宣讲团，开展以服务重点工程征地拆迁为主要内容的“四下一上”（把政策法规、就业信息、文艺演出、党的关心送下去，把舆情动态带上来）活动，举办征地农民大型招聘会推介就业和专场文艺宣传演出。当年，宣传部门制定突发事件新闻报道报送制度，及时化解不利舆情，把负面影响消除到最低，为改革开放和社会稳定提供良好的环境保障。

2006 年，开展以“八荣八耻”为主线的社会主义荣辱观教育。组织征地拆迁宣讲团、宣讲组，开展征地拆迁专题宣传。

2007 年，制订社区形势教育计划，强化社区教育平台，开展“提高素质促发展，加速全面城市化”主题教育活动。

第六节　统一战线

一、民主党派和无党派人士工作

（一）制度建设

1989 年，按照中共厦门市委统战部《关于市委同市各民主党派、无党派人士民主协商会制度的意见》文件精神，建立“双月座谈会”制度，就有关大政方针、重大人事安排等与民主党派、工商联进行协商，听取意见。

1990 年，开始贯彻《中共中央关于坚持和完善中国共产党领导的多党合作和政治协商制度的意见》

和《关于进一步加强统一战线工作的通知》。

1991 年，按照市委统战部的统一部署，建立“区政府有关职能部门与民主党派对口联系制度”。

1994 年，建立区“统战工作联席会议制度”和“区委区政府联系党外人士制度”。同年，区委统战部推荐政治合格、能力突出、表现优秀的党外干部参加市委统战部与市委组织部、市委党校联合举办党外干部培训班，形成制度。

1998 年，在各街道（镇）党委配备统战委员和统战干部，村（居）委员会均明确 1 名两委成员负责统战工作。

2001 年下半年，在东渡社区成立“东渡社区统战联谊会”。2003 年 4 月，在东渡社区召开现场会，要求全区各村（居）依托辖区统战资源，开展社区统战工作。

2004—2007 年，在区机关办公楼七楼小会议室开辟“民主党派活动之家”，为党派召开会议及组织各项活动提供场所。中共湖里区委坚持 1989 年以来湖里区在多党合作和政治协商、确保民主党派成员的实职安排和政治安排、支持民主党派加强自身建设和帮助解决实际问题等做法，做好民主党派工作。

（二）组织调研考察

自 1990 年始，每年年初会同区政协政策研究室向民主党派、工商联（商会）和无党派人士通报年度重点调研课题，并商民主党派提出选题建议后行文，年底组织对调研文章评比表彰。同时围绕旧村改造、征地拆迁、文明创建等重点工作开展专题调研，形成调研建议供中共湖里区委决策参考，不少意见和建议受到区领导的高度重视并转化为区委、区政府和有关部门的决策意见，基本形成民主党派参政议政意见和建议报送、批阅、办理、反馈的工作机制。每年组织一次民主党派、工商联（商会）和无党派人士赴外考察。截至 2007 年，累计完成调研课题近 200 篇。

（三）政治安排

截至 2007 年年底，180 名区政协委员中，有非中共委员 122 名；29 名区政协常委中，有非中共常委 20 名；区政协 8 个专委会中，有 5 个专委会负责人为非中共人士。区政协 5 名副主席中，有 2 名非中共副主席。区政府班子中有 1 名非中共人士担任副区长；区政府 18 个组成部门中有 5 个部门配备非中共领导干部，其中担任正职的 3 名；5 个街道中有 2 个街道配备非中共领导干部。全区人大、政府、政协机构中处级以上非中共领导干部中，有无党派人士 52 人。

二、民族宗教管理

（一）机构

2002 年 9 月，成立湖里区民族与宗教事务局，加挂在区委统战部，系区政府的非编机构（非政府成员单位）。2004 年 10 月，升格为统战部部门管理机构。截至 2007 年年底，有人员编制 1 名，由区委统战部副部长林明辽兼区民族与宗教事务局局长职务，与统战部合署办公。

（二）宗教管理

辖区境域历史上传统的佛教、道教和民间信仰氛围相当浓厚。每个村社最少建有一座以上的宫庙，供奉当境神明。清光绪二十六年（1900 年），基督教传入辖区境域，活动地点主要局限在江头一带。湖里建区后，中共湖里区委统战部按照党的宗教政策对辖区内的宗教活动实施管理。1993 年，厦门市宗教事务局依法批准江头基督教福音堂迁建江头新区。1994 年，市宗教事务局先后批准在湖里区复建、扩建佛教寺庙观音寺和天竺岩寺。1998 年，区统战部组织对全区民间信仰活动地点进行全面调查。

2005 年，以国务院颁布实施《宗教事务条例》为契机，组织区、街道、社区各级干部学习《宗教事务条例》和宗教知识。向各个街道和社区发放《宗教事务条例》单行本，各社区出版专题宣传墙报，在人口密集处张贴《宗教事务条例》，扩大宣传覆盖面。组织对《关于建立基层宗教工作责任制的意见》和《关于民间信仰活动管理意见》执行情况的检查，逐步健全“宗教工作目标管理责任书”“宗教突发事件应急处理预案”“宗教问题分析排查制度”等一系列管理制度，将宗教和民间信仰管理工作推上规范化、制度化轨道。

截至 2007 年年底，辖区经市、区两级政府主管部门正式登记的宗教活动场所 7 个，其中基督教江头新区福音堂、乌石浦观音寺为市管活动场所，基督教寨上堂、钟宅活动点、南山路活动点等3个基督教活动场所以及觉性院、仙岳山天竺岩寺等2个佛教活动场所为区管宗教活动场所。全区经政府主管部门登记造册的民间信仰活动场所116个，其中湖里街道11个，殿前街道20个，江头街道14个，禾山街道32个，金山街道39个。按照全国信教群众的比例估算，全区信教群众约6万余人。

（三）民族工作

辖区内钟宅社区为厦门市唯一的少数民族聚居社区。原为钟宅村，1988年恢复为钟宅畲族村民委员会。1993年以来，多次被评为“福建省民族团结进步模范单位”。2002年，获省第五届民族传统体育运动会表演项目一等奖、三等奖，省五届民族传统体育运动会蹴球个人金、银奖牌。2003年，改为社区居委会。2005年，社区钟水胜被国务院评为“全国民族团结进步模范个人”。

区民族与宗教事务局围绕“共同团结奋斗、共同繁荣发展”的目标开展民族工作，推动少数民族社区经济社会事业发展。以钟宅民族村为重点，做好城市民族工作。春节期间，走访慰问钟宅少数民族贫困户、生病困难群众；“六一”前夕，慰问钟宅少数民族师生。2006年，钟宅社区被纳入五缘湾片区开发的中心区域，社区开发定位为五缘湾民俗旅游区，用地面积约73公顷，建筑面积135.42万平方米，容积率1.86。对钟宅村以保护性开发为主，在尊重村落原有街巷布局的基础上，进行重点改造。截至2007年底，片区改造全面展开，钟宅畲族社区安置房A区建设完成总投资的1/3。

三、非公经济人士工作

区委统战部注重对非公有制企业中优秀人才培养推荐，1997—2007年，先后有7人当选市第十一、十二届人大代表，21人当选市第十、十一届政协委员。湖里区第五届选举中，有5人当选区党代表，11人当选区人大代表，27人当选区政协委员。在区第六届换届选举中，有3人当选区党代会代表，10人当选区人大代表，39人当选区政协委员。

四、海外及港澳台联谊

1988—1991年，密切与海外同乡、同行、同宗、同学以及各种社团的联系，增进了解和感情，宣传介绍改革开放政策和湖里区投资环境，扩大交流与合作。

1992年，协助组织成立“湖里区侨乡促进会”，有会员300人。分布在厦门市各区、县。1994年12月，在湖里区侨乡促进会的基础上成立厦门市侨乡促进会。该会致力于促进厦门与泉州、海外的交流与合作。至2007年，厦门市侨乡促进会发展成为拥有2000余名会员、企业会员上千家的社团组织。

1996年，成立“湖里区台胞、金台属联谊会”，扩大同台湾的民间交往，宣传党的和平统一政策，促进海峡两岸的“三通”和特区建设。

1998年，成立“湖里区海外联谊会”（简称区海联会），海联会成员以东南亚国家为主，兼有美国、澳大利亚、新西兰等国家，其中60%为有一定影响和代表性的海外人士。

2001年8月，区海联会组团赴菲律宾及中国香港、澳门等地考察联谊。2001年，接待菲律宾福建总商会、菲律宾龙同海联乡总会、菲律宾宿务禾山公会及中国的香港厦门联谊总会、澳门福建总商会、台湾房地产代表团、金台工商参访团等7个社团近100人。

2004年，区统战系统共邀请和接待10个海外客商团组、230多名海外客商。

2007年，接待新加坡禾山公会、台湾前“法务部长”、马来西亚福建社团联合会、台湾生物科技发展基金会、台北市商业联合会等团体。“9·8”期间，接待阿根廷中华工商企业联合总会和文莱福建会馆、世界越柬寮华人团体联合会、波兰政府考察团等海外团体及台湾“中华经济区域战略协会”、台北市企业家菁英代表团。

第七节　纪律检查

一、机构设置

湖里建区之前，党的纪律检查工作由中共禾山区委、郊区工委、前线人民公社（禾山人民公社、禾山乡）委员会等党组织负责。

1987 年 12 月 19 日，区第一次党代会选举产生中共湖里区纪律检查委员会组成人员。随后，由区纪律检查委员会选出纪委常委 3 名，其中书记 1 名。区纪委在区委领导下开展工作，并接受省、市纪委在工作上、业务上的指导。

区纪委成立之初，内设办公室、控申检查室、案件审理室。

1988 年 5 月，区监察局成立，核定行政编制 3 名。

1993 年 4 月，区纪委、区监察局合署办公，内设办公室、信访室、纪检监察室、案件审理室、党风教育室 5 个科室。实行一套班子、两个机关名称，履行党的纪律检查和行政监察两种职能。

2000 年 6 月，成立区机关效能投诉中心，在区机关效能建设领导小组领导下，负责受理机关效能问题投诉，“投诉中心”依托在区纪检监察机关，核定全民事业编制 3 名。

2002 年 11 月，区纪委机关（监察局）核定行政编制 10 名（含区纪委书记），机关工勤人员事业编制 1 名，其中领导职数 5 名（不含区纪委书记）。内设办公室、党风教育室、信访室、纪检监察室、案件审理室。

2003 年 12 月，区纪委机关（监察局）内设机构调整为：办公室、纪检监察室、审理室、党风廉政建设室、执法监察室（加挂“效能办”牌子）。2004 年 6 月，内设 5 个职能室不变，核定行政编制 12 名（不含纪委书记），处级领导职数 3 名，内设机构领导职数 5 名。

截至 2007 年 12 月，区纪委（监察局）内设机构保持不变，同时在全区 5 个街道、区直各部门、法院、检察院共配有专兼职纪检监察干部 11 人，各基层党支部均设纪检委员 1 名。

历任中共湖里区纪委书记：汪方文（1987. 12—1993. 4）、陈福炎（1993. 10—2003. 9）、梁美丽（2003. 9—2007. 8）、林汉义（2007. 8—2007. 12）；历任湖里区监察局长：冷占远（1988. 5—1989. 9）、印苏程（1994. 3—2002. 7）、苏建设（2003. 9—2006. 7）、丁红斌（2006. 7—2007. 4）。

二、案件查处

（一）合署前案件查处

1. 区纪委

1987 年 12 月—1992 年，区纪委共受理群众来信来访 238 件次，其中属纪检业务范围内的 154 件，占信访总数的 64. 7%，自办率 100%，办结率 98. 94%。涉及党员干部 131 人，其中县处级干部 10 人，科局级干部 32 人。反映的主要问题有：违反政治纪律、以权谋私、违纪占地建房、违反计划生育政策、违反财经纪律等。1989—1991 年，共受理来自三资企业的信访件 36 件，占 3 年信访总数的 20. 81%，其中属于纪检业务内的信访件有 19 件，占业务内信访总数的 16. 18%。办结率 100%。

2. 区监察局

1988 年 5 月—1992 年，共受理群众来信来访 91 件次，属行政监察业务范围内 58 件，共立案查处各类违纪违法案件 33 件，处分党员干部 33 人，其中开除党籍 9 人，留党察看 2 人，给予行政处分 7 人。反映主要问题为监察对象利用职权便利收受好处、受贿、以权谋私、弄权勒索、搞特殊化、道德败坏腐化堕落。1990—1992 年，区监察局业务内举报信访件办结率、上级举报信访查报件办结率、重要举报信访件办结率、重要信访直接办结率均实现 100%。

（二）合署后案件查处

1993 年，枋湖工业区、火炬高新区二期和机场二期重点项目在湖里区征用土地工作全面展开，同时镇、村、组等机构处于换届选举时期。当年第 4 季度开始，区纪检监察机关来信来访数大幅增长。至 1996 年，共收到人民群众来信来访 484 件次，其中属纪检监察业务范围内信访件 409 件次。1993—1994 年，反映农村干部违法违纪的信访件占总信访量的 54. 8%；1995—1996 年，反映干部经济问题的信访件占总信访量的 54. 75%。信访反映对象涉及党员 132 人、行政监察对象 57 人，其中县处级党员领导干部 3 人、科（局）级干部 31 人。区纪委监察局共立案查处各类违纪违法案件 26 件 26 人，其中开除党籍 11 人、留党察看 2 人、行政处分 7 人。

1997—2001 年，共受理人民群众来信来访 752 件次，其中属纪检监察业务内信访件为 725 件次，占总信访量的 85. 10%。涉及党员 267 人，处级以上干部 62 件 55 人，科级干部 30 件 27 人，行政监察对象 177 件 129 人，事业单位主要负责人 46 件 36 人。举报的主要内容为贪污、贿赂、挪用公款等。5 年间，区纪检机关共受理群众检举、控告党员干部不正之风和违纪违法问题的信访件 440 件次。立案查处各类违纪违法案件 50 件，全部给予党政纪处分。其中，撤销党内职务、留党察看和开除党籍 13 人，行政处分 13 人，被依法追究刑事责任 10 人，为 21 名受到失实举报的党员干部澄清事实。

2002—2006 年，共受理人民群众来信来访 744 件次，其中属纪检监察业务范围内 563 件次。信访对象主要涉及处级干部 56 件 33 人，科级干部 25 件 18 人，行政监察对象 149 件 107 人。共立案查处各类违法违纪案件 66 件，其中立案查处“违建”案件 25 件，占 5 年立案总数的 37. 8%；处分党员干部 66 人，其中开除党籍 14 人、留党察看 8 人、撤销党内职务 3 人，给予行政处分 5 人，移送司法机关追究刑事责任 13 人。通过查办案件，直接挽回经济损失 265 万元。区纪委加大对党员违章建房、阻挠重点工程建设案件的查处力度，对 11 起典型案例进行解剖分析，先后发出《参与违法建设的党员干部必将受到党纪国法的严惩》等通报，督促发案单位建章立制，堵塞漏洞。同时，集中主要力量全力支持、配合中央专案工作组查办厦门远华集团特大走私案，配合省纪委查办大案要案。区纪检监察机关以查办党政机关、司法机关、行政执法机关、经济管理部门违纪案件为重点，着力查处处级以上领导干部和基层党员干部贪污、贿赂、挪用公款、失职渎职、徇私舞弊、违法建设等方面的案件。

2007 年，共受理人民群众来信、来访、电话举报 105 件次，通过调查对 21 件反映失实的信访问题及时予以澄清，对反映属一般性问题的 3 名处级干部、3 个单位分别给予廉政点示、信访约谈，并督促限期整改。全年共立案 12 件 12 人，其中涉及违法建设、征地拆迁违法违纪案件 6 起，占立案总数的 50%。结案 12 件 12 人，给予党政纪处分 12 人，通过办案挽回经济损失 103 万元。区纪委会同行政执法部门加大对违法建设、阻挠征地拆迁案件的查处力度。同时，参与和协助市纪委对环岛路五通墩上段征地拆迁虚报冒领 3440 万元补偿款的查处及清退工作。坚持“一案三报告”制度，扩大案件查处的社会综合效果。在查处某党员违纪案件中发现某中介机构弄虚作假的行为，及时提请有关部门将其清退出湖里区评估市场。

截至 2007 年年底，区纪委机关共查处违纪案件 213 件，结案 213 件，其中给予党纪政纪处分 199 人（次）。区纪委（监察局）获省、市级集体表彰 15 次、个人表彰（奖励）12 人（次）。

三、廉政建设

（一）领导干部廉洁自律

1990 年，开展清房工作。4 月，成立区清房领导小组，开展自建私房清查工作。全区党政干部自报建私房 92 人，建房 92 幢，建筑面积 14415. 44 平方米。其中，县处级干部 1 人，科级干部 25 人，一般干部 66 人，处理严重违纪建私房 2 人。

1993 年，针对工程案件较为突出和农村赌博现象较为严重的情况，组织学习省、市纪委下发的文件，通报典型案例，举办反腐倡廉图片展。

1996 年，全区 139 名副处级以上干部及国有企业领导干部和基层所站负责人，参加专题民主生活会和学习自查会，把制止用公款“吃喝玩乐”歪风同清理“小金库”结合起来，加强财务、资金管理，堵住用公款“吃喝玩乐”的源头；建立健全领导干部乘坐小汽车的定编、控购、配用等方面的规章制度，对2家区属国有企业违反规定超标配置2部小汽车进行清退。

1997年，按照《中国共产党领导干部廉洁从政若干准则（试行）》，要求领导干部自觉遵守党纪国法，带头执行中央关于领导干部廉洁自律的各项规定，管好自己的配偶、子女和身边工作人员。建立礼品登记上交制度。开展领导干部住房清理工作，将领导干部住房申报情况张榜公布。在住房超标人员中，退房29人，退房面积2428.16平方米；加租2555.84元；加价购房10人，加价面积334.2平方米，补交加价款25.27万元。

1999—2000年，实行廉政、勤政谈话诫勉制度，把领导干部的廉洁自律工作纳入“三讲”教育范畴。在全区领导干部配偶中深入开展“廉内助”活动，把领导干部的廉政教育延伸到家庭。

截至2001年6月，有40人次登记上缴远华公司水晶模型10个、相机12台、礼金4500元和购物卡2000元。

2002—2003年，开展送收“红包”、使用代币购物券和奢侈浪费等问题的专项治理工作。2003年，有9人14次上缴礼金、礼品、有价证券，清退有关违规款项26万元。严格规范发票报销程序，严格执行公费出国（境）报批制度。清理全区党政机关132辆公务用车，规范领导干部配车用车，遏制公车私用。先后对114名新提拔、试用期满、区划调整重新任命的领导干部进行廉政勤政谈话教育，组织全区260多名科级以上干部参加廉洁自律知识测试。

2004年，中共湖里区委五届三次全体（扩大）会议召开，区委全体委员集体作出廉政承诺。

2005年，建立和完善领导干部廉政档案、任前廉政勤政谈话、述职述廉制度及领导干部外出申报制度。开展治理收、送“红包”，私设“小金库”及党政领导干部拖欠公款工作，建立健全党风廉政建设一月一议制。清理6名干部多占住房，清退用公款为个人购买商业保险12.16万元。规范出国（境）考察活动，全年制止无实质性内容的出省、出国（境）考察团组6批35人次，节省开支32.6万元；35名党员干部主动向区纪委报告出省考察情况。23人（次）上交无法拒收礼金3.7万元。

2006年，区纪委监察局发出《关于严肃纪律确保换届工作顺利进行的通知》，要求领导干部在换届期间严格遵守政治纪律、组织人事纪律、财政纪律，确保换届工作正常、有序开展。结合社区换届，开展社区财务审计工作。严格执行领导干部个人重大事项报告制度。加强对领导干部遵守廉洁自律情况的监督检查。5名领导干部主动上交无法拒收的礼金、有价证券。

2007年，组织2006年以来出国（境）出省的164名党员干部执行外事纪律情况自查，开展利用职务上便利谋取不正当利益专项清理。全区有89人（次）主动报告个人重大事项及出国（境）出省情况，126名处级干部书面报告述职述廉情况，28名新提拔干部接受任前廉政谈话。

（二）纠正部门和行业不正之风

1990年8月23日，国务院召开加强廉政建设、纠正部门和行业不正之风的电话会议后，湖里区在工商局、城建局、公安分局和城市信用社4个单位开展“两公开一监督”（即公开办事制度、公开办事结果、依靠群众监督）试点工作，后逐步推广至财政局、人劳局等18个部门。对农转非、招生招干、发放牌照、摊位分配、罚没财物、住房分配、迁移户口、计划生育等46个项目实行“两公开一监督”。

1991—1992年，在机关中开展“马上就办”活动。

1993—1996年，成立工作小组，整治乱收费现象。1993年，清退“乱收费”84.77万元。开展清理预算外资金和“小金库”、用公款变相出国（境）旅游、减轻农民负担、整治建筑市场等专项治理工作。

1999年，开展“减轻企业和农民负担、纠正行业不正之风”活动。对扰乱“三资”企业正常生产环境进行专项治理；发放“农民负担监督卡”，杜绝向农民乱集资、乱摊派行为，农村电价控制在每千瓦时0.52元以下；整治小学、计划生育指标审批、卫生、建房等方面乱收费现象；纠正医疗行业中的不正之风。年内对公安、城监、卫生、教育、计生和技术监督等部门的行风进行民主评议。

2002年，根据“条块结合，以条为主”和“纠建并举”的原则，区财政局等部门重点开展行风评议。开展医药购销、教育收费等纠风专项治理。加强对相关税费改革的监督，落实减轻基层和企业负担的政策措施。

2003年，实行湖里区政务公开五项制度，即政务公开工作的责任制度、审议制度、评议制度、反馈制度、备案制度。

2004 年，在生产和流通领域开展“诚信经营”活动，在服务行业开展“诚信服务”活动，建设“诚信湖里”。

2005 年，开展部门、单位绩效评估，促进机关效能建设。继续开展禁止教育乱收费、纠正医药购销和医疗服务中的不正之风等专项治理活动。

2006 年，到重点项目建设工地开展“湖里区行风建设基层行”活动，推进重点工程施工队伍行风建设，维护农民工合法权益。区法院共受理拖欠工资案件 89 件，结案 63 件，涉及金额 95.05 万元。

2007 年，在全省率先开展办公用计算机网络使用效能监察工作，设立统一监控平台。开展“行风效能基层行”、网上评议等行风效能考评活动，受理并办结群众效能投诉 38 件。组织 5 个街道、23 个政府部门开展清理和规范评比达标活动，切实减轻基层负担。开展“抓本级、带系统、促基层、求实效”和创建“群众满意基层单位、群众满意服务窗口”活动。在全区推行政府、学校、企业、居委会、医疗等办事公开制度。

（三）党风党纪教育

1988—1989 年，贯彻执行中纪委颁发的《中国共产党党内监督条例（试行）》和《中国共产党纪律处分条例》以及党政机关干部不准经商办企业和到企业兼职以及清理经济环境、整顿经济秩序的规定，在全区开展自查和抽查。以查处的案件为教材，对党员干部进行党风党纪教育。同时树立 7 个先进典型，以弘扬正气。引导党员干部自觉坚持社会主义初级阶段“一个中心两个基本点”。

1990 年，推行“党员目标管理”制度，落实“党小组会、支部委员会会议、党员大会和上党课”制度。区纪委与区监察局组成党风、政风检查小组，在自查的基础上，组织开展抽查验收，寻找党风建设、廉政建设方面存在的不足，制定改进措施，督促整改。

1991—1992 年，以“七不准”作为党风和廉政建设的重要内容。召开全区党员干部普及纪律教育动员大会，通报多起经济领域的违法违纪案件，组织党风党纪教育课，组织中层以上干部进行党纪百题测试，推动党规党纪的再学习。

1993—1994 年，开展党员干部的宣教活动，根据全区党员中农村党员占一半以上和农村党员分散的现状，重点在农村开展电化、渗透式教育。

1996—1997 年，按照建设高素质干部队伍和加强社会主义精神文明建设的要求，开展学习理论、学习党章活动，加强以“讲学习、讲政治、讲正气”为主要内容的党性党风党纪教育。

2000—2001 年，全区党员干部尤其是区级领导干部学习江泽民在中纪委四次全会上的讲话，深化对“治国必先治党，治党务必从严”的认识。结合“4·20”大案的深刻教训和反思，制定整改措施，完善相关制度，提高整改成效。

2003—2004 年，开展反腐倡廉主题教育，完善反腐倡廉“大宣教”工作格局。通过党风廉政建设党课，有计划、分期分批对党员干部群众进行培训。建立健全领导干部谈心谈话制度、信访约谈制度、开展警戒教育，及时打招呼、敲警钟。结合党性党风党纪教育，组织党员干部深入学习《中国共产党章程》《中国共产党纪律处分条例》等党内法规，以增强党员干部的党纪观念、廉政观。

2005 年，开展保持共产党员先进性教育活动，对全区 260 多名科处级干部进行两期党风党纪知识集中轮训；组织全区党员干部学习《“三个代表”重要思想反腐倡廉理论学习纲要》《建立健全教育、制度、监督并重的惩治和预防腐败体系实施纲要》，坚持做到“六有”，即有教材、有计划、有考勤、有辅导、有体会、有交流，增强学习效果；通过参观厦门监狱警示教育基地、剖析典型案例等多种形式，开展警示教育活动。

2006 年，把廉政文化建设纳入湖里区文化建设规划，拓宽反腐倡廉教育的社会覆盖面；要求领导干部严格执行“四项纪律、八项要求”，抓领导干部廉洁自律各项制度规定的落实，加强对主要领导干部执行规定情况的监督检查；做好换届纪律执行情况的监督检查。

2007 年，为“作风建设年”。区委颁发《关于加强领导干部作风建设的意见》及任务分解方案，将任务分解到 26 个部门、单位。提倡和开展“创新、创先、创优”活动，落实“八个坚持、八个反对”，推行“一线工作法”，营造“想干事、能干事、干成事”的氛围。

附：湖里区纪委查处要案纪略

湖里××公司腐败窝串案　1992 年湖里××公司的经济案件，全区共有 9 名党员被立案审查，经查明涉案单位 16 个，涉案党员 13 人，查实受贿万元以上有 7 人，总金额 26.8 万元，经追回 16.4 万元，其中，该公司的原总经理林××（受贿 3.9 万元）及原副总经理廖××、吴××均构成受贿罪。经区纪委常委会研究决定给予林××、廖××开除党籍处分；经区监察局研究决定，给予林××、廖××、吴××行政撤职处分。此案为建区 6 年以来最大的一案，涉及人员最多，金额最大。最终，林、廖、吴 3 人分别被湖里区人民法院判处有期徒刑 3 年缓刑 3 年，有期徒刑 2 年缓刑 2 年及有期徒刑 1 年 6 个月缓刑 1 年 6 个月。

湖里区某局原局长胡××受贿案　1996 年 8 月，区纪委对某局原局长胡××的受贿问题进行立案调查。经查胡在任湖里区某局局长期间，在审批给厦门××公司区财政周转金金额 260 万元过程中，利用职务便利分别两次收受该公司经理陈××贿赂款共计人民币 2 万元。经区纪委常委会研究决定给予胡××开除党籍、开除公职处分。最终，胡××被湖里区人民法院判处有期徒刑 3 年。

湖里区某处单××贪污案　2002 年 4 月，区纪委根据群众举报对单××的贪污问题展开调查处理。经查单于 1996 年 12 月至 1998 年 2 月担任湖里区公证处公证员期间，在负责办理厦门××地产有限公司开发的××房产一期商品房购销合同公证业务时，私下截留公款，并先后两次将截留的公款私分，单××共计分得 6.4 万元。经区纪委研究决定给予单××开除党籍处分。最终，单××被厦门市中级人民法院判处有期徒刑 6 年。

某医院原院长邱××受贿案　2002 年 9 月区纪委根据信访举报决定对邱××存在受贿等问题进行立案调查。经查邱××在任湖里区某医院院长期间，利用职务上的便利，在与厦门××公司合作经营彩色 B 超项目中，为他人谋取利益，先后 4 次收受贿赂 3.3 万元，构成受贿。经区纪委研究决定给予邱××开除党籍处分。最终，邱××被湖里区人民法院判处有期徒刑 2 年 6 个月，缓刑 3 年。

区法院某庭原庭长苏××受贿案　2002 年，湖里区纪委根据信访举报对苏××存在受贿问题进行立案调查。经查苏××在担任湖里区法院某庭庭长期间，利用职务上的便利为他人谋取利益，非法收受执行案件当事人和厦门××拍卖有限公司、厦门××商品拍卖中心业务人员贿赂款共计人民币 3.36 万元，构成受贿。经湖里区纪委、区委组织部研究决定给予苏××开除党籍和开除公职处分。最终，苏××被厦门市中级人民法院判处有期徒刑 2 年，缓刑 2 年。

第八节　政法工作

一、机构设置

（一）常设机构

湖里区社会治安综合治理办公室　1988 年 4 月 16 日，湖里区社会治安综合治理领导小组成立，下设办公室（简称综治办），为其办事机构。1992 年 4 月，湖里区社会治安综合治理领导小组改为湖里区社会治安综合治理委员会，其办事机构仍为综治办。

中共湖里区委政法委员会　1989 年 4 月 19 日正式成立，下设政法办公室，编制 3 人，与湖里区社会治安综合治理办公室为一套人马、两块牌子。办公地点设在湖里区政府大楼。1997 年 6 月定编，有行政编制 7 名、机关事业编制 1 名。2003 年 2 月，办公地点迁至湖里大道 24 号，2007 年 12 月迁至枋湖南路区行政中心。

湖里区海防管理委员会办公室　1992 年 2 月 25 日，成立湖里区海防管理委员会，办公室为其办事机构。

1997 年 6 月 3 日，区委政法委员会（区社会治安综合治理办公室）加挂区海防管理委员会办公室牌子，确定行政编制 7 名，机关事业编制 1 名（含领导职数 2 名）。

2002 年 11 月 7 日，核定中共湖里区委政法委（区社会治安综合治理委员会办公室、区海防管理员会办公室、区打击走私工作领导小组办公室）职能配置和人员编制方案。区委政法委员会（区综治办）行政编制 5 名（含区委政法委书记），机关事业编制 1 名，领导职数 2 名（不含区委政法委书记）。2004 年 4 月 22 日，核定行政编制 6 名（含处级干部 3 名）。

（二）非常设机构

学校及周边治安综合治理工作领导小组及其办公室　1992 年 9 月 29 日成立，依托在教育局。

区、镇（街）治安联防指挥部及办公室　1993 年 4 月 10 日成立。

区政法队伍教育整顿工作领导小组及办公室　1998 年 3 月 9 日成立。

区刑满释放、解除劳教人员安置帮教工作协调小组及其办公室　1998 年 3 月 9 日成立。依托在区司法局。

区综治委禁毒工作办公室　2000 年 5 月 23 日成立。

区综治委铁路护路联防工作领导小组及其办公室　2000 年 5 月 24 日成立，依托在区综治办。

区矛盾纠纷排查调处工作领导小组　2000 年 10 月 8 日成立。

区国家安全工作小组　2001 年 3 月 30 日成立，同年 12 月撤销。

区综治委流动人口管理领导小组及其办公室　2001 年 4 月 10 日成立，依托在区综治办。

区国家安全人民防空工作领导小组及其办公室　2001 年 12 月 6 日成立。办公地点设在区委政法委。

区综治委预防青少年违法犯罪工作领导小组及其办公室　2003 年 6 月 23 日成立，办公地点设在区团委。

SM 商业城周边社会治安专项治理工作领导小组　2003 年 11 月 6 日成立。

区综治委指导人民调解工作协调小组及其办公室　2004 年 10 月 10 日成立，挂靠区司法局。

湖里区治安报警监控系统建设工作领导小组及其办公室　2006 年 5 月 12 日成立，挂靠湖里公安分局。

（三）镇、街机构

1991 年，镇、街均成立社会治安综合治理委员会，下设办公室；区直有下属单位的部门成立社会治安治理领导小组，指定一人专门负责；全区 11 个村委会、15 个居委会、区内大中型企事业单位有 92 个单位成立社会治安综合治理领导小组。

二、社会治安综合治理

1989 年，区政法委制定《1989 年度政法工作实施意见》和《社会治安综合治理规划》，4 月 22 日召开湖里区首次政法工作会议。先后召开禾山镇“群防群治”现场会、“三资”企业安全保卫座谈会和“地方铁路”联防座谈会。制定社会治安防范措施，增设夜间治安联防执勤点，加强主要路口、重要部位和复杂场所的夜间巡逻执勤，组织力量突击整治治安秩序比较混乱的地区。

1989—1994 年，成立区处置突发事件指挥部，建立特警小分队，并由武装部组织民兵治安纠察队作为必要时维护社会治安的后备力量，并建立重要时期情报信息收集制度。加强基层组织建设，建立群防群治网络，推行技术防范，强化社会防范机制。

1995 年，全区各村（居）委会普遍建立综治领导小组和治保委员会，在大部分村（居）委会组建治安巡逻队和护村队，形成基层综治工作网络。1997 年，全区各村（居）委会的护村队、联防队统一更名为治安巡逻队，出台治安巡逻队管理规定。区、镇（街）、村（居）均有综治办公场所，区、镇（街）配备摩托车、汽车和相应的通讯和联络工具，村（居）委会配备对讲机，基本形成协调指挥战斗能力。至 2001 年，全区有专职治安巡逻队 1000 余人、治安纠察队员 107 人。

2002 年 2 月，以高殿村为试点，把村治安巡逻队、卫生执法队和流动人口计生管理组 3 支队伍整合为综合管理中队，统一调度指挥，形成整体合力。在枋湖村安兜社区创建安兜报警求助中心，配备对讲机和固定电话，24小时接受群众求助，迅速便捷处置各种突发事件和案件，充分发挥“联防、联调、联动”的效果。在马垅村推行“都市村庄”物业管理模式，经村民代表大会通过，村民按房屋建筑面积收取0.2元/平方米的管理费用于社区治安经费支出。马垅派出所在商住区内设立社区警务室，推行“三警联动”的警务模式，实行基础共建、资源共享、侦防互动、责任共担、捆绑考核，打防控一体化。康乐社区警务室着手建设社区监控体系，通过闭路监控系统和保安巡逻相结合，全天候对小区动态情况进行监控。截至2002年年底，全区建立17个社区警务室，全区创安活动的覆盖面达100%，城区创安达标90%以上，农村达标70%以上。

2003年，成立以区委书记为组长的建设“平安湖里”工作领导小组，制定《关于建设“平安湖里”工作实施意见》《关于开展创建“文明平安社区”活动意见》《湖里区政法系统建设“平安湖里”争创全国文明城市工作组织机构及其职责》《湖里区治安防控体系三年规划》等文件。社会治安综合治理推行四项新机制，即落实责任新机制、落实基础设施建设新机制、落实外来人口管理新机制和落实经费保障新机制。由社区、派出所、辖区企事业共同承担辖区治安和安全责任，构建社会治安防控体系的“11211”工程（即每一个社区有一个综治工作小组、一个警务室、治保与调解两会、一支群防群治队伍、一个外来人口管理站），强化外来人口的管理和外来人口犯罪情况的调查工作，推广马垅社区引进城市社区物业管理办法，以村规民约的形式向居民筹集社区综合管理费。年内，全区建立警务工作室30个，成立协警大队，招聘协警人员190余人。区综治办同区文明办、社区办、公安分局，围绕健全社区管理机构、完善群防群治网络、落实帮教安置措施、人口管理有序、治安秩序稳定、法制教育深入、维护社区稳定、社会风气良好八条标准和内容，开展创建“平安社区”活动。

2004年，社会治安综合治理以群防群治、构筑社会治安防控体系为中心。推进社区“11211”工程建设，组建社区群防群治队伍，发挥社区的自防作用。改革协警队伍管理模式，由街道与派出所联合招收协警员，明确管理职责和经费保障，全区协警队员达265名，形成点线面相结合，人防、物防、技防相配套的立体型、全方位的治安防范网络。加强对重点路段、重点部位、重点时段、重点行业、重点人群的防范和控制，把警力摆到第一线，提高见警率和警力分布合理性，打压犯罪分子作案的时间和空间。继续推动新建小区实施封闭式管理、楼宇防盗门和防盗网建设，并督促相关单位落实财务室等重要部位的“三铁一器”（防盗铁护窗、铁防盗门、铁保险箱和报警器），推广安装IC卡门禁防盗系统。

2005年，开展创建“平安区（县）”活动。区综治办制定平安中心户长工作职责，在社区和企事业单位分别以居民小组、单位为单元设立中心户长，全区共设立1373个平安中心户长，并为19个社区装备社区治安报警监控系统。

2006年，通过层层签订综治领导责任书，健全“纵向到底、横向到边、上下联动、条块结合”的责任网络，将全区政法综治工作任务细化分解并贯彻落实到基层。根据中央和省、市的通知要求，为区委书记、区长、分管副书记、副区长、街道书记、主任、公检法三长等综治委成员单位共25名主要领导建立领导干部履行社会治安综合治理领导责任绩效档案。各级党政领导发挥政法综治部门“综合协调，组织网络健全，一票否决”的三大机制，加大综治和平安建设的工作力度。用好、用足综治一票否决权，督促相关部门、企事业单位落实维护稳定的领导责任制。

2007年，区政法、综治部门以建设平安湖里、构建和谐社会为主线，增强治安防控体系建设，构建人防、物防、技防三张防控网，开展治保会、调委会、社区警务室“三位一体”的规范化建设，整合协警、物业保安、协管员等力量，做到“人防抓落实、物防抓巩固、技防抓提高、协防抓合力”，加强社区、路面、内部单位的治安防控。全区建成治安执勤岗亭85个，基本构成覆盖全区的网格化巡防网络。在全区开展平安街道、平安社区、平安校园、平安家庭、平安工程、平安行业、平安海域等创建活动，共产生3个平安示范街道、26个示范社区、20户“市平安家庭标兵户”，平安家庭覆盖率达83.47%。

三、法制宣传

1992年3月，将每年的3月定为社会治安综合治理宣传月。

1995 年，开展为期 50 天宣传执法活动，宣传贯彻厦门市人民政府颁布的关于外来人口管理的“二号令”，普及外来人口管理法制化、规范化的观念。

1998 年，配合创建文明安全片区活动开展法制宣传，把群防群治和社区文化等精神文明建设活动结合起来，相互促进，推动创建活动健康发展。

1999 年，宣传贯彻依法治国的基本方略，利用各种文化宣传阵地，开展生动活泼的法制宣传教育，推进依法治区工作。让综治工作的方针、政策深入人心，努力形成“群防群治，群策群力”的氛围。学校把增强法制观念作为提高学生素质的重要内容，在开好法制教育必修课程的基础上，开展好课外法制教育活动。

2000 年，开展综治宣传教育活动，发挥“148”法律服务专线的作用。开展“6・26”国际禁毒日禁毒系列宣传活动，全面启动创“无毒害社区（小区）”活动，加强禁毒工作力度。

2001—2005 年，结合“严打”整治斗争和整顿市场经济秩序等专题活动，宣传宪法、刑法、刑事诉讼法、婚姻法、妇女权益保障法和消费者权益保障法等 20 余部法规，加强对 WTO 基本规则涉外法律知识的宣传普及。

2006 年，按照“手段多样化、载体多元化、内容大众化、运行规范化”的要求开展法制宣传教育，提高群众对平安建设的“知晓率、参与率、满意率”。区综治委通过举办综治和平安建设宣传日活动、召开人大代表和政协委员座谈会、举办民俗活动等形式，开展综治和平安建设宣传。结合治安处罚法的实例举办法律咨询活动，结合外来务工人员公益招聘会发放反诈骗宣传材料。区教育局开展以防范溺水、交通安全、预防食物中毒和消防安全为重点的安全教育，并与区禁毒办联合举办家庭禁毒知识竞赛。

2007 年，继续采用系统化、人性化、多样化、立体化、经常化的宣传方式，以普通市民群众、来厦务工人员、青少年学生等为重点，组织专题文艺演出、制作平安宣传广告牌等系列宣传活动，提高群众对“平安湖里”的知晓率、参与率。

四、专项整治

1989 年，开展同贪污、受贿、投机倒把等经济领域内的严重犯罪活动作斗争以及“扫黄打丑”除“六害”（贩毒吸毒、拐卖妇女儿童、贩卖传播淫秽物品、卖淫嫖娼、聚众赌博、封建迷信）工作。

1990 年，开展“打两流、抓盗抢、挖团伙、攻大案、除六害”行动，抓捕犯罪分子 288 名，摧毁犯罪团伙 17 个 70 人，犯罪窝点 8 个，破获刑事案件 114 起，重大隐积案件 15 起。

1994 年，实施以“除恶、保境、筑垒”为主要内容的“安民计划”。“除恶”即开展“春季严打攻势”“夏季反黑打毒”“秋季侦破会战”等一系列活动，严厉打击流氓恶势力犯罪；“保境”即以公安政法部门为主力军，组织护村队、联防队、保安队、护校队，全面加强社会面的巡逻、控制，保障社会安定；“筑垒”即全面推行居民区、内部单位、企业自身安全防范计划，落实技防、物防措施。区政府拨款 25 万元，由政法委、综治委和公安分局负责组建“湖里报警处理中心”，24 小时备勤，接受社会报警。至 1995 年，全区住宅小区安装技防 235 幢，新落实人防 29 幢，覆盖率达 93%。

1997—1999 年，按照“五个一”标准，即有一个好的领导班子，有一支强有力的多功能群防群治队伍，有一个宣传阵地，有一个安全防范网络，有一个好的治安环境，开展创安全文明小区、安全社区活动。

2000 年，开展揭批邪教组织的斗争，没有出现邪教组织聚众扰乱社会秩序、非法聚集上访事件等违法活动。同年，区委综治委出台《关于开展矛盾纠纷百日排查调处活动的实施方案》，成立区、镇、街矛盾纠纷排查调处工作机构，成功调处各类矛盾纠纷 113 件。

2001 年，开展以打黑除恶为重点的“打黑恶、抓流窜、缴抢暴、清场所”为主要内容的集中统一行动，召开 3 次“严打”公开处理、宣判大会。

2003 年，开展“春季侦破会战”“夏季百日会战”“反路面两抢扬警威”“打击盗窃电力设备及窃电”等专项斗争。

2006 年，开展收缴无牌无证摩托车和管制刀具专项整治工作。全区收缴无牌无证摩托车 2512 辆、各类管制刀具267把。

2007年，开展打黑除恶与打击“两抢一盗”（即抢劫、抢夺、盗窃）、猎狐行动等专项行动。当年打黑除恶工作综合考评位居全市第一。

五、政法队伍建设

1994年，贯彻实施警察法、检察官法、法官法，制定整顿队伍纪律的计划和措施。区公安局颁发《公安干警廉洁自律若干规定汇编》。区检察院编制《关于开展检察队伍思想纪律教育整顿计划》。区法院用两个半月的时间开展“教育整肃”活动。

1998年，开展政法队伍教育整顿。区政法各部门按照省委政法委的要求，围绕中央政法委“四条禁令”、省委政法委“七条禁令”和市委政法委确定的10项对照检查内容，要求每个干警逐条对照检查。完善和强化监督制约机制，对执法活动各个阶段尤其容易出现问题的办案关键环节建章立制，规范操作程序。重新修订6项干部人事等制度，制定便民服务措施，主动为民排忧解难。

2000年，开展“抓三基”（抓基层、打基础、苦练基本功）、“创五好”（依法履职好、业务技能好、群众工作好、队伍建设好、辖区治安好）活动，开展处级以上领导干部“三讲”（讲学习、讲政治、讲正气）教育。区政法各部门进一步建立和完善岗位责任制、首问制、服务承诺制、限时办结制、否定报备制、效能考评制、失职追究制以及学习制度、派车用车制度等，形成比较完善的、可操作性强的制度。

2004年，全区政法系统开展以“公正执法树形象”为重点的学习教育活动。湖里区公安局继续采取签订“党风廉政建设责任状”和“一岗双责责任状”的办法，增强干警自我防范、自我约束和自我保护意识，做到依法办案、依纪办事。区法院以突出“司法公正树形象”教育活动为主线，建立健全审判流程管理制度、开发执行信息管理系统、加大对信访投诉案件的办理力度以及加强制度建设，树立人民法院、人民法官在人民群众心目中的良好形象。

2006年，开展社会主义法治理念教育。区委政法委召开公检法“小三长”和行政执法部门联席会，协调行政执法部门与政法各部门的工作。区综治办分批组织街道分管综治工作的领导到区综治办阅读有关文件，提高基层干部的理论政策水平。

2007年，全区政法系统开展“规范执法行为、促进执法公正”和社会主义法治理念教育活动。通过主题教育活动，全面加强队伍建设，涌现出全国“十佳基层检察院”湖里区检察院、“全省优秀司法所”殿前司法所、全国优秀人民警察林宾、市“十佳爱民民警”卢庆林和王富伟等先进集体和先进个人。

第九节　精神文明建设

一、管理机构

（一）领导机构

1989年1月，湖里区精神文明建设领导小组成立，中共湖里区委副书记陈启坤任组长，副区长吕良星，区委宣传部部长王怀信，区委常委、武装部部长刘宝兴任副组长。1997年，更名为湖里区精神文明建设指导委员会（简称文明委）。湖里区文明委成员单位从初始的24个发展到2007年的37个，包括区委办、区政府办、区纪委办、区人武部、区委组织部、区委宣传部、区文明办、区委统战部、区综治办、区直机关党工委、区发改局、区经发局、区教育局、区科技局、区民政局、区司法局、区财政局、区人劳和社保局、区计生局、区卫生局、区建设局、区文体局、区行政执法局、区市政园林局、区城管办、区工会、团区委、区妇联、各街道、湖里公安分局、湖里交警大队、湖里工商分局、湖里环保分局。区文明委主任由历届区委书记担任。区文明委负责对全区各个时期的精神文明建设工作进行规划、决策和部署。

（二）工作机构

湖里区精神文明建设活动领导小组下设办公室（简称湖里区文明办），1989年1月成立，办公地点设在湖里区委宣传部。1990 年，成为独设机构。1997 年，更名为湖里区精神文明委办公室。湖里区文明办是区委、区政府主管精神文明建设的工作机构。

二、道德教育

（一）社会公德教育

20 世纪 50 年代，湖里人的精神面貌发生巨大变化。在 1958 年的“八二三”炮战期间，湖里人发扬革命英雄主义精神，做出应有的贡献。1963 年 3 月起，湖里人响应毛泽东主席提出的“向雷锋同志学习”的号召，每年都开展学雷锋活动，全心全意为人民服务的观念得到加强。

“文化大革命”中，人们的思想被严重扭曲。“文化大革命”后，思想道德建设进一步得到重视。

1982 年 2 月，开展以讲文明、讲礼貌、讲卫生、讲秩序、讲道德，心灵美、语言美、行为美、环境美和热爱祖国、热爱社会主义、热爱中国共产党为内容的“五讲四美三热爱”活动。共青团员在“学雷锋、树新风”活动中，通过开展“青年志愿者筑城行动”，为社区的孤寡、残障和困难家庭做好事，奉献爱心。湖里街道开展“十佳社区青年”评选，促进社区青年学雷锋，争当文明人，形成热潮。各社区把学雷锋“从社区小事做起”作为活动内容，把“我为人人、人人为我”作为营造社区温馨大家庭的活动口号。1985—1986 年，开展学张海迪和为振兴中华读书活动。

1987 年 11 月建区后，湖里区根据《中共中央关于社会主义精神文明建设指导方针的决议》，将提高市民的思想道德素质和科学文化素质，培育有理想、有道德、有文化、有纪律的社会主义新人摆在首位。1990 年在全区开展社会公德建设。

1991 年，以《厦门市市民文明公约》（简称《公约》）为主线抓好思想道德教育，组织广大干部群众学习《公约》，对照《公约》找差距。在市民中开展“学习文明公约，争当文明市民”活动，在农村开展以“六提倡、六反对”（提倡崇尚科学，反对封建迷信；提倡健康娱乐，反对聚众赌博；提倡婚姻自由，反对买卖婚姻；提倡村邻和睦，反对宗族纠纷；提倡艰苦创业，反对铺张浪费；提倡少生优育，反对计划外生育）为主要内容的移风易俗活动。

1992 年 5 月，湖里街道成立市民文明学校，后改为市民教育中心，湖里区各街道全部成立市民教育中心。区文明办制定《关于加强街道（社区）市民教育中心（学校）建设的通知》，要求教育中心每年设有年度课程计划，做工作总结。

1994 年，结合学习《邓小平文选》，开展思想教育活动。区文明办与区委宣传部、区工会、区妇联、团区委等联合开展“爱我厦门”知识教育及竞赛活动。

1996 年，总结“八五”期间精神文明规划执行情况，制定“九五”精神文明建设规划，将社会公德建设纳入精神文明建设的重要内容。

1998 年，开展“向不文明行为告别”“让路面文明起来”等活动。

2001 年中共中央颁布《公民道德建设实施纲要》（简称《纲要》），湖里区制定《湖里区“十五”期间精神文明建设规划》《湖里区“十一五”期间社会主义精神文明建设规划》《关于加强和改进未成年人思想道德建设的实施意见》《关于贯彻实施〈中国‘小公民’道德建设计划〉的意见》，并以“道德新风进万家”活动为载体，全面推进公民道德建设。

2002 年为湖里区“公民道德建设年”，在全区加大以德治区工作力度。广泛开展“道德新风进万家”“公民道德宣传日”“三讲一树”“七进社区”等活动，把学习贯彻《纲要》融入居民教育之中。举办“学《纲要》庆元宵”“道德新风进万家”“实践‘三个代表’重要思想，弘扬道德新风”“学《纲要》，争当文明市民”等一系列活动，把加强外来人员的公民道德教育作为思想道德建设的重点。

2003 年，举办“实践《纲要》，从我做起”签名活动、歌手赛、专场讲座、演讲比赛、志愿者奉献日、外来员工热爱第二故乡、我为特区增光彩等活动，宣传公民基本道德规范。把公民道德教育与西海域整治、湖里东部开发实际工作相结合。

2004 年，以纪念第二个“公民道德宣传日”为契机，开展“文明・关爱在行动”系列活动，启动“心手相连——志愿者与社区未成年人结对子活动”。

2005年，组织社区、学校等“绿色网吧”开展“公民道德建设网上谈”系列活动和专题讨论等活动。

2006年，围绕“荣辱在心中，文明在湖里”主题，在全区组织开展践行社会主义荣辱观经验交流会等纪念第四个“公民道德宣传日”系列活动。

2007年，开展以“弘扬道德新风·创建文明城市”为主题的“文明重在行动·喜迎盛会佳节”等纪念第五个“公民道德宣传日”专题活动。

（二）职业道德教育

建区后，根据不同行业、不同对象和不同层次开展内容不同的创建活动，在窗口行业开展优质服务竞赛活动，在党政机关开展“创文明机关，做人民公仆”活动。

1990年，根据湖里地处特区窗口的位置特点，加强职业道德建设，党政机关和干部切实改变作风，把职业道德建设渗透到日常工作和服务中去。

1995—1998年，通过开展“满意在基层”活动，以“提高行政效能，改进工作作风”为教育主题，加强职业道德建设。进入21世纪，在全区开展向“全国模范检察院”和市“诚实守信十佳单位”湖里区检察院学习活动。先后邀请市委讲师团的教师为机关及镇街干部开办“学习〈纲要〉，加强公民道德建设”专题辅导课，邀请集美财经学院院长作题为“诚信纳税与投资环境”专题报告；结合预防职务犯罪，提高拒腐防变能力。

2002年，开展“诚实守信，创文明机关，争当人民满意公务员”教育活动，请厦门市讲师团为机关干部上道德教育课，努力建设诚信政府。

2003年，以“诚信湖里”为主题，开展创“三优街”“百城万店无假货示范路”和评选“文明商店”等活动。

2004年，在市场及企业中广泛开展“诚信为本、操守为重”“诚信兴业、文明服务”宣传教育活动，深化非公经济组织的“四比”教育活动，引导广大企业和个体工商业主牢固树立正确的发展观，端正经营管理思想，正确处理局部与全局、竞争与协作、效率与公平、先富与后富、经济效益与社会效益等各种关系，保证经营行为沿着正确方向健康发展；广泛开展创建文明单位、文明企业和文明班组活动，树立诚实守信、奉献社会的良好职业道德和职业风尚。

2005年，继续开展“百城万店无假货”“重合同守信用”“打假维权消费者满意街”及组织评选“文明商店”等活动。开展创建南山路、台湾街、华昌路等“三优街”活动。区卫生局、建设局对群众意见比较大的餐饮卫生、医疗保健、物业管理等方面的问题加强管理，做好调查处理、调解纠纷、化解矛盾等工作。

2006年，加强对律师事务所、会计师事务所、职业中介、租赁中介、婚姻中介等中介组织的管理，把发挥政府部门的管理作用同发挥行业协会、职业联合会等行业组织的自律作用结合起来，依法查处中介组织与企业等经济社会组织合谋欺诈的案件，加强对从业人员的思想政治教育和职业道德教育，引导其自觉按照国家有关法律法规开展经营和服务活动。文化市场开展打击盗版侵权、制假售假的专项整治，整顿和规范娱乐市场、电子游戏和上网营业场所。

2007年，结合机关效能建设，深入开展“创文明机关，做人民公仆”活动。在直接面向社会、服务群众的管理部门和执法部门中推广公示制、首问负责制等工作制度，实施“阳光工程”；各管理部门和执法部门通过设立热线电话、举报电话等方式，建立畅通的渠道，受理群众和企业的举报投诉，接受社会监督。

（三）未成年人思想道德教育

1996年，成立区未成年人思想道德建设领导小组，贯彻落实《中国“小公民”道德建设计划》，强化学校教育的主阵地作用和社区、家庭的教育平台。区教育局选派一批教师常驻社区，建立社区家庭教育学校。至2001年，建成金山社区的少儿科普教育基地、金尚社区的“绿色网吧”、江村社区的青少年科技工作室，建立厦门气象馆、海洋教育船、水产标本馆、大桥博物馆等科普教育基地，建成后埔小学、东渡小学、江头三小等一批“小公民”道德示范基地，东渡小学等一批单位被评为省、市“小公民道德建设”先进单位。

2002—2003 年，结合创建“五好文明家庭”活动，推动未成年人教育向更高层次发展。金尚社区组织“妈妈为孩子种棵树”活动，和通社区在有未成年人的家庭中开展“上一堂好课、读一本好书、看一部好影片、听一首好歌、玩一场健康游戏”活动。区妇联与区教育局联合成立区家庭教育辅导中心，街道成立“家庭教育辅导站”，社区成立家庭教育学校和幼儿心理健康咨询站，普及家庭教育知识，提高科学教子的能力。开展“我是爸妈小帮手”活动，培养孩子从小爱劳动的习惯。

2004—2006 年，成立湖里区未成年人德育教育委员会，制定《湖里区加强和改进未成年人思想道德建设实施意见》《湖里区加强和改进未成年人思想道德建设要做的 10 件实事》《关于贯彻落实〈中共湖里区委、湖里区人民政府关于加强和改进未成年人思想道德建设实施意见〉的目标任务分解》，通过学校、家庭和社区教育“三个重点”，突出城乡结合部未成年人教育、进城务工子女教育和问题少年教育“三个重点”，搞好队伍、阵地、环境“三个建设”，组建江头社区的少年军校训练基地、康乐二小的青少年科普教育基地，金尚社区的小精灵俱乐部等 10 个少年教育基地。在各中、小学开展“学雷锋树新风，争当文明人”实践活动。期间，各学校在“学雷锋月”开展学雷锋“七个一”活动，即开展一次学雷锋主题队会、出一板学雷锋专栏、成立一批学雷锋活动小组、帮社区清理一次卫生、帮家长做一件好事、制定一张悄悄话卡片、到敬老院进行一次慰问。

2007 年 5 月中旬，组织召开未成年人思想道德建设工作联席会，重点部署“学校教育”、“荣辱观教育”、“三爱三讲”教育、阵地建设和“三位一体”示范点建设等 5 个方面的工作。全区确定忠仑苗圃、金尚社区、金山社区等 22 个单位为湖里区青少年校外活动实践基地。各街道利用社区的既有资源，为学生参加社会实践活动提供便利条件。区教育部门下发《关于创建和谐校园的实施意见》，在学校开展尊师文明礼仪、课堂文明礼仪、学生仪表要求等五项内容的文明礼仪教育活动。各学校、社区共开展 80 余场暑期夏令营活动。

（四）家庭美德教育

详见本志第十八篇第三章第三节。

三、创建活动

（一）文明城区创建

湖里区从 1987 年建区开始，在全区范围内开展创建文明城区活动。

自 1988 年始，全区每年 3 月开展由干部群众参加的“全民文明礼貌月”活动，提出创“优美环境、优良秩序、优质服务”的口号。搞好环境卫生，重点解决一个“脏”字；整顿公共秩序，重点解决一个“乱”字；提高服务质量，重点解决一个“差”字。

1990 年，开展福厦路整治和示范路段创建，强化交通管理，重点解决车辆乱停放问题，取缔无证三轮车，确实维护交通秩序。

1991 年，贯彻《厦门市“门前三包”责任管理办法（试行）》，街道办事处和居委会对驻地单位和个体工商户进行摸底，划定每个单位“门前三包”的责任范围，签订责任书，建设区容整洁、环境优美的卫生城区。

1995 年，以创建国家卫生城市活动为契机，实施“环境净化工程”计划，层层签订、落实责任书要求，当年被评为全省“精神文明建设优胜城区”。

1999 年，根据《省精神文明创建活动考评方案（试行）》的通知要求，在社会治安、计划生育、科学技术、教育事业、文化建设、卫生工作、城市建设、环境保护、交通秩序、殡葬管理等十项指标中全面达标，被评为 1998—1999 年度第七届省文明城区“一级达标区”。

2001 年，被评为省第八届“创建文明县城竞赛活动一级达标区”。

2003—2005 年，开展以“人人创建文明城市，个个争当文明市民标兵”、“创一流城区，迎全国考评”为主题的系列创建活动。区各级领导担任各级创建工作第一责任人，召开多次现场会，把创建工作落到实处。全区统一部署，在重点路段开展文明行为督导活动，到各街道、社区开展以“学雷锋见行动，人人参与创建首批全国文明城市”为主题的治理脏、乱、差，“洁净湖里”活动。被市委、市政府授予“创建全国文明城市工作重大突出贡献单位”称号。

2006年，继续争创省级文明城区，开展以“人人创建文明城区，个个争当文明市民标兵”“创一流城区，迎全省考评”等为主题的系列创建宣传教育活动。开展“文明湖里、洁净家园、祥和新年”活动，努力将湖里区建设成一个“基础设施配套、经济社会发展、环境优美舒适、人民生活宽裕”的现代化文明城区。被评为厦门市“2004—2005年度文明城区”和福建省“第九届（2003—2005年度）文明城区”。

2007年，制定区文明委成员单位和文明街道考核方案，组建区级领导督查组、退休干部顾问组等创建工作督查组，改进市容环境卫生月考评办法，建立现场点评与督促整改机制。各街道相应建立新一轮文明城市创建制度，使文明城市创建工作规范化、长效化。对全区市容市貌进行多次检查、点评，先后组织开展“文明湖里、洁净家园、和谐新春”“美丽家园、文明湖里”等活动，通过厦门市第十一届文明城区初评。

（二）文明行业（单位）创建

从1987年湖里区建区开始，在全区范围内开展创建文明单位活动，在“三资”企业中开展创“四优”即“优美环境，优秀员工，优质服务（优质产品），优良效益”活动。厦门华美卷烟有限公司和厦门奋发企业有限公司分别多次获得“全国双优三资企业”称号。“悦华”“厦华”等一批企业通过创建活动提高知名度，创造良好的经济效益和社会效益。至1997年，全区有区级文明单位78家、市级文明单位10家、省级文明单位3家。

1998—2002年，制定《湖里区文明单位建设管理实施细则》。开展“百家窗口优质服务竞赛”“百城万店无假货”活动，落实行业承诺制，规范行业文明用语，树立行业文明形象。加强对医疗、卫生、计生、律师、公证、社会联动体系等窗口行业的职业道德教育，把道德规范融入社会各行各业的管理中。党政机关结合开展“三讲”教育，深入开展“创建文明机关、做人民满意的公务员”活动，通过开展机关效能建设，评选“十佳公仆”“十佳青年公仆”“文明科室”等。

2003—2005年，开展“创文明行业，建满意窗口”活动，加强行业窗口和执法部门规范化制度化建设。根据《文明单位管理实施细则》，加强文明单位的评比、复查等管理。截至2005年，全区有省、市、区级文明单位128家；有省、市、区三级的五好文明家庭11713家；巾帼文明岗39个；青年文明号59个；区优秀青年志愿者服务队6支。同时，根据省、市要求，各级文明单位结合实际，发挥自身优势，开展就业、医疗、就学、技能培训等“扶贫济困，情暖厦门”活动。全区有125个文明单位与区内445户特困家庭结为济困对子。

2006—2007年，出台《区级文明单位标准》等文件，对全区新命名的“文明单位”严格把关，对已命名的单位坚持每年复查一次，不搞荣誉称号终身制。2007年11月，印发《湖里区2006—2008年度文明行业创建竞赛活动责任书》，与区市政园林局等16个单位签订责任书，确定禾山人民法庭等19个基层单位为“创文明行业、建和谐海西”示范点。同年底，开始评选第十二届（2006—2007年度）精神文明先进单位、文明学校、文明社区、军警民共建先进单位、文明家庭、先进个人及文明市民。同年12月，全区有“五好文明家庭”22029个、区级文明单位113个、市级文明单位33个、省级文明单位15个。

（三）文明社区创建

1997年，抓好金尚、吕岭等社区文化建设试点，推动全区精神文明建设和文化建设。

1998年，成立以区委副书记为组长的创建文明安全片区活动领导小组和创建文明安全片区办公室，制定《湖里区关于开展创建文明安全片区活动的意见》。各村（居）委会相继成立创建理事会，镇、街与各村（居）委会创建理事会签订责任书。

1999年，开展科教、文体、法律、卫生、交通、涉台教育进社区和创“三无社区”（无黄丑、无毒害、无邪教）活动。8月，召开区精神文明建设表彰大会，共命名表彰文明单位22家、文明安全片区10个、安全片区9个、文明家庭80户、精神文明建设积极分子41名，推荐市级文明标兵1人、文明市民4名、文明单位6家、文明安全片区5个、文明家庭10户、文明街路1条、军民共建精神文明单位2对、文明村1个。

2000年，改革社区管理体制，建立“条块结合、以块为主”的新型管理模式，强化社区功能。建立有社区单位参加的社区成员代表会议、社区党建联席会议、社区联席会议等制度，整合社区资源；制定《社区自治章程》及管理协约等有关规章。

2001年，成立以区委副书记为组长的创建文明社区活动领导小组，制定《湖里区关于深化创建文明社区活动的意见》，把文明社区建设与强化社会治安管理、创造整洁优美环境、增强社区服务机能、加强文化阵地建设、提高市民素质等实事项目相结合，开展“倡导文明新风，共建美好家园”活动。

2002年，开展创建文明安全社区“八个有”活动，即有创建文明安全社区理事会、有宣传教育阵地、有服务网络、有志愿者队伍、有文体活动场所、有良好的治安秩序、有优美的居住环境、有开展共建文明安全社区活动。同年，吕岭社区被中央文明办、国家民政部授予全国文明社区示范点称号。

2004年推动社区“温馨工程”建设，举办社区运动会、社区文化节、社区中老年秧歌舞比赛、“温馨家园”群众文艺演出。启动“科技保平安”工程，在金尚、马垅、高殿、康乐、金山5个社区建设“科技眼”监控网。

2005年，开展创建“四无”（无卫生死角、无黑网吧影吧、无“牛皮癣”、无没证照经营餐饮店）社区活动。

2006年，组织区第十一届精神文明先进单位和先进个人的评选表彰活动。10个文明社区受到区委、区政府的表彰。

图15-2　蔡塘社区图书室

2007年，组建“社区应急环境卫生保洁与除癣队”“青年志愿者创建队”，推广金尚社区“绿色网吧”建设经验，健全和完善“绿色网吧”管理制度，建立未成年人家庭、学校、社区“三位一体”教育网络。金山、吕岭、东渡、金鼎4个社区被评为省级文明社区。吕岭社区被确定为全国创建文明社区示范点。

（四）军警民共建精神文明

辖区驻军普遍和附近机关、企事业单位建立共建精神文明“对子”，广泛开展军民共创共建活动。截至2007年年底，全区军民共建点有80多个，后坑实业有限公司与某部获省第三届（2000—2002）军民共建先进单位称号，有15对共建单位被评为市级军民共建先进单位（详见本志第二十七篇第三章第一节）。

第十节　信　访

一、机构与制度建设

（一）机构

区信访工作领导小组　1990年8月，湖里区信访工作领导小组成立，由区领导任组长，成员由区委办、区政府办等6个部门组成，各街道信访工作领导小组也相应成立。此后，根据信访工作的需要及人员的变动及时调整和充实信访工作领导小组成员单位。2005 年后，信访工作领导小组成员单位扩大到 31 个部门。历任湖里区信访工作领导小组组长有区长黄祥琪、叶水车、郑栅洁，中共湖里区委副书记李晓彬、陈福炎、陈佳鹏等。

区信访工作紧急处置领导小组 2004 年 1 月，湖里区信访工作紧急处置领导小组成立，由区委、区政府分管信访工作的领导担任正副组长，成员由区信访工作领导小组成员组成，组织、协调有关部门负责群体性上访问题及紧急情况发生时的应急处理工作。下设办公室依托在区信访局。

区信访局 1990 年 7 月，中共湖里区委湖里区人民政府信访局正式设立，历任局长周怡（1997—1999 年）、李天真（2002— ）。

街道信访机构 各街道按照“五个有”（即有信访工作领导小组、有专兼职信访工作人员、有专门的接待场所、有完整的信访工作机制、有一套便民的服务措施）的要求建立完善信访机构，形成完整的区、街信访信息网络管理体系。

区委、区政府还根据实际情况成立临时机构，协调处理上访事件。

“清欠办” 2000 年第四季度成立，成员由建设、劳动、监察、信访等部门领导组成，重点清理拖欠工程款而造成的拖欠员工工资。

处理企业拖欠工资和企业改制信访问题协调领导小组 2002 年 1 月 29 日，根据市委、市政府“两厅”下发的《关于妥善处理企业拖欠工资和企业改制中信访问题的意见》成立，每年 10 月提前部署，相对集中时间和人力物力，开展拖欠工资专项检查，协调处理劳资纠纷。

（二）制度建设

领导接待日制度 1989 年 9 月，开始实行“区领导接待日”制度，定每月 15 日为区领导接待日，随后，各街道也陆续实行领导接待制度。2001 年 5 月 25 日，开通“区长电话”。2005 年 5 月，中共湖里区委、区政府制定《关于进一步加强和完善党政领导信访接待工作制度的意见》，坚持每月 15 日由区委和区政府领导轮流接待群众来访和到挂钩街道接访群众、现场办公制度相结合的原则。

联席会议制度 2004 年 8 月 26 日，全国首次集中处理信访突出问题及群体性事件电视电话会议后，中共湖里区委、区政府建立处理信访突出问题及群体性事件联席会议制度，成立征地拆迁、企业改制、事业单位改制、涉法涉诉、城市建设管理及综合性问题等 6 个专项工作小组。每季度召开一次工作例会，并根据实际情况不定期召开专题信访问题会议。联席会议的重点是推进“事要解决”的力度，促使清理出来的信访案件依法得到妥善处理，信访突出问题及群体性事件上升势头得到有效遏制，有关政策措施和工作机制进一步完善落实。各街道也成立联席会议和各专项工作小组。区联席办和各专项工作小组采取领导包案、下访督查、现场办公、案件通报等措施，解决群众反映较为强烈、可能影响社会稳定的信访突出问题。

重大信访问题领导包案制度 对群众反映强烈的突出问题，实行领导包案，落实包掌握情况、包思想教育、包解决化解、包息诉息访，直至“案结事了”。2007 年，按照“六定五包”（定责任单位、定责任领导、定责任人、定督办单位、定办理要求、定办结时限；包掌握实际情况、包解决困难、包教育转化、包稳控管理、包依法处置）的原则进一步落实重大信访问题领导责任制。

二、主要上访事件

（一）征地拆迁上访

农村征地补偿、安置和城镇房屋拆迁问题引发上访。典型案例有：1990 年 2 月，高殿村 20 多名村民反映高殿一期、二期、三期工程征地安置费处理不合理问题；后坑村某村民从 1990 年开始几十次上访市、区信访部门反映土地征用费问题；1995 年 6 月，吕厝居委会 20 多个老人反映自 1985 年土地被征用后有享受生活补助费，从 1990 年后一直没有给予落实生活安置费；濠头村村民 1998 年 5 月后多次到市、区政府集体上访，反映旧村改造征地拆迁过程中存在的问题；1998 年，县后村民四五十人于“9・8”期间到禾山派出所及村委会上访反映 1993 年厦门机场征用土地未拿到安置费等问题；2004 年 8 月后，原东渡大队濠头、东渡和官任 3 个生产队的农转非居民多次集体上访市政府要求分割原东渡大队办公楼和自行车二厂的征地赔偿款和落实筼筜新市区开发建设公司征用土地时签订的“征地补偿和安置协议”等历史遗留问题；2005 年 1 月，金山街道高林社区田里小组 10 多个居民持社区 100 多名居民的联名信上访市、区信访局，要求解决前哨盐场及盐场比邻的滩涂所有权问题；2007 年，金山街道后坑社区湖边 9 组村民群体到街道办上访，要求提高非住宅拆迁补偿标准；2007 年，枋湖社区村民因被征用的集体土地款未算清而采取堵路的过激行为。

（二）拖欠工资上访

1996 年开始，拖欠员工工资问题频发，特别是建安企业和劳动密集型企业尤为突出，出现多起工人采取集体围堵重要交通要道和政府机关大门或围困企业或在工地以自杀行为相要挟等过激行为。典型案例有：1997 年 12 月，四川籍和江西籍民工 20 多人上访区政府反映大唐世家工地拖欠 5 个月工资；1998 年 1 月 21 日，上百名建筑工人围困大洋房地产公司，要求发放拖欠工资；2000 年 4 月 24 日晚，因永升新城中建四局一公司拖欠工人工资引发 100 多名工人在工地上聚集、闹事；2001 年 8 月 27 日，鸿双辉制衣有限公司 250 多名职工因被公司拖欠工资从后坑沿湖滨北路步行到市政府并围堵市政府大门长达 2 个多小时；2004 年 1 月，湖里景旺工贸公司 41 名被恶意拖欠工资的农民工两次到厦门海沧大桥准备跳海自杀。2006 年，高福塑胶有限公司拖欠工资引发职工组织集体上访。

（三）改制下岗上访

区企事业单位改制、下岗分流补偿、安置问题引发矛盾。典型案例有：1999 年 4 月后，原厦门仪表机床厂 50 多位职工多次上访省、市、区政府，反映企业改制程序不合法；城东机械厂 30 多人多次上访市、区两级政府，反映镇办企业职工退休退职办法不合理；海山制衣厂 100 多名职工到市政府反映企业破产下岗职工安置问题；2000 年，原湖里工程塑料高压软管厂职工集体上访区政府反映华特旅游用品厂 1995 年兼并企业后，未履行协议，拖欠工资和欠缴社保金；2004 年，湖里医院大多数职工反对以“整体出售”方式对医院进行改制，多次大规模集体上访到市、区信访局等。

（四）政策调整上访

重要政策调整和重大举措出台引发部分利益群体强烈反应。典型案例有：1999 年 9 月 1 日起，全面禁止岛外牌照摩托车在岛内行驶，引发关于摩托车管理问题的上访；2002 年 4—6 月，辖区西海域水产养殖业者多次大规模聚集上访市、区两级政府，并采取围堵大门、堵塞交通等过激行为，要求提高补偿标准、延长整治时限和帮助解决生活出路等；《中华人民共和国村民组织法》颁布以后，各村制定的《村规民约》中集体财产分配情况成为上访的主要问题，特别是 2003 年 5 月颁布《厦门市户籍管理若干规定》取消农村户口与非农村户口的差别之后，农村“外嫁女”未能享受普通村民的待遇问题引发五通村、后坑村“外嫁女”多次集体上访，且出现围堵政府大门、在“两会”期间拦访市领导或人大代表等现象。

（五）维护权益上访

20 世纪 90 年代末开始，规划建设纠纷、房地产销售、建筑质量、物业管理收费服务等涉及维护权益的上访增多。典型案例有：1998 年，乌石浦村民多次集体反映拆迁安置房质量问题；2000 年，东渡宝鹭苑 30 多人到市政府反映开发商因违规超建，相关单位不给予办理产权证；2001 年，芙蓉苑三期业主因开发商延期交房、公摊面积偏差等问题多次集会、悬挂大幅标语；2003 年年底至 2005 年，铭爵山庄的部分业主和开发商因物业纠纷多次上访并引发冲突；2005 年，泰和花园业主因逾期交房等多次上访；2006 年，东渡鹭槟大厦多位业主与开发商因房屋质量以及业委会的成立问题发生冲突，厦门港务投资公司高崎港务公司 34 名 1993 年前辞职及被除名的职工因福利问题多次在公司大门口静坐并堵塞港区交通；2007 年，厦华公司退休职工 140 余人因单位停止发放过年过节慰问金及住房补贴多次要求领导对话未果，声称要到市政府静坐。

三、突发事件应急处理

2000 年之后，信访部门开始参与突发事件的应急处理。区信访工作紧急处置领导小组组长、副组长都在第一时间赶到现场，应急指挥，协调处置，安抚群众，维护社会稳定。

2001 年 11 月 12 日，海天路冰青美容美发婚纱摄影中心发生火灾事故，致 4 人死亡。

2003年8月9日，高林村民因违规抢建厂房导致厂房倒塌，致使7人死亡、38人受伤。

2004年2月，住在后坑村后社的外省籍工人因与当地村民打群架未能得到及时处理，引发200多位外省籍工人聚集到市政府上访；同年，发生某自治区少数民族暴力抗法事件并激化为群体性过激上访市政府事件。

2005年12月，利万佳购物广场有限公司拖欠100多家供货商约300多万元货款，引发数百位供货商聚集在利万佳购物商场哄抢商品的事件。

2007年，位于枋湖东路亚倍德家具广场失火，造成38家承租户的商店全部烧毁。

1990—2007年湖里区群众来信来访统计表

表15-4　　单位：次

年　份	来信	来访	其中集体访	来电
1990	47	45	10	—
1991	66	86	8	—
1992	45	53	3	—
1993	64	33	1	—
1994	57	30	4	—
1995	60	31	2	—
1996	103	21	1	—
1997	93	38	1	—
1998	73	90	3	—
1999	93	200	17	—
2000	140	142	16	—
2001	205	114	44	—
2002	152	91	25	—
2003	66	44	13	—
2004	71	54	28	515
2005	176	161	44	805
2006	169	135	48	793
2007	117	144	42	1086

第十一节　档　案

一、机构设置

（一）湖里区档案局（馆）

1998年，成立厦门市湖里区档案局（馆）。成立之初，有1名兼职工作人员。2004年年初，正式配备1名工作人员。2005年，专职档案员增至2人。区档案局（馆）为区委直属事业单位，行使档案管理的行政职能，局馆合一，归口区委办管理。机构规格为正处级，核定编制3名，其中领导1名，档案员2名。2006年12月，机构规格定为正科级。

首任档案局局长为杨运华（2005.11—2007.4）。

（二）基层档案室

湖里建区后，区直各机关各部门、事业单位（学校）、社区陆续设立综合档案室，配备档案装具及保护设备，设有专兼职档案员。区档案局每年组织辖区专兼职档案员参加省、市上岗培训及各项业务培训，街道、社区持证上岗率达100%，2005年全区37个社区都通过社区居委会档案管理合格认定，而后新成立的社区也陆续通过合格认定。禾山镇、湖里街道、区工商局、区法院、区检察院档案室先后被定为省级先进档案室。

二、档案征集与管理

（一）档案征集

区直各机关档案室主要收集整理与本机关有关的文书档案和业务档案，定期将档案移交区档案馆。

湖里区辖区境域原属前线人民公社，隶属厦门市郊区（今集美区）管辖，故1951—1978年形成的部分档案共计163卷存放于集美区档案馆；1956—1983年形成的部分档案约1033卷存放禾山镇档案室。后移交市档案局。1979年成立特区管委会，形成1979—1987年各类档案共计550卷；其间又成立湖里工业区管理局，形成1982—1987年各类档案共计446卷，均移交市档案局。

区档案馆除了征集区直各机关的文书档案和业务档案之外，还广泛征集社会各企事业单位档案和本地资料、重大专项活动档案等。

（二）馆藏

区机关单位档案　1987年建区以来，机关的文件、档案由各科室自行保管，或谁经办谁保管，没有及时收集、整理归档，积压、丢失文件的现象比较严重。2004年档案工作人员到位后，将建区以来机关各单位的文件材料整理归档，并接收1987—1994年的档案进馆，共32个全宗、2393卷，其中文书档案2243卷，专业档案150卷（盒）。

禾山镇档案　2004年，禾山镇撤镇设街，由于库房容量不够，暂由江头街道档案室代为保管，1956—2005年各类档案一万多卷，其中包括一部分前线人民公社档案。

湖里区地方资料　收集当地资料例如湖里区统计年鉴、文史资料、党代会、人代会、政协会议汇编、提案汇编、地方志、族谱等共400余册。

至2007年年底，馆藏全宗40个，馆藏档案3833卷（册），资料1200册。馆藏档案以纸质为主，其中文书档案3553卷，专门档案280卷，2005年开始征集照片、光盘等档案。截至2007年年底，湖里区档案馆历年接收馆藏档案资料数量见表15-5。

2004—2007年区档案馆接收（征集）档案资料一览表

表15-5

年份	总全宗数	文书档案（卷）	专门档案（卷、盒）	照片档案（张）	光盘（张）	族谱（部）	资料（册）
2004	32	2243	150	—	—	—	452
2005	35	250	1	408	8	1	379
2006	39	704	111	97	22	—	205
2007	40	356	18	—	—	—	164
合计	40	3553	280	505	30	1	1200

（三）档案信息化

2005年，进行馆藏档案目录数据录入，建立馆藏档案目录数据库。区直机关各单位每年整理归档的档案数据按照规范录入，当年6月，开通湖里区档案局（馆）网站，展示馆藏照片、音像档案，并实时发布档案信息新闻和区情动态。当年，开始向省、市档案局报送上一年度的各机关档案目录数据。2006

年，馆藏3个阶段档案目录数据库在全市率先通过省、市档案局验收。

（四）业务指导

区档案局对机关各单位专兼职档案员进行热点业务培训，指导区直机关各单位对上一年度的文件材料整理归档，规范档案整理和录入的档案数据。2006年，区政府公布档案局行政执法主体资格及执法依据，同年10月，区档案局制定《湖里区档案系统“五五”法制宣传教育规划》。

三、档案利用开发

（一）档案利用

馆藏档案资料编有手检式目录和机检式目录。机关、企、事业单位凭介绍信可查阅与该单位相关的非密档案。个人凭身份证或介绍信等有效证件可查阅与本人有关的档案。

2005年，区档案局（馆）被湖里区政府指定为政务信息公开场所，负责集中向社会公众提供已公开的现行文件；2007年年底，在区档案局设立政府公开信息查阅点及受理点，成为政务公开的重要渠道。

2005—2007年，档案馆共接待634人次，为党政机关制定发展规划、落实政策、工资调整、职务任免等提供利用档案材料1782卷（册），其中2007年为各单位编写区志提供档案400余卷。

（二）档案开发

2004—2007年，完成《中共湖里区委、区政府部门工作规则和规范文件汇编》《湖里区机构设置文件汇编》《中共湖里区第一届至第五届代表大会简介》《湖里区第一届至第五届人民代表大会简介》《政协湖里区第一届至第五届代表大会简介》《湖里区档案馆指南》《湖里区2000年至2005年教育工作文件汇编》等汇编材料15本。

第十六篇 地方人民代表大会

辖区境域的人民代表大会制度始于1952年，当年春在辖区境域的7个乡实行乡人民代表会议制，成立乡人民政府。

1954年3月，撤销乡级政权，改行区人民代表会议制度，由区人民代表大会选举产生禾山区人民政府。

1958年，召开前线人民公社代表大会，选举产生公社行政领导机构。

湖里区人民代表大会制度始于1987年。是年8月中旬，根据厦门市人大常委会部署，按照《中华人民共和国全国人民代表大会和地方各级人民代表大会选举法》（以下简称《选举法》），湖里区首届人民代表大会代表选举工作正式启动。10月16日，全区投票选举结束，整个选举工作历时60余天。1987年11月，湖里区召开首届人民代表大会第一次会议。至2007年12月，区人民代表大会历经6次选举换届，区人大召开6届，共举行24次会议。

第一章 乡镇人民代表大会

第一节 代表选举

1952年春，在辖区境域开展民主建政。辖区境域时设五通、江头、钟宅、枋湖、湖里、高殿、后坑等7个乡，各乡陆续召开乡人民代表大会，选举产生乡人民政府。代表以土地改革中被评为贫农、雇农和下中农的农民为主，亦有少数社会人士。农民代表由各乡农会推荐，社会人士一般由区公所推荐。各乡代表人数不详。

1954年春，禾山区人民代表大会召开。代表由各乡和原区公所推荐，以贫农、雇农、下中农为主，人数不详。

1958—1979年，前线人民公社共进行7次代表换届选举；1980—1983年，禾山人民公社进行1次代表换届选举；1984—1989年，禾山乡进行2次代表换届选举；1990—2003年，禾山镇共进行5次代表换届选举。

1987年8月中旬至10月中旬，禾山乡第十届人大代表选举与湖里区第一届人大代表选举同时进行。

1990年9月，禾山镇第十一届人大代表选举启动，是年12月底结束，根据《福建省县乡两级直接选举实施细则》的有关规定，选举产生禾山镇第十一届人民代表大会代表82名。

1993年8月下旬，禾山镇第十二届人民代表选举开始，12月15日结束，选举产生镇人大代表79名。当选的代表中，35岁以下的11人，36～55岁的53人，56岁以上的15人；大专以上文化程度的4人，初中以上文化程度的49人，小学以下文化程度的26人；非中共党员代表35人，妇女9人，工人5名，农民63名，干部8名。

1996—2003年，禾山镇第十三、第十四、第十五届人大代表选举均单独进行。

第二节 代表大会

前线人民公社人民代表大会共召开15届会议。其中前线人民公社（1958年10月9日—1979年12月）召开过7届；禾山人民公社（1980年11月—1983年12月）召开过1届；禾山乡（1984年10月—1989年12月）召开过2届；禾山镇（1990年1月—2003年12月）召开过5届。第一届至第八届无资料记述。

第九届人民代表大会共召开3次会议。1984年9月28—29日，第一次会议召开，到会代表182人，因病、事请假3人。会议审议并通过钟文成代表公社第八届管委会所作的工作报告和《乡政府工作条例》以及《乡规民约》《计划生育若干规定》。会议就正、副主任候选人进行充分酝酿，采取差额选举和无记名投票的方式，先选举副主任，后选举主任的程序，选举产生乡政府第九届组成人员。选举结果：主任陈永康，副主任李诗书、陈耀辉、何自文、吴金龙。以差额和无记名投票方式选举叶良等10人为人民陪审员。会议期间，共受理代表提案21件。

第十届人民代表大会共召开2次会议。1987年10月30—31日，第一次会议召开，李诗书在会上作题为《加快改革步伐，振兴禾山经济》的工作报告。会议采取差额选举和无记名投票方式选举产生出乡长、副乡长。乡长何自文，副乡长钟文成、陈建通、陈耀辉、李诗书、吴金龙。1989年2月27—28日，第二次会议召开，陈丁权作工作报告。

第十一届人民代表大会共召开2次会议。1991年1月4—5日，第一次会议召开，何自文代表第十届镇政府向大会作工作报告，钟文成代表第十届人大主席团作工作报告。大会通过选举办法，选举产生第十一届禾山镇镇长陈丁权，副镇长陈耀辉、张明海、黄网友。大会讨论并通过镇政府和主席团的工作报告。

第十二届人民代表大会共召开3次会议。1994年1月26—27日，第一次会议召开，出席大会正式代表79人，卢晓东以《解放思想、真抓实干，为我镇经济振兴和社会繁荣而努力奋斗》为题向大会作工作报告。会议审议和通过列入大会议程的各项报告，依法选举产生镇第十二届人大主席团常务主席何自文，镇长卢晓东，副镇长吴金龙、张明海、黄网友。1995年2月22日，第二次会议召开，卢晓东作政府工作报告，何自文作人大主席团工作报告，陈世才作关于1994年财政预算执行情况和1995年财政预算（草案）的报告。会议审议并通过政府、主席团、财政3个报告。1996年1月22日，第三次会议召开，到会代表73人，会议主要审议政府工作报告。

第十三届人民代表大会共召开2次会议。1997年1月8—9日，第一次会议召开，大会正式代表71人，卢晓东作政府工作报告，会议审议和批准列入人大会议议程的各项报告，选举产生禾山镇第十三届人大主席团主席卢晓东，镇长周克芳，副镇长叶春和、李玉荣、吴国梁、张明海、陈高润。1998年2月14日，第二次会议召开，周克芳作政府工作报告，许成发作人大主席团工作报告，蔡文龙作关于1997年镇政府财政预算执行情况和1998年财政预算报告。

第十四届人民代表大会共召开4次会议。1999年12月28—29日，第一次会议召开，出席会议代表72人。各村（居）企事业单位领导列席会议，应邀出席会议的有区五套班子主要领导，驻禾山辖区部队领导及镇离退休老领导等。会议审议通过《禾山镇人民政府工作报告》《禾山镇人大主席团工作报告》。会议期间共收到有关批评、建议和意见28件。会议选举产生禾山镇第十四届人大主席团主席叶春和，镇长陈高润，副镇长吴国梁、潘南渊、李玉荣、裴再生、张金坪。2000年8月21日，第二次会议召开，因工作调动同意吴国梁辞去禾山镇人民政府副镇长职务。2001年1月5日，第三次会议召开，出席会议代表71人。陈高润作政府工作报告，叶春和作人大主席团工作报告。会议期间收到代表建议、批评和意见共26件。2001年12月28日，第四次会议召开，出席会议代表71人。陈高润作政府工作报告，叶春和作人大主席团工作报告。会议期间，收到代表建议、批评和意见共32件。

2002 年 12 月 28 日，第十五届人民代表大会第一次会议在镇政府二楼会场召开。出席会议代表 70 人，列席和特邀人员有辖区的省、市人大代表，湖里区五套班子主要领导，机关部门负责人，村（居）委会主要负责人，镇属企事业负责人，镇级退休干部。钟伟东以《与时俱进、奋发有为、全力推进禾山农村城市化》为题作政府工作报告，潘安梅作禾山镇 2002 年财政预算执行情况和 2003 年财政预算草案的报告。叶春和作人大主席团工作报告，会议审议和通过列入人大会议议程的各项报告。依法选举产生第十五届人大主席团主席叶春和，镇长钟伟东，副镇长潘南渊、赵海燕、郑陆全、龚建阳。会议期间收到代表建议、批评和意见共 42 件。

第二章　湖里区人民代表大会

第一节　代表选举

一、第一届人民代表大会代表选举

1987 年 8—12 月，举行区第一届人大代表直接选举。

全区总人口 69139 人，划分选区 53 个，确认选民 44227 人，参加投票选举的选民 42524 人，参选率为 96.15%，其中有 13 个选区的参选率达 100%。在 53 个选区中，一次投票成功的有 49 个选区，二次选举成功的 1 个选区，补足代表名额选举的 3 个选区。

此次选举通过选民登记、广泛提名推荐代表候选人、反复酝酿民主协商正式代表候选人和民主无记名投票差额选举等法定程序，从全区选民提出的 355 名初步代表候选人中，产生 96 名湖里区第一届人民代表大会代表（其中解放军代表 1 名）。在 96 名代表中，妇女代表 14 人，非中共党员代表 24 人；按代表身份划分，工人 16 人，农民 26 人，党政干部 18 人，民主党派人士 3 人，知识分子 17 人，归侨、台属、侨属 6 人，少数民族 1 人；按文化程度归类，大专以上 22 人，中专 8 人，初、高中 42 人，小学 24 人。经区选举委员会依法审查确认，此次选出的 96 名区人民代表，完全符合法律要求，全部有效当选。

二、第二届人民代表大会代表选举

根据《中华人民共和国宪法》及《中华人民共和国全国人民代表大会和地方各级人民代表大会选举法》的规定及市人大常委会的统一部署，区人大常委会及其批准成立的区选举委员会于 1990 年起，主持开展区人大代表换届选举，历时 4 个月，于 1990 年 12 月底结束。

选举结果：全区选民参选率为 93.4%。在 58 个选区中，一次性投票成功的有 51 个选区，二次投票成功的 7 个选区，共选举产生湖里区第二届人大代表 124 名，其中女代表 26 名，民主党派、无党派人士 28 名。

此次当选代表平均年龄比上届下降 3.5 岁。经区一届人大常委会代表资格审查委员会审查，当选的 124 名代表均符合法律规定，代表资格全部有效。

三、第三届人民代表大会代表选举

湖里区第三届人民代表大会的选举工作从 1993 年 8 月下旬开始，1994 年 1 月中旬结束。区镇两级人大代表选举同时进行。全区共有选民 57724 人，参加投票选举的有 54741 人，参选率达 94.8%。

此届代表名额，经厦门市人大常委会审核批准为 130 名。区人大常委会根据实际区情，决定留 2 名为机动名额，以备增选。区选举委员会将128名代表名额分配到64个选区进行直接选举，实际选举产生125名人大代表，其中禾山片56名、湖里街道片47名、三资企业20名、驻军2名。在125名代表中，男性代表97名，女性代表28名；中共党员93名，民主党派和非党代表32名；少数民族代表2名。

1994年1月15日，经区二届人大常委会第27次会议审查，确认125名代表均符合法律规定，代表资格全部有效。

四、第四届人民代表大会代表选举

湖里区第四届人大代表选举是地方组织和选举法修改后进行的第一次区人民代表大会换届选举。全区换届选举工作从1998年11月上旬开始，至是年12月9日完成，共选出区第四届人大代表132名。

根据福建省第九届人大常委会第三次会议通过的《关于县级人民代表大会代表名额和常委会组成人员名额的决定》和湖里区三届人大常委会第40次会议通过的《湖里区人大常委会关于区人民代表大会代表换届选举时间的决定》，区第四届人民代表大会代表名额为138名，安排到禾山片63名，湖里街道片50名，企业片20名，中国人民解放军驻辖区代表2名，留机动名额3名。

此届人大代表共计132名，其中湖里街道选举产生50名、企业选举产生19名、人民解放军选举产生2名。1998年12月21日，区三届人大常委会代表资格审查委员会经过对选出的代表资格进行审查，确认选出的132名代表符合有关法律规定，代表资格有效。

五、第五届人民代表大会代表选举

湖里区第五届人民代表大会代表选举，依照法律规定，2003年9月20日至2003年9月23日分别由禾山镇选举办事处、湖里街道办事处、殿前街道办事处和辖区驻军选举产生。全区登记选民109791人（不含驻军），参加投票选民有95807人，参选率达87.26%。

湖里区第五届人民代表大会代表名额为203名。全区79个选区共选出区第五届人民代表大会代表178名，加上解放军代表1名，总共产生代表179名。经区代表资格审查委员会依法对选出的代表资格进行审查，于2003年9月28日区四届人大常委会第51次会议通过，确认选出的179名代表的选举程序符合有关法律规定，代表资格有效。

在179名代表中，初中以下文化程度19人，中专及高中文化程度30人，大专文化程度77人，本科以上学历53人（其中硕士、博士研究生10人）；按政治面貌划分：中共党员142人，民主党派、无党派爱国人士和群众37人；按行业（职业）划分：工农和其他劳动者56人，知识分子41人，党政干部20人；侨台7人；军人1人；女性代表43人。该届选举首次有4名外来人员当选为区人大代表。

五届二次会议后，5名代表因调离湖里区、工作变动等原因辞去或停止代表资格，五届人大常委会第10次会议依法在相应选区组织补选。2004年12月，经区人大常委会代表资格审查委员会审查，补选14名代表，出席区五届人大三次会议的代表188名。

六、第六届人民代表大会代表选举

湖里区第六届人民代表大会代表名额为203名，经区人大常委会决定，安排应选名额189名，预留14名。2007年1月中旬，全区86个选区共选举产生区第六届人民代表189名。同月25日，经区代表资格审查委员会审查认定，此届代表选举工作符合相关法律规定，当选的189名代表资格有效。

当选的代表中，工人代表59名，党政干部代表47名，知识分子代表23人，军人代表3人；全体代表中，老代表96人，妇女代表47人，非中共党员代表45人，企业代表63人，进城务工代表5人，少数民族代表3人。

附：湖里辖区厦门市人大代表名录

厦门市第十届人民代表大会湖里区代表

石兆彬　林柏龄　柯福成　叶水车　王芳灿　何自文　刘与平　叶小楠　卢天赐　何育德　王耀禧　林雅萍　刘纪才　宋秀元　黄和荣　林天偿　鄢棣芳　倪亦祥　苏明华　陈　健　赵惠民　杨仕潮　苏方腾　许甘露　林文布　傅子仪

厦门市第十一届人民代表大会湖里区代表

郑栅洁　林柏龄　刘朝勇　柯福成　钟文亮　林文布　傅子仪　高文川　刘聪德　卢晓东　许财清　苏明华　黄　菱　潘良莺　朱金莲　黄和荣　叶福伟　何为奇　李　虹　李运志

厦门市第十二届人民代表大会湖里区代表

陈修茂　洪再生　李栋梁　王　平　叶春和　何清秋　郭安民　张曰冬　苏文金　陈　琛　陈宏舟　苏明华　傅子仪　吴荣南　钟明和　叶福伟　刘成就　金黎鸣　简小平　陈爱钦　林龙智　张水根　黄格成　柯希平　谢锦树　高文川

厦门市第十三届人民代表大会湖里区代表

王倜傥　刘成就　江承茂　阳广华　苏明华　李栋梁　余友平　陈秀蕊　陈婉婉　邵　华　林　凡　郑先东　赵善仁　胡汉丕　曾清华　马　兰　王正学　宋方青　张继红　陈宏舟　陈宏镜　陈佳鹏　陈凌峰　陈联合　郑栅洁　柳春福　贺菊英　梁美丽　游　丽　叶福伟　庄亨浩　江孔雀　孙大海　李小红　李泉佃　张宗芎　张　馨　陈永红　陈鸿萍　周仁武　柯昌眉　黄志斌　傅晓春　何清秋　黄诗福

注：1983 年至 2008 年，叶文德当选福建省第六届至第十届人民代表大会代表，是湖里区唯一一位福建省人大代表。

第二节　代表大会

一、第一届人民代表大会

第一届人民代表大会举行 3 次全体会议。

1987 年 11 月 20—23 日，第一次会议召开，出席代表 96 人，列席人员 38 人。会议选举产生区第一届人民代表大会常务委员会主任 1 人、副主任 3 人、委员 7 人，区人民政府区长 1 人、副区长 3 人，区人民法院院长 1 人，区人民检察院检察长 1 人；选举出席厦门市第九届人民代表大会代表 22 人；会议还通过区人民陪审员名单。

1989 年 3 月 30 日至 4 月 2 日，第二次会议召开，出席代表 95 人，列席人员 43 人。会议听取和审议通过区《政府工作报告》《1989 年财政预算（草案）报告》以及区人大常委会、区人民法院、区人民检察院的《工作报告》。会议补选区第一届人大常务委员会委员 2 人，传达厦门市第九届人民代表大会第二次会议精神。

1990 年 3 月 7—10 日，第三次会议召开，出席代表 93 人，列席人员 41 人。会议听取和审议通过区《政府工作报告》《1989 年财政决算和 1990 年财政预算报告》以及区人大常委会、区人民法院和区人民检察院的《工作报告》。

二、第二届人民代表大会

第二届人民代表大会举行4次全体会议。

1991年1月22—26日，第一次会议召开，出席代表124人，列席人员43人。会议选举产生区第二届人民代表大会常务委员会主任1人、副主任2人、委员12人；选举区人民政府区长1人、副区长3人；选举区人民法院院长1人，区人民检察院检察长1人。通过区人民陪审员名单。

1992年2月25—29日，第二次会议召开，出席代表19人，列席人员59人。会议听取和审议通过区人民政府、区人大常委会、区人民法院、区人民检察院的《工作报告》；听取区《国民经济和社会发展“八五”计划纲要（草案）》的说明；听取和审查通过区《1991年财政决算和1992年财政预算（草案）报告》。会议还审议通过《湖里区人民代表大会议事规则》，补选区人大常务委员会副主任1人。

1992年11月3日，第三次会议召开，出席代表101人，列席人员9人。会议选举出席厦门市第十届人民代表大会代表23人。

1993年2月17—20日，第四次会议召开，到会代表114人，列席人员75人。会议听取和审议通过区人民政府、区人大常委会、区人民法院和区人民检察院的《工作报告》；听取和审议通过区财政局《1992年财政决算和1993年财政预算报告》。会议还通过大会各项决议，表彰先进代表小组3个、优秀人大代表10位。

三、第三届人民代表大会

第三届人民代表大会举行6次全体会议。

1994年1月15—19日，第一次会议召开，出席代表125人，列席人员68人。会议听取和审议通过区《政府工作报告》《1993年财政预算执行情况和1994年财政预算（草案）报告》；听取和审议区人大常委会、区人民法院、区人民检察院的《工作报告》。选举产生区第三届人民代表大会常务委员会主任1人、副主任3人、委员9人；选举区人民政府区长1人、副区长3人；选举区人民法院院长1人，区人民检察院检察长1人。

1995年2月14—17日，第二次会议召开，出席代表126人，列席人员77人，特邀人员2人。会议听取和审议通过区《政府工作报告》《1994年财政预算执行情况和1995年财政预算（草案）报告》《湖里区依法治区方案》及区人大常委会、区人民法院、区人民检察院的《工作报告》。补选区第三届人大常委会委员2人。

1996年1月23—26日，第三次会议召开，出席代表124人、列席人员79人、特邀人员2人。会议听取和审议通过区《政府工作报告》《湖里区国民经济和社会发展“九五”计划和2010年远景目标》《1995年财政预算执行情况和1996年财政预算报告》及区人大常委会、区人民法院、区人民检察院的《工作报告》。

1997年1月20—23日，第四次会议召开，出席代表123人、列席人员82人、特邀人员3人。会议听取和审议通过区《政府工作报告》《1996年财政预算执行情况和1997年财政预算报告》及区人大常委会、区人民法院、区人民检察院的《工作报告》。会议补选区人民政府区长1人；补选区人大常委会委员1人。

1997年10月23—24日，第五次会议召开，出席代表119人，列席人员15人。会议选举产生湖里区出席市十一届人大代表20人；补选湖里区人民政府区长1人。

1998年2月15—18日，第六次会议召开，出席代表119人，列席人员80人，特邀人员3人。会议听取和审议通过区人民政府、区人大常委会、区人民法院、区人民检察院的《工作报告》；听取和审查批准区财政局《1997年财政预算执行情况的报告和1998年财政预算》。

四、第四届人民代表大会

第四届人民代表大会举行6次全体会议。

1999 年 1 月 10—15 日，第一次会议召开，出席代表 132 人，列席 85 人，特邀 4 人。会议听取和审议区《政府工作报告》；听取和审议区财政局关于 1998 年财政预算执行情况和 1999 年财政预算草案的报告；审查和批准区 1998 年财政预算执行情况的报告和 1999 年财政预算；听取和审议区人大常委会、区人民法院、区人民检察院的《工作报告》。选举产生区第四届人民代表大会常务委员会主任 1 人、副主任 4 人、委员 11 人；选出区人民政府区长 1 人、副区长 5 人，区人民法院院长 1 人，区人民检察院检察长 1 人。

2000 年 1 月 5—8 日，第二次会议召开。到会代表 135 人，列席人员 81 人，特邀人员 3 人。大会听取和审议区人民政府、区人大常委会、区人民法院、区人民检察院所作的《工作报告》；听取和审议区财政局关于 1999 年财政预算执行情况和 2000 年财政预算草案的报告；审议和批准区 1999 年财政预算执行情况的报告和 2000 年财政预算。

2001 年 1 月 7—10 日，第三次会议召开，到会代表 137 人，列席 21 人，特邀 8 人。会议听取和审议通过区人民政府、区人大常委会、区人民法院、区人民检察院所作的《工作报告》；听取和审议批准《湖里区经济和社会发展“十五”计划纲要》《湖里区 2000 年区本级财政预算执行情况的报告和 2001 年区本级财政预算》。审议通过《湖里区预算批准监督办法（草案)》。

2002 年 3 月 10—14 日，第四次会议召开，到会代表 134 人，列席 85 人，特邀 10 人。会议听取和审议通过区人民政府、区人大常委会、区人民法院、区人民检察院的《工作报告》；听取和审议批准《关于湖里区 2001 年财政预算执行情况的报告和 2002 年区本级财政预算》。会议补选湖里区人民政府区长 1 人、区人民检察院检察长 1 人；表彰 2001 年度先进代表小组 3 个、优秀人大代表 10 位、办理代表建议先进单位 3 个。

2002 年 11 月 24—25 日，第五次会议召开，出席代表 134 人、列席 14 人、特邀 3 人。会议选举产生出席厦门市第十二届人民代表大会代表 26 人。

2003 年 3 月 18—22 日，第六次会议召开，出席代表 137 人，列席和特邀人员 107 人。会议听取和审议通过区人民政府、区人大常委会、区人民法院和区人民检察院工作报告；听取、审议和批准区财政局所作的 2003 年区本级财政预算；表彰先进代表小组 3 个、优秀人大代表 11 名、办理代表“议案和建议”先进单位 3 个。

五、第五届人民代表大会

第五届人民代表大会举行 4 次全体会议。

2003 年 10 月 16—18 日，第一次会议召开，到会代表 179 人，特邀人员 44 人。会议选举产生区第五届人民代表大会常务委员会主任 1 人、副主任 5 人、委员 11 人，区人民政府区长 1 人、副区长 7 人、区人民法院院长 1 人，区人民检察院检察长 1 人。

2004 年 2 月 22—25 日，第二次会议召开，出席代表 179 人，列席人员 68 人、特邀人员 29 人。会议听取和审议区人民政府工作报告、区财政局关于湖里区 2003 年财政预算执行情况和 2004 年预算草案的报告及区人大常委会、区人民法院、区人民检察院工作报告。

2005 年 1 月 23—26 日，第三次会议召开，出席代表 188 人，列席人员 71 人，特邀人员 30 人。会议听取和审议区人民政府工作报告、区财政局关于湖里区 2004 年预算执行情况和 2005 年预算草案的报告，审议和批准湖里区 2005 年区本级财政预算；听取和审议区人大常委会、区人民法院、区人民检察院工作报告；补选区第五届人民代表大会常务委员会委员 3 人。

2006 年 1 月 18—21 日，第四次会议召开，出席代表 186 人，列席和特邀人员 60 人。会议听取和审议区人民政府工作报告；听取、审查和批准《湖里区 2006—2010 年经济和社会发展总体规划纲要》；听取、审议和批准湖里区 2006 年本级财政预算；听取和审议区人大常委会、区人民法院和区人民检察院工作报告；补选区第五届人民代表大会常务委员会副主任 1 人。

六、第六届人民代表大会

2007 年 2 月 4—9 日，第六届人民代表大会第一次全体会议召开，到会代表 189 人、列席人员 74 人、特邀人员 32 人。会议听取和审议通过区人民政府、区人大常委会、区人民法院、区人民检察院工作报告；听取和审议湖里区财政局关于湖里区 2006 年预算执行情况和 2007 年预算草案的报告，审议和批准湖里区 2007 年区本级财政预算；选举产生第六届人民代表大会常务委员会主任 1 人、副主任 5 人、委员 13 人，区人民政府区长 1 人、副区长 7 人，区人民法院院长 1 人，区人民检察院检察长 1 人。选举产生厦门市第十三届人民代表大会代表 45 人。

第三节　区人大常委会

一、组成人员

（一）第一届区人大常委会

1987 年 11 月 21—22 日，湖里区第一届人民代表大会第一次会议选举产生区首届人大常委会主任 1 名，副主任 3 名，常务委员 7 名。至 1990 年 3 月 30 日，因工作变动，其中 1 名常务委员辞去区第一届人大常委会委员的职务。

（二）第二届区人大常委会

1991 年 1 月 25—26 日，湖里区第二届人民代表大会第二次会议选举产生区第二届人大常委会主任 1 名，副主任 2 名，委员 12 名。1992 年 12 月，区第二届人民代表大会第二次会议补选区二届人大常委会副主任 1 名。

（三）第三届区人大常委会

1994 年 1 月 18—19 日，湖里区第三届人民代表大会第一次会议选举产生区第三届人大常委会主任 1 名，副主任 3 名，委员 9 名。1995 年 2 月 17 日，区第二届人民代表大会第二次会议补选区第三届人民代表大会常务委员会委员 2 名。1997 年 1 月 23 日，区第三届人民代表大会第四次会议补选区第三届人民代表大会常务委员会委员 1 名。

（四）第四届区人大常委会

1999 年 1 月 14—15 日，湖里区第四届人民代表大会第一次会议选举产生区第四届人大常委会主任 1 名，副主任 4 名，委员 11 名。2000 年 1 月 8 日，区第四届人民代表大会第二次会议补选区第四届人民代表大会常务委员会委员 1 名。2003 年 3 月 22 日，区第四届人民代表大会第六次会议补选区人大常委会副主任 1 名、区人大常委会委员 2 名。

（五）第五届区人大常委会

2003 年 10 月 17—18 日，湖里区第五届人民代表大会第一次会议选举产生区第五届人大常委会主任 1 名，副主任 5 名，委员 11 名。2004 年 4 月 2 日、10 月 13 日及 11 月 16 日，因任职和岗位变动，经区五届人大常委会会议研究通过，共有 3 人辞去区第五届人大常委会委员职务。2006 年 1 月 21 日，区第五届人民代表大会第四次会议补选区人大常委会副主任 1 名。

（六）第六届区人大常委会

2007 年 2 月 8—9 日，湖里区第六届人民代表大会第一次会议选举产生区第六届人大常委会主任 1 名，副主任 5 名，委员 13 名。

湖里区第一至第六届人大常委会主任、副主任名表

表 16-1

届次	职务	姓名	性别	任职时间
第一届	主　任	陈　洛	男	1987. 11—1989. 6
	（代）主任	徐复宽	男	1989. 9—1990. 12
	副主任	徐复宽	男	1987. 11—1990. 12
	副主任	吕岳逢	男	1987. 11—1990. 12
	副主任	吴　中	男	1987. 11—1990. 12
第二届	主　任	柯福成	男	1991. 1—1993. 12
	副主任	徐复宽	男	1991. 1—1993. 12
	副主任	郑　强	男	1991. 1—1993. 12
	副主任	陈善同	男	1991. 1—1993. 12
第三届	主任	柯福成	男	1994. 1—1998. 12
	副主任	徐复宽	男	1994. 1—1998. 12
	副主任	郑　强	男	1994. 1—1998. 12
	副主任	陈善同	男	1994. 1—1998. 12
第四届	主任	洪再生	男	1999. 1—2003. 9
	副主任	黄炳辉	男	1999. 1—2003. 9
	副主任	叶添源	男	1999. 1—2003. 9
	副主任	陈国财	男	1999. 1—2003. 9
	副主任	陈善同	男	1999. 1—2003. 9
第五届	主　任	陈宏镜	男	2003. 10—2007. 1
	副主任	陈慧龄	女	2003. 10—2006. 10
	副主任	陈荣镇	男	2003. 10—2007. 1
	副主任	陈国财	男	2003. 10—2007. 1
	副主任	林新荣	男	2003. 10—2007. 1
	副主任	马明炬	男	2003. 10—
	副主任	叶春和	男	2003. 10—
第六届	主　任	梁美丽	女	2007. 2—
	副主任	陈荣镇	男	2007. 2—
	副主任	陈国财	男	2007. 2—
	副主任	林新荣	男	2007. 2—
	副主任	马明炬	男	2007. 2—
	副主任	叶春和	男	2007. 2—

二、工作机构

1988 年 5 月 28 日，湖里区人大常委会设办公室、法制工作委员会、财政经济工作委员会和教育科学文化卫生工作委员会。

1991 年 3 月，区人大常委会财政经济工作委员会增加城建工作职能，改称为区人大常委会财政经济、城建工作委员会；区人大常委会教科文卫工作委员会增加侨务工作职能，改称为区人大常委会教科文卫、侨务工作委员会。

1994 年 2 月，根据工作性质归类，区人大常委会工作机构调整为一室四委：办公室、法制工作委员会、财政经济工作委员会、城建侨务工作委员会、教科文卫工作委员会。

1997 年 9 月，区人大常务委员会城建侨务工作委员会分设为城建工作委员会和侨务工作委员会。

2003 年 11 月 28 日，为规范区人大常委会机关的机构设置，保持与全市各区人大常委会内设机构的统一性，经区五届人大常委会第一次会议审议通过，区人大常委会法制工作委员会更名为法制内司工作委员会；城建工作委员会更名为城市建设环境资源工作委员会；教科文卫工作委员会、侨务工作委员会合并为科教文卫侨工作委员会。此后至 2007 年 12 月，区人大常委会工作机构均设立一办四委：办公室、法制内司工作委员会、财政经济工作委员会、城市建设环境资源工作委员会和科教文卫侨工作委员会。

历任区人大常委会办公室主任为肖国旗（1988. 5—1990. 5）、沈祥清（1990. 5—1991. 1）、李永刚（1991. 3—1991. 6）、邵金钟（1991. 6—2002. 9）、宋晓华（2002. 9—2004. 11）、陈开惠（2004. 11—　）；法制工作委员会主任为郑荣昆（1988. 5—1994. 2）、华金荣（1994. 2—2003. 11）；法制内司工作委员会主任为华金荣（2003. 11—　）；财政经济工作委员会主任为陈文章（1991. 1—1994. 2）、朱宗昭（1994. 2—1996. 8）、宋晓华（1996. 8—2002. 9）、杨佳音（2002. 9—2004. 10）、王萍萍（2004. 1—2007. 4）、陈丁权（2007. 4—　）；教科文卫工作委员会主任为陈玉堆（1988. 5—1994. 2）、林基丰（1994. 2—2003. 11）；教科文卫侨工作委员会主任为林基丰（2003. 11—2004. 11）、戴团源（2004. 11—　）；城建侨务工作委员会主任为蔡生（1994. 2—1997. 4）；城建工作委员会主任为冯苏进（1998. 2—2002. 9 副主任主持工作）、李明斜（2002. 9—2003. 11）；城建环保资源工作委员会主任为李明斜（2003. 11—　）。

三、派出机构

街道人大代表联络工作室　2006 年 3 月，区人大在所辖 5 个街道设立人大代表联络工作室，作为区人大常委会的派出机构，主要负责联络所在街道的人大代表工作，以方便人大代表反映社情民意。

第四节　行使职权

一、审议决定重大事项

1987 年 11 月，审议通过《关于湖里区一九八八年国民经济和社会发展计划的决议》，作出《关于深化普法教育的决定》。区人大常委会第三次会议审议并确定湖里区国家机关的机构设置方案。

1989 年年初，先后两次听取和审议区政府《关于贯彻执行〈义务教育法〉情况的专题报告》，并于 1989 年 5 月作出《关于湖里区实现九年义务教育规划的决议》。1990 年 8 月，全区正式实施九年义务教育。

1992 年 7 月，审议通过区政府《关于区、镇、街、村引进项目实施情况的报告》，并作出《关于加快我区经济建设步伐的决议》，要求区政府尽快落实江头改造区内企业搬迁用地，加强对外引内联工作的指导和服务，努力改善投资环境，多渠道、全方位开展招商活动，进一步加快全区外引内联工作步伐。至 1994 年 1 月，区第二届人大常委会先后召开 28 次常委会会议，共作出重大决议、决定 17 项，其中有关经济建设的 8 项。

1994 年 1 月—1998 年 12 月，区第三届人大常委会共召开常委会议 43 次、主任会议 96 次，听取并审议“一府两院”工作报告 90 项，5 年间先后作出决定、决议 35 项。区三届人大二次会议作出《关于依法治区的决议》，要求“一府两院”及有关部门结合实际制定依法治理的实施方案，开展依法治区工作。

1999—2003 年，听取并审议行政、审判和检察机关的工作报告 131 个，就湖里区经济、政治、文化等各方面重大事项作出决议、决定35个。

2004—2006年，共举行常委会会议34次、主任会议36次，听取和审议“一府两院”工作报告40次，作出决议、决定30项。3年间，常委会对“招商选资”“项目带动”“腾巢换凤”及大力发展第三产业等事关全区发展的关键性问题，进行深入的调研，依法做好相关重大事项的审议和监督。常委会审议区政府提交的《湖里区2006—2010年经济和社会发展总体规划纲要》和《关于编制湖里区2006—2010年经济和社会发展总体规划纲要的说明》，在区第五届人民代表大会第四次会议上予以通过。此外，常委会听取并审议区政府提交的《关于撤销禾山镇建制，设置江头、禾山、金山街道办事处的议案》，作出《湖里区人大常委会关于撤销禾山镇建制，设置江头、禾山、金山街道办事处的决定》；听取并审议区政府关于在公民中开展法制宣传教育第五个五年规划的报告，通过关于在湖里区开展“五五”法制宣传的决议。

2007年，共听取审议区政府及其部门、区法院、区检察院的专项工作报告16项，讨论并作出重大事项决定、决议4项。是年，常委会听取并审议区政府《关于区街财政体制运行情况的报告》。常委会主任会议分别听取区政府《关于工业园区建设及企业入驻情况报告》和国税局、地税局关于湖里区税源结构及税收增长情况的通报，就加快湖里区工业园建设、加大招商引资力度、重视解决企业外迁、注重产业结构调整、强化护税、理税等关系全区经济持续发展等问题提出建议。

二、人事任免

1988—1990年，区第一届人大常委会依法任免国家机关工作人员46人次，其中任职43人次、免职3人次。被任免的干部中，行政机关15人次，审判、检察机关24人次，人大机关7人次。另外，常委会还对一名违纪干部作出撤销职务的决定。

1991—1993年，区第二届人大常委会依法任免人大机构和“一府两院”工作人员56人次，其中任命40人次、免职16人次。

1994—1998年，区第三届人大常委会依法任免国家机关工作人员133人次，其中任命92人次、免职41人次。

1999—2003年，区第四届人大常委会根据区政府区长、法院院长、检察院检察长的提请，依法任免国家机关工作人员283人次。该届人事任命增加任命前组织拟任人员进行法律知识考试并递交任职承诺书以及任命后颁发任命书等程序。此外，还对7位人大选举和常委会任命的“一府两院”人员开展述职评议。

2004—2006年，区第五届人大常委会依法任免国家机关工作人员139人次。

2007年，区第六届人大常委会依法任免国家机关工作人员117人次。

三、法律监督

1987年建区伊始，区人大常委会邀请法律专家对全区机关干部作辅导报告，在全区开展“宪法宣传日”活动。

1988—1990年，多次对辖区内的食品生产、经营单位贯彻落实食品卫生法的情况和药品经营单位贯彻落实药品管理法的情况进行检查和视察，责成有关部门对违法单位分别给予批评、经济罚款、停业整顿等处罚。还先后检查监督《中华人民共和国审计条例》《中华人民共和国经济合同法》《中华人民共和国刑事诉讼法》《中华人民共和国行政诉讼法》《治安管理条例》《工商行政管理条例》《幼儿园管理条例》《中华人民共和国归侨侨眷权益保护法》《福建省扫除文盲暂行条例》等10余个法律、法规在区境内的贯彻落实情况，并针对存在的违法现象，责成有关部门及时整改、纠正。

1991—1993年，先后对企业法、统计法、土地管理法、城市规划法等有关经济法律法规的实施情况进行检查和监督，还组织人大代表和相关人员重点检查义务教育法、工会法、妇女权益保障法、兵役法、省计生工作条例及全国人大常委会作出的《关于加强社会治安综合治理的决定》等专项法律法规在区境的贯彻实施情况。

1994—1998年，每年听取法院、检察院关于打击经济犯罪和刑事犯罪情况的工作报告及关于贯彻执行刑法、刑事诉讼法、法官法、检察官法等有关法律法规情况的报告，针对执法队伍中个别人员对自己要求不严等问题，要求“两院”继续加强自身队伍建设，努力提高干警素质。还组织40余次对劳动法、教育法、台湾同胞投资保护法等8部法律法规的执法检查。

1999—2003年，先后组织检查劳动法、村民委员会组织法、消防法、《医疗机构管理条例》等20余部法律、法规实施情况，并配合省、市人大常委会对区境贯彻执行教育法、《厦门市归侨侨眷权益保障条例》等10余部法律法规的情况进行检查。针对山林管理资金不到位、执法和管理力度不够等问题，根据森林法的有关规定，提出区、镇政府要把山林管理经费纳入财政预算，进一步加强森林保护执法队伍建设。通过对医疗机构贯彻执行法规条例的情况进行检查，推动区政府加大打击非法行医力度，合理规划全区卫生医疗机构布局。

2004—2006年，听取湖里区公安分局关于贯彻执行《中华人民共和国治安管理处罚法》和区综治办关于创建“平安湖里”、构建和谐社会情况报告，提出进一步加强社会治安工作的建议。区人大常委会组织人大代表就社会治安管理处罚法、义务教育法、计划生育法等法律法规在区内的落实情况开展检查。

2007年，贯彻实施《中华人民共和国各级人民代表大会常务委员会监督法》，推进湖里区新一轮跨越式发展。是年，区人大常委会先后对公务员法、行政许可法等法律法规实施情况进行监督。

四、调研视察

1988年，区人大常委会组织部分代表进行10次专题调查和视察。翌年，区人大常委会各工作委员会共开展专题调查22次，写出调查材料15份。

1991—1995年，组织人员到江头改造区进行调查，提出加强危房居民安置的意见，要求区政府在综合开发建设中，把危房居民的安置工作放在首位，确保危房居民及时得到安置。还针对自来水厂扩建、医务人员住房、三资企业职工公寓等为民办实事项目，进行调查研究和检查监督，责成区政府采取有效措施，办好这些实事。

1996—1999年，每个季度均组织代表开展1～2次调研视察活动，还邀请市人大代表与区人大代表联合视察。监督、视察项目有乡镇企业、重点工程建设、社会治安综合治理、城市管理、妇女儿童权益保护、食品卫生、教育督导、“康乐二小”规划建设、湖里大道东段和仙岳路东段建设项目等。

2000年，组织机关工作人员对农村基层民主政治建设、农村道路建设改造、农村贫困户等情况进行课题调研。先后到镇（街）、村（居）60余次，召开座谈会35场，发放调查表554份，直接到户入室征求意见119人次，形成2万余字的书面报告，提出10余条建设性意见。

2004—2006年，针对全面城市化进程中区境内富余劳动力转移和被征地农民的就业、社保、医保，外来员工子女的就学等问题开展调查研究，促成区政府及相关部门解决被征地人员就业、社保、医保及外来员工子女就学等问题。

2007年，组织人大代表就解决失地人员生活状况进行调查，发动街道人大代表联络工作室和社区人大代表参与社会养老保险宣传，推动政府加强就业和社会保障工作。是年，区政府促进2690名被征地人员和城镇下岗人员转移就业，完善“土地换社保”奖励政策，财政补贴4124.8万元，帮助8050人参加社会养老保险。

五、议案督办

1987年11月20日，在区第一届人大第一次会议预备会上，首次通过并实施湖里区人民代表大会会议议案（包括建议、批评、意见）办法。

1988—1990年，坚持每年召开主任会议和常委会议各1次，专门听取议案办理情况的报告。3年间，区一届人大代表提出的135件批评、意见、建议（包括12件由议案转为重要建议），做到件件有答复。其中，兴建湖里及东渡市场、湖里影剧院、东渡小学及塘边小学校舍、延伸湖里公交线路等建议陆续得到采用和落实。

1991—1993年，区第二届人大代表提出议案3件，建议、批评、意见267件。其中，3件议案均授权常委会审议办理。区人大常委会经调查研究和听取有关可行性报告，审议通过“兴建金山自来水厂”和“兴建高林农贸市场”2件议案，交由区政府及有关部门付诸实施；另一件议案，因所反映的问题已得到解决，常委会将此议案列为代表建议。对于代表提出的267件代表建议、批评和意见，在大会闭幕后进行分类整理，并会同区政府办公室联合召开交办工作会议，专门就办理工作进行部署，全部办结并答复代表。

1994—1998年，区三届人大代表提出议案、建议452件，内容涉及经济建设、社会生活、精神文明和环境保护等各个方面。其中，“扶持居委会经济发展”“加快禾山卫生院建设”“加快农村有线电视网建设”“加强机关廉政建设”等5件议案列入大会议案交由区政府办理。属于辖区职权范围内的285件建议移交各有关部门办结。不属于辖区职权范围的167件建议，由驻区市人大代表向市人民代表大会提出，转交市有关部门办理。

1999—2003年，区四届人大代表提出议案4件，建议、批评和意见299件。区人大常委会通过召开办理工作汇报会、跟踪办理、回访了解等活动加强督办，促使议案办理落到实处。其中关于钟宅、高林、五通3个村海界认定、加强社区工作、解决村两委离任后生活待遇、加快湖里二建体制改革等议案、建议，都得到解决。

2004—2006年，区五届人大及其常委会共受理代表议案2件，建议、批评和意见371件，全部办结。

2007年，区人大代表在区六届人大一次会议期间提出的议案、建议、批评和意见共141件，其中属于辖区职权范围的118件，于7月中旬全部办结。

六、信访受理

历届区人大常委会均由1名副主任分管人大信访工作，在人大办公室内设立信访科（或信访中心），指定专人负责。日常信访由办公室统一登记，按照“分级负责，归口办理”的原则，转交有关单位或部门办理，督促催报办理结果。对来信来访反映的重大问题，必要时召开主任会议专门听取汇报，或会同有关部门组成调查组进行调查，责成有关部门办理。

1987年11月至1989年年初，受理代表和群众来信12件，接待群众84人（次）。

1991—1993年，受理人民群众来信145件，接待来访336人次。

1994—1998年，受理代表和群众来信来访900余件次，其中来信318件，来访600余人（次）。

1999—2003年，受理人民来信257件，来访1000余人次。

2004—2006年，受理信访151件，接待来访364人次。

2007年，受理群众来信32件，接待群众来访38批74人次。

第十七篇　地方人民政府

1949年11月，在辖区境域设立厦门市人民政府的派出机构禾山区公所。1952年春，在五通等7个乡建立乡人民政府。1954年，成立禾山区人民政府。早期地方各级人民政府的主要政务是巩固新生政权，开展军事斗争，开展农业合作化运动，发展农业生产。1958年"人民公社化"之后，辖区境域进入"政社合一"的人民公社阶段，开展军事斗争仍旧是主要政务之一，"以阶级斗争为纲"成为长期的指导思想。1980年后，台湾海峡两岸结束军事对峙的紧张气氛，辖区境域各级政府工作重点转移到现代化建设上来。

1987年湖里区人民政府成立后，经济建设和各项社会事业进入快速发展期。湖里建区之初，制定的发展战略是：以加强城市管理为重点，努力完善工业区投资环境，大力发展综合性、外向型区、乡经济和发展农村商品经济，办好菜篮子工程，服务特区建设。1991—1993年，实施"稳定提高第一产业，开发改造第二产业，大力发展第三产业"的发展战略。1994—1998年，实施"推进东部工业园区的开发建设，加快旧区的开发改造，依靠科技进步发展高新产业"的战略，构造"湖里特色经济框架"，促进全区外向型经济向高层次发展，经济规模总量大幅度快速增长。1999—2003年，实施"工业立区、三产富区、城乡联动"的发展方略，突出"农村抓城市化、经济抓后劲、城区抓社区建设"的工作重点，实现"农村城市化"的重大转变。2004年后，湖里区着手实施"加快开发东部，繁荣中部，优化西部，南联北进，统筹发展"的城市化拉动战略，主动融入海峡西岸经济区建设和厦门新一轮跨越式发展，全力推进经济结构、城区布局、人文环境"三个优化"，开始现代化中心城区的新一轮建设发展。

第一章　建区前地方人民政府

第一节　机构沿革

一、禾山区公所

1949年10月19日，中国人民解放军厦门市军事管制委员会接管原禾山区公所。同年11月成立新的禾山区公所，为厦门市人民政府的派出机构。区公所设在吕厝。

1952年春，辖区境域时设五通、江头、钟宅、枋湖、湖里、高殿、后坑等7个乡，各乡陆续召开乡人民代表大会，选举产生乡人民政府。

二、禾山区人民政府

1954年3月，撤销乡级政权，改禾山区公所为禾山区人民政府，为一级政权。1955年12月，改称禾山区人民委员会。

历任厦门市人民政府禾山区公所区长和禾山区人民政府区长为方针（1949.11—1951.8）、张坚朴（1951.8—1952.7）、吴国成（1952.7—1957.7）。

1958年1月，成立厦门市人民政府郊区行政办事处，随即撤销禾山区人民委员会，实行郊区行政办事处管大乡体制。辖区境域设立江头、五通、高殿、钟宅等4个大乡，直属郊区行政办事处管辖。

三、前线人民公社管委会

1958年10月，成立政社合一的厦门前线人民公社。1961年10月，改革人民公社体制，将前线人民公社分为几个小公社，同时恢复禾山区。1963年5月，又撤销禾山区，恢复政社合一的前线人民公社。

公社行政机构为管理委员会，内设机构有办公室和农业、工业、文教、商业、财经、水产、林业水利、内务劳动、武装保卫等10个科室，有干部64人。1959年春，体制整顿后，内设机构保留管委会办公室，撤销其余科室，改设11个基本核算单位。此后，内设机构多次变更。1966年，“文化大革命”开始。1967年2月初，禾山“革命造反派”组织“革联”（“革命到底联合总司令部”）发起“夺权”行动，取代原公社管委会。此后，“革联”和“促联”（促进革命大联合总司令部）两派“群众组织”发生对立，引发流血冲突。1968年9月，成立中国人民解放军支“左”部队代表、革命干部代表和群众组织代表“三结合”的前线人民公社革命委员会。内设办公室、生产组、政工组、人保组等机构。此后，又逐渐恢复武装部、妇联、团委等机构。

1980年11月，前线人民公社改名为禾山人民公社，公社内设机构基本不变。

四、禾山乡人民政府

1984年10月，撤销政社合一的禾山人民公社，成立禾山乡人民政府。内设机构有计生办、治安办、企业站、经管站、民政办、文化站、侨务办、体委、爱卫办、老年协会、农村站、农技推广站等。1987年8月，禾山乡从郊区划出，隶属湖里区。

五、禾山镇人民政府

1989年5月，撤销禾山乡，成立禾山镇，实行镇管村体制。镇政府内设机构有办公室、综治办、计生办、重点办、企业站、经管站、民政办、财政所、文化站、侨务、体委等。后又增设综合执法队，土地管理站、乡企办、复退军人两用人才服务办、高新技术公司、环卫处、外来人口管理站等。

1994年，镇政府内设工作部门改称为11科4办2委1所，即政府办、土地管理科、企业管理科、人事劳务科、经济管理科、计生委、计划统计科、农业机械管理科、农业技术推广科、司法科、民政科、教育科、文化卫生科、绿化办、侨务办、财政所、体委、综治办等18个科、委、办、所。

2000年5月，析出高殿、马垅设立殿前街道，为湖里区政府派出机构。

2000年10月，镇政府内设科、委、办、所合并成立六大综合办公室，即党政办、社会事务办、经济管理办、综合治理办、城镇建设办、计划生育办。上级政府部门派驻机构有4个派出所、2个工商所、2个税务所、1个土地所、1个档案室、1个法庭。

2004年6月，福建省人民政府批复撤销禾山镇，设立禾山、江头和金山3个街道办事处。

六、湖里街道办事处

1981年8月7日，撤销湖里农业大队与东渡农业大队建制，设立湖里街道，划归厦门市开元区。1981年9月18日，湖里街道办事处正式成立，为开元区人民政府的派出机构。1987年11月，湖里街道划归湖里区。

第二节　施政纪略

一、禾山区公所与禾山区人民政府政务

（一）巩固政权

新的禾山区公所成立初期，主要政务是发动成立农民协会，开展“二五”减息运动，组织民众拥军支前，废除保甲制度，开展剿灭土匪和肃清特务斗争，巩固新生政权。1950年，开展镇压反革命、打击恶霸地主运动。组织开展“抗美援朝，保家卫国”运动，发动青年参军，组织捐款捐物支援朝鲜前线活动。开展禁毒、禁赌、禁娼工作。

（二）实行土地改革和互助合作

1951年9月至1952年年初，开展土地改革运动，3963户、15191个农民分享从地主、富农手中没收的土地、房屋、粮食和农具等财产。

1953年2月，试办农业生产初级合作社。同年，开始贯彻粮食统购统销政策。

1955年，试办农业生产高级合作社。1956年，全区成立13个高级社。1957年，全区20个高级社合并成为3个高级社。

（三）开展军事斗争

1951年1月，开始贯彻中国人民解放军福建省军区颁布的《民兵组织暂行条例（草案）》，开始在全区组织民兵。1955年7月后，将民兵分为基干民兵和普通民兵，基干民兵同时又是一类预备役人员。辖区境域设有泥金、浦口、凤头、下边、仓后、钟宅、墩上、前哨盐场等前沿哨所，常年由荷枪实弹的基干民兵放哨执勤。组织民兵开展训练、战备执勤、反突袭、反偷逃以及支前参战成为地方政府的重要工作。

二、郊区时期人民公社管委会政务

实行郊区行政办事处直接管理大乡体制期间，影响最大的政务活动一为1958年3月开始发动“大跃进”运动，生产方面浮夸风、瞎指挥盛行。“深耕一尺半”“密植规格2寸×2寸”，甚至出现“移苗并丘”的荒唐做法。水稻亩产“放卫星”，产量从500公斤飙升至2000公斤、2500公斤、4000公斤。农业生产遭受重大损失。

1958年8月，组织各乡民兵支援、参加“八二三”炮击金门。详见本志第二十一篇。

1958年10月，成立前线人民公社，强调“一大（规模大）二公（公有制）”，实行“一平（平均分配）二调（无偿调拨）”；劳动组织上实行半军事化。前线人民公社组织民兵师，把部队的营、连、排建制移植到农村；生活上强调集体化，大办公共食堂，实行半供给制。公社化后继续开展“大跃进”，大队每日积肥上报60万担（1担=0.05吨）还要被“拔白旗”，假报100万担、120万担才能过关。同时，掀起“全民办厂”“大炼钢铁”运动，全公社上报创办工厂323个。群众戏称说：“三担牛粪叫做化肥厂，晒两斤蚝干也叫做水产加工厂。”公社在殿前、湖里等地建土高炉、土炼钢炉炼钢铁，没有铁矿石，连社员家中的铁门窗也拆去充当原料，时称“工业抗旱”。全公社调集上千劳力大炼钢铁，折腾近一年时间没能炼出一炉铁、一寸钢。“大跃进”期间，还开展修建田间道路、兴修水利等农田基本建设。1960年，建成湖边水库，各生产大队陆续修建一批山塘水库、引水渠，对于改善农业生产条件、提高粮食产量发挥重要作用。20世纪60年代初，在强调粮食生产的同时，开始发展蔬菜种植，蔬菜生产收入成为农业总收入的重要部分。

1964年开始，“农业学大寨”成为政务工作的重要内容。

1966年“文化大革命”开始后，“造反派”造反夺权，派性斗争逐步升级，人民公社组织管理工作受到严重冲击。

1968年后，局势得到控制。但政务工作多年贯彻“两个阶级、两条路线斗争为纲”的指导思想，极

“左”思潮泛滥，农民多种几棵瓜菜，也被以“割资本主义尾巴”的名义制止。这期间开展的“农业学大寨”“建设大寨县”运动，在生产方面以农田基本建设为主要内容，辖区境域各生产大队普遍开展平整土地、建设“大寨田”的活动，公社还组织高殿湾、埭辽湾、钟宅湾围垦，将海湾改造成耕地、盐田或水库。

中共十一届三中全会之后，政务工作重点转移到经济建设上来。农业政策作出重大调整，在农村实行生产责任制，1982 年全面落实家庭联产承包责任制。农村经济由相对单一的粮菜种植转变为根据市场需求和农民意愿进行生产。

三、禾山乡政府政务

撤销禾山人民公社、改设禾山乡之时，正值厦门经济特区从湖里 2.5 平方公里范围扩大到厦门全岛。乡政府主要政务是在稳定和完善生产责任制的同时，深化改革，调整产业结构，扶持“两户一体”（专业户、重点户和新的经济联合体）的发展，为厦门经济特区提供更多、更丰富的农副产品，同时大力发展乡镇企业，增加农民收入。1984 年，全乡扶持发展“两户一体”1000 多个。1985 年，全乡经济总收入 6697 万元。

四、禾山镇政府政务

1989 年撤乡建镇为原禾山地区城市化建设起步的标志。政府继续贯彻“稳定粮油，扩大蔬菜，大力发展‘两水’（水果、水产）和镇村企业，积极开展外引内联”的经济发展方针，逐步以工、农、林、牧、副、渔全面发展的大农业经济结构取代过去封闭、僵化、单一的小农经济模式，由计划经济向商品经济转变。1990 年，禾山镇经济总收入突破亿元大关；人均收入 1800 元。1992 年，禾山镇注重发展高产、优质、高效农业，同时加大招商引资力度，开发建设工业小区。1995 年，全镇经济总收入 14.18 亿元，财政收入 4724 万元，经济实力名列全省 971 个乡镇第六位，获国家民政部授予的“乡镇之星”称号。

1996 年之后，实施“外向带动”战略，继续贯彻“大中小项目一起上，港台侨外都欢迎”的招商引资方针，促进全镇经济的迅速发展，经济总量急剧扩大。城市化步伐进一步加快，每年都有行政村实现“农改居”。1997 年，全镇经济总收入 22.59 亿元，财政收入 6742 万元。2001 年，全镇社区居委会发展至 6 个。2003 年，全镇经济总收入达 38.5 亿元，工业总产值 31 亿元，财政总收入 1.86 亿元，农民年人均收入 8355 元。当年，全部农业行政村完成改制，建立社区居委会。

五、开元区湖里街道政务

20 世纪 80 年代初期到中期，主要政务为处理农村城市化过程中涉及的征地拆迁、人员安置等问题，同时依托地处湖里工业区、交通便利、消息灵通等区位优势，凭借优惠政策和丰厚的回报条件等超常规举措，发展街办企业。

第二章　湖里区人民政府

第一节　领导班子和工作机构

一、领导班子

1987年11月20—23日，湖里区第一届人民代表大会第一次会议召开，选举产生区政府组成人员，标志湖里区人民政府正式成立。截至2007年年底，共产生5届区政府领导班子，其中第一、第二届任期3年，第三至四届任期5年，第五届任期3年，第六届任期开始至本志时间下限仅有1年。

第一至六届湖里区人民政府区长、副区长名表

表17-1

届次	职务	姓名	性别	任职时间
第一届	区　长	黄祥琪	男	1987. 11—1990. 10
	副区长	叶水车	男	1990. 10—1991. 1
	副区长	陈永康	男	1987. 11—1991. 1
	副区长	吕良星	男	1987. 11—1991. 1
	副区长	周天赐	男	1987. 11—1991. 1
	代区长	叶水车	男	1990. 10—1991. 1
	副区长	陈慧玲	女	1990. 10—1991. 1
第二届	区　长	叶水车	男	1991. 1—1994. 1
	副区长	陈永康	男	1991. 1—1994. 1
	副区长	吕良星	男	1991. 1—1993. 6
	副区长	周天赐	男	1991. 1—1994. 1
	副区长	陈慧玲	女	1991. 1—1994. 1
	副区长	黄炳辉	男	1993. 3—1994. 1
	副区长	骆怀东	男	1993. 4—1994. 1
第三届	区　长	叶水车	男	1994. 1—1996. 8
	副区长	陈永康	男	1994. 1—1997. 1
	区　长	陈永康	男	1997. 1—1997. 4
	副区长	陈慧玲	女	1994. 1—1999. 1
	副区长	骆怀东	男	1994. 1—1994. 12
	副区长	刘　凯	男	1994. 3—1995. 6
	副区长	洪巩堤	男	1994. 12—1997. 3
	副区长	叶添源	男	1996. 12—1999. 1
	副区长	陈荣镇	男	1996. 12—1999. 1
	副区长	陈国财	男	1997. 4—1999. 1
	副区长	郑珊洁	男	1997. 7—1997. 10
	代理区长	郑珊洁	男	1997. 7—1997. 10
	副区长	李溪任	男	1998. 10—1999. 1
	副区长	魏　刚	男	1998. 10—1999. 1

续表17-1

届次	职务	姓名	性别	任职时间
第四届	区　长	郑栅洁	男	1999. 1—2002. 2
	副区长	陈慧玲	女	1999. 1—2003. 10
	副区长	陈荣镇	男	1999. 1—2003. 10
	副区长	李溪任	男	1999. 1—2003. 10
	副区长	魏　刚	男	1999. 1—2002. 11
	副区长	周克芳	男	1999. 1—2003. 10
	副区长	李栋梁	男	2002. 2—2002. 3
	代理区长	李栋梁	男	2002. 2—2002. 3
	区　长	李栋梁	男	2002. 3—2003. 10
	副区长	刘翔云	女	2002. 11—2003. 5
	副区长	陈远志	男	2002. 11—2003. 10
第五届	区　长	李栋梁	男	2003. 10—2007. 2
	副区长	周克芳	男	2003. 10—2007. 2
	副区长	陈远志	男	2003. 10—2007. 2
	副区长	蔡良涯	男	2003. 10—2007. 2
	副区长	阮跃国	男	2003. 10—2004. 9
	副区长	傅晓春	女	2003. 10—2007. 2
	副区长	陈国荣	男	2003. 10—2007. 2
	副区长	陈永茂	男	2003. 10—2006. 3
	副区长	王　中	男	2004. 9—2007. 2
第六届	区　长	张宗苪	男	2007. 2—
	副区长	周克芳	男	2007. 2—
	副区长	陈远志	男	2007. 2—
	副区长	林延勋	男	2007. 2—
	副区长	傅晓春	女	2007. 2—
	副区长	王　中	男	2007. 2—
	副区长	林　建	男	2007. 2—
	副区长	陈国荣	男	2007. 2—

二、工作机构

1987 年 11 月，湖里区正式成立。区行政中心设在兴隆路。

湖里区人民政府设有工作机构 16 个，另有 2 个合署办公机构：区政府办公室、劳动人事局（与编委办公室合署办公）、民政局、司法局、公安分局、城市建设管理局、教科文体委员会、卫生局（与爱卫会合署办公）、计划生育委员会、财政局、审计局、统计局、工商行政管理局、经济贸易委员会、农林水办公室、监察局。有派出机构湖里街道办事处，2000 年 5 月增加殿前街道办事处。

此后至 2004 年年初，政府机构设置情况见本志第二十六篇第二章第一节。

2004 年区划调整后，湖里区政府工作机构调整为 24 个，其中合署办公机构 2 个，分别是：区政府办公室、发展和改革局、经济贸易发展局、教育局、科学技术局、监察局、民政局、司法局、财政局、审计局、人事劳动和社会保障局、人口和计划生育局、卫生局、建设局、文化体育局、招商局、外事侨务办公室、城市管理行政执法局、市政园林局、机关事务管理局（由区政府办公室管理）、安全生产监督管理局（由区经济贸易发展局管理）、人民防空办公室、湖里（翔安）工业园区管理委员会、区信访局。有派出机构 5 个，为湖里、殿前、江头、禾山、金山等 5 个街道办事处。沿用至 2007 年年底。

2007 年 12 月，区行政中心迁至枋湖南路。

截至 2007 年年底，湖里区有厦门市人民政府驻区机构 8 个：市公安局湖里分局、市公安局交警支队湖里交警大队、市公安消防支队湖里区公安消防大队、市环境保护局湖里分局、市质量技术监督局第一分局、湖里区工商行政管理局、湖里区国家税务局、湖里区地方税务局。

区政府办是协助区政府领导组织、协调、处理有关事宜的机构。历任湖里区人民政府办公室主任为沈祥清（1988. 1—1990. 5）、肖国旗（1990. 5—1993. 11）、苏秀兰（1994. 2—2000. 9）、许鸿艺（2000. 9—2002. 9）、吴进华（2002. 9—2007. 4）、丁红斌（2007. 4—　）。

第二节　重要会议

一、区人民政府全体会议

区人民政府全体会议由区长、副区长、区政府助理巡视员、区长助理和各办主任、各局局长组成。由区长或区长委托负责常务工作的副区长召集和主持。区人民政府全体会议一般每半年召开一次，根据需要可安排或邀请有关部门、单位和人员列席会议。会议的主要任务是：贯彻党中央、国务院、省委、省政府和市委、市政府、区委的指示、决定；总结区人民政府阶段性工作，讨论决定和研究部署区人民政府阶段性工作安排和专项工作；讨论其他需要区人民政府全体会议讨论的事项。

二、区人民政府常务会议

区人民政府常务会议由区长、副区长、区政府助理巡视员、区长助理、办公室主任和人武部一名主要领导组成，由区长或区长委托负责常务工作的副区长召集和主持。区人民政府常务会议原则上每两周召开一次，一般安排在周四下午，也可视工作需要召开。上会议题应事先经过协调并报区人民政府分管领导同意，由区人民政府办公室汇总整理后于会前 2 天报区长审定。区人民政府常务会议由区人民政府办公室负责记录并整理，形成会议纪要。会议决定的事项，由区人民政府领导按分工负责组织实施，区人民政府办公室负责催办、督查。有关部门对会议议定事项要按要求抓紧办理，并将办理情况及时向区人民政府办公室反馈，而后由区人民政府办公室汇总向区人民政府领导报告。会议的主要任务是：

讨论决定区人民政府工作中的重要事项；讨论决定 20 万元以上（不含 20 万元）、50 万元以下（含 50 万元）当年预算中未列入的支出项目；讨论需提请区委常委会决定的重要事项和提请区人民代表大会及其常委会审查或审议的报告、议案；讨论通过区人民政府制定的规范性文件；讨论决定区人民政府各部门、街道办向区人民政府请示的重要事项。分析辖区经济、社会发展态势及工作中的重要问题；讨论区人民政府贯彻国家、省、市重要文件、会议精神和区委、区人大及其常委会的决议、决定的具体意见；讨论需提交区人民政府全体会议和其他需政府常务会议研究的重要事项。

三、区长办公会议

区长办公会议由区长召集并主持，副区长出席，办公室主任及相关人员列席。区长办公会议根据需要不定期召开。会议主要任务是：通报工作情况，研究处理区人民政府日常工作中的重要问题；确定区人民政府领导工作分工；讨论其他需要区长办公会议研究决定的重要事项。

四、区人民政府专题会议

区人民政府专题会议由区长、副区长按照工作分工主持召开，会议的议题由主持会议的区长、副区长确定，区人民政府办公室或议题的相关业务部门负责会议的组织工作。区人民政府专题会议主要协调和处理区人民政府工作中的一些专门问题，必要时可委托区人民政府办公室主任主持召开。

第三节 施政纪略

一、第一届政府施政纪略（1987. 11—1991. 1）

农业生产和“菜篮子工程”被首届区政府定为主要产业。区政府制定“一靠政策，二靠投入，三靠科技”的发展方针。完善家庭联产承包责任制，建立合同管理委员会，引导农民逐步向专业化、适度规模集约化经营过渡，扶持后坑、江头、钟宅等村集约承包经营户的发展和巩固工作，总结推广集体经济的经验，为深化农村经济体制改革树立典型。全区设置4个技术服务中心，投资兴办示范（实验）基地，建立后坑科技村。区财政投入112. 52万元水利设施建设和维护资金，修建171处水利工程，恢复灌溉面积6000亩；投资40万元修建江头自来水工程，解决群众吃水难问题；投入247. 5万元“菜篮子工程”的建设资金，建立养猪、养鸡场和农业生产试验基地，发展滩涂养殖、虾池等事业。1990年，全区农业总产值4222. 03万元，比三年规划指标增长9. 66%。

在工交商贸企业方面，贯彻“活力在改革，效益在管理，优势在技术，增产在节约”的经营方针，成立经济体制改革领导小组，全面推行以集体承包为主的承包经营责任制。通过企业的技术改造和加强企业管理，增强产品竞争能力和企业发展后劲。同时重视外贸出口，开拓国际市场，三年内共创汇500. 4万美元。1990年，工业总产值4385. 82万元，完成三年规划指标的109. 6%。

1988年，成立湖里房地产综合开发公司。完成“荣华大厦”“明珠山庄”“东渡华城”等商品房项目的前期工作，制定龙头山工业小区开发和江头街改造方案。

综合治理整顿社会环境，稳定社会政治局势和经济秩序。1989年春夏之交在北京发生政治风波期间，有效维护辖区安定团结大局。依法打击严重刑事犯罪，强化社会治安综合治理。集中查处经济违法违纪行为，打击走私贩私和制售假冒、伪劣产品活动。

区政府建立廉政建设联席会议制度，实行“两公开一监督”（公开办事制度、公开办事结果、依靠群众监督），设立举报电话和举报信箱，聘请特邀监督员，加强监察工作。

1990年7月1日，开始全面实施九年义务教育，同时积极发展幼儿教育和成人教育，开展扫盲工作，提高全区的脱盲率。科技工作坚持为振兴区经济服务的方向，组建区科技协会，建立科技网络，举办“火炬计划”技术合同培训班，推广“星火计划”成果；文化工作坚持一手抓“扫黄”，一手抓繁荣，加强社会文化市场管理，建立区广播站，兴建文体活动中心；计生工作推行计划生育承包责任制，成立计生协会和计生服务站，建立健全计划生育工作网络，重视外来人口计划生育管理；做好社会优抚安置和救灾，贯彻村（居）委会组织法，推行村民代表大会制度，实行村干部退养保险制度，成立区残疾人联合会；完成第一个五年普法工作任务。

二、第二届政府施政纪略（1991. 1—1994. 1）

第二届政府制定“大力发展第三产业，开发改造第二产业，稳定提高第一产业”的经济发展战略和《湖里区国民经济和社会发展“八五”计划》，确定全区三年经济建设和社会事业发展基本方向。推行区长经济目标责任制，确定14个重点建设项目，成立“湖里区重点建设项目领导小组”，加强对经济建设的领导。

农业生产实施科技兴农、综合开发战略。完成1000亩的蔬菜基地建设及各种水产养殖业的开发，扶持养殖、种植专业户，推广集约化规模经营。通过引进新品种、推广新技术推动农业增值增产。

对企业实行简政放权政策，完善配套措施，制定《关于城镇集体企业股份合作制的试行办法》《关于促进个体私营经济发展的暂行规定》《湖里区经济主管部门经济目标管理责任制》等。以蔡塘村为股份合作制试点，先后创办4家股份合作制企业；禾山镇经济发展总公司等31家镇办企业与11个村的经济发展公司联合成立“禾山集团”，增强竞争实力和发展后劲。

调整、加强区外商投资领导小组，成立镇（街）外引内联领导小组，组建区外引内联项目审批办公室，成立区投资咨询服务公司，通过赴港招商、接待国内外客商，加强与“三胞”的联系，与友好县（市）区开展经贸往来，开发三级工业小区，全方位、多渠道开展外引内联工作。

以江头旧城改造为重点，发展房地产业。1991 年 7 月中共厦门市委、市政府成立江头改建指挥部。1993 年 6 月，成立厦门天地开发建设公司，由湖里区全面承接江头旧城改造、开发。完成首期总体规划和控制性详规，完成改建区市政配套工程建设，建成首批拆迁安置房和大型综合市场；荣华大厦等商品房交付使用，银都广场、SM 商业城等项目完成前期工作。

成立区环境保护局、区城乡建设管理委员会和区城市管理办公室，强化城乡管理综合整治职能，先后兴建江头、寨上、殿前、高林农贸市场，蔬菜批发市场和金山自来水厂。

成立区科委和区科技交流中心，开展科技推广、科学普及和培训工作。九年义务教育全面实施并经省市验收合格。兴建湖里影剧院、湖里街道影视中心等文化娱乐设施，举办禾山农民运动会。禾山镇、蔡塘村、马垅村、金鼎居委会等多个单位被评为省级先进单位、文明村。

1993 年，全区国民生产总值 3. 32 亿元，比 1990 年（下同）增长 91. 90%。工农业总产值（含本区引进的“三资”内联企业产值）6 亿元，增长 157. 8%，商业营业额 1. 8 亿元，预算内财政收入 4500 万元，农民年人均纯收入 2215 元，三产结构比例 13. 4 ∶ 53. 3 ∶ 33. 3，工业比重快速增长，第三产业开始兴起。

三、第三届政府施政纪略（1994. 1—1999. 1）

第三届政府制定“抓住机遇、深化改革、扩大开放、促进发展、保持稳定”的基本方针，按照社会主义市场经济的要求，根据自由港和“复关”的进展情况，实施以“三、二、一”产业结构为序的经济发展战略。

重视农业基地建设和科研项目投入，改善农业生产条件；坚持实施科技兴农发展战略，引进和推广农业新技术、新品种。引导发展花卉业，加大农业综合开发力度。通过划拨村级企业用地、兴建厂房壮大农村集体经济实力。全区生产蔬菜 10. 2 万吨、肉类 1. 2 万吨、水产品 3. 1 万吨。在农村推行养老保险制度和合作医疗制度，在全国率先实行农村村民最低生活保障制度。

坚持实施外向带动战略，继续扩大招商引资。从深化服务与提高实效入手，先后成立区招商中心、进出口货物报验中心、台胞投资者投诉受理中心、外资企业投诉中心，制定相应的法制规章，实行分类跟踪服务制度和区领导挂钩联系重点企业制度，实行年度招商引资目标责任制，建立健全招商引资工作网络，兑现引资奖励办法，充分调动镇、街各部门和社会各界人士招商引资的积极性，累计引进外资总额 5. 51 亿美元，引进内联总投资额 23. 25 亿元。“三资企业”总产值 30. 78 亿元，占全区工业总产值的 92. 27%。

区属企业改革全面铺开，组建国有资产管理局、国有资产投资有限公司，基本建立国有资产监督、管理、营运体系。深化企业改革和各项综合配套改革，实施再就业工程。

第三届政府成立之初提出建设现代化新区。五年来实施新区工程，推进江头、徐厝、濠头等旧区村改造，累计投入 1000 多万元，新建一批环卫基础设施。全区建成区面积达 17. 6 平方千米。创卫工作积极向城乡结合部和农村推进。禾山镇被评为省级卫生镇，后埔、高殿、马垅、枋湖、蔡塘等 5 个村被命名为省级卫生村。抓好创园林城区基础工作，建成区绿化覆盖率达 35. 56%。环境综合治理取得成效，创建烟尘控制区和噪声达标区顺利通过省市验收。

推行公务员制度，转变政府职能。推进人事制度改革，加大人才引进力度，引进各类人才 500 多名。

制定实施《科技发展“九五”计划和 2010 年规划》，全区科技进步对经济增长贡献率达到 48%。五年来累计投入 8340 万元用于教育事业。成功举办区首届运动会等文体比赛。农村初保工作顺利通过省级验收达标，禾山中心卫生院通过一级甲等医院评审。落实计划生育工作目标管理责任制，计划生育率连年保持在 98% 以上。

投入 2300 多万元，组织实施十大形象工程，建成区就业训练中心、区图书馆文化馆、“五通万人坑”爱国主义教育基地、修建江头北区五条道路、创华昌路中段“三优街”、建设标志性城市雕塑、推进城乡绿化美化和禾山有线电视网络等 8 个项目。

加强基层民主政治建设，推行村务公开民主管理工作，开展居委会自治规范化和达标升级活动，依法完成两届村（居）委会换届选举。

房地产业、商贸服务业、仓储业和个体私营运输企业快速发展，第三产业增加值年均递增 43.85%。抓好区、镇（街）、村三级工业小区的开发建设。全区新增年产值上亿元企业 5 家，各类高新技术企业 8 家，高科技工业支柱产业加快形成，推动工业增长由粗放型向集约型转变。五年来，工业总产值增加 5.18 倍。区属国内生产总值增加 4.32 倍，年均递增 39.71%；一、二、三产业比例调整为 2.15 ∶ 56.19 ∶ 41.66。

四、第四届政府施政纪略（1999.1—2003.10）

第四届政府任内经受 1999 年特大台风以及 2003 年“非典”的考验，全区生产总值由 17.7 亿元增至 44.7 亿元，年均增长 20.4%；工业总产值由 33.1 亿元增至 85 亿元，年均增长 16.6%；财政总收入由 1.78 亿元增至 8.34 亿元，年均增长 36.2%。三次产业比重调整为 1.03 ∶ 50.76 ∶ 48.21。工业化层次不断提高，产业群体日益壮大，电子、旅游休闲两大产业产值占工业总产值的比重达 49.5%，科技进步对经济增长的贡献率达 55%。以特色商贸业和房地产业为龙头的、富有区域特色的第三产业成为拉动经济增长的首要力量，对经济增长的贡献率提高到 62.2%。

2003 年，开始实施“腾巢换凤”和发展区外经济的战略。在岛内，重点做好厦门软件园二期湖里片区的征地、拆迁和招商，抓好钟宅产研片区、金尚路总部经济带建设开发，提升第二产业运行质量；在岛外，加快开发同安工业集中区湖里园，拓大发展空间。共引进外资项目 317 个，实际到位外资 4.38 亿美元；飞利浦、松下电工、麦德龙、沃尔玛等世界五百强企业入驻湖里区，万利达、中骏集团、灿坤销售等一批规模企业在湖里设立总部，引资结构不断优化。

社会事业改革力度加大，多渠道的教育投入机制初步形成。体育馆等文体设施实现市场化运作。区会计、审计等事务所脱钩转为社会中介服务机构。区级劳动力市场健康发育，区人力资源网建成并投入使用。推进财政体制改革，初步建立公共财政体制。

西海域整治取得成效，旧城旧村改造有序推进，新建道路 16.1 千米。市政基础设施改善，建成区面积增至 28 平方千米，城市次中心地位显现。

设立科技创业服务中心和孵化基地，科技服务和政策支撑体系不断完善，保持全国科技工作先进区称号。整体办学水平不断提高，17 周岁人口初中教育完成率达 96.6%。文化、卫生、妇幼保健、计划生育、双拥优抚、国防、法制等各项社会事业取得进展。社会保险实现“两个确保”和“五保合一”，全区落实社会最低生活保障金 1163 万元，法律援助、社会救助体系逐步健全。

五、第五届政府施政纪略（2003.10—2007.2）

截至 2006 年年底，全区实现生产总值 165.30 亿元，年均增长 25.2%（按可比口径计算，下同）；工业总产值 372.50 亿元，年均增长 20.6%；商贸营业额 321.20 亿元，年均增长 42.3%；财政总收入 28.05 亿元，年均增长 25.2%，其中区级财政收入 6.03 亿元、年均增长 22.6%；区级可支配财力 9.40 亿元，年均增长 28.6%；城镇居民年人均可支配收入从 2003 年的 12915 元增至 18513 元，社会消费品零售总额 60 亿元，年均增长 32.7%。三次产业结构调整为 0.05 ∶ 61.80 ∶ 38.15。

工业对经济增长的贡献率达 47.5%。区属规模以上工业企业由 356 家增至 467 家，高新技术企业由 19 家增至 42 家，产值占区属规模以上工业产值的 46.0%。一批企业入驻同安工业集中区（湖里园）和湖里高新技术园。第三产业增加值 63.08 亿元，年均增长 27.7%。初步形成江头、凤湖、寨上三大商圈和果蔬水产、建材家居、汽车、电子通讯、文化产品等五大专业市场。在中埔建成全国最大的台湾水果销售中心。长岸路、东渡路沿线形成全省最大物流平台。

引进外资项目 267 个，合同利用外资 4.34 亿美元，实际利用外资 2.65 亿美元，外资单项平均规模达 162.54 万美元。引进内资 94.78 亿元。辖区内世界 500 强企业增至 21 家、27 个项目。

2004 年完成禾山镇撤镇建街，建立统一的城区管理体制。市政基础设施建设步伐加快，在建市政道路总长达49千米，“一环三横五纵”的道路框架基本形成。完成全区农村城市化用地控制规划、商业网点布局规划等专项规划。旧村改造和五缘湾片区开发建设、湖边水库综合整治进展顺利，建成区增至38平方千米。全面完成东海域水产养殖退出和畜禽养殖污染整治。启动“农改超”、LED夜景、阳台绿化、标准地名设置和建成区绿化等工程，跻身全省绿化模范区行列，政府环境管理体系通过国家审核认证。

科技经费投入3998万元，获全国科技进步先进区称号。教育经费投入4.11亿元，通过省级“双高普九”验收，基本解决进城务工人员子女入学问题。开展群众性文体活动，发展文化创意产业。加强公共卫生建设。保持稳定低生育水平，被评为全国计生优质服务先进区。

开展“平安湖里”创建活动，构筑社会治安防控体系，开展“严打”和禁毒、禁赌等专项整治，保持社会安定稳定。完善社区组织建设，拓展社区服务功能。金尚、吕岭等社区被评为全国、全省示范社区。

区、街财政共补贴3380万元，帮助5813名失地人员参加基本养老保险，参保率达到61.1%。制定和完善城市居民最低生活保障、重点优抚对象临时救助等多项政策，民政抚恤和社会福利救济投入年均递增39.2%，2006年达2726万元。初步构建社会保险、社会救助、社会福利和慈善事业相衔接的社会保障体系。

深化行政审批制度改革。调整区、街财权事权，充分调动基层工作的积极性。推进经营性社会事业投资主体多元化，引进社会资本建设体育设施和养老机构。设立区会计核算中心，扩大政府采购和国库统一支付范围。成立区招投标服务中心，推行财政性投资项目代建制、招投标制、估概算审批制和预决算审核制，进一步规范政府投资行为。推行事业单位全员聘用制，实行学校经费包干制、绩效奖励制。市政设施维护道路清扫保洁和13条道路的绿化养护向社会公开招标，实行社会化管理。

六、第六届政府施政纪略（2007.2—　）

截至2007年年底，全区实现生产总值182.3亿元，工业总产值361.8亿元，商贸营业额434.0亿元，财政总收入36.89亿元，城镇居民人均可支配收入达21502元。三次产业结构调整为0∶57.87∶42.13，第三产业对财政收入的贡献首次超过第二产业。“腾巢换凤”工作取得新进展，加快推进湖里老工业区产业升级，成长型工业企业增长强劲，逐渐成为工业发展的新生力量。开展质量立区工作，实施品牌发展战略，新创虹鹭等市级以上著名商标29个。园区建设与招商同步，全年引进合同外资25524万美元，实际到资10250万美元，引进内资70亿元。引资结构不断优化，三产项目占54%。恒安（中国）投资项目合同外资10293万美元，成为国家商务部在厦门市批准设立的首家涉足投资与资产管理的外商投资企业。

按照市、区征地拆迁政策，调整完善征地拆迁工作机制，强化街道、社区和区属国有企业在征地拆迁工作中的主体作用；加快安置房建设，破解征地拆迁瓶颈，确保重点工程建设需要。完善基础设施建设。支持成功大道、县黄路、仙岳路东段、环岛干道、环湖里大道、疏港路二期、BRT工程及翔安隧道、集美大桥、杏林大桥、福厦铁路等一批重大交通项目建设，新建在建道路达49千米，构筑起快捷的城市立体交通网络。建设福隆体育公园、薛岭山公园、埭辽公园等旅游休闲设施，完成厦金湾休闲旅游度假区规划。东部新城区、湖边水库片区和五缘湾片区开发全面展开。建成区面积增加到43.7平方千米。

投资6.7亿元用于教育事业。完善社区卫生服务网络，在全国率先开展全民医保工作。推进“村改居”社区道路和自来水管网改造。加大社会救助力度。积极创建省级文化先进区，创新文化市场管理机制，在全省率先实行娱乐场所行政许可听证制度。率先启动社会工作人才综合队伍建设试点工作。开展和谐社区创建活动，湖里、江头街道和兴隆、康乐等5个社区分别被评为全国和谐邻里建设示范街道和示范社区。启动首部《湖里区志》编纂工作。

推进依法行政和体制创新。完善政府效绩评估工作，提高办事效率。深化行政审批制度改革，推行网上审批和无纸化办公，全面清理行政审批主体和行政审批事项。全面推行国库集中支付改革，严格执行工程预决算审核制度。深化行政资源和社会公共资源配置市场化改革，在全省率先建立区级行政资源和社会公共资源市场化配置服务中心。推进廉洁从政。建立重点项目监察员工作制度。加强领导干部经济责任审计，进一步落实领导干部个人重大事项报告、述职述廉等制度。

第十八篇 政协民主党派群众组织

一

1988 年 11 月，中共厦门市委批转市政协党组、市委组织部、统战部《关于成立区政协委员会的工作意见》。同月底，中共湖里区委行文，成立政协湖里区第一届委员会第一次会议筹备委员会及其办公室。1989 年 3 月 29 日，政协湖里区第一届委员会第一次会议召开，选举产生政协湖里区首届常务委员会。至 2007 年，政协湖里区委员会共换届五次，产生六届委员会。

二

1985 年 4 月，九三学社福建省水产研究所支社成立，为辖区境域内第一个民主党派地方组织。至 1996 年 9 月，境域内有中国国民党革命委员会湖里支部、中国民主同盟湖里支部、中国民主建国会湖里支部、中国民主促进会厦门师范学校支部、中国农工民主党湖里支部、中国致公党湖里支部、九三学社福建省水产研究所支社、台湾民主自治同盟湖里支部等 8 个民主党派基层组织。1999 年 3 月—2007 年，区内先后成立九三学社湖里基层委员会、中国民主建国会湖里总支委员会、中国民主同盟湖里总支、中国农工民主党湖里基层委员会、中国国民党革命委员会湖里总支、中国民主促进会湖里总支、中国致公党湖里总支，加上先前成立的台湾民主自治同盟湖里支部，共有 8 个民主党派基层组织。各民主党派成员共计 647 人。

1994 年 12 月，湖里区工商业联合会（商会）正式成立。1999—2005 年，区工商业联合会（商会）先后成立建材行业公会、房地产行业公会、物流行业公会和酒店餐饮娱乐行业公会。截至 2007 年，共有会员 450 名。

三

民国 15 年（1926）2 月，共青团厦门特支（称总干事会）成立。共青团厦门特支下辖七个支部，其中禾山农村支部是辖区境域最早的共青团组织，书记为严子辉。作为中国共产党的助手和后备军，辖区境域的共青团组织，为夺取民主革命的胜利作出了牺牲和奉献。

1952 年 2 月 22 日，禾山区公所民主妇女联合会成立。1958 年，中国共产主义青年团前线人民公社委员会成立。在社会主义革命和建设时期，特别是在 20 世纪 50 年代后期海峡两岸炮战期间，辖区境域涌现出高林“二十三勇士”、后坑“花木兰排”、高林“九秀班”等青年和妇女英雄群体，闻名遐迩，在区境内外产生广泛影响。

辖区境域长期地处厦门郊区，农民多，工人少。直至 20 世纪 80—90 年代，随着厦门经济特区建设步伐加快，乡镇企业崛起发展，大量外来务工人员涌入，组建工会成为必要。1985 年，湖里工业区工会委员会成立。1988 年 3 月 3 日，湖里区第一次工会代表大会召开，产生湖里区工会委员会。1984 年 6 月，共青团湖里工业区委员会成立。1988 年 4 月，共青团湖里区第一次代表大会召开，成立共青团湖里区委员会。1988 年 3 月 5 日，湖里区第一次妇女代表大会召开，建立湖里区妇女联合会。

至 2007 年，全区组建基层工会 712 个，加入工会组织的会员 53901 人。全区共有 483 个共青团委、团总支、团支部，有团员 3.9 万人，其中非公有制企业团组织 157 个，流动团员 2.7 万人。全区共设 5 个街道妇工委，43 个社区妇联。

1987 年 11 月湖里区建立后，分别成立区文联、区科协、区侨联、区红十字会、区慈善会、区残联、区消委、区计生协会、区关工委、区台胞金胞台属联谊会、区台商联谊会等界别性人民团体。

第一章 政协湖里区委员会

第一节 委员及全委会

一、委员

（一）第一届委员

1989 年 3 月，第一届区政协产生委员 99 人，设置 21 个界别。其中，非中共委员 64 人，妇女委员 21 人，港澳委员 5 名；大中专文化程度委员占 66%；委员平均年龄 47.7 岁。

届中增补委员 3 名，合计 102 名。

（二）第二届委员

1991 年 1 月，第二届区政协产生委员 110 名，设置 24 个界别。4 个民主党派和工商、科技、归侨、侨眷、台胞、台属等界别委员有所增加。委员中非中共人士 67 名；妇女委员 24 名；委员界别中中共 4 名，民主党派 16 名，工会 8 名，共青团 3 名，妇联 4 名，工商界 11 名，科技界委员 10 名，教育界委员 9 名，医疗卫生界委员 5 名，归侨、侨眷委员 24 名，台胞、台属委员 5 名，港澳委员 4 名，农民 4 名，私营企业、个体户 2 名，少数民族、宗教界和军烈属各 1 名，特邀 16 名。上届委员 67.6% 留任。大中专文化程度占委员总数的 89%。本届委员平均年龄 49 岁。

届中增补委员 2 名，合计 112 名。

（三）第三届委员

1994 年 1 月，第三届区政协产生委员 116 名，设置 23 个界别。委员中，非中共人士 70 名；妇女 26 名；委员界别中中共 5 名，民主党派 16 名，工会 8 名，共青团 3 名，妇联 4 名，经济界 17 名，科技界 10 名，教育界 8 名，医疗卫生界 4 名，归侨、侨联 6 名，台胞、台属 5 名，港澳 5 名，农林界 5 名，少数民族、宗教界各 1 名，特邀 18 名。大专以上文化 70 名，中专高中文化 29 名，初中以下文化 17 名；有高、中级职称委员 49 名。上届留任委员 47 名。本届委员平均年龄 46.6 岁。届中增补委员 5 名。

（四）第四届委员

1999 年 1 月，第四届区政协委员换届时产生 121 名，设置 24 个界别。121 名委员中，非中共人士 72 名，妇女委员 32 名。委员界别中中共 4 名，民主党派 22 名，工会 6 名，共青团 4 名，妇联 4 名，商会 3 名，侨联 7 名，台联、金联 4 名，科技界 9 名，经济界 15 名，教育界 6 名，文化体育界 2 名，医疗卫生界 4 名，农业界 5 名，少数民族和宗教界各 1 名，特邀（含港澳）24 名。三届留任委员 47 名，新进委员

73 名。委员的平均年龄 42.1 岁。大专以上文化 92 名。委员中辖区内中央、省、市属单位有 37 名，区属部门、单位 41 名；三资企业 11 名，民营企业 17 名；镇、街 8 名，村、居委会 6 名。届中增补委员 6 名。

（五）第五届委员

2003 年 10 月，第五届区政协委员换届时产生 134 名，增设“无党派界别”，共 25 个界别。委员中，非中共人士 82 名，妇女委员 36 名。委员界别中中共 3 名，民主党派 23 名，无党派 3 名，商会 7 名，侨联 7 名，台联 4 名，工会 6 名，共青团 4 名，妇联 4 名，科技界 11 名，经济界 16 名，教育界 8 名，文化体育界 2 名，医疗卫生界 4 名，农业界 3 名，少数民族和宗教界各 1 名，特邀 27 名。新委员 93 名；大专以上学历 111 名（其中硕士、博士 13 人）；具有高级职称 26 人、中级职称 34 人。20 世纪 60 年代后出生 80 名，最年轻委员 26 岁。届中增补委员 19 名，7 名委员因工作调动等原因辞职，实际增加委员 12 名。

（六）第六届委员

2007 年 2 月，第六届区政协委员换届时产生 168 名。界别设置撤销农业界，增设社会事务界（含社区工作者、社会服务业和中介组织、涉老工作机构、残联、社会福利机构等），共有 25 个界别。168 名委员中，非中共人士 114 名，妇女委员 47 名。委员界别中中共 4 名，民主党派 43 名，无党派 5 名，工商联 8 名，工会 6 名，共青团 3 名，妇联 4 名，侨联 7 名，台联 4 名，科技界 12 名，经济界 26 名，教育界 8 名，文化体育界 2 名，医疗卫生界 4 名，社会事务界 10 名，少数民族和宗教界各 2 名，特邀 18 名。五届留任委员 80 名，新进委员 88 名；大专以上学历 150 名（其中硕士、博士研究生 21 名）；具有高级职称 21 名、中级职称 17 名；45 岁以下 103 名，最年轻委员 29 岁。届中增补委员 25 名，13 名委员因工作调动等原因辞职，实际增加委员 12 名。

二、全体委员会议

（一）政协湖里区第一届委员会

1989 年 3 月 29 日—4 月 1 日，一届一次会议在海天路 57 号百乐园东 2 楼电影室召开，99 名委员出席。会议听取政协湖里区委员会筹委会副主任吕岳逢所作筹备工作报告；选举产生常委 17 人，其中主席柯福成、副主席叶天捷（兼职）、林清山（兼职）、陈善同（兼职）。

1990 年 3 月 6—8 日，一届二次会议在海天路 57 号百乐园东 2 楼电影室召开，102 名委员出席。主席柯福成作常委会工作报告，副主席林清山作提案工作报告。

（二）政协湖里区第二届委员会

1991 年 1 月 21—24 日，政协湖里区第二届委员会第一次会议在华泰路 3 号湖里影剧院召开，出席委员 110 名。主席柯福成作常委会工作报告，副主席林清山作提案工作报告。选举产生常委 21 人，其中主席林伯龄（兼），副主席吕岳逢、叶天捷（兼）、林清山（兼）。

1992 年 2 月 25—27 日，政协湖里区二届二次会议在华泰路 3 号湖里影剧院召开，出席委员 112 名。副主席吕岳逢作常委会工作报告，副主席林清山作提案工作报告。会议听取编制区“八五”计划纲要草案说明。

1993 年 2 月 16—18 日，政协湖里区二届三次会议在华泰路 3 号湖里影剧院召开，出席委员 113 名。副主席林清山作常委会工作报告，副主席洪美芳作提案工作报告。会议补选陈启坤为二届政协常委、主席。

（三）政协湖里区第三届委员会

1994 年 1 月 15—17 日，政协湖里区第三届委员会第一次会议在华泰路 3 号湖里影剧院召开，出席委员 116 名。主席陈启坤作常委会工作报告、副主席洪美芳作提案工作报告。选举产生常委 24 人，其中主席陈启坤，副主席王怀信、叶进德、洪美芳（兼）、王玉良（兼）、陈方顺（兼）。

1995 年 2 月 13—15 日，政协湖里区三届二次会议在华泰路 3 号湖里影剧院召开，出席委员 118 名。主席陈启坤作常委会工作报告，提案委副主任陈聪池作提案工作报告，会议补选常委 2 人。

1996 年 1 月 17—19 日，政协湖里区三届三次会议在兴隆路 23 号区政府 7 楼会议厅召开，出席委员 118 名。主席陈启坤作常委会工作报告，提案委副主任陈聪池作提案工作报告。会议听取编制区“九五”

计划和2010年远期目标（草案）说明。

1997年1月20—23日，政协湖里区三届四次会议在兴隆路23号区政府7楼会议厅召开，出席委员120名。主席陈启坤作常委会工作报告，提案委副主任陈聪池作提案工作报告。会议增选常委2人，其中林纪鸿为副主席。

1998年2月15—17日，政协湖里区三届五次会议在兴隆路23号区政府7楼会议厅召开，出席委员121名。主席陈启坤作常委会工作报告，提案委副主任陈聪池作提案工作报告。会议增选常委1人。

（四）政协湖里区第四届委员会

1999年1月10—13日，政协湖里区第四届委员会第一次会议在兴隆路23号区政府7楼会议厅召开，出席委员121名。主席陈启坤作常委会工作报告，提案委主任陈聪池作提案工作报告。选举产生常委26人，其中主席吴仁福，副主席林纪鸿、张树彭、郭艺勋（兼）、戴宗垒、范五玲（兼）。

2000年1月5—8日，政协湖里区第四届委员会第二次会议在兴隆路23号区政府7楼会议厅召开，出席委员121名。主席吴仁福作常委会工作报告，提案委主任陈聪池作提案工作报告。

2001年1月7—10日，政协湖里区第四届委员会第三次会议在兴隆路23号区政府7楼会议厅召开，出席委员124名。主席吴仁福作常委会工作报告，提案委主任陈聪池作提案工作报告。会议听取编制区“十五”计划纲要（草案）说明。

2002年3月10—13日，政协湖里区第四届委员会第四次会议在兴隆路23号区政府7楼会议厅召开，出席委员124名。主席吴仁福作常委会工作报告、副主席张树彭作提案工作报告。

2003年3月18—21日，政协湖里区第四届委员会第五次会议在兴隆路23号区政府7楼会议厅召开，出席委员127名。主席吴仁福作常委会工作报告，副主席谭苏建作提案工作报告，会议增选谭苏建为常委、副主席。

（五）政协湖里区第五届委员会

2003年10月14—15日，政协湖里区第五届委员会第一次会议在兴隆路23号区政府7楼会议厅召开，出席委员134名。因厦门市行政区划调整，会议提前换届选举，产生常委24人，其中主席吴仁福，副主席谭苏建、戴宗垒、郭艺勋（兼）、谷闽友。

2004年2月23—25日，政协湖里区第五届委员会第二次会议在兴隆路23号区政府7楼会议厅召开，出席委员134名。主席吴仁福作常委会工作报告，副主席谭苏建作提案工作报告。

2005年1月23—26日，政协湖里区第五届委员会第三次会议在兴隆路23号区政府7楼会议厅召开，出席委员146名。主席吴仁福作常委会工作报告，副主席谭苏建作提案工作报告。

图18-1　2005年1月，政协湖里区五届三次会议召开

2006年1月18—21日，政协湖里区第五届委员会第四次会议在兴隆路23号区政府7楼会议厅召开，出席委员146名。主席吴仁福作常委会工作报告，副主席谭苏建作提案工作报告。会议听取编制区“十一五”规划纲要（草案）的说明。

（六）政协湖里区第六届委员会

2007年2月3—7日，政协湖里区第六届委员会第一次会议在翔鹭国际大酒店召开，出席委员168名。会议根据中央、省、市统一部署，提前举行换届选举，选举产生常委28人，其中主席吴仁福，副主席范五玲、谭苏建、戴宗垒、郭艺勋（兼）、谷闽友。主席吴仁福作常委会工作报告，副主席谭苏建作提案工作报告。

第二节　区政协常委会

一、常委会组成

1989年3月，政协湖里区第一届委员会第一次会议产生首届区政协常委17人，其中主席1人、副主席3人、秘书长1人。

1991年1月，政协湖里区第二届委员会第一次会议选举产生二届区政协常委21人，其中主席1人、副主席3人、秘书长1人。1992年2月，区政协二届二次会议，补选常委2人，其中副主席1人。1993年2月，区政协二届三次会议又补选副主席1人。

1994年1月，区政协三届一次会议选举产生三届区政协常委24人，其中主席1人、副主席5人、秘书长1人。三届二、四、五次会议共增选常委5人，其中副主席1人。

1999年1月，区政协四届一次会议选举产生四届区政协常委26人，其中主席1人、副主席5人。2003年3月，四届五次会议增选副主席1人。

2003年10月，区政协五届一次会议选举产生五届区政协常委24人，其中主席1人、副主席4人。

2007年2月，区政协六届一次会议选举产生六届区政协常委28人，其中主席1人，副主席5人。

1989—2007年政协湖里区委员会主席、副主席名表

表18-1

职　别	姓　名	专职或兼职	籍　贯	任职年月
主　席	柯福成	专职	福建同安	1989.3—1991.1
	林柏龄	兼职	福建平和	1991.1—1993.1
	陈启昆	专职	福建晋江	1993.2—1999.1
	吴仁福	专职	福建福清	1999.1—
副主席	叶天捷	兼职	福建厦门	1989.3—1991.8
	林清山	兼职	福建厦门	1989.3—1993.12
	陈善同	兼职	福建福州	1989.3—1991.1
	吕岳逢	专职	广东普宁	1991.1—1993.12
	洪美芳	兼职	江苏金坛	1992.2—1998.12
	王怀信	专职	江苏盐城	1994.1—1999.1
	叶进德	专职	福建厦门	1994.1—1996.12
	王玉良	兼职	浙江温州	1994.1—1998.12
	陈方顺	兼职	福建晋江	1994.1—1998.12
	林纪鸿	专职	福建龙岩	1997.1—2001.8
	张树彭	专职	河北黄骅	1999.1—2002.9
	郭艺勋	兼职	福建惠安	1999.1—
	戴宗垒	专职	福建莆田	1999.1—
	范五玲	兼职	安徽黟县	1999.1—2003.10
	范五玲	专职	安徽黟县	2007.2—
	谭苏建	专职	江苏淮安	2003.3—
	谷闽友	专职	山东烟台	2003.10—

二、政协机关

1989—1990 年，第一届湖里区政协设“四委一室”，即：提案委员会、经济技术委员会、文教卫生委员会、“三胞”联谊委员会和政协办公室。时在岗专职行政编制 3 人，即：主席 1 人、秘书长兼办公室主任 1 人、办公室副主任 1 人。“四委”正副主任均系委员兼职。

1991—1993 年，二届区政协机关改设“两委一室”，即：提案委员会、工作组委员会和政协办公室。编制 5 人，在编 4 人，即：专职副主席 1 人、秘书长兼办公室主任 1 人，工作组委员会副主任 1 人、提案委员会 1 人。“两委”其余正、副主任均系委员兼职。

1994—1997 年 5 月，三届区政协机关改设“四委一室”，即：工作组委员会、提案工作委员会、“三胞”工作委员会、文史工作委员会和政协办公室。编制 5 人，在编 5 人，即：主席 1 人、办公室主任 1 人、副主任 1 人、工作组委员会主任 1 人、提案委员会副主任 1 人，各委其余正、副主任均系兼职。

1997 年 6 月，湖里区机关机构改革，区政协机关改设“三室”，即：政协办公室、专门委员会办公室、提案文史委员会办公室。核定行政编制 9 名、机关事业编制 1 名，在编 7 人，即：主席 1 人、专职副主席 2 人、办公室主任 1 人、提案文史办公室主任 1 人、专门委员会办公室副主任 1 人，政协办公室事业编制 1 人。

1998 年，在编增 1 人，专职负责文史资料征集、编辑工作。

2004 年，五届区政协机关增设政协研究室，加上原有的“三室”共设“四室”，行政编制核定 7 名，其中处级领导职数 4 名。主席、专职副主席编制数单列。在编 11 人，即主席 1 人、专职副主席 3 人；办公室主任 1 人、提案委员会办公室主任 1 人、专门委员会办公室主任 1 人、研究室主任 1 人；政协办公室副主任科员 1 人、事业编制 1 人、研究室副主任科员 1 人。

政协湖里区委员会历任办公室主任为周金漳（1989. 5—1995. 1）、林里田（1997. 5—2002. 9）、严志和（2006. 2—　），历任提案文史委员会办公室主任为为陈聪池（1997. 4—2002. 9）、陈丽英（2002. 10—2003. 11），历任提案委员会办公室主任为陈丽英（2003. 11—2007. 11）、潘良莺（2007. 11—　），工作组委员会主任为陈文章（1994. 2—1995. 4），历任专门委员会主任为郑锦生（1997. 4—1997. 10）、戴团源（2002. 10—2004. 11）、宋晓华（2004. 11—　），研究室主任为黄章源（2003. 10—　）。

三、专门委员会、工作组、联络组

第一届区政协根据委员自愿和适当调整的原则，参加其中的一个委员会，并按委员所在片区划分 3 个委员联络组。

二届区政协在工作组委员会下设经济、科技、教文体、医卫和社会法制 5 个工作组，并按委员所在地划分 5 个委员联络组。

1997 年，三届区政协结合机构改革，改设 10 个专门委员会，即：学习委员会（依托政协办公室）、提案委员会（依托政协提案文史委员会办公室）、文史资料委员会（依托提案文史委员会办公室），及 7 个专门委员会，分别是经济委员会、城市管理医疗卫生委员会、教育文化体育委员会、科学技术委员会、社会法制委员会、妇女青年委员会、台港澳侨委员会依托政协专门委员会办公室。

1999 年，四届区政协仍设 10 个专门委员会，其中 5 个专门委员会名称保留不变，5 个略加变动。保留不变的是：学习委员会、提案委员会、文史资料委员会、教文体委员会、社会法制委员会；调整变动的 5 个是：经济科技委员会、城乡建设管理委员会、医疗卫生委员会、工会青年妇女委员会、台港澳侨联络委员会。

2004 年增设政协研究室后，文史资料委员会改依托研究室，其余不变。

2007 年六届一次区政协会议之后，专门委员会从 10 个减为 8 个，设提案、学习、文史资料、经济科技、城市建设管理、教育文化体育卫生、社会法制、台港澳侨联络 8 个专门委员会。委员按湖里、殿前、江头、金山、禾山 5 个街道辖区划分为 5 个活动片区。

以上专门委员会、工作组、联络组的正副主任、正副组长均系委员兼职。

第三节　履行职能

一、政治协商

1989年8月，区政协召开常委会议，就中共湖里区委、区政府《上半年的工作情况和下半年工作打算》进行协商讨论。同年10月，召开学校德育工作座谈会，邀请辖区内中、小学政教领导，就学校的德育工作进行交流座谈。11月，区政协围绕政府和群众共同关心的“菜篮子工程建设”，组织省水产研究所、海洋研究所5位专家委员，与区政府分管领导、区农林水办公室、区水产技术服务中心的领导及技术人员，共同探讨发展湖里区贝类养殖和网箱养鱼事宜。

1990年，区政协召开常委（扩大）会议，就中共湖里区委关于贯彻中共中央〔1989〕14号文件《坚持和完善中国共产党领导的多党合作和政治协商制度的意见》所起草的四条贯彻意见进行协商讨论，还组织部分委员和各民主党派负责人，先后听取中共湖里区委关于在我区开展“社会主义教育活动”的工作部署通报，听取区委政法委关于开展“严厉打击各种违法犯罪活动”的情况通报，以及听取区审计局、区教科文体委的工作情况通报。

1991年，区政协常委（扩大）会议就区政府《上半年工作情况和下半年工作打算》进行协商讨论。8月，配合区政府走访辖区内的部分“三资”企业及其他企事业单位，为湖里区教育基金会筹款；协助市委政法委召开辖区“三资”企业负责人座谈会，研讨社会治安综合治理和企业安全保卫工作。

1992年3月，区政协邀请省水产研究所部分专家参加区政府在禾山镇召开的科技养虾专题研讨会，并现场为虾农提供咨询及信息服务。5月，协助市政协召开“三资”企业座谈会，了解企业在生产经营和发展过程中遇到的问题。7月，协助区纪委召开党外人士座谈会，听取他们对贯彻中共中央〔1992〕2号文件和邓小平南方谈话的意见及反映。年底，区政协常委（扩大）会议就《区政府1992年度工作情况及1993年工作打算》展开协商讨论。

1993年8月，区政协邀请召开辖区内科研单位省水产研究所、海洋研究所、亚热带植物研究所、物质结构研究所、通讯研究所厦门分所和区政府相关部门的“双向服务”座谈会。

1994年，区政协常委（扩大）会议就区政府《1994年上半年工作情况及下半年工作打算》《1994年度工作报告》、区财政局《1994年度财政预决算报告》、区委《关于贯彻〈中共中央关于加强党的建设几个重大问题决定〉的实施意见》等重要事项进行协商讨论。8月，举办委员活动日“知情知政”通报会，常务副区长陈永康向全体委员作区政府上半年工作通报。是年，区政协机关部分干部参加SM广场项目拆迁、区重点项目的挂钩联系、区商会的筹建、区计生协会、侨代会的换届、区纪委的信访调查等工作。

1995年，区政协先后就《区委三届五次会议主题报告》《区政府半年工作总结》《1995年度区财政预算调整报告》《区政府1995年度工作报告》《区财政预决算报告》《小学实行校长负责制的若干教育配套改革方案》，区委、区政府《关于贯彻中共中央〈关于加快科技技术进步的决定〉的若干意见》《湖里区“九五”计划和2010年规划》等重要事项进行协商讨论。组织委员活动日“知情知政”通报会，区统计局、监察局、卫生局、经贸委领导向委员作工作情况通报。还先后召开税务行风座谈会和湖里区投资环境专题座谈会。是年，区政协根据区委、区政府的要求，从机关抽调人员参加SM广场项目拆迁后期工作、社会治安综合治理、“二五”普法的检查验收工作，创建文明城区、创建国家卫生城市的验收工作，参与《湖里区“九五”计划与2010年规划》的起草工作。

1996年，区政协就《区委三届八次全体会议报告》《区政府半年工作报告》《1996年度区财政预算调整和年度决算报告（草案）》及“九五”期间《湖里区党建规划》《精神文明建设规划》等重要事项进行协商讨论。

1997年，区政协就区委三届一次（扩大）会议主题报告及《区政府1996年度工作报告》《区财政预决算报告》《区政府1997年上半年工作小结》《1997年度财政预算调整意见》《湖里区国家机关机构改革方案》《湖里区“九五”期间和2010年科技发展计划》等重大事项进行协商讨论。参与区政府《关于促进经济发展的若干规定》《关于促进外商投资的若干规定》的修改讨论；召开“招商引资”、区属企业“三改一加强”、普法和依法治区以及庆祝湖里区建区十周年等专题座谈会；组织委员活动日“知情知政”通报会，区人事劳动局、经贸局、城建局、卫生局、文化局领导向委员作工作情况通报。

1998年，区政协就《湖里区政府1997年工作报告和1998年工作意见》《1997年财政预算执行情况和1998年财政预算（草案）的报告》《区政府1998年上半年工作情况和下半年工作打算》《1998年区财政预算执行情况及年度调整意见》及中共湖里区委三届三次全委（扩大）会议报告、中共湖里区第四次代表大会工作报告进行协商讨论。召开常委（扩大）会议，听取中共湖里区委书记刘朝勇传达市委八届八次全委（扩大）会议精神并通报全区招商引资工作情况。同年底，在协商区政府工作报告的政协常委会上，与会者对以往区政府提出的“建设江头金融中心”“以公有制为主体”“市政设施配套到哪里，公建配套、旧村改造就跟到哪里”“全区农村基本实现现代化和村庄园林化”等不切实际的提法提出质疑与修正。

1999年，区政协先后就区委四届二次全委会工作报告稿《统一认识，明确任务，推动我区社区建设工作》《湖里区社区建设三年发展规划及1998年下半年实施方案》《湖里区政府1998年上半年工作情况和下半年工作意见》《1998年上半年财政预算执行情况和年度预算调整（草案）》《关于贯彻〈中共中央、国务院关于加强科技创新，发展高科技，实现现代产业化的决定〉的实施意见》《湖里区人民政府依法行政五年规划》《关于开发同安同吉工业区的建议方案》《中共湖里区委四届三次全委（扩大）会议的主题报告》《区政府1999年度工作报告》《1999年区财政预算执行情况及2000年度预算（草案）报告》及区委、区政府《关于贯彻〈中共中央、国务院关于深化教育改革，全面推进素质教育的决定〉的实施意见》等11项重要议题展开协商讨论。同年5月，召开“社区卫生服务工作”专题座谈会，市卫生局、农工党厦门市委有关专家莅会指导。9月，召开政协工作专题座谈会，听取中共湖里区委、区政府各有关部门对政协如何有效履行职能的意见和建议。

2000年，区政协先后就中共湖里区委、区政府《关于进一步加强政协工作的实施意见（征求意见稿）》及《关于“三讲”教育整改情况》《区政府2000年上半年工作情况及下半年工作意见》《关于我区在同安开发同吉工业区的建议方案》《湖里区2000年1—8月财政预算执行情况及年度财政预算调整（草案）的报告》《中共湖里区委四届四次全委（扩大）会议主题报告》《关于加强和改进思想政治工作的实施意见（征求意见稿）》《区政府2000年度工作报告》《湖里区2000年财政预算执行情况和2001年财政预算（草案）的报告》等10个重要议题展开协商讨论。同年4月，召开招商引资专题座谈会。8月，组织委员活动日“知情知政”通报会，分别由中共湖里区纪委、区监察局向委员通报党政机关勤政廉政建设情况，区人民检察院通报反贪腐情况，区农林水局通报实施现代都市农业建设情况，区教育局通报素质教育和社会办学情况。

2001年，区政协就中共湖里区委、区政府《关于从严治党实施意见》《湖里区精神文明建设“十五”规划》《湖里区“四五”普法工作》《湖里区第三产业发展规划》《湖里区推进东北部农村城市化工作方案》《湖里区贯彻〈福建省乡镇工作纲要（试行）〉实施意见》《机关新办公楼选址方案》等10个重要议题进行协商讨论。同年3月，召开招商引资专题座谈会；7月，召开江头建材市场专题座谈会；8月，组织委员活动日“知情知政”通报会，由湖里公安分局通报“严打”和整治工作情况，湖里工商分局通报“打假”和整顿经济秩序情况，区卫生局通报社会医疗机构现状和打击无证非法行医情况，区民政局通报社区建设情况。

2002年，区政协先后就《湖里区党政机关机构改革方案》《湖里区促进经济发展若干规定》《区委四届十一、十二次全委（扩大）会议主题报告》《刘厝、祥店旧村改造方案》《湖里区政府2002年上半年工作情况》《湖里区政府2002年工作报告》《湖里区2001年财政预算执行情况和2002年财政预算（草案）报告》等重大事项进行协商讨论。是年，区农林水办公室、区监察局和区委精神文明建设办公室3个职能部门领导，向全体委员通报农村城市化建设进展情况、机关作风建设情况、公民道德教育情况。

2003年，区政协先后就中共湖里区委、区政府《关于湖里区社区规模第二次整合方案》及《区政府上半年经济运行情况和下半年工作重点》《区委五届二次会议报告》《区政府2002年度工作报告》《湖里区2002年财政预算执行情况和2003年财政预算（草案)》等重要事项展开协商讨论。同年1月末，区委书记何清秋向区政协常委和各民主党派主委通报省委、市委调整区政府主要领导事宜。4月，召开区“行政大楼方案征求意见座谈会”。8月，组织委员活动日“知情知政”通报会，区委副书记、常务副区长李溪任和区政府办公室、区人事劳动和社会保障局领导分别向委员作重点项目进展、农村集体资产转制情况和农村城市化后农村富余劳动力出路问题的通报。11月，与区政府联合召开政协委员提案办理情况通报会。

2004年，区政协先后就中共湖里区委、区政府《关于促进经济发展的实施意见》《教育综合改革方案》《农村集体资产改制工作指导意见》及《区委五届三次、四次全委（扩大）会议主题报告》《区政府工作报告》《区财政预决算报告》等10个议题展开协商讨论。同年，区政协领导还根据区委的分工，承担高殿二号路、仙岳路东段拆迁和高林安置房建设等4个区重点项目的挂钩联系任务。

2005年，区政协先后就中共湖里区委、区政府《〈关于大力促进民营经济的发展的意见〉实施细则》《关于进一步完善农城化公共财政投入的若干意见》及《区委五届六次全委（扩大）会议报告》《2005年1—8月财政预算执行情况及年度预算调整（草案）的报告》、《湖里区2006—2010年经济和社会发展规划纲要》等重要议题展开协商讨论。8月，区长李栋梁，区委常委、宣传部部长黄国彬分别就经济运行、重点项目建设、钟宅产研片区建设和创建全国文明城市情况向委员进行通报。区政协领导班子成员还按照中共湖里区委的分工，承担东部片区、安置小区建设、路桥码头修建等7个区重点项目挂钩联系任务。

2006年，区政协就中共湖里区委五届八次（扩大）会议主题报告《全力推进新一轮跨越式发展，为顺利实施“十一五”规划开好局起好步》、《湖里区人民政府工作报告》、《2005年区财政预算执行情况和2006年财政预算（草案）的报告》、《仙岳山公园南门设计方案》、《湖里区卫生事业“十一五”规划》、《湖里区2006—2010年教育发展规划》、中共湖里区第六次代表大会主题报告《加快新一轮跨越式发展，再铸特区发祥地新辉煌》、《湖里区“十一五”期间社会主义精神文明建设规划》、《区政府2006年上半年工作总结和下半年工作意见》、《2006年1—7月区财政预算执行情况及年度预算调整意见》等10项重要议题展开协商讨论。同年，区政协常委会听取区政府关于政协提案办理情况和重点侨情调研情况的专题通报。组织全体委员听取区政府常务副区长周克芳以及区综治办、民政局领导作五缘湾片区规划建设、社会治安综合治理与平安建设、民政工作情况通报。

2007年，区政协先后就中共湖里区委六届三次全委会议主题报告《抢抓机遇，奋发有为，更好更快地推进新一轮跨越式发展》《湖里区促进经济发展实施办法》《区政府2007年上半年工作总结和下半年工作意见》《2007年1—7月区财政预算执行情况及全年预算调整（草案）的报告》《湖里区政府关于县后片区暨高新技术园工作情况报告》《湖里区人民政府工作报告》《湖里区2007年财政预算执行情况和2008年预算（草案）的报告》等重要事项展开协商讨论。同年，组织全体委员听取常务副区长周克芳作关于重点工程、招商引资和公共卫生情况通报。组织经济科技委员会的委员听取关于科技创业园（创业中心）第一期发展情况及开发第二期的设想方案通报。

二、民主监督

1989年年初，区政协创办《湖里政协》简报，作为委员、民主党派、人民团体参政议政、民主监督的便捷平台和各级领导了解社情民意的重要渠道。区政协在民主党派、人民团体、民间社团和委员中聘请信息员，建立信息员队伍。

1997年，区政协会同中共湖里区委、区政府联合下发《关于加强区委、区政协有关部门与区政协各专门委员会对口联系的意见》，对对口联系单位加强民主监督。

1998年，开通政协电子邮箱，设立委员信箱。信息员提供的信息除在《湖里政协》简报上发表之外，还由区政协及时转交有关单位办理，促进区政协民主监督的日常化。1998年10月，区政协办公室收到游丽委员反映某单位将在塘边小学围墙外建造加油加汽站的信息，当即以“快报”方式转呈市政协，引起市领导的重视，取消该项目的审批，消除学校的安全隐患。

1998年，区政协首次和市政协合作拍摄《政协视点》电视专题片在厦门电视台播放，在社会上引起强烈反响。此后至2007年，陆续摄制《话说特区农村青年劳动力的转移》《给外来建设者更多关爱》《餐饮业油烟扰民亟待解决》《关注老龄事业，加快发展“夕阳红”产业》《民办学校亟待规范》《妥善解决农村城市化农村劳动力出路问题》《幼儿教育的困局该如何破解》《政协委员为工业集中区发展支招》《刑事案件被害人补偿金制度呼之欲出》以及反映湖里区“村改居”集体资产改制、青少年思想道德教育、虎屿海域污染情况、废旧家电处理、有关湖里区旅游休闲基地开发、产业结构调整和强化废品回收业管理等电视专题片，都发挥积极的监督作用，促成相关问题的解决。

1999年开始，区政协从委员及民主党派中选派党风、政风、廉政监督员、行风评议代表，参与暗访明察，介入党风、政风、行风监督。区政协派出政协委员担任区监察局特邀监察员；多名委员被聘为湖里区纪委、湖里地税分局、公安分局、城监大队、特警大队、巡警大队、交警大队等单位的廉政监督员；多名委员担任纠风评议代表和机关效能建设监督员、特邀工程巡视员。政协委员还参加区有关部门的行政执法、听证会、参与对各街道和区政府机关部门的效能和纠风建设情况的明察暗访。

2000年，朱明翰委员提出《关于规范禾山镇政府行为与职能的建议》，得到区、镇党委、纪委的重视，区纪委、监察局，制定加强湖里区党政机关廉政建设的12条措施。

2005年开始，区纪检、监察部门每半年向政协委员通报一次党风廉政建设和反腐败工作情况形成制度。2006年，五届区政协在开展课题、提案、信息评优评先基础上，首次开展政协先进专委会和优秀委员评选表彰活动，表彰城建委等5个先进专委会和陈世杰等22名优秀政协委员。

2006年起，区政协开展以政协自身力量为主的民主监督工作，组织政协委员对区经发局、卫生局、建设局进行行风巡察。2007年10—11月，区政协组织政协委员以明察暗访等多种形式对区财政局、人劳和社保局、台办3个窗口单位进行为期两个月的行风巡察和工作效率询查和评估，并形成局面巡察报告及时反馈给被巡察单位，促进被巡察单位提高效能和纠正行风。

三、提案征集办理

（一）政协湖里区第一届委员会提案

一届政协两年期间共征集提案139件，立案119件，办复率96%。

一届一次会议委员提案67件，提案中涉及经济建设（含城建城管）31件，涉及教科文卫体12件，涉及劳动、人事、政法、民政、统战等10件；转为市政协提案26件，湖里区办理27件；办理答复50件，其中采纳或部分采纳29件。

一届二次会议委员提案72件，提案中涉及经济建设（含城建城管）31件，涉及教科文卫体6件，涉及劳动、人事、政法、民政、统战等29件；转为省政协提案2件，转为市政协提案16件，湖里区办理92件；办理答复64件。

该届重要提案有：洪国勋等20名委员提出的《进出湖里乘公交车难》、委员鄢棣芳的《解决江头小学危房和校舍迁建》、委员黄承甄的《目前中小学生流失生不少，必须采取措施加以制止》、委员洪美芳和陆玉明的《关于加强治安防范，建立良好社会秩序》、委员王宣昭的《关于湖里住宅煤气安装收费过高》、杨扬华等4位委员的《农村邮电通讯费应与市区同一标准》等。

（二）政协湖里区第二届委员会提案

二届政协三年期间共征集提案201件，立案168件，办复率98.3%。委员的提案质量较第一届有所提高，普遍符合一事一案的要求。

二届一次会议委员提案73件，提案中涉及经济建设8件，涉及城建城管36件，涉及教科文卫体7件，涉及劳动、人事、政法、民政、统战等7件；办理答复57件，其中采纳或部分采纳36件。

二届二次会议委员提案57件，提案中涉及经济建设（含城建城管）24件，涉及教科文卫体8件，涉及劳动、人事、政法、民政、统战等13件；转为市政协提案16件，湖里区办理19件；办理答复45件。

二届三次会议委员提案66件，单位团体提案5件；提案中涉及经济建设9件，涉及城建城管32件，涉及教科文卫体18件，涉及劳动、人事、政法、民政、统战等6件；办理答复63件，其中采纳或部分采纳 57 件；反馈 15 件，委员满意率 93.3%。

1992 年二届二次会议期间，区政协针对钟宅、枋湖、县后 3 个村由于不通程控电话，严重影响招商引资工作的情况，迅速形成《邮电通讯应全心全意为发展民族经济服务》的提案，派专人呈送市邮电局，并登门协商催办、全程跟踪。市邮电局仅用半年的时间，为 3 个村安装 200 门程控电话。本届重要提案还有：常委王树林的《关于加强外来人口计划生育管理工作的建议》、委员顾锦城的《重科技、重人才、加速经济腾飞》、常委陈世杰的《加紧落实海山路的修建问题》等。

（三）政协湖里区第三届委员会提案

三届政协五年期间共征集提案 464 件，立案 400 件，办复率 99.4%。对一些重要提案，区政协组织委员并邀请有关领导现场视察，当场建言、督办，共同研究落实措施。该届政协在提案办理的实践中首创“高枝嫁接、升级办案”的成功经验。

三届一次会议委员提案 68 件，提案中涉及经济建设及城建城管 35 件，涉及教科文卫体 12 件，涉及劳动、人事、政法、民政、统战等 15 件；转为市政协提案 15 件，湖里区办理 42 件；办理答复 55 件。

三届二次会议委员提案 69 件，单位团体提案 5 件；提案中涉及经济建设及城建城管 38 件，涉及教科文卫体 14 件，涉及劳动、人事、政法、民政、统战等 8 件；转为市政协提案 21 件，湖里区办理 39 件；办理答复 60 件，其中采纳或部分采纳 46 件；反馈 60 件，委员满意率 90.2%。从此次会议开始，对上年度优秀提案和先进承办单位进行表彰，以提高委员撰写提案、承办单位办理提案的积极性。

三届三次会议委员提案 90 件，单位团体提案 2 件；提案中涉及经济建设及城建城管 31 件；转为全国政协提案 1 件，转为市政协提案 26 件，湖里区办理 47 件；办理答复 74 件，其中采纳或部分采纳 67 件；委员满意率 96%。

三届四次会议委员提案 99 件，单位团体提案 6 件；提案中涉及经济建设及城建城管 32 件，涉及教科文卫体 17 件，涉及劳动、人事、政法、民政、统战等 12 件；转为全国政协提案 1 件，转为市政协提案 30 件，湖里区办理 30 件；办理答复 61 件，其中采纳或部分采纳 48 件。1997 年，区政协为受理区无权解决问题的提案，采取委托辖区内的全国、省、市政协委员署名提交的做法，被全国政协总结为“高枝嫁接、升级办案”，被省、市政协作为提案办理工作的典型经验，列入全省政协提案工作研讨会上的经验交流材料。

三届五次会议委员提案 115 件，单位团体提案 14 件；办理答复 113 件，委员满意率 99%。

1996 年三届三次会议期间，邱荣华委员提出的并委托全国政协委员朱耀光提交的《纠正报刊征订发行中的不良倾向》提案，中宣部、邮电部、新闻出版署等联合发出《关于制止报刊征订工作中的不正之风的通知》，福建省委、省政府办公厅，厦门市委、市政府办公厅发出《关于使用公费订阅报刊有关问题的通知》，湖里区政府也采取 4 条措施控制公费订阅报刊。同年，政协湖里区委员会首次以政协主席会议建议案提出《关于抓紧为村里被拆迁户办理拆迁后安置房屋产权证的建议案》，促使村里居委会 252 户居民久拖十年未决的“老大难问题”得以完满解决。

该届重要提案还有：陈荣发、陈妙珠等委员的《加快高殿地区市政道路建设步伐》、委员林书博的《关于在我区设立进出口货物报验服务中心》、常委叶福伟的《关于进一步建立健全村（居）财务制度的廉政建议案》、委员陈金城的《湖里广大群众对湖里公园建设速度缓慢的呼声》、委员钟福团的《关于湖边水库水质污染问题的几点看法和建议》、委员侯书维的《要重视扶持发展我区民营经济》、委员黄茂发的《关于在江头片区架设有线电视线路》和《经济建设与精神文明建设要同步发展，政府应加强我区文体设施的建设》、区政协青年妇女委员会的《齐抓共管，努力提高我区农村青年素质》、区政协城建医卫委员会的《关于制止违章建筑，切实实施镇村建设》、委员黄莉华的《建议把发展和完善农村合作医疗纳入政府为民办实事来办》等。

（四）政协湖里区第四届委员会提案

四届政协五年期间共征集提案 477 件，立案 423 件，办复率 100%。该届政协提案继续贴近湖里区两个文明建设的中心，贴近社会热点，且在涉及的广度、深度上和办理的质量上有新的提高。

四届一次会议委员提案 93 件，单位团体提案 10 件；提案中涉及经济建设及城建城管 28 件，涉及教科文卫体15件，涉及劳动、人事、政法、民政、统战等7件；转为全国政协提案1件，转为市政协提案42件，湖里区办理50件；办理答复93件，其中采纳或部分采纳72件。

四届二次会议委员提案85件，单位团体提案16件；提案中涉及经济建设及城建城管31件，涉及教科文卫体19件，涉及劳动、人事、政法、民政、统战等10件；转为全国政协提案2件，转为省政协提案2件，转为市政协提案31件，湖里区办理39件；办理答复53件，反馈48件，委员满意率100%。

四届三次会议委员提案80件，单位团体提案19件；提案中涉及经济建设及城建城管24件，涉及教科文卫体17件，涉及劳动、人事、政法、民政、统战等4件；转为全国政协提案1件，转为市政协提案34件，湖里区办理62件；办理答复39件，反馈29件，委员满意率100%。

四届四次会议委员提案62件，单位团体提案20件；提案中涉及经济建设及城建城管19件，涉及教科文卫体12件，涉及劳动、人事、政法、民政、统战等13件；转为全国政协提案1件，转为市政协提案27件，湖里区办理52件；采纳或部分采纳43件，反馈35件，委员满意率100%。

四届五次会议委员提案75件，单位团体提案23件；提案中涉及经济建设及城建城管30件，涉及教科文卫体29件，涉及劳动、人事、政法、民政、统战等24件；转为市政协提案10件，湖里区办理88件；办理答复83件，委员满意率94%。

2000年四届二次会议之后，政协湖里区委员会加大提案办理的跟踪力度，主动与承办单位加强沟通联系，全程跟踪督察落实。在提出和办理关于《创办民办安厦小学》的提案过程中，区政协领导和区政府分管领导多次协调，相关部门一路绿灯，保证学校如期开学。在筹建妇幼保健院时，区政协通过“高枝嫁接”的办法，将《放宽政策、下放权限、扶持湖里区妇幼保健事业发展》的提案转为市政协提案，很快使问题得到解决。该届重要提案还有：民建湖里支部的《关于加快乡镇企业改革和发展步伐的建议》、湖里农工民主党支部的《建立社区卫生保健制度，提高我区人民健康水平》、委员冯森的《在东渡建一条科普旅游线路的构思》、委员王宣昭的《建议湖里区设立推进城市化进程研究小组》、庄洁等3位委员的《加强湖里饮食一条街的管理与整顿力度》、委员冯森的《关于在农村加强精神文明建设的宣传和教育》、黄丽婷等8位委员的《关于加快江头医院二期工程病房大楼建设》、致公党湖里支部的《加紧制定优惠政策，加快我区高科技人才引进和培养步伐》、委员王宣昭的《关于建设钟宅民族文化村建议》和《关于钟宅畲村城市化进程的若干建议》、委员董清木的《关于尽快对疏港路两旁人行道修缮的建议》、区政协城乡建设委员会的《关于我区东渡“城中村”改造的建议》、区政协工青妇委员会的《建议完善应急处理机制，妥善处理突发性群体劳资纠纷》等。

（五）政协湖里区第五届委员会提案

2004—2006年，3年共征集提案304件，立案246件，办复率100%。

五届一次会议提前于2003年10月召开，2003年的提案办理情况放在2004年初的五届二次会议上报告。五届二次会议委员提案75件，单位团体提案23件；提案中涉及经济建设及城建城管30件，涉及教科文卫体29件，涉及劳动、人事、政法、民政、统战等24件；转为省政协提案1件，转为市政协提案9件，湖里区办理73件。

五届三次会议委员提案75件，单位团体提案24件；其中湖里区立案办理68件（涉及经济建设及城建城管40件，涉及教科文卫体13件，涉及劳动、人事、政法、民政、统战等15件），转为市政协提案15件，转为信息处理16件。

五届四次会议委员提案77件，单位团体提案30件；立案95件，其中涉及经济建设及城建城管46件，涉及教科文卫体26件，涉及劳动、人事、政法、民政、统战等23件；转为市政协提案9件，湖里区办理86件；办理答复95件。

2005年，政协湖里区委员会继续跟踪2004年政协主席会议建议案《关于调整区与街（镇）财政体制和部分事权的若干建议》的落实情况。政协调研会听取区财政局对财政体制调整的18项内容的落实情况介绍，敦促相关责任部门严格按《关于调整部分事权与财政体制的通知》要求抓落实。该届重要提案还有：农工党湖里总支的《湖里区农村集体资产改制过程中若干问题的对策与建议》、委员林建德的《关于解决社区道路、路灯等市政设施纳入市政管理的建议》、委员何琼云的《关于尽快改变有路无灯现状、促进我区农村城市化建设》、民盟湖里总支的《关于扶持和规范湖里区民办学校的几点建议》、常委魏世鹏等的《关于加强我区“私人诊所、门诊部”监管整改力度的建议》、民进湖里经济支部的《关于市属企业下放与我区产业状况对策》、九三学社湖里区基层委员会的《关于发展区域循环经济，大力推进清洁生产》、委员詹毅诚的《建立适合外来青年的文化市场》、委员林声扬的《促进本区居民再就业、再创业的新思路》、委员陈智强的《关于增强农村青年就业能力的建议》、委员孙先行的《关于解决“村改居”后失地居民养老问题》、委员郭明忠的《关于如何构筑湖里区新兴休闲旅游基地的建议》、委员林健生的《关于强化湖边水库管理，护住厦门人生命之水的建议》、湖里区农工第三支部的《关于建立湖里区道路清扫保洁长效管理机制的建议》等。

（六）政协湖里区第六届一次会议提案

六届一次会议委员提案 86 件，单位团体提案 22 件；立案 86 件，其中涉及经济建设及城建城管 28 件，涉及教科文卫体 20 件，涉及劳动、人事、政法、民政、统战等 38 件；转为市政协提案 3 件，湖里区办理 83 件；办理答复 86 件。

六届一次会议期间的重要提案有：农工党湖里区基层委员会的《关于加快实施湖里工业区“腾巢换凤”工作的建议》、委员李伟宏的《关于完善征地拆迁政策措施的建议》、委员郭清敦的《关于构筑我区社会治安防控体系，深入创建平安湖里》等。委员黄向阳《关于建设厦门经济特区纪念馆》的“高枝嫁接”提案，被中共厦门市委书记办公会议采纳。

四、调研视察

1989—1990 年，开展 12 次视察活动，涉及针对群众反映比较强烈的环境卫生差、交通不便、治安不够好以及政府部门如何服务“三资”企业等问题。委员提出的“设立一个政府专门协调主管部门，建立一套为‘三资’企业服务的联合办公制度”的建议，引起市委、市政府的重视。

1991—1993 年，组织 14 次视察活动，涉及改造海天路、加强企业管理、人才培训、项目引进，调整产品结构、加快村办工业小区规划、科技兴区等方面。

1994—1998 年，组织进行 21 次专题调研、35 次委员视察活动，涉及创建卫生城市、科技兴农、旧村改造、外来人口和劳务市场管理、食品卫生管理、工业小区开发建设、教育管理体制改革、改善投资环境、农村医疗卫生、五通港码头建设，“扫黄打毒禁赌”专项整治、侨情普查，小学德育教育、农村青年学习工作现状、科技三项经费使用情况、禾山镇文化事业发展情况、湖里街道文明安全片区建设情况、乡镇企业发展状况等，撰写《关于加强我区小商品市场建设》《我区房地产开发状况与发展前景》《关于我区农村文体活动情况》《关于加强外来人口管理》《关于依靠科技进步发展我区经济》《我区食品卫生状况与改进措施》《三资企业对我区投资环境的反映》《湖里区三胞基本情况》《“九五”期间湖里区产业发展战略思考》《改善投资环境，争创特区优势》《大力开发有特色的旅游业，是确保湖里区经济持续发展的必由之路》《关于湖里辖区小学试行校长负责制的实施情况》《关于加大区属企业改革力度初探》等调研报告。《关于在五通港区创建民间对台小商品市场的建议》的调研报告在《厦门政协》杂志发表，《“九五”期间湖里区产业发展战略构想》《大力开发有特色的旅游业，是确保湖里区经济持续发展的必由之路》两篇调研报告获 1997 年湖里区首届科技进步表扬奖。

1999—2003 年，开展 54 次专题调研、36 次专题视察，涉及建设现代都市农业、“十五”计划产业发展重点、加速江头台湾街开发建设、本区大中专毕业生就业、社区的文教卫生服务现状、全区素质教育进展、“女工权益保护”、“双困户”安置、部分区属单位提案办理、《福建省保护华侨投资权益若干规定》的贯彻执行情况、厦门岛东部开发、厦门岛东通道建设、建设现代都市农业、科技创新工作、个体私营企业现状、农村“同富裕”发展工程、社会力量办学、“六合彩”在湖里区的影响、公民道德建设实施、台资企业发展等方面，撰写《关于湖里区建设现代都市农业的若干建议》《关于制订“十五”计划产业发展重点的若干意见》《关于发展社区卫生服务业的若干建议》《关于加快江头改建区开发步伐的若干意见》《区籍大中专毕业生就业情况调研》《关于充分发挥区科技创业服务中心“孵化”功能的若干建议》《关于在我区外来青年中加强道德教育的建议》《关于进一步防范和完善处理我区群体性劳资纠纷的建议》

《关于湖边水库保护与开发的建议》《关于在东渡社区建设中发挥党外知识分子作用的建议》《关于我区东部经济和社会发展总体构想的建议》《关于我区农村城市化中的劳动力转岗就业问题的建议》《关于我区农村集体资产改制的建议》调研报告。

2004—2006 年，开展 25 次视察、29 次专题视察，涉及教育体制改革、群众性精神文明创建活动、环境保护、集体资产改制、重点项目建设、安全生产、宗教管理、平安校园创建活动、市政园林建设、产业优化、在建工业园区建设、社会治安科技防控、"十一五"文化体育事业发展规划、社区卫生服务机构设置及运行、物业规范化管理、未成年人思想道德建设等方面。撰写《关于调整区与街（镇）财政体制和部分事权的若干建议》《"村改居"后加大公共设施财政投入的若干建议》《市属企业下放与我区产业状况及对策》《关于五通滨海旅游带开发建设的若干建议》《充分利用优势，加快产业结构调整升级，推动湖里区新一轮跨越式发展》《湖里如何发挥经济特区发祥地先行先试作用的几点建议》《关于加快实施湖里工业区"腾巢换凤"工作的建议》《关于促进湖里区旅游业发展的若干建议》《齐抓共管，开拓创新，进一步提高湖里区教育质量》《关于强化仙岳公园休闲旅游功能的建议》《湖里古民居开发与保护的调研报告》《社区矫正的主要制约因素与对策》《关于我区社区卫生服务体系建设的若干建议》和《环东海域整治中劳力出路及生态环境修复的建议》等 25 篇专题调研报告。其中，《关于加快发展乌石浦油画村及相关文化产业的建议》为主席会议建议案，《关于进一步加强来厦务工人员服务与管理》的调研报告在《厦门日报》全文刊登。

2007 年，开展 12 次专题调研、9 次专题视察，涉及解决被征地农民出路、同安工业集中区湖里园建设、招商及配套、五通码头建设、中小学新建扩建工程项目建设、体育文化设施建设、高新技术园建设、农贸市场改超市、湖里工业区"腾巢换凤"工作以及部分民间信仰场所等方面，撰写《湖里区民营经济发展分析》《"失地农民"培训方案和政策措施研究》《关于寨上片区如何对接物流带的调研》《关于建立两岸商贸、旅游服务中心的调研报告》《"两税合一"对我区吸收外资的影响及对策》等 12 篇调研报告。

五、文史资料征集

1994 年，区政协成立文史工作委员会，开始对辖区范畴内的老干部、老教师、老军人、老工人、老农民进行走访座谈，搜集辖区宗教史、侨史、革命史、校史、村史等资料。自 1996 年开始，每年编辑出版一集《湖里文史资料》。《湖里文史资料》为内部发行书籍，每集印数 1000～2000 册，出书后赠送政协委员，还寄赠全省各级政协、厦门各大中专院校、有关图书馆、档案馆及辖区中、小学等数百个单位。2007 年，《湖里文史资料》参加全国政协和省政协举办的文史资料成果展。

《湖里文史资料》每期侧重一个专题，截至 2007 年年底，共出版 12 集。

1996—2007 年《湖里文史资料》出版情况表

表 18-2

序次	出版时间	主要内容	页数	字数（万）
第一集	1996	湖里区各民主党派、群众社会团体组织简况	100	3.8
第二集	1997	湖里籍华侨、华人知名人士业绩	134	7
第三集	1998	湖里改革开放以及湖里建区十周年以来"两个文明"建设取得的成就	237	13
第四集	1999	湖里区各村、居委会历史	354	21
第五集	2000	厦门岛内原禾山地域吴真人宫庙史料	238	17.8
第六集	2001	湖里区文物古迹、自然景观、史乘人物、民俗风情、民间传说	212	12
第七集	2002	湖里区发生的军事斗争史料	340	19.5

续表18-2

序次	出版时间	主要内容	页数	字数（万）
第八集	2003	厦门清代将领陈胜元专辑	286	11
第九集	2004	湖里区教育发展史专辑	313	19.5
第十集	2005	摄影画册，题为《湖里春晖》	96	—
第十一集	2006	湖里与金门、台湾相关姓氏的迁徙史，题为《五缘纪事》	137	7
第十二集	2007	湖里姓氏源流	144	7

六、联谊招商活动

1991 年，区政协和侨务部门配合，引进 10 个工业项目，此后，引资规模逐年扩大，1995 年区政协牵头引进的泰国德大集团在湖里区的投资额为 500 万美元。

1998 年，区政协引进外资金额突破 1000 万美元。区政协主席吴仁福在当年度省政协工作会议上，以《发挥独特优势，为发展外向型经济服务》为题介绍湖里区政协的经验。2000 年 8 月，区政协主席吴仁福参与市贸促会组团到台湾开展联谊招商活动。2001 年 5 月，区政协副主席戴宗磊参与区政府组团赴日本开展招商联谊活动。2002 年 9 月，区政协主席吴仁福参加厦门市贸促会组团，出访法国、德国。同年 12 月 24 日，《人民政协报》发文推介湖里区政协主动协助招商引资工作的经验。

2004 年 2 月，吴仁福随市贸促会出访澳澳大利亚和新西兰。同年，区政协引资额为 5000 万元（人民币，下同）。2005 年 9 月，吴仁福出访智利、巴西。同年，区政协引资额 9000 万元。2006 年，副主席谭苏建随团出访澳大利亚和新西兰。副主席戴宗磊参加区政府招商团组赴美国、加拿大招商。副主席谷闽友出访法国、德国。在出访期间，区政协领导随团拜会海外社团和侨领，开展联络联谊、交流交往活动，宣传湖里的投资环境和发展前景，邀请海外社团、乡亲回国回乡参观考察、寻根谒祖、投资创业。同年，引资额突破亿元大关，达 1.5 亿元。2007 年，共引进内外资项目近 20 个，引资额达 10 亿元。

第二章　民主党派工商联地方组织

第一节　中国国民党革命委员会地方组织

一、民革机构

1995 年 3 月，民革厦门市委科技支部部分党员按行政区划组建民革湖里支部，有党员 12 人。2004 年支部有党员 24 人。2006 年 6 月 17 日，民革厦门市委成立民革湖里总支，下设湖里一支部、湖里二支部。2007 年有党员 42 人，其中高级职称 15 人、硕士研究生以上学历 7 人。

截至 2007 年，民革湖里区组织经历 5 届支委班子，陈玉梅、林平辉、邓宏、林桂星先后担任主委，第五届总支主委黄向阳，副主委林桂星、吴俊彪。总支党员任各级民革职务的有中央委员 1 人，市委常委 2 人，市委专委会副主任 2 人。

2004 年，民革湖里支部被评为“民革福建省先进支部”“民革全国先进支部”。2005 年，支部被民革市委评为“社会服务先进支部”。2006 年，黄向阳被评为“民革全国参政议政工作先进个人”。

二、民革主要活动

（一）参政议政

1995 年成立至2007 年，共完成调研报告20 多份，提出提案100 多件，向民革市委提交多件有较高分量的调研报告和提案。重要的参政议政成果有：2003 年，提案《破解土地征用难题的建议》被评为市政协2003 年度优秀提案；2006 年，支部提案《厦门更好地发挥对台作用的对策建议》被市政协列为重点提案，调研报告《湖里如何发挥经济特区发祥地先行先试作用的几点建议》被评为区委统战部2006 年度优秀调研文章一等奖，其中关于建设特区纪念馆的建议被中共厦门市委采纳，提案《关于构筑以厦门为中心的闽台经济圈的几点建议》和《借马拉松之势全民健身之机，做活厦门的体育产业》分别获厦门市政府2003 年度献计献策优秀成果一等奖和二等奖，调研报告《关于发展湖里区流量经济的若干建议》获湖里区统战部优秀调研文章三等奖。一些参政成果还在《厦门特区论坛》《福建统一战线》等杂志发表。至2007 年，总支（支部）连续5 年获民革市委基层组织调研一等奖。

（二）社会服务

党员陈玉梅从1996 年以来出资3 万多元，资助延安、厦门等地6 位贫困生，并出资邀请贫困地区教师和学生来厦参观。党员李蓉资助5 位贫困生，2004 年8 月，支部党员认捐贵州省纳雍县核桃寨村20 名贫困生完成小学学业所需的约2 万元学费。2005 年，李蓉帮助金尚小区10 余名下岗职工实现再就业。同年，湖里支部发动党员向核桃寨村捐赠旧衣服，有近20 人参加捐赠。截至2007 年年底，已向核桃寨村贫困生支付3 年的学费。

第二节　中国民主同盟地方组织

一、民盟机构

1991 年7 月，中国民主同盟（简称民盟）厦门市委员会湖里支部成立，有盟员14 人。2001 年9 月，民盟厦门市委会湖里总支成立，下设湖里综合支部、湖里三中支部、湖里科技支部，有盟员48 人。2007 年6 月成立火炬园支部，有盟员76 人。至2007 年，民盟湖里区组织经历4 届支委班子，王宣昭、公维贵先后担任主委。

总支盟员高级职称以上62 人。侯斌蝉联三届残奥会跳高冠军。

1991—2007 年，有8 名盟员获省级以上表彰，湖里总支6 次获市级以上表彰。

二、民盟主要活动

（一）参政议政

2001—2007 年，民盟湖里总支成员有2 人当选为市、区人大代表，有14 人被邀为市、区政协委员，2 人任区政协常委，3 人任政协专委会主任、副主任，8 人任各级行评代表、民主监督员等。盟员公维贵2002 年当选中国民主同盟第十次全国代表大会代表。2007 年，盟员中有民盟福建省委委员1 人，民盟厦门市委常委1 人、委员1 人、专委会副主任3 人。

总支在参政议政过程中提交的重要调研报告和提案有：《关于筹建湖里区进出口货物报关报检服务中心》《关于筹建五通港水运码头》获1994 年湖里区政协优秀提案；《建议绿化岩石裸露山体》获1999 年厦门市政协优秀提案；《周密规划，综合开发，加快东渡濠头村改造步伐的若干建议》获1999 年湖里区政协优秀提案；《应将废旧电池、废旧家用电器回收后做无害化处理》获2000 年厦门市政协优秀提案；《建议定期公布我市饮用水源地水质和自来水水质》《餐饮业油烟扰民非治不可》两件提案获2001 年厦门市政协优秀提案；《当前我市“打假”执法工作中存在的主要问题与对策》被列为2002年厦门市政协重要提案；《关于我区东渡“城中村”改造的建议》《关于建设“钟宅民族文化村”的建议》两个提案获2002年度湖里区政协优秀提案；《提高通关速度，降低通关成本》被厦门市政协列为2004年重点提案。《大力发展湖里第三产业，建设海峡西岸旅游接待中心项目的建议》被授予2005年政协湖里区优秀提案。《关于进一步加强来厦务工人员管理与服务的调研报告》由市政协转发市政府，供工作参考。截至2007年，总支盟员共完成调研报告近30篇，撰写市、区两级提案260多件。

（二）社会服务

1992年，在为希望工程的捐助活动中，盟员公维贵承担捐助山区7名失学儿童学费；1999年，为某家庭困难的民警捐款1500元；同年5月，为同安莲花山区一名残疾儿童捐款600元；2003年，盟员林红星赞助武平山区一名贫困小学生小学阶段的学费，并为该校送去奖励学生的学习用品及运动器材、音乐CD等；盟员吴金狮赞助翔安区贫困村郑板小学2000元购置体育运动器材；盟员聂龙赞助槟榔中学2000元购置体育运动器材；盟员吕伟红赞助育秀社区开展丰富多彩的文体活动；2004年，盟员蔡朝熙为江西某患重病职工捐款10000元，并发动公司职工捐款；为振兴南音、发展残疾人体育事业以及失学儿童捐款若干。

1991—2007年，总支先后在湖里公园、SM商业城、金中华超市、金山街道等为群众提供教育、法律等咨询服务，发放各种宣传材料、学习资料、书籍、教辅材料等2000多册（本）。

第三节 中国民主建国会地方组织

一、民建机构与会员

一、机构

1990年12月，民建厦门市委三资内联支部析出民建湖里区支部。1997年10月，民建厦门市委湖里区支部更名为民建厦门市委湖里区总支部。2001年3月，升格为民建湖里区总支委员会。2004年10月24日，民建厦门市委湖里区总支部第二次会员大会举行，选举产生第二届委员会。至2007年年底尚未换届。

民建湖里总支下设第一、第二、第三等3个支部，2007年4月增设第四支部。

历任民建厦门市委湖里支部主委为张金坪（1990.12—1997.10），湖里总支部主委为张金坪（1997.10—2004.10）、吴江彬（2004.10— ）。1994—1997年，连续3年被福建省民建评为省级先进总支。2005年12月，总支被民建厦门市委评为“2002—2005年度先进总支”。

（二）会员

会员以工商、经济界人士为主体。1990年民建湖里区支部成立时有会员47人，2007年召开民建湖里区总支部第2次会员大会时增至105人。2007年，会员中有硕士6人、大学本科63人、大专25人、中专4人、高中文化程度5人、初中文化程度2人；有副教授、副研究员、高工等高级职称者13人，工程师、经济师、会计师、律师、主治医师等中级职称者44人，助工、助教、会计员等初级职称者7人。

民建湖里总支会员中，年龄在30岁以下的1人，30~49岁的81人，50~59岁的13人，60岁以上的有10人。

二、民建主要活动

（一）参政议政

2001—2007年，有1名会员为市政协委员，有3名会员为湖里区人大代表，有7名会员为湖里区政协委员（其中1人为区政协常委）。民建会员围绕城市公共事业产业经营、农村城市化进程中劳动力的安置与转移问题、老龄事业、西海域整治、村改居后加大公共设施财政投入等专题组织开展考察与调研，形成一系列调研报告。会员张自强自1999年始深入调研，就人民群众反映的热点、难点，向市人民建议征集办公室提出建议。2002年5月，获厦门市人民建议征集办每两年颁发一次的“建言献策”奖。2003年，总支撰写的《在农村城市化进程中解决我区农民生活出路的若干建议》被中共湖里区委统战部评为优秀调研文章。2006年，《关于五通滨海旅游带开发建设的若干建议》调研报告被中共湖里区委统战部评为年度优秀调研文章。2007年，《湖里区民营经济发展分析报告》被区委统战部评为年度优秀调研文章一等奖。

（二）民主监督

2001—2007年，在区政协委员中，有1人次被聘为湖里区党风廉政行风监督员，2人次被聘为区卫生系统行风监督员，1人次被区建设局、区工商行政管理局、区城市行政执法局聘为行风（评议）监督员，4人次被聘为区政协的信息员，1人次被厦门市新闻协会聘为首届新闻社会监督员和厦门市长专线督察员。

（三）服务社会

1990—2004年，捐资助学是会员服务社会的主要形式。会员中的企业家连续十几年参与闽北山区松溪渭田希望小学和贵州小学捐资助学活动。2005年，为湖里区“爱心超市”捐款捐物。2007年，到钟宅社区帮困扶贫，表达爱心。

第四节　中国民主促进会地方组织

一、民进机构与会员

（一）机构

1988年2月，民进厦门市委厦门师范学校支部成立，直属民进厦门市委会，庄连枝、黄茂发、章立早、尹辰先后任支部主任。2003年6月23日，因厦门师范学校成建制改为厦门电子职业中专而撤销。

1998年9月15日，民进厦门市委湖里经济支部成立，直属民进厦门市委会，王平、董清木先后任支部主任。

2003年6月23日，民进厦门市委电子职业中专支部成立，直属民进厦门市委会，陈智强任支部主任。

2006年6月25日，民进厦门市委民进湖里总支成立，下辖民进湖里经济支部、民进湖里科技支部、民进湖里综合支部、民进厦门电子职业中专支部，董清木任总支主任。

1998年7月，民进厦门师范学校支部被民进福建省委授予“省级先进支部”；2004年9月，民进湖里经济支部被民进中央授予“全国先进基层组织”称号；2005年8月，民进湖里经济支部被民进福建省委授予“省级先进支部”称号。

（二）会员

1988年，民进厦门师范学校支部有会员6人。其中，本科学历4人，大专学历2人；高级职称1人，中级职称5人；50岁以下1人，50~60岁的4人，60岁以上的1人。1996年，有会员13人。

1998年，民进湖里经济支部有会员20人，其中研究生学历2人，本科学历12人，大专学历6人；30岁以下2人，30~40岁的14人，40~50岁的3人，50岁以上的1人；按界别分有法律界3人、科技界7人、机关事业单位1人、新闻出版界1人，企业界8人。

2003年，民进厦门电子职业中专支部有会员13人。

2006年，民进湖里总支有会员60人，其中湖里经济支部15人、湖里科技支部15人、湖里综合支部14人、厦门电子职业中专支部16人。

截至2007年年底，民进湖里总支设有4个支部，有会员62人，其中博士研究生学历1人、硕士研究生学历7人、本科学历41人、大专学历13人；30~40岁的22人，40~50岁的30人，50~60岁的3人，60岁以上的7人；法律界3人、科技界12人、机关事业单位3人、教育界19人、企业界25人。

二、民进主要活动

（一）参政议政

1988—2007 年，民进成员有 1 人当选湖里区人民政府副区长，3 人次当选湖里区第四、五、六届人大代表，1 人任区人大常委，17 人次当选湖里区政协委员，6 人次任区政协常委。

2001 年，厦师支部撰写《关于禾山镇九年义务教育质量的若干建议》，区教育局根据调研报告提出的建议，制定十条提高教育教学质量、制止初中生辍学的对策措施；《尽快建立并实施工程建设项目环境影响后验证制度》获市政协优秀提案。2003 年，民进湖里经济支部提交促进民营企业发展的对策建议，被吸纳入中共厦门市委下发的《关于促进我市民营企业发展的若干意见》中；《关于加快我市企业信用体系建设》获市政协优秀提案。2004 年，《健全海岸带综合管理与协调机制，构筑厦门海湾城市生命线》获市政协优秀提案。

2006 年，湖里区民进会员提出的《关于建设我市快速公交（BRT）的建议》通过民进厦门市委会转化为当年度的市政协提案，推进厦门市 BRT 建设；《大力发展公共交通，增强公共交通吸引力，破解交通堵塞难题》获市政协优秀提案。2007 年，民进湖里总支会员陈智强等 4 位区政协委员提出的《关于改进监督员工作，提高监督实效的建议》等 4 份提案被区政协列为重点提案。至 2007 年，民进湖里基层组织及其会员共在区人大、政协提出建议、提案 50 余份，撰写调研报告 10 余篇，有 7 份提案或调研报告被区政协、统战部评为优秀，有 4 份提案转化为市政协的民进厦门市委会党派提案并被市政协评为优秀提案。

（二）民主监督

2001—2007 年，有 1 名会员担任市政府勤政效能特约监督员，1 名会员担任市行政执法局特约监督员，1 名会员担任湖里区政府机关效能特邀监督员，1 名会员担任湖里区检察院特邀监督员，1 名会员担任区行评代表，9 名会员担任区政协信息员。

第五节 中国农工民主党地方组织

一、农工党机构与党员

（一）机构

1988 年 4 月，农工党湖里支部成立，洪美芳担任主委。1998 年换届后，魏世鹏任主委。

2001 年 6 月，成立 3 个党小组，其中第一小组以医疗卫生界为主，第二小组以机关人员为主，第三小组以教育、科技界为主。

2003 年 3 月，农工党湖里总支成立，下设湖里第一、第二、第三支部。戴宗垒任总支主委。

2006 年 5 月 21 日，农工党湖里区基层委员会（简称基层委）成立，王萍萍任主委。下设中医院、双十中学、第六中学、湖里医卫、湖里科教、湖里综合等 6 个支部。

（二）党员

1988 年设立农工党湖里支部时有 9 名党员。2001 年 6 月有党员 57 名。2006 年 5 月有党员 144 名。

截至 2007 年 12 月 31 日，农工党湖里基层委共有党员 144 人。其中本科以上学历 102 人，高级职称 75 人、中级职称 49 人，医药界 66 人、教育界 56 人、其他界别 22 人。党员平均年龄 53.4 岁，40 岁以下 24 人。

二、农工党主要活动

（一）参政议政

截至 2007 年年底，农工党湖里基层委有 1 人次当选市人大代表、4 人次任市政协委员、11 人次任区政协委员。其中，2 人次任区政协副主席、3 人次任区政协常委、2 人次任区人大常委会委员。

1988—2007 年，湖里农工党成员中的各级人大代表、政协委员发挥自身与医药卫生、科技界和教育界联系较为广泛的特点，共提出提案近 200 件，其中提交给市政协提案近百件。1996 年《应加强湖里区东部沙滩的管理》、1999 年《湖里区农民收入稳步增长的若干建议》和《湖里区现代农业园区建设的若干建议》、2000 年《社区卫生建设几点建议》和《湖里区小学、幼儿园校园长竞争上岗的建议》、2002 年，《关于建立湖里区道路清扫长效管理机制建议》等提案获区政协优秀提案奖；2004 年，关于《大力发展民营企业，培植新的经济增长点》的提案获市政协优秀提案奖；2006 年，《关于加快实施湖里工业区"腾巢换凤"工作建议》作为区政协主席建议案提交给政府办理。

（二）服务社会

自 1988 年始，每年开展义诊活动 1 ~ 2 次，开展科技咨询、送医、送药下乡，开展科技扶贫活动，宣传科技知识和卫生知识。还积极配合农工党厦门市委到岛外进行义诊活动，为贫困山区的兄弟姐妹身体健康和劳动致富提供力所能及的帮助。2005 年，农工党湖里总支被评为农工党福建省先进集体。

第六节　中国致公党地方组织

一、致公党机构与党员

（一）机构

1989 年 3 月，致公党湖里区支部成立，陈方顺任主任委员。2007 年 5 月，湖里区总支部成立，颜伟民任主任委员。下设第一、第二、第三 3 个支部。

（二）党员

1989 年，全区有致公党党员 10 名。截至 2007 年年底，共有党员 49 人，平均年龄 52.1 岁。党员中：男党员 24 人，女党员 25 人；大专以上学历人员 40 人，中高级职称以上有 28 人。

二、致公党主要活动

（一）参政议政

1989—2007 年，湖里区致公党党员先后有 20 人次担任湖里区各届政协委员，其中 7 人次任区政协常委，另有 9 人次担任区政协信息员；5 人次当选为区人大代表。湖里区致公党组织的人大代表和政协委员积极参加人大和政协组织的各项活动，发挥专业特长，充分开展前期调研工作，认真参加区政协确定的常委会年度协商和专题协商议题，积极建言献策。2001 年，支部提案《建议制定湖里区高科技人才引进和培养计划》被评为区政协优秀提案。2005—2007 年，致公党湖里地方组织共提交全国两会提案 3 件、人大议案 1 件、福建省政协提案 7 件、厦门市政协提案 12 件、湖里区政协提案 12 件、区人大议案 3 件，完成致公党省委会调研课题 1 个、市委会调研课题 8 个、其他调研课题 3 个。2007 年，调研报告《齐抓共管　开拓创新　进一步提高湖里教育质量》获湖里区统战部优秀调研报告二等奖。

党员平均每年送社情资料近 50 条。黄霓裳连续 10 次被区政协评为优秀信息员。她提出的"建议发展农村沼气工程"和"建议推广立体停车库技术，发展停车产业，解决乱停车问题"两项建议分别被列为 2005 年省、市政府为民办实事项目。

（二）民主监督

1991—1999 年，黄霓裳被聘为湖里区党风廉政监督员；2006—2007 年，关琰珠被厦门市城市管理行政执法局聘为特约监察员，颜伟民被厦门市聘为民主评议行风代表。

（三）服务社会

2007 年，湖里总支开展与湖里区外侨办对口联系活动，配合区侨务部门开展重点侨情调查、海内外联谊、宣传侨法、维护侨益、引进侨资、发挥侨力等工作；与其他涉侨部门建立联席会制度，建立经常性的沟通联系，联合开展侨法宣传月、归侨工作生活情况调查等活动，扩大侨界的影响。

总支党员利用接待亲朋好友、外出探亲等机会，积极宣传厦门，宣传湖里，热情为侨胞提供各种服务和方便，增进海外侨胞对家乡的了解，鼓励亲友回来旅游观光投资兴业。

第七节　九三学社地方组织

一、九三学社机构

1985 年 4 月，九三学社福建省水产研究所支社在辖区境域成立。而后福建海洋研究所支社、福建亚热带植物研究所支社、中国科学院福建物质结构研究所二部支社、厦门市出入境检验检疫局支社、厦门师范支社、湖里第一综合支社等陆续成立。1999 年 3 月，九三学社湖里基层委员会（简称基层委）组建，成立之初有 7 个支社，93 名社员，潘良莺任第一届主委。2003 年 7 月，原厦门师范支社分为电子职专支社和湖里第二综合支社，支社增为 8 个。

2004 年 11 月 28 日，九三学社湖里基层委全体社员大会召开，民主选举产生第二届委员会，主委潘良莺。当年，湖里基层委被评为九三学社福建省委员会先进基层委。至 2007 年年底，基层委共有 8 个支社，150 位社员。

社员以中、高级职称为主，涵盖科研、教育、文化、体育、医卫、环保、高新技术、厂企管理等方面的人才和骨干。

二、九三学社主要活动

（一）参政议政

1985—2007 年，支社和基层委社员出任九三学社中央委员 1 人、全国政协委员 2 人次、省人大常委 1 人、区政协副主席 2 人次；当选市人大代表 1 人、市政协委员 5 人次、区人大代表 4 人次、区人大常委 2 人次、区政协委员 14 人次、区政协常委 2 人次；多人受聘为党风廉政监督员、区政协特邀研究员、特邀监督员、特约审计员、特约（教育）督导员和机关效能监督员、行风评议代表等。基层委围绕各项中心工作，每年重点组织专题调查研究 1 ~ 3 项，内容涉及特区成片土地开发应注重环境保护、高新技术研发基地的定位和建设、循环经济中推行清洁生产、文体事业的拓展、市区禁毒、海域整治、生态工业、渔业转型、和谐社区建设等。

社员中的人大代表、政协委员为“两会”积极撰写议案、提案，其中影响较大的有《发挥辖区科技潜力，为我区经济建设服务》《关于进一步做好我区招商引资工作的若干建议》《发展区域经济，大力推行清洁生产》《进一步推动湖里区融入闽粤赣十三市的区域经济合作》《关于引导传统渔业转型的建议》《加大植物保护技术的建议》《构筑我区社会治安防控体系　深入创建平安湖里》《关于构建和谐社区的几点建议》等。2004—2007 年，社员针对环东海域整治后劳力出路及生态修复、湖里区各类高新技术创业、开发园区等课题开展调研，提出建议，获得有关部门的好评。

截至 2007 年，社员向有关部门提供社情民意信息 600 多条，办理后基本获得满意的结果。

（二）服务社会

1999—2007 年，基层委与区科技局、人劳社保局、文化局“结对子”，保持对口联系，开展各种调研、联谊活动。在创建文明城区活动中，分工负责金山、高林、寨上片区；进行和谐社区及访贫问苦调查；进行本区外口集中片的白色污染纠查；开展黑网吧与游乐场所调查；开展市场贝类净化海水应用调查、人行天桥与公路绿化调查等。社员热心扶助贫困学生上学，投入奉献爱心及献血活动。

2001 年 11 月，省水产研究所支社提出《关于在东渡社区建设中充分发挥党外知识分子作用的建议》，并联合其他民主党派，成立“东渡统战联谊会”和“东渡社区居民宣教协作组”。在东渡社区开展调研工作，协助社区居委会开展“访贫问困”“我为社区建一言”等活动，为东渡城中村的改造献计献策。在社区建立“统战联谊会”，为全省首创。

2003 年，政协委员陈世杰递交《关于建设东渡科普一条街的若干建议》的提案。之后，基层委通过多种渠道、多种形式，促进含气象、桥梁、商品检验、生物等科普点在内的“东渡科普一条街”形成，成为湖里区科普宣传的一个重要阵地。

第八节　台湾民主自治同盟地方组织

一、台盟机构

1996 年 9 月台盟湖里支部成立，有盟员 7 人。支部经历 1999 年 6 月、2002 年 6 月、2006 年 3 月 3 次换届，盟员分别为 14 人、16 人、19 人。至 2007 年年底，盟员中获省级表彰 5 人次、市级表彰 10 人次。

林书博连任四届主委（1996. 5—　）。

二、台盟主要活动

（一）参政议政

1996 年 9 月—1999 年 6 月，盟员中有全国政协委员 1 人、省政协委员 2 人（常委 1 人）、市政协委员 2 人（常委 1 人）、区人大代表 1 人、区政协常委 1 人、区政协委员 2 人；1999 年 6 月—2002 年 6 月，盟员中有全国政协委员 1 人、省政协常委 1 人、市政协委员 2 人、区人大代表 1 人、区政协常委 1 人、区政协委员 2 人；2002 年 6 月—2006 年 3 月，盟员中有省政协常委 1 人、市人大代表 1 人、市政协委员 2 人、区人大代表 1 人、区政协常委 1 人、区政协委员 3 人；2006 年 6 月—2007 年年底，盟员中有省政协常委 1 人、市人大代表 1 人、市政协委员 1 人、区政协常委 1 人、区政协委员 3 人。担任区人大代表、政协委员的盟员积极参加区情协商会、区情通报会，参与湖里区经济建设和社会发展以及人事安排等重大问题的协商，提出意见和建议。

1996—2007 年，支部撰写调研文章 11 篇，提案 60 余件，其中，省优秀提案 1 件，市优秀提案 6 件，区优秀提案 2 件。重要提案有《关于湖里虎屿港沙场及排污口存在若干问题的建议》《关于解决农民工就医难问题的若干建议》《建设集装箱运输配套服务园区，做大做强东南沿海中心港口的建议》《关于高崎联检大楼处置的建议》《“农改超”不要“一刀切”要“切一刀”》《关于进一步完善社会保障体系，积极应对社会老龄化问题的建议》等。还针对湖里区经济发展过程中出现的农村城市化进程中出现的农民就业、土地赔偿、违章建设、钟宅民族村建设、五通码头建设与周边发展规划等问题开展调查研究，提出应对措施，撰写成专题报告送交有关部门，作为政府决策参考。

（二）民主监督

盟员中的各级人大代表、政协委员认真履行职责，积极参加各种调查、视察活动，积极反映社情民意，对政府各项政策以及法律、法规、条例的制定、执行情况提出建议、批评，发挥民主监督作用。1996 年—2007 年年底，盟员中的各级人大代表和政协委员共书写提案、批评、建议、意见 36 条，所提意见和建议，得到有关部门的重视。

第九节　湖里区工商业联合会（商会）

一、组织建设

（一）区级机构

1994 年 8 月 25 日，经中共厦门市湖里区委研究，决定成立厦门市湖里区工商业联合会（商会），并成立以区委副书记吴仁福为组长的湖里区工商业联合会（商会）筹备领导小组。同年 12 月 22 日，湖里区工商业联合会（商会）正式成立，有会员 145 家。截至 2007 年年底，共举行 4 次会员大会。

1994 年 12 月 22 日，湖里区工商业联合会（商会）第一次会员大会召开。145 名会员出席。大会通过《湖里区工商业联合会（商会）章程》，选举会长 1 名、副会长 13 名、常务理事 10 名、理事 45 名，聘请辖区内 11 位知名企业代表为名誉会长、13 位区有关部门和银行负责人为顾问。厦门协成实业有限公司总经理张炫任首届会长。

1998 年 8 月 8 日，湖里区工商业联合会（商会）第二次会员大会召开。126 名会员出席。大会根据区工商联（商会）章程规定举行换届选举，选举 53 名理事组成理事会，其中会长 1 名、副会长 14 名、常务理事 16 名。厦门华侨电子企业有限公司总经理郭则理任会长。

2001 年 12 月 8 日，湖里区工商业联合会（商会）第三次会员大会召开。225 家会员出席。大会选举 67 名理事组成第三届理事会，其中会长 1 名、副会长 14 名、常务理事 20 名。厦门恒兴建筑装饰材料有限公司董事长柯希平任会长。

2007 年 12 月 8 日，湖里区工商业联合会（商会）第四次会员大会召开。300 多家会员企业参加了大会，选举产生了由 103 名成员组成的新一届理事会，其中会长 1 名、副会长 16 名、常务理事 22 名。厦门禹州集团董事长林龙安任会长。

截至 2007 年年底，湖里区工商业联合会（商会）共有会员数 450 名，其中建材行业 143 名、房地产行业 55 名、物流行业 57 名、酒店餐饮娱乐行业 41 名、其他行业 154 名。区商会理事会由 77 名理事成员组成（含届中增补 10 名），其中会长 1 名、副会长 15 名、常务理事 22 名。

（二）行业公会

1999 年 9 月 6 日，湖里区商会建材行业公会成立。为厦门市第一家区商会下属行业组织。厦门恒兴建筑装饰材料有限公司董事长柯希平任理事长。2002 年 11 月 16 日，举行第二届会员大会，厦门市兴龙建材有限公司总经理陈节木当选为理事长。

2002 年 12 月 18 日，湖里区商会房地产行业公会成立。厦门永同昌集团有限公司副董事长陈爱钦任理事长。

2004 年 12 月 5 日，湖里区商会物流行业公会成立。厦门港务集团有限公司董事长吴来传任理事长。

2005 年 9 月 12 日，湖里区商会酒店餐饮娱乐行业公会成立。厦门悦华酒店副总经理林桂明任理事长。

（三）自身建设

2003 年，工商联（商会）被中共福建省委统战部、省工商联联合授予“2000—2002 年度全省工商联系统先进集体”称号；2007 年，被福建省人事厅、省工商联评为“2004—2006 年度全省工商联系统先进集体”。

二、主要工作与活动

（一）参政议政

1998 年，区工商联撰写《让民企在光彩之路上越做越强》《湖里区私营房地产企业调研报告》。2002 年，撰写《关于发挥商会房地产行业组织作用，参与我区东部开发和旧村改造》。2003 年，提出《湖里区企业用地现状分析及在农城化过程中实现用地整合问题的若干建议》，撰写《加入 WTO 后如何更好地发挥商会作用》的调研文章。2004 年，对湖里区物流现状开展调查研究，提出关于发展湖里区物流业的若干建议。2005 年，撰写《发展我区酒店餐饮娱乐业的思考》。2006 年，与民建湖里总支联合提交《关于促进湖里区旅游业发展的若干建议》。2007 年，完成《湖里区 2001—2006 年民营经济发展分析报告》。截至 2007 年，连续 7 年提交的调研文章被区委统战部评为年度优秀调研文章。

（二）服务社会

区商会号召并组织会员参加公益事业回报社会，1995—2001 年，捐赠款物折合人民币 1029 余万元。2001 年 7 月，区商会建材行业公会牵头建成江头建材交易市场。2003 年年初，房地产行业公会发起成立厦门万鑫禾联合建设发展有限公司，积极参与东部开发。2005 年 9 月，建材行业公会发起成立厦门东南湾投资股份有限公司，购买600亩同安工业园区土地，兴建福建省最大的建材物流配送中心园区。年内与区人劳局、区工会共同开展创建和谐劳动关系工业园区活动。2001—2007年，区商会共引进外资1000多万美元、内资19.8亿多元。2002—2007年，捐款970.5万元，捐物7522件。

（三）非公经济人士工作

2003年，区商会开始在非公有制经济人士中评选、推荐厦门市及省级、全国优秀中国特色社会主义事业建设者。同年11月，在福建省工商联成立五十周年庆典活动之际，区商会企业厦门禹洲集团股份有限公司林龙安总裁、厦门多靶点戒毒心理辅导康复中心主任吴永长被授予“2000—2002年度优秀中国特色社会主义事业建设者”称号。同年11月，区商会会员企业厦门禹洲集团股份有限公司总裁林龙安、厦门永同昌集团有限公司副董事长陈爱钦、厦门求实智能网络有限公司董事长张安东、厦门后坑实业有限公司总经理叶福伟在厦门市委统战部、市委宣传部、市工商局、市工商联（总商会）联合开展的评选活动中当选“厦门市优秀社会主义事业建设者”。

2007年，厦门厦顺铝箔有限公司董事长陈成秀获第二届“全国非公有制经济人士优秀中国特色社会主义事业建设者”称号。同年，厦门恒兴实业有限公司董事长柯希平获“2004—2006年福建省光彩事业先进个人”。同年，厦门恒兴实业有限公司董事长柯希平、厦门市优必德工贸有限公司总经理沈锦丽、厦门大顺集团有限公司董事长兼总经理柯辉从 、厦门市坤弛联合出租汽车有限公司党总支书记叶福伟、厦门市鹭声橡塑有限公司总经理林声扬、厦门永同昌集团有限公司副董事长陈爱钦、厦门市万杰隆工贸有限公司总经理许木杰、厦门天能电子有限公司副总经理吴惠芳等分别获“第二届厦门市优秀中国特色社会主义事业建设者”荣誉称号。

第三章　群众组织

第一节　工人团体

一、工会组织

（一）区工会

湖里区工会委员会（简称区工会）是在1985年成立的湖里工业区工会委员会的基础上成立的。1988年3月3日，湖里区第一次工会代表大会召开，选举产生第一届工会委员会和工会经费审查委员会。截至2007年年底，区工会共召开5次会员代表大会。历届区工会主席为吴永守（1988.3—1991.4）、王本源（专职副主席主持工作，1991.4—1997.5）、林云泗（1997.5—2002.10）、曾新周（2002.10—2003.11，2003年11月后改任常务副主席）、林汉义（2003.11—2007.7）、陈国荣（2007.7—　）。

1991年9月，第一届女职工委员会成立，至2007年年底，共召开4次女职工代表大会。

（二）基层工会

区工会“按照哪里有职工哪里就要建立工会”的组织原则，联系企业主和企业职工，开展基层工会的组建工作。1988—2007年，全区组建基层工会712个，加入工会组织的会员53901人。

区工会按照“总体部署、分类指导、突出重点、整体推进”的思路和“六有”的标准开展基层工会规范化建设。“六有”是指工会要有班子、有牌印、有制度、有场所、有队伍、有经费；基层工会要开展“合格职工之家”活动；企业工会要开展“双亮”（亮牌子、亮身份）活动。截至2007年年底，全区有118家基层工会开展规范化建设，申报表彰2个省模范职工之家，1个省模范职工小家，18个市先进职工之家、29 个市先进职工小家。

二、工会主要工作与活动

（一）建功立业活动

1988 年开始，区工会女职工委员会每年组织实施“女职工建功立业工程”，并把女职工建功立业活动融入到职工经济技术创新活动中。1992 年开始，组织基层工会参加市总工会组织的各届职工技术比赛，其中包括铁路、航空、港务、邮政、电信、医药卫生、电业、发电、轻工纺织、船舶、旅游、市政、餐饮、技师等各行各业技术能手现场比武打擂，受表彰的市级“技术状元”“技术能手”共 100 余名。自 1999 年 4 月以后，每年的“五一”劳动节前夕，区工会都会组织、号召全区广大职工积极参与市总工会组织的每一届“安康杯”劳动竞赛活动。

2006 年，协办厦门市第十二届电动车工初级工比赛，全市从事服装制衣行业的 10 多家单位组织 56 名职工报名参加此次比赛。

（二）技术创新活动评选

1988—2007 年，区工会组织参加厦门市经济技术创新示范岗和创新能手，省、市级职工优秀技术创新成果奖和职工优秀合理化建议奖的评选活动，表彰一批为企业技术进步和经济效益提高做出突出贡献的先进集体和先进个人。2004 年，厦门金鹭特种合金有限公司获得厦门市职工合理化建议和技术创新成果先进单位称号；2005 年，厦门虹鹭钨钼工业有限公司设备动力部获厦门市职工创新示范岗称号；厦门虹鹭钨钼工业有限公司刘森光和陈松忠获厦门市职工创新能手称号；厦门雅迅网络股份有限公司的“千里眼”车辆综合信息服务系统（陈典全等）、厦门虹鹭钨钼工业有限公司的高频感应加热设备的开发和应用（刘森光等）、厦门金鹭特种合金有限公司的铸造碳化钨产品开发及规模化生产（吴冲浒等）3 个项目获福建省职工优秀技术创新成果表彰。

（三）评选劳动模范

截至 2007 年年底，区工会先后组织开展 8 次劳动模范评选活动，全区有 50 人次被评为市级以上劳动模范或先进工作者。

1953 年禾山镇后坑村委会蔡接，1979 年湖里区禾山镇钟宅村钟文川，1982 年湖里区华龙实业公司庄斯文，2000 年湖里区环卫处王爱娥，2002 年厦门森宝集团有限公司、多靶点解读心理辅导康复中心吴永长等 5 人获“福建省劳动模范”的荣誉称号。2002 年，厦门森宝集团有限公司、多靶点戒毒心理辅导康复中心吴永长获全国“五一”劳动奖章。

1953—2007 年，湖里区有 5 人获福建省“五一”劳动奖章，36 人获“厦门市劳动模范”称号。

（四）维护职工权益

2003 年以来，区工会在全区大力推进劳动关系平等协商、集体合同签订等职工维权工作，每年的工会主席上岗培训时都会将劳动关系平等的内容作为培训项目。2003 年，开始重点推动企业与职工签订集体合同，使职工的合法权益得到合同保障，并在已经签订集体合同的企业中，签订《女职工特殊权益保护专项集体合同》。截至 2007 年年底，67 家基层工会和企业行政方签订集体合同，48 家基层工会女职工委员会与企业行政方签订《女职工权益保护专项集体合同》。

2006 年，湖里区工会职工帮扶中心成立，帮助困难职工解决实际问题。区工会认真办理职工的投诉案件，加大协调劳动关系的工作力度。当年，区工会与厦门市联合信实律师事务所签订协议，聘请 3 位专职律师免费为职工提供法律咨询。受理职工群众来信来访近千人次，做到件件有着落、事事有回音。至 2007 年年底，参与 29 起集体劳动争议疑难案件的仲裁，协助有关部门积极解决拖欠职工工资等问题，维护职工的合法权益。

（五）宣传教育

1995 年，区工会在全区的基层工会中开展劳动法法律、法规相关知识的培训，47 家基层工会主席参加此次培训。

2001 年，第九届全国人民代表大会常务委员会第二十四次会议对新工会法进行修正。区工会组织 61

家基层工会主席参加工会法培训。

2003 年，全市开展“创建学习型组织、争做知识型职工”活动。区工会在基层工会中开展以创建“合格职工之家”为载体活动，把工会建设成为学习园地，并把“创争”活动作为“职工之家”考核验收的重要内容。至 2007 年，区工会有 2 家基层工会被授予福建省“模范职工之家”称号，1 家基层工会小组被授予福建省“模范职工小家”称号；18 家工会被厦门市总工会授予“先进职工之家”称号，29 家分会或工会小组被厦门市总工会授予“先进职工小家”称号。

2006 年，《福建省企业工会工作条例》出台，区工会以新任工会主席业务培训为契机，邀请市总工会组织部包云香解读工会法、《企业工会工作条例》等相关内容。近 100 名新任的基层工会主席参加此次培训。

2007 年，区工会组织 89 名工会主席和企业方代表参加劳动合同法培训班，学习分析、解读课程，为 2008 年 1 月 1 日《中华人民共和国劳动合同法》的正式施行奠定基础。

（六）女职工工作

区女职工委员会组织实施女职工素质提升工程和“创建学习型组织、争做知识型职工”活动，广泛开展具有女职工特色的“素质达标”“周末学校”等活动。

2005 年，区工会为了在基层工会中普及《福建省企业女职工劳动保护条例》，召集 41 名基层工会女职工委员会主任参加相关知识的培训。2006 年，厦门市总工会举行《福建省企业女职工劳动保护条例》知识竞赛，湖里区工会代表队取得第三名。

在女职工较多的企事业工会中，持续开展“女职工周末学校”的创建活动和“红丝带健康讲座”活动，使更多的职工增强健康意识和自我保护能力。

1991—2007 年年底，共举办“女职工周末学校”15 期，接受培训的女职工达万余人，使各行各业的女职工在心理、生理、教育水平及仪容仪表等方面有显著的提高。2004 年开始，区工会每年组织部分基层工会女工委主任参加“红丝带健康讲座”，至 2007 年年底，有 87 名女职工干部、职工接受艾滋病知识的普及和宣传教育。

（七）为职工送温暖

自 1994 年始，区工会建立困难职工档案，每逢重大节日或职工遇到特殊困难时，及时给予补助，按时、足额发放离退休劳模、农业劳模荣誉津贴。每年高温期间，走访慰问高温作业的劳模和企业，并为劳模和工会会员送去防暑降温慰问品；“两节”期间，及时为经济困难的劳模和干部、职工提供帮助，送上慰问品和慰问金。1998 年开始，家庭或经济困难外来员工也列入慰问的范围。

1997 年开始，区工会常年开展“金秋扶困助学”和“春雨行动”，帮助困难职工子女接受教育，促进下岗工人再就业。截至 2007 年年底，在“春雨行动”中共促进 451 名下岗工人再就业；在“金秋助学”活动中累计有 231 名困难职工子女得到市区两级工会的资助。

（八）经费审查

区工会经费审查委员会通过对工会经费收支和财产管理情况进行审查监督，促进企事业单位收好、管好、用好工会经费。2004—2007 年期间，累计对 39 个基层工会中的企事业单位及机关依法独立实施审查、审计，督促存在问题的单位及时整改。

第二节　青少年团体

一、共青团少年队组织

（一）共青团湖里工业区委员会

1984 年 6 月 13 日，共青团湖里工业区首届团代会召开。来自特区建设第一线的 40 名代表听取筹备小组组长林小龙代表团组织做的工作报告。后以无记名投票和差额选举方法由 7 名候选人中选举出林小龙等

5 人任共青团湖里工业区首届委员会委员。林小龙为共青团湖里工业区首届委员会副书记。1986 年 6 月，湖里工业区第二次团代会召开，选举新一届工业区团委委员。1987 年 10 月，湖里工业区管理局撤销，共青团湖里工业区委员会同时撤销。

（二）共青团湖里区委员会

1988 年 4 月，共青团湖里区第一次代表大会召开，共青团湖里区委员会（简称团区委）正式成立。截至 2007 年年底，湖里区共召开 6 次代表大会，选举产生 6 届团区委。历任团区委负责人有钟莹聪（1988.4—1991.4 第一届；1991.4—1994.4 第二届）、黄国彬（1994.4—1997.6 第三届）、郭志艺（1997.6—2002.8 第四届），林旭阳自 2002 年 8 月起任第五届、第六届负责人。

辖区境域各生产大队（行政村）、街道、镇 20 世纪 50 年代建有共青团基层组织，并延续到湖里建区之后。

团区委成立后，结合湖里区外来人员多，非公有制企业多的情况，加大在非公经济组织、工业集中区、现代物流园区、社区和外口公寓等领域的团建工作力度，扩大团组织覆盖面。1995 年，在环球机械设备公司、三友电化工业有限公司等非公企业开展团的组织建设。2002 年，授予禾山镇团委等 5 个团组织“非公团建工作先进单位”荣誉称号。至 2005 年年底，基本完成辖区内的大型非公企业的团建工作。截至 2007 年年底，全区共有 483 个团委、总支、支部，有团员 3.9 万人，其中非公有制企业团组织 157 个、流动团员 2.7 万人。

（三）湖里区青年联合会

1995 年 4 月 22 日，湖里区青年联合会成立大会召开，并举行首届委员会选举，选举黄国彬为主席。2001 年 11 月，第二届青年联合会第一次全体会议召开，选举郭志艺为主席。区青联的主要活动均与区共青团联合进行。

（四）湖里区少年先锋队

1952 年年底，辖区境域各中、小学都建立少年儿童队。1953 年 7 月，改名为中国少年先锋队。1967 年 12 月，“红小兵”取代少先队。1978 年 10 月，撤销“红小兵”组织，恢复少先队。湖里建区时，辖区各中小学有少年先锋队组织，但没有设立全区性组织，由共青团湖里区委负责组织协调工作。1992 年，中国少年先锋队湖里区第二次代表大会召开。2001 年 12 月 8 日，中国少年先锋队湖里区第三次代表大会召开。

二、共青团主要工作与活动

（一）开展品牌项目活动

1. 青年志愿者行动

1995 年，厦门市青年志愿者协会湖里区分会成立，黄国彬任分会会长，柯春景任秘书长。湖里区青年志愿者协会自成立以来，结合各个时期的工作中心，开展大量的公益性活动。1996 年，开展青年志愿者学雷锋系列活动；2003 年，开展青年志愿者为离退休老干部“献爱心·送温暖”活动；2004 年，表彰禾山中学等 6 个单位为区“优秀青年志愿者服务队”，肖桂芳等 19 人“优秀青年志愿者”称号。2006 年，在青年志愿者统一行动月号召全区青年志愿者开展“弘扬雷锋精神，参与志愿服务”主题活动。在厦门历年春运、历届国际马拉松、国际合唱节等重大活动中，都有湖里青年志愿者的身影。截至 2007 年年底，全区形成青年志愿者招募、培训、评估、表彰、激励一条龙的管理体系，全区有 23 支志愿者服务总队、102 支基层服务分队、104 个服务基地的组织网络，团体会员 156 个，注册志愿者 28505 名，分布在全区各行各业，服务总时数 343 万小时，人均服务时数 120 小时。

2. 青年文明号

1995 年，湖里区首届青年文明号开始评选。1996 年，命名首批区级青年文明号，湖里信用社等 4 家单位获此殊荣。1999 年，授予“湖里区检察院反贪局”等 23 个青年集体为 1998 年区级青年文明号单位。2000 年，厦门信达商情有限公司“中国指南部”等 7 个青年集体被授予 1999 年度区级青年文明号。2003 年，厦门市消防支队第 8 中队、厦门市湖里中心小学、厦门市湖里幼儿园、厦门市高殿中心小学等 4 个青年集体为2003年度青年文明号。2004年，以纪念青年文明号创建10周年为契机，组织对全区青年文明号创建单位进行复查、考核，对不合格单位进行摘牌；以“诚实守信”“送温暖，献爱心”为主体，深化“青年文明号信用建设示范行动”，倡导爱岗敬业、诚实守信、服务群众、奉献社会的职业道德。2005年，团区委动员各级青年文明号单位开展“青春在新一轮创业中闪光——青年文明号主题实践活动”。自2006年起，取消区级青年文明号评选，直接参选市级青年文明号。历年都推荐一批优秀创建单位申报省、市级青年文明号，2004年吕岭幼儿园、禾山法庭、康毅幼儿园、区检察院反贪局4家单位获得“省级青年文明号”称号，全省法院系统创建“青年文明号”现场会在禾山法庭召开。团区委获福建省10年创建青年文明号活动“优秀组织奖”。2006年，湖里区会计核算中心、中外运厦门船代公司、湖里区金山街道金山社区、创优物业联谊广场管理处获“市级青年文明号”称号；2007年，厦门市湖里区疾病预防控制中心、湖里区妇幼保健院、厦门市公安消防支队第五中队、厦门市公安局湖里派出所协警中队获“市级青年文明号”称号。

3. 青年突击队

1994年，湖里团区委在全团开展“岗位创优，争创特区优势”活动，拉开湖里青年突击队活动的序幕。1998年，组织共青团抗击10号台风应急分队，参与抗台风工作。1999年，再次组织青年突击队参与灾后重建工作。2001年，评选出区优秀青年突击队3支、优秀青年突击手5名。2002年，禾山法庭等单位获“厦门市特区建设青年突击队”称号。2006年，厦门市路桥建设投资总公司五缘湾青年突击总队、厦门市莲湖建筑工程有限公司禾山阳光公寓青年突击队、厦门东通道工程建设指挥部五通项目青年突击队等单位获“厦门市重点工程建设青年突击队标兵”称号，湖里区城市管理行政执法局机动中队获“厦门市特区建设青年突击队”称号。2007年7月，同安工业集中区湖里园青年突击队获“2006年度福建省重点项目先进青年突击队”称号；同安工业集中区湖里园青年突击队长王中获“2006年度福建省重点项目先进青年突击队队长”称号；同安工业集中区湖里园青年突击队队员蔡永和获2006年度福建省重点项目先进青年突击队队员称号。

（二）青年文化活动

历年“五四”青年节期间，区、街道、社区、企业、学校的团委、总支、支部都以不同方式开展各种文化活动。此外，团区委还结合实际，每年开展种类丰富的青年文化活动。1997年，“青春歌声”活动及歌咏比赛在湖里区举办。1999年，协同湖里区经贸局举办“我为湖里区的发展献计献策”征文活动。2000年，以“月亮河”文学社为班底成立湖里区外来青年文学社，创办《外来青年》杂志，并于2001年成立外来青年文学社团支部。2001年，开展湖里区年轻干部读书征文活动。2004年9月，成立福建省首家外来青年艺术团、合唱团，每个重大节日、周末深入到各个社区、民办学校开展“温馨湖里周末大舞台”文娱活动，截至2007年年底，共义务演出345场。

（三）文明创建活动

湖里团区委以每年3月“学雷锋活动月”活动为契机，结合当年的工作重点，发动团员青年在群众中开展各类创文明活动。1993年，团区委发起“向雷锋同志学习”题词30周年纪念活动。同年“八一”前后，组织青年开展拥军活动。1994年3月，湖里区“青年学雷锋奉献日活动”及青年文明工程三月推进计划正式启动。1997年3月，开展“讲文明·树新风”活动，5月，开展“向不文明行为告别、争当特区文明先锋”活动。2004年，组织志愿者1500多人次开展以“学雷锋、讲奉献”“创建文明城市，整治‘三乱’”“春风拂万家·创建全国文明城市你我同行”“文明督导”“告别不文明行为”等为主题的志愿者美化净化环境、助老助残、扶贫济困、慰问送温暖和便民服务活动，2007年开展“文明迎两会，青春促和谐”青年志愿服务活动。

（四）青少年权益维护

1999年，成立青少年权益维护中心。2000年，湖里区青少年维权岗创建活动组织委员会成立，“青少年维权岗”项目正式启动。陈福炎、吴亚汝、周克芳担任顾问，李明斜担任主任委员、郭志艺为办公室主任。同年，湖里区人民检察院、湖里区人民法院刑事法庭、湖里区公安分局后坑派出所、湖里区司法局获首批湖里区“优秀青少年维权岗”称号。2003年10月，成立湖里外来青年法律援助站，为合法权益受到侵害，经济困难而无力支付法律服务费用的外来青年无偿提供法律服务，共受理来电来访 2341 人次，其中涉及劳动纠纷 965 件，婚姻家庭纠纷 151 件，其他 1225 件；共协助办结劳动投诉 89 起、工伤确认 39 件、劳动争议 45 件，为外来青年争取合法所得 70 余万元，其中帮助 40 多人拿回拖欠工资近 8 万元。2004 年，联合区检察院开通“湖里区青少年维权网”（www. hljc12355. gov. cn），加大青少年维权力度，为青少年维权工作开辟新的阵地。同年，针对湖里区流动人口未成年人犯罪率上升的问题联合区公安分局、检察院等部门开展调研，到民办校、社区召开座谈会、发放问卷调查，形成调研报告《湖里区流动人口未成年人犯罪的成因及其预防对策》，该报告获省社科、团省委联合组织的“团的现代化和青少年发展”征文比赛三等奖，厦门市第八届精神文明理论研讨会论文评选一等奖。

第三节　妇女团体

一、妇联组织

1988 年 3 月，湖里区妇女联合会（简称区妇联）建立，下辖禾山镇妇女代表会及湖里街道妇女工作委员会；13 个村、38 个居委会分别成立村（居）妇代会。2000 年 3 月，增设殿前街道妇工委。2004 年，撤镇改街，各街道设妇工委，村（居）妇代会改为社区妇联。至 2007 年，全区共设 5 个街道妇工委、43 个社区妇联。

区妇联同时担负湖里区妇女儿童工作委员会的职责，负责协调全区“两纲”（妇女儿童发展纲要）监测统计工作。

二、妇女代表大会

1988 年 3 月—2004 年 11 月，湖里区共召开过 5 次妇女代表大会。1988—1999 年，妇女代表大会 3 年一届，1999 年后改为 5 年一届。

1988 年 3 月 5 日，湖里区第一次妇女代表大会召开。会议要求全区妇女坚持改革、开拓前进，为厦门经济特区建设的腾飞发挥积极作用。会议选举首届执行委员会委员 9 人、常委 3 人，主任苏秀兰。

1991 年 4 月 25 日，第二次妇女代表大会召开。会议号召全区妇女团结振奋、开拓进取，为区的两个文明建设再创新业绩。会议选举第二届执行委员会委员 11 人、常委 3 人，主任曾宝珠。

1994 年 4 月 19 日，第三次妇女代表大会召开。会议要求全区妇女要发扬“四自”精神，迎接新的挑战为建设繁荣文明的现代化新区而奋斗。会议选举第三届执行委员会委员 14 人、常委 4 人，主任曾宝珠。

1999 年 12 月 18 日，第四次妇女代表大会召开。团结动员全区妇女为实现湖里跨世纪宏伟大目标再创业绩。会议选举第四届执行委员会委员 15 人、常委 4 人，主席陈媛。

2004 年 11 月 26 日，第五次妇女代表大会召开。会议号召全区妇女与时俱进、开拓创新，为建设厦门市新的中心城区再立新功。会议选举第五届执行委员会委员 19 人、常委 9 人，主席陈媛。

2007 年 4 月 12 日，区妇联第五届执委会召开，增设执委 1 名、常委 1 名，选举潘良莺为主席。2007 年 11 月 5 日，因干部调动选举陈俊泳为主席。

三、妇联主要工作与活动

（一）妇女参与决策管理

1994—1998 年，全区发展女党员 195 名，占发展党员总数的 38.8%。2004—2005 年，全区发展女党员 108 名，占发展党员总数的 47.6%。1988—2007 年，全区发展女党员 1057 人，占新发展党员总数的 56.28%。2007 年，区人大女代表和政协女委员比例分别为 24.87% 和 26%，均超过“两纲”制定的 20%。目标全区女人大代表、政协委员 85 人，占代表及委员总数的 25.37%，全区女干部 169 人，占干部总数的 29.8%，其中大学本科以上学历女干部 78 人，占女干部数的 46.1%。全区中层正职女干部 9 人，处级及以上后备女干部人数4人，基层社区居委会女干部176人，占社区居委会干部数的55.87%。

（二）巾帼建功活动

区妇联成立之初，在全区持续开展“巾帼建功”活动。20世纪90年代中期，巾帼建功活动延伸、拓展到教育系统、社区、非公企业等领域。辖区农村妇女参与产业转型，至2003年，创办第三产业企业1000多个，其中饮食业202个、服务业503个、加工业363个，从业妇女达3000多人。

区妇联将妇女培训阵地、妇女服务阵地、家庭教育阵地和妇女维权阵地以及中华巾帼志愿者队伍等建设与创建“巾帼文明社区”结合起来，发动辖区广大妇女和各级妇联组织参与“创造新岗位、创造新业绩、创造新生活”活动。2005年，湖里区环卫处市容科被授予全国级“巾帼文明岗”荣誉称号；湖里区妇幼保健院、金尚社区妇联、康毅幼儿园荣获省“巾帼文明岗”称号。截至2007年年底，全区有各级“巾帼文明岗”52个，12个社区获市“巾帼文明社区”。湖里区妇幼保健院、金尚社区妇联荣获市“三八”红旗集体称号。陈媛被全国妇联授予全国“三八”红旗手荣誉称号；陈丽真等4人先后荣获省“三八”红旗手称号。

（三）妇女技能培训

区妇联把做好妇女技能培训与再就业工作与提高妇女素质紧密结合，举办各类技能培训班。2000—2003年，禾山镇妇女培训中心举办各类中长期培训班，有5000多人次参加学习培训，其中263名妇女取得农函大计算机二级和一级的结业证书，53名妇女通过全国计算机等级考试。全镇有1.5万名妇女掌握1~2门使用技术，占妇女劳动力总数的92%；涌现出女科技示范户279户、妇女专业户700多户、女能手6436人、种养达标户1998户，161名女能手受到省、市有关部门表彰。

2005年，在全区启动“家庭网上行”活动，以“网络走进家庭，网络改变生活”为主题，开展家庭网络技术培训活动。2006年，区妇联举办“魅力女性”技能比赛，全区5个街道43个社区的80名选手参加电脑操作、手工插花及烹饪小炒比赛。截至2007年，全区各街道、社区举办“家庭网上行”电脑培训班69期，共2546人参加培训并取得结业证书，区妇联被评为2006年度市“家庭网上行”活动先进单位。

（四）未成人家庭教育

1999年，结合《中华人民共和国预防未成年人犯罪法》的普法教育，在未成年人中开展禁毒、禁赌宣传教育活动，区妇联通过“家庭道德教育”征文比赛、开设家教讲座、邀请成功人士作报告等、活动，构建家庭、学校、社会教育“三合一”的未成年人网络体系。通过家长学校和举办家庭趣味运动会、家庭卡拉OK比赛等活动，发挥家庭教育在未成年人道德教育中的作用。2003年，区妇联被省妇联、省教育厅评为省“家庭教育”先进单位。

2004年，开展未成年人教育阵地建设，成立“湖里区小公民道德建设实践基地”“湖里区少年儿童科普教育基地”“湖里区妇女儿童心理健康咨询服务中心”，推动社区成立社区家庭教育学校。年内，东渡小学被评为福建省小公民道德建设先进集体。

2005年，在金尚、后埔、金山等社区设置12个绿色网吧，引导未成年人健康上网。

2006年，区妇联在金山等4个社区建立并启动4个“家庭优教网上行”和6个“家庭教育咨询服务站”。戴尔公司把中国第二个戴尔学习中心落户在湖里区外来工子弟学校，为外来务工人员子女提供较好的电脑普及教育活动空间。

2007年，贯彻实施《中华人民共和国未成年人保护法》。当年，金山社区、金尚社区被全国妇联、民政部、文化部、国家环保总局、国家广电总局命名为“创建学习型家庭示范社区”。

（五）文明平安家庭创建活动

1．五好文明家庭创建

1988年，在全区开展创建“五好家庭”（即政治思想好、生产工作好；家庭和睦、尊敬老人好；教育子女、计划生育好；移风易俗、勤俭持家好；邻里团结、文明礼貌好）的活动。1997年，发展为以“爱国守法，热心公益好；学习进取，爱岗敬业好；男女平等，尊老爱幼好；移风易俗，少生优育好；勤俭持家，保护环境好”为内容的家庭文明创建活动。2000年，围绕绿化美化生活环境、活跃家庭文体生活、普及科学法律知识、破除封建迷信和落后习俗、和睦家庭邻里关系五方面内容，开展“五好文明家庭”创建活动。

2002 年，在创建“五好文明家庭”过程中贯彻实施《公民道德建设实施纲要》，开展“家庭优生优育优教知识传播与实践行动”“家庭美德格言进社区、进楼道”“家庭道德教育征文比赛”等活动，通过表彰“和睦相处好婆媳”“孝敬父母好儿女”“团结互助好邻里”“金婚佳侣”等典型，丰富“五好文明家庭”的创建内容。根据湖里区外来人口多的特点，还开展“外来文明家庭”创建活动。截至 2007 年，全区有各级“五好文明”家庭 43504 户，其中全国级“五好文明”家庭 2 户、省级 5 户、市级 29 户。还评出章双琴等 9 户“外来文明家庭”。

2. 平安家庭创建

2005 年，开始在辖区内开展创建平安家庭活动。2006 年 6 月 29 日，召开区“平安家庭”创建工作会议，成立区“平安家庭”创建活动领导小组，由区人大常委会副主任、区综治委副主任陈国财任组长，区妇联、区委政法委、区综治办、区法院、区检察院、湖里公安分局、区委宣传部、区司法局、共青团湖里区委领导任副组长和成员。下设办公室，挂靠在区妇联办公，办公室主任由区妇联主席陈媛兼任。各街道、社区层层建立创建工作领导机构，制定实施方案，落实创建措施，形成党政领导任组长，妇联、综治部门牵头，有关部门参与的创建工作格局。区“平安家庭”创建领导小组正式确定金山、金尚、吕岭、康乐、和通、兴隆社区为区“平安家庭”创建活动示范社区。创建“平安家庭”的条件为“七无一好”，即无家庭暴力，无吸食毒品，无非法宗教信仰活动，无赌博，无邻里纠纷，无家庭成员参与“黄”“丑”行为，无违法犯罪以及安全防范工作做得好。

区妇联积极推动区“平安家庭”创建活动，扩大“平安家庭”示范街道、示范社区的范围，扎实推进“平安家庭”覆盖率。在区妇联的大力推动下，全区“平安家庭”创建活动取得显著的成绩，2006 年 6 月，区妇联获得省创建“平安家庭”先进集体，同年 9 月被全国“平安家庭”创建活动领导小组授予“全国平安家庭创建活动先进区”称号。全区涌现出金山、金尚、吕岭、康乐、和通、兴隆社区等 6 个“平安家庭”创建活动示范社区、120 户区级平安家庭示范户，“平安家庭”户已超过 80% 创建目标。截至 2007 年年底，“平安家庭”创建活动示范街道 3 个，占街道总数 60%；示范社区 26 个，占社区总数 60.5%；全区“平安家庭”覆盖率达 83.4%。

（六）妇女儿童维权

1988 年以来，区妇联有效推动妇女儿童维权工作的开展，积极协调社会各界及有关部门为他们办实事好事，促进妇女儿童问题的解决。每年春节及“六一”儿童节期间，走访慰问单亲特困家庭、孤残儿童及贫困母亲。积极协助市妇儿工委为辖区百位贫困妇女免费进行乳腺检查，使她们享受社会大家庭的温暖。

2004—2005 年，区妇联配合司法部门贯彻落实福建省《关于预防和制止家庭暴力的意见》，联合成立“湖里区妇女维权服务站”，在街道、社区设立妇女维权服务站，辖区内各社区均配齐社区妇女人民调解员，蔡塘等社区成立专门针对外来女工的法律服务站。为广大妇女及外来女工提供法律、法规咨询服务。湖里街道成立“无暴力家庭社区活动领导小组”，街道所辖 14 个社区居委会，有 4 个社区成立家庭暴力投诉站，10 个社区建立社区妇女维权服务站，实现介入率 100%，区妇联被评为 2005 年度厦门市维权先进集体。

2006 年，结合“五五”普法宣传活动，利用各种形式宣传贯彻《中华人民共和国妇女权益保障法》，开展“三八”维权周活动，举办法律讲座、法律咨询活动。协调区人大妇女儿童工作组召开妇女儿童维权联席会议。开展新修订的《中华人民共和国妇女权益保障法》和《福建省企业女职工劳动保护条例》的学习宣传活动，举办全区《中华人民共和国妇女权益保障法》知识竞赛。

2007 年，金尚社区妇联被全国妇联、司法部授予“全国妇女法制宣传教育示范点”称号。

第四节　文艺团体

一、文联组织

1988 年，湖里区书画协会成立。1993 年，湖里区文艺创作协会成立。1998 年，湖里区摄影协会成立。2000 年，湖里区音乐协会和湖里区舞蹈协会成立。同年 9 月，湖里区文学艺术界联合会成立。下辖文艺创作协会、音乐协会、摄影协会、舞蹈协会、书画协会、油画协会和朗诵协会等 7 个协会，发展会员 1200 余名。截至 2007 年年底，共召开 3 届湖里区文学艺术界联合会代表大会，选举产生 3 届湖里区文联全委会。历任主席为张萍、黄国彬、王雪敏。

二、文联主要活动与获奖情况

（一）主要活动

湖里区文化馆组织成立的书画协会、文艺创作学会从 1993 年开始在辖区开展文艺创作活动。区文联成立后，依托下属各协会组建文艺队伍，繁荣文艺创作，为发展全区文艺事业打下基础。2001 年，湖里区文联先后举办“特区从这里开始”大型文艺晚会、“特区二十年”散文诗征文活动及“回顾与展望”大型摄影图片展，出版《特区的交响（湖里诗文集）》，组织建党 80 周年“她为人民谋幸福”大型文艺晚会和“辉煌的历程”大型摄影图片展。2005 年，举办纪念抗日战争胜利 60 周年“黄河大合唱”交响音乐会。2006 年，举办庆祝特区建设 25 周年“春风从这里吹起”大型文艺晚会。2007 年，举办建区 20 周年文艺晚会。组织创作交响诗《春天的颂歌》和大型舞蹈《希望的中国走向未来》《光辉的足迹》等作品。各协会活动具体情况参见本志第二十四篇第二、三章。

（二）获奖情况

区文联选送的各类作品获得多项国家、省、市级荣誉。2001 年，小品《送药》获福建省“水仙花”第六届小品、小戏、小剧场话剧比赛演出一等奖、创作一等奖、导演二等奖。2003 年，作品《回家》在中国摄影家协会举办的“2003 中国・香格里拉全国摄影比赛”中获金奖，作者赵建军被中国艺术摄影学会授予“中国优秀摄影家”。2005 年，国画《山水》入选文化部“群星奖”；同年，在全国健身秧歌大赛中，湖里代表队获得青年组金奖。2006 年，书画协会林庆辉的国画作品获“中国首届装饰书画艺术精品展”二等奖；同年，外来青年艺术团获得第八届中国（深圳）合唱节银奖。2007 年，闽南语歌曲《咱的故乡》获全国第十四届群星奖创作奖；同年，舞蹈《团团圆圆》获第五届“小荷风采”全国少儿舞蹈展演金奖。

第五节　科技团体

一、科协组织

（一）科学技术协会

1988 年 12 月，湖里区科学技术协会（以下简称区科协）成立，办公场所设在湖里区兴隆路 23 号湖里区政府办公楼。

1997 年之前，区科协与湖里区科学技术委员会、湖里区科技局合署办公，未配备专职工作人员。1997 年配备 1 名机关事业编制工作人员。

区科协主席一般由区政府分管科技工作的领导兼任。历任科协常务副主席为徐民藤（1988. 12—1997. 4）、戴宗垒（1997. 5—1999. 4）、陈丁权（1999. 5—2007. 4）、王太兴（2007. 5—　）。

（二）镇（街道）和社区科协组织

1985 年 12 月，禾山乡科学技术协会成立。1989 年，改称禾山镇科学技术协会。

禾山镇还成立镇科技培训中心、文化技术学校、科普协会等群众性科技和科普组织。2003 年，园山、金山、坂上、吕厝、吕岭等社区科学技术分会成立。

2005 年，湖里、殿前、江头、金山、禾山等 5 个街道全部成立科协组织，其中江头、殿前两街道所有社区都成立科协分会，并相继建立社区科普志愿者队伍。

截至 2007 年年底，全区所有社区全部成立科协分会。

二、科协主要活动

区科协成立以来，向群众宣传科技知识，举办各种科技竞赛活动和科普讲座，开展科学普及工作，协助有关部门开展科技干部的继续教育、科技培训和更新知识活动，开展科技咨询服务和科学技术交流。详见本志第二十三篇第三章。

第六节　归国华侨团体

一、侨联组织

（一）归国华侨联合会

1988 年 5 月筹备。1988 年 8 月 10 日，湖里区第一次归侨侨眷代表会议召开，选举产生湖里区归国华侨联合会第一届委员会。

截至 2007 年年底，湖里区共召开 3 次归侨侨眷代表会议，选举产生三届区侨联委员会。区侨联为厦门市归国华侨联合会的团体会员。区侨联历届主席、名誉主席为：第一届（1988. 8—1994. 12）主席张基良，名誉主席徐四民、李恒国；第二届（1994. 12—2000. 12）主席陈启昆，名誉主席徐四民、胡灿辉、黄国镇、李恒国、肖清鹤、陈星州、曾加惠、王清河、黄瑞益；第三届（2000. 12—　）主席陈启昆，名誉主席陈星洲、王清河、曾加惠、林德铭、黄瑞益、黄清商、李德万、张雅山、陈火炎、徐四民、黄国镇。

区侨联日常工作由侨联驻会领导负责。重大事项由侨委会或常委会集体研究决定。2001 年 2 月，财务监督小组和会所管理委员会成立，2003 年 2 月，助侨基金理事会成立，均为非常设机构。

（二）基层侨联组织

禾山镇侨联前身为禾山乡侨联，1985 年成立。至 2004 年撤镇时，共产生 4 届镇侨联委员会。

2001 年 4 月殿前街道侨联成立。

2001 年 6 月湖里街道侨联成立。

2004 年 12 月江头街道侨联成立。

2004 年 12 月金山街道侨联成立。

2004 年 12 月禾山街道侨联成立。

辖区内的华侨团体还有印尼归侨联谊会湖里区联谊小组和马来西亚归侨联谊会湖里区联谊小组。

二、侨联主要活动

（一）机关建设

区侨联成立初期，发动新加坡厦门公会、禾山公会等海外华侨社团和侨胞、归侨、侨眷捐资，创办企业，解决工作用车和活动经费。1997 年，核定区侨联机关事业编制 1 名，活动经费列入区财政预算。1998 年发动捐资，出资合建湖里区联谊大厦。2000 年，大厦竣工后分得房产 1500 平方米。同年，建成区侨联会所，部分作为区侨联活动场所，部分出租以充实活动经费。2000 年后，陆续制定区侨联委员会工作规则、财务制度、财务管理、加强侨联基层组织建设和侨联工作联席会议等制度，依照《中华全国归国华侨联合会章程》精神，履行职能。2004 年、2007 年两度被评为福建省侨联系统先进单位。

（二）参政议政

区侨联成立以来，根据统战部历届的安排，推荐 105 人次侨界人士担任市、区两级人大代表、政协委员。区侨联在每年“两会”召开之前都召开座谈会，向侨界代表、委员通报工作，帮助他们了解区情、社情，为参政议政提供必要的条件。区侨联常委黄霓裳 2006 年被区政协评为“区政协五届优秀委员”。区侨联根据各时期两个文明建设的热点、难点，开展专题调研，将调研报告报送“两会”或有关单位，发挥参政议政作用。区侨联 2006 年撰写的《努力扩展华裔新生代工作，促进侨力资源可持续发展》被市侨联评为优秀调研报告。

（三）服务侨界

1988 年 8 月区侨联成立后，每年元旦、中秋、春节三大节日开展节日联欢慰问、走访侨资企业、慰问贫困归侨以及向海外华侨社团、侨胞寄送贺年卡等活动已形成制度。区侨联认真处理侨胞侨眷的来信来访，依照相关政策帮助解决，对未能解决的问题及时向有关部门反映，帮助做好协调工作。做到件件有落实，事事有回音。

1990—2002 年城市化建设过程中，不少华侨房屋需拆迁，祖坟需迁移，之中存在着契证丢失、产权纠纷、房产被占用、业主或继承人不明、安置优惠政策不落实等诸多问题。区侨联帮助向有关部门反映，并与有关部门商讨、协调，使相关问题得到妥善解决。

2000 年区侨联会所活动室建成交付使用后，向归侨侨眷开放，不定期举办棋牌类、羽毛球等项目比赛。2003 年，设立助侨专项基金并制定《助侨基金章程》《捐资表彰办法》。截至 2007 年年底，筹集基金 60 万元。基金收益用于辖区的特困归侨补助和奖励考上大学的归侨子女。截至 2007 年年底，共发放补助 34 人次、2.4 万元。2004 年，区侨联在厦门华侨医院的支持下，不定期组织归侨侨眷中的医务人员开展义诊，为归侨患者送医送药。帮助归侨及归侨子女办理待业证，举办就业培训，发动侨资企业帮助失业侨胞就业。

2007 年，组织侨界子女参加夏令营、作文比赛等活动，增进归侨侨眷相互间的友谊。

第七节　救护救济和慈善团体

一、红十字会

（一）红十字会组织

1988 年 8 月区红会开始筹备，1989 年 10 月正式成立。建会至 2007 年年底，区红会理事会历经四次换届和八次调整。历届会长由副区长兼任，常务副会长兼秘书长由区卫生局长兼任，并有专人担任副秘书长，负责日常工作。各基层红会均有专人兼职。

区红会机构挂靠区卫生局，与卫生局机关合署办公，2004 年 4 月之前配备机关事业编制 1 名。2004 年 4 月，核定行政编制（群团）1 名。区红会人员经费、业务经费由区财政划拨。2003 年，包干业务经费 5 万元，2007 年增至 8 万元。

街道（镇）及企事业建会：1990 年 4 月，禾山中心卫生院成立区卫生系统首家红十字会；1991 年，高殿、高林、湖里学区相继成立红十字会；1997 年 10 月，禾山镇成立首家农村红十字会，同年 11 月成立区红会机动车驾驶员工作委员会；1998 年 3 月，湖里街道成立首家街道红十字会，同月成立湖里区红十字青少年工作委员会；1999 年 11 月，后坑实业有限公司成立首家民营企业红十字会。截至 2007 年年底，区红会辖有 5 个街道（镇）红会、20 所学校红会及 3 个企事业单位红会、1 个行业红会，共有基层红十字组织 29 个、会员 13244 人（含驾驶员行业红会会员 7303 人）。

截至 2007 年年底，先后有 18 个单位获厦门市红十字会工作先进集体，90 人被评为厦门市红十字会先进会员、模范志愿工作者，有206个单位获厦门市红十字爱心工程、万人献爱心活动先进单位，374人获厦门市红十字爱心工程、万人献爱心活动先进个人。区红会理事、厦门大关轻工制品有限公司罗宪德入选厦门市首届十大慈善人物。

（二）红十字会主要活动

1．*万人献爱心*

1999年后，区委、区政府办公室每年转发区红会《关于开展“万人献爱心”活动实施意见》的通知，举办踩街、游园、义诊、义卖、义捐、义演与“唱响主旋律、谱写爱心颂”等献爱心系列活动，为区红会建立红十字救助基金添砖加瓦。截至2007年年底，共募集万人献爱心善款357.19万元、其他捐款72.67万元。

2．*社会救助*

区红会长期开展“红十字博爱送千家”活动，每年元旦春节期间区四套班子领导带领区红会人员慰问敬老院，到农村和社区看望孤寡残疾困难户，给他们送去慰问款物。区红会依托街道、社区和单位，对重大疾病、火灾、事故等突发事件的困难户进行救助。康晖社区红十字志愿者、退休医师定期为居民义诊。湖里、殿前街道红十字会组织471名社区红十字志愿者，分别与463户孤寡残疾人、困难户结对子，定期上门为孤老、残疾人进行生活服务和医疗服务。和通等社区红十字会组织会员和红十字志愿者开展“洁净家园、卫生防病”主题活动，营造洁净、温馨的生活环境。2001年10月，制定《湖里区机动车驾驶员红十字会救助工作暂行办法》，对遭受意外伤害或因病陷入困境的机动车驾驶员及时组织会员实施红十字救助行动，2003年4月，制定《湖里区红十字会救急基金使用管理暂行规定》，规范辖区内的社会救助工作。2004年，设立“红十字惠民门诊”，先后为辖区“五保户”“三无靠人员”和困难户118人提供“免费就诊医疗卡”，并组织医务人员深入村社，为贫病户送医送药，免费为失明老人进行手术前检查等。区红会筹措款物举办的红十字“博爱超市”，两年间为困难户2689户（人）发放粮油食品、日用品20多万元。

截至2007年，区红会共为困难户3472户（人）送去救助款物69.78万元；救助困难户423户（人），用款56.78万元；发放机动车驾驶员救助款2.1万元。

3．*赈灾扶贫*

1994年，宣传发动社会各界为灾区和贫困地区捐款10万元、衣物4000多件、学习用品6000多件；1995年，募衣物2000多件、学习用品500多件；1996年，为红十字生命救助大行动募款51.63万元，并发动社会捐款46万多元、捐献衣被数万件支援龙岩灾区；1998年，为闽北灾区捐款10.49万元、衣被30257件，为长江灾区捐款66.43万元、衣物3万多件，塘边村一名75岁的老党员在生命弥留之际，自发为灾区捐款800元；1999年，会同市红会及南普陀慈善事业基金会到受14号台风正面袭击的五通、钟宅等沿海村社，慰问受灾群众379户，发放赈灾款物10.6万元；2001年年初，为内蒙古遭受特大雪灾的地区捐献衣物570袋、2.8万余件；2005年，为海啸灾区募集捐款34.65万元。截至2007年，区红会共募集赈灾救助款219.20万元、衣物等8.25万件，全部及时发往受灾地区。

4．*学校红十字活动*

1991年，在辖区各校建立红十字卫生站，设置红十字宣传栏，组织举办红十字讲座、开展红十字会法知识竞赛，普及红十字知识。并利用节假日，引导青少年会员参与爱心在社区服务活动，帮助孤寡残疾人做好事。每年寒暑假期间，区红十字会和区教育局以及各学校联合举办红十字夏（冬）令营，培训红十字骨干，传播红十字知识与卫生救护知识。东渡小学于2000年、2003年被评为市、省红十字模范校。截至2007年底，全区20所中、小学相继建立学校红十字会，共有会员5791人，其中教职工会员561人、学生会员5230人。

5．*无偿献血*

区红会在每年“5·8”世界红十字日和“无偿献血宣传周”期间，开展无偿献血宣传。1999年2月26日，正式启用湖里献血点。全区无偿献血活动逐步走向常态化，由集体献血为主过渡到自由献血为主。截至2007年，全区有8029人（次）参加无偿献血，累计献血160多万毫升。

6. 建设群众救护网

1993年后，区红会遵循全国会议提出“建设城乡救护网和社会服务网”的要求，组织开展救护培训，在街道、学校组织一支以红十字卫生员和退休医务人员为骨干的群众卫生救护队伍，建立健全红十字卫生站的管理制度，做到有站有箱（卫生保健箱），有人管理。

区红会机动车驾驶员工作委员会会员交纳96万多元会费作为机动车驾驶员红十字会专项活动经费，以争取第一时间开展“群众性现场初级救护”为主要内容，分期分批举办卫生救护训练班，使辖区内7303名机动车驾驶员成为持有合格证的红十字急救员。通过举办“救护技能暨交通安全知识比赛”、纪念“5·8”世界红十字日暨交通安全常识竞答等活动，巩固、提高救护训练成果。

二、慈善会

（一）慈善会组织

2004年11月，湖里区慈善会成立，为厦门市慈善总会的首家分会。湖里区慈善会挂靠在区民政局。洪再生任湖里区慈善会会长。

（二）慈善会主要活动

1. 资金募集

2005年，湖里区慈善会首次举办“慈善一日捐”，全区党政机关和企事业单位干部职工、学校师生及各界群众将本人一天的收入捐赠作为慈善会的资金。当年募集资金37.8万元，2006年、2007年，分别募集慈善资金22.46万元、67.49万元。

慈善会还接受社会各界捐赠的物资，用于赈济困难户。2006年，设立街道“慈善超市”，共募集200多万元的物资。2007年，接受捐赠物资价值近50万元。

2. 资金使用

慈善资金的使用以“安老、扶孤、帮残、助学、济困、救急”为宗旨。慈善会成立以来，先后开展“贫困助学”“临时困难救助”“大病救助”“助学助孤”“安老”“金秋安老重阳乐”“阳光洒童心、慈善送孤儿”“轮椅赠送残疾人”等多种慈善活动，使困难居民及时得到救助。

湖里区慈善会2006年助残支出3.2万元、捐赠街道扶贫超市支出1.1万元、救助支出4.36万元、助学3万元；2007年，捐赠街道扶贫超市支出0.67万元、助学4.15万元、扶贫支出11.82万元、救助支出4.39万元。

第八节　其他团体

一、残疾人联合会

（一）残联组织

1. 区残疾人联合会

1990年12月，湖里区残疾人联合会成立，隶属区民政局管理，业务接受市残联指导。2003年，确定为正处级单位。湖里区残疾人联合会成立至2007年共召开三届代表大会。历任主席团主席为陈慧玲（1990.12—1995.5）、陈永康（1995.5—1997.4）、陈永茂（2004.5—2005.6）、王中（2005.6—　）；历任区残联执行理事会理事长为张秀琴（1990.12—2004.5）、王加山（2004.5—　）。

2005年6月27日，湖里区第一届肢残人协会全体委员会议召开，成立湖里区残联第一个专门协会——湖里区肢体残疾人协会，会上通过《湖里区肢残人协会章程》。

2. 街道（镇）残疾人联合会

1991年5月，湖里街道残疾人协会成立。2005年1月、2007年10月召开第二次、第三次代表大会。

1991年6月12日，禾山镇残疾人协会成立。2004年7月，撤销禾山镇建制时相应撤销。同年12月，金山街道、江头街道和禾山街道残联先后成立；2007 年 10 月，江头、金山、禾山先后召开各街道残联第二次代表大会。2004 年 12 月，殿前街道残联成立，2007 年 10 月，召开第二次代表大会。

3. 社区残疾人协会

2004 年 4 月，在全区范围内开展建立社区残疾人协会的工作，当年 12 月，全区 37 个社区全部成立社区残疾人协会。社区残协设主席 1 名、副主席和委员 3 ~5 名。主席一般由社区居委会两委成员担任，副主席、委员原则上由残疾人和残疾人亲属担任。社区残协主席、副主席和委员候选人由社区居委会提出，报街道残联备案；社区残协主席、副主席和委员由民主选举产生。有条件的社区可以直接选举。社区残协每届任期 3 年。

2005 年 10 月、2006 年 11 月和 2007 年 12 月在全区范围内通过公开考试招聘 22 名社区残疾人工作联络员。社区残疾人工作联络员主要职责是入户调查摸底、走访残疾人，帮助反映残疾人在生活保障、就业、教育、康复、维权等方面的问题，推行“量体裁衣”式个性化服务。截至 2007 年年底，所有社区残协均按时换届，6 个新设立社区均成立社区残协。全区共有 43 个社区残协。2007 年 6 月 13 日，江头街道吕岭社区联络员谢曲被评为福建省 4 名“全国优秀残疾人专职委员”之一，有 4 人被省残联评为“全省优秀残疾人联络员”。

（二）残联主要活动

湖里区残疾人联合会成立之后，开展劳动就业、残疾人教育、残疾人康复治疗和维护残疾人权益等一系列工作，改善辖区内残疾人的生活条件和社会地位。具体情况详见本志第二十七篇第六章。

二、消费者权益保护委员会

1989 年 5 月，湖里区消费者权益保护委员会成立，作为区工商局消费维权管理工作的职能单位，受理辖区内消费者关于合法权益受侵犯的申述和举报，依法调解、处理侵害消费者合法权益的违法违规行为，指导各工商所受理消费者的申述和举报，负责收集、汇总、分析填报的投诉情况。

具体活动见本志第十四篇第四章。

三、计划生育协会

1988 年 12 月，湖里区计划生育协会成立。之后，陆续在街道（镇、乡）、社区（行政村）和规模较大的企事业单位组建计生协会。截至 2007 年年底，全区有计生协会组织 345 个、团体会员 102 个、会员 30313 人，其中社区协会 43 个、会员 13251 人，企事业流动人口协会 297 个、会员 17062 人。是全区最大的群众组织。全区 43 个社区协会中，合格以上协会 39 个，其中社区计生协会 16 个；全区 734 个协会小组有 445 个达到先进标准。各级计划生育协会主要活动是协助宣传计生政策、配合社区做好避孕节育、“三查”（查环、查孕、查病）等工作。

四、关心下一代工作委员会

（一）关工委组织

1994 年 7 月 26 日，湖里区关心下一代工作委员会（简称区关工委）成立。区关工委设主任 1 人、常务副主任 2 人，名誉主任 3 人、顾问和副主任若干人，秘书长兼办公室主任 1 人，与老干部局合署办公。历任区关工委主任为柯福成（1994. 7—2003. 5）、张萍（2003. 5—2004. 11）、林凡（2004. 12—2007. 2）、陈宏镜（2007. 3—　）。

1994 年后，区关工委在辖内基层单位先后建立 97 个基层关工委组织，其中街道 5 个、区直机关系统 7 个、社区 44 个（各街道及各社区覆盖率 100%），中小学、幼儿园 30 个，其他 11 个。有 16 家民营学校、企业成立基层关工委。基层关工委一般安排一位在职的党政领导兼任主任，聘请一位综合素质高、工作责任心强的退休老干部任常务副主任，一名兼职秘书长。

2006 年起，区关工委把全年工作计划分解到各街道和部分机关系统关工委，营造全社会关心青少年工作的氛围，活跃基层关工委。

2007年，有62个基层关工委达到“五好”（领导班子建设好、骨干队伍组建好、制度健全执行好、活动经常效果好、探索创新成果好）的标准。江头街道关工委被省关工委评为先进集体。

（二）关工委主要活动

1994年区关工委成立之初，着手组建“五老”（老干部、老战士、老专家、老教师、老模范）志愿者队伍和“青少年志愿者队伍”两支队伍。2004年5月，区关工委通过从“五老志愿者”队伍中聘任10位老同志，组建区关工委宣讲报告团。截至2007年年底，参加区关工委活动的“五老”志愿者有1805人、青少年志愿者2020人。

区各级关工委配合相关部门，在社区建立绿色网吧、少儿图书馆、心理咨询室、科技活动室、体育活动场所等教育基地。截至2007年年底，在各级关工委指导下开展青少年教育活动的各类基地有145个。

区宣讲报告团利用寒暑假、重大节日和纪念日，开展宣讲活动。内容涉及爱国爱乡教育、社会主义荣辱观教育、法制教育、维权教育、孝亲敬老教育、环保意识教育、社区夏令营、远离毒品、健康上网等方面，每年活动项目有近80项次，参与活动的青少年约4万人次。

“五老”志愿者网吧监督员依照法规，运用疏堵结合的方法，劝阻、教育未成年网民不进入网吧，向执法部门和社区关工委负责人举报网吧业主违法违规行为，监督网吧业主合法经营，协助社会各界共同扼制未成年人迷网的现象。

1994—2007年，区关工委组织发起向困难家庭的子女捐资助学262万元、开展失地农民子女就业培训35场次、对问题少年和“两劳”回归青年实施帮教128人次、为残疾青少年提供帮扶73人次，尽可能让青少年中的困难群体和特殊群体得到及时的帮助。

五、涉台社会团体

（一）区台胞金胞台属联谊会

1997年12月，湖里区第一届台胞金胞台属代表大会召开，“湖里区台胞金胞台属联谊会”成立，选举产生首届理事会。王耀禧任会长。联谊会宗旨是：广泛团结联络海内外台胞金胞台属，增进乡亲情谊，为促进祖国和平统一和湖里区的繁荣贡献力量；沟通台胞金胞台属与政府的联系，反映意见，提出建议；积极为台胞金胞台属服务，维护会员正当权益。2007年12月，湖里区第二次台胞金胞台属大会召开，选举产生第二届理事会。周怡任会长。

（二）区台商联谊会

2003年11月，“湖里区台商联谊会”成立。首任总干事谢苍发，续任总干事黄如旭。联谊会宗旨是：加强辖区内的台商（包括与内资或与第三地合资、独资）与台商之间、台商与政府各职能部门之间的沟通与联络。增进交流，互通信息，反映意见和建议。截至2007年年底，有会员企业近60家。

附：清末至民国期间禾山民间团体

1. 禾山保董公会

清光绪十年（1884），法国侵扰福州，厦门亦戒严，禾山倡办团练，共设有8个团。陈宗超、陈纲、黄必成、黄瀚先后任总董。宣统二年改为联甲民团局。民国4年（1915），改为禾山保董公会，仍以黄瀚、黄必成董之。禾山各保每保设保董一人，每乡设襄理员若干人。会所设在安睦公所旧址。驻会办事先后有以莲溪保保董叶在湝、林森及西林保保董孙里选等。

2. 禾山自治会

清宣统元年（1909）八月，禾山创设自治会，选举王龙光为正会长，王伯龙为副会长。宣统二年十月，政局动荡，地方迭遭掳掠。乡绅黄瑞坤、廖成功、林在田、孙高升等捐助千元，并向旅小吕宋、宿务华侨捐募二千余元，办理团练，维持地方秩序。民国4年，袁世凯称帝，自治会解散。

3. 禾山去毒分社、禁烟分局及调查所

清宣统二年（1910），福建去毒总社长陈培锟莅厦，暨厦防分府赵时棡，委任黄瀚设立禾山去毒分社，每月由厅署发烟膏捐250元为经费。社设江头街廖成功医局旧址。分社办理给照购烟、调查漏报及按年递进减等事，没有拿犯科罚之权。又得黄瑞坤、林在田、廖成功、孙高升等月出医药膳食费，附设戒烟局于浦园乡。宣统三年，烟膏捐裁撤，去毒分社停办。民国3年，再设立禾山禁烟分局，思明县知事钮承藩委托黄瀚、黄必成负责，对违反禁烟规定者进行处罚，罚款作为经费，不足部分通过募捐补助。民国6年，黄瀚辞职。随后因期限已到、烟禁肃清等由，撤销禁烟分局。民国10年（1921），思明县复设禁烟查缉处，同时在禾山设禁烟调查所。

第十九篇　中国国民党地方组织及地方政权

民国20年（1931）5月，中国国民党思明县党部成立。民国24年4月，改设国民党厦门市党部，禾山区设1个区党部。民国27年5月厦门沦陷后，市党部撤到海澄县。后陆续潜入厦门发展党员。民国33年6月15日，在湖里社成立国民党厦门市党部第二区分部，下设8个党小组，有党员76人。民国34年10月，市党部迁回厦门。同年12月，在江头设立禾山区党部，下设3个区分部。民国35年12月，国民党禾山区党部扩展为7个区分部，党员百余人。民国37年9月，国民党和三青团合并后，禾山区党部活动基本停止。

民国24年4月，设立禾山特种区。禾山特种区设区公所，为省政府派出机构。民国26年9月，改禾山特种区为禾山区。仍设区公所，为厦门市政府派出机构。民国27年5月，厦门沦陷。民国28年7月，成立伪厦门市政府。民国32年3月，改为伪厦门特别市政府。禾山为5个区之一，设有伪厦门市政府的派出机构伪禾山区公所。民国34年10月厦门光复后，恢复禾山区公所。

1949年10月，厦门解放，辖区境域国民党地方组织及地方政权随之消失。

第一章　中国国民党地方组织

第一节　组织机构

民国20年（1931）5月，.中国国民党（简称国民党）思明县党部成立党务指导委员会第一届执行委员会和监察委员会。吕厝的江维三被选为思明县党部监察委员会委员。民国24年4月后，改设国民党厦门市党部，禾山区设有1个区党部，具体人员不详。

民国27年5月13日，厦门全岛沦陷，国民党厦门市党部撤到海澄县。此后，国民党厦门市党部陆续派人潜入厦门岛发展党员。民国33年6月15日，在湖里社成立国民党厦门市党部第二区分部，下设8个党小组，共有党员76人，书记纪国渊，设组训委员、宣传委员各1人，候补委员2人，监察员4人。

民国34年10月，国民党厦门市党部迁回厦门岛。同年12月，在江头设立禾山区党部，下设3个区分部，由禾山区区长张宗云负责筹备，张宗云、林瑞源、江维三、林少邦、黄如海、江定邦、陈安晋等人分区召集。

民国35年年初，中国三民主义青年团（以下简称三青团）厦门市分团在江头成立青年服务社，发展团员，成立三青团厦门市分团第19、20、21、22、23、24等6个区队。同年4月，成立禾山区队联合办事处，负责管理上述6个区队。办事处设在禾山青年服务社，主任为黄敬贤。

民国35年12月，国民党禾山区党部扩展为7个区分部，党员百余人。

民国 37 年 9 月，国民党和三青团实行党团合并，合并后的禾山区国民党和三青团统称为国民党厦门市党部禾山区党部。

1949 年 10 月 23 日，中国人民解放军厦门市军事管制委员会宣布解散国民党和三青团。1951 年 5 月 26 日，市军管会发布布告，严令国民党区分部委员以上、三青团分队长以上人员履行登记。

第二节　主要活动

一、组织抗日救亡活动

民国 27 年（1938）厦门岛沦陷之前，国民党禾山区党部主要活动是根据国民党厦门市党部的部署，发起组织禾山抗敌后援会，开展抗日救亡宣传活动，组织战时服务团，发动民众向辖区境域的驻军献旗、慰问。民国 33 年（1944）7 月，国民党厦门市党部直属第二区分部书记纪国渊因领导敌后锄奸、调查、组训等工作，卓有成效，获国民党厦门市党部“特殊勋劳党员”表彰。

二、控制地方政权和基层组织

民国 34 年（1945）厦门光复后，国民党禾山区党部组织发动党员参加保长和保民代表选举，推荐党员担任甲长，市党部和区党部派员出席区民代表会和保民大会，主持、监督区代表主席的选举。禾山区区民代表会的代表主席以及各保保长、各甲甲长，一般均由国民党党员担任。民国 36 年春，厦门市选举市参议员，禾山区当选的 4 位市参议员中，黄敬贤为三青团禾山区队联合办事处主任，孙嘉武、薛安修、江定邦均为国民党员。

三、控制社会团体

民国 34 年（1945）12 月，国民党禾山区党部成立后，通过党员发起组织社会团体，通过社会团体联络社会各界人士，宣传、贯彻国民党的政治路线和方针政策。禾山区最大的社会团体禾山区农会由国民党员孙嘉武发起组织并担任理事长。禾山区抗敌后援会、禾山区建设协进会、禾山区教育会等社会团体，均由国民党党员担任负责人。

四、参与地方建设

民国 34 年（1945）10 月厦门光复后，国民党厦门市党部和禾山区党部通过禾山区农会、教育会等社会团体，开展赈灾赈济活动，争取政府发放农村贷款，创办职业介绍所，开办农村夜校，宣传“三民主义”，推广“新生活运动”；民国 35 年年初，三青团禾山区队成立禾山区青年服务社，举办文艺演出、童子军军营等活动。

五、党务工作

民国 34 年 12 月，举行国民党禾山区党员代表大会，选举产生禾山区党部第一届执行委员会。张宗云任执委会主席。

民国 35 年 12 月，禾山区党部召开座谈会，总结成立以来活动以及清查党员情况。补选执行委员和候补执行委员。

民国 36 年 4 月，禾山区党部召开各区分部会员代表大会，改选第二届执委。13 位代表出席。江维三、张宗云、江定邦、丘相如、孙自当被选为执委，孙嘉武、陈日铭为候补执委，张宗云任执委会主席，丘相如为常务执行委员。会议议决：为联络党员起见，每月由区党部定期召集会餐；由区党部执委轮流督导各区分部党员大会。

民国 37 年 9 月国民党和三青团合并后，禾山区党部活动基本停止。

第二章　地方政权

第一节　机构设置

一、政府机构

民国24年（1935）4月，设立禾山特种区，直属福建省政府。禾山特种区设区公所，为省政府派出机构。水警队长王成章兼任区署区长。民国26年9月，改禾山特种区为禾山区，隶属厦门市。仍设区公所，为民国厦门市政府派出机构，区署区长黄平西。

民国27年5月厦门沦陷，民国28年7月成立伪厦门市政府，民国32年3月改为伪厦门特别市政府，禾山为5个区之一，设有伪厦门市政府的派出机构伪禾山区公所和警察分局，伪警察分局在禾山区境内设有多个警察分驻所。

民国34年10月厦门光复后，恢复禾山区公所。厦门市政府在禾山区的派出机构还有厦门市税赋稽征处禾山分处，负责税赋征收；厦门市警察局禾北区分局，下设江头本住所和殿前、钟宅、后门等分驻所，负责区境内社会治安和公共卫生事务。民国35年4月，增设禾南区分局。

禾山区公所设区长1人，副区长1人，指导、会计、事务、雇员等6人。两任区长均为张宗云，民国36年6月后副区长为孙自当。

区公所内设机构有民政股、经济建设股和文化股。民国37年1月设有民政、财务、建设、教育、军事等5股。

二、民意机构

民国35年7月15日上午9时，禾山区第一届保民代表会在江头戏院举行成立大会。到会35名代表，缺席4人，辞职1人。市府、市党部、禾山区农会派代表列席。会议由区长张宗云主持，市府、市党部代表监选。选举林文忠为代表主席。下午2时，大会听取区公所、警分局、稽征分处、卫生事务所报告工作。后开始质询：警备班剩余经费何去？由区长回答。本区平粜米下拨300担为何只卖100担？由区长回答。沦陷期间奸逆毁坏云梯学校案件办理进展如何？由区长回答。后门分驻所对高林保保民报警不加理睬致使匪徒逃匿案，由警分局局长回答：严惩有关警员并调离。警分驻所可否占用民房？警分局局长回答：不可。警员可否向保民借米？警分局局长回答：俸米未发时可借，有借有还。如有未还者可列名报警分局。防疫注射费收取依据、数量及开支情况，由卫生事务所所长回答。春季防疫结果及夏令防疫计划，由卫生事务所所长回答。16日上午9时继续开会。成立民政组、财政组、建设组、教育组、警卫组。并通过成立禾山区各乡社联防办事处，由区长张宗云任主任，警分局局长任副主任。会议讨论提案：发函海军司令部发还占用凤头社旱田；优待出征军人家属和死难人员家属；杜绝借词摊派，保、区摊派须编造预算，经保民大会、区民代表会通过后方可实行；吁请市府每保设立一国民小学并划拨私立学校补助费，保长应负责调查失学儿童，强迫入学；请益同人到禾山组织平粜以抑粮价、疏民艰；函请救济总署驻厦办事处赈济禾山旱灾；函请市府采取以工代赈办法修复区内公路；以区民代表会名义函请高检处严惩禾山汉奸；函驻禾山军警当局禁止军警扰民；登记禾北区警分局向商家所借之米，由区保民代表会负责追还；联防办事处切实实行、请海军司令部派舰艇巡逻、警分局报告案件侦办情况，巩固禾山治安；成立调解委员会，调解民间纠纷。

民国36年，保民代表改称区民代表。当年1月28日，举行区民代表临时紧急会议，议决：请市政府转函省政府，要求减征、缓征禾山区田赋；全体代表和4位禾山籍市参议员联名控告市地政局擅自提高禾山区土地税率以及土地等级评定混乱、增加民众负担。

民国36年2月10日，举行禾山区民代表会第二次会议，出席代表22人。会议听取区公所、禾山卫生事务所、禾山捐税经征处报告。讨论提案：区公所提议将剩余肥料运费用于制作区民代表及保甲人员证章被否决，议决区民代表证章由区民代表自制，保甲人员证章由区公所呈请市府制作；议决由区公所转函各银行尽量收用50元钞票，减少百姓损失；议决各保调查应修圳坝，吁请菲律宾中华总商会捐助维修款、救济总署厦门办事处实行工赈；议决吁请市政府从速发还沦陷期间被日伪当局收缴的营业契据；民间赌风甚炽，议决区公所及警分局应切实禁赌；为检举本区政工人员及地方土劣贪污舞弊，议决在区民代表会设立告密箱，以方便民众告密；建议厉行一人一树运动，议决函区公所转请市府到邻县采购树苗，并饬保、甲长督导培护；议决函厦禾汽车公司拨款维修公路桥梁，并限制乘客人数，避免发生危险；议决函区公所转市府减免粪捐；议决请市政府在本区普设国民学校，补救失学儿童。

民国36年6月8日，区民代表会选举区长。出席代表35人。张宗云19票当选区长，孙自当17票当选副区长。

民国36年11月5日，举行禾山区民代表会秋季会议，副区长、警分局局长、卫生事务所所长和稽征分处主任相继作工作报告。讨论提案：通过组建禾山建设委员会案；通过要求田赋改征代金案；通过发动捐资扩大卫生所案；通过吁请市警局训止美仁宫、兜仔尾警察非法侵扰禾山进城卖菜农民案；呈请市政府颁发田园屋业典卖赎取办法、函请地方法院解释战前战后典卖业产取赎指数标准；扩大区合作社；保甲事业费津贴拟依市区统筹收支；通过筹募保队附服装费，由各保保队附自行制用；呈请市政府发还日伪政府所收田园房屋契约；函区公所饬各保保长发动农民冬耕以扩大粮食生产。

民国37年6月6日上午10时，举行禾山区民代表会夏季会议，出席代表江维三等23人，主席林文忠。副区长孙自当报告区政。区民代表对烟民调验、经济建设、民政、兵役等各项工作质询。讨论提案：函厦禾汽车公司增设车辆方便交通；提议区公所及警分局切实取缔烟赌，以靖治安；通过下届区民代表会选举费用由各保负担案。

民国37年11月27日上午10时，禾山第二届区民代表会在江头禾山区公所礼堂召开。到会各保保民代表25人。由区长张宗云代表市长黄天爵监选。副区长孙自当致辞，警分局局长姚某讲话，监选员训话。陈天赏得21票中选代表主席。下午召开第一次大会。由禾山区公所各部门以及警分局、卫生事务所报告工作。代表质询后讨论提案：通过本区春秋两季因灾歉收、请省府豁免田赋以疏民困案；通过区公所交议组织本区农田水利促进协会案；保留区公所交议筹募警备班冬令服装案；沦陷期间本区民间借贷纠纷如何解决，议决由司法机关查询现有法令；区公所交议建设本区电话网案，议决另成立小组讨论。

民国38年2月，召开禾山区民代表会38年度春季大会，出席代表江维三等19人。主席陈天赏主持。副区长孙自当、警分局局员、卫生事务所所长报告工作。区民代表质询甚少。讨论提案：通过吁请市府撤销粪捐、以利春耕案；通过发动造林、禁止砍伐、绿化禾山案，议决区公所筹购树苗、各保负责各乡公路栽种、严禁砍伐、随时护林；通过呈请市府禁止南下海军强占民房案；通过由禾山卫生所举办“四四”儿童节全区健康儿童比赛案；通过呈请市府转呈省府停止征兵征粮以符和平谈判而安民生案。

第二节　政务纪略

一、厦门岛沦陷前主要政务活动

禾山特种区区公所由福建省政府委托驻同安的第四行政督察区代管。由于海道阻隔，交通不便，政务管理基本上处于放任自流的状态。民国26年（1937）改属厦门市之后，政务管理渐趋正常。

民国26年（1937）7月，禾山归属厦门市后，正值抗日战争全面爆发。至民国27年（1938）5月，厦门全岛沦陷，区公所政务工作以动员民众参加抗日救亡为主。主要活动有：区壮丁队在各联保设壮丁联队，在各保设壮丁小队。辖区境域在江头、寨上、庵兜、岭下、高林5个联保设有5个壮丁联队。在高崎组织90人的养路分队；在江头、高崎组织2个救护分队，每队16人；在各联保组织消毒掩埋分队，每队12人；在各联保组织消防队，每队30人。江头联保设34处防空壕、3处避难所，寨上联保设52处防空壕，庵兜联保设25处防空壕，岭下联保设177处防空壕，高林联保设10处防空壕。成立禾山抗敌后援队总队和宣传大队，经费由职员自捐，派宣传分队到各乡宣传抗日。

此外，区公所还开展为前线将士募集寒衣、“一日一分”捐款、查处日货等活动。

二、厦门岛光复后主要政务活动

（一）抗日战争善后工作

民国34年10月3日，厦门市政府正式接收厦门，禾山区区公所随后成立。抗战善后工作主要有调查禾山沦陷期间人员伤亡、财产损失情况。禾山沦陷期间，禾山区受迫害死难民众达500多人，其中湖里辖区境域凤头、泥金、浦口、田头、田里、坂美、东宅、黄厝、西头、蔡塘、林边、湖边、洪水头、洪塘、祥店、刘厝、薛岭、钟宅、乌石浦、塘边、后坑、寨上、高崎、吕厝、马垅、湖里、高林、西村、穆厝、枋湖、江头街、张厝、陈厝、袁厝、后莲尾、龚厝、庵兜、江头、浦园、后埔、店上、南山、后斗、西潘、埔仔、蟳边等社死难372人，财产及各业损失均有详细统计。

民国34年10月至35年，对日伪统治期间借助日本人势力欺压民众的汉奸进行控诉、清算。

战后重建工作主要有修复公路、重建学校、恢复生产等。此期间，国民政府救济总署驻厦门办事处不定期下拨救济物资，辖区境域的爱国华侨从海外寄回大量钱、物，抚恤遭受战乱的民众，支援战后重建，均由区公所主持分发派送，开展粮食平粜，以解民困。

（二）协助征收税赋

民国35年，区公所根据禾山具体情况，经市政府批准，将禾山田赋调低，一级田由350元改为50元，二级田相应改为40元，三到七级相应改为30元、20元、18元、12元和5元。同时，协助稽征分处到辖区各保宣传动员，号召民众积极缴纳田赋。民国37年，区公所在江头、殿前、湖边设立3个征赋处，分别由区长、稽征分处处长和市政府财政科长担任督征员，强化税赋督征力量。

（三）组织村社联防

辖区境域一度土匪横行。区公所组织各村社成立联防队、自卫队，守望相助，协防土匪。民国37年12月之后，禾山成立第五警戒区壮丁联防大队，名义上是民众自卫组织，实际上是防备中共闽南地方组织的活动。

（四）开展卫生防疫工作

民国35—37年，禾山境内发生多起鼠疫、霍乱、伤寒等烈性传染病。民国35年5月1日，在江头设立禾山卫生事务所，区公所组织禾山卫生分所发动民众进行卫生大扫除，联系英国飞机在禾山飞洒DDT药粉，为民众注射疫苗。

（五）开展村民自治活动

辖区境域的保、甲长原由区公所指派，民国35年3月开始实行保、甲长民选。区公所先后于民国35年、37年主持选举保民代表，成立二届禾山区民代表会。

（六）其他政务活动

民国37年，举办鸦片烟民登记、查验，开展强制戒烟活动，但收效甚微，全区300余名烟民，3个月内仅有77人接受查验；同年，发动各保组织篮球队，举办多场篮球比赛，还举办儿童健康比赛。

民国35年9月，开展“二五减租”宣传；民国36年，规划在筼筜港尾修筑自乌石浦屿后海滩至江头的堤坝，可造地千余亩；民国37年，发动民众植树造林，绿化禾山；民国38年，成立禾山建设协进会，规划吸引侨资，建设禾山。但均未见成效。

第二十篇　公安司法

一

明洪武初，同安县在寨上石湖设置石湖巡检司，管理嘉禾屿治安。洪武二十年（1387）迁往塔头（今属思明区）。明嘉靖年间，辖区境域社会治安的主要问题是倭寇入侵。

清康熙十九年（1680），清政府开始在厦门岛派驻总兵官，辖区境域的高崎、五通、蛟塘等地开始进驻清军水师（详见本志第二十一篇），兼办地方治安。清代中叶之后，辖区境域社会治安的主要问题是海盗骚扰。清道光末年之后，鸦片烟毒成为辖区境域社会治安的最大祸害。清光绪三十二年（1906）驻扎厦门的兴泉永道设立现代警察机构兴泉永道巡警总局，但只管辖厦门老市区18个保的社会治安。辖区境域的社会治安管理仍维持旧制。晚清之前，湖里辖区境域没有警察机构，社会治安管理实行兵警合一、警政不分的体制。

民国元年（1912）辖区境域脱离同安县改属思明县管辖。但社会治安仍由辖区境域的军阀驻军兼办。民国13年，海军接掌厦门岛，辖区境域社会治安由海军驻禾山办事处兼管。民国22年2月，厦门岛成立思明市公安局，在禾山设立禾山分局。随即因发生“福建事变”撤销。民国23年11月，成立福建水警第二大队，下辖第三中队部分警力驻扎江头，第四中队中队部驻扎在高崎，所辖3个分队分别驻扎钟宅、墩上、湖边、坂美、五通、浦口和塘边、枋坪尾、高崎。水上警察主要负责辖区境域海上治安。民国24年，厦门设市，辖区境域一度被划为省管特种区，由同安县代管。民国27年5月，厦门沦陷。辖区境域国民政府警察机构全部撤离。日伪厦门特别市警察厅于民国28年7月设立禾山警察署，下辖湖里、殿前、钟宅、湖边、后门、何厝（以下属今思明区）、莲坂等7个分驻所。民国32年9月，改称厦门特别市警察局禾山警察分局，下辖分驻所不变。民国34年10月，厦门光复。辖区境域设厦门市警察局禾山分局，下辖禾山、殿前和钟宅3个分驻所。福建省水警第二大队第六中队在五通驻扎一个分队，在高崎驻扎一个小队。

厦门解放后，人民政府接管原厦门市警察局，并于1949年10月22日成立厦门市人民政府公安局。辖区境域设立禾山公安分局，下辖江头、钟宅、殿前3个派出所。1952年7月，撤销辖区境域的禾山公安分局和所辖派出所，改设禾山区公安助理员负责辖区社会治安。1954年，改区公安助理员为区公安特派员。1956年7月，恢复禾山公安分局。1958年3月，改禾山公安分局为郊区公安分局，驻地由禾山迁往集美。同年，在辖区境域增设五通派出所，隶属郊区公安分局管辖。1966年6月“文化大革命”开始，各级公安机构受到严重冲击，陷于瘫痪状态。1967年2月，厦门市军事管制委员会宣布对厦门市公安局实行军事管制。1968年9月，成立厦门市革命委员会。同年10月，成立厦门市革命委员会政治处人民保卫组取代公检法机构。辖区境域社会治安由郊区革命委员会政治处人民保卫组负责。1971年，成立何厝公安派出所（驻地今属思明区）隶属郊区革命委员会政治处人民保卫组，成立高崎水上派出所，隶属港口人民保卫组，共同负责辖区境域社会治安。1973年4月，撤销厦门市革命委员会政治处人民保卫组，成立厦门市革命委员会公安局。1975年8月，改称厦门市公安局。辖区境域的公安机构设置不变。

1981 年，设立湖里公安派出所，隶属开元公安分局。1982 年 1 月，湖里工业区设治安民警中队；同年 8 月，成立高崎国际机场派出所，隶属郊区公安分局；同年 10 月，成立禾山派出所，隶属郊区公安分局。1984 年 11 月，成立厦门市湖里公安分局（简称湖里分局），下辖湖里派出所、高崎国际机场派出所和禾山派出所。湖里区重点保卫区域有东渡码头港区、厦门火车站货运北站、厦门大桥、高崎国际机场、海沧大桥、湖里工业区、象屿保税区、火炬高科技园区、航空工业城、枋湖工业区等。2003 年后，开展正规化建设示范公安局。在 2007 年度全省执法质量考评中，分局各项考评指标全部达标。

二

1988 年 4 月 8 日，湖里区人民检察院正式挂牌办公。1988 年 4 月至 2007 年年底，共受理提请逮捕各类刑事犯罪嫌疑人 8565 人，批准逮捕 8163 人，不批准逮捕 287 人；受理移送审查起诉犯罪嫌疑人 9256 人，经审查依法提起公诉 8185 人，报送上级检察机关审查起诉 619 人，决定免予起诉和不起诉 110 人。共立案侦查贪污贿赂，渎职侵权等职务犯罪案件 251 件 289 人，其中大要案 164 件 185 人，侦查终结依法提起公诉 211 件 223 人，决定免予起诉或不起诉 33 件 36 人。共依法处理群众来信来访 2880 件次，做到件件有着落，事事有回音。

1997 年，湖里区检察院被最高人民检察院记集体一等功。2001 年，被最高人民检察院授予“人民满意的检察院”荣誉称号。2002 年，被最高人民检察院授予“模范检察院”荣誉称号。2003 年，被最高人民检察院确立为“全国基层检察院规范化管理示范院”，被省委、省政府授予“文明单位”。2004 年，被最高人民检察院授予“全国先进检察院”。2007 年，被最高人民检察院授予“全国十佳基层检察院”。

三

民国元年（1912），辖区境域审判事宜隶属思明地方审判厅管辖。民国 16 年（1927）9 月，思明地方审判厅更名为思明地方法院，辖区境域的民事、刑事案件归入思明地方法院审理，直至 1949 年 10 月厦门解放。

1953 年 6 月，厦门市人民法院设开元、思明、鼓浪屿和禾山 4 个审判分庭，辖区境域属禾山分庭管辖。1958 年 1 月，辖区境域审判事宜归属郊区人民法院禾山人民法庭。1980 年 10 月后，设立湖里人民法庭，隶属厦门市开元区人民法院。1987 年 11 月 22 日，湖里区人民法院成立。1988 年 2 月 11 日，原开元区人民法院湖里人民法庭撤销，原郊区人民法院（后改称集美区人民法院）禾山人民法庭划归湖里区人民法院。同年 3 月 18 日，湖里区人民法院正式对外挂牌办公，内设 4 庭 1 室。

1988—1990 年，区法院年均受理案件仅 300 余件，1995 年，全区案件数量超过 1000 件；1997 年，增至 2000 余件，1998 年为 3115 件，1999 年上升到 5000 余件，2000 年突破 6000 件；2001—2007 年，区法院每年受理案件数达 6000 件上下，其中 2006 年达 7273 件，为建院以来受理案件数最多的一年。2007 年，受理案件 6060 件。区法院案件结案率长期保持在 90% 以上。1999 年，区审判人员人均结案 222 件，位居全省前三名；2005—2007 年，区法院审限内结案率连续 3 年达到 100%；2007 年，全院案件结案率达 95.66%。1996—2007 年，区法院及所属部门共受表彰（奖励）的集体 56 个（次），个人 233 人（次），其中获省级以上表彰（奖励）的先进集体 18 个（次）、先进个人 38 人（次）。

第一章 公 安

第一节 机构与队伍

一、机构

1988 年，湖里分局内设政工、行政、保卫、刑侦、预审等 5 个科室，下设湖里、禾山、机场 3 个派出所。1990 年在东渡设执勤点。

1993 年 1 月，增设东渡派出所。内设机构调整为政治处、办公室、行政科、保卫科、消防科、政保科、预审科、治安科、户政科、法制科、刑事警察大队；另外，在湖里街道办事处派有 1 名民警负责湖里街道社区治安管理。

1995 年，机场派出所升格为机场公安分局，直属市局管辖。

1996 年，设置马垅、高殿派出所，分局所辖派出所增至 5 个。

2007 年，湖里分局内设机构有政治处、办公室、监察室、后勤科、法制科、户政科、信通科、网络安全监察科、国保大队、治安大队、刑侦大队、经侦大队、禁毒大队、巡警大队等 8 个科室、6 个大队；辖湖里、江头、禾山、金山、殿前 5 个派出所和五通边防派出所。

历任湖里分局局长为张玉枝（1984. 11—1987. 10）、张炳煌（1987. 11—1993. 8）、陈荣西（1993. 9—2003. 8）、王嘉斌（2003. 9— ），政委张玉枝（1987. 10—1988. 10）、张朝正（1999. 7—2007. 6）。

二、队伍建设

湖里公安分局成立之初条件差、困难多，人员少、任务重，公安民警多来源于市区其他分局或从机关、学校企业以及军队转业干部中调配而来，素质参差不齐，队伍中存在纪律松懈，作风涣散等问题。分局从实际出发，严格执行公安条令条例，改进工作作风，一切从便民利民出发，凡是能办的事，做到及时，认真地办好；注重警容风纪的整顿，保持警容严整，提倡文明语言，礼貌待人，坚决禁止打人、骂人、耍特权、欺压群众、刑讯逼供等违法乱纪行为；坚决禁止乱罚款、乱收费的现象；及时阻止和纠正与单位合办旅社、照相馆、录像放映点的不正之风。在严厉打击严重刑事犯罪活动和各项公安保卫工作中，有 6 名民警受到市公安局嘉奖。

1987 年，根据市公安局“8 · 10”整顿纪律作风会议精神，分局各科、所、队通过岗位责任目标管理细则，对全体民警实行目标责任制管理。

1990 年，开展基层派出所队伍建设、业务建设和基础建设，分局各派出所队以廉政自律、狠抓队伍建设，改革勤务制度，推行“一警多段”和“一警一段”相结合的管理机制，扩大安全防范覆盖面，提高人口管理水平，加大打击力度，维护辖区内的社会安定，湖里、禾山、机场 3 个派出所均通过规范化建设验收。

1994 年，根据市公安局关于在基层派出所实行所长岗位目标责任制工作的精神，辖区内湖里、禾山、机场 3 个派出所分别制定所长岗位目标责任制，在 1995 年市局组织的所长岗位目标责任制考评中，东渡、禾山派出所被评为市先进派出所。

1995 年，湖里分局为明确分局保卫科与派出所管辖范围，专门下发文件，明确规定湖里分局保卫科管辖区内机关事业单位、国有企业、区属以上企业、初级中学以上学校、医院、金融机构的安全防范、刑事（除市局管辖外）、治安案件受理查处等公安行政管理，并负有对全区内部单位安全防范的检查、指导、督促、协调的功能，同时协同派出所查处发生在企业内部的群体性事件；派出所管辖辖区内的“三资”企业及原管辖单位的安全防范、刑事治安案件受理查处等公安行政管理。

1997年，坚持“抓班子、带队伍、促工作、保平安”的工作思路，开展“爱民月”和“为人民服务，树公安新风”等一系列争先创优活动。严肃处理个别民警及联防队员执行公务中不文明、不规范的问题。实行民警岗位轮换制度，形成能进能出、能上能下、干好干坏不一样的竞争机制，对机关科所队和部分民警进行异地交流轮换，对非领导职务民警实行考评。针对分局侦防机制改革、侦审合一后出现的问题，出台《关于规范办案程序的两个问题》《延误“110”出警处罚规定》等文件，组织政工、纪检部门进行不定期检查和抽查；还定期组织力量对辖区内高档消费场所进行明察暗访，从严处罚不遵守政法干警有关条令、规定的民警，以保证警队的纯洁性和战斗力。

2003年，推行干部竞争上岗制度。开展正规化建设活动。分局制定年度训练计划和“战训合一、轮训轮值”、培训准入和训考分离等制度，各警种、部门分别制定方案按专业岗位分类组织进行苦练基本功训练，定期组织民警进行基本知识网上考试，认真落实基层一线和实战部门45周岁以下民警每年不少于15天的集中训练或参加上级机关举办的各类培训班且参训率达80%以上的规定。同时，以民警自行训练为主，抓好体能训练达标工作，分局各基层单位民警体能达标率达到90%以上。

在“三基”（抓基层、打基础、苦练基本功）工程建设中，湖里分局积极争取各相关职能部门的支持，全面推进基础设施建设上新台阶，建立高效率公安指挥调度系统，做到快速反应，快速出击；建立先进便捷计算机管理系统，人口信息、刑事案件等实行计算机管理；建立覆盖全区技术防范、报警系统以及治安面控制的图像监控系统等公安科技设施，大力推行执法综合信息系统，实行网上办案、网上审批、网上监督，提高办案效率；规范执法程序、法律文书和执法台账，实现信息数据共享，强化执法责任和监督，完善民警个人和单位执法档案。公安信息网络已覆盖分局各所队，分局50周岁以下民警94.8%已达国家计算机运用一级B水平。分局各所队综合应用系统和刑侦信息系统的建设，按照“全警采集、全警录入、全警应用、全警共享”的要求，分局百名民警计算机拥有率达到85.7%，信息化应用意识和水平得到提高。规范“110”指挥系统运作。分局上下实行弹性工作制、错时工作制，提高路面见警率和管事率，最大限度把警力部署在案件高发、防范薄弱、便民服务的时段和部位。在辖区内组建治安志愿者队伍，扩大群防群治力量。

2005年，根据《厦门市公安局警力配置标准的暂行规定》，湖里分局新增警力全部充实到基层；同时，不断完善机关民警下基层锻炼制度，基层、一线和实战部门实有警力占全分局总警力的85%以上，其中派出所警力占分局总警力比例达到56.28%，比开展“三基”工程建设前增加4.7个百分点。根据市公安局《关于进一步加强和改进表彰奖励工作的意见》，加大向基层一线倾斜，派出所民警记功、嘉奖比例比机关民警分别高出78%和60%。分局派出所民警奖金比市局机关民警高出40%，初步建立有效引导警力下沉的利益机制，调动基层民警的工作积极性。在各项公安执法活动中，未发生刑讯逼供和滥用警械武器、滥用强制措施及涉黑、涉恶、涉毒等违法案件，未发生违反公安部“五条禁令”案件；在服务群众方面，没有发生“冷横硬推”等不文明执法问题。

2006年，按照“干什么、练什么，缺什么、补什么”的要求，深入开展“大练兵”。分局民警394名参训率98.5%，基本知识学习考试合格率95.7%，基本体能训练考核达标率80.5%，警务技能训练考核合格率94.4%，148名民警通过参加首授、晋衔培训。分局还积极全面推行《公安机关人民警察内务条令》，加强内务管理规范化建设，分局年度总评成绩92.5分。

2007年，建立和推行绩效管理积分考评机制，围绕公安中心工作，以岗定责，以责定标，综合定分，各所队对分局的绩效考评目标进一步细化，确定本单位的考评细则。逐步形成市局考核分局、分局考核所队、所队考核民警的三级考核体系。着重抓好执法办案的规范建设，健全完善民警个人执法电子考核档案系统，强化执法质量考核。组织民警参加基本法律知识考试、执法办案卷宗考试、信访工作考试，提高民警的法律素质。在2007年度全省执法质量考评中，湖里分局各项考评指标全部达标。湖里、江头、金山等3个派出所和刑侦、经侦等2个大队达到公安正规化建设目标，经侦大队被省公安厅评为“一级大队”。有6个所队荣获集体三等功、集体嘉奖和优秀所队称号，123名民警获得三等功、个人嘉奖和市优秀人民警察称号，其中吕培勤获得省“五一”劳动奖章，林宾被评为全国优秀人民警察。

第二节 刑事侦查

一、严打整治斗争

1984年，辖区内刑事案件发生10起，外来流窜作案占9起（其中盗窃案9起，强奸案1起），治安案件51起121人。其中，提请批准逮捕1人，收容审查7人，行政拘留8人，警告教育3人，罚款42人，并协助省内外公安机关抓捕4名逃犯。

1985年，辖区内刑事案件发生31起，破获24起，破案率77.42%，其中重大案件8起，破获5起，外来流窜作案占18起。缴获各种赃款赃物折款18551.6元。查获各类犯罪分子68名（其中提请批准逮捕4名、行拘34名、其他处理30名、摧毁各类团伙5个32名，收容审查22名）。受理群众来信来访48件（其中来信41件，来访7件），其中检举揭发30件，查处违法犯罪人员19名。

1986年，破获各类刑事案件41起，其中重大案件12起，破案率分别为74.55%和75%；查处治安案件62起，查处率为93.94%；抓获162名违法犯罪人员，其中逮捕1人、劳教2人、收审38人、行拘64人、罚款24人、警告25人、其他处理8人。辖区未发生杀人、抢劫等恶性案件，社会治安秩序比较稳定。

1987年，辖区内刑事案件发生49起，破获36起，其中重大案件10起，破获7起。成功破获2起预谋爆炸案件。

1989年，辖区内刑事案件发生380起，比上年158起上升1.4倍，其中重大案件168起，比上年58起上升1.9倍。当年发生湖里区首发杀人案例，抢劫、强奸等暴力犯罪案件上升。绑架、恐吓、盗窃、抢劫（夺）、诈骗等图财型犯罪案件持续上升，谋财数额越来越大，千元以上的大案占重大案件总数的82.74%，其中万元以上的盗窃大案14起。案件呈流动化、系列化、团伙化、低龄化的特点。在随后的严厉打击严重刑事犯罪活动（以下简称“严打”）整治活动中，辖区内刑事犯罪有所收敛。

1992年，全年破获刑事案件161起，其中重特大案件112起，包括“1·18”“10·24”“11·5”特大抢劫案，“9·17”绑架杀人案，“7·15”轮奸案以及“10·20”特大盗窃案等影响群众生命财产安全的重特大案件，抓获刑事犯罪嫌犯298名，其中依法逮捕115名。嫌犯中属团伙犯罪的有41伙108名，属流窜犯罪的有202名。

1995年，全年破获刑事案件277起，其中重特大案件153起，抓获刑事犯罪嫌犯154名，属流窜犯罪的有44名。摧毁犯罪团伙15伙53人，抓获逃犯12名。

2000年，组织开展“攻大案、抓现行、破系列、打拐卖、反盗抢、打黑除恶”专项斗争，先后破获“12·26”特大抢劫案、“3·28”拐卖儿童案、“飞车抢夺”系列案，全年破获各类刑事案件1299起，其中区内案件1017起，年前隐积案70起，他区案件193起，外地案件19起，破案绝对数比上年增加603起，是上年的1.87倍，刑事案件破案率达到36.22%，摧毁犯罪团伙74个274人，抓获犯罪嫌疑892人，打击处理566人，其中移送起诉301件472人，劳教94人，缴获赃款赃物折价人民币297万元。

2001年，共破获各类刑事案件2004起，其中本区1824起、他区155起、外地25起，破年内刑事案件1768起，破案率为40.25%，抓获各类犯罪嫌疑人1032人，摧毁犯罪团伙52个204人，抓获逃犯274名（网上逃犯246名，负案逃犯28名），缴获各类赃款财物折合人民币633.84万元。

2002年，共破获各类刑事案件1914起，其中本区1748起、他区142起、外地24起，破年内刑事案件1700起，破案率为37.66%，其中命案破案率为64.29%，八类案件（杀人、抢劫、强奸、绑架、放火、投毒、爆炸、故意伤害致人重伤或死亡）破案率为43.51%，抓获各类犯罪嫌疑人1110人，摧毁犯罪团伙97个280人，抓获逃犯114名（网上逃犯96名，负案逃犯18名），缴获各类赃款财物价值折合人民币 111.28 万元。

2004 年，辖区内共立刑事案件 6353 起，破案 2997 起，比 2003 年多破案 1251 起，破案率为 47.17%，其中破获八类案件 490 起，比 2003 年多破 148 起，破案率为 52.24%；杀人、伤害致死等命案破获 15 起，破案率达 88.24%，实现命案破案率 80% 以上的目标；破获公安部和省厅挂牌督办案件 4 起；摧毁犯罪团伙 67 个 239 人，抓获各类违法犯罪嫌疑人 1693 名，其中逮捕 875 人，劳教 83 人；缉获各类逃犯 327 名，其中网上逃犯 299 名。

2005 年，辖区内刑事案件发案总数为 6337 起，比 2004 年 6353 起下降 0.25%。“八类案件”发案 915 起，同比下降 2.54%，其中命案发案 19 起，“两抢”案件发案 1030 起，盗窃机动车案件发案 199 起。破获各类刑事案件 3299 起，百名民警破案数达 837 起；“八类案件”破案率达 60.44%；共破获各类命案 19 起，破案率为 100%；破获部挂案件 2 起，破案率 100%；省、市挂牌督办案件破案率 93.75%；抓获在逃人员 121 名；提请批准逮捕 961 人，移送市检起诉 924 人，较上年同期（逮捕 703 人，移送市检查起诉 798 人）均有所增长，移送起诉率达 100%。当年，查处各类经济案件 75 起，立案 59 起，破案 42 起，涉案总值 3316 万元，追回赃款赃物价值人民币 521.2 万元；破获曾钦猷特大职务侵占案、“6·16”特大虚开增值税专用发票案等 2 起省督以上经济犯罪案件，破案率 100%；破获毒品案件 58 起。共提请检察机关批准逮捕各类犯罪嫌疑人 662 件 961 人，较上年同期增长 31%；起诉各类犯罪嫌疑人 640 件 924 人，较上年同期增长 15%，批准逮捕率达到 97%，起诉率达 100%；共受理行政案件 6875 件，较上年同期增长 224%；行政复议撤销 1 件 1 人，较上年同期下降 50%；无行政诉讼败诉案件。

2006 年，刑事案件立案 6491 起，破获各类刑事案件 3479 起；百名民警破案数达 650 起；侦破“八类案件”497 起，破案率为 56.35%；侦破命案 15 起，破案率 88.23%；破获省、市挂牌督办案件各 1 起、8 起，破案率分别达到 100% 和 87.5%；破获各类经济犯罪案件 66 起，涉案金额上 1.3 亿元，为群众挽回经济损失 300 多万元；破获毒品案件 65 起，其中重特大案件 9 起，捣毁吸贩毒窝点 6 个，缴获毒品海洛因 205.26 克。

2007 年，刑事案件立案 6896 起，破获 3578 起，破案率 51.89%；百名民警破案数 768 起，比上年 650 起多 118 起；侦破“八类案件”418 起，破案率 57.18%；侦破命案 17 起；破获贩毒案件 47 起，其中重大案件 9 起，打击处理涉毒犯罪嫌疑人 54 名，缴获毒品海洛因 204.05 克。共抓获网上在逃人员 540 名，其中外地逃犯 111 名。人均破案绝对数位居全市第一，“追逃”“打黑除恶”“猎狐行动”和打击“两抢一盗”专项行动综合考评均位居全市第二。

二、侦破刑案选录

（一）胡某重大经济诈骗案

1986 年 12 月 24 日晚，湖里分局在辖区内的金宝酒店破获 1 起重大经济诈骗案，案犯胡某、黄某被依法审查。从现场缴获的胡某手提箱中搜出人民币 19892.95 元，外汇券折合人民币 4670.20 元，美元 4300 元，新加坡币 100 元，1 本假菲律宾护照，29 张空白介绍信。据案犯胡某交代，选择在厦门市与河北省满城县百货公司、铁道部十六局驻浙江湖州办事处签订虚假购买合同，诈骗货款 115000 元，并将部分人民币兑换成外币，以便外逃。

（二）李某特大诈骗案

1990 年 3 月 31 日，平潭县某开发公司周某等 3 人与该县经纪人李某作青岛啤酒生意，李某收到周某交与提货的 8.7 万元后携款潜逃。4 月 6 日，湖里分局得到报警后，由刑警队副队长带领民警星夜奔赴闽北邵武，在当地公安机关配合下，将案犯李某抓获归案，并追回赃款 5.3 万元，随后又赶赴福州、平潭等地，追缴赃款 8000 元，在审查案犯李某后，分局民警继续追缴其余赃款，返还被骗人。

（三）贩毒案

1992 年 5 月 16 日，江头一劳改释放人员吴某向辖区民警报告，曾与吴某同在劳改场的劳改释放人员林某携带海洛因样品从漳平市来厦，声称有一定数量，是从缅甸金三角来的，要求吴某帮助物色买主。湖里分局刑警队立即对吴某交来的样品进行化验，确定是海洛因，将案情上报市公安局。市公安局指示，由吴某告诉林某已经找到买主，约林某见面。市局一侦查员则化名李子成，以台湾商人身份在悦华酒店 18 号别墅楼等待林某上钩。5 月 24 日清晨 5 时左右，林某将海洛因货主黄某以及第一、第二经纪人林某和叶某从漳平市带到吴某家中。吴某携带贩毒团伙的第二经纪人叶某，于 5 月 24 日上午 9 时 31 分将毒品带到达悦华酒店 18 号别墅楼，与化名为李子成的市公安局侦查员验货谈价，被守候的公安侦查员人赃俱获。随后又在吴某家捕获林某等贩毒嫌疑人，缴获海洛因 325 克。

（四）官某盗窃案

1993 年 7 月 12 日凌晨 4 时许，机场派出所接到四川籍女青年官某报称：有一黑社会头目要追杀她，要求保护。值班民警感到事态严重，立即受理。不久，追杀官某的“黑社会头目”李某也追至派出所，声称自己的 14 万元被官某盗走。民警在讯问过程中，发现官某许多疑点，决定对官某进行搜查。通过搜查，从官某的背包中搜出 10.81 万元，从内短裤内搜出 3 万元。在证据面前，官某不得不交代作案经过：7 月 9 日晚，官某在青阳建码大酒店认识哈尔滨市昌兴贸易公司综合部经理李某（男，33 岁）。11 日晚，官某与李某住进青阳南豪酒店 706 室，官某趁李某熟睡之机，偷走李某寄存物品保险柜钥匙后盗窃保险柜内现金 14 万元，随即雇出租车连夜赶到厦门，住进机场饭店并预订回四川机票。不料李某随后赶到，官某遂上演“贼喊捉贼”的把戏，最终落入法网。

（五）悦雅酒吧杀人案

2003 年 3 月 5 日凌晨，县后莱市场楼上的悦雅酒吧发生一起故意伤害致人死亡的恶性案件，犯罪嫌疑人作案后外逃。湖里分局刑警大队与湖里派出所刑警中队立即成立专案组，对该案进行全面调查。当日下午，中队民警刘川通过多方面的调查和工作关系提供的线索掌握到外号为“杨老五”“杨孝忠”“毛狗”等 5 人犯罪嫌疑最大，迅速展开布控追踪，并在当日下午 5 时将其中 4 人抓获。经突审，4 人交代凌晨在悦雅酒吧持刀伤害他人致人死亡的犯罪事实，当晚，专案民警根据线索在枋湖一建筑工地将在逃的另一犯罪嫌疑人任松林抓获。从案发到抓获全部犯罪嫌疑人不过 10 多个小时。

第三节　户政管理

一、户籍人口及身份证管理

（一）户籍人口管理

1985 年年末，辖区内户籍户口 2192 户 10847 人，比 1984 年增加 564 户 2715 人。年内，农转非 17 户 53 人，其中科技人员家属 9 户 33 人，职工家属 6 户 16 人，随军家属 2 户 4 人。

1988 年，全区有户籍人口 12488 户 53877 人，其中男性 27945 人、女性 25932 人。当年，湖里公安分局开始对辖区户籍实施管理，通过清查和整顿，分别建立常、暂住人口、人户分离人员、未落户人口、省内外婚嫁人口、被收养未落户人员、居民户应销人员和购买蓝印户口等分类底册，根据有关户口登记管理规定，解决户口应迁、应报未报，应销未销等问题，并根据辖区内各交通道路、居民社区的建设状况，建立健全路名、门牌号的编制管理。

在户籍户口的管理基础上，分局户政科（1993 年之前为治安科）尤其重视对重点人口的管理。对重点人口进行全面的清理，整顿，扩大列管面，通过建立帮教小组，根据不同对象，采取不同的管理方法，降低失控率，提高帮教对象的改好率。

2007 年，全区有户籍人口 63559 户 185122 人，其中男性 95530 人、女性 89592 人。1988—2007 年湖里区常住户籍人口见本志第三篇表 3-1。

（二）身份证管理

1986 年，湖里分局开始逐年向年满 16 周岁的公民核发居民身份证。经市发证办公室验收，当年进行的身份证底卡登记工作，差错率仅为十万分之一，辖区内 7 个居委会、1 个单位身份证集中点发放工作获得全优。

1994 年起，湖里分局又将常住户口照片图像逐一扫描输入人口信息数据库，扩充资料，实现二级联网。1995 年，先后在全区各派出所全面开展，启用新的户籍人口登记表和居民户口簿，同年 8 月通过市局验收。

住房买卖放开后，人户分离即常住户口登记地和实际居住地不一致的情况普遍存在，辖区内户口管理逐渐淡化。1998 年，对居住区内的实有人口开展全面调查登记，查清流入人口的户口登记地和流出人口的实际居住地，并保持同流出、流入地公安机关的经常性联系，落实管理。

二、流动人口管理

1985 年，在湖里分局申报临时暂住的外来人口 15505 人，其中省外 3949 人、省内 11556 人、外来单位由原来的 25 家发展到 124 家。分局及各派出所全面查清外来人员居住点，向居民宣传户口管理的规定。印发暂住人口管理实施细则和私房出租户申请表等环节的同时，辅助抽查，对无申报或未延期的暂住人口进行补报、延期、教育或罚款，并处罚租赁房东和包工头，预防和减少治安刑事案件的发生。

1991—1993 年，外来人口管理主要采取 3 项措施：一是严格执行户口申报制度。湖里分局建立外来人口申报处，配备户口协管员，对外来人口的申报、发证、收费等进行严格管理，提高预防、发现和打击犯罪的能力。同时，经常组织力量，利用夜间对复杂单位及居民点进行突击检查，对外来单位的暂住人口进行全面检查，督促外来单位对暂住人口实行专人管理。二是落实"抓房东、房东抓"的管理措施，对每家私房出租户进行审验，发给安全许可证，地段警居民委员会与私房出租户签订治安责任书。三是兴建外来人口公寓，加强集中统一管理。

1994 年 9 月，开始执行市政府颁布的《暂住人口登记管理规定》，成立区外来人口管理领导小组，统一协调对外来人口的管理工作。

1995 年后，探索建立"抓房东、抓工头、抓业主"的管理模式，推行出租户、外来人口协管员、地段警、派出所领导"四级连带责任制"，坚持定期和不定期开展外来人口清查工作，对外来人口中的"三无"（无身份证、无暂居证、无用工证明）人员坚决遣送回原籍，预防和减少了外来流动人口中违法犯罪行为的发生。

1999 年，湖里区成为岛内外来人口最密集的区域，辖区内外资企业有 1000 多家，外来流动人口达 20 万余人，给社会治安管理造成较大的压力。外来人口管理在继续推行历年行之有效的管理方式的基础上，把管理和服务结合起来，强调三个理念：一是依法保护外来人员的合法权益，做到与常住人口一样对待；二是在外来人员中建立党团基层组织，发挥外来党团员的带头作用；三是加强外来人员的法律、道德和文化业务培训，引导外来人员积极参与维护社会秩序，建设厦门第二故乡。

2001 年，全区外来人口达 30 余万人，区综治委坚持各方参与、相互协调、综合管理的原则，继续加大对外来人口的管理力度。全年清查私房出租户及用工单位 22186 家，发放整改通知书 2710 份，遣送"三无"人员 912 人，处罚房东、用工单位 165 家。湖里分局结合"严打"整治斗争，对流动人口以及流动人口聚居地、治安复杂区域深入开展专项整治。

2002 年，中共湖里区委召开四届十一次全委（扩大）会议，总结外来人口管理经验，研究进一步加强外来人员服务和管理的措施。外来人口管理工作重点转移到用工单位和私房出租户上来，重点加强对房东的宣传教育，要求房东增强法制观念，提高管理水平，认真履行管理义务，对房东中的违法滥租户、管理薄弱户、管理脱节户实行重点管理，将执法处罚的重点转移到违法、违规的房东上来。同时对流动人口中的无正当职业人员基本情况和现实表现进行重点调查，加大对"八种对象"（使用假证、昼伏夜出形迹可疑、单独居住无正当职业的青壮年男子、关系复杂的同居男女、收支明显不符、身边或住处有可疑物品、有犯罪前科和劣迹、违反外来人口及出租屋管理规定的人）的管理力度和"三无"人员的收容遣送力度，预防和打击流窜犯罪。当年，全区外来人口的办证率达 95% 以上。

2004 年，辖区内流动人口申报办证数 26 万余人。外来人员引发的治安案件依旧是社会治安的主要问题。全区当年发现打击流窜犯罪 1489 人，占全局打击处理总数的 87. 95%。

2005—2007 年，全区登记在册的流动人口分别达 31 万、34 万和 41 万人。外来人口管理成为社会治安综合治理的两条主线之一。各街道、社区全面加强流动人口出租房屋管理，开展流动人口管理宣传执法服务活动、流动人口百日整治活动，对流动人口管理与服务水平进一步提高。2007 年，区政府拨出 40 万经费，区综治办与湖里分局、区计生局等 16 个单位和部门制定工作方案，在 10 个社区开展对流动人口实行公安、计生、劳动、文教、司法、税收等部门合署办公的“一站式”管理服务试点，进一步完善历年来行之有效的派出所、责任区民警和房东三级管理责任制，以公安分局、派出所、警务区和责任区四级管理清查机制，公寓式委托管理等制度和做法，探索流动人口管理服务“资源整合”“信息共享”等新办法、新措施。区综治办总结的《厦门市湖里区流动人口管理与服务工作的几点做法》被中央政法委、中央综治办主办的“中国平安网”采用。

三、出入境管理

清末及民国时期，出入境由设在厦门老市区的侨务机构办理。

1949 年厦门解放后，出入境事务由市侨务局办理。1951 年 8 月后，改由市公安部门办理。

1987 年湖里建区后，出入境手续均由市公安局出入境管理处办理，分局各派出所配合上级相关部门开展必要的专项调查，与出入境管理部门保持沟通联系。

第四节　治安管理

一、防控机制

1984 年至 20 世纪 90 年代末，湖里公安分局逐步实施实际居住人口管理、外来流动人口管理，并开发和运用人口信息计算机管理。预防、发现违法犯罪活动，防范刑事案件发生。分局各派出所变“防范式管理”为“服务式管理”，通过错时工作制、上门登记发证、建立村级外来人口办证服务点、帮助解决子女就学和用水用电等实际困难等措施，推动外来人口服务管理。同时，通过“打黄扫丑”等专项斗争和日常的公共场所、特种行业管理，强化辖区内的治安管理。

2000—2007 年，辖区内出现“老虎机”“六合彩”非法赌博活动。分局各派出所发动群众，采取开展座谈会、入户走访、召开房东大会、到中小学进行预防性讲座等形式，宣传“老虎机”“六合彩”等非法赌博活动的危害性并及时对学校及其周边范围开展治安整顿，取缔校园周边的电子游艺机经营场所，严厉打击侵害中小学师生权益的违法犯罪行为。全区 21 所小学、3 所中学全部配备社会治安综合治理的分管副校长。先后开展“攻大案、抓现行、挖团伙、破系列、打拐卖、反盗抢”侦破会战和“打黑除恶”专项斗争。

2003 年，开展民办学校及周边治安综合治理活动，规范辖区内民办学校的安全保卫工作，落实人防、物防、技防措施，加强对学校周边 200 米范围内暂住人员和出租房的管理，并为部分学校指派综治副校长，将该项工作纳入考评，落实属地责任制和倒查制度，责任区民警为第一责任人，整顿校园及周边的治安秩序，净化校园及周边环境。同时，对学校周边地区商店、辖区内玩具制造工厂进行关于仿真手枪的专项检查，并向商店及工厂负责人进行宣传教育，防止发生生产、销售仿真手枪导致危害公共安全的事件发生。

2004 年，推行网格化治安防控机制，分局及各派出所调整布局，完善路面、社区、单位内部 3 张治安防控网。2005 年，在上述基础上由点到面形成联片、联网的防控格局。年内在公安部组织的集中打击赌博违法犯罪专项行动评比中，湖里区名列全市第一。2006 年，开展公安部统一部署的为期 3 年的“抓基层、打基础，苦练基本功”为内容的“三基”工程建设，完成 19 个社区报警监控系统建设并发挥效益。

2007 年，投入 460 万元完成 24 个社区的报警监控系统建设，在全市率先实现 100% 的社区安装治安报警监控系统。辖区内 196 个物业小区已有 188 个建立技防设施，技防覆盖率达 95.92%，单位自管房

88.51%；全区13048幢出租房中有10610幢安装磁卡进出防盗门，安装率超过80%。面对新一轮开发建设中因征地拆迁、劳资纠纷引发的各类不稳定因素，分局主动靠前服务，及时捕捉苗头，协助政府职能部门妥善化解不稳定因素，打防结合、以防为主，把各种不稳定因素控制在萌芽状态。配合行政执法部门开展拆除违章建设等执法活动。严密防范、及时打击邪教组织的破坏活动。及时掌握辖区居民对重大事件的反应。全年未发生聚集滋事或危及社会稳定的事件。全区共排查登记吸毒人员215人，全部按要求进行登记建档，落实分类管理。

二、社区治安队伍

1983年11月，成立湖里治安联防指挥部。

1987—2003年，在整顿治安联防指挥部的基础上，湖里分局及各派出所通过健全完善辖区内146个国营和集体单位的治安联防组织，采取“分片包干、群防群治”的原则，加强对辖区内“一线二片”（交通干线、东渡片、塘边片）的治安联防网管理，1987年9月，区安排机动车巡逻队进行不定期巡逻。此外，还对辖区内的个体经营商户进行登记造册，实行治安“门前三包”，并网联防。1993年12月25日，辖区内的治安联防队员、保安服务人员的服装标志开始统一式样。当年，辖区内有治安联防队19支324人，其中统一着装的有117人。

2004年，以推进网格化治安防控为核心，逐步建立和完善治安联防组织和治安执勤岗亭，通过开展“百警上街”、出租车报警点建设等活动，构成覆盖全区各个重点区域的治安防控网络，形成“警力前置、网格巡逻、快速反应”的治安巡逻格局。至2005年，辖区内各派出所把社区警务室建设作为基层基础建设的一项重要内容，不断整合社区各种治安资源，积极构建以治安执勤岗亭为支点，以社区警务室为平台的社区群防群治网络。全区设有39个社区警务室、37个治保会、82个治安执勤岗亭、群防群治队伍367支3696人。

2007年，辖区内各治安执勤岗亭有85个，岗亭执勤力量219人；各类群防力量3353人，其中治保委员245人、社区巡逻队（护村队）48支704人、物业保安1311人、企业保安1052人。同时，增编100名协警下到派出所的社区和路面，设立户长804人、楼长384人、梯长589人，组建护楼护院小组164个。各社区划分若干个巡控组、巡控区，整合社区巡逻队、物业保安、企事业单位及内保组织多方力量，实施昼夜轮班巡控，提升防控效果。分局将治安警、巡警、社区警合为“社区治安警”，通过划分巡区，把治安巡逻作为派出所的主要勤务，最大限度地把警力压上路面、推向社区，提高路面和社区见警率，基本构成点线面结合、覆盖全区的网格化巡防网络。

三、特种行业及危险物品管理

（一）特种行业管理

1984年湖里工业区建立之后，全国各地前来特区从事经济活动的单位和个人日益增多，推动旅馆业、修理业、回收业、印刷业等特种行业的发展，同时催生出众多的录像放映点、发廊、按摩美容店、野味餐饮店、舞厅以及KTV歌厅、桑拿室等特色行业营业场所。一些特种行业营业场所成为销赃、聚赌、斗殴、卖淫嫖娼、吸毒等刑事治安案件的多发地带，因而成为治安管理的重点。对于这些特种行业，一般是通过抽查、限期整改、停业整顿等形式加以监督，通过取缔卖淫嫖娼、打黑扫黄除恶等专项统一行动予以打击。

1985年，对辖区内各宾馆、旅社、招待所和舞厅进行全面清理整顿。据统计，辖区内共有7家酒店、旅社和招待所，其中悦华、金宝、丽轩3家为中外合资企业，兴裕旅社、海洋渔业公司招待所和新港招待所为集体所有制形式，湖里旅社为个体客栈。

1986年，辖区内酒店、旅社和招待所发展至11家，床位910个，从业人员近200人，客流量在60000人次以上。分局组织分期分批对从业人员进行培训，并在此基础上，组织检查验收，对不符合要求的单位限期整改。

1991年，对辖区内特种行业实行年审，发放特种行业许可证和公共场所安全合格证，当年年审宾馆、酒店和招待所25家，达到优秀4家，合格17家。修理业、回收业、印刷业申请发证19家，KTV娱乐场所、发廊、按摩美容店等各类公共场所300家，合格发证192家。

1992年，辖区内文化娱乐场所已办公共场所安全合格证57家，其中有文化许可证17家，有工商执照的21家，有税务登记证的12家；餐饮业已办公共场所安全合格证136家，其中有工商营业执照的74家，有税务登记证的55家，有卫生许可证74家；发廊业已办理公共场所安全合格证的有131家，其中有工商营业执照40家，有税务登记证的有24家，有卫生许可证的43家。全区公共场所已办理公共场所安全合格证的有324家。

2000—2005年，分局各派出所分别制定辖区内宾馆、旅社、美容美发和“三厅”（歌厅、舞厅、游戏厅）等公共娱乐场所治安管理责任制细则，各派出所和治安部门先后组织开展“电子游戏及娱乐服务场所治安整治”“校园及其周边治安整治”“娱乐服务场所保安组织清理整治”“禁赌禁娼”等专项整治活动。还组织由公安及区政府有关职能部门、业主代表参加的工作组，对辖区内娱乐服务场所进行全面整治，查处娱乐服务场所102家，其中取缔无证经营场所6家，停业整顿3家，限期整改46家；对272家重新进行审核验证，其中重新确认216家，对不合格及自停的56家不予确认。2005年，在省公安厅组织的《福建省特种行业和公共场所治安管理办法》执法一周年检查中，湖里区名列全市第三名。

2006年，贯彻《福建省特种行业和公共场所治安管理办法》和市公安局《开展查处取缔非法美容美发按摩场所专项整治工作方案》《关于开展查处取缔美容美发按摩场所专项整治的工作意见》，结合湖里辖区实际，开展为期两个月的美容美发场所专项整治，共检查美容美发场所653家（其中有照370家，无照283家），函告工商119家，召开宣传发动会8场600余人参加，发放治安责任告知书352份，查破案件32起（其中刑案3起，治安29起），在全市各分局当中名列前茅。全年检查旅馆业350家（次），发出整改55家（次），通过信息发送，抓获网上在逃犯11人。废品收购站216家，其中65家属无证经营；发现无证经营的废品收购站（点）均能按照省厅的要求，及时函告工商部门。

2007年5月起，在全区范围内开展为期4个月的旅馆业专项整治行动。专项行动期间，对全区的61家宾、旅馆和23家无证旅馆、酒店式公寓进行检查，发出整改通知书12份，在旅馆业中抓获逃犯16名。共查处行政案件64起，其中9起为无证经营旅馆案件，另有45起为违反旅馆业管理规定的案件，分别给予警告、责令整改和罚款的处罚，共罚款12800元；对检查中发现的23家无证旅馆、酒店式公寓，其中取缔13家，函告工商部门处理的10家，建立旅馆档案60套，基本达到专项整治目的。至年底，辖区内有58家旅馆安装旅馆业信息系统，占全区旅馆业总数的100%，旅馆业年内未发生重大恶性案件和事故。在2007年对桑拿、足浴按摩场所整治期间，共检查桑拿、足浴按摩场所76家次，开具检查记录68份，发放《桑拿按摩场所治安管理告知书》13份，发整改通知书10份。检查中对部分场所消防通道不畅通、保安人员没有按规定数量配备、场所门窗后悬挂遮蔽物、场所设置内锁及里间、场所安放双人床等问题进行逐一整改，并完善场所档案建设。

至2007年，辖区内登记在册合法经营的公共场所、特种行业有1075家，其中歌舞厅32家、按摩业47家、茶馆77家、美容美发厅368家、批发出租销售音像品54家、旅馆业58家、刻字业6家、印刷业76家、旧货业161家、黄金首饰加工点50家、移动电话维修业55家、机动车维修业91家。各在册合法经营的公共场所、特种行业基本规范报备、营业日志、从业人员花名册、安全应急工作预案、警示标识等文档材料，并且按要求规范建立管理档案。

（二）危险物品管理

1984年湖里分局成立后，常年在元旦、春节、国庆等节庆活动和全国、省、市“两会”期间，开展安全大检查和收缴枪支管制刀具和易燃易爆物品的专项整治活动，对辖区内配有枪支弹药的保卫部门定期进行重点抽查，强化管理，严格落实枪支弹药的使用、保管规定。对民间易燃易爆物品及时进行检查和清理，排除隐患。对工业区工地的爆破物资以及机场、码头、重点仓库、易燃易爆点等敏感区域，采取分片包干，实行岗位责任制，发现不安全因素，责令及时整改和限时整改。对节日活动场所，事先进行实地勘察，制定保卫方案。在历次“严打”和各治安执勤点巡逻、查抓流窜犯、打击路面“两抢”等专项整治行动中，注意查缴各类管制刀具等危险物品。

2000 年，分局各派出所与市、区政府有关部门对辖区内 15 家使用或存有剧毒、放射性物品的单位进行全面的安全检查，要求有关单位限期整改。

2003 年，坚持严打、严管、严防、严治的原则，开展民爆物品特别是烟花爆竹的清理整治，责任区民警深入辖区内的工地、厂房、仓库和社区，查禁烟花爆竹，规范民爆物品和危险物品的安全管理和使用，查处该类非法销售危险物品的案件，遏制涉爆事故、案件的发生。至 2005 年，辖区内重点单位、要害部位及大型活动未发生重大安全事故案件。

2006 年，开展集中整治爆炸物品、枪支弹药、管制刀具专项行动，共收缴自制手枪 1 支、电击手枪 1 支，子弹 13 发，收缴各式管制刀具 570 把，共查处管制刀具案件 58 起，治安拘留 77 人，行政罚款 4 人，其他处理 5 人，查处涉爆物品管理不严 1 起。

2007 年，采取"查源头，抓重点，严打击"，加大对燃放烟花爆竹的查缴和处罚力度，共查处违法销售燃放烟花爆竹案件 32 起、打击处理人员 30 人。分局治安部门严格执法，对检查中发现存在安全隐患较多的单位及时发出整改通知，其中 2 家公司因违反《危险化学品安全管理条例》分别被罚款 1 万元、1.5 万元。受理民爆物品购买证、运输证申请 495 份，237 批次，审批购买工业炸药 2217720 公斤、雷管 1987900 枚、导爆索 140000 米、导火索 31000 米；审批运输剧毒物品 185000 公斤；受理特行（旅馆业）申请 6 份，已审批 6 家；共受理审批大型活动 26 场次。

四、治安案件查处

1984 年，辖区内查处治安案件 51 起 121 人，外来人口占 36 起 96 人，受各种处理共 61 人，其中逮捕 1 人、收容审查 7 人、行政拘留 8 人、警告教育 3 人、罚款 42 人。

1985 年，辖区内发生治安案件 44 起（工地 38 起，居民 6 起），查处 42 起，其中殴打他人 18 起、调戏妇女 4 起、扰乱社会秩序 6 起、诈骗财物 1 起、赌博 4 起、妨害安全 1 起、毁坏财物 1 起、偷窃财物 9 起，警告 9 人、罚款 14 人。行政拘留 34 人。

1986 年，受理辖区内治安案件 66 起，查处 62 起，查处率 93.94%。查处各种违反治安的人员 117 名（其中劳动教养 1 名、收审 12 名、行政拘留 58 名、罚款 24 名）。

1987 年后，先后开展"反盗扒""打流氓""反盗抢""打击拐卖妇女儿童、卖淫嫖娼、打击非法出版物"等专项斗争，辖区内社会治安持续稳定，没有发生恶性刑事案件和严重治安灾害事故，没有发生政治案件，没有发生民警违法乱纪案件。

1991 年，查处治安案件 184 起，查处率达 92%，其中卖淫嫖娼案件 42 起 106 人、打架斗殴 22 起 31 人、赌博 20 起 73 人、聚众侮辱妇女 5 起 6 人、偷窃 44 起 120 人。此外，还调解处理因民事纠纷引起的治安案件 58 起。

2000 年，收缴一批枪支（包括军用、土制、气枪、仿真枪）、弹药和管制刀具，查处一批黄丑案件，全年查处治安案件 1768 起，查处违法人员 2048 人，其中处以劳动教养 32 人、收容教育 48 人、治安处罚 1524 人、行政拘留 12 人，治安案件查处率 63%。

2004 年，打击处理吸贩毒人员 144 人，其中刑事拘留 61 人、劳动教养 22 人、强制戒毒 61 人，破获贩毒案件 67 起，缴获海洛因 52 克、K 粉 127.76 克、冰毒半成品 69.42 公斤、毒资 363 万余元（其中存折 300 余万元）、冲锋枪 1 支、手枪 2 支、子弹 15 发。查处容留妇女卖淫嫖娼 18 起、卖淫嫖娼 93 起和赌博案件 326 起，共 437 起，比上年 359 起同比上升 21.7%；收教 46 人、劳教 9 人、判刑 28 人，共处理 83 人，占三类违法人员的 8.4%。年内，未发生影响社会政治稳定的政治案件，省公安厅督办或备案的国内安全保卫专案工作情况好；未发生煽动性案件，依据"2117"工程数据库建立重点对象市、县、所三级控制机制；未发生邪教人员聚集闹事、进京滋事和进行电视插播破坏活动，邪教及有害气功组织案件的查破率达 100%。

2005 年，共查处卖淫嫖娼案件 111 起，打击处理 222 人（其中刑事拘留 19 人、逮捕 14 人、收教 46 人、行政拘留 124 人）；查处赌博案件 326 起，打击处理 770 人；破获吸贩毒案件 97 起，其中刑案 51 起、行政案件 46 起，捣毁吸贩毒窝点 6 个，打击处理 97 人，缴获毒品海洛因 559.99 克、毒资 3 万余元。年内组织实施“禁赌1号、2号行动”，采取“堵源头、挖窝点、抓团伙”等措施，打击六合彩、老虎机等赌博违法犯罪活动。结合创建全国首批文明城市活动和打击“飞车抢夺”等路面犯罪，多次组织全区性的集中整治行动，查扣非法摩托车7815辆，查获违法嫌疑人1403人，检索发现被盗摩托车59辆，年内“飞车”抢夺案件同比下降45.94%。

2006年，受理各类治安案件12320起（比上年6004起增加6316起），查处治安案件7467起8257人，其中收（劳）教37人、行政拘留2585人、罚款3410人、警告1457人，累计治安案件查处率为60.24%，比上年37.43%上升22.81个百分点。其中，赌博案件488起1698人；查处容留妇女卖淫嫖娼案件9起，查处卖淫嫖娼、站街招嫖案件156起241人；查处散发小黄卡案件20起20人。

2007年，开展各项治安热点整治，先后开展“猎狐行动”、治理盗窃破坏电力电信及窨井盖等市政设施犯罪、“扫黄打丑”、防范打击持枪犯罪和非法制贩枪支、整治民用爆炸物品、旧货业和机动车修理业等18项专项整治行动。统一开展全国治理自行车被盗专项行动，取缔3个非法自行车交易市场，查破自行车案件280起，抓获涉嫌盗窃自行车违法犯罪人员191人，捣毁非法销售窝点10个。查扣来历不明的自行车1011辆，其中电动自行车430辆、普通自行车581辆。分局被评为全国治理自行车被盗问题专项行动先进单位。当年，分局共受理并查处行政案件12412起，查处率为100%；受理治安案件10317起，查处7008起，查处率为67.93%；全年查处赌博案件670起，查处六合彩赌博案件186起；查处卖淫嫖娼案件270起；全年累计办理治安部门管辖的95种刑事案件102起，破98起，累计破案率96.08%。全年查处违法人员6224人。成功端掉涉嫌虚假信息诈骗犯罪窝点23个，抓获犯罪嫌疑人179人（台湾人19人），其中刑事拘留170人、逮捕59人、起诉51名、劳动教养76人、取保候审11人、遣返台湾人8人。涉案总金额5000多万元，虚假信息诈骗犯罪活动得到有效遏制。取缔无证收购点110家，取缔率94%，查封销赃窝点15个。

五、保卫服务

（一）企事业单位内部保卫

1985年，辖区内有中央部属、省属（含外省属）、市属的大小单位150个，职工12460人，其中三资和内联企业104个757人。设有保卫处1家、保卫科6家、保卫股1家，专职保卫干部45人，兼职10人，治保委员会249个，治保委员329人。针对面广点多、工作关系复杂、保卫任务重、保卫干部少等情况，把握重点，确定要害单位（部位），做好辖区内的保卫工作。1986年6月，成立厦门经济特区湖里工业区保安服务公司，并制定《厦门经济特区湖里工业区保安服务公司条例》和《保安人员守则》。湖里邮电分局、湖里公用事业公司等8个治保委员会和46名治保委员受到表彰。

湖里建区后，厦门经济特区湖里工业区保安服务公司改称厦门湖里区保安服务公司，直属湖里公安分局，辖区内重点机关企事业单位（除中央、省市属单位）以及关系国计民生的水、电、油、煤等要害部门的门卫保安及重点部位保安均由负责单位与湖里区保安服务公司签订保安协议，由湖里保安服务公司负责辖区内的保安服务。分局保卫科还对辖区内中央、省市属单位的外聘保安人员协助政审和培训，督促建立和完善保卫档案。

1996—1998年，辖区内重点机关企事业单位以及关系国计民生的水、电、油、煤等要害部门，特别是金融保险机构与营业网点相继安装报警监控系统，并与分局110指挥中心实行一级联网。

2000—2007年，分局及各派出所对辖区内的重点机关企事业单位以及关系国计民生的水、电、油、煤等要害部门以及其他内保单位分别开展“创安”工作督导，认真贯彻《企业事业单位内部治安保卫条例》、《公安机关监督检查企业事业单位内部治安保卫工作规定》。并不定期召开湖里区治安保卫重点单位专项大检查，按照公安机关确定的13项主要检查内容，逐条进行对照检查，开展自查自纠，及时进行补缺补漏，共同维护企事业单位内部治安稳定。

（二）重大警卫和政治保卫

1985年9月，外国元首等外国贵宾连续4次访问厦门，均下榻辖区内酒店。湖里分局受命担任一级警卫，完成保卫任务。

1990年后，辖区内各类大型活动和一级、二级警卫逐渐增多，分局及各派出所严格审核举办大型活动安全条件，明确并落实主办单位安全责任和安全措施，精心制定安全保卫工作方案和处置突发事件的预案，加强组织指导，完成历年元宵民俗美食文化节、厦门国际马拉松赛、世界合唱比赛、中国国际投资贸易洽谈会、“海峡月·中华情”中央电视台2006中秋晚会活动等大型活动安全保卫工作，保证大型活动安全顺利进行。在春节、“五一”、中秋、国庆等节日期间，分局及各派出所加强行业场所、旅游景点安全检查，确保节日和旅游假日安全。分局民警还多次担任外国贵宾、党和国家领导人到湖里区参观视察的警卫任务。

第五节　交通管理

一、管理机构

1996年3月，辖区内的交通管理由厦门市公安局交警支队下属湖里交警大队负责。2007年，湖里交警大队设综合科、车驾管科、马垅中队、江头中队、疏港中队、南山中队、金尚中队、港区中队、五通中队（其中港区中队、五通中队只成立建制，并未正式编配人员），有民警58人。

二、管辖道路

1996年3月，湖里交警大队负责湖里辖区内道路交通管理工作。辖区内道路总长113.11千米，总面积262.42平方千米。

辖区内有9条市管道路：仙岳路、湖里大道、吕岭路、南山路、嘉禾路、县黄路、环湖里大道、金尚路、殿前一号路。

区管道路81条：悦华路、华昌路、华盛路、华荣路、华泰路、宜宾路、华嘉路、华光路、海天路、兴隆路、长虹路、长乐路、嘉园路、仙洞路、长浩路、中埔路、和宁路、气象台路、海山路、竹坑路、和悦路、鸿宾路、康乐新村通道、仙岳山公园北路、长治路、长兴路、长歌路、长河路、海天支路、高崎南五号路、安岭路、航空港3号路、航空港5号路、航空港6号路、高崎南十二路、中埔蔬菜规划路、薛岭路、金山西路、金盛路、金权路、金昌路、金泰路、金尚辅路、后埔二路、蔡坑路、海事法院路、台湾街、江头东路、江头西路、江头南路、江头北路、屿浦路、吕厝路、乌石浦路、兴山路、乌石浦二路、乌石浦南路、江华里区间道路、江宁里区间道路、江埔路、江顺里区间道路、金盛路延伸段、同益路、凯兴路、和鸿路、和通路、和旭路、枋湖路、枋湖东路、枋湖西路、枋湖南路、枋湖北路、枋湖西二路（支二）、枋湖西二支路（支三）、枋湖西支路、火炬北路、岐山北路、光电二路、高崎北路、祥店路、工业路。

三、交通安全设施

交通信号　1995年以前，交通信号灯均采用红、黄、绿三色灯装置，灯芯均为白炽灯泡。1996年起，逐步改用箭头灯。1999年起，逐步推广LED灯芯。

交通标志　1995年之前，交通标志大部分为警告、禁令、辅助标志，指示标志较少，特别是缺少城市道路交通引导功能的指路标志。1996年开始，按国家部颁标准设计、设置大型交通指路标志。

交通标线　1995年前，道路的交通标线大部分为手工绘制的常温型交通标线。1996年后，新建道路开始推广使用道路热熔型交通标线。

交通隔离护栏　1992年以前，交通隔离护栏均为铁件制作外刷油漆，1992年起，采用铁件浸塑处理，2005年起，试用塑钢型材制作的交通隔离护栏。

1996—2007 年湖里区交通安全设施统计表

表 20-1

年份	交通信号灯（座）	交通标志（面）	交通标线（万平方米）	交通隔离护栏（万米）
1996	44	1826	4.87	6.03
1997	45	2594	7.23	5.93
1998	56	4658	9.58	5.75
1999	67	6361	13.94	5.80
2000	79	7865	15.33	6.14
2001	105	9148	18.31	6.27
2002	124	11207	20.04	6.47
2003	140	12705	21.75	7.02
2004	163	13985	23.26	7.17
2005	182	15309	25.59	7.39
2006	221	16821	29.30	9.19
2007	208	16354	40.23	7.95

四、交通梳理

1996 年湖里交警大队成立后，结合每年“春运”、被盗抢机动车专项整治、全市道路交通秩序专项整治、全省道路交通安全秩序再整治、酒后驾驶专项整治、非法摩托车专项整治、重点交通违法行为专项整治、被盗抢自行车专项治理行动、夏季道路交通治安综合治理专项行动、预防农村重特大道路交通事故专项行动、全国道路交通安全集中整治行动等各类专项统一行动，对客车超员、货车超载、超速行驶，酒后驾驶，疲劳驾驶，强行超车，货车非法载人，病车、无牌无证车上路行驶，不系安全带、不遵守标志标线、涂抹机动车号牌、机动车违法停放、非法残疾车违法上路行驶等显见性交通违法行为不断加大整治力度，强化道路交通秩序规范力度。

1999 年 5 月 1 日，开始执行《厦门市摩托车管理暂行规定》，对辖区内摩托车实行总量控制，逐步减少的原则，三轮、两轮摩托车使用年限为 10 年，轻便摩托车使用年限为 8 年，使用期满强制报废。自 1999 年 9 月 1 日起，禁止无统一标识号牌和行驶证的摩托车在辖区的道路行驶。

2003 年 6 月，辖区内部分道路开始限制货运车辆通行。2006 年 11 月 25 日起，限制措施调整为：每日 7：00 时—9：00 时、17：00 时—20：00 时，辖区内的华荣路、南山路、吕岭路、金尚路、嘉禾路的石鼓山立交桥至吕岭路段、江头东路、江头西路、江头南路、江头北路、台湾街禁止各种类型货运车辆通行。特殊情况应向公安交通管理部门提出申请，按指定的时间、路线通行。

2006 年 6 月 1 日起，每日 7 时 30 分—18 时，禁止教练车辆在辖区道路上行驶。

2007 年 1 月 1 日起，辖区内限制电动自行车通行的道路有：长岸路（高殿二号路口至南山路口）以东、兴湖路（高殿二号路口至华荣路口）以南、华荣路（兴湖路口至南山路口）以西、南山路（华荣路口到长岸路口）以北。辖区内所有禁止非机动车通行的桥梁、隧道也限制电动自行车通行。

2007 年 2 月 15 日 0 时开始，辖区内实行限制通行措施的交叉路口有：四向进口禁止左转，东、西进口禁止直行的有金尚路（由南向北）的龙山南路口、金盛路口、金尚小区路口、金昌路口、枋湖南路口、安岭路口和嘉禾路（由南向北）的兴隆路口；四向进口禁止左转的有金尚路（由南向北）的吕岭路口、金山西路口、金湖路口、枋湖路口和嘉禾路（由南向北）的南山路口、湖里大道路口。金尚路（由南向北）的谊爱路口的南进口禁止左转（除 98 路公交车外）。

2007 年，辖区内实行机动车单向通行的道路有：华昌路、华嘉路、祥店一里、祥店里、竹坑路、凯兴路、金顶路、翔云一路、翔云二路。

2007 年，开展创建“平安畅通县区”活动，区政府成立交通秩序整治领导小组，抽调交警、城管办、执法局、工商局、质监局执法人员成立综合执法队伍，专职从事整治乱停车、乱占道、禁止板车、三轮车上路、禁止电动摩托车销售、上路、限制电动自行车在限制区域内通行等工作。区政府拨出专款为湖里区交警大队聘请 70 名交通协管员，协助开展日常行人、非机动车管理工作。交警大队与区安监局联合对辖区 8 家货运企业、6 家客运企业、5 家危化品企业逐一进行走访，责令 112 部列入黑名单的车辆的驾驶员及车辆所属单位限期进行整改，在辖区内创建“交通安全学校”和“交通安全社区”，交警大队与辖区机关、企业、社区、院校签订《交通安全协议书》200 多份。创建活动中，共纠正违法行为 65086 起，扣摩托车 6272 辆，扣汽车 767 部，电动自行车 474 部，违法停车拖曳车辆 656 部，适用简易处理交通事故 553 起，非现场执法 28865 起，依法销毁汽车 68 部、摩托车 1394 辆、电动摩托车 665 辆、“土炮” 14 辆、手扶拖拉机 2 部，行政拘留无证驾驶人员 6 名。

五、交通事故

截至 2007 年年底，湖里辖区的交通事故均由厦门市交警支队直属二大队负责处理。

2004 年，道路交通方面，辖区内共发生适用一般处理程序道路交通事故 480 起，因事故造成死亡 22 人、伤 113 人，直接经济损失 19.37 万元。

2005 年，发生适用一般道路交通事故处理程序的交通事故 721 起，死亡 35 人、伤 652 人，控制在道路交通死亡人数指标内。

2006 年，发生适用一般道路交通事故处理程序的交通事故 627 起，死亡 36 人、伤 421 人，直接经济损失约 58 万元。

2007 年，辖区内共发生立案道路交通事故 127 起，死亡 39 人、伤 129 人，直接经济损失 25.86 万元，万车死亡率从上年的 8 降至 5.4，立案事故绝对数量同比上升 17.72%。

第六节　消　防

一、消防队伍

2000 年 1 月，成立厦门市湖里区公安消防大队，是湖里区依法实施消防监督的职能部门，主要担负湖里区防火、灭火任务，同时为社会提供事故救援服务。2007 年，湖里区消防大队下辖第五、八、十七、十九中队等 4 个中队，有现役消防官兵 138 人、合同制消防员 45 人、外聘文员 5 人。全区还有 43 个志愿消防队，有志愿消防队员 577 人。

二、装备

至 2007 年，湖里区消防大队有执勤消防车 18 辆，其中特种登高车 2 部（一辆 22 米登高平台车以及 18 米高喷车）、抢险车 4 部、水罐车 5 部、水罐泡沫车 4 部、清障车 1 部、四轮消防摩托车 2 部。个人常规器材 45 种 697 件（套）、抢险救援特种器材 7 种 45 件（套），基层官兵 11 项个人防护装备均达到 100%。区内志愿消防队配备消防摩托车 8 台、小型消防车 1 台、手抬泵 15 台、各类灭火救生器材 18 类 515 件（套）。

三、灭火救灾

2000 年 6 月 4 日凌晨 3 时 7 分，厦门富士电气化学有限公司（简称 FDK）生产车间一楼发生一起重大火灾事故。凌晨 3 时 10 分，“119” 火警电话台接到 FDK 公司的火情报告，立即派出 3 个中队的 15 辆消防车 120 多名官兵，于 3 时 17 分赶到火灾现场投入紧急抢救，用 10 多分钟先后救出 7 位被困在火场中的女工，但已窒息中毒死亡；最后一位被困女工在寻找约一个小时抢救出，也窒息中毒死亡。在消防官兵的奋力抢救下，大火于4时10分得到控制，4时30分将大火扑灭。过火面积578平方米，造成8名女工中毒窒息死亡，直接经济损失84.4万元。

2001年11月12日晚8时多，海天路的冰青美容美发婚纱摄影中心发生火灾。因改造后的阳台、房间、窗户密封，致使烟雾无法消散。厦门市消防支队出动5辆消防车30名消防官兵，救出2人后，又利用破拆工具破窗进入火场，抱出4名被困窒息女子，经现场急救无效死亡。消防人员携带空气呼吸器深入火场内部，用水枪灭火。14分钟后，火被扑灭。

2005年5月20日17时14分左右，厦门锻压机床有限公司租赁的鹭陆达通勤汽车服务有限公司大巴（闽D-90151）送下班职工从杏林返回厦门市区。途经石鼓山立交桥时发生意外，汽车坠落桥下。厦门市消防支队调集10部消防车120多名消防官兵，利用消防特种装备，经过近1小时的抢险救援，从严重变形的车内抢救出32名职工，其中7人当场死亡，1人送医院经抢救无效死亡，24人受伤。

2006年12月14日上午7时许，湖里安岭路口一家日用百货仓库发生火灾。“119”指挥中心相继调动4个中队共12辆车、100多名官兵到场参战。消防官兵兵分三路，控制火势，防止大火蔓延。11时30分，经过百余名消防官兵4个小时的冒雨奋战，大火被完全扑灭，没有造成人员伤亡。发生火灾的仓库面积近1000平方米，仓库里的货物基本被烧毁，直接经济损失约百万元。同年，湖里区消防大队被湖里区政府授予“人民满意的公安消防大队”。

2007年3月12日凌晨2时58分，枋湖东路亚倍德家具广场发生火灾。厦门消防支队调集6个中队、23部消防车、138名官兵奋战2个小时，将大火扑灭。大火烧毁家具广场内38家经营店面，过火面积约1万平方米，未发生人员伤亡。2007年，湖里区消防接处警413次，其中火灾93起；交通事故处置66起，救出32人；社会抢险救援154起，救出50人。出动警力3376人次，出动车辆628次。同年，湖里区消防大队被总队授予“火灾隐患整治先进单位”，被支队授予“安全防事故工作先进大队”。

第二章　检　察

第一节　机构与队伍

一、机构设置

湖里区人民检察院筹建于1987年11月，1988年4月8日正式挂牌办公。

（一）检察委员会

1988年3月30日，第一届湖里区人大常委会第二次会议批准任命顾卫兵等6人为区检察院检察委员会委员。重大案件、疑难案件、法律规定必须经过检察委员会讨论的案件以及检察工作中重大问题，均由检察委员会按民主集中制原则讨论决定。截至2007年12月底，区检委会共召开111次会议。

（二）内设机构

1988年，区检察院内设办公室、刑事检察科、经济检察科、法纪检察科、控告申诉检察科和法律政策研究室6个科室。

1990年9月，增设政工科和民事行政检察科。

1991年3月，设置派驻禾山镇检察室。

1995年5月，设立税务检察室。

1997年7月，区检察院刑事检察科实行职能分离，分设批捕科和起诉科；撤销派驻湖里地税局的税务检察室。

1998 年，经济检察科更名为反贪污贿赂局。区检察院内设机构为：办公室、政治处、反贪污贿赂局、批捕科、起诉科、法纪检察科、控告申诉检察科、民事行政检察科、法律政策研究室、禾山检察室。

1999 年 10 月，控告申诉检察科加挂刑事赔偿办公室牌子。

2000 年，设置纪检监察科和行政装备科，政治处加挂纪检监察科；同年增设专职检委会委员，专门负责检察委员会和湖里区犯罪预防办公室的工作。

2003 年，撤销专职检委会委员、法律政策研究室、禾山镇检察室，设立职务犯罪预防科、技术科、司法警察大队。同时，将批捕科更名为侦查监督科、起诉科更名为公诉科、法纪检察科更名为反渎职侵权检察科。

2005 年，反渎职侵权检察科更名为反渎职侵权局；撤销检察技术科，由行政装备科行使职能；重新设立法律政策研究室。

截至 2007 年年底，区检察院共设 13 个内设机构：办公室、政治处、公诉科、侦查监督科、反贪污贿赂局、反渎职侵权局、民事行政检察科、控告申诉检察科、职务犯罪预防科、行政装备科、监察科与纪检组、法律政策研究室、司法警察大队。

二、队伍建设

（一）人员编制

1988 年，有临时行政编制 20 名，实有 11 名干警。

1988 年，核定行政编制 26 名。

1989—1995 年，陆续增加 22 名行政编制。

1996 年，增加行政编制 8 名。

1998 年，核定区检察院行政编制 56 名、机关工勤人员 8 名；检察长 1 名、副检察长 3 名、政治处主任（副处级）1 名，科室领导 16 名。

2002 年，行政编制缩减为 50 名，机关工勤人员事业编制缩减为 5 名；领导职数核定检察长 1 名，副检察长 3 名，纪检组长、政治处主任、反贪局局长各 1 名，科级领导职数 15 名。

2004 年，行政编制调整为 60 名，机关工勤人员 6 名。

2005 年，增加政法专项编制 10 名，核定编制增至 70 名。

截至 2007 年年底，区检察院有在编干警 65 人、机关工勤人员 1 人，副科以上干部（含非领导职数）29 人，其中班子成员 5 人、科室领导 16 人。

（二）法律职务

1999 年 3 月，完成首次检察官等级评定工作，33 名干警分别被授予相应检察官等级。此后，逐年按照有关规定开展检察官等级的评定及晋升工作。截至 2007 年年底，区检察院在编干警 65 名，其中检察长 1 名，副检察长 3 名，检察委员会委员 7 名（含正、副检察长），检察员 35 名，助理检察员 8 名，书记员 2 名，三级警督 1 名，未任命法律职务 12 名。检察官中党员 45 人，女检察官 17 人，45 岁以下 42 人。

历任区检察院检察长为顾卫兵（1988. 2—1993. 8）、李运志（1993. 7—1994. 2 代；1994. 2—1999. 3）、曹锦彪（1999. 3—2002. 2）、郭彪（2002. 2—2002. 3 代；2002. 3—2007. 1）、林育青（2007. 1—2007. 3 代；2007. 3—　）。

附一：湖里区检察院廉政监督员

1999 年，制定《湖里区人民检察院检风监督员工作规定》，聘任 15 位社会各界人士任检风监督员，对检察院的工作进行监督。2004 年，改称廉政监督员。区检察院监察科负责廉政监督员管理及日常联络工作。通过每半年召开一次座谈会、每月寄送反映本院工作简报材料、不定期走访听取意见和建议等形式，加强与检风（廉政）监督员联系。对监督员提出的意见、建议、批评均指定专人办理、及时反馈。2007 年，区检察院聘任 8 位社会各界人士任廉政监督员。

附二：湖里区检察院人民监督员

2003 年，开展人民监督员制度试点工作。2004 年 3 月，制定《湖里区人民监督员制度实施办法》，聘请 7 位院外人士担任区检察院人民监督员。启动人民监督员监督的案件，严格按照科室提交、监督办审查、选定监督员、监督员审查、监督员听取汇报、独立评议、无记名投票等程序规范运作。2006 年，阮某某不服逮捕案件是区检察院第一起启动人民监督员监督程序的案件，参与监督的 7 名人民监督员一致同意区检察院做出的逮捕决定。2007 年 5 月，区检察院续聘原 7 名人民监督员，增聘 1 名具有法律硕士学位的人民监督员，在保持人民监督员队伍的稳定性和延续性的同时，提升人民监督员的知识结构层次。

第二节　刑事检察

一、审查批捕

1988 年，批准逮捕刑事案犯 29 人。当年批捕案件中，侵犯“三资”企业的犯罪案件占 35.3%；审查批捕期限平均为 1 天。

1989 年，受理提请逮捕案件案犯 72 人，经审查批准逮捕 70 人。其中，批捕盗窃案件案犯 47 人，批捕强奸、抢劫等重大恶性案件案犯 33 人。批捕案犯中，25 岁以下的青少年案犯 51 人，外来流窜犯 43 人。全年批捕案件平均审结时间被告人未刑拘的案件 1.3 天，刑拘的案件 0.6 天。

1990 年，受理提请批捕的案犯 67 人，经审查批准逮捕 67 人。“严打”期间，公安机关提请批捕的 22 名案犯均在当天就做出批捕决定。批捕案犯中，重特大案犯 26 人，强奸、抢劫等暴力恶性犯罪犯 19 人，盗窃犯 41 人，青少年案犯 48 人，外来流窜犯 38 人。盗窃案中包括价值 8 万多元的盗窃仓库录像机案在内的等特大盗窃案 7 件。

1991 年，受理提请逮捕案件 53 件 70 人，经审查批准逮捕 48 件 63 人，不捕 1 人，追捕 1 人，公安自撤 1 件 1 人。全年被告人刑拘案件的审结时间为 1.71 天，未刑拘案件的审结时间为 4.15 天。

1992 年，批准逮捕刑事案犯 114 人，其中盗窃案犯 69 人，杀人、流氓、抢劫、拐卖人口等暴力恶性案件案犯 36 人。批捕案犯中外来人员案犯 101 人。在审查批捕环节上提前介入案件 53 件。

1993 年，开展打击“车匪路霸”、反盗窃、打击绑架、拐卖妇女儿童犯罪和查禁卖淫嫖娼等专项斗争。全年共受理提请批准逮捕案件 107 件 178 人，经审查批准逮捕 107 件 176 人。

1994 年，受理提请批准逮捕案犯 288 人，经审查批准逮捕 279 人。全年在审查批捕环节上提前介入的有 163 人，占批捕案犯总数的 59.8%。当年工作重点是配合公安反盗窃、地痞、流氓、打黄打丑等专项打击，在专项斗争中批准逮捕刑事案犯 62 人。同时，加大对杀人、抢劫、强奸等暴力恶性案件和团伙犯罪案件的打击力度，批准逮捕恶性案件案犯 110 人、团伙犯罪案犯 102 人。

1995 年，受理提请批准逮捕的刑事案犯 304 人，经审查批准逮捕 292 人，决定不批准逮捕 7 人。为缓解办案警力不足的困难，推行岗位目标管理责任制，在坚持个人承办、集体讨论、检察长批准、请示汇报等制度的基础上，规定案件审理期限，以缩短办案周期。当年批捕刑事拘留案犯的平均时间为 1.7 天，批捕未刑事拘留案犯的平均时间为 5.5 天，刑检部门人均办理案件数 62 件 95 人，位居厦门市检察系统之首。

1996 年，重点打击抢劫、强奸、流氓、杀人等暴力犯罪及流窜犯罪，特别是带有黑社会性质的集团犯罪。坚持派员提前介入公安机关的侦查、预审活动，在保证质量的前提下，依法快捕快诉，保证及时、准确、有力地打击犯罪。在全年受理提请批准逮捕案件中，经提前介入从快批捕案件的占总受案数的69.3%，1天内作出批捕决定的案件占80.7%，批捕案件的平均审结时间为1.1天。全年共受理提请批捕案件223件343人，经审查批准逮捕222件339人，作出不捕决定2件3人。

1997年，严格执行修订后的刑事诉讼法和刑法。全年受理提请批准逮捕案件189件280人，对8件9人做出不批准逮捕决定。经审查批准逮捕181件271人，其中涉嫌杀人、抢劫、强奸等暴力恶性案件的犯罪嫌疑人58人，团伙犯罪案件犯罪嫌疑人86人。审查批准逮捕案件中，外来人口犯罪案件158件244人。

1998年，受理提请逮捕案件243件326人，与上年同期相比件人数分别上升14.6%和7.6%，经审查批准逮捕229件304人，决定不捕14件22人。按照新刑法准确界定案件性质，全年改变公安机关定性10件19人。

1999年，受理提请逮捕案件270件395人，经审查批捕257件373人，不捕13件22人。审查批捕案件的平均期限为2.06天。当年建立《审查批捕科办案责任制》《审查批捕工作细则》《不捕案件审查批捕工作细则》《不捕案件跟踪监督制度》等规章制度，进一步规范审查批捕工作。

2000年，以打击严重刑事犯罪和团伙犯罪为重点，批捕杀人、抢劫等严重刑事犯罪案件60件107人，团伙犯罪案件43件160人。审查批捕案件的平均期限仅为1.8天。全年受理提请批捕案件共335件510人，经审查批准逮捕317件482人；决定不捕18件28人。

2001年，突出打击“三类犯罪”（有组织犯罪、带黑恶势力的团伙犯罪和流氓犯罪，爆炸、杀人、抢劫、绑架等严重暴力犯罪，盗窃等严重影响群众安全的多发性犯罪），共批捕三类重点案件256件376人。全年共受理提请批准逮捕案件398件561人，经审查批准逮捕384件536人。

2002年，开展打黑除恶、查处“六合彩”等专项斗争。受理公安机关提请批准逮捕案件419件573人，经审查批准逮捕395件527人，不捕8件10人。结合基层院规范化建设，建立案件流程管理等案件质量保障制度，当年批捕案件的正确率、审结率都达到100%。

2003年，受理提请批准逮捕案件394件567人，经审查批准逮捕383件547人。在审查逮捕工作中，对重大疑难案件提前介入，全年共参与现场勘察112次，参加公安机关讨论案件20件34人，发出《提供法庭审判所需证据材料通知书》42份。当年制定《关于批捕科实施主办检察官办案责任制的试行规定》，开始实行主办检察官独立办案制度。

2004年，受理提请批准逮捕案件627件889人，经审查批准逮捕600件854人。同时，加强侦查监督，依法监督侦查机关立案2件；对报捕案件改变定性9件19人，不捕25件33人。

2005年，受理提请批准逮捕案件660件986人，经审查批准逮捕629件942人。重点打击影响辖区社会治安和群众安全感的严重暴力犯罪和多发性侵财犯罪，批捕涉嫌故意杀人、故意伤害犯罪嫌疑人121人，批捕涉嫌抢劫、抢夺犯罪嫌疑人202人。当年参与重大案件现场勘察36次，参加公安机关案件讨论30件43人。

2006年，受理提请批准逮捕案件662件967人，经审查批准逮捕633件919人。快速审查，重点打击涉黑涉恶案件、严重影响辖区社会治安和群众安全感的严重暴力犯罪和多发性侵财犯罪，以及侵犯公民人身权利犯罪。共批捕涉嫌黑恶势力犯罪嫌疑人50人，批捕涉嫌故意杀人、故意伤害犯罪嫌疑人132人，批捕涉嫌“两抢一盗”犯罪嫌疑人498人。3月，制定《适用轻缓刑事政策特别审查逮捕机制实施办法（试行）》，对情节轻微的未成年人犯罪案件、轻伤害案件和其他轻微刑事案件，从实体、程序上严格把关，通过刑事和解方式有效化解矛盾，共促成5起轻伤害案件双方当事人达成刑事和解协议。

2007年，受理提请批准逮捕案件665件1006人，经审查批准逮捕645件979人，不批准逮捕20件27人。在审查批捕工作中，对破坏和阻挠大开发、大建设、大发展，构成犯罪的刑事案件，坚持“稳、准、狠、快”予以打击，特别是对阻碍国家工作人员依法执行征地拆迁、拆除违章建筑案件，煽动群众暴力抗拒征地拆迁、拆除违章建筑案件，在重点工程建设中串通投标案件以及阻挠重点工程建设、破坏工程施工等四类案件做到及时办理，提前介入，依法快捕快诉。对严重影响辖区社会安定的刑事犯罪，慎重审查，从快从严打击，当年批捕黑恶势力犯罪案件嫌疑人48人，批捕故意杀人、绑架等恶性案件犯罪嫌疑人 32 人。提前介入“6·16”强奸女童案件，案件侦破后在公安机关报捕当天批准逮捕犯罪嫌疑人。继续实行刑事和解等做法，同意公安机关调解轻伤害案件 62 件 72 人，进行刑事和解 2 件 2 人，以无逮捕必要作不捕决定 9 人。

二、审查起诉

1988 年，依法提起公诉案件 22 件 35 人。当年刑事检察部门被福建省检察院评为“案件质量‘十无’优胜单位”。

1989 年，全年受理移送审查起诉案件 42 件 68 人，经审查依法提起公诉 40 件 66 人，做出免诉决定 1 件 1 人、不诉案件 1 件 1 人。在审查起诉工作中坚持从重从快方针，提前介入参与公安机关审阅案卷、对专项集中打击案件和重大恶性案件做到百分之百的提前介入，做到稳中求快，全年审查起诉案件平均审结时间为 9 天。

1990 年，受理移送起诉案件 32 件 52 人，经审查依法提起公诉 27 件 43 人，决定免予起诉的 2 件 2 人。落实“三个完善”，即完善提前介入制度、完善侦诉分开制度、完善侦查监督和审判监督制度。

1991 年，受理移送起诉案件 44 件 65 人，经审查依法提起公诉 36 件 53 人，决定免予起诉 2 件 2 人。全年审查起诉案件的平均审结时间为 17.5 天。当年建立回访考察制度，在作出免予起诉决定后，深入被免诉人员所在单位帮助建立帮教小组，制定帮教措施，并督促检查落实，共同做好对免诉人员的考察、帮教工作，防止重新犯罪。

1992 年，受理移送起诉刑事案件 59 件 89 人，决定免予起诉 5 件 9 人。当年对一起犯罪情节较轻、案发后认罪态度较好、积极退清赃款的受贿案件案犯作出暂缓起诉，让其在工作中改过自新；对一起盗窃数额不大、平时表现较好的在校中学生盗窃案犯试行挂罪考察制度，并与其所在学校共同成立帮教小组，开展帮教工作。

1993 年，受理移送起诉案件 95 件 155 人，经审查依法提起公诉 85 件 139 人，做出免诉决定 6 件 8 人。在审查案件中注重把握案件的定性问题，确保定性准确，以维护法律的严肃性。

1994 年，受理移送起诉案件 187 件 292 人，经审查依法提起公诉 162 件 258 人，决定免予起诉 17 件 19 人。在专项斗争中依法提起公诉案件 58 件，其中有暴力恶性犯罪案件案犯 104 人、犯罪集团成员 88 人。当年审查起诉案件的审结率为 100%。

1995 年，受理移送审查起诉案件 228 件 338 人，经审查依法提起公诉 201 件 302 人，决定免予起诉 11 件 18 人。在审查案件中，对基本事实清楚，基本证据确凿的案件，不纠缠细枝末节，及时依法提起公诉，加大打击严重刑事犯罪活动的力度。当年，贯彻执行未成年人保护法，加强未成年人犯罪的检察工作，在审查案件中对未成年案犯坚持“教育、感化、挽救”的方针和“教育为主，惩罚为辅”的原则，积极探索办理未成年人犯罪案件的新做法，完善对未成年人犯罪案件的审理、请示汇报、回访考察等制度。

1996 年，受理移送起诉的案件 253 件 370 人，提起公诉 230 件 344 人，决定免诉 22 件 28 人。审查起诉案件的平均时间为 11 天。在“严打”斗争中，对于罪大恶极、情节恶劣的犯罪分子，坚决予以从重从严惩处；对 8 名投案自首、犯罪情节轻微的刑事案犯，依法分别作出直接起诉或免诉的决定，取得较好的社会效果。7 月与区法院配合，在厦门市首次进行“控辩式”庭审方式的试点观摩庭，当年还选择 10 起案件，试行简易程序审理，为实施修改后的刑事诉讼法积累经验。

1997 年，开始实施修改、修订后的刑事诉讼法和刑法，全年受理移送审查起诉案件 186 件 268 人，经审查依法提起公诉 171 件 240 人，移送市检察院审查起诉 3 件 11 人，做出不诉决定 1 件 2 人。当年，改变公安定性案件 18 件 35 人，追诉 1 人。审查起诉案件平均审结时间 9.1 天。

1998 年，受理移送审查起诉案件 244 件 362 人，经审查依法提起公诉 221 件 317 人，不诉 1 人，报送市院 19 件 36 人，移送其他检察院处理 1 件 3 人，公安机关撤案 2 件 2 人。选派有经验的检察官出庭支持公诉，依法严厉惩治犯罪。

1999 年，受理移送起诉案件 287 件 443 人，经审查依法提起公诉 259 件 378 人，不诉 3 件 5 人，报送市院13件27人，公安撤案17件42人。同年，建立和完善审查起诉工作制度，促进审查起诉环节的规范化建设。

2000年，受理移送审查起诉案件368件581人，经审查依法提起公诉321件486人，决定不起诉2件2人，报送市院审查起诉11件32人。审查起诉“4·20”远华特大走私案的分流案件4件5人。年内，实行不诉案件听证制度、试行未成年犯罪嫌疑人暂缓起诉制度等做法。

2001年，受理移送审查起诉案件430件683人，经审查依法提起公诉378件590人。其中，依法起诉黑恶势力犯罪、团伙犯罪、多发性犯罪等三类重点案件249件415人。同时，围绕整顿市场经济秩序工作，依法严厉打击各种破坏社会主义市场经济秩序的犯罪，共批捕此类犯罪案件12件16人，起诉20件41人。当年，会同区法院制定《关于实行刑事诉讼普通程序简化审理的实施意见》，规范刑事案件简化审理程序。

2002年，受理移送审查起诉案件467件655人，经审查依法提起公诉412件565人，移送上级院23件35人，决定不起诉3件4人。对18件36人涉嫌破坏市场经济秩序犯罪案件依法提起公诉，起诉案件的涉案金额达3157.83万元。当年，建立案件流程管理机制、主诉检察官办案负责制和案件质量管理监督制度，通过对案件实行系统、全程的规范化监督管理，提高案件质量，当年，依法提起公诉的案件，法院经审理均做出有罪判决。

2003年，受理移送审查起诉案件397件609人，经审查依法提起公诉368件516人，报送上级院审查起诉17件50人。重点打击有组织犯罪，带黑社会性质的流氓恶势力犯罪和团伙犯罪；爆炸、杀人、抢劫、绑架等严重暴力犯罪；盗窃、抢夺等严重影响群众安全的多发性犯罪。

2004年，受理移送审查起诉案件647件930人，经审查依法提起公诉582件813人。其中，对136件207人的抢劫、绑架等恶性暴力犯罪案件依法提起公诉，对259件331人盗窃、抢夺、贩卖毒品等多发性案件依法提起公诉。依法严厉打击生产销售伪劣商品、偷税骗税、金融诈骗、走私和传销等严重破坏市场经济秩序的犯罪，共受理移送审查起诉破坏社会主义市场经济犯罪案件25件43人，涉案金额达到1221.8万元。

2005年，受理移送审查起诉案件687件1039人，经审查依法提起公诉646件938人。当年，建议法院适用简易程序审理，推行被告人认罪案件普通程序简化审理，经建议全年有301件案件适用简易程序审理，112件适用普通程序简化审理。

2006年，实行审查起诉阶段案件归类专人办理。全年受理移送审查起诉案件716件1118人，提起公诉685件1045人。对378件案件建议适用简易程序审理，对106件被告人认罪案件适用简化审理。

2007年，受理移送审查起诉案件726件1102人；经审查依法提起公诉683件975人，报送市院审查起诉35件105人，建议公安机关撤回案件7件10人。审查起诉涉黑涉恶案件3件22人，起诉破坏社会主义市场经济秩序案件31件47人。当年探索在审查起诉工作中“检察官量刑请求权”、侦查人员出庭作证等制度，2007年10月1日正式实施《侦查人员出庭作证若干实施意见》。

三、刑事诉讼法律监督

1988—1989年，在审查批捕、起诉案件中，决定追捕2人，改变定性1件1人，对没有逮捕必要或不构成犯罪的2人作出不批捕决定，对不应追究刑事责任的2人作出不起诉决定。

1990年，在审查批捕、起诉案件中，共追捕人犯2人，对不符合法定逮捕条件或不构成犯罪的3人做出不捕或不起诉决定，改变定性1件1人。还纠正公安机关超期羁押、关押人犯手续不全、赃物处理不当等问题。

1991年，批捕阶段提前介入的案件占受理案件数的47.9%，起诉阶段提前介入的案件占受理案件数的30.2%；对于“扫黄打丑”、反盗等专项打击的案件20件27人，集中力量，做到百分之百的提前介入。对没有逮捕必要的1人作出不批捕决定，追捕漏犯1人。

1992年，在审查批捕环节上提前介入53件，占受理案件数的72.6%，在审查起诉阶段提前介入35件，占受理案件数的63.6%。对没有逮捕必要或不构成犯罪的7人作出不批捕决定。当年对辖区内监外执行罪犯的执行情况进行全面检查，撰写《湖里区监外执行罪犯检察报告》，指出存在的问题，提出解决问题的对策。

1993 年，对公安机关提请逮捕的 2 名案犯，作出不批准逮捕决定。对审查中发现已构成犯罪而公安机关没有追究其刑事责任的案犯，建议公安机关追捕。针对侦查过程中存在的赃款赃物、作案工具管理不善、扣押手续不全等问题，向侦查机关提出纠正意见。当年配备专职的监所检察干警，对辖区内的 20 名监外执行的罪犯建立档案，保证监外执行罪犯得到及时有效监控。

1994 年，对不符合逮捕条件决定不批准逮捕的 5 件 6 人，退回公安机关补充侦查 2 件 3 人。在提前介入参与公安机关现场勘验过程中，建议公安机关追诉 3 名犯罪分子。在履行审判监督职能中，对一些审判程序不符合刑事诉讼法的情形也提出口头意见，及时予以纠正。还督促法院释放 1 名超羁押期限的被告人。加强监所检察工作，重点对刑事判决、裁定执行情况，对办理判刑、假释、保外就医等工作进行检查，同时还深入看守所、劳教所，对执法活动进行监督，对监外执行罪犯法律手续不全的问题提出纠正意见和整改建议。

1995 年，共决定不批准逮捕 7 人，追捕 1 人，追漏罪 3 人，对确有错误的 2 件刑事判决依法提出抗诉。加强与基层组织的联系，做好对辖区内 17 名监外执行罪犯的监督考察工作。

1996 年，共追捕案犯 4 人，追诉 1 人，决定不批准逮捕 3 人，对确有错误的 3 件刑事判决依法提出抗诉。

1997 年，受理被害人不服不立案侦查案件 5 件，经审查建议公安机关立案 3 件，公安机关均作出立案决定，另 2 件案件由公安机关做调解处理。通过认真审查批捕案件，对 9 名犯罪嫌疑人做出不批准逮捕决定，对 2 名犯罪嫌疑人做出不起诉决定，退回公安机关补充侦查案件 16 件 16 人。年内对侦查机关执法中出现的立案后将嫌疑人寄押收容遣送站、超期羁押、取证笔录不规范等不规范行为，及时提出纠正意见。履行审判监督职能，对 2 件确有错误的判决、裁定提出抗诉。

1998 年，在审查批捕案件中，全年共作出不批准逮捕决定 14 件 22 人，改变公安机关定性 10 件 19 人，追捕漏犯 6 人；在审查起诉工作中，共退回公安机关补充侦查 20 件 35 人，改变定性 12 人，追诉漏犯 4 人，追漏罪 13 人，作出不起诉决定 1 人。对公安机关在侦查活动中丢失作案工具、赃物等问题，及时向侦查机关提出书面或口头建议，促其改正。在刑事审判监督工作中，加强对法院判决及裁定书的审查，对确有错误的判决，依法提出抗诉，共提起抗诉案件 3 件 3 人。在监所检察工作中，实行专人负责，对辖区内监外执行的 11 名罪犯实行一人一档的管理，加强帮教工作，未发现有重新犯罪现象。当年 3 月，从劳教所调卷审查发现两犯罪嫌疑人涉嫌抢劫出租车犯罪事实清楚，证据充分，社会危害性大，公安机关仅作劳教处理，遂向公安机关发出《要求说明不立案理由通知书》，后又发出《通知立案书》。该案经法院审判，两名犯罪嫌疑人分别被判处有期徒刑三年零六个月和三年，这是区检察院第一例立案监督取得成功的案件。

1999 年，加强诉讼监督力度。通过受理群众的控告、申诉，对 3 起应当立案侦查而没有立案侦查的案件，依法建议公安机关立案侦查；对已构成犯罪而公安机关仅作劳教处理的 2 名犯罪嫌疑人，及时发出《说明不立案理由通知书》，进行监督纠正。同时以防止错捕错诉、漏捕漏诉和超期羁押为重点，强化侦查监督，共对 22 人作出不批捕决定，对 5 人做出不起诉决定，退回补充侦查 41 件 79 人，改变定性 31 件 42 人。对 1 起严重超期羁押的案件发出《纠正违法通知书》。同时以纠正有罪判无罪、重罪轻判、轻罪重判为重点，强化刑事审判监督工作，对 1 起认定事实和适用法律错误导致量刑偏轻的刑事伤害案件依法提出抗诉。还对辖区内 38 名监外执行人员实行建档管理，定期考察，加强帮教工作。

2000 年，加强立案监督，对 2 起应当立案而没有立案侦查的案件，依法建议公安机关立案侦查，其中包括拐卖人口特大犯罪团伙主犯仅做劳动教养处理的案件。加强侦查监督，共追捕犯罪嫌疑人 2 人，对 28 人做出不捕决定，退回公安机关补充侦查 18 件 32 人，建议公安机关撤回起诉 16 件 29 人。对侦查活动中个别超期羁押等违法行为进行了监督纠正。加强审判监督，对 2 起认定事实和适用法律确有错误的刑事判决依法提出抗诉。强化刑罚执行监督，落实监所检察工作制度，对辖区内 50 名监外执行犯建立监督档案，实行一人一档管理。

2001 年，以立案监督为重点，共初查立案监督案件线索 23 件，对公安机关 3 件不当立案的案件，发出《说明不立案理由通知书》《通知立案书》，公安机关对其中 2 件立案侦查，1 件做出撤案处理。通过运用审查批捕、审查起诉的检察职能，共追捕、追诉犯罪嫌疑人 5 人，对 16 人作出不捕决定，对 1 件 1 人做出不起诉决定，改变案件定性 21 件 28 人，退回公安机关补充侦查案件 18 件 63 人，建议公安机关撤回起诉 13 件 18 人。发出《纠正违法通知书》1 份。

2002 年，共初查立案监督案件线索 20 件，对公安机关不当立案的 2 件案件进行立案监督，公安机关对其中 1 件立案侦查，1 件做出撤案处理。立案监督案件经法院审判有 3 人被判处有期徒刑（含上年度立案监督案件）。通过履行审查批捕、审查起诉职能，共对 10 人作出不捕决定，对 3 人做出不诉决定，建议公安机关撤回案件 40 件 60 人，改变侦查机关定性 16 件 24 人，追捕 2 人，追诉 1 人，追诉漏罪 5 件，发出《纠正违法通知书》1 份，提出口头纠正意见 7 条（次），对侦查活动中超期羁押等违法行为进行了监督纠正。全年共参与现场勘察 86 次，参加公安机关讨论案件 13 件 19 人，发出《提供法庭审判所需证据材料意见书》10 份。认真履行审判监督职能，坚持实体法和程序法并重，及时认真审查人民法院的判决、裁定，防止错判，对一审法院 1 件确有错误的刑事判决提起抗诉，对二审法院 2 件适用法律错误、量刑畸轻、定性明显错误的案件建议上级院提请抗诉。

2003 年，共初查立案监督案件线索 14 件，未发现公安机关有不当立案。在履行审查批捕、审查起诉职能中，追捕 1 人，追漏犯 1 人，追漏罪 9 条，改变定性案件 20 件 29 人，建议公安机关撤回起诉 5 件 7 人。

2004 年，加强立案监督、侦查监督、刑事审判监督、刑法执行活动监督等刑事诉讼法律监督工作，纠正有罪不纠、以罚代刑、徇私舞弊和贪赃枉法等执法犯法、执法不公、执法不廉的行为，维护司法公正。当年依法监督侦查机关立案 2 件；不捕 25 件 33 人，追诉漏犯 2 人，追诉漏罪 29 项，改变定性案件 28 件 51 人，通过加强监督，切实依法保护诉讼当事人的合法权益，做到了不枉不纵打击犯罪。当年 7 月，按照高检院、公安部、司法部的统一部署，开展了减刑、假释、保外就医专项检查活动，对省检察院督办的 1 起保外就医案件进行调查，并及时整理有关材料上报。对辖区内 42 名监外服刑犯建立档案，定期走访了解改造、教育情况。

2005 年，共对 5 件立案监督案件线索进行审查调查，及时对一起聚众斗殴案件开展立案侦查，涉案的 3 名犯罪嫌疑人，经法院审判分别被判处二年、二年六个月、六年的有期徒刑。全年发出《提供法庭审判所需证据材料意见书》134 份，追捕 2 人，追诉漏犯 3 人，追诉漏罪 9 项，改变定性案件 33 件 50 人。

2006 年，共初查立案监督案件线索 4 条，向公安机关发出《要求说明不立案理由通知书》1 份。改变定性案件 27 件 53 人，追诉漏犯 6 人，追诉漏罪 9 项。

2007 年，发出《要求说明不立案理由通知书》1 份、《提供法庭审判所需证据材料意见书》108 份，改变定性 19 件 17 人，追捕 3 人，追诉漏罪 17 项 27 人。6 月，根据《规范刑事证明活动的若干意见》，对侦查机关不规范执法的问题，向侦查机关发出书面检察建议，促进规范执法。规范刑事审判监督，贯彻“慎重、准确、及时”的抗诉方针，保证公诉、审判质量，防止错判。同时，对判决、裁定合法、有理的案件，做好息诉服判工作，维护司法权威。开展“核查纠正监外执行罪犯脱管漏管”专项行动，制定《湖里区关于开展核查纠正监外执行罪犯脱管漏管专项行动的实施方案》，对监管工作的要求、任务、方式、方法及步骤等进行规范，共纠正监外执行罪犯脱管漏管案件 24 件 25 人。

附：2000—2001 年湖里区典型案件

一、韩某某故意伤害案

2001 年 3 月 30 日，厦门中山医院向市人大反映：王某某因盗窃被保安打伤后送该院抢救医疗费用等问题无法解决。市人大将此案转市检察院协查；4 月 16 日，市院转区检察院查处。经审查发现：厦门维益电器有限公司保安韩某某在 2000 年 11 月 30 日凌晨 2 时许追捕盗窃犯罪嫌疑人王某某、梅某某、李某某、黄某过程中，当王某某跳楼脚部扭伤并被保安肖林抱住的情况下，韩某某持木棍击打王的头部，致使王当日凌晨6时许因“右额颞巨大硬膜外血肿，脑疝”呈现睁眼昏迷状态，并于数月后因全身器官衰竭死亡，韩的行为已构成故意伤害罪，向公安机关发出《说明不立案理由通知书》，公安机关答复认为韩利军的行为属正当防卫，不构成犯罪。区检察院认为该理由不能成立，向公安机关发出《通知立案书》，公安机关立案侦查，后经法院审理，判处被告人韩某某犯故意伤害罪，处有期徒刑8年，剥夺政治权利2年。

二、水族馆强迫交易案

2000年10月，《厦门晚报》连续报道市民投诉湖里海城水族馆强销商品、漫天要价一事。区检察院向工商部门详细了解情况，发现该水族馆负责人李某某多次纠集员工向安装鱼缸配件的顾客虚报价格、以次充好、以假充真抬高配件价格，遇顾客反对时就以威胁、恫吓方法迫使顾客接受，从中牟取暴利，其行为涉嫌强迫交易罪。区检察院发出《说明不立案理由通知书》后，公安机关主动立案侦查，涉案嫌疑人李某某等3人先后被抓获，由区检察院批准逮捕、依法提起公诉，经法院审理，以强迫交易罪判处3名被告人有期徒刑2年6个月、1年10个月和1年6个月。

第三节　职务犯罪检察

一、贪污贿赂检察

1988年，受理初查经济犯罪案件线索11件12人，从中立案侦查2件3人，均为受贿案件，追缴赃款折合人民币1.6万余元。11月1日，立案侦查的吴某某、林某受贿案系区检察院办理的第一起自侦案件。

1989年，执行最高人民法院、最高人民检察院发布《关于贪污、受贿、投机倒把等犯罪分子必须在限期内自首坦白的通告》，受理初查经济犯罪案件线索11件13人，从中立案侦查8件10人，其中贪污案2件2人，受贿案4件4人，其他案件2件4人；大要案5件。追缴赃款、赃物、非法所得折合人民币30余万元。与厦门海关一起查办厦门特区外贸免税商场走私案，协同厦门海关追缴走私货款港币66万元；查办厦门信达进出口贸易公司驻大连办事处主任高某某（副处级）受贿10万余元大案，以及厦门市湖里城市信用社主任王某某受贿案等一批有影响的案件。

1990年，全年共受理初查经济犯罪案件线索13件14人，从中立案侦查4件5人，其中贪污案1件1人，受贿案2件2人，其他案件1件2人，追缴赃款、赃物、非法所得折合人民币15万余元。

1991年，共受理初查经济犯罪案件线索12件13人，立案侦查10件11人，其中贪污案5件5人，受贿案4件4人，其他案件1件2人。重特大案件5件5人，占立案数的50%。追缴赃款、赃物、非法所得折合人民币74.9万余元。先后查处了原厦门华侨电子有限公司医务室医生俞某某贪污公款人民币38万余元特大案件、中国农业银行厦门分行信息处原见习副处长吴某受贿案及原区人大代表、湖里后浦居委会主任陈某某受贿案等有影响的案件。

1992年，共受理初查经济犯罪案件线索12件，立案侦查12件13人，其中贪污案1件1人，受贿案9件10人，偷税案1件1人，非法侵占他人财产案1件1人。重特大案件8件，占立案数的66.7%。追缴赃款、赃物、非法所得折合人民币30多万元，挽回经济损失56万余元。同年，以非法侵占他人财产罪立案侦查，查处外商独资企业原厦门景源塑料有限公司彩绘部主管林某某非法侵占公司财产2.8万余元案、厦门灿坤实业有限公司原助理工程师翁某某非法侵占公司财产1.1万余元案等。同时，也为有关的立法工作提供实践依据。1995年2月28日全国人大常委会通过的《关于惩治违反公司法的犯罪的决定》完善惩治此类犯罪的法律规定。

1993年，受理初查经济犯罪案件线索15件20人，从中立案侦查13件15人，其中贪污案3件3人，受贿案5件5人，挪用公款案1件2人，非法侵占财产案3件4人，包庇案件1件1人，首次查处2起行政执法人员利用职便收受贿赂案件。重特大案件10件12人，占立案数的76.9%。追回赃款、赃物、非法所得折合人民币 65 万元，为国家、集体挽回经济损失达人民币 41.81 万元。当年，三资企业内部经济犯罪案件呈上升之势，立案查处 6 件，包括厦门港荣仓储运输公司原副总经理张某某、原财务部经理林某某挪用公款 6 万美金炒外汇案；外商独资企业原东阳实业有限公司、柏利康玩具有限公司出纳员吴某某侵占公司财产 14 万余元案；厦门信达进出口贸易公司原业务员周某索贿 11 万元案等。

1994 年，重点查办党政领导机关、领导干部和司法部门、行政执法部门、经济管理部门及其工作人员的犯罪案件。全年共受理初查经济犯罪案件线索 23 件，从中立案侦查 19 件 28 人，其中贪污案 6 件 14 人，贿赂案 7 件 7 人，挪用公款案 3 件 3 人，其他案件 3 件 4 人。重特大案件 14 件 22 人，占立案数的 73.7%。追缴赃款、赃物、非法所得折合人民币 220 余万元，为国家挽回经济损失达人民币 200 余万元。成功追捕 1 名在逃 2 年多的重大偷税案案犯，敦促 1 名在逃案犯投案自首。针对湖里区禾山镇农村征地拆迁过程中群众反映强烈的问题，抽调专人组成办案组，重点调查枋湖工业区征地拆迁过程中存在的经济问题，侦破厦门市征地拆迁办公室原工作人员李某某、原村民小组长张某某等人的贪污、贿赂窝案 4 件 8 人。查处厦门华侨电子有限公司驻长沙办事处原业务员林某某与本市金海商场个体工商户肖某某、吴某某夫妇相互勾结，窃取该公司价值 71 万余元的 400 台厦华牌 20 寸彩电的特大贪污案。

1995 年，继续保持打击贪污、贿赂犯罪势头。全年共受理初查经济犯罪案件线索 23 件，从中立案侦查 19 件 21 人，其中贪污案 7 件 8 人，受贿案 8 件 9 人，侵占案 3 件 3 人，偷税案 1 件 1 人。重特大案件 16 件 18 人，占立案数的 84.2%。追缴赃款、赃物、非法所得折合人民币 230 多万元。重点查办建筑领域和房地产行业贿赂案 7 件 8 人，占立案总数的 36.8%。在《关于惩治违反公司法的犯罪的决定》公布实施后，率先立案侦查厦门市首例侵占、挪用资金案——原厦门东阳实业有限公司蔡某某侵占、挪用资金案。是年 5 月，成立税务检察室，加强对偷税、抗税等涉税犯罪案件的打击力度，查办厦门信达公司信息商场原负责人孙某某指使其妻为他人虚开增值税发票金额达人民币 568 万元案件。此外，查办湖里医院原院长林某某受贿案、海沧经贸发展总公司房产部原经理魏某某受贿案等一批有影响的案件。

1996 年，共受理初查经济犯罪案件线索 24 件，从中立案侦查 21 件 22 人，其中贪污案 3 件 3 人，受贿案 7 件 7 人，挪用公款案 1 件 1 人，偷税案 3 件 4 人，其他案件 7 件 7 人。大要案 20 件 21 人，占立案总数的 95.2%。追缴赃款、赃物、非法所得折合人民币 337 万余元。打击违反公司法的经济犯罪，立案侦查该类案件 8 件 8 人，为国有、外资企业挽回经济损失达人民币 113 万元。继续加强对涉税犯罪案件的打击力度，初查涉税违法案件 13 件，立案侦查 3 件 4 人，均为重特大案件，为国家挽回经济损失达人民币 346 万元。当年，率先立案侦查全省首例商业受贿案——厦门灿坤实业股份有限公司生管部原专员李某某特大商业受贿案，查办湖里交警大队原大队长李某某受贿案、厦门诚毅船务公司原总经理杨某某（正处级）受贿案等大案要案。

1997 年，严格执行修订修改后的刑法和刑事诉讼法，转变执法观念，加大工作力度，特别是在海上货物运输代理市场、农村基层组织和房地产开发行业，挖出一批有影响、震动大的案件，取得良好的社会效果。全年共受理初查经济犯罪案件线索 45 件，从中立案侦查 26 件 28 人，均为重、特大案件，立案数居厦门市各区院首位。其中，贪污案 3 件 3 人，挪用公款案 3 件 3 人，受贿、商业受贿案 15 件 17 人，偷税案 1 件 1 人，侵占案 3 件 3 人，挪用公司资金 1 件 1 人。为国家、集体、企业挽回经济损失折合人民币 165.7 万元。从一封举报信入手，在立案侦查厦门灿坤实业股份有限公司营业课原课长查某利用负责货物运输、排载的职务便利收受贿赂 19 万元的案件后，顺藤摸瓜，在 3 个月内先后查处厦门市海上货物运输代理市场窝串案 11 件 13 人，涉案金额达 85 万元，并针对海运货代市场较为混乱的问题，深入货代企业及相关部门调查走访，向人大、贸发委、外资委等部门及时反映情况，提出整改建议。针对群众反映强烈的部分农村基层干部滥用职权、贪污受贿等问题，抽调力量深入调查，查办原禾山镇五通村委会主任林某某等村两委成员贪污、受贿、挪用公款案 4 件 4 人。配合中共厦门市纪律检查委员会打击房地产开发过程中的腐败现象，查办“鸿图苑”筹建处正、副主任黄某某、黄某某收受包工头贿赂的特大案件。查处厦东企业有限公司原总经理张某某偷税 53 万元、挪用公款 18 万元案件。当年，协助外地检察机关查办案件 8 件次，抓获犯罪嫌疑人 4 名。

1998 年，对 1996 年以后初查的案件线索及立案侦查的案件进行全面复查。全年共受理初查经济犯罪案件线索 29 条，从中立案侦查 10 件 16 人，抓获负案潜逃的贪污犯罪案件嫌疑人朱某某、张某。追缴赃款、赃物、非法所得折合人民币 170 万余元，为国家、企业挽回经济损失折合人民币 116 万余元。立案查处一批数额特别巨大的案件，如厦门华侨电子企业有限公司驻成都办事处原负责人郑某贪污 100 万元案、福建兴业银行厦门市湖里支行驻兴业证券湖里营业部资金转账柜台原经办员朱某某贪污 70 万元案、福建兴业证券公司湖里营业部原负责人张某某、建设银行厦门分行湖里支行业务部原科员某某挪用公款 550 万元案件等。当年，协助外地检察机关查办案件 5 件次，追捕犯罪嫌疑人 1 名。

1999 年，集中力量查处金融、建筑领域和国有企业改革中发生的贪污贿赂犯罪案件及造成国有资产严重流失的犯罪案件。全年共受理初查贪污贿赂等经济犯罪案件线索 56 件，从中立案侦查 10 件 11 人，其中特大案件 2 件 3 人。追缴赃款、赃物、非法所得折合人民币 21 万余元。重点查办群众反映强烈的建筑领域、药品采购及保险、教育系统内的贪污贿赂窝案串案 7 件 7 人。查处象屿储运有限公司验关场原门岗张某某、象屿胜狮货柜有限公司原初验员黄某某贪污 60 余万元案，兴裕公司原经理谢某挪用公款 130 万元案，厦门市湖里医院检验科原主任杨某受贿案等一批大案。当年，协助外地检察机关查办案件 10 件次。

2000 年，在反贪污贿赂局实行主办检察官责任制，确立主办检察官对案件事实、证据和所作决定负责的办案工作机制。全年共受理初查贪污贿赂等经济犯罪案件线索 43 件，从中立案侦查 15 件 16 人，其中贪污案件 6 件 7 人、受贿案件 7 件 7 人、挪用公款案件 2 件 2 人。当年，把国有企业中的贪污贿赂案件作为查办案件的重点，查处危害国有企业改革和发展的犯罪案件 12 件 13 人。在办案过程中，注意深挖窝案串案，扩大战果，如从初查厦门运输总公司汽车维修中心的案件线索中就挖出窝串案 7 件 8 人。工作中进一步加强与纪检监察等部门的配合，形成反腐败工作合力，查办海警三支队原副支队长曹某受贿案、禾山镇钟宅村党总支原书记钟某某受贿案等案件。此外，协助外地检察机关、“4·20”专案组办案 20 件次。

2001 年，共受理初查贪污贿赂等经济犯罪案件线索 34 件，从中立案侦查 15 件 17 人。其中，贪污案件 5 件 7 人，受贿案件 7 件 7 人，挪用公款案件 3 件 3 人。大要案 13 件 14 人，占立案数的 86.7%。通过办案为国家挽回经济损失人民币 81 万元。继续重点查办危害国有企业改革和发展的犯罪案件，共查处此类案件 11 件 12 人，在办案过程中，深挖窝案串案，从初查厦门粮食集团下属经营部的案件线索中挖出粮食集团窝串案 9 件 10 人，其中查办厦门粮食集团原总经理郑某某挪用公款 3860 万元、受贿 34 万元、贪污 13 万元特大案件。针对在办案中发现的厦门粮食集团及下属业务部门在财务管理和公司制度等方面存在的问题，向厦门粮食集团发检察建议书，建议其健全制度，完善管理，加强监督。当年，协助外地检察机关办案 16 件次。按照最高人民检察院有关规定，当年区检察院与湖里公安分局成立“追逃办”，由反贪局局长任办公室主任，上网追逃犯罪嫌疑人，抓获在逃的犯罪嫌疑人 1 名。

2002 年，制定《反贪工作流程图》和《反贪部门线索管理规定》等制度，规范反贪工作。全年，共受理初查贪污贿赂等经济犯罪案件线索 32 件，从中立案侦查 8 件 8 人，均为贪污贿赂类案件，其中大要案 6 件 6 人。通过办案为国家挽回经济损失人民币 113.23 万元。在查办案件时，注意在线索初查上下功夫，做好外围的调查取证保密工作，如在 12 小时内突破王某某贪污受贿案，并深挖查出李某某贪污受贿大案。当年制定《反贪局协助外地检察机关办案制度》，协助外地检察机关办案 9 件次。

2003 年，根据党中央深入开展反腐败斗争的新要求，结合实际整合内部侦查资源，查办职务犯罪。全年共受理初查贪污贿赂等经济犯罪案件线索 35 件，从中立案侦查 7 件 7 人，其中受贿案件 5 件 5 人，挪用公款案件 1 件 1 人，贪污案件 1 件 1 人。大要案 6 件 6 人。通过办案为国家挽回经济损失人民币 132.51 万元。在查处原厦门象屿保税区于某某（正处级）受贿案时，以赃款去向为突破口，深挖出厦门火炬高科技开发公司原总经理俞某某和原副总经理马某受贿及吴某某受贿、施某某挪用公款等案件。当年，协助外地检察机关办案 6 件次。

2004 年，共受理初查贪污贿赂等经济犯罪案件线索 33 件，从中立案侦查 8 件 8 人，均为贿赂类案件，大案数占立案数的 100%，副处级以上要案 4 件 4 人。为国家挽回经济损失折合人民币 40.7 万元。集中力量查办公安局、劳教管理所等司法工作人员利用职便收受贿赂，为犯人或劳教人员开脱罪责或减轻处罚的案件6件6人。加强职务犯罪侦查的信息化建设，对询问室、讯问室以及侦查装备加大投入，对审讯室实时监控，开始实行办理自侦案件同步录音录像，及时固定证据。当年协助外地检察机关办案9件次。

2005年，共受理初查贪污贿赂等经济犯罪案件线索35件，从中立案侦查5件8人，均为大案。郑某某于2000年3月底在担任厦门对外供应总公司的法定代表人兼党委书记后，与公司财务部经理吴某某等多人商议决定继续保留公司原有小金库，通过发放“奖金”“补贴”的形式，将国有资产人民币39.25万元集体私分。为近年来较少涉及的案件类型。当年协助外地检察机关办案11件次。

2006年，共受理初查贪污贿赂等经济犯罪案件线索33件，从中立案侦查8件8人，其中受贿案5件5人，挪用公款案1件1人，贪污案1件1人，介绍贿赂案1件1人。重点查办市场经济领域高发、多发的商业贿赂犯罪案件5件，其中3件为工程建设领域的受贿案件，即原湖里区建设工程质量安全监督站王某某受贿案、原福建省建设工程造价管理站肖某某受贿案、原厦门市建设工程质量安全监督站胡某某受贿案。是年10月，最高人民检察院出台《关于健全职务犯罪侦查一体化机制的若干规定》，对内加强反贪局与反渎、公诉以及预防等部门协作，对外建立健全与纪委等部门的信息沟通和线索移送机制，为发现及有效打击职务犯罪提供良好的制度保证。反贪部门在协助反渎部门查处原厦门市公安局阮某某涉嫌徇私枉法过程中，发现为阮某某介绍贿赂的无业人员黄某某，并就其涉嫌介绍贿赂15万元的犯罪行为立案侦查，黄某某后被法院以介绍贿赂罪判处有期徒刑一年零六个月。当年协助外地检察机关办案5件次。

2007年，共受理初查贪污贿赂等经济犯罪案件线索24件，从中立案侦查5件6人，其中受贿案件2件2人，挪用公款案件2件2人，贪污案件1件2人。所立案件均为大案，涉案总金额达101.4万元。在查办职务犯罪案件的过程中，严格执行安全办案责任制度，落实办案安全预案审批、讯问过程看审分离等制度；执行《人民检察院讯问职务犯罪嫌疑人实行全程同步录音录像的规定（试行）》，完善《讯问室设置和使用管理办法》，规范讯问室的设置和使用管理，保证讯问同步录音录像的顺利进行。当年协助外地检察机关办案10件次。

二、渎职侵权检察

法纪案件实行侦诉分开制度，侦查工作由法纪检察部门负责，批捕、起诉均由刑事检察部门负责。

1988年，受理初查重大责任事故案件线索5件。

1989年，受理初查以重大责任事故为主的各类法纪案件线索11件。

1990年，法纪检察工作实现查办法纪案件零的突破。全年，共受理初查各类法纪案件线索9件，立案侦查2件2人，均为重大责任事故案。通过立案侦查的第一件法纪案件为福建省第四建筑公司第四工程处架工班原班长林某某重大责任事故案，因其坦白态度较好，确有悔罪表现，对其作出免诉决定。当年查办的湖里第二建筑工程公司原职工尤某某重大责任事故案，为区检察院立案侦查并移送起诉的第一起法纪案件。

1991年，受理初查各类法纪案件线索12件，立案侦查4件5人，其中重大责任事故案3件4人，刑讯逼供案1件1人。立案查办的中建四局公安科原干警晏某某刑讯逼供致人重伤案件，是建院以来首次立案侦查的司法人员侵犯公民民主权利、人身权利的犯罪案件。

1992年，受理初查各类法纪案件线索4件，立案侦查2件2人，其中重大责任事故案1件1人，诬告陷害案1件1人，通过办案为闽西交通工程公司下属综合服务公司及时追回国库券10万元。查办陈某某诬告陷害案，为厦门市万山汽车工业公司计划发展部经理王某某洗刷冤情。

1993年，受理初查各类法纪案件线索10件，立案侦查2件2人，其中重大责任事故案1件1人、非法拘禁案1件1人。当年，与厦门港务局、交通部三航六公司、禾山镇企业办等单位建立共建关系，协助公司企业搞好自身的安全防范和职务犯罪预防工作。

1994年，受理初查各类法纪案件线索15件，立案侦查4件4人，其中重大责任事故案2件2人，非法拘禁案2件2人。当年，配合厦门市检察院法纪处查办厦门市公安局机场派出所原所长杨某某徇私舞弊案，为市区两级院互相配合联手查处渎职犯罪案件积累经验。

1995年，受理初查各类法纪案件线索16件，立案侦查4件4人，其中重大责任事故案1件1人，徇私舞弊案 1 件 1 人，玩忽职守案 1 件 1 人，非法拘禁案 1 件 1 人。为国家挽回经济损失近 60 万元人民币。当年查办禾山镇土地管理所原副所长苏某某徇私舞弊案。

1996 年，受理初查各类法纪案件线索 12 件，立案侦查 3 件 4 人，其中玩忽职守案 1 件 1 人，非法拘禁案 1 件 2 人，重大责任事故案 1 件 1 人，办案中解救 1 名人质。四川人王某某到塘边曾某某开设的私人诊所就诊，因药物过敏身亡一案，留下两个幼儿无人照料。在受理王某某遗属的申诉后，区检察院协助有关方面做好善后工作，同时建议湖里区卫生局对无证行医进行清理。

1997 年，受理初查各类法纪案件线索 17 件，立案侦查 2 件 2 人，其中重大责任事故案 1 件 1 人，徇私舞弊案 1 件 1 人。

1998—2000 年，法纪案件线索大幅度下滑，立案方面未取得突破。2001 年，全年共受理初查各类法纪案件线索 4 件，其中，涉及徇私枉法的 2 件，刑讯逼供的 2 件。从中立案侦查湖里公安分局湖里刑警中队原民警黄某涉嫌刑讯逼供案件。

2002—2003 年，立案侦查厦门市看守所原司法工作人员李某某徇私舞弊减刑案。

2004 年，受理初查 3 件公安人员涉嫌渎职犯罪案件线索，均不符合立案条件，但针对办案中发现的公安干警违法违规办案行为，发出《检察建议书》，公安机关调查后对责任人员通报批评、停职检查，并制定相应的整改措施规范执法行为。

2005 年，受理初查渎职侵权案件线索 6 件，其中涉及公安机关工作人员渎职的 1 件，涉及工商局、卫生局、建设局等相关部门工作人员渎职的 5 件。

2006 年，受理渎职侵权案件线索 7 件，其中 3 件为本院公诉、侦监部门移送。从中立案侦查厦门市公安局原主任科员阮某某徇私枉法案。当年，制定《关于加强与公诉、侦监、民行部门线索工作联系的意见》。

2007 年，重点查办严重侵犯人权犯罪和破坏社会主义市场经济秩序渎职犯罪。全年共受理初查渎职侵权案件线索 5 件，其中涉及公安机关工作人员渎职的 2 件，涉及商检局、卫生局及海关工作人员渎职的各 1 件。针对在办案中发现的问题，向厦门海关及厦门市公安局各发出《检察建议书》，都得到及时反馈。

三、职务犯罪预防

2003 年 6 月职务犯罪预防科成立之前，职务犯罪预防工作由经济检察科（反贪污贿赂局）和法纪检察科负责，在查办经济犯罪案件的同时开展职务犯罪预防工作。

2001 年 3 月，区检察院与湖里区纪委联合组成课题组，前往深圳市学习考察，撰写《关于赴深圳考察预防职务犯罪工作的汇报材料》《关于我区开展预防职务犯罪工作的若干说明》等考察报告，形成《湖里区预防职务犯罪工作方案（讨论稿）》。

2001 年 8 月，成立湖里区预防职务犯罪工作领导小组，由区委副书记、纪委书记任组长，区委组织部、宣传部、纪委、检察院、监察局及相关委局的领导为成员，领导小组的办事机构办公室设在区检察院，形成一级预防网络；在机关党工委、禾山镇、湖里街道办、殿前街道办、教育局、公安分局等 11 个单位成立预防职务犯罪工作机构，形成二级预防网络；在各社区居委会、国有企事业单位等 95 个基层单位成立预防职务犯罪工作机构，形成三级预防网络。同时，在三级预防网络下设 52 个预防职务犯罪联络点。此外，还将辖区内的工商、国税、地税、电力、医药卫生等部门以及象屿保税区管委会、火炬高新区管委会、航空港集团等重点行业有关国企，共 9 个单位纳入全区预防体系。

2002 年 1 月，成立湖里区预防职务犯罪法制宣讲团，到各二级预防机构和有关预防单位开展法制讲课和预防知识讲座活动。是年，区检察院、象屿保税区纪委共同建立象屿保税区二期工程及现代物流码头工程预防犯罪工作机制，进行重点工程的专项预防。4 月，区预防领导小组在厦门（同安）监狱建立警示教育基地（后被厦门市预防办确立为全市警示教育基地）。在审判原湖里区司法局公证处主任单某某贪污案和原厦门市粮食集团业务员钟某某受贿案时，分别组织区副处以上干部 40 余人到法庭旁听。

2003 年 6 月，正式成立职务犯罪预防科，配备 2 名干警专职开展职务犯罪预防工作。选择航空港物流园、五通海空联运码头、湖里东部征地拆迁等7项重点工程（项目），进行同步预防、跟踪监督。还进一步完善与公安、法院、监察、审计、工商税务等部门职务犯罪预防联席会议制度，规范与有关部门联系、提供法律咨询服务、共商预防对策、共同落实各项预防措施的制度，提高预防工作的水平。

2004年，落实厦门市人大常委会《关于加强预防职务犯罪工作的决定》，结合检察办案实际，出台对律师诉讼活动的廉洁办案告知书制度；在湖里东部征地拆迁工程进行重点预防，协助承担拆迁工作的禾丰建筑公司全面启动职务犯罪预防工作；在个案预防中引入预防工作的长效机制，向市劳教所发出预防建议书，建议并协助开展座谈分析、法制讲座、旁听法庭、监狱警示等系列整改教育活动。开展预防工作进社区、进学校、进企业等活动。

2005年，落实中央关于《建立健全教育、制度、监督并重的惩治和预防腐败体系实施纲要》，建立预防与反贪、渎职检察相互配合的工作机制，形成"一体化"的惩治和预防职务犯罪工作格局。

2006年，开展商业贿赂专项整治工作的宣传、教育、预防工作。加大保税区现代物流码头重点工程的职务犯罪同步预防工作力度，监督各个参与公司签订职务犯罪预防协议书和廉洁自律承诺书，开展行贿人档案的查询工作。

2007年，制定《关于开展预防咨询试点工作的意见》，开展预防咨询试点工作。深入环东海域湖里工业园进行工程同步预防。5月，向区招投标中心发出检察建议书，建议将行贿犯罪档案查询工作作为招投标业务活动或工作管理的必经程序，纳入行业市场准入管理，得到采纳。

第四节　民事行政和控告申诉检察

一、民事行政检察

1990年8月，区检察院控告申诉检察科受理审查第一起行政申诉案件，开始开展民事行政检察工作。当年10月，成立民事行政检察科，与控告申诉检察科合署办公。

1991—1993年，受理审查3起行政申诉案件，4起民事申诉案件，在作出不予抗诉决定的同时，耐心做好当事人息诉服判工作。同时，走访有关部门，宣传检察机关的民事行政检察职能作用。

1994年，审查办理1起厦门市检察院交办的离婚财产纠纷申诉案件，经审查，建议市检察院向原判决法院提出有关司法建议。

1995年7月，民事行政检察科独立挂牌办公。全年共受理各类民事行政申诉案件11件，审结7件，其中依法建议上级院提请抗诉1件，执行和解1件，作其他（含息诉）处理5件。并初查审判人员徇私舞弊线索1件，依法追缴非法所得11万多元。

1996年，受理各类民事行政申诉案件20件，与上年同比上升45%，立案审查7件，其中向法院提出抗诉和再审建议5件，执行和解2件，涉案金额达118万元。当年，与厦门市检察院联合查办审判人员职务犯罪案件1件1人。

1997年，受理各类民事行政申诉案件19件，立案审查7件，执行和解2件，提请和建议提请抗诉5件，厦门市检察院向法院提出抗诉3件，提请省检察院抗诉2件。法院决定再审3件，依法改判1件。当年，办理案件涉案总标的达1160多万元，其中涉及国有、集体资产900多万元、房屋150多平方米。办案中注意维护人民法院正确判决，说服7件申诉案件当事人息诉服判。

1998年，受理各类民事行政申诉案件36件，立案审查17件。提请上级院提出抗诉10件，涉案总标的达695万元。上级院经审查采纳抗诉意见8件，法院开庭再审6件（包括1997年提出抗诉的3件），改判1件。办理厦皇印刷企业有限公司申诉案，涉及国有资产达220多万元，有效防止国有资产的流失。并针对1起执行错误的申诉案件，向法院发出检察建议，说服13件申诉案件当事人服判息诉。

1999年，受理各类民事行政申诉案件63件，立案审查13件，提请上级院抗诉6件，建议上级院提请抗诉7件，上级院审结采纳12件。出席再审法庭8次，法庭经再审改判5件。做好56件民事申诉案件的审结息诉工作。当年，办理抗诉案件涉案标的达484万元，其中涉及国有、集体资产110.8万元，办理涉及建筑单位层层转包导致合同无效等一系列具有代表性的抗诉案件。当年编制《终止审查决定书》等7种法律文书，进一步规范民行检察工作程序，8月，试行主办检察官办理民行申诉案件制度。加强与法院合作，率先推出并成功实践检察长列席审判委员会讨论民行抗诉案件的制度。

2000年，受理各类民事行政申诉案件89件，立案审查50件，提请上级院抗诉1件，建议上级院提请抗诉43件，上级院采纳42件，向法院提出再审意见1件，执行和解1件，息诉处理34件。办理厦门海发投资实业股份有限公司38名员工因股票侵权纠纷不服法院判决申诉案，该案涉案人员多，涉案标的达200多万元。当年，制定《民事行政案件申诉处理试行规则》，建立律师代理申诉制度，规范代理申诉案件的受理、立案、审查以及结案。

2001年，受理各类民事行政申诉案件52件，立案审查10件，建议提请抗诉5件，提请抗诉4件，上级院采纳抗诉意见6件，提出再审检察意见1件，发出书面检察建议2件，息诉处理44件。出席再审法庭5件，法院再审改判43件。当年，受理1起湖里区国资局移送的支持起诉案件线索，为原区属企业厦门华特进出口公司因为私营企业担保而承担连带担保责任造成国有资产流失54万余元案件，是厦门市检察机关受理的首起在民事诉讼中支持起诉的案件。

2002年，受理各类民事行政申诉案件34件，立案审查21件，提请抗诉或建议提请抗诉8件，上级院采纳抗诉意见6件，提出再审检察建议1件，作息诉处理31件。继续实行律师代理申诉的做法，通过律师代理申诉的案件占总受理数的20.6%，从中立案并提请抗诉2件。

2003年，共受理各类民事行政申诉案件26件，立案审查24件，建议提请抗诉6件，提请抗诉2件，上级院采纳抗诉意见6件。息诉处理15件。

2004年，受理各类民事行政申诉案件24件，立案审查22件，其中建议提请抗诉3件，提请抗诉4件，上级院采纳抗诉意见6件。法院再审6件，改判5件，出席再审法庭5件。息诉处理13件。初查审判人员在民事审判中涉嫌职务犯罪1件。办理江西务工人员赖某某工伤损害赔偿纠纷抗诉案，经再审改判，赖某某多获17000多元经济赔偿。当年，建立“同步审查民行申诉案件办案机制”，提高办案效率，保证案件质量。

2005年，受理各类民事行政申诉案件34件，立案审查27件，其中建议提请抗诉8件，上级院采纳抗诉意见6件，终止审查20件。法院再审抗诉案3件，经再审撤销原判决2件。此外受理并初查审判、执行人员涉嫌职务犯罪线索2件。当年，推出《申请民行抗诉风险提示制度》，向前来申诉的当事人告知其在向检察机关申请抗诉过程中可能要承担的风险。

2006年，受理各类民事行政申诉案件16件，立案审查17件，其中建议提请抗诉4件，提请抗诉1件，终止审查6件，中止审查1件，初查执行异议1件。法院再审抗诉案件5件，改判3件。当年，试行民事检察和解制度，有2件申诉案件以民事检察和解的方式结案。

2007年，受理各类民事行政申诉案件21件，立案审查20件，其中建议提请抗诉2件，上级院采纳1件，终止审查19件，法院再审抗诉案件1件，改判1件。息诉处理18件。当年，制定《民事检察和解具体实施办法》和《民事检察和解意向书》，总结出一套具有实践意义的民事检察和解工作程序。有2件申诉案件以民事检察和解方式结案。

二、控告申诉检察

1988年，控告申诉检察科挂牌办公，当年，受理群众来信来访20件（次），其中，控告检举14件（次），其中检举一般违法行为居多，共10件（次）。当年，建立检察长接待日制度，规定每月15日为检察长接待群众日。

1989年，最高人民检察院、最高人民法院联合发布《关于贪污、受贿、投机倒把等犯罪分子必须在限期内自首的通告》，人民群众的来信来访有所上升，受理48件（次），其中检举贪污受贿渎职线索18件（次）。

1990年，受理群众信访24件（次）。通过举报初查工作，处理群众集体上访案件，将打击经济犯罪与稳定辖区有效结合。当年，受理禾山镇枋湖村77位村民联名反映在土地征用中某些干部以权谋私的问题，及时向区委、区人大等部门反映，组成联合调查组进行调查，确认属错告。在向村民做好解释工作的同时，建议该村委公开村务接受监督，群众息诉。

1991年，接待群众信访28件，其中检举经济犯罪方面线索12件，法纪线索3件。

1992年，信访达37件，初查3起案件。

1993年，加大反贪污贿赂力度。8月，成立“举报中心”。全年受理群众信访96件（次），其中首次信访79件（次）。信访件中，反映农村干部和村民小组长利用职便违法违纪的12件，内容多为利用职权多占地建私房出租或利用握有审批权收受他人财物及国家征地补偿费的分配不公等；反映公安机关辖区“三资”企业内部的非法侵占他人财产案件处理不及时的信访增多；举报经济犯罪尤其是贪污贿赂案件线索明显上升，并首次出现检举巨额财产来源不明案件线索。当年，首次接到群众的电话举报。

1994年，受理群众控告、检举信112件（次）。检察长批阅来信80件、接待来访3件3人。初查举报案件6件，从中立案2件。处理9件群众疑难信访问题，保护当事人合法权益。

1995年，受理信访148件。检察长批阅来信89件，接待来访24件。贪污贿赂等经济犯罪线索占受理总数50%以上，出现利用开办公司或以某项业务合作为名进行诈骗的典型。举报中心初查各类线索21件，为国家、企业挽回经济损失61万余元。妥善处理集体访、告急访及上访老户（“两访一户”）17件。

1996年，受理群众的控申举报163件，其中首次信访161件。初查举报线索18件，移送立案3件，复查刑事申诉案件1件。当年，贯彻全国第三次举报工作会议精神，深入开展文明接待室创建活动，深化岗位目标责任制的量化管理。制定《举报线索统一管理的规定》，对举报线索实行微机化管理，清理1992年以来积压的举报线索，规范举报线索的管理。完善检察长接待日制度，接待日从每月1天增加到2天，规定每月10日、25日为检察长接待日。

1997年，受理群众的来信来访204件，初查举报线索26件，移送立案3件。对经查属举报失实的8件9人，及时给予澄清。审查被害人不服公安机关不立案侦查的案件5件，建议公安机关立案1件。

1998年，受理举报131件，控告66件。初查举报线索27件，其中移送立案1件。当年，建立举报线索审查评估制度，成立由分管检察长任组长，各相关部门负责人组成的协调小组，对线索进行二次分流，防止线索处理的随意性，提高线索的使用价值。根据最高人民检察院有关会议精神，把初查重点转向举报性质不明、难以归口的案件线索，初查此类案件线索11件。根据最高人民检察院《关于加强刑事案件复查工作的通知》，把复查案件、纠正错案作为一项重要措施和内容来抓，共复查1997年以来群众反映强烈的案件1件，作撤案处理的案件1件，当事人申诉案件2件，并立案复查市院交办件1件，未发现有错案和不严格执法，滥用职权等违法乱纪问题。在处理“两访一户”方面，共处理5件105人集体访、2件告急访、1件上访老户。

1999年，受理信访335件，其中首次信访332件；举报中心初查或控申部门办理195件，直接答复42件。检察长通过接待日、重要来访随访随接和定期下乡巡回接访，共接待来访153件229人，均有妥善处理结果。当年，受理不服公安机关不立案信访9件，立案后久拖不决信访7件，经依法监督，建议公安立案侦查3件，督促其及时处理案件6件，其中5件经法院审理后作出有罪判决。当年，开展争创“全国文明接待室”活动，推行24小时受理控告申诉、首问负责制、接受举报制度、预约举报制度。10月，成立刑事赔偿办公室，由控告申诉检察科负责日常工作，受理刑事赔偿申请。

2000年，受理信访288件，其中署名举报41件。初查举报线索54件，办理控告申诉案件96件，其中妥善处理集体访6件。当年，被高检院授予全国检察机关“文明接待室”称号，系厦门市唯一的一个全国“文明接待室”。

2001年，受理群众举报121件，控告79件，申诉52件。举报中心初查线索61件，转自侦部门查办仅27件。创新控申举报工作，5月、6月，相继推出密码举报制度、举报电话自动受理系统。当年，控申科被厦门市人民检察院记集体三等功一次，被福建省精神文明建设指导委员会确定为“创文明行业、建满意窗口”竞赛活动示范点。

2002年，受理群众首次信访222件，其中举报111件，控告申诉111件。当年，对2001年度受理的举报线索进行全面清理，经初查立案侦查3件贪污、受贿案件，不予立案处理2件；对上访老户、交办件和刑事申诉与刑事赔偿案件进行清理，切实解决群众反映的实际问题。在2000—2002年度的全国文明接待室评比中，控申举报接待室再次获得全国检察机关“文明接待室”称号。

2003年，受理群众举报78件，控告56件。检察长共接访13批33人。受理被害人不服公安机关不立案的控告4件，受理被害人控告公安机关久拖不决或久侦未破的刑事案件18件，均及时向公安机关进行了解和督办。

2004年，受理举报58件，控告申诉81件，刑事赔偿1件。主要集中力量处理涉法上访问题。对尚未解决的涉法上访案件进行整理，按照上访时间、内容、原因、处理情况，逐件逐人登记建档，同时还定时间、定人员，提出具体解决方案，抓紧排查，限时办结，做到问题不查清的不放过、问题不解决的不放过、有关措施不落实的不放过。

2005年，受理举报61件，控告45件，刑事申诉2件。以开展“规范执法行为，促进执法公正”专项整改活动为契机，把处理涉法上访，特别是涉检上访作为工作重点，制定《突出信访问题预警方案》，对当年的涉法上访案件进行全面排查，做到一案一分析、一案一措施，共处理涉法上访案件10件，其中2件涉检上访案件得到妥善处理，其他8件也协助有关部门和单位及时处理。

2006年，受理各类群众信访135件，其中举报68件，控告49件。按照省院部署，开展矛盾纠纷集中排查调处活动，集中处理涉检信访。落实轻缓刑事政策，对于进入批捕、起诉程序、当事人有和解意愿的轻伤害案件，由控申部门主持，与公安机关共同见证和解，化解当事人之间的矛盾，实现办案法律效果和社会效果的统一。当年成功办理刑事和解的轻伤害刑事案件5件。

2007年，受理各类信访109件，其中举报45件，控告40件，刑事申诉1件。上半年着重开展排查化解涉检信访矛盾纠纷专项工作，以解决个案作为推动涉检信访专项工作的着力点，由检察长包案、亲自督办，制定具体的工作方案，相关科室密切配合，形成多部门解决信访问题的工作机制。控申举报接待室自1993年以来连续5次获3年评选一次的“省级文明接待室”称号。

第三章　审　判

第一节　机构与队伍

一、机构设置

1987年11月，成立湖里区人民法院，内设刑事审判庭、民事审判庭、经济审判庭、禾山法庭和办公室。

1990年9月8日，区法院增设告诉申诉审判庭、行政审判庭和执行庭。执行庭与行政审判庭合署办公，实行两块牌子一套班子，执行庭职能由行政审判庭代管。

1991年5月23日，区法院迁入湖里区华荣路54号自建办公楼办公。1998年1月20日，区法院增设政治处、房地产审判庭、法律研究室，刑事审判庭分设刑事审判第一庭和刑事审判第二庭。2002年9月6日，区法院成立司法警察大队。

自2003年5月16日起至2007年年底，湖里区人民法院共设7庭2室1组1处1局1队和1个派出机构，分别为：刑事审判第一庭、刑事审判第二庭、民事审判第一庭、民事审判第二庭、行政审判庭、立案庭、审判监督庭、办公室、研究室、纪检组（监察室）、政治处、执行局、司法警察大队和禾山法庭（派出法庭）。

二、队伍建设

1988 年，湖里区人民法院共有编制 25 人，实有人员 21 人，其中：院长 1 人，副院长 1 人，正副庭长 4 人，审判员 1 人，助理审判员 6 人，书记员 8 人。

1990 年起，区法院逐年都从机关、学校、企业以及军队转业干部中选调或通过公务员考试选拔录用法院工作人员。同时，区法院鼓励干部通过参加函大、电大、自学考试，或以半脱产方式进入高等院校深造等途径，提高文化和专业水平。至 2001 年，区法院实有工作人员 43 人，按受教育程度分：大学本科 23 人，大专 15 人，高中或中专 5 人；按年龄结构分；35 岁以下 21 人，36～45 岁 16 人，46～55 岁 5 人，56 岁以上 1 人。

2007 年，湖里区法院总编制 80 人，实有干警 77 人，其中女干警 28 人，中共党员 53 人。按职别分：院长 1 人，副院长 3 人，正、副庭长 11 人，审判员 25 人，助理审判员 6 人，书记员 20 人，司法警察 6 人，司法行政人员 2 人，其他人员 3 人；按受教育程度分：研究生 11 人，大学本科 52 人，大专 11 人，高中或中专 3 人；按年龄结构分：35 岁以下 36 人，36～45 岁 29 人，46～55 岁 12 人；按从事法律工作年限分：5 年以下 26 人，6～10 年 7 人，11 年以上 44 人。

截至 2007 年年底，历任区法院院长为朱珍钮（1987.11—1993.11）、张树彭（1993.11—1998.10）、许跃生（1999.1—2003.10）、刘福山（2003.10—2007.12）。

第二节　刑事审判

1988—1990 年，区法院共受理各类刑事案件 104 件。打击流窜犯罪和盗窃犯罪为刑事审判的重点。

1991—1995 年，区法院共受理各类刑事案件 626 件，审结 537 件，审结率为 85.8%。其中，1991 年，重点打击杀人、放火、抢劫、爆炸、强奸、流氓、绑架勒索等 7 类犯罪；1992 年，有计划地开展“反盗、扫黄、打丑、除‘六害’（即卖淫嫖娼、聚众赌博、制作贩卖传播淫秽物品、拐卖妇女儿童、吸食贩运毒品、利用封建迷信活动骗财害人）”斗争；1993 年，突出打击“车匪路霸”。同时，为加强对青少年犯罪案件的审理，保护未成年人的合法权益，从区妇联、团委聘请陪审员组成少年庭，专职审理未成年人犯罪案件；1994 年，开展“反盗车、打地霸、扫黄丑”活动；1995 年，严惩严重危害社会治安、严重破坏经济秩序以及贪污、受贿的犯罪分子。

1996—1997 年，依法贯彻“从重从快”方针，严厉打击抢劫、盗窃这两类高发的财产型刑事犯罪活动。两年内，共受理各类刑事案件 434 件 640 人，审结 431 件 637 人，结案率达 99.3%。

1997 年全面贯彻实施新刑诉法。区法院审判实现立、审分离，把办案的重心落到开庭审理上，理顺控辩审三方关系，实现控辩双方诉讼权利的平等，强化证人出庭作证制度。对符合刑诉法第 174 条规定的案件，采用简易程序审理，以此缓解案多人少的矛盾，提高办案效率。是年，适用简易程序审理的案件占刑事结案的 31%。

1998—2000 年，共受理各类刑事案件 811 件 1230 人，审结 781 件 1178 人，结案率达 96.3%。鉴于刑事案件日益增多，2001 年区法院开始探索、制定并试行刑事案件普通程序简化审。从 2001 年 9 月起，率先在全市两级法院中出台《湖里区法院、湖里区检察院关于刑事案件普通程序简化审的试行办法》，对审判犯罪事实清楚、被告人无异议的普通刑事案件，在保持审判组织与程序完整的基础上，就告知诉讼权利（提前书面送达）、宣读起诉书和法庭讯（发）问、举（示）证、质证、辩论、宣判等程序进行简化，革除以往庭审过于烦琐、重复讯（发）问过多等弊端，试行后，案件的审理时间缩短 30 分钟以上，11 月，刑事案件结案率提高 6 个百分点。

2001 年 4 月—2003 年 4 月，遵照中央关于“严打”整治斗争和整顿规范市场经济秩序的重大部署及方针政策，区法院把“严打”斗争的重点转向团伙性犯罪、暴力性犯罪和多发性犯罪等三类重点对象和虚开增值税专用发票、假冒伪劣商品、诈骗等三类严重经济犯罪，同时加大对“六合彩”赌博犯罪，寻衅滋事、故意伤害等犯罪的打击力度。区法院还坚持惩罚、教育、挽救并重原则，共对270余名被告人宣告缓刑，对未成年人被告人按照优秀青少年维权岗的要求和部署进行回访考察，落实帮教措施，避免交叉感染产生恶性循环，减少和防止重新犯罪。

2004年，着重打击团伙性犯罪、暴力性犯罪和多发性犯罪。全年共受理刑事案件588件822人，比2003年收案增长45.2%，共审结560件756人，结案率达95.2%。其中，“8·9”重大责任事故案、“5·17”危险品肇事案以及李某某、君某某受贿等案件为社会各界关注的大、要案和专案。同年，公开宣判多起传播淫秽电子信息犯罪的案件，其中包括公安部挂牌督办的、全市首例建立黄色网站犯罪案件。

2005年，共审结刑事案件629件908人，结案率为98.13%。重点打击抢劫、抢夺、盗窃和故意伤害等严重危害群众财产和人身安全的多发性犯罪以及涉赌、涉毒犯罪和伪造证件、印章犯罪。同时，集中审判力量，优质、快速审结破坏经济建设的大案、要案。年内，对组织30余名村民阻挠五通滚装码头A标段回填沙项目施工的五通村民周某某等人，以聚众扰乱社会秩序罪，依法判处有期徒刑三年；对妨碍拆除违章建筑、殴打执法人员的被告人钟某某，以妨碍公务罪判处有期徒刑二年。年内，坚持“教育、感化、挽救”的审判方针，在严格未成年人案件审判程序的基础上，依法对96名未成年人罪犯从轻减轻判处刑罚。

2006年，依法加大涉黑、涉毒犯罪的打击力度，从重打击故意伤害、抢劫等严重暴力犯罪和抢夺、盗窃等多发性犯罪。共受理刑事案件598件，审结541件，无超期羁押案件，审判准确率98.8%。

2007年，共受理各类刑事案件669件991人，审结656件963人。其中，严厉打击严重危害社会治安的犯罪，审结故意伤害、绑架、强奸等严重暴力犯罪案件110件188人，抢劫、抢夺、盗窃等严重危害群众安全的多发性犯罪案件303件431人，严重危害社会的毒品犯罪案件53件76人；依法严惩破坏市场经济秩序犯罪，审结非法经营、金融诈骗、偷税、虚开增值税发票、逃避商检等犯罪案件30件59人；严惩职务犯罪活动，审结贪污、挪用公款案件2件，判处犯罪分子2人。区法院还加强刑事司法领域的人权保护，坚持罪刑法定和无罪推定原则。全年对不构成犯罪的1名被告人依法宣告无罪，对罪行轻微、确不致危害社会的124名被告人判处缓刑，对犯罪行为显著轻微的5名被告人免予刑事处罚，促进犯罪分子改过自新。同时，做好刑事附带民事诉讼的调解息讼工作，把附带民事诉讼赔偿的履行情况作为量刑考虑的重要因素，化解社会矛盾，有效维护刑事被害人的合法权益。

第三节　民商事审判

一、民事审判

1988年，共受理各类民事案件93起。1989年，房地产纠纷案件上升，民事审判注意抓好婚姻、债务、房产三大类型案件的审理，以推动民事审判工作的全面展开。全年共受理各类民事案件123件，审结率为94.2%。

1990—1994年，共受理各类民事案件735件，审结681件，审结率为92.65%。区法院坚持“着重调解”的原则，做好矛盾转化工作和调解案件的回访考察。

1995—1999年，共受理各类民事案件3749件，是前5年案件数的5.1倍，审结3650件，审结率达97.36%。受理案件中，房地产案件和民间房屋纠纷案件上升，涉及商品房预售的延迟交房、延迟付款纠纷、商品房质量纠纷、产权证办理纠纷以及房屋确权、析产、租赁纠纷等类型，区法院实行“繁简分流”的审判方式，快速调处简易纠纷，集中力量审理疑难、复杂案件。

2000—2004年，共受理婚姻家庭纠纷案件1195件，劳动争议诉讼案件2200余件。区法院采取“短、平、快”的办案方式，运用诉讼调解与人民调解相结合的民事纠纷处理机制及各类调解技巧定纷止争，降低诉讼成本，减轻当事人的讼累。同时，区法院在立案庭设立调解组，加大庭前调解力度，并充分发挥禾山法庭这一前沿阵地的作用，组织法官给辖区调解员上法律课，强化对基层组织的指导。2004 年，全院共调撤民商事案件 2000 余件，调撤率达 55.3%，禾山法庭被福建省高级人民法院评为“全省民商事诉讼调解先进集体”。

2005 年，共审结各类民商事案件 3513 件。区法院加强教育疏导，妥善处理各类群体性纠纷案件。同时，加强各类商事案件的审理，规范市场秩序。注重审理各类涉及民营企业的纠纷案件，保障民营企业的合法权益。

2006 年，共受理各类民商事案件 3535 件，审结 2659 件，其中调撤率为 55.1%。受理的案件类型以买卖、承揽、借款合同纠纷为主，居间合同纠纷、股东权纠纷出现增长趋势，保险、运输、租赁、联营等案件所占比重明显增加，涉及公司法的新类型案件不断出现，案件审理难度较大。区法院共审结金融纠纷案件 345 件，审结涉港澳台案件 11 件，使得不同诉讼主体、不同地域当事人的合法权益受到平等保护。同时，区法院正确审理涉及外资企业的一系列案件，保障投资环境。

2007 年，共受理各类民商事案件 3518 件，审结 3356 件。在审判过程中区法院积极调节各种利益关系，审理涉及就业、就学、就医、赡养费、抚育费等事关民生问题的案件时，着重保护老人、儿童、妇女、退休职工、企业下岗职工、失业人员、残疾人员的合法权利；审理群体性劳动争议等重点案件时，依法维护劳动者的合法权益和企业的生产经营秩序。区法院注意发挥多元化纠纷解决机制的优势，全年以调解（含撤诉）方式审结的民商事案件占 53.05%。

二、经济审判

1988—1990 年，区法院共受理各类经济纠纷 284 件。重点抓好为“三资”企业服务的工作，主动为“三资”企业提供法律帮助。1989 年，经济审判树立为发展经济服务，为改革开放保驾护航的观念，重点抓好购销合同纠纷和“三资”企业的案件。1990 年，开始提倡“庭前调解”，提高办案效率。同时，针对案件的具体情况，采取相应的民事措施，保证案件及时审结。

1991—1995 年，区法院共受理各类经济案件 856 件，诉讼标的达 28000 多万元，审结 737 件，审结率 86.1%。其中，购销合同纠纷 391 件，借贷合同纠纷 120 余件。1992 年，设立经济纠纷调解中心，完善经济诉讼制度，使经济纠纷可不受程序法的某些限制，做到快立、快审、快结、快执行。1993 年 3 月 18 日，经济调解中心成立挂牌对外办公，当年共审结经济纠纷 23 件，最短的审结一起经济纠纷案件仅用 3 天，为企事业单位挽回经济损失 1040 万元。

1996—2000 年，共受理各类经济纠纷案件 4298 件，是前 5 年受理案件数的 5 倍多，诉讼标的超过 7.6 亿元，是前 5 年标的数额的 2.7 倍。其中，购销合同纠纷与借贷合同纠纷所占比重仍然比较大。1996 年，区法院处理全国首例内部职工股持有者状告上市公司的股票侵权纠纷案件，为审判股票纠纷积累有益的经验。

2001 年，经济庭依照当事人的约定，审结全市首例适用香港地区法律的案件，被许多新闻媒体视为法官主动迎接 WTO 规则挑战的有益探索。

2002 年，经济审判庭撤销，成立民事审判第二庭。经济审判职能归属民事审判第二庭，经济案件归入民商事案件类进行统计。

附：湖里区首例适用香港法律的经济纠纷案

1997 年 11 月 17 日，原告香港某银行厦门分行因香港居民陈某为厦门某国际贸易公司的境内出口贸易的融资贷款提供担保，后因该公司未能依约偿还本息，遂向该贸易公司所在地的湖里区法院提起诉讼。

湖里区法院经审理查明：各方当事人当初签订合同时约定，选择香港法律作为合同争议所适用法律。经反复研究，湖里区法院依照中华人民共和国香港特别行政区《银行业条例》等法律规定，判决原告胜诉，被告厦门某国际贸易公司应偿还原告 26 万多元贷款本息，被告陈某对上述借款本息承担连带清偿责任。

第四节　行政审判和立案信访

一、行政审判

1989 年，湖里法院组建行政执行庭，专人负责行政审判工作，成功审理厦门市第一起个体户起诉工商行政管理局的行政案件。

1990 年 10 月 1 日，行政诉讼法全面实施，区法院采取多种形式宣传行政诉讼法。当年审结 2 起行政诉讼案件。

1995 年，开始实施国家赔偿法。全年受理行政诉讼案件 2 件，审结 2 件，结案率达 100%，非诉讼行政执行案件 33 件，涉及环保、土地、统计、规划、计划生育等方面，执结 33 件，结案率达 100%。

1996 年，开始实施行政处罚法。全年受理行政诉讼案件 2 件，审结 2 件，行政机关申请的非诉讼行政执行案件 10 件，执结 10 件，结案率达 100%。

2000 年，审理“民告官”的行政案件 12 件，全部审结。共受理行政执行案件 83 件，执结 81 件，标的 720 万元。

2001 年，实行当庭宣判。当年判决的 9 起案件全部当庭宣判。

2002 年，注重落实行政机关的举证责任，促使行政机关依法行政，通过审判方式改革，当庭质证、认证，当庭宣判，使当事人切实感受法律权威。全年审理的 17 件行政案件，除撤诉外，均当庭宣判，且均息诉服判。

2003 年，发挥行政审判职能，保障重点工程建设。年内审理石某某阻拦施工并推打一工人致轻微伤、被公安机关处以治安拘留不服而提起的行政诉讼案，依法维持公安机关的裁决。

2004 年，受理并审结涉及治安、拆迁等行政诉讼案件 7 件，受理计生、城建等非诉执行案件 13 件，全部审、执结。对湖里区计生局申请执行的 10 起案件采取专项行动，对恶意逃避征收社会抚养费的当事人采用行政拘留等强制措施。

2005 年，共审结行政案件 10 件、行政执行案件 28 件。依法保障行政相对人的合法权益，维护和监督行政机关依法行政。针对行政机关在执法中存在的漏洞，及时提出司法建议，规范行政机关某些领域的行政执法行为。年内，设立“征地拆迁案件”工作指挥小组，由院长任组长，整合全院审判力量，形成合力，依法保障重点项目建设的进行。

2006 年，共受理行政案件 16 件，审结 11 件，政策外生育社会抚养费执行到位率为 75%。2006 年，一审行政诉讼案件较上年同期增加 167%。此外，区法院还受理非诉行政执行案件 49 件，执结 46 件，执结率为 93.9%。

2007 年，区法院强化行政审判工作，突出对行政行为合法性、合理性的监督，支持和促进行政机关依法行政；保障行政相对人的人身权、财产权及与之相关的社会保障权、受教育权。在大力加强行政非诉执行工作，积极寻找被执行人的财产线索的同时，耐心做好被执行人思想工作，促成被执行人自动履行。全年由被执行人自动履行结案的非诉执行案件有 21 件，占该类案件结案数的 58.3%。

二、立案与信访

1988 年 3 月—1990 年 9 月，区法院没有设立告申庭，诉讼信访由各业务庭负责，非诉讼性信访由办公室负责。其间，共接待来访 203 人次，处理来信 91 封次，无申诉案件。

1990 年 9 月 8 日，设立告诉申诉审判庭，当年接待来访 182 人次，处理来信 143 封次。

1991 年 2 月 1 日起，实行审立分离，审查立案、审理申诉案件及信访接待工作均由告申接待室负责，共受理告诉 321 人（件）次，审查立案 282 件，申诉案件 12 件，在全市率先适用督促程序、签发支付令 44 件，生效 35 件，标的达 89 万多元。

1992 年，受理告诉申诉案件 521 人（件）次，审查立案 418 件，处理人民来信 125 件，接待人民群众来访 639 人次。

1993 年，共审查立案 489 件，接待人民群众来访 750 多人次，处理来信 10 件次。

1994 年，立案 440 件，接待群众来信来访 620 人次，处理申诉案件 10 件。年内，依法开展诉前保全、公示催告等新的审判业务，促进“便利群众诉讼、便利法院审判”两便原则的实行。

1995—1996 年，共立案 1293 件，接待群众来信来访 1950 多人次，申诉复查案件 11 件，办理诉前财产保全案件 80 件，调处简易纠纷 13 件。

1997 年，立案 1535 件，接待来信来访 1680 人，采取诉前保全 66 件，审理再审案件 5 件。年内，告申庭开展“学‘漳州 110’创文明窗口”活动。

1998 年，立案来访人员数不再列入群众来访统计人数。当年审查立案 2461 件，接待群众来访 47 人次，来信 13 封。

1999 年，共立案 4928 件，处理群众来信 25 件次，接待群众来访 67 人次。年内，区法院通过告申“窗口”向社会作出“为人民服务，让人民满意，对人民负责，请人民监督”的承诺；开始实行“立审、审执、审监”三分离，提高工作效率；严格实行院长接待日联动制度，告申庭对每月发回重审、重大改判、再审、抗诉案件进行登记和质量评定，在全市率先制定《关于加强告申立案登记等工作的若干规定》。

2000 年，共立案 5656 件，处理群众来信 35 件次，接待群众来访 98 人次，按照审判监督程序决定再审 30 件（含检察机关的抗诉案件）。同时，开展司法救助活动，审核同意 120 件民事、经济案件的当事人缓交、减交、免交诉讼费 30 万元的申请。当年，全面实行“立审、审执、审监”三分离，实现 95% 以上的案件当天立案。

2001 年，开展“公开便民承诺、优化投资环境”活动，当年，共立案 5968 件，接待来访 110 人次，处理来信 48 件次。落实司法救助制度，依法审批 155 个案件 24.72 万元诉讼费的缓交、减交和免交的申请。

2002 年，立案 6323 件，处理群众来信 65 件次，接待群众来访 98 人次。

2003 年 5 月 16 日，撤销告诉申诉庭，分设立案庭和审判监督庭。信访接待室划属立案庭的内设机构。当年，立案 5731 件，处理群众来信 76 件次，接待群众来访 105 人次。

2004 年，告申庭设置无障碍通道，方便残疾人立案诉讼；安排专门的导诉人员，接待来访，指导诉讼；公开立案咨询专线电话；有关办案手续及流程公布上墙；免费提供空白的诉状样本及有关诉讼指导书；每天设立一名值班法官，为当事人在工作日以外提供立案咨询；对经济确有困难的老年人、残疾人等弱势群体追索赡养费、劳动报酬、交通事故等案件，免交、缓交、减交诉讼费用，全年共减、免、缓交诉讼费 56.36 万元。当年，立案 6303 件，处理群众来信 80 件次，接待群众来访 102 人次。

2005 年，区法院建立起以“大立案”为特征的新的审判流程管理制度，使审判法官脱离程序性事务，得以集中精力进行开庭和撰写法律文书，提高办案质量。通过完善审判流程管理制度，告申庭在立审分离管理模式中的枢纽作用得到进一步强化。所有案件受理后从告申庭进，审结后还从告申庭出，形成圆状循环，流程各环节权责明晰，互相监督，保障审判流程的顺畅。当年，立案 6051 件，处理群众来信 117 件次，接待群众来访 84 人次。

2006 年，告申庭进一步改善立案工作机制，在立案大厅设立导诉台，由专人接待当事人，引导诉讼程序、指导书写起诉材料、帮助整理证据材料。当年，立案 6743 件，处理群众来信 103 件次，接待群众来访 53 人次。

2007 年，4 月 1 日起执行《诉讼费用交纳办法》，在全省法院系统内率先规定：对劳动者提起诉讼的劳动争议案件，经原告申请，由立案庭庭长核准，可以免预交案件受理费；裁判败诉的，经原告申请，由业务庭庭长核准，可以免交案件受理费。在此基础上继续加强司法救助工作，为经济确有困难的当事人依法缓、减、免交诉讼费 44.8 万元。当年，立案 5706 件，处理群众来信 74 件次，接待群众来访 90 人次。

第五节　审判监督与执行

一、审判监督

1990 年 9 月 8 日，区法院增设告诉申诉审判庭。2003 年 5 月 16 日，区法院撤销告申庭，改设审判监督庭。

2003 年，共评查 150 件诉讼、执行案件，登记审查改判、发回重审、再审等“五类案件”79 件，并进行审判质量合格与否的认定，依法对 3 起诉讼案件提起再审。

2005 年，制定《审判监督工作暂行规定》《案件质量评定若干规定》，完善案件审前、审中和审后的全方位管理、监督和检查。是年，审监庭共审结再审、申诉案件 24 件。

2006—2007 年，区法院开展审判监督“三创新”即创新监督体系、创新监督机制和创新责任追究机制，变审监庭单一监督为纪检、立案、审监相结合的复合型监督，变静态的事后监督为从立案到执行全过程的动态监督，变单一处罚为点评通报与惩戒相结合的多元处罚。2007 年，共审结再审、申诉案件 26 件。

二、案件执行

1989 年，共受理执行案件 79 件，审结 51 件，审结率 64.55%。执行过程中适时采取诉讼保全，先行给付等法律措施保证案件审结后能够顺利执行。

1990—1992 年，共受理执行案件 472 件，审结 315 件，审结率为 66.7%。

1993 年，充实执行工作力量，采取说服教育与封查、变卖财产、拘留等强制措施相结合的方法，维护申请人的合法权益，全年共受理执行案件 161 件，审结 112 件，挽回经济损失 2000 多万元。

1994 年，独立设置执行庭充实执行队伍，加强执行力量。全年受理执行案件 184 件，执结 118 件，为当事人挽回经济损失 900 多万元。

1995 年，采取“两包三定”即包案到庭、包案到人，定任务、定目标、定措施的做法，强化执行力度。全年受理执行案件 254 件，执结 194 件，结案率达 76.38%，为当事人挽回经济损失 1235 多万元。

1996 年以后，执行案件急剧增加，从 1996 年的 404 件、1997 年的 742 件，至 1998 年的 1006 件、1999 年的 1955 件，年平均增长率达 71.2%。1999 年，人均结案达 342 件，中止率为 17.3%，低于省、市法院规定的 20% 的限度。

2000 年，调整执行人员和工作布局，把所有民事、经济执行案件交由执行庭执行，行政执行案件则交由行政庭执行，相对集中了执行力量。共受理民、经执行案件 2240 件，执结 2022 件，标的 1.05 亿元，结案率为 90.27%。

2001 年，改革执行模式，于年初将执行庭分为普通案件执行组和重大、疑难案件执行组，二组相互监督、相互促进，确保公正执行。当年，民事、经济执行案件共收案 2460 件，标的 23189 万元，执结 2331 件，标的 8824 万元，结案率为 94.76%。行政执行案件取得突破，针对辖区农村违章建房较为突出的情况，对塘边村一违章建房户采取强制拆除的办法，并通过新闻媒体进行广泛宣传，取得拆除一点、整治一线、教育一片的效果。此外，进一步完善评估、拍卖等制度，规范评估、拍卖等环节，增强执行工作的透明度与公正性。

2002 年，对重大疑难案件采取集中执行、突击执行、专项执行等措施，实行财产申报，公告督促、领导监督等办法，形成强大的执行攻势。共受理执行案件 2968 件，依法采用查封、扣押、冻结、划拨、拍卖等强制措施，共执结 2780 件，执结标的 8473.68 万元。

2003 年，规范执行工作，加大执行力度。5 月初，开始试行《湖里法院执行财产委托评估、拍卖实施细则》，杜绝中介机构为了拉业务而同个别法官、金融机构等暗箱操作的可能性。加大执行力度，开展清理执行积案工作，共受理各类执行案件2105件，执结1920件，执结总标的1.21亿元。年内，开展“清理执行积案，维护农民工合法权益”活动，对拖欠工人工资、工伤赔偿款等案件进行反复滚动执行，共为576名工人兑现工资款243.4万元。

2004年，开展维护劳动者合法权益的专项活动，集中清理拖欠工人工资、工伤赔偿款等案件，对涉及劳动者切身利益的案件优先执行，共为1000余名工人兑现工资款250多万元。用好、用活司法强制措施，对无正当理由拒不履行债务的当事人依法采取司法拘留手段，被执行人均能在拘留后还清绝大部分欠款，保障申请执行人的合法权利，同时也达到执行一件，教育一片的效果。全年受理各类执行案件2230件，执结2064件，中止311件仅占15%，执结率达92.56%，同比上升1.36%，执结总标的14907.88万元。人均执行案件数位于全省基层法院前列。

2005年，开展“集中执行月”活动。全年执结各类执行案件1625件，执结标的9452万元。加大涉及劳动报酬、职工生活费等直接关系到广大人民群众切身利益和社会稳定案件的执行力度。年内，组织执行款项清退活动，对应当退还当事人的执行暂存款责令限期退还，对未收取诉讼费的则责令立即上缴国库。同时加强对新产生的执行暂存款项的跟踪监督，杜绝执行款项的人为滞留，保障当事人的合法权益。

2006年，开展“集中执行月”活动，清理各种旧存案件。加大对涉及城镇工人和农民工资案件、群体性案件及区重点工程的案件的执行力度，与公安、检察院联手对“躲债”的被执行人处以“拒执罪”制裁，同时加强执行和解工作，力促被执行人自动履行或使双方达成和解协议。全年新收执行案件1947件，结案1591件，结案率82.6%。年内完善执行分权制衡、规范评估拍卖制度，加强对执行款项的规范管理，对进出的执行款项统一登记造册，实行执行款项的统一管理制度。

2007年，共办结执行案件1666件，执结率95.53%；执行标的总额15897万元，执行标的到位率84.8%。全年采取司法拘留措施的执行案件共36件39人，兑现标的344.1万元，维护生效裁判的法律权威。对涉及群众切身利益、社会稳定和市区重点工程的案件，优先予以执行。成功处理成功大道征地拆迁等一些重大、复杂案件，维护社会稳定和当事人的合法权益，确保重点工程建设顺利进行。此外，还对近年来执行中止的案件进行清理，共恢复执行75件，最大限度地实现申请执行人的债权。

第四章　司法行政

第一节　机构设置

一、区司法局

1988年6月成立，内设办公室、基层工作科、法制宣传科，下设单位有公证处、律师事务所。

1997年，内设机构改设综合科、法制宣传科、基层工作科、公证律师管理科。全局有行政编制19人，领导职数7人。

2002年，内设机构调整为综合科、法制宣传科、基层科，下设1个派出机构禾山司法所。

2004年4月，内设机构为综合科、基层科、法律服务科。同年7月，在禾山、湖里、殿前、金山、江头等街道设立司法所，作为区司法局的派出机构，机构规格为正科级。全局定编行政人员27人，其中局机关12人、街道司法所15人。

截至2007年年底，内设机构为综合科、基层工作科、法律服务科。全局定编行政人员27人，其中局机关12人、街道司法所15人。

历任局长为纪维成（1988.5—1993.5）、许鸿艺（1997.4—2000.9）、钟莹聪（2000.9—2007.4）、周福民（2007.4— ）。

二、下属机构

湖里区公证处 1989年2月成立，隶属湖里区司法局。1990年1月，开始独立办理公证文书。2001年6月，根据司法部颁布的《关于深化公证工作改革的方案》，湖里区公证处转制为全民事业单位，成为执行国家公证职能、自主开展业务、独立承担民事责任、按市场规律和自律机制运行的公益性、非营利性的事业法人。截至2007年年底，有事业编制人员6人，其中四级公证员1人、三级公证员2人，助理公证员1人。

律师事务所 截至2007年年底，湖里区有律师事务所1所，为联合信实律师事务所（详见本章第四节）。

法律援助中心暨"12348"法律服务专线 1999年5月开通"96148"区法律咨询热线电话，2002年8月成立区法律援助中心，隶属区司法局，为全民事业单位，定编2人。区法律援助中心与区"12348"协调指挥中心合署办公。2003年，区法援中心和"96148"进行资源有机整合，把"96148"改为"12348"，纳入法律援助的工作体系。截至2007年年底，区法律援助中心下设区妇女维权站、区青少年法律援助站、区残疾人法律援助站等援助机构，有事业编制工作人员2名，"12348"服务专线有工作人员1名。

第二节 普法教育

一、"一五"普法教育

湖里区建区之前，辖区境域的"一五"普法规划分别由原开元区、郊区、湖里工业局组织实施。主要内容是在全体有接受教育能力的公民中宣传、普及"十法一例"["十法"为宪法、刑法、刑事诉讼法、民事诉讼法（试行）、婚姻法、继承法、经济合同法、兵役法、民法通则、民族区域自治法；"一例"为治安管理处罚条例]。

1988年3月，区一届人大二次会议审议通过《湖里区1988年普法教育工作意见》之后，全区相继成立各级普法小组和办公室，运用出普法宣传栏板、播放法制录像和电影、举办普法骨干培训班等形式，在此前有关方面普及"十法一例"法律常识的基础上进行补缺补漏，使全体公民增强法制观念，知法、守法，养成依法办事的习惯。

二、"二五"普法教育

1991年8月，湖里区召开"二五"普法动员大会，成立普法领导小组。9月，制定《湖里区"二五"普法工作规划》。1992年1月—1994年12月，为"二五"普法实施阶段。主要学习内容有宪法、行政诉讼法、义务教育法、集会游行示威法、国旗法、土地管理法、环境保护法、食品卫生法、民事诉讼法、福建省计划生育条例等专业法律、法规。"二五"普法期间，全区共投入普法经费50多万元，城区居民普及率95%，村民普及率90%，基本完成以宪法为核心、以专业法为重点的第二个五年普法工作任务。

三、"三五"普法教育

制定《关于在全区公民中开展法制宣传教育的第三个五年规划》《湖里区外来员工法制教育工作意见》等法规，成立普法依法治区工作领导小组，由区委书记担任领导小组组长。各政法部门、工商、税务、财政、建设、劳动、经贸、农林水等相关单位的领导为小组成员。领导小组下设普法和依法治区办公室，与区司法局合署办公，一套人马两块牌子（未确定编制）。具体负责普法和依法治区工作五年规划和年度方案的实施。

“三五”普法以县处级以上领导干部、执法人员、青少年、外来人口和企业经营管理人员为重点对象，主要学习内容是宪法、刑法、行政处罚法、预防未成年人犯罪法以及厦门市人大颁布的地方性法规等20部法律法规和《社会主义法制建设基本知识》《厦门市公民手册》两本书。通过创办社区法制学校、举办法制卡拉OK比赛、开设“96148”法律服务专线、在大众媒体开办专门栏目、“学生带法回家”等方式，丰富普法手段。

1997年建立健全全区干部学习法律知识登记、考试制度；编写《湖里区外来务工人员法制教育读本》，区与街（镇），街（镇）与居（村）委会签订外口法制教育责任状。1998年，建立对区人大任命的政府组成人员、“两院”组成人员和副科以上干部任免前的法律知识考试制度。至1999年年底，全区有17万外来务工人员参加普法教育，经考试及格领到“普法合格证”。

2000年11月，湖里区“三五”普法工作通过检查验收，被评为福建省“三五”普法先进区。

四、“四五”普法教育

2001年8月，制定《关于在全区公民中开展法制宣传教育的第四个五年规划》。区人大常委会作出《关于进一步开展法制宣传教育的决议》。区依法治区办建立“湖里区普法网”，利用网络开展法制教育和法律服务。湖里区“四五”普法规划的重点是法律进校园、法律进社区和在外来员工中普及法律知识。同年在康乐小学、东渡小学、湖里中心小学、江头第三小学开展“主课堂法制渗透教育”试点。2003年，在金尚、康乐、兴隆、东渡4个社区成立社区法律服务工作站，并逐步在全区推广。社区法律服务工作站整合律师、公证、法律援助等多种法律服务资源，使社区居民不出家门就可以享受到免费的法律咨询服务。2004年11月，召开“湖里区学校法制教育工作现场会”，全面推广“主课堂法制渗透教育”和禾山中学、厦门三中依法治校工作经验。同年底，区司法局联合区教育局在全区中小学校中开展学生法制动漫有奖征集活动，用青少年喜闻乐见的形式开展法制宣传。

2005年，开展“关注外来员工”活动，成立来厦务工人员法律援助站和职工维权热线，为外来员工提供法律咨询、就业指导等相关服务。在《外来青年》杂志开辟法制专栏宣传有关法律知识，举办“法在我心中”征文活动；在外来务工人员培训中心创建法制培训基地，成立外来务工人员法制教育讲师团，制定法制培训计划，定期举办法制讲座。同年，湖里区被省法制宣传领导小组授予2001—2005年度全省法制宣传教育先进区称号。

五、“五五”普法教育

2006年8月，制定《在全区公民中开展法制宣传教育的第五个五年规划》。同年10月，全区“五五”普法工作全面启动。该届普法教育的重点是宣传城市管理、维护社会稳定、构建和谐社会等方面的法律知识，运用法律知识和手段破解制约湖里区新一轮跨越式发展中遇到的征地拆迁、制止违章建设、旧村改造等难点问题。推行领导干部学法用法制度化建设，强化“有权必有责、用权受监督、违法要追究”的意识；加强基层社区干部的法制教育，提高基层干部依法办事的意识和依法管理社会事务、处理矛盾纠纷的能力；加强青少年法制宣传教育，努力构建“学校、家庭、社会”三位一体的青少年法制宣传教育体系；加强村改居社区居民和进城务工人员的法制宣传教育工作，引导他们增强遵纪守法意识，并能运用法律武器维护自己的权益。

2006年，区司法局陆续为全区5个街道、37个社区免费安装《包青天中国法律事务应用系统》，并组织软件应用培训，推动“法律进社区”活动的发展。

2007年，成立湖里区社区“百案说法”宣讲团，编印《湖里区社区百案说法故事集》，组织创作、演出《湖里区社区法制文艺小品》，编印5期共25000册《学生法制口袋书》。年内，区街道艺术团、外来青年艺术团和老年艺术团参加厦门市首届社区法制文艺大赛，获得2个一等奖、1个三等奖。

第三节 人民调解

一、机构和组织

1982 年 12 月，辖区境域各村的人民调解委员会相继成立。1989 年 5 月，禾山镇指派司法助理员负责指导各村人民调解委员会的日常工作。2002 年 9 月，区司法局分别在矛盾纠纷多发地枋湖村外口聚居地和东渡水产品批发市场成立全市第一家“外口调委会”和“市场调委会”。2003 年 5 月，禾山镇和湖里、殿前街道成立镇（街）人民调解委员会。截至 2005 年年底，全区设立 5 家街道调委会、43 个社区人民调解委员会、2 家外口公寓调委会、1 家外来人员聚居区人民调解委员会，基本形成以街道人民调解委员会为主导，以社区人民调解委员会为基础，以区域性、行业性等特色人民调解委员会为“触角”的覆盖全区的多层次、宽领域的四级调解网络体系。各调委会有人民调解委员会标识，有相对固定的人民调解工作场所，有人民调委会印章，有调解、回访记录簿和统计台账，村、居人民调解委员会基本达到组织、制度、工作、报酬“四落实”。

2005 年 10 月，金山街道设立纠纷解决服务中心，成为《厦门市完善多元化纠纷解决机制的决定》的试点。纠纷解决服务中心整合街道综治、信访和司法所的力量，对当事人寻求行政途径解决的纠纷实行“统一受理、集中梳理，归口管理、依法办理、限期处理”的办法。金山街道调委会、安兜外口聚集区调委会被评为全省优秀调委会。

2006 年，设立金山、五通、寨上等 3 个警民联调工作室。

2007 年，殿前街道办与江西省驻厦门劳务管理处联合成立矛盾纠纷调处中心。截至当年年底，全区共有调解组织 52 个，其中街道调委会 5 个、社区调委会 43 个、外口公寓调委会 2 个、区域性和行业性调委会各 1 个；全区有调解人员 1676 人，其中调委会主任和调解委员 479 人、调解员 1197 人，5 个街道调委会及金山警民联调工作室设有专职调解员 12 个，全部为大专以上学历。人民调解网络覆盖全区。金山街道调委会被省司法厅授予“全省优秀人民调委会”。

二、民间纠纷排查调解

1987 年，全区各村（居）人民调解委员会积极参与调处各类矛盾纠纷，共调解纠纷案件 63 件，调解成功 58 件，防止激化 1 件 11 人。

1988 年，调解纠纷案件 72 件，调解成功 67 件，防止激化 1 件 8 人。

1989 年，调解纠纷案件 83 件，调解成功 78 件，防止激化 2 件 19 人。

1990 年，通过“抓试点、建网络、立章法、强素质”，初步构建以基层调解员、信息员为骨干力量，社区和企业外口调解小组为基础的人民调解组织网络。共调解纠纷 95 件，调解成功 91 件，防止激化 4 件 34 人。

1991 年，调解纠纷案件 121 件，调解成功 117 件，防止激化 6 件 43 人。

1992 年，调解纠纷案件 133 件，调解成功 129 件，防止激化 7 件 59 人。

1993 年，调解纠纷案件 159 件，调解成功 155 件，防止激化 11 件 73 人。

1994 年，调解纠纷案件 180 件，调解成功 176 件，防止激化 13 件 90 人。

1995 年，调解纠纷案件 198 件，调解成功 192 件，防止激化 12 件 97 人。

1996 年以来，区司法局在各社区、行政村设立十户调解员、纠纷信息员，形成矛盾纠纷的信息反馈系统。各家人民调委会每月召开一次矛盾纠纷分析例会，对纠纷实行抓早、抓小、抓苗头，发现一起介入一起、排查一起，力争做到不积压、不耽搁、不延误，纠纷信息上报及时，有效预防矛盾纠纷的发生。当年排查调处纠纷案件 265 件，调解成功 258 起，防止激化 4 件 51 人。

1997 年，排查调处纠纷案件 279 件，调解成功 274 起，防止激化 5 件 67 人。

1998 年，排查调处纠纷案件 281 件，调解成功 277 起，防止激化 8 件 103 人。

1999 年，排查调处纠纷案件 285 件，调解成功 279 起，防止激化 6 件 84 人。

2000 年，排查调处纠纷案件 289 件，调解成功 282 起，防止激化 9 件 113 人。

2001 年，排查调处纠纷案件 290 件，调解成功 284 起，防止激化 12 件 142 人。

2002 年，区司法局组织各级人民调解组织，每季度定期排查，重大节假日前统一排查，“两会”或重大活动前集中排查和对纠纷多发地、重点期、特殊的热点难点问题重点排查，防范纠纷。当年排查并调处各类民间矛盾纠纷 295 件，调解成功 288 件，防止激化事件 13 件 1230 人。

2003 年，分别在马垅、南山的“外口公寓”成立调委会，并在外来人员多的村社和物业公司成立外口调解小组，吸纳外口调解员、纠纷信息员，将人民调解工作向辖区内的大中型企业延伸。当年，排查调处各类民间矛盾纠纷 317 件，调解成功 312 件，防止激化事件 12 件 1190 人。

2004 年，建立人民调解培训制度，实施《指导人民调解工作实施方案》。7 月，开始推行坚持调解员持证上岗制度。全年共排查并调处民间矛盾纠纷 429 件，调解成功 416 件，防止激化事件 4 起 20 人。全区涌现 30 个“四无”（无民间纠纷转化为刑案、无引起非正常死亡、无引起群体性械斗、无引起群体性上访）社区，占全区社区总数的 81. 1%。

2005 年，在社区普遍推行人民调委会与警务室合署办公工作制度，逐步实现人民调解与行政调解的职能整合。人民调解员与社区警员各司其职做好咨询解答、纠纷调处和案件分流工作。人民调委会还配合行政机关，排查调处各类行政纠纷，制作具有法律效力的调解协议书。当年排查并调解民间矛盾纠纷 786 件，其中调解成功 756 件，防激化事件 18 件 40 人。

2006 年，初步构建以外口调解员、信息员为骨干力量，社区、企业外口调解小组为基础，外口特色调委会为支撑的外来人员人民调解组织网络。10 月，在殿前街道召开全市人民调解工作现场会，交流和推广湖里区外来人员人民调解工作的做法和经验。当年，排查调处各类民间矛盾纠纷 1329 件，调解成功 1293 件，防止激化事件 27 件 2300 余人。

2007 年，司法所人员挂点联系社区，及时指导督促人民调解工作开展，同时在独立管理的物业小区设立物业片区调解员。年内成立江西省劳动厅驻厦人民调解委员会，开创外省驻厦劳务管理处在厦设立调委会的先河。当年，排查调处民间纠纷 929 件，调解成功 891 件，防止群体性事件 21 起 400 余人次。

第四节　律师事务

一、机构

1989 年以前，辖区无律师事务所。居民若需要法律服务，必须到思明区和开元区寻找律师事务所。1989 年 5 月，成立湖里区律师事务所，为区司法局下属机构，这是湖里区内的第一家律师事务所。截至 2007 年，湖里区有大小律师事务所 23 家，其中区属律师事务所 1 家。

二、区属律师事务所

区属联合信实律师事务所的前身为湖里区律师事务所，1989 年 5 月成立，1992 年更名为厦门市信实律师事务所。1993 年 1 月，信实律师事务所开始实行自收自支的管理体制。1994 年，转为事业编制，实行律师事务所主任选举制和主任负责制，开始向“二不四自”（即不占国家编制、不要国家经费和自愿结合、自收自支、自我发展、自我约束）合伙制律师体制过渡。1995 年，改革分配制度，实行效益工资体制。1996 年 6 月，转为合伙制，成为厦门市第一家由国办所转制成为合伙所的律师事务所，并先后取得证券法律业务资格、税务代理资格。1999 年，设立杏林分部。2000 年，信实律师事务所与群贤律师事务所合并，成立联合信实律师事务所。2001 年 7 月，开办泉州分所。截至 2007 年，联合信实律师事务所有工作人员 88 人，其中取得律师执业证书的有 67 人。

1989—2007 年联合信实律师事务所业务统计表

表 20-2

年份	担任顾问（人）	受理案件数（件）	业务收入（万元）	年份	担任顾问（人）	受理案件数（件）	业务收入（万元）
1989	9	107	3.5	1999	87	618	523
1990	18	94	6.5	2000	121	1208	706
1991	19	106	9.5	2001	164	1845	1067
1992	21	76	10	2002	236	1601	1156
1993	28	142	28.2	2003	286	1130	1271
1994	32	186	38.9	2004	306	1784	1033
1995	42	298	67.5	2005	325	1804	1036
1996	50	282	93	2006	346	2056	1263
1997	47	360	206	2007	351	1684	1442
1998	63	502	368				

第五节　公证事务

一、机构

厦门市湖里区公证处成立于 1989 年 2 月，隶属区司法局。1990 年 1 月，区公证处开始独立办理公证文书。2001 年 6 月，通过改制，成为执行国家公证职能、自主开展业务、独立承担民事责任、按市场规律和自律机制运行的公益性、非营利性的事业法人。截至 2007 年，湖里区公证处有三级公证员 2 名、涉外公证员 2 名、公证员助理 1 名、辅助人员 1 名。

二、主要业务

区公证处成立初期，主要开展与公民权利义务有关的公证业务，有收养、遗嘱、继承、委托、赠与、房屋买卖、房屋租赁、遗赠扶养协议、房屋拆迁补偿协议以及未婚证明、婚姻状况、出生、专业技术职称等民事公证业务。

1993 年，取得涉外公证业务资格。主要包括涉外民事和涉外经济公证两种。涉外民事公证业务主要包括：公民出生、死亡、结婚、离婚、亲属关系，学历、经历、户籍、收养、继承等涉外证明文件。涉外经济公证，重点办理中外合资、合作经营企业和外资企业（以下简称“三资”企业）以及其与国内有关企事业单位和其他社会经济组织之间的协议或有法律意义的文件等的公证。

1993—1995 年，开始向经济领域拓展，开展企业承包、贷款、购销、建筑工程招投标、工程承包、加工承揽合同、建筑安装工程施工合同、联合经营合同、财产租赁合同、劳务合同、农副业承包合同、乡镇企业承包合同、供销采购人员法人代表资格证明或委托书证明、企业之间或企业事业单位之间联营合同等公证业务；开展中外合资、合作经营、商品房买卖、来料加工合同类，以及与签订经济合同有关的授权委托证书、法人资格证书、资信证书、担保书、营业执照副本等公证业务，同时开办抵押贷款、企业拍卖、外派劳务、国有土地使用权有偿转让、商标注册登记证明、提存和诉讼前证据保全、拍卖、投标、开标、企业改制等业务的公证。

1996 年，厦门市房地产市场开始引入公证机制，凡涉及房屋权属变更（如买卖、继承、赠与、析产等）均应当办理公证，后凭公证文书再到房管部门办理过户手续。至年底，区公证处办理涉及不动产的办证数占全区办证总量的1/3。

1996年10月，厦门市建设工程招投标引入公证机制，规定"凡建设工程标的在100万元以上的或建筑面积在1000平方米以上的工程项目的招投标活动均应当经厦门市公证机关公证"。区公证处开始介入建设工程招标领域。

截至2007年，累计办证近4万件，涉及经贸、金融、房地产、知识产权保护等领域，公证书除在国内使用外，还发往世界30多个国家和地区使用。

1988—2007年湖里区公证处业务统计表

表20-3

年份	办证件数（件）				收费（万元）
	经济	民事	涉外	合计	
1988	—	11	—	11	—
1989	17	58	—	75	—
1990	122	66	—	188	3.36
1991	138	77	—	215	4.60
1992	264	358	—	622	18.17
1993	140	454	—	594	30.48
1994	185	801	—	986	70.09
1995	584	560	—	1144	65.66
1996	1296	507	57	1860	114.98
1997	4460	808	118	5386	329.56
1998	3927	1696	137	5760	342.90
1999	2425	1517	88	4030	240.98
2000	4308	1251	98	5657	263.35
2001	2325	1132	81	3538	257.31
2002	3117	433	184	3734	307.28
2003	1246	582	204	2032	164.46
2004	346	747	265	1358	172.76
2005	106	835	365	1306	122.32
2006	—	1501	412	1913	149.77
2007	—	1438	392	1830	135.64

第六节　基层法律服务与法律援助

一、基层法律服务

1988年9月，禾山乡法律服务站成立。1991年，改称禾山法律服务所。湖里区司法局依法对禾山法律服务所和基层法律服务工作者进行管理和指导。禾山法律服务所协助区司法局开展基层司法行政工作。

1989 年，禾山乡法律服务站代写法律文书 36 件，解答群众法律咨询 24 人次，协助办理公证 23 件。

1990 年，禾山乡法律服务站担任各企业的法律顾问 13 家，代写法律文书 20 份，解答群众法律咨询 45 人次，协助办理诉讼事项 2 件，基本上达到省司法厅一类法律服务所的标准。

1991 年，禾山乡法律服务站更名为禾山法律服务所，担任各企业的法律顾问 12 家，代写法律文书 20 份，解答群众法律咨询 40 人次，协助办理公证 20 件。

1992 年，禾山法律服务所担任各企事业单位的法律顾问 12 家，代写法律文书 13 件，解答群众法律咨询 45 人次，办理案件 8 件，挽回经济损失上百万元。

1993 年，禾山法律服务所担任各企事业单位的法律顾问 12 家，代写法律文书 25 件，解答群众法律咨询 40 人次，协助办理公证 25 件，挽回经济损失 50 多万元。

1995 年，禾山法律服务所担任各企事业单位的法律顾问 8 家，代写法律文书 70 件，解答群众法律咨询 80 人次，办理案件 12 件，挽回经济损失 60 多万元。

1996 年，禾山法律服务所担任各企事业单位的法律顾问 50 家，代写法律文书 68 件，解答群众法律咨询 40 人次，协助办理案件 131 件，挽回经济损失 100 多万元。

1997 年，禾山法律服务所担任各企事业单位的法律顾问 14 家，代写法律文书 148 件，解答群众法律咨询 96 人次，协助办理案件 106 件，协助办理见证 2 件，挽回经济损失 201 万元。

1998 年，禾山法律服务所担任各企事业单位的法律顾问 6 家，代写法律文书 90 件，解答群众法律咨询 130 人次，办理诉讼代理 25 件，非诉讼代理 30 件，协助办理公证 83 件，挽回经济损失 256 万元。

1999 年，禾山法律服务所担任各企事业单位的法律顾问 6 家，代写法律文书 102 件，解答群众法律咨询 165 人次，办理诉讼代理 28 件，非诉讼代理 36 件，协助办理公证 56 件，挽回经济损失 456 万元。

2000 年，禾山法律服务所担任各企事业单位的法律顾问 6 家，代写法律文书 132 件，解答群众法律咨询 324 人次，办理诉讼代理 56 件，非诉讼代理 46 件，协助办理公证 64 件，挽回经济损失 467 万元。

2001 年，禾山法律服务所担任镇办企业、村（居）委会经济组织的法律顾问 6 家，民事诉讼代理 115 件，协办公证 31 件，办理见证 3 起，代写法律文书 198 件，解答法律咨询 380 人次，避免和挽回经济损失 360 万元，收费 30 万元。

2002 年，加强对禾山法律服务所的年检注册工作，突出抓对禾山法律服务所和基层法律服务工作者执业活动的管理，指导和监督。本年度，禾山法律服务所担任 4 家组织、企业的法律顾问，代理诉讼 163 件，代理非诉讼 5 件，见证 8 件，代写法律文书 115 件，解答法律咨询 478 人次，避免或挽回经济损失 600 万元，业务收费 25 万元。

2003 年和 2004 年，围绕建立健全社会预警体系，推动和引导律师公证员参与基层法律服务工作，引导人民群众自觉运用法律手段，将解决社会矛盾纳入法制化轨道。两年间，禾山法律服务所担任 6 家组织、企业的法律顾问，代理诉讼 140 多件，调解纠纷 25 件，代写法律文书 200 多件，解答法律询问 300 多次，业务收费 23 万元。

2005 年，努力促进法律服务工作，以社区法律服务工作站为载体，将律师、公证员、法律援助工作者纳入法律服务志愿者队伍，发挥法律咨询、法制宣传和调解等服务功能，满足人民群众的法律需求，为维护社会稳定服务。本年度，禾山法律服务所代理诉讼案件 149 件、非诉讼案件 13 件，代写法律文书 251 份，提供法律咨询 307 次，避免和挽回经济损失 2100 万元。

2006 年，突出抓基层法律服务所和基层法律服务工作者执业活动的管理、指导和监督，使基层法律服务工作运行机制进一步规范，服务质量进一步提高。禾山法律服务所受理诉讼事务 98 件，解答法律咨询、代写法律文书 330 余件，避免和挽回经济损失 1500 万元。

2007 年 6 月，禾山法律服务所在外来人员聚居的枋湖社区举办“法律夜市”，宣传国家法律、法规、政策，教育公民遵纪守法和尊重社会公德。当年，禾山法律服务所担任 7 家单位的法律顾问，诉讼代理 68 件，非诉讼代理 4 件，主持调解民事纠纷 5 起，协办公证 16 件，办理见证 3 件，代写法律文书 62 份，办理法律援助事务 2 起，解答法律咨询 114 人次，参与司法行政工作 31 人次，挽回经济损失 500 万元，业务收费13万元。

二、法律援助

1999年5月，正式开通湖里区“98148”法律服务专用电话。当年，全区共接受电话咨询580个，群众来访79人次。

2000年5月，“98148”电话专线号码改为全省统一的“96148”。当年全区“96148”法律咨询热线共接受来电咨询1807个，群众来访127批186人次。

2002年8月2日，湖里区法律援助中心成立，并先后与湖里区有关部门共同设立区妇女维权站、区青少年法律援助站、区残疾人法律援助站。法律援助工作站，行政隶属各职能部门，业务接受区法律援助中心指导。区法律援助中心与区“96148”协调指挥中心合署办公。

2003年6月，“96148”电话专线号码改为全国统一的“12348”。湖里区将区法援中心和“12348”的资源进行有机整合，把“12348”法律咨询纳入法律援助的工作体系，规范对群众来电、来访登记，对前来申请法律援助但不符合受援条件的当事人，通过“12348”为其提供法律帮助，实现法律服务、法律咨询、法律援助一体化，提高工作效率。区法律援助中心到农村、社区开展法律咨询活动，扩大法律援助工作和“12348”法律服务专线的影响和服务范围。7月，与厦门市劳教所合作，在劳教所内成立法律援助工作站，指定专门律师，为劳教人员提供法律帮助。当年，区法律援助中心和“12348”法律服务专线共解答来电656次，接待来访161批222人次。

2004年7月，区法律援助中心正式开始承办案件。区司法局多次组织法援中心工作人员参加市法律援助培训班。8月，在金尚、康乐、兴隆和东渡4个社区成立法律服务工作站，将法律援助工作向社区延伸，扩大法律援助的社会覆盖面。当年度，区法律援助中心和“12348”法律服务专线共解答来电995次，接待来访180批335人次；指派刑事援助案件33件，其中3件受援对象为聋哑人、30件受援对象为未成年人。

2005年10月，在基层司法所设立法律援助工作点，将法律援助工作向各领域和社区延伸。当年，区“12348”中心和法律援助中心受理来电426个、接待来访群众601批676人次，受理湖里区人民法院指定的刑事辩护案件94件。

2006年，建立律师挂钩工作站点制度，对其工作实行绩效考核。11月，在各街道设立法律援助工作站，扩大法律援助的社会覆盖面。区法律援助中心出台办案情况通报制、质量考评奖励制度等，及时向法律服务机构和法律服务者通报和反馈情况。当年，“12348”中心和法律援助中心受理来电144个、接待来访群众179人次，受理湖里区人民法院指定的刑事辩护案件96件。

2007年，区法律援助中心在积极协调指导未成年人、老年人、残疾人、妇女、劳教人员等5个专业法律援助工作站的同时，在辖区5个街道新设立10个法律援助工作站，形成“区—街—社区”三级法律援助服务网络。当年区“12348”中心和法援中心受理和指派刑事案件70件，受理群众来电来访965人次。

第七节　安置帮教

1998年，成立区刑满释放解除劳教人员安置帮教工作协调小组及办公室。成员单位有政法委、综治委、司法局、公安局、民政局、工商局、劳动局、团区委和区妇联。办公室设在区司法局，具体工作由区司法局基层工作科承担。区内各镇街成立相应机构，形成区、镇（街）、村（居）委会三级安置帮教工作网络。

安置帮教的主要对象是被刑满释放5年之内或解除劳教3年之内，没有生活出路和有重新犯罪倾向的人员。工作范围包括：对服刑、劳教人员回归社会前的思想教育，就业技能培训；向刑满释放、解除劳教人员户口所在地的公安机关、接收单位介绍情况，移交有关档案材料；对农村籍的回归人员落实责任田，鼓励原无业的回归人员从事个体经营等途径实现就业，对符合“低保”条件的刑释解教人员落实最低生活保障；对有重新违法犯罪倾向的刑满释放、解除劳教人员进行帮助教育，落实预防重新违法犯罪的措施。通过安置帮教工作，力争使大多数刑满释放和解除劳教人员增强改过自新的信念和就业能力，在就业、上学和社会救济等方面不受歧视，努力做到生活有着落、就业有门路，达到实现预防和减少重新犯罪的目的。

1998—2001 年，区安置帮教办结合“严打”整治活动，在辖区内开展二次刑释解教人员集中排查清理工作。与厦门监狱签订安置帮教接茬协议书，实行提前对号、提前帮教、提前衔接制度。通过了解和掌握本区籍在改在教人员的思想动态、劳动表现和刑释解教时间，建立释放解教前本区籍人员档案，提前做好安置帮教接茬准备。

2002 年年初，先后送 15 名回归人员免费参加区劳动就业培训中心举办的物业管理、电脑培训。6 月，组织相关部门及镇、街、村居的帮教人员到监狱与在押人员座谈、交流，协助配合监狱，促进在押犯人的认罪改造。

2003 年下半年，区安置帮教办与厦门市劳教所签订《关于对劳教人员提供法律援助及帮教共建协议书》，定期到劳教所内进行帮教工作，并赠送 10 台电脑及近千本书籍、杂志。当年，刑满释放人员和解除劳教人员的帮教率 100%，安置率 86%，全区无一人重新犯罪。

2004 年，在坚持做好报到登记、档案管理、考察了解制度的基础上，建立定期上门家访、划片挂点联系、目标管理责任制、解除帮教审查等制度。当年，全区在教的刑释解教人员帮教对象共计 192 人，其中刑满释放人员计 130 人，解除劳教人员 62 人；安置 168 人，帮教 162 人，安置率 88%，帮教率 96%。同年，“厦门市湖里区综治委刑满释放解除劳教人员安置帮教工作协调小组”更名为“厦门市湖里区综治委刑释解教人员安置帮教工作领导小组”，并对领导机构成员单位进行调整。

2005 年，推行安置帮教工作计算机信息管理，对全区 2000—2005 年的刑释解教人员进行排查摸底并登记造册。辖区内刑释解教人员有 170 人，帮教率 98.82%，重新犯罪率 0.6%，安置率 95.29%。

2006 年，区安置帮教办采取多种形式，坚持“墙内墙外一齐抓，社会家庭一齐抓”，做好超前延伸教育。当年全区刑释解教人员帮教率 100%，安置率保持在 90% 以上，重新犯罪率低于 1.5%。

2007 年，全区共有刑释解教人员帮教小组 185 个，拥有专（兼）职帮教人员 168 人，形成一支由司法助理员、公安民警、居委会干部、人民调解员、“工、老、青、妇”等群团组织人员、社会志愿人员组成的帮教队伍。当年，全区共有安置帮教对象 185 人，其中刑满释放人员 115 人，解除劳教人员 70 人，落实帮教 184 人，以各种形式安置 184 人，安置率、帮教率均为 99.5%。

第二十一篇　军　事

辖区境域历史上为郑成功与清王朝抗争时从北面进入大陆的跳板，同时也是据守厦门岛的战略要地。民国27年（1938）5月日本侵略厦门，系从辖区内的五通沿海登陆。五通一带与大小金门隔海相望，在两岸军事对峙期间是斗争的前沿阵地。

中国人民解放军从1949年10月进驻湖里。20世纪50年代开始国防工程建设，60年代建成由核心工事和前沿阵地组成的、可以独立坚守的防御阵地，并逐步实现战斗设施、生活设施、通信网络永备化。

辖区民兵在支援前线、军民联防、维护辖区治安等方面发挥巨大的作用，在保卫经济特区、守护重要目标、加强港口船舶管理、打击走私偷渡、抢险救灾、共建精神文明等方面，作出重要贡献。

1980年，厦门湖里经济特区成立，驻区部队按照邓小平关于“军队工作要服从国家建设大局”的指示，主动与地方联系，采取劳务支援，承包专项工程，提供场地等多种形式，参加经济特区建设，先后参加九龙江北溪引水工程、厦门机场、东渡港码头、湖里工业区、象屿保税区等多项重点工程建设。

1987年11月湖里建区后，湖里人民武装部和驻区部队在辖区内开展军民共建社会主义精神文明活动，以极大的热情与地方共育军地两用人才，建立新型的军民军政关系。1993年，湖里区人武部被中共福建省委、省政府、省军区评为“人武部建设先进单位”。

1994年，成立湖里区国防动员委员会，依法履行有关国防动员职责。在经济建设中贯彻国防要求，国防动员体系与突发事件应对机制相衔接，把国防动员实施预案与突发事件应急处置预案在指挥、力量使用、信息和保障等方面相互衔接，实现平战结合、军民结合、寓军于民，促进国防建设与经济建设的协调发展。

1999年，区人武部认真学习江泽民总书记关于解决台湾问题的“八项主张”，坚决贯彻中央军委新时期军事战略方针，深刻理解不承诺放弃使用武力解决台湾问题的重要意义以及做好对台军事斗争准备的重要性，不断探索新时期民兵、预备役工作的特点规律，努力使湖里区民兵、预备役建设向更高层次发展。

进入21世纪后，区人武部结合辖区城市化建设的进程，坚持“强化全民国防意识，提高民兵预备役素质”的指导思想，加强人武部和民兵预备役部队的正规化建设，做好各年度民兵整组工作，坚持按照民兵军事训练纲要实施训练，落实战备制度。区人武部先后被评为“国防动员先进单位”“城市民兵改革先进单位”。

2007年，湖里区军事工作以科学发展观为指导，以充分做好应急支前动员和保障准备为重点，国防动员的所有方案全部拟定，民兵整组、防空演练以及民兵导弹分队、民兵应急分队、海上民兵分队、重要目标警戒分队等民兵重点分队的训练均达到预期目的，军地协作和优抚工作有新内容，全区民兵预备役和人武部建设实现又快又好全面发展。

辖区境域的防空工作始于抗日战争爆发之后。根据福建省政府的规定，厦门市于民国26年（1937）9月成立厦门防空委员会，辖区所在的禾山区相应成立民众防空机构。

厦门解放初期，辖区境域成为台湾当局飞机的重点空袭地域，防空和对空作战成为辖区军民对敌斗争的主要方式之一。1954年1月，厦门郊区境内的高集海堤工程进入全面施工阶段，屡遭国民党飞机袭击，先后有150余人被炸死。厦门市人民政府与驻厦解放军领导机构，提出防空、防炮相结合，实行统一领导、统一指挥，逐步健全防空指挥、警报系统，构筑防空防炮工事，人民防空战备工作得到加强。

1969年，中苏边境珍宝岛事件后，中央提出积极做好反侵略战争准备，并发出“深挖洞”的号召，形成群众性的挖掘地道高潮，人防工程逐步向永久性工程过渡。1978年中共十一届三中全会后，人民防空建设实行战略性转变，提出“全面规划，突出重点”的方针，人民防空工作进入新阶段。

第一章　地形工事

第一节　地　形

湖里区境地势比较平缓，最高峰为西部的仙岳山，海拔212米，其余低丘海拔均在200米以下。全区地势由与思明区交界处的狐尾山、仙岳山、仙洞山为制高线，向东北、西部倾斜，呈低丘、台地、小平原、滩涂梯状分布。辖区沿海大都为浅海滩涂，便于登陆作战。海岸前沿有小高地，可作防御支撑，组织滩头抗击和扼守。民国27年（1938）日本侵略军入侵厦门，五通为主要登陆点之一。1949年，中国人民解放军攻克厦门，高崎、神山、寨上、石湖山、后莲、钟宅等地为主要突破口。

辖区内的江头为厦门岛的地理中心，明代厦门岛的军事机构中左守御千户所（简称中左所）就驻扎在江头附近。东海岸的五通突出海面，其东南方为台湾当局控制的大、小金门岛，1949—1979年两岸军事对峙期间，是军事斗争的前沿地带。

区境西部海域有火烧屿、大兔屿；东北部有石虎礁、笠成礁、大离亩屿，形成湖里海岸、港湾的保护屏障。湖里区的东渡、高崎、五通地处厦门岛进出岛的要冲，是对外交流通商口岸，也具有军事上的重要意义。

辖区内陆地、海域情况详见本志第二篇。

第二节　工　事

一、营寨

石湖寨：明朝初年，在石湖设巡检司，建有营寨。明洪武二十年（1387）移驻塔头，改称塔头巡检司。

高崎寨：在高崎临海处。南明永历九年即清顺治十二年（1655）四月，郑成功部拆除高浦所城的材料营建。遗址尚存，为厦门市文物保护单位。

五通寨：在五通临海处。南明永历九年即清顺治十二年（1655）四月，郑成功部拆除高浦所城的材料营建。后废。清初恢复驻军，并设有炖台、瞭望台。

湖莲寨：在辖区东北部临海处（今高崎国际机场范围内），明代在下尾社设有炖台。南明永历九年即清顺治十二年（1655）四月，郑成功部拆除高浦所城的材料建造营寨，称湖莲寨。后废。1949年厦门解放前夕，国民党驻岛守军在此挖掘坑道、设置警报台。

二、炮台

高崎炮台：清乾隆二十二年（1757）在高崎临海处建造石炮台，扼守高崎通往集美的航道，同时设有炖台（即报警用的烽火台）和瞭望台。清道光年间，炮台废弃，保留炖台和瞭望台。

五通炮台：民国26年（1937）9月，国民革命军157师进驻厦门岛后，在五通与霞边之间建造一临时炮台，安放从胡里山炮台调防的200毫米口径护卫炮，以防备日军从金门入侵厦门。民国27年5月，日本侵略军从五通海面入侵厦门，炮台基本被毁。日军占领厦门后，在五通古渡头边建造一炮台，炮台两侧有水渠、水闸，涨潮时可供小艇出入。炮台架设大炮一门、高射炮一门。抗日战争胜利后炮台由南京国民政府军厦门要塞司令部驻守。厦门解放后由中国人民解放军某部驻守。

三、炖台

明嘉靖四十一年（1562），总兵俞大猷赴闽征剿倭寇，在沿海设立墩台（又称炖台），供瞭望、报警之用。明代在高崎、五通、东渡、下尾（在湖莲社，民国30年被日军强行征用辟为机场）设有炖台。

第二章　机构与驻军

第一节　军事机构

一、建区前军事机构

（一）武装委员会

1952年，中共中央制定《关于建立各级人民武装委员会的决定》，厦门市禾山区及所属各乡镇均建立人民武装委员会，其成员由区乡（镇）党委会、区乡（镇）武装部、区乡（镇）政府有关部门及工会、青年团、妇女联合会等的主要负责人组成，其职能是组织协调各方力量，协助完成民兵和征兵工作。1956年区武委会改为兵役委员会，1960年改称为民兵工作领导小组。1962年，民兵工作领导小组又恢复为人民武装委员会称谓。“文化大革命”期间，武委会工作中断。地方武装和征兵工作由人武部负责。1979年5月，禾山区恢复武委会组织和职能，区武委会由区党委、区武装部、宣传部、公安分局、区民政、区共青团、区工会、区妇联等部门主要负责人组成，区委书记任主任、区人武部领导任副主任。

（二）武装部

1952年6月，组建禾山区人民武装部，驻地在吕厝，按4类县丁等人武部编制，配现役干部6名，隶属龙溪军分区。

1954年6月，以禾山区人武部为基础组建厦门市兵役局，归福建省军区建制，负责民兵和兵役工作。

1954年10月，重新组建厦门市禾山区人民武装部，设武装助理员2人。1958年4月撤销，人员归并市兵役局。

湖里建区前的前线人民公社、禾山人民公社、禾山乡、禾山镇、湖里街道均设有人民武装部。1958年10月，成立政社合一的前线人民公社，根据中央军委扩大会议决定，农村人民公社建立人武部，配备专职人武干部，负责民兵的组织、训练等任务。前线人民公社设有武装保卫科，后改称人民武装部。此后的禾山乡、禾山镇政府机构中，均设有人民武装部，为负责辖区地方军事工作的专职机构。

1961年9月，重新组建厦门市郊区人民武装部，辖区境域的地方武装工作归厦门市郊区人武部指挥；1970年7月，厦门市人民武装部划归晋江军分区领导；1973年8月，市武装部与厦门守备部队结合成立厦门市守备区建制，郊区武装部归市守备区领导；1986年6月，市、区武装部改为地方建制，为同级人民政府的兵役机构。

二、建区后军事机构

（一）区人民武装部与区人民武装委员会

1987年12月，筹建湖里区人民武装部，翌年2月18日挂牌办公，内设军事科、政工科、后勤科、军械库；6 月 14 日，建立中共湖里区委人民武装委员会，区长、区委副书记黄祥琪为主任；区人民武装部部长杨品香、副区长吕良星、区委常委兼区人民武装部政委刘宝兴为副主任。武装委员 24 人，分别由区委、区政府、区武装部等各组成部门的负责人组成。

1988—2007 年湖里区人民武装部副部长以上领导干部名录

表 21-1

姓　名	职　务	任职时间	姓　名	职　务	任职时间
杨品香	部长	1988.3—1993.6	范金炉	政委	2005.3—2007.3
刘宝兴	政委	1987.12—1993.7	徐桂华	部长	2005.3—
杨品香	政委	1993.7—1996.4	陈志华	政委	2007.3—
陈国财	部长	1994.5—1996.4	杨运华	副部长	1996.4—1999.3
曲志坚	部长	1996.4—2000.10	林　强	副部长	1999.3—2000.3
商明元	政委	1996.4—1999.3	林秋生	副部长	2000.3—2003.3
俞加洪	政委	1999.3—2003.3	向常海	副部长	2003.3—2004.3
陈建忠	部长	2000.12—2003.3	周苏明	副部长	2004.12—2006.3
朱少峰	部长	2003.3—2005.3	张志远	副部长	2006.3—
章再耕	政委	2003.3—2005.3			

（二）镇、街道武装部

2003 年，禾山镇撤镇设街，全区共设湖里、殿前、江头、禾山、金山等 5 个街道，各街道办事处均设有人民武装部。全区 45 个社区均设有人民武装办公室。辖区内的企业三航六公司也设有人民武装部。

第二节　驻　军

一、元明清驻军

元大德元年（1297），福建置 53 个千户所，嘉禾千户所即其一。

明洪武元年（1368）朝廷在辖区境域的石湖设置石湖巡检司，又称嘉禾巡检司。巡检司巡检为从九品，配司吏 1 员、弓箭兵 100 名。

明洪武二十七年（1394），朝廷在嘉禾屿设置守御千户所，调原永宁卫中、左千户所官兵驻守。自此嘉禾屿又称中左所。中左所驻地在二十三都二图，即今江头一带。所城在嘉禾屿西南海滨。一千户所辖兵 1120 员，下辖 10 个百户所，一百户所辖兵 110 员。

明末清初，郑成功部在东渡、高崎、湖莲、蟹仔屿（一名花仔屿）、赤山坪（在今县后村临海处）、后院金山、五通均有驻兵。

清康熙二十二年（1683）福建水师移驻厦门岛之后，辖区境域设防驻军如下：

高崎汛：中营水师派外委 1 员、兵 30 名驻守；

五通汛：左营水师派外委额外 1 员。兵 14 名驻守；

蛟塘汛（在今昭塘）：隶属五通汛，派兵 6 名驻守；为厦门五营汛地，由水师提标中营弁兵防守。

二、民国驻军

清宣统三年（1911）九月厦门光复，清王朝驻守厦门军队未作抵抗，和平易帜，民国初辖区内仍维持高崎、五通、蛟塘 3 处驻军。

民国3年（1914）后北洋军阀唐国谟、臧致平、高全忠等所部先后占据厦门，江头、五通、高崎均有北洋驻军，民间称“北仔兵”。

民国26年8月，国民革命军陆军157师驻守枋湖、五通一带，民间称“广东兵”。民国27年1月，157师因与驻厦海军陆战队发生冲突被调离，厦门岛防务改由陆军75师负责。该师223旅445团某营驻防枋湖、五通一带，营部设在泥金社。

厦门沦陷期间，日本侵略军在高崎、吕厝、五通驻有3个中队；墩上驻有1小队，兵员达百人以上。太平洋战争后兵员减少。

抗战胜利后，枋湖驻有国民革命军高射炮兵1个连，高崎机场驻有国民革命军空军地面警卫部队“警二旅”，民间称“空卫”。

民国38年8月后，李良荣、刘汝明先后率国民革命军第22兵团、第8兵团进驻厦门岛，辖区境域几乎遍布驻军。

三、解放后驻军

解放后，辖区境域的江头、殿前等地先后有部队进驻。1958年炮击金门前后及1960年前后防范台湾当局准备反攻大陆期间，辖区内高崎、坑园、下尾、红楼、后莲、五仙宫、安兜、大湖、山仔边、小东山、塘边、南山等地均有部队入驻。

辖区内常规驻守的部队有：

中国人民解放军陆军第29军某部　1950年，陆军29军某部驻守厦门岛北部（即今湖里区境）。同年11月，该部改属为福建军区。1956年，调离厦门。

中国人民解放军陆军第31军某部　1951年1月，第31军某部进驻厦门岛。1956年，调驻同安县。

防空兵　1950年7月，华东军区特种兵纵队第10团（高炮）进驻辖区担负防空作战任务；翌年2月完成改编。

炮兵部队　中国人民解放军高炮部队某部　1955年10月，高炮第622团驻高崎；1958年，先后有多支炮兵部队进驻辖区，参加炮击金门岛的战斗。

第174医院　1953年5月，驻同安的31军医院编为华东第十野战医院进驻厦门岛江头村，1963年11月，改编为中国人民解放军第174医院，后迁移。

第三章　兵役制度

第一节　解放前兵役制

一、募兵与军户制

辖区内没有募兵的具体记载。但宋代开始在福建沿海招募水军，并在泉州府的宝林、水澳、法石设置水寨，水军均募自包括辖区境域在内的沿海各地。

元代对南人持有兵器控制极为严格，未有在辖区内募兵。

明代实行军户制。卫所军兵员依靠军户补充，近于世袭制。明嘉靖年间在沿海招募五寨水军。明天启二年（1622）荷兰殖民者（俗称“红毛”）入侵，陈则赓出家财招募敢死之士协助破敌，为辖区募兵见诸地方典籍的最早记载。

明末清初，郑成功占领厦门岛期间，在辖区内实行募兵制。

清康熙十九年（1680）清军攻占厦门岛，康熙二十二年福建水师提督衙门移驻厦门，水师兵员部分依靠募兵。

民国初至民国26年（1937），辖区内北洋军阀所属派系复杂，各派头目为扩充实力，均就地自行招募，或责成地方当局代募，但辖区内响应者极少。

二、征兵制

民国25年3月，施行国民政府制定的《兵役法》。民国27年2月，福建省军管区成立，颁布统一兵员征募及补充方案，按照中央政府配赋福建的月额，参照各县人口数、壮丁数和治安情况，制定比例，分配到各县。因战争需要，屡增月征兵数，任务常难完成。《兵役法》规定，年满18～45岁的男子均有服兵役义务。兵役分常备兵役和国民兵役两种。兵员征集以乡镇为单位，由各乡镇公所编造甲乙两种壮丁花名册；甲级为（18～30岁）、乙级为（31～40岁）。体检合格的壮丁造册报师管区等候选拔；合格的壮丁在县区所参加县长主持召开的抽签大会进行抽签，按“三丁抽一”或“二丁抽一”置数，中签的壮丁由乡镇送交县市壮丁常备队编训后交付接兵部队。历史上辖区百姓对于子弟当兵多有抵触，有的富裕家庭子弟中签后，不惜花费重金请人代为服役。

民国38年，厦门市征兵配额猛增至1250人，加上历年欠额，征兵数达2550名。由于盛传所征兵员均送往台湾服役，辖区百姓无人应征。当年1月9日午夜，依照市政府命令，禾山区公所会同宪兵，以抽查户口为名，到辖区各村抓捕青年入伍。

第二节　解放后兵役制

一、志愿兵役制

解放初期实行志愿兵役制，动员适龄青年参军参战，保卫新生的革命政权。1950年10月，号召农村青年参加中国人民志愿军赴朝鲜抗美援朝，还征集知识青年参加抗美援朝军事干校。

1949—1950年，征兵工作由部队机关直接发通告招收，1951—1952年，地方武装部门与部队配合，发动报名，进行体检和政治审核；军事干校招生还进行文化测试，体格、政治、文化等进行综合评定，择优录取。

二、义务兵役制

1955年，开始实行义务兵役制，由区乡党委、政府、军队有关部门的领导人组成区征兵领导小组。1960年后，征兵领导小组下设征兵办公室，由区武装部、民政、宣传、教育、青年、妇女、工会、医疗卫生、商业、交通等相关部门干部组成具体办事机构。

20世纪50年代后期，辖区应征退伍的军人基本上被安排进工厂工作，参军成为辖区农村青年进城就业的途径，20世纪70年代后虽然不再全部安排进厂，但大都被各级政府培养为农村社会主义建设的骨干力量，从此改变辖区百姓不愿意让子弟当兵的传统观念。1970年后，开始征集少量有文化的女青年。1979年之前，注重家庭出身成分，之后着重应征青年的实际表现。镇区主要征集男性青年工人和高中、初中毕业生及社会青年。

1955年至湖里区建区前的1986年，辖区境域32年间有7个年度没有征兵。建区之后，除1988年之外，每年均有下达征兵任务。

2005年，强调廉洁征兵、杜绝征兵工作中的腐败现象。征兵办公室多次召开由接兵部队、人武部、区政府、应征青年代表、家长代表等参加的联席会议，增强征兵工作透明度，设立举报信箱和举报电话；同时邀请区纪委、监察、人大等部门对征兵全过程实施监督；利用政府网站、电子显示屏等全程公开，接受社会监督。

三、民兵、预备役制

1955年7月，辖区境域根据《中华人民共和国兵役法》，将民兵与预备役合编。详见本篇第四章第二节。

第四章　乡勇壮丁队与民兵

第一节　乡勇壮丁队

明嘉靖三十六年（1557）十一月，倭寇占据厦门外海浯屿，开始频频骚扰同安沿海。各社里由大户出面，陆续组织民间武装护村护社，抵御倭寇，称为乡兵。

清代长期对民间组织、兵器控制十分严格，辖区境域未发现成立民间武装的记载。清末民初，辖区内社会秩序混乱，土匪盗贼横行，辖区境域成立禾山连甲民团局，负责维持社会治安。民国4年（1915），改称禾山保董公会，由黄翰、黄必成负责。

民国27年，为抵御日寇侵略，组织禾山区壮丁队。各联保设壮丁联队，各保设壮丁小队。辖区境域在江头、寨上、庵兜、岭下、高林5个联保设有5个壮丁联队。同时在高崎组织90人的养路分队；在江头、高崎组织2个救护分队，每队16人；在各联保组织消毒掩埋分队，每队12人；在各联保组织消防队，每队30人。

民国35年，按照南京国民政府的命令，辖区境域开始组训民众自卫队，但组织极为涣散，基本上没有开展活动。

民国37年9月，辖区所在的禾山特种区壮丁队，下设9个联队、87个小队，区队有区队副2人、联队长9人、联队副18人、小队长87人、壮丁451人，总人数568人。其中辖区境域设5个联队，小队数及人数不详。

同年11月，厦门警备司令部在原有壮丁队基础上抽调优秀壮丁成立第一期常备壮丁队，每保抽调1名壮丁，每中队（相当于壮丁队的联队）推选6人，全市共300人。辖区所在的禾山区推选的壮丁编为第二补充连。随后，按照厦门市军事当局的命令，辖区境域每保又抽调6人参加全市壮丁编练。

第二节　民　兵

一、民兵组织

解放初，战事和海防任务频繁紧张，参加民兵没有统一规定年龄。辖区境域组建的民兵队伍名称多样，且形式也不尽统一，有按自然村为单位，有的以行政村为单位，组建民兵中队、分队和小队；有的称民兵队，有的称联防队、护渔队或自卫队。1951年5月，福建省军区出台《民兵组织暂行条例（草案）》规定，18～30岁男性公民参加民兵组织。土地改革运动中整顿民兵组织，适龄民兵编为民兵队；政治条件好，身体强壮者，编入基干民兵，成为民兵的核心队伍，协助部队担任当地的警戒或战斗任务。原有的女民兵和超龄、不及龄男民兵编为自卫队，自卫队职责是在本村担负站岗、放哨、盘查路人等。

1953 年，实行普通民兵制，按乡和行政村建立民兵队部，队员 8 ~ 15 人编 1 小队，2 ~ 5 个小队编成分队，2 ~ 5 分队编成中队。全乡民兵不足 5 个分队的不编成中队，直属乡队部领导。18 ~ 40 岁男性公民可以参加民兵组织，各乡（镇）村民兵队伍迅速发展。

图 21-1　女民兵持枪站岗

1955 年 7 月，《中华人民共和国兵役法》颁布，实行民兵同预备役合而为一制度，民兵与预备役合编。禾山区成立预备役登记机构，对一、二类预备役士兵和军官进行普查登记，年满 18 ~ 30 岁服一类预备役人员，全部编入基干民兵；31 ~ 40 岁服二类预备役的退伍军人，以及 18 ~ 25 岁不符合基干民兵条件者编为普通民兵。基干民兵和普通民兵均按班、排、连、营、团建制序列编组。

1958 年 8 月，实行“全民皆兵”，同年 11 月 16 日，前线人民公社民兵师成立，所属各乡建立民兵营，大队建立民兵连，生产队建立民兵排。1962 年 6 月后，辖区境域以“民兵工作要做到组织落实、政治落实、军事落实”的要求，进行民兵组织整顿，就民兵出入转队、民兵干部配备、民兵编组和完善民兵训练制度等问题进行整风和加强，纠正大办民兵师只顾及规模忽视人员素质的偏向，将不符合要求的人员清理出民兵组织。1964 年，辖区境域对民兵组织进行整顿，整合民兵骨干，提高民兵组织战斗力，进一步巩固禾山基干民兵（团）营组织，动员沿海地区民兵随时准备配合部队作战。1966 年“文化大革命”开始，民兵工作和组织遭受破坏。1977 年，重建禾山基干民兵组织。

1982 年后，辖区境域逐步进入城市化、工业化发展阶段。民兵组织取集中与分散相结合，跨单位就近组织的办法，保持民兵结构合理、协调发展。当年，辖区境域（不含湖里街道）民兵分为普通民兵和基干民兵，基干民兵中有步兵和特种兵。

1983 年，按照全国民兵组织调整改革的方案，将民兵的年龄压缩为 18 ~ 35 岁；并明确规定基干民兵为一类预备役，普通民兵为二类预备役。

1989 年，区人民武装部对民兵工作，进行改革、探索，突破以往只在农村和国营企业、集体企业组建基干民兵的框框，采取有机结合，科学编组的方法，首先在 5 家“三资”企业创建基干民兵组织，扩大了民兵组建面。1989 年，区武装部针对“三资”企业 100 多家员工 1 万多人的特点，认识到企业组建基干民兵的必要性和可行性，采取民兵组织与消防、保安队伍相结合，与地方专业技术对口人员相结合，民兵组织集中与分散相结合的方法，率先在厦华、金宝等“三资”企业建立基干民兵排和基干民兵班。

1991 年，贯彻新的《民兵工作条例》，依据农村和企业的各自特点，按照“便于领导，便于活动，便于执行任务的原则进行编组”。同时，扩大民兵应急分队的组建面，基干民兵中的党、团员和退伍军人的比例有所提高。民兵组织布局和兵员结构进一步合理，民兵组织与生产、行政组织基本相适应。同年，湖里区在全面加强沿海民兵基层建设的同时，重点加强民兵应急分队、民兵义务情报员“两支队伍”建设，按照就近、精干、稳定原则，以禾山镇为重点，做到区有连，镇（街）和重点企业有排，配强干部，配齐装备，完善制度和行动预案。

1998 年，区人民武装部按照上级提出的“突出重点、正规秩序、调整结构、合理布局、注重实效”的原则，进行民兵常规整组，同时组建了后坑实业有限公司民兵应急机动分队。并探索新形势下开展民兵预备役工作的新路。同年，贯彻调整改革方针，调整普通民兵和基干民兵。

1999 年，组建区预备役高炮营。

2001年，民兵整组工作贯彻调整改革精神，使二者相结合，民兵组织更合理，更具战斗力。同年，扩建海上民兵运输专业队，加大对口专业分队，使民兵组织建设由“大而全”向“小而专”的模式发展。并组建了坂上等3个村的民兵营。规划在有党组织的中型企业中组建民兵科技分队和船运分队。2005年，区人民武装部探索新形势下城市社区民兵预备役编组的新方法，完成预备役部队预任、预编人员调整。注重将政治思想好、组织力强、个人素质精干的干部调配为专业武装干部和民兵营、连干部。各街道人武干部深入居委会，对民兵进行重新编组，基本解决民兵与预备役人员混编和编用脱节的弊端，增强民兵保障分队的科技含量，并组建高技术专业分队。

2007年，全区民兵以分队为单位进行整组，设有作战队伍、勤务保障队伍等，配备导弹发射系统、迫击炮、无后坐力炮以及各类轻武器。

二、军事训练

（一）常规训练

解放初期，民兵训练技术方面以步枪射击、投掷手榴弹、利用地形地物、挖掘战壕、防空防炮掩体作业为主。基干民兵每年进行4次以上的实弹射击，要求参训的民兵学会使用步枪、刺刀、投弹、炸药爆破等几种步兵武器技术。部分基干民兵训练操作迫击炮、六零炮、92步兵炮等小口径的火炮使用。还通过平常放哨、站岗值勤，学会盘查形迹可疑的路人等。军事操练方面，要求学会基本队列，养成军人“严肃、紧张、团结、活泼”的举止，摆脱农民的自由散漫习气。军事生活行动方面，要求听到号令后住在哨所的民兵一分钟进入战斗位置，住在营区的民兵着装整齐、携带武器在4分钟到达哨位。紧急战备期间，民兵配合前沿部队守点作战，坚持人自为战、村自为战、坚守阵地、人在阵地在。

20世纪60年代初，前沿民兵集训时进行步兵班、排、连进攻训练，学会攀越障碍、匍匐前进、冲锋陷阵等基本步兵战术。女民兵训练除基本操练外，主要学会战场救护，如受伤包扎、运送伤员等抢救知识和运作。1972年3月，前线公社组建女民兵排，在厦门守备区香山营区集训4个月，按民兵训练大纲，演练步兵全套基本技能。是年6月，该女民兵排参加纪念民兵工作“三落实”（组织落实、政治落实、军事落实）10周年系列活动，在军事项目比赛中，女民兵排在队列、刺杀、射击名列厦门市第一名。1976年，全省民兵比武竞赛，辖区境域派出的代表队队列操练、刺杀、持枪、投掷手榴弹投准等单项获全省第一名；手榴弹投远、射击获全省第二名。

图21-2　1958年，解放军战士与民兵一起在前沿阵地训练

1966—1968年，民兵训练因文化大革命中断。

1969年，加强防空作战训练，民兵组织发展为有高射炮兵、通信兵等诸兵种的综合队伍。1971年后，民兵训练步入系统化规范化阶段。基干民兵每年集中训练的时间不少于10天，训练对象突出基干民兵和民兵干部。辖区境域的民兵营、连长主要由郊区武装部负责训练，基干民兵参加前线公社或厂矿组织的训练。1979年，民兵训练由禾山公社统一部署，在非农忙时集中时间按民兵军事训练纲要要求进行。

20世纪80年代，调整改革民兵军训，缩小训练范围，缩短训练周期，突出训练重点，调整教学方法，提高军训质量等环节进行改革。80年代后期，军事训练对象重点放在基干民兵，训练内容有工兵、防空兵、炮兵等基本技术，突出专业技术兵为重点，采取到上级教导队集训，与部队挂钩带训、组织新工人岗前军训等办法。按照民兵军事训练大纲的要求，实施正规化教学，严格管理制度，取得良好的效果。1989年，区人武部被省军区评为“民兵训练先进单位”。1990年，对区域的民兵应急分队进行调整、充实，加强应急训练，配齐装备器材，加强地炮、高射炮和海上侦察训练，修订各项措施和行动预案，增强应变能力，使全区的民兵应急分队能做到召得来、用得上。当年，参加全国、省、市农村民兵军事竞赛，分别获得个人单项第三名、个人总分第三名、团体第二名。1996年，组织3期民兵预备役人员训练：一期是在训练基地进行60迫击炮专业技术操作培训；二期在金鸡亭进行基干民兵普通兵的集训；三期在五通船运大队进行海上侦察兵训练。1998年，组织海上侦察、地炮、高炮民兵集训，参训民兵训练合格率为100%。应急分队以步兵轻武器对隐现目标射击。军事理论课目参加市警备区组织的升级训练评比竞赛。翌年，组织民兵应急分队和海军预编人员随舰训练。各专业民兵经15个训练日，严格按标准施训。

2005年，区武装部组织编写民兵训练教案60多份，严格按照新大纲开展训练，重视抓好民兵预备役特别是民兵科技分队的军事训练。

2007年，组织海上民兵布雷分队开展海上布雷训练。年内，省军区对重要交通目标民兵警戒训练质量进行抽查考核，成绩优良。

（二）应急组训

1989年，开始组织民兵应急分队军事训练。1994年，民兵应急分队参加全省军事考核获团体总分第四名。

2001年，组织民兵预备役人员战备训练4批次：5月，组织电子对抗分队集训；其后组织协调部队挂钩带训（加榴炮）；并进行民兵应急分队的升级训练考核；9月，进行海上保障分队训练。民兵整体战斗力得到加强，在上级组织的升级考核中总评成绩良好。

2003年，民兵训练采取依托企业、社区组织进行，提高参与者的积极性，降低训练成本，为民兵训练改革探索出一条组训和编配的新路。

2005年，严格按民兵训练大纲施训民兵预备役人员，尤其抓紧对民兵科技分队和应急分队的组训。同年7月，参加厦门市民兵应急分队考核竞赛，湖里区民兵应急分队获得2个团体第一名、4个单项第一名、1个第三名。

2007年，突出民兵重点分队训练，组织训练研讨会，围绕应急动员支前、成建制快速动员、城市防空防炮和保卫重要政治、经济、交通目标等课题，研究制定民兵分队训练落实的方法和途径。按照“急用先训、重点分队重点训”的要求，突出抓好民兵科技分队、应急分队、海上分队、重要目标警戒分队的训练，参训率94.3%。

三、参战支前

（一）配合前线部队炮击金门

1954年“九三”炮击至1958年“八二三”炮战期间，辖区境域民兵参战支前的主要任务是：增加民兵岗哨设置，加大夜间民兵出勤的人数；加强对船只、户口管理，加强防特、防火、防盗、防毒、防炮，开展护电线、仓库、道路、桥梁的保卫工作，对敌对分子进行监改、控制，打击现行破坏活动，对进出的陌生人进行盘查；构筑防空防炮工事，在海滩、岸边、内地和村庄建立防线，配合前线部队的作战。1959年，前线人民公社民兵师被国务院授予“支前模范单位”的荣誉称号，高林大队民兵蔡生作为英雄战斗集体的代表被评为全国民兵积极分子和全国共青团积极分子，后坑大队民兵营长林友福获华东军区“支前模范”称号。

（二）反偷渡登陆

五通大队（村）地处湖里区东部沿海，距大金门15公里、小金门5公里，台湾军事当局曾数次派人在五通、钟宅偷渡登陆。1959年4月，成立由公社、驻地解放军、公安派出所及地域内4个生产大队联合组成的对敌斗争领导小组，组织民兵设立13个岗，组织民兵配合驻军值守4个岗哨。

为防备突然袭击，辖区沿海村社构筑有大小防炮、防空洞数百个、壕沟数千米、大小地道十几条，男女老少可在3分钟内全部转入地下，7分钟内耕牛可以进入隐蔽部或防空壕，达到人员防炮有位置、打枪有工事、支前有道路的要求。

（三）反偷逃

20世纪50—70年代，辖区境域民兵在海滩、岸边、村庄布设防线，以防内地敌对分子偷逃。1973年后，驻区域解放军、武装部、公安分局和民兵将“防上防下”（敌上岸偷袭，内陆下海潜逃）作为经常性联防活动，沿海社队建立军民联防小组，实行统一指挥部署。水警区、守备区部队和公安派出所划分海域，分片负责，加强海上警戒巡逻；民兵设立岗哨，层层设防，形成以部队为骨干、民兵为主体的海防体系，杜绝下海偷逃案件。

（四）军警民联防

20世纪50—70年代，辖区境域沿海军民在当地党委和政府统一领导下，实行对敌斗争联防体制，即以部队为主、民兵按建制编入部队序列。联防区域原则上按行政辖区划分，照顾部队和边防派出所辖区和历史习惯，明确内陆以治安联防和反空降偷袭为主；沿海以防内潜外逃和反袭扰为主，辖区境域划分为五通、钟宅、高崎、湖边、园山5个联防点；各联防点平时加强情报信息传递与反馈，对各自获取的情报除按系统上报外，还及时报告本级联防领导机构并通报联防单位；联防点每半年召开一次会议，主要是分析形势，总结经验，交流情况，协调行动，研究解决存在问题；必要时，同部队、武警、公安进行小规模的实战演习。战争间隙还担负生产建设的组织协调者和参与者，争取最大限度地达到战时物资自给。

20世纪80年代后，辖区民兵工作根据改革开放和建设经济特区的新形势，不断进行调整和改革。1984年，海防沿岸的军民联防调整为军警民联防。1987年3月，厦门市委、市政府组成有武警、边防、公安、安全等部门负责人参加的军警民联防领导小组，湖里区、禾山镇相继建立军警民联防部和联防分部。1988年，东欧和前苏联形势剧变，中共湖里区委、区政府与公安、武警密切配合，组织民兵应急分队担任防区的武器库、机场、海堤的安全保卫，协助武警维护社会治安，维护防区的安定团结。军警民联防成为新时期加强海防、保卫特区建设的经常性战备工作。

附：湖里境域海防前线民兵英雄群体

湖里境域海防前线民兵英雄群体有高林村“二十三勇士”、湖边“花木兰排”、高林“九秀班”。

一、二十三勇士

1958年“八二三”炮击金门打响后，高林村民兵干部蔡生、黄介兴组织23位民兵（其中6位女民兵）一边生产，一边冒着生命危险拥军支前。他们组织群众抢修被炮火炸毁的道路，协助解放军推出陷入路坑中的车辆，保障军车炮车通行无阻。炮战期间，23名民兵冒着炮火抢修工事，装卸700余卡车修筑阵地所需的木、石材料。炮战激烈时，帮助搬运弹药、烧水送水。女民兵先后为解放军浆洗、缝补衣服3000多件。23名民兵勇士的事迹，被上海天马电影制片厂拍摄成纪录片在全国放映，福建省政府、省军区颁发嘉奖令，厦门市委市政府授予“二十三勇士”奖旗。1958年，蔡生作为二十三勇士的代表赴京出席国庆招待会，受到党和国家领导人的接见。

二、花木兰排

“花木兰排”前身为后坑幸福高级合作社的青年女子突击队。1958年，生产突击队22名姑娘组成女民兵排，人称“花木兰排”，与男民兵一道承担支前和生产两副重担。“八二三”炮战前，女民兵排受命转移全村老少妇幼到内地安全地带。姐妹们配合村干部包干到户、落实到人，挨家户进行劝说，将村里妇幼老少安全送达厦门岛外的灌口。炮战打响，“花木兰排”姐妹们和男民兵一道，转战洪塘凹仔头、岭兜、石村、前村山一带，挑沙、扛石、挖战壕、倒水泥、修道路，配合部队修筑炮阵地，还帮两个炮营阵地送军粮、扛炮弹、擦炮弹。姐妹们两人一条竹杠，抬运100余公斤重的炮弹和条石，仍然健步如飞。休

图 21-3　后坑“花木兰排”姐妹当年合影

息时间，她们还到虎仔山、赤坡山、石胄头等高地，为高炮阵地、观测台的战士缝洗衣被、烧水送茶。战时部队大都在夜间闭灯运送军粮、弹药，女民兵负责在“黑地桥”引导车辆，保证军火弹药和后勤物资源源不断运往前沿阵地。此外，“花木兰排”还负责存放着 33.5 万公斤战备粮仓库的巡逻保卫任务，姑娘们不负重托，坚守在战斗岗位上，出色地完成各项任务。炮战后，“花木兰排”受到福建省政府、省军区的通令嘉奖。1959 年 6 月，国务院总理周恩来亲自为“花木兰排”颁授锦旗。

三、九秀班

“九秀班”的前身为高林村平均年龄只有 18 岁的女青年突击队。1958 年“八二三”炮战之前，地处前沿的高林大队根据上级指示，将大部分群众疏散到后方，只留下干部、党、团员和青年民兵。女青年突击队的全体队员坚决要求留下，参加生产和支前。女青年突击队的请战要求得到中共前线人民公社委员会的批准，并根据这支突击队有 9 名队员、恰和当地赞语“十女九秀”巧合的特点，将这支女青年突击队命名为“九秀班”，9 个女民兵随后将各人的名字全部改为带有“秀”字，使得“九秀班”更具有特色。“九秀班”成立后，和男民兵共同承担起支前任务。她们连续苦干 7 个晚上，为五通、高林附近的 3 个炮兵阵地运送近千卡车的石块，保证修筑工事的需要。“九秀班”还负责高林村口一处岗哨的战备执勤。不管刮风下雨，岗哨从无缺人，没有放过一个应该盘查的过往行人。她们还利用休息时间，深入前线阵地，搜集蚊帐、被服、鞋袜，洗净、晒干、缝补后再送回营房。仅“八二三”炮战前后，“九秀班”就为参战部队洗衣物近 2 万件、缝补衣服近千件、纳鞋底上百双。农业生产方面，“九秀班”和男民兵一道，多次冒着炮火抢收芋头、番薯，还负责“养百头猪，种十亩菜”的生产任务。“九秀班”负责的养猪场的照片入选 1959 年举办的厦门市举办农业展览会，展览会还展出她们种出的重达 4 千克的包菜。“九秀班”多次受到省、市人民政府的表彰，并派代表出席 1959 年福建省群英会。

第五章　国防动员与人民防空

第一节　国防动员

一、机构

湖里区国防动员委员会成立于 1996 年，和中共湖里区人民武装委员会实行一个机构两块牌子。

区国防动员委员会由中共湖里区委员会书记任第一主任，中共湖里区委员会副书记、区长任主任，区人民武装部部长任常务副主任，一位副区长和区人民武装部政委任副主任。

区国防动员委员会的办事机构有秘书组，设在区人民武装部；人民武装动员办公室，设在区人武部军事科；经济动员办公室，设在区统计局；人民防空、交通战备办公室，设在区政府办；支前办公室，设在区民政局。

2005 年，改设综合办公室，设在区政府办和区人武部军事科；人民武装动员办公室，设在区人武部军事科；政治动员办公室，设在区委宣传部和区人武部政工科；经济动员办公室，设在区发展和改革局；人民防空办公室，设在区人防办；交通战备办公室，设在区政府办；支前办公室，设在区民政局；科技、信息动员办公室，设在区科技局。

二、武装力量动员

20 世纪 50 年代初期，驻厦门中国人民解放军在湖里辖区境域组织民众，帮助部队开展渡海训练、支援解放战争。这是解放后最早在湖里辖区境域进行的军事力量动员。

1951 年，开始在各村组织民兵，民兵组织成为军事力量动员的主要形式（详见本篇第四章第二节）。

三、政治动员

（一）巩固政权教育

1950 年中华人民共和国成立初期，民兵教育的主题是认清革命形势，保卫革命胜利果实，巩固新生的人民政权。1951—1952 年，进行“抗美援朝”和确保厦门、全民备战、全岛备战的教育。

1954—1957 年，主要开展进行农业合作化的宣传。1955 年兵役法颁布后，在民兵中广泛开展依法服兵役以及民兵的性质和任务教育，提高民兵的国防观念。

（二）人民军队教育

1958 年，进行毛主席的人民军队、人民战争思想教育，号召民兵积极配合支援人民解放军炮击金门。同时，推进“鼓足干劲、力争上游、多快好省地进行社会主义建设”教育。禾山区民兵在农田基本建设、技术革新、增产节约、植树造林等生产建设中发挥突击作用。1959 年 4 月，前线人民公社武装部贯彻福州军区民兵工作会议精神，在民兵中开展劳动生产（工作）好、战备治安好和爱护武器好、遵守政策纪律好等“五好”运动。

图 21-4　飒爽英姿

1962 年，在民兵中开展“忆苦思甜”的阶级教育，激发战斗意志，树立独立作战、不依外援的决战决胜精神，随时准备配合人民解放军“将敌歼灭于海中，消灭于滩头”。

1963 年后，相当长时期以毛主席的《为人民服务》《纪念白求恩》《愚公移山》等 3 篇文章为教材，开展学习张思德、雷锋运动，树立“毫不利己、专门利人”的共产主义风格。

（三）阶级斗争教育

1964 年，以“阶级敌人人还在，心不死”以及“千万不能忘记阶级斗争”为宣传中心，号召民兵当社会主义教育和农村“四清”运动的骨干。1966—1976 年，围绕“以阶级斗争为纲”和“两条路线斗争”为中心，结合“文化大革命”各时期的中心任务开展宣传教育。

（四）改革开放教育

1979 年后，在民兵中开展改革开放、推进现代化建设教育，要求民兵在发展商品生产，建设社会主义新农村中起骨干作用。1984 年，改革民兵政治教育体制，实行目标管理。凡属党的路线、政策法律、形势任务等学习内容归地方行政领导系统统一安排进行；凡属民兵性质、任务、纪律和国防教育，主要由区、镇武装部组织实施，以集中上政治课的形式进行教育。

（五）国防教育

1988 年，区武装部结合民兵整组、训练工作，对民兵、预备役人员开展系统的国防教育。1989 年，成立国防教育领导小组，国防教育由民兵预备人员为主体拓宽为全民国防教育。采取多层次施教方式，对机关干部、企业领导、镇（街）、村以上干部开展国防教育；通过军民共建文明学校、办军事夏令营等方式对中、小学生进行国防知识培育；探讨在“三资企业”开展国防教育。1998 年，湖里区的国防教育强调针对性、系统性、创造性，着力以国防观念上的清醒实现政治上的坚定。是年，普通民兵参加上课 2 次，基干民兵上课 4 次，民兵教育面达 98%，平均考核成绩达到良好。

2001 年后，充实修订民兵《政治教育意见》，加强“青年民兵之家”建设，解决民兵和预备役人员的学习场所和娱乐场地。组织民兵开展军营活动和比武竞赛，增强国防观念和军民的凝聚力。

2005 年，开发社区文化资源和活动场所推进国防教育，突出以爱国主义为核心的宣传教育，提高全民国防观念。

2007 年，结合民兵整组、征兵的时机开展人民战争思想、形势战备、爱国主义、革命英雄主义、社会主义荣辱观等一系列内容的教育。

第二节　人民防空

一、机构

1950 年 3 月 15 日，厦门市军、政、警和工商界 21 人成立防空委员会，禾山区成立防空分会（防空治安委员会）。1953 年，防空办事机构列入公安系统建制。1969 年 10 月，郊区成立人防领导小组，随后成立办公室。1979 年 10 月，根据国务院、中央军委有关规定，区人民防空领导小组办公室改称区人民防空办公室。进入 80 年代，厦门建设经济特区，人民防空建设涉外事务增多，1989 年 8 月，区人民防空办公室更名为区民防办公室（系政府办公室兼管设有独立机构）。2002 年，根据上级文件精神成立湖里区人民防空办公室，作为区国防动员委员会的常设办事机构，又是区人民防空工作的主管部门。人员编制 2 名（行政），主任商明元。2007 年 5 月，增设办公室副主任 1 人，编制增为 3 人。

二、队伍

民国 26 年（1937）9 月，禾山区建立 4 个防空专业队：养路队 270 人、救护队 144 人、消毒掩埋队 108 人、消防队 270 人。其中，辖区境域的高崎设养路队 1 分队，江头、寨上、庵兜、岭下、高林 5 个联保各设 1 个救护分队、消毒掩埋分队，每分队人数 9 人；每个联保还安排 9 名义勇警察兼任消防分队队员。

1950 年 3 月，厦门市郊区组建防空专业队。翌年 4 月，辖区境域乡镇、农村组建防空专业队、担架队、运输队。

1971 年，全国第二次人防会议，防空专业队列入民兵建制。1985 年 2 月，根据《人民防空条例》调整人防队伍，规定战时区、街两级按比例组建专业队，按防空袭预案进行扩编，撤销对空射击队，由民兵高射炮、高射机枪分队担任。

1999 年，湖里区组建预备役高炮营，由镇街主要干部担任营连领导，由预备役军官和预编士兵 420 余名组成。截至 2007 年年底，该营建制不变。

三、防空教育

民国26年（1937）9月，在辖区境域散发厦门市防空委员会编印的《防空常识问答》和防空画页。

1950年3月19日，授权《厦门日报》发布防空标语口号12条，号召全市人民动员起来，开展反轰炸斗争。厦门市警备司令部颁发《防空规则》《防空须知》《反轰炸破坏宣传提要》等防范措施和规定。各学校普遍进行防空常识教育，小学课程采取以防空为中心的单元教学。郊区乡镇利用各种会议宣传、传达防空规定、防空知识。

1961年，郊区人防办公室在辖区境域机关、学校、工厂、企业和各农村大队开展防核、防化学、防生物试剂的“三防”普及教育；各民兵营的“三防”教育结合野营拉练进行。

1969年中苏边界军事冲突后，宣传毛泽东的“深挖洞，广积粮，不称霸”指示。

1978年，宣传贯彻“长期准备，重点建设”和“全面规划、突出重点、平战结合、质量第一”的人防战备方针。

1987年6月，“三防”教育在中学搞试点，每年安排16节课程，“三防”教育步入制度阶段。

1997年，开始宣传《中华人民共和国防空法》。

1999年，开始宣传《福建省人民防空条例》。

2002年10月，市委组织部、市委宣传部、市人事局、市教育局、市人防办联合下发《关于在全市开展人民防空教育的通知》，把全市初中阶段在校学生；属地内所有高级中学、大中专（职专）院校一年级在校学生；市委党校（行政学院）各类培训班学习的学员；全市国有大中型企、事业单位所属员工；各区所属街道社区居民及镇、村居民，列入人民防空教育的范围。至2007年，湖里区属厦门市第三中学、禾山中学、湖里中学、金尚中学、蔡塘学校5所初级中学开设人防知识教育课程，受教育率为90%以上。

四、防空设施

（一）情报设施

抗日战争时期，位于后院的禾山区署设有对空监视哨。情报传递由厦门市电报局负责。区署通过电话向各联保传递情报，以警钟或敲锣报警。

1950年后，辖区境域的对空观察和情报传递均由辖区驻军负责，五通设对空监视哨，各驻军皆在所在地制高点设置对空监察哨，由号兵或民兵吹号报警。

1970年始，市守备区接收上级警报，以专线传递至市人防办及各区境。

建区后，对空观测和情报传递均由辖区驻军负责，区人防办在辖区设立警报点。截至2007年年底，全区共设置42个警报点，分属42家单位负责，84名警报器管理员，年警报鸣响率达100%，鸣响覆盖率99%。

（二）防护设施

民国26年（1937）9月至厦门沦陷前夕，辖区街道各商铺以沙包和水桶作为防空袭设施。人口较为密集的江头联保选择3处较为牢固的祠堂、庙宇作为避难所，可容纳300余人。辖区境域各保社均挖掘有防空壕，其中江头联保34处、总长283米，寨上联保52处、总长468米，庵兜联保25处、总长217米，岭下联保177处、总长1205米，高林联保10处、总长187米，可容纳人员总数近10000人。按厦门市政府要求，防空壕规格为深2米、宽0.67米，上面架设木板后覆盖泥土。实际操作中大都未能达到要求。

解放后至1954年，辖区境域的防空、防炮设施以简易的土洞、壕沟为主。

1955年，全国第一次人防会议提出“重点建设，长期准备”的方针，辖区沿海各自然村开始建设平战两用地下永备人防工程。

1971年，开始组织人防工程专业施工队，提高施工质量和设施档次。至1979年，辖区境域的狐尾山、仙岳山、仙洞山、薛岭山、石头皮山等建成多处永久性人防设施。

1986年9月，厦门市政府颁发《厦门市人防建设规划》，开始贯彻人防建设与城市建设相结合的方针。此后，辖区境域陆续建成一批平战结合的人防设施。其中，1999年2月竣工通车的仙岳山双洞隧道长分别为1072米和1096米、净宽9.25米、净高6.7米，配备有先进的通风、照明等控制系统及市政管线，是一座平战两用的标准高、功能齐全的现代化城市隧道。自此至2007年，辖区境域没有修建大型骨干人防工程，但结合民用建筑修建防空地下室面积逐年增加。至2007年年底，人均面积位居全省乃至全国前列。

五、防空演练

解放初至1957年，防空演练以组织民兵防空专业队进行防空疏散、隐蔽、对空射击、空袭抢救演练为主。1958年起，开始组织有居民参加并出动救护队、担架、手术台和海上救护船的防空指挥所—专业队防空演练。20世纪60年代，演练重点是加强对空射击分队建设，辖区境域的重点军事区和制高点设置若干对空火力网点，以小口径高炮及高射机枪组成对空火力网。1969年后，辖区防空演练基本上由市人防指挥部组织实施。同年12月11日，辖区防空专业队数千人停工停产参加全市防空综合演练，为规模最大的全民防空实战活动。1974年9月中旬，市、区两级1100余人举行防空防炮演习，演练防空指挥和专业队协同活动。

1989年，区人武部训练对空射击专业队65名，采取到警备区教导队集训，以部队带训方式，实施规范化教学。1991年，区武装部在三航企业和禾山镇进行对空射击训练，由部队带训，按部队正规化要求和上级的训练大纲进行规范训练，经警备区考核验收，合格率达100%。1996年，区武装部训练民兵预备役五七高炮分队21名，主要进行单兵技术训练和班协同训练。进入新世纪防空专业队伍的培训与演练随着军事科学的发展与战机装备的现代化，防空手段亦相应走向现代化。1999年，湖里区人防办制定空袭预案；2000年，依据省人民政府部署，长泰县为湖里区战时疏散地域，区领导和人防部门多次访问长泰县，签订相关协议，并制定街、镇、乡、居对接方案。同年，区人民防空制订《防空袭预案》和《人民防空紧急行动预案》，规划战时人口疏散及各种保障计划。

2005年5月，成立人防基层组织，街道、社区制订《防空袭预案》和《应急行动计划》。是年全区43个社区参加防空应急疏散演练。2006—2007年，两年参演人员达到7万多人。

第六章　拥政爱民

第一节　拥政工作

一、参与地方中心工作

1950年11月，31军派出干部战士参加土改工作队，分赴厦门郊区、龙溪、晋江等地协助地方土地改革。抽出野战分队和部分机关干部，分赴安海、同安执行剿匪任务，在地方武装配合下消灭蒋介石集团留下的散兵游勇和地方匪患。

1956—1957年，郊区驻军派出干部、战士参加农业生产合作社开展农村社会主义教育，以整顿稳定农业生产合作。1958年冬，农村人民公社化初期，驻军93师和炮兵等部队抽出多批干部战士参与驻军开展社会主义教育运动，并与当地公社、大队、生产队建立联系。1963—1965年，农村开展整风整社的“四清”运动中，抽调干部战士参与辖区境域“清政治、清经济、清组织、清思想”的“面上社会主义教育”运动。1967年2月，辖区境域驻军组织工作队，进驻机关、企事业单位和各生产大队，执行“支左”任务，维持正常的生产、生活秩序。1968年9月，“支左”部队还参与组建前线人民公社革命委员会，直至1975年撤出。

20世纪80年代中叶至2007年，驻辖区部队每年都派出官兵支援湖里区创建卫生城、文明城区的活动。

二、支援地方经济建设

解放初，厦门东航道被封锁和拦截，北航道只能以小船只从高崎、集美海堤随潮出入。1952年年初，辖区境域驻军组织军力参与海军、陆军艇船伴随护航，海岸突出部配置护航炮兵。同年5月3日、7月10日，驻区境域的炮兵分队参与31军组织的炮击敌军据守的大担、二担岛，取得反海上封锁、反骚扰破坏、保障海上航运安全的胜利。

驻辖区境域部队抽出兵力和时间参与驻地的农村社队兴修水利工作，至1959年共投入15万劳动日，兴修蓄水、灌溉工程30余处。1959年，驻军93师援建湖里的湖边水库，一个月内投工近10万劳动日。1958年，辖区境域驻军协同驻地人民公社，许多连队在驻村挑灯夜战，帮助社员抽水挖塘泥、运塘泥，开展冬耕积肥大会战。至1970年，辖区境域的驻军参与修建的水利工程30余项。1971年，辖区驻军承担九龙江北溪引水工程最艰难地段的施工任务，先后投入1000余名干部战士，在工地搭盖草棚安营扎寨，完成土石20万立方米，将九龙江水引入岛内。

驻辖区境域的海防、空防和工程兵等部队遵循国家的对外开放政策，把积极参加经济特区的建设作为部队在新的历史条件下做好群众工作的重要内容。1981—1995年，参加高崎国际机场、湖里工业区、东渡港码头、象屿保税区、太古飞机维修中心、金鸡亭小区、康乐新村、疏港路、324国道改造等20多项重点工程建设，共投入劳力100余万个，机械车辆10余万台次，船艇400余艘次。驻厦门工兵团在完成繁重的战略训练和国防施工任务的前提下，自1984年以来参与厦门经济特区122项大中型工程建设，共投入劳力123.2万多个，填挖土石1259.9万立方米，1994年12月被南京军区记集体二等功。

辖区驻军服从和服务于经济建设这个中心，自觉在大局下行动。20世纪80年代，厦门兴办经济特区后，军地双方在处理经济建设与军事设防出现一些矛盾时，均能通盘考虑，妥善处理。地方一些重大建设项目遇到需要部队搬迁，部队均能按级报批，及时搬迁。为了服从厦门建设东渡港的需要，驻在新港规划区的厦门警备区船运大队部和两个中队没等盖好新营房就立即全部搬出。厦门高崎国际机场扩建时，奉命搬出的厦门警备区某炮兵团和某守备团七连有20亩红玫瑰尚未成熟，搬迁要损失数千元。这两支部队不仅没有提出任何要求，反而将8亩长势很好的蔬菜全部留下来，并把营房粉刷一新，维修供电线路，给机场施工队留下良好的工作、生活环境。

第二节　爱民活动

一、军地共建

驻区人民解放军以驻地为基点，以思想道德教育、国防教育、科学化建设为内涵，开展多种形式的军民共建社会主义精神文明活动。

80年代初，辖区驻军响应中共厦门市委、31军党委号召，开展“两个文明”连片共建活动，共育“四有”（有理想、有道德、有文化、有纪律）新人、共创优良秩序、共造优美环境、共达少生优生，协助区域经济繁荣、共建先进党支部。

1988年，湖里区人武部建立伊始，组织干部深入驻地，走访全区170多个单位、企业，增加了解，建立了互信和友谊；在节日主动牵头与区委办、政府办、民政局等联合组织党员和青年积极分子赴海岛驻军参观慰问、组织行军比赛等活动；与区工会联合组织调查区域内“三资”企业状况，并请区工会牵头召集31家合资合作企业的工会主席开联谊会，解决“三资”企业的群众工作群龙无首状况。

1989年春夏之交，在北京发生政治风波期间，区人民武装部组织驻军、武警、公安、边检等单位，修订联防方案，组织民兵加强沿海战备执勤，并在沿海沿线、车站、码头设置民兵执勤点，组织防内潜外逃巡逻，开展民兵应急分队对突发事件演练；组织民兵配合公安查控、打击流窜犯；制定“军警民共建社会主义精神文明活动规划和措施”，会同区委宣传部组织军警民共建工作协会，调整共建网络，辖区内建立23个共建点，完善共建活动制度；协同民政部门开展拥军优属活动，检查优抚政策落实情况，并协助政府为驻军解决家属就业、子女就学，调解军民矛盾；“八一”、春节期间，协同政府走访、慰问辖区内军警部队，开展军民联谊、为兵服务活动，增进军政民的团结。是年，区人武部被厦门市评为“拥军优属先进单位”，获市政府通报表彰。

1990年，协助地方设立浦口、霞边两个船管站。拓宽共建领域，参与共建福厦文明路活动，协助区领导做好高崎、江头、东渡重要路段整治。协同区教委召开军警民共建文明学校的经验交流会。发展共学点，区人武部为驻区高炮部队与高殿村火车站搬运队建立共建结对，该装卸队基干民兵连的共建实践，在警备区召开的军民共学雷锋表彰会上作经验交流，并被评为学雷锋先进单位。湖里区军民共建点发展到27个，是年被福建省政府评为“双拥”先进单位。

开展“岗位学雷锋，行业树新风”活动。1991年，全区建立4个民兵文明示范点，驻区部队、民兵开展共学中共十三届七中全会文件，共建精神文明活动，要求民兵预备人员完成“急难险重任务”，三航六公司青年民兵在厦门大桥建设中成为突击攻坚力量，被团市委授予“特区建设青年突击队”称号。

在共建共学活动中，企业、学校与驻军、武警结成共建“对子”。1994年，共设立军民共建点28个，共建党支部3个。

2001年，开展军地共学“三个代表”重要思想活动，涌现区人武部党委与驻地塘边居委会党支部、警备区船运大队与禾山镇、炮兵团与区委宣传部3个军地共学“三个代表”重要思想典型。

二、军民协作

80年代后期，湖里区将拥军优属纳入镇村社会主义精神文明建设系列，各村（居）委会设立双拥领导小组，建立军地互访制度、联谊制度、现场办公制度，加强了军民的紧密联系。1994年，禾山镇组织588人走访慰问辖区部队驻军，并赠送慰问品及一批文化娱乐用品；召开各种军政座谈会93场，军民共建联欢76场，丰富了军队和地方群众的精神文化生活，也为新时期拥军开创了新思路，拥军工作朝着“共建、共育、共益、共提高”方向迈进。禾山镇从1993年获国家民政部“双拥模范镇”之后，连续多年保持这一荣誉，2000年被评为福建省双拥单位。

1995年4月8日，高崎机场储油罐发生破裂，2300吨航空煤油大面积泄漏，情况十分危急。辖区驻军各部队主官亲临现场指挥，先后出动官兵紧急抢险。是年12月24日，仙岳山发生大面积山林火灾，过火面积675亩，驻辖区军警闻警出动，奋力扑救，迅速扑灭山火。

1996年，驻区部队配合厦门火车站做好春运工作，区人武部组织禾山镇基干民兵参加春运活动，在火车上跟班服务6天，维护各自车厢内乘车秩序和乘客安全，热心为乘客排忧解难，做到安全无事故，受到乘客、火车站和上级有关部门的好评。1998年，区人武部机关和民兵成建制地开展爱民活动，在主要街道和禾山敬老院等地打扫卫生、清理死角、无偿修理等便民活动，参与军地各种捐助义举。1999年1月，区人武部组织民兵预备役人员到江头村台湾街开展创卫劳动。同年10月14日，区人武部组织预备役高炮一营官兵、后坑运输实业公司民兵应急机动分队等单位民兵预备人员投入抗台风抢险救灾，抢修湖边水库大坝120多米，清理湖里大道5000多米，维护公用设施20多处。

1999年10月，驻辖区部队派出官兵参加辖区抵御14号台风的抢险救灾。

2003年，区人民武装部在抗“非典”期间审时度势，调整工作思路，成立民兵防“非典”应急快速反应分队；协助区政府排查、隔离外地到厦门特别是疫区到厦门人员，处置厦门航空港货运枢纽中心的发热病人，协助江头医院处理20多名吸毒发热病人外逃事件。

2005年，湖里区人民武装部将军队、地方共建文明活动与民兵预备役队伍建设相结合，在抢险救灾、维护社会治安中锻炼和提高民兵预备人员的组织指挥和快速反应能力，发挥组织严密、突击力强的优势。该年区武装部先后3次组织民兵预备人员和协调驻地部队参加湖里区创建文明城市活动。

2007 年，军地协作和优抚工作取得新的进展。区人武部派出武装干部驻校指导学生军训，选调军事素质好的民兵骨干担任教员，分期分批轮训中小学生 890 名。“八一”期间，协调区政府走访和慰问辖区驻军单位，并向 3 个挂钩部队赠洗衣机、热水器，赠送书籍 1200 余册。9 月 8 日，组织民兵抗击“圣帕”台风，参与地方交通执勤。配合区民政局做好军人家属优抚工作。

第七章　兵事纪略

第一节　古代近代兵事

一、郑成功抗清高崎战役

清顺治十七年（1660）四月，清军进围厦门，达素及施琅等集中船 200 余艘，分泊于同安、北港（杏林南港），企图运载陆兵从厦门湖里一带海域登岛，配合海澄港出击的清军，牵制、歼灭郑成功水师。郑成功派辅明侯林察率水师分泊于高崎、石湖头等处，阻击企图从同安登陆的船队；派戎政王秀奇、协理戎政杨朝栋率陆师六镇兵力布防于高崎和东渡沿海。五月初十日上午，同安清军水师驶出南、北港，泊高崎郑军水师出动迎击，撞沉清船数艘。由于郑军船大搁浅，清军哨船得以从赤山坪沿岸登陆。及至涨潮时分，泊刘五店、丙洲和石湖头的郑水军赶到，掌控海道，将清军后续战船逼回同安港。已登陆的清军被郑军包围。虽然镇将陈鹏通敌不肯出师，但其属下各协将还是率部驰援，右协、旗协先后赶到赤山坪，合力围歼清军。清军 300 余人被擒，另有千余人在撤离时陷入沿海滩涂，全被淹毙。

二、叶光辉练兵八保宫

清咸丰三年（1853）四月初六，黄位、黄德美发动小刀会起义。当时，驻厦门提督施得高率水师在外洋巡逻，厦门岛兵力空虚。小刀会乘机于四月十一日攻占厦门。驻厦清朝官员退至后坑，以资福院为临时衙署。后坑人叶光辉在官路边经营桑莲典当铺，临时衙署的所有费用，全部从典当铺中开支。叶光辉为人豪爽，乐于结交。马巷人李廷钰原为浙江水路提督，当时赋闲在乡。叶光辉前往晋见李廷钰，颇得李廷钰器重。小刀会攻陷厦门、同安后，李廷钰在马巷组织乡勇，防备小刀会。在李廷钰授意下，叶光辉在禾山各社中挑选壮丁，组织团练，意在练兵保土。团练指挥所就设在八保宫内。七月，朝廷起用李廷钰。李廷钰率兵从刘五店渡海，在叶光辉率领的团练配合下登陆五通，直插金鸡亭、文灶，和清军水师南北夹击，于十一月收复厦门。叶光辉被授予中军之职。朝廷还颁发“义愤同申”匾额，悬挂在八保宫内。

第二节　现代兵事

一、抗日战争兵事

（一）日本侵略军五通登陆

民国 27 年（1938）5 月 9 日，日本侵略军第二联合特别陆战队 4 个大队合 3000 余人，驶抵金门料罗湾。10 日凌晨，日舰 11 艘掩护数十艘汽艇驶进湖里境域的五通海面。厦门守军为陆军 75 师 445 团，其第三、第二营分别防守高崎至何厝一线防御，一营为预备队。3 时许，日本侵略军飞机和舰只炮轰前沿炮台和阵地。4 时 30 分，日本侵略军近 2000 人在凤头、泥金登陆。守军 445 团三营奋起抗击，因日本侵略军火力猛烈，终告失守。日本侵略军于 5 时许突破泥金阵地，7 时进攻高林、湖边、鸡山一线。在飞机掩护下向江头推进，守军和江头警察、壮丁队阻击失利。11 时 30 分，江头失守。另一路登陆日本侵略军经何厝、前埔向金鸡亭发展。守军三营退至云顶岩、金山、江头一线，与预备队继续抗击敌军。15 时，日本侵略军由江头入侵莲坂、梧村和市区。5 月 12 日，厦门全市沦陷。

日本侵略军侵占厦门时，辖区境域村社死难民众达 373 人（详见表 21-2）。

1938—1945 年日军侵占厦门时辖区境域民众死难调查表

表 21-2　　　　单位：人

社　名	死难人数	社　名	死难人数	社　名	死难人数	社　名	死难人数
凤头	21	江头村	1	湖边	37	湖里	2
泥金	30	浦园	7	洪水头	3	高林	6
浦口	7	塘边	10	洪塘	4	枋湖	2
田头	4	后坑	7	祥店	7	西村	3
田里	6	殿前	3	刘厝	3	穆厝	6
坂美	9	寨上	6	薛岭	4	陈厝	1
东宅	24	高崎	3	钟宅	32	内英	2
黄厝	2	吕厝	20	乌石浦	1	后埔	12
西头	1	西潘	1	张厝	1	后莲尾	2
蔡塘	7	埔仔	1	龚厝	4	庵兜	4
林边	16	马垅	1	江头街	50	—	—
合计	373						

（二）渡海夜袭歼敌伪

民国 29 年（1940）11 月 28 日午夜，厦门市三民主义青年锄奸队 32 名队员在队长龚金水率领下，分乘 3 条小木船，于 29 日 2 时许靠泊钟宅海滩，安排 6 人守船，其余 26 人分成 2 个突击组。一组潜至瞭望台，将敌警戒哨扑杀，并生擒 2 人；另一组径趋敌指导官松原敬及伪警察所长住宅，当场将其击毙，并击伤敌伪多名。完成预定任务后，锄奸队从原路踏上归舟安全返回。

（三）夜袭禾山飞机场

民国 33 年（1944）4 月 1 日夜，抗日闽南守军二十师精心组织的武装突袭队由丘队长及刘副官率领，晚 8 时出发，渡海袭敌。同时，二十师派出 3 支掩护队进入集美、刘五店、澳头担任掩护。晚 10 时，丘队长率一队突袭队登上厦门东北海岸，直奔禾山机场。敌警卫部队仓促应战，突袭队机关枪齐发，压制敌军火力。其余队员冲入机场，猛掷手榴弹，击毙敌兵数名，缴获步枪、手枪数杆；另一队由刘副官指挥，突袭伪保卫团团部，当场俘虏伪团长何炳荣。机场守敌用探照灯四处照射，高崎敌军以机枪猛烈扫射。刘五店、集美的掩护部队则隔海回击，吸引敌军火力。袭击部队则押着俘虏，分乘帆船安全返回。

二、解放厦门岛北部战斗

1949 年 10 月 4 日，解放军第十兵团下达解放厦门岛作战预令：以 31 军、29 军的 5 个师进攻厦门。各部队立即开至南安、同安、石码一带沿海，进入渡海战斗准备。参战部队深入九龙江沿岸、海沧、角尾等地收集木船，动员船工参战。将船只从陆路运到集结地区，并制作大量简易救生漂浮器材。

渡海登陆战是新课题。解放军 29 军 254、255 两个团，31 军 274、275 团等部队进入集美、刘五店作战准备地域后，立即投入以航渡和突击登陆两个环节为主的战前练兵。突击部队的各级指挥员赴敌前沿观察岛岸地形、工事构筑和障碍设置等情况，反复观察彼岸的方位物。广大指战员认真向船工、渔民请教，了解潮汐和风力对登陆的影响。

守岛国民党军以北半岛为防御重点，将装备良好满员的74师配置于东渡至钟宅一带，181师布防在东北部的坂美至何厝一线。海沿岸筑有水泥堡为骨干的永备工事，并有大口径火炮、坦克和海空军火力支援，构成环形立体防御体系。

10月12日夜，中国人民解放军92师侦查队副队长胡维志、战士张文升驾船到厦门神山、寨上一带侦察。当他们摸清几个主要登陆地段寨上石湖山一线敌军的兵力、工事部署和滩头情况，准备作为滩头登陆点，赶回会合点时，超过约定时间，船已返航，他们独自与风浪搏斗7小时，泅渡4000余米，带回重要情报而归。31军授予胡维志、张文升“越海侦察英雄”称号。

10月15日20时，29军85师、86师、31军92师分别从集美东岸的后安和西部的东安以南一带起渡，从西北、东北登船，采取多点头正面登陆作战，为力争达成突袭，在步兵未打响之前，不先炮击。85师4个突击营则在集美强大炮群的火力支援下向高崎、神山攻击前进。86师256团两个突击营接近滩头，始被发现。冲击信号发出后，部队如离弦火箭，向高崎、神山、钟宅一线预定的目标前进。沿途敌人猛烈还击。解放军3个突击团不顾守敌的拼死还击，攀越海岸悬崖陡壁，冲破防御工事的密集火力，第一梯队于当晚21时强行登陆成功，第二梯队亦相继登陆。16日拂晓前后，29军的85师、86师3个突击团攻占高崎、神山、殿前一线。

与此同时，西段31军92师由东渡、石湖山登陆突破，其两个营率先抵达预定登陆点石湖山、寨上。未料此处是一片宽约一千米的淤泥滩，又正逢落潮，淤泥陷没膝盖。国民党军发觉后，以密集火力封锁，274团三营八连八班长在连排班干部多人负伤的紧要关头，挺身而出，指挥剩下的12名战士，趁着潮水上涨推船、跋涉，抵滩上岸，攻下山腰地堡，坚守阵地4小时，打退敌军5次反扑，最后在29军策应下，夺取了预定山头。战后被授予“厦门登陆先锋排”称号。275团一营，根据师参谋长田世兴指示，从火烧屿起渡，于16日下午4时在湖里偷渡，成功登陆后迅速向仙洞山、松柏山方向攻击前进。

86师在东段的钟宅一线上陆，这里多陡壁，高达三四丈（1丈=3.3米），两个营在夜色掩护下，登上陡壁，敌军发现后全力反扑。双方苦战数小时，86师的两个营只剩下50余人，仍然坚守海滩阵地。

下午，登岛部队推进到仙洞山、松柏山、园山和薛岭一线。汤恩伯调集一个师的兵力，实施猛烈反扑。中国人民解放军274、275团的3个营占据有利地形，击退其3次反攻，击毙国民党军222团团长。国民党军厦门警备司令毛森将用卡车运载特务营赶来增援，一进松柏山山口就被截住，将其全歼。至此，厦门北半岛基本解放，解放军继续向南半岛推进。

10月17日上午11时，厦门岛和鼓浪屿全部解放。

三、炮击金门

中国人民解放军福建炮兵部队从1953年开始对台湾当局据守的金门列岛进行有计划的炮击，其中规模较大的有1954年9月3日、1957年6月24日、1958年8月23日和1960年6月的炮击。1979年1月，停止炮击。

“九三”炮击 1954年8月22日，针对台湾当局和美国政府签订《共同防御条约》，中央军委命令驻福建前线炮兵部队炮击金门。炮击由驻厦门三十一军领导具体组织实施，参战炮兵有：炮兵九师3个团，陆军82、91师所属炮兵各2个营，及福建军区炮兵营，共150门火炮。防空高射炮部队计2个高炮团、3个高炮营。炮击于9月3日14时10分开始，目标为金门港内的舰艇以及有生力量集结地域，急袭持续1小时50分钟，发射炮弹4945发。21时，再以76.2毫米野炮对小金门进行干扰射击，发弹300余发。9月22日17时15分至18时30分，再次对小金门岛上的火力点、团以上指挥机关和军事设施进行炮击。“九三”炮击，共击沉击伤国民党舰艇7艘，摧毁炮阵地7处。辖区境域的驻军参与此次炮击。

“六二四”炮击 “九三”炮击后，金门国民党军炮兵经常对厦门岛及大陆前沿阵地及军事设施和过往船只进行炮击。1957年6月24日，驻厦门炮兵奉命对小金门岛的国民党军81师及炮阵地实施突然的急促射击 64 分钟，发弹近 3000 发。国民党军还击 800 余发。辖区境域的驻军参与此次炮击。

“八二三”炮击　1958 年，毛泽东等中央领导和中央军委决定对金门实施大规模炮击封锁。同年 8 月，毛泽东、中央军委下令立即集中力量，于 23 日开始炮击，重点打击指挥机关、炮兵阵地、雷达阵地和停泊在金门料罗湾内的舰艇。厦门沿海炮兵 36 个地面炮兵营和 7 个海岸炮兵连总计 463 门大炮，隐蔽地进入发射阵地。高炮 6 个团、5 个营的高射火力负责地面炮兵、海岸炮兵的防空安全。海军鱼雷快艇秘密进入待机位置。200 多架战机亦处待命出击状态。8 月 23 日 17 时 30 分，前线部队指挥员发出开炮命令，各炮群从不同方向向既定目标急促齐发，大小金门岛陷入烟雾火海之中。正在参加金门防务部周末鸡尾酒餐会的金门防务副司令长官赵家骧等 3 名将领身负重伤，旋告不治。20 分钟后，金门炮兵始还击，但随即被解放军火力压制。两个多小时之内，解放军发炮 2.39 万发，毙伤中将以下官兵 600 余人，击伤大型坦克登陆舰改装的货轮“台生”号，有效破坏金门有线通信系统、部分大炮阵地和雷达阵地。8 月 24 日，前线部队针对在料罗湾内活动的 17 艘舰艇组织实施第二次打击，发炮近 9000 发，迫使舰艇向外海逃逸。解放军 6 艘鱼雷艇立即出击，击沉、击伤敌舰各一艘。8 月 26 日，彭德怀电示厦门前线指挥部严密封锁大小金门等列岛，以火力削断诸岛的联系；以炮兵打击机场起降的运输机。金门守军被迫转入地下活动，金门岛被全面封锁。9 月 8 日 12 时 43 分，驻厦炮兵举行第三次大规模炮击。台湾当局海军“美乐”号中弹沉没，“美珍”号中弹后外逃。美军舰撤至料罗湾以南 5～12 海里处。炮战于 18 时结束。解放军共发炮 2.17 万发。9 月 11 日，美军舰再次掩护国民党运输舰、作战舰向金门进发。当日 14 时 57 分，驻厦炮兵第四次参与大规模炮击活动。至当日 18 时，共发炮弹 2.5 万发。10 月 6 日凌晨 2 时，毛泽东起草《告台湾同胞书》，宣布炮击金门是惩罚性质，为使国民党军充分地输送供给品，炮击暂停 7 天，但以没有美国人护航为条件；台澎金马是中国的一部分，建议举行谈判，实现和平解决。从此，炮击金门进入打打停停阶段。辖区境域的驻军参与此次炮击全过程的所有战斗。8 月 23 日—11 月 15 日，台湾当局驻金门守军共向厦门沿海 115 个自然村 7518 户住地发射炸弹、穿甲弹、燃烧弹、毒气弹和宣传弹 4.4 万多发；火力组织有突然集中的急促射击、排炮、连射，还有冷炮和乱炮。12 个村被摧毁，30 个村受到严重创伤。在前沿的村庄，约每平方米有一块弹片，公路每 100 米落炮弹均 8 发。辖区所在的禾山乡村民死 15 人、伤 6 人，房子被毁 492 座，被打死耕牛 77 头、猪 168 头、羊 2 头，农作物被毁 400 余亩；厦门第三中学 5 名学生被炸死、9 名师生被炸伤。

四、海空战斗

1950 年 7 月 29 日，厦门防空高炮第十团，击落国民党 F-47 型侦察机 1 架。

1952 年 2 月 13 日，驻厦第三十一军组织 5 个炮兵连火力，对小金门罗厝湾的国民党军舰艇，实施惩罚性炮击。

1953 年 1 月 11 日，厦门郊区境域海岸炮兵第二营击沉小金门罗厝湾汽艇 1 艘，击伤“中”字号登陆舰 1 艘、汽艇 2 艘。

1954 年 1 月，厦门高集海堤进入全面施工。其间，屡受国民党飞机的袭击，致使 150 余名干部、工人被炸死（其中渡船一只被炸沉，死 90 余人）。是年 9 月，解放军对金门实施“九三”炮击后，国民党空军共出动飞机 700 多架次，对厦门前沿地域进行持续 30 天的报复轰炸，投弹 1068 枚，扫射上百次。

1954 年 2 月 25 日，厦门海军巡逻大队舰队在海上巡逻，发现国民党军运输船 2 艘，解放军舰队对其攻击，其中“海珠”号被击中逃往乌丘，“利达”号被击沉，击毙官兵 65 名，俘 24 名。是年 11 月 5 日，金门第四十一支队“大成号”汽艇，由料罗湾驶出后，因风浪大漂至大陆海岸，驻厦海岸炮对其射击，该艇驶至香山向解放军投降。

1955 年 1 月，人民解放军解放浙江一江山岛，小金门炮兵向郊区前沿的白石、塔头、石胄头、前村一线实施报复性射击，发射 600 余发。区域沿海炮兵进行还击，摧毁金门虎仔屿、鼠屿观测所各 1 个。

1956 年 1 月 27 日，国民党军 F-84 型飞机 4 批 16 架，窜入厦门袭击解放军海岸炮阵地，高炮部队即予射击，击落击伤各 2 架。

五、战备行动

（一）1951 年确保厦门战备

1951 年 1 月 13 日、16 日，毛泽东先后发出“关于防敌进攻厦门、汕头急须加强防御部署”“关于确保厦门给陈毅等人”2 份电报，指示厦门前线要增加兵力，加强防御工事，储备粮草弹药，确保厦门，挫败美国、“台湾当局”企图牵制中国人民的抗美援朝作战的图谋。

厦门驻军党委作出“巩固海防，歼灭来犯之敌，确保厦门”的决议。中国人民解放军步兵第 31 军 91 师、92 师迅速进驻辖区境域的高崎、五通、东渡、江头等地及仙岳山等制高点。增援厦门的炮兵第三师和原驻境内各师团高炮连、高机连组成高射火力群。枪械、粮食、弹药、木材等各种战备物资的车辆迅速抢运入岛。各军营、部队全力投入构筑各种土石工事，工兵部队 24 小时轮番作业，在海岸突出部、山口、路口、高地修筑永久性工事。4 月，华东军区司令员陈毅带着毛主席的指示和问候到厦门检查战备工作，代表毛泽东主席给部队每人奖励猪肉 1 公斤，以示慰问。至 5 月初，完成土木工事构筑。同年 11 月，完成水泥永备工程。厦岛北半地域共构筑土木堡、水泥堡约 1000 多个、各兵种阵地、指挥观察所、弹药库和收容所约 700 余个，挖掘堑壕、交通壕及切削陡壁十几万平方米，并架设大量铁丝网，各路口放置防战车坦克三角石。初步完成具有规模效应的防御工事体系。

（二）1962 年紧急战备

1962 年年初，台湾当局密谋反攻大陆，内地步兵、炮兵、海军迅速增援，坦克团、舟桥团、海岸炮、高射炮紧急调防进岛，加上原有驻军中国人民解放军第 31 军 93 师及炮兵、海军部队，战斗力得到大幅度加强。各部队广泛开展忆苦思甜的阶级教育，掀起练兵和加强工事的热潮。部队指战员均在衣领隔层写上自己的姓名和通信住址，表达战斗到底、不怕牺牲的决心。辖区境域各民兵组织进行整组，建立起武装精干的基干民兵连、营、团，随时配合驻地人民解放军作战。

同年 8 月 2 日，人民日报发表《中共中央权威人士答新华社记者问》文章，公开揭露蒋介石反攻大陆的军事冒险计划，警告国民党军不要“以卵击石，自取灭亡”。之后，部队逐步恢复常态战备和训练。

（三）渡海战斗演练

厦门解放后，人民解放军第 29 军 85 师驻区域集结整训，为再度解放金门投入登陆作战练兵。步兵演练登陆突破，占领滩头阵地，进入纵深战斗的训练，并进行航海和潮汛教育。炮兵开展选择重点轰击目标，测量大小金门军事目标的距离诸元，绘制炮击扇形图，并训练对海上流动目标射击。针对登陆作战特点，指战员均练习上下船快速动作，以及过滩涂、桩砦、土石陡壁、铁丝网等障碍物的训练。同时，抽选人员到军船管大队，在渔民船工指导下练习划船及水手训练。1950 年，攻击金门时限推迟后，各级指挥员进行渡海的组织指挥训练，研制金门作战方案；广大战士进行跋涉海滩泥沼，破除障碍物，夺取山地围寨的训练。军师指挥机关反复组织爆破海中水雷、岸上路障的集训演练班。继而进行战斗船只的起渡、航行、登陆突破和进行纵深战斗的系列兵演。通过系统的训练，达到船只编队航行不乱、缩短士兵上下船及跋涉海滩泥泞的时间、操船水手掌握船队航行的技能、步兵提高射击命中率、炮兵掌握直接瞄准射击技术并初步掌握夜间射击要领的要求。是年 10 月朝鲜战争爆发后，渡海战斗训练暂时结束。

1954 年“九三”炮击、1958 年“八二三”炮击后，驻厦部队，加紧进行东渡登陆作战训练，辖区驻军 93 师某团参加 31 军组织的按战斗编组的大型战术演习场训练，创造出小组战术训练与单枪战斗射击、班战术训练与班战斗射击结合进行的训练方法。

1990 年后，为配合政治外交斗争打击震撼“台独”势力，辖区部分驻军参加“东海四号”“成功五号”等海陆空联合军演。

（四）对抗反攻大陆练兵

1951 年朝鲜战争爆发后，辖区驻军开展的海岸防御训练内容有抗登陆和抗冲击战术、射击、投弹等技术和以步兵炮兵协同为主的协同演练，还结合作战预案，进行连贯性的反登陆实弹战术演习。

1962 年 6 月，辖区驻军进行抗登陆作战临战演练的内容有新装备武器的使用、应用技术和战术基础科目以及防区内各分队之间的配合演习。8 月，进行单兵、小组战术动作及连、营战术基础科目。排连营干部掌握海岸防御战术和战斗的组织指挥。团以上领导干部熟悉抗登陆作战预案及海陆空多兵种的协同作战程序。

1971 年，根据中央军委“防止台湾当局中小规模进犯”的指示，辖区驻军结合作战预案进行战备演习。演练项目有海岸防御战术、机动部队向预定战区推进、“勇猛反击、大胆穿插、断敌退路、围歼登陆之敌”、炮兵对海上目标射击和支援步兵、海军护卫艇和鱼雷快艇协同攻击敌舰等。

20 世纪 80 年代初，辖区驻军参与军区组织的军、师、团四级首长、机关带通信工具的抗登陆战役演习，演练项目有打击近岸海域之敌、坚守要点、战役反突击和消灭上陆之敌等。此后，每年进行一次防区阵地上组织首长、机关带通信工具有一线分队参加的战备演习。

第二十二篇　教　育

辖区境域有文可稽的教育始自唐天宝十四年（755）前后薛令之迁居薛岭之后。宋人称“桃李薛公园”，可为薛令之在辖区境域从事教育的佐证。唐中晚期居住薛岭之南的陈僖家族多人在朝廷任官，说明当时辖区教育已经具备一定水平。

宋元丰八年（1085）店里人林棐考中进士，为厦门岛进士第一人。宋、明两朝，厦门岛有17人考中进士（含武进士），其中辖区境域占11人。

清代，禾山各乡社设有书（私）塾（初级称蒙馆），幼童自六七岁即入馆接受启蒙教育。清同治元年（1862）创办安睦书院。鸦片战争后，教会办学和华侨办学成为湖里近代教育的一大特点。光绪三十一年（1905）废科举，兴学堂。民国元年（1912）由禾山书院改建成的禾山甲种商业学校是辖区最早的中等学校。湖里较早的小学有华侨陈有才于民国3年捐资创办的寨上湖山小学等。民国时期，各种公私立学校发展较快，开设课程有国文、历史、地理、英文、数学诸科，视各校规模和条件而定。学校经费主要靠地方杂捐和华侨捐款，政府投资不多，有的学校借用寺庙、祠堂作教室，教学设备也十分简陋。至民国38年，共有小学20所，但规模均不大，仅设二三个班级的学校较多。

厦门解放后，人民政府对学校采取“接管、维持、改造”的方针，支持原有学校继续办学，同时对私立学校加以改造，使教育事业逐步走上正规化。

20世纪50年代后期，禾山区（公社）投入大量资金，兴办幼儿园，改建和扩充中、小学校，办学规模、经费、设备、校舍、师资、图书等都有新的发展。成人教育也从最初的扫盲班发展到具有一定特色的各种文化补习学校、技术学校、函授大学，不少青壮年迅速脱盲，成为有知识、有文化的新一代农民。

“文化大革命”期间，教育事业受到严重破坏。粉碎江青反革命集团后，特别是中共十一届三中全会后，在湖里创办经济特区，教育事业重新走上发展道路。

湖里建区时，全区有市属中学3所，禾山乡有10所完小和3所初小，湖里街道有3所完小。区政府从多方面加大教育投入，结合城区建设新建、扩建学校，同时鼓励社会力量办学，促进民办教育事业发展，解决进城务工人员子女的就学问题。80年代后，加强对体育、美术、音乐、计算机、英语等学科专业课教师的配备。小学凡开设4个班英语课的，可增加英语专职教师编制1名。

1990年7月，开始实施九年义务教育，1993年通过国家教育“两基”（基本普及九年义务教育、基本扫除青壮年文盲）工作验收，实现九年义务教育达标，1994年，经国家教委的复查，获得“全国首批普及九年义务教育达标区”称号。1994年，开始强调实施素质教育。同年，完全中学增加2个计算机专职教师编制。

1995年8月，开始贯彻厦门市第一部地方教育法规《厦门市校园用地保护规定》，对辖区内的中小学和幼儿园的布局、生均用地面积、校园用地的配套建设和保护以及相应的法律保障，作出较为详细的规定，校园用地逐步走上规范化、法律化的轨道。同年，全区取消小学毕业统考，小学毕业生实行就近升入初中。

2001年，厦门市成为全国新一轮课程改革的首批实验区，湖里区全面启动课程改革工作，教学质量和学生的综合素质得到提高。同年，湖里区被评为福建省“两基”工作先进单位。

2004年，为加强民办学校的服务与管理，成立民办教育管理服务中心。2005年5月，高质量通过福建省“双高普九”（高水平、高质量普及九年义务教育）验收。

2007 年，全区投入教育的经费 3.24 亿元。全区有公办中学 5 所、218 个班、在校生 10226 人、当年高中毕业生 831 人、初中毕业生 2231 人，民办中学 13 所、109 个班、在校生 4814 人、当年初中毕业生 861 人；公办小学 25 所、484 个班、在校生 20949 人、当年毕业生 2904 人，民办小学 25 所、439 个班、在校生 19892 人、当年毕业生 2873 人；公办幼儿园 5 所、41 个班、在园生 1245 人，民办幼儿园 86 所、486 个班、在园生 12701 人。辖区内还有市属民办高校 1 所、市属中学 3 所。年内，教育工作以优级通过福建省“福建省人民政府对县（区）级人民政府教育工作督导评估”验收。

第一章　旧式教育

第一节　启蒙教育

一、私塾

私塾，辖区境域俗称“书堂”。旧时各社里以聚族而居为多。各家族一般设有“书堂”，为族中子弟进行启蒙教育。这种“书堂”一般采用《百家姓》《三字经》《千字文》等蒙馆常用教材。“书堂”教学没有固定学制，家境较差、以求得粗通文字为目的的学个一年半载，家境较好、想参加科举考试的学习时间较长。清末民初，辖区境域开始有华侨捐资创办的新式蒙馆。其中影响较大的有清光绪二十二年（1896）在钟宅设立的颖川小学堂、清宣统三年（1911）华侨叶长庚在后坑集资创办的益斋学校、民国初年华侨吕朝阳在吕厝社创办的鼎山小学堂等。

辖区境域的私塾教育水平一般较低，未能适应科举考试的要求。一般学生在私塾接受启蒙教育之后，还要进书院或拜名儒为师，继续攻读。清代之后，辖区境域未有名儒开设的塾馆。

私塾设备比较简陋，能在一定程度上满足平民子弟识字求知的需求。民国以后开办新式学校，但私塾并未完全消失。1950 年，人民政府对辖区境域私塾进行登记、改造，要求统一使用新式教材。翌年底，私塾全部停办。

二、社学

社学始创于元代。按元制，诸县所属村庄 50 家为 1 社。每社立学校 1 所，选择通晓经书者为教师，农闲时令子弟入学。明代和清初沿袭旧制，于每乡置社学 1 所，选择“文行优秀者充教师，免其差徭，量给廪饩，近乡子弟凡十二岁以上者可入学肄业”。社学的学习内容有《孝经》《御制大诰》以及农桑知识等。

辖区境域旧属同安县绥德乡，该乡社学设在厦门岛西南的老市区。由于交通不便，罕有人前往就学。清中叶后，社学逐渐停废。

三、义学

辖区境域各大姓所设书堂一般兼有义学的性质，以族田的收入扶持家族中的贫寒子弟就学。

第二节　书院和县学

一、书院

清嘉庆十年（1805），禾山各界人士就有在禾山创办书院的倡议。清咸丰十一年（1861），禾山某侨商前往海外为书院筹资，后院陈姓捐献书院所需之地。清同治元年（1862）书院落成，名为安睦书院。书院开办一年后，因董事之间意见不合，海外资金未能到位，遂因经费短缺停办。清光绪十年（1884），兴泉永道道台孙钦昂带头捐银400圆，兴泉永道海防同知丁惠深将洋药局每月津贴厅署50银元拨充书院经费，书院董事陈五孝廉，劝说乡绅石体恕捐2000银元以助经费。书院遂改称禾山书院。紫阳书院山长王步蟾兼任禾山书院山长，于光绪十一年重新开学。清光绪三十一年（1905）废科举，书院停办。民国元年在原址改办禾山甲种商业学校。

附：重修禾山书院碑记

禾山书院创于同治年间，启课一载而止，何废之速耶？余察俗至斯，询绅董以兴废之故，曰：厦门山场诸社，苦玉屏、紫阳两书院之辽远也，谋建乡校久矣。但赀无多，土木之费有余，修伙之需不足。时有某商，诸社中人也，适至自外洋，慨然以兴建书院为己任，亟赴洋醵金，已成钜数。遂有陈姓充地于禾山之麓，诸董乃捐吉营造，成堂室十余间，规模轩敞，是年即延师掌教。后某商挟私意，与诸董枘凿，悻悻然置醵金于不问，职是修伙莫继，而功废垂成。余闻言惋惜之。甲申冬，丰顺丁司马惠深奉檄分守厦防，时海氛未靖，防务纷繁，司马于百忙中兼修文化，急欲重兴禾山书院，爰将洋药局每月津贴厅署五十圆银，拨充修伙。余亦捐廉四百圆银，以作绅商乐输之嚆矢，而董事陈五孝廉，劝石君体恕捐银二千圆以助经费。于是酌议章程，重兴盛举。乙酉起，官师互课，遐陬僻壤，当无不喁喁向学矣。

清光绪十一年　巡道孙钦昂　撰

二、县学

辖区境域历史上为同安县属地，同安县学是闽龙启元年即后唐长兴四年（933）陈洪济任同安县令后在登龙坊创办的。辖区童生报考县学须渡海前往县治所在地。童生经考试取入县学就读，称生员，俗称秀才。县学生员（廪膳生员、增广生员、附学生员）名额均有定额，廪膳生员可按月领取廪膳银（即伙食费）。生员听讲于堂，自修于斋，每年都要参加县学组织的考试，称岁考。岁考成绩分为六等。清代取一、二、三等给以奖励，四等以下者罚。旧时辖区赴同安县城一般在蟹仔屿乘船，辖区士绅取鳌为翰林院代称之意，在蟹仔屿上建造一座鳌山宫，有祝赴考童生高中之意。

第二章　学前教育

第一节　幼儿园设置和学制教学

一、幼儿园设置

1958 年，辖区境域各生产大队开始创办幼儿园。各幼儿园对幼儿采取随到随收的办法，给幼儿提供午餐，安排午睡，延长幼儿在园时间，实行不放寒暑假等制度。有的幼儿园还为幼儿理发、洗澡、缝补衣服和护理一般疾病，千方百计为参加“大跃进”“大炼钢铁”的家长解除后顾之忧。由于缺乏相应的师资和教学设施，这些幼儿园在 60 年代中叶后相继停办，仅保留 5 所中心小学附设的幼儿学前班。

1985 年 8 月，配合湖里工业区经济建设的需要，湖里工业区管理局在湖里创办湖里幼儿园，这是辖区境域首家公办正规幼儿园，有幼儿教师 10 名，在园儿童 80 余名。

湖里建区时，全区有 1 所公办幼儿园，还有 5 所中心小学附设的 7 个幼儿学前班，在园儿童 400 余人。

1989 年，辖区内开始创办民办幼儿园。当年全区民办幼儿园有 14 所 57 个班，在园儿童 2172 人。

1994—1998 年，陆续创办东渡、康乐、康毅、吕岭等 4 所公办幼儿园。1999 年，为规范幼儿教育的管理，取消幼儿学前班。湖里街道、禾山镇政府投入资金，扩建改造后埔、高殿、县后、高林、后坑、蔡塘等村的中心幼儿园，配置课桌椅、风琴、收录音机等设备，其中禾山镇投入幼儿园建设资金达 1130 万元。

2000 年 9 月，采用“国有民办”的办学形式，把居民生活小区配套建设的金尚、禹洲、金尚小金星、江头嘉裕等 4 所幼儿园面向社会公开招标，由中标者自投资金，自聘教师，自主办学。

2001 年，为规范民办幼儿园管理，区政府出台《湖里区民办幼儿园登记注册暂行办法》。2004 年，关闭 13 所非法民办幼儿园。2006 年，出台《湖里区民办校园管理暂时办法》，规范民办幼儿园的管理工作。

2007 年，开始按照“一个街道有一所公办幼儿园”的要求建设公办幼儿园。投入 500 万元翻建湖里中心幼儿园，投入 180 万元开办五通幼儿园。截至当年年底，全区有幼儿园 91 所 527 个班，在园儿童 13946 人。其中，公办幼儿园 5 所 41 个班、在园儿童 1245 人，民办幼儿园 86 所 486 个班、在园儿童 12701 人。

全区幼儿园概况见表 22-1、表 22-2。

1988—2007 年湖里区公办幼儿园概况表

表 22-1

年份	园　数（个）	班　数（个）	入园数（人）	在园人数（人）	离园数（人）	占地面积（平方米）	园舍面积（平方米）
1988	1	—	—	—	—	—	—
1989	1	5	58	166	10	—	—
1990	7	11	355	485	343	—	—
1991	7	13	371	561	354	—	—

续表22-1

年份	园　数（个）	班　数（个）	入园数（人）	在园人数（人）	离园数（人）	占地面积（平方米）	园舍面积（平方米）
1992	7	13	404	582	399	—	—
1993	7	17	465	653	429	—	—
1994	8	29	527	1110	452	—	—
1995	9	33	591	1191	554	—	—
1996	10	30	737	1149	563	—	—
1997	11	26	461	921	328	—	—
1998	9	52	1035	1951	1016	—	—
1999	9	52	644	1793	808	—	—
2000	9	49	585	1548	651	—	—
2001	5	39	423	1122	492	—	—
2002	5	40	478	1140	431	—	—
2003	5	40	523	1240	407	14222	12054
2004	5	40	473	1220	412	14222	12051
2005	5	40	492	1253	425	14222	12051
2006	5	38	449	1203	495	14222	12051
2007	5	41	553	1245	424	14022	12168

1988—2007年湖里区民办幼儿园概况表

表22-2

年份	园　数（个）	班　数（个）	入园数（人）	在园人数（人）	离园数（人）	占地面积（平方米）	园舍面积（平方米）
1989	14	57	1178	2172	1244	—	—
1990	14	54	1039	1910	1045	—	—
1991	11	55	1015	1889	1071	—	—
1992	16	61	1248	2367	974	—	—
1993	17	71	1130	2342	1084	—	—
1994	18	95	1327	2964	1430	—	—
1995	21	90	1355	2701	1291	—	—
1996	22	94	1460	2632	1239	—	—
1997	23	98	1636	3491	1474	—	—
1998	28	113	1632	2770	1190	—	—
1999	38	190	2286	3537	1421	—	—
2000	46	189	2011	4412	1921	—	—
2001	70	273	2355	5655	1650	—	—
2002	76	311	2194	6303	2534	—	—
2003	67	302	2805	6615	2287	52572	40617
2004	71	329	3139	7561	2403	61609	50148
2005	79	390	3748	9404	2674	75224	59882
2006	81	426	4500	10654	3324	79407	63089
2007	86	486	4826	12701	3306	92336	75800

二、学制

辖区境域各幼儿园按照国家的统一规定，招收 3 ~ 6 岁幼儿入园。个别幼儿园由于无法满足适龄幼儿全部入园的要求，经教育主管部门批准，将入园幼儿年龄改为 3 岁半。一般学制为 3 年，小班、中班、大班各 1 年。

三、教学

20 世纪 50 年代前期，辖区境域课程设置无统一规定。1975 年之前，辖区境域的学前班一般开设语言、计算、音乐、体操、图画、手工等课程。每周大班 13 节，中班 12 节，小班 6 节。1976 年后，统一使用省编教材，课程统一为 6 门，即语言、常识、计算、音乐、体育、美术；幼儿园活动有娱乐、游戏、观察、劳动等多种类型。每周大班 12 节，中班 10 节，小班 6 节。一班两位教师，分科担任教学任务。

20 世纪 70 年代末，贯彻教育部颁布的《幼儿园教育发展纲要》，各幼儿园把“体智德美”全面发展作为幼儿教育的目标。

1980 年，开始进行幼儿园课程改革的尝试，改革分科教学，进行综合主题教育，统一使用市教育局组织编写的《厦门市幼儿园综合主题教育》教材，在全市各幼儿园使用。

1983 年起，统一使用教育部统编教材。

1990 年 2 月，开始贯彻国家教委颁布的《幼儿园管理条例》和《幼儿园工作规程》，改变长期以来“六科”分割的苏联式单一课程模式，克服幼儿园教育小学化、成人化等弊端。课程内容由原来的语言、常识、计算、音乐、体育、美术六科改为健康、社会、科学、艺术、语言五大领域。课程设置增设活动性、社会性、保健自助、创造性游戏等内容。部分幼儿园还把“英语口语教育”“环保教育”纳入幼儿园教育的课程内容。

1991 年 9 月，成立湖里区幼教教研组，挂靠在区教科文体委，在各幼儿园成立园教研组，在厦门市幼教中心教研组指导下，有目的、有计划地开展形式多样、内容丰富的教研与教改活动，提高保教质量。1993 年起，各幼儿园在使用国家教委统编教材的同时，还参考选用北京、上海、南京等地编写的教材，学前班则使用省编教材。

2001 年 9 月，根据《幼儿园教育指导纲要》的主要精神，各幼儿园全面实行课程改革，成立区幼教中心组、街道片区幼教教研组、园教研组三级教研网络，加大教研活动力度，以课题带动特色办学，教研机构与教研制度健全。公、民办幼儿园建立“手拉手”共建合作关系，公办园发挥骨干示范作用，推进湖里区幼教事业的发展。

2007 年，各幼儿园统一使用省编教材，并结合各大城市出版的教材，选择组合适合本园特色的教育内容，构成具有本园特色的幼儿园课程。主要课程设置有区域活动、主题整合课程、创造性游戏。

第二节　幼儿园选介

一、公办幼儿园

湖里中心幼儿园　址设海天小区，1985 年 8 月创办。占地面积 3292 平方米，建筑面积 2809 平方米，幼儿户外活动场地 1717.3 平方米，配套有幼儿活动室、多功能活动室、音乐室、游戏室等。先后与省幼教培训中心合作创办快乐儿童英语教育基地，开设蒙苔梭利教室、奥尔夫音乐教室、感觉统合室等，是厦门市珠心算协会指定的市少儿珠心算教学实验园；开展区级课题“课改中的家园互动”研究，构建幼儿园、家庭、社会一体的教育网络。2004 年 6 月，被定为厦门市第二批专项课改基地园。承担 17 所民办园的“手拉手”任务。1996 年 6 月，被评为福建省标准园，同年 10 月被评为福建省先进幼儿园。2007 年，有全日制幼儿班 9 个，幼儿总数 290 人，教职工 39 人。专任教师均是幼师专业毕业并获得教师资格证书，大专学历达60%，其中幼儿园高级教师4人，幼儿园一级教师15人。保育员全部取得保育员岗位培训合格证书。

东渡幼儿园 址设海山路，1994年8月创办。为全日制公办幼儿园。幼儿园园舍占地面积2100平方米，建筑面积1100平方米，户外活动面积1435平方米，配置有幼儿活动室、音体室、小公园、沙池、游泳池、种植园、动物饲养角、大型户外游乐场所、多功能户外场地以及教育资料阅览室等。1999年，通过省标准园评估。2007年，设有6个班，拥有幼儿180名。有教职员工27人，专任教师14人，其中一级教师8名，二级教师6名，大专学历9人，大专在读5人；保育员6人；保健医生1人。

康乐新村幼儿园 址设康乐新村，1995年9月创办。为全日制公办幼儿园。幼儿园园舍占地面积2700平方米，建筑面积约2800平方米，绿化面积795.38平方米。幼儿人均室内外用地面积分别为2.9平方米和11.6平方米。园内有大草坪、游泳池、健康小径、种植园地，配备大型活动器械。1999年，被评为省级标准园，确定为“全国‘九五’规划—幼儿科技活动”课题实验基地，承担“幼儿科技活动及其师资培训”的子课题研究。2001年，幼儿园被中国教育学会语文教学法专业委员会全国写字教学研究中心确定为“幼儿握笔心理卫生”实验幼儿园。承担多项市级幼儿教育研究课题。2003年，被评为“福建省优质幼儿园”。2007年，有7个班，220名幼儿。全园教职工32人。专任教师中有高级教师6人、一级教师10人；保育员7人都受过保育专业知识培训。

康毅幼儿园 址设康乐新村二期小区，1997年9月创办。为全日制公办幼儿园。占地面积2800平方米，建筑面积3200平方米。班级活动室、寝室配套齐全，有种植园地、饲养角，绿化面积达250平方米。2001年，通过省达标园的验收。2007年，有10个班，共有幼儿302人。教职工42人，其中取得幼教高级职称5人、一级职称11人。

吕岭幼儿园 址设吕岭社区，1998年8月创办。为全日制公办幼儿园。占地面积2743平方米，建筑面积2134平方米。配有屋顶花园、游戏长廊、音乐坊、画廊、感觉综合教室、蒙氏操作室、结构游戏室、角色游戏区等特色专用室和活动区域。户外设有嬉水池、沙池、种植园地，水族、鸟类、家禽动物饲养观察区和各种运动活动器械。2001年12月，通过“省标准幼儿园”评估和授牌。获市“青年文明号”。2007年，有8个班，拥有240名幼儿，教职工36名，专职老师20人，专任教师本科学历1人，专科学历13人，中专学历6人。

图22-1 吕岭幼儿园

二、民办幼儿园

钟宅村幼儿园 址设钟宅村，1982年创办。为村办集体幼儿园，招收本村4周岁以上儿童入园，设大、中、小3个班。1998年，选送3名高中生到师范学校学习培训一年。2007年，有5名经过培训的女教师。

穆厝士钧幼儿园 址设穆厝村。1995年7月创办。菲律宾华侨蔡士钧投资80万元兴建。有4层教学楼。2007年，有幼儿教师12名，幼儿170名，设7个班。

立人国际幼稚园 址设江头小区。由美籍华人黄铭创办于1995年。幼稚园建筑模仿美国迪斯尼乐园风格，占地面积2500平方米，建筑面积4000多平方米。2007年有12个班级，在园幼儿280人，教职工45人。

后埔中心幼儿园 址设后埔社区。1998年7月，由禾山镇、后埔村投资200万元创办。2003年9月起，改由私人承包经营。占地总面积2100平方米，总建筑面积2200平方米。2007年，有幼儿教师13人；

设有小班2个、中班2个、大班3个，幼儿250名。

金尚小金星国际幼儿园　址设金尚小区。2000年9月，由香港同胞谢燕川投资600万元创办。为中英双语国际幼儿园，占地面积5056平方米，建筑面积6200平方米。2001年，全国政协主席李瑞环到园视察并题字。2007年，开设9个班，在园幼儿295人，教职员工48人。

第三章　小学教育

第一节　学校设置和办学条件

一、公办小学设置

民国18年（1929），思明县在江头创办公立蒙泉小学，设有初级2班、高级1班，有学生106人，教职员工8人。

民国27年3月，厦门市政府在全市广泛设立短期小学和简易小学，辖区境域有市立乌石浦短期小学、市立枋湖短期小学、市立湖里短期小学、市立寨上短期小学以及市立钟宅简易小学、市立高崎简易小学、市立江头简易小学等7所公办小学。

民国27年5月厦门岛沦陷后，辖区境域的学校有的被日本侵略军烧毁，有的被占用为军营。民国28—29年，日伪当局在辖区境域先后开办江头、殿前2所小学和坂上、湖边、田头、湖里4所简易小学，各小学均附设日语讲习所，同时在高崎、寨上开办2所日语讲习所。

民国34年抗日战争胜利后，厦门市政府开始在辖区境域设立国民学校。至民国38年年初，辖区境域有5所公办学校，分别为设在祥店的市立禾山第一中心国民学校、设在殿前保的市立禾山第二中心国民学校和设在钟宅社、坂上社、龙塘社的市立保国民学校。

厦门解放后，人民政府接管各公立小学，并将私立小学逐步改造为公办学校。1950年，厦门市辖区境域设立6个学区，即禾山第一中心小学至禾山第六中心小学，每个学区辖2～3所小学，校舍和设备均有所改善。

1952年，辖区境域公立小学有位于殿前的禾山第二中心小学、位于后坑的禾山第三中心小学、位于江头的江头小学、位于昭塘的龙塘小学、位于坂上的坂上小学等5所，共设26个班，有教职员工46人、学生826人。

1956年，所有私立小学校都改为公立小学。1958年“八二三”炮战前夕，辖区境域东部沿海片小学除五通小学以外，全部迁往殿前，合并为“前沿联合小学”。

1958年“大跃进”期间，辖区境域开展“教育大跃进”运动，各生产大队普遍开设完全小学和幼儿园。由于师资和教学设施严重不足，教学质量十分低下。1961年后，逐渐整顿、合并。

1961年，辖区境域设3个学区：前沿学区辖殿前前沿联合小学、湖里小学和高殿小学，枋湖学区辖枋湖中心小学、钟宅初级小学和五通小学，江头学区辖江头中心小学和五鹏初级小学（另有莲坂小学今划归思明区）。8所公办小学共设57个班，有教职员工170人、学生4680人。

1962年后，对农村小学进行调整，逐步取消简易小学，改建为全日制完全小学。

1966年6月“文化大革命”开始，中、小学教育一度停顿和瘫痪。1968年2月后，郊区和前线人民公社相继成立革命委员会，开始“复课闹革命”，派出“贫下中农毛泽东思想宣传队”进驻小学，管理学校，开展学工、学农、学军活动。

1986 年，辖区境域的禾山乡设有高殿、枋湖、高林、江头等 4 所中心小学和县后、钟宅、后埔、蔡塘、后坑、五通等 6 所完小，以及枋湖中心小学安兜分校、高殿中心小学高崎分校和寨上分校等 3 所初小；时属开元区的湖里街道设有东渡小学、塘边小学和直属市教委的湖里小学等 3 所完小。

1988 年，湖里区对全区的小学进行规划、调整，全区 5 个学区，下辖 16 所小学：湖里学区辖湖里中心小学和东渡、塘边小学；高林学区辖高林中心小学和五通（乐安）、后坑小学；高殿学区辖高殿中心小学和高崎、寨上小学；江头学区辖江头中心小学和后埔、蔡塘小学；枋湖学区辖枋湖中心小学和县后、钟宅小学及安兜初级小学。

1988 年以来，为满足辖区内学龄儿童入学的需求，先后新建新办一批小学：1988 年 9 月，建成湖里中心小学新校舍，原旧校址改为华昌小学。1992 年，安兜初级小学升格为完全小学；1995 年，创办江头第三小学；1996 年，创办康乐小学；1998 年，创办吕岭小学；1999 年，创办金尚小学；2000 年，创办东渡第二小学；2001 年，创办康乐第二小学，以“国有民办”形式创办火炬小学、塘边小学；2005 年 9 月，后坑小学因片区整合取消，蔡塘小学改制为九年一贯制学校，学校更名为蔡塘学校。为解决外来务工人员子女的就学难问题，2005 年后，新建金山小学、乌石浦小学、天安小学、翔鹭小学，扩建江头中心小学、康乐第二小学、高殿中心小学、安兜小学、东渡小学、寨上小学、高林小学等校舍。

截至 2007 年年底，全区有高林、湖里、枋湖、江头、高殿等 5 所中心小学和天安、乌石浦、金山、康乐、康乐第二小学、东渡、东渡第二小学、金尚、吕岭、钟宅民族、县后、翔鹭、乐安、蔡塘、后埔、江头第三小学、寨上、高崎、华昌、安兜等 25 所公办小学，共设 484 个班，有教职员工 1108 人，在校学生 20949 人。

1988—2007 年湖里区公办小学概况统计表

表 22-3

年份	学校数（个）	班级数（个）	上一年毕业数（人）	本学年招生数（人）	在校学生	
					总数（人）	其中女生（人）
1988	16	130	898	1140	5170	—
1989	16	153	833	1581	5953	—
1990	16	179	223	1407	7181	—
1991	16	194	978	1368	7560	—
1992	16	206	918	1313	7936	3755
1993	17	213	912	1249	8247	3958
1994	17	218	1475	1854	8468	4071
1995	18	223	1559	1665	8696	4176
1996	18	237	1200	1921	9334	4388
1997	19	260	1389	2110	10615	4979
1998	20	293	1348	2552	12719	5803
1999	21	351	1441	2536	14263	6371
2000	22	387	1723	2526	15322	—
2001	23	373	2122	2438	15545	—
2002	23	379	2398	2377	15768	—
2003	22	370	2559	2245	15308	6657
2004	22	374	2745	2382	15311	6593
2005	23	373	2759	2664	16155	6819
2006	23	409	3365	3250	18056	7587
2007	25	484	2904	3810	20949	8867

二、民办小学设置

辖区境域最早的民办小学为清光绪二十二年（1896）在钟宅设立的颖川小学堂、清宣统三年（1911）在后坑创办的益斋学校、民国初年在吕厝创办的鼎山小学堂。民国 3 年（1914），华侨陈有才捐资创办寨上湖山小学。民国 10 年，华侨集资创办殿前小学、地方名士林在文集资创办高崎岐山小学。同一时期由华侨出资创办的还有坂上的益善小学、枋湖的湖桐小学、五通的乐安小学、后坑的侯卿小学、庵兜的河东小学等。

图 22-2 20 世纪 20 年代殿前小学

民国 34 年抗日战争胜利后，海外华侨积极捐资为家乡复建或创建学校。至民国 38 年年初，辖区境域由华侨和地方人士创办的私立学校有 14 所，分别为吕厝的禾光小学、高林的东升小学、高崎的岐山小学、寨上的湖山小学、湖里的益群小学、湖边的培三小学、庵兜的河东小学、枋湖的湖桐小学、泥金的乐安小学、后埔的后埔小学、殿前的殿前小学、后坑的侯卿小学和庵兜的庵头小学等。

1952 年，辖区境域私立小学有吕厝的禾光小学、蔡塘的禾庙初级小学、高崎的岐山小学、寨上的湖山小学、马垅塘边的五鹏小学、后埔的国荣初级小学、湖里的益群小学、湖里的昭明初级小学、东渡的龙川初级小学、高林的东升小学、穆厝的华强初级小学、安兜的新民小学、钟宅的永思初级小学等 13 所，共设 38 个班，有教职员工 46 人、学生 1255 人。

1956 年，所有私立小学校都改为公立小学。

1961 年，允许开设民办学校，由学区实施管理。辖区境域 3 个学区中，前沿学区辖湖里民办小学和高殿民办小学，枋湖学区辖五通民办小学和枋湖民办小学，江头学区辖江头民办小学（另有莲坂民办小学划归思明区）。6 所民办小学共设 24 个班，有教职员工 28 人、学生 894 人。

图 22-3 钟宅民族小学

60 年代中叶，民办学校被并入公办学校或停办。

2000 年，辖区内外来人员 36 万人，公办学校满足不了外来人员子女就学需求，区政府批办安厦、朝昕两所民办小学，共有在校生 958 人。

2003 年，全区登记合法的民办小学有 12 所，未能通过教育部门审查的民办学校有 20 多所。

2004 年，区教育局成立民

办教研管理服务中心，加强对民办学校的管理。2004 年 8 月，坚持“疏堵结合，以疏为主”的工作方针，关闭 12 所安全隐患突出的非法办学机构。至此，湖里区全面关闭非法民办小学，全区共批办 24 所民办小学，在校生 20430 人。

2007 年，全区经教育部门审查登记的民办小学有 25 所，共设 439 班，有教职员工 976 人、在校生 19892 人、当年毕业 2873 人。

2000—2007 年全区民办小学概况见表 22-4。

2000—2007 年湖里区民办小学概况表

表 22-4

年份	学校数（个）	班级数（个）	上一年毕业数（人）	本学年招生数（人）	在校学生	
					总数（人）	其中女生（人）
2000	2	22	—	430	958	—
2001	11	121	—	1502	5334	—
2002	12	149	363	1382	6089	—
2003	12	194	1115	1813	8629	3420
2004	17	311	1920	2680	15231	6218
2005	26	428	2752	3695	20785	8111
2006	24	447	3215	3887	21377	8359
2007	25	439	2873	3743	19892	7850

三、特殊教育学校设置

1990 年，区政府把特殊教育纳入普及九年义务教育范畴，将部分残疾儿童安排在普通小学随班就读。7～15 岁盲、聋、弱 3 类残疾儿童入学率均达到 85% 以上。1995 年，在高殿设立特殊教育点。2007 年，在湖里中学设置特殊教育初中辅读班（详见本志第二十七篇第六章）。

四、办学条件

历史上辖区境域的小学大都利用祖厝、宫庙作为校舍。民国期间部分华侨捐资兴办的小学以及解放后新建的小学条件也只能勉强维持一般的教学活动，没有配套的教学辅助用房，教学仪器设备也十分简单。

湖里建区时，大部分小学的校舍陈旧，设施简陋。1989 年，湖里区制定全区小学校舍“五年翻建”的规划，要求区、镇（街）、村（居委会）三级按比例负担校舍翻建资金。同时，大力开展创建标准化学校活动，配备电脑和多媒体等现代化教学设备，全面提高教学设施设备水平。至 1995 年，全区基本完成小学校舍翻建任务。1995 年，全区小学基本完成旧校舍改建、扩建，并新建一批校舍。全区小学校园占地面积达 16.09 万平方米，比 1988 年增加 12.16 万平方米；小学校舍建筑面积达

图 22-4　康乐小学的电脑培训活动

4.40 万平方米，比 1988 年增加 2.64 万平方米。至 2004 年年底，全区投入 9465 万元改善小学校舍，其中村（居）集体投入 1238 万元，全区小学校园占地面积和校舍建筑面积分别达 23.62 万平方米和 8.82 万平方米。全区共投入 2170 万元改善小学教学设施设备，公办小学全部配设多媒体教室，全部自然、音乐、美术专用教室均配备多媒体电脑、实物展台和电视机，各小学配设电脑教室 24 间、电脑 880 台，9 所小学有塑胶跑道运动场，全区小学有图书 24.5 万册、生均 16 册。

2007 年，全区又扩建江头中心小学、康乐第二小学和安兜小学等一批小学，新建天安小学、翔鹭小学等一批学校。扩建、新建小学全部配备现代化教学设施设备，办学条件得到极大改善。

1988—2007 年湖里区公办小学办学条件概况见表 22-5。

1988—2007 年湖里区公办小学办学条件概况表

表 22-5　　　　单位：平方米

年份	学校占地面积	校舍建筑面积	教学及辅助用房						行政办公用房	生活用房	其他用房	运动场馆面积	计算机（台）	图书（册）	电子图书（册）	固定资产总值（万元）
			总计	教室	实验室	图书室	微机室	语音室								
1988	39266	17594	15114	—	—	—	—	—	—	1722	—	—	—	—	—	—
1989	—	—	—	—	—	—	—	—	—	—	—	—	—	—	—	—
1990	—	—	—	—	—	—	—	—	—	—	—	—	—	—	—	—
1991	87227	28758	1080	960	60	60	—	—	未列	120	1936	—	—	—	—	—
1992	87460	29072	21929	—	—	—	—	—	未列	2085	5058	—	—	—	—	—
1993	144551	39253	34434	—	—	—	—	—	未列	2489	5930	—	—	—	—	—
1994	147892	38288	31964	—	—	—	—	—	2234	4090	—	—	—	—	—	—
1995	160892	44044	34824	—	—	—	—	—	2344	4132	—	—	—	—	—	—
1996	181217	50804	44694	—	—	—	—	—	2344	3450	—	—	—	—	—	—
1997	181217	52128	42774	—	—	—	—	—	2776	6578	—	—	—	—	—	—
1998	201234	58652	48008	—	—	—	—	—	3256	7388	—	—	—	—	—	—
1999	217127	66575	55308	—	—	—	—	—	4261	7276	—	—	—	—	—	—
2000	233525	75280	59597	—	—	—	—	—	6092	9491	—	—	—	—	—	—
2001	251439	92239	62326	—	—	—	—	—	7523	9406	—	—	—	—	—	—
2002	254643	90260	56754	—	—	—	—	—	7428	9476	—	—	—	—	—	—
2003	241487	85931	53355	38233	2371	2763	1400	227	6916	9507	16153	—	—	—	—	—
2004	236221	88216	49612	36907	1910	2197	1518	997	6739	9157	99708	87829	1639	272840	670	9998
2005	257078	105535	56290	36522	2071	2547	1844	280	8581	10971	29693	89263	1972	314335	903	11104
2006	245334	110979	54494	37700	2138	2250	1975	340	9163	13109	34213	88095	2052	302766	976	17257
2007	299931	149176	64325	43886	4410	3872	2656	843	11020	18636	55159	113287	2868	457729	986	14212

第二节　学制与课程

一、学制

清光绪二十九年（1903）起，根据清廷颁布的《奏定学堂章程》，小学学制分为3种：学堂4年，初等小学5年，高等小学4年。辖区境域小学以五年制初小为主。

民国元年（1912）起，根据中华民国政府颁布的《小学校令》，学制改为初小4年，高小3年。民国4年，初等小学改称国民学校，学制为初小4年，高小两年。

中华人民共和国成立后，根据教育部颁布的《小学暂行规程（草案）》，初、高级国民学校从1952年起一律改称小学。当年秋季入学的一年级新生实行“五年一贯制”，其余各年级仍实行四、二分段的六年制。

1981年8月，中心小学由五年制改为六年制。随后，农村小学也陆续改为六年制。2007年，辖区内小学均实行六年制。

二、课程

清朝末年，小学课程设修身、读经讲经、国文、算术、历史、地理、格致、图画、手工、体操、音乐。其中读经讲经与修身往往合而为一。在教会学校或条件较好的高等小学堂，还开设英文课。

民国时期，小学课程曾多次修订，主要科目有：国语、算术、公民、卫生、历史、地理、自然、艺术、音乐、体育。民国18年后，增设“三民主义”课，随即改为“党义”课，继而扩充为“公民训练”和“童子军团训练”，“艺术”一度分解为“劳作”和“美术”。

厦门解放初期，根据福建省军事管制委员会命令，各小学取消训导制度，废除党义、公民、童子军训练等科目。并根据省教育厅通知，小学一至六年级均设国语、算术、体育（低年级为唱游），高、中年级增设政治常识。每节课为30分钟或45分钟。

从1952年起，执行教育部颁发的教学计划，课程设置为：语文、算术、自然、历史、地理、体育、音乐、图画，其中自然、历史、地理为五、六年级开设。1955年，增设手工劳动课；1964年，增设农业常识课。每周课时一至四年级为24课时，五、六年级为29课时。此外，1962—1963年学年度，少数条件较好的小学五年级开设外语课，每周3课时。

从1977年起，各小学课程设置包括：政治（后改为思想品德）、语文、数学、外语、常识（或自然常识）、体育、音乐、美术、学工学农学军、自习等。1982年，各年级每周总课时由原来的36课时减少为一年级30课时，二、三年级31课时，四、五年级33课时。

图22-5　孩子们在金山社区科技室和机器人“交朋友”

从 1984 年起，根据教育部《关于全日制小学教育计划的安排意见》，各小学开设的课程有：思想品德、语文、数学、外语、自然、历史、地理、体育、音乐、美术、劳动、自习等。其中，外语、历史、地理为五、六年级开设，劳动为三至六年级开设，自习列入课外活动。每周总课时：一至四年级 25 课时，五、六年级 26 课时。

2001 年，湖里作为全国第一批课程改革实验区，全面进行课程改革。

课程改革的主要内容一是优化整合课程资源，构建具有湖里特色的课程体系，包括系统的创造思维训练、头脑奥林匹克特色活动、环境生态道德教育课程、科普教育、晨曦红领巾广播电视台、学科课程资源拓展、技艺班、儿童化学校文化隐性课程、三棋、村史探究等。二是继承与发展课堂教学改革，在正确处理“开放与收拢、设计与生成、自主与引导”等关系的基础上，根据“以学定教”的原则，构建“一个支点，两边延伸”的课堂结构（即以“课中研讨”为支点，强化“课前准备和课后拓展延伸”）；使教师转变角色，做到“七让”（即问题让学生提出，过程让学生体验，见解让学生表达，方法让学生探索，结果让学生展示，正误让学生判断，实践操作让学生亲历），形成新的教学行为；使学生养成“八会”（即会思考、会表达、会倾听、会评价、会操作、会分工、会协商、会交流）的良好学习习惯。从而改变对课程单纯的知识层面的理解，赋予全面发展与提高的内涵；改变教师的教学方法和学生的学习方式；改变教学的组织形式；改变对学生的评价方式。三是构建有效的小学生素质发展综合评价体系的思路，根据不同学科不同比例，将课堂学习评价、学科实践、单元评价、纸笔测试整合起来，进行学分累积，链接学校和家庭教育，精心设计并实行《学生素质发展综合报告单》，用于评价学生的综合素质。四是通过观念渗透、整合力量、创新方式等教与学方式的改变确实有效地推进校本教研，促进教师专业成长。

图 22-6　金尚小学举办美术活动

2006 年，制定《湖里区小学各学科课堂教学评价表》，完善小学课堂教学评价体系。

2007 年，金尚小学开设纸艺校本课程，该校编辑的《纸艺童年》由福建省教育出版社出版，纳入“福建省地方校本课程系列教材”。

第三节　小学选介

一、公办小学

钟宅民族小学　位于钟宅。前身为清光绪二十二年（1896）设立的私立颍川小学堂。民国 27 年

（1938）被日军烧毁。民国37年春复办。1996年，区、镇、村财政投入580多万元，建成建筑面积4000多平方米的教学大楼，共16间教室，配有较先进的实验室和电脑室。2007年，开设20个教学班，在校生963人。教职工45人，其中本科学历15人、大专学历29人，小学高级教师以上职称15人，市级骨干教师3人。

图22-7 钟宅民族小学畲族文化课

江头第三小学 位于吕厝社区。前身为鼎山小学堂，民国初年创办。先后更名禾山高等小学校、禾光小学。1995年，改称江头第三小学，原禾光小学分校江头小学和后埔小学独立办校。占地面积13068平方米，绿化用地1360平方米，专用教室21间，图书21661册，电脑139台，体育场馆设施齐全。2007年，开设29个教学班，教职工73名，学生1300名

寨上小学 址设寨上社区。前身为湖山小学，民国3年由华侨陈有才捐建。1998年8月，迁新址。占地面积13093平方米，其中绿地面积7730平方米、运动场面积4402平方米；建筑面积6844平方米。运动场设有170米的塑胶跑道和足球场、乒乓球场、篮球场。2007年，开设20个教学班，在校学生815人。教师41人，其中小学高级教师16人、小学一级教师15人、小学二级教师3人，本科学历17人、大专学历18人。

县后小学 创办于民国9年。地处湖里区禾山镇坂尚、岭下、围里3个村的结合部，占地面积16000平方米左右，建筑面积3759平方米，绿化用地3583平方米，运动场地9658平方米。拥有教学楼、礼堂、宿舍、厨房餐厅等建筑。教学楼设有实验室、电教室、电脑室、音乐室、美术室、图书室、卫生室、阅览室、教工之家等专用室。学校建起了校园局域网，教室内配备了多媒体现代化教学仪器。校园建有足球场、400米环形跑道、篮球场、乒乓球场等活动场所。先后获"福建省农村示范小学"、"厦门市特殊教学先进单位"等称号。2007年，开设14个教学班、600多名学生。教师33人，其中本科8人、大专23人、中专2人，小学高级教师13人、小学一级教师16人、小学二级教师2人。

高殿中心小学 址设高殿社区。民国10年创办。学校占地面积16839平方米，建筑面积5571.4平方米。学校拥有音乐室、美术室、实验室和劳技室、仪器室，多媒体教室、电脑室、书法室、图书室和阅览室、体育器材室。图书室存有图书25668册，期刊报刊90种，工具参考书181册；各专用教室都配有一套电教设备；音乐室配有钢琴、录音机、高级组合音响等设备；劳技室配有机器人；电脑室配有电脑45台；一至四年级的教室里还有简易多媒体设备；自然仪器室器材按国家二类标准配备。2007年，开设20个教学班，学生908人。教职员工46人，其中大学本科学历19人、大学专科19人、中专学历6人，小学高级教师12人。

乐安小学 位于泥金社。前身为民国13年创办的乐安小学。先后更名为田头简易小学、龙塘小学、五通小学。1959年，下设泥金小学和高林小学两个分校。1973年，增设戴帽初中班（两年制）。1990年12月，更名为乐安小学。学校占地11119平方米，校舍占地3425平方米，建有2座教学楼、1座教工宿舍楼和教师食堂，学校有专用教室7间，有图书16302册、电脑83台。拥有200米环形跑道和100米直冲跑道操场，设有灯光篮球场。2007年，开设16个班级，有34位教师、近600名学生。

枋湖中心小学 址设枋湖社区，前身为民国 14 年创办的湖桐小学。学校占地面积 3348 平方米，校舍建筑面积 1425 平方米。学校配备有电脑室、图书室、实验室、音乐室、美术室各 1 间，办公楼与教学楼各一幢。2007 年，开设 6 个年级 11 个教学班，学生人数 467 人，其中外来人员子女 329 人。全校教师 26 人，其中小学高级教师 12 人、一级教师 12 人，本科以上学历 10 人。

湖里中心小学 前身为私立益群小学，民国 35 年 6 月创办。1950 年秋，更名为湖里小学。1988 年 8 月，更名为厦门市湖里中心小学。址设南山路 52 号，占地面积约 10000 平方米，绿化面积 4107 多平方米，建筑面积 7680 平方米。学校环境优美，教育教学设施先进，配备现代化的电子阅览室、计算机室、电教室、科学实验室、劳技室、音乐室、美术室、书法室、教工活动室、舞蹈房、图书室、广播室等一系列教辅用室。24 个教学班均配有大屏幕多媒体。先后获市文明学校、市素质教育先进校、省级文明学校等称号，2004 年学校被确定为福建省小学数学发展性教学实验与研究实验基地校。2007 年，开设 24 个教学班，学生 1068 名。62 名教师中，大专以上学历 59 人，小学中学高级教师 1 人、小学高级教师 31 人、小学一级教师 27 人。

华昌小学 位于湖里街道华昌路。前身为湖里小学，民国 35 年创办。校园占地面积 5549 平方米，建筑面积 3865 平方米，拥有电脑室、美术室、实验室、音乐室、体育室、卫生室、教工活动室、心理健康咨询室等专用教室，拥有校园网、多媒体梯形教室、100 米跑道的塑胶操场、班级简易多媒体教学设备等现代化教育设施，为厦门市文明学校。先后获"福建省青少年科技实验校""湖里区素质教育先进学校"等称号。2007 年，开设 20 个教学班，在校生 946 人。教职工 48 人，其中本科学历 7 人，占教职工数 16%，具有本科学历的教师有 18 人，取得小学高级职称的有 23 人。

安兜小学 址设安兜社区。1975 年创办。校园占地面积 12897 平方米，其中绿化用地面积 2510 平方米、运动场地面积 8769 平方米，建筑面积 1617 平方米。有综合楼、教学楼各 1 幢，还配有 160 米的环形跑道和 60 米的直跑道，足球场、篮球场各 1 个。所有教室配有简易多媒体电脑，有 22 个教室配有 34 寸电视。学校设有科技（劳技）室、音乐室、美术室、计算机室各 2 间，学生心理咨询室、卫生室、阅览室、图书室多媒体电教室、实验室和仪器室各 1 间，各专用教室都配有教学电脑，各专业技能科教师和学校兼职办公人员电脑人手一机，其他普通教师电脑两人一机。自然仪器室达到省级一类标准。图书室藏书 28503 册。计算机室配有 100 台学生电脑，已建成校园网。2007 年，开设教学班 22 个，学生总数 1012 人。

后埔小学 址设后埔社区。1987 年创办。学校校园占地面积 4454 平方米，校舍面积 2726 平方米。普通教室 14 间、专用教室 5 间、图书 10800 册；有计算机网络教室 1 间电脑 51 台、多媒体电教室 1 间、电子备课室 1 间 25 台电脑，教师做到人手一机，电脑上网等信息技术教育设施基本都达到素质教育督导相应要求。2007 年，开设 14 个教学班，在校学生为 603 人。有专任教师 32 人，其中本科学历 4 人、大专学历 22 人，高级教师 18 人、一级教师 13 人。

康乐小学 位于康乐新村。1996 年 9 月创办。校园面积 9300 平方米，其中运动场 3400 平方米、绿地 4000 平方米。有美术、音乐、科技制作等专用教室 12 间，配有电脑、电视的普通教室 24 间。校园设有闭路有线电视系统、广播和监控系统。校内有湖里区少年宫，为厦门市"宫校合一"的学校之一。先后获"国家级中小学创造教育先进单位""福建省实验素质教育先进学校""福建省现代教育技术实验学校"等称号。2007 年开设 24 个教学班，在校生 1025 人。教职工 52 人，其中本科学历 15 人、大专学历 29 人，小学高级以上职称的有 15 人，市级骨干教师 3 人。

吕岭小学 址设吕岭社区。1998 年 7 月创办。占地面积近 8460 平方米，校舍建筑面积 4830 平方米。先后获市艺术教育先进单位等称号。2007 年，在编教师 45 人，其中本科学历 12 人、专科学历 26 人、中专学历 7 人，小学高级教师 23 名，省学科带头人培养对象 1 人，省骨干教师 2 人、市级骨干教师 3 人、区学科带头人 3 人、区骨干教师 4 人。

金尚小学 址设金尚小区。1999 年 9 月创办。学校积极开展"自主·实践教育"课题教育教学整体改革实验，学校先后获"厦门市文明学校""厦门市基础教育课程改革先进单位""国家基础教育课程改革语文学科实验基地校"等称号。2007 年开设 24 个教学班，学生 1123 人，教师 62 人，其中高级教师 39

人，省、市、区级学科带头人和骨干教师15人。

康乐第二小学 2001年7月创办。校园占地面积23955平方米，校舍建筑面积12385平方米，生均9.63平方米，绿化面积9355平方米。配置有电脑室、美术室、自然实验室、音乐室、体育室、卫生室、科研室、心理健康咨询室、多媒体教室、图书室、阅览室、电子备课室等专用教室，以及校园网、校园电视台、机器人工作室、200米塑胶跑道、篮球场（4个）、排球场（2个）、器械区等现代化教育设施。图书5万多册，生均38.9册，杂志65种。先后获“福建省青少年科技教育工作先进集体”“湖里区素质教育先进校”等称号。2007年，开设30个教学班，在校生1286人。教职工70人，其中本科学历22人、大专学历34人，小学高级以上职称34人，区级骨干教师7人，区级专家型教师3人，学历合格率达100%。

金山小学 址设金山社区。2005年2月创办。占地面积12552平方米，绿化用地3775平方米，运动场地6190平方米。学校设备设施配备达到省定1类标准，拥有24间教室，多功能教室和计算机、音乐、舞蹈、美术、图书、自然科技、卫生、心理辅导等配套专用室，建成校园广播网、校园局域网，教学场所基本上实现计算机多媒体教学，图书馆藏书达27472册。艺术教育为学校的特色教育，师生在多项艺术比赛获奖，其中，国家级22人次、省级22人次、市级52人次。2007年，开设24个教学班，学生1038名。教师47名，其中省骨干教师培养对象1名、区学科带头人1名、区级骨干教师4人、高级教师17名，本科学历14人。

乌石浦小学 址设乌石浦。2005年9月创办。学校占地面积12556平方米，建筑面积8299平方米。建有教师办公楼、普通教学楼、综合专用教学楼及生活活动楼。拥有专用教室12间、普通教室24间、400多平方米的室内体育活动室和小型的阶梯多媒体教室。学校图书室存书20194册，全校配备197台电脑。2007年，开设23个教学班，952名学生，非本市户口学生占82.7%。有54名教职工，其中高级教师25人、本科学历26人。

翔鹭小学 2006年创办。占地面积1.85万平方米，设有12间专用教室，其中多媒体教室1间，装配简易多媒体教室2间，标准电脑室2间配备学生专用电脑102台。校图书室藏书15208册。学校拥有200米塑胶跑道和排球场、羽毛球场。在职教师25人。2007年，开设12个教学班，在校学生508人。

图22-8 翔鹭小学

蔡塘学校 址设蔡塘社区。2005年8月，通过教育资源整合成立的湖里区公办农民工子弟学校。学校实行九年一贯的义务教育办学体制。占地面积11427平方米，校舍面积2555平方米。学校设有计算机室、理化生实验室、体育室、音乐室、科学室、图书室、多媒体教室等专用教室，图书室有藏书20580册。校园面积、可供活动场地面积、普通教室、专用教室、教学仪器设备、图书资料等必备条件达到省颁、国颁一类标准。2007年，开设中小学教学班23个，教师61人，学生918人。

东渡二小 址设东渡社区。占地面积14420平方米，建筑面积7210平方米，绿化用地5844平方米，运动场地3862平方米，配有电脑室、音乐、美术、自然实验、阅览室等专用教室9间，图书册数30403本。先后获“省绿色学校”等称号。2007年，有24个教学班，在校生1005人。定编教职工56人，专任教师53人。

高崎小学 址设高崎社区。校园占地面积4845平方米，校舍面积1956平方米。现有专用教室4间，图书室藏书 22767 册，生均 44.12 册，电脑室学生电脑 50 台，教师电脑 31 台。2007 年，开设 12 个教学班，学生 516 人，教师 28 人。

江头中心小学　位于吕岭路、台湾街、仙岳路交叉处。校园占地面积 22000 平方米，建筑面积 12300 平方米。学校设备齐全，普通教室、专用教室、教学仪器设备、图书资料等设备均达到省颁一类标准，拥有计算机网络教室、多媒体教室等信息技术教育设施，教师办公室及教室的电脑均可上网。先后获湖里区文明学校等称号。2007 年，开设 36 个教学班，1567 名学生，92 名教职工，专任教师 85 人。

后坑小学　位于后坑。前身为 1924 年创办的侯卿小学。解放后改称禾山第三中心小学。1958 年，并入“前沿联校”。1965 年迁回后坑，改称后坑小学。1992 年，由村、镇投资 350 多万元重建。校园占地面积 18000 平方米、建筑面积 5000 平方米。计 16 间教室，另有电脑室、实验室、图书阅览室、音乐室、办公室、会议室及室外体育场。学校图书馆是当时湖里区唯一的省级农村示范图书馆。2004 年 9 月，学校因城区改造停办，学生整合到周边的金山小学、金尚小学。

二、民办小学

火炬学校　位于火炬高新技术开发区。2001 年 8 月创办。校园占地面积 16145 平方米，校舍建筑面积 8278 平方米，是厦门市首家以“国有民办”模式进行办学体制改革的学校。2007 年，开设 29 个教学班，在校生 1128 人，教师 82 人。

华悦学校　位于徐厝社区。2004 年 8 月创办。校园占地面积 12686 平方米，校舍建筑面积 10806 平方米。学校教学设施齐全，配置有电脑室、美术室、音乐室、图书室、多功能室等专用教室。2007 年，开设 28 个教学班，在校生 1468 人，教师 70 人。

启泰学校　位于高殿社区。2001 年 8 月创办。校园占地面积 4158 平方米，校舍建筑面积 4577 平方米。2007 年，开设 30 个教学班，在校生 1330 人，教师 56 人。

博林学校　位于林后社区。2002 年 7 月创办。校园占地面积 5500 平方米，校舍建筑面积 6160 平方米。2007 年，开设 24 个教学班，在校生 1084 人，教师 58 人。

文心小学　位于枋湖安兜。2002 年 7 月创办。校园占地面积 2400 平方米，校舍建筑面积 2526 平方米。2007 年，开设 18 个教学班，在校生 720 人，教师 40 人。

第四章　中等教育

第一节　学校设置和办学条件

一、学校设置

民国元年（1912），华侨黄瑞坤等在禾山书院旧址后院社创办禾山甲种商业学校，民国 12 年迁往双涵社，后改为禾山中学。这是辖区境域最早的中等教育机构。

民国 17 年，华侨薛拱年、吴纪藿等人创办五通民用航空学校。

民国期间，还有在祥店社创办禾山女中的记载，具体情况不详。

由于社会动乱，加之经费困难，这些学校大多开办数年即告停办或与他校合并。

民国 37 年 7 月，厦门市参议员江定邦、黄敬贤倡议在江头原禾山区公所旧址创办厦门市立中学禾山分校。同年 9 月，改为厦门市立第二中学，在双涵社原甲种商业学校旧址开学。学校场所和设施由禾山区负责，教员和经费由市政府负责。民国 38 年春，迁往祥店原禾山女中旧址。

1951 年 3 月，人民政府接管“厦门市立第二中学”，改为“厦门市禾山中学”。1953 年 1 月，改名为厦门市第三中学。1976—1978 年，部分中心小学开设“戴帽”初中班。

1981 年 3 月，福建省厦门师范学校迁至江头，使禾山中等教育出现新的格局。

1984 年，厦门市第十一中开始以分校的名义在湖里招收中学生，翌年在湖里南山路正式设立厦门市第十一中学分校。1986 年 8 月，以厦门市第十一中学分校为基础，正式成立湖里中学。

湖里建区时，辖区内有 3 所中学，其中厦门市第三中学、湖里中学为完全中学，禾山中学为初级中学；还有 1 所中等职业专科学校厦门师范学校。4 所中等教育学校均由厦门市教委直接管辖。1988 年在南山路创办鹭江大学附属中专学校，1992 年改为厦门市工业学校，为市管职业中专。

2001 年，在金尚小区增设金尚中学，为市教委直辖学校。同年 9 月，禾山中学复办高中部，成为完全中学。与此同时，为适应外来务工人员子女入学需求，部分办学条件较好的民办小学开设“戴帽”初中班。2002 年，增设东渡中学，亦为市教委直辖学校，2003 年，与省一级达标中学厦门市第六中学合并，东渡中学校舍改为厦门六中高中部。

2004 年 1 月，厦门市第三中学、禾山中学、湖里中学和金尚中学正式划归湖里区管辖。

2005 年 8 月，为改善外来务工人员子女就学条件，区政府通过教育资源整合，设立湖里区蔡塘学校。这是厦门市第一家公办外来务工人员子弟学校。同年，市教委直辖的厦门市双十中学在枋湖开办高中部。

截至 2007 年年底，湖里区有区属公办中学 5 所，共设 61 个高中班、157 个初中班，有在校高中生 2711 人、初中生 7515 人，当年毕业高中生 831 人、初中毕业 2231 人；经教育部门审查登记的民办中等学校有 13 所，共设 109 个初中班，有在校初中生 4814 人，当年毕业初中生 861 人。

2004—2007 年湖里区公办民办中学概况表

表 22-6

		学校数			班级数			学生数				
		合　计（个）	公办（个）	民办（个）	合　计（个）	初中（个）	高中（个）	总　数（人）	初中（人）	其中：女生（人）	高中（人）	其中：女生（人）
公办	2004	—	4	—	173	139	34	8831	6692	3084	2319	1124
	2005	—	5	—	198	145	53	9416	6927	3122	2489	1282
	2006	—	5	—	209	150	59	9704	6946	3102	2758	1367
	2007	—	5	—	218	157	61	10226	7515	3304	2711	1291
民办	2004	—	—	2	15	15	0	559	559	217	0	0
	2005	—	—	11	80	80	0	3325	3325	1235	0	0
	2006	—	—	12	92	92	0	4319	4319	1600	0	0
	2007	—	—	13	109	109	0	4814	4814	1877	0	0
综合	2004	6	4	2	188	154	34	9390	7251	3301	2139	1124
	2005	16	5	11	278	225	53	12741	10252	4357	2489	1282
	2006	17	5	12	301	242	59	14023	11265	4702	2758	1367
	2007	18	5	13	327	266	61	15040	12329	5181	2711	1291

说明：原厦门市教育局管辖的四所中学 2004 年下放归湖里区，中学部分从 2004 年统计，民办校以批办的学校计入统计

二、办学条件

民国期间，辖区境域开办的职业学校、初级中学有的借用民房上课，有的在祠堂、宫庙办学，场地狭窄，教学仪器设备十分简陋。

1950—1979 年，辖区境域中学建设缓慢，办学条件相对落后。1960 年第三中学在塘边兴建新校舍后，办学条件有所改善。1972 年，在祥店开办禾山中学的前身前线第二中学，形成辖区境域中学校舍分布在

塘边、祥店的格局。

80 年代以后，随着教育地位的提高和厦门市经济建设的快速发展，政府对教育投入逐步增大。第三中学、禾山中学相继扩建。1985 年，辖区内中学开始推行现代化仪器设备的配置实行标准化，并把外语教学、计算机教学和音频、视频等现代化教育技术的装备列入学校必须具备的硬件建设，教育设施有了很大的改善。1986 年正式成立的湖里中学借用湖里工业局管委会的培训中心作为校舍。1988 年 8 月，湖里中学校舍投入使用。1993 年，辖区中学的实验教学仪器配备和实验场所均已达标，体育、音乐、美术的教育设施均达到国家教委颁布的一类标准。3 所中学按教学要求每校配备 27 套 PC-286 计算机。1995 年，3 所中学都建有实验楼或科学馆。2001 年，开办金尚中学，借用火炬小学校舍办学。2002 年，金尚中学校舍投入使用。至此，湖里区 4 所中学的中等教育格局基本形成。

2004 年，市教育局将湖里区境内的 4 所中学下放湖里区管辖。当年，4 所公办中学校园占地面积达 14.16 万平方米，校舍建筑面积达 7.03 万平方米，每所学校均有实验楼或科学馆，配备有实验室、语音室、微机室、图书馆（室）；每所学校均有运动场（馆），总面积达 4.54 万平方米；共拥有计算机 1426 台、图书 80000 册；固定资产总值 8024 万元。

2007 年，公办中学的教学设施设备水平保持良好的发展势头。民办中学的教学设施设备也有较大的改善。全区民办中学校园占地面积 11.15 万平方米，比 2004 年增加 10.73 万平方米；校舍建筑面积 8.54 万平方米，比 2004 年增加 8.08 万平方米。大部分民办中学配备有实验室、微机室、语音室和图书室，运动场面积也有较大增长。

2004—2007 年湖里区中学办学条件概况见表 22-7。

2004—2007 年湖里区中学办学条件统计表

表 22-7　　单位：平方米

		学校占地面积	校舍建筑面积	教学及辅助用房						行政办公用房	生活用房	其他用房	运动场馆面积	计算机（台）	图书（册）	电子图书（册）	固定资产总值（万元）
				合计	普通教室	实验室	图书室	微机室	语音室								
公办	2004	141561	70269	42051	24278	9615	5424	2380	353	15742	4002	8474	45360	1426	80000	116	8024
	2005	151461	66676	39785	18378	7840	4990	2470	533	11674	4740	10477	50360	1485	221747	30140	10275
	2006	141561	69921	38734	17603	7880	4784	2410	533	11705	5240	14242	50480	1844	277739	141212	10650
	2007	176839	93307	37456	18987	8573	5020	2490	533	12134	13253	30464	63550	2040	312939	131212	8829
民办	2004	4157	4576	3316	2636	280	100	200	100	450	500	310	2022	100	5000	—	352
	2005	71395	35000	21070	14154	1916	623	963	625	3169	4220	6541	32516	703	91100	1450	3820
	2006	80587	43395	29378	16172	2116	742	1330	693	5552	7795	6670	26065	605	68614	1250	6759
	2007	111529	85444	50974	34490	3831	1449	1579	1358	8521	17447	8502	124047	801	107961	2250	106026
综合	2004	145718	74845	45367	26914	9895	5524	2580	453	16192	4502	8784	47382	1526	85000	116	8376
	2005	222856	101676	60855	32541	9756	5613	3433	1158	14843	8960	17018	82876	2188	312847	31590	14095
	2006	222148	113316	62112	33775	9996	5526	3740	1226	17257	13035	20912	76545	2449	346353	142462	17409
	2007	288368	1787516	88430	53477	12404	6469	4069	1891	20655	30700	38966	187597	2841	420900	133462	114855

第二节　学制课程和毕业升学

一、学制

民国 37 年（1948）创办的市立第二中学实行三年初中制。

1950—1957 年，据颁布的中华人民共和国《中学暂行规程》，辖区境域的中学实行三年初级中学学制。

1958 年 9 月，厦门市第三中学开始设高中部，实行“三三制”。

“文化大革命”期间，中学学制多次变化：1971 年实行“二二制”，1974 实行“五年一贯制”。1978 年实行“三二制”，1980—2007 年实行三三制。

二、课程

中学的课程及其教材具有较强的指令性与统一性，除少数选修和活动课程以及乡土补充教材外，绝大多数按照国家和省级教育行政部门规定的统一教材进行教学。

民国时期的厦门市第二中学设有公民、体育及童子军、国文、英语、算学（包括算术、代数、平面几何、三角）、生理卫生、植物、动物、化学、物理、中国历史、劳作、图画、音乐。每周教学总时数 32 节。

1950 年后，根据国家和省教育部门的统一部署，辖区境域中学所设课程经历过 1950 年、1952 年、1956 年、1958 年、1963 年等年份的多次调整。1964 年 7 月，根据教育部颁布的《关于调整和精简中小学课程的通知》，初中设政治、语文、外国语、数学、物理（初二、初三）、化学（初三）、生物（初一、初二）、历史（初二、初三）、地理（初一）、生产知识（初三）、体育（初一、初二、初三）、图画（初一、初二）。高中设政治、语文、外国语、数学、物理、化学、生物（高二）、历史（高三）、地理（高一）、体育。

1966 年 6 月，受“文化大革命”影响，所有课程设置被推翻。1968 年“复课闹革命”后，政治、历史和地理被废除，改设“毛泽东思想”；动物、植物改为农业基础知识；物理、化学改为工业基础知识；体育改为军体；音乐和美术改为“革命文艺”。1973 年恢复政治课、历史课，1975 年恢复地理课；1973 年恢复体育课。1975 年后，陆续恢复音乐、美术课。

图 22-9　2006 年 7 月厦门三中机器人足球队获第六届中国青少年机器人竞赛金牌

1980 年起，逐步恢复 1966 年以前的课程设置，并根据社会经济的发展，对课程设置和教材逐步进行重大改革。课程设置从原来意义的课堂教学扩展为必修课、选修课和活动课，教材的内容及深浅程度亦多次发生变化。1995 年，必修课程，初中有语文、数学（代数、三角、几何）、外语（以英语为主）、政治、物理（初二、初三）、化学（初三）、生物、历史、地理、体育、音乐、美术等；高中课程与初中大体相同，因实行会考制度，已完成会考的科目在以后的学习阶段不再设立。选修课、活动课因校而定，以计算机为代表的现代技术和一些以人文科学为内容的课程成为学校选修的热门，教材均采用国家统编教材。

2007 年，辖区各中学分别开设多门特色课程。

厦门三中开发 40 门研究性学习校本课程，并在高二年开设 12 门课程。参加特色课程学习的学生取得《厦门白鹭生存环境的现状分析》《利用信息技术手段解高次方程》和校园小说等成果。学校还开设心理健康教育初中必修课和高中选修课，建有心理咨询室和心理辅导室，利用课余时间开展心理咨询和辅导，开展心理课题研究。首届高中双语实验班于 2007 年顺利完成中国和加拿大双方的全部课程，获得中方和加方的毕业证书，29 位学生赴加拿大升学深造。

金尚中学开设心理健康课程，投资近百万元建立心理健康教育中心，设有家社校心理活动室、心理绘画室、沙盘游戏室、团体辅导观察室、放松室、心理阅览室、心理档案室、咨询室、测评室和宣泄室等。心理健康教育成为学校的一个品牌。

三、毕业

建区初期的 1988 年，全区三所市管中学初中辍学率为 10.35%，毕业率为 89.65%。1993 年通过省级“两基”验收时，初中生毕业率为 89.78%，达到省定达标验收要求。1998 年 93.17%，1999 年 94.39%，2000 年 94.23%，2001 年 92.27%，2002 年 89.30%。2003—2004 学年度，全区初中生辍学率为 0.06%，初中按时毕业率达 92.07%。2004 年，湖里区实现“双高普九”，全区初中年辍学率为 0.06%，初中按时毕业率 94.33%。

2005—2007 年湖里区中学毕业生统计表

表 22-8　　　　单位：人

年份	初中			高中		
	毕业生小计	公办毕业生数	民办毕业生数	毕业生小计	公办毕业生数	民办毕业生数
2005	3054	2259	759	664	664	—
2006	3260	2282	978	901	901	—
2007	3092	2231	861	831	831	—

四、升学

（一）中考升学

辖区初中生毕业后升学渠道有普通高中、普通中专（含五年制大专）、职业中专、职业高中。初中升高中入学考试由市教育局统一组织。辖区境域历史上地处城市郊区，教育基础比较薄弱，辖区境域高级中学的录取分数在全市各学校中长期处于最低档次。

辖区高中阶段教育普（通高中）职（业高中）比由厦门市统筹安排。2005 年前，教育部门未将普职比列入评估指标，初中升学的主要评估指标以初中按时毕业率为主。2005 年普职比为 54∶46，2006 年为 51∶49。符合“高中阶段教育中职业教育和普通高中教育在校学生数量相当”的指标要求。

2006—2007 学年度，全区高中阶段毛入学率达到 144.15%，高中阶段学龄人口入学率为 92.34%。全区应届初中毕业生均能按时全部升入高中阶段学校就读（含普通高中和中等职业学校）。但存在部分学生被录取后未到校报到的现象，因此，2007 年届初中毕业生升入高中阶段的比率为 99.95%。2007 年高中阶段教育普（通高中）职（业高中）比为 48∶52。

（二）高考升学

2003 年之前，辖区只有市管厦门第三中学的高中毕业生参加全国统一的高等院校入学考试。1961 年，首届高中毕业生参加高考，录取率为 54%。1983 年，出现厦门市文科高考总分第一名。1987 年，高考上省线率 30%，上本科线为 25%，上重点线为 3%，超额完成市教育局下达的指标。2000 年，高考录取人数首次突破100名。2001年，突破200名。2003年，突破300名。

2004年，区属厦门第三中学和厦门禾山中学高中毕业生参加全国统一的高等院校入学考试。当年，全区参加高考人数777人，上本科一批以上的有8人、上本科二批以上的有81人、上本科三批以上的有108人、上高职高专以上的有539人，上线率69.4%。厦门市第三中学本科录取96名，超过市教育局下达的16名的指标5倍。禾山中学42人上本科线，超过市教育局下达的5名指标6.4倍。

2005年，全区参加高考人数753人，上线总人数541人，上线率达71.8%。其中，文史类考生上本科一批线4人、本科二批40人、本科三批23人、专科176人，文史类考生上线率68.6%；理工类考生上本科一批线28人、本科二批40人、本科三批28人、专科202人，理工类考生上线率74.6%。禾山中学、厦门三中的高考成绩稳中有升。

2006年，全区参加高考人数737人，上线总人数538人，上线率达73%，比去年提高1.8个百分点。其中，文史类考生上本科一批线8人、本科二批25人、本科三批39人、专科150人，文史类考生上线率72.3%；理工类考生上本科一批线11人、本科二批34人、本科三批38人、专科187人，理工类考生上线率73.4%。厦门三中和禾山中学分别超额133%、125%完成市教育局下达的指标数。

2007年，区属中学参加高考人数848人，录取总人数440人，其中本科录取68人、专科录取372人。区属中学文史类考生280人，本科二批录取9人、本科三批录取8人、专科录取133人；理工科考生490人，本科二批录取13人、本科三批录取18人、专科录取218人；艺术类考生45人，本科录取11人、专科录取13人；体育类考生33人，本科录取9人、专科录取8人。

区属中学2007年高考录取情况见表22-9。

2007年湖里区区属中学高考录取统计表

表22-9 单位：人

<table>
<tr><td colspan="2"></td><td colspan="6">报考人数</td><td colspan="6">录取人数</td><td colspan="6">本二录取</td><td colspan="6">本三录取</td><td colspan="6">专科录取</td></tr>
<tr><td rowspan="2">一、文史类</td><td>第三中学</td><td colspan="6">192</td><td colspan="6">101</td><td colspan="6">6</td><td colspan="6">6</td><td colspan="6">89</td></tr>
<tr><td>禾山中学</td><td colspan="6">88</td><td colspan="6">49</td><td colspan="6">3</td><td colspan="6">2</td><td colspan="6">44</td></tr>
<tr><td rowspan="2">二、理工类</td><td>第三中学</td><td colspan="6">258</td><td colspan="6">134</td><td colspan="6">2</td><td colspan="6">12</td><td colspan="6">120</td></tr>
<tr><td>禾山中学</td><td colspan="6">232</td><td colspan="6">115</td><td colspan="6">11</td><td colspan="6">6</td><td colspan="6">98</td></tr>
<tr><td rowspan="4">三、艺术类和体育类</td><td rowspan="2"></td><td colspan="15">艺术类</td><td colspan="15">体育类</td></tr>
<tr><td colspan="5">报考人数</td><td colspan="5">本科录取</td><td colspan="5">专科录取</td><td colspan="5">报考人数</td><td colspan="5">本科录取</td><td colspan="5">专科录取</td></tr>
<tr><td>第三中学</td><td colspan="5">25</td><td colspan="5">5</td><td colspan="5">5</td><td colspan="5">10</td><td colspan="5">2</td><td colspan="5">1</td></tr>
<tr><td>禾山中学</td><td colspan="5">20</td><td colspan="5">6</td><td colspan="5">8</td><td colspan="5">23</td><td colspan="5">7</td><td colspan="5">7</td></tr>
</table>

第三节 中学选介

一、区属中学

厦门市第三中学 位于塘边。学校占地6.93万平方米，是厦门岛内面积最大的中学。有教学大楼、科学实验楼、学生宿舍楼、教工宿舍楼、礼堂、膳厅、健身房、运动场、射击场。厦门市第三中学历史可以追溯到民国元年（1912）创办的禾山甲种商业学校。民国37年秋，国民政府在禾山甲种商业学校双涵社旧址创办厦门市立第二中学，为初级中学。民国38年（1949年9月30日止）2月迁至禾山祥店社。1950年7月，首届6名初中生毕业。1951年3月，学校由市教育局接管，改为公立厦门市禾山中学。

1953 年 1 月，改名为厦门市第三中学。1958 年秋，开设高中部。同年 9 月 6 日，学校遭到台湾当局驻金门守军炮击，造成师生 5 死 9 伤。随即转移到殿前。1959 年春，高中部和初三年级迁回祥店。1960 年迁至塘边。1966 年“文化大革命”开始，学校全面停课，9 月，成立“红卫兵”总部，师生外出“大串联”。1968 年上半年，“军宣队”进校，师生陆续回校，班级编为连、排建制。10 月，厦门前线人民公社农业中学并入三中。月底，成立“厦门市第三中学革命委员会”。1970 年，设高林、西林、曾塔 3 个分校；8 月，改校名为厦门市郊区前线人民公社中学。1972 年，各分校相继撤销，学校改名为厦门市郊区前线第一中学，并调出教师于祥店筹办前线第二中学。1979 年 8 月，前线一中与前线二中合并为前线中学。1981 年 10 月，前线中学再次改名并分为厦门市郊区禾山第一中学和厦门市郊区禾山第二中学。1987 年 9 月，厦门市郊区禾山第一中学改名为厦门市禾山第一中学。1990 年 3 月，禾山一中恢复 1953 年用名厦门市第三中学。2006 年 5 月，通过省二级达标中学验收。射击为学校传统体育项目，学校射击队在国家级和省、市比赛中共获得 40 多枚奖牌。2007 年，有 35 个高中教学班、32 个初中教学班，在校学生 3119 人，教职工 257 人，专任教师 224 人，其中高中专任教师 127 人，本科以上学历 125 人，学历合格率 98.4%；初中专任教师 97 人，专科以上学历 97 人，学历合格率 100%。学校有高级教师 60 人，中级教师 101 人，中高级教师占专任教师的 71.9%。

禾山中学　位于祥店。前身为 1972 年春从厦门市郊区前线第一中学析出的厦门市郊区前线第二中学，与厦门市第三中学同源。1979 年 8 月，与前线一中合并为前线中学。1981 年，前线中学再次分为厦门市郊区禾山第一中学和厦门市郊区禾山第二中学，禾山二中高中部改为职业高中。1987 年 9 月，厦门市郊区禾山第二中学更名为厦门市禾山第二中学。1990 年 3 月，恢复 1951 年 3 月用名厦门市禾山中学。1991 年 2 月，学校面积扩大到 2.92 万平方米。1993 年，修建学校食堂、教工宿舍楼，扩建田径场，修建水泥篮球场、排球场。1998 年，建成 4 层综合实验楼，内有物理、化学、电工、电子实验室、微机房、多媒体演播室、资料室等。学校在抓教学硬件设施的同时，侧重提高教学质量。2001 年，恢复普通高中。2007 年，学校校园占地面积 3.21 万平方米，建筑面积 1.6 万平方米，运动场面积 1.2 万平方米，有 300 米的塑胶跑道和 3 个篮球场、2 个排球场、12 张乒乓球台。建有一体化校园网络，设置有校园管理信息系统、视频点播系统、视频广播系统。拥有多媒体电脑室、多媒体电教室、多媒体音乐室、多媒体科学报告厅等，物理、化学、生物实验室按照国家学校标准设置，每一间教室都配有投影仪、电脑、大屏幕彩电，可进行视频点播和视频广播等现代化教育教学，并可联入国际互联网。学校设有地震测报站，连续多年被评为市先进测报组。2007 年，开设初中 30 个班级、普通高中 24 个班级，在校学生 2517 人。教师编制数 205 人，实际教职员工 193 人，其中特级教师 1 人、高级教师 38 人、一级教师 72 人、二级教师 55 人，本科学历 148 人。

湖里中学　位于南山路，前身为 1984 年 8 月创办的厦门十一中分校。1986 年 8 月，以厦门十一中分校为基础，正式成立厦门湖里中学，为完全中学。1995 年秋季，开办职业高中和职业中专，2004 年 7 月停办。2004 年，原厦门工业学校校园并入，校园面积达 4.88 万平方米，建筑面积达 2.08 万平方米。2007 年，有 52 个初中教学班，在校生 2522 人，在编教职工 172 人，其中专任教师 148 人，本科学历 139 人、专科学历 9 人，教师学历合格率达 100%。

金尚中学　位于金尚小区，2001 年 4 月开办。学校用地面积约 2.10 万平方米，建筑面积 1.46 万平方米。2007 年，有 36 个初中教学班，在校生 1788 人，在职教职工 127 人，平均年龄 34.6 岁，有 9 位国家、省、市级骨干教师、学科带头人，有 6 位教师正在参加市级骨干教师培训，有 12 位区级专家型教师、学科带头人、骨干教师，24.4% 的教师具中学高级专业技术职务任职资格，39.4% 的教师具中学一级专业技术职务任职资格，有 8 位教师为硕士研究生或参加研究生课程班进修。

蔡塘学校　详见本篇第三章第三节。

二、市管学校

厦门市外来员工子弟学校殿前分校　址设殿前社区。2001 年创办。厦门市外来员工子弟学校由厦门市关工委、厦门市外来员工教育事业促进会创办于 1999 年，是由厦门市教育局批准并直接管理的九年一贯制民办学校。学校于2006年9月被全国妇联授予“全国流动人口子女，农村留守儿童示范家长学校”。2007年，殿前分校校舍建筑面积0.41万平方米；开设17个教学班，其中小学部12个班、初中部5个班，在校学生700多人；教师35人，其中本科学历16人、大专学历17人，中、高级职称教师12人。

厦门第六中学高中部 址设东渡。2003年开办。厦门第六中学创办于1953年，其前身为厦门私立中级文化补习学校。1954年春迁址江夏堂，同年迁至厦禾路校区。1955年，更名为厦门私立思明中学。1956年9月，更名为福建省厦门第六中学。1971年秋，开办高中班。1980年，试办职业高中。1991年，创办厦门女子职业学校。1997年，析出女子职业学校。1993年，被定为省二级达标学校。1998年，成为全省26所一级达标学校之一。2003年，与东渡中学合并，仍称厦门市第六中学，设厦禾、东渡两校区，厦禾校区为初中部，东渡校区为高中部。学校校园占地面积9.76万平方米，校舍面积7.01万平方米。学校为福建省新课程实验样本校，先后获“全国中小学德育工作先进集体”、福建省“文明学校”、福建省首批“中小学素质教育先进学校”等称号。2007年，开设97个教学班，学生4417人。教职工354人（专任教师308人），其中特级教师6人、高级教师101人，国家级和省级骨干教师26人、市级骨干教师35人，省市学科带头人14人，硕士学位研究生26人。高中部学生2473人，专任教师184人。

图22-10 厦门第六中学东渡校区

厦门双十中学高中部 址设枋湖。2005年9月建成并投入使用。厦门双十中学由爱国人士马侨儒等人创办于1919年10月。1956年由私立改为公办，不久即被列为福建省首批重点中学，曾获“全国文教先进单位”的荣誉。1965年后一度更名为厦门八中，1983年恢复双十中学校名。1996年，通过省一级学校达标验收。枋湖校区总占地面积17万平方米，校舍建筑面积11.72万平方米。学校秉承“勤、毅、信、诚”的校训，发扬“追求极善，勇为最先”的“双十”精神，先后获福建省文明学校、福建省素质教育先进校和福建省高中新课程样本校等称号。2007年，开设88个班级，学生4114人，在编教职工321人（专任教师285人）。高中部有学生2837人，198位高中专任教师中，特级教师7人、高级教师105人、一级教师59人，研究生学历教师共有50人，另外还有一大批取得教育硕士学位和研究生课程班结业资格的教师。

图22-11 厦门双十中学枋湖校区

厦门市启明学校（原厦门市林边学校） 创办于1998年10月，创办至2007年

10 月在湖里区林边租用 1000 平方米的民房办学。由市教委主办，市公安局、市司法局协助并派员参与学校的教育管理，是对有严重危害社会、尚不够刑事处罚的违法行为的未成年人实施教育转化的专门学校，即工读学校。工读学校接收学生的主要依据是《预防未成年人犯罪法》所规定的九种严重不良行为。2007 年 10 月 22 日，学校搬迁至集美区后溪，更名为厦门市启明学校。

第五章　成人教育与职业教育

第一节　成人教育

一、扫除文盲

1950 年，人民政府在农村大力开展扫除文盲运动。厦门市成立工农教育委员会和扫盲委员会，禾山区及下属乡、村成立扫盲委员会和扫盲工作领导小组，统一指导扫盲工作。

1950 年开始，把识字教育作为农民文化教育的重点，结合肃清残敌、巩固海防、恢复发展生产、建立社会新秩序等政治经济任务，组织乡、村新政权中的骨干和积极分子，利用冬闲时间参加学习。学习内容包括识字、普通话、时事政策和生产知识。1951 年上半年，辖区境域共设立湖里、五鹏（今塘边）、东渡、高殿、高崎、寨上、江头、吕厝、蔡塘、薛岭、高林、五通、泥金、龙塘、侯卿、枋湖、目厝（今穆厝）、安兜、坂上、围里、钟宅等 21 个扫盲办学点，利用祖厝、宫庙作课堂，学员自带煤油灯、小板凳上学，正规学校的教师和有文化的青年人义务当老师，共开设 97 个扫盲班，组织 2699 位青壮年文盲入班学习。1952 年，推行“速成识字法”。结合农事活动创办各种冬校、夜校、民校。扫盲班不仅教识字，还教唱歌、跳舞，开展文艺活动。至 1958 年前后，大部分人摘掉文盲帽子，能看懂报纸、书写便条。

1959—1961 年为国民经济三年困难时期，之后开展“社教”“四清”“文化大革命”等政治运动，扫盲工作停顿，农村文盲大量反弹，除老文盲外，又出现新文盲、半文盲。1979 年、1984 年，辖区境域根据厦门市人民政府制定的“七五”“八五”扫盲规划，重点扫除 15～40 周岁的青壮年文盲。辖区境域时属开元区的湖里街道和时属郊区的禾山乡都制定相应扫盲规划，组织失学学生和文盲、半文盲的成年人全部参加民校学习，达到初小和高小文化水平。当时的每个居委会、每个行政村都开办文化补习、夜校等扫盲班，开展扫除文盲教育。

1989 年，创办区业余中学，举办初中、高中文化班 36 期，参与学习学员 2500 人。

1990 年，国家颁布农村非文盲率应为 95%、城市为 98% 的扫除文盲标准。湖里区以城市标准为目标，再一次集中力量开展扫盲活动。全区开设 26 个扫盲班，入学 590 人，脱盲 457 人。全区青壮年非文盲率达 98.4%，获得全国扫盲达标区称号。

1992 年，禾山镇在高殿、枋湖、钟宅、五通 4 个村开设 10 个扫盲班，在高林村开设 3 个扫盲点，在高崎自然村开办高小文化班，为近 500 人摘除文盲帽子。

1993 年，全区实现基本扫除青壮年文盲。1993 年以来，坚持将扫盲与普及九年义务教育并举并重，一手抓“核查建档”，一手抓“防盲控辍”，扫盲转入长期巩固阶段。

2005 年 5 月，省级“双高普九”验收，15～24 岁非文盲率达 100%。

2007 年 11 月，省级“对县督导”验收，15～24 岁非文盲率达 100%。

二、成人高等教育

1979 年 2 月，辖区境域青年开始在厦门市广播电视大学（简称厦门电大）接受高等学历远程教育。

1992年11月，成立厦门电大湖里区工作站。1993年8月，在华昌路设立厦门电大湖里学习点，同年9月，开设会计电算化和工商企业管理成人大专班。2000年秋，承担厦门电大“人才培养模式改革和开放教育试点”。湖里学习点拥有多媒体教室、视听阅览室、多媒体机房、双向视频会议系统、百兆校园网、视听资料阅览室、网上阅览室（可阅读光盘资料）和开放式计算机机房等教学设施，学生用计算机均连接厦门教育城域网，出口带宽10兆。基本具备开展远程教育和为学生上网学习提供服务的条件。学习点运用教师面授、计算机多媒体光盘、网上课堂、电话答疑、电子信箱、双向电视授课系统等形式提供教学服务，协助厦门电大努力探索适应开放教育特点的新的教学模式。湖里电大学习点先后开设金融本科、会计本科、工商管理本科以及会计专科、电子商务专科、物业管理专科和工商管理专科等专业。2007年，开设金融本科、会计本科，会计专科、工商企业管理等6个班，在校生325人。截至2007年年底，为社会输送1400多名毕业生，其中40多人获得学位证书。

第二节　职业教育

一、农村职业教育

湖里建区后，开始举办各种技术培训班、业余中学和电视大学、函授大学，以适应广大市民求知发展的需要。1992年，禾山镇在高林村办文化技术学校，聘请专业人员讲授海产养殖、蔬菜种植等科技知识。1999年，镇财政投资180万元，在高林建禾山镇市民教育培训中心，2000年10月建成投入使用。该中心占地2400平方米，设14间标准教室，配备电脑室、图书室等设施，是全镇各类人员的综合培训基地。经常举办半脱产方式的中专班（学历教育）和各种短期培训班、讲座，精选市民普遍感兴趣的课题，如经营管理、财务管理、市场营销、花卉栽培、股票知识、计算机知识、WTO有关知识以及合同法、会计法等，请大学教授、专家开课教学，专题辅导，3年间培训4000多人次。2000年9月，福建省农业函授大学在禾山镇高林村文化教育培训基地成立厦门分校，面向全省招生。第一期开设“市场营销”“苗木与花卉”两个专业。禾山镇有74位农村妇女被录取，其中有妇代会主任、妇女委员和普通农家女，年龄最大的57岁，最小的20岁。“市场营销”出现母女同班同学的佳话。至2003年，有600多人次参加函大学习。

二、城镇实用技术培训

参见本志第二十六篇第三章第一节。

三、职业学校

辖区境域从民国元年开始创办职业学校，但维持时间均不长。解放后至20世纪70年代一度开办农业中学和师范教育学校。80年代后，为适应经济特区建设需要，开办电子、工业职业学校。2000年，创办首家民办职业学院。

禾山甲种商业学校　民国元年（1912），禾山薛厝社旅菲华侨黄瑞坤、禾山仓里社前清举人黄瀚等人，在后院社禾山书院旧址创办禾山甲种商业学校，黄瀚任校长。因学校距市区较远，交通不便，民国12年（1923），向海外募捐，建新校舍于双涵社，后改为禾山中学。具体办学情况不详。

厦门五通民用航空学校　民国17年8月，旅居菲律宾的爱国华侨吴记霍、吴福奇、薛煜添和林珠光等遵循孙中山“航空救国”的遗训，在海外组织航空委员会，并取得菲律宾中华总商会会长薛芬仕、侨商孙有泰等人的帮助，募集一笔资金，用以购置飞机，聘请飞行教官。学校设在厦门市郊五通乡店里社。首任校长为陈国梁，首批招收学生100名，其中国内学生89名。学校拥有德国制造的双翼教练机3架、美国制造的双翼教练机2架、法国制造的单翼教练机和单翼水上飞机各1架，以及收发电讯设备1套和其他设备。水上飞机的机库建在下边村海边，飞机场设在“山坪顶”，学员在乐安小学上课，借用泥金社祖厝为宿舍。民国18年春，航校发生学潮。校长改由薛拱年，学员仅有14人。民国19年春，因菲律宾经济不景气，航空委员会无力支付航校经费，航校停办。同年7月，学员和所有训练器材由广东航校接收。

前线农业中学 1957年，辖区境域“五一”“七一”“团结”3个高级农业生产合作社均试办过农业中学，仅有“七一”社的1个班、10多个学生维持较长时间。1958年10月，前线公社党委为农业中学解决办学地点、生产基地、师资力量、办学经费等问题。1959年9月，在塘边正式成立前线农业中学。学校性质为民办公助，学生上午读书，下午劳动，不缴学费和伙食费。学习课程与普通中学一样，还增加一门生物学，学习农技知识，开展科学种试验田。1960年，与厦门市第三中学调换校舍，迁到祥店。学校规模最大时有3个年级6个班。1961年，被评为出席福建省“群英会”先进单位。“文化大革命”初期停办。1968年10月，并入厦门第三中学。

禾山职业高中 1981年9月，禾山二中高中部改为职业高中。首届设服装专业，后与郊区建筑科、信汇实业有限公司、一七四医院等十几个单位联合办学，陆续增设财会、土木建筑、果林、家用电器、文书、医士等专业。至1996年，有13届、1281名职业高中毕业生被录用到工厂、公司、企事业单位工作。1995年6月，厦门市教委倡导成立“厦门电子职业教育集团”，禾山职业高中为成员校。此后，禾山职高停办其他专业，专设“电子技术”“电子电器”两个专业，共8个班，在校学生280人。2001年停办。

湖里中学职业高中部 1995年秋季，湖里中学开办职业高中和职业中专。职业高中设“现代通讯电器”和“电子技术”专业，各招一个班，学制三年，对象为应届初中毕业生；职业中专开设“文秘驾驶”专业，招收一个班，对象为高中毕业生，学制一年半。1996年秋季，职高部继续招收通讯电器、电子技术专业各一个班。1997年秋季，在市园林植物园和广东林业学校的支持下，开办职专“城市园林绿化”专业，原计划招收1班，后扩招为2班。同年，与龙岩地区林校联办1个电子技术班。此后每年均按3个专业各招1个班的规模招生。1998年秋，增开1个劳动预备班“园艺”班，职教规模达10个班，400个学生。2004年7月停办。

福建省厦门师范学校 前身为“国立第一侨民师范学校”（简称“侨师”），创办于民国30年11月。原址在长汀县南寨东岳庙。民国31年，改名为国立第一侨民师范学校。民国34年1月，迁移漳平。同年11月迁往厦门曾厝垵仓里社。民国38年7月，国民政府教育部以“赤化”为由电令停办。

1950年8月，复校并改名为福建省立厦门师范学校。校址设在省立厦门中学（今厦门第五中学）内。1951年1月，迁往双涵原福建省立高级工业职业学校旧址；5月，更名为福建省厦门师范学校。8月，创办于1898年的厦门私立怀德幼稚师范学校并入厦师，并以鼓浪屿永春路原怀德幼师校舍为新校址。1960年8月，学校根据“在鼓浪屿培养出来的学生不能适应农村需要，必须到农村办学”的指示，迁移到同安县北门外。1970年1月，学校下放同安县管辖，随即停办。1971年12月复办，并收回市办。1972年2月，借用“文化大革命”中停办的鼓浪屿福建工艺美术学校校舍开学。1975年，福建工艺美术学校复办，厦师迁移集美，借集美科学馆及延平楼礼堂为校舍。1978年春，厦门市决定利用厦师校舍和设备办厦门师范专科学校，厦师教师和学生转移到同安，厦师第二次解散。

1981年3月，市政府决定在江头原厦门一中农场场址复建福建省厦门师范学校。1983年10月，正式开学，全校设9个班、349名学生、94名教职工。新校址有办公楼、教室楼、实验楼、宿舍楼、音乐楼、舞蹈厅、膳厅、植物园、运动场、篮球场、排球场、风雨操场等设施，有电脑100余台、钢琴60余架，教室均配备有线电视网络。学校被誉为福建“中师明珠”。1984—1997年，获全国性奖励18项、省级奖励65项次、市级奖励86项次，已毕业的学生中有400余人次受到省、市级表彰。2001年，改制为福建省厦门电子职业中专学校。

厦门电子职业中专学校 址设禾山路。2001年，由厦门师范学校改制设立。专业培养方向为电子应用信息技术、计算机应用与软件技术行业的技术人才。是国家级重点中等职业学校、全国德育先进校。2002年，学校以计算机与软件技术专业被教育部确定为国家级示范专业建设校。2004年，被教育部和信息产业部确定为承担计算机应用与软件技术专业领域技能型紧缺人才培养培训任务的职业院校和财政部重点支持的职业院校。学校占地5.72万平方米，建筑面积3.62万平方米。教学、实验、体育、生活设施齐全。校园计算机信息网完备，拥有装备齐全的专业实验室、实习基地。设有国家级示范专业计算机应用、省级重点专业电子技术应用、市级骨干专业通信技术、多媒体技术、软件技术、网络技术、电子电器、电子商务、数控技术、汽车电子等专业。2007 年，在校生 3282 人，教职工 208 人（专任教师 169 人）。

厦门市工业学校 创办于 1988 年，前身为鹭江大学附属中专学校，1992 年 7 月独立开办。先后通过省“合格中专”、省部级重点中专学校的评估。2002 年 7 月，被国家教育部等授予“全国职业教育先进单位”。学校开设多媒体教育技术（五年制高职班）、数控加工技术、模具设计与制造、机电技术应用、计算机及应用、计算机网络技术、电子商务、现代通讯技术、自动控制技术、化学工艺、工业与民用建筑、制冷与空调、港口机械等专业。90 年代初，创建学校培训中心，是厦门市最早面向社会进行职业技能培训和鉴定的专门机构之一。中心拥有金工、数控、钳工、模具、装配等实训车间，总面积 4000 平方米，拥有价值 2000 多万元的先进的技能训练设备，是全国职业技能培训与鉴定站（OSTA）、全国制图员厦门报名点和鉴定站、全国计算机等级考试培训与考点、全国数控培训网络厦门培训站、省经贸委厦门技能鉴定站。在培训中心参加培训、考试与鉴定的学员达万余名。2004 年，并入集美大学工程技术学院。

厦门南洋职业学院 创办于 2000 年 9 月，由海内外 15 位中青年企业家和学者联合发起创办，是经福建省人民政府批准、国家教育部备案的全日制综合性民办高等院校，面向全国招生。学院现有翔安、金尚、仙岳、吕岭 4 个校区，下设外国语学院、经济管理学院、信息工程学院、机电工程学院、艺术学院、人文学院、音乐学院等 7 个二级学院和基础课部、思想政治理论教学部、预科部、培训中心。校园用地面积 17.33 万平方米、校舍面积 12.96 万平方米，在校学生 419 人，专任教师 271 人。2004 年，学院被评为“全国民办教育百强学校”；2007 年，被评为“全国综合实力十大品牌民办大学”。

第六章　教育管理

第一节　管理机构

一、行政主管机构

清代，厦门属同安县管辖，县设教谕掌管教育，辖区境域未设立专门的教育行政管理机构。

民国期间，辖区境域的教育先后由思明县教育局和厦门市政府教育主管机构主管。禾山区公所设文化股分管教育。

厦门沦陷期间，日伪厦门市政府设“教育局”，主管辖区境域的教育。

民国 37 年，禾山区公所设教育股主管教育。

厦门解放后至 1957 年，辖区境域教育由厦门市人民政府主管教育的机构主管。

1957 年 7 月成立厦门市郊区行政办事处后，设立教育科，主管辖区境域的教育事务。

1958 年 10 月，辖区境域成立前线人民公社，公社管委会先后设有文教办、政工组等教育管理机构，但辖区境域的教育主管部门仍为郊区办事处的教育主管机构。

1968 年 9 月，辖区境域的教育改由郊区革命委员会政工组下设的宣教组主管。1980 年 12 月后，先后由郊区人民政府教育科、教育局主管。

1981 年 9 月，辖区境域成立湖里街道，街道辖区内的教育行政主管部门为开元区人民政府教育科。

1987 年 11 月湖里正式建区，区人民政府成立教科文体委员会，管理教育、文化、科技、体育四个部门，由徐民藤担任主任。

1993 年，教科文体委改为教文体委。

1997 年 4 月，撤销教文体委，成立区教育局，刘国胜任教育局副局长，主持工作。此后至 2007 年年底，历任局长为王太兴（2002. 9—2007. 3）、吴智明（2007. 3—　）。

二、督导机构

1987 年 11 月，成立区人民政府教育督导室。此后至 2007 年，区教育督导室代表区政府对辖区内中小学实施义务教育组织实施工作以及有关部门配合实施义务教育职责的履行情况进行监督、检查、评估和指导；对镇（街）人民政府（办事处）和学校贯彻执行国家的教育方针、法规的情况进行监督和检查；对镇（街）人民政府（办事处）和学校的办学方向、管理水平和教育质量进行全面评估和指导。区教育督导室主任由区教育行政主管领导兼任。

第二节　学校管理

一、管理体制

辖区境域清末开始创办现代学校，有公立即市（县）立 2 种。公立学校的经费投入、校长任用、办学规模等均由市（县）教育局（科）统筹和管理。

私立学校有地方办学、华侨办学、宗族办学之分。私立学校一般设有校董会，由校董事会聘请校长全面管理学校。市（县）教育行政部门通过办学立案、学生会考、教师考核以及适当的教育经费补贴来管理私立学校。

1950 年，禾山辖区内设置 6 个学区，每个学区管理若干个学校。

1956 年以后，学校管理体制发生很大变化，绝大多数学校转为公办，出现政府包办教育、以计划经济为指导的管理格局。1957 年 7 月之后，辖区境域所有教育事务均由郊区政府教育科统一管理。

1968 年成立“革命委员会”之后，辖区境域各小学全部下放到生产大队，由大队革命领导小组派出“贫下中农毛泽东思想宣传队”进驻学校，管理学校。

粉碎江青反革命集团后，特别是中共十一届三中全会后，市、区、乡着手整顿教育结构，理顺学校体制，恢复教学秩序，落实知识分子政策，教育领域逐步恢复正常的管理制度。

1985 年 5 月开始贯彻执行《中共中央关于教育体制改革的决定》，形成以政府为主，行业、企业、事业单位和社会各方面共同参与的办学体制。同时，实行和完善中等以下教育分级、分类管理，高等教育逐步建立政府宏观管理，学校面向社会自主办学的体制。辖区内各级各类学校的办学和管理体制进行多方面的改革。中小学实行“三级办学、两级管理”的体制。辖区内厦门市第三中学、禾山中学、湖里中学和 1981 年迁至江头的厦门师范学校以及厦门师范附属第一小学、厦门师范附属第二小学、厦门师范附属幼儿园由市教委管理，其余所有小学、幼儿园由湖里区管理。辖区内各单位创办的各类成人教育机构，分别归属相应的主办单位管理。1988 年，在南山路创办鹭江大学附属中专学校，1992 年改为厦门市工业学校，为市管职业中专。

1994 年，取消小学学区管理体制，由区教育局直接管理各小学。

2001 年，厦门师范学校停办，校舍改为福建省电子职业中专学校，由厦门市教委管理。

2002 年 9 月，在区教育局设立财务会计中心，管理全区教育经费开支，学校只设报账员。

2004 年 1 月，厦门市第三中学、禾山中学、湖里中学和 2001 年创办的金尚中学改由湖里区管理。区教育局改教育科为中教科、初教科。同年，成立民办教育管理服务中心，强化对民办学校的管理，2005 年开始，建立民办学校、培训机构年检制度。

2006 年，出台《湖里区中学教学常规管理意见》和《湖里区小学教学教研常规管理意见》，进一步规范学校教学管理。同年出台《湖里区民办校园管理暂行办法》，加大对民办学校的管理力度，区财政下拨 300 万元专项经费扶持民办学校。

2007年开始，在满足户籍人口学龄儿童入学需求的基础上，按照暂住地（需办理暂住证）就近入学的原则，采取自愿报名、电脑派位的办法，安排部分外来务工人员子女进入公办学校就学，同时为符合条件的外来务工人员子女办理"义务教育减免卡"，免交或减交借读费、学杂费。

2007年，区教育局设综合科、组织宣传科、教育科，管理辖区教育行政事务。辖区内除民办高等学校和厦门市双十中学枋湖校区、厦门市第六中学东渡校区、福建省电子职业中专等学校由市教育局管理之外，其余学校、幼儿园均由湖里区管辖。

二、学校内部管理

民国时期，公立学校由校长主持学校的人事、财务、教育教学等各方面工作，处理重大的办学事务；私立学校的校长在校董事会的领导和监督下进行学校管理工作，定期向董事会汇报。由于辖区内的学校普遍规模较小，内部一般只设校长1人，配备若干名管理教务、学务、总务的人员以及杂役，不设立办事机构。

1950年至20世纪80年代中叶，辖区境域各学区、学校实行中共党支部（总支）领导负责制。1985—2007年推行校长负责制。公办学校普遍设有办公室、教务处、政教处、总务处等办事机构，有的完全中学设有教研室（教科室），有的完全中学兼办职业高中的还设立职教处。民办学校校务一般由出资创办人决定，教学事务则聘请校长主持，一般不设行政机构，由任课教师兼任学校的教导、总务等工作。

第三节　教师队伍

一、幼儿园教师

1988年，全区公办幼儿园有幼儿教师22人。

2004年，全区有公办幼儿园专任教师83人，其中小学高级教师职称7人、幼教一级职称2人，本科以上学历1人、专科学历8人；民办幼儿园专任教师80人，其中本科学历7人、专科学历36人、高中学历33人，中学高级教师3人、小学高级教师11人、幼儿园一级教师10人、幼儿园二级教师3人。

2007年，全区有公办幼儿园专任教师77人，其中小学高级教师职称23人、幼教一级职称47人、幼儿园二级教师7人，本科以上学历6人、专科学历55人、高中学历16人；民办幼儿园专任教师757人，其中本科学历25人、专科学历319人、高中学历398人，小学高级教师1人、幼儿园一级教师38人、幼儿园二级教师15人、幼儿园三级教师6人。

1989—2007年湖里区公办幼儿园教职员工统计表

表22-10　　　　单位：人

年份	教职工数					代课	兼任	专任幼儿教师学历				专任幼儿教师职称			
	合计	园长	专任教师	保健员	其他			合计	本科以上	大专	中专	合计	小高	幼一	幼二
1989	12	1	11	—	—	—	—	—	—	—	—	—	—	—	—
1990	23	2	19	2	—	—	—	—	—	—	—	—	—	—	—
1991	33	1	28	1	3	—	—	—	—	—	—	—	—	—	—
1992	38	1	30	2	5	—	—	—	—	—	—	—	—	—	—
1993	35	1	32	1	1	—	—	—	—	—	—	—	—	—	—
1994	51	3	43	1	4	—	—	—	—	—	—	—	—	—	—
1995	71	3	53	3	12	—	—	—	—	—	—	—	—	—	—

续表22-10

年份	教职工数					代课	兼任	专任幼儿教师学历				专任幼儿教师职称			
	合计	园长	专任教师	保健员	其他			合计	本科以上	大专	中专	合计	小高	幼一	幼二
1996	88	3	64	4	17	—	—	—	—	—	—	—	—	—	—
1997	109	4	76	5	24	—	—	—	—	—	—	—	—	—	—
1998	109	5	88	5	11	—	—	—	—	—	—	—	—	—	—
1999	139	5	103	5	26	—	—	—	—	—	—	—	—	—	—
2000	178	5	101	5	67	—	—	—	—	—	—	—	—	—	—
2001	172	5	90	3	74	—	55	—	—	—	—	—	—	—	—
2002	156	8	94	3	51	—	—	—	—	—	—	—	—	—	—
2003	168	8	86	5	69	5	1	8	1	5	2	8	5	3	0
2004	152	9	83	5	55	9	3	9	1	8	—	9	7	2	0
2005	136	9	80	4	43	13	3	80	1	53	26	80	13	52	15
2006	108	9	80	3	16	13	2	80	4	59	17	80	15	54	11
2007	103	9	77	3	14	21	2	77	6	55	16	77	23	47	7

1989—2007 年湖里区民办幼儿园教职员工统计表

表 22-11　　单位：人

年份	教职工数					代课	兼任	专任幼儿教师学历				专任幼儿教师职称						
	合计	园长	专任教师	保健员	其他			本科以上	大专	中专	其他	合计	中高	小高	幼一	幼二	幼三	未评
1989	69	1	68	—	—	—	—	—	—	—	—	—	—	—	—	—	—	—
1990	85	6	70	7	2	—	—	—	—	—	—	—	—	—	—	—	—	—
1991	95	12	72	2	9	—	—	—	—	—	—	—	—	—	—	—	—	—
1992	110	11	88	5	6	—	—	—	—	—	—	—	—	—	—	—	—	—
1993	119	14	98	4	3	—	—	—	—	—	—	—	—	—	—	—	—	—
1994	135	13	106	8	8	—	—	—	—	—	—	—	—	—	—	—	—	—
1995	156	17	124	7	8	—	—	—	—	—	—	—	—	—	—	—	—	—
1996	198	18	145	10	25	—	—	—	—	—	—	—	—	—	—	—	—	—
1997	224	19	158	17	30	—	—	—	—	—	—	—	—	—	—	—	—	—
1998	280	26	179	20	55	—	—	—	—	—	—	—	—	—	—	—	—	—
1999	394	38	245	22	89	—	—	—	—	—	—	—	—	—	—	—	—	—
2000	476	47	301	37	91	—	—	—	—	—	—	—	—	—	—	—	—	—
2001	665	70	392	9	280	—	—	—	—	—	—	—	—	—	—	—	—	—
2002	792	80	467	19	226	—	—	—	—	—	—	—	—	—	—	—	—	—
2003	776	71	444	33	228	5	21	4	25	41	1	—	1	6	9	1		54
2004	874	80	482	59	253	9	26	7	36	33	4	—	3	11	10	3	1	52
2005	1040	90	578	64	308	9	25	15	224	329	10	—	10	7	34	33	4	500
2006	1204	96	656	79	373	2	38	28	309	312	7	—	—	5	25	48	4	557
2007	1418	108	757	108	445	5	26	25	320	398	14	757	—	2	38	15	6	696

二、小学教师

（一）总量

1951 年，辖区境域各小学共有教职员工 90 余名。1954 年学校整合，辖区境域教师有 78 名。1961 年，有教职员工 199 名，其中教师 195 名；教师中有民办教师 28 名。

1988 年，湖里区公办小学教职员工 296 名，其中专任教师 252 名、行政人员 42 名、勤杂工 2 名。

2000 年，开始有民办小学统计资料。2001 年，全区公办小学有教职员工 914 名，其中专任教师 870 名、行政人员 31 名、教学辅助人员 11 名、工勤人员 4 名；民办小学有教职员工 292 名，其中专任教师 224 名、行政人员 21 名、教学辅助人员 4 名、工勤人员 43 名。

2003 年，全区公办小学有教职员工 949 名，其中专任教师 898 名、行政人员 28 名、教学辅助人员 18 名、工勤人员 5 名；民办小学有教职员工 429 名，其中专任教师 329 名、行政人员 27 名、教学辅助人员 9 名、工勤人员 64 名。

2007 年，全区公办小学有教职员工 1108 名，其中专任教师 1070 名、行政人员 24 名、教学辅助人员 13 名、工勤人员 1 名，另有代课及兼职教师 81 名；民办小学有教职员工 976 名，其中专任教师 804 名、行政人员 52 名、教辅人员 12 名、工勤人员 108 名。

（二）职称构成

1987 年，开始在小学教师中开展职称评聘工作。1990 年，小学高级教师、小学一级教师的比例分别为 10.75% 和 31.95%。1995 年，分别为 16.44% 和 38.28%。

2003 年，全区公办小学有小学高级教师 229 人、小学一级教师 511 人，分别占全区专任教师的 25.5% 和 56.9%。

2007 年，全区公办小学有专任教师 1070 人，其中小学中学高级教师 5 人、小学高级教师 477 人、小学一级教师 438 人、小学二级教师 100 人；全区民办小学有教师 891 人，其中小学高级教师 54 人、小学一级教师 92 人。

若干年份湖里区公立小学专任教师学历、职称统计表

表 22-12 单位：人

年份	总计	学历				专业技术职务					
		本科学历（含以上）	大专毕业	中专毕业	高中毕业（含以下）	小中高	小学高级	小学一级	小学二级	小学三级	未评级
1988	252	0	0	217	35	—	—	—	—	—	—
1989	296	—	—	—	—	—	—	—	—	—	—
1990	363	0	0	339	24	—	—	—	—	—	—
1991	348	—	—	—	—	—	—	—	—	—	—
1992	370	—	—	—	—	—	—	—	—	—	—
1993	413	—	—	—	—	—	—	—	—	—	—
1994	452	5	87	319	41	0	48	243	115	1	45
1995	500	9	139	325	27	0	55	251	120	0	74
1998	639	7	216	402	14	0	133	284	193	1	28
2000	816	17	431	359	9	1	140	387	205	0	83
2001	870	33	548	288	1	0	164	484	166	0	56
2002	908	47	606	254	1	0	175	488	199	0	46
2003	898	68	595	234	1	0	200	521	145	0	32
2004	892	—	—	—	—	—	—	—	—	—	—
2005	874	—	—	—	—	—	—	—	—	—	—
2006	896	—	—	—	—	—	—	—	—	—	—
2007	1070	324	678	63	5	5	477	438	100	29	21

2000—2007 年湖里区民办小学专任教师学历、职称统计表

表 22-13　　　　单位：人

年份	总计	学历				专业技术职务					
		本科学历（含以上）	大专毕业	中专毕业	高中毕业（含以下）	小中高	小学高级	小学一级	小学二级	小学三级	未评级
2000	36	0	6	28	2	0	3	8	2	1	22
2001	224	11	141	72	0	4	39	62	46	0	73
2002	274	17	171	86	0	4	34	54	22	5	155
2003	329	21	223	84	1	4	29	109	29	7	151
2004	566	—	—	—	—	—	—	—	—	—	—
2005	749	—	—	—	—	—	—	—	—	—	—
2006	796	—	—	—	—	—	—	—	—	—	—
2007	947	265	545	125	12		54	92	—	—	—

三、中学教师

2003 年，全区有初中专任教师 389 人，其中本科以上学历的教师 292 人，中学高级教师 31 人、中学一级教师 133 人；全区有高中专任教师 152 人，其中中学高级教师 30 人、中学一级教师 63 人；本科以上学历的教师 148 人。

2007 年，全区有中学专任教师 927 人，其中中学高级教师 181 人、中学一级教师 305 人、中学二级教师 251 人、中学三级教师 32 人；研究生学历 19 人、本科学历 679 人、专科学历 228 人。民办中学教师中有中学高级教师 15 人、中学一级教师 31 人、中学二级教师 50 人。

2004—2007 年湖里区普通中学专任教师专业技术职称、学历统计表

表 22-14　　　　单位：人

年份	合计（合计中女）	高级	一级	二级	三级	未评	研究生	本科	专科	高中
2004	567（346）	86	225	222	3	31	9	457	99	2
2005	774（445）	103	283	252	11	125	12	567	192	3
2006	838（466）	153	294	212	31	148	12	607	216	3
2007	927（533）	181	305	251	32	158	19	679	228	1

四、资格与任用

清末，辖区境域的禾山书院的山长、授课讲师均由地方知名学者出任。

清末至民国期间，辖区境域的学校教师一般来自老市区的师范传习所、识字养成所、怀德幼师、女子师范、集美师范、厦门大学教育学院、国立第一侨民师范学校等师范类学校或专业。小学教师多为师范学校或高中、初中毕业生，中学教师多为大专院校的毕业生或具有高中学历的毕业生。民国 20 年（1931）5 月，参照《小学教员登记办法》对教师任职资格作出规定：小学教员分为小学正教员、初级小学正教员、小学专科教员、初级小学专科教员 4 种，具有高级中学师范科或师范学校本科者可登记为正教员，师范简历科 2 年以上毕业者可登记为初级小学正教员，中学以上学校毕业，确适于某科目教员之职者或对某科目具有特殊研究成绩者可登记为小学或初级小学专科教员。辖区境域的市立学校和保国民学校校长由县、市政府委派，教员由校长聘用；私立学校校长由校董事会聘任，教员由校董会或校长选聘，县（市）教育部门定期对私立学校教员进行审核。

解放后，原有的教员绝大部分继续留用，同时吸收一批基本具备教师条件的知识分子，经过一段时间的培训，安排到学校任教。1956年后，国家对教师队伍的管理也逐渐规范化。辖区境域学校教师主要来自师范类院校。本科学历师资的主要来源是福建师范学院（后改为福建师范大学）。1957年，成立厦门市郊区后，辖区境域学校教职员工的人员编制数、人员调配由郊区教育主管部门负责。并强调教师队伍的学历要求：小学教师为中专，初中教师为大学专科，高中教师为大学本科。辖区境域中小学教师队伍的来源主要是师范院校毕业生，少量是非师范院校毕业生，还有一部分是具有高中（初中）毕业学历的民办或代课教师。

1970年，大量教师被下放农村劳动，加上包括师范院校在内的大中专院校停止招生5年，中断师范生的培养，教师队伍严重缺员。为此，辖区境域招收一批民办教师以充实师资队伍，并用“以工代干”的形式安排一部分具有高中学历的退休教职工子女“补员”，到中小学任教。1972年后，下放教师开始陆续调回。1976年后，陆续有大中专院校的“工农兵学员”毕业，安排到学校任教。1977年，恢复大中专院校正常考试招生，师范院校生源得到保证。1979年起，停止招收民办教师，并通过考试考核，对民办教师队伍进行整顿，淘汰一部分不合格的民办教师。此后，每年通过考试，分期分批将符合条件的民办教师转为公办教师。1984年，教师队伍中“以工代干”人员也全部处理完毕，合格者转为正式教师（干部编制），不合格者安排到工人岗位工作。

1987年，厦门师范学校与集美师范专科学校联办三、二分段小教专科班（1993年正式被列为国家教委试点单位），每年招生30名（后扩大到60名）。凡厦门师范三年制毕业生经考试择优进入小教专科班学习两年，期满成绩合格者，由集美师专颁发毕业证书，毕业后分配到厦门地区小学任教。厦门电大、厦门教育学院也举办师范专科班，学生毕业后到小学任教，教育行政主管部门还有计划地分配专科学校毕业生或调整、调入大专学历教师到小学任教。

至1995年，辖区内公办学校民办教师全部按照厦门市人民政府制定的转（公办）、辞（退）、退（养）等方式妥善处理。此后，没有合格学历的人员不能进入公办学校任教。对于教师学历也提出具体要求，即高中、初中、小学教师的学历应分别达大学本科、专科和中专毕业，还要求在小学教师队伍中逐步提高大专学历比例，在初中教师队伍中提高本科学历比例，在高中教师中要有少量具有研究生学历的人员。2003年，全区高中专任教师学历合格率达97.37%；初中专任教师学历合格率达99.74%，其中本科以上学历占75%；小学专任教师学历合格率达99.9%，其中大专以上学历占73.8%，在全省居前列。

2000年开始，对进入辖区内学校的教师进行公开招聘。2007年，全区共招聘中学教师41人、小学教师184人，其中研究生以上学历5人。

2007年，开始评选区级学科带头人和骨干教师。全区评出学科带头人37名、骨干教师108名，并落实工作津贴。区学科带头人、骨干教师每人每年分别发放1500元和800元的工作津贴。

五、待遇

（一）薪资

民国期间，辖区境域公办学校教师按国民政府的有关规定领取薪资。私立学校视学校经费而定，一般低于公办学校的标准。民国35年（1946），吕厝侨商吕希福每月赞助禾光小学经费达数百美元，该校教师月薪达20美元，远远超出一般小学教师的薪资水平。

厦门解放后，公办学校教师依照国家有关规定领取薪资。1950年，实行实物工资制，教师一般每月领到150公斤米价工资，最低100公斤。当时每月35～40公斤米可维持4口之家生活。1950年8月，实行工资制，中小学教师月工资最高80多元，最低30元，一般50多元。1952年下半年起，各级各类公办学校教职工列为国家工作人员，实行任用制，由政府按国家干部管理办法统一调配管理，享受国家干部的福利待遇。1956年、1963年两次进行较大面积调资。“文化大革命”期间也曾进行小范围调资。1980年起，中小学、幼儿园教师实行班主任津贴。据当年统计，市属中学教师平均月工资67.54元，小学58.26元。1984年全面调资，教师普遍晋升一级。1985年，实行以职务工资为主的结构工资制，中小学、幼儿园教师实行教龄津贴。1993年工资改革，教师实行专业技术职务等级工资制，工资分专业技术职务工资和津贴两部分。同年起，实行中小学教师岗位津贴，高级教师每月50元，中级教师每月40元，初级教师每月 20 元，其余每月 10 元。教师平均工资有较大提高。

1994 年 12 月，开始实行厦门市政府颁布的《厦门市实施〈教师法〉规定》。辖区内教师除享受国家政策规定的待遇外，还享有市政府为教师专设的各种津贴和优惠政策。

2007 年，辖区内中学高级教师月薪约为 4280 元、一级教师月薪约为 3470 元、二级教师月薪约为 2920 元，班主任另有月津贴 100 元；小学高级教师月薪约为 3470 元、小学一级教师月薪约为 2920 元，班主任另有月津贴 100 元；幼儿园专任教师月薪约为 3038 元。当年，全区公办学校从业人员年平均劳动报酬为 39810 元。

民办教师薪资由各学校自定。2007 年，辖区内民办小学教师月薪在 1000 ~ 2500 元，民办中学教师月薪在 1500 ~ 3000 元，民办幼儿园教师月薪在 800 ~ 2000 元。

（二）住房

1979 年之前，辖区境域各学校为教师提供的住房一般为集体宿舍或单间住宅。1981 年之后，各学校先后兴建一批教师宿舍，教师住房困难问题得到初步缓解。1987 年后，辖区内教师住房问题纳入全市机关、事业单位住房改革范围统一解决，教师住房条件得到较大改善。教师在购买住房时可以享受优惠，夫妻一方为教师的按房价的 80% 优惠，双方均为教师的按房价的 70% 优惠。1995 年，教师购房价一方为教师的每平方米 1000 元，双方均为教师的每平方米 750 元（75% 产权）。1995 年，辖区内中小学教职工中的无房户和人均居住面积 4 平方米以下的困难户的住房问题基本得到解决，全区教职工家庭人均居住面积达到 10 平方米左右。2001 年，住房制度改革进入货币化补助阶段。教师住房标准为：初级职称三口之家 85 平方米，中级职称三口之家 95 平方米，副高级以上职称三口之家 105 平方米。截至 2007 年年底，仍沿用这一标准。

六、继续教育

（一）培训

1. 教师培训

辖区内教师职后培训主要依靠教师进修学校和教育学院。主要培训内容有新教师培训、骨干教师培训、中学校长岗位培训、计算机培训、英语技能培训等。区教育局还设教学研究室，分别承担在职教师各种学历、非学历培训、干部培训、骨干教师培训、教学研究及其他教师的继续教育工作。

1987 年后，聘请外籍教师举办暑期英语教师培训班 18 期，着重英语口语的强化训练。950 人次参加；举办英语教学法讲座 400 多期，3800 人次参加。此外，每年还定期或不定期地举办学科骨干教师（特别是中青年骨干教师）培训班。

1991 年起，每年举办中小学新教师见习期培训，凡分配到学校教学岗位的毕业生都要参加。培训分为两段：第一段为脱产培训，集中一周时间进行形势教育、职业道德教育、教育教学常规教育；第二段为一学年在岗的分散业务培训。通过培训，促使刚上岗的大中专毕业生尽快适应中小学教育教学要求。

通过开展教师培训等方式的继续教育，2003 年，全区小学教师教学基本功合格率达到 97% 以上，有 83.4% 的小学教师通过计算机应用技术测试，96% 的教师达到普通话二乙（含）以上水平。

2007 年，区教师进修学校首次举办民办学校教师基本功培训。800 余名民办学校教师参加培训。

2. 校长、园长培训

1992 年，开始举办中小学校长培训班，全区各中小学校长和部分后备干部先后接受为期三个半月的脱产培训。至 1995 年，全区逐步做到中小学校长持证上岗，新任中小学校长要先培训、再任命。

2007 年，全区选拔 3 位中学校级领导、13 位小学校级领导到东北师范大学、北京师范大学和华东师范大学学习培训。

（二）进修

1987 年建区后，承担湖里区教师进修工作的主要是厦门市教育科学院。辖区内教师通过参加该院举办的脱产大专班、函授大专班、“专升本”函授辅导班等形式接受继续教育。

1995 年，市教委规定：新参加工作的中专学历小学教师都要参加厦门教育学院、厦门进修学校组织的小学教师大专自学考试。湖里区组织相关教师参加为期三年半、共13门课程的辅导、考试，通过自学考试获得大专学历。

（三）区级教师培训机构

2005年10月，在区教育局教研室的基础上，成立湖里区教师进修学校。全国特级教师蒋宗尧任校长。办公地点在江头中心小学南五楼（新校舍正筹建中）。下设办公室、培训处、中学教研室、小幼教研室、艺体教研室、教育科研室。正式编制22人，其中校级领导2名、行政事务2人、培训2人、教育科研2人、中学教研人员5人、小幼教研人员7人、艺体及信息技术2人。2007年在岗专职教师17人中，本科学历6名、大专学历6名、中专学历5名；高级职务4名、中级职务12名、初级职务1名。

第四节　教育经费

一、财政拨款

（一）预算内财政拨款

民国37年（1948），厦门市政府在禾山区设立厦门市立第二中学，但所拨经费不足。校董会成员每人负责募捐100美元、共计1400美元，补充筹办经费之不足。

解放后，人民政府接管原有市立学校，对私立学校给予扶持、经费补助。1956年，禾山地区所有私立中、小学校全部改为公立学校，由政府财政拨款，统一规划建设，统筹教育经费。80年代后，厦门市逐步建立了教育经费以财政拨款为主、校办厂收入和社会集资为辅的多渠道筹措体制。但财政拨款仍旧是教育经费的主要来源。1986年，厦门市开始实行教育经费包干制，即将教育经费按学生人头和教职工工资总额下达基数，由区、镇分配至各校包干使用。

1988年，区财政预算内拨款教育经费121.3万元。此后逐年增加。1995年达1252万元，首次突破1000万元。1998年突破2000万元后，平均每年增加近900万元，至2003年达6590万元。2004年，4所市属中学下放为区管学校，当年财政预算内拨款教育经费增至12092万元。

2007年，区财政预算内拨款教育经费23898万元，占全区教育投入的73.86%。

（二）教育附加费

湖里区从1990年开始以各单位和个人实际缴纳的增值税、营业税、消费税总额的2%征收教育附加费，作为专项收入，由区教育部门统筹安排使用。当年征收67.5万元。此后略有回落。1994年增至117.2万元。辖区内企业自2002年4月起开征地方教育附加费，当年教育附加与地方教育附加增至838.1万元。按应纳增值税额和营业税额的1%计算缴纳。此后，随着辖区经济的快速发展，教育附加以每年500万元的幅度增长，2005年达到2607万元。2005年10月起，教育费附加率提高为3%。2006年、2007年教育附加和地方教育附加分别达到4094万元和6784万元，分别占当年全区教育投入的16.23%和20.97%。

二、社会集资

（一）华侨捐资

清咸丰十一年（1861），某侨商捐资助办安睦书院。此为辖区境域华侨捐资办学之始。

辖区境域由华侨创办的学校有：华侨叶长庚清宣统三年（1911）集资创办益斋学校、华侨吕朝阳民国初年创办鼎山小学堂、华侨黄瑞坤民国元年创办禾山甲种商业学校等。

抗日战争前，禾山高等小学校、侯卿小学、禾光小学、乐安小学、江头小学、县后小学、枋湖小学、五通民用航空学校等均由华侨创办或捐资助办。

抗战胜利后，辖区境域的海外华侨为复兴教育踊跃捐款。禾光小学、乐安小学、钟宅小学、湖桐小学、坂上小学、安兜小学、龙塘小学、益群小学等学校，都得到华侨的赞助支持。

1980 年后，海外华侨继续通过捐建学校、捐赠奖学金、设立或捐赠教育基金等方式支持家乡的教育事业。辖区的大部分学校和各级教育基金会的基金，大多有华侨捐资（详见本志第二十八篇第二章第二节）。

（二）村镇集资

辖区境域各社里历史上多为聚族而居。各族姓自古有集资兴学的传统。人口较多的族姓一般设有学田或公田，所得收入用于开办家族“书堂”。这种集资办学的模式持续到民国期间。

1957 年，辖区境域的 3 个高级农业生产合作社均拨出资金开办农业学校。这是辖区境域集体经济资助教育事业之始。人民公社时期，前线人民公社及辖区境域的各个生产大队均拨出大量资金发展社、队教育事业，为普及小学教育做出重大贡献。

1986 年后，农村小学下放到乡镇管理。辖区境域的禾山乡所辖各行政村普遍开展学校规范化建设，投入大量资金改善教育设施。

湖里建区后，随着村镇集体经济的壮大，各行政村对教育的投入达到新的水平。1995—1997 年，禾山镇各村投入教育的经费达 1490. 12 万元，其中蔡塘村 82. 48 万元、五通村 22. 59 万元、高林村 44. 73 万元、后坑村 63. 57 万元、后埔村 35. 91 万元、钟宅村 253. 29 万元、县后村 24. 83 万元、枋湖村 143. 64 万元、江头村 85. 879 万元、马垅村 16. 58 万元、高殿村 393. 40 万元。

（三）各界集资

社会各界在教师节、“六一”儿童节和重大教育活动时开展捐助教育活动基本形成传统。据 1990—2007 年统计，社会各界每年教育集资都达到数十万元，最高的 2002 年达 274. 1 万元。

（四）教育基金会

1988 年 5 月，后坑农民企业家叶福大与叶福伟、叶福运、黄加德、李丽英、周克选等人倡议成立侯卿教育福利基金会，旨在扶助本村教育事业，开展奖学奖教、帮助贫困学生及救贫扶残等活动。这是厦门市第一家民间教育基金会。至 1995 年，基金会共筹集基金 18. 63 万元，其中会长叶福伟先后捐献 11 万元。

1991 年，湖里区成立教育基金会。基金利息主要用于奖教奖学。至 2007 年，基金滚存达 282. 6 万元。

2001 年，制定《湖里区特困生资助办法》，每年由区财政出资 20 万元、禾山镇出资 10 万元、湖里街道和殿前街道各出资 5 万元，建立湖里区特困生助学基金，当年资助特困生 300 余人。

2005 年，提高助学金的财政金额，由区、街道两级财政每年安排 120 万元资金作为贫困生的助学金，其中户籍人口困难学生安排 80 万元，流动人口（外来人口）困难学生安排 40 万元，扩大资助对象和范围。2005 年资助贫困生 1456 人，2006 年资助贫困生 3185 人，2007 年资助贫困生 2735 人，2005—2007 年助学金金额共计 355 万元。

1992 年 5 月，禾山镇成立教育基金会。至 2007 年，辖区内 5 个街道都设立教育基金会，大部分社区也设立有规模不等的教育基金会。

三、收费收入

民国期间，辖区境域私塾、小学实行收费教育，收费标准由各私塾、学校制定。民国 37 年开办的市立第二中学每人每学期收报名费 30 万元（法币）。

1950—1989 年，辖区内中小学均实行收费教育，所收学费用于弥补教育经费之不足。1962 年，全省对中小学校收费标准作出统一规定，沿用 20 多年，1988 年 7 月，按照省教委、省物委、省财政厅联合下发的《关于调整中小学收费标准通知》，规定中小学校杂费标准：普通高中每生每学期 9. 5 ~ 17 元，初中每生每学期 8 ~ 13 元，小学每生每学期 2. 5 ~ 6 元，职业高中学生的杂费标准按普通高中学生的杂费标准收费。1989 年 10 月，省下发《关于福建省高中收取学费的通知》规定高中（含职业高中）收学费标准，每生每学期最高不得超过 15 元。家庭经济困难的学生可申请减免学费，初中以上还可以申请助学金。

1990 年，湖里区开始实行九年义务教育，当地户籍学龄儿童小学至初中阶段实行免费教育。高中阶段和外来常住人口仍实行收费教育。

1998 年，开始收取“借读费”，当年全区教育收费增至 824. 8 万元，比上年增加 751. 7 万元。2004 年，市教委将 4 所中学下放湖里区，导致 2005 年全区教育收费从上年的 907. 2 万元增至 2387 万元。

外来常住人口就读民办学校，收费标准由民办学校根据学校设施、教学质量等自行制定，报经区教育局和物价局批准后实行；就读公办学校的在 2006 年之前每人每学期收取小学 480 元、初中 780 元的借读费。2006 年新义务教育法实施后，义务教育阶段免除学费。

2007 年秋季开始，辖区内的外来务工人员，可凭学生本人及家长（务工者）的农村户口本、学生本人及家长在湖里区的暂住证（未满 16 周岁者，家长暂住证附页中应有携带子女的相关材料）、学生家长在厦与用人单位签订的期限为一年以上（含一年）的劳动合同（劳动协议）或合法有效的个体工商户营业执照，于每学年开学前三周到区教育局申领“义务教育收费减免卡”。持有“减免卡”的外来务工人员子女到公办学校就读可免收借读费，在民办学校就读的也可以凭卡相应减免学费。当年减免 23916 人次，减免费用达 597. 87 万元。

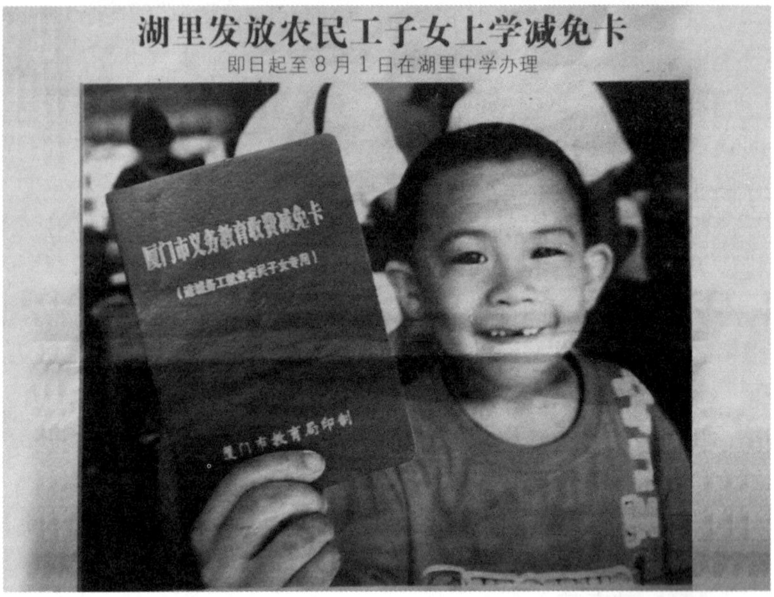

图 22-12　2007 年湖里区发放进城务工人员子女就学费用减免卡

2007 年，全区教育收费收入为 1550. 3 万元，主要为民办学校收费和高中阶段收费。

1988—2007 年湖里区教育资金投入统计表

表 22-15　　单位：万元

年份	预算内财政拨款	教育费附加	社会集资款	勤工俭学	收费收入	合计
1988	121. 31	0	—	—	—	121. 3
1989	185. 7	0	—	—	—	185. 7
1990	249. 1	67. 5	58. 2	2. 28	—	377. 08
1991	304. 2	11. 3	26. 5	2. 03	—	344. 03
1992	451. 1	37. 8	76. 1	7. 74	—	572. 74
1993	576	—	34	—	—	610
1994	740	117. 2	55. 6	25	8. 2	946
1995	1252. 9	135	112. 7	14	16. 6	1531. 2
1996	1588	188. 9	104	28. 1	11	1920
1997	1828	186	65. 3	24	73. 1	2176. 4
1998	2186. 6	219	98. 4	37	824. 8	3365. 8
1999	3681. 5	374	121. 7	67. 2	505. 3	4749. 7
2000	3562. 2	366. 2	94	50	657. 2	4729. 6
2001	4553. 1	617	158. 5	66	812. 2	6208. 8
2002	5782. 6	838. 1	274. 1	106. 5	791. 8	7793. 1
2003	6590	1366	145. 2	50. 8	903. 4	9055. 4
2004	12092	2023	178. 5	120. 1	907. 2	15320. 8
2005	14528	2607	33. 2	65	2387. 9	19621. 1
2006	18296	4094	72. 2	82. 9	2678. 8	25223. 9
2007	23898	6784	46. 9	76. 1	1550. 3	32355. 3

第二十三篇　科学技术

湖里区近邻厦门老市区，借助厦门国际性通商港口的优势，较早接触现代科学技术。清中叶至民国初的科技活动以植物优良品种和技术、机械引进为主，但推广范围较小，未能形成规模效应。

解放后，湖里辖区境域以从事农业生产为主，农业领域的科技活动开始在辖区境域全面开展。20 世纪 50 年代开始至 70 年代末，农业生产领域围绕“农业八字宪法”即水、肥、土、种、密、保、工、管广泛开展科学技术推广活动，促进农业生产的发展。但本阶段的活动以科技推广为主，研发性的科技活动比较薄弱。

湖里建区后，科技经费由单一区财政拨款逐步发展为多层次、多渠道的投入，科技投入逐年增加。1995 年之前，科技经费投入基本上来自区财政局，年均 15.4 万元。1996—2007 年，科技经费逐步发展为区财政拨款、上级拨款、研究开发机构创收、科技贷款、科技发展基金、企业债券、自筹经费等多层次、多渠道的投入体系。至 2007 年年底，总投入 58510 万元，年均投入 4875.8 万元。科学事业费从 1998 年的 23 万元增至 2007 年的 162 万元；本级科技三项费用从 1989 年的 3 万元增至 2007 年的 2098 万元。现代科学技术观念和新产业、新设备、新技术、新材料大量进入辖区境域，科技进步在湖里区经济发展中的主导作用日益明显。科技进步对湖里区经济增长的贡献率从 1998 年的 48% 提高到 2007 年的 58% 。

截至 2007 年年底，全区共有省、部属科研机构 4 家，市属科研机构 1 家，民营科技机构 295 家（不含国有民营科技机构），高新技术企业 48 家，共有各类专业技术人员 14944 人，基本形成以企业研究开发为主体的科研机构体系。1996—2007 年，获省人民政府颁发的科技进步奖 44 项，获市人民政府颁发的科技进步奖 83 项。1997—2006 年，通过国家科技部组织进行的“全国科技进步区”每两年度一次的考核。2007 年，湖里区被中国科协评为“全国科普示范城区”。

第一章　机构与队伍

第一节　机　构

一、行政管理机构

区教科文体委员会　1987 年，区政府设立教科文体委员会，配备有专人负责全区科学技术的相关事务。

区科学技术委员会　1992 年 12 月，析出区教科文体委中管理全区科技工作的职能，单独设置区科学技术委员会。

湖里区科学技术局　1997 年 5 月湖里区科学技术委员会更名为湖里区科学技术局（以下简称区科技

局），作为主管全区科学技术工作的行政部门，受区政府和市科技局的双重领导。核定行政编制 3 名、机关事业编制 2 名。2007 年核定行政编制 3 名。

历任区科委、科技局的主要领导有王明贤（1992. 12—1997. 4）、戴宗垒（1997. 4—1999. 4）、陈丁权（1999. 4—2007. 4）、王太兴（2007. 4— ）。

二、科技事业单位

区生产力促进中心 1993 年 4 月，成立区科技交流中心，为区科委下属差额拨款性质的全民事业单位。主要从事技术开发、技术服务、技术咨询、技术转让活动，主办、承办、协办科技展览、交易、展示、展销会，开展科技人才代聘、培训和交流活动，传递科技经济信息，开展技工贸结合的业务活动。1998 年，更名为湖里区生产力促进中心，核定事业编制 6 名。主要从事提供技术创新综合服务、技术交易中介、科技信息资源共享、技术开发、专利事务代理、各类科技培训、政策法规宣传、电子商务八大服务。2007 年，核定事业编制 7 人。

湖里区科技创业服务中心 2001 年年底成立，与区生产力促进中心实行一套人马两块牌子的体制。设有办公室、综合服务部、项目投资部、交流培训部和软件信息部 5 个内设机构，是为科技型企业提供“一站式”服务的公益性服务机构，同时又是促进科技成果转化成生产力的孵化器。

三、街道（镇）科技管理机构

1992 年，禾山镇科技领导小组成立。此后，区属各街道相继成立科技领导小组。2007 年，全区 5 个街道办事处均有一名副主任负责本街道科技工作。

镇、街科技机构参见本志第十八篇第三章第五节。

四、省、部驻湖里科研机构

（一）福建省海洋研究所

址设东渡海山路。隶属福建省科委。该所是一个多学科、综合性的海洋学研究机构，以调查海洋、开发利用海洋资源作为业务发展方向。研究所内设海洋化学研究室、海洋生物研究室、海洋地质地貌研究室、水文气象研究室、海洋实验生态研究室等机构，主要科研方向和科研活动有：研究探索台湾海峡及邻近海域和福建沿海岛屿、港湾和河口的海洋学规律（或特征）、生物、非生物资源的分布与开发利用，为经济建设提供科技资料和论据，同时开展海洋新技术的应用和研究；海洋水产养殖业的研究与开发，着重开展海洋水产新品种（尤其是海珍品）、新技术的开发和应用，研究本省不同海区农牧化的可能性与条件；海港工程前期可行性的调查研究，着重为省内港口工程、海岛建设服务。近年来主要科研成果有“台湾海峡中、北部海洋综合调查”“闽南—台湾浅滩上升流区生态系研究”“海湾扇贝人工育苗和养殖技术的研究”“水产养殖水质简易分析方法和监测箱的研制”“福建沿海放线菌的分布开发研究”“台湾海峡油气地质、地球物理调查”等。

（二）福建省水产研究所

址设海山路。为综合性海洋水产科研机构，隶属福建省水产厅。前身为福建省水产试验所。研究所设有海洋生物技术、海洋渔业环境、海洋渔业资源、水产病害防治技术、水产品加工与综合利用、海洋与渔业设施与技术、海域工程技术、海洋渔业信息 8 个研究室和农业部渔业产品质量监督检验测试中心（厦门）、福建水产病害防治中心、福建省水产品质量监督检验站、东海区渔业资源监测网福建省监测站、福建省渔业环境监测站、福建省海水鱼类苗种繁育科研中试基地、鼓浪屿海水实验场。研究所面向全省沿海，研究方向是海洋渔业资源的合理开发利用；研究重点是海水鱼、虾、贝、藻类及其他水产动物苗种培育、养殖和病敌害监测、防治，滩涂、浅海、外海和远洋渔业资源调查、开发利用和繁殖保护，海洋捕捞渔具和渔法，渔业环境调查、监测与评估，渔业机械仪器研制，水产品保鲜加工和综合利用，水产科技信息收集、研究和出版等。1991—2007 年，共承担国家、省部级等 310 个科研课题，通过技术鉴定或评审的科研成果 150 个，50 个成果获奖，获得授权专利 10 项。

（三）福建省亚热带植物研究所

址设嘉禾路。隶属福建省科技厅。研究所前身为亚热带植物研究室，创建于1959年。设有植物资源、园艺与环境、高新农业技术研究3个研究中心，“转基因和细胞工程育种”“理化诱变育种”“野生与异地植物资源引种驯化及应用”“优良种苗数控快繁及实用技术研究”“生物活性物质提取分析与应用”5个专题研究组和亚热带植物生理生化公共实验室（省重点实验室暨本所分析测试中心）、信息研究中心2个技术支撑平台。与华侨大学和福建农林大学建立2个研究生工作站。建立高科技花卉园区。专业实验室涵盖植物生理、生物化学、分子生物学、细胞工程学、组织培养、病虫害防控、农业化学、植物基因库8个专业领域。主要从事植物领域的分子生物学理论研究；生理生化应用基础研究；分子水平的种质亲缘鉴定；集合分子杂交、细胞杂交、组织培养、理化诱变、人工杂交等技术手段的新品种研发；经济植物良种的微机化控制快速繁育新技术研究；亚热带经济植物资源的深度开发利用等应用基础研究；并承担省、市、区植物科普基地建设任务。建所以来，承担国家和省、市科研任务120项，80项成果获国家、省、市科技奖励，还有一批成果已转让推广到省内外有关单位。

（四）中国科学院福建物质结构研究所二部

址设东渡路。前身为厦门海水腐蚀试验站，成立于1960年。是专门从事金属腐蚀与防护的研究机构，是中科院最早开发金属腐蚀电化学保护技术的单位。主要研究方向为亚热带海洋环境中的金属腐蚀科学与防护工程，即研究金属在沿海地区大气、土壤和海水中的腐蚀机理和腐蚀监控技术。主要研究内容有：海洋腐蚀电化学、腐蚀测试方法与监控仪器、海洋腐蚀调查、金属表面处理和涂装、缓蚀作用机理和阴极保护等。完成一系列码头、方舟、地下管道、石化设备和舰船的保护工程。2002年，整体改制。2003年，由职工投资建立厦门科厦技术有限公司，并按照现代企业制度进行以客户为中心的市场化公司运作。主要产品和成果有：海港工程、油气管线、地下金属构筑物的防腐技术；塑料电镀、电刷镀、仿金色电镀技术；不锈钢、铝合金等金属制品氧化着色技术；缓蚀剂、新型节能保温材料、磷化技术应用。名优产品：带锈磷化液、锌铜系磷化液等系列；各类参比电极、钛镀铂电极、岩石锈斑清洁剂、污水处理装置、零阻电流剂、多通道恒电位、恒电流仪等测试仪器。

五、企业科研（技术）机构

（一）厦门国家钨材料工程技术研究中心

2007年成立，是以厦门钨业股份有限公司为依托单位，是福建省第一个以企业为依托组建的工程技术研究中心，也是厦门市除厦大外的第一个国家工程技术中心。该中心接受国家科技部和省、市科技主管部门的指导。主要研究方向是：开发高效利用钨资源和钨工业循环经济相关技术的研究，重点突破钨加工高端领域关键技术和装备，掌握自主知识产权，积极推进工程化转化，发挥行业平台作用，集成、辐射创新成果，为钨材料产业技术进步、最终实现全面赶超国际先进水平提供技术支撑。

图23-1　国家钨材料工程技术研究中心

（二）闽台（厦门）高科技花卉研究中心

2006年，由福建省科技厅、厦门市科技局和湖里区政府共同建设，为厦门市十大科技公共技术平台之一。位于石鼓山立交桥东侧。园区总占地15万平方米，计划总投资2.1亿元。主要由花卉种苗研发中心、花卉企业营运中心、花卉技术交流中心和花卉生态开放园区（科普基地）四部分组成。该花卉园为厦门发展花卉产业提供技术支撑、技术服务、新品种、新技术和标准化优良种苗，服务厦门当地花卉产业链，致力于把厦门打造为闽台花卉技术交流中心区。

（三）厦门现代光电照明产品营销中心

2006 年，由厦门市生产力促进中心、湖里区生产力促进中心和厦门 LED 促进中心共同承担建设。总面积 2 万平方米，是厦门市十大公共技术平台之一。该营销中心以整合厦门光电照明产业有形和无形资源，建立起研发、营销、检测最新成果品牌展示，确立厦门在全国乃至海峡两岸光电照明行业的群体龙头地位。

（四）厦门信达博士后科研工作站

2002 年设立。是国内第一个铝电解电容器博士后科研工作站，为片式铝电解电容器和现代生物科技研发中心。

（五）厦华电子技术中心

1999 年 12 月设立博士后科研工作站，2002 年 12 月获认定为国家级技术中心，重点研究方向为数字电视、移动通信及其相关新技术，企业创新与效益管理等。

图 23-2　厦华国家级企业技术中心

（六）厦门东南融通博士后工作站与实验室

2002 年 10 月设立。以软件开发、系统集成、技术服务为主要研究方向。2002 年 11 月，公司与国防科技大学共同建立“先进软件技术联合实验室”。

（七）联想移动通信科技有限公司技术中心

2002 年成立。为联想移动通信科技有限公司下属的国家级无线通讯研发中心。位于厦门市火炬高技术产业开发区。研发方向为通信安全技术、通信工程技术和移动通信技术。研发中心依托联想研究院形成二级研发体系，并与国际知名厂商紧密合作，具备强大的通信技术研发能力，掌握手机研发的核心技术，有 18 款手机获得新产品证书和高新技术产品证书。

图 23-3　联想移动通信省级技术中心生产线

（八）厦门北大生物园研发中心

2001 年 12 月成立。厦门北大生物园位于金尚路，由厦门北大之路生物工程有限公司投资建设，是北大未名生物工程集团的产业化基地之一，占地近 10 万平方米，建有 6000 多平方米的研发大楼和 7000 多平方米的 GMP 生产厂房及其他相应的辅助设施。设有厦门市生物技术工程中心和企业博士后科研工作站。是中国最大的生物工程产业基地之一和中国最大规模的神经系统药物生产基地。研发中心开发的植物反应器技术可大大降低蛋白质类药物的生产成本。2007 年开发的国家创新药物虎纹镇痛肽药物获多个国内外专利。

（九）厦门华联光电实验室

1997 年，设立技术开发中心。2005 年，认定为省级技术中心。致力于电子类高新技术产品的开发，拥有一套完整的开发系统和完备的可靠性验证、开发工具。专业工程技术人员中，中级和以上职称占 55%，直接负责产品开发、试制的技术人员占 59%。具有半导体光电器件技术超前发展的能力。设计师与销售人员共同进入市场，掌握用户的实际和潜在需求，已在重大用户中形成主导开发权，能及时推出适销对路的新产品以满足用户不断提高的需求。已开发半导体光电器件、微电脑控制器和医疗电子、LED照明运用四大类35个系列近5000种产品。

(十) 麦克奥迪博士后科研工作站

2002年10月成立。麦克奥迪公司为专业从事Motic系列显微镜和分光光度计等高新技术产品生产的企业群体，已开发30多个系列300多种型号的新产品，应用于科研、教学、医疗、诊断、环保、电子、仪器仪表、微细工程、生物工程、矿业、军工等领域。累计申请发明专利、实用新型专利、工业设计外观专利、商标、软件著作权登记自主知识产权200件。该公司为掌握显微前沿技术的世界五大显微镜制造商之一，中国规模最大的显微镜制造商，也是中国规模最大的显微镜出口企业。

图23-4 麦克奥迪企业博士后工作站

(十一) 厦门金鹭特种合金技术中心

2006年9月，设立厦门钨业国家级研发中心。拥有享受国务院特殊津贴专家4人，教授级高工5人，高级工程师16人，中级工程师43人；按学历分博士研究生8人，硕士研究生41人主要从事钨粉、碳化钨粉、硬质合金、切削刀具等钨系列产品的研发。

(十二) 厦门金龙旅行车技术中心

1992年成立，主要从事客车的研发。技术中心下设综合室、车身设计室、底盘设计室、电气及附件设计室等10余个科室；人员达153人，均具大学本科以上学历，并有若干位具有硕士以上学历，其中高级职称45人，工程师63人。技术中心具备独立研发大、中轻型客车的实力和行业领先水平，坚持走自主创新的企业发展道路。连续4年每年推出20种以上新产品。做到技术领先、效率领先，连续多年居全国客车行业前列。

(十三) 厦门FPC工程技术中心

2005年6月，由厦门国家留学人员创业园孵化企业厦门弘信电子科技有限公司与福州大学合作共建。中心具备开发行业内最权威产品、引领最先进工艺水平的能力，同时具备进行新材料应用的理化分析、产品性能试验、结构功能分析与试验等能力，通过建立全国技术领先的FPC综合性研发平台，为行业提供公共技术交流、质量管理和人才培训服务，促进厦门FPC制造企业的技术升级和产业发展，延伸厦门的电子产业链，加强厦门电子产业竞争力。

(十四) 厦门宇电自动化工程技术中心

2003年7月成立。主要从事自动化仪表研发。拥有800平方米的产品研发实验室。2006年，推出全新D5系列工控模块，其AI-7048D5型4路PID温度控制器是当时全球DIN导轨安装宽度最小的4路温控器。

第二节 专业技术人员

一、总量

建区初期，湖里区专业技术人员人数不多。至1995年，全区只有专业技术人员515人（不含学校等事业单位专业技术人员565人）。此后，由于“三资”企业等非公有制企业大量吸收专业技术人员，全区科技队伍增长速度加快。全区专业技术人员总数2000年增至2888人（不含教师996人）。2004—2007年，全区专业技术人员总数依次为12980、14376、13811和14944人。

二、分布

（一）机关企事业分布

建区初期，专业技术人员仍主要集中在机关、事业单位。1995年，机关事业单位中的专业技术人员仍比企业多出50人。随着湖里区产业重点的转移，企业中的专业技术人员开始大量增加。1997年，企业中的专业技术人员数量达到1255人，比机关、事业单位超出439人。2004—2007年，全区企业专业技术人员依次为10846人、12219人、11348人和12286人，占专业技术人员总数的比重依次为83.56%、85.00%、82.17%和82.21%。

（二）经济类型企业分布

1995年，全区国有企业、城镇集体企业和非公有制企业的专业技术人员分别为45人、163人和307人，分别占企业专业技术人员的8.74%、31.65%和59.61%。之后，国有和城镇集体企业专业技术人员人数均有较快增长，但增长幅度远远逊于非公有制企业。2004—2007年，各种经济类型企业拥有专业技术人员数量见表23-1。

2004—2007年湖里区企业专业技术人员统计表

表23-1　　单位：人

年份	国有企业	城镇集体企业	非公有制企业		
			内资	港澳台资	外商投资
2004	1585	412	2402	3887	2560
2005	1720	190	3257	3622	3430
2006	1277	128	3068	3966	2909
2007	1957	288	3460	4321	2260

（三）行业分布

国有企业行业分布　专业技术人员分布较多的依次为建筑业、制造业、科学研究和技术服务以及地质勘查、交通运输和仓储邮政、房地产业。2007年，人数分别为875人、416人、372人、311人和189人。

城镇集体企业行业分布　专业技术人员分布情况变化较大。2003年之前，集中分布在建筑业，占城镇集体企业专业技术人员总数的70%~90%。2004年，集体企业改制，人数锐减。信息传输和计算机服务以及软件业成为城镇集体企业中专业技术人员分布最多的行业。2007年，该行业专业技术人员180人，占城镇集体专业技术人员总数的62.5%。

非公有制企业行业分布　专业技术人员分布最广的依次为制造业、建筑业、房地产业、批发和零售业、交通运输和仓储邮政业。2007年，人数分别为6855人、993人、618人、611人和516人。

第二章　科技成果与运用

第一节　科技成果与专利

一、科技成果及其转化

（一）科技成果

湖里区从 1997 年开始举办湖里区科技进步奖评选活动，首届（1996—1997 年）评出区科技进步二等、三等奖各 5 项，表扬奖 7 项。1998 年后，改为每三年举办一届，至 2007 年共举办 4 届，共评出特殊贡献奖 1 项、一等奖 6 项、二等奖 19 项、三等奖 32 项、表扬奖 24 项。1996 年，开始申报市级以上科技成果，至 2004 年，每年登记的市级以上科技成果不超过 5 项。2005 年开始，科技管理方面引进竞争机制，优化创新环境，支持青年学术骨干申请、主持重大科技项目，获市级以上科技成果奖的项目增至 34 项。2006 年、2007 年，分别为 38 项和 18 项。

1996—2007 年湖里区获省、市、区表彰的科技成果见表 23-2、表 23-3、表 23-4。

1996—2007 年湖里区获省科技进步奖项目一览表

表 23-2

项目名称	完成单位	获奖等级	年份
25 公斤钼线材两辊连轧工艺	福州大学机械工程及自动化学院、厦门虹鹭钨钼工业有限公司、福建省冶金（控股）有限责任公司、福建省长乐市三福金属制品有限公司	一等	2004
金龙牌 XML5022X 型系列专用车	厦门金龙旅行车有限公司	二等	1997
高性能超细碳化钨粉	厦门金鹭特种合金有限公司	二等	1999
HPC 高绝缘电压光敏晶体管输出型光耦合器	厦门华联电子有限公司	二等	1999
治疗消化性溃疡病新药——荆花胃康的研究	厦门中特有限公司、厦门市中特国药科技开发研究所	二等	2001
GSM 数字移动电话（XG520 / XGF520）	厦门厦华移动通信设备有限公司	二等	2001
NaOH 体系远红外热压分解高杂白钨矿制取高纯仲钨酸铵	厦门钨业股份有限公司	二等	2001
天然柠檬桉叶油和肉桂油综合利用——环境友好型工艺技术研究开发	厦门中坤化学有限公司	二等	2002
多媒体高清晰数字液晶电视（LC—32D9 / 42D9）	厦门华侨电子股份有限公司	二等	2005
高清晰度液晶彩色电视机 C—37T18 / 25、LC—42T17 / 18、LC—47T17	厦门华侨电子股份有限公司	二等	2006
厦门市地下管线探测及信息化建设	厦门市建设与管理局、厦门市城市建设档案馆、厦门精图信息技术有限公司、厦门地震勘测研究中心、河北保定金迪地下管线探测工程有限公司、河南省地球物理工程勘测院、山东正元地理信息工程有限责任公司	二等	2007

续表23-2

项目名称	完成单位	获奖等级	年份
JZX—140FF 小型中功率继电器	厦门宏发电声有限公司	三等	1999
金华夏纯平面大屏幕彩电（76 厘米、86 厘米）	厦门华侨电子股份有限公司	三等	2000
厦门银行卡信息交换网络系统	厦门金卡工程有限公司	三等	2000
FR—863 多频漫游系列寻呼机（FR—868D / FR—868C / FR—868E）	厦门中桥通讯设备有限公司	三等	2001
微控制器（CM2000）系列产品开发及应用	厦门联创微电子股份有限公司	三等	2002
机械矫直白钨丝的开发与生产	厦门虹鹭钨钼工业有限公司	三等	2002
MT—2928/MT—3418/MT—2951/MT—3451 系列数字高清变频彩电	厦门华侨电子股份有限公司	三等	2004
¢15 毫米以下超小型（DFF—0350 系列）永磁直流电流电动机	厦门达真磁记录有限公司	三等	2004
GPRS 无线上网卡	厦门雅迅网络股份有限公司	三等	2004
高稳定性硬质合金混合料	厦门金鹭特种合金有限公司	三等	2004
超高亮 LED	厦门华联电子有限公司	三等	2005
联想 ET 智能电脑手机	联想移动通信科技有限公司	三等	2006
COSMO 冰箱微电脑控制器	厦门华联电子有限公司	三等	2006
中心式车辆联网导航系统（V1.6）	厦门雅迅网络股份有限公司	三等	2007
精图 WebGIS 开发平台—KingMap IS V1.0	厦门精图信息技术有限公司	三等	2007

1996—2007 年湖里区获市科技进步奖项目一览表

表 23-3

项目名称	完成单位	获奖等级	年份
LK—900G　GSM 移动通信直放站	厦门华侨电子企业有限公司	一等	1996
厦门银行卡信息交换网络系统	厦门金卡工程有限公司	一等	1998
厦门海沧大桥悬索桥“先缠丝后铺装”施工新技术的研究	厦门路桥建设投资总公司、交通部第二公路工程局第二工程处、中交公司规划设计院、北京航空材料研究院	一等	2001
具有增强模拟接收的数字高清晰度电视显示器	厦门华侨电子股份有限公司	一等	2002
数字等离子电视（PS—42DB/PS—42DB8B/PH42DB/PH50DB）	厦门华侨电子股份有限公司	一等	2004
多媒体高清晰数字液晶电视（LC—32D9 / 42D9）	厦门华侨电子股份有限公司	一等	2005
联想 ET560 无线信息终端	联想移动通信科技有限公司	一等	2005
联想智能电脑手机	联想移动通信科技有限公司	一等	2006
金旅牌 XML6127 系列客车（XML6127E1、XML6127E13、XML6127E2、XML6127E3、XML6127E42）	厦门金龙旅行车有限公司	一等	2007
R 系列数字液晶/等离子电视（LC—37R26/LC—37R35/LC—42R26/LC—42R35/LC—42R27/LC—47R35/PH—63R8/PH—63R35/LC—40R35）	厦门华侨电子股份有限公司	一等	2007

续表23-3

项目名称	完成单位	获奖等级	年份
KYN（C）□—10 型户内交流铠装式金属封闭开关设备	厦门市协成电器厂	二等	1996
ZS3.2 型铠装式金属封闭开关设备和真空断路器	厦门 ABB 开关有限公司	二等	1998
76 厘米多媒体电视接收机	厦门华侨电子股份有限公司	二等	1998
金华夏纯平面大屏幕彩电（76 厘米、86 厘米）	厦门华侨电子股份有限公司	二等	1999
城市公安综合信息系统	厦门市公安局、厦门巨龙软件工程有限公司	二等	1999
29″变频彩色电视接收机（XT—29F6 / TB / TBV / TH / THB）	厦门华侨电子股份有限公司	二等	2001
厦门金龙联合汽车工业有限公司 863 / CIMS 应用示范工程	厦门金龙联合汽车工业有限公司	二等	2001
带管座（内嵌胶圈柔性接口）钢筋混凝土排水管	厦门千秋业水泥制品有限公司	二等	2002
BCD 冰箱微电脑控制器	厦门华联电子有限公司	二等	2002
¢15 毫米以下超小型（DFF—0350 系列）永磁直流电流电动机	厦门达真磁记录有限公司	二等	2003
特大型桥梁养护管理系统	厦门市路桥建设投资总公司	二等	2003
“千里眼”车辆综合信息服务系统（3.0）	厦门雅迅网络股份有限公司	二等	2003
GSM/GPRS 智能手机（G900）	联想移动通信科技有限公司	二等	2004
BCY / BCD 带承贵金属刷永磁直流电动机	厦门达真磁记录有限公司	二等	2005
高清晰度液晶彩色电视机 C—37T18 / 25、LC—42T17 / 18、LC—47T17	厦门华侨电子股份有限公司	二等	2006
联想 MTK 多媒体移动通信终端平台	联想移动通信科技有限公司	二等	2006
中心式车辆联网导航系统（V1.6）	厦门雅迅网络股份有限公司	二等	2006
厦门市碘缺乏病防治模式研究	厦门市疾病预防控制中心、厦门市翔安区疾病预防控制中心、厦门市思明区疾病预防控制中心、厦门市集美区疾病预防控制中心、厦门市湖里区疾病预防控制中心、厦门市海沧区疾病预防控制中心、厦门市同安区疾病预防控制中心、厦门市盐务局	二等	2007
金龙 K01 系列旅游客车	厦门金龙联合汽车工业有限公司	二等	2007
HF—188 型家用 / 办公图文传真机	厦门华侨电子企业有限公司、厦门华佳传真设备有限公司、福建联成电子新产品开发有限公司	三等	1996
DVD—R600A 数字激光视盘机	厦门共和电子有限公司	三等	1998
MNS—E 低压成套开关设备	厦门 ABB 低压电器有限公司	三等	1998
按国际标准建立并有效运行企业的全面管理体系	厦门 ABB 低压电器有限公司	三等	1998
JQX—54F 小型大功率电磁继电器	厦门宏发电声有限公司	三等	1998
厦门市行政事业性收费（银行代收制）基金管理系统	厦门市财政局、厦门同步软件有限公司	三等	1998
华夏一号 29″、34″、38″彩色电视接收机	厦门华侨电子股份有限公司	三等	1999
出入境边防检查港口综合业务管理信息系统	厦门软件产业建设发展公司、厦门出入境边防检查站	三等	1999

续表23-3

项目名称	完成单位	获奖等级	年份
CBZ—400 变电站自动化系统	厦门协成实业有限公司	三等	1999
JZC—32F 超小型中功率电磁继电器	厦门宏发电声有限公司	三等	1999
QSA 住宅智能中心网络系统	厦门求实高科技集团有限公司	三等	1999
暂住人口综合信息网络管理系统	厦门市公安局、厦门巨龙软件工程有限公司	三等	1999
JQX—102F 小型大功率继电器	厦门宏发电声有限公司	三等	2001
厦门海沧大桥成套技术创新—桥梁景观的研究	厦门路桥艺术工程有限公司、厦门市路桥建设投资总公司	三等	2001
微控制器（CM2000）系列产品开发及应用	厦门联创微电子股份有限公司	三等	2001
AI 系列人工智能工业调节器	厦门宇光电子技术有限公司	三等	2001
半月神经节射频热凝术治疗三叉神经痛	厦门市文天自控工程有限公司	三等	2001
长排车通电分解计算机控制系统	厦门市文天自控工程有限公司	三等	2001
净水投加混凝剂柔性自控系统	厦门安兜自来水公司、厦门飞华环保器材有限公司	三等	2001
JB—2400 小区智能化安全管理系统	厦门立林保安电子有限公司	三等	2001
HYKFR33 / 26GWB 空调控制器	厦门华联电子有限公司	三等	2002
HRM3800B 红外遥控接收放大器	厦门华联电子有限公司	三等	2002
BCD—189WA/HC 电冰箱控制器	厦门华联电子有限公司	三等	2003
普及型高清晰度电视机（V2939/V2951/V2951W/V3451/V3451W）	厦门华侨电子股份有限公司	三等	2003
高性能超细晶硬质合金棒材	厦门金鹭特种合金有限公司	三等	2004
数字高清变频彩电（MT—2928/MT—3418/MT—2951/MT—3451）	厦门华侨电子股份有限公司	三等	2004
GPRS 无线上网卡	厦门雅迅网络股份有限公司	三等	2004
小灵通业务支撑系统	厦门纵横集团科技股份有限公司	三等	2004
液压式节水型水箱配件	厦门科斯特节水设备有限公司	三等	2004
转盘式全自动继电器综合特性检测机	厦门精合电气自动化有限公司	三等	2004
厦门凯亚机场安检信息综合管理系统	厦门民航凯亚有限公司	三等	2004
9/12VESTEL 中央屏空调微电脑控制器	厦门华联电子有限公司	三等	2004
厦门国际航空港现场管理信息系统	厦门国际航空港集团有限公司	三等	2004
HQ10G—HQ30G（1～3）千伏安数字智能化 UPS 研制	厦门市爱维达电子有限公司	三等	2004
“米邦塔”食用仙人掌深加工技术产业化开发	厦门亿美食品有限公司	三等	2005
特种显示器	厦门华联电子有限公司	三等	2005
联想 G901 型 26 万色智能手写摄像手机	联想移动通信科技有限公司	三等	2005
有机垃圾微生物处理机	厦门市荣佳实业有限公司	三等	2005
新型环保化学镀镍及无铬钝化技术的研究（中式）	埃梯梯科能（厦门）电子科技有限公司	三等	2006
COSMO 冰箱微电脑控制器	厦门华联电子有限公司	三等	2006

续表23-3

项目名称	完成单位	获奖等级	年份
1W 聚光型白光功率半导体发光二极管	厦门华联电子有限公司	三等	2006
城市综合地下管线管理信息系统	厦门精图信息技术有限公司	三等	2007
8～24 头全自动绕线机	厦门精合电气自动化有限公司	三等	2007
intelliWeb 应用快速开发平台	厦门东南融通系统工程有限公司	三等	2007

1996—2007 年湖里区获区科技进步奖项目一览表

表 23-4

项目名称	完成单位	届次	获奖等级
“多靶点”戒毒饮品和胶囊	厦门多靶点戒毒研究所	第三届	特殊贡献奖
福州市公安指挥系统（Ⅰ）期研究开发	厦门科赛特系统工程有限公司	第三届	一等
HQ10G—HQ30G（1～3）千伏安数字智能化 UPS 研制	厦门市爱维达电子有限公司	第三届	一等
带管座（内嵌胶圈案性接口）钢筋混凝土排水管	厦门千秋业水泥制品有限公司	第三届	一等
手机用微型高速数据传输连接器开发与产业化	厦门迈士通电器有限公司	第四届	一等
超紧凑型高效电子节能灯	厦门东林电子有限公司	第四届	一等
超重粗钨丝的开发与生产	厦门虹鹭钨钼工业有限公司	第四届	一等
水泥机立窑计算机集散控制系统	厦门求实高科技集团有限公司	第一届	二等
电脑控制调速定量给料称	厦门求实高科技集团有限公司	第一届	二等
高精度原色设计制造控制系统	厦门金利达电脑研究所、金利达办公设备有限公司	第一届	二等
热敏版纸（数字化制版速印一体机耗材）	厦门文仪电脑材料有限公司	第一届	二等
红螯螯虾引种技术	福建省水产研究所、湖里区水产技术服务中心	第一届	二等
QSA 住宅智能中心网络系统	厦门求实高科技集团有限公司	第二届	二等
一步法合成尿囊互生产工艺	湖里区今日成科工贸有限公司	第二届	二等
ZL—JGN 建筑结构胶与其应用技术	厦门市中连结构胶有限公司	第二届	二等
WXH—8 微机线路保护装置	厦门协成实业有限公司	第二届	二等
¢0.018 毫米不锈钢微丝制造技术	厦门科诺特种材料有限公司	第三届	二等
无线接入设备——公话系统	厦门青年网络通讯股份有限公司、厦门大学计算机与信息工程学院	第三届	二等
政府采购网络综合管理系统	厦门市政府采购管理办公室、厦门市政府网络管理中心、厦门同步东南软件公司	第三届	二等
CGL 精密滤芯和滤油设备	厦门福莱特滤油设备制造有限公司	第三届	二等
表面蒸发空冷器	厦门铭光机械制造有限公司	第四届	二等
新型自动化 CO、O_2在线分析仪器成套系统的研制与应用	厦门华电环保工程有限公司	第四届	二等
负离子空气净化功能内墙涂料	厦门东顺涂料有限公司	第四届	二等
全功能智能学习型遥控器	厦门哈隆电子有限公司	第四届	二等
车辆综合信息服务系统	厦门雅迅网络股份有限公司	第四届	二等

续表23-4

项目名称	完成单位	届次	获奖等级
厦门港数字集群系统规划与建设	厦门港务集团港电服务有限公司	第四届	二等
电话委托远程交易服务系统	厦门金利达办公设备有限公司、金利达电脑研究所	第一届	三等
FBM—Ⅲ型防盗门控对讲系统	厦门求实机电有限公司	第一届	三等
加气砼砌块技术	厦门闽晟新型建筑材料有限公司	第一届	三等
废酸油综合利用与脂肪酸深加工新工艺开发	湖里区福鹭油脂化工厂	第一届	三等
蔬菜主要虫害综合治理技术研究	湖里区农业技术推广中心	第一届	三等
第三代热敏版纸	厦门文仪电脑材料有限公司	第二届	三等
沙眼衣原体聚合酶链反应（PCR）荧光法检测试剂盒	厦门安普利生物工程有限公司	第二届	三等
微污染水源水生物接触氧化一气浮工艺制作技术研究	厦门大学环境科学研究中心、禾山镇金山自来水厂	第二届	三等
瓦楞纸板生产流水线开发应用	厦门联宇包装工业有限公司	第二届	三等
“天立一号”柴油环保节油器	厦门天立科工贸发展有限公司	第二届	三等
变频供水自控系统	厦门市安兜自来水厂	第二届	三等
柔性电路板	厦门福莱克斯电子有限公司	第二届	三等
实时数字录像监控系统	厦门海天电子有限公司	第二届	三等
警务系统 PS2000	厦门市公安局马垅派出所	第二届	三等
DS—2002 健康型环保建筑胶黏剂	厦门东顺涂料有限公司	第三届	三等
WZ5—20 挖掘装载机	厦门惠特施工机械制造有限公司	第三届	三等
表面蒸发空冷器	厦门铭光机械制造有限公司	第三届	三等
纳滤膜分离技术在芦荟加工中的应用	厦门牡丹香化实业有限公司	第三届	三等
无线通信网同播技术的开发与应用推广	厦门迅安网络技术开发有限公司	第三届	三等
免水洗手液	厦门世纪门精细化工有限公司	第三届	三等
纺织印染废水膜处理回用技术	厦门绿创科技有限公司	第四届	三等
数字并联型不间断电源的研制（3～20 千伏安）	厦门市爱维达电子有限公司	第四届	三等
实时跟踪荧光 PCR 仪	厦门安普利生物工程有限公司	第四届	三等
高密度多层柔性印制电路板	厦门爱谱生电子科技有限公司	第四届	三等
“11185”邮政客户服务中心系统	厦门东南融通科技有限公司	第四届	三等
汽车大型玻璃 PU 包边模	厦门市驰杰模具工业有限公司	第四届	三等
电流互感器注塑模具	厦门耐德工贸有限公司	第四届	三等
福建省单种藻类潮预警的动力系统模型研究	农业部渔业产品质量监督检验测试中心（厦门）	第四届	三等
BTH 内置式水循环、恒定环境湿度的热泵型环保节能空调器	厦门百特行仪器设备有限公司	第四届	三等
实用型远红外线家庭保健房	厦门康美达科技有限公司	第四届	三等
肝细胞癌患者血中血小板衍生内皮细胞生长因子检测的临床意义	湖里医院	第四届	三等

续表23-4

项目名称	完成单位	届次	获奖等级
金刚石膜视窗镜片产品开发和产业化	厦门翔虹特种玻璃科技有限公司	第四届	三等
自重紧固晒毛巾衣架	厦门市江头中心小学	第一届	表扬奖
《“九五”期间湖里区产业发展战略的思考（专题调查报告）》	湖里区政协工作组委员会	第一届	表扬奖
《大力开展有特色的旅游业是确保湖里区经济持续发展的必由之路（专题调查报告）》	湖里区政协工作组委员会	第一届	表扬奖
奋斗呐现场灭成蚊试验研究	湖里区卫生局	第一届	表扬奖
厦门地区垂直绿化及其植物	戴宗垒、曾子宝	第一届	表扬奖
厦门地区蔬菜大棚周年生产利用初探	湖里区农林水局	第一届	表扬奖
试论厦门特区与森林城	湖里区农林水建设技术服务中心	第一届	表扬奖
企业信息流程互联网加速系统	厦门市数字引擎网络技术有限公司	第二届	表扬奖
三鑫牌防水渗透剂	厦门市三鑫实业有限公司	第二届	表扬奖
“坚勇”牌井盖系统产品	厦门市乌石浦工贸有限公司	第二届	表扬奖
啤酒瓶易拉盖	厦门克拉斯易拉瓶盖有限公司	第二届	表扬奖
禾山地区人群高血压危险因素的探讨	禾山江头医院	第二届	表扬奖
厦门市蔬菜抗灾度淡生产的发展对策	湖里区农业技术中心	第二届	表扬奖
机电液体化自动分度专用铣床	厦门市胜发五金制品有限公司	第三届	表扬奖
中央空调计费系统	厦门市艾科智能建筑系统集成工程有限公司	第三届	表扬奖
湖里区城市规划、乡镇企业管理信息系统	湖里区乡镇企业局、湖里区建设局、厦门精图信息技术有限公司	第三届	表扬奖
双片式电磁感应铝箔封口垫片复合热熔胶	厦门鼎宏热熔胶有限公司	第三届	表扬奖
复合板组装结构厢式车厢	厦门市雨林科技有限公司	第三届	表扬奖
饲料中添加烟酸铬对肥育猪生长和代谢的影响	湖里区兽医站	第三届	表扬奖
农村经营管理信息化在农村的应用	湖里区农林水局农技推广中心	第三届	表扬奖
厦门岛内开发“市民菜园”构想	钟思敏	第三届	表扬奖
周转箱注塑模	厦门市驰杰模具工业有限公司	第四届	表扬奖
中小学机器人的技术研发、科技应用及竞赛	厦门市第三中学	第四届	表扬奖
3592 抽取式龙头本体注塑模	厦门市和江精密模具有限公司	第四届	表扬奖

说明：第一届为1996—1997年，第二届为1998—2000年，第三届为2001—2003年，第四届为2004—2006年。2007年尚未评定

（二）科技成果转化

1997年10月，湖里科技局开始编印《湖里科技》月刊，向区属机关、事业单位和企业介绍、推荐实用科技成果。1999年，湖里区设立科技成果转化项目认定小组，并制定《湖里区关于促进科技成果转化的实施意见》。小组由区政府和有关部门领导，技术、经济专家和管理人员组成。负责对在本区国内外科技成果转化项目进行技术等级、市场前景、项目风险、经济效益等方面的评估认定；落实经认定的科技成果转化项目可享受的有关优惠政策；组织经认定小组认定的项目上报市科技成果转化项目认定机构，争取上级的支持并参照市有关部门拟定认定办法，具体组织实施。2005—2007年，湖里区科技成果转化项目

分别为28项、22项和17项。

1993—2007年湖里区科技成果转化统计表

表23-5 单位：项

年份	数目	年份	数目
1993	5	2001	25
1994	7	2002	30
1995	8	2003	32
1996	8	2004	26
1997	18	2005	28
1998	20	2006	22
1999	20	2007	17
2000	19	合　计	285

2007年厦门市14项重点科技成果转化项目中，有4项是湖里区的科技成果项目：

虚拟显微镜系统　为光机电一体化、电子与信息、系统集成领域具有自主知识产权的高新技术成果，技术水平达到国内领先。由麦克奥迪实业集团有限公司实施。

金龙XMQ6129Y系列旅游客车　在制造业达到国内领先水平，其自主开发的ABS系统属高新技术成果。由厦门金龙联合汽车工业有限公司实施。

城市综合地下管线管理信息系统专用平台　为电子信息领域具有自主知识产权的高新技术成果，技术水平达到国内领先。由厦门精图信息技术有限公司实施。

CO气相催化合成草酸脂和乙二醇　为新材料领域具有自主知识产权的高新技术成果，技术水平达到国内领先。由厦门金炭技术有限公司实施。

二、专利申请与授权

区专利工作点设立之前，专利工作由市科技管理部门管理。

1999年10月，区科技局设立专利工作点，配合厦门市专利管理局在本区开展专利法与专利知识的宣传、咨询，指导专利申请，协助进行专利管理。

2004年起，全区专利申请量和专利授权数呈逐年递增趋势。2007年，全区专利申请量和专利授权数均超过800件。1999—2007年湖里区专利申请和专利授权数详见表23-6。

1999—2007年湖里区专利统计表

表23-6 单位：件

年份	专利申请数	专利授权数	年份	专利申请数	专利授权数
1999	306	401	2004	662	591
2000	398	342	2005	808	513
2001	174	134	2006	989	651
2002	227	157	2007	888	824
2003	276	171	合计	4728	3784

说明：1999年的专利授权数中含有1998年部分专利申请

第二节　农业技术推广

明清两代，辖区境域农业技术推广以引进作物品种为主，重要品种有番薯、烟草、木薯、蕹菜、高丽菜、西红柿、玉米、番石榴、芒果等。清朝晚期，开始从国外输入化学肥料。民国初年，华侨在辖区境域创办农场、果林场，开始尝试进行集约化经营。

20 世纪 50 年代中期，开始围绕水、肥、土、种、密、保、工、管即“农业八字宪法”进行农业技术推广。

湖里建区早期，以农业为主的第一产业在湖里区经济总量中占据较为重要的比例，农业科技推广的指导思想是依靠科技兴农，增加农产品优质品种，提高农作物单产和品质，为市、区经济发展提供充裕的菜篮子农副产品。区科技部门依靠市农科所的科技力量和技术成果，在后坑等地科技示范村和苗、种场（房），进行蔬菜优新品种选配、试验和试种，取得经验后在全区大面积推广。

粮油生产方面引进、推广的优良品种由 20 世纪 50 年代的高秆良种、60 年代的矮秆、70 年代的杂交水稻、80 年代的示范杂优水稻以及“粤优 116”花生良种等优良品种。1995 年后，良种覆盖率达到 90% 以上。

蔬菜生产方面，先后引进美国西红柿、泰国和中国台湾地区的包白、日本秋甘蓝等。推广大棚、小棚、遮阳网、地膜应用等栽培技术，推广高效低毒农药，至 1995 年，建立了优良品种蔬菜基地 266. 67 公顷，其中旱涝保收基地 133. 33 公顷，常年为市民提供优质新鲜蔬菜。

水产养殖技术方面，1992 年开始推广吊蛎养殖，试验扇贝养殖，1995 年成立水产技术推广站，加速推广水产养殖新技术，至 1995 年，吊蛎养殖达 140 公顷，年产量 600 吨以上；扇贝养殖形成小批量生产，年产量 2000 公斤；五通的网箱养鱼发展到 800 个网箱，年产量 120 吨。同年，投资 300 万元在五通建立水产综合育苗基地，新增产值 200 万元，创利税 50 万元；投资 500 万元，新建高崎水产品综合加工厂，新增产值 700 万元，创利税 180 万元。

第三节　高新技术产业

一、高新技术企业

湖里区高新技术企业认定由厦门市科学技术委员会根据国务院、福建省和厦门市的有关文件实施。经认定的高新技术企业，可以享受高新技术产业优惠政策；高新技术企业可以是全民所有制、集体所有制企业，也可以是私营企业、中外合资企业和外商独资企业。

湖里区经过上级政府部门批准认定的高新技术企业（年末统计数），1998 年有 7 家，1999 年有 9 家，2000 年有 12 家，2001 年有 17 家，2002 年有 19 家，2003 年有 16 家，2004 年有 26 家，2005 年有 41 家，2006 年有 41 家，2007 年有 48 家。2007 年，湖里区高新技术企业中，电子信息企业 21 家、新材料制造企业 9 家，还有光机电一体化、新能源和高效节能产品、先进制造技术、环保新技术、生物医药技术、光电子技术和新工艺新技术等行业，总产值 135. 75 亿元，占全区工业产值 361. 84 亿元的 37. 5%。

附：2007 年湖里区高新技术企业

电子信息产业　厦门宏美电子有限公司、厦门网中网软件有限公司、厦门台和电子有限公司、厦门爱维达电子有限公司、厦门迈士通电器有限公司、厦门青年网络通讯股份有限公司、厦门宁利电子有限公司、厦门市振威安全技术发展有限公司、厦门迈昕电子科技有限公司、厦门吉致电子有限公司、厦门哈隆电子有限公司、厦门爱谱生电子科技有限公司、厦门赛特勤电子有限公司、厦门华侨电子企业有限公司、厦门雅迅网络股份有限公司、厦门达真磁记录有限公司、厦门信达网络科技有限公司、厦门华侨电子股份有限公司、厦门新福莱科斯电子有限公司、智新电子（厦门）有限公司、厦门西雅电子信息技术有限公司。

光机电一体化产业 埃梯梯科能（厦门）精密机械工程有限公司、厦门精合电器自动化有限公司、厦门万谱通用电子电器有限公司、厦门大一互电器有限公司。

先进制造技术 （厦门）精机工业有限公司、厦门紫金科技股份有限公司、厦门市捷昕精密科技有限公司、厦门市驰杰模具工业有限公司。

环境保护新技术 华电环保工程有限公司、厦门绿创科技有限公司。

生物医药技术 安普利生物工程有限公司。

新材料 厦门市及时雨焊料有限公司、厦门金鹭特种合金有限公司、厦门文仪电脑材料有限公司、厦门欧替埃电子工业有限公司、厦门牡丹香化实业有限公司、厦门虹鹭钨钼工业有限公司、厦门耐德电器有限公司、厦门德丰行塑胶科技有限公司、厦门侨兴工业有限公司。

新能源与高效节能 厦门市萨珀莱照明技术有限公司、利浦照明电子（厦门）有限公司、厦门铭光机械制造有限公司、厦门市东林电子有限公司。

新工艺、新技术 厦门市捷瑞静电设备有限公司。

光电子技术 厦门龙特电子科技有限公司。

其他 厦门纵横集团通信实业开发有限公司。

二、科技孵化园

湖里区科技创业服务中心孵化园成立于2002年年初，位于禾山路266-268号联谊大厦。中心通过构建融资、技术支撑、贸易促进、管理促进四大服务平台，为创业企业创造低成本、高效益的环境。园区聚集一批具有较高科技含量的项目，涉及电子技术、网络技术、软件开发、计算机硬件研发、智能设备开发，精细化工、高级香精、香料、节能技术、节水技术、中成药研发、新型建材、新型机械、环保技术应用、光电技术、现代物流等领域。2003年8月，区科技创业服务中心加入厦门火炬高新区的“一区多园”，成为厦门高新技术创业服务中心湖里分中心，并获得“国家高新技术创业服务中心”称号；2004年7月，被省科技厅评为“省级重点生产力促进中心”。2007年，全部孵化企业实现工业产值4.3亿元，纳税近400万元。

三、高新技术园区

湖里高新技术园位于五缘湾片区，由湖里区政府负责园区开发、建设、管理和招商工作。园区定位为生态型高科技研发中心、营运中心集中区。2007年，该园区开发建设取得新突破，已入驻包括厦门钨业研发中心、中国流行面料研发基地、中科院福建物构所金炭技术研究中心、中国乔丹等一批国家级研发中心和知名品牌在内的高新技术企业研发中心、营运中心和结算中心等45个建筑面积近100万平方米。

1999—2007年湖里区科技指标统计表

表23-7

单位：件

年份	10万人专利申请数（件）	10万人授权专利数（件）	年技术合同成交额（万元）	实用技术成果转化数量（项）	高技术产业增加值占工业增加值的比例（%）
1999	385.6	294.2	4190	—	—
2000	358.6	308.1	41780	—	—

续表23-7

年份	10 万人专利申请数（件）	10 万人授权专利数（件）	年技术合同成交额（万元）	实用技术成果转化数量（项）	高技术产业增加值占工业增加值的比例（%）
2001	145.0	111.7	10190	—	29.34
2002	178.7	123.6	12009	—	28.08
2003	198.9	123.2	20062	—	26.78
2004	210.4	144.1	21736	—	47.25
2005	499.1	316.9	21713	81	45.59
2006	569.4	374.8	14971	76	47.78
2007	393.3	407.1	—	66	40

第三章　科学普及与活动

第一节　科普宣传

一、宣传设施

湖里区建区之初，就在湖里街道、禾山乡设置科普宣传栏，2003 年在全市率先建立少儿科普活动教育基地，2005 年在全市社区中率先建立青少年科学工作室，2005 年设置第一条科普动态显示屏，2006 年在神山社区建立第一个科普网站，2005 年建立首处学校青少年科技创新展示厅。截至 2007 年，全区有气象台科普教育基地、省水产所标本室科普教育基地、桥梁博物馆科普教育基地、绿石生态农业园科普教育基地等 7 个市级以上科普教育基地，全区 23 个社区均建有科普宣传栏和电子科技显示屏。各年科普活动覆盖面皆达全区人口的 90% 以上。区科协被省科协评为“‘十五’期间社会办科普先进集体”；29 名科普工作者被评为厦门市科协系统创建文明城市先进个人。

二、宣传活动

（一）科技活动周

1990 年 5 月中旬，举行湖里区首届“科普宣传服务周”活动，荣获市科协颁发的首届“科普宣传服务周”特别奖。此后更名为“全国科技活动周”，每年举办一次。活动内容有科普图片展览、科技咨询、散发科普资料、科普文艺晚会等。2006 年，开始为当年的“全国科技活动周”确定主题。当年主题为“加强自主创新能力，建设创新型国家”。2007 年主题为“科技 · 人才——提升科学素质，共建和谐湖里”。这次活动周组委会由区直 20 个部门组成，活动项目共有 36 项，参与人数 1 万余人次。

（二）科普活动日

2004 年，开始在 10 月的第二个星期日举办“全国科普日”。活动日的活动内容根据当年的形势需要确定。2004 年，组织关于卫生、地震、消防等知识讲座，同时组织 4 个社区科普自愿者和社区联防队员共80多人进行3次实地演练。2007年，举办由机关干部和退休职工参加的“饮食与健康”科普讲座。

图23-5　科技活动周

（三）创建全国科普示范区

2005年，湖里区制订《创建“第三批全国科普示范区”工作方案》《湖里区创建“第三批全国科普示范区”任务分解》等工作方案，从科普工作的软、硬件设施和工作成效方面争创“全国科普示范城区”。2007年，经中国科协审核验收，各项指标均达到“全国科普示范城区”的标准，获“第三批全国科普示范区”称号。

（四）其他活动

自1988年始，湖里区先后开展“读书在我家”知识竞赛、科普知识电视竞赛、应急防灾救援演练、妇女科普培训活动。2002—2004年，开展包括“科技进社区”在内的“七进社区”活动、科技下乡、“青少年创新大赛”等科普活动，通过科普讲座、电影进社区、科普知识问卷调查、工业科普旅游活动、科普宣传文艺晚会、报告会、科技知识竞赛、科普画廊、赠送图书和宣传材料、组织科普志愿者进社区等形式普及科技知识。2005年，开辟由厦门气象台、海洋教育船、水产标本基地、桥梁博物馆、可口可乐饮品、绿石园艺组成的“科普旅游一条线”。2006—2007年，组织参与“福建省首届公众科学素质电视竞赛”公众知识竞答，开展“家庭网上行”“青少年科技创新大赛”“小小科普志愿者社区行”“地震环保科普夏令营”、科普宣传栏出版评比等活动。

第二节　科技活动

一、科技培训

湖里建区至1990年，区教科文体委协同区科协开展科技下乡，“星火”技术培训工作，以区业余中学、禾山镇文化技术学校等为阵地，举办“星火”培训、“科技与经济”系列讲座。开展“新药物、新品种的科学应用管理”培训班、“111、112新旧灭鼠药物的对比”培训班、“菜篮子工程技术”培训班、“对虾养殖技术”培训班、“水稻的病虫害测报、防治”培训班等15期763人次的培训，还开设会计、珠算两个培训班，分别有学员65人、53人。

1992年，开展“星火”培训和职工上岗前后的培训工作，并下到各村开展农业实用技术培训，举办实用英语培训班2班，实用日语班1班；举办珠算培训班1期，参训人数59人，有58人通过五级珠算考试，其中7人、4人和3人通过4级、3级、2级珠算考试，并领取级别证书；举办农技人员和专业户技术培训6期，参训人数255人；举办妇女实用技术培训20期，参训人数858人。

1993年，继续抓好实用专业技术的培训，提高农村中农技人员的技术水平。与区妇联配合开展“双学”，安排技术培训35期，参加人数1450人，涌现出一批女种养能手。

1998年，湖里科技局配合区农林水局、妇联、团委，继续在农村举办各种“星火计划”培训和实用计划培训，共安排18个培训项目，举办各种培训班15期；农村基层干部培训率达100%。全区科技人员接受继续教育面达64.76%。

2000 年，成立农函大湖里分校，聘请厦大、集大教授进行上课，举办 4 期，学员 280 人次。

2002 年，协同禾山镇成立农函大分校，开展常年科技培训工作。

2003 年，区科技局与区妇联协作，在农村妇女中开展“双学双比”实用技术培训，内容包括科学养猪、蔬菜种植、市场营销、环保、税法、合同法、计算机操作等。

2003—2004 年，先后选派 400 多人次到各院校再学习提高。全区科技人员接受继续教育面达 68.7%。

2005 年，区科技局与区妇联联合举办为期 3 年的“家庭网上行”活动，有 24 个社区 627 人参加培训，482 人取得结业证书。

2007 年，成立第一个社区科普大学——园山社区科普大学分校。

二、青少年科技活动

1988—2004 年，针对辖区学校原来大部分为农村学校、科普教育基础较为薄弱的特点，每年安排一定的科普经费，在辖区学校中建设 1～4 个 10 米长的科普宣传栏，并从宣传栏的管理、宣传资料的充实等方面加以规范；有计划地帮助学校图书馆（室）建立科技图书角。区科技计划中的社会发展项目每年至少安排 1 项学校科教项目，同时主动联系、协调辖区内具备条件的有关单位，建立科普教育基地，为青少年的课外科普教育活动创造条件。活动方面，以教育教学计划为主线，寓科普教育于教学计划之中，强化劳技课程质量。同时，利用假期和课余时间，举办地震知识、环保知识、安全减灾知识等夏令营，开展不同课题、多种形式的科普活动。

2005 年，启动以困难家庭和外来人员子女为重点对象的“英特尔培训计划”，有 220 名学生分 4 期参加电脑知识培训，同年建立全区第一家江村社区青少年科学工作室。2006 年，开展“科普快车进湖里”活动，金山社区青少年科学工作室为外来员工子弟学校学生提供电脑培训。2007 年，建成康泰社区青少年科学工作室。

图 23-6 科技宣传栏

截至 2007 年年底，湖里区青少年的科技小制作、小论文在市级以上各类赛事中获得多种奖项：厦门市第 20 届青少年科技创新大赛一等奖 6 个、二等奖 7 个、三等奖 24 个、最佳展板奖 2 个；福建省第 20 届青少年科技创新大赛金牌、铜牌各 1 枚；中国首届少年科学院科技创新论坛一等奖 2 名；全国第 20 届青少年科技创新大赛铜牌 1 枚；福建省第四届青少年电脑机器人竞赛一等奖 1 个、二等奖 4 个、三等奖 2 个；厦门市第 21 届青少年科技创新大赛一等奖 8 个、二等奖 12 个、三等奖 11 个。另有 6 件发明作品在中央电视台少儿频道播出。

第四章　科技管理

第一节　科技计划

一、中长期规划

1991年，湖里区制定《湖里区国民经济和社会发展“八五”计划》《关于依靠科技进步振兴湖里区经济的决定》，对“八五”期间依靠科技进步发展经济做出具体规划：进一步推动科学技术进入经济建设主战场，全区国民经济增长中科技进步因素所占的比例，农业由1990年的28%提高到1995年的40%，工交企业由1990年的32%提高到1995年50%以上。重视高新技术的引进，在“八五”期末力争突破“零”的局面。在调整人与自然关系的若干领域，尤其是人口控制、环境保护、资源保护和合理开发利用等方面要取得明显成效。提高全区的文化、科技素质，企业在职职工的技术培训率达90%以上；农村做到村村有农民技术员，户户有一人掌握一门以上农业实用技术；建立一支良好的科技队伍，1995年全区各类专业技术人员达到930人。

1997年9月，湖里区编制《湖里区科学技术发展“九五”计划和2010年科技发展规划》。其内容包括湖里科技发展现状、指导思想、发展目标、主要任务和主要措施。

2000年12月，湖里区编制区“十五”科技发展计划，强调要实施科教强区战略，把加强技术创新、发展高新技术产业作为增创新优势的突破口和加强经济发展的重要增长点，促进湖里工业区向高新技术产业区的升级，促进科技与经济的紧密结合，推动全区经济结构、产业结构的优化升级，把湖里建设成为高新技术产业发展基地。至2005年，全区科技进步对国民经济增长贡献率达55%，高新技术工业产值占全区工业总产值的38%。

2005年，湖里区组织编写《湖里区“十一五”科技发展规划》，确定2006年后五年科技发展的总体规划和目标。主要发展目标是：强化政府和企业的科技投入；加速发展高新技术和其产业；推进第三产业的科技创新；建立技术创新体系；加强科技人才队伍建设；坚持科技对社会事业各方面的渗透。

二、年度计划

1990年之前：安排“年产300吨氧化铁黑”“导电橡胶降低成本的研制”“高压钠灯电子节能器的研制”“网箱养鱼的推广试验”等9个科技项目。

1991—1995年：安排科技计划项目45项，投入科技资金1182.5万元。其中，科技推广项目45项，星火计划项目4项。组织实施禾山科技示范镇的规划，建立区、镇两片科技园区共500亩（其中区开发250亩，禾山镇开发250亩），建立农业试验基地2片137亩，1995年5月通过省市的验收。

1996—2000年：1996年和1997年，组织实施科技计划项目36项，其中国家火炬项目2项，市级星火计划项目15项。1998年，安排科技项目18个，其中国家火炬项目2个，星火计划项目1个，市级火炬项目2个，星火项目2个。1999年，安排科技项目25个，其中工业项目13个，农业项目6个，社会发展项目6个。2000年，安排科技项目32个，其中工业项目12个，农业项目9个，社会发展项目11个。

2001—2005年：2001年实施科技项目33项，包括高新技术产业项目14项等。2002年、2003年，皆实施科技计划项目45项，包括高新技术产业项目8项等。2004年，实施科技计划项目31项，包括高新技术产业项目30项等。2005年，实施科技项目46项，包括自有专利项目7项，科技新产品开发、中试项目

17 项，软件项目 5 项，科技拥军、强警和社会发展项目 17 项等；向中国科协申报争创“第三届全国科普示范城区”，并制定创建全国科普示范城区的工作实施方案。

2006—2007 年：2006 年，安排自有专利产业化项目 4 项，中试项目 16 项，纳税大户 ERP 软件应用项目 2 项，科技拥军、强警和社会发展项目 16 项，共 38 个科技计划项目。2007 年，安排科技项目 39 项，并投入科技经费 1900 万元，其中 550 万元投入区新行政大楼的智能化和环保项目的建设；577.7 万元投入建设“闽南花卉研发营销中心”“湖里高新技术园暨科技创业园”“湖里区科技孵化园”等硬件平台；318.3 万元投入科技招商，支持福建富士通软件技术有限公司等 3 家软件企业购置研发楼补贴差价；273 万元用于支持厦门金炭技术有限公司等 17 家科技企业申报的中试、试产和产业化的科技项目，促进企业科技产品的不断提升和产品的产业化生产；181 万元用于支持科技拥军强警在内的社会发展项目 15 项。

第二节　科技经费

一、科学事业费

1998—2000 年：由区财政下拨科学事业费。其包括区科技局机关、区生产力促进中心、区科协的事业费。1998 年共拨 23 万元，1999 年共拨 25 万元，2000 年共拨 30 万元，三年的科学事业费共 78 万元，年平均 26 万元。

2001—2005 年：区财政安排科学事业费共 327 万元，年平均 65.4 万元，比前三年的 26 万元增长 1.5 倍。其中各年度科普经费依次为 13 万元、15 万元、6 万元、9 万元、21 万元。

2006—2007 年：区财政安排科学事业费共 279 万元，年平均 139.5 万元，比 1998—2000 年和 2001—2005 年的年均科学事业费分别增长 4.4 倍和 1.1 倍。其中，拨给区科协科普经费分别为 25 万元、29 万元。

二、科技三项费用

区财政从建区当年就开始划拨“科技三项费用”（重大科研补助经费、中间试验费、新产品试制费），1989—1992 年，每年 3 万～4 万元。1993 年起，正式设立科目，当年下拨 14 万元，后逐年增加，至 1996 年增至 131 万元。1998 年后，增加经费来源，区科技总经费急剧增加。

1989—1995 年：年平均 15.4 万元。

1996—2000 年：“科技三项费用”来源于区财政按预算总额的 2% 投入和上级下达科技项目费，年平均 235 万元。

2001—2007 年：“科技三项费用”来源增加各级财政对科技项目无偿扶持资金，年平均 2676.9 万元。

三、科技贷款

1998 年开始，通过贷款增加科技经费，科技贷款成为科技经费大幅度增长的主要因素。1998—2007 年，全区共实现科技项目贷款、国家“科技型中小企业创新基金”贷款等 35010 万元。

1997—2007 年湖里区科技经费（结算款）一览表

表 23-8　　　　单位：万元

年份	总经费	本级科学事业费	本级科技三项费用	科普经费	风险投资基金	科技发展资金	上级项目经费		
							市拨	省拨	国拨
1997	—	—	131	—	—	—	—	—	—
1998	302.5	23	226	—	—	—	53.5	—	—

续表23-8

年份	总经费	本级科学事业费	本级科技三项费用	科普经费	风险投资基金	科技发展资金	上级项目经费		
							市拨	省拨	国拨
1999	528.5	25	250	—	—	200	53.5	—	—
2000	760	30	330	—	200	200	—	—	—
2001	846	37	396	13	200	200	—	—	—
2002	1009	40	554	15	200	200	—	—	—
2003	2747	52	769	6	300	200	1300（31个项目）	—	120（2个项目）
2004	3142	58	950	9	1300	200	555（11个项目）	—	70（1个项目）
2005	4091	76	1270	21	300	100	—	1811（22个项目）	513（16个项目）
2006	7449	92	1409	25	300	100	—	5023（57个项目）	500（15个项目）
2007	2810	133	2098	29	450	100	未列入统计	未列入统计	未列入统计

第二十四篇　文化体育

清康熙十九年（1680）后，辖区境域局势渐趋稳定，居民陆续回迁。祭祖、祭神成为辖区境域文化活动的主要载体。各族姓兴建的祖厝、各社里兴建的宫庙大都建有戏台，供祭祖、祭神时演出之用。舞龙灯、舞狮、划龙舟、踩高跷、游蜈蚣阁、南音、歌仔戏（芗剧）、高甲戏等百姓所喜闻乐见的形式在辖区内流行。

民国初，现代音乐、绘画、体育开始通过现代教育传入。“五四”运动之后，辖区居民开始接触到文明戏（话剧）、街头宣传等艺术形式。

解放后，人民政府高度重视农村文化建设。1949 年年底，进驻辖区境域的中国人民解放军和南下干部将打腰鼓、秧歌舞传入辖区，成为广受欢迎的文艺形式。20 世纪 50 年代，各村社业余剧团、秧歌队、腰鼓队活动十分活跃。1954 年设禾山区文化馆，主要开展阅读、棋类活动和群众文化辅导。1958 年后，在前线人民公社、禾山镇相应设立文化站，同时设一座有线广播室和一座电影院。60 年代，有文艺小分队。

1966 年“文化大革命”初期，歌仔戏等传统文艺形式、传统剧目以及所有的文化活动被视为“封（封建主义）资（资本主义）修（修正主义）”毒草，所有业余剧团的服装、道具、剧本全被烧毁。辖区境域纷纷组织“毛泽东思想宣传队”，身穿草绿色军装，大唱“毛主席语录歌”、大跳“毛主席语录操”。1968 年后，开始推广“革命样板戏”，各级“毛泽东思想文艺宣传队”只能模仿《红灯记》《沙家浜》《白毛女》《奇袭白虎团》《龙江颂》等“革命样板戏”，时称“八亿人民八部戏”。

中共十一届三中全会后，文化领域进行拨乱反正，文化事业得到恢复和发展。进入 80 年代后，有歌咏队、舞龙队、舞狮队、芗剧队、健美操队、舞蹈队、秧歌队、腰鼓队、铜管乐队、摄影队等近百支队伍，3000 多人。特别是腰鼓队，在禾山农村久盛不衰，全盛时有 40 余支腰鼓队，队员达 1200 余人。湖里建区初期，区文化工作的重点是建立区、镇（街）、村（居委会）三级文化网络。在文化部门的努力下，湖里区的业余文艺队伍不断发展壮大，相继成立文艺创作、书画、摄影、音乐、舞蹈等协会；建立 100 多支业余文艺队伍，常年参加活动的业余文艺骨干 6000 多人。20 世纪 90 年代后，下大力气抓好外来务工人员的文化，以外来务工人员为主体成立文艺创作协会，创办《外来青年》杂志，组建外来青年艺术团，定期在外来人员聚居地开展适合外来人员消费的文化活动。1998 年，后坑村组织一支平均年龄 45 岁以上的“妈妈健美操队”，多次在厦门电视台《快乐岛》节目中和市、区文化活动中亮相；后坑铜管乐队能吹奏各种中外名曲。

2003 年起，区财政逐年增加文体事业经费，建设区、街、社区三级文体设施。2005 年以来，先后出台《湖里区 2006—2010 文化体育发展专项规划》《湖里区关于进一步加强基层文化建设的意见》《湖里区“十一五”期间社会主义精神文明建设规划》，开展文化先进区创建工作。截至 2007 年年底，湖里区拥有国家一级文化馆 1 个、电影院 2 家、区少年宫 1 座、区文化活动中心 1 处、区老人活动中心 1 处、500 平方米以上的社区文化活动中心 3 处、文化夜市 3 处、文化广场 40 处，国家二级图书馆 1 座、社区图书室 20 多个、企业图书室 57 个、电子阅览室 39 个，区级体育馆 1 座、健身场所 42 处、水上活动中心 1 处、游泳池 16 个、篮球等各类球类运动场 226 个，全区共有各类文化经营单位 252 家，其中娱乐场所 56 家、网吧 66 家、音像制品店 81 家、图书报刊零售 4 家、电影放映点 5 个。构建“十五分钟文体设施网络”取得初步成效，学校、企事业单位体育场馆向社会开放，形成以区、街、社区文体设施为基础，以学校、企事业单位文体设施为补充的群众文体设施服务网络。油画、漆线雕、石雕等特色文化产业取得长足进展，初步形成文化产业基地。2007 年，湖里区被评为福建省文化先进区。

湖里区传统的体育运动项目为武术。明清以来，殿前、寨上、林后、五通、泥金、钟宅等地形成民间练习拳术、宋江阵的传统。特别是五通泥金社的“宋江阵”（武术队）很有名气，常常在各类武术比赛中获得名次。高殿村村民习武成风，该村武术队名闻遐迩。民国初期，辖区境域开始兴办新式小学、中学，现代体育运动开始传入。禾山中学最早设置简易操场和篮球场。民国 36 年（1947），辖区境域各保普遍组建篮球队。

解放后，除传统体育外，篮球、乒乓球、羽毛球、门球、网球、台球、射击、艺术体操等新式体育活动在辖区境域兴起，其中的门球深受老年人喜爱，几乎村村都有老人门球队。20 世纪 50 年代初，寨上村的农民篮球队在禾山境域的篮球比赛中屡获佳绩。60 年代前后，郊区、公社经常组织群众篮球、乒乓球、拔河等比赛，与驻军开展体育联谊活动。70 年代，体育事业一度受到影响。1981 年，禾山人民公社成立体育运动委员会，开始有组织、有规划地发展体育运动。湖里建区后，群众性体育日益活跃，逐步形成职工体育、学校体育、社区体育、老年体育的体育体系。建区后先后举办 3 届区运动会、3 届农民运动会、1 届街道居民运动会，每年举办一届中小学生运动会。辖区内各街道（镇）、各企事业单位广泛开展工间操、拔河比赛、篮球赛等健身活动，推动全区体育事业的发展。2001 年，刚在国内兴起不久的“跆拳道”也传进辖区。2002 年，成立湖里区创生踢踏舞艺术团，组织开展踢踏舞的学习、培训和表演，其后成立湖里区踢踏舞协会。2005 年 6 月，成立区游钓协会，不定期组织举办钓鱼竞赛及运动员、教练员和裁判员的培训，组织境内外垂钓爱好者开展休闲、旅游、垂钓等活动。

1992 年，湖里区获省“群众体育活动先进区”称号。湖里街道、禾山镇先后获“全国群众体育工作先进单位”的称号，湖里区先后获得“厦门市全民健身先进单位”“福建省‘全民健身节’先进单位”等称号。

第一章　文体机构与设施

第一节　文体机构

一、行政机构

（一）建区前文体行政机构

1954 年，禾山区人民政府成立，区政府设有文教组，作为管理辖区文体工作的行政机构；1958 年，前线人民公社成立，公社管理委员会仍设文教组；1968 年，改称前线人民公社革命委员会文教组。

1984 年，成立禾山乡，乡政府设有文教办公室。

1992 年，文、教分家，设立禾山镇文化办公室。

20 世纪 50 至 60 年代，区委、公社党委宣传委员负责体育工作。70 年代，公社革委会宣传组负责体育工作。1981 年，禾山人民公社体育运动委员会成立；1984 年，改称禾山乡体育运动委员会；1989 年，改称禾山镇体育运动委员会，主管全镇体育工作，镇党委有 1 名副书记、镇政府有 1 名副镇长分管体育。各行政村党支部宣传委员和 1 名副主任抓体育工作，村委会设文体委员。

（二）建区后文体行政机构

1987 年湖里建区后，设教科文体委员会，管理教育、科技、文化、体育 4 个部门。

1993 年 1 月，教科文体委改为教文体委员会。

1997 年 4 月，撤销教文体委员会，成立区文化局，加挂体育运动委员会牌子。

2002 年 8 月，文化局改称文化体育局，核定行政编制 3 人，体育运动委员会的职能并入文化体育局。

截至 2007 年年底，教科文体委员会、教文体委员会、文化局、文体局历任主任、局长有徐民藤（1988. 1—1991. 4）、潘良莺（2002 年）、林进春（2007 年）。

二、文化事业单位

（一）区文化馆

1988 年 3 月成立，为全额财政核拨公益性事业单位，原址在湖里华泰路 3 号。区文化馆分布在大楼一、四、五层。一层为多功能展览厅 100 多平方米；四层为美术工作室、摄影工作室、文艺培训中心、三乐钢琴艺术中心、小星星英语中心，拥有空调钢琴房 4 间、展示厅 1 间、大小教室各 1 间；五层为音乐厅，设有卡拉 OK 小舞台、舞池、舞蹈排练厅等。2004 年 4 月，被国家文化部评为“一级文化馆”。

2005 年 10 月，迁至禾东路 500 号区文化中心大楼。区文化中心大楼建筑面积 8000 多平方米。馆内有活动场所 2000 平方米，有多功能演出厅、候演化妆厅、舞蹈排练厅、器乐排练厅、多媒体教室、会议室、资料室、荣誉室、摄影工作室、美术工作室及办公室等；文化中心二期工程正在规划建设中。多功能演出厅除保证文艺团队活动需要以外，平时面向社会开放（上午为国标舞、下午和晚上为中老年交谊舞活动阵地），每天开放 9 小时；艺术展览厅和乒乓球室每天对群众开放 9 ~ 12 小时。截至 2007 年年底，文化馆设活动辅导部、文艺培训部及办公室，有音乐、舞蹈、器乐、摄影等各类专业人才，核定事业编制人员 9 人，其中中级技术职称专业干部 2 人、大学本科学历 3 人。文化馆先后组建区文艺创作协会、区书画协会、区摄影协会、区音乐协会、区舞蹈协会以及区外来青年艺术团、合唱团等 11 支文艺团队，在全国、省、市各级各类比赛中共获得 100 多个奖项。

（二）区图书馆

前身为厦门市经济特区管理委员会图书室，建于 1984 年 11 月。1988 年 3 月，并入区文化馆。1997 年 11 月起，对社会开放。1998 年，图书馆业务工作实行计算机管理。2001 年起，在辖区社区、部队设立 15 个图书联动点。2003 年，实行全开架图书服务。图书馆常年开展各种形式的图书服务、读书宣传、公益电脑培训等活动，2004 年 7 月正式成立区图书馆，属全额拨款事业单位。原址华泰路 3 号，面积 1000 平方米。2005 年 10 月，搬迁至禾东路 500 号区文化中心。区图书馆分布在文化中心大楼的一至二层，馆舍面积 3000 平方米，由主楼、辅楼两部分组成。主楼一层设电子阅览室，配备电脑 50 台，是“全国文化信息资源共享工程区级支中心”、区政府计算机培训基地之一；二层为阅览区，设报纸杂志阅览室、漫画阅览室、少儿图书借阅室、特藏文献阅览室、盲人阅览室、培训辅导室、读者自习室、视频演播厅，宽敞明亮的阅览区配备阅览座席 500 个，报纸杂志 500 余种，附楼两层为图书外借区。2005 年被文化部评定为“国家二级馆”。2007 年，馆藏图书总量达 12. 73 万册。

（三）区影剧院

区影剧院于 1990 年 10 月成立，属全民事业自收自支单位。影剧院建筑面积 1360 平方米，座位 800 个，舞台面积 300 平方米，拥有 2 套放映机（座机和流动各 1 套，均为 35 毫米类型）。经营项目有电影包场、文艺演出、会场出租等。

（四）区少年宫

2001 年 9 月开办。设有本部培训点和学校培训分点。本部培训设在南山路少年宫办公楼，占地面积 1800 平方米。下设各培训分点包括 4 所中学、22 所小学、5 所幼儿园。美术类学生获得国家级奖项共 28 人次，市级 4 人次；舞蹈类多次在市、省、全国比赛中获得各类奖项，其中群舞《跳跳绳》以厦门赛区第一名入选文化部首届“新苗杯”少儿舞蹈大赛复赛，获创作、表演银奖，群舞《海风情韵》获铜奖。

（五）区老年活动中心

创建于 1999 年 10 月，地处康乐新村二期住宅小区南山路 183 号，占地面积 2000 平方米。主楼为四层框架结构建筑，设有乒乓球室、歌舞厅、健身房等。日均客流量达到 350 人次左右。2004 年，被评为

"星光老年之家"全国先进单位。

三、街道文化机构

1958 年，在前线人民公社设立文化站，后相应改为禾山乡、禾山镇文化站。1992 年之后，各村先后修建文化活动中心大楼或文化室、俱乐部。截至 2000 年，禾山镇所属行政村先后创办 5 处村级文化活动室、11 座老人俱乐部，湖里、殿前街道设有文化站。2007 年，全区 5 个街道均设有文化中心。

第二节 文体设施

一、区级文化设施

1954 年，设禾山区文化馆，仅有报刊阅览室和狭小的办公场所。建区后区级文化设施见本章第一节。

二、体育场馆

20 世纪 80 年代之前，辖区境域的体育设施比较简陋。项目以棋牌、乒乓球、羽毛球为主，村篮球场大部分是沙质地，体育器材也很缺乏。1986 年，后坑社先后投资 50 万元，建成 6 片文体活动中心、4 个灯光水泥篮球场和羽毛球场、乒乓球场。此后，各村也纷纷筹建文体活动中心和灯光篮球场。至 2000 年，禾山镇有 50 多个灯光篮球场。门球场、旱冰场、游泳场、射击场等其他体育设施日渐完善。中、小学按照省体育达标标准，普遍修建了体育场，小学有 200 米标准跑道，中学有 400 米标准跑道，体育锻炼器材齐全，课余时间和寒暑假向村（居）民开放。体育活动场所和器材的使用率达 100%。2001 年 8 月，社会力量投资创办的"新力量"健身中心在金尚小区开业，开启社会力量兴办体育事业的新途径。至 2007 年，全区有体育馆 1 个、室内游泳池 1 个、室外游泳池 5 个、篮球场 79 个、排球场 5 个、门球场 7 个、室外网球场 7 个、小运动场 16 个、田径场 1 个、健身路径 66 条、健身房馆 12 个、棋牌房馆 3 个、有固定看台灯光球场 2 个、综合馆 3 个、篮球房馆 1 个、羽毛球房馆 1 个，标准活动场地总面积约 21 万平方米。

湖里区规模较大的体育场馆简介如下：

中国乒乓球训练基地（厦门福隆体育公园） 训练基地位于湖里区马峰山，项目占地面积 11.4 公顷，建筑面积约 5.7 万平方米，由厦门福隆体育产业发展有限公司投资建设。主体建筑包括 1 座体育馆、1 座星级酒店和 1 座商务楼，是国家体育总局确认的"中国乒乓球训练基地"，也是全国首家集休闲、运动、度假、商务为一体的文化体育主题公园。工程于 2005 年动工。截至 2007 年年底，基本建成国际一流的乒乓球训练基地，国家乒乓球队迎接北京奥运会前的封闭训练就是在这里进行的。

图 24-1 湖里水上乐园

高殿武术馆 位于高殿村，是一所专业从事武术教学训练的武术馆，创建于1992年。武术馆室内武术训练场地近800平方米。馆内有武术专用训练地毯4套，跆拳道训练场1套，散打训练场地1套以及全套武术训练辅助设备。

区体育馆 位于华泰路3号。建于1998年4月，占地面积1680平方米，共三层。一楼为25米×12米温水游泳池；二楼为羽毛球训练场，夹层为乒乓球训练场所；三楼为露天网球场。体育馆于1999年8月对外开放，举行游泳、网球等培训。暑期为小学生举办游泳、羽毛球、乒乓球培训班。不定期举办游泳、羽毛球、乒乓球等比赛。被省体育局评为全民健身活动中心。

五缘湾运动馆 位于五缘湾营运中心，2006年12月开始启用。钢架结构，造型新颖。场馆内设施精良，地面均采用专业的地板铺设。场馆建筑面积1.5万平方米，是厦门岛内规模最大的网球、羽毛球、壁球、篮球、乒乓球室内综合运动场馆。运动馆一楼分为AB两个馆：A馆设为4个网球场，5个壁球馆；B馆设为2片篮球场、13片羽毛球场及乒乓球馆。运动馆二楼规划为健身休闲场所，开设有健身跳操、休闲SPA等区域。健身跳操区内设置健身房、有氧舞蹈室、瑜伽房等。

半山林海休闲运动馆 位于和通里100号。2006年动工。运动馆共有6个楼层，使用面积近万平方米。馆内汇集游泳水疗、桑拿洗浴、器械运动、有氧操课、瑜伽、棋牌茶室、美容美体、羽毛球、乒乓球、台球等十几个健康运动项目，并设有大型的免费停车场。

三、社区文体设施

20世纪40年代后期，在江头街建有江头戏院。1958年，前线人民公社文化站设有有线广播室和一座电影院。20世纪80年代后，随着经济和文化事业的发展，各种文化设施开始进入农村文化阵地。1984年，枋湖村建立文化室，购置台球、乒乓球、电子游戏机等设施。1992年之后，各村先后修建文化活动中心大楼或文化室、俱乐部，均增添设施，有电视机、游戏机、录像放映机、音响、图书、电脑等。截至2000年，禾山镇所属行政村先后创办5处村级文化活动室、11座老人俱乐部。乡镇企业及社区居委会兴办一批“职工文化活动室”、“职工俱乐部”、“卡拉OK歌舞厅”、大众舞厅、录像放映厅、康乐球室等文化设施。2000年，禾山镇先后投资1000万元，在仙岳路兴建镇文化活动中心大楼，该中心占地13605平方米，总建筑面积20805平方米，第一期建筑面积9880平方米，为4层综合性大楼，内设图书馆、文化培训中心、艺术团排练厅、电影、录像放映厅、书店、棋牌室、乒乓球室、文化商场等，2002年5月15日正式对外开放。2004年7月撤销禾山镇后，原禾山镇文化中心改为湖里区文化中心。

截至2007年年底，湖里区各街道、社区文化、体育机构和场所情况如下：

（一）湖里街道文化中心

址设湖里街27号，总面积750平方米，设有练功房170平方米，健身房90平方米，社区信息共享工作站点90平方米，湖里区图书分馆170平方米。

湖里街道下属社区文化活动机构有：

和通社区　和通里40号社区活动中心面积400平方米、图书室面积150平方米，和通里100号棋牌室面积500平方米。

康晖社区　社区绿色网吧面积150平方米。

徐厝社区　社区绿色网吧面积100平方米。

东渡社区　东渡社区活动中心新港图书室面积30平方米，新港棋牌室面积76平方米，新港健身室面积50平方米。

南山社区　南山路289号社区青少年科普工作室面积80平方米、少儿技能培训室面积120平方米，南山路140号社区活动中心图书室面积150平方米，仙洞老人棋牌室面积150平方米，社区居委会健身房面积130平方米，南山路289号社区活动中心市民文明学校面积100平方米、台球乒乓球馆面积760平方米，南山路3号村里老人协会乒乓球室面积40平方米，南山路140号仙洞老人活动室面积150平方米，南山路183号社区健身室面积210平方米、舞厅面积180平方米。

塘边社区　社区活动室阅览室、绿色网吧总面积200平方米。

图 24-2 后埔文化活动中心

湖里社区　湖里街25号社区活动室图书室50平方米、多功能室170平方米、健身房70平方米。

金鼎社区　金鼎路31号社区图书室面积150平方米，金鼎路2号老人活动室面积100平方米，港务局老人活动室面积70平方米。

后浦社区　后浦老人活动中心面积75平方米。

康泰社区　南山路289号社区绿色网吧面积60平方米。

兴华社区　华昌路社区绿色网吧面积60平方米。

（二）殿前街道文化活动中心

址设高殿文化中心大楼，总面积1000平方米。配备健身器材、台球桌、音响设备。

殿前街道下属社区文化活动机构有：

高殿社区　殿前戏台、厦门图书馆高殿分馆面积400平方米，高殿仙公宫戏台面积200平方米，殿前社篮球场、门球场面积800平方米。

长乐社区　长乐村社区健身路径一期、二期、三期，各105平方米。

兴隆社区　兴隆路555号社区绿色网吧面积25平方米。

马垅社区　马垅社社区戏台面积100平方米，马垅社篮球场646平方米、门球场336平方米。

（三）禾山街道文化中心

址设枋湖社区安兜体育中心，总面积2000平方米，设有活动室120平方米、多功能活动厅250平方米、图书室30平方米。

禾山街道下属社区文化活动机构有：

枋湖社区　社区多功能会议室面积150平方米、枋湖老人活动室面积100平方米，梧桐老人活动室面积80平方米，穆厝老人活动室面积100平方米，安兜老人活动室面积120平方米，林后老人活动室面积100平方米，安兜体育中心面积1600平方米，枋湖社区健身路径，枋湖社区篮球场4处总面积2364平方米，枋湖社太源宫戏台、朗天宫戏台面积分别为400平方米、150平方米，梧桐社兴源宫戏台、忠源宫戏台面积各为400平方米，安兜社青辰宫戏台、白莲庵戏台面积分别为400平方米、200平方米，林后社青龙宫戏台面积400平方米，穆厝社二河宫戏台面积400平方米，卢厝社王公宫戏台面积100平方米，省三建厦门分公司多功能厅面积70平方米，闽江局厦门分公司多功能厅面积200平方米，安兜游泳池面积490平方米。

钟宅社区　钟宅社戏台2座面积各为300平方米。

岭下社区　社区文化活动室多功能室面积300平方米、健身房180平方米、乒乓球室200平方米、羽毛球室120平方米；墩上社老人活动室面积400平方米，岭下社老人活动室面积200平方米，下忠社老人活动室面积200平方米，墩上社戏台面积220平方米，岭下社戏台面积220平方米，下忠社戏台面积200平方米，岭下社区健身路径，墩上篮球场面积608平方米，岭下篮球场面积540平方米。

坂尚社区　县后社老人活动室面积80平方米，尚忠社老人活动室面积100平方米，坂上社老人活动室面积80平方米，县后一组、二组戏台面积各为200平方米、150平方米，坂上社戏台面积400平方米，尚忠戏台面积200平方米，尚忠社篮球场面积520平方米，县后社篮球场面积530平方米，坂上社篮球场面积600平方米。

围里社区　围里老人活动中心面积150平方米，围里社戏台面积312平方米，围里社区篮球场面积

608 平方米。

禾欣社区　社区文化活动室，多功能活动室 130 平方米、文化活动室 30 平方米；翠湖庄园体育设施，游泳池 900 平方米、网球场 600 平方米、休闲会所 2400 平方米。

（四）江头街道文化中心

址设金泰里 128 号，总面积 780 平方米。内设图书室、绿色网吧、健身室、乒乓球室、棋牌室、歌舞厅和心理咨询室。

江头街道下属社区文化活动机构有：

江头社区　社区阅览室面积 30 平方米，天地物业篮球场面积 300 平方米，福洋健身路径面积 30 平方米。

祥店社区　阳光美地健身广场面积 95 平方米，联发新天地健身广场面积 1250 平方米，国贸阳光健身广场 1100 平方米，幸福二城健身广场 60 平方米，福满园健身广场 850 平方米，祥店新村室外健身路径 650 平方米、棋牌室 600 平方米、乒乓球室 180 平方米，太微山庄室外游泳池 600 平方米、室外羽毛球场等 730 平方米、室内健身房和乒乓球室等 600 平方米，居委会文化活动场所面积 100 平方米，祥店路 93-95 号网吧 300 平方米，祥店里 67-77 一层网吧面积 350 平方米。

吕岭社区　吕岭社区三楼活动室面积 70 平方米，太微花园活动室面积 30 平方米，彩虹 9 号二楼活动室面积 200 平方米，双浦路 21 号之 12-15 号活动室面积 220 平方米，金尚路 179 号之三、之四活动室面积 500 平方米，吕岭路 227 号活动室面积 420 平方米，金尚路 255 号活动室面积 400 平方米，太微花园活动室面积 30 平方米。

园山社区　园山南路 491 号图书室面积 100 平方米，园山南路 503 号网吧面积 100 平方米，园山南路 487 号活动室面积 100 平方米。

后埔社区　社区文化中心一至三楼设有多功能厅、网吧、乒乓球室、台球室、舞蹈练功厅等，总面积 1260 平方米，文化中心广场篮球场面积 650 平方米、门球场面积 300 平方米、地掷球场面积 150 平方米，后埔社篮球场面积 530 平方米、健身路径 60 平方米，薛岭社篮球场面积 850 平方米、健身路径 2 处 160 平方米。

蔡塘社区　市少儿图书馆蔡塘分馆面积 250 平方米，蔡塘社老人活动中心面积 500 平方米，蔡塘社科艺网吧面积 560 平方米，蔡塘社高比特网吧面积 285 平方米，蔡塘社网巢网吧面积 230 平方米。

吕厝社区　社区多功能厅面积 150 平方米，天地花园 281 号三楼社区图书室面积 60 平方米，天地花园 280 号三楼网吧面积 50 平方米，江宁里 21 号 202 室老人活动中心面积 80 平方米，江宁里 4 号楼与 6 号楼空地健身路径 300 平方米，江头公园健身路径面积 500 平方米，国宝新城大门口健身路径面积 200 平方米，台湾街 277 号 A203-204YY 网吧面积 300 平方米，江头北路 207 号 C 栋三楼欢喜网吧面积 998 平方米，龙门天下 182 号四层星鑫网吧面积 780 平方米，嘉禾路 358 之 36 二层金星期网吧面积 80 平方米，江头北路 32 号都会俱乐部健身室面积 500 平方米、网球场面积 1028 平方米、游泳池面积 625 平方米，台湾街篮球场面积 800 平方米，东方巴黎广场游泳池面积 700 平方米。

江村社区　社区图书室面积 50 平方米，社区棋牌室面积 50 平方米，社区健身房面积 50 平方米，园山南路 178 号奔腾年代网吧面积 250 平方米，中港二期 230-232 号宝山网吧面积 259 平方米，中港花园健身路径 2 套 430 平方米，嘉景花园健身路径 150 平方米，乌石浦洞炫宫戏台面积 150 平方米，乌石浦新村灯光篮球场面积 960 平方米。

金尚社区　社区少儿图书室面积 35 平方米、社区棋牌室面积 70 平方米、社区网吧面积 50 平方米、活动中心舞厅面积 175 平方米、活动中心健身房面积 187 平方米、活动中心室外健身路径 300 平方米，文化中心广场面积 10000 平方米，金尚路 250 号高比特梦网网吧面积 120 平方米。

（五）金山街道文化中心

址设金山西里 77 号，总面积 2800 平方米。

金山街道下属社区文化活动机构有：

高林社区　洪水头老人活动中心面积 550 平方米、洪水头篮球场面积 600 平方米，田里社多功能厅面积450平方米、田里篮球场面积600平方米，前头社老人活动中心面积650平方米、前头社篮球场面积600平方米，高林老人活动中心面积1000平方米，高林篮球场2处面积1150平方米，西村老人活动中心面积500平方米、西村篮球场面积600平方米。

后坑社区　后社图书室面积20平方米，后坑社区多功能厅面积180平方米，前社户外健身路径面积50平方米，西潘户外健身路径面积50平方米，后社健身室面积20平方米、后社网吧面积50平方米、后社棋牌室面积25平方米，前社篮球场面积420平方米，后社篮球场面积420平方米，西潘篮球场面积420平方米，上湖篮球场面积420平方米，下湖篮球场面积420平方米。

金山社区　居委会多功能厅面积250平方米，社区居委会歌舞厅面积150平方米，社区居委会阅览室面积40平方米，社区居委会棋牌室面积300平方米，社区居委会乒乓球室面积200平方米，金山西里110号社区图书阅览室面积60平方米，社区少儿图书馆面积40平方米，社区网吧面积40平方米，社区青少年科学工作室面积60平方米。

金林社区　老人活动室面积100平方米，黄厝社多功能厅面积300平方米，田中央篮球场面积700平方米，田头社篮球场面积650平方米，林边社篮球场面积820平方米，马厝社篮球场面积650平方米、马厝社健身场所面积310平方米，莲山头老人活动室面积625平方米。

五通社区　居委会市民文明学校面积50平方米，泥金文化活动中心面积945平方米、泥金篮球场面积420平方米，店里篮球场面积420平方米，坂美篮球场面积420平方米，仓后篮球场面积420平方米，下边室内篮球场面积420平方米，西头戏台面积150平方米，店里戏台2座面积300平方米，浦东戏台面积150平方米，坂美戏台面积150平方米，下边戏台2座面积300平方米，仓后戏台面积150平方米，凤头戏台2座面积300平方米，浦口戏台面积150平方米，东宅戏台面积150平方米。

四、经营性文化设施

影剧院（文化俱乐部）　影剧院（文化俱乐部）位于华泰路（原海天路）3号。批准建设用地10231平方米，配套经营招待所、文化娱乐中心，同时担负区政府、机关团体的各类型会议、演出任务。1997年，影剧院对电影设备进行改造，取得放映进口大片的播放权。2001年年底，临时店面被拆除16间，保留16间，面积747平方米。

厦门桥梁博物馆　坐落在海沧大桥东岸锚碇内，2001年对外展出。由厦门路桥股份有限公司投资兴建，展馆面积4000平方米。博物馆分三层展出：一层是海沧大桥建设展示馆。从大桥设计、施工、科研、投融资、监理、景观等多角度完整地展示大桥的建设过程。二层是中国桥梁百年回顾展。以历史为经纬，以桥梁科技为线索，系统地回顾中国古代与当代桥梁建设的辉煌成就，介绍桥梁科技知识和世界各国不同历史时期有代表性的著名桥梁，以及规划中的21世纪的宏伟桥梁工程。三层是大桥监控中心。

天地开明电影城　见本篇第四章第一节。

惠和石文化园　见本篇第五章第一节。

五、企业体育设施

辖区境域一些知名企业把开展职工体育作为企业文化的重要内容。20世纪90年代末和21世纪初，陆续修建一些体育设施。太古可口可乐公司生活区设有乒乓球室250平方米、篮球场2个840平方米、羽毛球场3个240平方米、足球场3000平方米、网球场600平方米；省三建厦门分公司设有篮球场540平方米、健身路径40平方米；厦门市电力工程集团公司设有篮球场608平方米，厦门市迈昕电子科技公司设有篮球场540平方米；厦门市大关轻工制品公司设有篮球场540平方米、灯光篮球场378平方米；三航一公司设有篮球场420平方米、室外健身路径180平方米；址设高殿社区的铁路部门也设有篮球场、健身路径。

第二章　群众文化

第一节　群众文艺团体

一、钟宅村业余芗剧团

1951年建团，1962年终止。全团演职员40人左右，团长钟文沙，副团长李玲，主要演出剧目有《恶婆婆》《沉香扇》《血手印》《掌中血》《秦香莲》《金花生》等。1959年，该团编演的现代小戏《母子英雄》，参加郊区农村业余剧团调演，获创作奖和演出奖。

二、禾山镇农民合唱团

1995年成立，有业余歌手80名。初期保留节目为长征组歌《红军不怕远征难》，连续演出8场，并参加厦门市电视台为纪念抗日战争胜利50周年和长征胜利60周年的现场直播演出。2001年7月，代表湖里区参加市“建党80周年”合唱比赛，获优秀演唱奖。2003年，停止活动。

三、禾山镇歌仔戏剧团

1995年成立。该团集中全镇歌仔戏的优秀创作、表演人才，多次在全市调演中获创作奖和演出奖。小戏《巷头门》1997年7月参加在厦门举行的全省小戏比赛，获二等奖；歌仔调说唱《禾山晨曲》，参加市曲艺邀请赛，获创作、表演一等奖。该团多次参加“两岸歌仔戏学术交流活动”。2003年停止活动。

四、禾山青年舞蹈队

1997年成立。舞蹈队利用后坑小学活动室，改建成200平方米的舞蹈训练基地。舞蹈队成立后，派出5名骨干，参加全国舞蹈家协会副主席斯琴在厦门市举办的培训班。嗣后，在舞蹈训练基地举办培训班，培训各村舞蹈队。2000年3月，舞蹈队到长汀县演出，并为与禾山镇结对子的大同镇“希望工程”捐款。舞蹈队创作演出的《欢乐绢花》《欢天喜地》《醉夕阳》《嘉禾女》等节目多次参加区、市文化汇演，受到好评；女子独舞《望穿秋水》获1998年全省第六届民间剧团展演创作奖、表演奖。舞蹈《晒盐女》获2000年全省第九届音乐舞蹈节银奖。2000年，舞蹈队派员到福建罗源学习畲族舞蹈，填补辖区有畲族民族村而无畲族舞蹈的空白。

图24-3　2001年举办禾山镇农民艺术节

五、金山艺术团

前身为禾山镇艺术团，成立于

1995 年，由禾山镇政府提供活动经费，镇党委副书记任团长，党委宣传委员和分管文化的副镇长任副团长，文化站站长任常务副团长。业务上接受镇文化站的管理和指导，除排练、演出之外，还对全镇近百支群众表演队伍进行艺术指导。艺术团制定有《禾山镇艺术团章程》。艺术团成立后，经常下厂下乡为工人、农民、居民、学生演出，还配合计生、土地管理等部门，以文艺形式宣传《人口与计划生育法》、《土地法》。1998 年，禾山镇艺术团被福建省文化厅评为全省 5 个“十佳艺术团”之一。该团表演的舞蹈《闹元宵》2003 年在中央电视台第 4 套“正月十五特别节目”中播出。2004 年 6 月，艺术团与厦门星海合唱团赴菲律宾参加庆祝中菲建交二十九周年暨菲中友谊日，联合表演歌剧《走南洋》。

2004 年 9 月，更名为金山艺术团，隶属金山街道。下设合唱、舞蹈、鼓乐队、腰鼓队、书法、武术、健美操等 10 支队伍，团员 1000 余人，为松散型和半松散型管理模式。2004 年 12 月，获全省第二套健身秧歌银奖。2005 年，获得全国健身秧歌大赛 C 组第一名，同年创作表演的舞蹈《美丽的厦门我的家》获福建省温馨社区调演二等奖。2006 年，作为厦门市妇联代表队参加海峡巾帼健身大赛获（规定套路）金奖和（自选套路）银奖（国家级）。8 月，代表厦门市参加在龙岩举办的福建省社区运动会，获秧歌比赛双银奖。2006 年成立女子鼓乐团，创作编排舞蹈《鼓与呼》获厦门市第三届群众文化艺术节比赛铜奖。

六、湖里区艺术团

1998 年 5 月成立，有团员 54 名，其中舞蹈队 28 人；声乐队 17 人；戏剧及其他类 9 人。

七、厦门五缘湾合唱团

2006 年 6 月成立，有团员 60 多人。为福建省合唱协会团体会员。团队坚持“业余的团队，专业化道路”的发展思路，长期坚持排练，多次代表湖里区参加省、市各级合唱比赛。2006 年 12 月，参加第八届中国（深圳）合唱节，获混声合唱比赛银奖；2007 年，参加中国音乐金钟奖合唱比赛（福建省赛区），获二等奖；2007 年 6 月，代表湖里区参加厦门市纪念中国共产党成立 86 周年“颂歌献给党”群众歌咏比赛，获第一名。

八、湖里区外来青年艺术团

2004 年 12 月成立。有舞蹈队队员 28 人、声乐队队员 17 人、戏剧及其他队员 9 人，另有近 100 人参加合唱、舞蹈、戏曲、器乐等日常业余训练。2007 年，女声表演唱《平安日子每一天》、男声组合表演唱《寻梦 · 平安》分获省“平安福建”歌曲大家唱比赛一等奖和优秀奖。2007 年，闽南语女声表演唱《咱的故乡》作为全省唯一的音乐类节目入选第十四届全国群星奖决赛，获创作奖。

九、湖里区外来青年合唱团

2004 年 8 月成立。成员近 100 名。坚持每周 2 ~ 3 次日常训练。2005 年元旦前夕，在“青春飞扬”新年文艺晚会上首次亮相即获得好评。同年 8 月，为纪念中国人民抗日战争暨世界反法西斯战争胜利 60 周年，与厦门爱乐乐团合作，由指挥家郑小瑛教授指挥，在厦门人民会堂成功举办规模盛大的《黄河大合唱》交响合唱音乐会。

十、创生踢踏舞艺术团

2003 年初创办。2005 年经文体局民政局核准注册，主要从事踢踏舞的学习、培训、表演、交流活动。艺术团聘请北京阎岭舞校校长、舞蹈家阎岭教授为艺术总监。专职教师均受过拥有省踢踏舞协会、省舞协培训班培训。艺术团有固定的培训厅、排练厅、男女生宿舍及相关教学器材，常年开展正常的踢踏舞业余培训。

十一、区少儿艺术团

2001 年 9 月成立。由湖里区教育局组建，隶属区少年宫。每年招收各类学生 200 多人，由少儿舞蹈编导胡佩芳担任艺术总监并亲自执教。艺术团多次参加全国、省、市、区的各类演出及比赛活动。群舞《跳跳绳》获“新苗杯”全国少儿舞蹈大赛银奖；群舞《邓爷爷栽下的树》获“首届全国少儿舞蹈艺术节暨少儿舞蹈精品大赛”银奖；群舞《我想搭座桥》获中国第三届“小荷风采”全国少儿舞蹈精品展演金牌；群舞《请你当裁判》获福建省少儿电视舞蹈大奖赛创作银奖、厦门市“鹭岛花朵”比赛金奖；舞蹈《团团圆圆》获“小荷风采”全国少儿舞蹈比赛福建赛区选拔赛金奖。

第二节　群众文化活动

一、节庆文化活动

明末清初以来，辖区内的文化活动就十分活跃。民间由富户或宫庙出面组织的节庆活动主要有：

农历正月初九有演剧活动；

上元节即农历正月十五，自十三日起就陆续张灯，有跳火、迎灯、献灯等活动；

农历二月初二，街市按户集资，请戏班演戏，称为“为土地神祝寿”；

农历三月初三，祭祖迎神，请戏班演戏；

农历五月初五即端午节，赛龙舟之后，各渡头按户集资请戏班演戏；

农历七月初一起，各街道分别择日做普度，有攀高杆夺贡品的活动，因常有人跌落被官府禁止；

农历八月十五即中秋节，各街市演戏祭祀土地神；

农历九月初九即重阳节，登高放风筝。

此外，辖区内各宫庙在所供奉的神道节日时，均相应组织开展迎神活动。主要有：寨上社灵著宫农历正月初十“食香位”迎神活动；吴真人庙农历三月十五吴真人诞辰；妈祖庙农历三月二十三妈祖诞辰；田里社农历六月十八日、九月二十七日祭拜“二爷祖”；钟宅村农历十月“送王船”等。

20 世纪 50 年代后，传统的节庆活动被新式节庆活动所取代。

元旦春节文化部门组织文艺团体到工地、外来务工人员聚居地和福利院等处举行公演和慰问演出。1999 年开始，区文化馆每年春节前均组织书法家深入基层，为村民、居民义务写春联。2005 年元旦期间，在文化中心广场举办“快乐英语”广场英语竞赛活动，5000 多名学员和家长参加。为辖区首次大规模群众性英语文化活动。

图 24-4　文艺踩街

回乡过春节的外来务工人员元宵节之前大都已经返城，20 世纪 90 年代之后，元宵节成为辖区最重要的传统节庆之一。举办灯会、踩街、自娱自乐的大型游园活动和文艺公演成为元宵节的主要内容。

“三八”国际妇女节，主要开展女子腰鼓、女子秧歌舞、女子健身操、时装展示等活动。

“五一”国际劳动节，文化部门组织文艺团体下厂、下工地慰问特区建设者。1999 年开始，定期举办湖里区企业“十佳歌手赛”。

“六一”国际儿童节，开展以少年儿童为主体的文化活动。较具特色的有 2000 年区文化馆与湖里鹭辉保龄球馆联合举办“湖里区百名少年儿童英文联欢会”。

“七一”中国共产党建党纪念日，举办大型文艺演出或群众性歌咏活动。

“八一”建军节，区文化部门组织文艺团体到部队驻地举行慰问演出，举行军民联欢活动。

20世纪90年代后，中秋博饼成为新民俗，各单位一般均举办博饼活动。文化部门则将中秋节与国庆节的文化活动合并安排，国庆、中秋两节文化活动成为全年最重要的文化活动之一。

国庆节文化部门举办各种大型文艺演出、群众性的大规模游园和踩街活动，不少传统的文艺汇演或体育比赛也安排在“两节”期间举行。“两节”文体活动一般延续一周左右。

二、专项文化活动

1990年5月，举办首届“青苗奖”（小学组）文艺会演，此后每年一届，其中每隔一年举办一届合唱比赛。

1992年，举办首届少儿现场绘画比赛，至2007年举办16届。

1997年，湖里区庆祝建区十周年举办“湖里之歌”征歌活动，出版《湖里之歌歌曲集》和录音专辑并举行歌咏比赛；1998年，举办“湖里之歌小品征集活动”，出版《湖里之歌小品集》并举办两场专场演出。

1999年，举办首届十佳企业歌手赛，至2007年举办3届。

1999年10月，举办首届老年文艺调演，至2007年举办10届。

2001年，举办首届少儿现场书法比赛，至2007年举办7届。

2002年3—10月，区委宣传部、区文明办、区文化局联合举办全区性“道德新风进万家”文艺创作调演活动，全区机关各部门及企事业单位参与，创作演出合唱《康乐新村之歌》《廉政之歌》，快板书《明礼诚信是美德》，舞蹈《喜迎十六大》等一批节目。

2005年，举办首届元宵民俗文化节。由区委宣传部与文体局等部门联合主办，之后上升为市委宣传部与湖里区委、区政府联合举办。

2005年4月，创办“温馨湖里”大型文化活动，以周末广场文化活动为主要形式；2006年，发展为“四下一上（即把政策法规送下去，把就业信息送下去，把文艺演出送下去，把党的关心送下去，把舆情动态带上来）进企业、温馨湖里到社区”基层文艺展演活动。

2007年5月，举办首届少儿讲故事大赛，由湖里区教育局、湖里区文体局、湖里区妇联联合主办。比赛分幼儿园组和小学低年级组两组进行初赛、片区选拔赛和区级决赛。

2007年，举办首届进城务工青年才艺大赛。由区文体局会同相关职能部门联合主办。

三、文化下乡

1987年湖里区成立后，每年按照区委宣传部的统一部署，区文化部门进入各街道、各社区开展基层文艺巡回展演与义务书写春联活动。联合区文明办、区司法局、区卫生局、区科技局等多家职能部门组成“文明服务超市”主力军，为来厦务工者答疑解难或信息咨询服务。

历年节庆时日，如国庆黄金周、“三八”妇女节、建党周年、重阳节、改革开放周年、特区建设等节日，结合当年的宣传特点，举办文艺活动。2006年，组织开展庆祝建党85周年系列活动。2007年，开展庆祝建区20周年文化艺术节的活动——“和谐湖里、情满海西”大型文艺晚会。

区文化部门和辖区内有关部门及企事业单位联合举办大型文艺活动，如2000—2001年“厦华杯”特区企业歌手大奖赛、2001年“灿坤杯”企业文艺调演、区文化馆与共青团湖里区委联合举办外来青年十佳歌手赛，并配合安全生产、禁毒、计划生育、招商引资等中心工作，举办专题文艺晚会。

四、承办参加市级以上文艺演出

（一）承办市级以上文艺活动

厦门市群众文化艺术节 1999年，参加厦门市首届群众文化艺术节，承办戏剧、曲艺决赛专场，湖里区5个剧（节）目进入决赛，获得8个奖项。2006年，承办第三届厦门市群众文化艺术节。在艺术节系列活动“家园美”进城务工人员才艺比赛中，湖里区选送的王永安（模仿秀《迈克·杰克逊》）、李丽（京剧《沙家浜》选段）、黄苇（越剧《桑园访妻》）分别获金奖、铜奖和优秀表演奖。在艺术节各舞台类单项比赛中，湖里街道代表队获秧歌乙组金奖，金山街道代表队获秧歌甲组铜奖；江头街道代表队获腰鼓比赛银奖，金山街道代表队获腰鼓比赛铜奖。

厦门元宵民俗文化节　2006年3月4日，湖里区委宣传部、湖里区文体局、江头街道办事处联合主办的第二届厦门元宵民俗文化节民俗文艺展演在江头新景建材城广场举行。2007年，承办第三届厦门元宵民俗文化节，区文化馆在江头新景建材城停车场连续举办7场“民俗文艺展演活动”。

图24-5　第三届元宵民俗文化节

世界合唱比赛友好音乐会　2006年7月，第四届世界合唱比赛在厦门举行。湖里区配合做好厦门六中东渡校区、厦门双十中学枋湖校区等比赛场馆及选手村各项工作，还承担江头新区福音堂、金尚社区广场等18场中外友好音乐会的组织工作。第四届世界合唱比赛组委会分别授予湖里区“突出贡献集体”、区文体局“先进集体”、区文化馆阙全安“突出贡献个人”、金尚社区陈志强等4人“先进个人”称号。

（二）参加市级以上文艺活动

1997年7月，禾山镇歌仔戏剧团参加全省“小品小戏比赛”，歌仔戏《巷头门》获二等奖。

1998年，开始创办厦门市群众文化艺术节，至2007年共举办三届，湖里区均组团参加。

2000年，禾山镇破格应邀参加福建省第九届音乐舞蹈节，舞蹈《晒盐女》获银奖。

2002年4月，湖里区选送独唱、绘画及摄影等作品参加全国第二届“蒲公英奖”厦门选拔赛，其中吴恒阅的独唱被选送全省参加比赛。2002年6月，选送小品《商海潮》和快板书《狠批邪教“法轮功”》参加全国“群星奖”厦门赛区选拔赛，小品《商海潮》进入全省选拔赛。2002年9月，小品《送药》入选第六届全省“水仙花杯”小戏小品小剧场话剧比赛。

2003年，禾山镇孙天才创作、禾山镇艺术团表演的小品《房东》，参加全省第二届计生文艺汇演，获三等奖，并被选送参评全国第十一届人口文化奖，获得铜奖。2003年8月，禾山镇艺术团的小品《追求》、舞蹈《醉夕阳》，殿前街道社区艺术团的快板书《厦门好》，区老年大学的女声独唱《祝福祖国》以及南山社区的拉灌秧歌《我心飞翔》等节目参加首届厦门市老年文化艺术节开幕式、闭幕式和第五届厦门市老年文艺调演等晚会，获2个荷花奖、1个菊花奖、1个梅花奖和1个创作奖。

2005年开始，在辖区居民家中推广廉政文化，随即拓展为廉政文化进家庭、进社区活动。2006年，区文化馆组织创作人员结合五缘湾建设征地拆迁工作专门创作小品《拆迁之喜》，以金山社区党总支书记盛运昌典型事迹为素材创作小品《我们的好书记》，区外来青年艺术团组织创作舞蹈《光辉的足迹》。

2006年，区文化馆阙全安参加在广东中山市举办的“中山杯”全国首届合唱指挥大赛，获A级组（专业组）第四名。2006年9月，区文体局林惠珍参加全国中老年时装模特大赛，获得“最佳形体奖”并被选入中国东方美模特队。

2007年，由区文化馆组织创作的闽南语女声表演唱《咱的故乡》获参加中国“第八届艺术节·第十四届全国群星奖”决赛资格，获群星（创作）奖。

第三节　文化辅导和交流

一、文化辅导

20世纪90年代，区文化馆开始在全区建立文化协管员队伍，每年组织业务干部下街道、社区对基层文化协管员进行业务培训，开展业务交流，对农村业余文化队伍进行培训与指导。

湖里区各文艺协会把骨干培训作为协会的重要工作。截至2007年，各协会举办的重点培训活动有：区舞蹈协会聘请中国儿童歌舞协会副会长杨书明举办少儿舞蹈编导培训班，聘请专家对协会舞蹈骨干进行长期指导、培训；区音乐协会邀请台湾著名音乐家陈功雄教授来湖里讲学；区书画协会聘请福州大学工艺美术学院邱祥瑞教授为协会会员传授国画创作技巧；区摄影协会举办培训班、讲座、幻灯演示、户外创作等，加强对会员的培训；区文艺创作协会邀请市群众艺术馆、市歌舞剧院举办讲座，提高会员的创作水平。

区文化馆坚持实施文艺“精品”战略，打造湖里文化品牌，强化五缘湾合唱团、区外来青年艺术团等业余文艺团体的辅导训练。艺术团制定有严格的考勤、考核制度，长期坚持每周2~3次的日常排练。

2007年，区文化馆组织业务干部利用本馆活动阵地和前往农民工子女学校，为世纪小学和树人小学的学生开设音乐、笛子、舞蹈等文艺培训班，共计学员200多人。

2007年6月，结合非物质文化遗产普查工作，举办非物质文化遗产普查培训班，邀请市文化馆专业干部为100余名普查人员授课。

持续开展“4·23”世界读书日，开展阅读赠礼活动；利用双休日深入到社区开展图书馆宣传、世界读书日介绍、现场咨询、免费办证、科普图片展、有奖猜谜等活动；开展少儿暑期公益性系列文化活动；与辖区共建部队开展国防教育夏令营，少年儿童举办小手工夏令营。

二、文化交流

1992年4月、1995年8月和1997年7月，高殿武术馆先后有10名运动员代表厦门市到日本、马来西亚交流访问，高殿武术队曾多次代表厦门市、福建省参加全国、国际比赛和对外文化交流活动，全区先后有12名运动员获得国际性武术比赛冠军，5人次拿到全国性武术比赛金牌，373人次在省市武术比赛中获第一名。

1997年11月，区少儿艺术团应邀参加在日本佐世保市举行的第七届国际童谣节，出访韩国参加中韩文化交流活动。

2004年6月25—26日，湖里区艺术团与厦门星海合唱团赴菲律宾参加庆祝中菲建交29周年暨菲中友谊日，联合表演歌剧《走南洋》，菲律宾总统专门发来贺电。

其他交流活动还有两岸妈祖祈福活动和氏族宗亲的互访、两岸文物展览、两岸同唱一首歌、两岸春联大联展等。

第三章　文艺创作

第一节　文学创作

一、创作活动

唐宋时期，辖区境域是厦门岛的经济文化中心，厦门岛内著名的文人学者大都居住在辖区境域。诗文创作最早可追溯到唐中叶薛令之。明代建成厦门城之后，尤其是清康熙二十三（1684）年之后，厦门岛的经济文化中心逐渐向岛西南部转移，辖区境域的诗文创作此后长期处于低谷。

解放后，人民政府重视辖区境域的文化建设，注意培养本土文艺创作人才。20 世纪 80 年代后，开始涌现出一批文学、戏曲、舞蹈创作人才。1987 年区文化馆成立之后，引进一批优秀文艺创作人才，群众性文艺创作进入新的发展阶段。1993 年，该馆组织策划“公建杯”湖里区首届文艺创作比赛。《厦门文学》为此开辟“赶海人之歌”专栏刊登此次比赛的 8 件获奖作品。通过比赛，发现一批文艺创作人才，在此基础上，组建湖里区文艺创作协会。翌年，组织“高殿杯”第二届文艺创作比赛。1997 年建区 10 周年之际，举办“湖里之歌”征歌活动，出版《湖里之歌歌曲集》和录音专辑。1998 年，举办“湖里之歌”小品征集活动，出版《湖里之歌小品集》。2001 年，举办“特区二十年”散文诗征文比赛，出版《特区的交响》诗歌、散文集，摄影协会、书画协会等团体分别举办“庆祝特区成立 20 周年摄影艺术作品展”和“庆祝特区成立 20 周年书画家笔会”等一系列的庆祝活动。

二、作者与文学社团

辖区境域民国之前著名诗文作者有薛令之、陈黯、林棐、薛舜俞、傅钥、池浴德、林应翔、池显方、杨期演等。

解放后，湖里区的文学创作团体有区文艺创作协会和厦门港星锚文学社。

区文艺创作协会成立于 1993 年。举办过“公建杯”“高殿杯”文艺创作比赛和“湖里之歌”创作歌曲和小品征文活动、“特区二十年”散文诗征文活动，并出版相应的专辑。协会会员阙全安组织策划多次征文活动，著有《社区文化与宏观调控》《非物质文化遗产保护之我见》《试论文化馆作为文化企业后如何拓宽思路主动参与市场竞争》等群文理论调研文章。《我爱你，白鹭的故乡》获第二届厦门群众文化艺术节创作银奖。会员孙天才为厦门市曲艺家协会常务理事，福建省曲艺家协会会员，中国通俗文艺研究会会员，出版有《孙天才作品选》。会员林良材为福建省作家协会会员，在报纸、杂志上发表文学作品近百万字，多次获奖，著有文学作品集《寻找落差》。会员孙辉荣出版作品《风雨集》。

厦门港星锚文学社成立于 1985 年 10 月，是湖里文学创作协会的团体成员。文学社的口号是：不怕显得多么渺小，只要尽其可能。星锚文学社以厦门港报星锚副刊为园地，至 2007 年出刊 300 期，并曾在《中国交通报》《中国海员》《厦门晚报》《厦门日报》等报刊出版星锚作品专版。文学社结合青年员工的特点，坚持每年开展采风活动，每年进行星锚文学评奖，许多社员的作品发表在《厦门港报》乃至省、市及全国性的报刊上，还有社员出版过个人文集。在星锚文学社成立 10 周年、20 周年之际，出版《星锚文集（1985—1995）》和《星锚文集（1996—2005）》。文学社召集人王伟伟为省作家协会全委会委员，作品曾入选《小说选刊》，出版散文集《厦门岛上走西口》和《大路朝天》。

第二节　表演艺术

一、戏剧、曲艺

图 24-6　2007 年湖里专场文艺演出在厦门电视台播出

湖里区流行的传统民间戏剧、曲艺形式有歌仔阵（即芗剧、歌仔戏）、高甲戏、正音（解放后称京剧）、布袋木偶戏、大广弦说唱等，解放后传入话剧、小品、快板、相声、答嘴鼓等。20 世纪 50 年代初，钟宅村业余芗剧团在辖区境域有一定影响。“文化大革命”期间传统剧种和剧目遭到禁演，全国推广、普及“革命样板戏”，辖区各单位、各大队普遍成立“毛泽东思想文艺宣传队”，大演“革命样板戏”，京剧在辖区内流行一时。1979 年后，文化领域进行拨乱反正，传统文化得到发扬光大，辖区的戏剧、曲艺创作迎来百花齐放的繁荣局面。

1997 年，禾山镇芗剧团创作演出芗剧《巷头门》，获全省“小品小戏比赛”二等奖。

1997 年，孙天才创作、禾山镇芗剧团演出的芗曲（歌仔戏）《禾山晨曲》，获全市曲艺邀请赛创作、演出一等奖。

1998 年，孙天才、吴建珍编导、禾山镇艺术团演出的小品《租房》，获全省第六届民间剧团展演创作奖。

1999 年，湖里区有 5 个剧（节）目进入“庆祝建国五十周年’99 厦门群众文化艺术节”决赛，共获得 8 个奖项。其中，话剧小品《送药》荣获演出银奖和创作奖，话剧小品《商海湖里》分别荣获优秀创作奖和演出奖。

2000 年，孙天才、薛建成创作表演的答嘴鼓《偷鸡不成反蚀米》获得厦门市表演优秀奖。

2002 年，揭露“六合彩”危害的歌仔戏表演唱《找妈妈》，在省第二届曲艺节（厦门赛区）选拔赛中，获得创作、表演、个人表演 3 个铜奖。小品《房东》荣获第 11 届中国人口文化奖铜奖。

2003 年，小品《拆迁在即》和群口快板《纪检书记赶火车》参加市反腐倡廉文艺汇演。

2006 年，林高在创作的小品《试用期》及曾纪鑫创作的《一念之间》获厦门市农村、社区法制文艺作品创作大赛一等奖；连荣国创作的快板说唱《自投罗网》获厦门市农村、社区法制文艺作品创作大赛三等奖。

二、音乐、舞蹈

清康熙五十三年（1714），湖边人林仁受福建水师提督施世骠聘请，为其子教授古琴。清道光版《厦门志》称林仁“素好琴，得庄蝶庵指法，节奏古雅。”这是辖区境域最早的关于音乐活动的记载。民间的音乐、舞蹈活动则常见于宫庙举办的迎神赛会，常见形式有佛教音乐、道教音乐、闽南小调、车鼓弄、旱船等。解放后传入腰鼓舞、秧歌舞、交际舞、现代舞等形式。

1997 年，庆祝建区 10 周年举办“湖里之歌”征歌活动，出版《湖里之歌歌曲集》和录音专辑并举行隆重的歌咏比赛。

1998 年，禾山镇艺术团陈美云创作并表演的女子独舞《望穿秋水》，获省第六届民间剧团展演创作、表演奖。

1999 年 6 月，湖里区获’99“源光亚明杯”福建省首届民间故事舞蹈电视大奖赛组织奖，湖里区文化馆陈美云组织创作和表演的群舞《蔡襄与洛阳桥》获得业余组铜奖。

2000 年，在第九届福建省音乐舞蹈节中，由湖里区文化馆组织创作的现代舞《四色裙》、由禾山镇艺术团组织创作的群舞《晒盐女》、由文化馆选送的少儿舞蹈《黑键与白键的故事》（后坑小学）及女声独唱《归来的歌》（陈宇红）进入决赛，其中现代舞《四色裙》和群舞《晒盐女》获得业余组银奖。

2001 年，为首届禾山镇农民艺术节暨纪念厦门特区建设 20 周年，征集《禾山之歌》《嘉禾颂》《三伯公回家乡》《畲家门前好风光》《台湾街》《五通岸边盼三通》《蔡塘民间 110》《禾山的明天更辉煌》等 35 首歌曲集辑成册，内部出版，并精选其中 18 首歌曲刻录成 CD 光盘公开出版发行。

2006 年 9 月，区文化馆阙全安参加在广东中山市举办的“中山杯”全国首届合唱指挥大赛，获 A 级组（专业组）第四名；区文化馆黄小鹭的论文《声乐的艺术表现》在福建省艺术馆主办的专业刊物《福建歌声》2006 年第 4 期发表。是年，湖里区文化馆创作并排练演出女声表演唱《咱的故乡》、男声组合唱《寻梦的地方》、交响诗《春天的颂歌》、大型舞蹈《希望的中国走向未来》和《光辉的足迹》以及情景舞蹈《海潮·人潮·商潮》。2006 年，应曲苑杂坛节目组邀请，编制戏曲联唱《妈祖情怀》。

2007 年，湖里区外来青年艺术团女声表演唱《平安日子每一天》、男声合唱《寻梦·平安》分获全省“平安福建”歌曲大家唱比赛一等奖和优秀奖；五缘湾合唱团获中国音乐金钟奖合唱比赛福建省赛区二等奖和厦门市群众歌咏比赛第一名。同年，女声表演唱《咱的故乡》进入第八届中国艺术节全国群星奖决赛，实现厦门市在群星奖成人组上零的突破。舞蹈《永不止步》获市总工会文艺调演金奖。

第三节　造型艺术

一、书画

清乾隆十八年（1753），坂上人陈昂泰为兴泉永道道台白瀛撰写的《玉屏书院碑记》书写碑文。清道光版《厦门志》称其“书法苍劲，类颜、柳”。这是辖区境域书画人物见诸典籍的唯一记载。湖里建区之后，于 1988 年成立书画协会。会员林庆辉为福建省美术家协会会员，作品多次参加省、市展览及全国书画展，获殷墟申报世界文化遗产全国书画大展二等奖、第五届当代中国山水画展创新奖、第六届当代中国山水画展佳作奖，作品刊登于《美术》《中国书画》《中国书画报》《人民政协报》《中国商报》《中国收藏》《中国教育报》等几十家专业报刊上，出版有《中国书画百杰——林庆辉国画明信片》《林庆辉国画作品》等。会员谢益民为福建省美术家协会会员，作品多次入选全国、省、市美术作品展，2007 年入选英联邦（纽西兰）水彩画展。会员在省级以上刊物、展会发表作品的还有（以时间为序）：谢鸥、彭进义、朱荣斗、张浩、朱良才、陈建中、周克辛、林再福等。

辖区主要群众性书画活动有：

1994 年，由区教育局和文体局联合创办少儿现场绘画比赛，每年举办一届，由辖区各小学选派代表参加。2002 年 11 月，在湖里区文化中心一楼展览厅举办历届少儿绘画比赛优秀作品展，展出历届获奖作品中的精品。至 2007 年，此项活动已经连续举办 14 届。

1999 年开始，区文化馆每年春节组织书法家深入农村、社区，免费为群众书写春联。此项活动坚持多年，每年书写春联数千副，深受广大群众欢迎。

2001 年，由区教育局和文体局联合举办少年儿童现场书法比赛，首届比赛有来自全区 16 所小学的 80 余名小学生参加。至 2007 年，已经连续举办 7 届。

湖里区举办的大型书画活动还有：1999年春节，区摄影协会为全区“五好家庭”拍摄全家福照片；2000年8月，举办湖里区“海峡情”书法作品展，展出作品80多件；2004年，举办纪念邓小平100周年诞辰书法展；2005年，区书画协会与市美协联合举办会员朱荣斗个人山水画作品展；2006年，协会会员参加厦门市“庆祝中国共产党建党85周年美展”；同年11月，举办“庆祝厦门经济特区建设25周年暨第三届厦门市群众文化艺术节摄影、美术、书法展”。2007年，与市美协共同举办会员林庆辉山水画个人作品展。

二、摄影

民国20年前后，辖区境域的江头街、庵兜街等地就开设有照相馆，但以证件照、家庭照为主。20世纪90年代中叶，艺术摄影开始在辖区兴起。1998年，成立禾山镇业余摄影队，举办禾山镇首届农民摄影艺术展，展出摄影作品67幅。同年成立区摄影协会。

区摄影协会先后举办四届厦门湖里区“摄影艺术作品展”“回顾与展望”“辉煌的历程”等大型摄影图片展和《雪域之春》个人西藏风情摄影展等。举办“海峡两岸元宵民俗美食文化节”摄影比赛、“欢乐祥和闹元宵”摄影展、“我在厦门过大年”摄影展、“湖里区建区20周年成就展”、“特区发祥地、再铸新辉煌——湖里区庆祝厦门经济特区建设25周年”摄影展等一系列活动。协会会员在各类市级以上摄影比赛中共获得金、银、铜奖和入围奖100多个。2003年厦门市第二届艺术节，协会会员创作的46幅作品入选，获得银奖2个，铜奖8个，优秀奖1个。赵建军的摄影作品《回家》在中国摄影家协会举办的“2003中国·香格里拉”全国摄影比赛中获金奖，同时被文化部直属中国艺术摄影学会评为“中国优秀摄影家”。在2004年、2007年举办的第十三、十四届“群星奖”福建省选拔赛中，协会会员获金奖2个、银奖1个。会员赵建军为中国摄影家协会会员，200多幅摄影作品入选国家、省、市各级比赛并获奖。组织举办“纪念邓小平100周年诞辰”“特区建设20周年”“百年厦门”“中国城雕”“辉煌岁月——厦门特区建设25周年摄影展”等全国、全市性摄影展览、比赛10多次，编辑出版《湖里文化》《春之韵》《湖里春晖》《中国厦门》《中国湖里》等摄影画册；《试论人物摄影》《舞台艺术摄影之我见》等多篇论文在省级以上刊物发表。会员殷宗平为中国摄影家协会会员，作品《田园》获中国摄影家协会主办的“走进香格里拉”全国摄影大赛铜奖，《雨夜》入选中国丽水国际摄影展等，在全国摄影比赛或摄影展中作品共获奖12次，省市级获奖130余次。

三、民间传统工艺

辖区民间传统工艺有漆线雕、石雕、珠绣。20世纪90年代中叶后，逐渐形成文化产业。

（一）漆线雕

漆线雕始于闽南明清时期传统的“漆线妆佛”工艺，即用大漆调和的坚韧而富有弹力的“漆线”装饰佛像身的璎珞、饰品或服装的花纹等等。20世纪70年代后，民间艺人把过去专门用于装饰佛像菩萨为主的漆线雕工艺用于制作漆线雕瓷瓶、瓷盘等工艺品，开拓漆线雕制作新天地。1986年，厦门市郊区禾山乡传统漆器工艺技师沈渐度与其子沈学安创办一家专门生产传统手工艺品的家庭作坊，并开始向孙女沈锦丽传授漆器技艺。1990年，沈锦丽创办厦门锦龙工艺品厂，开始研制漆器工艺品。1995年，沈锦丽制作的首批漆线雕进京试销，大受欢迎。1997年11月，沈锦丽创办优必德工贸有限公司，推出具有独特艺术风格的优必德漆线雕。2005年，经过多年潜心研究，形成集中国传统漆器工艺之大成又极具创新精神的优必德漆宝斋漆器工艺，开发出包括国宾礼品、收藏精品、商务礼品、会议礼品、家居装饰等十大系列漆艺产品。优必德漆宝斋漆艺继承中国漆器工艺的优良传统，并融入现代工艺美术的艺术品质。

（二）石雕

石雕文化源于历史悠久的惠安石雕。民国期间，惠安李氏和蒋氏成为代表惠安石雕最高水平的两大家族。李走生（1930—2000）为清代康熙年间南派石雕大师李周的第十五代传人。他自幼师从蒋氏家族的石雕名师蒋丙丁，融会李、蒋两家石雕技艺的独门绝活，人称“石头李”。

20世纪50年代，李走生应陈嘉庚之邀参与建设厦门集美鳌园，专门负责人物、动物雕刻。李走生花费十年的时间，带领工友完成鳌园长廊两侧的历史题材、革命题材和珍禽异兽的雕琢。

鳌园完工后，李走生留在厦门，将惠安李氏石雕的“绝活”传授给女儿李亚华。1989 年，李走生、李亚华父女联手创办厦门惠和腾飞石业有限公司。

李亚华将传统技法和现代科技手段相结合，汲取各地石雕工艺的长处，融合东西方文化的精华，同时扩大经营规模，整合行业优势。创立集圆雕、浮雕、线雕、影雕、沉雕、彩雕六大工艺于一炉，具有独特设计风格和丰富文化内涵的惠和石雕文化。

2003 年，在厦门举办的中国厦门“大海·音乐”雕塑展上，惠和石艺赞助价值 20 多万元的石材，并承担所有参展雕塑作品的雕刻制作。2004 年，惠和石艺的石雕艺术品被选为“全国第十届美展·厦门雕塑展”的指定礼品。

2007 年，惠和腾飞石业有限公司在吕岭路忠仑公园开发建设惠和石文化园。该园总占地面积 1.2 万平方米，设有石文化走廊、主题石雕广场、石雕创作基地、传统石雕区、日式石雕园、欧式石雕园、交流休闲中心以及停车场等。

第四章　广电与文物

第一节　广播电影电视

一、广播

1966 年，前线人民公社设广播站，有线广播通至各大队。后年久失修，至 1981 年仅存 5 个大队通广播，四分之三的喇叭不响。为加强思想文化教育，禾山人民公社（原前线公社）拨款修建有线广播，重新埋杆架线，更新喇叭，至当年 7 月，专线通往蔡塘、后坑、五通、高林、钟宅、县后、枋湖、江头、后埔、塘边、马垅、高殿等大队。广播站除广播本公社新闻、转播市、省、中央新闻外，还自办文艺节目。1982 年，有线广播通至各生产队。1992 年，有线广播停办。

二、电影

20 世纪 50 年代初，辖区成为军事斗争的前沿，驻扎辖区的中国人民解放军开始在驻地放映电影，并经常派出部队电影放映队慰问驻地百姓。这一阶段的电影均为小银幕、露天放映。60 年代中叶，前线人民公社在驻地附近兴建一座小礼堂，同时可供放映室内电影。

1983 年 8 月，湖里加工区成立流动电影放映队，深入特区工地为特区建设者放映露天电影。1986 年，租赁百乐门综合楼 500 平方米的大厅作为放映厅。1991 年 4 月，位于海天路的湖里区影剧院正式对外营业，大大提高观看电影的舒适度。2004 年，位于江头北路的“五星级”电影院天地开明电影城投入使用，标志着辖区电影放映进入高新技术阶段。

附：天地开明电影城

前身为创建于 1929 年的厦门市开明电影院。1995 年，旧城改造时由厦门天地公司和开明电影院联合在江头北路 69 号重建并更名，2004 年 9 月正式对外营业。电影城用地面积 3105 平方米，总建筑面积

5150平方米，为4层结构，总投资2100万元。内设3个胶片电影厅、2个数字电影厅共485个座位，及咖啡厅、中西餐厅、RTV等休闲娱乐设施，并配备有大型免费停车场。观众可通过自动电脑售票系统自由选择座位。电影城引进英国DOLBY、美国DTS数码立体声技术，HA-RKESS金属银幕，CROWN功放，JBL音响及美国爱温牌电影院专用座椅，德国ISCO高保真镜头，同时采用国内最先进的双红光还音技术和放映设备。让观众感受到强烈的视觉冲击力和身临其境的感觉。开业以来，电影城先后被中影集团和国家电影局授予“优秀电影院”和“国产影片放映优秀单位”等称号。2007年2月8日，被国家广电总局电影院星级评审委员会正式评定为福建省第一家“五星级电影院”。

三、电视

20世纪70年代，辖区境域农村开始出现电视，多为9英寸的黑白电视机。80年代后，彩色电视机和18英寸以上的大电视机逐渐普及，但收视频道有限。1997年，市财政拨款100万元，区、镇、村三级筹资共1000万元，开通有线电视作为镇政府为民办实事项目。1998年，全区所有村、居委会全部接通有线电视，收视频道由几个增加到几十个。2006年，开始收看有线数字电视和付费数字电视。

第二节　文物与非遗保护

一、文物保护

1987年湖里建区后，开展文物普查、涉台文物点勘查申报、文物点迁建修缮、湖里老厝保护研究等。在城市化建设中，提前介入对城乡改造的规划布局，做好文物遗产的保护，并将历史文物资源与旅游文化资源相结合，合理开发利用。定期邀请人大代表和政协委员，对文物保护单位进行视察。各文物保护单位免费接待中、小学生参观，发挥文物古迹和人文资源在爱国主义教育中的作用。2003年，湖里区政府下发《关于进一步做好文物保护“五纳入”的通知》，进一步落实文物保护“五纳入”（即把文物保护纳入经济和社会发展规划，纳入财政预算，纳入城乡建设规划，纳入体制改革，纳入各级领导责任制）工作，以“保护为主、抢救第一、合理利用、加强管理”为指导，开展文物保护工作。2004年起，建立文物社会保护网络管理员队伍，由专人负责各文物点的日常巡查、维护工作，并逐一签订文物委托管理协议书。2005年，支持并指导萧氏家庙开展对台宗亲互访。2007年，支持并指导陈胜元百年诞辰纪念等多项文化交流活动。

截至2007年年底，辖区内有陈胜元故居、高崎寨遗址、厦门海堤纪念碑等市级文物保护单位13处，萧氏家庙等涉台文物古迹4处，均划定保护范围，设立保护标志，建立科学记录档案，“四有”（有保护范围、有保护标志、有记录档案和有保管机构）率达100%。

附：湖里区市级文物保护单位

1. 陈胜元故居

陈胜元（1799—1853），字建珍，号晓亭，殿前人。1853年在芜湖与太平军作战中阵亡，清廷诏谕加提督衔，谥“刚勇”，追赠振威将军，并钦赐祭葬。故居原在厦门溪岸街34号，建于清乾隆年间，光绪三十四年（1908）重修。2001年，整体搬迁至殿前街道殿前1208号对面。由四落主体建筑及围墙、门楼组成。均硬山顶，抬梁式构架。主体建筑均单条燕尾脊，面阔3间，进深2间。第1进主体建筑正立面有几何纹拼砖图案。2004年11月，公布为第五批市级文物保护单位。保护范围：东、北面以殿前六号路为界，西侧由围墙外延10米，南侧由围墙外延5米。

2. 萧氏家庙

萧氏家庙位于江头街道乌石浦社91号，坐北朝南。1998年翻建，2005年公布为厦门涉台文物古迹。萧氏家庙由前后两进主体建筑组成，均为抬梁式构架，硬山顶。第一进假叠顶，双燕尾脊，面阔3间2柱，进深1间2柱；第二进为单条燕尾脊，面阔3间2柱，进深2间3柱。前廊较宽，约2.9米。装饰主要有木雕狮子、大象、花鸟等。石雕有如意纹、高浮雕花卉等。该庙为二进中天井木、石、砖结构，具有典型闽南古建筑传统风格。萧氏家庙常年奉祀萧府王爷萧望之是海峡两岸兰陵萧姓的七世祖。2004年年底，前台湾"行政院"院长、前中国国民党副主席萧万长为家庙题写"兰陵世家"牌匾，2005年9月9日，萧万长携妻挈女到萧氏家庙拜祖，同时为"兰陵世家"石碑揭碑。

3. 薛令之墓

薛令之生平详见本志人物传。其墓葬是厦门已知年代最早的墓葬之一，墓址位于湖里区禾山镇下忠村西侧山坡榕树旁。1962年公布、1982年重新确认为厦门市文物保护单位。保护范围：由墓本体向东、西、南、北各延长30米为界。1997年辟建枋湖工业区时，市文物部门对其进行抢救性发掘清理。

墓室位于地表下1米处，砖砌，长方形，无顶（或木质墓顶已坍塌），长3.8米、宽1米、高1.04米。墓底发现2枚锈蚀棺钉，葬具及尸骸均已腐朽无存。墓室内共出土随葬器物29件，包括十二生肖俑、男女侍俑、墓兽俑等陶俑和双鱼莲荷纹银碗、双鱼纹银盏、方形铜镜、铜器柄、铁器、双系瓷罐、四系瓷罐、箕形石砚及"开元通宝"铜钱等。其中银碗的水禽花卉图案、墓砖的纹饰、石砚的制作工艺，均展示出高超技艺。

4. 陈夷则墓

位于湖里区江头百果山北麓，系陈夷则与其夫人王氏合葬墓。墓坐西南朝东北，面宽40米，纵长30米，总占地面积120平方米。墓冢以菱花纹墓砖围砌，三合土封顶，呈寿龟形，高1.2米，横径4.7米，纵径4.5米。墓围呈"凤"字形，以三合土筑成。墓碑为花岗岩质，弧首，高0.65米，宽1.85米，厚0.17米，上镌行书"唐金紫光禄大夫夷则陈公墓"等字样。墓前有花岗岩石供桌，桌长1.85米，宽0.6米，高0.5米。清道光十九年（1839）以及1989年、2000年陈氏裔孙多次重修。1988年，由厦门市人民政府公布为第三批市级文物保护单位。保护范围：北至厦师挡土墙；东至林氏墓园；西、南两面各由墓体外延10米为界。

5. 陈俦墓

位于禾山镇江村社区居委会乌石浦社北侧，西距205省道约50米，墓向坐北朝南，墓址范围约20平方米。墓冢经修缮，呈龟背状。墓冢及墓围呈"凤"字形结构。墓碑作盔帽状，上刻"唐著作郎陈公墓"。清嘉庆十四年（1809）、民国32年（1943）两次重修。1982年，经厦门市政府公布为第二批文物保护单位。保护范围：前至公路后及左右由墓葬本体延长10米为界。

6. 陈僖墓

位于湖里区后坑村后院埔。墓为双冢双穴，均坐北朝南，总占地面积120平方米。墓冢呈寿龟形，左冢现仅存高0.8米、横径4.5米、纵径6米的封土堆，墓碑为花岗岩质，倭首，高1.33米，宽0.9米，厚0.18米，上镌行楷书"唐上柱国陈公茔"等字。右冢现仅存高0.7米、横径3.5米、纵径5米的封土堆，墓碑为花岗岩质，倭首，高1.39米，宽0.9米，厚0.18米，上镌行楷书"大唐赐进士出身陈公封茔"等字。清同治十二年（1873）及1988年重修。1982年，由厦门市人民政府公布为第一批市级文物保护单位。2005年，进行保护性发掘，确认墓主为陈僖之孙陈元通及其夫人汪氏。共出土各类文物52件，主要有陈元通墓志铭、汪氏夫人墓志铭和成套的银器如碗、盏、勺、匙、筷子等，陶瓷器有长沙窑的褐绿釉双系罐、邢窑的白瓷碗以及碗、罐等青瓷器、陶仓等，钱币有五铢钱、开元通宝、乾元通宝等，铁器有剪刀等，铜器有兽环、铜镜等。墓葬发掘后按原状恢复。

7. 五通渡口遗址

位于新落成的五通海空联运码头不远的"五通头"，为市级文物保护单位。五通渡口为厦门岛东北部连接大陆的重要渡口。清乾隆二十四年（1759），清政府在厦门岛东北角设五通铺，上接刘五店，下接蛟塘铺、金鸡亭铺、和凤铺。清朝乾隆时期，渡口驿道旁建有路亭，民间称"接官亭"。亭中有一方石碑，

图 24-7　五通渡口遗址

图 24-8　五通日本侵略军杀人场遗址

题为《重修五通路亭记》。

8. 高崎寨遗址

高崎寨址平面略呈方形，东西长约 100 米，南北宽约 60 米，北面临海。寨墙以条石纵列、竖排逐层交错叠砌，墙厚 1 ~ 1.5 米。尚存西、南部寨墙长约 32 米、高 2.5 米，西北及东北砌筑于海滩之上的残墙 100 多米、残高 4 ~ 6 米。寨址南面的拱形寨门高 3 米、宽 2 米。清顺治十二年（南明永历九年、1655 年）四月，郑成功命工官冯澄世督建。清乾隆二十二年重建。20 世纪 50 年代，寨址南面修建登寨阶梯。1961 年，公布为厦门市文物保护单位。保护范围：由遗址本体向东、西、南、北各端延长 20 米为界。20 世纪 90 年代初，局部重修，辟为公园。

9. 侵华日本侵略军杀人场遗址

位于五通道东南海湾，该址是 1938—1945 年厦门沦陷期间侵华日本侵略军屠杀抗日志士和无辜百姓的杀人场。1997 年 7 月 7 日，市关工委、湖里区委、区政府等单位在此竖立“日寇杀人场遗址碑”。2004 年 11 月，公布为第五批市级文物保护单位。保护范围：北至五通道海滩，东南至木麻黄地坎边，西至五通码头小路。

10. 厦门海堤纪念碑

1960 年秋，朱德委员长视察厦门时，为海堤纪念碑题写“移山填海”四个大字。2004 年 11 月，公布为第五批市级文物保护单位。保护范围：厦门海堤纪念碑与观堤亭整体保护。北至临海岸坎边，东南至高崎村边，西南至省道二〇六线边。

11. 高崎万寿宫

位于殿前街道高殿高崎，坐西北朝东南，由门亭及两进主体建筑组成。门亭为平脊歇山顶，山字形山墙，面阔 4 柱 1 间。前后两进主体建筑均为抬梁式构架，硬山顶，中间有廊道相连。第一进为单条燕尾脊，面阔 3 间 2 柱，进深 1 间 2 柱。第二进为单条燕尾脊，面阔 3 间 2 柱，进深 3 间 4 柱。万寿宫装饰精美，有狮子、螭龙、花卉、龙柱、人物故事等石雕、木雕。供奉妈祖和保生大帝。宫前有明代“颂崇明伯甘老爷功德碑”、清道光和光绪“重修万寿宫碑记”以及石旗杆一对。2007 年，被定为厦门市涉台文物古迹。

12. 后浦拱庚堂

又名后浦陈氏宗祠，位于湖里街道后浦社，此堂始建于南宋，清代重修，尚存建筑为清代建筑。主体建筑抬梁式构架，硬山顶，单条燕尾脊，面阔 3 间 2 柱，进深 2 间 3 柱。有狮、象、螭龙等木雕。院前有一花岗岩条石构筑的八边形池塘。2007年，被定为厦门市涉台文物古迹。

13. 湖里杨氏宗祠

湖里杨氏宗祠始建于清雍正年间，1992年因拆迁移建于湖里街47号。为一座硬山顶、抬梁式构架，双燕尾脊闽南传统建筑。面积约200平方米。2007年，被定为厦门市涉台文物古迹。

图 24-9 湖里杨氏宗祠

二、非物质文化遗产保护

1987年湖里建区后，弘扬民间民俗文化。举办五缘湾民俗文化节和中秋博饼、大鼓凉伞、拍胸舞、车鼓弄等各类民俗文化活动。2006年，成立非物质文化遗产保护领导小组，加强对该项工作的组织领导，非物质文化遗产保护专项工作经费纳入财政预算并逐年增加。区文化馆举办非物质文化遗产普查培训班，开展非物质文化遗产普查工作，建立非物质文化遗产档案库，将优必德漆线雕、钟宅畲族文化村、送王船、珠绣工艺等项目列为重点保护项目。

附：湖里区非物质文化遗产重点保护项目

1. 仙岳山福德文化民间信俗

仙岳山土地公庙坐落于仙岳山山腰，原称半山土地公庙。1987年扩建。坐东向西，依山势而建，由下而上共有四进。全庙建筑面积近5000平方米，占地近1万平方米，为华东最大的木结构土地公庙。每年香客约700万人。

2. 钟宅畲族送王船活动

钟宅送王船一般四年举行一次，通过掷筊确定在固定的农历月份中的某一天举行。送王船仪式依序有澜海宫中选“头家”、头家“跋杯”定吉日、八月“安龙骨”、开造王船、请“大厅爷”、神明走镜、王船巡游、送王船等（详见本志第二十九篇）。

3. 高殿湖山宋江阵

湖山宋江阵表演形式是由民间武术爱好者扮演成梁山好汉表演各种武打阵式和武术套路，民间俗称“套宋江”。表演时搭一布城或彩楼为城门。开场时，锣鼓齐鸣、龙狮列阵，分别由两人执丈大旗和丈二大槌带领众好汉分两路出城布阵，其阵法有“黄蜂出巢阵”“内外环阵”“面线拗阵”“刀马阵”“连环阵”“长蛇阵”等。在“长蛇阵”后，开始表演单打、双打、多人对打等武术套路，最后胜利凯旋，入城收场。

4. 柒宝斋漆艺

柒宝斋漆艺包括优必德漆线雕、脱胎漆线雕、雕漆漆线雕、玉石漆线雕、金漆雕、漆画漆塑、锦漆云雕、锦花漆画、锦漆镶嵌、锦丽堆漆等系列。采用纯天然的植物大漆作为原材料，运用独特工艺进行艺术创作，其中的五朵锦花工艺（堆花、隐花、描花、台花、显花）最具特色。漆线雕擅长以各种线雕技法表现热闹繁复、五彩杂陈、金银交错的图案与造型，表现富丽精致。不仅可用于泥塑、木雕、夹苎雕、脱胎漆器、瓷雕等其他材质的原雕上进行文饰，还可以独立的艺术形式进行创作，并逐渐形成以漆线雕技艺为中心的漆艺全面开发，实现漆艺运用于室内装饰装潢的突破。

5. 惠和影雕

惠和影雕继承惠安清代石雕大师李周“黑白针”技法，将绘画艺术运用于石雕。影雕采用新疆的黑胆石、内蒙古的里胆石、闽南的青斗石等上等石材为材料，经切割、水磨抛光、图案打底等工序，再用特制的约1公斤重的合金钢针点击敲打，通过疏密、粗细、深浅等手法，将绘画艺术永久移植到石板上。

6. 珠绣工艺

珠绣具有独特的装饰手法和艺术风格，有百年的历史。清末民初，厦门民间制鞋艺人从海外传入的绣花拖鞋中受到启发，开始尝试在鞋面上用彩色玻璃珠子绣出各种花鸟图案，受到顾客青睐，厦门珠绣便开始流行。珠绣主要原材料为玻璃珠、电光胶片和丝绒。其工艺是运用凸绣、平绣、串绣、粒绣、乱针绣、竖直绣、叠片绣等传统的工艺手法，绣制出浅浮雕式图案。全珠图案构图严谨，密不容针；半珠图案优雅秀美。厦门珠绣以新颖别致、富丽堂皇、光彩夺目见称。图案大多取材于传统民间吉祥题材，如龙飞凤舞、双龙戏珠、狮子滚绣球、牡丹引凤、荷花鸳鸯、孔雀开屏等。艺人们巧妙地利用彩色珠子和亮片闪烁发光的特点，熟练地运用各种绣法，把珠拖鞋装饰得色彩斑斓、绚丽多姿、高雅华贵。

第五章　文化产业与文化市场管理

第一节　文化产业

湖里区从20世纪90年代末开始打造“一街一园一圈”文化产业，即乌石浦油画街、湖里文化创意产业园、五缘湾文化旅游圈三大项目。

一、示范基地

乌石浦油画村　乌石浦油画村位于厦门市湖里区江头街道江村社区，1996年以来包括一些外商在内的油画经销商到乌石浦油画村收购油画，吸引一批来自全国的画师，乌石浦油画村的商品油画生产和销售迅速扩张。油画村拥有画廊180多间，4000多名画工、画师，近万人从事油画产业的配套工作。2006年2月，乌石浦油画村被中国美术家协会和文化部文化产业司命名为“文化（美术）产业示范基地”。2007年，被评为福建省第一批文化产业示范基地。作品产值从2003年的2亿元增至6.3亿元。

图24-10　乌石浦油画村作品展示

优必德漆线雕　厦门优必德工贸有限公司1997年10月由厦门锦丽漆艺公司、厦门艺德传统工艺研究所、厦门柒宝斋文化艺术馆共同组成，系专业设计、开发、生产、展示漆线雕的民营企业。2003年，在全国漆艺行业中率先通过 ISO 9001 国际质量认证体系。企业创始人沈锦丽在沈氏宗亲以及王世襄、乔十光、何豪亮、黄时中等大师的扶持和关怀下，努力提升漆艺及漆线雕的艺术品位和文化含量，荟萃景德镇陶瓷之古雅、福州脱胎漆器之神韵、北京景泰蓝之华彩，先后研制出脱胎漆线雕、玉石漆线雕、雕漆漆线雕、金漆雕、漆线画等多个品种，漆线雕双龙戏珠、漆胎斑纹地漆线雕、玉胎漆线雕、雕漆棉地漆线雕等产品获得实用新型专利证书。产品种类拓展成国宾礼品、收藏精品、商务礼品、会议礼品、家居装饰等十大系列。公司产品多次在中国精品博览会上获奖，被国家领导人选为“国宾礼品”。2005 年，“优必德”被评为“福建省著名商标”。2006 年，优必德企业被国家非物质文化遗产专业性委员会授予“中华漆艺暨国家非物质文化遗产技艺展示基地”。2007 年，被评为福建省“第二批文化产业示范基地”。截至 2007 年年底，厦门优必德工贸有限公司拥有 300 多名员工，生产各类漆线雕工艺品 550 余种，年产值达 5000 万元。

惠和石文化园 由厦门惠和腾飞石业有限公司投资创办。惠和公司是一家专业从事石雕工艺品、石材制品研发、制作与销售，石材加工与进出口贸易、景观艺术石雕工程、石材干挂工程，石文化传播和石文化旅游项目投资的大型现代企业。惠和石雕继承传统的石雕工艺，与现代科技相结合，经过多年创新，发展为圆雕、浮雕、线雕、影雕、沉雕、彩雕六大工艺，逐步形成独特的设计风格和丰富的文化内涵。公司投资兴建的惠和石文化园总占地面积 12000 平方米，是厦门市首个石文化主题公园。园区内设有名人石雕艺术长廊及汉代、北魏、北齐、唐代、宋代、元代、清代等时期石雕文物珍藏品、人性石雕艺术博览及雅石·奇石馆“人物系列”“动物系列”“山水系列”“文字系列”展示等。

吉比特网络技术有限公司 位于软件园二期，成立于 2004 年，是一家专业从事网络软件研发的技术性软件开发公司。公司主要开发作品有《问道》《问鼎》《问道卡牌》《问道 2》等。其中，《问道》入选中国国际网络文化大赛比赛项目，被列入文化部推荐的适合未成年人的网络游戏名单，拥有注册用户 5000 余万，2007 年被评为中国网络游戏风云榜“最受欢迎的网络游戏”。2007 年度，公司获得厦门市动漫产业发展资金扶持。

二、重点企业

厦门万石画艺有限公司 创办于 1995 年 10 月，是一家从事专业设计、开发生产及销售现代墙画、装饰画、工艺美术品、油画、画框、镜框的出口型中小企业。截至 2007 年年底，拥有厂房 2 万多平方米，在职员工达 400 人。公司拥有自主研发机构，每年投入研发、创新的费用占总产值的 8%，申请并获得国家权威机构认证和颁发的 300 多种专利，每年开发、创新产品超过 400 款，产品屡获中国家具设计金奖、银奖、铜奖，产品远销 50 多个国家和地区。公司 2005—2007 年连续 3 年居全国出口墙画第一位。

好立工艺美术有限公司 公司主要经营陶瓷、树脂、礼品等。公司主打产品法兰瓷结合东方美学思考与西方新艺术装饰风格，成为当代时尚瓷艺精品，先后获得纽约国际礼品展“最佳礼品首奖”等数个奖项，在全球拥有近 6000 个销售网点。2006 年，法兰瓷应邀进驻德国法兰克福商展永久展馆与法国巴黎时尚家饰展精品馆，成为首家获邀进驻之华人品牌。

厦门三乐钢琴有限公司 厦门三乐钢琴有限公司是国内首家致力于钢琴生产、中西乐器维修的外商独资企业，是国务院颁布的外商投资先进技术企业，拥有注册资金 220 万港元及价值 1000 万元资产。产品商标“仙诺克”SHAMROCK 在中国和加拿大注册，公司产品远销欧美。1997 年，经国家乐器质量检测中心鉴定：仙诺克-125 型钢琴的声学品质、音准稳定性为国际 A 级（国际最高级）。

第二节 文化市场管理

一、管理机构

湖里区文化市场管理办公室 为区文化市场管理领导小组下设办公室，挂靠在区文化体育局。

湖里区文化市场稽查队 1998 年 2 月成立，为负责全区文化市场管理的全民事业单位，隶属区文化局。2006 年 12 月，机构规格定为正科级事业单位。2007 年，获该年度“全国文化行政执法先进单位”荣誉称号。

镇村的文化市场主要由镇文化站配合区文管办进行管理。

二、监管机制

（一）日常监管

主要监管范围是网吧市场、音像出版物市场、娱乐市场。每周有 4 ~ 5 次文化市场日常执法检查。2005 年 6 月，开始在全区互联网上网服务营业场所全面安装先锋监控平台，利用高科技手段实现网吧的及时监控，推动监管工作朝制度化、常态化、规范化的方向发展。推行承诺制度，区文体局与各经营单位签订《守法经营承诺书》和《消防安全责任书》，与音像制品经营单位签订《反盗版守法经营承诺书》，引导业者树立守法经营、规范管理的理念。2005 年 8 月，在全市率先建立“绿色网吧”，配置“阳光账号”，实施上网过滤，为未成年人提供安全的上网环境。2007 年，开展“网络进校园”和“十佳文明安全网吧”评选活动。年内完成行政执法职责分解和行政处罚自由裁量权工作，在全市率先举行娱乐场所行政审批听证管理制度，提高文化行政审批的透明度。

（二）专项治理

建立管理联动机制，健全区、街、社区三级管理网络，文化、公安、消防、工商、教育以及街道、社区各级各部门，分工协作、齐抓共管，履行管理职责。1997—2007 年，开展“扫黄打非”行动，组织“两吧一室”专项整治、校园及周边文化经营秩序专项行动、音像市场打击盗版百日行动、非法出版物专项治理、娱乐场所禁毒专项整治、人员密集场所消防安全专项治理等文化市场专项整治工作。2002—2006 年，共出动执法人员 4135 人次，检查经营单位 4857 家（次），打击各种违法违规行为，促进辖区文化市场规范经营。2007 年，制定《湖里区黑网吧专项整治工作方案》，全面展开黑网吧整治取缔工作，共查处取缔黑网吧 117 家，查扣电脑 2451 台、放映设备 60 套、电路板 288 块，收缴非法音像制品 2200 张，集中销毁电子游戏机 600 多台。

（三）行业自律

2005 年起，结合文明创建工作，定期不定期召开管理例会，集中学习贯彻相关法律、法规和规章，逐一签订《守法经营承诺书》，增强经营业者的法制观念和守法经营意识。2006 年 10 月，在全市率先成立区级网吧行业协会，发展会员 57 个。2007 年 4 月，成立网吧行业工会联合会，强化行业自律、自助、自强，树立社会责任感，抵制“黑吧”和违规经营。

第六章　体　育

第一节　群众体育

一、社区体育

20 世纪 70 年代之前，湖里区农村的群众体育队伍除篮球队外，大多是松散型的，主要由村一级组织各种业余队伍。80 年代后，为加强精神文明建设，提高群众体育运动水平，镇体委开始组织镇一级的群众体育队伍，先后组织篮球队、武术队、乒乓球队、门球队、射击队等。村一级的体育队伍更加普遍，有

图 24-11　高殿社区舞龙队

老人门球队、青年篮球队、少年武术队、妇女拔河队等等，仅五通村就有 6 支农民业余篮球队，高殿村有 3 支武术队。据 1997 年统计，禾山镇村村建有篮球场，文体局还专门开班培训一批农民篮球裁判；全镇 60% 以上的村（居）民是各种体育（包括文艺）队伍的成员。

2004 年禾山镇完成“村改居”之后，区政府利用体彩基金，在有条件的社区安装健身路径，辖区内的学校也大部分与社区开展共建活动，学校体育设施向社区开放，实现体育资源的共享。区文体局配合每年举行的厦门国际马拉松比赛，在各社区组织体育队伍，开展跑步、登山、走路等活动；利用节假日开展篮球、乒乓球、羽毛球、游泳等体育活动。金山街道金山社区体育协会拥有篮球队、乒乓球队、游泳队、羽毛球队、象棋队、时装队、太极剑队等 8 个体育兴趣队，固定队员 150 多人，成为社区体育活动的典型。

二、职工体育

湖里区工会坚持把开展文体活动作为凝聚职工向心力的载体，提高工会的影响力。每年在“五一”节期间，举行职工乒乓球、羽毛球、拔河等比赛和登山、健步行等活动。2003 年“五一”期间，举行湖里区工会首届企业职工羽毛球、乒乓球比赛，共有 37 个代表队 223 人参加比赛。厦华电子代表 1、2 队分别获得羽毛球混合团体和乒乓球混合团体比赛第一名。

2005 年，市总工会开展“‘劳动杯’厦门市职工拔河比赛”，殿前街道女子队从全市 71 支队伍中脱颖而出，取得全市第 3 名，湖里街道男子队得到第 8 名。同年“五一”节前夕，区工会举办“湖里区工会会员第二届乒乓球、羽毛球比赛”，共 49 支队伍 283 名工会会员参加比赛。湖里区工商分局工会代表队囊括乒乓球混合团体、男子单打、女子单打在内的所有比赛项目第 1 名；天地开发建设公司工会代表队获得羽毛球混合团体比赛第 1 名。

2006 年“五一”节前夕，举行湖里区工会企业职工“五一”拔河比赛，共有 20 个单位 260 人参加。福建省物资厦门储运贸易总公司工会代表队获得此次比赛第 1 名。“五一”节当天，区工会组织机关工会干部职工 800 名，5 个街道干部职工 500 名和各企业工会职工 700 名，共计 2000 余人参加湖里区千名职工登山活动。

2007 年“五一”期间，区工会举办“湖里区工会第三届职工乒乓球、羽毛球比赛”，共有 62 支队伍 386 名职工参加此次比赛。厦门锦江电子有限公司工会获得乒乓球混合团体比赛第一名，厦门宏远达电器有限公司工会获得羽毛球混合团体比赛第一名。

20 世纪 90 年代后期，辖区部分足球运动爱好者发起组织业余足球俱乐部。截至 2007 年年底，辖区的业余足球俱乐部有湖里区教育局和文体局的湖里区青年足球俱乐部、厦门灿坤有限公司的厦门灿坤精英足球俱乐部、厦门高崎国际机场的厦门国际航空港集团业余足球俱乐部、厦门车迷网足球俱乐部、厦门联众运通足球俱乐部、厦门南洋学院翔鹰足球俱乐部、厦门松霖卫浴有限公司足球俱乐部。

三、老年体育

1989年，成立区老年人体育协会，根据老年人的需求，组织开展健身操、太极拳、棋类、乒乓球、门球、气排球、登山等活动。1999年7月，成立区老年活动中心，组织广大老年朋友参加各种有益身体健康的文体活动，提高老年群众的生活、生命质量。各社区老年运动队坚持常年开展健身操、秧歌、门球等适合老年人的体育活动，重阳节登高、配合厦门马拉松比赛和国庆等重大节日开展老年人健身活动基本形成传统。2007年10月，区老体协派出马垅老年人门球队参加在江西婺源县举行的华东六省一市老年人门球赛，获冠军。

第二节　学校体育

一、体育设施

1987年11月湖里建区时，辖区境域15所小学中，仅湖里中心小学和高殿中心小学设有煤渣跑道运动场，大部分学校只有1~2块篮球场。体育器材匮乏，仅限于乒乓球和为数不多的篮球；多数学校连一块体操垫也没有。1995年后，新办的江头三小、康乐小学、吕岭小学、金尚小学、东渡二小、康乐二小及火炬小学等7所小学均设有田径运动场。2000年后，改建、修建乐安小学、康乐小学、寨上小学、高殿中心小学、厦门三中等校的运动场地，并多次拨款购置体育器材，保障学校体育教学的正常展开。2004年，区教育局拨出专款105万元，为各小学添置更新体育器材。2007年，全区25所公办小学及4所中学中，17所小学拥有200米环行跑道的田径场，其中14所小学及4所中学已建起塑胶跑道。各校均建有篮球、排球场，室内外乒乓球台及足球场。康乐小学、康乐二小还建有体育专用教室，作为乒乓球及羽毛球训练基地。

二、体育教学

1987年湖里建区时，辖区境域只有两名专职体育教师，大部分学校没有专职体育教师，体育课基本由其他学科教师兼任，体育苗子的培养极少。

湖里建区后，区教科文体委配备一名体育教研员，负责全区学校体育教学。充实引进体育专业教师，1988年8月暑期开学后，全区15所小学都配备一名专职体育教师。此后陆续发展到每所学校有3~4名体育教师，并成立体育教研组。2007年，全区中小学专职体育教师达140人。各学校普遍加强体育教师的师德教育、业务培训和观摩交流，促进学校体育工作逐步规范。各个学校每个教学班每周开足两节（或三节）体育课，组织两次课外体育活动；每年进行一次《体育合格标准》和《学生体质健康标准》检查；每两年举行一次体育教学评优活动。

市教育局和市体育局根据湖里区各学校的具体情况，确定2所传统体育学校：高殿小学为田径传统项目校和湖里区武术基地学校，江头三小为湖里区跆拳道基地学校。

三、体育竞赛交流

自1988年始，各学校把举办体育运动会作为检验学校体育工作的标准之一，每年召开一次运动会。全区每年举办一次中小学生田径运动会，至2007年已经举办21届。

1995年8月，寨上小学武术队参加厦门—佐世保友好城市文化交流，并做中国武术精彩的表演，受到日本朋友的好评。1997年，湖里区获得省体育锻炼达标先进区称号。1999年、2000年，连续2年在全市中小学生田径运动会上获得团体总分第二名。

江头三小、东渡小学、金尚小学、康乐二小、湖里中学等学校在区中小学生田径运动会上均获得较好成绩。

区小学生足球、乒乓球、棋类、篮球、田径等项目在市级以上的比赛中获得较好的名次。2004—2005学年度，火炬学校获市小学生男子篮球赛第一名，金尚小学获市小学生男子篮球赛第三名、东渡二小获市小学生男子篮球赛第五名。2005—2006 学年度，火炬学校获市小学生男子篮球赛第三名。

四、体育人才输送

1994 年，开办区少年体校业余训练班。1999—2007 年，湖里区学校向体育院校、市级以上体工队输送 20 名体育人才。

第三节　体育竞赛

一、镇、街运动会

（一）禾山镇农民运动会

第一届禾山镇农民运动会　1993 年 10 月 1 日，于厦门第三中学体育场举行。五通、高林、后坑、后埔、蔡塘、钟宅、县后、枋湖、高殿、马垅、江头 11 个村及江头居委会共 12 个代表队、1000 余名运动员参加比赛。运动会共设男女田径、男子篮球、男女拔河、男女门球、广播体操、投弹、射击等项目。高殿代表队获团体冠军，五通代表队获亚军，后坑代表队获第三名。

第二届禾山镇农民运动会　1996 年 10 月 1 日，于禾山中学体育场举行。五通、高林、后坑、后埔、蔡塘、钟宅、县后、枋湖、高殿、马垅、江头 11 个村和江头、吕厝 2 个居委会共 13 个代表队、800 名运动员参加比赛。开幕式上有 1240 多人表演大型团体操《禾山之歌》。这次运动会共设田径男女 100 米、200 米、400 米、800 米，男子 3000 米、女子 1500 米、（男女）4×100 米接力赛及男女跳高、跳远，篮球、拔河（男、女队）、乒乓球、象棋、射击、投弹、1.5 公里越野共 8 个大项目。高殿代表队蝉联团体冠军，五通代表队获亚军，高林、后坑代表队分别列第三和第四名。

第三届禾山镇农民运动会　1999 年 10 月 1 日，在厦门师范学校体育场举行。高殿、五通、高林、后坑、蔡塘、后埔、江头、马垅、钟宅、枋湖、县后 11 个村和江头、吕厝 2 个居委会共 13 个代表队、1180 名运动员参加比赛。开幕式上有 880 余人表演大型团体操《禾山新曲》。这次运动会共设田径（男女 100 米、200 米、400 米、800 米，女子 1500 米，男子 3000 米，男、女 4×100 米接力，男女跳高、跳远、铅球）、篮球、乒乓球、台球、门球、象棋、拔河、射击、自行车障碍、80 米搬挑粮食赛跑、100 米推轮胎赛跑等共 13 个大项目。五通代表队获得团体冠军；高林代表队获亚军，县后、后坑代表队分别列第三、第四名。

图 24-12　禾山镇农民运动会

禾山镇农民运动会男子田径纪录表

表 24-1

项目	单位	姓　名	成绩	运动会
100 米	高殿	林昭军	11″20	三届
200 米	高殿	陈双彤	24″3	二届
400 米	高殿	吕国贞	56″6	二届
800 米	高殿	吕国贞	2′10″8	二届
3000 米	高殿	林敏池	10′54″5	二届
4×100 米	高殿		48″40	三届
跳高	高殿	陈双彤	1. 76 米	三届
跳远	五通	蔡世伟	6. 13 米	三届
铅球	高殿	林辉阳	11. 54 米	三届

禾山镇农民运动会女子田径纪录表

表 24-2

项目	单位	姓　名	成绩	运动会
100 米	县后	陈艳芳	13″30	三届
200 米	高殿	陈秀燕	30″32	三届
400 米	后埔	陈　菲	1′12″6	二届
800 米	后坑	郑小兰	2′28″75	三届
1500 米	后坑	郑小兰	5′11″00	三届
4×100 米	高殿		59″5	二届
跳高	高殿	陈意兰	1. 30 米	二届
跳远	县后	陈艳芳	4. 60 米	三届
铅球	后埔	黄玉英	9. 76 米	三届

（二）湖里街道运动会

湖里街道相隔两年举办一届运动会，相隔两年举办一次全民健身节。第一届湖里街道社区运动会于 1996 年举行，2007 年举办第六届。参赛对象为社区居委会，凡户籍在本街道辖区的居民均可参加比赛，现役的专业队运动员和在校生不允许参赛。运动会设置篮球、羽毛球、乒乓球、扑克、象棋、田径、拔河、趣味等 8 个以上的项目。

图 24-13　湖里街道社区运动会

二、湖里区运动会

1997 年，湖里区第一届运动会在江头电子职专运动场举行，参赛人数达 1500 人。

2002 年，湖里区第二届运动会在厦门六中运动场举行，共举行羽毛球、游泳、乒乓球、拔河、篮球、趣味体育、广播操、田径等 8 个大项、41 个小项的比赛，来自辖区机关、企事业、三资企业等 15 个代表队，近 2000 名运动员参加。

2007 年，湖里区第三届运动会在厦门三中运动场举行，全区系统和单位，共 24 个代表队、2700 人参加羽毛球、游泳、乒乓球、拔河、篮球、趣味体育、广播操、田径等 8 个大项 38 个小项的比赛。

至 2007 年湖里区运动会田径纪录表

表 24-3

项　目	单　位	姓　名	成　绩	年　月
男子 4×100 米接力	禾山镇		44″02	2002. 11
女子 4×100 米接力	禾山镇		55″55	2002. 11
男子 100 米	教育系统	刘启攀	11″02	2002. 11
女子 100 米	禾山镇	解青红	13″28	2002. 11
男子 200 米	禾山镇	詹建辉	23″09	2002. 11
女子 200 米	禾山镇	李郁文	29″05	2002. 11
男子 400 米	禾山镇	郭世波	52″31	2002. 11
女子 400 米	禾山镇	解青红	1′03″72	2002. 11
男子 800 米		王财进	2′03″02	2005. 7
女子 800 米	禾山镇	王小静	2′34″08	2002. 11
男子跳高	禾山镇	刘俊珊	1. 83 米	2002. 11
女子跳高		罗芳燕	1. 45 米	2002. 11
男子跳远	禾山镇	詹狄亲	6. 50 米	2002. 11
男子铅球	教育系统	戴宝忠	12. 22 米	2002. 11
女子铅球	教育系统	黄玉英	9. 66 米	2002. 11

至 2007 年湖里区运动会游泳纪录表

表 24-4

项　目	单　位	姓　名	成　绩	年　月
男子 4×25 米接力	金山街道		49″77	2007. 7
女子 4×25 米接力	江头街道		56″36	2007. 7
男子 50 米自由泳	禾山街道	陈永在	25″20	2002. 7
女子 50 米自由泳	江头街道	苏健敏	30″90	2007. 7
男子 50 米蛙泳	禾山镇	曾晓颖	31″96	2002. 7
女子 50 米蛙泳	湖里街道	黄　蓉	38″97	2007. 7
男子 50 米仰泳	教育系统	魏智鸿	30″96	2007. 7
女子 50 米仰泳	湖里街道	林轶佳	34″04	2002. 7
男子 100 米自由泳	金山街道	陈鹏飞	1′00″09	2007. 7
女子 100 米自由泳	金山街道	吴宇凡	1′06″22	2007. 7
男子 100 米蛙泳	教育系统	黄志杰	1′12″90	2002. 7
女子 100 米蛙泳	金山街道	柯琦蓉	1′24″44	2007. 7
男子 100 米仰泳	教育系统	魏智鸿	1′07″30	2007. 7
女子 100 米仰泳	湖里街道	林轶佳	1′13″77	2002. 7

三、参加全国与省、市体育赛事

1958 年 8 月，江头街陈文山参加在南宁市举行的“全国射击冠军赛”，以 270 环的成绩获男子自选小口径步枪 100 米 10+30 卧射第一名。其事迹在厦门市博物馆设立的体育明星“英雄谱”中展出。

1963 年 10 月，江头街庄加禾代表福建省队参加在长沙市举行的“中华人民共和国体育运动会全国射击冠军赛”，以 373 环的成绩获男子自选小口径步枪 50 米 40 发跪射第 12 名（取前 16 名），打破省纪录，获国家一级运动员称号。

1994 年，在全省财税系统田径比赛中，禾山镇有 2 名运动员参赛，获得 2 个单项第 1 名。

1995 年，高殿村少儿武术队参加全省少儿武术比赛，获 1 枚金牌、2 枚银牌、3 枚铜牌。

1998 年，禾山武术队代表厦门市参加福建省第 10 届运动会武术比赛，获得 2 枚金牌。

1998 年，在福建省第 4 届少数民族运动会上，禾山镇钟宅村 2 名畲族射弩运动员参赛，获总成绩第 6 名、个人获第 5 名。

1998 年，禾山武术队参加全国第 2 届农民运动会，取得 2 个单项第六名。

2002 年 6 月，禾山镇秧歌队作为福建省代表队参加全国“亿万农民健身活动先进乡镇健身秧歌”（厦门赛区）的比赛，获第一名；同年 12 月，代表厦门市队参加“福建省首届八闽巾帼健身赛”，获特色项目推广一等奖；

2003 年，禾山农民女子健身队获全国亿万妇女健身活动“巾帼文明健身队”称号。

2005 年 4 月，湖里区队参加全国健身秧歌大赛获规定套路一等奖；同年，湖里区组队参加厦门市第 17 届运动会，获得金牌数与总分第二名。

2005 年 10 月，在五缘湾举办首届中国帆船俱乐部杯赛，2 支队伍参加。2006 年，参赛队伍为 3 支，2007 年增至 7 支，成为中国帆船比赛的重要赛事之一。

2006 年 9 月，湖里区文体局与厦门市社体中心联合承办厦门市第三套健身秧歌规定动作。湖里区金山街道青年组表演队进行现场表演。

2007 年，湖里区区健身秧歌队在省农民运动会上获规定动作和自选动作两个一等奖，禾山街道枋湖社区篮球队参加市农村篮球赛获得第四名。

2007 年湖里区裁判员统计表

表 24-5

项目	技术等级	姓名或人数
田径	国家级	陈文斌
	一级	林国富、陈惠斌、陈志民、陈双彤、刘秀兰
	二级	27 人
篮球	一级	林永宏、郭建楠、郭伟成、陈惠斌
	二级	6 人
足球	二级	5 人
乒乓球	一级	黄永龙、李晓峰、陈友池、陈建勋、王斌
举　重	二级	2 人
游泳	一级	许茗香
	二级	1 人
排球	一级	许秋菊
	二级	4 人
羽毛球	二级	1 人
武术	一级	廖佳佳
	二级	1 人

2007 年湖里区等级运动员统计表

表 24-6

项　目	姓名	性　别	出生年月	技术等级
乒乓球	李晓峰	男	1983. 12	一级
游　泳	黄志杰	男	1978. 4	国家级
游　泳	许茗香	男	1980. 11	国家级
游　泳	李小艳	女	1981. 2	一级
羽毛球	程　君	男	1985. 3	二级

2007 年湖里区体育教练员、指导员统计表

表 24-7

教练员		指导员		
项　目	姓　名	项　目	技术等级	姓　名
田　径	陈双彤	田　径	国家级	黄永龙
游　泳	许茗香		一　级	林惠珍、陈天生、徐韶玲、兰丽娇、林丽珠
羽毛球	程　君		二　级	99 人
足　球	洪　斌、吴东旗、郑锦纹、黄小平、程卿珍、肖佳川、陈雪华、韩万军		三　级	483 人

第二十五篇　卫生和计划生育

辖区境域地处海岛东北部，历史上自然环境相对恶劣，长期缺医少药，加上明末清初以来战乱频仍，辖区境域为烈性传染病发生区，多次发生疟疾、霍乱、脑膜炎、鼠疫等传染病。民国34年（1945）12月，厦门市政府在江头设立禾山卫生事务所，和禾山警察分局共同管理辖区境域的卫生事务，在辖区境域开展大扫除、清理沟渠、喷洒DDT等活动，防止疫病传播。

厦门解放后，人民政府先后在辖区境域设立爱国卫生运动委员会分会、卫生所、中心卫生院和妇幼保健机构，持久展开爱国卫生运动，改善医疗卫生条件，有效控制烈性传染病的大面积爆发。

湖里建区后，成立区卫生局，行使区政府卫生管理行政职能。卫生执法、疾病防控、医疗保健等医疗卫生机构不断发展，医疗卫生队伍逐年扩大。随着外来务工人员的增加，开始出现私营医疗机构。1997年，开始有二级乙等综合医院。2003年，厦门市中医院在江头设立分院，并于2003年全院迁至辖区仙岳路，辖区内开始有三级乙等综合医院。截至2007年年底，全区有各级爱卫组织256个。辖区内医疗卫生机构有市属厦门市中山医院，有湖里医院、区妇幼保健院、区疾病预防控制中心和4家社区卫生服务中心、9个社区卫生服务站、6家民营医院，还有354个门诊部、诊所、医务室、卫生所，其中43个为企事业单位卫生所（医务室）；共有医疗卫生技术人员2097人，其中国有、集体医疗单位326人，私营医疗单位1688人，其他体制医疗单位83人；全区卫生技术人员中，副高级以上职称的专业技术人员有23人。区卫生执法机构有效对辖区内医疗、卫生、防疫、保健、药品管理等实施法律监督；疾病预防控制中心通过宣传咨询、抽样检查、哨点监测等形式，增强居民的防病意识和能力，对重点传染病做到早发现、早隔离、早治疗；妇幼保健院有效开展孕产妇、女职工保健和儿童健康系统管理，全区所有儿童基础免疫疫苗接种率达99.85%以上、加强免疫疫苗接种率达98.57%以上；各级医疗机构充分发挥服务功能，提供较优质服务，满足社区居民基本医疗需求。

20世纪80年代，辖区境域农村全面开展计划生育工作，有效控制人口自然增长幅度。湖里区建区前的计划生育工作由郊区计划生育委员会管理，厦门经济特区管理委员会与湖里工业局期间，计划生育工作由市政府直管。1988年湖里建区后，计划生育工作由区计划生育委员会负责。1997—2003年，保持省计划生育一类先进区水平。2004年被评为省计划生育优质服务先进区，2005年6月被评为全国人口与计划生育信息化建设先进单位。2005—2007年，全区投入人口计生事业的经费分别为1501万元、1896万元和2191万元，人均30元（含流动人口），连续3年保持“全国计划生育优质服务先进区”称号。据2007年计生统计年度统计数据，辖区总人口726980人，其中常住人口202449人，出生3065人，政策符合率97.78%；流入人口524531人，出生4316人，政策符合率96.96%。

第一章 医疗卫生机构与队伍

第一节 医疗卫生机构

一、行政管理机构

(一) 建区前卫生行政管理机构

民国时期，辖区境域卫生医疗事务先后由思明县警察局、厦门警察局所辖卫生科、卫生办事处管辖。

民国34年(1945)12月，厦门市政府在江头设立禾山卫生事务所，是辖区境域第一家公立卫生事业机构，同时和禾山警察分局共同管理辖区境域的卫生事务。

1949年10月17日，厦门解放后，禾山区公所设卫生助理1人，专责全区卫生行政职能。

1950年4月，禾山区公所接管旧禾山卫生事务所，成立禾山区卫生所，承担全区卫生行政管理。1958年9月—1979年11月，由前线人民公社管理，1979年12月后，归属郊区卫生科、郊区卫生局主管。

(二) 区卫生局

1987年11月成立，行使区政府卫生管理行政职能。1994年，区卫生局由正科级单位升格为正处级单位。

2004年，区卫生局内设综合科、医政科，行政编制6名。同时加挂区爱国卫生运动委员会和区红十字会牌子。直属事业单位有区疾病预防控制中心、区卫生监督所、区妇幼保健院和湖里医院。

截至2007年，区卫生局编制、内设机构不变。历任区卫生局局长为陈金城(1990.3—1997.9)、黄丽婷(1999.7—2002.9)、邵金钟(2002.9—2007.4)、王萍萍(2007.4—)。

(三) 爱国卫生运动委员会

1951年2月，厦门市卫生委员会禾山区分会成立，1953年2月更名为厦门市爱国卫生运动委员会(以下简称爱卫会)禾山分会。

1957年8月，郊区爱卫会成立。1985年2月，郊区人民政府重新调整郊区爱卫会。

1988年1月，湖里区人民政府成立区爱卫会，同时在基层单位成立爱卫会组织。1995年，区爱卫会委员部门增至27个、委员增至28名，同时增设爱卫会办公室，列编专职干部4名，辖区内先后有113个单位成立爱卫组织。2004年，区爱卫会与区卫生局合署办公，实行一套人马、两块牌子。2007年，全区有各级爱卫组织256个。区爱卫办聘请爱国卫生监督员8名，举办爱国卫生培训3期，组织参加全区性爱国卫生检查活动5次。

二、卫生执法机构

(一) 区卫生综合执法队

1996年10月成立。系配合创建国家级卫生城市成立的日常卫生综合执法机构，人员从区卫生部门有关单位抽调。1998年2月，被列为区属全民事业单位，负责对辖区内医疗、卫生、防疫、保健、药品管理等实施法律监督，核定全民事业编制5名。2003年12月，加挂“区卫生监督所”牌子。

(二) 区卫生监督所

2004年2月，撤销区卫生综合执法队，成立区卫生监督所，核定人员编制15名。为区属事业单位，隶属区卫生局管辖。设有传染病防治监督、卫生监督、医疗机构监督等岗位。2005年12月，核定编制增为20名。其中，传染病防治监督1名，卫生监督3名。截至2007年年底，区卫生监督所内设办公室、稽查投诉室、卫生监督科和医疗机构监督科。

三、防疫保健机构

（一）区卫生防疫站

1988年3月组建。为副科级全民事业单位，内设卫生股、防疫股，人员编制10名。1989年，增设妇幼保健股，人员编制3名。同年5月，加挂区妇幼保健站牌子。1991年5月，区卫生防疫站设卫生科、防疫科、妇幼保健科；1993年，增设检验科；1994—1995年，先后增加人员编制10名。1999年10月，成立区妇幼保健院，区防疫站妇幼保健科随之撤销。2000年，增设办公室，内设机构为卫生科、防疫科、检验科和办公室，核定人员编制15名。2004年2月，撤销建制。

（二）区疾病预防控制中心

2004年2月成立，核定人员编制20名。设疾病控制、卫生监测、检验等岗位。2005年7月，内设办公室和疾控一科、疾控二科、检验科、卫生监测科、健康教育科。截至2007年年底，区疾控中心内设机构和编制不变。中心有高级和中级职称卫技人员各3名，办公和实验场所面积1147平方米。中心拥有细菌鉴定仪、生物安全柜、高频遥控X射线机、瓦里安3800气相色谱、宝特酶标仪工作站等国内外先进仪器设备，具备较高的卫生检验、检测水平。

（三）禾山妇幼保健站

1950年，在江头设立禾山卫生所，内设妇幼保健组。1953年4月，成立禾山妇幼保健站。1956年，并入禾山卫生所，改设妇幼保健组。1959年8月，成立郊区保健站，内设妇幼保健组。1960年6月，妇幼保健组改为妇幼保健股。

（四）湖里区妇幼保健站

前身为区卫生防疫站妇幼保健股。1989年5月，组建区妇幼保健站，与区卫生防疫站合署办公，核定人员编制4名。1991年5月，并入区卫生防疫站妇幼保健科。

（五）湖里区妇幼保健院

前身为区卫生防疫站妇幼保健科，1999年10月从区防疫站划出分设，为区属全民事业单位，核定人员编制5名，事业经费实行差额补助。2000年7月，人员编制增至12名。2005年5月迁至禾山路242-244号。2007年，全院有业务用房3800平方米，内设妇幼保健科、生殖健康科、儿童保健科、眼保健科、健康教育科、检验科、信息科等；实有工作人员71人，其中卫生技术人员49人；拥有日本阿洛卡B超、半自动生化仪、血球计数仪、乳透仪、波姆光治疗仪、多普勒胎心仪、营养分析电脑等仪器设备；开展孕产妇和儿童系统管理、女职工保健、新婚学校、妈妈学校、孕妇学校等业务。

四、市属区属医疗机构

（一）厦门市中医医院

1956年11月成立，2003年9月在江头医院院址设厦门市中医医院江头分院。2004年3月，加挂厦门华侨医院。2006年5月，迁至辖区内仙岳路1739号。是全国首批示范性中医医院、福建中医学院附属医院、北京中医药大学厦门临床医学院，是一所集中医医疗、教学、科研为一体的综合性中医医院。医院有职工上千名，其中主任、副主任医师150多名，享受国务院特殊津贴专家4名，硕士生导师15名，全国名老中医6名。设有床位900张。年门诊量百万人次。

医院设48个临床、医技科室，12个临床教研室。厦门市四大医学中心之一的肝病中心为国家级重点专科；脾胃专科的慢性胃炎是国家中医药管理局重点专病；同时拥有两个福建省重点专科——肛肠（痔疮）病治疗中心及糖尿病专科；还有中西医结合儿科、中西医结合胆胰专科、中西医结合骨关节病专科是福建省重点专科建设单位。医院医疗设施先进，配置螺旋CT、西门子800MAX光机、贝克曼自动生化分析仪、东芝无暗盒遥控X线机、电子腹腔镜、核磁共振、DR等价值上亿元的大型精密设备，拥有两个达到部颁二级标准的PCR实验室。

医院依托社区卫生服务网络，设立厦门市首家由三级医院承办的“兴隆社区卫生服务站”，并与禾山街道社区卫生服务中心、江头街道社区卫生服务中心、湖里街道社区卫生服务中心等建立双向转诊制度，同时在火炬园区设立兴隆社区卫生服务站，做到“小病在社区，大病进医院”，满足社区居民基本医疗需求。

（二）江头医院

20 世纪 50 年代初，禾山区在江头设立卫生所。

江头医院早期为厦门市郊区前线人民公社防保院。1958 年 10 月，禾山第一联合诊所、国药店、部分社会合作医疗诊所等，联合成立“前线人民公社防保院”，为社办集体事业单位。

前线防保院建院初期租赁江头旧街 4 间民房为院部。仅有一些西药柜、药橱和药材加工工具。全院共有员工 42 人，医务人员门诊器材仅有听诊器、血压表、体温计，俗称“三大件”。1959 年 10 月，迁入后埔村浦园社的西北面新建 600 平方米平房。年末，防保院员工增至 50 人，其中卫生技术人员 45 人，院部设中医、西医、牙科、产科和国药门市部及行政后勤等科室。同时，在殿前、坂上、田头等村设分站，负责所在片区的医疗和卫生防疫任务。1963 年，新建 600 平方米二层楼房一幢，院部始设病床 20 张。1969 年 7 月，殿前等 5 个分站分别下放给所在大队兴办合作医疗站。同时下放 11 名医务人员到后坑、五通、江头等大队合作医疗站服务。

1972 年，更名为前线卫生院，市卫生局拨给卫生院 50 毫安 X 光机 1 台。1973 年 3 月，原下放各大队医务人员返回卫生院上班，卫生院增设中医科、骨伤科和五官科 3 个科室。当年，兴建 600 平方米二层楼房 1 幢，院部病床增至 50 张。1975 年后，市卫生局又拨给卫生院 100 毫安 X 光机、心电图机、A 型超声波机等设备，院部化验室也购置恒温箱、电冰箱、显微镜和分析天平等；牙科购置综合治疗机 2 台。1979 年，全院有员工 74 人，其中卫生专业技术人员 66 人，65 人为初级卫生人员。

1980 年 1 月，划归厦门市郊区管辖。同年 11 月，更名为厦门市禾山中心卫生院。是年，兴建 800 余平方米二层门诊楼 1 幢。1983 年，市卫生局拨给自动呼吸机、电动洗胃机各 1 台；省卫生厅授予“文明医院”称号，奖励 200 毫安 X 光机 1 台。1987 年，华侨吕希宗捐资新建 707 平方米二层楼房 1 幢，住院部病床增至 70 张。

1987 年 11 月湖里建区后，禾山中心卫生院成为湖里区直属医疗事业单位，由湖里区卫生局主管。1988 年，禾山中心卫生院共有员工 70 人，其中卫生技术人员 55 人（副主任医师 1 人、主治医师 6 人、主管护师 2 人、医师 13 人、护师 3 人、中药师 1 人、检验师 2 人）。

1997—1998 年，陆续添置进口全自动血球仪、尿液分析仪、电解质分析仪、日产黑白 B 超、妇科治疗仪、胎心监护仪、日产 1700DV 型彩色 B 超及纤维胃镜等设备，初步具备综合性医院的规模。1998 年，医院设门诊部、住院部。门诊设急诊科、内科、外科、妇产科、儿科、中医科、五官科、眼科、骨伤科、口腔科、肛肠科、皮肤科等 12 处临床诊室，以及 B 超、彩超、放射科、病理科、检验科、心电图、胃镜室、针灸理疗科、药剂科等 9 个医技科室；住院部设有内科、外科、骨伤科、妇产科、儿科病房和手术室、麻醉室。全院职工有 99 人，其中专业卫技人员 86 人（副主任医师 4 人，中级 21 人，初级 61 人）。

1998 年，湖里区人民政府和厦门市江头旧区改建指挥部决定将禾山中心卫生院改建成为集医疗、预防、保健、急救、科研、教学为一体的现代化综合性医院——湖里区江头医院。是年，中共湖里区委、区政府将建造江头医院作为为民办实事之一，由厦门天地开发建设公司投资 2000 万元兴建。1999 年 7 月，首期门诊、医技大楼竣工，湖里区和禾山镇投入 300 余万元购置的医疗设备同时到位。1999 年 10 月，厦门市湖里区江头医院挂牌成立。2000 年 9 月，江头医院第二期病房大楼交付使用。医院占地面积 1.7 万平方米、床位 300 张。

2003 年，江头医院共有高级职称卫技人员 14 人，中级职称 39 人；年门诊达 20 万人次，平均日门诊量 548 人次；年住院量 6200 余人次。是年 9 月，江头医院并入市中医院，改由厦门市卫生局主管。

（三）湖里医院

湖里医院前身为 1981 年冬设立的厦门经济特区建设指挥部医务室。最初租用民房开展门诊。1983 年底迁入华昌路“工字楼”一楼，当时仅有医务人员 10 余人。1984 年 10 月，改为湖里工业区管委会直属事业部门。1985 年升格为医院，定名湖里医院，暂借湖里竹坑路 70-74 号一楼 6 套拆迁安置房设门诊部，时有医务人员 40 余人，逐步开展分科门诊，设立简易手术室和观察室。

1990 年 5 月 1 日，位于华昌路的湖里医院新建门诊大楼投入使用。医院占地面积 4161 平方米，建筑面积 3183 平方米，其中医疗用房使用面积 2900 平方米，辅助用房 283 平方米。是年，医院设床位 30 张，实际利用 38 张，床位利用率 111.7%，病床年周转次数 33 次。医院共有员工 100 人，其中卫生技术人员 71 人：主任医师 1 人、副主任医师 2 人、主治医师 13 人、医师 13 人、检验师 1 人、药师 3 人、护师 9 人、医士 12 人、护师 15 人、检验员 1 人。全院医与护人员之比为 1：0.61，床位与员工之比为 1：3.33。医院平均日门诊量 307 人次。主要医疗技术项目有：颅骨外伤手术、肾摘除、肝叶切除、胃次全切除、胆囊及肾盂造影、心脏监护除颤与心脏起搏术、内窥镜、B 超及各种激光治疗等。

1993 年 7 月，在门诊楼上加建两层，增加建筑面积 1500 平方米；同时兴建一幢 1960 平方米的职工宿舍楼。

1995 年 1 月，医院床位增加至 100 张，人员编制增至 191 人。综合病房床位分为内科 40 张、外科 30 张、妇产科 30 张。这期间，医院陆续从省内、外调入部分高职称人才，担任各科室学科带头人。医院先后添置日本岛津 500 毫安 X 光机、纤维胃镜、德国西门子 B 型超声仪、得尔格麻醉呼吸机、美国全自动血球计数仪、尿液自动分析仪、意大利全自动生化分析仪、瑞士的血氧分析仪、钾、钠、氯测定仪、除颤起搏器、心电监护仪、红外线乳腺诊断仪等进口高新医疗仪器，医院的工作环境和服务条件得到明显的改善。1995 年 7 月，医院被评为"爱婴医院"。

1996 年，湖里医院以二级甲等医院的标准继续完善硬件建设，进行规范性管理。新建药房、药库 240 平方米，新添置膀胱镜、床边 X 光机、合资 CT 机 1 台等仪器。全院 500 元以上的仪器共 252 台、价值 557 万元。同时加强医院的软件建设，完善各种规章制度和管理制度。1997 年，被评定为二级乙等综合性医院。

1997 年 10 月，创伤外科为主的外二科成立，设床位 25 张。当年，全院有工作人员 185 人，其中高级职称 12 人、中级职称 37 人，年门诊量 186371 人次，年收住院病人 1562 人次，痊愈好转率达 98.37%。

2003 年 10 月，市辖湖里医院与区辖江头医院隶属关系置换，湖里医院改属湖里区管理。

2007 年，湖里医院占地面积 4161 平方米，建筑总面积 6775 平方米，其中医疗用房 5894 平方米。是年，全院共有员工 207 人，其中卫生技术人员 181 人。临床设内科、儿科、外科、骨科、妇产科、针灸理疗科、皮肤科、口腔科、耳鼻喉科、麻醉科、手术室等科室。医疗技术方面设 X 光诊断室、检验科、病理诊断室、心电图室、B 超室、内窥镜室等科室。年诊疗人数 31.67 万人次，入院人数 3785 人次，出院人数 3776 人次，病床周转数 29.88 人次，治愈率 71.16%。

五、基层卫生机构

（一）禾山中心卫生院

1958 年 10 月，以禾山第一联合诊所为主要班底，郊区前线人民公社防保院在江头成立。1972 年 1 月，改称郊区前线医院。1980 年 11 月，改称郊区禾山中心卫生院。1987 年 11 月，改为湖里区禾山中心卫生院。有职工 70 名，其中医务人员 55 名。1999 年 10 月，改为江头医院。详见本章"区属医院"部分。

（二）湖里卫生所

1984 年 7 月设立。隶属开元区卫生局。人员编制 8 人。1987 年 11 月，划归湖里区卫生局。1997 年，改为湖里卫生院，编制 8 人。2001 年 4 月，下放至湖里街道办主管，改为湖里街道社区卫生服务中心。2001—2003 年，为差额拨款事业单位，2004 年，改为全民自收自支事业单位，取消人员编制（2008 年 2 月分离出医疗部分，改为湖里街道社区公共卫生服务中心，为全额拨款事业单位，编制 14 人）。

（三）村卫生所及社区卫生机构

1959 年 10 月，前线人民公社防保院在殿前、田头、坂上等 5 个村设防保分站，具体负责本片区的医疗和卫生防疫职能。

1969 年 7 月，5 个村防保分站改为大队合作医疗站。同时，蔡塘、后坑、五通、江头等大队亦相继设立合作医疗站。

1984 年，辖区境域的大队合作医疗站改为村卫生所。禾山乡辖 18 个村和 1 个居委会，全乡共设 19 个村（居）卫生所。同年 7 月，湖里街道办事处设立湖里卫生所，业务由开元区卫生局管辖。

湖里区建制后，原禾山乡和湖里街道所属基层卫生所划归区卫生局管辖。1998 年，辖区内禾山镇所有行政村均设立卫生所（室），其中枋湖村设立穆厝、枋湖、安兜 3 个医疗所，钟宅村设立 3 个卫生所，五通村设有 1 个村卫生所、4 个分所，县后村设 1 个村卫生所、5 个卫生室，其他各村最少设有 3 个卫生所或卫生室。

2003 年，全区设有社区卫生服务站 2 个，村（居）门诊部 18 个，村级卫生所 31 个。

2004 年禾山镇撤镇建街后，逐步健全社区医疗卫生网络。截至 2007 年年底，全区设有社区卫生服务中心 4 个、卫生服务站 9 个、医务室卫生所 72 个。

（四）企事业单位医疗卫生机构

建区前，辖区境域企事业单位医疗卫生机构主要有：三航六处卫生所（设殿前）、省安装公司三处医务室（设塘边）、省亚热带植物研究所医务室（设马垅）、厦门港务局高崎造船厂医务室（设高崎）、厦门市仪表机床厂医务室（设江头）、厦门师范学校医务室（设江头）、郊区禾山第一中学医务室（设塘边）等等。

建区后，厦门市卫生局根据市政府“治理医疗环境，整顿医疗秩序”的指示，按照开办医疗机构的基本条件和《厦门市工矿企事业单位卫生所（室）检查验收标准》，对全市企事业单位申报的医疗机构进行检查、验收、批复。1989 年，驻区企事业单位经审批同意开业的卫生所（室）共 34 个，分别为：第三航务公司第六公司卫生所、三航六公司一至三处各卫生所、三航六公司船队卫生室、华美卷烟有限公司卫生室、湖里民用房屋建筑工程公司卫生室、省水利工程局厦门工程处（枋湖）卫生室、厦门经济特区联发公司卫生室、省安装公司厦门分公司一至四队各卫生室、东南铝业有限公司卫生室、水电部闽江工程处卫生室、厦门金龙联合汽车有限公司卫生室、厦门盐业公司卫生室、福建亚热带植物研究所卫生室、厦门制氧厂卫生室、厦门港务局（高崎作业区、船舶修理厂、修建工程公司、建港指挥部）各卫生室、中航厦门工贸中心卫生室、省林业工程公司卫生所、民航厦门航务管理站卫生所、厦门高崎国际机场卫生所、东渡冷冻厂卫生所、省机械化公司卫生所、省三建公司卫生所、厦门万山汽车工业公司卫生所。至 2007 年，全区共有企事业单位卫生所（医务室）43 个。

六、私营医疗机构

清代，区境内坐堂中医有“老德安”“泰安堂”“民安堂”“济仁堂”等。清光绪元年（1875），原籍厦门鼓浪屿的西医雷近元和印度尼西亚归侨吕汝弼分别在江头、吕厝开设西医诊所。西医还有“魏志武诊所”等。这一时期知名私营医疗机构有：

振德医院　清宣统三年（1911）由西医谢振德创办，位于江头街埭岸头溪边。医院设有内科、外科、妇产科等。建院初期有病床、产床各 10 张，后医院扩建，病床、产床各增至 20 张。医院除一般的诊疗器械外，还有显微镜、化学药品分析仪器和常用手术器械及流产、助产器械等医疗设备。全院共有医职人员 15 名。医院平均日门诊量 30～40 人次，出诊 10～20 人次，每月住院病人 100 余人次。医院每月接生 200 人左右，是辖区境域第一家实行和宣传新法接生的医院。

维翰诊所　民国 18 年（1929）冬由吕维瀚创办，位于吕厝社。吕维翰民国 17 年毕业于上海医科大学，一度赴日本深造。民国 27 年，吕维瀚和当地开业医生黄水澄、林兴邦、叶主景等人组成“禾山抗敌救护队”。日军炮击何厝、五通沿海一带村庄时，吕维瀚等人赴现场抢救伤员。禾山失陷后撤往鼓浪屿，后经香港赴吉隆坡行医。民国 35 年 7 月返乡，复办“维翰诊所”。曾以银元 70 元和一批药品敷料支持中国共产党领导的游击队。厦门解放前夕在鼓浪屿避难。厦门解放后重返吕厝行医。1952 年 12 月，与禾山其他开业医师成立禾山第一联合诊所。

民国时期，境内禾山区先后共开设中医药局（诊所）34 家、西医医院（诊所）6 家、牙科诊所 7 家、药房 21 家、制药社 1 家。

解放初期，辖区境域增设秀峰诊所等个体诊所。

秀峰诊所 1950年由黄秀峰创办，设在“老德安药店”内。1956年，加入禾山第一联合诊所。

禾山区第一联合诊所 1952年12月，由江头街个体私立诊所联合组建。1956年，所有私营医疗机构均加入联合诊所。

1958年10月成立前线人民公社防保院后，不再有私营医疗机构。

1982年，区境内恢复个人申请开业行医。至1993年，全区共有个体行医诊所22家，执业医师22人。其中副主任医师1人、主治医师7人、初级医务人员14人。

2007年，全区共有私营医疗机构297家，其中规模较大的民营医院6家。私营医疗卫生机构中的工作人员有1815人，其中卫生技术人员1688人。卫生技术人员中有执业医师753人、助理执业医师250人、注册护士476人、药剂人员131人、检验人员65人。

附：湖里区民营医院选介

齐安堂 齐安堂系清道光二十六年（1846）由胡印川在永定忠坑（今永定县下洋镇中川村）创办的中医诊所。1995年，齐安堂的第七代传人移师厦门岛，在松柏创办民营医疗机构齐安松柏门诊部。松柏门诊部创办初期营业面积不到50平方米，仅有1位主治医师和1名护士。后来发展为面积600多平方米、资产投入达220万元的初具规模的综合性门诊部，每年诊治人数3万多人次。2001年后，结合厦门市社区卫生医疗服务的需要，先后开办齐安怡景社区卫生服务站、齐安口腔门诊部和齐安金尚社区卫生服务站。齐安怡景社区卫生服务站占地1000多平方米，资产投入235万元，开设内科、外科、儿科、妇科、中医科、全科诊室、B超、心电图、X光室检验科等10个诊室，在社区医疗中发挥重要作用。2002年开始全天候为居民诊治常见病。齐安口腔门诊部营业面积1400平方米，投资700多万元，拥有20台牙科综合疗椅等先进医疗设备，实现口腔治疗全程无菌。齐安金尚社区卫生服务站占地1200平方米，按照中医“养性情，养血脉；抒胸中气，散心中郁；天人合一，去病求通”的原理进行环境设计。2007年，齐安堂拥有4个门诊服务站，均为厦门市医保IC卡定点服务单位，总营业场所面积近2000平方米，投入资金400多万元，拥有200多名医疗职工队伍、50多名骨干医师，是厦门市第一家以连锁形式经营的民营医疗单位。

七、药品经营机构

清末、民国初期，区境内先后有“老德安”“泰安堂”“民安堂”“济人堂”“福安堂”等中医中药局（店）30余家，还有“齐芳药房”、“全有药房”、“耀明药房”等西药店10余家。民国24年（1935），菲律宾归侨陈世趾在江头开办“神州制药工业社”，加工生产中西医药品和化妆品，销往周边各地。

1949年11月，中国医药公司厦门支公司成立。随后，境内江头等地相继设有医药公司经营网点。1956年，厦门市供销社成立药材公司，并在禾山各乡分设门市部。

辖区境域的国药店，多自采自制中草药。前线公社防保院、卫生院、江头医院都有自办药厂或药剂室，自采、自种、自制、自用中草药，中西结合，配制药剂。1976年，前线公社有5个大队办药厂。同年，为配合市慢支协会防治慢性气管炎，公社组织3000多人上山采集11905公斤蒲姜草，提炼蒲姜油7.5公斤。当年，自制针剂5147支，冲剂373包，水剂202500毫升，片剂21560片，丸剂2445丸，药膏2024块，散1697包。江头医院自制中草药和药剂长年不断。

20世纪80年代中叶，恢复个体、私营药店。至2007年，全区共有药品经营门市部（药店）240家。

第二节　队　伍

解放初期，禾山区卫生所、禾山区第一联合诊所、禾山区公私合营联合诊所等医疗单位共有医疗卫生技术人员50余人。

1985年，区境内共有医疗卫生技术人员203人。其中禾山中心卫生院55人，湖里医院40人，乡村卫生所78人，企事业单位卫生室（医务室）30人。

1989年，区属医疗卫生机构有卫生技术人员89人，其中中医师、西医师、护师、检验师36人。随着外来务工人员的增加，开始出现私营医疗机构。1993年，辖区内私营医疗机构的医务人员有22人。为更好地提高医疗服务质量，扩大服务项目，在注重在职技术人员业务培训的同时，湖里区开始从外地区引进人才。2003年，区属医疗卫生机构的医疗技术人员增至199人，其中副主任医（护）师以上职称14人，主治（管）医（护、药）师62人。至2007年，全区共有医疗卫生技术人员2097人，其中国有、集体医疗单位326人，私营医疗单位1688人，其他体制医疗单位83人。全区卫生技术人员中，执业医师878人、助理执业医师286人、注册护士608人、药剂人员154人、检验人员96人、其他医技人员75人。区属医疗卫生机构中，副高级以上职称的专业技术人员有23人（详见本志第三十二篇第二章）。

1988年湖里区卫生系统在职人员结构统计表

表25-1　　单位：人

职称 单位	卫生技术人员数																		
	小计	中医师	西医师	护师	西药师	检验师	中医士	西医士	护士	助产士	中药剂士	西药剂士	检验士	其他中医	护理员	中药剂员	西药剂员	检验员	初级卫生人员
合　计	73	2	24	9	1	2	4	6	10	1	4	4	1	2	—	—	1	—	2
禾山中心卫生院	57	2	16	8	1	2	2	4	9	1	4	4	1	2	—	—	—	—	1
区防疫站	12	—	8	1	—	—	—	2	1	—	—	—	—	—	—	—	—	—	—
湖里卫生所	4	—	—	—	—	—	2	—	—	—	—	—	—	—	—	—	1	—	1

2007年湖里区卫生系统在职人员统计表

表25-2　　单位：人

机构 项目	总计	国有	私营	其他	湖里医院	妇幼保健所	疾病预防控制中心	社区卫生服务中心	社区卫生服务站	民营医院	门诊部	诊所	其他机构
卫生技术人员	2097	326	1688	83	181	49	24	97	127	292	490	754	83
执业医师	878	107	753	18	53	16	13	32	42	112	216	376	18
执业助理医师	286	31	250	5	13	6	—	15	21	36	81	109	5
注册护士	608	122	476	10	78	18	4	29	27	108	136	198	10
药剂人员	154	23	131	—	14	2	1	8	18	24	30	57	—
检验人员	96	29	65	2	13	7	5	6	10	12	27	14	2
其他	75	17	10	48	10	—	1	7	9	—	—	—	48

第二章 医疗卫生防疫

第一节 医 疗

一、巡回医疗和社区医疗

光绪三十一年（1905），厦门“益同人施诊所”的陈瑞坤中医在江头街设立分诊所。

民国29年（1940）日伪当局在江头街设立巡回医疗点。

民国35年（1946）设立禾山卫生事务所之后，卫生医务人员在辖区境域发生疫情时，到疫区救治患者，为村民注射疫苗，开展消毒工作。

20世纪50年代初期，禾山第一联合诊所和江头乡卫生所，坚持下乡为群众送医送药。1958年，在“八二三”炮战期间，江头乡卫生所派出6名医护人员在前沿阵地设立医疗救护站，到防炮洞里为群众看病治病，包扎抢救伤员，为部队伤员献血输血。医疗站还开办2期防毒气救护训练班。

60年代后期，前线公社卫生院贯彻执行毛泽东关于“把医疗卫生工作的重点放到农村去”的重要指示，学习房道公社“扁担医院”的经验，抽调1/3人员下生产队开展巡回医疗。在第一期的4个月中，医疗队走遍全公社17个大队，为社员手术疝气、阑尾炎等外科和五官科手术320人，协助大队“赤脚医生”诊治500多名病人，为176人进行化验，为1080名妇女做妇科普查。

图25-1 社区义诊

1976年10月，前线公社卫生院实行医务人员和赤脚医生定期轮换制，即医务人员到大队当赤脚医生，大队赤脚医生到卫生院实习，提高医疗水平。定期轮换每期时间定为半年。

2000年4月、8月，江头医院先后组建2个医务小组，深入到禾山镇各村、社，开展预防、医疗、保健、健康教育综合服务，为2万多名18岁以上的成年人进行健康体检，并建立辖区居民基础健康档案。

2004年后，下乡巡回医疗逐渐被健全社区医疗网络替代。区卫生部门承担为辖区内居民提供基本医疗、预防保健、计划免疫、健康宣教等服务，开展产妇回访、入户巡诊、礼仪式接待服务、建立服务热线随时指导、开办妇女卫生保健知识讲座等活动，把医院的医疗服务延伸至社区。

二、临床医疗

民国时期，设立于江头的振德医院有内科、外科、妇产科等，以医治内科各种疾病、外科小手术、性病和助产接生而闻名。医院平均日门诊、出诊量40～60人次。

1958年10月，区境内创办的前线人民公社保健院设中医科、西医科、牙科、产科等，年门诊量2万余人次。1963年，防保院开设病房，添置病床20张，年接受住院病人500余人次。1972年，防保院改称为卫生院后，增设中医外科、骨伤科和五官科，病床增至50张。1984年，卫生院年门诊量7万余人次，住院病人2000余人次。

1987年，厦门市区划调整后，湖里区综合医疗服务项目不断扩展。2000年，江头医院由门诊部、住院部两部分组成。门诊部设急诊科、内科、外科、妇产科、儿科、中医科、五官科、眼科、骨伤科、口腔科、肛肠科、皮肤科等12处临床诊室，以及B超、彩超、放射科、病理科、检验科、心电图、胃镜室、针灸理疗科、药剂科等9个医技科室，综合年门诊量达13.28万人次。住院部设内科、外科、妇产科、骨伤科、儿科病房和手术室等，年住院量达6000余人次。同年，湖里医院全年门诊量达18万余人次、收住病人2500余人次。临床服务设内科、儿科、外科、骨科、皮肤科、口腔科、耳鼻喉科、麻醉科、手术室等科室、医疗技术服务方面设X光诊断室、心电图室、B超室、内窥镜室等科室。

2004年，全区有医疗机构155家（含社会医疗机构150家），其中区属医院1家，社区卫生服务中心1家，卫生防疫、妇幼保健、卫生监督机构各1家。是年，湖里医院总诊疗量21.9万人次，其中门诊17.2万人次，急诊4.7万人次；观察室收容病人2.38万人次，健康检查3.76万人次；住院病人手术714人次，入院病人3858人次，出院病人3888人次。

2007年，全区共有医疗机构352家，其中综合、专科医院6家，社区服务中心4家，门诊部25家，妇幼保健院1家，疾病预防控制中心1家，诊所270家，其他机构45家。全区全年完成诊疗人数45.19万人次。是年，湖里医院诊疗病人18.19万人次，入院病人2734人次，出院病人2728人次，住院病人手术1017人次，治愈率70.67%，入院病人死亡率0.22%，病床周转率27.28%。

三、妇幼门诊

2000年，诊治门诊病人12002人次。其中，内儿科1133人次，妇科1488人次，妇科小手术共103人次，波姆光治疗56人次。医技科全年完成9222人次，其中化验7500人次，B超1127人次，心电图360人次，乳透235人次，斜视、弱视治疗320人次。

2001年，内儿科门诊5726人次，全年妇保科接诊11200余人次，上环、人流、取环、清宫、通水实验等小手术共500人次。医技科B超检查1629人次，心电图103人次，乳透284人次。乳腺治疗50人次。人体生物钟监测50人份。检验科全年完成11620门诊人次。

2002年，内儿科医疗保健门诊6322人次。妇科治疗148人次。医技科B超检查3894人次；心电图检查74人次；乳透150人次；乳腺治疗15人次。人体生物钟监测788人份。检验科完成15832人次检查。

2003年，内儿科门诊6978人次。妇保科进行妇检9233人次，上环等小手术共628人次。对3068人进行婚前医学检查。医技科B超检查4543人次，心电图检查218人次；乳透105人次。检验科完成24459人次，教师体检1075人次。

2005年，内儿科接诊17186人，进行保教人员体检1325人。B超室接诊14217人次。检验科接诊31668人次。

2006年，妇保科全年接诊44930人，儿保科全年接诊69266人，内儿科全年接诊23174人，进行保教人员体检1285人，B超室全年接诊11900人次。检验科接诊43230人次，同时配合儿保科进行入园入托体检14123人。放射科接诊2245人。

2007年，妇保科共接诊52430人次。内儿科接诊人次28484人次；B超室接诊24490人次，其中彩超5025人次，心电图6968人次，检验科接诊人次80128人次，放射科完成摄片及透视2568人次。

第二节 疾病预防与控制

一、传染病预防控制

（一）疫情

清朝中晚期，烈性传染病爆发一度成为辖区境域的蔡塘、东渡、乌石浦等地族姓变更的主要原因。旧时将烈性传染病爆发引起的人口减少归咎于“风水不好”。

清末，后埔的顾厝、前刘自然村发生鼠疫。

清光绪元年（1875），禾山大疫。

清光绪十四年，蔡塘发生瘟疫（鼠疫）。

清光绪二十二至二十五年，连年发生鼠疫。

清光绪二十七年，发生鼠疫。

清宣统元年（1909），赤痢、天花、霍乱、鼠疫流行。

清宣统二年，蔡塘发生瘟疫（鼠疫）。

清宣统三年，发生疫情。

民国2年（1913）秋，发生鼠疫。

民国35年5月，禾山埔仔、墩仔、高崎等地发生鼠疫；6月，江头、后埔发生霍乱。

民国36年2月，寨上社、殿前社、霞边社、村里社、徐厝社、江头街发生脑膜炎、恶性疟疾等疫情。

民国37年1月，田头社发生脑膜炎；7月，田头社发生霍乱；12月，吕厝社禾光小学、江头街发生天花。

据《厦门市卫生志》记载：1950—1987年，辖区境域发生的传染病有白喉、儿童百日咳、麻疹、流行性乙型脑炎、猩红热、流行性感冒等，大多为散发性病例。

湖里建区后，据卫生部门的监测，发生的传染病有：

1990年，个别小学发生麻疹病例。

1991年9月，县后村发现2例肺结核病例。

1994年8月12日—9月21日，发生散在分布的霍乱流行，确诊病例15例，其中外来人口12例、本地人口3例。

1996年，发生传染病213例，其中肝炎118例（甲肝34、乙肝71）、痢疾44例、伤寒和副伤寒1例、淋病18例、梅毒12例、麻疹9例、猩红热7例、肺结核4例。

1997年，发生传染病174例，其中肝炎131例、痢疾23例、淋病10例、梅毒3例、麻疹3例、肺结核4例。

1998年，后坑外来务工人员发生霍乱2例。

2003年4月1日，太古飞机维修工程有限公司派驻香港返回人员中发现2例输入性非典型性肺炎病例。

2004年8月，据辖区医院初筛报告，省、市疾病预防控制中心确认，发现首例妊娠合并HIV（外来）感染病例。当年全区传染病发病数1839人；应急处理突发疫情8起，其中麻疹暴发3起，水痘暴发4起，流感暴发1起；新生儿破伤风疫情主动监测3例病例，均为外来人口在家接生引发病例；流行病学调查临床麻疹病例188例，血清检测阳性数132例；霍乱监测共301份，无阳性标本；高危人群艾滋病监测200份、医院性病门诊监测200份，均未发现阳性标本。

2005年，湖里区报告传染病发病总数2485例，其中无甲类传染病报告，报告乙类传染病1977例，丙类传染病508例，死亡病例23例。加强艾滋病监测，采集400人份高危人群血清样本送市疾控中心检测，未发现阳性标本。区疾控中心对各市场和外环境进行抽样采样，全年监测645份（其中：外环境307

份，食品 33 份），均未发现阳性标本。哨点监测单位全年肠道门诊例数 1484 例，粪检数 1394 例，粪检率 93. 9%，均未检出霍乱弧菌。

2006 年，全年报告传染病发病总数 2513 例，其中无甲类传染病报告，报告乙类传染病 2033 例，丙类传染病 480 例；霍乱抽样监测 351 份（其中外环境 147 份、食品 204 份），均未发现阳性标本；哨点监测单位 1—9 月肠道门诊例数 803 例，粪检数 728 例，粪检率 90. 7%，均未检出霍乱弧菌；对 15 家娱乐场所进行高危人群健康干预活动，采集 400 人份高危人群血清样本进行艾滋病检测，未发现阳性标本；开展禽流感血清学监测 100 人份，未发现阳性标本。

2007 年，全年报告传染病发病总数 1790 例，其中无甲类传染病、非典型性肺炎、人禽流感、猪链球菌病等及以上疑似病例报告，报告乙类传染病 1454 例，丙类传染病 336 例。霍乱抽样监测 374 份（其中外环境 181 份、水产品 193 份），均未发现阳性标本。开展禽流感监测，对禽类高暴露人群（高崎活禽交易市场）进行血清学监测，共采集 80 人份血标本，送省疾病控制中心检测，未发现阳性标本。哨点监测单位的市中医院和湖里医院全年肠道门诊例数 863 例，均未检出霍乱弧菌。开展高危人群（性病门诊）的血清学监测工作，采集 556 人份高危人群血清样本，初筛未发现阳性标本。截至 2007 年年底，湖里区共有 10 例 HIV 感染者，其中 7 人在访，3 人失访，3 人在 6 月份进行 CD4 检测；累计督导结核病人 486 人次，共发现外来人口结核病患者 255 人。

（二）预防控制

民国 35 年（1946），辖区境域天花、霍乱、鼠疫等传染病流行，省防疫大队驻厦工作队和禾山卫生事务所负责对病人进行救治，同时对发病区域的住民开展疫苗注射。烈性传染病发病者由市隔离医院收治。民国 35 年（1946）9 月 20 日，厦门市政府与英国政府联系，由英国空军派出一架飞机，从高崎机场起飞，为禾山区喷洒 DDT 溶液，消灭蚊蝇，防止疫病传播。

民国 35 年后，禾山区相继发生江头街疟疾爆发并发现霍乱、脑膜炎，殿南保、高崎发生鼠疫，湖里保发现恶性疟疾和脑膜炎等疫情，禾山警察分局和禾山卫生事务所组织各保开展大扫除、清理沟渠，省防疫大队驻厦工作队和禾山卫生事务所组织卫生人员在公共场所喷洒 DDT。住户需喷洒 DDT 的可事先申请、自备煤油或汽油等溶剂，请卫生人员配制消毒液上门消毒。

厦门解放后，辖区境域的卫生防疫工作由厦门市人民政府 1950 年 2 月成立的市防疫卫生委员会禾山区分会负责。人民政府制定“预防为主”的医疗方针，大力开展传染病的防治，从根本上提高人民群众的健康水平。

1950 年开始，市、区卫生部门对全区进行 1 次牛痘全面接种和 4 次补种，接种 62001 人次；注射霍乱、伤寒疫苗 3 期、55311 人次；注射鼠疫疫苗 2 期、53660 人次；注射白喉类抗毒素 3 期、7379 人次。对全区饮用水普遍进行漂白粉消毒。至 1953 年，基本消灭天花、霍乱、鼠疫等急性传染病的群发。

1960 年 10 月，前线人民公社辖区多名社员发生浮肿病。中共郊区工委派出医务人员进行检查和治疗。同时下达文件，要求合理安排口粮标准，反对干部和食堂炊事员生活特殊化，改善社员生活条件；减少社员集体生产时间，降低劳动强度，控制疾病特别是传染病的蔓延。

1974—1976 年，前线公社卫生院连续 3 年组织人员下队，配合不脱产卫生员开展喷喉、滴鼻，控制流脑的发生和流行；夏秋乙脑流行期间，发动社员煮“清凉茶”，防止发生乙脑。对全公社 900 多个饮用水源进行漂白粉消毒，并在沿海、交通要道的 10 个大队设立肠道门诊，防止以霍乱为主的肠道传染病发生。3 年间，接种霍乱疫苗 31348 人次、乙脑疫苗 19834 人次、钩端螺旋体疫苗 18670 人次、卡介苗 3700 人次。公社卫生院于 1976 年建立疫情报告制度。

1988 年，全区传染病发病率为 523. 56/10 万。从 1993 年起，区政府及时调整充实传染病防治领导小组成员，加强领导，做好防制传染病的卫生知识宣传，强化对环境水源、各类海、水产品的监测，辖区内各医疗单位设立专项传染病抢救小组，提前准备各种防治药品及做好收治抢救的应急措施，全区传染病总发病率逐年下降。

1994 年 8 月发生确诊霍乱病例 15 例后，全区相继成立各级防治肠道传染病领导小组，除积极收治、抢救病人和开展流行病学调查外，组织防治培训班，广泛发动群众进行卫生大扫除，对疫点周围的环境和饮用水进行大面积的监测和喷杀消毒，一周内共投入漂白粉2.8吨、药品1800多片，有效的控制疫情的传播。

2003年春，广东、北京等地发生“非典型肺炎”（SARS）。湖里区成立防治“非典”指挥部和镇（街道）、村（居）防治“非典”应急分队，制定防治预案，开展防治工作，对疫区流入人员进行登记报告和健康监控，设立发热门诊，对发热可疑病人隔离治疗。除了2例外来性病例之外，全区没有发现疑似和确诊“非典”病例。

2004年2月，根据卫生部“关于加强禽流感监测和防治工作的通知”精神，区卫生局落实相关防治措施，执行24小时防禽流感值班制度，至6月15日，全区未发现禽流感病人。

2005年，区卫生局实行从9月18日起至11月1日对湖里区的霍乱防治工作情况进行逢双日12：00前向市卫生局报告制度。区卫生监督所开展对餐饮业、市场水产品摊位、桶装直饮水企业、中秋月饼等食品生产经营单位的专项检查和整治，共检查食品生产经营单位5000多家，分发预防防治肠道传染病等宣传材料5万多份，处罚桶装直饮水不合格企业3户共2000元。区卫生监督所与区教育局组成联合检查组，于9月19日起分5组对辖区内的中小学、幼儿园食堂、学校周边餐饮店及食杂店、为学校提供集体供餐的生产经营企业进行学校食品卫生专项检查。其间，共监督检查学校食堂116所（其中：中学3所、公办小学11所、民办小学15所、民办幼儿园87所），学校周边餐饮店及食杂店214户，开出《卫生监督意见书》116份，现场检查笔录28份，对5家幼儿园进行处罚，共罚款人民币2600元，销毁“三无”食品41.5公斤。同时检查二次供水和游泳场75户次。

2006年，通过宣传咨询、抽样检查、哨点监测、举办防治知识培训班等形式，增强居民的防病意识和能力，对重点传染病做到早发现、早隔离、早治疗。对15家娱乐场所进行30次高危人群健康干预活动，对近千人次的服务人员进行艾滋病性病防治及健康知识的教育宣传，知识问卷调查200多人，发放小礼品100多份、安全套近2000个；开展街道结核病督导17次、居委会督导25次，督导结核病病人320人次，疫情监测疑似肺结核病人969人，追踪病人507人，举办结核病防治知识培训班4次，培训76人次，发放乡村医生指导手册125册、结核工作日志135本、其他宣传材料4000份。

2007年，开展禽流感监测，对禽类高暴露人群（高崎活禽交易市场）进行血清学监测。开展高危人群（性病门诊）的血清学监测工作和艾滋病自愿咨询检测工作，共接受咨询172人次，146人接受检测。对9家娱乐场所进行高危人群艾滋病干预活动，共发放宣传资料603份，干预人数258人，进行问卷调查和分析上报。对辖区内的HIV感染者按规定进行定期随访。做好第五轮全球基金外来人口结核病防治项目试点，为外来人口结核病患者初治涂阳62例、复治涂阳4例。发放结核病贫困患者交通费补贴356人次、28440元，营养补贴169人次、27586元。

二、地方病防治

湖里建区前，辖区境域的东渡、濠头历史上为“大肚桶”病（血吸虫病）多发区，民谣称：“东渡东渡，不是臭脚，就是大肚。”1958年，后经过治疗、预防，血吸虫病基本绝迹。

境内的地方病有碘缺乏病（地甲病）、地氟病（地方性氟中毒）与麻风病。

（一）碘缺乏病（地甲病）防治

1982年普查，禾山公社患病率0.36%。防治碘缺乏病的主要办法是开展大规模的食盐加碘，对特需人群（儿童和孕妇）施以补碘。

1994年10月1日，国务院颁布《食盐加碘消除碘缺乏危害管理条例》，区政府组织卫生、工商、经贸等部门开展打击非碘盐专项治理活动，广泛推广碘盐供应。

1995年后，区卫生防疫站对全区中小学生和孕妇施以每年一次补碘。1997—1999年，连续3年全区进行先后3次大规模的碘缺乏病监测。2000年，湖里区通过省消除碘缺乏病工作的评估考核。是年，对居民户的食盐进行采样监测，合格碘盐使用率达98%以上。随后，对学校8～10岁儿童进行两年一次的碘缺乏病抽样调查，甲状腺肿大率<5%，尿碘≥100ug/L，未发现尿碘小于20ug/L的儿童。通过实施以食盐加碘为主的综合防治措施，全区实现省消除碘缺乏病的阶段性目标。

2007 年，区卫生防疫部门抽查 5 个街道 36 个社区共 288 户居民的食用盐，合格碘盐食用率为 99.65%。

（二）地氟病防治

1982 年普查，禾山公社患病率 1.2%。主要通过改造饮用水加以防治。1985 年开始，全区农村逐步开展改水工作。1995 年，全区改水工程完成，全区居民全部用上自来水。至 2007 年，全区无发现地氟病例。

（三）麻风病防治

麻风病俗称“癞哥”。民国 35 年（1946）1 月调查，禾山区有麻风病人 6 名。20 世纪 50 年代初期开始对麻风病人实施隔离治疗。1994 年 11 月，在市第一医院皮防科组织协调下，进行麻风病的防治工作，并通过基本消灭麻风病省联合考核小组的验收。截至 2007 年，辖区内个别麻风病人统一由同安皮肤病防治院专门收治麻风病人的门诊分院治疗。该门诊分院同时承担辖区内康复病人的保密性观察工作。

三、儿童计划免疫

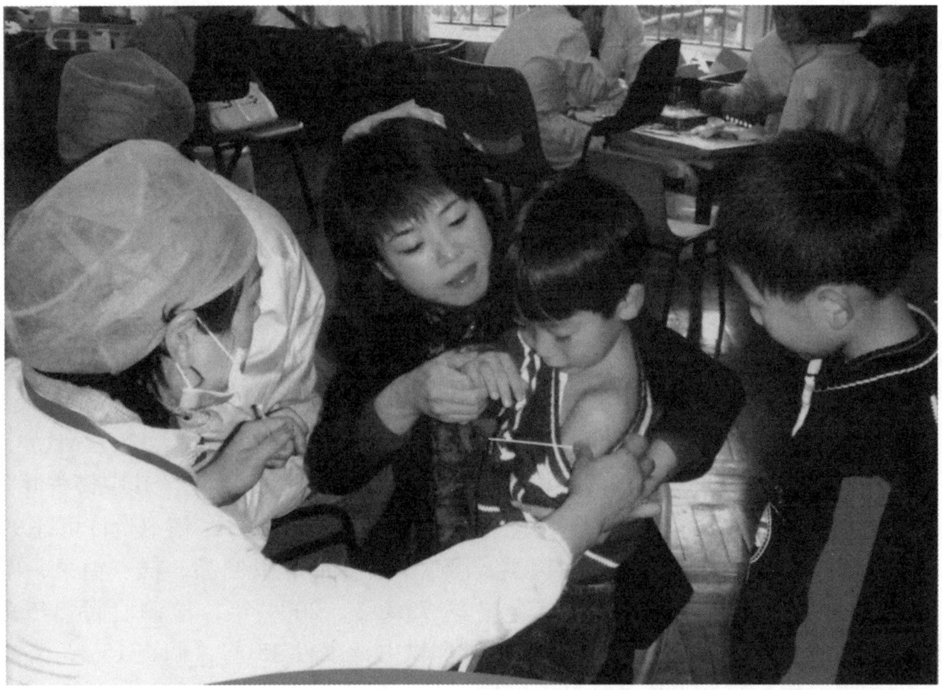

图 25-2　儿童防疫接种

1979 年，辖区境域卫生防疫部门开始开展儿童计划免疫工作。

1988 年，区卫生防疫站成立，各种生物制剂一律从市站进货，并做好冷链质控和管理工作。全区 8 台冰箱/冰柜的冷链设备都有专人负责管理，每台冷链设备配有温度计，所有冷藏室和冷冻室的冰箱和冰衬冰箱（常温冰箱）配 2 支温度计。每台冰箱/冰柜都设有一张独立温度记录表。每天 2 次查看并填写温度记录表。同年，全区在湖里、禾山、禾山中心卫生院及东渡设立 4 个接种点。2006 年 1 月，配备发电机，停电时及时发电，做到苗不离冰。同年，配备冷链车，运苗过程登记疫苗运输记录表。准确无误地进行疫苗进出仓、批号登记等冷链管理工作。

1989—2003 年，全区儿童“四苗”（卡介苗、脊髓灰质炎疫苗、百白破三联菌苗和麻疹疫苗）接种均超过应种数 98% 以上，达到卫生部颁布的标准。

2004 年后，全区历年所有免疫规划疫苗接种率均达 95% 以上，乙肝疫苗首针及时接种率达 90% 以上。每年进行计划免疫相关疫苗的接种率调查，对免疫薄弱点及国家计划消灭的传染病进行强化免疫及查漏补种。2005 年 6 月起，湖里区实行第一类疫苗免费接种，第二类疫苗自愿有价接种。2006 年 3 月，区疾控中心购买瑞风疫苗冷链运输车一部。

2007 年，全区所有儿童基础免疫疫苗接种率均在 99.85% 以上，全区所有儿童加强免疫疫苗接种率均在 98.57% 以上。

第三节　卫生监督监测

一、食品卫生

1983年7月1日，区境内卫生监督部门便着手开展对食品行业从业人员进行定期健康检查。1984年，厦门市郊区（含禾山乡）共体检2853人，占应检人数的90.5%，发现患有“五病”（痢疾、伤寒、病毒性肝炎、活动性肺结核、化脓性和渗出性皮肤病）人员250人，均责令有关单位将其调离食品生产经营岗位。

1989年，湖里区首次开展食品生产经营单位从业人员健康体检。区卫生防疫站邀请杏林区卫生防疫站人员协助做检验工作，全区共体检1444人，查出“五病”人员50人，体检合格率96.5%，对体检不合格人员提出调离食品生产经营岗位。

1990年起，区卫生监督部门开展餐具状况调查。是年，抽查饮食、服务业、机关及企事业单位食堂等370家，合格142家，合格率44.4%。此后根据工作安排形成定期和不定期相结合抽查制度化。

1992年，区卫生防疫站举办4期食品行业从业人员卫生知识培训，共培训1068人，培训率达75.4%；办理健康证1942人，占从业人员1999人的97.1%；发现“五病”34人，均调离岗位。6月，市、区食品卫生监督员在全区进行食品卫生大检查，共查饮食店46家，食杂店32家，粮制品店7家，食品加工店3家，其中发现未办证5家，已办证未年审9家，分别给予警告和教育。7月，市人大、市政协组织视察辖区部分食品行业，对禾山食品厂等不符合食品卫生法要求的单位提出批评。区卫生局、区防疫站、区经贸委先后3次到禾山食品厂监督指导该厂落实整改措施。该厂对加工场所进行装修，增设防蝇窗及洗手池等，经过整改后基本符合卫生要求。是年，区防疫站抽调食品卫生监督员配合有关部门对福厦文明路段进行检查，对福厦路和新办证的饮食店按上级规定配备餐具消毒柜及灭蝇防蝇设施，对湖里片饮食店、食杂店统一发放食品卫生管理制度及监督电话。经省文明路大检查，认定食品卫生方面合格。

1995年，区卫生监督部门共检查食品生产经营行业1200家，其中警告并限期改进311家，没收、销毁变质食品45家，经济处罚277家，责令停业整顿106家，吊销卫生许可证9家。

2001年，区卫生监督部门对肉类、冷饮、调味品、豆制品、糕点糖果、面制品、纯净水进行抽查检验、共抽检41份，合格31份，合格率75.6%。2004年，检测食品345份，合格320份，合格率92.75%。2005年，区卫生部门调查疑似食物中毒事件15起，调查15起，涉及人员132人，采样8份，查明中毒原因5起。2006年年初，制定《湖里区疾控中心重大食物中毒事故应急处理预案》，为处理辖区内重大食物中毒事件的应急工作建立长效处理机制。是年，全区发生疑似食物中毒事件12起，调查12起，涉及人员45人，采样6份，查明中毒原因5起。

2007年，全区完成食品、公共场所从业人员体检共16005人份，合格发证15676人，检出“五病”人员329人，体检合格率97.9%，对体检合格的从业人员均出具健康证明。同时，进行食品微生物检测155份，合格率92.9%。开展饮食店、公共场所的餐具、饮具、卫生用品大肠菌群检测103家、914份，合格率77.2%，完成一次性使用卫生用品生产环境检测3家、62份，合格率100%。接受学校餐具委托检测16家，其中幼儿园食堂12家，小学食堂4家。合计检测餐饮用具131件，合格118件，合格率90.1%。

二、环境卫生

（一）饮用水卫生

1990年，区卫生防疫站对全区简易自来水12座，水井1371口全部用漂白粉进行消毒，并在湖里、海天路、东渡设立3个自来水监测点。1995年，全区农村改水达100%，湖里区被全国爱卫会评为全国农村改水工作先进区称号。1999年14号强台风过后，卫生防疫站对安兜水厂、金山水厂进行全面监测，确保灾后居民的饮用水卫生。2001 年，在高殿村寨上航空果品公司和区妇幼保健院设立 2 个末梢水水质监测点，常年开展末梢水水质监测。2003 年，扩大到 8 个监测点，每月监测两次，检测 8 个项目，每年检测 192 份水样。2005 年，开展两次供水检测 75 户。2006 年，开展辖区二次供水水质调查，抽检 5 个街道的供水单位 31 家，检验结果合格 29 家，合格率 93.5%。

（二）游泳池水质卫生

2005 年，开始开展游泳池水质卫生调查。当年对 7 份水质进行细菌学检验，合格 7 份。2006 年，检测游泳池经营单位 13 家，项目包括游离性余氯、pH 值、浑浊度、细菌总数、总大肠菌群。结果合格 6 家，合格率 46.2%。2007 年，游泳池水等水质检测 34 份，合格率为 100%。

（三）公共场所监测

1989 年，区卫生监督部门对辖区公共场所经营单位 32 家进行卫生建档管理，卫生许可证由厦门市卫生防疫站代为办理，1990 年，增至 127 家。2001 年，对 15 家公共场所经营单位进行监测，合计监测 157 项次，合格 116 项次，合格率 73.88%。2005 年，监测公共场所经营单位 56 家，监测项数为 1682 项，合格项数为 1547 项，合格率 92.0%；用品、用具监测 547 件，合格 504 件，合格率 92.1%。2006 年，抽检 42 家，172 点，1454 个项目，其中合格 1341 项，合格率为 92.2%。用品、用具监测 56 件，合格 56 件，合格率 100%。2007 年，完成饮食店、公共场所的餐、饮具、卫生用品大肠菌群检测共 103 家、914 份。合格率 77.2%。完成一次性使用卫生用品生产环境检测 3 家、62 份，合格率 100%。

三、学校卫生

1989 年，开始指定专人兼职负责学校卫生工作。对辖区内 2 所中学和 16 所小学的 6920 个学生进行驱蛔虫治疗，并对 7 家课间餐生产单位进行卫生监督。开展小学和幼儿园儿童的乙肝表面抗原的普查，共检查 1213 人。对其中 573 名表面抗原阴性者进行疫苗接种。1990 年，对 3 所中学和 16 所小学的学生进行驱虫治疗，对 3000 多名学生进行灭虱治疗。

1997 年，开展学生常见病的综合防治和学校集体用餐的卫生监督。对学生进行驱虫和补碘，全区 23 所学校有经营食堂的 21 所，其中 11 所基本符合卫生要求的发放卫生许可证。

2001 年，对区属 22 所学校进行调查，共有学生 14019 人，校医或保健老师 22 人。建立健全学校卫生档案；以文件形式确定东渡小学为学生健康监测点。开展学校食堂餐具消毒效果监测：22 所小学采样 176 件，合格 101 件，合格率为 57.39%；9 所幼儿园采样 72 件，合格 54 件，合格率 75%。同时，在“六一”节和高考期间还对学校周围进行食品卫生专项检查。2004 年，对东渡小学和康乐小学 1551 名学生进行健康监测，体检 1469 人，学生因病缺课天数为 1978.5 人天，身高上等 254 人，下等 63 人；体重上等 378 人，下等 78 人；营养不良 483 人，肥胖 138 人；视力不良 993 人，恒牙龋齿人数 278 人，贫血 9 人。

2005 年卫生监督所成立后，与区教育局组成联合检查组，于 9 月中下旬开始分 5 组对全区中小学和幼儿园食堂、学校周围食品餐饮店等进行专项卫生检查，共查学校食堂 116 所、学校周边食品餐饮店 214 家，开具《卫生监督意见书》116 份，对 5 家幼儿园当场罚款 0.26 万元。同时，做好中考、高考期间的食品安全工作。

2007 年，区卫生局把学校食堂卫生工作纳入食品卫生量化分级管理，要求有条件的学校食堂按食品量化分级 B 级管理。全年共组织 4 次学校卫生专项监督检查，重点检查学校和幼儿园的食堂及学校周边餐饮店卫生许可证，从业人员健康证；开展学校周边食杂店的拉网式食品卫生专项检查；配合区教育局组织的“2007 年湖里区民办学校年检”行动，共检查中小学、幼儿园 348 家次，开办 2 期学校卫生知识培训班，推进学校各项卫生制度的落实。

四、劳动卫生监督与职业病防治

1990 年 12 月，区卫生局配合区安委会对辖区内的 54 家企业进行卫生监测。

1991 年，开始按照国家的有关劳动卫生规定，对工人劳动环境的各种有害因素进行卫生监测，使全区企业的劳动卫生状况得到一定的改善。1994 年，对 12 家区、镇街、村办企业的有害作业点进行卫生监测，对不符合要求的给予限期整改。

1998 年，对 14 家工厂企业的职业危害因素进行监督检查并监测，布点 44 个，其中粉尘合格率为 66.7%、化学因素（三苯）的合格率为 77.8%、物理因素（温度、湿度、风速、照度和噪声）的合格率为 87.5%。是年 9 月 22 日，枋湖村安兜社发生一起 3 人急性中毒致死的事故，经区卫生防疫站与市防疫站劳动卫生科人员调查，确认为咸菜池急性硫化氢中毒。2001 年，对 14 家三资企业和 4 家乡镇企业进行生产环境有害因素的测定，共布点 60 个，合格 51 个，合格率为 85%。从 2003 年开始，开展企业的职业危害因素申报工作。全年共有 28 个企业申报有害因素。年底，在区安监局、各街道的配合下，对辖区内的树脂工艺品、家具制造、制鞋、石材加工、陶瓷加工等进行职业卫生监督监测。

2005 年，根据省职业病防治检查工作方案，对有申报的 29 家企业进行职业病防治情况监督检查，通过问卷调查、检查档案和现场检查发现，接触有害化学因素有 2048 人、物理因素 950 人、粉尘 419 人，对于 28 个不按规定落实职业病防治措施的单位开具《卫生监督意见书》。

2006 年，重点监测树脂工艺品、家具制造、制鞋、石材加工、陶瓷加工等行业企业，共检查企业 26 家。布点监测粉尘浓度 16 点，合格率 68.76%；布点监测毒物 39 点，合格率 92.31%；布点监测物理因素 48 点，合格率 72.92%。

2007 年，检查存在职业危害因素的企业 25 家。布点监测粉尘浓度 19 点，合格率 94.7%；布点监测毒物 11 种 130 点，合格率 95.4%；布点监测噪声 34 点，合格率 52.9%。

第三章　妇幼保健和爱国卫生运动

第一节　妇幼保健

一、妇女保健

（一）孕产妇保健

清宣统三年（1911），振德医院开设妇产科，先后招收、培训 8 名助产士、助产生开展新法接生，这是辖区境域最早从事妇幼保健的医疗机构。20 世纪 20 年代初，国民政府开始制定职业妇女保健的有关规定，妇女分娩、流产、小产分别给假 2 个月、1 个月、半个月，产假期薪金照发。但辖区境域少有职业妇女，有关规定并未执行。

解放后，卫生部门通过设立新法接生小组、举办产婆培训班，推行新法接生。1950 年，开办 3 期旧产婆培训班，培训 105 人，旧法接生基本绝迹。1950 年后，人民政府设立各级妇幼保健机构，专业从事妇幼保健工作。湖里妇幼保健院及其前身负责全区妇幼保健工作的技术指导，主持开展辖区内妇幼保健技术人员的培训。

1952 年起，辖区境域机关事业单位和国营、集体企业女职工根据国家的有关规定，在孕产、哺乳期间享受相应的优待。人民政府设立各级妇幼保健机构，专业从事妇幼保健工作。1956 年开始，每年为妇女进行一次妇科检查。

1960 年，辖区境域的女社员根据农村人民公社的有关规定，在每个生产队配备妇女队长，负责协调女社员保健工作：怀孕 3 个月内及 7 个月以上者，不做重活、弯腰活；经期妇女不下水田；哺乳期，安排近活，授奶时间，不扣工分；妊娠期，给予合理休息，营养补给；患更年期综合征妇女，给予药物治疗休息。规定产妇休假 1 个月，难产者可增加 10～15 天，流产、早产 15～20 天。

20 世纪 50—70 年代，妇幼保健主要以推广新法接生、妇女“四期”（月经期、怀孕期、分娩期、哺乳期）保健为主要内容。80 年代后，增加优生优育、疾病预防、健康教育等内容。

1989 年湖里建区之初，设立妇幼保健部门，负责湖里区孕产妇和儿童保健工作。

1990 年，全区 26 个村（居）委会纳入孕产妇系统管理，未发生孕产妇死亡。1—10 月，孕产妇 901 人，建卡 374 人，建卡率 41. 5%。产检率 99%，平均人次数 3. 02 次，产检三次以上 529 人，占 59. 17%，产后访视 265 人，访视率 29. 14%。3 次以上访视 57. 36%，高危孕妇 39 人，建立专案管理转归 15 人，围产儿死亡 4. 42%，比上年同期有所下降。1992 年，妇幼保健系统管理工作网络形成，覆盖率 100%，孕妇建卡数 744 人，建卡率 100%；1993 年，孕管 614 人，管理率 100%，无发生孕产妇死亡。1994 年，实行孕产妇系统管理的村（居）委会 27 个，孕产妇 363 人，系统管理率 81. 2%，新法接生率达到 100%。1995 年，全区孕产妇数 601 人，其中系统管理 387 人，管理率为 63. 39%，筛查高危产妇 112 人，专案管理率 100%。1996 年，贯彻《中华人民共和国母婴保健法》《福建省禁止非医学需要鉴定胎儿性别的规定》《女职工劳动保护规定》《女职工劳动保健工作规定》《母乳代用品销售管理办法》《省计生管理条例》等保护妇女、儿童的有关法律法规后，妇幼保健工作开始进入法制化轨道。1997 年，全区 32 个村（居）委会全部开展孕产妇系统保健工作，孕产妇系统保健率达 100%，孕产妇建卡率达 95%，高危孕产妇专案管理率达 100%，孕产妇死亡率为 0%。

1998 年，全区总人口 84627 人，孕产妇 924 人，孕管建卡率 74. 3%。高危孕产妇筛查数 138 人，高危孕产妇住院分娩率 100%，全区无孕产妇死亡。

2000 年，区妇幼保健院完成孕妇建卡 1568 人，其中早孕建卡 1098 人，早孕建卡率 70%，3 次以上产检 1568 人，3 次以上建卡率 100%。其中本院建卡 1253 人，筛查高危孕妇 413 人，高危管理率 100%，临产高危 162 人，全部住院分娩。产后 42 天体检 250 人次，全区住院分娩率 100%。无孕产妇死亡及新生儿破伤风发生。

2001 年完成孕妇建卡 2206 人，其中早孕建卡 1996 人，早孕建卡率 89. 15%；高危孕妇筛查 765 人，高位管理率 100%，全区住院分娩率 100%；无孕产妇死亡及新生儿破伤风发生。

2002 年，全年门诊人次 18000 余人次，其中早孕建卡 1951 人，高危孕妇筛查 446 人次，高危孕妇管理率 100%；产前保健 7097 人次，全区住院分娩率 100%。无孕产妇死亡及新生儿破伤风发生。妇保科派出专人进行高危孕产妇专案的追访工作，完成 34 人专案追访。

2003 年，全年门诊人次 18134 人次，其中早孕建卡 1826 人，五次以上产检率 95%，高危孕妇筛查 444 人次，高危孕妇的追踪、随访率达 98%，产检 6284 人次，全区住院分娩率 100%，无孕产妇死亡及新生儿破伤风发生，对 2002 年度辖区 18 名育龄妇女死因进行追踪及分析，未发现漏报。

2005 年，区妇幼保健院制定《禁止鉴定胎儿性别的规定》和管理制度，未出现非法鉴定胎儿性别的现象。当年，孕妇建卡 4598 人次，产前检查 10953 人，妇科检查 11744 人，高危筛查 954 人，产后 42 天检查 694 人，婚前保健 81 对，胎心监护 2088 人，妊高症检测 2991 人，各类手术 1188 人，与其他科室共同完成幼儿园教师体检 1325 人。

2007 年，孕妇系统保健建卡 8511 人次、筛查出高危孕妇 2000 人、产前检查 10988 人次、妇科检查 17421 人、产后 42 天体检 2127 人、宫颈液基细胞学检查 1734 人次，各类小手术 1661 次，孕产妇保健覆盖率 100%。

（二）女职工保健

2000 年，按照《厦门市女职工妇科病普查普治质量管理》要求，与工会妇联全年下街道、工厂 12 次，进行女职工保健知识宣传，同时对部分企事业单位女职工进行妇科病的普查普治及乳房透照检查。全年共普查 814 人，发现患妇科病 229 人，患病率 28. 1%，乳腺肿块 5 人，同时将检查结果书面通知本人并要求进行治疗，治疗率 100%。对重点病人进行追踪随访。2001 年，与工会、妇联协作下街道、工厂进行妇科病的普查普治及乳房透照检查，全年共普查 1198 人，发现患妇科病 76 人，患病率 6. 34%，同时将检查结果书面通知本人并要求进行治疗，治疗率 100%。2002 年，全年共普查 200 人次，疾病检出率 18. 5%，治疗率 100%，其中灿坤公司被评为“市女职工保健达标单位”。2003 年，开展女职工保健知识宣传，对ITT公司、协诚泰公司、民兴公司进行妇科病普查普治370人次。2005年，按省诊疗常规要求，完成幼儿园教师体检1515人次。下基层通过举办电化宣教班、讲座等形式，为女职工进行各类妇科病防治讲座25余场，人数达3万多人；开展健康教育、母乳喂养指导8398人次，发放宣传资料20000多份。

2006年，为女职工开展妇科病防治知识讲座、义诊咨询活动26场，接受咨询人数达9000多人次；接受健康教育、母乳喂养指导6000人次，发放宣传资料10000多份。

（三）婚前保健

2001年7月，开展婚前医学检查工作，当年完成408对婚前医学检查，其中建议暂缓结婚：男性7人，女性2人；发现女性先天性智力低下1人，指导其采取节育措施。2002年，全年共检查1505对未婚男女。检出疾病总数592人，共有22人暂缓结婚。2001—2002年，婚检率均达100%。

2003年开始实施新的《婚姻登记条例》后，全区婚前医学检查率逐年下降，2006年仅有5.38%，新生儿出生缺陷率由2002年的1.22%上升到2006年的9.79%。2007年年初，区妇幼保健院与区民政局协商，把婚姻登记处和婚检处同设在区妇幼保健院内，实行“一站式”的免费婚检工作，提高婚检率。同年8月，区委、区政府对男女双方或一方户籍在湖里区的准婚人员实行免费婚检服务。区妇幼保健院开展讲座、义诊咨询活动。

2007年，完成女性婚检688人，查出患病92人；完成男性婚检649人，查出患病94人。均进行相应的转诊及治疗指导。

二、儿童保健

1990年开始，根据“四二一”（指婴儿出生42天、3个月、6个月、12个月各检查一次，1～3岁每半年检查一次，3岁以上每年检查一次）要求对辖区儿童保健管理进行考核。由于考核以辖区户籍人口的儿童总人数为基数，而实际纳入儿童保健管理的往往有外来常住人口的儿童。因而湖里区历年户籍人口儿童保健管理面均达到100%。

1990年，湖里区儿童保健管理面100%，全区0～3岁儿童5514人，实际建卡5846人（含部分外来人口），其中集体儿童2786人，建卡2425人，建卡率87.04%；散居儿童3689人，已建卡3421人，建卡率92.7%，根据“四二一”要求，儿童保健合格率占74.77%。1992年，儿管覆盖率100%，1～6岁儿童管理数5437人，管理率92.5%。1993年，0～6岁儿管6348人，管理率89.72%。儿管覆盖率100%，1994年，儿童系统管理的村（居）委会27个，全区儿童体检6349人，系统管理率76.5%。1995年，儿童健康体检5726人，其中定期“四二一”体检5538人，系统管理率78%。筛查体弱儿童，进行专案管理，并进行治疗与保健指导。

1997年，儿童保健通过全省的考评。全区儿童保健率达100%，工作中重点加强对高危孕产妇及儿童“四病”、体弱儿的筛查和专案管理，体弱儿的专案管理率为100%，全区儿童中度贫血、中度营养不良、小儿佝偻病等儿童常见病逐年下降；利用例会进行母乳喂养、小儿四病防治、围产保健等方面知识的培训宣传，提高各级妇幼人员的业务水平。当年，完成托幼机构儿童入学入托体检1029人，体检率达98%以上。

1998年，全区0～7岁儿童5942人，体检有5969人，保健覆盖率98.75%，其中满4个月569人，母乳喂养率82.94%，体弱儿筛查总数110人，体弱儿专案管理率100%，5岁以下儿童死亡9人，死亡率3.11‰，死亡顺位为早产、先心、意外事故。同年，为辖区19所托幼园所、3679位入托园儿童定期体检，定期体检率98%，为219位保教人员进行健康体检，调离法定传染病保教人员3人。

2000年，完成9689人次的氟离子透入口腔保健；5月，对38所幼儿园3518人进行健康体检，完成入园入托体检2500人。同时，加强对散居儿童的保健管理，全年门诊4000余人次，新建卡1091人，筛查体弱儿15人，全部进行专案管理。保教人员体检256人。

2001年，对辖区10150名3周岁以上儿童进行氟离子透入口腔保健，治疗率96%，治疗效果好；对辖区6579名集体儿童进行健康体检；完成入园入托体检5849人；共发放驱虫药3851人份。保教人员体检626人。散居儿童新建卡1642人，散居儿童体检3000人次，3岁以下儿童系统管理520人；4个月婴儿 185 人，纯母乳喂养 172 人。开展心理咨询门诊 30 人次。

2002 年，对全区 3 周岁以上儿童进行氟离子透入口腔保健 12299 人次，对辖区 5330 名集体儿童进行入园、入托体检；进行保教人员体检 697 人次。对辖区婴幼儿进行健康体检 4910 人次，筛查体弱儿 31 人，全部进行专案管理。

2003 年，做好辖区 160 余所托幼儿园所卫生保健工作。进行氟离子透入口腔保健 17325 人份，治疗率达 96%，对 13867 名集体儿童进行入园、入托体检；进行儿童健康体检 8152 人次，体检率达 100%；发放驱虫药 8659 人份；保教人员体检 1075 人。散居儿童体检 6574 人次，42 天建卡人数 1791 人，筛查体弱儿 32 人，全部进行专案管理。

2005 年，接诊 83653 人次（其中下乡接诊 47717 人次），婴幼儿建卡 4620 人，婴幼儿体检 18920 人，新生儿抚触 2806 人，听力筛查 2473 人，MTI 眼瞬息检测 1711 人，行为发育检测 2042 人。区妇幼保健院对 188 所公私立托幼园所进行卫生保健指导，指导率达 95%。教师体检 1325 人。氟离子透入防龋 28270 人，防龋率达 98%，眼保健 3782 人，入园入托体检 15665 人，儿童健康体检 12396 人，体检率达 100%。

2007 年，按照《福建省儿童系统保健管理》及《福建省托幼园所卫生保健管理办法实施细则》，对辖区内的儿童进行定期系统的健康体检，对体弱儿进行专案管理。婴幼儿已建卡 6790 人，婴幼儿体检 13703 人，新生儿抚触 5372 人，听力筛查 1272 人，双眼视觉检查 7258 人，行为发育检测 3319 人，体弱儿筛查人数 51 人；对辖区内公私立托幼园所进行卫生保健，氟离子透入防龋 36308 人，防龋率达 96%；儿童入园入托体检 5143 人，儿童健康体检 19064 人，体检率 100%；幼儿园卫生保健指导率 100%。

附：湖里区中草药主要品种

辖区境域历史上防病治病主要依赖中草药。兹将主要品种附录于下，以供参考：

【金笑梅】俗名金雀梅。治疥去毒。产在山岩湿地。形若朱梅花。

【覆地菊】夏、秋方有。花略似菊而覆地，治咽喉病。

【九层塔】山上多有，能治伤。

【刘寄奴】治伤之药。

【金花仔草】能治痢疾，功同牛马草。

【马蹄金】一名胡绳头。

【木香】禾山田园之地多有。俗名涂香，能止痛。

【白椿根】能治女人白带，切片炖赤肉服。

【水灯心】长条白色，湖里社沙埔多出。最退火利水之药。

【柽】俗名西湖柳，治小儿惊风热。

【鹅仔菜】能助戒烟。

【四美草】治伤止痛。

【石薯】生田岸石隙。退炎。

【马齿苋】一名猪母菜。退炎。

【笔仔草】退火利水。

【桑叶】加茶叶用开水冲泡，治伤寒感风，或用桑芽亦可。

【莲藕】生者可退热。莲子心退心火。

【白菊花】明目退火。

【黄菊花】能退火热。

【杨［羊］带来】俗名头莿，亦药品。

【番石榴】治水泻。

【山药】即生淮山，退火利水。

【香薷】治伤暑无汗、霍乱转筋。

【木瓜】名万寿瓠。炖猪肉，妇人食之多乳。

【千里光】明目去瘴，疗理毒蛇、犬咬伤。

【真珠草】又名叶下珠。治小儿疳积、目盲及痢疾，和冬蜜服。瘰疬，同瘦肉炖服。

【三爪英】治牙痛、腹痛、疝气、脚气。

【旱莲草】补肝、凉血、固齿；乌须治血痢、痔瘘。

【苦参】健胃，清热、利尿。治梦遗滑精、肠风、泻血热痢、黄疸。疗恶疮，杀疳虫，消肿毒。可同菖蒲洗疥疮。

【赤芍】散瘀清热，治泻痢、腹痛、胸膈、郁伤，同赤肉煮食。

【沙参】养阴、清肺、化痰、理嗽。

【青蒿】清暑、退热，治骨蒸、虚热。

【鼠曲】二月间采之，捣烂，杂米粉作粿，食味甜美，除痰止嗽，治哮喘。

【万年松】破血通经，血淋症瘕。

【含羞草】治蛇咬，止痛消肿，均和酒服。

【遍地锦】跌打不省人事者，捣烂和酒灌之可醒。清热利小便。治婴儿疾症。

【戒火】一名仙人掌。治五掌疽，捣幼［细］和面粉敷。

【龙舌草】俗名芦荟。汁液可为泻药。女人多取以润发。

【葛根】解肌退热。

【槐花】解毒，治肠风、痔血。

【皂荚】治咽喉肿痛，研细吹入。

【番椒】叶可食。种子作辛辣品用，能治鱼毒。叶治牙痛，同卵煮食。

【苍耳子】茎叶浸药，可作收敛药。子主散风邪。治遍身瘙疥，作汤浴。

【蒲公英】叶作长尾形，根味皆苦，为乳疮及发汗消肿药。其根大如拳，似人形，捣汁冲酒服，治噎嗝。

【石蚕】治耳鸣肾虚、久泻。补折伤，治骨瘘。

【山素馨】叶治节蛇，捣幼，同饭粒敷。

【络石藤】俗呼钳壁藤。祛风热，治喉闭、舌肿，刀伤捣敷。

【黄水茄】俗名臭柑仔。牙痛，取子烧红生铁上，浇以麻油，乘热熏痛处，即愈。治腹痛、消痰，去肿痛。

【锉鼻草】一名土牛滕。喉症多用之。治血淋，又治急惊风、喉蛾。

【马鞍藤】皮肤起瘩瘰而痒，用此草煎洗。头去风湿，同赤肉煮食。白浊，同冬瓜糖煎服。

【铁马鞭】又名马鞭草。为发汗药，治咽痛，消疳积。外科消肿、蛇咬亦用之。

【鸡矢藤】叶味恶臭，又名青风藤。治风湿、脾痛、搔痒、疮肿。

【蚶壳草】一名螢杓草，亦名金线草。暑天病痧，嚼烂纳口中，灌以冷水。治风热、骨节酸痛，服之汗出即愈。外敷消肿。

【万年青】治喉闭，捣汁，入米醋少许，灌之，吐痰立苏。小儿下血脱肛，煮肉食。

【金锁匙】治跌打肿痛要药。

【白饭草】治白泡疮。

【银锁匙】退炎解毒，外治疔疮诸毒。

【向天盏】内服、外敷，治蛇咬。

【风茄】一名蔓桃花，花白，服之能令人狂。叶开水泡软，贴疮。

【节节花】散瘀消肿。

【茅根】俗名大根草。代茶，辟暑热。

【天门冬】加糖制，可作蜜料，味美，润肺清热，化痰止嗽。

【麦门冬】加糖可作蜜料，润肺生津，化痰止嗽。

【枸杞】枸杞心生者退火，干入肾。

【土茯苓】以白者为良。治梅毒、痈肿、瘰疬。

【何首乌】东洋人煮膏服，谓病后补养血气，功力甚伟。治久疟、久痢、肠风、下血，同瘦肉煮食。

【香附】治腹痛、头疼、腹胀。

【五加皮】取皮入药，袪风湿，壮筋骨。

【桑白皮】即桑根之皮。果实名桑葚，可作蜜料。皮采纤维可为纸及丝料。叶可饲蚕。芽泡食，可涤暑，泻肺火，利二便，治肺热、喘满、唾血、热渴。

【艾】农历五月五日，连茎割取，曝干取叶，主治百病。治吐血、漏血，逐寒湿，止腹痛。

【淡竹叶】清热，利小便。

【陈皮】即橘皮也，柑皮亦可充之。顺气、化痰、消食。

【天南星】袪风痰，治惊痫、痰瘤。磨醋敷火毒，外症生用，内症制用。

【木贼】眼科多用以去翳，并治跌打损伤，同酒煎服。

【射干】泻水毒，解痰结，治喉闭咽痛。

【金丝五叶藤】一名五爪龙。治手足掌疸，捣碎，和盐、糟涂患处。

【半夏】除湿化痰止呕，有小毒，水浸姜汁制。

【甘菊】袪风热明目。叶捣碎，绞汁服，渣敷疮上，可疗毒。

【山栀子】泻火，治五淋、黄疸、心烦不眠。

【金缨子】取子捣汁作膏，可治遗精，止小便频。

【蓖麻子】可榨油作轻泻剂及印色。

【车前子】即茎苢。小儿初生，绞汁饮之，退胎火。

【芸香】即枫香脂。脂为胶香。俗呼芸香，以治小儿生疴甚妙。花叶治瘴疟、邪蛊、疮毒。

【赤孙施】人呼咸酸草，即酒仔草。治妇人血结、五淋、脱肛。熏洗治痔痛。捣敷治蛇蝎咬伤。

【鸡舌红】与鸭舌红皆退炎药。

【虎耳草】一名石荷叶。治耳生湿疮。

【凤尾草】治热痢有效。其头即土黄连。

【菖蒲】去风湿，止腹痛，治牙痛、牙龈出血。

【泽兰】一名孩儿菊。跌打科每用以行血。子色黑，味苦臭。香气烈，即千金花也。消水破瘀，除症疗痈毒。

【荆芥】治风病、血病。

【薄荷】散风热，止腹痛。

【金银花】疗痈肿。一名忍冬，一名老翁须，一名鸳鸯藤，一名金钗股。能退热、去风火。

【益母草】一名茺尉子。治生产，去污血，生新血。

【田乌草】原名鳢肠，一名旱莲草，又名一瓣莲。治胎毒、赤游丹及血痢、吐血，消肿、退炎。

【石橄榄】清热化痰。同猪肺炖服治内伤久嗽。

【土三七】捣敷治狗咬。治跌打损伤、吐血。叶消痈肿。

【金不换】又名小返魂。治跌打损伤，消痈肿、疥癣诸毒。

【赤石脂】治腹痛、赤白痢、脱肛、遗精、小便不禁、妇人崩漏、小儿疳泻。

【麦饭石】治痈疽发背。

第二节　爱国卫生运动

一、除“四害”

50年代初，禾山区公所先后3次开展“除四害”大规模群众性活动，铲除杂草，厕所加盖及科学堆肥，杜绝“四害”生存繁殖。1952年2月之后，开展“反细菌战”运动，组织村民消灭老鼠、蚊子、苍蝇、跳蚤、蟑螂。1953年2月，卫生防疫委员会禾山区分会改为爱国卫生运动委员会禾山区分会。此后，辖区境域的爱国卫生运动持久展开。1958年，开展全民“消灭四害”（老鼠、麻雀、苍蝇、蚊子）运动。此次运动错误地将麻雀列为“四害”之一，造成严重的生态错误。60年代初，麻雀不再列入“四害”之列，改为老鼠、蚊子、苍蝇、跳蚤或臭虫。

1976年，区境内全面推广“灭鼠炮”捕杀野外老鼠，灭鼠达86.7%。1985年，厦门郊区开展冬季灭鼠突击活动，禾山乡灭鼠18266只。1991年8月，江头近20个单位2000余人参与“堵鼠洞、投鼠药、除鼠迹”灭鼠活动。同年10月，经市、区联合考核，该地区鼠密度3.96%（粉迹法）、鼠迹1.64%，达到国家规定的灭鼠标准。

1992年，开展3次大面积灭鼠活动。通过每月监测鼠密度城区平均为0.44%（夹夜法），特殊行业平均为0.15%，农村点为1.32%。同年，结合第四个爱国卫生月活动，在全区城区进行开展除害灭病、灭蟑螂的宣传组织动员活动。先后6次共组织122人次参加市爱卫办举办的除四害培训班学习。6月，全区投入灭蟑经费近5万元，由区爱卫会统一组织12000盒灭蟑药进行大面积投药杀灭。10月上旬区爱卫会按上级规定标准进行自测（用0.3%二氯苯醚菊酯液），所测居民户、特殊行业、窗口单位、下水道均达标。此次自测同时对臭虫进行检查，未发现臭虫阳性。11月5日，市爱卫会组织对湖里区灭蟑螂及臭虫进行考核，两项均达到国家规定标准。此外，在区爱卫会统一布置下，定为每月2次对大小沟渠、厕所、菜市场、下水道进行喷洒消毒，发动群众搞好室内外卫生的保洁，消灭蚊蝇孳生场所。共用敌敌畏25箱计500瓶，苍蝇粘纸100多张。蚊蝇密度有明显下降。根据每月三旬监测：苍蝇农贸市场平均17.5只，饮食店9.6只，绿化带平均1.3只；每月中旬连续两个晚上所监测的蚊子密度平均2.94只/人小时。

1994年，全区组织4次150人次参加市、区、街举办的灭蝇技术培训，于5月、8月组织2次大面积投药。10月，通过市里的灭蝇考评验收。是年，区爱卫会与街道、工商、环卫签订《湖里区1994—1995城区除四害达标责任书》，在城区开展2次大面积投药灭鼠和灭蟑活动，10月，通过全国爱卫会对灭蟑工作的达标验收。

1996年，全区开展2次以灭鼠为主、2次以灭蚊蝇为主除“四害”活动。共投入灭鼠药5吨、灭蟑药11000盒、灭蚊蝇药1.5吨。其中，对200多个单位、工地开展有偿服务，投入鼠药0.5吨、灭蟑药1200盒、灭蚊蝇药0.75吨。全年共举办4次镇（街）、村（居）委会义务投药员培训，约1000多人次参加，大力宣传《厦门市除“四害”管理办法》，发放材料1万多份，实行“以条包干，条包块管”，落实除“四害”责任制，坚持每月开展“四害”密度监测，有效控制“四害”密度。

1998年，成立禾山镇消毒站，开展3次大面积除“四害”工作，全年共投放灭鼠药8吨、灭蟑药1.8万盒、灭蚊蝇药1.6吨。全镇各村配备机动喷雾器15台。是年，湖里区通过全国灭鼠达标复查。

1999年，禾山镇共开展2次全镇大面积除“四害”工作，共投放灭鼠药10吨、灭蟑药5.2万盒、灭蚊蝇药近7吨，有效降低“四害”密度。

2001年，根据市爱卫会夏秋冬季城乡灭鼠大行动的部署，培训专兼职除四害人员50多人次，精心选配毒饵、组织药物到位，组成灭鼠指导小组。夏季灭鼠共投放灭鼠药11吨，城区鼠密度由灭鼠前的16.27%降至灭鼠后的3.12%，农村鼠密度由灭鼠前的16.27%降至灭鼠后的9.00%。同年秋、冬季，开展人工捕鼠灭鼠活动，全区共上交鼠尾巴6491条。

2002年，开展全区性迎“9·8”中国投资贸洽会大面积灭鼠活动，培训专兼职除“四害”人员50人次，共投放灭鼠药6吨。市爱卫办抽查3个居委会30户居民及2个单位，投药率达100%。开展秋季全区性灭蚊、灭蟑螂活动，培训镇街及各村居委会的专兼职除“四害”人员50人次，对辖区的蚊子孳生地进行重新调查与登记，投放蟑螂药8万包杀灭室内蟑螂，投放凯素灵粉3吨、敌敌畏1吨、灭害王杀虫水50公斤治理室外孳生地。

2004年，培养专兼职除四害人员40多人次。开展全区灭鼠活动，共投放鼠药4吨，灭鼠后及时清理鼠尸，堵塞鼠洞，完善重点场所的防鼠设施；开展统一室内灭蟑，同时对外环境、下水道进行2次投药，消灭蟑螂、蚊蝇，并清除积水、垃圾，治理蚊蝇孳生地。

2007年，统一开展灭鼠、蚊、蝇、蟑活动3次，重点做好下水道、餐饮业、农贸市场的消杀工作。共投放灭鼠药杀特灵12吨，投放凯素灵粉8.175吨、敌敌畏3.9吨、灭蟑饵剂15万包。

二、改水

湖里区境内原为农村，村民主要饮用井水。80年代起，爱国卫生注重抓好改水改厕、爱国卫生月活动。1985年，禾山镇枋湖村贯彻落实农村水改会议精神，集资15万元，建起厦门岛内第一家村办小型自来水厂——安兜水厂，日供水量3000吨。1991年，市、区、镇三级政府共投资170万元，兴建金山自来水厂，日供水能力5000吨。1992年后，安兜和金山两家自来水厂不断集资改善设备，扩大供水能力。1994年，安兜、金山两家自来水厂日供水量分别为3.5万吨、1.5万吨，加上市属高殿水厂的供水，全区自来水覆盖率达100%，湖里区被省爱卫会评为“农村改水先进区”。1995年，安兜自来水厂再投资700万元扩建，日供水量达5万吨，用户4000户。至此，全区改水工作全面完成。1996年，金山水厂、安兜水厂分别被评为全国百佳自来水厂和省优秀自来水厂，湖里区被评为全国农村改水工作先进区。

三、改厕

历史上，辖区境域住家大多使用简陋的桶式或坑式厕所，路边公共厕所也都是旱厕，污秽不堪，蚊蝇聚集，成为传播疾病的重点场所。

1986年，湖里街道拨出专款建造公厕。1989年，禾山镇政府开始实施改厕计划，农户结合新村建设进行改厕，各自然村原有的小厕所均改造成水冲式公共厕所。至1993年10月底，全区改厕农户5490户，普及率超过60%。1995—1998年，禾山镇先后共建水厕61座，农户改厕全部完成。2001年，全区新增公厕3座，全部为三格化粪池。至此，全区改厕工作全部完成。

四、爱国卫生月活动

20世纪60—70年代，爱国卫生形成制度化和经常化。境内各大队、生产队运用广播、黑板报、大小会议，宣传爱国卫生运动的意义，经常性开展卫生大扫除，评比卫生先进，治理脏、乱、差。

1989年，湖里区首次开展爱国卫生月活动。全区共召开各种宣传、协调、动员会50多场次，参加卫生清扫人员3000人次，出动各种车辆1000多台次，清理卫生死角200余处，拆除各种违章搭盖20余处，清理污水沟井50余处。

1994年，爱国卫生月活动除传统的宣传、大扫除的项目，还依法进行卫生执法活动，共组织300多人，纠正各种违章行为1532起、占道178处、清理土头垃圾201处、拆除违章店面150平方米。

2002年，第十四个爱卫月活动首次设定主题，当年主题为“旅游卫生，与您同行”。

2004年，第十六个爱卫月主题以“整治环境卫生，预防疾病发生”为主题，在镇街全面开展除“四害”工作。

2007年，第十九个爱国卫生月围绕巩固国家卫生城市复查成果，开展以灭鼠为重点的一系列除害防病工作，控制“四害”密度，保护辖区民众的身体健康。区爱卫会向各街道及相关单位下发《湖里区公共卫生工作责任书》。开展全区性大面积灭鼠、蚊、蝇、蟑活动。结合周末奉献日洁净家园等活动，组织各街道（社区）、各企事业单位爱卫会1万余人参加清扫马路、清除土头、清理卫生死角、清除杂草、清运垃圾等义务劳动。

五、创建文明卫生单位

1990年后，以“创建国家卫生城市”为中心，广泛开展文明卫生单位创建活动，通过爱国卫生监督、检查、评比活动，表彰各级卫生工作先进单位。

1991年11月，区爱卫会、文明办协同湖里街道等部门，共评卫生单位、卫生楼院38家，卫生之家1858户。

1995年，区爱卫办根据爱国卫生先进单位、先进个人、卫生楼院、卫生之家、单位居民区创卫达标等评比标准开展经常性、群众性的爱国卫生监督、检查、评比活动。共评出卫生先进单位25个、区级先进个人46名、卫生楼院102个、卫生之家2786户、创卫达标单位70个及黄牌警告单位2个。

1996年，在单位、居民区开展“三比三赛”（比责任心、赛责任制落实；比宣传教育、赛公民意识；比管理力度、赛环境整治）活动，开展创卫达标红旗单位、卫生楼院、卫生之家、卫生村（居）委会活动，建立月考评、月公布的检查考评制度。共组织检查10次、考评单位200家。创卫红旗单位82家、黄旗单位4家、卫生楼院152幢、卫生之家3783户；发出整改通知书近百份，处理来信来访78起。

1997年，继续开展“三比三赛”及创“卫生之家”“卫生楼院”“卫生达标单位”活动，坚持月检查、季考评，组织检查考评6次、参加考评单位255家，评选出创达标红旗单位46家、卫生楼院143幢、卫生之家4614户、先进个人146人。接受群众举报来信来访14起，件件落实，处理率达100%。

1998年，开展“千家万户迎国检”活动，考评湖里街道办辖区25个居委会4次，检查单位938家，考评市场9个，挂黄牌4家。共评出创卫先进单位72家、卫生村8个、卫生居委会14个、卫生楼院253幢、卫生之家6787户、创卫先进工作者136名。

1997年，区、镇爱卫会参照卫生村标准和创卫标准，制定《禾山镇创建卫生村实施方案》，并率先在后埔村进行试点。生活环境得到极大改善。

1998年，创建卫生村活动在禾山镇全面推开，5个村通过省级卫生村考评，3个村通过区考评并报省验收。

1999年，禾山镇县后、江头、后坑村通过省级卫生村的验收，钟宅、高林、五通村通过省级卫生村创建考评。

2002年12月11—13日，国家卫生城市省级检查团按照全国爱卫会《国家卫生城市标准》的要求，对湖里区的市容环境卫生、食品卫生、公共场所卫生、健康教育、城区除四害、窗口单位和居民区卫生等方面进行随机抽查，给予好评。

2003年后，未开展此项活动。

六、健康教育

1991年开始，健康教育（简称健教）成为区爱国卫生运动委员会的主要工作内容之一。

1995年，区爱卫会调整充实区健教领导小组，制定全区健教计划。辖区内113个爱卫组织均有专兼职人员负责健教工作。全区健教工作分为社区、企业、学校医院4个方块，根据不同人群全方位开展健教活动。

1996年，全区共有健教专（兼）职人员400多人，固定的宣传栏版200多个；举办各类健康教育培训12次，近3万人次参加；开展20多次卫生宣传活动，发放各类健教书、材料约10万份；全区受教育面达到85%以上。

1997年，全区中小学健教课开课率达100%，做到有教材、有老师、有课时、有评估。

1999年，开展社区健教工作，推进社区卫生服务。为819位60岁老年人体检，建立健康档案，并宣传老年保健常识。

2000—2007年，健教活动以社区、学校、医院、企业为重点，以“世界防治结核病日”“全国儿童预防接种宣传日”“世界无烟日”“世界艾滋病宣传日”等卫生活动宣传日为载体，通过发放宣传材料、义诊咨询、设置健教专栏等形式，开展健教活动，开展控烟工作，扩大宣传的覆盖面，增强居民的防病意识和能力，提高居民相关健康知识的知晓率。

第四章　卫生管理

第一节　医政管理

一、医疗制度

（一）公费医疗

湖里区公费医疗执行厦门市人民政府的统一规定，由厦门市人民政府公费医疗管理部门统一管理。

1987年11月湖里区建区后，实行国家机关工作人员及事业单位工作人员均可享受公费医疗制度，个人到市内各医疗单位就医，其治病的门诊医药、手术、住院等费用，全部由国家公费开支，凭发票到区卫生局按规定的报销范围报销。此后，公费医疗年年超支，人均医疗费大幅度增加。至1997年下半年，按照厦门市医改办的部署，全区城镇职工开始分步实施社会统筹医疗基金与个人医疗账户相结合的社会医疗保险制度，公费医疗体制由城镇职工基本医疗保险体制代替。

（二）农村合作医疗

1966年，县后大队创办区境内第一个卫生所，实行社员适当缴费、大队给予补贴的合作医疗制度，免费为村民诊病，住院医药费报销50%。后各大队纷纷建立合作医疗站或卫生所，培养赤脚医生，免费为村民看病。至1969年，前线公社参加合作医疗的有48871人，辖区境域农村合作医疗实现“一片红”。1982年全面推行家庭联产承包责任制初期，大队不再承担维持合作医疗的经费，农村合作医疗制度无法维持。

1994年，高殿村率先恢复合作医疗制。1995年6月，江头村建起合作医疗基金制度，规定凡享受本村村民待遇的个人，只要按期缴交合作医疗基金者，均享受合作医疗的权利。合作医疗基金，每年每人的基数为150元（即个人支付20元，村民小组支付30元，村委会支付100元），超过部分由村委会承担。因公受伤、独生子女患病住院治疗报销100%；其他生病需住院者，经村医疗室负责人诊断同意（急诊除外）、并经村委分管领导审批，可报销80%；小病门诊费用自理；每年每人报销封顶线为1万元，超出部分自理；确实困难者，报民政部门申请补助。至2000年12月，辖区内11个村实行合作医疗保险制度。区委、区政府将该做法在全区推行，统筹合并基金，改设为“湖里区红十字会特大病救急基金”，自2003年5月1日起施行。至2003年6月，参保人口覆盖达75.4%。详见表25-3。

2004年全区实现“村改居”后，原参加合作医疗的居民转入城镇居民医疗保险（参见本志第二十六篇第四章第二节）。

2003年湖里区农村合作医疗参保情况

表25-3

村别	总人数（人）	参保人口覆盖率（%）	资金筹集和支付情况（元）		
			上年结余	个人缴费	村出资
五通	5100	54	0	109960	164940
高林	3887	83	104661	128680	96510

续表25-3

村别	总人数（人）	参保人口覆盖率（%）	资金筹集和支付情况（元）		
			上年结余	个人缴费	村出资
后坑	3353	83.6	185711.6	140100	420300
钟宅	3484	53	10586	110580	165870
岭下	1738	63.8	0	44360	44360
坂上	2145	80	0	68640	137280
围里	1117	51	1120	23040	46080
蔡塘	1370	100	140000	137000	200000
江头	2050	90.4	1640	129780	185400
后埔	3473	81.6	2202.77	8517	200000
枋湖	4733	93	0	88040	352160
合计	32450	75.4	445921.37	988697	2012900

二、区属综合医院管理

2000年，江头医院调整充实药事管理委员会、药械采购领导小组，在原有管理制度的基础上，出台《江头医院药械采购管理和药品管理的补充规定》、《医务人员“八不准”》《社会承诺服务》《院务公开制度》等一系列制度，坚持重大决策集体讨论研究制度，落实收支两条线的规定。先后推行院中层干部竞争上岗、向社会公开招考、接收毕业生，增加人事工作的透明度。公开收费价格和项目，聘请社会监督员28名。是年，江头医院先后获得厦门市卫生系统“医德医风先进单位”“区级团员青年文明号”等荣誉称号。

2001年3月，江头医院成立职工代表大会，有关职工切身利益的大事、要事、医院改革、发展等重大事项均通过职代会的讨论，推进医院民主化管理，同时在临床各科推行四个“事先告知”，即“入院时告知”“病情发生变化及时告知”“各种创伤性操作前及时告知”“出院时告知”等制度。全区各医疗机构将医务人员的姓名、职称、职务、卡号配上相片公布于门诊，推动病人选择医生工作的开展。各医疗机构（含个体诊所、农村卫生所、室）均推行一日清单制，让患者明明白白地消费。是年，对区境内社会医疗机构门诊所、诊所进行全面的检查，对社会医疗机构诊所的必备条件、必备器械及消毒工作，店容店貌、医疗文书、药品管理等较为规范的诊所给予表彰，并授予流动红旗，对发现的问题当场给予指出，责令立即整改。

2006年，区卫生局按照依法公开、真实公开、注重实效、有力监督原则，公开医疗机构执业许可证、《医疗事故鉴定申请程序》等办证、办事程序及指南，把建立健全制度、提高医院管理水平有机结合起来，做到以制度管人，以制度行医。湖里医院通过电子滚动屏幕、电脑触摸屏、告示牌等，将所有的医疗服务收费项目、规格、价格标准进行公示，让群众对照监督；定期对大额病例和处方进行监督、评议，评议结果进行通报和公示，同时将评议结果与科室绩效考核挂钩。是年，启动湖里医院的门诊楼装修改造工程，同时开展湖里医院二期招商。湖里医院的二期地块转让工作由市产权交易中心按规定程序挂牌。

2007年，区卫生局在湖里区政府网公示工作职责，公开《执业医师注册办理指南》《湖里区特大病救助申请程序》等办证、办事程序及指南；公开医疗器械及办公用品的政府采购情况；公开湖里区红十字会特大病救助情况、万人献爱心捐款、捐赠情况。湖里医院把院务公开工作与建立健全制度、提高医院管理水平有机结合起来，定期对大额病例和处方进行监督、评议，评议结果进行通报和公示，同时将评议结果与科室绩效考核挂钩。湖里医院和区妇幼保健院均建立住院费用一日清单核对签名负责制，在显著位置通过电子滚动屏幕、电脑触摸屏、告示牌等，将所有的医疗收费项目、规格、收费价格标准及常用药品和主要医用耗材的价格进行公示，在医技检验窗口公示常见项目价格，设立价格咨询和费用查询点；开设惠民门诊，接诊病人83人次，开放惠民床位10张。实行4种单病种最高限价收费，收治实行单病种最高限价收费病人 166 人次。

三、私立医疗机构管理

1994 年，发挥离退休医务人员在私立医疗机构中的的作用，缓和群众就医难的问题，提高个体开业医队伍的素质。是年，湖里区个体开业医 24 人，其中高级职称 2 人、中级职称 4 人、初级卫生技术人员 10 人，尚无职称 8 人。上半年，区卫生局组织全区各医疗机构的医务人员学习国务院新出台的《医疗机构管理条例》以及省、市卫生行政法规，坚决取缔非法，保护合法，全年共取缔无证游医五家，无证挂靠武警招牌的 3 家，严格按条例及卫生部提出的“三保三放”（保农村卫生，城市逐步放开；保预防保健，医疗逐步放开；保基本服务，特殊服务放开）原则，严格审批程序，切实加强三级医疗预防网的建设。

1995 年，取缔挂靠部队、武警门诊部的 6 家，无照擅自开业的个体诊所 10 家。依法进行处罚，没收非法所得计人民币 4000 多元。湖里区卫生院依法收回 3 个在院外不具备开设条件的门诊部。

1996 年，全年共取缔无证行医 36 家次（其中有的是多次给予取缔），共处罚及没收非法所得计人民币 2873 元。

1997 年，出台《关于在我区开展取缔非法医疗机构的实施方案》，采用不定时、不定点、利用下班后就诊高峰期进行反复冲击的措施，全年检查医疗机构 198 户次，取缔非法医疗机构 48 户次。对于严重违法的无证非法行医机构分别给予取缔，其中包括责令停业，没收药品、器械、经济处罚。

1998 年，下发《关于加强执法，取缔非法医疗机构行业的通知》等文件，开展取缔无证行医的专项活动。共检查社会医疗机构 197 户，其中责令改正 19 户，给予警告 4 户，经济处罚 1 户，停业整顿 2 户，没收违法物品柜台 4 个，药品 15 件、桌子 16 张，取缔 48 户非法经营户。

1999 年年初，继续组织对 62 家私立诊所的考评并逐家进行验收，对符合条件的 60 家发放行医许可证。开展“创文明行业，建满意窗口”的活动。

2003 年，对全区的医疗资源进行调整分配，将原有执业许可证的医疗机构，按规划设置的要求，将城区片的私立诊所调整到城乡结合部，以满足当地群众的就医需求。根据市卫生局《关于社会医疗机构管理暂行若干规定》《厦门市医疗机构设置规划》受理设立社会医疗机构申请 20 家，报市卫生局审批。是年，全区共有社会医疗机构 138 家。加强对重点单位、重点科室进行检查，防止非法接生、人流、引产等事故的发生，共检查门诊部、诊所、村卫生所（室）961 家次，处罚 14 家，责令整改 131 户次，警告 2 家。开展医疗广告专项治理，联合工商部门检查诊所 115 家、门诊部 15 家，立案查处 4 家门诊部。全年取缔 1137 家次，没收零散药品 50 多箱，罚款 2 户次。

2004 年，重点加强对管理不规范、违法行为多或发生医疗事故较多的医疗机构的日常监督检查，共检查门诊部、诊所、村卫生所（室）298 家次，责令改正 52 家，处罚 10 家，罚款 108350 元。取缔无证行医 109 家次，罚款 1 家，协助公安局调查 4 起非法行医案件，移送公安分局 2 起。

2005 年，依照《医疗机构管理条例》，加强医疗质量管理，切实防范医疗事故，保障医疗安全。

2007 年，调整充实“湖里区打击无证、非法行医综合治理领导小组”，出台《湖里区打击非法行医专项行动

图 25-3 2007 年区卫生局开展打击非法行医宣传活动

实施方案》。全年组织开展打击无证行医专项整治行动 2 次，共出动检查人员 800 多人次，检查各类医疗机构 460 家次，查处案件 57 件，其中立案查处 16 件，简易程序处罚 41 件。取缔无证行医 30 家，没收药品 90 箱，受理医疗投诉 151 件，纠正违法医疗广告 85 家，对 4 家予以警告处罚。

第二节　药政管理

1988 年，按照药品管理法的要求，坚持“以改革为动力，监督为中心，质量为关键，基层为重点”的指导思想，先后组织 2 次药品大检查、1 次抽查，并充分发动全区卫协会成员协助监督，发现无证药贩、游医及时举报，对区属各有关医疗单位进行一次较为全面的检查，覆盖率达 96.7%，共检查药品 3785 种次，发现伪劣药品 31 种次，占该次药品检查的千分之八左右。对个别医疗单位违反药品管理法，以次充优的现象，视其情节轻重，分别给予警告，限期改进，及移交市卫生局处理。6 月，对存在问题的单位再次组织抽查。区卫生局还先后查处游医药贩 5 起。

1990 年，对全区卫生院、卫生所（室）及从事药品工作的 79 位工作人员进行药品基础知识培训。在开展日常药品抽查的基础上，于 6 月组织全区药品大检查，共检查 42 家药品种次 7701 种次，发现劣药 53 种次，占该次药品检查的 6.8%。全年共取缔 4 起无证的经营药贩。

1991 年，与市卫生局药政处联合抽查中药饮片质量及麻醉药品等特殊药品，并对村卫生所（室）进行较为彻底的检查，共查药品 4486 种次，查出劣药 2 种次。8 月，组织对湖里片“三资”企业等单位进行检查。全年取缔无证游医药贩 3 家。

1992 年，辖区首次发现假片仔癀，在市卫生局药政处的协助指导下，开展追踪、取证，依法给予处置。

1993 年，湖里区卫生局遵照市局药政处的安排，加强对日常药品的监督和管理。5 月，对全区范围内的各类医院、卫生院、门诊部及社会医疗机构等进行一次药品大检查，共检查药品 13070 种次，对违反药品管理法的依法给予行政处罚。10 月，根据国务院下达的通知，及时组织药品监督员进行突击检查，对通知中禁止流通、销售的 6 种次、价值 6152 元的药品给予查封。

1994 年，区药品监督工作贯彻国务院《关于进一步加强药品管理工作的紧急通知》，在市卫生局药政处和市药检所的指导下，认真贯彻药品管理法，在开展一年一度药品大检查的基础上，不定期地对辖区内有经营药品的商场、医疗单位、门诊部、个体诊所进行检查监督，对湖里、东渡、禾山等商业较为繁荣的地域进行重点抽查。全年的药品监督工作、检查覆盖率达 95% 以上，没收、暂控药品 50 多种次，取缔无证药贩 2 家，配合市局处理假药案。

1995 年，继续贯彻国务院《关于进一步加强药品管理工作》紧急通知，开展自查自纠工作，制定整改方案。取缔无证药贩 1 家，没收全部药品。湖里区卫生院依法收回 1 个设在院外的不具备开设条件的药品调拨站。

1996—1998 年，结合取缔无证行医查处非法药品经营，没收违法药品柜台 4 个、药品 15 件。

1999 年，严格购药途径、审批手续和麻醉药品的管理，坚决执行国家、省、市、区有关药品管理规定，一切回扣，让利全部进入财务账目，并定期公开。主要药品按市里规定采取统一招标形式采购，器械采购纳入区政府的统一采购。区卫生局规范私立诊所药品经营管理，使用统一的处方、收费标准和发票，开展“创文明行业，建满意窗口”的活动。区卫生局组织社会监督员跟踪检查监督，对区防疫站、江头医药半年测评一次，并将结果进行通报。

2001 年，落实医药收入“收支两条线”的管理规定。严格执行厦门市卫生局关于“药品采购的统一招标工作”的有关规定，一律从市卫生局统一招标的医药公司进药；医疗设备的采购统一由区采购办招标。

2004 年，没收零散药品 18 箱，销毁药品 31 箱。

2005 年，继续严格按市、区关于药品采购统一招标工作的规定招标，落实医药收支两条线的管理等制度。在全区卫生系统中开展收受“红包”“回扣”等专项整治行动。

2006 年，区卫生局成立区卫生系统治理医药购销领域商业贿赂领导小组，召开职工大会，部署治理医药购销领域商业贿赂专项工作，对卫生部、省卫生厅和市卫生局治贿办通报的 19 家涉嫌商业贿赂的药品、器械生产经营企业购销行为进行自查。

2007 年，继续做好药品集中招标采购工作。湖里医院、区妇幼保健院坚持实行药品集中招标采购。采购中标药品金额 987.21 万元，占医院采购药品总金额的 98.64%。同年，区卫生监督执法人员没收无证行医人员的药品 90 箱。

第五章　计划生育

第一节　计生机构

一、领导小组

湖里区计划生育领导小组　1988 年 6 月成立，中共湖里区委书记任组长，区长任副组长。区计划生育领导小组成员调整 4 次，历任组长有中共湖里区委书记陈洛、黄祥琪、刘朝勇、何清秋、李栋梁。

街（镇、乡）计划生育领导小组　建区后，各街（镇、乡）均成立街道（镇、乡）计划生育领导小组，由党工委（镇、乡党委）书记任组长，行政一把手和分管领导任副组长，街道（镇、乡）相关领导及社区主要领导任成员。

二、行政机构

湖里区人口和计划生育局　1988 年 10 月成立湖里区计划生育委员会，1997 年 5 月改为湖里区计划生育局，2003 年 10 月改为湖里区人口和计划生育局。2004—2007 年年底，内设监督科、技术科，核定行政编制 8 人。历任主任、局长为范五玲（1988.10—1997.4）、黄如敏（1997.5—2002.8）、邵育秦（2002.9—2004.10）、曲志坚（2004.10—　）。

街（镇、乡）人口和计划生育办公室　区属各街道（镇、乡）均设人口和计划生育办公室，具体负责人口和计划生育工作。

三、事业单位

湖里区流动人口计划生育管理站　系区人口和计划生育局下属单位。1995 年 10 月设立，事业编制，区全额拨款单位，编制 2 人，负责全区流动人口的计划生育管理和服务工作。

湖里区计生服务指导站　系湖里区人口和计划生育局的下属单位，事业编制，区全额拨款单位。1990 年 11 月设立，编制 20 人，承担全区计划生育宣传、技术指导、分发管理全区避孕药具等工作。

社区计划生育服务室　各社区成立时均设有社区计生服务室。截至 2007 年年底，全区 43 个社区均设有计生服务室，共有计生服务人员 422 人。

第二节　宣传教育与政策执行

一、宣传教育

辖区境域从20世纪60年代末开始进行节制生育的宣传，提倡一对夫妇生育子女不超过三个，70年代提倡“最好一个，最多两个，两胎间隔3～5年”；1979年，开始提倡一对夫妻只生育一个孩子。

1987年湖里区建立以后，加大计生宣传经费投入。每年的元旦、春节期间，都开展大型的计划生育宣传服务活动。在每年“9·25”《中共中央关于控制我国人口增长问题致全体共产党员、共青团员的公开信》发表纪念日、“7·11”世界人口日、重要法规颁布日等，都要举办大规模的宣传咨询服务活动。宣传内容主要有马克思主义人口理论、基本国情、政策法规、婚育新风、晚婚晚育和优生优育、生殖保健科技知识等6个方面。1989年，开始全面、系统地进行人口与计划生育基础知识教育。当年8月在辖区内育龄群众1000人以上的乡、街道、企业、事业等单位建立人口学校，在各村（居）委会、各企业、事业单位建立分校，并下发教学大纲和教学计划，对育龄对象进行人口与计划生育基础知识教育。1990年，教育对象扩大到各级领导干部和大、中学生，人口与计生基础知识成为培训基层党政干部的一门课程。

90年代中期，学习吉林、四川等省计生工作与发展农村经济相结合、与帮助农民勤劳致富奔小康相结合、与建设文明幸福家庭相结合的经验。2003年5月，开始在湖里大道、长浩路、南山路、钟宅路、金山西路开办生育文化一条街。2004年2月，开始在各街道的部分社区开办婚育新风园。2006年，开展“婚育新风进万家”活动和“关爱女孩行动”，开办计划生育网站。2007年2月，开展“关怀关爱，优质服务”活动。

二、政策执行

1987年，执行《福建省计划生育条例》和厦门市人民政府1985年9月颁布的《厦门市计划生育暂行规定》。1992年6月后，执行修订后的《福建省计划生育条例》，提倡并奖励晚婚晚育，对志愿生育一胎并领取独生子女证的夫妇给予双方不高于400元的奖励。

2002年，执行修订的《福建省计划生育条例》，允许符合规定的8种情况的夫妇有计划地安排生育二孩。农村除8种情况外，另有5种情况也可照顾安排生育二孩。湖里区实行“村改居”后，居民享受5年农村生育政策过渡期。

湖里区为侨区。归国华侨除适用以上规定外，夫妇双方均为归国华侨，回国定居入境时已怀孕，或夫妻双方回国时间不满6年且只有一个子女，或所生子女在国外定居且国内无子女，可安排再生育一个孩子。

辖区的畲族实行少数民族（除壮族外）的计生政策。对2002年9月1日及以后生育并领取独生子女证的夫妇给予双方500元的奖励。

2003年起，区财政对录用农村独生子女、二女结扎户及其他计生户家庭成员的企业给予每人500元的补贴，对开展独生子女及其他计生户家庭成员定向培训的企业给予每人1000元的补贴。法定奖励经费纳入财政预算，规范发放程序。当年，为1981户独生子女户、10户二女结扎户、16户放弃再生育指标户兑现奖励费145.15万元。同年起，在同等条件下，区、街道、社区公开招聘工作人员时优先录用计生户的家庭成员，区工商部门优先安排计生户在农贸市场经营，民政部门在安排社会救济款、救灾物品、扶贫资金时优先考虑计生困难户，卫生、教育等部门优先救助、帮助计生困难户。对2004年3月1日及以后生育并领取独生子女证的夫妇给予双方1000元的奖励。2005年3月，实施《湖里区被征地人员基本养老保险实施办法》，对计生低保户参加基本养老保险的，给予每人一次性8000元的补助，比其他参保对象多补贴3000元。对计生户中的低保户，每月每户增加最低生活补助40元，共为2012户计生低保户增加低保金21.18万元。

2006 年 9 月起，先后启动三批“幸福工程”，按照“小额资助、直接到人、滚动运作、劳动脱贫”的模式，投入资金共 50 万元，扶持 100 户计生贫困母亲发展个体工商业，每户贴息贷款 5000 元。

2007 年 1 月 1 日开始，区财政对独生子女死亡、伤残家庭每月分别扶助 200 元和 100 元。全年共扶助独生子女死亡户 16 户 26 人、伤残户 32 户 62 人，发放特殊扶助金 18.68 万元。

第三节　计生技术服务

一、“两查两补”

1990 年以后，农村节育技术服务坚持一年 4 次的“两查两补”（即查环、查孕、补环、政策外怀孕补救）。2005 年村改居后，全区查环率 96.68%，查孕率 97.11%。计划生育对象在 2006 年之前执行避孕、节育的统一规定。2007 年，开始实行避孕、节育办法自主选择。

二、建立服务网络

1990 年 11 月前，节育技术服务由计划生育行政部门统一组织，各级医院、卫生院及妇幼保健机构具体实施。1990 年 11 月，成立区计划生育服务中心，逐步形成以区计生服务中心为龙头，镇、街计生服务所为骨干，村（居）计生服务室为基础的三级计划生育技术服务网络。区计生服务中心达到省级一级站标准。除开展计划生育所有常规技术服务外，还开展输卵管电脑通液技术、宫颈癌细胞学 DNA 检测、微波治疗技术、医用臭氧治疗技术等特色服务。坚持向辖区育龄群众免费提供计划生育上（取）节育环等补救措施、婚前健康检查、出生缺陷干预、优生检测和妇科病普查服务。截至 2007 年，共为辖区育龄群众免费查环查孕 153833 人次，妇科病普查 25405 人次（流入人口 11631 人次），治疗 4352 例；婚前健康检查 4507 人（男 2230 人，女 2277 人）；优生检测 4334 人次（流入人口 2543 人次），发现阳性 13 例；采取补救措施 4314 例。

三、发放避孕药具

1974—1985 年，避孕药具由厦门医药站避孕药具发放小组按季度送到企事业单位、街道（居委会）和各村。1986 年，建立区、镇（街）、村（居）三级计生药具发放网络，坚持“定时发放，送药具上门，随访到户”。2005 年，开始在社区居民集中地、流动人口审检办证点、小区物业管理处、流动人口聚居的出租房安放自动取套箱 490 个，并在药具箱上告知安放避孕套的时间和社区咨询电话，方便群众就近取用。向成立计生协会的 156 家企业赠送避孕药具柜，由社区计生协会人员定期送避孕药具到企业。2007 年，在外来人口集中的地方设置 481 个避孕药具免费发放箱。

第四节　计生管理

一、人口规划

辖区境域从 1973 年开始执行厦门市政府编制下达的人口计划。1986 年，开始执行市计划委员会列入国民经济发展计划的人口计划指标。1990 年，区政府开始与市政府签订计划生育目标管理责任状。

1995 年，市政府下达湖里区总人口指标 67094 人，实际总人口 72902 人；出生率下达指标 14.50‰，实际完成 11.10‰；计划生育率下达指标为 94%，实际完成 99.48%；计划生育基础知识参学率下达指标 95%，实际完成 100%。

2004 年，区委、区政府向各街道下达计划生育责任书。指标书内容：常住人口出生政策符合率达到 97% 以上，流动人口出生政策符合率 92% 以上。人口与计划生育统计准确率达到 97% 以上。出生性别比在正常范围内或比上年趋向正常值。全面完成省计生委规定的计划生育优质服务指标要求。计划生育基础知识知晓率干部达到 90% 以上、群众达到 85% 以上。群众对计划生育工作的满意或基本满意率达到 90% 以上。人均计生事业费投入不少于 10 元（以总人口计算）。

2006 年，人口计生工作开始纳入湖里区“十一五”国民经济与社会发展规划。

2007 年，《贯彻落实〈中共中央国务院关于加强人口和计划生育工作统筹解决人口问题的决定〉的实施意见》出台，把完善计划生育利益导向机制，维护育龄群众的合法权益作为做好人口计生工作的长效机制来抓，结合湖里实际，推出有利于人口计生工作的奖励、扶助、救助和优先、优惠政策，加快人口计生工作新机制的建立，促进人口问题的统筹解决。

当年，湖里区委、区政府下达各街道计生工作责任书的主要指标是：出生人口政策符合率达到 96.5% 以上（其中流动人口政策符合率≥96%）。人口与计划生育统计准确率达到 96% 以上。计划生育优惠政策落实率 100%。出生人口性别比比 2006 年呈下降的趋势。计划生育基础知识知晓率干部达到 95% 以上、群众达到 85% 以上。群众对计划生育工作的满意或基本满意率达到 90% 以上。计生工作经费投入在符合省要求的基础上，区级财政投入人均经费不低于 2006 年投入水平。常住人口政策外生育社会抚养费征收面要达到 100%，征收额要达到 80% 以上。综合节育率 86% 以上。“双查”到位率 96% 以上。

2007 年，市委、市政府下达湖里区的人口计划指标为：人口出生率 11‰，政策符合率 96%，出生性别比在正常范围内或比上年趋向正常值。截至 2007 年 9 月 30 日，全区总人口 726980 人，其中常住人口 202449 人，流入人口 524531 人；出生人口 7381 人，出生率 10.1‰，其中常住人口出生 3065 人，流入人口出生 4316 人；出生人口政策符合率 97.30%，其中常住人口 97.78%，流入人口 96.96%；出生性别比 112.53，其中常住人口 107.94，流入人口 115.91，同比略有上升。

1987—2007 年湖里区计划生育工作情况统计表

表 25-4

类别 / 年份	总人口（人）	出生率（‰）	政策符合率（%）	性别比（%）	自增率（‰）	多孩率（%）	早婚率（%）	晚婚率（%）	晚育率（%）	育妇数（人）	已婚育妇数（人）	结扎（人）	其中二女扎（人）	人流（人）	引产（人）	放环（人）	补环（人）	皮埋（人）
1987	52569	23.03	36.67	—	—	—	—	—	—	—	—	—	—	—	—	—	—	—
1988	53843	17.16	52.79	—	12.59	2.63	—	53.0	—	12468	8912	439	—	252	36	440	—	—
1989	55445	17.17	62.79	—	12.9	2.67	0.20	49.0	—	13136	9411	427	57	299	52	482	—	—
1990	56650	16.10	64.97	—	11.03	3.31	0.22	56.8	—	14315	10012	473	102	667	107	557	—	—
1991	60870	16.57	72.20	—	12.24	2.04	0	65.5	—	17157	12941	456	96	317	76	538	—	—
1992	62094	12.82	88.32	—	8.26	0.51	0.62	66.1	—	17702	13372	166	35	344	70	464	—	—
1993	64304	11.63	93.90	—	7.43	0	0.37	64.8	—	18519	14091	129	29	295	70	544	—	—
1994	66418	11.34	95.80	—	6.96	0.81	0	62.4	—	19321	14877	104	34	234	36	396	34	—
1995	72905	14.18	92.11	—	6.99	0.37	0	76.8	—	21467	16795	116	38	231	20	521	70	—
1996	81265	14.35	95.40	—	5.32	0.27	0	86.2	81.50	24094	18559	136	56	165	16	444	48	19
1997	90370	13.51	97.07	—	6.45	0	0	90.4	91.10	27685	21296	222	72	155	—	471	—	11
1998	101314	11.62	98.56	—	7.3	0.09	0	91.78	93.59	31721	24256	201	58	103	6	384	—	17
1999	117497	10.21	98.66	—	5.99	0	0	92.5	94.97	36568	26847	144	37	663	4	1393	—	11

续表25-4

类别/年份	总人口（人）	出生率（‰）	政策符合率（%）	性别比（%）	自增率（‰）	多孩率（%）	早婚率（%）	晚婚率（%）	晚育率（%）	育妇数（人）	已婚育妇数（人）	结扎（人）	其中二女扎（人）	人流（人）	引产（人）	放环（人）	补环（人）	皮埋（人）
2000	125151	13. 11	98. 55	104. 34	8. 79	0	0	93. 54	95. 54	40147	29389	102	36	84	6	338	30	4
2001	136454	12. 87	98. 28	111. 62	8. 62	0	0	93. 77	89. 40	44147	32438	101	39	96	7	392	15	5
2002	150176	12. 39	97. 52	119. 42	8. 35	0. 36	0	93. 60	95. 61	48432	35062	84	28	129	16	362	24	12
2003	160101	12. 63	98. 47	106. 55	9. 62	0. 42	0	89. 09	93. 66	51864	37305	74	18	114	8	348	32	5
2004	174310	13. 85	98. 62	108. 00	10. 92	0. 17	0	82. 20	92. 35	56806	41078	81	33	177	16	370	27	1
2005	187193	15. 5	98. 4	106. 7	12. 5	0. 14	0. 06	80. 65	89. 47	61132	44185	78	29	186	32	421	47	1
2006	192220	14. 13	98. 51	106. 8	11. 42	0. 3	0	82. 71	88. 88	63269	45766	92	23	286	27	444	24	1
2007	202449	15. 53	97. 78	107. 94	12. 74	0. 42	0	83. 90	90. 74	66065	48662	92	20	372	25	592	18	2

说明：本表为区人口与计划生育局依照部门统计口径所出数据，与《湖里区统计年鉴》数据略有出入

二、计生统计

湖里区建区开始就建立户籍人口计划生育统计制度。各行政村、居委会均设有专人负责上报所在行政村、居委会的有关数据。统计项目有年初和年末人口数，分男、女出生人数、出生率，出生人口中一胎、二胎和多胎人数，死亡人数和死亡率，自然增长人数和自然增长率，计划内生育人数和计划生育率，达到生育年龄妇女人数、达到生育年龄妇女中的已婚人数及已落实节育措施人数，女性初婚人数及其中早婚、晚婚人数和领取生育证人数，落实四项节育措施例数，当年怀孕人数及其中生育一孩、二孩和多孩的人数等。1992 年，计划生育统计设人口自然变动及计划生育情况和女性初婚、独生子女领证、“四术”等基本情况 2 种表格。统计项目基本不变。

1993—2004 年，计划生育统计设人口自然变动及计划生育情况、计划生育领证及采取节育措施情况，人口出生情况，女性初婚、独生子女领证、“四术”情况，已婚育妇落实节育措施孩次分布情况等 4 种表格。

2005—2007 年，计划生育统计改设“计划生育基本情况”一种表格，统计项目有出生、孩次分布、收养数、二女出生数、女性初婚、本期领证、现有怀孕数、15 ~ 49 岁妇女人数、已婚育妇孩次分布、已婚育妇落实节育措施孩次分布、总人口、死亡数、迁人迁出、期末领证数等。

三、社会抚养费征收

1988 年—2002 年 8 月，对计划生育政策外生育的家庭实行罚款、征收计划外生育费。2002 年 9 月 1 日，开始实施《社会抚养费征收管理办法》。湖里区社会抚养费征收标准为：按当事人违法行为被查出的上一年全区城镇居民人均可支配收入或农民人均纯收入的以下倍数征收：提前生育的，按 60% 至 1 倍征收；多生育一个子女的，按 2 倍至 3 倍征收；多生育第二个子女的，按 4 倍至 6 倍征收；多生育第三个以上子女的，从重征收；婚外生育一个子女的，按 4 倍至 6 倍征收；婚外生育第二个以上子女的，从重征收。个人年实际收入高于当地城镇居民人均可支配收入或者农民人均纯收入的，以个人年实际收入为基数，按照前款规定征收社会抚养费。

2005—2007 年，湖里区征收社会抚养费分别为 171. 5 万元、201. 6 万元、306. 8 万元。

四、流入人口计生管理

1988 年，执行市计生委、建委、公安局、人事局、劳动局、工商局、交通局联合颁发的《厦门市外来人员计划生育管理实施办法》，规定到厦门工作和暂住 3 个月以上的已婚育龄夫妇，都要有生育情况的证明；对不具备计划生育证明的外来人员，公安部门不予办理暂住户口手续，劳动部门不予安排工作，工商部门不发营业执照。并按市人民政府颁布《关于审检外来人员婚育节育证明书的通告》，规定从 1992 年 1 月 1 日起，对外来人员审检婚育节育证明书。符合规定的发给审检证，有关部门凭审检证方可准予租用房屋或摊点、承包工程、申办营业执照、招用为临时工、合同工、季节工等。审检对象怀孕者，须持户籍所在乡（镇）人民政府、街道办事处计划生育主管部门的婚育节育证明书和生育计划证，怀孕计划内二胎的必须持有县、区级计划生育主管部门的批准证书，否则按计划外怀孕处理。

1999 年 1 月 1 日，开始执行国家计划生育管理委员会修订颁发的《流动人口计划生育管理办法》。2002 年，区委召开四届十一次会议，专题研究流入人口管理和服务工作，确立常住人口和流入人口一盘棋管理与服务的指导思想，成立以分管副区长为组长的区流入人口计生管理服务领导小组。各街道、社区也成立以街道办事处主任和社区居委会主任为组长的领导小组，进一步完善对流入人口管理与服务工作的领导。

2003 年，制定《关于加强流动人口计划生育管理的实施办法》。

2004 年，起利用国家流动人口信息交换平台，与流入湖里区人员较多的县（市、区）建立流入人口计生双向管理工作机制，区、街、社区三级均指定专人负责及时向流出地计生部门通报信息。通过核对户籍地反馈的信息掌握流入人口婚、孕、育情况（截至 2007 年年底，网上通报 31382 人次，反馈 29328 人次，反馈率达到 93.45%）。

2005 年 1 月 1 日起，对居住湖里区 1 个月以上的流入人口实行市民化待遇、亲情化服务，相关人员凭身份证、婚育证明、暂住证、社区证明，实行“四术”“双查”一律免费；凡在湖里区居住已生育一个子女的夫妻，按规定落实长效节育措施的，除免收或报销正常手术费外，给予一次性奖励 100 元；已生育两个子女，按规定落实绝育措施的，一次性奖励 300 元。

2007 年，培育金山、金尚、马垅、蔡塘、兴华等 5 个市级流入人口计生管理服务示范社区和后埔、钟宅、枋湖、东渡 4 个区级示范社区。在街道和社区建立流入人口综合管理服务平台，实行公安、计生、劳动、文教、司法、房管、税收等部门合署办公的“一站式”服务试点。

据 2007 年计生年度统计报表显示，全区流入人口 524531 人，占全市流入人口的 47%；流入出生 4316 人，出生人口政策符合率 96.96%。

第二十六篇　人事劳动和社会保障

1987 年 11 月湖里区劳动人事局设立。自此至 2007 年，区人事工作从干部的选拔录用到各项管理，均在不断完善。干部录用由委任制改为考任制、聘用制和选任制，引入竞争机制，增加选人用人透明度，促进人才合理流动，为特区建设广纳贤才。在管理方面，行政机关推行公务员制度，对公务员实行绩效考核、岗位培训和公务回避、代理、试用、任职公示等制度；企事业单位推行专业技术职务评聘制度，对专业技术人员实行竞争上岗、继续教育、任职资格考试、晋升专业职务公示等制度。干部离（退）休执行“到龄即退”制度，同时建立国家公务员、专业技术干部辞职、辞退等制度。实行工资制度改革，进行工资调整，全区机关、事业单位工作人员工资水平有较大幅度提高。

20 世纪 80 年代初厦门经济特区成立后，内外资企业纷纷入驻辖区境域，外来务工人员大量涌入，农民工显著增加。1989 年年底，湖里区职工（含全民、集体）人数 2103 人。至 2007 年年底，全区职工（含国有、集体和其他单位）增加到 264009 人。区劳动部门依据国家法律和政策，在劳动就业、职业培训、工资福利、劳动保险、安全生产、劳动保护、劳动争议仲裁、劳动监察、职工退休退职等方面做了大量工作，使劳动者获得就业机会，生活福利得到改善，维护用人单位和劳动者双方的合法权益。

1992 年，全区参加养老保险、失业保险、工伤保险的人数分别为 1186 人、1186 人、1186 人，到 2007 年分别增加到 116223 人、118310 人、115603 人。2003 年，全区参加医疗保险和生育保险的人数分别为 99417 人、33719 人，到 2007 年分别增加到 119859 人、65914 人。

第一章　机　构

第一节　行政机构

一、区机构编制委员会及其办公室

1988 年 7 月 5 日，湖里区机构编制委员会成立。编委会成员由区委、区政府和有关部门的领导成员组成，由区长任主任。

区机构编制委员会下设办公室（简称区编办）。1999 年 3 月之前，与区劳动人事局合署办公。1999 年 4 月，区编办单独设立，列入区委机构序列，加挂区政府机构编制办公室牌子。2000 年 10 月，区编办加挂厦门市湖里区事业单位登记管理局牌子。中共厦门市湖里区委机构编制委员会办公室（区人民政府机构编制办公室、区事业单位登记管理局）主管全区行政管理体制、机构改革及机构编制工作，为区委机构编制委员会常设办事机构，既是区委工作部门，又是政府工作部门。历任区编办主任有王碧萱（1987. 11—1993. 11 兼职，1993. 12—1995. 2）、陈坤明（1995. 3—2001. 8 兼职，2001. 9—2007. 12）。

二、区劳动人事局

1987年11月13日，区劳动人事局设立，编制4名，后又增加老干部管理编制1名。

1988年7月5日，区机构编制委员会设立，下设办公室，与劳动人事局合署办公，负责机关、企事业单位机构设置编制定员的管理工作。同年，区劳动争议仲裁委员会设立。

2002年10月28日，区人事劳动和社会保障局成立，内设人事科、劳动科两个职能部门，行政编制6名，事业编制1名。

2004年4月22日，根据《关于调整区、镇（街）机关机构、编制和领导职数的通知》，区人事劳动和社会保障局设立综合科、人事科、劳动和社会保障科，行政编制9名（含劳动争议仲裁2名）。

2007年，区人事劳动和社会保障局设综合科、人事科、劳动和社会保障科3个科，行政编制9名。下辖5个事业单位。

历任区劳动人事局局长有：王碧萱（1988.1—1993.11）、陈坤明（1993.11—2001.9）、陈国荣（2001.9—2003.12）；历任区劳动人事和社会保障局局长有：刘琦龙（2003.12—　）。

第二节　事业单位

一、区属事业单位

区社会保险管理中心　1990年，区社会保险管理所设立，为自收自支的集体所有制单位，1998年改为全额拨款全民事业单位。2003年8月8日，区农村社会保险公司设立，负责养老保险金的收储、建档等业务。各村设立代办站，负责收取养老保险费和发放养老金。2004年2月26日，区社会劳动保险管理所和区农村社会保险公司合并为区社会保险管理中心，核定编制15名。

区人才服务中心　1992年，湖里区人才交流咨询服务中心设立，接受市人才交流咨询服务中心的业务指导，为全民事业单位，隶属区劳动人事局领导。2004年9月30日，更名为区人才服务中心，核定编制3人。

区劳动监察大队　1994年5月7日，区劳动监察中队成立，接受市劳动监察大队业务指导，编制5名，隶属区劳动人事局领导。2006年12月21日，更名为区劳动监察大队，核定编制10名。

区企业离退休人员社会化管理服务中心　2001年4月6日，区企业离退休人员社会化管理服务中心设立，为全民事业单位，核定编制5名。

区就业服务中心　1988年3月，区劳动服务公司成立。1992年7月，区就业训练中心成立。1993年7月，区职业介绍所成立。2004年9月30日，区劳动服务公司、区就业训练中心、区职业介绍所整合为区就业服务中心，为全民事业单位，核定编制10名。2006年12月20日，区就业服务中心加挂区职业技能鉴定指导中心牌子。

二、镇、街劳动服务机构

2000年11月，劳动保障服务站在禾山镇和湖里、殿前街道成立，并在社区设立劳动保障工作站。2002年11月，改称街道（镇）劳动保障事务站。2003年2月，更名为街道劳动保障服务所。2007年，湖里区5个街道均设立劳动保障事务所，43个社区均设立劳动保障工作站。

第二章　人　事

第一节　机构与编制管理

一、机构设置管理

（一）党政机构

1987 年 12 月，设区委工作部门 5 个，区政府工作部门 18 个（其中合署办公机构 2 个），区辖湖里街道办事处和禾山乡人民政府。

1992 年，区党政机构为：区委工作部门 10 个（其中合署办公机构 2 个），区政府工作部门 23 个（其中合署办公机构 4 个），区政府下辖湖里街道办事处和禾山镇人民政府。

1994 年 2 月，区委、区政府工作机构升格为正处级，部委办局管理的机构为副处级。

1996 年 1 月，开展区直机关"三定"（定职能、定机构、定编制）工作，加强综合管理部门，精简专业管理部门，充实业务管理人员，精减行政后勤管理人员。同年 10 月，中共厦门市委、市政府批准湖里区党政机构改革方案，区委设工作机构 6 个，区政府设工作机构 17 个，部委办局管理机构 4 个，区政府下辖湖里街道办事处和禾山镇人民政府。

1997 年，区党委、政府机构 23 个，部委办管理的机构 5 个，党政工作部门内设科级机构数 26 个，区政府下辖湖里街道办事处和禾山镇人民政府。

1999 年 8 月，增设湖里区殿前街道办事处。

2002 年 5 月，中共厦门市委、市政府批准湖里区党政机构改革方案，区委设工作部门 9 个，部门管理机构 3 个；区政府设工作部门 17 个，部门管理机构 2 个，议事协调机构 1 个，区政府下辖湖里街道、殿前街道办事处、禾山镇人民政府。

2003 年 9 月，中共厦门市委、市政府对湖里区机构编制进行调整。区委设工作部门 9 个，合署办公机构 2 个，部门管理机构 3 个；区政府设工作部门 18 个，部门管理机构 2 个，合署办公机构 2 个，议事协调机构 1 个，派出机构 1 个（不含街道办事处）；人大机关设 5 个工作机构；政协机关设 4 个工作机构；群团机关 11 个；区政府下辖湖里街道办事处、殿前街道 2 个办事处和禾山镇人民政府。

2004 年 6 月，撤销禾山镇，设立江头、禾山、金山 3 个街道办事处。

2004—2007 年，区党政机构设置为：区委设工作部门 9 个，合署办公机构 2 个，部门管理机构 3 个；区政府设工作部门 18 个，部门管理机构 2 个，合署办公机构 2 个，议事协调机构 1 个，派出机构 1 个（不含街道办事处）；人大机关设 5 个工作机构；政协机关设 4 个工作机构；群团机关 11 个；街道办事处 5 个。

（二）事业机构

1988 年 3 月，全区设置事业单位 18 个。即物价检查所、劳动服务公司、环卫站、劳务管理站、农业技术推广站、植保测报站、种子站、经济作物站、畜牧兽医站、农业经营管理站、水产技术推广站、农业机械站、农业科学实验站、农业区划办公室、水土保持办公室、文化馆、广播站、卫生防疫站。

1991 年，全区事业机构 24 个（不含小学、幼儿园）。

1992 年，全区事业机构 46 个（含小学、幼儿园）。

1997 年，全区事业机构 46 个（含小学、幼儿园）。

2001 年和 2002 年，全区事业机构分别为 92 个和 97 个（含小学、幼儿园）。

2003 年，开展事业单位清理整顿，全区事业机构 90 个（含小学、幼儿园）。

2004—2006 年，3 年全区事业机构分别为 107 个、109 个和 110 个（含中学、小学、幼儿园）。

2007 年，全区事业机构 111 个，其中党委口 6 个；政府口 80 个（医院 1 个，公园 2 个，中学 4 个，小学 25 个，幼儿园 5 个），街道 25 个（每个街道各 5 个）。

二、人员编制管理

1987 年 11 月，全区党政群机关总编制暂定 127 名，其中党政群机关编制 93 名、街道 15 名、乡 19 名。

1988 年，暂核定政法专项编制 51 名，其中法院 25 名、检察院 20 名、司法局 6 名。

1988 年 3 月，全区事业编制数为 138 名（不含小学幼儿园）。

1996 年 10 月，全区行政编制 210 名，禾山镇 45 名。

2002 年 5 月，全区行政编制 176 名，禾山镇 35 名，政法专项编制 106 名（其中法院 39 名、检察院 50 名、司法局 17 名）。

2003 年 9 月，全区机关编制总数 313 名，其中行政编制 265 名，群团机关编制 15 名，工勤人员编制 27 名，老干部服务人员编制 6 名；区法院编制 70 名（其中政法专项编制 64 名、工勤人员编制 6 名）；区检察院编制 66 名（其中政法专项编制 60 名、工勤人员编制 6 名）；区司法机关、镇（街）司法专项编制 22 名［其中司法机关 18 名，镇（街）司法助理员编制 4 名］。

2007 年，区党政群机关总编制 355 名（党政群机关编制 265 名、街道 90 名），另有工勤人员编制 33 名；政法专项编制 177 名，其中法院 80 名、检察院 70 名、司法局 27 名；城市管理行政执法专项编制 85 名。是年，全区事业编制 3178 名，其中中小学、幼儿园编制 2210 名。

第二节　人事调配

一、干部吸收录用

1988 年，大中专毕业生接收工作引入竞争机制，大中专毕业生进入人才市场调节，采用“双向优化选择”的方针，毕业生和用人单位直接见面。1990 年，湖里区考录公务员 4 人，分别为：区监察局 1 人，区财政局 1 人，区计生委 1 人，区审计局 1 人。1991 年，湖里区考录公务员 8 人，分别为：区财政局 2 人，区司法局 2 人，区经贸委 1 人，区工商局 1 人，区民政局 1 人，区工业联社 1 人。1988—1992 年，共接收 118 名大中专毕业生。

1993 年，《国家公务员暂行条例》颁布后，按照机关机构改革实施方案，稳妥开展公务员过渡工作。同年，取消大中专毕业生外地生源滞后审批的做法，采取统一审批时间，统一审批条件，统一就业流向的审批原则。

1996 年 6 月，实施国家公务员制度。同年 7 月，《厦门市人事局关于印发〈厦门市国家行政机关工作人员向国家公务员过渡的实施办法〉的通知》（厦人〔1996〕092 号）开始实施。

1997 年，进一步规范公务员招考，并在面试等环节上逐步推出考生抽签决定面试顺序和考官组减少用人单位面试考官比例、试行面试旁听制度、邀请监察局派员全程监督、体检生化项目使用暗码标签、考生体检结果和拟录用人员实行网上公示等 26 项新举措。同年，湖里区考录公务员 9 人，分别为：区民政局 1 人，区卫生局 1 人，区委统战部 1 人，区司法局 2 人，区计生局 1 人，区财政局 1 人，区检察院 2 人。1997 年年底，湖里区完成行政机关人员向公务员过渡工作。1993—1999 年，区人劳局共接收 175 名大中专毕业生，区人才中心共接收 369 名大中专毕业生。

2000 年，执行《厦门市事业单位招收大中专院校毕业生暂行办法》，对区属国有企业单位招收毕业生采取公布职位条件，公开报名，统一组织考试的办法，进行公开竞争，择优录用。2002 年，执行《关于退伍大中专毕业生安置问题的通知》，对退伍大中专毕业生的安置采取自谋职业、“双选”就业、重点对象安置相结合的安置办法。2003 年，湖里区政府系统考录公务员 1 人。

2004 年起，湖里区统一面向社会公开招聘事业单位编内人员，并使这一活动常规化，于每年春季组织招考，必要时在下半年再组织一次。同年，湖里区人劳局招考事业单位工作人员 11 人。2000—2004 年，区人劳局共接收 63 名大中专毕业生，区人才中心共接收 1009 名大中专毕业生。

2005 年，执行《厦门市事业单位补充工作人员暂行规定》，湖里区人劳局组织事业单位编内人员公开招聘均按照制定方案、发布公告、公开报名、笔试面试、体检、考核、公示、聘用等基本程序进行，并加以完善。同年，湖里区政府系统考录公务员 16 人。

2007 年，执行《厦门市人民政府办公厅转发市人事局关于进一步做好非师范类大中专毕业生就业工作的实施意见》，进一步完善非厦门生源应届本科以上学历毕业生先落户后就业的人才储备制度；实行待就业厦门生源毕业生登记制度。2007 年，湖里区政府系统考录公务员 2 人。同年，区人才中心共接收 293 名大中专毕业生。2005—2007 年，区人劳局共吸收 87 名干部补充到区政府系统事业单位，其中大中专生 31 名。

二、军队转业干部安置

1987 年 11 月湖里区劳动人事局成立后，开始安置军队转业干部，当年接收 2 名。1988 年，《厦门市军转办给予军转干部安置厦门条件的若干规定》。1987—2003 年，区人劳局共接收军队转业干部 59 名。

2004 年，执行《厦门市 2004 年营职以下军队转业干部安置工作实施办法》。同年，区人劳局共接收军队转业干部 21 名。

2005 年，执行《厦门市 2005 年营职以下军队转业干部安置工作实施办法》。同年，区人劳局共接收军队转业干部 16 名。

2006 年，执行《厦门市 2006 年营职以下军队转业干部安置工作实施办法》。2006—2007 年，区人劳局共接收军队转业干部 42 名。

1987—2007 年湖里区接收大中专毕业生和军队转业干部数量见表 26-1。

1987—2007 年湖里区接收大中专毕业生和军队转业干部统计表

表 26-1　　单位：人

年份	大中专毕业生		区人劳局接收军队转业干部	年份	大中专毕业生		区人劳局接收军队转业干部
	区人劳局接收	区人才中心接收			区人劳局接收	区人才中心接收	
1987	—	—	2	1998	32	69	6
1988	36	—	4	1999	20	103	5
1989	20	—	1	2000	13	210	14
1990	11	—	1	2001	20	204	8
1991	15	—	1	2002	20	197	5
1992	36	—	0	2003	4	185	8
1993	18	18	1	2004	6	213	21
1994	31	12	0	2005	15	235	16
1995	32	24	1	2006	10	234	27
1996	26	73	1	2007	6	293	15
1997	16	70	1	合计	387	2140	133

说明：1. 1987 年 11 月湖里区刚成立，故表中缺 1987 年度区人劳局接收大中专毕业生数据。2. 1987—1992 年，湖里区人才中心机构未设立，故缺区人才中心 1987—1992 年度接收大中专毕业生数据

三、人才交流

1987 年 10 月，执行《关于厦门市科技人员合理流动和智力交流的暂行规定》，鼓励科技人员从人才富余部门和行业流向人才紧缺单位，从全民所有制单位流向集体所有制单位，以适应湖里区多种经济成分生产发展的需要。

1989 年 5 月，执行《关于企事业单位干部调配工作暂行规定》，并制定企事业引进干部原则。1991 年的干部调配工作，在思想上和措施上变封闭型为开放型，变繁琐型为简便型，变管理型为服务型。

1992 年 7 月，成立区人才交流咨询服务中心，出台《关于湖里区非全民所有制、内联企业聘用专业技术人员和管理人员暂行管理办法》，解决专业技术人员和管理人员应聘到非全民单位、内联企业工作在人事管理上的一些具体问题。是年，执行《中共厦门市委组织部、厦门市人事局关于印发〈厦门市干部调配工作暂行规定〉的通知》，保证重点工程和新建、扩建项目、保证搞活国营大中型企业的用人需要，保证急缺干部的单位及时补充人员，加强生产、科研、教学第一线，鼓励干部到基层单位工作。

1993 年，起草拟订《厦门市湖里区人民政府关于人才引进、开发、使用若干问题的暂缓规定》（厦湖府〔93〕117 号文），对人才引进的重点、方式和手续；优惠政策；人才开发和使用；管理服务等予以明确，使湖里区人才引进工作制度化、正常化。同年 4 月 1 日开始，根据《厦门市人民政府办公厅关于印发〈厦门市收取城市增容费的暂行办法〉的通知》，对具有高级以上专业技术职称、具有硕士以上学历、出国留学取得学士以上学位等人员调入或迁入湖里区，免缴城市增容费。7 月 8 日，颁布《厦门市湖里区人民政府关于人才引进、开发、使用若干问题的暂行规定》，对引进的人才在工资待遇上从优，在职称评聘方面给予照顾，优先解决随迁家属的工作问题，在子女就学、就业方面予以照顾，对引进人员家属、子女户口农转非予以优先，在住房上予以照顾，在搬迁和安家费的报销和补贴上予以优惠，对有贡献的人员实行重奖激励的特殊政策。11 月 1 日开始，根据《厦门市人民政府办公厅关于印发〈厦门市收取城市增容费的暂行办法〉补充规定的通知》，在外省、市工作 3 年以上的具有大专以上学历的专业技术人员和管理人员调入或迁入湖里区，免缴城市增容费。

1994 年 7 月 20 日，中共湖里区委、区政府颁发《关于批转区委组织部、区劳人局〈关于简化干部调动手续的请示〉的通知》，简化人才引进办事程序，减少中间环节，提高办事效率。

1998 年 7 月 1 日起，根据《厦门市人民政府关于进一步减轻企业负担的通知》精神，湖里区将单位委托人事代理服务费减半征收。

1999 年 11 月 15 日，执行《中共厦门市委、厦门市人民政府关于印发〈关于进一步做好人才引进工作的若干规定〉的通知》（厦委〔1999〕078 号），对于重点人才实行允许单调等多项优惠政策。

2000 年 3 月 10 日，颁布《中共厦门市湖里区委员会厦门市湖里区人民政府关于转发市委、市政府〈关于进一步做好人才引进工作的若干规定〉的通知》，规定湖里区的引进人才除了执行中共厦门市委、市政府提出的优惠政策以外，既可以把户口、人事关系转到湖里，也可以在不转户口和人事关系的前提下申办人才居住证，享受有关优惠政策。

2001 年 9 月 28 日，执行《厦门市人民政府办公厅关于调整我市引进人才若干政策的批复》，对于所有人才允许单调，一律免收城市增容费。

2003 年“9·8”投洽会期间，湖里区开通厦门市第一家集网上人才市场与网上劳动力市场为一体的网上交流平台“厦门湖里人力资源网”，为企业招聘人才和个人求职提供公益性服务。

截至 2007 年，区人才中心人事代理的范围从成立之初限定在本区无主管部门、不具备人事管理条件的三资企业、私营企业等非全民所有制单位或是虽有主管部门但属于集体性质的企事业单位，发展到全区范围内自愿委托代理的各类企事业单位；代理对象从成立之初限定为具有国家干部身份的专业技术人员和管理人员，发展到凡具有中专以上学历或初级以上职称不分干部和工人统称人才的专业技术人员和管理人员；人事代理方式从成立之初单位委托人事代理，扩大到为失业人员和待就业大中专毕业生办理个人委托单纯寄档，又扩大到个人委托人事代理，可以为灵活就业人员保留干部身份、办理人才流动、职称评定等人事代理。

1988—2007 年湖里区人才调配统计表

表 26-2　　单位：人

年份	部门调配	调入	调出	年份	部门调配	调入	调出
1988	1	142	0	1999	16	47	4
1989	0	64	4	2000	25	46	6
1990	4	27	8	2001	9	49	2
1991	12	43	7	2002	2	11	2
1992	7	58	0	2003	21	12	8
1993	7	57	0	2004	19	10	1
1994	6	47	1	2005	6	4	3
1995	4	58	0	2006	0	5	2
1996	7	52	1	2007	8	0	8
1997	8	54	7	合计	168	835	70
1998	6	49	6				

1993—2007 年湖里区引进人才统计表

表 26-3　　单位：人

年份	合计	学历						
		初中	高中	中专	大专	本科	硕士	博士
1993	6	1	—	1	1	3	—	—
1994	40	—	—	17	12	8	3	—
1995	20	1	—	9	3	6	1	—
1996	21	—	1	7	8	5	—	—
1997	23	1	—	3	6	13	—	—
1998	15	—	—	4	5	6	—	—
1999	62	—	—	5	31	24	1	1
2000	207	—	1	18	66	109	12	1
2001	217	—	1	24	68	119	5	—
2002	226	—	—	19	81	124	2	—
2003	232	—	—	15	71	142	4	—
2004	195	—	—	21	73	100	1	—
2005	169	—	—	12	56	97	3	1
2006	228	—	—	8	48	171	1	—
2007	136	—	—	9	32	92	3	—

第三节　职称评聘

一、职称认定及评审

1986 年起，自《国务院〈关于实行专业技术职务聘任制度的规定〉的通知》（人职发〔1986〕27 号）发布以后，全区陆续开展职称评聘工作。1988 年，经湖里区人民政府研究决定，成立湖里区政府职改工作领导小组，具体领导全区各系列职改工作，同时成立湖里区职称改革领导小组办公室（下称湖里区职改办）。

1988 年起，经湖里区职称改革领导小组批准同意，陆续组建农业技术初级职务评审委员会、经贸委专业技术评议小组、卫生技术初级评审委员会、小学教师初级职务评审委员会、土木建筑专业技术初级职务评审委员会。毕业生初级职称直接认定工作由区职改办负责，各系列初级技术职称评审工作由各评审委员会负责，中高级职称分别由市、省两级职改部门及相应专业技术系列主管部门组织认定、评审。

（一）公有制单位职称评审

1997—2007 年，湖里区职改办确认公有制初级职称 964 人（不含教育系列），其中工程系列 660 人，经济系列 147 人，会计系列 90 人，卫生系列 45 人，翻译系列 5 人，统计系列 1 人，档案系列 5 人，文博系列 3 人，工美系列 3 人，公证系列 1 人，农业系列 4 人。1989—2007 年，全区确认教育系列初级职称共有 1160 人。

（二）非公有制单位职称评审

1998 年，经区职称改革领导小组批准同意，区乡镇企业局成立乡镇企业职称改革领导小组，负责非公有制专业技术任职资格的评审与管理。同时，成立企业经济系列和工程系列初级专业技术职务评审委员会，并于同年 9 月 12 日召开第一次评审会议。1998—2007 年，经企业经济系列和工程系列初级专业技术职务评审委员会评审，共有 1660 人获得初级专业技术任职资格。其中，工程系列 1297 人，会计系列 209 人，经济系列 123 人，统计系列 31 人。

二、专业技术人员聘任

1986 年起，根据《国务院〈关于实行专业技术职务聘任制度的规定〉的通知》（人职发〔1986〕27 号），企事业单位专业技术职务试行评聘结合制度。根据文件精神，科学合理地设置专业技术岗位，开展经常性的专业技术职务评聘工作。

1995 年起，根据《厦门市职改领导小组 厦门市人事局关于在事业单位部分系列开展有控制的专业技术职务任职资格评聘分开工作的通知》（厦职改字〔1995〕046 号）文件精神，开展有控制的各级职务评聘分开工作。此次改革涉及高教、科研、卫生、工程、农业五个专业技术职务系列。实行评聘分开后，对于经评审、确认获得任职资格的人员，单位可根据工作需要，按照岗位设置方案，在上级下达的职数范围内，从具备相应资格的人员中择优聘任。在岗位设置中，高级职务资格数占专业技术岗位总数的 25%，中级职务资格数占专业技术岗位总数的 50%。

辖区内民营、三资企业专业技术人员情况见本志第二十三篇第一章第二节。

1996—2007 年湖里区各类专业技术人员统计表

表 26-4　　　　单位：人

年份	单位性质	工程	农业	卫生	教学	经济	会计	统计	新闻	政工	翻译	其他	合计
1996	事业单位	64	14	26	513	25	23	3	1	—	—	—	669
	国有企业	—	—	—	—	—	—	—	—	—	—	—	—
	集体企业	71	—	40	—	—	13	—	—	—	—	3	127
1997	事业单位	24	14	95	650	6	6	1	1	1	—	—	798
	国有企业	33	—	—	1	18	16	2	—	—	1	—	71
	集体企业	83	—	26	—	—	12	4	—	—	—	—	125
1998	事业单位	24	13	62	701	6	10	—	—	1	—	—	817
	国有企业	34	—	—	1	18	16	2	—	—	1	—	234
	集体企业	57	—	25	—	—	51	—	—	—	—	182	315
1999	事业单位	26	14	94	777	4	12	2	—	1	—	—	930
	国有企业	51	—	—	2	22	19	1	—	—	—	—	95
	集体企业	17	—	—	—	11	27	1	—	—	1	28	85
2000	事业单位	36	16	116	819	20	14	2	—	1	—	8	1032
	国有企业	51	—	—	2	22	19	1	—	—	—	—	95
	集体企业	—	—	24	—	—	1	—	—	—	—	7	32
2001	事业单位	37	11	130	919	25	13	2	—	2	—	8	1147
	国有企业	34	—	—	1	14	12	1	—	—	—	—	62
	集体企业	—	—	23	—	—	1	—	—	—	—	7	31
2002	事业单位	44	11	170	996	29	16	1	—	3	—	11	1281
	国有企业	36	—	—	1	17	12	1	—	—	—	—	67
	集体企业	—	—	23	—	—	1	—	—	—	—	7	31
2003	事业单位	42	10	169	1048	36	23	2	—	3	—	9	1342
	国有企业	34	—	—	2	18	11	1	—	—	—	—	66
	集体企业	—	—	22	—	—	1	—	—	—	—	7	30
2004	事业单位	37	10	168	1061	23	18	3	—	3	—	9	1332
	国有企业	36	—	—	1	18	11	1	—	—	—	24	91
	集体企业	—	—	23	—	—	—	—	—	—	—	—	23
2005	事业单位	46	18	217	1601	33	43	7	1	4	—	15	1990
	国有企业	41	—	—	1	12	17	1	—	4	—	1	77
	集体企业	—	—	—	—	—	—	—	—	—	—	—	—
2006	事业单位	53	30	226	1656	34	44	11	2	6		16	2078
	国有企业	42	—	—	1	21	18	1	—	3	—	1	87
	集体企业	—	—	—	—	—	—	—	—	—	—	—	—
2007	事业单位	64	22	204	1893	39	52	3	2	2	—	20	2301
	国有企业	44	—	—	2	22	15	1	1	1	—	1	87
	集体企业	—	—	—	—	—	—	—	—	—	—	—	—

第四节 行政技术人员管理

一、考核

1993年，湖里区实行年度考核制度，对各级党群机关、事业单位、参照机关单位工改的管理人员、各类专业技术人员和工勤人员，逐年进行一次年度考核，考核记过分为优秀、称职、不称职3个等次，并将考核结果与干部的提拔、使用、工资职级挂钩。1993年，全区政府系统机关事业单位参加考核人数635人，其中优秀98人。

1996年，贯彻《事业单位工作人员考核暂行规定》，事业单位工作人员考核结果分为优秀、合格、不合格3个等次。

2001年1月1日起，贯彻《厦门市国家公务员年度考核暂行办法》，建立“优胜劣汰”的用人机制，公务员年度考核分为优秀、称职、基本称职、不称职4个等次。全区政府系统机关事业单位2001年参加考核人数1730人，其中优秀211人。2002年，参加考核人数1824人，其中优秀219人。2003年，参加考核人数1760人，其中优秀211人。2004年，参加考核人数2583人，其中优秀331人。

2005年，贯彻《福建省实行聘用制事业单位工作人员考核办法（试行）》和《关于实施〈福建省实行聘用制事业单位工作人员考核办法（试行）〉若干问题的通知》，未实行聘用制的事业单位工作人员的考核参照执行。2005年，全区政府系统机关事业单位参加考核人数2695人，其中优秀350人。2006年，全区政府系统机关事业单位参加考核人数2864人，其中优秀458人。

2007年，贯彻《厦门市公务员考核办法（试行）》，对公务员的考核，以公务员的职位职责和所承担的工作任务为基本依据，全面考核德、能、勤、绩、廉，重点考核工作实绩，事业单位的优秀比例参照机关的比例控制。2007年全区政府系统机关事业单位参加考核人数2806人，其中优秀458人。2005—2007年度，记三等功5人，分别是区计生局1人，区政府办1人，区城市管理执法局1人，区江头街道1人，区发改局1人。

二、培训

1988—1995年，区内机关、事业单位人员培训仍采取区办与部门办、送省、市主管部门短期培训与送省、市党校及有关大、中专院校学习、进修相结合的办法，提高各类人员的政治、文化、业务素质。

1996年1月1日起，执行《福建省专业技术人员继续教育条例》。同年，湖里区开展公务员制度知识的宣传和普及工作，组织区机关、事业单位400多名工作人员参加全国公务员知识竞赛。

2002年，分期分批组织全区349名机关工作人员参加计算机网络基础知识和WTO知识培训，完成2002年度在职人员攻读MPA专业学位报名审核工作。

2003年，共组织科级以下公务员分两期参加市公务员学法用法依法行政法律考试，组织各单位共24名人事干部参加市人事管理岗位资格培训。

2004年，组织全区200多名机关公务员参加行政许可法培训，组织行政执法局工作人员参加依法行政考试。

2005年4月公务员法公布后，湖里区开展公务员法的学习、宣传工作。发放公务员法单行本500多册，做到人手1册；组织542名干部参加公务员法网上考试；组织人事干部培训9场，培训人员约630人次。

2006年，执行《干部教育培训工作条例》。同年，组织区各单位参加市人事局组织的培训超市，共有475人次报名参加16个班的培训；组织区政府口部门和各街道的机关事业单位人员参加市人事局组织的电子政务培训，共有近350人参加培训。

2007年，执行《厦门市专业技术人员继续教育实施办法》。同年，以工资改革为重点，组织3次人事工资干部集中培训，印发各类培训材料300余份；组织全区机关事业单位参加市人事局“培训超市”，参加机关档案管理、公文写作等21门课程学习。

三、公务员登记

2006年9月，湖里区组织、人事、编制部门对区行政、事业单位的编制、人员及进入行政机关的渠道等进行全面清理，召开组织、人事、编制部门联席会议确定登记人员名单。通过制定公务员登记管理工作实施方案、组织系统软件培训、严格查档核实公务员信息等方式，严格按规定的范围、对象、条件、程序进行公务员登记。至2007年，全区政府系统298名公务员完成登记报批工作，其中考核登记6人。

第五节　工资福利

一、工资制度

1985年，贯彻第二次全国性工资制度改革精神，实行以职务工资为主要内容的结构工资制度，按照工资的不同职能，分为基础工资、职务工资、工龄津贴、奖励工资四部分，普通中小学和幼儿园从1月1日起执行，机关和事业单位从7月1日起执行。

1986年，贯彻《关于一九八六年解决国家机关和事业单位部分工作人员工资问题的通知》，从10月1日起对国家机关和事业单位部分工作人员工资进行调整。

1987年，贯彻《关于一九八七年解决部分中年专业技术人员工资问题的通知》，从10月1日起对部分中年专业技术人员工资进行调整。

1988年4月，国务院批准厦门市在国家计划中单列，赋予其相当省一级的经济管理权限，区机关、事业单位工作人员工资级别相应提高。

1989年，贯彻《国务院批转人事部、国家计委、财政部一九八九年调整国家机关、事业单位工作人员工资实施方案的通知》，机关、事业单位工作人员工资1989年10月1日起普调一级，1990年再升一级。

1992年1月，为了同全国计划单列城市的机构建制级别、工资待遇相适应，厦门市机关开始执行新的工资标准，区党政机关工作人员人均增资8元。

1993年10月1日起，机关、事业单位实行第三次工资制度改革方案。湖里区贯彻落实人事部印发的《经济特区机关、事业单位工作人员工资制度改革方案》和省人事厅印发的《厦门经济特区机关和事业单位工作人员工资制度改革实施中有关问题的处理意见》，对1993年9月30日前在岗的机关和全民所有制事业单位在册正式工作人员进行工资套改。1995年12月，完成全区机关事业单位工作人员工资套改上报审批工作。区机关单位参加套改人数288人，基本工资月增资36238元，人均增资125.8元；事业单位参加套改人数679人，月增资69022.5元，人均增资101.7元。补发1993年12月至1995年12月共27个月增资额，机关事业单位共一次性补发2838447元。

1997年7月1日起，区机关工作人员基础工资标准由90元提高到I10元；根据事业单位工作人员工资制度特点及其工资构成比例，相应调整事业单位工作人员工资标准（其中职务工资各档次均增加14元，津贴按单位执行比例计算）。并相应调整新参加工作大中专毕业生见习期、初期工资标准和学徒期、熟练期工资待遇。

1999年7月1日起，区机关工作人员基础工资标准由110元提高到180元，级别工资标准由十五级至一级55元至470元提高到85元至720元；事业单位工作人员工资标准也相应提高。区机关事业单位参加调整工资标准人数1783人，月增资215451元，人均增资120.8元。补发1999年7月至1999年9月共3个月增资额，机关事业单位共一次性补发650051元。

2001年1月1日起，区机关工作人员基础工资标准由180元提高到230元，级别工资十五级至一级标准由 85 元至 720 元提高到 115 元至 1166 元；事业单位工作人员工资标准也相应提高。区机关事业单位参加调资人数 1992 人，基本工资月增资 212031 元，人均增资 106.4 元。补发 2001 年 1 月至 2001 年 6 月共 6 个月增资额，机关事业单位共一次性补发 1261437 元。同年 10 月 1 日起，区机关公务员各职务层次职务工资起点标准由最低 50 元至最高 480 元提高到 100 元至 850 元；事业单位工作人员工资标准也相应提高。区机关事业单位参加调资人数 2098 人，基本工资月增资 165755 元，人均增资 79 元。补发 2001 年 10 月至 2001 年 12 月共 3 个月增资额，机关事业单位共一次性补发 498534 元。

2003 年 7 月 1 日起，区机关工作人员各职务层次职务工资起点标准由 100 元至 850 元提高到 130 元至 1150 元；事业单位工作人员工资标准也相应提高。区机关事业单位参加调资人数 2170 人，基本工资月增资 115244 元，人均增资 53.1 元。补发 2003 年 7 月至 2003 年 12 月共 6 个月增资额，机关事业单位共一次性补发 670443 元。

2006 年 7 月 1 日起，机关、事业单位实行第四次工资制度改革方案。湖里区贯彻落实《福建省关于印发福建省公务员工资制度改革实施意见》和《福建省事业单位工作人员收入分配制度改革实施意见》，对 2006 年 6 月 30 日前在岗的机关、事业单位在册正式工作人员进行工资套改。

2007 年 3 月，湖里区完成机关事业单位工资制度改革。机关单位参加套改人数 510 人，月增资 177006 元，人均增资 347 元；事业单位参加套改人数 2469 人，月增资 680967 元，人均增资 275.8 元。补发 2006 年 7 月至 2007 年 3 月共 9 个月增资额，机关事业单位共一次性补发 7721757 元。

1994—2007 湖里区机关、事业单位职工平均工资表

表 26-5　　　　单位：元

年份	机关		事业	
	单位从业人员平均劳动报酬	在岗职工平均工资	单位从业人员平均劳动报酬	在岗职工平均工资
1994	10855	—	10045	—
1995	11836	—	11103	—
1996	9358	—	11865	—
1998	15460	15543	15315	15315
1999	17983	18052	13493	13472
2000	22556	22594	14017	14034
2001	23382	23411	15468	15483
2002	24496	24550	13993	14058
2003	26763	26820	22676	22676
2004	28935	29031	30702	31176
2005	29885	30149	31475	31592
2006	48944	49793	39524	39660
2007	56444	58918	40388	40516

说明：1989—1993 年、1997 年、1999 年无相关统计数据

二、福利待遇

（一）福利费

1987 年湖里建区至 1995 年，贯彻省人事局、财政厅下发的《关于国家机关、事业单位工作人员福利费提取标准和掌管使用问题的通知》，向机关、事业单位工作人员发放福利费，使用范围为：工作人员本

人和依靠工作人员供养的直系亲属，以及完全依靠工作人员生活的其他亲属的生活困难，患病医药费和死亡丧葬费用的困难补助；工作人员的特殊困难补助；本单位举办的托儿所、幼儿园、理发室、浴室等集体福利事业零星购置费开支；慰问患病工作人员的少量慰问品的开支。福利费的标准按每人每月 2 元提取。1996 年，福利费标准提为每人每月 20 元。2006 年 10 月—2007 年，行政机关工作人员福利费标准为每人每月 50 元；事业单位工作人员每人每月 30 元。

（二）假期待遇

湖里区机关事业单位工作人员享有节假、探亲假、婚假、丧假、产假、病假、年休假等假期待遇。

1. 节假

1987 年起，湖里区执行政务院颁布的《全国年节及纪念日放假办法》规定：属于全体人民的节假：新年 1 月 1 日放假 1 日；春节农历正月初一至初三放假 3 日；国际劳动节 5 月 1 日放假 1 日；国庆纪念日 10 月 1 日、2 日放假 2 日。属于部分人民的节日：妇女节 3 月 8 日，妇女放假半天；青年节 5 月 4 日，青年学生放假半天；国际儿童节 6 月 1 日，小学生放假半天；9 月 10 日为教师节，教师放假半天。所有节假有工作的休假期工资照发。1999 年起，国庆节改为放假 3 日，劳动节改为放假 3 日。至 2007 年，延续不变。

2. 探亲假

1987 年起，湖里区执行国家规定的探亲假制度：凡与父母或配偶不在一起又不能利用公休日团聚、连续工龄满 1 年以上的，均能享受。探望配偶，每年给假 30 天；未婚职工探望父母，每年给假 20 天，2 年探 1 次亲的，给假 45 天；已婚职工探望父母，4 年给假 20 天。上述假期不含往还路程时间，路程假另计。探亲假、路程假期间工资照发。至 2007 年，延续不变。

3. 婚假

1987 年起，区职工按法定结婚年龄（女 20 周岁，男 22 周岁）结婚的，可享受 3 天婚假。1988 年 7 月 1 日起，符合晚婚年龄（女 23 周岁，男 25 周岁）的，可享受晚婚婚假 15 天（含 3 天法定婚假）。至 2007 年，延续不变。

4. 丧假

1987 年起，区职工直系亲属死亡的，给丧假 1～3 天，在外地的直系亲属死亡另给路程假，丧假和路程假期间工资照发。至 2007 年，延续不变。

5. 产假

1988 年 7 月 1 日起，湖里区执行《福建省计划生育条例》，产假 90 天，难产增加 15 天。晚育又领取独生子女证的，产假 135～180 天。产假期间，工资照发。夫妻为双职工的，可给男方一周照顾假。至 2007 年，延续不变。

6. 病假

1987 年起，区机关、事业单位工作人员病假在 2 个月以上 6 个月以内，工作年限不满 10 年的发原工资的 90%，满 10 年的发原工资。病假超过 6 个月的，工作年限不满 10 年的发原工资的 70%，满 10 年的发原工资的 80%。至 2007 年，延续不变。

7. 年休假

1991 年 7 月起，区各级党政机关、人民团体和事业单位，根据实际情况安排职工休假。工作年限不满 10 年的正式工作人员，每年休假 6 天；工作年限 11～20 年的，每年休假 10 天；工作年限 21 年以上的，每年休假 15 天。学校教职员工不享受年休假。至 2007 年，延续不变。

（三）死亡抚恤

1. 丧葬费

1987 年，机关事业单位工作人员丧葬费 500 元，1990 年为 1000 元，2004—2007 年以厦门市上年度职工最低工资计算，按 7 个月发放。

2. 抚恤金

1987 年，区机关事业单位工作人员抚恤标准为：批准为烈士的抚恤金按 40 个月工资计发，因公牺牲的工作人员按20个月工资计发，病故的按10个月工资计发。

2004—2007年，区机关、事业单位工作人员（包括离退休人员）一次性抚恤金发放标准：烈士为本人生前80个月标准基数，因公死亡的在职工作人员，按40个月的本人标准工资（基本工资+岗位津贴+职务津贴）发放；因公死亡的离退休人员，按40个月的本人标准工资（基本离退休费+生活补助费+生活补贴费）发放；非因公死亡的在职工作人员，按10个月的本人标准工资（基本工资+岗位津贴+职务津贴）发放；非因公死亡的离退休人员，按10个月基本的本人标准工资（离退休费+生活补助费+生活补贴费）发放。

3. 一次性困难补助

1987年标准为300元；1991年因公死亡补助1000元；因病死亡补助600元；2004—2007年一次性困难补助以本市上年度职工最低工资计算，按6个月发放。符合规定的退职人员和见习、学徒、初期、熟练期工资待遇人员按5个月计发。

4. 遗属补助

1987年，因公死亡工作人员（含退休人员，下同）遗属符合定期定额补助条件的（下同）非农业人口每人每月补助32元，农业人口每月补助27元；1991年，因公死亡工作人员遗属非农业人口每人每月补助80元、农业人口每月补助70元，因病死亡工作人员的遗属非农业人口每人每月补助65元、农业人口每人每月补助55元；1998年10月开始，因公死亡工作人员的遗属非农业人口每人每月由270元调整为340元、农业人口每人每月由200元调整为270元，病故工作人员遗属非农业人口每人每月由250元调整为320元、农业人口每人每月由180元调整为250元，工作人员工龄未满五年非因公死亡的，其遗属生活困难补助费按上述标准每人每月减20元；2004—2007年，区机关、事业单位工作人员遗属的非农业人口每人每月按上年度月平均工资的35%发放、农业人口每人每月按上年度月平均工资的25%发放，因公死亡和孤身遗属在上述标准基础上增加5%。

离退休干部遗属补助标准：2003年之前，每人每月按600元发放；2004年，每人每月按800元发放；2007年，每人每月按920元发放。享受遗属补助对象死亡后，可给予一次性困难补助600元。未经法定机关办理合法收养手续的未成年子女，或未成年子女随母（父）再婚，并形成事实供养关系的，不再列为享受定期补助对象。

5. 其他人员死亡抚恤标准

2004—2007年，区机关、事业单位退职人员以本市上年度职工最低工资标准的数额，计发丧葬费7个月，一次性困难补助5个月，一次性抚恤金1500元，遗属不享受定期补助；区机关、事业单位执行见习、学徒期、初期、熟练期工资待遇的工作人员因公死亡的，可享受正式工作人员因公死亡的抚恤待遇。非因公死亡的，发给当地职工最低工资标准7个月的丧葬费和5个月的一次性困难补助，遗属不享受定期补助。

第六节　离休退休退职

一、离休

1987年，执行国务院《关于安置老弱病残干部的暂行规定》和《关于老干部离职休养的暂行规定》、《关于发布老干部离职休养制度的几项规定的通知》。

1990年11月，成立区老干部工作领导小组。

1992年2月，对经治医师认为病情需要疗养而尚未疗养过的离休干部，优先安排分期分批疗养，一期一般为1—3个月，对1937年7月6日以前参加革命工作的或年满70周岁及以上的离休干部，每人每月由离休单位发给高龄补贴52元；3月，对“因公致残饮食起居需要人扶助的”或“由瘫痪等原因，生活长期完全不能处理的”除领每月52元的护理费外，加发护理补贴68元；凡年满70周岁及以上的离休干部符合享受护理费条件的，只发护理费和护理补贴，不再同时发高龄补贴。10月，地专级的离休干部公务费每年每人由400元提到500元，县级的由250元提到400元，其他由200元提到400元；交通费补贴县级由每人每月15元提至20元，一般离休干部由8元提至15元；对副县级以上干部电话费补贴每人每月35元；编制在企业的离休干部增发临时生活津贴，地级每人每月40元，县级每人每月30元，一般干部每人每月25元。1992年起，中共厦门市委组织部、宣传部和老干部局联合举办享受地专级待遇老干部参加的读书班，每年1~2期，各基层单位也采取多种形式组织老干部办班学习。

1993年5月10日，对国家机关、事业单位的离休干部增发离休费。8月2日，执行中共福建省委老干局关于解决亏损企业离休干部生活待遇的通知。

1994年2月24日，厦门市升格为副省级市，辖区内离休干部离休费和津贴、补贴全部高套。

1996年1月，湖里区调整离休干部部分生活待遇，对副县级以下离休干部每人每月发给20元电话通话补贴；对抗日战争时期入伍的离休干部的糖油补贴每人每月由5.6元提至12元，对解放战争时期入伍的每人每月糖油补贴由5元提至10元；发给易地来厦安置或离厦易地安置、且工资关系已转出的离休干部生活补贴每人每月100元；发给红军时期入伍的离休干部营养津贴费每人每月100元。5月，抗日战争时期参加革命工作的离休干部享受副厅级医疗待遇。7月1日起，将年满70周岁以上的离休干部高龄补贴每人每月统一调到120元。10月28日，机关、事业单位离休干部每人每月增发生活补助费15元；对1993年9月30日前办理离休的干部每人每月增发离休费29元。12月22日，为离休干部发放建房补助费，厅局级和1937年7月6日前参加革命工作的5000元、处级4000元、处级以下3000元。

1998年7月1日起，对属于植物人、全身瘫痪等完全丧失自理能力的离休干部的护理费提高到每人每月600元。

1999年10月28日，离休干部无工作遗属定期定额补助标准由每人每月400元提至500元。对易地来厦安置的离休干部的生活补助费由100元提高至150元。

2002年10月1日起，对1985年工改前行政19级、20级的离休干部1993年工改未按正处级增资方法增加离休费，行政21级及以下的离休干部未按副处级增资方法增加离休费的，可分别按正处、副处标准执行。

2004年7月，离休干部无工作遗属定期定额补助标准由每人每月600元提至800元；离休干部护理费由每人每月450元提高到600元。

2006年8月1日起，1945年9月2日前参加革命工作的离休干部高龄补贴由每人每月100元提高到每人每月200元。

2007年7月1日后，根据《福建省机关事业单位离退休人员计发离退休费等问题的实施意见》，离休人员的离休费按本人离休前职务工资和级别工资之和或岗位工资和薪级工资之和全额计发。

二、退休

1987年湖里区成立时，干部退休基本按国务院《关于工人、职员退休处理暂行规定》和《关于安置老弱病残干部的暂行办法》执行。当年，湖里区退休人员数为42人（总数，下同）。

1988年，湖里区退休人员数为52人。1989年，湖里区退休人员数为58人。1990年，湖里区退休人员数为67人。1991年，湖里区退休人员数为77人。1992年，湖里区退休人员数为89人。1993年，湖里区退休人员数为104人。1994年，湖里区退休人员数为116人。

1995年，执行《中共福建省委组织部、福建省人事厅关于党政机构改革期间工作人员提前退休问题的通知》。当年，湖里区退休人员数为139人。

1996年，湖里区退休人员数为164人。1997年，湖里区退休人员数为179人。1998年，湖里区退休人员数为217人。1999年，湖里区退休人员数为252人。2000年，湖里区退休人员数为279人。2001年，湖里区退休人员数为311人。2002年，湖里区退休人员数为331人。2003年，湖里区退休人员数为358人。

2004年，湖里区委、区政府印发《关于进一步做好离退休干部工作的意见》，要求单位落实离退休干部各项政治生活待遇。规定各单位要及时向离退休干部传达上级文件和全区重要会议精神，每年向所属离退休干部通报工作不少于一次。按规定按时足额发放离退休干部的离退休费和各项补贴。做好离休干部每年一次和退休干部两年一次的体检工作。是年，湖里区退休人员数为496人。2005年，湖里区退休人员数为547人。

2006年7月1日后，根据《福建省机关事业单位离退休人员计发离退休费等问题的实施意见》，机关、事业单位工作人员的退休费分别执行新的标准。2006年、2007年，湖里区退休人员分别为为578和610人。

三、退职

1987年，执行厦门市改退职金为退职补助金办法，其标准如下：连续工龄不满一年的，发给一个月本人工资；1—10年的，每满一年，加发一个月的本人工资；10年以上的，从第十一年起，每满一年，加发一个半月的本人工资。退职补助金总额不超过30个月的本人工资。

1998年，湖里区执行市政府规定，机关事业单位退职人员特区津贴（含高出保留）计发比例为60%。

2007年7月1日，执行《福建省机关事业单位离退休人员计发离退休费等问题的实施意见》，事业单位工作人员退职后的退职生活费按本人退职前的基本工资的一定比例计发。其中，工作年限不满10年的，按50%计发；工作年限满10年不满20年的，按60%计发；工作年限满20年以上的，按70%计发。退职人员按170元标准增加退职生活费。

第七节　编外人员管理

2002年10月30日，中共湖里区委办公室出台《湖里区机关、事业单位、社会团体临时工管理试行办法》，对承担公共管理与服务的如水电工、保洁、绿化、保安等岗位，按行政机关50元/编制/月、事业社团40元/编制/月标准核拨经费。对专业技能临时工按行政机关100元/编制/月、事业社团80元/编制/月标准核拨经费。用人单位招用临时工，实行钟点工形式，实行日工资制，勤杂式日标准控制在35元以下，技术工日标准控制在50元以下。并规定招用临时工要遵循“公开信息、公开招聘、竞争上岗”的原则，条件一般要求具有本区常住户口、初中文化、年龄45周岁以下。同年11月将应聘年龄改为50周岁以下。

2007年，湖里区先后出台《湖里区人民政府关于规范编外补充性工作人员管理的通知》和《湖里区机关事业单位非在编雇用人员管理暂行办法》，对全区非在编雇用人员和编外补充性工作人员的性质、指标核定、资格条件、招聘程序、工资待遇和管理模式等作出“六个统一”的规定：一是统一定性。明确机关事业单位非在编雇用人员是指区党委、人大、政府、政协、群团组织、法院、检察院及其所属事业单位（不含经费综合定额、经费核补、经费自理和企业化管理的事业单位）因工作需要，在编制外雇用的工作人员（不含使用期限6个月以内的临时性工作人员）；编外补充性工作人员指各街道、区直各有关部门在已定编定岗的基础上，经区政府研究同意，按有关程序公开招聘，在基层或一线协助开展工作，并由财政负担工资待遇的人员。二是统一核定指标。根据各部门的编制和工作任务，明确规定配备非在编雇用人员的最高指标数和编外补充性工作人员名额，作为配备和招聘编外人员的依据。三是统一资格条件。优先招聘本区户籍的人才劳动力，并对年龄、学历都作出明确规定，同时对本区被征地人员、下岗失业人员给予一定的照顾。四是统一招聘程序。每年第一、三季度分别招聘一次，并统一实行公开招聘。对已在岗的编外人员实行“老人老办法”，即考核合格的予以登记录用，不合格的予以清退。五是统一工资待遇。根据厦门市平均工资水平，在坚持“稳中有升”的原则上分别按工作岗位性质和人员学历层次核定工资标准，并统一办理社会保险，改变原来各自为政、工资待遇高低不一、人员素质和岗位性质与工资待遇脱钩的不合理现象。六是统一人员管理。统一采用劳务派遣形式进行管理，即由区劳务派遣公司统一与用人单位签订劳务合作协议，同编外人员签订劳动合同，明确三方权利义务关系和管理职责，区劳务派遣公司统一负责招聘、工资福利发放、社会保险缴交、档案建立及其他必须由用人单位承担的大部分责任。是年，湖里区编外补充性工作人员数为1201人，非在编雇用人员数为326人。

第三章　劳　动

第一节　劳动就业

一、促进就业

1998年及以前，区人劳局主要通过下设的湖里区职业介绍所行使职业介绍职能，重点为辖区企业和进城农民工提供职业介绍服务。1998年，国企改革逐步深入，国有企业、集体企业改制后分流大批城镇下岗职工，下岗职工再就业提到工作日程。

1999年，出台《厦门市湖里区人民政府关于做好集体企业下岗职工基本生活保障和再就业工作的实施意见》，湖里区帮困和再就业工作领导小组制定下岗职工再就业工程实施办法。是年，及时介入推进企业体制改革，天地公司兼并仪表厂后，对100多名下岗职工及时给予办理下岗手续，并组织下岗职工转岗培训。全年湖里区城镇失业3931人（总数，下同）。

2000年，区人劳局下发《关于办理厦门市劳动就业手册有关事项的通知》，方便辖区人员就业前培训，做好下岗失业人员的保障服务工作。当年，全区城镇失业3267人，安置就业2368人。

2001年，做好失业人员失业金提高标准的发放服务工作，并承担外来人员失业金标准审核及发放。当年，全区城镇失业5032人，安置就业3451人。

2002年，出台《湖里区机关、事业单位、社会群团临时人员管理（试行办法）》，对全区财政拨款单位使用临时人员进行清理，腾出岗位招用辖区下岗失业人员，共清理岗位639个。当年全区城镇失业3511人，安置就业4267人。

2003年，以就业培训、下岗失业人员中的“4050”（女满40岁、男满50岁）人员再就业以及农村富余劳动力转移工作为重点，指导帮助街道、镇、社区劳动保障服务机构全方位开展劳动就业服务工作，设立专人审核发放再就业优惠证，出台促进农村富余劳动力转移的若干意见，制定优惠政策促进农村富余劳动力转移，企业每招用湖里区一名农村劳动力一次性奖励1000元。当年全区城镇失业2997人，安置就业5130人。

2004年，出台多项促进就业优惠政策：持有再就业优惠证的下岗失业人员创办个体户正常经营半年以上的可以享受1000元的奖励金；企业年新录用本区劳动力超过100人以上并按规定签订劳动合同、缴纳社会保险并在企业实际工作一年以上的，给予一次性奖励1万元；新招收本区劳动力200人以上的企业，一次性奖励2万元；新招收本区劳动力300人以上的企业，一次性奖励3万元。年底，全区机构改革，区劳动服务公司、区就业训练中心、区职业介绍所整合为湖里区就业服务中心。当年，全区安置就业4906人。

2005年3月，出台《关于进一步促进社会就业的实施意见》，加大对就业弱势群体的帮扶力度；加大力度鼓励本区劳动力学习技能；鼓励本区居民多渠道实现灵活就业、自主创业；鼓励民办职业介绍机构和基层劳动保障机构积极推介本地劳动力就业；鼓励辖区企业批量招用本区劳动力等。继续清理机关事业单位的编外工勤岗位等渠道，充分挖掘企业、机关、事业等单位的就业岗位。举办3场分别针对失地人员、下岗失业人员、进城务工人员就业的大型专场招聘会，共有271家用人单位提供11600多个就业岗位。先后开发交通协管员、保洁员、治安巡逻员等公益性岗位，共安置失业人员200多人，兑现补贴12万元。当年全区城镇失业3472人，安置就业2393人。

2006年，通过联合各街道和社区走访企业，清理机关事业社团单位的编外工勤岗位等渠道，举办2场分别针对本地劳动力、进城务工人员就业的大型专场招聘会，共有365家用人单位提供14982个岗位，23200多人参与，现场受理报名10549人，现场达成录用协议的6309人，其中录用本地劳动力296人。全区共帮助147人就业困难对象实现就业，走访重点服务对象550人，发放政策手册数3803本，新增落实社会保险补贴68人，推荐“零就业家庭”中有劳动能力且有就业愿望的成员17人实现就业，全年共为2560人办理再就业优惠证，办理享受灵活就业人员社保补贴1231人，共计补贴金额89.5万元。当年，全区城镇失业2863人，安置就业4808人。

2007年，出台对用人单位社保补差、工资性补贴，对当地劳动力免费技能鉴定，扶持社区劳动组织发展，扶持低保家庭成员就业，扶持劳务派遣等优惠政策，进一步帮助辖区被征地人员、失业人员和就业困难对象实现就业。年初开展“再就业援助月”活动，共帮助222个就业困难人员就业，走访重点服务对象550人，发放政策手册6097本，新增落实社会保险补贴和岗位补贴466人，重点针对“零就业家庭”开展就业援助服务，全区零就业家庭数由年初的33户减至年末的0户；发动全区失业、失地、失海人员报名参加海峡出租汽车公司的驾驶员招聘，解决246人的就业问题；推荐失业人员到厦门燃气总公司从事加气员工作，促成30人就业。全年共新增灵活就业人员1607人，帮助4名自主创业人员兑现奖励金。当年全区城镇失业3278人，安置就业5836人。

二、职业介绍

1993年7月，区职业介绍所正式成立，开展辖区企业用工和进城农民工的职业介绍服务，按推荐成功才收费的方式，收取一定的职业介绍费。服务范围主要有：信息服务、咨询服务、指导服务、介绍服务。1995年和1998年，区职业介绍所两度被省劳动厅评为优秀（先进）职业介绍机构。

1999年，区劳动服务公司设立再就业登记处，指派专人负责本区下岗失业职工，城镇农村待业青年的求职登记，并全部免费推荐就业。

2000年，贯彻执行区人劳局下发的《2000年春运期间组织民工有序流动工作的通知》，要求企业春节后原则上不得招收新民工，强化招收员工的申请和报备工作；联合劳动监察中队对非法职业介绍所进行清理整顿，规范职业中介市场；承担劳动部关于农村劳动力输入地重点地区的监控任务，对辖区的灿坤公司、松下音响、好立工艺品公司3个重点监控点的流动人员进行信息收集、调查和汇总分析并将数据及时向市政府反馈，为政府指导农村劳动力有序流动提供依据。

2001年，区职业介绍所实现电脑联网操作，职业介绍信息实现全市共享查询。取消“职业介绍成功服务费”，改收“就业服务费”，实现就业服务费不向劳动者个人收取。非劳动部门开办的职业介绍机构，如介绍本区劳动力就业成功，可按规定到市劳动服务公司返拨就业服务费。

2002年，区职业介绍所积极推进劳动力市场的科学化配置、现代化管理、规范化服务，坚持每周六天对外开放，加强用工信息收集，及时通过电子屏幕发布，做好推荐服务工作。当年，区职业介绍所被评为“全省先进职业介绍机构”。

2003年，在禾山镇设立江头、吕岭、安兜3个职业介绍信息发布点，在湖里、殿前街道办事处各设立一个职业介绍信息发布点，求职人员可以就近在各发布点查询区职业介绍信息，办理求职登记。

2004年，区职业介绍所被省劳动保障厅授予劳动保障系统优秀公共职业介绍机构称号。同年，区职业介绍所并入区就业服务中心，保留职业介绍职能，但没有独立的机构。同年12月，实施《厦门市职业介绍机构管理暂行办法》，全区成立19家民办职业介绍所。

2005年，区就业服务中心于每周五上午举办免费现场招聘会，不定期举办大型专场招聘会，为进城务工人员提供政策咨询。

2006年，区就业服务中心响应全市统一开展的针对农民工就业服务的“春风行动”，引导农民工有序进城就业，以“进城求职，帮您解难”为口号，通过举办企业用工现场招聘会、组织企业到邻近的城市招工等形式，缓解辖区企业招工难问题。全年开设现场招聘43场，参加招聘单位共282家次，提供岗位4213个，到场应聘人数约5132人次。是年7月1日起，执行《厦门市人民政府贯彻国务院进一步加强就业再就业工作通知的若干意见》，将进城务工农村劳动者的管理和服务纳入本市公共就业管理和服务的范围，实行免费的职业指导、职业介绍、政策咨询和就业信息服务，停止收取“就业服务费”，并对民办职业介绍机构推荐务工人员就业进行介绍费补贴，介绍普通工补贴60元/人，介绍初、中级职称技术人员或中级技术工补贴120元/人，介绍高级职称技术人员或高级技工补贴180元/人。同年12月，湖里区成立公办职业介绍所。

2007年，区就业服务中心根据市劳动和社会保障局《关于建立重点用工企业报表制度的通知》，对辖区用工人数500人以上的企业列入重点跟踪服务对象；组织发动辖区缺工企业到外地招工；组织企业参加各类论坛、对接会。4月，组织50多家企业参加市劳动和社会保障局举办的“厦门市校企合作对接会”，帮助企业与技能培训学校建立合作关系。12月，组织辖区40多家企业提供1800多个岗位到莆田市湄洲湾职业技术学院举办供需见面会，促成400多名学生就业，帮助企业与学校建立长期的用工合作协议。

2007年湖里区职业介绍所情况表

表26-6

工商核准的机构名称	地　　址	发证时间	性质
厦门市职业介绍服务中心湖里分中心	湖里区昌宾路特祥苑5号一楼	2003.12.12	公共类
湖里区职业介绍所	仙洞路3号	2006.9.10	公共类
厦门市总工会五一职业介绍所	湖里区华光路2号办公楼一楼	2005.2.22	公益类
人才港职业介绍所	昌鸿路1号2S2室	2005.9.13	民办
迎领职业介绍所	枋湖路338号之一（车管所旁宏伟大厦）	2005.2.2	民办
鹭朋职业介绍所	嘉禾路527号（凯城花园）	2005.2.21	民办
凤龙职业介绍所	嘉禾路571号之4（新湖花园）	2005.2.21	民办
兴才职业介绍所	悦华路73号	2005.2.21	民办
高创人力资源开发有限公司职业介绍所	嘉禾路598号	2007.3.28	民办
尚伯乐职业经纪有限公司城市广场职业介绍所	仙阁里66号之一2楼	2006.8.15	民办
福建知本人才服务有限公司厦门职业介绍所	马垄路8号（火炬公寓1F）	2005.9.13	民办
托信职业介绍所	枋湖村华泰贸易商场楼上	2005.12.26	民办
鑫福职业介绍所	蔡塘村五组	2006.4.19	民办
伯乐居职业介绍所	嘉禾路571号之二118室	2007.2.15	民办

1999—2007年湖里区职业介绍统计表

表26-7　　单位：个、人

年份	收集信息数	推荐人次	推荐成功数	其中本地劳动力
1999	—	12200	4043	165
2000	—	13689	3625	31
2001	30712	15079	5308	192
2002	41273	36433	11294	1228
2003	45325	39842	12762	543
2004	70666	37425	15318	243
2005	57441	17329	5281	204
2006	32638	8451	2154	112
2007	16385	931	41	1

三、技能培训

（一）本地劳动力培训

1992年7月，成立区就业训练中心，根据不同阶段用工情况的变化先后开办服装裁剪、电动车维修、烹饪小炒、家电维修、计算机应用、艺术插花、美容美发、物业管理等班，结业学员近3000人。

1999年，开展转岗培训工作。区就业训练中心负责培训人员咨询、报名、培训安排、报销等工作。下岗职工、失业职工（指领取失业救济金尚未就业的）、随军家属、生活困难户参加区的培训免收部分培训费（最高限额300元）；一般失业人员、计生家庭户原则上仅收成本费用。天地公司兼并仪表厂后，对100多名下岗职工进行转岗培训。年内，区就业训练中心先后开办的电脑录入、服装裁剪电动缝纫、电车维修、财会电算化、烹饪小炒、家电维修、美容美发、园林花卉等工种培训班。区就业训练中心还收集市、区就业培训机构38个工种供下岗失业职工选择。

2000年，区人劳局对下岗失业职工、城乡待业人员、随军家属分别实行一次免费300～500元不等的培训，先后开办电脑、烹饪小炒、园林花卉、财会规范化培训项目。

2001—2002年，区农民工培训办公室及就业训练中心与镇、街协调联系，对培训意向等进行调查摸底，以自办、联办、委托等形式全方位开展培训工作，开办电脑、烹饪小炒、园林花卉、物业管理等培训项目。

2003年，出台《关于下达2003年培训与就业工作责任书的通知》和《关于促进农村富余劳动力转移的若干意见》，明确2003年区应完成培训任务350人，并提高多项促进农村富余劳动力转移的优惠政策，参加培训者每人补贴500元的培训费，多者自付；企业录用一名农村劳动力奖励500元。年内推出“二合一”培训就业新模式，即企业根据生产经营需要，自主招用本区农村劳动力，并进行岗前安全和技术培训的，政府把500元培训费和500元就业奖励一次性发到用工单位。技术学校、社会力量培训机构凡促成用人单位招用辖区农村富余劳动力签订劳动合同，并在企业实际工作一年以上，经劳动保障部门鉴证后，由区财政支付给推荐单位每人500元奖励金。

2004年，出台《关于促进社会就业的实施意见》，辖区城镇劳动力可以参加一次免费培训，最高免费额度由300元提高到500元。其中，正在领取失业救济金的人员，其最高免费培训额度由600元提高到800元（增加部分由区级财政负担）；持有再就业优惠证的人员，可以再参加一次免费培训，最高免费培训额度800元（市级财政500元，区级财政300元）。农村富余劳动力每人可享受不超过两次的免费培训，最高免费培训金额500元。区就业训练中心针对湖里区汽车销售企业数量激增、销售业务人员短缺的实际举办汽车销售培训班；委托较强培训实力的东南职业学校、五齐电脑培训中心、厦门育华企管咨询有限公司等单位承办代理培训，提高培训质量；走访辖区用人单位，举办“定单式”培训班。同年底，区就业训练中心整合为区就业服务中心，保留职业培训职能。

2005年，出台《关于进一步促进社会就业的实施意见》，对持有再就业优惠证的未就业人员可参加一次免费技能培训，最高免费金额为2000元；年龄在45周岁以下的低保户家庭成员可参加一次免费技能培训，最高免费金额为3000元，低保户家庭成员参加培训后实现就业，与用人单位签订劳动合同并实际工作满一年的，再给予1000元奖励。区内劳动力2005年1月1日以前参加过市、区两级劳动部门举办的各类免费培训，不论享受额度达到多少，均可以根据自身条件和实际情况凭失业证再参加一次免费技能培训，最高免费培训额为500元。辖区内2004年以来初中、高中毕业后未继续升学的人员可以进入由市、区劳动部门指定的经教育部门审批的各类职业技工学校学习，结业后由区政府给予一次性学费补贴，补贴标准为学费的80%。针对弱势群体，开展就业帮扶培训，委托市外来务工人员培训总站开设多种技能培训班，其中有7人参加移动电话维修培训、36人参加物流员培训，还有112人采取自行培训报销学费的方式参加汽车驾驶员、电工、美容美发培训。结合职业技能鉴定，开展就业准入培训，湖里街道开设出纳与收银员培训班，28名学员取得职业资格证书。殿前街道举办安全员培训班，有23人取得职业资格证书。委托市就业训练中心开设物流员、移动电话维修、初级财会培训班，委托市巾帼园开设烹饪小炒、插花艺术培训班，委托厦门东南职业学校开设美容美发培训班。

2006 年，区就业服务中心联系厦门城建学校开发小区物业管理员上岗资格培训工种，在街道开展两期小区物业管理员上岗证培训，共有 109 名辖区居民报名参加培训并通过结业考试；联系厦门闽捷电脑美术设计培训中心开发计算机美术、制图等培训工种，30 多人参加培训；各街道与辖区社会力量办学机构联合开设艺术插花、厨艺等培训班。是年，全区共在社区开设 27 期培训班，培训结业学员 547 人；同时，继续引导辖区居民自行参加社会办学力量开设的各类技能培训班，结业后报销培训费，共有 516 人报销 44.1 万元培训费。

2007 年，贯彻国务院《关于进一步加强就业再就业工作的通知》若干意见，区内未就业的劳动力参加技能培训，除可继续享受培训补贴外，通过技能鉴定的，可享受一次职业技能鉴定补贴，补贴标准原则上初级鉴定项目每人不高于 600 元；中级鉴定项目每人不高于 800 元；高级鉴定项目每人不高于 1200 元。为鼓励辖区劳动力提升职业技能，提高就业竞争力，对参加同一技能培训、鉴定项目晋级的人员，每人可再享受一次鉴定补贴。开设各类失业、被征地人员技能培训班，上半年，中心委托培训机构在江头街道江村、江头、吕厝，殿前街道高殿社区、神山社区，金山街道后坑社区举办 11 期技能培训班，参加培训人员 385 人，基本为持有再就业优惠证人员。辖区各类失业人员参加社会办学力量开设的各类技能培训班的，只要参加培训并取得相关行政部门颁发的资格证书即可报销。全年共有 104 人参加汽车驾驶员、机动车驾驶教练员、会计证等培训，累计报销金额 8.75 万元。

1999—2007 年湖里区当地劳动力培训统计表

表 26-8　　单位：人

年份	当地下岗失业人员职业技能培训人数	当地农村富余劳动力培训人数	区劳动力岗前培训人数
1999	200	—	3136
2000	250	—	1858
2001	616	161	4528
2002	350	122	5820
2003	873	673	7480
2004	1298	580	6605
2005	1202	545	6990
2006	1332	669	7021
2007	515	474	10531

（二）外来员工培训

2006 年以前，湖里区外来员工培训基本依托社会力量办学机构进行，区就业服务中心进行业务指导，参加培训人员自行支付培训费用。

2006 年 8 月，区人劳和社保局出台《湖里区农村劳动力技能培训兑现补贴操作办法》和《湖里区就业服务中心举办农村劳动力技能培训班的费用支出标准》。补贴标准：初级工的培训鉴定每人补贴不高于 400 元；中、高级工的培训鉴定补贴标准不高于 600 元；只培训不鉴定的，补贴费每人不高于 300 元。高出补贴标准部分由企业或个人支付。支出标准：每期培训班办班人数原则上不少于 25 人，其中属区就业服务中心自行举办培训班，并组织学员参加职业资格鉴定，取得职业资格证书的，支出费用每人不超过 400 元；属与企业联合办班，学员技能由企业认定的并取得初级工鉴定标准，培训总课时达 120 课时以上，支出费用每人不超过 330 元；属核发结业证书的，培训总课时达 120 课时以上，支出费用每人不超过 230 元。当年，区就业服务中心免费培训 2279 人。

2007 年，区就业服务中心出台《关于推进农民工技能培训工作的通知》，规定农民工技能培训可委托市劳动局确定的培训机构培训，也可委托具有培训许可的社会力量办学机构进行培训。提高以湖里区就业服务中心名义开班、企业独立办班的补贴额度，调动企业培训的积极性，同时规范农村劳动力技能培训操作流程，提高培训质量；与锦江电子、厦芝科技、禾茂电子、新技术集成等 23 家企业协商联合开设农民工技能培训班，免费培训 7536 人。

第二节 工资福利

一、工资

湖里建区之前，辖区境域企业工资制度由厦门市政府根据国务院关于企业工资制度的有关精神制定。

1987 年，放宽集体所有制企业劳动工资管理，原来由市劳动局统一制定和签发的区属集体企业工资基金手册改为为由湖里区制定和签发，由湖里区审批和管理。

1988 年，开始在全区预算内国有企业及部分集体所有制企业实行工效挂钩工资制。挂钩形式也由原来单一的与上缴税利挂钩，发展到与上缴税利、实现税利、同实物量挂钩等多种形式。

1989 年 4 月 11 日，执行省劳动局《关于增设国营企业工人工资等级的通知》，工资等级在原来八级正之上，再延伸两级，即增设九级、十级。一级标准 40 元；二级副 44 元，二级正 48 元；三级副 53 元，三级正 58 元；四级副 63 元，四级正 68 元；五级副 73 元，五级正 79 元；六级副 85 元，六级正 91 元；七级副 98 元，七级正 105 元；八级副 112 元，八级正 120 元；九级副 127 元，九级正 135 元；十级副 142 元，十级正 150 元。

1990 年后，执行国家统计局《关于工资总额组成的规定》，辖区企业进一步明确工资总额的计算范围。

1993 年后，执行市政府关于《贯彻全民所有制工业企业转换经营机制条例的补充规定》，在工资分配上，实行企业自主决定工资总额。

1994 年 7 月，开始公布湖里区最低工资标准。1999 年 12 月起，执行《厦门经济特区劳动管理规定》，辖区企业年度工资计划报区劳动保障行政部门审批。1989—2007 年，湖里区企业从业人员平均工资见表 26-9。截至 2007 年年底，湖里区最低工资标准进行过多次调整，详见表 26-10。

1989—2007 年湖里区企业从业人员平均工资表

表 26-9

单位：元

年份	国有企业		城镇集体企业		其他单位					
					内资		港澳台商投资		外资	
	单位从业人员平均劳动报酬	在岗职工平均工资	单位从业人员平均劳动报酬	在岗职工平均工资	单位从业人员平均劳动报酬	在岗职工平均工资	单位从业人员平均劳动报酬	在岗职工平均工资	单位从业人员平均劳动报酬	在岗职工平均工资
1994	10793	—	8388	—	7275	—	7471	—	7350	—
1995	9755	—	7709	—	8784	—	—	—	—	—
1996	11563	—	7924	—	—	—	9698	—	10689	
1998	13280	13307	13477	13490	9839	9843	11446	11028	14119	12691
1999	13706	13714	13651	11889	13034	13043	11394	11006	12857	11532
2000	12587	12712	14063	13982	13469	13464	11980	11592	14253	13045
2001	26714	26714	15755	15763	13142	13162	11937	11598	14383	13177
2002	26714	26714	12768	12707	13052	12956	12648	12075	15610	14083
2003	22154	22154	12958	12959	13760	13589	13582	13116	16176	14414
2004	25990	26238	16373	16315	15403	15305	15450	14956	20082	18615
2005	28877	29315	—	—	17130	17111	17050	16561	20581	19322
2006	31387	31465	25140	26088	21203	21240	18146	17569	20928	19557
2007	34644	34703	30582	29823	21594	21599	20786	20238	23141	22092

说明：1. 1989—1993 年、1997 年无相关统计数据

2. 1994 年内资企业数据为联营企业

3. 1995 年无内资、外资、港澳台投资之分，内资统计数据为其他各种经济类型数据
4. 1996 年无内资企业统计数据
5. 国有企业栏 2001 年、2002 年数据依统计年鉴数据录入
6. 2005 年无城镇集体企业数据

1994—2007 年湖里区最低工资标准表

表 26-10　　　　单位：元/月

年　份	最低工资	年　份	最低工资
1994. 7—1995. 6	280	2001. 8—2002. 6	450
1995. 7—1996. 6	380	2002. 7—2003. 6	470
1996. 7—1997. 6	365	2003. 7—2004. 6	480
1997. 7—1998. 6	380	2004. 7—2005. 6	480
1998. 7—1999. 6	380	2005. 7—2006. 7	600
1999. 7—2000. 6	380	2006. 8—2007. 6	650
2000. 7—2001. 7	420	2007. 7—	750

二、福利

（一）劳动保险基金

1988—1993 年，辖区企业实行《厦门经济特区劳动管理规定》，按月向厦门市人民政府指定的机构交纳相当于本企业中方职工工资总额 25% 的社会劳动保险基金，用以支付职工的退休金，非工伤死亡的丧葬费、抚恤费，退休后的医疗费和解雇待业期间的生活补助费。企业还必须向厦门市人民政府指定的保险公司投保雇主责任险。职工因工负伤、致残、死亡或患职业病，由保险公司按规定办理。

1993 年 10 月 15 日开始实行《厦门经济特区劳动管理条例》，企业和职工必须参加包括职工的养老、待业、工伤和医疗等在内的社会劳动保险。企业负担劳动合同制工人工资总额的 15% 左右，个人负担本人标准工资的 3%，全部交社会保险机构统筹管理使用。外商投资企业工人的退休、退职，参照全民所有制企业的办法执行。

退休工人在退休后可享受的待遇有退休金、医疗费、死亡丧葬补助费、供养遗属生活补助、易地安家补助待遇和因物价上涨而发给的生活补贴费等。

2003 年 7 月起，由地税部门执行对同一单位同一所属期的养老、医疗、失业、工伤、生育等五险一并征收的社会保险费征收政策。

（二）福利基金

1988—1993 年，由企业提取一定数额的职工福利基金，用于本企业职工的集体福利、医疗保健和困难补助等。1993 年 10 月 15 日开始，辖区企业职工在职期间的福利待遇，按国家和省、市的有关规定执行，国家和省、市没有规定的，按企业的规定执行。实际执行过程中，基本上由企业根据经营情况加以调整。2006 年公司法修改后，法定公益金取消，改为任意公积金。

（三）休假

1. 法定节假日：1987 年至 1999 年 9 月 17 日，辖区执行 1949 年政务院《统一全国年节和纪念日放假办法》。法定节假日有薪 7 日：新年 1 日、春节 3 日、劳动节 1 日、国庆纪念日 2 日；公休日每周 1 天。1999 年 9 月 18 日—2007 年 12 月 31 日，执行《国务院关于修改〈全国年节及纪念日放假办法〉的决定》。法定节假日有薪 10 天：新年 1 天、春节 3 天、劳动节 3 天、国庆节 3 天。

2. 产假：1987 年起，执行政务院《劳动保险条例》，辖区女职工产前产后假 56 日，工资照发。1995 年起，执行《中华人民共和国劳动法》，女职工生育享受不少于 90 天产假，工资照发。

3. 病假：1987 年起，执行政务院《劳动保险条例》，病假全年累计不满 13 天的工资照发，13～24 天的分别按工龄 10 年以下、10～15 年、超过 15 年，发给工资的 60%、70%、80%。1995 年起，执行

《企业职工患病或非因工负伤医疗期规定》和《关于贯彻执行〈劳动法〉若干问题的意见》，病假期间工资不低于当地最低工资标准的80%。

（四）补贴

1988年，企业发放的福利补贴主要有物价补贴、生活费用补贴、燃料补贴、特区生活补贴、防暑降温费补贴等。

1992年5月1日起，执行《厦门市住房制度改革实施方案》，开始发放住房补贴，标准为职工上个月工资的7%，2000年5月提为10%。

截至2007年，补贴发放项目基本未变。企业发放的补贴均由企业自行解决，由各企业根据经营情况自行调整，在执行过程中各企业的发放范围、发放标准存在较大差异。

第三节　劳动服务

一、用工管理

（一）用工制度

1987—1992年，湖里区处于计划经济向市场经济过渡时期，固定工制度和劳动合同制并存。至1992年，湖里区城镇集体所有制单位共有固定工1344人，合同工234人，临时和计划外用工3128人。

1994年，执行《厦门市实行全员劳动合同制规定》和《厦门市劳动合同管理办法》，辖区内全员实行劳动合同制，企业中的所有就业人员统称企业职工，在企业内部取消干部与工人，取消固定工、合同制工、临时工的身份界限，取消职工不同所有制身份界限，职工可以在国有、集体、私营、外商投资企业等企业间流动，企业有权根据劳动技能、劳动责任、劳动条件、劳动强度等要素自主确定工资分配，按岗定酬、易岗易酬，企业有权根据本企业经济能力，依法自主确定企业职工的福利待遇。

1994—2007年湖里区用工统计表

表26-11

年份	新招职工（人）	流出职工（人）	合同鉴证（万份）	工资手册报备（家）
1994	7349	4532	—	—
1995	11226	8942	—	—
1997	10984	8599	—	—
1999	11876	—	—	—
2000	10790	10790	3.1	—
2001	22951	16026	2.6	437
2002	19923	11075	2.5	545
2003	24809	19757	5.1	—
2004	—	—	2.9	—
2005	45171	34929	6.2	561
2006	55223	44805	7.4	575
2007	66266	66090	—	

说明：缺1996年、1998年资料

（二）劳动力调配

1. 社会劳动力调配

1988年2月23日，根据市劳动局《关于外商投资企业招收农村合同制工人问题的复函》，向厦门地区外招收合同制工人或岛内的外商投资企业需要招收岛外劳动力的仍按原办法报送市劳动局统筹安排审批下达。9 月 22 日，厦门市公安局、劳动局联合下发《关于使用外地劳动力、农村劳动力管理申报暂住户口的通知》，要求特区内的用工单位使用特区内的农村劳动力，应持有临时劳动就业证并向被招对象户口所在的劳动服务公司办理用工手续；特区内的用工单位使用特区外的劳动力，由市劳动服务公司签发临时劳动就业证，并办理用工手续，凡是使用特区外劳动力都要办理暂住户口申报手续。

1991 年 5 月 1 日起，执行《厦门市外来劳动力管理暂行办法》，对外来劳动力的使用，由市劳动局根据厦门特区建设需要，实行“统一计划、控制总量、分级审批、凭证务工、谁用谁管”的原则。用工单位必须根据实际需要，提前向劳动部门申报使用外来劳动力的用工计划，经同意后，方可招收。

1994 年，执行国务院颁布的《农村劳动力跨省流动就业管理暂行规定》，协助经核准的因本地劳动力无法满足需求，符合一定条件的辖区用人单位跨省招用农村劳动力。

1998 年 9 月 10 日，执行《厦门市劳动力市场管理暂行规定》，要求用人单位如需使用外地劳动者，应按照管辖范围和审批权限，报劳动行政部门审批。国有、集体企业使用外地劳动者不得超过本企业职工总数的 20%（临时性、季节性用工较多的单位，经劳动行政部门批准，使用外地劳动者可控制在 80%）；三资企业及其他用人单位使用外地劳动者不得超过本单位职工总数的 90%。

2002 年，外出就业者在户口所在地办理的“外出就业卡”及配套的“跟踪服务卡”统一取消，只需在就业地办理就业证即可就业，就业岗前培训费从 70～80 元降为 25 元。

2005 年 1 月 1 日起，湖里区停止办理厦门市外来人员就业证。外出就业人员只需出示身份证和厦门经济特区暂住证即可办理就业手续，不收取就业岗前培训费。

2. 工人调动

1988 年 1 月 25 日，执行市劳动局下发的《关于工人调动工作的补充规定》，允许企业的主管部门根据生产需要，自行决定上报商调技术工人的材料，同时自行调档审查，再报市劳动局审批办理。对调出厦门市的，企业主管部门可自行联系，市劳动局照转介绍信。是年，湖里区共调动全民工人 30 人，其中调入 19 人、调出 5 人、区内调动 6 人；调动集体工人 28 人，其中调入 11 人、调出 10 人、区内调动 7 人。

1989 年，湖里区职工调动以技术工人引进为重点，严格控制调入总量。1990 年，办理职工调动实行“四个转向”，即调配政策由内部掌握转向政策公开；调配对象由照顾困难为主转向以工作需要为主；调配手段由单一行政手段转向协商选调；调配方法由坐等上门转向深入基层现场办公。至 1992 年，全区工人调入、调出及区内流动人数在 20～30 人之间。1993—1995 年，调动人数在 10 人以下。1996—2007 年，没有此项统计。

二、劳动保护

1987 年，厦门市技工学校开办劳动保护专业，厦门市劳动局对这批毕业生统筹分配，一些毕业生充实到湖里区一线从事劳动保护工作。

1988 年 9 月，对辖区相关单位女职工劳动保护情况进行调查，落实《国务院关于女职工劳动保护规定》。是年，根据省劳动厅《关于调整企业保健食品补贴标准的通知》，湖里区保健食品补贴由 5.38 元调整为 9 元。

1989 年 5 月，贯彻实施《关于严禁使用童工的通知》，清退 16 周岁以下职工。同年，执行《福建省职工个人劳动防护用品管理办法》，加大对劳动保护用品的管理工作。

1994 年 8 月，执行《女职工保健工作规定》，开展女职工疾病普查普治工作。

1995 年，执行劳动部《未成年工特殊保护规定》，要求招收年满十六周岁、未满十八周岁劳动者的企业组织未成年人到区级以上医院体验，并到劳动部门办理登记手续，由劳动部门核发未成年工登记证，并凭证上岗。

2003 年 8 月 19 日，区人劳和社保局下发《关于加强未成年工特殊劳动保护的通知》，要求各用人单位和相关部门加强未成年工特殊劳动保护的管理工作。对未按规定落实未成年工持证上岗或虽有持证但未采取特殊保护措施的用人单位，依照有关法律法规规定，给予处罚。是年，湖里区未成年工办理登记证 62 本。2004 年，湖里区未成年工办理登记证 394 本。2005 年，湖里区未成年工办理登记证 1136 本。2006

年，湖里区未成年工办理登记证1296本。2007年，湖里区未成年工办理登记证1280本。

三、离退休人员社会化管理

2001年4月6日，湖里区企业离退休人员社会化管理服务中心成立，对辖区企业离退休人员实行"养老金由社会服务机构按时足额发放，企业离退休人员与原企业相分离，建立健全独立于企事业单位之外的社会保障体系和社会化管理服务网络"的管理方式。同时在禾山镇、湖里街道、殿前街道设立劳动保障服务站。同年6月5日，根据厦劳险〔2001〕10号文件，落实退（离）休人员供养直系亲属申领抚恤费审批手续的具体实施意见。同年7月25日，湖里区人事劳动局、财政局、工会发文（厦湖人劳〔2001〕14号），执行市劳动局、财政局、总工会《关于调整企业职工因病或非因工死亡有关待遇标准的通知》（厦劳险〔2001〕7号）。

2002年11月13日，湖里区在原各街道（镇）劳动保障服务站的基础上，整合劳动公共服务的各项职责，综合设置各街道（镇）劳动保障事务站，其职责之中包括核实离退休人员和享有受供养直系亲属抚恤费人员的生存状况，办理申请丧葬补助费和供养直系亲属抚恤费手续，在辖区内各居委会成立企业离退休人员社会化管理服务组织，制定其职责并组织实施。

2003年9月，辖区农村退休人员纳入社会化管理，辖区内符合条件的"星光计划"资助建设的活动场所列入离退休人员活动场所，加挂厦门市政府制发的"厦门市离退休人员活动点"牌匾。

2004年1月7日，湖里区向退休人员发放社会化管理服务卡；8月30日，辖区内厅级退休干部和1950年5月12日福建全省解放前参加革命工作并享受供给制待遇的退休干部由原单位管理，已移交的由原单位收回管理。

2006年12月26日，湖里区按照《厦门市退休人员社区管理暂行办法》对辖区内的退休人员进行管理。

2007年3月，对1953年12月31日前参军后复员到企业工作，并经县以上民政、人事和劳动保障部门核实在企业退休的人员，从2006年1月1日起每人每月生活补助金100元，所需资金由所在企业负担；企业确有困难的，按企业隶属关系由同级财政予以补助。3月27日，区人劳局在各片区任用退休人员（片）组长，协助社区退管工作人员开展服务工作。6月，对辖区内参加对越自卫还击作战和中印、珍宝岛、抗美援越、抗美援寮、保卫西沙群岛等六类的军队退役士兵进行慰问，六类人员的慰问金为每人500元，其中区发300元、镇（街）发200元；对参加对越自卫还击战等六类的军转干部由其所在单位参照本补充通知第二条中区级慰问金每人300元的标准自行组织慰问，经费由其所在单位包干经费中解决；上述慰问对象中，因原所在单位已经破产、兼并、转让或经营困难等，个人的社会保险关系已转移至社区的专业退役军人，其慰问金由其社保关系所在的区民政部门负责发放。

2007年，全区社会化管理退休人员有8242人，完成社会化管理率99.01%。其中，男性1987人、女性5255人，退休干部993人，高级职称194人。辖区内有康乐、金尚、高殿、和通、东渡、江头、海天、新港、圆山、兴隆、金山、钟宅等12个省级"企业退休人员社会化管理服务工作达标"社区。

2002—2007年湖里区移交社会化管理的离退休人员统计表

表26-12　　单位：人

年份	新增	死亡	迁入	迁出	合计
2002	3963	34	—	—	3963
2003	1351	69	49	21	5218
2004	667	88	191	116	5834
2005	713	98	202	56	6593
2006	570	118	223	74	7194
2007	1039	118	236	109	8242

第四节　劳动维权

一、劳动监察

1991 年 9 月—1994 年 4 月，辖区劳动用工监察主要由厦门市劳动监察大队负责。

1994 年 5 月 7 日，成立区劳动监察中队，开展劳动监察执法活动。

1999 年开始，定期开展工资发放情况执法检查、劳动力市场秩序清理整顿执法检查、民工权益保护执法检查、贯彻实施《禁止使用童工规定》情况执法检查、技术工种持职业资格证书上岗情况专项执法检查等专项检查。

2001 年，成立以区长为组长的群体性劳资纠纷应急处理协调领导小组，主要成员有公安、工商和区各相关部门领导，下设办公室挂靠在区人劳社保局，日常工作由区劳动监察中队负责。督查重点有企业工资发放情况、农民工劳动保障权益保护等。同年出台湖里区群体性劳资纠纷预警、应急处理联络方案。

2004 年，加大执法力度，强化监察职能。共发放“企业工资发放情况调查表”和“湖里区农民工劳动保障权益保护专项检查活动用人单位自查情况反馈表”4000 余份。

2005 年，区劳动监察中队被国家劳动和社会保障部表彰为贯彻实施《禁止使用童工规定》情况专项检查活动先进单位。

2001—2007 年湖里区劳动监察情况及案件数量见表 26-13 和表 26-14。

2001—2007 年湖里区劳动监察工作统计表

表 26-13

项目 \ 年份		2001	2002	2003	2004	2005	2006	2007
主动监察	检查单位数（户）	315	373	592	965	1245	739	862
	涉及劳动者（万人）	5.93	3.7	3.96	5.90	9.35	7.17	8.82
群众举报专查结案数（件）		320	446	552	550	674	953	1095
劳动保障年检	单位数（户）	402	418	—	—	—	915	559
	涉及劳动者（万人）	9.8	10.3	—	—	—	8.53	2.74
参与处理突发事件	案件数	14	9	8	9	41	38	37
	涉及劳动者（万人）	0.37	0.07	0.03	0.08	0.16	0.35	0.19
补签劳动合同（万人）		2.7	2.1	0.9	2.75	4.64	4.55	6.73
追发劳动者工资等	涉及劳动者（万人）	0.71	0.18	0.35	0.36	0.61	0.48	0.43
	金额（万元）	141.7	215.76	129.67	325.14	356.80	250.61	547.59
督促社保缴费	单位数（户）	177	—	—	—	397	285	—
	涉及劳动者（万人）	3.97	—	—	—	2.39	2.7	—
	金额（万元）	246.7	—	—	—	623.2	453.6	—
督促社保登记	单位数（户）	63	—	31	—	—	75	—
	涉及劳动者（万人）	0.53	—	0.21	—	—	0.6	—
取缔非法职业中介机构数（户）		44	58	13	12	8	4	3
清退童工（人）		5	—	—	1	7	10	15
补办流动就业证卡		0.89	—	0.27	—	—	—	—
清退擅自招用外来劳动力（万人）		0.04	—	—	—	—	—	—
纠正违反职业资格和培训规定单位（户）		15	—	—	—	31	21	17
清退风险抵押金涉及劳动者（万人）		1.38	—	0.92	0.02	0.01		0.01
清退风险抵押金（万元）		137.5	—	4.5	0.9	0.63	10.48	10.7
接受群众举报数（件）		320	446	552	550	674	156	222
应参加劳动保障年检单位（万户）		0.04	—	—	—	—	—	—
审查用人单位规章数（万件）		0.04	0.04	0.02	—	0.02	0.09	0.14

2001—2007 年湖里区劳动监察案件统计表

表 26-14　　单位：件

项目 \ 年份		2001	2002	2003	2004	2005	2006	2007
结案数		320	446	552	550	674	953	1095
养老保险费征缴		9	9	—	—	—	13	—
失业保险费征缴		—	10	—	—	—	—	—
医疗保险费征缴		—	5	—	—	—	—	—
职业中介		—	61	—	12	21	—	—
招用童工		5	—	—	1	6	6	10
女工特殊保护		2	2	—	—	1	1	—
劳动合同的订立和解除		67	72	37	59	31	75	45
收取风险抵押金		27	41	75	—	37	—	—
克扣、无故拖欠工资		107	206	205	253	280	—	—
最低工资支付		57	20	32	30	115	659	826
工作时间和休息、休假		31	7	113	45	153	102	60
职业资格与职业培训		—	—	—	—	—	—	—
其他		15	13	94	150	50	61	115
案件处理情况	责令限期改正	316	438	548	175	156	940	1080
	行政处理决定	—	—	1	—	—	—	—
	行政处罚决定	4	8	3	13	12	13	15
	警告	—	—	—	—	—	—	—
	罚款	—	8	3	13	12	13	15
	其他行政处罚	—	—	1	—	—	—	—
罚款金额（万元）		0. 8	2. 69	0. 91	2. 63	6. 56	7. 28	24. 49

二、劳动争议仲裁

1988 年，成立区劳动争议仲裁委员会，下设办公室，负责处理市劳动争议仲裁委员会处理范围以外的本辖区内所有国营企业及县、区、街道属的外商投资企业所发生的劳动争议。辖区内的中央属、省属在厦门的国营企业、内联国营企业、党委建制的国营企业及国营企业职工一方人数在 10 人以上集体申诉的劳动争议由市劳动争议仲裁委员会负责处理。

1992 年年底，劳动争议处理受理范围，由原来的只处理国营企业中因开除、除名、违纪辞退及因履行劳动合同发生的劳动争议，扩大到处理国营、外资、集体、内联、私营等企业发生的劳动争议，同时出台并实行处理劳动争议的劳动仲裁员、仲裁庭办案制度。

1995 年 1 月 1 日起，开始形成以《中华人民共和国劳动法》为龙头，以 1993 年国务院发布的《企业劳动争议处理条例》和 1992 年厦门发布的《厦门市劳动争议处理暂行规定》为主体的劳动争议处理法律体系。

1996 年 1 月 16 日，重新划分劳动争议仲裁委员会管辖范围，辖区内市属以上（含市属）国有、集体企业，与市属以上单位合作的内联企业，注册资金在 300 万美元以上的外商投资企业发生的劳动争议，市属以上国家机关、事业单位、社会团体和与之建立劳动合同关系的劳动者之间发生的劳动争议由市劳动争议仲裁委员会管辖；区劳动争议仲裁委员会管辖市管范围外，本辖区的劳动争议及上级委托处理的劳动争议。

2000 年，劳动争议仲裁数上升，争议双方聘请律师参与的占案件 50% 以上；拖欠工资案件有所增加；私营企业成为劳动争议的高发区，占全部案件的 47% 。

2001 年，申诉案件继续上升；拖欠工资、法人逃逸案件增多，全年工资案有 34 起，涉及工资 139. 54 万元。

2002 年，区劳动争议仲裁委员会加强劳动合同鉴证，全年鉴证 2. 545 万份；加强劳动争议预防工作，指导 8 家争议较多的企业规范劳动合同、企业规章制度、工资、工时规定，指导 6 家企业成立劳动争议调解委员会。

2003 年，共发生群体性劳动争议 13 件，涉及员工 1783 人，比 2002 年同期分别增长 150% 和 50%，由群体性劳动争议而引发的集体上访 6 件；争议标的继续上升，在受理的 136 件中，涉及争议标的金额 320 万元，比 2002 年同期增加 130%；工伤争议持续上升，在受理的劳动争议案件中，涉及工伤赔偿争议比 2002 年增加 9 个百分点，连续 3 年呈现上升趋势。

2004 年，群体争议案件数上升；因劳动力供需状况发生变化，技术工人违约跳槽，用人单位申诉增多，全年共接到企业申诉 14 件，涉及职工 16 人。

2005—2006 年，因企业经营不善诱发欠薪、企业加大劳动强度引发违约事件以及因工作质量和工资待遇引起劳动关系纠纷的集体争议案件和案件总数继续呈现上升态势。

2007 年，受理案件数 265 件，比 2006 年减少 81 件。

1998—2007 年湖里区劳动争议仲裁处理情况详见表 26-15。

1998—2007 年湖里区劳动争议仲裁统计表

表 26-15　　单位：件

年份	案件受理总数	集体劳动争议案件数	用人单位申诉案件数	劳动者申诉案件数	争议原因						案件处理情况					
					履行劳动合同			变更劳动合同	劳动关系争议	其他争议	处理方式			处理结果		
					劳动报酬	保险福利	工伤赔偿				仲裁调解	仲裁裁决	其他方式	用人单位胜诉	劳动者胜诉	双方部分胜诉
1998	105	2	1	104	32	35	1	4	31	2	81	2	22	14	58	30
1999	108	4	3	105	62	16	5	6	13	6	65	16	27	17	74	17
2000	164	19	10	154	69	21	15	14	41	4	39	22	103	29	78	57
2001	87	16	4	83	34	21		10	17	5	30	35	22	7	66	14
2002	178	16	4	174	82	19	5	26	46	0	59	59	60	16	107	55
2003	136	13	9	127	32	9	35	14	46	0	36	81	19	30	59	47
2004	175	18	16	159	104	7	26		27	11	58	74	43	9	57	8
2005	283	47	21	262	163	11	41		54	14	47	182	54	18	142	22
2006	346	41	28	318	134	8	69		119	16	36	223	87	27	172	24
2007	265	37	7	258	122	2	32	1	66	42	17	77	137	1	66	10

三、工伤事故认定

1993 年 10 月 9 日起，执行国务院《企业职工工作伤亡事故报告和处理规定》、《福建省企业职工工作伤亡事故报告和处理办法》及厦门市劳动局印发的《工伤事故处理协调纪要》，轻伤、重伤事故由企业组织调查处理，并将调查处理报告书报送主管部门，劳动部门负责监督检查。死亡事故报告市安委会办公室，火灾所致死亡事故报告消防部门，急性中毒事故报告卫生防疫站。

2003 年 12 月 30 日，厦门市劳动和社会保障局印发《关于工伤认定若干问题的处理意见》（厦劳社〔2003〕338 号）。2000—2003 年，湖里区共受理工伤认定申请 560 件，认定为工伤 540 件。

2004 年 2 月 5 日，厦门市劳动和社会保障局印发关于《〈工伤认定办法〉实施细则》的通知。同年，湖里区受理工伤认定申请 376 件，认定为工伤 364 件。

2005年4月1日，厦门市劳动和社会保障局委托湖里区人事劳动和社会保障局负责下列用人单位的工伤认定：一、在区社会保险经办机构办理工伤保险业务的用人单位；二、未办理工伤保险手续的，经区工商行政部门登记注册的用人单位。4月5日，湖里区人事劳动和社会保障局启用“厦门市劳动和社会保障局工伤认定专用章”。同年，湖里区受理工伤认定申请566件，认定为工伤545件。

2006年，受理工伤认定申请770件，认定为工伤746件。

2007年，受理工伤认定申请875件，认定为工伤850件。

2000—2007年湖里区工伤认定情况见表26-16。

2000—2007年湖里区工伤认定情况统计表

表26-16　　单位：件

年份	受理申请件数	认定为工伤件数	年份	受理申请件数	认定为工伤件数
2000	74	74	2004	376	364
2001	109	109	2005	566	545
2002	167	156	2006	770	746
2003	210	201	2007	875	850

第四章　社会保障

第一节　养老保险

一、城镇职工基本养老保险

1992年，湖里区社会保险管理所成立，为自收自支事业单位，对区属大集体所有制企业职工的退休养老基金实行统筹管理。统筹的范围对象为凡实行独立核算，自负盈亏的区属大集体企业单位的固定工、合同制工人及临时工。同年，基本养老保险参保人数1186人。

1993年9月24日，执行《厦门市经济特区劳动管理条例》，参保对象为厦门经济特区以及台商投资区内所有企业及职工，实行区级统筹。同年，基本养老保险参保人数1205人。

1994年，执行《厦门市职工养老保险暂行规定》，参保对象扩展到机关、事业单位的劳动合同制职工，境外企业驻厦代表机构的中方职工、城镇个体工商户。养老保险实行社会统筹与个人账户相结合，鼓励单位为职工建立补充养老保险，提倡职工自愿参加个人储蓄性养老保险，补充养老保险和个人储蓄性养老保险记入职工个人养老保险账户。养老保险费用由原来的企业和职工共同缴纳转化为国家、单位和个人三方共同负担。基本养老金由社会性养老金和缴费性养老金两部分组成。同年，基本养老保险参保人数1806人。1995年，参保人数增至2808人。

1996年，区属大集体企业职工养老保险费缴纳标准和退休人员养老待遇由原来按照区政府〔91〕089号文件转为执行《厦门市职工养老保险暂行规定》，提高退休职工的养老待遇。同年，基本养老保险参保人数3874人。1997年，参保人数5429人。

1998年，执行厦门市政府的有关规定，基本养老金计发办法调整为以1998年7月为界，之后参加工作的职工，基本养老金由基础养老金和个人账户养老金组成；之前参加工作的职工，基本养老金由基础养老金、个人账户养老金和过渡性养老金组成。职工养老保险费缴费比例从23%下降到22%（其中企业从19%下降到17%，个人从4%上升到5%）。养老保险个人账户由1995年的5%提高到1996年、1997年的12%；1998年7月起，调整为11%。同年，基本养老保险参保人数6047人。1999年，参保人数7285人。

2000年6月21日，执行《厦门市职工基本养老保险条例》，湖里区参保对象扩大到外商投资企业、城镇私营企业、股份有限公司、股份合作制企业、合伙企业、实行企业化管理的事业单位及其职工和社会团体及其劳动合同制职工。另规定具有本市城镇户口，男性未满60周岁，女性未满55周岁，有合法收入的从业人员，可依照条例规定的城镇个体工商户业主参保办法参加基本养老保险。缴费比例：城镇个体工商户及其雇工养老保险费缴费比例从23%下降到18%（其中业主从20%下降到10%，个人从3%上升到8%，业主本人的养老保险费全部由本人缴纳）。基本养老金计发办法调整为1997年6月30日之前参加基本养老保险的，在按月发给基础养老金和个人账户养老金的同时，再按月发给过渡性养老金。同年，基本养老保险参保人数11748人。2001年，参保人数19016人。2002年，参保人数25352人。2003年，参保人数117003人

2004年12月2日，执行修正的《厦门市职工基本养老保险条例》和《厦门市事业单位职工基本养老保险试行办法》（以下简称《办法》）颁发，湖里区基本养老保险费的征收及相关的稽核工作由社保机构转移到地方税务机关。建立事业单位社会保险制度，按照“老人老办法、新人新办法”的原则，对财政补助经费、经费自给的事业单位及其在编职工、离退休（职）人员，财政核拨经费的事业单位及其在《办法》实施后首次参加工作的在编职工，以及在《办法》实施后从本市企业、企业化管理的事业单位和外地调入在编职工，按《办法》执行基本养老保险政策。同年，基本养老保险参保人数141872人。2005年，参保人数177000人。

2006年7月1日起，基本养老金的计发变革为基本养老金由基础养老金和个人账户养老金组成，个人账户规模由本人缴费基数的11%调整为8%。退休时的基础养老金月标准以全市上年度在岗职工月平均工资和本人指数化月平均缴费工资的平均值为基数，每缴费满一年发给1%；个人账户养老金月标准为个人账户储存额除以计发月数，计发月数根据职工退休时城镇人口平均预期寿命、本人退休年龄、利息等因素确定。1997年6月30日以前参加基本养老保险，缴费年限累计满15年的个人，在按月发给基础养老金和个人账户养老金的同时，再按月发给过渡性养老金。固定工养老保险的补缴办法为参保个人属原固定工的，达到法定退休年龄时，实际缴费年限累计不满10年的，可以向市劳动保障行政部门申请，以达到法定退休年龄当年执行的全市在岗职工月平均工资的，100%为缴费基数，按照相应的缴费比例一次性补缴满10年，补缴后，其符合国家规定的视同缴费年限与实际缴费年限合并计算，不补缴的，其1988年12月以前的连续工龄不予确认视同缴费年限。同年，基本养老保险参保人数83599人。2007年，参保人数116223人。

二、农村养老保险

1992年1月，湖里区被确定为全国农村社会养老保险3个试点区之一。同年10月，成立区农村社会养老保险基金管理委员会；11月，出台《湖里区农村社会养老保险实施方案（试行）》；禾山镇人大主席团审议通过《关于在禾山镇建立农村社会养老保险制度的通知》，当时禾山镇所属的高殿等11个行政村相应成立领导小组，制定实施细则并经各村民代表大会通过后写入《村规民约》加以实施。1993年3月，设立湖里区农村社会保险公司（以下简称区农保公司）。全区农村社会养老保险工作正式开展。

1993年，全区16614人参加投保，共收取养老保险金268.6363万元，投保率96%。

1994年，17320人参保，投保率达98%，保费230万元。

1995年，收取农保费230万元。

1996年，收取农保费210万元。

1997年1月1日，开始执行《厦门市农村社会养老保险暂行规定》，由区民政局指导镇、村开展农村社会养老保险工作，监督本区及所辖各镇、村养老保险费的收缴及养老金的发放；设立区农村社会保险机构，作为农村社会养老保险业务的承办机构，负责养老保险资金的收储、建档等业务；设立村代办站，负

责收取养老保险费和发放养老金。1997 年，全年收取农保费 280 万元。同时在全区开办计划生育养老保险，增收保费 26 万多元。当年区农保公司被国家民政部授予“全国农村社会养老保险工作先进单位”称号。

1998 年，出台《湖里区农村社会养老保险规范化管理工作规程（试行）》和“工作规范”。当年，首批通过省厅对农保全程规范化管理的验收。当年，共收取农保费 290 万元，投保率达 99%，基金积累达到 1800 万元。

1999 年，收取保费 267 万元，发放养老金 3 万元，实行农村社保个人账户计算机规范管理机制。

2001 年，湖里区在全市率先完成村级规范化管理的验收。截至 2003 年，全区农保缴费人数达 23052 人，总投保率 99.5% 以上，累积收取保费 3100 万元，基金累积 3848.6 万元。

2003 年 8 月，按照事业单位机构改革的要求，区农保公司从区民政局剥离，由湖里区人事劳动和社会保障局接手管理。是年 10 月，市劳动和社会保障局出台《厦门市农村计划生育养老保险暂行办法》，将农村独生子女父母、二女结扎夫妇纳入厦门市农村社会养老保险管理体系，由劳动和社会保障部门主管。

2004 年 7 月 1 日，成立区社会保险管理中心，区社会劳动保险管理所与区农村社会保险公司职能并入，仍保留农保公司的牌子，并入的原 4 名农保工作人员保留自收自支编制。是年 10 月 21 日，养老保险基金的管理和运营工作执行《厦门市农村社会养老保险基金运营管理暂行办法》。

截至 2007 年 12 月底，全区农村社会保险参保人数 30127 人，累计收取保险费 4571 万元。

三、被征地人员基本养老保险

2005 年 3 月 31 日，出台《湖里区被征地人员基本养老保险实施办法》。参保对象为经湖里区人民政府批准“村改居”的居民（原行政村村民）；从 1980 年 1 月 1 日起由于土地被征用的“农转非”居民。被征地人员男年满 45 周岁、女年满 40 周岁的可以按本办法参保；男不满 45 周岁、女不满 40 周岁的，待达到相应年龄时方可按本办法参保。对不同年龄段被征地人员参保实行不同的缴费标准。明确具体奖励措施：对于符合参保条件，在第一时间（2005 年 4 月 1 日—2005 年 9 月 30 日前）参保的人员，区、街、政府将给予每人 5000 元的补助，低保对象参保另加 1000 元补助。各社区也针对辖区实际出台配套补助措施鼓励参保。9 月 16 日，《湖里区被征地人员基本养老保险投保贷款贴息办法的通知》实施，推出“贴息贷款办社保”措施。为重点帮助解决符合参保条件、有参保意愿，但经济困难、无法参保的被征地人员缴交保险费资金来源问题，对贷款额度不高于个人实际缴费金额的对象给予贷款贴息扶持，缴纳的基本养老保险费扣除区、街、社区、小组参保补助后可向湖里区信用社申请贷款，信用社以低于普通商业利率为参保人员提供贷款，贷款利息由个人承担 40%，区、街两级财政各承担 30%，这 60% 贷款利息由所在村（居）委会直接补贴给被征地人员。达到参保年龄且缴纳养老保险费年限满 15 年时，按规定办理相关手续和按月领取养老金。被征地人员的月养老金由基础养老金、个人账户养老金和特区补贴三部分组成。是年，湖里区办理被征地人员参加基本养老保险手续 5715 人，已享受养老金 2823 人，区、街两级共补贴 3358.15 万元，其中参保补助 2915.85 万元、贷款贴息补助 442.35 万元。

2006 年，办理被征地人员参加基本养老保险手续 98 人，已享受养老金 284 人，区、街两级共补贴 52.09 万元，其中参保补助 49.8 万元、贷款贴息补助 2.29 万元。

2007 年，执行《厦门市被征地人员基本养老保险实施细则》和《湖里区人民政府关于被征地人员参加基本养老保险补充规定》，提高被征地人员参保补助标准，对于符合参保条件的参保人员，区、街两级财政给予每人 5000 元的奖励，对低保人员参保的补助标准，由原来的 6000 元提高到 8000 元，将《湖里区被征地人员基本养老保险投保贷款贴息办法》有效期延长至 2008 年 12 月 31 日。退休待遇重点突出养老保险的衔接，对按照《厦门市城镇职工基本养老保险条例》规定参加基本养老保险且符合缴费年限条件的被征地人员，年限合并计算，按照“条例”和“若干规定”的办法计发退休养老金并参加企业退休人员的退休待遇调整。是年，湖里区办理被征地人员参加基本养老保险手续 2273 人，已享受养老金 700 人。2005 年 4 月—2007 年 12 月，累计参保 8086 人，参保率 75.84%；已享受养老金 3809 人；区、街两级共补贴 5103.21 万元，其中参保补助 4155.90 万元、贷款贴息补助 947.31 万元。

第二节 医疗保险

一、城镇职工基本医疗保险

1998—2002 年，医疗保险由市医保中心统一征收。1999 年，执行《厦门市城镇职工基本医疗保险暂行规定》。2003 年，全区医疗保险参保人数 99417 人。

2004—2007 年，执行《厦门市城镇职工基本医疗保险规定》，基本医疗保险基金分为社会统筹医疗基金和个人医疗账户资金，医疗保险待遇按门诊、住院、家庭病床、购药 4 种情况分别支付。参保对象扩展到具有本市城镇户口，男性未满 60 周岁，女性未满 55 周岁，有合法收入的从业人员，可以以个人身份参加基本医疗保险。对男未满 60 周岁、女未满 55 周岁的被征地人员，可以个人身份自愿参加基本医疗保险，执行厦门市城镇职工基本医疗保险有关规定，其医疗保险缴费年限按实际缴费年限计算。

2004—2007 年，全区医疗保险参保人数分别为 138889 人、182795 人、86825 人、119859 人。

二、城镇居民医疗保险

2006 年，执行厦门市城镇居民医疗保险暂行办法。参保对象为辖区内具有厦门市户籍未参加城镇职工基本医疗保险和新型农村合作医疗，且符合下列条件之一，可参加城镇居民医疗保险：男 60 周岁、女 55 周岁以上；持有中华人民共和国残疾人证的残疾人员；持有厦门市最低生活保障金领取证并享受城镇居民最低生活保障待遇的人员。缴费标准：城镇居民医疗保险基金由政府补助的资金和参保居民个人缴纳的医疗保险费两部分组成。财政部门按参保人数每人每年以上年度全市职工平均工资的 1.8% 予以补助，补助资金由市、区两级财政分别承担 50%；参保个人按年缴纳医疗保险费，年缴费标准为上年度全市职工平均工资的 0.7%。户籍关系从异地迁入厦门市不满 5 年且符合参保条件的城镇居民，政府补助的资金和个人缴纳的医疗保险费，由参保个人承担；户籍关系迁入厦门市满 5 年以后，政府补助的资金按本办法的规定执行。持有厦门市最低生活保障金领取证并领取城镇居民最低生活保障金的参保居民，个人免缴医疗保险费，免缴的部分由市、区两级财政分别承担 50%。持有中华人民共和国残疾人证，经合法鉴定机构鉴定完全丧失劳动能力或大部分丧失劳动能力的参保居民，个人免缴医疗保险费，免缴的部分由残疾人就业保障基金全额承担。待遇享受：在一个医保年度内，参保居民在门诊发生的符合规定的医疗费用，按规定支付，其余部分由城镇居民医疗保险基金支付，年度内的门诊医疗费用累计计算。参保居民住院所发生的符合规定的医疗费用，先由个人用现金支付城镇居民医疗保险基金的起付标准，起付标准以上的医疗费用参保个人按规定支付，其余部分由城镇居民医疗保险基金支付，年度内多次住院的医疗费用累计计算。2007 年 10 月 9 日，执行厦门市委、市政府出台的《关于进一步健全和完善覆盖城乡居民基本医疗保险制度的实施意见》。截至 2007 年，全区城镇居民参保 6598 人，参保人员基本医疗需求得到初步保障。

三、未成年人医疗保险

2006 年，执行厦门市未成年人医疗保险暂行办法。参保对象为：辖区内具有厦门市户籍，年龄在 18 周岁以下的未成年人；经政府有关部门批准设立的高中、中专、特殊学校、技校、职校等学校中具有本市户籍，年龄在 18 周岁以上的在册学生；在厦门市小学、初中和高中就读的非本市户籍在册学生，其父亲或母亲与用人单位签订劳动合同，并缴纳社会保险费的，应按本办法参加未成年人医疗保险。缴费标准：未成年人医疗保险基金主要由政府补助的资金及个人缴纳的医疗保险费两部分组成。基金来源如下：财政部门对参保的未成年人按每人每年 50 元的标准给予补助。补助资金由市、区两级财政各承担 50%。参保的未成年人个人按每人每年 80 元的标准缴纳医疗保险。持有厦门市最低生活保障金领取证并领取城镇居民最低生活保障金家庭的未成年人，个人免缴医疗保险费，免缴的部分由市、区两级财政各承担 50%。

持有中华人民共和国残疾人证的未成年人，个人免缴医疗保险费，免缴的部分由残疾人就业保障基金承担。待遇享受：在一个医疗保险年度内，参保未成年人门诊、住院所发生的符合规定的医疗费用，参保个人按规定支付，其余部分由未成年人医疗保险基金支付，年度内门诊、住院的医疗费用累计计算。

截至2007年年底，全区未成年人参保19606人，参保对象实现全覆盖。

第三节 失业工伤和生育保险

一、失业保险

1994年，执行《厦门市职工失业保险暂行规定》，失业保险费按全市上年度职工月平均工资总额的1%计征，由单位负担，职工本人不缴费。失业职工领取失业救济金的期限根据失业职工失业前连续缴费时间确定，发放标准为当年非民政对象最低生活保障标准的120%～150%。

1998年，调整失业保险缴费比例和失业救济金计发标准：从当年7月1日起，失业保险费比例提高到3%，其中单位缴纳2%，职工本人缴纳1%；发放标准为当年城市居民二人户最低生活保障标准作为计发失业救济金的基数。

2000年6月，执行《厦门市职工失业保险条例》，参保对象扩大到外商投资企业、城镇私营企业以及其他城镇企业及其职工、民办非企业单位及其职工和社会团体及其专职人员。发放标准以本市当年度最低工资标准作为计发失业救济金的基数。外来员工个人不缴纳失业保险费。

2004年12月，执行修正的《厦门市失业保险条例》和《关于失业保险基金发放管理有关问题的通知》，失业保险费的征收及相关的稽核工作由社保机构转移到地方税务机关。

2006年5月起，湖里区辖区内个人失业保险签发手续，由原来各街道签发下移至各社区。

2007年8月1日起，根据《厦门市失业保险条例》规定以及厦门市最低工资标准调整情况，辖区城镇户口失业人员（含8月1日前失业的）失业保险全月发放标准，最高标准达到733元，人均每月增加90元左右。截至2007年年底，全区参加失业保险人数118310人。

二、工伤保险

1994—2003年，湖里区依据《厦门市职工工伤保险暂行规定》办理工伤保险。

2004年，执行国务院颁布的《工伤保险条例》和厦门市颁布的《厦门市职工工伤保险条例》，同年6月30日将农民工纳入工伤保险范围。

2005年，执行建筑、矿山及石材加工企业农民工参加工伤保险的试行办法，规范建筑、矿山及石材加工企业农民工工伤保险。

2006年，执行《厦门市事业单位、民间非营利组织职工工伤保险实施办法》，参保对象扩展到财政补助经费、经费自给的本市各级事业单位及其编制内职工；利用国有资产开办的非营利性组织及其聘用的职工；社会团体、基金会和民办非企业单位及其职工。

2007年年初，对符合规定的单位实行工伤保险费率浮动制度，进一步完善工伤事故预防激励制约机制。6月起，参保外来务工人员工亡，其供养亲属可以自由选择按月领取或一次性领取抚恤金。截至2007年年底，全区参加工伤保险人数115603人。

三、生育保险

2004年，执行《厦门市企业职工生育保险暂行办法》，参保对象为国有企业、城镇集体企业、外商投资企业、城镇私营企业和其他城镇企业及其职工；境外企业驻厦门代表机构及其中方职工；行企业化管理的事业单位及其职工；城镇个体工商户及其雇工。生育保险费由用人单位缴纳，个人不缴纳。用人单位以本单位职工上年度月平均工资为缴费基数，按0.8%的比例按月缴纳生育保险费。职工生育保险待遇包括生育津贴、生育生活补助和计划生育手术补贴。

2007 年 7 月 1 日起，辖区内非厦门市城镇户籍从业人员纳入生育保险，用人单位必须依法为其非本市城镇户籍从业人员办理参保手续并缴纳生育保险，外来员工以 2006 年度月平均工资为缴费基数，按 0.8% 的缴费比例由单位全额计缴，参保的非本市城镇户籍从业人员按规定享受生育保险待遇。截至 2007 年年底，全区参加生育保险人数 65914 人。

1992—2007 年湖里区参加社会保险人数统计表

表 26-17　　　　单位：人

年份	参保人数				
	养老保险	医疗保险	失业保险	生育保险	工伤保险
1992	1186	—	1186	—	1186
1993	1205	—	1205	—	1205
1994	1806	—	1806	—	1806
1995	2808	—	2808	—	2808
1996	3874	—	3874	—	3874
1997	5429	—	5429	—	5429
1998	6047	—	6047	—	6047
1999	7285	—	8386	—	7285
2000	11748	—	12749	—	11748
2001	19016	—	20152	—	18810
2002	25352	—	26607	—	25352
2003	117003	99417	121083	33719	118526
2004	141872	138889	144101	40270	140076
2005	177000	182795	176012	46717	171512
2006	83599	86825	85839	21401	83244
2007	116223	119859	118310	65914	115603

说明：表中 2003 年、2004 年、2005 年数据为湖里区辖区内总参保数据；医疗保险 1998—2002 年由市医保中心统一征收；生育保险从 2003 年 7 月开始征收

第二十七篇　民　政

1987 年湖里建区前，辖区的禾山乡、湖里街道的民政事务分别由厦门市郊区民政局、开元区民政局管理。1987 年 11 月，湖里区民政局成立，主管湖里街道和禾山乡的民政事务。

20 世纪 80 年代始，基层政权建设重新列为区民政部门的首要任务。1988 年，禾山镇在各行政村实行村民代表会议制度。1990 年 5 月，开展第一轮村民自治示范活动。1992 年，禾山镇被评为厦门市“基层政权建设先进镇”。1999 年，湖里区被国家民政部评为全国村民自治模范区。2002 年 9 月，湖里区被民政部授予“全国社区建设示范区”称号。2003 年 12 月，全区“村改居”工作全部完成。2007 年，金山、吕岭、东渡、金鼎 4 个社区被评为省级文明社区。

1990 年 12 月，区民政局开始履行社会团体登记管理职能。截至 2007 年年底，湖里区登记社团 14 个，其中综合性 4 个、专业性 7 个、行业性 2 个、学术性 1 个。全区登记民办非企业单位 112 个，其中教育类 104 个、文化类 1 个、科技类 2 个、民政类 5 个。

辖区境域素有“双拥”（拥军优属、拥政爱民）优良传统。1999 年，湖里区获全省“双拥模范区”称号。2003 年，被评为全省“城镇士兵安置工作改革”先进单位。2003 年后，“双拥”工作发展成为军民警民共建社会主义精神文明活动。

1993 年，全区首次开展城市最低生活保障工作。1995 年，禾山镇在全市率先实行村民最低生活保障制度，户月人均标准为 120 元。2004—2007 年，全区统一采取城市居民标准发放，即：1 人户补足 315 元/月・人，2 人户补足 290 元/月・人，3 人及 3 人以上户补足 265 元/月・人。

自 20 世纪 90 年代始，社区服务、社会救助、婚姻登记、收养登记、殡葬管理、残疾人事业、老龄事业等各项民政工作和社会事业全面发展，体现民政工作的多元性、社会性、全民性、公益性。

第一章　机　构

第一节　行政机构

一、区民政局

湖里区建区前，辖区的禾山乡、湖里街道的民政事务分别属厦门市郊区民政局、开元区民政局主管。

1987 年 11 月，湖里区民政局成立，主管湖里街道和禾山乡的民政事务。核定编制 3 人。1997 年，编制增至 6 人。2002 年，核定行政编制 4 人、事业编制 1 人。

2007 年，区民政局内设社会事务科、社区建设科，核定行政编制 7 人。

截至 2007 年年底，历任民政局局长为张荣培（副局长主持工作，1987. 11—1988. 9）、张秀琴

(1988.9—1997.3)、江根云(1997.3—2000.5)、陈丽美(副局长主持工作，2000.5—2002.10)、周福民(2002.10—2007.4)、钟莹聪(2007.4—　)。

二、挂牌机构

至2007年年底，区民政局加挂牌子机构有：

双拥办　为区双拥工作领导小组的办事机构，1991年7月成立，区民政局局长兼任双拥办主任，另设兼职副主任若干名，配备专职工作人员1名，负责协调、承办全区“拥军优属、拥政爱民”工作。

支前办　为区国防动员委员会的办事机构，1988年成立，设在区民政局。2002年9月，改设区政府办公室，政府办公室1名副主任兼任支前办主任。2003年10月，转至区民政局，与区双拥办合署办公。

区基层政权和社区建设领导小组　1999年2月成立，区委主要领导兼任领导小组组长，下设办公室，与区民政局合署办公。区民政局局长兼任办公室主任。

湖里区区划调整工作领导小组　1999年3月成立，下设办公室，与区民政局合署办公。

区设置标准地名标志工作领导小组　2003年5月成立，下设办公室，与区民政局合署办公。

区老龄办　1992年3月，湖里区老龄工作委员会成立，主任由区长担任，委员由区机关党委、民政局、财政局、工会、妇联、教科文体委、经贸委、工商局、农林水办、城建局及禾山镇、湖里街道的主要领导组成，老龄工作委员会下设办公室，为该委办事机构，负责日常工作。1994年，湖里区老年基金会及第一届理事会成立，并建立基金会章程。2002年，区老干局成立，老龄工作随之转入老干局。2003年11月，老龄工作从老干局移交民政局，民政局加挂老龄办牌子。2004年，各街道相应成立或调整老龄委及老龄办。

区社会保障性住房工作协调领导小组　2006年11月成立，下设办公室，挂靠在区民政局，具体负责处理社会保障性住房工作日常事务。

第二节　事业单位和挂靠社团

一、事业单位

社区工作指导中心　2007年，区社区工作指导中心核定机关事业编制6人。

二、挂靠社会团体

区残疾人联合会和区慈善会　分别成立于1990年12月和2004年11月，均为社会团体，挂靠在区民政局，主要办事人员由区民政局工作人员兼任(详见本志第十八篇第三章第七、八节)。

第二章　基层自治

第一节　社队自治

1950年3月，厦门市人民政府发出改造旧政权指示，市民政局在废保甲、建立人民政权中依据“稳定前进，逐步改造”的方针，成立工作组到各区协助工作，建立基层自治组织。

辖区境域各村当时属禾山区公所管辖，按照当时市政府要求，选举产生村政委员会，村政委员会主要负责人称村长。

1958 年 10 月，政社合一的前线人民公社成立后，撤销村政委员会，改设生产大队、生产队。生产大队设大队管理委员会，主要负责人称为大队长；生产队设生产队管理委员会，主要负责人称为生产队长。根据相关章程的规定，大队和生产队管委会成员由社员大会选举产生，但实际上多由公社管委会委任。

1968 年，生产大队管委会改为大队革命领导小组。1980 年，恢复生产大队管委会。

第二节　村民自治

一、村民委员会

1984 年 10 月，撤销禾山人民公社（原前线人民公社），建立禾山乡政府。农村生产大队改为行政村，设立村民委员会；生产队改为村民小组。村委会成员由村民提名推荐候选人，以村民小组为单位派代表选举。

1987 年 11 月 24 日，《中华人民共和国村民委员会组织法（试行）》出台，禾山镇根据该镇实际情况，依法进行基层自治组织建设。各村委会开展建章立制工作，建立相应的学习制度、工作制度、财务管理制度以及干部守则、工作记录等，并逐步建立档案管理制度，对退下来的老干部，区、镇政府和村委会给予适当经济补贴。1988 年，在全镇各行政村实行村民代表会议制度，1990 年 5 月，开展第一轮村民自治示范活动。1991 年年底，达到村（居）民示范镇标准，并在全国第二期村民自治观摩讲习班作经验介绍。1992 年，分别接待来自英国、印尼、印度等国学者的考察。蔡塘、后坑等村委会成为福建省、厦门市基层政权建设先进村，禾山镇被厦门市评为“基层政权建设先进镇”。

1994 年 3 月，根据《中华人民共和国城市居民委员会组织法》和《福建省村民委员会选举办法》，湖里区作为全市换届选举试点，取消户派代表投票选票的做法，禾山镇 11 个村委会按全体村民直接以“差额、无记名”的方式投票进行换届选举，并接待美国国际共和研究所访闽代表团现场观摩。

1995 年 7 月，区政府下发《湖里区村（居）级财务管理暂行制度》，9 月根据省村务管理规范会试点工作会议精神，下发《湖里区村务管理规范化试点工作方案》。

1995 年 10 月，市、区民政部门会同禾山镇在高殿、马垅两村进行村民自治试点，制定、实施《村民自治章程》和村规民约。在试点取得成功的基础上，区政府出台《厦门市湖里区人民政府管理镇政府指导村委会工作的试行办法》，从制度上规范镇政府对村委会的指导工作。各村普遍建立村务公开栏，实行村务公开、民主监督制度。村中的大事包括计生指标分配、宅基地分配、劳动力安置费用发放，救济款的分配、征兵名额的分配、土地承包和工程承包情况、干部的工资和奖金收入、财务账目都及时公布，接受群众监督，同时建立民主理财和村民民主评议村干部制度。

1996 年 12 月 20—26 日，省民政厅在厦门举办村委会选举骨干培训班，为 1997 年度全省村委会换届选举培训骨干。培训班以禾山镇后埔村作为村级选举试点。为此，区政府制定《关于开展村委会换届选举试点工作的实施方案》，同时成立湖里区村（居）委会换届选举工作指导组。后埔村委会的选举试点工作从 1996 年 11 月 25 日开始至 1997 年 1 月 12 日结束，历时 49 天，选举获得圆满成功，受到前来视察指导的国家民政部、省民政厅、全省各地市有关领导和专家学者的高度评价，并接受日本《读卖新闻》记者的专题采访。

1997 年 3—5 月，禾山镇 11 个村委会选举产生新一届村（居）委会成员 73 人。同年 11 月，区政府制定《关于争创“全国村民自治模范区”的工作意见》。从党政领导积极推进村民自治工作，认真贯彻执行村委会组织法，农村普遍推行村级民主选举、民主决策、民主管理、民主监督活动，维护和保障农民当家做主的民主权利，农村干部群众民主法制观念显著提高等方面加强村民自治工作。

1999 年 8 月，调整湖里区基层政权和社区建设领导小组。加强对全区基层政权和社区建设的领导。

是年，湖里区被国家民政部评为全国村民自治模范区。

2003 年，依照《中华人民共和国城市居民委员法组织法》规定，完成全区村改居工作。

二、行政村改制

1981 年 8 月，禾山人民公社湖里大队、东渡大队全部农民一次性转为城市居民。此为辖区境域农村改制为居民委员会之始。此后，塘边、高殿、马垅等农业行政村先后改制为居民委员会。

2002 年年底，市委九届五次全体（扩大）会议推出建设海湾型城市的战略构想，提出 2003 年岛内农村实现成建制“村改居”的任务。区民政局先后制定《湖里区“村改居”工作方案》《湖里区农村集体资产清产核资方案》《湖里区实行土地换社保机制试点意见》《湖里区村集体资产改制工作指导意见》等一系列文件，从制度上保证“村改居”工作的实施。

2003 年 4 月，全区“村改居”全面展开。至 2003 年 12 月，禾山镇枋湖、后埔、蔡塘、后坑、高林、五通、岭下、围里、坂尚、钟宅、江头等 11 个行政村全部完成“村改居”。

第三节　居民自治

一、选举

1987 年，全区有 7 个居民委员会，居委会成员一般由街道办事处委派。

1997 年 3—5 月，禾山镇 2 个居委会和湖里街道 20 个居委会，选举产生新一届居委会成员 137 人。

2002 年，区民政局在金鼎社区开展由社区党、团组织推荐候选人，社区居民直接选举社区居委会成员的试点。

2005 年，在总结金鼎社区直选经验的基础上，在金山社区进行社区居委会成员直选。此次直选一是扩大选民的范围，户籍不在本社区但在本社区内居住满 1 年以上的（含外来流动人口）、户籍在本社区但居住在外社区和在本社区内公开招聘的本街道居民、社区单位以单位名义进行登记并选派代表参加投票；二是每个选民都可以提出候选人；三是竞选人发表竞选演说。

2006 年 3 月—9 月中旬，全区共有 41 个社区居委会完成换届选举工作，其中有 7 个社区实行直接选举，占完成选举社区的 23. 07%。平均投票率为 93. 55%，其中直选平均投票率为 87. 3%。选举产生新一届居委会成员 214 人，其中主任 41 人、副主任及委员 173 人，平均年龄 37. 9 岁，比上届下降 3 岁，高中以上文化 178 人，较上届提高 27. 5%，其中大专以上 104 人，较上届提高 23. 5%，党员 160 人。有 25 个社区实现书记、主任一肩挑，两委交叉任职 87 人，全区 39. 5% 的社区设有专职书记。

二、机构建设

1987 年，全区有 7 个居民委员会。

1995 年 5 月，在居委会中开展居委会目标管理活动，并进行同步验收，其中金鼎、南山居委会被评为二级达标居委会，东荣、湖里、东渡 3 个居委会被评为三级达标居委会。

1996 年 3 月，出台《关于进一步加强街道、居委会建设的若干意见》，从理顺条块关系、强化街道、居委会管理和服务职能；合理设置街道机构，优化街道、居委会干部结构；大力开展社区建设，建立起有效的社区管理和社区参与机制；因地制宜发展街道、居委会经济；建立健全街道、居委会财力机制；切实解决街道、居委会办公用房问题，搞好街道、居委会自身建设；从加快街道工作立法，加强对街道工作和居委会建设的领导等 6 个方面，对街道、居委会建设提出明确的要求。

1997 年 5 月，对居委会建设达标情况进行考评，金鼎、东荣居委会升级为一级达标居委会，湖里、南山居委会保留二级达标居委会，兴湖、村里、东渡、官任、徐厝、东兴、华昌升为二级达标居委会，后浦、塘边、东港、濠头为三级达标居委会。

1997年6月，在湖里街道开展街道、居委会工作规范试点工作，制定街道党委工作规范、街道办事处工作规范、居委会工作规范。

1999年8月，制定第一个社区建设五年规划——《湖里区1999—2003年社区建设发展规划》，提出社区建设的奋斗目标。

2003年12月，全区所有村民委员会全部改制为社区居民委员会，其中新成立的11个社区居委会全部通过选举产生社区成员代表大会、社区议事监督委员会、社区居民委员会三套机构。

2004年，制定《湖里区2004—2008年社区建设发展规划》，大力推进社区用房建设，通过购置、置换、新建等手段，调整改善社区的办公及活动条件，34个社区用房建筑面积达500平方米以上，达标率91.89%。

图27-1 2003年5月20日美国共和研究所考察团考察后埔村换届选举

2005年，开展社区体制改革试点工作。探索在社区居委会内设社区居民服务中心，在湖里、江头街道各社区设立办事大厅，由便民服务窗口集中受理行政性事务。

截至2007年年底，全区5个街道共有43个社区居委会。当年，继续推进社区配套用房建设，按照市委、市政府关于社区用房标准由原来500平方米提高到1500平方米以上的要求，采取“分批解决、先易后难”的方式，逐步扩大社区配套用房。

三、社区工作者队伍建设

2000年5月，区基层政权和社区建设领导小组制定《2000年社区建设工作意见》，提出社区工作者队伍应由专职人员、志愿者组成，同时要培育中介组织和各项服务实体，走社会化、产业化道路，实现社会效益和经济效益的同步增长。

2002年4月，根据各社区的管理规模确定社区党组织、社区居委会的职数。开始建立社区工作者的招考、认定、培训、选举、考核、辞退等管理办法，提高社区工作者的福利待遇。

2002年11月，开始举办在职社区居委会干部培训班。委托厦门大学社会学系分期对社区居委会干部进行每期4个月的社会工作专业知识培训，148位社区工作者获得结业证书，成为持证上岗的社区工作者。当年，全区204名社区居委会干部，平均年龄39岁，68%具有高中以上学历，30%具有大专以上学历，89%为中共党员。3人被省委、省政府评为优秀社区工作者。

2003年1月起，社区居委会办公经费提高到每年5万元，社区居委会干部工作生活条件逐步改善。

2005年10月，颁布《湖里区社区工作者管理规定（暂行）》。把好“聘用条件”关，明确公开考录原则；把好“福利待遇”关，明确受聘期间工资和社会保险待遇；把好“考核培训”关，要求街道成立非常设的考评小组，负责考评社区工作者的德、能、勤、绩四个方面。同年，社区干部的工资水平提高至正职1400元/月、副职1200元/月、委员1100元/月。同时，按照“老人老办法、新人新办法”的原则，建立“以社会统筹为主，退养定额补助为辅”的保障体系，全面落实社区居委会干部的社会保险。

2006年，采取面向社会，统一、公开招考社区工作者的办法，经过笔试、面试和岗前培训程序，吸收46名大专以上学历、有较强组织协调能力的社区工作者，提升社区干部的整体素质。年内，与区委组织部联合举办两期社区两委主干培训班，参训人员达到195人次。

2007 年，开展社会工作人才队伍建设综合试点工作，成立试点工作领导小组，确定各级试点单位名单。组织街道、社区有关人员参加社会工作基础知识培训。7 月，开始实施区政府颁布的《关于提高社区工作者工资福利待遇的方案》：社区正职 2290 元/月，社区副职 1960 元/月，委员 1760 元/月；建立自然增长机制；统一规范社区工作者享受的奖金和补贴标准；在全市率先为全区社区工作者办理住房公积金。同时，拟订《湖里区社区工作者考核评议指导意见》和《湖里区社区工作者考核量化参照表》，推广湖里街道千分制考评办法，当年培训社区工作者 620 人次。

四、社区精神文明建设

1997 年，开展社区文化建设的试点。

1998 年，开展创建文明安全片区活动。

1999 年 8 月，制定《湖里区 1999—2003 年社区建设发展规划》，在全区实施社区“星光计划”，将搞好文化、体育设施建设，开展群众文化、体育活动纳入社区建设的基本任务之一。之后，各社区普遍设立成立志愿者队伍、老人协会、中老年时装表演队、合唱队、舞蹈队等队伍，开展志愿者活动和各种文体活动。2001 年，共有湖里街道社区服务中心、康乐社区老人活动中心、东荣社区老人活动中心、南山社区老人活动中心、兴隆社区老人活动中心、江头老人活动中心、园山老人活动中心等 7 个项目列入“星光计划”，全区有各类文艺团体 100 多个，先后成立区文艺创作协会、书画协会、摄影协会、音乐协会、舞蹈协会、老年人艺术团、少儿艺术团、外来青年文学社等文艺团体，拥有会员 6000 多人。

2002 年 9 月，湖里区被民政部授予“全国社区建设示范区”称号，吕岭社区被评为全国创建“文明社区”示范点，金尚、康乐、吕岭、兴隆 4 个社区被评为市级“示范”社区。

2004 年，制定《湖里区 2004—2008 年社区建设发展规划》，举办首届社区运动会、万家社区图书援建、社区文化节、温馨家园群众文艺演出、“关爱母亲”、迎奥运等系列活动。制定下发《湖里区开展“温馨厦门”广场文化活动实施方案》，举办 40 多场社区文化广场活动。年内，还开展社区志愿者活动、创建“三无”社区和“文明安全”社区活动，新培育一批特色社区，较为突出的有：金山“学习型绿色”社区、怡景未成年人思想道德教育先进社区、南山心理健康教育示范社区、康乐“电子服务型”社区、东渡“四共”社区（依托宣传教育协作组开展资源共建、教育共拓、新风共树、发展共荣活动）、和通涉台教育进社区、江头民兵预备役进社区、湖里街道“无家庭暴力社区”、高殿社区的应急消防义务队、金山等 4 个社区组建社区灾害应急救援队伍、金尚等 5 个社区安装 24 小时的社区监控探头等。金山、康乐社区被评为“省级社区建设示范社区”；12 个社区被评“市级文明安全社区”，20 个社区通过市红十字会“社区红十字会服务示范社区活动”验收。

图 27-2　2007 年 10 月举办禾山街道社区运动会

2005 年，重点整治食品卫生、环境卫生、不文明交通行为、文化市场、农贸市场等公共场所，开展“绿色社区”创建工作，3 个试点社区全部获得市级绿色社区称号。

2006 年，开展“万家社区图书”援建工作。先后投入资金近 10 万元，援建全区 5 个街道的43个社区，援建图书200多种，援建图书8600册。以金尚“全国百佳学习型社区”为典型，把援建活动与创建学习型社区活动相结合，不断丰富学习型社区建设的工作内容。金山等一批社区申报国家级、省级、市级绿色社区。

图27-3 湖里街道社区文艺表演

2007年，制定《湖里区关于大力推进和谐社区建设工作的实施办法》，举办厦门市首届和谐邻里节，开展和谐社区建设示范活动。湖里街道、江头街道、金山街道被评为市和谐社区建设示范街道，15个社区被评为市和谐社区建设示范社区。金山社区被评为国家级绿色社区，金尚、康乐社区被评为省级绿色社区，8个社区被评为市级绿色社区。继续巩固“万家社区图书”援建活动。区民政局被中央四部委授予“万家社区图书援建、万家社区图书活动组织奖”。同年，金山、吕岭、东渡、金鼎4个社区被评为省级文明社区。

五、社区服务

1999年，湖里街道社区服务中心建成，开展多形式的便民利民服务和社会福利服务；2000年，金尚社区为社区弱势群体办理申请“低保”、减免住房租金、解决就业，把社区服务向弱势群体倾斜；康乐社区成立4支服务队，设立5个服务站、20个服务点，开展义诊、健康咨询、家电维修、理发、补鞋等便民服务活动；金尚社区与厦华公司共建“社区在线”网络工程，向居民提供医疗急救、治安报警、信息咨询、家政、物资配送等服务。

2001年，社区服务内容逐步拓展。各社区开展社区党员、青年志愿者活动，帮助特困户、孤寡老人、残疾人和优扶对象解决实际困难；健康教育、预防、保健、医疗、康复、计划生育等社区卫生服务网络进一步完善；社区再就业、社会保障等服务方式进一步改善。

2004年，社区服务功能不断完善。各社区按照“六位一体”（预防、医疗、保健、健康教育、康复、计划生育）的功能要求设立卫生服务机构；全面普及社区警务室，强化治安亭建设，健全治安防控网络；开通“12348”法律服务专线、加强人民调解和安置帮教工作力度，开展普法宣传，社区法律服务体系日臻健全；社区青少年思想道德教育纳入社区服务的重要内容，建立“科普教育走廊”，选派209名志愿者到37个社区协助开展未成年人工作，建立“小公民道德建设实践基地”和“少年儿童科普教育基地”，开展结对帮扶活动。

2005—2007年，各社区先后健全公益服务网络：

就业服务网 加大教育引导和就业推荐力度，2005年实现城镇失业人员就业2030人次、培训657人次；实现被征地人员转移就业1075人次、培训545人次。

卫生服务网 全区5个社区卫生服务中心和8个社区卫生服务站均纳入城镇职工基本医疗保险定点单位，较好地满足社区居民的卫生需求。

老年服务网 以社区老人协会建设为切入点，完善社区老人工作组织网络，进一步完善基层老人服务设施，开展适合老年人的文体活动。在全区推广吕岭社区老人互助活动的做法。

志愿者服务网　湖里街道成立社区志愿者协会，出台《湖里街道社区志愿者协会章程》和《湖里街道社区志愿者协会关于志愿服务奖励试行办法》，推动社区志愿者组织社会化、运行规范化、服务专业化，荣获“全国社区志愿者活动示范街道”称号。

服务中心　各街道均设立服务中心办事大厅，向居民提供就业咨询、最低生活保障金申请、法律援助、计划生育、劳动和社会保障、家政服务、电脑培训、图书阅览、医疗卫生等各类便民利民服务项目。街道将办公经费与人员经费改为“项目经费”，根据“服务中心”所承担的社区服务项目，将经费下拨社区服务中心，实现社会事务社区化、社区服务社会化。

第三章　拥军优抚

第一节　拥军支前

一、建区前拥军支前

1950 年，辖区境域农民响应市拥军支前委员会号召，组织运输队、担架队、服务队，随时准备配合解放军作战。

1958 年 8 月 23 日对金门炮击打响以后，辖区境域人民群众提出“一切为了前线，一切为了胜利”的口号，掀起全民支援前线的运动高潮，“保证部队要什么就有什么，要多少就有多少，何时要就何时给”。共建立抢救队 29 个、1400 人，担架队 29 个、520 床、2476 人，救护组 70 个、933 人，抢救组 50 个、1155 人，运输队 3 个、363 人；各种运输车辆 593 部；纠察队 60 个、637 人；消防队 6 个、354 人；支前小组 24 个、170 人；海上抢救组 18 个、船 18 条、172 人。群众不分昼夜，冒着炮火和暴风雨支援前线。献石料 10.49 立方米、木头 395 车，为部队修桥梁 25 座、公路 29 公里，搬石头 1400 车，搬炮弹 1 万多发，帮助部队洗衣 56900 件、补衣 2860 件，抢救伤员 700 人次，并有 209 人报名为伤员输血。涌现出“二十三勇士”“花木兰排”“高林九秀班”先进模范单位。

1962 年，辖区境域进入一级备战状态，数千位民兵和部队联防，开展反偷渡登陆、反偷逃、反空降斗争。

二、建区后拥军支前

（一）支持国防建设

1987 年湖里建区后，1988 年即成立湖里区支前工作领导小组，1991 年成立湖里区双拥工作领导小组，制定《湖里区战时动员支前保障预案》《湖里区民工征集方案》《拥军支前保障方案》。健全完善军地联席会议、军地互访、信息交流等制度。在全区建立 200 多个保障支前物资供应点和快餐点，并制定相应制度，确保保障点正常运转。各街道都成立双拥领导小组，各社区及部分企事业单位、三资企业成立共建领导小组，在街道建立拥军优属服务网点和拥军优属服务小组，常年开展活动。区财政每年安排足够经费用于国防事业建设，并根据具体情况安排经费支援辖区驻军和武警部队的基础设施、训练设施、文化设施、“菜篮子”工程等“四项”建设，帮助驻军改善战备、训练、执勤、工作和生活条件。1996 年，成立湖里区国防动员委员会，依法履行有关国防动员职责。在经济建设中贯彻国防要求，国防动员体系与突发事件应对机制相衔接，把国防动员实施预案与突发事件应急处置预案在指挥、力量使用、信息和保障等方面相互衔接，实现平战结合、军民结合、寓军于民，促进国防建设与经济建设的协调发展。1999 年，湖里区获全省“双拥模范区”称号。

2004—2007 年，区政府增拨或追加的国防事业经费 200 多万元，补助辖区驻军修缮改造营房、修建专业技术等级训练中心等军用设施近 500 万元。

（二）科技拥军

自 2000 年始，区科技部门发挥科技人才、技术、设备等资源优势，在科研公关、技术革新、科普知识辅导等方面为部队提供服务。2005—2006 年，全区累计组织 300 人次的科技人员和专家学者开展形式多样的“科技知识送军营”活动。选派技术能手指导驻军种植蔬菜，协助驻军和武警开展“预备役动员”“电子练兵”“多媒体教学系统”“信息网络”“消防科普教育基地”“数字硬盘监控”“电脑网络教育”“科技练兵”等项目建设，推动科技练兵。2003—2007 年，全区用于支持部队“科技练兵”项目的经费近 700 多万元。

（三）军民共建

自 1986 年始，后坑实业有限公司叶福伟 21 年如一日与所在地驻军开展共建活动，为连队设立奖励基金、资助困难战士家庭、为连队配置电脑等等，被誉为“驻军战士知心人”。1988 年，区政府出台部队随军子女入托入学优惠政策，为部队子女入托入学提供方便。全区在校部队子女 100 余人，入学率达 100%。1991 年，区双拥办为辖区驻军单位随军家属和子女入学情况建立档案，各部门根据具体情况采取特事特办措施，实行优惠政策，为随军家属解难题、办实事。1995 年，区人劳组织免收、减收随军家属就业培训费用，对符合条件的随军家属的工作调动，优先予以办理。2003 年，区内招聘人员时，随军家属实行适当放宽年龄、优待加分优惠。2003 年始，塘边、高殿、马垅、江头、金山、金尚等社区每逢节假日都组织社区干部和居民代表慰问驻军，同部队官兵联欢。

2003 年，区相关职能部门、街道、社区主动与部队联系，与辖区部队签订共建协议。全区共建立 53 个“三挂钩”共建点。高林社区发动辖区内的群鑫公司为社区驻军某部文化活动中心添置娱乐健身器材。共建部队与金尚社区建立“八一、元宵”同演一台戏、每月一次图书交流、每月一次体育比赛和为社区中小学校组织军训活动等制度，取得社区建设和军营建设双丰收。金尚社区成为厦门市社区建设的一面旗帜，驻军某部被评为基层文化建设先进单位。

2004 年，在全区开展“六进军营、六进社区”“双拥”共建活动，即：社区文化进军营、社区体育进军营、社区服务进军营、科技法律进军营、社区温暖进军营、就业岗位进军营；驻军治安联防进社区、卫生服务进社区、绿化服务进社区、国防教育进社区、扶贫帮困进社区、便民服务进社区。各街道、各社区和驻军单位普遍建立拥军优属、拥军爱民共建组织。五通村先为部队安装自来水，为驻军修建俱乐部，赠送电影放映机、影碟机、彩电、书刊等文体用品；岭下社区向驻军部队赠送慰问金；枋湖社区为驻军安装有线电视、修建篮球场、添置卡拉 OK 音响设备，捐赠书籍、体育用品及视听器材；濠头社区团组织与辖区军烈属签订《服务协议书》，定期到军烈属家中服务。双拥工作形成群众化、小型化、经常化、网络化的新局面。

截至 2007 年，随军家属在区机关、事业单位和所属社区工作的有 60 多人，有的还担任领导职务及社区基层组织的负责人。

第二节　优抚安置

一、优抚

（一）民国及民国前优抚

明初，朝廷规定“军士阵殁，父母妻子不能存者，官为存养”，“官军已亡，子女幼或父母年老，皆给全俸。士卒战伤，除其籍，赐复（免徭役）三年。笃废者收养济院，列支衣粮”。清道光《厦门志》

载：乾隆二十四年（1759），绿营兵丁遇有红白事件均有赏银，白事银四两，红事银三两。后来屡有补充规定，如：青黄不接时借给兵丁自行买粜；不计丰歉，每名借银 1 两 5 钱；派往台湾、澎湖防守及在海洋巡逻者均有补贴等。

民国时期，辖区境域对征属、伤亡官兵家属及伤残官兵也实行优待和抚恤的规定：民国 35 年（1946 年），对临时配额壮丁每名发给安家费国币 2 万元；民国 36 年端午节，拨出暹罗米 240 市担（折合 12000 公斤）慰问征属，每户发 20 公斤；民国 37 年，按照南京国民政府国防部公布的恤金标准，按不同军阶发给家属恤金和抚金。

（二）解放后至建区前优抚

解放后内务部公布《革命军人牺牲、病故褒恤暂行条例》《革命残废军人优待抚恤暂行条例》《民兵民工抚恤暂行条例》。烈属、军属和革命伤残人员享受国家给予的精神、物质方面的优待。湖里建区后，优抚工作实行国家、社会、群众三结合的制度，保障优抚对象的优待标准随国民经济和当地人民生活水平的同步提高，同时着重解决部分老复员军人存在的生活难、住房难、医疗难的“三难”问题。每年春节、“八一”建军节等重大节日，组织各界慰问烈军属和革命伤残人员，发放慰问金、慰问品已经形成制度。

20 世纪 50—70 年代，辖区境域优抚对象为烈属、军属、革命残废军人、病故军人家属、失踪军人家属、生活有困难的老红军。

1951 年，辖区境域优抚方式主要以代耕为主，即组织有劳动力的农户帮助无劳力或缺乏劳力的优抚对象代耕、代种、代收，并规定代耕土地收成不得低于群众土地。1953 年，改为固定代耕制。1956 年，农业合作化运动后，实行优待劳动日制度。人民公社化时期实行优待劳动工分制。1980 年以前，大多实行“多困难多优待、没困难少优待或不优待”的办法。1980 年以后，采用普遍优待、统筹优待的方式。1980 年，全乡户均优待 100 元。农村实行生产责任制后，对烈属实行优待现金的方式，以乡镇为单位统一评定、统一提取、统一分配、统一兑现。1981 年，军属优待金平均每户为 150 元；之后逐年增加。1986 年，军属优待金增至每年每户 540 元。

（三）建区后优抚

1987 年，开始执行市政府颁发的《烈军属优抚工作暂行规定》，优抚范围扩大到义务兵、复员军人、退伍军人。在优待金标准方面，军属不低于当地农民上年人均纯收入，烈属不低于 2/3，复员、退伍军人不低于 1/3；在优待面上，义务兵、烈属普遍优待，残疾军人、复员军人不少于 15%，退伍军人不少于 1.5%。烈属、病故军人家属、革命伤残军人、在乡老复员军人等重点优抚对象在享受市统一自然增长补助的基础上，各街道每人每月增加补助 100 元。区政府筹集资金 50 万元，建立拥军优属保障资金，保障重点优抚对象的基本生活；出台《湖里区重点优抚对象生活困难临时救助实施办法》，将范围扩大到现役军人和现役军人家属，设立专项资金 15 万元，为重点优抚对象和军人困难家庭解决实际困难，对重点优抚对象实施困难救助。对全区 34 名重点优抚对象，分别由区双拥领导小组成员单位挂钩帮扶，实行包户服务。实行“三个纳入”（把重点优抚对象纳入安居工程、纳入城乡低保、纳入农村合作医疗，其中的乙级以上伤残军人纳入公费医疗），基本解决全区优抚对象住房难、生活难、医疗难的问题。

1988 年，开展优抚对象慰问活动，慰问病故军人家属每户补助 480 元、军属 62 户 5960 元、复退军人 1450 元、伤残军人两户 80 元，发给现役军人优待金每人每年 540 元，共 18360 元。发给 22 名伤残军人抚恤金 3545 元。

1993 年 8 月，执行厦门市人民政府颁布的《军人抚恤优待若干规定》。

1993 年，开展拥军优属活动，慰问老复员军人 26 人（3900 元），给 42 户城镇义务兵发放家属优待金，为每位退伍军人拨款 1000 元帮助发展生产，发放农村义务兵优待金，人均 3152 元，达到城镇人均收入 70%。

1994 年，实行镇（街）统筹、村（居）补助的办法，年人均优待金由上年的 216.4 元提高到 585.5 元，城市义务兵优待金由 500 元提高到 800 元。提高各类优抚救济人员的生活补助、救济标准，“三属”对象，城镇提高到 180 元、农村 100 元。在乡复员军人人均定补提高到城镇的 145 元、农村 80 元，遗属 98 元。对革命伤残军人追加抚恤金，在乡的 6 人每人增加 60 元。

1995 年，区义务兵家属优待金人均 3628 元，居全市榜首，义务兵养老保险投保率 100%，保障金从 1994 年的 400 元提高到 800 元。

1996 年，筹集 24 万元优抚金。农村义务兵年户均 3805 元，城市义务兵年人均 2000 元。义务兵养老保险提高到 1200 元。为优抚对象在申请建房、水电费、贷款、缴纳“三金”及农业税、承包土地或兴办企业、入学、就业、生活补助等方面给予优先优惠照顾，对入伍的义务兵优惠照顾安排一块建房基地。同年，建立义务兵立功受奖基金，按照一等功 800 元、二等功 600 元、三等功 500 元、受嘉奖 100 ~ 200 元的标准发放奖金。

1997 年，全区筹集义务兵优抚金 15 万元。农村义务兵优待标准提高到 4940 元，是上年农民人均纯收入的 141%，义务兵养老保障提高到 1600 元，城镇义务兵优待金提高到 2200 元。同时，高标准落实进藏官兵的优抚政策。

1998 年，全区筹集义务兵优待金 30 万元，农村义务兵优待金标准提高到 5600 元，是上年度农民人均纯收入的 124%。进藏义务兵优待金 14000 元，并给予每人营养费 10000 元、养老保险 3200 元/人、人身保险 600 元/人。

1999 年，制定《湖里区义务兵优待金社会统筹暂行办法》，筹集 51 万元作为拥军优属保障资金。

2000 年，优待金标准保持 1999 年水平。

2001 年后，相继出台《湖里区义务兵家属优待金社会统筹暂行办法》《湖里区义务兵家属优待金和义务兵奖励金暂行规定》，每年筹措不低于 50 万元的资金用于发放义务兵优待金。优待金的筹措与发放步入法制轨道。同时，还于 2005 年出台《湖里区医疗救助试行细则》，基本解决全区优抚对象“看病难”的问题。

2001—2007 年优待金发放情况见表 27-1。

2001—2007 年湖里区发放义务兵优待金统计表

表 27-1

年份	人数	标准（元）	金额（万元）
2001	105	农村：5200　城镇：3250	40
2002	112	农村：5500　城镇：3400	43
2003	118	农村：5500　城镇：3530	48.6
2004	110	3875	42.63
2005	101	4333	43.76
2006	107	4921	52.65
2007	110	5554	61.09

二、安置

建区前安置工作由市安置部门负责，主要以接收回乡退伍军人为主。

1987 年建区后，以区就业训练中心为基地，形成区、街道、社区三级就业培训、推荐服务网络，开展退役士兵就业培训，提高退役士兵就业技能。2000 年起，城镇退役士兵改安置就业为“发放就业补助金，以自谋职业为主”的安置方式。2003 年，被评为全省“城镇士兵安置工作改革”先进单位。2007 年，完成安置任务达 100%。

1995—2007 年湖里区复退军人安置统计表

表 27-2 单位：人

年 份	退役军人	人数	安置人数	自谋职业人数
1995	退役士兵	13	13	—
1999	退役士兵 5 人；军转干部 9 人	14	14	—
2001	退役士兵（士官）	40	18	22
2002	退役士兵（士官）	41	9	32
2003	退役士兵（士官）	45	7	36
2004	退役士兵（士官）	50	3	47
2005	退役士兵（士官）	64	2	62
2006	退役士兵（士官）	57	3	54
2007	退役士兵（士官）	47	1	46
合计		371	70	299

2001—2007 年湖里区退伍军人自谋职业补助统计表

表 27-3

年份	人数（人）	金额（万元）	年份	人数（人）	金额（万元）
2001	22	57.25	2005	62	143.18
2002	32	70.00	2006	54	131.00
2003	36	78.62	2007	46	110.00
2004	47	106.08	合计	299	696.73

第四章 社会救助

第一节 最低生活保障

一、保障对象

1993 年，全区有 171 户 439 人首次被纳入城市最低生活保障范畴。居民最低生活保障对象大部分是长期受民政部门社会定期定量救济的城乡居民，主要是生活无依无靠、无生活来源的孤老残幼人员和丧失劳动力、经济负担重的人。救济款项名称主要有：农村救济、城镇救济和 40% 精简救济。其中，农村救济包括五保户临时救济、困难户定期救济、困难户临时救济；城镇救济包括孤老残幼定期救济、贫困户定期救济和临时救济。

1995 年，禾山镇人民政府出台禾山镇农村村民最低生活保障实施办法，率先在全市实行村民最低生活保障制度，户月人均标准为120元，后随着社会生活水准的变化而逐年提高。保障资金起初由市、区、镇、村四级财政按20%、25%、25%、30%的比例共同负担，以后又改为区镇村各按30%、30%、40%比例负担。低保发放具体实施程序：每年的10月将表下发到村民小组，由小组确定补助对象，填报申请表报村（居）委会，经过村（居）委会集体研究并张榜公布，上报镇、区民政部门。镇、区民政部门调查核实后再次张榜公布，最后确定补助对象，发放补助金。当年，全区农村享受保障的有152户371人。

1996年，保障城市民政对象467户次、839人次，年补助11万多元；非民政对象117户次、342人次，年补助28212元。农村保障对象2148户次、5052人次，区镇村三级共补助22万元。

1997年，保障村民201户528人，保障城市居民132户、198人；保障五保户26户28人，每人每年3500元；保障孤儿21人，每人每月220元。全区全年保障经费64.5万元。

1998年，保障城市居民145户313人，保障农村村民237户621人；保障全区五保户27户27人，每人每年3500元；孤儿21人，每月每人220元的生活补助。全区保障经费达75万元。

1999—2002年，共保障城乡困难居民1200多户，其中城市居民774户、2226人；农村村民366户、1175人，保障金1163万元，保障率100%，基本实现“应保尽保”。

2003年，将低保工作的审批权下放到街镇。全年共保障城乡居民1153户、3428人，保障覆盖面为2.36%。其中，城市居民788户、2254人，覆盖面2.03%；农村村民365户、1174人，覆盖面3.66%。全区发放保障金361.9万元。

2004年，全区“低保”对象1300户、3808人，共发放“低保金”434.5万元；

2005年，全区低保对象1390户、4015人，共发放低保金495.6万元；

2006年，全区低保对象1447户、4075人，全年发放保障金540.8万元；

2007年，全区低保对象1315户、3591人，全年发放保障金566.2万元。

二、低保标准

1994年以前，城市低保标准为：民政对象、城市定补人均150元/月；非民政对象人均130元/月。

1994年7月起：城市低保民政对象、城市定补人均180元/月；非民政对象人均150元/月。

1995年：城市低保民政对象、城市定补人均220元/月；非民政对象人均185元/月；农村人均120元/月。

1996年7月：城市低保民政对象、城市定补人均230元/月；非民政对象人均195元/月。

1997年：农村低保标准人均150元/月。

1998年7月：农村低保标准人均180元/月。

2002年7月：农村低保标准人均265元/月。

2004—2007年，全湖里区统一采取城市居民标准发放，即：1人户补足315元/月·人、2人户补足290元/月·人、3人户（含）以上补足265元/月·人。

第二节　特困人员供养

一、建区前救济

清末至民国初，辖区境域的贫民救济主要由民间自发进行。陈厚泽、廖成力、黄瑞坤、孙有泰、叶朝君、陈迎来、陈有才、张宝镜、薛芬士、薛武院、陈贵贱等知名侨商多年在乡里进行赈灾济贫。

民国34年（1945）年底至37年，国民政府救济总署驻厦门办事处不定期下拨救济物资，由区公所主持分发派送，救济贫民。

20世纪50—60年代，辖区境域贫困人口比重较大，主要救济对象有四类：一是因战事不能下海生产的渔民和半渔民；二是炮战期间外迁避战导致家庭经济困难的村民；三是受战争影响收入减少、影响正常生活的村民；四是战争中死、伤的村民。此类救济一直延续到1979年海峡两岸军事对峙停止为止。20世纪80年代，由于受战争创伤的影响，村民生活水平仍然很低，由于此时政府的救济资金较战时缩减，救济对象只限生活确实困难的“五老”、“五保户”、孤儿、残疾人、伤残军人及失去工作能力的困难户。

对社会上无依无靠、无生活来源孤老、残疾人员，由政府和基层乡镇集资给予供养，市区建立社会福利院，农村建立养老院，进行集中供养。对未能入院的城镇人员，政府则给予定期定量救济和临时救济，农村则实行乡镇统筹供养的“五保户”制度。

二、建区后救济

1989年度，社会救济共支出2.64万元；口粮救济227人3000元，修建住房2户500元。

1991年度，社会救济共支出3.47万元；口粮救济250人5000元。

1992年度，社会救济共计支出9.32万，补助1168户、1850人次；口粮救济224人4770元，修建住房22户4730元。

1993年度，社会救济共计支出6.74万元；口粮救济270人6100元，修建住房12户2900元。调整补助救济标准，增补3.21万元补助款。发放救济棉被80套，卫生衣裤28套，羊毛衣23件，男女外衣裤58套。

1994年度，社会救济共计支出17.03万元；口粮救济480人1.4万元，修建住房13户6000元。发放冬令物质：棉胎79套，被单84套，运动服100套。春节慰问五保户、孤老残，发慰问金3.08万元。

1995年，全年补助各种救济对象5541人次，金额33万元，发放冬令救济物质：全新棉胎90床，被单、运动服等48件。

1996年度，社会救济共计支出34.66万元；口粮救济551人3.55万元，修建住房10户1.45万元。

1997年度，社会救济共计支出76.66万元。其中，补助204户金额4万多元。

2000年度，社会救济共计支出216.11万元。口粮救济1339人11.93万元，修建住房156户13.07万元。

2001年度，社会救济共计支出216.82万元。

2002年度，社会救济共计支出293.42万元。

2003年，社会救济的多数对象转为最低生活保障对象，社会救济的支出主要用于临时救济和民政特定对象定期补助。2003—2007年，每年发放临时救济8万~10万元、民政特定对象定期补助支出10万~12万元。

第三节 受灾人员救助

一、对本地灾害救助

辖区境域的灾害救济主要是农村冬令和夏荒救济以及风灾救济。厦门解放初期，救济方式以发放粮食为主。

1950年夏荒，市民政部门发放救济粮万余公斤。

1951年，部队支援禾山区救济粮3.56万公斤，机关干部支援救济粮5000公斤，用于冬令与夏荒救济。

1956年，禾山区发放台风救灾款3万元，其中修建房屋补助1.4万元、生活救济款（含救灾款）2.55万元。

1959年遭受“8·23”特大台风袭击，1960年遭受大暴雨，市政府都及时下拨救灾款，帮助灾民克服生活困难、修复房屋、恢复生产。

建区后，救灾工作由区民政局负责。

1988年，受夏旱和17号、18号、19号台风影响，农业减产，下拨水利款1.5万元、化肥60吨用于救灾，向受灾严重的73户农户、237人发放临时补助2495元。

1993年，拨款9000元，帮助灾民修复房屋4间。

1994年，遭台风袭击，区政府拨款9.80万元，救助受灾困难户1097户2266人；拨款7.2万元帮助受灾户维修房屋；发放冬令物资758套。

1995年，遭4号强台风袭击，市、区共拨救灾专款3.18万元，用于解决灾民粮食短缺问题，帮助灾民修复危房。

1996年，遭8号台风袭击，发放临时困难补助近4万元；发放救灾专款5万多元，用于14户灾民修复危房、161户432人口粮救济；募集现金43万元、衣被17万件，发放给灾民。

1997年，区财政设立救灾预备金20万元、救灾粮差价补贴3万元；采取市、区、镇、村和个人各出资一点的筹资办法，筹集31万元为21户危房特困户修（建）住房。

1998年，上半年发生旱灾，粮食失收。区民政部门为188户、620位灾民发放3.05万元粮差价补贴。

1999年，14号台风造成严重损失，市政府拨灾后重建资金70万元，解决灾民吃、穿、住困难，完成13户农村特困户危房的修改建。

2005年，市下达特大自然灾害救济补助金5万元，经街道审核，区民政局审批，拨给岭下、五通、高林、后坑社区的6户低保户，用于解决临时困难和危房维修。

2006年，下拨禾山、金山街道救灾补助金各2.5万元，用于救助禾山街道岭下社区、金山街道高林社区、五通社区低保户、受灾户房屋修复。上级下达救灾金22.7万元，其中2006年春荒款12.70万元、2006年冬令和2007年春荒款10万元，按照救灾款使用原则和使用范围，采购粮油发放给1448户低保户。

2007年，遭9号台风袭击，投入6万余元购置雨具、照明用具和帐篷等救灾物资。紧急转移、安置人口5705人次，下拨23万元救灾款，保障灾民的基本生活。

二、对外地救灾捐赠

1994年，募集衣被70233件、资金1220元支援江西灾区。

1996年2月，募集现金43.15万元、衣被110757件、食品24箱支援龙岩市灾区。

1997年4月，募集现金2.22万元、衣被20812件支援宁夏灾区。

1997年11月，募集现金4.38万元、衣被30669件支援龙岩市灾区。

1998年4月，募集现金7.57万元、衣被20758件支援宁夏灾区。

1998年9月，募集现金219.96万元、衣被78248件支援长江流域灾区。

2004年9月，募集现金4.59万元、衣被32300件支援重庆万州区灾区。

2005年，募集资金14.56万元支援南平灾区。

第四节　住房和流浪乞讨人员救助

一、社会保障性住房租售

（一）申请标准

2006年，湖里区申请社会保障性住房的标准和条件公布。湖里区中低收入家庭申请社会保障性住房的年收入控制标准为：3人及以下户不高于5万元，4～5人户不高于6万元，5人以上户不高于7万元；住房困难家庭控制标准为：人均住房建筑面积不高于12平方米；家庭资产控制标准为：申请社会保障性租赁房不高于年收入的4倍，即3人及以下户不高于20万元，4～5人户不高于24万元，5人以上户不高于28万元；购买社会保障性商品房的家庭资产控制标准为不高于年收入的6倍。

申请租赁房所具条件：1. 申请人及共同申请的家庭成员均应具有本市城镇户籍，在本市工作和生活，且其中至少有 1 人取得本市户籍时间满 3 年；2. 家庭收入符合中低收入家庭收入标准；3. 家庭资产在中低收入家庭年收入标准上限的 4 倍以下；4. 无房户或住房困难户。

申请购买社会保障性商品房的家庭所具条件：1. 申请人及共同申请的家庭成员必须具有本市城镇户籍，在本市工作和生活，且其中至少有 1 人取得本市户籍时间满 3 年；2. 家庭收入符合中低收入家庭收入标准；3. 家庭资产在中低收入家庭年收入标准上限的 6 倍以下；4. 无房户或住房困难户；5. 现役军人符合转业进厦安置条件，且其家庭符合上述申购条件的，可以申请购买社会保障性商品房，个人不得申请购买社会保障性商品房。

（二）申请程序

2006 年 11 月 16 日，正式启动社会保障性住房工作方案。全区共发放社会保障性租赁房申请表和社会保障性商品房申请表 1700 份，其中保障性租赁房申请表 1068 份，占总数的 62.8%；保障性商品房申请表 632 份，占总数的 37.2%。2007 年 2 月 28 日下午 4 时，受理申请表 1027 份，占领取表格总数的 60.4%；协查 1746 份、审批上报 1019 份。

社会保障性租赁房。2007 年 2 月 28 日晚，市政府采用公开摇号方式确定首批社会保障性租赁房申请户轮候顺序，湖里区首批保障性租赁房有 749 户参加摇号，占全市的 9.8%，其中低保户 68 户、残疾 26 户、军烈属 8 户、孤寡 4 户。3 月上旬，进入入户调查和社区公示阶段。6 月 17 日上午，社会保障性租赁房的配租选房工作在港澳中心正式启动。至 7 月 26 日，湖里区共有 19 户参加保障性租赁房配租选房，共签订 18 户租金补助，需承担补助租金 17682.5 元/月。

社会保障性商品房。2007 年 7 月 5 日上午 10 时，市政府采用公开摇号方式确定首批社会保障性商品房申请户公开评分活动。7 月 26 日上午 9 时，举行同分摇号，湖里区首批保障性商品房申请户有 265 户参加摇号。

二、流浪乞讨人员救助

自 1987 年始，区民政局根据国务院 1982 年 5 月发布的《城市流浪乞讨人员收容遣送办法》的规定，配合厦门市民政局收容遣送站，做好辖区内流浪乞讨人员收容，由遣送站统一安排时间强制遣送回原籍，每月执行遣送约 100 人。2003 年 8 月 1 日起，根据国务院颁布的《城市生活无着的流浪乞讨人员救助管理办法》，对流浪乞讨人员实行劝导，引导或护送前往救助站，由厦门市救助站统一安排遣送回原籍。2003—2007 年，每月引导、遣送约 60 人。

第五章　民政事务管理

第一节　社团管理

一、社会团体登记

1990 年 12 月，湖里区民政局开始履行对社会团体登记管理职能。1991 年 1 月，设立湖里区社会团体管理办公室，正式办理社会团体登记业务。

1991 年 3—7 月，湖里区成立由区领导及有关单位领导组成的区清理整顿社会团体工作领导小组，由湖里区人民政府办公室下发《关于清理整顿社会团体实施方案》，开展社会团体清理整顿、复查登记工作。当年确认注册登记全区性社团 45 个。

1993 年 1—3 月，全市开展社团首次年度检查工作，湖里区应参加年度检查的社团 45 个均顺利通过年度检查。

1999 年 3 月，颁发《关于开展清理整顿社会团体审定工作的通知》，对全区的社会团体开展清理整顿和审定工作。全区应参加清理整顿和审定的社团有 45 个，符合重新登记的社团有 28 个，注销登记社团 7 个，待审定社团 10 个。

2001 年 4 月，湖里区对 15 个符合登记条件的社会团体进行重新登记和换发社团法人证书，对不具备重新登记条件的社会团体予以注销。经过清理整顿和重新登记，社团领导人的年龄降低，党政机关领导干部兼职的锐减，社团的章程得到规范，双重负责的管理体制进一步完善。

截至 2007 年年底，湖里区登记社团 14 个，其中综合性 4 个、专业性 7 个、行业性 2 个、学术性 1 个。

二、民办非企业单位登记

2000 年，湖里区开展民办非企业单位调查工作。全区有教育类民办非企业单位 96 个。2001 年，对具备办学许可的教育类民办非企业单位开展复查登记工作，2002 年年底基本结束，共登记民办非企业单位 3 个。

截至 2007 年年底，全区登记民办非企业单位 112 个，其中教育类 104 个、文化类 1 个、科技类 2 个、民政类 5 个。

第二节　地名管理

湖里区成立之前，辖区境域区域地名管理由厦门市郊区和开元区人民政府地名委员会办公室负责办理。湖里区政府成立之后，挂靠区公安部门办理。2003 年，标准地名设置工作由公安部门移交民政部门办理。

一、地名补查

1989 年 10 月，开展湖里区地名补查和资料更新工作。1991 年年底，完成地名补查和资料更新的实地核调、资料的填报和整理等多项任务。此次普查地名共涉及企事业单位、水库、海堤、名胜古迹、岛礁、自然地理实体、消失地名、居民点等地名 194 条。

其中，补查湖里企事业单位地名 46 条：厦门北安针织有限公司、厦门市湖里区民政局、福建省泉州燃料采购供应站高崎煤炭转运站、厦门港务局高崎船舶修理厂、福建省盐业公司厦门分公司、福建省晋江县安海搬运公司高崎搬运站、厦门永兴贸易有限公司、厦门港务局高崎装卸公司、泉州市人民政府驻厦门高崎办事处、福建省亚热带植物研究所、厦门新纶纺织有限公司、厦门海关驻东渡卡口办事处、厦门华侨电子企业有限公司、厦门宝航电子有限公司、福建省工业设备安装公司厦门分公司、厦门金宝酒店、厦门市港务局、厦门乐合丝绸有限公司、福建省水产研究所、厦门国营外币免税商场、厦门市煤气厂、新禾成衣厂、厦门嘉宝工艺品有限公司、厦门市石湖山油库、福建省华侨企业进出口公司厦门公司、厦门市禾山镇高殿村委会、建友玻璃实业有限公司、裕成花岗岩板材厂、厦门市自来水公司高殿水厂、厦门火车站高崎站、厦门市公安局湖里分局、中国人民建设银行厦门湖里支行、厦门外侨华侨友谊供应公司、第三航务工程局第六工程公司、厦门市湖里区人民政府、厦门悦华酒店、华美卷烟有限公司、厦门市公安局劳动教养所、厦门师范学校、厦门市禾山镇高殿水厂、厦门高崎国际机场、安兜公路站、钟宅果林场、埭辽盐场、钟宅盐场、钟宅农场。

其中，补查水库、海堤、码头等地名 16 条：吊子阳水库、坑内水库、湖边水库、高殿水库、埭辽水库、红旗水库、新丰水库、沙坡尾水库、南山水库、厦门大桥、高集海堤、高崎码头、东渡码头、筼筜油轮靠泊码头、五通码头、石湖煤码头。

其中，补查湖里名胜古迹地名 11 条：陈俦墓、薛令之墓、陈喜墓、陈夷则墓、高崎寨遗址、观堤亭、觉性院、薛舜俞墓、陈士京墓、五通道、五通渡头遗址。

其中，补查岛礁地名 30 条：港路礁、牛粪礁、酒瓮礁、鸡母礁、长礁、沙裹礁、草鞋礁、东笠成礁、笠成礁、潮围礁、西潮围礁、金柱礁、西笠成礁、小青兰礁、石煎盘礁、小金柱礁、青兰礁、核仔石、尖石、小石虎礁、大石虎礁、骑驳礁、石后礁、北寮礁、乌礁、塔礁、宝珠礁、长尾礁、大离浦屿、小离浦屿。

其中，补查自然地理实体地名 22 条：风动山、狐尾山、牛头山、双狮山、石头皮山、寨仔山、金山、安兜山、澳头山、百果山、朝山、关刀山、虎头山、鸡山、马山、骑马山、县后山、薛岭山、钟山、后尾山、南山、觉性院山、仙洞山。

其中，补查消失地名 12 条：珩厝、花屿、乌林、上何、长岸、蔡厝、薛厝、虎屿、狗睡屿、象屿、中屿、后尾山。

其中，补查居民点地名 57 条：五通村委会、泥金自然村、浦口自然村、凤头自然村、下边自然村、仓后自然村、坂美自然村、店里自然村、东宅自然村、浦东自然村、西头自然村、后坑村委会、前坑自然村、后坑自然村、西潘自然村、上湖自然村、下湖自然村、洪塘自然村、江头村委会、江头自然村、乌石浦自然村、蔡塘村委会、蔡塘自然村、古地石自然村、后埔村委会、后埔自然村、刘厝自然村、浦园自然村、祥店自然村、薛岭自然村、枋湖村委会、枋湖自然村、蔡坑自然村、穆厝自然村、卢厝自然村、安兜自然村、林后自然村、梧桐自然村、钟宅自然村、钟宅村委会、高林村委会、高林自然村、新厝边自然村、莲山头自然村、西篮自然村、林边自然村、东黄厝自然村、后门自然村、田头自然村、昭塘自然村、路下自然村、田中央自然村、田里自然村、前头自然村、洪水头自然村、马厝自然村、西村自然村。

二、地名命名

1995 年，开始向市地名办申报辖区地名。当年 7 月，命名标准地名 16 条：江头西路、江头东路、江头北路、江头南路、仙岳路、屿浦路、吕厝路、江浦路、江华里、江顺里、江浦北里、江浦南里、江宁里、江安里、禾东路、禾山路。

1995 年 12 月，命名标准地名 10 条：园山北路、园山北里、和悦路、和悦里、华盛路、昌宾路、昌鸿路、昌鸿里、悦鸿路、双狮南里。

1996 年 3 月，命名标准地名 4 条：双浦路、双浦西里、枋钟路、埭辽路。

1996 年 7 月，命名标准地名 1 条：ABB 工业园。

1997 年 2 月，命名标准地名 1 条：太古里。

1997 年 7 月，命名标准地名 14 条：双浦西里（对原双浦西里进行延伸）、岭南里、和通路、和通里、金国里、金泰里、金民里、金安里、枋湖路、枋湖北路、枋湖东路、枋湖西路、枋湖南路、金湖路。

1997 年 7 月，完成钟宅畲族村、蔡塘村、县后村、高林村、五通村、后坑村等 6 块村牌设置安装。

1999 年，命名标准地名 20 处：象兴一路、象兴二路、象兴三路、象兴四路、象兴五路、屿南一路、屿南二路、屿南三路、屿南四路、屿南五路、屿南六路、屿北一路、屿北二路、屿北三路、屿北四路、屿北五路、埭辽路、乌石浦路、悦华路、乌石浦三里。

2000 年，命名标准地名 19 处：火炬北路、创新二路、创新三路、新丰二路、新丰三路、火炬二路、火炬三路、兴隆路、殿前一路、金盛路、南山西路、后埔东二里、殿前二路、殿前三路、殿前四路、殿前五路、殿前六路、枋湖西二路、枋湖西三路。

2001 年，命名标准地名 14 处：同益路、围里路、后埔北里、后埔北二里、金山西里、金昌里、乌石浦二里、薛岭北里、高崎南一路、高崎南三路、高崎南五路、高崎南十二路、薛岭南路、金山西路。

2002 年，命名标准地名 6 处：枋湖北二路、中埔路、薛岭北二里、海堤路、金山西三里、金盛里。

2003 年，命名标准地名 21 处：高崎北二路、云顶北路、云顶中路、虎屿路、高崎西六路、翔远三路、翔远二路、翔远一路、翔云三路、翔云一路、翔云二路、火炬东路、后埔二路、高崎北路、高崎北五路、高崎北二路、殿前铁路家园、后埔东二里、后埔东里、火炬东二路、创业北路。

2004 年，命名标准地名 9 处：岐山北路、坂尚路、林后路、金泰路、安岭路、围里路、创业桥、乌石浦南路、康乐路。

2005 年，命名标准地名 13 处：林后北里、安兜北里、唯开通信大厦、祥岭路、祥店路、祥店里、长浩一里、宜宾北路、金鼎里、翔明路、翔岳路、五缘湾、五缘大桥。

2006 年，命名标准地名 24 处：金民路、金安路、乌石浦二路、翔云路、华光西路、凤湖街、长浩东路、机场北路、后埔西二里、岐山北二路、墩上路、光电一路、光电二路、蔡坑路、安兜北路、安兜路、神山爱民路、五通一里、五通二里、岐山北里、金湖一里、金湖二里、兴隆东里、安兜南里。

2007 年，命名标准地名 11 处：日圆大桥、地圆桥、人圆桥、天圆大桥、佐世保路、宿务路、惠灵顿路、槟城道、马卢奇路、泗水道、木浦路。

第三节　勘　界

一、区界勘定

湖里区与思明区间行政区域陆地界线，即原来的开元—湖里区级行政区域界线。界线总体呈东西走向，西起于同益码头水闸旁，东止于鸡山东北方向陆海交界处，全长 20.31 公里。整条界线经过山地、农地，并有部分界线在市区内道路中穿行，海拔在 0～212 米之间，通视情况一般，交通便利。界线西起点为同益码头水闸旁海堤上刻画点，东止点为鸡山东北方向陆海交界处临时埋设小水泥桩。

1997—1999 年，湖里、开元两区先后召开四次勘界工作联席会议，讨论通过《联合勘定开元区与湖里区行政区域界线实施方案》，并组织开展联合实地定界。其间，按照《行政区域边界争议处理条例》，根据 1982 年林业定界协议，妥善处理虎仔山西南面赤坡山地段何厝村与后坑村的争议，先后签订 3 份定界协议书（之一）。2000 年 2 月，界桩埋设和界线测绘工作完成；5 月，界线通过省、市勘界办联合检查验收；6 月，两区正式签订界线总协议书；11 月，省政府批准该条界线为法定线。

2003 年 4 月，国务院批准厦门市部分区级行政区划调整，开元区并入思明区。按照国务院《行政区域界线管理条例》要求，思明、湖里两区人民政府就行政区划调整后两区行政区域界线进行联合核定。2004 年 4 月，两区政府签订联合核定行政区域界线协议书，将原开元—湖里界线变更为思明—湖里界线。2004 年 9 月，省政府批准该核定协议书。

二、区界管理

2000 年 11 月行政区域界线勘定完成后，市内区级行政区域界线界桩维护人员补贴和损坏维修费用按每年每颗 500 元进行核拨。区勘界办根据市勘界办制定的《厦门市行政区域界线管理责任制》对区、街界线实施管理。在边界地区遴选思想好、责任心强的管理、维护人员，与之签订《厦门市行政区域界线管理责任状》，对界桩等界线标志物进行管理保护。2003 年开始，双方政府启动每 5 年对行政区域界线进行一次联检。至 2007 年年底，完成第一、二轮界线联检，联检情况逐级向省政府报告。

三、街道界线

2000 年 5 月，禾山镇析出高殿、马垅 2 个行政村置殿前街道。湖里街道办事处与殿前街道办事处之间界线为：自园山南路与嘉禾路的湖里、殿前、江头三街道办事处交接点，向北沿嘉禾路到湖里大道，转向西沿湖里大道后折向马垅社区，沿马垅社区与后浦社区的交界线到悦华路，转向东沿悦华路后到嘉禾路，转向北沿嘉禾路到兴湖路，折向西沿兴湖路及长岸路到象屿路，再转向西沿象屿路到海边的湖里、殿前街道办事处交接点止。

2004 年 6 月，撤销禾山镇，设立江头、禾山、金山 3 个街道。殿前街道办事处与江头街道办事处之间界线为：自园山南路与嘉禾路的湖里、殿前、江头 3 个街道办事处交接点，向东沿园山南路到园山东侧殿前、江头、禾山 3 个街道办事处交接点。

殿前街道办事处与禾山街道办事处之间界线为：自园山东侧殿前、江头、禾山 3 个街道办事处交接点，沿鹰厦铁路线折向北到成功大道，折向东南向沿成功大道到枋钟路，转向东沿枋钟路到海边的殿前、禾山街道办事处交接点止。

厦府〔2004〕101 号文件中拟定江头街道办事处与禾山街道办事处之间界线为：自园山东北侧的殿前、江头、禾山 3 个街道办事处交接点，向东南沿鹰厦铁路到金湖路，转向东沿金湖路后折向南，再东经薛岭山到金尚路的江头、禾山、金山 3 个街道办事处交接点止。禾山街道办事处与金山街道办事处之间界线为：自薛岭山东侧金尚路的江头、禾山 2 个街道办事处交接点，向东经虎头山到钟宅盐场西南角岸边，顺岸边排洪沟中线向东北方向至海边止。金山街道办事处与江头街道办事处之间界线为：自薛岭山东侧金尚路的江头、禾山、金山 3 个街道办事处交接点向南沿金尚路到金尚小区西北角，折向东再南沿金尚小区的北和东外边界到湖边水库西南角岸边，沿湖边水库岸边向东至古地石自然村北侧岸边，再沿古地石自然村东侧至小路上的湖里区与思明区区界止。

至 2007 年年底，上述湖里区各街道之间界线没有变动。

第四节　其他民政事务管理

一、婚姻登记

湖里建区至 1989 年年底，禾山镇政府和湖里街道办事处民政机构根据 1981 年开始实施的《婚姻登记条例》办理辖区居民婚姻登记。1990 年，开始由区民政局办理。2003 年 10 月 1 日，开始实施新的《婚姻登记条例》。

2007 年 3 月，按照“全国规范化婚姻登记窗口单位”评比标准和规范化建设各项要求，区婚姻登记所迁到江头，进一步完善婚姻登记场所功能，分设结婚登记区、离婚登记室、档案室等，实现婚姻登记“一条龙”服务。

1989—2007 年全区婚姻登记情况见本志第三篇第三章第一节表 3-10。

二、收养登记

1992 年，根据“收养法”的规定，对丧失父母的孤儿、查找不到生父母的弃婴和儿童、生父母有特殊困难无力抚养的子女，经区民政局初审后，符合规定者给予出具证明，报送市民政局收养登记处，审查合格后由市民政局统一办理收养证。1999 年 4 月 1 日起至 2007 年年底，每年办理收养初审、出具证明约 7 份。

三、殡葬管理

1987 年湖里建区后，严格执行厦门市政府从 1984 年开始实行的废除土葬、统一实行火化的殡葬改革有关规定，火化率达 100%。区民政局每两年对殡葬工作及骨灰室管理工作进行一次检查评比，杜绝乱埋乱葬，使殡葬工作趋于规范化。2007 年，全区有骨灰室 15 座，均有专人管理。

四、代售福利彩票

1992—1999 年，销售有奖募捐 251.7 万元、赈灾彩票 540 万元、八闽风采福利彩票 140 万元。

第六章 残疾人事业

第一节 残疾人状况及组织

一、残疾人状况

2007年，全区有各类残疾人1700人，需要康复人数336人。其中，湖里街道：0～12岁9人、三无人员9人、低保户114人、需康复人员66人；江头街道：0～12岁14人、三无人员7人、低保137人、需要康复151人；殿前街道：0～12岁1人、三无人员3人、低保37人、需要康复95人；禾山街道：0～12岁5人、三无人员9人、低保100人、需要康复39人；金山街道：0～12岁12人、三无人员20人、低保41人、需要康复9人。

二、残疾人联合会

90年代以前，湖里区残疾人工作由乡（镇）民政站、区民政局代管。1990年12月，湖里区残疾人联合会（简称残联）成立，隶属区民政局管理，业务接受市残联指导。

三、残疾人协会

1991年5月13日，湖里街道成立残疾人协会，至2004年12月其他街道相继成立残疾人协会 。

详见本志第十八篇第三章第八节。

第二节 残联主要工作

一、残疾人康复工作

1991年，湖里区开展“扶贫复明工程”活动，对贫困白内障患者实施免费筛选、免费手术。贫困白内障患者向社区居委会或街道残联领取并填报“湖里区贫困白内障患者申请表”，经社区居委会、街道残联审核并公示后上报，确定为手术对象后，由区残联和指定医疗单位统一组织手术。1991—2001年，全区共有310多人接受免费筛查，87人接受免费手术。2002—2005年，有195人接受免费筛查，66人接受免费手术。

2006年，湖里区被定为福建省“十一五”期间第一批创建白内障无障碍的县（区）。当年开展“慈济光明行动”活动，在5个街道组织开展白内障患者免费筛查，参加筛查172人，确定有白内障患者70人，最终有33人接受免费手术，1人接受补助手术。

2007年，开展“光明行动”活动，在5个街道开展白内障患者免费筛查，当年参加免费筛查165人，确定有白内障患者67人，有29人接受免费手术。同年，湖里区被厦门市人民政府残疾人工作委员会评为“厦门市白内障无障碍区”。

二、残疾人教育

湖里区特殊教育以市特殊教育学校为主、区属普通学校附设特殊教育班和随普通班就读为主要形式。

1990 年 9 月，湖里区民政局配合区教科文体委在高殿小学创办弱智儿童特教班，首期学员 12 名，并聘请一位特级教师担任教学，同时区民政局拨出 500 元，高殿村委会拨出 2000 元用于添置教学用具和设备。2007 年 10 月，湖里区教育局在湖里中学开办湖里区特殊教育中心，设有小学、初中班。高殿小学特教班并入该中心。

2004 年 7 月，湖里区开始实施残疾人助学金项目。接受九年义务教育的残疾小学生每人每年补助 550 元的学费和 150 元的交通补贴；接受九年义务教育的残疾初中学生，每人每年补助 750 元的学费和 150 元的交通补贴。当年，补助残疾学生和贫困残疾人子女 91 名，发放就学补助金 53230 元；2005 年，补助残疾学生和贫困残疾人子女 74 名，发放就学补助金 64700 元；2006 年，补助残疾学生和贫困残疾人子女 93 名，发放就学补助金 68600 元。

三、残疾人就业

（一）就业培训

1997 年，与区科技局联合举办残疾人自强电脑培训班，11 名残疾人参加培训并取得结业证书。

2004 年，与区青年业余学校联合举办第二期残疾人电脑培训班，27 名残疾人参加培训，15 人取得结业证书。

2006 年 10 月，举办 8 课时的第一期残疾人手语培训班，70 名残疾人和残疾人工作者参加培训。

（二）政策优惠

1988 年，开始通过兴办社会福利企业安置残疾人就业。至 1993 年，共兴办聚祥实业有限公司、废品回收经营部等福利企业 6 家，年产值 194 万元，年利润 12 万元，安排残疾人就业 45 人。1996 年，新办一家福利企业，安置残疾人 4 人，全年民政福利企业完成产值 600 万元，年利润 50 万元。2003 年，停办福利企业。

1995 年 5 月，出台《厦门市湖里区人民政府关于印发〈湖里区保障残疾人劳动就业实施办法〉的通知》，规定凡在湖里区行政区域内的机关、团体、企事业单位，应按单位在职干部、职工总数的 1.5% 安排残疾人就业。每少安排一名残疾人就业，每年应按市统计局公布的全市职工年人均工资的 60% 交纳残疾人就业基金。2006 年 4 月，市政府颁布《厦门市按比例安排残疾人就业实施办法》，将录用比例由 1.5% 下调至 0.8%。湖里区从 1994 年开始征收残疾人就业基金。

1990—2007 年湖里区安置残疾人就业及征收残疾人就业基金情况表

表 27-4

年　份	安置就业（人）	征收就业基金（万元）	年　份	安置就业（人）	征收就业基金（万元）
1990	25	—	1999	—	18.76
1991	25	—	2000	—	15.62
1992	70	—	2001	—	36.54
1993	8	—	2002	—	29.75
1994	50	—	2003	—	19.72
1995	10	2	2004	15	52.75
1996	11	20	2005	22	70
1997	50	13.40	2006	25	70.81
1998	—	16.13	2007	17	36.90

四、其他服务残疾人事务

（一）办理残疾人证

1995 年，开始为辖区残疾人办理残疾人证。湖里区常住户口居民申办残疾人证须向由区残联领取并填写“厦门市湖里区残疾人证明书”，持“证明书”到指定医院进行检查（厦门市第一医院检查肢体、视力；厦门市妇幼保健院检查听力、言语；厦门市仙岳医院检查精神、智力），由区残联根据检查结果签署意见，报市残联审批。1995—2001 年以前，办理残疾人证 684 本。2002 年办证 136 本，2003 年办证 165 本，2004 年办证 160 本，2005 年办证 173 本，2006 年办证 176 本，2007 年办证 146 本。2002—2007 年，办理近千件，最低年份办证 136 件，最高年份办证 176 件。

（二）无障碍设施建设

2006 年 5 月，区残联指导金山社区进行无障碍设施改造。金山社区居委会服务中心前建成无障碍路 15 平方米，主要通道“坎改坡”17 处，面积 111 平方米。

2007 年 9 月，区残联指导康乐社区进行无障碍设施改造。主要通道“坎改坡”“梯改坡”16 处，面积约 30 平方米。

（三）残疾人活动

1993 年 12 月，组团参加厦门市第二届残疾人运动会。李清溪获铅球（6 公斤）比赛第一名，王清爽获铁饼（1.5 公斤）第一名、标枪（800 克）第一名（22.42 米）。2006 年 5 月，组织残疾人坐观光巴士“看厦门”，参观同安工业区湖里园。2007 年 5 月，组织残疾人代表开展“看厦门”“看重点工程”等活动。

（四）助残日活动

1993 年 5 月 16 日，举办第三次“全国助残日”活动，主题为“扶助与共进”；1994 年 5 月 15 日，举办第四次“全国助残日”活动，主题为“我们同行——为‘远南’残疾人运动会献爱心”。

1995 年 5 月 18 日，举办第五次“全国助残日”活动，主题是“一助一、送温暖”。活动期间，区残联协助 2 名残疾人创办企业，为 864 位残疾人发放慰问金 6.56 万元。

1996 年 5 月 19 日，举办第六次“全国助残日”活动，主题为“预防残疾、增进健康”。区民政局、计生局、防疫站、湖里医院、司法局、妇联、团区委等单位上街进行主题宣传，提供法律咨询，并走访 500 多户残疾人。湖里医院组织 6 名医生为残疾人和过往人群举行义诊。

1997 年 5 月 18 日，举办第七次“全国助残日”活动，主题为“助残下自强”。组织开展青年自愿者、巾帼建功、手拉手、红领巾助残等形式的助残活动。

1998 年 5 月 19 日，举办第八次“全国助残日”活动。开展走访慰问活动，发放慰问金 10 多万元。

1999 年 5 月 16 日，举办第九次“全国助残日”活动，主题为“无障碍与视觉第一”。区政府组织各相关单位自查《中华人民共和国残疾人保障法》《中国残疾人事业“九五”计划纲要》的执行情况，提出为残疾人办实事的年度工作目标，把推行无障碍措施与做好“视觉第一中国行动”作为目标的重要内容。

2000—2004 年，分别举办全国第十、十一、十二、十三、十四次助残日活动。助残日期间，开展全民助残宣传、帮助残疾人解决就业问题、节日慰问和维权活动。

2005 年 5 月 15 日，举办第十五次“全国助残日”活动，主题为“平等共享 促进残疾人就业”。助残日期间，会同市残疾人就业管理中心举办招聘会，到行动不便的残疾人家里办理残疾人证。

2006 年 5 月 21 日，举办第十六次“全国助残日”活动，主题为“真实的了解，真挚的关爱”。各街道选择一个社区，为残疾人提供劳动就业、教育、康复、司法援助等方面的咨询服务，开展义诊和便民服务。“全国助残日”期间，区残联与市残联联合对全市首家企业助残机构——后坑实业有限公司助残办公室进行授牌。

2007 年 5 月 20 日，举办第十七次“全国助残日”活动，主题为“保障残疾人权益、共建和谐社会”。助残日期间，组织慰问残疾人集中的社区、特教学校（班）和残疾人家庭，勉励残疾人自强、自立；区残联与市残疾人就业管理中心联合举办一场大型残疾人就业招聘会。

第七章　老龄事业

第一节　老年服务机构

一、敬老院

1984 年 4 月，由原中共厦门市禾山人民公社委员会下发通知，成立禾山公社敬老院。

敬老院原址在禾山农科所。1992 年，在镇党委、政府的重视下，投入 32 万元在后埔社区祥店自然村建起占地面积 2000 平方米、建筑面积 569 平方米的新的禾山敬老院，设立床位 30 张。2007 年，区民政局将原来有江头街道代管转为直接由民政局管理，直接承担敬老院管理、经费使用监督、工作指导等职能。当年拨出经费近 15 万元，保证敬老院 6 位老人的日常生活费用。

二、老年人法律援助站

2005 年，设立区、街道老年人法律援助站，开展日常法律援助工作。至 2007 年，共有区、街道法律援助站 6 个，老年人法律援助中心 21 个。

三、老年公寓

2006 年，建成湖里霞晖老年公寓，实现民办托老机构零的突破。该老年公寓位于高林社区林边村，租用村民的一栋楼房，建筑面积 600 多平方米，有床位 50 张，工作人员 20 多人。截至 2007 年年底，湖里霞晖老年公寓收住老人 32 名。

四、老年人活动中心

1999 年 10 月，成立区老年活动中心，开设乒乓球、舞厅、健身房等项目。2007 年，有专供老年人活动场所 81 个，详见本志第二十四篇第一章第二节。

第二节　老年服务和活动

一、编制老龄工作规划

2001 年，编制《湖里区老龄事业发展“十五”规划》。2006 年，制定《湖里区老龄事业发展“十一五”规划》，含指导思想、原则和目标，主要任务，措施保障三个方面。

二、老人困难补助

（一）生活补助

1999 年开始，为 90 岁以上的高龄老年人发放固定生活补助，全年累计发放高龄老年固定生活补贴 7.74 万元；组织走访慰问 150 多人次，发放慰问金、慰问品合计 2 万多元。

2004 年，为高龄、困难老人发放固定生活补助和慰问金 30 万余元。

2005 年，发放高龄老人固定生活补贴 5.73 万元。

2006 年，发放高龄老人补贴 7.18 万元。

2007 年，为 80 多名特困老人发放每人 300 元慰问金和慰问品。省、市、区共慰问特困老人 188 人次。

（二）医疗补助

2001 年，市老年基金会和区老龄办为 60 岁以上的没有医保、家庭经济困难的白内障患者，支付手术费用。截至 2007 年，有 216 名患白内障老人接受免费手术。另有 842 名老人接受免费体检。

（三）助养特困老人

1999 年，在市老年基金会的支持下，开展助养特困老人行动。为 60 岁以上特困老人每人每年提供助养金 1200 元。2005 年，市老年基金会重新确定助养特困老人的扶持比例，承担助养金的 25%，其余由各区老龄办或老年福利协会解决。当年，出台《湖里区关于开展对特困老年人进行助养和救助活动的实施意见》。2005—2007 年，每年助养 50 名特困老人，区老龄办承担助养金的 50%，另 25% 由街道承担。2007 年，为 50 名助养特困老人发放助养金、补贴 18.63 万元。

三、敬老活动

1993 年 7 月，与区人大法制委、区司法局联合举办贯彻《福建省老年人保护条例》和《关于维护老年人合法利益决议》学习班。同年 10 月，举办涉老法律知识竞赛活动。

1995 年，开展“敬老工程”活动。基层开展创建省“敬老模范村（居）”活动。金尚社区、后埔社区分别获福建省“敬老模范村（居）”称号。

2003—2004 年，开展创建全省老龄工作先进区工作，2005 年获得全省老龄工作先进区的称号。

2006 年，金尚社区获全国“敬老模范村（居）”称号。

2007 年，组织爱心邻居助老队伍和社区志愿者队伍与空巢老人结对，开展“情暖空巢——电话平安铃”公益活动，使空巢老人急有所助。

四、组织开展老年人活动

1995 年，开展评选“金婚佳侣”活动。

1996 年，举办老年人门球比赛。

1999 年，举办“庆国庆迎澳门回归暨 1999 年国际老年人”活动，举办文艺汇演及家庭趣味运动会。

2000 年，举办庆祝第十三个老年节中老年秧歌汇演。

2004 年 11 月，成立区老年艺术团，下设声乐组、舞蹈组、曲艺组和戏剧组，不定期下社区演出，推动基层老年文体活动开展。

2006 年，举办千名老人“看新厦门”活动，参观五缘湾、厦门软件园二期等重点项目；组织 99 对 65 岁以上老人拍摄婚纱照；慰问百岁高龄老人和特困老人。

2007 年，举办“金秋的祝福”“老人节”专场演出。

第二十八篇　外事侨务港澳台事务

湖里区境域素有侨乡之称。

明代至清代中叶，朝廷实行海禁政策，出国侨民被视为“流民”“汉奸”“盗匪”“弃民”，被“以通贼论斩”，或被“严行治罪”“严加追比”。清咸丰九年（1859）出洋问讯处成立，湖里的出洋华工始有管理机构。清光绪十九年（1893）开始“豁除海禁，招徕华民”，商民在外洋不论居住时间长短，都允许回国安居置业，其经商出洋亦不加限制。但是，归国华侨被迫害的事件仍时有发生。挟资回国的华侨，有的被诬为通盗，有的被斥为通番，有的被栽赃为偷运军火、接济海盗，有的被污蔑为贩运猪仔勾结洋匪。个别地痞流氓甚至强取归侨财务，拆毁归侨房屋，也有伪造积年契券、设机勒索。光绪二十五年，厦门经朝廷批准，设立旨在保护归国华侨的保商局。光绪二十九年，使保商局沦落为勒捐局、害商局的海防同知郑齐林和督办无方的兴泉永道道台延年受到朝廷惩处。光绪三十年，改由厦门商务总会承担保护归国华侨的职责。

民国期间，国民政府鼓励华侨回乡投资，涉侨事务管理进一步得到加强。遇到灾年饥荒时，地方政府亦发动海外富侨捐资，赈济辖区境域的贫困侨民。但个别地方官吏对华侨及其眷属借端讹索、土匪盗贼打劫抢夺的事仍时有发生。民国 35 年（1946）6 月，新加坡禾山公会致电厦门市政府黄天爵市长，控告民信局信差在正常侨汇汇款手续费之外勒索百分之十的费用，要求严加惩处。同年 7 月，厦门市旅栈公会向赴菲律宾华侨每人收取 20 元“看头钱”和 2 元“香火费”（均为菲币），被市政府取缔。

1950 年后，辖区境域的华侨受到不公正待遇，一些托管的房地产被没收，有的土地被分给农民，托管土地的侨眷被评为地主，政治上受到歧视。1978 年后，各级政府积极落实华侨政策，解决实际问题。为受到不公正待遇的华侨和侨眷平反昭雪，归还非法没收、占用的华侨和侨眷房产。据 1986 年统计，在土改中被没收、征收的 82 户侨房，计有 793.25 间、17145 平方米（其中 665.75 间、13986 平方米分给 216 户农户，127.5 间、3159 平方米分给 19 个集体单位），均已全部退还产权和使用权。

1987 年湖里区建立后，侨务工作的重点由落实侨务政策，解决归侨、侨眷困难转移到为侨乡经济发展服务上来。1998 年，区侨办与致公党湖里支部建立对口联系制度。1999 年，区侨办又与区人大、区政协、区侨联、致公党湖里支部建立“五侨”联席会议制度，联席各方轮流主持，每季度联合开展一次活动，通报工作情况，协调解决重大问题。

湖里区境域与台湾一衣带水，自古关系密切。

明代中叶，辖区境域就有居民因为海上贸易、捕鱼前往台湾一带。明末清初，辖区境域的东渡、高崎、五通、赤山坪（县后）等地为郑成功部驻扎地，金山为郑军的操练场。辖区境域的一些百姓加入郑军，后随郑军东渡台湾。清康熙二十二年之后，厦门港成为对台通洋正口，清政府设立台厦兵备道，统一管理台湾、厦门两地的事务。清乾隆五十九年（1794），五通坂美社石时荣东渡台南，从事糖、米、茶叶贸易，成为台南巨富。清光绪二年（1876），清政府在台湾设立抚垦总局，在厦门设立抚垦司，以提供路费及供给耕牛、种子、农具等优惠条件招募百姓赴台垦荒，辖区境域居民移居台湾的人数逐渐增多。五通下边社张宝镜到彰化开设义和成茶行，一度被称为“茶叶大王”。清光绪二十一年，清政府被迫把台湾割让给日本后，不再有人移居台湾。20 世纪初叶之后至厦门岛沦陷期间，原先从辖区境域迁居台湾的移民开始到辖区境域从事经营活动，开设农场。民国 30 年（1941）12 月 5 日，高崎机场开通至台北的定期航班。抗日战争胜利后，国民政府将接收后的高崎机场改为民用机场，仍辟有厦门至台北的航班。民国38年8月24日机场关闭。抗日战争胜利后，辖区境域少数居民随国民党军队驻防、撤退，移居台湾。

1979年1月1日，全国人民代表大会常务委员会发表《告台湾同胞书》。两岸关系从隔绝、对立走向交流、对话。20世纪80年代中叶，台商开始到湖里区投资办厂。1989年3月，位于湖里工业区中部的台湾工业园区首期工程正式动工，揭开湖里与台湾经济往来的序幕。1996年9月成立台湾民主自治同盟湖里支部，为辖区内以台湾同胞为主体的参政党地方组织（详见本志第十八篇第二章第八节）。湖里区成为台商投资祖国大陆最早最集中的地区之一，两岸经济交流日益密切。江泽民、李鹏、胡锦涛等党和国家领导人到厦门考察时，会见包括湖里区台商高新平、吴进忠、周骏声、谢苍发在内的台商代表，鼓励他们在大陆创业、发展。

第一章　外　事

第一节　机构设置

清末至民国期间，辖区境域未设涉外机构，与辖区境域有关的所有涉外事务，均由设在厦门老市区的相关机构办理。外国籍民到辖区境域从事一切活动，先后由兴泉永道、思明县、厦门市政府负责办理手续。

厦门解放后至1997年，辖区境域的涉外事务统一由厦门市人民政府所设秘书处外事科、外事工作组、厦门市革命委员会外事组、外事办公室等外事部门负责办理。

湖里建区之后，对外经济活动日益频繁。1997年6月，湖里区经济贸易局加挂湖里区外事办公室牌子，负责办理招商引资过程中的涉外事务。

2002年8月，撤销湖里区经济贸易局加挂的“区外事办公室”牌子，改华侨事务办公室为外事侨务办公室，作为湖里区外事工作的主管机构。

截至2007年年底，历任区外事侨务办公室主任的有林云珠（1997.6—2002.9）、许鸿艺（2002.9—2007.4）、邵金钟（2007.4—　）。

第二节　外事活动

一、外事接待

1980年，在湖里设立厦门经济特区，外事活动逐年增多。外国人士的入境手续，由厦门市公安局外事科负责。1982年，厦门成为开放城市，外国人不必办理旅游证就可以自由进出。1985年，市公安局外事科改为出入境管理处。根据公安部《关于在部分入出境口岸直接办理签证的通知》，市公安局出入境管理处从1985年起在厦门机场和客运码头设立签证室，对到厦门的外国人、华侨、港澳同胞中因来不及在外办妥签证或办理证件的人员办理入出境签证，为他们在厦门从事经济、文化、科技等业务活动提供方便。湖里建区之前，辖区境域外事接待工作由特区管委会和湖里工业区管理局负责。

湖里建区之后，辖区内外事接待工作先后由区外事办、区外事侨务办负责。1995年7月24日，厦门市人民政府发布第14号政府令，允许外国人从境外到厦门经济特区旅游、经商、贸易，可凭有效护照直接向厦门口岸签证机关申请办理特区旅游签证。

截至 2007 年，特区管委会、湖里工业区管理局和湖里区政府重要的外事接待活动有：

1980 年 11 月，日本驻华大使吉田健到湖里考察经济特区。

1982 年，美国记者威廉·林格尔、《美洲华侨日报》总编关文亮、日本电视台记者等一行 5 人到湖里采访厦门经济特区建设。

1983 年 10 月 22 日，科威特阿拉伯经济发展基金会理事长费萨尔到厦门参加高崎国际机场通航典礼。

1991 年 4 月 10 日，墨西哥《一加一报》主编帕尔马参观湖里工业区等地。

1992 年 4 月 25 日，喀麦隆文化新闻部长孔楚·古梅尼率领政府文化代表团访问厦门，考察经济特区改革开放的情况。

1992 年 7 月 22 日，联合国人口发展、民主、人权机构考察团到禾山镇后坑村农村考察基层政权建设情况。

1992 年 9 月，约旦著名历史学家、约旦文化部顾问苏莱曼·穆萨夫妇参观三德兴工业有限公司、宏泰发展有限公司。

1993 年 7 月，乌克兰文化部部长久巴·伊万·未哈依罗维奇一行 3 人，参观湖里工业区、宏泰电子有限公司。

1994 年 3 月，美国国际共和研究所访闽代表团现场观摩禾山镇 11 个村委会按全体村民直接以“差额、无记名”的方式投票进行换届选举。

1995 年 10 月 8 日，区委宣传部接待美国“好运道”访华团和美国俄勒冈州米纳律师事务所的何丽丝一行。

2001 年，美国经济技术考察团参观考察湖里经济特区。

2003 年 5 月 20 日，美国国际共和研究所考察团到后埔社区，旁听第一届第一次社区成员代表大会。

图 28-1　1994 年 3 月，美国国际共和研究所考察团参观金尚社区

2003 年 6 月，非洲十国城市文化建设考察团参观考察金尚社区少儿之家和小金星幼儿园、市民教育中心、文化活动中心。

2004 年 3 月 2 日，欧盟驻华使节团考察金尚社区。

2005 年 4 月 9 日，美国国际共和研究所中国项目专家埃立克·欧文到湖里金山社区观察以直接选举的方式选举社区居委会。

2006 年 4 月 28 日，巴西巴中工商文化总会的名誉会长、副会长等一行参观考察五缘湾。

二、出国出境管理

辖区境域居民大批出国出境始于清道光中叶之后。正常出国须向常驻厦门的兴泉永道申请护照，俗称“大字”。清末及民国期间，出国手续由驻厦门老市区的侨务机构办理。1951 年后，改由公安机关办理（详见本志第二十篇第一章第三节）。

厦门解放后，因公出国出境人员护照由外交部和福建省人民政府外事办公室办理、颁发。1984 年 12 月，根据中华人民共和国外交部第 304 号文件《关于批准经济特区和沿海城市外事办公室自办本市（区）临时因公出国人员护照签证和外国人签证事》，授权厦门市颁发出国（境）护照和办理外国人入境签证事。1986 年 4 月 1 日起，厦门市正式开始颁发护照。

1994—1997 年，区政府领导率团，先后 3 次出访新加坡、菲律宾、马来西亚、泰国等国。

1997 年 6 月，区经济贸易局加挂湖里区外事办公室牌子，开始受理全区因公出国（境）协办护照和申办外国签证工作。2002 年 8 月起，改由区外事侨务办公室办理。

外事工作由中共湖里区委、区政府直接领导，遵循区反腐败工作领导小组的部署，严格把好因公出国（境）关，认真执行上级有关加强对领导干部外出活动的管理规定，严格管理因公出国人员费用，严格执行财政部、外交部制定的临时出国人员费用开支标准和管理办法规定。出国费用由专人申请，设立专门账户，经区主要领导审批后统一报销。具体办理过程强调规范、简化出国手续，提高办事效率，做好因公出国（境）报批服务工作。2002 年，区外事侨务办公室根据外事部门的出入境管理规定，结合湖里区实际，在因公出国（境）审批方面提出“四宽四严”的原则，即由外商邀请并支付国际旅费，如社团活动、文化交流等方面的团组适当放宽，无实质性出访目的，且党政成员多的团组从严；对从事经贸、科技人员或由外方提供商机，企业提供经费的团组从宽，对同一团组或同一时期组团出访同一国家一次以上的团组从严；对重点人物邀请或重点招商项目的追踪组团从宽，对户口不在本市或企业规模小，经营效益差或借贷多的企业团组从严；对非财政支出的团组从宽，对财政支出的团组从严。

2002—2007 年，区外事办公室办理因公出国（境）情况如下：

2002 年，32 个团组 72 人次，其中政府团组 15 个 51 人次，其余为企业团组；

2003 年，18 个团组 33 人次，其中政府团组 10 个 22 人次，其余为企业团组；

2004 年，18 个团组 45 人次，主要为出国招商考察团组；

2005 年，22 个出国团组 30 人次，主要为出国招商考察团组；

2006 年，21 个团组 42 人次，其中政府团组 19 个，企业团组 2 个；

2007 年，24 个团组 42 人次，其中政府团组 23 个，企业团组 1 个。

第二章　侨务与港澳事务

第一节　侨务机构

一、区外事侨务办公室

辖区境域历史上未设立侨务机构，华侨事务由设在厦门老市区的侨务机构办理。清咸丰十年（1860）之后，清政府先后在厦门设立出洋问讯处、保商局、暨南局。民国期间，国民政府先后在厦门设立福建暨南局、福建侨务委员会、侨务局等机构，辖区境域的涉侨事务均由厦门的相关机构负责办理。

厦门解放后，辖区境域的侨务工作由厦门市人民政府所设的侨务局、华侨事务局、厦门市革命委员会外事组下辖侨务组、侨务办公室等机构负责。

湖里建区初期，侨务工作由中共湖里区委统战部负责。1997 年 6 月，成立湖里区人民政府侨务办公室，核定行政编制 2 名，其中领导职数 1 名。2002 年 8 月，增加管理涉外事务的职能，更名为外事侨务办公室。

截至 2007 年，历任区外事侨务办公室主任见本篇第一章第一节。

二、街道（镇）、社区侨务工作机构

1985 年 1 月成立禾山乡归侨联合会，1995 年下属各村先后成立村侨务小组。湖里、殿前、江头、金

山、禾山等5个街道办事处先后成立归国华侨联合会，为湖里区侨联团体会员。街道所属社区居委会全部成立侨务小组。

截至2007年年底，在全区5个街道、43个社区均建立侨务工作机构，形成区、街道、社区三级工作网络。机关、企事业单位也划片成立侨务小组，形成区侨务工作网络。

第二节　湖里籍华侨华人

一、出国

据辖区族谱所载资料，辖区境域居民出国谋生始于明隆庆元年（1567）开放漳州月港之后，因贩海通商滞留国外，为数不多。明末清初，辖区境域处于郑成功家族与清朝廷抗争的军事要地。清康熙十九年（1680），清政府开始实施对厦门岛的管理。康熙二十三年在厦门设闽海关，厦门港成为通洋正口。但清政府对百姓出国实行严厉控制。《大清律例》规定：严禁百姓“违禁下海、私渡台湾、迁居海岛居住”“凡官员兵民私自出海贸易及迁徙海岛居住耕种者，具以通贼论斩”。因此，在鸦片战争之前，辖区境域居民出国并未形成规模。清道光二十三年（1843）九月厦门正式开埠之后，西方列强开始在中国东南沿海进行非法劳务输出。而此时的厦门岛禾山地区，地少人多的问题日益突出，出洋谋生的人逐年增多。

清咸丰十年（1860）之前，劳工出国只能采用偷渡的形式。咸丰十年，清政府与西方列强签订《北京条约》之后，西方列强在华招收劳工合法化。形成湖里人出洋的第一个高峰。清同治年间（1862—1874），清政府开始转变对华侨的态度，清光绪十九年（1893）八月，清政府驻英国大使薛福成《请豁除海禁招徕华民疏》获准，实行200多年的海禁政策宣告废除，“自今商民在外洋无问久暂，概许回国治生置业，其经商出洋亦听之。”海禁废除之时，正逢海峡殖民地开发进入高潮，当地政府放开对外国移民的限制，闽南一带大量百姓通过厦门移民海外，形成湖里历史上的第二次移民高潮。

民国期间，除了民国3年（1914）因为爆发第一次世界大战、民国20—25年受世界性经济危机影响以及厦门沦陷期间之外，辖区境域居民的出国热潮基本没有消退。

1949—1979年，辖区境域居民出国基本中止。1980年以后，开始有居民移居海外，辖区居民到海外投亲靠友、打工经商的人也逐渐增多，形成新的湖里籍的海外华人、华侨。

至2005年的粗略调查，全区与国内保持联系的海外华侨、华人有22000余人。

二、分布

湖里籍华侨华人遍及世界34个国家和地区。根据2005年的侨情普查资料表明，华侨华人较多的国家主要有菲律宾、新加坡、印度尼西亚、马来西亚、缅甸等。20世纪50年代后，海外一些华侨华人因经商、求学移居美国，美国成为湖里籍华侨华人的主要分布地之一，总人数近千人。

（一）菲律宾

菲律宾是禾山最早进入的国家之一，也是湖里籍华侨华人最多的国家。刘芝田所著《中菲关系史》（台北正中书局，1979年版）载：马尼拉市的洲仔岸数百年来一直是商业繁华之地。“聚居洲仔岸的华侨多为福建禾山人，所营商店，规模宏大……”并发展新街、后街仔两条商业街。19世纪初，陈姓禾山人开始进入菲律宾苏禄群岛首府和乐经商贸易。19世纪中叶，开始向各小岛扩散，至19世纪末，即使在群岛的边远小岛也可以找得到禾山人开设的商店。

截至2007年，在菲律宾的湖里籍华人华侨有6000余人，成立有菲律宾厦禾公会（详见本篇第二章第二节）。

（二）新加坡

辖区境域的禾山人在新加坡的活动可以追溯到17世纪。早在1827年，新加坡就形成一条被称为“厦门街”的街道，居住在该街道的大部分是来自厦门的华侨。而当时厦门人实际上以禾山人为主。蔡塘

《曾氏族谱》中有该村曾姓第七十二世祖率全家移居新加坡的记载。为了联络乡亲感情，发挥互助精神，更好地在国外立足谋生，祖籍在殿前社的陈幼籍带头捐资4000元新币，发起成立新加坡禾山乐施社，总共筹得8000元，购买狄生路的13间店铺，出租所得作为活动经费。民国10年，在乐施社的基础上筹备成立新加坡禾山公会，民国18年正式成立。

截至2007年，在新加坡的湖里籍华人华侨有4500余人，成立有新加坡禾山公会（参见本篇第二章第二节）。

（三）马来西亚

马来西亚历史上最重要的商埠之一马六甲是辖区境域华侨华人主要聚居地之一。由于当地的华人华侨中有不少禾山人，从17世纪开始，荷兰殖民政府就开始在华人华侨中选取泉州籍人充当甲必丹。19世纪下半叶，新加坡、马六甲和槟榔屿的禾山籍华人华侨开始扩展到东马来西亚的沙巴。由于沙巴地近菲律宾的苏禄群岛，两地商业往来十分频繁，苏禄的一些禾山人也来到沙巴，沙巴的首府山打根成为禾山人的聚居地。英国统治期间开辟从香港至山打根的航线后，不少禾山籍移民沿着这条航线来到沙巴。截至2007年，在马来西亚的湖里籍华人华侨有3000余人。

（四）印度尼西亚

19世纪60年代，禾山人跟随同安乡亲洪思返、洪思艮等开始进入印度尼西亚苏门答腊岛的巴眼亚比从事渔场开发。蔡塘《曾氏族谱》记载：清末民初，蔡塘曾姓的七十四世祖率领全家移居印度尼西亚。此外，在苏门答腊的北干巴鲁也有禾山人聚居，在当地从事各种经济活动。截至2007年年底，在印度尼西亚的湖里籍华人华侨有3900余人。

（五）缅甸

禾山人从19世纪末开始到缅甸从事经贸活动。

截至2007年年底，在缅甸的湖里籍华人华侨有1400多人。

三、海外华侨社团

海外华侨社团以商业组织、同乡会、姓氏宗亲会等为主。据初步了解，2005年湖里区旅外华侨参加的海外社团有35个。其中，与湖里区联系较密切、与湖里区有过接触的以及与湖里区存在地缘关系的团体有：

（一）新加坡禾山公会

前身为乐施社。1921年，由陈幼籍（禾山殿前人）发起筹组禾山乐施社，并借禾侨商行为临时社址。

1926年，易名为禾山公会。陈幼籍、薛武院等捐款购买狄生路房产，租金收入作为禾山公会活动经费。1933年，迁址于小坡维多利亚街（即小坡二马路241号）。1999年，在芽笼路购置房产为会所兼出租。会务得以全面发展。

民国初期，禾山屡遭海匪劫掠，该会购置“禾侨号”炮艇，赠送驻守禾山的海军作为海上巡逻之用。

20世纪90年代初，恢复与湖里区的联系。1991年，赠送湖里区侨联一部天津大发小汽车。2001年9月，禾山公会首次组团回厦门寻根。后多次组团返乡探亲、旅游观光及参加“9·8”投资洽谈会。2004年，公会和会员个人捐赠30余万元用于设立湖里区“助侨基金”。

截至2005年，公会有会员70名，在任会长林德铭，历届会长为陈金淹、高瑞锦、陈启算、陈秉奎、陈天降、曾振江、林添泰。

（二）新加坡厦门公会

创立于1938年。该会曾先后成立青年团，乐龄团、京剧组，并举办歌唱班及书法班等传播文化活动，发扬华族优良传统文化。1980年更改章程，打破地缘和血缘的限制，广招会员。凡是新加坡公民均可申请会馆所设的奖助学金。公会多次接待大陆地方官员的到访，多次组团到大陆参加“9·8”国际投洽会等经贸、旅游活动。2005年，在任会长为林璒利（Ling Dengli）。

（三）新加坡南洋黄氏总会

前身是星洲南洋江夏堂，成立于1924年。2005年，有会员391名，在任主席黄祖耀。总会每年在会所举行春冬两祭，祭祀祖先与先贤。总会积极参与公益事业，每年捐献慈善金给老人院和社区基层组织，并积极参加增进宗谊的各项活动。

（四）新加坡陈氏总会

陈氏总会由 11 个团体会员组成。2001 年 5 月成立筹委会，2001 年 8 月正式成立。主席陈积谋。

（五）新加坡叶氏公会

1947 年成立。2005 年，有会员 162 名。在任会长叶国英，上届会长叶鸿林。叶氏公会热心慈善事业，每年颁发会员子女奖助学金和老年度岁金，先后捐献国防与文体基金、社会公益金、肾脏基金等，在大陆也有多项捐献。公会每年举行中华民族传统活动。

（六）新加坡福建会馆

创办于 1840 年，主要宗旨在于兴学办教，推广教育，从事社会福利工作以及保存和发扬中华文化。先后创办道南学校、爱同学校、崇福女校、南侨中学和南侨小学、光华学校、南洋大学。

会馆在学校设立多项奖助学金、勤学奖和海外专业培训奖学金，并设立面向新加坡的大专奖学金和文化艺术奖学金。会馆也捐赠给华社自助理事会、华裔馆、英勇基金，李光耀奖学基金、晚晴园、马来回教徒子女教育信托基金会，王鼎昌教育信托基金、国立大学生命科学研究基金，陈嘉庚基金、陈六使教授基金等慈善基金与机构，资助新加坡—中国中学生交流计划，常年赞助与举办新加坡福建会馆“文学奖”，大力提倡中文创作。

会馆属下的文化艺术团和学校积极推广琴棋书画、文史、武术等活动，保存和发扬中华文化。通过两国之间的中学生交流访问，促进新中友好关系。2003 年开始，会馆颁发奖学金以吸引品学兼优的马来西亚中学生到属校就读。

新加坡福建会馆拥有福建基金等两家独资子公司，同时管理 4 间庙宇，以确保有足够的资金从事文教与慈善事业。

2005 年，有会员 4000 多人。2007 年，在任主席为黄祖耀。

（七）新加坡宗乡会馆联合总会

1986 年 11 月，由福建、潮州八邑、广东、南洋客属总会、海南、三江、福州七大会馆 185 个宗乡团体共同发起成立。总会以中央理事会为领导机构，下设行政、文化、出版、学术 4 个委员会。肩负带动华人社会，推展华族文化事业，发扬华族优良传统的使命，成为华人宗乡团体最高领导机构。

（八）新加坡吕氏公会

1950 年 12 月成立，为血缘性的宗亲会。20 世纪 80 年代后，实行以家庭为单位加入公会。1992 年，成立青年团。2002 年 11 月，成立妇女团。2005 年 12 月 25 日，以“敦睦宗谊、弘扬祖德、开拓商机、共谋发展”为主题，在厦门江头台湾街道俏江南酒店举行“福建吕氏公会宗亲”座谈会。2005 年，有 250 个会员家庭，在任会长（第 47、48 届）吕炳森，历任会长为吕德火、吕德水、吕毓彬、吕振端、吕潮荣、吕良山、吕孙速、吕连捷等。

（九）菲律宾厦禾公会

20 世纪 20 年代，在马尼拉成立。二次大战后活动停顿。1978 年下半年，在宿务市重建。首届会长何安顿。公会开展救灾济贫活动，积极参加宿务华人社团的活动。兴办中华学校，并设有面向厦门籍学生的奖助学金。公会多次组团参加厦门经济特区庆典和“9·8”国际招商贸易洽谈会及寻根谒祖、旅游、经贸等活动。

（十）马来西亚福建社团联合会

成立于 1957 年。2005 年，拥有包括大马南安社团联合会、大马永春、大马兴安会馆总会、大马福州社团联合总会、大马安溪总会、大马晋江社团联合会、大马惠安泉港联合会、大马龙岩会馆联合会等八大乡团在内的 173 个属会。大马福联会每年春节由上述八大乡团轮流做东，举行新春大团拜。福联会经常举办慈善活动、交谊活动。1977 年，创立面向福建籍学生的大学贷学金。2005 年，在任会长童玉锦，署理会长林忠强。

（十一）缅甸福建同乡总会

前身为福建公司、福建公会，创建于1861年。曾一度停止活动。1947年恢复活动，正式定名为“缅甸福建同乡总会”，由12个县市同乡会、35个宗亲团体共47个团体会员组织组成。总会在联络乡亲、慈善公益事业方面有较好的成绩。多次组团参加“第六届世界同安联谊会”“第三、四届世界福建同乡恳亲会”和厦门“9·8”国际投资贸易洽谈会。2005年，在任理事长吕振膑。

（十二）缅甸厦门联合会

创立于1940年5月13日，原名“鹭江公会”，会员以厦门、禾山、鼓浪屿旅缅乡亲为主。日占期间，会务停顿。1946年7月复办，1957年5月吸收同安旅缅乡亲入会，改名为“缅甸厦门联合会”。创会人方海田、黄进来、陈天恩，2005年在任理事长戴炎鼎。

（十三）缅甸江夏堂（黄氏宗亲会）

创办于1955年，2005年为第16届，有会员500多人。在任理事长黄良山。

（十四）泰国福建会馆

成立于1911年。1945年8月，联合各侨团救济祖国粮荒、协助缅甸归侨过境。1952年后，成立福利、教育、体育、妇女等小组、委员会，还设有教育基金会，对华侨社会贡献良多。改革开放后，数次组团返乡访问，不少会员为家乡经济建设做出贡献。因会务活动成绩显著，影响广泛，成为泰国华人社会主要侨团之一。

（十五）世界叶氏联谊总会

2000年10月6日，在中国河南叶县成立，总部设在中国香港。叶福伟为该会在厦门的联系人。该会在菲律宾、马来西亚、印尼、缅甸等地设有联络处。

（十六）马来西亚陈氏宗亲总会

1988年，由24个陈氏宗祠及宗亲会联合成立。2005年，属会增加到35个，在任总会长陈清发，上届总会长陈良民。总会设有拿督陈良民基金会贷学金、丹斯里拿督陈来金大专贷学金、拿督陈清发大专贷学金。

（十七）马来西亚雪兰莪厦门公会

1953年，何添寿、叶德建等在巴生发起筹组乡会，1954年3月正式成立。公会素来注重照顾乡亲福利及文教活动，中秋传统博饼会数十年来从不间断。公会积极参加马来西亚福建联合会和雪兰莪中华大会堂活动，多次接待来自厦门的经贸代表团。2005年，有会员300多人，在任会长陈友信。

（十八）其他团体

2007年，区侨办在“9·8”期间还接待阿根廷中华工商企业联合总会、文莱福建会馆和世界越柬寮华人团体联合会等3个境外华侨团体。

四、支援家乡建设

（一）侨汇

改革开放之前，特别是清代中晚期至民国期间，侨汇是辖区境域侨眷的主要生活来源，也是辖区境域主要的经济支柱。辖区境域的100多个村社，几乎都有用侨汇建造起来的“洋楼”“番仔楼”或红砖大厝。清末民初，有60户人家的祥店社，有新建房屋57幢，大多是红砖大厝，饰以典型的闽南石雕、木雕、砖雕。有的大厝两侧附建多落护厝，显得气势恢宏。民谚称：“有祥店富，没祥店厝。”足见其建筑之精美。枋湖村著名旅菲华侨廖成力的“资政第”足足建了3年。这3年连年旱灾，许多乡亲靠为廖成力盖房子渡过难关。

厦门解放初期，为了战胜敌对势力的封锁，多次召开侨务工作会议，组织动员归侨、侨眷积极与海外亲人联系，争取侨汇。20世纪50—70年代，国家还制定对侨汇的特殊供应政策。归侨、侨眷可凭侨汇的副券购买当时凭票证供应的米、油、糖等紧缺物资。

20世纪80年代后，侨汇在居民社会经济生活中的作用日渐减少。

（二）救灾赈济

辖区境域不少华人、华侨富商乐善好施，遇到旱涝灾害，捐资捐物、济贫困，恤孤寡。民国 35 年（1946）12 月，侨商薛芬士募集菲币 30 万元，回禾山资助各项公益事业。菲律宾华侨还组织筹赈会、妇女慰劳会，募集赈济款、药品和麦片、大米、咸鱼等食品，赈济禾山民众。民国 37 年 5 月，菲律宾宿务华侨黄成泰通过电信局汇回国币 1000 万元，赈济乡亲。

（三）兴办公益事业

辖区内各村社修建祖厝、宫庙，基本上都有海外华侨华人的捐助。许多华侨积极参与修桥铺路的公益事业。清同治三年（1864），为了方便乡民上山作业和祭拜土地公，塘边社侨商林经伍捐资修路，铺成自南山脚贯穿半山直通仙岳村后的石径。清宣统年间，枋湖社侨商廖成力捐资修成枋湖社至觉性院、梧桐社至桥头的乡间道路，每隔 2.5 公里还建有一座凉亭，供行人休息。

图 28-2　1990 年华侨捐建的乐安小学教学楼

20 世纪 30 年代，禾山地方海盗猖獗，新加坡禾山公会购置“禾侨号”炮艇，赠送驻守禾山的海军，作为海上巡逻之用。厦门岛沦陷期间，辖区境域的生产、教育设施受到严重破坏。抗战胜利后，华侨踊跃捐款，帮助家乡重建。

奋发企业有限公司（新加坡）陈星洲从 1992 年开始，先后向中国残疾人福利基金会、禾山高殿小学教育基金会、禾山殿前老年协会、湖里区见义勇为基金、长江救灾、龙岩救灾、厦门市残联和厦门市红十字等共捐赠 700 多万元。

1995 年，菲律宾首都银行基金会捐款人民币 300 万元设立优秀大学生奖学金。

1998 年，黄清商、李德万各捐赠人民币 10 万元兴建区侨联会所。

2003 年，新加坡禾山公会及其成员向湖里区“助侨专项基金”捐赠人民币 33 万元。

（四）资助教育

清末至民国期间，辖区境域华侨资助的书院、学校有：

禾山书院　辖区境域旧时未设书院，文士学子研修提高或渡海到同安县城的书院，或到设在厦门的玉屏、紫阳书院，甚为不便。咸丰十一年（1861），禾山陈姓捐献后院社土地，海外华侨捐资作为办学经费，创办禾山书院。开办一年后因意见不合停办。光绪十一年（1885）重新开办。光绪三十一年废科举后停办。民国元年（1912），华侨黄瑞坤在禾山书院院址创办禾山甲种商业学校。因距市区较远，交通不便，民国 12 年由海外华侨捐资，在双涵建造新校舍。后改为禾山中学。

湖山小学　校址在寨上社。民国 8 年，侨商陈有才独资建成校舍，并将老市区横竹路的一座店屋充作校产。厦门岛沦陷后停办。抗战胜利后复办。

禾光小学　民国 10 年，归侨吕朝阳、江维杉，在海外侨胞中募集资金，在吕厝创办禾山高等小学校，民国 20 年改称禾光小学。厦门岛沦陷期间校舍被日伪当局占用。抗战胜利后，在前校长、华侨吕维精的资助下于民国 35 年复办。同年，菲律宾华侨吕希福捐资修缮校舍，其后又每月汇款数百美元作为学校经费，教师月薪达 20 美元，为当时厦门各小学之最。

侯卿小学　校址在后坑社，民国 13 年，由华侨叶长庚、叶兆君、叶延逸等捐资创办。

五通民用航空学校　民国 17 年 8 月，旅居菲律宾的爱国华侨吴记霍、吴福奇、薛煜添和林珠光等发起，禾山华侨薛芬仕和孙有泰等人捐资创办。

益济学校　校址在后坑村。侨商叶朝君民国 20 年创办侯卿农牧股份有限公司后，以农牧公司的利润创办益济学校，有教职员 6 人，设低、中、高 3 个班，主要教授农牧知识和技能。

安兜小学　校址在庵兜社。创办于抗日战争前，原名河东小学，由枋湖村华侨薛芬士、工商业者薛煜助、族里长辈薛芳泮等捐资兴办。

钟宅小学　校址在钟宅社。民国 32 年，由侨商钟水竹等人捐资创办。民国 37 年，旅菲律宾华侨钟静波、钟常同、钟和尚捐献 12000 元（菲币）兴建校舍。

湖桐小学　校址在梧桐社。民国 37 年，华侨薛明善、陈成源、薛根节、陈炳棠、廖明灿捐资重建。

华侨创办或捐资助办的学校还有乐安小学、江头小学、坂上小学等。

图 28-3　1996 年华侨捐建的钟宅小学安祝堂

20 世纪 50—70 年代末，海外华侨华人的捐赠活动出现阶段性中断。改革开放之后，华人华侨为故乡兴办公益事业的热情再度高涨，辖区内各街道（镇）、社区（村）成立的慈善、教育等公益基金基本上都有海外华侨华人的捐赠。

截至 2007 年，海外华侨华人在湖里区用于兴办公益事业的捐赠达 1464 万元，其中 10 万元以上的捐赠有：

20 世纪 80 年代初，孙敏佬捐资修建、扩建五通乐安小学校舍，修建泥金社道路；

1986 年，禾山菲律宾华侨吕希宗捐赠 5 万美元，兴建禾山卫生院吕玉音楼；

1995 年开始，蔡士钧先后捐资 80 万元赞助穆厝士钧幼儿园；

1996 年，钟武芳等捐赠 25 万元，资助钟宅兴建小学新校舍。

（五）投资经济建设

祖籍薛厝的菲律宾华侨黄瑞坤于清末回国参与投资修建粤汉新宁铁路，出任新宁铁路董事。

民国 4 年（1915），庵兜村华侨薛安然兄弟在庵兜与殿前交界处开办农场，占地 130 亩，主要种植桃子等水果，俗称桃子园，为厦门首家农场。

民国 14 年，旅菲华侨薛敏佬、陈迎来等入股总部设在马尼拉的中兴银行，在厦门开设分行。

民国 15 年，马来亚华侨黄晴辉、马开让、薛煜添、方炳坤等投资创办全禾汽车股份有限公司。

后坑村旅菲华侨叶朝君于民国 16 年在后坑籍华侨华人中募集资金，于民国 20 年正式成立“侯卿农牧股份有限公司”，叶朝君占有公司一半的股份，侯卿社叶姓农户几乎家家入股。公司拥有土地 100 多亩，除了种植荔枝、龙眼、桃、李等水果以及花生等油料作物外，还从事农产品加工等多种经营。农牧公司还利用经营收入创办益济学校，对村民进行技能培训。厦门沦陷期间，农牧公司被汉奸侵占。抗战胜利后由叶朝君委派其子收回重新开业，到 1949 年才停止经营。

湖里社旅菲律宾华侨杨朝根 1932 年回湖里，在宫后山（现华昌生活小区内）创办民光织造厂，设有印染、织布、纺纱等车间，招募工人 300 余人。厦门沦陷前停办。

殿前村旅缅甸华侨陈伯甫 1950 年拨出巨款投资于闽、粤两省及北京的华侨投资公司，被福建省华侨投资公司聘为驻缅甸代表。他是缅甸第一个到上海购买国产成套制皂设备的侨商，所生产的肥皂甘油质量超过英商与缅甸政府合资经营的产品。周恩来总理曾 4 次会见陈伯甫，并赠送金笔和工艺品以作纪念。

1982 年 1 月，印尼籍华人陈应登在湖里创办厦门第一家侨资企业印华地砖厂，拉开三资企业投资湖里的序幕。辖区境域的街道、镇以及行政村制定各种优惠政策，大力引进侨资。华侨投资涉及电子、建材、食品、服装、家具、化工、酒店服务业及房地产等。

截至2007年年底，湖里区累计批准侨资项目100多个，合同投资总额2亿多美元，实际到资1亿多美元。

第三节　涉侨事务管理

一、侨情调查

湖里建区以来，先后组织开展“海外华侨新生代回国学习、生活接待工作”调查、归侨侨眷知识分子调查、贫困归侨和侨眷子女就学（辍学）情况、归侨残疾人、下岗归侨职工基本情况调查等8项调研活动，进一步摸清全区侨情，建立健全侨情资料电脑信息库，为有关部门出台各种相关政策和法规提供决策依据。

（一）湖里籍华侨华人及侨眷调查

1996年、2005年，先后两次进行湖里籍华侨华人及侨眷调查，基本摸清湖里籍华侨华人及侨眷的总量和分布情况。

2005年调查，共有2587户侨情户，比1996年增加894户；查明海外华侨华人22329人，分布在36个国家和地区，比1996年增加4676人；港澳同胞4633人，比1996年增加407人；有联系的海外社团35个，比1996年增加22个；海外重点人士和新生代优秀人才168人，比1996年增加112人；海外华侨华人和港澳同胞回国投资金额为217834万元（其中省内投资35690万元，省外投资182144万元），比1996年增加187858万元，捐赠办公益事业金额为22741万元，比1996年增加12741万元。

2005年湖里籍华侨、华人、出国人员及其眷属统计表

表28-1　　单位：人

国家或地区	华侨	华人	出国人员	归侨	侨眷	出国人员眷属
英国	4	42	7	—	3	12
美国	96	825	10	2	127	12
印尼	190	3796	1	196	720	—
缅甸	236	1231	13	66	298	23
法国	2	55	1	—	3	1
新西兰	6	15	4	—	4	11
马来西亚	173	2964	8	58	380	16
新加坡	323	4264	31	121	702	51
菲律宾	841	5227	19	117	973	43
波兰	—	1	1	—	—	3
加拿大	67	535	5	—	35	1
日本	13	67	8	9	42	4
马绍尔	—	—	1	—	—	2
泰国	68	266	—	13	63	5
越南	33	470	—	113	143	—
澳大利亚	21	229	7	1	45	13
西班牙	—	1	—	—	—	—
意大利	11	17	—	—	1	—
南非	4	6	5	—	1	4

续表28-1

国家或地区	华侨	华人	出国人员	归侨	侨眷	出国人员眷属
文莱	—	52	2	—	1	25
毛里求斯	—	—	—	2	1	—
瑞士	—	2	1	—	—	2
德国	4	45	4	—	3	2
马达加斯加	1	—	—	—	3	—
荷兰	6	16	3	—	5	—
阿根廷	—	1	—	—	5	—
塞内加尔	—	2	—	—	2	—
匈牙利	7	—	3	—	3	—
阿联酋	—	—	1	—	—	2
塞浦路斯	—	—	2	—	—	—
柬埔寨	—	43	—	2	4	—
朝鲜	1	29	1	8	7	—
肯尼亚	—	—	1	—	—	2
西伯利亚	—	21	—	—	1	—
合计	2107	20222	142	708	3575	234

（二）重点人士和新生代优秀人才调查

2002 年，开始对湖里区侨界重点人士和新生代优秀人才情况进行调查。截至 2005 年年底，全区侨界重点人士和新生代优秀人才共有 133 人，分布在全区 5 个街道 37 个社区。其中，湖里街道 80 人、江头街道 7 人、禾山街道 12 人、殿前街道 11 人、金山街道 22 人、社团 1 人。

（三）全区归侨生活调查

2003 年 4 月底，联合召开“侨帮侨”活动动员会，组织侨务小组对全区归侨、侨眷生活贫困情况、子女辍学情况进行一次全面细致的普查，了解到全区尚有 20% 的归侨生活处于贫困和比较贫困的状况，区外事侨务办公室本着为这部分归侨侨眷排忧解难着想，建立“帮侨对象花名册”。召开由教育、民政、人事劳动等政府职能部门共同组成的工作联席会，专题研究解决归侨及其配偶、子女的失业、辍学问题。2003 年，设立“助侨基金”。

二、维护归侨侨眷权益

20 世纪 80 年代，主要维权重点是处置、归还华侨和侨眷在历次政治运动中被非法没收的房屋、财产。1987 年湖里区建区之后，工作重点是妥善处理城市化进程中涉及的房屋拆迁、祖坟迁移等问题。其中存在着契证丢失、产权纠纷、房产被占用、业主不在、继承人不明、安置优惠政策不落实等诸多问题。区侨务部门协助当事人向有关部门反映情况，多方协调，维护华侨、侨眷的正当权益。

1991 年，开始贯彻、实施《中华人民共和国归侨侨眷保护法》及其实施办法。福建省、厦门市也分别在 1992 年和 1997 年通过《福建省实施〈中华人民共和国归侨侨眷保护法〉办法》和《厦门市归侨侨眷权益保障条例》，为维护归侨侨眷权益提供法律保障。2000 年 10 月，开始贯彻、实施全国九届人大常务委员会第十八次会议通过的《关于修改〈中华人民共和国归侨侨眷保护法〉的决定》。2003 年 12 月 6 日，开始实施厦门市第十二届人民代表大会常务委员会第六次会议修订的《厦门市归侨侨眷权益保障条例》。

2005 年，旅居新加坡已故华侨萧青山在家乡的房屋被拆迁，因继承人不明，赔偿安置房无法落实到位。区侨务部门配合有关部门做好证据保全，帮助落实安置房，交区侨联暂时代管，同时通过相关海外华侨社团协助寻找继承人。

三、服务侨资企业

1998 年《福建省保护华侨投资权益若干规定》颁布以后，侨务部门及时为享受华侨投资待遇资格办理确认，为 140 家侨资企业办待遇证，享受福建省企业所得税最优惠减免待遇，即经营期在 15 年以上的，从获利年度起，头两年减免征企业所得税，第 3 年至第 5 年缴纳的所得税，纳税后凭入库税单由财政部门予以全部返还；第 6 年至第 10 年缴纳的所得税，纳税后凭入库税单由财政部门返还 50%。政府部门内部进行分工，建立部门与重点侨资企业挂钩联系制，协调解决企业困难。2007 年，开展侨资企业的普查工作，建立全区侨资企业资料库，经常走访侨资企业，主动向侨资企业寄送政策信息和招商引资信息、提供政策咨询、手续办理等，及时了解企业生产经营情况，对企业反映的困难和问题，及时协调有关部门给予解决，为企业排忧解难。

四、帮侨助侨

1987 年湖里建区以来，区侨务部门依法为归侨和侨眷的子女出具相关证明，确保辖区归侨侨眷依法享受子女就学照顾等优惠政策。根据市招生办的规定，对于符合规定的归侨和侨眷的子女参加辖区高中入学考试，可享受 5 分的优待。

1996 年，根据《关于归侨退休职工增发生活补贴的通知》（厦财事〔1996〕51 号）的规定，辖区内 1969 年 12 月 31 日之前归国并参加工作、在市劳动局办理正式退休手续的归侨，每月增加退休金 60 元。

2003 年 4 月，区侨办、侨联、致公党湖里支部联合开展“侨帮侨”活动，向一百多家侨资企业发出活动倡议书，并走访厦顺铝箔、SM 商城、禹洲房地产、翰林彩印、文仪电脑、兴联电子等侨资企业进行宣传发动，得到企业的积极响应。共收到侨界捐赠 31300 元。同年，向区财政争取 5 万元启动资金，区侨联拨款 20 万元，建立“助侨基金”，设立湖里区助侨专项基金，成立助侨资金理事会，制定《助侨基金章程》和《捐资表彰办法》，对归侨、侨眷困难户进行资助。2004 年，新加坡禾山公会向“助侨基金”捐赠 20 万元。截至 2007 年年底，湖里区“助侨基金”达到 60 万元。

五、引导侨界参政议政

清代末叶，辖区境域的海外华侨大力支持国内的民主革命。徐厝社的徐赞周为早期的同盟会会员，在缅甸创办《光华报》《进化报》《缅甸公报》等报刊，鼓吹革命。后担任筹饷会会长，为辛亥革命筹措资金。其子徐四民参加缅甸华侨抗敌救亡运动，创办华文报纸《新仰光报》。中华人民共和国成立初期为促进中缅外交和商贸工作做出卓越贡献。1964 年回国后，担任中央华侨事务委员会委员、中华归侨联合会驻会委员。殿前村陈楚楠为中国同盟会新加坡分会会长，创办《图南日报》《中兴日报》，宣传革命思想。募集大批资金支持中国同盟会发动的武装起义和辛亥革命。民国期间，在上海主持华侨联合会，1917 年任广东军政府参议，一度任福建省政府委员、福建省实业厅厅长等职。祥店社黄登保 1938 年从菲律宾回国参加八路军，历任中国人民解放军炮兵连长、团长、师参谋长、副司令员等职，1984 年当选全国侨联副主席。祖籍乌石浦的缅甸华侨萧岗抗日战争期间在缅甸参加抗日救亡工作和民主爱国运动，1949 年回国后历任中央华侨事务委员会办公室主任、全国侨联副主席、全国政协华侨委员会副主任等职。

1987 年建区至 2007 年，归侨侨眷担任各级人大代表、政协委员共有 254 人次。其中，全国人大代表 1 人次、全国政协委员 4 人次；省人大代表 1 人次、省政协委员 1 人次；市人大代表 9 人次、市政协委员 19 人次；区人大代表 63 人次、区政协委员 156 人次。

六、联谊活动

1989 年，接待李恒国为团长的菲律宾禾山公会访问团。

1992 年，菲律宾禾山公会理事长李恒国组团到厦门参加特区成立 10 周年庆祝活动。新加坡厦门公会和禾山公会主席曾振江等到湖里考察。马来西亚经济考察团李三村部长、丹斯里拿督、敦斯里拿督考察湖里。

1995 年，祖籍祥店社的菲律宾著名画家王礼溥以菲律宾首都银行名誉顾问身份向董事长郑少坚发出倡议，促成菲律宾首都银行基金会捐献人民币 300 万元设立优秀大学生奖学金。

2001 年，新加坡禾山公会组团访问湖里。

2002 年，区侨务部门领导和禾山镇领导作为厦门市侨办赴菲律宾访问团成员，参加菲律宾抗日游击队退伍军人总会创会 60 周年庆典活动，拜会马尼拉、宿务等地的华侨领袖和华侨社团。

2003 年，接待菲律宾知名华侨李德万先生等人。

2004 年，新加坡禾山公会正总务王偶忠率团访问湖里。

2004 年，区侨联组团出访新加坡禾山公会。

2007 年，接待阿根廷中华工商企业联合总会、文莱福建会馆以及世界越柬寮华人团体联合会第三届会员代表大会代表。

附：湖里籍在东南亚知名华侨华人

一、辖区境域在菲律宾知名华侨华人

19 世纪中叶，祥店社黄登士的祖父南渡菲律宾东黑人省朗吗倪地经商，稍后，其父黄妈全、其叔黄妈超先后到朗吗倪地协助经营。祖父和父亲逝世后，黄妈超先后与人合办、独办瀛发商行，创立黄妈超股份有限公司。1926 年，黄氏企业业务扩展到宿务，并兼营航运、汽车运输、进出口贸易，叔叔黄妈超任董事长，黄登士任总经理。黄登士长子 1925 年生于宿务，美国大学毕业后接掌黄登士名下产业，将公司总部迁往马尼拉，朝跨国公司的方向发展。

庵兜社薛清习 19 世纪中叶到菲律宾做店员，后自开商铺。其长子薛芬士 1883 年出生于马尼拉。1890 年入福州英华书院就学。1904 年返菲律宾，在宿务金顺昌商行任经理。1914 年移居马尼拉，后创办益华商业有限公司，专营进出口业务，成为菲华富商。蝉联多届马尼拉中华商会主席和名誉理事长。薛清习的次子薛敏佬 1887 年出生于马尼拉，先后在福州英华书院、美国密执安大学求学。从美国回菲律宾后，除从事律师工作，还与其兄合办益华公司、与李清泉等华商合资创办中兴银行，任该行董事长达 30 余年。薛敏佬之子戴维·西西普、历任多家企业的董事、董事长、总经理等职，曾在科拉松·阿基诺的政府中任资产私有信托委员会主席。

五通社孙有泰 1882 年到马尼拉谋生，从学徒做起，后发展成为著名企业家，经营范围涉及橡胶树种植、渔业、粮食加工、剧场、百货店等。其子孙敏佬 1922 年出生于马尼拉，为第二代华侨。创办的亚洲代理公司已经传至第三代。

薛厝社黄瑞坤 1883 年 16 岁时随其兄黄妈超（与祥店村黄妈超同名同姓）赴菲律宾，在棉三米示省当店员，后自营金顺昌商行，经营进出口生意，成为富商。清末回国从事商业投资和社会工作。其子黄平详继承宿务产业，亦为宿务商界名流。

围里社陈迎来 1884 年跟族亲南渡菲律宾，从布店学徒做起，后经营布店、酒厂，旗下的产业涵盖布业、酿酒、金融、造纸、食品等行业，酒产量最高时占全菲酒类产量的 70%。1914 年，倡导组织马尼拉华侨教育会并连续担任 15 年的华侨教育会会长，1930 年、1931 年连任两届马尼拉中华商会会长，1950 年病逝后，马尼拉市议会将陈迎来公司大厦所在的街道改名为“陈迎来街”。以馨泉酒厂为核心的陈氏企业由陈迎来的后人掌管，已发展成为菲律宾著名的跨行业的大型企业集团。

后坑社叶朝君 1888 年漂洋过海到菲律宾树殊根省哞叭社定居，受雇于当地一家华侨店铺，继而从事收购椰干，后创办信孚公司、信丰公司，并在马尼拉创办信诚商号，建立起城乡一体的购销网络，经营范围扩展到棉布丝绸业和房地产业。致富后捐资、献地创办哞叭社华文学校，被推选为“中华学校”校董会主席、树殊根省华侨总商会会长。

后埔社李香草原在在菲律宾山区经营小生意，后移居马尼拉，专营中国瓷器。李德万 1934 年生于马

尼拉。长大后在南岛三省推销香烟，后在马尼拉开设荣尼食品商业中心，经营海鲜。李德万的下一代中一人进入电脑业、一人进入服装业。

吕厝社吕裕1889年从厦门南渡宿务，因制造蜡烛、肥皂进入椰油生产行业。吕希宗1915生于菲律宾，1935年与其兄弟接管行裕公司，将行裕公司发展为多元化经营的行裕集团。1979年，营业额名列菲律宾第20位，被称为“椰油大王”。

薛厝社黄清商1929年赴菲律宾投靠其祖父。1936年祖传金顺昌进出口商行破产后，黄清商从小贩、椰干经纪人和推销员做起，后创办多家合资、独资公司。商业成功之后，热心当地公益事业和华侨华人社团活动，为菲律宾纳卯地区商界、侨界知名人物，出任纳卯地区江夏黄氏宗亲会理事长、华商会副理事长和菲律宾厦禾公会名誉顾问等多项职务。

钟宅社钟伟廉1930年从鼓浪屿英华中学毕业后赴菲律宾，从租赁一条小船来往于各小岛做小本生意开始，1946年12月成立伟廉船务公司，1949年将公司改组为股份有限公司，拥有20艘各式船只。1950年，被选为全菲航运界杰出人士。1953年后，多次当选为菲律宾的众议院议员。1986年，获得菲律宾海运部颁发的“泰莫尼尔奖”。1988年，当选为西棉三米示省的省长，成为有史以来菲律宾第一位出任地方最高行政长官的华人。

乌石浦社萧清鹤、后埔村李恒国先后于1930年、1937年到宿务，1978年与侨胞吕希福、何安顿等人共同发起成立菲律宾南岛厦禾公会，1990年改为菲律宾厦禾公会，有会员200余名。萧、李二人先后出任理事长、名誉理事长。

20世纪30年代，禾山人在菲律宾各地的中华商会中担任重要职务者不在少数，如马尼拉中华商会主席薛芬士为禾山庵兜人，宿务中华商会主席黄登士为禾山祥店人。禾山人在各地中华商会任职者所占的比例也相当大，如朗吗倪地中华商会职员中有85.7%是禾山人，武运中华商会职员中有55.6%是禾山人，宿务中华商会职员中有50%是禾山人［杨静桐：《菲律宾华侨年鉴（1935年）》］。20世纪60年代，担任苏禄中华商会主席的黄锦狮是禾山五通田头人。枋湖社的廖成力、乌石浦社的萧奕国、塘边社的林瑞永、钟宅社的钟武芳、庵兜的薛有文和薛振中、高林社的孙里奇、岭下社的叶贞良、后埔社的李淑敏、后坑社的叶磺治等，都是菲律宾华侨华人的代表人物。

二、辖内境域在新加坡知名华侨华人

殿前社陈泰1860年赴新加坡，后创立合春号，经营木材、菠萝园、罐头厂、地产生意，捐地支持当地城市建设。当地政府将陈泰所献之地命名为陈泰坊、陈泰巷，以资嘉奖。

祖籍马垅社的陈振传1908年生于新加坡，为新加坡第二代华人，毕业于英国剑桥大学，为新加坡金融界精英，任多家金融机构的董事、总经理、董事主席，并任新加坡产业公会主席、新加坡中华总商会副主席、新加坡立法会非官方医院领袖等职。

祖籍马垅社的陈启算生于1916年，为新加坡第二代华人，毕业于厦门大学，为新加坡木材加工、出口巨商。任新加坡锯木公会会长、新加坡禾山公会会长等职。

祖籍五通社的石炳丰生于1922年，为新加坡第二代华人，创立五洲行食油公司，产品行销世界各国，连任多届新加坡厦门公会主席。

钟宅社的钟泗滨1936年毕业于厦门美术专科学校，20世纪40年代赴新加坡，在南洋美术专科学校任讲师，多次举办个人作品展，1962年获新加坡共和国公共服务勋章。

祖籍马垅社的陈庆炎生于1940年，为新加坡第二代华人，1962年毕业于新加坡大学，后赴美国、澳大利亚留学，回新加坡后先在大学、金融机构任职，1979年后转入政界，连续当选国会议员，出任新加坡政府多个部部长一职，最高职务为政府副总理。

高崎社林瑞永1947年为逃避“抓壮丁”南渡新加坡，先做店员，后创立大益私人有限公司，专营欧美汽车零部件，成为新加坡著名汽车零部件进出口商。任新加坡禾山公会副会长、司理等职。

新加坡华人华侨中的湖里籍知名人士还有安兜社的薛武院、高林社的林添寿、湖里社的杨根旺、殿前社的陈万福、田中央社的许元文、殿前社的陈自秉、中埔社的陈耀南、乌石浦社的萧源和以及陈振团、杨永发等。

三、辖内境域在马来西亚知名华侨华人

马来西亚华侨华人的知名人士有林苍祐、陈火炎等，经济界人士有湖边社的杨永发和林存望、枋湖村的陈水川等。

四、辖内境域在缅甸知名华侨华人

殿前社陈伯甫的祖父19世纪末在缅甸定居，并在新加坡设有商行分号。陈伯甫20岁南渡新加坡，后回国就读浙江体育专科学校。1925年从新加坡移居缅甸敏建县开办肥皂厂，1947年后迁至仰光，成为著名洗涤用品制造商。历任缅甸华侨救济委员会主任委员、华商商会副会长、鹭江公会（后改为厦门联合会）理事长等职。陈伯甫育有4男4女，其中3人在缅甸经营两家企业，其余的迁居美国、法国、香港。

徐厝社徐赞周1891年到达仰光。先在一家华侨开的土产商店当职员，后与友人合伙开设瑞隆土产公司，渐至富有。1911年，发起成立缅甸华侨兴商公司，后改为缅甸华侨兴商总会。曾任缅甸中国同盟会参谋部部长、会长和筹饷会会长等职，民国初在缅甸开设鼎新书局。

祥店社黄和尚1927年赴缅甸良党，先在一家饮食店当伙计，后自己开设小杂货店。移居仰光后先后经营交通、汽车配件、拖鞋、胶鞋等行业，曾任缅甸华侨兴商总会会长、缅甸厦门联合会理事长等职。

第四节　港澳事务

清代，辖区境域开始有居民到香港经商、就业，并因此在香港定居。20世纪以来，一批海外华侨华人因为经商等原因从侨居地迁居香港，后在香港定居。此后，一批港胞家属陆续从湖里迁居香港。20世纪80年代以后，到湖里投资兴业的港澳同胞日益增多。1996年，湖里区组团访问香港、澳门，拜访企业家陈铭金先生，结交一批新朋友，增进港澳同胞对祖国和家乡的了解。

区外事侨务办公室负责处理辖区内港澳同胞的有关事务。

据2005年普查，全区在香港定居的有4410人，在澳门定居的有223人；区内香港同胞眷属920人、澳门同胞眷属112人。截至2007年年底，湖里区在香港定居的有4200多人、在澳门定居的有300多人。

附：湖里籍港澳同胞中知名人士

徐四民，祖籍徐厝社，出生于缅甸仰光，是缅甸华侨徐赞周的儿子。抗日战争期间在缅甸仰光参加华侨抗日救亡运动，是缅甸华侨抵制日货总会领导者之一。曾任缅甸华商总会理事长、华文报纸《新仰光报》社社长。1976年9月，移居香港。1977年，开设香港镜报文化企业有限公司，任董事长兼《镜报》月刊社社长、新和国货有限公司董事长，1992年到湖里考察厦门经济特区建设，1997年7月2日获香港特别行政区颁发的大紫荆勋章。是第一届全国人大代表，第一、五、六、七届全国政协委员，全国政协第八届常务委员会委员，香港特别行政区筹委会委员，厦门湖里区归国华侨联合会第一届和第二届名誉主席。

祖籍殿前村的旅缅甸华侨陈伯甫晚年定居香港，其长子在香港从医兼营医疗器械，次子为香港商界人士，曾当选湖里区第三届政协委员。

庵兜村薛池道1978年到香港定居，1986年后到内地投资建厂。

钟宅村的钟英全1975年到香港定居，20世纪80年代后到深圳、广州、宁波等地投资兴业。

第三章　涉台事务

第一节　机构设置

湖里区成立之初，涉台工作由中共湖里区委统战部兼管。

1995 年 3 月，成立中共湖里区委对台工作领导小组，由区委书记任组长，区长任常务副组长；同时，成立中共湖里区委对台工作办公室。1995 年 5 月，成立湖里区台湾同胞投诉中心，由区委副书记任组长，统战部长任副组长。以上机构为非常设机构。

1997 年 5 月，成立湖里区人民政府台湾事务办公室，与区委对台工作办公室一套人马合署办公。历任区台办负责人为陈媛（副主任主持工作）、周怡（2002. 9—　）。

湖里区涉台社会团体有区台胞金胞台属联谊会和区台商联谊会（详见本志第十八篇第三章第八节）。

第二节　台胞台属事务

一、台胞台属调查

1987 年湖里建区后，涉台工作机构对辖区内台湾、金门同胞及其家属的分布情况进行多次调查。

截至 2007 年年底，湖里辖区境域居住有台湾同胞 150 户、256 人，金门同胞 119 户、208 人，台属 339 户、2695 人。80% 以上的台胞台属和台湾的亲人保持正常联系。在湖里投资办厂的常住台商及其家属有近万人，就读辖区中小学的台湾青少年有近 200 人。

湖里区台湾同胞金门同胞台属普查统计

表 28-2

类别/年份	台湾同胞		金门同胞		台　属	
	户数（户）	人数（人）	户数（户）	人数（人）	户数（户）	人数（人）
1997	60	284	52	114	155	525
2003	115	188	117	202	168	590
2004	132	216	118	203	168	590
2005	150	256	119	208	167	591
2006	149	257	119	208	214	1773
2007	150	256	119	208	339	2695

二、落实政策

（一）平反冤假错案

1978 年之前，辖区境域的台胞台属普遍遭受不公正待遇。在土地改革中，部分台胞台属的土地、房屋等财产被没收或征用。在“四清”运动中，有的台胞台属被所在单位清洗退职。“文化大革命”初期，有的台胞台属被怀疑为“特嫌”，或被诬为“牛鬼蛇神”，造成冤假错案。

1981年8月后，中共厦门市委对台办根据有关政策，对辖区境域的台胞台属在此前的历次政治运动中遭到的不公正待遇给予纠正，对冤假错案给予平反。中共厦门市郊委为何江平等17人被诬陷为特务组织成员假案平反恢复名誉，清理销毁错误材料，消除受株连子女亲属的影响。台胞台属被征用的房屋和被查抄的财产一律归还，对错误开除公职、党籍、团籍的予以恢复，补发被扣工资，对其中年老体弱的按退休、退职办理；对因“台湾关系”受株连被判刑的给予改判无罪等；因“台湾关系”被迫下放农村的全部恢复城镇户口。

湖里建区后，继续做好台胞台属的落实政策工作。进一步落实历次政治运动中的冤假错案平反工作，财产、经济受损失者依政策给予弥补，生活、工作给予安置、照顾，经济困难的给予扶持救济。1991年，区政府向的殿前社台胞吴子云、安兜社台胞张清田和枋湖社台属叶水桶，以及金门同胞黄德英、林宝治等发放40～140元不等的生活困难救济金。2003年，区政府帮助返乡探亲台胞林女士（现居住台湾，其夫蔡先生为台北某区预备役少将）收回其父解放前遗留在禾山镇的一座200平方米的房产。

（二）照顾台胞台属子女

1998年12月31日，厦门市人民政府办公厅转发市教委《港、澳、台、华侨、外籍中小学生在厦门就读的办法》（厦府办〔1998〕188号），对台商子女提供优于“市民待遇”的有条件择校。2002年起，市区省一级达标中学和示范小学的起始年段预留15个学位安置台商子女；无本市常住户口的台商子女也可参加片区内初中电脑派位，中考可报考省一级达标学校；台商子女在厦门中小学就读期间，学籍管理与本市常住户口学生完全相同。在厦门公办学校就读的台商子女，一律免除借读费和任何与入学挂钩的赞助费。市教育基金会设立台生奖学奖励基金。

2006年4月，厦门市委教育工委、市教育局又推出《关于进一步加强对台教育工作的意见》，建立从入学咨询→（登记）备案→依照志愿安置学校→现场办公的配套机制。

高中阶段各类学校招生，台湾省籍（含金门、马祖籍）、持台胞证的考生，“享受5分照顾，择优录取”。

普通高等学校招生，台湾省籍考生可享受加20分的照顾，并可在同等条件下优先录取。

（三）欢迎去台人员回乡

1986年4月，辖区境域去台人员陆续回乡探亲、考察。居住台北台胞江亚民1989年10月—1990年10月先后5次往返台北与厦门。1989—1991年，辖区境域去台人员往返两岸之间147人次。2006年8月，厦金海空联运航线开通，往来两岸方便快捷，去台人员及台商往返日益增多。

（四）优待回乡投资办厂

1983年4月5日，国务院颁发《关于台湾同胞到经济特区投资的特别优惠办法》（国发〔1983〕57号）。1988年2月1日，厦门市政府颁布《关于鼓励台湾同胞在厦门经济特区投资的若干规定》（厦府〔1988〕综014号），台湾同胞在厦门经济特区兴办的独资企业、合资企业和合作企业（以下统称台资企业）除享受经济特区外商投资企业的全部优惠外，还享受特别优惠：台资企业凡投资工农业项目经营期在十年以上的，从获利年度起，第一至第四年免征企业所得税，第五年至第九年减半征收企业所得税；台资企业使用进口原料、零配件、元器件生产的产品，凡属国内市场有销路又需要进口的，或投资者提供了先进技术和设备的，允许有百分三十的产品内销，内销部分应照章征税或补税；台资企业建设期间和投产后五年内，免征土地使用费，在湖里工业区投资的台资企业还免收场地使用费。

1995年1月1日，《厦门经济特区台湾同胞投资保障条例》施行，鼓励台湾同胞投资者投资的项目，除享受法律、法规规定的待遇外，并享受下列优惠：（一）优先提供所需的土地、水、电、运输条件和通讯设施。（二）投资总额在1000万美元以上的，优先提供配套的生活设施用地。经批准可降低注册资本占投资总额的比例。（三）在生产和经营过程中所需的周转资金及其他必要的借贷资金，在同等条件下享受银行优先贷款。（四）企业用地从投产之日起五年内免交土地使用费。（五）免缴地方所得税。

2006年1月18日起，台湾居民在辖区境域内申请设立个体工商户，无需经过外资主管部门的审批，由湖里区工商行政管理局依照个体工商户登记注册有关法律、法规和规章予以核准登记。

2006 年 11 月，湖里区根据国家工商行政管理总局《关于加大台湾农产品商标权保护力度促进两岸农业合作的实施意见》（工商标字〔2006〕202 号）的要求，对辖区涉台商标的注册和使用等情况认真进行摸底排查，制定切实可行的工作措施。工商行政管理机关尽最大努力保护好台湾农产品商标权，维护好台湾农民正当权益，维护好大陆市场的信誉和形象。

三、台胞投诉受理

2004 年之前，受理投诉年结案率达 95%。2005—2007 年，受理台胞投诉求助情况见表 28-3。

2005—2007 年湖里区受理台胞投诉求助统计表

表 28-3

年份	受理情况	投诉件数	求助件数	合　　计
2005	受理件数（件）	7	38	45
	结案件数（件）	7	38	45
	结案率（%）	100	100	100
2006	受理件数（件）	10	32	42
	结案件数（件）	9	30	39
	结案率（%）	90	93.75	92.86
2007	受理件数（件）	4	39	43
	结案件数（件）	4	37	41
	结案率（%）	100	94.87	95.35

四、服务与政治安排

（一）服务

2003 年，组织湖里区女台胞参加“看湖里”活动，组织在湖里区中小学就读的台商子女参加“厦门市台胞青少年绿色环保夏令营”；2004 年，举办“爱国主义教育夏令营”；2005 年，举办“地震环保科普夏令营”；2006 年，举办湖里台商子女“在湖里一起成长夏令营”，赴泉州参观闽台缘博物馆和台资企业。

（二）政治安排

区人民代表大会和区政协成立之初，就将台胞台属作为人大代表和政协委员的界别之一，给予妥善安排。1996 年，成立中国大陆 8 个参政民主党派之一台湾民主自治同盟湖里支部，为台胞台属参与国是、参政议政提供政治平台。区台办按季度与台盟湖里支部召开对口联系会，传达区委、区政府重大决策，共同探讨做好对台工作的新方法、新途径，鼓励盟员参政议政，为区经济建设和各项事业发展建言献策。

1996 年后，区境内台胞台属多人次在全国政协、省政协、市人大、市政协和区人大、政协任职。截至 2007 年年底，台胞台属历任全国政协委员 1 人次、省政协副主席 1 人次、省政协常委 1 人次、市人大代表 2 人次、市政协委员 4 人次、区人大代表 10 人次、区政协常委 4 人次、区政协委员 16 人次。担任各级人大代表、政协委员的台胞台属积极参与湖里区经济建设和社会发展以及人事安排等重大问题的讨论、协商，提出意见和建议，在“三个文明”建设中发挥积极作用。同时，有多人兼任湖里区特邀监察员、党风廉政监督员、行风评议代表和机关效能监督员。

第三节　联宗睦族

一、族姓衍播

辖区境域为厦门岛农耕经济的发祥地，长期维持聚族而居的生活方式。多数族姓的分支衍播至台湾。

浦园陈氏分支北宋元符末年（1100）移居金门东浦，清雍正、乾隆年间，迁居台湾，台北、台中、高雄、金门均有陈氏后裔；殿前陈氏于明永乐年间移居金门，清雍正、乾隆年间移居台北、台中、南投等地。林后、庵兜等地的薛姓明清之际分衍至金门珠山、台湾高雄、彰化及台北等地；县后“五户陈”分支明清期间分衍到金门、台湾等地；五通坂美社石时荣清乾隆五十九年（1794）东渡台南，从事糖、米、茶叶、建材、纸张等贸易，成为台南石姓的开基祖，台南石氏与厦门石氏后裔均以石时荣郊行商号“鼎美”为灯号；侯卿（后坑）、枋湖、薛岭、江头、岭下等地叶姓多个支派明末清初先后渡台；乌石浦萧姓族亲、后裔分布台湾各地；西仓、泥金、东宅、西林、坂上的孙姓清康熙到嘉庆年间多个分支迁居台湾高雄、淡水、台南、新竹等地；湖里社杨氏清代及民国期间有分支迁往金门、桃园等地。

据调查，湖里辖区境域的林、黄、王、李、吴、刘、洪、郭、曾、何、吕、廖、高、江等姓氏均有分宗支派东渡台湾，繁衍生息。

辖区境域迁居台湾的知名人士有石时荣、陈宗凯、张宝镜等（详见本志第三十二篇）。石时荣的后裔石再添台湾师范大学史地系毕业、日本东京教育大学硕士、博士。曾在美国俄州大学（OSU）进行博士后研究。台湾师范大学地理系系主任兼地理研究所所长、台湾中国地理学会理事长。先后完成研究计划20余项，出版著作、论文230余种。获台湾“教育部”首届杰出研究奖。1991年，曾回坂美社祭祖、探亲。

二、寻根访祖

自清代至民国时期，清明祭扫祖坟，冬至在祖厝祭拜列祖列宗，移居台湾地区的禾山人回乡祭祖的习惯从无间断。

1949年之后，两岸的宗亲断绝联系达30年之久。1979年后，开始有个别台湾宗亲通过香港等地与祖地取得联系。

1987年11月，台湾当局开放台胞到大陆探亲后，原祖籍湖里的台胞回到湖里谒祖庙、访宗亲、对族谱、排辈序，感受故园亲情。区台办配合有关方面做好回乡台胞的接待、服务、宣传工作，消除台胞的思想顾虑。

图28-4　2005年9月台胞回乡祭祖

20世纪80年代末，台胞回乡探亲祭祖形成热潮。区境内40余座各姓祖厝（宗祠），在台胞及海外侨胞的呼吁下得到修缮、重建，成为台胞寻根祭祖、寄托乡思的重要场所。殿前陈氏在台湾的后裔1991年回湖里寻根，此后历年都组团回殿前继周堂祭祖。中国国民党元老陈立夫为浦园的嘉禾陈氏大宗祠题写匾额，中国国民党前副主席萧万长为乌石浦萧氏家庙题写“兰陵世家”牌匾，并于2005年9月到萧氏家庙祭拜祖先。台湾“中华大道文教基金会“董事长萧天赞于2005年9月到萧氏家庙拜祖。辖区各姓祖厝历年都有台湾宗亲前来祭拜。

第四节 文化交流

一、文化渊源

辖区境域传统上俗称禾山。禾山人与台湾的闽南人同属闽南民系，台湾的闽南人中就有禾山移民的后裔。禾山人与大陆迁居台湾的其他民系在血缘、文化等方面属同宗同源，与台湾的闽南人更是书同文、语同音、衣食住行同风同俗。1997年4月，为纪念海峡两岸关系的和平进程，经国务院台湾事务办公室批准，改造后的江头街被命名为“台湾街”，并在与吕岭路交叉处立牌，由海协会原会长汪道涵先生题写街名。2006年2月，湖里区境的钟宅湾大桥正式命名为“五缘大桥”，寓意海峡两岸存在地缘、血缘、文缘、商缘、法缘方面的联系。

辖区境域民间供奉的场所居前10位的神祇依次为福德正神（俗称土地公）、妈祖、保生大帝、观音、玄天上帝、池府王爷、清水祖师、关帝、王公、广泽尊王，这十位神祇也是被台湾的闽南民系广为供奉的。在台湾，闽南民系居住地的神庙基本上都是大陆闽南地区的分灵庙。湖里区在台湾设有分灵庙的宫庙有：

后坑资福院 始建于唐末。位于后院埔。系厦门岛内两座专祀东岳大帝的庙宇之一。厦门沦陷时被日本飞机炸毁。抗战胜利后重建。1995年重修。清代，后坑叶氏族人迁居台湾，将资福院的香火传入台湾台北、高雄。2000年以后，台北、高雄的叶氏宗亲常回乡进香。

高崎万寿宫 始建于明。宫内祀天妃及保生大帝。宫内还保存一方立于南明永历十三年（1659）的《颂崇明伯甘老爷功德碑》，是研究南明史的珍贵实物资料。1998年以后，台湾板桥广玄宫多次到此进香。

安兜青辰宫 由林后青龙宫分炉而来，系安兜村薛氏族人信奉的主要宫庙，祀妈祖、玄天上帝、关帝及薛德辉元帅，在台湾有分灵庙。安兜在台湾的薛氏宗亲多次回乡拜谒。

土地公信仰是闽台两岸民间最为广泛的习俗。仙岳山土地公宫（俗称岩仔内土地公宫、半山土地公宫）20世纪80年代末开始有台商前往祭拜。2006年冬，海峡两岸及海外信众发愿，捐资重建。该庙与台湾数十座土地公庙开展联谊活动，共同探讨、弘扬福德文化，成为湖里区一项传统文化活动。

湖里和凤宫等主祀保生大帝的宫庙成立鹭岛保生大帝庙宇联谊会，与台湾的祭祀保生大帝的宫庙保持密切联系，开展弘扬慈济文化的活动。

二、主要活动

1951—1977年，对台宣传以发动台胞、台属写家信，专题采访，录音报道方式，通过广播电台或报纸杂志，宣传乡情、乡音、家乡面貌，唤起台胞思乡情。此外，还向台澎金马“空飘”“海漂”祖国大陆土特产品，如各省、市政府赠送的贵州茅台酒、山西老陈醋、金华火腿、宁夏枸杞子、云南香烟、西湖龙井茶等。

中共十一届三中全会以后，根据“和平统一，一国两制”的总方针开展对台宣传，宣传形式有台胞台属座谈会、传统节日茶话会、学习报告会等。主要活动有：

1987年9月，台湾《自立晚报》记者到厦门经济特区采访。

1992年，对台宣传以介绍湖里开发开放投资环境和发展前景为重点，向台胞赠送《湖里投资政策汇编》《禾山镇志》《今日湖里》等资料。

1995年4月，配合中央电视台海外部在湖里区摄制《两岸通航话厦门》专题节目。

1998年起，区台联开始不定期编印《湖里台讯》，介绍湖里区对台工作动态、台资引进等情况，提供涉台信息和资料。截至2007年年底，共印发28期。

2001年，辖区一批文物保护单位被定为“厦门市第一批涉台文物保护单位”。

2003年，在湖里街道和通社区、禾山镇园山社区、金山社区开展“涉台教育工作进社区”活动试点举办知识竞赛、评选好婆媳、协助下岗台胞台属找工作、与辖区台商围炉、组织台胞看厦门等活动。

2005年农历元宵节前后，在湖里区江头片区举办以展示闽台民间艺术和美食为主题的“厦门首届元宵民俗美食文化节”。

2006年，在SM广场、台湾街、江头公园举办第二届厦门元宵民俗美食文化节。文化节晚会以“海峡情深”为主题，春节期间受胡锦涛总书记接见的十位台商与厦门企业家登台同唱《爱拼才会赢》。20多家台资企业参加“百家美食”和“台湾农副产品展”并举行义卖活动。

2007年，在江头片区举办以海峡两岸民俗文艺展演、名小吃联展为主要内容的第三届厦门元宵民俗文化节。同年，辖区一批保护单位被市文物管理部门列入“厦门市第二批涉台文物保护单位”申报名单(详见表28-4)。

2007年湖里区市级涉台文物保护单位名录

表28-4

名称	年代	地点	保护范围	保存情况
陈夷则墓	唐代	乌石浦村东南1公里	北至厦师挡土墙，东至林氏墓园，西南面由墓体各延长10米为界	专人维护保存完好
陈僖墓	唐代	乌石浦村内北部	前至公路，后及左右由墓体各延长20米为界	专人维护保存完好
陈僖墓（注）	唐代	仙岳路金尚段高架桥榕树下	由墓本体向东、西、南、北各端延长20米为界	专人维护保存完好
陈胜元故居	清代	殿前神山山麓	东、北面以殿前6号路为界，西侧由围墙外延10米，南侧由围墙外延5米	专人维护保存完好
萧氏家庙	清代	乌石浦社91号	家庙用地范围内	专人维护保存完好
后浦拱庚堂	清代	后浦社72号	待定	专人维护保存完好
高崎万寿宫	清代	高崎社3198号	待定	专人维护保存完好
杨氏宗祠	清代	湖里街南片47号	待定	专人维护保存完好

说明：2004年年底对该墓进行保护性发掘，证实墓主为陈僖之孙陈元通、孙媳汪氏夫人

第五节　经济往来

一、两岸“三通”

通邮　1993年，两岸邮政部门正式互办挂号函件业务；2000年，湖里区开通与台湾地区的电话业务。

海上通航　1997年4月19日，两岸“试点直航”的第一艘船“盛达轮”从海天码头起航，首航台湾高雄港。这是海峡两岸海运中断48年之后的首次通航。2001年年初，厦门与金门实现海上通航。2002年，在东渡建设厦门国际邮轮中心暨厦金客运码头。该码头用地面积约32万平方米，按年吞吐量150万人次及高峰集中旅客到达量3000人的功能要求、一级国际客运站标准设计，可停靠14万总吨的大型邮轮兼靠3万吨级集装箱货轮，另有2个3000吨级客运泊位和2个工作船泊位。主要为大型邮轮的停靠和厦金航线提供服务。截至2007年年底，主体工程基本竣工。

空中通航　1995年12月和1996年8月，辖区内的高崎国际机场实现经澳门、香港至台湾“一机到

底”的间接通航。1997 年，厦门国际航空港成为“两岸直航试点”。2006 年春节，厦门航空公司开通高崎机场直飞台北、高雄的春节包机航线。2007 年 4 月 4 日，厦门空港首次起降两岸清明包机，当天对飞四个航班，上座率超过 95%。

两岸贸易 湖里建区开始，就执行上级政府有关政策，对台湾产品开放市场，并给予免税、减税等优惠待遇。2006 年 1 月 20 日，台湾居民林永铭领到由湖里区工商局颁发的营业执照，成为厦门第一个台胞个体工商户。2007 年 9 月，厦门夏商农产品集团设在湖里区的厦门（闽台）花卉批发物流中心投入运营。中心占地规模约 26.67 公顷，设有市场交易区、花卉拍卖区、产业示范区、商务服务区、仓储配送区和配套设施区。同年底，设在中埔水果批发市场的台湾农产品中转集散中心基本竣工。集散中心拥有商务大厦、农产品恒温展示厅、保鲜冷库和交易区等设施，是大陆最重要的台湾农产品中转集散中心。

二、引进台资

1985 年 7 月，台湾企业家高新平兴办厦门经济特区首家台商独资企业三德兴（中国）集团有限公司落户湖里工业区。开启台资企业到湖里投资兴业的热潮。1989 年 3 月 2 日，设在湖里的台湾工业区动工，首期开发面积 8 万平方米。设在湖里区境内的象屿保税区、厦门高新技术产业区以优惠的条件、良好环境，成为台商在大陆投资的首选地。1995 年 1 月 1 日，湖里区开始实施厦门市人民政府颁布的《厦门市台湾同胞投资保护条例》，台商在湖里投资受到地方法规的保护。1993 年 6 月，台资企业厦门灿坤实业股份有限公司成功上市，成为大陆首家上市台资企业。2003 年 9 月 9 日，海峡两岸航空界首个合资合作项目——厦门航空港新货运站正式投入运营。该货运站占地 4.1 万平方米，建筑面积 3.1 万平方米，设计年吞吐量 15 万吨，由厦门航空港集团和台湾航勤（澳门）有限公司共同投资 2.24 亿元。同年，成立湖里区台商联谊会，是辖区内台湾企业家沟通信息、开展联谊活动的活动场所。2005 年 12 月 29 日，厦华集团将其持有的厦华电子 69% 的法人股股权中的 32.64% 转让给台湾“中华映管公司”合资控股的华映视讯（吴江）有限公司，“中华映管”以 3.11 亿元的代价成为厦华第一大股东。2006 年 1 月 17 日，台湾“中华映管”与厦华电子分别与厦门火炬高新技术区管委会举行投资建厂签约仪式，项目合计总投资近 30 亿元，计划两年内建成投产，届时将成为全球最大平板彩电基地。这是台湾“中华映管”成为厦华电子第一大股东后，双方强强合作，联手打造的首个大项目。

1987 年 11 月建区至 2007 年年底，全区累计批准设立台资企业 400 余家，合同投资额 4 亿多美元。

附：湖里区知名台资企业

三德兴（中国）集团有限公司 1985 年 7 月，高新平在湖里工业区创办，为湖里工业区首家台资企业。主要生产按键用硅导电橡胶制品和精密橡胶配件，是世界规模最大的按键用硅导电橡胶制品企业。1991 年，三德兴（中国）集团有限公司在新加坡挂牌上市。公司先后获全国外商投资双优企业、省“百佳”、行业“百强”、纳税大户、市外商投资企业“20 佳”等称号。江泽民、李鹏等国家领导人先后视察厦门三德兴公司。

玉晶光电（厦门）有限公司 1992 年成立，1994 年正式投产。公司位于福建省厦门火炬园区创新路 8 号玉晶大厦，资本总额 6000 万美元。玉晶光电专业生产各种玻璃镜片、球面及非球面塑料镜片、镜头以及客户委托的各式镜头的设计、开发及生产，其产品主要用于拍照手机、可视掌上电脑、背投影电视系统、前投影机系统、数码相机、传统相机、DVD、影像传输系统、医疗系统、激光领域、LED 领域、光学鼠标领域等。2005 年 12 月，玉晶光电集团在台湾证券交易所正式上市。

厦门华信混凝土工程开发有限公司 1994 年 8 月创办。主要经营商品混凝土的生产及运输、泵送、浇灌等业务。截至 2007 年，公司已生产出优质商品混凝土近 500 万立方米，承接包括厦门海沧大桥、国际会展中心、环岛路、人民会堂、国家会计学院、太古飞机大型维修库、思明软件园、金尚路立交桥等重点工程在内的 900 多个项目，向国家上缴税金超过 1 亿元，年年被湖里区评为纳税明星企业。总经理谢苍发2002年任厦门市台商投资协会的副会长，2003年任湖里区台商联谊会总干事长，2005年12月被中共湖里区委、区政府授予“湖里区创建全国文明城市工作先进个人”称号。

农友种苗（中国）有限公司 1989年设立，负责总公司台湾农友种苗股份有限公司在国内的业务，致力于蔬菜、花卉、草坪优良品种的研究与推广及农业资材产品的开发和应用。多次被评为全国外商投资双优企业和外商投资先进技术企业以及“重合同、守信用”企业，2003年9月获“中国种业五十强”的称号。总经理周骏声2006年1月受到国家主席胡锦涛的接见。

辖区内知名台资企业还有厦门大关轻工制品有限公司、厦门群鑫机械工业有限公司、拥华（厦门）家用品有限公司等。

三、公益慈善捐赠

（一）在台人士捐赠

祖籍在五通社的石时荣清光绪年间在台湾经营获得成功后，多次捐资作为军饷；下边社张宝镜民国期间捐资在祖地办私塾、修祖厝、建学校。逢年过节资助贫困乡亲。1959年逝世之前，每年汇款500元慰问村里的老人和学生。乌石浦萧姓在台湾的宗亲20世纪80年代回乡联宗之后，在乌石浦倡导公益慈善观念，发动萧姓宗亲成立教育基金会，奖励、资助考上大学的学生。

（二）台资企业捐赠

台商独资企业厦门大关轻工制品有限公司董事长罗宪德长期赞助湖里儿童才艺比赛，配合红十字会开展慈善捐助。2001年，任市台商协会公益主委，发起成立“红羽毛”爱心救助基金，积极倡导和参与爱心义卖活动，为先天性心脏病贫困患儿举办筹款慈善晚会，举办台商高尔夫球赛筹集善款资助贫困学生。2005年，当选为厦门市首届十大慈善人物，被厦门市委、市政府授予“厦门市创建全国文明城市工作先进个人”称号。截至2007年年底，捐赠公益慈善金额累计达92万元。

华信混凝土工程开发有限公司1997—2007年共向社会各种慈善、公益活动捐款近60万元。

第二十九篇 宗教风俗

佛教于唐天宝十四年（755）前后传入厦门岛，第一座寺院为位于枋湖村的觉性院。道教传入湖里区的时间无可考证，据民间族谱记载，最迟在宋天圣四年（1026），辖区境域已经有道教宫庙。基督教则于清光绪年间传入，清光绪二十六年（1900）在江头修建第一座教堂。

厦门解放后，人民政府实行宗教信仰自由的政策，协助恢复宗教组织，辖区境域的宗教信徒在厦门市宗教组织的领导下开展政治时事学习，参加抗美援朝反帝爱国运动。

“文化大革命”中，辖区境域各宗教都受到冲击，寺院、教堂被占用。僧伽、教职人员被遣散，宗教活动被迫停止。

中共十一届三中全会后，政府为“文化大革命”中受打击、迫害的宗教界人士“平反”。“文化大革命”中被占用的寺院和教堂的产业也在政府帮助下收回。辖区境域历史悠久的道教以民间信仰的形式恢复活动。

2007 年，辖区经政府主管部门正式登记的宗教活动场所 7 个，其中区管活动场所 5 个，市管、湖里区协管活动场所 2 个。基督教活动场所有新区堂、寨上堂、钟宅活动点、南山路活动点等 4 个。佛教活动场所有观音寺、觉性院、天竺岩寺等 3 个。

湖里诸神崇拜大多由泉、漳二地的移民带入，在明末清初传至台湾地区。各村社宫庙中往往奉祀着多尊神明，信众往往不是皈依某一宗教，而只是在心灵上信奉某些教义而已。大多数的人抱着“见佛就拜，有好无歹”的心态。

解放前，民间信仰活动在民众的精神生活、文化活动中占相当主要的地位。各村社宫庙多而杂，稍具规模的宫庙往往又同时是当时的保甲活动中心，并以此命名。如清末民初的昭塘保、福相保、北山保、西宫保、护安保等。当时的民间信仰中有求签、跳神、乞符等。祈求神明愿望常包含祈雨、农事、问病、消灾、婚姻等具体内容。

解放初期政府大力倡导破除迷信，宫庙大多改为驻军营房、队部、仓库、乡村小学等。“文化大革命”期间，民间信仰被视为“封建迷信”，神明偶像被摧毁，公众的民间信仰活动全部禁止。

改革开放以来，多数民间信仰活动逐步恢复，绝大多数宫庙先后重修。信众对神明的祈求愿望逐步转为求平安、避灾祸、添财，出现祈求行车安全（比如拜车头）、小孩升学等新的内容。求签、祈雨、乞符、驱鬼等迷信成分已经大大减少。活动中既有传统的神像巡境、“犁辇”，也有舞狮舞龙、“套宋江”和传统戏剧演出，还出现放映电影、社区腰鼓队表演、篮球比赛等文体活动内容。民间信仰活动的主流总的呈现诸神共存、祈福攘灾、展现民艺、娱神自娱。有的宫庙的神明“分香火”到台湾，成为联系台胞的桥梁。但是，宫庙重修和神诞的排场也出现过滥过于奢华的倾向，多年不见的念咒、踏火、穿针和乩童跳神现象又再重现。

1998 年以区委、区政府“两办”的名义联合印发《湖里区民间信仰宫庙管理暂行办法》，指导、帮助有民间信仰宫庙的社区居委会成立民间信仰活动场所理事会，建立健全管理制度，对民间信仰活动场所群体性活动进行管理。

2007 年，全区经政府主管部门登记造册的面积 10 平方米以上的民间信仰活动场所 116 个。

宗教和民间信仰管理见本志第十五篇第二章第六节。

民俗是约定俗成的行为习惯，具有物质和非物质的外在表现。湖里区绝大多数原住民是泉州、漳州地区的移民，属于汉民族泉漳民俗的范围。但是在具体的细节上，又表现出一定的差异。

湖里区旧时生产以农耕为主，沿海村庄则半农半海，而海业又以养殖海砺（蚵）最为主要。行业习俗体现了这些特点。

婚嫁大致从“周礼”，也就是2000多年前周朝所定的纳采、问名、纳吉、纳征、请期、迎亲等“六礼”。实际上就是议婚、订婚、迎娶3个阶段。湖里区婚嫁之俗，关键有对看、探家风、提亲、换手巾（吃定）、吃大定、送猪脚盘、过娶几个环节。婚嫁习俗适应男女平等的婚姻观，适应生产方式改变，生活节奏加快的变化，在程序上大多删繁就简。

辖区境域上世纪70年代末之前绝大多数是土葬，其习俗虽也由繁及简，但基本延续旧时的初丧、小殓、大殓、出殡、下葬、孝祀，既烦且费，民谚谓：“父母倒落山，家伙由人搬。”实行火葬之后，其中的风水、置棺、下葬已经不复存在，所留存下来的部分，依然掺杂着不少迷信和奢费。旧例新规交织，常常让丧主无所适从。丧礼本着“事死如生，慎终追远，力尽孝道”，寄托对死者的哀思和敬意。旧时借此办法事，做功德，“杀库钱”之俗已不多见。停柩早在30年代就列为“禁革陋习”之列。70年代后，实行火葬，丧事大大从简。然而排场攀比，靡费之风还难杜绝。

湖里区历史上为半农半渔的农耕经济区域，传统年节多是农耕社会遗留的产物，体现尊重自然、避凶趋吉的心理，承载着千百年的传统文化内涵，也有与时俱进的创新，在欢乐祥和之中讲究礼仪、体面和排场。民国初始采用公历，在传统节日之外增设许多节日，其中有国耻纪念日、国际妇女节、国际劳动节、国父纪念日等。中华人民共和国成立后，增设的节日中有“五四”青年节、国际儿童节、国庆节等。改革开放以来，西方的情人节、母亲节、父亲节、圣诞节等逐步为部分年轻人所接受。

湖里区历史上民间信仰活动相当活跃，各个村社都建有宫庙，供奉当境神明。各宫庙一般在所供奉的神明诞辰之日举办庙会，由此衍生一系列民俗节庆活动。

第一章 宗 教

第一节 佛 教

辖区境域的佛教实行寺庙自行管理的方式。厦门解放后，辖区境域佛教活动纳入厦门市佛教协会、市佛教居士林的管理。湖里建区后，辖区佛教界比丘、比丘尼和佛教居士均由市佛教协会和佛教居士林负责登记、管理、组织开展宗教活动。

辖区的佛教活动场所有：

觉性院 位于湖里区禾山街道枋湖社区，2001年登记为宗教活动场所。觉性院是厦门岛第一座佛教寺庙，有1000多年的历史。据传为唐代中叶迁居厦门岛的陈姓家族创建。据《鹭江志》记载，觉性院鼎盛时期常驻僧达八九十人。觉性院的殿宇经过多次修缮、重建，寺院的建筑布局和范围发生很大的变化。“文化大革命”期间，觉性院遭到严重破坏，基本废置。1991年，当地菜姑吴喜老人募款重修觉性院大殿，恢复活动。后经湖里区民宗局同意，厦门市佛教协会委派德煌法师为觉性院住持。

观音寺 位于仙岳山东麓仙岳路，坐落于仙岳山腰，坐西北向东南，原建筑占地400多平方米。1994年，厦门市佛教协会副会长定恒法师主持筹建。至2003年，完成山门、主殿、大悲殿、万佛塔、五观堂、香积厨等工程，总建筑面积近9000平方米。寺内的大悲殿供奉高8.8米的毗庐观音菩萨铜像。寺庙右侧高78米的万佛宝塔有“厦门佛教第一塔”之称。宝塔底层供奉木雕金妆千手观音，二层以上拟供养佛菩萨11111尊。观音寺的开山住持为定恒法师。住寺僧伽6人。每星期六举行一次念佛法会；每月农历十九日举行大悲法会；每年正月、六月各举办一次万佛法会。

天竺岩寺 位于仙岳山半山，始建于清初康熙末年，是古德山僧持行禅修居所。数百年间几经兴废。清末，南山寺僧转密禅师挂锡该寺，苦心经营。民国28年（1939）转由善琳上人住持。后由善琳上人法属正明法师住持。抗战胜利前夕，岩寺毁于火灾。1997年6月，南普陀寺明德法师等发起募捐，重建天竺岩寺。规划总占地面积3.65公顷，总建筑面积约10000平方米。截至2007年年底，法堂、南北殿、钟鼓楼、九龙殿、竹缘阁、关帝庙、土地庙等基本完工，2007年春节举办首次大型活动万佛法会。

第二节 基督教

一、传入

清同治元年（1862），基督教美国归正教会和英国长老会、英国伦敦公教会三个教派联合成立漳泉大会。清光绪年间，基督教漳泉大会厦门宣道区开始派人在江头一带传教。

1953年后，禾山地区基督教徒在厦门市基督教会统一组织下参与开展全国性的“三自革新”运动，实行“自治、自养、自传”，成立厦门基督教“三自爱国运动委员会”。“文化大革命”中，基督教神职人员和教徒遭受不公正待遇，被迫停止宗教活动。

1981年，成立厦门市基督教协会，与基督教三自爱国运动委员会一起被简称为基督教两会，作为管理全市教会的机构。1984年，辖内境域的基督教活动恢复正常。

二、活动场所

清光绪二十六年（1900），建成江头礼拜堂。原址在禾山江头街埭岸头，为厦门新街堂会的支会。民国19年与桥头（湖边）并为湖江堂会，后增加林后堂会。民国26年，辖区境域有江头、寨上、桥头、林后等4个基督教活动地点。4个活动场所沿用至1957年。1958年，禾山地区基督教活动场所合并到寨上。历任牧师有施恭敬、王其尝、施仁德、卢传溪、王崇仁等。

1984年，辖区境域江头、寨上、钟宅等3个基督教活动点陆续恢复活动。至2007年年底，辖区境内有新区堂、寨上堂、钟宅活动点、南山路活动点等4个基督教活动场所。历任牧师为吴其璧、蔡羡石。

图29-1 1984年后重建的寨上社基督教堂

厦门市基督教新区福音堂 前身为江头礼拜堂，1958年后停止活动。遗址于2002年改建为江头公园。1993年4月，在仙岳路与成功大道交汇处兴建新区福音堂，1996年4月21日落成献堂，同年7月正式使用。原江头堂的信徒并入新区堂会牧养和管理。新区堂占地面积2800平方米，建筑面积3500平方米，内设车库，主堂配备德国进口管风琴和LCD投影仪，空调等设备，主堂和副堂可同时容纳约两千人聚会。主日3场聚会，分别用闽南语和普通话崇拜，聚会人数约3000人。为2006年第四届世界合唱节友好音乐会演出场所之一。至2007年，有专职教牧4人，专职同工6位。李丽辉任主任牧师，为新区堂的法人代表。现有长老执事22人，义工逾300人。教会已开展事工18项，并创有堂刊《方舟》。

第二章 民间信仰

第一节 祭拜活动

一、宫庙

辖区各村社历史上都有宫庙供奉神明偶像。2007年，湖里街道有14处、殿前街道有22处、江头街道有19处、禾山街道有42处、金山街道有62处。宫庙中主祀的神明有49种之多，其中主要的神明列表如下：

2007年湖里区主要民间信仰神明供奉场所统计

表29-1 单位：处

宫庙名称	宫庙数	宫庙名称	宫庙数
土地公	35	池府王爷	7
妈祖	32	清水祖师	6
保生大帝	27	关帝	6
观音	15	王公	5
玄天上帝	8	广泽尊王	4

2007年湖里民间信仰主要宫庙

表29-2

街道	序号	地点	名称	主祀	配祀
湖里	1	徐厝	福源宫	保生大帝	—
	2	薛厝	龙兴宫	妈祖/保生大帝/仁圣大帝	王祖/中坛元帅
	3	后浦	龙会宫	五谷仙帝	妈祖
	4	塘边	圆塘宫	保生大帝/妈祖	—
	5	塘边	龙渊宫	妈祖/保生大帝	—
	6	塘边	云岫庵	观音	如来
	7	塘边	土地庙	土地公/文财神/武财神	地藏王/观音/注生娘娘/文昌/关帝/月老
	8	濠头	濠沙宫	保生大帝/妈祖	关帝
	9	濠头	凤山庵	观音	—
	10	村里	龙苍宫	妈祖	王公/王娘
	11	湖里	和凤宫	保生大帝/妈祖	中坛元帅/朱神童/姜神童

续表29-2

街道	序号	地点	名称	主祀	配祀
禾山	1	枋湖	太源宫	妈祖/保生大帝	赐王府/护国尊王/龙安尊王
	2	枋湖	郎天府宫	朗元帅	—
	3	梧桐	忠源宫	李府元帅	五谷仙帝
	4	梧桐	兴源宫	上帝公/保生大帝/妈祖	—
	5	穆厝	二河宫	崇德尊王	妈祖
	6	穆厝	水源宫	妈祖	—
	7	卢厝	王公宫	王公/王婆	—
	8	林后	青龙宫	玄天上帝/保生大帝/妈祖	普庵菩萨/大圣爷
	9	庵兜	青辰宫	玄天上帝/保生大帝/妈祖	—
	10	庵兜	白莲庵	观音	薛府元帅
	11	钟宅	王公宫	护国尊王	—
	12	钟宅	妈祖宫	妈祖	—
	13	钟宅	澜海宫	观音	关帝/韦驮
	14	钟宅	保安宫	广泽尊王	—
	15	围里	保安宫	大使公	—
	16	围里	会福殿	温府王爷	—
	17	围里	福德宫	土地	—
	18	坂上	惠济宫	五谷仙帝	王爷祖/甘斋爷
	19	坂上	护福宫	王公/王婆	—
	20	坂上	武安宫	上帝爷	—
	21	坂上	水尾宫	土地/祖师公	—
	22	县后	庆安宫	上帝爷	妈祖/三忠王/水仙王
	23	县后	兴龙宫	树王公	妈祖
	24	县后	土地宫	土地	—
	25	尚忠	正顺宫	三使公/妈祖	—
	26	尚忠	土地庙	土地	—
	27	墩上	龙源宫	池府王爷	—
	28	墩上	王公宫	护国尊王/王娘	—
	29	墩上	福寿宫	土地	—
	30	岭下	天泉宫	张天师/杨府大使	温府王爷/池府王爷/玉皇上帝/玄天上帝
	31	下忠	龙顺宫	树王公/王娘	大圣爷
	32	下忠	长瑞宫	池府王爷/王娘	—

续表29-2

街道	序号	地点	名称	主祀	配祀
江头	1	吕厝	保安宫	清水祖师/玄禅公	—
	2	吕厝	水仙王宫	水仙尊王	上帝公/土地公
	3	后埔	禾济宫	吴府王爷/关帝	—
	4	刘厝	定安宫	妈祖/吴府王爷	—
	5	祥店	水源宫	相公爹/相王公	保生大帝
	6	薛岭	龙源宫	都督府王/保生大帝	—
	7	浦园	碧山宫	池府王爷/普庵菩萨/太上老君	关帝/观音
	8	古地石	寿亭殿	关帝/妈祖	—
	9	蔡塘	资寿院	仁圣大帝/池府王爷/刘府元帅	关帝/祖师公
	10	乌石浦	洞炫宫	保生大帝/妈祖	—
	11	江头	广福寺	观音/地藏王/韦驮	妈祖/土地/注生娘娘
	12	江头	广源宫	水仙王公/王娘	玄天上帝/孙府王爷/九天娘娘/济公/土地
	13	江头	龙泉宫	三王爷（朱、邢、李）	孙府王爷/关帝/三太子/土地
	14	江头	济南宫	保生大帝/祖师公/吴府王爷	—
殿前	1	高崎	万寿宫	保生大帝/妈祖	林希元/大元帅
	2	高崎新村	万顺宫	关帝	林希元
	3	中埔	拱极宫	保生大帝	郭元帅/二君子/三忠良/如来
	4	高崎	土地宫	土地	—
	5	殿前	幕清宫	妈祖/保生大帝	—
	6	殿前	清水宫	清水祖师	—
	7	殿前	中正宫	王公/王娘	—
	8	殿前	东山宫	白鹤仙祖	—
	9	殿前	静修寺	观音/三宝佛	地藏/加蓝
	10	殿前	龙发宫	王公/王娘	—
	11	殿前	拱南宫	土地	—
	12	殿前	福德宫	土地	—
	13	寨上	分源宫	广泽尊王	—
	14	寨上	灵著宫	妈祖/中坛元帅/仙姑娘妈	托塔天王/雷公
	15	寨上	镇源宫	广泽尊王	—
	16	寨上	土地庙	土地	—
	17	寨上	土地庙(下路)	土地	—
	18	马垄	龙惠宫	保生大帝	—
	19	小东山	龙会宫	妈祖/广泽尊王	—
	20	古塘垄	古龙宫	妈祖	刘府元帅

续表29-2

街道	序号	地点	名称	主祀	配祀
金山	1	洪水头	旗真宫	广泽尊王	观音/李元帅
	2	田里	旗山宫	林希元	妈祖/观音/朱王爷/相公/李府元帅
	3	前头	金汤宫	王公/王娘/王爷公	—
	4	高林	保安殿	蔡妈夫人	—
	5	高林	会堂宫	关帝	朱王爷
	6	西村	镇美宫	真异大师	—
	7	路下	镇湖宫	真异大师	—
	8	黄厝	兴榕宫	妈祖	相王公
	9	后门	小厅宫	土地公	子孙娘娘
	10	昭塘	观音寺	观音	—
	11	田头	捷龙宫	真异大师	—
	12	林边	聚会宫	威猛大使	马府元帅
	13	莲山头	莲寿宫	威猛大使	马府元帅
	14	马厝	玄英殿	池王爷	关帝/马太姥祖
	15	后坑前社	资济殿	池府王爷	三忠王
	16	后坑后社	资福院	仁圣大帝	王爷祖/祖佛/王祖
	17	金山二里	福寿宫	保生大帝/观音	土地
	18	下湖	福庆宫	保生大帝/妈祖	上帝爷/林希元
	19	上湖	福庆宫	保生大帝/妈祖	林希元
	20	洪塘	昭福宫	保生大帝/妈祖/相公爷	—
	21	洪塘	龙湫亭	三宝佛/观音	普贤/文殊/地藏
	22	西潘	福元宫	妈祖/保生大帝/观音	广泽尊王/池府王爷/王母娘娘/崇德尊王/潘公祖/王祖公
	23	西头	威灵殿	清水祖师/广泽尊王	罗车
	24	店里	东龙宫	日月二大使	罗车/文昌公
	25	店里	慈悲堂	观音	—
	26	浦东	小西天	观音	元帅祖
	27	坂尾	中山宫	清水祖师	王爷祖/大德禅师
	28	坂尾	杨五郎庙	大德禅师	—
	29	坂尾	东寿宫	妈祖	—
	30	畚后	东福宫	妈祖/保生大帝	元帅爷
	31	霞边	凤山宫	三忠王/普庵菩萨	指挥使
	32	霞边	青龙宫	清水祖师/妈祖/王爷祖	—
	33	霞边	龙安宫	妈祖	—
	34	凤头	会堂宫	观音	刘府元帅/土地
	35	凤头	东阳宫	妈祖	—
	36	浦口	瑞云宫	池王爷/四海龙王	开闽王/祖婆/上帝爷/三元帅/观音
	37	东宅	启明宫	妈祖	—
	38	泥金	兴隆宫	保生大帝/妈祖	真异大师/蔡王爷
	39	路下	王公宫	王公	—

2007 年湖里民间信仰一般宫庙

表 29-3

序号	地点	名称	主祀
1	塘边	王爷宫	五府王爷
2	围里	妙莲寺	观音
3	忠仑	神宵宫	妈祖/关帝/天尊公
4	下湖	释门寺	三宝佛/观音
5	蔡坑	万福寺	三圣
6	薛厝	土地庙	土地
7	后浦	土地庙	土地
8	林后	土地庙	土地
9	庵兜	土地公宫	土地公
10	钟宅	土地庙	土地
11	钟宅	圣祖庙	—
12	钟宅	二圣祖庙	—
13	围里	杂姓祖庙	百姓祖
14	岭下	水尾宫	土地
15	下张	土地公庙	土地
16	下张	挑娘庙	挑娘
17	后埔	水尾宫	土地
18	蔡塘	土地庙	土地
19	蔡塘	汪氏仙姑庙	仙姑
20	乌石浦	土地庙	土地
21	江头	土地公庙	土地
22	高崎	石狮宫	石狮公
23	殿前	拱东宫	土地
24	洪水头	水尾宫	土地
25	前头	水尾宫	土地
26	高林	土地公宫	土地
27	黄厝	上塘宫	土地
28	下湖	耀生宫	耀生伯
29	西潘	土地庙	土地
30	西潘	水尾宫	土地
31	西潘	游勇宫	—
32	店里	社头宫	土地
33	店里	社尾宫	土地
34	崙后	水尾宫	土地
35	崙后	万仙堂	—
36	霞边	土地宫	土地
37	霞边	三富翁宫	三富翁
38	霞边	万寿堂	张公大祖
39	凤头	土地宫	土地
40	五通	万人坑祖庙	万人坑祖
41	浦口	姑婆宫	姑婆祖
42	浦口	福龙宫	土地
43	东宅	水尾宫	土地
44	泥金	姑婆宫	姑婆祖

二、祭拜习俗

民间信仰中敬拜神明俗称为“拜佛”，而不管该神明是否属于佛教。与神明交流的办法主要是在上香后的卜玟杯，俗称“卜杯”。玟杯面向上为阳，向下为阴。一阴一阳称为“圣杯”，主吉，表示可行，连续3个圣杯为上上之象；玟杯二阳称为“笑杯”，意味神明对你所求还不明白；玟杯二阴叫做“怒杯”，表示否定、不赞成，连续3个怒杯主凶。求签也是和神明交流的形式。上香跪拜向神明诉说所求得事由，之后摇动装满签枝的签筒，最先跳出来的一枝为是。对应签枝都有一首签诗，请宫庙中专门解签诗的人依此解析。“上上签”表示所求事项是“最吉”，下下签为最差。辖区宫庙中设有签诗的有后埔禾济宫、殿前东山宫、江头观音庙、洪塘龙湫亭等。薛岭龙源宫的求签不使用签枝和签诗，而是用八角的签筒在长条石板上滚动后显现签语。

图 29-2　乌石浦洞炫宫

在神明前发愿，将来如果所求愿望实现，必须还愿。还愿的方式常常是“添油”，还有为神像添锦披、帐幔，或者在神明纪念日献戏。如果许愿时把庙中奉敬的“红米龟”乞走，将来还愿时还要奉还数倍的“红米龟”以表示感恩。

多数居民家中设有“佛龛”，奉观音、土地神的居多，再者是关帝或清水祖师、三坪祖师。每日或每月初一、十五/初二、十六，或所供神明纪念日上香祷告，祭品通常是糕点、水果。

每年除夕还要敬拜主管“厝宅”的宅神（又称地基主），十二月廿四祭拜主管柴灶饭食的灶君公。每月的初一、十五或初二、十六敬拜“门口公”。“门口公”一说是顾看大门的神，一说是在门口的无主亡灵，又称“好兄弟”“门口公”“老大公”“大众爷”“观众”。家有小儿者也常在床边敬拜“床母”。以上这些神明并没有特定的神位和偶像，敬拜的供品以糕点和日常饭菜为多。敬拜时鞠躬作揖，低声祷告即可。

平时到宫庙“拜佛”供品常用红米龟、发糕、甜粿、咸粿等。全鸡、全鱼、肉“三牲”或火腿肠、鸡蛋、面线称为“小三牲”，连同酒合称“牲醴龟粿”。

神明纪念日在宫庙中敬拜，村社各家各户和外地信众敬献供品、上香、焚金纸、祷告、“卜杯”，而且要“添油”，即为神明和宫庙活动献钱，从本社出嫁的女儿也要回娘家宫庙参拜、“添油”。神明纪念日庙会活动的形式主要有作醮、请火、巡境、吃香位、献戏、烧王船等。

作醮时在宫庙供桌上扎神坛，摆丰盛的供品，有茶叶、蜜饯、酒、红龟糕粿、三牲、五果、六斋、12碗菜。极为隆重时的供品也有请宾馆特制的大菜佳肴，还有整猪整羊（俗称趴猪趴羊）、山珍海鲜干货等等。道士或主事人祷告，吁请天公、当境或外境神明降临。

请火，又称“请香”。辖区内常见有妈祖到何厝妈祖庙请火，大道公（保生大帝）到海沧青礁、龙海白礁慈济宫请火。请香的车队一路锣鼓喧天，到主庙后，上香祈告，鞭炮大作，神辇颠簸绕场，乐队腰鼓尽兴表演。主事人郑重其事地取得主庙的香灰和点燃的三炷香放入专门的“香担”，迎回本村社的宫庙。请火仪式意在强调该社宫庙的正宗真传。

“巡境”意味着神明巡视它所管辖的地盘。一般按事先确定且安有符令的东南西北中五个方位游走。游走时大鼓开道，神辇居中，艺阵前呼后拥，信众持香随后。如，有信众在自家门口或商铺门口设香案迎祭，神辇会稍做逗留，接受膜拜，俗称“吃香位”。

地位较尊的神明宫庙前一般设有戏台，在神明诞日放映电影或演戏酬神，少则三五日，多则经月。

村社宫庙一般设有“管理委员会”负责日常事务管理。举办重大活动大都采用“卜杯”方式决定主持人。其费用除了信众“添油”之外，大多由经营顺利者、还愿者、“娶新媳妇”和考上大学的家庭自愿捐献。

第二节　民间信仰神明

一、自然神

“天公”崇拜　天公是本区信众对玉皇大帝的尊称，正月初九天公生日，家家户户都有极隆重的祭拜。拜天公隆重而庄严，摆丰盛的供品，上极好的香烛，烧特制的金纸，而且常在凌晨举行。燃放鞭炮和焰火的旧习难以禁止。此外，每年的正月初一、十二月廿四“送神”，还有娶亲结婚盖房“上梁”都要“拜天公”。许多村社神诞要先设坛迎请天公。新建的宫庙、祠堂举行“开宫门”“开祖厝门”仪式时，都要先设“天公坛”迎请天公降临赐福。

土地神崇拜　土地神俗称土地公，是辖区内民间信仰中最普遍的神明，主祀土地神的宫庙最多。其中最具规模的是仙岳山半山土地公庙。该庙历史较久，20 世纪 80 年代后，外来打工者中和周边社区的信仰者日众，逐步形成影响较大的民间习俗，该庙扩建后成为海峡两岸福德文化研究、交流的主要场所。其次是位于田中央、后门的小厅宫，其信众主要集中在辖区东部。其他奉祀土地神的宫庙多数规模较小，有的称为水尾宫。除了主祀土地神的宫庙之外，几乎所有的宗祠都设有土地神的神位，多数奉祀其他神明的宫庙也设土地神的神位，民众家中大都有奉祀土地神像。每月的初二、十六以家常饭菜作为供品为土地公“作牙”，十二月十六称之“尾牙”，供品稍为丰盛。以往凡是建造房屋、挖井、打石、土葬，也得先敬拜土地神，有“得罪土地公，鸡鸭饲不活”之说。

树神崇拜　辖区民众俗信大树古树有灵，敬者降福，不敬有灾。有在树头围红布带，烧香以求平安的习俗。县后树王宫、下张龙顺宫主祀树王爷，六月初三为树王爷“做节”。

白鹤神崇拜　殿前西隅有白鹤寺。据传旧时有石如鹤，有“白鹤下田”之景。后来，白鹤人格化为“白鹤仙祖”，当地俗称“仙公”。

二、水神

妈祖　高崎、五通一带的渔民船上都有专奉妈祖的神龛。主祀妈祖的宫庙主要有钟宅妈祖宫、殿前幕清宫、寨上灵著宫、凤头东阳宫、霞边龙安宫，仑后东福宫、村里龙苍宫、枋湖太源宫、小东山龙会宫、穆厝水源宫、尚忠正顺宫、刘厝定安宫、黄厝兴榕宫、西潘福源宫、东宅启明宫等。每年三月廿三日妈祖诞辰之前，辖区内各主祀妈祖的宫庙都要到何厝香山边的妈祖宫请火。“请火”回后绕村社“巡境”接受信众膜拜，庙前演戏数日。先前请火多数只是人挑香担，到妈祖宫引香火，捧小尊妈祖像“过火”。近来请火常有十数辆小车、大巴，旗幡高举，锣鼓喧天，腰鼓队、西乐队表演助阵。在钟宅湾和浦口海面，妈祖神诞前后的时令，海中常有白海豚出现，据说白海豚能引导渔船在遇险时脱离险境，被渔民称为“妈祖婆鱼”。

水仙王　水仙王为大禹、屈原、伍子胥，亦泛指治水或与水有关之历史人物。江头、吕厝一带旧时为滨海码头区，故有江头广源宫、吕厝水仙王宫一类的水仙崇拜。但已不局限在与海运相关的人群，而以其能赐福消灾为普通百姓所接受。水仙王神诞为十月初十，祭拜活动与其他神明无异。

三、医药神

保生大帝　俗称大道公、吴真人。辖区内主祀保生大帝的宫庙有 27 处之多，其中有湖里凤和宫、高崎万寿宫，徐厝福源宫、湖边福庆宫、林后青龙宫，濠头濠沙宫、薛岭龙源宫、塘边圆塘宫、中埔拱极宫、泥金兴隆宫、乌石浦洞炫宫等，不少百姓家中奉祀保生大帝。各主祀保生大帝的宫庙都参加“鹭岛保生大帝庙宇联谊会”，轮流主办各种活动。三月十五是大道公神诞，在此前后，各宫庙均组织到青礁慈济宫“请火”，参加“海峡两岸保生大帝慈济文化节”。

四、佛教俗神

观音 辖区内主祀观音的宫庙以洪塘龙湫亭最为著名，此外还有庵兜的白莲庵，钟宅的瀛海宫、昭塘的昭塘宫、江头的广福寺、殿前的净修寺。信众通常尊称观音菩萨为“佛祖”，称主祀观音的宫庙为“佛祖宫”。每年二月十九、六月十九、九月十九相传是观音的诞辰日、成道日、涅槃日，信众通称为“佛祖生”，纷纷到观音佛像前献花诵经，敬献牲礼，祈求“观音保佑”。许多信众家中供有观音神像。近年来，信众到浙江南海普陀山参拜“南海观音”的风气日益盛行。

清水祖师 辖区内信众尊称清水祖师为“祖师公”，主祀清水祖师的宫庙有吕厝保安宫、殿前清水宫、霞边青龙宫、坂尾中山宫等。有的信众则到安溪清水岩寺请清水祖师神像在家中供奉，每年正月初六“祖师公生”，主祀清水祖师的宫庙例行举办庙会，为祖师公进香演戏，为信众消灾添福保平安。

三平祖师 “三平祖师公”的庙宇在平和县。历史上辖区境域信众旧有到三平寺进香的习俗。当时交通不便，信众乘车抵达漳州后还得徒步十余里才能到达三平寺。到三平寺“一路不得回头”“喝溪水也能充饥”的灵验故事曾流传一时。湖里无专祀三平祖师的宫庙，信众多是到三平寺乞香火，请回神像在家中敬拜。

五、圣贤功臣

五谷神炎帝 神农氏被尊为“五谷祖”“五谷神”。坂上惠济宫、后浦龙会宫主祀五谷神，又称五谷仙帝。五谷仙帝神像手执谷穗，赤足裸臂，草裙系腰，皮肤黝黑，留有先民的原始形象。旧时敬拜五谷仙帝大多为了祈求风调雨顺、五谷丰登，后演变为求平安、求财运。

关帝 主祀关帝的宫庙有高崎的万顺宫、蔡塘的资寿院、高林的会堂宫、古地石的寿亭殿等。五月十三为关帝纪念日，照例有参拜、游神、献戏的庙会。是日如果下雨，俗称关公“磨刀水”，视为吉兆。商家、店铺亦奉关帝为财神，设有关帝的木制神像在店中奉祀，每日敬拜。

开闽王 薛岭龙源宫原为祭祀开闽王侄儿的宫庙，当地信众尊称为“公祖”。薛岭山北麓的枋湖、梧桐每年正月初六要到龙源宫请“公祖”出巡，接受当地信众的敬拜，称为“请丈公”。正月廿二薛岭山南麓的祥店、后埔又要请“公祖”到当地敬拜，称“吃香位”，并到刘厝、浦园、江头等地巡游。后演变为祭祀开闽王的宫庙。

三忠王 三忠王即南宋文天祥、陆秀夫、张世杰，三人并称“宋亡三杰”。宋景炎元年（1276），南宋幼帝南逃时经过嘉禾里。霞边社立有凤山宫祀文、陆、张三忠王，每年九月十六举行庙会，祭拜三位忠臣。

广泽尊王 广泽尊王又称保安尊王，为南安、安溪一带的保护神。俗信广泽尊王能通医道、驱百病。辖区内主祀广泽尊王有寨上镇源宫、钟宅保安宫、西头威灵殿等，祖庙均为南安诗山的凤山寺。

六、王爷信仰

王爷信仰的来源比较复杂，一般认为是冤魂转世的瘟神，后来演变为威力强大的“千岁”，行“代天巡狩”的职能，进而成为庇护百姓、保境安民的王爷。王爷有数十个姓氏之多，塘边王爷宫奉祀五个王爷，称“五府王爷”，江头龙泉宫奉祀朱、邢、李三王爷，围里会福殿祀温府王爷，古塘垄古龙宫祀刘府王爷，吕厝水仙王宫祀孙府王爷，后浦禾济宫、祥店水源宫祀吴府王爷，墩上龙源宫、下张长瑞宫、后坑资济院、浦口瑞云宫、蔡塘资福院等祀池府王爷。

池王爷名然，明代南京人，传说往漳州赴任途中，在同安小盈岭为保护众生自服瘟药而死。为当地百姓所感念立庙祀之，尊称池王爷。马巷元威殿是闽台共同信仰的池府王爷祖庙。

萧王爷 即萧望之，东海兰陵人，为兰陵萧氏七世祖，汉宣帝（公元前73—公元前49年）时著名儒臣，官至太子太傅，后遭诬陷，饮鸩身亡。被民间尊为萧王爷，其祖庙为泉州富美宫。乌石浦萧氏家庙

1988 年复建后，在家庙中祭拜萧望之，尊之为“公祖”，每年在农历五月十七日即萧望之的诞辰举行祭祖活动，到泉州富美宫“请火”、“吃香位”。

信众对王爷有敬畏之感，凡王爷生日、出巡日，祭拜隆重，供品丰盛。沿海的浦口、钟宅、岭下等地有送王船的习俗。中、东部各社有为王爷“做好事”的习俗。

七、其他神明

风狮爷 高崎有风狮爷一尊，设有“石狮公庙”专祀。

敬海墘 泥金、浦口、霞边、钟宅、高崎、围里等沿海村社俗称无主孤魂为“好兄弟”，每月初二、十六和过年过节时，有挑饭菜到海墘（海岸边）祭拜无主孤魂的习俗。

此外，沿海村社自古有就地收埋海上漂来的无名尸的习俗，有的还设立小庙加以祭典，如霞边的“三富翁宫”、仑后的“万仙堂”、钟宅的“圣祖宫”、下张的“桃娘庙”、围里的“杂姓祖庙”。

“做日本仔忌” 五通凤头是 1938 年 5 月 10 日（农历四月十一日），日寇侵占厦门的登陆地点之一。据抗日战争胜利之后的调查，日寇侵占厦门期间，凤头社被杀害 21 人、泥金社被杀害 30 人、浦口社被杀害 7 人、田头社被杀害 4 人、坂美社被杀害 9 人、东宅社被杀害 24 人。每年的农历四月十一日，全村民众为在这一天中被日寇杀害的亲人做祭，称为“做日本仔忌”。

解放以后，村民陆续在五通沿海沙滩里发现多具无名尸骨。据调查，死难者可能是当年被日寇杀害的平民，或为当年抗击日寇登陆的守岛将士，亦有海上漂来的死于海上事故的遇难者。当地村民把海滩上捡来的骨头埋在一起，在海边修建一座小庙，称为“万人坑祖庙”，并为所有无名死难者设立神位。逢年过节及农历四月十一，会有村民到庙里祭祀，祈求庇护一方平安。

第三节　祖先崇拜

一、祭拜习俗

境域内旧式民居的大厅都设有祖公龛、香炉、烛台。祖公龛中立有祖宗的神主牌，新式民居改为红纸抄列的祖先名位，新近逝世的长辈一般立有遗像。对于一家之主来说，父母、祖父母的祭日是一定要敬拜的，俗称“做忌”。逝世未满三年的还要做“生日忌”。“做忌”的供品除必不可少的纸钱和香之外，还有三牲、红米龟和日常较为丰盛的饭菜。女儿回娘家祭拜携带的供品一般是三牲、糕点和酒。供桌要摆上筷子和 7 杯酒，下辈逐一上香，行跪拜礼或鞠躬。祭拜要在正午之前完毕，然后烧掉纸钱，用杯中的酒绕纸钱洒圈“奠酒”，寓意不让其他鬼神抢走。

每年的清明、七月半、冬节、除夕 4 个“大节”要郑重祭拜祖先，二月十五、六月半、端午节、中秋节也要祭拜。以上祭拜嫁出的女儿可不参与。

此外，生子、盖房、婚嫁也要祷告祖先。一则告慰先人，二则祈求祖先的庇护。

单家独户的农村住宅改为公寓式楼房之后，有的居民将祖先神位“晋主”在寺庙中。

二、祖厝

家有祖龛，族有宗祠。多数同姓聚居的村社都建有本姓的宗祠，俗称祖厝，奉祀开基祖以及列祖列宗。浦源（园）“嘉禾陈氏大宗祠”历史最为悠久。

宗祠都设有本宗各户推荐的理事会加以管理。宗祠内的楹联、牌匾，通常可以看出本宗源流以及历代突出的功名贡献。祖先的神位能入到祖祠的龛中是荣幸的大事。宗祠的修建、“安祖厝”、“开祖厝门”都由本宗的子孙集资，以男丁为份出“丁钱”，同时也吸引海外宗亲捐献的资金。“安祖厝”由宗族各户代表参加，举行谢土、张符、敬天公、煮油程序，贴有剪刀、宝镜、直尺图，悬挂米筛、八卦、柳枝等避邪物，以保证祖厝的“清气相”。封厝一周后由推举出的宗族代表“开祖厝门”，然后请列祖列宗、各支派

图 29-3 祥店黄氏宗祠

神位逐一入龛，叫“晋主”。解放前，女性不能进入祖厝。20 世纪 80 年代之后，辖区内大部分祖厝均允许女性进入，参与祭拜活动。

每年清明，祖厝理事会组织宗族代表前往开基祖墓地扫墓、祭拜。清明、冬至“春冬二祭”或者开基祖诞辰日，在宗祠举行祭祖，祭祖的供品通常较为丰盛，且一定要有猪头。祭祖有相当严肃的礼仪，通常有击鼓、鸣炮，三上香、三奠酒、奉献筵食等“三献”，诵读祭文，行跪拜或鞠躬礼。祭祖之后由约定或推举、轮流的主办人出资在宗祠中宴请宗亲，俗称“吃祖”。举办婚礼要到宗祠祭拜、贴喜联。

乌石浦萧氏家庙奉祀萧王爷萧望之，以到萧王爷祖庙泉州福美宫“请火”作为祭祖仪式的做法则为特例。

祖先中的先贤，声望较大者有的已经成为本宗族特定的神祇。

高崎万寿宫、田里旗山宫、湖边福庆宫奉祀林希元，当地林姓称为“公祖”。林希元（1481—1565），同安翔风里人，明正德年进士。他为官清正，一生仕途坎坷，深研程朱理学，颇有建树，世称“理学名宦”。

西村镇尾宫、路下镇湖宫、田头捷龙宫共同奉祀着孙氏的先人孙应。孙应，南宋今集美孙厝人，自幼聪颖过人，长大后艰苦修行，修庙于安溪泰湖岩。传说他能施法力，被视为“神僧”，治好皇后的痼疾而被敕封为“真异大师”。

图 29-4 钟宅社祖厝

仑后东福宫奉祀王姓始祖佛王孙元帅。安兜白莲寺奉祀薛姓祖佛薛府元帅。

对祖先中的灵异者，一般设有专门的宫庙奉祀。如霞边的张公大祖万寿堂，岭下社的叶姓祖宫，黄厝的上塘宫。

2007 年湖里区宗祠分布表

表 29-4

村社	宗祠	堂号	村社	宗祠	堂号
浦园	嘉禾陈氏大宗祠	—	泥金	东孙小宗	乐安堂
殿前	陈氏宗祠继周堂	—	后埔	李氏宗祠（前份）	孝思堂
殿前	地房祠堂	—	后埔	李氏宗祠（后份）	—
后浦	陈氏宗祠	拱庚堂	塘边	李氏宗祠	—
寨上	陈氏大宗	著存堂	黄厝	黄氏宗祠	—
县后	陈氏宗祠	崇本堂	祥店	黄氏宗祠	—
尚忠	陈氏宗祠	诒燕堂	穆厝	吴氏家庙	—
下忠	陈氏宗祠	—	西潘	吴氏家庙	佑启堂
薛岭	陈氏宗祠	思翰堂	崙后	王氏宗祠	—
围里	陈氏宗祠	善继堂	浦口	王氏宗祠	—
浦东	陈氏宗祠	—	乌石浦	萧氏家庙	—
庵兜	薛家祖祠	—	钟宅	钟氏宗祠	永思堂
林后	薛家宗祠	—	蔡塘	曾氏祖祠	三省堂
高崎	林氏宗祠	—	湖里	杨氏宗祠	—
湖边	林氏宗祠	—	梧桐	刘氏家庙	—
塘边	林氏祖祠	—	岭下	叶氏宗祠	惠德堂
店里	西河林氏宗祠	—	卢厝	卢氏宗祠	—
高林	林氏祖祠	—	霞边	张氏宗祠	忠敬堂
前头	林氏宗祠	—	霞边	张氏宗祠	孝思堂
田里	林氏宗祠	—	马厝	马氏宗祠	扶风堂
西村	东孙家庙	乐安堂	凤头	周氏家庙	忠孝堂
泥金	东孙祖祠	乐安堂	坂美	石氏宗祠	—

第三章　生活习俗

第一节　饮食习俗

一、茶俗

湖里流行闽南茶俗。当地人称用大茶杯浸泡茶叶的喝法为“大肚茶”，多数人的喝法是将“茶心”即茶叶放入稍大的茶壶，冲泡后倒在瓷杯中喝。20 世纪 90 年代之后，盛行“功夫茶”，家家户户有茶桌（茶几）和一整套茶盘、小茶壶、茶缸、茶盅、茶杯、茶漏、茶铲。“吃茶”的说法已经被“泡茶”所取代。泡“功夫茶”讲究程序和功夫，大多是用紫砂茶壶、白瓷茶杯，程序有孟臣沐浴、水淹七军、乌龙入宫、高山流水、春风拂面、关公巡城、韩信点兵之讲究。

农耕经济时期农忙时除了饮用茶枝泡的整桶的茶水之外，还饮用夏枯草、板蓝根、甘草、“蚕仔叶”（桑叶）、“五根草”（车前草）、“牛顿草”、“查某刺”等草药煮的凉茶；也有用绿豆、绿竹心煮茶，用以解渴、消暑。驱寒去湿则有“姜母茶”，用红糖和老姜烧成。

待客的最高礼节是白糖水煮 2 粒鸡蛋的“鸡蛋茶”。新娘“捧茶”待客时，一般用冬瓜糖、桂圆、枸杞泡的“冬瓜茶”。

茶俗还表现在各种祭拜的礼仪当中。年节或神明纪念日，拜神拜佛要敬献 3 杯“清茶”。平常则在佛龛面前摆放茶叶，以代替日常“敬茶（水）”。

二、酒俗

当地没有自酿酒的习俗，但过年过节和各种礼仪必以酒为礼。订婚要办酒席，待嫁要吃缘酒，结婚要办喜酒；生儿育女要办满月酒、四个月酒、“度晬酒”；送行有“顺风酒”，迎归喝“下马酒”、“接风酒”；祭祖敬神的祭祀凡是有牲礼的就要有酒，合称“牲醴”；丧事祭拜都要祭酒，最后还喝“丧酒”。待人接客，凡席必有酒。酒席上每上一道菜要先喝酒，但饮酒不强求，即使是劝酒，也不过是三杯，叫做头杯敬酒，二杯“好事成双”，三杯“无三不成礼”，而且有“敬者先干”之例。辖区内未流行划酒拳。

饮酒以米酒、高粱酒为主。20 世纪 50 年代后期，有番薯酒、甘蔗酒，品味低劣。80 年代后，时兴喝啤酒，90 年代起时兴葡萄酒。

药酒为大多数人所欢迎，“固本药酒”“万全堂药酒”久盛不衰。不少人用当归、党参、枸杞、桂圆等中药泡制药酒，“吃补”时和着鸡、鸭等食物食用。在霜降、立冬、冬至和妇女坐月子时，所吃的滋补食物一定要掺药酒。

待客时，斟酒者右手握酒瓶，左手护着酒瓶或右手，以示敬意。“七分茶、八分酒”，酒太多太少都是失礼。客人则还以“叩指礼”，用拇指、中指和食指三指聚拢在桌上轻叩，以示谢意。现在更普遍的是主人斟酒时，客人右手掌心向上，手指指向酒杯，表示感谢。

三、家常食俗

民以食为天。本地人把“谋生”说成“赚吃”，还有“吃饭皇帝大”“歹命做也要好命吃”之说。除非有特别的急事，不然是不能打扰正在吃饭的人，家长也不打骂正在吃饭的小孩。

有的上了年纪的妇女每逢初一、十五不吃早餐，谓“减大顿”，节食，留与子孙享用。

农耕经济时期，日常三餐以大米、番薯为主食，一般是中午吃干饭，早晚吃稀饭。煮大锅稀饭时，捞出一小部分当成干饭，叫做“捞饭”，敬神或是给干重活的人吃。用小咸草袋或纱布做成的小米袋子装上米放入大锅稀饭中煮，捞出来叫做“袋仔饭”，让小孩子吃。

稀饭俗称“糜”。很稀的稀饭叫做“暗糜仔”，很稠的稀饭叫做“浡头糜”。稀饭除了白米糜、番薯糜之外，还有“甜糜”“咸糜”。“甜糜”一般掺红枣、桂圆、红糖。“咸糜”为旧时禾山常见主食，煮法较多，有用芋头块、豆腐粒、蚵干或鲜蚵煮成的“蚵仔干糜”“蚵仔糜”，也可以掺高丽菜、芥菜、南瓜、马铃薯做成“高丽菜糜”“芥菜糜”“金瓜糜”“番仔番薯糜”。食用“咸糜”时，习惯上要浇葱头油、撒姜丝和胡椒粉。

番薯是当地最重要的杂粮。“番薯饭”、“番薯糜”、番薯块和着水煮成的“番薯汤”曾经是当地最常见的主食。番薯还可以在开孔的铁板上刨成丝条，掺米做成“葱卷仔饭”“葱卷仔糜”，口味有点甜。将番薯磨碎后滤出浆水，沉淀后晒干就成为“番薯粉”，可以用来勾芡、做蚵仔煎。滤去浆水的番薯渣掺米做成的稀饭叫“番薯糊”，又称“芋磨糜”，比较难吃。番薯切成片叫“番薯干”，刨成丝条叫“番薯签”，晒干以后可以贮存好几个月，吃到来年；做成的“番薯干（签）饭”“番薯干（签）糜”，味道比较香。

将新收成的大麦去皮碾碎后掺上米、番薯块或番薯干煮成的稀饭叫“麦糊”，新鲜芦粟（高粱）掺米做饭，则为“芦粟饭”。

日常三餐的下饭菜，除了青菜之外的小菜，俗称“配糜、饭的咸”。常见的“咸”有：

豆豉，可以煮成蚵仔咸、肉咸、鱼咸、“土豆”（花生）咸；菜脯，用菜头（萝卜）腌制，常见的有炒菜脯或者“菜脯煎蛋”；咸菜，有萝卜缨、芥菜、高丽菜腌制等诸种，还有用莴苣腌的“笋菜”，用高丽菜心腌的“菜心”，用黄瓜腌的“奄瓜仔”；炒花生仁，以盐水浸过的为佳，俗称“大碰仁”；麦螺，用海滩上的泥螺腌制；油条或淋上酱油的鲜豆腐；讨小海所获的尖拇螺、加锥螺、花鲦、蚵流仔等。

吃饭有不少规矩。碗底留饭叫“讨债”；小孩子留碗底会被说将来“娶猫某（麻脸妻子）”；鸡爪俗称“鸡脚爬”，小孩子吃鸡爪写字时手会抖；吃饭忌用筷子指人；忌把筷子插在饭上，因为祭奠死人时才把筷子插在饭上；忌用筷子敲碗敲碟，据说那是讨吃、吵吃；忌用手掌托着碗底，据说乞丐才那样端碗；不能手抓筷子同时又拿烫勺打汤，不能在进食时发出“啧啧”声，否则会被视为“没教示”（没教养）、“饿鬼”；招待客人时，客人不能先动筷，客人未离席主人不能收拾碗筷，先离席的人要道一声“你们慢用”才能起身离开。

四、其他食俗

除了家常便饭之外，还有许多约定俗成的规矩，比如待客一般是炒米粉或冬粉，忌用面，因为面与“骂”同音；还有坐月子吃面线，丧事吃咸饭、红糟肉，小孩满月吃油饭，做寿吃面，吃红米龟，婚嫁吃圆仔，作客蒸甜米糕等等。

年节的主要食俗有：清明吃薄饼、米糕仔；五日节、七月半吃粽子；元宵、六月半、冬至吃汤圆；八月半红米龟；重阳节、尾牙、除夕吃兜面；年兜咸粿、发糕；正月初九甜粿等等

薄饼是春饼的别称，用面粉烙制的薄饼皮，裹着高丽菜、红萝卜、大头菜、荷仁豆、冬笋、蒜、芹菜、香菇、豆腐、三层肉等切成的丝，加上虾仁、海蛎炒透的薄饼菜，添上辣酱、花生酥、浒苔酥、芫荽等佐料，卷成筒状，称“卷薄饼”。

糕仔是用炒熟的米粉掺和白糖、炒花生末，在木制的糕印中印出各种图案再炊熟的。

红米龟，用糯米浆团染红作皮，包的馅有豆沙、甜豌豆泥、花生糖，还有用碎花生、虾皮、韭菜炒成的咸馅。制作红米龟一般使用木制的“龟印”作为模具。“龟印”一面为“龟”，一面为“桃”，两侧是狭长的“鱼”和“牵”（成串的铜钱）。做“龟”的同时也要做一些“桃”“鱼”“牵”，“龟”“桃”寓意长寿，“鱼”“牵”寓意富余和进财。

旧时端午节的粽子是碱粽，七月半的粽子除了碱粽子之外，还有咸粽、花生粽。

农家在重阳、尾牙、除夕有的会吃兜面，由青菜、蚵、芋粒、花生仁等用番薯粉勾芡而成。

蒸咸粿，米浆中加入炒过的虾米，虾皮、香菇、肉和搅成泥的萝卜（菜头）、芋头、南瓜（金瓜），蒸成菜头粿、芋粿、金瓜粿。

发糕，又叫发粿、糕。发是“发财”，糕是“高升”。蒸发糕是一家主妇最重视的，忌生人和孕妇、产妇、服丧等“不清气相”的人靠近，忌小孩来灶间乱窜，忌别人问“发了吗?”“熟了吗?”。开蒸笼时要高声喊“发了！发了!”发糕蒸熟后，还要用剖成十字状筷子头粘上“红花”，在发糕面上印上红色“::”图案，表示吉利、喜庆。

第二节　服饰习俗

一、服装

民国时期，男性农民穿的便服是布纽扣的“对襟仔”衫，其他职业的以长衫、马褂为主，少数人穿中山装、西装；女性多是前面单襟布纽扣扣左边的“大衽衫”或长裙，少数人穿旗袍。裤以裤管宽大的汉装裤为主，有很高的裤腰，用布带子系腰。婴儿穿有布带子的“和尚衫”，稍大一些穿“开脚仓裤”（开裆裤），出门披黑白相间的“花披”。一般布料为斜纹布、咔叽布等，灯芯绒、哔叽、呢被视为高档的衣料。渔民穿用薯莨汁或龙眼树皮、相思树皮熬的汁染成浅棕色的衣裤，耐海水也耐脏，称“薯莨仔衫裤”。

20世纪50年代后，流行中山装、列宁装、青年装，但农村妇女还是穿“大衽衫”居多。裤逐渐改为系皮带的“洋装裤”，男性开裆在正中，女性开裆在右侧。

60年代初期物资供应紧张，将再生布染成蓝色做被单，称“棉被纱”，甚至用化肥包装袋做成的衣

裤。小孩有穿前后片用2条大手帕缝成的无袖衣。

“文化大革命”时期，流行草绿色军装。

20世纪70年代之前，大多数人还都打赤脚下地、上街、上学。过年过节、做客才穿鞋，穿纳底的布鞋、球鞋或胶鞋俗称“万里鞋”，少有穿皮鞋的。农民拉车、走远路穿麻、草混编的或者用废轮胎皮改的草鞋。晚上和雨天穿木头做的“木屐”。讲究的木屐还上油漆、描花。一到晚上，到处都是木屐的声响。农民戴竹编的斗笠，一种是轻便透气的“甲箽笠”，只能遮阳；一种是夹有竹叶、棕絮的斗笠，遮阳遮雨都行。雨天戴直径较大的“大笠”，穿“棕蓑”，也戴白色塑料的硬檐盔帽，俗称“白叩”。

20世纪70年代后，“的确良”“涤卡”等化学纤维布料和“海绵”拖鞋、塑料鞋等盛行一时。90年代开始，社会又崇尚丝、棉、羊毛等天然纺织品。

改革开放后流行过工作服、西装、夹克衣、风衣、运动衣、牛仔服、T恤等。穿戴呈时装化和个性化的趋势。不管穿什么样的衣服都忌反穿，因为会联想到为死去的人“套衫”。

二、饰物

年轻女子在头上别有黑色的发夹或者彩色的发夹。已婚的女性会把头发梳成发髻，插上银的发簪，有的发簪上还垂着链子系着坠子。上了年纪的会用黑色的网兜兜住发髻，插上银的发簪，再别上角质或金、银制成的精致的小篦子。逢上节日或者喜事，则插上一对用红缎和金丝扎成的“春花”，有钱人家还插上用珍珠和彩色珠子串成的“珠花”或者“珠凤”。操办丧事的人家一般会准备春花，在丧事办完的时候发给参与女人，叫着“插红”，以示驱除不吉利。丧家女人则头插白色或浅蓝色的布花。

本地把耳环和戒指称为“耳勾”“手子”。年轻女子戴的“耳勾”多是有小垂链的，年长女子的“耳勾”大都镶有珍珠或玉石。多数女子戴圆箍形的戒指，俗称“斗箍”戒指。

乡村妇人在春夏季会在发髻上插茉莉花、玉兰花。玉兰花有单朵的，也有用细竹篾穿成一排，再插到发髻上。

当地风沙较大，出门或下地干活的妇女都会包上四方形的带有流苏的布头巾，或者用毛巾扎在头上代替头巾。冬天则用长围巾包在头上。上年纪的妇女出门，会在“大裞衫”的对襟上别着手巾，既可净手净脸，也作为装饰。

第三节　居住和称呼习俗

一、居住习俗

传统的闽南民居以中轴对称的红砖大厝为多。正中为大厅。大厅两侧各1房为“3间张”，即3开间；各2房为“5间张”，即5开间。本地一般人家多是“3间张”，大厅两旁的开间设前房、后房，俗称“4房看厅”。

大厅门前是“砛墘”，有大石条“石砛”，一般的大厝是“3步踏砛墘”，宽敞的大厝则有“5步踏砛墘”，俗称“大展步”。

“砛墘”的两头叫“巷头”，开有两个侧门，又叫“龙虎门”，规模较大的大厝还通着“过水”廊连着“护厝”。“巷头”上的半楼前，有双穿木斗抬梁拱架，是大厝木雕的精华。大厅是拜神祭祖、会客、设宴、婚丧喜庆的地方，中间的木屏风上常见有金粉“五福”图案和治家格言的楹联。屏风前是高高的长案桌，上面设佛龛和祖龛、香炉、烛台。长案桌前是“八仙桌”，祭拜时围上彩织桌裙，摆上供品。大厅的边上摆有茶几、交椅。两边厅墙上悬挂相框、张贴年画。厅前的灯梁左右各挂一盏四方灯，上面写着主人的郡望，中悬天公炉。前后房和大厅屏风后有连通的半楼，可以储存杂物。

砛墘往外是天井，两边的榉房叫着“伸脚”，通常是厨房、柴火间、储藏间。天井的前面是大门。

有的天井前还有前厅和左右前房，形成前后“两落”，称为“两落大厝”。“两落大厝”的大门通常

图 29-5　五通坂美古民居

往前厅里退入，称“塌寿”。

“塌寿”起的大门两边墙堵饰有灰塑图案、“青草石”浮雕。厅门的两侧照壁通常是用红烟炙砖俗称“雁子砖”砌出“卍字连绵”“六角龟寿”等砖饰图样。大厝外墙用7层或9层石条砌到窗底，之上用红砖砌墙。旧式大厝屋顶覆瓦，瓦列偶数，瓦沟奇数。屋顶绝大多数为硬山顶，中脊有山形马鞍脊和弯翘燕尾脊两种。比较讲究的在中脊上装饰剪粘，山墙归尖上还饰有灰塑。

大厝用红砖铺地，大厅铺“尺二、尺四”大砖，砖与屏顶角铺成菱形，俗称人字形，寓“人丁兴旺”；房间铺“尺砖”，砖与墙平行，俗称格子形，寓“平平安安”。

大厝用细雕花岗石做门窗，有高高的“户磴”（门槛），厚厚的厅门，厅门后加上木立柱的“门杠”和两边对合的两大扇“辇钱”，这些是大厝的防盗措施。

大门外是红砖或三合土前埕，是晾晒、乘凉的场所。

燕子到厝筑窝认为是吉兆，常用木板加以支撑保护。

旧时家族聚居，两落大厝后面还可再增加新的院落。湖里区单栋院落最多的是坂尚陈氏的五落大厝。大厝两侧的护厝可以扩展，或者数个院落并列，形成大厝群。最典型的是祥店红砖大厝群。民间有“有祥店富，无祥店厝”说法。坂尾的大夫第、“九十九间”，资政第、陈伦炯五落大厝、殿前新厝、黄潮卿故居、菲律宾船王钟宅故居等为湖里区红砖大厝的代表。

旧式大厝厚墙密瓦，屋顶透气性好，隔热好，但是，采光差，没有洗涤间和厕所，卫生条件较差。

江头、殿前、蛟塘等旧街的街面厝，是长条形密集排列的二层楼。临街为骑楼，叫“五脚气”，门头间是店面，店面内是住宅，右边留通道，深二三进，俗称“竹篙厝”。

20世纪20年代后，一些华侨归来，在社里建造楼房，这些楼房大都采用中西合璧的风格，民间称之为“番仔楼”。截至2007年，湖里区尚存的具有保存价值的“番仔楼”有穆厝红番仔楼、泥金有泰别墅、塘边珠光剑气楼、枋湖资政第、霞边宝镜楼、凤头社番仔楼、塘边屏山小筑、莲山头双桂堂、钟宅社钟佑秩楼宅、寨上陈有

图 29-6　枋湖资政第

才故居等。

20 世纪 50 年代后，流行花岗岩石材建造的“石板厝”。开间、布局还是旧式红砖大厝的样子，只不过条石代替红砖，简便粗放代替精雕细作，精美的灰雕、木作、砖饰已经罕见。

80 年代之后，建筑风格大变。先是在旧式三间张、前后落的基础上加盖二层，后来多是翻盖多层新式楼房，凉台、大窗、厨房、卫生间一应俱全。

旧式厨房都是使用烟囱在外的柴火灶、大鼎锅。50 年代后，才有铁栅“灶跐”落灰通气的改良灶。60 年代以后，很多人改烧煤球、蜂窝煤。80 年代以后，逐步采用电气、液化气，各种新式厨具进入家家户户。

旧式木床，底部多是笨重的双拼床架，俗称“墨贼船”，三面雕花围堵，床中有衣橱，床前有踏脚。民国后有轻便的木架镂花堵床，也有少数铁架床，二者一直延续到 80 年代。

旧时民家盖的是布被棉胎，挂的是白纱蚊帐，春秋铺草席，夏天睡竹席，冬天垫棉胎或稻草编的“草生”。70 年代，时兴绸被面和尼龙蚊帐。80 年代，丝棉被、“席梦思”渐渐进入民家。

二、称呼习俗

祖先和长辈的名字不能直呼，与长辈名字同音的字也要有所避讳。小辈更不能叫长辈的小名。

儿女称呼父亲“阿爸”“爸仔”，以前也有叫“阿伯仔”“俺叔仔”，称呼母亲“阿妈”“妈仔”，以前也有叫“姆仔”“婶仔”“后仔”“腰奶”。对于公婆，儿媳一般跟着丈夫称呼。女婿称呼岳父母“伯仔”“姆仔”，也有叫爸、妈的。媳妇称呼大伯在名字后面加“哥”或“兄”，叫小叔、小姑则在名字后面加“官”“姑”，一般则直呼姓名。夫妻之间直接称呼名。弟妹称呼哥，按顺序字后加“哥”或“兄”，称呼姐，按顺序字后加“姐”或“姊”，比如“大哥”“三兄”“二姐”；兄、姐称呼弟、妹则直呼名或小名。堂兄弟、表兄弟之间一般以“堂的”“表的”称呼；对亲哥、堂哥、表哥，可以通称“大的”，弟则称“小的”，以示亲热。

称呼老师、医生，在姓或名后面加“先”或“先生”，称呼他们的夫人叫“先生娘”。如果是称呼师傅，在名后面加“师”或“师傅”。“师”在这里发 sai 的音。

同事之间一般在名字前冠以“老”“小”。邻里之间称呼，对年长者在字名后加上辈分，如伯、叔、兄、姑；对于已婚女性在其丈夫名后加姆、婶、嫂等；对于同辈和下辈则可直呼其名。

除了部队和学校点名，人际称呼一般不连名带姓。

第四章　礼仪习俗

第一节　生育和寿诞习俗

一、生育习俗

辖区境域旧观念中，妇女“不生查埔不值钱”。尤其是头胎生男婴，婆家、娘家皆大欢喜。但现实中如果头胎是女儿，又能很快成长为家务的帮手，所以又有“嗷（有本事），查某生作头”之说。上世纪七十年代开始实行独生子女政策，多子多福和重男轻女观念有很大的转变。

乞子　在婚俗中，就赋予许多“早得子、生男孩”的乞子意愿。结婚时请男孩子“翻铺”，女方包来的“十二项”中就有寓意新娘要会生育（火炭、生铁）、多生育（莲蔗、芋子）、生男孩（铁钉）的物品。在结婚过程中的许多吉语、俗语，比如喝茶时“喝乎干，生男葩”，“喝乎了，生男鸟”，吃糖时“吃甜甜，生后生”，娶亲、做客时“暗暗摸，生查埔”等，都寄托这些希望。元宵节，娘家要来送灯，新媳妇要“钻灯脚”，向神明乞龟许愿，都是为了希望早日生养。如果婚后久不生育，就到宫庙中向注生娘娘敬拜、许愿，保佑早日得子，并用金纸包回香灰，压在床头。

怀孕 妇女怀孕俗称“有身”，简称“有了”。婆家、娘家的“序大人”，要去宫庙中向当境神明上供品，烧香点烛，求神保佑顺利平安。逢年节祭拜祖先和神明，都要祈求赐生贵子，母子平安。湖里风俗十分重视孕妇。一是补胎，多吃营养品，不吃生冷的东西。遇到妊娠反应，俗称“病子”，也要想方设法补充营养。但怀孕中不能吃瓜子、兔，生怕出生的婴儿多趾、兔唇。不看宰杀禽兽，不看“加礼戏（傀儡戏）”。怀孕期间最重要的事是保胎，俗信认为怀孕有“胎神”，禁忌特别的多。孕妇不得搬重物，不弯腰干活；家中不能修房，不得装修，不能移动家具，不得钉墙，认为这些容易动到“胎气”，引起流产。孕妇不能参与喜事，不进4个月内的新娘房间，怕“喜冲喜”，更不能参与丧事、敬王爷、敬普度神的活动。

出生 临产前一个月，俗称“顺月”，寄托祈求分娩顺利的心愿。家人要准备婴儿出生穿的“和尚衫”，用质软的旧衣服改成许多婴儿的尿布。旧时各社里有专门助产的“拾子婆”，俗称“转脐”，就是接生婆。又有叫亲家母来做帮手接生的。旧法接生之后，胎衣（俗称“威”）用粗纸包着，由接生婆或婴儿的父亲丢到野外的废弃水井中，丢下后，要等到井中的水波平静才能离开，说是这样婴儿才不会一直啼哭。婴儿出生，喂给净水、冬瓜糖水或者蜜水，也有喂甘草水、黄连水，给婴儿“消火气”。三日内用风葱水给产妇拭擦奶头“开奶”。如果产妇久不下奶，食用猪肚入黄豆或者奶瓠（木瓜）炖海蚵给产妇催奶。出生后的婴儿，穿上和尚衫，垫上尿布，手腕脚腕系上红色羊毛线，称“缚脚缚手”，寓意脚手安定，“好腰饲”。

月内 产妇坐月子俗称“月内”。俗以为“月内房”有秽气，“无清气相”，一般人不得入内。生肖属虎的人则因为怕惊动产妇，严禁进入产妇的房间。产妇月内要收湿去风，忌沾冷水，忌吃生冷食物，忌受风寒，常常是门窗紧闭，怕得“月内风”。产妇月内要进大补。传统的补品有猪肝、猪腰、鸡鸭等，这些都要先用麻油、姜母炒过才煮才炖。物资还不丰富的时候，用麻油煎过的“马蹄酥”饼煮面线也是常吃的点心。产妇讲究温补，不论吃什么都要掺上药酒，喝的茶水也是用姜母、红糖、党参、红枣煎煮的“补茶”。时兴的月内补品则有龙虾、石斑、鲍鱼、青蟹等。

婴儿出生第三天，尤其是男婴，旧时的大户人家要办“三朝酒”宴客。一般人家是“三日报喜”，向婴儿的外婆家送红蛋、油煎的马蹄酥饼，让外婆送给邻居亲友，通报喜讯。

产后第12日，产妇娘家来“做月内”，挑来大公鸡，粳米、面线，叫做“挑鸡米”。之后，每逢双日，亲友会送来鸡、鱼、肉、面线等食物，为产妇“做月内”。如果生的是女孩，娘家还会送猪肚，意思是“换肚”，下一胎好生男孩。

娘家和亲友来“做月内”，产妇家要送“油饭”。油饭是用糯米掺上煎蛋丝、香菇、虾米、蚵干、三层肉做成的。接受油饭的“压盘”即回礼除了面线或鸡蛋，还要回一块油饭，叫“油饭头”。

“服侍月内”“洗月内”，通常是婆家能干的“序大人”或产妇的婶姆（婶婶、伯母）来担当，20世纪90年代后则时兴请“服侍月内”的专职家政人员，叫“月嫂”。

满月 婴儿诞生满月，雅称“弥月”，这一天或之前要修剪婴儿的胎发，所以满月又叫“剃头”。剪下来的胎发用红纸包起来，收在“镜箱仔”（梳妆箱）内。现在有的制成胎毛笔做纪念。

满月前，娘家送外孙打上“卍”字的和尚衫、包巾仔、背巾，还有尖头上有一撮毛球的“剃头帽”。满月当天送来染红的“满月圆”。

婴儿剃头之后，用放过风葱、鸭蛋、铁秤砣或铜钱的水给婴儿洗头，寓意婴儿聪明、漂亮、“头壳硬”、“有财气”。洗头后的水要泼到天井中，然后用染红的熟鸭蛋熟鸡蛋从婴儿的头滚到脚，口中念吉语：“鸭蛋身鸡蛋面，好亲戚，来斗阵。”前来祝贺满月的亲友要给婴儿红包，俗称“结衫仔带”。

婴儿满月时还要举行“过桥”“赶麻叶（老鹰）”的仪式，大人背着婴儿走出大门，走过一条木板或石板，口中喊：“麻叶飞！飞高高，××（婴儿小名）中状元！”俗称“做胆”。

这一天，要用油饭“拜床母”，感谢床母的庇护。要在家中拜佛，到村社的宫庙中给当境的神明“烧金”，或添油或献戏。如果乞子时有向神明许过愿，就要还愿。

满月时要“炝油饭”送给亲友、邻里和媒人。给外婆家的油饭应当满足外婆家馈赠亲友的需要。

满月时还要办“满月酒”，席间一定要吃“满月油饭”。之后，送红鸡蛋和外婆送来的红圆让宾客带回。

四个月 俗称“四月日”。做“四月日”不再宴请亲友。外婆要送绣有卍字的衫裤、红绸披风、兔耳朵状的长帽子和银的脚环、耳环，还要送染红的“双头龟”，又叫“枕头龟”。家中依然要敬拜床母，要摆上供品和外婆送的“双头龟”，还要敬佛，祈求神明继续保佑小孩“平安顺俗无代志”。之后把“双头龟”送给邻里亲友分享。

做“四月日”要为小孩“收涎”，让小孩围上涎围，用红线串上12个嘴口酥饼或者“碰饼”，挂在脖子上。长辈从饼串中掰下一个饼，在小孩的嘴上抹一抹，说：“收涎收离离，明年招小弟。”把小孩抱出家门，掰开脖围上的饼分给邻居的小孩子。“收涎”之后，婴儿就可以开始吃“米糊”。

俗信男孩比较“贵气”，要4个月之后才能去外婆家做客，女孩比较“臭贱”“好腰饲”，满月后就可以做客。首次到外婆家做客要带上“碰饼”，分送外婆家的邻里。这天做客不能在外婆家过夜，要当天回来。外婆家送甜米糕让小孩带回。

做过“四月日”的小孩就可以坐竹“椅轿”，叫“脚离手离”。但此时的小孩禁忌还是很多：不能讲小孩肥胖，只能说是“碰奶”“好看”；忌在小孩面前讲“猴”字，怕“着猴损”（佝偻病），不得不要说的时候，只能说“爬树的”，“属猴”说成“属人”；不戴两顶帽子，否则会瘌痢头；晚上不抱小孩出门等等。

周岁 俗称“度晬”。周岁开始，小孩可以穿鞋，所以俗称周岁为“穿鞋”。外婆家要给外孙送绣有卍字的“吐舌帽”（有舌的帽子）、衫裤、袜子和“虎头鞋”，俗称“送头尾”。还要送银“天官锁”、红色的“度晬龟”和煮熟的大公鸡，公鸡的脚不能弯曲。

婴儿家也要做“度晬龟”敬拜床母、神明。之后，把“度晬龟”分送邻里亲友。将外婆送来的大公鸡的2只鸡腿连着鸡爪取下，用红绳系着，挂在小孩的胸前，叫“接脚”，寓意接长脚赶好运。在大厅的地上放一张大“枷犁”，摆上算盘、笔、书本、小铁锤、小刀剑、印章、种子、泥块、铜钱、糕点、秤、鸡腿、葱、芹菜等，如果是女孩则将小刀剑换成粉饼、线团等，让小孩到“枷犁”中去抓东西，借以预测小孩将来的职业、愚智、贫富、勤懒，俗称“抓周”。

小孩周岁，一般要摆“度晬酒”招待亲友。

命名 旧时大都先有小名、别名，俗称“替号”。有依面形、身材特点叫的小名，比如大肥、大目、大头、缺嘴、红毛、乌番、小个、戽斗等等；也有为了“好腰饲”，故意取“粗俗名”“臭贱名”，雅称“厌胜名”。比如猪屎、狗屎、大呆、番薯、网腰、恙狮等。

大名，又叫“读书名”。湖里村社历史上多为聚族而居，新一辈命名一般在名字的第一个字冠以本族的“字匀”，即字辈。俗信人的生辰八字与“金木水火土”五行有关，生辰八字中“五行”齐全为佳。故“五行”有欠缺者常通过在名字中加入缺项的字或偏旁，将“五行”补全。小孩出生后问神相命，认为小孩是神明所给的，就名为天赐、天送、天赏、天佑等。闽南语中“治”、“弟”同音，旧时生女孩的为了下一胎生男孩，往往将女孩命名为招治、拾治、来治、腰治等，20世纪50年代后命名中夹杂许多政治色彩，如解放、保卫、和平、卫国、建设、跃进、卫星、向东、永红等。80年代后，命名一般以励志、言志为原则，但按宗族“字匀”及补足“五行”的命名方法仍相当盛行。

认契父契母 认“契父契母”就是认干爹干妈。俗信有认“契父契母”的孩子成长较为顺利。一种认比较“兴”的神明做“契父契母”，备牲醴向神明敬拜，说明心愿，卜得3个“圣杯”就成为该神明的“契子”。之后，向神明请得装有神符或香灰的“香袋”，让“契子”佩戴护身。认神明为“契父契母”的，每逢神明诞辰，都要备供品去祭拜。另一种是找亲友中比较“旺”的人做“契父契母”。“契子”送给“契父契母”猪脚、酒，“契父契母”回送水、米、绣有“卍”字的毛巾和红包。认“契父契母”后连续3年，“契子”家都要买猪脚、酒给“契父契母”“送年”，“契父契母”则回送小孩衣服。3年之后，讲究的契子还会给“契父契母”“送年送节”。遇上重大的人情世故，双方都要尽各自应有的礼节。

换齿 小孩换齿，掉下来的牙齿让小孩自己丢，上齿丢在床下，下齿丢在蚊帐顶上或屋瓦上。丢的时候，小孩要站直双脚，以后才不会长“歪齿”。

二、寿诞习俗

小孩周岁之后的生日一般煮个鸡蛋代表吉祥。亦有煮一个鸡蛋、一个鸭蛋的，闽南谚语称为“一只鸡，一只鸭，吃到一百。”20世纪90年代后，小孩过生日，买生日蛋糕、生日礼物，上饭店庆祝已经十分普遍。

一般在虚岁49岁或59岁才会郑重其事地做50岁或60岁生日。做生日那天，女儿女婿送猪脚、寿面、鸡蛋、酒，亲友贺礼送酒、寿面、喜炮、镜牌，外甥还要送写有“寿”字的大红绸幛。早上敬拜天公，献上寿桃、寿龟、寿面、寿酒、五果、六斋，还要有红丝线捆扎的韭菜、12个染红的鸡蛋、12个染红的鸭蛋；点大红寿烛，烧天公金、寿金，燃放鞭炮；男寿星穿红衣黑裤，女寿星穿红衣红裤，端坐在大厅的太师椅上，接受子孙亲友的叩拜或鞠躬。寿星要给来拜寿的未成人晚辈红包。

拜寿后，当天中午宴请宾客，寿星和大家一起吃猪脚煮寿面。

第二节　婚嫁习俗

一、传统婚嫁习俗

（一）相亲

对看 男女在介绍人的安排下初次见面，叫“对看”。通常是男方在介绍人陪同下到女方家中，也有通过请吃饭、请看电影的方式在公共场所见面的。开放后时兴婚姻介绍所，也有妇联、工会组织的未婚青年男女联谊活动，提供另外一种对看的机会。

探家风 如果女方初步同意婚事，可委托嫡亲长辈在介绍人（媒人）的陪同下到男方家庭探访，了解男方家庭的情况。男方的父母要出面相陪，招待以甜茶和点心，如果女方不满意，一般就不吃点心。

（二）提亲

男方委托媒人向女方提亲。即使是自由恋爱，到了谈婚论嫁的时候，一般男方也会委托一个信得过的亲友，充当“媒人”（介绍人），叫着“拉媒人”。提亲时要携带男方的“生辰八字”帖，带回女方的“生辰八字”帖，叫“问庚”。男方将女方的帖压在祖龛前的香炉下，俗称“压定”。3日内，如果家中没出现特别的意外，就去卜珓，求神明的允诺。

（三）定亲

换手巾 又叫“携定”、“吃暗定”。男方的准女婿由媒人陪同，携一枚金戒指加上一件其他首饰，到女家定亲。金戒指要用红丝线缠绕，并用红线别在手巾上，其他首饰另用红纸包着。还要红包一个，4色饼（四种糕点）各取12的倍数。女方留下部分四色饼，并回送男方一条手巾，上面打红“卍”字，家境好的也回送用手巾包着的戒指，所以又叫“换手巾”“换戒指”。换手巾后，家长开始互以亲家相称，准女婿则称准岳父母伯仔、姆仔，也有直呼爸、妈的，俗称“改嘴”。

送大定 古称“纳采”，现俗称“吃大定”，简称“吃定”。是在男方决定婚期，征得女方同意之后送彩礼到女方家的仪式，一般选在婚期前一两个月择吉日进行。送大定讲究双数，送去的礼各项都要成双，去的人也要是双数。所用的篮、盛、担也要是双数。男家送的彩礼有礼饼、礼糖、红包、首饰、布料、衣服、猪肉、酒等。礼饼、礼糖即喜饼、喜糖，数量以足够让女方分发“送份礼”到每个亲朋邻里为准。以前多用马蹄酥、贡糖，近年来也用盒装的馅饼、椰子饼、蛋卷。一般亲朋要送24包、48包，如果是舅舅、姑姑，送一二百包也有。由于数量太大，也有以红包的方式送，俗称“打钱”，由女方自己买饼票分送亲友。红包有2包，一包是聘金，现叫礼金；一包是“谢钱”，俗称“洗屎尿盘”，感谢女家亲人对准新娘自小的养育之恩。一般礼金较大，谢钱较少。礼金的一部分是让女方在添嫁妆时的花费之用。猪肉必须是前腿猪肉带蹄。酒 4 瓶。送大定的除了准女婿和媒人之外，还要有 2 个或 4 个的子婿伴。旧时挑运彩礼需要 10 人以上，为头的是男家的长辈，还有唢呐（俗称鼓吹）助兴，出发和到达时都要鸣放鞭炮。男方送礼一行到后，女方以甜茶、鸡蛋茶、点心接待。彩礼一到，女方父母祭告祖先，并通知至亲好友来“看子婿”。是日，女方须置办酒席招待大家。宴席后，准子婿得另给红包，叫“压桌包”，意为是日的宴席由他买单招待大家。女方让男方带回的有，礼饼礼糖每色 4 包或 8 包，礼金的一小部分“还包”，猪肉的猪蹄。还有先前与男方商量好的足够的香蕉和面粉做的红面桃。还有象征吉利的“12 项”：春谷、大麦、大豆、棉花——象征丰衣足食。连蕉、芋子、炭、生铁、铁丁——蕉、招同音，连蕉，接连招子；芋子，多子多孙；炭，厦门话繁衍生殖；生铁、铁丁都象征多子多福。竹心、糖丸——象征清心甜蜜。缘钱——一种小的铅制的圆片，铅、缘厦门话同音，寓意新娘子有人缘，能得到男方的疼爱。男方回到家后，把连蕉、芋子种在屋前后，其他放在祖公龛前。送大定后，女方把喜饼喜糖分送给亲朋近邻；男方则分送香蕉和红面桃。

置办嫁妆 婚期已近，女方父母备办陪嫁的衣服布料，新娘结婚时的服饰，金银首饰。民国及解放初，嫁妆还有带镜子的多层的梳妆箱，缝纫用的“鞋甘仔”，极少数人还有陪嫁缝纫机的。上个世纪60—70 年代，手表、缝纫机、自行车是陪嫁的“三大件”，80 年代后增加收音机、电视机、冰箱、洗衣机、摩托车等，进入 21 世纪后，陪嫁汽车、房产证的也大有其人。

添妆、贺礼 亲朋送礼到女方，以前多是衣料和日用品、首饰，现在多为红包、首饰，俗称“添妆”。男方的亲朋送礼以前多也是日常用品，现在多是红包，叫“贺礼”。添妆和贺礼要选双数的日子，现在有的人要等到喜宴之前才包给新郎、新娘。红包的钱数必须是双数。所送的物品忌钟、伞、刀剪、手巾。新郎的舅舅贺礼要有大红烛和喜炮，贴有双喜的红幛（红绸被面），“联牌”即贺匾、挂匾。

做上头衫裤 男女双方各择吉日，请邻里中的“好命人”妇女（夫妻、父母、子女齐全，无灾祸）裁剪缝制“上头”和结婚的用品，俗称“做上头彩裤”。在大厅或天井里摆八仙桌，4 个妇女各站一角，寓“四脚在在”（诸事稳妥无忧）。择吉时，主持者用剪刀在布匹上开一口子，叫“开剪”。开剪时，忌外人窥视，整个“做上头彩裤”的过程忌孕、产、服丧和闲杂人打搅，主人要在门外遮挡婉拒。男方缝制上头衫裤、被子、蚊帐、门帘、蚊帐帘、巷仔路帘（巷仔路是放马桶的地方）。女方缝制上头衫裤和带到男方的花披（黑白格相间的包婴儿的方巾）、饭巾、围身裙。上头衫裤指的是新婚前上头所穿的衬衫衬裤，各 2 套，连同袜子 2 双，都要打上红线的“卍”字，女方的“卍”字中间还要别上一个“缘钱”，意到夫家后有人缘，投缘。

拍结婚照 通常在吃大定前后办理结婚登记，拍结婚照。民国时期流行男站女坐的全身像，解放后一般是半身正面照。开放后时兴多场景、多服饰、大尺寸的“婚纱照”。拍结婚照讲究“男左女右”。

（四）娶亲

送猪脚盘（又称送礼盘） 婚期前 2 日，新郎的伯叔或兄弟，在媒人陪同下，送礼盘到女家。礼盘有红箱一只、4 色果子 4 色饼（糕点）、红烛、喜炮、猪肉、面线、鸡、酒以及新娘出阁要穿戴的红袄裙、红布盖头或者有流苏的红绸冕旒到女方。猪肉必须是带前腿的，上贴红双喜，数量由女方定。女方将男方送来的猪肉切成长条分给每一位添妆的亲朋，叫“添妆肉”。

开面 新娘在出嫁那天，请邻里儿孙满堂的“好命”老妇，两手用丝线张成弓状，绞去脸上的汗毛。这是原始的面部美容方法，俗称“开面”。

上头 结婚当天，新郎、新娘分别“上头”，时间多选在凌晨的 2—4 时。先用 3 碗汤圆祭拜祖宗。在大厅的祖龛一侧，摆放一个“枷犁”（大簸箕），也可铺草席当中用红花米画大圆圈代替，上放竹椅，新郎或新娘端坐在竹椅上，新郎脸朝外，新娘脸朝内，由亲友中的“好命人”口念吉语，用木篦子在新郎、新娘头发前后左右各梳一下。之后，为新娘簪髻，把头发盘到头顶或脑后，插上石榴花、春花。新娘一般在上轿之前上头，上头后告别祖先，端坐在房中等候娶亲队伍到来。也有到夫家才上头的，未上头的新娘不能进新房，先得在另外的房间中等候上头。

迎娶 俗称“娶新娘”。结婚当日，男方家中贴喜联挂喜幛，男方到女方迎亲。旧时大多数新娘坐红轿，又叫花轿，媒人坐黑色轿子。解放后，提倡新式婚礼，新娘坐三轮车，自行车甚至有的走路。20世纪80年代后用汽车，其中新娘坐的车饰以彩妆，叫做花车。迎亲的时间一般为结婚当天的凌晨，天亮后入门。后来逐步变为在前一夜迎亲，待入门时是结婚当天的子时，寓意“入门黑，生查埔。”迎亲的人数去时为单，新郎、媒人、子婿伴1人或3人，回来连同新娘凑成双数，4人或6人。起程前，新郎先拜祖先。迎亲用轿子时，有唢呐、锣鼓开道。到达新娘家前，鼓乐声大作，鞭炮放响，媒人高叫“娶新娘啰!”新娘家故意大门紧闭，待男方多次请求之后，才由新娘的兄嫂打开大门。新娘家以白糖甜茶、鸡蛋甜茶和炒米粉冬粉接待。新娘出嫁携带的物品有：大件陪嫁的电器，缝纫机、自行车等；装陪嫁的衣服、布料的红皮箱，四个角落塞一个红包，俗称“压箱角”；梳妆箱，俗称“镜箱仔”；做好的饭巾、花披、围身裙；早先约定好份数的要送给男方长辈的一份2条的毛巾，俗称“脚巾”“面布”；一副上好的茶盘，4个或6个带杯盏和杯盖的茶杯，俗称“茶船、茶盅”，还有茶叶、龙眼干肉、糖冬瓜条等泡喜茶的料；装缝纫用具的“鞋甘仔”。旧时还有红漆便桶，女方要给提便桶的子婿伴额外的红包。同去的媒人则另带一包“缘线”。新娘穿戴红袄裙，戴上夫家送来和娘家陪嫁的首饰，头盖冕旒或者红布头盖，辞别父母后大声啼哭，叫“哭嫁”。俗信哭得大声娘家才会旺。新娘手执一个“合仔扇”（折扇）上轿，在鞭炮声中起程，走不上几步，新娘推开轿门，把扇用力丢出，俗称“放心扇”。父亲捡回扇子，将脸盆水泼出。昔有舅爷另乘一轿跟在花轿之后，上挂红灯笼，叫“舅仔灯”，寓意祝愿姐姐生男孩。

翻床 新娘到来之前，男方家中郑重请来一位邻里亲朋中的“好命”妇人，叫“牵新娘的”。她先到新房中张挂好蚊帐，铺好被褥，挂上门帘、帐帘、巷仔路帘。在新床上撒上红枣和花生，寓意早生。点上2盏用红纸打箍的油灯，这2盏油灯装满了油，代替以前的喜烛，亮得越久越好。摆上汤圆，拜床母。叫着“安床”。叫来一个属龙的小男孩在床上打滚，弄乱被褥再重叠，称“翻床”。有时所叫的小男孩新床上入睡甚至是尿湿床也不在意，反而认为是“好彩头”“查埔孩子尿”，意味着在这床上睡过能生男孩。如果没能找到属龙的小男孩，就用有龙纹的银元在床上滚几圈。

新娘到 迎亲队伍抵达男方家附近路口时停轿。媒人先进屋，在大厅、新房和灶脚、水缸脚等处撒缘钱。家里灯火、灶火齐熄，如果灶间实在无法熄火，也要在灶上置一碗凉水。新郎到轿前用脚踢三下，称“踢轿”，俗信以后新郎不会惧内。叔爷（新郎的弟弟）捧上盛有红柑2粒的漆盘，端进轿中，新娘手摸红柑，给叔爷红包。媒人与“牵新娘的”一人一边扶新娘下轿，新娘头遮米筛斗笠或者红色雨伞，入门时不能站在门槛上，只能一步跨过。厅门前石砱脚置有一火炭炉，新娘从炭炉上跨过后，如果已经上头，可以直接扶进洞房。至此，媒人的任务基本完成。之后由“牵新娘的”陪同和引导新娘完成婚礼的各个仪式。新娘在新房中坐定，新郎用秤杆或者木尺挑起红盖头。天亮时，新郎父母在厅中摆桌拜完天公和祖宗，请新郎、新娘一起拜天公，之后拜祖宗，再拜高堂（父母）。父母端坐交椅接受新人的跪拜，起身后包红包给新娘。多数父母只是在祖公龛前摆一对交椅，上铺红毯，让新人拜空椅，称“寄祖公拜”。拜毕，由站在一旁的父母包红包给新娘。之后，扶新娘入房，伯姆、婶、姑、妗等女眷到新房里看新娘带来的嫁妆，新娘用娘家带来的茶叶、龙眼干肉、冬瓜泡的甜茶一一请长辈们喝茶。长辈们要在茶盘上放红包以示谢礼，叫“压茶盘”。

舅爷探房 午宴前，舅爷将带来的装有生鲜花的“花盘”送进新娘房中，俗称“舅爷探房”。

喜宴 中午时分，喜宴开始。喜桌中最重要是新娘桌和俺舅桌。新娘桌坐12人，新娘居中，俺妗（舅妈）坐大位，“牵新娘的”在右，能坐新娘桌的女属一定是夫妻子女全在的“好命人”，就是俺妗也不能例外，孕、产、丧者更不能参加喜宴。俺舅坐大位，如果有多位舅舅就由大舅舅坐大位，居中者是德高望重的老者。舅爷则坐右首。喜宴讲究“头尾甜”，第一道菜和最后一道菜是甜食，喝的酒要有红酒，开宴和结束都要放鞭炮。新娘脚下垫着上头用的竹椅，即“高椅坐，低椅搁脚，吃饭配猪脚”，寓意“好命”。新娘在喜宴中并不吃，每道菜由“牵新娘的”夹到新娘的碗中，又称“新娘菜”，夹时边念吉语。喜宴的第6道菜一般是全鸡汤，这时新娘起身进新房，“牵新娘的”端起“新娘菜”随后进入。将“新娘菜”和事先备好的炒冬粉和各种炸料装到舅爷探房时带来的“花盘”中，准备让舅爷带回，叫“花盘肉”。新娘起身后，“牵新娘的”用一个装满饭的饭坩（饭锅）盖好饭巾镇住新娘的座位，叫“压饭坩”，之后叫亲朋中的女孩复坐新娘位继续吃喜宴。俺舅（母舅）在喜宴中最受尊重，俗语说：“天上天公，地下母舅公。”母舅没来，喜宴不敢开。席中上菜，只有俺舅先动筷子，大家才能夹菜。席过大半，俺舅要起身向厨师“谢菜”。“俺舅没出声，师傅不敢停。”母舅“谢菜”之后，厨师才可以停止做菜。中午喜宴之后，舅爷带“花盘肉”起程回家。新郎父母被请到新房中，接受新娘请茶，压茶盘的通常是金首饰。20 世纪 90 年代后，喜宴逐步向市区的习俗看齐，男女双方在酒店办喜桌，共同宴请双方的宾客，谓“×姓×姓联婚”。主桌只设新娘桌，新郎、新娘、伴郎、伴娘和双方父母共同入席。席至第 6 道菜出全鸡后，新娘换掉婚纱，身着便装喜服，与新郎到每一桌敬酒，之后双方父母也轮流到各桌向来宾敬酒，热闹，省去许多繁琐的礼节。

哗新娘 喜宴之后，众宾客看新娘，哗新娘。哗新娘通常的游戏有“咬糖仔”“吃苹果”“抱过桥”等。

吃合房圆 宾客散走后，“牵新娘的”准备 2 碗甜圆仔，把房门叩上离去。新郎新娘用筷子夹圆仔互相对喂，吃不完的，2 碗互扣，放置在床下，寓意夫妻甜蜜交合。

新媳妇礼节 第二天，新娘早起，向父母、小叔、小姑请安，分别为他们端上洗脸水，置好毛巾，牙杯、牙刷、牙膏。连续 3 天，以示敬意。“牵新娘的”与新娘的公婆陪新娘一起上村庙中拜神，祈求神明赐福，合家平安。到祖祠拜祖，告诉祖宗“××家××人已经成人”。回来后，“牵新娘的”带新娘到厨房，用火筷“搅灶空”、摸筷笼（筷盒）、用勺子搅泔水缸，边做边说吉语。

做客 婚后第 3 天，新娘弟弟（舅爷）早早就来请姐姐、姐夫回家做客。男家照旧以甜茶、点心招待，并给红包。两位新人带上“子婿伴”一人或 3 人，连同舅爷 4 人或 6 人到女方做客，也叫“回门”，雅称“归宁”。这是女婿婚后第一次上岳父母家做客，又称“做头次客”，要带上连着前脚蹄的大片猪肉，还有 4 色礼饼作为“手伴”。是日，女方备办酒席“请子婿”。女婿要送“压桌角”的红包。近黄昏，新郎的弟弟“叔爷”来请兄嫂回家。女方要给叔爷红包。新娘家让女儿女婿带回去的物品有：4 色饼各双数个；不带猪蹄的猪肉，寓意“肉要给（别）人吃，骨不给（别）人啃”；箍有红纸环的连头带尾的甘蔗 4 支，回程时让甘蔗尾巴拖在路上，俗称“拖甘蔗尾，”寓意好日子长长久久；2 公 2 母的小鸡崽，俗称“带路鸡”，寓意要认得回家的路；两大盘甜的米糕，一盘红糖的，一盘白糖的，上面插着石榴花枝，寓意生活甜蜜，多子多福；吃大定时带回的 12 项，即大麦、春谷、黄豆、火炭、棉花、连蕉、芋子、生铁、铁丁、竹心、糖丸、缘钱。新郎、新娘做“头次客”时，男方的父母送给媒人猪脚、酒、红包、面线作为答谢礼，所以俗话将媒人介绍对象成功叫做“有猪脚肉吃”。新郎、新娘回到男方家中，甘蔗要放在房门后，寓意甜蜜相伴。4 只“带路鸡”。放在新房的床底下，然后呼叫出来，最先出来的是公是母，卜将来头胎生的性别。“带路鸡”长大后，只能给新郎新娘吃，如果饲养过程中夭折，难免认为是不祥之兆，所以后来“带路鸡”有的改为鸡蛋，免去这个烦恼。“头次客”后的连续 2 个双日，做二次客，三次客。均不用带手伴也不带子婿伴了，女方也不再特别招待。勤快的女儿女婿还会帮做家务和农活。但头三次做客都不能在外留宿，一定要回到新娘房中过夜。婚后满月，女儿回家做“满月客”，此时女婿不一定跟去，新娘也可以在娘家小住几日。

二、新式婚礼

文明婚礼 民国之后，知识界或上层社会中流行有别于旧式婚礼的“文明婚礼”。男女双方确定婚姻关系后，在报纸刊登订婚启事。婚礼多在旅社、酒店的礼堂进行。新郎身着西装礼服，新娘披婚纱。双方父母担任婚礼的主婚人，同时邀请一位德高望重的长辈、老师或社会贤达证婚。证婚人见证新郎、新娘交换信物，为他们颁发结婚证书。新郎、新娘向父母、宾客三鞠躬，礼宾向新人抛撒彩纸，众人鼓掌。男女双方代表发表讲话。新郎新娘与家人或宾客合影。有的过程伴以风琴和吟唱。婚礼新颖热烈，颇受欢迎。但是双方家长一般又依旧俗送聘金、聘礼，发喜饼、喜糖，喜宴和做客更是与旧俗无异。

革命婚礼 解放后，提倡移风易俗，破除旧文化，革命婚礼得以流行。革命婚礼反对大操大办，提倡节约，反对收送聘金、聘礼，反对收送红包。婚礼大多在单位礼堂、生产队仓库或自家大厅进行。桌子摆成长条，宾客围坐，桌上摆放香烟、糖果、红枣、冬瓜条等以示招待。新郎新娘胸戴大红纸花，只穿新衣不穿礼服，领导主婚，介绍人介绍恋爱经过，新人向领袖像、父母、宾客三鞠躬。领导发表讲话，勉励新人努力生产，共同进步。结婚新房摆设相当简单，有一部缝纫机就算体面。家中张贴大红双喜和喜联。“文化大革命”期间婚礼上夫妻两人互赠“红宝书”（领袖的著作），与宾客同颂“领袖语录”，共勉“抓革命，促生产。”但家庭亲友之间的部分旧俗依然悄悄进行，分发少量的喜饼、喜糖，赠送少量的添妆和贺礼，多是布料、热水瓶、脸盆等生活用品，办几桌简单的喜桌请至亲的亲朋。新娘入门放鞭炮，婚后做客等风俗还是悄悄进行。

旅游结婚 改革开放之后，有旅游结婚之俗。男女双方完成结婚登记法定手续之后，家长分发喜糖喜饼，宣布子女已经结婚，只是“给大家吃知影（知道）”不收礼不办喜宴。新郎新娘利用婚假外出旅游。有的在旅游归来之后“补办”简单宴席，招待至亲好友。

也有一切仪式按照旧俗，结婚典礼之后出门旅游，省去在家的一些礼节，也算是部分的旅游结婚。

第三节　丧葬习俗

一、初丧

送终 当家人病危弥留之际，就应料理寿衣、孝服，通知子女悉数到场。俗信在房间里去世是不吉利的，只有在“祖公厅”祖宗之前咽气才是福气，才是“寿终正寝”。如果是客死他乡或死在途中是不能置于屋内的，也不能进入村社里，只好在村社旁另搭丧棚停放尸体和棺木。

在设立祖宗神位的大厅中用两条椅子、三块床板，顺着屋顶椽子的方向搭一个临时的床，叫着“水床”。50 岁以上有子女的或虽不是 50 岁但已是公嬷（祖父母）辈的，才能移到大厅的水床。夭折、父母在而已先亡的只能移到“护厝厅”或者是在床前铺草席移到草席上。移时，长子抱头，女儿抱脚，其他人帮扶。置水床上时，男头朝厅左，女朝厅右。这叫“搬铺”，也叫“移厅”，原先在过世前举行，后改为在“过身”之后，对于死者更加人道。

过身 弥留者断气身亡，称“过身”。用白色被单遮盖其脸，子孙亲人开始围着放声大哭，俗称“开声”。众亲人脱去帽子，脱下首饰，哭的时候不能去扰动亡者，泪滴不能滴到死者身上。

用石头或砖头包上白布替换掉原来的枕头，叫做“易枕”。用白布中间缀上红布俗称“水被”覆盖尸首，在大厅中张挂白色布帐叫做“茫帐”，其他人不能直接见到死者。在神龛、祖龛前隔上白布或花帔，撤去大厅中悬挂的吉庆灯饰，撕去喜庆留下的对联，在门扇的门叶上用白纸贴上斜扛，失去单亲，男的去世，斜杠是上右下左，女的去世斜杠是上左下右，双亲都已去世是打叉杠，叫着“失双头”。在大门外放置纸糊的 1 尺（1 尺=0. 33 米）多高的“过山轿”，寓意接死者上路乘坐。过山轿男性是绿色轿身水红尖顶，女性是白色轿身水红圆顶。

在茫帐前置一临时供桌，点一对白烛，用厚纸替代的神主位，称“竖魂帛”。前面用大碗装沙代替香炉，点 2 炷香。60 年代后，“魂帛”以遗像替代。供桌上供水果、糯米糕、炒熟的黄豆淋上糖浆的“豆枣”。

在水床边供米饭，上立一个熟鸭蛋，插一双筷子，寓意上黄泉路前吃饱。在死者脚后烧银纸，意为供亡灵上路所用，点一盏长明油灯，或用白烛代替，以便到阴间照明。以上叫“敬脚尾饭”“烧脚尾钱”“点脚尾灯”。

死者子孙媳妇都要去掉华丽衣装，代以黑衣白衣黑裤黑鞋黑袜，俗称“换衫”。从这天起，治丧期间男不刮胡理发，女不化妆。

报丧 父亡，子到伯、叔、姑家报丧；母亡，子到母亲的娘家报丧，到舅舅家报母丧时，要跪哭。其余亲友可由孝男的堂兄弟前去报丧。报丧者不进入家门，在门口告知。被告知的家人捧水在门口让报丧人喝，而不宜喝茶或吃食。报丧人一路上不能做与报丧无关的事。旧俗有递“报丧贴”的做法。

做寿板 棺木本地称“寿板”。有钱人家老人做完 50 岁、60 岁寿后，就着手置办寿板，吉称“大厝”。临时请人赶制棺木的，要避开神庙。棺木的上盖叫棺盖，有翘起的“棺材头”。制作棺木时先做棺盖，第一斧用力砍削，木削飞得越远越吉利，叫“开斧”。做好的棺木涂成红色，头上用金漆画上寿字图案。

贫穷潦倒人家用草席裹身，草草下葬。民国时禾山有慈善机构向赤贫的死者家属施舍“薄棺”，即用薄板订成的棺木。

20 世纪 70 年代后，推行火葬，棺木只作为装殓之用，一般用极薄的木夹板制作。

土葬时必须请“地理仙”或“师公”看墓地。孝男在墓地供祭品、烧金纸、点香烛，向土地公“请地”，得到“圣准”，才能动锄破土。开挖墓穴，也叫“开圹”“开风水”“挖风水”，开挖的人要口咬草秆，辟邪又可以少说废话。由于墓地散布导致浪费土地，之后又有以宗族、村社或生产队相对集中的范围内设立墓地。

二、吊丧

女眷来吊丧，在路口处就放声大哭，叫“举哀”，孝妇要出门跪接；娘家亲属来吊丧，孝男必须到大门外跪接。出嫁女儿奔丧，在家门口之前一段路就号哭而来，俗称“哭路头”。外地子孙奔丧，一进大门要跪爬而入，俗称“四脚爬”。

吊丧者向死者灵位或遗像上香，行跪拜礼，平辈或长辈行三鞠躬礼，孝男要陪拜。礼毕，吊丧人送用白纸包的礼金，古称“赙仪”，俗称“白礼”又称“金银纸钱”。“亲家门风”所送的白礼称为“看礼”，要用红纸如数包还。亲友吊唁时除了送“白礼”外，还有送花圈或挽轴。旧时挽轴是纸质的，后来改为“花仔布”、线毯、毛毯等，上附白纸，书写思悼嘉褒之词。

母舅送的挽轴在事后另配一块布作为“轴对”送还。其他亲友所送白礼和挽轴，丧家要有专人记录，以便日后回报有所依据，并当场回送每人一份毛巾、红丝线和少许糖果。

是夜，孝男、孝妇、孝女围在死者边过夜，称“守丧”，地上铺着草睡，俗说，“孝男做猪做狗，睏草钻草（窝）”。每一时辰烧脚尾钱，而脚尾灯是不能灭的。是夜，最忌猫来打搅。

三、入殓

通常，守丧之后的第二天就要入殓，如果是夭折或死于恶疾当日便入殓并赶着出葬。

乞水　孝妇着孝服，提吊水桶，倒拖绳头，如果多个孝妇，则大的提桶，其他依次执桶绳，但绳头要落地。打水前要在井中丢下 2 枚铜钱（硬币）乞水。打水时，忌在井中摇晃多次又打不满。回程时桶绳依旧要垂地，俗称“拖桶索”。家人在大门边迎水入室，在砛墘置一烧纸钱的陶饭坩，孝男孝妇提水迈过陶饭坩，将水倒入在大厅中另一只陶饭坩。

净身　净身是用白布沾乞来的水象征地拭擦死者的头、手、脚。净身时边呼死者边念吉语。父亡，孝男为其净身、女属回避；母亡，孝妇、孝女为其净身，男属回避。民间亦有专门的收尸者，俗称“收生人”，多数丧家由“收生人”负责净身。净身后水不能乱泼，忌沾到人，一般倒入阴沟或者院中的花木。

张穿　净身后给死者穿衣，俗称“张穿”，古称“小殓”。“张穿”一般在海水涨潮时进行。“张穿”的衫裤，有的早在死者健在的时候就缝制好了，俗称“张老衫裤”。也有现制、现买。

张穿的衣服，忌皮革制的。张穿的衣服以件、重计算，夹袭、西装因有内里，算 1 件 2 重，总重数要单数，但不能有 9 重之数。一般以 6 件 7 重为多，老寿者也有 10 件 11 重的，夭寿的为 2 件 3 重。最内重称“贴肉重”和最外层是孝男所出的，夹袭、鞋、袜女儿出，孝孙也有 1 重 2 重的份。最内层的是白衬衫裤，最外层的寿衣旧时男穿长衫、马褂，女穿袄和裙。20 世纪 50 年代后一般穿死者生前喜欢式样。张老衫裤不用扣子，以布条打结代替。

张穿时孝眷都要在场，可以哭泣，不可号啕。由于寿衣多层，套在一起一次穿上更为方便。所以需要“套衫”。套衫时，有以孝男作“衣架”的，孝男头戴竹笠，赤脚站在大枷犁（簸箕）中间的竹椅上，双手张开，“收生人”把寿衣一件件反穿在孝男胸前。套完寿衣，全套脱下放置在枷犁上，把竹笠丢到屋顶上，由“收生人”将整套寿衣穿在死者身上。也有孝男手扶竹竿绑成的十字架做“衣架”的。

父亡，孝男为其戴上帽子，母亡，由孝妇为其系戴黑头巾，由女儿为亡者穿白袜黑布鞋，即“媳妇头，查某子脚”。穿皮鞋的则要在鞋底贴上纸片。寿衣穿好后，为死者戴上金银首饰。现多以铝制或塑料的首饰代替，男的是戒指、项链，女的还要加上手环、耳环、发插。

套衫之后，做“衣架”的孝男要吃用红糖煮的面线，用筷子夹面线时，越长越好，叫做“抽寿”。“抽寿”时要念吉语。

辞生 是亡者当面辞别家人的最后一次盛宴，故称“辞生”。辞生的供品除了一大碗米饭、一壶酒之外，要有六荤六素，荤菜忌用鸭子。子孙齐跪在供桌前，主事人用筷代替亡者逐碗夹菜，每夹一道菜，都得念吉语。

放手尾钱 主事人预先在亡者衣袖中放一些铜钱，移动衣袖，铜钱从中滑落，用米斗去承接。这些钱叫“手尾钱”，依同辈同额的原则分给子孙，叫“得手尾”。事后用绳穿铜钱挂在手上，男亡挂左手，女亡挂右手。孝男用麻绳穿钱，孝妇用白布条，孝孙用青布条。也有用小红布袋于内装铜钱和小铁钉，预先置于亡者衣袋中，辞生后倒出来分给子孙，称“子孙袋”。

四、大殓

接板 如系临时购置或赶制的棺木，应挑选非“不吉属相”的体壮者扛棺木，俗称“扛板”。扛板人左手扎白布，用竹杠、麻绳扛板，前有锣鼓开道。着孝服的大孝男率其他孝眷，用衣襟捧银纸折成的“元宝”在路口跪泣恭候。棺木到时，在棺头置一小袋米和干柴，在地上焚银元宝，寿板从“元宝”的火上越过。众丧眷绕火跟在寿板后回。寿板停在水床边，垫 2 个舂米的舂锤作支架，舂锤的把手箍上红纸圈。

孝服 古谓之“五服”，即斩衰、齐衰、大功、小功、缌麻，后来已经简化。俗称“披麻戴孝”：孝男穿白坯布俗称“青头布”衣裤，父亡，衣的前下摆不缀线，母亡，衣的后下摆不缀线，套粗麻衣，穿草鞋，旧时头带青头布做的垂有麻布条和 6 个布球的“玲珑帽”，腰系麻条下垂及地；孝妇穿青头“大袍衫”裤，套粗麻衣，头戴像倒扣的面粉袋的青头布“甘头”上缀粗麻，穿黑布鞋，前缀粗麻，腰系麻条下垂及地。出嫁的孝女穿俗称“白纱洋布”的细白布衫裤，头戴“甘头”上缀俗称“地仔”的细麻（苎麻）布，穿黑布鞋，前缀细麻；孝孙是白衣、黑裤、头绑“头白”，内孙上缀青布，外孙缀水红布，黑布鞋，鞋头各缀青布、红布。

20 世纪 80 年代后，穿的都简化为黑衣黑裤黑布鞋，孝男的“玲珑帽”也改成头白了，只不过穿的、戴的、缀的，依亲疏以粗麻、细麻、白布、青布、红布加以区分。

下棺 俗称“入大厝”。母亡，一定要有娘家人在场视殓，俗谓“父死扛去埋，母死等舅来”。

下棺之前，古有乞草灰铺底之俗，后改为由“收生人”点燃一束稻草在棺中撩一下即可。下垫冥币（银纸）、库银（金纸）或粗纸（卫生纸），置大白被单，垂出棺木两边，叫做“地被”。

俗信“入大厝”是吉事，丧属不得哭泣。孝男扶死者头，孝妇、孝女扶脚，其余帮扶身，“收生人”用白布穿过尸身从中帮提，轻轻放入棺中。入时讲究“男顶天，女顶地”，用白布包金纸垫头部当枕头。由“收生人”在死者身边放置生前爱物，如拐杖、眼镜、头梳、纸扇、笔砚等陪葬品。置 2 个铜钱（硬币）在口袋中，置桃枝、饭团、卵石于棺中。在腰身上复一小布裤，裤脚缝住不开，称“过山裤”。陪葬物放完后，用库银、冥币填满空隙，丧亲再见最后一面，合上“地被”，覆盖另一白布“天被”，也有覆盖原来的“水被”。用木神主覆在死者胸口，孝男呼称：请灵魂依附在神主。随后请出神主牌供于灵桌，代替原来的“魂帛”。亦有用遗像替代神主的。

旧有入殓前用白布条裹尸之俗。

封钉 入棺后，“师公”用金纸象征性地为亡者撩身七下，边念吉语。盖上棺盖，丧属号啕哀号。

孝男头顶木盘跪请“收生人”或“师公”封钉，盘覆以红布，上有封钉红包一个，四角棱的棺钉 4 支，钉子上都套以红布。主事者取钉，口念吉语，按“男左女右、先头后脚”的顺序，把钉插入棺木上已经打好的钉洞中。安钉后，主事者向灵柩行鞠躬礼，手持扎上红布的斧头，按安钉的顺序钉棺钉。棺钉不一次钉到位，而是先钉一圈，再钉一圈，边钉边念吉语。钉子得留一截在外，意为“出丁”。

封钉之后，如果死者的父母还健在，父母持木棒在棺木头部敲打三下，称为“敲棺材头”；年轻妻亡，丈夫身背包袱、手握雨伞从棺木尾部跳过，称为“跳过棺”，后改为把雨伞丢过棺木，伞同散，就此离散两断。

之后，撤去水床，将床板、长凳丢放在院中，若是亡者因恶病身亡，把床板中的一块从中砍断，意即了断。把亡者生前用过的碗、筷、草席、被褥、杯盆用品，送到偏僻之处，连同守丧时睡的稻草一起焚烧，叫做“烧草”。

撤去茫帐，设牲礼祭奠“拜棺”。乐队奏哀乐，孝男上香献酒后，丧属按辈分点香跪拜。在主事者的引导下绕灵柩3圈，俗称“转西风”。之后，焚过山轿，意亡魂随轿到阴间。

停棺 俗信停棺越久越尽孝道，故旧时有停棺之俗。少则做七日后下葬，长则数月甚至数年。停棺时间长的，有的移到宗祠或庙宇内暂时安放，叫做“暂厝”。停棺必须封严灵柩的所有缝隙。除了用油灰之外，还用研细的瓷器粉末用猪血或生漆调和涂刷棺木，同时裱以纱布，使整个棺木密闭坚固。停棺之俗在解放后已废除。

守灵 封棺之后，当晚，丧眷守灵柩而眠叫做“守灵”。守灵时，孝眷在棺旁朝夕相守，脚尾灯不能熄，脚尾纸钱按时辰焚烧。也有请僧尼、道士做法事的，称“做功德”。

一般人则头一夜守丧，第二日大殓，第二夜守灵，第三日出殡。

五、出殡

出殡俗称“出山”，古称“发引”。出殡仪式往往由族中长老或道士主事，另请熟知仪式的宗亲作司仪，叫做“礼生”。先要把棺木抬出灵堂，到宽阔的场所（不能在宫庙前）停灵祭奠，俗称“出棺”。“扛板”的把棺木抬出，放在2张长板凳上。把装满米、上面立一个熟鸭蛋、边上插着12双筷子的陶饭坩放在棺位上，叫做“压棺位”。也有用竹米筛放12个面做的红圆置放在棺位上。

灵柩移出时不能碰到门柱，如果亡者是因大病而死的，取一小束草两头扎纸箍，垫着砧板，放在门槛上，当灵柩正好经过门槛时用刀将草束拦腰斩断，寓意祸病不留，一刀两断。

灵柩移出前要先在厅中做“厅拜”，俗称“起柴头”。孝男、孝妇、孝女依次上香叩拜，然后匍匐爬到棺头泣跪，其他眷属逐一上香，跪拜，“四脚爬”到棺侧。实行火葬后，入棺、“辞生”和“起柴头”都在一起进行，显得特别冗长。

灵柩移出，接受所有送葬亲友和死者单位代表等公众祭奠，称为“谢拜”，相当于告别仪式。灵柩后悬孝男、孝女、孝孙，白、蓝、水红三色布的孝轴。灵柩侧列花圈，前悬白幅，上书“×府××君（××孺人）出殡仪式”。灵柩前摆交椅，上铺毛毯；摆供桌2张，主桌又称内桌，上立神主（遗像），设香炉、白烛、鲜花，供3杯酒、发糕、红白米龟、三牲、五果、六斋或12碗，又有猪头插着尾巴象征全猪，孝男所奉猪头向外，孝女所奉向内。外桌是亲家、亲友所奉的祭品，又立香炉，还有酒水。丧眷、丧属身着孝服，送葬亲友旧时手臂佩戴黑纱，后改为左手扎白布或毛巾，上缀红布块，胸佩白色纸花。丧家派人专门派发纸花、香烟、咸糖果、红丝线。

灵柩就位后，哀乐响起。旧时只有中乐，近年来中西乐队争相鸣奏，更有歌手现场演唱，又有歌舞助势。常令旁观者错愕不已。

祭拜仪式设有主祭、陪祭，还有司仪（礼生）2人。时辰一到，主祭高呼：“祭拜开始!”哀乐声中，孝男率丧眷先行家祭。礼生依次呼请祭拜者身份。主祭点香，祭者执拜上香，礼生接香代为插炉。

孝男三跪九叩泣拜，上爵（酒杯）3次，礼生斟醴（酒、水），孝男一一将酒（水）慢慢洒地。之后爬着钻过供桌脚下，俗称“四脚爬”，匍匐到棺头泣跪，叫着“钻桌脚”。其他眷属逐一上香，跪拜，“四脚爬”到棺侧。孝男、孝妇、孝女必须“钻桌脚”。接下去是孝侄，宗亲，祭拜后分列肃立。最普通的拜礼是男双掌合十而拜，女双掌交叠虚握而拜，俗称“男劈柴，女戽水”。现平辈上香后改行鞠躬礼，下辈行磕头跪拜礼。

外戚祭拜时，鼓乐大作，司仪铺席和毛毯，置陶饭坩在供桌前，内装沙，插“官兰”。先是女婿在席毯上跪拜，接酒杯3次斟酒（水）洒入陶坩当中。亲家行拜时，常示意毯子掀起，以示谦恭。死者平辈祭拜时，另有安排人陪祭。祭拜者拜完要向主祭、陪祭、礼生行礼鞠躬。其他外戚上香后行三鞠躬礼即可。

再之后是单位代表、朋友、邻里、出殡时的帮手，最后是“扛板”的人，分别列队，执香，行三鞠躬礼。

20世纪90年代后祭拜结束时兴请人“替哭”。“替哭”者扮成古装“生、旦”模样，表演歌仔戏里的“大哭调”。

绞灵 祭拜之后，“扛板”者腰系白布巾，用绳索把棺木绑在一条俗称“大龙”的长棺杖上，两端套上横杠，再各套上竖的小扛，形成8人或16人的扛位，以便抬棺。棺上罩有棺罩，之上立有彩饰，以男龙女凤（有的是男麒麟女凤）区分，棺罩垂及棺下，绣有各种吉祥图案。丧眷围着灵柩哀号，俗称“哭棺材头”。

起灵时刻一到，鼓乐大作，扛板的人把架棺木的两条长凳踢倒，将棺木抬起，出山队伍缓缓前行。这是丧礼中最张扬的部分，显示丧家家族大小，经济实力和亡者的哀荣。

旧时大户人家的“大出山”顺序如下：纸扎的开路神；撒过路钱；白色孝灯；郡望、堂号的红色吉灯；一对特大的吹号；“×××出殡仪式”的白横幅；孝男、孝女、孝孙的孝轴；挽轴；花圈；送葬宾客；租用的灵亭；亲友、丧属；诵经的僧人或道士；灵柩；丧眷长子手执孝杖和招魂幡，孝妇、孝女等随后，任涕泪长流而不能擦拭；殿后的是民乐吹拉队。

有的出山队伍采用“拔龙须”，从灵柩的“大龙”上引出两条长长的白布，古称绋，绋的前端是扮成“金童玉女”持灯的孩童，丧眷执绋而行。

解放后，出山的阵势繁简程度视丧家的财力和意愿而定。一般的出殡行列为：撒纸钱、孝轴、挽轴、乐队、灵柩、丧眷、丧属、送葬亲友等。

出山的队伍出村上路后，孝男要跪地辞客3次。最后一次辞客后，送葬的丧属亲友、挽轴、鼓乐队等从叉路口择另外的路回转。到丧主家中，将戴的头白放在簸箕中，主事人用柳枝蘸清水点洒，各人手捧清水“净目”。参加葬礼的人一般不直接回家，要先到“公众所在”稍作逗留，或者到理发店洗头。丧家往往要给陪送到火葬场的宾客一个小红包，叫做“洗头钱”。

“文化大革命”时期，出殡仪式极其简化。送葬人手臂佩戴黑纱，对着灵柩前的遗像点香，行三鞠躬礼。生产队的政治队长念悼词。遗属代表致答词。送葬的队伍扛着花圈，敲着锣钹送灵柩上山。

丧家如果是天主教、基督教徒，一般由牧师主持丧礼，按照宗教礼仪进行。

下葬 俗称“下土”。棺木要在太阳下山之前下土，到了墓地，脱去棺罩，棺木吊下墓穴。孝男把神主覆在棺头上，丧眷叫亡者“回家啊！”表示引魂附上神主。孝男取出神主，用衣襟捧一抔土撒在棺木上。填土时先放稻草，覆盖棺木，然后依次用灰浆、三合土捣实，再用土堆成墓堆，俗称“墓龟”。

孝男面向太阳而跪，双手反背神主，“点主官”（道士/土公）用新毛笔沾朱砂在神主牌上的“王”字上点上一点，变成“主”字，然后将笔向太阳的方向丢去。俗谓“点主”。

孝男把带来的五谷种子的一部分和贝壳撒在新坟上，然后，包回新坟土捧着神主返回，叫作“返主”。

墓碑左右上角镌刻郡望或籍贯。上处是生卒年月；中间一般是“显考（妣）某某某之墓”，如果不满50岁就不能称“显考（妣）”只能称“故”；下处是孝男孝孙立。总的字数以“生、老、病、死、苦”5个字反复读至最后一字为“生”或“老”为宜。

丧眷返家时岔路口或者过桥，要轻声呼唤逝者“回家了！”“过桥了！”在家的丧眷领着鼓乐队在村口恭接，从别路回家。把神主牌置在大厅中临时设的灵桌上，取回的墓土倒入香炉，点香祭拜，叫做“安主”。

实行火葬后，做板、封钉、开圹、下葬、做风水等俗已经去除。火化后骨灰存放骨灰室，在骨灰室外摆发糕、水果，点香、烛，烧金银纸，相当于入土后的祭拜。用遗像代替神主，返主、安主等俗还是无异。返主后，孝男双手反背遗像，面向大门而跪，让点主官举行点主仪式。

丧宴 举办丧事期间，丧家用咸糜（咸稀饭）招待上门吊丧的亲友。“去吃咸糜”成为赴丧事的代替语。丧事结束后接待的丧宴则多加几个菜。禾山旧俗，丧宴菜肴中多有咸鱼，故民间以“吃咸鱼仔饭”

表示吃丧宴。

丧宴上只有杠板和做风水的人能喝些酒，不上甜食，气氛较为凝重。如果亡者是高寿的“好命人”，其丧事则称“白喜事”，气氛较为轻松。20 世纪 90 年代后，老市区丧宴上吃“红糟肉”的习俗开始传入辖区，并被广为接受。

丧宴后，宾客将丧家事先准备的红面桃或红柑、香、少许金纸、红丝线带回家，把红丝线别在大门外的门环上，在神龛前供上面桃或红柑，焚烧金纸，然后沐浴更衣，恢复原先的“清气相”。

六、戴孝和祭祀

（一）戴孝

先人亡故，家人服丧举哀一段时间，古称“居丧”，俗称“戴孝”。古礼丧期为 3 年，新礼减为 1 年，但严格持哀的时间只有 49 天或百日。持哀戴孝期间不赴喜庆、不拜年、不上别人家门，不参与奠基、破土、开宫庙门、开祖祠门，不浓妆打扮、不游乐，只穿素色衣服等等。

持哀者佩戴的“孝布”为一二寸（1 寸=3.3 厘米）长的布块，别在胸前或者左臂，料、色和出殡时的丧服一致。孝男是“青头白布”中间缀上粗麻布，孝妇是缀细麻布，孝女为缀白西洋细布，孝孙为缀青布。出嫁的女儿不将孝布带回婆家，而是寄在灵位的香炉旁，叫做“寄孝”，回娘家才佩戴。

女属束发时，孝妇用麻绳，孝女用白布条，孙辈用青布条。

做“四十九日”或百日时，扯掉孝布中所缀的麻和青布，只留青头布底，“粗孝换细孝”，叫做“换孝”。之后，持哀的禁忌可以部分解除。“百日后”则可以娱乐、美容，但是佩孝布、扎孝绳、戴手尾钱须持续到周年之后才结束。

（二）祭祀

出殡后对亡者的祭祀有：

敬饭 亡者入棺之后，每日早晚 2 次供饭菜在灵位前，孝妇用哭丧调诉说哀苦和思念，俗称“叫醒叫睏”。一般“头七”之前每日敬饭，之后改为“做旬”或初一、十五敬饭。亦有“四十九日”甚至“百日”期间每日敬饭的。

做旬 俗信“死人快过日”，7 天就算一旬。死后每七日一次祭祀，又称“做七”。做旬做到七七四十九日，一、三、五、七为大旬，二、四、六旬是小旬。头旬、七旬是孝男旬，三旬、五旬是已嫁的女儿旬、孙女旬，分别要主祭并承担当天的开销。

做大旬的祭品比较丰盛，主位摆上椅子，备 7 双筷子和 7 杯酒，并有插着猪尾的猪头。堂、表、契亲要带三牲、酒、红米龟、发糕即“牲醴龟粿”作为祭品，还有金银纸和香、烛。有的人家请僧、尼或道士诵经。祭毕，宴请亲友。做头旬时，可以烧掉死者无用的衣服。

做“四十九日”时特别隆重，宴请亲友的同时要宴请出殡时扛板的人。旧时曾盛行请僧、尼或道士诵经为死者超度，烧纸扎的“灵厝”和“库钱”，称为“做功德”，此俗一度废止，20 世纪 90 年代后又有所恢复。

做百日 从亡故之日起算第 100 天，隆重祭祀，烧掉“改孝”时扯下的布块。

烧新床 出殡后第一个正月初三，置办的祭品更加丰盛，至亲的亲友也会带牲礼、糕点、酒和香、烛来祭拜，还要烧纸扎的精致的小床，故称“烧新床”。

对年 第一个周年祭祀。丧眷解掉所佩戴的孝布、头绳、手尾钱，除铜钱外，都随金银纸一起烧掉，俗称“脱孝”。对年之后，撤去灵桌，去掉神主牌或遗像上的红布、金花，移入祖公龛中。

做忌 对年之后，每逢亡者的生日、逝世日都要祭祀，前者称“做生日忌”，后者称“做冥忌”，简称做忌，又称做“纪念日”。子孙、亲属齐聚一堂，上祭品、上香、烧纸钱，聚餐后才散去。一般生日忌做 3 年，冥忌要一直做下去。

此外，清明、七月半、冬至、年兜等年节，都要举行祭祀，叫着“敬年敬节”。

第五章 行业和节庆习俗

第一节 行业习俗

一、农业习俗

早稻浸种、催芽都在向阳或保温的灶间、柴草间，忌催产妇、孕妇进入翻动。育秧时最怕“倒春寒”，所以选在“寒尾烧热头”下谷种，上盖以草木灰以防冻害，并有“日干夜淹”的放水保温办法。下种之后在田头地界插上树梢，俗称“插青”，以示禁，表示已经撒种，不得放鸡鸭觅食，人畜践踏。

拔秧要捆成秧束，在根上沾“尿滓”作肥。“尿滓”俗称“疕仔肥”，为旧尿桶或夜壶上的结晶体。旧时有人专门收集旧尿桶或夜壶，将“尿滓”敲打下来。

插秧俗称“播田”。先要由一位老农从田中插出“一俯”，每“俯”插6行，一插到底。其他人才能下田跟着尺寸插，中间不能停，否则认为以后会成熟不一。早稻插浅，晚稻插深，叫做“早浮晚蹽牛”。

耙田要做到平整一致是技术较难的农活。晚季沤花生藤、稻草做底肥，犁田后还要用木“碌碡”打烂田土。水稻中耕除草俗称“捎田草”，人要弯腰用双手松田泥，把杂草进入泥中，最为辛苦。还要讲究季节，“小满土不可摸，立秋脚不可捎”。旧时，忌在立秋日中耕“捎田草”，有“立秋，给土地公拔嘴须”一说。

水稻成熟期间，农民在田间扎草人，以赶鸟雀。

收成稻谷旧时在谷桶中摔打脱粒，所以谷桶又称“摔桶”。20世纪60年代后推广打谷机。

稻谷、大麦、花生收成之后多用大陶缸又叫“油缸”收藏，上贴红纸条，写“五谷丰登”或“春”。

至70年代初还在使用的传统农具有：挑粪水用的木桶，大口尖底，叫“粗桶”。浇菜用的木桶，连通竹筒带有铁皮洒，叫“渲桶”。还有2人对站，用手拉动双耳系有长绳的小木桶把池塘中的水舀上岸，那木桶叫“戽桶”。

“吊乌”，即桔槔，在井旁立石柱，架竹篙，一头绑石头压重，一头绑木桶上下汲水，该桶又叫“乌桶”。

水车，又称龙骨水车，造型精巧，靠双人脚踩转动叶片从池塘或河沟里提水。

麦契，状如倒立的铁梳，将带有麦穗的麦秸甩在麦契上用力拔出，将麦穗脱下。

麦梗，即连枷，将一长一短的木棍用活动螺栓连接起来，挥动长把使短棍转动，用来击打麦穗脱粒。

风鼓，木制鼓风机，用手摇动可扇去瘪谷。

土砻，竹编外体，内填黏土，用竹片或木片做上下牙，类似石磨，用以碾脱谷壳。

装稻谷用的竹篮叫谷篮又叫麦仔篮；装番薯、蔬菜用的较疏的竹篮叫浅篮、浅批仔、竹拢；装稻草、花生杆用的用2条竹片拗成的叫“担甲”。

除了竹扁担之外，木扁担结实耐用，最好的是南洋的“咸皮奶”，差一点的叫“赤皮仔”。

扁担忌女人迈过，也忌在日下曝晒，说这样用起来肩上会长疱。锄头更不能拖在地上走，因为只有家里死人才拖锄头。收获农作物时不能问“了了吗?”而只能说“好了吗?”因为“了”和“亏本”同音。

旧时的“春牛图”上图下文，有二十四节气，相当于农时年历。农民常以“春牛图”上的春牛和牛童的位置、形态推测一年的气候、年景和农事的安排。俗以为“春牛图”中牛童在前则节气偏早，牛童在后则偏晚；牛头回看有倒春寒；牛浸在水里兆天涝；牛童戴斗笠或不穿鞋裤管高束时则雨水多，背斗笠或穿草鞋则雨水少；如果牛童在牛背上吹笛则预示着好年景。

旧有在立春、插秧前、夏至、收割前敬“田公田婆”，在四月廿六祭“五谷神”之俗。四月初一早稻插秧已经完毕，在天井中设香案祭拜，求“天公”保佑好收成。六月收完稻谷，设平安坛，答谢上天。农民有的也在稻谷或蔬果瓜菜好收成时敬拜土地神，有的会在秋收后“敬田头园头”，在冬节、二十九暝“敬菜园仔”，烧香焚纸感谢土地的赐予，祈求来年好收成。正月十五有的村社“游火把龙”，抬“虎爷辇”在田间地头巡游，烧田虫，“吃土猴”（蝼蛄），俗信以此可以驱除虫害。

旧时遇有天大旱，则在宫庙前设醮，请道士祈雨，如果祈雨成功，收成后要谢神并供以大麦、春谷、番薯、芋头。

夏季瓜果，花生成熟之时，农民在田间搭起人字形“草寮”，派人夜间巡查，称为“顾山”。

辖区流行众多农谚：“早跟水起，晚跟水死”，意为早稻插秧要有水保温，晚稻插秧水多了会烫死苗；“播田播入夏，割田泄泄泄”，意为早稻要在入夏前插完，否则收成不好；“六月番薯带水拖”，意为六月插晚地瓜不怕田地太湿；“小暑不见禾，大暑不见藁”，意为小暑就要割完稻子，大暑已经把稻草翻犁到田里沤肥了；“九月起‘九降’，番薯土内拱”，意为九月秋风起正是地瓜生长时；“正葱二韭”，意为正月葱二月韭菜正当时；“死狗五月”，意为五月青黄不接，连狗都会饿死；“六月田七月涂豆，八月半芋吃到肚拖土。”意为六月割稻七月收花生八月收芋头，食物十分丰盛。气象谚语见本志第二篇。

牛是旧时农民最重要的生产工具。小牛长大穿鼻套上鼻栓俗称“贯鼻”，要择双日进行。初次下田耕地叫做“教犁”，一定到训练到天黑，才能养成天黑才收工的习惯。母牛和母猪下崽时属虎的人要回避，不得靠近，生怕“虎咬牛，虎咬猪”。冬天和初春雨季，要给牛喂番薯、大米粥，并定期灌牛酒、加刍草。牛上路要给牛脚套上草鞋。牛一生劳作，即使病、老也不忍宰杀，许多村民形成不吃牛肉的习惯。

猪舍俗称“猪朝”，要贴上“六畜兴旺”的红联。小猪买来时，连同装猪的袋子、笼子在稻草烟火上薰一下，唸吉语：“过火孵，饲猪卡大牛。”卖猪时，要在“猪朝”边上香烧纸钱，感谢“朝公朝婆”；要拔一撮猪尾巴的毛，压在猪圈的槽底，或者塞在猪舍的石缝里，叫做大猪“赶回来”，寓意“下一头猪还会长得更大”。母猪下崽的第三天“做朝”，敬12个形状像乳头的“猪母奶”，一种用熟番薯掺上番薯粉捏成的染红的供品，尖尖的乳头上戳有4个小孔，寓意母猪会有更多的奶水喂养小猪。祈求保佑猪崽“四脚在在，乌皮无代（志），碰狮狮！”让小猪四肢健壮，皮色乌黑，平安无事，肥肥胖胖。宰猪是农家的喜事，要给神明上香，宰后用猪头敬土地公。不论是卖猪或宰猪，主人都会用煮熟的大肠灌猪血送给左邻右舍，让大家同享。接受者无须回礼。

农家一般不养公猪。公猪俗称“猪哥”，养者多为独身为无后的男性。平时赶着公猪走村串巷配种收取报酬，俗称“牵猪哥”，被视为下贱的职业。

农家饲养最多的是鸡鸭。鸡舍鸭圈一般设在院子里，任其宅内户外觅食。鸡鸭下蛋时不能把蛋全部取走，要在窝里留下一个蛋，称作“引蛋”。母鸡抱窝时，如果不想让它孵蛋，就用鸡毛穿其鼻孔，并且淋水，以期其“醒”来，不再抱窝。

旧时农妇有许多人信奉“不杀生”，自家的鸡鸭要请别人宰杀，帮杀者往往可以获赠鸡鸭的“米血”。杀鸡鸭时常念叨的话是：“做鸡做鸭不了时，出世大厝人团儿，紧刣紧出世，顺俗无代志。”

旧时家养的猫、狗死后，有“死猫吊树头，死狗放水流”之俗，因为影响环境卫生，已渐渐被淘汰。

二、渔业习俗

沿海村社“田少海多，民以海为田”，以海砺（俗称蚵）为主，有“米瓮仔设在海中央”之说。放养海蚵以1米多长10厘米厚的“蚵石”在滩涂上竖成三块一丛的“蚵树”，或者是十数块至数十块靠成一列的“蚵堆”。立夏前就要“洗石”同时“竖石”，用蚵铲扫去附着在蚵石上的寄生物，竖成蚵树或蚵堆，让海中漂浮的蚵种附着发育成蚵苗，俗称“倚（wa）蚵仔花”。立秋之后，再次翻整蚵树、蚵堆，俗称“控蚵石”。高崎以及东部围里、钟宅、下边、浦口、泥金一带，蚵堆的方向取“头南尾北”，避免风浪拍打倒塌，又可以在冬天收蚵时人背风而站。

入冬后开始收蚵。收蚵用“蚵钩”翻取蚵石，放入蚵篮中，用木扁担连着的铁蚵铲铲下“蚵酾”，在海水中翻洗之后挑回。铲蚵，挑蚵是十分繁重的体力活，都由男人承担。妇女在村社中用蚵刀剖取蚵肉。三月之后，海蚵进入放卵期，叫“放花”，此时容易受风、雨或潮流改变而突然消瘦，叫“落瘦”。

浦口、泥金有把“倚花”后的蚵石用船载到深水中重新“控蚵堆”。收蚵时用一丈多长的蚵钩从海中钩取蚵石在船上铲蚵。这样的海蚵叫“钩蚵”，品质较好。十几年前才兴起用绳索在海中吊养的“吊蚵”。吊蚵放养密度大、产量高，一年四季都能收成，但品质较差。本地蚵以钟宅的“七耳珠蚵”最有名，个头虽小却鲜美可口。

二、三月正值蚵肥之时，可以晒成“蚵干”，也可煮成半干的“蚵润”或者掺盐做成“咸蚵仔”。

除了海蚵，有的沿海村社又有一些特色的海事生产。

浦口“搭蚶”。远到大金门边上的海底沙洲，在船上抛下用绳子连着的特制的“蚶梳”，拖动后，“蚶梳”上的小铁耙在沙中搭取野生的红蚶、竹蚶，用兜袋提到船中清洗。

乌石浦“挨（we）章鱼”。秋风起时，在筼筜港的海滩上，乘着涨潮用腰顶着交叉的2支竹竿在滩涂上推走，竹竿的另一头榫着翘起的竹头横系着粗草绳，所过之处章鱼会被橹动跳起。

中埔养“海猪仔粉”。在滩涂上修筑围堤形成“海塭仔”，放养野生的软体动物“海猪仔”，收取其分泌出的卵腺“海猪仔粉”。晒干后是祛热滋补的上品，“视燕窝为次”。

寨上“挂江鱼仔”。寨上的滩涂上筑有大型的“围塭”，退潮时在围塭的涵洞上张挂渔网，捞取海鱼。每年春夏之交“江鱼仔”大发，产量很高，以至于一时销售不完在大石湖的石头皮上晒成“江鱼仔干”。

此外还有钟宅在外港放养海带，高崎的渔船到台湾海峡“擦鱿鱼”等。

讨小海时，互相不能问“抓多少?”“鱼虾多吗?”俗信这样会吓跑海中的鱼虾。钓鱼的钓竿，铲蚵的蚵铲，打鱼的渔网是不能让女人迈过的，以为这样会带来“歹运”。

每月初二、十六、乡民在海岸入海处的海路边上“敬海墘”，点香烧纸，敬奉饭菜，祈求海中游荡的鬼神和亡灵“好兄弟”赐以平安，也祈求“好兄弟”把鱼虾“赶赶来”，带来好运和丰收。也有渔民用小船到海里烧香、撒纸钱，敬“好兄弟”。浦口社还有敬奉海龙王的习俗。

三、建筑习俗

旧时称建筑为“起厝”。“起厝”即盖房子，是大事，旧俗相当多。

择地 忌选以前是宫庙、祖祠、坟地、别人的“破厝地”等“不清洁相”的地。房子的朝向依山势多择向南、向西，少数向东，向北的更罕见，但朝向也不正南、正西，都要稍偏一个角度，叫“兼向虚让”。大门中轴线不对尖形、突出的山头、大石、烟囱、房角，也不正对路口、大树、别人的门窗。

破土：动土平地挖基要择吉日，在地基边上祭拜土地公，请工匠师傅用尖锥沿地基边缘由东向南向西向北象征性地挖几下，叫“破土”。四个角落用木栓钉上寿金纸或埋几张寿金纸，之后就可以挖地基了。

安门、下砱 安门、下砱都要择吉日。在门的下斗底部埋上用红纸包的五谷（大麦、春谷、高粱、黄豆、粟子或红豆）。立门柱时用铜钱或犁头生（铁）、鼎生（铁）垫牢，上门斗时门柱顶要用方形红布压顶。门厅前的大石砱长度要略大于厅的宽度，叫“出丁”，下砱时用红纸包五谷置入砱底正中留的穴里。

上梁 上梁指上大厅山墙最高处的“中脊椽”（中梁），仪式最为严肃。择吉日请大木师傅“开斧”，削好所要上的中梁，梁的中部画上八卦，包上红布。中梁要用木架架住不能下地，也不让闲杂人摸动。通常选在海水涨潮的凌晨上梁，取财运如水涨之意。设供桌在厅中，摆上供品，供品中必有一大钵红汤圆，敬拜神明和土地公。点梁之后，在梁上悬挂五谷袋或“12项”（五谷、炭、白曲、芋子、铁钉、灯芯、犁生、韭菜)、梁灯、梁钱，寓意“丁、财、贵”。上梁时不让无关人靠近，不乱说话，工匠们人人口吃汤圆，叫“塞嘴圆”。梁的两头用红布绑着由泥工师傅和木工师傅往上徐徐升起，众人大喊：“升啊!”“发啊!”梁升上去之后，放入预先留好的垛口，用铜钱垫好，或塞上金纸，校平之后，燃放鞭炮。当日宴请泥工、木工。现代水泥的平顶楼房，也是要在楼顶正中预留一块，选吉时封顶。封顶即上梁在今天的演变。

起灶 要祭拜土地神。灶口忌向东、北，民谚称：“向东空空，向北空壳。”

入厝 乔迁新居俗称“入厝”。入厝要择吉日，前一天贴上红联，水缸要挑满水，让水溢出。当天要在大厅中设烘炉，烧炭火，摔盐、米，洒净水，以驱邪。摆供桌，祭天公、土地神，供品中必有红米龟。在大厅左右山墙上贴有剪刀、尺、宝镜图案的符，叫“安符”，并在左右墙沿安上“宅主”“地基主”的神位；给佛龛、祖公龛安位叫“安龛”；在灶间安灶，贴“司命灶君”神位；把中梁正中的红布和上梁时挂上的东西取下来，叫“掀梁”。

入厝时小男孩在最前面手举灯笼，也有户主走在前面，手捧装满米的米斗，上有油灯，家人牵牛绳子，扛犁，挑牛的“枷车”，挑着鼎（锅）、即所谓的“犁头戴鼎”，还有摇篮、椅轿、柴米油盐，依辈分大小鱼贯进入新厝。人人都不空手，口袋里都揣着一些钱，“无空手、无空身”，表示丰衣足食、安居乐业。进的时候大家齐喊：“进啊！发啊！”户主的舅舅、外甥送来贺幛、贺匾，亲友送贺礼。是日，办“入厝酒”，大宴宾客。

旧时还有出煞、散土等仪式。

避邪物 对着别人巷口的墙上嵌石，上刻“石敢当”或“泰山石敢当”。在大门门楼上或前落的屋顶上置烘炉、仙人掌、芦荟避邪。在门楣上挂镜、八卦以克“相冲”。常见的是在厅门前悬挂八卦、柳枝。

禁忌 天井（深井）向外排水的水路宜弯，忌一条直沟排水，也不能穿过房底。起厝“前窄后阔”，才能聚财气，“左高右低”，才能“压白虎”。屋顶椽仔（梁）取单数不能是双数，从中脊椽向下，每条椽仔之间距离逐渐加大，称“步步进”，且“前不压人，后不压神”，即前面房门上和神龛顶上不能有椽仔（梁）压着。

20 世纪 80 年代后盖的房子都是平顶的楼房，传统习俗基本消失。

四、其他行业习俗

用蚵壳烧制的白灰，是旧时主要的建筑材料。浦口、泥金、霞边、围里、钟宅、林后、中埔曾有许多灰窑。灰窑用砖、石砌成，大的可装四五十担蚵壳。窑底用砖摆出 5 ~ 7 列的“火路”填上稻草和煤，上面一层厚的蚵壳加一层薄的煤粉，依次堆高直到装满。从底部生火，数小时后火到窑顶就可以封窑。用来鼓风的“风鼓”后设有“窑主”的香位，烧火前主人要上香敬拜，祈求顺利平安。

乌石浦社建有湖里唯一的烧制缸、瓮、烟囱、涵管、煤炉等陶制用品的“龙窑”，长二三十米依山而上。窑分一坎一坎，每坎 2 米多见方，上是圆拱顶。陶胚装窑后从窑底点火烧起，之后由下而上逐一从窑上留的边窗添柴烧窑，直到全部烧透，大约 7 天左右。点火之前，要献三牲，上香烧金纸，敬拜“窑主公”，“不清洁相”的人不能参加。烧窑最忌讲“倒”字，厕所要建在离窑远远的地方，生怕不敬。做陶器剩下的陶土烧制的砖比较大，质地如陶，比别的砖硬得多，称“乌石浦甓”。

旧时，乡村中有许多肩挑走担的小贩，他们多以特有的叫卖声或器具声响，吸引招徕顾客，形成约定俗成的标志。

杂货担摇拨浪鼓，俗称“铃浪鼓”，发出“咚咚咚”的响声；卖“好吃糖”的敲打刀片和小锤，发出“铿铿铿”的响声；卖“油甘扦”的用竹签在铁罐子中忽上忽下，发出“笃笃笃”的响声；卖冰棒的摇动小铃铛，发出“叮叮叮”的声音；卖麦芽糖的用手指夹着锣槌敲打小锣，发出“咣咣咣”的响声；卖肉的用海螺吹出低沉的“嘟嘟嘟”声；阉猪的吹小竹笛，发出“迪都迪打”的声调；补锅补脸盆的甩打一串铁片，发出“嚓嚓嚓”的响声，并且叫喊：“补鼎补生锅补面桶！”磨刀磨剪刀的叫喊：“磨剪刀！”收破烂的叫喊：“坏铜旧锡倘卖无！买酒干买报纸！”补油缸、换米粉、“磅米香”等匠人、商贩则直呼其事来招揽顾客。

第二节　节庆习俗

一、岁时节庆习俗

春节　春节又称正月（以下所有月日均指农历）。通常指的是从正月初一到元宵节后的一段节庆时间。民谚有："初一早，初二早，初三睏到饱，初四接神，初五隔开，初六壅肥，初七七元，初八完全，初九天公生，初十地公生，十一有吃日，十二子婿日，十三关帝生，十四糊纸灯，十五元宵冥，十六钻灯棚，十七拆灯棚，十八无半圆。"

初一，旧时子时到来标志着新年开始，要开大门，燃放鞭炮，叫做开正，开正后再关门休息。也有的到清晨才开正。初一要早起，穿上新衣服、新鞋帽。长辈在佛龛和祖宗位前上摆清茶和红柑、发糕并上香。早饭吃红糖水煮面线或吃鸡煮面线、煮冬粉。出门给长辈拜年，长辈给小孩包红包，给幼小的婴儿包的红包叫做"结衫仔带"。至亲好友上门拜年，主人待以佳肴美酒，称"吃春酒"。新婚夫妇是日不出门，俗话说："正月正，新娘不离厅。"20 世纪 80 年代后，年轻人时兴电话拜年、短信拜年。是日不能吃糜（稀饭），不洗衣、不扫地，不汲水，不打骂小孩，不用剪刀、斧头，不杀生，不讨债。

"文化大革命"期间，曾有大年初一出工修水利、平整土地，吃菜叶、野菜，"忆苦思甜"，叫做"过革命化春节"。

初二，敬拜祖先和神明，供品增加荤菜甚至"三牲"。女儿携女婿回娘家拜年，俗称"查某团日"、"子婿日"。

初三，新丧之家"烧新床"。是日不串门拜年，所以不用早起，可以"睏到饱"。亦有初一或初二已经拜年过，初三可以上门之说。

初四，诸神从天而回，各家"接神"。是日起，敬拜神明又恢复烧金纸。

初五，节庆活动告一段落。可以撤去供桌上的春饭等供品，免去初一到初四的许多禁忌。

初六，给庄稼施肥，陆续开始干些农活。

初七，昔为人日，旧有吃面线、"七宝羹"之俗，后来已废。

初八，所有春节的禁忌都免除，开始为"天公生"忙碌。

初九，传说为玉皇大帝生日，为湖里区春节期间最隆重的祭典。从初八夜就点上大红烛，点亮"天公灯"。在大厅备好敬拜天公的八仙桌，围上桌裙，备茶、蜜饯盒、三牲或五牲、五果、六斋，还有红米龟、发糕、甜粿。三牲中的公鸡不能用白毛鸡，不能开膛，鸡头要仰起并且嘴咬鸡心。子时一到就上香，开始祷告。讲究者默念事先写好的"疏"，念毕焚烧，祈求天降福运，全家平安。之后燃放鞭炮，烧"天公金"。昔日大户人家敬天公后在院中做戏，演"嘉礼戏"（傀儡戏），"布袋戏"。

初十，昔时为土地公生日，后移至正月初二。

十一日，煮鸡面线或鸡蛋面线吃，称"吃福，吃呷老咽咽"。

十二日，昔为女儿女婿回娘家做客，后移至正月初二。

十三日，为关羽诞辰，民间奉关羽为武财神，是日为其庆生。

十四日，开始为元宵节做准备。

元宵　又称"上元节"。宫庙扎制灯山，为神明献戏。古有放"孔明灯"之俗。

"钻灯脚"　夜晚，妇女在彩灯下穿过，称"钻灯脚"。昔有礼生在旁高呼："钻灯脚，明年生卵葩（男孩）！"

乞龟　信众到宫庙中取供桌上的红米龟，同时在神明前许愿。然后通过卜珓，请神明确定还愿的米龟数量。依乞一还二、还三、还四……之序起算，直到卜得圣杯为止。俗称"乞龟乞丁财"。如果许下的愿能够实现，来年则必须按照卜珓所定的数量到庙里还愿。

听香　是晚未婚女子在家中女性长者陪同下到宫庙，通过卜珓定出方向，持香默走，听到头一句话后即回神明前卜珓，卜得该句话为听香之语后，即可从中预测婚事成败。如果所走之路听不到话或所听之话不被神明认可，则改换方向，直至听到话语且被神明认可为止。

哗新娘 后埔社在上元节前后3天，从宫庙中请出神辇，在广场上巡游，社中上年入门的新娘逐个出场，追逐神辇，设法将手中的香束插到运动中的神辇的香座上。借此形式向乡邻介绍新来的媳妇。

走上元 墩上、岭下、下张等社在木椭板的头尾绑上油灯，每人肩扛一节，用铁丝将多节木椭板串成长龙，巡游社里各角落和田园，祈求合境平安。

走火把 林后、安兜等社村民手持用秸秆扎成的火把，跟随村社宫庙的神辇巡游全村和田园边界，以示驱邪。

有的宫庙在上元节前后举行神明巡境、过炭火、舞龙舞狮等活动，殿前、寨上还有“宋江阵”表演。湖里建区后政府有关部门组织灯会、猜灯谜、花灯展、花车巡游等游园活动。2005年，开始举办元宵民俗文化节，汇集海峡两岸传统民间表演艺术和当代歌舞、美食，成为一大盛事。

二月二 给土地公做“头牙”。俗有童谣：“二月二，孝土地。土地婆，不吃蚵。”

二月十五 是日做“春秋”，祭祖。

清明节、三日节 三月初三，古为“上巳节”，俗称三日节、三月节。据传辖区境域原为清明节祭祖，郑成功时期忌“清在明之上”，而改为三日节祭祖。辖区各村社有三日节祭祖，亦有清明节祭祖。祭祖的供品有薄饼、糕仔、“鼠壳龟”。鼠壳龟是用“鼠壳草”，烫熟后捣碎掺和糯米团做出的墨绿色的“龟”。供品还有通常的三牲、果、菜。各姓祠堂祭祖后在祠堂内宴请宗亲代表，俗称“吃祖”。

扫墓 在清明的前后10天内进行，俗称“压墓纸”。墓纸多色，打出三排七孔的波形刀痕，意“三魂七魄”。扫墓的主要内容有清扫、除草，“巡墓”、压墓纸、为墓碑描红、上供、点香烛、烧金银纸等。同时也要给守墓的“后土”烧香。祭拜之后，大家在坟地分食供品。钟宅钟姓的各个房头在祖墓前扫墓敬拜之后，在祖墓边上架灶煮供品供大家分食，叫“吃祖墓”。

旧俗妇女丧夫或失子第一年要到墓前“哭墓”，故上新墓压纸要特别的早。旧时，有在清明前做风水的习俗，重修墓地，捡骨换“金筒仔”重葬或者竖墓碑等。

实行火葬后，扫墓的风俗大多简化。集体陵园在清明前后开放，让百姓祭拜。形式大致是上香、献小纸花圈或鲜花、供糕点、烧金银纸等。但亦有少数人焚烧冥币及纸扎的汽车、别墅、手机、电器等。

清明扫墓之际常又连带着踏青。旧时妇女折青苗插头饰，谓“插青青，多生婴”“别青青，生后生”。

端午节 俗称“五日节”“五月节”。辖区境域历史上无赛龙舟之俗。五日节活动主要围绕驱毒、避邪和敬祖。是日在门环上悬挂艾草、榕叶、菖蒲，以为驱邪，有“插艾身体健，插榕猛过龙”之说。把惊蛰绑在大树树头的草绳解下烧掉，换上红布条。用雄黄泡酒，洒在屋子的四周和房间的角落，在小孩的额头画一圆点，这样蚊虫就不敢伤害。正午时分取“午时水”为小孩沐浴，俗信不会生痱子，之后在手上扎五色线，雅称“长命缕”。

用刚收成的麦子磨粉，煎成“麦碲”食用，此时正值雨季，吃“麦碲”象征补天。炒熟磨好的麦粉，称为“炒麦香”，据说可以驱蚊，有俗语：“炒麦香，送蚊虫。”又有用点燃的麦秸秆束在房子的四周驱蚊。童谣称：“烧麦秆，赶蚊虫，赶到沟边咬树丛。”

五日节吃红苋菜面或金瓜（南瓜）面，据说有助于嘴唇红润。

端午祭拜祖先比较简单，但必须有粽子。俗谚称：“吃了五日节粽，破裘才甘放。”端午节过后，天气不再转冷。

六月半 俗称“半年”。六月半要吃汤圆，并以汤圆敬天公、祭祖。搓圆子时，还会捏一些形如小猪、小鸡的掺着一起，叫“鸡母狗仔”，象征六畜兴旺。

普度 俗称七月为“鬼仔月”，所以七月不婚嫁、不做寿、不乔迁、不动土、不开张、不办喜庆，小孩不准游泳。七月初一，俗称“开地狱门”。宫庙举行仪式，收回“五路兵马”，无家可归的鬼魂到世间游荡。黄昏在大门口设摆祭品，招待众鬼，俗称敬“好兄弟”“门口公”“老大公”“大众爷”。供后除了烧金纸之外，还烧一种叫做“更衣”的纸钱，上面印着衣、裤、桶、勺各种用品，供众鬼使用。有的村社在社口或宫庙前竖立高的竹竿，上面悬挂四方长形油灯，俗称“站竹篙”，家家户户门口挂灯，上面写着合境平安、盂兰盛会、阳光普照等。七月以社里、角落划分，轮流“做普度”。普度之日，社中宫庙设醮，立纸扎的“普度爷”。家家在宫庙前设供桌，摆设粽子、咸米粿、碱仔粿及各式荤素供品。每样供品之上各插1支香，还要烧金纸和“更衣”。祭拜之后，供品带回招待亲朋，谓“请普度”。辖区内历来有反对轮流做普度之呼声。20世纪90年代后，此风渐有消弭。七月廿九，是日“关地狱门”。宫庙要将灯杆收起来，叫“倒灯篙”；法师做法将“五路兵马”放出去守境。各家各户“收灯火”，傍晚在门口摆上酒菜，供“好兄弟”“老大公”们吃完好走。祭完后还要烧“更衣”，让鬼魂带到另一个世界。

七夕 即七月初七。俗信七月初七是保护孩童的神明“七娘嬷”生日，称“七娘嬷生”。傍晚，在院中设供桌，供品有清茶、糕仔、油饭、红丝线、粉饼、胭脂花、凤仙花、七里香，还有一盆清水和新毛巾。点香烛敬拜后，留部分花瓣倒在院中所种的花木中，将其余的花和粉饼、红丝线丢上屋顶，俗信喜鹊能衔去给七娘嬷用。家中孩童来拜七娘嬷，解去手腕上五日节所带的五色线，用供七娘嬷的洗脸水洗脸。将供奉的油饭取一部分到房中敬床母，祈求床母保庇。女孩常在此日穿耳，旧时有对着月亮比赛穿针引线之俗，称为“乞巧”。

七月十五，俗称“七月半”，是三官大帝的地官诞日，又称中元节。举办“盂兰盆会”，以解救倒悬之苦。是日各家祭祖，同时敬拜家中的地基主，俗称宅神，敬拜“门口老大公”。供品中除了龟粿、三牲、菜碗之外，还有炸枣、糕仔、粽子。

中秋节 八月十五，俗称“八月半”。依例在家中祭拜祖先，供品中必有大盘的红米龟，俗谚：“六月半圆，七月半粽，八月半龟”。又有民谚：“八月半龟，破裘拾来捂。”是日在家中敬佛，供品中必有月饼，拜完后全家人分食。20世纪90年代之后，逐渐流行博饼之俗。奖品也从原先的月饼演变为各种日常用品。

湖里旧俗以八月十五为土地公诞辰，乡人常供新收成的番薯、芋头、柚，感戴土地公庇护丰收，也有供米粉煮芋头，俗语：“吃米粉芋，有好头路。”

是日，同正月十五一样，妇女有“听香”的习俗。旧时又有八月十五放孔明灯之俗。

重阳节 九月初九。是日有“补重阳”之俗。有的人家也吃“兜面”。1989年，将重阳节定为老人节。是日组织开展各种敬老活动。

立冬 是日食药膳补身，谓“立冬补冬”。

霜降 是日食药膳补身，俗信此日可进大补。有“一年补通通，不如补霜降”之说。

冬至 俗称“冬节”，是一年中的四大节之一（清明、七月半、冬至、年兜），有“冬节小年兜”之说，俗称“吃过冬节圆，岁寿多一年。”除了吃汤圆，还要用做糯米皮菜包，以各色菜为馅，叫做“包金包银”。

冬节为敬祖的重要年节。各姓祠堂在冬节之前就收齐丁钱，操办祭祖、吃祖的事项。供品中一定要有插猪尾的猪头和三碗圆。祭祖时，主祭颂祭文，礼生领众人行三跪九叩之礼。祭毕在祠堂设宴，宗亲代表齐聚吃祖。

尾牙 十二月十六是一年中最后一次为土地公做牙祭，所以称尾牙。尾牙供品相对丰盛。还要祭“门口公”和宅神。农家尾牙吃兜面。商家在尾牙要请所有伙计，答谢一年的辛劳，据说席上有鸡头所向暗示来年去留的含意。

建设厦门经济特区以来，台商企业在年终举行“尾牙宴”的做法逐渐形成风气。老板借尾牙宴酬谢全体员工，席间穿插演出、表彰、抽奖，借以鼓励团体士气。

年兜 年兜便是年底。有“清囥”即大扫除、十二月二十四日送神、办年货、送年、蒸粿、写春联等俗，各地风俗大同小异。湖里送神供品有“送神鸡、接神鸭”之说，送神日刮风、接神日下雨被视为吉兆。湖里旧俗，送年时娘家送出嫁的女儿红柑和2对春花，送亲家母1对大号的春花。

廿九暝 湖里称除夕为“廿九暝”或“廿九晚上”。是日贴春联、杀鸡宰鸭、做炸料、祭祖、敬厝神和门口公、到社里宫庙向当境神明“辞年”、合家“围炉”吃年夜饭。

辖区内“廿九暝”食俗亦大同小异。有吃“兜面”的，称“兜金兜银”；有吃薄饼的，称“包金包银”。旧有俗语称：“廿九暝”要“淋蚶、炒豆，烧灯猴、放大炮，甘蔗挡门后，吃到老老老”。说“廿九暝”要吃蚶，要炒花生、豆子，要烧“灯猴”，要放鞭炮，要在门后放甘蔗。“灯猴”是佛龛前放长明灯的小竹架。“廿九暝”将“灯猴”取出焚烧，把余烬加到烘炉里，叫着“加火”。民间有“加火入厝，代代富”“灯猴烧火灰，厝内逐项有”等谚语。

“廿九暝”，主妇在佛龛前摆放红柑、春饭、发糕，上面都插有红色纸花，称“春枝”，又称“石榴春”。其余的如长辈给晚辈发“压岁钱”、供蜜饯盒、点红烛、点“堂号灯”，一家人围坐红糖茶、守暝等，各地无异。

1984 年开始，边吃年饭边看电视里的春节晚会，也成为“廿九暝”的传统习俗。

二、民俗节庆活动

正月初六、七“请丈公” 薛岭社龙源宫供奉的神明为“总赶公”“大公祖”，据传被枋湖社、梧桐社村民认为“丈公”（姑爷）。每年正月初六，枋湖社、梧桐社一带村民敲锣打鼓到龙源宫请出神像，迎回村中祭拜。初七，推选四名身强力壮的小伙子，用双手托举神辇，按照事先划定的路线在村社四周游走，祈求神灵保佑全社一年平安、风调雨顺。然后再折回村里“吃香位”。之后，再将神像送回龙源宫。当地民谚称：“头一天（初六）请吃肉（闽南话，音读“或”），第二天（初七）请来‘测’（闽南话，跳、抖、晃之意）。”

保安殿妈婆出巡 妈婆即陈靖姑，亦称临水夫人。正月十三日为陈靖姑诞辰，是日，高林社外嫁的女儿带着全家回娘家，与社里的善男信女备齐“三牲五果”到保安殿上香、添油。据传，附近林边社聚会宫的“大使公”是妈婆的“契子”，所以妈婆巡境时聚会宫的“大使公”必须全程陪同。两地的信众抬着两座辇轿在高林和林边两地巡游，沿途住家、店铺要在门口上供点香，燃放爆竹，祈祷合家平安。妈婆巡境前后数日，宫庙外的戏台演戏酬谢。近年来增加腰鼓队表演，气氛十分热烈。

禾济宫庙会看新娘 后埔禾济宫供奉吴府王爷。农历正月二十五日为吴府王爷诞辰，每年庙会均在此日举办。庙会正日下午，村里上年结婚的新婚夫妇齐聚禾济宫戏台。先由社里长辈逐一介绍台上的新婚夫妇，并代表老一辈“教示”他们。之后，锣鼓响起，村里的小伙子抬着禾济宫奉祀的 4 位神明和“虎爷”乘坐的 5 个辇轿，轮流在戏台下颠簸奔走。新婚夫妇按序出列，拈香跪拜。每一对新婚夫妇只有等待敬拜完 5 个辇轿才能起身。如果辇轿在戏台前长久逗留，戏台上的那对新人就得久久跪拜。场上气氛往往在此时达到高潮。

万寿宫庙会 高崎万寿宫主奉神为保生大帝、妈祖娘娘和“公祖”林希元。每年农历三月十三日、三月二十三日和九月二十九日，都要举办大案庙会。每次庙会都有腰鼓队、中西乐队和舞龙、舞狮等艺阵表演。一般在节前两三天就开始请戏班唱戏酬神，时间长达 10 天左右。

凤和宫庙会 湖里凤和宫供奉保生大帝。农历三月十七日为保生大帝诞辰。节前，凤和宫组织信徒到白礁、青礁慈济祖宫进香。三月十七日，进行绕境活动。保生大帝神像在前，随后有彩旗队、锣鼓队、西鼓队、舞龙队、舞狮队，全村信众，手拿香火，紧随其后。队伍按照事前选定的东、西、南、北、中 5 个点，在湖里村范围内绕境一圈，称为“巡五营”，意为镇邪安邦，保镜平安。回到凤和宫前之后，锣鼓队、西鼓队、舞龙队、舞狮队进行表演。信众自备“三牲”“五果”等大案供品，摆在宫口祭拜，祈求“保生”大帝保佑吉祥、平安。节日的前后要演 3 ~5 天的歌仔戏。

墩上龙源宫庙会 龙源宫供奉“池府王爷”，每年在“池府王爷”的圣诞日农历六月十八日举办庙会。庙会举行 3 天。六月十六日，前往翔安五甲尾池府王爷祖宫元威殿参拜进香，求取炉灰，俗称“请火”。六月十七夜，信众向王爷敬献供品，并请道士念诵经文，称为做敬，又称做醮。神诞日，有祝嘏大典仪式和游境等活动。由信众组成的彩旗队在乩童引导下游境，拜吃香位，祈求五谷丰登、平安顺利好年冬。

殿前白鹤寺庙会 农历八月十四日是白鹤寺供奉的白鹤仙祖的诞辰。从八月初起，村民就以户为单位自愿报名当“理事”。理事中设有“首席理事”，负责圣诞打醮时的全部供品，打醮当夜持“手炉”，又称为炉长。任首席理事除了要“夫妻保老六公全”，即夫妻健在，且已当上内公、外公、伯公、叔公、舅公、丈公，还要在仙祖神像前“掷杯”，获得仙祖同意才能当选。八月十三下午开始，寺前广场上开始舞龙、舞狮、打腰鼓。入夜，道士率信众上香后，开始作法，诵经献纸，诵祝寿文，宣读当年理事名单，祈求风调雨顺、国泰民安、丁财两旺、四境安宁。这样的程序一夜要重复多遍，直到第二天凌晨五点钟鸣炮、烧金帛“送圣”后才圆满结束。夜里，寺外的戏台上还要演戏酬神。

“王爷公坐任” 岭下社、墩上社、尚忠社和坂上社有“王爷公坐任”的民俗。其中岭下社是每5年一次（见四见九），墩上社和尚忠社每4年一次（农历年的鼠年、龙年、猴年），坂上则是每3年一次。“坐任”一般在农历十月举行，具体日子需请道士提前选定。在这之前，信众在本社的宫庙里“卜筊”，定出一、二、三头，担当本年的主事人。主事人定好之后，请人用纸和竹篾糊马轿、大厅爷、二爷、三爷，以便供拜。各家各户把木材捆成小捆绑上红绳，在小陶土罐里分别装上盐、米，糊上红纸封好备用。王爷公出巡前一晚，道士请王爷入境“坐任”，马轿、大厅爷、二爷、三爷全部到位。各家各户杀猪宰羊，在宫庙前“趴猪趴羊”，摆上2个以上的供桌。男女老少一一点香烛拜王爷，迎接王爷公坐任，祈求王爷公驱除祸害，保佑五谷丰登、平安顺利。3个主事的头在当日晚上要准备最丰盛的供品，在宫庙中摆设五六桌主桌，带领全社祭拜。白天，众人抬神辇游境，吃香位。晚上，接连十几天为王爷公献戏或放映电影。

钟宅“送王船” 送王船，古代称“王醮”，为福建闽南沿海靠水地区传统的民间习俗，大约起源于明代中晚期。古代王醮所用船只视地方富裕程度而定，富庶之地用真器，一般地方则用纸船代替。古代王醮原为“驱灾”崇拜，所送的王爷原先为各地瘟神。清中叶之后，王爷由瘟神演变为庇护、管理地方之神明，送王船演变为送王爷乘船“代天出巡”，保佑地方风调雨顺、合境平安的祈福风俗。钟宅畲村王爷宫供奉的是“三王”，即大王爷、二王爷、三王爷。3位王爷每4年要外出巡视一次，村民便建造王船，送3位王爷出巡。因为是为村社祈福，所以又称送王船为“做好事”。送王船的月份一般在农历十月，但准备工作四月就开始了。宫庙管理委员会请有意出任本届“王船”庆典头家的族人到村中澜海宫即观音庙的观音坐像前“跋杯”，选取“准杯”次数最多的前3人任头家。选出3位头家之后，在澜海宫观音坐像前“跋杯”，确定“送王船”的正日。八月，事先由造王船的木作师傅削好龙骨即王船的大梁，用红布包裹，安上一对金花，供奉在一张靠背椅上，俗称“安櫓”。“安櫓”之日，各家各户要煮汤圆前往敬奉。当天晚上演戏酬神。“安櫓”第二天开始按照真船的规格修造建造王船，钟宅王船为一主二副三桅帆船。王船装饰十分讲究。船头安放纸扎狮首，船尾安放纸扎青龙，俗称“前狮后尾龙”。狮首两侧悬挂两盏红灯笼。船身两侧彩绘花草图案。板两侧插有玄武、青龙、腾蛇、蛟阵等彩旗。前部甲板有纸扎“船头公”，坐在盛满大米的红米斗上，“船头公”之后是两面“肃静”“回避”官牌，官牌后有纸扎的开道兵。船上还必须放置账本、算盘、尺子、剪刀、镜子、小刀等器物。送王船正日倒数第3天，钟宅村中所有宫庙的神明全部坐辇出宫“走境”，称为“巡五营”。送王船正日倒数第2天清晨，王船出宫巡游。巡游路线与“巡五营”相同。巡游之后，大约在午后一二时左右停泊在祖厝大埕。接受各家各户敬送供品。送王船正日，按照预定时辰，“彩联”、舢板前导，村民开始往王船上运送柴、米、糖、盐。头家将各路神明请进王船上的宫厅。随后，王船再次起锚，向事前选定的海滨空旷地进发。到达目的地之后，村

图29-7　王船

民开始在王船周围堆放纸钱。入夜，3 位头家焚香祷告一番，宣布时辰已到，随即点燃王船周围的纸钱。直到王船的主桅杆在火中倾倒，仪式方宣告结束。

浦口“祭王船” 浦口社每 6 年举行一次“祭王船”仪式。据传，早期“祭王船”时间是在农历四月，后来就改在农历十月。具体日子则由瑞云宫的主事人“卜珓”决定。“祭王船”所用之船以前多用纸糊，现多以木制。船头装有“虎头”，船上立着桅杆并且安上布帆，四周插着彩旗。一艘王船造价约上万元，一般需要 20 多天才能完成。“祭王船”之前，全社有能力的男丁，齐聚在宫庙中“卜珓”，决定主持“祭王船”的大头、二头、三头。大头要在宫庙前立灯杆，直至仪式结束。到了“祭王船”的前一天，3 个头带领村民将奉旨“代天巡狩”的王爷从海边接上岸，坐在辇轿中，让村民抬着绕境巡游，希望王爷能将地方上的不净鬼怪等收服，同时接受民众的香火祭祀，赐福予百姓。祭王船当日，将王船装在轮车上到村中巡游。王船上的掌舵者、持帆者、水手等，都由村里有辈分、有声望者担当。参与巡游的车辆都要插上彩旗，做头的 3 辆车还要系上彩带，最前面由摩托车开道。巡游车队从瑞云宫出发，浩浩荡荡沿环岛路绕一圈。回到瑞云宫之后，开始做仪式，犁辇、摆桌、全猪全羊供奉、巡桌等等。3 个头人将纸制的兵马等物置于王船内，还放上各家各户祭献的“柴箍”、装着米、盐的“王公罐仔”。老人跪拜王船前，烧香祭拜。晚上 12 时过后，老人用扫帚扫净路面送王爷，村民把王船和纸制的兵马等物，并同大量的纸钱一起烧掉，在熊熊的火焰中祈福风调雨顺、合境平安。

图 29-8　王船巡游

龙源宫“送王爷” 薛岭龙源宫每 3 年（牛年、龙年、羊年、犬年）举行一次“送王爷”，俗称“送王”。“送王”在农历十月举行，具体日期由龙源宫的主事“卜珓”确定。六月初，有意担当本年“送王”头主的报名者到龙源宫“卜珓”，得“圣杯”最多的前 3 名，分别做大头、二头、三头。头主要出资请道士和戏班，还要备办“送王”的主桌祭拜的丰盛的贡品。龙源宫迎送的王爷是外来“代天巡狩”的王爷，要在龙源宫里为王爷建“代天府”，并设“三清坛”和“三界坛”，挂上三清和玉皇大帝、紫薇大帝的神像。在神像前设供桌，安放纸扎的王爷像。大头主的贡品最为丰富，有盛满金纸的元宝箱、金纸折的元宝山、五果、五谷、“二十四宴”，还有烟堆、酒堆、全猪、全羊等。宫庙前则摆放其他村民的供桌、贡品。“送王”的前天凌晨，道士设醮进行“请王”，开始诵经念法，迎接诸位神仙的降临。天亮时敬天公。腰鼓队、龙狮队和杂技轮流开演“埔戏”酬神。下午，在宫庙的三界坛前，头主夫妻持香拜天拜神、向王爷献贡品。之后，头主持手炉和道士一起在村民排列的供桌间穿行，表示王爷接受全体村民的供奉。接着，戏班献演《八仙贺寿》《送孩儿》《天官赐福》3 出头戏。最后头主接过《送孩儿》中的状元夫妇的“孩儿”像，在“孩儿”像下押上红包，交还给戏班。戏曲演出正式开始。众人拜完王爷之后，道士和头主们把王爷和孤魂野鬼引到龙源宫后面，举行“普施焰口”的超度仪式，然后将王爷的神像和村民添献的茶米油盐连同成堆的金纸一起焚烧。表明王爷已经押着外鬼和邪祟一起被送走。全村因此将免受侵扰，获得平安，诸事顺利。

第三十篇　方　言

湖里区位于厦门岛的西部至北部。原属厦门岛上“禾山区”的一部分，民间旧称“山场”[suã^{1}tiũ^{2}]，或叫“顶禾山”[tiŋ^{1}ho^{2}san^{1}]（禾山的上半部）。

湖里区本地人所讲的方言属闽南方言的厦门话，它跟市区的厦门话有一些极小的差异，但跟厦门市区的厦门话能互通无阻。有人将它称之为厦门话的“禾山腔”。这种“禾山腔”语法与闽南话的厦门话相同，语音与词语略有区别。

语音方面有两个很明显的特点，让市区的人一听就知道讲话人是“禾山”人。一是厦门市区读“i”韵母的一些字（中古“鱼”韵的一些字），湖里区多数读“u”韵母。如“汝”（你）读[lu^{3}]，“去”读[ku^{5}]，“猪”叫[tu^{1}]，“鱼”叫[hu^{2}]，等等；二是厦门市区读“iŋ”韵母的一些字（中古“山、删、先”开口一些字的说话音），湖里区读“ãi”韵母。如“间”读[kãi^{1}]，“闲”读[ãi^{2}]等等。

词语方面的小差异，也主要表现在两个方面。一是有一些词语的读音跟市区不同。最明显是相当一部分人将“母亲”叫做[au^{3}a^{3}]，这可能是“阿母仔”[a^{1}bu^{3}a^{3}]的合音。又如有些人将“苋菜”读做[haŋ^{6}tshai^{5}]，“蓝仔佛”读做[nai^{2}ia^{3}put^{8}]，“觅鸮”叫做[mua^{6}hioh^{8}]，“草蜢”叫做[tshau^{3}mih^{7}]，“豺狗”叫着[se^{2}kau^{3}]，等，都分别跟市区音[hiŋ^{6}tshai^{5}]，[na^{2}ia^{3}put^{8}]，[ba^{6}hioh^{8}]，[tshau^{3}meh^{7}]，[sia^{2}kau^{3}]等不同。二是有一小部分事物的叫法跟市区不同。如，“蜻蜓”厦门市区普遍叫“田婴[tshan^{2}ĩ^{1}]”，湖里区多叫“掩婴[iam^{1} ĩ^{1}]”；“肩膀”厦门市区普遍叫“肩头[kiŋ^{1}thau^{2}]”，湖里区叫“悬头[kuãi^{2}thau^{2}]”，“锄头”厦门市区普遍叫“锄头[ti^{2}thau^{2}]”，湖里区不少地方叫“掘头”[kut^{8}thau^{2}]，等等。不过，湖里区闽南方言跟厦门市区闽南方言这种小差异的程度，也以湖里区所辖的各地段跟厦门市区靠近的程度而有所不同。大致的情况是，靠近厦门市区的湖里、东渡、西郭等地区因受市区读音的影响，像“汝去猪鱼”就不读“u”韵母而跟市区一样读“i”韵母，“间、闲”等字也不读“ãi”韵母，但跟市区一样读“iŋ”韵母。而跟市区较远的一些地方，就可能更多地保留自己的一些独特的读法。

湖里区内部的差异更小。根据一些调查对象的反映，湖里区内部的方言的小差异大概可分为4片：一是以区政府所在地的枋湖为中心，包括原后埔、江头地区；二是五通、高林等地区；三是高殿、寨上等地区；四是钟宅地区。除了钟宅地区外，其他3个地区之间的差异几乎不容易看出来。

钟宅的百姓多是畲族，但他们却不说畲语，而是说闽南方言。钟宅百姓所说的闽南方言跟湖里区的闽南方言是比较一致的。其差异也不明显，给人们留下比较深刻的印象是钟宅乡百姓的口音里常带有一个话尾词“搭[tah]”，相当于普通话的“啦”。如“看着伊搭”（看到他啦）。另外，个别词语的读音或叫法也有一点不同，如“蓝仔佛”读做[nai^{2}ia^{3}put^{8}]，“觅鸮”读做[mua^{6}hioh^{8}]，“草蜢”叫做[tshau^{3}mih^{7}]，“母”读[bo^{3}]，如掌头~，拳头~，鸡~，老~，与其他点不同；“安”[an^{3}]做词头用法比其他点多，如~兄，~婶，~叔，等等。

在撰写方言篇过程中，先后邀请16位长期居住在辖区的五通、高林、钟宅、高殿、石埔、上店、薛岭、后埔等地70岁以上的老人和部分青年，他们是（按音序排列）：陈碧礤、陈三祝、陈天赏、陈永宽、黄奕集、黄玉华、李赐吉、孙天才、肖师清、许金地、张宗敏、钟福团、钟家华、钟庆丰、钟庆德、钟天赐。编者通过开调查会和个别访问等方法调查了解辖区的闽南方言情况，然后将所收集的材料，连同参考当地有关的文献资料，经过一番整理、研究而写成方言篇。调查记录主要以区政府所在地的枋湖村为湖里区方言的代表点。方言篇用国际音标记音。词语用字中凡方言字为生僻难字或群众不习惯使用的字分别用训读字、同音字和方言区百姓自造字代替。

《常用同音字汇与常用词语》章各节词语左边是普通话词语，右边是湖里区闽南方言的说法。个别方言词语无相对应的普通话只能用方言词语排列在右边，并有注音与解释。[　]表示可说可不说。(　)表示又音。“□*”表示有音无字。方言词一般只列两个，常用的排在前面。(>) 表示音变，>前是本音。

第一章　语音

第一节　声母和韵母

一、声母

湖里区闽南方言的声母有 17 个，如下表：

双唇音	p 悲	ph 披	m 棉	b 米	
舌尖音	t 池	th 啼	n 泥	l 李	
	ts 脂	tsh 试	s 诗		
舌根音	k 支	kh 欺	ŋ 硬	g 疑	h 希
	零声母	姨			

二、韵母

湖里区闽南方言常用的韵母有 78 个，如下表：

阴声韵	a 阿	i 依	u 有	e 锅	o 蚝	ɔ 乌			
	a i 哀	au 瓯	ia 夜	io 摇	iu 油	iau 妖	ua 蛙	ue 鞋	ui 围	uai 歪
阳声韵	m 姆	im 音	am 暗	iam 盐					
	in 因	un 恩	an 安	ian 演	uan 弯				
	ŋ 黄	iŋ 英	aŋ 红	iaŋ 鞅	ɔŋ 王	iɔŋ 勇			
鼻化韵	ã 馅	ĩ 圆	ẽ 婴	ɔ̃ 乌					
	ãi 闲	ãu 藕	iã 赢	iũ 羊	iãu 猫	uã 蛙	uĩ 梅	uãi 横	
入声韵	ip 音	ap 暗	iap 盐						
	it 乙	ut 郁	at 遏	iat 阅	uat 越				
	ik 益	ak 沃	iak 摔	ɔk 恶	iɔk 约				
	ah 鸭	ih 滴	uh 托	eh 呃	oh 学	ɔh*			
	auh 瓯	iah 挖	ioh 药	iuh 油	iauh 妖	uah 活			
	ueh 狭	uih*	uaih*						
	ãh 凹	ĩh 捏	ẽh 夹	ãuh 偶	iãh 吓	iãuh*			
	uẽh 荚								

第二节　音节和声调

一、音节

音节是语音的基本单位，由声韵调组合而成。它是字音存在的语音形式。如诗［si^{1}］，由声母“s”，韵母“i”和声调“^{1}”组成。其他如华［hua^{2}］，桶［thaŋ^{3}］，寄［kia^{5}］，定［tiã^{6}］，设［siat^{7}］，捏［nih^{8}］等等也然。湖里区闽南方言有2200多个音节，跟市区厦门话的音节数相差无几。

二、声调

湖里区闽南方言的声调有7个，如下表：

数字代号	1	2	3	5	6	7	8
调名	阴平	阳平	上声	阴去	阳去	阴入	阳入
调值	44	24	42	21	22	$\underline{32}$	$\underline{4}$
例子	悲音	脾淫	比饮	闭印	避尽	必滴	舌裂

注：1. 虽然声调调值跟厦门市区一样，但实际发音略觉得阴平、上声比厦门市区略低一点。2. 阴入、阳入为短促调。3. 钟宅村民阴平调略微上升，调值445，上声调略微低 调值31。

三、连续变调

湖里区闽南方言读音的连读变调，跟厦门市区基本一样。

湖里区闽南方言读音连续变调表

表30-1

原调	1阴平	2阳平	3上声	5阴去	6阳去	7阴入		8阳入
						收ˉh尾	收ˉp,ˉt,ˉk尾	
变调	6阳去		1阴平	3上声	5阴去	3上声	8阳入	5阴去

说明：阳入变调后的调值类似阴去，但带ˉp,ˉt,ˉk尾的仍保持短促的发音

举例：阴平——→阳去　天公 thĩ$^{1-6}$kɔŋ^{1}，天顶 thĩ$^{1-6}$tiŋ^{3}，天地 thĩ$^{1-6}$tue^{6}。

阳平——→阳去　年头 ni$^{2-6}$thau^{2}，年尾 ni$^{2-6}$be^{3}。少数变阴去，如同安 taŋ$^{2-5}$uã^{1}。

上声——→阴平　主人 tsu$^{3-1}$laŋ^{2}，主宰 tsu$^{3-1}$tsai^{3}，主任 tsu$^{3-1}$lim^{6}。

阴去——→上声　裤头 khɔ$^{5-3}$thau^{2}，裤带 khɔ$^{5-3}$tua^{5}，裤袋 khɔ$^{5-3}$te^{6}。

阳去——→阴去　菜头 tshai$^{5-3}$thau^{2}，菜尾 tshai$^{5-3}$be^{3}，菜色 tshai$^{5-3}$sik^{7}。

阴入（收ˉh尾）——→上声　册包 tsheh$^{7-3}$pau^{1}，册皮 tsheh$^{7-3}$phe^{2}，册桌 tsheh$^{7-3}$toh^{7}。

阴入（收-p，-t，-k尾）——→阳入 国民 kɔk$^{7-8}$bin^{2}，国际 kɔk$^{7-8}$tse^{5}，国法 kɔk$^{7-8}$huat^{7}。

阳入——→阴去　白花 peh$^{8-5}$hue^{1}，石头 tsioh$^{8-5}$thau^{2}，独立 tɔk$^{8-5}$lip^{8}。

第二章　常用同音字汇与常用词语

第一节　常用同音字汇

一、韵母顺序

阴声韵　i，u，a，ia，ua，ɔ，o，io，e，ue，iu，ui，ai，uai，au，iau；

阳声韵　m，im，am，iam，in，un，an，ian，uan，ŋ，iŋ，aŋ，iaŋ，ɔŋ，iɔŋ；

鼻化韵　ĩ，ã，iã，uã，ɔ̃，ẽ，iũ，uĩ，ãi，uãi，ãu，iãu；

入声韵　ip，ap，iap，it，ut，at，iat，uat，ik，ak，iak，ɔk，iɔk；

ih，uh，ah，iah，uah，ɔh，oh，ioh，eh，ueh，iuh，uih，uaih，auh，iauh；

ĩh，ãh，iãh，ɔ̃h，ẽh，uẽh，aũh，iãuh。

字右上方加“$^{\triangle}$”为训读字，“□”左上方加“＊”为有音无字或过于生僻的字。

二、字汇表

i

pi^{1}卑碑悲啡$_{\text{咖～}}$　pi^{2}脾$^1_{\text{～胃}}$裨啤枇琵蚍毗　pi^{3}俾鄙$_{\text{～人}}$比妣秕彼匕　pi^{5}臂痹庇毖秘泌闭辔　pi^{6}被$_{\text{～动}}$婢避鼻备鞴篦

phi^{1}披帔砒纰丕坯　phi^{2}皮疲脾$_{\text{～气}}$　phi^{3}鄙$_{\text{卑～}}$否$_{\text{～极泰来}}$痞庀$_{\text{饭～（锅巴）}}$　phi^{5}譬屁　phi^{6}鼻

bi^{1}微$_{\text{笑～～}}$　bi^{2}薇微縻麋縻靡弥眉$_{\text{～目}}$媚嵋湄楣眯咪惟维$_{\text{～持}}$唯$_{\text{好～是（好好的）}}$　bi^{3}靡弭米尾娓美啤$_{\text{～仔酒}}$　bi^{6}媚魅寐味未$_{\text{～来}}$

ti^{1}知蜘胝氐低　ti^{2}池驰篪踟迟坻持$_{\text{维～}}$提$_{\text{～防}}$锄$_{\text{～头}}$弟$_{\text{阿～}}$挃　ti^{3}底抵邸牴骶诋砥　ti^{5}置智致緻蒂$_{\text{瓜～}}$戴$_{\text{～帽仔}}$　ti^{6}雉稚豸在$^{\triangle}$痔峙畤治地$_{\text{土～公}}$弟$_{\text{小～}}$底$_{\text{～时（何时）}}$

thi^{1}郗絺　癡笞魑黐$_{\text{黏糊状}}$　thi^{2}啼苔$_{\text{青～}}$　thi^{3}耻祉褫　thi^{5}剃$_{\text{～头}}$嚏

li^{2}璃$_{\text{琉～}}$离篱漓罹蠡丽骊郦梨蜊厘狸釐儿而帘$_{\text{窗～}}$　li^{3}李里裏理鲤娌履逦子$_{\text{棋～}}$　li^5□$_{\text{撕}}$：～纸　li^{6}离吏利俐莉痢詈荔詈莅腻二贰饵仔字$_{\text{写～}}$

tsi^{1}支枝肢卮栀祇脂之芝狞$_{\text{女阴}}$　tsi^{2}糍$_{\text{麻～}}$鹚荠$_{\text{尾～（荸荠）}}$　tsi^{3}紫姊子$_{\text{果～}}$籽$_{\text{种～}}$纸只旨指徵止址祉趾沚阯芷　tsi^{5}寘至摰贽质$_{\text{人～}}$踬志痣识帜$_{\text{旗～}}$渍　tsi^{6}舐$_{\text{舔}}$

tshi^{1}眵鸱蚩媸鳃嗤　tsh^{2}持$_{\text{保～}}$徐$_{\text{姓}}$渍$_{\text{潮湿}}$　tshi^{3}侈齿　tshi^{5}翅刺试识　tshi^{6}饲$_{\text{喂}}$市

si^{1}丝司$^1_{\text{公～}}$思$_{\text{相～病}}$私$_{\text{家～}}$诗尸施西$^2_{\text{～瓜}}$　si^{2}时匙辞$_{\text{相～（辞别）}}$徐　si^{3}始矢屎死豕弛　si^{5}四肆世$_{\text{一～人}}$势$_{\text{东～（东向）}}$试弑　si^{6}是氏豉视恃侍$_{\text{～从}}$舐示谥$_{\text{～号}}$寺嗜序$_{\text{～大人（长辈）}}$市

ki^{1}几$_{\text{茶～}}$饥肌机矶讥玑叽畿支枝肢羁奇畸技妓栀　ki^{2}奇琦碕崎歧岐跂芪祇祁耆鳍鬐其期棋旗骐琪麒淇蜞旂颀圻祈　ki^{3}几麂已纪杞指$_{\text{动词}}$　ki^{5}记寄冀骥觊既暨痣计$_{\text{伙～}}$　ki^{5}徛骑忌技妓暨

khi^{1}欺攲$_{\text{不正}}$　khi^{2}骑^{1}蜞^2　khi^{3}起岂企绮齿$_{\text{～科（牙科）}}$　khi^{5}汽气器弃亟　khi^{6}忌柿

gi^{2}宜仪疑嶷沂谊　gi^{3}蚁拟　gi^{6}议义

hi^{1}郗希稀熙熹嘻嬉牺羲曦　hi^{3}喜蟢嬉　hi^{5}戏肺$_{\text{～病}}$　hi^{6}耳

i^{1} 衣依猗漪医伊他　i^{2} 夷姨胰痍彝移遗怡贻饴诒眙颐圯移蛇迤　i^{3} 椅倚旖已以苡矣　i^{5} 缢意壹懿饫
i^{6} 易肄～业异预参与（活动）

u

pu^{2} 烰炙烤：～番藷（烤白薯）匏匏瓜　pu^{5} 富　pu^{6} 妇新～（媳妇）伏孵

phu^{2} 芙～蓉浮葡～萄　phu^{3} 醭（殕）生～（发霉）　phu^{6}□*（液体因沸腾）溢出

bu^{1} 芜量词：一～血　bu^{2} 巫诬无芜毋　bu^{3} 武鹉舞侮妩庑母抚　bu^{6} 务雾骛鹜婺

tu^{1} 猪潴株蛛蜘～堆涂～（土堆）推～车　tu^{2} 厨橱蹰除滁篨躇　tu^{3} 拄贮　tu^{5} 著注一～钱亍　tu^{6} 箸筷子伫在在△苎杼潴堵塞：～痰

thu^{1} 樗 thu ^{3}储褚

lu^{1}□推倒，推进　lu^{2} 驴胪庐芦闾榈如茹逾渝瑜愉榆覦揄颅乌～头（光头）　lu^{3}女汝你你△乳旅膂吕侣缕褛偻屡愈
lu^{5}□*搓擦　lu^{6} 吕姓铝虑滤鑢裕喻谕

tsu^{1} 訾髭赀龇资咨姿粢谘兹滋孳孜淄缁菑辎且苴诸诛株蛛邾朱硃侏珠咮书茱铢　tsu^{2} 瓷茨餈慈鹚磁雌△薯番～（白薯）蜍蟑～（蛀属）　tsu^{3} 紫姊秭子籽梓滓煮渚主麈咀　tsu^{5} 恣驻註铸注蛀翥柱 tsu^{6} 自字牸渍眥柱住聚坚垫沮

tshu^{1} 雌疵差参～蛆疽趄砠狙菹趋舒铺，垫　tshu^{3} 此泚跐取娶处杵鼠　tshu^{5} 次刺处趣厝　tshu^{6} 跙向下滑动澍

su^{1} 斯厮撕私司伺思罳缌丝鸶书舒纾输枢姝师狮须需胥　su^{2} 辞词祠徐蜍殳殊　su^{3} 死使史驶玺徙鼠黍暑墅署曙　su^{5} 赐伺笥觋思四泗驷肆使庶恕絮戍　su^{6} 兕寺饲嗣食俟诶似姒汜祀巳士仕事竖树澍序叙绪屿

ku^{1} 车～马炮居裾琚椐拘驹痀（背）驼龟　ku^{2} 渠璩瞿衢癯　ku^{3} 举榉莒筥矩榘久韭　ku^{5} 据倨踞锯屦灸　ku^{6} 巨拒距讵炬苣遽具惧飓俱舅臼旧

khu^{1} 区驱岖躯拘丘邱坵　khu^{2} 渠^{2} 蕖瞿衢癯跍蹲　khu^{3} 龋　khu^{5} 去　khu^{6}具窭臼□*熬：～糜

gu^{2} 鱼^{2} 渔^{2} 愚禺隅娱虞牛　gu^{3} 语龉圄圉麌　gu^{6} 御禦驭誉遇寓

hu^{1} 夫^{1} 趺鈇肤麸跗敷孚鄜痡虚嘘墟圩盱吁灰^{2}火～　hu^{2} 芙扶符苻凫孚俘殍郛莩浮鱼渔　hu^{3} 斧釜府腑俯脯铺甫殕抚拊腐许允～诩栩 hu^{5} 富副付赴讣附赋傅太～昫煦酗　hu^{6} 妇负阜腐父附驸赙伏

u^{1} 淤瘀於迂污窄蹲居　u^{2} 余馀与欤舆予妤舁于竽盂雩俞窬踰臾萸腴谀榆逾愉渝瑜覦揄　u^{3} 宇禹羽窳雨瘐伛愈与　u^{5}昫坞妪饫^{2}　u^{6} 誉豫蓣预芋喻谕裕有

a

pa^{1}巴芭笆豝疤粑吧　pa ^{2}爬琶杷爸　pa ^{3}把靶饱　pa^{5} 霸欛坝豹　pa^{6} 骲打：～头壳罢爸

pha^{1} 葩抛脬卵～（阴囊）　pha^{2} 爬杷　pha^{5} 怕帕　pha^{6} 泡疱

ba^{2} 麻痳蟆猫山～峇～厘（船舱）媌　ba^{6} 码长～密门关～觅找茉～莉花

ta^{1} 爹焦乾礁海～　ta^{2} 憔枯～茶 ta ^{5}咤姹罩　ta^{6} 大～家（婆婆）奈无～何丈～夫（男人）

tha^{1} 他她^{1} 它　tha^{5} 诧□*拨动，挑开

la^{1} 拉喇　la 萝～卜铙铙钹　～螟（蜘蛛属）蟟海生介壳动物　la^{6} 闹吵～历～日（日历）

tsa^{1} 查喳渣楂　tsa^{2} 查槎　tsa^{3} 早鲊痄　tsa^{5} 炸诈榨蚱　tsa^{6} 昨～日乍

tsha^{1} 叉衩杈差岔　tsha^{2} 查^{2} 柴樵材　tsha^{3} 吵

sa^{1} 沙砂纱痧鲨裟莎　sa^{3} 洒傻　sa^{5} 嗄

ka^{1} 家嘉加茄枷袈笳珈迦跏葭交～定（预定）茭～白铰～刀（剪刀）膠^{2} 佳鲛～佳鸡（斑鸠）　ka^{3}贾假绞搅　ka^{5} 嫁稼架驾价假教校～场漖稀　ka^{6}　咬

kha ^{1}尻～川（屁股）骹脚脚△　kha^{3} 巧卡　kha^{5} 较～好敲～门

ga^{2} 牙芽蚜衙　ga^{6} 讶迓砑

ha^{1} 哈　ha^{2}虾霞瑕遐椵爻　ha^{5} 吓孝罅唬　ha^{6} 下夏厦暇

a^{1} 阿鸦椏丫亚 a^{3} 哑仔词尾 a^{5} 亚娅 a^{6} 也

ia

tia^{1} 爹

lia^{1} 遮~日 lia^{3} 惹

tsia^{1} 遮^{1} tsia^{2}遮这儿 tsia^{3} 者姐 tsia^{5} 蔗鹧借~口

tshia^{1} 车奢~侈 tshia^{2} 斜 tshia^{3} 扯且

sia^{1} 赊畲佘奢些 sia^{2} 斜邪豺~狗蛇 sia^{3} 写捨 sia^{5} 泻卸赦舍厍 sia^{6} 谢榭射麝社夕七~石~石(大理石)

kia^{2} 崎揭 kia^{5} 寄 kia^{6} 徛（陭）陡峭

khia^{1}奇~数 khia^{2}骑 khia^{6}徛站,住

gia^{2} 鹅蜈~蚣牙~蓝色揭举

hia^{1} 靴稀 hia^{2} 遐那儿 hia^{6} 瓦蚁

ia^{1} 呀 ia^{2} 耶椰邪琊 ia^{3}冶野也 ia^{5} 瘟倦怠 ia^{6}夜也

ua

pua^{5} 簸~箕

phua^{1} 披~衫phua^{5} 破

bua^{2} 磨~刀

tua^{2} 汏~米 tua^{5} 带皮~蹛居住 tua^{6} 大舵惰

thua^{1} 拖 thua^{5} 泰长~(地名) thua^{6} 豸虫~汏~衫裤

lua^{2} 箩米~ lua^{6} 赖姓濑

tsua^{1} 抓 tsua^{2} 蛇 tsua^{3} 纸爪笊 tsua^{6} 誓咒~ 行列:横~

tshua^{5} 蔡姓 tshua^{6} 炁引,带:~路娶$^{\triangle}$

sua^{1} 沙鲨砂痧 sua^{3} 耍徒 sua^{5} 续

kua^{1}瓜歌羁~骹(歇脚)过菜老了柯姓泂 kua^{2} 桦 kua^{3} 寡剐 kua^{5} 卦褂挂芥~菜蓋锅仔~过罪罣诖

khua^{1} 垮夸 khua^{3} 可小~ khua^{5} 嵜船~着痧胯

gua^{3} 我瓦 gua^{6} 外

hua^{1} 花 hua^{2} 华桦铧骅 hua^{5} 化 hua^{6} 华桦画话踝划哗

ua^{1} 娃蛙洼窪哇窊挖娲 ua^{2} 何~厝(地名) ua^{3} 倚 ua^{5} 化~壳灰 ua^{6} 画话~剧划计~

ɔ

pɔ^{1} 晡埔痡腐朽,干瘪逋埠夫丈~(男人)蝤~蛀(蟹属) pɔ^{2}蒲葡酺莆袍捕匍~匐衬裾的贴边 pɔ^{3}补脯菜~(一种萝卜干)斧 pɔ^{5}布佈怖抪播傅姓 pɔ^{6} 捕哺部步

phɔ^{1} 铺敷麸麦~ phɔ^{2}蒲莆菩扶 phɔ^{3} 浦埔圃普谱溥 phɔ^{5} 铺 phɔ^{6} 薄

bɔ^{2} 摸模摹蘑谋牟眸漠沙~雺云气 bɔ^{3} 亩牡姥某母 bɔ^{6} 暮慕墓幕募茂贸袤懋瑁戊

tɔ^{1} 都阇兜篼 tɔ^{2} 徒荼屠阇途涂塗投骰厨~子(厨师)图 tɔ^{3} 睹赌堵肚腹~(肚子)斗科蚪抖陡 tɔ^{5} 妒蠹斗 tɔ^{6} 度镀渡杜猪~豆逗痘脰荳读窦

thɔ^{1} 偷 thɔ^{2} 塗涂 thɔ^{3} 土吐 thɔ^{5} 兔菟吐透

lɔ^{2} 炉卢芦庐颅泸舻鲈垆奴^{1} 孥驽螺~丝娄楼篓蒌蝼偻娄喽 lɔ^{3} 鲁橹虏卤滷驽篓嵝搂 lɔ^{6} 路鹭赂露璐潞辂陋瘘镂漏卤盐~耨落~尾(后面)

tsɔ^{1} 租邹驺诌刍陬鲰緅 tsɔ^{2} 雏锄徂殂 tsɔ^{3}组祖阻俎诅走 tsɔ^{5} 奏皱绉

tsɔ^{6} 助骤祚胙

tshɔ^{1} 粗初搊蒭　tshɔ^{2} 愁　tshɔ^{3} 楚^{1} 础憷　tshɔ^{5} 厝醋措凑辏错^{1}

sɔ^{1} 苏酥~腰舒梳蔬疏踈搜馊叟飕溲　sɔ^{3} 所数擞叟瞍薮　sɔ^{5} 素诉泝塑愬溯遡数漱嗽瘦

kɔ^{1} 姑菇沽酤蛄辜鸪孤菰觚軲枯勾钩沟篝緱租舡大~(船) kɔ^{2} 糊　kɔ^{3} 古估诂牯鼓钴瞽 股盐贾蛊苟枸狗垢诟　kɔ^{5} 故顾雇固痼锢购媾构遘覯搆够雊

khɔ^{1} 箍　枯刳骷呼抠眍　khɔ^{2} 糊　khɔ^{3} 苦许姓浒~井(地名)　khɔ^{5} 库裤袴绔胯扣叩寇蔻

gɔ^{2} 鳌吾浯梧鼯吴　gɔ^{6} 五伍误寤忤悟晤

hɔ^{1} 呼滹乎軤　hɔ^{2} 乎糊湖胡蝴葫瑚鬍猢醐瓠弧狐壶侯喉猴篌　hɔ^{3} 虎琥唬浒否缶吼　hɔ^{5} 戽　hɔ^{6} 户沪护扈怙祜鄠後互后郈厚候堠鲎雨与

ɔ^{1} 乌呜邬钨坞鸥瓯沤欧区讴窝　ɔ^{2} 湖胡姓蝴葫瑚弧壶盂和麻将用语　ɔ^{3} 呕殴捣挖　ɔ^{5}沤怄恶哑　ɔ^{6} 芋

o

po^{1}波菠玻褒煲嶓　po^{2} 婆鄱皤膰　po^{3} 跛簸宝保堡葆褓鸨媬　po^{5} 播簸报　po^{6} 暴瀑爸

pho^{1} 波坡颇　pho^{3} 颇叵剖　pho^{5} 破啵~馃　pho^{6}部量词:一~册抱

bo^{2} 毛（无）　bo^{3} 母　bo^{6} 磨石~帽

to^{1}多哆刀魛舠　to^{2}驼沱陀砣跎酡鱼它詑紽迱佗驮焘涛掏啕醄陶梼萄淘桃洋~逃汏　to^{3} 朵阝朵 跺躲倒岛捣祷　to^{5} 剁到倒　to^{6} 舵柁惰堕垛驮大道稻导盗蹈悼纛帱

tho^{1} 拖他它她叨滔韬慆饕絛　tho^{2} 桃迌迌~(玩)　tho^{3} 妥椭讨　tho^{5} 唾套

lo^{1} 啰　lo^{2} 罗逻萝箩锣螺^{1} 骡羸腡挼唠捞劳涝痨崂牢醪猱醪　lo^{3} 裸嬴羸瘰老栳佬姥咾脑^{1} 恼瑙碯潦娜挪　lo^{5} 躴(体)高　lo^{6} 涝烙烧~(暖和)糯懦唠说

tso^{1} 遭糟　tso^{2} 曹漕槽嘈嵯瘥矬痤　tso^{3} 左佐枣蚤早藻澡　tso^{5} 躁灶做　tso^{6} 坐座皂造嘈

tsho^{1} 搓蹉磋瑳操臊　tsho^{3} 楚^{2}清~瑳草　tsho^{5} 锉莝剉挫措错糙操躁

so^{1} 娑挲莎搔臊缫缲骚艘　so^{2} 趖爬行蠕动　so^{3} 锁琐哨嫂燥扫　so^{5} 扫譟噪燥嗽躁　ko^{1}歌哥柯牁戈锅埚过高膏篙羔糕皋槔睾咖~啡　ko^{2} 檺笱~仔(捕鱼的竹篓子)　ko^{3} 果馃菓裹哿舸稿杲缟　ko^{5} 个箇过告诰部膏划~船　ko^{6} 号年~膏旋转着滚动或转动

kho^{1} 柯珂轲蝌科窠稞苛尻炣久煮苛　kho^{2} 遨漫步闲逛　kho^{3} 可坷颗考烤洘稠栲拷　kho^{5} 课靠犒铐

go^{2} 俄蛾娥峨鹅莪哦讹吪遨聱翱熬嗷鳌　go^{6} 饿卧傲骜鏊奡

ho^{1} 诃呵薅蒿　ho^{2} 河荷何禾和龢号豪毫壕嚎　ho^{3} 伙好　ho^{5} 货　ho^{6} 祸荷贺昊浩皓颢灏镐鄗号

o^{1} 阿婀屙倭踒涡窝^{1} 蜗爊镳鏖　o^{2} 荷蠔（蚝）　o^{3} 袄媪妸　o^{5} 奥澳墺隩

io

pio^{1} 标~枪镖保~摽耍笑　pio^{3} 表~格~裱~褙　pio^{6} 鳔鱼~

phio^{2} 薸浮萍瓢　phio^{5} 票漂

bio^{2} 描瞄　bio^{6} 庙

tio^{2} 潮~州(地名)跳顿,跺长~泰(地名)　tio^{5} 钓~鱼　tio^{6}赵姓掉抖铫

thio^{1} 挑　thio^{2} 跳弹跳蹦起　thio^{5} 粜~米

lio^{2}撩轻舀:~饮(米汤)　lio^{3}瞭　lio^{6} 尿

tsio^{1} 椒蕉招　tsio^{3} 少　tsio^{5} 照醮

tshio^{1} 猏(动物)发情:~鸡　tshio^{5} 笑俏　tshio^{6} 耀照射

sio^{1} 烧萧姓霄云~(地名)相^{2}~骂　sio^{2}□*行动缓慢,精神不振　sio^{3}小~可　sio^{6} 邵姓

kio^{2} 桥荞茄瘸　kio^{5} 叫　kio^{6} 轿蕌露~　khio^{5} 窍

gio^{1} 谑挑逗戏耍人)　gio^{2} 蛲(蚌属)　gio^{6} 蕌露~

io^{1}腰么邀　io^{2} 摇窑　io^{3} 舀

e

pe^{1}菠~菱菜飞笆扒拉(饭)　pe^{2}爬琶杷耙鼙赔培　pe^{3}把靶　pe^{5}蔽敝币斃弊陛嬖髀萞背褙　pe^{6}敝币斃弊陛髀薜焙倍背耙犁~爸老~

phe 坏胚批丕　phe^{2}皮　phe ^{5}配帕媲睥拜(玻璃等)碎片　phe ^{6}被

be^{2} 迷谜糜粥　be ^{3}马码^{1} 玛蚂美尾　be ^{6}妹袂未谜

te ^{1}低氐堤□*一种食品:面~　te ^{2}题蹄醍缇绨鹈荑茶　te^{3}底抵邸诋柢觝抵坻氐短　te ^{5}帝谛蒂虫带蝃戴姓带嚏跟滞块　te^{6}弟娣悌第缔睇悌棣递轪逮代袋地滞

the^{1}梯　船胎撑~船推~辞　the^{2} 提蹄堤　the^{3}体　the^{5}剃涕替屜裼退　the^{6}　水母

le^{2}梨犁丽高~璃玻~螺腡挼揉搓　le ^{3}礼醴鳢　le ^{6}厉励蛎疠砺例冽丽隶戾唳荔莅俪莉

tse^{1} 渣灾斋跻菞齎楂　tse ^{2}齐脐蛴　tse ^{3}济挤姐　tse ^{5}济霁际穄祭债诈赘晬度~(周岁)制製　tse ^{6}坐座剂荠寨罪~过睡交~(瞌睡)

tshe^{1} 妻凄悽棲^{1} 叉杈岔差出~吹炊　tshe^{2}箠竹板　tshe^{3}扯髓骨~　tshe^{5}脆切砌掣瘛　tshe^{6} 找

se^{1}西犀棲纱樨　se ^{2}垂　se ^{3}洗　se^{5}细栖婿势世税逝誓抄用力放　se ^{6}逝誓筮　ke^{1}鸡稽乩笄嵇奎闺家加傢~伙　ke^{2}椵枷;卡住;咙喉~着鱼骨　ke^{3}果馃粿裹菓假□*垫

ke^{5}架价嫁假放~计髻继蓟过芥~蓝菜　ke ^{6}下低低$^{\triangle}$

khe ^{1}稽溪科开几~金诙睽奎蝰魁~头　khe ^{2}葵~扇瘸　khe ^{3}启綮棨　khe^{5}契喫憩课　khe^{6} 下放,置

ge^{2}芽牙枒衙嵇倪霓猊　ge^{6} 艺毅诣睨刈乂艾

he^{1}灰恢醯　he^{2} 霞蝦遐^{1} 回攜和奚傒蹊鼷兮畦嵇　he^{3} 火伙贿家~(家产)　he^{5} 货岁　he^{6} 夏下厦系係暇

e^{1} 锅翳　e^{2} 兮（的）个　e^{3} 哑　e^{5} 缢翳瞖殪曀曳裔勚秽　e^{6} 下~面厦~门(地名)解会祸

ue

pue^{1}杯（杯）　pue^{2}培陪赔裴　pue^{5} 辈背褙贝狈茷　pue^{6} 倍蓓焙背悖佩珮邶

phue^{1} 胚批信　phue^{3} 酺脸颊　phue^{5}配沛霈　phue^{6} 稗

bue^{3}买　bue^{6} 卖妹昧眛痗

tue^{2} 题蹄　tue^{3} 底贮　tue^{5} 缀辍　tue^{6} 地兑苧

thue 钗推^{2}　thue^{1}颓　thue ^{3}体　thue ^{5}退替蜕

lue ^{2}犁　lue^{3}詈　lue ^{6}内耒酹锐芮枘蚋馁叡睿

tsue^{2}齐　tsue ^{5}最晬赘做缀辍　tsue^{6}罪多$^{\triangle}$

tshue^{1} 初　tshue^{2}□*脚擦着地慢慢拖着往前走　tshue ^{5}粞挨~□*磨,擦,揉搓脆^{2} 毳粹淬喙

sue^{1} 梳蔬疏衰　sue^{3}洗黍　sue ^{5}细岁税说帅率

kue ^{1}瓜街鸡瑰　kue ^{2}䱥鱼~　kue ^{3}改解　kue^{5}界四~疥生~脍侩会~计狯鲙刽桧鳜劊绘怪　kue^{6} 易*容易

khue^{1}溪盔悝魁恢诙　khue ^{5}契喫快~便

gue ^{6}外

hue ^{1}恢灰虺花　hue^{2}回徊洄廻茴揮涂抹　hue ^{3}贿悔　hue^{5}废诲晦　hue ^{6}会绘汇殒阓溃缋慧惠蟹膭

ue^{1}挨偎煨隈　ue ^{2}鞋　ue ^{3}矮猥嵔碨　ue ^{5}秽　ue ^{6}话卫锐叡睿

iu

piu^{1} 彪

biu^{6} 谬缪

tiu^{1} 丢啁　tiu^{2} 绸惆裯稠筹畴踌俦　tiu^{3} 肘　tiu^{5} 昼　tiu^{6} 纣葤宙胄釉籀酎　thiu^{1} 抽瘳紬　thiu^{3} 丑

liu^{1} 羞嘲笑溜抽　liu^{2} 刘浏留瑠榴瘤硫旒柔揉蹂鞣　liu^{3} 柳扭狃杻纽钮绺忸　liu^{5} 溜　liu^{6} 馏镏

tsiu^{1}周週赒啁州洲舟珠目~(眼睛)啾湫揫　tsiu^{3} 酒帚守　tsiu^{5} 咒蛀僦　tsiu^{6} 就　tshiu^{1} 秋鳅鞦楸犨鬚
tshiu^{2} 囚酋蝤愁　tshiu^{3} 帚手首醉醜瞅　tshiu^{5} 臭　tshiu^{6} 树

siu^{1} 修脩羞收　siu^{2} 囚泅雠酬　siu^{3} 手首守　siu^{5} 秀绣锈宿兽狩袖　siu^{6} 岫袖寿授绶受售

kiu^{1} 鸠阄勼龟虯樛　kiu^{2} 求球裘逑俅赇毬觩仇虬　kiu^{3} 九玖久韭　kiu^{5}究纠救厩疚灸赳纠　kiu^{6} 舅臼咎旧柩

khiu^{1} 丘邱坵蚯　khiu^{2} 虯　khiu^{3} 糗揪　khiu^{6} 粨馃真~

giu^{2} 牛　giu^{3}△ 扭拉,扯

hiu^{1} 休貅咻鸺　hiu^{2}裘　hiu^{3} 朽缶否　hiu^{5} 嗅甩△甩,洒　hiu^{6} 復

iu^{1} 忧幽呦悠　iu^{2} 尤疣鱿邮由油蚰铀游遊蝣猶攸悠繇　iu^{3} 有友黝酉莠诱卣羑　iu^{5} 幼　iu^{6} 又右佑宥囿柚釉鼬

ui

pui^{2} 肥　pui^{5} 痱　pui^{6} 吠

phui^{5} 屁呸

bui^{1} 微

tui^{1} 堆追　tui^{2} 槌锤^{2}　tui^{5} 碓对　tui^{6} 队憝怼坠缒

thui^{1} 推蓷梯　thui^{2} 槌锤　thui^{3}腿　thui^{5} 替睇蜕　thui^{6} 坠

lui^{1}镭钱　lui^{2}镭雷擂罍羸纍蕤　lui^{3} 儡磊蕾櫐垒藟诔耒蘽蕊馁　lui^{6} 累类泪擂彙□*~砖仔

tsui^{1} 锥椎隹骓　tsui^{2} 摧　tsui^{3}嘴水　tsui^{5} 醉萃顇瘁惴　tsui^{6} 悴萃顇瘁

tshui^{1} 崔催吹炊缞勒,拉紧　tshui^{3} 璀　tshui^{5} 翠萃粹碎喙

sui^{1} 虽绥荽睢　sui^{2} 隋随垂陲谁　sui^{3} 水髓　sui^{5}粹碎祟邃　sui^{6} 遂隧燧繸穗彗^{1} 睡瑞

kui^{1} 规妫归瑰闺奎邽鲑硅机布~　kui^{2}葵逵馗怀　kui^{3} 诡陒鬼晷癸簋宄几　kui^{5} 桂炅贵掛季　kui^{6} 柜跪悸篑馈匮腈

khui^{1} 亏窥岿开奎睽喹　khui^{2} 葵逵　khui^{3} 轨傀　khui^{5} 愧喟溃气

gui^{2} 危桅峗嵬巍　gui^{3} 隗頠　gui^{6} 魏伪

hui^{1} 飞非扉霏绯妃菲隳麾挥辉晖煇徽　hui^{2} 肥淝腓瓷磁　hui^{3} 匪篚翡蜚菲悱斐诽毁虺　hui^{5} 肺费痱疿芾讳卉喙　hui^{6} 吠惠蕙蟪慧彗

ui^{1} 威萎逶委衣揻钻　ui^{2} 为帷维惟唯潍违围韦闱帏遗　ui^{3}伟炜苇玮韪委诿萎痿薳洧　ui^{5} 畏尉蔚慰
ui^{6} 胃渭谓蝟猬遗位为画

ai

pai^{2} 排牌徘　pai^{3} 摆跛　pai^{5} 拜　pai^{6}败稗惫旆

phai^{3} 否坏　phai^{5} 派沛霈湃

bai^{2} 埋霾眉楣　bai^{3} 穲坏的bai^{6}觅找眛沬

tai^{1}獃（呆）　tai^{2} 台苔菭骀炱埋　tai^{3} 歹　tai^{5} 带戴贷　tai^{6} 代袋岱黛𫐐逮隶瑇待怠殆迨骀贷大汏奈无~何

thai^{1} 胎台箈米~thai^{2} 抬刣杀　thai^{3} 体使~(使性子)癞~哥(麻疯)　thai^{5}太汰泰态　thai^{6} 待^{1}

lai^{2} 来莱崃梨　lai^{6} 赖癞籁濑赉睐利裹奈

tsai^{1} 灾栽哉斋知　tsai^{2} 才财材裁豺侪脐　tsai^{3} 宰载　tsai^{5} 载再债瘵　tsai^{6} 在载寨砦

tshai^{1} 猜差叉钗杈岔　tshai^{2}材裁柴豺　tshai^{3} 采彩採綵睬　tshai^{5} 蔡菜埰瘥　tshai^{6} 在祀

sai^{1} 腮鳃私师狮西^{1}　sai^{3} 使驶史姓屎　sai^{5} 赛塞晒使大~婿囝~　sai^{6} 侍似熟~

kai^{1} 该陔赅垓街皆阶偕稽堦喈佳~哉(幸亏)　kai^{3} 改解　kai^{5} 蓋丐钙尬溉槩概介骱界芥疥玠届戒诫廨懈

khai^{1}开揩奒　khai^{3} 凯恺铠垲锴楷　khai^{5} 慨嘅忾

gai^{2} 涯崖捱　gai^{3} 騃　gai^{6} 碍艾

hai^{1} 咍奒$_{\text{大}}$　hai^{2} 孩颏骸谐鞋械　hai^{3} 海醢　hai^{6} 亥氦骇害懈械瀣薤解蟹邂

ai^{1} 哀欸唉挨埃　ai^{3} 矮欸毐　ai^{5} 爱嗳瑷霭蔼

uai

kuai^{1} 乖蛙蛤$_{\text{~(蛙属)}}$　kuai^{3} 拐　kuai^{5} 怪夬獪　kuai^{6} 拐$_{\text{不顺}}$

khuai^{5} 块快筷哙蒯喟聩

huai^{2} 怀淮槐　huai^{6} 坏

uai^{1} 歪崴

au

pau^{1} 包胞苞孢龅鲍　pau^{2} 炰匏鞄疱刨包$_{\text{姓；假~}}$　pau^{3} 饱　pau^{5} 豹爆　pau^{6} 铇抱鲍鮑

phau^{1} 抛泡脬　phau^{2} 炰炮跑刨　phau^{3} 跑　phau^{5} 炮泡$_{\text{~茶}}$袍 phau^{6} 泡疱抱

bau^{2} 猫茅蝥猫媌　bau^{3} 卯昴铆　bau^{6} 贸$_{\text{总包}}$

tau^{1} 兜$_{\text{家}}$ tau^{2} 投　tau^{3} 斗捣　tau^{5} 斗$_{\text{帮忙}}$昼罩　tau^{6} 豆逗荳脰痘读棹

thau^{1} 偷　thau^{2} 头　thau^{3} 敨　thau^{5} 透　thau^{6} 毒$_{\text{~虫}}$棹

lau^{2} 流刘留瘤楼牢铙挠呶　lau^{3} 老佬□*$_{\text{扭伤}}$　lau^{5} 落$_{\text{~屎}}$　lau^{6} 漏瘘老闹淖

tsau^{1} 糟抓　tsau^{2} 巢　tsau^{3} 走爪蚤　tsau^{5} 奏灶　tsau^{6} 找

tshau^{1} 抄钞操　tshau^{3} 吵炒草　tshau^{5} 钞臭凑　tshau^{6} 嘈$_{\text{~~念}}$

sau^{1} 酥$_{\text{~声}}$蛸捎鞘筲艄骚　sau^{5} 扫嗽稍潲

kau^{1} 勾钩沟交郊铰茭蛟鲛佼膠高鸡　kau^{2} 侯$_{\text{姓}}$猴　kau^{3} 狗狡绞搅搞佼九玖垢　kau^{5} 够较激校教窖酵到 kau^{6} 厚

khau^{1} 敲骹硗阄薅抠　khau^{3} 口巧　khau^{5} 扣叩铐哭敲

gau^{2} 麥

hau^{1} 嚣　hau^{2} 侯淆崤肴殽爻　hau^{3} 吼　hau^{5} 孝哮　hau^{6} 鲎校效傚後俊后^{2} 候

au^{1} 坳瓯欧讴区鸥沤　au^{2} 喉号　au^{3} 拗　au^{5} 懊鞠□*$_{\text{腐臭}}$　au^{6} 後后

iau

piau^{1} 标镖飚镳麃儦臕杓　piau^{3} 裱表錶婊　piau^{5} 俵　piau^{6} 鳔殍莩骠

phiau^{1} 漂飘标螵缥　phiau^{2} 螵剽嫖　phiau^{3} 缥瞟　piau^{5} 骠傈漂票

biau^{2} 苗瞄描　biau^{3} 藐渺眇秒淼　biau^{6} 庙妙

tiau^{1} 刁貂（周鸟）雕凋彫碉鲷朝$_{\text{今~}}$　tiau^{2} 条鲦调跳龆迢笤苕朝潮晁鼌佻　tiau^{3} 鸟　tiau^{5} 钓弔吊召窎 tiau^{6} 调掉赵兆召旐铫

thiau^{1} 挑祧超　thiau^{2} 迢笤髫苕龆跳鲦　thiau^{3} 朓窕　thiau^{5} 跳眺粜　thiau^{6} 柱

liau^{2} 燎寮嘹僚撩缭聊辽寥条$_{\text{椅~}}$饶桡荛蹽　liau^{3} 了瞭绕挠扰娆　liau^{6} 镣料尿绕　tsiau^{1} 焦蕉椒礁招昭钊　tsiau^{2} 樵憔谯禮劁　tsiau^{3} 勦剿湫沼爪鸟　tsiau^{5} 噍诮

tshiau^{1} 锹超抄　tshiau^{2} 瞧樵$_{\text{改动，调整，拨}}$　tshiau^{3} 悄　tshiau^{5} 峭陗俏笑

siau^{1} 消宵霄硝销　梢痟逍绡蛸魈萧箫潇翛烧　siau^{2} 韶□$_{\text{精液}}$　siau^{3} 小筱少痟$_{\text{疯}}$　siau^{5} 数$_{\text{帐}}$少笑　siau^{6} 绍邵劭

kiau^{1} 骄娇交骁枭浇　kiau^{2} 乔桥侨荞　kiau^{3} 矫挢缴皎皦儌搅饺九　kiau^{5} 叫徼　kiau^{6} 轿挢$_{\text{撬}}$

khiau^{1} 跷橇　khiau^{2} 乔　khiau^{3} 巧　kiau^{5} 窍翘

giau^{2} 尧峣侥

hiau^{1} 枵嚣哓骁枭鸮侥$_{\text{翻动}}$　hiau^{2} 姣$_{\text{女子轻佻貌}}$　hiau^{3} 晓　hiau^{5} 娎

iau^{1} 夭妖邀腰么枵　iau^{2} 摇谣窑遥瑶傜姚徭飖繇　iau^{3} 舀杳窈窅猶　iau^{5} 要　iau^{6} 耀曜

m

hm^{2} 媒茅

m^{2} 梅莓媒　m^{3} 姆婶婶　m^{6} 伓不

im

tim^{1}砧椹　tim^{2} 沉鈂湛　tim^{5}揕掷　tim^{6}朕鸩炕蒸煮

thim^{1} 琛郴綝

lim^{1} 啉喝　lim^{2} 林淋霖琳临壬任姓纴　lim^{3} 凛廪懔忍荏^{2} 衽^{2} 稔　lim^{6} 赁荏衽任妊刃仞纫轫

tsim^{1} 簪针斟箴綅唚吻　tsim^{2}蟳(蟹属)岑　tsim^{3}枕婶　tsim ^{5}浸祲谮　tsim^{6}蕈

tshim^{1}侵骎参~差深　tshim^{2} 岑镲铜钹　tshim^{3} 寝碜　tshim^{5} 沁谶

sim^{1} 芯心深参森　sim^{2} 寻浔镡谌姓忱挦　sim^{3} 审婶沈谂渖罧瘆伈甚　sim^{5}渗 颤悠晃动　sim^{6} 谉沉冷葚甚

kim^{1} 今衿矜襟金　kim^{3} 锦　kim^{5} 禁　kim^{6} 噤妗

khim^{1} 钦衾　khim^{2} 琴芩禽擒檎

gim^{2} 吟岑　gim^{3} 锦

him^{1} 欣昕忻^{2} 鑫歆　him^{2} 熊

im^{1} 音阴瘖喑淹　im^{2} 淫霪　im^{3} 饮　im^{5} 荫窨饮

am

tam^{1} 耽眈酖担啖吃　tam^{2} 覃谭潭谈痰澹　tam^{3} 胆　tam^{5} 担頕低头,头向下:~头　tam^{6}淡啖啗氮萏湛

tham^{1} 贪坍聃　tham^{2} 覃谭潭痰昙坛　tham^{3} 毯菼　tham^{5} 探　tham^{6} 窞萏

lam^{1} 襤　lam^{2} 南楠男喃諵婪岚蓝篮襤淋　lam^{3} 览灠揽榄罱腩缆漤　lam^{5} 漤罱猛力踩□ * 踏　lam^{6} 滥爁舰

tsam^{1} 簪沾　tsam^{2} 鑱谗镵　tsam^{3} 斩　tsam^{5} 蘸嵾顿足　tsam^{6} 站暂錾椠

tsham^{1} 参骖攙掺　tsham^{2} 蠶惭讒馋　tsham^{3} 惨黪憯　tsham^{5} 儳谶

sam^{1} 三叁毵杉衫芟掺　sam^{3} 鬖毛发乱嘇吃，撒钐　sam^{5}□ * 斥责,骂

kam^{1} 甘柑泔尴监缄弇　kam^{2} 含　kam^{3} 感赣赣盖敢橄减鳡　kam^{5} 监鉴绀淦赣　kham^{1} 堪戡龛坩嵌 kham^{3} 歁坎砍　kham^{5} 瞰阚嵌勘磡

gam^{1}□笨拙,呆　gam^{2} 癌岩（岩）

ham^{1} 蚶　ham^{2} 含函涵颔邯酣咸鹹衔啣黏　ham^{3} 喊阚□ * 猛击或砸　ham^{5} 泛随便,马虎顑浮肿,浮夸　ham^{6} 撼憾陷馅颌菡槛萏赚

am^{1} 庵菴鹌媕蝇闇谙　am^{2} 含涵　am^{3} 饮　am^{5} 暗　am^{6} 颔艳(草木等)茂盛

iam

tiam^{1} 砧刀~沾霑掂　tiam^{2} 甜恬沉　tiam^{3} 点　tiam^{5} 店玷垫惦踮停留,在…　tiam^{6} 垫□ * 静簟驔磹

thiam^{1} 添觇　thiam^{2} 忝谄　thiam 忝 thiam^{6} 碪使沉入水里

liam^{1} 拈(手、脚)轻轻地动　liam^{2} 黏粘鲇帘镰廉臁蠊簾奁临~时拈　liam^{3} 敛蔹染苒冉髯脸　liam^{5} 捻　liam^{6} 念捻

tsiam^{1} 占尖针瞻詹沾霑渐歼櫼　tsiam^{2} 潜　tsiam 饗　tsiam^{5} 佔僭　tsiam^{6} 渐暂~时

tshiam^{1} 签籤佥觇襜歼针　tshiam^{2} 橙　tshiam^{3} 锓　tshiam^{5} 僭堑

siam^{1} 纤暹苫铦　siam^{2} 寻挦两手合抱,揪蟾　siam^{3} 闪陕　siam^{5} 渗苫　siam^{6} 赡　kiam^{1} 兼蒹鳒缣鹣　kiam^{2} 鹹　kiam^{3} 减检睑捡碱　kiam^{5} 剑

khiam^1 谦　khiam^2 钳鍼黔钤　khiam^3 嗛　khiam^5 欠慊歉　khiam^6 俭芡

giam^2 岩严阎　giam^3 俨~硬(硬朗)　giam^6 验酽~茶

hiam^1 蔹杴　hiam^2 嫌　hiam^3 险猃　hiam^5 喊叫,呼

iam^1 淹阉醃奄腌掩　iam^2 盐簷檐炎　iam^3 掩奄罨渰揜魇琰剡埯　iam^5 厌餍　iam^6 艳滟焰盐焱炎

in

pin^1 宾滨槟彬斌缤　pin^2 频濒颦贫凴屏瓶　pin^3 禀扁~担匾　pin^5 殡摈鬓篦栉~　pin^6 髌牝

phin^2 嚬像酒醉的样子　phin^3 品

bin^2 民珉岷闽旻缗眠明　bin^3 闵悯愍黾渑敏抿皿　bin^6 面

tin^1 珍津嶝大~(地名)　tin^2 陈尘藤　tin^3 振震　tin^5 镇　tin^6 阵纼

thin^2□* 倾倒(液体)　thin^5 趁　thin^6 媵嫁女

lin^2 鄰鳞嶙辚璘磷麟粼憐可~仁人　lin^3 恁你们　lin^5 辗　lin^6 吝悋遴蔺躏认

tsin^1 真甄臻榛蓁溱津升　tsin^2 秦螓绳　tsin^3 诊疹轸袗稹鬒振震赈拯　tsin^5 进晋缙搢　tsin^6 尽浕烬赆

tshin^1 亲瞋嗔　tshin^5 衬榇龀清冷称秤

sin^1 辛莘新薪锌身伸申绅呻诜娠　sin^2 神辰晨宸臣承丞绳蝇　sin^3 矧哂　sin^5 信囟讯迅　sin^6 肾蜃慎剩

kin^3 靳囝~仔(孩子)　kin^6 仅觐馑瑾殣

khin^1 轻氢　khin^3 汱(水)浅

gin^2 凝以眼瞪人表示不满　gin^3 囝~仔　gin^6□* 根

hin^1 兴　hin^2 眩眩晕

in^1 因姻洇茵氤絪湮湮殷 他们　in^2 寅夤　in^3 引蚓靷尹^1　in^5 印应　in^6 孕胤

un

pun^1 奔^1 犇贲分　pun^2 嗌(口)吹　pun^3 本苯畚　pun^5 粪　pun 栙粟~(囤粮的地方)

phun^1 奔^2 潘泔水　phun^2 盆 phun^3 翸践踏,挥霍　phun^5 喷

bun^2 门扪文汶雯纹蚊闻　bun^3 吻刎　bun^6 闷懑问紊汶璺

tun^1 敦墩吨迍蹲　tun^2 唇　tun^3 盾　tun^5 顿　tun^6 沌囤钝炖遁遯

thun^1 吞椿燉暾　thun^2 屯豚臀钝尘烟~　thun^3 蠢口践踏　thun^5 褪　thun^6 垫

lun^1□* 收缩,伸出　lun^2 论崙囵伦沦仑轮纶　lun^3 懔碾忍　lun^5□* 一伸一顿地移动　lun^6 闰润嫩韧论

tsun^1 尊樽遵谆迍　tsun^2 存船前~年　tsun^3 准撙　tsun^5 颤稕俊竣骏畯浚峻儁濬　tsun^6 阵逡

tshun^1 村皴春伸　tshun^2 存　tshun^3 蠢蠢　tshun^5 寸　tshun^6 存早就打算

sun^1 孙荪狲飧　sun^2 纯醇淳鹑唇旬循巡驯荀询峋洵郇　sun^3 损笋（筍）隼榫　sun^5 舜瞬逊巽潠
sun^6 顺殉徇噀吮

kun^1 跟根巾斤筋均钧君军皲筠麕　kun^2 群裙拳焄久煮　kun^3 滚衮绲鲧管颔~　kun^5 棍捃攟艮莨　kun^6 近郡窘

khun^1 昆崐琨鹍鲲坤髡困　khun^2 勤芹群鬈　khun^3 阃捆悃垦菌　khun^5 困睏　gun^2 银垠訚龈鄞
gun^3 阮我们

hun^1 昏婚熏薰勳燻獯壎荤分芬氛雰吩　hun^2 痕魂浑珲馄墳濆雲　hun^3 粉很狠　hun^5 粪奋忿训衅焮□疗疮化脓楦　hun^6 恨混慁晕愤分（份）

un^1 恩温氲瘟煴殷□* 倒地或在地上打滚冤揾　un^2 匀筠昀云雲耘纭芸　un^3 尹稳允狁陨殒碽恽隐瘾~痀(罗锅儿)　un^5 醞揾蕴缊愠　un^6 韵运晕郓

an

pan^1 班斑颁瘢扳　pan^2 瓶便~宜　pan^3 板版坂阪　pan^5 扮　pan^6 瓣办范样子　phan^1 攀　phan^5 盼襻

ban^{2} 蛮蔓闽　ban^{3} 挽　ban^{6} 慢幔镘缦漫谩嫚蔓万

tan^{1} 单郸殚箪瘅丹　tan^{2} 弹檀坛陈亭　tan^{3} 疸等　tan^{5} 旦蛋但诞钉咀　tan^{6} 但诞惮弹掸绽

than^{1} 滩摊瘫蛏　than^{2} 檀坛　than^{3} 坦袒挺毯　than^{5} 炭叹趁碳澶

lan^{1} 鳞（跨）　lan^{2} 兰栏拦阑澜兰襕斓难鳞零~星 剃 弄断　lan^{3} 咱$^{\triangle}$ 咱们 懒赧摊　lan^{6} 烂谰澜难卵 阴茎

tsan^{1} 曾　tsan^{2} 层残努 刺　tsan^{3} 盏　tsan^{5} 赞酇栈　tsan^{6} 赠 帮助 瓒栈

tshan^{1} 餐呻　tshan^{2} 残孱潺田　tshan^{3} 铲 tshan^{5} 灿粲璨衬

san^{1} 珊姗跚删山讪疝潸　san^{3} 散伞产繖　san^{5} 散汕讪疝

kan^{1} 干肝竿玕乾矸 瓶 艰间姦奸菅　kan^{3} 稈桿赶简裥柬拣敢蚬　kan^{5} 幹旰间涧裥锏姦谏

khan^{1} 刊看牵悭　khan^{3} 侃　khan^{5} 看

gan^{2} 颜　gan^{3} 眼　gan^{5} 彥 淬火　gan^{6} 岸豻雁喭谚

han^{1} 鼾　han^{2} 寒韩汗邯翰闲（閒）娴痫扞 松松地拴着　han^{3} 罕喊　han^{5} 汉暵　han^{6} 旱捍焊汗翰瀚悍銲限苋

an^{1} 安鞍垵　an^{2} 恒 紧　an^{5} 按案桉晏鷃

ian

pian^{1} 鞭编鳊边蝙扳砭　pian^{2} 便骈蹁胼　pian^{3} 扁匾贬谝褊缏　pian^{5} 变偏遍　pian^{6} 辨辩汴卞便弁辫

phian^{1} 篇偏翩　phian^{2} 骈　phian^{3} 翩 抖动摊开　phian^{5} 骗片

bian^{2} 棉绵眠　bian^{3} 免冕勉俛缅湎愐黾沔眄　bian^{6} 面麵

tiam^{1} 颠巅癫滇邅颤　tian^{2} 田钿畋填^{1} 阗^{1} 缠躔廛　tian^{3} 典碘展　tian^{6} 电佃钿甸淀奠槙填殿殄沴滇

thian^{1} 天　thian^{2} 填阗　thian^{3} 腆展蒇

lian^{2} 连涟鲢联憐莲年然燃　lian^{3} 辇碾撚　lian^{6} 练炼链荔碾楝链健

tsian^{1} 煎笺溅鹯旃　tsian^{2} 前钱　tsian^{3} 剪翦戬　tsian^{5} 箭践煎战颤糋　tsian^{6} 溅贱饯践荐

tshian^{1} 迁千阡芊　tshian^{2} 延　tshian^{3} 浅阐　tshian^{5} 茜倩

sian^{1} 仙鲜跹先身 量词 羶銑锈　sian^{2} 涎嫙禅蝉单　sian^{3} 鲜狝燹铣筅洗跣癣　sian^{5} 线腺扇搧　sian^{6} 羡善僐鄯鳝膳缮嬗擅单姓禅肾 ~子（睾丸） 樣

kian^{1} 坚肩犍　kian^{2} 虔 液体遇冷凝冻　kian^{3} 囝茧笕研蹇謇搴　kian^{5} 见建　kian^{6} 件健腱健肱（鸟类等）胃

khian^{1} 牵愆骞褰　khian^{2} 乾虔　khian^{3} 犬畎遣谴缱　khian^{5} 遣谴

gian^{2} 言妍研凝 呆滞，不活动　gian^{3} 研巘妍 撒娇状 gian^{5} □* 嗜好　gian^{6} 谚彦喭唁砚□* 美好可爱的样子

hian^{1} 掀祆轩　hian^{2} 贤弦肱舷痃痃玄眩悬　hian^{3} 显　hian^{5} 献宪　hian^{6} 现岘岘县蚬泫铉眩炫

ian^{1} 焉鄢嫣姻咽烟湮煙燕蔫渊　ian^{2} 延筵蜒铤缘鸢铅沿　ian^{3} 演衍偃兖　ian^{5} 堰郾燕宴

uan

puan^{1} 般搬　puan^{2} 盘磐槃蟠磻蹒　puan^{5} 半绊　puan^{6} 伴拌叛畔

phuan^{1} 潘番　phuan^{2} 盘磐槃蟠磻蹒　phuan^{5} 判泮袢　phuan^{6} 伴拌叛畔

buan^{2} 瞒颟漫谩缦馒鳗　buan^{3} 满晚挽

tuan^{1} 端耑　tuan^{2} 传抟漙　tuan^{3} 短转啭　tuan^{5} 断锻　tuan^{6} 缎段断传篆

thuan^{1} 湍　thuan^{2} 团传抟漙椽　thuan^{3} 疃　thuan^{6} 篆

luan^{2} 鸾栾峦銮脔滦娈挛恋　luan^{3} 卵暖软　luan^{6} 乱亦

tsuan^{1} 钻专砖颛鐫　tsuan^{2} 全泉攒　tsuan^{3} 转啭纂缵酇　tsuan^{5} 钻　tsuan^{6} 馔撰譔隽

tshuan^{1} 川穿村诠筌铨痊荃悛　tshuan^{2} 传　tshuan^{3} 喘舛□*（穿着）妖冶，不庄重　tshuan^{5} 窜串钏篡

suan^{1} 酸痠狻闩拴栓宣瑄喧讪萱渲暄谊　suan^{2} 船遄旋漩璇镟　suan^{3} 选　suan^{5} 算蒜涮渲　suan^{6} 羡旋□* 金刚石

kuan^{1} 官倌棺观冠莞鳏纶关捐涓鹃鞙阛娟　kuan^{2} 权颧拳　kuan^{3} 管琯筦馆捲绻卷　kuan^{5} 贯灌观冠瓘

罐惯掼眷卷绢倦罥　kuan^{6} 圈倦

khuan^{1} 宽髋圈　khuan^{2} 环鬈拳蜷　khuan^{3} 款绻　khuan^{5} 卷劝

guan^{2} 元沅嫄源原騵螈顽玩　guan^{3} 阮　guan^{6} 愿翫玩

huan^{1} 欢獾番翻旛幡藩蕃暄谊喧萱谖　huan^{2} 桓貆萑环寰鬟阛郇还烦藩膰蹯燔蕃繁樊礬蘩凡矾帆完烷丸纨　huan^{3} 反返皖　huan^{5} 贩畈泛唤奂焕涣幻楦绚　huan^{6} 缓换幻患宦豢饭梵范犯缓

uan^{1} 豌剜蜿弯湾冤鸳菀鹓　uan^{2} 完烷丸圆员圜袁猿辕园垣援爰媛玩　uan^{3} 碗盌椀皖婉宛畹菀惋绾腕苑远　uan^{5} 怨腕　uan^{6} 援缓瑗媛院

ŋ

pŋ^{1} 帮方枋枫　pŋ^{3} 榜　pŋ^{6} 傍饭

mŋ^{1} 毛　mŋ^{2} 毛门　mŋ^{3} 晚~季　mŋ^{6} 问

tŋ^{1} 当　tŋ^{2} 堂唐塘镗长肠　tŋ^{3} 转　tŋ^{5} 顿当　tŋ^{6} 盪荡断撞碰上丈杖

thŋ^{1} 汤　thŋ^{2} 糖搪团传㿿~(不能生育)　thŋ^{5} 烫褪~衫　thŋ^{6} 杖煅再加热

nŋ^{1} 囵收缩,伸出　nŋ^{2} 郎瓤囊榔　nŋ^{3} 软　nŋ^{5} 钻　nŋ^{6} 卵两酿

tsŋ^{1} 砖庄装妆赃粧　tsŋ^{2} 尝全旋　tsŋ^{3} 掌~甲　tsŋ^{5} 钻

tshŋ^{1} 穿川伧粗俗鄙陋仓沧舱村伸疮　tshŋ^{2} 床　tshŋ^{3} 吮　tshŋ^{5} 串窜寸

sŋ^{1} 拴栓闩瘐酸霜孙~厝(地名)丧桑　sŋ^{2} 床笼~　sŋ^{3} 爽损　sŋ^{5} 算蒜

kŋ^{1} 缸扛光　kŋ^{3} 捲管广~州(地名)　kŋ^{5} 钢贯卷杠摃

khŋ^{1} 康糠圈~破穅　khŋ^{5} 劝囥藏

hŋ^{1} 亨昏下~(晚上)荒方坊哼^{1}　hŋ^{2} 园　hŋ^{6} 远

ŋ^{1} 央秧揾　ŋ^{2} 黄　ŋ^{3} 菀　影腕阮^{1}姓　ŋ^{5} 向　ŋ^{6} 晕

iŋ

piŋ^{1} 崩绷兵冰并　piŋ^{2} 朋棚^{1} 凴凭瓶屏平　piŋ^{3} 反丙炳邴秉饼　piŋ^{5} 柄併摒并迸　piŋ^{6} 病並

phiŋ^{1} 烹怦抨砰姘!娉俜　phiŋ^{2} 评苹平棚彭澎膨蟛硼鹏　phiŋ^{5} 拼聘娉

phiŋ^{6} 並

biŋ^{2} 明盟鸣名铭冥溟暝瞑螟茗萌瞢甍　biŋ^{3} 猛蜢艋勐锰皿酩　biŋ^{6} 孟命

tiŋ^{1} 登燈丁钉疔仃盯叮靪贞祯桢徵侦　tiŋ^{2} 誊腾藤滕謄亭葶庭霆廷蜓婷澄橙惩埕重　tiŋ^{3} 等顶戥酊鼎　tiŋ^{5} 凳嶝镫磴钉订矴碇中　tiŋ^{6} 邓蹬定锭郑模（有）碇

thiŋ^{1} 蛏赪柽撑听厅汀　thiŋ^{2} 呈程酲埕亭停霆廷蜓腾　thiŋ^{3} 逞骋挺艇铤町宠梃　thiŋ^{5} 听撑

liŋ^{2} 能凌陵菱绫灵棂令铃伶苓零泠翎龄囹冷瓴聆宁咛狞柠拧聍扔仍龙　liŋ^{3} 冷领岭　liŋ^{5}□跃起　liŋ^{6} 令另泞宁佞冗

tsiŋ^{1} 曾增憎罾嶒缯精晶晴旌菁贞桢祯侦徵争筝挣铮峥狰琤蒸正征怔钲钟盅春　tsiŋ^{2} 曾层情晴松榕前从~来　tsiŋ^{3} 井阱穽整拯肿种　tsiŋ^{5} 正政证诤挣争甑种众　tsiŋ^{6} 赠静靖净晴

tshiŋ^{1} 称铛青蜻清千　tshiŋ^{2} 榕虫沙~　tshiŋ^{3} 请筅忡(心)急促跳动　tshiŋ^{5} 称秤荐铳冲倩清蹭　tshiŋ^{6} 穿△

siŋ^{1} 僧生牲鉎甥笙星腥鯹猩惺升昇陞胜声嵩先　siŋ^{2} 承丞乘成城诚宬郕盛绳

siŋ^{3} 省眚醒　siŋ^{5} 胜圣姓性　siŋ^{6} 乘剩嵊盛墭恿

kiŋ^{1} 更粳梗赓庚羹耕京荆惊经泾兢鲸扃駉坰矜供间　kiŋ^{2} 擎檠黥勍穷　kiŋ^{3} 哽梗鲠景警儆境炯迥龚拣裥颈耿　kiŋ^{5} 警颈敬竞镜劲径更競茎胫亘供　kiŋ^{6} 競

khiŋ^{1} 卿轻倾铿氢坑框筐眶　khiŋ^{2} 琼茕穷擎　khiŋ^{3} 肯顷謦　khiŋ^{5} 庆罄磬　khiŋ^{6} 虹△共

giŋ^{2} 迎凝　giŋ^{3} 眼研　giŋ^{6} 硬

hiŋ^{1} 兴亨兄馨胸哼　hiŋ^{2} 行衡珩恒刑型形陉邢铏雄还茎横　hiŋ^{5} 兴　hiŋ^{6} 杏荇幸倖行絎綍横苋~菜

iŋ^{1} 应鹰膺莺鹦樱英瑛婴缨痈飏(尘土)飞扬弥漫　iŋ^{2} 蝇营茔莹滢萦萤荧荥荣嵘盈楹赢嬴瀛　iŋ^{3} 影颖颖永

咏詠泳郢往~年涌　iŋ^{5} 应映壅咏泳　iŋ^{6} 孕媵賸用

aŋ

paŋ^{1} 邦帮崩枋梆　paŋ^{2} 房冯缝逢　paŋ^{3} 绑　paŋ^{5} 放　paŋ^{6} 棒蚌泵

phaŋ^{1} 芳蜂　phaŋ^{2} 捧篷帆庞滂房　phaŋ^{3} 纺　phaŋ^{5} 胖　phaŋ^{6} 缝

baŋ^{2} 芒忙茫氓尨龙　baŋ^{3} 蠓蟒　baŋ^{6} 梦网望

taŋ^{1} 当东冬中~央　taŋ^{2} 同铜桐童筒　taŋ^{3} 董堂懂　taŋ^{5} 冻靓胨用大拇指与食指掐(人)　taŋ^{6} 动洞重

thaŋ^{2} 虫^{1} 桐~油　thaŋ^{3} 桶统长~袜　thaŋ^{5} 痛通　thaŋ^{6} 桶浮~(浮标)

laŋ^{2} 脓农(人)聋砻笼龙蟠~(地名)　laŋ^{3}笼拢　laŋ^{5} 弄　laŋ^{6} 弄

tsaŋ^{1} 鬃棕□抓　tsaŋ^{2} 从沯冲(水)　tsaŋ^{3} 总　tsaŋ^{5} 粽壮

tshaŋ^{1} 葱聪苍^{2}　tshaŋ^{5} 翀(毛发)竖起

saŋ^{1} 松　saŋ 推耸　saŋ^{5} 送

kaŋ^{1} 公工功刚纲冈肛缸江　kaŋ^{3} 港讲耩　kaŋ^{5} 杠降绛洚　kaŋ^{6} 共　khaŋ^{1} 空腔康　khaŋ^{5} 控空

gaŋ^{6} 卬发楞

haŋ^{1} 烘丰封　haŋ^{2} 行杭航降　haŋ^{3} 哄　haŋ^{5} 放　haŋ^{6} 项巷

aŋ^{1} 翁尪　aŋ^{2} 红洪　aŋ^{5} 瓮齆

iaŋ

phiaŋ^{1} 胼大~(大个子)

liaŋ^{2} 凉　liaŋ^{6} 亮

tsiaŋ^{1} 漳^{2}　tsiaŋ^{3} 掌奖

tshiaŋ^{2} 长肠橙　tshiaŋ^{3} 趣一拐一拐地走着tshiaŋ^{5} 唱

siaŋ^{1} 双　siaŋ^{2} 相同成相像　siaŋ^{5} 相吹牛,夸口　siaŋ^{6} 上

kiaŋ^{1} 疆

khiaŋ^{5} 勥能干

giaŋ^{1}□*铃　giaŋ^{5}□牙齿突出于嘴唇外

hiaŋ^{3}　响哼耍态度　hiaŋ^{5} 向

iaŋ^{1} 央　iaŋ^{6} 鞅背负

ɔŋ

pɔŋ^{1} 帮　pɔŋ^{2} 旁房傍彷螃　pɔŋ^{3} 膀榜髈蒡　pɔŋ^{5} 谤　pɔŋ^{6} 傍磅

phɔŋ^{1} 滂　phɔŋ^{2} 蓬篷　phɔŋ^{3} 捧　phɔŋ^{5} 胖碰

bɔŋ^{1} 摸　bɔŋ^{2} 芒茫忙亡忘铓盲蒙濛礞朦矇檬艨瞢　bɔŋ^{3} 蠓懵莽漭蟒罔惘网辋　bɔŋ^{5} 檬打　bɔŋ^{6} 墓梦望妄忘

tɔŋ^{1} 当^{1} 珰裆筜东冬　tɔŋ^{2} 唐塘搪螗堂棠膛镗螳樘同桐铜筒童瞳僮潼彤疼幢撞　tɔŋ^{3} 党谠董懂　tɔŋ^{5} 挡当档冻栋　tɔŋ^{6} 荡盪宕砀动洞恫峒恸撞幢

thɔŋ^{1} 汤通樋　thɔŋ^{2} 糖　thɔŋ^{3} 吐出头:五十~倘统桶捅　thɔŋ^{5} 痛通烫侻　thɔŋ^{6}桶箽一沉一浮地慢慢行进,慢慢移动

lɔŋ^{1} 囊^{2}　lɔŋ^{2} 囊郎狼琅稂浪阆螂廊瑯榔啷农脓浓侬聋茏笼胧珑昽昽咙　lɔŋ^{3} 笼拢曩朗　lɔŋ^{5} 挵碰,撞,击弄　lɔŋ^{6} 弄浪琅阆

tsɔŋ^{1} 臧髒赃宗棕鬃踪综椿庄装妆粧　tsɔŋ^{2} 撞藏丛崇淙琮　tsɔŋ^{3} 总驵　tsɔŋ^{5} 葬粽壮　tsɔŋ^{6} 藏奘脏状僮撞

tshɔŋ^{1} 仓苍沧舱疮创葱匆囱聪骢窗伧　tshɔŋ^{2} 床　tshɔŋ^{5} 创怆

sɔŋ^{1} 丧桑霜孀骦双鬆参人~　sɔŋ^{2} 庸土气　sɔŋ^{3} 爽颡磉嗓　耸　sɔŋ^{5} 丧宋送　sɔŋ^{6} 淞顺势前进

kɔŋ^{1} 冈刚纲岗公工功缸攻光胱桄洸肱　kɔŋ^{2} 狂桁　kɔŋ^{3} 广犷邝讲　kɔŋ^{5} 钢贡掼　kɔŋ^{6} 诓

khɔŋ^{1} 康糠穅空倥崆箜悾匡筐框眶　khɔŋ^{2} 狂　khɔŋ^{3} 慷孔况　khɔŋ^{5} 抗亢炕伉闶空控矿圹纩　khɔŋ^{6} 倥

gɔŋ^{2} 昂　gɔŋ^{6} 戆$_{\text{傻,笨}}$

hɔŋ^{1} 风疯枫丰封蜂峰烽方枋坊芳轰訇烘叿荒肓薨　hɔŋ^{2} 杭航行吭沆颃桁黄癀磺簧潢蟥璜皇蝗楻篁惶遑艎煌凰洪红虹鸿房防鲂肪宏纮宏鈜泓弘缝逢　hɔŋ^{3} 纺彷仿舫昉妨倣晃愰况恍讽汞　hɔŋ^{5} 放讽　hɔŋ^{6} 凤奉俸缝閧沆

ɔŋ^{1} 汪尪翁嗡蓊　ɔŋ^{2} 王　ɔŋ^{3} 往枉　ɔŋ^{5} 瓮盎　ɔŋ^{6} 旺王

iɔŋ

tiɔŋ^{1} 张中忠衷^{1}　tiɔŋ^{2} 长苌肠场重　tiɔŋ^{3} 长　tiɔŋ^{5} 涨胀帐中　tiɔŋ^{6} 丈仗仗仲重

thiɔŋ^{1} 伥衷盅冲忡　thiɔŋ^{2} 虫　thiɔŋ^{3} 冢塚宠昶　thiɔŋ^{5} 畅怅

liɔŋ^{2} 良踉梁粱粮量娘凉辌綡戎绒茸隆窿穰禳瀼瓤攘龙　liɔŋ^{3} 两魉辆哴攘埌垄陇冗　liɔŋ^{6} 量踉亮谅酿让

tsiɔŋ^{1} 章樟漳蟑獐彰璋嫜鄣将浆盅钟锺终螽　tsiɔŋ^{2} 从崇　tsiɔŋ^{3} 掌奖蒋桨仉种肿踵　tsiɔŋ^{5} 障幛瘴嶂将酱众种　tsiɔŋ^{6} 匠状$_{\text{~元}}$

tshiɔŋ^{1} 昌娼菖鲳猖阊枪跄玱抢戗斨锵足将充冲衝　tshiɔŋ^{2} 墙樯嫱戕蔷 tshiɔŋ^{3} 厂敞惝鲞抢　tshiɔŋ^{5} 唱倡铳纵锵呛　tshiɔŋ^{6} 匠

siɔŋ^{1} 商伤殇觞嵩崧舂相箱湘厢襄镶骧　siɔŋ^{2} 常尝裳偿松淞详祥翔庠　siɔŋ^{3}上$_{\text{~声}}$赏晌想鲞怂耸悚竦饷　siɔŋ^{5} 诵颂讼相　siɔŋ^{6} 上尚象像橡蟓蟓颂诵讼

kiɔŋ^{1} 弓宫躬芎穹恭供疆僵薑殭韁礓缰姜　kiɔŋ^{2} 穷蛩邛筇强　kiɔŋ^{3} 拱龚强繈襁　kiɔŋ^{5} 供　kiɔŋ^{6} 共弶强

khiɔŋ^{1} 羌姜^{2}　khiɔŋ^{3} 恐巩

giɔŋ^{3} 仰颙喁

hiɔŋ^{1} 香乡芗匈胸兇凶　hiɔŋ^{2} 雄熊　hiɔŋ^{3} 享响飨　hiɔŋ^{5} 向

iɔŋ^{1} 央殃秧鸯鞅痈饔雍臃　iɔŋ^{2} 羊洋烊徉佯阳炀疡飏扬旸庸慵容溶熔榕镕融蓉　iɔŋ^{3} 养痒勇甬涌俑蛹拥　iɔŋ^{5} 壅　iɔŋ^{6} 恙样漾炀用佣飏

ĩ

pĩ^{1}鞭编边绷　pĩ^{2}棚平　pĩ^{3}扁　pĩ^{5}变柄　pĩ^{6}病

phĩ^{1}偏篇　phĩ^{2}彭澎平$_{\text{板回}}$坪$_{\text{草~}}$硼$_{\text{~砂}}$　phĩ^{5}片　phĩ^{6}鼻

mi^{1}□$^{*}_{\text{五指抓取}}$　mi^{2}棉绵暝芒$_{\text{刀~}}$盲靡^{2} 瞑　mi^{3}猛$_{\text{紧~(快)}}$　mi^{6} 麵敉$_{\text{量词:一~蠓}}$

tĩ^{1}靪甜撜$_{\text{手加力使物体紧束牢固}}$　tĩ^{2}缠　tĩ^{5}　tĩ^{6}郑滇

thĩ^{1}天添　thĩ^{2}□$^{*}_{\text{眼受强光刺激,难睁开或睁开后难受}}$　thĩ^{3}挺　thĩ^{5}撑　thĩ^{6} 组$_{\text{缝}}$

ni^{1} 奶　ni^{2} 尼呢泥年簾$_{\text{~檐(房檐)}}$连$_{\text{黄~}}$晾$_{\text{晾}}$　ni^{3} 你旎染耳洱尔迩

tsĩ^{1}精晶争檵　tsĩ^{2} 晴钱簷檐　tsĩ^{3} 井子$_{\text{幼小的,未长成的:~鸡}}$　tsĩ^{5}糊搢$_{\text{塞入,挤进}}$箭煎　tsĩ^{6}静晴

tshĩ^{1}青星腥生$_{\text{~鱼}}$鲜$_{\text{鱼真~}}$亲$_{\text{~姆(亲家母)}}$凄$_{\text{~惨}}$清$_{\text{~明}}$　tshĩ^{2}□$^{*}_{\text{猛力冲、压过来}}$　tshĩ^{3}醒浅$_{\text{~色}}$

sĩ^{1}生$_{\text{~团}}$鉎$_{\text{铁~}}$　sĩ^{2}盐青果$_{\text{~(一种蜜饯)}}$　sĩ^{3}闪　sĩ^{5}扇姓性$_{\text{~命}}$　sĩ^{6}盐$_{\text{腌}}$豉

kĩ^{1}更粳梗庚羹经$_{\text{~布}}$栀　kĩ^{2}舷（墘）　kĩ^{3}梗哽鲠　kĩ^{5}见径

khĩ^{1}坑　khĩ^{2}钳

ŋi^{6} 硬

hĩ^{5}献$_{\text{丢,扔}}$　hĩ^{6}砚

ĩ^{1}婴絪$_{\text{绕(线)}}$　ĩ^{2}圆丸楹　ĩ^{3}引$_{\text{(种子刚发的)芽}}$　ĩ^{5}燕　ĩ^{6}院异易

ã

phã^5 怕^2 冇~炭

ma^1 吗妈 ma^2 妈母麻 ma^3 妈蚂玛妈祖母码 ma^6 骂吗也

tã^1 担今 tã^2 谭说 tã^3 胆疸打 tã^5 担呾 tã^6 诞错误

thã^1 他她它 thã^3 挺扶,抬坦

na^2 林树~篮蓝姓哝~喉拿 na^3 拿榄娜挪哪若榄 na^5 爁闪~(闪电) na^6 若

tsã^6 □*舀取

sã^1 三叁衫相^1~合来(一起来) sã^2 狖扑过去

kã^1 监关~甘柑 kã^2 含 kã^3 敢橄~榄 kã^5 酵

khã^1 坩 khã^2 衔

ŋa^2 岩龙~(地名) ŋa^3 雅

hã^2 黏(热)辐射而热烘烘的 hã^3 吓吓唬 hã^5 哈靠近热气 hã^6 珩(门)半掩半开

ã^2 含 ã^{3}祖护 ã^3 匿偏袒 ã^5 揞(头,上身等)低下或弯下 ã^6 馅

iã

piã^1 抨摔或扔 piã^2 平^3~仄 piã^3 饼丙 piã^5 摒併

phiã^1 髆 phiã^2 平坪

mia^2 名明 mia^6 命

tiã^1 忊耍脾气 tiã^2 呈埕庭 tiã^3 鼎 tiã^5 碇抛~ tiã^6 定锭（碇）

thiã^1 听厅 thiã^2 呈程 thiã^5 痛

nia^2 娘^2 nia^3 领岭 nia^6 尔而已

tsiã^1 正~月精~肉 tsiã^2 成诚情晴 tsiã^3 [illegible]淡[illegible]浅:~色 tsiã^5 正

tshiã^1 清福~(地名) tshiã^2 成福 tshiã^3 请且 tshiã^5 倩雇佣

siã^1 声 siã^2 成^{3}三~城诚饗诱 siã^3 啥~人 siã^5 圣 siã^6 檨

kiã^1 京惊 kiã^2 行檠灯~ kiã^3 囝 kiã^5 镜 kiã^6 件健

khiã^1 轻~薄(体弱) khiã^5 庆

ŋia^2 迎

hiã^1 兄 hiã^2 燃惶惊~颜~厝(地名) hiã^3 显险 hiã^5 向~时(从前) hiã^6 艾

iã^1 缨红~ iã^2 营盈大~(地名)赢萤 iã^3 影 iã^5 映 iã^6 飏焰

uã

puã^1 般搬 puã^2 盘大~ puã^3 坂 puã^5 半绊 puã^6 伴拌畔

phuã^1 潘蟠~龙(地名) phuã^2 盘~山 phuã^5 贩判 phuã^6 伴^2

mua^1 幔披 mua^2 瞒鳗麻 mua^3 满 mua^6 蔓

tuã^1 单端 tuã^2 弹檀坛 tuã^5 旦 tuã^6 弹惰段

thuã^1 滩摊菜~ thuã^3 剷~草 thuã^5 炭碳澶

nua^2 栏拦 nua^3 摊团弄 nua^5 嬾在地上磨、滚 nua^6 烂赖健鸡~(未生蛋的小母鸡)

tsuã^1 煎 tsuã^2 残泉 tsuã^3 盏怎 tsuã^5 煎~肉油 tsuã^6 溅贱

tshuã^1 篯 tshuã^3 癣 tshuã^5 灿串闩~门

suã^1 山 suã^3 散产~房 suã^5 散伞线腺汕~头(地名)

kuã^1 官棺肝乾竿倌　kuã^2 寒　kuã^3 赶桿稈寡　kuã^5 观　kuã^6 汗掮(手)提,拿

khuã^1 宽　khuã^3 款　khuã^5 看

huã^1 欢　huã^2 鼾打呼　huã^3 罕　huã^6 岸捍焊旱

uã^1 安鞍垵　uã^3 碗腕　uã^5 晏迟案按　uã^6 换

ɔ̃

mɔ^2 毛摩磨魔摹模矛　mɔ^6 暮慕幕募贸戊瑁懋

nɔ^3 努弩　mɔ^6 怒

ŋɔ^2 吴吾梧龉浯　ŋɔ^3 五伍午仵偶藕　ŋɔ^6 误悟悟寤晤忤

hɔ̃^{3} 火好　hɔ̃^{5} 好

ɔ̃^{5} 恶

ẽ

me^2 妹　me^3 蜢草~　me^6 骂

ne^2 泥妮　ẽ^1 婴

iũ

tiũ^1 张　tiũ^2 场踌~躇　tiũ^3 长　tiũ^5 涨胀帐　tiũ^6 丈

niu^2 娘量粮梁凉~伞　niu^3 两　niu^6 量让

tsiũ^1 章樟浆蟑　tsiũ^2 裳　tsiũ^3 蒋桨掌　tsiũ^5 酱　tsiũ^6 上~山养头~(头胎)痒

tshiũ^1 昌鲳枪　tshiũ^2 墙蔷蓉扬~粟杨~梅　tshiũ^3 厂抢　tshiũ^5 唱呛　tshiũ^6 匠上~水象橡像靖~山头(地名)

siũ^1 伤上相箱镶　siũ^{2}常殇　siũ^3 赏　siũ^5 相　siũ^6 想尚

kiũ^1 薑缰獐荆　kiũ^6 强

khiũ^1 腔　khiũ^6 强^2

hiũ^1 香乡芗　hiũ^3 响

iũ^1 鸯　iũ^2 羊洋烊熔溶　iũ^3 养　iũ^6 样

uĩ

mui^2 梅媒煤枚玫霉酶　mui^3 每　mui^6 昧妹眛痗

kuĩ^{5}惯

khuĩ^{5}快~活

huĩ^{2}横

ãi

pãi^{3}跛

phãi^3 否　phãi^{6}背

mai^3 买　mai^5 嫒不要，别　mai^6 卖迈

tãi^3 宰^1　tãi^{5}店~前(地名)

nai^3 乃奶妳　nai^6 耐赖奈荔

tsãi^2 前店~(地名)　tsãi^3 指宰怎

kãi^{1}间

khãi^3□*撞击

ŋai^6 艾

hãi^{1} 哼　hãi^{2} 还

ãi^{2} 闲

uãi

suãi^{6} 様

kuãi^{1} 关　kuãi^{2} 悬高　kuãi^{3} 拐~仔(拐杖)　kuãi^{5} 惯~势　kuãi^{6} 县

huãi 横

uãi^{1} 弯

ãu

mau^{1} 衺打　mau^{2} 毛矛茅　mau^{6} 貌

nau^{3} 脑恼　nau^{6} 闹

ŋau^{2} 熬嗷　ŋau^{3} 偶量词　ŋau^{6} 藕

iãu

miau^{3} 藐^{2}

niau^{1} 猫^{1}，猫^{2} 吝啬　niau^{3} 鸟爪^{2}　niau^{5} 爪

ŋiau^{1} 挠抓痒

ip

tip^{7} 縶　tip^{8} 蛰

lip^{8} 立粒笠入

tsip^{7} 汁执縶缉辑葺楫嘬用唇吮吸一下　tsip^{8} 集楫

tship^{7} 缉辑辑葺附在物体上的湿垢物

sip^{7} 湿涩册　sip^{8} 十什拾习袭

kip^{7} 汲圾级伋急给　kip^{8} 及笈

khip^{7} 泣吸　gip^{8} 岌

hip^{7} 翕嗡熻吸

ip^{7} 邑挹悒揖　ip^{8} 熤熠

ap

tap^{7} 答搭嗒褡劄奋　tap^{8} 踏沓

thap^{7} 塌遢鳎塔榻蹋搨　thap^{8} 沓踏遝

lap^{7} 踘塌　lap^{8} 拉垃邋腊蜡镴纳衲

tsap^{7} 眨匝咂砸　tsap^{8} 杂闸十什拾

tshap^{7} 插

sap^{7} 飒趿靸卅霎歃　sap^{8} 煠

kap^{7} 鸽蛤閤颌合夹荚郏袷甲胛岬钾盖　kap^{8} 洽

khap^{7} 磕嗑掐恰盖　khap^{8} 磕

hap^{7} 欱　hap^{8} 合盒郃盍阖匣狎柙祫峡狭硖洽篕

ap^{7} 押鸭压　ap^{8} 盒匣

iap

tiap^{7} 辄喋　tiap^{8} 牒谍碟蝶堞揲蹀叠

thiap^7 贴帖怗铺　thiap^8 叠
liap^7 捏聂镊嗫摄慑涅　liap^8 捏粒猎躐立~捷蹑
tsiap^7 接睫婕汁詟摺　tsiap^8 捷
tshiap 妾踥
siap^7 涩摄慑葉~公好龙歙燮躞卌四十　siap^8 涉泄
kiap^7 夹挟荚侠峡颊铗荚刼　khiap^7 怯愜箧痃坏,醜
giap^7 夹挟　giap^8 业邺
hiap^8 协挟胁狭洽侠峡叶
iap^7 靥魇揖　iap^8 叶晔烨馌

it

pit^7 笔必珌滗畢蹕　pit^8 弼邲苾鼻
phit^7 匹
bit^8 密蜜谧
tit^8 侄姪秩帙紩直值蛰
thit^7 迌~迌(玩)　thit^8 徝拉,扯
lit^8 栗溧慄暱慝日
tsit^7 质蛭郅桎窒栉唧即织职脊瘠鲫稷　tsit^8 疾嫉蒺一$^{\triangle}$
tshit^7 七柒漆拭
sit^7 失室瑟虱息熄媳穑　sit^8 食^1 蚀实植殖翼
kit^7 吉诘拮讫　khit^7 乞迄佶□*~糊(打浆糊)
git^8 屹仡
hit^7 迄　hit^8 绒左右来回甩动
it^1 一壹乙忆　it^8 佚轶逸溢镒

ut

put^7 不抔扒:~沙　put^8 勃脖渤鹁饽佛
phut^7 刜(刀)砍　phut^8 踤跳跃
but^8 没殁物勿芴物打
tut^7 绌　tut^8 突葖
thut^7 凸秃黜怵　thut^8 突
lut^7 黜捋开水烫后拨毛　lu^8 律率效~讷肭捋挤
tsut^7 卒　tsut^8 秫术崒
tshut^7 出猝
sut^7 戌恤卹蟀率屑摔抽打　sut^8 術述沭秫
kut^7 骨橘　kut^8 滑猾掘倔崛
khut^7 屈诎窟　khut^8 裘大衣
gut^7 讫　gut^8 兀屼
hut^7 忽惚笏弗髴绋黻芾拂茀佛袚囫揔打　hut^8 佛怫核
ut^7 郁熨腽尉~迟(姓)　ut^8 聿

at

pat^7 八捌别认识　pat^8 拔别

bat^{7} 别认识　bat^{8} 密^{1}
tat^{7} 妲怛笪靼　tat^{8} 达笛值滓使容器里液体慢慢流出
that^{7} 獭挞闼軩踢剔窒塞
lat^{8} 辣瘌喇剌捺力栗
tsat^{7} 扎札节拶　tsat^{8}铡实
tshat^{7} 擦察漆礤镲擦　tshat^{8} 贼
sat^{7} 萨撒杀铩蝨煞刹栉~篦塞
kat^{7} 嘎割葛结戛
khat^{7} 渴克□*舀：~水
hat^{7} 瞎喝暍　hat^{8} 辖鎋黠乏核曷褐
at^{7} 遏瘀轧揠

iat

piat^{7} 鼈憋别　piat^{8} 别蹩瘪
phiat^{7} 撇瞥砸碟子
biat^{8} 灭蔑篾蠛覕
tiat^{7} 哲蜇　tiat^{8} 跌迭瓞垤绖耋秩辙挃
thiat^{7} 铁餮撤彻澈铁
liat^{8} 列冽烈裂捩热
tsiat^{7} 节疖折晢浙　tsiat^{8} 截捷蝅~味（食物存放过长产生的一种臭味）
tshiat^{7} 切沏掣　tsiat^{8}
siat^{7} 设薛屑糏泄绁亵楔　siat^{8} 舌折
kiat^{7} 揭讦羯结洁桔絜孑狤吉　kiat^{8} 杰傑偈竭碣揭
khiat^{7}揭挈锲朅契扢划~火（划火柴）　khiat^{8} 搩打
giat^{7} 齧镍臬　giat^{8} 孽蘖
hiat^{7} 血蝎歇抗丢，扔　hiat^{8} 穴缬襭颉撷页
iat^{7} 谒噎咽拽　iat^{8} 阅悦曳搧；挥：~扇

uat

puat^{7} 钵拨　puat^{8} 拔钹跋魃茇
phuat^{7} 泼撇
buat^{7} 抹　buat^{8} 末袜茉
tuat^{7} 掇剟裰辍啜　tuat^{8} 夺
thuat^{7} 脱
luat^{8} 捋埒劣
tsuat^{7} 拙茁撮　tsuat^{8} 绝
tshuat^{7} 撮啜歠
suat^{7} 说刷雪　suat^{8} 趏
kuat^{7} 栝聒鸹佸刮括蹶孓厥蕨决诀抉　kuat^{8} 镢橛
khuat^{7} 缺阙阕阔蛞炔
guat^{8} 月
huat^{7} 发法砝珐豁　huat^{8} 乏伐阀筏罚活滑猾
uat^{7} 挖空斡哕　uat^{8} 悦阅越曰粤樾戉鉞

ik

pik^{7} 逼迫百伯柏辟璧甓襞壁檗擘　pik^{8} 白帛愎

phik^{7} 劈霹擗僻癖甓辟闢珀魄拍碧　phik^{8} 甓

bik^{8} 默墨冒万陌貊脉麦觅汨幂

tik^{7} 德得滴嘀嫡的镝摘竹陟谪　tik^{8} 狄荻笛迪敌籴觌涤翟直值踯掷擿宅特择泽轴

thik^{7} 踢剔倜惕慝忒饬敕勅斥彳拆坼　thik^{8} 特

lik^{7} 慄恐惧　lik^{8} 力历曆疬砾栎鬲沥雳碌録绿勒仂肋防溺匿□一种镀金法

tsik^{7} 积蹟跡（迹）唧即脊瘠鲫稷则仄炙隻迮舴啧织职昃绩蹠跖窄烛叔勣碰触硬物而使筋骨等受伤　tsik^{8} 寂藉籍贼咋踖疾嫉蒺

tshik^{7} 戚慼碛尺赤斥颐册策栅侧测恻厕刺促粟　tshik^{8} 趨

sik^{7} 昔惜析淅晳蜥锡息熄媳塞色啬穑瑟识轼拭式饰适释室宿螫　sik^{8} 夕矽席蓆食蚀石硕殖植寔湜熟

kik^{7} 击墼激革隔膈格骼棘亟戟菊　kik^{8} 屐极剧局

khik^{7} 刻克尅客喀隙卻绤曲

gik^{8} 逆额鹢玉

hik^{7} 黑赫嚇洫阈 hik^{8} 覈劾核阂或惑获划域蜮肉檄觋翮划

ik^{7} 忆亿抑臆益厄扼轭呃溢　ik^{8} 弋翼翊翌懌绎亦驿译易斁役疫逸域蜮浴划腋液掖弈奕

ak

pak^{7} 剥驳~壳北腹幅　pak^{8} 蔔缚雹

phak^{7} 扑仆覆　phak^{8} 曝

bak^{7} 沐沾~着油　bak^{8}木目墨嚜~头(商标)

tak^{7} 触　tak^{8} 逐~日毒浊独孤~(孤癖)

thak^{7} 挠~算盘剔~齿斥~斥(斥骂)　thak^{8} 读

lak^{7} 落掉録~钻(一种工具)　lak^{8} 六陆搦(手)抓辘轱~荦落交~(丢,掉)

tsak^{7} 齪憋闷或搅扰而难受

tshak^{7} 戳　tshak^{8}凿

sak^{7} 捒用力推

kak^{7} 角桷谷五~觉

khak^{7} 壳确榷麯大~

gak^{8} 岳嶽乐狱

hak^{7} 蓄建置:~家私　hak 嚳厕所:屎~学枈

ak^{7} 沃龌~齪握把~幄

iak

piak^{7} 逼爆裂

phiak^{8} 擗摔,打

tiak^{8}篴~手(打榧子)

siak^{7}摔跌,甩

ɔk

pɔk^{7} 驳搏博膊镈北卜　pɔk^{8} 泊箔舶礴毫薄暴曝爆

phɔk^{7} 博粕扑仆濮蹼朴噗　phɔk^{8} 仆瀑曝

bɔk^{7} 霂吐：~血　bɔk^{8} 木沐目苜牧穆睦莫寞膜瘼漠

tɔk^{7} 督笃卓桌倬琢啄　tɔk^{8} 毒纛独犊牍椟黩渎碡度踱读铎擢

thɔk^{7} 托讬柝拓橐秃　thɔk^{8} 读

lɔk^{7} 漉　lɔk^{8} 鹿漉麓簏禄碌骆洛落络烙珞硌雒酪乐诺辘

tsɔk^{7} 作柞捉斮　tsɔk^{8} 族镞昨笮酢怍柞濯浊凿

tshɔk^{7} 簇措错剒遣撮龊　tshɔk^{8} 凿浞

sɔk^{7} 速觫朔溯愬束索薮数烁烘焙：~茶心缩　sɔk^{8} 鏰工具，铲

kɔk^{7} 胳搁阁各郭崞蝈国帼馘聝谷彀梏　kɔk^{8} 掴

khɔk^{7} 哭酷喾廓扩恪篧　khɔk^{8}涸梆木

gɔk^{8} 腭萼鳄愕鄂噩鹗锷齶颚谔

hɔk^{7} 蝁霍藿郝福幅辐蝠復腹複覆蝮蝮镬　hɔk^{8} 缚服伏茯袱匐鹤涸貉斛鹄鬲復复馥鳆穫镬

ɔk^{7} 屋握幄龌沃恶

iɔk

tiɔk^{7} 竹竺筑著　tiɔk^{8} 逐舳轴躅蠋轴碡着

thiɔk^{7} 畜矗搐亍蓄

liɔk^{8} 陆六录録绿碌氯辱褥蓐弱若箬略掠肉虐瘧诺搦

tsiɔk^{7} 足烛嘱祝柷酌灼斫焯粥爵　tsiɔk^{8} 嚼

tshiɔk^{7} 促蹴触俶绰婥雀鹊撮　tshiɔk^{8} 浞

siɔk^{7} 叔菽淑宿蓿夙肃粟谡缩烁铄削　siɔk^{8} 俗续熟塾孰赎蜀属杓芍勺妁镯

kiɔk^{7} 菊踘鞠掬鞫锔脚钁矍　kiɔk^{8} 局侷剧噱臄

khiɔk^{7} 曲麯却

giɔk^{8} 玉狱虐瘧

hiɔk^{7} 畜蓄慉旭勖谑燠薁郁

iɔk^{7} 约　iɔk^{8} 药钥跃瀹籥育毓鬻煜昱囿欲浴峪

ih

pih^{7} 鼈憋

phih^{7} 撇甓

bih^{7} 覕　bih^{8} 篾

tih^{7} 滴嘀　tih^{8} 笛碟挃

thih^{7}铁剃　thih^{8} 黐(做事等)拖沓

lih^{8}裂

tsih^{7} 接摺　tsih^{8} 舌折

tshih^{7} 踋向前扑跌　tshih^{8} 蠘□(手)压住

sih^{7}薛　sih^{8} 蚀

kih^{7}砌砌

khih^{7} 缺

uh

puh^{7}暴长，冒：~芽　tuh^{8}揬戳：~一空

thuh^{7} 托~悬　thuh^{8}躇迂拙

suh^{7} 嗍吮吸：~奶

khuh^{8} 煮使烂～糜(熬粥)
uh^{7} 眴～烧

ah

pah^{7} 百
phah^{7} 拍
bah^{7} 肉
tah^{7} 答搭贴嗒 tah^{8} 踏
thah^{7} 塔榻搨鳎 thah^{8} 沓叠
lah^{8} 腊蜡猎曆～日(日历)
tsah^{7} 扎札 tsah^{8} 闸铡截
tshah^{7} 插
sah^{8} 煠
kah^{7} 夹搭配:好～否 甲胛钾 合教差使～ 蓋～被
khah^{7} 较～好 篭鱼～ khah^{8} 阖门小～一下
hah^{8} 合箮
ah^{7} 押鸭压抑或 ah^{8} 盒匣

iah

piah^{7} 壁
phiah^{7} 癖辟 phiah^{8} 甓癖*麻疹:出～
tiah^{7} 摘 tiah^{8} 籴～米 thiah^{7} 拆
liah^{7} 跡（迹） liah^{8} 掠抓,捉
tsiah^{7} 跡（迹）脊^{2} 睫隻量词 雀则才 tsiah^{8} 食
tshiah^{7} 赤刺
siah^{7} 锡削 siah^{8} 席勺
kiah^{7} 揭挑 kiah^{8} 屐揭举
khiah^{7} 隙
giah^{7} 揭 giah^{8} 额揭
hiah^{7} 赫那,那么 hiah^{8} 额头～
iah^{7} 挖 iah^{8} 页役疫蝶易驿

uah

puah^{7} 钵拨 puah^{8} 跋跌 钹
phuah^{7} 泼 phuah^{8} 披披,搭:～衫
buah^{7} 抹 buah^{8} 末
thuah^{7} 獭脱屜
luah^{7} 捋打 luah^{8} 捋梳:～头毛 辣热
tsuah^{7} □*摇曳 tsuah^{8} □*扭伤;差失 蟑螂;家～
tshuah^{7} 擦礤□*颤抖 tshuah^{8} □*歪斜不正
suah^{7} 煞杀刷
kuah^{7} 割葛刮括
khuah^{7} 阔渴

huah^{7} 喝砉　huah^{8} 伐
uah^{8} 活

ɔh

lɔh^{8} 落落尾
ɔh^{7} □呕

oh

poh^{7} 博　poh^{8} 薄泊箔
phoh^{7} 粕朴~兜(地名)
toh^{7} 卓桌　toh^{8} 着^{2}
thoh^{8} 踱(举止)缓慢
loh^{7} 落$_{4}$~后日(大后天)　loh^{8} 落^{3} 洛骆络
tsoh^{7} 作　tsoh^{8} 昨^{1} 踖急奔
tshoh^{7} □*(用粗话)骂
soh^{7} 索绳束~水　soh^{8} 镯
koh^{7} 各阁胳搁佫又
hoh^{8} 鹤
oh^{7} 恶　oh^{8} 学

ioh

tioh^{7} 擢　tioh^{8} 着对
thioh^{7} 枈
lioh^{8} 略弱
tsioh^{7} 借绩棉~(棉胎)　tsioh^{8} 石嚼
tshioh^{7} 尺螫(小虫)咬炽(光线)照射:~日　tshioh^{8} 蓆
sioh^{7} 惜　sioh^{8} 俗液
kioh^{7} 脚
khioh^{7}△ 拾
gioh^{8} 谑讥笑挑逗:~人
hioh^{7} 歇　hioh^{8} 箬
ioh^{7} 约溢　ioh^{8} 药

eh

peh^{7} 百^{2} 伯柏檗擘憋~腹 爬:~山　peh^{8} 白帛
pheh^{7} 帕　pheh^{8} □水~
beh^{7}△ 要　beh^{8} 麦袜
teh^{7} 啄鸡~米压△
theh^{7} 澈干净彻　theh^{8} 拿宅
leh^{7} 捩(手指)夹取　leh^{8} 裂
tseh^{7} 仄节^{3}　tseh^{8} 绝
tsheh^{7} 册策栅啜　tsheh^{8} □*衰败

seh^{7}雪说刷屑　seh^{8} 踅
keh^{7}格隔膈骼郭　keh^{8}桀不和睦
kheh^{7} 客缺
geh^{8}月
heh^{7}赫
eh^{7} 呃厄轭扼

ueh

pueh^{7} 八捌
lueh^{8} 笠
tsueh^{7} 节　tsueh^{8}截
tshueh^{7} 切
sueh^{7}楔
kueh^{7} 荚锲
khueh^{7} 晗箧　khueh^{8}锲挤，榨
ueh^{8}狭

iuh

tiuh^{7}搐（肌肉）抽搐抖动
kiuh^{7}掬起皱

uih

puih^{8} 拔
kuih^{7}刮
huih^{7}血
uih^{7} 挖　uih^{8}劃（划）

uaih

tsuaih^{8}□*扭伤

auh

pauh^{7} 暴冒出，鼓起
phauh^{8}雹
bauh^{8}贸包圆儿
lauh^{7} 落^{5}脱落：~色 lauh^{8} 落交：~（丢，掉）
kauh^{7}裹包裹使变化
hauh^{7} 嫑（外层皮）剥落

iauh

kiauh^{7}撬撬
hiauh^{7} 嫑（表层）剥落

ĩh

mih^{8}物

nih^{7}蹑踮脚　眨眼　nih^{8}捏

sĩh^{7} 闪

ãh

nah^{7} 凹

sãh^{7}趿

hãh^{7} 暍热气辐射

iãh

hiãh^{7}吓□*~衫

ɔ̃h

mɔh^{7} 膜贴近瘼瘪　mɔh^{8} 膜漠

ẽh

meh^{8}脉

ŋeh^{7} 挟　ŋeh^{8}夹

uẽh

ŋueh^{7}挟　ŋueh^{8} 夹（物体）被夹住

ãuh^{7}

mauh^{7} 毷瘪陷

ŋauh^{7}啮咬

hãuh^{8}泶番藷~水

iãuh

ŋiauh^{7}蛲死

第二节　常用词语

一、名词

（一）自然现象

太阳　日头 lit^{8}thau^{2}

月亮　月［娘］geh^{8}［niu^{2}］

星星　星 tshĩ^{1}

打雷　瞋雷 tan^{2}lu i^{2}，雷［公］瞋　lui^{2}［kɔŋ^{1}］tan^{2}

闪电　闪爁 sĩh^{7}na^{5}

下雨　落雨 loh^{8}hɔ^{6}

下霜　落霜 loh^{8}sŋ^{1}

冰雹　雹 phauh^{8}

刮风	起风 khi^{3}hɔŋ^{1}
虹	共 khiŋ^{6}
天气	天时 thĩ^{1}si^{2}
晴天	好天 ho^{3}thĩ^{1}
天气不好	歹天 phai^{3}thĩ^{1}
阴天	乌阴天 ɔ^{1}im^{1}thĩ^{1}
凉快	秋清 tshiu^{1}tshin^{5}
台风	风台 hɔŋ^{1}thai^{1}
泥土	涂 thɔ^{2}
山地	山埔 suã^{1}pɔ^{1}
草地	草埔 tshau^{3}pɔ^{1}
山坡地	山坪 suã^{1}phiã^{2}
海浪	海涌 hai^{3}iŋ^{3}
涨潮	滇流 tĩ^{6}lau^{2}，水滇 tsui^{3}tĩ^{6}
退潮	洘流 kho^{3}lau^{2}，水洘 tsui^{3}kho^{3}
礁石	石礁 tsioh^{8}ta^{1}

（二）时令、节令

端午节	五月节 gɔ^{6}geh^{8}tsueh^{7}
中秋节	八月节 pueh^{7}geh^{8}tsueh^{7}
除夕	二九下昏 li^{6}kau^{3}e^{6}hŋ^{1}，二九暝 li^{6}kau^{3}mi^{2}
今年	今年 kin^{1}ni^{2}
明年	明年 me^{2}ni^{2}
去年	旧年 ku^{6}ni^{2}
今天	今仔日 kin^{1}a^{3}lit^{8}，kiã^{1}lit^{8}
明天	明仔日 bin^{2}a^{3}lit^{8}，明仔载 bin^{2}na^{3}tsai^{5}，mia^{2}tsai^{5}
昨天	昨日 tsa^{6}lit^{8}
后天	后日 au^{6}lit
星期天	礼拜［日］le^{3}pai^{5}［lit^{8}］
早上	早起 tsa^{3}khi^{3}
中午	下昼 e^{6}tau^{5}，日昼 lit^{8}tau^{5}，中昼 tiɔŋ^{1}tau^{5}
晚上	下昏 e^{6}hŋ^{1}，暗暝 am^{5}mi^{2}，暝时 mi^{2}si
白天	日时 lit^{8}si
整年	规年 kui^{1}ni^{2}
每天	逐日 tak^{8}lit^{8}
现在	即阵 tsit^{7}tsun^{6}
那时	迄阵 hit^{7}tsun^{6}
上次	顶摆 tiŋ^{3}pai^{3}
隔天	隔日 keh^{7}lit^{8}
一个多月	［一］月外日 tsit^{8}geh^{8}gua^{6}lit^{8}
月初	月头 geh^{8}thau^{2}
月底	月尾 geh^{8}be^{3}
春节	正月 tsiã^{1}geh^{8}
元宵	上元 siɔŋ^{6}guan^{2}
夏收季节	六月冬 lak^{8}geh^{8}taŋ^{1}

秋收季节	十月冬 tsap^{8}geh^{8}taŋ^{1}
五分钟	一字 tsit^{8}li^{6}
星期几	拜几 pai^{5}kui^{3}
农历	旧历 ku^{6}lik^{8}，古历 kɔ^{3}lik^{8}

（三）植物

麦子	麦［仔］beh^{8}a^{3}
稻子	釉［仔］tiu^{6}［a^{3}］，粟仔$_{\text{子实}}$tshik^{7}a^{3}
糯米	秫米 tshut^{8}bi^{3}
蚕豆	马齿豆 be^{3}khi^{3}tau^{6}
菠菜	菠菱菜 pe^{1}liŋ^{2}tshai^{5}
卷心菜	高丽菜 ko^{1}le^{2}tshai^{5}
花菜	菜花 tshai^{5}hue^{1}
空心菜	蕹菜 iŋ^{5}tshai^{5}
西红柿	臭柿仔 tshau^{5}khi^{6}a^{3}，柑仔得$_{\text{外来词}}$kam^{1} a^{3}tit^{7}
茄子	茄 kio^{2}
白薯	番藷 han^{1}tsu^{2}
马铃薯	番仔番藷 huan^{1}na^{3}han^{1}tsu^{2}，江东（外来语）kaŋ^{1}taŋ^{1}
南瓜	金瓜 kim^{1}kue^{1}
萝卜	菜头 tshai^{5}thau^{2}
胡萝卜	红萝卜 aŋ^{2}la^{2}pak（tak）^{8}
丝瓜	菜瓜 tshai^{5}kue^{1}
木瓜	万寿匏 ban^{6}siu^{6}pu^{2}，奶匏 ni^{1}pu^{2}
洋葱	北葱 pak^{7}tshaŋ^{1}
花生	涂豆 thɔ^{2}tau^{6}
辣椒	番姜 huan^{1}kiũ^{1}
番石榴	蓝仔佛 nai^{2}a^{3}put^{8}
香蕉	弓蕉 kiŋ^{1}（giŋ^{1}）tsio^{1}
芒果	檨仔 suãi^{6}a^{3}
菠萝	王梨 ɔŋ^{2}lai^{2}
荸荠	尾荠 be^{3}tsi^{2}
桑叶	娘仔箬 niu^{2}a^{3}hioh^{8}
树根	树头 tshiu^{6}thau^{2}
树木	树丛 tshiu^{6}tsaŋ^{2}
树叶	树箬 tshiu^{6}hioh^{8}
树苗	树栽 tshiu^{6}tsai^{1}
花朵	花蕊 hue^{1}lui^{3}
仙人掌	□* 巴桨 tsiaŋ^{1}pa^{1}tsiũ^{3}
豌豆	花仁豆 hue^{1}lin^{2}tau^{6}
雾心	bu^{6}sim^{1} 包菜的一种
锄头	掘仔 kut^{8}a^{3}
打谷	摔田 siak^{7}tshan^{2}
刺项	tshi^{5}haŋ^{6} 一种树名
万葛仔	ban^{6}kat^{7}a^{3} 包菜的一种

肥料	肥 pui^{2}，水肥 tsui^{3}pui^{2}粪便一类的肥料
浇肥	沃肥 ak^{7}pui^{2}
簸箕	粪箕 pun^{5}ki^{1}

（四）动物

猪	猪 tu^{1}
公猪	猪哥配种的 tu^{1}ko^{1}，猪公 tu^{1}kaŋ^{1}
母猪	猪母 tu^{1}bu^{3}
公鸡	鸡角 kue^{1}kak^{7}，鸡公 kuekaŋ^{1}
母鸡	鸡母 kue^{1}bu^{3}，鸡健 kue^{1}nua^{6}未下蛋的
鸡蛋	鸡卵 kue^{1}nŋ^{6}
麻雀	粟鸟仔 tshik^{7}tsiau^{3}a^{3}
老鼠	老鼠 niau^{3}tshu^{3}
臭虫	木虱 bat^{8}sat^{7}
苍蝇	胡蝇 hɔ^{2}sin^{2}
蚊子	蠓仔 bbaŋ^{3} a^{3}
跳蚤	家蚤 ka^{1}tsau^{3}
水蛭	蜈蜞 gɔ^{2}khi^{2}
蝴蝶	美蝶 be^{3}iah^{8}
甲虫	金龟 kim^{1}ku^{1}
蚂蚁	狗蚁 kau^{3}hia^{6}
蟑螂	家蠽 ka^{1}tsuah^{8}
蜻蜓	掩咪 iam^{1}mi^{1}
萤火虫	海金姑 hai^{3}kim^{1}kɔ^{1}
老鹰	觅鸮 mua^{6}hioh^{8}
蚱蜢	草蜢 tshau^{3}mih^{7}
雀斑	舖仔粕 phɔ^{1}a^{3}phoh^{7}
喜鹊	客鸟 kheh^{7}tsiau^{3}
蚯蚓	涂蚓 tɔ^{2}un^{3}
壁虎	蟮虫 sian^{6}thaŋ^{2}
螃蟹	蟳 tsim^{2}
梭子蟹	蠘 tshih^{8}
墨鱼	墨贼 bat^{8}tsat^{8}
水母	蛇 the^{6}
带鱼	白鱼 peh^{8}hu^{2}
鱿鱼	柔鱼 liu^{2}hu^{2}
海豚	白龙毛 peh^{8}liŋ^{2}mɔ^{2}
鱼篓	篙仔 khai^{3}a^{3}
狗仔笠	kau^{3}a^{3}lueh^{8} 农家用的一种大而重的斗笠。

（五）房舍

房子整所	厝 tshu^{5}
房子单间	房［间］paŋ^{2}kiŋ^{1}
家	厝 tshu^{5}，兜 tau^{1}
窗子	窗仔 thaŋ^{1}a^{3}

门槛	户填 hɔ^{6}tiŋ^{6}
水沟	沟涵 kau^{1}am^{2}
厕所	屎窖 sai^{3}hak^{8}
厨房	灶骹 tsau^{5}kha^{1}
烟囱	烟筒 ian^{1}taŋ^{2}
桌子	桌［仔］toh^{7}a^{3}
楼上	楼顶 lau^{2}tiŋ^{3}
楼下	楼脚 lau^{2}kha^{1}
板壁	枋堵 paŋ^{1}tɔ^{3}
庭院	［厝］埕 tshu^{5}tiã^{2}
窗户	窗仔门 thaŋ^{1}a^{3}mŋ^{2}
瓦片	厝瓦 tshu^{5}hia^{6}
天井	深井 tshim^{1}tsĩ^{3}

（六）身体

身体	身躯 siŋ^{1}ku^{1}
头	头［壳］thau^{2}［khak^{7}］
额头	头额 thau^{2}hiah^{8}
头发	头毛 thau^{2}mŋ^{2}
脸	面［仔］bin^{6}a^{3}
脸皮	面皮 bin^{6}phe^{2}
脸颊	嘴顊 tshui^{5}phue^{3}
鼻子	鼻［仔］phĩ^{6}iã^{3}
鼻涕	鼻［水］phĩ^{6}tsui^{3}
耳朵	耳仔 hi^{6}ia^{3}
眼睛	目珠 bak^{8}tsiu^{1}
脖子	颔颈 am^{2}kun^{3}
喉咙	咙喉 na^{2}au^{2}
下巴	下胲 e^{6}hai^{2}，下斗 e^{6}tau^{3}
胡须	嘴须 tshui^{5}tshiu^{1}
旋儿	旋 tsŋ^{6}
毛孔	毛管空 mŋ^{2}kŋ^{3}khaŋ^{1}
手	手［骨］tshiu^{3}kut^{7}
左手	倒手 to^{3}tshiu^{3}
右手	正手 tsiã^{5}tshiu^{3}
拳头	拳头［母］kun^{2}thau^{2}bu^{3}
手指头	［手］掌头仔［tsiu^{3}］tsŋ^{3}thau^{2}a^{3}，手指 tsiu^{3}tsai（tsãi）^{3}
指甲	掌甲 tsŋ^{3}kah^{7}
膝盖	骹头趺 kha^{1}thau^{2}hu（u）^{1}
脚	脚［骨］kha^{1}kut^{7}
腿	［骹］腿［kha^{1}］thui^{3}
牙齿	嘴齿 tshui^{5}khi^{3}
口水	澜 nua^{6}
肩膀	悬头 kuãi^{2}thau^{2}
齿龈	（喙）齿龙 tshui^{5}khi^{3}liɔŋ^{2}

小舌	咙喉奶仔 na^{2}au^{2}liŋ^{1}a^{3}
腋窝	胳空 kueh^{7}khaŋ^{1}
肚子	腹肚 pak^{7}tɔ^{3}

（七）亲属

父亲	老爸$_{\text{背称}}$lau^{6}pe^{6}，阿爸 a^{1}pa^{2}，爸爸$_{\text{面称}}$pa^{2}pa^{2}
母亲	老母$_{\text{背称}}$lau^{6}bu^{3}，阿母 a^{1}bu^{3}，妈妈 ma^{2}ma^{2}，口仔 au^{1}a^{3} 可能是“阿母仔” a^{1}bu^{3}a^{3} 的合音。
祖父	安公 an^{1}kɔŋ^{1}，阿公 a^{1}kɔŋ^{1}
祖母	安妈 an^{1}ma^{3}
伯父	阿伯 a^{1}peh^{7}
伯母	阿姆 a^{1}m^{3}
叔叔	阿叔 a^{1}tsik^{7}
叔母	阿婶 a^{1}tsim^{3}
外祖父	外公$_{\text{背称}}$gua^{6}kɔŋ^{1}，安公 an^{1}kɔŋ^{1}
外祖母	外妈$_{\text{背称}}$gua^{6}ma^{3}，安妈 an^{1}ma^{3}
公公	大倌 ta^{6}kuã^{1}
婆婆	大家 ta^{6}ke^{1}
舅舅	阿舅 a^{1}ku^{6}
舅母	阿妗 a^{1}kim^{6}
姨妈	阿姨 a^{1}i^{2}，姨母 i^{2}bu^{3}
姑姑	阿姑 a^{1}kɔ^{1}
丈夫	翁 aŋ^{1}，丈夫人 ta^{6}pɔ^{1}laŋ^{2}
妻子	某 bɔ^{3}，厝里［人］ tshu^{5}lai^{6}［laŋ^{2}］
哥哥	阿兄 a^{1}hiã^{1}
嫂子	阿嫂 a^{1}so^{3}
弟弟	小弟 sio^{3}ti^{6}
妻弟媳	妗仔弟媳 kim^{6}ma^{3}
姐姐	阿姊 a^{1}tsi^{3}
姐夫	姊夫 tsi^{3}hu^{1}
妹妹	小妹 sio^{3}be^{6}
妹婿	妹婿 be^{6}sai^{5}
大舅子	大舅 tua^{6}ku^{6}
小舅子	舅仔 ku^{6}a^{3}
大姑子	大娘姑 tua^{6}niu^{2}kɔ^{1}
小姑子	小姑 sio^{3}kɔ^{1}
大姨子	大姨 tua^{6}i^{2}
小姨子	小姨仔 sio^{3}i^{2}a^{3}
堂亲	亲堂 tshin^{1}tɔŋ^{2}
堂哥	隔腹阿兄 keh^{7}pak^{7}a^{1}hiã^{1}
表哥	表兄 piau^{3}hiã^{1}
儿子	囝 kiã^{3}，后生 hau^{6}s ĩ^{1}
媳妇	新妇 sim^{1}pu^{6}
女儿	查某囝 tsa^{1}b ^{3}kiã^{3}
女婿	囝婿 kiã^{3}sai^{5}

（八）饭食

早餐	早［起］顿 tsa^3［khi^3］tŋ^5
午饭	下昼顿 e^{6}tau^{5}tŋ^5
晚饭	下昏顿 e^{6}hŋ^{1}tŋ^5
面条	面（麺）mi^6
馒头	面头 mi^{6}thau^2
包子	包［仔］pau^1［a^3］
酱油	豆油 tau^{6}iu^2
筷子	箸 tu^6
勺儿	汤匙 thŋ^{1}si^2
饭勺	下壳仔 ha^{6}khak^{7}a^3
大缸	咪壶 * mi^{1}ɔ^2 搅拌面粉用
药罐	给岫 kip^{7}siu^6

（九）人品

男人	丈夫 ta^{6}pɔ^1
女人	查$^=$某$^=$tsa^{1}bɔ^3
男孩子	丈夫囝仔 ta^{6}pɔ^{1}gin^{3}a^3
女孩子	查某囝仔 tsa^{1}bɔ^3 gin^{3}a^3
老头子	老伙仔 lau^{6}he^{3}a^3
医生	先生 sian^{1}sĩ^1，医生 i^{1}siŋ^1
老板	头家 thau^{2}ke^1
盲人	青盲的 tshĩ^{1}mi^{2}e
哑巴	哑口的 e^{3}kau^{3}e
聋子	臭耳聋的 tshau^{3}hi^{6}laŋ^{2}e
师傅	师父 sai^{1}hu^6
徒弟	师仔 sai^{1}a^3
道士	师公 sai^{1}kɔŋ^1
生意人	生理人 siŋ^{1}li^{3}laŋ^2
客人	人客 laŋ^{2}kheh^7
傻子	歁囝 kham^{3}kiã^3
乞丐	乞食 khit^{7}tsiah^8
瘸子	瘸骹 khe^{2}kha^1
跛子	跛骹 pai（pãi）^{3}kha^1
驼背	痀 un^{3}ku^1
接生婆	转脐仔 tŋ^{3}tsai^{2}a^3
光头	乌颅光 ɔ^{1}lu^{2}kŋ^1
沤浅	au^{5}tshian^3 婢女贬称
脚作	kha^{1}tsoh^7 女婢贬称

（十）疾病

病了	破病 phua^{5}pĩ^6，艰苦 kan^{1}khɔ^3，伤风 siɔŋ^{1}hɔŋ^1，寒着 kuã^{2}tioh，感着 kam^3 tioh
泻肚	落屎 lau^{5}sai^3
死了	死去 si^{3}khi，过身$_{\text{文雅说法}}$ke^{5}sin^2
看病	看病 khuã^{5}pĩ^6，看医生 khuã^{5}i^{1}siŋ^1
拉肚子	落屎 lau^{5}sai^3

中暑	着痧 tioh^{8}sua^{1}
脓疮	粒仔 liap^{8}a^{3}
麻风	癞哥 thai^{3}ko^{1}
淤血	乌青 ɔ^{1}tshĩ^{1}
上火	火气 he^{3}khi^{5}
盗汗	流清汗 lau^{2}tshin^{5}kuã^{6}
医院	医馆 i^{1}kuan^{3}
荨麻疹	清膜凹 tshin^{5}mɔh^{8}nah^{7}
蛔虫	银虫 ggun^{2}thaŋ^{2}

（十一）文教

学校	学堂 oh^{8}tŋ^{2}
书本	册 tsheh^{7}
上课	上课 tsiũ^{6}kho^{5}
下课	落课 loh^{8}kho^{5}
黑板	乌牌 ɔ^{1}pai^{2}，乌板 ɔ^{1}pan^{3}
信	批 phue^{1}
信封	批壳 phue^{1}kak^{7}
游泳	泅水 siu^{2}tsui^{3}
乒乓球	桌球 toh^{7}kiu^{2}
打球	拍球 phah^{7}kiu^{2}
风筝	风吹 hɔŋ^{1}tshe^{1}
足球	脚球 kha^{1}kiu^{2}
照相	翕像 hip^{7}siɔŋ^{6}
演戏	搬戏 puã^{1}hi^{5}
下棋	行棋 kiã^{2}ki^{2}

二、动词

吃	食 tsiah^{8}
喝	啉 lim^{1}
吸	嗍 suh^{7}
舔	舐 tsi^{6}
啃	喫 khue^{5}，吮 tshŋ^{3}
穿	穿 tshiŋ^{6}
住	徛 khia^{6}
站	徛 khia^{6}
走	行 kiã^{2}
跑	走 tsau^{3}
爬	爬 pe^{2}，趖 so^{2}
抓	掠 liah^{8}
打	拍 phah^{7}
绑	缚 pak^{8}
闻	鼻 phĩ^{6}
杀	刣 thai^{2}
埋	坮 tai^{2}

怕	惊 kiã^{1}
吹	喷 pun^{2}
丢	献 hĩ^{5}，掴 kɔk^{7}，练 lian^{6}，抭 hiat^{7}
喊	喝 huah^{7}
蹲	跍 khu^{2}
砍树	剉树 tsho^{5}tshiu^{6}
赚钱	趁钱 than^{5}tsĩ^{2}
跌倒	跋倒 puah^{8}to^{3}
攀爬	蹈 peh^{7}
举旗	揭旗 kiah（giah）^{8}ki^{2}
解开	敨开 thau^{3}khui^{1}
装饭	贮饭 tue^{3}pŋ^{6}
摘花	挽花 ban^{3}hue^{1}
称赞	阿咾 o^{1}lo^{3}
商量	参详 tsham^{1}siɔŋ^{2}
作弄	创治 tshɔŋ^{5}ti^{6}
拼搏	拍拼 phah^{7}piã^{5}
（肩上）扛	□*au^{3}　~掘仔扛锄头，~一领衫
抱（柴火等）	□*ãi^{3}　~一把柴

三、形容词

甜	甜 tĩ^{1}
酸	酸 sŋ^{1}
咸	咸 kiam^{2}
淡	tsiã^{3}
胖	肥 pui^{2}
瘦	痟 san
冷	寒$_{\text{天气}}$kuã^{2}，清$_{\text{食物}}$tshin^{5}
热	热$_{\text{天气}}$luah^{8}，烧$_{\text{食物，体温}}$sio^{1}
香	芳 phaŋ^{1}
臭	臭 tshau^{5}
大	大 tua^{6}
小	细 sue^{5}
粗	粗 tshɔ^{1}
细	幼 iu^{5}
长	长 tŋ^{2}
短	短 te^{3}
高	悬 kuãi^{2}，躼$_{\text{身材高}}$lo^{5}
低	下 ke^{6}
矮	矮$_{\text{身材}}$ue^{3}
快	紧 kin^{3}
难	偲 oh^{7}
晚，迟	晏 uã^{5}

浓（稀饭）	洘 kho^{3}
稀（饭）	潡 ka^{5}
干	焦 ta^{1}
湿	澹 tam^{2}
傻	戆 gɔŋ^{6}，歁 kham^{3}
聪明	宿 sik^{7}
肮脏	流疡 lau^{2}siɔŋ^{2}，垃圾 lap^{7}sap^{7}
漂亮	水 sui^{3}
干净	清气 tsiŋ^{1}khi^{5}
便宜	俗 siɔk^{8}
健壮	勇健 iɔŋ^{3}kiã^{6}
懒惰	贫惰 pin^{2}tuã^{6}
勤劳	骨力 kut^{7}lat^{8}
热闹	闹热 lau^{6}liat^{8}
小心	细腻 sue^{5}li^{6}
凉快	秋清 tshiu^{1}tshin^{5}
忠厚老实	古意 kɔ^{3}i^{5}
能干	勢 gau^{2}
疲倦	癢 sian^{6}
坚硬结实	有 tiŋ^{6}
疏松不结实	冇 phã^{5}

四、代词

我	我 gua
你	汝 lu^{3}
他	伊 i^{1}
我们	阮 gun^{3}
你们	恁 lin
他们	個 in^{1}
咱们	咱 lan^{3}
自己	家已 ka^{1}ki^{6}
谁	啥人 siã^{3}laŋ^{2}，倯 siaŋ^{2}，甚物人 sim^{3}mih^{8} laŋ^{2}
什么	甚物 sim^{3}mih^{8}
这里	即带 tsit^{7}te^{5}，遮 tsia^{2}
那里	迄带 hit^{7}te^{5}，遐 hia^{2}
哪里	倒落［一带］to^{3}loh^{8}［tsit^{8}te^{5}］，甚物所在 sim^{3}mih^{8}sɔ^{3}tsai^{6}
这个	即个 tsit^{7}e^{2}
那个	迄个 hit^{7}e^{2}
哪一个	倒［落］一个 to^{3}［loh^{8}］tsit^{8}le^{2}
怎么样	怎［仔］样 tsãi^{3}［a^{3}］iũ^{6}，安怎 an^{1}tsuã^{3}

五、数量词

（一）数词

一	一 it^{7}，tsit^{8}

二	li^{6}，两 liɔŋ^{3}，nŋ^{6}
三	三 sam^{1}，sã^{1}
四白	四 su^{5}，si^{5}
五	五 ŋɔ^{3}，gɔ^{6}
六	六 liɔk^{8}，lak^{8}
七	七 tshit^{7}
八	八 pat^{7}，pueh^{7}
九	九 kiu^{3}，kau^{3}
十	十 sip^{8}，tsap^{8}
十一	十一 tsap^{8}it^{7}
十二	十二 tsap^{8}li^{6}
二十	二十 li^{6}tsap^{8}，廿 liap^{8}
二十一	二十一 li^{6}tsap^{8}it^{7}，廿一 liap^{8}it^{7}
一百二十	一百二十 tsit^{8}pah^{7}li^{6}tsap^{8}，百二 pah^{7}li^{6}
第一	第一 te^{6}it^{7}
第二	第二 te^{6}li^{6}
两里	两里 nŋ^{6}li^{3}
二两	两两 nŋ^{6}niu^{3}

（二）量词

一位客人	一个人客 tsit^{8}e^{2}laŋ^{2}kheh^{7}
一床被	一领被 tsit^{8}nia^{3}phe^{6}，一床被 tsitt^{8}tshŋ^{2}phe^{6}
一辆车	一顶车 tsit^{8}tiŋ^{3}tshia^{1}，一把车 tsit^{8}pe^{3}tshia^{1}
一条牛	一只牛 tsit^{8}tsiah^{7}gu^{2}
一头猪	一只猪 tsit^{8}tsiah^{7}tu^{1}
一棵树	一丛树 tsit^{8}tsaŋ^{2}tshiu^{6}
一把雨伞	一支雨伞 tsit^{8}ki^{1}hɔ^{6}suã^{5}，一丛雨伞 tsit^{8}tsaŋ^{2}hɔ^{6}suã^{5}
一朵花	一蕊花 tsit^{8}lui^{3}hue^{1}
一只眼睛	一蕊目珠 tsit^{8}lui^{3}bak^{8}tsiu^{1}
一盏灯	一葩灯 tsit^{8}pha^{1}tiŋ^{1}
一窝蜂	一岫蜂 tsit^{8}siu^{6}paŋ^{1}
一条蛇	一尾蛇 tsit^{8}be^{3}tsua^{2}，一只蛇 tsit^{8}tsiah^{7}tsua^{2}
一瓶酒	一矸酒 tsit^{8}kan^{1}tsiu^{3}
一串葡萄	一掯葡萄 tsit^{8}kuã^{6}phu^{2}to^{2}
走一趟	行一趱 kiã^{2}tsit^{8}tsua^{6}
去一次	去一摆 khi^{5}zt^{8}pai^{3}
听一会儿	听一辄仔久 thiã^{1}tsit^{8}tiap^{7}a^{3}ku^{3}，听淡薄［仔］久 thiã^{1}tam^{6}poh^{8}a^{3}ku^{3}
打一下	拍一下 phah^{7}tsit^{8}e^{6}

六、其他词

（一）方位词

上头	顶头 tiŋ^{3}thau^{2}，顶面 tiŋ^{3}bin^{6}
下头	下底 e^{6}tue^{3}，下脚 e^{6}kha^{1}
左边	倒［手］爿 to^{3}［tshiu^{3}］piŋ^{2}
右边	正［手］爿 tsiã^{5}［tshiu^{3}］piŋ^{2}

东边　　东爿 taŋ^{1}piŋ^{2}
西边　　西爿 sai^{1}piŋ^{2}
当中　　中央 tiɔŋ^{1}ŋ^{1}
里面　　里面 lai^{6}bin^{6}，里头 lai^{6}thau^{2}
外面　　外口 gua^{6}khau^{3}，外面 gua^{6} bin^{6}
前面　　头前 thau^{2}tsiŋ^{2}
后面　　后壁 au^{6}piah^{7}
旁边　　边仔 p ĩ^{1}ã^{3}
边沿　　墘 k ĩ^{2}

（二）副词、连词、介词

刚~来　　拄（拄）仔 tu^{3} ［tu^{3}］ a^{3}，拄（仔）则 tu^{3} ［a^{3}］ tsiah^{7}
正好　　拄［拄］［仔］好 tu^{3} ［tu^{3}］ a^{3}ho^{3}
和　　合（甲）kap（kah）^{7}
只　　干但 kan^{1}ta（na）^{6}
从　　对 tui（ui）^{5}
故意　　［刁］故意［thiau^{1}］kɔ^{5}i^{5}，刁意故 thiau^{1}i^{5}kɔ^{5}，刁工 thiau^{1}kaŋ^{1}

第三章　俗语歌谣故事选例

第一节　俗　语

湖里区百姓所说的俗语，绝大多数跟厦门市区一样，由于这里过去是以农业和渔业为主的，所以也产生一些与本地生产、生活息息相关的农谚、气象谚以及与地方典故有关的俗语。

食水节腹 tsiah$^{8-5}$tsui^{3}tsat$^{7-8}$pak^{7}喝水要有所节制。比喻言行要适可而止，不要超过限度。

桥过拐抽 kio^{2}ke^{5}kuai^{3}thiu^{1}借着拐杖的帮助过桥，但过了桥后就把拐杖丢了。比喻忘恩负义。

食虎食象 tsiah$^{8-5}$hɔ$^{3-1}$tsiah$^{8-5}$tshiũ^{6}形容贪婪攫取。

一支草一点露，壁脚草食横露 tsit$^{8-5}$ki$^{1-6}$tshau^{3}zit$^{8-5}$tiam$^{3-1}$lɔ^{6}，piah$^{7-3}$kha$^{1-6}$ tshau^{3}tsiah$^{8-5}$huãi$^{2-6}$lɔ^{6}比喻天无绝人之路。

行路伓开拳，讲话伓出唇 kiã$^{2-6}$lɔ^{6}m$^{6-5}$khui$^{1-6}$kun^{2}，kɔŋ$^{3-1}$ue^{6}m$^{6-5}$tshut$^{7-8}$ tun^{2}比喻办事优柔寡断，犹豫不决；也形容城府深，难测真相。

牛有镣。人无镣 gu^{2}u$^{6-5}$liau^{2}，laŋ^{2}bo$^{2-6}$liau^{2}牛有绳索绑住，人无绳索捆绑，因此可充分发挥自己的才干，前途无可限量。

田无一丘，海无一株 tshan^{2}bo$^{2-6}$zit$^{8-5}$khu^{1}，hai^{3}bo$^{2-6}$zit$^{8-5}$tu^{1}人没有一丘田，海里没有一株海蛎石。形容一贫如洗。

竹椅配竹桌，奴才配脚作 tik$^{7-8}$i^{3}phue$^{5-3}$tik$^{7-8}$toh^{7}，lɔ$^{2-6}$tsai^{2}phue$^{5-3}$kha$^{1-6}$tsoh^{7}与“门当户对”义近。

油柑嘴尾甜 iu$^{2-6}$kam^{1}tshui$^{5-3}$be$^{3-1}$t ĩ^{1}比喻先苦后甘。

风台过了则回南 hɔŋ$^{1-6}$thai^{1}ke$^{5-3}$liau^{3}tsiah$^{7-3}$he$^{2-6}$lam^{2}指粗暴鲁莽对待人，过后觉得过意不取而主动向人家赔礼道歉。

生食一粒豆，较好死后敬猪头 s ĩ^{1}tsiah$^{8-5}$tsit$^{8-5}$liap$^{8-5}$tau^{6}，khah$^{7-8}$ho$^{3-1}$si$^{3-1}$au^{6}kiŋ$^{5-3}$tu$^{1-6}$ tau^{2}对老人长

辈，在他（她）们在世时应多尽孝道，这比他（她）们过世后在大办祭礼要好得多。

四两人讲半斤话 si$^{5-3}$niu$^{3-1}$laŋ^{2}kɔŋ$^{3-1}$puã$^{5-3}$kun$^{1-6}$ue^{6}比喻不自量力。

狗相咬拚倒咸糜担 kau^{3}sã$^{1-6}$ka^{6}lɔŋ$^{5-3}$to$^{3-1}$kiam$^{2-6}$be$^{2-6}$tã^{5}与“城门失火，殃及池鱼”义近。形容横遭不幸或倒霉的事。

树身徛其在，惊树尾起风台 tshiu$^{6-5}$sin^{1}khia$^{6-5}$khi$^{2-6}$tsai^{6}，m$^{6-5}$kiã$^{1-6}$tshiu$^{6-5}$ be^{3}khi$^{3-1}$hɔŋ$^{1-6}$thai^{1}比喻言行立得正，站得稳，就不怕别人攻击诽谤。

半暝出一个月 puã$^{5-3}$mi^{2}tshut$^{7-8}$tsit$^{8-5}$le$^{2-6}$geh^{8}表示露出曙光，事情有了转机；有时也指无中生有。

横柴揭入灶 huãi$^{2-6}$tsha^{2}kiah$^{8-5}$lip$^{8-5}$tsau^{5}比喻蛮不讲理。

半壁吊肉跋死猫 puã$^{5-3}$piah^{7}tiau$^{5-3}$bah^{7}puah$^{8-5}$si$^{3-1}$niau^{1}表示只给看不给吃，让人急死，诱人狗急跳墙而落下惨败的结局。

犁无着篦耙也着 lue^{2}bo$^{2-6}$tioh^{8}pin$^{5-3}$pe^{2}ia$^{6-5}$tioh^{8} 比喻法网恢恢，让人无法逃脱。

到海仔墘则看坩仔底 kau$^{5-3}$hai$^{3-1}$a$^{3-1}$kĩ^{2}tsiah$^{7-3}$khuã$^{5-3}$khãi$^{1-6}$ã$^{3-6}$tue^{3} 在海上捕鱼收获多少，要到上岸或回到岸上清点瓮子或容器里的鱼才能定夺谁多谁少。钟宅村也说“到王公宫则看坩仔底”kau$^{5-3}$ɔŋ$^{2-6}$kɔŋ$^{1-6}$kiŋ^{1}tsiah$^{7-3}$khuã$^{5-3}$khãi$^{1-6}$ã$^{3-6}$tue^{3} 因为钟宅村海边有个“王公宫”，下海归来的渔民都要从这里上岸。

有上店富，无上店厝 ，有上店厝，无上店新妇 u$^{6-5}$tsiũ$^{6-5}$tãi$^{5-3}$pu^{5}，bo$^{2-6}$tsiũ$^{6-5}$tãi$^{5-3}$ tshu^{5}，u$^{6-5}$tsiũ$^{6-5}$tãi$^{5-3}$tshu^{5}，bo$^{2-6}$tsiũ$^{6-5}$tãi^{5}sim$^{1-6}$pu^{6} 即便有比上店富裕的地方，可就没有上店这里的房屋建筑得如此古色古香；即便有上店这样古色古香的建筑群，也没有办法找到像上店这个地方的媳妇这么贤惠。形容湖里上店这个地方的屋子的古建筑式样尤其是贤惠能干的媳妇是别地方所无法比的。

六月瞋雷田必裂，七月瞋雷倒厝宅 lak$^{8-5}$geh^{8}tan$^{2-6}$lui^{2}tshan^{2}pit$^{7-8}$leh^{8}，tshit$^{7-8}$geh^{8} tan$^{2-6}$lui^{2}to$^{3-1}$tshu$^{5-3}$theh^{8}六月打雷不下雨，田会干裂；七月打雷会下大雨，下到酿成水灾使房屋倒塌。

烂秧胀破缸 nua$^{6-5}$ŋ^{1}tiũ$^{5-3}$phua$^{5-3}$kŋ^{1}旱季稻育秧时烂秧，标明当年的气温低，虫害必少因而能使早稻大丰收到米缸都装不下。

薛岭金瓜匏，湖里大条番薯 sih$^{7-3}$nia^{3}kim$^{1-6}$kue$^{1-6}$pu^{2}，ɔ^{2}li tua$^{6-5}$tiau$^{2-6}$ han$^{1-6}$ tsu^{2} 湖里薛岭这个地方所产的南瓜匏瓜等是很有名的，而湖里这个地方出产的白薯特别大而好吃。

芒种蚝，不如无 bɔŋ$^{2-6}$tsiŋ$^{3-1}$o^{2}，put$^{7-8}$lu$^{2-6}$bo^{2} 这里的海蛎都是长在海蛎石上的，把供生长海蛎的石头竖在还滩涂上是要讲究时间季节的。如果到芒种这个季节才竖海蛎石，那就太迟了，它将意味着来年的海蛎歉收甚至无收。比喻耽误了海蛎的养殖季节，将一无所获。

立夏过，播无够田税 lip$^{8-5}$he^{6}ke^{5}，pɔ$^{5-3}$bo$^{2-6}$kau$^{5-3}$tshan$^{2-6}$se^{5} 立夏才播种，收获甚少，连交田赋都不够。比喻误了农时季节，将歉收或无收。

顶冬赶肥粪，下冬赶时阵 tiŋ$^{3-1}$taŋ^{3}kuã$^{3-1}$pui$^{2-6}$pun^{5}，e$^{6-5}$taŋ^{1}kuã$^{3-1}$si$^{2-6}$tsun^{6}夏季稻生长期短，要及时施肥才会有高产量，晚季稻一定要在立夏前插秧，否则会减产甚至颗粒无收。

澹麻，焦豆，无花麦 tam$^{2-6}$mua^{2}，ta$^{1-6}$tau^{6}，bo$^{2-6}$hue$^{1-6}$beh^{8} 麻湿的时候就可收割，豆要干的时候才收成，而麦只要七八分熟就要收成。

浦口村，米瓮仔寄在海中央 phɔ$^{3-1}$khau$^{3-1}$tshŋ^{1}，bi$^{3-1}$aŋ$^{5-1}$ŋa^{3}kia$^{5-3}$tu$^{6-5}$hai$^{3-1}$ tiɔŋ$^{1-6}$ŋ^{1} 湖里区的浦口村，以渔业为生，他们把口粮的获得，全寄托在海里。也就是说，渔业收成的好坏，决定他们日子过得的好坏。

乌云飞上山，棕蓑拿来幔 ɔ$^{1-6}$hun^{2}pe$^{1-6}$tsiu$^{6-5}$suã^{1}，tsaŋ$^{1-6}$sui^{1}theh$^{8-5}$lai$^{2-6}$mua^{1}乌云布满山必有雨，出门要记得带雨具。

春雾酥，冬雾雨 tshun$^{1-6}$bɔ^{2}sɔ^{1}，taŋ$^{1-6}$bɔ^{2}hɔ^{6} 春天浓雾天气会晴朗，冬天浓雾会下大雨。

乌阖西南，一阵就澹 ɔ$^{1-6}$khah$^{8-5}$sai$^{1-6}$lam^{2}，tsit$^{8-5}$tsun^{6}tsiu$^{6-5}$tam^{2}雷阵雨来得快，来得猛，去也快。

江头米店——半坎（歁）kaŋ^{1}thau bi$^{3-1}$tiam^{3}——puã$^{5-3}$kham^{3} 旧时江头的米店，店门的下爿是柜台，上爿是可以开合的一坎一坎的门扇。“半坎”与“半歁”谐音，表示有些傻呆的意思。

食浒苔——戆青（戆生）tsiah$^{8-5}$hɔ$^{3-1}$thi^{2}——tĩ$^{5-3}$tshĩ^{1}吃较多的海苔，拉出来的粪便会是青色的。“戆青”与“戆生”谐音，表示故意装傻装呆的意思。

烟筒尾焊番薯——半头生 ian$^{1-6}$ taŋ$^{2-6}$ be^{3} pu$^{2-6}$ han$^{1-6}$ tsu^{2}——puã$^{5-3}$ thau$^{2-6}$ tsh ĩ^{1}“半头生”指半生不熟，在方言另有一个意思指愣头愣脑，不成熟不稳健。

空嘴哺舌——白贼 khaŋ$^{1-6}$ tshui^{5} pɔ$^{6-5}$ tsih^{8}——peh$^{8-5}$ tshat^{8} 饶舌讲无用的话，说的话语尽是撒谎。

棺柴里的老鼠——跳鬼 kuã$^{1-6}$ tsha$^{2-6}$ lai^{6} e$^{2-6}$ niau$^{3-1}$ tshu^{3}——tiau$^{5-3}$ kui^{3} “跳鬼”是调皮的意思。

第二节　歌　谣

歌谣　安床歌 an$^{1-6}$tshŋ$^{2-6}$kua^{1}

安床拜地起，　an$^{1-6}$tshŋ^{2}pai$^{5-3}$tue^{6}khi^{3},
夫妻富贵到百二；　hu$^{1-6}$tshe^{1}hu$^{5-3}$kui^{5}kau$^{5-3}$pah$^{7-3}$li^{6};
安床安床角，　an$^{1-6}$tshŋ^{2} an$^{1-6}$tshŋ$^{2-6}$kak^{7},
夫妻趁钱富六六；　hu$^{1-6}$tshe^{1}than$^{5-3}$ts ĩ^{2}pu$^{5-3}$lak$^{8-5}$lak^{8};
安床安床心，　an$^{1-6}$tshŋ^{2} an$^{1-6}$tshŋ$^{2-6}$sim^{1},
代代团孙出状元丁；　tai$^{6-5}$tai^{6}kiã$^{3-1}$sun^{1}tshut$^{7-8}$tsiɔŋ$^{6-5}$guan$^{2-6}$tiŋ^{1};
安床安床母，　an$^{1-6}$tshŋ^{2} an$^{1-6}$tshŋ$^{2-6}$bo（bu）^{3},
夫妻感情百年好。　hu$^{1-6}$tshe^{1}kam$^{3-1}$tsiŋ^{2}pah$^{7-3}$ni$^{2-6}$ho^{3}.

禾山地名顺口溜 ho$^{2-6}$san^{1}te$^{6-5}$mia^{2}sun$^{6-5}$khau$^{3-1}$liu^{1}

徐厝粉仔客①，　si^{2}tshu hun$^{3-1}$a$^{3-1}$kheh^{7},
薛厝木加节②，　sih^{7}tshu bak$^{8-5}$ka$^{1-6}$tseh^{7},
湖里大松柏③；　ɔ^{2}li tua$^{6-5}$tsiŋ$^{2-6}$peh^{7};
寨上竹篙④，　tse^{6}tsiũ^{6}tik$^{7-8}$ko^{1},
塘边关刀⑤，　tŋ$^{2-6}$p ĩ^{1}kuan$^{1-6}$to^{1},
殿前筊荖⑥。　tãi$^{3-1}$tsãi^{2}ka$^{1-6}$lo^{3}.

注：①据说，早年徐厝村有人在海滩围堰造海塭，养殖一种叫“海猪仔”的软体动物，它会分泌一种叫“海粉”的海产品，经过加工成为佳肴，畅销南北，由于这种特产价格昂贵，因而给徐厝村村民带来不错的经济收入，所以有“徐厝粉仔客”之称。②“木加节”是闽南话，就是高跟木屐鞋。薛厝社有不少人远涉重洋到菲律宾等地谋生，因经商赚钱就寄钱回故乡盖大厝洋楼。为防止偷盗，全村筑起高墙围绕，并留有三个大铁门夜间关住，还建有观察炮楼。村里头的路全铺上红砖。这里的妇女，平时喜欢穿一种木屐高跟鞋，因此有“薛厝木加节”之称。③湖里村早年有许多松柏大树，实属罕见而闻名遐迩。④竹篙即长的竹竿，寨上地形狭窄瘦长，如竹竿，故曰“寨上竹篙”。⑤塘边村地形弯如关刀，故称之。⑥筊荖是用竹篾编成的圆形容器。殿前村地凹下又呈圆形，状如“筊荖”，因此叫“殿前筊荖”。

禾山土特产歌谣 ho$^{2-6}$san^{1}thɔ$^{3-1}$thik^{8}san^{3}kua$^{1-6}$iau^{2}

钟宅“珍珠蚝”①，　tshiŋ$^{1-6}$theh^{8} tsin$^{1-6}$tsu$^{1-6}$o^{2},
江头马蹄酥②，　kaŋ^{1}thau be$^{3-1}$te$^{2-6}$sɔ^{1},
穆厝青菜花③，　bɔk$^{8-5}$tshu^{5}tsh ĩ$^{1-6}$ tshai$^{5-3}$hue^{1},
蔡塘槟榔芋④。　tshua$^{5-3}$tŋ$^{2-6}$ pin$^{1-6}$nŋ$^{2-6}$ɔ^{6}。

注：①蚝即海蛎。厦门地区产海蛎的地方很多，但以厦门北海域钟宅的海蛎品质为最佳。其实，钟宅海蛎包括高崎、后莲、林后、围里、坂上、墩上、钟宅、下边及浦口等村社所插的海蛎。海蛎有五耳、六耳和七耳之分，而钟宅海蛎是七耳的，这在厦门岛内外是很有名的。这当然跟这一带滩涂地较平坦，大部分为泥沙地，风浪较平静，是海蛎生长的好地方。②马蹄酥是厦门的一种有名的糕饼。据说是蔡伦师傅带

着同安马蹄酥的制作技术来江头开厂生产的，并有所创新。③青菜花即绿色的花菜，原产于地中海沿岸的意大利、法国一带，上世纪20年代才传入中国。厦门市是上世纪70年代开始引种的。其中，成规模的种植是在枋湖村的穆厝。④芋头的品种很多，据说只有槟榔芋含淀粉较高，煮熟后闻起来特香，吃起来松软。其中蔡塘与前埔种植的面积较大，而蔡塘的槟榔芋又最受南普陀素菜馆的欢迎。

第三节　故　事

水查某照镜石

古早时，在高林村高林社的西北爿，有一个大池塘叫做高林潭。潭中央的水面顶露出一块大石头。即块大石头对着社里的迄一爿是光滑甲拄亲像是一面镜，会反光照人的面。高林村的查某囝仔，特别是野未嫁的，逐摆若出门上山抑落海去作工课，路过即块石头的所在时，拢会踮在遮小歇脚停一下，面仔对着即块若镜的石头照一下，用手掌头仔拨拨家己的头毛，小梳理梳理一下，用两手的手心将家己的面搓搓咧。后来煞成做一个习惯，倒去了后也不时注意将家己的头毛梳梳的，面仔搓搓的，衫裤拾拾其整齐清气，养成一款讲究卫生，大方佫爱水的习俗。后来禾山民间就流传着“高林有一面石镜，耀甲高林查某囝仔逐个拢水当当，光映映”的俗语。

sui$^{3-1}$tsa$^{1-6}$bɔ^{3}tsio$^{5-3}$kiã$^{5-3}$tsioh^{8}

kɔ$^{3-1}$tsa$^{3-1}$ si^{2}，tu$^{6-5}$ ko$^{1-6}$ na$^{2-6}$ tshun^{1}ko$^{1-6}$ na$^{2-6}$ sia^{6}e$^{2-6}$ sai$^{1-6}$ pak$^{7-8}$ piŋ^{2}，u$^{6-5}$ tsit$^{8-5}$ le$^{2-6}$ tua$^{6-5}$ ti$^{2-6}$ tŋ^{2}kio$^{5-3}$ tsue$^{5-3}$ko$^{1-6}$na$^{2-6}$ tham^{2}. tham^{2}tiɔŋ$^{1-6}$ ŋ^{1}e$^{2-6}$ tsui$^{3-1}$ bin$^{6-5}$ tiŋ^{3}lɔ$^{6-5}$ tshut$^{7-8}$ tsit$^{8-5}$ te$^{5-3}$ tua$^{6-5}$ tsioh$^{8-5}$ thau^{2}. tsit$^{7-8}$ te$^{5-3}$ tua$^{6-5}$tsioh$^{8-5}$thau^{2}tui$^{5-5}$tioh$^{8-5}$sia$^{6-5}$li^{3}e$^{2-6}$hit$^{7-8}$tsit$^{8-5}$piŋ^{2}

si$^{6-5}$kŋ$^{1-6}$ kut$^{8-5}$ kah^{8}tu$^{3-1}$ tshin$^{1-6}$ tshiũ$^{6-5}$ si$^{6-5}$ tsit$^{8-5}$ bin$^{6-5}$ kiã^{5}，e$^{6-5}$ huan$^{3-1}$ kŋ^{1}tsio$^{5-3}$ laŋ^{6}e$^{2-6}$ bin^{6}. ko$^{1-6}$ na$^{2-6}$ tshun^{1}e$^{2-6}$tsa$^{1-6}$bɔ$^{3-1}$gin$^{3-1}$na^{3}，tik$^{8-5}$piat$^{8-5}$si$^{6-5}$ia$^{3-1}$be$^{6-5}$ke^{5}e，tak$^{8-5}$pai$^{3-1}$

na$^{6-5}$tshut$^{7-8}$mŋ^{2}tsiũ$^{6-5}$suã^{1}ah$^{7-8}$loh$^{8-5}$hai^{3}khi$^{5-3}$tsue$^{5-3}$khaŋ$^{1-6}$khe^{5}，lɔ$^{6-5}$ke$^{5-3}$tsit$^{7-8}$te$^{5-3}$

tsioh$^{8-5}$thau^{2}e$^{2-6}$sɔ$^{3-1}$tsai^{6}si^{2}，lɔŋ$^{3-1}$e$^{6-5}$tiam$^{5-3}$tu$^{6-5}$tsia^{2}sio$^{3-1}$hioh$^{7-3}$kha^{1}thiŋ^{2}tsit e，bin$^{6-5}$a^{3}tui$^{5-3}$tioh$^{8-5}$tsit$^{7-8}$ te$^{5-3}$na$^{3-1}$kiã^{5}e$^{2-6}$tsioh$^{8-5}$thau^{2}tsio^{5}tsit e，iŋ$^{6-5}$tshiu^{3}tsŋ$^{3-1}$thau$^{2-6}$a^{3}puah$^{7-3}$

puah$^{7-3}$ka$^{1-6}$ki^{6}e$^{2-6}$thau$^{2-6}$mŋ^{2}，sio$^{3-1}$sɔ$^{1-6}$li$^{3-1}$sɔ$^{1-6}$li^{3}tsit e，iŋ$^{6-5}$nŋ$^{6-5}$tshiu^{3}e$^{2-6}$tshiu$^{3-1}$

sim^{1}tsiɔŋ$^{1-6}$ka$^{1-6}$ki^{6}e$^{2-6}$bin^{6}so$^{1-6}$so^{1}e. au$^{6-5}$lai^{2}suah$^{7-8}$tsia$^{2-6}$tsue$^{5-3}$tsit$^{8-5}$le$^{2-6}$sip$^{8-5}$

kuan^{5}，to^{5}khi liau$^{3-1}$au^{6}ia$^{6-5}$put$^{7-8}$si^{2}tsu$^{5-3}$i$^{5-3}$tsiɔŋ$^{1-6}$ka$^{1-6}$ki^{6}e$^{2-6}$thau$^{2-6}$mŋ^{2}sue$^{1-6}$sue^{1}e，bin$^{6-5}$na^{3}so$^{1-6}$so^{1}e，sã$^{1-6}$khɔ^{5}khioh$^{7-3}$khioh^{7}khi$^{2-6}$tsiŋ$^{3-1}$tsue^{2}tshiŋ$^{1-6}$khi^{5}，iɔŋ$^{3-1}$siŋ$^{2-6}$tsit$^{8-5}$

khuan$^{3-1}$kaŋ$^{3-1}$kiu$^{5-3}$ue$^{6-5}$siŋ^{1}，tai$^{1-6}$hɔŋ^{1}koh$^{7-8}$ai$^{5-3}$sui^{3}e$^{2-6}$sip$^{8-5}$siɔk^{8}. au$^{6-5}$lai^{2}ho$^{2-6}$san^{1}bin$^{2-6}$kan^{1}tsiu$^{6-5}$ liu$^{2-6}$tuan$^{2-6}$tioh$^{8-5}$ “ko$^{1-6}$na^{2}u$^{6-5}$tsit$^{8-5}$bin$^{6-5}$kia^{5}，tshio$^{6-5}$kah$^{7-8}$ ko$^{1-6}$ na^{3}tsa$^{1-6}$bɔ$^{3-1}$gin$^{3-1}$na^{3}tak$^{8-5}$ge^{2}lɔŋ$^{3-1}$sui$^{3-1}$ taŋ$^{1-6}$taŋ^{1}，kŋ$^{1-6}$iã$^{5-3}$iã^{5}” e$^{2-6}$siɔk$^{8-5}$gu^{3}ue^{6}

附：闽南方言常见训读字、同音字、方言字举例

常见训读字举例

表 30-2

训读字	本字或说明	训读字	本字或说明
你［li^{3}］	第二人称。本字“汝”	脚［kha^{1}］	足。本字“骹”
嘴［tshui^{5}］	本字“喙”	奶［ni^{1}］	乳房，乳汁。本字待考
人［laŋ^{2}］	本字“农”，也写作“侬”	肉［bah^{7}］	本字待考
多［tsue^{6}］	数量大。本字待考	挤［khueh^{7}］	拥挤，狭窄。本字待考
易［kue^{6}］	容易。本字待考	短［te^{3}］	长度小。本字待考
凹［nah^{7}］	凹陷；瘪。本字待考	在［ti^{6}］，［tu^{6}］	本字“伫”
要［beh^{7}］	本字待考	娶［tshua^{6}］	本字待考
压［teh^{7}］	本字待考	找［tshe^{6}］	本字待考
到［kau^{5}］	本字待考	拾［khioh^{7}］	本字待考
跟［te^{5}］	本字待考	埋［tai^{2}］	本字待考。民间用“　”
捞［hɔ^{2}］	本字待考	无［bo^{2}］	没有。本字“毛”
个［e^{2}］	本字待考	的［e^{2}］	助词。本字待考
咱［lan^{3}］	咱们。本字待考	拿［theh^{8}］	本字待考

常用同音字举例

表 30-3

同音字	意　　义	同音字	意　　义
某［bɔ^{3}］	妻子	查某［tsa^{1}bɔ^{3}］	女人
代志［tai^{6}tsi^{5}］	事情	通［thaŋ^{1}］	可以，能
即［tsit^{7}］	这	迄［hit^{7}］	那
遮［tsia^{2}］	这里；这些	遐［hia^{2}］	那里，那些
则［tsiah^{7}］	才；这么；再	赫［hiah^{7}］	那，那些；那么
则尼［tsiah^{7}ni］	这么	赫尼［hiah^{7}ni］	那么
规［kui^{1}］	整个，全	吗［ma^{6}］	也
野［ia^{3}］	还	犹［iau^{3}］	还
互［hɔ^{6}］	给；被	甲［kah^{7}］	和；跟；…得…
拢［lɔŋ^{3}］	都	偌［lua^{6}］	多么；多少
拄仔［tu^{3}a^{3}］	刚才	咧［leh^{7}］	正在；助词，着

常用方言字举例

表30–4

方言字	意　　义	方言字	意　　义
杢［khit^{7}］	木钉，木桩	尪［aŋ^{1}］	菩萨；玩偶
𡢃［kan^{3}］	奴婢	矸［kan^{1}］	瓶子
有［tiŋ^{6}］	坚硬	冇［phã^{5}］	不结实
躼［lo^{5}］	身体高长	𤺪［sian^{6}］	疲倦，累乏
戆［gɔŋ^{6}］	傻，笨	㾀［khiap^{7}］	丑
伓［m^{6}］	不	𠢕［bue^{6}］	不会
𠟗［mai^{5}］	别，不要	𫣲［bɔŋ^{2}］	别，甭
刣［thai^{2}］	杀	跖［peh^{7}］	爬
挵［lɔŋ^{5}］	碰；击；撞	摃［kɔŋ^{5}］	猛力撞击
𤆬［tshua^{6}］	带领	衝［tshiaŋ^{2}］	冲水
墘［kĩ^{2}］	边沿	抭［hiat^{7}］	丢，扔
揀［sak^{7}］	推	挖［ɔ^{3}］	挖
怹［in^{1}］	他（她，它）们	焄［kun^{2}］	久煮
㑌［hɔŋ^{6}］	被	啉［lim^{1}］	喝
炖［tim^{6}］	蒸煮	捾［kuã^{6}］	垂手提
𣛮［siaŋ^{2}］	相同	潲［siau^{2}］	精液
𨑨迌［tsit^{7}tho^{2}］	玩	倽［siaŋ^{2}］	谁，什么人
趖［tsua^{6}］	动量词，趟		

第三十一篇　街政述要

20 世纪 80 年代初至 21 世纪初，在湖里区境域相继成立湖里、殿前、江头、禾山、金山 5 个街道。与此同时，这 5 个街道完成了从以农业为主的滨海乡村到现代化都市街区的历史性转变。

湖里街道是厦门经济特区的发祥地。20 世纪 80—90 年代，湖里街道开展外引内联、发展街办企业；2000 年，开始改变发展模式，街道不再办企业，全力为湖里工业区招商引资。2005 年，开始在湖里工业区实施“腾巢换凤”“优二进三”、产业升级与“飞地招商”发展策略，不断拓展经济发展的空间。街道财政收入逐年递增，教育、科技与科普宣传、群众文化、体育活动、医疗卫生等社会事业蓬勃发展，社会治安稳定，居民生活水平日益提高，社区建设快速、持续、健康地发展，形成综合性都市产业街区。

殿前街道辖区原来是农村，村民主要从事农业和渔业生产。由于土地贫瘠、水资源匮乏，经济发展十分缓慢。清末民初，在殿前形成街市，俗称殿前街。街上有数十家商铺，但都为小本经营。现代工商业几乎空白。解放后，经济以农业生产为主，加上受到海峡两岸军事对峙的影响，经济发展受到制约。厦门经济特区成立后，辖区内建成厦门火炬高技术产业开发区、象屿保税区，高殿、马垅社区内也都建成一处处工业园区，大小工厂数以千计。大量特区建设者涌入，带动商业繁荣。辖区内形成多处商业圈、大卖场、大型超级市场，汽车、百货、餐饮、服务业各类商店遍布各个社区。中国银行、工商银行、建设银行、农业银行等多家银行为经济发展提供服务。经济增长方式从第一产业逐步过渡到第二产业、第三产业、高科技产业。2004 年，进一步加快城市化步伐。截至 2007 年，共完成西海域整治、高殿二号路拆迁、旗山水库征地、高崎中埔蔬菜批发市场、中埔水果批发市场、18 号泊位码头、避风坞、环岛路机场段、农网改造、航空物流园、西海域滩涂的整治、杏林大桥暨福厦铁路大桥拆迁及建设工作等多项重点工程。街道着力构建“四区一带”，即高崎、中埔的“专业市场区”，长浩路和寨上周边的“翔鹭商贸区”（含“闽南古镇旅游休闲区”），象屿、机场北区、旗山水库周边的“仓储物流经济区”，火炬高科技园区北边的“高殿科技园区”和马垅、机场片区的“汽车销售产业带”，同时在高崎西北侧建设“闽台避风坞和中心渔港”。2007 年，殿前街道被评为省级文明单位。殿前街道从一个以农业为主的滨海乡村发展成为现代化的都市街区。

江头一带解放前经济主要以农业为主，沿海地带兼有部分近海捕捞。江头街历史上为禾山主要农副产品集散地之一。解放后，经过土地改革、合作化、“大跃进”、人民公社，经济有一定发展。但直到改革开放以前，农民还是长年靠吃回销粮过日子，人均年收入在 50 ~ 80 元之间徘徊。厦门经济特区成立以后，不断深化农村经济体制改革，大力发展村办企业及家庭经营，辖区经济实力和人民生活水平大幅提高。江头街道辖区商贸业、金融服务业发达。以台湾街、SM 商城、乌石浦油画村为支撑点的江头商圈初具规模，并发展成为厦门市重要的中心商贸区域。街道各项事业协调发展。先后获得“全国和谐邻里建设示范街道”“省民政工作先进单位”“市和谐社区建设示范街道”“厦门市首届和谐邻里节最佳组织奖”“市民兵整组工作先进单位”“市十佳关心下一代先进单位”等荣誉称号。

“禾山”二字取意于“嘉禾里山场”，而嘉禾里的命名，则可追溯至唐大中年间（847—859）。随着城市化进程的推进，由“嘉禾里山场”而派生的禾山区、禾山镇已经被代表现代都市的街道、社区所取代，但禾山街道办事处保留的“禾山”称谓，却延续着海内外“禾山”人对这方热土的传统感情。2007 年年底，禾山街道成为湖里区政府办公所在地。环岛路、湖里大道、金尚路、县黄路、成功大道等主干道贯穿辖区，构成“两横两纵”为主的便捷陆路交通体系。街道 2004 年成立以来，开展文明创建，打造平安禾山，推进征地拆迁，改善街容街貌，为将辖区打造成厦门新的城市中心、新商埠而不断努力。辖内五缘湾片区、湖里高新技术园区、枋湖商贸圈等新兴片区，成为厦门新一轮跨越式发展的重要区域。2007 年，完成财政总收入 3.2 亿元，同比增长 52.4%；实现街道本级收入 2100 万元，同比增长 104%。

金山街道拥有钟宅湾、湖边水库和五通环岛路休闲旅游带等地理资源，为厦门岛东通道的交通枢纽，具有独特的区位优势，是开发、发展中的滨海生态休闲旅游区、高档住宅区和商贸餐饮娱乐区。

第一章 湖里街道

第一节 建 置

一、位置面积环境

湖里街道位于厦门岛西北部。地理坐标北纬 24°25′、东经 118°5′左右，东连厦门火炬高新区，西至东渡港区西海岸，南倚狐尾山、仙岳山，北邻厦门火车货运北站。

建街初期辖区总面积 10.60 平方千米，2001 年为 12.2 平方千米，2004 年为 13.89 平方千米。

湖里地势由东南及东部向西部沿海倾斜。东南部有狐尾山、仙岳山、仙洞山、牛公岭、鸡石山、石头皮山等低丘，多花岗岩。靠近山丘周围的地区多覆盖花岗岩风化细矿碎粒形成的沙质土。土壤以红壤为主。

二、区划沿革

清康熙十九年（1680）后为二十四都一图竹坑、濠口渡，设竹坑保、护安保。

民国元年（1912）设竹坑保蔡厝社、塘岸社、上何社、古塘垅社、薛厝社、徐厝社、湖里社、村里社和东渡、官浔等社里。

民国 35 年 3 月后，设湖里保官浔、东渡、塘边、蔡厝、薛厝、徐厝、濠头、村里、长岸、湖里等 10 甲。

解放初，为湖里乡、东渡乡、五鹏乡；1958 年 10 月后，为前线人民公社湖里、东渡、塘边农业生产大队。

1981 年 8 月 7 日，设立湖里街道，划归厦门市开元区。1987 年 11 月改属湖里区。

三、机构编制

1981 年 9 月 18 日，湖里街道办事处正式挂牌。内设行政民事股、生产生活服务管理股、文教卫生股、计划生育办公室，同时设立生产生活服务管理站，具体负责办事处生产生活服务事业的经营管理工作。

2006 年 5 月，增设街道人大代表联络工作室。

2007 年年底，湖里街道办事处内设党政办公室、街政办公室、财经办公室、计划生育办公室、综治与城管办公室、人武部、人大代表联络工作室、工会委员会、妇女工作委员会、共青团工作委员会等机构，核定行政编制 16 人；并设有社区服务中心、经济服务中心、建设服务中心、环卫所等事业单位，核定事业编制 35 人，编制外人员 37 人。

历任街道党总支书记、党委书记、党工委书记为曾扶西（1981.9—1985.4）、陈玉堆（1985.4—

1987.9）、梁永芳（1988.4—1990.11）、苏秀兰（1990.11—1993.11本届起为党委书记）、肖国旗（1993.11—1999.8）、陈耀辉（1999.8—2005.6，自2001.12起为党工委书记）、吴国梁（2005.6— ）；历任街道办事处主任为曾扶西（1981.9—1984.3）、梁永芳（1984.3—1988.4）、尤向荣（1988.4—1992.4）、陈坤明（1992.4—1993.11）、周克芳（1993.11—1996.7）、钟莹聪（1996.7—2000.8）、吴国梁（2000.8—2005.6，其中2000.8—2002.8为主持工作副主任）、钟伟东（2005.6—2006.8，其中2005.6—2006.1为主持工作副主任）。

图 31-1　湖里街道办事处

四、社区设置

1981年9月组建湖里街道后，下设湖里、村里、官任、东渡、濠头6个居委会；1984年10月，组建塘边、后浦2个居委会。

1987年11月划归湖里区时，下辖8个居委会。

1990年后，陆续增设兴湖、金鼎、东辉、华昌、东兴、南山、东荣、东港、康祥、康晖、康盛、康泰、怡景、禹州、和通、金港、康隆、康和、南园等居委会。至1999年年底，下辖居委会增至27个。

2000年，官任社区居委会划归思明区。2001年，开始对街道所辖居委会进行整合，撤销东辉、东兴、康盛、康泰、康祥、康隆、康和、禹州、东港、金港、南园等11个居委会，新设康乐、新港2个居委会。2003年，撤销东荣、华昌、兴湖等3个居委会。2005年增设海天、兴华、康泰、东荣等4个居委会。

截至2007年，下辖湖里、村里、南山、海天、徐厝、兴华、康乐、康泰、康晖、怡景、后浦、塘边、金鼎、和通、濠头、新港、东渡、东荣等18个社区居委会。

第二节　经济建设

一、城市化建设

历史上，湖里连通市区的两条路线一是步行到东渡旧码头，再乘小木船渡海，在厦门第一码头上岸，二是翻山越岭，经塘边、梧村进入市区。

1971年9月，建成筼筜海堤，成为西部连通城区的交通干道。

建街后陆续修建湖里大道、竹坑路、华昌路、华嘉路、华泰路、海天路、华荣路、宜宾路、南山路、仙洞路、东渡路、疏港路等数十条城市主、次干道，其中湖里大道全长2700米，是贯穿全街的主干道。

街道辖区内有湖里工业区、天安工业村、思明工业区、台湾工业园等工业园区，还有130多个生活小区。其中，湖里工业区面积2.5平方公里，汇集来自美国、英国、德国、韩国、日本和中国台湾等20多个国家和地区的2000多家企业，是辖区主要工业区，也是厦门经济特区的发祥地。

辖区的生活区有湖里步行街和湖里街、凤湖街、后浦小街，为主要商业区。

二、招商引资

20 世纪 80—90 年代，街道依托地处湖里工业区、交通便利、消息灵通等区位优势，凭借优惠政策和丰厚的回报条件等超常规举措，外引内联并重，寻找经济发展的突破口，先后引进外商投资的“银都广场”“华阳阁”“特祥苑”等项目，总投资 14400 万元，并先后创办电子模具、茶叶加工、商贸、家具等 47 家内联企业，引进南山三资企业公寓及配套的“服务中心”等项目，开发集仓储、运输服务于一体的仓储基地，创办以生产高新产品为主、占地 2 万平方米的工业园区，逐步形成以房地产开发为龙头，以高产值、高附加值的电子产品为支柱，以第三产业为主体的经济体系。

2000 年开始，街道不再办企业，使街道从直接办企业的角色脱身而出，从管理者变为服务者，努力营造良好的投资环境，全力为湖里工业区招商引资。在招商引资工作中，贯彻以引进第三产业为主、扶持高新技术与房地产业为辅的方针，大力发展特色商业、货代类运输业、社区商业与服务业，推动第三产业向高层次发展。2000—2004 年，引进内资企业 100 家、引资额 5. 30 亿元，外资企业 12 家，引资额 2301 万美元。

2005 年，在湖里工业区实施“腾巢换凤”“优化第二产业，发展第三产业”的产业升级，开展“飞地招商”，引导劳动密集型的制造业将总部、研发中心和销售中心留下，将生产基地迁往岛外，腾出的厂房改造装修成准写字楼，引进高新技术研发机构，或用于发展物流、货代等第三产业。街道还对接同安工业集中区湖里园、软件园一期和金山财富广场等重点项目，做好“飞地招商”工作。在软件园二期招商项目中，与 12 家公司签订合同；在同安工业集中区湖里园，与 11 家签订合同；中绿集团、拼牌服饰、先创电子等知名企业先后入驻金山财富广场、高新技术园。

2005—2007 年，引进内资企业 248 家、引资额 23. 9 亿元，引进外资企业 37 家、引资额 9620 万美元。

三、财政收入

湖里街道若干年份财政收入情况见表 31-1。

若干年份湖里街道财政收入统计表

表 31-1　　　　单位：万元

年份	财政收入	年份	财政收入
1985	500	2001	52941
1987	88887. 1	2002	75330
1990	174. 2	2003	112508
1993	450	2004	50123
1994	770	2005	58900
1996	2298	2006	78000
1999	3580	2007	98000
2000	32014		

说明：2000 年开始，街道不再办企业；2004 年，开始实行新财政体制

第三节　社会事业

一、教育

建街前，仅有 3 所简陋的农村初级小学。2007 年，辖区有公办幼儿园 4 所、公办小学 6 所、公办中学 1 所，还有民办幼儿园 21 所、民办小学 3 所。

二、科技与科普宣传

辖区内有福建海洋研究所等多家省属、部属科研机构。有高新技术企业26家，其中电子信息技术领域13家、光机电一体化技术领域5家、环境保护新技术领域1家、生物医药技术领域1家、新材料技术领域6家。

街道每个社区都设有科普宣传栏。康乐社区、濠头社区被评为省科普示范社区。东渡社区、怡景社区被评为市科普示范社区，其科普画廊被评为2006年全国科普示范画廊。

三、群众文化

历史上，街道辖区境域各村社均建有宫庙、祖厝，一般宫庙、祖厝前建有戏台或戏坪，供祭祖、敬祖和迎神赛会时演戏之用。人民公社时期，大队礼堂兼有举行群众大会和举行文艺演出的功能。

建街后，辖区内陆续建成湖里公园、狐尾山公园、仙岳山公园、湖里影剧院、湖里区青少年宫、湖里区体育馆、市总工会外来务工人员培训基地等文体休闲设施。街道开辟东荣露天文化广场、东兴公园、南山活动中心、东渡文化广场、大榕树广场等大型群众文体活动场所。各社区都有活动室或老人活动室，活动室内备有象棋、扑克、麻将、台球桌、乒乓球桌、报刊图书和各种健身器械。辖区内还有民营的书店、网吧、茶艺馆、音像店、桌球室、游泳馆和大众歌舞厅，丰富居民的文化生活。截至2007年年底，街道拥有1.7万平方米的各种文体活动场所，每万人平均有2432平方米的活动面积。

历史上的群众文化活动以祭祖、庙会等民间宗教信仰文化活动为主。解放后，徐厝村等村组织业余剧团、文艺宣传队，配合中心政治运动开展宣传。较为常见的文化活动是放映露天电影，或文艺宣传队下乡演出。

2000年后，社区文化建设成为街道工作的重要组成部分。各社区成立业余艺术团、老人乐队、腰鼓队、秧歌队，长年开展活动。围绕各时期中心工作，举办征文、演讲、书画比赛。街道组织的元宵踩街、游园和"进社区献春联"活动等成为传统文化活动。2000年，康乐社区成立厦门市第一个社区艺术团。2006年11月，街道党工委、办事处和厦门日报社合作，编辑出版《凤之舞——湖里区湖里街道25年回眸》。

四、体育活动

各社区均辟有体育活动场所，置备各种健身器械，供居民随时锻炼。塘边社区、濠头社区、后浦社区组织篮球队。后浦社区、东荣社区中老年则成立健美操队、舞蹈队、木兰剑队。康晖社区组织健身球队。1995年开始，每两年举行一次街道运动会，2003年开始举办"全民健身节"，形成每两年召开一次街道运动会、相隔两年举办一次全民健身节的制度。街道被评为2001—2004年度全国群众体育先进单位。2005年获得"全国体育先进街道"称号。2007年，获第三届厦门市群众文化艺术节金奖。

图31-2　湖里街道社区运动会开幕式

五、医疗卫生

辖区有公立医院1家、私人诊所9间、社区卫生服务室5家、药店28间。各社区都配备专职保洁员若干名，负责社区环境卫生。

街道逐步完善社区医疗卫生服务网络建设。怡景社区的“齐安芙蓉苑社区卫生服务站”，被国家卫生部确定为全国推广的试点单位，也是全省最早以社会力量办医形式建立的社区卫生服务站。

第四节 社会治安和民生

一、社会治安

街道成立前，各生产大队配备治保干部，各生产队都有治保员，负责乡村治安保卫工作。

街道办事处成立时设有行政民事股，担负协助有关部门维护社会治安的职责。

各社区居委会成立由居委会干部、社区内各企事业单位领导组成的社会治安综合治理领导小组（后改称治保会），配合片区民警，开展普法教育，进行综合治理。各社区居委会均组织治安巡逻队，有物业管理的社区则由物业管理处组织保安员队伍。有的社区组织老人督导队，协助巡查。1996 年，街道被福建省社会治安综合治理委员会授予“社会治安综合治理先进单位”称号。

1997 年，街道办事处设置综合治理办公室，指导各社区群防群治工作。2002 年，街道社区居委会由 26 个整合成 18 个，每个居委会都配备从事社会治安综合治理的专职人员。

2003 年，街道被评为厦门市 2002—2003 年度社会治安综合治理先进单位。

2004 年，街道在全市街道中率先与派出所（湖里派出所）签订社会治安综合治理责任书，又与社区签订社会治安综合治理责任状。在各社区，将治保会、调解会与警务室“三室合一”，实现统一办公，建立健全预警机制，全面形成“社区管、物业帮、民警带”、打防并举的社区群防群治网络。

2005 年，全面推进创建平安社区和创“三无”社区活动，推进“五五”普法教育。推广塘边社区的私房出租户“三级管理”模式，从源头上遏制流动人口犯罪率上升的势头。加强社区安防硬件设施投入，在 7 个社区安装电子监控系统，推广安装 IC 卡防盗门。共建立 30 支群防群治队伍，拥有队员 350 人。

2006 年，加强社区防控网络建设，开展第一届“拥警助警十佳单位、个人”评选活动。大力开展平安社区、平安家庭创建活动，积极营造平安和谐的社会环境。

2007 年，深入开展“平安家庭”创建工作，签订创建“平安家庭”协议覆盖率达 81. 88%。开展第二届“拥警助警双十佳”评选活动。积极配合上级做好在湖里和兴华两社区开展的流动人口“一站式”管理服务试点工作。

二、民生

（一）就业

街道有街道社区服务中心，各社区有社区居民服务中心，构筑社区再就业平台，开展“充分就业社区”创建活动，着力帮助零就业家庭和就业困难人员就业。

2006 年，街道共收集就业岗位 1510 多个，完成城镇下岗失业人员再就业 819 人，其中“4050”人员实现就业 383 人，完成技能培训 293 人，共办理失业证 3636 本、再就业优惠证 578 本，签发失业金 5736 人次。街道全年安排就业总人数 1358 人。其中，国有企业 110 人，私营企业 127 人，外商投资企业 149 人，其他经济组织 972 人。2007 年，安排城镇下岗失业人员再就业 752 人，其中“4050”人员实现就业 504 人，完成下岗失业人员培训 188 人，办理失业证 4003 本，发放失业金 7009 人次，全年共办理城镇居民及未成年人（非在校生）医疗保险 3305 人，办理被征地人员基本养老保险 59 人。

（二）居民收入

据 2006 年 10 月的调查、评估，街道人均年收入约 2. 78 万元。

第五节 社区简介

一、湖里社区

位于湖里街道西部。东至湖里街，西至疏港路，南至竹坑路，北至兴隆路。原名湖里社，是原禾山人民公社湖里生产大队3个生产队。创办特区前，人均年收入多年在50~80元之间徘徊。1981年9月，成立社区居委会，址设湖里街27号。

居委会利用区位优势，抓住商机，发展服务业，开展多种经营，不断扩大社区集体经济的规模。1994年开始，社区每年投入大量资金，改造街容巷貌，还从集体收入提取30万元作为老年人的活动基金和社会福利基金。1996年开始，每年从集体收入拨出3%作为奖学、助学专用基金，提高居民文化素质。至1999年，居委会固定资产已超过220多万元，银行存款达百万元。居委会下大力气整治社区环境，组织治安联防队和老人治安巡逻队，加强日查夜巡，创建平安社区。

社区多外来务工人员，房租为该社区居民收入的主要来源之一。居民生活普遍达到小康水平。

截至2007年年底，有户籍人口2006人、外来常住人口10980人。

二、康乐社区

位于湖里街道中部。东至仙洞路，西至华荣路，南至南山路，北至兴隆路。1996年，成立社区居委会，址设南山路183号。

该社区是以安置房为主体的住宅小区。绿地占社区面积40%。社区内有幼儿园、小学、社区活动中心、社区卫生服务室、农贸市场、银行等公共服务设施。还建有多媒体综合信息系统，为社区居民提供便捷、高效、互动的社区信息环境，实现了社区管理与服务信息化、数字化。社区被评为全国和谐邻里建设示范社区、省级社区建设示范社区。

截至2007年年底，有户籍人口6434人、外来常住人口3040人。

三、濠头社区

位于湖里街道南部。1982年1月成立社区居委会，址设和宁里109号202室。

濠头，又称“蚝头”“蠔头”，民间还称为石头。原濠头村一面临海，三面环山，土地贫瘠，水源缺乏，交通不便。1980年，人均年收入70元左右。“村改居”后，私房出租成为居民主要收入来源之一，人均年收入猛增至5000元左右。平均10家就有1部汽车。

1999年，濠头村完成城市化改造。原先的居民全部就地安置，入住水、电、气、卫设施完备的商住楼。旧濠头教育水平十分落后，“村改居”时60岁以上的濠头人大多是文盲。至1998年年底，社区已有195名大学生、331名中专生。

截至2007年年底，有户籍人口4867人、外来常住人口3972人。

四、村里社区

位于湖里街道中部。东至华昌路，西至疏港路，南至仙岳山，北至兴隆路。1981年9月，成立社区居委会，址设湖里市场东侧三楼。

社区前身是村里社、上何社、长岸社、蔡厝社等4个自然村。1983年，兴建湖里工业区时全部拆迁，安置在原村里社地界，统称村里社区。

1995年，由居委会牵头、居民出资，将沿街杂物间改造成店面，后又创办街道第一个农贸市场、夜市。逐步形成以服务行业为主体的街居经济体系。

截至2007年年底，有户籍人口2201人、外来常住人口6075人。

五、康晖社区

位于湖里街道西南部。东至嘉禾路，西至华荣路，南至仙洞山，北至南山路。1996 年 8 月，成立社区居委会，址设南山路 140 号 201 室。

社区自我管理、自我服务、自我教育的功能比较完善。由 27 名老人组成的“银发创卫督导队”把每月 10 日定为社区“门前三包”义务督导日，在社区环境建设中发挥独特的作用。居委会在管理过程中注重开展便民、利民活功。居民们和睦相处。社区被评为全国和谐邻里建设示范单位。

截至 2007 年年底，有户籍人口 6009 人、外来常住人口 1390 人。

六、和通社区

位于湖里街道南部。东至仙岳山，西至和宁路，南至仙岳路，北至马峰山。1998 年 4 月，成立社区居委会，址设和通里 40 号。

社区共有 36 幢居民住宅楼。有 36 家企业，其中全民所有制企业 9 家，集体所有制企业 2 家，三资企业 2 家，民营企业 23 家。社区被评为文明安全片区。

截至 2007 年年底，有户籍人口 5218 人、外来常住人口 2160 人。

七、徐厝社区

位于湖里街道北部。东至华荣路，西至疏港路，南至兴隆路，北至兴湖路。1982 年 10 月成立社区居委会，址设悦华路 57 号 3 楼。

社区由原薛厝、徐厝两村组建。1993 年，完成旧村改造，村民迁居布局统一、环境幽雅的居民小区。居委会在湖里街道所有居委会中率先设立“升学奖学金”制度。社区居民子女高考录取率达到 95% 以上。

截至 2007 年年底，有户籍人口 5344 人、外来常住人口 2543 人。

八、海天社区

位于湖里街道中部。2006 年 6 月成立社区居委会，址设海天路 65 号鹭辉大厦三楼。

社区有湖里公园、湖里医院、南山疗养院，有数十家企业云集的台湾工业园，有华昌、海天两个小区，有陆续新建的环境优美的 12 个商品房小区。社区开展“爱心工程”，即对独居老人进行“爱心守望”，对困难家庭进行“爱心链接”，对失业人员进行“爱心推岗”。

截至 2007 年年底，有户籍人口 4939 人、外来常住人口 5675 人。

九、南山社区

位于湖里街道中部。东至仙岳隧道，西至华昌路，南至仙岳山，北至海天路。1991 年 5 月，成立社区居委会，址设南山路 102 号旁。

社区地处湖里最繁华的地段之一，有 3 个封闭式管理的生活小区。是湖里区对外开放的一个重要窗口。社区先后被评为一级居委会、市级文明安全社区。

截至 2007 年年底，有户籍人口 5025 人、外来常住人口 4707 人。

十、怡景社区

位于湖里街道东北部。东至华光路，西至华荣路，南至悦华路，北至兴湖路。

社区有怡景花园、天安工业村、世纪嘉园、芙蓉苑、铭爵山庄等 10 个住宅小区。社区先后获得“厦门市文明安全社区”“厦门市精神文明建设先进社区”“厦门市平安家庭创建先进示范社区”“厦门市科普示范社区”等称号。

截至 2007 年年底，有户籍人口 7632 人、外来常住人口 6427 人。

十一、金鼎社区

位于湖里街道西南部。1990 年 9 月，成立社区居委会，址设双狮山路 28 号之一。

社区有多家中央直属单位及省、市、区属单位，楼群大多是各单位的自建房。居委会长期坚持与社区内各单位开展共建活动。社区获得“省级文明单位”称号。

截至 2007 年年底，有户籍人口 3926 人、外来常住人口 2430 人。

十二、兴华社区

位于湖里街道西北部。东至华昌北路、宜宾路，西至长岸路，南至兴隆路，北至兴湖路。2006 年 6 月，成立社区居委会，址设华昌路 135 号。社区有 6 个小区。居民来自全国各地，大多是自由职业和个体户。

截至 2007 年年底，有户籍人口 4352 人、外来常住人口 2132 人。

十三、后浦社区

位于湖里街道东北部。东至马垅，西至华光路，南至湖里大道，北至悦华东路。1984 年，成立社区居委会，址设后浦社 78 号。

后浦为厦门岛最古老的村社之一，原常住居民大多数为陈姓。社区有龙腾花园、永升新城等居民小区。社区邻近湖里工业区，私房出租是居民收入的主要来源之一。

截至 2007 年年底，有户籍人口 5249 人、外来常住人口 13217 人

十四、新港社区

位于湖里街道最南面。东至东渡路，西至东渡港区西海岸，南至同益码头，北至接粮转运站。1998 年 8 月，成立社区居委会，址设东渡路 79 号。

社区内有接粮转运站、厦海发、同益码头等市属单位 17 个，居民楼 25 幢。其中最大的单位是厦门水产集团公司，仅其渔港大院面积就有 30 多万平方米，占社区总面积 80%。社区是个交通便捷、生活方便的小区，被评为市级安全文明单位、巾帼文明社区。

截至 2007 年底，有户籍人口 3721 人、外来常住人口 2600 人。

十五、康泰社区

位于湖里街道东部。东至嘉禾路，南至南山路，西至仙洞路，北至兴隆路。2006 年，成立社区居委会，址设南山路 289 号三楼。

社区有康乐一期、凯城花园、明德花园、源昌豪庭等 4 个居民小区。在创建“居民自治、管理有序、服务完善、治安良好、环境优美、文明祥和”的和谐社区方面颇具特色。

截至 2007 年年底，有户籍人口 4386 人、外来常住人口 2072 人。

十六、塘边社区

位于湖里街道东部，地处福厦公路西侧，背靠石头皮山。东至嘉禾路，西至华荣路，南至兴隆路，北至湖里大道。1984 年 10 月，成立社区居委会，址设兴隆路 315 号。

塘边村开创于明朝中叶，因为周围有下社塘、花园塘、崎尾塘、前塘、塘辽塘、堀仔塘、龙渊塘七大水塘，故得名塘边。

社区有 13 个住宅小区、2 个工业区和 1 个自然村，是典型的“城中村”。湖里工业区创办后，外来务工人员大量涌入。流动人口高峰时达到 15600 多人，是户籍人口的 5 倍。居委会和派出所强化对出租房房东的管理，社区创建的私房出租户“三级管理”模式在湖里街道全面推广。社区获得“厦门市创建三无社区先进单位”称号。

截至2007年年底，有户籍人口3524人、外来常住人口14126人。

十七、东渡社区

位于湖里街道南部。东至狐尾山，西至东渡路，南至湖滨北路，北至金鼎路。1982年年初，成立社区居委会，址设海山路7号。

东渡是厦门历史上古渡头之一。20世纪70年代，建成现代化集装箱码头。2004年，社区实施旧城改造，东渡成为商住楼林立的现代化城区，金宝酒店、国际海员俱乐部就在辖区内。

截至2007年年底，有户籍人口3174人、外来常住人口1689人。

十八、东荣社区

位于湖里街道南部、狐尾山西北部。东至狐尾山，西至东渡社区，南至厦门边防检查站北围墙，北至金鼎路。1992年10月，成立社区居委会，址设海山路91号。

社区有20幢多层住宅楼，居民大多是老市区小学路的拆迁户和上山下乡返城老知青中的住房困难户。社区多次获得市、区各种表彰。

截至2007年年底，有户籍人口3144人、外来常住人口2018人。

第二章　殿前街道

第一节　建　置

一、位置面积环境

殿前街道境域版图如树状。树冠部分覆盖湖里区西北、东北部直至海滨，西北部濒临厦门西海域，东北部濒临浔江海域；树干部分深入湖里区中部，东、西侧分别与禾山街道、湖里街道接壤，南部与江头街道相连。地理坐标北纬24°24′、东经118°4′左右。东至航空港东北侧，西至象屿保税区西岸码头，南至小东山、园山，北至厦门海堤、厦门大桥、集美大桥、杏林大桥南侧。

2001年，辖区面积15.42平方千米。2004年，调整为13.82平方千米。

街道地势南高北低，区域内多为海拔数米的台地，以及海拔100米左右的低矮丘陵。最高的丘陵为与江头街道交界处的园山，海拔115米；其次为石头皮山，海拔71米。辖区西北部海滨原有高崎澳，20世纪70年代被围建成高殿水库，又称旗山水库，库容87.7万立方米，为辖区内面积最大的水域。火炬高新技术园区内有新丰水库，建于20世纪70年代，库容8.8万立方米，2004年改建为火炬公园。

二、区划沿革

清康熙十九年（1680）后设二十四都二图高崎、石湖、坂上、寨上，设殿前保、寨上保、后莲保、湖莲保。马垅、小东山、中埔于明末清初由殿前陈氏村民衍派建村。

民国元年（1912）为殿前保所属殿前社、珩厝社、后浦社、马垅社、埔仔社、后塘社、坑园社以及寨上保寨上社、小东山社；高崎社则属竹坑保。

民国35年3月后为殿上保，辖殿前、寨上、中埔、小东山、马垅、古塘垅、后浦等村，设25甲；高崎则属于高安保。

厦门解放后，殿前、中埔、高崎、寨上同属禾山区高殿乡；马垅、小东山、古塘垅同属禾山区五鹏乡。两乡名称多次更动，但辖地基本不变。1956—1970 年，马垅、古塘垅、小东山先后划归福建省亚热带植物研究所试验场。1958 年，成立前线人民公社，殿前、中埔、高崎、寨上成为前线人民公社高殿大队。1970 年 1 月，马垅、小东山、古塘垅划归前线人民公社，成为前线人民公社立新大队。1980 年 11 月，前线人民公社更名禾山人民公社，立新大队更名为马垅大队，1984 年，撤销人民公社建制，成立禾山乡人民政府，高殿大队改为高殿村，马垅大队改为马垅村。1989 年 2 月，禾山乡改称为厦门市湖里区禾山镇，高殿、马垅两村仍属禾山镇。1991 年 3 月，马垅、高殿两村农地被征用于特区建设，村民由农村户口转为城镇居民户口。2003 年，高殿、马垅两村改制，分别成立马垅和高殿 2 个社区居民委员会。

三、机构编制

2000 年 5 月，成立殿前街道办事处，址设嘉禾路 598 号佳益大厦 4 楼。街道内设机构有党政办公室、街政办公室、财经办公室、综治与城管办公室、计划生育办公室，核定机关行政编制 13 名、机关事业编制 2 名、机关工勤人员事业编制 1 名。

2007 年，街道内设机构调整为党政办公室、街政办公室、财经办公室、综治与城管办公室、计划生育办公室，下设社区服务中心、社区卫生服务中心、经济服务中心、建设服务中心、环卫所，核定机关行政编制 14 名、机关事业编制 38 名。

历任街道党工委书记为曾宝珠（2000. 5—2002. 10）、梁国富（2002. 10—　），办事处主任为江根云（2000. 5—2002. 10）、刘云标（2002. 10—　）。

四、社区设置

殿前街道设立之初，下辖高殿、马垅 2 个村委会，和兴隆、北站、长乐、神山（三航局厦门分公司）4 个社区居委会。2003 年 5 月，高殿和马垅村委会改制为社区居委会，街道下辖 6 个社区居委会。

截至 2007 年年底，街道下辖高殿、马垅、兴隆、北站、长乐、神山 6 个社区居委会。

第二节　经济建设

一、基础设施与经济圈

陆、海、空交通方便。辖区内有沟通世界的厦门高崎国际机场，有鹰厦铁路、福厦铁路的站点厦门火车站北站。西北部沿海集中分布有象屿码头、煤码头、石油码头、高崎码头。厦门岛主要进出通道厦门大桥、高集海堤、杏林大桥（在建）、集美大桥（在建）均在辖区内。辖区内还分布着嘉禾路、湖里大道、成功大道、机场路、火炬路等城市交通主干道和殿前路、高崎路、禾山路、中埔路、悦华路、枋钟路、创新路、马垅路等数十条次干道，构成四通八达的城市交通网络。

辖区内内形成多个经济圈。高崎、中埔的“专业市场区”，位于厦门岛入口处，区内有国家级重点批发市场、闽南最大的鲜食物流园区、厦门农产品物流中心以及蔬菜、水产、水果、干果、畜禽等各类批发市场和配送加工区；长浩路和寨上周边的“翔鹭商贸区”，位于街道中心位置，是近几年来街道新兴起的几个贸易区之一；象屿、机场北区、旗山水库周边为“仓储物流经济区”；辖区内有多个万吨级的巨型货轮港口、超大型的物流货柜专区；火炬高科技园区北边的“高殿科技园区”，位于街道辖区南部，区内主要以高端产业的研发和生产制造企业为主；马垅、机场片区的“汽车销售产业带”，这是厦门汽车交易的主要市场，约占全市汽车销售量的 60% 以上；高崎西北侧的“闽台避风坞和中心渔港区”和“闽南古镇旅游休闲区”正在建设中。在上述经济圈周围，分布着 28 个生活小区。

二、经济发展

殿前街道 2000 年全年共完成乡镇企业总产值 10. 98 亿元，同比增长 42%；乡镇企业营业收入 10. 89

亿元，同比增长48%，其中工业销售产值8.31亿元，同比增长20%；三资企业工业产值达到7.1亿元，占工业总产值的85%；农民人均纯收入达8489元，同比增长8%；农村集体经济收入2611万元，比上年增长24%，财政收入1150万元。

图31-3　大唐世家居住小区

2005年，殿前街道按照建设"四区一带"，即果蔬市场周边"专业市场区"、长浩路"翔鹭商贸区"、旗山水库周边"物流经济区"、火炬高科技旁"高殿科技园区"和福厦路沿线"汽车产业销售带"的发展思路，抓好招商引资和拓展税源，跟踪服务重点企业，推进重点项目建设，拓展发展空间。全年引进内资2.63亿元；工业总产值26.04亿元，商贸营业额32.9亿元；街道财政总收入2.78亿元，本级财政收入1515万元。

2007年，街道完成财政总收入4.47亿元，同比增长14.6%，其中街道本级财政收入2982万元，同比增长19.57%。招商引资完成引进内资8.65亿元，引进外资1600万美元。完成限额以上商业营业额50.91亿元，同比增长23.48%，完成规模以上工业产值30.6亿元，同比增长16%。与此同时，街道城市化进程加快，城市和社会管理、社区建设水平不断提高。

殿前街道历年主要经济指标完成情况见表31-2。

2000—2007年殿前街道主要经济指标统计表

表31-2

指标＼年份		2000	2001	2002	2003	2004	2005	2006	2007
税收总收入（亿元）		0.074	0.092	0.139	0.192	2.149（财政体制调整）	2.78	3.9	4.47（不含跨区收入）
本级财政收入（亿元）		0.060	0.650	0.106	0.134	0.188	0.229	0.249	0.298
招商引资	内资（亿元）	0.410	0.430	0.460	0.986	1.33	2.63	5.17	8.65
	外资（万美元）	450	510	520	837	1764.5	190	2612	1600
规上工业总产值（亿元）		8.31	9.02	10.85	12.26	21.7	26.04	26.38	30.6
规上商业总产值（亿元）		1.12	1.68	3.15	4.75	6.96	32.9	40.23	50.91

第三节　社会事业

一、教育

辖区有高殿中心小学、高崎小学、寨上小学、翔鹭小学等4所公办小学，有公办厦门市第三中学，还有民办学校4所、民办幼儿园15所。

二、科技与科普宣传

辖区内有福建省亚热带植物研究所和多家高新技术企业。街道每个社区都设有科普宣传栏。兴隆社区和长乐社区分别为省、市级科普示范社区。

三、文体事业

（一）场馆设施

辖区内有高殿文化中心、高殿戏台、马垅文体活动中心、戏台、大唐音乐广场等大型群众文体活动场所；有篮球场、门球场、网球场、旱冰场、健身路径和外来务工人员培训基地等文体场馆及设施；还有民营的书店、网吧、茶艺馆、音像店、桌球室、游泳馆和大众歌舞厅等娱乐休闲场所；各社区都有活动室或老人活动室，备有象棋、扑克、麻将、台球桌、乒乓球桌、报刊图书及各种健身器械。

辖区共有健身场馆3处，健身路径7处，面积达1.77万平方米的各种文体活动场所，每万人平均有2021平方米的活动面积。厦门市唯一的专用武术馆高殿武术馆也即将完工。

（二）传统活动

辖区境域传统的文化活动以民间传统节日和各村社庙会为主，大都和祭祖、迎神有关。寨上社传统武术项目宋江阵在明末清初就名闻遐迩。1958年之前，每逢重大民俗节日，都有寨上宋江阵的表演。

图31-4　传统体育项目宋江阵

建街之后，街道文体活动十分活跃。各社区有篮球队、武术队、腰鼓队、舞狮队等29支文体队伍，平均每年开展文体活动43场。传统活动主要有马垅迎新春篮球赛、高殿庆元宵大型晚会、兴隆社区和长乐社区游园活动、北站社区的经典电影展播、神山科普宣传及“夕阳美”登山系列活动等。2006年恢复的高殿武术馆的宋江阵传统武术表演在全市具有较大影响。

四、医疗卫生

辖区内有健民医院、科宏眼科医院、前埔医院马垄分院等3所医院，有私立诊所60余家。殿前街道设有街道卫生服务中心，同时在长乐、北站、神山和兴隆四个社区设有社区卫生服务站，开展各项社区医疗服务工作。

第四节　社会治安和民生

一、社会治安

街道成立街道社会治安综合治理委员会（简称街道综治委），街道党工委书记担任主任，办事处主任担任第一副主任，分管副主任担任常务副主任，下设综治办（综治与城管办）承担街道综治委日常工作，会同公安派出所、司法所抓好全街综治和平安建设工作。探索推广村改居社区以物业管理模式筹集群防经费，并动员辖区单位加大投入管好自家门。落实社区“11211”工程，督促辖区单位健全内部安保，建造19座治安岗亭，推动住宅小区、沿街店面和重点单位安装视频监控，推广出租房安装探头和刷卡防盗门。加强重点人口管理，密切关注邪教、企业改制、劳资纠纷等社会问题，加强重点要害部位的检查，辖区单位、群众积极参与治安联防，先后涌现出见义勇为司机王贯中烈士和3名市级见义勇为先进个人。设立外口公寓调委会、外地驻厦调委会和台湾水果销售集散中心法律服务室，健全街、居、组三级调解网络。通过就业、保险、集资和低保等渠道，从源头解决影响稳定的根本问题。

街道在全区历次综治考评中获得优秀等次，先后被评为市“无毒害社区”、2001—2003年全省、全市严打整治先进单位、2001—2005年市法制宣传教育先进集体，并在2005年被市委、市政府授予“平安街道”称号。殿前司法所在2005年被评为省优秀司法所。

二、民生

（一）就业

街道定期举办技能培训，扶助青壮年创业、就业。2003—2007年，共有2258人完成技能培训。

2007年收集就业岗位1300多个，推荐就业1261人。其中，国有企业137人，私营企业190人，外商投资企业222人，其他经济组织240人。全年完成城镇下岗失业人员再就业305人，其中“4050”人员68人，完成技能培训47人；完成被征地人员转移246人，被征地人员技能培训72人。共办理失业证1827本，再就业优惠证364本，签发失业金1877人次。

至2007年年底，街道尚有失业人员683人。其中，按年龄分组，16～25岁45人（其中女性18人），26～35岁220人（其中女性106人），36岁以上418人；按失业时间分组，失业6个月以下387人（其中女性136人），失业6个月以上296人（其中女性187人）；按文化程度分组，大专及以上125人（其中女性60人），中专和高中223人（其中女性127人），初中及以下335人（其中女性136人）。

（二）社保

实行“村改居”后，居民从原来的单一农业生产劳动转化为办厂、开店、务工、加上出租房屋，收入大幅度增加。大部分居民富裕，拥有新建的多层楼房住宅，家庭中各种家具、电器齐全，不少家庭还购置汽车。街道为失地农民办社会保险，原来的老农民按月领取养老金，老有所养。2007年年底，街道累计保障城乡困难居民1821户5085人次、发放低保保障金606937元，临时困难补助29户89人次12300元。

第五节　社区简介

一、高殿社区

位于厦门岛西北部，两面环海，是厦门市最大的村改居社区。2003年，由村民委员会改为社区居委会，下辖15个居民小组。社区居委会内设文教委员会、治安保卫委员会、调解委员会、公共卫生委员会、妇联、团总支委员会、民兵、工会、老人协会、教育基金会等机构。中共高殿社区委员会下辖16个党支部，有党员271名。

“村改居”以来，社区居委会和居民小组整合人均15平方米的发展用地，发动居民入股，共同投资，先后建成5个工业小区，共建成35幢通用厂房、11幢公寓、2幢写字楼、4个农贸市场、4座商场，综合建筑面积达30多万平方米。截至2007年年底，社区固定资产达到11548万元，居民小组固定资产6456万元，居委会收入达到1362万元，居民小组收入2387万元，上缴国家税收400余万元。

居委会先后配合街道完成中埔水果市场、蔬菜市场、象屿物流园区18号泊位、福厦铁路（公铁大桥）、闽台避风坞、高殿二号路、航空物流园、东海域、西海域整治等25个重点工程的征地拆迁，确保各个项目的进行。

民生保障。截至 2007 年年底，解决下岗职工转岗就业 747 人，原农村富余劳力转岗就业 653 人。在区政府和街道的支持下，投资 1150 万元为 2300 多名失地村民每人补贴 5000 元，办理基本养老保险；巩固从 20 世纪 60 年代末开始创办的合作医疗制度，为 6000 多村民提供每年每人 90 元的合作医疗集体补贴。

图 31-5　古塘垅小区

以人为本，构建和谐社区。几年来先后投资 3000 多万元，修建环村路、排洪设施、消防设施，安装自来水、有线电视；建有社区文化活动中心、文化广场、室内下沉式戏台、篮球场、卫生服务中心、中心幼儿园、归来园、清洁楼等公建设施；成立治安队、环卫队和义务消防队，在社区安装监控器，确保一方平安；成立少年武术队、舞龙舞狮队、中老年舞蹈队、健美操队、妇女老人太极拳队、老年门球队、青年篮球队、妇女腰鼓队等文体组织，长年不断开展文体活动；设立教育基金会，开展奖教奖学和为贫困大学生补助学费等活动。

截至 2007 年年底，有户籍人口 1.0 万人、外来常住人口 9.5 万人。

二、马垅社区

位于火炬高科技园区，下辖马垅、古塘垅、小东山 3 个自然村和 1 个村建外口公寓。2003 年 6 月成立社区居委会。

社区居委会设人民调解委员会、治保委员会、计生办，劳动保障工作站等机构，还有计划生育协会联合会、老年协会、腰鼓队等社团。中共马垅社区总支部下设 4 个支部，有 77 名党员，

房租是失地后的马垅社区居民的主要收入。

截至 2007 年年底，有户籍人口 1214 人、外来常住人口 35376 人。

三、兴隆社区

位于嘉禾路以东的马垅火炬开发区及其南北延伸带。东与小东山、古塘垅相邻，西与塘边居委会及马垅社一路之隔，南与江头村、江头居委会相邻，北与马垅村委会相邻。1998 年 5 月，成立社区居委会，隶属禾山镇。2000 年 9 月，与兴禾居委会合并，仍称兴隆社区，隶属殿前街道。1998 年 5 月，成立中共兴隆社区支部。2005 年 6 月，成立中共兴隆社区总支部，下辖大唐世家支部、兴隆新村支部及科技村支部。

社区居委会负责管理的居民生活区包括大唐世家、樱花山庄、兴隆新村、东南花园、科技村、圆山雅阁、雪莉星光一期、盛唐苑、火炬宿舍以及厦门市卷烟厂等单位的宿舍楼，是一个极富特色的中高级住宅区。

建街以来，兴隆社区发挥群众自治组织作用，一手抓精神文明，积极为居民办好事、办实事；坚持以人为本，以提高市民文明素质和社区文明程度为目标，以创建新型的人文社区为工作方针，紧紧抓住“安居乐业”等群众最关心的问题，通过狠抓社区教育、社区服务、社区文化、社区环境和社区治安工作，牢牢抓住教育群众，提高群众和服务群众的主线，在载体和方法上不断创新，社区各项工作取得显著成绩，先后获得数十项荣誉称号，被评为厦门市市级“文明安全社区”“省科普示范社区”和全国“和谐

邻里示范社区”。

截至2007年年底，有户籍人口9759人、外来常住人口6892人。

四、长乐社区

位于殿前街道西部，东至高殿一号路、南到兴湖路、西至疏港路、北到避风坞。范围内有9个居住小区。2000年5月，成立社区居委会。居委会设经济、侨台、计生、劳动保障、综治、安全生产、卫生、文教等8个专业委员会，还有老人协会、关工委、团支部、科协等社团组织。中共长乐社区支部有37名党员。

截至2007年年底，有户籍人口5322人、外来常住人口1514人。

五、北站社区

位于殿前街道西北部，辖区内有厦门航空有限公司、航空港集团有限公司、高崎港务公司、福建省晶华物流有限公司、福建中邮物流有限公司及铁路系统单位等企业，社区拥有海、陆、空的区位优势，为物流业、汽车销售产业的聚集区。2000年5月，成立社区居委会。

社区居委会设劳动保障站、医疗卫生站、计生服务站、社区服务中心等机构，建有警务室、幼儿园、市民文明（家庭教育）学校等设施。通过“社区党建联席会议制度”和“社区议事监督联席会议制度”，推进社区服务、社区共建、民主自治。

截至2007年年底，有户籍人口1861人、外来常住人口5238人。

六、神山社区

位于厦门岛的西北部，主要由中交三航局厦门分公司、神山公寓、73151部队片区三大块组成，与高殿社区交错分布。2002年5月，成立社区居委会，下辖8个居民小组。居委会内设计划生育协会、劳动保障工作站、治保委员会、人民调解委员会、社区人民武装办等机构和社区共青团支部、社区妇联、殿前街道老体协神山社区分会、社区老人协会、社区工会联合会、殿前街道科协神山社区分会、社区红十字会、社区残疾人协会、社区关工委等社团。中共神山社区支部有党员14名。

社区有集办公、服务、活动为一体的综合楼，建立图书室、棋牌室、文明学校、健身房等室内外活动健身场所，组织夕阳美登山大队、腰鼓队、秧歌队和老年康乐班等老年人文体组织。

截至2007年年底，有户籍人口1972人、外来常住人口6892人。

第三章　江头街道

第一节　建　置

一、位置面积环境

江头街道辖区地处厦门本岛地理几何中心，东临湖边水库，西接嘉禾路，南连吕岭路，毗邻龙山工业区，北靠园山，与火炬高科技技术园区接壤。辖区总面积10.41平方千米。

街道西部历史上濒临筼筜港，江头、乌石浦均设有码头。江头一带为筼筜港的尽头。故民间传说“江头”地名系由闽南话“港头”而来。一说原有傅厝溪、三条桥溪在此汇合入海，入海处即江之尽头，

图 31-6　江头街道办事处

故得名“江头”。1971 年筼筜港改造为内湖之后，辖区境域西部港湾填为陆地。辖区东部有湖边水库，是厦门岛内最大的水库。北枕园山、薛岭山、虎头山，海拔分别为 115 米、66 米和 46 米；南有东芳山、石鼓山，海拔分别为 82 米和 70 米。忠仑公园、江头公园点缀其间。

二、区划沿革

清康熙十九年（1680）为二十三都二图中左所、乌石浦、吕厝，设厚西上保、厚西下保、庆湖保、吕厝保、仙莲上保、仙莲下保；蔡塘等部分区域则属二十一都福相保。

民国元年（1912）为庆湖保浦园社、江头社、薛岭社、祥店社、江头街社（与吕石保共有）；吕厝社、乌林社、乌石浦社、佘厝社则属吕石保；后埔社、刘厝社则属后西保；蔡塘社、中仑社则属福相保。

民国 35 年 3 月后为江头保，辖江头、祥店、刘厝、薛岭、浦园、乌石浦、佘厝等村；吕厝、乌林、后埔则属吕厝保；古地石、中山、高仑头、蔡塘等村则属蔡塘保。

厦门解放后，江头村、后埔村、四盟村（乌石浦、佘厝、西郭、仙岳等 4 村，后三村今属思明区）及江头街均属禾山区江头乡；蔡塘、古地石属禾山区后坑乡。1958 年 1 月撤销禾山区，街道辖区境域划归厦门市郊区；同年 10 月，成立厦门市郊区前线人民公社，辖区大部分境域属前线人民公社江头大队，蔡塘、古地石属后坑大队。1962 年，从江头大队析出后埔大队，下辖乌林社、吕厝社、后埔社、祥店社、薛岭社、浦园社、刘厝社，设 15 个生产队。1964 年，蔡塘、古地石从后坑大队析出，成立蔡塘大队；同年，江头街的非农业户口居民单独设立江头居民委员会。1980 年 11 月，前线人民公社更名禾山人民公社。1984 年，撤销人民公社建制，成立禾山乡人民政府，各生产大队相应撤销，改为禾山乡所属行政村建制。1987 年 11 月，撤销厦门市郊区成立湖里区，禾山乡划归湖里区。1989 年 2 月，禾山撤乡建镇。此后，街道辖区境域的江头、蔡塘、后埔 3 个行政村和江头、吕厝、吕岭、园山、江里、金民、金泰、金西等居委会均隶属湖里区禾山镇。2002 年之后，各居委会陆续改为社区居委会。2004 年 9 月，禾山镇撤镇设街，江头街道为新设立的 3 个街道之一。

三、机构编制

2004 年 9 月，成立江头街道，街道办事处址设湖里区台湾街 289 号，内设党政办公室、街政办公室、计划生育管理办公室、财经办公室、综治与城管办公室，成立之初有工作人员 65 人，其中行政编制 18 人、事业编制 26 人、合同制 21 人，截至 2007 年年底，有工作人员 86 人，其中行政编制 18 人、事业编制 35 人、合同制 33 人。

街道党工委书记王雪敏（2004. 9—　），街道办事处主任杨佳音（2004. 9—　）。

四、社区设置

江头街道设立之初，下辖金尚、吕岭、江头、吕厝、园山、后埔、江村、蔡塘等 8 个社区。2007 年 4 月，从后埔社区中析出祥店社区。

截至 2007 年年底，街道下辖 9 个社区。

第二节 经济建设

一、经济发展

2005—2007 年经济发展主要指标见表 31-3。

2005—2007 年江头街道经济指标统计表

表 31-3

指标 / 年份	税收总收入（亿元）	本级财政收入（万元）	招商引资		规模以上工业总产值（亿元）	限额以上商贸营业额（亿元）
			内资（亿元）	外资（万美元）		
2005	4. 43	3155	2. 86	1205	14. 77	45. 51
2006	6. 24	4579	7. 31	1550	17. 52	65. 60
2007	7. 61	5464	10. 19	2403	22. 28	74. 16

二、基础设施

辖内交通十分便捷，街道中心区域距火车站、机场、厦门国际邮轮码头、和平码头只需约 15 分钟路程。鹰厦铁路、嘉禾路、成功大道、金尚路、BRT 快速道、县黄路南北贯通，仙岳路、吕岭路、南山路东西横贯，形成四纵三横的城市道路格局。

三、江头商圈

江头商圈是厦门市一个重要商圈，商气浓厚。家电零售方面，有国美、永乐等；餐饮方面，有美食城、海港大酒店、王子饭店、喜来登酒店等；金融服务方面，有中行、工行、建行、兴业、商行、汇丰、民生等银行的分支机构，以及典当行、担保公司等；文化产业方面，有开明电影院等；大卖场方面，有 SM 商业城、江头手机城、建材城、东方巴黎广场小商品批发市场等。SM 商城的日人均流量达到 15 万人次，节假日甚至高达 30 万～50 万人次。

图 31-7　江头新城

四、文化产业

江头辖区历史文化底蕴厚重。祥店闽南古民居散发着浓浓的人文气息，乌石浦萧氏宗庙成为两岸骨肉相亲的历史见证，惠和石文化园传播着浓郁的闽南石文化，乌石浦油画村已成为厦门文化产业的新品牌。

乌石浦油画村位于江村社区，有画师、画工近4000人，从事油画相关配套产业人员近万人，产品远销世界各地，是全球三大商品油画生产基地之一。2005年，实现产值4.2亿元，被市旅游局规划为“十一五”厦门十大特色旅游街。2006年2月，乌石浦油画村被中国美术家协会、文化部文化产业司确定为全国六大“文化（美术）产业示范基地”之一，2006年3月，被确定为全省三个文化产业基地之一，2006年5月，油画一条街被认定为市级专业街。当年，实现产值4.5亿元。

惠和石雕在忠仑公园辟有厦门惠和石文化园，总占地面积1.2万平方米，室内设有石雕博物馆、展示中心和交流中心，室外设有石文化走廊、主题石雕广场、石雕创作基地、传统石雕区、日式石雕园、欧式石雕园、交流休闲中心以及停车场等。石文化园通过精巧的石筑、精湛的石雕以及高雅的环境完美结合，展示闽南石文化，是一个集石雕展示、艺术创作、文化交流、旅游休闲及教育学习为一体的综合性园区。

第三节　社会事业

一、教育

辖区有江头中心小学、江头三小、乌石浦小学、吕岭小学、后埔小学、金尚小学、蔡塘学校等7所公办小学，禾山中学、金尚中学2所公办中学，还有厦门电子职业技术学校和4所民办学校、22所民办幼儿园。街道设有教育基金34万元，每年的增值部分用来奖教奖学。各社区还发动辖区企业和有识之士捐资助学，每年累计支出超过50万元。

二、科普宣传

街道和每个社区均设有科普宣传栏，不定期开展科普宣传、教育活动。街道还培育圆山社区科普大学、金尚社区“小精灵俱乐部”和江村社区“青少年科普实验基地”等科普教育示范点。吕厝、江村、圆山、金尚、吕岭等社区为全省科普示范社区。2005年和2007年，街道两次被评为全省科普先进单位。

三、文化体育

截至2007年年底，街道辖区拥有文化活动中心8个，老人活动中心11个，共有篮球场（门球场）8处，戏台10个，文体队伍28支。9个社区都有活动室或老人活动室，活动室内备有象棋、扑克、麻将、台球桌、乒乓球桌、报刊图书及各种健身器械。

街道成立以来，辖区文化活动深入开展。成功承办第一、第二、第三届厦门市元宵民俗美食文化节，该活动已成为全市性的一项重要品牌文化活动。后埔社区温馨周末大舞台、蔡塘社区文化夜市，极大地丰富包括外来务工人员在内的居民群众文化生活。

四、医疗卫生

辖区有厦门中医院、湖里区妇幼保健院、江头公共卫生服务中心、江头医疗卫生服务中心等4家公立医疗机构，有厦门仁德医院等53家民营医院及诊所，方便群众就医。

街道安排工作人员负责配合区卫生部门做好爱国卫生运动，每年为学校学生接种疫苗、为餐饮从业人员办理健康证，开展重大疫情疾病的防控工作，定期开展妇科检查。

街道市容环境卫生工作由综治与城管办公室负责，主要由街道环卫所负责辖区清扫保洁、垃圾转运工作，由江头城管执法中队负责市容市貌、秩序、环境保护等综合执法工作。居住小区由物业管理单位负责，村改居社区由各社区为主负责。

根据湖里区环卫体制改革，落实各级清扫保洁责任范围，街道为主负责村改居社区乡间、村间道路的清扫保洁，街道根据辖区地域的实际情况建立因地制宜的管理体系，分片包干，分级管理，各负其责，形成全面覆盖的清扫网。街道环卫所有环卫工人 18 人，3 个村改居社区各居民小组有环卫工人 194 人。蔡塘、后埔、江村 3 个社区的乡间、村间道路清扫面积约 42.4 万平方米，各级环卫队伍通力配合，实行“定人、定路段”保洁责任制，做到每天两扫两保洁。

第四节　社会治安和民生

一、社会治安

街道成立社会治安综合治理领导小组及其办公室，推进平安社区工程建设，形成以公安派出所为主力，以群防群治力量为依托，打防控一体化，“点、线、面”相结合，“人防、物防、技防”相配套的立体型、全方位的治安防范网络。后埔社区薛岭社在全市首推“出租户管理系统”。蔡塘社区外来人口管理一站式服务做法与经验在全市推广。蔡塘社区还利用社区资源，发动辖内企业参与社区管理，在各主要出入口设置闭路监控设施，自组社区巡逻队，在辖区内实行 24 小时巡逻。辖区内 9 个社区全部设立警务室；与市“110”联合在辖区各主要路口增设 27 个探头，对路面实施 24 小时监控；各个治安热点区域增设治安岗亭；街道所辖 5 个社区共设 86 个监控点，总投资 231 万元。

街道与江头派出所联合成立“江头警民联调工作室”，开展“片区调解员”试点，发挥物业管理在化解小区内的矛盾纠纷中的作用。

二、民生

（一）就业

历年来街道共收集国有企业、私营企业、外商投资企业和其他经济组织就业岗位 5184 个，推荐就业 1892 人。街道定期举办技能培训，扶助青壮年创业、就业。2005—2007 年，共有 559 人完成技能培训。2007 年，安排就业总数为 554 人。其中“4050”人员 281 人，完成技能培训 154 人；完成被征地人员转移 131 人，被征地人员技能培训 83 人。

截至 2007 年年底，街道尚有失业人员 2692 人。按年龄分组，16～25 岁 430 人，其中女性 242 人；26～35 岁 894 人，其中女性 552 人；36 岁以上 1368 人。按失业时间分组，失业 6 个月以下 1560 人，其中女性 874 人；失业 6 个月以上 1132 人，其中女性 628 人。按文化程度分组，大专及以上 360 人，其中女性 190 人；中专和高中 922 人，其中女性 534 人；初中及以下 1410 人，其中女性 778 人。共办理失业证 2514 本，再就业优惠证 744 本，签发失业金 3484 人次。

（二）居民收入

居民从原来的单一农业生产劳动转化为办厂、开店、务工，加上出租房屋，收入大幅度增加。大部分居民拥有新建的多层楼房住宅，家庭中各种家具、电器齐全，不少家庭购置汽车。街道为失地农民办社会保险，农民男满 60 岁、女满 55 岁可按月领取养老金。2007 年年底，街道累计保障城乡困难居民 1258 户 3483 人次、发放低保保障金 457.10 万元，临时困难补助 224 户 646 人次 8.63 万元。

第五节　社区简介

一、蔡塘社区

位于江头街道东部，东、西部与后坑村、忠仑苗圃接壤，北面紧邻湖边水库，南与思明区交界。下辖蔡塘社、古地石社两个自然村。

1969 年，蔡塘村被厦门市蔬菜公司定为蔬菜基地，70 年代后期开始进行改革和实验，积极探索“以工为主，农、工、商综合性全面发展”的城郊农村致富之路。

1984 年，全村的社会总产值增加到 200 多万元，比 1978 年增加 8 倍，创业取得初步成功。

1989 年，蔡塘村开始开发和建设村工业小区，吸引外资和内联企业来村投资办厂。同时，从 1991 年创办厦门市第一家农民股份制企业——厦门特贸纸制品联合有限公司起，大力发展农民股份制企业。至 2000 年年底，建成 22 万平方米的工业区，引进外资及内联企业 39 家，引进资金达 1. 9 亿元；全村共创办 4 家股份合作制企业；全村社会总产值达到 2. 43 亿元，其中工业产值达 1. 98 亿元；村民的年人均收入达 8407 元。“村改居”之前，蔡塘村获得各级政府“模范大队”“先进党支部”“文明单位”“全面小康建设达标村”“十大乡镇企业强村”等多次表彰。

2003 年完成“村改居”后，蔡塘村全面融入厦门的城市化发展。社区居民委员会改变以往的用人方式，通过公开招聘的方式，选聘社区部门负责人及工作人员。

居委会始终把发展经济摆在第一位，完成 6 个项目的厂房新建、改建、再出租和经营改制，每年增加收入近 300 万元。2005 年年底，社区完成原村集体股民身份的确认及量化标准，为集体资产改制奠定坚实的基础。

社区居委会踏踏实实为民办实事。先后完成村间道路硬化、自来水一户一表改造，建成文化中心、骨灰室等公益设施，为资金困难的居民参加养老保险代办贷款并承担部分利息。社区投入大量资金安装警务监控系统、组织治安巡逻队，确保一方平安。社区还被评为“信用社区”，享受贷款利息降低 20% 的优惠。2006 年，社会总产值 3. 5 亿元，社区财政收入达到 331 万元，人均纯收入 9980 元。

截至 2007 年年底，有户籍人口 1531 人、外来常住人口 32503 人。中共蔡塘社区党总支下辖 5 个党支部、2 个非公有制党支部，党员 76 人。

二、金尚社区

管理范围为金尚中路以东、金泰路以西、金昌路以南、吕岭路以北约 1 平方千米的区域。社区内有金尚小区“国、泰、民、安”4 个组团，中孚花园、金鸿花园、一元花园、莱茵花苑、中福城一期二期、丰泽苑、玉鹭苑等 7 个小区，共有住宅 128 栋 4845 套。1998 年 6 月，成立金民、金泰 2 个居委会，2001 年 12 月整合为金尚社区，社区居委会址设金泰里 128 号。

社区内有临街店面 315 间、农贸市场 1 家、大型超市 1 家、小学 1 所、中学 1 所、幼儿园 2 所，社区适龄儿童入学率达 100%。社区拥有 10000 平方米的大型文化广场，设有舞厅、棋牌室、健身房、练功房、乒乓球等五个项目的 700 平方米的活动中心，每年开展 20 多场的大型广场文艺演出，经常开办跆拳道、瘦身、舞蹈班、交谊舞、电脑、合唱、闽南语等培训。社区建立有“社区居民事务办理、社区卫生服务、社区科技文化服务、社区体能健身服务、社区教育服务、社区服务在线、社区帮扶济困”等种类齐全的居民服务网络，广泛开展“进千家门、知千家情、解千家难、办千家事”的“四千活动”，为困难居民提供帮扶、钟点工、保姆、幼儿午托、物业中介、婚姻介绍、家电维修等服务，同时建立社区再就业服务站、手工加工点和面向残疾人、孤寡老人、困难群众的救济服务体系。社区努力打造未成年人思想道德“三位一体”教育网络，2004 年 9 月，建成全市第一个专门为未成年人提供互联网教育服务的“绿色网吧”，2006 年 12 月，开办厦门市少儿图书馆分馆。居民对社区的满意率达到 98% 以上。

金尚社区先后获得全国百佳学习型社区、全国老年志愿者先进单位、全国敬老模范居委会、全国文化先进社区、全国法制宣传示范社区、全国优秀家长学校、全国妇女法制宣传教育示范点、省敬老模范居委会、省巾帼文明岗、省科普示范社区、省学习型家庭创建示范社区等荣誉称号，被政协全国委员会原主席李瑞环称赞为全国不多见的“金色社区”。

截至 2007 年年底，有户籍人口 9351 人、外来常住人口 4500 余人。中共金尚社区党委下辖 10 个党支部，3 个非公有制党支部，党员 223 人。

三、后埔社区

位于厦门岛几何中心，东自金尚社区，西至台湾街，南起龙山居民工业区，北接枋湖开发区。社区原为禾山乡后埔村，辖后埔、浦园、薛岭、祥店、刘厝5个自然村，有10个村民小组。2003年5月村改居，成立后埔社区，社区居委会址设后埔社618号。

后埔社区为厦门岛最早开发的区域之一，又是重要的海外侨胞、台港澳同胞的祖籍地之一。

厦门解放初期，后埔社独立为村，浦园、薛岭、祥店、刘厝合并为“四建村”。1956年，两村同属江头乡“工农联盟农业高级社”。1958年10月后，同属前线人民公社江头大队。1962年，从江头大队析出后埔大队，下辖乌林、吕厝、后埔、祥店、薛岭、浦园、刘厝7社15个生产队。1984年，乌林、吕厝划归开元区。1984年10月，撤销大队建制，改设后埔村。2003年村改居后，充分发挥台港澳海外关系优势，大力招商引资。2006年，招商6家、引资500万元，当年社区经济总收入3.05亿元，集体财政收入1020万元，人均收入10240元。2007年，集体资产股份制改革，居民成为原集体财产的股东。

1992年，全村用上自来水。1998年，全村开通有线电视。辖区内有中学1所、小学3所、幼儿园8所，适龄儿童入学率100%。建有面积1820平方米的综合文化活动中心楼和占地6000平方米包括舞台、篮球场、门球场、健身场在内的露天综合文体娱乐场所，有湖里区和社区图书阅览电脑网络活动中心，老人协会、舞龙队、腰鼓队、篮球队、门球队、登山队常年开展活动。社区有环卫综合楼1座、卫生公厕7所、清洁楼4座，设有环卫队和老人卫生督导队。适龄居民全部参加社会养老保险和合作医疗，做到“应保尽保，应医尽医。”计生率达100%。社区安装电子监控设备，成立治安巡逻队，设立举报奖励基金，有效地配合公安机关维护社区治安。

社区为外来人口设立流动党员管理服务站、流动妇女平安之家，创办外来子弟学校，经常举办周末电影晚会及“温馨周末大舞台”“欢乐社区行”“文明服务超市进社区”等活动，使外来人口感受到“市民般对待、亲情般服务、人文般管理、兄弟般友爱”。社区多次得到各级政府的表彰，荣获省级“明星村”“文明村”“卫生村”“敬老模范居委会”和市级“和谐建设示范社区”等称号。

截至2007年年底，有户籍人口5664人、外来常住人口6万多人。中共后埔社区党总支下辖9个党支部、10个非公有制党支部，有党员92人。

四、吕厝社区

位于厦门本岛的几何中心，管理范围为嘉禾路以东、台湾街以西、吕岭路以北、仙岳路以南的长方形区域。1985年成立吕厝居委会。1988年，吕厝居委会分为吕厝、玉亭里、和光里3个居委会。2001年6月，成立江里居委会，10月吕厝、江里2个居委会合并为吕厝社区居委会，址设江宁里21号202室。

吕厝社古称埭头，为厦门岛上开发较早的村社之一，明代因吕氏迁入改名吕厝社。吕厝的黄瓜、小白菜、高丽菜、包心白菜等蔬菜在全岛负有盛名。吕厝为湖里区主要侨乡之一，主要侨居地为菲律宾。

解放后，吕厝社先后成为禾山区人民政府和前线人民公社办公所在地，先后隶属江头乡、江头大队、江头行政村。1985年，吕厝及乌林社范围土地4平方公里全部被征用，开发为“莲花新村”。1988年，乌林社范围内的玉亭里、和光里划归开元区。

贯穿厦门岛的两条城市主干道——嘉禾路和仙岳路在吕厝社区交汇。社区由龙门天下、国宝新城、天地花园、建邦大厦、水岸豪景、东方巴黎广场、东方财富广场、新景园、国联大厦、科瑞大厦、豪峰大厦、盛世华城等26个居民生活小区组成。社区地处江头商圈的中心区域，有邮电大楼、喜来登酒店、国美电器、永乐思文电器、中博手机城、新景建材城、江头商城和两千多家的商铺，还有天地开发建设公司、国联置业有限公司、永同昌房地产公司、国贸地产等大型企业。辖区内有江头街道办事处、禾山法庭，还有江头公园、江头第三中心小学、江头幼儿园和台资的国际立人幼稚园等。

吕厝社土地房屋被征用后，居民按原有房屋实际面积调换同等面积的安置楼，16~35岁年龄的劳动力征地后安排就业，其他劳力自谋职业。房租成为社区居民主要收入来源之一。

截至2007年年底，社区有户籍人口6514人、外来常住人口6957人。中共吕厝社区党总支下辖4个党支部，9个非公有制党支部，党员82人。

五、吕岭社区

1998年5月，成立吕岭居民委员会，管理区域东邻后埔村，西接后埔建材一条街，南临吕岭路，北连浦园社。2001 年 10 月，更名为吕岭社区居委会。管理范围扩大至金鑫、鹭宝、福龙公寓、金岭花园等 7 个小区。2003 年 6 月，金西社区并入吕岭社区。2007 年 4 月调整社区地界后，共有吕岭花园、泰和花园、唐庄等 16 个生活住宅小区。

吕岭社区所管辖的住宅小区各具特色，既有老式建筑，也有带电梯的小高楼，还有别墅。社区居委会办公场所所在地位于吕岭路双浦西里 85 号的吕岭花园，吕岭花园内建有中心绿地、组团绿地、宅间绿地，绿化率高达 41.5%；金盛花园、唐庄等小区资金投入大，设施齐全；泰和、彩虹、金彩花园等小区的商业服务网点密布，居民生活便利。辖区内有农贸市场 1 个、幼儿园 5 所、小学 1 所，还有 600 多家各类商店，生活设施配备齐全。

吕岭社区是厦门第一个试行社区管理的社区，被中央文明办、民政部树为“全国创建文明社区示范点”。1999 年以来，社区多次获省、市级“文明安全片区”“社区建设示范社区”“文明社区”称号，先后被评为“全国平安家庭创建活动先进示范社区”和“全国和谐邻里示范社区”。

截至 2007 年年底，社区有户籍人口 9872 人、外来常住人口 5000 多人，中共吕岭社区党总支下辖 12 个党支部，有党员 136 人。

六、园山社区

1998 年 9 月，成立园山居委会，东邻薛岭社，西接乌石浦社，南连江头村，北临枋湖工业区。2001 年 10 月，改为园山社区居委会，管理范围调整为福厦公路以东、禾山路以西、园山以南、乌石浦路以北地域。

园山居委会管理的地域是厦门岛最早开发的地区之一，解放后先后隶属江头村、江头大队。改革开放后陆续开办多家企业，建成多处生活小区。社区主要由源泉山庄、安泰花园、龙潭花园、金山公寓、金龙公寓、嘉信公寓、江鹭花园、梅阳花园、嘉诚花园、古龙花园等居住小区和若干幢外口公寓以及单位宿舍等十几个小区、51 幢居民楼组成。

社区有多功能厅、文化图书室、老人活动中心、幼儿园、宣传栏等文教设施，适龄儿童入学率达 100%。组建有老人协会、文艺体育队和治安巡逻队。2006 年 12 月，安装治安监控系统。

社区居委会关心离退休职工、残疾人、低保户和下岗失业人员等弱势群体，认真做好相关人员的调查摸底、登记造册，慰问抚恤和失业人员再就业工作颇有成效。2006 年，在社区开办慈善超市。社区多次获厦门市文明安全社区、社区建设示范社区和福建省科普示范社区称号。

截至 2007 年年底，社区有户籍人口 4312 人、外来常住人口 6877 人。中共园山社区党总支下辖 3 个支部和 1 个流动支部，有党员 79 人。

七、祥店社区

位于江头街道的东北部，北起祥岭路，南临仙岳路，东接金尚路，西至鹰厦铁路。2007 年 4 月，从后埔社区中析出，成立祥店社区，居委会址设祥店里 67-70 号三楼。

社区所在区域原为后埔村祥店社、刘厝社。祥店社黄氏族人在清末漂洋过海，到菲律宾等地发展。祥店依靠海外汇款，建造多座极富闽南特色的红砖大厝，旧时禾山流传“有祥店富，也无祥店厝”的民谚。

图 31-8 社区新景

祥店古民居系“四水归堂”方形结构，呈现经典闽南砖、木、石混合建筑的特色。大量采用木雕、石雕、彩画、彩瓷贴塑、砖雕、轴瓷花格、烤漆贴金等工艺，以做工精湛、富丽堂皇著称。2002 年，祥店、刘厝成为厦门市旧村改造的试点，经过 4 年建设，改造为现代化社区。新建的社区仍保留有部分民居、老树、巷廊、池塘、祖祠等建筑，便于后人感受祥店古建筑的风采。

社区由祥店新村、幸福第二城、国贸阳光、联发新天地、太微山庄、阳光美地、金祥花园、福满园、银龙公寓、快乐天地（闽南印象）、武警边防支队宿舍、博士花园等 12 个花园小区组成，现有 78 幢居民楼，6731 套住房，店面 827 间，规划人口约 2 万人。辖区内有厦门市计生委、湖里交警大队、厦门中医院、一所公立小学、两所幼儿园、祥店农贸市场、快乐人家超市等，辖区居民生活设施配套齐全。

截至 2007 年年底，社区有户籍人口 3704 人、外来常住人口 2396 人。中共祥店社区党总支下辖 4 个党支部，有 63 名党员。

八、江村社区

位于厦门岛中部，是原禾山镇政府的所在地。东邻吕岭居委会，紧靠鹰厦铁路，西连嘉禾路，南接仙岳路，北抵园山小区。社区包括乌石浦旧社、裕发小区、中港花园、嘉景花园、嘉隆建材城、怡鹭大厦、乌石浦新村等生活小区。2003 年 1 月，改村民委员会为居民委员会，居委会址设禾山路 79 号。

社区所在区域原为江头村江头社和乌石浦社，西部濒临筼筜港，为原禾山地区海上运输的主要码头。辖区内有多处唐代墓葬，为市级文物保护单位。解放后，村民多次实施围海造田，全村土地面积扩大一倍左右。水路运输成为历史。

1950 年之后，两社先后隶属江头乡、前线人民公社、禾山乡、禾山镇、江头生产大队，以农业生产为主业，先后经历合作化、人民公社化、实行家庭联产承包责任制等历史时期。1980 年后，农业生产在达到历史最高水平，第二、第三产业也得到长足的发展。1985 年开始，江头村土地陆续被国家征用，村委会利用征地所得的安置费用开发企业用地，建造厂房、公寓，发展集体经济，提高村民收入。1996 年，被中共厦门市委、市政府授予“亿元村”称号。1998 年，获市委、市政府颁发的“全面小康先进村”称号。至 2000 年，全村经济总收入达 2.1 亿元，人均收入 8200 元。

从 1995 年起，实行村民最低生活保障制度，逐月发放补助金。同年 6 月，建立合作医疗制度，每年每人支付的 170 元中，集体支付 130 元。1993 年，建立社会养老保险制度，村委会补贴保费总额的 30%，村民投保率达 100%。社区 2003 年村改居以来，加快农村城市化建设步伐。2005 年，社区内失地农民开始参加市政府出台的失地农民养老保险。村委会在各村民小组建有活动室，组建舞蹈队、腰鼓队、晨练队、武术队、篮球队和老人协会，常年开展文体活动。

社区先后获得中国科协青少年科技教育示范点、福建省科普示范社区、青少年科学工作室省级达标单位、市基层先进文化场所示范点等荣誉，拥有全省首家青少年科学工作室。“乌石浦萧氏家庙”为涉台文物保护单位。乌石浦社“油画村”是国家油画文化产业基地。

截至 2007 年年底，社区有户籍人口 6025 人、外来常住人口 19998 人。中共江村社区党总支下辖 13 个党支部（其中 5 个为非公企业党支部），有党员 175 名。

九、江头社区

江头社区地处厦门本岛几何中心。位于台湾街以东，成功大道以西，仙岳路以南，吕岭路以北。社区由江头小区、长安大厦、明发豪庭、中环花园、嘉盛花园、金盛大厦、亿星大厦、桃源大厦、福洋花园等 13 个居民小组组成。辖区内主要单位有江头供电所，江头消防中队、江头美食城、江头小学、厦门中医院分院、福音堂等。居委会址设吕岭路 115 号二楼。

江头街明清时期就是厦门岛市郊商贸集市中心。南北不足 200 米、东西不足 100 多米的街道拥挤着百货、五金、布店、金行等上百家店铺。1957 年冬修建的厦门禾山公路经过江头，公路两旁新建多家店铺，形成近千米江头街的格局，共有大小店面 178 间。从事商业经营和钟表维修、修车等手工业者有 200 余户 700 余人。

1964 年年底，正式成立江头街居委会，下设 9 个居民小组，直属前线人民公社。

1980 年后，居委会大力兴办街道企业。创办修车铺、建筑队、加工厂、面线厂、橡胶厂、印刷包装厂等多种经济实体，成立工业公司。20 世纪 90 年代中期，江头实施旧城改造，部分企业“关、停、并、转”，居委会开始第二次创业。1997 年，利用 450 万元土地补偿款，加上集资 450 万元，在原居委会集体企业补偿用地上兴建商品房，1998 年投资开发嘉兴园地块，给居委会带来更大的经济效益。

2001 年 10 月，江头街居委会更名为江头社区居民委员会，办公场所由原来的 100 余平方米扩大到近 500 平方米，办公实现信息化。社区工作站有多功能会议厅、文化图书室、老人活动中心等文教设施。组建有江头社区志愿者分会、老人协会、社区舞蹈队和治安巡逻队等。社区先后荣获厦门市文明安全社区、厦门市社区建设示范社区和厦门市科普示范社区称号。

截至 2007 年年底，社区有户籍人口 5459 人、外来常住人口 6018 人。中共江头社区党总支下设 6 个党支部、4 个非公党支部，有党员 137 名。

第四章　禾山街道

第一节　建　置

一、位置面积环境

禾山街道地处厦门岛东北部的城乡结合部，地理坐标北纬 24° 25′，东经 118° 5′ 左右，东至五缘湾内湖区域，西邻福厦铁路，南靠薛岭山，北毗高崎国际机场。辖区总面积 11.8 平方千米。

图 31-9　禾山新貌

街道夹于埭辽湾和钟宅湾之间，为厦门岛主要海蚀台地分布区域之一。历史上是水土条件较好的耕作区。辖区地势由西南向东北倾斜。西南部与殿前、江头、金山街道交界处依次分布有龙头山、小东山、园山、薛岭山、虎头山等低丘，由西南向东北沿海依次为海拔 30 米、20 米、10 米的台地。

东北部的埭辽湾由于 20 世纪 70 年代的围垦以及建造高崎国际机场，蜕变为面积不到 20 万平方米的埭辽水库。钟宅湾经过多次围垦，面积略有缩小，但仍为厦门岛面积最大的港湾、湿地。

二、区划沿革

清康熙十九年（1680）为二十四都一图钟宅，设钟宅保、护安保（部分）、湖莲保（部分）；二十三都庆湖保（部分）。

民国元年（1912）为后安保钟宅社、岭下社、县后社、坂上社、尚忠社、下张社、卢厝社、墩上社、围里社、下尾社、蚝口社、潘宅下社；后莲保庵兜社、林后社、斗门社、安人里社、陈厝社、西宅社、刘厝社、英厝社、下尾社、内英社、龚厝社、张厝社、仑后社、竹仔林社、后莲尾社；后西保穆厝社、蔡坑社；庆湖保枋湖社、梧桐社。

民国35年3月后为钟宅保；湖边保穆厝、蔡坑；坂上保坂上、围里、上忠、下忠、县后、岭下、墩上、卢厝；高安保安兜、林后、枋湖。

解放初禾山区设10～13个乡时为钟宅乡、枋湖乡；设6～7个乡时为钟宅乡；设3～4个乡时则归五通乡。人民公社化时期为钟宅、枋湖大队，1961年增设县后大队。禾山乡、禾山镇时期为钟宅村、县后村、枋湖村。2001年3月，县后村一分为三，街道境域为钟宅村、枋湖村、坂尚村、岭下村、围里村。各村均设村民委员会。2003年年底，各村村委会改为居民委员会。

三、机构编制

2004年9月23日，禾山街道正式挂牌成立。街道办事处址设枋湖东路705号之一。办事处设有中共禾山街道党工委、禾山街道办事处、中共禾山街道纪工委、禾山街道人武部等党政机构，内设党政办公室、财经办公室、街政办公室、综治与城管办公室、计划生育管理办公室等5个办公室和经济服务中心、建设服务中心、社区服务中心、环卫所等4个事业单位。行政编制15人，事业编制28人。2006年5月，增设禾山街道人大代表工作联络室，行政编制1人。一直沿用至今。

中共禾山街道党工委书记为高碧青（2004.9—　），禾山街道办事处主任为邵育秦（2004.9—　）。

四、社区设置

2004年，禾山街道下辖钟宅、枋湖、坂尚、岭下、围里等5个由村委会改制而来的社区居委会。2006年8月，增设禾欣社区。截至2007年年底，下辖6个社区，其中的钟宅社区为厦门岛唯一的少数民族畲族聚居区。

第二节　经济建设

一、基础设施

辖区范围内有环岛路、湖里大道、金尚路、县黄路、成功大道，构成“两横三纵”的主干道。市政次干道以及社区内部道路基本形成网络。已建成连接机场大道与环岛路的枋钟路、墩上至县后的墩县路、岭下至穆厝的岭穆路、穆厝至西潘的穆西路、钟宅至田里的钟田路、县后至围里的县围路等。

辖区内五缘湾片区、湖里高新技术园区、枋湖商圈等是厦门新一轮跨越式发展的重要区域。

辖区内有安兜自来水厂，1985年由枋湖村集资15万元建成，是厦门市农村第一个自来水站。至2007年年底，公司拥有2座水厂，固定资产达5000多万元，日供水量由3000多吨提高到5万吨，供水总干线长30多公里。

二、招商引资

2005年，建立领导联系挂钩重点企业制度和招商引资激励机制，制定优惠政策和奖励办法，拓展招商引资渠道。全年共引进内资4.36亿元，引进外资1713万美元。

2006 年，依托“禾山经济顾问团”牵线搭桥，全方位多渠道开展招商。借助湖里高新技术园区和五缘湾特色商业街招商平台，完善“一站式”服务与街道领导联系重点企业制度，及时协助解决企业项目建设和生产经营中遇到的困难，提高服务质量和效率。全年引进外资 4795 万美元，完成任务的 191.8%；引进内资 45917 万元，完成任务的 102.03%。

2007 年，围绕五缘湾、高新技术园、枋湖商圈等，抓住“9·8”贸洽会时机，抓好项目生成、储备与落地。引进惠尔康集团、荣基业集团、丰润金融担保有限公司等一批重大项目。全年引进项目 100 多个，其中 1 亿元以上项目 5 个，5000 万元以上项目 12 个，1000 万元以上项目 29 个。外资引资 3148 万美元，内资引资 11.73 亿元。

三、旧村改造

2005 年，街道以行政执法中队为主导，招聘 60 名协管员，实行 24 小时值班制，严格制止违法搭建，全年共发出停止违法建设行为通知书 17984 份，强制拆除 235 处，违法占地面积 57984 平方米，建筑面积 64144 平方米。

2006 年，实施钟宅“金包金”工程，完成钟宅新家园的征地，开工建设 5 幢安置房。完成县黄路、成功大道二期、环岛快速干道、南山路延伸段、机场二期、东海域整治等 10 多个项目征地拆迁，共完成征地面积 268.53 万平方米（其中海域整治 170.20 万平方米），完成拆迁面积 35.68 万平方米，涉及拆迁户 1614 户。没有发生因征地拆迁而导致大规模集体上访式暴力冲突事件，确保五缘湾片区、高新技术园区，以及市政道路等重点项目的开工建设。继续采取措施制止违法建设，2006 年拆除各类违建 53834 平方米。

图 31-10　外来员工阳光公寓

2007年，编印《禾山街道重点项目征地拆迁文件汇编》，抓好重点项目“百日会战”，共完成征地面积47.15万平方米，拆迁面积15.38万平方米。

四、财政

理税：2005年，街道与社区签订理税工作责任书，联合工商部门对辖内企业排查摸底，完成驻地在辖内而税收在区外的企业理税24家，地税3110万元、国税13998万元；2006年，街道修改完善相关规定，从招商、纳税、扶持、服务四方面入手，现场为企业提供工商、税务服务，完成注册200多家，理顺一批区外纳税大户和在建工程项目的纳税关系，增加税收1000多万元；2007年，主动联络建设、财政、工商、税务等部门，做好辖区区外大企业、大项目税收理顺工作，全年完成注册资本500万以上的企业理税10家，报备地税的在建工程项目8个，共完成理税6600多万元。

财政收入：2005年，街道财政总收入1.71亿元；2006年，财政总收入2.15亿元，街道本级收入1028.99万元；2007年，完成财政总收入3.2亿元，实现街道本级收入2100万元。

第三节　社会事业

一、教育与科普宣传

辖区有幼儿园15所、小学11所。经多次扫盲行动，街道非文盲率达到98.35%。

辖区内有高新技术园，规划面积180万平方米，总投资97691万元。辖区驻有高新技术企业15家。其中，电子信息技术领域2家，光机电一体化技术领域3家，生物医药技术领域3家，新材料技术领域2家，新能源与高效节能技术领域3家，其他技术领域2家。

街道和社区都设有科普宣传栏，不定期举办科普宣传展，向辖内居民宣传科普知识。

二、文体活动

文体场馆及设施　辖区各社区、各企事业单位大都建有篮球场、乒乓球室等活动场所。枋湖社区建有室内灯光球场，坂尚社区建有灯光球场。辖区内有民营的书店、网吧、音像店、桌球室和大众KTV等，分布在各社区。各社区都有戏台、活动室或老人活动室，活动室内备有象棋、扑克、麻将、台球桌、乒乓球桌、报刊图书和各种健身器械。2007年，街道拥有各种文体活动场所约3.5万平方米，平均每万人拥有的活动面积为3051平方米。

群众文化活动　街道成立社区业余艺术团队、禾山民乐队、腰鼓队、秧歌队等，长年开展活动。每年春节、元宵节、国庆节等，组织辖区内单位联办节庆活动，围绕各时期中心工作，举办征文、演讲、书画比赛、少儿绘画等。禾欣社区设有厦门市少儿图书馆禾欣分馆和绿色网吧。

群众体育　各社区都组织篮球队、中老年健美球操队、老年街舞队、健身秧歌队等。各社区居委会积极推动社区内企事业单位文体设施向社区居民开放，实现社区资源共享。

钟宅社区具有民族特色的蹴球队、打陀螺队、射弩队和民族舞蹈队，曾多次代表厦门市参加全省少数民族运动会。2002年，钟宅畲族村参加第五届福建省少数民族传统体育运动会，获陀螺竞技表演第一名，竹竿舞蹈表演第三名，蹴球个人金、银奖牌。2007年，街道举行首届社区运动会，包含田径、游泳、篮球、羽毛球、乒乓球、拔河、八十分和趣味活动等八大项目。

枋湖和钟宅社区被评为2007年度湖里区十佳体育先进社区。

三、医疗卫生

2005—2007年，街道投入700多万元用于改善环境卫生。在围里、坂尚、钟宅等社区新增扩建8个垃圾池，并组建一支应急环境卫生保洁队，集中整改脏乱差。每年都开展大范围的消除“四害”、整治环境等专项工作。各社区都配备专职保洁员若干名，负责社区环境卫生。辖区有街道社区卫生服务中心、社区卫生服务室、私人诊所、药店等分布在各社区。居民看病可做到“大病上医院、小病在社区、买药到隔壁”。

第四节　社会治安和民生

一、社会治安

建街前，各村（居）委会建有治保会、调解会、治安联防队和帮教领导小组等群防群治队伍，落实社会治安综合治理领导责任制和“一票否决制”，逐步将村居社会治安工作推向规范化、制度化和法制化轨道。

街道成立后，针对辖内出租房多、外来人口多、中小企业多等特点，引导社区居委会和各企事业单位建立互助合作的“区域共建”机制，发动工会、共青团、妇联等群团组织，以及专门的社区巡逻队伍和社区志愿者参与社区治理，协调共管，展开专项治理，创建平安禾山。

2005 年，街道积极开展平安创建宣传和综治宣传月活动，所辖 5 个社区全部设立警务室。全年辖内共发生刑事案件 647 起，破获 257 起，破案率为 39.72%，抓获违法犯罪嫌疑人 1700 人，铲除犯罪团伙 19 个 73 人，端掉“六合彩”赌博窝点 13 个，抓获涉案人员 31 人，收缴赌博工具 67 台。对辖内安全生产工作高度重视，与 689 家企业签订安全生产责任书，与 1120 家私房出租户房东签订消防安全责任书。先后组织开展危化品、“黑气”等专项普查与整治，发现并整改 4010 余处安全隐患。

2006 年，街道坚持严打方针，快侦快破现行大案要案，着力整治治安重点地区和突出问题，实现“一降两升”（降低发案率，提升破案率和群众满意率），1—12 月，受理各类案件 2941 起，刑事案件发案率同比下降 1.23%；破获各类案件 1777 起，破获率达 71.34%，同比上升 1.86%。全面推进社区平安工程建设，按照区、街、社区分别投入的原则进一步加大技防物防投入，已建成技防社区 3 个，钟宅、枋湖、坂尚等治安热点区域的重要路口路面监控系统安装率达到 40%。完善矛盾纠纷排查调处网络，严格信息报送制度，积极预防和化解矛盾纠纷，全年共摸排各类纠纷 220 件，调处成功 215 件。积极开展创建“反邪教‘六有六无’街道”活动，建立健全反走私综合治理工作机制，抓好基层群防群治工作和法制宣传，组建房屋出租协管员队伍，加强对流动人员和出租房管理，切实抓好对刑释解教人员的安置帮教工作。

2007 年，街道认真落实“平安禾山”建设的各项措施。严厉打击刑事犯罪，加大重点区域的整治。加强社会治安防控，在围里、安兜、穆厝、岭下、禾欣、林后 6 个点设置监控系统，组建摩托车巡逻队，推进群防群治队伍“四化”管理，开展治安巡逻队员“百日平安竞赛”。完善应急预案，强化社会矛盾排查，认真抓好重大活动、节日以及重点时期的维稳工作。加强流动人口管理，完善三级管理责任制。认真做好普法工作，开办“法律服务夜市”、开通法律服务“绿色通道”。全年街道调委会共排查矛盾纠纷 232 起，成功调解 222 起，其中重大矛盾纠纷 18 起，调解率达 100%，成功率达 95.69%。受理信访 106 件，其中群体性纠纷 18 起。

二、民生

街道下设街道社区服务中心，各社区有社区居民服务中心，共同构筑社区失地、失海人员再就业平台，积极开展“土地换社保”工作，把被征地人员纳入保障体系，实行基本养老保险，一次性交纳，按月领取。

2005 年，街道完成被征地人员培训 147 人，实现城镇下岗失业人员再就业 42 人，共实现被征地人员转移就业 228 人。先后召开 6 场土地换社保宣传会，发放厦门市被征地人员基本养老保险实施细则宣传手册 3500 本，湖里区被征地人员基本养老保险相关政策宣传单 6000 份，全年申请参保人数共 2043 人，参保率达 63.02%。

2006 年，街道加强富余劳动力，尤其是“4050”人员的创业辅导和实用技术培训，提高培训的针对性和覆盖面，全年共实现城镇再就业 150 人，培训 60 人，实现农村富余劳动力转移 379 人，培训 239 人。钟宅社区被评为省级充分就业社区。

2007 年，街道实践探索“社会保障、就业服务、投资引导”三位一体的工作模式，主动与五缘湾商务营运公司联系签订共建协议，安排 30 名失地、失海人员在该公司从事物业、保洁等工作。安排被征地人员就业 403 人，培训 155 人，城镇失业人员再就业 246 人。全年共完成被征地人员新参加基本养老保险 704 人，完成区下达任务数的 252%。截至 2007 年年底，区街两级投入 1406.1 万元，社区投入 1508.5 万元用于“土地换社保”补助，参保人员 2769 人，参保率 70%。

第五节　社区简介

一、钟宅社区

是厦门岛内唯一的少数民族聚居区。位于厦门岛东北部，东、北两面临海，西距厦门高崎国际机场 3.5 千米。社区居民于 1988 年 6 月恢复为畲族身份，同年 8 月成立钟宅畲族村村民委员会，2003 年 10 月改为社区居委会，下设 10 个居民小组。居委会址设钟宅社区钟宅路段。

钟宅钟氏先祖源于河南省许州颍川郡朱昌县安邑乡，发脉于江西、福建汀州府，后迁徙至福建海澄县屿上村，六房钟化成居住月边社，其第四子钟耿坊的第三子钟泮儒于明朝洪武九年（1376）移居钟宅社，传 22 世。

钟宅畲族的风俗习惯与汉族基本相同，仅保留少数畲族特色语音及风俗习惯。钟宅村清明节祭祖“吃祖墓”、四年举办一次的“烧王船”为地方特色民俗活动。钟宅有王公宫、相公宫、妈祖宫、佛祖宫、土地宫等 5 座宫庙。商议族内大事则在祖厝永思堂举行。

钟宅村历史上经济模式以半渔半农为主。2003 年“村改居”时，尚有土地 8000 多亩，其中耕地面积 2000 亩、滩涂（盐场、虾池）5000 多亩、居住用地 1000 多亩。在厦门岛东部开发进程中，因湖里大道、内湖整治、环岛路三期、长庚医学园区、高新技术园区等重点项目建设需要，被征用土地约 7059 亩。社区及时调整发展思路，积极发展二、三产业，壮大社区经济。2006 年，社区总产值 23130 万元，村财收入 217.5 万多元，人均收入 9020 元。

社区有公办钟宅民族小学，在校生 505 人，其中少数民族生 208 人。每年在教育事业上投资约 40 万元。至 2007 年，全村有 300 余人考入大、专院校。社区文体活动十分活跃，多次组队参加各级少数民族运动会并获奖。1993 以来，社区多次被评为“福建省民族团结进步模范单位”，2005 年社区钟水胜被国务院授予“全国民族团结进步模范个人”。

截至 2007 年年底，社区有户籍人口 3880 余人，其中钟姓畲族居民约占 85%，王、林、郭、刘、黄、彭、杜、叶、陈、杨等 19 姓占 15% 左右；外来常住人口 21000 多人。中共钟宅社区总支部下辖 9 个支部，有党员 118 人。

二、枋湖社区

枋湖社区地处厦门岛东北部，北临埭辽水库、厦门国际机场，西以鹰厦铁路为界，南至薛岭山，东临五缘湾。下辖枋湖、梧桐、穆厝、蔡坑、卢厝、安兜、林后 7 个自然村，有 18 个居民小组。2003 年 12 月，改村民委员会为社区居委会，居委会址设枋湖路 2 号 7 楼。

枋湖是厦门岛开发最早的地区之一，林后、安兜两社是鹭岛唐代知名人士“南陈北薛”中薛姓的主要聚居地。社区文物古迹有薛令之墓、万石楼、薛家祖祠、觉性院、太源宫、青辰宫、青龙宫等。

枋湖居民世代以农业为生，兼营牧副渔业。20 世纪 70 年代，枋湖村被定为重点蔬菜生产基地。改革开放以来，枋湖抓住美国 DELL 公司、太古可口可乐等跨国公司及九天集团、方正汽车、联通公司等国内著名企业落户本地的机遇，大力发展二、三产业，陆续投资兴建安兜菜市场、林后菜市场及近百家店面、机场路“瓷砖建材一条街”和公寓楼等，获得较高的经济效益。2000 年，全村社会总收入 4.7 亿元，村财政收入 400 万元，村民人均收入达 7800 元。

村改居后，社区集体资产以每年 500 万元的规模递增，2007 年增至 3000 多万元。

社区拥有枋湖中心小学和安兜小学 2 所学校、1 座室内体育中心、2 个农贸市场、4 个文化活动中心、5 个灯光球场、5 个治安求助中心、3 支腰鼓队、2 支西鼓队、5 支篮球队和 1 支老人舞剑队。利用集体资产分别注资成立厦门鑫枋湖乐群投资有限公司、厦门市湖里区枋湖村民福利服务中心和厦门市乐群物业管理有限公司 3 家企业，成立保洁队和治安巡逻队。多次举办就业培训班提高村民的再就业能力，社区所办企业优先聘用辖区居民，共为居民提供 400 多个公益性就业岗位。社区大力推进道路硬化、排污地下化、店面美化、环境优化，改善居民生活环境。加大教育、医疗卫生、计划生育、社会保障、文化体育等社会事业的发展。1993 年，被福建省政府授予“明星村”称号。社区先后获得省“治安保卫工作先进集体”、“省优秀人民调解委员会”等荣誉称号。2007 年，社区主任苏辉明被评为 2007 年度“感动厦门十大人物”，社区总支书记林雅达获“福建省五一劳动奖章”。

截至 2007 年年底，社区有户籍人口 8291 人、外来常住人口 46832 人。中共枋湖社区总支部下辖 4 个支部，有党员 204 人。

三、坂尚社区

位于厦门岛东北部，东邻钟宅社区，西接金尚路，南靠枋湖社区，枋湖北二路横贯其中。原属县后行政村，2001 年 3 月从县后行政村析出，成立坂尚行政村，下辖县后、坂上、尚忠 3 个自然社，有 8 个居民小组。尚忠社原名上张社，为张姓聚居地。后黄氏、陈氏迁入，改称尚忠社。

2003 年 10 月，成立坂尚社区，社区居委会址设枋湖东路尚忠社 298 号。

社区内有各类企业 150 多家。社区年财政收入约 120 万元，居民年人均收入 8552 元。社区内的县后小学已有 80 多年历史，总占地面积 1.6 万多平方米，拥有教学楼、礼堂、教师宿舍、厨房、餐厅、运动场等设施。社区设有 20 多万元教育基金，用于奖学奖教。社区建有文化图书室，组建 400 多人参加的多支文艺体育队伍。2003 年以来，社区先后获得厦门市“社区建设示范社区”等多项表彰。

截至 2007 年年底，社区有户籍人口 3043 人、外来常住人口 19950 人。中共坂尚社区支部有党员 87 人。

四、岭下社区

地处湖里区禾山街道西北部，在围里和钟宅社区之间，北面的墩上濒临浔江海域，南面下忠紧靠钟宅湾内湾。原属县后行政村。2001 年 3 月，从县后行政村析出，成立岭下行政村，有墩上、岭下、下忠 3 个自然社，分为 5 个居民小组，2003 年 10 月，成立岭下社区，社区居委会址设尚忠社农贸市场二楼。

岭下社开发始于明朝洪武十七年（1384），叶永良从同安溪东迁入。下忠社原名下张社，因张姓开基得名。旧有“南陈北薛”薛令之墓葬。

社区内有各类企业 15 家，居委会年财政收入约 170 万元，居民年人均收入 7000 元，社区每月发给每位老人 40 元保健费。社区拥有 1 个农贸市场、2 个文化活动中心、3 个灯光球场、3 个治安求助中心。村改居以来，先后获得和谐社区建设示范社区、禾山街道重点项目征地拆迁先进单位等荣誉称号。

截至 2007 年年底，社区有户籍人口 1982 人、外来常住人口 6923 人。中共岭下社区支部有党员 79 人。

五、围里社区

位于厦门岛东北部埭辽水库东侧，临近厦门机场。2001 年 3 月，从县后行政村析出，成立围里行政村，下辖 4 个居民小组。2003 年 10 月，成立围里社区，社区居委会址设围里 231 号。

辖区内有各种大中小型企业及加工厂110家。社区土地因“机场二期”“火炬信息光电园”（原县后小区)、“路桥高科技园”“禾山阳光公寓”“县黄路北段政府储备用地”“安墩路二期”等项目被陆续征用，被征地面积约为1142亩。未被征用耕地仅有30亩。

截至2007年年底，社区有户籍人口1247人、外来常住人口5320人。中共围里社区支部有党员35人。

附：县后行政村

县后行政村历史上先后隶属钟宅乡、前线人民公社钟宅大队。1961年春，县后、墩上、岭下、围里、坂上、尚忠、下忠等7个自然村从钟宅大队析出，以县后自然村村名命名，成立前线人民公社县后生产大队。1984年10月，撤销生产大队建置，改设县后行政村。

改革开放前，经济以农业为主，主要种植水稻、地瓜、花生和蔬菜，兼营牡蛎、生猪等副业。20世纪80年代为厦门市主要蔬菜生产基地之一。由于经济特区建设需要，耕地被大量征用。1988年开始，村委会大力发展集体企业，支持村民创办个体、私营企业。截至2003年，全村共创办汽车修配、翻胎、交通运输、土方、建筑、建材、涂料、食品加工等大小企业900余家，全村社会总产值突破亿元。1995年，县后村被省政府授予“亿元村”称号。中央电视台“经济半小时”对中共县后村支部率领村民创业致富的事迹作了专题报道。

村里有1所公办小学、1所公办幼儿园和2所民办幼儿园。公办县后小学有80年办学历史。村委会多次集资维修校舍。1990年，投资300余万元建成占地16000平方米的新校舍。1995年，设立村教育基金。适龄儿童入学率达100%。

村里建有文化中心、老人俱乐部、6座灯光球场，成立1支业余歌仔戏剧团、7支腰鼓队、1支篮球队。常年开展丰富多彩的文体活动。

县后村从1966年开始实行合作医疗制度，免费为村民治病，住院医疗费报销一半。1980年后，全村设1个卫生所、5个自然村卫生室。各自然村均设有卫生保洁队伍，户户通自来水。

截至2000年，全村社会总产值突破3亿元，新建楼房近千座，全村有大小汽车、摩托车近千部，村民银行存款达3000多万元。

2001年3月，撤销县后行政村，在原辖区设立坂尚、岭下、围里3个行政村。

六、禾欣社区

位于厦门市东北部，在成功大道以东、埭辽水库以西、枋钟路以南、林后安兜社以北，紧临厦门高崎国际机场。2006年8月，成立禾欣社区，下辖艾德花园、翠湖庄园、太古员工生活区和双鲤新城等4个小区。社区居委会址设安兜北里2号。

居委会内设计生协会、计生服务站、劳动保障工作站、妇女联合会、人民调解委员会、残疾人协会、老人协会和慈善驿站等服务机构。

社区有少儿图书馆、绿色网吧、室外健身场所、老人活动中心、未成年人思想道德教育基地、婚育新风园、市民学校、社区网站等服务平台和老人舞蹈队，为社区居民提供优质服务，开展各项文娱体育活动。社区先后获得厦门市“文明社区”“治安综治先进集体”“平安家庭”先进示范社区等称号。

截至2007年年底，社区有户籍人口2204人、外来常住人口819人。中共禾欣社区支部有党员14人。

第五章　金山街道

第一节　建　置

一、位置面积环境

金山街道因辖区内有一称为“金山”的低丘而得名。位于厦门岛东北部，东临厦门东海域，南与思明区莲前街道岭兜、何厝接壤，西南连江头街道蔡塘，西北与禾山街道办事处钟宅湾交界。辖区总面积11.4平方千米，已建城区面积1.5平方千米。

钟宅湾自辖区东北部向西南部切入，湾底的湖边、洪水头至辖区的前坑、古地石原为低洼谷地。1961年建成湖边水库，为厦门岛内最大的淡水湖。辖区南部为低丘，其中的虎仔山海拔136米，其余的马厝山、莲山头等，海拔均在数十米以下。中部东北部沿海为平坦的台地，历史上为主要的农业耕作区。

二、区划沿革

清康熙十九年（1680）为二十一都一图五通渡、湖边、黄水桥，二图店里、高林，设西宫保、北山保、西林保、昭塘保、福相上保、福相下保。

民国元年（1912）为昭塘保湖边社、洪塘社、黄厝社、西头社、路下社、田头社、田中央社、后门社、桥头街社、昭塘街社；西林保东宅社、泥金社、浦口社、林边社、西林社、马厝社、莲山头社、后头社、施厝社。

民国35年3月后为金林保东宅、莲山头、西林、马厝、林边、黄厝、新厝边、高林、西村、路下后、田中央、坂美、仑后、霞边、浦东、田头、昭塘、西头、店里、泥金、浦口、后头等22个村，设25甲；湖边保湖边、前头、田里、洪水头、穆厝、西潘、蔡坑、桥头、洪塘等9个村，设16甲；蔡塘保前坑、后坑2个村。

解放初，为五通乡；1951年下半年后，为禾山区五通乡、枋湖乡、后坑乡；1954年，增设高林乡；1956年6月，为五通乡；1957年8月，改属厦门市郊区行政办事处所辖禾山区；1958年1月，撤销禾山区，为厦门市郊区所辖五通乡；

1958年10月后，为前线人民公社五通、高林、后坑农业生产大队。

1980年11月，改前线人民公社为禾山人民公社，仍为五通、高林、后坑生产大队。

1984年10月，撤销人民公社生产大队建置，相应改为禾山乡五通、高林、后坑行政村。

1989年5月，改为禾山镇属五通、高林、后坑行政村。

2003年12月，撤销行政村，改设五通、高林、后坑社区。

三、机构编制

2004年9月，成立金山街道，街道办事处2004年9月—2006年4月暂借湖里区禾山文化中心办公，2006年5月起暂借原后坑小学办公。

街道办事处内设党政办公室、街政办公室、计划生育管理办公室、财经办公室、综治与城管办公室等5个办公室，并设有经济服务中心、建设服务中心、社区服务中心、市容环境卫生管理所4个事业单位。核定行政编制19人、事业编制35人。

历任中共金山街道党工委书记为叶春和（2004.9—2006.11）、陈敏（2006.11— ）；历任金山街道办事处主任为吴智明（2004.9—2007.5）、郭志艺（2007.5— ）。

四、社区设置

2004年9月—2007年年底，金山街道下辖高林、金山、后坑、五通等4个社区。

第二节 经济建设

一、城市化建设

建街之初，除金山社区已经成为城市居民社区外，占辖区大部分面积的后坑、高林、五通3个“村改居”社区，基本上维持农村旧貌，基础设施薄弱。2005年，厦门岛内城市建设重心向岛内东部转移。辖区内，湖边水库综合整治工程、湖边水库社会保障性住房、后坑生活垃圾分类处理厂、市环卫综合处理厂进场道路、高林居住区、五缘湾湿地公园、环湖里大道、环岛干道、环湾路、金山新产品新技术研发中心、五缘公寓、五林路、翔安隧道（五通段）道路接线项目等一批重点项目先后开工。软件园二期、金山财富广场一期已于年底交付使用，开始有企业入驻。

图31-11 五缘湾商业街

2006年，区政府根据市、区重点工程建设需要向街道下达重点项目征地拆迁任务，由街道负责重点工程的征地拆迁任务。同年，街道成立重点工程领导小组，下设建设服务中心、重点办，各重点项目均成立项目工作组，采取领导分片包干负责制、项目定人定时制、问题会诊制、上下联动制等，推动项目建设。截至2007年年底，街道范围内共完成征地3014亩，拆迁995888.3平方米（其中住宅拆迁438299.9平方米，非住宅拆迁557588.4平方米），完成仙岳路、BRT快速公交等项目13个。

街道成立至2007年年底，区、街、社区三级共投入资金1200多万元，修建村间道路和周围各主次干道5000多米，修建排污、排雨管道6000多米，自来水管道改造10000多米。后坑社区的西潘社对村庄的村内道路、污雨管道进行全面改造，道路重新铺设水泥路面。高林社区的马厝社、田头社进行全面自来水管网改造。五通社区铺设店里至凤头的水泥路。

二、招商引资

街道建立街道两委挂钩联系重点企业制度，帮助解决生产经营中遇到的问题和困难。成立街道招商工作领导小组，做好项目储备，实行代理招商，发动社会力量招商引资。定期走访新引资企业和增资扩产的企业，主动走出去，通过优质服务吸纳企业；大力支持骨干企业发展，按照“大事特办，特事特办，效率优先”的原则，推动街道企业规模、档次、技术含量上新台阶。

结合区委、区政府有关招商引资的有关政策精神，制定出台金山街道促进经济发展实施办法，通过科技三项费用、招商引资奖励、纳税大户奖励、贷款贴息等措施，重点扶持科技含量高、税收贡献大、提供本地劳力就业机会多的企业，吸引资本雄厚房地产、大型商贸物流企业、高新技术、旅游酒店、文体娱乐、中介服务机构落户金山。并对各社区经济工作进行目标管理，实行量化考评，重奖重罚，全方面调动各级发展经济积极性。

2005—2006 年，先后引进厦门九天集团有限公司、港资企业厦门季节风铝业科技有限公司、台资企业明俊光电有限公司、福佑科技有限公司、中福海实业有限公司、汇银房地产公司、博宏科技公司、银城建筑公司等规模较大的企业；厦门瑞蒙工艺品有限公司、厦门滨海卫浴设备有限公司、厦门塑胶有限公司、厦门华尔达塑胶有限公司、厦门顺宏昌针织有限公司、厦门康美达科技有限公司、唯自然有限公司等 11 家企业入驻同安工业园。引进外资 3966 万美元、内资 76977 万元。

2007 年，恒安（中国）有限公司（注册资金 1 亿美元）、厦门市环境能源投资发展有限公司（注册资金 3 亿元）、厦门银鹭集团有限公司（注册资金 1.688 亿元）、厦门宝远实业有限公司（注册资金 1 亿元）、厦门新洋泰科技有限公司（注册资金 8000 万）、厦门永红创业投资有限公司（注册资金 8000 万）、厦门佰翔软件园酒店有限公司（注册资金 3000 万元）等一批大型优质项目相继落户金山。全年引进外资 12243.5 万美元、内资 131074 万元。

三、经济总量

2004 年，辖区内有各类企业 880 家，其中工业企业 171 家，占全区工业企业总数的 19.4%。在 171 家工业企业中，规模以上工业企业 27 家，仅占全区规模以上企业总数的 10%。从注册资本金来看，注册资金 500 万元以上的企业 9 家，其中 1000 万元以上的企业只有 3 家。

2005 年为街道起步之年，街道建立领导挂钩联系重点企业的工作制度，制定《金山街道贯彻执行湖里区促进经济发展实施办法的实施细则》，实现年财政总收入 8240 万元，街道级收入 510 万元。

2006 年，在大量企业外迁、税源流失的情况下，街道加大经济发展的力度，修订促进经济发展实施办法，加大企业扶持力度。利用湖里区开发工业园区的契机，引导企业把总部留在金山。五缘湾片区、高林保障性住房、湖边美苑等重点项目的启动建设也为街道带来地方税源。当年，财政总收入达到 2.02 亿元，街道收入达到 1412 万元。

2007 年，湖里区行政中心的东移和湖边水库片区、五缘湾片区、五缘湾特色商业街、湿地公园、路桥五缘湾一号写字楼等项目的带动作用开始显现。街道实施对重点企业、纳税大户的奖励、扶持政策，为 2006 年 15 家纳税大户发放奖励金，同时向区政府争取 100 万元资金扶持重点企业。通过耐心的工作、完善的服务，完成国贸蓝海、江南雅筑、集美大桥 C4 标段工程及高林居住区、五缘湾营运中心、五缘公寓、湖边水库综合整治工程、湖边花园、五林路等项目的理税工作，引导凯晟房地产开发有限公司等开发商、建安企业落户金山，扩大辖区的税源。全年街道实现财政总收入 3.6 亿元，其中本级财政收入 2224 万元；财政预算内总支出 3463 万元，其中专项补助支出 343 万元、财政支出 3120 万元。

第三节　社会事业

一、教育

2004 年，街道制定《金山街道奖教奖（助）学暂行办法（征求意见稿）》，支持、鼓励发展教育事业。

金山街道辖区原有 4 所公办小学，2005 年 9 月后坑小学停办，学生合并至金山小学。截至 2007 年年底，有金山小学、高林中心小学、乐安小学等 3 所公办小学，在校生 1687 名；民办小学 5 所，在校生 3083 人；吕岭幼儿园五通分园等公办幼儿园 4 所，另有民办幼儿园 19 所。

二、科普宣传

2004年12月，成立金山街道科学技术协会，作为街道科普工作的领导、协调机构。科协委员会由企业领导、科技工作者、街道科普员和社区居委会领导组成。

2005年，街道科协积极宣传区政府促进科技进步的有关政策，协助辖区企业申请区政府科技三项费用、乡镇企业发展基金等各项补助经费，推动辖区科技进步与创新。在金山街道设立科普宣传栏，与街道妇联合作开展“家庭网上行”培训活动，组织辖区学生开展科普夏令营活动。

2006年，开展“全国科普日”、科技活动周等宣传活动。举办科普知识讲座、播放科普电影、进行科普画廊巡展活动。年内在金山社区成立青少年科技工作室，举办科普夏令营，开展“小制作”“小创造”活动，培养青少年的动手能力、发明创造能力。

2007年，建立、健全科普领导小组和科普志愿者网络。举办以“节约能源资源，保护生态环境，保障安全健康”为主题的“全国科普日”活动，通过出版板报、组织居民观看碟片等活动，提升居民反对邪教、反对伪科学的觉悟。在金山社区青少年科技工作室举办第三届青少年科普夏令营活动。

三、文体活动

街道设立文化办（文化站），各社区设有文教干部。街道及社区先后投入220余万元，在金山、后坑、五通等3个社区建成有图书室、多功能活动室、健身室、棋牌室，乒乓球室、台球室、绿色网吧等室内场所12000余平方米；还有7条健身路径、14个篮球场等室外场所6000平方米。

各社区都有腰鼓队、舞蹈队、健美操队、乒乓球队、篮球队等业余文体组织，由街道、社区提供活动经费，定期开展活动。街道、社区开展“七进社区”（教育、法律、科普、卫生、环保、文化、涉台进社区）活动，在节日和纪念日期间举办各种文艺晚会，丰富居民的业余文化生活。街道、社区每年开展各种活动270余场，参加人数近4万人次。

街道文化站所属金山艺术团前身为禾山镇艺术团，成立于1995年9月。2004年9月，更名为金山街道金山艺术团，下设合唱、舞蹈、鼓乐队、腰鼓队、书法、武术、健美操等10支队伍，团员1000余人，为松散型和半松散型管理模式。该团自成立以来，创造出许多符合时代要求、群众喜闻乐见的好作品，在市以上各级会演中多次获奖，还应邀到国外访问演出。

四、环境卫生

根据湖里区环卫体制改革，街道为主负责村改居社区乡间、村间道路的清扫保洁。街道市容环境卫生工作由综治与城管办公室负责，主要由街道环卫所负责辖区清扫保洁、垃圾转运工作，由金山城管执法中队负责市容市貌、秩序、环境保护等综合执法工作。居住小区由物业管理单位负责，村改居社区由各社区为主负责。

街道环卫所聘请环卫工人49人，4个社区共有环卫工人144人。实行“定人、定路段”、每天两扫两保洁的保洁责任制。辖区各主次干道、村间道路的沿街店家，各工业区工厂实行“门前三包”责任制。

街道还经常组织机关干部职工、社区干部、党团员、志愿者、辖区单位、居民开展创建美好家园的活动。

2006年，厦门市市容考评委确定金山街道金山社区作为城区考评点，后坑前社、后坑后社、西潘、田头、西头5个自然村作为城乡结合部考评点。截至2007年年底，辖区的6个考评点在市、区两级每月的抽查考评中，成绩一直保持良好。

第四节　社会治安和民生

一、社会治安

社会治安综合治理　街道成立社会治安综合治理委员会，下设办公室，主管社会治安综合治理。每年年初与综治成员单位、各社区签订《社会治安综合治理工作责任书》。建立健全街道党工委、办事处统一领导，综治机构组织协调，综治成员单位齐抓共管的平安创建格局。至2007年，街道共有社区巡逻队3支110人，物业保安队伍5支157人，企业巡逻队2支40人，治安协警队员71人，治安报警监控系统覆盖社区面达100%，辖区4个社区均设置监控中心，监控探头达171个。2004—2007年，街道年年被评为全区综治工作先进单位。

司法行政　2005年街道被确定为全市多元化矛盾纠纷解决机制试点单位。街道司法所、法律援助工作站、人民调解委员会、矛盾纠纷解决服务中心实行四块牌子，一套人马，具体负责法制宣传、人民调解、安置帮教、矛盾纠纷解决、法律咨询等工作。街道、社区均设置法制宣传栏，社区有法制图书角，街道、社区有专兼职法制宣传队伍共5支25人。2005—2007年，辖区内规范化调委会达到100%，矛盾纠纷排查调处工作制度健全，纠纷调处率达100%，调处成功率达96%以上，刑释解教人员建档立卡率达100%，帮教率达100%，安置率达90%以上，无重新犯罪，实现"四无"社区达100%。

信访　街道成立信访工作领导小组，下设信访室，配备专职工作人员。2004—2007年，平均每年受理群众来信来访上百件，做到件件有回复，办结率达100%，无发生晋京赴省信访。2007年，金山街道被评为"2004—2006年度全市信访工作先进集体"。

二、民生

就业　为推进五通、高林、后坑3社区失地农民、失海渔民转岗就业，由市、区两级财政下拨就业培训费，增大就业培训工作力度。2004年，培训富余劳动力519人，推荐就业310人；2005年，培训富余劳动力618人，推荐就业306人；2006年，培训富余劳动力580人，推荐就业359人；2007年，培训富余劳动力467人，推荐就业357人。

社会保险　市、区两级2004年出台社会养老保险优惠政策，鼓励村民、居民参加社会养老保险。2005年，街道参加社会养老保险人员1500人。2006年，社会养老保险优惠政策优惠人群扩大至"4050"人员。至2007年，参加社会养老保险人员达到3500人。

第五节　社区简介

一、金山社区

成立于2003年4月8日，居委会址设金山西里77号。辖金尚路以东、县黄路以西、薛岭路以南、禾东路以北的区域。2003年12月社区整合后，辖内有金山小区、宏山新村、金秋花园等居住小区，是一个纯居民社区。

社区所在地原为海拔50米左右的低丘，2003年开发为住宅区。社区建有文化长廊，辟有"文化园""爱心园""健身园""新风园"。社区还建有书画室、图书室、老年茶艺室、古董收藏展览柜、歌舞厅等文化场所，以及游泳池、健身房、乒乓球室、棋牌室、篮球场等体育场所，成立书画协会、收藏协会、足球队、青年踢踏舞队、老年秧歌队、演唱队、二胡队等文体队伍，常年开展体育比赛、文艺演出以及文艺创作活动。社区先后获得省、市级"花园式社区"和全国学习型家庭示范社区、全国和谐邻里示范社区、

图 31-12　金山社区居民服务中心

福建省社区建设示范社区等多项荣誉称号。

截至 2007 年年底，社区有户籍人口 7100 人、外来常住人口 5000 人。中共金山社区总支部下辖 5 个支部，有党员 143 人。

二、后坑社区

位于金尚路以东、高林社区西面，南接江头街道与思明区莲前街道，北邻金山社区、枋湖社区。下辖前社、后社、西潘、上湖、下湖、洪塘等 6 个自然村，共 13 个居民小组。

1958 年 10 月，成立后坑大队，系前线人民公社下属大队之一，辖前坑、后坑、蔡塘、古地石、下湖、上湖、洪塘 7 个自然村。

1961 年下半年，蔡塘、古地石从后坑大队拆出成立蔡塘大队。

西潘社历史上一直从属枋湖乡，因地近后坑，1964 年 6 月划归后坑大队。

1984 年 10 月，大队建制撤销，成立后坑村委会，辖前坑、后坑、西潘、下湖、上湖、洪塘 6 个自然村。

2003 年 10 月 15 日，后坑村民委员会改制为后坑社区居民委员会，居委会址设后社 389 号。近年来，随着城市建设和发展，辖区大量土地被征用，集体得到的土地补偿和集体经济长期经营收入形成一定规模的集体资产。2007 年上半年，完成集体资产改制工作，成立专门的资产管理委员会管理集体资产。

截至 2007 年年底，社区有户籍人口 4200 人、外来常住人口 1.8 万人。中共后坑社区总支部下辖 5 个支部，有党员 133 人。

三、高林社区

位于厦门岛东北部，仙岳路东段横穿高林社区中部，直抵五通社区翔安隧道口。东连五通社区，西接后坑社区，南倚虎仔山，北傍五缘湾，与枋湖社区的穆厝社、县后社区的下忠社以及钟宅社区钟宅社隔湾相望，东南部同思明区的何厝社区交壤。居委会址设高林社 198 号，下辖 15 个居民小组。

1958 年 10 月，成立高林大队，隶属前线人民公社，辖洪水头、田里、前头、高林、西村、路下、新厝边、黄厝、后门、田中央、昭塘、田头、林边、西林、马厝、莲山头 16 个自然村。

1984 年 10 月，撤销大队建制，成立高林村委会，下辖 16 个自然村不变。

1990 年，高林村积极拓展招商引资渠道，引进企业达 350 余家。村办第二、三产业发展迅速。2000 年，投入资金 1000 余万元开发高林工业区，建成 7 幢厂房，年收入达 170 余万元。

2003 年 12 月 29 日，厦门岛内最后一个农业行政村高林村改村民委员会为社区居民委员会。自此，厦门岛内居民全部成为社区居民。

社区成立后，进入开发建设的新阶段。仙岳路东段、环岛主干道、五通变电站、湿地公园、环湾路、环湖里大道、新科技研发园以及高林居住区社会保障性住房等重点建设项目陆续开工。

截至 2007 年年底，社区有户籍人口 2650 人、外来常住人口 7500 人。中共高林社区总支部下辖 5 个支部，有党员 140 人。

四、五通社区

位于厦门岛东北角，东距小金门仅 8 海里，西与钟宅、高林交界，南接思明区黄头社区，北临同安湾。由泥金、浦口、下边、凤头、店里、坂美、仑后、东宅、浦东、西头 10 个自然村落组成，下辖 17 个居民小组。原设五通村民委员会，2003 年 10 月 15 日，改设五通社区居民委员会，居委会址设店里社。

五通历史悠久。辖区的五通渡宋代为厦门岛对外交通的两大官渡之一，辖区内有宋末幼帝登陆遗址、官渡碑记，以及清朝大夫第、有泰别墅等极具闽南特色的古建筑及日寇杀人场遗址（厦门市爱国主义教育基地）等诸多历史遗存。

解放初，五通分 3 个村：东方村辖西头、店里、浦东、坂美、仑后、下边社；凤浦村辖凤头、浦口社；泥东村辖泥金、东宅社。此 3 个村与高林村、西塘村及湖边、穆厝组成五通乡。

1958 年 10 月，成立五通生产大队，系前线人民公社下属大队之一，辖有店里、西头、浦东、坂美、下边（银霞）、仑后、后头（凤头）、浦口、泥金（土任）、东宅等 10 个自然村，共有 17 个生产队。

1984 年 10 月，撤销大队建制，成立五通村委会，仍辖 10 个自然村。

改革开放以来，五通村先后引进 100 余家企业，带动辖区二、三产业的发展。2003 年后，随着环岛路、五通滚装码头、仙岳路、厦门岛东通道、五缘湾开发等重点项目的建设，给五通带来更多的发展机遇。2004 年以来，社区先后获得厦门市“社区建设示范社区”等称号。

截至 2007 年年底，社区有户籍人口 5901 人、外来常住人口 15018 人。中共五通社区总支部下辖 6 个支部，有党员 138 人。

第三十二篇　人　物

第一章　人物传

第一节　古代人物

薛令之（683—?）

字珍君，号明月。福建长溪廉村（今福安市溪塘镇廉村）人。唐神龙二年（706）进士。开元间累迁左补阙兼太子侍读，与贺知章并侍东宫。后因李林甫冷落东宫，赋诗讽谏唐玄宗，引起玄宗不满，遂托病辞官归里。后迁居厦门岛，所居处因而得名薛岭。他以诗文名，为闽人以诗赋登第第一人。有《明月先生集》《补阙集》行世。与同时期的陈僖同为厦门岛早期开拓者的代表人物。宋人有“桃李薛公园”之赞誉，可作为他在辖区境域从事教育事业的佐证。在厦门期间，曾倡修同安东岳庙。厦门岛下张社（今禾山街道岭下社区）旧有薛令之墓，墓碑碑文为“唐侍御薛公墓”。

陈僖（生卒年未详）

颍川（今河南许昌）人。唐开元年间随其父长乐县县令居长乐。其父秩满后迁居福唐（今福清市）。陈僖为人爱仁好义，襟怀坦荡，四方豪杰，聚集门下，时称“门有敢死之士”，为闽中豪族。当时闽侯有自立为王的意图，欲招其共为谋划。他不愿参与其事，便私下建造船只，在夜间率领整个家族渡海，避居泉州之南被称为新城的海岛，即今之厦门岛。当时厦门岛四面环海，鲜有人至。陈僖率领家族进行大规模拓荒，根据地形引流灌溉，高处辟为园地，低处垦为水田。垦荒数年后获得清源郡颁发的地契，成为家丰业厚的富豪家族。他淡漠仕途，终身不仕。子仲禹授广州番禺县丞，孙元通、元达分别任歙州婺源县令和虔州虔化县丞。陈僖家族为有佐证的最早参与开发厦门岛的家族之一。因住在薛岭之南，故与薛令之并称“南陈北薛”。

薛舜俞（生卒年未详）

字钦父，薛岭人。南宋绍熙元年（1190）进士，被授予南剑州（今南平市）教授（学官）。尚未赴任，朝廷重臣又交相推荐他任江西省漕司干官。尚书省核时改派往吏部，任掌管账籍文案的架阁库官，但因遭人非议而作罢。后又起用任江东常平干官，与其长官李道传致力于赈荒，拯救不少灾民。改任金华（今浙江金华）知县后，了解到州里的守督长官以严刑峻法追索赋税，就与之据理力争，得以宽延期限，示信于民，民众也都乐于纳税。任期届满后，归老于乡。他学问贯通，议论磊落，当官时负才使气，不怕得罪人；回乡后设堂讲学，弟子中多有显达者。著有《钦父文集》《易抄》《诗书指》共300多卷。

薛舜庸（生卒年未详）

字惠父，舜俞弟。南宋绍熙四年（1193）考中进士。先后担任龙溪县尉、分宁县丞，嘉定年间（1208—1224），任古田县知县。古田有一项旧规：死牛人家都要受罚，罚金上缴官府。舜庸叹曰：“民不幸丧牛，又责人钱，是重困也。”随即下令革除这项陈规。他为在学的生员增拨膳食补贴，兴建藏书楼阁，为兴学不遗余力。后调升兴化军通判，未赴任，病逝。

傅珙（生卒年未详）

字质温，号禾江。明代中左所人。在漳、泉间转贩米谷，灾荒时也不高价牟利。善待父兄。长兄逝世后，代为抚养二位侄儿。其子傅镇为诸生，有文名。他告诫儿子：“士当先行而后文也。”傅镇考中进士时，傅珙劝谕他说：“幼学壮行，此其时矣。”乡里有兄弟争田，求傅珙调解。傅珙置酒招待，反复劝说：“你对我是很有诚意。但为什么不用诚意对待你的兄弟，反而要我介入你们兄弟的事呢？”其人顿觉愧悔，回去后与兄弟和好如初。傅珙因儿子傅镇，被封为御史。年八十逝世。

傅镇（生卒年未详）

字国鼎，号近山。中左所人。明嘉靖七年（1528）举人，十一年进士。由行人授南京御史。耿直敢言。弹劾太监潘真挟私乱政、凌虐军士，将其治罪。弹劾三晋总督樊继祖“未尝与敌战”而“盛张功伐”，樊继祖被革职。锦衣卫孙纲受贿，为武定侯郭勋开脱罪名，傅镇奉命重审，以“交私罪”处罚郭勋和孙刚。傅镇先后按察云南、巡按山东。山东妖人谢汉、商大常作乱，多名党徒被擒。郡县官员欲将党徒全部处死。傅镇改为首恶处死，其余30余位胁从者免死。入署河南道，掌计事。奸相严嵩下令罢黜一位观察使，被傅镇拒绝。出任河南副使时，按惯例可分得治河“羡金”二千余两，傅镇分毫不收，全部封存在官库中。人称其金为“傅真金”，“真”“金”合而为“镇”，以此彰显其廉洁。后转任广西参政、浙江右布政、湖广左布政。在广西时，有人提议驱逐流民。遭傅镇反对：“彼亦民也，况间有师、儒、医、卜、商贾之属，可裨我民，奈何驱之？”后晋升南右都御史、操江提督，随即因病退休。傅镇任御史时，正气凛然，雷厉风行，贵戚、豪强不敢为非作歹，时人称他为“傅虎”；外放为地方官员时，多行仁恕，以德政闻名。逝世于万历年间，赐祭葬，祀乡贤。

傅钥（生卒年未详）

字国毗。中左所人，号鹭门山人。傅镇之弟。少时学武，后一意为诗，以诗遍交四方豪俊。壮年时遍游北京、南京、吴越、会稽、浙江、广州等地。晚年因以母老，只在漳、泉一代活动。与编修庄履丰、户部庄履朋及大理何乔迁、侍郎何乔远诸名人多有交往。都督俞大猷十分看重傅钥，经常请他参与谋划。与漳、泉官员丁一中、陆一凤、殷康、沈有容等常有诗文唱和。曾经拜丰城李孟诚为师，讲修圣贤之道，以“提摄收束”为修行要务。其诗由苦而致精，一字未安，则废寝忘食。何乔远曾为他撰写行状。

池浴德（1539—1617）

字仕爵，号明洲，中左所人。嘉靖四十三年（1564）举人，翌年考中进士。授遂昌县令。父亲告诫他说：“吾家世积德，儿曹努力为清白官。”到任后在神明前发誓：保证不负苍生。按照旧例，太守到京师述职，里甲会敛集百两银子作为馈赠。浴德代表太守推却馈赠，减轻百姓负担。上任后发现前任县令未办理的案件堆积三百余件。池浴德将案件按照年份、轻重分别办理。追征粮赋时，不是动辄以刑罚相逼，而是将赋额公布于众，宽以限期，百姓都主动缴纳。早先曾有遂昌人到衢州开矿，失利后沦为盗贼。上官公布禁令：“凡入衢者，须有县符，无则以矿徒治之。”后衢州人与遂昌人结仇，有的衢州人诬指仇家为矿徒，送到官府没有人能开脱。池浴德向衢州道台毛某分辩说：“一里往来，岂能遍给？十室忠信，岂尽矿徒？”毛道台即下令废止原先禁令。池浴德办案，讼方只需缴纳米半升即可结案，被称为“池半升”。朝廷重新丈量土地，编派粮赋。一些富人以多为少，甚至隐匿田产。池浴德将隐匿田产的富人拘捕到案，依法处置。有的富人害怕，要求重新丈量；有的富人拒不承认，池浴德就将多出来的田地拨充学田。附近各县百姓纷纷向上司请愿，要求请池浴德前往负责土地丈量。池浴德晋升为南吏部考工主事时，被挽留四个月，粮赋田册编完后才上路。离开遂昌时百姓一路簇拥。至龙游换船，万人曳舟，三日无法开船，只得在夜里解缆出发。当地百姓在西明山河边建造石亭，命名为曳舟亭。到南京三个月后转北吏部稽勋司。回家奔父丧，抵家时仅余四十五两银子。池母说："谚称县令为银树花，吾子一树，乃无花果也。"丧期满后起补原官，随即迁升考功员外、郎中。后在太常寺少卿任上告归。地方官员遇有海上事宜都前往请教。就连盗贼也因为池浴德在乡而不入境骚扰。池浴德家居三十七载，布衣蔬食，亲自为诸子授课。他告诫诸子："读书岂尽取科第？时时照管此念头，无负天地祖宗，便为天地肖子。"人称明洲先生。所著有《空臆录》《怀绰集》《居室篇》。年七十九卒。祀名宦、乡贤。子显京、显方。

池浴沂（1544—1635）

字士洁，号鹭洲，《清白堂稿》作三洲。中左所人。太常浴德弟。入国学。依照惯例，国学生修学期满后授予主簿、县丞之类的官职，池浴沂不屑就职，回乡家居。为人廉洁、谨慎，不妄取人一毫，妄加人一语。布蔬淡泊，时与知友引觞唱和。乡里发生纠纷，他出面调停，几句话就化解矛盾。接济贫苦亲属毫无吝啬。佃户因天灾人祸无法按时缴纳田租，均给予体谅，或延缓，或减免。年近九十，眼光如电，精神愈健。县令为他颁赠"熙朝人瑞"的堂匾。卒年九十三。子显兖，举人，官同知。

林应翔（生卒年未详）

字源渑，号负苍，又号止岩、念不。湖边社人。明万历二十二年（1594）中举，次年中进士。后任永嘉（今浙江温州）知县，其时瘟疫流行，为收治、抚恤患者尽心尽力。不久因父丧，回乡守孝，守孝期满后被起用为湖北京山知县。当时楚藩谋反，郢中骚乱不休，他到任后立即操练兵马，修筑城墙，积极备战。以后又到南户部任职，出守汝宁（今河南汝南），再调任广州知州。到任不久便处理前任遗留下的1600多件积案和80多起冤案。后一度因争论福建、广东粮食流通一事，得罪权贵，弃官还乡。不久又被重新起用，任浙江衢州知州。任期内，他主持修撰郡志，建塔造桥，缉捕盗贼，造福百姓，百姓塑其像，奉祀之。后又升湖广按察副使，未上任而卒。生前喜好道术，兼通佛学，曾作《念不先生传》，称自己"作文不古不今，功名不浮不沉，仕官不秽不清，治产不缩不赢；躯貌不高不低，才情不巧不痴，于物不兜不撇，于人不冷不热，里评不善不恶，人品不雅不俗"，并嘱家人以此为墓志铭。生前作品辑为《止岩存稿》。

池显京（？—1629）

字致夫，号念苍。浴德子。万历三十七年（1609）举人。授和州知州。州有牛税，岁入千金。衙役又借故暴征，一纸下乡，即便是中人之家的家产也被搜刮殆尽。显京上任后，将牛税革除。随即因得罪巡按崔呈秀被罢官。后起补湖州通判，督运税银途中发生战事，克服种种困难才抵达京都。后转任怀庆同知。因湖州任上督运延期到达被解职。他任职的三处地方均为富庶之地，被解职回家时却袖风载月。显京善文章，精草隶，画尤绝伦。晚喜禅学。家居二年逝世。

池显方（1588—？）

字直夫，号玉屏子。中左所人。浴德子。初受知于抚军南居益。工诗文，喜山水。尝陟武彝，游秦淮，登泰岱。举山川磅礴清华之气，尽缩入笔间。所作诗文空灵飘忽。天启四年（1624），参加应天府乡试，考中举人。以母老不参加会试。结庐玉屏山，参禅乐道，六时与香炉经卷为缘。崇祯八年（1635）在同安城北端山建寺庙，名为晃岩，请名士陈止止说法其中。与董其昌、黄道周、何乔远等名士多有交往。与同邑蔡复一关系更为密切。复一经略滇、黔，一字未安，邮筒往返相讨论。著有《晃岩集》《南参集》《玉屏集》《澹远诗集》《李杜诗选》。林孕昌序其集云：直夫冰璞枯骨，畔幅坊身，学绍青箱，韵高白雪，卓乎不可一世云。

林嘉采（1596—1648）

字景则，湖边社人，林应翔之子。自幼敏慧，学业得其父亲传。明崇祯十五年（1642）中举，翌年会试落第后举家迁居同安县城，深研理学。清顺治二年（1645），全家移居大嶝岛。南明永历二年［顺治五年（1648）］，郑成功收复同安城后，以叶翼云为同安知县。为了安定人心，鼓舞士气，叶翼云请其回城居住。数月后，清军进攻同安，有人劝其逃难，他执意不肯，说："国破家亡身死，天之道也。"八月二十六日，同安城被攻陷。清军在城内搜查时，在林嘉采屋内发现兵器，认定其蓄意抵抗，将一家 10 余人同时杀害。

李为经（1614—1689）

字宏论，别号君常，明万历四十二年（1614）生于嘉禾里。清初漂洋过海到马六甲经商，与马六甲第一任华人甲必丹郑芳扬倡建青云亭，后任第二任华人甲必丹。其间，购置三宝山大片土地作为华侨义山，安葬客死异乡的侨胞骨殖，深得当地华侨拥戴。1685 年，华侨林芳开等 13 人为其勒石立碑，题为"甲必丹李公济博懋勋颂德碑"。逝世后葬于马六甲唐布朗山之东，今墓碑犹在。马六甲青云亭（观音亭）内供奉其神主牌和身着明朝衣冠的画像。

杨期演（生卒年未详）

字则龙，号克斋。从金门彤埕移居中左所。博涉书史，尤工古文。明崇祯三年（1630）举人。甲申后，与父廪生师琯杜门不出，读书安平山寺。唐王召为兵部主事。唐王败逃时，期演追赴不及。后遂改作僧人打扮，隐居后溪村。每日垂帘闭户，校雠经史。饮食屡屡不济，终淡泊自如。每年春秋祭日，登山顶北望，酹酒遥拜，继以痛哭。卒年七十余。著有《易经管见》《岛上纪事》。子秉机，元孙宗潮，俱庠生。

杨秉机（生卒年未详）

字允中。明崇祯间（1628—1644）邑诸生。期演子。明朝灭亡后削发为僧，自号鹭岛遁人。北抵金陵，上京师，登泰山，遍游寰中名胜，意趣甚豪。返乡后韬光养晦，潜心于作诗。所作多有佳句。《天津西望》云："海气连孤塔，波光压古城。"《舟泛浙江》云："云收千嶂立，水涨万山高。"《即事》云："马蹄迟积雪，木末接遥天。"《忆游》云："银河倒泻乾坤小，沧海腾浮日月慵。"《渡扬子江》云："北固斜连平树浸，金山中立信潮分。"《抵俨石》云："倒携如意歌新曲，每着征衫语旧知。"《廿八都》云："茅店更新留晚酌，野桥依旧送归蹄。"又有"笑人为气候，认我是江山"之句。寄意遥远。著有《浩然小草》。

陈迈质（生卒年未详）

号同泰，店前人。明代晚期人。因受族人株连，迁长泰，后复回原籍。店前古属同安，故以同泰为号。六岁丧父，与母依赖嫁入吴家的祖姑生活，因受吴家怠慢，自租屋靠卖柴供养母亲。后从商，家境稍富。奉母极欢。母去世后迁居同邑学宫旁，嘉禾宗亲到同安办事，多留宿家中。来参加考试者，更加优待。有借贷者，不取分毫利息，遇贫者焚烧其借券。又置田若干亩，作为家族祭田。与妻虞氏，皆活到九十岁，亲历其子台衡、孙一经登第。

陈启良（生卒年未详）

店前人。清嘉庆十年（1805）游台湾，正好碰上海盗蔡牵率部攻打鹿耳门城。他建议在海底建造木城，被巡台闽浙总督庆保否决。后被当地守城军民采纳，用两昼夜时间建成海底木桩城。陈启良与洪秀文、郭拔萃等分领三路军民守城拒敌，凭借海底木城，使蔡部船只无法靠近鹿耳城。蔡牵曾张贴悬赏告示：杀启良者悬赏万金。台嘉义教谕谢金銮曾就此事咏诗一首："木城百雉海东隅，危难方知伟丈夫。恶耗翻成名节在，万金为汝市头颅。"朝廷平息蔡牵后，授启良五品职衔。

陈庆真（1829—1851）

祖籍店前，生于新加坡。少年时在新加坡参加天地会。曾与灌口人王泉合资经营暹罗（今泰国）、广东间贸易。清道光二十五年（1845），因生意亏本歇业回国，后来到厦门英商洋行当职员。道光三十年（1850）六月，陈庆真和王泉等人在厦门旗杆脚五祖庙（现厦门市民立小学后楼）组织小刀会。咸丰元年（1851）一月，被福建分巡兴泉永海防兵备道张熙宁逮捕，二月二日在厦门被害，年仅23岁。

叶光辉（生卒年未详）

字德耀，后坑人。生性勇敢，好为人打抱不平。其父与人在后坑大路边合营“桑莲”典当铺。叶光辉曾与福建水师提督李廷钰畅论时事，谈吐不俗，颇受李器重。清咸丰三年（1853），小刀会攻陷厦门城。文武官员退至禾山，辟后坑的资福院为行辕，军队则驻扎在后院埔。这一干人等的费用支出，靠桑莲典当铺提供。李廷钰委任叶光辉中军职务，并授权可超越权限见机行事。叶光辉在禾山的乡社中挑选健壮男丁，组成新军，加以训练。当时海上的军队由吴鸿源指挥，陆路则由叶光辉指挥。小刀会事件平息之后，朝廷赏赐“义愤同伸”匾额，悬挂于八保宫内。

石时荣（生卒年未详）

坂美社人。清乾隆五十九年（1794）赴台南。初受雇“元美号”，嘉庆年间在大西门外顶南河街开设“荣盛号”，后改“鼎美号”，从事糖、米贸易。嘉庆十年（1805）捐资募勇，抵御蔡牵有功，授军功六品同知衔。嘉庆十八年落籍台南。后成府城首富。因多次捐资募勇助饷，被赏戴四品花翎，成为红顶商人。道光年间花巨资在坂美建“大夫第”，前后三进，左右有双护厝大厝。咸丰四年（1854）在石氏宗祠创设台湾育婴堂（后改设“今郭”妇科医院）。

第二节　近现代人物

陈宗凯（1837—1895）

字绳武，号述堂，祖籍店前。清咸丰十年（1860）任金门镇中营游击，次年代理金门镇总兵。任烽火门参将期间，废除陋习，扩建城池，禁止私铸鹅眼钱，百姓刻碑颂之。光绪十五年（1889）署台湾嘉义营参将，十七年升任彰化参将。支持开发台湾，参与铁路建设，煤矿开采，发展垦抚事业。光绪二十一年，任台湾艋舺参将，甲午战争中奋勇防御倭寇，殒于军中。赐封武功将军。

陈泰（1839—1898）

名晋国，号砺山，又号清泰。店前社人。小时在家乡读过私塾。清咸丰十年（1860）南渡新加坡谋生。多年后，稍有积蓄，创立“合春号”，经营木材生意。后购地150英亩种植黄梨，生产皇宫牌和松鼠牌黄梨罐头。清光绪二年（1876），与黄良川等人创立浯江孚济庙（即现金门会馆），任八大董事之一。光绪四年出任新加坡保赤宫宗祠的四副董事长之一，与陈金钟、陈明水领导由不同派系组成的陈氏宗祠，并捐资支持新加坡崇文阁、萃英书院等华文学校。19世纪末期，清政府号召海外华侨捐款，陈泰“迭输巨款，动以万计。直督李公、江督曾公交章奏奖议叙，道衔加三级、三代从三品”，被封为“中宪大夫”“通奉大夫”。陈泰还将在新加坡沿海地产及600多亩菠萝种植园捐献给当地政府建码头、仓库及蓄水池。新加坡政府在建成区命名有“陈泰坊”“陈泰巷”，以资纪念。陈泰重视对后代的教育，家教甚严，他的儿辈从小接受中华传统文化教育，还学习英文及马来文。最小的儿子陈楚楠为清末著名的革命党人、社会活动家。清光绪二十四年病逝，终年60岁。

黄必成（1858—1921）

字潮卿，祥店社人。体魄过人，好学上进。年轻时考入同安县学。翌年，因在菲律宾经商的伯父去世，遂辍学南渡菲国。一人兼理数间商行，指挥若定，所订措施，即便是商务老手也不敢轻视。清光绪十年（1884），禾山成立保董公会，黄被推举为总董。他勇于任事，不负众望。乡里有讼事，他出面排解；出现盗情，他请兵加以防守；上峰有疑难问题，就找他咨询答疑；乡人有冤屈，他则站出来为之辩白。他还先后担任厦门中学堂的监事，玉屏书院、紫阳书院、禾山书院的董事，宣统元年（1909）任福建咨议局议员，民国初参与厦门同善堂、市政会的政事，事事皆果敢负责，无所趋避。逝世后葬于布袋山下。

廖成力（生卒年未详）

生于安溪上苑，后被禾山枋湖村的廖根阵抱养，在廖家排行第三。成年后赴菲律宾谋生。经商有成后返回故里。他向清朝廷捐献巨资，用于平乱和赈灾，被清政府封为资政大夫。廖成力秉持儒家“事亲亲”“富而仁”的理念。在家中，他全力供养两位寡嫂。在家乡，他铺路造桥、资助办学、扶贫济困，尽力造福桑梓。清宣统年间（1909—1911），廖成力花费 3 年时间，在枋湖建造“资政第”，又称万石楼，是禾山最大的红砖“番仔楼”。宣统二年（1910）捐资千元，协办禾山团练。廖成力逝世后，旧居花园用于开办湖桐小学。

孙有泰（1866—1934）

五通人。清光绪八年（1882）到菲律宾首都马尼拉谋生，从学徒做起，而后致力于橡胶种植和渔业生产，开办碾米厂、剧场、百货店、食杂店等。20 世纪初，事业有成，在家乡泥金社兴建一幢三层楼，命名为“有泰别墅”。民国 13 年（1924）后，资助泥金社乐安小学扩大为完全小学，为五通及附近几个村的农民子弟提供就学机会。民国 17 年，参与在五通创办航空学校。

黄瑞坤（1867—1916）

字华谨，薛厝社人。小时就读村塾，16 岁随兄黄妈超（与祥店社黄妈超同名同姓）南渡菲律宾谋生。初在棉三米示省当店员，勤学西班牙语、菲语。数年后转往宿务佐兄经营米铺。不久自设“金顺昌”商行，收购土产，经销上海、香港货物，获利甚丰，成为富商。清末回国参与创办投资粤汉新宁铁路，出任董事。他认为“乡俗尚奢侈，婚丧多靡费”，倡立婚嫁崇俭会，倡导革除婚嫁奢靡陋习。他还帮助乡里成立禾山自治会、去毒社、戒毒局和禾山甲种商业学校。为家乡民智开发贡献良多。辛亥光复时，军需告急，助饷五千银元，并倡办民团，维护治安。在菲律宾期间，热心华人事业，大力赞助宿务中华会所、崇华医院等公益事业。

林在华（生卒年不详）

塘边社人。清朝末年随族亲下南洋讨生活。初时在橡胶园当工人，后自己开荒种植橡胶，奠定产业基础。后兼做红糖等土特产生意。经过十几年的奋斗，家丰业厚。民国初年返乡定居。时值灾荒，林在华慷慨解囊，救济灾民。获国民政府颁赠“急公好义”匾额。林在华在塘边建有中西合璧的红砖楼，人称珠光剑气楼。

黄妈超（约 1868—?）黄登士（1900—?）

祖籍祥店社。19 世纪中叶，黄妈超的父亲到菲律宾东黑人省朗吗倪地市经商。父亲去世后，他的兄长黄妈全子承父业。清光绪二十四年（1898），黄妈超到朗吗倪地协助其兄发展事业。黄妈全去世后，他独力支撑家业。先与华商杨永传合资创办瀛发商行，民国 3 年（1914）改组为黄妈超股份有限公司。商行总行设于朗吗倪地，分行设于各商埠。民国 9 年，与杨永传斥资分业，从此瀛发商行归黄氏家族独自经营。20 世纪 20—30 年代，在东黑人省朗吗倪地市兴办“妈超汽车运输公司”，该公司是屈指可数的华侨陆上运输企业之一。其开辟的客、货运汽车运输线路遍布整个东黑人省。30 年代始，黄氏家族的经营重心逐渐转移到宿务，瀛发行的总部也迁往宿务。30 年代后期，黄妈超任瀛发行董事长，黄登士任总经理。后者还出任宿务中华商会主席，一直任职到抗日战争后。黄妈超去世后，黄登士继承宿务的产业。1955 年，创办大型食品联合企业通用面粉厂，生产“阿拉斯加牌”面粉和多种食品。后将生产基地拓展至马尼拉，80 年代发展为全菲最大的面粉厂。

郑瑞生（？—1941）

籍贯不详，毕业于中华中学，任清河学校校长十余年。鉴于农村文盲多，立志从事农村教育。民国 25 年（1936）在禾山创办钟宅小学校。“七七”事变后，组织禾山抗敌团，自兼团长，从事宣传工作。厦门沦陷后，逃难香港，因母病危，返鼓浪屿探视。太平洋战争爆发后，日本占领鼓浪屿，日伪当局利诱威胁，要他出面协助工作，均遭拒绝。民国 30 年 10 月，日本华南情报部部长泽重信在厦门岛内大中路被刺毙命，被当作刺客嫌疑人遭逮捕。被捕后遭受酷刑身亡。抗战胜利后，受到南京国民政府内政部颁令褒扬。

陈厚泽（1869—1929）

字谦（濂）澄，号清泉，寨上保人。先世由河南固始迁厦。厚泽 3 岁丧父，年仅 14 岁，渡菲习商。后因母病返家，侍奉 3 年。母亲病逝后，仍赴菲岛。数年后，颇有积累。厚泽通晓西班牙语，常代表当地华侨与驻菲西班牙总督以及当地土著交涉，深受当地华侨拥戴。厚泽幼时曾入私塾，后因家贫辍学，但仍坚持自学，涉猎经史及古文辞、先儒格言。致富后家中聘名师教授儿辈。其子陈通、陈辉、陈浩，均肄业于厦门中学堂。厚泽致富不忘故里，举凡修葺祖祠、置祭田、修路造桥、资助教育事业等事，均踊跃捐输。光绪十九年（1893），埭岸被海潮冲毁，很多田地和房子被淹没。厚泽和乡里众长者商议，组织乡人按田地出资筑埭，没钱出资者由其捐助。清末因助赈被授予五品同知衔。

陈迎来（1869—1950）

围里社人。清光绪十年（1884）随族亲南渡菲律宾谋生。初在亲戚店中当学徒，6 年后自营布店。光绪二十八年与侨商宋圃在马尼拉范伦那街合办馨泉酒厂，后改由其独资经营。民国 13 年（1924），收购马尼拉一家由西班牙裔开设的酒厂，并买断该厂酿造“仙来迄”白酒的专利，成为菲律宾最大的酿酒厂。民国 30 年，该厂产品占全菲酒类产量的 70%，因此享有“酒王”美名。还投资参与组建菲律宾首家华资银行——中兴银行，并投资建造纸厂、厦门大同淘化罐头食品公司等企业。陈迎来长期担任马尼拉中西学校董事长，连任两届马尼拉中华商会会长，连任 15 年马尼拉华侨教育会会长。对华北赈灾、闽侨救乡、华侨抗日救国运动、中国水灾救济等，无不大力捐输。为表彰陈迎来的杰出贡献，马尼拉市议会于 1967 年 9 月通过决议，将陈迎来大厦所在的街道改名为“陈迎来街”。其家属也设立“陈迎来纪念文学奖”基金会。

陈有才（1870—1952）

寨上社人。5 岁丧父，13 岁随西郭一位叶姓番客到马来西亚沙捞越谋生。初在船上、码头跑腿打杂。16 岁时得叶姓番客有意栽培，任货船的“第三总铺”。偶遇陈嘉庚，得其资助，开始做大米生意，后又兼做其他生意。清光绪十六年（1890），回乡建造一栋中式红楼，并和叶姓番客的女儿结为伉俪。陈发达后不忘桑梓。民国 3 年（1914），在寨上建湖山小学，本村儿童可免费入学。他还献地修建基督教堂，捐资铺设红砖村道。村人如有急难，都慷慨解囊。1952 年，病逝于沙捞越。

叶朝君（1871—1947）

又名兆君，后坑人。年幼丧父，稍大，就读于乡塾，因家境贫寒辍学。清光绪十四年（1888），到菲律宾树殊根省定居，受雇于当地一家华侨店铺。后独立经营椰干生意。先后在树殊根省创办信孚公司、信丰公司，又在马尼拉创办信诚商号，并开始涉足棉布、丝绸业和房地产业，实行多元化经营。被推选树殊根省华侨总商会会长。叶朝君发家致富后，捐献地皮、房产和巨资开办中华学校，出任“中华学校”校董会主席。民国20年（1931），叶朝君在家乡成立“侯卿农牧股份公司”，种植荔枝、龙眼、桃、李等水果以及花生等油料作物。并将公司的利润用于创办禾山益济学校。民国36年回乡定居，同年病逝，终年76岁。《华侨名人史略》称叶朝君“平时自奉极薄而恤贫周急则慨然不吝，侨胞沾其惠者匪少，树殊根省社会妇孺咸知华侨有叶某其人也。”

徐赞周（1873—1933）

原名根藤，别号益黄、市隐，徐厝社人。小时入私塾，后因家贫辍学务农。光绪十七年（1891）赴缅甸谋生，先在一家华侨土产店当职员，稍有积累，即与友人合伙开设瑞隆土产公司。清光绪二十九年（1903），与张永福、庄银安等创办缅甸华侨第一所新学制学校——中华义学，先后担任副监学、监学。同年创办益商夜学，次年改为日学，为华侨、工人、学徒、店员提供教育机会，徐自任义务老师。后中华义学改为中华学校，为保皇势力所控制，徐遂脱离该校，专理益商学校，任校董兼教师。为宣传革命思想，徐将校名改为共和学校。清光绪三十四年（1908），徐赞周加入中国同盟会，同年与陈守礼等成立中国同盟会缅甸分会，任主盟人。同年八月一日，与庄银安、张永福等创办《光华报》，作为缅甸分会的机关报，徐担任助理编辑。该报因鼓吹革命于宣统二年（1910）被勒令停刊，为保皇党人承买，改名为《商务报》。徐召开全体同盟会会员大会，集资复办《光华报》，与保皇派展开论战。清政府勾结缅甸殖民当局，二度勒令该报停刊。徐又与陈钟灵、吕志伊、李海国等第三次重办机关报，改名为《进化报》。未几，《进化报》又被停刊。徐又联络张永福、杨子贞、曾上苑诸人，创办《缅甸公报》，“仍以宣传革命为务，至民国成立犹屹立弗衰。”

宣统三年（1911），徐赞周与陈朝初等发起成立缅甸华侨兴商公司，后改为缅甸华侨兴商总会，作为缅甸分会的后盾，团结广大华商，支持祖国革命。辛亥武昌起义，缅甸分会为支援辛亥革命，设筹饷局，继组参谋部。徐任筹饷局局长和参谋部部长，发动侨商，踊跃捐输，一个月内募得捐款40万缅盾。民国元年（1912）3月1日，临时大总统孙中山特颁授“旌义状”，以示表彰。

民国元年6月，徐赞周辞去中国同盟会缅甸分会会长职务，致力于实业和著述，先后在仰光开设新国烟草公司、鼎新书局兼印务。著有《缅甸华侨革命史》《缅甸历史》《缅甸地理》《缅甸物产》等。

陈祯祥（1874—1922）

马垅社人。早年南渡新加坡谋生，经商有成。1912年9月，任华商银行首任董事。1917年1月6日，与陈若锦、余连成等14名华人领袖，代表欧籍人以外的各族人士向新加坡政府提呈一份1200人签名的请愿书，要求政府根据个人入息征收战争税，以取代政府为支援英国对德作战而准备征收的一套战争税。1919年9月，任华侨银行首任董事之一。20世纪20年代，任保赤宫陈氏宗祠总理。历任马华青市区支团团长、马华区会宣传主任、中华总商会董事、福建会馆交际部主任等职。曾受封太平局绅。

张宝镜（1874—1959）

下边社人。生父法喏，后因叔父无子，将其过继给叔父。19岁时随族亲到印尼谋生。先在其二哥的商行帮忙，光绪二十七年（1901）自办“义和”商行，经营杂货，获利颇丰。后主营冰糖业。在印尼经商的同时，张宝镜在台湾开设义和茶行，经营茶叶生意。鼎盛时义和成茶行分号遍布台湾、香港、天津及泰国、印尼等国家和地区，赢得“茶叶大王”的美称。民国7年（1918），因幼儿夭折心灰意冷，携眷回国居住。其间，在家乡修建“宝镜楼”，施恩布德，济困扶危。民国9年，在垄川开设义和号分号。同年，花150万盾购买梭罗巴最大、最好的商业中心区大巴杀街的一座大厦。民国35年，在厦门开设振和商行，半年内资本扩充到20万元。

张宝镜事业有成后不忘乡梓，在村里办私塾、小学，每年过年给村里家家户户送米油和红包。资助村中宗祠的修建，捐资集美学村。解放后，每年还寄500元给村里的老人和学生。中华人民共和国成立10周年时，受到国家领导人的接见。

郑为仁（生卒年未详）

卢厝社人。童年随乡亲到新加坡，先入商场为徒，后到丁加奴州恒利栈任职。民国28年（1939）自创商号“丰美号”，代理各种名烟洋酒的进出口业务。抗日战争期间踊跃筹赈支持祖国抗战，被推选为丁加奴州南侨筹赈中国伤兵难民分会主席。第二次世界大战结束后参与马来西亚独立自治活动，出任丁加奴州治安秩序会要职，并极力恢复中华商会、中华维新学校，倡办义务夜校。曾出任丁加奴州福建会馆主席。

薛芬士（1883—?）

祖籍安兜，生于马尼拉。7岁时回国，入福州鹤龄英华书院念书。清光绪二十九年（1903）返回菲律宾，被宿务市金顺昌号聘为经理。侨居宿务11年间，为首发起创办中华会所（宿务中华商会的前身）、中华学校、华侨义山、崇华医院和远东俱乐部等。民国10年（1921）2月，即将离任的哈里森总督向菲律宾参议院提交旨在损害华侨正当权益的“西文簿记法”，时任中华商会副会长的薛芬士与李清泉会长及周宾贤总领事数次向哈里森总督交涉，遭哈里森拒绝。为此，薛芬士与其他侨领领导长达数十年之久的抵制“西文簿记法”运动，后终于获胜。

民国13年，移居马尼拉，开设益华商业有限公司，经营进出口贸易，信用卓著，业务发达，在菲华商业界享有盛誉。

民国26年，“卢沟桥事变”爆发后，菲律宾侨胞成立“华侨援助抗战委员会”（即菲律宾华侨各界抗敌后援会），薛芬士被推选为副主席，为筹募抗日救国捐款四处奔忙。日军南侵菲律宾后，他与42名爱国侨领被拘押在马尼拉市内的菲律宾大学。翌年2月，日军将其释放，并任命他为伪华侨协会会长，他拒不从命，遂举家避居于北吕宋附近的富加岛，直到抗战结束后，才由美军派直升机将其接回马尼拉。

民国23年后，蝉联菲律宾马尼拉第31～41届中华商会主席（其中第35届主席为李清泉）和第42～44届名誉理事长。任职期间号召华侨加强团结，集中力量，极力争取菲律宾朝野人士的同情，维护华侨、华人的正当权益。同时，竭力主张华菲亲善，消除民族隔阂，增进感情以达到彼此谅解。由于他社会经验丰富，处事沉着果断，领导有方，甚得侨众的拥戴，晚年仍担任中华总商会名誉理事长和顾问。民国35年，在菲律宾募得30万元，支持禾山战后重建。1970年以后，因身体原因不再参与社会活动。

陈楚楠（1884—1971）

原名连才，祖籍店前，生于新加坡。其父陈泰为新加坡著名华侨商人。小时在新加坡当地学校学习英语和马来语，并在家中补习中文。十五六岁即随父习商，21岁时与兄连亩经营橡胶和菠萝种植业，并开办一家菠萝罐头厂。

戊戌变法失败后，康有为、梁启超流亡海外，陈楚楠对康有为极其崇敬，加入林文庆和邱菽园组织的“好学会”，支持康、梁保皇立宪活动，常以“思明州少年”为笔名，在新加坡《天南新报》及香港《中国日报》上发表文章，抨击清政府的腐败，鼓吹维新。后在兴中会成员尤列等人的影响下，阅读《革命军》《扬州十日记》等书刊，转而接受资产阶级民族民主革命主张。清光绪二十六年（1900），与友人张永福、林义顺建立小桃源俱乐部，作为革命党人的活动场所。光绪二十九年六月，上海发生“苏报案”，陈楚楠等以该俱乐部名义致电英驻沪领事，要求援引保护国事犯条例，勿将章炳麟、邹容2人引渡给清政府；又将邹容的《革命军》改名为《图存篇》，自筹资金翻印2万多册，广为散发。光绪三十年初，又与张永福筹集资金5万元创办《图南日报》，自任报社总理。该报主张唤起民众，进行民主革命、推翻清廷，成为南洋华侨最早创办的革命报刊，有“南洋群岛革命党人之第一言论机关”之称。

光绪三十一年，与张永福等经尤列介绍与孙中山相会。翌年4月，孙中山到新加坡，在孙中山介绍和主誓下，陈楚楠与张永福、李竹痴3人加入中国同盟会。同年6月，中国同盟会新加坡分会在晚晴园成立，他被选为分会会长；7月，与林义顺等人陪同孙中山前往马来亚的芙蓉、吉隆坡、怡保三市进行革命宣传及组织活动。并受孙中山委派，与林义顺、李竹痴等在马来亚槟榔屿、缅甸仰光等地发动建立同盟会分会组织，成为孙中山在南洋开展革命活动的得力助手。

光绪三十一年秋，因经费亏蚀，《图南日报》停刊。同年，陈楚楠再度联合张永福集资创办《南洋总汇报》，但第二年即被保皇派所控制，改名《总汇新报》。光绪三十三年又与张永福、林义顺等在新加坡创《中兴日报》，与保皇派展开激烈论战，孙中山也以“南洋小学生”为笔名，在该报发表3篇文章参与论战，传播革命思想。陈楚楠等还筹巨款，接济孙中山领导的中国同盟会在两广和云南省发动的武装起义，并于起义失败后设法安置避难新加坡的革命党人。

辛亥革命胜利后，福建华侨在新加坡福建会馆开会，组织福建保安会，陈楚楠被选为干事。民国初年被推举为设在上海的华侨联合会副会长。民国4年（1915），中华革命党新加坡支部成立，任副支部长。民国6年，被孙中山聘为大元帅府参议。民国12年8月，任广州大本营谘议。民国17年8月，任福建省政府委员，曾一度兼任实业厅厅长、铁道部商办潮汕铁路股份有限公司整理委员。民国21年4月，任侨务委员会委员。曾计划在福建创办银行，促进矿业和水产资源开发，因政局关系无法实现抱负，失望之余于民国22年重返新加坡经商，从此退出政治舞台。

抗日战争时期，陈楚楠坚持抗日立场，拒绝南京汪伪政府的拉拢，不任伪职。

1971年9月21日病逝于新加坡。

薛敏佬（1887—?）

祖籍安兜社，生于菲律宾首都马尼拉。系薛芬士之弟，排行第五。清光绪十九年（1893）奉父命回国，入福州鹤龄英华书院求学。清光绪三十一年（1905）到美国密执安大学专攻法律，民国元年（1912）获法学学士学位。返菲后从事律师工作，并被华侨善举公所、中华商会聘为法律顾问。凡华侨个人或社团有关法律问题，“皆薛先生是商，皆薛先生是决”。美国入侵菲律宾后，拟辟华侨义山为公路，他出庭据理力争，终获胜诉。民国10年2月，菲律宾议会通过“西文簿记法”案，他与晋江人吴克诚被马尼拉中华商会等团体推为华侨代表进行交涉。他们先后到香港、上海、天津、北京等地进行宣传，呼吁各界人士支持华侨为撤销该法案而进行的抗争。其后又前往美国华盛顿向参、众两院议长等陈述该法案内容及其苛待华侨的实质，促使美国议会两次推迟实行该法案。民国14—16年，被推选为马尼拉中华商会第22、24届会长。民国18年，获上海圣约翰大学赠予法学博士。

薛敏佬除从事律师工作外，同时还与其兄薛芬士合营益华贸易公司，民国9年与当时菲律宾“木材大王”李清泉合资创办菲律宾第一家华侨金融机构——中兴银行。民国29年出任董事长，直至20世纪70年代。

民国26年，被选为菲律宾华侨援助抗敌委员会委员。民国31年1月，与42名爱国侨领被日本占领当局拘押，翌年被释放。

日本投降后，致力于中兴银行的恢复和发展。两度被菲律宾商界出版协会选为“本年杰出的银行家”。薛敏佬关心社会公益事业，是菲律宾全国红十字会、残疾儿童救济医院等社团组织的有力支持者。

薛拱年（生卒年未详）

祖籍安兜社。民国14年（1925）毕业于美国西点军校，同年返回菲律宾。民国17年8月，与吴纪霍、吴福奇、薛煜添、林珠光等人发起组织航空委员会，在菲律宾中华总商会会长薛芬士、侨商孙有泰的支持下，募集资金，在厦门五通乡店里村创办厦门五通民用航空学校。民国18年，接替陈国梁任校长。民国19年，五通航校因经费问题停办。虽然前后只有3年时间，却是中国最早的航校。

薛煜添（生卒年未详）

祖籍安兜社。在菲律宾资助过孙中山的革命活动。民国15年，与黄晴辉等人合股创办厦门最早的客车运输公司。民国17年，与旅菲爱国华商组织“航空委员会”，募集资金筹办厦门五通航空学校。同年出资兴建安兜至斗门的2公里乡村公路。

薛武院（生卒年未详）

字秀岚，庵兜社人。读书明大义，弱冠应童子试落第，后秉承父命到星岛（新加坡）经商，开设万益兴号。后声望日隆，历任新加坡中华总商会第十五届至十七届正副会长、新加坡南洋华侨中学及道南学校财政、爱同学校副总理、南洋女子学校董事。在他担任华商银行总理期间，取得优良的经营业绩。他为人正直、热心公益，当他了解到星岛禾山籍侨民创立的公产慈善基金权益遭到少数管理人员侵蚀时，便联合全体禾山籍华侨，成立禾山公会，并对公产基金重新加以整顿，以保障权益。曾出资捐助辛亥革命和蔡锷领导的云南起义。厦门创办禾山中学、华侨中学时，带头捐款赞助。禾山濒海，常有海盗出没，为害百姓，薛武院发起募捐，购买一艘快艇，赠与厦门海军办事处，用以海上警卫巡逻。晚年事业失败，家境窘然，70 岁时去世。

黄萃庭（1887—1967）

祥店社人。年轻时赴南洋学医。学成后归国，在祥店办诊所。诊所养有马匹，随时可策马出诊。黄萃庭用毕生所学造福社里。定期对本社厕所消毒，防止蚊蝇滋生。民国 37 年（1948）8 月，与陈克舒、林文忠、陈安晋等组成厦门市第二中学（校址在今梧村双涵）董事会，任董事长。翌年 3 月，已过花甲之年的他再次远渡重洋，筹募 10 万银元办学经费。

1967 年，逝世于菲律宾。

林萃龙（1891—1957）

祖籍高林，生于新加坡。在安德鲁教会学校及莱弗士学院毕业后，考进爱德华六世医院，民国 2 年（1913）考取医学士。在政府地方医院担任助理外科医生。民国 3 年，在沓田仔自设思明大药房，行医数十年医名远播，尤其精于儿科，获“儿科圣手”美誉。摄影方面亦有造诣，曾有数幅作品入选国际摄影沙龙展览。

黄开宗（1892—1929）

英文名为 LUIS，祖籍祥店社，生于菲律宾马尼拉。菲律宾大学文科学士、马尼拉法政学校法科学士、美国芝加哥大学经济学学士和法学博士。曾任菲律宾大学演讲教授、菲律宾律师公会律师和大理院公证官、美国政治及社会科学研究院会员、菲岛中华商会董事。民国 11 年（1922）秋，受聘到厦门大学任教，历任文科主任、法科主任、代理大学秘书等职，同时被聘为厦门警备司令部和公安局法律顾问。黄开宗在校期间直接参与学校的决策，对厦门大学的发展多有建树。民国 18 年 4 月 19 日，因肺病医治无效逝世。厦门大学特于 4 月 20 日停课一天，并下半旗志哀。

黄士琰（1893—1943）

祥店社人。先后就学于厦门中学堂和香江圣士提坂学校。能讲一口流利的英语、粤语，学西班牙语仅数月，就能与西班牙人交流。被炳记商行聘往菲律宾马尼拉，很快在菲侨界崭露头角。成为侨报《新闽日报》撰稿人，历任中华总商会、华侨抗敌后援执行委员及文书主任等职。时人以“临事则折从樽俎，闲居则谈笑风生”相评价。黄士琰曾为当地报刊、电台撰写抗日文章。马尼拉沦陷后，大家也都为他的安全担忧，他却谈笑自若地说：“我们祖国抗战数年，输热血、抛头颅的不知有多少，杀身成仁的何止我一人，有什么可忧戚的呢？”民国 31 年（1942）被日军逮捕，判处 20 年徒刑，收禁文汀俞巴新监狱。在监狱中饱受折磨。翌年 3 月 18 日死于狱中。弥留之际，犹诵“王师北定中原日，家祭无忘告乃翁。”遗体停留家中两日，吊唁者上千人。

陈菊农（1893—1967）

名浩，又名永洁，字菊农，禾山寨上社人，其父陈厚泽。清宣统元年（1909），入厦门官立中学堂就读。

成年后，在家乡耕读并参与民国初年的进步活动。民国5年（1916）赴菲谋生，开有“菊记茶庄”小店。时孙中山派人前往南洋为“倒袁”起义筹款，陈菊农在菲华社会中积极劝募，不遗余力。热心侨社文化教育活动，与人合办华文洪光中学和华文报纸《小说丛刊》。

20世纪20年代，回到厦门，投入家乡的文化活动，时有文字见诸报端。民国19年4月，在思明东路独资创办《厦门周报》，每周发刊四开张纸2张，颇受欢迎，持续五载不衰。民国20年，编《厦门小报大观》，撷取《昌言》等厦门小报之文字佳者为一书，留下厦门近代文化史料。

民国23年1月起，转为专心参与禾山建设发展。至抗战前，担任禾山地方建设促进会常务委员、区教育会筹备委员、湖山学校财政主任等职。为减免地方捐税、加强地方治安而奔走，大力倡设平民教养院。同年9月，与归侨叶天来、陈天恩共同发起创办《禾山旬报》。民国24年8月21日，《禾山旬报》出版36期之后，由于各种原因，被迫停刊。

民国27年，在菲律宾创办南声出版社，宣传抗战，呼吁侨胞出钱出力支援前线。5月，赴新加坡参与新加坡厦门公会的筹备与成立。

抗战胜利后返回厦门。民国36年，为促进厦门市文献委员会委员募捐修志和重建厦门图书馆，以菲律宾南声出版社名义在厦门创办《厦门画报》杂志，搜求有关厦门文献资料。当年底，以百万元捐助文献委员会，百万元捐助佛学会，襄建太虚法师舍利塔。民国37年1月，被厦门市政府聘为厦门市文献委员会委员。

厦门解放后，以无党派民主人士身份积极参与活动，先后当选为第一届至第六届厦门市归国华侨联合会常务委员、执行委员。1950年，向厦门市拥军支前委员会捐赠人民币10万元。1956年出席全国归侨代表大会。1967年，因病去世。

陈贵贱（生卒年未详）

殿前人。20岁南渡新加坡，经营新加坡再兴枋木厂、甘马挽第一火锯厂、马六甲第一火锯厂，以及甘马挽造船及铁厂等。历任崇正、崇本两所学校的负责人；赞助南洋工商补习学校始创，并担任建校委员会委员、产业信托人。不辞劳苦，尽心尽力。民国15年，任保赤宫陈氏宗祠重修协理，后担任宗祠两届总理。民国17年为创办厦门中山医院捐资1000元。每年春节前都汇款回乡，资助困难家庭过年。抗战期间参加新加坡华侨筹赈祖国难民委员会的募捐工作，认购公债及捐款多达二三十万元。历任新加坡禾山公会总理、新加坡中华总商会闽帮会董事（1933—1935年，1941年）以及新加坡福建会馆董事等。

陈伯甫（1900—1992）

殿前人。民国10年（1921）赴新加坡谋生，在华商银行任职，并利用工余就读于南洋工商补习学校。民国14年移居缅甸，独立经商。民国21年，在敏建市建立肥皂厂，生产、销售“瑞知”牌肥皂。民国31年日寇南侵，仰光沦陷，举家回国定居漳州达5年之久。民国36年，再往缅甸重整旧业，取得成功后到仰光市发展业务，成为殷商。

陈伯甫关心华人社会公益事业，积极参加社会活动。中缅建交后，被公举为缅甸华侨救济委员会主任委员，还担任缅甸华商商会副会长，缅甸厦门联合会（原鹭江公会）理事长，南洋中学、福建女师、华夏中学的董事长等要职。在中华人民共和国成立初，他即汇入99万元巨款投资于闽、粤两省及北京的华侨投资公司，被福建省华侨投资公司聘为驻缅甸代表。1952年、1955年、1957年、1960年、1963年先后5次回国观光。1960—1962年，将多年积蓄的55公斤黄金公价折让给国家。他还是缅甸华侨中第一个到上海购买国产成套制皂设备的侨商，其在缅甸所生产的肥皂甘油质量被公认为超过英商与缅甸政府合资经营的产品，大长中国人的志气。周恩来总理生前4次会见他，盛赞他的爱国热忱。

陈伯甫爱好医学，业余时间潜心研究“棍针疗法”，著有《筋科棍针疗法》。1979年迁居香港后，辗转于京、津、沪、宁、成、渝、粤、闽各地，免费为病人诊治，传授“棍针疗法”。1987年，在殿前开设“陈伯甫诊所”。他还资助殿前小学及本村铺石路，为厦门四中捐建两间教室，捐献万元资助华侨大学陈嘉庚纪念堂，捐赠集美区侨联一辆丰田12座位汽车。

林巧稚（1901—1983）

女，湖边社人，后移居鼓浪屿。清光绪三十二年（1906）秋入鼓浪屿蒙学堂。宣统三年（1911）秋入鼓浪屿厦门女子师范学校（即高等女校）。民国10年（1921）夏，协和医学院在上海招生，林巧稚与一女友赴上海应试，被录取，在该校学习期间是全校有名的高才生，民国18年6月毕业，获医科学士学位及美国纽约州立大学医学博士学位。同年7月受聘为协和医院妇产科住院医师。因工作成绩突出，民国21—22年被选派赴英国伦敦医学院和曼彻斯特医学院进修。民国28年赴美国芝加哥医学院进修。她知识渊博，临床经验丰富，科研成果为美国医学界所瞩目，被授予“美国自然科学荣誉委员会委员”证书。进修期满，她谢绝美方的挽留，次年回国后，接替协和医院妇产科主任惠狄克主任之职，成为协和医院第一位中国籍妇产科主任。民国31年1月，协和医院被日军侵占而停办。停办期间，她在北京东堂子10号开设“林巧稚诊疗所”，收费低廉，见到穷困人家不仅免收诊费，还掏钱给病人买营养品。诊所创办6年，仅门诊就填写8800份病历。民国37年5月，协和医院复办，被聘为妇产科主任、教授。

解放后林巧稚被任命为协和医院妇产科主任。1955年6月，当选为中国科学院学部委员，为当时学部中唯一的女委员。1956年7月，当选为中国医学会副会长。1959年，被任命为中国医科大学副校长、中国医学院副院长。曾当选第一至第五届全国人大代表、第三至第五届全国人大常委、第三届全国政协常委、北京市政协副主席、第四届全国妇联副主席。

她没有儿女，一生为5万多个婴儿接生，被誉为“万婴之母”。是中国妇产科学的奠基人和开拓者之一。早年对“胎儿宫内呼吸”和“女性生殖道结核”进行研究。中华人民共和国成立后，开始对滋养细胞肿瘤的发生、发展规律进行研究，以后又指导绒毛膜上皮癌的研究，在滋养细胞肿瘤的化疗方面取得重要成果，受到国家奖励。还对妇科盆腔器结核进行过深入研究，曾负责组织北京地区宫颈癌的普查和防治。其主要研究论文有：《从病理检查和尿内绒毛促性腺激素定量试验讨论子宫绒毛膜上层癌的预后》《北京市88998居民的地区子宫颈癌普查结果初步报告》《葡萄胎和绒癌尿内绒毛促性激素的测定》《24例良性葡萄胎及恶性葡萄胎转移的研究》《老性葡萄胎85例诊断及预后的探讨》等。主编《妇科学进展》《妇科肿瘤病学》等学术专著及《家庭卫生顾问》《育儿百科全书》《农村妇女卫生常识问答》等科普读物。

1983年4月22日，林巧稚逝世于北京协和医院。厦门市鼓浪屿“毓园”有其塑像和生平事迹陈列馆。

陈振传（1908—2005）

祖籍马垅社。光绪三十四年（1908）生于新加坡。少年时就读于英华书院，后考入英国剑桥大学，民国14年（1925），以优异成绩毕业。民国15年，出任新加坡华商银行高级行员，潜心于金融经济研究，为银行董事部所器重。30年代初，出任新加坡三大华资银行合并的华侨银行产业部经理，兼东方实业有限公司经理。民国30年任殖民政府工部局议员，同年12月太平洋战争爆发，又被当局任命为战时民防部委员会委员，后随英军撤退至印度。民国31年，出任设在印度的华侨银行总行战时总经理，调度华侨银行海外各分行营业活动。二战后返回新加坡，出任董事、总经理，致力于华侨银行复业。后继李光前、李俊丞之后任华侨银行董事主席兼总理，同时兼任与华侨银行有直接关系的多家大企业机构董事会主席或董事。

民国35年，出任新加坡产业公会主席。民国37年出任中华总商会第二十五届副会长。作为华人代表在新加坡议会陈述时局见解，并就新加坡出入口外汇、扩大对印尼物资交流等问题提出了建设性意见。同年出任新加坡政府行政会非官吏议员，并代表中华总商会任立法委员，为立法会非官方议员领袖、立法会议会主席。1951年，被委任为立法会议副主席。

陈振传热心社会公益、慈善及教育事业。以“无名氏”名义多次捐资。1953年南洋大学创办时，他是积极赞助人，尤其赞同南洋大学建立商学院，以培养商界人才。新加坡共和国成立后，他主持的华侨银行向政府捐献国防基金15万元。

陈振传勤于治事、喜好研究，博览群书、学识深广。曾获澳洲管理学会院士、伦敦银行会院士，还曾任马来西亚与英属波罗洲货币委员会委员、马来西亚大学理事。获太平局绅（J. P）称号，英皇赐封司令勋章（C. B. E 勋章）以及马来西亚元首封 P. S. M 勋衔及丹斯里尊称。1983 年引退后仍被聘为华侨银行集团永远名誉总裁。

黄和尚（1914—1993）

又名黄再生，祥店社人。幼时在后埔村小学读书。民国 16 年（1927）随族亲到缅甸良党县山景村一家饮食店当伙计。民国 23 年，自开小杂货店。民国 38 年移居仰光，经营公共汽车业务，后兼营汽车配件。1963 年，改做拖鞋生意。1965 年，创办“得尼温橡胶厂”。由于经营有方，事业发展很快，几年后就拥有缅甸币数百万元，曾任缅甸华侨兴商总会会长。他热心为侨胞排忧解难，在缅甸华侨中具有较高威望。1986 年，被选为缅甸厦门联合会理事长。

20 世纪 70—80 年代间，多次携全家回国探亲访友、观光旅游。1984 年，捐赠缅甸币 5 万元，资助家乡修建晒谷场。1993 年，在仰光逝世。

钟伟廉（1914—2002）

又名钟福华（英文名 William L. Chiongbian），出生于钟宅社。幼年随父到菲律宾棉兰佬岛上的西棉三米示省乌罗计沓市的市郊定居。13 岁回厦门，就读于鼓浪屿英华中学。民国 19 年（1930）重返菲律宾，帮助父亲做椰干生意。

民国 35 年 12 月 13 日，正式成立伟廉船务公司。从菲律宾国家航运委员会买下 5 艘野战勤务船，又向美国海军购买两艘旧战舰，改装为民用轮船投入营运。民国 38 年 5 月，公司改组为股份有限公司，拥有近 20 艘各式船只。1950 年，钟伟廉被选为全菲航运界杰出人士。1966 年，将公司领导权全部移交给儿子时，公司的年营业额已经达到 1090 万比索，总资产达到 1280 万比索，且已还清全部贷款。1953 年，钟伟廉当选为菲律宾众议院议员。1960 年，成为参加联合国大会的菲律宾代表团成员，以后又当选为众议院多数党领袖的副手。1972 年，马科斯总统宣布解散议会，实行军管，他的政治生涯暂时中断。军管结束后，1984 年他又当选为众议院议员，1988 年当选为西棉三米示省的省长，成为菲律宾有史以来第一位出任地方高级行政长官的华人，直至 1992 年任期届满。

在钟伟廉从政期间，伟廉船务股份有限公司继续发展壮大，1990 年的总资产达 4. 18 亿比索，年度收入达 2. 57 亿比索，在全菲 1000 家大公司中排名第 103 位。

徐四民（1914—2007）

祖籍徐厝社。出生于缅甸仰光，著名旅缅爱国华侨徐赞周之子。孩提时白天在父亲经营的仰光鼎新书局做工，晚上父亲教他读书。13 岁考进中学，先后就读于槟城钟灵中学、仰光缅甸华侨中学。15 岁考进厦门大学附设高中部。民国 25 年（1936）考入厦门大学文科。

抗日战争爆发后返回缅甸，参加缅甸华侨抗日救亡运动，担任缅甸华侨抵制日货总会总干事。在此期间，与中国共产党建立密切联系。民国 31 年 3 月，日军攻陷仰光，为躲避日本占领当局的追捕，他携带妻儿，隐居在一个名为老山根的小村庄，经营一间小杂货店为生。民国 34 年 7 月返回仰光，筹建华文报纸《新仰光报》，任该报总经理。与此同时，他还参与华侨文化、体育团体的领导工作，帮助恢复缅甸华侨中学。

民国 38 年 6 月，出席在北京举行的全国政治协商会议第一次全体会议，参与商讨新中国建国事宜。中华人民共和国成立初期，主持在缅甸华商商会通过《通告全缅甸侨胞悬升中华人民共和国的国旗》的决议。1950 年 8 月中缅建交后，徐四民组织缅甸华侨先后迎接中国政府驻缅几任大使，还多次配合缅甸政府接待周恩来、陈毅、叶剑英、罗瑞卿、宋庆龄、郭沫若、廖承志等国家领导人。他大力推动中国对外贸易，为建立中缅两国睦邻友好关系和加深两国人民的友谊做出积极的贡献。1954 年，出席第一届全国人民代表大会第一次会议，并在大会上发言。

1964 年 7 月，定居于北京。9 月，担任中央华侨事务委员会委员、中华全国归侨联合会驻会委员。

1976 年 9 月，全家移居香港，集资创办《镜报》，并出任社长。

徐四民曾先后担任全国政协第七届委员会委员、全国政协第八届常务委员会委员、香港特别行政区筹委会委员、香港特别行政区推委会委员、中华人民共和国香港特别行政区基本法咨委会委员、厦门湖里区归国华侨联合会第一届和第二届名誉主席。香港回归祖国后，为嘉奖他为香港回归所作的贡献，香港特别行政区政府于 1997 年 7 月 2 日向他颁发香港特别行政区政府最高荣誉奖章——“大紫荆勋章”。2002 年，江泽民主席为他题词：“以弘扬正气之笔，写爱国爱港之情。”2005 年，北京举行“抗战胜利 60 周年纪念大会”，获赠中共中央、国务院及中央军委特颁发的金质纪念章。

2007 年 9 月在香港去世。著有《一个华侨的经历》等著作。

钟泗滨（1917—1983）

钟宅社人。民国 25 年（1936）毕业于厦门美术专科学校。后赴上海新华艺术大学深造，受到扎实的基本功训练，对中国传统的绘画技法和西欧的现代美术有过系统研究。厦门沦陷期间在厦门第一中学任美术教师。民国 36 年移居新加坡，任教于南洋美专。到新加坡后，广泛借鉴世界美术的新表现手法，从写实派转变为现代派，被新加坡画坛公认为东南亚新潮画家，擅长以油画、水彩、水墨、白描、版画等多种形式创作，并探索融合东西方艺术韵味在中国宣纸上作画。先后创作《树下》《母爱》《峇厘女郎》《梳头》《卖蛋妇》《沙茶小贩》《鸟与马来亚小孩》等作品，给新加坡、马来亚画坛带来很大影响，在东南亚美术史上占有重要的席位，被称为南洋画派的创始人。20 世纪 60—70 年代，多次在国内外举办画展，其作品备受推崇，享誉国际，被许多收藏家所珍藏。1962 年，荣获新加坡共和国公共服务勋章（BBM）。

黄登保（1918—1988）

祥店社人。少时就读于鼓浪屿英华中学，民国 24 年（1935）南渡菲律宾朗吗倪地市，在舅父经营的汽车零件商行当伙计。

抗日战争爆发后，同 7 位华侨青年回国参加抗战。民国 27 年 6 月，抵达延安。先在陕北公学学习，其间加入中国共产党，后又进抗日军政大学学习。毕业后，分配在八路军总部炮兵团工作，先后任班长、排长、连长等职。由于训练刻苦，作战英勇，被授予“贺龙炮手”的称号。民国 34 年，随同炮兵学校校长朱瑞等奔赴东北收缴日本关东军的炮兵装备，着手组建中国人民解放军的炮兵部队，曾任东北牡丹江炮兵团团长，炮兵师参谋长等职。民国 36 年 6 月，配合一纵二师攻打四平，在团政委等多人牺牲的情况下，排除万难，率兵坚守阵地，为后来的总攻创造条件。民国 37 年 1 月，指挥炮兵配合二纵作战，全歼国民党新五军，并活捉军长陈林达。民国 38 年 1 月，参加天津攻坚战，率部支援一纵二师从西部实施主攻。指挥炮兵把 5 米高、2 ~ 5 米厚的围墙打开一个 30 米宽的突围口，并用火力压住缺口两边的敌人，为步兵进入市区全歼守敌铺平道路。

1950 年 10 月，中国人民志愿军炮兵第八师奉命入朝作战。黄登保先后任该师副师长、代师长，率炮八师一部兵力参加第一次战役——黄草岭阻击战，与敌激战 9 个昼夜，击毁敌汽车、坦克 40 余辆，支援步兵击退敌多次猛烈攻击，保障西线志愿军主力的作战。1952 年，黄登保被刘伯承元帅点名调南京军事学院任炮兵系副主任，以后又参与创建炮兵学院。1955 年，被授予大校军衔。1958 年，被调至军委炮兵技术部任副部长，参与第二炮兵的筹建工作。第二炮兵独立成军后，先后任司令部副参谋长、副司令员等职。发表过《辽沈战役义县作战炮兵开突破口的经验》《天津战役一一三师突破方向炮兵使用问题》《解放战争中东北炮兵使用与发展》等文章。1979 年，参加对越自卫还击战，并对炮兵的使用提出很有见地的意见和建议。同年作为人民军队的归侨代表出席全国第二届侨代会，并当选为全国侨联常委。1984 年由副司令岗位退居二线后，被选为第 3 届侨联副主席。离休后，主持编写《中国人民解放军炮兵史》。

释厚学（1918—2002）

俗姓洪，名德操。祖籍同安洪厝（今属翔安区），后迁居枋湖社。8 岁入枋湖湖桐小学，13 岁起在家随母吃斋奉佛。民国 22 年（1933）在鼓浪屿日光岩出家，投拜善契法师座下披剃。国民 34 年，至同安梵天寺，亲近清念上人，由清念上人代其弟子印顺法师收为传法弟子，取法名证道，字厚学。翌年春，往普陀山法雨寺，从开轮法师受具足戒。同年秋返回梵天寺，协助清念长老与当家印实法师管理寺务。是年，印实法师南渡新加坡弘法，他代理当家监院。1950 年，任梵天寺住持。

厚学始终禅心向佛，以保护和复建同安梵天寺为己任。1960 年，与盛文法师募建功德堂。中共十一届三中全会以后，宗教政策得到全面贯彻落实，他奔走呼号，多方争取，梵天寺被列为首批开放寺庙。1982 年，政府拨款修复山门，并划定山地 111 亩作为寺院管理区。1991 年，释厚学与 63 位政协委员联名提出恢复重建梵天寺的倡议案。同安县、厦门市两级人民代表大会先后分别通过《归还修复重建梵天寺，落实宗教政策，保护历史文化古迹》的决议，并成立以他为理事长的“厦门市同安梵天寺修复理事会”。1993 年 11 月，占据梵天寺多年的看守所搬迁。1994 年 1 月 28 日，梵天寺修复工程举行奠基典礼。为重建梵天寺，厚学不顾年老体衰，三次南渡新加坡，广结善缘，发动信众捐款，得到海外各界热心人士鼎力支持。在他的极力争取下，1996 年 6 月，同安区政府划拨寺前 17 亩土地修建梵天广场。至 1999 年 8 月，由其亲自主持的梵天寺复建工程全部竣工。修复、重建念佛堂、拱轮堂、内山门、千佛阁、朱子祠、池头夫人殿、功德堂、钟楼、更衣亭、仰止亭、瞻亭、藏经阁、天王殿、金刚殿、大雄宝殿、法堂、梵天广场、东西连廊、大悲殿等寺院建筑，共耗资三千万元而未动国家一分钱。其间的一沙一石、一砖一瓦，都是法师无日无夜含辛茹苦化缘而来。梵天寺新寺崇楼叠阁，雄伟壮观，气势恢宏，凝聚了释厚学近 20 年的心血。

1952—2002 年，释厚学担任同安县佛教协会会长暨厦门佛教协会常务理事，连任 50 年。1950—2002 年，为同安县（区）政协委员；1960—2002 年，为厦门市政协委员。1981 年以来，任厦门市佛教协会副会长。1982—1994 年，任福建省佛教协会常务理事。1988 年以来，任同安海外联谊会理事。

厚学业研佛经，普度众生，提倡“应无所住而生其心”和“随众生缘”等佛理，积极倡导佛教与社会主义社会相适应。平生自奉俭朴，待人慈悲为怀，乐于施舍，为信众排忧解难，关爱贫苦孤寡，热心公益事业，一生捐款约百万元。

2002 年 9 月 25 日，于同安梵天寺圆寂。

石炳丰（1922—1989）

祖籍五通坂尾社，生于新加坡。幼时就读于新加坡道南学校。民国 35 年（1946），注册成立五洲行食油公司。创办小规模食油提炼厂，并且亲自驾车送货，沿街推销。1950 年，公司扩大为五洲商行，增加食用植物油的提炼和销售。随后，新加坡、马来西亚一带出现多家同行厂商激烈竞争的局面。他于 70 年代将产品打入非洲市场，业务急速扩展。为进一步扩大生产，在马来西亚的雪兰莪设新厂生产棕榈油和椰油，在英国和新加坡设制罐和印花厂。1976 年，注册成立五洲行食油私人有限公司，在英国伦敦和香港建立五洲行包销与发售的子公司。1980 年，正式成立五洲行（控股）有限公司，后发展为五洲行集团。集团炼制的各种食油产品，在竞争激烈的国际市场上独树一帜。

任新加坡厦门公会第三十届至第三十四届主席（1980—1989 年）。新加坡厦门公会成立 50 周年（1988 年）时，主持盛大“公会金婚”大典，并出版“公会金婚”纪念特刊，为厦门公会 50 年来最有特色的活动。

洪培翔（1972—2006）

福建省南安市人。1992 年 10 月参加工作，先后担任湖里派出所见习民警、警长、湖里公安分局刑侦大队秘书科副科长、重案中队副指导员。先后侦办破获“10・28”过失致人死亡案、“11・4”伤害致死案等一批大案、要案、命案。2006 年 12 月 22 日，因患肝癌逝世。洪培翔先后 4 次获得“优秀公务员”“优秀共产党员”称号，多次被评为厦门市“优秀人民警察”，2006 年 2 月被授予“福建省优秀人民警察”荣誉称号，2007 年 11 月 12 日，被公安部追授为全国公安系统二级英模。

第二章　人物表

第一节　古代近代人物表

唐至民国县令（县长）及以上职官表

表 32-1

朝代		姓名	居住地	最高官职
唐朝		陈元通	禾山	歙州婺源县县令
宋朝	北宋	林　棐	店里	京师太府少卿
	南宋	薛舜俞	薛岭	金华知县
		薛舜庸	薛岭	古田知县
明朝		李　磓	湖边	金华知县
		傅　镇	中左所	南右督御史
		池浴德	中左所	太常寺少卿
		杨乔椿	壕头	山东平度州知州
		池显京	中左所	和州知州
		林应翔	湖莲	湖广按察副使
		林龙采	湖莲	湖广保庆知府
		陈弼心	殿前	大同参将
		张　衡	湖莲	知县
		陈士兰	店前	刑部主事
		陈一经	店前	临清知县
		苏国翰	田头	吉安府同知
清朝		池继溥	中左所	曲周知县
		林鹏扬	东边社	湖北京山县令、良乡县令
		陈宗凯	殿前	彰化参将
		陈宵九	店前	柏乡知县
		石时荣	五通坂美社	同知

历代进士名表

表 32-2

朝代	科榜	姓名	字号	居住地	最高官职
宋代	元丰八年	林 棐	字彦忱	店里	太府少卿
	绍熙元年	薛舜俞	字钦父	薛岭	金华知县
	绍熙四年	薛舜庸	字惠父	薛岭	古田知县
	绍定五年	薛梦纯		薛岭	
明代	嘉靖十一年	傅 镇		中左所	南京御史
	嘉靖四十四年	池浴德	字仕爵，号明洲	中左所	太常寺少卿
	万历二十三年乙未科	林应翔	字源滙，号负苍，又号止岩、念不	湖莲	湖广按察副使
	万历二十九年辛丑科	陈士兰		店前	刑部主事
	万历四十一年癸丑科	陈沃心	字国文	店前	广西副使
	崇祯元年戊辰科武进士	陈弼心		店前	大同参将
清	乾隆二十五年庚辰科武进士	王 鲤		浦口	

历代举人名表

表 32-3

朝代	科榜	姓名	字号	居住地	最高官职
明朝	永乐六年戊子科	张孝纲		湖莲	余姚主簿
	永乐十二年甲午科	张 衡		湖莲	知县
	永乐二十年	王 让		仓后	贡生
	宣德五年	何秉昌		中左所	贡生
	弘治十一年戊午科	陈华玖		店前	
	弘治十三年	陈 温		店前	贡生，广东海丰训导
	弘治十七年	林 瑶		店里	贡生，广东英德教谕
	正德元年	张 俊		湖莲	贡生，直隶南官教谕
	嘉靖元年	陈 祚		店前	贡生，江西弋阳训导
	嘉靖二十一年	陈 策		店前	贡生，应天溧水训导
	嘉靖七年	傅 镇		中左所	南京御史
	嘉靖四十三年	池浴德		中左所	
	隆庆元年	杨万言		蚝头	贡生，国子监学正、金华府通判
	隆庆四年	穆廷仪		中左所	武举，中左所舍人
	万历十年壬午科	杨乔椿		蠔头	山东平度州知州
	万历十年壬午科	陈一经		店前	临清知县
	万历十六年	黄 銮		中左所	中左所百户
	万历三十一年	陈 星		中左所	中左所军生
	万历十九年辛卯科	陈士兰		店前	刑部主事
	万历二十二年甲午科	林应翔	字源滙，号负苍，又号止岩、念不	湖莲	湖广按察副使
	万历二十五年丁酉科	吕震夏		吕厝	

续表32-3

朝代	科榜	姓名	字号	居住地	最高官职
明朝	万历二十五年丁酉科	陈台衡		店前	
	万历二十八年庚子科	陈沃心		店前	广西副使
	万历三十一年癸卯科	池显衮	字鲁夫，号对奎	中左所	
	万历三十七年己酉科	池显京		中左所	怀庆同知
	万历三十四年丙午科	苏国翰	字乔岳	田头	吉安府同知
	万历四十三年乙卯科	刘显阁		中左所	
	天启元年辛酉科	林龙采		湖莲	湖广宝庆知府
	天启四年甲子科	池显方		中左所	
	天启朝武举	陈弼心		店前	大同参将
	崇祯三年庚午科	杨期演		中左所	南明唐王兵部主事
	崇祯六年癸酉科	苏国兰		田头	广东教谕
	崇祯十一年	池浴云		中左所	贡生
	崇祯十五年壬午科	林嘉采		湖莲	
	明代年号不详	傅南式		中左所	贡生
	明代年号不详	傅兆番		中左所	贡生，鸿胪序班，海康县丞
	明代年号不详	池浴沂		中左所	贡生
	明代年号不详	池起蛟		中左所	贡生
	明代年号不详	杨乔相		蠔头	贡生
清朝	康熙二十九年	池继溥		中左所	曲周知县
	康熙四十七年戊子科（武举）	陈保琳		店前	
	雍正二年甲辰科	黄　琛		薛厝社	
	乾隆三年戊午科	杨国文		竹坑	
	乾隆九年甲子科	杨之琳		蠔头	
	乾隆十八年癸酉科（武举）	王　鲤		浦口	
	乾隆二十七年壬午科	钟　晋		钟宅	
	乾隆五十七年壬子	叶瑞莲	字若彝	县后	
	嘉庆二十三年	陈清辉		店前	贡生，由台湾府学
	道光八年戊子科	王琼佩		仑后社	
	道光二十三年癸卯科	石耀宗		五通坂美社	
	光绪五年己卯科	王步蟾		塘边社	掌教禾山书院

历代乡贤名表

表 32-4

姓　名	朝代	字号	乡籍	科第	最高官职	主要著作或事迹
林　棐	北宋	彦忱	店里	元丰八年进士	京师太府少卿	著有《彦忱诗文集》
池兆铭	明代		中左所		永宁卫中左所总旗	
杨乔椿	明代		蠔头	万历十年举人	山东平度州知州	为官清白自律，廉洁爱民，使百姓安居乐业
叶后诏	明代		中左所			著有《鹅草》、《五经讲义》
陈真泰	明代	字乾通	店前			乐善好施，遇上荒年，拿出家中的仓粮用于赈济乡里
池继溥	清代			康熙二十九年（1690）举人	曲周知县	著有《然斋诗草》四卷
池其绳	清代			康熙四十年（1701）贡生		著有《史眼》、《诗纬》、《四书讲录》、《三极藏书》、《求斋别集》等
林　仁	清代		湖边社			喜爱古琴弹奏，学得庄蝶庵指法，弹起琴来节奏古雅动听
陈迪元	清代	字饮宾				清乾隆十五年（1750）捐资重修"埤仔沟"后塘桥，修筑沿海道路
陈昂泰	清代	青夫	坂上人			书法得颜、柳之妙，字体苍劲有力，曾为玉屏书院石碑书丹
黄妈元	清代		祥店社			担任宿务华人甲必丹、首任驻宿务名誉领事

第二节　现代人物表

获市级及以上级别劳动模范以及省、部级及以上先进工作者名表

表 32-5

姓　名	时所在单位或镇（街）	荣誉名称	授予年份	授予机关
蔡　接	禾山乡后坑	省一级模范	1953	省政府
林石头	江头乡	省劳动模范	1957	省人委
许　协	江头乡勤劳农业社	省劳动模范	1957	省人委
林凤娇	前线人民公社田里幼儿园	省先进工作者	1960	省委、省人委
钟文川	前线人民公社钟宅大队	省劳动模范	1979	省政府
冯再新	厦门汇兴石材有限公司	市劳动模范	1980	市政府
钟文川	前线人民公社钟宅大队	市劳动模范	1980	市委、市政府
冯再新	厦门汇兴石材有限公司	市劳动模范	1982	市政府
庄斯文	华龙实业有限公司	省劳动模范	1982	省政府
钟文川	禾山人民公社	市劳动模范	1982	市政府
陈如意	高殿中心小学	市劳动模范	1984	市政府
高明山	禾山人民公社枋湖大队	市劳动模范	1984	市政府
王翠恋	乐安小学	市劳动模范	1984	市政府

续表32-5

姓 名	时所在单位或镇（街）	荣誉名称	授予年份	授予机关
杨燕珍	禾光照相馆	市劳动模范	1984	市政府
陈如意	高殿中心小学	全国优秀班主任	1985	教育部
黄国富	禾山中学	省“五一劳动奖章”	1986	省总工会
刘金星	禾山乡枋湖村	市劳动模范	1986	市政府
陈永来	湖里搬运公司	市劳动模范	1987	市政府
陈珠玉	禾山人民公社枋湖大队	市劳动模范	1987	市政府
黄炳辉	禾山镇	党管武装好书记	1987	省委、省政府、省军区
陈永来	区搬运公司	省劳动模范	1988	省政府
黄华平	华龙实业有限公司	市劳动模范	1988	市政府
刘宝兴	区人武部	民兵预备役先进个人	1988	国防部
叶水车	区人民政府	民兵工作先进个人	1988	省委、省政府、省军区
叶天捷	厦华电子有限公司	省劳动模范	1988	省政府
沈金全	区教育局	市劳动模范	1989	市政府
许根寿	高林村昭塘社	市劳动模范	1989	市政府
何育德	禾山镇	优秀村委会主任	1990	省政府
林振其	高崎小学	市先进工作者	1990	市政府
欧阳伯愓	厦门师范学校	省劳动模范	1990	省政府
林自达	厦门肉类联合加工厂	“讲理想、比贡献”竞赛活动先进个人	1990 1992	中国科协 国家计划委员会
钟意胜	禾山镇钟宅村	市劳动模范	1990	市政府
陈进才	湖里公安分局	全国颁发居民身份证先进工作者	1991	公安部
叶水车	区人民政府	民兵工作先进个人	1991	省委、省政府、省军区
何育德	禾山镇	优秀共产党员	1994	省委
黄炳辉	禾山镇	党管武装好书记	1995	省委、省政府、省军区
吴世平	禾山镇	一级星星火炬奖章	1995	共青团中央
陈国华	华龙实业有限公司	市劳动模范	1996	市政府
陈致然	禾山中学	省未成年人保护先进个人	1996	教育部
高文川	新立基有限公司	市劳动模范	1996	市政府
简小平	湖里街道濠头居委会	市劳动模范	1996	市政府
叶美仁	禾山镇坂尚村	市劳动模范	1996	市政府
钟平山	禾山镇钟宅村	市劳动模范	1996	市政府
周世凯	禾兴建设集团有限公司	市劳动模范	1996	市政府
陈闽杰	厦门三中	师范教育工作优秀教育工作者	1997	国家教委
黄华平	华龙实业公司	省“五一劳动奖章”	1997	省总工会
陈闽杰	厦门三中	曾宪梓教育基金三等奖	1998	国家教委
陈致然	禾山中学	全国优秀教育工作者	1998	教育教委
卢晓东	禾山镇	党管武装好书记	1998	省委、省政府、省军区
林雪峰	区检察院	全国“三八”红旗手	1998	全国妇联
陈金玲	金鹭特种合金公司	市劳动模范	1999	市政府
陈瑞强	湖里公安分局	全国优秀人民警察	1999	公安部

续表32-5

姓名	时所在单位或镇（街）	荣誉名称	授予年份	授予机关
何如男	区人民法院经济审判庭	全国优秀青年卫士	1999	中央12机关
		全国青年模范、全国法院模范		最高人民法院
林汉彪	汉记食品有限公司	市劳动模范	1999	市政府
林天摧	禾山乡高林田里小学	市劳动模范	1999	市政府
沈锦丽	优必德工贸有限公司	市劳动模范	1999	市政府
苏靖中	厦门三中	省“五一劳动奖章”	1999	省总工会
王爱娥	区市容环境卫生管理处	市劳动模范	1999	市政府
吴清水	富豪建筑公司	市劳动模范	1999	市政府
张移生	千秋水泥制品有限公司	市劳动模范	1999	市政府
黄锦城	湖里公安分局	全国优秀人民警察	2000	公安部
吕培勤	湖里公安分局	全国优秀警察	2000	公安部
王爱娥	区市容环境卫生管理处	省劳动模范	2000	省政府
叶　全	湖里区工商局	粮食收购市场管理工作先进个人	2000	国家工商总局
陈婵婵	江头医院	1998—1999年度“创文明行业、建满意窗口”活动先进个人	2001	省委、省政府
陈振发	区检察院	人民满意检察干警	2001	最高人民检察院
过　洪	湖里公安分局	全国优秀人民警察	2001	公安部
陈蔚青	江头中心小学	市劳动模范	2002	市政府
陈文斌	禾山中学	贯彻《学校体育工作条例》先进个人	2002	教育部
李恩德	禾山镇后埔村委会	市劳动模范	2002	市政府
刘　鹏	群鑫机械工业有限公司	市劳动模范	2002	市政府
卢秀红	康乐社区居委会	市劳动模范	2002	市政府
吴永长	多靶点戒毒心理辅导康复中心	市劳动模范	2002	市政府
		省劳动模范		省政府
		全国“五一劳动奖章”		全国总工会
叶福伟	后坑实业有限公司	市劳动模范	2002	市政府
张庆辉	厦华电子企业股份有限公司	省“五一劳动奖章”	2002	省总工会
陈蔚青	江头中心小学	省“五一劳动奖章”	2003	市政府
李子青	区法院	2001年4月—2003年4月“严打”整治斗争先进工作者	2003	省委、省政府
梁国富	殿前街道	优秀党务工作者	2003	省委
叶　全	湖里区工商局	粮食收购市场管理工作先进个人	2003	国家工商总局
林国松	区人民法院执行局	全国法院执行先进工作者	2004	最高人民法院
陈　媛	区妇联	全国“三八”红旗手	2004	全国妇联
陈丽真	江头街道园山社区居委会	市劳动模范	2005	市政府
吕志华	海峡出租车股份有限公司	见义勇为先进分子	2005	省政府
林国松	区人民法院	市劳动模范	2005	市政府
盛运昌	金山社区	省“五一劳动奖章”	2005	省总工会
吴其山	厦门金鹭特种合金有限公司	市劳动模范	2005	市政府

续表32-5

姓　名	时所在单位或镇（街）	荣誉名称	授予年份	授予机关
谢锦树	区市容环境卫生管理处	省“五一劳动奖章”	2005	省总工会
杨江波	区城市管理行政执法局	市劳动模范	2005	市政府
叶　青	区人民法院	全国人民法庭优秀人民法官	2005	最高人民法院
尤春玲	金山街道金山社区居委会	市劳动模范	2005	市政府
赵纪全	后坑实业有限公司	市劳动模范	2005	市政府
张　炫	厦门协成实业有限公司	市劳动模范	2005	市政府
郑　飚	康乐小学	市劳动模范	2005	市政府
钟水胜	禾山街道	全国民族团结进步模范个人	2005	国务院
林水春	区疾病预防控制中心	全国结核病防治工作“先进个人”	2006	卫生部
王全成	厦门厦顺铝箔有限公司	省“五一劳动奖章”	2006	省总工会
洪培翔	湖里公安分局	全国公安系统二级英模	2007	公安部
林　宾	湖里公安分局	全国人民优秀警察	2007	公安部
林雅达	禾山街道	省“五一劳动奖章”	2007	省总工会
吕培勤	湖里公安分局	省“五一劳动奖章”	2007	省总工会
徐金德	区卫生监督所	省产品质量和食品安全专项整治工作先进个人	2007	省政府

说明：本表收录2007年年底区属机关、企事业单位（含前身）市级及以上级别劳动模范以及受省部级以上表彰先进工作者。排列以受表彰时间、姓名音序为序。表中省、市特指福建省、厦门市；中共福建省委员会、福建省人民政府、福建省人民委员会简称为省委、省政府、省人委；中共厦门市委员会、厦门市人民政府简称市委、市政府。列表人物以授予年份、姓名音序排列

湖里区副高级及以上专业技术职务人员名表（按姓名音序排列）

表32-6

姓　名	性别	出生年月	毕业院校及专业	工作单位	职称
白春雷	男	1967.4	华东师范大学（函授）	金尚中学	中学高级教师
蔡峰明	男	1943.1	三明教育学院	禾山中学	中学高级教师
蔡国平	男	1955.10	福建师范大学数学专业	禾山中学	中学高级教师
蔡和生	男	1949.10	第三军医大学军医系	湖里医院	副主任医师
蔡黎新	男	1972.4	福建医科大学卫生系预防医学	区疾病预防控制中心	副主任医师
蔡艳娟	女	1968.9	集美师范专科学校政教专业	厦门三中	中学高级教师
曹乃敏	女	1954.5	合肥工业大学电子专业	湖里中学	中学高级教师
曹瑞灿	男	1966.10	福建师范大学生物专业	厦门三中	中学高级教师
陈爱萍	女	1959.12	福建师范大学中文专业	禾山中学	中学高级教师
陈宝贵	男	1947.2	厦门大学化学专业	厦门三中	中学高级教师
陈宝清	女	1963.12	福建师范大学数学专业	厦门三中	中学高级教师
陈宝珠	女	1967.10	福建中医学院医疗系	湖里医院	副主任医师
陈春女	女	1968.8	福建师范大学英语专业	厦门三中	中学高级教师
陈萃浦	女	1970.11	漳州师范学院中文专业	金尚中学	中学高级教师
陈道乐	男	1938.8	福建师范大学中文专业	湖里中学	中学高级教师

续表32-6

姓　名	性别	出生年月	毕业院校及专业	工作单位	职称
陈东玲	女	1968.11	福建师范大学数学专业	金尚中学	中学高级教师
陈冬梅	女	1970.3	福建师范大学中文专业	厦门三中	中学高级教师
陈国栋	男	1938.11	福建师范学院数学专业	湖里中学	中学高级教师
陈国英	女	1967.8	华南科技干部管理学院	厦门三中	中学高级教师
陈海强	男	1960.12	龙溪地区师范物理专业	厦门三中	中学高级教师
陈惠倩	女	1965.4	福建师范大学地理专业	金尚中学	中学高级教师
陈　丽	女	1959.8	龙岩师范专科学校	金尚中学	中学高级教师
陈立宇	女	1961.1	厦门卫生学校	区妇幼保健院	副主任医师
陈玲珍	女	1962.11	龙岩师范专科学校数学专业	厦门三中	中学高级教师
陈美玲	女	1966.4	福建师范大学生物专业	禾山中学	中学高级教师
陈闽杰	男	1951.1	江苏泰兴师范中师	厦门三中	中学高级教师
陈芹模	男	1971.1	福建师范大学物理专业	厦门三中	中学高级教师
陈荣艺	男	1963.7	中央电视大学中文专业	东渡二小	小中高（特级）教师
陈淑莲	女	1947.9	福建二师院英语专业	厦门三中	中学高级教师
陈水利	男	1955.1	福建师范大学中文专业	厦门三中	中学高级教师
陈文斌	男	1958.7	福建师范大学体育专业	禾山中学	中学高级教师
陈文良	男	1938.2	江苏师范学院政治教育专业	厦门三中	中学高级教师
陈小井	男	1969.12	福建师范大学数学专业	禾山中学	中学高级教师
陈心刚	男	1941.9	福建师范大学音乐专业	厦门三中	中学高级教师
陈　兴	男	1945.9	浙江大学数学专业	厦门三中	中学高级教师
陈延雄	男	1945.12	中国科技大学物理专业	厦门三中	中学高级教师
陈自力	男	1968.2	福建师范大学数学专业	厦门三中	中学高级教师
陈宗成	男	1968.10	福建师范大学物理专业	金尚中学	中学高级教师
戴建涛	女	1968.5	福建师范大学（函授）	金尚中学	中学高级教师
杜连波	男	1964.5	厦门师范专科学校中文专业	厦门三中	中学高级教师
樊　强	男	1963.8	西安交通大学医学院医疗系	湖里医院	副主任医师
范文红	女	1966.12	福建师范大学生物专业	厦门三中	中学高级教师
方毅芬	女	1968.10	福建教育学院英语专业	禾山中学	中学高级教师
高真蟾	女	1945.6	福建师范大学化学专业	湖里中学	中学高级教师
高振华	男	1942.9	南平师范专科学校俄语专业	禾山中学	中学高级教师
郭丹萍	女	1962.11	福建医学院临床专业	湖里医院	副主任医师
郭艺勋	男	1964.1	厦门大学计算机科学系与中国科学院数学所联合培养软件专业	政协湖里区委员会	副教授
何秋端	女	1967.10	集美师范专科学校中文专业	湖里中学	中学高级教师
何　瑜	女	1946.7	西安交通大学应用物理专业	厦门三中	中学高级教师
胡玲玲	女	1965.2	福建师范大学英语专业	禾山中学	中学高级教师
胡忠南	男	1965.10	福建师范大学（函授）	禾山中学	中学高级教师
洪爱国	男	1946.8	福建二师院中文专业	湖里中学	中学高级教师

续表32-6

姓　名	性别	出生年月	毕业院校及专业	工作单位	职称
洪婷婷	女	1946.4	泉州师范普师三年	华昌小学	小中高教师
洪学如	男	1963.2	福建师范大学中文专业	湖里中学	高级讲师
黄　斌	男	1963.10	福建师范大学地理专业	厦门三中	中学高级教师
黄建业	男	1940.3	福建师范学院外语专业	禾山中学	中学高级教师
黄巨昌	男	1957.11	福建教育学院	区教师进修学校	中学高级教师
黄民生	男	1965.6	福建师范大学政教专业	禾山中学	中学高级教师
黄庆文	女	1967.3	福建医科大学	湖里医院	副主任医师
黄融伦	女	1945.11	福建师范学院中文专业	禾山中学	中学高级教师
黄友信	男	1941.6	南平师范专科学校物理专业	禾山中学	中学高级教师
黄章源	男	1956.4	中央党校法律专业	政协湖里区委员会	高级检察官
简色辉	男	1970.9	福建师范大学数学专业	金尚中学	中学高级教师
江承茂	男	1962.3	福建师范大学物理专业	禾山中学	中学高级教师
蒋宗尧	男	1953.12	龙岩师范专科学校数学专业	区教师进修学校	中学高级教师（特级）
金　霞	女	1968.12	集美师范专科学校语文专业	厦门三中	中学高级教师
孔繁秋	男	1947.8	武汉地质学院数学专业	禾山中学	中学高级教师
李爱群	女	1961.6	北京大学医学院（网络教育）	湖里医院	副主任护师
李　琛	女	1962.2	福建林学院采伐运输机械专业	湖里中学	中学高级教师
李东阳	男	1969.10	福建师范大学（函授）	金尚中学	中学高级教师
李乖治	女	1946.9	厦门大学生物专业	禾山中学	中学高级教师
李惠琴	女	1971.9	福建师范大学历史专业	禾山中学	中学高级教师
李建华	女	1967.6	福建师范大学化学专业	厦门三中	中学高级教师
李俊红	女	1969.12	山西大学无机化学专业	湖里中学	中学高级教师
李　力	女	1956.1	蚌埠教育学院英语专业	厦门三中	中学高级教师
李　梅	女	1966.10	三明师范专科学校数学专业	湖里中学	中学高级教师
李美卿	女	1946.11	江西福空“五七”干校英语专业	厦门三中	中学高级教师
李青云	男	1963.7	三明师范专科学校化学专业	湖里中学	中学高级教师
李　莎	女	1959.8	贵阳医学院医学系	湖里医院	副主任医师
李卫红	女	1968.5	福建师范大学体育专业	厦门三中	中学高级教师
李秀梅	女	1965.8	福建师范大学英语专业	禾山中学	中学高级教师
李燕芳	女	1957.3	三明师范专科学校数学专业	厦门三中	中学高级教师
李英苗	女	1968.2	集美师范专科学校政教专业	厦门三中	中学高级教师
李　瑜	女	1945.3	福州大学电机专业	禾山中学	中学高级教师
李作民	男	1941.7	厦门大学政教专业	厦门三中	中学高级教师
连宝发	男	1966.8	福建师范大学生物专业	厦门三中	中学高级教师
连国东	男	1962.11	福建师范大学化学专业	禾山中学	中学高级教师
梁树艺	男	1968.1	福建中医学院针灸专业	湖里医院	副主任医师

续表32-6

姓　名	性别	出生年月	毕业院校及专业	工作单位	职称
梁文图	男	1940. 8	厦门大学植物专业	厦门三中	中学高级教师
廖锦霞	女	1969. 5	集美师范专科学校英语专业	湖里中学	中学高级教师
廖丽红	男	1963. 1	福建师范大学数学专业	禾山中学	中学高级教师
廖天桥	男	1962. 1	厦门师范专科学校物理专业	厦门三中	中学高级教师
廖鸳鸯	女	1965. 8	福建师范大学体育专业	厦门三中	中学高级教师
林柏树	男	1941. 1	常州师专机械制造专业	厦门三中	中学高级教师
林朝富	男	1943. 7	福建艺术学院	禾山中学	中学高级教师
林国富	男	1962. 2	福建体院体育专业	湖里中学	中学高级教师
林红星	男	1965. 1	福建体院体育专业	厦门三中	中学高级教师
林健生	男	1953. 10	福建师范大学中文专业	禾山中学	中学高级教师
林　捷	男	1962. 5	南平师范专科学校数学专业	厦门三中	中学高级教师
林梅芬	女	1954. 1	福建中医学院	湖里医院	副主任医师
林瑞珍	女	1943. 10	福建师范大学政教专业	厦门三中	中学高级教师
林水春	女	1962. 10	晋江卫生学校	区疾病预防控制中心	副主任医师
林婷斓	女	1969. 1	福建师范大学政教专业	厦门三中	中学高级教师
林学曦	男	1967. 11	福州大学数学专业	厦门三中	中学高级教师
林雪玲	女	1970. 9	福建师范大学英语专业	区教师进修学校	中学高级教师
林育明	男	1967. 7	福建师范大学政教专业	禾山中学	中学高级教师
林元钦	男	1941. 7	福建师范大学物理专业	厦门三中	中学高级教师
林应洪	女	1963. 8	福建师范大学历史专业	金尚中学	中学高级教师
林　庄	女	1965. 11	龙岩师范专科学校数学专业	厦门三中	中学高级教师
林章仁	男	1948. 4	龙岩师范专科学校数学专业	厦门三中	中学高级教师
刘从义	男	1964. 12	集美师范专科学校中文专业	厦门三中	中学高级教师
刘付奎	男	1962. 8	陕西师范大学	禾山中学	中学高级教师
刘国亮	男	1959. 9	福建师范大学（函授）	金尚中学	中学高级教师
刘慧玲	女	1969. 8	集美师范专科学校政教专业	湖里中学	中学高级教师
刘金娥	女	1962. 4	烟台师范专科学校中文专业	厦门三中	中学高级教师
刘六生	男	1965. 8	龙岩师范专科学校英语专业	厦门三中	中学高级教师
刘略辅	男	1972. 12	厦门大学工商管理硕士专业	区招投标服务中心	高级工程师
刘　宁	男	1965. 6	南平师范专科学校化学专业	厦门三中	中学高级教师
刘松兰	女	1962. 11	龙岩师范专科学校数学专业	厦门三中	中学高级教师
刘喜姑	女	1945. 12	河北大学学校教育专业	厦门三中	中学高级教师
刘小玲	女	1948. 9	江西抚州师专数学专业	厦门三中	中学高级教师
刘叙缘	男	1941. 11	福建师范学院政教专业	厦门三中	中学高级教师
刘云玲	女	1966. 10	福建师范大学英语专业	禾山中学	中学高级教师
柳鲁忠	男	1962. 9	集美师范专科学校化学专业	禾山中学	中学高级教师

续表32-6

姓　名	性别	出生年月	毕业院校及专业	工作单位	职称
路晋泽	女	1960.4	山西师范学院物理专业	禾山中学	中学高级教师
卢龙文	男	1969.11	福建师范大学历史专业	禾山中学	中学高级教师
罗建芬	女	1962.7	福建师范大学中文专业	湖里中学	中学高级教师
罗世杰	男	1940.8	厦门大学化学专业	厦门三中	中学高级教师
罗秀芳	女	1963.9	福建师范大学化学专业	禾山中学	中学高级教师
罗林生	男	1972.6	哈尔滨建筑大学建筑管理	区财政审核中心	高级工程师
倪金如	女	1968.10	福建师范大学学校教育专业	厦门三中	中学高级教师
倪其铭	男	1949.3	厦门大学数学专业	湖里中学	中学高级教师
邱国华	男	1966.5	福建师范大学中文专业	禾山中学	中学高级教师
邱慧琼	女	1942.9	福建师范大学物理专业	禾山中学	中学高级教师
丘继意	男	1930.3	华东军政大学福建分校	厦门三中	中学高级教师
邱继珍	男	1934.6	上海体育学院体育专业	厦门三中	中学高级教师
邱惜惜	女	1945.12	华东师范大学地理专业	厦门三中	中学高级教师
阮贵胜	男	1963.1	福建师范大学化学专业	禾山中学	中学高级教师
佘丽英	女	1942.1	漳州师范专科学校政教专业	厦门三中	中学高级教师
沈沧渺	男	1968.7	福建师范大学化学专业	禾山中学	中学高级教师
施　丹	女	1972.3	福建教育学院（函授）	金尚中学	中学高级教师
施　红	女	1960	福建中医学院中医专业	湖里医院	副主任医师
石子山	男	1937.5	厦门大学物化专业	厦门三中	中学高级教师
舒　锋	男	1964.7	福建师范大学物理专业	金尚中学	中学高级教师
宋贵兴	男	1970.10	福州大学物理专业	厦门三中	中学高级教师
苏承波	男	1966.12	福建师范大学数学专业	金尚中学	中学高级教师
苏靖中	男	1942.1	福建师范大学物理专业	厦门三中	中学高级教师
苏宁峰	男	1968.12	福建师范大学中文专业	金尚中学	中学高级教师
苏巧红	女	1969.12	福建师范大学英语专业	厦门三中	中学高级教师
苏向东	男	1964.3	福建师范大学生物专业	金尚中学	中学高级教师
苏永卫	男	1966.10	集美师范专科学校中文专业	厦门三中	中学高级教师
孙　伟	女	1954.12	中央电视大学中文专业	湖里中学	中学高级教师
孙　湘	女	1957.12	双鸭山市师范中文专业	湖里中学	中学高级教师
唐建生	男	1959.4	福建教育学院化学专业	金尚中学	中学高级教师
唐年生	男	1961.2	南平师范专科学校化学专业	厦门三中	中学高级教师
王宝全	男	1958.9	建阳师范专科学校数学专业	厦门三中	中学高级教师
王加兴	男	1962.12	厦门师范专科学校中文专业	厦门三中	中学高级教师
王礼如	男	1961.12	福建教育学院数学专业	禾山中学	中学高级教师
王明杰	男	1961.10	福建师范大学数学专业	金尚中学	中学高级教师
王其万	男	1949.2	福建师范大学数学专业	厦门三中	中学高级教师

续表32-6

姓 名	性别	出生年月	毕业院校及专业	工作单位	职称
王荣明	男	1963.6	福建师范大学物理专业	厦门三中	中学高级教师
王武荣	男	1968.6	福建师范大学物理专业	禾山中学	中学高级教师
王晓聪	男	1966.6	龙岩师范专科学校化学专业	厦门三中	中学高级教师
王新晖	男	1963.11	龙岩师范专科学校数学专业	厦门三中	中学高级教师
王耀禧	男	1938.6	北京现代管理学院	湖里中学	中学高级教师
王有光	男	1962.11	集美师范专科学校	金尚中学	中学高级教师
王妍霞	女	1963.4	三明师范专科学校物理专业	湖里中学	中学高级教师
王永政	男	1962.10	福建师范大学数学专业	禾山中学	中学高级教师
王哲红	女	1960.6	厦门师范学校	康乐小学	小中高教师（特级教师）
王珍秀	女	1956.6	福建师范大学物理专业	湖里中学	中学高级教师
翁艺成	男	1960.6	泉州师范专科学校物理专业	厦门三中	中学高级教师
魏燕芝	女	1962.10	福建师范大学数学专业	湖里中学	中学高级教师
吴 虹	女	1961.11	厦门师范专科学校音乐专业	禾山中学	中学高级教师
吴慧玲	女	1963.11	三明师范专科学校物理专业	禾山中学	中学高级教师
吴奇志	男	1969.6	福建医科大学临床医学专业	湖里医院	副主任医师
吴清涛	男	1945.2	福建师范大学数学专业	湖里中学	中学高级教师
吴万俊	男	1942.9	华侨大学数学专业	禾山中学	中学高级教师
吴秀晶	女	1963.2	南平师范专科学校英语专业	湖里中学	中学高级教师
吴秀萍	女	1969.4	福建卫生学校	湖里医院	副主任药师
吴雪慧	女	1971.6	福建师范大学英语专业	厦门三中	中学高级教师
吴益民	男	1964.11	福建师范大学（函授）	禾山中学	中学高级教师
武永红	女	1969.12	福建师范大学生物专业	厦门三中	中学高级教师
吴毓玲	女	1967.12	福建医科大学医学系	湖里医院	副主任医师
吴元禄	男	1962.6	福建师范大学数学专业	湖里中学	中学高级教师
项慧萍	女	1969.2	福建师范大学政教专业	厦门三中	中学高级教师
肖开春	男	1964.9	集美大学（函授）	禾山中学	中学高级教师
肖师清	男	1938.4	厦门师范学院物理专业	禾山中学	中学高级教师
肖文生	男	1967.9	福建师范大学物理专业	禾山中学	中学高级教师
肖雪梅	女	1968.3	福建农学院师资班生物专业	禾山中学	中学高级教师
谢民在	男	1953.8	福建师范大学	金尚中学	中学高级教师
谢厦生	男	1957.8	厦门师范专科学校物理专业	湖里中学	中学高级教师
谢秀珠	女	1971.4	集美师范专科学校	金尚中学	中学高级教师
徐民藤	男	1941.7	漳州师范学院中文专业	区教育局	中学高级教师
许国平	男	1962.1	福州师范专科学校地理专业	厦门三中	中学高级教师
徐金德	男	1969.8	华西医科大学预防医学专业	区卫生监督所	副主任医师
颜国钟	男	1947.3	福建第二师范学院英语专业	厦门三中	中学高级教师

续表32-6

姓　名	性别	出生年月	毕业院校及专业	工作单位	职称
杨柏青	男	1960.11	福建教育学院（函授）	禾山中学	中学高级教师
杨　根	男	1965.12	福建医学院医学系	湖里医院	副主任医师
杨雅克	男	1962.9	福建师范大学历史专业	禾山中学	中学高级教师
杨奕模	男	1952.7	福建师范大学中文专业	禾山中学	中学高级教师
杨　勇	男	1962.6	福建师范大学数学专业	禾山中学	中学高级教师
姚悦生	男	1953.11	福建师范大学政治专业	禾山中学	中学高级教师
叶光荣	男	1952.1	福建师范大学英语专业	厦门三中	中学高级教师
叶慧玲	女	1969.1	集美师范专科学校	禾山中学	中学高级教师
叶金花	女	1953.8	福建师范大学数学专业	禾山中学	中学高级教师
叶　林	女	1969.1	福建师范大学（函授）	金尚中学	中学高级教师
叶明瑞	男	1952.9	福建教育学院中文专业	禾山中学	中学高级教师
叶滔峰	男	1940.1	福建农学院生物专业	禾山中学	中学高级教师
伊晓红	女	1955.9	建阳师范专科学校物理专业	禾山中学	中学高级教师
尤碧月	女	1966.2	福建师范大学（函授）	金尚中学	中学高级教师
余爱琴	女	1947.3	福建师范学院生物专业	厦门三中	中学高级教师
于洪江	男	1962.1	山东聊城师范学院中文专业	湖里中学	中学高级教师
余静蓉	女	1951.7	福建师范大学音乐专业	湖里中学	中学高级教师
余　晴	女	1963.1	福建教育学院（函授）	金尚中学	中学高级教师
余兴华	男	1970.7	北京中医学院中药学专业	湖里医院	副主任药师
袁向明	女	1962.1	上海中医药大学中医专业	湖里医院	副主任医师
岳欣农	男	1932.4	福建医学院	湖里医院	主任医师
曾燕玲	女	1967.12	福建师范大学学校教育专业	厦门三中	中学高级教师
曾志斌	女	1968.7	集美师范专科学校中文专业	湖里中学	中学高级教师
张宝霖	男	1946.1	南京工学院数学专业	湖里中学	中学高级教师
张翠女	女	1966.5	福建师范大学生物专业	禾山中学	中学高级教师
张拱极	男	1931.1	福建师范大学生物专业	禾山中学	中学高级教师
张和兴	男	1964.1	福建师范大学地理专业	厦门三中	中学高级教师
张焕元	男	1968.1	福建师范大学物理专业	厦门三中	中学高级教师
张理慧	女	1963.5	龙溪师范专科学校英语专业	厦门三中	中学高级教师
张丽萍	女	1960.11	三明师范专科学校物理专业	湖里中学	中学高级教师
张梅华	女	1943.8	福建师范大学外语专业	禾山中学	中学高级教师
张清高	男	1964.9	福建师范大学地理专业	禾山中学	中学高级教师
张万绪	男	1938.6	福州大学数学专业	湖里中学	中学高级教师
章月珠	女	1968.1	漳州师范学院政治专业	金尚中学	中学高级教师
真舜芳	女	1966.6	福建师范大学中文专业	湖里中学	中学高级教师
郑成福	男	1964.5	福建师范大学体育专业	金尚中学	中学高级教师

续表32-6

姓　名	性别	出生年月	毕业院校及专业	工作单位	职称
郑发树	男	1964.1	漳州师范学院中文专业	厦门三中	中学高级教师
郑瑞芬	女	1965.9	厦门师范专科学校英语专业	厦门三中	中学高级教师
郑永文	男	1967.6	漳州师范学院	金尚中学	中学高级教师
郑云端	女	1962.6	泉州师范专科学校英语专业	禾山中学	中学高级教师
邹　斌	男	1971.1	福建农学院	金尚中学	中学高级教师
周知仰	男	1937.3	福建师范大学体育专业	禾山中学	中学高级教师
朱　丹	女	1966.1	福建师范大学中文专业	湖里中学	中学高级教师
朱喜英	女	1961.7	福建师范大学物理专业	禾山中学	中学高级教师
朱志华	女	1968.6	福建教育学院英语专业	禾山中学	中学高级教师
朱志强	男	1946.1	北京地质学院勘探专业	金尚中学	中学高级教师
庄　晖	女	1968.1	集美师范专科学校中文专业	厦门三中	中学高级教师
庄玉琼	女	1965.1	福州师范专科学校地理专业	湖里中学	中学高级教师
卓炳森	男	1930.4	福州大学数学专业	湖里中学	中学高级教师

湖里籍在外正处级及以上职务人员名表

表32-7

姓　名	性别	所在社区	出生年月	文化程度	担任的最高职务	担任最高职务时所在单位
白士德	男	高殿	1934.9	中专	会长	杏林区计生协会
陈朝宗	男	吕岭	1940.1	本科	副主席	厦门市社科联
陈建成	男	县后	1941.3	本科	主任	中国交通通信中心
陈建帮	男	县后	1953	大专	主任	厦门市计生委
陈金镇	男	蔡塘	1946.1	中专	办公厅副主任	厦门市人民代表大会常务委员会
陈敬思	男	殿前	1918.10	初中	书记兼局长	昆明铁路局
陈厚进	男	高殿	1938.2	大专	组织部长	集美航海学院
陈开通	男	祥店	1932.6	高中	书记	厦门市劳务公司
陈田山	男	枋湖	1944.12	大专	处长	厦门市水产局鱼市场管理处
陈伟基	男	高殿	1933.6	高中	厦门市农委主任、市委农村工作部长	厦门市委
陈希河	男	枋湖	1938.6	中专	处长	厦门市国家安全局
陈扬志	男	高殿	1939.9	本科	部办公室主任	国家高教部
高金星	男	县后	1957	大专	主任	集美区人大常委会
林培三	男	高林	1950.8	本科	处长	厦门大学人事处
林水芋	男	高殿	1937.6	小学	局长	厦门市公安局集美分局
林秀华	女	高林	1941.1	初中	局长	集美区民政局
吕江清	男	枋湖	1935.8	本科	主任	南昌大学机械系
吕培兰	女	吕厝	1959.4	本科	纪检副组长	厦门市卫生局
王振成	男	高殿	1940.8	初中	书记	厦门市交通运输管理处
王中运	男	江头	1931.1	高中	副局长	厦门市电子局
肖　岗	男	江村	1923.7	私塾	副主席	中国侨联

续表32-7

姓　名	性别	所在社区	出生年月	文化程度	担任的最高职务	担任最高职务时所在单位
肖永吉	男	江村	1930. 4	中专	副主席	厦门市侨联
杨麒麟	男	江头	1941. 1	本科	站长	厦门水产技术推广站
叶其贤	男	后坑	1942. 7	大专	检察员	厦门市检察院
张美通	男	下边	1943. 10	本科	局长	厦门市规划局
郑建福	男	塘边	1956	本科	主任	空军福州房管局厦门办事处
庄育林	男	江村	1948. 1	大专	副参谋长	空军航空兵第 29 师

说明：本表收录人员级别参照2007年年底湖里区各部、委、办、局正职领导及以上级别。按姓名音序排列

湖里籍在外副高级及以上专业技术职务人员名表（按姓名音序排列）

表 32-8

姓　名	性别	所在社区	出生年月	文化程度	最高职称	获得最高职称时所在单位
蔡钦山	男	湖里	1937. 12	本科	教授	北京师范大学
陈建成	男	县后	1941. 3	本科	教授级高级工程师	交通部
陈民泰	男	高殿	1938	本科	副教授	天津南开大学
陈衍德	男	寨上	1950. 8	硕士	教授	厦门大学
陈以新	男	后埔		本科	主任医师	解放军 175 医院
何建峰	男	吕厝	1972. 2	本科	高级经济师	厦门市社会保险管理中心稽查科
洪连海	男	江村	1941. 7	本科	高级工程师	厦门电机实业总公司
胡宏友	男	吕岭	1968. 11	博士	教授	厦大海洋环境系
黄佩芝	女	吕岭	1936. 2	本科	副主任医师	哈尔滨工业大学医院
黄约德	男	江头	1935. 7	本科	副教授	厦门大学
黄约法	男	江头	1938. 1	硕士	教授	杭州大学
李　丹	男	吕岭	1964. 7	本科	高级工程师	海沧投资公司
李祺福	男	后埔	1950. 7	博士	教授	厦门大学生命科学学院
廖文卓	男	枋湖	1942. 9	本科	教授	海洋三所
林岐锡	男	高崎	1932	本科	教授	福建省体院
林自达	男	高林	1949. 7	硕士	高级工程师	厦门中宸集团有限公司
刘鸿昌	男	江头	1940. 7	大专	高级经济师	厦工集团股份有限公司
吕江清	男	枋湖	1935. 8	本科	教授	南昌大学机械系
孙以灌	男	高林	1934. 8	本科	中专高级讲师	厦门师范学校
王全成	男	五通	1948. 1	本科	主任编辑	厦门广电集团
王　异	男	吕岭	1932. 7	本科	教授级高工	大冶集团公司（湖北武汉黄石）
王　畛	男	吕岭	1933. 11	本科	教授	哈尔滨工业大学
肖金发	男	江村	1966. 1	硕士	副教授	集美大学政法学院
肖永坚	男	江村	1928. 5	本科	副教授	广州暨南大学
薛宝国	男	安兜	1949. 11	大专	中学高级教师	厦门莲花中学
薛连溪	男	安兜	1928	本科	中学高级教师	上海（单位不详）
叶新竹	男	吕岭	1963. 12	硕士	高级工程师	厦门远海集装箱码头有限公司
张天宝	男	五通	1934. 7	本科	教授	广州机械学院
张友义	男	后埔	1949. 8	大专	中学高级教师	厦门逸夫中学
钟春安	男	钟宅	1948. 2	大专	中学高级教师	厦门旅游职业中专

附　　录

一、民间故事和传说

朱公山/猪公山

朱熹是南宋著名哲学家、教育家。南宋绍兴二十三年（1153），朱熹初登仕途，任同安县主簿。他为官以教养为先务，倡建苏公调，他走遍同安的山山水水，倡导植树，并留下许多墨迹。他积极扩建县学，倡建经史阁，多方征集图书。他不辞劳苦，足迹遍金厦，采风劝学。

厦门古称嘉禾屿，属于同安所管辖的地方。朱熹曾经到过嘉禾屿虎仔山边上的一个小山包，这个山后来就叫"朱公山"。清朝乾隆《鹭江志》中记载了这件事："朱公山，在二十一都，虎山之北。朱文公曾游其岭，故名。"

朱熹的学问很高，后人尊称为朱文公，所以朱公山又叫文公山。道光年间的《厦门志》说："文公山，在城东二十一都虎山北。相传朱子尝游其巅，故以为名。"

朱公山（即文公山）现在的位置就在万达广场的南边。

因为发音相同的缘故，本地农民把"朱公山"叫做"猪公山"。猪公就是公猪。不过，除了发音相同之外，还和一个传说有关。

朱公山不高，山上也少有突出的大块石头，整个山的形状就如同一头吃饱喝足趴着睡觉的大公猪。山的北坡下面，有个很大的池塘，叫塘内。这口池塘水不深，却从不干枯，只是过了一段时日，池塘的水会突然一夜之间少了许多，大家总是感到奇怪。

传说猪公山是猪精所变。这个猪精原本是王母娘娘家里的一头公猪。猪精暗恋着王母娘娘七个女儿中最小的女儿七仙女。七仙女长得特别漂亮又很贤惠，猪精长相很是不济，自己也不好意思开口表白。只是每当七仙女下凡的时候，猪精总是偷偷跟着，暗中保护。后来，七仙女在凡间看上了董永，两人结为夫妇，不再回天庭了。

猪精回不了天上，就化为猪公山。猪精见七仙女和夫君恩爱有加，也算安心。再说，这猪精天性较为懒惰，整天趴着睡，默默无闻，也从不危害百姓，大家都相安无事。只是每当农历月底和月初那几个没有月亮的晚上，猪精总要下山，到山脚下的那口叫塘内的池塘喝水。猪精大口大口地喝水，喝饱又去睡了。第二天一早，池塘的水少了一大截。但是，池塘边有许多泉眼，泉水默无声息地流个不停，所以这池塘总算还不会干枯。

原来这泉水是猪公的尿水，猪公每回喝足了水，又慢慢地流了回来。泉水就叫"猪公渗（xiam）尿"。

石鼓

湖里区的石头山称为石鼓的有4个地方，东宅的石鼓、蔡塘的石鼓山默默无闻，鲜为人知。

最为人们所熟悉的是殿前社南的石鼓山，因为后来建有石鼓山立交桥而出名。

旧时石鼓山还没有建立交桥时，山上有大石形如鼓，据说击之音嘭嘭如鼓，洪亮而低沉。1994 年，在这里建了立交桥，山的主体已经被挖掉，其北面即今加油站一带，东面的部分山体还有保留，在今花卉市场一带。

殿前西南有个山头叫西山，其位置在如今的嘉园路芙蓉苑一带。这里古时候是一片“义冢”，山坡上埋有无数死于瘟疫的乱坟，偏僻荒凉，据说经常闹鬼。鬼魂常常下山危害百姓，一时搞得人心惶惶。殿前陈姓的族长，备了丰盛的“三牲”，率领众乡亲祭拜，烧金银纸，求鬼魂不要再骚扰百姓。没想到鬼魂不吃这一套，继续胡作非为。陈姓族长只好叫人在离西山不远的山头上架起大鼓，每逢日落西山，就有人擂起大鼓。这鼓声如雷鸣，轰隆隆像排山倒海一样，吓得鬼怪抱头鼠窜，不敢下山为非作歹。鬼魂们日夜不安，心想这终究不是办法，就托梦给了殿前的族长，央求不要再擂鼓，撤去大鼓，保证再也不敢危害乡人了。族长老大回应说，不擂鼓可以，大家相安无事，撤去大鼓可不行，谁知道你们说话算不算数！于是这个大鼓没有撤走，一直还架在山上，日久天长之后就化成了石鼓，圆圆扁扁地搁在山上，这山就成了石鼓山。

还有一处石鼓在安兜。

安兜山有大小两个山头，浑圆挺拔如同双峰，故称双奶山。其中那个较高较大的山包如倒扣的鼎又称趴鼎山。山上的最高处有突出的大石其状如乳头，又如大鼓。

据说，当年郑成功在安兜山上架了一面巨大的战鼓。顺治十七年（1660），清军仗着人多势众，从同安发出几十艘战船，向着郑军守护的高崎军寨和后莲军寨直扑而来。郑成功命手下擂响安兜山上的军鼓，军鼓发出雷声一样的巨响传遍了大半个嘉禾屿。守卫在五通寨、石湖山的兵马听到军鼓声的召唤，火急赶来支援。郑成功的军队在高崎和后莲之间的赤山坪海滩上和清军大战，一阵一阵战鼓的巨响鼓舞了郑成功军队的士气，他们越战越勇，“各镇援兵合力奋击，杀死登陆清兵甚多，生擒 300 余人，其余被赶下海。登陆清军多为披挂兵，入海后陷入泥淖，千余人全被淹死”，“被杀及溺水者不计其数”。此役大败清军，史称“赤山坪大捷”。

安兜山上的石鼓传说就是郑成功所架设的那面军鼓变成的。这石鼓果然神奇，如果敲打这块石鼓，就会发出低沉的嗡嗡声，声音可从地下传至安兜社内的许多老厝里。嗡嗡作响的震动声甚至把老厝屋梁上的灰尘抖落下来。

陈化成和大石湖土地庙

寨上的北面有个石湖屿。石湖屿的整个基盘是一片巨大的石头，四周大石累累，中间平坦如湖，所以名叫大石湖。大石湖中间有一片园地和一个小土地庙。

名将陈化成是同安丙洲人。相传，陈化成还没从军的时候以捕鱼为生。海上打鱼常有不测风云，有一天，陈化成遇到大风浪，没有办法回到丙洲家中，渔船被迫停靠在大石湖。大石湖只有这一间小土地庙可以避避风雨。当天夜里，陈化成只好在土地庙中休息。他和衣而卧，迷迷糊糊地睡了。到了半夜，陈化成梦见有一个白发老头冲着他说：“你将来很有出息，必定成大器。”

第二天，陈化成醒来，记起夜间的梦，他双手作揖，对着庙里的土地神说：“如果我将来果真成就，一定为此庙立牌匾。”

后来，陈化成入了军伍，他是打鱼出身，使起船来驾轻就熟，刚一开始的时候，就是哨船的头领。陈化成天天要驾船在夜间巡查海面，防范匪盗，十分辛苦。有一天，陈化成的哨船泊在大石湖，他依旧卧睡于土地庙里。睡梦中，白发老人又出现了。白发老人告诉他：“某某海面有一伙匪贼活动，化成啊，你赶快去！”陈化成顿时从睡梦中警醒，急忙召唤众人行动。哨船飞驰到了该海面，果真发现匪船。陈化成指挥军士勇往直前，终于捕获十多个匪徒，押至官府请功。

陈化成英勇善战，后来官至水师提督。陈化成记得当年他对土地神的承诺，他特地制了一幅镏金匾额，悬挂在大石湖的土地庙中，上面写着“福庇无疆”四个大字。这个事情一传开，小小的石湖土地庙一时香火鼎盛，就连远住在市区的信众也特地专程前来上香敬拜。过了许久，因为往来大石湖要乘坐舟船，实在是不方便，市区的信众就在海边上设立一座土地庙敬拜。

临解放，国民党军在大石湖上大作工事，大石湖土地庙被拆毁了。老市区海边上的土地庙至今还留存了下来。

挑娘仔

下忠在钟宅湾西岸，海边原来有座不起眼的小庙“挑娘庙”。这里供奉着来自南洋的一位烈女。村民们对挑娘的祭拜年年不断，每逢四月十三，总忘不了带糕点瓜果等供品献在挑娘的神位前，上香焚纸，表示惋惜和尊敬。

相传在清朝末年，有一个下南洋谋生的侨商（一说是本地陈姓，一说是晋江吴姓），在异国他乡打拼了多年，积攒了不菲的家业，也在南洋娶了当地的姑娘阿挑为伴。阿挑个子不高，可是贤惠勤劳，对下人相当体贴，大家都亲切地称呼她“挑娘仔”（tiao niu a）。

随着岁月流逝，这位侨商越来越思乡心切，觉得自己在外闯荡这么久也该落叶归根了。然而他在唐山还有自己的家室，不便把挑娘也带回去。

他左思右想，就对挑娘说：“我想回趟唐山，离家几十年了，实在想家。”

挑娘说：“思家乃人之常情，先生到了唐山，几时回来？”

他说：“我已将家中的财产大多写在你的名下，我要是不再归来，你尽可富足享用，不用忧虑。”

没想到挑娘说：“先生若是回唐山，我也要跟着先生一道回去。”

这让侨商很是为难，他只好安慰挑娘说只是去唐山贩货做生意，很快便会回来。挑娘其实已经觉察到先生的内心，她下了决心即便是死也要跟着回唐山。

待到侨商起程的那天，挑娘悄悄赶往码头，可惜迟了一步，船刚刚离岸，她没赶得上。挑娘二话没说，一头扎进滔滔的海水之中。可是这一幕在船头的侨商并不知晓。

侨商的船离家乡越来越近，不想碰上海上起了“暴头”，寒潮大风突降，船只好泊在钟宅湾海边的下张社避避风浪。没想到船一停下，侨商霍然看到船后竟然浮着挑娘尸身。原来，挑娘跳海之后，她的尸身就一直跟着船的尾流一路漂浮过来，实现了她“死也要到唐山”的誓言。

侨商见状号啕大哭，他万万没想到挑娘竟是如此刚烈的女子，只好按照本地的风俗，就地掩埋了挑娘的尸身，这一天是农历的四月十三日。下张的村民为挑娘的故事所感动，就在海边建起一座小庙，奉祀这位有情有义的烈女。后来钟宅湾变成了钟宅盐场，原来在海边的挑娘庙变成是在盐场的排洪沟边上。五缘湾的建设又让挑娘庙再次远离海岸。几年前，小庙又拆迁了，大家又在不远处为挑娘修建了一间新的“挑娘庙”。

薛岭不姓薛

最早开发厦门“南陈北薛”的两大家族中，薛姓家族的代表人物是薛令之，陈姓家族的代表人物是陈喜。

薛令之是个进士，被唐玄宗所聘，在京城教太子读书。因为奸臣作梗，薛令之教的太子所在的东宫受到冷落。受到连累，薛令之的待遇很是微薄，连饭菜也很差。

这一天，薛令之在学堂里讲完课，让小太子和其他孩童自己背书。薛令之信手写了一首诗：

“明月上团团，照见先生盘。
盘中何所有，苜蓿长阑干。”

“苜蓿是什么？”“是马吃的一种青饲料，先生的盘子里，都是马吃的苜蓿啊！”

写完，薛令之把诗压在案桌上，带着书童上街了。

唐玄宗平时很少到东宫看太子读书，这一天突然兴起，走到了东宫的学堂，只见太子和几个孩童自己念书，不见薛令之的身影。唐玄宗见到案桌上薛令之所写的诗，很是不满，就拿起笔，添了几句，意思是说，老先生如果嫌弃待遇不好，那就请便吧。

唐玄宗一离开，东宫里的人急匆匆上街找到了薛令之，一五一十把皇上到学堂来的事告诉了他。薛令之顿时觉得大事不好了，恐怕引祸上身。“三十六计走为上”，薛令之假托身体不适，连夜带着全家数十口人，乘坐车马离开了京城。

数月之后，薛令之回到了福建长溪自己的家乡。但觉得家乡还不安全，没待多久，又带着家人一路往南，到了同安马巷，安顿下来。

有一天，薛令之在马巷的茶摊上无意中听到了百姓在谈论着京城的事项。薛令之心中再次感到不安，怎么办呢？薛令之打听到了对面的岛屿也就是后来的厦门岛还是荒无人烟。他决心举家迁到这个荒岛上。就这样，薛令之家族成了第一个到厦门开发的先人。

薛令之到了厦门岛，把家安在了岛中央的山岭之阳，这个山岭就叫薛岭。

不久之后，居住在长乐的闽中豪杰陈僖，因为不愿参与闽侯自立为王的图谋，带领家族数百号人从五通登上厦门岛。他们先在五通落脚，地称陈寮，后来又搬到了浦源即今日的浦园。浦源在薛岭之南，紧挨着薛岭。薛、陈两个家族各自拓荒造田，耕读传家。后人称作“南陈北薛”，有“衣冠陈氏族，桃李薛公园”之说。

不久，两个家族所开辟的田园就彼此相靠了。有时为了争夺水源，竟然引起了争执和不快。

薛令之家族毕竟是读书人家出身，不是“四方豪杰齐聚门下”的陈姓家族的对手。薛姓家族只好另择田地安家，他们向北到了海湾边的一片大林子，这里地势平坦，还有溪流可以灌溉。薛姓家族在这里安顿下来，这两个村落叫林后、安兜。安兜，本地话是把家安顿下来。他们在这里的溪流中经常可以抓到土鳖，就把这条溪叫鳖仔沟。

陈姓家族顺理成章进到了薛岭，从此之后，薛岭就没有薛姓，而是陈姓人家居住了。陈姓人家后来又乘势迁到了林后、安兜两个村落边上的许多村子，东边有坂上、围里、县后、上张、下张，号称“五户”，西边有殿前、马垄、后浦、小东山，几乎把薛姓居住的林后、安兜团团围着。但是大家相安无事，共同谱写着开发厦门最早的历史。

觉性灵钟

觉性院是厦门岛上最早的一间寺庙。据史料载，觉性院始建于后唐，至今已有一千二百多年，是厦门历史上最早创立的一所佛教寺院。觉性院最初属于家庙式的堂院，是最早开发厦门“南陈北薛”中的陈氏家族所建的宗族佛院，道光《厦门志》说它“原极广大，常住僧九十余人。寺两座相连，不下普照(即今南普陀)”。据说这觉性院规模巨大，范围有数里，其山门远设在邻近薛岭之处，僧人“每晚骑马关山门”。

觉性院旧以其寺中的古铜钟音韵悦耳悠扬远传著称。据说只要院内钟声一响，不仅能响彻静谧的鹭岛，甚至连同安一带也能听到，成为鹭岛一绝，故有“觉性灵钟”之称。

传说这觉性院灵钟的钟声原不止传到同安而已。这灵钟开光之前，老方丈梦中受到指点，说这灵钟“一声走三天”。于是到了灵钟要开光的前三天，方丈叫来寺中一个比较机灵的小和尚，叫他尽管远远地走，走三天之后寺里的钟声响起，这三天里不管走多远都能听到觉性院的钟声。

小和尚走了一天，到了同安小盈岭，这里离觉性院少说也有几十里。他心想，我走得已经够远了，他不信觉性院的钟声真能传到这里。于是，小和尚就偷懒不再走得更远。到了第三天，时辰一到，老方丈在觉性院敲响了灵钟，那钟声雄浑深沉，穿透过树林、海面和山峦，传到了小和尚的耳朵里。小和尚一听，顿时觉得误事了，没有脸再回去觉性院，因为谁也不信他三天只走到同安。就这样，觉性院的钟声原本可能传到泉州，就只传到同安而已。

1938 年 5 月 10 日清晨，日军的铁蹄践踏着鹭岛，觉性院的铜钟不敲自鸣，巧合的是附近五六个陈姓聚居的村落，百姓都幸免于难，躲过了大劫。从此，“觉性灵钟”“觉性神钟”的美誉流传开来。

二、地名掌故

【五通、北山岛】

五通地处厦岛东北端，今灯塔公园东北侧部队营房所在海边，有大石盘突出海面，古时凿石为阶，共有4列，各二三十级，形成天然的码头，是古驿道的渡口。此地自古以来是厦岛对外的交通要道，故称五通道、五通渡口，本地俗称五通头。

五通渡口古有五显宫，奉五通神，故称五通宫，五通因而得名。道光《厦门志》载："五通岭在（同安）县南庄坂尾路旁，旧祀五通神，故名。"

五通作为一个广泛的地名，即古时的五通岛，解放后的五通乡、五通大队。古时五通东侧浦口和西侧坂尾尚未筑堤和对岸相接时，据说海水可以从浦口经店里到浦东，那时五通是一个游离于厦门本岛之外的近岛。五通岛上东有澳头山西有趴鼎山，趴鼎山上曾有规模不小的宫庙，取"趴鼎山"的谐音叫北山宫。所以，清代五通设北山保，五通岛因此又称北山岛。

北山岛即五通岛，是唐代开发厦门岛（当时叫新城、嘉禾屿）"南陈北薛"中的陈姓家族登岛上岸的地方，是开发最早的地方之一，村社密集，一千多年过去，留下了凤头、霞边、崙后、坂美、浦东、浦口、店里等村社。北山保和后来的五通乡、五通大队还包含了不在五通岛的西头、泥金、东宅3个社，人们习惯上把这些范围都当成五通。

五通特殊的地理位置，历史上都是交通和军事重地，《泉州府志》、《同安县志》、乾隆《鹭江志》、道光《厦门志》、民国《厦门市志》多有记载。

近代，五通设有炮台。"民国26年（1937）国民革命军75师在五通和下边之间，日占后毁，又在五通古渡头边建一炮台。""五通炮台有二：一为国军157师所筑，在五通与霞边之间，今废。一在五通宫边，乃日军所建。台之左右另设水闸，潮涨时小艇可以驶入，构造精巧。现存大炮一门，高射炮一架，由要塞司令部派兵守之。"

民国17年（1928）五通和厦门市区通行客车，厦门到福州、泉州方向的旅客在五通换乘汽船。民国19年（1930）4月9日，五通至澳头的便利号渡船沉没，溺毙189人，是为五通惨案。

民国27年5月9日午夜日军在五通的海面秘密投锚，5月10日凌晨日军侵略厦门，在五通一带登陆。厦门沦陷后，日军在五通驻有一个中队。

日寇侵占厦门期间一些受害的同胞在五通头海边被残杀埋尸，俗称此地为"万人坑"，凤头社人在边上立有"万人坑祖庙"。1997年抗日战争60周年前夕，这里立碑"日寇杀人场遗址"。

【高崎】

高崎原是伸入海中的一个小半岛，东、西、北三面临海，南是叫墓垵顶的小山丘，北是城仔顶临海的高地。地形崎岖，从万寿宫到墓垵顶要登24个石阶，又高又崎（陡），高崎由此得名。高崎又名高岐，清道光丙戌年（1826）《重修万寿宫记》中有句："择山川之秀气，建庙宇于高岐。"高崎别名岐山，万寿宫有联句"圣母萦回岐山咸沾千家宏福"。1924年华侨林再文等在高崎创办岐山小学，之后该小学曾是中共从事地下活动的据点。

高崎地形险要，向来为军事要冲。

清代，高崎寨设有炖台、瞭望，驻兵叫"汛"，是厦门五营汛之一。

高崎还是当年郑成功水师与清军鏖战的古战场。

日寇侵占厦门，在高崎驻一中队日军，在今观堤亭处设二层碉堡，在城仔顶、墓垵顶一带拆民居和红砖楼，设炮台、探照灯及兵营（今高崎小学处）。

解放厦门的战役，人民解放军攻克吹嘘为"海上堡垒"的高崎要寨，并一举攻占高崎机场。解放后在高崎埔仔等地都有驻军，守护交通要道和海堤。

高崎历来是交通要道。清代，在高崎设置往来大陆之间的铺递，“高崎设草市铺。”民国年间厦门市区往来大陆的旅客，乘车到高崎，旧公路从墓垵顶下坡在万寿宫前西拐到海边下车到码头换渡船，码头用大石砌成，堆满五路杂货，下车的地方相当于今海堤头的公路，这一带至今叫车头。1955 年修建了高集海堤，1957 年鹰厦铁路通车，1982 年高崎机场通航，1991 年厦门大桥通车，2008 年 9 月，杏林大桥建成通车。高崎有造船厂码头、盐业码头、高崎码头。高崎成为具有三道跨海桥堤，海陆空具备的交通枢纽。

【江头】

江头位于筼筜港尽头，道光《厦门志》记：“筼筜港，在城西北，湾抱十里许，潮涨达于江头。小舟往来其间。”江头最早名“港头”，当是海水终结之处。江、港通音，江头即港头。道光《厦门志》又有写成“冈头”，“林仁……徙居城北之冈头乡。”另有一说是社东南有顾厝溪，东北有三条桥溪，处于两溪汇合入海的江之头，故称江头。再有一说，厦门西南近海称鹭江，江头位于鹭江之头，故名。

笔者赞同江头即港头一说。

江头自古就是厦岛水上交通要地，清初便有商埠码头，舟楫穿梭。埭岸头、五栈桥、水仙宫都是当时的码头，所形成的地名一直流传下来。50 年代，修建了吕厝—乌石浦的堤岸，江头从此远离了筼筜港，告别了水上交通的历史。

民国之后，江头成为禾山的陆上交通枢纽。民国 12—19 年间（1923—1930）先后建成江头—美仁宫这条禾山最早的公路，和江头—五通、江头—高崎、江头—何厝、江头—庵兜、江头—乌石浦、江头—邦坪尾的公路。

江头位处厦岛几何中心，又挟水陆交通之便，曾是厦门与漳州、海澄、同安的商品集散地，形成远近闻名的江头街，是禾山最重要的农产品和生活用品的交易市场。早期来自“惠泉晋安同五县”的过水人在江头二三百米方圆之地，经营着百货、五金、布店、金行、车行、小吃、蔬果、酱料、修理等上百家店铺，1935 年在《禾山旬报》上刊登广告的就有振川汽车行、玉成齿科医院、振德医院、王维星信和堂、美川商店、赐龄相馆、光明相馆、镜清相馆等。40 年代，单是坐堂药店就有泰安堂、民安堂、济仁堂，西医维翰诊所、魏志武诊所、老德安中医，还有嘉禾酱油厂、德发当店、严全米绞、新德昌百货、旅社、布店、红料店、柴草店、棺材店、黄包车房、轿亭、酒厂、榨油厂、糖厂、发电厂。1956 年的统计，在上千米街道上有 178 家店铺，700 余人经营着药店、碾米、发电、日杂、建材、菜馆、理发、修车、修表、照相，棺材店、时果等等。

光绪二十六年（1900）基督教在江头街尾建造禾山第一座礼拜堂。光绪三十年（1904）厦门邮政局在江头设立禾山第一个邮政代办所。宣统三年（1911）禾山第一家医院在江头埭岸头开设。

民国之后，风气开新，江头开设有禾山公益社、禾山戒毒社、禾山救济社、江头戏院、电影院，还出现过很有文化意义的奉茶摊、（惜）字纸亭等。

20 年代，公路未修之前，江头的陆路交通是从双涵、莲坂沿海岸堤岸而来，经吕厝—江头社—街仔内—埭岸头—陈盏脚—薛岭。1923 年厦禾公路开通，之后，在街仔内以东的草埔顶新辟公路通薛岭、安兜、钟宅。日据时期，为了开通到机场的公路，拓宽了草埔顶的公路，这一段公路叫新马路。1957 年，新马路两侧辟为临街商铺。六七十年代，旧街道的店铺式微，新马路两侧商店林立，其东侧依次是水产、酱油店、大饮食店、邮电所、百货店、消防队、钟表店、银行、照相馆；西侧是干果店、裁缝店、药店、新华书店、兽医站、碾米厂、木工厂、修车店。

民国 36 年（1947 年）10 月 20 日，江头街发生重大火灾，大火从夜晚烧至次日凌晨。

1967 年，江头街改名为前线街。1993 年江头街改造，1995 年改名为台湾街，由海协会会长汪道涵题写街名。

【昭塘街】

昭塘原叫蛟塘，清道光《厦门志·山川》载：“蛟井，在嘉禾里，石盘成穴。宋绍兴甲寅秋，虹尝饮之。"蛟塘因蛟井之水积成塘而得名。清代，蛟塘处在五通到金鸡亭之间的驿道上，设有蛟塘铺，"额设司兵二名，上接五通铺，下接金鸡亭铺。"这条驿道上分别建有昭塘宫、龙湫亭、金鸡亭3处观音寺，因有昭塘宫，所以蛟塘又称昭塘，但是本地人还是叫蛟塘（gao deng）。蛟塘原处于钟宅湾的东岸，古时汤屿到田里、坂美的海堤还没围起的时候，海水直达蛟塘边上，蛟塘是五营汛防之一，"蛟塘汛（兵六名，隶五通汛）"，"蛟塘汛，城东北二十五里。提标左营兵戍守。隶五通汛。"

民国13年（1924）建成的江（头）五（通）公路穿其而过。民国初到日据时期，设有昭塘保辖周边10社。因昭塘有龙塘小学，故民国《厦门市志》称其为龙塘社。

清代，由于处在驿道，昭塘设有兵铺和汛防，又设有社仓（"厦门社仓，在二十一都昭塘保社……"），形成了街市。民国年间，在旧驿道的两侧建有双向面对的2层店铺，蛟塘街成了禾山东部的商业集中地。抗战胜利厦门光复后，当地乡绅倡立龙塘小学校，设有书报社。解放前夕，这里有杂货店、小吃店、糕饼店、药店、诊所、水果铺、烟铺、轿子间、油坊，老一辈人至今还津津乐道当年蛟塘街的油炸粿、面线糊、免煎糕、薄饼和面茶。

解放后至70年代间，昭塘设有供销合作社、信用社、邮政代办点、粮店，仍然是重要的商贸场所。

【后院】

后坑社北，东有金山西有乌山，金山"因山色赤而得名"，乌山因山石黝黑而得名。早些年因为测绘的笔误，把"乌"字少掉一撇误成"马"字，因而讹称马山。乌山前的埔地原有陈氏开基厦门之后所建的资福院，俗称后院宫。后院宫又叫东岳庙，奉祀东岳神，是厦岛诸东岳庙之祖宫。边上有社也叫后院，30年代禾山调查时，后院社还有5间房屋，3人居住。

同治元年（1862）禾山华侨在后院开办"安睦书院"。光绪十一年（1885）在后院开办禾山书院。民国元年（1912）侨商在后院开办禾山甲种商业学校，这便是后来禾山中学的前身。民国4年，禾山保董公会设在后院。

民国期间禾山区公所曾设在后院。抗战前夕后院还驻有军队，日军登陆厦门，后院被日军炸平；日据时，后院驻有保安团；光复后当局在后院训练壮丁。

解放后，后院埔这一带曾经用以枪毙犯人。60年代，市粮食局在后院埔盖了一间很大的厂房办米粉厂，所以这片地又叫米粉埔。

【三乡】

穆厝、西潘、蔡坑，这3个邻近的村社，如果从社名来看，应该各自聚居着穆、潘、蔡三姓。但是他们共同的特点是穆厝不姓穆、西潘不姓潘，蔡坑不姓蔡，三社都是吴姓聚居，号称"三乡"。

吴姓来自吴仓（梧村），号延陵衍派，相传是吴玠的后裔，吴玠是宋代抗金名将，战功赫赫，曾被封为两镇节度使，四川宣抚使以及少傅、少保等勋爵，死后追封为涪王。吴姓是望族，在清初厦门"墟为平地"而后又重返开发的过程中，对这3个村社原有的姓氏取而代之，也算常理。以此看来，"三乡"是吴仓人对于离他们有些距离的同样姓吴的3个村社的统称。

穆厝吴氏家庙佑启堂内的对联有"祠宗三乡人杰地灵"句，社里的妈祖宫（水源宫）也有联句"水涌灌泽福畀三乡"。民国年间，穆厝还办过三乡学校。招收的学生多是三乡吴姓的子弟。西潘的吴姓是从毗邻的穆厝迁来的，西潘吴姓的祖祠也称佑启堂，祠中的联句也有"祠宗三乡"句。西潘福元宫联也有"元变三庇首三乡"句。

西潘社西近西祥店方向有一列地势渐高的水田，称越仔沟，相当于现在的宝鹭花园一带。这片田依靠位于今康桥幼儿园对面的大潭和几口泉水极好的井灌溉。这个地方旧时有石厝、王祖宫、下埭3个小社，又称小三乡。其中，石厝、王祖宫在40年代还有残墙破壁。

【南山】

南山泛指以仙岳山为主峰的一系列山，因横亘在塘边社、湖里社南，故名南山。成语有"马放南山”，陶渊明有“采菊东篱下，悠悠见南山”诗句，讲的虽不是该南山，但乐于为名。如今，山的北侧辟有南山路，山的西侧有南山车站，以南山为主体建有仙岳山公园。

南山的一系列山峰，从东最靠乌石浦往西算起，分别是松柏山、仙洞山、仙岳山、内岩、寨仔山，到最靠海天码头的马峰山。

仙岳山是本区最高山峰，海拔212.7米。以仙岳社得名，原名屿仙尾山，湖里人称大山母。山的南麓建有雪峰寺，东麓山腰建有天竺岩寺。

松柏山在乌石浦社西，海拔97米，因遍布松树而得名。乌石浦人叫前面山，塘边人叫西郭山。山的南麓建有观音寺。1949年10月解放厦门战役中，在松柏山曾发生过激烈的战斗。

仙洞山海拔141.5米，山的北麓今有仙洞小区。山腰上的半山土地庙已开发成全国最大的土地庙。同治三年（1864）塘边侨商捐资修建贯穿半山通仙岳社的石径。仙洞山有很好的泉水流出形成顶水窟、下水窟即仙洞小区现在的水池。水窟流下来的水到了山脚下，50年代修筑成南山水库，现在康乐小区活动中心的水池就是这个水库所存留的部分。

仙岳山主峰以西是内岩，这是本地唯一具有金属矿藏记载的地方，早期开采过锰矿，厦门的电池厂曾勘探开采，所以本地人又叫矿物山、电土（电池）山。民国《厦门市志》载“内岩有锰苗，民国25年曾开采，旋为区长阻挠，遂中辍。”解放后，在山的西麓建有炸药仓库，所以又有叫此地为炸药山。如今，山之西北有湖里骨灰室。

寨仔山海拔159.4米，寨仔山因山上曾有石寨而得名，又谐音为袋仔山，又叫西狗山。西狗，即鬣狗。此山偏僻，旧时西狗成群，故名。山上原有电力铁塔；其北侧今有艾美酒店。

马峰山位于今南山路最西端，特区开发时曾经是采石场，后来就在采石场建了马峰山福隆体育公园，是国家乒乓球训练基地。山上的石头上残留有蚵壳，说明远古时期这里是海，是地壳活动的依据。马峰山最西入海处的小山包叫南山尾又叫窑尾山。

还有一个小山包是原湖里派出所后面的洪厝山。

湖里社南有南山横亘，隔断了到东渡渡口的交通。乾隆四十一年（1776）由监生杨升等人捐银从南山入海处的“钓鱼翁”修筑一条二百丈的石堤，通往大约到今海天路和华昌路相交处，留下《南山石堤记》的石碑。

【金山】

金山在仙岳路北，西潘社东南，临湖边水库，海拔58.9米，西麓有金山小区，金山街道由此得名。

道光《厦门志》载：“金山，在城东北，近洪水桥。山赤色，无草木，故名。”一说金山的砂石里含有金，所以名金山。据说日据时期曾组织开采，因得不偿失而废止。日军在金山顶曾修过工事，据说筑过炮坞，用杉木漆成黑色假装是炮筒。临解放，国民党军在山上修筑碉堡，至今尚存。两岸军事对峙时，在山腰挖掘许多坑道并互相贯通，留有4个出口。1960年湖边水库修建后，在金山西麓建了2栋二层楼的集体新村原想安置水库被淹的社员，后来改成大队蘑菇房，又改建成后坑小学，即今霞光小学一带。“文化大革命”期间山南麓建有造反派墓地“革联墓”，后来废了，建了后坑骨灰室。

还有另一处小山包也叫金山，位于旧古塘垅社的西南，相当于现在的厦华和ABB公司之间。金山并没有金，后来推倒建设火炬园时，发现山体是红土夹杂着或白色或半透明的石英石而已。此处金山是圆山之北的制高点，日寇侵厦时，在金山顶上修了一个水泥炮垒。炮垒下方有洞，洞口向着小东山。金山的北坡上有个规模不小的墓，墓前竖着二支尖尖的石笔。山坡下向着古塘垅的园地大家叫金山脚。山的西侧临着现在的新丰水库，是部队炮连的驻地，当年部队营房猪舍边上的小榕树，如今已经郁郁葱葱立在新丰水库的东岸上。

【陈盏山】

江头街北，六角池边有叫陈盏的小社，社早年就已废。其西面的小山包江头人叫陈盏山；因山在浦园社前，浦园人叫对面山。山的北侧原有公社建筑队、综合厂、还有孤零零的香料厂的一座楼，后来办了

“共产主义劳动学校”简称“共校”，再后来是厦门一中的农场，1983年是厦门师范，2001年是电子职业中专。这范围内有文物保护单位陈夷则墓，陈姓祭拜时香烟缭绕，乌石浦人称其为香山、兴山。嘉禾《陈姓族谱》记为“莲蟳山”，民国《厦门市志》记为“内蟳山”。山的南麓二三十年代有蒙泉小学，日据时是台湾买办谢振德的别墅和私家花园。光复后为禾山区署、禾山警察局。解放后驻军，人称师部、团部。50年代末，前线公社集中各大队遴选来的“坏成分”的人在此开荒遍植果树，因而叫百果山。1959年是前线公社畜牧场。山的西南侧，解放前曾收容过流浪人员，人称乞丐营。五六十年代驻军174医院曾设于此地。

百果山现在是电子职业中专、白果山公园、裕发花园房产所在。百果山车站被讹为“白果山”车站。

【浦源】

浦源即浦园，是厦岛最早开发的村落之一。唐建中二年（781）陈僖家族从五通登上厦门岛时，先在霞边一带安顿，后来就到浦园定居，称浦源，坐东面西，依埔坡而建。道光《厦门志》中，浦园记为“圃源”。

据1973年出土的《唐故陈府君汪夫人墓志铭》，陈僖的孙子陈元通的夫人汪氏，卒于唐咸通二年(861)，死后“厝于宅东三里之原，祔府君之茔”。陈元通和夫人汪氏的合葬墓所在的“原”即今之后院埔。以此推算，1100多年前他们所居住的“宅”就是浦源。

《厦门志》中说，最早开发厦门的两大家族薛姓和陈姓，薛姓“人称所居岭为薛岭。岭之南，唐陈黯宅在焉。时号为南陈北薛。”其中陈姓所居的地方就是浦源一带。

浦园陈姓聚居，有陈氏祖厝崇本堂，国民党元老陈立夫为其题匾“嘉禾陈氏大宗祠”，尊浦园为嘉禾陈姓的发源地。如此说来，这个“源”字名副其实。

【通屿】

通屿古时是钟宅湾里的孤岛，因附近有温泉涌出的汤坂，原名汤屿。

清末，修筑了南北两道堤连接田里、坂尾，形成靠田里、高林的西埭和靠坂尾、浦东的东埭。因有二条堤岸连通了这个小岛，故名通屿。屿的西侧是钟宅海，东侧是一大片埭。后来东埭、西埭又分割出直港、碑牌后、鼎脐坞、浦东埭等水面。道光《厦门志》所列的高林埭即指西埭、直港、碑牌后等，即今湿地公园那一片。五六十年代，通屿有简易公路贯穿南北。路西是钟宅盐场场部，后来改成前哨盐场场部。靠海的一边有许多无名墓，其中埋葬着解放厦门时牺牲在钟宅湾的烈士。路东是叫通屿顶的园地，近埭边的是通屿脚的水田，西埭堤头建有抽水站，边上有旧时已圮的社叫芦竹脚社、西埭社。80年代，这个地方建有机砖厂。

旧时，通屿有一凤尾宫。所以，钟宅人习惯称此地为“凤尾屿”。

随着湿地公园、五缘酒店等建设，通屿已经看不出是一个“屿”了。

【井泉】

本区旧时溪流小且短，井泉就是金贵的水源。吃水靠井，浇菜靠井，有的水稻也靠井水灌溉。下张社内有一眼泉水源源不断溢出，人称“龙泉”。这是本区至今为止还保存下来的唯一的一口自流泉水。

早时，最为有名的、出水量最大泉眼的当数蔡坑社北牛鼻笼，碗口大的泉眼，水涌不停，位置在今吉家办公楼一带。泉水流入牛鼻笼边上的一个小池，然后东流入海，形成穆厝溪。

出名的还有高崎相传是郑成功开凿的下墓仔、顶井、垵顶井3个古井。至今井泉较好的是位于崎脚的公祖井。

牛头山北有两处泉眼，水质极好，人称“牛目周”（牛眼），一在海边（今中鹭公司），海水涨时没入水面，退潮时又现出，靠岸船只可取其淡水用。

霞边社东五通头下避风坞的海边上有双孔的龙目井，“龙目”一大一小，井内淡水不枯，其位置即今灯塔公园。

浦东社北有井叫西园井，井泉极好，可自流灌溉井下的一片水田。

江头前线运输站边有井叫麦子井，泉特好，其位置大概在今明发商城。

坂上社南路边的古井叫后井仔，泉水特好，社人做豆腐争相到这井取水，相传早时种鸦片也得用这井水。王公官后有大空井，泉冷。相传王公井只能洗手不能洗脚，更不能用来洗粪桶，洗了桶箍会断。

下忠社县后埔下地势低，水泉多，有种仔井，有鲎血井，因水深发蓝而得名。

浦园社南有古井，水多，泉好，是泡茶的好水，社人几乎全吃这口井水。

县后后面山下有龙虎井，泉大，用“吊乌”灌周围的水田，人可轮流换，井水不干。

中埔社东公路边有井，泉好过社内的中井和尾厝井，今在派出所墙内。

田头万村底古井，土质是螺仔格，水质特好，社人舍近求远到这井打水做豆腐。

穆厝崎头井，井壁是砖砌的，泉特别好。

蔡塘小学后有花瓶井。

忠仑今金尚路公交站处旧有大泉涌出，北流形成后埔溪。

东渡社中有古井，泉好，边上是茭白田。路头尾码头边有大古井，水量大，有运水船运到市区卖水。

围里社王公官边有潭，水潭边的井叫蚝口井，井大，水多。

象屿上有泉水，叫金瓜泉，船靠屿取水用。

薛岭社东南有口小腹大的古大井，年代相当久远。社西有古时的大井，泉极好，其东的园地叫井仔东。

祥店山头仔向北，那片地叫桥仔头埔，下去有深沟井，井相当大，泉又好，社里的妇女不嫌路远到此井洗衫。

【关刀、箔箩、竹竿、芋梳】

塘边社前，有龙渊潭、窟仔潭、长寮潭、前潭、窟尾潭、花园潭、下社潭，七口池塘排成一列，社因而得名。龙渊潭在社头的龙渊官前；花园潭在旧塘边大队部门口斜对面，现源昌花园的大门口，原是有钱人家花园的一部分，1946年曾举办塘边小学的前身绍明小学；下社潭在圆塘官前，又称圆塘潭。这些池塘成上弦月状排列，塘边社的房屋也跟着排成稍弯的长条，像是一把关刀，于是有“塘边关刀”的民谚。

殿前旧社近似个圆形，北、西、南略高，中间较低，形如旧时农家晾晒谷物的“大箔箩”，所以有“殿前箔箩”之说。

寨上社处于海边山垅之脊上，形如船脊，号龙脊。社呈条形分别，民谚有“寨上竹篙”之说。

枋湖社呈半圆形，如同对切开的芋头片的形状，人称“芋梳”。

【动物地名】

本区地名有许多以动物为名，尤其是山头、岛屿，或取其形肖，或别有寓意。如虎仔山、龙头山、牛公岭、象屿、狗困屿等等。除了山头、岛屿，以动物为名的还有如下：

鳖仔沟 有2条分支，一条发源于塘边社西南，流经后浦、马垅；一条发源于小东山社西，流经古塘垅。2条水在今亚热带研究所附近汇集后穿过铁路涵，流经安兜社北，从埭辽北入海。

狗殷勤、鹧鸪山 安兜社南近圆山脚下的觉性院有几乎相连的两个小山包叫崩缺山，俗称狗殷勤，边上有小山叫孤山顶，据说是安兜薛姓的祖姑所葬处，应叫姑山，讹为孤山，或者叫祭姑山，又讹为鹧鸪山。

雀鸟尾 安兜社西，今成功大道尽头及机场边上部队营房一带叫雀鸟尾。

凤展翼 林后社南，有大片平地叫大湖，再往南地势渐高，有隆起的山崙称凤展翼山，又称凤展翅。

毛蟹穴 店里社西有墓叫王墓，地势较低，铁锈色水不停流出，如同螃蟹吐沫，号毛蟹穴。即今五通居委会处。

鸳鸯 东宅社西北，近莲山头处有田园的叫鸳鸯。

老鼠田 后坑社北西侧的水田叫老鼠田。

鲤鱼坐山　西潘社西北海埭边有一座突出的小小的山包叫鲤鱼坐山。

义婆山（蝙蝠山）　在今洪塘东北部队营房后。

羊尾沟　龙湫亭的水汇合穿过涂桥的涵洞经过洪塘社前流向湖边顶社，这一段叫羊尾沟。

加锥（斑鸠）石　在蔡塘社西到石鼓山下小路边。

猪肝石　在今北大生物园路边，早时有一大一小两块叶状石头，形如猪肝，叫猪肝石。

狗尾埔　后埔社西南延绵一片的埔地叫狗尾埔，又写成九马埔。

狗脚踏　乌石浦社北圆山下叫狗脚踏，有小路可以通小东山。

老鼠崎　钟宅社南海边，和下忠的地相接处有小坡地叫老鼠崎。

鲎血井　下忠社东北县后埔下地势低，有鲎血井，因水深发蓝而得名。

羊朝口　塘边社前有一片田叫羊朝口。

鲤鱼山　三中的操场当年有小山包叫鲤鱼山。

龙屿尾　高崎社西是长满大片枷杍（红树林）的泥滩，叫龙屿尾，即今杏林大桥收费站一带。

白鹅潭　寨上西南象屿边上有深海沟称为白鹅潭。

山狗腔　有2处。一在徐厝和薛厝田园的交界，翻过“山狗腔”就是海。一在村里社东，即今台湾工业园一带，旧有小山地，山上有石洞，俗称山狗腔。

钓鱼翁　马峰山西麓，其入海尽头处古有一石头突出水面，俗名“钓鱼翁”。

凤凰山　濠头社西南，今五矿大厦和棕榈城处。

加令龛　牛头山面海一侧山崖上有许多加令鸟（八哥）在石缝中筑巢，叫加令龛。

【农场和果子园】

民国期间，有识之士开始在禾山开办农场。

民国4年，安兜薛安然、薛安修兄弟开办的安然兄弟产业公司，是厦门第一家农场。址在安兜和殿前之间，即今殿前水厂东铁路边上。农场种植桃子为多，俗称“桃子园”。60年代，高林大队奶牛场也曾设在此地。

后坑华侨叶朝君于民国20年发起成立侯卿农牧股份公司，后坑农户几乎家家入股。日据期间被日人所占，几近破产。留有一龙眼园，叫果子园。江五公路在果子园边分别有两条岔路，岔向后社的路口有卖茶水的亭子称公司亭，岔路的东侧是倾向东南的一片坡地，叫公司尾。公司亭、公司尾的名称都因此处旧为农牧公司所在地而来。

位于后塘的嘉禾果植公司，是日籍人所办，后来汉奸陈宝琦加入，大行占地圈地，民愤极大。

抗战前，日籍民陈木生、郭井在卢厝举办农场，形成规模种植，先是种植供轧糖的甘蔗，俗称糖蔗，后来还种西瓜、木薯。

1946年登记的禾山私立农场有14家：安然兄弟产业公司、三合农场、益农农场、道生公司、佑民公司、思明益禾农场、嘉禾果植公司、振德农场、梅园农场、济兴公司、福林公司、管南公司、庆云畜牧养殖公司。公营1家：海军农事试验场。

此外，还有鼓浪屿颜姓在古地石开办的农场，占地七十几亩，种植龙眼、杨桃、番石榴等，解放后还留存有果林。

除了正式的农场，不少富户还辟出园地，专门种植果树，也形成一定规模。一直到解放后还留存有成片的果林。如：坂上社陈姓的果子园、仑后王姓的龙眼园。田头孙姓在田头黄厝之间开办的果林场，种植龙眼、杨梅。解放后留存有龙眼林。金山西麓的西潘社后也有龙眼林，地名果子园。下湖社的富户在社东和朱公山之间辟果林场，种植龙眼、枇杷、梨子、桃李，俗称果子园。殿前的富户在社西北侧所辟的果林场，叫果子园，又叫花园。这片果子园相当大，含到后来的高殿小学边上，所以小学的地叫花园脚、桃仔园。

解放后，华东亚热带植物试验场落户本区。1958年，忠仑辟为市立苗圃。60年代，塘边划为市委农场，同时，在南山北、东渡，有市属单位的许多农场。江头有一中农场。

【街市】

旧时的街市，以江头街最著，其次是桥头街。二者在民国初年就已成规模。桥头街毁于日军攻占厦岛的轰炸中，江头街则一直延续到90年代才摇身一变为“台湾街”。稍逊者还有昭塘街、安兜街，还有殿前街。更早些，五通的西头、湖里的蔡厝，也曾形成过小规模的街市。

昭塘街在前文已有介绍。

旧时殿前的街市主要是在十字街王公宫边一带，有剃头店、米面店、豆干店、杂货店，有卖油条、蚵仔润、匙仔炸、芋粿炸的小吃摊，后来还有供销社的小百货店。

解放前及解放初，安兜大路顶大路下曾形成南北走向的街市，有米绞、杂货、糕饼店、理发店、小吃店，面食加工店，人称安兜街。

上世纪20年代，江五公路还没开通之前，西头街还是来往于五通、江头的必经之道，有油坊、当铺、杂货店甚至有鸦片烟馆。

【打枪山】

本地把枪毙说成“打枪”，中弹说成“着枪”。

禾山旧时郊野偏僻，适合于“打枪”的地方不少。

史上资料，刘厝的后面山到后坑的后院埔一带，偏僻荒凉，又离大路不算太远，从30年代起就曾是枪毙人的刑场。1935年7月，中共地下工作人员22人被集体杀害于后坑后院埔。

解放初，镇压反革命、恶霸、特务，枪决了不少。这些“打枪”地方有：薛岭社西，靠近冢仔山；后坑后院埔，今仙岳路北侧；后坑和蔡塘之间的低处，今水库下；湖里马峰山北麓，今南山路头。

之后，枪毙特务和刑事犯为多，主要是在：小东山社东，近觉性院，后来部队的打靶场，今尚称“打枪山”；枋湖社西，近觉性院，今成功大道西侧，圆山东北麓山沟，近铁路，也是俗称“打枪山”；殿前神山，今部队卫生所处。

【薛岭的龙，五通、湖里的凤】

薛岭山、关刀山、布袋山，突出横亘，是一条龙。布袋山是龙尾，关刀山是龙肚，薛岭山是龙头。公祖宫（龙源宫）是龙喉。对面的营房旧有圆形石头，是龙吐珠。

一说五通头形如凤头，五通宫是凤冠，通向码头的小路是凤的脖子，凤的双翼一伸向西北的霞边，一伸向南面的后头。又有一说五通头是凤头，霞边是凤身，有凤山宫。凤尾伸向钟宅湾，是坂尾。

湖里社，肖如凤形。凤头向海，在今公交场站的后山顶上即原湖里街道边上。凤身就是湖里社。凤翅一支伸向上何山，一支伸向社东的官后山。所以湖里又美称为凤湖。今湖里公园南大门有“凤翔湖里”的石雕。

三、古代诗作

《龙湫涂桥》

（清）吴兆荃

花密藏幽寺，寻僧问老农。
断桥沉古磴，危塔耸孤峰。
石踞欲成虎，潭深难伏龙。
远山横月色，归路数声钟。

《鹭门杂咏》节选

（清）王步蟾

南陈北薛久流传，禾屿人文此最先。
一样山川钟秀气，后贤岂必避前贤。
虎山山北鹭城东，游履曾邀宋晦翁。
过化长流君子泽，山名今尚著文公。

《题龙湫亭割石》

（清）叶大年

噫吁噫！扶舆淑气磅礴。
匝卅里，龙脉西来走东峙。
穿田负峡何蜿蜒，奇峰忽从人面起。
阚如哮虎名兹山，亦曰旗山辑邑志。
大麓弥望为平原，秀毓灵钟吉祥地。
泥桥空嵌关化工，石塔玲珑出天际。
赪龛二水左右流，翼然一亭供大士。
英灵烜赫垂嘉禾，生佛万家齐仰止。
令节端阳竞渡时，吾侪乐山胜乐水。
倦游龙舟游龙湫，报道是龙异不异。
此龙灵于隐潭龙，此寺名于香积寺。
见在田前跃在渊，入我门来敢我□。
我生所好是真龙，取其神似非貌似。
晨钟暮鼓清梵音，洗尽人间筝笛耳。
有时说法逢生公，石亦点头悟玄理。
兹山之石况不顽，如有所立俨卓尔。
天柱高撑地维尊，凿凿砼砼乌足齿。
娲皇继出重补天，当前俯拾而已矣。
风霜兵燹随磨砻，迎刃而解罔不利。
俗称割石名实符，宰割天下亦如是。
虎山山阴昂然立，龙湫亭后屹然峙。
信乎地灵石更灵，雄镇鹭江作砥柱。
镌诗扫石当题碑，谁继岘山羊叔子？
取我袍笏学留侯，长拜下风前祷祀。
三生石上证夙因，我与为盟垂奕祺。
盟曰：
天地有正气，此石不偏倚。
出作太山云，化为天下雨。
永俾九州磐石安，小阜冈陵并媲美。
于万斯年不骞崩，名山名亭与石相终始。

《五通渡》

（清）朱仕玠

问讯厦门路，烟涛十里深。
沧溟风易动，绝岛树疑沉。
漫效浮槎客，难为故国心。
定知今夜梦，缭绕绿杨林。

《登高崎目屿》

（清）陈思敬

拳山突兀水风洒，破浪扬帆心目骇。
百战曾传抗臂螳，双墟只有遗空蟹。
云雷开霁海氛清，日月重光关险解。
故老凋零往事湮，百年刀剑耕牛买。

《觉性传钟》

（清）莫凤翔

古院萧萧匝翠岑，院中晓夜发鲸音。
因风隐隐将过海，和梵微微欲度林。
万朵龛花初出定，数捶山月恰成吟。
渐予独听东窗下，未了浮名一片心。

《龙湫涂桥》

（清）佚名

神工鬼斧说龙湫，虹带跨江但砌涂。
风浪千秋桥不断，教人残雪笑西湖。

《咏厦门》摘录

（清）涂庆澜

五通渡口浪如雪，万石岩前云满山。

四、当代诗文

（一）诗歌

咏厦门高集海堤

郭沫若

挖海鼓东风，长堤御铁龙。
金门晴霭外，黉舍碧波中。
劲足重洋小，心雄万厄空。
岛今成半岛，宏伟见人工。

湖里，我的故乡

何伯星

湖里，我的故乡
有一个美丽传说的地方
湖光涟滟哟
令人神往
成群的凤凰在翱翔
湖里，我的故乡
孕育着无穷的希望
南国早春哟
领先开放
繁荣的特区在发祥

湖里，我的故乡
有一位老人走过的地方
春风化雨哟
殷切期望
谆谆的教导在耳旁
湖里，我的故乡
吸引着海内外客商
翩翩飞来哟
金色凤凰
无数的奇迹在开创

湖里，我的故乡
一群拓荒者创业的地方
二十年耕耘哟
汗水流淌
收获的歌谣在欢唱
湖里，我的故乡
谱写着蓝色的畅想
二次创业哟
号角吹响
湖里的明天更辉煌

开发区二点五平方公里

钟声

最先被开垦出来的
是二点五平方公里的一块荒地
一九八一年
从最先竖起的脚手架上
特区开始有了自己的形象

筑巢引凤
特区深谙个中道理
二点六亿元资金
只是作最原始的注释
最诱人的优惠的政策

是一个老人栽下的金梧桐
牵动四海凤凰翕动的翼

道路次第延伸
厂房开始一簇簇生成
工业从最初散漫的姿态
进入一种成熟的饱满期
于是这片土地便热闹起来
许多双手
把湖面的寂寞填成平地
垦荒者
浇铸稳固的信念入土

十二亿目光注视这里
这块土地便显得拥挤
九龙江开始新一轮躁动
一九八四年，老人对特区的外延重新注释

鹭岛以另一种形象舒展羽翼
大写意笔法气势淋漓
从湖里开发到特区建设
从厦门工业到闽南经济
以这块土地为轴心
老人划了一个漂亮的弧线，完成了
从二点五平方公里土地
到二点五万平方公里地域
最富生机的扩张

我与新禾山

蔡夏冰

我的家乡在禾山镇里，
祖祖辈辈生活在穷乡僻野地，
爷爷说，这里的山荒凉貧瘠，
奶奶说，这里的路高高低低。
爸爸常年摸爬滚打小麦地，
妈妈一年四季在磨房里，
昔日的旧禾山真是贫穷地。

二十年前的某一天，
我嗷嗷落地在禾山镇里，
改革开放的光辉照大地，
我成了新禾山的小主人。
举家搬进了新居，
古老的小屋拆去。

禾山镇的变化日新月异。
从那时候起，
我与新禾山共同成长。
柏油大路通向世界各地，
高楼大厦彼彼林立，
宽敞明亮的教室让我明理，
渊博精深的知识令我茁壮成长，
新时代展示着禾山的魅力。

新世纪的曙光照大地，
万众一心齐努力，
扩大了禾山镇的面积，
理想让禾山镇人展开了双翼，
人才引进贸易洽谈共商议，
镇政府探索奋进求真理，
展现出禾山镇人的丰功伟绩。

如今，我是禾山镇里的新教师，
教学教育勤勉励，
教书育人，为人师表要努力。
学校是传播文化的主阵地，
禾山镇是特区经济发展的重要基地，
我将和他一起努力，
共创禾山的新奇迹！

海天随笔

蔡英哲

十年前，这里还是荒芜的岛屿，
今天，这里已是花园式的港区。
桥吊门机巍然屹立。
现代化的码头海天，
在鹭岛的西海岸崛起！

计算机键盘在不停地敲击，
船舶一艘又一艘地靠离，
生产作业井然有序，
吞吐量节节高起，
生产纪录一次又一次被刷新，成为历史。

拖板车时期的辛酸经历，
已成为老苦力永久难忘的回忆。

岁月更替，风风雨雨，
成就了海天人最自豪最自信的履历。
骄人的成绩，
有口皆碑的荣誉。
所有一切，来之不易。
成熟的海天更具实力！
成熟的海天更散发着独特的魅力！

如果说什么是海天繁荣的秘密，
那就是把握住了改革开放的大好时机。
激情涌动的海浪拍击着岸壁，
仿佛在为祖国生日奏鸣颂曲：
奏出了海天人最激动的思绪，
奏出了海天人最真心的谢意。

时代已经迈向二十一世纪，
现代化码头在周边异军突起，
未来之路将有更多的挑战和机遇。
发展才是硬道理已在我们心中牢记。
再接再厉开拓进取奋斗不息。
务实高效优质服务是我们真诚永恒的主题。

青春，在特区闪光

黄橙

那么多幼稚的岁月
交给了风
交给了雨
交给了一路喧嚣的红尘
我们纷纷崛起
成熟的信念和追求
让青春在特区闪光

每天晨曦的微笑
总蕴藏着我们的祝福
升向旭日
给所有的时辰以欢欣的透亮

每天晚霞的惜别
总拨响我们飞泉鸣玉的六絃琴
伴随悠扬的歌声
如同我们音符般的年龄
季节的轮流更替
不影响我们寻找
奋飞的翅膀和春天的梦
寻找别人
陶然的神姿和抒情的额纹
我们无时不在构筑
心的桥梁
只要感情的烈焰
在黎明前还能闪烁
只要年轻的双腿
在吃力中还保持雄健
那么，我们的人生
就会焕发出馥郁的芳馨

植物般生长的建筑群
仙境般翩然舒袖的街衢
至今还在飘洒我们的汗水和睿智
在万古苍茫之上
在潮汐奔涌之上
在前辈的肩膀之上
我们承担更崇高的重任

还有那么多创业的岁月
交给了你
交给了我
交给了这个时代的热血者
我们裸露着胸肌
让长城筑进心域
让黄河流进脉管
让青春在特区闪光

因为我是你血管里的一滴血

孙海涛

从北方流到南方，从故乡流到异乡
我是你血管里的一滴血
温度是你给予的，力量是你给予的
从乡村流入城市
我是你血管里的一滴血
勤劳是你赋予的，吃苦是你赋予的
我流入工地、工厂，成为一名普通的工人
每天我洒下汗水，在脚手架，在机器边
哪怕薪水低，哪怕职位卑微
我并不感到自卑和低人一等

当然，我不是一个人

我是湖南、湖北、山西、山东、贵州……
一百滴，一万滴，一百万滴、一亿滴……
汇集到一起。我们并不相识
甚至常常连名字也叫不出来
但我们清楚地知道：我是你血管中的一滴血
在你的脉动中流到这里
流向你身体的四面八方、角角落落
哪里需要就在哪里集结、工作、生活甚至
扎根、发芽……
你看，这是我建造的房子
你看，这是我生产出来的产品
你看，这是我的儿子、女儿
他们多么乖巧、可爱，也是你新的一滴
虽然我的工作还很繁重，生活也很艰苦
——加班，熬夜，时常要接受不公正的待遇
但我的心里是充实和幸福的
哪怕只是最微小的甜，也会让我心怀满足、眼含热泪

工闲的时候我会放松自己：唱歌、看书、打牌……
凄清落寞的时候我也会羡慕老板丰富的夜生活
羡慕他的房子
羡慕他的名车、情人
甚至他描述过的他的国度：富裕、幸福等等
仅此而已。不要问我为什么
我是你血管中的一滴血
我的黑头发、黑眼睛、黄皮肤
我的爹娘、孩子，我所有的亲人、朋友
我的村庄、我村庄中的一草一木
河流、山冈、田野、池塘……
一切的一切，都来自你奔腾的血管
你辽阔、宽广、博大的胸怀
不管我流向哪里
都流不出你的身体

打工情怀

洪大义

是那一行贴着波涛飞翔的白鹭　引领我走进温馨的鹭岛
是那一拨情切切的鼓浪屿之波　邀约我扑向旖旎的港湾
揣一腔色彩斑斓的梦
在高楼大厦组成的森林里
放牧青春和激情
这座城市的包容与开放
撩动了一群打工族的热情
让我无法因这座城市的繁华而停下
停下我打工的步伐
只因我深信　在这里我们
就是这座城市沸腾的脉搏
就是这座城市美丽的风景

一段挥洒汗水与激情的岁月
烙下我打工历程的所有足迹
如同朴实的老黄牛
用辛勤的汗水
浇灌着梦想与情怀
默默耕耘着属于自己的田地
像是勤奋的小蜜蜂
用沸腾的热血
编织成一曲努力进取的主题曲
响彻在没有流水的流水线上

裹在厂服里的青春
珍藏着我艰辛跋涉的足迹
每一个脚印都成了绽放的鲜花
车间里浸透着的汗水
散发着我坚韧不拔的气息
瘦弱的胸膛充溢起钢铁般的意志
城市中跃动着的旋律
传递着我不懈追求的信念
这座城市从此有了我的舞台

把一个梦想　写在海浪上　奔腾着去叩响新未来
把一个追求　刻在礁石上　欢呼着去拥抱新太阳
当理想的曙光在鹭岛的地平线向我微笑
信心和骄傲在我的胸中燃烧
我把对工作的热爱书写在蓝天碧海之间
天空中闪动着我心中希翼的剪影
与这座城市的繁华　相映成趣

湖里公园是我半个家（外一首）

安徽/碧杨树

绵软如烟的垂柳
梳理清晨的甘露、鸟语、微波
藏在树冠的黄鹂
跃起妩媚娇柔的身段
我与它们独处的时候
临水而坐，读自己的家书
汲取我热泪的母语
散发沁人肺腑的乡土气息
吹入湖里一池出水芙蓉

这些年我打工在这座城
为青春留下的脚印，储满汗珠
为爱情经过的岁月，苦尽甘来
离开工地，我畅游公园
寻找童年的记忆，与我质朴的人品
那个养蜂的女人
单身多年，胸前挂满了圣女果
我等昨夜应验预测的一场雨
洗净她衣衫内陈旧的伤痕
向阳光打开花瓣似的身体，撞伤了我的目光
她领养一群蜜蜂，离开繁华的街道
在这里教它们聆听手语

后来，我们交换家书
我们四目相对无语
我们一起找回流浪的蝶和离群的蜂
后来，我们成为中国合法夫妻
择湖里公园一隅
过着平民生活
下定决心，在这里养儿育女
活出打工生涯和过客身份
以后，谁都不会鄙视我创业
为了纪念故里

乌石浦油画街

在这里，我停止游子的步伐
用五指上的美术和诗意
在阳光着色的纸上
排彩今日的生活
从玻璃底端、橱窗、画框
凸出红裙子的淑女线条
在街头飘散着石榴的香甜
一街油画，在我的视线内组合
红、橙、黄、绿、蓝、靛、紫
象鲜艳在国旗、国徽的思想里
照亮这里的艺术的殿堂

乌石浦油画街
等我这个樵夫，带着一喉渔歌
“湖在天上洗净繁星的浮尘
天在湖里飘荡虹和霞光的绚丽”
纸上的农家妹子，早从画堂抛出水袖
在她的红唇上，我种下一粒花籽
不久，我抱着喷香的春色

从古至今，那些
在镜子着妆的玉器
沐浴一夜月光，在石榴开花的黎明
一树鸟语在绿叶上跳跃
关在鸟巢的星光，送给萤火虫
是谁的目光，在这里研读
一个时代的史记
一代画师，在这里
采集稻穗、麦粒、苞谷的色泽
描绘“一环四横五纵”的繁荣

印象湖里（组诗）

刘小雨

星光

我开始歌唱鹭岛东部的春天
雨水落在湖边水库的镜面上
从一片蔚蓝到另一片蔚蓝
我看见属于天空的事物
也属于这一方宁静的水域
整个春天，我爱上对镜梳妆的白鸟
碧绿的植物，高拔时尚的建筑群
我越来越喜欢在傍晚看月亮升起
一个人默默等候着星星们走下夜空
涉水而来，依次在我的眼睛里闪耀
不远处，五缘湾仿佛一颗明珠
蓄满了光芒。让我一再眺望
春天的花朵，暗暗送来了芳香

像内心突然涌动的温暖和幸福
在一片叶子后面流露着光泽

凤湖

这些南方的竹子，隐隐发出笛声
凤凰的舞蹈在2009年夏天
已止于一次比一次古老的传说
在凤湖，我更愿意提及1984年
一位设计师指着2.5平方公里
说大，就大了。仿佛一位魔术师
一次成功的表演。又仿佛凤凰
果真栖息在眼前的翠竹丛中
凤语：更快些。凰语：更好些
我似乎听见两种声音合而为一
在湖里的上空像一束明亮的光线
妙不可言地抚摸着过往的脚步

对一座桥的热爱

坐在一只铁鸟的翅膀上
我懂得了飞翔，由此看清了波浪
岛屿，云的影子，彩色的货轮
它们构成了沧海中辽阔的风景
一个旅人，一个心含柔情的女子
面对一望无际的蓝色火焰
悄悄记下了对一座桥的热爱
她站在博物馆的一边
觉得自己是另一座桥梁
不是土，不是水，也不是铁做成的
恰恰是一阵飓风似的爱恋
吹动着水面上傲慢的时光

印象湖里

在一台留声机里
我带走的声音包括风声
涛声、鸟鸣、竹叶的轻响
一群星星的私语……
在一些定格的镜头中
我用形容词替代了解说词
湖里不仅仅是两个熟悉的汉字
在很长的时间里
它像一场秘密的风暴
不断带来南方的消息

白鹭

落日的余晖中，白鹭与水合成的油画
令人惊艳。那些黄色脚爪时起时落
分明是钢琴师轻抚着键盘
它们集体弹奏湖里的田园牧歌
穿透了暮色。也有几只苍鹭轻轻飞动
擦亮了附近的灯火，我知道
虎头山与蔡塘村的树林
是这群乐师们晚祷的教堂

湖里，青春的记忆

张　帆

有一些浪潮
注定与湖里有关
有一些话题
注定成为一个时代恒久的经典

陈年的渔网
如同古老的命运漏洞百出
需要缝补的
已不再是沉重的叹息
和无助的守望
一个民族企盼远行企盼高飞的梦想
已经尘封得太久

早起的人们站在村口
站在露水与薄雾的边沿
20世纪充满等待充满召唤的码头
已经有春风从寒意里扬起翅膀
如同久违的凤凰
从百年炼狱的尽头浴火重生

这时候，湖里的名字实际上就是一扇门的名字
一扇厦门——推开南中国无限风光
一扇国门——推开东方大地关闭已久的心扉
一个婴儿呱呱坠地
鲜活的生命
吟唱在叫做“特区”的襁褓里
行走在叫做“现代化”的速度里

翱翔在叫做“国际化”的高度里……

还有什么比一次湖水的荡漾更加动人心魄
还有什么比一次庄严的诞生更加催人泪下
湖里啊，你的开阔
难道不是全中国五湖四海的总和
湖里啊，你的美丽
难道不是全中国平湖秋月的总和

有一些浪潮
注定与湖里有关
有一些话题
注定成为一个时代恒久的经典

与海为邻
你便有了海的胸襟
国际货柜码头匆忙的步履
承载天南海北的嘱托
国际邮轮中心鸣响的汽笛
传递四面八方的问候
国际机场喧哗的笑语
挥洒高飞远扬的豪情……

与海为伴
你便有了海的气质
你的跨海大桥
跨越祖祖辈辈对于海的深情挚爱
跨越崭新世纪新的抱负新的憧憬
你以海沧大桥的名义
给中国一座桥梁博物馆
你珍惜桥梁的生命
如同珍惜历史深处的每一次胎动
如同珍惜迎接未来的每一次心跳……

在湖里，我第一次明白
一个面朝大海的城市永远都在生长
在湖里，我第一次懂得
一个热爱桥梁的城市永远都不孤独

仿佛整装待发
又仿佛远行归来
豆蔻年华的湖里
你把青春的情意交给五缘湾
你把青春的眼眸交给湖边水库
你把对于海的祝福与相思
刻画成海上的花园
花园中永不息止的芬芳馥郁……

有一些浪潮
注定与你有关
——湖里！
有一些话题
注定成为一个时代恒久的经典
——湖里！

湖里的天空

黄白水

一

需要多大的胸襟　热情　和希望
才可以让湖里的天空
拥抱这川流不息　五湖四海的
人来人往　和理想？

二

我所认知的湖里
是 1985 年的湖里大道
她如此坦荡　从海岸抵向古老的塘边　殿前……

我所熟悉的湖里
是八十年代敞开的民房
她如此宽容　要接纳和欢待这些陌生的客人？

我所了解的湖里
她垂下双手　张开笑靥
把机会献出　把机会吸纳
只为和你共享一次又一次难得的盛筵

我所眷恋的湖里
她愿意把生命可以向往的方向
引向更美丽和辉煌的　湖边水库
以及　更灿烂的五缘湾

我所喜爱的湖里
她是沉默的　她是微笑的
她张扬着的美好你看到吗？

在厦门曾经偏僻的一隅　她勇敢的站立
创造着辉煌　　创造着一次　又一次的迸发!

三

我愿自己是有资格讴歌湖里的人
在这里　我看过坎坷的泥路成为明亮的街道
看过零乱的书亭成为知识天堂
看过拥堵的疏港路变得通畅
看过平地成为青春挥发的厂房
看过漠然的民众变得昂扬欢快

在这里
我愿成为可以讴歌湖里的其中一人
当我穿过二十年后的马垅村
看着雅致的社区替代了记忆中的乡村混境
当我徜徉在十年后的和通里
惊讶于宽敞绿意的街区驱逐了旧日的狭小杂乱
当我流连在三年后的高架桥上
感叹这灯火辉煌　她把阴暗的海面装扮上
如此彩妆!

四

关于湖里
我只是要习惯　或者张扬一种观念:
湖里的天空
旁观她　融入她　或者
为她曾有的
现在的　将来的
一切
憧憬　兴奋　或者惊叹!

五缘桥

夏炜

把五个愿望摊在阳光之下
如虹，你们的灵魂醒着。

古榕大厝
呼吸着风
从海上带来的封封信笺
聆听海的细语
答案是无数亲情的疏远

远
比马拉松还近
一个中长跑
就可
开一场团圆的盛宴

我的双足走向虹的顶端
不是七夕
禁闭的窗门早已开启
等你
五百万只欢迎的手臂
许下五个愿望
化为五条长虹
在湖里钟宅
大厝古榕
等你渡海

渡海
来，别在虹的那端张望
虹是
一个通向你熟悉又陌生世界的
走廊
一边是起始的胞衣
一边是行遍天涯也携带着的基因

钟宅的海风迎面扑来
夹带着海那端的气息
熟悉而陌生
我在虹上望海
虹，静静的醒着
把五个愿望摊在阳光之下
静待你的归来

（二）散文

家住湖里

洪全评

家住东渡，属湖里区。一家三口人，孩子、妻子和我，二男一女，非常简单。孩子在东渡小学上学；我和妻子是上班族，上班时，一个在东渡，一个在湖里。下班时，偶尔也吵吵嘴；但吵过也就算了，过后还得在一张桌上吃饭。

身份证上的住址栏已经变化了二次。也就是说，东渡的家是新家。其实，也不能说是新家，因为我在东渡，已经生活工作了很长的一段时间，有十年了。只是婚后妻子舍不得她的一份工作，两地分居了好几年。后来在听了我天花乱坠般地一通湖里如何如何的美妙，在一起生活如何如何的方便，对培养孩子有如此这般的诸多益处，方才听从了我的劝告，入了湖里的户籍。

许多人都知道，湖里是厦门特区的发祥地。其实，我想叫摇篮或许更为贴切。湖里原来只是一个小渔村，属厦门近郊。谁曾想，只因为这里成了特区，才几年的光景，便发展成今天的模样了；过去的小渔村已荡然无存，自然，也不再有人去打鱼了。于是，湖里这方土地便罩着一层特区神奇的光晕。特别是在湖里刚划为特区时，这块二点五平方公里的土地更具有诱惑力。这一点，在我出差时便深切地感受到了。每次出远门，一聊起工作和生活，当我谈及自己的单位和家庭，分明感受到了一种羡慕的目光。目光里闪现的是一种对特区的向往，对厦门的心仪。同时，对特区的发祥地更是满含着一份传奇般的探求和渴望。由不得你会产生一份自豪感，更为自己能成为其中的一员深感庆幸，也为自己的家庭庆幸。

幸之余，我有点困惑，那就是自己对湖里的了解太少了。变化中的湖里让我目不暇接。其实，这种日新月异的变化，这种天天创造的奇迹，对于在这里生活了十年的我来说，并不是一下子便感受到了的，所谓当局者迷。对于工作生活着的这块土地，这块特区的摇篮，我有一种感觉说不清。就如自己的孩子，天天在你身边，他已经一天天地长大了，天天在发生着变公，自己却浑然不知。太过亲近了便不易察觉。等到一天，我发觉了，发现了湖里已经发生了巨大的变化，于是便有了一种近乎无措的感觉，这种感觉让我困惑。

当然，困惑的感觉并没能阻住我身历其中的感受。生活在这里，工作在这里，我为自己庆幸。但我想，更应该庆幸的应该是这一块幸运土地。历史将一份机遇赐给了湖里，也将一份荣耀留给了湖里。作为厦门特区的门户和发祥地，厦门机场就坐落在湖里的辖区；跨越海峡的厦门大桥和原来的厦门海堤一头挑着湖里；海沧大桥，这联系厦门与海沧投资区的凌波彩虹，仍然用她的美丽吸管依附着湖里。踏进厦门特区，首先迎接你的，是湖里这一方充满活力的土地。东渡港区，这个特区最大的港区，码头林立，泊位众多。这里聚集着众多的口岸单位。联检报关中心一条龙服务的快捷，为你精心解说着特区的效率；象屿保税区，这块自由港的试验田，已向着自由港的目标迈进，营造着自己的独特模式；湖里工业区，厦门特区最大的工业集结地，可谓万商云集，用自己的宽广胸襟，接纳了来自全国各地的众多打工兄弟和姐妹；厦门火炬高新技术开发区，也在湖里的土地上，燃烧起一盏明亮的火炬；江头生活小区，已经耸立起一幢幢摩天的楼宇，在短短的时间里，用魔术师的神奇画笔，点拨着这片正开发的处女地。由不得你不会感叹不会着迷。

其实，对这块土地的巨变感受最深的，本不是长时间生活在这里的人们。外人眼中的湖里更为新奇。我的一些亲朋好友来家中探亲，便经常地会冒出一种感慨。他们说，喔，这条路搞得多漂亮啊！为疏港路留下一声赞叹。他们说，这立交桥太美丽了！也真是这样，你走过石鼓山立交桥便会生出一份情致。即使走过南方闯过北方的，这两年再到湖里，逛逛厦门，也会这么说——太美丽了！我曾经当过几次业余导游，每次带客人游览，逛过日光岩、南普陀、万石岩、胡里山等名胜之后，一定还得带着客人到湖里参观。可见湖里已是名声在外，算得上是厦门的一处奇特景观。

美丽的湖里孕育了美丽的厦门特区，美丽的特区给了美丽的湖里太多的荣耀。我们的家就在这种美丽的地方，那么，还有什么可遗憾的呢！该满足了。

湖里人

二十年前的湖里是一盏摇曳的渔火；
二十年前的湖里拥恋一份渔网与海风厮守的情感；
二十年前的湖里繁衍一群挂晾着几张渔网在小屋前的渔人……
那时，便传说湖里是一岭荒峦；
那时，便传说湖里是一溜浅滩；
虽然，也有鸥影翩翔，也有绿浪白帆，也有渔歌唱晚，也有风景流连……
那时，
没有这一幢幢楼群比肩；
没有这一丛丛吊臂高扬；
没有这巨轮泊岸；
没有这不夜辉煌；
那时，
没有这一道疏港公路上喧嚣的繁忙；
没有这一片港区写意的壮观……
不必再去翻找那堆旧日历上记载的时间，只需记住这里曾有过一声分界昨天与今天的炮响……

假如你的目光也在今天点染这一道特区东海岸的风景线，竟痴迷于白鹭女神正飞袖舞出的这道通达三江四海，远接五洲大洋的蓝绸带，神驰于这场飘遴延绵的春意和日渐成熟的辉煌，别忘了，应该去承接那群湖里人的目光和叠印在其中的脊梁……

——又怎能留意那太多写满感叹的眼光！

喔，你该读懂了，在许许多多的湖里人——别在意他们（或许包括你、我、他）来自何方，抑或步进这个行列有多长的时间，这些建设者与开拓者们的心里，可以自傲的欣慰就在于他们都参与了，都曾经在这卷日渐打开的画卷上挥洒过血与汗的热情，点染过实实在在的一笔激情……

这一张新绘的风景里注解着一个新的名词——湖里人！
这一卷描就的画卷里迭印着一个自豪的名字——湖里人！
历史应该记得——在这块土地上有过昨日的渔人和今天的湖里人！
湖里人，时代还在呼唤，呼唤更多的奉献！
……
别忘了最后的一笔——那是一群湖里人投向明天的目光……

绿的歌

徐铭

眼前是一株大榕树，也许它不怎么大。我是说实际年轮。可这种根深蒂固，枝大叶茂，已经远远超出人的许多想象。

激发着四季常青的绿。恰似永远要给人以振奋，给人以更多的精神……

每每念及到此，我禁不住要陶醉在它所带来的美好之中。

不是吗——

我将深深地体会到“绿”是象征着：浓郁的春光，蓬勃的青春，崇高的理想、热切的希望……

绿，是人生中的青年时代。

个人、社会、国家、民族、人类都有其生命中的青年时代。

年轻的社会主义祖国不也正是这样一种组合的绿？

——冰心奶奶这样说。在恬静之中，我久久凝视这树的满满洋溢着活力的绿。而“向前看”的思路，却把我的心情引得欢畅起来。这时，在我眼前突兀地出现了一幅幅绿意盎然的图画！

湖里区核心部分是湖里工业区。湖里工业工业区是厦门经济特区的发祥地。今天，她更是成为现代化的一座新兴工业区：

天安工业村，以超越百万平方米的标准工业厂房规模走向全世界。

以悦华酒店为中心的外商居住区笑迎天下宾客。

在南部生活区，更拥有完整的配套工程，无论是学校、娱乐、购物、医疗保健、邮电……

几十亿元资金投入的基本建设，昔日落后的渔村发生了翻天覆地的变化。

后起之秀的工业新区，枋湖区、钟宅区、蔡塘区，积极“热身”在发展壮大集体经济运动中，枋湖将开辟高科技园区用地和接受旧城区域部分工厂的改造项目。

江头将形成未来厦门市一个繁荣的商住综合区。一个拥有一百六十四个店面及四百多个摊位的新农贸市场已在江头建立起来了。

……

匆匆几年的经济建设，却已使外商投资项目涉及各种行业，尤其是特区现代化的海、陆、空、港及其他重要设施的建设。诸如，厦门国际机场、厦门大桥、深水集装箱码头、铁路货运站、象屿保税区、仓储区……

发达的经济，劈开了更为广阔的施展才干的舞台空间。我再一次深深地体会着，象征生活的绿是那样充满生机和活力。

不是么——

一代人执着的追求团结、拼搏、务实、创新的敬业奉献，已经是最好的浓郁春光，蓬勃青春的写照。

读厦门

陈志铭

厦门生我养我，已经近半个世纪。除了在闽西七年多，我都在这个半岛上生活。它是我最喜爱的几部书之一，我随时读它，温故知新。

童年时我常路过鸿山斜对面的打石山，无论是七月流火，还是风斜雨横，山脚下总有三五个人在打石子，一支单调而坚韧不拔的曲子从他们的敲击中奏出。不知怎么，那时我小小心眼里总浮起几许莫名的惆怅，和那硕大无朋的花冈岩石山相比，打石工显得渺小如芥。几十年过去，渺小的人把石山连根拔走，打石曲画上了休止符，代之的是一座皇冠假日酒店巍然矗立。现在，每当我重温这页书，总能品味出人世的哲理。

我住湖滨一里，这儿曾是大海的胸膛。少年时我曾在这儿捡海螺，青年时我曾在这儿游泳，无论想象力多么丰富，当时绝对想不到今天我竟住在昔日大海的怀抱！我家阳台正对着闽南贸易大厦，这座擎天巨柱般的高楼从打桩到此时临近竣工，历时十年，历尽坎坷。那通体翠绿的钢玻璃层面，倒映着晨夕云彩变幻，十分耐读。不是海市蜃楼，不是梦，当年一片荒僻的海域早变为繁华的新城区。稀稀疏疏的篔筜渔火变为稠稠密密的万家灯火，变为风驰电掣的汽车灯流。沧海桑田，实不虚妄，这一页书真叫人抚今追昔，感慨万千。

好几年我没到禾山舅舅家了。那一天我驾驶摩托车直驱江头，竟然迷了路！一个土生土长的厦门人——在郊区度过童年、中学时代每学期要下乡劳动、稔熟外婆家乡间土路的我，不得不一再停车问路。更令我惊讶的是，所遇路人绝大部分不是本地人，听不懂闽南话，对“围里”这个小村庄更是茫然不知。到了围里村头，我还询问村名，确知是舅舅住的村子时，大喜过望。这对于自以为熟读厦门这部书的人来说，实在是一件啼笑皆非的事。

大舅、二妗和表弟们相貌变化不大，而生活变化之大，令人咋舌。每一家都盖起三层别墅型的新楼房，装电话、烧煤气、用自来水自不必说，不养猪、不养鸡鸭，不养猫，却养大狼犬。他们称之为“家庭警察”。以前村子里人不在家不锁，而今人心不古。有位表弟一家养了三条狼犬，另一位表弟的狼犬不吃肉，据说它“肠胃不好”，只吃烧熟且保温的海鲜。“贫穷”和淳朴民风一起荡然无存，这一页书读起来颇费寻思。

二妗的女儿及其家庭，不住婆家住娘家，坦坦然而没有入赘之嫌。新的观念正在这块封建意识根深蒂固的土地上悄悄生长。表弟妹们及其子女基本上都不务农，而是“上班”。

厦门是一部书，封面因年代久远而陈旧，内涵因时代辉煌而丰富。厦门的朋友，您是否也时时读它？

厦门，我对您说……（外一章）

张宇

厦门，我倾慕您许久了。终于有一天，我从您的天空进入您的腹地。你那迷人的灯火把黛青色的黄昏映照得无比辉煌，我融入灯光与人影之中，我感觉到您温馨的呼吸和激烈的心跳，我忍不住热泪长流。

第二天的黎明，我急不可待地扑向我神往已久的鼓浪屿。哦！您是这样的美不胜收，精致秀丽得令我心跳，您实实在在是一首悠扬的抒情诗，是一篇清雅隽永的散文，我用脚掌一步一步丈量您的美丽；用目光一寸一寸搜寻您的神韵；用心——一点一滴地感受你的深情、您的温柔。

海风扑来，潮浪涌起，我仿佛置身于一个极尽天涯的仙境。

但，我还是把目光转向长街，转向高楼，转向特区的每一个角落……我的视线开始变得有些迷离和困惑。

我为始终买不到一个书柜而奇怪；我为在一个规模很大的百货大楼买不到一个很普通的窗帘环而诧异；我为在新华书店的书架上苦苦寻觅而茫然。我冷静下来，用冷峻的目光审视厦门，你有高楼，但更多的高楼尚躺在广告牌上；你有宽宽的大道，但不少的道路还是那么狭窄和充满泥泞，你有厦大，你有鼓浪屿，你有文化的沃壤，你有音乐的极致，但你却缺乏更新、更浓的文化氛围。

我面对这一切，心中充满了悲伤。

二十年前，我就憧憬你，那是起源于你的一张透明糖果纸，你的未来，你的蓝图全印在上面；至今，这张小小的纸片仍然被我珍藏着，像珍藏一个梦，难道，它注定就永远是一个梦吗？

二十年过去了，“东南沿海对敌斗争前线”的意义早已经不属于您了，你是一只白鹭，应该高高地飞翔，这是当代人的期待，也是子孙后代的期待。

机遇对于一个人或是一座城市都是非常重要的，要么抓住机遇，迎头而上，创造一个崭新都市是非常重要的，要么使机遇从手中悄悄溜走，让年复一年的潮水在这块海岛上永作单调的撞击，重复历史的回声。

厦门，我对你说这些，有两个原因：一个原因——因为你是特区是全国人民期待的特区；第二个原因——因为我爱你，因为我深深地爱着你……你在听吗？

一方水土

在厦门逛街有一种特别闲雅的感觉，这个四面环海的城市干净湿润，来往行人从容不迫，没有其他城市经常有的浮躁和喧嚣。从各个店铺里传来很好听的闽南话，虽然不懂，但并没有“人在异乡”的沧桑感，本地人对外来人始终是礼貌而真诚的，他们的包容及其团结性和湛蓝的海域一样辽阔。

最喜欢看路边的榕树，看榕树裸露的根那样的壮丽和坚强，很像中华民族辉煌的历史，于是和厦门人有了一种“血浓于水”的同祖同根的感觉。

厦门人与人友善，在街上很少看到围在一起吵架斗殴的现象，一次去看电影，因为人不多，就没有对号入座，但开演时人已爆满，当位置的真正主人来时，电影已经开演，他们找了半天找到位置才发现已经坐了人。如果是其他地方可能就恶语甚至拳脚相加了，但他们没有，居然用悦耳的闽南普通话轻声细语地问我原来的位置在哪里，他们去坐。一时间，我简直无地自容。还有一次在鼓浪屿，因看见一处建筑很有特色，不由得“私闯民宅”，不想民宅的主人不怒不恼，反递一杯香茶，笑问“客从何来?”

在厦门熟了，便爱去逛一逛那些躲在高楼后面小街小巷里的小店铺，有卖百货的，有卖化妆品的，有卖小孩鞋的，有卖干果水产品的，这些老板大多数是些上了年纪的本地人，黑红的脸上刻着海风的印痕，他们做生意公道，店铺里东西大都比闹市区大商场里的价格便宜，除了卖东西，他们还会和你讲许多关于厦门的典故，虽然普通话讲得较吃力，但他们的脸灿烂得像盛开的三角梅。这些店铺无例外地都供着一尊菩萨，香火经年缭绕，保佑着他们风调雨顺，生意兴隆。

海鲜酒楼是厦门一景，看着那些鲜鱼、活虾心里就猛一畅快，好像那清凉舒缓的海水慢慢的贴紧你的每一寸肌肤，使你融化消失在冰凉的浪花里。酒楼里的小姐服务态度非常好，她们绝不会因为你不吃鲍鱼龙虾、不喝“XO”而因此怠慢你。几个来自广东、辽宁的朋友自称是从“海鲜席”上滚过来的，当见识了厦门的海鲜之后，也禁不住连声赞叹。

在其他特区，人说街上漂亮的女孩都是外地来的，在厦门则不，很多长相好、气质佳、穿着得体的女孩都是土生土长的厦门人。笔者所供职的公司里靓女如云，包括很多空中小姐，漂亮的均是本地人。

经常在下班后，和厦门人一样，买一条刚出炉的特香包，煮一锅稀饭，就着榨菜和其他可口的食物，吃一顿香喷喷的晚餐。然后漫步在高楼林立之间的小区绿荫道上。当月色像风一样飘动起来的时候，你会听见筼筜湖水静静地拍击声，那是一只长翅细腿的白鹭在星光下轻轻地飞翔，它比我们更早地看见了东方那一抹已经微明的曙光……

厦门港之歌

苏文木

伫立于厦门港岸边，你听见了吗，那昼夜不息的潮流在吟唱什么？那永世痴恋于港口的海鸥，坚实的翅膀拍打着，一声声地讴歌什么?

海潮退了，历史却沉淀下来，融入海港的每一滴海水中。于是，夜深人静，我听见潮水哗哗成历史的叙事曲：“猪仔船”的屈辱悲愤，“太阳旗”的耀武扬威，太古码头上洋犬的虎视眈眈……这历史的悲歌，厦门港没有遗忘。

海潮退了又涨，海浪在礁石上迸出震天的喧响，在岸边撞出历史骄傲的回声：那向着鸦片使者的巨舰发出的大炮怒吼声；码头工人挺胸挽臂、众志成城地抗议列强非法租界的呐喊声；解放军战士冲上海港滩头的军号声……这铿锵的战歌，如今还在海港湿润而微带咸腥味的海风里收录着。

清晨，我徜徉于厦门港海岸线上，遥望东渡那星座般闪耀的码头群落。那受检阅般排列的现代码头，何曾是历史上那副狭小、窘迫甚至是荒凉的尊容？每一个，都像是肌肉发达、血气方刚的壮汉，正向世界敞开自己坚实的胸膛。一艘艘外来的巨轮像痴情追求的姑娘，迫不及待地靠上码头。而大型吊车伸直的钢铁长臂，正昂然挺起，那便是海港雄性的象征。它坚定地把一袋袋、一箱箱东西抓起，放到即将奔驰而去的汽车上。兀然耸立的集装箱，仿佛是时代贴在港口身上的标签，正稳站在大型载重汽车上，宽阔的公路正如延伸的血脉，汩汩流动着祖国急需的物资，把海港与祖国的身躯连成血肉相融的一体。每当朝阳喷薄而出时，港区内所有的马达便齐声轰鸣成一曲雄浑的建设之歌。

傍晚，我凝视着港口另一幅动人的画面：风尘仆仆的“集美号”客轮鸣响了悠长的乡情，沿着在波涛中犁开的寻根之路，靠上了崭新的客轮码头。那白发苍苍的老汉，颤巍巍的老太婆，当年背井离乡时正是风华正茂，如今携子带孙登上返乡的客轮，一路乡思一路泣哼着“彩云归”。终于到家了！凝重地跨上厦门的码头，又哭又笑，不知是悲是喜。尔后眼睛睁得圆亮，由衷地惊叹：厦门港变了！变美变新变年轻了！……就在“集美号”、“鼓浪屿号”上，经常上演着嘘寒问暖、夜侍病人的小喜剧，也时有上交拾遗的万元巨款谢绝真挚感恩的小费之义举，这更使海外赤子们翘起拇指：“在外面听说大陆人穷且贪，如今真是百闻不如一见。真是港口美，人心更美；钱币重，情义更重啊!”于是，祖国恋歌的旋律从厦门港一直飘到香港，再从香港传向无垠的太平洋……

当夕晖把港口染得灿烂夺目，工人们的汗水也蒸腾成耀眼的彩霞，萦蔚于港口的上空。这时，我爱沿着迷人的海岸线漫步。一座座切入蓝天的高楼巨厦，高举着经济特区的宏伟气派；溢彩流光的霓虹灯，闪射着生活的光华。岸边，一株株娉娉婷婷的棕榈树，摇曳着南国风情。万紫千红的海滨公园，恰如一枚玲珑剔透的宝石胸花，佩戴在港口的胸口上。款款的抒情歌曲把夜幕拉落了，阵阵爽人的海风把海港的主人从家中诱到海岸线上和海滨公园里。轻风洗落一天的疲惫，月季花、芍药、木芙蓉……百花仙子在朦胧的灯光中依旧芬芳着，鲜艳着，海面上倒映着璀璨的灯光与神秘的星光交相辉映，撩拨着如花似玉的姑娘们和潇洒不凡的小伙子们心中之美感。啜饮着“可口可乐”，港口的主人们心中舒畅，一股建设者的豪情喷然而出，犹如可乐罐里的气泡一般。于是他们悄声交谈着进度、要领、奖金、竞赛和光熠熠的爱情。他们觉得，港口之夜和港口主人的心一样是彩色的，而港口的明天色彩将会更加绚丽，更令世界注目。于是，有人轻轻哼起了歌，一曲曲欢乐之歌缓缓飘向黎明。

黎明，鲜红的太阳冉冉地庄严升起，千百只永世痴恋海港的海鸥一同振翅，在金光灿灿的阳光下翱翔，向着世界，发出一声声意味深长的鸣叫，汇成一曲雄浑、奋发、嘹亮的厦门港之歌。

抚今追昔江头街

蔡天敏

旧时的江头街，是个农户与手工作坊杂居的地方，小街四周，有莲花池和六角池拥绕，街外的田畴长着野菊和狗尾巴草，它们的枝叶摇曳着乡野的气息。白天，在潮湿的洞穴里，蝙蝠在洞壁上像蒜瓣一样结串垂吊下来，等待着夜晚的飞翔。春天，成群的燕子歇息在电线上，像一个个排列整齐的黑靶子。夹街的楼房，最高的是三层，两层的居多，大都是木砖结构，一律形成骑楼的格局，生意就在骑楼下荡成买卖的涟漪，那是生活的浪花。

我的父亲在他13岁那年，就离开大嶝来到禾山，最后落脚在江头，在街旁开了个小饼店，主营马蹄酥。我家就在街的最南端，由于倚路而建，房屋结构很特别：沿街盖两层，低层是店面连作坊，上层是个小阁楼；而低层后面的下凹处，后来又加盖了一层作为厨房，是用土坯砌成的。厨房外面是旧菜行，是低洼处。这样，从底层算上来，共为三层，但有两层是实地地面。这前屋和后屋之间，就形成了一个长长的廊道，像竹篙一样很深邃。我就是在这廊道间里出生的，那是在新的共和国为元帅将官们授勋的1955年。

从我懂事起，我就特别喜欢和惧怕台风。那台风总在夏季到来，一副凶神恶煞般的模样，猛烈地吹打着我家的房屋。有一年，我家的土坯房墙壁被台风吹塌了一个大口子，风携着雨水肆无忌惮地冲了进来，一家人都很担心那墙撑不住坍塌下来。不过，等台风过后，那墙安然无恙，而后屋则汩汩地漫进水来，竟有半米深，陶罐、木棒、拖鞋、纸片都飘浮起来……这在成人眼中的满目狼藉，我却觉得十分有趣，赤脚蹚在水里，一双小手拼命拍着那些漂浮物前行，以满足我儿时那驾驭的快感。而旧菜行上已经是一片汪洋，从篔筜港倒灌进来的水，也把一些池塘里的鱼们带进来，以至一些街民们也就快意地捕捞起来。他们用长长的木棍拍击着水面让鱼儿逃窜，然后冲着一条条飞鱼高兴地呐喊着，拍击着，捕捉着，其景状胜似傣族的泼水节。

后来，我上小学了，父母的饼店也早就并入一家食品社里，屋前的作坊没有烟熏火燎，也没有酥饼飘香。但是，还残存着以前劳作的痕迹。比如那天花板上曾经被烟熏得黑乎乎的依然在，那红地砖被油铁桶砸碎成细屑样图案的依然在，那用来擀面团的木圆滚筒依然在……我家门前的骑楼下，由于不做买卖而显得沉寂。在许多生产方式被赶入“大同”时，意识形态也日趋刻板与呆滞。只是在这骑楼下还保留着鲜活的生活图景，那就是“民间艺人”的活动。

来的第一个艺人是阿美。他身材中等，一嘴的金牙，下巴很长。他来到街上，以红砖头为笔画了一块地盘，然后高声喊道：“厦门前线公社毛泽东思想宣传队阿美演出队文艺演出现在开始！第一支歌《北京的金山上》……”接着，他从街旁骑楼的屋檐下，一只手插着腰，一只手作划波浪状，很符合当时出场规范地冲了出来，又是舞着又是唱，惹得大家嘻嘻哈哈地大笑起来。阿美唱歌是不遗余力地绝对投入和认真，唱《大海航行靠舵手》，唱《白毛女》，唱《毛主席，您是我们心中的红太阳》……唱着唱着，会唱到“向前进向前进……”、“洪湖水呀浪打浪……”中去。他不断地唱着，跳着，后来甚至用吼的，整个脸红红的。阿美的歌声咿咿呀呀的，像猪嚎。但大家听得一脸的阳光灿烂。

过了一段时间，有一些小青年觉得阿美是十足的像唠叨“阿毛故事”的祥林嫂，于是由腻生烦，由烦生怨，由怨生恨。同时，他们也像老虎一样识破了阿美这只“黔之驴”，在暗处向阿美扔出臭橘臭梨，或者青色的西红柿。“噗”的一声，一粒臭梨划出一道优美的弧线击中在阿美的脸上，烂渍在他的腮边炸开了一朵小灰花。他捋了一下，四下看看，恼怒地瞪着眼，喃喃地说：“人家在宣传毛泽东思想，你们谁在破坏，你们，谁，你们……我不干了……”，他气咻咻地又撸了一把脸，一双平板脚劈啪劈啪地向饮食店走去，要来一碗猪肝面线呼呼地吃着……听好事者说，阿美的什么人在海外，他在这里疯得越厉害，海外那边的生意越发红火，寄给他的钱也越多。难怪阿美的口袋里总有大把大把的钱。两块钱，是绿色的；五块钱，是猪肝色的；拾块钱则是枣红色的工农兵。阿美的口袋里，花花绿绿的，一叠又一叠。这个传闻很有趣，大家认为阿美该疯。

但这个传闻对阿美很不利，他的夜晚生活变得很不安全。每逢夜幕低垂，他“宣传”累了，就随便找一个地方歇息。这时，总有一双双不怀好意的眼睛在窥视着他。低层次的是把自己的快乐建筑在他的痛苦上——不过这时用的不是柔软的蔬果之类，而是硬硬的石头；高层次的是，像恶狼一样不断地靠近，靠近，把一双黑手伸向他的衣袋……过了一段时间，阿美就被“弄”走了，去哪里我也不知道。

来的第二位艺人叫“孤线弦”。他经常来江头街“巡回”演出，每次必带他的胖妻来。他也划出一块地盘，用两盏汽灯，把演出场所营造得很诱人很有情调。在开演之前，“孤线弦”总会先来一通喧闹的锣鼓声，把围观的人群诱到里三层外三层后，再把“名堂”端出来。白黄的灯光下，“孤线弦”一双凹陷失光的眼睛，布满皱纹的脸，既饱蘸人生的沧桑，又让人生出些微的同情。所谓的演出，是以他拉的二胡为“背景”，他和胖妻两人有唱有说地讲一些笑话。演出进行到精彩处，胖妻会借机拿出鹧鸪菜等一些治小孩肚里的蛔虫药，向观众兜售。当然买与不买全凭观众。演出一般在近10点时结束。人群散尽，店家大都关门。只有一两间饮食店亮着灯。季节若是在冬天，北风会打着长长的哨子声，从街那头凄厉地扫到这头。每个店家的一块块竖立的门板，就像是一个个琴键，被风婆婆那一双无形的大手，粗暴地一一摁了过去，发出各种各样的声音。这种自然的乐音，当然比“孤线弦”的二胡难听，但绝对比阿美的歌声好听。

这两位“江湖艺人”的演出，在那年月成了仅次于露天电影的精神阵地。紧挨江头街驻扎着一个团部，每逢部队放电影，街民们总会扶老携幼地来到一个叫海仔埔的空旷地。看电影是当时最高级别的精神享受，我甚至是到了场场不落的程度。有一次看京剧电影《智取威虎山》，看到一半时天上下起了大雨，我们竟然身披雨具，坚持看到完。如此表现堪称铁杆影迷了。而部队放映员则早有预估，躲在一部军车的车厢里放映。我当时就想：将来要是能够在家里边泡茶边看电影就好了。

2008年元宵节，台湾街上，人山人海，彩灯悬挂。一支支踩街的队伍，旖旎而来，就像一团又一团吉祥的彩云，从街的另一端飘来。最曼妙绚丽的是，江头街道后埔表演方阵上演的《奥林匹克·美丽的花朵》一幕，集中展示了歌舞翩跹庆盛世的主题。其画面有如李白笔下的“虎鼓瑟兮鸾回车，仙之人兮列如麻”的美妙意境，让人感到生活的和谐与美好。

2009年的元宵节，更是盛况空前，一盏盏红灯笼，高挂在街旁的棕榈树和芒果树上，还用红、黄、紫各种颜色闪烁不停的小灯，缭绕着大灯笼，就像美丽的萤火虫。整条街也就流光溢彩起来，疑是天上的街市。

正月十四下午3点半，随着一阵礼炮声的响起，牛年踩街活动开始了。一队队穿着各色民族服装的踩街方阵，在一个个举牌的礼仪小姐的引导下，依次走在台湾街上，那街顿时变成一条流动的彩带，绚丽极了。《三星拜年》充满喜庆，《马鹿迎新娘》演绎着广西壮族的民间故事，《龙岩采茶灯》再现了采茶姑娘“采茶扑蝶”的欢快劳动场景，《丝海翻潮》展示着新疆的异域风情，而由台湾新世纪文化艺术团表演的《丰年联欢舞》，舞姿和旋律，都十分热烈奔放，淋漓尽致地表现了高山族儿女热爱生活的情怀……

看完踩街，我又来到美食走廊，来自海峡两岸的风味小吃，都聚集于此，在一顶顶蒙古包下摇曳着异地风情。最有特色的是新疆烤羊肉摊，那身着边地服装的小伙子，踏着乐音，边跳舞边烤着羊肉串，表情和动作都极为夸张，也就把一个不大的小摊营造得风生水起的。铺着红地毯的甬道上，游人络绎不绝，尽情享受着味蕾的盛宴。

我十分感慨建国60年来家乡江头的沧桑巨变，不仅街区的建筑景观变得漂亮了，而且作为厦门一条有名的小街，每年的元宵佳节这天，还给市民上演了一场视觉盛宴。在这条小街上，曾经留下了阿美的歌声，留下了“孤线弦”的二胡声，留下了风婆婆的呼啸声，也留下了腰鼓队的鼓点声，也留下了欢快的礼炮声。抚今追昔，我感慨良多。美丽的厦门，美丽的江头，在狂飙突进的鼓点下，将会迈向更加辉煌的明天！

五缘情思

丽晴

桥

你在水波潋滟的五缘画布上席地而书，折勾是墩，弯勾是月，点是佳人入画的风景，撇捺是天地宇宙的旋风。呵，只因有独特而生动的内涵，你才妙笔生花，书写出如此遒劲而俊逸的画卷！

“天地日月人”，五桥五缘。缘如五片花瓣，既有现代风情，又不失古风嘉韵。

五缘桥，厦门的金项链，牵着海峡的今天和未来。

湿地公园

走进你，走进鹭岛之肾，走进原生态。

无须粉黛，你便出落得亭亭玉立。

难寻雕琢之痕，你是天生的湿地美女。

一切是如此静谧。静谧是歌。静谧是一种砌在灵魂里的令人心悸的美。

静谧更是灵动的故事——黄蝉花在静谧中灿烂，紫薇在静谧中微笑，芦苇在静谧中舞蹈，鸳鸯在静谧中做着缱绻的梦和不分离的爱，雍容华贵的黑天鹅在静谧中伸展它颀长而无与绝伦的颈项，水榭楼阁在静谧中绽放典雅……

只有不安分的白鹭飞了，留下不可告人的心事。

把故事串起来，挂在树梢，再配上大自然的音响，让人们去感悟不一样的非常幸福。

商业街

你是惠安女肩上轻悠而晃动的担子，一头展露西式名典，一头挑起闽南风情。

海上木栈道

你是景观中的帅哥。但你生性寂寞，却狂热地恋上了大海。你是一首凝固的诗，却难以抑制对海的爱的冲动。

你对海说，亲爱的，让我拥抱你吧，用我虔诚的肢体。

海沉默不语。

你又对海说，亲爱的，让我亲吻你吧，用我炽热的胸膛。

海依然无动于衷。

你跪下双膝，深情地表白：亲爱的，让我和你融为一体，与你生死与共！

海终于被打动了。她涌起滔天的银波金浪将他紧紧拥抱，从此不分你我，生生死死，永不分离。

海哭了……

游艇帆船港

你骄傲，你这海上的高尔夫！
你自豪，因为有你，厦门的港湾才提升到一种境界，一种高度。
你风流倜傥，骨子里充满梦幻般海与天的遐想。
你像一尊卧龙，停泊时是一弯亮丽的风景，腾飞时是一道顽强的闪电！

“五缘水乡”

五缘里的水乡，犹如落霞与孤鹜，秋水共长天。
而你是——
水乡中的黄金屋，黄金屋里的水乡。
情趣中的酒店，酒店里的情趣。
乡野中的都市，都市里的乡野。
人间天堂的韵致，韵致中的天堂人间。

（三）散文诗

特区交响曲

黄橙

厦门，希望之城

问四季如春的花木，她们知晓厦门肥沃的土壤为什么让她们如此抒情奔放；

问翩然展翅的白鹭，她们知晓厦门湛蓝的天空为什么有这样的魅力让她们流连忘返；

问东渡港穿梭如鲫的货轮，问国际航空港起起落落的银鹰，它们知晓厦门的每一个空间都默默地迎送着辉煌和希望；

问踩着现代节奏，脸上洋溢着欣悦的市民，问流连于青山碧海兴致勃勃的游客，问举着程控电话拨通五湖四海的商人，他们会异口同声地发出一样的赞叹：厦门，希望之城！

厦门的希望不仅在于春笋般崛起相互媲美的高楼，日新月异捷报频传的现代工业；厦门的希望更在于这里拥有群星般璀璨、明月般耀眼的现代人才，拥有许多为理想献身为祖国争光的无私的奉献者。

晚霞下的湖里

红硕的夕阳留恋人间似的徘徊不去，霞光下的湖里更显得辉煌而富有生机。

从写字楼、标准通用厂房款款走出的人流，带着完成工作的轻松，舒畅地踏上归途，任凭晚风絮语、车铃啼鸣，将心中对人生瑰丽的神往酝酿得更为醇香。

望着宽阔平坦的交通大道，雄姿富丽的高楼大厦；望着辐射新世纪光彩的广告牌，音乐萦回的咖啡屋，谁能想到湖里这个现代化工业区曾是荒凉无援的滩涂、孤独寂寥的村庄?!

二十年前，是改革的浪潮把湖里推向时代的波峰，仿佛就在一夜之间，二点五平方公里的名不见经传的湖里便以它童话般的色彩迎来了特区的黎明，它响亮的名字就这样震醒了土地的荒芜，心灵的迷惘，从此才有一条条笔直的大道交错成湖里的血脉，一幢幢标准通用厂房构筑起湖里的肉肌。接踵而来的是一座座花园似的现代住宅小区，是悦华融东西方风格为一体的妩媚，是厦华走出国门享誉世界的神气……

当徜徉在披满霞光的湖里街头，不得不让人确信，无论是来自大洋彼岸的实业家，还是心系祖国建设的港台商人，只要踏上这片充满希望的土地，就一定会热爱这里，热爱这里勤劳智慧的人民，热爱这片浓缩着中华崛起之光的特区发祥地。

东渡港的夜色

蔚蓝的天空中徜徉着轻柔的三月云，温煦的阳光给湛蓝的海水披上耀眼细碎的明亮。以港阔水深、浪静少雾、不冻不淤为特色的东渡港正春意盎然地忙碌着，以博大的胸襟迎送着天南地北的友人、品种繁多的财富。

海上，大小不一的货轮，穿梭如鳗的轮船，甲板上指挥装卸货的人影；码头上，吊车铁臂的徐徐起落，运货的叉车川流不息，堆场上，匆匆来往的人流车流，宏观地构成了一幅港区春意图。

有人说，东渡港区没有葱郁挺拔的树，缤纷似锦的花，所以这里没有春天的馥郁和锦绣。而我却深深地迷醉于东渡港的春色。这里林立的桅杆和吊车铁臂不就是俊美潇洒的绿树？这里红红绿绿的集装箱和多彩的货物不就是璀璨绚丽的花朵？

大自然的春色是轮流更替的。东渡港的春色是永驻不移的。它的“绿树”永远俊美潇洒，它的“花朵”永远璀璨绚丽。

孪生的岸

不必在千里之外共赏苏东坡的明月，这是一道海峡孪生的岸。金门的元宵焰火能辉映厦门的夜空，厦门的佳节礼炮能隐约传进台胞的耳郭。

虽然拍岸的波涛曾是叹息的潮，天际的飞雁曾是惆怅的鸟，然而，总有一腔抑不了的亲情，一个挡不住的归期，因为这是一道海峡孪生的岸。

渐渐地，思乡的信可以群雁一样扑进故园的天空；

渐渐地，思乡的电话可以顷刻沟通动人的情愫；

如今，思乡的双脚可以随时踏上正在丰茂的故土。于是，湖晨工业区有了台商投资的工厂和房地产，筼筜湖畔有了台胞开办的商店和台北风味餐馆，连思明北路也出现了诱人胃口的台湾料理和“铁板烧”……

曾经只能伤感地在彼岸远眺的厦门，现在成了台胞尽心倾注对祖国挚爱之情的地方。厦门一草一木的繁茂都孕育着他们的憧憬，厦门一山一水的翠碧都蕴藏着他们的厚望，自从热泪纵横地跨入厦门，他们奔腾的血脉便分布在鹭岛的每一寸土地上。

余光中惆怅万千的乡愁在海峡两岸日益亲近中开始淡化了。人们仿佛一下子明白了一个在天上、一个在水里的月亮，其实是同一个月亮；同时也明白了一个在厦门、一个在金门的岸，其实是同一道海峡孪生的岸。

千年厦门

汪纲要

鼓浪石把海的前进化作潮落潮起的乐声，洞穿了大千世界；盔甲一样的鲎则用不绝的思维，透过了整个时空。海沧大桥外，羽化飞天的白鹭，翩翩地击破普陀寺的晨钟暮鼓，在那游来游去的烟雨中，弥漫缕缕切割不舍的情丝。

厦门，你带着一片温馨而神秘的海风扑向我，引我走向你的明天。

曾几何时，“出没波涛三万里，笑谈古今几千年”的日光岩，偏安在东南一隅的荒草堆里，任风起云涌，潮起潮落，蛮荒与落后孪生的日子里，古越族人在三千年前，挥动着毛茸茸的大手捕鱼狩猎，也只能靠天而收，望海兴叹。

梦过千年醒在人间，太阳下面是永久不息的人寰。霸主们喜欢逐鹿中原，涂炭生灵，芸芸众生则“衣冠人物，萃于东南”，不是连南宋的幼主也到此抛玉带求平安吗？鼓浪屿西南的金带水，可以向你诉说一段关于君主的凄美故事。于是，就有了“南陈北薛”，就有了汉语活化石的厦门话。

呵，厦门话，闽南话的代表，作为宇宙探测器携带的六十种语言口述问候语“地球之音”的代表之一，从全球二千几百种语言中选出，向整个宇宙传送，传送出古老与广泛，传送厦门人的自豪，传送中国人的骄傲！

一水之隔的台湾说的也是闽南话，闽南语和厦门话是一家话。岁月的蹉跎，折不断一衣带水的同胞血脉。“日光岩上水操台，尽有雄风扑面来；一自台湾割让后，采茶歌调带余哀。”采茶歌调何其不幸，门对门的是金门，竟只闻调音不见其人？沧海桑田的泪水都呈现出来了，我们只能仅仅依靠自己的故事生存？

忆入昔，国姓爷一代英雄，台湾收复已有先例，群情团结，国家统一要看今朝。

芳草遍地沧海几度又是桑田，今朝的白鹭是何其有幸，一年年不停地飞旋在碧山绿水间。我清扫庭院，把最美的花瓣洒在石径上，任白鹭徜徉其间，我赞美英雄山美化成琴园，音乐和鸟类的乐园，我赞美鼓浪屿是大众的万国建筑博物园。

一个老人在南海边画了一个圈，弹指间二十年。小城故事多，如今已演绎出更新更美更奇的故事，银色坪更是圆了通向五大洲的梦想。昔日的小渔村，在滔滔荡荡的海水边飘摇，惊涛拍岸几度；今天，凤凰木和三角梅相互映衬的大都市，可是大地——这一张纸上，浓妆淡抹的生花妙笔？

“一张纸，升则为天，落则为地。”大地真的是一张纸，那我们就是纸上一粒粒叫做人的文字。舟行岸止，金壁锦垣，大特区的风景，还需要用文字在纸上认真而努力地抒写。

抒写如飞。用真挚的感情，用爱。

我在云顶岩看厦门，我环岛一周看厦门，我环闽南金三角看厦门，我环太平洋看厦门，我怀着对南普陀圣洁的菩萨和虔诚的佛的情感，真诚地祝福你——厦门！

长者的心声

范世高

我坐在悦华酒店华丽的大堂内，倾听一位长者的诉说；

二十年前，我如日中天，而湖里啊，不过是渔村，不过是落后，甚至，不过是荒芜。

而今，我是夕阳，而湖里啊，不止是都市，不止是繁荣，您瞧，简直就是神奇呢。

长者两鬓苍苍，目光如炬。

我尚在疑惑。长者引领登上了南山之巅，鸟瞰湖里大地；

看，那鳞次栉比的厂房，不是特区的身躯么？湖里大道那川流不息的车潮，不是特区的前进步伐么？听，汽笛声从海天码头悠悠飘来，嘹亮而激昂；头顶呀，轰鸣而过的是飞向高崎国际机场的雄鹰。交相呼应的汽笛声和轰鸣声，不就是特区的凯旋乐章么！

西海域的凉风将我的思绪引向海沧大桥。桥，从东渡飞越海峡，傲然挺立，雄姿勃发。不，那不是桥，分明就是特区二十周年的建设丰碑！

我被这壮观的跨越感动了；是谁，让渔村变都市？是谁，化荒芜为神奇？

长者陷入了沉思，不，他是在追溯二十个春秋的风雨；

二十年前，那个金秋的十月，有一个让人民怀念的伟人，在湖里划了一个2.5平方公里的圆，播下了发展的星星之火，还给她取了个名字叫“特区”。后来啊，是两个叫做改革和开放的先行者，让这希望的星火逐渐燎原，终于，燃遍了厦门。

你可曾见到炎炎烈日下的交警？你可曾目睹曙光中的建筑工人？你可曾见过忙碌的园丁和挥汗如雨的码头搬运工？……党旗下的宣誓，是他们前进的号角；鼓浪屿前的清波，是特区建设者血汗的见证！是他们，铸就了特区的辉煌！

我凝望长者。长者额头沟壑纵横，写满了岁月的沧桑。

那么您是谁呢？

长者语气铿锵：我的名字叫奉献！

我亲吻这里每一寸土地

——写给厦门经济特区摇篮：湖里

陈志铭

我漫步在厦门湖里，用脚，用心，深情地亲吻这里每一寸土地。

这儿原是个小渔村，记忆中，只剩下路旁那株盘根错节的老榕和郑成功当年屯兵的高崎寨遗址。它们阅尽东海滨一隅数百年沧桑，寨墙默默无语，可老榕垂地须髯承载着绵长历史，墨绿叶脉流淌着春天的故事。每一阵海风吹过，老榕都喃喃诉说。

耳旁，隐约传来二十年前——1981年10月15日竹坑湖轰隆隆炮声。那是中国对世界的新闻发布：厦门经济特区从此诞生！

那炮响是如此强烈震撼我的灵魂，层层岁月包裹的记忆唤醒了。海峡两岸战争的炮声曾贯穿我整个少年时代。而湖里的炮声，是和平建设的炮声，是改革开放的宣言，是厦门经济特区创业的开篇。湖里炮声的回响，辉煌而悠远。

这炮声，2.5平方公里的土地听到了，一个崭新的工业区从此崛起；这炮声，东渡港听到了，集装箱装卸桥、龙门吊举起巨人手臂，向五洲四海致意；这炮声，海峡彼岸听到了，多少惊涛骇浪抚平为万顷波光；这炮声，中国人民爱戴的总设计师邓小平也听到了，他挥毫写下：“把经济特区办得更快些更好些。”

莫说湖里炮声早刻进历史年轮，今天我在这儿流连徜徉，分明听见了新时代强有力的脉搏。雄姿英发的大桥，从湖里飞跨海沧投资区，它跨越的不仅仅是空间，还有时间，未来岁月将雄辩地证明。

我在厦门特区发祥地漫步，用整个身心，亲吻她每一寸土地。

那一叶风铃的记忆

——献给厦门特区发祥地的歌

洪全评

一

二十年前的今天，“经济特区”这组新颖的词句，闪耀着一代伟人的思想光辉，冲破封闭已久的坚固樊篱，昭示了中国龙的腾飞。

二十年前的今天，“经济特区”这行亮丽的词句，扶摇着解放思想的春风，鼓动白鹭振翅的风铃，翻开了鹭岛这页崭新的开端。

二

改革的中国，聚集一份开拓的豪迈和创新的勇气，走向富强华夏之旅。

开放的中国，将不可推卸的重责与真诚的信任，雕刻成一道华夏崛起的界碑，矗立在这片白鹭栖息的土地，矗立在2.5平方公里的渔村湖里！

三

于是，发展的机遇像久旱的甘霖，洒落这片2.5平方公里的渔村土地；

于是，一批开拓者满怀无畏的勇气，铿锵着敢为天下先的坚定步伐走到这里；

于是，厦门特区的雏形从这里孕育，海上花园定格了这幅永载史册的浓彩画壁。

四

追逐二十年的奋进步履，跨越新旧两个世纪，我们的湖里，我们的特区，已在歌声中崛起：

——高崎机场撑起了腾飞的翅翼，疏港大道涌动着繁华的信息；

——东渡港区叠印着百舸争流的航迹，万吨巨轮抒写着东南大港的传奇；

——还有飞架海天的虹桥长堤，带着鹭鸣长天的骄傲，凌波飞起，雄视天际！

五

二十年的光阴，我们一步步明白，那位老人，为什么总是谆谆告诫我们——“发展才是硬道理！”

二十年的光阴，我们终于明白，“解放思想，开拓进取”所包容的涵义，是那般地厚重，又是那么的美丽，蕴含其中的不只是一份艰辛，更多的是一种勇气……

六

经历了二十载风雨磨砺，走过了二十春花开四季。今天的湖里，已是满目的高楼耸立，已是锦簇的勃勃生机；今天的特区，不再惊奇那日新月异，不再炫耀那骄人业绩。只有这方实实在在的繁荣富裕，不断吟诵着“厦庇五洲客，门泊万里船”的浪漫诗句。

七

难忘当年披星戴月的汗滴，难忘踩动号声节拍的步履；难忘热血澎湃的相许，难忘不懈前行的进取。

——七千三百个日月星辰啊，谁能忘记那一派拼搏奋进，谁能忘记一身兼程风雨?!

八

不必细数二十年迈过了多少历程，不必在意二十年经历了几多风雨。

——我们二十年的坚实脚步，已经踏亮了鹭江那湾不夜的辉煌；

——我们二十年的坚实脚步，已经催生了这座都市茂盛的文明。

……

九

还记得“春天的故事”这首歌吗？还记得那曲熟悉的旋律吧！

——二十年了，你是否还忆及当年那五湖四海的希冀，收藏着那南腔北调的语句?!

——二十年了，你是否仍珍藏着当年创业者们留下的足迹，感受着开拓者们那一往无前的坚毅?!

十

一叶风铃的记忆，遥遥地、遥遥地回响在鹭岛的天际……

——让我们好好珍藏这一叶风铃的记忆吧。然后，高歌“走进新时代”的奋进旋律，继续迈动二十年不懈前行的坚实步履。

——让我们好好珍藏一叶风铃的记忆吧。然后，踏上通往新世纪的奋进阶梯，继续书写白鹭腾飞的惊世传奇！

（四）歌赋

凤之舞赋

王佳兆

鹭岛西北隅，临海丘陵地，湖里社也。昔积水成湖，沿岸生竹，古名竹坑湖。相传凤凰翔舞其间，故别称凤湖。竹声销，湖光匿，白云苍狗，沧海桑田。乡民争春抢秋，追浪逐潮，耕渔不息，仍奉凤凰象征湖里。公元一九八一年，得改革开放机遇，划二点五平方公里，建厦门经济特区，向五洲招商引资。公元一九八四年二月九日，邓公小平视察湖里，挥毫题词，鞭策砥砺。海内外企业竞相落户，宛如凤凰来仪，湖里发祥。公元一九八七年成立湖里区，又十二载筚路蓝缕，风雨兼程，渔村一跃而成为现代化都市。工厂似羽丰，楼宇若翅张，云蒸霞蔚，凤凰振翮。跨入二十一世纪，实施腾巢换凤战略，促进产业优化升级，全区经济逐年递增，八面百姓安居乐业。双翼并展，凤凰冲天。瞻环球之星云，绘雄心于蓝图，知任重而道长，筑众志以成城，努力落实科学发展观，绸缪构建和谐社会，冀辉煌于再铸，当追日以远飞。壮矣！湖里，犹舞之凤；美哉！湖里，如凤之舞。

五、歌曲

湖里迎接新世纪

（湖里区区歌）

作词：杨崇正

作曲：陈友恭

1＝F 4/4 2/4

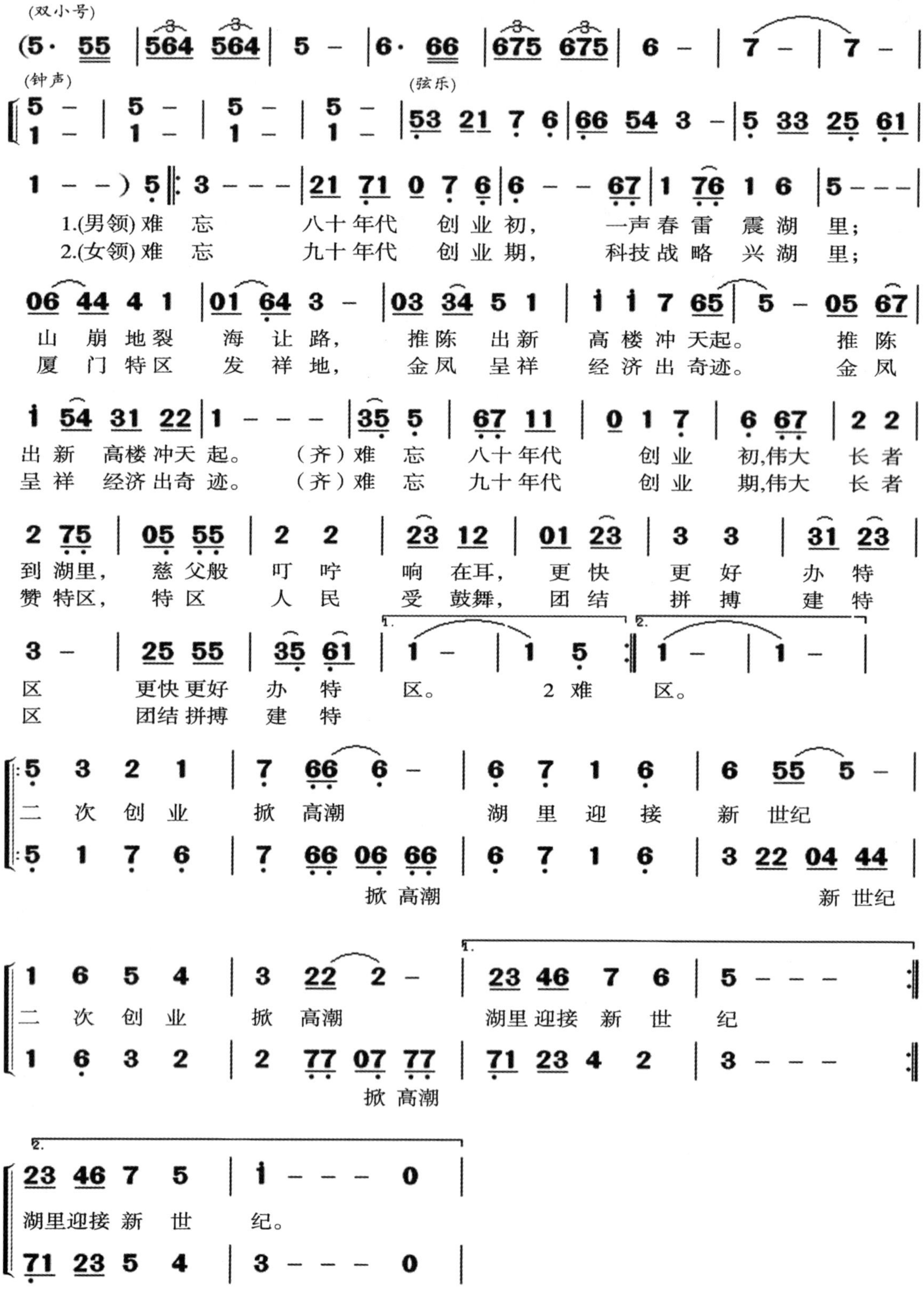

（说明：在专家评审的基础上，1997年10月8日，湖里区五套班子领导审定通过，定为区歌）

凤凰的故乡

——厦门湖里街道之歌

词：王佳兆

曲：许善飞

1=♭A $\frac{4}{4}$ $\frac{2}{4}$ （中速、稍慢、舒展地）

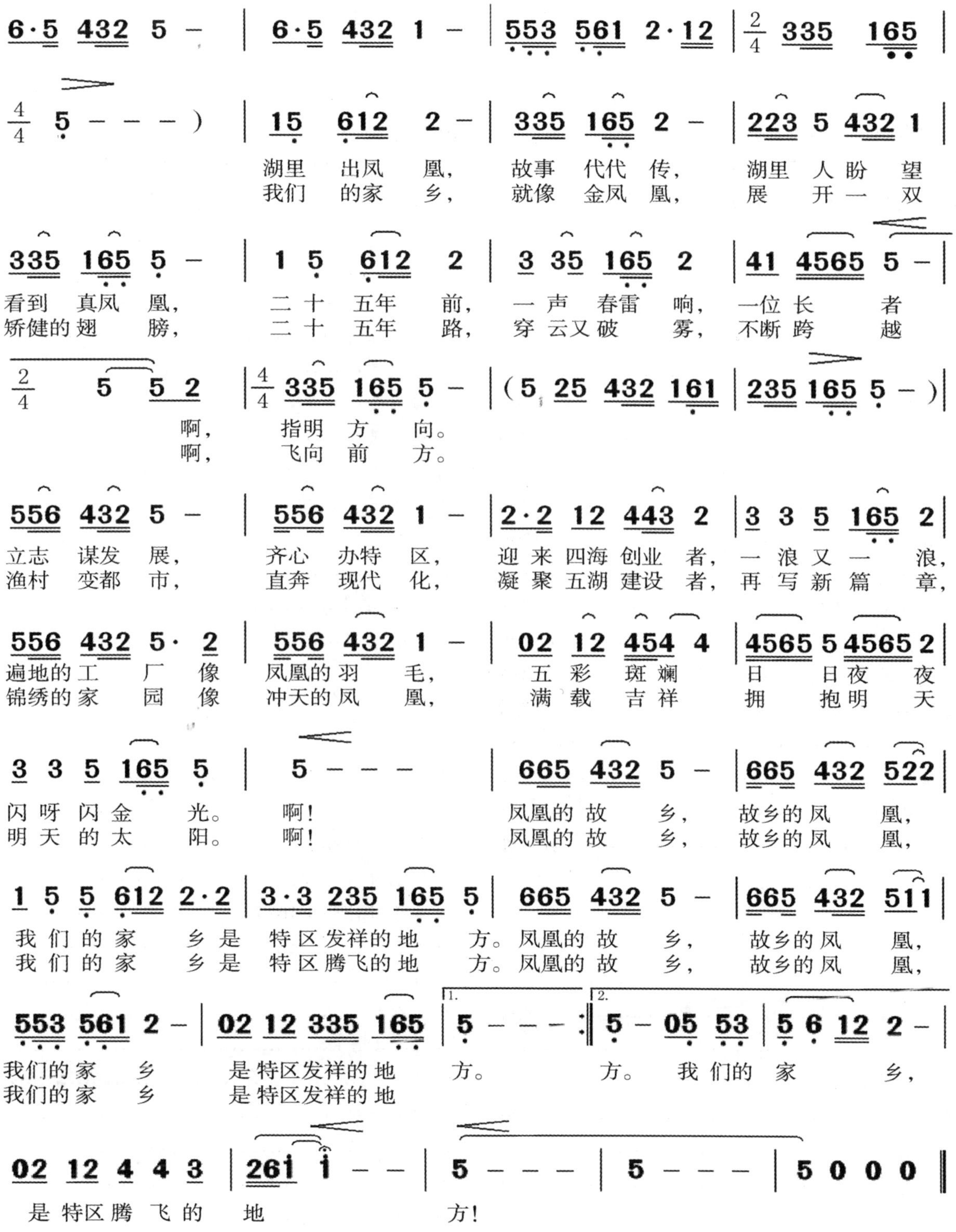

索 引

本索引采用音序排序法，在同一音序中若首字相同则以第二个字排序，以此类推，首字为英文字母或阿拉伯数字的按该字母或数字的拼音字母顺序排列；篇名用黑色字体标示，标题后的数字为页码；题目中涉及本区名称的组织、机构、会议、活动等，均省略“湖里”二字；特载、大事记、附录内容不做索引。

A

B

C

D

E

F

G

H

J

M

N

P

Q

R

S

T

W

X

Y

Z

《厦门市湖里区志》各篇编审人员

总　　述

编纂：李启宇

审核：丁红斌　林日清　洪志伟　黄绍义　沈祥清　方丽玲　曾以勤　陈启昆

吴金潭　黄国富　林庆明　陈永宽　孙天才

修订：李启宇

大事记

编纂：张宪敏

编辑：李启宇

审核：林日清　洪志伟　黄绍义　沈祥清　方丽玲　曾以勤　陈启昆　吴金潭

黄国富　林庆明　陈永宽　孙天才

修订：李启宇

第一篇　建置区划

部门志编写：方志　康章炳

区志分志编辑：李启宇

部门审核：王加山

修　　订：李启宇

第二篇　自然环境与资源

部门志编写：方　志　康章炳

区志分志编辑：李启宇

部门审核：区市政园林局办公室

专家审核：叶　清　蔡诗树

修　　订：李启宇

第三篇　人口

部门志编写：蔡培育

区志分志编辑：李启宇

部门审核：雷　梁

修　　订：李启宇

第四篇　城市建设

部门志编写：林慕颖　邵君杰　魏清磊（区建设局）　张宪敏（公用事业）

康章炳　赖菊云　陶　卉　陈丽贞（区市政园林局）

柯溢珍（区城管办）　曾军勇　陈秀忠　陈峰斌

李　婷（区城市管理行政执法局）　陈大圣（城市道路）

区志分志编辑：李启宇
部门审核：龚建阳　朱绍峰　范金炉　郭晓平　许铭松（区建设局）
　　　　　张金坪（区市政园林局）　郭漳楚（区城管办）
修　　订：李启宇

第五篇　环境保护

部门志编写：蒋小涓　林佳峰　陈桂洋　张　纹　黄　宏
区志分志编辑：李启宇
部门审核：蒋小涓　林佳峰　陈桂洋　张　纹　黄　宏
修　　订：李启宇

第六篇　交通

部门志编写：方　志　王甲林
区志分志编辑：李启宇
部门审核：戴静静
修　　订：李启宇

第七篇　邮电信息

部门志编写：张宪敏
区志分志编辑：李启宇
部门审核：陈英华（邮政）
修　　订：李启宇

第八篇　农业

部门志编写：方　志　康章炳　赖菊云　张宪敏
区志分志编辑：李启宇
部门审核：张金坪
修　　订：李启宇

第九篇　工业

部门志编写：王甲林
区志分志编辑：李启宇
部门审核：邱忠强　陈　建　朱嘉庆
修　　订：李启宇

第十篇　建筑与房地产业

部门志编写：林慕颖　邵君杰　魏清磊
区志分志编辑：李启宇
部门审核：龚建阳　朱绍峰　范金炉　郭晓平　许铭松
修　　订：李启宇

第十一篇　商贸服务业

部门志编写：方　志　王甲林　蔡培育（居民服务业）

区志分志编辑：李启宇
部门审核：陈　健　戴静静
修　　订：李启宇

第十二篇　招商引资

部门志编写：孙　怡
区志分志编辑：李启宇
部门审核：林　文
修　　订：李启宇

第十三篇　财税金融

部门志编写：潘安梅　林进　王斌华　周家根（区财政局）
阮晓鹏（湖里区国税局）　邓奕（湖里区地税局）　蔡培育（金融）
区志分志编辑：李启宇
部门审核：陈海松　辜琦皇　潘安梅　马竞生　林　进（区财政局）
马鹭军（湖里区国税局）　张开华（湖里区地税局）
修　　订：李启宇

第十四篇　经济管理

部门志编写：赵　斌　厦门市经济研究所（区发改局）　丁宏山（湖里区工商局）
刘益霖（区审计局）　周应兰（区安监局）　许卫东（质监一分局）
区志分志编辑：李启宇
部门审核：陈　枫（区发改局）　丁宏山（湖里区工商局）
刘益霖（区审计局）　王华安（区安监局）　曹祥敏（质监一分局）
修　　订：李启宇

第十五篇　中国共产党地方组织

部门志编写：郑尚定　叶明瑞　洪志伟　杨　晖（区委办）　林丽英（区委组织部）
沈祥清（区委宣传部）　高　翔（区委统战部）　王伟群（区委纪检委）
刁培俊（区委政法委）　刘安居（区委文明办）　陈　婷（区档案局）
李惠萍（区信访局）
区志分志编辑：李启宇
部门审核：郑尚定（区委办）　黄双凤（区委组织部）　傅伯伟（区委宣传部）
林明辽（区委统战部）　向延琼（区纪检委）　林荣福（区委政法委）
杨运华（区委文明办）　马小红　陈婷（区档案局）李天真（区信访局）
修　　订：李启宇

第十六篇　地方人民代表大会

部门志编写：林凌凤
区志分志编辑：李启宇　李福林
部门审核：陈开惠　黄绍义
修　　订：李启宇

第十七篇　地方人民政府

部门志编写：李文轩　吴　静　蔡培育　张宪敏

区志分志编辑：李启宇

部门审核：丁红斌　林日清　沈祥清

修　　订：李启宇

第十八篇　政协民主党派群众组织

政协湖里区委员会

部门志编写：严志和　沈祥清　方丽铃

区志分志编辑：李福林

部门审核：严志和

修　　订：李启宇

民主党派工商联地方组织

部门志编写：兰　岚（民革湖里总支）　林红星（民盟湖里总支）
陈荣乐（民建湖里总支）　董清木（民进湖里总支）
柯友升（农工党湖里基层委）　颜伟民（致公党湖里总支）
陈世杰（九三学社湖里基层委）　谢益民（台盟湖里支部）
刘水荣（区工商联）

区志分志编辑：李启宇

部门审核：黄向阳（民革湖里总支）　公维贵（民盟湖里总支）
吴江彬（民建湖里总支）　陈智强（民进湖里总支）
王萍萍（农工党湖里基层委）　黄霓裳（致公党湖里总支）
郭清敦（九三学社湖里基层委）　林书博（台盟湖里支部）
林秀瑜（区工商联）

修　　订：　李启宇

群众组织

部门志编写：董　坤（区工会）　刘萍萍（团区委）　刘艺梅（区妇联）
王甲林（区科协）　丁宏山（湖里工商局）　王加山（区残联）
陈启昆（区侨联）　区慈善会　吴尚义（区红十字会）
林仪春（区关工委）

区志分志编辑：李启宇　李福林（区妇联）

部门审核：吴智贵（区工会）　陈岚（团区委）　严文厦（区妇联）
刘芳坤（关工委）　陈启昆（区侨联）　王加山（区残联）
吴雪梅（区红十字会）

修　　订：李启宇

第十九篇　中国国民党地方组织及地方政权

编写、编辑、修订：李启宇

第二十篇　公安司法

部门志编写：许鸿摩　童文胜（湖里公安分局）　陈明明　罗　琳（区检察院）

陈秀娟（区法院） 王　煦（区司法局） 陈少宁
王玉春（湖里交警大队）
区志分志编辑：李启宇
部门审核：程章秋（湖里公安分局） 叶　斌 陈明明（区检察院）
蔡志红（区法院） 陈晗霖（区司法局）
修　　订： 李启宇

第二十一篇　军事

部门志编写：郑清雄　徐宗棋　王春峰　何玉莲
区志分志编辑：李启宇
部门审核：叶毓青
修　　订：李启宇

第二十二篇　教育

部门志编写：姚于全　周安源　詹江柏　郭梓官
区志分志编辑：李启宇
部门审核：林长发　周安源
修　　订：李启宇

第二十三篇　科学技术

部门志编写：王甲林
区志分志编辑：李启宇
部门审核：王太兴　柯慧玲
修　　订：李启宇

第二十四篇　文化体育

部门志编写：文体志编写组
区志分志编辑：李启宇
部门审核：林进春　阙占彪　卓财寿　黄永龙　胡晓白　阙全安
修　　订：李启宇

第二十五篇　卫生和计划生育

部门志编写：林凌凤（区卫生局） 雷　梁（区人口和计生局）
区志分志编辑：李启宇
部门审核：刘安东　余兴华　林宝贵　罗尚芬　何晖红　林志锋　曾远志（区卫生局）
雷　梁
修　　订：李启宇

第二十六篇　人事劳动和社会保障

部门志编写：林育明
区志分志编辑：李启宇
部门审核：区人劳和社保局
修　　订：李启宇

第二十七篇　民政

部门志编写：　康章炳
区志分志编辑：李启宇
部门审核：王加山　林德才　谢钦琪　林约锡　许宝忠　黄　立　赵传扣　李殿忠
　　　　　曹连英　洪艳萍　王朝阳　肖丽云　陈　璐　王建平　朱　觉　章再耕
修　　订：李启宇

第二十八篇　外事侨务港澳台事务

部门志编写：黄国富　刘安居（区外事侨务办）　叶明瑞（区台办）
区志分志编辑：李启宇
部门审核：郝华（区外事侨务办）　李宝龙（区台办）
修　　订：李启宇

第二十九篇　宗教风俗

部门志编写：黄国富　陈巧茜（区民宗局）
区志分志编辑：李启宇
部门审核：林明辽（区民宗局）　李启宇
修　　订：李启宇

第三十篇　方言

编写：周长楫

第三十一篇　街政述要

部门志编写：王佳兆（湖里街道）　张艺华（殿前街道）　廖建淳（江头街道）
　　　　　　李杰华（禾山街道）　陈惠旋　艾　浩　蔡碧月　黄丽蓉　蔡　颖
　　　　　　庄　伟　黄静波（金山街道）
区志分志编辑：李启宇
部门审核：施育德（湖里街道）　朱　觉（殿前街道）　谢国勇
　　　　　余孙升（江头街道）　许付志　李杰华（禾山街道）
　　　　　蔡耀明（金山街道）
修　　订：李启宇

第三十二篇　人物

编　　写：张宪敏
修　　订：李启宇
其他(字数1000字以下编写人员)：曾红兵　胡万友(区电大工作站)　湖里消防大队

图　照

提供人员：赵建军　陈瑜瑾　刘金镖　王雁飞　何松青　王火炎　赵　岗　王志才
　　　　　郑晓东　梁　伟　刘成福　李鸾汉　李启宇　陈廷枢　朱庆福　黄国富
　　　　　徐金跃

编后记

2007 年 6 月，湖里区地方志编纂委员会正式成立，《厦门市湖里区志》编纂工作开始起步。

2007 年 7 月，湖里区地方志编纂委员会办公室成立，作为区地方志编纂委员会的办事机构，具体负责《厦门市湖里区志》的编纂事务。区志编纂进入宣传、发动阶段。区方志办先后两次下达《厦门市湖里区志》编纂任务分解表，各承编单位陆续成立编志工作小组，开始编纂部门志。

2008 年 10 月，大部分承编单位完成部门志初稿，区志编纂进入部门志审改阶段。区方志办根据区志编纂的要求，对承编单位完成的志稿进行审订。审订的重点是资料是否完整、翔实，是否达到“横不缺项，纵不断代”的要求。

2009 年 1 月，区方志办成立总纂班子，区志编纂进入总纂阶段。总纂阶段的主要工作围绕四个环节展开：一是根据部门志提供的资料，围绕突出湖里区地域特点、突出经济特区发祥地、突出从农村到现代化强区三个基本面对纲目进行调整，使《厦门市湖里区志》更全面、更完整、更科学地反映湖里区的历史与现实；二是按照《厦门市湖里区志》体例、文风等要求对部门志进行编辑处理，形成区志分志稿即总纂稿；三是组织相关承编单位对总纂稿进行审核、确认；四是由区志实际执行主编对各承编单位的审核意见进行梳理、分析，对志稿进行第一次修订，形成送审稿。

2010 年 6 月，《厦门市湖里区志》送审稿全部完成。6 月 11 日，《厦门市湖里区志》送审稿陆续提交市地方志编纂委员会办公室和区四套班子领导、区地方志编委会成员审查。照片、地图的征集、遴选工作也随即展开。

7 月 12 日、19 日，湖里区政府常务会议和中共湖里区委常委会分别对《厦门市湖里区志》的编纂、送审工作进行研究。会议指出：地方志编纂是一项具有重要历史意义和现实价值的工作。《厦门市湖里区志》为湖里建区以来第一部全面记述湖里区方方面面资料的地情书，是“一方之全史”。一定要下大力气把这本书编好。区委、区政府要求：各承编单位修志人员和参与修志的全体工作人员要有强烈的责任意识，坚持存真求实、实事求是的编纂原则，坚持和发扬认真、仔细的作风，根据省、市地方志编纂机构和即将召开的评审会的审稿意见，进一步做好《厦门市湖里区志》的修订工作，确保志书质量。区领导强调：修志工作意义很大，责任很重。要把《厦门市湖里区志》编好，给后人留下宝贵的精神财富。

8 月 18 日，市方志办到湖里区，就《厦门市湖里区志》稿的审稿、修订提出全面、系统的意见和建议。

8月19日之后，根据市方志办、湖里区四套班子领导和区地方志编纂委员会的意见，区方志办对《厦门市湖里区志》稿进行第二次全面修订。经请示省、市地方志机构，修订后的《厦门市湖里区志》稿作为评审稿提交由省、市地方志机构主持召开的专家评审会评审。

2010年10月25—28日，《厦门市湖里区志》稿评审会在翔鹭国际大酒店举行。参加评审会的有省方志委副主任方清、省方志委市县志辅导处处长林浩、市方志办主任葛向勇，还有省、市和各地方志界的领导、专家以及区方志办工作人员共42人，湖里区政府副区长林延勋、区政府办主任丁红斌、区政府办副主任林日清等出席评审会。评审会对提交评审的《厦门市湖里区志》稿给予充分肯定，认为该志稿指导思想清晰、政治观点正确、篇章结构大致合理、主体资料比较丰富、行文也较规范。但是，按照精品佳志的标准来要求，还存在一定的差距。评审会建议从调整和完善篇目、资料补缺补差以及锤炼文字、规范行文等方面进一步提高志稿的质量。

评审会后，区方志办用近一个月的时间对上述意见和建议进行整理、研究，结合湖里区的实际情况，制定修订方案，于2010年12月开始，采取执行副主编“一支笔”统到底和编辑人员分头把关的办法，对《厦门市湖里区志》稿进行第三次全面修订：一是对各篇目中交叉重复部分通过“参见”“详见”等方式进行归并处理；二是增补缺漏资料；三是对部分篇目进行微调；四是重大事件、重要数据的核实；五是改善表述，删除套话、空话，统一使用现代语体文，统一表述口径，规范表述方法。

2011年4月2日，《厦门市湖里区志》稿完成第三次全面修订，正式提交厦门市地方志编纂委员会办公室审查验收。

2011年6月24日，厦门市地方志编纂委员会办公室正式下达对《厦门市湖里区志》稿的验收意见。市方志办认为：《厦门市湖里区志》稿“政治观点基本正确，篇目设置总体合理，资料比较翔实，不少篇章地方特色较为鲜明，行文亦较规范。”但也认为志稿存在一些问题，建议进一步修改补充后送省审核。

湖里区方志办暨《厦门市湖里区志》编辑室用一个月的时间，对市方志办的“审读意见”进行认真研究，结合湖里区的实际情况，对志稿进行第四次修订。

2011年8月24日，《厦门市湖里区志》稿提交厦门市地方志编纂委员会办公室转呈福建省地方志编纂委员会复审。本办编辑人员、特约编审同时对《厦门市湖里区志》稿进行新一轮全面审核，并将部分志稿在湖里区政府门户网站上公布，公开征求意见。

2012年1月28日，省地方志编纂委员会《厦门市湖里区志》审核小组下达审读意见。根据审核小组的审读意见以及区方志办审核结果，区方志办对《厦门市湖里区志》稿进行第五次全面修订。此次修订在资料方面，一是增补“厦门经济特区创建始末”作为特载，二是《农业》篇增补“畜力”和“耕作制度”；三是《商业》篇增补“废旧物资回收”；四是《群众组织》章增补“清末至民国期间禾山民间团体”的资料，作为附；五是《人事劳动和社会保障》篇“劳动”部分增补“福利”资料；六是《教育》篇的中等教育增补“毕业与升学”内容，记述辖区中学生毕业与升学的情况；七是《人物》篇根据公开征求意见所得到的反应，增补若干名先进人物和副高级及以上技术职称人员；八是对部分缺上下限资料的事项进行增补。表述方面，对志稿中存在的工作总结式、口号式、解释性等文字做了删节，对章、节以下的无标题概述部分做了归并或删除处理。同时，还对图、表的格式以及行文方面做了规范性处理。2012 年 3 月，《厦门市湖里区志》正式提交省地方志编纂委员会复审。

2013 年年初，收到福建省地方志编纂委员会《关于〈厦门市湖里区志〉（第二次复审稿）审核意见的函》（闽志委函〔2013〕1 号）。春节过后，调整总纂人员。对省方志委的审稿意见和批注，在消化理解的基础上进行归纳整理，分类细化。3 月 19 日，召开《厦门市湖里区志》修改工作会议，与修改有关的 40 个单位参加会议。会上，对《厦门市湖里区志》修改工作做了布置。将整理细化后的省方志委审阅意见和批注同每个撰稿单位对接，全面落实修改任务。会后，修改工作全面铺开。各撰稿单位的领导对此均十分重视。一些修改任务较重的局、委、办，全员发动，指定专人负责，全力以赴搜集资料。此次修改是湖里区参与单位最多，发动人员最广，工作量最大的一次，可以说举全区之力进行修改。我们对省方志委的意见力争做到“笔笔有着落，件件有回音”，并且做到举一反三。据初步统计，省方志委关于《厦门市湖里区志》的审核意见共 164 条，其中全部采纳的 125 条，部分采纳的 30 条，部分修改或请专家和权威部门出具说明的 9 条。历时三个半月，完成《厦门市湖里区志》第六次修订任务。7 月 1 日送印刷厂排版。8 月 13 日，将修改稿报送市方志办审阅。

同年 9 月 27 日，收到市方志办《〈厦门市湖里区志〉送审稿审稿意见》。即按照审稿意见对《厦门市湖里区志》进行第七次修订。修改的主要内容，一是统一设置无题概述。全志共 34 篇，有 17 篇篇下没有无题概述。为此，由总纂撰写 17 篇篇下无题概述，使全志篇篇有概述，对志中章、节、目下类似概述的文字均做处理，或转移或删除。二是进一步统一体例。志稿有些地方用条目体，或类似条目体，体例不统一。此次修改后，志中条目体或类似条目体业已绝迹。11 月 15 日，第七次修订后的《厦门市湖里区志》稿送市方志办审查。同年 12 月 13 日，经市方志办审查验收签字盖章后，《厦门市湖里区志》稿正式报送省方志委审核。

2013 年 12 月 26 日，福建省人民政府第 133 号令颁布《福建省实施〈地方志工作条例〉办法》，规定县（市、区）级地方志书由本级人民政府组织初审后，报上一级人民政府地方志工作机构组织审查验收。该办法自 2014 年 2 月 1 日起施行。2014 年 3 月 25 日，省方志委市县志辅导处处长吕秋心到厦门，将《厦门市湖里区志》的审查验收工作正式移交市地方志办公室。5 月 16 日，收到市方志办《湖里区志稿的检查意见》，即对全志进行第八次修订。针对市方志办提出的部分节下无目的问题，对全书结构做了重新调整。2014 年 6 月 9 日，《厦门市湖里区志》正式通过市方志办的审核，同意交付出版。

七载辛勤耕耘，八易其稿，终于结出硕果。在此，我们向为编纂《厦门市湖里区志》做出贡献的领导和全体编纂人员表示深深的谢意。湖里区委、区政府历届领导班子均重视修志工作，保证了《厦门市湖里区志》编纂工作的进行。省、市地方志的领导和专家在业务上给予全方位的指导，保证了《厦门市湖里区志》的质量。全区各单位修志人员尽职尽责、愈挫愈勇，为《厦门市湖里区志》编纂付出艰辛劳动。省方志委原主任张剑珍、罗健，副主任方清，市县志辅导处原处长林浩，副处长欧长生，主任科员胡志明、李连秀多次对区志稿提出宝贵的修改意见，省方志委主任冯志农，市县志辅导处处长吕秋心对《厦门市湖里区志》的出版提出有益的指导性意见。这里还要特别感谢《厦门市湖里区志》特约评审黄国富、林庆明，特邀撰稿周长楫，以及叶清、蔡诗树等专家，为区志提供珍贵照片的摄影家赵建军等。正是由于大家的戮力同心，才有今天《厦门市湖里区志》的出版。尽管如此，书中谬误疏漏之处恐在所难免，敬祈读者不吝赐教，以便续修时纠讹补正。

编　者
2014年6月